中国改革开放新时期
年　鉴

1999年

中国民主法制出版社
2014·北京

图书在版编目（CIP）数据

中国改革开放新时期年鉴.1999年/王振川主编.—北京:中国民主法制出版社,2014.6

ISBN 978-7-5162-0540-2

Ⅰ.①中… Ⅱ.①王… Ⅲ.①改革开放—中国—1999—年鉴 Ⅳ.①D61-54

中国版本图书馆CIP数据核字（2014）第123165号

图书出品人：肖启明
图 书 策 划：刘海涛
责 任 编 辑：石 松 董 理

书 名/中国改革开放新时期年鉴（1999年）
作 者/王振川 主编

出 版·发 行/中国民主法制出版社
地 址/北京市丰台区玉林里7号（100069）
电 话/63055259（总编室） 63057714（发行部）
传 真/63055259
http: //www.npcpub.com
E-mail: mzfz@ npcpub.com
经 销/新华书店
开 本/16开 787毫米 ×1092毫米
印 张/68.125 **字数**/2162千字
版 本/2014年6月第1版 2014年6月第1次印刷
印 刷/涿州市星河印刷有限公司印刷

书 号/ISBN 978-7-5162-0540-2
定 价/800.00元

《中国改革开放新时期年鉴》编委会

日期索引

【一月】

【二月】

【三月】

【四月】

【五月】

【六月】

【九月】

【十月】

【十一月】

【十二月】

1月1日

全国政协在全国政协礼堂举行新年茶话会

江泽民、李鹏、朱镕基、李瑞环、胡锦涛、尉健行、李岚清等党和国家领导人同首都各界代表出席。

国家主席江泽民在茶话会上发表重要讲话。

国家主席江泽民在全国政协新年茶话会上发表讲话

同志们、朋友们：

今天，我们欢聚一堂，共度1999年元旦。我代表中共中央、国务院、中央军委，向全国广大工人、农民、知识分子和干部，向人民解放军指战员、武警官兵和公安干警，向各民主党派、各人民团体和各界人士，向香港特别行政区同胞和澳门同胞、台湾同胞与海外侨胞，向关心和帮助中国现代化建设的国际友人，致以节日的良好祝愿。祝大家新年好！

1998年，是我国各族人民在中国共产党的领导下，全面贯彻落实中共十五大精神，经受严峻考验，取得改革和建设新的重大胜利的一年。

面对亚洲金融危机的加深和国际经济环境的恶化，我们冷静分析，沉着应对，果断采取措施，扩大内需，加强基础设施建设，综合运用财政、货币和投资等宏观调控手段，推动我国经济继续以较快的速度增长。这是一个了不起的成绩。这个成绩是广大干部群众共同奋斗的结果，更加坚定了全国各族人民实现跨世纪发展目标的信心。

去年入夏以后，由于气候异常，长江和嫩江、松花江流域发生历史罕见的洪涝灾害。全国上下万众一心，广大军民协同作战，同滔滔洪水展开一场气吞山河的搏斗，夺取了抗洪抢险的伟大胜利。这是中国人民创造的又一个人间奇迹。万众一心、众志成城，不怕困难、顽强拼搏，坚忍不拔、敢于胜利的伟大抗洪精神，成为我们推进建设有中国特色社会主义事业的强大精神动力。

在过去的一年里，全国人民兴起学习邓小平理论的新热潮。九届全国人大一次会议和全国政协九届一次会议，分别产生了新一届的国家机构领导人员和全国政协领导人员。党的十五届三中全会对农业和农村工作的跨世纪发展作出全面部署，继续巩固农业的基础地位。各项改革继续深化。国务院机构改革基本完成，国有企业改革、金融体制改革做了大量工作，粮食流通体制改革正在实施。国有企业下岗职工基本生活保障和再就业工作普遍加强，离退休人员养老金发放工作明显改进。军队、武警部队和政法机关停止经商的工作按期完成，党政机关同所办经营性公司脱钩的工作全面展开。反对腐败、打击走私和同各种犯罪活动的斗争深入进行。民主法制建设、精神文明建设和党的建设取得新的成就。军队和国防建设进一步加强。

香港回归以来，我们严格贯彻“一国两制”、“港人治港”、“高度自治”的方针，支持香港特别行政区政府依法施政。在亚洲金融危机严重冲击的环境中，香港继续保持稳定繁荣。

我国对外工作取得重要成果。我们同周边国家的睦邻友好进一步加强，同广大发展中国家的团结合作不断巩固，同西方发达国家的关系得到改善和发展。中美两国元首成功实现互访，我们努力推动建立中美建设性的战略伙伴关系。中俄战略伙伴关系顺利发展。中欧确定发展全面伙伴关系。中日确定建设致力于和平与发展的友好合作伙伴关系，同时我们始终强调要以史为鉴，开辟未来。我们积极参与联合国、亚太经合组织等国际组织的活动，在处理重大国际问题上发挥了重要的作用。我们保持人民币汇率稳定，并给予受到金融危机严重影响的国家以必要的援助，为缓解亚洲金融危机作出了贡献。我国的国际威望和地位进一步提高。这一切，都有利于我们进一步为改革开放和现代化建设创造良好的国际环境。

1998年，是中国共产党十一届三中全会召开20周年。我们举行了隆重的纪念活动，深刻总结了20年来改革开放和现代化建设取得的丰硕成果和丰富经验，进一步动员全国各族人民继续坚定不移地沿着邓小平同志开辟的建设有中国特色社会主义的道路奋勇前进，努力实现国家现代化的伟大目标。

1999年，是我们国家发展历史上具有特殊意义的一年。我们将庆祝中华人民共和国成立50周年，澳门将回到祖国怀抱。改革和建设的任务很繁重，我们面临的困难也不小，必须继续进行艰巨的努力。在中国共产党的领导下，全国各族人民和社会各界要进一步统一思想、坚定信心，抓住机遇、知难而进，团结一致、艰苦奋斗，努力创造新的业绩。

我们要深入学习邓小平理论，深入贯彻落实党的十五大和十五届三中全会精神，继续推进改革开放，把扩大国内需求作为促进经济增长的主要措施，稳定和加强农业，深化国有企业改革，调整经济结构，积极开拓国内国际市场，防范和化解金融风险，整顿经济秩序，保持国民经济持续快速健康发展。今年保持经济适度快速增长是必要的，也是有条件的，但一定要注意协调发展，讲求质量和效益。要坚持不懈地加强党的建设、民主法制建设和精神文明建设，大力实施科教兴国战略和可持续发展战略，促进社会全面进步。要高度重视和正确处理人民内部矛盾和其他社会矛盾，坚决打击国内外敌对势力进行的各种破坏活动，确保我国社会政治的稳定。

水是人类生存的生命线，也是农业和整个经济建设的生命线。我们必须高度重视水的问题。人无远虑，必有近忧。一方面，洪涝灾害历来是中华民族的心腹大患；另一方面，水资源短缺越来越成为我国农业和经济社会发展的制约因素。我们要在全民族中大力增强保护和合理利用水资源的意识，把兴修水利作为保证实现我国跨世纪发展目标的一项重大战略措施来抓。当前，要抓紧落实党和国家已经确定的各项方针政策与措施，加固大江大河大湖堤防，修复水毁工程，搞好灾后重建。同时从长计议，全面考虑，科学选比，周密计划，适时进行关系国计民生的重大水利工程建设，并坚持不懈地搞好节约用水和防治水资源污染的工作，努力开创我国治水事业的新局面。

今年 12 月，我们将恢复对澳门行使主权。这是中华民族的又一盛事。我们希望中葡双方继续合作，希望广大澳门同胞积极参与，确保澳门实现平稳过渡和顺利交接，并保持稳定和发展。

实现祖国的完全统一，是不可抗拒的历史潮流。我们同台湾当局依然存在政治分歧，但可以通过对话和谈判求得合情合理的解决。海峡两岸应进一步扩大交流，全面发展两岸关系，推动祖国和平统一的进程。希望台湾当局顺应民心，正视现实，与我们进行对话和谈判，早日实现两岸直接“三通”，在一个中国原则下正式结束两岸敌对状态。一切爱国的中国人应团结起来，坚决反对任何制造“台湾独立”、“两个中国”、“一中一台”等分裂活动，共同维护祖国的领土和主权完整。包括台湾同胞在内的全国各族人民共同努力，祖国的统一大业一定能够完成。

民进中央主席许嘉璐在全国政协新年茶话会上发表讲话

《人民日报》发表社论《团结奋斗创造新业绩——元旦献辞》

党和国家领导人江泽民 李鹏 朱镕基 李瑞环 胡锦涛 尉健行 李岚清在北京参观改革开放 20 年来利用外资成果展

国办转发财政部整顿财政周转金方案的通知

国家主席江泽民和美国总统克林顿就中美建交 20 周年互致贺信

江泽民在致克林顿总统的贺信中说：中美关系正常化是中美两国关系史上的里程碑，也是现代国际关系史上的重大事件。中美建交后 20 年来两国发展友好互利合作的进程反映了两国人民的共同愿望，有利于亚太地区乃至整个世界的和平、稳定与繁荣，符合时代的潮流与要求。

江泽民说，近年来中美关系取得了重要进展。中美两国元首成功实现互访，共同决定致力于建立中美建设性战略伙伴关系，并就加强两国在广泛领域的合作达成了共识。同时，中美在一些重大国际问题上也进行了良好的合作。当前中美关系的发展面临着新的机遇。

江泽民强调，中美三个联合公报所确立的各项原则是中美关系的基础。事实证明，恪守中美三个联合公报的原则将确保中美关系健康、稳定地向前发展。

江主席希望中美双方本着相互尊重、求同存异、扩大共识、促进合作的精神，共同努力，进一步推动中美关系向前发展，并与世界各国一起，把一个和平、稳定与繁荣的世界带入 21 世纪。

克林顿在贺信中转达美国人民对中国人民的祝愿，对中国人民在过去 20 年里所取得的成就的祝贺，以及美国政府由衷致力于日益加强的互利合作未来关系的决心。

克林顿说：在纪念美利坚合众国与中华人民共和国建立外交关系 20 周年之际，我们能够为我们以及我们的前任们为深化和加强美中关系所作的富有成果的努力而骄傲。我们两国之间合作的扩大增进了相互理解，为今后两国间更牢固的关系奠定了基础。

克林顿表示致力于同中国建立建设性战略伙伴关系。他说，这种关系将造福美中两国人民并促进亚太地区的稳定和繁荣。克林顿认为美中两国元首 1997 年和 1998 年的互访，提高了双方共同努力面对对美中两国至关重要的全球和地区挑战的能力。在庆祝过去 20 年取得的成就之际，美中双方应为后代考虑加强联系的途径，努力一道面对 21 世纪的共同挑战，同时坦诚地处理彼此的分歧。克林顿表示相信美中将能建立起符合两国人民利益和愿望的伙伴关系。

全国水库移民工作座谈会在福州召开

在福州举行的全国水库移民工作会议强调，项目管理是移民资金使用管理工作的核心，要切实加强管理，充分提高投资效益，把有限的资金用在刀刃上。

参加座谈会的各省级、流域机构移民部门的主要领导和负责项目管理的同志认为，这几年，由于各级移民部门切实加强了项目管理，移民工作取得明显的成绩。各地各级领导在审批项目时严格把关，不符合程序的一律不批，坚决杜绝关系项目和领导项目，保证了移民资金的使用效益。一些地方把项目管理纳入了法制化轨道，对项目从申报、审批、实施到竣工验收都实行统一规范、统一表格，使决策更加科学化，项目实施后效益明显提高。陕西省移民系统健全了监督机制，实行行政监督、财务监督、审计监督和社会监督相结合的机制，有效地加强了对移民资金和项目的管理；四川省对移民项目实行“三公开、一监督”制度，即项目公开、资金公开、建设单位公开，接受群众监督。

与会者认为，要保证移民资金的投资效益，各级领导必须进一步重视项目管理工作，切实抓好项目的前期工作，特别是要做好规划，建立健全项目管理的规章制度和完善的监督保障机制，凡是前期工作没有达到深度要求、配套资金没有落实的项目，一律不安排年度计划；列入年度计划后没有严格按计划实施的项目，第二年适当核减经费，直至取消计划；出现施工质量问题的项目，要追究直接责任人员和有关领导的责任；要做好阶段检查和项目完成后的总结验收工作，对完成的项目进行三年至五年的跟踪；凡是出现由于人为因素没有达到预期目标的项目，要进行检查并追究责任。

1月2日

《党建研究》1999年第1期发表中共中央政治局常委胡锦涛文章《坚定不移地用邓小平理论指导党的建设》

当前，全党全国人民正以各种方式纪念党的十一届三中全会召开20周年。十一届三中全会，是我党历史上一次具有伟大转折意义和深远影响的会议，以这次会议为标志，我国进入了社会主义事业发展的新时期。过去的20年，是很不平凡的20年。我们党在马克思列宁主义、毛泽东思想特别是邓小平理论指导下，坚持党的基本路线不动摇，在十分复杂的国内外环境中，领导全国各族人民艰苦奋斗中，励精图治，开辟了建设有中国特色社会主义的新道路，开创了改革开放和现代化建设的新局面，各项事业取得了举世瞩目的伟大成就，社会主义在中国焕发新的蓬勃生机。

20年来，我们党经受住种种前所未有的考验，克服许多困难和风险，在推进新的伟大事业的同时，实施党的建设新的伟大工程，使党的领导核心地位不断巩固，战斗力日益增强，各方面都取得了巨大进步。主要表现在：(一)我们党经过指导思想的拨乱反正，重新确立并坚持了解放思想、实事求是的思想路线。把马克思主义同当代中国实践和时代特征结合起来，创立了邓小平理论这一当代中国的马克思主义。用邓小平理论武装全党取得明显成效，党的思想理论建设提高到新的水平。(二)我们党深刻总结历史经验，在科学认识我国国情和当今时代特征的基础上，制定和坚持了社会主义初级阶段的基本路线和基本纲领，为凝聚全党和全国各族人民，胜利推进建设有中国特色社会主义事业，提供了根本的政治保证。(三)我们党根据新形势新任务的要求，提出和推行干部队伍革命化、年轻化、知识化、专业化方针，努力建设适应社会主义现代化事业需要的高素质干部队伍，稳步推进新老干部的合作与交替，造就了一大批德才兼备的领导骨干。坚持和健全民主集中制，党内生活走上了制度化、规范化的轨道。党的基层组织建设有了新的发展，党员队伍空前壮大。(四)我们党在新的历史条件下坚持和发扬理论联系实际、密切联系群众、批评与自我批评的优良作风，始终重视党风和廉政建设，坚决开展反腐败斗争，保持了党同人民群众的密切联系。20年来，我们党自身建设不断进步的历程，同党领导的改革开放和现代化建设伟大事业是紧密相连、相互促进的。改革开放和现代化建设的实践，不断给党的建设提出新课题，充实新内容。党的建设的加强和改进，又为改革开放和现代化建设的持续健康发展，提供了坚强的保证。

20年来，党的建设在顽强探索、开拓创新中前进，积累了宝贵的经验。概括起来，主要有以下几条：(一)必须牢固树立办好中国的事情关键在党，在于加强和改进党的领导和党的自身建设的思想，做到任何时候都坚持以经济建设为中心不动摇，抓住党的建设这个关键不放松。(二)必须坚定不移地把加强思想理论建设放在党的建设的首位，坚持不懈地用邓小平理论武装全党。重点抓好县级以上领导干部的学习。大力弘扬理论联系实际的马克思主义学风，始终以我国改革开放和现代化建设的实际问题、以我们正在做的事情为中心，坚持用理论指导改造客观世界和主观世界。(三)必须紧密联系实现新时期党的政治任务和贯彻党的基本路线的实践推进党的建设。党的思想、组织、作风建设各项工作都要服务于改革、发展、稳定的大局，确保党的建设和社会主义现代化建设沿着正确的方向前进。(四)必须坚持马克思主义建党学说的基本原理和党的优良传统，根据不断变化的客观实际，用改革的精神研究新情况、解决新问题，积极探索在改革开放和发展社会主义市场经济的条件下加强执政党建设的新经验，用新的思想、观点和新的实践、继承、丰富和发展马克思主义建党学说。(五)必须把执政党本身的制度建设摆在重要地位，同国家法制建设相互衔接。积极完善以民主集中制为主要内容的各项制度，做到建立制度与执行制度并重，制度建设与思想教育结合，通过不断健全制度保证党的领导工作的正确和有力。(六)必须全面贯彻党的建设新的伟大工程的总目标，坚持党要管党和从严治党，使之体现在加强党的建设的各方面，贯穿于推进党的建设的全过程。突出重点，整体推进党的建设，把抓住经常性工作与开展必要的集中教育整顿结合起来，努力提高领导水平、执政水平，增强拒腐防变、抗御风险的能力。

这些经验集中到一点，就是必须高举邓小平理论伟大旗帜，坚定不移地用邓小平理论指导党的建设全部工作。总结过去，是为了开辟未来。我们要坚持和完善已经取得的经验，不断开拓前进，把正在做的工作努力做得更好，把我们的党建设得更好。

20世纪即将过去，21世纪即将到来。在世纪之交的重要时刻，我们面临着正在发生重大而又深刻变化的国际形势，面临着国内改革、发展、稳定的繁重而又艰巨的任务。高举邓小平理论伟大旗帜，把建设有中国特色社会主义的伟大事业全面推向21世纪，关键在于坚持、加强和改善党的领导，进一步把党建设好。今年，全党全国全面落实党的十五大精神，克服种种困难，在外有金融危机的冲击、内有历史罕见的特大洪涝灾害影响的情况下，各项工作都取得了新的成绩。这进一步证明，我们的各级领导班子是坚强的，各级党组织是有战斗力的，党员队伍和干部队伍的主流是好的。对这个基本的方面，必须如实地给予充分肯定。但也必须清醒地看到，我们所处的复杂的国际环境，面对的新形势新任务，对我们党的执政水平和领导水平，拒腐防变和抗御风险的能力，都提出了很高的要求。党的思想建设、组织建设、作风建设各方面都还存在着一些薄弱环节。特别是有相当一部分领导干部的素质、尤其是思想政治素质，同形势任务的要求相比，还存在这样那样的不适应。在一些领导干部包括有些担任重要职务的领导干部中，还存在着一些突出问题，有的还相当严重。这些问题的存在和发展，已经严重阻碍党的路线方针政策和中央关于当前工作重大决策的贯彻执行，损害党和政府同人民群众的关系，削弱党的凝聚力和战斗力。如果低估存在问题的严重性，任其泛滥，那就会带来极其严重的后果。我们必须从推进改革开放和现代化建设、实现跨世纪发展目标的战略高度，从确保国家长治久安的政治高度，充分认识加强党的建设的重要性和紧迫性，切实增强抓好党的建设工作的自觉性。

在新的一年里，加强党的建设，充分发挥党的思想政治优势、组织优势和密切联系群众的优势，把全党同心同德干事业的巨大热情进一步振奋起来，把全国各族人民建设有中国特色社会主义的积极性和创造性更好地焕发出来，对于完成全年改革和建设的任务，具有至关重要的意义。我们要坚决按照党的十五大精神和中央关于明年工作的总体部署，坚持以邓小平理论和党的基本路线为指导，密切联系改革攻坚、促进发展、保持稳定的实践，全面推进党的建设新的伟大工程。要坚持党的建设总目标和从严治党的要求，把深入学习邓小平理论摆在首位，紧紧抓住建设团结坚强的领导班子和高素质干部队伍这个关键，加大党的制度建设特别是干部人事制度改革的力度，强化党风廉政建设和反腐败斗争，坚决纠正用人上的不正之风，毫不松懈地抓好基层组织建设和党员队伍建设，认真解决党的建设中存在的突出问题，使党的凝聚力、战斗力得到新的增强，更好地为全党全国工作大局服务。尤其要按照中央的部署，在县级以上党政领导班子、领导干部中用整风的精神深入开展以“讲学习、讲政治、讲正气”为主要内容的党性党风教育。各级党委(党组)特别是主要领导同志，一定要坚决按照中央的要求去做，以高度的政治责任心，足够的领导精力，良好的精神状态，把这次“三讲”教育切实抓紧抓好。要把学习理论、武装头脑同整顿思想、改进作风结合好，并贯彻到教育活动的全过程，推动当前各项工作的开展，以优异成绩，迎接中华人民共和国成立50周年。

’99中国生态环境游海南开幕式在海口举行

公安部发出做好春运交通安全工作的通知

1月3日

《中华人民共和国兵役法》修改办公室负责人介绍修改《兵役法》的情况

《中华人民共和国兵役法》修改办公室负责人日前在接受记者采访时指出，江泽民主席签署命令，公布全国人大常委会关于修改兵役法的决定，这是新形势下加强国防和军队建设的重大举措，对于完善我国兵役制度，加强军队质量建设和后备力量建设，提高全民国防观念和保障兵役工作的顺利开展，都具有十分重要的意义。

这位负责人介绍说，我国第一部《兵役法》是1955年颁布的。现行的《兵役法》是1984年5月31日经第六届全国人民代表大会第二次全体会议审议通过的。随着社会主义市场经济体制的建立和新时期军队建设的发展，有些规定已不适应新的情况，需要修改、补充和完善。首先，我军正在按照新时期军事战略方针的要求，走有中国特色的精兵之路，而现行《兵役法》规定的兵役制度以及民兵、预备役建设等方面的某些内容，已不适应形势的变化，在一定程度上影响了军队建设和后备力量建设的发展。其次，随着国家改革的深入和市场经济的发展，国家机关、社会团体、企业事业单位和公民在兵役方面的职责、权利和义务，需要通过法律手段进行调节和规范；新形势下开展兵役工作，需要强有力的法律手段予以保障。对现行《兵役法》进行修改补充，可依法保障新形势下兵役工作的顺利进行。最后，现行《兵役法》对军人权益方面的规定，有些还是建立在计划经济体制的基础上，已明显不适应当前的新情况。因此有必要修改相关的内容，强化法律措施。

这位负责人说，这次修改《兵役法》坚持以毛泽东军事思想、邓小平新时期军队建设思想和江泽民主席关于军队建设的重要论述为指导，本着有利于加强国防和军队建设，有利于提高部队战斗力，有利于依法开展兵役工作的原则，从我国的国情和军情出发，对其中的部分条款进行修改、补充和完善。主要体现在四个方面：

一、调整了兵役制度

《兵役法》原规定："中华人民共和国实行义务兵役制为主体的义务兵与志愿兵相结合、民兵与预备役相结合的兵役制度。"随着我军现代化建设的发展，兵员构成已经发生了很大变化，志愿兵的比例有了很大提高。因此，修正案删掉了"义务兵役制为主体"的提法，保留了"两个结合"的基本制度，既体现了我国兵役制度的特色，又适应了军队建设发展需要。《兵役法》原规定，义务兵服现役期限为：陆军3年，海、空军4年。从实践情况看，义务兵服现役期限太长，公民的兵役负担不合理，影响青年应征的积极性，影响士兵安心服役。因此，修正案将陆、海、空三军义务兵服现役期限一律改为2年，并取消超期服役的规定。修正案还将志愿兵一次性选改和退出现役的规定，改为实行分期服现役制度，并且调整了志愿兵最低和最高服役期限。同时，修正案新规定了"志愿兵也可以直接从非军事部门具有专业技能的公民中招收"，从而拓宽了军队选拔招收人才的渠道。修正案还对志愿兵退役安置作出新的规定。

二、完善了预备役制度

原《兵役法》对民兵、退伍军人统一以年龄为主分为一类和二类预备役。这次修改，对一类、二类士兵预备役对象作了调整，既增加了一类士兵预备役的技术含量，有利于提高后备兵员素质，又保持了雄厚的动员基础，更加适应局部战争兵员动员的需要。将民兵、预备役人员参训的年龄调整为18岁至22岁，这样有利于积蓄训练有素的后备兵员。修改了民兵、预备役人员参训误工补贴办法，有利于保证训练工作的正常开展。

三、强化了优待安置法规

《兵役法》原规定对农村义务兵家属给予优待，而城镇只对生活困难的义务兵家属给予补助，大部分义务兵家属享受不到优待。这次修改，规定对义务兵家属不分农村、城镇，一律由当地人民政府给予优待。这次对《兵役法》有关退伍军人安置就业的规定做了较大的修改补充。这些新规定，也是近年来国务院、中央军委对退伍安置改革的基本做法，实践证明是可行的，这次用法律条文固定了下来。

四、完善了对违反《兵役法》规行为惩处的规定

在发展社会主义市场经济的新形势下，兵役工作必须有强有力的法律做保障。为了使《兵役法》与《刑法》、《国防法》等有关法规衔接配套，根据新的形势和兵役工作的实践，这次对惩处规定做了较大修改和补充，由原来的2条增加到5条，对公民、单位和国家工作人员违反兵役法规的行为、处罚措施、执行机关都作出了明确规定。这样修改，目的是增强兵役法规的强制性和约束力，依法保障新形势下兵役工作的顺利进行。

上海东方肝胆外科医院首次检验出肝炎病毒(TTV)这是人类发现的第七种肝类病毒

1月4日

《人民日报》发表评论员文章《统一思想坚定信心——论今年全党全国工作方针》

最高人民检察院第9届第17次检察长办公会议通过《人民检察院"检务公开"具体实施办法》

国务院批转国家经贸委关于加快农村电力工业体制改革加强农村电力管理意见的通知

国务院关税税则委员会关于调整若干商品进出口关税税率的通知

国家经贸委发布城乡电网建设与改造设备的推荐目录

国内首批20家私营生产企业获得直接从事对外贸易的权利

中宣部 司法部 解放军总参谋部 总政治部联合发出学习宣传《兵役法》的通知

福建省考古工作者在福州冶金山路发现古闽越国遗址

全国体育工作会议在北京召开

会议的中心议题是机构改革和机构改革后如何开展体育工作以及讨论修改《2000—2010 年中国体育改革和发展纲要》征求意见稿。会议至 6 日结束。

会议提出推进社会产业，让体育更接近大众。

中国兴奋剂检测中心收到国际奥委会医学委员会函确认中心的实验室成功地通过了 1998 年再认可考试

1 月 5 日

全国人大常委会委员长李鹏在人民大会堂会见哥伦比亚众议长埃米利奥·马丁内斯

中共中央 国务院关于地方政府机构改革的意见

推进机构改革是党的十五大提出的战略任务，是建立社会主义市场经济体制的迫切要求。当前，国务院机构改革顺利进行，取得了重大成果，必须抓住有利时机，适时进行地方政府机构改革。这不仅有利于同国务院机构改革相衔接，保证政令畅通，而且有利于促进地方经济发展和维护社会稳定。为此，现就地方政府机构改革提出如下意见。

一、地方政府机构改革势在必行

改革开放 20 年来，特别是党的十四大以来，在邓小平理论和党的基本路线指导下，地方机构改革取得了积极进展。但是，目前地方政府机构设置的基本框架，是在计划经济体制的条件下逐步形成的，由于历史条件的制约和宏观环境的限制，一些深层次矛盾和问题虽经多次改革仍未得到根本解决，机构设置、职能配置与社会主义市场经济发展的矛盾日益突出。一是政企不分，政府直接干预企业的生产经营管理活动，不能形成科学决策的投资体制，容易造成责任不清和决策失误，难以发挥市场在资源配置中的基础性作用。二是政事、政社不分，一些应由社会自我管理或主要由社会中介组织和事业单位解决的问题，也由政府部门包揽起来，把过多的社会责任和矛盾集中在政府身上。三是政府部门管理体制不适应社会主义市场经济的要求，部门权力利益化的倾向，造成一些部门、地区、行业之间的分割和封锁，加剧了部门、行业和地方的保护主义，阻碍了公平竞争和市场体系的培育、发展。四是地方各级政府机构庞大，职责交叉，人员臃肿、结构不合理，财政负担沉重，尤其是贫困、边远地区的财政更是难以为继。

这些矛盾和问题的存在，不仅滋生官僚主义和文牍主义，助长贪污腐败和不正之风，影响党和政府与人民群众的关系，而且直接妨碍经济发展和社会稳定，必须下决心进行地方政府机构改革。

二、改革的目标和原则

地方政府机构改革的目标是：建立办事高效、运转协调、行为规范的行政管理体系，完善国家公务员制度，建设高素质的专业化行政管理干部队伍，逐步建立适应社会主义市场经济体制的有中国特色的地方行政管理体制。

实现上述改革目标，必须坚持以下原则：

——按照社会主义市场经济和社会发展的要求，转变政府职能，实现政企分开。把政府职能切实转变到经济调节、社会管理、公共服务等方面上来，把企业生产经营和投资决策权真正交给企业，把社会可以自我调节与管理的职能交给社会中介组织。

——按照精简、统一、效能的原则，调整政府组织机构，精兵简政，裁减冗员，优化结构，提高效率。

——按照权责一致的原则，合理划分事权，理顺条块以及行政层级之间的关系。界定部门之间的职能分工，相同或相近的职能交由同一个部门承担，克服多头管理、政出多门的弊端。

——按照实事求是、从实际出发的要求，结合地方各级政府行政管理和地域特点、经济社会发展水平、市场发育程度、人力资源状况，制订具体方案，进行分类指导，因地制宜地推进改革，在实践中补充完善。

——按照依法行政的要求，加强行政管理的制度化、规范化和法制化建设，逐步由行政手段管理转向依法管理；加强机构编制的管理监督，建立机构编制管理与财政预算管理相互配套协调的约束机制。

三、职能转变和部门调整

省一级政府要切实履行区域经济调节和社会管理的职能，按照国家法律法规和方针、政策，制定区域性的经济社会发展规划，加强社会主义精神文明和物质文明建设，创造公平、公正、公开的竞争环境，维护市场秩序，打破地区、条块分割；政府机关不再办经济实体，已经办的要限期脱钩，解除政府主管部门与国有企业的行政隶属关系，主管部门不再直接管理企业，切实落实企业经营自主权，深化企业改革，加快企业改组；加强对农业和农村工作的领导与协调。

调整省级政府机构设置，建立与国务院机构框架大体协调的省级政府组织结构。

1. 需要加强的部门。省级政府综合经济部门要强化区域经济调节职能，发展计划、经济贸易以及财政部门的主要任务是，贯彻执行国家关于国民经济和社会发展的方针政策和发展战略，以市场为导向，对本地区经济社会发展实施区域调节与管理，保证国家宏观调控顺利进行并促进地区经济社会发展。

加强执法监管部门。全国大中城市所设的区工商行政管理局、质量技术监督局逐步实行省以下垂直管理体制。环境保护部门领导管理体制改为双重领导，以地方政府为主。将药政、药检和药品生产流通监管职能集中起来，组建药品监督管理部门。

农业、水利、林业行政管理部门保持基本稳定，林业部门的职能要转到保护和发展森林资源上来，封山育林、种草种树，扩大林草植被，绿化国土，改善生态环境，林业资源较少的省(自治区)可将林业部门与农业或环保部门合设。

2. 不再保留的部门。地方各级政府不再设置工业、商业、物资管理部门和各种行政性公司，其政府职能并入经贸部门。行政性公司按照政企分开、公平竞争、自主经营的要求进行改组。省级政府对国有重点企业的监管，可以采取派出代表参加监事会的方式，也可以采取派出稽查特派员的方式进行监管。

水产(海洋水产)、畜牧、农垦、农机等机构改建为经济服务实体，实行政企分开，其政府职能并入有关部门。

3. 需要调整的部门。有条件的省(直辖市)组建信息产业机构，按照设计、生产、开发、使用相结合的原则，实行统一规划、统一布局、统一管理，防止重复建设，促进信息产业发展。

四、精简机构和人员编制

省级政府工作部门分为组成部门和直属机构。省级政府组成部门的设置应与国务院组成部门基本对口，以利于工作的衔接。地方各级政府一般不设置与国务院办事机构对应的机构和部门管理的机构。国防动员的办事机构设置由省一级政府在制定地方机构改革实施方案时通盘考虑。

将省、自治区政府工作部门由现有的五十三个左右(含委、厅管理机构)精简为四十个左右，经济不发达、人口较少的省(自治区)精简为三十个左右；直辖市政府工作部门由六十一个左右(含委、厅管理机构)精简为四十五个左右。

省(自治区)政府组成部门一般称委、厅，直辖市称委、局，直属机构一般称局。省级政府机关人员编制精简幅度原则上参照国务院精简比例进行，逐步、分期达到精简一半左右，新组建的重庆市根据具体情况，区别对待。

五、需要注意的问题

1. 坚持既要积极又要稳妥的方针。这次地方机构改革，是改革开放以来机构变化较大、人员调整较多的一次，加上下岗职工的问题比较突出，一些地方去年遭受了历史罕见的水灾，今年又要庆祝新中国成立五十周年和对澳门恢复行使主权，所以，保证安定团结尤为重要。必须注意把机构改革同推进社会经济发展、保持社会稳定结合起来，避免出现大的震动。要切实加强组织领导，做耐心细致的思想政治工作，做到思想不散，秩序不乱，人员妥善安排，国有财产不流失，工作正常运转。

2. 注意与国务院机构改革相衔接，确保中央政府政令畅通。这次国务院的机构改革，在各部门主要职责的界定中，把应由地方政府承担的职责切实下放给地方。地方各级政府特别是省一级政府，要注意进行配套改革，使各项职责切实得到落实。凡属于省一级政府的职权，要在确定省级政府有关部门的职责中予以明确；凡属于市、县政府的职权，要交给市、县。

3.(略)

4. 结合实际，做好人员分流工作。基本要求是：带职分流，定向培训，加强企业，优化结构。各地要根据当地的实际情况，积极探索人员分流的具体途径和办法。人员分流的时间，可用三年左右；贫困、边远以及少数民族地区可以适当延长。通过人员分流，优化机关公务员队伍和基层工作人员队伍结构，提高整体素质。

5. 切实改进工作方式和工作作风，提高办事效率。地方各级政府机关要进一步完善行政运行制度，规范行政领导职权，避免扯皮推诿，严格行政纪律，监察失职渎职行为。所有机关工作人员，都要忠于职守，勤政廉政。

6. 在改革的同时加强管理，逐步实现政府机构、职能、编制、工作程序的法制化。为确保机构改革顺利进行，巩固改革成果，各地要建立机构编制管理预算约束机制和监督惩处制度，加大管理的力度和权威性。凡违反规定擅自设立机构、自行增加编制、超编进人、超配领导职数，中央和地方各级政府要按照管理权限从严查处。

机构改革涉及改革、发展和稳定的大局，涉及部门权力和干部的切身利益，各级党委和政府要在以江泽民同志为核心的党中央领导下，按照统一部署、分级负责的原则，加强对机构改革工作的领导，研究制订方案，按程序报批后，认真组织实施，保证机构改革任务的顺利完成。

中共中央举办省部级主要领导干部金融研究班中央党校开班

中共中央政治局常委、书记处书记、中央党校校长胡锦涛在开班式上强调，在改革开放和发展社会主义市场经济的新形势下，各级领导同志尤其是担负全面领导工作的同志，必须努力学习金融知识，深入研究金融问题，进一步提高对经济工作的领导水平。

中共中央政治局委员、书记处书记、国务院副总理、中央金融工委书记温家宝主持开班式。

胡锦涛在讲话中对中央为什么决定举办这次以金融为专题的研究班作了阐述。他指出，这主要是基于以下三方面的原因：

第一，金融在现代经济中的地位和作用十分重要。

第二，亚洲金融危机向我们敲响了警钟，防范和化解金融风险，已成为当前经济生活中的突出问题。

第三，学习金融知识，研究金融问题，也是各级领导干部提高对经济工作的领导水平、提高自身素质的迫切需要。

李长春、吴官正、贾庆林、黄菊同志参加了研究班，曾庆红、王忠禹出席了研究班开班式。

各省、自治区、直辖市党委书记、省长（主席、市长）、军队各大单位的负责人、中央有关部委的主要负责人参加了研究班。

开班式后，中国人民银行行长戴相龙讲了第一课，题目是：关于金融全球化问题。

全国旅游工作会议暨创建中国优秀旅游城市工作会议在桂林召开

国务院副总理钱其琛在会上提出，在当前形势下，各地要积极地把旅游业培养和发展成国民经济新的增长点。

钱其琛说，过去一年，我国旅游业克服金融危机等不利因素的影响，继续保持了增长态势，全年旅游总收入预计达 3430 亿元人民币，比上年增长 10.2%，增幅高于国民经济的增长速度，这是很不容易的。同时，也充分说明旅游业确实是一个新兴产业。

钱其琛说，旅游业有资源优势，有广阔市场，有利于吸纳就业，有利于环境保护，有利于扩大内需，具有较强的关联带动作用。不久前召开的中央经济工作会议把旅游业列为新的经济增长点之一，就考虑到了旅游业的这些特点，是经过多方论证、适应国家经济发展需要提出的，也是非常必要的。

钱其琛指出，目前旅游业占我国国民生产总值的 4%以上，与旅游发达国家相比还有差距。旅游行业要认真贯彻落实中央经济工作会议精神，大力促进旅游业和社会经济的发展。另外，把旅游资源优势转化为现实的经济优势，仅靠旅游部门一家是不够的，只有在各级政府和有关部门的重视和支持下，旅游业才会有更大的发展。

钱其琛充分肯定了 3 年来国家旅游局组织开展的"创建中国优秀旅游城市"活动。钱其琛说，开展这项活动，是把党中央倡导的群众性精神文明活动落实到旅游行业的一个有效形式，是全面改善旅游业发展环境、城市建设环境的一项重要措施，对于切实提高旅游经营单位和窗口单位的整体水平和服务质量、增强我国旅游业发展后劲很有意义，希望有更多的城市加入到创优行列中来，把创优工作更加深入持久地开展下去。

钱其琛听取了江苏、新疆、广东旅游局和深圳、大连、桂林市的代表所作的工作汇报。国务院台办主任陈云林、侨办主任郭东坡、国务院副秘书长崔占福、国家旅游局局长何光玮等出席了会议。

首批中国优秀旅游城市在会上受到表彰。

海关总署走私犯罪侦查局的揭牌暨首次授予缉私警察警衔仪式在海关总署举行

中央政法委书记罗干和国务委员吴仪为海关总署走私犯罪侦查局揭牌。吴仪宣读了国务院朱镕基总理签署的授予二级警监警衔的命令，罗干向被授予二级警监警衔的人员颁发了警衔命令证书。

组建缉私警察队伍是党中央、国务院针对当前反走私斗争形势，改革现行缉私体制的重大决策。缉私警察由海关总署和公安部双重领导，以海关领导为主。在中华人民共和国海关关境内，缉私警察依法查缉涉税走私犯罪案件，对走私犯罪案件和走私犯罪嫌疑人依法进行侦查、拘留、逮捕和预审工作。

包括广东省内海关及北京、上海、天津、南京等海关的 19 个侦查分局于近日陆续正式挂牌办公，其余 23 个直属海关的侦查分局于 1999 年 6 月底以前全部建立。

全国人大常委会委员长李鹏在人民大会堂会见芬兰副议长盖尔杜·图恩奎斯特

国务院副总理李岚清在中南海会见美国前助理国防部部长美国哈佛大学肯尼迪行政管理学院院长小约瑟夫·奈

中央军委副主席迟浩田在北京会见美国前助理国防部部长美国哈佛大学肯尼迪行政管理学院院长小约瑟夫·奈

全国人大常委会副委员长邹家华在北京会见由欧洲议会议员欧洲能源基金会主席罗夫·林柯率领的欧洲议会能源代表团

中央军委主席江泽民等观看国防大学训练模拟系

统成果演示

中央军委副主席张万年、迟浩田，中央军委委员傅全有、于永波、王克、王瑞林、曹刚川陪同观看演示。

江泽民在观看演示时讲话说，刚刚过去的1998年，对党和国家、对我们军队来说，都是不平凡的一年。在外有亚洲金融危机冲击，内有严重洪灾侵害的情况下，我们的国民经济仍保持了持续发展的势头，各项重大改革顺利推进，全国上下安定团结。这是很了不起的。在这一年里，我军也胜利地完成了几项重大任务。一是进行了以裁减员额50万为目标的体制编制的重大调整改革；二是和全国人民一道夺取了抗洪抢险斗争的伟大胜利；三是坚决贯彻党中央关于军队、武警部队一律停止经商活动的决策，雷厉风行地完成了几千个经营性企业的撤销、移交工作。这三件大事，对军队建设都是具有重大历史意义的，这种意义随着时间的推移将看得越来越清楚。

江泽民指出，实施科技强军战略，很重要的就是要努力提高军事训练的质量和水平，使广大官兵掌握高科技知识和现代军事技术。现在，全军正在掀起一个群众性的科技练兵热潮。这件事要坚持不懈地抓下去，使部队应付高技术战争的能力有一个显著的提高。开展科技练兵，要注重训练内容、训练方式的改革，尽可能采用先进的技术手段。利用计算机技术进行模拟训练，是发达国家军队训练的一个突出特点，也是我军训练的发展方向。

中宣部等11部门联合发出开展“三下乡”活动的通知

中宣部、中央文明办、科技部、农业部、文化部、卫生部、国家计生委、广电总局、新闻出版署、团中央、中国科协近日联合发出通知，要求认真贯彻党的十五届三中全会精神，广泛深入持久地开展文化科技卫生“三下乡”活动，为发展农村经济、繁荣农村文化、改善农民生活服务，推动农村两个文明建设。

通知提出了五个方面的要求：

一、全面开展文化科技卫生“三下乡”活动

各地要把“三下乡”活动全面铺开。各专业文艺团体要下到农村，为农民演出。把图书报刊、广播电视、电影戏剧送到农村，满足农民的精神需求。着力培养农村文艺骨干，建设农村文体设施，开展多种形式的群众性文化活动，丰富农民文化生活。

组织各类科技人员下乡，多渠道向农村送科技书刊、科技录像带和科技资料。组织好科技大集、科技之冬等多种形式的咨询服务活动，帮助农民解决生产生活中的技术难题。抓好农村实用技术培训，推广科技致富典型经验，增强农民致富本领。出版发行部门要把开发为“三农”服务的选题、扩大农村图书发行作为一项重要任务落到实处。

动员广大医务人员下乡，为农民防病治病。动员各方力量，把一些药品和医疗器械送到农村，改善医疗卫生条件。加强乡村医务人员业务培训，提高他们的技术水平。广泛开展“婚育新风进万家”活动，宣传科学、文明、进步的婚育观念、计划生育政策和优生优育知识，提供计划生育服务。

二、精心组织一批带动作用大的集中活动

今冬明春，各地各有关部门要下力量抓好一批声势大、影响大、示范作用强的集中活动，在元旦春节期间形成高潮，营造文明、欢乐、祥和的节日气氛。

举办丰富多彩的农民文化活动。各地要在元旦春节期间把群众喜闻乐见、便于参加的各种文化活动普遍开展起来，在这些活动中，各专业艺术表演团体要积极参与。

慰问洪涝灾区群众。1999年春节期间，组织知名艺术家，赴长江流域灾区和东北灾区慰问演出。

建起千座卫星广播电视收转站。春节前后，着重在山西、江西、河南、湖北、湖南、广西、四川、云南、贵州、陕西十省区新建千座卫星广播电视收转站，解决农民看电视难问题。

启动西北五省(区)科普工程。在陕西、甘肃、宁夏、青海、新疆五省(区)，组织以实用技术推广、卫生与健康为主要内容的科普工作。今冬明春的主要任务是：在国家级贫困县推广30项实用技术，培训一批少数民族科普工作者。五省(区)要在电台、电视台办好一个科普栏目，推荐一批适合农民需要的科普书刊和科教片。

实施少数民族地区科普示范工程。在内蒙古、宁夏、甘肃、青海、新疆、四川、云南、贵州、西藏、广西十省区建立19个农村科普示范基地，普及17项农业实用新技术，为每一个少数民族聚居的行政村各培训一名科技致富带头人。

组织万场科技大集。各地要利用农村集市和传统节日，开展科普宣传、专业书市、技术咨询、良种供应、农机维修等各项科技服务活动。

开通百县“科技110”。推广山东莱州建立“科技110”、为农民服务的经验。1999年4月底前，在百个有条件的县(市)，开通农业科技咨询服务热线。

集中组织播放农村科技录像片。今冬明春，集中一至两个月时间，将中宣部、农业部、团中央、中国科协及各地、各部门近年来赠送的百项农业适用新技术科技录像片在地方各级电视台安排播出，有关部门要派专人到农村巡回播放。

恢复和新建千所乡(镇)卫生院。在组织医务人员到洪涝灾区和贫困地区为农民防病治病的同时，协助当地政府，在恢复生产、重建家园、移民建镇的过程中，重点帮助灾区和贫困地区恢复和建设千所乡(镇)卫生院。

开展大学生暑期“三下乡”活动。继续组织大学生志愿者在暑期深入农村，以支教扫盲、科技成果推广、文艺演出等为主要内容，为广大农民服务。

实施农村青年“三下乡”接力行动。依托青年科技图书站，广泛开展科技传播活动。利用现有文化娱乐设施，组织好青年文体活动。在灾区动员和组织广大农村青年，配合当地卫生防疫部门，集中开展环境整治活动。

三、着力为灾区和贫困地区农民办实事

各地要在全面开展“三下乡”的同时，把重点放到灾区和贫困地区。人员多往这些地区下，东西多往这些地区送，设施多往这些地区建。对灾区和贫困地区的帮助应区别情况，着力帮扶重点乡镇、重点村、重点农户。要在文化、科技、卫生三个方面，多想办法，多下力量，为灾区农民多办实事，大力支持受灾地区的恢复重建工作。动员有关部门、企事业单位与灾区、贫困地区结对子，对口支援，长期帮扶。在贫困地区和灾区开展“三下乡”，要突出脱贫致富奔小康这个主题，引导农民艰苦创业，自强不息。继续做好文化扶贫工作，组织农民学文化、学科技，提高他们的科学文化素质，加强文化科技卫生设施建设，增强贫困地区自我发展能力。

四、认真坚持“三下乡”的成功经验

要把“三下乡”与发展经济、建设小康和扶贫攻坚结合起来，为农村中心工作服务，为农民致富服务；把集中活动与经常工作结合起来，抓好集中活动，发挥示范作用，做好日常工作，满足农民需要；把面上活动与雪中送炭结合起来，抓好面上活动，突出工作重点，着重帮助贫困地区的农民；把组织活动与机制建设结合起来，既抓住当前，也考虑长远，通过有效的工作机制，保证“三下乡”常下乡；把“送”与“用”结合起来，在用字上着力，在提高效果上下功夫；把“送”与“建”结合起来，在往下送的过程中，着眼加强阵地队伍设施建设；把“三下乡”与农村群众性精神文明创建活动结合起来，引导农民解放思想，更新观念，提高素质，增强致富能力；把“三下乡”与各部门的业务工作结合起来，服务农民，锻炼队伍，推动部门工作，加强自身建设；把办实事与新闻宣传结合起来，运用舆论力量，促进工作开展；把“三下乡”与培育农村文化市场结合起来，制定政策措施，多渠道、多形式，引导扶持农村文化科技卫生事业的繁荣发展。

五、进一步加强对“三下乡”工作的领导

“三下乡”是深入贯彻党的十五届三中全会精神，全面加强农业和农村工作，大力推进农村精神文明建设的一个重要举措。做好这项工作，有利于提高农民整体素质，有利于密切党和政府同农民群众的联系，有利于城乡共同繁荣。要从这样的高度，认识“三下乡”，抓好“三下乡”。

各地要按照三中全会的要求，把“三下乡”列入农业和农村工作的重要日程，从本地实际出发，制订具体方案，作出专门部署。党委宣传部门要做好组织协调工作，形成“三下乡”的整体合力。

要制定政策措施，引导文化科技卫生工作者到农村去。调动社会各方力量，拓宽“三下乡”渠道。保护和调动基层文化科技卫生工作者的积极性，形成一支不走的“三下乡”队伍。

大力表彰“三下乡”工作中有突出贡献的先进集体和先进个人。通过表彰，在全社会倡导为人民服务的价值观，动员更多的人为“三下乡”做贡献。

各新闻单位要做好“三下乡”的新闻宣传，及时报道活动情况和农民的呼声反映，为“三下乡”创造良好的舆论氛围。

文化部 广电总局关于开展严厉打击走私影片活动的通知

近一段时期以来，一些地方电影发行放映单位放映走私影片的活动十分猖獗，它不仅冲击了国内电影市场，而且阻碍了民族电影的发展，严重影响了社会主义精神文明建设。为了维护电影市场的正常秩序，贯彻落实国务院《电影管理条例》，文化部、广播电影电视总局决定在全国范围内开展打击走私影片的活动。

电影发行放映工作是文化市场的重要组成部分，各级文化市场行政管理部门要切实加强电影市场的管理工作，加大打击发行放映走私影片、维护电影市场正常秩序、强化电影市场监督的工作力度，进一步加强电影市场的稽查管理工作。

国家广播电影电视总局设立的电影审查机构是国家唯一批准的电影片进口审查机构。中国电影公司是唯一经国家广播电影电视总局批准进口境外电影的经营单位，其他任何单位或个人从事电影片进口的经营活动，均属走私行为。

要求各级文化行政部门积极与公安、工商、海关等部门密切合作，采取严厉措施，坚决打击影片走私活动。特别是对走私、制作、贩卖、传播有政治问题、淫秽内容影片的有关单位和个人，要按照全国人大常委会《关于惩治走私、制作、贩卖、传播淫秽物品的犯罪分子的决定》予以严惩。

世界杯短池游泳赛北京站在英东游泳馆举行

中国选手夺得了今天进行的17个项目中的11枚金牌。中国女运动员夺得了7枚金牌：覃彩妮(200米自由泳)、李玮(100米蛙泳)、庞然(100米蝶泳)、卢东华(50米仰泳)、阮怡(200米个人混合泳)、晁娜(50米自由泳)、陈桦(800米自由泳)。男选手夺得4金，曾启亮(50米蛙泳)、谢旭峰(400米个人混合泳)、张强(50米蝶泳)、欧阳鲲鹏(100米个人混合泳)。

1月6日

全国公安厅局长会议在南京召开

会议反映，1998年各地公安机关针对突出的治安问题，主动出击，因地制宜地开展了严打斗争和专项治理工作，侦破了一批影响恶劣、危害严重的重大案件，集中整治了一批治安混乱的地区、部位、场所和路段。

截至去年11月，全国公安机关共破获各类刑事案件141万起，其中重大案件44万起，特别是张子强犯罪团伙一案的成功破获，在全国尤其是港澳地区产生了广泛的社会影响。与此同时，各地还把严打与严管、严防、严治有机地结合起来，积极推进社会治安综合治理各项措施的落实，有效维护了社会治安大局的稳定。

在过去的一年里，全国公安机关努力维护社会主义市场经济秩序，依法惩治经济领域的犯罪活动，在11个月里共破获破坏社会主义市场经济秩序案件4万余起，涉案金额760余亿元，为国家、集体和个人挽回了重大损失。

各级公安机关继续推进派出所和刑侦工作改革，加强公安行政管理工作，努力为经济和社会发展提供服务。110报警服务台建设和社会服务联合行动工作逐步深入发展。1998年的火灾起数、伤亡人数和财产损失数都比上年下降。公安交通管理部门在解决大中城市交通拥堵问题和开展车管所文明服务方面，取得了新的成效，还普遍开展了户口管理送温暖活动，赢得了广大群众的赞扬。

澳门特区筹委会政务小组第八次会议发表新闻公报

公报说，本次会议继第七次小组会议之后再次对第一任行政长官参选人的资格、报名与资格审查、候选人的确定、选举办法及监察办法等作了深入研究。会议认为，选举产生特区第一任行政长官人选是筹备成立特别行政区的核心工作，制定第一任行政长官人选产生办法则是完成这项核心工作的基础。会议气氛热烈，委员们本着对国家、对澳门高度负责的态度，就如何保证产生办法符合基本法和全国人大的有关规定，保证在公平、公正、公开、民主和廉洁的基础上产生一位为澳门各界广泛接受的行政长官人选，踊跃发表了意见，并对产生办法(草案)基本达成共识。公报最后说，会议决定，将小组讨论完成的产生办法(草案)提请主任委员会议审议后，提交将在本月中旬召开的筹委会第五次全体会议讨论通过。

国务院副总理钱其琛在广西壮族自治区考察工作

钱其琛于1月6日至10日在广西壮族自治区党委副书记马庆生、自治区政府副主席袁凤兰、张文学等陪同下，到桂林、南宁、北海等地考察了旅游、侨务、对台工作，并听取了广西壮族自治区的工作汇报。

钱其琛充分肯定改革开放以来广西壮族自治区取得的巨大成就。同时，钱其琛指出，广西完全有可能在已有的基础上，充分利用自己的优势，促进经济和社会更快更好地发展。

钱其琛说，实践证明，经济要持续快速健康发展，就不能搞重复建设和泡沫经济，要扎扎实实搞好基础设施，努力学习并掌握社会主义市场经济知识，按经济规律办事。要坚持把农业放在经济工作的首位，稳定党在农村的基本政策，深化农村改革。要进一步对外开放，积极吸引和利用外资，引进人才和技术，争创新的优势。

钱其琛说，广西旅游资源十分丰富，这次来，看到广西把旅游业作为支柱产业来抓，兴办了一批好的旅游项目，很受鼓舞。今后要更好地按照经济发展的规律，搞好旅游规划，加大投入，提高效益，改进服务，把广西建成特色鲜明、设施完善、服务一流的全国旅游先进省区。

钱其琛在考察南宁华侨农场、华侨投资区后指出，广西是我国的重要侨乡，自治区党委、政府在贯彻党的侨务政策方面做了大量工作，华侨农场在多种经营、引进外资方面取得了进展。目前要抓紧抓好华侨农场、华侨投资区企业的体制改革工作，求得新发展，并逐步和当地的经济融合在一起。

钱其琛说，广西对台经济、交往交流和对台宣传工作近年来都取得了新的进展，要继续保持这种良好的发展态势。桂台自然条件相近，经济合作互补性强、潜力大。广西要发挥农业资源优势、海洋产业优势和旅游发展优势，开拓引进台资的领域，加强与台湾工商界、科技教育文化界的交流、合作，使对台工作上一个新台阶。

国务院有关部门负责同志陈云林、郭东坡、崔占福、何光玮等陪同考察。

《人民日报》发表评论员文章《抓住机遇 知难而进——二论今年全党全国工作方针》

《人民日报》就海关总署走私犯罪侦查局和北京海关的侦查分局正式挂牌办公发表评论员文章《完善缉私体制 严打走私犯罪》

《人民日报》就"三下乡"活动进入第三个年头发表评论员文章《顺应历史呼唤 共建美好农村》

国务院副总理温家宝在北京召开的全国供销合作社全国代表会议上讲话

温家宝强调，供销合作社要按照党的十五届三中全会提出的农村经济体制改革的目标，适应农村经济发展的需要，进一步深化改革。当前最紧迫的任务，一是扭转亏损局面；二是防范化解金融风险。这是供销合作社工作的重中之重，是事关供销合作社前途命运和农村经济发展、社会稳定全局的两件大事，务必抓紧抓好。

温家宝指出，在坚持家庭承包经营责任制的基础上，发展合作和联合是我国农村经济发展的必然要求。供销合作社作为我国农村合作经济的重要组成部分，具有组织体系完整、经营网络健全、服务手段有力等优势，有比较好的基础，只要真正按照合作制的原则深化供销社改革，就会有广阔的发展前景。供销合作社可以依托自身的优势条件，在建立社会化服务体系、农产品市场体系和国家对农业的支持保护体系中发挥重要作用。随着农村改革的深化和经济的发展，供销合作社的作用不能削弱，而应当加强。在发展社会主义市场经济的大潮中，在建设社会主义新农村的宏伟事业中，供销合作社是可以大显身手、大有作为的。但是也要看到，供销合作社在发展中还面临一些困难和问题，长期积累下来的体制不顺、机制不活、管理粗放、亏损严重等深层次矛盾日益突出。这种状况，与农村经济发展的新形势很不适应，与为农民和农业服务的新要求很不适应。解决这些问题，在日趋激烈的市场竞争中不断发展壮大供销合作事业，根本出路在于深化改革。要坚持合作制的原则，把供销合作社真正办成农民的合作经济组织；要面向市场，实行自主经营、自负盈亏；要坚持为农服务的方向，帮助农民解决实际困难，维护农民利益；要重点搞好搞活基层社。要从现阶段农村生产力发展水平出发，根据各地农村经济发展和农民需要的实际，积极探索和合理选择合作经济的多种组织形式和多种服务方式，扎扎实实地把供销合作社改革逐步引向深化。

温家宝指出，供销合作社当前最突出的问题是亏损严重，威胁着供销合作社的生存和发展。因此，供销合作社要把扭亏增盈作为当前整个工作的首要任务，首先要在停止发生新的亏损上下功夫。必须采取综合性的有效措施，加大扭亏力度。第一，实行政社分开、社企职能分开，把供销合作社真正办成自主经营、自负盈亏的经济实体。第二，精减富余人员，减少费用开支，提高经济效益。要做好下岗分流人员的安置工作，帮助他们解决实际困难，确保社会稳定。第三，加强内部管理，降低经营成本。要建立分级管理、层层负责的扭亏增盈目标责任制，实行与经济效益挂钩的收入分配办法。对扭亏增盈工作，要实施年终审计，严格奖惩制度。第四，杜绝盲目铺新摊子，着力挖掘现有基层社和企业的潜力。对于扭亏无望的企业和项目，要下决心停办和退出，尽量减少损失。

温家宝说，当前，供销合作社要认真贯彻国务院关于化肥、棉花流通体制改革的部署，深化农资、棉麻企业改革，搞好化肥、棉花经营。这对促进供销合作社转换经营机制，实现扭亏增盈至关重要。国务院最近出台的深化化肥、棉花流通体制改革的政策措施，在强化国家宏观调控的基础上更多地引入市场机制，打破独家经营的格局，实行化肥、棉花储备与经营分开，建立政府指导下的市场价格形成机制，促进适度竞争。改革扩大了供销社在棉花、化肥经营中的自主权，使农资、棉麻企业的经营具有更大的灵活性，但也使供销社面临激烈竞争局面。这对农资、棉麻企业来说，既是一次考验，又是一次机遇。供销社农资、棉麻企业必须适应这种新的形势，抓住化肥、棉花流通体制改革的时机，积极参与市场竞争，努力完成国家委托任务，并求得新的发展。

全国机械工业工作会议在上海召开

会议确定今年机械工业的市场目标重点：一是努力推进重大技术装备的国产化，坚决拿下投资类机械产品主导市场；二是大力开拓消费类产品市场，特别是开发、生产进入家庭的经济适用型汽车，培育新的经济增长点；三是抓好农村、农业、农民市场，努力提供为"三农"服务的直接或相关机电产品；四是巩固和拓展国际市场，调整出口产品结构和出口市场结构，努力开拓非洲、南美和欧美市场，扩大成套机电设备的出口。对重大技术装备，要切实依托国家重点工程，突出抓好三峡工程机电设备的国产化；采取切实可行的措施，确保城乡电网改造供用电设备、城市环境治理所需基础设备；落实一批大型石化、百万千瓦级核电国产化工程和大型冶金企业平炉改造项目。面对农村经济的发展以及改善农民生活质量的需求，及时开发、提供适用先进产品。

财政部部长项怀诚在国务院新闻办举行的中外记者招待会上就调整部分税收政策和开发区政策发表谈话

项怀诚在记者招待会上说，经国务院批准，我国决定从1999年1月1日起，对以下税收政策和开发区的收入分配政策进行调整：一是停止执行“老三资”企业超税负返还政策，同时将“老三资”企业出口货物不征不退政策延长两年，继续执行到2000年年底。二是降低部分纺织品、玩具、林产品共1014个税目商品的进口关税税率，这三类商品的平均降税幅度从8%到78%不等。三是停止执行大连、天津等14个经济技术开发区“两税”收入增量递减返还政策；武汉、重庆等10个经济技术开发区及苏州工业园新增收入全留政策；黑河、绥芬河等14个边境经济合作区“两税”定额返还政策。浦东新区新增收入在现行分配办法执行期满后，按到期年返还额的50%再补助一年；北京、乌鲁木齐等10个经济技术开发区新增收入在现行分配办法执行期满后，按到期年返还额的75%、50%、25%的比例递减补助3年；苏州工业园区“两税”收入增量按到期年返还额的80%、60%、40%、20%的比例递减补助4年。

在谈到1999年中国将继续实行积极的财政政策时，项怀诚说，去年实施的一系列财政政策，对启动经济增长、调整投资结构产生了良好效果。但是也必须注意到，外贸出口对经济增长的贡献率还在继续下滑，企业投资和居民消费低迷。如果今年中央财政支出规模减下来，将影响去年实施积极财政政策的效果，很难保持今年经济的稳定增长。另一方面，去年发生的特大洪涝灾害给人民生命财产造成了巨大损失，灾后恢复生产和重建家园任务艰巨，国有企业改革已进入攻坚阶段，做好国有企业下岗职工基本生活保障和再就业工作有利于深化企业改革，所有这些都需要财政增加开支。因此，无论是从国际经济环境，还是国内改革、发展、稳定的实际需要出发，都要求今年继续实行积极的财政政策。

在谈到1999年财税改革的重点是规范收费管理时，项怀诚说，考虑到目前在道路和车辆方面的乱收费问题非常突出，我们计划，将道路和车辆的收费改革作为突破口，率先规范，积累经验，再逐步推开，争取在今年尽早依法实施这项改革。同时要做好农村税费改革方案的研究制订工作。农村税费改革主要是解决长期以来农村费税关系不清、分配关系不顺、农民负担过重问题。争取用3年时间规范农村收费问题。

在谈到中国将在近几年内初步建立公共财政的基本框架时，项怀诚说，中国现行财政支出范围是从计划经济体制下演变而来的，同建立社会主义市场经济体制的财政制度不相适应，主要是财政供给“越位”和“缺位”并存。一方面，财政供给范围过大，包揽过多，特别是向竞争性生产建设领域的过多延伸，超出了政府职能范围；另一方面，应由政府承担的一些社会公共需要却无力保障。退出前者，强化后者，是优化支出结构，建立公共财政框架的主要内容。从总体上讲，建立公共财政的基本框架，必须符合市场经济的一般规则，财政预算的范围、结构和方法必须与政府职能的范围和方向相适应，要充分体现满足社会公共需要、服从政府职能转变以及与我国国情及财力水平相适应的原则。

教育部公布今年全国普通高校招生计划

教育部宣布：1999年全国普通高等学校本专科招生计划安排130万人，比上一年增加22万人，增长近20%。尽管1999年普通应届高中毕业生的数量比去年有较大的增加，但升学率将仍比1998年提高5个到6个百分点。

中国奥委会批准北京市申办2008年奥运会

全国卫生厅局长会议在北京举行

卫生部部长张文康在会议上提出，1999年卫生行业将重点完成抓紧城镇职工基本医疗保险制度中的医疗机构配套改革、推进卫生监督体制改革、加强农村初级卫生保健三项任务。

1月7日

国务院总理朱镕基在中南海紫光阁会见卢森堡首相容克

中共中央政治局常委胡锦涛在山东考察工作

1月7日至13日，胡锦涛在山东省委书记吴官正，山东省省长李春亭等陪同下，到山东考察工作。考察中胡锦涛指出，在县级以上党政领导班子、领导干部中集中一段时间深入开展以“讲学习、讲政治、讲正气”为主要内容的党性党风教育，是今年党建工作的一个重点，各级党委要按照中央的要求和部署做好工作。他强调了以下三点：第一，搞好这次“三讲”教育，关键在领导，而领导得力不得力，关键又在于思想认识到位不到位。要把思想进一步统一到中央精神上来，从事关党和国家前途命运的高度认识这项工作的重大意义。第二，必须把领导班子、领导干部中存在的突出问题找准、抓住、解决好。尤其要找准、抓住那些影响本地改革、发展、稳定的问题，影响领导班子发挥整体合力的问题，影响党群、干群关系的问题，并且认真加以解决。决不能搞空对空，决不能抽象地泛泛议论了事。第三，在"三讲"教育中要贯彻整风精神，务求取得实效。贯彻整风精神，一定要联系实际，认真读书，掌握思想武器，树立正确态度；一定要发扬党内民主，诚心诚意倾听群众的意见和建议，接受群众的监督和帮助，决不能关起门来搞教育；一定要认真进行批评和自我批评，开展积极的、健康的思想斗争，决不能回避矛盾。要通过开展"三讲"教育，分清是非，提高认识，增强党性，振奋精神，提高贯彻执行党的基本理论、基本路线的自觉性和坚定性，把各项工作做得更好。

全国供销合作总社等联合发出《关于进一步加强棉花市场管理的通知》

国家经贸委在重庆召开全国安全生产工作会议

会议反映，去年前10个月统计数字表明，全国工矿企业共发生职工伤亡事故11604起，死亡10723人，其中发生一次死亡10人以上重大事故99起。去年1—11月份，全国发生火灾事故116727起，死亡1711人，直接经济损失11.5亿元。总体上讲，1998年安全形势比1997年有所好转，保持了全国安全生产形势基本平稳。

国家经贸委副主任石万鹏在会上讲话时，将以下工作列为今年安全生产的重点：

一是抓思想落实。所有企业都要努力提高经济效益，但是必须服从安全第一的原则，树立安全保效益，安全保稳定，安全促发展的意识。

二是抓组织落实。各地区、各部门和企业一把手是安全生产的第一责任人，要一级抓一级，从严强化安全生产工作。

三是抓安全生产责任落实和安全生产目标管理。按照国务院领导提出的"考核各级领导干部安全生产责任制是否落实，归根到底是要看重大、特大事故是否得到有效的控制和预防"的精神严格考核奖惩。

四是抓事故预防，抓苗头，抓隐患整改，而且要警钟长鸣。

五是抓重点行业及其企业。交通、煤炭、电力、石油、化工、林业、建筑等行业事故较多。近几年来，我国每年事故总死亡人数都在10万人左右，其中交通运输死亡7万多人，矿山企业死亡1万多人，工厂企业及其他类事故死亡约1万人。

全国煤炭工业工作会议在北京召开

会议决定，今年6月底以前，所有应予关闭的小煤矿，以及停产整顿后仍没有达到煤炭生产许可证发放条件的各类小煤矿，将全部予以关闭。

国家煤炭工业局局长张宝明在会上说，实行关井压产，下大力气解决煤炭总量过剩问题，是今年煤炭工业的首要任务。今年要关井2.58万处，压产2.5万吨，全国煤炭产量控制在11亿吨左右，销量在12亿吨左右。

国务院总理朱镕基在中南海紫光阁会见日本自民党前政调会长山崎拓和由他率领的议员代表团

中共中央政治局常委胡锦涛在人民大会堂会见以上野公诚为团长的日本参议员代表团

全国总工会主席尉健行会见以总书记亚历山大·扎利科夫为团长的世界工联代表团

外交部发言人朱邦造就美国国会众院有关委员会指控中方窃取美国军事技术一事答记者问

朱邦造说，美国国会众院"中国与技术转让特设委员会"最近通过所谓"对华技术转让调查报告"，指责中国通过与美国经济技术交流和合作获取美军事技术，这是毫无事实根据的。其目的是企图损坏中国形象，破坏中美关系。中方对此表示强烈不满和坚决反对。

朱邦造表示，中美关系20年来的发展历程证明，中美两国之间发展友好互利的合作关系，包括中美之间正常的贸易往来和经济技术交流，符合两国和两国人民的共同利益，有利于亚太乃至世界的和平、稳定与繁荣，顺应了时代的潮流和世界各国人民的共同愿望。这也是美国两党和广大公众的共识。但美国国会少数人逆历史潮流而动，死抱住"冷战"思维不放，无中生有，制造谣言，企图阻挠中美关系的改善和发展，他们是注定要失败的。

朱邦造说，目前，中美关系面临进一步改善和发展的良好机遇，中美之间需要进一步增加信任，扩大合作。我们希望美国国会议员从中美两国人民的根本利益出发，多做促进中美关系发展和有利于双方互利合作的事，而不是相反。我们希望美国政府采取切实措施，消除各种障碍，以实际行动维护中美关系的健康、稳定发展。

中国驻美国大使馆公使衔参赞何亚非在华盛顿驳斥美国众院关于中美开展经济技术交流与合作“危及美国国家安全”的报告

何亚非强调,这种不负责任的奇谈怪论有损于两国在航天领域进行的正常商业合作。

何亚非在中国驻美国大使馆举行的记者招待会上说,美国众院为调查所谓美公司向中国转让卫星技术而成立的委员会上周提出的长达700页的报告结论是“毫无根据的”,美国会和新闻界某些人在中美正常科技合作上大做文章,不是出于无知,就是别有用心。

据报道,美众院提出的秘密报告称中国在过去10多年里“窃取”了大量可作军用的美高精尖技术,美公司在卫星发射方面向中国公司提供的“帮助”改进了中国导弹技术,从而危及了美国家安全。何亚非指出,这些无稽之谈不仅对中国航天工业造成了危害,对美国卫星制造商和美国国家利益也有害而无利。

何亚非指出,中美两国已签署了3项关于开展商业卫星发射合作的协议。根据协议,美安全人员在发射前对美卫星进行昼夜监守,美政府官员参加所有技术协调会议,美方向中方提供的所有数据和资料必须事先得到美政府批准,美公司必须具有美政府颁发的出口许可证。中方一直严格遵守这些协议。

何亚非强调,中国早在70年代就掌握了发射卫星的技术,而且在1985年开始提供卫星发射国际服务。20多年来,中国依靠自己的力量,成功发射了各种卫星。中国没有必要获取美国卫星发射技术。

何亚非说,中美在高技术领域开展正常商业活动符合两国的安全、政治和经济利益,同时有助于建立建设性战略伙伴关系,希望美国切实执行中美协议,慎重处理可能出现的问题,作出明智的决策。

科技部公布1998年度三项国家科技奖评审揭晓

科学技术部在北京公布了1998年度国家技术发明奖、国家科技进步奖及国际科技合作奖的评审结果。获得这三项国家科技奖励的项目有543项,其中国家技术发明奖72项,国家科技进步奖471项;法国科学院院长利翁斯和加拿大国际开发署高级项目经理萨朴汉获国际科技合作奖。获奖人员共计3447人。

本次国家科技奖重点奖励了拥有自己知识产权的技术、高新技术及其产业项目、解决国民经济建设热点与难点问题的关键技术、符合可持续发展战略的项目以及在科技成果转化推广中取得巨大经济、社会和生态效益的优秀科技成果。

中宣部农业部在北京举行向贫困地区赠书仪式

为贯彻落实十五届三中全会和中央农村工作会议精神,将今年的文化、卫生、科技“三下乡”活动推向深入,中宣部、农业部联合在京举行仪式,向全国592个贫困县(市)各赠送一套《九亿农民致富丛书》,价值33万元。

该套丛书由中国农业出版社出版,共160册,内容以畜禽养殖、蔬菜种植、水产养殖为主体,包括作物种植、果树栽培、农产品加工、农业机械、农药、肥料等多方面知识,能满足不同地区农民对农业实用科技的需要。丛书语言通俗,实用性强,农民读得懂、用得上。

全国第八届群星奖揭晓共有163件作品获奖

1月8日

中央精神文明建设指导委员会在北京召开第四次全体会议

会议分析形势,总结工作,按照中央总的工作方针,研究部署1999年的精神文明建设。

中共中央政治局委员、中央文明委副主任李铁映主持会议并讲话。中宣部常务副部长、中央文明办主任刘云山传达了中共中央政治局委员、书记处书记、中央文明委主任丁关根对做好今年精神文明建设工作的意见和要求。

会议指出,1999年精神文明建设要重点抓好四个方面的工作。一是大力加强思想道德建设。二是深入开展群众性精神文明创建活动。三是继续抓好先进典型的学习和宣传。四是进一步加强文化事业建设,大力繁荣文化艺术,多出优秀作品。

全国政协提案委员会在北京召开各民主党派全国工商联提案工作座谈会

与会者介绍了各民主党派、全国工商联提案工作的经验,并就今后提案工作提出了意见和建议。

会上通报的情况说,全国政协九届一次会议党派提案共36件,其中,已经解决或基本解决的8件,占22%;正在解决或已列入计划准备解决的24件,占67%;作为工作研究解决的4件,占11%。提案中经济、计划、教育、法律方面的内容所占比例比较大。民建中央提出的《关于加快发展我国风险投资事业案》、农工民主党中央提出的《关于加大防震减灾的科普力度,引导农民科学建房的建议案》、《关于加大防治荒漠化工作力度的建议案》、《再创乡镇企业新辉煌的几点建议案》、《关于建立国家综合性社会基本保障制度的建议案》被承办单位推荐为优秀提案。全国政协副主席钱正英、全国政协秘书长郑万通出席会议并讲话。

外经贸部决定全国大型工业企业实行进出口经营权登记备案制

中宣部国家质量技术监督局关于加强质量宣传工作的通知

中共中央宣传部、国家质量技术监督局日前发出《关于加强质量宣传工作的通知》(以下简称《通知》),要求各级党委宣传部门、质量技术监督部门和新闻单位充分重视质量宣传工作,在全国范围内努力营造有利于打假治劣、保护名优、提高产品质量和服务质量的舆论监督环境,形成全社会关注质量的良好氛围。

《通知》提出,根据党中央、国务院的要求,要加大质量工作的力度,用铁腕抓质量。国家质量技术监督局将在年内组织开展全国性的打假治劣联合行动和专项斗争。与此同时,宣传部门和新闻单位要加大对质量工作的宣传力度,充分发挥群众监督和舆论监督的力量。

《通知》要求各新闻单位对那些涉及人身安全健康的不合格产品、连续两次国家监督抽查不合格的产品、制售假劣产品的企业、单位、个人进行公开曝光,对情节严重的大案要案要跟踪报道。在全国范围内掀起打假治劣、保护名优的宣传高潮,形成全社会关注质量的良好氛围。

国家主席江泽民根据全国人大常委会的决定任免驻外大使

一、免去吴建民的中华人民共和国常驻联合国日内瓦办事处和瑞士其他国际组织代表、特命全权大使职务。

任命乔宗淮为中华人民共和国常驻联合国日内瓦办事处和瑞士其他国际组织代表、特命全权大使。

二、免去杨福昌的中华人民共和国驻阿拉伯埃及共和国特命全权大使职务。

任命安惠侯为中华人民共和国驻阿拉伯埃及共和国特命全权大使。

三、免去乔宗淮的中华人民共和国驻瑞典王国特命全权大使职务。

中国驻美国大使李肇星就中美关系发表谈话

在中美建交20周年之际,李肇星在华盛顿全美新闻俱乐部举行的午餐会上发表了题为《中美建设性战略伙伴关系》的讲话。他指出,中美关系不断发展和改善对两国和两国人民以及整个世界都十分重要。

他说,中美建交以来,两国经贸关系发展迅速,1979年至1997年双边贸易额增长了19倍。目前美国已成为中国的第二大贸易伙伴和第二大在华投资国,中国也成为美国第四大贸易伙伴。双边经贸关系发展已给两国人民带来了巨大经济利益。

李肇星指出,中美关系平稳、健康发展对世界和平与发展同样至关重要。他特别强调,中美国家元首成功实现互访以来,两国各个领域的合作不断扩大,特别是在平息亚洲金融危机、制止南亚核竞赛以及维护朝鲜半岛和平与稳定等方面,两国都进行了卓有成效的磋商和合作。

李肇星同时指出,台湾问题仍是中美关系中最重要和最敏感的问题,希望美国信守承诺,恪守中美三个联合公报中确定的原则,在相互尊重主权和领土完整、平等互利和互不干涉内政的基础上妥善解决台湾问题。

他对中美关系发展前景表示乐观,同时告诫美国的某些人不要无事生非,造谣惑众,阻挠中美关系的发展和改善。

全国人大常委会副委员长姜春云在人民大会堂会见由领导委员会成员罗伯特·马图特率领的中美洲议会代表团

中央军委主席江泽民在北京会见解放军总装备部第一次党委扩大会议代表

中央军委副主席张万年、迟浩田,全国政协副主席朱光亚,中央军委委员于永波、王克、王瑞林、曹刚川等参加会见。

江泽民说:去年,我们成立了总装备部。你们边组建、边建设,各项工作有条不紊地进行。军队武器装备的高科技化,是当今世界军事发展的一个重要趋势。我国国防和军队现代化建设面临着难得的机遇,也面临着严峻的挑战。国防科技和武器装备发展是衡量国防实力的重要标志,对一个国家、一支军队来说极为重要。

总装备部第一次党委扩大会议1月8日开始在北京举行。会议传达学习江泽民等军委领导关于加强国防和军队现代化建设的一系列重要指示,总结总装备部组建近一年来的工作,部署了新年度工作。

解放军总政治部发出要求全军和武警部队认真学习中央军委主席江泽民《关于二十年来军队建设的历史经验》讲话的通知

通知指出,江主席的讲话,全面回顾了党的十一届三中全会以来我军的发展历程,充分肯定了在邓小平新时期军队建设思想指引下军队建设和改革取得的伟大成就,深刻地总结了改革开放20年来军队建设的历史经验,是新时期军队建设的纲领性文件。讲话中阐明的事关军队建设全局的7个方面的重大关系，是对新时期军队建设规律的新的更加深刻的认识，为实现国防和军队跨世纪发展的宏伟目标进一步指明了方向。认真学习贯彻江主席的重要讲话，对于全军官兵毫不动摇地高举邓小平理论伟大旗帜，深入贯彻新时期军事战略方针，坚持走有中国特色的军队现代化建设之路，具有十分重要的意义。

党和国家领导人江泽民 朱镕基 李岚清等在人民大会堂会见1998年度国家科技奖励获奖代表

国家主席江泽民作了重要讲话。他指出，人类正在经历一场全球性的科技革命。以信息技术和生命工程为主要标志的科技革命。以信息技术和生命工程为主要标志的科技进步日新月异，经济和社会发展主要依靠知识创新和知识的创造性应用的趋势，越来越明显。科技进步日益成为推动人类文明进步的一个重要力量。在即将到来的21世纪，这一趋势将会表现得更加突出。

江泽民指出，国家科技奖励，是党和政府对科技人员进行的创造性劳动的肯定，也是一个很高的荣誉。实现我们宏伟的发展目标，关键是人才。各个方面都形成人才辈出、群星璀璨的局面，我们的事业就大有希望。要进一步做好国家科技奖励的工作，努力在全社会形成一整套激励高素质科技人才脱颖而出、促进科技工作与经济社会发展的要求紧密结合的有效机制。长江后浪推前浪。培养科技人才的工作，特别是培养青年科技人才的工作一定要抓得很紧很紧，这是关系中华民族未来命运的大战略。

会见后，李岚清等与部分获奖代表进行了座谈。座谈会由科技部部长朱丽兰主持。李岚清在认真听取了他们的发言后，就我国的科技事业发展作了讲话。

他指出，当前要加大科技体制改革的力度。要让企业成为技术创新的主体，要尽快改变我国很大一部分技术力量没能进入经济建设主战场的现状，要采取有效措施，对产学研的合作给予优先支持。要创造条件，让有真才实学的科技人员施展才能。要调动各种手段，鼓励科技工作者努力攀登当代科学技术高峰。

中国南极冰盖考察队闯入“禁地”到达南极冰盖最高区域

1月9日

公安部部长贾春旺在南京全国公安厅局长会议上讲话

贾春旺讲话说，在新的一年里，各级公安机关要紧紧围绕党和国家的中心工作，以维护社会政治稳定和治安稳定为主要任务，以保证新中国成立50周年大庆、澳门回归庆典活动的安全为重点，积极主动地做好各项公安工作，努力为改革开放和经济建设创造良好的治安环境。

贾春旺指出，1999年是我国改革开放和社会主义现代化建设承前启后的关键一年，各项改革将进入攻坚阶段，同时将迎来新中国成立50周年大庆，我国政府将恢复对澳门行使主权，公安工作肩负的任务十分繁重艰巨。

贾春旺强调，1999年各级公安机关要一如既往地把维护社会稳定置于各项工作的首位。严厉打击暴力恐怖犯罪，针对影响当前农村稳定的突出问题，各级公安机关要积极采取措施，坚决打击流氓恶势力，依法严惩危害广大农民生命财产安全、坑农害农的犯罪活动，确保农村的社会稳定和治安稳定。

贾春旺要求，各级公安机关要继续坚持严打方针，严厉打击、严密防范各种违法犯罪活动，坚决遏制刑事犯罪上升的势头。要因地制宜地开展强有力的严打集中统一行动和专项斗争，重点打击严重暴力犯罪、涉枪犯罪、毒品犯罪和盗窃、抢劫等多发性的侵财犯罪，保持对犯罪分子的高压态势。要加强对大要案的侦破工作，不断提高破案水平和办案质量。要特别重视打击带有黑社会性质的犯罪团伙，及时铲除城乡流氓恶势力，坚决制止境外黑社会组织的渗透和在境内进行的犯罪活动。各地公安机关要高度重视禁毒工作，坚决扫除卖淫嫖娼、聚众赌博等社会丑恶现象，深挖非法光盘生产线，严厉查处制黄、贩黄的犯罪分子。同时，大力收缴非法枪支弹药和爆炸物品，不断加大对流动人口的管理力度。

贾春旺强调，各级公安机关要从服从和服务于经济建设中心的高度出发，大力加强经济犯罪侦查工作，严厉打击各种经济犯罪活动。对依法应当由公安机关管辖的各种经济犯罪案件，要切实承担起立案侦查的职责。要继续深入开展打击走私和骗汇犯罪的专项斗争，重点打击金融、财税领域的经济犯罪。要狠抓大案要案的侦办工作，尽快将在逃的重大经济犯罪嫌疑人抓捕归案，将经济犯罪给国家和人民造成的损失降至最低限度。

国办批转国家计委《灾后重建、整治江湖、兴修水利现场办公会会议纪要》

各省、自治区、直辖市人民政府，国务院各部委、各直属机构：

国家计委《灾后重建、整治江湖、兴修水利现场办公会会议纪要》已经国务院批准，现转发给你们，请结合本地区、本部门实际，认真贯彻执行。

《中共中央、国务院关于灾后重建、整治江湖、兴修水利的若干意见》(中发〔1998〕15 号)下发后，深受各地人民政府和广大人民群众的拥护，全国各地迅速掀起了灾后重建、兴修水利的热潮。群众热情之高，投入资金之多，机械化施工之广，灾区移民安置速度之快都是前所未有的。各级地方人民政府和有关部门要加强领导，强化责任，狠抓确保工程质量的各项措施的落实，进一步调动广大干部群众的积极性，把灾后重建、兴修水利工作搞得更加扎实有效，推向一个新的发展水平。

国务院办公厅

1999 年 1 月 9 日

国家计委灾后重建、整治江湖、兴修水利现场办公会会议纪要

为进一步贯彻落实《中共中央、国务院关于灾后重建、整治江湖、兴修水利的若干意见》(中发〔1998〕15 号，以下简称中央 15 号文件)和全国江河堤防建设现场会会议精神，落实中央经济工作会议和全国计划对 1999 年水利工作的部署，经国务院批准，国家计委会同水利部、建设部对长江沿线安徽、江西、湖南、湖北 4 省的移民建镇、兴修水利情况进行了调研，并于 12 月 21 日、22 日在武汉市召开了现场办公室。财政部、水利部、建设部、农业部、国土资源部、国家林业局和安徽、江西、湖南、湖北 4 省的领导同志出席了会议。会议听取了 4 省和农业部、国土资源部、国家林业局、水利部、建设部介绍开展灾后重建、水修水利的情况，明确了今冬明春开展灾后重建、兴修水利工作的任务。会议纪要如下：

会议认为，中央 15 号文件深受各级政府和广大人民群众的拥护，按照中央的要求，一场气壮山河的灾后重建、兴修水利的热潮正在长江沿线兴起，群众热情之高，投入资金之多，机械化施工之广都是前所未有的。有关部门和地区认真领会江泽民总书记关于"搞好水利建设，是关系中华民族生存和发展的长远大计"的指示精神，以高度的历史责任感，雷厉风行、精心规划、相互配合、行动迅速，在短短两个月中取得的成绩是显著的。安徽等 4 省 94 万移民的安置规划已经落实，大规模的移民建镇工作正在展开，80%需移民安置的灾民可望在春节前住进新房；明年上半年可完成全部 94 万移民的安置工作。如此大规模移民，安置速度之快也是前所未有的。由于各级政府的努力，大灾之年没有出现荒年景象，社会安定，广大群众情绪稳定，灾民切身感受到党和政府的关心。中央 15 号文件的政策效应正在显现出来。

在充分肯定成绩的同时还必须看到，现在还只是贯彻中央 15 号文件的开始，今后的工作任务很重，要解决的问题还很多，当前工作也还存在不少问题需要认真解决。主要问题有：

第一，当前的大堤建设和分蓄洪区规划是按 1992 年长江流域规划进行的，由于受今年特大洪灾影响和三峡等控制性工程的建设，原有的规划建设标准、设计已不适应，需要调整和补充，分蓄洪区规划也要进行调整。在调整的规划未完成前，各省存在自行其是、盲目攀比堤顶高程的倾向和移民点选址不当的可能，必须加快规划调整工作的进度，避免因规划滞后给工程带来影响。

第二，项目组织管理和资金安排需要改进。有的水利建设项目没有严格履行建设程序，有些项目招投标流于形式，监理队伍资质缺乏严格把关，同体监理现象比较普遍。

第三，工程质量存在隐忧。有些项目质量标准不明确就开始施工，监督责任制不明确，存在设计漏项、多次修改的现象，在施工环节上层层转包，给工程质量留下隐患。

第四，移民建镇质量总体上是好的，但也存在有的建材质量较差、灾民建房缺乏技术指导、户型设计不合理等问题。

针对当前工作和存在问题，会议议定以下事项：

一、加固干堤，确保 1999 年安全度汛

今冬到 1999 年汛前要按照温家宝副总理在全国江河堤防建设现场会上提出的要求着力抓好四项工作：一是优先保证水毁工程修复，保证堤身堤基的重大险情处理，险工险段加固；二是加快堤基处理，重点搞好管涌易发段的堤脚内、外压渗平台的处理，填塘固基；三是对重要河段要采取多种有效措施预防崩岸；四是对今年汛期依靠子堤挡水的薄弱堤段按已批准的规划设计加高培厚。这些任务一定要在 1999 年汛前完成。中央 15 号文件提出大堤建设的其他要求，用两至三年时间逐步达到。

为了确保这些任务的完成，会议提出以下要求：

(一)水利部及各流域机构要加快堤防建设专项规划的编制和审批，尽快完善堤防建设的各项规范、规程和标准，抓紧组织对各地提出的堤防建设项目的审查，加强技术指导和工程质量监督检查，搞好省际间堤防建设的协调。

水利部要在 1999 年 1 月中旬按原长江流域规划对长江干堤重点堤段和水毁工程修复加固，提出工程形象和技术要求，并对中央 15 号文件确定的长江荆江大堤、同马大堤、无为大堤、九江大堤、黄广大堤、洪湖监利大堤、岳阳长江干堤的基础和堤身提出具体设计要求，在 1 月底前将经过审定的长江干堤重点堤段建设内容送国家计委。对长江干堤中需要安排又未列入

加固的建设内容，各地要在1月中旬前报水利部审查，水利部在1月底以前提出审查意见，送国家计委。

各级水利部门要对工程质量负全责。一类干堤加固工程的设计、施工、监理单位，要通过招标选择，工程监理单位需由水利部认定；二类堤防等其他水利工程的设计、施工、监理单位，通过招标选择，并由各省水利厅认定。

（二）国家计委在春节前批复堤防修复加固方案，并下达投资计划。计划部门要严格遵循基本建设程序，按照总体规划和确保重点的要求，认真审批堤防建设项目，统筹安排和及时下达项目投资计划，做好政策协调工作，并加强对国家投资的重点建设项目的稽查监督。

（三）财政部门根据投资计划及时足额拨付资金，严格资金管理，专款专用，并加强对资金使用情况的监督检查，防止挤占和挪用。

二、移民建镇，使大多数灾民春节前搬入新居

安徽等4省在实施移民建镇过程中采取"就地后靠"、"插队落户"、"扩建集镇"三种类型安置移民是行之有效的。与此同时，有关地方、部门应注意做好以下几项工作：

（一）移民建镇要统筹规划，注意质量，分步实施。设计要符合安全、适用、节约和群众满意的原则，有利于生产，方便生活，尽量少占耕地。要通过公开招标选择经济实用的户型设计和施工队伍。建设部要继续加强对移民建镇规划和户型选择、建户质量的指导。

（二）各地要发扬自力更生精神，移民建镇的配套基础设施的资金原则上由地方筹措。移民建镇的基础设施建设要与农村电网建设改造和小城镇建设规划结合起来，要妥善解决电、路、水、学校、卫生院等方面的问题。为弥补资金不足，国家计委在1999年使用国际金融组织贷款计划中，由地方财政担保归还，适当安排一部分用于移民建镇配套的卫生院、学校、供排水、道路的建设。世界银行软贷款要尽快落实用于上述公用设施和水毁工程的建设。

（三）中央平均补助每户移民建房材料费必须用在移民身上。要增加资金安排使用的透明度，严禁将资金挪作他用。对移民建房的补助款要加强审计监督。

（四）对各地提出增加移民的要求，要根据流域分蓄洪规划和财力可能进一步研究确定。当前首先要集中力量完成好94万移民的安置工作，巩固成绩，总结经验。

（五）要加强对建材市场的监管。要采取有效措施增加生产，但不允许新上小砖厂、小水泥厂；要打破地区封锁，开放市场，鼓励从外地调进建材，增加供给以平抑价格。必须制止乘移民建镇建材需求增加而乱涨价、以次充好等行为。必要时，各地可以依法采用临时最高限价办法，加强建材市场管理；对建房所需原材料可组织定点专供，免除一些可以减免的收费，努力降低建房造价。

（六）移民建镇必须做到建新拆旧，这是考核移民建镇是否真正取得成效的重要标准。坚决制止新房子建起来，旧房子继续留用的做法，防止移民返迁。这是确保平垸行洪和退田还湖政策取得实效的关键。为此必须采取坚决措施，原宅基地土地证未作废的，不发新土地证，不调整承包土地；不拆旧房的，要收回建房补助款；可推行二层建房使用拆除旧房的建筑材料。通过移民建镇，将原宅基地退屋还田还湖的，可进行土地调整，适当增加耕地面积。国土资源部要加强指导，颁布必要的政策文件，抓紧完成调整土地所有权的法律手续，避免留下隐患。

（七）妥善安排移民生计是保证移民建镇取得成功的关键，各地要足够重视。在退人不退耕的地方要调整种植结构，发展多种经营，发展现代高效农业，推广优良品种，有条件的地方要适度集约化耕作；对退田还湖失去土地的移民要及时调整承包土地，开垦宜农荒地，组织水产养殖和尽可能组织从事第三产业。在搞好移民建镇的同时要安排好农业生产，做到移民建镇、备耕生产两不误。农业部要切实加强对移民发展农业生产的指导和规划，加大优良品种、先进耕作技术的推广力度，并要特别关注1999年春耕生产存在的问题，对调整承包土地进行政策指导。

（八）为确保移民建镇资金需要，推动移民建镇工作，保证大部分灾民在春节前住进新居，年底前要在已下达14.9亿元移民建镇资金的基础上，再下达10亿元资金。各级财政应积极配合，使资金尽快到位。1999年上半年再下达10亿元，完成已确定的94万人的移民建镇任务。

三、清淤疏浚，恢复和提高行洪能力

为尽快落实中央15号文件提出的三年内完成有关流域的重点清淤任务，水利部和有关各省应于1999年1月15日以前提出有关河段的疏浚任务和挖泥船型号。挖泥船要立足于国内制造，通过招标确定挖泥船生产厂家，要把国产化作为招标条件之一。由国家计委牵头会同水利部、各有关省和中国船舶工业总公司落实挖泥船的制造任务。当前要立足于发挥现有设施的能力，通过招标组织现有挖泥设备承担1999年疏浚任务。

四、防止水土流失，改善生态环境

要认真贯彻国务院发布的《全国生态环境建设规划》（国发〔1998〕36号），各地区和有关部门要据此抓紧修订和完善本地区、本部门的生态环境建设规划。从

现在起要起好步，开好局，实现到 2003 年的生态环境建设近期目标。加快 25 度以下坡地的“坡改梯”和 25 度以上坡地退耕还林的进度，实施天然林资源保护工程。1999 年国家增加以工代赈投入，加大“坡改梯”和退耕还林力度。要切实搞好 1998 年国家投资安排的重点生态环境建设工程，加强综合治理，完善项目管理制度，尽快发挥工程投资效益。由国家计委会同农业部、水利部和国家林业局具体落实。

五、加强项目管理，确保工程质量

(一)进一步落实责任制。贯彻全国江河堤防建设现场会的精神，所有水利工程要层层建立领导责任人制度，对于确保工程质量至关重要，领导责任人对项目建设管理负完全责任，谁负责的工程出了问题，都要追究行政和法律责任。设计、施工、监理、验收都要明确具体负责人，把负责制落实到每个项目、每个堤段、每个环节。实行目标责任制，并严格考核，建立相应的奖惩机制。

(二)确保工程质量。认真实行项目法人责任制、规范招标投标制和工程监理制，严格审查设计、施工、监理队伍的法定资格和能力，从源头上杜绝低素质设计、施工、监理队伍和低劣设备、原材料进入，确保工程质量。加强质量监督检查，项目法人单位、设计施工单位、监理单位和上级主管部门，都要实行制度化的工程质量监督检查，发现质量问题要立即纠正，必要时不惜推倒重来。

(三)严格资金管理。水利建设资金必须专款专用，不得挪作他用。一经发现挪用要追究责任人的责任。重大项目稽查特派员办公要不定期对项目建设单位进行稽查，项目建成后，审计部门要进行审计。

六、抓紧编制 1999 年水利建设专项计划

为做好 1999 年灾后重建、整治江湖、兴修水利的工作，现在起就要抓紧编制计划，做好前期工作。

项目的选择要严格按照中央 15 号文件确定的灾后重建、整治江湖、兴修水利的任务、建设内容和重点进行。以水利基础设施建设为主，同时安排与根治江河水患关系密切的黄河、长江上中游的生态环境建设。确保在建项目和收尾投资项目尽快建成，发挥效益。灾后重建投资要与其他各项资金相结合，财政预算内专项投资与国家预算内基建投资、水利建设基金、以工代赈资金和其他农业建设资金相结合，国内资金与利用外资相结合，国家投资与广泛动员群众投工投劳相结合。

水利建设，重点安排 1999 年度汛应急工程和 1998 年已开始实施的灾后重建续建项目及具备开工建设条件的流域重点治理项目。主要用于长江、黄河、淮河、海河、松花江、辽河、珠江 7 大江河干堤加固工程，长江、黄河等大江大河主要河段清淤疏浚和挖泥船购置，重点病险水库除险加固和大江大河部门重要控制性水利枢纽工程建设。

生态环境建设，重点安排《全国生态环境建设规划》确定的建设项目。主要用于长江、黄河流域上中游和黑龙江等重点国有林区的天然林资源保护工程；10 大防护林建设工程；全国生态环境建设重点县综合治理工程，包括水土流失治理、植树造林、退耕还林、草地植被恢复、“坡改梯”和农村节能建设等。

各地要切实安排好地方财政性资金，要做到与中央资金同步到位，努力保证灾后重建对投资的需求。同时，要面向全社会，调动各方面的积极性，多渠道筹集灾后重建资金。

七、加强对灾后重建、整治江湖、兴修水利重大项目的稽查

国家计委 10 月份首次派出稽查特派员对 78 个国家财政预算内专项资金安排的项目进行了稽查，及时发现和整改了一些项目的质量和资金、工程管理问题。向国家出资的项目派出稽查特派员是投融资体制改革的重要内容，有利于保障国家投资的效益与安全，有利于基本建设工程项目健康进行。1999 年 1 月中旬国家计委将继续派遣重大项目稽查特派员对重点建设项目进行稽查，发现问题及时整改。

交通部决定开展全国公路建设质量年活动

全国轻工业工作会议在杭州举行

会议提出，1999 年我国轻工业经济增长初步确定的目标是：全行业经济增长速度为 9%；轻工系统经济增长速度为 5%；产销率达到 96%；轻工业品出口 560 亿美元，增长 4%；经济效益力争好于 1998 年。会议提出，轻工业行业要把扩大国内需求，开拓国内外市场作为首要任务来抓。第一，以市场为导向，加大结构调整力度，积极培育新的经济增长点。第二，把扩大国内需求作为促进经济增长的主要措施。第三，大力开拓国际市场。尽快调整和优化出口产品结构，提高出口产品的质量和档次，改进营销策略和营销方式，努力扩大出口的市场和规模。

第五届国家督学会议在北京召开

会议提供：20 年来，全国 31 个省市区和 99%的市(地)、93%的县(市、区)都建立了教育督导机构，全国教育督导人员达到 2.48 万人，其中专职督学 7600 多人。这表明我国国家、省、地、县四级督导机构已经确立。会上，教育部向 54 位第五届国家督学颁发了聘书，表彰了 108 名全国教育督导先进工作者和 59 个先进集体。

1月10日

解放军总政治部发出开展“三讲”教育通知

通知说，根据《中共中央关于在县级以上党政领导班子、领导干部中深入开展以“讲学习、讲政治、讲正气”为主要内容的党性党风教育的意见》，中央军委决定，1999年在全军团以上党委班子和领导干部中，深入开展以“讲学习、讲政治、讲正气”为主要内容的党性党风教育。

通知要求：一、统一思想认识，把“三讲”教育作为加强团以上党委班子、领导干部队伍建设的一项重要任务。二、着眼于解决问题，在增强党性、端正党风方面务必取得明显进步。三、精心组织，有计划、分步骤地搞好学习教育。这次“三讲”教育，采取自上而下、分级分批、相对集中的办法进行。四、加强领导，确保“三讲”教育取得实效。

第九届全国冬运会在长春开幕

第九届冬运会共有30个代表团参加，香港特别行政区首次组团参加全国冬运会。赛会进行速度滑冰、短道速滑、花样滑冰等9个大项、62个小项的比赛。开幕式前举行了大型文体表演。

第二届中国京剧艺术节组委会在北京举行颁奖仪式

江苏省京剧院的《骆驼祥子》、北京京剧院的《风雨同仁堂》荣获本届京剧艺术节金奖。

1月11日

全国人大常委会委员长李鹏在人民大会堂会见玻利维亚众议长乌戈·卡瓦哈尔和夫人

《人民日报》发表评论员文章《团结一致艰苦奋斗——三论今年全党全国工作指导方针》

最高人民法院发出《关于加强与人大代表联系邀请人大代表视察法院工作的通知》

全国地方各级人民法院、各级军事法院、各铁路运输中级法院和基层法院、各海事法院，新疆生产建设兵团各级法院：

根据最高人民法院《关于人民法院接受人民代表大会及其常务委员会监督的若干意见》，各地法院陆续邀请全国人大代表到法院视察，代表们听取法院工作汇报，与干警座谈，全面了解法院工作，增强对法院工作的感性认识，增进对法院工作的理解和支持，取得了良好效果。

为加强与全国人大代表的联系，请各级人民法院于近期邀请所在地的全国人大代表对本地法院进行一次视察，向代表们详细汇报法院的工作情况，让代表们全面了解法院工作，同时召开座谈会，请全国人大代表对今后法院工作提出宝贵意见和建议。各高级人民法院要将有关各地开展全国人大代表视察活动的情况和全国人大代表对法院工作的意见和建议，于2月15日前电传我院办公厅。

为全面落实最高人民法院《关于人民法院接受人民代表大会及其常务委员会监督的若干意见》，今后，全国各级法院都要主动邀请各级人大代表到人民法院视察，不仅要全面汇报工作，积极反映情况，而且要如实解答问题，虚心接受批评。对代表提出的涉及具体案件的问题，要作为重要事项，严格按照法定诉讼程序尽快办理。并作出负责任的答复。

省部级主要领导干部金融研究班在中央党校结业

中共中央总书记江泽民在结业式上发表重要讲话。

金融研究班举行期间，中共中央政治局常委、国务院总理朱镕基就经济、金融形势作了报告。

中共中央总书记江泽民在省部级主要领导干部金融研究班结束时发表讲话

加强学习，树立一个好的学风很重要。这里，我提五点要求。

一是要坚持以研究中国的实际问题为中心。学习不应该是经院式的，而要有的放矢，学以致用。毛泽东同志曾经要求全党确立以研究中国革命的实际问题为中心，以马克思列宁主义基本原理为指导的方针，废除静止地孤立地研究马克思列宁主义的方法。这是我们搞好学习必须始终坚持的指导思想。我们要以我国改革开放和现代化建设的实际问题、以我们正在做的事情为中心，着眼于马克思主义理论的运用，着眼于实际问题的理论思考，着眼于新的实践和新的发展。我们要坚持解放思想、实事求是的思想路线，系统、周密地研究中国改革和建设的实际问题，绝不能满足于一知半解，不断研究新情况，解决新问题，勇敢地开拓理论和实践的新境界。

我提出若干问题，希望大家结合自己的学习和工作进行思考。比如，如何使国有企业加快建立现代企业制度，更好地发挥它们在社会主义市场经济中的主导作用；在扩大对外开放的条件下，如何确保我国金融稳健运营；在世界经济全球化趋势进一步加强的情况下，如何处理好既要积极参与国际经济合作与竞争，又要善于维护国家的独立、安全和利益的关系；如何适应以信息科学为标志的现代科学技术的发展，加快我国高新技术产业的发展和科技创新体系的形成；如何进一步采取有效的措施，解决好农民增产又增收和开拓农村市场的问题；如何正确处理把依靠国内市场作为发展经济的根本立脚点和积极利用国外市场与资源的关系；如何加快中西部地区的发展步伐，实现区域经济的协调发展；如何全面认识和正确处理新时期的人民内部矛盾，促进社会政治稳定。这些都是对我们实现跨世纪发展目标有直接影响的课题，希望全党同志开动脑筋，在实践中不断寻找解决它们的正确答案，以利推动我国改革开放和现代化建设更好地向前发展。

二是要坚持理论联系实际。在新的历史时期，坚持理论和实践的统一，就是要紧密结合改革和建设的实际，通过理论学习提高自己，更好地进行实践，再在实践中进一步丰富和发展理论。我们不仅要向书本学习，而且要向实践学习。我们党领导人民进行革命、建设和改革的历史，是一部蕴含和体现马克思列宁主义、毛泽东思想和邓小平理论的活生生的教科书。我们刚刚总结了改革开放二十年的丰富经验，目的就是要运用这些宝贵的经验来教育全党同志，使大家更加坚定、自觉地坚持党的基本理论、基本路线和基本纲领。在长期的实践中，我们有过教训，也付出过惨痛的代价。这也要牢牢记取。一个政党，一个民族如果不善于从自己发展的正反经验中学习，就没有希望。

改革开放和社会主义现代化建设是一个大课堂，人民群众是这个课堂上最高明的老师。向实践学习，首先就要向广大人民群众学习，甘当他们的小学生。要善于总结和提高人民群众创造的新鲜经验，不断改进我们的工作。领导干部特别是年轻干部，应该勇于在实践中接受锻炼，经受考验，增长才干。不经受各种艰难困苦和尖锐复杂斗争的锻炼和考验，一个干部是很难成熟起来的。要与群众同甘共苦，群策群力克服困难，把党的路线、方针、政策落实下去。一个干部在政治上、工作上是否合格，不仅要看学习得怎样，而且要看能不能在实践中创造性地贯彻落实中央的路线、方针、政策，能不能在困难的环境中团结和带领群众坚韧不拔地打开工作的局面。

三是要坚持在改造客观世界的同时努力改造我们的主观世界。改造客观世界和改造主观世界，始终是我们共产党人的两项重要任务。这两项任务是统一的。在改造客观世界的进程中，我们的主观世界可以得到磨炼和提高。我们的主观世界不断得到改造，就可以推动我们更好地改造客观世界。改造主观世界，关键是要牢固地树立正确的世界观、人生观和价值观，牢固地树立为党和人民的事业不懈奋斗的信念。在对外开放和发展社会主义市场经济的条件下，一些干部经不住权力、金钱、美色等的考验，跌入违法犯罪的腐败泥潭，一个重要的原因就是放松了对自己主观世界的改造。勤于学习，善于学习，不仅有利于把我们的思想认识和行动建立在科学的基础之上，而且有利于陶冶革命情操，提高精神境界。

我们所以强调要不断改造主观世界，就是要使全党始终保持一种坚忍不拔、奋发有为的良好精神状态。庸俗的人生哲学，对群众的疾苦置若罔闻、麻木不仁的态度，都是同我们党的性质和宗旨格格不入的，必须坚决反对和杜绝。我们做工作，必须有对党和人民高度负责的精神。不负责任，得过且过，敷衍了事，是要出大事的。最近，云南昆禄公路"豆腐渣工程"的暴露、辽宁沈四高速公路青洋河大桥的塌陷、重庆綦江县人行桥因粗制滥造而垮塌等事件，看了以后令人震惊。中央决定扩大投入，加强基础设施建设，以扩大内需，带动国民经济增长。这是一个重大决策，各项工程一定要加强监管，确保工程质量，不然后患无穷。

全党同志首先是各级领导干部，都要始终保持开拓进取的旺盛斗志和高度负责的工作态度，都要坚持说老实话、办老实事、做老实人，都要始终诚心诚意为人民谋利益。"富贵不能淫，贫贱不能移，威武不能屈"，"业精于勤，荒于嬉；行成于思，毁于随"，"先天下之忧而忧，后天下之乐而乐"，"天下兴亡，匹夫有责"等，都是古人留下的很有价值的思想。古人尚懂得"修身齐家治国平天下"、"吾日三省吾身"的道理，我们共产党人更应自觉地加强对自己主观世界的改造。

四是要坚持学习一般知识与学习专门知识的统一。改革开放和现代化建设是一项宏伟而复杂的系统工程，各方面的工作必须相互协调、相互配合，顾此失彼、畸重畸轻，就不会取得最终的成功。塑造一个人头像，眼睛、鼻子、嘴巴、耳朵和眉毛都要成比例。如果不成比例，各个部位雕琢得再好也没有用。哪怕一个部位没有安排好，也会破坏整体的平衡和美感。我打这个比方的意思是，我们做工作，必须做到统筹兼顾。古人说，"不谋全局者不足谋一域"，说的就是这个道理。一个干部在一个地区或部门担任领导职务，特别是党政一把手，没有多方面的基本知识，就不能很好地观察和把握工作的全局。讲政治，很重要的一条，就是要讲全局、懂全局、谋全局。这对于各级党政一把手来说极为重要。没有全局，就没有方向。因此，大家应该不断扩大自己的知识面，增强全局观念和工作上的全面性系统性，减少和避免片面性。

另一方面，各级领导干部也要努力成为本职工作的行家里手。现在，无论领导什么工作，没有一定的专业知识是不能胜任的。管金融的不懂金融，管水利的不懂水利，管工业的不懂工业，怎么能管好呢？这个道理是很明白的。干部“四化”标准中，有一条就是专业化。在加强革命化、年轻化和知识化的同时，努力加强干部的专业化素质和能力，是今后干部队伍建设要继续着力抓好的一项工作。

五是要坚持在研究中国特点的基础上借鉴外国的有益知识和经验。深入研究中国的特点，切实解决中国的问题，这是我们学习的基本立足点。离开了这一点，我们的学习就没有意义。同时，我们也必须积极学习和借鉴世界各国人民创造的一切优秀文明成果，包括吸收和借鉴西方发达国家创造的符合社会化大生产规律的经营和管理方法。我们党历来重视学习外国的先进知识。马克思列宁主义，就是我们从外国学来的。我们学来了以后，又把它同我国的具体实际相结合，找到了适合国情的革命和建设的正确道路。我们要研究中国的政治、经济、文化和军事，也要研究外国的政治、经济、文化和军事。发展现代科学技术，管理市场经济，操作现代金融，在一些具体方面我们需要向西方发达国家学习和借鉴。它们毕竟搞的时间比较长，积累了一些有用的知识和经验。当然，学习外国，必须坚持为我所用的方针，进行认真的鉴别。对什么东西可以学，什么东西不能学，要做到心里有数。对可以学的东西，也要结合自己的实际消化吸收，不能囫囵吞枣，生搬硬套。切不能邯郸学步，失其故步。

实现跨世纪发展的宏伟目标，从长远看，关键在一大批年轻干部的健康成长。年轻干部要尽快成长起来，没有任何捷径可走，只有勤奋学习，深入实际，努力吸收各种知识营养，在艰苦的锻炼中成长起来。不仅党的高级干部要加强学习，各级干部和全党同志都要加强学习。还要通过我们以身作则的实际行动，努力把勤奋好学的风气推广到全社会去。我们未来的领导干部和建设人才，要从现在的青少年一代中产生。因此，通过全党的学习，带动广大青少年刻苦学习，是关系到我们党和国家的事业兴旺发达和后继有人的一件大事。全党都要做这项工作，高级干部更要带头做。全社会的学习风气大大加强了，中华民族就大有希望。

我今天讲的话，归结到一点，就是希望大家学习、学习、再学习，实践、实践、再实践。

中国投资银行并入国家开发银行

中国常驻联合国日内瓦办事处代表乔宗淮大使就香港特区实施《公民权利和政治权利国际公约》向联合国提交报告

乔宗淮在日内瓦向联合国人权事务高级专员玛丽·鲁滨逊转交了中国香港特别行政区关于《公民权利和政治权利国际公约》实施情况的报告，以及他本人为此致联合国秘书长安南的外交照会。

乔宗淮表示，根据《中华人民共和国香港特别行政区基本法》，1997 年 7 月 1 日后，《公民权利和政治权利国际公约》适用于香港的规定继续有效。尽管中国刚于 1998 年 10 月 5 日才签署该公约，但中国政府本着“一国两制”的精神，并参照公约的规定，向联合国转交中国香港特别行政区关于上述公约实施情况的报告。

这份报告是在香港回归后，中国向联合国提交有关中国香港特别行政区实施《公民权利和政治权利国际公约》的首次报告，全面介绍了有关香港回归后各项公民权利和政治权利的实施情况，涵盖时间为 1997 年 7 月 1 日至 1998 年 6 月 30 日。报告共 176 页，分为两部分：第一部分为中国香港特别行政区概况；第二部分为中国香港特别行政区实施公约各项规定的具体情况。

欧盟发表对香港的评估报告，欧盟委员会在布鲁塞尔发表中国香港特区评估报告时表示，“一国两制”方针是中国恢复对香港行使主权后确保香港自由、繁荣和稳定的关键因素。

欧盟委员会副主席布里坦说，1997 年 7 月 1 日之后，香港根据特区基本法保持了各种基本权利，并享有高度自治，这一成功预示着光明的未来。

这份评估报告高度赞扬了香港在亚洲金融危机中发挥的积极作用。报告认为，虽然金融危机使香港遭受了几十年来最为严重的经济打击，但香港仍然坚持开放市场、保持廉洁的政府和压缩财政支出，这为处于困境的亚洲地区树立了榜样。

评估报告说，香港特区政府在金融危机中积极地捍卫了港币的联系汇率制，采取了一系列措施遏制外汇和股票市场的投机行为。香港政府还采取了紧急行动以使金融局势恢复稳定。一年半的事实已经证明，“一国两制”方针得到了有效的贯彻，值得欧盟和其他合作伙伴的全力支持。

中宣部等七部门联合在北京举行仪式向西北五省区赠送录像带标志该地区科普工程正式启动

教育部在北京召开教育工作会议

教育部副部长吕福源在会上宣布，1998 年，全国又有 360 个县（市、区）达到基本普及九年义务教育和基本扫除青壮年文盲的要求，有 65 个县（市、区）通过了基本普及初等义务教育的验收。至此，全国实现“两基”的县（市、区）累计达到 2242 个，人口覆盖率由去年的 65％上升到 73％，规划目标如期实现。

1998 年，全国扫除青壮年文盲 320 万人，使青壮年文盲率下降到5.5％，普及初等义务教育的县（市、区）也累计达到116个。

目前，辽宁、吉林、福建三省所辖各县（市、区）都已实现“两基”，使我国实现“两基”目标的省（市）继京、津、沪、苏、粤、浙后达到9个。

会上，教育部表彰奖励了1998年实现“两基”、“普初”的工作先进县（市、区）。

成都发掘出两座史前文化遗址和一具完整的体骨架填补了考古地层学空白

国家经贸委等部门就进一步落实省级医药储备制度发出通知

国务院总理朱镕基就四川达川市通州百货大楼特大火灾作出批示

中办国办《关于切实帮助生活困难群众过好1999年春节的通知》

宁波市中级法院判处中国人民银行宁波市分行原行长孙茂本死缓

宁波市中级人民法院日前对原中国人民银行宁波市分行行长孙茂本受贿一案作出一审判决：以受贿罪判处孙茂本死刑，缓期2年执行，剥夺政治权利终身，并没收财产人民币5万元；其犯罪所得人民币47.995万元、美元2.3万元、港币5万元及女式“欧米茄”手表一只上缴国库。

1月12日

国家主席江泽民致电哈萨克斯坦总统纳扎尔巴耶夫祝贺他再次当选总统

国务院总理朱镕基在中南海会见澳大利亚南澳州总理约翰·奥尔森

《人民日报》发表社论《大兴学习之风》

新年伊始，党中央做的第一件大事，就是组织省部级主要领导干部聚集一堂，学习金融知识，研究怎样进一步做好金融工作。金融是现代经济的核心。发展金融事业，保证金融安全，关系国民经济持续快速健康发展，也关系社会的稳定和国家的安全。组织领导同志专门研究金融问题，充分体现了中央对于金融工作的重视，也充分体现了中央对于各级干部特别是高级干部加强学习的重视，为全党和全国大兴学习之风开了个好头。

加强学习，大兴学习之风，是由我们所面临的形势，所承担的历史任务和干部队伍的基本状况决定的，是实现我们跨世纪发展目标的必然要求。我们党历来是一个重视学习、善于学习的党。每逢重大历史关头，每逢迎接重大任务和新的挑战，中央总要发动和组织全党同志特别是各级领导干部加强学习，提高素质，以利改进工作，推动我们事业的大发展。

当今世界，国际格局多极化态势日益明显，经济全球化趋势正在深入发展，科技进步日新月异，知识创新空前加快。国际社会的竞争越来越成为综合国力的竞争，特别是越来越表现为科技进步、知识创新和宏观驾驭能力的竞争，表现为人的素质的竞争。在新的形势下，要做到主动而不是被动、自觉而不是盲目地推动改革开放和现代化建设不断向前发展，就要努力学习各种知识尤其是新知识。坚持不懈地学习马列主义、毛泽东思想特别是邓小平理论，坚持不懈地学习经济、政治、科技、法律、历史、文学等知识，坚持不懈地学习人类文明所创造的所有先进成果。只有理论功底深厚，知识丰富渊博，才可能走在时代前面，真正保持共产党人的先进性，也才可能成为一个合格的社会主义现代化事业的领导者，真正承担起历史的重任。

大兴学习之风，要求各级干部特别是高级干部增强学习的自觉性。无论过去、现在还是将来，干部素质始终关系我们事业的兴衰成败。应该说，我们的各级领导干部，大多数是经过锻炼和考验走上领导岗位的，具有相当的知识水平。但也有些同志实践经验比较多，理论学习、知识储备不够；有些同志比较熟悉理工科学，不太熟悉其他方面的知识；有的同志比较熟悉一般文化知识，不大懂得经济和科技。不管哪种情况，面对日新月异的形势，都有一个知识充实和更新的问题，都有一个面对新领域、新事物、新情况，不断加强学习的任务。

大兴学习之风，必须重视学风问题。党的十五大强调，学习马克思主义，一定要以我国改革开放和现代化建设的实际问题、以我们正在做的事情为中心，着眼于马克思主义理论的运用，着眼于对实际问题的理论思考，着眼于新的实践和新的发展。这是我们学习的出发点和立足点。学习理论，学习各种知识，都要学以致用，解决改革开放和现代化建设中的各种实际问题，特别是把学习和运用的重点放到我们正在攻克的难点问题上，反对理论脱离实际，反对教条主义，反对装腔作势做表面文章。

大兴学习之风，各级领导班子要带头，作出样子，学出成绩，真正形成辐射作用。同时，要加强领导，做好组织工作，增强计划性，有实际措施，不能满足于一般性号召。要坚持一级抓一级，加强检查，抓出实效，表扬先进，带动一般，以进一步推动全党全社会形成新形势下的浓厚学习风气。

党的十四大以来，以江泽民同志为核心的党中央十分重视在全党和全国树立学习的风气，多次号召领导干部特别是高级领导干部要讲学习。江泽民同志几乎是有会必讲，一再强调和阐述加强学习的重要性、迫切性。在党中央的领导和推动下，各地区各部门正在以各种方式组织党员和干部深入学习邓小平理论，广泛学习各种现代知识。近些年来，我们在风云多变的国际局势和激烈的世界竞争中，依靠邓小平理论，依靠我们的刻苦学习和奋发工作，依靠全党全国人民的智慧和力量，赢得了时间，经受了考验，取得了辉煌成就。但是，面对新形势、新任务、新情况、新知识，干部队伍中也还存在着多方面的不适应。有的是理论素质和知识水平不适应，有的是工作作风和工作方法不适应、思想境界和精神状态不适应。一些领导干部包括有的高级干部，缺少学习的兴趣和热情，忙于应酬；有的浅尝辄止，满足于一知半解；有的不是着眼于解决实际问题，而是摆样子，搞花架子；有的对党的理论和文件的学习不是完整准确地理解，而是断章取义，甚至搞实用主义。问题虽然出现在少数人身上，但因是领导干部，影响颇大，危害甚广，对此必须引起高度重视，并坚决予以纠正。

形势在发展，时代在前进，我们各级领导干部特别是高级干部，不仅要有担负起历史使命的雄心和气魄，更要有带领全国人民战胜困难，走向胜利的必备知识、水平和能力。我们要在党中央举办这次省部级主要领导干部金融研究班的带动下，使 1999 年成为大兴学习之风的一年。我们相信，在以江泽民同志为核心的党中央领导下，全党同志持之以恒，学习、学习、再学习，实践、实践、再实践，我们党的领导水平和驾驭局势的能力一定会有新的提高，我们的事业一定会有更大的发展和更大的进步。

全国检察长工作会议在北京召开

最高人民检察院检察长韩杼滨在会上作报告时强调，为了开创检察工作的新局面，今年将推行六大改革：(1)深化检务公开；(2)推行主诉检察官制度，在北京、天津、上海、重庆等十个大城市率先展开；(3)专家咨询制度；(4)改进检察委员会工作，可设专职委员；(5)完成内设机构改革，精简非业务机构，合并职能重叠部门；(6)全面推行人事制度改革，普遍推行双向选择、竞争上岗和辞退制度。

最高人民检察院副检察长梁国庆、胡克惠、赵登举、张穹、赵虹出席会议。

国务院召开国有企业下岗职工基本生活保障和再就业工作会议

会议的主要任务是，全面总结 1998 年 5 月党中央、国务院召开国有企业下岗职工基本生活保障和再就业工作会议以来的成绩和经验，分析新的形势，研究和部署今年的工作。

中共中央政治局委员、国务院副总理吴邦国在 12 日的开幕会上作了《发扬成绩，再接再厉，为改革发展稳定大局作出新的贡献》的工作报告。他在报告中充分肯定了去年“两个确保”工作所取得的成绩，明确提出了今年的工作方针和主要任务，并要求各地、各部门切实加强领导，改进工作作风，按照中央经济工作会议提出的总体要求，千方百计保证国有企业下岗职工基本生活，保证企业离退休人员养老金按时足额发放，积极促进下岗职工再就业，建立健全社会保障体系，为维护改革、发展、稳定大局作出新的贡献。

吴邦国指出，国有企业下岗职工必须进企业再就业服务中心，并签订基本生活保障和再就业协议，再就业后要解除与原企业的劳动关系。下岗职工在再就业服务中心 3 年期满后仍未就业的，也要解除与企业的劳动关系。要进一步完善国有企业下岗职工基本生活保障、失业保险和城镇居民最低生活保障“三条保障线”制度，即下岗职工由再就业服务中心保障其基本生活；进再就业服务中心 3 年后仍未就业的，要转到社会保险机构领取失业保险金；享受失业保险两年后仍未就业的，转到民政部门享受城镇居民最低生活保障。这是目前条件下具有中国特色的社会保障制度，有关方面一定要把“三条保障线”的衔接工作做好，为企业的改革和发展营造一个好的环境。

吴邦国要求，要确保企业离退休人员基本养老金按时足额发放，不准发生新的拖欠，并逐步补发过去拖欠的养老金。为此，关键要做到以下几点：一要扩大养老保险覆盖面，各类企业包括外资企业、私营企业都要参加养老保险，任何企业都不得例外；二要努力提高收缴率，坚决清理和追缴企业欠费，对不按规定缴费的，可采取公开曝光、黄牌警告直至撤销企业负责人职务等办法严肃处理；三要合理确定缴费比例，费率不能定得太高，要在扩大覆盖面和提高收缴率的基础上，把过高的费率逐步降下来。此外，实行省级统筹不能搞一平二调，不能“鞭打快牛”，应积极稳妥地推进。要限期全部回收被挤占挪用的养老保险基金并进入财政专户，严格实行养老保险基金收支两条线的管理办法。

吴邦国说，要切实做好养老保险行业统筹移交地方管理的调整工作，坚决纠正提前退休。各地对行业养老金提取比例的调整要慎重，必须严格按照国务院

《关于实行企业职工基本养老保险省级统筹和行业统筹移交地方管理有关问题的通知》的规定执行，费率调整要报劳动保障部商财政部批准，不能各行其是。各地和有关行业主管部门对提前退休问题必须全面清理，坚决按照国务院有关规定尽快予以纠正。他还特别指出，全国城镇职工医疗保险制度改革工作，国务院去年已经作了部署，各地要抓紧实施，切实做好宣传工作，年内要把基本制度建立起来。

吴邦国强调，今年的"两个确保"工作困难不少，但有利条件也很多：一是有以江泽民同志为核心的党中央的高度重视和坚强领导；二是国家继续实行积极的财政政策，国民经济将继续保持较快的增长，可为"两个确保"工作提供较为宽松的环境；三是有近几年特别是去年的工作基础和成功经验。各地、各部门要充分利用这些有利条件，努力开展工作，狠抓有关政策措施的落实，把"两个确保"工作做得更好。

各省、自治区、直辖市人民政府和中央、国务院有关部门的主要负责人出席了会议。

全国人大常委会委员长李鹏就合同法在北京进行立法调研

李鹏在 1 月 12 日到 13 日就合同法在北京进行调研。他多次召开座谈会，听取各方意见。12 日下午，李鹏在人民大会堂主持召开座谈会，征求对合同法草案的意见。17 位专家、学者和政府部门、企事业单位负责人，围绕订立合同的形式、防范合同欺诈、情势变更制度、违约责任、建设工程合同、技术合同、融资租赁、分则的设立等，畅所欲言，发表了意见和建议。

13 日上午，李鹏专程来到北京市丰台区人民法院，再次主持座谈会，听取法官和有关法律工作者对合同法草案的意见。李鹏希望大家着重在四个问题上发表意见：第一，采取什么形式订立合同。第二，关于情势变更制度。第三，关于技术合同问题。第四，要不要分则。

全国人大常委会副委员长田纪云、姜春云，全国人大常委会秘书长何椿霖，最高人民法院院长肖扬，全国人大及其常委会有关部门负责人参加了座谈会。

全国税务工作会议在北京举行

会议提出，1999 年全国税收工作要以组织收入为中心，按照"加强征管，堵塞漏洞，惩治腐败"的要求，全面加强税收管理，确保完成各项税收任务。1999 年全国税收收入必保计划为 9460 亿元。

全国建设工作会议在北京召开

建设部部长俞正声在会上说，党中央、国务院领导同志在闻听重庆市綦江县跨江人行桥垮塌事件后，多次打电话向建设部门询问人员伤亡情况和事故原因，并对加强工程质量管理作了重要指示。建设部在赴事故现场调查后，就有关问题向全国建设部门发出紧急通知。

俞正声说，据他在事故现场的调查，綦江县跨江人行桥是一个"六无工程"：无立项、无报建、无开工许可、无招投标、无监理、无竣工验收，这反映出当地建筑市场处于管理混乱、甚至无管理的状况。此外，建设过程中的腐败是导致这起严重事故的主要原因。建设部的紧急通知要求：重庆市建委要抓住从规划立项到竣工验收的每一个环节，彻底查清事故原因，对有关责任者，依照政纪、法律，予以严肃处理；各地区、各部门建设行政主管部门，要立即对本地区、本部门近 5 年内涉及社会公众安全的、建成使用的基础设施和在建大型公共建筑进行全面的质量和安全检查，发现问题，及时处理，切实防止恶性事故发生。

在加强工程质量管理方面，建设部要求各地当前突出抓好几项工作：严格按基建程序办事，杜绝"三边"工程；严格实行招标投标制度；建立健全工程建设的质量责任制；改进和完善政府的工程质量监督制度；今年上半年，各地区、各部门要普遍开展涉及工程结构和地基安全的强制性标准执行情况的大检查。

财政部有关方面负责人就财税政策调整目的发表谈话

负责人指出：最近我国对部分财税政策进行调整目的是促进经济健康发展。1 月 6 日，财政部部长项怀诚在国务院新闻办举行的中外记者招待会上宣布，经国务院批准，我国决定从 1999 年 1 月 1 日起，停止执行"老三资"企业超税负返还政策，同时将"老三资"企业出口货物不征不退政策延长两年；降低部分纺织品、玩具、林产品进口关税税率；对开发区的财税优惠政策进行调整。今天，财政部有关方面负责人在接受记者采访时指出，最近我国对上述财税政策进行调整，有利于进一步完善适应社会主义市场经济的财税管理体制，目的是促进经济健康发展。

负责人指出，自 1994 年起，我国对"老三资"企业因适用增值税、消费税、营业税政策而增加税负的，实行了五年超税负返还政策。由于"老三资"企业超税负返还政策只适用于执行新流转税制后确实增加税负的企业，这种对特定企业在特定时限内实行的优惠政策在全部"老三资"企业中所占的比例并不大，如继续保留这项过渡性优惠政策，既不利于维护法律的尊严，也会使企业之间流转税负产生不平衡，不利于形成平等纳税、公平竞争的税收环境。因此，如期停止超税负返还政策，不会引起“老三资”企业的波动，影响“老三资”企业的生产经营，而且还有利于统一内外资企业的流转税政策，有利于为各类企业扩大国内市场销售创造公平的税收环境。

而对“老三资”企业出口货物到2000年年底继续实行不征不退办法，主要是由于现行大部分出口货物的退税率与实行免税办法所得的利益基本相当，为减少调整政策的阻力和确保“老三资”企业出口的稳定增长所采取的一项过渡性措施。这是根据我国国情所作出的审慎和务实的决策。

负责人指出，适度调低部分纺织品、玩具和林产品的进口关税税率，主要是为了配合国内产业结构调整，改善对外贸易结构，促进对外贸易健康发展所采取的一项自主降税措施，也显示了我国扩大对外开放、参与国际竞争与合作的积极姿态。

另外，根据国务院关于在全国重点地区停止天然林采伐，实施天然林资源保护工程的决定精神，为保证国内木材的正常需求，我国采取了适时降低原木、木锯材等部分林产品的进口关税税率，这也是增强关税调控功能的重要举措。

国家主席江泽民在钓鱼台国宾馆会见美国全美证券交易商协会主席兼首席执行官弗兰克·萨博

江泽民介绍说，中国去年受到了亚洲金融危机的影响，还遭受了特大洪涝灾害，但由于中国政府坚持改革，并采取了有力措施，使中国的国民经济仍然保持了快速增长。

江泽民说，中国的证券市场尚处于起步阶段，还不完善。今年7月1日开始施行的《中华人民共和国证券法》对规范中国证券市场，保证中国市场的健康发展具有重要的意义。

萨博向江泽民介绍了全美证券交易商协会下属的纳斯达克证券市场进行电子化证券交易的情况。

萨博说，中国上海和深圳证券交易市场近年来的快速发展引人注目，中国政府采取的逐步和谨慎开放资本市场的政策是正确的。他表示，纳斯达克愿意在电子化交易技术和资本市场监管方面与中国同行进行交流与合作。

国家主席江泽民在钓鱼台国宾馆会见德国西门子公司董事长冯·皮尔博士

国务院总理朱镕基在中南海会见美国联邦储备体系理事会主席艾伦·格林斯潘

朱镕基向格林斯潘介绍了去年中国经济的发展情况。他说，1998年东亚金融危机继续蔓延，世界金融市场产生动荡，加上特大洪涝灾害等对中国的经济建设产生了不利的影响。对此，中国政府采取了积极的财政政策和适当的货币政策，保持人民币汇率稳定，并通过刺激内需等措施促进经济发展。

格林斯潘对中国经济发展取得的成就表示钦佩，对中国保持人民币汇率稳定对亚洲乃至世界经济发展作出的贡献给予高度评价。他还向朱镕基介绍了美国经济金融发展情况，并提出中美两国应该加强在金融领域的合作。

中国科协五届四次全委会在北京召开

中共中央政治局委员、书记处书记、国务院副总理温家宝出席会议并讲话。

温家宝说，科协要在扩大国内需求和优化经济结构方面发挥作用，重点是三个方面：第一，积极参与科教兴农，加快农业和农村经济发展。第二，广泛组织科技力量，推进国有企业改革。第三，不断强化科技服务，促进扩大内需。

全国人大常委会副委员长、中国科协主席周光召在会上作了题为《面向新世纪，创造新业绩，努力实现科协工作的新发展》的工作报告。卢嘉锡和中共中央办公厅、科技部、国防科工委、财政部等部委负责人出席会议。

国务院副总理李岚清在人民大会堂为首都高校教授干部青年教师和出席教育部年度工作会议代表作题为《面向新世纪，实施科教兴国战略，推进高等教育事业的改革和发展》的报告

李岚清在报告中介绍了我国目前经济和社会发展的总体形势，分析了世纪之交我国所面临的机遇与挑战，全面阐述了实施科教兴国战略，推进我国高等教育的改革和发展问题。他要求：一、高等教育要在科教兴国中发挥更大的作用；二、高等学校要为21世纪培养高素质的创新人才；三、加大高等教育管理体制改革的力度，进一步提高教育质量和办学效益；四、积极推进高校内部管理体制改革；五、适应21世纪的需要，切实加强高校教师队伍建设。

教育部部长陈至立主持了报告会。国务院有关部门和北京市的负责同志朱丽兰、刘江、徐荣凯、张佑才、刘淇等出席了报告会。

民政部召开新闻发布会公布1998年受灾情况

会议公布1998年全国共有3.5亿人(次)受到各类灾害影响，因灾死亡5511人，各类灾害造成的直接经济损失为3007.4亿元。其中，全国有1.8亿人(次)不同程度地受到水灾影响，因灾死亡4150人，水灾造成的直接经济损失2550.9亿元。

1月13日

中共中央纪律检查委员会举行第三次全会

会议的主要任务是：高举邓小平理论伟大旗帜，深入贯彻落实党的十五大和十五届三中全会精神，回顾总结1998年党风廉政建设和反腐败斗争进展情况，研究部署1999年党风廉政建设和反腐败工作。

中纪委书记尉健行在中央纪委三次全会作题为《加大力度，标本兼治，推动反腐败斗争深入开展》的工作报告

一九九九年是我们党和国家历史发展进程中具有特殊意义的一年，我们将隆重庆祝新中国成立五十周年；将恢复对澳门行使主权；将围绕"九五"计划的宏伟目标，推动两个文明建设的新发展。在新的一年中，认真执行中央关于"统一思想、坚定信心，抓住机遇、知难而进，团结一致、艰苦奋斗"的方针，扎扎实实做好党风廉政建设和反腐败工作，至关重要。一九九九年党风廉政建设和反腐败工作的总体要求是：坚持以邓小平理论为指导，深入贯彻落实党的十五大和十五届三中全会的精神，按照江泽民同志关于反腐败斗争多次重要讲话的要求，标本兼治，综合治理，在严厉惩治腐败分子、坚决遏制腐败现象的同时，加大从源头上预防和治理腐败的力度，坚定不移地推进党风廉政建设和反腐败斗争，为把建设有中国特色社会主义事业全面推向二十一世纪创造良好的社会政治环境。

按照党中央的要求，一九九九年的反腐败工作，继续坚持"三项工作"的格局，提高思想认识，加大工作力度。

一、领导干部廉洁自律工作

要继续贯彻执行《廉政准则》，发扬艰苦奋斗、勤俭办事的优良作风，认真落实制止奢侈浪费行为的八条规定，着重抓好以下三项工作：1. 严禁党政机关到庐山等十二个风景名胜区开会，不准组织与会人员到会议所在市、县的行政区域以外的其他风景名胜区旅游。地方各级党政机关的会议一律在本行政区域内召开，不得到其他地区召开。2. 严格控制改建、扩建、新建或购买、装修办公楼和新建宾馆，进一步厘定办公用房建设标准。对执行中央关于"从一九九七年起三年内原则上不准新建或购买办公楼"、"现有办公楼从一九九七年三年内不准进行装修"等规定的情况进行一次检查。3. 严格管理公费出国（境）的工作，坚决制止用公款出国（境）旅游。要重点清理和规范中央各部委及其所属单位组团出国（境）活动。党政机关及其所属单位组团出国（境），一律不准向下属单位和其他单位摊派费用。

要严格执行省（部）级以上领导干部的配偶、子女及其配偶，不准在该领导干部管辖的地区及管辖的业务范围个人经商办企业和在外商独资企业任职，不准在上述地区和业务范围的中外合资企业中接受外方委派或者推荐出任董事长、副董事长、董事及总经理、副总经理、顾问等高级职位的规定。

要巩固清理通信工具、控制会议和庆典活动、制止用公款吃喝玩乐等项工作的成果。继续执行领导干部重大事项报告制度、礼品登记制度和收入申报制度。

领导干部廉洁自律专题民主生活会，要严格执行中央纪委、中央组织部《关于提高县以上党和国家机关党员领导干部民主生活会质量的意见》的规定。要结合以"讲学习、讲政治、讲正气"为主要内容的党性党风教育，把执行《廉政准则》和制止奢侈浪费八条规定的情况，配偶、子女从业情况，以及廉洁从政其他方面的问题，作为对照检查的重要内容，认真开展批评和自我批评，以整风的精神解决领导干部在党性党风党纪和廉政方面存在的突出问题。各级党委要根据实际情况，采取有力措施，切实提高领导干部廉洁自律专题民主生活会的质量。纪委和组织部门要加强对专题民主生活会的指导和监督检查。

国有企业、集体企业及公有产权占主导地位的企业和事业单位的党员领导干部，也要按照《廉政标准》和制止奢侈浪费八条规定，进行自查自纠。特别要检查以下问题：是否违反规定多占住房或用公款装修、购买住房；是否利用职权为配偶、子女及亲属经商办企业提供便利和优惠条件；是否让所在企业与自己的配偶、子女及亲属所办企业进行经济交往，以及在改制过程中利用权力低价评估资产、买卖企业，导致国有和集体资产的流失等。

二、查办案件工作

继续坚持重点查办党政领导机关、行政执法机关、司法机关、经济管理部门和县（处）级以上领导干部的违纪违法案件，特别是要查办司法、金融和建筑领域及干部人事工作中的案件。各地区、各部门都要集中力量突破一批有影响的重大违纪违法案件。

要把查办违反政治纪律的案件放在重要位置，重点查办领导机关、领导干部中发生的有令不行、有禁不止，阳奉阴违，拒不执行党中央、国务院的决策、部署等严重违反政治纪律的行为。

要坚决查办违反组织人事纪律的案件，司法干警贪赃枉法的案件；坚决查办贪污贿赂、走私护私、骗汇逃汇套汇案件，以及领导干部玩忽职守造成重大损失的案件和虚报浮夸、弄虚作假的案件；坚决查办在企业改制过程中企业领导干部和党政领导干部侵吞国有和集体资产的案件，以及因失职渎职造成国有和集体资产流失的案件。要重视查办发生在基层的严重以权谋私和严重侵犯群众权益的案件。对腐败问题严重但长期没有查办重大案件的地区和部门，要找出问题的症结，组织力量加以解决。对有案不查或者隐瞒重大案情的责任人，必须追究其责任；对干预、阻挠案件查处工作、庇护违纪违法嫌疑人的，必须严肃处理；对打击报复办案人员、检举揭发人员的，必须严厉惩处。

各级执纪执法机关要围绕党和政府重大改革措施的出台、重大经济决策的实施，主动深入到经济建设第一线，采取重点检查、执法监察等手段，及时发现案件线索，揭露重大违纪违法问题。

要进一步加强查办大案要案的协调工作。在党委的统一领导下，反腐败协调小组要充分发挥组织协调作用，调动各方面的力量，突破大案要案。要规范有关部门协同办案的工作程序。要进一步加强信访举报工作和案件审理工作。

在查办涉及领导干部的案件中，要善于运用纪律处分和组织处理两种手段，认真执行区别对待的政策。对违纪违法而又拒不悔改的，必须从重处理；对虽有严重错误，但能够主动讲清问题并配合组织查清其他人问题的，可以从轻或免予处分；对有一般性错误的，要采取思想政治工作的方法，给予批评教育，帮助其改正；对群众反映强烈、疑点很大但一时难以给予纪律处分的，可先采取调离、免职等组织手段进行处理。对经查清事实确属被诬陷的干部，要予以澄清，给予保护。

三、纠正部门和行业不正之风工作

进一步做好减轻农民负担的工作。按照党的十五届三中全会的精神，坚决落实农民“合理负担坚持定项限额，保持相对稳定，一定三年不变”的要求，农民承担的提留统筹费绝对额，不仅要严格控制在上年农民人均纯收入的百分之五以内，而且不得超出一九九七年的预算额。要监督检查农民负担预决算、监督卡和专项审计三项制度的落实情况，切实纠正借收购农副产品之机代扣代缴各种搭车收费。对由于加重农民负担而引发恶性事件的责任人，必须严肃处理。

继续做好减轻企业负担的工作。要按照有关规定，普遍推行收费许可证和企业交费登记卡制度，加强对已取消收费项目落实情况的监督检查。要认真解决企业反映强烈的突出问题，严禁借改制之机向企业乱收费；严禁行政事业单位凭借权力和垄断地位强制收费、变相收费；严禁将政府行政管理职能变为有偿服务或者通过中介机构强制服务；严禁对企业进行法律法规规定以外的检查，依法进行的检查也要加以规范。对擅自出台向企业收费项目、强制企业参加培训或评比等的责任人，必须坚决处理。

继续纠正医药购销中的不正之风。要进一步整顿药品的生产经营秩序，加强药品市场的监督检查，从严查处制售假冒伪劣药品和药品购销中给予、收受回扣的违法行为；严格规范药品价格的折扣行为，严禁以变相折扣形式推销药品；积极实行医药分开核算、分别管理的制度，严禁医疗单位及其医务人员从药品销售方谋取私利。

要巩固和扩大治理公路“三乱”、中小学校乱收费等成果，继续坚持纠建并举的方针和“谁主管、谁负责”的原则，把纠风工作纳入部门和行业管理，常抓不懈。各地区、各部门还要从实际出发，重点解决一两个群众反映强烈的问题。要强化部门和行业内部制约和外部监督的机制，继续推行民主评议行为作风的制度。要加强行业作风建设和职业道德建设，继续搞好社会服务承诺制的推行工作，积极推进创建文明行业活动。

在抓好以上反腐败三项工作的进程中，还要做好以下几项从源头上预防和治理腐败的工作：

1. 要采取有力措施，巩固军队、武警部队、政法机关和中央党政机关不再从事经商活动工作的成果。地方各级党政机关都要与所办经营性企业彻底脱钩，重点抓好省一级和副省级市、省会城市市一级的党政机关与所办经济实体和管理的直属企业脱钩的工作。

2. 执行“收支两条线”规定，进一步加强预算外资金的管理和监督工作。各级公安、检察、法院和工商行政管理部门必须全面实行行政性收费和罚没收入“收支两条线”管理。中央一级、省一级的其他执收执罚部门，以及副省级市、省会城市市一级的其他执收执罚部门，都要实行“收支两条线”管理。要对上列执收执罚部门的预算外资金银行账户进行一次彻底清理，以解决账户多滥、预算外收入应缴不缴、私设“小金库”等逃避财政监督、违反财经纪律的问题。

各级政府及其财政部门要认真执行中共中央办公厅、国务院办公厅转发的《财政部关于政法机关不再从事经商活动和实行收支两条线管理后财政经费保障的若干意见》，对政法机关履行职能所必需的经费给予保障。

3. 建立健全有形建筑市场，加强对工程招标投标的管理，建立公开、公正、平等竞争的工程发包承包制度。一九九九年，地(市)级以上城市都要建立有形建筑市场(经批准可以不建立的除外)，并实行规范化管理。凡政府投资和国有企业事业单位投资，以及政府、国有企业事业单位控股投资的工程，除涉及国家保密、紧急抢险救灾等特殊工程外，都必须进行公开招标。对违反规定干预和插手工程发包承包的单位和个人，不论有无谋取私利，都要根据情节轻重作出处理。

4. 推行领导干部任期经济责任审计制度和会计委派制度。要认真执行《县级以下党政领导干部任其经济责任审计暂行规定》和《国有企业领导人员任期经济责任审计暂行规定》，并把审计结果作为领导干部任职的一项重要依据。要在国有中、小型企业和集体企业试行和建立会计委派制度。各级政府要加强对会计委派制度试点工作的指导和管理。

5. 继续推行村务公开、厂务公开和政务公开。要按照村民委员会组织法的规定，推行村务公开，并使之规范化、制度化。国有企业、集体企业及公有产权占主导地位的企业，要建立和实行厂务公开制度，凡涉及职工群众切身利益的事项，凡涉及企业的资本支营和改革方案等重大决策，必须向职工群众或职代会公开。坚持企业职代会对企业领导班子成员每年进行一次民主评议、民主测评的制度。要在城乡基层政权机关推行政务公开制度，凡属直接涉及群众切身利益的事项，除属于国家规定保密的之外，都要向群众公开，接受群众的监督。

中共中央政治局常委尉健行和中央政法委书记罗干会见出席全国检察长工作会议的代表

会见后，罗干出席会议并讲话。他要求各级检察机关加强法律监督，着重查办司法机关和行政执法机关工作人员贪赃枉法的案件，努力维护司法公正。

罗干肯定了全国各级检察机关在过去一年一手抓教育整顿，一手抓业务工作取得的成绩。他说，在教育整顿过程中，检察机关开展执法思想大讨论，澄清模糊认识，进一步统一执法思想；对地县两级检察院及反贪局领导班子进行普遍考察，加强领导班子建设；实行"检务公开"，将检察活动置于社会各界和广大群众的监督之下，以公开促进公正，加强内部建设；完善侦查工作内部制约机制，把加强外部监督同强化内部制约结合起来，有效地防止滥用职权，创造了许多好的做法，收到了很好的效果。教育整顿促进了队伍素质的提高，也促进了检察业务工作的发展。全国各级检察机关坚决依法查办贪污贿赂、渎职等职务犯罪案件，严厉打击危害国家安全和社会治安的严重刑事犯罪活动，不断加强刑事、民事、行政诉讼法律监督工作，用实实在在的成果展示了党和政府惩治腐败的坚强决心，有力地推动了反腐败斗争的深入发展。

罗干要求各级检察机关在新的一年里，充分运用检察职能，努力为全党全国工作大局服务。要进一步端正执法指导思想，严厉打击各种犯罪活动。依法严惩贪污贿赂、渎职等国家工作人员职务犯罪行为；紧紧围绕整顿经济秩序的工作，继续严厉打击走私、骗汇逃汇、金融诈骗、偷税抗税、贪污贿赂等严重经济犯罪活动；继续重点打击严重暴力犯罪、带黑社会性质的团伙犯罪、盗窃等多发性犯罪；加大打击黄赌毒犯罪的斗争力度；依法惩治破坏农村治安秩序的各种违法犯罪活动，特别要严厉打击称霸一方的农村恶势力、邪教和非法宗教活动以及制假贩假等坑农害农的违法犯罪行为。

国务院总理朱镕基在国务院召开的国有企业下岗职工基本生活保障和再就业工作会议闭幕会上发表总结讲话《关系国有企业改革成败的一项大政策》

这次会议开得很好，很及时。做好国有企业下岗职工基本生活保障和再就业工作，是由我们党全心全意为人民服务的根本宗旨所决定的，直接关系到广大职工群众的切身利益，关系到保证改革开放和经济建设稳定发展的大局。各级党委、政府和有关部门要高度重视，坚定信心，扎实工作，继续狠抓落实，确保国有企业下岗职工基本生活，确保企业离退休人员养老金按时足额发放。下面，我讲几点意见。

一、做好国有企业下岗职工基本生活保障和再就业工作，是实现国有企业改革和脱困目标的重要环节。关于国有企业改革的方针政策，党的十四大，十五大都做了明确的决定。江泽民同志在十五届一中全会上明确提出，要用三年左右的时间，通过改革、改组、改造和加强管理，使大多数国有大中型亏损企业摆脱困境，大多数国有大中型骨干企业初步建立现代企业制度。这个目标不能动摇。去年是国有大中型亏损企业三年解困的第一年，由于亚洲金融危机的冲击，国内又遭受历史罕见的洪涝灾害，给国有企业的生产经营造成不利影响。但从总体上讲，国有企业的税收仍完成得不错，一些国有企业开始走出困境。现在，国家经贸委会同各省（区、市）和有关部门，正在拟定脱困的企业名单。名单一经确定，上下要狠抓，国家的扶持政策要向这些企业倾斜。只要各方面共同努力，这个目标就一定能够实现。

实现党中央、国务院关于国有企业改革和脱困的目标，重点要抓好三方面的工作。一是制止重复建设，特别是工业的重复建设，继续调整压缩多余的、落后的生产能力。二是建立社会保障体系，把下岗职工的基本生活保障和再就业工作搞好。三是政企分开，强化对企业的监督，加强领导班子建设。

这里我着重讲一下社会保障问题。目前国有企业普遍人多，不解决这个问题，就无法进行现代企业制度改革。减员增效，这是国际上的通行做法。办好企业，必须严格控制人工成本。我们实行劳动合同制十几年了，绝不能再吃"大锅饭"。企业富余人员下来，才能减轻企业负担，降低生产成本，加快技术进步，提高生产效率，增强企业的市场竞争能力，从而为扩大就业提供更强大的物质基础。但是，减人必须有社会保障体系。职工在企业工作了多年，对企业很有感情，企业对下岗职工不能撒手不管，要考虑他们的生活问题，解决其后顾之忧，不能让职工感到前途未卜。减下来的人不安置，就会引发社会不稳定。国有企业下岗职工基本生活保障和再就业，是根据我国目前国情建立的社会保障体系的重要组成部分。这种基本生活保障制度，与失业、养老、医疗保险制度以及城镇居民最低生活保障制度等，共同组成具有中国特色的社会保障体系。当然，这只是一种过渡性的保障体系，还要进一步规范化。我们既不能照搬国外的做法，也不能沿用计划经济的办法，只能根据现阶段的实际情况，制定适合中国国情的政策措施。因此，党中央、国务院确定的国有企业职工下岗分流、减员增效和实施再就业工程是一项大政策，是国有企业改革成败的一个重要条件，也是保持社会稳定的重要举措。

二、地方财政要在预算中打足国有企业下岗职工基本生活保障资金。下岗职工基本生活保障资金要坚持实行企业、社会、财政各负担三分之一的办法。要对下岗职工负责到底，绝不能对减下来的人撒手不管。对于有困难的企业，要调查它的负担能力。确有负担能力但拒绝出资经过教育仍不改正的，要追究企业主要领导人的责任。社会筹集部分，主要是依靠社会保险金。各地要加强社会保险费的收缴，保证社会筹集资金到位。地方财政负担的三分之一，以及对企业、社会筹集不足的部分，地方财政要给予保证。去年中央在这方面补助了地方一百一十亿元，其中基本生活费七十亿至八十亿元。各地财政今年一定要调整预算支出结构，优先、足额安排下岗职工基本生活保障资金。从现在了解的情况看，一些地方的资金安排与实际需要相差很大，这要引起高度重视。社会保障体系是社会主义市场经济体制的重要组成部分，做好社会保障工作是政府的重要职责。什么叫政府转变职能？转变职能的重要内容之一，就是政府不能再热衷于上项目了，而要为企业的公平竞争和社会经济的健康发展创造一个稳定和有利的环境。对于少数困难地区，按国家规定执行确有困难的，中央财政可通过转移支付的办法给予一定的支持。

三、下岗职工必须进“中心”，再就业后必须解除与原企业的劳动合同。现在下岗职工的劳动关系非常复杂，有的职工下了岗，却不愿意进再就业服务中心；进了“中心”的，还有人不与“中心”签订协议；有的下岗后找到了稳定的工作，却不与原单位解除劳动合同，一方面干自己的工作；一方面到“中心”领生活费。这些问题必须解决。

下岗职工进了“中心”以后，在“中心”期间不解除劳动合同，但必须与“中心”签订新的协议。按现在的文件规定，“中心”应该与下岗职工签订基本生活保障和再就业协议，明确双方的责任、权利和义务，并相应变更劳动合同。

国有企业下岗职工要即时进“中心”。凡是进入“中心”的，就要发给基本生活费，由“中心”代缴社会保险费，不进“中心”的不能享受这种保障。下岗职工实现再就业的，要与原企业解除劳动合同，与新单位重新签订劳动合同。下岗职工在“中心”三年期满后仍未就业的，也要解除一企业的劳动合同，领取失业保险金。

四、确保企业离退休人员基本养老金按时足额发放，不准再发生新的拖欠。目前只要求不准发生新的拖欠，对过多拖欠的养老金，能补发多少就补发多少，根据承受能力，逐步予以补发。关键措施有以下三条：

第一，必须扩大覆盖面。现在，大多数外商投资企业，私营企业都没有纳入养老保险的统筹范围。今年扩大覆盖面的重点是外商投资企业、私营企业。各种所有制企业都要参加养老保险，不能例外。必须明确，在社会保险方面不能有不缴费的所谓“优惠政策”，要一视同仁。外商投资企业参加社会保险，这是国际惯例。各地要认真抓好这项工作，每个城市都要去落实。劳动保障部今年要着重检查这项工作，上半年力争到位。

第二，努力提高收缴率。各级政府要像抓税收一样抓社会保险费的收缴。要坚决清理和追缴企业的欠费，不允许缓缴社会保险费，要依法办事，严格执法。对有钱不缴的企业要予以新闻曝光。当然，对亏损严重、尽了最大努力而确实无力缴纳的企业，可以酌情处理。

第三，积极稳妥地推进养老保险金省级统筹。建立省级统筹、进行基金的适度调剂，是为了解决地市之间基金结余不平衡问题，确保省级范围内养老金的按时足额发放。但是，要特别强调，省级统筹绝不能搞一平二调，鞭打快牛。省里要制定科学合理的基金调剂使用的考核指标体系和考核办法，严格考核地市的覆盖面、收缴率和控制待遇水平的情况。考核指标完不成的城市，即便资金有缺口，也不能进行调剂，不能坐等吃省里的“大锅饭”。除此之外，地市还有资金缺口的，可以采取地市间借款、有偿使用的办法解决。省级统筹要发挥省和地市两个积极性，鼓励地市多收缴、多结余。当年地市缴调剂金后的结余基金，由地市管理和使用。同时，对省一级来讲，不能一方面留着大量结余资金；一方面又向中央要钱。

五、做好养老保险行业统筹移交地方管理后的有关工作，坚决制止和纠正职工提前退休。去年八月，实行行业养老保险统筹的企业都如期移交地方管理。行业统筹下放的目的之一，是为了解决地方的。当前要做好三方面的工作。一是尽快将下放前行业结余的基金移交到位。按一九九七年年底的决算数，结余基金该上缴中央财政专户的，要全部上缴；该移交给地方的，要全部移交；应移交地方但已上调的资金，要加数退还给地方，不能让地方吃亏。对原行业结余基金的使用、移交情况，审计署要组织一次专项审计，财政部、劳动保障部参加，清查核实，查出问题的，要分清责任，严肃处理。二是原则上不降低行业统筹待遇比地方高一些，是历史原因形成的，要承认这个现实，原则上不降低这些人的待遇。高出的这部分待遇，属于统筹项目以内的，由地方养老保险基金支付；属于统筹项目以外的，由企业负责支付，当然，煤炭等个别行业保险基金支付困难的企业，资金差额也由中央财政补助，不能增加地方的负担。三是坚决纠正提前退休。有少数行业在养老保险统筹移交地方之前，突击办理职工提前退休，据说最年轻的只有二十四岁，这简直到了荒唐的程度。职工提前退休的问题，不只是中央几个行业有，地方也有。这样大规模地办理职工提前退休，把退休制度搞乱了，后患无穷。各地、各有关行业主管部门要根据国家关于企业职工退休条件的规定，对一九九八年一月一日以后突击提前退休的情况进行认真清理，分别妥善处理；要严格按照国家的规定执行地方搞的地方自己纠正，中央行业搞的中央行业纠正，即使现在企业已经下放了，也要纠正。

六、积极稳妥地推进城镇职工基本医疗保险制度改革。城镇职工基本医疗保险制度改革是关系职工切身利益和社会稳定的一个重要问题。今年医疗保险制度改革的任务，是要在一年内把基本制度建立起来，时间非常紧。各级党委和政府，尤其是主要领导同志，要认真抓好这件事。

七、坚定信心，扎实工作，狠抓落实。今年社会保障工作任务艰巨，难度不小，责任重大。现在，中央关于"两个确保"的政策已深入人心，得到社会各界的普遍关注和广泛支持，受到企业广大职工和离退休人员的拥护。各级党委和政府要继续把"两个确保"工作当作一件大事抓紧抓好，主要领导要亲自抓、负总责，一级抓一级，层层抓落实，把"两个确保"的政策落到实处。劳动保障部门要加强与经贸、财政和工会等部门的密切合作，不推诿、不扯皮，加强协调，共同做好工作。

现在春节临近，各地在做好下岗职工基本生活保障和再就业工作，按时足额发放企业离退休人员养老金的同时，要特别关注城乡的社会稳定问题。要切实改进工作作风，深入基层，体察民情，关心群众生活。对于出现的一些矛盾和问题，要做好深入细致的思想政治工作，及时化解和正确处理人民内部矛盾，保证过一个欢乐、祥和、喜庆的新春佳节。

全国统计局长会议在北京召开

国家统计局局长刘洪在会议上说，1998 年，针对一些地方盲目追求和攀比速度、统计数据有水分的情况，国家统计局加大了数据质量审核、检查和评估的力度，严把数据质量关，保证了宏观统计数据的基本准确可靠。1999 年，统计部门将把提高统计数据质量摆到更加突出的地位，继续深化统计制度方法改革。

刘洪认为，目前统计工作还存在着抗干扰能力差、统计制度方法改革滞后、统计信息自动化技术应用水平不高等问题。所以，今年统计工作将以提高统计数据质量为中心，以加快统计制度方法改革和统计信息工程建设为重点，具体抓好五个方面工作：一是推进统计制度方法改革。在统计调查方法上，力争用 3 年完成在我国主要专业统计中运用抽样调查技术的战略任务。在统计资料汇总方式上，将对规模以上工业企业经济效益月报实行超级汇总，建立 5000 家重点工业企业联网直报制度。完善国民经济核算和价格统计体系。二是将建立国家和省两级对国内生产总值、工业增加值和工业增长速度、社会消费品零售额、人口自然增长率等重要指标的评估制度，以保障统计数据质量。三是进一步加强统计执法检查工作，加大惩处统计违法者的力度。四是完成国家一省一重点城市的中速广域网骨干传输系统和网络节点中心的建设，同步完成省与地(市)的局域网和广域网的建设。开通中国统计信息网，即国家"金信网"。五是加强统计分析和专项调查。

国务院关于抚顺市城市总体规划的批复

全国人大常委会委员长李鹏在人民大会堂会见由荷兰议会第二院第一副议长弗朗斯·威斯赫拉斯率领的荷兰资深议员暨企业家代表团

中葡联合联络小组举行组长会晤

中葡联合联络小组举行本年首次组长会晤。

在中葡联合联络小组葡方代表处举行的这次会晤长达 5 个多小时。双方就各自提出的 3 个问题交换了意见。中方提出的 3 个问题是：中国在未来的澳门特别行政区驻军的安排问题，公务员退休金问题，澳门档案移交问题。葡方提出的 3 个问题是：两种官方语言规范问题，澳门司法组织体系问题，土生葡人国籍问题。

双方组长在会后接受记者采访时说，这次会晤是为将在下周于澳门召开的中葡联合联络小组全体会议作准备的一次会晤。他们表示：在新的一年里，将以坦诚、务实、合作的态度，以澳门的长远利益和中葡友好合作的大局为重，加强合作、深化对话，使澳门政权交接得以顺利进行。

国务院批转教育部《面向21世纪教育振兴行动计划》

各省、自治区、直辖市人民政府，国务院各部委、各直属机构：

国务院同意教育部《面向21世纪教育振兴行动计划》，现转发给你们，请认真贯彻执行。

实现社会主义现代化，科技是关键，教育是基础。在即将到来的21世纪，国家的综合国力和国际竞争能力将越来越取决于教育发展、科学技术和知识创新水平。改革开放以来，我国教育改革和发展取得了重要成就，为21世纪教育事业的振兴奠定了坚实基础。但是，我国教育发展水平仍然较低，教育结构和体制、教育观念和方法还不能适应现代化建设的需要。以江泽民同志为核心的党中央在党的十五大上明确提出："培养同现代化要求相适应的数以亿计高素质的劳动者和数以千万计的专门人才，发挥我国巨大人力资源的优势，关系21世纪社会主义事业的全局。"根据党中央关于21世纪社会主义现代化建设特别是实施科教兴国战略的重大部署，全社会都要高度重视教育，要使科教兴国真正成为全民族的广泛共识和实际行动。各级人民政府和各有关部门要切实把教育摆在优先发展的战略地位，充分认识全面振兴教育事业的重要性，认真实施《面向21世纪教育振兴行动计划》，把生机勃勃的中国教育带入21世纪。

面向21世纪教育振兴行动计划

中国共产党第十五次全国代表大会提出了跨世纪社会主义现代化建设的宏伟目标与任务，对落实科教兴国战略作出了全面部署。为了实现党的十五大所确定的目标与任务，落实科教兴国战略，全面推进教育的改革和发展，提高全民族的素质和创新能力，特制定本行动计划。

在改革开放和现代化建设新时期，邓小平同志反复强调，实现社会主义现代化，科技是关键，教育是基础。在世纪之交的重要时刻，江泽民同志又深刻指出，"当今世界，以信息技术为主要标志的科技进步日新月异，高科技成果向现实生产力的转化越来越快，初见端倪的知识经济预示人类的经济社会生活将发生新的巨大变化。"在即将到来的21世纪，以高新技术为核心的知识经济将占主导地位，国家的综合国力和国际竞争能力将越来越取决于教育发展、科学技术和知识创新的水平，教育将始终处于优先发展的战略地位，现代信息技术在教育中广泛应用并导致教育系统发生深刻的变化，终身教育将是教育发展与社会进步的共同要求。当前，许多国家政府都把振兴教育作为面向新世纪的基本国策，这些动向预示未来教育将发生深刻的变革，我们应当及早准备，迎接新的挑战。

党的十一届三中全会以来，我国的教育事业取得了显著成就，普及九年义务教育和扫除青壮年文盲的工作取得历史性进展；职业教育和成人教育迅速发展；高等教育规模稳步扩大；教育体制和教学改革逐步深化，办学条件和教育质量有了提高；教育法规体系基本框架已初步形成，所有这些为21世纪教育事业的振兴奠定了坚实基础。但是，我国教育发展水平仍然偏低，教育结构和体制、教育观念和方法以及人才培养模式尚不能适应现代化建设的需要。在当前及今后一个时期，缺少具有国际领先水平的创造性人才，已经成为制约我国创新能力和竞争能力的主要因素之一。因此，顺应时代要求，振兴我国教育事业，是实现社会主义现代化目标和中华民族伟大复兴的客观需要。我们要高举邓小平理论伟大旗帜，认真遵循邓小平同志关于"教育要面向现代化，面向世界，面向未来"的战略指导方针，抓住机遇，深化改革，锐意进取，把充满生机活力的中国教育推向21世纪。

《面向21世纪教育振兴行动计划》，是在贯彻落实《教育法》及《中国教育改革和发展纲要》的基础上提出的跨世纪教育改革和发展的施工蓝图。要全面规划，突出重点，抓住关键，重在落实。行动计划的主要目标是：到2000年，全国基本普及九年义务教育，基本扫除青壮年文盲，大力推进素质教育；完善职业教育培训和继续教育制度，城乡新增劳动力和在职人员能够普遍接受各种层次和形式的教育与培训；积极稳步发展高等教育，高等教育入学率达到11%左右；瞄准国家创新体系的目标，培养造就一批高水平的具有创新能力的人才；加强科学研究并使高校高新技术产业为培育经济发展新的增长点作贡献；深化改革，建立起教育新体制的基本框架，主动适应经济社会发展。到2010年，在全面实现"两基"目标的基础上，城市和经济发达地区有步骤地普及高中阶段教育，全国人口受教育年限达到发展中国家先进水平；高等教育规模有较大扩展，入学率接近15%，若干所高校和一批重点学科进入或接近世界一流水平；基本建立起终身学习体系，为国家知识创新体系以及现代化建设提供充足的人才支持和知识贡献。

一、实施"跨世纪素质教育工程"，提高国民素质

1. 2000年如期实现基本普及九年义务教育、基本

扫除青壮年文盲的目标，是全国教育工作的“重中之重”。“两基”已进入攻坚阶段，要确保全国目标的实现。普及义务教育工作的重点和难点在中西部地区，在“十五”计划期间继续实施“国家贫困地区义务教育工程”，重点放在山区、牧区和边境地区。

进一步加强教育督导工作，健全督导机构，完善督导制度，保证“两基”的质量和素质教育的顺利实施。

2. 实施“跨世纪素质教育工程”，整体推进素质教育，全面提高国民素质和民族创新能力。改革课程体系和评价制度，2000 年年初步形成现代化基础教育课程框架和课程标准，改革教育内容和教学方法，推行新的评价制度，开展教师培训，启动新课程的实验。争取经过 10 年左右的实验，在全国推行 21 世纪基础教育课程教材体系。

3. 加强和改进学校的德育工作。继续加强爱国主义、遵纪守法和社会公德教育，进行中华民族优秀传统和革命传统教育，实施劳动技能教育以及心理健康教育，培养学生具有良好的道德、健康的心理和高尚的情操。

4. 体育和美育是素质教育的重要组成部分，要加强体育和美育工作。要使学生有健强体魄。美育不仅能培养学生有高尚情操，还能激发学生学习活力，促进智力的开发，培养学生创新能力。到 2001 年，通过发布《学校艺术教育工作条例》、深化教育改革和器材配备等工作，初步建立大中小学相互衔接的、较为科学合理的体育、艺术教育体系，保证学校体育和艺术教育教师的数量和质量，提高教学水平。

5. 实施素质教育，要从幼儿阶段抓起，要用科学的方法启迪和开发幼儿的智力，培养幼儿健康的体质、良好的生活习惯、活泼开朗的性格与求知的欲望。

重视特殊教育，努力为广大残疾少年儿童提供受教育的机会，培养他们自主自强的精神和生存发展的能力。

6. 继续扩大内地学校培养少数民族学生的规模，促进各民族素质的共同提高。基础教育阶段，要继续办好内地为边疆少数民族办的教学班（校），适当扩大培养规模。内地高等学校要为培养少数民族的优秀专门人才作出更多贡献。要重视加强民族地区“双语”教育教学和师资培养培训工作。

7. 建立和完善有关语言文字工作的法规体系，全面推进学校语言文字工作，各级各类学校特别是中小学、师范院校要继续把说好普通话、写好规范字、提高语言文字能力作为素质教育的重要内容。加强汉语言文字和少数民族语言文字信息处理的宏观管理，依法努力提高全社会的语言文字规范化意识，到 2010 年在全国实现文字应用基本规范化，使我国语言文字的应用更加适应社会主义经济、政治和文化建设的需要。

二、实施“跨世纪园丁工程”，大力提高教师队伍素质

8. 大力提高教师队伍的整体素质，特别要加强师德建设。3 年内，以不同方式对现有中小学校长和专任教师进行全员培训和继续教育，巩固和完善中小学校长岗位培训和持证上岗制度。加强中小学教师继续教育的教材建设。中小学专任教师及师范学校在校生都要接受计算机基础知识培训。2010 年前后，具备条件的地区力争使小学和初中专任教师的学历分别提升到专科和本科层次，经济发达地区高中专任教师和校长中获硕士学位者应达到一定比例。要加强和改革师范教育，提高新师资的培养质量。实力较强的高等学校要在新师资培养以及教师培训中做出贡献。

9. 重点加强中小学骨干教师队伍建设。1999 年、2000 年，在全国选培 10 万名中小学及职业学校骨干教师（其中 1 万名由教育部组织重点培训）。通过开展本校教学改革试验、巡回讲学、研讨培训和接受外校教师观摩进修等活动，发挥骨干教师在当地教学改革中的带动和辐射作用。

10. 实行教师聘任制和全员聘用制，加强考核，竞争上岗，优化教师队伍。2000 年前后，要通过提高生师（包括职工）比、下岗、分流富余人员等途径，优化中小学教职工队伍，提高办学效益。同时，要拓宽教师来源渠道，向社会招聘具有教师资格的非师范类高等学校优秀毕业生到中小学任教，改善教师队伍结构。

认真解决边远山区和贫困地区中小学教师短缺问题。要进一步完善师范毕业生的定期服务制度，对高校毕业生（包括非师范类）到边远贫困的农村地区任教，采取定期轮换制度，并享受国家规定的工资倾斜政策。鼓励各级政府机关公务员到中小学任教。

三、实施“高层次创造性人才工程”，加强高等学校科研工作，积极参与国家创新体系建设

11. 高等学校要跟踪国际学术发展前沿，成为知识创新和高层次创造性人才培养的基地。要重视培养高层次创造性人才的团结、协作和奉献的精神。要从国内外吸引一批能够领导本学科进入国际先进水平的优秀学术带头人。按照“选到一个聘任一个”的原则，国家给予重点资助，学术带头人在国家政策允许的范围内享有人员聘用和经费使用的自主权。

12. 造就一批具有世界先进水平的中青年学术攻坚人才，使高等学校知识和技术创新基地尽快取得创新成果。从 1998 年起，在全国高等学校的重点学科中，设立一批特聘教授岗位，面向国内外公开招聘特别优秀的中青年学者进入岗位，设立专项奖金并鼓励地方政府和学校相应设岗奖励。

13. 全国高等学校以竞争选优方式分批精选万名骨干教师,采取国家拨款与自筹经费相结合的办法增强科研经费支持力度,提高科研、教学质量及设备装备水平。

设立高等学校优秀青年教师科研和教学奖励基金。从1999年起每年评选百名35岁以下取得重大科研和教学成果的青年教师,连续5年加大支持其科研和教学工作的力度。

14. 高等学校实行国家重点实验室和开放实验室访问学者制度,实现重点学科的开放效益,提高师资队伍的整体水平。国家设立专项基金,用于实验室业务费用。

15. 进一步提高高等学校博士生培养质量,增设博士专项奖学金。从1999年开始,每年评选百篇具有创新水平的优秀博士论文。对于获奖后留在高等学校工作的博士,连续5年支持其科研、教学工作。要稳妥扩大高等学校博士后流动站的数量和规模。

16. 加强国际学术交流。除按现有留学基金制度继续派遣短期访问学者外,由国家资助,选拔大学系主任和研究所、实验室骨干作为高级访问学者,有针对性地到国外一流大学进行研修交流。邀请海外知名学者特别是世界一流大学的教授任国内大学客座教授,来华进行短期讲学和研究。还要采取各种措施鼓励留学人员回国服务,或以其他方式为提高我国高等学校的教学质量和科学水平贡献力量。

四、继续并加快进行“211工程”建设,大力提高高等学校的知识创新能力

17. 1995年启动的“211工程”,重点建设一批高等学校和一批学科,已经为我国创新人才的培养和国家创新体系的建设奠定了重要基础。“九五”期间,进入实质性建设阶段。要保证2000年切实完成“211工程”首期计划并在此基础上启动二期计划,以进一步提高高校知识创新能力和科学研究水平。

“211工程”二期计划建设资金仍采取国家、部门、地方和高等学校共同筹集的方式。其中,中央专项投入部分的力度至少与首期计划持平,主要用于加大已立项的重点学科建设力度。同时加强项目管理,提高资金使用效益。

五、创建若干所具有世界先进水平的一流大学和一批一流学科

18. 建设世界一流大学,具有重大的战略意义。按照江泽民同志在北京大学百年校庆大会上讲话的精神,“为了实现现代化,我国要有若干所具有世界先进水平的一流大学。”经过长期的建设和积累,我国少数大学在少数学科和高新技术领域已达到和接近国际先进水平,拥有一批高水平的教授,尤其是本科生培养质量较高,为创建世界一流大学创造了条件。

19. 国际上一流大学都是经过长期的建设形成的。一流大学建设要有政府的支持、资金的投入,但更重要的是学校领导、教师、学生长年累月辛勤奋斗的结果。特别是学生毕业以后在国家的各个建设岗位上乃至在国际上体现出了公认的信誉。同时这种学校集中有一大批知名的学者教授。因此,办成一流的大学,需要有一定的历史过程,要经过社会实践的考验。对此,既要有雄心壮志,又必须脚踏实地。要相对集中国家有限财力,调动多方面积极性,从重点学科建设入手,加大投入力度,对于若干所高等学校和已经接近并有条件达到国际先进水平的学科进行重点建设。今后10－20年,争取若干所大学和一批重点学科进入世界一流水平。

六、实施“现代远程教育工程”,形成开放式教育网络,构建终身学习体系

20. 现代远程教育是随着现代信息技术的发展而产生的一种新型教育方式,是构筑知识经济时代人们终身学习体系的主要手段。充分利用现代信息技术,在原有远程教育的基础上,实施“现代远程教育工程”,可以有效地发挥现有各种教育资源的优势,符合世界科技教育发展的潮流,是在我国教育资源短缺的条件下办好大教育的战略措施,要作为重要的基础设施加大建设力度。

21. 以现有的中国教育科研网(CERNET)示范网和卫星视频传输系统为基础,提高主干网传输速率,充分利用国家已有的通信资源,进一步扩大中国教育科研网的传输容量和联网规模。2000年,全国全部本科高等学校和千所以上中等学校入网,并争取计算机网络进入5万名高校教授家中。利用中国教育科研网建立全国大学生招生远程录取、计算机学籍管理、毕业生远程就业服务一体化的信息系统。

22. 继续发挥卫星电视教育在现代远程教育中的作用,改造现有广播电视教育传输网络,建设中央站,并与中国教育科研网进行高速连接,进行部分远程办学点的联网改造。2000年,争取使全国农村绝大多数中小学都能收看教育电视节目。要运用优秀师资力量和现代教育手段,把教育电视节目办好,重点满足边远、海岛、深山、林牧等地区的教育需求。

23. 改变落后、低水平重复的远程教育软件开发制作模式,发挥政府宏观调控作用,利用各级各类学校教育资源的优势,通过竞争和市场运作机制,开发高质量的教育软件。要重点建设全国远程教育资源库和若干个教育软件开发生产基地。同时注意引进国外优秀现代远程教育软件。

24. 教育部对全国现代远程教育工作实行归口管

理，负责组织制订全国“现代远程教育发展规划”并组织实施。“现代远程教育工程”将实行短期国家支持、长期自力运行的发展策略。采用先进的信息技术手段，结合中国的实际情况，不断提高现代远程教育的水平。

为推动现代远程教育的发展，按国际惯例对现代远程教育网络运行费用实行优惠，并依法对境外捐赠设备、进口设备的关税给予减免。

25. 建立和完善继续教育制度，适应终身学习和知识更新的需要。有条件的高等学校要开设继续教育课程，建设继续教育基地。要依托现代远程教育网络开设高质量的网络课程，组织全国一流水平的师资进行讲授，实现跨越时空的教育资源共享，向各行业的管理人员和专业人员提供多种继续教育课程。要发挥高等教育和中等专业教育自学考试制度的优势，不断扩大社会成员的受教育机会。

七、实施“高校高新技术产业化工程”，带动国家高新技术产业的发展，为培育经济新的增长点做贡献

26. 高等学校要在国家创新工程中充分发挥自身优势，努力推动知识创新和技术创新，加快技术开发，围绕经济建设中的共性关键技术开展科技攻关，为改造传统产业、调整产业结构、加强农业和农村工作、培育国家经济发展新的增长点服务。

加强产学研合作，鼓励高等学校与科研院所开展多种形式的联合、合作，优势互补，讲求实效。促进高等学校、科研院所和企业在技术创新和发展高科技产业中的结合。鼓励企业在高等学校建立工程研究中心、生产力促进中心等技术集成与扩散的示范中心，开发高新技术产品。鼓励高等学校向企业转让技术，或利用现有中小企业兴办高新技术企业，探索企业与高校从立项到投产“一条龙”的全面合作。

27. 在高校周围形成高新技术企业群已成为知识经济发展的成功经验。要创造条件在高等学校周围，特别是高等学校集中的地区建立高新技术产业化基地，发展科技园区，成为有目的地吸引国外高新技术企业、引进国外高新技术最新成果的窗口，并发挥科技开发“孵化器”的作用。加强对教师和学生的创业教育，采取措施鼓励他们自主创办高新技术企业。

28. 高等学校兴办高新技术企业，对于带动高新技术产业的发展，形成新的经济增长点，发挥了重要的动力和辐射源的作用，成为培养创新人才的实践基地，也为社会提供了新的就业机会。今后，要按照现代企业制度方式，组建一批以高校为依托的高科技产业集团。

29. 建立健全高等学校高新技术产业化的保障机制。教育部成立高校科技产业发展资助机构，用于资助高校有开发前景的重大科技项目。通过控股、参股和信贷等方式，重点支持包括高校在内的科技产业和科技开发活动。同时，尽快组建一批专门为高校科技成果转化服务的中介机构。允许技术生产要素参与收益分配，对科技成果转让的收益应依据国家有关规定提取一定部分，按贡献大小分配给有关研制开发人员。要研究建立创业投资基金，鼓励符合条件的高科技企业上市，促进高新技术产业的发展。

八、贯彻《高等教育法》，积极稳步发展高等教育，加快高等教育改革步伐，提高教育质量和办学效益

30. 切实落实《高等教育法》关于“高等学校应当面向社会，依法自主办学，实行民主管理。”的规定，扩大高校办学自主权。为使更多的高中毕业生有接受高等教育的机会，根据各地的需求和经费投入及师资条件的可能，在采用新的机制和模式的前提下，2000 年高等教育本专科在校生总数将达到 660 万人。招生计划的增量将主要用于地方发展高等职业教育，研究生在校生规模应有较大的增长。高等教育入学率由 1997 年的 9.1%(新口径)，提高到 2000 年的 11%左右。普通高等学校生师比由 1997 年的 10：1 提高到 2000 年的 12：1，独立设置的普通高校平均在校生规模达到 4000 人左右。

31. 加快高等教育体制改革步伐，深化高等教育改革。继续实行“共建、调整、合作、合并”的方针，今后 3—5 年，基本形成中央和省级政府两级管理、分工负责，在国家宏观政策指导下，以省级政府统筹为主的条块有机结合的新体制。除少数关系国家发展全局以及行业性很强需由国家有关部门直接管理的高等学校外，其他绝大多数高等学校由省级政府管理或者以地方为主与国家共建。中央财政继续拨款鼓励和推进管理体制改革，调整和优化高等学校布局。鼓励和支持社会力量办学。

32. 积极发展高等职业教育，是提高国民科技文化素质、推迟就业以及发展国民经济的迫切要求。对于学历高等职业教育，除对现有高等专科学校、职业大学和独立设置的成人高校进行改革、改组和改制，并选择部分符合条件的中专改办(简称“三改一补”)发展高等职业教育之外，部分本科院校可以设立高等职业技术学院，基本不搞新建。挑选 30 所现有学校建设示范性职业技术学院。发展非学历高等职业教育，主要进行职业资格证书教育。要逐步研究建立普通高等教育与职业技术教育之间的立交桥，允许职业技术院校的毕业生经过考试接受高一级学历教育。

高等职业教育必须面向地区经济建设和社会发展，适应就业市场的实际需要，培养生产、服务、管理第一线需要的实用人才，真正办出特色。主动适应农村工作和农业发展的新形势，培养农村现代化需要的各

类人才。要通过试点逐步把高等职业教育的招生计划、入学考试和文凭发放等方面的责权放给省级人民政府和学校，省级人民政府在国家宏观指导下，对本地区高等职业教育的现有资源进行统筹。加快发展高等职业教育的步伐，探索多种招生方法，中等职业学校毕业生中有一定比例（近期3%左右）可进入高等职业学校学习；普通高中毕业生除进入普通高等学校外，多数应接受多种形式的高等职业教育，提高素质。

33. 加大招生和毕业生就业制度改革力度，有计划、有步骤地推进高等学校招生考试制度的改革。要从有利于中小学实施素质教育、高等学校公平选拔合格人才、扩大高等学校办学自主权和社会稳定的原则出发，进行高考科目、内容、方法和制度的改革试点，增加对学生能力和综合素质的考核分量，探索适合不同地区和学校特点的高等学校招生、考试、评价的方法和制度。进行高等职业教育"学校面向市场自主办学，学生自谋职业"的试点。到2000年左右，建立起比较完善的由学校和有关部门推荐、学生和用人单位在国家政策指导下通过人才劳务市场双向选择、自主择业的毕业生就业制度。

要通过多种形式对高校特困生给予资助，保证经高考录取和已在校的家境贫寒的学生不因经济困难而辍学。国家继续安排资金资助特困生，地方财政和学校相应配套资助。同时，积极开展高校学生贷学金等多种助学制度的试点工作，探索社会主义市场经济条件下资助经济困难学生的有效途径。

34. 积极推进高等学校的教学改革，改革教育思想、观念、内容和方法。要大力推进高等专科教育的人才培养模式的改革，特别是改革课程结构，加强实践教学基地和"双师"型教师队伍建设。本科教育要拓宽专业口径，增强适应性，今后3—5年，将专业由200多种调整到100多种。继续推进"面向21世纪教学内容和课程体系改革计划"，并建成200个文、理科基础性人才培养基地、100个各科类基础课程教学基地和20个大学生文化素质培养基地，使之成为具有国内先进水平的教学示范基地。积极稳步发展专业学位研究生教育，进一步完善专业学位体系，培养大批高层次应用型人才。

35. 大力推进高等学校内部管理体制改革。逐步推行聘任制，减少冗员，精减高校职工队伍，使学生与教职员工之比、学生与职工之比、专任教师与职工之比均有较大提高；加速学校后勤工作社会化改革，精减分流富余人员。高等学校招生计划的扩大要同学校后勤工作社会化的进度挂钩。选择若干条件较好的城市组建企业化经营管理的高校后勤生活服务集团公司，从事学生公寓物业管理以及学校后勤生活服务。争取3—5年内，大部分地区实现高校后勤工作社会化。

九、积极发展职业教育和成人教育，培养大批高素质劳动者和初中级人才，尤其要加大教育为农业和农村工作服务的力度

36. 依据《教育法》和《职业教育法》，要努力建立符合我国国情特点的职前与职后教育培训相互贯通的体系，使初等、中等和高等职业教育与培训相互衔接，并与普通教育、成人教育相互沟通、协调发展。设立职业教育课程改革和教材建设基金，实施课程改革和教材建设规划。依托普通高等学校和高等职业技术学院，重点建设50个职业教育专业教师和实习指导教师培养培训基地，地方也要加强职业教育师资培训基地建设。

继续实施初中后教育的分流，从各地实际出发，积极发展中等职业教育。全国高中阶段职业教育与普通教育之间应保持现有比例，努力达到《中国教育改革和发展纲要》提出的目标。极少数尚未普及九年义务教育的地区，对不能升入初中的小学毕业生应实行职业技术培训；高中阶段教育结构已基本合理的地区，要把职业教育工作重点放到提高质量和效益上来。经济比较发达的地区可发展部分综合高中，推迟到高三年级分流。要对中等职业教育的社会需求进行科学预测，按照"先培训，后上岗"的原则，对各类新就业人员进行时限和形式不同的职业教育和培训。中等职业教育要改革专业和课程结构，实行弹性选课制度，提高培养质量，使毕业生能够适应未来社会产业结构和就业市场变化的需要，努力在各地办出一批有较高社会声誉的职业技术学校。

37. 成人教育要以岗位培训和继续教育为重点，通过建立现代企业教育制度和职业资格证书制度，采取灵活多样的办学形式，使各类下岗和转岗人员都能接受不同层次和年限的职业培训或正规教育，为再就业工程服务，并使之规范化、制度化。积极为企业经营管理和财务管理人员进行在职培训。促进企业、学校与政府其他业务部门之间的合作。开展社区教育的实验工作，逐步建立和完善终身教育体系，努力提高全民素质。

根据不同学科、专业和行业发展趋势，加强专业技术人员继续教育工作，健全教育、考核、使用相结合的制度，建立继续教育基金，促进继续教育基地和网络的建设。还要加强公务员培训教育，健全培训机制，建设高素质的专业化的国家行政管理干部队伍。

38. 加大职业教育与成人教育办学体制、管理体制、运行机制及招生就业制度改革的力度。适应社会主义市场经济体制的建立和发展，鼓励社会力量在政府的指导下办各种形式的职业教育和成人教育。职业

教育和成人教育要走产教结合的道路，调整学校布局，优化资源配置，加强创业教育和职业道德教育，实行更加灵活的教学模式，努力办出特色，更好地为地区经济和社会发展服务。

认真贯彻党的十五届三中全会精神，深化农科教相结合和各类教育统筹的综合改革，促进农村普通教育、成人教育和职业教育的协调发展，充分发挥农村教育在农村现代化建设中的积极作用。扫盲工作要与农村实用技术培训相结合，切实巩固脱盲的成效，把脱盲与脱贫结合起来。今后 3－5 年，使全国大多数农村地区义务教育阶段的毕业生或肄业生能够在从业前后接受一定方式的职业技术培训，包括“绿色证书”培训，使一部分人掌握一两项生产致富的实用技术，适应农村经济社会发展和农民致富奔小康的需要，特别要采取多种教育和培训形式，为乡镇企业和农村产业升级提供充足的、适用的技术和管理人才。

十、深化办学体制改革，调动各方面发展教育事业的积极性

39. 认真贯彻国务院对社会力量办学实行“积极鼓励，大力支持，正确引导，加强管理”的方针，今后 3－5 年，基本形成以政府办学为主体、社会各界共同参与、公办学校和民办学校共同发展的办学体制。

要制定有利于吸纳社会资金办教育和民办学校发展的优惠政策。民办学校的教师和学生，在评定职称、业务培训、升学考试、社会活动等方面享有与公办学校教师、学生的同等待遇。国家设立社会力量办学表彰奖励基金，对有突出贡献的集体和个人给予表彰。

40. 社会力量办学要纳入依法办学、依法管理的轨道。社会力量办学不以营利为目的，鼓励滚动发展。要完善法规建设，充实学校设置标准，健全管理体制，加强校容管理，严格财务审计，不断提高教育和管理水平，鼓励现有学校发挥规模效益。

要保证社会力量举办的教育机构自主办学的法人地位，高等教育机构可面向社会自主招生，依法自行颁发非学历教育学生的结业证书，也可组织学生参加国家举办的自学考试或学历文凭考试，取得国家承认的学历证书。

41. 公办学校办学体制改革，要在政府教育行政部门的指导下进行试点。基础教育阶段要与改造薄弱学校相结合，高等教育阶段主要以地方高校和成人高校为对象，探索多种形式的办学模式。在推进办学体制改革中，按照教育法律法规，学校产权必须明晰，国有教育设施不得挪作他用，国有和公有资产不得流失。

十一、依法保证教育经费的“三个增长”，切实增加教育的有效投入

42. 落实科教兴国战略，必须转变把教育投资作为消费性投资的观念，要切实把发展教育作为基础设施建设，把教育投资作为一种基础性的投资，千方百计增加教育投入。各级财政要认真落实已出台的筹措教育经费的各项法律规定和政策，特别是要保证做到《教育法》规定的教育经费的“三个增长”（即各级政府教育财政拨款的增长要高于同级财政经常性收入的增长，在校学生人均教育经费逐步增长，教师工资和学生人均公用经费逐步增长）。要按照《教育法》和《中国教育改革和发展纲要》的规定，逐步提高国家财政性教育经费占国民生产总值的比例，努力实现 4% 的目标。

逐步提高中央本级和省级财政支出中教育经费支出所占的比例。自 1998 年起，中央本级财政按同口径每年提高 1 个百分点，2000 年，将此比例提高 3 个百分点左右，除按原有政策保留目前每年由中央安排的教育专项外，上述增量部分主要用于振兴行动计划中中央财政支持和资助的项目。同时，各省、自治区、直辖市财政支出中教育经费所占的比例，也应根据各地实际每年提高 1－2 个百分点。

认真贯彻《国务院办公厅转发财政部关于进一步做好教育科技经费预算安排和确保教师工资按时发放通知的通知》（国办发〔1998〕23 号）的精神，从 1998 年起，各级财政每年超收部分和财政预算外收入，应按不低于年初确定的教育经费占财政支出的比例用于教育。

加强对城、乡教育费附加的征管工作，以确保足额征收并由教育行政部门商财政部门统筹安排使用。积极支持勤工俭学、校办产业的发展，并对其继续实行税收优惠政策。

在中国中小学幼儿教师奖励基金会的基础上，建立中华教育发展基金会，多渠道筹集教育经费。

43. 加快高校筒子楼建设和危房的改造，争取到 2000 年基本解决高校青年教师住房困难。中央部委所属高校此项工程所需资金，中央财政予以专项支持，其余部分由学校及其主管部门分担，改造后的筒子楼作为高校的公寓和周转用房。

44. 利用银行贷款，进一步加快中央部委高校的教职工住房建设。为解决高校教师住房困难、稳定高校教师队伍，在 2000 年前建设银行基础设施贷款中，安排一部分用于中央部委所属高校住房建设，以支持利用学校自用土地，加快新建“经济适用型”住房，资金不足部分，应多渠道筹措解决。同时，要继续加强中小学教师的“安居工程”的建设。

45. 各级教育部门必须采取各种措施深化教育改革，完善拨款制度，精简机构和冗员，提高经费使用效益。同时，加强对教育经费的审计与监督。

十二、高举邓小平理论的伟大旗帜，加强高等学校党的建设和思想政治工作，把高等学校建设成为社会主义精神文明建设的重要阵地

46. 高等学校的德育工作要以马列主义、毛泽东思想和邓小平理论为指导，按照江泽民同志对全国青年和大学生提出的坚持“学习科学文化与加强思想修养的统一、学习书本知识与投身社会实践的统一、实现自身价值与服务祖国人民的统一、树立远大理想与进行艰苦奋斗的统一”的要求，贯彻落实《中共中央关于进一步加强和改进学校德育工作的若干意见》，坚持社会主义办学方向，完善德育工作体系，教育引导学生坚定政治信念，加强思想修养，树立远大理想，投身社会实践，自觉艰苦奋斗，立志振兴中华，把培养“四有”新人的战略任务落到实处。

47. 认真组织实施普通高等学校公共马克思主义理论课和思想品德课（简称“两课”）课程设置新方案，加快邓小平理论“进教材、进课堂、进学生头脑”工作的步伐，用邓小平理论武装大学生。要加强“两课”课程体系和教材建设的研究，把理论研究基地建设好。加强“两课”教师的培训工作，提高他们的政治和业务水平，提高思想理论教育的实效。

48. 加强高等学校中华民族优秀传统教育、人文科学教育和艺术教育，通过增设选修课、举办专题讲座和各种知识性、文艺性业余活动等多种方式，提高学生的文化素质。

49. 加强高等学校的哲学社会科学研究。要在马克思列宁主义、毛泽东思想和邓小平理论的指导下，紧密结合国民经济和社会发展的重大理论和实践问题组织研究，发挥高等学校“思想库”、“人才库”的优势。要进一步加大高校哲学社会科学研究的投入，设立理论研究和教学优秀成果奖，提高高等学校哲学社会科学的研究水平和参与重大决策的能力。

加强教育科学研究。要统筹规划，突出重点，促进研究成果向实际应用的转化，为教育宏观决策科学化、民主化服务，为教育改革和发展的实践服务，为繁荣教育科学服务。

50. 高等学校党组织要切实加强党的建设，加强和改进党对思想政治工作的领导。要在党委的统一部署下，建立和完善校长及行政系统为主实施的德育管理体制，加强高等学校思想政治工作队伍的建设，使高等学校在社会主义精神文明建设，维护生动活泼、安定团结的政治局面中发挥重要作用。

1月14日

国务院召开第13次常务会议

国务院总理朱镕基主持召开会议，审议并原则通过了《金融违法行为处罚办法（草案）》和《社会保险费征缴暂行条例（草案）》。

会议认为，根据金融监管的实际需要，制定统一的金融违法行为处罚办法，加强金融执法，是迫切需要的。制定《社会保险费征缴暂行条例（草案）》，将加强和规范社会保险费的征缴工作，保障社会保险金的发放。条例对基本养老保险费、基本医疗保险费、失业保险费的征收、缴纳，作出了具体规定。

会议决定，《金融违法行为处罚办法》和《社会保险费征缴暂行条例》，经进一步修改后由国务院发布施行。

澳门特别行政区筹备委员会第五次全体会议主任委员会议在北京举行

国务院副总理、澳门特区筹委会主任委员钱其琛主持会议。

会议主要研究决定筹委会第五次全体会议议程，审议拟在本次全体会议上通过的有关文件并提交全体会议通过。会议还审议了筹组庆祝澳门回归祖国活动委员会的方案。

澳门特区筹委会副主任委员谢非、马万祺、廖晖、王启人、王英凡、何厚铧、吴福、曹其真、何鸿燊及筹委会秘书长陈滋英等参加会议。

国家工商局发出开展红盾打假护农执法行动的通知

国家经贸委在北京召开国有企业深入推广邯钢经验研讨会

研讨会提出今年继续深入推广邯钢经验，促进国有大中型亏损企业脱困目标实现。

国家经贸委副主任郑斯林在研讨会上说，深入学邯钢是实现国有大中型亏损企业脱困目标的一项根本措施，也是企业提高经济效益的一条根本途径。去年，邯钢同其他企业一样受亚洲金融危机影响，钢材供大于求，价格大幅度下跌，因价格因素全年减利3亿元。但是他们并没有怨天尤人，而是变压力为更大的动力，进一步深化完善模拟市场核算机制，加强管理挖掘潜力，千方百计开拓市场，各项指标进一步改善，最终达到了年初预定目标。1998年，邯钢实现利税8.5亿元、利润5.04亿元，继续保持全行业第二位的优异成绩，这是了不起的成绩。邯钢经验充分体现了中华民族自强不息的精神，是搞好国有企业的宝贵财富。

实践证明，在当前国内国际市场急剧变化的情况下，深入推动学邯钢显得更加重要、更加迫切、更有特

殊现实意义。邯钢经验在全国不同行业、不同企业得到迅速推广，无论是国有大型骨干企业，还是广大中小企业，无论是优势企业还是亏损困难企业，只要认真学习推广邯钢经验，就会取得实效。

郑斯林指出，今年要在总结经验的基础上，将学邯钢工作推向深入。主要措施是：第一，加强国有大中型亏损企业领导干部学邯钢的培训工作。今年国家经贸委将举办学习班，对扭亏有望的国有大中型亏损企业经营者进行培训。第二，把扭亏脱困作为对亏损企业尤其是大中型亏损企业经营者考核的一项重要内容。第三，要重点抓好成本管理、质量管理和资金管理。进一步促进邯钢经验本地化、行业化，剖析一批因管理混乱造成严重亏损的企业。

中宣部副部长徐光春出席研讨会。

《人民日报》发表评论员文章《水利建设　质量第一》

外交部发言人孙玉玺介绍中美人权对话的情况

外交部发言人孙玉玺在记者招待会上说，根据中美两国元首互访时就人权问题达成的重要共识，1 月 11 日至 12 日，外交部部长助理王光亚与美国负责人权事务的助理国务卿高洪柱在华盛顿举行了中美政府间人权对话。

他说，这是 1995 年以来中美两国首次恢复人权对话。双方就人权问题坦率、深入地交换了看法，增进了相互了解。双方都认为，中美两国由于国情不同，在人权问题上存在分歧是正常的，双方本着平等和相互尊重的精神进行对话才是处理和解决分歧的正确途径。双方都表达了继续进行人权对话的愿望。

中国政府无偿援助朝鲜的 8 万吨原油全部运抵朝鲜境内

国务院办公厅中央军委办公厅关于调整全国拥军优属拥政爱民工作领导小组成员的通知

各省、自治区、直辖市人民政府，国务院各部委、各直属机构，各大军区、省军区，军委各总部、各军兵种、军事科学院、国防大学、武警部队：

由于机构、人员变动和工作需要，国务院、中央军委决定对全国拥军优属拥政爱民工作领导小组组成人员进行相应的调整。现将调整后的人员名单通知如下：

组　长：司马义·艾买提（国务委员）

副组长：多吉才让（民政部部长）

周子玉（总政治部副主任）

胡光宝（中央办公厅副主任）

徐荣凯（国务院副秘书长）

龚心瀚（中央宣传部副部长）

杨衍银（民政部副部长）

成　员：（略）

办公室主任：杨衍银（兼）

副　主　任：王伯廷（兼）

朱存芳（民政部优抚安置局副局长）

杨　森（总政治部群众工作局副局长）

总参谋部参加领导小组的成员，待确定后按程序报批。

今后，如全国拥军优属拥政爱民工作领导小组成员因工作变动需要调整的，由所在单位提出安排意见，经领导小组办公室审核后报请领导小组组长批准。

国务院办公厅

中央军委办公厅

1999 年 1 月 14 日

全国文献资源共建共享会议在北京举行

会议由全国 122 家公共图书馆、高校图书馆、党校图书馆、国家行政机关图书馆以及情报信息院（所）参加。

1 月 15 日

中共中央总书记江泽民在中纪委第三次全体会议上发表讲话

经过 20 年改革开放和现代化建设，我们取得了巨大的成就，积累了丰富的经验。进一步推进改革和建设，实现跨世纪发展的宏伟目标，我们有着许多优势。具有严密的组织性和铁的纪律，就是我们党历来取得胜利的一个重要优势。而这个优势，又是实现全党的统一意志、统一行动，使其他各方面优势充分发挥作用的一个重要保证。面对新时期的新任务，面对新形势下的各种前所未遇的严峻考验和巨大挑战，我们尤其需要充分发挥这个优势。全党纪律严明，朝气蓬勃，我们就能无往而不胜。

党的纪律极为重要。它的政治作用，就是维护党的团结统一，保持党的先进性和纯洁性，增强党的凝聚力和战斗力，保证党的纲领、路线和任务的实现。如果容许和听任党组织或党员无视组织纪律，为所欲为，那么，我们党就不成其为马克思主义的政党，就会丧失战斗力，甚至瓦解。毛泽东同志说过："加强纪律性，革命无不胜。"邓小平同志也强调："中国要坚持社会主义制度，要发展社会主义经济，要实现四个现代化，没有理想是不行的，没有纪律也是不行的。"

十一届三中全会以来，我们党总结历史上特别是“文化大革命”的经验教训，结合改革开放和现代化建设的实际，为加强纪律采取了一系列重要措施，党的纪律建设在新形势下得到改进和加强。在遵守党的纪律方面，绝大多数党组织和党员是做得好的和比较好的。但也应看到，在新的环境和条件下，党的纪律观念在一部分党员、干部包括有些领导干部中淡漠了，纪律松弛的现象在一些党组织中相当突出，从而影响了党的思想统一、组织巩固和战斗力的提高。这必须引起各级党委和领导干部的高度重视，要把整顿和加强党的纪律，作为当前全面加强党的建设的一个重大问题抓紧抓好。

那么，目前党内存在的违反党的纪律的现象主要表现在哪里呢？我想着重从以下四个方面来摆点事实，请大家共同分析研究。

在思想政治方面，有的党员和干部对党的路线方针政策公开发表反对意见，任意散布不信任情绪，或者被海外反动舆论牵着鼻子跑，传播政治谣言，当人家的传声筒；还有的对党的方针、政策和中央的重大决策采取阳奉阴违的态度，合意的就执行，不合意的就不执行。

在组织人事方面，有的党员和干部喜欢按照自己的好恶拉拢一些人，排挤另外一些人，搞这样那样的危害党的团结和涣散党的组织的“摊摊”、“团团”、“伙伙”；有的人竟然在党内搞封建式的结义，订立章程，定期聚会；还有的人无视党的组织纪律，把党委会讨论工作特别是组织人事工作的情况，透露给当事人，通风报信。

在经济工作方面，有的党员和干部违反财政金融工作制度，随意干预金融业务，指使财会人员违规操作，造成巨额经济损失，或者截留国家财政收入，将预算内资金转为预算外资金，以及搞非法集资，违规存储，挪用资金，私分公款，私设“小金库”；有的内外勾结，执法犯法，走私护私，偷逃税收和外汇等。这些行为，既违反党纪，又违犯国家的法律法规，严重破坏了经济秩序和市场秩序。

在群众工作方面，有的党员和干部高高在上，做官当老爷，不以平等态度对待群众，甚至随意打骂和非法拘禁群众；有的凭借手中的权力，吃、拿、卡、要，侵犯群众利益，甚至胡作非为，称霸一方。这些问题，在群众中造成了极坏的影响。

这些严重违反纪律的行为和现象，尽管发生在少数党员和干部身上，但在一些地方、一些部门，已严重损害党的团结统一和行动一致，严重妨碍党的路线方针政策的贯彻执行，严重影响党风廉政建设和反腐败斗争各项制度规定的贯彻落实。对于党内存在的各种违反纪律和纪律松弛的问题，各级党委和纪检监察机关必须充分认识其危害性，认真分析产生的原因，提出治理和防范措施，切实加以纠正。否则，后患无穷。

从严治党，严肃党纪，最根本的就是全党各级组织和全体党员、干部，都要做到严格按照党章办事，按照党内政治生活准则和党的各项规定办事。这个总的要求，必须落实到加强党的纪律建设的各个方面。

第一，必须严肃党的政治纪律。讲政治纪律，首要的一条，就是要坚持党的基本理论和基本路线不动摇，在政治上同党中央保持一致，保证中央的政令畅通。党员对于党的决定有不同意见，可以通过组织系统向上级直到中央提出，也可以保留，但必须在行动上服从，决不允许公开发表同中央的决定相反的言论，决不允许在群众中散布同党的路线方针政策相反的意见，决不允许制造、传播政治谣言。党的各级组织和党员、干部，必须坚决维护中央的权威，决不允许有令不行、有禁不止、搞“上有政策、下有对策”。重大问题必须请示报告，决不允许搞“先斩后奏”、“斩而不奏”。每个党员都要加强组织观念，顾全党和国家的大局，维护安定团结的政治局面，发现重要动态要及时报告，决不能参与和支持集体闹事。共产党员在政治上要光明磊落，讲真话，办实事，言行一致，表里如一，反对当面一套、背后一套。

第二，必须严肃党的组织纪律。民主集中制是我们党的根本组织制度和领导制度，也是根本的组织纪律。违反集中指导下的民主和违反民主基础上的集中，都是违反组织纪律的行为。所有的党组织和党员都必须自觉遵守党的组织原则，做到党章规定的“四个服从”，决不允许把自己管理的地方、部门搞成不听党的统一指挥、不受党组织约束和党员监督的“领地”。我们党历来强调集体领导。各级党委务必认真执行党委会的工作规则，做到集体领导、民主集中、个别酝酿、会议决定。不论什么人，不管其职位高低，都不允许搞独断专行，或者拒绝组织的调遣和监督，把自己凌驾于组织之上。要坚决反对拉帮结派，搞“团团”、“伙伙”。这种封建帮会的恶习，如果在党内和干部队伍中盛行起来，是要亡党亡国的！

决定干部人事任免，必须全面贯彻“革命化、年轻化、知识化、专业化”方针和德才兼备原则，坚持任人唯贤，反对任人唯亲，坚决按照民主集中制办事，严格执行有关制度和规定。选拔任用干部，要坚持做到多数人不赞成的不提名，未经组织人事部门认真考核的不讨论，集体讨论干部时多数人不同意提拔任用的不通过。对于投机钻营、跑官要官的，不仅不能给，而且要严厉批评，已在领导岗位上的要坚决撤换下来。对于买官、卖官、骗官的，一经发现，立即查处。

第三，必须严肃经济工作纪律。随着改革的深化和社会主义市场经济的发展，加强经济工作纪律，特别是财政金融工作纪律越来越重要。从中央到地方，各级、各部门、各单位都要抓紧健全财政金融方面的规章制度和纪律规范，所有从事财政金融工作的党员、干部都必须严格按照规章制度办事，各级党政领导机关和领导干部都要严格遵守财政金融工作制度，不得超越职权规定插手财政金融工作。

第四，必须严肃党的群众工作纪律。党的各级组织和党员、干部，都要努力加强同人民群众的联系，反对形形色色的官僚主义，严格执行群众工作纪律。任何党员和干部，都不允许与民争利，以权谋私，侵犯人民群众的权益。要妥善处理新形势下的人民内部矛盾，防止矛盾激化而损害党群、干群关系，影响社会稳定。对于群众中出现的对党的一些政策措施暂时不理解或提出某些不合理要求的问题，要做深入细致的思想政治工作，耐心引导和帮助，力戒简单生硬。对于那些称王称霸、欺压群众的党员和干部，必须严肃处理。

加强和严肃党的纪律，要同贯彻落实中央的工作部署和重大决策结合起来，同发扬民主、健全法制结合起来，以达到促进改革开放，促进经济发展，促进社会稳定和全面进步，促进党的建设和领导水平提高的目的。

党风廉政建设和反腐败斗争，这些年我们抓得是紧的，也取得了比较明显的阶段性成果。但是，消极腐败现象还没有得到全面遏制，有的还在滋长蔓延。反腐败斗争的形势依然严峻，任务仍很艰巨，不能有丝毫松懈。各级党委要坚持“党要管党”、“从严治党”的方针，坚决维护党的纪律的严肃性，认真实行党风廉政建设责任制，坚决查处各种违反党的纪律的案件。纪检监察机关要在党委领导下，充分发挥职能作用。各级党委和政府要积极为纪检监察机关开展工作创造条件，帮助他们解决实际困难。有党中央和各级党委的领导，有人民群众的支持，各级纪检监察机关要大胆工作，知难而进，为党和人民作出新的成绩。

中国共产党中央纪律检查委员会第三次全体会议通过会议公报

中国共产党中央纪律检查委员会第三次全体会议，于一九九九年一月十三日至十五日在北京举行。出席会议的中央纪委委员一百一十二人。各省、自治区、直辖市及副省级城市、中央和国家机关纪检监察部门的负责同志，以及出席解放军纪检工作会议的同志列席了会议。

中央纪律检查委员会常务委员会主持了会议。会议高举邓小平理论伟大旗帜，深入贯彻落实党的十五大和十五届三中全会精神，回顾总结一九九八年党风廉政建设和反腐败斗争的情况，按照中央的要求，研究部署一九九九年党风廉政建设和反腐败工作。会议审议通过了中央纪律检查委员会书记尉健行代表中央纪律检查委员会常务委员会所作的《加大力度，标本兼治，推动反腐败斗争深入开展》的工作报告。

中国共产党中央委员会总书记江泽民在全会上作了重要讲话。李鹏、朱镕基、李瑞环、胡锦涛、尉健行、李岚清等党和国家领导人出席了会议。参加会议的还有中央和国家机关及有关方面的主要负责同志，解放军驻京各大单位及武警部队的主要负责同志。

全会认真学习了江泽民同志的重要讲话，一致认为，江泽民同志的重要讲话科学分析了反腐败斗争的形势，提出了深入开展反腐败斗争的新要求；全面、深刻地阐述了新形势下加强和维护党的纪律的极端重要性，要求全党必须把整顿和加强党的纪律作为当前全面加强党的建设的一个重大问题抓紧抓好。全会指出，党的各级组织都要认真学习、坚决贯彻落实江泽民同志重要讲话精神，维护党的团结统一，保持党的先进性和纯洁性，增强党的凝聚力和战斗力，保证党的纲领、路线和任务的实现。

全会在回顾总结一九九八年党风廉政建设和反腐败斗争的情况时指出，党中央、国务院对党风廉政建设和反腐败斗争实行坚强有力的领导，相继作出中央国家机关机构改革，开展反走私联合行动和专项斗争，军队、武警部队和政法机关不再从事经商活动，中央党政机关与所办经济实体脱钩，对政法机关进行集中教育整顿，向国有大型企业派出稽察特派员等一系列重大决策。各级党委、政府坚决贯彻中央的决策和中央纪委第二次全会的工作部署，党风廉政建设和反腐败斗争继续整体推进，取得了比较明显的成效。同时，也要清醒地看到，有些腐败现象滋生蔓延的势头还没有得到遏制，反腐败的任务仍然艰巨，还需要进一步加大工作力度。

全会指出，一九九九年是我们党和国家历史发展进程中具有特殊意义的一年。认真执行中央关于“统一思想、坚定信心，抓住机遇、知难而进，团结一致、艰苦奋斗”的方针，扎扎实实地做好党风廉政建设和反腐败工作，至关重要。一九九九年党风廉政建设和反腐败工作的总体要求是：坚持以邓小平理论为指导，深入贯彻落实党的十五大和十五届三中全会的精神，按照江泽民同志关于反腐败斗争多次重要讲话的要求，标本兼治，综合治理，在严厉惩治腐败分子、坚决遏制腐败现象的同时，加大从源头上预防和治理腐败的力度，坚定不移地推进党风廉政建设和反腐败斗争，为把建设有中国特色社会主义事业全面推向二十一世纪创造良好的社会政治环境。

第一，切实加强领导干部廉洁自律工作。要继续认真落实制止奢侈浪费行为的八条规定，重点抓好三项工作：严禁党政机关到庐山等十二个风景名胜区开会；严格控制改建、扩建、新建或购买、装修办公楼和新建宾馆；坚决制止用公款出国(境)旅游。

要严格执行《中国共产党党员领导干部廉洁从政若干准则(试行)》。要严格执行省(部)级以上领导干部的配偶、子女及其配偶，不准在该领导干部管辖的地区及管辖的业务范围个人经商办企业和在外商独资企业任职，不准在上述地区和业务范围的中外合资企业中接受外方委派或者推荐出任高级职位的规定。国有企业、集体企业及公有产权占主导地位的企业和事业单位的党员领导干部，也要廉洁自律。

第二，加大查办案件工作力度。各地区、各部门都要集中力量突破一批有影响的重大违纪违法案件，严厉惩处腐败分子。要把查办违反政治纪律的案件放在重要位置，重点查处领导机关、领导干部中发生的有令不行、有禁不止，阳奉阴违，拒不执行党中央、国务院的决策、部署等严重违反政治纪律的行为。要坚决查办司法、金融和建筑领域及干部人事工作中的案件；坚决查办贪污贿赂、走私护私、骗汇逃汇套汇的案件，以及领导干部玩忽职守造成重大损失的案件和虚报浮夸、弄虚作假的案件；坚决查办在企业改制过程中领导干部侵吞国有和集体资产的案件，以及因失职渎职造成国有和集体资产流失的案件。要重视查办发生在基层的严重以权谋私和严重侵犯群众权益的案件。

第三，坚决纠正部门和行业不正之风。坚持纠建并举的方针和“谁主管，谁负责”的原则，重点抓好减轻农民负担、减轻企业负担和纠正医药购销中的不正之风的工作。要强化部门和行业内部制约和外部监督的机制，继续推行民主评议行业作风的制度。

全会要求，党风廉政建设和反腐败斗争必须标本兼治，综合治理，加大从源头上预防和治理腐败的力度。一九九九年要重点抓好以下几项工作：

1. 要采取有力措施，巩固军队、武警部队、政法机关和中央党政机关不再从事经商活动工作的成果。地方各级党政机关都要与所办经营性企业彻底脱钩，重点抓好省一级和副省级市、省会城市市一级的党政机关与所办经济实体和管理的直属企业脱钩的工作。

2. 各级公安、检察、法院和工商行政管理部门必须全面实行行政性收费和罚没收入“收支两条线”管理。中央一级、省一级的其他执收执罚部门，以及副省级市、省会城市市一级的其他执收执罚部门，都要实行“收支两条线”管理。要对上列执收执罚部门的预算外资金银行账户进行一次彻底清理。

3. 加强对工程招标投标的管理，建立公开、公正、平等竞争的工程发包承包制度。地(市)级以上城市都要建立有形建筑市场(经批准可以不建立的除外)，并实行规范化管理。

4. 认真执行《县级以下党政领导干部任期经济责任审计暂行规定》和《国有企业领导人员任期经济责任审计暂行规定》。继续在国有中、小型企业和集体企业试行和建立会计委派制度。

5. 继续推行村务公开、厂务公开和政务公开的制度，加强民主管理和民主监督。

全会强调，完成一九九九年党风廉政建设和反腐败任务，必须把学习邓小平理论和党的十五大精神放在首位，按照中央的部署，重点在县级以上党政领导班子、领导干部中，以整风精神开展“讲学习、讲政治、讲正气”为主要内容的党性党风教育，认真解决存在的突出问题；要认真实行中共中央、国务院《关于实行党风廉政建设责任制的规定》，严格执行责任追究的规定；要加强对权力运行的监督和制约，重点加强对高中级领导干部和各级党政机关主要负责人的监督；要积极探索通过改革从源头上预防和治理腐败的途径，提出具体的措施和对策；要搞好纪检监察机构改革，强化纪检监察职能，加强纪检监察队伍建设。

全会号召，各级党委、纪委和全体共产党员要高举邓小平理论伟大旗帜，深入贯彻落实党的十五大和十五届三中全会精神，紧密团结在以江泽民同志为核心的党中央周围，努力完成一九九九年的党风廉政建设和反腐败斗争的任务，以新的成绩迎接新中国成立五十周年。

澳门特别行政区筹委会举行第五次全会

会期为2天。国务院副总理、筹委会主任委员钱其琛在会上代表国务院宣布了处理“九九”后澳门涉台问题的七项基本原则和政策。他提出，“九九”后澳门的涉台问题，凡属涉及国家主权和两岸关系的事务，由中央人民政府安排处理，或由澳门特别行政区政府在中央人民政府的指导下处理。澳台两地的民间交往，澳门同胞、台湾同胞的正当权益应予以维护，以促进两地共同发展。

这次会议听取有关小组的工作报告和审议通过3个文件。这3个文件是：澳门特别行政区第一任行政长官人选的产生办法；关于实施《中华人民共和国澳门特别行政区基本法》第二十四条第二款的意见；澳门特别行政区区旗、区徽暂行使用办法。

会上，政务、法律、经济、社会文化4个工作小组的召集人作了关于各小组工作情况的报告。筹委会秘书长陈滋英作了关于拟在本次全体会议审议通过的有关办法和意见(草案)的说明。

筹委会副主任委员谢非主持了今天的会议,副主任委员马万祺、廖晖、王启人、王英凡、何厚铧、吴福、曹其真等及委员共 90 人出席了会议。

全国检察长工作会议在北京结束

会议提出,各级检察机关要以改革的精神抓好各项检察工作,振奋精神,求真务实,开创检察工作新局面。

最高人民检察院检察长韩杼滨在会上强调,开创检察工作新局面,必须有一个好的精神状态,广大检察干警特别是各级检察长一定要认清自己肩负的历史责任,以有所作为、有所建树的精神,知难而进、迎难而上的气概,对党、对人民、对检察事业高度负责,殚精竭虑,兢兢业业,认真抓好职责范围内的每一项工作。

韩杼滨指出,要增强组织观点、纪律观点,保证全国检察机关政令畅通,步调一致,令行禁止,努力实现检察工作一体化。对上级检察院的部署,下级检察院必须认真落实,不得搞上有政策,下有对策;对上级检察院交办的事项,下级检察院必须不折不扣地完成,不得漠然置之,置若罔闻。要克服衙门作风和散漫拖沓等不良习气,真抓实干,把措施落到实处,保证各项工作取得实实在在的成效。

国务院副总理钱其琛在澳门特别行政区筹委会第五次全体会议开幕式上代表国务院宣布中央人民政府关于处理“九九”后澳门涉台问题的基本原则和政策

钱其琛宣布基本原则和政策:

1. 澳、台两地现有的各种民间交流交往关系,包括经济文化交流、人员往来等,基本不变。

2. 鼓励、欢迎台湾居民和台湾各类资本到澳门从事投资、贸易和其他工商活动。台湾居民和台湾各类资本在澳门的正当权益依法受到保护。

3. 根据“一个中国”的原则,澳门特别行政区与台湾地区间的空中航线和海上运输航线,按“地区特殊航线”管理。澳门特别行政区与台湾地区间的海、空航运交通,依双向互惠原则进行。

4. 台湾居民可根据澳门特别行政区法律进出澳门地区,或在当地就学、就业、定居。现行的入出境方式基本不变。为方便台湾居民出入澳门,中央人民政府将就其所持证件等问题作出安排。

5. 澳门特别行政区的教育、科学、技术、文化、新闻、出版、体育、康乐、专业、医疗卫生、劳工、妇女、青年、归侨、社会福利、社会工作等方面的民间团体和宗教组织,在互不隶属、互不干涉和互相尊重的原则基础上,可与台湾地区的有关民间团体和组织保持和发展关系。

6. 澳门特别行政区与台湾地区之间以各种名义进行的官方接触往来、商谈、签署协议和设立机构,须报请中央人民政府批准,或经中央人民政府具体授权,由特别行政区行政长官批准。

7. 台湾现有在澳门的机构可以适当的名称继续留存,这些机构和人员在行动上要严格遵守《中华人民共和国澳门特别行政区基本法》,不得违背“一个中国”的原则,不得从事损害澳门的安定繁荣以及与其注册性质不符的活动。我们鼓励、欢迎他们为祖国的统一和保持澳门的稳定发展作出贡献。

民革中央在北京举行春节茶话会

最高人民法院《关于人民法院决定暂予监外执行有关问题的批复》

国务院总理朱镕基在福建考察工作

朱镕基在福建省考察打击走私工作和国有企业下岗职工基本生活保障与再就业工作落实情况。他强调指出,反走私斗争是一项长期而艰巨的任务,这项工作虽然取得了很大成绩,但千万不能满足,千万不能松懈,千万不能估计过高。他要求海关等缉私部门要常备不懈,廉洁自持,深入持久地严厉打击走私犯罪活动,为改革开放和经济发展作出新的贡献。

1 月 15 日至 20 日,朱镕基总理和中共中央政治局候补委员、国务委员吴仪,在福建省委书记陈明义、省长贺国强的陪同下,先后考察了厦门海关、福州市堤防建设和内河引水工程,并在福州棉纺织印染厂召开了福州市部分下岗职工座谈会,慰问了下岗职工家庭、贫困农户和小学师生。在考察中,朱镕基多次向在场的干部群众转达党中央、江泽民总书记的亲切关怀和节日问候。考察期间,朱镕基听取了福建省委、省政府的工作汇报,对福建省近年来各项工作取得的成绩给予充分肯定。

在厦门海关,朱镕基考察了厦门口岸联检报关中心,详细询问了全国进出口报关单联网核查系统的运行情况,慰问了厦门海关走私犯罪侦查分局和调查局的干警,听取了厦门海关有关缉私工作和队伍建设的汇报。

朱镕基指出,去年打击走私和骗汇工作取得了很大成绩,为国民经济增长 7.8%和外汇储备的增加作出了重要贡献。这充分证明,以江泽民同志为核心的党中央作出打击走私犯罪活动的决策和军队、武警部队及政法机关一律不再从事经商活动的决定,是非常必要和完全正确的。在缉私体制改革方面,党中央、国务院决定组建海关缉私警察队伍，实行海关总署和公安部双重垂直领导、以海关领导为主的体制。这项重大决策，明确了海关缉私的责任和权力，对更有效地打击走私犯罪活动必将起到重要作用。

朱镕基强调，反走私斗争要树立常备不懈、长期作战的思想。他说，打击走私没有尽头，没有最后的胜利。现在，强大的威慑力量把走私猖獗的势头压了下去，但走私分子仍在活动，手法更加隐蔽，只要我们稍有松懈，就会出现反弹。因此，对走私犯罪活动要坚决地打，狠狠地打，决不搞一阵风，决不允许走私再度猖獗。要把反走私斗争深入持久地开展下去，彻底打破走私犯罪分子伺机重来的幻想。

朱镕基要求，进一步加强海关等缉私执法队伍的思想建设、组织建设和作风建设。他说，为了有效地遏制走私，实现长治久安，一定要给海关配备先进的缉私装备，但最重要的还是要搞好队伍建设。经过整顿教育，海关队伍的作风有了明显改进，但绝不能满足。要讲学习，讲政治、讲正气。要进一步抓好各级领导班子建设，依靠好的领导班子带好队伍。要严肃查处执法腐败行为，坚决清除害群之马，绳之以法。对在缉私工作中作出突出贡献的有功人员，要大力表彰，弘扬正气。他强调，作风建设是长期的，海关等缉私执法队伍要廉洁自持，始终保持这个作风、这个品格。要把海关队伍建设成铁的队伍，把海关建成保卫国家经济安全的钢铁长城。

1月19日，朱镕基到福州市杨桥新村，看望下岗职工家庭，详细询问他们的生活和再就业情况。随后，他又到福州棉纺织印染厂了解压锭改造的进展情况，并与福州市部分下岗职工座谈。在听取下岗职工再就业的汇报后，朱镕基对福州市的再就业工作和下岗职工做出的成绩给予充分肯定。朱镕基指出，党中央、国务院倡导的下岗分流、减员增效、实施再就业工程，是社会主义市场经济的一个重要机制。这个机制建立了，并坚持下去，国有企业才有希望搞活。对减下的人员必须保障他们的基本生活，并创造条件帮助他们逐步实现再就业。只有这样，社会才能稳定和谐，国有企业才能扭亏增盈，国家才能兴旺发达。朱镕基强调，确保国有企业下岗职工基本生活和离退休人员养老金按时足额发放事关全局，各级党委和政府要把这项工作作为一件大事切实抓紧抓好。各级地方财政要在预算中优先打足国有企业下岗职工基本生活保障资金。

朱镕基指出，国有企业下岗职工转变择业观念非常重要。实施再就业工程，既要保障下岗职工基本生活，广开就业门路，又要做好下岗职工的政治思想工作。三百六十行，行行出状元，每一行都是社会分工所必需，都可以为社会作贡献，没有高低贵贱之分。社会就业岗位十分宽广，下岗职工只要转变观念，解放思想，走出一步，海阔天空。

朱镕基说，国有企业下岗职工是国家的宝贵财富。许多下岗职工通过再就业找到了更好地发挥自身才干的社会岗位，干出了一番事业，为社会作出了新的贡献。他要求大力宣传下岗职工再就业先进人物的事迹，促使下岗职工转变择业观念，实现再就业。

1月18日，朱镕基还到莆田市和闽侯县农村看望了贫困农户和残疾人家庭，在仙游县看望了小学师生。

国家防汛抗旱总指挥部和水利部就当前冬麦受旱发出通知

针对当前冬麦区有近1亿亩麦田受旱的严峻形势，国家防汛抗旱总指挥部和水利部近日发出通知，要求各地按照中央农村工作会议提出的要求，采取扎实有力措施，全力做好抗春旱工作，力夺今年夏粮丰收。

去年入秋以来，全国大部分地区降水一直偏少，气温持续偏高，北方冬麦区土壤墒情不断下降，旱情持续发展，部分地区已出现秋冬连旱。当前，冬麦区有近1亿亩麦田受旱，部分省区麦苗长势不如往年。据气象部门预测，今春北方大部分地区气温偏高，降水偏少，抗旱形势严峻，任务艰巨。

国家防汛抗旱总指挥部、水利部为此要求各地做好以下五项工作：

一、提高认识，加强领导。各地要把抗旱保夏粮、保春播作为目前农村工作的头等大事切实抓好，立即行动起来，采取切实有效措施，做好抗春旱的一切准备工作。

二、抓好抗旱水源工程和节水灌溉设施的建设。各地要结合冬春水利建设，搞好抗旱水源的工程建设，推广各项节水灌溉措施。在抓紧水毁工程修复的同时，重点抓好水库、塘坝及各类小型水利工程的蓄水引水，适时抓好冬春灌溉，并及时抓好保墒工作。

三、加强水资源的统一管理调度。各地要制定水资源的统一调度方案，合理调配水量，做到计划用水，节约用水。沿黄河地区要树立全局观念，在确保城乡居民生活用水的前提下，合理调配工农业生产用水，做到上中下游统筹兼顾。当前，下游各地要利用冬季有利时机加大引黄流量，尽量多引多蓄，做到闲蓄忙用。

四、大力推广应用各种非工程抗旱措施。各地要继续抓好抗旱新技术、新产品、耐旱农作物新品种的推广应用，抓好抗旱坐水种、地膜覆盖、碾压耙耱等旱作农业保墒措施的普及。各级抗旱服务组织要及早做好抗旱机具设备的检修与配套，为群众开展抗旱提供优质服务。

五、各部门要密切协作，支持抗旱。水利部门要制定好抗旱预案，做好抗旱用水计划，加强用水管理，合理调配水源。农业部门要做好越冬作物的田间管理。计划、财政、金融、农资、电力、石化、气象等部门，要落实责任，密切配合，共同做好抗旱工作。

外交部发言人孙玉玺就南沙群岛主权问题发表谈话

孙玉玺表示，中国对南沙群岛及其附近海域拥有无可争辩的主权。

他是在就菲律宾国防部部长梅尔卡多近日表示将推动举行一次由美国主持的南海问题国际会议一事发表评论时作上述表示的。

孙玉玺说，为维护南海地区的和平与稳定，中方一贯主张通过双边友好协商解决与有关国家之间的分歧。任何外部势力的介入都是不可取的，只能使局势进一步复杂化。

国务院副总理钱其琛在中南海会见阿根廷总统府战略国务秘书豪尔赫·卡斯特罗

解放军全军纪律检查工作会议在北京举行

《人民日报》就国有企业下岗职工基本生活保障和再就业工作会议前天在北京闭幕发表社论《再接再厉狠抓落实》

《港澳居民来往内地通行证》正式启用

《港澳居民来往内地通行证》是港澳居民入出内地的旅行证件和在内地住宿、居留、旅行的身份证件。公安部委托香港、澳门中国旅行社于今年 1 月 1 日起受理通行证申请，授权广东省公安厅审批、签发通行证。

通行证成人持用证件有效期为 10 年，在有效期内使用次数不受限制。

根据有关法律和法规，具有中国国籍的香港、澳门居民不管是否持有外国护照或旅行证件，只要未向国籍管理机关申报为外国人，均可申请《港澳居民来往内地通行证》。

1 月 16 日

澳门特别行政区筹委会第五次全体会议在北京闭幕

会议通过了《中华人民共和国澳门特别行政区第一任行政长官人选的产生办法》、《全国人民代表大会澳门特别行政区筹备委员会关于实施〈中华人民共和国澳门特别行政区基本法〉第二十四条第二款的意见》、《中华人民共和国澳门特别行政区区旗、区徽使用暂行办法》三个文件和会议新闻公报。

国务院副总理、筹委会主任委员钱其琛在致闭幕词时说，本次会议最重要的成果是通过了特区第一任行政长官人选产生办法。这个产生办法和上次全体会议通过的推委会具体产生办法一起，为顺利完成产生特区第一任行政长官人选这一筹组特区的核心工作奠定了基础。

钱其琛说，通过关于实施《基本法》第二十四条第二款的意见是本次全体会议的又一重要成果。这个意见牵涉到澳门特别行政区永久性居民身份的确定，一直为广大澳门居民所关注。这个意见是经过各小组和主任委员会议反复讨论后形成的，符合澳门实际而且切实可行，它对鼓励澳门居民留澳、建澳将发挥积极作用。

钱其琛表示，在会议开幕时宣布的澳门回归祖国后涉台关系的七项原则和政策，是根据“一个中国”、“一国两制”的原则制定的，对于继续保持和规范澳门、台湾两地的交往、交流具有重要意义。

会上筹委会秘书长陈滋英就会议通过的几个文件作了说明。

全国人大澳门特别行政区筹备委员会第五次全体会议通过《中华人民共和国澳门特别行政区第一任行政长官人选的产生办法》

第一条　为推举中华人民共和国澳门特别行政区第一任行政长官人选，根据《中华人民共和国澳门特别行政区基本法》（以下简称《基本法》）和《全国人民代表大会关于澳门特别行政区第一届政府、立法会和司法机关产生办法的决定》，制定本办法。

第二条　根据公平、公正、公开、民主和廉洁的原则产生第一任行政长官人选。

第三条　第一任行政长官参选人必须具备如下资格：

1. 不具有外国居留权或承诺在担任行政长官期间放弃外国居留权的澳门永久性居民中的中国公民；

2. 年满 40 周岁；

3. 在澳门通常居住连续满 20 年；

4. 拥护基本法；

5. 效忠中华人民共和国及其澳门特别行政区。

上述资格中，“年满 40 周岁”是指在报名参选截止日已年满 40 周岁；“在澳门通常居住连续满 20 年”是指在报名参选截止日已在澳门通常居住连续满 20 年，计算时包括在澳门居住期间外出留学、经商和探亲访友等。

第四条　现职公务员如愿意参选第一任行政长官，

在表明参选意愿时，须辞去公职，脱离工作岗位。

第五条 有意参选第一任行政长官的人士应以个人身份参选。具有政治性团体身份的人士在表明参选意愿时必须退出政治性团体。

第六条 第一任行政长官人选的推选工作在全国人民代表大会澳门特别行政区筹备委员会主任委员会议（以下简称“筹委会主任委员会议”）的主持下进行。

第七条 第一任行政长官人选由澳门特别行政区第一届政府推选委员会（以下简称“推选委员会”）在澳门以提名选举的方式产生。具体办法如下：

（一）报名与资格审查

凡有意参选第一任行政长官的人士，报名时须以书面形式向筹委会主任委员会议表明意愿并递交《中华人民共和国澳门特别行政区第一任行政长官参选人简历表》。行政长官参选人不担任推选委员会委员；如已当选为推选委员会委员，在表明参选行政长官意愿时，需同时声明辞去推选委员会委员职务。所出现的空缺按《中华人民共和国澳门特别行政区第一届政府推选委员会具体产生办法》第十二条的规定办理。

筹委会主任委员会议负责对已递交简历表的人进行资格审查，必要时可要求其就表格中填写的事项提交证明文件。凡符合资格者，成为第一任行政长官参选人，并由筹委会主任委员会议公布参选人名单。

（二）提名与确定候选人

推选委员会委员根据上述参选人名单，经过协商，以无记名投票方式提名产生第一任行政长官候选人人选。每位推选委员会委员只可提名一位候选人人选。点提名票时，由推选委员会委员互选的监票人负责监票，由筹委会秘书处工作人员统计各位参选人所得的票数。凡获得推选委员会委员 20 人或 20 人以上提名者成为第一任行政长官候选人，由筹委会主任委员会议予以确认。

候选人名单及简介印发全体推选委员会委员，并予公布。

（三）选举

筹委会主任委员会议召集推选委员会全体会议，由第一任行政长官候选人向推选委员会全体会议报告本人情况和施政设想，并回答推选委员会委员的提问。

推选委员会委员以无记名投票的方式进行选举，每位投票人只能投票选举一位候选人。每张选票只选一位候选人的为有效票，多于一位候选人的为无效票。

推选委员会委员互选监票人负责监票。所投选票等于或少于投票人总数，投票有效；所投选票多于投票人总数，投票无效，须重新进行投票。

候选人得票超过推选委员会全体委员的半数即可当选。如果没有一位候选人得票超过半数，则对得票最多的两位候选人进行第二轮选举，得票多数者当选。

监票人应将点票结果报告筹委会主任委员会议，由筹委会主任委员会议公布选举结果。

第八条 第一任行政长官人选的推举过程应在推选委员会产生后的 45 天内完成。

第九条 第一任行政长官人选的参选人或候选人不得相互进行人身攻击，也不得向推选委员会委员行贿、提供或承诺提供任何利益。

筹委会主任委员会议负责选举的监督工作，并处理投诉。

第十条 第一任行政长官人选产生后，由筹委会报中央人民政府任命。

第十一条 本办法未尽事宜，可由筹委会全体会议根据筹委会主任委员会议的建议，作出补充规定。

第十二条 本办法由筹委会主任委员会议负责解释。

全国人大澳门特别行政区筹备委员会第五次全体会议通过《中华人民共和国澳门特别行政区区旗、区徽使用暂行办法》

根据《中华人民共和国澳门特别行政区基本法》第十条的规定，澳门特别行政区除悬挂和使用中华人民共和国国旗和国徽外，还可悬挂和使用澳门特别行政区区旗和区徽。为实施基本法的规定，特制定区旗、区徽使用暂行办法。

第一条 澳门特别行政区区旗、区徽是澳门特别行政区的象征和标志，应当予以尊重和爱护。

第二条 凡国旗与区旗同时升挂、悬挂、使用时，国旗应当大于区旗，应将国旗置于中心、较高或者突出的位置，国旗在右，区旗在左（“左”、“右”的位置应以旗的正面面向观众为基准）。列队举持国旗和区旗行进时，国旗应当在区旗之前。

凡国徽与区徽同时悬挂、使用时，处理原则同本条第一款的规定。

第三条 不得使用破损、污损、褪色或不合规格的区旗、区徽。

第四条 区旗、区徽及其图案不得用作商标和商业广告。

第五条 区旗、区徽必须按照国家制定的标准制作。

全国人大澳门特别行政区筹备委员会第五次全体会议通过《全国人民代表大会澳门特别行政区筹备委员会关于实施〈中华人民共和国澳门特别行政区基本法〉第二十四条第二款的意见》

为了实施《中华人民共和国澳门特别行政区基本

法》(以下简称《基本法》)第二十四条第二款关于澳门特别行政区永久性居民的规定,特提出如下意见,以备澳门特别行政区制定实施细则时参照:

一、澳门居民在澳门特别行政区成立以前,所持有的有效澳门居民身份证,在 1999 年 12 月 20 日以后继续有效,直至换发新的身份证。

澳门居民中的中国公民持有上述澳门居民身份证,并符合下列条件之一者,为澳门特别行政区永久性居民。

1. 身份证载明澳门出生者;

2. 身份证从首次发出日计已满七年者;

3. 身份证不能证明在澳门合法住满七年,但持有有效澳门永久居留证,或持有治安警察厅或身份证明司签发的有效居住证明书证明其已在澳门合法居住满七年者。

符合以上三项条件中任何一项的澳门居民中的葡萄牙人和其他人,作为澳门特别行政区永久性居民,还须符合“以澳门为永久居住地”的要求。

二、《基本法》第二十四条第二款第(一)项和第(三)项规定的在澳门出生的中国公民和葡萄牙人,是指父母双方或一方在澳门合法定居期间所生的人,但因符合本意见第一点所列条件而成为澳门特别行政区永久性居民者除外。

三、《基本法》第二十四条第二款第(一)项和第(二)项规定的澳门以外所生的中国籍子女,必须是本人出生时其父母双方或一方已经成为澳门《基本法》规定的永久性居民,该子女要进入澳门特别行政区定居须依法办理有关手续。

四、《基本法》第二十四条第二款第(二)项规定的中国公民在澳门通常居住“连续七年”的计算方法,应为任何时间的连续七年。

《基本法》第二十四条第二款第(四)和第(五)项规定的葡萄牙人和其他人,在澳门通常居住“连续七年”的计算方法,须符合“以澳门为永久居住地”的要求,故应为紧接其申请成为澳门特别行政区永久性居民之前的连续七年。

《基本法》中所规定的在澳门“连续”居住,计算时包括在澳门居住期间外出留学、经商和探亲访友等。

五、《基本法》第二十四条第二款第(六)项规定的在澳门出生的未满十八周岁的“其他人”子女,必须是本人出生时其父母双方或一方已经成为澳门《基本法》规定的永久性居民。该子女在年满十八周岁后,如符合《基本法》第二十四条第二款第(五)项的有关规定,可成为澳门特别行政区永久性居民。

六、移民海外的原澳门居民中任何符合基本法规的澳门特别行政区永久性居民身份条件的中国公民,均可从海外返回澳门定居,享有居留权。以外国公民身份返回澳门者,在符合《基本法》第二十四条第二款规定的有关条件时,可成为澳门特别行政区永久性居民。

七、关于“以澳门为永久居住地”和“在澳门通常居住”的规定,在澳门特别行政区的实施细则,由澳门特别行政区制定。

澳门特别行政区筹委会第五次全体会议发布《会议新闻公报》

全国人民代表大会澳门特别行政区筹备委员会第五次全体会议于 1999 年 1 月 15 日至 16 日在北京举行。会议由筹委会副主任委员谢非主持。主任委员钱其琛在会议开幕和闭幕时发表了讲话。

主任委员钱其琛在开幕讲话中代表国务院宣布了关于处理澳门回归祖国后澳门特别行政区对台湾关系问题的基本原则和政策。委员们认为这些基本原则和政策为处理澳台关系问题提供了可遵循的依据,有利于促进澳台关系的健康发展,表示完全拥护。

会议听取了政务小组、法律小组、经济小组和社会文化小组的工作报告,对各小组的工作进展表示满意。

会议审议通过了《中华人民共和国澳门特别行政区第一任行政长官人选的产生办法》,认为这个产生办法完全符合澳门基本法和全国人大的有关决定,体现了公平、公正、公开、民主和廉洁的原则,为顺利进行推选行政长官人选的工作提供了基础。

会议审议通过了《全国人民代表大会澳门特别行政区筹备委员会关于实施〈中华人民共和国澳门特别行政区基本法〉第二十四条第二款的意见》,认为这个意见既遵循了基本法所确定的原则,又充分考虑到澳门的历史和现实情况。

会议还审议通过了《中华人民共和国澳门特别行政区区旗、区徽使用暂行办法》,以利于在庆祝澳门回归的各项活动中和在澳门特别行政区正式立法前正确使用区旗、区徽。

会议期间举行的主任委员会议决定,参选澳门特别行政区推选委员会委员的报名时间为 1999 年 1 月 26 日至 2 月 14 日。

会议决定,全国人民代表大会澳门特别行政区筹备委员会第六次全体会议于 1999 年 3 月 1 日至 2 日在北京举行。

南(宁)昆(明)铁路通过国家验收正式开通

国务院副总理钱其琛会见出席亚太经合组织(APEC)中国企业联席会议代表

钱其琛说,亚太经合组织是亚太地区最重要的区域经济合作论坛之一，经济技术合作是其活动的重要内容。去年11月，江泽民主席在APEC第六次领导人非正式会议上宣布我国将出资1000万美元建立“中国APEC科技产业基金”，并成立“APEC中国企业联席会议”。这次国家经贸委和外交部联合召开“联席会议”成立大会，正是对江主席这一决定的落实，是我国积极参与亚太经济技术合作，推动APEC进程平衡地向前发展所采取的又一重要举措，也为我国企业提供了与APEC各成员合作的又一渠道。

钱其琛说，当前，我国改革开放进入了一个关键时期，经济全球化的发展和知识经济的兴起既给我们带来了前所未有的机遇，也提出了严峻挑战。中国企业要汲取和借鉴国际上的成功经验和先进的科技，不断发展壮大自身实力。国务院各有关部门，要为我国的企业参与国际合作与交流创造更多的有利条件。他希望“联席会议”能在我国企业界参与亚太经济技术合作中发挥桥梁和纽带作用。

第11届世界杯跳水赛在惠灵顿举行

跳水赛于12日至16日进行，中国队获得12枚金牌及男女团体、女子团体、男女混合团体项3枚金牌。

国家主席江泽民就银川燃油锅炉爆炸事故对锅炉质量检验和安全生产作出指示

国家主席江泽民晚上看到中央电视台《晚间新闻》关于宁夏回族自治区银川市一家属院发生燃油锅炉爆炸事故的报道后，立即给国家经贸委主任盛华仁打电话，对锅炉质量检验和安全生产做了重要指示。

1月17日

最高人民法院院长肖扬在贵州调研

肖扬1日17日至20日在贵州进行调查研究时指出，公开审判是我国宪法规定的一项原则，同时也是我国的一项基本诉讼制度，各级人民法院都要积极推行这一制度。凡是具备公开审判条件的法院，除了法律规定的涉及国家机密、个人隐私以及未成年人犯罪3类案件以外，都应该实行公开审判，以办案公开促进司法公正，更好地为维护社会稳定和促进经济建设服务。

肖扬说，实行公开审判，是去年以来全国法院系统办案抓公正、队伍抓廉政的一个重要措施。

肖扬强调，在目前我国法官队伍素质还有待于提高、各种不正之风侵蚀法官队伍的情况下，各级人民法院要通过推行公开审判制度，不断提高法官队伍拒腐防变能力。通过推行公开审判制度，带动控辩制、人民陪审员等制度得到落实，推动法官、检察官、律师办案水平的提高，为培养一支高素质的法官、检察官、律师队伍提供舞台。要大力提倡法院院长、庭长担任审判长直接办案。

劳动和社会保障部决定大力促进再就业

劳动和社会保障部部长张左己在日前结束的全国劳动厅局长会议上说，在确保国企下岗职工基本生活的同时，今年要把工作着力点放在促进国企下岗职工再就业上，使这些职工尽早重新走上工作岗位。

张左己说，确保国企下岗职工基本生活是当务之急，是做好再就业工作的前提，而再就业则是治本之举，是关键。只有把再就业工作做好了，才能逐步从根本上解决下岗职工问题。为此，各地在确保国企下岗职工基本生活的同时，今年要把工作着力点放在促进再就业上，进一步办好再就业服务中心，做到随下岗随进中心，有进有出，出大于进，力争使实现再就业的人数大于当年新增下岗职工人数。同时要加大劳动力市场建设和职业培训的资金投入，落实财政核拨的经费，大力开展职工培训、职业介绍和就业指导。要加快劳动力市场信息网建设，把用人信息及时、快捷地送到下岗职工面前。还应加强劳动力市场管理，为逐步建立起市场就业机制打下基础。

1月18日

全国侨务工作会议在北京举行

国家主席江泽民出席并讲话。国务院总理朱镕基致信祝贺。

江泽民在会上发表重要讲话。江泽民说，侨务工作作为党和国家工作的一条重要战线，为促进改革开放和社会主义现代化建设发挥了重要作用。他代表党中央、国务院，向广大侨务工作者表示亲切的问候，向热情支持我国改革和建设的广大海外同胞致以良好的祝愿。

江泽民说，党和国家历来重视侨务工作。邓小平同志指出，我们还有几千万爱国同胞在海外，他们希望中国兴旺发达，这在世界上是独一无二的。广大海外同胞，是我国同世界各国、各地区进行友好交往与合作交流的重要桥梁，是我们扩大对外开放、推进经济建设的重要有利因素。我们要坚持贯彻邓小平同志关于侨务工作的重要思想和中央的有关方针政策，不断提高侨务工作的水平。在即将到来的21世纪，中国人民将基本实现现代化和中华民族的伟大复兴。要完成这个宏伟任务，必须把各方面的积极性充分调动起来。分布于世界各地的广大海外同胞中，既有享誉世界的科学家,也有成绩显著的中青年科技人才,他们在当今一些重要的高科技领域取得了卓越的成就。广大海外同胞热情支持我们的改革开放和现代化建设,也是我们了解外部世界的重要渠道和开展国际民间友好事业的重要促进力量。充分发挥他们的积极作用,对加快我们的经济建设和促进祖国和平统一大业,是十分有益的。

江泽民指出,广大侨务干部要认清自己肩负的使命,紧紧围绕党和国家工作的大局,积极开展工作。我赞成这次会议提出的,把为科教兴国战略服务作为工作重点,把为科教兴农服务作为一件大事来抓。侨务部门要加强对海外同胞的工作,努力增进同他们的交流和情谊,争取他们为中国的发展作出更多的贡献。近 20 年出去的一大批留学人员,其中许多人学成后已取得所在国居留权或加入所在国国籍。侨务部门应会同有关部门,加强同他们的联系,引导他们通过各种方式为祖国建设贡献力量。侨务部门还要继续做好为海外同胞和归侨侨眷服务的各项工作。

江泽民要求各级党委、政府要加强对侨务工作的领导,切实帮助侨务部门解决一些困难和问题,为他们开展工作创造必要的条件。不仅沿海地区要重视侨务工作,其他地区也要认真抓好。要挑选优秀的干部充实侨务部门,保持侨务干部队伍的适当稳定。他希望广大侨务工作者继续开拓进取、扎实工作,为祖国的改革开放和现代化建设作出新的更大的贡献。

朱镕基在贺信中代表国务院,向辛勤工作在侨务战线的全体同志表示问候和感谢。贺信说,过去的 20 年,侨务部门调动广大海外同胞和归侨侨眷的积极性,为我国的改革开放和现代化建设作出了重要贡献。在我国实现跨世纪宏伟目标中,侨务工作担负更加繁重和光荣的使命。各级政府要更加重视这项工作。希望侨务部门紧紧围绕经济建设这个中心,努力发挥密切联系广大海外同胞的优势,为扩大我国对外开放、实施科教兴国战略、推进国家现代化事业,作出更大贡献,为实现祖国和平统一、增进我国同各国人民的友好交往,发挥重要作用。

钱其琛、曾庆红、布赫、王忠禹、陈锦华等参加了会见。

国务院副总理钱其琛在会上介绍了当前的国际形势、港澳情况和对台工作问题,并就我国的侨务工作提出意见和要求。

国务院侨办主任郭东坡在会上作了工作报告。

中央社会治安综合治理委员会 1999 年第一次全体会议在人民大会堂召开

中央社会治安综合治理委员会主任罗干在会上强调,今年的社会治安综合治理工作要深入贯彻“打防结合,预防为主”的方针,把“严打”作为首要环节,把治理人民群众关心的“乱”点作为当务之急,加强治安防范和管理。春节期间尤其要狠狠打击各种直接危害人民群众切身利益的违法犯罪活动,确保人民群众过一个安全祥和的节日。

会议在罗干的主持下听取了 1998 年全国社会治安综合治理工作的情况汇报,审议了 1999 年社会治安综合治理工作要点。罗干在发表讲话时说,过去的一年社会治安综合治理工作紧紧围绕全党全国工作大局,狠抓了社会治安综合治理各项措施的落实。中央综治委各成员单位在社会治安综合治理方面做了大量卓有成效的工作,充分显示出齐抓共管的优势,有效地加强了预防和打击违法犯罪的工作机制,使社会治安综合治理工作在维护稳定、促进改革发展中发挥了重要作用。

罗干说,今年是我们党和国家历史上具有特殊意义的一年,维护社会稳定尤为重要。我们必须进一步增强做好工作的使命感和责任心,坚决落实中央的各项要求,确保社会政治稳定,为改革、发展和人民群众安居乐业创造一个良好的治安环境。罗干强调,各级党政领导要切实承担起维护稳定的政治责任,确保社会政治稳定。各级综治委要密切注视社会动向,定期排查不安定因素,积极组织、协调、督促有关部门正确处理人民内部矛盾,共同做好维护社会稳定的工作,当好党委、政府的参谋和助手。要充分发挥综治委各成员单位的作用,努力拓宽解决问题、消除不安定因素的渠道。维护社会稳定,关键在加强领导,落实责任制。要认真落实维护稳定的党政领导责任制、部门责任制和单位责任制,严格落实责任追究制度。

罗干指出,今年的社会治安综合治理工作要把严打整治作为重点,把治理人民群众关心的“乱”点作为当务之急。治乱首先是坚持“严打”的方针,各地都要通过认真排查,有针对性地开展集中打击或专项斗争。对各种刑事犯罪、经济犯罪和危害国家安全的犯罪,都要依法严厉打击,决不能手软。要继续重点打击严重暴力犯罪、带黑社会性质的团伙犯罪、毒品犯罪等犯罪活动。严厉打击走私、骗汇逃汇、金融诈骗、侵害国有资产以及贪污、贿赂等严重经济犯罪活动。要依法查禁取缔邪教及利用宗教进行的非法活动。对称霸一方的农村恶势力,要依法严惩。对治安混乱、群众缺乏安全感的村镇,要进行重点治理。对于全国政法工作会议部署的追捕逃犯的工作,不仅政法部门要认真组织实施,全社会都要给予大力支持和配合,共同编织起天罗地网,让犯罪分子无处藏身。

罗干强调,春节期间是违法犯罪活动的高发期,尤其要组织好严打整治行动，狠狠打击直接危害人民群众切身利益的盗窃、抢夺、抢劫、杀人等违法犯罪活动，严惩车匪路霸，确保旅客的生命财产安全。要全力维护好春节期间的社会治安秩序，搞好春节各项活动的安全保卫工作，确保人民群众过一个安全祥和的新春佳节。

罗干说，当前青少年犯罪仍是影响社会治安的一个突出问题。防范和减少青少年犯罪，重要的是加强教育和管理，其中，教育是关键的一环。

中央综治委副主任曹志、韩杼滨及中央综治委委员出席会议。

全国统战部长会议在北京举行

中央统战部部长王兆国在会上强调，全年的统战工作要高举邓小平理论的伟大旗帜，自觉服从服务于党和国家工作的大局，抓住新中国成立50周年和澳门回归祖国等历史契机，全面推进各个领域的统战工作，巩固和发展统一战线团结、稳定、振奋、活跃的大好局面，为深化改革、促进发展、维护稳定作出新的贡献。

《人民日报》发表中宣部部长丁关根的文章《伟大的起点历史的使命——为纪念党的十一届三中全会二十周年理论研讨会而作》

最高人民检察院第8届检察委员会第69次会议通过《人民检察院刑事诉讼规则》

中国政府和法国政府在北京签署公务员制度合作协定

第七届远南残疾人运动会中国体育代表团总结大会在昆明举行

在本届运动会上，我国残疾人运动员发挥出色，共夺得205枚金牌、90枚银牌、45枚铜牌，19次破15项世界纪录。

1月19日

国家民委召开邓小平民族理论研讨会暨全国民委主任会议

国务委员司马义·艾买提代表国务院在会上发表讲话说：在世纪之交把民族工作做得更好，最重要、最基本的是必须坚定地贯彻执行党的十一届三中全会以来的路线、方针和政策。他论述了五个方面的问题：一、高举邓小平理论伟大旗帜，深入学习和实践邓小平理论；二、坚持实事求是、解放思想，研究新情况，解决新问题；三、始终坚持民族工作的正确方向，高举中华民族团结进步的伟大旗帜；四、适应社会主义市场经济体制要求，加强民族政策法制建设；五、诚心诚意为各族人民服务，努力提高少数民族的生活水平和生活质量。

来自全国31个省、自治区、直辖市和新疆生产建设兵团与计划单列市、副省级省会城市的民委主任、国家民委所属的6所民族院校的院（校）长和50位人选论文作者以及中央有关单位的代表共180人出席了今天的会议。中央统战部副部长、国家民委主任李德洙主持了会议。

国务院副总理温家宝与两院院士座谈水资源问题

温家宝日前在与中国科学院、中国工程院部分院士座谈水资源问题时指出，水的问题是关系我国经济、社会可持续发展的重大战略问题，必须紧紧依靠科学技术，发挥广大科技人员的作用，不断提高水利科学技术水平和水利建设现代化水平。

座谈会上，全国政协副主席、中国工程院院长宋健，全国政协副主席、工程院院士钱正英介绍了《中国可持续发展水资源战略研究》研究项目的概况。张光斗、潘家铮、卢良恕等院士和专家，对水资源现状及其需求、建设节水高效灌溉农业、发展城市节水、加强对水资源的保护、洪涝灾害的综合防治、干旱半干旱地区水资源开发利用、岩溶地区水资源开发利用、水土保持与林业生态建设、“南水北调”等工程建设，以及海水利用等问题，提出了课题研究的初步意见和建议。

亚太经合组织中国企业联席会议成立

亚太经合组织（APEC）中国企业联席会议在北京召开成立大会。山东海洋化工集团、中国第一汽车集团公司、TCL电子集团公司等100多个有着广泛代表性的大中型国有、民营、股份制企业成为联席会议成员企业，中国工商联主席经叔平任名誉主席，国家经贸委副主任陈邦柱任主席。

中国人民银行行长戴相龙在北京召开的人民银行工作会议上讲话

戴相龙在会议上强调，要实行适当的货币政策，继续深化金融改革，突出加强金融监管，维护国际收支平衡，防范和化解金融风险，进一步改进金融服务，促进国民经济持续快速健康发展和社会政治稳定。

戴相龙要求人民银行各派出机构进一步完善金融调控，引导金融机构运用信贷杠杆，扩大国内需求。包括支持扩大投资需求、消费需求和出口需求。他说，要继续加大对基础设施建设的信贷投入。经批准符合条件的商业银行,都可以开办居民住房和汽车等消费信贷业务。要运用出口信贷、外汇抵押人民币贷款和按出口收汇率分类指导贷款等方式,积极支持外贸企业扩大出口。大力支持效益好的小型企业,有步骤地支持农村小城镇建设。

戴相龙强调,要进一步密切银企关系,加强信贷监督。对重复建设、严重污染环境、浪费资源的项目,要禁止发放贷款。对应收账款和产成品库存增加较多,又未采取有效措施纠正的企业,应坚决停止贷款。

戴相龙在谈到今后金融监管工作的重点时说,到2000年年底,全面建立金融风险管理预警系统和金融监管责任制,促使国有商业银行不良贷款明显下降,基本化解中小金融机构的支付风险,实现金融秩序明显好转,维护我国金融安全。他说,要进一步加强对国有独资商业银行的监管,强化内控机制,降低不良贷款比例。根据有关法规,分别成立四家国有独资商业银行监事会。完成四家银行贷款质量五级分类工作。分别成立金融资产管理公司,收购和处理一部分不良资产。改进国有商业银行呆账冲销管理办法,呆账准备金只用于核销破产企业的呆账贷款以及在破产过程中实行债务重组后造成的损失。依法维护金融债权,严禁以任何名目逃废银行债务。切实加强外汇业务的风险管理,严禁乱开证,乱承兑,乱担保。对不良贷款比例高和增长幅度大的金融机构,要查明原因,严肃处理。

戴相龙指出,保持人民币汇率稳定和国家外汇储备规模,是今年外汇管理工作的突出任务。今年要坚持不懈、毫不手软地打击各种骗汇、逃汇和非法买卖外汇的犯罪行为。继续搞好外汇检查,配合公安机关做好对违规银行的处罚,组织对信用证、托收和预付货款项下及外资银行货到付款项下涉嫌骗汇案件查处工作。协助公安部门打击外汇黑市活动,重点打击集团性的黑窝点和非法地下钱庄。积极配合海关严厉打击非法携带外汇现钞进出境的行为,防止国家外汇流失。

中葡联合联络小组第三十四次全体会议在澳门召开

中葡联合联络小组第三十四次会议于1999年1月19日至21日在澳门举行。双方继续讨论了与澳门平稳过渡和政权交接有关的重要议题。

双方就下列专营合约达成共识并签署了会谈纪要:卫星电视服务、收费电视地面服务(有线电视)、电台及电视台广播服务——澳门广播电视有限公司、电视广播系统和卫星管理系统及服务、澳门污水处理厂(液体及固体阶段)、凼仔污水处理厂、路环污水处理厂及澳门地区城市固体废料之搬运及清理。

双方就澳门在1999年12月20日后继续参加国际民用航空组织和世界气象组织问题达成共识并签署了会谈纪要。

双方就澳门—柬埔寨航空协议达成共识并签署了会谈纪要。

双方同意加快工作步伐,以确保澳门平稳过渡。

国家药监局关于组织清查过期失效药品的紧急通知

全国医药工作会议在北京召开

公安部发出《关于认真贯彻中央领导同志重要批示切实做好当前消防工作的紧急通知》

1月20日

全国政协主席李瑞环同全国统战部长会议代表举行座谈

在听取代表们的发言后李瑞环作了讲话。他说,我们的事业是为多数人谋利益的事业,也是依靠多数人的力量才能完成的事业。多数人的情况决定我们的一切。多数人的愿望,多数人的利益,多数人的意见,多数人的情绪,是我们想问题、办事情的出发点和落脚点。马克思主义的基本原则,共产党的全部任务,就是要使多数人认识自己的利益,并且团结起来,为自己的利益而奋斗。只有把一切可以团结的人都团结起来,把一切可以调动的积极因素都调动起来,尽可能地化消极因素为积极因素,我们才能实现党的总目标总任务,才能完成历史赋予我们的使命。因此,团结大多数、调动积极性是统一战线"安身立命"之本,是统一战线永远不能忘记、始终都要坚持、随着实践发展而常做常新的任务。

李瑞环说,人有自觉的能动性,因此,我们各项工作都要努力把人的主动性、自觉性、积极性充分挖掘出来。领导者的作用,就在于把多数人的积极性充分调动起来并合理发挥出去。领导者的积极,归根结底,是为了使更多人积极。如果领导者的积极带来周围的人都不积极,这个积极就值得怀疑。看我们的方针政策是正确还是错误,看我们的每一项工作是好还是坏,看一个领导干部是合格还是不合格,都要以是否能够团结大多数、调动积极性作为重要检验标准。我们制定任何方针政策,都要使大多数人感到有盼头,取得大多数人的信任与支持。我们从事每一项工作,都要注意群众总体受益原则和总体承受能力原则。有的时候为了群众的全局利益和长远利益,不能不牺牲一些局部利益和暂时利益,但是这样做需要向群众讲清楚,求得他们的理解,同时要通过我们的工作确实做到使多数人长远受益。我们评价任何一个领导干部，都要把他对多数人的态度、同多数人的关系，以及多数人对他的看法作为重要标准。没有为多数人服务的真诚愿望、没有同多数人的良好关系、总是被多数人反对的干部，是不可能发挥好的作用的。

李瑞环希望各级统战部门在新的一年里发挥自己特定范围政治工作和群众工作的优势，深入到群众中去，多做了解社情民意、掌握思想动态的工作，多做团结鼓劲、凝聚人心的工作，多做协调关系、化解矛盾的工作，使各方面的群众心情舒畅，团结向上，把力量最大限度地集中到完成党和国家各项任务上来。

在谈到学习理论、了解情况、研究问题时，李瑞环说，最近江泽民同志多次提出干部的学习问题，强调这是关系到党的事业兴衰、各项工作成败、干部素质高低的大事。作为党的统战工作干部，我们工作的性质和工作的对象，决定了我们必须在学习问题上下更大的功夫。他说，我们搞调查研究的目的是把实际情况、实际问题搞清楚，进而有针对性地提出思路和建议，以供中央决策时参考。调查研究要眼睛向下，要从实际出发，根据我们的基本理论，根据党的基本方针政策，根据形势的变化和实践的发展，对我们的现行做法提出意见，该坚持的要继续坚持，该补充完善的要补充完善，该纠正的要及时纠正，该摒弃的要敢于摒弃。有些问题一时看不准，先把现象、事实搞准、搞全，结论可以留待以后再做。

李瑞环说，在党中央的指导和示范之下，这几年各地对统战工作重要性的认识有所提高，工作有所加强。但不可否认，也有一些同志对统战工作没有足够的认识，对统一战线的历史和现状不了解，对统一战线的基本理论和方针政策不熟悉。因此，要把提高全党对统战工作重要地位和作用的认识作为一个突出任务来抓。要使干部特别是各级领导干部认识到，统战工作不仅是统战部门的事，也是全党的事，从而自觉地学习和掌握我们党关于统一战线的方针政策，学会做团结大多数、调动积极性的工作，真正形成全党抓统战工作的局面，推动新时期统一战线不断巩固和发展。

全国政协副主席、中央统战部部长王兆国主持了座谈会，并介绍了这次统战部长会议情况。山东、广西、湖南、安徽等省、自治区统战部门的负责人在座谈会上发了言。

证监会表示继续推进证券监管体制和监管方式改革

国家主席江泽民在钓鱼台国宾馆会见英国石油公司董事长彼得·萨瑟兰一行

哈萨克斯坦总统纳扎尔巴耶夫在阿拉木图会见中国代表团团长国务院副总理钱其琛

纳扎尔巴耶夫总统感谢江泽民主席在他当选总统后发来贺电并向江主席致以良好祝愿。

钱其琛说，贵国总统选举结果一经揭晓，江泽民主席即向阁下致电表示祝贺。今天，我受江泽民主席委托专程前来参加总统阁下的就职典礼，转达江主席及中国政府和人民对阁下的热烈祝贺、良好祝愿和亲切问候。中国领导人高度评价和赞赏总统本人对发展中哈关系所作的努力。

钱其琛表示，在短短的几年里，中哈睦邻友好合作关系取得了长足的发展，两国全面彻底地解决了边界问题。两国在反对各种极端势力，特别是反对民族分裂主义问题上有着共同利益，并进行了很好的合作，经贸合作不断扩大。中方愿与哈方共同努力，把两国各领域平等互利的合作关系全面推向新世纪。我们还高兴地看到，哈萨克斯坦独立 7 年来，在总统阁下的领导下保持了民族和睦与社会稳定，在发展经济、改善人民生活方面取得显著成就，对外交往与合作日益扩大，国际地位不断提高。我们深信，哈萨克斯坦人民在总统的领导下一定会满怀信心地迈向新世纪，走向更加美好的未来。

中国驻哈萨克斯坦大使、中国代表团成员李辉和外交部副部长、中国代表团成员张德广等参加会见。

世界首台超灵敏小型回旋加速器质谱计经 10 年研制调试在上海投入使用

国务院副总理温家宝在国务院扶贫开发领导小组在北京举行的第二次全会上发表讲话

温家宝说，去年是扶贫资金投入数量最多的一年，也是扶贫到户情况最好的一年。尽管去年我国遭受了严重的自然灾害，因灾返贫人口大幅度增加，农民增收困难较大，但经过努力，扶贫攻坚仍取得明显进展。当前扶贫工作存在的主要问题是，扶贫工作的发展不平衡，一些地方工作力度不够，进展不快，这个问题需要认真解决。

温家宝强调今年扶贫攻坚的基本思路是：坚定不移地贯彻落实党的十五届三中全会精神，广泛动员全社会的力量，进一步加强领导，落实以省为主的扶贫工作责任制，多渠道筹集扶贫资金，以解决贫困人口温饱问题为中心，以贫困村为主战场，以改善基本生产条件和发展种养业为重点，加大工作力度，增加扶贫投入，力争解决 1000 万以上农村贫困人口的温饱问题。根据这个思路，他提出以下要求：

一、努力完成解决 1000 万以上农村贫困人口的温饱问题的目标。

二、进一步强化扶贫工作地方党政领导负责制。

三、加大扶贫到村、到户的工作力度。

四、抓住国家加大基础设施投入、扩大内需的机遇，增加农村贫困人口的劳务收入。

五、切实安排好扶贫资金，提高资金的使用效益。

六、进一步做好党政机关定点帮扶和东西扶贫协作工作。

中国老年基金会在北京开会宣布设维护老年人合法权益基金

1 月 21 日

中共中央总书记江泽民出席全国宣传部长会议座谈会

江泽民与中共中央政治局常委朱镕基、胡锦涛、李岚清出席会议并与大家座谈。江泽民说：今年是我们党和国家历史上具有特殊意义的一年。大事喜事多，难点热点也多，改革发展稳定任务很重。宣传思想战线的同志要增强政治意识、大局意识、责任意识，兢兢业业地工作，努力为改革开放和现代化建设提供良好的舆论环境和有力的思想保证。

江泽民指出，十四大以来，党的宣传思想工作在实践中形成了许多重要的方针原则和新的经验。我在这些年关于宣传思想工作的历次讲话中已作过阐述。实践证明，这些方针原则和经验都是正确的，希望大家要很好地坚持下去。

江泽民强调，今年宣传思想工作要继续唱响主旋律，打好主动仗。要高举邓小平理论伟大旗帜，进一步兴起学习邓小平理论新高潮。胸中要有大局，牢牢把握正确的舆论导向。对错误的东西要头脑清醒，心中有数，沉着处理。不能把错误的东西炒热，更不能让错误的东西干扰党和国家工作的大局。在事关政治方向、政治原则问题上，必须旗帜鲜明，分清是非，不能听之任之。要特别注意维护社会政治稳定。严格遵守党的政治纪律和宣传纪律，切实做到令行禁止。该管的要管住，重要的宣传阵地和传播手段，一定要把好关口，丝毫不能出问题。要大力加强精神文明建设，认真做好思想教育工作。在发展社会主义市场经济的新的历史条件下，对精神产品要特别注意坚持社会效益第一，力求社会效益和经济效益相统一。要讲学习、讲政治、讲正气。党的新闻工作者，都要坚持党性原则，宣传报道要实事求是，要维护大局、维护团结、维护稳定。绝不要猎奇，不要追求所谓的“轰动效应”。

中国妇女发展基金会第三届理事暨成立 10 周年纪念会在北京召开

国务院各部门深化机关后勤体制改革工作会议在北京召开

会议贯彻实施国务院办公厅转发的《关于深化国务院各部门机关后勤体制改革的意见》通知精神。

深化机关后勤体制改革，是政府机构改革的重要内容。根据意见，国务院各部门的后勤服务将进一步商品化、市场化，后勤服务单位将逐步实现自负盈亏。机关后勤管理将进一步规范化、制度化，将建立和完善机关与后勤服务单位的结算制度。促进服务联合，充分发挥现有服务资源的使用效益，逐步建立和完善与社会主义市场经济体制和国民经济发展水平相适应的机关后勤保障体制。

意见指出，深化机关后勤体制改革，应按照精简、统一、效能和权责一致的原则，规范机关后勤管理职能；坚持为机关服务的宗旨，不断提高后勤保障能力和水平。

国务院机关事务管理局局长焦焕成在会上指出，改革的主要任务是首先按照国务院机构改革的要求，精兵简政，理顺关系，加强机关后勤宏观管理，统一制度和标准，规范管理职能和工作程序，积极进行政府采购制度的试点，探索公务用车制度改革，促进后勤保障规范化、制度化、法制化。另据了解，国务院各部门机关服务中心实现自收自支将从今年起进行试点，到 2001 年普遍实行。

国办批转人民银行国家经贸委《关于依法清收拖欠银行利息的报告》

各省、自治区、直辖市人民政府，国务院各部委、各直属机构：

人民银行、国家经贸委《关于依法清收拖欠银行利息的报告》已经国务院同意，现转发给你们，请结合实际情况，认真贯彻执行。

关于依法清收拖欠银行利息的报告（略）

国务院各部门深化机关后勤体制改革工作会议在北京召开

全国人大常委会委员长李鹏在人民大会堂会见加拿大鲍尔公司总裁安德烈·戴马雷

中国葡萄牙联合联络小组发表新闻公报

中葡联合联络小组第 34 次全体会议下午结束，会后发表的新闻公报说，中葡联合联络小组第 34 次会议于1999年1月19日至21日在澳门举行。

双方继续讨论了与澳门平稳过渡和政权交接有关的重要议题。

双方就下列专营合约达成共识并签署了会谈纪要：卫星电视服务、收费电视地面服务（有线电视）、电台及电视台广播服务——澳门广播电视有限公司、电视广播系统和卫星管理系统及服务、澳门污水处理厂（液体及固体阶段）、凼仔污水处理厂、路环污水处理厂及澳门地区城市固体废料之搬运及清理。

双方就澳门在1999年12月20日后继续参加国际民用航空组织和世界气象组织问题达成共识并签署了会谈纪要。

双方就澳门—柬埔寨航空协议达成共识并签署了会谈纪要。

双方同意加快工作步伐，以确保澳门平稳过渡。

会议是在友好合作的气氛中进行的。

中葡联合联络小组第35次会议将于1999年4月20日起在北京举行。

外交部发言人就反对美方设立所谓的“西藏事务特别协调员”在记者招待会上答记者问

外交部发言人说，中国对美国大力发展导弹防御系统表示严重关切。发言人还说，中国政府坚决反对美方设立所谓的“西藏事务特别协调员”。

最高人民检察院发出《关于认真贯彻执行〈全国人民代表大会常务委员会关于惩治骗购外汇、逃汇和非法买卖外汇犯罪的决定〉的通知》

各省、自治区、直辖市人民检察院，军事检察院：

《全国人民代表大会常务委员会关于惩治骗购外汇、逃汇和非法买卖外汇犯罪的决定》（以下简称《决定》）已由第九届全国人民代表大会常务委员会第六次会议于1998年12月29日通过，并于同日公布施行。为保证《决定》的正确贯彻实施，依法严惩骗购外汇、逃汇和非法买卖外汇的犯罪活动，特通知如下：

一、《决定》是针对当前我国骗购外汇、逃汇和非法买卖外汇犯罪活动猖獗的现状，为制止外汇资金非法外流，维护国家外汇管理秩序，对刑法所作的重要补充修改，对于加强外汇管理，保护国家经济安全具有十分重要的意义。各级人民检察院要提高对《决定》重要性的认识，组织检察干警认真学习，全面、深刻领会立法精神，掌握具体条款和有关外汇管理、金融等方面的法律规定，充分发挥法律监督职能作用，依法严厉打击骗购外汇、逃汇和非法买卖外汇的犯罪活动。

二、切实履行检察职责，严格依照《决定》加强对骗购外汇、逃汇和非法买卖外汇犯罪活动的打击力度。《决定》新增设了骗汇罪，扩大了逃汇罪的犯罪主体范围，对于其他破坏外汇管理秩序的犯罪行为如何定罪处罚作了进一步明确。各级人民检察院要严格依照《决定》的规定，做好各项检察工作。要重视对单位骗汇、逃汇和非法买卖外汇犯罪的检察工作，注意追究单位直接负责的主管人员和其他直接责任人员的刑事责任。要与公安机关、人民法院密切配合，积极参加打击骗汇犯罪专项斗争，坚持对重大骗汇、逃汇和非法买卖外汇案件的侦查适时介入，快批捕、快起诉，配合人民法院快审判。要督促和协助公安机关加大追逃力度，尽快缉拿逃犯。对全国重点骗汇大案，只要基本犯罪事实清楚，基本证据确实充分，就应当及时提起公诉。要依法运用刑事诉讼法赋予的立案监督、侦查监督、审判监督手段，监督有关部门严格执法，坚决纠正和防止有案不立、有罪不究、以罚代刑、久侦不结、重罪轻判的现象。对于海关、外汇管理部门的工作人员严重不负责任，造成大量外汇被骗购或者逃汇，致使国家利益遭受重大损失的，要依法坚决查办。

三、对于《决定》公布施行后发生的犯罪行为，应当依照《决定》办理；对于《决定》公布施行前发生的行为，按照《刑法》第十二条规定的原则办理。

四、各级人民检察院在贯彻执行《决定》中，要加强调查研究，不断积累和总结经验，注意研究《决定》规定的各种犯罪的特点、规律及其对策；对在执行《决定》中遇到的问题，要及时层报最高人民检察院。

北京福建两地高法分别公布两起走私案判处结果

北京市高院维持原判判处北京太子纺织工业有限公司罚金人民币425万余元；以走私普通货物罪和非法经营罪并罚，判处姚志俊有期徒刑12年，罚金人民币10万元；叶志明、洪胜利、洪天命也分别被判处有期徒刑并处以罚金。

福建省高院维持原判以走私普通货物罪判处“海豚”号油轮船长崔寅桂有期徒刑15年，罚金人民币600万元；判处吴今焕有期徒刑10年，罚金人民币500万元，并没收全部走私柴油，上缴国库。

1月22日

中共中央致函全国人大常委会提出关于修改《宪法》部分内容的建议

全国人民代表大会常务委员会：

根据我国改革开放和社会主义现代化建设事业进一步发展的实践，中国共产党中央委员会提出修改《中华人民共和国宪法》部分内容的建议：

一、《宪法》序言第七自然段：“中国新民主主义革命的胜利和社会主义事业的成就，都是中国共产党领导中国各族人民，在马克思列宁主义、毛泽东思想的指引下，坚持真理，修正错误，战胜许多艰难险阻而取得的。我国正处于社会主义初级阶段。国家的根本任务是，根据建设有中国特色社会主义的理论，集中力量进行社会主义现代化建设。中国各族人民将继续在中国共产党领导下，在马克思列宁主义、毛泽东思想指引下，坚持人民民主专政，坚持社会主义道路，坚持改革开放，不断完善社会主义的各项制度，发展社会主义民主，健全社会主义法制，自力更生，艰苦奋斗，逐步实现工业、农业、国防和科学技术的现代化，把我国建设成为富强、民主、文明的社会主义国家。”修改为：“中国新民主主义革命的胜利和社会主义事业的成就，是中国共产党领导中国各族人民，在马克思列宁主义、毛泽东思想的指引下，坚持真理，修正错误，战胜许多艰难险阻而取得的。我国将长期处于社会主义初级阶段。国家的根本任务是，沿着建设有中国特色社会主义的道路，集中力量进行社会主义现代化建设。中国各族人民将继续在中国共产党领导下，在马克思列宁主义、毛泽东思想、邓小平理论指引下，坚持人民民主专政，坚持社会主义道路，坚持改革开放，不断完善社会主义的各项制度，发展社会主义市场经济，发展社会主义民主，健全社会主义法制，自力更生，艰苦奋斗，逐步实现工业、农业、国防和科学技术的现代化，把我国建设成为富强、民主、文明的社会主义国家。”

二、《宪法》第五条增加一款，作为第一款，规定：“中华人民共和国实行依法治国，建设社会主义法治国家。”

三、《宪法》第六条：“中华人民共和国的社会主义经济制度的基础是生产资料的社会主义公有制，即全民所有制和劳动群众集体所有制。”“社会主义公有制消灭人剥削人的制度，实行各尽所能，按劳分配的原则。”修改为：“中华人民共和国的社会主义经济制度的基础是生产资料的社会主义公有制，即全民所有制和劳动群众集体所有制。社会主义公有制消灭人剥削人的制度，实行各尽所能、按劳分配的原则。”“国家在社会主义初级阶段，坚持公有制为主体、多种所有制经济共同发展的基本经济制度，坚持按劳分配为主体、多种分配方式并存的分配制度。”

四、《宪法》第八条第一款：“农村中的家庭联产承包为主的责任制和生产、供销、信用、消费等各种形式的合作经济，是社会主义劳动群众集体所有制经济。参加农村集体经济组织的劳动者，有权在法律规定的范围内经营自留地、自留山、家庭副业和饲养自留畜。”修改为：“农村集体经济组织实行家庭承包经营为基础、统分结合的双层经营体制。农村中的生产、供销、信用、消费等各种形式的合作经济，是社会主义劳动群众集体所有制经济。参加农村集体经济组织的劳动者，有权在法律规定的范围内经营自留地、自留山、家庭副业和饲养自留畜。”

五、《宪法》第十一条：“在法律规定范围内的城乡劳动者个体经济，是社会主义公有制经济的补充。国家保护个体经济的合法的权利和利益。”“国家通过行政管理，指导、帮助和监督个体经济。”“国家允许私营经济在法律规定的范围内存在和发展。私营经济是社会主义公有制经济的补充。国家保护私营经济的合法的权利和利益，对私营经济实行引导、监督和管理。”修改为：“在法律规定范围内的个体经济、私营经济等非公有制经济，是社会主义市场经济的重要组成部分。”“国家保护个体经济、私营经济的合法的权利和利益。国家对个体经济、私营经济实行引导、监督和管理。”

六、《宪法》第二十八条：“国家维护社会秩序，镇压叛国和其他反革命的活动，制裁危害社会治安、破坏社会主义经济和其他犯罪的活动，惩办和改造犯罪分子。”修改为：“国家维护社会秩序，镇压叛国和其他危害国家安全的犯罪活动，制裁危害社会治安、破坏社会主义经济和其他犯罪的活动，惩办和改造犯罪分子。”

以上建议，请全国人民代表大会常务委员会依照法定程序提出宪法修正案议案，提请第九届全国人民代表大会第二次会议审议。

中国共产党中央委员会

澳门庆回归活动筹备工作正式启动

国务院办公厅关于水利专项资金审计情况的通报

各省、自治区、直辖市人民政府，国务院各部委、各直属机构：

1998 年，审计署组织对全国 31 个省、自治区、直辖市的 2130 个地（市）、县水利部门，以及水利部长江、淮河等 6 个流域水利委员会 1996 年至 1997 年度水利专项资金的筹集、管理和使用情况进行了审计。在国家财力十分紧张的情况下，1996 年、1997 年中央和地方财政预算内水利资金的投入继续保持了一定的增长，同时，国家建立了水利建设基金，专项用于水利基础设施建设，这对于加快水利建设，保障大江大河的安全等发挥了重要作用。但从审计结果看，当前水利专项资金在筹集、管理和使用中存在一些突出问题，有的还相当严重。根据国务院领导的指示精神，现将有关审计情况通报如下：

一、国务院关于建立水利建设基金的决定在一些地方尚未落实。为加快水利建设步伐，提高大江大河防洪抗旱能力，缓解水资源供需矛盾，国务院决定从1997年1月1日起，建立中央和地方水利建设基金，专项用于水利建设。根据这一决定，1997年，中央财政足额筹集了水利建设基金26.99亿元。但大多数地方没有按照国务院的决定予以落实到位，其中，北京、上海、天津、辽宁、内蒙古、宁夏、新疆、青海、西藏、云南、贵州和广东12个省(自治区、直辖市)没有按照国务院的决定建立水利建设基金；其余19个省(自治区、直辖市)虽已建立水利建设基金，但仅筹集16.03亿元，占应筹集51.74亿元的30.98%。

二、挤占挪用水利专项资金用于平衡预算、弥补行政经费、建房和购买小汽车等问题严重。如辽宁省辽阳县财政局1996年占用水利专项资金462.8万元平衡财政预算。新疆维吾尔自治区水利厅将预算内水利专项资金455.8万元和2955万元，分别用于弥补机关经费和发放水利工程局离退休职工工资，相当于同期自治区本级财政水利专项支出的17.76%。河北省水利厅将1000万元水利资金用于垫付省防汛抗旱指挥中心建设的拆迁费，向桃林口水库工程指挥部借工程款300万元，用于本厅物资供应站补充流动资金。安徽省六安市水利局挪用水费983.65万元兴建皋城大厦。水利部与湖南省共同投资兴建江垭水库，按批准的工程概算应购小汽车2辆，实际购买了27辆，购车费超支966.54万元。甘肃省引大入秦工程指挥部挪用工程款269.76万元，购买了8辆小汽车。

三、采取虚报冒领和乱摊派等手法挖挤国家水利建设资金。1992年，淮河水利委员会为解决本单位“菜篮子”问题，采取加大材料损耗、虚报临时工程等手段，多付给两个施工单位工程款156.79万元和好处费15.68万元，合计172.47万元，两个施工单位得到好处费后，将多付的工程款返还给淮河水利委员会所属的建安公司，后因该公司资不抵债，所转资金损失殆尽。1996年年底，重庆市南川市政府致函该市肖家沟水库工程指挥部，要求该指挥部动用工程款80.75万元，购买原县委副书记和政协主席等人利用职权在工程用地中违章建造的私房。内蒙古江河水利水电开发公司以帮助上湾子水电站争取到了上级资金为由，从自治区财政拨入该电站的工程款中索要130万元。湖南省慈利县政法委、公安局、交警大队等单位分别以治安费、办案费、经费补贴等名义，向江垭水库摊派128万元，在工程款中列支。

四、主管部门滞留、欠拨水利专项资金，地方配套资金不到位问题突出。1996年至1997年，淮河水利委员会及淮河流域的安徽、江苏、河南、山东四省的一些水利部门共滞留欠拨国家治淮专项资金6.49亿元，占同期国家投入治淮资金总额的36%，致使很多工程不能按期完工，造成损失浪费，而滞留的资金多数被转作银行存款生息，共获得利息收入2748万元，大部分转作各单位的自有资金。山西省滞留在财政、计划等部门的水利资金2504.6万元，有的滞留时间长达3年以上。一些地区还以资金紧缺为由，少拨或不拨应由地方配套的水利专项资金。至1997年年底，长江流域的一些地方政府共欠拨长江水利工程配套资金3.02亿元，占应配套资金的39%。湖北省荆州市政府以不直接受益为由，对应拨付洪湖分蓄洪区二期工程配套资金790万元，分文未拨。1996年至1997年，湖南省应配套水利资金3109.25万元，实际仅配套711.5万元，占22.88%。

五、擅自改变项目投资计划，违规将水利投资实行有偿使用。1996年，长江水利委员会自行调减湖北荆江大堤工程投资计划1500万元，并将其中的500万元用于本委的职工宿舍建设。松辽、珠江、海河水利委员会未经国家有关部门批准，擅自将国家下拨的水利基本建设投资2.13亿元实行有偿使用。1990年以来，松辽水利委员会将无偿改为有偿使用的水利项目共19个，金额1.13亿元，至1997年年底，已收取资金占用费670万元，其中，继续用于有偿使用项目的仅159万元，其余511万元全部用于自身的管理费开支和下属公司的开办费等。

水利是农业的命脉和国民经济的基础产业。今年长江、嫩江和松花江流域的特大洪水再一次警示我们，必须高度重视并切实搞好水利建设，决不能有丝毫懈怠。水利专项资金审计中发现的上述问题，必须予以高度重视，采取切实有效措施加以解决：

(一)各级政府及审计、监察等部门对这次审计查出的水利专项资金筹集、管理和使用中存在的问题，必须逐一依法严肃查处，决不能姑息迁就。除给予经济处罚外，还必须追究有关直接责任人和领导人的行政责任；构成犯罪的，依法追究刑事责任。有关地区和部门应将上述问题的处理结果，于1999年4月底前报审计署，由审计署汇总后报国务院。今后，要进一步加大审计监督力度，坚决查处各种挤占挪用水利专项资金的行为，确保专款专用，使有限资金发挥最大的效益。

(二)各级政府及有关部门要认真贯彻国务院关于建立水利建设基金的决定，积极做好基金的筹集和管理工作。财政部、水利部近期要对各地筹集水利建设基金的情况进行一次全面检查，确保各地的水利建设基金按规定及时足额筹集到位。今后对不能及时足额筹集水利建设基金的地区，中央财政要相应减少对该地区的水利专项拨款。

(三)各级财政、水利主管部门要切实加强对水利专项资金的管理和监督，特别要针对这次审计发现的问题,举一反三,认真汲取教训,决不允许再出现挤占挪用水利专项资金的问题。水利部要带头加强对流域机构的管理和监督,认真执行国家有关财经法规和水利建设计划,确保国家水利资金的合理有效使用。

国务院办公厅

1999 年 1 月 22 日

国家经贸委发布(第一批)经国务院批准的《淘汰落后生产能力、工艺和产品目录》令

为了推动我国产业结构调整,国家经贸委发布第一批《淘汰落后生产能力、工艺和产品目录》,以引导企业以市场为导向,压缩、淘汰落后的生产能力。第一批目录涉及煤炭、冶金、有色、石油化工、轻工、纺织、机械、建材、建筑、电力等 10 个行业,共 114 项内容。

首批目录的确定主要根据我国现行的资源保护、环境保护及质量等方面的 14 部行政法和国务院有关文件,确定淘汰项目的标准,一是国家法律、法规禁止的生产工艺和产品;二是生产方式落后,产品质量低劣;三是环境污染严重;四是原材料和能源消耗高。

在淘汰落后生产能力、工艺和产品的措施方面,主要有以下几条。一是各地区、各部门和有关企业要制定规划,限期淘汰,并且一律不得新上、转移、生产和采用该目录所列的生产能力、工艺和产品。二是各地经贸委(经委、计经委)要将规划上报国家经贸委。三是该目录如涉及依法批准设立的外商投资企业,由国家经贸委会同国务院有关部门商地方人民政府处理。四是各地人民政府要督促本地工商企业执行该目录。对拒不执行淘汰目录的企业,工商行政管理部门要依法吊销营业执照,各有关部门要取消生产许可证,各商业银行要停止贷款。五是各地要妥善处理好有关企业职工的安置问题。

全国商品流通工作会议在北京闭幕

国务委员吴仪致信会议指出,去年全国商贸战线广大职工奋力拼搏,在开拓市场,特别是农村市场方面做了大量卓有成效的工作,取得了全社会消费品零售总额实际增长 9%的好成绩。流通企业改革继续推进,连锁经营、代理制、物流配送等新的营销方式不断发展。国内贸易局加大了对商品市场的调控力度,保持了商品市场的繁荣稳定。这些成绩是来之不易的。今年要注重抓好开拓城乡市场,特别是农村市场等工作。

吴仪在信中说,要千方百计开拓城乡市场,特别是农村市场。这是一个系统工程,需要各地方、各部门的通力合作。流通部门要动员公有制和非公有制的各种力量,以市场为依托,想方设法拓宽消费领域,发展新的流通与服务业,调整消费政策,鼓励和引导消费。继续做好重要商品的市场调控。开拓农村市场要认真抓好试点,及时总结经验,向全国推广。要深入进行商品流通体制改革。加快流通行业结构调整和企业"三改一加强"的步伐,打好国有企业改革与脱困攻坚战,并按大市场、大贸易、大流通的方向,构造有中国特色的商品流通体制。

吴仪在信中还要求进一步推进连锁经营、代理制等新型营销方式,构筑新的工商关系;积极发展社会化的配送中心,力求规模化、规范化、现代化;认真总结商业零售业对外合资合作的经验与教训,进一步扩大商品流通领域的对外开放;加大力度,整顿、规范市场交易秩序。

国家经贸委副主任陈邦柱出席会议并讲话。

外交部发言人孙玉玺就日本政府和韩国政府于 1998 年 11 月 28 日签署的《日本国和大韩民国渔业协定》发表谈话

日韩渔业协定在东海中、日、韩三国交界水域划定了日本国与韩国的专属经济区。

孙玉玺表示,日韩渔业协定侵犯了中国专属经济区主权权利。

中国政府认为,日韩去年年底签署的一项渔业协定侵犯了中国在东海中、日、韩 3 国交界水域的专属经济区主权权利,并申明中国在该区域的专属经济区权益以及渔业活动不受该协定的限制。

孙玉玺表示,中国政府一贯主张,在三国交界水域应由三方协商解决海域划界问题,排除任何一方擅自划界的做法是违反国际法的,中方对此表示严重关注,并已分别照会日方和韩方提出交涉。

国务院总理朱镕基签署第 258 号令发布《失业保险条例》

《失业保险条例》,已经 1998 年 12 月 26 日国务院第 11 次常务会议通过,现予发布,自发布之日起施行。

总理 朱镕基

1999 年 1 月 22 日

失业保险条例

第一章 总　则

第一条 为了保障失业人员失业期间的基本生活,促进其再就业,制定本条例。

第二条 城镇企业事业单位、城镇企业事业单位职工依照本条例的规定,缴纳失业保险费。

城镇企业事业单位失业人员依照本条例的规定,享受失业保险待遇。

本条所称城镇企业,是指国有企业、城镇集体企业、外商投资企业、城镇私营企业以及其他城镇企业。

第三条 国务院劳动保障行政部门主管全国的失业保险工作。县级以上地方各级人民政府劳动保障行政部门主管本行政区域内的失业保险工作。劳动保障行政部门按照国务院规定设立的经办失业保险业务的社会保险经办机构依照本条例的规定,具体承办失业保险工作。

第四条 失业保险费按照国家有关规定征缴。

第二章 失业保险基金

第五条 失业保险基金由下列各项构成:

(一)城镇企业事业单位、城镇企业事业单位职工缴纳的失业保险费;

(二)失业保险基金的利息;

(三)财政补贴;

(四)依法纳入失业保险基金的其他资金。

第六条 城镇企业事业单位按照本单位工资总额的2%缴纳失业保险费。城镇企业事业单位职工按照本人工资的1%缴纳失业保险费。城镇企业事业单位招用的农民合同制工人本人不缴纳失业保险费。

第七条 失业保险基金在直辖市和设区的市实行全市统筹;其他地区的统筹层次由省、自治区人民政府规定。

第八条 省、自治区可以建立失业保险调剂金。

失业保险调剂金以统筹地区依法应当征收的失业保险费为基数,按照省、自治区人民政府规定的比例筹集。

统筹地区的失业保险基金不敷使用时,由失业保险调剂金调剂、地方财政补贴。

失业保险调剂金的筹集、调剂使用以及地方财政补贴的具体办法,由省、自治区人民政府规定。

第九条 省、自治区、直辖市人民政府根据本行政区域失业人员数量和失业保险基金数额,报经国务院批准,可以适当调整本行政区域失业保险费的费率。

第十条 失业保险基金用于下列支出:

(一)失业保险金;

(二)领取失业保险金期间的医疗补助金;

(三)领取失业保险金期间死亡的失业人员的丧葬补助金和其供养的配偶、直系亲属的抚恤金;

(四)领取失业保险金期间接受职业培训、职业介绍的补贴,补贴的办法和标准由省、自治区、直辖市人民政府规定;

(五)国务院规定或者批准的与失业保险有关的其他费用。

第十一条 失业保险基金必须存入财政部门在国有商业银行开设的社会保障基金财政专户,实行收支两条线管理,由财政部门依法进行监督。

存入银行和按照国家规定购买国债的失业保险基金,分别按照城乡居民同期存款利率和国债利息计息。失业保险基金的利息并入失业保险基金。

失业保险基金专款专用,不得挪作他用,不得用于平衡财政收支。

第十二条 失业保险基金收支的预算、决算,由统筹地区社会保险经办机构编制,经同级劳动保障行政部门复核、同级财政部门审核,报同级人民政府审批。

第十三条 失业保险基金的财务制度和会计制度按照国家有关规定执行。

第三章 失业保险待遇

第十四条 具备下列条件的失业人员,可以领取失业保险金:

(一)按照规定参加失业保险,所在单位和本人已按照规定履行缴费义务满1年的;

(二)非因本人意愿中断就业的;

(三)已办理失业登记,并有求职要求的。

失业人员在领取失业保险金期间,按照规定同时享受其他失业保险待遇。

第十五条 失业人员在领取失业保险金期间有下列情形之一的,停止领取失业保险金,并同时停止享受其他失业保险待遇:

(一)重新就业的;

(二)应征服兵役的;

(三)移居境外的;

(四)享受基本养老保险待遇的;

(五)被判刑收监执行或者被劳动教养的;

(六)无正当理由,拒不接受当地人民政府指定的部门或者机构介绍的工作的;

(七)有法律、行政法规规定的其他情形的。

第十六条 城镇企业事业单位应当及时为失业人员出具终止或者解除劳动关系的证明,告知其按照规定享受失业保险待遇的权利,并将失业人员的名单自终止或者解除劳动关系之日起7日内报社会保险经办机构备案。

城镇企业事业单位职工失业后,应当持本单位为其出具的终止或者解除劳动关系的证明,及时到指定的社会保险经办机构办理失业登记。失业保险金自办理失业登记之日起计算。

失业保险金由社会保险经办机构按月发放。社会保险经办机构为失业人员开具领取失业保险金的单证,失业人员凭单证到指定银行领取失业保险金。

第十七条 失业人员失业前所在单位和本人按照规定累计缴费时间满1年不足5年的,领取失业保险金的期限最长为12个月;累计缴费时间满5年不足10年的,领取失业保险金的期限最长为18个月;累计缴费时间10年以上的,领取失业保险金的期限最长为24

个月。重新就业后，再次失业的，缴费时间重新计算，领取失业保险金的期限可以与前次失业应领取而尚未领取的失业保险金的期限合并计算，但是最长不得超过 24 个月。

第十八条 失业保险金的标准，按照低于当地最低工资标准、高于城市居民最低生活保障标准的水平，由省、自治区、直辖市人民政府确定。

第十九条 失业人员在领取失业保险金期间患病就医的，可以按照规定向社会保险经办机构申请领取医疗补助金。医疗补助金的标准由省、自治区、直辖市人民政府规定。

第二十条 失业人员在领取失业保险金期间死亡的，参照当地对在职职工的规定，对其家属一次性发给丧葬补助金和抚恤金。

第二十一条 单位招用的农民合同制工人连续工作满 1 年，本单位并已缴纳失业保险费，劳动合同期满未续订或者提前解除劳动合同的，由社会保险经办机构根据其工作时间长短，对其支付一次性生活补助。补助的办法和标准由省、自治区、直辖市人民政府规定。

第二十二条 城镇企业事业单位成建制跨统筹地区转移，失业人员跨统筹地区流动的，失业保险关系随之转迁。

第二十三条 失业人员符合城市居民最低生活保障条件的，按照规定享受城市居民最低生活保障待遇。

第四章 管理和监督

第二十四条 劳动保障行政部门管理失业保险工作，履行下列职责：

(一)贯彻实施失业保险法律、法规；

(二)指导社会保险经办机构的工作；

(三)对失业保险费的征收和失业保险待遇的支付进行监督检查。

第二十五条 社会保险经办机构具体承办失业保险工作，履行下列职责：

(一)负责失业人员的登记、调查、统计；

(二)按照规定负责失业保险基金的管理；

(三)按照规定核定失业保险待遇，开具失业人员在指定银行领取失业保险金和其他补助金的单证；

(四)拨付失业人员职业培训、职业介绍补贴费用；

(五)为失业人员提供免费咨询服务；

(六)国家规定由其履行的其他职责。

第二十六条 财政部门和审计部门依法对失业保险基金的收支、管理情况进行监督。

第二十七条 社会保险经办机构所需经费列入预算，由财政拨付。

第五章 罚　则

第二十八条 不符合享受失业保险待遇条件，骗取失业保险金和其他失业保险待遇的，由社会保险经办机构责令退还；情节严重的，由劳动保障行政部门处骗取金额 1 倍以上 3 倍以下的罚款。

第二十九条 社会保险经办机构工作人员违反规定向失业人员开具领取失业保险金或者享受其他失业保险待遇单证，致使失业保险基金损失的，由劳动保障行政部门责令追回；情节严重的，依法给予行政处分。

第三十条 劳动保障行政部门和社会保险经办机构的工作人员滥用职权、徇私舞弊、玩忽职守，造成失业保险基金损失的，由劳动保障行政部门追回损失的失业保险基金；构成犯罪的，依法追究刑事责任；尚不构成犯罪的，依法给予行政处分。

第三十一条 任何单位、个人挪用失业保险基金的，追回挪用的失业保险基金；有违法所得的，没收违法所得，并入失业保险基金；构成犯罪的，依法追究刑事责任；尚不构成犯罪的，对直接负责的主管人员和其他直接责任人员依法给予行政处分。

第六章 附　则

第三十二条 省、自治区、直辖市人民政府根据当地实际情况，可以决定本条例适用于本行政区域内的社会团体及其专职人员、民办非企业单位及其职工、有雇工的城镇个体工商户及其雇工。

第三十三条 本条例自发布之日起施行。1993 年 4 月 12 日国务院发布的《国有企业职工待业保险规定》同时废止。

国务院总理朱镕基签署第 259 号令发布《社会保险费征缴暂行条例》

《社会保险费征缴暂行条例》，已经 1999 年 1 月 14 日国务院第 13 次常务会议通过，现予发布，自发布之日起施行。

总理 朱镕基

1999 年 1 月 22 日

社会保险费征缴暂行条例

第一章 总　则

第一条 为了加强和规范社会保险费征缴工作，保障社会保险金的发放，制定本条例。

第二条 基本养老保险费、基本医疗保险费、失业保险费(以下统称社会保险费)的征收、缴纳，适用本条例。

本条例所称缴费单位、缴费个人，是指依照有关法律、行政法规和国务院的规定，应当缴纳社会保险费的单位和个人。

第三条 基本养老保险费的征缴范围：国有企业、城镇集体企业、外商投资企业、城镇私营企业和其他城镇企业及其职工，实行企业化管理的事业单位及其职工。

基本医疗保险费的征缴范围:国有企业、城镇集体企业、外商投资企业、城镇私营企业和其他城镇企业及其职工,国家机关及其工作人员,事业单位及其职工,民办非企业单位及其职工,社会团体及其专职人员。

失业保险费的征缴范围:国有企业、城镇集体企业、外商投资企业、城镇私营企业和其他城镇企业及其职工,事业单位及其职工。

省、自治区、直辖市人民政府根据当地实际情况,可以规定将城镇个体工商户纳入基本养老保险、基本医疗保险的范围,并可以规定将社会团体及其专职人员、民办非企业单位及其职工以及有雇工的城镇个体工商户及其雇工纳入失业保险的范围。

社会保险费的费基、费率依照有关法律、行政法规和国务院的规定执行。

第四条 缴费单位、缴费个人应当按时足额缴纳社会保险费。

征缴的社会保险费纳入社会保险基金,专款专用,任何单位和个人不得挪用。

第五条 国务院劳动保障行政部门负责全国的社会保险费征缴管理和监督检查工作。县级以上地方各级人民政府劳动保障行政部门负责本行政区域内的社会保险费征缴管理和监督检查工作。

第六条 社会保险费实行三项社会保险费集中、统一征收。社会保险费的征收机构由省、自治区、直辖市人民政府规定,可以由税务机关征收,也可以由劳动保障行政部门按照国务院规定设立的社会保险经办机构(以下简称社会保险经办机构)征收。

第二章 征缴管理

第七条 缴费单位必须向当地社会保险经办机构办理社会保险登记,参加社会保险。

登记事项包括:单位名称、住所、经营地点、单位类型、法定代表人或者负责人、开户银行账号以及国务院劳动保障行政部门规定的其他事项。

第八条 本条例施行前已经参加社会保险的缴费单位,应当自本条例施行之日起6个月内到当地社会保险经办机构补办社会保险登记,由社会保险经办机构发给社会保险登记证件。

本条例施行前尚未参加社会保险的缴费单位应当自本条例施行之日起30日内,本条例施行后成立的缴费单位应当自成立之日起30日内,持营业执照或者登记证书等有关证件,到当地社会保险经办机构申请办理社会保险登记。社会保险经办机构审核后,发给社会保险登记证件。

社会保险登记证件不得伪造、变造。

社会保险登记证件的样式由国务院劳动保障行政部门制定。

第九条 缴费单位的社会保险登记事项发生变更或者缴费单位依法终止的,应当自变更或者终止之日起30日内,到社会保险经办机构办理变更或者注销社会保险登记手续。

第十条 缴费单位必须按月向社会保险经办机构申报应缴纳的社会保险费数额,经社会保险经办机构核定后,在规定的期限内缴纳社会保险费。

缴费单位不按规定申报应缴纳的社会保险费数额的,由社会保险经办机构暂按该单位上月缴费数额的110%确定应缴数额;没有上月缴费数额的,由社会保险经办机构暂按该单位的经营状况、职工人数等有关情况确定应缴数额。缴费单位补办申报手续并按核定数额缴纳社会保险费后,由社会保险经办机构按照规定结算。

第十一条 省、自治区、直辖市人民政府规定由税务机关征收社会保险费的,社会保险经办机构应当及时向税务机关提供缴费单位社会保险登记、变更登记、注销登记以及缴费申报的情况。

第十二条 缴费单位和缴费个人应当以货币形式全额缴纳社会保险费。

缴费个人应当缴纳的社会保险费,由所在单位从其本人工资中代扣代缴。

社会保险费不得减免。

第十三条 缴费单位未按规定缴纳和代扣代缴社会保险费的,由劳动保障行政部门或者税务机关责令限期缴纳;逾期仍不缴纳的,除补缴欠缴数额外,从欠缴之日起,按日加收2‰的滞纳金。滞纳金并入社会保险基金。

第十四条 征收的社会保险费存入财政部门在国有商业银行开设的社会保障基金财政专户。

社会保险基金按照不同险种的统筹范围,分别建立基本养老保险基金、基本医疗保险基金、失业保险基金。各项社会保险基金分别单独核算。

社会保险基金不计征税、费。

第十五条 省、自治区、直辖市人民政府规定由税务机关征收社会保险费的,税务机关应当及时向社会保险经办机构提供缴费单位和缴费个人的缴费情况;社会保险经办机构应当将有关情况汇总,报劳动保障行政部门。

第十六条 社会保险经办机构应当建立缴费记录,其中基本养老保险、基本医疗保险并应当按照规定记录个人账户。社会保险经办机构负责保存缴费记录,并保证其完整、安全。社会保险经办机构应当至少每年向缴费个人发送一次基本养老保险、基本医疗保险个人账户通知单。

缴费单位、缴费个人有权按照规定查询缴费记录。

第三章 监督检查

第十七条 缴费单位应当每年向本单位职工公布本单位全年社会保险费缴纳情况，接受职工监督。

社会保险经办机构应当定期向社会公告社会保险费征收情况，接受社会监督。

第十八条 按照省、自治区、直辖市人民政府关于社会保险费征缴机构的规定，劳动保障行政部门或者税务机关依法对单位缴费情况进行检查时，被检查的单位应当提供与缴纳社会保险费有关的用人情况、工资表、财务报表等资料，如实反映情况，不得拒绝检查，不得谎报、瞒报。劳动保障行政部门或者税务机关可以记录、录音、录像、照相和复制有关资料；但是，应当为缴费单位保密。

劳动保障行政部门、税务机关的工作人员在行使前款所列职权时，应当出示执行公务证件。

第十九条 劳动保障行政部门或者税务机关调查社会保险费征缴违法案件时，有关部门、单位应当给予支持、协助。

第二十条 社会保险经办机构受劳动保障行政部门的委托，可以进行与社会保险费征缴有关的检查、调查工作。

第二十一条 任何组织和个人对有关社会保险费征缴的违法行为，有权举报。劳动保障行政部门或者税务机关对举报应当及时调查，按照规定处理，并为举报人保密。

第二十二条 社会保险基金实行收支两条线管理，由财政部门依法进行监督。

审计部门依法对社会保险基金的收支情况进行监督。

第四章 罚　则

第二十三条 缴费单位未按照规定办理社会保险登记、变更登记或者注销登记，或者未按照规定申报应缴纳的社会保险费数额的，由劳动保障行政部门责令限期改正；情节严重的，对直接负责的主管人员和其他直接责任人员可以处 1000 元以上 5000 元以下的罚款；情节特别严重的，对直接负责的主管人员和其他直接责任人员可以处 5000 元以上 10000 元以下的罚款。

第二十四条 缴费单位违反有关财务、会计、统计的法律、行政法规和国家有关规定，伪造、变造、故意毁灭有关账册、材料，或者不设账册，致使社会保险费缴费基数无法确定的，除依照有关法律、行政法规的规定给予行政处罚、纪律处分、刑事处罚外，依照本条例第九条的规定征缴；迟延缴纳的，由劳动保障行政部门或者税务机关依照第十二条的规定决定加收滞纳金，并对直接负责的主管人员和其他直接责任人员处 5000 元以上 20000 元以下的罚款。

第二十五条 缴费单位和缴费个人对劳动保障行政部门或者税务机关的处罚决定不服的，可以依法申请复议；对复议决定不服的，可以依法提起诉讼。

第二十六条 缴费单位逾期拒不缴纳社会保险费、滞纳金的，由劳动保障行政部门或者税务机关申请人民法院依法强制征缴。

第二十七条 劳动保障行政部门、社会保险经办机构或者税务机关的工作人员滥用职权、徇私舞弊、玩忽职守，致使社会保险费流失的，由劳动保障行政部门或者税务机关追回流失的社会保险费；构成犯罪的，依法追究刑事责任；尚不构成犯罪的，依法给予行政处分。

第二十八条 任何单位、个人挪用社会保险基金的，追回被挪用的社会保险基金；有违法所得的，没收违法所得，并入社会保险基金；构成犯罪的，依法追究刑事责任；尚不构成犯罪的，对直接负责的主管人员和其他直接责任人员依法给予行政处分。

第五章 附　则

第二十九条 省、自治区、直辖市人民政府根据本地实际情况，可以决定本条例适用于本行政区域内工伤保险费和生育保险费的征收、缴纳。

第三十条 税务机关、社会保险经办机构征收社会保险费，不得从社会保险基金中提取任何费用，所需经费列入预算，由财政拨付。

第三十一条 本条例自发布之日起施行。

国办关于切实做好春运期间组织民工有序流动和灾区农村劳动力就地安置工作的紧急通知

各省、自治区、直辖市人民政府，国务院各部委、各直属机构：

《国务院办公厅转发劳动保障部等部门关于做好灾区农村劳动力就地安置和组织民工有序流动工作意见的通知》(国办发〔1998〕138 号)发出后，各地区、各有关部门及时进行了部署和安排，采取了一些具体措施，这项工作取得了一定的进展。但是，目前还有一些地区存在着就地安置不力，农村劳动力盲目外出有增无减等问题。春节即将来临，为了进一步贯彻国办发〔1998〕138 号文件精神，确保春节期间组织民工有序流动工作的顺利进行，切实落实灾区农村劳动力就地安置的各项政策措施，防止灾区劳动力大量盲目外出，现就有关问题通知如下：

一、切实加强领导，落实工作责任制。各地区和各有关部门要进一步统一思想认识，明确工作职责，认真做好春运期间组织民工有序流动和灾区农村劳动力就地安置工作。地方各级政府和各有关部门的主管领导要亲自抓,层层落实,责任到人。要制定和完善工作方案和措施,加强督促检查,并在春节前开展一次督察,切实把各项准备工作做好。

二、采取有效措施,做好春运工作。经贸、公安、民政、铁道、交通、劳动保障等部门要密切配合,共同做好春运工作。特别是针对可能出现的春节前民工大规模返乡、春节后农村劳动力集中外出、主要输入地区和中转城市民工大量滞留等问题,制订周密可行的应急预案和措施。要统筹安排运力,确保铁路、公路干线和港口、车站、码头、机场运输安全和畅通。要严厉打击车匪路霸和票贩子,维护好重点地区、重点部位的社会秩序。要采取预售民工团体票和组织民工专车、专列等措施,及时疏运集中返乡、返岗的民工;要耐心细致地做好盲目外出民工的劝阻、劝返和收容遣送工作,确保春运工作顺利进行。

三、通力合作,就地安置灾区农村劳动力。灾区各级政府要按照就地安置为主的要求,加强灾后重建和就地安置工作的统筹规划。各级计划、财政、劳动保障、建设、水利、农业等部门,要加强协调配合,对本部门负责的重建工作进行认真研究分析,采取切实有效措施,解决存在的问题。要进一步调动广大农民参加重建的积极性,落实农田水利和基础设施建设工程资金,保证已确定的各项工程尽快开工和顺利实施;要落实和完善以工代赈和移民建镇等各项政策,做好相应的组织实施工作,以更多地安置灾区农村劳动力,切实保障农民的合法权益。

四、加强劳动力市场管理,有组织地开展劳务输出。春运期间,各劳动力输入地区要通过清理整顿劳动力市场和检查企业用工等措施、严厉打击私招乱雇等非法行为。用人单位在3月底前原则上不得再新招用零散的农村劳动力,确需招用的,须经地(市)级以上劳动保障部门批准,有组织地进行。要采取切实措施,着力解决用人单位克扣、拖欠农民工工资的问题。各劳动力输出地区要充分发挥乡镇劳动服务机构的作用,深入乡村和农户,进行宣传和动员,做好盲目外出人员和老民工带新民工外出的劝阻工作。

五、加强重点监控和信息沟通。春运期间,各地区各有关部门要对主要灾区、主要农村劳动力输出和输入地区及中转城市的民工流动情况进行重点监控,及时调查掌握农村劳动力流动的数量、流向和趋势。要建立和完善信息通报制度,加强信息沟通,对出现的问题,要及时采取有力措施就地解决,必要时向上级政府和主管部门报告,重大问题要向国务院报告。

1月23日

全国宣传部长会议在北京结束

中共中央政治局委员、书记处书记、中宣部部长丁关根在会议结束时讲话。

会议认真学习了江泽民总书记同与会同志座谈时发表的重要讲话。会议认为,总书记的讲话充分肯定了1998年宣传思想工作,强调要坚持十四大以来宣传思想工作的方针原则,提出了做好今年宣传思想工作的基本要求。讲话语重心长,含义深刻,对于做好今后工作具有重要指导意义。

中宣部部长丁关根在全国宣传部长会议上发表题为《高举旗帜,保持一致,服务大局,守土有责,唱响主旋律,打好主动仗》的讲话

这次全国宣传部长会议,是去年十一月宣传部长座谈会的继续。上次座谈会提出了今年工作的总体设想,这次会议的主要任务是,根据中央总的工作精神,按照上次会议安排,对今年宣传思想工作进一步作出部署。

会议期间,江泽民同志、朱镕基同志、胡锦涛同志、李岚清同志和张万年同志与大家亲切座谈。江泽民同志发表重要讲话,充分肯定了一九九八年宣传思想工作,强调要坚持十四大以来宣传思想工作的方针原则,提出了做好今年宣传思想工作的基本要求。讲话语重心长,含义深刻,给我们以亲切关怀和巨大鼓舞,对于做好今后工作具有重要指导意义。我们一定要认真学习,认真贯彻。

学习江泽民同志重要讲话,深深体会到,一九九九年是我们党和国家历史上具有特殊意义的一年。新的一年,大事喜事多,热点难点也多,改革、发展、稳定的任务很重。对宣传思想战线来说,既有机遇又有挑战,既要稳妥又要热烈,工作大有可为,这又将是我们经受锻炼、经受考验的一年。如何做到鼓舞士气,振奋精神,把全党的思想和行动进一步统一到十五大精神上来,把全国各族人民的智慧和力量进一步凝聚到实现十五大确定的任务上来;如何做到积极主动,深入扎实,创新提高,稳中有进,热中有序,促进改革发展,维护社会稳定;如何做到营造团结奋进、欢乐喜庆、昂扬向上的氛围,迎接新中国成立50周年,迎接澳门回归祖国,迎接新的世纪。这是今年宣传思想战线的主要任务,也是需要紧紧抓住的三个重要着力点。

做好今年工作,确保"三个如何"落实到位,最重要的是高举旗帜,保持一致,服务大局,守土有责。

1. 一定要唱响主旋律,打好主动仗。这是江泽民同志对今年宣传思想工作提出的重要要求，也是对这几年宣传思想工作实践经验的科学总结。唱响主旋律，要高举邓小平理论伟大旗帜，深入宣传邓小平理论，宣传党的十五大精神，宣传党的基本路线、基本方针，宣传中央关于改革和建设的重大决策、工作部署，宣传江泽民同志一系列重要讲话精神；要以科学的理论武装人，以正确的舆论引导人，以高尚的精神塑造人，以优秀的作品鼓舞人；要弘扬社会正气，弘扬新时期创业精神，弘扬伟大的抗洪精神，倡导正确的世界观、人生观、价值观；要紧紧围绕纪念改革开放 20 周年、五四运动 80 周年、新中国成立 50 周年、迎接澳门回归、迎接新的世纪，唱响祖国颂、社会主义颂、改革开放颂。打好主动仗，就是要有紧迫感和责任感，有干劲、有韧劲，保持旺盛的工作热情和进取精神，解放思想，实事求是，创造性开展工作；就是要抓宏观，抓导向，抓方针政策，抓改革，抓调研，抓信息，见微知著、未雨绸缪、审时度势、因势利导；就是要突出重点，抓住关键，精心谋划，精心部署，把问题想在前面，把工作做得细一些、深一些、实一些；就是要一手抓繁荣，一手抓管理，区分轻重缓急，注意工作方法，综合运用经济、法律、行政手段，该管的管住，该急则急，该缓则缓。打好主动仗必须唱响主旋律，唱响主旋律才能打好主动仗，就能赢得积极健康向上的工作态势。

2. 一定要胸中有大局。围绕中心、服务大局，是宣传思想工作的基本职责。大局清，方向明。要站在大局的高度思考问题，按照大局的要求部署工作，时时刻刻心系大局，事事处处服务大局，更好地为改革开放和现代化建设提供良好的舆论环境和有力的思想保证。要坚定自觉地同以江泽民同志为核心的党中央保持高度一致，坚决维护中央权威，保证中央政令畅通。要进一步增强政治意识、大局意识、责任意识，正确处理好改革、发展、稳定的关系，特别要注意维护稳定。要帮忙，不要添乱。

3. 一定要心里想着人民。越是改革攻坚阶段和发展关键时期，越要依靠群众、动员群众、面向群众、服务群众。要牢固树立群众观点，贯彻群众路线。要倾听群众呼声，反映群众意愿，诚心诚意为人民谋利益。宣传思想工作的生命力，就在于同人民群众的紧密联系之中，在于同人民群众实践的紧密结合之中。要坚持对党负责和对人民负责的一致性，善于把党的方针政策化为群众的自觉行动。要在群众的火热生活中汲取营养、总结经验，在不断满足群众精神文化需求中改进工作、促进繁荣。无论是进行宣传教育还是创建精神文明，都要贴近群众实际，得民心顺民意，办实事办好事，反对形式主义。

4. 一定要把握正确导向。把握正确舆论导向至关重要，今年尤其要高度重视。要坚持党性原则，坚持实事求是，坚持团结稳定鼓劲、正面宣传为主。对有利于国家富强、社会进步、民族团结、人民幸福的思想和精神，要大力弘扬、大力提倡。要加强典型宣传、热点引导和舆论监督。典型宣传要可信可亲可学，增强感染力；热点引导要冷热有度，入情入理；舆论监督要着眼于改进工作，解决问题，增强信心，维护稳定。更多做正面引导、耐心说服的工作，多做解疑释惑、提高认识的工作，多做统一思想、凝聚力量的工作，给人以鼓舞，给人以启迪，给人以教育。对涉及群众切身利益，影响人们心理稳定的敏感问题，要审慎对待，切不可疏忽大意。对思想理论领域的问题，头脑清醒，冷静观察，掌握动态，心中有数，审时度势，慎重处理。对事关政治方向、重大原则的问题，旗帜鲜明，分清是非，不能听之任之。对重要的宣传阵地和传播手段，要把好关口，丝毫不能出问题。要严格遵守宣传纪律，不能把错误的东西炒热，不能给错误的东西提供传播阵地。要坚持把社会效益放在首位，力求社会效益和经济效益相统一，不能牺牲社会效益去追求经济效益。

5. 一定要团结一切可以团结的力量，调动一切积极因素。团结一致，我们的队伍才能坚强有力，经受各种考验；同心同德，我们的事业才能兴旺发达，战胜各种风险。宣传思想战线人才济济，专家荟萃，关键是要形成合力，发挥整体优势，做到各尽其职，又相互配合，各展所长，又相映成辉。要坚持“二为”方向，贯彻“双百”方针，尊重知识、尊重人才。善于做各方面代表人士的工作，关心人、理解人、信任人，虚怀若谷，坦诚相见。要加强沟通，多开展同志式的交流，多听取各方面的意见，创造和谐融洽的环境，把大家的聪明才智凝聚到唱响主旋律上来，凝聚到促进事业繁荣发展上来。

6. 一定要讲学习、讲政治、讲正气，有一个良好的精神状态。要大兴学习之风，提高理论素养，丰富知识积累，联系实际，学以致用，在改造客观世界的同时改造主观世界。要增强政治鉴别力和政治敏锐性，善于用政治家的眼光观察形势，分析问题，大事面前不糊涂，关键时刻不动摇，始终保持政治上的清醒和坚定。要以党和人民的利益为重，谦虚谨慎，淡泊名利，甘当苦力，敬业奉献，为人民服务，为社会主义服务，为全党全国工作大局服务。

同志们，我们的社会主义新中国经历了极不平凡的 50 年，即将进入更加充满希望的 50 年。我们的中华民族经历了沧桑巨变的 100 年，即将进入更加灿烂辉煌的 100 年。展望未来，建设有中国特色社会主义事业，将在新的世纪走向繁荣昌盛，勤劳、智慧、勇敢的中华民族将在新的世纪实现伟大复兴。面对新的起点，面对伟大任务，让我们更加紧密地团结在以江泽民同志为核心的党中央周围，高举邓小平理论伟大旗帜，认真贯彻十五大精神，统一思想、坚定信心，抓住机遇、知难而进，团结一致、艰苦奋斗，在推进建设有中国特色社会主义伟大事业中，不断开拓宣传思想工作新的局面。

全国新闻出版局长会议在北京召开

来自全国各省、市、自治区和各有关单位的新闻出版部门负责人及部分出版社的代表学习了江泽民总书记在全国宣传部长会议上的讲话。

新闻出版署署长于友先在报告中说，1999年是国家历史发展进程中具有特殊意义的一年，改革进入攻坚阶段，发展也到了关键时期。新闻出版工作要抓好迎接新中国成立50周年100种重点图书，“新中国舞台、影视艺术精品选”500部系列光盘和“辉煌50年”多媒体光盘等重点出版工程；做好纪念“五四”80周年和迎接澳门回归等重点选题的编辑出版工作。我们必须加强学习，统一思想，大力抓繁荣，唱响主旋律，扎扎实实把推进新闻出版产业发展的各项工作落到实处。

中宣部副部长龚心瀚也在会上讲话。

会议还对全国第三批优秀出版社进行了表彰，商务印书馆、外语教学与研究出版社等14家出版单位榜上有名。

中科院国家环保总局共同发起主办的巨型臭氧层科学探测气球放飞活动在广东惠州进行

全国文化厅局长会议在北京举行

文化部部长孙家正在会上强调指出，要深入学习党的十五大精神和江泽民同志在全国宣传部长会议上的重要讲话，从文化工作的具体实际出发，以邓小平理论为指导，深刻地领会党的文艺思想、方针、政策，全面、准确地认识和把握文化事业发展中一些涉及全局的、带有战略性的重要问题。

孙家正说，从文化系统来看，1998年是深入贯彻落实党的十四届六中全会和十五大精神，全面推进文化建设并取得明显进展的一年。学习邓小平理论兴起了新的热潮；艺术创作和生产呈现出良好的势头，其中纪念改革开放20周年大型音乐会和抗洪赈灾义演，产生了良好的社会反响。成功地举办了第二届中国京剧艺术节、第四届全国舞蹈比赛、第三届全国杂技新苗比赛等大型文艺活动等；文化体制改革不断深化；’98文化市场法制年取得了预期效果。此外，以农村文化建设为重点的社会文化、对外文化，以及文物保护与利用、文化基础设施建设、艺术教育和文化科技、文化法制建设等方面工作都取得了新的成绩。特别令人鼓舞的是，各级党委和政府对文化建设的重视程度和领导力度普遍提高和加强。十四届六中全会以来，江苏、福建、安徽、四川、宁夏、辽宁、浙江等省区相继召开了全省区文化工作会议。各地陆续出台了一系列加强文化建设的政策和措施。

孙家正同时指出，整个文化事业在呈现一个良好发展态势的同时，仍存在一些问题：文艺作品质量的提高滞后于数量的增长，创作水平的提高滞后于群众鉴赏水平的提高；公共文化设施的建设和利用滞后于经济建设的发展和人民生活的需要；农村特别是贫困地区农民文化生活依然十分贫乏等。孙家正强调，对待问题不能熟视无睹，而要正视矛盾。要把文化工作放到建设有中国特色社会主义的大局中来，深刻认识文化建设的重要性和紧迫性。

谈到1999年文化工作时，孙家正说，1999年我们将迎接新中国成立50周年大庆，澳门回归祖国，跨入21世纪等一系列重要历史时刻，我们文化工作者要以此为契机，大力促进文艺繁荣；以农村为重点，活跃群众文化生活；响应江泽民同志号召，在全社会大力倡导勤奋学习的风气；解放和发展艺术生产力，全面推进文化领域的改革；加大执法力度，加强文化市场管理；坚持以我为主，为我所用的原则，加强对外和对香港特别行政区及台湾、澳门地区的文化交流工作；转变政府职能，改进领导方式等。

1月24日

国家旅游局和对外贸易经济合作部联合颁布《中外合资旅行社试点暂行办法》

全国证券期货会议在北京召开

国家副主席胡锦涛在塔那那利佛马达加斯加议会大厦会见安德里亚纳里苏阿议长

国家副主席胡锦涛在塔那那利佛马达加斯加总理府同马总理安德里亚纳里武举行会谈

胡锦涛说，中马友谊源远流长。两国自建交以来，友好合作关系持续、稳定地发展，在各个领域的交流与合作富有成果。两国领导人和各部门之间接触和互访频繁，民间交流不断。经贸合作发展顺利，合作领域不断扩大，取得了可喜的成果。中国实行改革开放以来，由原来的计划经济体制逐步向社会主义市场经济体制过渡。在市场经济条件下，企业将逐步成为我对外经济合作的主体。中国政府鼓励和支持中国企业到马进行形式多样的互利合作。

胡锦涛赞赏和感谢马达加斯加曾多次在联合国人权会上支持中国。胡锦涛说，中马都是发展中国家，在国际事务中相互支持。他指出，去年 9 月，马达加斯加政府果断地废除了与台湾签署的“特别协定”，表明了马达加斯加政府坚定奉行一个中国的政策，这是对中国统一大业的支持，对此中国也表示赞赏和感谢。中马加强团结与合作符合双方的共同利益。中国十分珍视同马达加斯加的传统友谊，愿与马方共同努力，全面发展两国面向 21 世纪长期稳定、平等互利、真诚合作的中马友好关系。

安德里亚纳里武表示，马政府致力于全面发展经济的政策。马有丰富的自然资源，只要把人民的创造能力充分发挥出来，相信马政府使人民摆脱贫困的发展计划和目标是很快就会实现的。

他说，马政府和人民一贯重视发展同中国的关系，对中国人民怀有特别友好的感情。中国对马的经济发展提供了真诚有效的帮助，希望今后马中友好合作关系不断扩大。马方非常高兴地看到香港、澳门回归中国，马将继续坚定地支持中国处理台湾问题的立场，衷心祝愿中国尽早完成祖国统一大业。

会谈后，两国领导人签订中国与马达加斯加两国政府签订经济、技术合作协定和中国向马提供优惠贷款的框架协议。

国家副主席胡锦涛在马达加斯加农业部部长拉韦卢阿里乔纳的陪同下前往塔那那利佛市北郊参观安布依曼加市市长农艺庄园

中央军委主席江泽民签署命令颁发《中国人民解放军联合战役纲要》等 13 部作战条令

江泽民日前签署命令，颁发施行《中国人民解放军联合战役纲要》，陆军、海军、空军、第二炮兵战役纲要和后勤保障纲要以及合同战斗条令等 13 部作战条令。我军新一代作战条令体系中的其他条令，也将陆续颁发施行。这表明我军对现代技术特别是高技术条件下局部战争作战特点和规律的认识达到了新的高度，标志我军作战训练进入一个新的历史发展时期。

作战条令是规范军队作战行动、指导训练的基本法规。原作战条令是 80 年代中期颁发施行的。这期间，新时期军事战略方针的确立，使我军作战任务、作战条件发生了重大变化，世界军事革命和高技术武器装备的发展以及局部战争的实践，对作战理论产生了重大影响，全军训练改革和战法研究取得了新鲜经验，基于上述情况，中央军委决定，编修我军新一代作战条令。

新一代作战条令坚持以毛泽东军事思想、邓小平新时期军队建设思想和江泽民关于军队建设的一系列重要论述为指导，以新时期军事战略方针为依据，着眼现代技术特别是高技术条件下局部战争的特点，继承我军作战的优良传统，吸取世界近期局部战争经验，创新人民战争的战略战术，使我军军事理论、作战思想、作战原则和作战方法进一步适应未来作战的需要。这对于进一步贯彻新时期军事战略方针，提高打赢现代技术特别是高技术条件下局部战争的能力，全面推进我军质量建设，实现国防和军队跨世纪发展的宏伟目标，具有非常重要的意义。

我军新一代作战条令重点在发展具有我军特色的战法上下功夫，具有鲜明的时代特点。新一代作战条令，在我军历史上第一次形成了作战条令体系。既有战役纲要，又有战斗条令，覆盖战役战斗不同级别、不同规模及军兵种的作战行动。45％以上的条令是新增加的，填补了我军作战法规的部分空白。新一代作战条令，进一步完善了我军作战理论体系，全面系统规范了战役战斗原则、方法以及后勤保障、装备保障、战时政治工作等方法，在继承我军传统作战经验的基础上，创造性地回答了我军未来作战问题，统一了战役战斗指导思想，概括了新的战役战斗原则，提出了新的战役战斗样式，明确了联合作战的指挥体系，增加了与敌高技术兵器对抗的措施。

国际老年人年科学论坛在北京开幕

由中国人口学会和中国·金泰集团联合举办的“1999 国际老年人年科学论坛”在人民大会堂举行。全国人大常委会副委员长、中国人口学会会长彭珮云指出，举办这个论坛的目的在于推动包括老年人口学在内的老年科学研究和老年事业的发展，是响应第四十七届联合国大会将 1999 年定为国际老年人年，落实国务院关于开展国际老年人年活动通知的一个实际行动。

80 多位来自人口、经济、社会、医学界的专家、教授和有关部门领导围绕“建立不分年龄人人共享的社会”主题，从老龄化发展趋势、老龄化对经济社会发展的影响、养老保障制度的建立、健康老龄化、老龄化与可持续发展等方面展开讨论。中国人口学会常务副会长、著名人口学家田雪原主持会议并致开幕词。

1 月 25 日

第九届全国人大常委会第十二次委员长会议召开

全国人大常委会委员长李鹏主持会议。会议决定，1月29—30日召开全国人大常委会第七次会议。

会议首先听取了全国人大常委会秘书长何椿霖关于九届全国人大常委会第七次会议议程草案和日程安排意见的汇报以及关于召开九届全国人大二次会议的决定草案的说明。

会议通过的全国人大常委会第七次会议的议程有：讨论中共中央关于修改宪法部分内容的建议；审议宪法修正案（草案）、合同法（草案）、澳门特别行政区九届全国人大代表的产生办法（草案）的议案；分别听取和审议最高人民法院和最高人民检察院关于人民法院和检察机关开展集中教育整顿工作情况的汇报；审议全国人大常委会关于召开九届全国人大二次会议的决定（草案）；审议全国人大常委会关于香港特别行政区九届全国人大代表辞去代表职务的办法的决定（草案）的议案。

在这次委员长会议上，全国人大法律委员会主任委员王维澄向会议作了关于合同法草案修改意见的汇报。全国人大常委会办公厅研究室主任程湘清作了关于全国人大常委会工作报告稿的汇报。

会议还听取了全国人大常委会法制工作委员会副主任乔晓阳作的关于澳门特别行政区选举九届全国人大代表的办法草案的说明，以及关于香港特别行政区全国人大代表辞去代表职务的办法的决定草案的说明。

全国人大常委会副委员长田纪云、姜春云、邹家华、布赫、彭珮云、何鲁丽、周光召、成克杰、曹志、丁石孙、成思危、蒋正华出席会议。

国务院总理朱镕基在人民大会堂与老挝政府总理西沙瓦·乔本潘举行会谈

朱镕基在会见中说，10年来，在双方的共同努力下，中老两党、两国的传统友谊和友好合作关系得到了全面的恢复和发展。两国在不长的时间内，圆满解决了历史遗留的边界问题。双方在国际和地区事务中密切配合。老挝政府始终奉行“一个中国”的政策，我们对此表示高度赞赏。

西沙瓦说，他非常高兴有机会访问老挝的真正朋友——中国。他首先介绍了老挝当前的国内形势和今后的发展目标，并高度评价了中国在当今国际和地区事务中所发挥的重要和积极作用。

中国向老挝提供的援助对老挝的经济发展具有重要的意义。老挝对此表示感谢。

朱镕基说，中老两国是友好近邻，同为社会主义国家，都坚持社会主义方向，都实行改革开放政策。在发展经济和促进社会全面进步的过程中，中老两国有许多经验可以相互学习和借鉴。我们愿与老挝共同努力，面向新世纪，建立长期稳定、彼此信赖的睦邻友好合作关系。

财政部有关方面负责人就提高部分商品出口退税税率答记者问

民航工作座谈会在北京召开

中共中央政治局委员、国务院副总理吴邦国出席座谈会并讲话。

吴邦国指出，近年来，民航事业发展很快，扭转了一度严峻的安全形势，各方面工作都取得了很大成绩。但是，去年出现了全行业亏损，飞行安全也发生了一些事故征候，引起了党中央、国务院领导同志的高度重视，做过多次重要批示。

吴邦国强调，民航工作坚持安全第一、预防为主的方针不能动摇。切不可把安全和效益对立起来，没有安全就没有效益。

吴邦国指出，去年民航全行业亏损，有外部环境问题，但决不能借此掩盖内部管理问题。要把工作的注意力和着重点放在自己能做的事情上来，在坚持安全第一的前提下，以经济效益为中心，打好几个硬仗。一是要坚决制止低价倾销、削价竞争。二是要下决心彻底整顿客运代理市场。三是要根据市场需要，调整航线、航班。四是要切实改变内部管理粗放的状况。内部管理工作还比较薄弱，是民航工作的突出问题。

民航总局、各地区管理局、各主要航空公司和机场的负责人参加了座谈会。

全国海关关长会议在北京召开 1998年全国海关共查获走私案件8381起案值154亿元

全国人大常委会委员长李鹏在人民大会堂会见韩国前总理李寿成和夫人

国务院总理朱镕基在人民大会堂会见孟加拉国外交部部长阿卜杜勒·萨马德·阿

国务院副总理李岚清在中南海紫光阁会见非洲统一组织副秘书长艾哈迈德·哈加格

中国印度专家对话会在新德里印度政策研究中心举行

中印两国专家学者就“边界及其他政治问题、核与安全问题以及贸易与经济问题”进行的对话会在印度政策研究中心开幕。

印度政策研究中心主席帕南迪克教授在致开幕词时指出，在目前形势下，亚洲两个最大国家间的关系极为重要，印中专家学者间的对话交流，将促进两国关系的改善。中国专家代表团团长、前驻印大使程瑞声强调，中印两国人民在争取自由、反对殖民主义的艰苦斗争时期曾相互支持；在过去10年中稳步发展起来的中印关系基础是牢固的。这次对话会的目的，就是要在双方各界人士的共同努力下，促进发展中印友好关系。

印度前外交秘书迪克西特、中国驻印度大使周刚出席了开幕式并讲话。

中国奥委会决定尊重国际奥委会对美国盐湖城申办贿赂涉嫌委员的处理决定支持2000年奥运会在悉尼2002年冬奥会在盐湖城举行

国务院批复国家计委关于长江上游水污染整治规划的报告

国家计委、建设部、水利部、国家环保总局、重庆市、四川省人民政府：

国家计委《关于呈送长江上游水污染整治规划的报告》收悉。现批复如下：

一、原则同意《长江上游水污染整治规划》（以下简称《规划》），请国家计委会同重庆市、四川省人民政府和国家环保总局、水利部、建设部等部门认真组织实施。到2010年，长江上游干流四川省与重庆市交界断面和三峡库区总体水质基本达到国家地面水环境质量Ⅱ类标准，长江干流城市江段和主要支流水质要符合国家地面水环境质量Ⅲ类标准；规划区内城市生活污水、工业废水的化学需氧量（COD）的允许排放量，重庆市和四川省分别控制在38万吨和23.6万吨以内。

二、《规划》是长江上游水污染整治的重要依据，长江上游地区的各项活动必须符合《规划》的要求。长江上游省（市）要依据《规划》的要求，制定本地区的具体实施规划和计划，确保《规划》目标的实现。

三、为实现《规划》目标，要抓紧做好有关项目的前期准备工作，按照“谁污染，谁治理”的原则，多渠道筹集资金。对于《规划》提出的项目，要突出重点，搞好论证，按照项目的审批程序，分期分批地列入地方、部门和国家的国民经济和社会发展的年度计划和长远规划。要确保列入年度计划的整治项目资金到位。国务院有关部门要加强对项目管理工作的指导和监督。

四、为改善城市污水和垃圾处理设施的运行机制，可在《规划》范围涉及的城市进行污水和垃圾处理的收费试点，收取的费用要专款用于污水和垃圾处理设施的建设和运行，不得挪作他用。具体办法由重庆市和四川省参照财政部、国家计委、建设部、原国家环保局《关于淮河流域城市污水处理收费试点有关问题的通知》和有关规定分别提出，并报财政部、国家计委、建设部、国家环保总局批准后实施。

五、重庆市、四川省人民政府分别对本辖区长江流域水环境质量负责，要在确定的期限内分别达到《规划》所要求的水质标准。国家环保总局及各级环境保护行政主管部门要加强环保执法监督，严格环境影响评价制度，建设项目中防治污染的设施必须与主体工程同时设计、同时施工、同时投产使用；按照《规划》要求，实施重点水污染物排放的总量控制。同时，在三峡工程建设和移民搬迁工作中要认真贯彻执行原国家环保局《关于长江三峡水利枢纽环境影响报告书审批意见的复函》提出的要求。

六、重庆市、四川省人民政府要高度重视，切实加强领导，认真落实整治方案，下大力气进行长江上游水污染整治工作。国家计委和国务院有关部门要根据《规划》要求，给予积极配合和支持。

国务院

1999年1月25日

全国双拥工作领导小组在北京举行全体会议

会议研究部署新年度工作任务，要求各地各部队进一步做好双拥工作，巩固和发展军政军民团结的大好局面，为国家的改革、发展、稳定和军队现代化建设创造更好的社会环境。

会议认为，在过去的一年里，各地各部队认真扎实地开展双拥工作，国防和双拥宣传教育广泛深入，群众性双拥活动蓬勃发展，双拥政策法规建设不断加强，进一步巩固和发展了“同呼吸、共命运、心连心”的新型军政军民关系，为经济发展、社会进步和军队现代化建设作出了新的贡献。

会议强调，今年是我国历史发展进程中具有特殊意义的一年，双拥工作应当适应形势的要求，更好地为国家改革、发展、稳定服务，为军队和国防建设服务。地方各级政府和人民群众要把关心支持国防和军队建设作为义不容辞的责任，满腔热情地帮助部队解决训练、工作、生产和生活中遇到的实际困难，尊重和维护军队及军人的合法权益。各部队要按照中央军委和四总部的要求，在完成教育训练等各项任务的前提下，积极支援国家经济建设，参加大江大河的治理和水毁工程的修复，协助地方政府做好扶贫帮困工作。要广泛深入地开展创建双拥模范城（县）活动，努力提高“双拥”工作的整体水平。

国务委员、全国双拥工作领导小组组长司马义·艾买提在讲话中说，江泽民同志指出，军政军民团结是我军战无不胜的力量源泉，是保持社会稳定的重要因素。当前，我们正处在世纪之交的重要历史时期，进一步做好双拥工作，加强军政军民团结，对于维护国家安全和社会稳定，促进改革开放、经济发展和军队建设，实现跨世纪的宏伟蓝图，都具有特别重要的意义。要按照党中央、国务院、中央军委的要求，把做好双拥工作、加强军政军民团结摆在事关全局的位置，坚持不懈地抓紧抓好，不断取得新的成绩。

中央宣传部 劳动和社会保障部发出加强国企下岗职工基本生活保障和再就业工作的通知

中央宣传部、劳动和社会保障部近日联合发出通知指出，国有企业下岗职工基本生活保障和再就业工作与确保企业离退休人员基本养老金按时足额发放工作，涉及面广，政策性强，各地一定要认真做好这方面的政策宣传工作，促进上述工作的顺利实施。

通知指出，党的十五大提出，力争到本世纪末使大多数国有大中型骨干企业初步建立现代企业制度，经营状况明显改善。实现这一目标，关键是做好国有企业下岗职工基本生活保障和再就业工作与确保企业离退休人员基本养老金按时足额发放工作。在党中央、国务院的直接领导下，经过各级党委、政府和有关部门的共同努力，这方面工作已经取得了阶段性的成果。但必须清醒地看到，我们面临的任务还十分艰巨，一些干部群众缺乏必要的思想准备，存在种种担心和疑虑。因此在着力推进工作的同时，加强政策宣传工作日显重要。

通知要求各地充分认识国有企业下岗职工基本生活保障和再就业与确保企业离退休人员基本养老金按时足额发放工作的重要性，切实加强这方面政策的宣传教育工作。要利用两个宣传提纲印发时机，采取各种办法，把有关政策精神原原本本地告诉广大群众。在传达文件的基础上，还可组织系列文章，通俗易懂地做好政策阐释工作，使党中央、国务院的精神进一步深入人心，促进国有企业下岗职工基本生活保障和再就业工程的顺利实施。

各级新闻单位要坚持团结稳定鼓劲、正面宣传为主的方针，积极主动地做好有关政策的宣传报道工作。在宣传具体政策的同时，注意宣传国有企业下岗职工基本生活保障和再就业工作与确保企业离退休人员基本养老金按时足额发放工作对维护改革、发展、稳定大局的重要意义；宣传下岗职工积极转变观念、自强自立、勇于创业的先进典型；宣传各地区、各部门以及企业再就业服务中心积极为下岗职工服务，为他们排忧解难的先进事迹，帮助人们统一思想，增强信心，激发和调动广大职工群众理解政策、参与改革的积极性。

通知要求广大企业特别是下岗职工较多的国有企业，要充分发挥基层党组织的战斗堡垒作用和党员的先锋模范作用，做好广大职工特别是下岗职工、离退休人员的思想政治工作，注意了解职工群众对国有企业下岗职工基本生活保障和再就业与确保企业离退休人员基本养老金按时足额发放工作的反映，注意了解职工和企业离退休人员的思想状况，及时做好理顺情绪、化解矛盾的工作。

中纪委监察部就春节期间厉行节约制止奢侈浪费发出通知

全国春运电视电话会议在北京召开

1月26日

国家主席江泽民在钓鱼台国宾馆会见来访的老挝总理西沙瓦·乔本潘

江泽民在会见中说，中老两国是山水相连的友好邻邦。两国人民在长期的革命斗争和建设事业中相互同情、相互支持，结下了深厚的友谊。我们高兴地看到，在新的历史条件下，中老传统友谊继续得到发扬光大，两国在国际和地区事务中相互理解、相互支持，进行了卓有成效的合作。中国党和政府历来十分重视中老关系，在新世纪即将到来之际，我们愿同老挝同志共同努力，确立长期稳定、彼此信赖的中老睦邻友好合作关系。相信总理先生此次访华必将对两党、两国间的友好合作关系起到积极的推动作用。

西沙瓦说，我们高兴地看到邓小平同志创立的崭新的理论使中国的社会主义建设取得了巨大成就。老挝非常重视中国党和政府在改革开放进程中积累的丰富经验，希望双方今后能进一步加强彼此间的交流。他祝愿中国的社会主义建设事业今后取得更大的成就。

国务院在中南海召开廉政工作会议

会议总结去年政府机关廉政建设和反腐败工作情况，贯彻中央纪委第三次全体会议精神，部署1999年的廉政建设和反腐败工作。国务院总理朱镕基出席并讲话。

尉健行、李岚清、钱其琛、吴邦国、温家宝、罗干、吴仪、司马义·艾买提、王忠禹出席会议。

会议由国务委员、国务院秘书长王忠禹主持。监察部部长何勇、公安部部长贾春旺、财政部部长项怀诚、农业部部长陈耀邦和国家工商行政管理局局长王众孚分别作了专题发言。

专题发言后，朱镕基总理发表了讲话。他首先肯定了去年政府机关廉政建设和反腐败斗争取得的成绩。朱镕基指出，本届政府从组成之日起，就把廉政建设和反腐败工作放到十分重要的地位，一年来做了大量工作，特别是国务院机构改革进展顺利，精简了机构和人员，认真落实中央关于加强党风廉政建设和反腐败斗争的总体部署，从体制、制度上采取了一系列措施，加强了廉政建设和反腐败工作，在社会上产生了较好的反响。同时要清醒地看到，政府机关廉政建设还存在不少问题。有些地方和部门落实领导干部廉洁自律的规定还不够好，奢侈浪费现象还比较严重；以权谋私、贪污贿赂，有法不依、执法不公，甚至贪赃枉法的问题还比较突出；一些地方乱收费、乱罚款、乱摊派现象屡禁不止；一部分政府工作人员弄虚作假，虚报浮夸，欺上瞒下；有些基层干部作风粗暴，甚至横行霸道，欺压群众。这些问题说明，政府机关廉政建设和反腐败斗争的任务还很艰巨。

朱镕基强调，今年是我国历史发展过程中具有重要意义的一年，我们将隆重庆祝新中国成立50周年，我国将恢复对澳门行使主权，我们面临的改革、发展和稳定任务十分繁重。新的形势和任务对政府廉政工作提出了新的要求，必须以更高的自觉性，坚持不懈、扎扎实实、更有成效地搞好廉政建设和反腐败斗争。

在讲到今年政府机关廉政建设和反腐败工作的重点时，朱镕基强调要抓好以下几个方面。

第一，要巩固国务院机构改革成果，做好地方政府机构改革工作。朱镕基指出，关键是切实抓好转变政府职能、转变工作方式、转变工作作风，提高工作效率。继续认真落实国务院第一次全体会议上提出的“五项要求”和“约法三章”。要按照中央确定的方针，积极稳妥地推进地方政府机构改革。地方各级政府也要制定行为规范，公之于众，接受监督。

第二，要切实加强领导干部廉洁自律工作，狠刹奢侈浪费之风。朱镕基强调，对于中央关于党员领导干部廉洁从政的准则和有关要求，任何人都不允许讲特殊，高级干部更要以身作则，严格自律，并管好配偶、子女和身边工作人员。各级政府机关都要从讲政治的高度，发扬艰苦奋斗，勤俭办一切事业的精神，严禁一切奢侈浪费行为。

第三，要从严执法执纪，认真查办大案要案。朱镕基指出，要重点查办政府领导机关、行政执法机关、经济管理部门和县处级以上领导干部违纪违法案件。查办金融、财税、建筑、司法领域及干部人事工作中的案件；查办领导干部玩忽职守造成重大损失和虚报浮夸、弄虚作假的案件。他要求，查办案件必须要坚持原则，敢于硬碰。不论涉及谁，都要一查到底，依法论处，严厉惩治腐败分子。

第四，要进一步开展专项治理，坚决纠正部门和行业不正之风。朱镕基强调，要坚持“谁主管，谁负责”的原则。

行政执法部门、垄断经营行业和公共服务行业中的一些人员不廉、不公的问题，人民群众很不满意，要采取切实有效的措施抓紧解决，以取信于民。要坚决刹住乱收费、乱集资、乱罚款、乱摊派的歪风。抓紧研究费改税方案，尽快从根本上解决农民和企业负担过重的问题。坚决纠正医药购销中的各种不正之风。

第五，要深化改革，标本兼治，从源头上预防和治理腐败。朱镕基指出，要巩固军队、武警部队和政法机关一律不再从事经商活动，中央党政机关与所办经济实体和管理的直属企业脱钩的工作成果。地方政府机关也要与所办经济实体和管理的直属企业脱钩。政法机关和工商管理部门要全面实行行政性收费和罚没收入“收支两条线”管理。切实整顿和规范建筑业市场，建立公开、公正、平等竞争的工程发包承包制度。要强化法治，坚持依法行政，完善监督和制约机制，把廉政建设纳入规范化、法制化轨道。

朱镕基要求，各级政府和各部门必须把思想和行动统一到中央的部署和要求上来，坚持两手抓、两手都要硬的方针，切实把加强廉政建设和反腐败工作放到重要位置。中央国家机关在廉政建设上更要高标准、严要求，起到表率作用。政府机关和公务员都要做到清正廉洁，勤于公务，坚持原则，刚直不阿，公道正派，求真务实，深入实际，体察民情，认真实践全心全意为人民服务的根本宗旨。

朱镕基强调，要认真落实廉政建设责任制。各级政府和领导干部要认真贯彻执行中央关于实行党风廉政建设责任制的规定。政府及其各部门的主要负责人是廉政建设的第一责任人，必须认真履行职责，抓好本地区、本单位的廉政建设。领导班子的其他成员也必须在各自的职权范围内负起应有的责任。要把一个地区、一个部门的廉政状况，纳入领导干部的目标管理，严格考核。

朱镕基要求，要把加强廉政建设和开展“三讲”教育结合起来。按照中央的部署，今年要在县处级以上领导班子和领导干部中，用整风的精神深入开展以“讲学习、讲政治、讲正气”为主要内容的党性党风教育。这是在新形势下全面提高干部素质、加强廉政建设的一个重要措施。各级政府、各部门要按照中央确定的“三讲”教育的基本要求和指导原则，密切联系实际，认真抓好落实，有针对性地解决一些突出问题。

国务院各部门、直属机构、办事机构、直属事业单位和有关单位的主要负责同志出席了会议。

党中央有关部门、全国人大常委会办公厅、全国政协办公厅、中央军委办公厅和最高人民法院、最高人民检察院、各群众团体以及各民主党派中央、全国工商联的负责人、无党派人士应邀出席了会议。

全国人大常委会委员长李鹏在人民大会堂会见老挝总理西沙瓦·乔本潘

全国城镇妇女巾帼建功活动领导小组第8次会议在北京召开

全国外经贸工作会议在北京召开

在会议上，外经贸部部长石广生在讲话中指出，1999年我国外经贸工作的主要任务是千方百计扩大出口，力争一定程度的增长；更多更好地利用外资，保持引资的相当规模，提高引资的质量和水平。

石广生说，我们要在坚持把扩大内需作为我国经济发展基本立足点的同时，采取切实有效措施，大力发展对外经贸，把对外开放推向新的水平。当前，特别是需要正确认识和处理好扩大内需与大力发展外经贸的关系。国家已经和正在研究出台一系列支持扩大出口的政策，根据国际通行规则，进一步提高出口退税率，大力培育新的出口增长点，努力增加贸易收汇。

关于吸收外资，石广生说，要进一步完善和稳定利用外资政策。要大力改善投资环境，继续扩大外商投资领域，有步骤地推进商业、外贸、航空运输、工程承包、社会中介机构等服务贸易领域的对外开放。做好招商引资工作，尽可能多地吸引外资，特别是争取更多的国际大跨国公司来华投资，为其在华设立开发研究中心提供更多的优惠条件。合理引导外商投资投向，优化外资的产业结构，鼓励外商到中西部投资。

石广生还指出，要全面改革进出口商品管理体制，进一步完善配额许可证管理制度，减少许可证管理的商品品种；加快进口管理体制改革，适当增加有效进口，促进进出口协调发展。

《人民日报》发表评论员文章《积极开拓国际市场 千方百计扩大出口》

中国人民银行颁布《银行卡业务管理办法》

全国政协主席李瑞环在人民大会堂会见韩国前总理李寿成

全国政协主席李瑞环在人民大会堂会见德国前副总理兼外长汉斯-迪特里希·根舍

中俄友好和平与发展委员会第二次全体会议在莫斯科总统饭店开始举行

纪念北平和平解放50周年展览在当年人民解放军举行入城式的北京正阳门箭楼开幕

1月27日

全国政协主席李瑞环在人民大会堂西藏厅接见来内地参观的十七世噶玛巴·伍金赤列多吉活佛

李瑞环说，噶玛巴活佛的成长进步，对藏传佛教、对藏族信教群众是一件大事，对西藏的发展和稳定也有重要影响。这些年来，活佛本人很努力，楚布寺、中共西藏自治区党委、政府及有关方面做了大量工作。李瑞环代表党中央向所有关心帮助噶玛巴活佛的同志和朋友表示诚挚的敬意和感谢。李瑞环衷心希望噶玛巴活佛爱国爱教、健康向上，希望西藏经济发展、社会进步，希望各族人民团结和睦、生活幸福。

即将年满14岁的噶玛巴活佛向李瑞环主席介绍了这次内地参观的感受后说，我一定遵循江泽民主席和李瑞环主席的教诲，好好学习，爱国爱教，为西藏的繁荣、民族团结和发展作出贡献，祝我们的国家国泰民安。

全国总工会举行全总第十三届第二次主席团会议

在会议上，中共中央政治局常委、书记处书记、全国总工会主席尉健行要求各级工会要旗帜鲜明地支持改革，坚定不移地投身和推进改革；要旗帜鲜明地维护职工群众的经济利益，保障职工群众的民主权利。

尉健行指出，今年是实现国有大中型企业改革和脱困目标的关键一年，任务异常艰巨、繁重。各级工会一定要更加自觉地把工会工作放到全党全国工作的大局中去认识和把握，认真贯彻党中央关于“统一思想、坚定信心，抓住机遇、知难而进，团结一致、艰苦奋斗”的工作方针，旗帜鲜明地支持改革，教育和动员广大职工认清自己的根本利益和长远利益，坚定不移地投身改革，不断把改革推向前进；旗帜鲜明地维护职工群众的经济利益，保障职工群众的民主权利，保护和调动职工群众的积极性，努力完成党和政府提出的各项任务。

尉健行强调，各级工会要始终坚持把协助党政做好国有企业减员增效、下岗职工基本生活保障和再就业工作作为头等大事来抓。要大力实施送温暖工程。对于特困职工，工会要以第一责任者的身份做好工作，不使一户特困职工因生活过不下去而发生意外。

尉健行说，平等协商和签订集体合同是工会调整劳动关系、维护职工劳动权益的重要法律手段。要在建立机制、提高质量和讲求实效上下功夫。工会要坚持把调整劳动关系作为工作重点，坚持把平等协商和签订集体合同作为调整企业劳动关系的主要手段。所有企业都要建立平等协商和集体合同制度，只是企业生产经营状况不同，集体合同的重点、内容等可以灵活和有所不同。所有企业都要执行《劳动法》规定的劳动标准，只是企业生产经营状况不同，集体合同确定的具体标准等也可以灵活和有所不同。

尉健行指出，加强职代会制度建设是贯彻全心全意依靠工人阶级方针、加强基层民主政治建设、保障职工民主权利、依靠职工办好企业的重要途径。今年要从抓厂务公开来推进企业职代会制度的建设。厂务公开的要害在公开，关键是真实，实质是监督，基本载体是职代会，目的在于搞好企业的民主政治建设，促进企业的廉政建设，推动企业的改革和发展。

尉健行说，必须加强新经济组织和改制企业比较集中地方的乡镇、街道、开发区、工业园区等工会组织的建设，搞好小企业工会联合会或联合小企业工会的建设。各级工会特别是县级以上工会领导班子和处以上工会领导干部要大兴学习之风，以整风的精神搞好“三讲”教育。

尉健行强调指出，改革和发展越是深入，越是需要进一步维护社会政治的稳定。维护职工队伍和社会的稳定是全党的共同责任，工会组织也责无旁贷。各级工会干部一定要以强烈的政治观念和历史责任感，深入到基层和职工群众中去，努力掌握他们的思想脉搏，畅通工会的信息渠道，健全工会的信息网络，敢于报忧和讲真话，为党和政府决策提供依据。要时刻把广大职工群众的冷暖放在心上，想问题、定政策、办事情要着眼于广大职工尤其是低收入的职工群众，真心实意地为他们排忧解难。要加强职工思想政治工作，教育和引导广大职工更加自觉地维护安定团结的政治局面。

全总副主席、书记处第一书记张俊九也在会议上讲话。全总副主席、书记处书记卢展工主持会议。

国务委员吴仪在北京举行的全国海关关长会议上发表讲话

吴仪指出，海关系统深入开展教育整顿和清除执法腐败活动，海关队伍的思想建设、组织建设和作风建设取得了初步成果。极少数“蛀虫”被清除，绝大多数同志受到了一次深刻教育，廉政建设的各项规章制度得到了进一步落实。一年来的工作表明，海关是一支英勇善战、经得起考验的队伍。吴仪代表国务院向海关的同志们表示衷心的感谢和亲切的慰问。

吴仪指出，“依法行政，为国把关”体现了党的十五大关于“依法治国”的基本方略，适应建立社会主义市场经济体制的需要，也符合党中央、国务院对海关工作的基本要求。海关作为执法机关，要严格执行国家统一的方针、政策和法律法规，坚决贯彻中央的统一政令。绝对不能超越法律规定的范围，超越海关职责权限，搞灵活变通、法外施恩。在社会主义市场经济条件下，严格依法行政，严厉打击走私，保护公平竞争，维护贸易秩序，是对经济发展最大的促进。同时还要通过工作制度的创新，方法手段的优化，工作作风的改进和工作效率的提高，降低通关成本，方便进出口，千方百计支持扩大出口，更好地为经济建设服务。这两个方面同等重要，不可偏废。

吴仪说，要加大口岸管理体制改革的力度，建立起新型的科学的口岸管理机制，按照国务院确定的目标，尽快建立规范的口岸开放规划和审理制度，尽快形成口岸合理布局；按照海关管物、一口对外的总体要求，加大出入境检验检疫系统的改革力度，逐步建立新的出入境监督管理模式，避免重复查验，简化手续，强化管的职能作用，加大对走私犯罪案件刑事惩处力度。

国家副主席胡锦涛前往阿拉克总统府拜会加纳共和国总统罗林斯

国家副主席胡锦涛同加纳共和国副总统米尔斯在加纳首都阿克拉国际会议中心举行会谈

胡锦涛说，中加有着长期的传统友好合作关系。中加友谊是两国老一辈领导人亲手缔造和培育起来的。长期以来，中加经贸合作与两国政治关系齐头并进，对促进两国友好关系发挥了积极的作用。1964 年周恩来总理访问加纳，宣布了中国对外援助八项原则。当前，国际形势和各国情况都发生了一些变化，但八项原则所确定的平等互利、不附加任何政治条件等基本精神仍然有着现实的指导意义。近年来，为适应形势的变化，中国对外援助方式进行了改革，其主要内容是向受援国提供贴息优惠贷款，用于中国企业与受援国企业合资、合作经营，创办有资源、有市场、有效益的生产性项目，其目的在于开辟新的合作领域，提高合作的规模和效益，实现共同发展。

胡锦涛还说，中加两国都是发展中国家，有着广泛的共同利益，双方在许多重大国际问题上有着一致或相似的看法，在国际事务中一贯相互支持、真诚合作。我们感谢加纳坚持“一个中国”的立场，不与台湾发生官方关系，支持中国的统一大业。90 年代以来，国际形势发生了重大而深刻的变化，但中加友好丝毫未变。在新的形势下继续巩固中加传统友谊、扩大两国友好合作是我们共同的责任。值此世纪之交，我们愿与加方共同努力，积极探索进一步拓展、发展两国友好合作关系的新思路、新领域和新途径，不断为中加友谊充实新的内容，共同将一个长期稳定、生气勃勃、充满活力的新型的中加友好合作关系带入21世纪。

米尔斯感谢中国多年来对加纳的有力支持,特别是在平等互利的基础上同加纳发展友好合作。加纳将一如既往地坚决奉行“一个中国”的政策。他说,加纳坚决反对在处理国际争端时使用武力,加纳参与了西非国家经济共同体为解决塞拉利昂冲突的努力,并迫切希望这方面得到中国的支持。

胡锦涛介绍了中国政府对非洲形势的看法,强调中国衷心希望非洲国家本着团结精神,通过友好协商和平解决争端,共同致力于非洲大陆的安全、稳定与发展。中国政府对塞拉利昂局势表示关注,希望塞局势保持和平与稳定。中国政府一贯赞赏和支持塞拉利昂民选政府和西非国家经济共同体为恢复塞和平所作的努力。这一努力应当受到国际社会包括塞邻国的同情和支持。

国家主席江泽民出席在人民大会堂举行的美国国家交响乐团演出会

国土资源部关于进一步推行招标拍卖出让国有土地使用权的通知

通知要求,要严格控制建设用地总量,整顿土地市场,为推行招标、拍卖出让国有土地使用权创造良好环境。要严格限定行政划拨供地的范围,除按《土地管理法》和《城市房地产管理法》规定可以行政划拨供地的,其他建设用地必须以有偿方式提供,对协议出让国有土地使用权的范围也要严格限制。要进一步扩大招标、拍卖出让国有土地使用权的范围。

国家主席江泽民在钓鱼台国宾馆会见世界知识产权组织总干事卡米勒·伊德里斯

江泽民在会见中说,近20年来,中国的知识产权事业发展迅速,各方面都取得了很大进展,以专利、商标、版权为三大支柱的知识产权法律体系已基本形成并不断完善。在建立国内知识产权法律体系的同时,中国还积极承担保护知识产权的国际义务。目前,中国知识产权的保护范围和保护水平已与国际社会的基本要求相适应。同时,中国知识产权执法体制也日趋完善。

江泽民指出,中国十分重视与世界知识产权组织的关系。中国与世界知识产权组织一直保持着良好的合作。在中国知识产权法律的准备过程中,世界知识产权组织提供了有效的咨询,并在传播知识产权知识和人才培训方面发挥了积极作用。

伊德里斯说,中国在知识产权保护方面作出了巨大努力,在很短的时间内建立起了一个牢固的知识产权保护体系,这是令世人瞩目的。中国是世界知识产权组织的重要成员,在知识产权保护体系中发挥着重要作用。世界知识产权组织将继续加强与中国的合作,努力使中国的知识产权工作成为世界范围内的一个典范。

参加会见的有:国家知识产权局局长姜颖、副局长马连元,国家工商行政管理局局长王众孚,国家版权局局长于友先和外交部副部长杨洁篪等。

国务院办公厅发出《关于国务院学位委员会组成人员的通知》

各省、自治区、直辖市人民政府,国务院各部委、各直属机构:

根据国务院机构改革和人员变动的情况,国务院决定调整国务院学位委员会的组成人员。现将调整后的名单通知如下:

主 任 委 员:李岚清

副主任委员:宋　健(全国政协副主席、中国工程院院长)

陈至立(教育部部长、主持国务院学位委员会常务工作)

路甬祥(中国科学院院长)

周远清(教育部副部长)

王洛林(中国社会科学院副院长)

委　员(略)

国务院办公厅

1999年1月27日

国务院总理朱镕基致信祝贺著名作家翻译家萧乾90岁华诞及《萧乾文集》出版

全国广电厅局长会在北京结束会议强调要加快实施全国村村电广播电视

广西玉林市中级法院一审判处原贵港市副市长李乘龙死刑

广西玉林市中级人民法院对原广西贵港市副市长李乘龙受贿罪和巨额财产来源不明罪进行一审判决,被告人李乘龙被依法判处死刑,剥夺政治权利终身。

法庭经审理确认:李乘龙于1991年至1996年在担任中共玉林市委书记期间,利用职务之便和权力、地位的影响为他人谋取利益,先后多次收受梁伟强等21人和单位所送的贿赂款合计人民币374.5689万元、美元2.5万元、港币1万元,其行为已构成受贿罪。

法庭认为,李乘龙不能说明来源合法的财产有人民币650.413739万元、港币0.966万元、美元321元、台币 0.1 万元、澳大利亚币 500 元以及首饰一批，已构成巨额财产来源不明罪。

1 月 28 日

首都各界在人民大会堂举行纪念国家主席江泽民《为促进祖国统一大业的完成而继续奋斗》讲话发表 4 周年和全国人大常委会《告台湾同胞书》发表 20 周年座谈会

全国政协主席李瑞环出席座谈会。

座谈会由中共中央政治局委员、全国人大常委会副委员长姜春云主持。中共中央政治局委员、国务院副总理钱其琛发表讲话。

钱其琛说，1979 年 1 月 1 日全国人大常委会发表的《告台湾同胞书》，以国家最高权力机关文告的方式，郑重宣告了和平统一祖国的大政方针，使解决台湾问题的历程进入一个新的发展阶段。邓小平同志从国家和民族的根本利益出发，高瞻远瞩，在毛泽东、周恩来同志关于争取和平解决台湾问题思想的基础上，制定了"和平统一、一国两制"的基本方针，并首先成功地运用在解决香港和澳门问题的实践中。1995 年 1 月 30 日，江泽民主席发表了《为促进祖国统一大业的完成而继续奋斗》的重要讲话，提出发展两岸关系、推进祖国和平统一进程的八项主张，集中体现了我们党第三代领导集体对邓小平同志关于解决台湾问题的基本思想的运用和发展，成为我们解决台湾问题的又一纲领性文件。

钱其琛说，20 年来尤其是近 10 年来，两岸关系风云变幻，波澜起伏，但总的来说，祖国统一进程向前推进了。我们旗帜鲜明地坚持一个中国原则，始终确保台湾作为中国一部分的地位不被改变。我们努力推进两岸接触谈判，台湾当局顽固坚持的"不接触、不谈判、不妥协"的政策已经被打破，揭开了两岸政治对话的序幕。我们采取一系列积极措施，推动两岸交流、交往和经济合作。两岸同胞的隔绝状态已被打破，两岸人员往来已经达到相当规模，两岸民间文化、学术、体育等领域的交流日益扩大，两岸经济交流与合作始终保持发展势头，两岸"三通"取得部分成果，实现直接"三通"已成为台湾社会、经济发展的迫切要求。

钱其琛表示，具有光荣爱国主义传统的台湾同胞，是完成祖国统一的重要力量。我们理解台湾同胞所走过的历史道路、形成的思想感情和当家做主的愿望。按照"一国两制"实现两岸统一，不会改变台湾的社会经济制度和生活方式，最能维护台湾同胞的既得利益和现有的一切，完全可以满足台湾同胞希望维持现状的愿望。我们希望台湾同胞通过观察"一国两制"在香港的实践，逐步增加对"一国两制"的实际了解。两岸同胞根本利益是一致的。不论台湾省籍还是其他省籍，都是中国人，都同属中华民族。我们希望台湾同胞和祖国大陆同胞密切往来，加深了解，团结合作，共同为推动两岸关系的发展和祖国的和平统一而努力。

我们也希望台湾同胞不分省籍都能和睦相处，如果有人利用所谓"新台湾人"口号，制造和加深两岸同胞之间的隔阂，我们是坚决反对的。

钱其琛表示，我们对台湾同胞与外国进行民间性的经济、文化、科技等方面的交往，从来不持异议。但是，假借"民意"，以所谓"扩大国际生存空间"为借口，在国际上搞"两个中国"、"一中一台"的分裂活动则是另一回事。进行这样的活动，非但不能解决问题，反而只能破坏两岸关系稳定发展，损害台湾同胞的切身利益。世界上越来越多的国家和国际组织承认，世界上只有一个中国、台湾是中国的一部分，这是客观形势发展的必然结果，这种趋势还会发展。我们希望两岸早日实现和平统一，这样，台湾同胞就能真正充分地共享伟大祖国在国际上的尊严与荣誉。

钱其琛说，长期以来，台湾有人推动所谓以公民投票方式改变台湾地位的分裂活动。这是一个值得严重关注的问题。台湾是中国领土不可分割的一部分，全中国人民将坚决捍卫祖国的领土和主权完整。企图以公民投票方式改变台湾是中国一部分的地位，是非法的、无效的、枉费心机的。搞所谓"公投"决定台湾前途是在玩火，这决不是台湾的福，而是台湾的祸。我们希望广大台湾同胞团结起来，不受少数"台独"分子的蛊惑宣传，以利维护台湾社会的稳定和两岸关系的稳定。

钱其琛强调，两岸之间的政治分歧不是所谓社会制度之争、民主之争，而是分裂与反分裂、背叛与维护国家民族利益之争。希望台湾当局与我们进行政治谈判，早日实现两岸直接"三通"，在一个中国原则下正式结束两岸敌对状态。去年 10 月，海协邀请海基会董事长辜振甫先生来访，双方达成四点共识。两会应当切实落实四点共识，及早就对话包括政治、经济对话作出安排。在政治对话中，双方可以围绕政治谈判的程序性安排和双方共同关心的政治问题进行讨论。在经济对话中，可以讨论加强两岸经济合作和两岸直接"三通"问题，也可以就台湾方面提出的问题，如两岸农业合作、科技合作等进行讨论。两会对话，可以由两会人员进行，也可以由两会举办论坛或研讨会的形式，邀请有关方面人士和学者共同进行。汪道涵会长计划于今年适当时候访问台湾。我们希望两会为此积极做好准备。

钱其琛最后说，"统一祖国、振兴中华"是几代中国人梦寐以求的崇高理想。如今香港已经回归，澳门也将于今年12月20日实现政权交接。台湾问题不能再无限期地拖延下去了。一切爱国的中国人团结起来，为早日完成祖国的统一大业而共同奋斗。他并向台湾同胞、向一切关心和支持祖国统一大业的港澳同胞及海外侨胞，致以节日的问候。

全国人大常委会副委员长、中国民主建国会主席成思危，中共中央台湾工作办公室、国务院台湾事务办公室主任陈云林，台湾民主自治同盟中央副主席刘亦铭，全国妇联副主席、书记处书记沈淑济分别在座谈会上发了言。

中共中央政治局委员、北京市委书记贾庆林，全国人大常委会副委员长蒋正华，全国政协副主席王兆国、经叔平、罗豪才、张克辉也出席了座谈会。

中共中央、国务院有关部门、人民解放军和北京市有关负责人，在北京台胞、台属代表共260人出席了座谈会。

座谈会由全国人大常委会办公厅、中共中央台湾工作办公室、国务院台湾事务办公室、台湾民主自治同盟、全国政协港澳台侨委员会、中国和平统一促进会、中华全国台湾同胞联谊会、海峡两岸关系协会联合主办。

中央统战部全国人大民委国家民委国家宗教局在人民大会堂西藏厅举行第十世班禅额尔德尼·确吉坚赞逝世十周年纪念座谈会

全国政协副主席、中央统战部部长王兆国出席座谈会并讲话。

王兆国在讲话中高度评价了第十世班禅额尔德尼·确吉坚赞一生高举爱国主义旗帜，继承和发扬历世班禅爱国爱教的光荣传统，并使之顺应时代发展的要求，赋予新的内容，发展到新高度，成为一位维护祖国统一和各民族大团结，拥护共产党领导，走社会主义道路的伟大爱国者。

王兆国强调，在缅怀第十世班禅光辉业绩的时候，我们要高举邓小平理论的伟大旗帜，在以江泽民同志为核心的党中央的正确领导下，认真贯彻执行党的十五大精神及党中央为西藏制定的各项方针政策，进一步加快西藏的发展，维护社会稳定，努力把西藏的各项工作做得更好；要大力弘扬爱国主义精神，坚定不移地维护祖国统一，增强民族团结，揭露达赖分裂祖国的行径；全面、正确地贯彻执行党的宗教信仰自由政策，依法加强对宗教事务的管理，建立藏传佛教的正常秩序，推动藏传佛教寺庙爱国主义教育工作的深入开展，引导宗教与社会主义社会相适应。

全国政协副主席阿沛·阿旺晋美在发言中说，第十世班禅大师是杰出的藏传佛教领袖，他热爱本民族，十分关心西藏的发展进步和西藏人民生活水平的提高，他为维护祖国统一和民族团结，为西藏的发展进步立下了不朽的功绩。回想往事，大师的高风亮节和许多感人至深的事迹，历历在目。我们纪念班禅逝世10周年，要大力弘扬爱国主义，像他那样，坚持不懈地进行反分裂斗争，保证西藏社会的稳定和建设事业的发展。

全国政协副主席、中国佛教协会会长赵朴初在发言中说，十世班禅生前和我交情很深。回想往事，深深感到像十世班禅大师这样有德有才的高尚品格十分可贵。我们庆幸十一世班禅乘愿再来，德行学问，日新又新，一定能够绍隆佛种，护国利民，前途无量。

西藏自治区党委常务副书记、自治区人大常委会主任热地也在会上发言。

贵州省九届人大二次会议选举钱运录为省长

中共中央总书记江泽民在内蒙古考察

1月28日至2月1日，江泽民先后在内蒙古的包头市和呼和浩特市考察工作，随行的有中共中央政治局委员、国务院副总理吴邦国，中央政治局候补委员、书记处书记、中央办公厅主任曾庆红等。在内蒙古自治区党委书记刘明祖、自治区政府主席云布龙、北京军区司令员李新良陪同下，江泽民一路考察国有大中型企业，走访困难职工和老工人家庭，实地了解国有企业下岗职工基本生活保障和再就业工程进展的情况，察看1996年包头地震后的重建工程，参观教学和科研院校，慰问看望解放军、武警驻内蒙古部队官兵和公安干警。

考察中，江泽民指出，要下大气力搞好国有企业，使国有企业更好地发挥国民经济的支柱作用。关键是要按照中央的部署和国有企业改革的方针，坚定信心，扎实工作，坚定不移地实现中央提出的用三年左右时间使大多数国有大中型亏损企业摆脱困境，大多数国有大中型骨干企业初步建立现代企业制度的目标。要坚持建立现代企业制度的改革方向，把改革、改组、改造和加强管理结合起来，转换经营机制，加快科技改造，以质量、品种、效益为中心，调整产品结构，增强竞争力，还要多方面为企业改革创造良好的外部条件。减员增效和再就业工程，要统一抓好，既要推动国有企业增添活力，又要使每一个下岗职工的生活和工作都得到妥善安排，保证国有企业的改革和发展顺利进行。应采取必要的扶持政策，帮助一些军工企业搞好保军转民。

做好国有企业下岗职工基本生活保障和再就业工作，对于推进国有大中型企业的改革和发展至关重要。在包头市，江泽民专程到东河区再就业服务中心、市再就业工程培训基地了解情况，并走访一些下岗职工家庭。当地干部介绍，1995 年以来，东河区先后有 10450 名职工下岗，经过努力已有 70%的下岗职工实现了再就业。江泽民对此感到高兴。他说，只要各级领导重视，全社会上下一心，共同努力，就一定能解决好这个问题。

江泽民强调，在改革不断深化的条件下，正确认识和处理各种利益关系越来越重要。我们要努力满足人民群众改善生活的愿望和日益多样化的利益需求，特别要关心在经济结构和经济关系深刻变革中遇到暂时困难的那部分群众的利益，切实帮助他们把工作和生活安排好。各级党委和政府都要按照中央的要求，进一步加大工作力度和改进工作方法，千方百计地帮助下岗职工、贫困地区农民和其他生活困难的群众。要保证国有企业下岗职工基本生活保障费的发放和养老金的按时足额发放。各项措施一定要落实到家家户户。这项工作直接关系到改革和建设事业的顺利进行，关系到社会安定团结局面的保持和发展，必须当作一件头等大事来抓。

在新春佳节即将到来之际，江泽民特别要求各级党委和政府，都要集中分析一下本地区、本部门群众的工作和生活问题，摸清情况，对生活困难的群众，该帮助的帮助，该慰问的慰问，一定要保证他们过好春节，同时要为他们的工作和生活作出长远安排。要继续把去年受灾地区的群众生活安置好，还要提供必要的条件，保证那里的农民开春及时播种。这方面的工作，各级主要领导要以对党和人民高度负责的态度亲自过问，亲自抓。

内蒙古自治区是我国最早建立的民族自治区。江泽民在考察中强调，正确认识和处理民族问题，加强民族团结，实现各民族共同发展、共同繁荣，是关系国家前途命运的大事。民族地区的各族干部都必须自觉地贯彻落实党的民族政策，维护民族团结。最根本的是要把各族干部群众的聪明才智和积极性、创造性凝聚到经济建设这个中心上来，集中力量发展社会生产力，为实现共同的奋斗目标而努力。

江泽民说，今年在县级以上党政领导班子和领导干部中开展以“讲学习、讲政治、讲正气”为主要内容的党性党风教育，是党中央为加强领导班子建设、提高领导干部素质而采取的一项重要措施，对全面加强党的建设，具有重大而深远的意义。讲学习、讲政治、讲正气是紧密结合和相互统一的。讲学习，是讲政治、讲正气的前提。理论武装和文化知识的水平提高了，思想政治水平才能真正得到提高。学习和思想政治的水平提高了，正气才能真正弘扬起来。同样，讲政治、讲正气的水平提高了，又可以促进增强学习的自觉性和主动性。讲学习、讲政治、讲正气，很重要的一条就是领导干部必须牢固树立正确的世界观、人生观、价值观。

国务院关于解决当前供销合作社几个突出问题的通知

省、自治区、直辖市人民政府，国务院各部委、各直属机构：

《中共中央、国务院关于深化供销合作社改革的决定》(中发〔1995〕5 号，以下简称中央 5 号文件)下发以来，各级供销合作社围绕真正办成农民合作经济组织的目标，进行了大量的探索，取得了一定成绩。当前，农业和农村经济发展很快，农产品和农业生产资料供应充裕，棉花、化肥流通体制发生重大变化，农村市场多元化的格局已经显现。亿万农民走向市场迫切需要有力的组织和正确的引导。但是，目前供销合作社经营机制不活，为农服务功能不强，人员负担及债务包袱沉重，亏损不断增加，难以适应农业和农村新形势的要求。必须按照党的十五届三中全会提出的要求，进一步深化供销合作社改革，着力解决当前最突出的几个问题。现就有关问题通知如下：

一、坚持合作经济方向，着力解决当前存在的突出问题

发展合作经济，是坚持以公有制为主体、多种所有制经济共同发展基本经济制度的需要。随着农村改革的深化和经济的发展，供销合作社的作用应当加强，不能削弱。中央 5 号文件提出把供销合作社办成农民的合作经济组织，指明了供销合作社改革的方向。对此，要坚定不移。但实现这一目标是个长期的过程，需要逐步推进。深化供销合作社改革，要从现阶段农村生产力发展的实际出发，大胆探索合作经济的多种实现形式。当前最重要的是针对供销合作社存在的突出问题，尽快扭转效益下滑、亏损增加、经营萎缩的被动局面，清理整顿社员股金，防范和化解金融风险。通过改革，使供销合作社建立起自主经营，自负盈亏的经营机制，更好地为农服务，为进一步发展合作经济奠定坚实的基础。

二、改造基层社，创造条件逐步办成农民的合作经济组织

基层社应直接体现为农服务宗旨和合作经济性质。要通过清产核资，重新认定社员的合法权益，实行民主管理，民主监督，利益共享，风险共担。理事会、监事会成员由社员民主选举产生，真正做到民有、民管、民享。基层社要完善经营机制，自主经营，自负盈亏，加强内部管理，降低经营费用，提高经济效益。对扭亏无望、资不抵债的基层社依法实施破产。破产基层社的国家正式职工纳入当地的再就业工程。

基层社要努力开拓城乡市场,拓宽为农服务领域,增强为农服务功能。要充分发挥在农村流通领域的优势,从当地实际出发,围绕农业生产的主导产业和骨干产品,把生产、加工、销售等环节联成一体,带领千家万户农民走向市场。要尊重农民意愿,凡农民需要的商品和服务,都要积极组织经营。对国家专营商品,专营部门应尽量委托基层社在农村代购代销。

供销合作社要发挥联结城乡市场的优势,利用现有的城镇网点设施,办好消费合作社。

三、进一步理顺各级联社的组织管理体制

各级地方政府要加强对供销合作社的指导、协调、扶持和监督,但不得干预供销合作社正常的经营活动。供销合作社结构调整、企业改革、再就业工程等需要政府组织协调的,由当地人民政府负责。要切实保护供销合作社的合法权益,不允许随意下达政策性经营任务和进行各种行政摊派。今后凡政府委托供销合作社从事政策性业务,都要事先签订委托合同,明确责任和义务,并确保兑现。银行也要加强资金监管,纠正多头开户问题,确保资金安全。

各级联社在经济上独立承担责任,除国家委托的政策性经营任务外,上级联社不对下级联社下达经营任务。理事会的主要职能是,对成员社进行业务指导,协调与政府部门、社会组织的关系,行使本级社有资产出资人代表职能,监督社有资产保值增值,并按出资额依法享有所有者的资产受益、重大决策和选择管理者的权利。各级联社所办企业在自主经营、自负盈亏的基础上,相互协作,平等竞争。

县联社在发挥供销合作社作用中处于关键环节。县联社要切实加强对基层社的指导、协调和监督,发展为农业产业化服务的龙头企业,提高效益,增强为农服务实力。县联社的理事会人员和机构设置由社员代表大会确定,管理人员由理事会聘任,严格核定人员编制,经费来源仍维持现行渠道。全国供销合作总社和省、市(地)级联社应大力精简机构,减员消肿,所需经费列入同级财政预算,不再向所办企业提取管理费。

四、按照自主经营、自负盈亏的要求,搞活社办企业

社办企业要围绕扭亏增盈加快改革步伐,坚持从实际出发,因地制宜,多种形式,但必须保护出资人权益,不准无偿量化并分掉社有资产。要接受债权银行监督,防止逃废银行债务。要切实加强管理,建立层层负责的扭亏增盈目标责任制,实行与经济效益挂钩的收入分配办法。要大力精减富余人员,减少费用开支。社办企业中下岗分流的国家正式职工纳入当地再就业工程。要着力挖掘现有企业潜力,杜绝盲目铺新摊子。对现有扭亏无望的企业和项目,要下决心停办和退出,尽量减少损失。

各级供销合作社棉花经营企业要全面贯彻落实国务院关于棉花流通体制改革的精神,积极参与市场竞争,实行下岗分流,减员增效,自负盈亏;要通过调整收购网点,减少流通环节和流通费用;要彻底实行政策性业务和经营性业务、主营业务与附营业务严格分开。农业发展银行对棉花收购资金实行"库贷挂钩、封闭运行"。供销合作社棉花企业必须在农业发展银行开立基本账户,不许挤占挪用收购资金,不得再发生新的亏损挂账。国家委托供销合作社棉花企业承担的储备棉任务,要严格核定储备费用和贴息数额并及时拨付;超出核定的费用由企业自行承担;要加强管理,明确责任,确保储备棉安全。鼓励产棉区以供销合作社为依托发展棉花合作组织,与农民结成利益共同体。具备条件的棉花合作组织可直接与大型纺织企业建立稳定的产销关系,实现产供销、贸工农一体化。

供销合作社农资经营企业,要适应化肥市场逐步放开的要求,转变经营机制,努力改善为农服务,在市场竞争中发挥主导作用。国家和地方委托农资企业承担储备任务,要核定储备费用和利息补贴数额。农资企业经营化肥购销业务发生的亏损,一律由企业自行承担。要与化肥生产企业加强营销联系,县以下供销合作社要积极兴办农资专业合作社,并可与当地农技站、土肥站、植保站实行联合服务,优势互补,利益联结,联合兴农。

五、清理社员股金,消除金融隐患

各级供销合作社要认真贯彻《国务院办公厅转发中国人民银行整顿乱集资乱批设金融机构和乱办金融业务实施方案的通知》(国办发〔1998〕126号)中清理整顿股金的有关政策,对以"保息分红"方式吸收的股金,根据股金的来源、期限,在三年内分期转退,平稳过渡。在清理整顿期间,各地供销合作社一律不得吸收新股金。对经营不善、支付困难的基层社,县联社要及时向当地政府报告,采取切实有效措施,防范和化解可能发生的挤兑风险。全国供销合作总社要根据国家的金融政策尽快修订股金管理办法。

六、妥善处理供销合作社亏损挂账

为促进供销合作社转换经营机制,妥善解决供销合作社亏损挂账,国务院决定成立供销合作社亏损挂账清理核查小组,对供销合作社历史形成的亏损挂账进行全面清理、核查,并按照"分清性质,分清责任,逐级负担"的原则制定具体处理办法,报国务院批准后实施。各级供销合作社要积极配合,根据供销合作社亏损挂账清理核查小组统一制定的方案和表格,据实填报亏损数额和亏损原因,不得更改原始账目。各级政

府要全力协助供销合作社亏损挂账清理核查小组做好清理、核查工作，确保此项工作的顺利进行。

国家粮食储备局在北京召开全国粮食储备管理工作会议

近日由国家粮食储备局召开的全国粮食储备管理工作会议确定，当前粮食流通工作的重点是继续推进粮食流通体制改革。各地要坚定不移地贯彻落实党中央、国务院确定的“三项政策、一项改革”，采取切实有效的措施，突出抓好粮食收购市场的管理、粮食企业自身改革和扩大粮食销售等项工作，确保粮食流通体制改革目标的顺利实现。

会议认为，今年在粮食流通工作任务更加繁重的形势下，粮食系统必须进一步统一思想，振奋精神，加大工作力度，积极开拓进取。全年工作的总体要求是：高举邓小平理论的伟大旗帜，深入贯彻党的十五届三中全会精神，继续推进粮食流通体制改革；精心抓好中央直属储备粮库建设，全面加强储备粮管理，积极探索新形势下的粮食行业指导工作；进一步转变观念，转变职能，转变作风，努力开创粮食流通工作的新局面。

中宣部国家内贸局国家工商局国家质量技术监督局联合发出通知要求深入开展“百城万店无假货活动”

《人民日报》发表评论员文章《从十二个“关系”到十一个“必须”——二论学习江泽民同志〈在纪念党的十一届三中全会召开二十周年大会上的讲话〉》

国家副主席胡锦涛在阿比让的象牙旅馆礼节性会见科特迪瓦最主要的执政党民主党中央代表团

国家副主席胡锦涛在阿克拉会见加纳议长丹尼尔·安南

国家副主席胡锦涛在经济首都阿比让科特迪瓦总统府拜会科特迪瓦总统贝迪埃

外交部发言人就美国驻港总领事包润石发表的谈话答记者问

外交部发言人在记者招待会上指出，美国驻港总领事包润石 25 日在香港总领馆演讲时公然对特区政府的施政等妄加评论是毫无道理的。发言人还就马其顿外长与台湾签署“建交公报”发表评论说，中国坚决反对与中国建交国同台湾发展官方关系。

民政部 财政部关于提高部分优抚对象抚恤补助标准通知

民政部、财政部联合发出通知，从 1999 年 1 月 1 日起提高革命伤残人员、革命烈士家属和在乡退伍红军老战士的抚恤补助标准。在乡特等伤残人员的伤残抚恤金标准每人每年提高 1800 元，其他等级依次递减；烈属的定期抚恤金标准每人每年提高 324 元；在乡退伍红军老战士的生活补助标准每人每年提高 1320 元。为此，中央财政拨专款近 3 亿元。

此次提高标准包括的范围：46 万革命伤残军人、伤残人民警察、伤残国家机关工作人员、伤残民兵民工；48 万革命烈士家属、因公牺牲和病故军人家属；12 万在乡退伍红军老战士、在乡西路军红军老战士和红军失散人员。

1 月 29 日

第九届全国人大常委会举行第七次会议

会议在人民大会堂新的常委会会议厅举行。李鹏委员长主持了会议。

在今天的会议上，中共中央政治局委员、中共中央宪法修改小组成员田纪云受中共中央的委托，作了中共中央关于修改宪法部分内容的建议的说明。

会议听取了全国人大法律委员会副主任委员顾昂然作关于中华人民共和国合同法草案修改情况的汇报；听取了全国人大常委会法制工作委员会副主任乔晓阳受委员长会议委托作关于澳门特别行政区第九届全国人民代表大会代表的产生办法草案和关于香港特别行政区第九届全国人民代表大会代表辞去代表职务的办法的决定草案的说明。

会议还分别听取了最高人民法院院长肖扬、最高人民检察院检察长韩杼滨作关于人民法院、检察机关开展集中整顿工作情况的汇报。肖扬和韩杼滨在汇报中说，九届全国人大一次会议代表本着对法院和检察院工作和队伍建设的关心、支持和爱护，提出了许多中肯的意见和建议。根据全国人大代表的意见和建议，按照中央政法委的统一部署，全国法院和检察院系统以对人民极端负责的精神，高度重视代表们的意见、批评和建议，改进和加强法院、检察院工作，积极开展集中教育整顿，取得良好效果。

上午会议的最后一项议程是，审议全国人大常委会关于召开九届全国人大二次会议的决定草案。田纪云、姜春云、邹家华、布赫、铁木尔·达瓦买提、彭珮云、周光召、成克杰、曹志、丁石孙、成思危、蒋正华副委员长，何椿霖秘书长出席了会议，国务委员迟浩田列席了会议。

最高人民法院院长肖扬在第九届全国人大常委会第七次会议上作《人民法院开展集中教育整顿情况汇报》（摘要）

1998年3月，九届全国人大一次会议代表本着对人民法院工作和队伍建设的关心、支持和爱护，提出了许多中肯的意见和建议。根据全国人大代表的意见和建议，按照中央政法委的统一部署，全国法院系统普遍开展了队伍的集中教育整顿。由于指导思想对头，目标明确，态度坚决，措施得当，法院系统的集中教育整顿取得了良好效果，推动了审判工作的开展。

一、正确分析队伍现状，坚定搞好集中教育整顿的信心和决心

集中教育整顿，是加强法院队伍建设的一项重大举措，对于纯洁法院队伍、清除司法人员腐败、提高队伍素质、维护司法公正，具有重要意义。但是，在开展集中教育整顿之初，部分法院领导、法官和其他工作人员对此认识并不一致，存在一些不正确看法。

为了统一思想，提高认识，保证集中教育整顿的顺利进行，最高人民法院先后派出6个调查组，深入调查研究，分析队伍现状，找准存在的问题，理清思路，采取措施，以加强指导。最高人民法院认为，全国绝大多数法院、法官和其他工作人员是好的，是党和人民可以信赖的。但是，也应当清醒地看到，法院队伍整体素质还不高，不能完全适应审判工作的需要。一些法院问题严重，少数法官或其他工作人员违法乱纪，有法不依、执法不严、裁判不公、吃拿卡要、索贿受贿、贪赃枉法、欺压百姓等问题时有发生，而且近几年违法违纪人数逐年上升，群众反映强烈。法院队伍存在的问题，都与审判权密切相关，与审判人员的特殊职务活动密切相关，集中表现为少数人利用审判权力谋取个人利益。这些问题的存在必然导致案件裁判不公，其实质就是司法不公，从而导致人民群众对司法机关的不信任。

根据调查分析和判断，最高人民法院从集中教育整顿开始就明确提出，集中教育整顿要以清除少数司法人员腐败、确保司法公正为指导思想；要以建设一支政治坚定、公正清廉、纪律严明、业务精通、作风优良的高素质法院队伍，保证审判工作的公正、廉洁、高效为目标，从而统一了思想。各级人民法院也清醒地认识到，法院工作和队伍现状与党和人民的要求相距甚远，绝不能自我感觉良好，应当正视法院队伍中存在的问题，增强维护司法公正的责任感和紧迫感，把集中教育整顿作为法院建设的头等大事，认真抓紧抓好。

二、紧紧围绕司法公正这条主线开展集中教育整顿，务求取得实际效果

司法公正是社会主义法制建设永恒的主题，是人民法院工作的生命和灵魂，是人民法院落实依法治国基本方略的重要内容。我们在集中教育整顿中，紧紧围绕司法公正这条主线，采取了一系列措施，保证了教育整顿预期目标的实现。

（一）加强思想教育，端正各级人民法院领导和广大法官以及其他工作人员的态度。最高人民法院针对一些法院领导和法官以及其他工作人员中存在的错误模糊认识和消极情绪，要求将思想教育贯穿于集中教育整顿工作的始终，统一思想，提高认识。实践证明，自始至终做好思想发动工作，是保证集中教育整顿取得实效的前提。

（二）从案件入手查问题，突出查处对案件裁判不公的人和事。最高人民法院强调自查自纠和监督检查要从群众反映裁判不公的案件入手，围绕案件查问题、围绕问题找原因、围绕原因追责任、围绕责任抓处理。对群众反映的司法不公和其他违法违纪问题查不清楚不放过，对查出的问题是非责任不清不放过，对违纪人员不作处理不放过，对存在的突出问题整改措施不落实不放过。要求要抓住重点地区、重点案件和重点人员，凡是列为重点对象的，上级法院都要挂牌督办，务必查个水落石出，严肃依法处理。

（三）实行开门整顿，广泛接受公开监督。一是建立了社会举报监督网络。最高人民法院和地方各级人民法院均建立了法官违法违纪举报中心，设立了举报信箱，公布了举报电话。全年共受理社会各界的举报137592件，其中属于法官和其他工作人员违法违纪的举报19890件。对收到的举报，要求认真查处，做到有回音、有反馈，并限期整改。二是采取走出去、请进来的办法，广泛听取党委、人大、政协、其他政法机关和社会各界人士以及人民群众对法院工作的意见。三是实行司法监督员制度。许多法院从人大代表、政协委员和各界群众中聘请监督员，认真听取他们对法院工作的意见和建议。四是实行办案监督卡制度。五是开展院长接待日活动，直接倾听群众呼声。全年共接待来访418585人次，依法解决了一批“老大难”问题，得到群众好评。六是增强审判活动的公开性和透明度，明确任何人不得搞“暗箱操作”，将审判活动置于广大群众和新闻媒体的监督之下。

为了使接受监督制度化、规范化，最高人民法院制定了《关于人民法院接受人民代表大会及其常务委员会监督的若干意见》，明确规定了主动加强与人大及其常委会和人大代表日常联系制度；邀请人大代表检查评议法院工作制度；征求人大代表对法院工作的意见制度；定期向人大代表通报法院重大事项的制度；聘请人大代表担任执法监督员和特邀咨询员制度；在最高人民法院和地方各级人民法院建立了全国人大代表联

络室，指定专人办理全国人民代表的联络事项，等等。

（四）加强制度建设，建立、健全内部监督制约机制。根据集中教育整顿中发现的问题，最高人民法院加强了制度建设。制定下发了《人民法院审判人员违法审判责任追究办法（试行）》和《人民法院审判纪律处分办法（试行）》。建立督导员制度，进一步发挥最高人民法院对地方各级人民法院和各专门人民法院的监督职能。进一步健全了立审分立、审执分立、审监分立制度，加强审判工作各个环节的相互制约。

（五）堵塞影响司法公正的漏洞，从源头上预防司法人员腐败的发生。最高人民法院要求各级人民法院坚决落实中央关于"收支两条线"的规定，坚决纠正一切不符合规定的错误做法。据不完全统计，在集中教育整顿中，全国法院共清退过去超标准、超范围收费827 万余元，清退赞助费 1103 万余元。

为了贯彻执行中央关于政法机关不再从事经商办企业活动的决定，最高人民法院对本院所属单位经商办企业的问题认真进行了清理，并已于去年 11 月提前全部处理完毕。地方各级人民法院也都对所属单位经商办企业的问题进行了清理，共清理出经营性企业 641 个，其中撤销 385 个，移交 57 个，解除挂靠关系 83 个。

（六）大力推进法院改革，保障审判工作的顺利进行。为了确保司法公正，许多法院解放思想，勇于创新，大力推进各项改革。一是全面推进审判方式改革，大力推行公开审判制度，落实合议庭、独任审判员责任制，逐步做到除重大、疑难案件由审判委员会讨论决定外，其他案件均由合议庭审判，让庭长、院长担任审判长，直接参加合议庭审判案件，防止个人滥用审判权。二是改变过去一些地方对案件在判决前层层请示的做法，一般对案件事实、证据的认定和适用法律问题不应当请示，防止开庭审理走过场，剥夺上诉人的上诉权利。三是改革用人机制，实行竞争上岗、优胜劣汰。四是调整内部机构设置，加强法院内部管理。

（七）加强司法解释，促进案件正确处理。

（八）加强上级人民法院对下级人民法院的监督指导，确保集中教育整顿务见成效。最高人民法院针对少数法院集中教育整顿走过场的情况，提出要"回头看"，坚决进行补课，务求取得实效。

为了及时了解和掌握各地法院的情况，不断把集中教育整顿工作推向深入，最高人民法院在集中教育整顿的中期和后期，先后分两批派出 15 个检查组，分赴 16 个地区检查指导，并对久拖不决或长期顶着不办的案件检查督办。各高级人民法院也相继派出检查组进行专题调研和检查督促，促进了集中教育整顿工作健康有序地进行。

三、集中教育整顿取得了良好效果，达到了预期目标

在各级党委的领导下，在各级人大及其常委会的监督下，经过全国法院、广大法官和其他工作人员的共同努力，法院系统的集中教育整顿取得了良好的效果，其中有些方面的效果比较明显。

（一）广大法官和其他工作人员普遍受到一次深刻的教育，精神面貌发生了变化。涌现出如北京市海淀区法院、上海市黄浦区法院、江苏省常熟市法院等一大批严肃执法，兢兢业业，廉洁奉公，无私奉献的先进典型，并组织他们到各地巡回报告，反响很好。最高人民法院先后两次召开表彰大会，对在审判工作和队伍建设中作出突出成绩的 48 名优秀个人、63 个优秀集体以及在抗洪抢险斗争中经受了严峻考验、表现突出的 22 个法院、43 名法官和其他工作人员，进行了隆重表彰。先进典型的优秀事迹，集中展现了新时期人民法院和人民法官的风采，体现了教育整顿所取得的成果。

（二）严肃了纪律，纯洁了队伍。各级人民法院在集中教育整顿中，把严肃纪律，纯洁队伍作为重要一环，抓紧抓好。对在集中教育整顿中发现的违法违纪问题，组织专门力量，认真查处。据统计，去年全年共发现法官和其他工作人员违法违纪线索 17612 件，其中立案查处 10014 件，已结案 6361 件，有些线索还在查处中。如原广西高级人民法院副院长潘宜乐受贿 25 万元一案，为排除干扰，最高人民法院依法指定北京市法院对此案进行审理。潘宜乐被依法判处有期徒刑 12 年。山西忻州地区中级人民法院副院长张得宇贪污诉讼费 8 万元，被开除党籍，法院纪检部门查清后，移送检察机关处理。同时，各级人民法院在集中教育整顿中，还认真清理、清退不合格人员和编外人员，全国法院共清理不合格人员 4221 人，清退编外人员 2609 人。

（三）加强了领导班子建设。最高人民法院和上级人民法院配合地方党委，加强了对下级人民法院领导班子的考察，对在教育整顿中查出有问题的领导班子和领导干部，及时建议进行调整。据统计，全国法院共调整领导班子 436 个，使法院的领导班子的凝聚力和战斗力有了进一步的提高。

（四）提高了审判质量和效率，促进了司法公正。去年全国法院共受理各类案件 572.2 万余件，审结 586.4 万余件，分别比上年同期上升 2.8% 和 3.4%，结案率为 93.9%。据一些地方人大信访部门和党委纪委、政法委等部门反映，目前社会各界对法院、法官和其他工作人员的举报数下降，信访、来访数下降，群众满意率上升。

各级人民法院结合教育整顿，开展执法大检查，做

到有错必纠，改判了一批原判确有错误的案件，挽回了不良社会影响。据统计，在集中教育整顿期间，各级人民法院共复查各类案件456万余件，查出属于实体裁判错误的案件12045件，已改判处理11563件，还有482件正在积极办理中。

针对少数案件审理超过法定期限甚至久拖不决，已成为社会关注、群众不满的情况，去年，全国法院普遍对超审限的案件进行了清理，审结了10万余件长期积压的案件，社会反映良好。同时，加强了对新收案件的审理，防止形成新的积案，截至年底，有97.4%的案件在审限内结案。

（五）狠抓根本，建立完善制度，为进一步加强队伍建设打下良好基础。

总的来说，全国法院集中教育整顿工作效果良好，党委、人大、政协、社会各界和人民群众均给予了肯定，认为集中教育整顿取得了实效，法院的整体形象有了进一步改善。

我们清醒地认识到，在肯定成绩的同时，绝不能对成绩估计过高。从全国法院来说，集中教育整顿工作还存在一些不容忽视的问题，主要有：少数裁判不公案件还没有纠正；一些法官和其他工作人员违法违纪问题还没有处理；少数法院教育整顿走了过场，需要补课；干扰审判工作的地方和部门保护主义还没有得到有效克服；"执行难"和违法执行问题依然存在；由于少数法院对集中教育整顿抓得不深、不细、不实，以至于在集中教育整顿期间，顶风违法违纪行为仍时有发生，有些还相当严重，在社会上造成了恶劣的影响。

四、巩固教育整顿成果，努力建设高素质的法官队伍

法院队伍长期积累起来的问题，不可能通过一次集中教育整顿就能完全解决。这是因为，影响司法公正、导致司法人员腐败的因素在短期内不可能完全消除。这些因素主要有：第一，有的法官思想政治素质不高，宗旨意识淡薄，道德品行扭曲，敬业精神差；有的法官文化水平不高，业务知识缺乏，拒腐防变能力不强。第二，一些旧的问题解决了，新的问题还会不断产生。现行的法院管理体制不顺，管人与管事脱节，管人与管案分离，很容易导致审判工作中的地方和部门保护主义，造成司法不统一的局面。第三，在改革开放和发展社会主义市场经济的变革时期，出现了许多新的复杂情况，在学习、借鉴外国一些先进东西的同时，西方资本主义腐朽的东西也会乘机而入，侵蚀一些人的思想；市场经济的负面效应，也会刺激和诱惑一些人利用审判权谋取私利；社会上的腐败现象和不正之风也会不断侵蚀法官队伍的肌体。第四，法院内部的监督制约机制还存在漏洞。

建设一支高素质的法官队伍，树立人民法院公正司法的形象，关键在教育。要大力加强对法官的思想教育，强化广大法官和其他工作人员的政治意识、大局意识、责任意识、公仆意识和公正司法意识。

加强队伍建设，清除少数司法人员腐败，解决队伍中存在的深层次问题，根本出路在改革。只要符合宪法和法律规定的，就要勇于实践，大胆探索。

党的领导和人大的监督是建设高素质法官队伍，维护司法公正的重要保证。最高人民法院和地方各级人民法院一定要主动争取党委的领导和人大的监督。从宪法和法律的角度讲，人大对法院的监督是最高形式的监督。我们恳切地希望各级人大及其常委会进一步加强对人民法院的监督，继续关心、支持、帮助人民法院改进工作，搞好法院队伍建设。

最高人民检察院检察长韩杼滨在第九届全国人大常委会第七次会议上作《检察机关开展集中教育整顿情况汇报》（摘要）

一、高度重视人大代表意见，深入开展集中教育整顿

在九届全国人大一次会议上，人大代表从国家大局出发，从实施依法治国方略出发，从关心、支持检察工作出发，对检察工作和检察队伍建设，提出了许多非常中肯、深刻的意见、批评和建议。九届全国人大一次会议闭幕后，高检院机关首先进行学习讨论，眼睛向内，深刻反思，研究改进意见。同时，要求全国检察机关从维护人民群众根本利益的政治高度，以对人民极端负责的精神，高度重视代表们的意见、批评和建议，以此作为改进和加强检察工作、建设高素质检察队伍的强大动力。

从人大代表的意见和我们调查了解的情况看，检察工作和队伍中存在的突出问题，一是执法犯法、违法办案，有的没有立案就对犯罪嫌疑人采取强制措施，甚至搞变相体罚、刑讯逼供，有的违法传唤、拘押证人；二是以权谋私、以案谋钱，有的办人情案、关系案、金钱案，有的越权办案，插手经济纠纷，有的乱拉赞助，违法创收，占用发案单位钱物和交通、通信工具，甚至截留、挪用、私分扣押款物；三是作风粗暴、态度蛮横，有的耍特权，到发案单位吃拿卡要，有的逞威风，滥用警车、警灯和戒具。这些问题虽然发生在少数单位和干警身上，但严重损害了检察机关的形象，妨碍了检察工作的健康发展。针对这些情况，我们在5月中旬召开了全国检察机关深入开展教育整顿工作会议，按照中央的统一部署，提出了检察机关搞好集中教育整顿的目标要求。为了确保教育整顿取得明显成效，我们采取了一系列措施，扎扎实实地把集中教育整顿工作推向深

入。我们主要抓了以下几项工作：

（一）广泛征求人大代表和社会各界的意见，实行开门整顿。高检院给全国人大代表发出征求意见信，多次召开全国人大代表座谈会，应邀参加座谈的代表400多名，登门走访代表40多名，广泛征求和认真听取代表们的意见。人大代表们以极大的热情和深切的关心，提出了许多宝贵意见，对检察机关的教育整顿工作给予了很大的支持和帮助。在开门整顿中，各级检察机关还广泛征求党政领导机关、政协、有关司法部门和人民群众的意见，共召开社会各界人士座谈会15687个，参加座谈的有178725人；发出征求意见函547023份；坚持和健全了检察长接待日制度，共接待来访群众294413人次；向社会公布了检察人员违法违纪行为举报电话，设立专门举报信箱，方便群众投诉。

（二）制定九条“卡死”的硬性规定，有效遏制了办案中违法违纪问题。高检院在要求严格执行中政委“四条禁令”的同时，依照法律有关条款作出了九条“卡死”的硬性规定，违反者要毫无例外地受到追究，并制定了《对违法办案、渎职失职若干行为的纪律处分办法》。各地采取多种措施确保九条规定落到实处，使办案中的违法违纪现象得到了有效遏制。

（三）严肃纪律，认真查处了一批检察人员违法违纪案件。各级检察机关把查办检察人员违法违纪案件作为教育整顿工作的重点。高检院和各省级院都向下交办了一批案件线索，挂牌督办，限时查报结果。共立案调查1557人，已查结1429人的问题，给予党政纪处分1215人，追究刑事责任113人。高检院还将一些典型案件作为反面教材，深入剖析，总结教训，向全系统通报，教育干警。

（四）开展执法思想大讨论，广大干警公正执法、依法办案的自觉性大大提高。在教育整顿中，我们感到要从根本上解决执法犯法、违法办案问题，仅仅查处干警个人违法违纪行为是远远不够的，还必须从执法思想上分析原因，从深层次解决问题。在兴起学习邓小平理论新高潮过程中，我们紧紧抓住全面、正确地认识和履行法律监督职能这一根本问题，在全国检察机关开展了执法思想大讨论。通过深入讨论，摒弃错误或陈旧的观念，进一步确立了坚持和依靠党的领导，依法独立公正地行使检察权的观念；全面正确履行检察职责，自觉服务于全党全国工作大局的观念；任何时候都要坚持依法严厉打击各种犯罪活动，决不能手软的观念；不断强化刑事、民事、行政诉讼法律监督，维护宪法和法律统一正确实施的观念；执行实体法与执行程序法、惩治犯罪与保护公民合法权益并重，公正执法、依法办案的观念；办案以质量为本的观念；坚持人民检察为人民，自觉接受人大及其常委会监督和群众监督的观念。

（五）开展执法大检查，复查和纠正了一批错案和有问题的案件。共复查各类刑事案件476707件，发现并纠正有超越管辖范围立案的、错捕错诉的、错误撤案的、该抗诉未抗诉的以及程序严重违法等问题的案件3773件，对其中161件错案决定给予刑事赔偿。通过复查案件，找出制度上、管理上的漏洞，有针对性地制定了防范对策。

（六）进行组织考察，加强了地县两级检察院及反贪局领导班子建设。去年共组成1500个考察组，对378个地级院和3109个县级院20830名正副检察长和正副反贪局局长进行了考察。通过考察，全面掌握了地县两级院及反贪局领导班子的基本情况，被考察干部受到了一次深刻的教育。在考察工作的基础上，加强了组织建设。共调整充实地县两级院正副检察长1332人，正副反贪局局长594人，一批政治过硬、公正廉洁、年富力强、熟悉业务的干部被提拔到领导岗位。

（七）开展组织整顿和人员清理，进一步纯洁了检察队伍。清理并撤销各类检察室4654个，侦查工作点253个，各种联系点、共建点3383个。共调离、开除、辞退有严重违法违纪行为和其他不适合做检察工作的1523人；清理超编人员4665人；免除1221人未按法定条件和程序任命的法律职务；解聘非检察编制人员15780人。

（八）坚决贯彻中央关于军队、武警部队和政法机关不再从事经商活动的决定，清理撤销了经营性公司。到去年年底，全国检察机关经工商部门登记注册的1635个经济实体和服务性机构，撤销956个，脱钩445个，移交173个，根据政策保留服务性机构61个，按期完成了清理撤销任务。

（九）加强制度建设，建立健全内部制约机制。最高人民检察院先后制定下发了《关于完善人民检察院侦查工作内部制约机制的若干规定》、《人民检察院错案责任追究条例（试行）》、《关于人民检察院直接受理立案侦查案件范围的规定》、《关于认真贯彻落实“收支两条线”规定的通知》、《人民检察院枪支管理规定》、《关于在全国检察机关推行竞争上岗的通知》。

（十）普遍推行检务公开，以公开促进公正执法和内部建设。

在各级党委的领导下，在各级人大及其常委会的监督和帮助下，经过全国检察机关和全体干警的共同努力，集中教育整顿取得了明显成效。但是，我们也清醒地看到，检察队伍中还存在不少问题，与党和人民的要求相比还有不小的差距。主要是：教育整顿发展不平衡，查处违法违纪案件、清理超编人员、进行组织调整等工作在有的地方进展缓慢；少数地方工作不扎实，成效不明显，甚至还有边整边犯的现象；少数检察院的领导缺乏从严治检的坚定态度，存在好人主义，查处违法违纪案件心慈手软，力度不够；一些长期积累形成的不规范做法、习惯的纠正，还需要做大量深入细致的工作，对已经纠正的突出违法违纪现象要时刻防止反弹。

二、一手抓整顿，一手抓业务，检察工作取得新进展

各级检察机关及时地把广大干警在教育整顿中焕发出来的积极性引导到全面正确履行检察职责上来，以教育整顿促进依法办案，坚决贯彻党中央新的部署，充分发挥检察机关在反腐败斗争中的作用，加大查办职务犯罪大案要案力度，积极投入反走私联合行动和专项斗争，严厉打击危害国家安全、社会治安和破坏社会主义市场经济秩序的犯罪活动，认真开展刑事、民事、行政诉讼法律监督工作，加强控申举报和预防职务犯罪工作，各项检察业务取得新进展。

(一)贯彻落实江泽民同志关于打击走私和反腐败问题的重要讲话精神，加大查办贪污贿赂、渎职等职务犯罪案件的工作力度，积极投入反走私联合行动。去年全国检察机关共立案侦查贪污贿赂、渎职等职务犯罪案件35084件40162人。依法查办了一批与走私、护私、放纵走私以及骗购外汇、逃汇和非法买卖外汇犯罪相关的职务犯罪大案和窝案。

(二)严厉打击危害国家安全、社会治安和破坏社会主义市场经济秩序的犯罪活动。共受理公安机关、国家安全机关移送审查批捕案件447472件689025人，经审查批捕388788件582120人；受理移送起诉444130件668692人，经审查已起诉380442件557925人。遭受洪涝灾害地区的检察机关在积极投入抗洪抢险的同时，依法打击趁灾打劫的犯罪活动，为维护灾区社会稳定作出了积极贡献。

(三)诉讼监督工作有了新发展，特别是立案监督、纠正超期羁押、民事行政检察和控告申诉检察取得较大进展。各级检察机关抓住有罪不究、以罚代刑的突出问题，加强了立案监督，对应立案不立案，要求说明不立案理由的9335件，通知立案5207件，公安机关已立案5061件。决定追捕6957人，追诉3094人。对有关部门的超期羁押问题提出纠正意见70992件次。对违法减刑、假释、保外就医等提出纠正意见9762件次。提出刑事抗诉3791件，民事、行政抗诉8447件。

(四)进一步加强了职务犯罪预防工作。各地检察机关增强预防意识，重视预防工作，摸索了不少好的经验和做法，对防止和减少职务犯罪发挥了积极作用。

去年的办案工作有几个明显特点：一是根据中央对一个时期工作的新部署，适时调整查办案件的主攻方向和打击重点，发挥职能作用，为党和国家工作大局服务。特别是在严厉打击危害国家安全和走私、骗购外汇、逃汇和非法买卖外汇犯罪活动，依法查办国家重大改革措施实施过程中发生的犯罪案件方面，取得了较大进展。二是办案重点更加突出，集中精力查办了一批有震动、有影响的大案要案。三是办案进度加快，办案质量提高。办案中，采取了领导带头办案、集中兵力、集中时间、层层督办等措施；积极探索和实践新形势、新要求下的侦查方法；适应庭审方式改革，重视运用视听资料证实犯罪，加强了出庭公诉工作；无论是实体上还是程序上都突出了质量要求，强调法律效果和社会效果的有机统一。四是在依法惩治犯罪分子的同时，最大限度地为国家和集体挽回经济损失。去年全国检察机关通过办案共挽回直接经济损失43.8亿元。五是坚持既依法追究犯罪，又重视依法保护公民的合法权益。在办案中坚持打击与保护并重，做到不枉不纵。对受到错告、诬告的人，在查清事实后及时予以澄清，使无罪的人不受刑事追究。

三、巩固发展教育整顿成果，全面提高检察队伍素质

最近，高检院召开了全国检察长工作会议，根据中央新的部署，全面安排了今年的检察工作。在工作部署上，我们强调队伍建设一刻也不能放松，必须常抓不懈。我们将进一步采取具体措施，巩固和发展集中教育整顿成果，既防止已经解决的问题出现反复，又着力于解决深层次的问题，全面提高检察队伍的整体素质。

(一)深入开展以“讲学习，讲政治，讲正气”为主要内容的党性党风教育，加强各级领导班子建设。

(二)大力加强教育培训，全面提高队伍的思想政治素质和业务素质。

(三)严格纪律，狠抓制度落实。坚持用制度规范执法活动和工作秩序，使各项工作和队伍管理步入规范化轨道。

(四)全面加强基层检察院建设。

(五)深化检察人事制度改革。加强队伍建设，需要从用人、管人机制上深化改革。一是严把进人关；二是推行竞争上岗、双向选择；三是推行辞退制度，进一步疏通出口；四是实行检察长异地交流制和任职回避制，副检察长分管工作轮换制，中层干部轮岗制。

(六)认真落实党风廉政建设责任制。今后不管哪个检察院发生严重违法违纪问题，除追究直接责任人外，还将依照有关规定追究负有直接领导责任的人员。从今年起，凡检察机关年内发生一起干警严重贪赃枉法造成恶劣影响的或刑讯逼供致人死亡的案件，除对当事人依法严肃查处外，单位一把手和纪检组长要到省级检察院做检讨。凡一省年内发生两起的，省检察长和纪检组长要到最高人民检察院汇报查处情况，检

讨责任。情节特别严重，造成重大影响的，所在单位一把手要引咎辞职。

检察机关的教育整顿工作始终得到了全国人大常委会和人大代表的热情关注、深切关心和大力帮助。这次全国人大常委会听取并审议检察机关集中教育整顿情况的汇报，对我们进一步搞好队伍建设、做好检察工作将起到极大的推动作用。我们决心全面正确履行检察职责，巩固和发展教育整顿成果，加强队伍建设，开创检察工作新局面。

全国政协九届九次主席会议举行

会议建议政协九届二次会议于 1999 年 3 月 3 日在北京举行。中共中央政治局常委、全国政协主席李瑞环主持会议。

会议先后听取了全国政协秘书长郑万通关于召开政协九届二次会议决定草案的说明；陈进玉副秘书长关于政协九届常委会第四次会议议程草案和日程的说明、关于政协常委会工作报告（草稿）的说明；王巨禄副秘书长关于政协九届二次会议秘书处机构设置、领导成员和新闻发言人名单草案的说明，关于审议政协专门委员会通则（修正案）草案的说明。

会议审议了关于召开政协九届二次会议的决定草案，决定将这个草案提请政协九届常委会第四次会议审议通过。

会议审议通过了政协九届常委会第四次会议议程草案和日程，决定这次常委会会议于 1999 年 2 月 27 日召开，建议主要议程为：审议政协九届常委会工作报告（草稿），讨论召开政协九届二次会议的有关事项。

会议审议并原则同意政协九届常委会工作报告（草稿），待进一步修改后，提请政协九届常委会第四次会议审议通过。会议还审议并原则通过了政协专门委员会通则（修正案）草案，这一草案也将提请政协九届常委会第四次会议审议通过。

会议还审议通过了政协九届二次会议秘书处机构设置、领导成员和新闻发言人名单。

全国政协副主席叶选平、杨汝岱、王兆国、阿沛·阿旺晋美、卢嘉锡、任建新、宋健、陈俊生、张思卿、钱正英、孙孚凌、朱光亚、万国权、胡启立、陈锦华、赵南起、毛致用、白立忱、经叔平、罗豪才、张克辉、周铁农出席会议。

国办关于进一步加强国务院立法工作几点意见和国务院 1999 年立法工作安排的通知

各省、自治区、直辖市人民政府，国务院各部委、各直属机构：

《关于进一步加强国务院立法工作的几点意见》和《国务院 1999 年立法工作安排》已经国务院同意，现印发给你们，请贯彻执行。

关于进一步加强国务院立法工作的几点意见

1999 年是我国历史发展进程中具有特殊意义的一年。进一步做好国务院的立法工作，对于贯彻落实党的十五大精神，推进依法治国、依法行政进程，为改革、发展、稳定创造良好的法制环境和提供有力的法制保障，具有重要意义。1999 年国务院立法工作总的指导思想是：以邓小平理论和党的基本路线为指导，以宪法为根本依据，按照党的十五大精神和党中央、国务院关于 1999 年工作的总体部署，进一步加强国务院的立法工作，提高立法工作质量，使政府法制建设更好地服从并服务于改革开放和现代化建设的大局。

总结前几年国务院立法工作的实践经验，现就进一步做好国务院 1999 年的立法工作，提出以下几点意见：

一、要把立法工作同党的改革、发展、稳定的重大决策紧密结合起来，更加自觉地服从并服务于党和国家工作的大局。一是立法工作安排要同党中央、国务院的总体工作部署相统一，把保障改革、发展、稳定所需要用法律、行政法规解决的突出问题作为立法重点，兼顾其他方面的立法。据此制定的年度立法工作安排只能是指导性的，在执行中要根据实际情况的变化和党中央、国务院新的决策及时调整。二是立法进程要同改革、发展的进程相适应。凡是党中央、国务院对有关立法项目涉及的体制和方针政策已经确定、改革实践经验基本成熟的，要抓紧起草，争取尽快出台。三是要把每个立法项目放在全局上认真研究、论证，使其实质内容体现党中央、国务院的有关改革决策，注意与有关法律、行政法规的衔接、协调、配套。

二、立法工作要从我国处于社会主义初级阶段的基本国情出发，以我国改革开放和现代化建设的成功实践经验为基础，吸收、借鉴国外好的经验，为我所用。

三、有关经济管理、社会管理的立法项目要体现政府机构改革的精神和原则，科学地规范行政行为，促进政府职能切实转变到经济调节、社会管理、公共服务上来，把企业生产经营权和投资决策权真正交给企业，把社会可以自我调节与管理的职能交给社会中介组织；按照精简、统一、效能的原则，根据国务院确定的部门职权划分，规定相同或者相近的职能由一个部门承担，做到权责一致；行政机关行使权力要与经济利益彻底脱钩。

四、法律草案、行政法规草案要备而不繁，条文要明确、具体，有可操作性，能够真正解决实际问题。对违法行为的处罚要有力度；对刑法未作规定的特定违法行为需要给予刑事处罚的，在提出有关法律草案的同时,可以相应地提出刑法补充决定草案。要从理论与实践的结合上研究探索社会主义市场经济条件下防止、制裁违法行为的新机制、新措施、新办法。按照宪法关于国家机构职权划分的规定,在法律草案中不要对国务院职权范围内的问题作过于具体的规定。这就要求在拟订法律草案的同时,通盘考虑国务院配套行政法规或者文件的研究、起草,力求同步实施。

五、立法工作要坚持群众路线,广泛征求意见,深入调查研究,认真总结实践经验,充分反映民意,集众思广众益,合理调整中央与地方、集中与分散、整体利益与局部利益的关系。要加强对法律草案、行政法规草案起草和审查中的协调工作,有关部门要多沟通、多商量,密切配合;有原则性的不同意见,要及时按照规定程序报请国务院领导决定。

六、要加强对行政法规的解释、清理和地方性法规、规章备案审查工作,维护社会主义法制统一,力求从制度上解决"依法打架"的问题。

国务院 1999 年立法工作安排

国务院 1999 年立法工作总的要求是:以邓小平理论和党的基本路线为指导,按照党的十五大精神和党中央、国务院确定的 1999 年工作总体部署和主要任务,把保障改革、发展、稳定所需要用法律、行政法规解决的突出问题作为立法重点,兼顾其他方面的立法。据此,对国务院 1999 年立法工作作如下安排:

一、拟提请全国人大常委会审议的法律草案

(一)为了规范、推行招标投标制度,保护国有财产,维护公共利益,防止腐败,制定招标投标法。

(二)为了保证中央人民政府有效管理澳门特别行政区的防务,保障澳门驻军依法履行职责,制定澳门特别行政区驻军法。

(三)为了防止和惩罚各种做假账行为,维护经济秩序,借鉴国外经验,明确规定会计记账的基本规则,修订会计法。

(四)为了规范劳动合同关系,维护用人单位和劳动者的合法权益,根据劳动法的有关规定,制定劳动合同法。

(五)为了进一步完善专利制度,适应加入《专利合作条约》的需要,修订专利法。

此外,根据《九届人大常委会立法规划》关于"某些项目虽然没有列入立法规划,其法律草案成熟时,也可以依法提请审议"的原则,抓紧起草海关法(修订草案)、药品管理法(修订草案)、气象法(草案),条件成熟时,适时提请全国人大常委会审议。

二、拟由国务院发布或者经国务院批准由部门发布的行政法规(重点)

(一)为了整顿金融秩序,防范、化解金融风险,强化金融监管,制定金融机构关闭办法、信托业管理条例、人民币管理条例,修订外汇管理条例和结汇、售汇及付汇管理暂行规定等。

(二)为了加强证券市场、期货市场监管,按照证券法的规定,修改、制定与证券法配套的行政法规,制定期货交易管理暂行条例。

(三)为了加强保险业监管,维护保险市场秩序,制定外资保险机构管理办法、机动车辆第三者责任保险规定等。

(四)按照深化财税体制改革的要求,推进"费改税"的进程,加强对财产评估业的监督管理,制定燃油附加税暂行条例、机动车购置税暂行条例、财产评估管理条例等。

(五)为了推进国有企业改革,推动国有企业改组、联合、兼并,制定企业兼并条例等。

(六)为了建立、完善社会保障制度,保障人民基本生活,制定养老保险条例、城市居民最低生活保障条例等。

(七)为了推进住房制度改革和基础设施建设,制定住房公积金管理条例、收费公路管理办法等。

(八)为了巩固粮食流通体制改革成果,规范粮食销售、储备行为,制定粮食销售条例、粮食储备条例等。

(九)为了发展教育、科技、卫生事业,制定教师职务条例、科技奖励条例、医疗器械管理条例等。

(十)按照兵役法的规定,修订现役士兵服役条例等。

三、抓紧调研论证条件成熟适时提请审议的法律草案和行政法规草案

(一)法律草案:

1. 税收征收管理法(修订)
2. 遗产税法
3. 社会保险法
4. 产品质量法(修订)
5. 港口法
6. 道路交通管理法
7. 水法(修订)
8. 渔业法(修订)
9. 职业病防治法

(二)行政法规草案:

1. 金融机构破产暂行条例
2. 金融债权管理条例
3. 金融资产管理公司条例
4. 国际商业信贷管理条例
5. 水资源费征收管理办法
6. 征收排污费暂行办法(修订)

7. 政府采购条例
8. 彩票管理条例
9. 农村用电管理条例
10. 天然林保护条例
11. 电信管理条例
12. 长江三峡工程建设移民条例(修订)
13. 城市排水和污水处理条例
14. 地方人民政府行政机构设置和编制管理条例
15. 公务员行政处分条例
16. 保安服务业管理条例

在本立法工作安排外，国务院有关主管部门要求增加立法项目的，由国务院法制办研究、提出意见，报国务院领导同志决定。

最高人民检察院下发《关于加强预防职务犯罪工作的意见》

近年来，全国各级检察机关认真贯彻中央关于反腐败要坚持打防并举，标本兼治，综合治理和"教育是基础，法制是保证，监督是关键"的指示精神，在不断加大查办贪污贿赂、渎职等职务犯罪力度的同时，重视做好预防工作，并取得了一定成绩，受到社会各界的肯定。为进一步加强和规范检察机关预防职务犯罪的工作，实现办案的法律效果与社会效果的统一，推进依法治国和廉政建设，特提出如下意见：

1. 要进一步统一思想，提高认识，把加强预防职务犯罪工作作为新时期检察机关的一项重要任务来抓。结合检察职能开展预防职务犯罪工作是检察机关深入贯彻党的"十五"大精神和江泽民总书记有关反腐败问题一系列重要讲话的具体体现，是依法治国建设社会主义法治国家的客观需要，是检察机关的一项重要任务。近年来检察机关查办案件的实践表明：贪污贿赂、渎职等职务犯罪案件发生主要是一些国家工作人员在改革开放的新形势下，放松主观世界的改造，经不起金钱的诱惑和权力的考验，法制观念淡漠。一些单位权力过分集中，监督不力，制度不严，管理松弛，有章不循，有法不依，以及经济体制改革过程中一些方面管理机制尚不健全。遏制职务犯罪，必须加强预防工作。《中华人民共和国人民检察院组织法》第四条规定"人民检察院通过检察活动，教育公民忠于社会主义祖国，自觉地遵守宪法和法律，积极同违法行为作斗争。"各级人民检察院和广大检察干警要高度重视预防工作，充分认识职务犯罪预防在检察机关法律监督工作中的重要地位，牢固树立标本兼治的思想，以对党、对人民、对国家高度负责的精神和积极主动的态度，切实加大预防职务犯罪工作的力度，积极探索结合办案开展预防职务犯罪的最佳实现形式。

2. 开展预防职务犯罪工作要坚持以邓小平理论和党的"十五"大精神为指导，紧紧围绕党和国家的中心工作，服从和服务于大局，坚持为改革开放和经济建设服务，为党风廉政建设服务的指导思想。要紧密联系改革开放的实际，认真研究在改革开放和社会主义市场经济体制条件下职务犯罪的新情况，不断加强预防职务犯罪工作，为社会主义市场经济体制的建立和完善服好务，为树立国家工作人员廉政勤政的良好形象服好务。

3. 检察机关加强预防职务犯罪工作的目的是通过各种有效途径和方式最大限度地减少职务犯罪，保证国家机关正常秩序，维护社会稳定，保障公司、企业、事业单位、团体和公民个人合法权益不受侵犯，促进廉政建设，推进经济发展和社会进步。

4. 要准确定位，明确目标，充分运用检察职能，扎扎实实开展好预防职务犯罪工作。检察机关作为国家的法律监督机关，依法承担对贪污受贿、渎职等职务犯罪案件的侦查和提起公诉职能。开展预防职务犯罪工作必须紧紧围绕这一职能，同办案紧密结合，把预防工作落实到检察工作的各个环节，贯穿于检察机关依法查办职务犯罪的整个诉讼过程。检察机关在履行职责的过程中对犯罪分子的思想演变轨迹有比较深入的了解；对机制、体制、制度和管理上的漏洞和薄弱环节有比较深切的感受；对职务犯罪的特点和规律有比较准确地把握。结合检察职能开展预防职务犯罪能够更好地发挥检察机关的优势，应该也能够有所作为。这既是履行检察职能的需要，也是检察机关应当追求的工作目标。

5. 要把检察机关预防职务犯罪工作纳入党和国家的整个预防工作之中。党的十五大确立了反腐败要坚持"党委领导，党政齐抓共管，纪委组织协调，部门各负其责，依靠群众的支持和参与，坚决遏制腐败现象"的领导体制和工作机制。预防和遏制职务犯罪的发生是全党和全社会的一项长期的共同任务，是一项社会系统工程。检察机关是党委统一领导下推进反腐败斗争的一个重要职能部门。检察机关的预防职务犯罪工作作为党和国家整个预防工作的重要组成部分，必须在党委的统一领导和部署下开展，运用检察职能为党委治理腐败当好参谋。检察机关既要结合办案主动开展职务犯罪预防工作，又要紧紧依靠党委领导，积极参加党委、政府、人大等有关部门组织的职务犯罪社会预防活动。预防措施涉及完善制度、改进工作、加强教育等社会有关部门的工作，要努力争取党委、人大支持，纳入党委整体预防工作部署。

6. 检察机关开展预防职务犯罪工作要坚持实事求是，从实际出发的原则，坚持行之有效的做法和经验，结合本地实际选择预防职务犯罪的实现形式。当前检察机关开展预防职务犯罪工作应从如下几个方面进行：

(1)注重打击力度，形成威慑效应，预防职务犯罪。各级检察机关要继续加大对贪污贿赂、渎职等职务犯罪案件的查办力度，努力提高侦查和公诉职务犯罪的水平，通过查办和揭露职务犯罪，形成声势，形成威慑，惩罚犯罪者，警示、教育其他公民，减少和防止职务犯罪案件的发生。

(2)加强行业职务犯罪状况研究，推动行业预防。针对案件多发行业在制度和管理方面存在的问题，分析案件发生的原因，提出有情况、有分析、有措施的检察建议，促使案件多发行业完善管理制度和健全防范机制，堵塞犯罪漏洞，推动行业预防。

(3)提供法律咨询，宣传法律知识，促进社会公众参与职务犯罪预防。各级检察机关要结合举报宣传和接待来信来访积极向有关单位和群众宣传维护其自身合法权益，举报、控告职务犯罪方面的法律、法规，采取有效途径和方法支持有关单位，特别是国有企业事业单位依法行使举报、控告的权利，对有关单位和群众提出咨询的法律问题，检察机关应当认真负责的进行解答，保证和促使其及时揭露职务犯罪，积极堵塞易于发生职务犯罪的漏洞，预防职务犯罪的发生。

(4)推进法制、体制、机制的改革和完善，减少和预防职务犯罪。各级检察机关要认真学习、研究国家法律、法规和有关经济体制改革的决定，广泛收集法律法规和重大改革措施在制定和实施过程中出现的新情况、新问题，对法律法规和重大改革措施实施过程中已经出现和可能出现的职务犯罪进行分析研究，及时向国家机关和有关主管部门提出完善立法、法规、制度，改进工作的建议，推进法制、体制、机制的完善与改革，减少和预防职务犯罪。

(5)推进发案单位管理机制的改革和完善，阻遏职务犯罪的发生。各地检察机关要注意发现职务犯罪的新动向和多发单位，研究职务犯罪的形成机制和原因。对一个时期群众反映集中的职务犯罪问题和带有规律性的问题，对多发案件问题及时进行剖析研究，提出预防职务犯罪的建议，推进有关单位改进管理方法，完善管理机制，创建新的管理制度，阻遏职务犯罪发生。

(6)做好职务犯罪案件查办和预防的宣传工作，教育和引导社会公众，预防和减少职务犯罪。检察机关要与广播电视、报纸杂志等新闻媒介建立广泛的联系，加强对职务犯罪预防工作的宣传，要通过召开新闻发布会，举办查办案件成果展览，犯罪分子自我解剖悔罪典型案例现身说法等形式广泛宣传检察机关已经查办的典型职务犯罪案件，用典型案件教育和引导广大公民自觉遵守宪法和法律，同职务犯罪行为作斗争，形成强有力的遏制、预防职务犯罪的舆论环境。要结合检务公开，积极介绍检察机关开展职务犯罪预防工作的做法和经验，展示预防工作的成绩，推动全社会职务犯罪预防工作的开展。

(7)注意社会环境变化和社会矛盾对人们心理的影响，加强职务犯罪心理研究。检察干警要增强预防职务犯罪意识，通过个案和类案的分析研究，及时发现导致职务犯罪心理形成的因素，有针对性地提出矫正措施，化解社会矛盾，做好疏导工作，预防和减少职务犯罪。

7. 检察机关要注意总结开展预防工作的经验，不断完善职务犯罪预防工作机制。各地检察院要大胆实践，勇于探索预防职务犯罪工作的新路子，建立、健全职务犯罪预防的工作制度，提高预防职务犯罪工作的社会效果。必须明确，检察机关不能脱离检察职能搞预防；不得借开展职务犯罪预防工作之机越权插手企业的经济活动；不得干预行政机关和企业、事业单位的正常管理活动；不得借开展职务犯罪预防之机谋取不正当利益。要使预防职务犯罪工作规范化、制度化，保持健康发展。

8. 各级检察机关要加强对预防职务犯罪工作的领导。上级检察机关业务部门要加强对下级检察机关开展职务犯罪预防工作的指导，加强上下联系，互通预防信息。检察机关要注意预防职务犯罪资料的收集、整理和综合分析利用，总结推广好的预防犯罪工作经验，促进预防犯罪工作的深入开展。

中纪委监察部在北京召开新闻工作座谈会

中纪委副书记曹庆泽在会上强调，党风廉政建设和反腐败新闻舆论工作，要围绕全党工作中心，服务全党工作大局，以更大的报道力度、更大的舆论声势、更积极的宣传形式，为党风廉政建设和反腐败斗争深入健康的发展服务。

曹庆泽指出，党风廉政建设和反腐败斗争是关系党和国家生死存亡的大事，与之相关的新闻舆论工作也是党的新闻宣传工作中重要的组成部分。反腐败新闻舆论工作，要站在全党全国工作大局的高度、站在党风廉政建设和反腐败工作全局的高度，贯彻江泽民总书记最近在同全国宣传部长座谈时的要求，唱响主旋律，打好主动仗，服务于改革、开放和稳定的大局，服务于党风廉政建设和反腐败斗争。要紧紧围绕反腐败三项工作格局，及时、全面、准确地反映党风廉政建设和反腐败斗争的工作进展情况、成果和经验。要深入剖析一批重要典型案件，深入研究新的历史条件下反腐败斗争的特点和规律，组织和推出一批有深度的反腐败理论文章；刊发一批针对性强、有说服力的言论文章，以正本清源，解疑释惑，把人们的认识统一到党中央关于反腐败的指导思想和方针、政策上来，形成整体合力，促进党风廉政建设和反腐败斗争的深入开展。

中央宣传部副部长徐光春在座谈会上指出，党风廉政建设和反腐败的新闻舆论工作，要与党中央的要求、中央纪委的部署保持一致；要保持舆论监督特有的优势；要保持和加大反腐败新闻宣传的力度，进一步形成合力，为党风廉政建设和反腐败斗争的深入进行创造良好的舆论环境。

中央纪委常委、秘书长袁纯清在会上通报了 1998 年反腐败新闻舆论工作的情况和今年工作的思路和要点。中央纪委副书记夏赞忠、监察部副部长干以胜及中央各主要新闻单位负责人出席了的会议。

中共中央在人民大会堂召开纪念瞿秋白诞辰 100 周年座谈会

中共中央书记处书记尉健行出席大会并发表讲话。

中央军委副主席张万年，全国政协副主席陈锦华出席座谈会。

中央文献研究室主任逄先知，中央党史研究室副主任李君如，中国社会科学院原研究生院院长温济泽先后在会上发言。参加座谈会的还有老同志代表，中央和国家机关及军队有关部门的负责同志，瞿秋白的亲属和家乡常州市的代表，以及首都各界人士 300 余人。

首都集会纪念北平和平解放 50 周年

公安部成立经济犯罪举报中心

为适应新形势下打击经济犯罪的需要，接受国内外各类经济犯罪线索的举报，公安部经济犯罪举报中心正式成立。

举报中心设在公安部经济犯罪侦查局。

举报中心的主要职责：一是接受单位和个人来函、来电，主要受理举报《刑法》分则第三章破坏社会主义市场经济秩序的各种经济犯罪案件线索。二是对举报的案件线索进行甄别、审查，根据有关规定，对属于公安机关管辖的依照有关规定办理；对不属于公安机关管辖的案件线索，及时转送主管机关办理。三是督促、检查地方公安机关落实举报案件线索的查处工作。

公安机关对举报人和举报材料等承担保密的责任和义务，对提供协助公安机关侦破经济犯罪案件的，予以奖励，对重特大案件的举报人和重要线索的提供者，给予重奖。

国家内贸局发出加强对展览展销活动管理发出的通知

国家副主席胡锦涛在阿比让总理府同科特迪瓦总理敦坎举行会谈

胡锦涛说，中国政府对科特迪瓦政府坚持“一个中国”的立场、不与台湾发生任何官方关系的正义立场表示赞赏，对科方给予中国统一大业的宝贵支持表示感谢。中国与科特迪瓦都是发展中国家，双方在许多重大国际问题上有相同或相似的观点，在国际事务中相互同情、相互支持、密切配合。

科连续 3 年在联合国人权委员会会议上投票支持中国。中国在国际事务中也给予科特迪瓦必要的支持和配合。中国支持科特迪瓦在国际和地区事务中发挥更加积极的作用。中国愿与科特迪瓦继续保持和加强在国家事务中的磋商与合作，共同维护发展中国家的合理主张和正当权益，捍卫世界和平，促进人类进步的事业。

国务院副总理李岚清看望两院资深院士著名科学家吴英恺 王大珩 林兰英 彭恒武

1 月 30 日

九届全国人大常委会第七次会议闭幕

会议决定，将全国人大常委会关于《中华人民共和国宪法修正案（草案）》提请九届全国人大二次会议审议。会议同时决定，九届全国人大二次会议于 3 月 5 日在北京召开。

会议讨论了中共中央关于修改宪法部分内容的建议，提出了宪法修正案草案。在前三次常委会会议审议的基础上，这次会议再次审议了合同法草案；还审议了澳门特别行政区九届全国人大代表产生办法草案，并决定将这两个草案提请九届全国人大二次会议审议。本次会议听取和审议了“两高”关于开展集中教育整顿工作情况的汇报；审议通过了关于召开九届全国人大二次会议的决定；通过了关于香港特别行政区九届全国人大代表辞去代表职务的办法的决定。

全国人大常委会委员长李鹏主持会议并作讲话。

李鹏强调，全国人大常委会提请九届全国人大二次会议审议宪法修正案草案，是我国政治生活中的一件大事。我国现行宪法是 1982 年通过的，1988 年和 1993 年先后进行了两次修改。实践表明，我国宪法是一部好宪法，在我国政治、经济和社会生活的各个方面发挥了重要作用。党的十五大，把邓小平理论确定为党的指导思想，把依法治国确定为治国的基本方略，把坚持公有制为主体、多种所有制经济共同发展，坚持按劳分配为主体、多种分配方式并存，确定为我国在社会主义初级阶段的基本经济制度和分配制度。这些重要的内容，实践证明是完全正确的，应当在宪法中予以体现。随着实践的发展，适时地对宪法的部分内容作必要的修改，使宪法更加完备，更加符合实际需要，有利于维护宪法的权威，可以更好地发挥宪法作为国家根本大法的作用。鉴于宪法是治国安邦的总章程，修改宪法必须十分慎重，以保持宪法的稳定性。因此，这次修宪，根据党的十五大精神和实践的发展，只对需要修改并已成熟的问题作出修改，可改可不改的问题不做修改。这次修宪的内容不是很多，但都非常重要。中共中央在形成修改宪法部分内容建议的过程中，充分发扬民主，走群众路线，广泛征求各方面的意见，使建议充分地代表了人民的意愿，反映了改革开放和现代化建设发展的需要。大家在讨论中，对中央的建议普遍表示赞同，同时也提出了一些意见和建议，努力使宪法修正案草案更加完善。可以相信，这次会议对宪法的部分修改，对全国各族人民进一步贯彻党的十五大精神，对发展社会主义市场经济，推进社会主义民主政治建设，从而把建设有中国特色社会主义事业全面推向21世纪，必将产生深远影响。

李鹏指出，去年9月，九届全国人大内务司法委员会第五次会议听取和审议了最高人民法院、最高人民检察院关于开展集中教育整顿工作情况的汇报，在社会上产生了较大的反响。几个月来，"两高"加大了集中教育整顿工作的力度，还分别作出了接受人大及其常委会监督的若干意见和在全国检察机关实行检务公开的决定，推动了这项工作的进展。改革开放20年来，各级法院、检察院为经济建设和其他各项事业的发展、为社会稳定做了大量卓有成效的工作。同时在队伍建设、公正司法等方面也存在一些问题。因此，法院、检察院系统开展集中教育整顿工作，是适时的、必要的。由于思想重视，措施有力，解决了一些突出的问题，这项工作取得了比较明显的成效。当然，抓好司法机关队伍建设，惩治司法腐败，促进公正司法，是一项长期的任务，还有大量工作要做。要充分认识抓好司法机关队伍建设的重要性和必要性，以公正司法为重点，进一步提高队伍的整体素质，努力使司法工作适应改革、发展、稳定的需要，让广大人民群众满意。人大及其常委会要继续加强对司法机关工作的监督和支持，督促司法机关加强队伍建设，强化内部管理机制和外部监督机制，以保证依法办案、公正司法。

田纪云、姜春云、邹家华、布赫、铁木尔·达瓦买提、彭珮云、何鲁丽、周光召、成克杰、曹志、丁石孙、成思危、蒋正华副委员长，何椿霖秘书长出席了会议。国务院副总理钱其琛、最高人民法院院长肖扬、最高人民检察院检察长韩杼滨列席了会议。

第九届全国人大常委会第七次会议通过《关于香港特别行政区第九届全国人大代表辞去代表职务的办法的决定》

第九届全国人民代表大会常务委员会第七次会议决定：香港特别行政区第九届全国人民代表大会代表可以向全国人民代表大会常务委员会提出辞职，由全国人民代表大会常务委员会决定接受辞职后予以公告。

中国文化扶贫委员会在北京举行座谈会

座谈会总结1998年的工作，部署1999年的任务。中国文化扶贫委员会主任徐惟诚到会并讲话。

徐惟诚说，1998年中国文化扶贫委员会所做的工作主要有以下几个方面：采用表彰奖励的办法，推动"为农村儿童送戏工程"和"万村书库工程"建设；资助内蒙古、山西两省区的贫困县建立卫星地面收转站，解决了当地农民看电视难的问题；帮助100个贫困县各建立一座影视文化中心，分别赠送了VCD机和光盘、录像带资料；向灾区赠送收音机、摄像机和20万册防病手册，帮助100个水毁村、100个水毁小学恢复图书室；实施第二期"光明工程"，向贵州省58个未通电的村赠送发电、碾米、照明、电视信号收转等设备；继续组织开展送报刊图书、科普读物下乡活动；面向贫困地区少年儿童，举办"手拉手"夏令营，建立"环保希望小学"。

徐惟诚表示，中国文化扶贫委员会1999年将继续与有关部门密切协作，拓宽筹资渠道，集中精力，更多更好地为贫困地区办实事。

全国记协1999年工作会议30—31日召开

中国代表团以15金的成绩列第四届亚洲冬运会金牌榜首位

全国勘界办公室主任会于30—31日召开到2000年完成省界勘定

1月31日

中共中央召开党外人士座谈会征求对修改宪法部分内容的意见

中共中央近日召开党外人士座谈会，征求各民主党派中央、全国工商联负责人和无党派代表人士对修改宪法部分内容的意见。

座谈会在中南海勤政殿举行。中共中央总书记江泽民主持会议，中共中央政治局常委、全国人大常委会委员长李鹏，中共中央政治局常委、全国政协主席李瑞环，田纪云、姜春云、温家宝、曾庆红、王兆国等出席座谈会。

座谈会开始时，江泽民首先介绍了修改宪法工作的有关情况。他说，中共十五大以后，中国的改革开放和现代化建设出现了新的局面。社会各界的许多人士建议，根据这次会议的精神和实践的发展，对宪法做必要的修改。中共中央对宪法修改非常重视，经过认真研究、慎重考虑，准备向全国人大常委会提出修改宪法部分内容的建议，请全国人大常委会依照法定程序提请九届全国人大二次会议审议。他说，这次修宪总的指导思想，是根据中国共产党的十五大精神和实践的发展，只对需要修改的并已成熟的问题作出修改，可改可不改的问题不做修改。

会上，民革中央主席何鲁丽、民盟中央主席丁石孙、民建中央主席成思危、民进中央主席许嘉璐、农工党中央主席蒋正华、致公党中央主席罗豪才、九三学社中央常务副主席王文元、台盟中央主席张克辉、全国工商联主席经叔平、无党派人士程思远先后发言。民进中央名誉主席赵朴初作了书面发言。他们认为，中国共产党十五大高举邓小平理论的旗帜，总结改革开放和社会主义现代化建设的新经验，为我国跨世纪的发展作出了全面部署。根据客观实际的发展变化，依据十五大总结的新经验，对现行宪法做相应修改是完全必要的。大家普遍赞成中共中央《关于修改宪法部分内容的初步意见和说明》。

党外人士在发言中提出，把十五大精神写进宪法，符合全国各族人民的愿望。这样，就使十五大精神用根本大法的条文固定下来，成为国家的意志，人民的意志，也使我国宪法更加切合社会主义初级阶段的实际，从而更好地动员和团结全国各族人民为建设有中国特色社会主义而奋斗，更加激发全国各族人民的历史使命感和政治责任感，更紧密地团结在以江泽民同志为核心的中共中央周围，把建设有中国特色社会主义的伟大事业全面推向 21 世纪。大家在发言中还就一些具体修改条文提出了意见和建议。

在听取了大家的发言后，江泽民发表了重要讲话。他说，宪法是国家的根本大法，在国家生活中具有极其重要的作用。1982 年制定的我国现行宪法，规定了我们国家的根本制度和根本任务，确定了四项基本原则和改革开放的基本方针，是新时期治国安邦的总章程。宪法具有最大的权威性和最高的法律效力。全国各族人民、一切国家机关和武装力量、各政党和社会团体、各企业事业组织，都必须以宪法为根本的活动准则，并且负有维护宪法尊严、保证宪法实施的职责。宪法是法律体系的核心和基础，是依法治国的根本依据。

江泽民指出，我们讲依法治国，建设社会主义法治国家，首先是依据宪法治理国家、建设国家。改革开放以来，我国经济建设和各项事业的发展，都离不开宪法的保证和推动。我国社会主义民主法制建设取得的重大进展和成就，也无不闪耀着宪法精神的光辉。这些年来的实践表明，现行宪法，对于加强我国社会主义民主法制建设，维护国家的安定团结，保障改革开放和现代化建设的顺利进行，起了十分重要的作用，是一部符合我国国情的好宪法。

江泽民说，随着客观实际的变化，宪法本身也需要向前发展。根据我国政治、经济和社会生活等各方面发展的需要，总结改革开放和社会主义现代化建设发展的实践经验，对宪法个别同现实脱节的内容进行修改，是必要的。这种修改，将使宪法更加完备，更加符合实际，有利于维护宪法的权威，更好地发挥宪法的作用。这一点，已经为 1988 年和 1993 年的两次修宪所证明。

江泽民强调，维护宪法的尊严、保证宪法的实施极为重要。这首先需要建立、健全保障宪法实施的法律体系，把宪法的一系列原则性规定通过立法落到实处。要进一步加强立法工作，提高立法质量，为到 2010 年形成有中国特色社会主义法律体系而不懈努力。同时，要下大力量加强执法工作。他说，我国社会主义民主法制建设不断发展，不仅立法成绩显著，而且执法工作也有了很大的进步，法治的社会环境正在逐步形成。“文革”时期发生的那种公然践踏宪法的事情已经一去不复返了。但我们也必须清醒地看到，在现实生活中，宪法的权威还没有得到完全的体现，宪法的实现还存在这样那样的问题。有的地方和部门有法不依、执法不严、违法不究的现象相当严重，极少数干部公然置宪法和法律于不顾，以言代法、以权压法、徇私枉法、执法犯法，一些地方和部门的保护主义也时有抬头，还存在着其他严重的腐败现象和行为。这些现象和行为，损害宪法和法律的尊严，也给改革开放和现代化建设带来干扰。人民群众对此十分不满，必须认真加以解决。

江泽民指出，我们要在全社会进一步树立宪法的权威，建立、健全保障宪法实施的强有力的监督机制。最重要的，是依法规范和制约国家机关的权力，确保国家权力严格按照宪法的规定去行使。一切国家机关及其工作人员，都必须按照宪法和法律的规定进行活动，都不能滥用权力。一定要十分明确，任何国家机关、组织和个人，都没有超越宪法和法律的特权。违宪是最严重的违法。一切违反宪法和法律的行为，都必须予以追究。在这方面，我们要采取更加有力的措施，加强宪法实施的有效保障，包括健全宪法实施的具体制度，开展对宪法实施的经常性检查监督，及时地纠正违反宪法的现象，切实把宪法的各项规定落到实处。

江泽民说，维护宪法尊严，保证宪法实施，关键是要加强和改善党对这项工作的领导。中国共产党领导人民制定和执行宪法，自身也在宪法的范围内活动。宪法是人民意志的体现，也是党的主张的体现。执行宪法，是按广大人民群众的意愿办事，也是贯彻党的主张。我们党没有自己的特殊利益，也决不应当使党员在国家生活中享有任何特殊的权利。中国共产党及其党员要在遵守宪法和其他一切法律中起模范作用，并同广大人民群众团结在一起，为宪法的实施而积极努力。

江泽民指出，1993 年修改宪法，增加了“中国共产党领导的多党合作和政治协商制度将长期存在和发展”的内容。多党合作、政治协商的基础，是作为国家根本大法的宪法。各民主党派和团体肩负着维护宪法尊严、保证宪法实施的重要职责，对宪法和法律的实施有重要的监督作用。他希望大家继续本着“长期共存、互相监督、肝胆相照、荣辱与共”的方针，更好地发挥这方面的作用，为维护宪法尊严、保证宪法实施作出更大的努力，为推动我国建设社会主义法治国家的进程，推进我国社会主义现代化事业，作出新的贡献。

出席座谈会的各民主党派、全国工商联负责人和无党派人士还有王光英、阿沛·阿旺晋美、卢嘉锡、孙孚凌、万国权、周铁农、张绪武等。中央有关部门负责人和参与宪法修改工作的有关同志也参加了座谈会。

全国人大常委会委员长李鹏在人民大会堂会见智利众议院议长古滕贝格·马丁内斯和夫人索莱达·阿尔韦亚尔

李鹏在会见中说，智利是南美洲第一个同中国建交的国家。近年来，中智两国关系发展顺利，高层互访频繁。中方重视并努力致力于发展同智利的友好合作关系。李鹏向智利客人介绍了中国独立自主的和平外交政策和对世界多极化和经济全球化趋势的看法。关于经济全球化，李鹏说，发展中国家既要积极吸取外国先进的东西，也要学会保护自己。李鹏强调，中国主张国家不论大小、强弱、贫富，都是国际社会平等的一员。各国应独立自主地处理自己的事务。

甘肃省第九届人大第二次会议选举宋照肃为省长

国家副主席胡锦涛在南非首都开普敦格雷丝饭店会见南非国民议会议长金瓦拉女士

胡锦涛说，金瓦拉议长是世界著名的妇女活动家，曾对中国和南非建交作出过宝贵贡献，又是中南建交后首位访华的南非国民议会议长，为中南关系的发展作出过宝贵贡献。中国有句古话：“饮水不忘挖井人。”中国政府和人民不会忘记那些为发展两国友好关系长期努力并作出宝贵贡献的南非朋友。中国全国人大和南非国民议会之间的合作是两国友好合作关系的重要组成部分。中南建交以来，双方交流与合作正在不断拓宽领域、深入发展。中方愿与南非共同致力于两国合作关系进一步发展，使两国人民源远流长的传统友谊更加充实牢固。

中国制成世界上最长的碳纳米管

中国科学家不久前成功合成出 3 毫米长、形状酷似牙刷的定向碳纳米管列阵，长度居于世界之最，使我国在“超级纤维”碳纳米管的研究尤其是合成方法上达到世界领先水平。“长纳米管”的问世，标志着我国科学家在碳纳米管合成方法上取得重大突破。

2月1日

全国人大常委会委员长李鹏主持召开修改宪法征求意见座谈会

近日，李鹏先后两次在人民大会堂主持召开修改宪法征求意见座谈会，分别听取法律界和经济界的专家、学者对修改宪法的意见。全国人大常委会副委员长田纪云、姜春云，国务院副总理温家宝，全国人大常委会秘书长何椿霖等出席座谈会。

座谈会上，李鹏首先向与会人士介绍了中共中央关于修改宪法部分内容的初步意见。他说，1982 年通过的现行宪法，在 1988 年和 1993 年经过两次修改。这是一部符合中国国情的好宪法。它规定了我们国家的根本制度和根本任务，确定了四项基本原则和改革开放的基本方针，是新时期治国安邦的总章程。党的十五大以后，我国改革开放和现代化建设事业出现了新的局面，我们党在治理国家方面有了新的经验总结，如把邓小平理论同马列主义、毛泽东思想一起，作为我国各族人民的指导思想，把依法治国、建设社会主义法治国家作为基本治国方略，对社会主义初级阶段的基本经济制度和分配制度作出新的认识，肯定非公有制经济的地位和作用等等，这些重大的原则问题，必须在宪法上有所反映。因此，对宪法个别条文的内容进行修改是必要的，不仅使宪法更加完备，更加符合实际，而且有利于维护宪法的权威，更好地发挥宪法作为国家根本大法的作用。

李鹏说，中共中央对宪法修改非常重视，经过认真研究、慎重考虑，形成了《关于修改宪法部分内容的初步意见和说明》，在广泛征求各方面的意见后，将提出修改宪法部分内容的建议，请全国人大常委会依照法定程序形成宪法修正案草案，提请九届全国人大二次会议审议。

座谈会上，专家学者们踊跃发言，各抒己见。大家普遍认为，将邓小平理论、依法治国、社会主义初级阶段的基本经济制度和分配制度等重大问题写进宪法，体现了我们党对社会主义初级阶段认识的不断深化，对建设有中国特色社会主义道路认识的不断深化。对宪法进行必要的修改，把党的十五大精神用根本大法固定下来，成为国家的意志，人民的意志，可以更好地增强全国各族人民的历史使命感和政治责任感，动员和团结全国各族人民把建设有中国特色社会主义的伟大事业全面推向 21 世纪。与会人士还对宪法提出了其他一些修改意见。

在听取了大家的发言后，李鹏感谢专家学者们对修改宪法提出了很多好的意见和建议。他说，我们将认真考虑大家意见，吸收合理建议。李鹏说，修改宪法事关重大，这次修改只对需要修改的并已成熟的部分内容进行修改，可不改和有争议的问题不改。宪法赋予全国人大常委会解释宪法的职权，因此有些问题将来可以通过全国人大常委会关于宪法的解释来解决。

李鹏说，宪法是国家的根本法，具有最高的法律效力。依法治国，首先是依宪治国。通过这次对宪法部分内容的修改，不仅要使广大干部、群众进一步深刻领会和认真贯彻落实十五大精神，而且要在全社会更加牢固地树立起宪法的权威，切实做到以宪法为根本的活动准则，维护宪法的尊严，保证宪法的实施。

国务院第 3 次全体会议召开

国务院总理朱镕基主持会议。

会议布置讨论即将提请九届全国人大二次会议审议的《政府工作报告》(征求意见稿)。出席会议的人员围绕《政府工作报告》(征求意见稿)进行了讨论，提出了很多好的意见。会议决定，将此稿发到各省、自治区、直辖市和有关部门、单位广泛征求意见。

朱镕基在讲话中指出，去年，我们面对复杂严峻的国内外经济环境，克服重重困难，改革开放和社会主义现代化建设取得举世瞩目的成绩。国民经济持续发展，各项改革继续推进，人民生活进一步改善，社会主义民主法制和精神文明建设取得新的进展，社会稳定，民族团结。这种好的形势来之不易，主要是在邓小平理论指引下，以江泽民同志为核心的党中央坚强领导和全国各族人民团结奋斗的结果。同时，朱镕基分析了我国面临的形势，提出了政府今年要着力抓好的几项重点工作。朱镕基强调，九届全国人大二次会议和全国政协九届二次会议即将召开，国务院组成人员要按照大会的要求，集中精力参加会议，虚心听取意见，认真回答问题，诚恳接受监督。他表示，国务院还将进一步听取各方面人士对《政府工作报告》(征求意见稿)的意见。

全国人大常委会委员长李鹏在人民大会堂会见立陶宛议长维陶塔斯·兰茨贝吉斯

国务院总理朱镕基在人民大会堂与圣卢西亚总理肯尼·安东尼举行会谈

全国政协主席李瑞环在人民大会堂会见智利众议院议长古滕贝格·马丁内斯

湖南省九届二次人民代表大会选举杨正午为人大常委会主任 储波为省长

国务院在北京召开全国基础设施建设工程质量工作会议

会议2月1日至2日召开。

国务院总理朱镕基在闭幕会上讲话指出，抓好工程质量管理，是当前经济工作中一项关系全局的重大任务。抓好工程质量，必须提高认识。提高工程质量，必须改革、整顿和规范建设市场。特别要建立健全和严格执行项目法人责任制、招标投标制、工程监理制和合同管理制。抓好工程质量管理，必须强化法治，依法惩治腐败。

'99中国生态环境游在广西桂林举行开幕式

第九届全国人大财经委在北京举行全体会议

全国人大财经委员会于2月1日至2月2日在人民大会堂举行全体会议，会同全国人大有关专门委员会初步审查了1998年国民经济和社会发展计划、中央和地方预算的执行情况以及1999年国民经济和社会发展计划、中央和地方预算的草案的报告。

根据全国人大议事规则，全国人民代表大会会议举行的一个月前，国务院有关主管部门应当就国民经济和社会发展计划及计划执行情况、国家预算及预算执行情况的主要内容，向全国人大财经委员会和有关的专门委员会汇报，由财经委员会进行初步审查。

审查中，委员们积极发言，充分肯定了1998年经济工作取得的成就，认为，1998年是不平凡的一年，全国人民在党中央、国务院的领导下，经受住了亚洲金融危机和特大洪涝灾害的严峻考验，国民经济继续保持持续稳定发展，国内生产总值比上年增长7.8%，人民币汇率保持稳定，各项预定的经济目标基本实现。这些成就的取得都是来之不易的。委员们在发言中指出，去年经济增长出现"前低后高"的态势，第一季度为7.2%，第二季度为6.8%；随着中央扩大内需各项政策措施的逐步落实，经济增长速度下滑的势头得到遏制，下半年逐步回升，第三季度经济增长7.6%；第四季度达到9%。全年国内生产总值基本实现年初确定的目标。由此可见，中央作出扩大内需决策，实施积极的财政政策是正确的，所取得的效果是好的。委员们认为，1999年，要认真贯彻落实积极的财政政策，管好用好财政投资；积极推进税费改革，完善和规范财税体制；强化税收征管，确保财政收入稳定增长。

对于1999年计划、预算草案报告，委员们提出了富有建设性的意见和建议。在谈到国有企业改革和解困问题时，有些委员表示，建立国有企业三年改革与脱困目标责任制，把脱困任务和责任分解落实到每个企业、行业及各级政府，集中兼并破产、减员增效、增资减债和技术进步等手段，坚决打好国有企业三年改革与脱困这场攻坚战。

有委员提出，按照有关法律规定，每年国家科技、教育经费的投入要高于同年财政预算的增长速度，但从1995年至1997年的执行情况来看，都没有达到上述目标。在今年的计划安排中应注意解决这个问题。

许多委员还指出了应注意经济发展运行中存在的问题，一是市场需求不振，部分企业生产经营困难，经济效益差；二是下岗职工较多；三是农民收入增长速度减缓等。

国家副主席胡锦涛出席中国驻南非开普敦总领事馆的开馆仪式并为领事馆开馆揭幕

中央军委主席江泽民看望驻内蒙古部队官兵

在内蒙古自治区考察工作的中央军委主席江泽民，在国务院副总理吴邦国，中央办公厅主任曾庆红，中央军委委员、总政治部副主任王瑞林，北京军区司令员李新良和政委杜铁环的陪同下，看望驻守塞外的内蒙古军区某步兵旅和常年在大漠戈壁打井找水的北京军区给水工程团官兵和工程技术人员。在内蒙古军区机关，江泽民接见了驻呼和浩特、包头地区部队和武警部队团以上干部。

江泽民充分肯定了军队建设取得的显著成绩。他指出，在过去的一年里，全军体制编制实行重大的调整改革，我军向"精兵、合成、高效"的目标又迈出一大步。全军及武警部队30多万官兵先后投入伟大的抗洪斗争，在我军历史上写下了新的光辉一页。全军坚决贯彻党中央关于军队和武警部队一律停止经商活动的重大决策，雷厉风行地完成了经营性企业的移交和撤销工作，这对军队建设有极为深远的意义。

江泽民特别关注部队的思想政治建设和军事训练。他强调，全军要认清当前的形势和任务，继续紧紧围绕党和国家工作大局，加强思想政治建设，保持高度稳定和集中统一，特别要把各级党委班子搞得很坚强。他说，要在全军团以上领导班子和领导干部中深入开展以"讲学习、讲政治、讲正气"为主要内容的党性党风教育。各部队要紧密结合自己的实际，着眼于解决问题，务求取得实效。通过"三讲"教育，增强各级党委的凝聚力和战斗力，确保政令军令畅通，确保部队建设的正确方向。要坚定不移地贯彻科技强军战略，向科技要训练质量，向科技要战斗力。各级领导机关要把训练的指导思想转到科技兴训上来，在全军迅速掀起一个群众性科技大练兵的热潮。这是适应当今世界军事发展趋势，提高官兵现代军事技术素质，增强部队战斗力的一个重要举措。这件大事，必须切实抓紧抓好。

江泽民指示，各部队要继续把加强军政军民团结和民族团结作为一个重大的政治原则紧紧抓住不放，尊重地方党委和政府，尊重和热爱各族群众，模范地执行党的民族宗教政策，积极参加和支援地方的经济建设。要发挥部队的优势，尽可能多参加一些对全局有重要意义的重点工程建设。他特别强调，驻内蒙古部队，要积极投入内蒙古地区的生态环境建设工作，大力植树种草，持之以恒，为绿化沙漠、再造秀美的山川贡献力量。要以实际行动，使各族群众更加深刻地感受到我军是人民利益的忠实捍卫者，感受到共产党好，社会主义好，祖国大家庭好，不断巩固和发展各民族心连心、同呼吸、共命运的大好局面。

江泽民还接见了内蒙古军区在去年抗洪抢险斗争中表现突出、受到北京军区表彰的先进个人和先进单位的代表。他说，在去年百年不遇的洪水面前，广大官兵全力以赴抢险救灾，舍生忘死，顽强拼搏，为党和人民建立了新的功勋。人民军队在老百姓心中的崇高威望进一步提高。现在，遭受水灾地区的群众的实际困难还很多，部队要一如既往地急群众之所急，想群众之所想，继续帮助他们搞好恢复生产、重建家园的工作。

中国社会科学院第一届学术委员会日前在北京成立　中国社科院院长李铁映任主任

老舍纪念馆北京开馆

老舍纪念馆位于北京市东城区灯市口西街丰富胡同 19 号。全国人大常委会副委员长何鲁丽以及老舍先生的家人、国内和国际友人等参加开馆仪式。

团中央全国学联颁发 1999 年济困助学金

2 月 2 日

全国人大常委会委员长李鹏在人民大会堂会见圣卢西亚总理安东尼

第九届全国人大法律委员会和第九届全国人大常委会法制工作委员会举行座谈会

30 多位来自高校、研究机构的法律专家和学者，就国家的立法工作建言献策。

全国人大常委会委员长李鹏专门为座谈会作出批示，向在过去一年里为我国民主与法制建设作出贡献的法律专家们表示谢意，希望他们在新的一年里作出更大的成绩。李鹏还请姜春云副委员长转达他对法律专家们的新春祝愿。

据了解，全国人大常委会在过去的一年里共制定和修改了包括证券法、森林法、土地管理法、村民委员会组织法、高等教育法、兵役法在内的法律 11 件、有关法律问题的决定 10 件；此外，尚有 7 件法律草案正在审议之中。从党的十一届三中全会到 1998 年年底，经过几届全国人大及其常委会的努力，共审议通过法律 244 件，有关法律问题的决定 104 件。

座谈会上，专家学者们踊跃发言，畅抒己见。大家对我国立法工作取得的成就表示充分肯定，同时围绕加强立法调研、提高立法质量、搞好立法规划、克服立法工作中的地方和部门保护主义等问题提出了很多意见和建议。

中共中央政治局委员、全国人大常委会副委员长姜春云在听了大家的发言后发表讲话，感谢专家学者们对我国立法工作作出的重要贡献。姜春云说，我国立法工作取得的成绩，是全国人大及其常委会与各有关方面共同努力的结果，其中也凝聚了法律专家和学者的智慧和心血。姜春云代表全国人大常委会向与会专家学者以及所有参与国家立法工作的专家学者表示衷心感谢。他表示全国人大常委会将认真整理和研究大家的意见和建议，并尽量加以采纳，以不断改进立法工作，更好地适应新形势下立法任务的要求。

姜春云说，过去的一年，九届全国人大及其常委会十分重视立法，采取了一系列措施，加强和改进立法工作：一是增强全局观点，把立法同改革、发展、稳定的大局紧密结合起来。二是明确法律案一般由二审制改变为三审制，以利于充分讨论和修改。三是将一些重要法律草案向社会公布，直接征求和吸收人民群众的意见，使法律充分反映人民的意愿。四是进一步加强调查研究。李鹏委员长多次就一些重点法律亲自到各地直接听取干部和群众意见。常委会组成人员和机关干部深入实际、调查研究已逐步形成制度。五是改进和加强专门委员会的工作。根据全国人大组织法和有关议事规则，强调法律委员会对法律草案统一审议，同时充分发挥各有关专门委员会的作用，密切配合、协调一致，共同做好立法工作。这些措施对于完成十五大确定的立法目标和任务，加快立法进程，提高立法质量，是十分必要的，有益的。

姜春云指出，立法要走群众路线，充分发挥专家学者在立法工作中的作用，实行立法工作者、实际工作者、理论工作者相结合。这是 20 年来立法工作的一条基本经验，要继续坚持好。法律专家和学者是我国立法的一支重要骨干队伍，是宝贵的智力资源。过去，在立法的许多重要问题上，都吸收采纳了专家的意见。今后，为了把立法工作搞得更好，必须进一步发挥专家和学者的重要作用，要为他们参与立法创造条件。

姜春云强调，在新的一年里，我们大家要在邓小平理论和十五大精神指引下，紧密团结在以江泽民同志为核心的党中央周围，开拓进取，扎实工作，为完成新的立法任务，提高立法质量作出更大的贡献。

中央政法委书记罗干会见全国学法用法依法治县经验交流会代表并发表讲话

罗干在会见时指出，依法治理，特别是县级依法治理，在依法治国的总体格局中具有重要作用，对依法保障党的农村政策的顺利贯彻执行具有重要意义。各级党委、政府特别是县级党委、政府必须把学法用法、依法治县工作摆在重要的位置，认真抓紧抓好。

罗干说，党的十一届三中全会以来，我国社会主义民主法制建设取得了巨大成就，特别是党的十五大确立了依法治国、建设社会主义法治国家的基本方略，具有划时代的伟大历史意义。

罗干指出，县级政权是我国国家政权的中间环节，依法治县工作搞好了，就可以为依法治国打下坚实的基础。我国是一个拥有9亿农民的大国，农业、农村、农民问题始终是关系到党和国家工作全局的根本性问题。依法治县工作领域广，环节多，但都要紧紧围绕农业、农村工作实际，为解决农业、农村工作中的热点、难点问题服务。当前特别要为农村第二轮土地承包提供优质的法律服务和保障，大力促进农村经济的进一步发展和奔小康目标的全面实现；要深入开展法制宣传教育，促进农村社会主义精神文明建设；要加强农村社会治安综合治理，严厉打击各种刑事犯罪和恶势力；要正确处埋农村的人民内部矛盾，维护广大农村乃至全国的社会稳定。

罗干强调，要加强队伍建设，努力建设一支自觉执行党的路线方针政策、具有较高法律素质的依法治县工作队伍，形成党委领导、人大监督、政府实施，有关国家机关、社会组织、团体积极参加的互相配合联动的工作机制。党委宣传部门要积极进行党的路线方针政策教育，指导组织开展多种形式的学法用法活动，支持和促进依法治县工作的健康发展。司法行政机关要认真履行国务院赋予的协调、指导、检查、监督普法、依法治理工作的职责，当好党委、人大、政府的参谋助手，发挥职能优势，提高工作水平，推动普法、依法治县以及整个依法治理工作的全面、深入发展，为实现依法治国的宏伟目标作出应有贡献。

河北省九届人大二次会议选举钮茂生为省长

全国林业厅局长会议在北京召开

会议于2月2日至5日举行。会议传达了国务院副总理温家宝对当前林业工作的意见。温家宝强调，各级党委、政府必须进一步提高对加强森林资源保护和发展工作的认识，采取最严厉的措施，坚决制止超限额采伐林木、毁林开垦、乱占林地的行为，切实加强管理，扭转森林资源增长缓慢的局面。

会议反映，机构改革后，国家林业局按照党中央、国务院关于林业发展和生态环境建设的部署和要求，紧紧抓住林业发展和森林资源保护这两个关键，做了大量工作，取得了明显成效。去年造林绿化取得了很大成绩，天然林保护工程开始启动，重点生态工程建设得到加强，没有发生大的森林火灾，林业形势总体上是好的。

温家宝指出，我国森林资源的保护和管理面临的形势十分严峻，最突出、最严重的问题是，超限额采伐林木现象普遍，毁林开垦、乱占林地和林地流失情况十分惊人，致使造林绿化成果难以巩固。这些问题已经到了非解决不可的时候了。

温家宝强调，要坚持实行领导干部保护和发展森林资源目标责任制，抓落实、抓检查、抓奖惩。要加强立法和执法工作，实行最严格的森林保护制度，把林业建设事业纳入法制化轨道。要稳定林业机构，加强林业行政管理体系建设，理顺森林资源管理体制，建立有效的保护和合理利用森林资源的约束和监督检查机制。

国家林业局局长王志宝在会上说，党中央、国务院对林业工作非常重视，提出了明确要求，现在的关键是把工作落实好，把林业抓上去。他说，要充分认识在社会主义市场经济条件下森林资源保护管理工作的艰巨性、复杂性，对一些地方出现的以牺牲生态环境、损害森林资源为代价来谋求经济发展的行为，必须坚决抵制，依法从严查处，真正做到抓造林绿化这一手要硬，而抓森林管护这一手更要硬。

对于1999年的工作，王志宝说，要狠抓工作落实，强化森林、林木、林地和野生动植物资源的保护管理，全面组织实施天然林保护工程，加强林业重点生态工程建设，加快造林绿化步伐，推进林业分类经营改革，加速商品林业发展，抓好山区综合开发，强化科教兴林，促进依法治林，做好森林防火工作，确保不发生大的问题。

国家副主席胡锦涛在开普敦与南非副总统姆贝基会谈

双方就双边关系和国际、地区问题广泛地交换意见。

在谈到非洲形势和我对非洲政策时，胡锦涛说，谋求和平、稳定与发展是近年来非洲形势的主流。非洲国家继续努力探索适合本国国情的发展道路，多数国家政局保持基本稳定，经济连续几年有所增长，为维护地区的和平与稳定，各国普遍重视联合自强，尝试依靠非洲自己的力量解决本大陆问题。我们支持非洲国家维护独立、主权和领土完整、反对外来干涉的正义斗争；尊重非洲各国独立自主地选择适合自己国情的政治制度和发展道路；主张非洲国家通过对话协商，和平解决彼此间的矛盾和争端，支持非洲统一组织和其他次地区组织为维护非洲团结、保持和平稳定发挥积极作用和为此所作出的努力。

在谈到联合国改革问题时，胡锦涛说，中国赞成对联合国进行必要、适当的改革，以使其适应新的国际形势。联合国改革应充分体现广大成员国的共同利益，而不能只为少数国家服务。扩大安理会的组成不能以国家贫富为标准，应遵循公平地域分配原则，确保各方平衡，特别是发展中国家与发达国家间的平衡，增加发展中国家的代表性。任何排斥发展中国家的改革方案都是不能接受的。中方重视非洲国家在联合国事务中的作用，理解非洲国家要求增加其在安理会代表性的愿望。联合国成立50年来，国际形势最大变化之一就是一大批亚非国家获得独立并成为联合国成员国，它们在国际事务中发挥着重要作用，安理会改革必须反映这一现实。

会谈后，中国民航总局局长刘剑锋和南非交通部长马哈拉吉签署了《中华人民共和国和南非共和国政府间民用航空协定》；外经贸部副部长孙广相和副外长帕哈德签署了《中华人民共和国和南非共和国关于贸易经济技术合作的协定》等3个文件。外交部副部长吉佩定和副外长帕哈德签署了《中华人民共和国和南非共和国外交部建立磋商机制的意向书》。

国家副主席胡锦涛前往开普敦总统官邸拜会曼德拉总统

国防部举行新春招待会

中央军委副主席、国防部部长迟浩田上将及数十位中国人民解放军高级将领今晚同各国驻华武官和副武官欢聚一堂，共贺新春，畅叙友谊。

全国中医药工作厅局长会议在北京召开

全国总工会主席尉健行在北京慰问国企下岗职工和劳模遗属

民政部发出全面普及城市居民最低生活保障制度的通知

2月3日

国家主席江泽民在钓鱼台国宾馆会见圣卢西亚总理安东尼

国务院总理朱镕基主持座谈会听取各民主党派中央 全国工商联负责人和无党派人士对即将提请九届全国人大二次会议审议的《政府工作报告》(征求意见稿)的意见

座谈会在中南海召开。各民主党派中央、全国工商联负责人、无党派人士何鲁丽、丁石孙、万国权、楚庄、蒋正华、罗豪才、王文元、钱伟长、孙孚凌、张克辉、经叔平以及党外专家张新时、陈高华等先后在会上发言。大家一致认为，过去的一年，我国各族人民在中国共产党领导下，团结奋斗，抵御了亚洲金融危机的冲击，战胜了特大洪涝灾害，经济持续快速增长，各项改革有序推进，对外开放继续扩大，科技、教育等社会事业全面发展，廉政建设和反腐败斗争取得新的进展，社会政治保持稳定。这样的成绩举世瞩目，来之不易。大家一致认为，报告思路清晰，质朴务实，实事求是地总结了去年的工作成绩，也指出了存在的困难和问题；报告在全面分析形势基础上提出的1999年政府工作总的要求、主要任务和政策措施，是符合实际的，可行的。大家在讨论中着重就继续扩大内需和实施积极的财政政策、确保基础设施建设工程质量、发展农业生产和增加农民收入、推进国有企业改革、继续扩大对外开放、落实科教兴国战略、加大环境保护和生态建设力度、贯彻依法治国基本方略和加强廉政建设等问题，对报告提出了不少好的修改建议。

在此之前，国务院已将报告(征求意见稿)发给各民主党派中央、全国工商联负责人和部分无党派人士征求意见。他们已经进行了认真的准备。在座谈会上，各方面人士本着参政议政，肝胆相照的精神，踊跃发表意见，畅所欲言，积极献计献策。朱镕基总理在会上不时插话，就有关问题和大家坦诚地交换意见，会议的气氛十分活跃。

在座谈会上，朱镕基总理对大家的发言表示感谢。他说，大家提出的建议很有启发，富于建设性。我们将认真研究，吸收采纳。把报告修改好，把政府工作做好。

出席座谈会的还有各民主党派中央、全国工商联负责人和无党派人士：王光英、阿沛·阿旺晋美、卢嘉锡、周铁农、李赣骝、童傅、冯之浚、袁行霈、冯克煦、朱相远、蔡睿贤、章师明、杜宜瑾、吴明熹、赵伟之、洪绂曾、王选、刘亦铭、梁金泉、严克强；党外专家王涛、林群、黎乐民等。

国务院副总理李岚清，国务委员、国务院秘书长王忠禹，全国政协副主席、中共中央统战部部长王兆国出席了座谈会。

中宣部 司法部联合召开的全国学法用法依法治县经验交流会在北京闭幕

人事部提出公务员队伍建设要点

人事部就我国公务员队伍建设提出新思路：结合新一轮机构改革，进一步完善公务员制度，优化队伍结构，提高人员素质，尤其要在扩大民主、完善考核、推进交流、加强监督方面取得新的进展。

——加大竞争上岗和轮岗工作的力度。要按照中组部、人事部的有关规定，抓住地方机构改革的有利时机，大力推进竞争上岗和轮岗。地方省市厅局的中层领导职位一般要实行竞争上岗。对从事人财物管理的，从事证、照、牌核发的，从事项目、经费、配额审批的重点职位，符合轮岗条件的公务员，有计划进行轮岗，轮岗面为30%左右。

——以年度考核为基础，健全和创新考核制度，使考核工作制度化、法规化。对公务员的考核要点是在领导评鉴与群众评议相结合、定性与定量考核相结合，使之客观公正、简便易行、科学合理，并把考核结果与奖惩、职务升降、增资、辞退等相结合。

——严把公务员队伍的“进口”，坚持“凡进必考”。考录要从过去的注重规模效益向适应小批量、多类别的补员需求，提高质量方面发展。对公安、安全、海关等急需用人单位录用高校应届毕业生，必须采取公开考试、择优录用的办法。营职以下军队转业干部进入公务员队伍，要采取内部有限竞争考试，择优录用的办法。继续从优秀村干部和青年农民中考录乡镇公务员。

——要建设高素质的专业化公务员队伍，加大公务员的培训力度，向培训要素质、要效率、要形象。新上岗或轮岗的担任科、处、厅(局)级领导职务的公务员必须接受任职培训，对公务员要全面开展知识经济培训，计算机、英语等培训，在部分地区开展普通话培训。同时，继续深入开展做“人民满意公务员”活动，叫响公务员称号。

人事部负责人表示，今年要加大对公务员管理法规实施情况的监督力度，试行公示制度，拓宽监督渠道，发挥群众和舆论监督作用，强化自我监督功能。对违反规定考录、不按规定进人、设置职位进行职务任命的行为坚决查处，对违规情况予以报道、曝光并限期改正。

国务院部署打击小额走私成品油专项斗争会议在广州召开

中国企业境外上市研讨会在英国举行

中国人民银行要求加强彩票管理的通知对发行销售兑奖等问题作出明确规定

国家副主席胡锦涛在约翰内斯堡接受南非记者采访

胡锦涛接受采访时说，他对南非的访问取得了丰硕成果，这将有利于中南关系更加顺利、健康、稳定地向前发展。

胡锦涛在约翰内斯堡下榻的饭店接受南非5家媒体联合采访时表示，中国政府将继续向南非提供力所能及、不附加任何政治条件的援助，同时鼓励和支持国内更多的企业到南非投资。他希望中南两国业已签署的多项经贸及技术合作协定能尽快得到实施，把两国经贸合作推向一个新阶段。

在回答1999年中国政府承诺将继续坚持人民币不贬值的问题时，胡锦涛说，亚洲金融危机使亚洲一些国家的货币大幅度贬值，也对中国的人民币产生了巨大的压力，尤其是对中国的出口贸易带来了较大的影响。但由于我们及时采取了对策，增加了财政对基础设施建设的投入，扩大了内需，保持了经济的持续稳定增长。加上货币发行适度，商品供应充裕，国际收支状况良好，且有1400多亿美元外汇储备，因此具有保持人民币稳定的客观条件。他说，另一方面，我们也考虑到，如果人民币主动贬值，虽能暂时抵消亚洲其他国家货币贬值对中国经济的部分影响，但也会引发亚洲国家货币的新一轮贬值，使亚洲遭受金融危机的国家雪上加霜。如此恶性循环，不利于亚洲地区和世界金融和经济的稳定。中国是一个负责任的国家，宁可自己作出必要的牺牲，也不采取这种以邻为壑的政策。

在回答记者有关中国对非洲国家成为联合国安理会常任理事国有何看法时，胡锦涛说，中国赞成对联合国安理会实行改革。联合国成立50年来，国际形势所发生的最大变化之一就是一大批亚非国家获得独立并成为联合国成员国，它们在国际事务中发挥着越来越重要的作用，安理会改革必须反映这一现实。他说，中国赞成扩大安理会组成应遵循公平地域分配的原则，确保发展中国家与发达国家之间的平衡。中国重视包括南非在内的非洲国家在联合国事务中的重要作用，理解非洲国家要求增加在安理会代表性的愿望。我们相信，在各国公开、广泛、深入协商的基础上，非洲国家的这个愿望一定能够实现。

胡锦涛指出:“我们认为广大非洲国家加大参与国际事务的力度,有利于维护发展中国家的正当权益,有利于促进世界和平与发展。”

国家副主席胡锦涛在约翰内斯堡南非工商界和非亚协会举办的晚餐会上发表演讲

胡锦涛在演讲时说:“中国和非洲人民的友好交往源远流长。在长期反对帝国主义、殖民主义、霸权主义和种族主义,争取民族独立和解放,捍卫国家主权和尊严,维护发展中国家权益,促进世界和平与发展的共同斗争中,我们一贯相互同情,相互支持,进行了真诚平等、卓有成效的合作,结下了深厚的友谊。我国老一辈领导人和非洲民族解放运动的先驱们更是为中非友谊的发展付出了大量心血,建立了不朽的功绩。我们这次访问非洲四国,受到了四国政府和人民的热烈欢迎和热情友好的接待,处处感受到非洲人民对中国人民的深情厚谊,亲身体验到中非友谊广泛深入人心。”

胡锦涛指出,1996 年江泽民主席访问非洲时,代表中国政府和人民提出了巩固和发展同非洲各国面向 21 世纪的长期稳定、全面合作关系的 5 点建议,其核心内容是“真诚友好、平等相待、团结合作、共同发展、面向未来”,精辟概括了中非友谊的时代特征,深刻阐明了中国在新时期发展同非洲友好合作关系的基本方针政策。

胡锦涛重申,中国将一如既往地坚持和平共处五项原则,尊重非洲国家根据本国国情自主选择政治制度和发展道路;支持非洲国家维护国家独立、主权和领土完整的正义斗争;支持非洲国家为保持国内稳定、振兴民族经济、改善人民生活所作的努力;支持非洲各国加强团结合作,排除外来干涉,通过和平协商方式解决彼此间的分歧和争端;支持非统及次地区组织为谋求非洲大陆的和平、稳定和发展,促进非洲团结,实现经济一体化所采取的积极措施。

胡锦涛呼吁国际社会特别是发达国家更加关心和重视非洲的和平与发展问题,采取切实措施,促进非洲的稳定,帮助非洲发展经济,缩小非洲与世界其他地区的发展差距。

胡锦涛说:“我们愿进一步加强同非洲国家的政治交往和各领域不同层次的人员交流,增进相互了解和友谊;继续向非洲国家提供力所能及和不附加任何政治条件的政府援助,并本着互利互惠、优势互补的原则同非洲国家积极开展领域广泛、形式多样的经贸合作;支持非洲国家平等参与国际事务并发挥积极作用,加强同它们的协调和磋商,共同维护发展中国家的正当权益,争取早日建立公正、合理的国际政治经济新秩序,共同把一个健康稳定、充满活力的中非关系带入 21 世纪。”

在谈到国际形势时,胡锦涛指出,当前,国际形势继续发生着重大而深刻的变化。世界多极化和经济全球化趋势加速发展。它既给包括中国和非洲各国在内的广大发展中国家带来了发展的机遇,也带来了困难和挑战。1997 年发生在亚洲一些国家的金融危机,不仅给亚洲经济造成严重损害,而且给全球经济带来了消极的影响。这场危机及其影响表明,在经济全球化趋势加速发展的今天,大规模的资金在全球范围内无序流动,有可能引发大的金融风险,对有关国家和地区的经济造成严重损害,并直接威胁其稳定。各国尤其是发展中国家在扩大开放,积极参与国际经济合作时,应根据本国的具体条件,循序渐进,注重提高防范和抵御风险的能力。

胡锦涛认为,全球化的经济需要全球性的合作。各国都应为制止危机蔓延,克服危机影响而共同努力。发达国家尤应负起责任,帮助受危机影响的国家稳定金融,恢复经济,渡过难关。应改革和完善国际金融体制,建立国际金融新秩序,加强对国际金融资本流动的监管,遏制国际游资的过度投机,提高对金融风险的预测、防范和救助能力。

胡锦涛表示,亚洲金融危机对中国经济也造成了冲击,特别是给外贸出口带来较大影响。加上去年中国发生了历史上罕见的特大洪水灾害,使我们面临的困难更大。但由于我们及时采取积极的财政政策,加大基础设施建设投入,刺激国内需求,实施外贸市场多元化战略,实现了经济的持续发展。1998 年中国的国内生产总值增长了 7.8%。同时,我们采取了负责任的态度,坚定地维护人民币币值稳定,积极参与国际货币基金组织对有关国家的援助,为缓解亚洲金融危机,稳定亚洲和世界经济作出了自己的贡献。

胡锦涛说,中国自 1978 年实行改革开放以来的 20 年间,国家发生了举世瞩目的变化。中国以邓小平理论为指导,从实际出发,走出了一条适合中国国情的发展道路。我们始终以经济建设为中心,坚持改革开放,妥善处理改革、发展、稳定三者关系,使国民经济实现持续、快速、健康发展。国内生产总值由 1979 年的 3624 亿元人民币,增加到 1998 年的 79748 亿元人民币,年均增长近 9.8%。

胡锦涛表示,中国的社会主义市场经济体制正在逐步建立,对外开放的领域和规模日益扩大,民主法制建设不断向前推进。中国的综合国力和人民生活水平都有了显著提高。当然,由于中国人口多,地区发展不平衡,中国尚有 4000 多万贫困人口。广大中西部地区与东部沿海地区也存在较大的发展差距。我们正在采取有效措施，力争在本世纪内基本解决贫困人口的温饱问题，并逐步缩小东西部差距，实现地区的协调发展和全体人民的共同富裕。

胡锦涛说，在科学、信息高速发展，世界各国相互依存越来越重要的今天，中国政府和人民愿意同非洲各国政府和人民同呼吸、共命运，相互支持，携手共进，为建设美好的家园和创造世界更加灿烂的明天而作出更大的贡献。

在谈到中南关系时，胡锦涛说，1998 年 1 月 1 日，对于中南两国人民来说是个值得纪念的日子。中国与南非正式建交是中南两国人民之间传统友谊符合历史逻辑的发展，它标志着两国关系历史新篇章的开始。

胡锦涛认为，中南建交以来，在双方的共同努力下，两国关系发展顺利，各领域的交往与合作逐步展开。去年姆贝基副总统成功访华，双方确定致力于建立两国面向 21 世纪的建设性伙伴关系，为中南关系的未来拟定了方向和框架。曼德拉总统即将对中国进行的国事访问，将会更加有力地推动两国关系的发展。

胡锦涛说，中南经贸合作起步虽晚，却显现出勃勃生机。1991 年双边直接贸易额仅 1465 万美元，1997 年和 1998 年已分别升至近 16 亿美元，南非已成为中国在非洲的最大贸易伙伴。中南两国经济互补性强，合作潜力巨大。在我这次访问南非期间，双方又签署了贸易经济技术合作协定、成立两国经济贸易联委会协定和民用航空运输协定，对进一步促进和规范双边经贸合作具有重要意义。

胡锦涛说："经贸合作是两国关系持续稳定发展的基础，我们愿同南非一道，进一步探索扩大经贸合作的新途径、新方式，积极稳妥地把双边经贸合作推向更高的水平。"

胡锦涛强调，中南两国都是重要的发展中国家，在国际事务中有许多共同语言。中国重视南非作为不结盟运动、联合国贸发大会、南部非洲发展共同体主席国在国际及地区事务中发挥的重要作用。中国和南非在国际事务中加强磋商与合作，就能够为世界的和平、发展和人类进步事业作出更多的贡献。

胡锦涛说，建立两国面向 21 世纪长期稳定、真诚友好、全面合作的建设性伙伴关系符合中南两国人民的根本利益。我相信，在双方的共同培育下，中南友谊之树一定能够茁壮成长，枝繁叶茂，结出更加丰硕的果实。

作家老舍先生诞辰 100 周年纪念座谈会在北京举行 19 卷老舍全集出版

在老舍先生诞辰 100 周年纪念日之际，文化部、中国文联、中国作协、北京市政府联合举办纪念座谈会。中共中央政治局常委、国务院副总理李岚清，中共中央政治局委员、中共北京市委书记贾庆林出席了座谈会。李岚清副总理在座谈会上讲话指出，要学习老舍先生对祖国、对人民的无比热爱和献身艺术的执着精神，研究和继承他为我们留下的丰富的文学艺术遗产。这对于我们进一步繁荣文艺事业，建设有中国特色社会主义文化，具有重要意义。

北京市委副书记李志坚，老舍研究专家邓友梅、吴小美，老舍先生的儿子舒乙先后在座谈会上发言。

国办转发卫生部《关于做好提高出生人口素质工作的意见》的通知

各省、自治区、直辖市人民政府，国务院各部委、各直属机构：

卫生部《关于做好提高出生人口素质工作的意见》已经国务院同意，现转发给你们，请认真贯彻执行。

国务院办公厅

1999 年 2 月 3 日

关于做好提高出生人口素质工作的意见

提高人口素质，是与控制人口数量同样重要的一项工作，是实行计划生育基本国策所要达到的重要目标，也是实现我国跨世纪宏伟蓝图的基本保障。提高人口素质，要从提高出生人口素质做起。今天的儿童是 21 世纪国家建设的主要力量，他们出生时的健康水平，关系到中华民族的兴旺发达。为保护和增进新生儿童健康，提高出生人口素质，提出如下意见。

一、提高出生人口素质面临的状况

新中国成立以来，特别是改革开放以来，在党和政府的正确领导下，经过全社会的共同努力，我国提高出生人口素质工作取得了显著成就。目前，全国已有各级妇幼保健机构和县级计划生育服务机构 5000 多所，1.5 万所县级以上医院设有妇产科和儿科，妇幼卫生和计划生育服务网络遍布城乡。有关部门和社会团体积极参与，通过广泛深入的宣传教育，广大干部、群众对提高出生人口素质的认识逐步增强。通过加强科学研究，完善有关法律、法规和制度，提高出生人口素质的技术水平不断上升，母婴保健工作逐步纳入法制化管理轨道。通过开展婚前保健、孕产期保健和新生儿保健，实行全民食用合格碘盐和为特需人群合理补碘等防治地方病措施，大力治理环境污染，使先天畸形和智残发生率有较大幅度下降。婴儿死亡率由新中国成立前的 200‰下降到 1995 年的 31.4‰，达到发展中国家的先进水平。实践证明，提高出生人口素质的工作，对提高中华民族的人口素质，促进家庭幸福和社会进步，发挥了重要作用。

同时也要看到，我国出生人口素质仍然面临着不少问题和新的挑战。据有关研究测算，我国每年约有20万—30万肉眼可见先天畸形患儿出生，加上出生后数月和数年才显现出来的缺陷，先天残疾儿童总数高达80万—120万人，约占每年出生人口总数的4%—6%。造成这种情况的原因是多方面的：我国自然环境缺碘，在严重缺碘地区，碘营养不良儿童智商明显低于正常值；在高氟地区，氟斑牙、氟骨症严重影响儿童生长发育；因环境污染导致相当数量的儿童智力不同程度地受到铅及一些有害物质的危害；职业性危害、风疹病毒等感染对孕产妇和胎、婴儿健康的不良影响，尚未得到根本控制；吸毒、性病、艾滋病的危害呈上升的趋势；一些接生人员技术水平不高，新生儿窒息和产伤仍是造成新生儿出现脑瘫、癫痫和智力低下等的重要原因；在贫困地区和一些少数民族地区，直系血亲或者三代以内旁系血亲婚配现象依然存在，遗传病发生率较高。特别需要指出的是，一些地方对提高出生人口素质工作还没有引起足够重视，有关法律政策尚未认真贯彻落实，有关部门还没有形成合力，经费投入不足，影响了出生人口素质的提高。上述问题应该引起各方面的高度重视，有针对性地采取各种措施，进一步做好提高出生人口素质的工作。

二、目标和原则

提高出生人口素质工作的主要目标：

根据我国国民经济和社会发展规划的战略部署，认真实施《中华人民共和国婚姻法》、《中华人民共和国母婴保健法》、《中华人民共和国环境保护法》、《中华人民共和国劳动法》、《中华人民共和国残疾人保障法》、《食盐加碘消除碘缺乏危害管理条例》、《女职工劳动保护规定》等有关法律、法规，力争使高发致残、致畸的出生缺陷发生率有较大幅度下降，努力消除因围产因素、孕期及哺乳期妇女缺碘所导致的儿童智力损害，提高出生婴儿的体质和智能。

提高出生人口素质工作应遵循的原则：

提高出生人口素质工作应以邓小平理论为指导，遵循以下基本原则：一是正确处理经济发展与人口的关系，在控制人口数量的同时，把提高人口素质工作摆到重要位置。在各级人民政府领导下，各级卫生、计划生育及其他有关部门和社会团体要齐抓共管，实行综合治理。二是从我国国情出发，因地制宜、分类指导，以广大农村为重点，扶持边远贫困地区和少数民族地区提高出生人口素质。三是以可以预防的严重与高发的先天性疾病为重点，采取科学的预防对策和措施。四是依靠科技进步，加强遗传、生殖保健领域的科学研究和应用，开发、引进适宜技术和新技术。

三、具体要求和措施

（一）加强科学知识的宣传教育，使广大干部群众重视提高出生人口素质工作。

动员社会各方面力量，充分利用广播、影视、报刊、文艺等传播媒介，大力宣传党和国家的有关政策和法律、法规，普及有关科学知识，增强广大干部和群众对提高出生人口素质重要意义的认识和自我保健能力。特别要结合“九亿农民健康教育行动”加强对农村育龄妇女的宣传教育。各有关部门要组织力量广泛开展宣传和咨询活动。要依托社区积极开展提高出生人口素质的宣传和服务，使其深入家庭、深入群众。通过新婚学校、孕妇学校、人口学校等多种形式，开展面对面的教育。广泛宣传婚前医学检查、孕产期保健和新生儿保健的科普知识，加强心理健康教育，制止不科学的宣传和商业性广告。

（二）认真开展婚前医学检查、产前诊断、遗传咨询和新生儿疾病筛查工作。

规范婚前医学检查、产前诊断、遗传咨询和新生儿疾病筛查工作的内容和标准。开展婚前医学检查、遗传病诊断、产前诊断和新生儿疾病筛查的机构，必须符合国务院卫生行政部门规定的条件和技术标准，并由卫生行政部门依法许可，检查项目收费标准要严格执行有关规定，主管部门要定期进行监督和管理。加强对医务人员的培训，提高其专业技术水平和工作质量。严格执行有关法律、法规，特别是《中华人民共和国婚姻法》有关禁止直系血亲和三代以内旁系血亲结婚等规定，对不符合规定者，民政部门不予登记。要逐步扩大婚前医学检查的覆盖面。

（三）加强孕产期保健，大力提倡住院分娩。狠抓产科质量，减少产伤和新生儿窒息发生。

认真贯彻落实《女职工劳动保护规定》，改善女职工劳动条件，加强对孕期女工的合理照顾和保护，严禁育龄妇女从事有毒有害等作业。

提高孕产妇系统管理率和住院分娩率。积极动员具有高危因素的产妇到医疗保健机构定期检查、住院分娩。

加强产科质量管理，特别要加强乡镇卫生院产科建设。建立逐级转诊制度。城市二、三级医院、妇幼保健院要认真落实对口支援，组织医务人员下乡服务，帮助乡镇卫生院培训人才，加强产科和儿科的管理，做好高危孕产妇、新生儿的转诊与急救工作。

（四）积极预防影响出生人口素质的疾病。

落实除高碘地区外全民食用合格碘盐的措施。强化碘盐出厂检测制度，加强对食盐市场流通领域的管理，严禁不合格碘盐的销售，严厉打击生产销售伪劣碘盐及补碘药物的非法行为。缺碘地区要严格执行《口服碘油丸要则》，在医生指导下，为特需人群服用碘油丸。严禁利用补碘谋取私利，损害人民群众健康，情节严重的要依法追究刑事责任。各级医疗保健机构要逐步将孕产妇、新生儿碘营养水平和血铅化验列为孕产期常规临床检验项目。加大高氟、高砷地区改水、改灶力度,改善饮用水质量。在全国推广车用汽油无铅化,全面治理汽车尾气污染,严格控制污染物的排放,努力减少铅等有毒有害物质导致的儿童智力损伤;加强工业污染防治和城市环境综合整治,使居民生活环境逐步达到国家环境质量标准和卫生标准。继续加强儿童计划免疫工作,普及乙肝疫苗的接种。

(五)依靠科技与教育,提高母婴保健科技水平。

有关科研院所、大专院校要加强与提高出生人口素质相关的基础研究和应用研究。要针对提高出生人口素质工作中存在的亟待解决的重大问题,组织全国有关的科研机构、科研人员集中力量,协同攻关。要切实加强有关的重点学科和重点实验室的建设。当前要重点开展防止围产期缺血缺氧性脑损伤、降低新生儿窒息致残率、孕期疾病和用药对胎儿生长发育影响、环境和营养因素对胎儿及儿童生长发育影响及简便易行的尿碘、血铅检测方法等科学研究工作。

要重视科技成果的推广及应用,积极推广一些简便易行、效果较好的适宜技术,使人民群众真正受益。

要加强与提高出生人口素质相关的高、中等医学专业教育和在职教育,加强岗位培训,提高专业队伍的整体素质,要将这方面符合条件的学术、技术带头人纳入全国"百千万人才工程"。进一步加强国际技术合作与交流,积极引进、吸收国外遗传、生殖领域的先进技术和管理经验。

要培养一支合格的、稳定的监测队伍,建立切实可行的监测评估制度与常规报告制度,及时分析存在的问题,提出合理的对策与建议。

(六)增加投入,提高资金利用效益。

各级人民政府和有关部门应根据需要和可能增加对提高出生人口素质工作的投入,并随着经济发展逐步加大投入。采取多种形式,多渠道筹集资金,提倡和鼓励企事业单位、社会团体和个人捐资,支持提高出生人口素质工作。积极争取国际合作与援助。要切实加强对资金的管理,提高资金利用效益。

四、进一步加强领导

各级人民政府要把提高出生人口素质工作作为一件大事来抓。提高出生人口素质是各级人民政府义不容辞的责任。只有出生的孩子都是比较健康、聪明的,我们的民族和国家未来的发展才有希望。各级人民政府要重视并切实加强对提高出生人口素质工作的领导,加大执法力度。要把提高出生人口素质的工作纳入到国民经济和社会发展计划中,建立目标管理责任制。贫困地区要把提高出生人口素质工作纳入当地政府的扶贫攻坚计划,统筹安排。各级人民政府要定期听取本地提高出生人口素质工作进展情况的报告,并接受同级人民代表大会的监督与指导。

政府各有关部门要同心协力做好工作。提高出生人口素质的工作是一项复杂的社会系统工程,各级人民政府要进一步明确各部门的工作职责,做好组织协调工作,充分调动各方面的积极性,共同做好这项工作。各有关部门要密切配合、各司其职,各尽其责。计划、财政、科技、人事等部门要为提高出生人口素质工作积极创造条件,给予必要的支持。卫生、计划生育、民政、环保、教育、劳动保障、轻工等部门要按照各自职责分工做好提高出生人口素质的工作。卫生部负责制定全国提高出生人口素质工作的规划、规章制度和技术服务标准,组织有关科研计划的实施与适宜技术的推广。地方各级卫生行政部门负责对辖区内提高出生人口素质的综合管理、业务指导和服务质量监督,努力提高当地技术服务能力与水平。在区域卫生规划的原则指导下,充分发挥技术指导机构和服务网络的作用,提高服务水平。

积极发挥社会团体的作用。充分发挥工会、妇联、残联等社会团体及有关科技学术团体的作用,广泛开展宣传工作,动员全社会的力量,积极支持、参与各种提高出生人口素质的活动。

充分调动有关科学技术人员的积极性。要关心和爱护他们,改善他们的工作、学习和生活条件。对在提高出生人口素质工作中作出重大贡献的单位和个人按有关规定给予表彰和奖励。

提高出生人口素质工作是一项长期、复杂和艰巨的任务,必须持之以恒地认真抓,不能有丝毫的马虎和松懈。各地区、各有关部门要根据本意见的精神,采取切实有效的措施做好工作,努力提高我国的出生人口素质。

卫生部

1999年1月20日

国办关于进一步做好国有企业下岗职工基本生活保障和企业离退休人员养老金发放工作有关问题的通知

各省、自治区、直辖市人民政府,国务院各部委、各直属机构:

在党中央、国务院的正确领导下,各地区和有关部门认真贯彻《中共中央、国务院关于切实做好国有企业下岗职工基本生活保障和再就业工作的通知》(中发〔1998〕10号)精神,国有企业下岗职工基本生活保障和再就业工作普遍加强,绝大多数国有企业下岗职工进入企业再就业服务中心并得到基本生活保障;企业离退休人员养老金发放工作明显改进,绝大多数离退休人员按时足额领到养老金;基本养老保险行业统筹移交地方管理工作按期完成。这对保持社会稳定、促进企业改革和经济发展发挥了重要作用。在肯定前一段工作成绩的同时,要清醒地认识到当前存在的主要问题:有关政策和资金尚未完全落实到位,少数下岗职工的基本生活没有得到保障,离退休人员养老金仍有少量拖欠,行业统筹移交地方管理后还存在一些突出问题需要解决。1999 年,国有企业职工下岗和再就业压力将进一步增大,确保养老金按时足额发放和逐步补清以前拖欠的任务仍很艰巨。各地区和有关部门要认真贯彻党的十五大精神,进一步加大工作力度,加快建立社会保障体系,确保国有企业下岗职工的基本生活,确保企业离退休人员养老金的按时足额发放,为经济发展和社会稳定创造更为有利的条件。经国务院同意,现就有关问题通知如下:

一、继续做好国有企业下岗职工基本生活保障和再就业工作

(一)确保下岗职工的基本生活。要继续把国有企业下岗职工基本生活保障和再就业工作作为一件大事,切实抓紧抓好。这是深化企业改革的重要任务,也是保持社会稳定的重要措施。抓好这项工作,关键是要落实资金。要坚持实行企业、社会、财政各负担 1/3 的办法。中央企业由中央财政负担,地方企业由地方财政负担。各地财政一定要调整预算支出结构,优先、足额安排这项资金,企业、社会筹集不足的部分,财政要给予保证。财政确有困难的地方,中央财政通过转移支付的办法给予一定的支持。要切实加强资金的管理,保证专款专用,坚决杜绝挤占挪用资金等问题的发生。

(二)积极促进下岗职工的再就业。要进一步办好企业再就业服务中心,有针对性地开展职业培训和职业指导,引导下岗职工转变择业观念,提高下岗职工的再就业能力,帮助下岗职工尽快实现再就业。要加大劳动力市场建设和职业培训的资金投入,推动劳动力市场科学化、规范化和现代化建设,为下岗职工提供方便快捷的再就业服务。要认真落实国家有关税收和小额贷款等方面的优惠政策,鼓励和支持更多的下岗职工自谋职业和组织起来就业。要加强劳动保障监察和劳动力市场管理,防止乱收费,切实维护下岗职工的合法权益。

(三)加强下岗职工劳动合同管理。国有企业下岗职工都应当进入企业再就业服务中心,并严格按国家有关规定签订基本生活保障和再就业协议。下岗职工在企业再就业服务中心期间已实现再就业以及 3 年协议期满仍未再就业的,企业应当依法及时与其解除劳动合同。对不进企业再就业服务中心或进了企业再就业服务中心不签协议的下岗职工,不支付其基本生活费;3 年期满后,企业也应当与其解除劳动合同。对已经与新工作单位有了半年以上事实劳动关系的企业职工,原企业应当及时与其解除劳动合同,新的用人单位应当依法与其签订劳动合同,建立新的劳动关系。对领取了工商执照并已从事半年以上个体劳动的企业职工,企业应当与其解除劳动合同。下岗职工已实现再就业的,原来的社会保险缴费年限连续计算。企业解除下岗职工的劳动合同后,要依法妥善解决好与下岗职工的债权债务问题。

(四)进一步完善"三条保障线"制度。下岗职工通过企业再就业服务中心保障其基本生活,最长时间为 3 年;期满后仍未就业的,按规定领取失业保险金,最长时间为两年;享受失业保险两年后仍未就业的,按规定享受城市居民最低生活保障待遇。有关部门要认真做好"三条保障线"的衔接工作,切实保障下岗职工和失业人员的基本生活。要抓紧将失业保险覆盖范围扩大到城镇各种所有制的企事业单位及其职工,并加强失业保险费的征缴和管理,失业保险基金主要用于保障失业人员和下岗职工的基本生活。要进一步完善城市居民最低生活保障制度,充分发挥保障作用。要切实关心下岗职工生活,在企业再就业服务中心期间,下岗职工应享受本企业在住房、子女上学等方面的福利待遇。

二、切实做好企业离退休人员养老金发放工作

(一)确保养老金按时足额发放。要通过扩大覆盖面、提高收缴率、完善省级统筹制度等措施,确保养老金的按时足额发放。要切实把集体企业、外商投资企业、私营企业等非国有企业和城镇个体经济组织及其从业人员,纳入基本养老保险覆盖范围。要加大养老保险基金的收缴力度,财政、银行、税务、工商等部门要发挥各自的职能作用,予以大力协助和支持,力争在 1999 年内使收缴率达到 90%以上。要按照《国务院关于实行企业职工基本养老保险省级统筹和行业统筹移交地方管理有关问题的通知》(国发〔1998〕28 号)的规定,建立基本养老保险省级调剂金制度,逐步加大基金的调剂力度。要在确保按时足额发放的同时,逐步补发以前拖欠的养老金。

(二)坚决清理追缴企业欠费和回收挤占挪用基金。对目前企业欠缴的养老保险费,要坚决清理追缴,重点是有能力缴而不缴的欠费大户,清欠比例要达到 50%以上。对于少数顶着不缴的,要按照有关规定对企业领导人和有关责任人作出处理,并予以新闻曝光。对被挤占挪用的养老保险基金,要在 1999 年年底之前全部收回,并严肃查处违规违纪案件。要继续加强社

会保险基金管理，落实收支两条线管理办法，完善内部审计制度和社会监督机制，确保社会保险基金的安全与完整。

三、抓紧做好养老保险行业统筹移交地方管理后的有关工作

（一）尽快将行业统筹结余基金移交到位。原行业统筹主管部门要对结余基金进行认真的自查，摸清情况，对违反规定的，要及时纠正。在此基础上，由审计署牵头，财政部、劳动保障部参加，对行业统筹结余基金进行审计。在1999年4月底之前，要将原来存在中央部门社会保险经办机构的结余基金全部移交中央财政专户，将原来存在省以下社会保险经办机构的结余基金移交省级财政专户。应移交地方但个别行业已上调的资金，经审计署、劳动保障部和财政部核查确认后，要如数退还。

（二）妥善解决行业统筹移交前的养老金拖欠和移交后的基金收支缺口。煤炭、有色、中建等行业统筹移交前拖欠的养老金和移交后部分地区1998年9月至12月的基金收支缺口，从行业统筹上缴中央财政专户的结余基金中予以一次性解决，具体由劳动保障部、财政部核拨。原行业统筹主管部门要继续负责，在劳动保障部、财政部的指导和帮助下，共同协商，妥善处理遗留问题。各地区要切实做好原行业统筹企业养老保险费的收缴和养老金的按时足额发放工作，坚决纠正对原行业统筹企业实行所谓“封闭运行”和资金自求平衡的做法。

（三）稳步调整原行业统筹企业缴纳基本养老保险费的比例。根据国发〔1998〕28号文件规定，煤炭、银行、民航企业缴纳基本养老保险费的比例5年调整到位；其他行业企业缴纳基本养老保险费的比例原则上3年调整到位。行业统筹移交后，企业缴纳基本养老保险费的比例调整，既要考虑地方的情况和企业的承受能力，又要考虑在收缴覆盖面扩大后养老保险费收取比例可以下降的情况，要按规定稳步进行，不能自行其是。各地区的调整方案须报劳动保障部，由劳动保障部会同财政部审批。

（四）核定原行业统筹项目。各地区和有关部门要按照《劳动保障部、财政部关于核定原行业统筹项目的通知》（劳社部发〔1998〕22号）要求，组织对行业的基本养老保险统筹项目进行审核认定。经审核确认的统筹项目，从基本养老保险基金中支付；未经确认的项目由企业负担，从企业成本中列支。

四、坚决制止和纠正违反国家规定提前退休的行为

（一）对提前退休的情况进行清查处理。根据国家关于企业职工退休条件的规定，由各省、自治区、直辖市人民政府和有关行业主管部门负责，组织对1998年1月1日以后办理提前退休的情况进行认真清理，分别妥善处理：1999年年底前达到国家规定退休年龄等条件的，已办理的退休手续有效，继续由社会保险经办机构支付养老金；1999年年底仍未达到国家规定退休年龄等条件的，已办理的退休手续无效，由企业统筹安排，应当安排下岗的职工，要进入再就业服务中心，保障其基本生活。对违反国家规定办理退职和1998年1月1日前违反国家规定办理提前退休的，由各地区、各部门参照上述精神妥善处理。这项工作，要在1999年4月底前完成。

（二）加强企业职工退休审批工作的管理。男职工年满60岁、女干部年满55岁、女工人年满50岁退休的，仍由县级人民政府劳动保障部门审批；从事井下、高空、高温、特别繁重体力劳动或其他有害身体健康的工种，因病或非因工致残完全丧失劳动能力的企业职工退休，改由地级劳动保障部门审批；按照国家有关规定提前退休的，改由省级人民政府劳动保障部门审批。原行业统筹企业的职工退休，由省级人民政府劳动保障部门审批。各地区、各部门及各企业必须严格执行国家关于企业职工退休条件的规定。今后，凡是违反国家规定提前办理退休的企业，要追究有关领导人和当事人的责任，已办理提前退休的职工要清退回原企业。

（三）严格按国家规定核定提前退休人员的待遇。对因病或非因工致残退休的人员和按国家有关政策提前退休的人员，其养老金按有关规定适当减发。

做好国有企业下岗职工基本生活保障和再就业工作，确保企业离退休人员养老金按时足额发放，关系企业改革、经济发展和社会稳定的大局，涉及企业职工和离退休人员的切身利益。各地区和有关部门务必高度重视，认真贯彻党中央、国务院的方针政策和工作部署，处理好改革、发展、稳定的关系，做到政策落实、资金落实、工作落实。要加强思想政治工作和政策宣传工作，把工作做深做细。要认真总结经验，推广好的典型，及时研究解决工作中出现的新情况、新问题。劳动保障部与国家经贸委、财政部等有关部门要密切配合，加大督促检查的力度，加强对地方工作的指导，共同把工作做好。

余秋里逝世

久经考验的、忠诚的共产主义战士，无产阶级革命家，新中国石油工业的创建者，经济工作的杰出领导人，中国人民解放军卓越的政治工作领导者，国务院原副总理，中国共产党第十一届、十二届中央政治局委员、书记处书记，原中共中央顾问委员会常委，中央军

委原委员、副秘书长，中国人民解放军总政治部原主任余秋里，因病医治无效，于1999年2月3日11时24分在北京逝世，享年85岁。

余秋里1914年11月15日出生在江西吉安坪里村一个贫苦农民家庭。1929年10月参加农民暴动，随即参加工农红军；同年12月，参加中国共产主义青年团。1931年5月，转为中国共产党党员。土地革命时期，历任赤卫大队中队长，红军连指导员、团政委。1935年参加长征。1936年在一次战斗中左臂受伤，仍坚持参加战斗爬雪山、过草地，因不得即时治疗被截肢。抗日战争爆发后，先后任军委总政治部直属政治处副主任、组织科科长兼巡视团主任、八路军第120师干部大队政治委员等职。1939年1月，正当冀中形势严峻之时，奉命率领独立第3支队开赴北平、天津、保定三角地带，开展游击战争。在一年的时间里，经过对日军顽强地抵抗，使部队刚组建的三个连300多人发展到三个团5000余人。1940年5月，奉命率独立第3支队开赴晋西北，参加著名的"百团大战"。1943年5日，蒋介石发动第三次反共高潮，集结兵力准备进攻延安。又率部回师陕北，守卫延安南大门。1945年8月，升任第358旅政治委员。与黄新廷率旅挺进晋西北，参加对日军的大反攻，迎来了抗日战争的胜利。其后原所在的第8团部队被编为中国人民解放军第1军第1师第1团。解放战争时期，其所部属中国人民解放军第一野战军。在彭德怀的指挥下，部队连续攻城略地，取得了不少胜利。并开展一场以"诉苦"和"三查"方法进行的新式整军运动。1948年1月，经过新式整军运动的西北野战军取得了著名的宜川大捷，歼灭胡宗南集团主力第29军，毙伤俘敌近3万人。1949年6月担任第1军第二副政委，率军参加了解放大西北的多次重大战役。

中华人民共和国成立后，余秋里先后任西南军政大学副政治委员、第二高级步兵学校校长兼政治委员、西南军区后勤部部长兼政治委员、财务部副部长、中国人民解放军总财务部副部长、部长、总后勤部政治委员。1955年，余秋里被授予中将军衔。刚解放时新中国石油供应十分匮乏，以至严重影响国计民生。彭德怀等力荐余秋里担纲负责，于是毛泽东亲自召见他，让其脱下军装，担任了中国政府刚组建不久的石油部部长。1964年1月，经中央批准，石油部组织了华北石油勘探会战，先后发现并建成了胜利油田、大港油田、辽河油田、任丘油田、中原油田等一批油田，为中国的国民经济建设作出了巨大贡献。1964年12月，任国家计划委员会第一副主任兼秘书长。1965年1月，中央决定成立其组成的小计委，主持编制了第三个五年计划，被称为"一个有骨有肉的好计划"。"文化大革命"非常时期，先后任国家计委副主任、主任。在主持计委工作期间，协助周恩来总理做了大量艰苦的工作，使遭受严重破坏的国民经济能够继续运转。1975年1月，任国务院副总理兼国家计委主任。1982年9月，党中央、中央军委任命担任解放军总政治部主任，邓小平亲自约见委以重振军队重任，协助邓小平再次进行了新时期军队的整顿工作。1985年百万大裁军后，主动从总政治部主任的岗位上退下来。1998年7月，被授予中国人民解放军一级红星功勋荣誉等。

2月4日

全国人大常委会委员长李鹏在福建调研

九届全国人大二次会议召开前夕，中共中央政治局常委、全国人大常委会委员长李鹏来到福建省，围绕改革、发展、稳定和社会普遍关心的问题深入调查研究，听取人民群众的意见。他指出，人民代表大会是人民行使国家权力的机关，要密切联系群众，反映人民群众的意见和要求，接受人民的监督，使人大的各项工作，体现人民意志，代表人民利益。

2月4日至2月10日，李鹏委员长在福建省委书记陈明义、省长贺国强、省人大常委会主任袁启彤的陪同下，先后赴宁德、福州、厦门等地市，深入工厂、农村、学校、家庭，在亲切、融洽的气氛中，围绕基层民主建设、国有企业改革、下岗职工基本生活保障和再就业、公正司法、农村电力体制改革等话题，同农民、职工、干部坦诚交流。李鹏一再鼓励大家要畅所欲言，实话实说。

基层民主建设是李鹏十分重视的问题。在宁德老区畲族同胞聚居的金涵乡亭坪村，在福州郊区闽侯县南通镇的南通村，李鹏走访农民家庭，走进村委会办公室，仔细观看各种报表和会议记录，与村民、村委会主任、村支书聊得十分投机。从农家的收成到日常生计，从村委会的产生到村务公开、民主管理，从农村基层党组织建设到基层民主的实践，李鹏问得具体，村民答得详细。当了解到这里的村民委员会已按照村民委员会组织法的规定全部由村民直接选举产生时，李鹏很高兴，他对村委会的负责人说，村民选举你们，就是对你们的信任，你们不能辜负大家的信任，要带领大家走上富裕的道路。

"不给群众一个明白，村干部就往往会不明不白。"南通村村干部的一席话，既是对教训的总结，也道出了农村村务公开、民主管理的重要性。李鹏对他们的这一总结予以充分肯定，他说，对一个村来说，民主包括民主选举，也包括民主管理、民主监督。你们在这方面进行的实践，正是为我们国家整个民主建设奠定基石。

2月8日，李鹏又专程来到福州锅炉厂，向厂长和工会主席详细询问了职工代表大会在工厂管理中发挥的作用。在得到肯定的回答后，他说，我国民主的特色是从基层民主做起的，在农村是通过村民委员会、在工厂是通过职工代表大会、在城市是通过居民委员会实现民主，这三大民主构成了中国基层民主的主要内容。我们要大力加强基层民主建设，让广大人民群众参与民主管理，又在参与的过程中提高民主意识。

李鹏委员长对下岗职工的基本生活有没有保障、再就业工作进展如何非常关心。在福建期间，他走访了下岗职工家庭，察看了福州市劳动就业指导服务中心，并专门召开座谈会，与干部、企业负责人、下岗职工和各级人大代表就如何做好这件大事共同探讨。他说，在社会主义市场经济的发展中，由于激烈的竞争、科学技术的进步、市场的变化等原因，就业问题是一个动态的过程。我们的再就业工作要经常化，要规范起来，形成良性的就业机制。一方面，要动员全社会的力量，积极安排下岗职工再就业；另一方面，要不断增强竞争意识，转变就业观念。福州的再就业工作做得很有成绩，但不能满足。他说，我们还是一个发展中国家，还处在社会主义的初级阶段，基本生活保障的水平不可能很高，对此要实事求是。房改问题也是一个与人民群众密切相关的重大问题。2月10日上午，李鹏在厦门考察完金鸡亭住宅小区后，请来了房改部门负责人和普通居民，与大家一起研究如何解决好房改问题。

铲除司法腐败，维护司法公正，是李鹏就任委员长后始终关注的一个问题。前一段时间，他曾两次听取了最高人民法院、最高人民检察院关于集中教育整顿工作的汇报，并多次到基层司法机关实地考察。这次一到福建，他就提出要到人民法院旁听，实地了解法庭公开审理案件的过程。2月9日下午，李鹏来到厦门市中级人民法院第二审判法庭，旁听了法院合议庭关于一起经济合同纠纷案的公开审理。在一个小时的旁听中，李鹏始终凝神倾听。法庭休庭后，他又召开了有司法部门负责人及人大代表参加的座谈会，就司法公正，人大开展个案监督等问题听取了大家的意见。李鹏说，我是第一次旁听公开审判，增长了许多知识。司法公正是我们社会主义民主法制建设的重要内容。人大及其常委会对个案的监督不仅仅是为了纠正某个案件，而是通过个案监督，督促和支持司法机关公正司法。这种监督应由各级人大及其常委会集体行使职权，而不能成为人大代表的个人行为。

要选择社会影响较大、人民群众反映强烈的典型案件进行监督。在这方面，地方各级人大及其常委会可以先行探索，总结经验。农民电费负担过重是长期存在而又难以解决的问题，这一问题正在通过农村电力体制改革加以解决。在宁德，在福州，李鹏请农民们坦诚说出他们在用电上的负担，请电力管理部门和基层干部真实地道出农村电价偏高的原因。他说，要切实考虑到广大农民的利益，加大改革力度，加强农村电网的技术改造，逐步把农村电价降下来，减轻农民负担，开拓农村用电市场，为提高农民物质文化生活水平创造必要的条件。

春节将至，李鹏在宁德还专门看望了闽东地区的老党员、老红军、老游击队员、老苏区干部代表，向他们拜早年。对他们在革命和建设时期作出的贡献表示感谢，祝愿他们身体健康，安度晚年。他还来到中国闽东儿童活动中心，看望了正在那里参加学习和娱乐活动的少年儿童。

在福建考察期间，李鹏听取了福建省的工作汇报，充分肯定了福建近年来在改革和发展中取得的成绩。他说，过去的一年，我们战胜了一个又一个困难，国民经济保持了良好的发展势头。他勉励福建的广大干部群众积极开拓新的经济增长点，促进国民经济持续、快速、健康发展和社会全面进步。

2月7日下午，李鹏还专程来到福建省人大常委会，看望了常委会组成人员和机关干部。他希望全国人大代表深入基层，听取人民群众的意见和建议，为开好九届全国人大二次会议做好准备。

陪同李鹏委员长考察的还有：全国人大内务司法委员会主任委员侯宗宾、全国人大法律委员会副主任委员顾昂然、全国人大财经委员会副主任委员姚振炎、全国人大教科文卫委员会副主任委员范敬宜、全国人大常委会副秘书长姜云宝、全国人大常委会法制工作委员会副主任胡康生。

中共中央政治局常委尉健行在湖北考察

2月4日至10日，尉健行在中共湖北省委书记贾志杰、省长蒋祝平分别陪同下，先后到武汉、宜昌、荆州等地，考察了武汉钢铁集团公司、武汉经济技术开发区、武汉东湖高新技术开发区，实地了解了三峡工程建设情况，到车间、工地慰问正在劳动的职工，并同劳动模范们交谈。

在听取湖北省委、省政府以及省纪委、监察厅的工作汇报后，尉健行对湖北的工作给予了充分肯定。尉健行强调，在全面推进今年的党风廉政建设和反腐败三项工作的进程中，特别要在以下四个方面多下功夫。一是按照中央部署，深入开展“讲学习、讲政治、讲正气”教育，重点在县级以上党政领导班子、领导干部中，以整风的精神开展以“三讲”为主要内容的党性党风教育，认真解决存在的突出问题，提高思想政治素质，加强作风建设，推动党风廉政建设的新发展。二是要认真学习、贯彻江泽民总书记在中央纪委第三次全会上的重要讲话精神，把整顿和加强党的纪律作为当前加强党的建设，推动反腐败斗争深入进行的一个重大问题切实抓好。各级领导干部要自觉遵守并严格执行党的纪律特别是政治纪律，坚决贯彻党的路线方针和国务院的重大决策，保证政令畅通；要增强组织观念，凡重大问题和重要情况，必须及时请示汇报。对违反党的纪律的行为要坚决惩处。三是要全面落实党风廉政建设责任制。各级党委、政府及职能部门的领导班子、领导干部，都要以高度的政治责任感，带头遵守并认真执行责任制，尤其要严格执行责任追究的各项规定。对由于失职渎职并造成后果的直接责任人和负直接领导责任的主管人员，都必须追究其责任，根据情节给予党纪政纪处分或者组织处理。各级党委、政府及职能部门都要结合实际制定实施办法，明确规定领导班子和领导干部在党风廉政建设中担负的责任，以及违反规定应当受到的处理，以保证党风廉政建设责任制真正落到实处。四是在狠抓治标的同时，切实做好党政机关与所办经济实体和管理的直属企业彻底脱钩，行政性收费和罚没收入实行"收支两条线"管理，建立、健全有形建筑市场，以及推行村务公开、厂务公开和政务公开等从源头上预防和治理腐败的工作。

尉健行在考察湖北工会工作时强调，各级工会要自觉地把工会工作放到全党全国的工作大局中去认识和把握，紧紧围绕大局做好两方面的工作。一是保护好职工群众的积极性，并把这种积极性引导到深化改革、发展经济上来，作出更大的成绩，迎接新中国成立50周年。二是通过正确地调整劳动关系，维护好职工群众的合法权益，减少劳动关系方面的矛盾，以利于全国大局的稳定。这方面工会要做的工作很多，包括积极协助党委政府做好国有企业下岗职工基本生活保障和再就业工作，实施好送温暖工程，以第一责任者的身份做好特困职工的基本生活保障工作；把依法开展平等协商和签订集体合同作为调整企业劳动关系的主要手段，不断提高集体合同的质量；维护职工的民主权利，维护职工当家做主的政治权力，从抓厂务公开入手，进一步充实职代会的工作；进一步加强新经济组织和改制企业的工会组织建设，并使其发挥作用。

《人民日报》就基础建设问题发表社论《百年大计 质量第一》

国务院新闻办公室举行中外记者招待会介绍中国信息产业的发展情况

信息产业部部长吴基传表示，随着信息产业部的组建，我国信息产业进入了新的发展时期。今年我国信息产业将继续保持较高的增长速度，同时进行产业重组，调整产业结构，改善通信服务。

吴基传首先介绍了去年我国信息产业发展的有关情况。吴基传说，去年，我国信息产业继续保持了较快的增长速度，投资力度明显加大，产业结构不断优化，市场开发向新的深度和广度推进，网络运行、经济运行质量和效益进一步提高。全年通信业务收入完成2295亿元，比上年增长25.4%；通信固定资产投资完成1754亿元，比上年增长39.2%。新增增加值占新增国内生产总值的比重由上年的2.4%提高到4.9%。电子信息产品制造业经济运行状况良好，产业规模迅速扩大。去年完成销售收入3100亿元，增长14.1%；完成工业增加值740亿元，增长13.8%；实现利税总额230亿元；出口额达270亿美元。

吴基传说，去年是我国信息产业改革力度最大、涉及面最广的一年。根据国家机构改革和邮政、电信发展的需要，信息产业部作出了在全国实施邮电分营的重大决策。到去年12月底，各市地县邮政局、电信局和省邮政局都已组建完毕，按照新体制开始运转。全国邮电无线寻呼资产剥离、改制重组也取得了较大进展。电子行业积极推进大公司战略，目前以大公司为主体、中小企业共同发展的格局正在形成。

吴基传表示，今年我国信息产业将围绕扩大内需，积极开拓市场，实现有效益的快速增长。他透露，今年我国通信业务的收入预计达到2852亿元，比上年增长24%；电子信息产品制造业销售收入可达3600亿元，比上年增长16%，出口额达到280亿美元，增长3%。

在回答有关中国电信的重组与改革的问题时，吴基传说，对中国电信的重组是本着政企分开、引入竞争、破除垄断、促进发展这一原则进行的。去年，信息产业部对电信业的重组做了一些准备工作，邮电分营为通信业下一步深化改革打下了基础。他透露，下一步将组建无线寻呼、移动通信等专业化企业集团，实现对中国电信的重组。他特别强调，目前，改革的具体方案尚在研究讨论中。

关于电信业服务价格是否将进行调整的问题，吴基传说，随着电信业的技术进步和网络规模容量的增加，随着新业务的出现和国内消费水平的提高，对价格作出相应的调整是合情合理的。他说，电信业的服务价格在调整时，将充分考虑我国的具体国情和当前百姓消费的实际水平。目前，有关价格调整的具体方案已上报国务院有关部门。他透露，电话初装费、手机入网费的价格有望在近期作出相应调整。

招待会由国务院新闻办公室主任赵启正主持。124家中外新闻机构的150余名记者参加了招待会。

国家经贸委召开全国煤炭关井压产电视电话会议

会议提出下一步关井重点是：国有矿区井田范围内的小煤矿要全部关，国有矿区井田范围外没有煤炭生产许可证，经停产整顿仍达不到发证条件的，要全部关。同时，关井要与压产结合，通过关井，到年底坚决压减非法和不合理煤炭产量2.5亿吨，使全国煤炭产量控制在11亿吨。

全国煤炭关井压产领导小组副组长、国家经贸委副主任石万鹏说，截至目前，全国虽已取缔关闭非法矿井8845处，但大多属于以下三类：一是两证全无的非法矿井，是前两年四部一委一会联合行动依法整顿煤炭生产秩序中关闭的非法矿井；二是煤炭市场供大于求被迫停止生产的矿井；三是两证全无，非关不可的矿井。因此，对前一阶段的成果不宜估计过高，对下一步工作的难度，应有充分思想准备。

全国煤炭关井压产领导小组副组长、国家煤炭工业局局长张宝明说，对"两证"全无和国有矿区井田范围内的小煤矿，要早关、快关、关实。对国有矿区井田范围内的各类小煤矿，必须坚决关掉。

"中国南极长城站"站名在南极揭牌

教育部举办全国留学回国成果汇报会

参加这次由教育部举办的"全国留学回国成果汇报会"的代表都是在我国科研、教学、产业、管理等方面作出成绩的优秀留学回国人员。国务院副总理李岚清在听取了代表的发言后讲话。他说，20年前，在邓小平同志的大力倡导下，使得我国向外大量派遣留学人员的工作与改革开放同时起步，并随着改革开放的深入而发展。20年来，我国出国留学的人已有10多万名留学人员学成回国，成为我国社会主义现代化建设的一支重要力量，在不同岗位上作出了贡献。

李岚清指出，我们正处在世纪相交之时，新世纪将是一个科学技术更加突飞猛进的世纪。我们一定要认识新形势，迎接新世纪的挑战。挑战、竞争，归根到底都是围绕人才展开的，谁能培养和吸收足够的优秀人才，谁就能在激烈的竞争中占据优势，控制科技前沿的制高点。在新的历史时期，出国留学工作要力争为创新人才的培养作出新贡献；为培育高新技术产业，孕育和开拓新的经济增长点，促进国家产业结构调整方面作出新的知识和科技贡献。

李岚清说，各部门、各地方、各级政府要从战略的高度和尊重知识、尊重人才的高度充分重视做好留学回国人员的工作，要努力创造对留学回国人员在政治上爱护，生活上关心，工作上充分发挥他们的作用的良好氛围。在我国现在尚不富裕的条件下，我们要从实际出发，继续采取切实措施，认真解决好留学回国人员在工作和生活上遇到的困难。

李岚清说，广大在外留学人员是我们国家宝贵的财富和重要的人才资源，他们中绝大多数人都怀有爱国报国的赤子之心。我们已经并将继续采取措施，鼓励更多的在外留学人员回国工作和以适当的方式为祖国服务。教育部实施的"春晖计划"以及科研等其他部门吸引留学人员的计划，为在外留学人员为国服务创造了有利条件。各部门、地方、单位都要在中央确定的留学工作方针的指导下，加强相互间的协商，形成合力，协调有序地做好留学人员回国工作。希望各部门、各地方政府要积极主动地为适应我国社会主义初级阶段经济建设和社会发展对各类高级专门人才的需求，创造性地开展工作，使出国留学工作为实施"科教兴国"战略作出新的贡献。

由中央军委主席江泽民题写书名的《中国军事通史》近日由军事科学出版社出版发行

中国足协召开全国甲级俱乐部董事长经理会议商讨成立俱乐部委员会严格执行限薪规定

国家工商局决定对药品保健品宣传广告进行一次集中检查

2月5日

首都侨界新春茶话会在人民大会堂举行

台胞新春同乐会在钓鱼台国宾馆举行

《人民日报》发表评论员文章《肩负起崇高的历史使命——三论学习江泽民同志〈在纪念党的十一届三中全会召开二十周年大会上的讲话〉》

中国青少年权益保护(名流爱心)基金在人民大会堂举行设立仪式

国务院关于南宁市城市总体规划的批复

国务院关于武汉市城市总体规划的批复

国家主席江泽民会见美国时代公司总编辑诺曼·帕尔斯丁

国家主席江泽民在人民大会堂接受德国等四国大

使国书

这4位大使是:塞浦路斯大使洛里亚·马尔基季斯、哥伦比亚大使罗德里戈·克鲁宾-隆多尼奥、瑞士大使周铎勉以及德国大使于倍寿。

泰国国王普密蓬在曼谷王宫会见外交部部长唐家璇

普密蓬国王在会见中说,泰中两国建交以来,两国关系一直不断巩固发展,其特点是双方以诚相待,真挚合作。泰中友好关系的基础是牢固的,前景是广阔的。国王对中国在东亚金融危机中给予泰国的真诚援助表示感谢,对中国在经济建设中取得的举世瞩目成就表示赞赏。

唐家璇说,中泰建交24年来,两国关系很好,两国之间有着亲戚般的密切关系。我们两国既没有历史遗留的悬而未决的问题,也没有现实的利害冲突,只有友谊和合作。正如国王所说的,两国关系已经到了密不可分的程度。

唐家璇说,中泰关于21世纪合作计划的联合声明为两国关系的发展指明了方向,增添了丰富的内容。唐外长对国王为发展两国关系倾注了热情和心血,作出了突出的贡献表示赞赏。他说,泰国王室成员多次访华,成了发展两国关系的桥梁。

中国驻泰国大使傅学章会见时在座。

泰国总理川·立派在曼谷总理府会见外交部部长唐家璇

外交部部长唐家璇在曼谷与泰国外交部部长素林举行会谈

中国政府和泰国政府在曼谷签署《中华人民共和国和泰王国关于21世纪合作计划的联合声明》

声明说,在21世纪即将来临之际,中泰双方一致认为应进一步拓展两国间睦邻互信的全方位合作关系,使中泰关系进入一个新的发展阶段。为此,双方制订了可遵循和实施的框架和方针。双方确认,《联合国宪章》、和平共处五项原则、《东南亚友好合作条约》所确定的原则以及公认的国际法原则应成为处理两国关系的基本准则。双方将对中、泰、老、缅四角经济合作及大湄公河次区域经济合作框架下的次区域合作给予更大的重视和支持。双方对中国与东盟组织及东盟各国友好关系的发展感到满意,认为中泰合作是加强中国与东盟各方面关系的促进因素。

中方表示将充分尊重泰国的独立、主权和领土完整。泰方重申承认中华人民共和国政府为中国的唯一合法政府,承认中国政府关于只有一个中国,台湾是中国不可分割的一部分的立场。

中国外交部部长唐家璇和泰国外长素林分别在声明上签字。

中共中央国家机关工委关于积极开展走访慰问送温暖活动的通知

民政部关于各地民政部门做好慰问抗洪烈属和伤残人员工作的通知

2月6日

中办关于进一步加强督促检查工作的意见

自1995年《中共中央办公厅关于进一步加强督促检查工作的意见(试行)》下发以来,在党中央和各级党委的领导下,办公厅(室)的督促检查工作不断发展,对贯彻党的路线方针政策,推动中央和各级党委重大决策、重要工作部署的落实,发挥了越来越大的作用。决策作出后,关键要抓落实,并且要通过督促检查推动决策落实。督促检查工作既是各级党委的重要职责,也是办公厅(室)的重要工作。办公厅(室)要通过扎实有效、锲而不舍的督促检查,推动中央和各级党委决策的落实。根据几年来的试行情况,现就进一步加强督促检查工作提出如下意见:

一、对中央和各级党委决策的贯彻落实进行督促检查是办公厅(室)的重要职责

决策的制定和实施方案的部署,事情还只是进行了一半,还有更重要的一半就是要确保决策和部署的贯彻落实。为此,督促检查工作十分必要。开展督促检查是一个重要的领导环节和领导方法。督促检查,从根本上说,是对各级党委和领导工作作风的监督和检查,是决策落实的重要推动力,是落实工作不可缺少的辅助力量。各级党委作为抓决策落实的主体,责无旁贷地要抓决策贯彻落实的督促检查;作为党委办事机构的办公厅(室),担负着为党委制定和实施决策服务的任务,同样应该在督促检查工作中发挥重要的作用。

为党委决策的制定和实施服务,是办公厅(室)的重要任务。党委决策制定前,需要办公厅(室)提供信息、提供预案;党委决策制定后,同样需要办公厅(室)协助党委抓决策落实。督促检查就是做推动决策落实的文章,就是保证党委决策目标的实现。办公厅(室)的督促检查是党委督促检查的组成部分,其主要职责和作用是协助党委开展督促检查,并按照党委要求自行组织有实效的督促检查,以推动中央和党委决策的落实。督促检查工作做得怎样,是检验办公厅(室)整

体工作的重要标志，是衡量办公厅(室)工作层次和水平高低的重要方面。各级党委办公厅(室)一定要强化督促检查意识，健全督促检查制度，优化督促检查机制，加大督促检查力度，提高督促检查实效，使督促检查在推动决策落实上发挥更多更大的作用。

二、把抓落实作为督促检查工作的出发点和落脚点

江泽民同志多次强调，不仅要制定正确的决策，更重要的是要落实决策，要“落实，落实，再落实”。“各项工作都要有布置、有检查，决不能只满足于开会、发文件、作指示，而要看究竟落实了多少，效果如何。这样才能使决策、任务和要求落到实处。”办公厅(室)的督促检查，出发点和落脚点都是为了中央和各级党委决策的落实。这是督促检查工作的本质属性和根本目的，也是衡量督促检查工作效果的唯一标准。办公厅(室)的督促检查从上到下，从制订计划到组织实施，从工作内容到工作方式，都要紧紧围绕落实做文章，在落实上下功夫，在落实上见成效。决策落实的过程，是由浅入深、不断趋向决策目标的不间断的实践活动。因此，办公厅(室)的督促检查工作必须扎扎实实，真抓实干，做大量实际的而不是表面的、深入的而不是肤浅的、具体的而不是抽象的工作；必须环环相扣，贯穿到决策实施的每个阶段、每个环节、每个方面，直至决策真正转化为干部群众的实际行动，达到预期的效果。在方式上，督促检查工作不能只局限于了解对上级决策是否作了贯彻部署和制定了措施，不能只停留在掌握开了多少会、发了多少文件、下去了多少人这些落实工作的外在表现上，而应该把力量用在决策部署以后的具体实施上，把功夫下在决策精神见之于基层和干部群众的实际行动上。要经常了解决策落实的进度，追踪决策落实的轨迹，并且循着决策落实的进程，及时组织各项富有推动力的督促检查活动，持续不断地推动决策落实，直到决策目标的实现。

督促检查抓落实，要有求真务实、讲求实效的工作作风。抓落实，就要坚决防止主观主义、官僚主义和形式主义，制止弄虚作假和做表面文章。在督促检查工作上，要力戒不从实际出发，不深入基层，坐在家里想点子，跑到下面找例子，靠打电话、报材料、听汇报进行督促检查的飘浮作风，必须深入实际，深入群众，扎实工作，舍得花气力、下功夫，做艰苦细致的工作；要力戒大呼隆、走过场、图形式、搞花架子，应付上级的虚假作风，必须讲真话、使真劲、报实情，扑下身子抓，沉到下面干，追求落实的效果，不要做给领导和上级看的毫无意义的数字和形式；要力戒绕开矛盾，掩盖问题，浅尝辄止，半途而废，搞“半拉子”工程的肤浅作风，必须锲而不舍，一抓到底，善始善终，务求落实。督促检查工作搞形式主义，不仅不能推动决策落实，反而会给决策落实制造障碍，增加阻力。因此，督促检查工作一定要从实际出发，从效果出发，形式服从内容，方式服从效果，切实抓出成效。

三、紧密围绕党的中心工作进行督促检查

办公厅(室)开展督促检查，要紧紧围绕党的中心工作进行。要切实抓好党的路线方针政策贯彻落实的督促检查，抓好中央和各级党委重大决策、重要工作部署贯彻落实的督促检查。同时，要抓好中央和各级党委、领导同志以及上级领导机关批示、交办事项的查办落实。办公厅(室)要根据中央和各级党委一个时期的中心任务，确定督促检查的重点。对重大决策贯彻落实的督促检查，要紧抓不放，务求落实。

中央和各级党委作出重大决策和重要工作部署后，办公厅(室)要根据党委的意图，拟定督促检查方案，进行分解立项，报领导同志审批后，将督促检查的工作任务落实到地区、部门，明确责任，提出要求。对重大决策贯彻落实所提出的责任目标，可根据需要予以公布，接受群众和舆论的监督。在决策实施过程中，要及时掌握动态，跟踪决策落实的进展情况，把督促检查贯穿于决策落实的全过程。

反馈决策落实情况，是督促检查工作的重要任务，也是为党委进行督促检查服务的重要方式。要及时、全面、准确地反馈决策落实情况，以保证党委有针对性地对决策落实进行指导。按照规定，各地区、各部门要经常向中央报告工作，办公厅要及时提醒党委向中央报告工作并积极协助党委如实地写好报告。同时，办公厅(室)还要通过《督查专报》等形式，不断地反馈中央和上级党委决策在本地区的落实情况。《督查专报》的内容，既要反馈中央和党委决策下达后，本级党委的部署和安排，还要反馈党委抓落实的具体行动和决策落实的进度；既要反馈决策实施初期的情况，还要反馈决策实施过程中各个阶段的情况；既要反馈决策落实的进展动态、措施办法和成绩经验，还要反馈决策落实中遇到的困难、出现的矛盾和存在的问题。各省、自治区、直辖市党委办公厅向中央办公厅报送《督查专报》，每年不得少于30期，其中应有一半是反映决策落实中出现的问题以及解决这些问题的意见、建议和做法的。

在督促检查工作中，要重点抓问题的解决。决策的实施正是通过对一个一个矛盾和问题的解决，最终实现决策目标的。从一定意义上讲，督促检查工作的力度主要体现在敢不敢于、善不善于抓矛盾和问题上。办公厅(室)一定要本着对党和人民高度负责的态度，紧紧抓住那些带普遍性、倾向性、苗头性的问题进行督促检查。要敢于向中央和各级党委反映真实情况和问题，特别是那些影响决策深入落实的问题。反映问题要说明来龙去脉、形成过程、产生原因以及发展趋势。

反映问题是为了推动问题的解决，要透过现象看本质，主动发现矛盾，积极协助党委抓好问题的解决，把决策落实不断推向深入。

四、根据中央和各级党委决策的要求经常组织有实效的督促检查活动

办公厅(室)的督促检查要纳入党委督促检查的整个活动中通盘考虑，统一安排。同时，办公厅(室)还要根据中央和各级党委决策的要求，按照党委指示，主动地经常地组织有实效的督促检查活动。开展督促检查首先要吃透决策精神，领会领导意图，不能脱离决策精神"想当然"，甚至另搞一套。督促检查重在推动，重在协助，要以主人翁的态度多做宣传和引导工作，使督促检查的过程成为引导下面理解决策精神、帮助下面出谋献策、协助下面一起抓落实的过程。要继续坚持经实践证明是行之有效的督促检查方式，同时要根据决策落实的需要，不断探索新的方式方法。

督查调研是开展督促检查活动的重要方式。它是在决策作出后，针对决策落实情况，通过调查研究进行的督促检查活动。中央和各级党委决策实施一段时间后，办公厅(室)要根据党委的指示，及时会同有关部门组织力量深入下去进行督查调研。督查调研首先要选准题目，要紧紧围绕中央和各级党委的重大决策以及领导关注的重大问题进行。督查调研组下去后，要倾听群众的反映，掌握第一手材料，了解真实情况，总结经验，发现问题，提出解决问题的办法，研究深入抓落实的措施。要深入实际，通过开座谈会，到基层与干部群众交谈，甚至"微服私访"，切实把情况搞清楚。在一地调研结束后，要及时同当地领导交换意见，将调查了解到的情况特别是存在的问题，如实相告，促使其把决策落到实处。要把调查的情况加以分析综合，反馈给党委，为党委推动决策落实和再决策提供依据。对中央重大决策和各级党委重要工作部署落实的督查调研，也可建议有关领导同志亲自参加。对一些涉及面较广的重大决策的督查调研，可根据党委授权，组织有关部门联合进行。

催报检查是一种经常性的督促检查活动。凡文件和会议明确规定了报告决策落实情况时限的，办公厅(室)一定要按照要求的内容和时限催报；没有明确报告时限的，要根据内容提出报送要求并搞好催报。对于催报上来的情况，要进行分析，做好综合汇总，向党委提出意见和建议。不符合要求的，在报请党委批准后，可请报送单位补充情况或重新报告。

五、为党委和领导同志进行的督促检查提供优质高效的服务和组织协调

办公厅(室)要协助党委科学地安排工作，尽量减少领导同志的事务性活动，创造一切必要的条件，保证领导同志有更多的时间和精力深入基层，深入群众，调查研究，督促检查。要根据中央的决策精神和各级党委的工作部署，及时向党委提出开展督促检查的建议，提供一个时期需要督促检查的内容、重点和方式，供领导同志参考。要积极为领导同志提供督促检查的全程服务，协助领导同志提高督促检查的效果。领导同志督促检查前，办公厅(室)要提供有关情况，拟制督促检查预案，协调督促检查力量，做好各项准备和组织工作；领导同志督促检查中，要协助领导同志加强同被督促检查单位之间的沟通和联系，安排和组织好各项活动，及时发现和解决问题；领导同志督促检查告一段落后，要协助领导同志及时总结经验，对中央和各级党委决策落实的进展情况、取得的成效、存在的问题、解决的办法等进行汇总反馈，推广先进，带动后进，解决带倾向性、普遍性的问题，研究进一步落实的措施。

办公厅(室)要根据党委授权，搞好督促检查工作中的组织协调。要加强同党委其他部门及政府有关职能部门的联系。对重大决策落实的督促检查，党委办公厅(室)可与同级政府办公厅(室)以及有关职能部门联合进行。必要时，可组织联合督促检查组到决策落实第一线开展工作。对某项决策落实职责不清的，要请党委加以明确。对决策落实涉及几个职能部门的，要进行协调，确定牵头或主办单位。在办公厅(室)协调出现困难时，可请示党委或请领导同志出面协调。

六、把中央宏观决策与地方党委具体决策贯彻落实的督促检查有机地结合起来

中央决策是党中央从党和国家的工作全局作出的战略性、宏观性决策，需要各级党委的具体决策与之相配套。各级党委根据中央决策从本地实际出发作出的各项具体决策，是中央决策在本地的具体化，它同中央决策一起构成党的工作的全部部署和安排。抓本级党委决策贯彻落实的督促检查，离不开中央决策贯彻落实的督促检查；同样，抓中央决策贯彻落实的督促检查，也不能脱离本级党委决策贯彻落实的督促检查。只有在实践中把二者有机地结合起来，融为一体，中央和本级党委的决策才能够落到实处。

推动中央决策的贯彻落实，是各级党委办公厅(室)的共同职责。中央决策代表了党和人民的最高利益，必须从全党全国工作大局的高度，从确保中央政令畅通、维护中央权威的高度，牢固树立和明确围绕中央决策落实开展督促检查工作的指导思想和工作目标。不管是哪一级的党委办公厅(室)，都要把中央决策的贯彻落实作为督促检查的重点，放在督促检查工作的首位。办公厅系统从上到下要形成合力，共同抓好中央决策贯彻落实的督促检查。对此，一定要坚定不移，任何时候都不能懈怠。

要用中央决策精神指导本级党委决策的贯彻落实，通过抓本级党委决策的贯彻落实，推动中央决策在本地区的贯彻落实。要把推动本级党委决策贯彻落实的督促检查放到推动中央决策落实的总体工作中来谋划、来开展，使本级党委决策贯彻落实的督促检查沿着正确的方向开展，取得更大的效果。要在中央决策指导下，切实抓好本级党委决策落实的督促检查。要既抓中央决策落实的督促检查，又抓本级党委决策落实的督促检查，并在实践中把二者紧密地结合起来。

开展中央决策和本级党委决策贯彻落实的督促检查，要求办公厅系统的督促检查工作上下结合，紧密配合。中央办公厅将及时向各地区、各部门办公厅通报中央对督促检查工作的要求、一个时期督促检查工作的重点，为办公厅(室)系统的督促检查按照中央的要求高效运转服务。各级党委办公厅(室)之间要加强联系，互通情况，搞好协调，形成合力，共同开展督促检查工作。必要时，上下级办公厅(室)可联合组成督促检查组，到基层进行督查调研。

七、认真做好党委领导同志批办事项的专项查办工作

对中央和各级党委领导同志批示、交办事项进行专项查办，是督促检查工作的重要组成部分。要认真做好领导同志批示、交办事项的查办落实工作，做到批则必查，查则必清，清则必办，办则必果。对本地区出现的那些严重影响党的路线方针政策和党委重大决策贯彻落实、群众反映强烈的问题，在报经领导批准后也要主动进行查办。

各地区、各部门收到上级机关转来的查办事项后，要按程序交党委办公厅(室)督促检查部门登记立项，由督促检查部门报告党委，并按照党委的指示，或责成有关部门查办，或牵头组织力量查办。查办工作必须求真务实，秉公办事，不仅要查清情况，还要提出处理意见。对复杂、重大的问题，要一查到底，务求水落石出。要增加催促力度，加快办理速度，提高办结质量。中央领导同志批办事项和中央办公厅主动查办事项一般要在两个月内办结，同时要急事急办，按要求的时限完成，并向发出查办通知的上级机关报告查办结果；特殊情况需要延长查办时间的，要及时报告原因和进展情况，延长期不能超过两个月；对久拖不决的问题，必要时要派人下去直接进行催办。

查办工作必须注重办结质量，承办单位要对查办报告认真审核把关。对重要事项的查办结果，交办单位要亲自核查；对不符合要求的，应退回承办单位重新查报；对逾期不报或在办结报告中弄虚作假的，在经过调查核实的基础上，要向承办单位的党委主要领导同志报告，并请党委追查责任，给予必要的处理。中央办公厅将视情况对查办件的办结情况进行通报。重要查办事项办结后，要举一反三，采取措施，推动与之相联系的党的方针政策的落实。

八、切实加强对督促检查工作的领导

各级党委和领导同志在研究制定决策的同时，要切实改进工作作风，把主要精力放在调查研究、督促检查和狠抓落实上。同时，要重视和加强办公厅(室)的督促检查工作，使用好办公厅(室)的督促检查力量。要让督促检查工作人员充分了解党委的决策意图、工作思路和部署，授予必要的组织协调、情况通报、处理问题等督促检查工作方面的权力。要给督促检查工作人员交任务、压担子，听取他们的汇报，给予经常性地具体指导。要为督促检查人员提供阅读文件和资料、跟随领导下基层调研、检查工作等必要的工作条件。要调动和保护他们的积极性，帮助他们解决实际问题。要进一步健全督促检查机构，加强督促检查力量，稳定督促检查队伍，配强督促检查人员。为增强督促检查工作的权威性和对外工作方便，督促检查部门的名称可由党委灵活确定，如省委办公厅的督促检查部门可称省委督查室。可根据工作需要，选聘一些资历深、工作经验丰富、公道正派、敢于反映和处理问题的同志担任专职督查员或兼职督查员。

办公厅(室)要协助党委加强对督促检查工作的领导。要按照政治强、业务精、作风硬、纪律严的要求，加强督查队伍的自身建设。要教育督促检查工作人员坚持正确的政治方向，认真学习马克思列宁主义、毛泽东思想特别是邓小平理论，认真学习党的路线方针政策和社会主义市场经济理论、法律知识和现代科学技术知识，不断提高自身的政治素质和业务素质。要建立便捷、畅通、有效的督促检查网络，运用现代办公手段，密切网络联系。上级党委督促检查部门要加强对下级党委督促检查部门的业务指导，组织业务培训，开展督促检查理论与实践的研究。要继续建立和完善督促检查的制度，逐步实现督促检查工作的制度化、规范化和科学化。

河南省九届人大二次会议选举李克强为省长

黑龙江省九届人大二次会议选举徐有芳为省人大常委会主任

展现刘伯承 邓小平创建晋冀鲁豫抗日革命根据地史实的八路军129师陈列馆日前在河北涉县落成

中国代表团在韩国江源道举行的第四届亚冬运动

会上获15枚金牌列首位

2月7日

国家主席江泽民致电约旦新任国王阿卜杜拉对侯赛因国王逝世表示哀悼

江苏省九届人大二次会议选举季允石为省长

国务院办公厅发出转发中国人民银行整顿信托投资公司方案的通知

中组部 中宣部 统战部 科技部 人事部 广电总局在中央电视台演播大厅联合举办文艺演出慰问各条战线的专家学者

国家林业局就森林防火问题发出紧急通知

民政部 全国总工会 共青团 中央全国妇联和中国老龄协会主办的全国敬老好儿女金榜奖 老有所为奉献奖 重视老龄工作功勋奖表彰大会在人民大会堂举行

2月8日

全国政协主席李瑞环会见乌拉圭众议长海梅·马里奥·特罗沃

国务院总理朱镕基在北京看望信访部门工作者

朱镕基来到中办国办信访局，慰问信访部门的人员。

朱镕基总理在国务委员兼国务院秘书长王忠禹陪同下，先后视察了信访局各处、室，认真了解人民来信的受理、分检、上报等处理情况，并与工作人员亲切交谈。当他听说1998年信访局共受理群众来信来访46万多件次，办信处人均办信量7000多件，接待处人均接待600多人次时，连连点头说："你们任劳任怨，成绩很大。"

随后，朱镕基总理听取了信访局负责人的工作汇报，并讲话。

朱镕基指出，我们党和政府历来十分重视信访工作。通过这项工作，我们可以了解政策执行过程中的情况，检验政策的实际效果，更好地完善和修订政策；可以进一步发扬民主，广开言路，广开才路，调动发挥人民群众聪明才智，参政议政，投入社会主义建设的积极性；同时，也有助于加强对我们各级干部的监督，揭露官僚主义作风和违法乱纪行为，克服干部队伍中的腐败现象。

朱镕基强调，各级党委和政府要进一步提高认识，十分重视群众来信来访工作。主要负责同志要亲自批办重要的群众来信，接待重大问题的来访群众。要经常关心和支持信访部门的工作，加强和规范信访机构的建设，关心信访工作人员的工作和生活。各级信访部门和有关单位对群众反映的情况，要认真研究分析，区别情况，正确处理，尽可能满足群众的正当要求。需要查处的，应提交或责成有关机关查证核实处理，并及时反馈处理结果，严禁压置不理、层层照转、不了了之。

朱镕基还指出，在重视信访工作的同时，也要向人民群众讲清道理。除了信访渠道以外，我们还有民主、法制的多种正规渠道。特别是属于司法机关处理的问题，要引导来信来访者向司法机关反映，通过法律手段解决，纳入规范化、法制化的轨道，实际效果比信访手段要直接和快捷得多。要提倡上访信件使用真实署名，这有利于反映真实情况和提高查处效率，对于打击报复信访人的行为要严厉惩处。要尽可能减少越级上访，特别是群众集体上访。这种上访不仅无助于问题的解决，而且容易给少数人以寻衅闹事之机。

朱镕基说，根据去年群众信访的内容分析，半数以上是反映农村的问题，集中在集资摊派、乱占耕地、贪污公产和侵犯农民利益；近1/3是反映城市的问题，集中在下岗职工和离退休职工生活困难，卖企业成风和损害职工合法权益；也有相当比例是反映干部贪污受贿、以权谋私、违法乱纪。各级党政领导干部要针对这些倾向性的问题，根据党中央、国务院已经制订的方针、政策、法规，认真研究贯彻，专项整治，化解矛盾，稳定民心。

朱镕基最后指出，去年下半年以来，一些城乡信用社、商业银行等地方金融机构和农村合作基金会，长期高利吸储、违规乱放贷款、非法挪用资金，引致支付困难，群众挤兑。春节将至，必须认真对待。凡是发生这种情况的地方，上级领导干部必须亲自到现场同群众见面，如实说明情况，千方百计保证群众储蓄存款支付，从严处分违法违纪干部，取得群众谅解，维护社会稳定。

监察部在北京召开特邀监察员会议

会议强调要全面贯彻党中央、国务院对反腐败工作的部署，狠抓反腐败各项任务的落实，充分发挥特邀监察员在反腐败斗争中的积极作用。

中央纪委副书记、监察部部长何勇讲话说，中央纪委第三次全会和国务院廉政工作会议对党风廉政建设和反腐败斗争提出了新的更高的要求，各级纪检监察机关要认真学习、贯彻江泽民总书记在中央纪委第三次全会上的重要讲话精神，按照党中央、国务院的要求，在严厉惩治腐败分子、坚决遏制腐败现象的同时，加大从源头上预防和治理腐败的力度，标本兼治，综合治理，坚定不移地推进党风廉政建设和反腐败斗争。

何勇指出，特邀监察员工作开展10年来，队伍不断扩大，制度逐步完善，在参与纪检监察工作中发挥了积极作用，促进了反腐败斗争的开展和纪检监察机关的自身建设。特邀监察员工作要在反腐败斗争的实践中进一步加强。当前反腐败斗争的形势依然严峻，我们不能有丝毫的松懈。必须紧紧依靠包括特邀监察员在内的社会各界的积极支持和参与，在抓落实、抓成效上下功夫，努力取得反腐败斗争的新成效。

监察部副部长李至伦、陈昌智、干以胜，监察部特邀监察员及有关人员出席了会议。

国务院新闻办在北京举行新春招待晚会

中央统战部举行在北京定居台胞迎春招待会

国办与中央统战部在中央统战部礼堂举行国务院参事室参事中央文史馆馆员迎春招待晚会

《人民日报》发表国务院发展研究中心课题组文章《对当前经济发展若干问题的认识》

中国轻工行业协会联合会宣告成立

全国人大常委会副委员长姜春云会见乌拉圭众议长海梅·马里奥·特罗沃

外交部副部长杨洁篪8日至9日在华盛顿同美国副国务卿塔尔伯特举行中美副外长级政治磋商

在磋商中，双方就中美关系和共同关心的国际和地区问题广泛、深入地交换了意见。双方认为，中美双方应在江泽民主席和克林顿总统成功互访的基础上，进一步推动两国关系向前发展，把一个健康、稳定的中美关系带入21世纪。这不仅符合中美两国人民的共同利益，也有利于亚太地区和世界的和平与发展。

双方还表示愿加强在重大国际和地区问题上的对话和磋商。

杨洁篪表示，台湾问题始终是中美关系中最重要、最敏感的核心问题。严格遵守中美三个联合公报、妥善处理台湾问题是中美关系健康、稳定发展的关键。中方要求美方恪守中美三个联合公报的原则，谨慎妥善处理台湾问题，不以任何方式向台湾提供"战区导弹防御系统"及其有关设备或技术，以实际行动排除台湾问题对中美关系的干扰。

美方表示将恪守中美三个联合公报的原则。

双方还就中美经贸关系、人权、不扩散等问题交换了看法。杨洁篪强调，中美两国国情不同，在一些问题上有不同看法和分歧是正常的。正确的态度应该是相互尊重主权、互不干涉内政，平等互利，求同存异。

在华盛顿期间，杨洁篪还会见了美国国务卿奥尔布赖特、总统国家安全事务副助理斯坦伯格等政府官员，并会见了部分国会议员。中国驻美大使李肇星参加了磋商和会见。

中央军委举行慰问驻北京部队老干部迎新春文艺演出

中国少年科学院在北京成立

全国文物局长会议召开

会议提出，中国文物界今年将在加强宏观管理、加强法制建设、全面提高基础工作水平上下功夫，努力开创文物工作新局面，让凝聚中华民族数千年文化精髓的珍贵文物以最佳面貌进入新世纪。

国家文物局局长张文彬在总结去年文物工作时说，1998年国家安排两批重点文物专项补助经费和文物保护设施建设投资经费共1.45亿元，其中70%用于国保单位，新启动重点文物保护维修工程20余项。此外，天坛、颐和园去年被联合国教科文组织列入《世界文化遗产名录》；考古发掘工作也取得新进展，在全年审核的460余项考古发掘申请中，陕西秦始皇陵、汉阳陵、浙江慈溪上林湖越窑遗址等项目获得重要收获，湖北省、重庆市三峡文物抢救保护工作正在全面展开。张文彬说，1998年我国文博界充分发挥在精神文明建设中的作用，积极实施精品战略，推出了《人民的好总理》、《纪念刘少奇百年诞辰展览》、《历史的丰碑》等一批精品展览，在社会上引起广泛影响和好评。

会议确定，1999年我国文物界将大力推进文物事业改革进一步深入，进一步推进博物馆事业的社会化发展，探寻并妥善处理市场经济体制下文物流通及管理、文物保护与旅游开发的关系，建立文物事业发展新体制。并配合国家几件大事，发挥文博工作自身优势，重点办好《全国文物事业50年成就展》、《当代中国》、《澳门回归展》等展览，以优异的工作成绩迎接新中国成立50周年。

中国社科院研制成功多文种少数民族文字与汉文西文混合排字系统并通过国家鉴定

2 月 9 日

国务院总理朱镕基与柬埔寨王国首相洪森会谈

朱镕基在人民大会堂同来访的洪森会谈。

朱镕基在会谈中说，中柬两国同为发展中国家，都面临着发展经济、改善人民生活的繁重任务，在国际和地区事务中有着广泛的共同利益。我们愿和柬埔寨朋友共同努力，加强各方面的互利合作，包括联合国在内的多边领域的协调与配合，建立中柬面向 21 世纪的，更加密切、稳固的传统睦邻友好关系。

洪森重申，柬埔寨新政府将继续坚定不移地执行“一个中国”的政策，台湾是中国的一个省，柬埔寨只同台湾保持商业和经济往来。他表示，希望通过此次访问进一步加强两国友好合作，把柬中睦邻友好关系带入 21 世纪。

会谈结束后，两位总理出席了签字仪式。两国政府有关部门负责人签署了《中柬经济技术合作协定》、《中国政府向柬埔寨政府提供优惠贷款的框架协议》、《中柬政府文化协定》、《中柬引渡条约》和《中柬政府旅游合作协定》等文件。

中办关于进一步加强信息工作的意见

1995 年《中共中央办公厅关于进一步加强信息工作的意见(试行)》下发以来，在中央和各级党委的领导下，党委办公厅(室)的信息工作迅速发展，为中央和各级党委了解情况、进行决策和推动工作落实发挥了重要作用。在把建设有中国特色社会主义事业全面推向二十一世纪的伟大历史进程中，中央和各级党委更加需要及时全面地了解国内外各种情况和动态，更加需要掌握大量对决策有重要参考价值的高质量信息，更加需要党委办公厅(室)提供高效、优质、全面的信息服务。党委办公厅(室)信息工作必须在现有的基础上进一步加强，不能有丝毫的放松和削弱。根据近几年来的试行情况，现就进一步加强信息工作提出以下意见：

一、向中央和各级党委报送信息是党委办公厅(室)的重要职责

信息是决策的基础和依据。在改革开放和现代化建设的伟大实践中，党中央和各级党委要根据全党工作的总体部署，针对经济和社会发展过程中出现的新情况、新问题，不断对各项工作作出具体决策，提出新的措施。所有这些，都离不开信息工作的基础作用。研究新情况，需要灵敏地捕捉信息，对社会各个领域、各个方面的情况进行分析研究，从而对客观情况作出准确的判断；解决新问题，需要充分地利用信息，在对信息进行分析研究的基础上找出问题的原因和症结，确定解决矛盾的最佳方案。尤其是在世界科技进步日新月异，知识经济初见端倪的情况下，我们要在综合国力的竞争中取得主动，就必须建立灵敏快捷的信息网络，把握世界经济和科技发展的最新动态，获取最有价值的信息资源；就必须通过信息把握时局，预测走势，并据此确定和调整我们的计划、策略和措施，进而抓住机遇，求得发展。可以说，在新的形势下，党中央和各级党委更加需要大量的、真实的、具有前瞻性的信息，以作为了解情况、制定决策、指导工作的参考和依据。信息工作做得好不好，提供的信息及时不及时、准确不准确、全面不全面，将直接影响中央和各级党委的决策以及对全局工作的领导。党委办公厅(室)要从全党全国工作大局的高度，充分认识新形势下进一步加强信息工作的重要性和紧迫性，努力使信息工作更加符合新时期中央和各级党委领导工作的需要，跟上经济和社会发展的步伐。

信息工作是党委办公厅(室)工作的重要组成部分。党委办公厅(室)的基本职能之一是发挥参谋助手作用，而这一作用的重要体现就是提供情况和信息。在党委获取信息的众多渠道中，党委办公厅(室)是主渠道。信息工作做得怎样，在某种程度上反映着办公厅(室)为党委服务的层次和质量，反映着办公厅(室)的整体工作水平。为党委提供高效、优质、全面的信息服务，是党委办公厅(室)的本职工作。各级党委办公厅(室)要切实增强使命感和责任感，主动到位，恪尽职守，按照中央和党委的要求，围绕中央和党委工作的需要，确定信息工作的思路、重点和措施，不间断地为中央和各级党委提供高质量的信息。

党委办公厅(室)在向本级党委报送信息的同时，要积极向上级党委报送信息。二者在职责和任务上是完全一致的。地方党委制定贯彻中央总体部署的具体决策，指导本地区改革开放和两个文明建设的各项工作，需要及时准确地掌握本地区各方面的实际情况。因此，为本级党委提供信息服务，是党委办公厅(室)的重要任务，必须切实做好。同时，中央决策所需要的信息来自于各地区、各部门，各级党委办公厅(室)还要积极负责地向上级党委报送信息；各省、自治区、直辖市党委办公厅，中央和国家机关各部门以及中央办公厅信息直报点都必须向中央报送信息。这是维护党的集中统一领导，保证中央统揽全局、进行正确决策和指导工作的需要，是信息工作为中央服务的根本要求。各级党委要支持党委办公厅(室)积极向中央和上级党委报送信息。党委办公厅(室)要增强上报信息的政治责任感和自觉性，保证上报信息数量，注重提高信息质量。

二、必须坚持及时、准确、全面报送信息的原则

及时、准确、全面报送信息是信息工作的基本原

则，也是中央和各级党委对信息工作的基本要求。

报送信息一定要及时，确保信息的时效性。凡是需要中央和各级党委及时掌握、立即处置的重要情况和紧急信息，都要迅速收集上报。重大突发性事件，重要社会动态，紧急灾情、疫情以及其他重要紧急情况，要随时发生随时报送，向中央报送最迟不得晚于事件发生后6小时，并要续报事态进展、处置措施和原因、后果以及吸取教训、开展工作的情况。要克服掩饰紧急信息的侥幸心理，增强信息触角的灵敏度。建立迟漏报紧急信息通报制度，对迟报、漏报、瞒报紧急信息的部门和单位要通报批评，对造成严重后果的要追究有关人员的责任。

报送信息一定要准确，确保信息的真实性。信息的生命力在于真实，信息的价值在于真实，信息对党委工作的参考作用还在于真实。只有以反映客观事物本来面目的真实信息为依据，才能作出正确的决策。党委办公厅（室）向中央和党委报送的信息，必须来自于客观实际，是客观事物本来面目的反映；必须实事求是，没有任何虚假成分，经得起实践和群众的检验。反映工作进展和成绩的信息要恰如其分，反映问题的信息要真实可靠，反映困难的信息要实在准确。要尊重客观事实，不雕琢粉饰，不任意拔高，不刻意编造。要以对党的事业高度负责的精神，加强对信息的分析核实，向报送单位核实，向相关单位核实，到信息采集地核实，务求所报信息准确无误。对一些正在发生的重要情况，还要进行追踪了解和研究，以确认它的真实和准确。

报送信息一定要全面，确保信息的完整性。要坚持全方位、多领域、多角度地提供信息，防止以偏概全，顾此失彼，以一种倾向掩盖另一种倾向。要辩证地反映事物的全貌，既反映现象，又反映本质，使材料和观点相统一；既反映初始，又反映终结，体现事物发展变化的全过程；既反映相关侧面，又反映它们之间的内在联系，揭示事物的整体情况。不能断章取义，妄加取舍；更不能层层截留，级级过滤，报到上面面目全非。只要中央和党委需要，无论是哪一方面的信息都要报送。

要喜忧兼报，既报喜又报忧。反映问题的信息既要报给本级党委，也要报给上级党委和中央。党委办公厅（室）要敢于报忧，各级党委要支持信息工作人员报忧。对敢于如实报忧的部门和人员，要支持鼓励，绝不允许有任何歧视和打击报复，绝不能报喜得喜、报忧得忧。上级党委办公厅（室）要定期抽查报忧情况，对瞒忧不报的，先进行提示；如仍无改变，要向党委直接报告；如这样仍见效不大，要在一定范围内通报批评。对阻挠报忧的，要进行批评教育，造成后果的要追究有关领导的责任。

三、紧密围绕党的中心工作和需求报送信息

向党委报送信息是为党委工作服务的。这种服务是否有力，取决于所报信息对党委工作的贴近程度。向党委报送信息只有围绕党的中心工作，才具有较高的参考价值；只有适应党委需求，才能对路适用。因此，要把围绕党的中心工作和需求报送信息作为出发点和着力点，下功夫提高信息的实用效能。

要紧密围绕经济建设这个中心，及时反映社会主义市场经济体制建立过程中的成绩、经验和问题，反映党的建设、精神文明建设、民主法制建设和社会政治稳定等方面的重大情况，反映各地区、各部门开展工作的思路、进展和成效，反映重大的社会动态和重要的社情民意。中央和各级党委作出决策后，党委办公厅（室）首先要报送本地区、本部门贯彻落实的安排和措施，广大干部群众的反映和意见；然后要报送实施决策中取得的成效、出现的情况、存在的问题及完善决策的建议；决策实施告一段落后，要报送总体情况。对中央领导同志视察各地时的重要讲话精神和对某个问题的具体指示精神，有关地区和部门要及时报送学习和贯彻落实情况。各省、自治区、直辖市党委办公厅要及时报送本地区重要经济指标完成情况，中央和国家机关有关部门办公厅（室）要及时报送全国性重要经济指标完成情况。重大的经济运行态势要随时报送。中央和国家机关有关部门、军队情报部门及有关地区还要向中央报送国际政治、经济、军事、外交等方面的重要信息以及港、澳、台重要动态。围绕党的中心工作和需求报送信息，前提是领会中央和党委的意图，了解中央和党委的需求。要经常研究中央和党委各个时期信息需求的重点，善于从中央和党委文件以及会议精神中了解党委对信息的需求，善于从客观情况的发展变化中分析党委对信息的需求，报送党委需要了解和需要党委了解的信息，并循着中央和党委中心工作的进展持续不断地提供动态信息。群众关注的热点、难点问题，往往也是党委比较关注和重视的问题。对这类问题，特别是带有苗头性、倾向性的新情况和新问题，要及时发现及时报送。各省、自治区、直辖市党委办公厅每个季度末要向中央办公厅报送一次反映社情民意的综合信息。对来自各方面的信息，要用党的中心工作和需求判定其价值，进行筛选、分析、综合，既要防止不加选择地报送，又要避免使中央和各级党委需要了解的信息漏报。

四、搞好信息的整体开发和综合利用

信息存在于社会生活的各个方面。原始、分散的信息只有经过整理加工，才能成为系统的、有条理的信息。各级党委办公厅（室）要进一步重视信息的整体开发和综合利用，发挥好信息“加工厂”的作用，不仅对信息进行初加工，而且要进行深加工，在加工中使信息增值。

要在广泛收集中央和各级党委需要的各种信息的基础上，加强信息的整体开发。要善于对大量零散、孤立的信息进行归纳整理，从整体上开发其深层价值，使之成为对中央和党委决策有重要参考作用的高层次信息。要沙里淘金，从大量初级信息中筛选有用信息，从每一条信息中挖掘有用部分；要集零为整，将分散在各条信息中有价值的内容聚合起来，综合成为完整有用的信息；要变缺为全，对内容不具体、不完整的信息通过调查研究进行补充拓展，使之完整具体；要化浅为深，从大量信息中找出带有规律性、普遍性、倾向性的问题，抓住事物的本质。上报中央和党委的信息，要先确定信息的用途，看看它对中央和党委工作有没有参考价值，属不属于上报的范围；要把那些不准确的、有水分的、人为掺杂进去的内容去掉，留下为中央和党委所需的真实情况；要搞好分析判断、归纳综合，把大量零碎、分散的信息加以归纳整理，作出量的分析和质的判断，并从整体上揭示某一方面工作的总体态势。信息编写要开门见山，用语准确，朴实自然，达到信息内容与形式的和谐统一，准确反映事物原貌。

要加强信息的综合利用，充分发掘每一条信息的价值，使每一条有价值的信息都得到充分利用。对价值大的信息，要把它的价值用尽用足；对价值不大的信息，要尽量开发它有价值的部分。信息可以一条一用、一条多用，也可以多条一用。一些重要信息除向党委提供外，还可供有关地区和部门使用，有些信息可以上下左右共享。各级党委办公厅（室）要把为本级和上下级的信息服务结合起来，在向本级和上级党委报送信息的同时，把一些有参考价值的信息转送或通报给下级有关地区和部门。要拓宽信息收集领域，丰富信息报送载体。图书、报刊、音像制品和电子出版物中蕴藏着丰富的信息资源，要注意从这些载体中发掘适应党委工作需要的信息。要紧跟科技发展的步伐，积极开发和利用音像等新的信息载体，充实信息报送内容，提高信息服务水平。

五、有计划有组织地搞好信息调研

信息调研是从信息中发现问题、捕捉题目所进行的调查研究方式，是证实信息、扩充信息、挖掘和开发高层次信息的有效途径。初级信息主要是为中央和各级党委提供情况，但要制定决策，还必须对信息集中反映的某些重要问题作系统、周密的调查研究。通过大量的动态信息可以筛选调研题目；通过调查研究可以进一步发现深层次信息，提高信息质量；通过调查研究还可以了解、占有更多的第一手材料。各级党委办公厅（室）要善于从大量的信息中选择中央和各级党委最为关注和需要解决的问题进行信息调研，向党委提供有情况、有分析、有建议的调研报告。信息调研要形成制度，坚持不懈。各省、自治区、直辖市党委办公厅每年要向中央办公厅报送 5 篇以上经过深入调查研究形成的高质量的调研报告。

要根据中央和各级党委工作需求，从办公厅（室）的特点出发确定调研题目。调研题目要紧扣中央和各级党委十分关注、急需了解和解决的情况与问题，反映群众关心的热点、难点和敏感点，关注具有典型性、倾向性和苗头性的问题。信息工作人员要切实转变作风，经常深入基层，深入群众，下苦功夫，花大气力，做扎实细致的工作，真正把情况搞清楚，把问题分析透。对一些重要的或党委急需的调研题目，要由党委办公厅（室）信息系统统一组织力量进行信息调研，发挥群体优势。

党委办公厅（室）除自身进行信息调研外，还要根据党委要求，有计划、有组织地协调党委和政府有关职能部门搞好信息调研。协调调研的方式可以灵活多样，有些可以出题目请其他职能部门或其他单位提供材料，有些可以通过座谈等方式直接征询意见。要加强同研究机构、专业部门的联系，善于吸收利用他们的研究成果。

六、进一步加强信息网络建设

网络是收集、传递和加工信息不可缺少的渠道，是信息源与信息需求者之间的媒介。信息网络建设是信息工作十分重要的基础建设。当前信息网络建设的重点是，进一步完善、健全网络体系，建立快速灵敏的传递机制，加强对网络的维护、管理和指导，提高网络的整体功能和效率。党委办公厅（室）信息网络纵向从中央办公厅延伸到各省、自治区、直辖市党委办公厅，有的省、自治区、直辖市可以延伸到地、州、市党委办公室，县（区）、市委办公室，甚至到基层信息报送单位。在纵向网络上，各级党委办公厅（室）的直接服务对象不同，但向党委提供信息的任务是一致的。下级党委办公厅（室）除通过网络为本级党委反馈信息外，还要向上级党委提供信息，向下级单位转送信息。各级党委办公厅（室）都要建立专门的信息工作机构，明确专人从事信息工作，确保网络的系统性和完整性。

党委办公厅（室）信息网络横向要覆盖社会生活的各个方面，包括政治、经济、文化、科技、教育、国防和外交等所有领域。党委办公厅（室）要加强同党委、政府各职能部门的联系。各职能部门特别是综合经济部门要积极向党委提供信息。

信息直报点是党委办公厅（室）系统信息网络的重要组成部分，是中央和各级党委了解基层真实情况的窗口，是反映群众呼声和愿望的重要渠道。信息直报点要发挥贴近基层、贴近群众的优势，及时、准确、全面地向上级党委和中央反映当地贯彻落实中央决策的情况、地方经济建设和社会发展情况以及当地的社情民意。信息直报点的信息工作人员每年要用大量时间到基层进行调查研究。凡是被批准为中央办公厅信息直报点的单位，都要明确专人从事上报信息工作，并为其创造必要的工作条件。

各级党委办公厅（室）要进一步重视信息网络建设，通过网络加强对信息工作的指导，建立经常性的联系，及时传达党委的信息需求，反馈信息采用情况，总结推广典型经验，提高报送信息质量。要加强规范化建设，建立一整套科学的工作制度和程序，保证网络反应灵敏、采集广泛、传递准确迅速、运行安全正常。

七、提高计算机信息处理的现代化水平

计算机信息处理技术为信息的快速传递、大量存储、自动编辑、综合分析以及相互共享提供了技术保障。加快党委办公厅（室）系统计算机信息技术的发展步伐，把党委办公厅（室）信息工作自动化提高到一个新水平，是信息工作发展的需要。各级党委办公厅（室）要高度重视，切实抓紧抓好。

党委办公厅（室）系统计算机信息网络，统一由办公厅（室）的信息部门（或信息技术部门）建设、管理和使用，由机要部门负责加密。计算机网络终端一般设在信息工作部门，各省、自治区、直辖市党委办公厅信息工作部门都要建立中央办公厅信息中心的计算机联网终端。同时，要抓紧建立本地的信息局域网。

党委办公厅（室）系统计算机信息网络及其自动化建设，是一项技术性很强的系统工程，由中央办公厅信息中心根据各地需要和实际情况，协助设计、建设、管理和协调。中央办公厅信息中心要会同各省、自治区、直辖市党委办公厅的信息部门（或信息技术部门），抓紧制定计算机信息网络的总体发展规划和统一的技术规范。要进一步研究、应用新的信息技术，不断实现信息技术的更新换代。

信息工作人员要学习信息技术，熟练运用计算机信息网络调阅、传输、存储和加工信息，逐步实现信息处理的无笔操作，并利用统计学方法和计算机技术对信息进行定量、定性分析。

八、加强对信息工作的领导

各级党委要充分认识信息工作的重要性，高度重视和利用好党委办公厅（室）报送的信息，充分发挥信息在了解情况、制定决策和指导工作中的作用，切实加强对信息工作的领导。要指导和支持党委办公厅（室）开展信息工作，发挥好党委办公厅（室）信息工作队伍的作用。要经常向党委办公厅（室）通报党委对信息工作的需求，使党委办公厅（室）及其信息部门及时了解党委的决策意图、工作思路和工作部署。要给党委办公厅（室）信息工作部门提要求、交任务、出题目，发挥好党委办公厅（室）报送信息的主渠道作用。要保护信息工作人员的积极性，支持他们积极收集、如实反映真实情况和问题。要进一步健全信息工作机构，加强信息工作力量。要在参加会议、阅读文件、了解党委工作意图以及开展工作等方面为信息工作人员提供各种便利条件，帮助他们解决工作和生活中的实际困难和问题。

党委办公厅（室）要按照政治强、业务精、作风硬、纪律严的要求，大力加强信息工作队伍建设。要组织信息工作人员认真学习马克思列宁主义、毛泽东思想特别是邓小平理论，学习党的路线、方针、政策，提高政治和业务素质，改进思想和工作作风，不断提高工作效率和质量。要加强对信息工作的业务指导，组织业务培训，进一步推动信息工作理论与实践向前发展。

国务院总理朱镕基邀请科技 教育 文化 卫生 体育 广播影视新闻出版等各界人士到中南海座谈征求对即将审议的《政府工作报告》（征求意见稿）的意见和建议

全国法院宣传工作会议在北京闭幕

最高人民法院院长肖扬表示，各级人民法院要逐步建立新闻发言人制度，定期向社会公布法院审判活动情况，自觉接受人民群众和新闻舆论的公开监督。

肖扬说，各级人民法院要设立并公布新闻发言人的办公电话，保持与新闻单位密切联系，为新闻单位更好地开展宣传报道提供服务；要欢迎各新闻单位向当地人民法院派出常驻记者，加强审判机关和新闻机构之间的联系，唱响主旋律，打好主动仗；要经常采取“走出去”、“请进来”的方式，广泛地听取新闻单位对法院工作的意见和建议，高度重视并认真对待新闻单位的批评和监督。

肖扬指出，宣传工作作为法院工作的重要组成部分，必须放在突出重要位置，给予高度重视。要把加强宣传工作与加强法院的队伍建设，推动法院各项工作的开展结合起来；把加强宣传工作与树立法院的形象，鼓舞队伍的士气结合起来；把加强宣传工作与加强法制宣传，更好地体现审判工作的社会效果结合起来；把加强宣传工作与加强人民群众对法院工作的了解、理解和支持结合起来。真正从思想深处认识到加强宣传工作是事关大局、事关全局的一件大事，下决心把宣传工作提高到一个新水平。

国务院副总理李岚清在中南海会见由总裁杜苏里

率领的世界贸易中心协会访华团

中国中止与马其顿的外交关系

外交部副部长张德广和中国驻马其顿共和国大使许月荷分别在北京和斯科普里就马其顿同台湾当局建立所谓“外交关系”向马方提出严正交涉。

中方指出，马与台“建交”的行动，违背了中马建交公报的有关原则和马方所作关于“承认中华人民共和国政府是代表全中国人民的唯一合法政府，台湾是中国领土不可分割的一部分”的郑重承诺，严重破坏了两国之间友好合作关系的基础。中华人民共和国政府向马其顿共和国政府提出最强烈抗议，并决定自即日起中止同马其顿共和国的外交关系。两国政府间的一切协议也随即停止执行。

国家主席江泽民致信中央民族乐团祝愿再次赴欧演出成功

国务院残疾人工作协调委员会第七次全体会议在中南海举行

国务委员、国务院残疾人工作协调委员会主任司马义·艾买提在会上指出，今年要进一步加大工作力度，切实解决残疾人扶贫工作中存在的问题，做好残疾人就业工作，继续加强基层残联组织的工作，以确保残疾人事业“九五”计划纲要的全面完成。

司马义·艾买提在讲话中对 1998 年残疾人工作予以充分肯定。他说，在党和政府的关心下，在社会各界的支持下，我国残疾人事业 1998 年又有新的进展：残疾人事业“九五”计划纲要年度任务全面完成，残疾人在康复、教育、就业等基本需求方面的状况进一步改善；制定实施残疾人扶贫攻坚计划一年来取得显著成效；中国残联第三次全国代表大会胜利召开。我们要充分认识有利形势，坚定信心，为 21 世纪残疾人事业的持续发展努力奋斗。

司马义·艾买提指出，随着全国扶贫工作的深入，贫困人口中残疾人所占比例逐年上升，目前全国还有 700 多万贫困残疾人的温饱问题没有解决，且残疾人扶贫工作难度越来越大。他要求，各级扶贫工作机构、财政部门、农业银行、残疾人联合会要密切协作，进一步采取有力措施，配合各级政府实施《残疾人扶贫攻坚计划》，确保国家在本世纪末基本解决贫困人口温饱问题的战略目标实现。

司马义·艾买提说，就业是残疾人的基本需求，也是残疾人参与社会的重要途径。按比例安排残疾人就业既适应社会主义市场经济的大环境，又体现了对残疾人的扶助，也是残疾人保障法规定的，关键是抓落实。要鼓励和扶持残疾人个体从业和组织起来集体开业，工商、税务、劳动、残联等部门要共同研究，制定一些具体扶助措施。对于已经就业的残疾人，要尽量避免下岗；对下岗的残疾职工的再就业和生活保障，要纳入全国再就业服务和社会保障范畴之中。

司马义·艾买提强调，做好残疾人工作、发展残疾人事业，离不开各级政府的领导和各级政府残疾人工作协调委员会成员单位的相互协调。国务院残疾人工作协调委员会成立以来，各成员单位密切配合，积极主动承担了许多工作，为我国残疾人事业的发展作出了极大的贡献。在各成员单位职责分工进一步明确后，希望各部门增强责任感，做到各司其职，自觉将相关工作纳入本部门工作规划、计划之中，地方各级政府残疾人工作协调委员会也应按照这个办法，加强对残疾人工作的综合协调，明确各有关部门的职责分工。

国务院残疾人工作协调委员会副主任、中国残疾人联合会主席邓朴方在会上报告了 1998 年残疾人工作总结和 1999 年主要工作安排。会议讨论通过了《国务院残疾人工作协调委员会成员单位职责分工》。协调委员会各成员单位负责同志先后在会上发了言，就如何进一步做好残疾人工作发表了很好的建议和意见。

5 名劫机犯罪嫌疑人被台湾遣返大陆

台湾有关方面在金门将劫持祖国大陆客机前往台湾的刘保才等 5 名劫机犯罪嫌疑人遣返，并移交给中国红十字会代表。

此次被遣返回祖国大陆的劫机犯罪嫌疑人有刘保才、罗昌华、王玉英、邹维强和李向誉。他们分别于 1993 年和 1994 年单独或伙同他人劫持祖国大陆各地航空公司的客机前往台湾。

2 月 10 日

国家主席江泽民在钓鱼台国宾馆会见柬埔寨王国政府首相洪森

全国政协主席李瑞环在人民大会堂会见柬埔寨王国首相洪森

全国政协举行春节茶话会

全国政协邀请已故党外全国政协委员、知名人士的夫人相聚全国政协礼堂，共话祖国建设的伟大成就，庆贺新春佳节的来临。

全国政协副主席陈俊生代表全国政协主席李瑞环和政协全国委员会，向出席茶话会的已故党外全国政协委员、知名人士的夫人拜年。

陈俊生说，今年是中华人民共和国建国50周年，也是人民政协成立50周年。在中国共产党领导下，伟大祖国发生了翻天覆地的变化，此时，我们更加难忘前人的功劳业绩，更加怀念已经故去的老同志、老朋友。陈俊生说，在向新世纪迈进的时候，我们要更加紧密地团结在以江泽民同志为核心的党中央周围，高举邓小平理论伟大旗帜，继承先辈的遗志和优良传统，把建设有中国特色社会主义伟大事业不断推向前进。

出席茶话会的已故历届政协副主席和秘书长夫人有：邓子恢夫人陈兰、欧阳钦夫人黄葳、滕代远夫人林一、谢觉哉夫人王定国、华罗庚夫人吴筱元、肖华夫人王新兰、胡子昂夫人李月华、李沛瑶夫人许克坤、方毅夫人殷森、汪锋夫人陈方、齐燕铭夫人冯慧德，已故党外政协委员和知名人士夫人有：杜春晏夫人浦洁修、黄琪翔夫人郭秀仪、周嘉彬夫人张素我（张治中女儿）、徐悲鸿夫人廖静文、马坚夫人马存贞、熊克武夫人廖望月、陈劭先夫人赵恕之、黄维夫人史逸清、何基沣夫人宋晓菡、叶道英夫人孟淑惠、徐逸樵夫人斯桂珍、萨空了夫人郑小箴、苏子蘅夫人甘莹、杨拯民夫人陈因。

全国人大常委会副委员长王光英、程思远、何鲁丽，全国政协副主席王兆国、钱伟长、宋健、李贵鲜、钱正英、孙孚凌、胡启立、陈锦华、白立忱、周铁农、王文元出席茶话会。会议由全国政协秘书长郑万通主持。

中共中央政治局常委胡锦涛出席老同志迎春茶话会并发表讲话

胡锦涛在讲话中强调：全党同志务必按照中央的部署和要求，进一步统一思想、坚定信心，抓住机遇、知难而进，团结一致、艰苦奋斗，努力夺取改革开放和现代化建设的新胜利，以新的优异的成绩迎接新中国成立50周年。

胡锦涛说，一年来，全党全国各族人民在以江泽民同志为核心的党中央的坚强领导下，高举邓小平理论伟大旗帜，全面贯彻落实党的十五大精神，做了大量艰苦细致、卓有成效的工作。他指出，过去的一年，尽管情况复杂，任务艰巨，而且外有亚洲金融危机和国际经济环境恶化的巨大冲击，内有历史罕见的洪涝灾害的严重影响，我国仍然保持了国民经济持续增长，人民生活水平继续提高，社会政治安定，民族团结和睦。所有这些来之不易的成就，极大地振奋了党心、民心、军心。

胡锦涛说，1999年，是我国历史发展过程中具有特殊意义的一年。今年的大事多、喜事多，任务十分繁重。做好今年的工作，对于全面完成“九五”计划，保证我国以更加主动的姿态跨入21世纪，具有至关重要的意义。在新的一年里，我们要进一步高举邓小平理论伟大旗帜，深入贯彻党的十五大和十五届三中全会的精神，坚定不移地执行党的基本路线，牢牢抓住经济建设这个中心，继续推进改革开放，努力实现经济稳定增长，确保社会政治稳定。虽然我们还面临着这样那样的矛盾和困难，还会遇到可以预料和难以预料的各种风险。但是，正如20年改革开放历史所证明的那样，我们这个伟大的社会主义国家，有久经考验的中国共产党的正确领导，有马克思列宁主义、毛泽东思想特别是邓小平理论和党的基本路线的指引，有多年发展积累起来的物质基础，有全国人民万众一心、团结奋斗，一定能够经受住各种风浪的考验，战胜任何艰难险阻，创造出无愧于时代、无愧于人类的伟大业绩。

胡锦涛强调，建设有中国特色社会主义的各项事业，深化改革、促进发展和维护稳定，都是为了人民群众，都必须紧紧依靠人民群众。我们的一切工作和方针政策，必须以符合广大人民群众的利益为根本出发点和落脚点。各级党委和政府要竭尽全力，把人民群众的切身利益实现好、维护好、发展好，把他们的积极性引导好、保护好、发挥好。我们的党员干部不管处于什么岗位，不论在什么时候，脑子里都要想着人民群众，保持同人民群众的密切联系，细心倾听人民群众的呼声，努力实践为人民服务的宗旨，时刻把人民群众的冷暖挂在心上，千方百计帮助群众解决实际困难，尤其要关心贫困地区困难户、国有企业下岗职工和离退休人员的生活。各级领导干部要善于在工作中走群众路线，严格执行群众工作纪律，绝不允许与民争利、以权谋私，坚决反对侵犯人民群众合法权益的人和事。只要始终保持党和政府同人民群众的血肉联系，我们就能够立于不败之地。

胡锦涛指出，要完成好今年的各项任务，关键在于加强和改善党的领导，进一步搞好党的建设，充分发挥各级党组织的作用。要坚持以邓小平理论和党的基本路线为指导，密切联系改革开放和现代化建设的实践，全面推进党的建设新的伟大工程，认真解决党的建设中存在的突出问题，使党的凝聚力、战斗力得到新的增强。

在谈到在县级以上党政领导班子、领导干部中深入开展以“讲学习、讲政治、讲正气”为主要内容的党性党风教育时，胡锦涛说，这是全面提高领导班子和领导干部队伍的素质特别是思想政治素质，为实现跨世纪发展的宏伟目标提供坚强的思想、政治和组织保证的一项紧迫的战略任务，一定要把这件大事抓紧、抓实、抓好。目前，“三讲”教育试点工作正在顺利进行。试点的经验证明，党委主要领导同志以身作则，同一班人一道，真正从事关党和国家前途命运的高度来对待“三讲"教育，以高度的政治责任心、足够的领导精力、良好的精神状态来开展这项工作，就能收到应有的效果。他强调，这次"三讲"教育，必须下决心、花功夫找准和解决好领导班子、领导干部中存在的党性党风方面的突出问题，尤其是那些影响本地改革、发展、稳定，影响领导班子发挥整体实力，影响党群关系、干群关系的问题。必须始终贯彻整风精神，联系实际，刻苦读书，认真进行反思和自我剖析；发扬民主，诚心诚意地听取群众的意见和评论，接受群众的监督和帮助；开展积极的、健康的思想斗争，按照"团结—批评—团结"的方式实事求是地解决问题，进一步振奋精神，把当前工作做好。

胡锦涛指出，广大离退休老同志为中华民族的独立和解放，为新中国的建立和社会主义事业的发展，为改革开放和现代化建设作出了重大贡献，建立了不朽功绩。老同志在长期革命斗争中形成的优良传统，是我们党和国家的宝贵精神财富。对老同志的历史功绩和在新时期所发挥的重要作用，我们永远不会忘记。尊重、关心、照顾好老同志，是尊重历史、发扬民族美德的体现，也是维护改革、发展、稳定大局的需要。各级党委和政府要进一步提高对老干部工作重要性的认识，切实加强领导，满腔热情、认真细致地把这项工作做好。确保离退休人员养老金按时足额发放，是关系全局的一件大事，各级党委、政府要认真做好，尤其要把贫困地区和困难企业老干部生活待遇落到实处。各级组织部门、老干部工作部门要紧紧围绕全党全国工作大局，努力探索和解决好改革过程中老干部工作遇到的新问题。全党全国要继续发扬中华民族尊老敬老的优良传统，使广大老同志老有所养、老有所为、老有所医、老有所乐，共享改革和发展的成果。愿广大老同志为实现我国跨世纪发展的宏伟目标，继续作出新的贡献。

出席茶话会的有：张万年、贾庆林、曾庆红、刘华清、荣毅仁、曹志、成思危、王忠禹、阿沛·阿旺晋美、任建新、张思卿、万国权、经叔平等；以及李德生、张劲夫、段君毅、黄华、彭冲、谷牧、马文瑞、杨白冰、张震、倪志福、李锡铭、王丙乾、邓力群、张廷发等同志和中央军委委员傅全有、于永波。在京的中央、国家机关及军队的老干部、已故老同志家属，北京市的老干部、老知识分子、老工人和农民代表，中央党政军各部门的负责同志，各民主党派的负责人和无党派人士也出席了茶话会。

茶话会由中共中央组织部、解放军总政治部、北京市委共同举办。中央组织部部长张全景主持茶话会。茶话会上，首都文艺工作者为老同志表演了精彩的文艺节目。

全国政协主席李瑞环与全国宗教团体领导人在中南海举行迎春座谈

李瑞环首先代表江泽民总书记和党中央向全国爱国宗教界人士和信教群众祝贺新春佳节。他说，在过去的一年中，各爱国宗教团体和宗教界人士团结广大信教群众，投身经济建设，维护社会稳定，增进民族团结，并在抗洪救灾中发挥了积极作用。我国当前能有这样一个团结稳定、持续发展的局面，与爱国宗教界人士和广大信教群众的努力是分不开的。

李瑞环说，1999 年是具有特殊意义的一年，希望宗教界人士继续发扬爱国爱教、团结进步的优良传统，带领广大信教群众，为推动社会主义物质文明和精神文明建设，为使形势继续朝着全国人民所希望的方向发展，作出更大的贡献。

李瑞环指出，宗教事务管理部门和宗教界要认真贯彻党的宗教信仰自由政策，积极引导宗教与社会主义社会相适应。近年来，在贯彻党的宗教政策的过程中，我们同宗教界朋友们一起对引导宗教与社会主义社会相适应问题作了积极的探索，并取得有益的成果。比如，宗教界要维护法律尊严、维护人民利益、维护民族团结、维护国家统一，这是党和政府对宗教界的基本要求，也已成为宗教界人士和信教群众的普遍共识；比如，挖掘、整理各宗教教义在伦理道德方面所倡导的弃恶扬善、服务社会、造福人群的内容，使之在精神文明建设中发挥积极作用，这项工作取得了可喜的成果。

李瑞环说，各爱国宗教团体也有一个加强自身建设、培养接班人、实现领导人新老交替的任务。希望各宗教团体切实加强对中青年教职人员的培养，全面提高他们的素质，使中国宗教界以崭新的面貌进入 21 世纪。

国务委员司马义·艾买提，国务委员、国务院秘书长王忠禹，全国政协副主席、中央统战部部长王兆国出席了座谈会。应邀参加座谈会的宗教团体领导人有：全国政协副主席、中国佛教协会会长赵朴初，全国政协副主席、中国基督教三自爱国运动委员会名誉主席、中国基督教协会名誉会长丁光训，中国基督教协会会长韩文藻，中国天主教爱国会、中国天主教主教团名誉主席金鲁贤，中国天主教爱国会主席傅铁山，中国道教协会会长闵智亭，中国伊斯兰教协会副会长宛耀宾等。参加座谈会的还有有关部门负责同志李德洙、叶小文等。

北京市十一届人大二次会议选举刘淇为市长

安徽省九届人大二次会议选举王太华为省长

吉林省九届人大二次会议选举王云坤为省人大常委会主任 选举洪虎为省长

中共中央总书记江泽民在北京考察工作

春节将至,中共中央总书记、国家主席、中央军委主席江泽民来到北京市考察工作,就贯彻落实党的十五大精神和十五届三中全会精神进行调研。他强调指出,要全面贯彻落实党的十五大精神,继续解放思想,实事求是,开拓进取,扎实工作,把首都北京建设得更加美好。他要求各级党委和政府要按照中央的要求,抓紧做好春节前的慰问和关心群众的工作,保证广大人民群众过一个欢乐祥和的春节。

党中央、国务院高度重视、十分关心北京的工作。近年来,江泽民总书记多次到北京市考察。1995 年 11 月,江泽民考察了顺义县的农业建设、第一机床厂、西单商场和海淀区的住宅小区等。1997 年 1 月,他看望了第二无线电器材厂和第一棉纺织厂的部分职工,12 月又到北方车辆厂和二七机车厂,两次都同一些国有企业的负责人进行了座谈。

下午,江泽民总书记和随行的温家宝、罗干、曾庆红,在贾庆林、刘淇的陪同下,再次来到北京市考察工作。

江泽民首先来到北京锦绣大地农业股份有限公司,实地考察现代农业的有关情况。北京锦绣大地农业公司将现代科学技术运用到农牧业领域,在农业的规模化、产业化、商品化、现代化方面作出了积极的探索。

在高科技现代农业示范区,一排排巨大的蔬菜大棚连成一片,蔚为壮观。大棚内温暖如春,绿色满眼。江泽民兴致勃勃地走进大棚,一一察看种苗组织培养车间、育苗车间和深池浮板蔬菜工厂,详细了解绿色果蔬的培育、生长、经营等情况。工作人员介绍,北京锦绣大地农业种植项目,正通过日光温室群、水培蔬菜工厂、新一代芽菜工厂,形成完整的无公害、无污染蔬菜生长系统,使"靠天吃饭"的传统农业转化为规模化、产业化、工厂化的高效现代农业,为带动北京的农业现代化起示范作用。江泽民对此给予了充分肯定。

随后,江泽民来到该公司综合楼,与北京市的负责人进行座谈。在听取贾庆林关于北京市的工作汇报后,江泽民作了重要讲话。他代表党中央、国务院、中央军委,向北京市广大干部群众,向人民解放军驻京部队、武警部队的全体官兵和公安干警,表示亲切的问候,祝大家春节快乐。

江泽民说,一年来,北京市各方面工作取得了新的进展。去年,北京市经济持续稳定增长,经济结构有新的改善,这个成绩来之不易。国有企业下岗职工都进入再就业服务中心并领到基本生活保障费,再就业率达到 60%。城市建设和管理进一步加强,对大气污染、交通拥堵等突出问题,制定了积极的治理方案。维护首都稳定的工作抓得也是好的,保证了党和国家一系列重大活动的顺利进行。

在充分肯定北京市的工作后,江泽民提出了几点要求。他说,十五届三中全会对我国农业的跨世纪发展作出了全面部署,全国各地正在认真贯彻落实。北京是综合性特大城市,但郊区农业面积占 90%以上,也要重视农业和农村工作,全面贯彻十五届三中全会精神和党在农村的各项政策。我国大城市郊区农业的发展基础很好,也有优势,要积极探索深化农村改革和发展的新课题,加快农业科技进步,推进产业化经营,努力提高农业的现代科技含量和整体素质,不断增加农业活力和农民收入,努力率先基本实现农业现代化。"菜篮子"工程一定要抓好,提高产品的质量,增加花色品种,保证供应,不断满足广大市民改善生活的需要。当前,特别要做好春节的供应,保证人民群众过一个欢乐祥和的节日。江泽民要求高度重视高新技术产业的建立和发展。他说,高新技术重在创新。我们必须从跨世纪发展的战略需要出发,瞄准世界科技发展的前沿,加强领导,明确目标,突出重点,集中力量,务求突破。中国科学院已经着手进行建设国家知识创新工程试点,北京市也要从自己的实际出发,制定科技发展和知识创新规划。要密切同在京科研院所、高等学校的联系,充分发挥各个方面的积极性。北京市具有人才、科技、知识优势,高科技产业的发展有一定基础,要加快发展。要注意借鉴国外创建科学城的有益经验,成功地创建我们自己特色的科技园区,为全国高新技术产业的发展发挥示范作用。

江泽民说,中央决定,今年 10 月 1 日在北京举行中华人民共和国成立 50 周年隆重热烈的庆祝活动。这对于总结历史经验,鼓舞全党和全国人民的斗志,把建设有中国特色社会主义事业全面推向新世纪具有重要意义。北京市担负了这次首都庆祝活动的大部分任务,既光荣又艰巨。一定要遵循中央提出的原则,周密计划,精心组织,全面细致地圆满完成筹备工作。江泽民说,北京作为首都和全国政治、文化中心,是我国改革开放和社会主义现代化建设的一个重要窗口。他希望北京市的同志扎扎实实做好今年的各项工作,继续深化改革,扩大开放,推进经济发展,抓好城市的建设和管理,正确处理人民内部矛盾,搞好社会治安,维护好首都的社会稳定。各中央国家机关和军队驻京单位,都要主动配合,齐心协力,保证首都以一个安定团结、发展繁荣、整洁美好的景象,迎接新中国成立 50 周年这个大喜日子的到来。

江泽民最后表示，中央相信，北京市广大干部群众，在市委、市政府的领导下，坚持邓小平理论和党的基本路线，继续解放思想，实事求是，开拓进取，扎实工作，一定能够不断开创社会主义物质文明和精神文明建设的新局面。

国家主席江泽民致信国际检察官联合会第四届年会祝贺大会在北京召开

国际检察官联合会第四届年会暨会员大会将于1999年9月在北京召开。我代表中华人民共和国政府，并以我个人的名义，向与会的国际检察官联合会的所有会员表示热烈的欢迎。

人类社会将要告别二十世纪，迎来又一个千年纪元。在这个机遇与挑战并存的时代，世界各国都十分重视发展经济，促进社会稳定，提高人民生活水平。如何用法律保障经济和社会的健康发展，已经成为世界各国面临的一个共同课题。国际检察官联合会将“欺诈与腐败”作为本次会议的主题，是很有意义的。

1999年是中华人民共和国成立五十周年。五十年来，中国人民在中国共产党的领导下，用自己的勤劳和智慧改变了中国的面貌。特别是近二十年来，中国的改革开放取得了举世瞩目的成就，民主法制建设也有了巨大发展。依法治国，建设社会主义法治国家是我国治国的基本方略。我国人民正在为建设一个富强、民主、文明的社会主义现代化国家而努力奋斗。

我衷心地希望朋友们利用出席会议的机会，同我国同行们就共同关心的问题深入地交换意见，增进相互了解和友谊，为促进国际检察领域的交流与合作作出新的贡献。

预祝大会圆满成功！

中华人民共和国主席 江泽民

1999年2月10日

中国国际交流协会第八届理事会会议在北京举行

国务院副总理钱其琛到会祝贺。钱其琛在讲话中指出，在新的国际形势下，民间外交大有可为，希望协会继续做好与世界各国人民的友好交流工作，争取更多的理解、信任和友谊。中共中央对外联络部部长戴秉国出席会议并讲了话。

第八届理事会会议审议并通过协会三年来的工作报告，推举会长、名誉会长、副会长和顾问。全国政协副主席李贵鲜任会长，雷洁琼、吴学谦任名誉会长。

中国国际交流协会成立于1981年，是我国开展国际交流的重要民间团体之一。目前，协会已同90多个国家的200多个各种类型的团体、政党、研究机构和国际组织建立了联系，成为我国民间外交舞台上的一支活跃力量。

中葡就澳门政权交接仪式地点达成共识

在上午举行的中葡联合联络小组双方组长会晤后葡方组长贾安栋说，他高兴地宣布，在进行多次磋商后，双方终于达成了各方都满意的方案。澳门政权交接仪式将在澳门文化中心和文华东方酒店之间的政府空地上修建一个临时场馆内举行。他说，采取这个办法是因为目前澳门还没有一个可容很多人同时参加的场所。修建这个临时场馆的费用不会很高，由澳门政府承担。

中方组长韩肇康说，关于政权交接仪式的地点，是经过双方多次认真磋商才达成共识的。他表示，双方也讨论过在建临时场馆时，可搞一些具永久性纪念意义的设施。

葡方组长还透露，在举行政权交接仪式前后，葡方和中方分别举行的仪式（即葡方的告别仪式和中方的特区政府成立仪式）将利用现有的文化中心和综艺馆。

韩肇康说，双方的专家将很快就临时场馆工程的设计、施工等进行分组协商。场馆的规模应能满足仪式的要求。韩肇康说，双方均抱着建设性和积极的态度就涉及政权交接和平稳过渡的有关问题进行深入磋商，加强对话，尽快找到解决问题的办法。在上一次全会的基础上，双方的专家继续就档案移交、资产移交、公务员退休金问题、双语通则法案、法律本地化和澳门参加国际公约及国际组织问题等进行了深入磋商。

中央军委主席江泽民视察武警北京市总队

江泽民来到武警北京市总队十一支队视察，看望广大官兵。

江泽民在接见部队干部时发表讲话。他说，近年来，武警部队加强思想政治建设，加强训练和管理，各方面都有了新的进步。狠抓了各级党委的班子建设和高中级干部管理，狠抓了部队的经常性基础工作，取得了比较好的成效。紧紧围绕党和国家工作大局，圆满完成了以执勤和处理突发事件为中心的各项任务，为维护社会稳定、保障改革开放和现代化建设的顺利进行作出了新的贡献。驻京武警部队承担了大量安全保卫任务，在维护首都的安全和稳定中发挥了重要作用。

江泽民指出，当前，我们国家总的形势是好的。我们经受住了亚洲金融危机的冲击和严重洪涝灾害的考验，保持了国民经济的持续增长和社会政治稳定，广大干部和群众增强了继续前进的信心。在新的一年里，我们的改革和建设将迈出新的步伐。庆祝新中国成立五十周年和澳门回归祖国等重大活动，必将进一步振奋民族精神，激励全党全军和全国各族人民以更加昂扬的精神状态，为实现党的十五大确定的宏伟目标而努力奋斗。

江泽民说，武警部队作为维护国家安全和社会稳定的重要力量，肩负的任务重大而艰巨。希望大家进一步增强责任感和使命感，增强忧患意识，保持常备不懈。要继续加强思想政治建设，坚持用邓小平理论武装头脑，确保党对武警部队的绝对领导，提高广大官兵的政治敏锐性和坚定性。要坚持从严治警的方针，严格训练，严格管理，严格要求，保持武警部队的高度稳定，努力增强新形势下执勤和处置突发事件的能力。要发扬我党我军的优良传统，密切官兵关系和军政军民关系，保持人民军队的政治本色。总之，要按照"政治合格、军事过硬、作风优良、纪律严明、保障有力"的总要求，努力把武警部队建设成为一支忠于党、忠于祖国、忠于人民的威武之师、文明之师。

中共中央总书记江泽民在北京考察工作时就发展高科技发表讲话

要大力加快科技进步，发展高新技术产业。科学技术是第一生产力。你们采用了现代农业的新技术和新生产方法，是工厂化的农业。过去，人们一说到种田，想到的就是农民，你们这里却集中了不少硕士和博士。我在上海当市长的时候，最关心的一件事情就是保证新鲜蔬菜的供应。当时要做到这一点，的确不容易。我们通过在社会主义条件下发展市场经济，发展农业生产力，基本解决了这个问题，现在市场上蔬菜和副食品供应充足，花色品种丰富。我国可以说是地大物博，但相对12亿多人口，我们的土地，其他资源就不充裕了。据有关部门估计，到下个世纪中叶，全国人口将会达到16亿。那时候，资源尤其是土地资源相对紧缺将会更加突出。我国农业究竟如何向更高的水平发展，是个始终需要大家高度关注的重大课题。实现农业现代化，必须采用生物工程等方面的高新技术。特别是大城市近郊的农业，必须加快用高新技术来武装。发展高新技术产业，要坚持因地制宜，这是一项很重要的原则。

现在，科学技术日新月异，发展很快。我在大学里念书的时候，基因工程这些先进科技还没有。我念的是电机工程，那时只有真空管。晶体管到1948年才发明出来，1958年发明了集成电路，后来又发明了大规模和超大规模集成电路。我担任电子工业部部长的时候，还是在研制64K的集成电路，而当时国际上已经发展到256K，差距很大。后来，国际上集成电路的发展速度就更快了，差不多三年就换一代。在20世纪这100年中，科学技术取得了惊人的进步。下一个世纪，物质科学、信息科学、生物工程、材料科学、宇宙科学、环境科学都将取得更大的突破。我们在科技发展上同世界水平的差距，不可能一步就赶上去。但我们总要逐步地赶上去。我们要有这个雄心壮志。发展高新技术及其产业，不仅研究和开发要搞上去，还要注意建立一整套的有效机制。一项技术和一个产品要发展，必须同市场结合起来，没有市场需求的推动就难以发展。拿我们发展集成电路来说，一个主要问题就是我们相当大份额的电子产品市场被一些外国公司分割了，这些电子产品中使用的集成电路是同整机一起进来的。我们自己生产的集成电路没有市场，批量就赶不上去。我参加了制造我国第一台发电机组的工作，那时是6000千瓦，现在60万千瓦的我们也能够制造。我国能够制造的发电机组的容量不算小，技术水平也不低。但我们有些地方还是用外国的机组。为什么？因为国外公司提供卖方信贷，卖发电机组给你，投资我来出。这里又引出了资本运营的问题。像美国通用电器和德国西门子这样的世界著名大公司，不仅搞制造，而且花很大的精力在股票市场上经营。去年美国又出现了一个专门经营高科技的股票市场。它同一般的股票市场不一样，主要通过电脑网络来运营。发展经济，必须有高科技的支撑。这几年美国经济比较好，一个很重要的原因，就是美国在利用高新技术优化产业结构和产品结构方面，取得了比较明显的成效。美国吸引了全世界大量的优秀人才，美国许多大公司里都有华人科学家在从事高科技的研究和开发。这些现象，都提出了一些值得深思的重要问题，我们应该深入地加以研究。

国务院办公厅在中南海举办1999年首次科技知识讲座

清华大学教授、中国工程院院士钱易作了"环境保护与可持续发展"的专题报告。中共中央政治局常委、国务院副总理李岚清，国务院副总理钱其琛、吴邦国，国务委员司马义·艾买提、王忠禹与国务院各部门的负责同志以及国务院办公厅的工作人员一起，认真听取钱易教授的讲课。

钱易教授在讲座中分别就环境问题的由来及危害；人类、发展与环境的关系；可持续发展战略的定义、原则和实施等问题作了系统介绍和阐述。她通过对大量国内外环境问题的分析，说明了环境问题已成为人类发展必须面对的严峻课题，人类必须从改变观念入手，改变对待自然的态度，由一味向自然索取转变为珍惜资源、爱护环境，与自然和谐相处，走既能满足当代社会发展需求又不致危害未来社会发展的可持续发展道路。钱易教授的讲课深入浅出，增加了大家对环境保护和可持续发展知识的了解，进一步增强了做好环保工作的认识。

听取讲座后，李岚清指出，保护环境是我国的基本国策，各级干部对环境保护要有紧迫感、危机感。要增强全民族的环保意识，深刻认识环保的重要意义。各级政府要增强保护环境的责任感，从本部门的工作入手，把环境保护和可持续发展战略落到实处，为官一任，要保护好一方环境。

李岚清强调，各级干部特别是高级干部要按照江泽民总书记加强学习的要求，努力学习本部门、本专业的科技知识，还要学习有普遍意义的科技知识，否则，就不能适应现代化建设的要求，难以完成改革发展的重任。领导干部要挤出时间自学，请有造诣的专家、教授来讲课，也是一种重要的学习方式。

在国务院领导的倡导下，国务院办公厅已连续 3 年组织科技知识讲座。从这次开始，还增加邀请国务院有关部门的负责人听课。

2 月 11 日

党和国家领导人江泽民　李鹏　朱镕基　李瑞环　胡锦涛　尉健行等出席在中国剧院举行的首都军民迎新春欢歌奔向新世纪文艺晚会

首都各民族人士迎春茶话会在人民大会堂举行

中央统战部全国政协民族和宗教委员会国家宗教局联合举行在京宗教界人士迎春茶话会

中国人口福利基金会二届五次常务理事会上全国人大常委会副委员长何鲁丽当选为会长

中宣部　中直机关工委　中央国家机关工委　解放军总政治部　北京市委在北京联合举行打击走私形势报告会

外交部发言人章启月就香港特区居留权问题发表谈话

近日，英美两国就有关香港终审法院对港人内地子女居留权的裁决一案发表评论。章启月在回答记者有关提问时就此发表讲话。

章启月说，关于香港特别行政区终审法院对港人内地子女居留权的裁决及由此引起的相关问题，纯属中国的内部事务，任务外国对此都不应干预。

外交部副部长杨洁篪在渥太华同加拿大外交与国际贸易部副部长坎贝尔进行政治磋商

双方一致认为，近年来中加关系取得了重大进展。中加是太平洋两岸具有重要影响的大国，在维护本地区乃至世界和平与稳定方面承担着重要的义务与责任。双方表示，将在相互尊重和平等互利基础上继续发展在各领域的友好合作关系，并加强在联合国等国际组织中以及在一些重大国际和地区问题上的磋商与合作。

经国务院批准北京图书馆更名为国家图书馆对外称“中国国家图书馆”

国家图书馆前身是始建于 1909 年 9 月 9 日的京师图书馆，1912 年正式开馆接待读者；1916 年开始接受呈缴本，从而确立了国家图书馆的地位。1928 年 7 月京师图书馆更名为国立北平图书馆。中华人民共和国成立后，国立北平图书馆改名为北京图书馆。

国家图书馆是综合性图书馆，是国家总书库，目前藏书量为 2100 万册，其中包括 26 万多册古籍善本，200 多万册古籍线装书，为亚洲第一、世界第四大综合性图书馆。

国家图书馆全馆计算机网络系统千兆局域网正式开通

图书馆此前已采用微机局域网，先后组建了 13 个子网，初步实现了业务加工、读者服务的自动化和网络化。国家图书馆于 1998 年选用千兆位以太网络技术，设置 1673 个信息点，把原来相互分离的 13 个子网纳入一个系统，形成了全馆网络系统。

萧乾逝世

著名作家、记者、翻译家、中央文史馆馆长、中国作协顾问、中国翻译工作者协会名誉理事、全国政协第五、六、九届委员、第七、八届常委、中国民主同盟第八届中央委员会顾问萧乾因病在京逝世，享年 90 岁。

萧乾原名萧炳乾，化名萧若萍，笔名：塔塔木林、佟荔。蒙古族。他祖籍黑龙江省兴安岭地区，1910 年 1 月 27 日生于北京。他 1926 年在北京崇实中学学习，参加共青团。他 1930 年考入辅仁大学英文系学习，1931 年任英文周刊《中国简报》(*China in Brief*)文艺版主编，翻译和介绍中国文学作品，后转入燕京大学新闻系学习，1935 年毕业，开始任《大公报 · 文艺》主编，并兼旅行记者。他1939年受英国伦敦大学东方学院邀请赴伦敦任教,同时兼《大公报》驻英记者;1942年入英国剑桥大学英国文学系当研究生,进行英国心理派小说研究。不久第二次世界大战战火燃遍英伦,他1944年放弃剑桥学位,毅然担任起《大公报》驻英特派员兼战地随军记者,成为当时西欧战场上唯一的中国记者,在战火纷飞的欧洲战场采访,写下了《银风筝下的伦敦》、《矛盾交响曲》等描写欧洲人民反法西斯斗争的大量通讯和特写。他1945年赴美国旧金山采访联合国成立大会、波茨坦会议和纽伦堡对纳粹战犯的审判。他1946年回国继续在《大公报》工作,兼任复旦大学英文系和新闻系教授。新中国成立后,他历任《人民中国》(英文版)副主编,《译文》杂志编辑部副主任,《人民日报》文艺版顾问,《文艺报》副总编等职;1954年参加第一次全国文代会筹备工作。他1961年任人民文学出版社编辑。1979年起,他历任中国作协理事、民盟中央常委等职。萧乾是著名的中外文化交流使者,晚年多次出访欧美及东南亚国家进行文化交流活动,写出了三百多万字的回忆录、散文、特写、随笔及译作。他主要著译作有《篱下集》、《梦之谷》、《人生百味》、《一本褪色的相册》、《莎士比亚戏剧故事集》、《尤利西斯》等。1998年10月出版的《萧乾文集》(1—10)收集了他的主要著译作。

2月12日

中共中央在中南海召开党外人士迎春座谈会

江泽民、李瑞环、胡锦涛等中共中央领导人同各民主党派中央、全国工商联负责人、无党派人士和在京的部分党外老同志欢聚一堂,共商国是,辞旧迎新,同庆佳节。

中共中央总书记江泽民首先代表中共中央、国务院向各民主党派、工商联和无党派的同志们、朋友们拜年,祝愿大家新春愉快,阖家幸福。

江泽民在座谈会上说,过去的一年,在遇到亚洲金融危机的强烈冲击和发生严重洪涝灾害的情况下,我们采取正确的方针政策,推动经济增长,深化各项改革,推进社会主义精神文明建设、民主法制建设和党的建设,开展积极的外交工作,取得了改革开放和社会主义现代化建设的新的重大胜利。这是全国各族人民同心同德、艰苦奋斗的结果。

江泽民说,在过去的一年里,各民主党派中央、全国工商联和无党派人士,把学习邓小平理论同贯彻中共十五大精神结合起来,紧紧围绕经济建设这个中心,服从和服务于国家工作大局,认真履行政治协商、民主监督、参政议政职能,为推进改革开放、推进两个文明建设做了大量工作,同时加强了以政治交接为主线的自身建设。这充分表明,各民主党派中央、全国工商联换届后,新的领导班子正在继承和发扬老一代领导人的优良传统,讲政治,讲大局,为国奉献,为民辛劳,努力开创新的工作局面。

江泽民指出,今年,是我国历史发展进程中具有特殊意义的一年。我们将迎来新中国成立50周年,恢复对澳门行使主权。改革攻坚正处在关键时期,妥善解决经济社会生活中存在的一些突出问题,需要我们付出艰苦的努力。亚洲金融危机的影响还在加深。经济全球化趋势给我们带来发展机遇,也带来严峻挑战。要实现我们确定的改革和建设的目标,保持我国社会稳定和经济持续发展,必须坚持发挥爱国统一战线的政治优势。

江泽民强调,我们要科学分析和正确把握形势。既要看到前进中的风险和困难,又要看到自己的优势和力量,坚定信心,抓住机遇,开拓进取。建设有中国特色社会主义,是全国各族人民的共同事业。我们党领导的爱国统一战线的本质是凝聚全民族一切爱国力量的大团结、大联合,要在团结一切可以团结的力量,调动一切积极因素方面发挥自己的积极作用。在跨世纪发展的征程上,我们党和各民主党派、工商联及各界人士,都在建设有中国特色社会主义这艘伟大的航船上。在中国共产党的领导和邓小平理论的指引下,大家要同舟共济,齐心协力,各司其职,各负其责,战胜各种风险和困难,最终胜利到达实现社会主义现代化的光辉彼岸。

江泽民指出,我们要继续积极稳妥地推进社会主义民主政治建设。实践表明,我国实行共产党领导的多党合作和政治协商制度,具有自己的优势和强大生命力,为我国改革、发展和稳定提供了有力的政治保证。任何时候都决不能动摇、削弱这一符合我国国情的政党制度,决不能照搬西方的两党制、多党制。对这个重大政治原则,决不能有丝毫含糊。

江泽民说,今年是中国人民政治协商会议成立50周年。国内外形势的发展变化,对我们坚持和完善共产党领导的多党合作和政治协商制度提出了新的更高的要求。我们要以邓小平同志关于多党合作的论述为指导,在认真总结经验的基础上,根据新形势新情况,继续推进规范化、制度化,把这一项基本政治制度建设好,把它的作用继续发挥好。

座谈会由中共中央政治局常委、全国政协主席李瑞环主持。他说,目前,整个统一战线呈现出团结、稳定、振奋、活跃的局面。我们高兴地看到,各民主党派、工商联新一代领导人继承老一代同中国共产党亲密合作的光荣传统,在加强自身建设、搞好政治交接方面取得了新的进展;在围绕经济建设这个中心,发挥参政议政、民主监督作用方面取得了新的成绩；在维护社会稳定，促进社会主义两个文明建设方面作出了新的贡献。

李瑞环说，在前进的道路上，我们既面临着前所未有的发展机遇，又面临着难以回避的严峻挑战。让我们更加紧密地团结在以江泽民同志为核心的中共中央周围，高举邓小平理论伟大旗帜，发挥统一战线大团结、大联合的优势，振奋精神，埋头苦干，为全面贯彻和完成十五大提出的宏伟目标，为把建设有中国特色社会主义伟大事业全面推向21世纪作出新的贡献。

民革中央主席何鲁丽、民盟中央主席丁石孙、民盟中央名誉主席费孝通、钱伟长、民建中央主席成思危，民进中央名誉主席雷洁琼、农工党中央主席蒋正华、致公党中央主席罗豪才、九三学社中央主席吴阶平、台盟中央主席张克辉、全国工商联主席经叔平、全国工商联名誉主席王光英、无党派人士程思远作了发言。他们盛赞以江泽民同志为核心的中共中央高举邓小平理论伟大旗帜，领导全国各族人民战胜各种困难，取得了举世瞩目的伟大成就，表示要继续与中国共产党亲密合作，肝胆相照，同心协力，为维护改革、发展和稳定大局作出新的贡献。他们还向中共中央领导同志拜年。

中共中央政治局候补委员、书记处书记、中央办公厅主任曾庆红，全国政协副主席、中央统战部部长王兆国参加座谈会。出席座谈会的党外人士还有阿沛·阿旺晋美、赵朴初、孙孚凌、万国权、周铁农、王文元、张绪武。

党和国家领导人江泽民 李鹏等向万里 刘华清等老同志祝贺新春

春节前夕，江泽民、李鹏、朱镕基、李瑞环、胡锦涛、尉健行、李岚清分别看望了万里、刘华清、荣毅仁、薄一波、宋任穷等。受党中央委托，李长春和浙江省委主要负责人分别看望了正在广东和浙江的乔石、宋平。

受中共中央、全国人大常委会、国务院、全国政协、中央军委委托，迟浩田、张万年、姜春云、贾庆林、钱其琛、温家宝、曾庆红、吴仪、布赫、曹志、王忠禹、杨汝岱、王兆国、任建新、宋健、李贵鲜、陈俊生、张思卿、朱光亚、胡启立、陈锦华、白立忱等同志分别看望或委托有关省市负责同志看望了江华、李德生、萧克、张劲夫、张爱萍、陈锡联、段君毅、耿飚、姬鹏飞、黄华、黄火青、习仲勋、彭冲、叶飞、廖汉生、王芳、谷牧、杨成武、吕正操、马文瑞、王恩茂、郑天翔、刘复之、王鹤寿、杨白冰、王汉斌、张震、倪志福、陈慕华、费孝通、孙起孟、雷洁琼、李锡铭、王丙乾、吴学谦、赛福鼎·艾则孜、洪学智、杨静仁、钱学森、胡绳、苏步青、董寅初、邓力群、张廷发、韩光等老同志，祝他们新春愉快、健康长寿。

中央政法委书记罗干看望并慰问北京市公安干警

国家经贸委 财政部 中国人民银行关于出售国有小型企业中若干问题意见的通知

中日信息化合作谅解备忘录在北京签字

国家发展计划委员会与日本国通商产业省在北京签署了中日信息化合作谅解备忘录，就中日两国政府组织有关机构和企业，共同实施“应用先进多媒体技术的多种信息系统示范项目”及其研究开发计划达成共识。中日双方预计共投入资金25亿—30亿元。合作期为5年，其中1998年4月至2001年3月为项目实施期，此后两年将进行系统功能扩展和评估。示范项目包括综合物流、远程教育、远程医疗、农业生产与流通、水灾监测与防治及森林防火。

解放军总政治部 总参谋部 总后勤部 总装备部分别举行活动慰问离退休老干部

国务院副总理李岚清到北京科技大学 北京医科大学视察高等院校筒子楼改建工作

中国电影集团公司在北京挂牌成立

中国国家信息安全测评认证中心及其管理委员会在北京成立

公安部加强烟花爆竹安全管理工作的通报

2月13日

九届全国人大常委会召开第十三次委员长会议

会议决定2月27日至28日召开九届全国人大常委会第八次会议。会议的主要议题是为将于3月5日召开的九届全国人大二次会议作准备。全国人大常委会委员长李鹏主持会议。

会议首先听取了全国人大常委会秘书长何椿霖作的关于全国人大常委会第八次会议议程草案和日程安排意见的汇报，以及九届全国人大二次会议有关文件准备情况的汇报。

会议建议的九届全国人大常委会第八次会议议程有：审议九届全国人大二次会议议程（草案）、主席团和秘书长名单（草案）、列席人员名单（草案）；审议全国人大常委会工作报告（稿）；审议全国人大常委会代表资格审查委员会关于选举、补选代表资格的审查报告等。

会议在听取了全国人大常委会副委员长姜春云关

于全国人大常委会工作报告稿修改情况的汇报后，进行了讨论。

会议还听取了全国人大常委会副秘书长于友民关于1999年全国人大常委会审议法律草案计划稿的汇报。

全国人大常委会副委员长田纪云、王光英、程思远、布赫、铁木尔·达瓦买提、吴阶平、彭珮云、何鲁丽、周光召、成克杰、曹志、丁石孙、成思危、蒋正华出席了会议。

中共中央印发《中国共产党农村基层组织工作条例》的通知

各省、自治区、直辖市党委，各大军区党委，中央各部委，国家机关各部委党组(党委)，军委各总部、各军兵种党委，各人民团体党组：

现将《中国共产党农村基层组织工作条例》印发给你们，请结合本地区、本部门工作实际认真贯彻执行。

中共中央

1999年2月13日

中国共产党农村基层组织工作条例

第一章 总　则

第一条 为了加强和改进党的农村基层组织建设，加强和改善党对农村工作的领导，推动农村经济发展和社会进步，保证党在农村改革和发展目标的实现，根据《中国共产党章程》制定本条例。

第二条 乡镇党的委员会(以下简称乡镇党委)和村党支部(含总支、党委，下同)是党在农村的基层组织，是党在农村全部工作和战斗力的基础，是乡镇、村各种组织和各项工作的领导核心。

第三条 党的农村基层组织必须以马克思列宁主义、毛泽东思想、邓小平理论为指导，贯彻党的路线方针政策，坚持党要管党和从严治党，努力成为团结带领群众建设有中国特色社会主义新农村的坚强战斗堡垒。

第二章 组织设置

第四条 乡镇应当设立党的基层委员会。乡镇党委由党员大会或者党员代表大会选举产生。

第五条 有正式党员3名以上的村，应当成立党支部；不足3名的，可与邻近村联合成立党支部。党员人数超过50名的村，或党员人数虽不足50名，但村办企业具备成立党支部条件的村，因工作需要，可以成立党的总支部。党员人数100名以上的村，根据工作需要，经县级地方党委批准，可以成立党的基层委员会；村党委受乡镇党委领导。

村党支部、总支部和党的基层委员会由党员大会选举产生。

第六条 县以上有关部门驻乡镇的单位，应当根据党员人数和工作需要建立党的基层组织。这些党组织，除中央另有规定的以外，受乡镇党委领导。

第七条 乡镇工作机构设置和人员配备，应当坚持精干高效，加强服务，密切联系群众的原则，严格执行上级的有关规定。村干部误工补贴人数和标准的确定，应当从实际出发，从严掌握。

第三章 职责任务

第八条 乡镇党委的主要职责是：

(一)贯彻执行党的路线方针政策和上级党组织及本乡镇党员代表大会(党员大会)的决议。

(二)讨论决定本乡镇经济建设和社会发展中的重大问题。需由乡镇政权机关或集体经济组织决定的问题，由乡镇政权机关或集体经济组织依照法律和有关规定作出决定。

(三)领导乡镇政权机关和群众组织，支持和保证这些机关和组织依照国家法律法规及各自章程充分行使职权。

(四)加强乡镇党委自身建设和以党支部为核心的村级组织建设。

(五)按照干部管理权限，负责对干部的教育、培养、选拔和监督工作。协助管理上级有关部门驻乡镇单位的干部。

(六)领导本乡镇的社会主义民主法制建设和精神文明建设，做好社会治安综合治理及计划生育工作。

第九条 村党支部的主要职责是：

(一)贯彻执行党的路线方针政策和上级党组织及本村党员大会的决议。

(二)讨论决定本村经济建设和社会发展中的重要问题。需由村民委员会、村民会议或集体经济组织决定的事情，由村民委员会、村民会议或集体经济组织依照法律和有关规定作出决定。

(三)领导和推进村级民主选举、民主决策、民主管理、民主监督，支持和保障村民依法开展自治活动。领导村民委员会、村集体经济组织和共青团、妇代会、民兵等群众组织，支持和保证这些组织依照国家法律法规及各自章程充分行使职权。

(四)搞好支部委员会的自身建设，对党员进行教育、管理和监督。负责对要求入党的积极分子进行教育和培养，做好发展党员工作。

(五)负责村、组干部和村办企业管理人员的教育管理和监督。

(六)搞好本村的社会主义精神文明建设和社会治安、计划生育工作。

第十条 党员人数较多的村党支部，可以划分若干党小组。党小组在支部委员会领导下开展工作，组织党员学习和参加组织生活，检查党员履行义务、行使权利和执行支部委员会、党员大会决议的情况，反映党员、群众的意见和要求。

第四章 经济建设

第十一条 党的农村基层组织应当加强对经济工作的领导，坚持以经济建设为中心，深化农村改革，发展农村经济，增加农民收入，减轻农民负担，提高农民生活水平。

（一）坚持以公有制为主体、多种所有制经济共同发展的基本经济制度，以家庭承包经营为基础、统分结合的经营制度，以劳动所得为主和按生产要素分配相结合的分配制度。

（二）稳定发展粮食生产，积极发展多种经营和乡镇企业。发展多种经营要同支持和促进粮食生产相结合。发展乡镇企业要从实际出发，同促进农副产品流通和建设小城镇相结合。

（三）加强以水利为重点的农业基本建设，改善农业生态环境，实现农业可持续发展。

（四）领导制定本地经济发展规划，组织、动员各方面力量保证规划实施。村党支部领导和支持集体经济组织管理集体资产，协调利益关系，组织生产服务和集体资源开发，逐步壮大集体经济实力。

（五）组织党员、群众学习农业科学技术知识，应用科技发展经济。

第五章 精神文明建设

第十二条 党的农村基层组织应当制定社会主义精神文明建设规划，保证社会主义物质文明建设和精神文明建设协调发展，促进农村经济和社会的全面进步。

第十三条 对群众进行爱国主义、集体主义和社会主义教育，党的基本路线和方针政策教育，思想道德和民主法制教育，引导农民正确处理国家、集体、个人三者之间的利益关系，培养有理想、有道德、有文化、有纪律的新型农民。

第十四条 搞好村镇规划，改善村镇面貌，创造文明卫生的生活环境；加强农村文化设施建设，开展健康有益的文体活动；改善办学条件，普及义务教育；开展创建文明村镇、文明户活动，破除封建迷信，移风易俗，树立社会主义新风尚。

第十五条 加强思想政治工作。宣传好人好事，弘扬正气。了解群众的思想状况，帮助解决群众的实际困难，及时疏导和化解人民内部矛盾，保持农村社会稳定。

第六章 干部队伍和领导班子建设

第十六条 不断提高农村基层干部队伍的素质。农村基层干部要认真学习马克思列宁主义、毛泽东思想特别是邓小平理论，坚决贯彻党的基本路线和党在农村的方针政策，坚持全心全意为人民服务的根本宗旨，增强带领群众发展经济、搞好两个文明建设的本领。

第十七条 加强农村基层干部队伍的思想作风建设。坚持实事求是，不准虚假浮夸；坚持依法办事，不准违法乱纪；坚持艰苦奋斗，不准奢侈浪费；坚持说服教育，不准强迫命令；坚持廉洁奉公，不准以权谋私。

第十八条 党的农村基层组织的领导班子，应当由认真贯彻执行党的路线方针政策，清正廉洁，公道正派，群众拥护，能够带领群众完成各项任务的党员组成。乡镇党委书记还应具有一定的理论和政策水平，较强的组织协调能力，熟悉党务工作和农村工作。村党支部书记还应具备一定的政策水平，善于做群众工作。

应当重视培养选拔优秀年轻干部，改善领导班子的结构。

第十九条 领导班子应当贯彻党的思想路线。反映情况，安排工作，决定问题，必须实事求是，一切从实际出发，说实话、办实事、求实效。

第二十条 领导班子应当贯彻党的群众路线。决定重大事情要同群众商量，布置工作任务要向群众讲清道理；经常听取群众意见，不断改进工作；关心群众生活，维护群众的合法权益，切实减轻群众负担。

第二十一条 领导班子应当贯彻党的民主集中制。坚持集体领导和个人分工负责相结合的制度。凡属重要问题，必须经过集体讨论决定，不允许个人或者少数人说了算。书记要敢于负责，有民主作风，善于发挥每个委员的作用。委员要积极参与和维护集体领导，主动做好分工负责的工作。

第二十二条 乡镇党委和村党支部委员会每半年召开一次以开展批评与自我批评为主要内容的组织生活会，接受党员和群众的监督。

第七章 党员队伍建设

第二十三条 农村党员应当在社会主义物质文明和精神文明建设中发挥先锋模范作用，带头执行党和国家的各项政策，带领群众共同致富。

第二十四条 党的农村基层组织应当组织党员学习马克思列宁主义、毛泽东思想特别是邓小平理论，学习党的基本知识和科学文化知识、社会主义市场经济知识、法律法规知识。

党员教育应当坚持理论联系实际，适合农村特点，贴近党员思想，采取多种形式。发挥乡镇党校、党员活动室和党员电化教育的作用。

乡镇党委每年应当对党员分期分批进行集中培训一次。

第二十五条 严格党的组织生活。村党支部每月应当开展一次党员活动,包括学习党的文件,上党课,召开组织生活会等。

第二十六条 坚持和完善民主评议党员制度。对优秀党员,要进行表彰;对不合格党员,要依照有关规定,分别采取教育帮助、限期改正、劝其退党、党内除名等方式进行严肃处置。

第二十七条 尊重和保障党员的各项权利,教育和监督党员履行义务。要使党员对党内事务有更多的了解和参与。要组织开展党员联系户等活动,给党员分配适当的社会工作和群众工作,为党员发挥作用创造条件。

第二十八条 加强和改进对外出党员的教育和管理。对外来党员,有关党组织应当及时将他们编入党的支部和小组,组织他们参加党的活动。

第二十九条 严格执行党的纪律。经常向党员进行遵纪守法教育。党员违犯党的纪律,应当及时严肃查处。处分党员必须按照党章和有关规定进行。对受到党的纪律处分的,要加强教育,帮助他们改正错误。

第三十条 按照坚持标准、保证质量、改善结构、慎重发展的方针和有关规定,做好发展党员工作。注意吸收优秀青年、妇女入党。

村级党组织发展党员必须经过乡镇党委审批。

第八章 附 则

第三十一条 省、自治区、直辖市党委可以根据本条例,结合本地区情况制定实施细则。

第三十二条 本条例由县(市)党委负责实施。

第三十三条 本条例由中共中央组织部负责解释。

第三十四条 本条例自发布之日起施行。

国务院副总理李岚清在人民大会堂会见在中国工作的外国专家

会见时,老专家爱泼斯坦、加拿大专家路易斯、日本专家小林诚和俄罗斯专家梅尔兹利金·伊万诺维奇先后发言。

听取专家的发言后,李岚清代表中国政府和人民向在座的外国专家并通过他们向所有在华工作的外国专家及其亲属拜年,感谢他们积极帮助、支持和参与中国的建设事业,感谢他们为推动世界各国与中国广泛开展交流与合作所作出的努力。

李岚清说,随着中国对外开放的不断扩大,一批批外国专家在各自的领域以不同的方式参与和支持了中国的现代化建设,他们不仅带来了先进的科学技术和管理经验,也增进了中国人民与世界各国人民之间的相互了解和友谊。中国所取得的这些成就也是与在华工作的外国专家的努力分不开的。

李岚清表示,中国各有关部门今后将继续为外国专家创造良好的工作和生活条件,依法保护外国专家的知识产权和其他合法权益,使外国专家在中国愉快、顺利地工作,充分发挥作用。他希望外国专家继续对中国的建设事业给予大力支持和帮助。

国办关于加强基础设施工程质量管理的通知

各省、自治区、直辖市人民政府,国务院各部委、各直属机构:

基础设施项目,特别是重大基础设施项目的工程质量状况,不仅关系到国家建设资金的有效使用,而且关系到国民经济持续快速健康发展和人民群众生命财产安全。从近年来的情况看,工程质量总体上是比较好的,但由于一些地区、部门和单位忽视工程质量,违反建设程序,执法监督不力,建筑市场混乱,腐败现象严重,造成恶性工程质量事故频发,给国家和人民生命财产造成很大损失。对这些问题必须采取强有力的措施认真加以解决。经国务院同意,现将有关问题通知如下:

一、建立和落实工程质量领导责任制

(一)建立工程质量行政领导人责任制。对基础设施项目工程质量,实行行业主管部门、主管地区行政领导责任人制度。中央项目的工程质量,由国务院有关行业主管部门的行政领导人负责;地方项目的工程质量,按照项目所属关系,分别由各级地方政府行政领导人负责。如发生重大工程质量事故,除追究当事单位和当事人的直接责任外,还要追究相关行政领导人在项目审批、执行建设程序、干部任用和工程建设监督管理等方面失察的领导责任。

(二)建立项目法人责任制。基础设施项目,除军事工程等特殊情况外,都要按政企分开的原则组成项目法人,实行建设项目法人责任制,由项目法定代表人对工程质量负总责。凡没有实行项目法人责任制的在建项目,要限期进行整改。项目法定代表人必须具备相应的政治、业务素质和组织能力,具备项目管理工作的实际经验。项目法人单位的人员素质、内部组织机构,必须满足工程管理和技术上的要求。

(三)建立参建单位工程质量领导人责任制。勘察设计、施工、监理等单位的法定代表人,要按各自职责对所承建项目的工程质量负领导责任。因参建单位工作失误导致重大工程质量事故的,除追究直接责任人的责任外,还要追究参建单位法定代表人的领导责任。

(四)建立工程质量终身负责制。项目工程质量的行政领导责任人,项目法定代表人,勘察设计、施工、监理等单位的法定代表人,要按各自的职责对其经手的工程质量负终身责任。如发生重大工程质量事故,不管调到哪里工作，担任什么职务，都要追究相应的行政和法律责任。

二、严格执行建设程序，确保建设前期工作质量

(五)严格执行建设程序，按照国家规定履行报批手续。基础设施项目建设程序包括：项目建议书、可行性研究报告、初步设计、开工报告和竣工验收等工作环节。严禁任何部门、地区和项目法人擅自简化建设程序和超越权限、化整为零进行项目审批。对违反建设程序和审批权限的，要追究有关单位及其领导人的责任。

(六)严格把好建设前期工作质量关。建设项目的项目建议书、可行性研究报告和初步设计文件，必须按照国家规定的内容，达到规定的工作深度。各级项目审批机关对前期工作达不到规定要求和工作深度的项目不得审批。项目审批机关违反规定审批的，由上级机关追究其直接责任人和领导人的责任。

(七)严格实行项目决策咨询评估制度。建设项目可行性研究报告未经有资质的咨询机构和专家的评估论证，有关审批部门不予审批。重大项目的项目建议书也要经过评估论证。咨询机构要对出具的评估论证意见承担责任。对评估论证意见严重失实的，要依法降低资质等级，直至吊销营业执照。

三、健全工程管理制度，整顿建设市场

(八)必须实行招标投标制。基础设施项目的勘察设计、施工和主要设备、材料采购都要实行公开招标，确需采取邀请招标和议标形式的，要经过项目主管部门或主管地区政府批准。招标投标活动要严格按照国家有关规定进行，体现公开、公平、公正和择优、诚信的原则。对未按规定进行公开招标、未经批准擅自采取邀请招标和议标形式的，有关地方和部门不得批准开工。工程监理单位也应通过竞争择优确定。

招标单位要合理划分标段、合理确定工期、合理标价定标。中标单位签订承包合同后，严禁进行转包。总承包单位如进行分包，除总承包合同中有约定的外，必须经发包单位认可，但主体结构不得分包。禁止分包单位将其承包的工程再分包。

严禁任何单位和个人以任何名义、任何形式干预正当的招标投标活动，严禁搞地方和部门保护主义，严禁在同一经营实体或同一行政单位直接管辖范围内搞设计、施工、监理"一条龙"作业。对违反规定干预招标投标活动的单位和个人，不论有无谋取私利，都要根据情节轻重作出处理；对转包和违法分包的单位，要依法降低资质等级，情节严重的要依法吊销营业执照，并追究法律责任。

(九)必须实行工程监理制。基础设施项目的施工，必须由具备相应资质条件的监理单位进行监理。监理单位必须配备足够的、合格的监理人员。未经监理人员签字认可，建筑材料、构配件和设备不得在工程上使用或安装，不得进入下一道工序的施工，不得拨付工程进度款，不得进行竣工验收。监理人员要按规定采取旁站、巡视和平行检验等形式，按作业程序即时跟班到位进行监督检查，对达不到质量要求的工程不得签字，并有权责令返工，有权向有关主管部门报告。对未能履行职责的监理单位，要依法降低资质等级，直至吊销营业执照；对未能履行职责的监理人员，要取消其执业资格；对因失职造成重大工程质量事故的监理单位和监理人员，要追究法律责任。

(十)必须实行合同管理制。建设工程的勘察设计、施工、设备材料采购和工程监理都要依法订立合同。各类合同都要有明确的质量要求、履约担保和违约处罚条款。违约方要承担相应的法律责任。

(十一)必须实行竣工验收制度。项目建成后必须按国家有关规定进行严格的竣工验收，由验收人员签字负责。项目竣工验收合格后，方可交付使用。对未经验收或验收不合格就交付使用的，要追究项目法定代表人的责任，造成重大损失的，要追究其法律责任。

(十二)必须把好市场准入关。建设部、国家工商行政管理局和有关行业主管部门，要通过制定规章制度、颁布资质等级标准和执法检查，依法加强对建设市场的监管。各有关部门对参加建设各单位的资质认定和市场准入，要严格把关。对咨询、设计、施工和工程监理执业人员的素质要从严要求。因把关不严造成损失的，要追究有关部门及领导人的责任。

参加建设的单位必须具备与工程建设要求相应的资质等级和业绩，具备足够的技术管理能力和装备水平，严禁无证、越级承揽工程。对违反规定承揽工程的，要依法吊销营业执照并追究法律责任。

(十三)必须实行政企分开。勘察设计、施工单位和工程咨询、工程监理、招标代理等中介服务机构，都要实行政企分开，与行政管理部门脱钩，成为自主经营、自负盈亏、自担风险的法人实体。

四、精心勘察设计，强化施工管理

(十四)工程建设要坚持先勘察、后设计、再施工的原则。严禁搞边勘察、边设计、边施工的"三边"工程。

(十五)工程勘察单位要全面加强对现场踏勘、勘察纲要编制、原始资料收集和成果资料审核等环节的管理，必须对所提供的地质、地震、水文、气象等勘察资料的质量负责。设计单位要严格依据批准的可行性研究报告，按照国家规定的设计规范、规程和技术标准进行工程设计。对违反规定的勘察、设计单位，根据情节轻重，给予依法停业整顿，降低资质等级等处罚，直至吊销资质证书，并对有关责任人给予行政处分，造成重

大损失的，要追究法律责任。

(十六)施工单位要严格按照设计图纸和施工标准、规范进行施工，在施工组织设计中要有保证工程质量的措施，努力推广使用有利于提高工程质量的先进技术和施工手段，建立、健全现场质量自检体系。对工程的重要结构部位和隐蔽工程要有质量预检和复检制度。实行施工总承包的，总承包单位必须对全部工程质量负责。对违反规定的施工企业，根据情节轻重，给予依法停业整顿，降低资质等级等处罚，直至吊销资质证书，并对有关责任人给予行政处分，造成重大损失的，要追究法律责任。

(十七)材料设备要严格进行质量检验。项目法人和施工单位要对采购的材料和设备质量负责，监理单位要严格检验进场的材料和设备，严禁使用不合格的产品。对违反规定的单位和个人，要依法严肃惩处。

(十八)建设资金要严加管理。各有关部门和银行要健全项目建设资金监管制度，对出现质量事故、存在质量隐患以及缺乏质量安全保障的项目，要停止拨款和贷款。对连续出现严重工程质量事故的地区和部门，有关部门要核减下年度投资并暂停审批新项目。

五、加大执法和监督力度，把好工程质量关

(十九)加强执法力度。要把工程质量管理纳入法制化轨道，建立、健全工程质量管理的法律法规。各地区、各部门要严格执法，切实做到有法必依，执法必严，违法必究。各级监察部门要加大对建设领域腐败行为的惩处力度，对玩忽职守、弄虚作假、贪污受贿和截留、挤占、挪用、克扣工程建设资金的单位和个人，给予严厉处罚，构成犯罪的移交司法机关追究刑事责任。

(二十)加强政府监督。要继续发挥各行业主管部门和地方政府质量监督机构的作用，对基础设施和住宅建设实行强制性工程质量监督检查，对在质量监督中发现的问题，各有关单位要及时处理。对使用国家拨款的建设项目和国家重大项目，要派出重大项目稽察特派员进行稽察，并把工程质量作为稽察的重点。对稽察中发现有重大工程质量问题的项目，行业主管部门要及时发出整改通知，限期进行整顿，整改期间暂停拨付建设资金。

(二十一)加强审计监督。审计部门要依据《中华人民共和国审计法》对国家拨款的基础设施建设项目加强审计。对重大项目要进行专项审计和跟踪审计。对审计中发现的问题，要依法严肃处理。

(二十二)加强社会监督。建设项目的施工现场，要将项目法人、勘察设计、施工、监理等单位的名称和责任人姓名挂牌公示。项目主管部门和主管地区政府要公布质量举报电话，自觉接受社会监督。所有单位、个人和新闻媒体都有权举报和揭发工程质量问题。

(二十三)加强报告制度。各地区、各部门要建立工程质量报告制度，加强施工现场检查。各项目法人的质量报告必须如实反映工程质量情况，工程质量负责人和监理负责人要对填报的内容签字负责。对重大项目的工程质量问题，有关部门和地区要及时报告国务院。对弄虚作假和隐瞒不报的，要追究有关领导责任人和项目法定代表人的责任。

(二十四)加强项目档案工作。所有建设项目都要按照《中华人民共和国档案法》的有关规定，建立、健全项目档案。从项目筹划到工程竣工验收各环节的文件资料，都要严格按照规定收集、整理、归档，项目档案管理单位和档案管理人员要严格履行职责。对失职的单位和人员，要依法严肃处理。

各地区、各部门，尤其是各级领导干部必须牢固树立“百年大计，质量第一”的思想，以对国家、对人民、对子孙后代高度负责的精神，妥善处理好发展速度、经济效益与工程质量的关系，把工程质量管理工作摆在重要位置，加强领导，强化管理，采取有力措施，确保工程质量。要加强队伍建设，搞好培训和教育工作，增强职工的质量意识，努力提高工程建设队伍的整体素质。各地区、各部门要按照本通知的要求，对本地区、本部门基础设施项目和其他使用财政债券资金项目的工程质量进行一次全面检查，针对存在的问题采取整改措施，并将检查结果于1999年3月31日前报国家发展计划委员会。

本通知适用于基础设施建设项目和国家投资的建设项目、其他建设项目也要参照执行。

2月14日

澳门第一届政府推选委员会参选报名结束

筹委会副秘书长贺定一宣布：澳门特别行政区第一届政府推选委员会参选报名工作结束。她向记者宣读了工作人员迅速整理出的数字：共有2952人领取表格；2291人正式交表报名。她还概括了此次报名的三大特点，踊跃：上至90岁高龄的老人，也不乏青年人，夫妻、兄弟、姐妹同来，也有祖孙三代齐报名的；广泛：报名者涵盖了所有社会阶层；信心：广大澳人对前景充满信心的一次表现。

国务院三峡建设委员会公布三峡移民数字

国务院三峡建设委员会副主任郭树言透露，截至

1998 年年底，我国三峡库区已安置移民 16.8 万人，开发、改造、调整土地 13 万亩，建房 420 万平方米，完成工矿企业迁建 285 家。

他介绍说，移民搬迁与安置的保障在于库区经济的发展：经济总量迅速增加，1997 年全年国内生产总值比 1992 年平均增长近 1 倍，年均增长 12%—17%；经济结构进一步优化，投资环境明显改善。

中共中央政治局常委胡锦涛 尉健行 李岚清等领导及首都数万名干部群众观看在人民大会堂举行春节联欢文艺晚会

中国选手朱毅在苏格兰格拉斯哥举行的世界杯短池游泳锦标赛中夺得男子 50 米和 100 米蛙泳冠军

2 月 15 日

中共中央 国务院在人民大会堂举行春节团拜会

春节团拜会上午举行，党和国家领导人同首都各界人士 4000 多人出席。国家主席江泽民主持团拜会。

国务院总理朱镕基在团拜会上讲话。

国务院总理朱镕基在春节团拜会上发表讲话

同志们，朋友们！

在中国传统的新年来临之际，我们欢聚一堂，辞旧迎新，共贺佳节，感到格外亲切和高兴。

刚刚过去的 1998 年是极不平凡的一年。在以江泽民同志为核心的党中央的坚强领导下，全国各族人民共同奋斗，抵御了亚洲金融危机的冲击，战胜了历史上罕见的洪涝灾害，改革开放和社会主义现代化建设取得了举世瞩目的成就。在十分复杂的国内外环境中，我们伟大的祖国巍然屹立，欣欣向荣。

今年，我们将隆重庆祝中华人民共和国成立 50 周年，改革、发展、稳定面临着新的任务。我们要深入贯彻落实党的十五大和十五届三中全会精神，坚定不移地推进改革开放，大力实施科教兴国战略和可持续发展战略，继续扩大内需促进经济增长，保持国民经济快速发展的良好势头。要进一步稳定和加强农业，继续深化国有企业改革，加快经济结构调整，努力开拓城乡市场，千方百计扩大出口，切实整顿经济秩序，防范和化解金融风险，提高经济增长的质量和效益。要坚持“两手抓，两手都要硬”的方针，加强社会主义精神文明建设，促进社会全面进步。要进一步贯彻依法治国基本方略，加强社会主义民主法制建设，切实维护人民利益，正确处理新形势下的人民内部矛盾，依法严厉打击各种犯罪活动，确保社会政治稳定，为改革和发展创造良好的环境。

同志们，朋友们！香港回归祖国以来，“一国两制”的方针得到全面贯彻落实。面对亚洲金融危机的冲击，香港特别行政区政府采取了一系列应对措施，有效地维护了香港金融的稳定。中央政府将继续全力支持香港特区政府按照基本法施政，推进内地与香港在经贸、科技、文化等各个领域的合作。我们相信，有 600 万香港同胞的努力，有强大的祖国支持，香港这颗美丽的明珠一定会展现新的辉煌。

今年 12 月 20 日，澳门将回到祖国怀抱。这是中华民族的又一件历史盛事。现在澳门特别行政区的筹建工作正在紧张而又有序地进行。我们相信，有香港回归的成功经验，有广大澳门同胞的共同参与，通过中葡双方的合作和努力，澳门一定能够实现政权的顺利交接。澳门的明天一定会更加美好。

值此新春佳节，我们倍加思念台湾同胞。实现祖国完全统一、振兴中华民族，是全民族的共同愿望，也是全体中国人民的根本利益所在。我们要按照“和平统一、一国两制”的基本方针和江泽民主席提出的八项主张，认真做好对台工作。进一步加强两岸人员往来和经济文化等方面的交流与合作，推动两岸早日实现直接“三通”。我们呼吁台湾当局认清时势，尽早同我们进行政治谈判，为在一个中国的原则下正式结束两岸敌对状态，改善两岸关系，作出实际努力。

同志们，朋友们！在过去的一年中，中国坚持奉行独立自主的和平外交政策，继续发展同世界各国的友好合作关系，为维护世界和平、促进共同发展作出了积极的贡献。我国的国际地位进一步提高。在新的一年里，中国政府和中国人民将继续贯彻邓小平外交思想，奉行独立自主的和平外交政策，在和平共处五项原则的基础上，增进同世界各国的友好关系，发展经贸、科技、文化以及其他领域的交流与合作，努力推动建立和平稳定、公正合理的国际政治经济新秩序，为促进人类和平与发展的崇高事业进行不懈努力。

同志们，朋友们！我们已经取得了巨大成绩，在前进的道路上既有挑战又有机遇，让我们在以江泽民同志为核心的党中央领导下，高举邓小平理论伟大旗帜，坚定不移地贯彻落实党的十五大精神，同心同德，再接再厉，知难而进，艰苦奋斗，为把改革开放和社会主义现代化事业全面推向 21 世纪而努力奋斗！

香港特别行政区行政长官董建华发表新春贺词

董建华发表新春贺词，向全港市民拜年，祝愿香港市民趁新春假期，好好享受天伦之乐；祝愿香港兔年经济复苏，迎接更美好的未来。

董建华通过全港各电子传媒发表新春贺词。

董建华简要地回顾了香港回归以来的情况。他说:“回归了 20 个月,对香港来说,落实‘一国两制’和稳定金融风暴带来的波动,都是史无前例的挑战。在这两方面,特区政府都做了许多工作。中央政府一直全力支持我们,处处关心我们的繁荣安定,充分表现出对香港市民的亲切关怀。我也一直与世界各地的财经领袖保持紧密联系。他们对香港的经济前景是乐观的,对于我们在逆境中所作出的努力,也表示肯定和认同。内地的经济维持有秩序的增长,对香港经济起正面的作用。此外,最近亚洲个别地区的经济有逐渐稳定的迹象;如果这趋势能够持续下去,会有助加快我们的经济复苏。”

谈到未来,董建华指出,即将跨入 21 世纪,为确保香港经济稳健发展,下一代能享有更加良好的生活质素,我们必须加速发展教育和加强推动创新科技,致力把香港建设为以知识为本的社会。政府有决心投入大量资源,培育人才。此外,在其他社会服务方面,我们会继续积极落实定下了的长远目标。

国务院总理朱镕基看望慰问湖北灾区人民

2 月 15 日至 16 日,正值农历除夕和春节,朱镕基来到去年遭受严重洪涝灾害的湖北,看望、慰问灾区人民,同当地群众一起过年。

朱镕基说,去年大灾过后,中央及时作出了灾后重建、整治江湖、兴修水利的部署,投入了数百亿元资金,这是历史上从来没有的,今年还要再投入几百亿元。各地一定要把这笔资金用好,严禁挤占挪用,集中力量把江湖堤防修好,确保水利工程质量。朱镕基指出,部分职工下岗分流是搞好国有企业的必经过程,各级政府要继续把国有企业下岗职工基本生活保障和再就业工作作为一件大事,抓紧抓好。要千方百计确保下岗职工的基本生活,开展多种形式的学习培训,积极帮助他们走上新的工作岗位。他说,要高度重视和关心离退休干部、职工的生活,确保离退休人员养老金的按时足额发放。

2 月 16 日

澳门中华总商会举行新年团拜会

中国中央民族乐团在维也纳音乐协会“金色大厅”举行兔年春节中国民族音乐会

2 月 17 日

中国出口贸易总值 1989 年上升为世界第 9 位

据世界贸易组织的最新统计,1998 年全球进出口贸易均下降 1%左右,其中,出口为 54050 亿美元,进口为 55740 亿美元。中国出口排名由上年的第 10 位上升为第 9 位,进口排名由上年的第 12 位上升为第 11 位,进出口总额的排名由上年的第 10 位下降为第 11 位。中国进出口占世界贸易的比重基本保持不变。

新疆在阿克苏地区发现特大型地下水库

经过两年的勘查,新疆第一水文大队最近在阿克苏地区发现并初步查明了一个水质优良、可利用储存量大于 10 亿立方米的特大型地下蓄水库。该地下水库位于新疆南部阿克苏地区境内的渭干河流域山前绿洲带。

中国科学家在西藏扎布耶盐湖中首次发现大面积嗜盐藻

2 月 18 日

中组部要求抓好“三讲”教育

中共中央组织部部长张全景近日提出,各级组织部门要把开展“三讲”教育作为今年组织工作的头等大事抓紧抓实抓好。

联合国援助中国中小企业信用担保基金在镇江启动

中国首个由国家经贸委指导、联合国开发计划署援助的中小企业信用担保中心日前在江苏镇江市启动运营。镇江南化工厂、利君集团等 20 家首批受保企业已与担保中心、市工商银行签订了贷款、担保合同。

担保中心在确保这 20 家企业现有担保规模 1.9 亿元的基础上,为其引入流动资金贷款 1500 万元。

据国家经贸委中小企业司司长卫东介绍,为帮助我国借鉴国际经验化解难题,由联合国开发计划署援助的首个“中小企业改革与发展项目”镇江试点,把建立信用担保中心、健全融资信贷体系作为项目实施的首要内容。

2 月 19 日

中组部确定企业党建工作重点

中央组织部明确今年企业党建工作的重点是:要为

保实现中央提出的国有企业三年改革和脱困的目标，大力加强国有企业领导班子建设，进一步探索新形势下企业党组织发挥政治核心作用的有效途径、制度保证和工作方法，努力做好亏损、困难、破产企业党的工作。为完成这一目标，今年将采取以下四项措施：一是加大中央有关文件宣传、贯彻的力度，总结推广先进典型，把中央关于国有企业党建工作的指导思想、方针原则和目标要求进一步落到实处。二是把加强国有企业领导班子建设作为企业党建工作的重中之重来抓，继续抓好国有企业领导班子的考核工作；总结推广加强国有企业领导班子建设和建立适应市场需要的企业经营管理人才选拔任用机制的经验；总结、宣传企业实行厂务公开、加强民主监督的经验，表彰一批优秀企业领导者；加强国有企业领导人员的培训工作。三是加强亏损、困难企业的党建工作，在下岗职工基本生活保障和再就业中发挥党组织和党员的作用；切实解决一些基层单位“有党员无组织，有组织无活动”的问题。四是认真调查研究，加强对非公有制经济组织中党建工作的指导。

中国第一头转基因牛诞生

中国工程院转基因动物和医药产业讨论会反映，上海医学遗传研究所自去年成功地培育出转基因羊之后，又成功地培育出中国首例转基因试管牛。

这头转基因牛是头公牛，取名为“滔滔”，2月19日诞生于上海市奉贤县奉新动物试验场，出生时体重38公斤。经DNA（脱氧核糖核酸）分析，它携带有人血清白蛋白基因。

2月20日

全国人大常委会委员长李鹏在海南考察工作

2月20日至22日，李鹏在海南省委书记、省人大常委会主任杜青林，省长汪啸风的陪同下，先后来到万宁、海口等地市，走访看望下岗职工家庭，察看了即将竣工和正在建设的重点工程海口美兰机场、粤海铁路通道。他召开座谈会，听取有关地方的汇报，与大家一起探讨海南经济建设和改革发展的大计。

考察期间，李鹏委员长听取海南省委、省人大、省政府的工作汇报。他充分肯定了海南省在总结经验教训的基础上制定的经济发展思路。李鹏说，现在海南确立的发展思路是切合实际的，按照这个路子走下去，海南的经济是可以实现良性循环，是可以持续、快速、健康发展的。海南经济的发展有自身独有的优势，这就是热带农业、旅游业和海洋石化。

李鹏委员长认真仔细地听取了省人大在省委的领导下，积极开展工作的情况。他希望海南省人大在制定地方性法规和开展监督工作中，积极探索、勇于实践，并认真总结成功的经验。他说，在制定地方性法规的过程中，要根据本地的实际情况，本着促进改革开放、发展经济和推动社会全面进步的精神，及时把成功的方针政策以法规的形式确定下来。省委要加强对民主法制建设工作的领导，省人大也要主动处理好和省政府、“两院”的关系。要积极稳妥地开展监督工作。

农业部要求各地加强冬春农田基本建设

针对去年的灾情，农业部日前要求各地将平整土地、修复水毁工程和改善农田排灌条件，作为今年冬春农业工作的重要内容来抓。

去年夏天以来，我国长江、嫩江、松花江流域发生了历史上罕见的洪涝灾害，针对灾区农业机械及农田水利设施毁坏严重的情况，农业部要求各地抓好现有农业机械及农田排灌设施的修复和完善。

农业部提出，加强农业基础设施和生态环境建设，提高农业综合生产能力和抗御自然灾害的能力，是促进农业可持续发展的一项战略措施。在大中城市郊区和东部沿海等有条件的地区，要结合开展农田基本建设，大力推进“高标准农业园区”和现代化农业示范区的建设，提高农田质量和农业现代化装备水平。

为改善农业生态环境，农业部将组织各地对25度以下坡耕地进行综合治理，重点实施机械化“坡改梯”工程，逐步实行退耕还草、还果、还茶、还林等，加强对耕地、草原和水资源的保护。同时，还将采取措施严格控制有污染的乡镇企业发展，大力开发应用生物农药和降解薄膜，减少环境污染，加强内陆湖泊及沿海水域环境和鱼类资源保护。今年还要做好秸秆禁烧工作，积极推广秸秆还田、过腹还田和秸秆气化等成熟技术，加强农村能源建设和生态农业示范县建设。

国家主席江泽民 国务院副总理李岚清等出席在北京音乐厅举行的中国唐宋名篇音乐朗诵会

洛阳文物专家考证黄河小浪底水库工程淹没区古文化遗存中的新安县青要山古洞穴群乃黄帝密都

2月21日

中国农业银行进入向国有商业银行全面转化新阶段

以服务范围最广、营业网点最多著称的中国农业银行，随着电子化建设步伐的加快，正逐步变网点优势为网络优势，全行电子化营业网点覆盖面超过70%，全国联网城市达到165个，并成功开发应用了人民币实时汇兑系统，服务效率大大提高。

1979年2月23日，为适应农村改革和发展的需要，党中央、国务院决定恢复设立中国农业银行。在此后的20年中，农行始终把信贷支农放在首位，多渠道筹措和融通资金，不断增加对农业的信贷投入。农业贷款余额从1979年年末的99.9亿元增加到1998年年末的2093亿元，增长20多倍。农业银行不断调整信贷投向，支持农户发展多种经营，支持各地建设农副产品批发市场，支持商品粮基地建设，先后设立了“星火计划”、“丰收计划”、“节水灌溉”、“两高一优”等专项贷款，近年来又重点支持了农业产业化经营。乡镇企业的异军突起和小城镇的迅速发展，都与农行的支持密不可分。在国家专业银行体制下，农业银行长期承担着办理农村政策性和商业性金融业务的双重任务，同时受人民银行委托，领导和管理农村信用社。在20年的风雨历程中，农业银行为农村经济的发展和农村社会的进步立下了汗马功劳。

农业银行在全力支持农业和农村经济发展的同时，稳妥推进体制改革，调整和优化信贷结构，自身实力迅速壮大。到1998年年末，农行人民币存款余额达13349亿元，比1979年增长45倍；各项贷款余额达13666亿元，比1979年增长30多倍；全行机构网点遍布城乡，达6万多个，同时还在新加坡和香港设立了分行，在伦敦、东京、纽约、法兰克福等地设立了代表处；在传统业务迅速发展的同时，国际业务从无到有，外汇存、贷款分别达到50.8亿美元和60.2亿美元。近几年，农行实施支持优势产业和优良客户的“双优”战略，在支持农业和乡镇企业的基础上，突出支持了交通、通讯、电力、公用事业等基础产业和支柱产业，开发了房地产信贷、消费信贷等新的信贷业务。

农业银行行长何林祥对记者说，目前，农行已经完成了国家专业银行的历史使命，进入了向国有商业银行全面转化的新阶段，并且确立了以业务经营为中心、以利润为目标的经营思想，商业银行的各项业务经营和管理制度的框架也已初步形成。农行将以全新商业银行的形象，继续为农业、农村、9亿农民以及城乡经济发展提供高质量的服务。

国家科学技术著作出版基金委员会在北京宣布从今年起启动实施百部精品工程

2月22日

国务院新闻港澳办公布庆祝澳门回归祖国标志图案

国务院新闻办公室、国务院港澳事务办公室日前公布了“庆祝澳门回归祖国标志图案”。

据国务院新闻办、国务院港澳办负责人介绍，“庆祝澳门回归祖国标志图案”以红绿两色的阿拉伯数字“99”为主体造型，表明1999年我国政府对澳门恢复行使主权。图案左上方的祥云表示为公元纪年“19”的缩写。红色是中华人民共和国国旗的颜色，绿色是澳门特别行政区区旗的颜色，绿色“9”之中系澳门特别行政区区旗图案。红绿两种颜色象征“一国两制”。

国务院新闻办、国务院港澳办负责人指出，“庆祝澳门回归祖国标志图案”主要用于举行庆祝澳门回归宣传活动的正式场合，如庆祝大会、座谈会、展览会、文艺晚会等，亦可用于经国务院新闻办和国务院港澳办批准生产的澳门回归纪念品上。国务院新闻办、国务院港澳办已委托金港信息交流中心管理使用“庆祝澳门回归祖国标志图案”的有关事宜。

国务院总理朱镕基签署第260号令发布《金融违法行为处罚办法》

《金融违法行为处罚办法》已经1999年1月14日国务院第13次常务会议通过，现予发布施行。

总理 朱镕基

1999年2月22日

金融违法行为处罚办法

第一条 为了惩处金融违法行为，维护金融秩序，防范金融风险，制定本办法。

第二条 金融机构违反国家有关金融管理的规定，有关法律、行政法规有处罚规定的，依照其规定给予处罚；有关法律、行政法规未作处罚规定或者有关行政法规的处罚规定与本办法不一致的，依照本办法给予处罚。

本办法所称金融机构，是指在中华人民共和国境内依法设立和经营金融业务的机构，包括银行、信用合作社、财务公司、信托投资公司、金融租赁公司等。

第三条 本办法规定的行政处罚，由中国人民银行决定；但是本办法第二十四条、第二十五条规定的行政处罚，由国家外汇管理机关决定。

本办法规定的纪律处分，包括警告、记过、记大过、降级、撤职、留用察看、开除，由所在金融机构或者上级金融机构决定。

金融机构的工作人员依照本办法受到开除的纪律处分的，终身不得在金融机构工作，由中国人民银行通知各金融机构不得任用，并在全国性报纸上公告。金融机构的高级管理人员依照本办法受到撤职的纪律处分的，由中国人民银行决定在一定期限内直至终身不得在任何金融机构担任高级管理职务或者与原职务相当的职务，通知各金融机构不得任用，并在全国性报纸上公告。

本办法所称高级管理人员，是指金融机构的法定代表人和其他主要负责人，包括银行及其分支机构的董事长、副董事长、行长、副行长、主任、副主任；信用合作社的理事长、副理事长、主任、副主任；财务公司、信托投资公司、金融租赁公司等金融机构的董事长、副董事长、总经理、副总经理等。

第四条 金融机构的工作人员离开该金融机构工作后，被发现在该金融机构工作期间违反国家有关金融管理规定的，仍然应当依法追究责任。

第五条 金融机构设立、合并、撤销分支机构或者代表机构的，应当经中国人民银行批准。

未经中国人民银行批准，金融机构擅自设立、合并、撤销分支机构或者代表机构的，给予警告，并处5万元以上30万元以下的罚款；对该金融机构直接负责的高级管理人员，给予撤职直至开除的纪律处分。

第六条 金融机构有下列情形之一的，应当经中国人民银行批准：

（一）变更名称；

（二）变更注册资本；

（三）变更机构所在地；

（四）更换高级管理人员；

（五）中国人民银行规定的其他变更、更换情形。

金融机构未经中国人民银行批准，有前款所列情形之一的，给予警告，并处1万元以上10万元以下的罚款；有前款第（四）项所列情形的，对该金融机构直接负责的高级管理人员，给予撤职直至开除的纪律处分。

第七条 金融机构变更股东、转让股权或者调整股权结构的，应当经中国人民银行批准；涉及国有股权变动的，并应当按照规定经财政部门批准。

未经依法批准，金融机构擅自变更股东、转让股权或者调整股权结构的，给予警告，没收违法所得，并处违法所得1倍以上3倍以下的罚款，没有违法所得的，处5万元以上30万元以下的罚款；对该金融机构直接负责的高级管理人员，给予撤职直至开除的纪律处分。

第八条 金融机构不得虚假出资或者抽逃出资。

金融机构虚假出资或者抽逃出资的，责令停业整顿，并处虚假出资金额或者抽逃出资金额5%以上10%以下的罚款；对该金融机构直接负责的高级管理人员给予开除的纪律处分，对其他直接负责的主管人员和直接责任人员给予记过直至开除的纪律处分；情节严重的，吊销该金融机构的经营金融业务许可证；构成虚假出资、抽逃出资罪或者其他罪的，依法追究刑事责任。

第九条 金融机构不得超出中国人民银行批准的业务范围从事金融业务活动。

金融机构超出中国人民银行批准的业务范围从事金融业务活动的，给予警告，没收违法所得，并处违法所得1倍以上5倍以下的罚款，没有违法所得的，处10万元以上50万元以下的罚款；对该金融机构直接负责的高级管理人员给予撤职直至开除的纪律处分，对其他直接负责的主管人员和直接责任人员给予记过直至开除的纪律处分；情节严重的，责令该金融机构停业整顿或者吊销经营金融业务许可证；构成非法经营罪或者其他罪的，依法追究刑事责任。

第十条 金融机构的代表机构不得经营金融业务。

金融机构的代表机构经营金融业务的，给予警告，没收违法所得，并处违法所得1倍以上3倍以下的罚款，没有违法所得的，处5万元以上30万元以下的罚款；对该金融机构直接负责的高级管理人员给予撤职直至开除的纪律处分，对其他直接负责的主管人员和直接责任人员给予降级直至开除的纪律处分；情节严重的，撤销该代表机构。

第十一条 金融机构不得以下列方式从事账外经营行为：

（一）办理存款、贷款等业务不按照会计制度记账、登记，或者不在会计报表中反映；

（二）将存款与贷款等不同业务在同一账户内轧差处理；

（三）经营收入未列入会计账册；

（四）其他方式的账外经营行为。

金融机构违反前款规定的，给予警告，没收违法所得，并处违法所得1倍以上5倍以下的罚款，没有违法所得的，处10万元以上50万元以下的罚款；对该金融机构直接负责的高级管理人员、其他直接负责的主管人员和直接责任人员，给予开除的纪律处分；情节严重的，责令该金融机构停业整顿或者吊销经营金融业务许可证；构成用账外客户资金非法拆借、发放贷款罪或者其他罪的，依法追究刑事责任。

第十二条 金融机构不得提供虚假的或者隐瞒重要事实的财务会计报告、统计报告。

金融机构提供虚假的或者隐瞒重要事实的财务会计报告、统计报告的，给予警告，并处10万元以上50万元以下的罚款；对该金融机构直接负责的高级管理人员给予撤职直至开除的纪律处分，对其他直接负责的主管人员和直接责任人员给予记大过直至开除的纪律处分；情节严重的，责令该金融机构停业整顿或者吊销经营金融业务许可证；构成提供虚假财会报告罪或者其他罪的，依法追究刑事责任。

第十三条 金融机构不得出具与事实不符的信用证、保函、票据、存单、资信证明等金融票证。

金融机构弄虚作假，出具与事实不符的信用证、保函、票据、存单、资信证明等金融票证的，给予警告，没收违法所得，并处违法所得1倍以上5倍以下的罚款，没有违法所得的，处10万元以上50万元以下的罚款；对该金融机构直接负责的高级管理人员、其他直接负责的主管人员和直接责任人员，给予开除的纪律处分；构成非法出具金融票证罪或者其他罪的，依法追究刑事责任。

第十四条 金融机构对违反票据法规定的票据，不得承兑、贴现、付款或者保证。

金融机构对违反票据法规定的票据，予以承兑、贴现、付款或者保证的，给予警告，没收违法所得，并处违法所得1倍以上3倍以下的罚款，没有违法所得的，处5万元以上30万元以下的罚款；对该金融机构直接负责的高级管理人员、其他直接负责的主管人员和直接责任人员，给予记大过直至开除的纪律处分；造成资金损失的，对该金融机构直接负责的高级管理人员，给予撤职直至开除的纪律处分；构成对违法票据承兑、付款、保证罪或者其他罪的，依法追究刑事责任。

第十五条 金融机构办理存款业务，不得有下列行为：

（一）擅自提高利率或者变相提高利率，吸收存款；

（二）明知或者应知是单位资金，而允许以个人名义开立账户存储；

（三）擅自开办新的存款业务种类；

（四）吸收存款不符合中国人民银行规定的客户范围、期限和最低限额；

（五）违反规定为客户多头开立账户；

（六）违反中国人民银行规定的其他存款行为。

金融机构有前款所列行为之一的，给予警告，没收违法所得，并处违法所得1倍以上3倍以下的罚款，没有违法所得的，处5万元以上30万元以下的罚款；对该金融机构直接负责的高级管理人员给予撤职直至开除的纪律处分，对其他直接负责的主管人员和直接责任人员给予降级直至开除的纪律处分；情节严重的，责令该金融机构停业整顿或者吊销经营金融业务许可证。

第十六条 金融机构办理贷款业务，不得有下列行为：

（一）向关系人发放信用贷款；

（二）向关系人发放担保贷款的条件优于其他借款人同类贷款的条件；

（三）违反规定提高或者降低利率以及采用其他不正当手段发放贷款；

（四）违反中国人民银行规定的其他贷款行为。

金融机构有前款所列行为之一的，给予警告，没收违法所得，并处违法所得1倍以上5倍以下的罚款，没有违法所得的，处10万元以上50万元以下的罚款；对该金融机构直接负责的高级管理人员、其他直接负责的主管人员和直接责任人员，给予撤职直至开除的纪律处分；情节严重的，责令该金融机构停业整顿或者吊销经营金融业务许可证；构成违法向关系人发放贷款罪、违法发放贷款罪或者其他罪的，依法追究刑事责任。

第十七条 金融机构从事拆借活动，不得有下列行为：

（一）拆借资金超过最高限额；

（二）拆借资金超过最长期限；

（三）不具有同业拆借业务资格而从事同业拆借业务；

（四）在全国统一同业拆借网络之外从事同业拆借业务；

（五）违反中国人民银行规定的其他拆借行为。

金融机构有前款所列行为之一的，暂停或者停止该项业务，没收违法所得，并处违法所得1倍以上3倍以下的罚款，没有违法所得的，处5万元以上30万元以下的罚款；对该金融机构直接负责的高级管理人员、其他直接负责的主管人员和直接责任人员，给予记大过直至开除的纪律处分。

第十八条 金融机构不得违反国家规定从事证券、期货或者其他衍生金融工具交易，不得为证券、期货或者其他衍生金融工具交易提供信贷资金或者担保，不得违反国家规定从事非自用不动产、股权、实业等投资活动。

金融机构违反前款规定的，给予警告，没收违法所得，并处违法所得1倍以上5倍以下的罚款，没有违法所得的，处10万元以上50万元以下的罚款；对该金融机构直接负责的高级管理人员给予开除的纪律处分，对其他直接负责的主管人员和直接责任人员给予撤职直至开除的纪律处分；情节严重的，责令该金融机构停业整顿或者吊销经营金融业务许可证；构成非法经营罪、违法发放贷款罪或者其他罪的，依法追究刑事责任。

第十九条 金融机构应当遵守中国人民银行有关现金管理的规定，不得允许单位或者个人超限额提取现金。

金融机构违反中国人民银行有关现金管理的规定，允许单位或者个人超限额提取现金的，给予警告，并处5万元以上30万元以下的罚款；对该金融机构直接负责的高级管理人员、其他直接负责的主管人员和直接责任人员，给予记大过直至开除的纪律处分。

第二十条 金融机构应当遵守中国人民银行有关信用卡管理的规定，不得违反规定对持卡人透支或者帮助持卡人利用信用卡套取现金。

金融机构违反中国人民银行有关信用卡管理的规定，对持卡人透支或者帮助持卡人利用信用卡套取现金的，给予警告，并处5万元以上30万元以下的罚款；对该金融机构直接负责的高级管理人员、其他直接负责的主管人员和直接责任人员，给予记大过直至开除的纪律处分。

第二十一条　金融机构应当遵守中国人民银行有关资产负债比例管理的规定。

金融机构违反中国人民银行有关资产负债比例管理规定的，给予警告，没收违法所得，并处违法所得1倍以上3倍以下的罚款，没有违法所得的，处5万元以上30万元以下的罚款；对该金融机构直接负责的高级管理人员，给予记大过直至开除的纪律处分。

第二十二条　金融机构不得占压财政存款或者资金。

金融机构占压财政存款或者资金的，给予警告，没收违法所得，并处违法所得1倍以上3倍以下的罚款，没有违法所得的，处5万元以上30万元以下的罚款；对该金融机构直接负责的高级管理人员给予撤职直至开除的纪律处分，对其他直接负责的主管人员和直接责任人员给予降级直至开除的纪律处分。

第二十三条　金融机构应当依法协助税务机关、海关办理对纳税人存款的冻结、扣划。

金融机构违反前款规定，造成税款流失的，给予警告，并处10万元以上50万元以下的罚款；对该金融机构直接负责的高级管理人员、其他直接负责的主管人员和直接责任人员，给予撤职直至开除的纪律处分；构成违反治安管理行为的，依法给予治安管理处罚；构成妨害公务罪或者其他罪的，依法追究刑事责任。

第二十四条　经营外汇业务的金融机构应当遵守国家外汇管理规定。

经营外汇业务的金融机构违反国家外汇管理规定的，依照外汇管理条例的规定，给予行政处罚；对该金融机构直接负责的高级管理人员、其他直接负责的主管人员和直接责任人员，给予记过直至开除的纪律处分；情节严重的，对该金融机构直接负责的高级管理人员，给予撤职直至开除的纪律处分；构成犯罪的，依法追究刑事责任。

第二十五条　经营外汇业务的金融机构，不得有下列行为：

（一）对大额购汇、频繁购汇、存取大额外币现钞等异常情况不及时报告；

（二）未按照规定办理国际收支申报。

经营外汇业务的金融机构有前款所列行为之一的，给予警告，并处5万元以上30万元以下的罚款；对该金融机构直接负责的高级管理人员、其他直接负责的主管人员和直接责任人员，给予记过直至开除的纪律处分；情节严重的，对该金融机构直接负责的高级管理人员，给予撤职直至开除的纪律处分；构成签订、履行合同失职被骗罪或者其他罪的，依法追究刑事责任。

第二十六条　商业银行不得为证券、期货交易资金清算透支或者为新股申购透支。

商业银行为证券、期货交易资金清算透支或者为新股申购透支的，给予警告，没收违法所得，并处违法所得1倍以上5倍以下的罚款，没有违法所得的，处10万元以上50万元以下的罚款；对该商业银行直接负责的高级管理人员给予开除的纪律处分，对其他直接负责的主管人员和直接责任人员给予撤职直至开除的纪律处分。

第二十七条　财务公司不得有下列行为：

（一）超过中国人民银行批准的规模发行财务公司债券；

（二）吸收非集团成员单位存款或者向非集团成员单位发放贷款；

（三）违反规定向非集团成员单位提供金融服务；

（四）违反中国人民银行规定的其他行为。

财务公司有前款所列行为之一的，给予警告，没收违法所得，并处违法所得1倍以上5倍以下的罚款，没有违法所得的，处10万元以上50万元以下的罚款；对该财务公司直接负责的高级管理人员、其他直接负责的主管人员和直接责任人员，给予记过直至开除的纪律处分；情节严重的，责令该财务公司停业整顿，对直接负责的高级管理人员给予撤职直至开除的纪律处分；构成非法吸收公众存款罪、擅自发行股票、公司企业债券罪或者其他罪的，依法追究刑事责任。

第二十八条　信托投资公司不得以办理委托、信托业务名义吸收公众存款、发放贷款，不得违反国家规定办理委托、信托业务。

信托投资公司违反前款规定的，给予警告，没收违法所得，并处违法所得1倍以上5倍以下的罚款，没有违法所得的，处10万元以上50万元以下的罚款；对该信托投资公司直接负责的高级管理人员、其他直接负责的主管人员和直接责任人员，给予记大过直至开除的纪律处分；情节严重的，暂停或者停止该项业务，对直接负责的高级管理人员给予撤职直至开除的纪律处分；构成非法吸收公众存款罪、集资诈骗罪或者其他罪的，依法追究刑事责任。

第二十九条　金融机构缴纳的罚款和被没收的违法所得，不得列入该金融机构的成本、费用。

第三十条　对中国人民银行所属从事金融业务的机构的金融违法行为的处罚，适用本办法。

第三十一条 对证券违法行为的处罚，依照国家有关证券管理的法律、行政法规执行，不适用本办法。

对保险违法行为的处罚，依照国家有关保险管理的法律、行政法规执行，不适用本办法。

第三十二条 本办法自发布之日起施行。

刑法有关条款

第一百五十九条 公司发起人、股东违反公司法的规定未交付货币、实物或者未转移财产权，虚假出资，或者在公司成立后又抽逃其出资，数额巨大、后果严重或者有其他严重情节的，处5年以下有期徒刑或者拘役，并处或者单处虚假出资金额或者抽逃出资金额百分之二以上百分之十以下罚金。

单位犯前款罪的，对单位判处罚金，并对其直接负责的主管人员和其他直接责任人员，处5年以下有期徒刑或者拘役。

第一百六十一条 公司向股东和社会公众提供虚假的或者隐瞒重要事实的财务会计报告，严重损害股东或者其他人利益的，对其直接负责的主管人员和其他直接责任人员，处3年以下有期徒刑或者拘役，并处或者单处2万元以上20万元以下罚金。

第一百六十七条 国有公司、企业、事业单位直接负责的主管人员，在签订、履行合同过程中，因严重不负责任被诈骗，致使国家利益遭受重大损失的，处3年以下有期徒刑或者拘役；致使国家利益遭受特别重大损失的，处3年以上7年以下有期徒刑。

第一百七十六条 非法吸收公众存款或者变相吸收公众存款，扰乱金融秩序的，处3年以下有期徒刑或者拘役，并处或者单处2万元以上20万元以下罚金；数额巨大或者有其他严重情节的，处3年以上10年以下有期徒刑，并处5万元以上50万元以下罚金。

单位犯前款罪的，对单位判处罚金，并对其直接负责的主管人员和其他直接责任人员，依照前款的规定处罚。

第一百七十九条 未经国家有关主管部门批准，擅自发行股票或者公司、企业债券，数额巨大、后果严重或者有其他严重情节的，处5年以下有期徒刑或者拘役，并处或者单处非法募集资金金额百分之一以上百分之五以下罚金。

单位犯前款罪的，对单位判处罚金，并对其直接负责的主管人员和其他直接责任人员，处5年以下有期徒刑或者拘役。

第一百八十六条 银行或者其他金融机构的工作人员违反法律、行政法规规定，向关系人发放信用贷款或者发放担保贷款的条件优于其他借款人同类贷款的条件，造成较大损失的，处5年以下有期徒刑或者拘役，并处1万元以上10万元以下罚金；造成重大损失的，处5年以上有期徒刑，并处2万元以上20万元以下罚金。

银行或者其他金融机构的工作人员违反法律、行政法规规定，向关系人以外的其他人发放贷款，造成重大损失的，处5年以下有期徒刑或者拘役，并处1万元以上10万元以下罚金；造成特别重大损失的，处5年以上有期徒刑，并处2万元以上20万元以下罚金。

单位犯前两款罪的，对单位判处罚金，并对其直接负责的主管人员和其他直接责任人员，依照前两款的规定处罚。

关系人的范围，依照《中华人民共和国商业银行法》和有关金融法规确定。

第一百八十七条 银行或者其他金融机构的工作人员以牟利为目的，采取吸收客户资金不入账的方式，将资金用于非法拆借、发放贷款，造成重大损失的，处5年以下有期徒刑或者拘役，并处2万元以上20万元以下罚金；造成特别重大损失的，处5年以上有期徒刑，并处5万元以上50万元以下罚金。

单位犯前款罪的，对单位判处罚金，并对其直接负责的主管人员和其他直接责任人员，依照前款的规定处罚。

第一百八十八条 银行或者其他金融机构的工作人员违规定，为他人出具信用证或者其他保函、票据、存单、资信证明，造成较大损失的，处5年以下有期徒刑或者拘役；造成重大损失的，处5年以上有期徒刑。

单位犯前款罪的，对单位判处罚金，并对其直接负责的主管人员和其他直接责任人员，依照前款的规定处罚。

第一百八十九条 银行或者其他金融机构的工作人员在票据业务中，对违反票据法规定的票据予以承兑、付款或者保证，造成重大损失的，处5年以下有期徒刑或者拘役；造成特别重大损失的，处5年以上有期徒刑。

单位犯前款罪的，对单位判处罚金，并对其直接负责的主管人员和其他直接责任人员，依照前款的规定处罚。

第一百九十二条 以非法占有为目的，使用诈骗方法非法集资，数额较大的，处5年以下有期徒刑或者拘役，并处2万元以上20万元以下罚金；数额巨大或者有其他严重情节的，处5年以上10年以下有期徒刑，并处5万元以上50万元以下罚金；数额特别巨大或者有其他特别严重情节的，处10年以上有期徒刑或者无期徒刑，并处5万元以上50万元以下罚金或者没收财产。

第二百二十五条 违反国家规定，有下列非法经营行为之一，扰乱市场秩序，情节严重的，处5年以下有期徒刑或者拘役，并处或者单处违法所得1倍以上5倍以下罚金；情节特别严重的，处5年以上有期徒刑，并处违法所得1倍以上5倍以下罚金或者没收财产：

(一)未经许可经营法律、行政法规规定的专营、专卖物品或者其他限制买卖的物品的；

(二)买卖进出口许可证、进出口原产地证明以及其他法律、行政法规规定的经营许可证或者批准文件的；

(三)其他严重扰乱市场秩序的非法经营行为。

第二百七十七条　以暴力、威胁方法阻碍国家机关工作人员依法执行职务的，处3年以下有期徒刑、拘役、管制或者罚金。

《人民日报》发表国家发展计划委员会粮食调控办公室的文章《统一认识　坚定信心　把粮食流通体制改革推向深入》

解放军空军确定一批高技术骨干

人民空军正在实施一项“千人技术骨干工程”，1000多名经过严格考核的优秀中青年技术干部，被空军确定为高技术骨干。

这批技术骨干中，研究生和本科生学历达37.4%，大专学历占47.6%。他们平均年龄只有38岁，已有25%的人担任高级专业技术职务，绝大多数获得过科研成果和技术革新奖。据介绍，这批中青年技术骨干政治素质好，专业理论扎实，实际工作能力强，有较大的发展潜力。他们将全部分配到空军航空机务、地空导弹、航(技)侦、通信、雷达、气象、电子对抗、空降兵等作战部队，在空军部队“科技大练兵”的热潮中发挥重要作用。

空军是一个高科技密集的现代化军种，大力培养跨世纪人才是实现空军发展战略的一个重要目标。为此空军专门制定颁发了《空军作战部队技术骨干管理办法》，提出了“精选、厚待、强训、严管”的原则，明确了技术骨干的责任和义务，制定了技术骨干在津贴、家属就业安置、子女考军校等方面可享受的优惠政策。

国务院副总理李岚清在北京视察中国科技馆与有关部门负责人座谈

座谈会上，李岚清听取了中国科协副主席张玉台、科技部长朱丽兰、教育部副部长韦钰及中国科技馆负责人的汇报。他在讲话中指出，当前，我们正处在科学技术突飞猛进、日新月异的时代，实施科教兴国战略的一项重要工作就是要加快培养科技创新人才，培养跨世纪的科技人才，同时提高整个民族的科技文化素质，而后备力量就是现在在校的大中小学生。利用科技场馆对他们进行科技知识的普及和教育，是课堂教育和社会教育相结合的好形式，可以启发、训练他们的创造性思维，这也是实施素质教育的要求。

李岚清指出，科技场馆是实施科教兴国战略的基础设施，在普及科技知识、提高人民群众科学意识等方面发挥着十分重要的作用，必须加强和改进这方面的工作。现在，全国各地建起了许多科技场馆，要采取措施充分发挥它们的作用，馆与馆之间要相互合作，优势互补，要配置一些常规设备，成为学校学生科技教育的第二课堂。科技场馆的展览内容和功能也要扩展，既展出中华民族古代科学技术的成果，又要展示现代科技的成就，还要介绍国外的先进科学技术、世界著名的中外科学家、高新技术和前沿科学的发展以及与经济建设、人民生活相关的应用技术等。企业也可以把最新的科技成果陈列到科技馆去，让人们了解企业，了解科学。

2月23日

中央综合治理办公室在北京召开社会治安形势分析会和社会治安综合治理领导责任制联席会议

最高人民法院、最高人民检察院、公安部、司法部和中纪委、中组部、监察部、人事部等有关部委办负责人出席会议。

会议反映，1998年以来，全国各级政法部门坚定不移地坚持“严打”方针，充分发挥职能作用，因地制宜地开展多种形式的“严打”斗争和专项治理工作，始终保持了对刑事犯罪活动主动进攻的态势。从总体上看，治安形势比较平稳。但是，目前影响社会治安稳定的问题仍大量存在，刑事案件增幅较大，盗窃、抢劫等侵财犯罪仍占较大比例；杀人、爆炸等暴力犯罪严重影响群众的安全感；经济犯罪活动严重危害经济秩序和国家经济安全；毒品违法犯罪问题形势严峻；团伙犯罪尤其是城乡各种恶势力和带有黑社会性质的犯罪团伙对社会治安危害严重；卖淫嫖娼、制黄贩黄等社会丑恶现象尚未得到有效控制。

会议在分析了当前社会治安形势的基础上，研究了进一步落实社会治安综合治理领导责任制，推动综合治理各项工作深入开展的措施。据悉，自1993年中央五部委《关于实行社会治安综合治理领导责任制的若干规定》颁布实施以来，社会治安综合治理领导责任制在各地全面实施。全国各省、自治区、直辖市及一些中央国家机关制定了实行社会治安综合治理领导责任制的实施细则，有力地促进了社会治安综合治理的激励制约机制的建立、健全，使各级党政领导进一步增强了“保一方平安”的政治责任感。去年以来，全国共有22个省、自治区、直辖市的党政领导同地、市州领导签订了社会治安综合治理责任书，26个省（区、市）先后建立了综治、纪检、组织、人事、监察部门联席会议制度。

香港为2000年立法会选举制订法案

香港特别行政区政府发言人透露，2000年香港特区立法会选举法案已经拟订，这条名为《一九九九年立法会（修订）条例草案》将刊登在宪报上。

《一九九九年立法会（修订）条例草案》建议，根据香港基本法的规定，2000年特区立法会地方选区选举议席由现时的20席增至24席，选举委员会选举议席则由现时的10席减至6席，功能界别选举议席仍为30席。

特区政府发言人表示，2000年立法会选举的大部分安排与1998年立法会选举的安排相同，即选举制度和选区将维持不变，现行的功能界别将继续适用，唯一例外的是市政局和区域市政局两个功能界别议席将由新建议的18个区议会和饮食界两个新功能界别取代。

发言人说，为鼓励选民踊跃参与下届立法会的选举，并为选民提供方便，届时，特区政府将引进“预先投票”试验计划。

新华社澳门分社举行新春酒会

新华社澳门分社社长王启人，澳门总督韦奇立和澳门政府的主要官员，澳门社会各界人士、各社团代表1300多人出席酒会。

王启人在酒会上致词指出，当前，中葡双方在澳门问题上继续保持总体合作，过渡期问题的解决不断向前推进。他说，虽然目前澳门在过渡期还有一些亟待解决的历史遗留和现实存在的问题，但澳门的总体形势继续朝着平稳过渡的方向发展，顺利回归已是大势所趋。在未来300天里，我们要继续抓紧解决澳门过渡期的各有关问题，特别是要把筹组特区、政权交接仪式和回归庆祝活动的各项准备工作周密细致地完成好。

王启人强调，现在，特区第一届政府推委会即将产生，筹组特区的核心工作即将展开。这是未来实施“一国两制”、澳人治澳、高度自治的重要准备和衔接阶段。王启人希望广大澳门同胞和各界居民在过渡期最后阶段继续积极参与，齐心协力，为促进平稳过渡和政权顺利交接而发挥历史性的作用。

王启人重申，中方贯彻“一国两制”方针和落实澳门特别行政区基本法是坚定不移的。王启人表示希望并相信澳葡政府会采取有效措施，促进澳门的经济发展和治安稳定，中方对此将一如既往地给予大力支持和配合。

澳门总督韦奇立也在酒会上致辞，表示对澳门的前景充满信心。

中俄总理定期会晤委员会第三次会议在莫斯科举行

双方签署了5项合作文件。

国务委员、中俄总理定期会晤委员会中方主席吴仪和俄政府第一副总理、中俄总理定期会晤委员会俄方主席马斯柳科夫共同主持会议。双方就进一步加强两国在各个领域的合作等问题举行会谈。

吴仪和马斯柳科夫在讲话中对两国战略协作伙伴关系的发展表示满意。双方指出，中俄经贸合作有巨大的潜力，但目前中俄经贸关系的发展滞后于两国政治关系的发展。为促进两国间的经贸合作，需要完善法律规范，遵循市场规律和采取其他有力措施。双方还就开展在石油、天然气及高新技术领域中的合作问题交换了意见。

参加会谈的中方代表有国家发展计划委员会主任曾培炎、国防科工委主任刘积宾、铁道部长傅志寰、对外经贸合作部长石广生以及中国驻俄罗斯大使武韬等。出席会谈的俄方代表有俄贸易部长加布尼亚、俄原子能部长阿达莫夫以及俄驻中国大使罗高寿等。

会后，吴仪和马斯柳科夫出席两国合作文件的签字仪式。

双方签署的5项文件分别是：中国欧洲商业开发投资管理中心与俄罗斯玛拉有限股份公司关于新阿尔巴特街21号房地产买卖合同；欧洲商业开发投资管理中心与C(&)T股份有限公司关于新村街4号房地产买卖合同；中国TCL集团有限公司与俄罗斯莫斯科红宝石电视机厂关于彩电散件组装协议；中国TCL集团与俄罗斯量子电视机厂关于彩电散件组装协议；中国春兰集团和俄罗斯能源公司、机械制造厂合资意向书。

2月24日

最高人民法院和最高人民检察院提出改进工作具体措施

最高人民法院、最高人民检察院最近分别召开会议，认真讨论九届全国人大常委会第七次会议关于审议人民法院和检察机关开展集中教育整顿情况汇报的意见和建议，研究提出进一步改进工作和加强队伍建设的措施。

最高人民法院和最高人民检察院认为，全国人大常委会委员站在依法治国和发展社会主义市场经济的高度，从关心、爱护、监督和支持人民法院和人民检察院的工作出发，抓住当前群众普遍关注、热切期盼解决的治理司法腐败、促进公正司法问题，提出了许多非常中肯的意见，既充分肯定了人民法院和人民检察院集中教育整顿取得的成效，又实事求是地指出了队伍建设存在的不足，分析了一些问题的深层原因，提出了许多富有建设性的建议。全国人大常委会听取和审议高法、高检专题工作汇报，体现了人大监督职能的加强，对人民法院和人民检察院工作是巨大的支持和帮助，对加强队伍建设是巨大的鞭策和促进。

最高人民法院和最高人民检察院在讨论中提出，要正确估计教育整顿的成绩，继续抓好队伍建设。他们认为，委员们在审议中对法院和检察院系统开展集中教育整顿取得的成果给予了充分肯定，同时也提出对成绩不能估计过高。委员们的意见是很中肯的，也是切合实际的，对今后搞好工作十分重要。要正确地估计集中教育整顿取得的成效，清醒地看到还存在的问题，把队伍建设作为长期的任务坚持不懈地抓下去。

最高人民法院提出了 7 条改进工作的措施：

——对进一步加强队伍建设提出更加明确、具体的要求，已制定的各项制度要认真落实。要以今年开展的“争创人民满意的好法官、好法院”活动为契机，继续抓好队伍建设。

——搞好今年初征求人大代表意见的落实工作。派出由院长、副院长带队的 14 个工作组，分赴 28 个省、自治区、直辖市，以召开座谈会、上门走访等形式，进一步征求当地全国人大代表和政协委员对法院工作的建议和意见。对代表和委员提出的意见和建议，进一步研究并采取整改措施，一件一件加以落实。

——根据部分委员关于提高执法水平的意见和建议，决定结合人民法院今年开展的审判质量年活动，进一步加强业务指导和审判监督，切实提高各级法院的办案质量和效率，狠抓公开审判制度的全面落实，对规范公开审判作出详细规定，有力维护司法公正，树立法制的权威。

——根据部分委员关于执行工作的意见和建议，决定结合今年开展的执行年活动，进一步加大执行工作的力度，特别是要针对执行工作中的薄弱环节，加强对各地执行工作的监督、指导和协调。要加强对执法人员进行严格依法办事的教育，强调通过主动、细致的工作，争取各方面的支持和配合，更好地推动执行工作的开展，认真解决执行难的问题。

——认真落实《关于主动接受人大及其常委会监督工作若干意见》(以下简称《若干意见》)，主动做好接受人大监督工作。决定将委员们在审议时提出的有关意见和建议印发各高级法院，要求认真学习，领会精神，同时采取措施，执行落实好《若干意见》，做好人大代表联络室的工作。

——针对多数委员提出要加强宣传工作的意见，决定召开全国法院宣传工作会议，提出法院系统的宣传工作要以唱好主旋律，打好主动仗为重要内容，加大正面宣传的力度，树立好人民法院、人民法官的良好形象，增强人民群众对司法机关的信心。

——对委员们提出的法院审判工作和其他各项工作存在的具体问题及反映的一些案件，要逐件查清，并及时将结果报告委员。

最高人民检察院提出了 5 条改进、加强检察工作和队伍建设的措施：

——抓紧组织高检院机关和各省级检察院对全国人大常委会审议意见的传达。对委员们的审议意见进行分类整理，印发给高检院机关各内设机构和各省级检察院，通过组织讨论，进一步增强依法治国的观念，自觉接受和充分依靠人大监督，正确履行检察职责，努力使检察工作适应改革、发展、稳定的需要，让广大人民群众满意。

——清醒地估计检察机关集中教育整顿取得的成效，把加强检察队伍建设作为一项长期的战略任务，常抓不懈。坚持在集中教育整顿中创造的好做法，9 条“卡死”的硬性规定不能有丝毫放松，检务公开要进一步深化，执法责任制要狠抓落实，基层检察院建设和队伍全员培训要扎扎实实地实施。同时要以更高的标准和要求，加大检察改革力度，加大内外监督力度，加大制度建设力度，进一步统一执法思想，提高执法水平，保障执法公正，维护社会主义法制权威和尊严。

——对委员们在审议中提出的具体案件，要列出清单，逐件落实承办责任人员，高检院逐件督促查处，并及时反馈结果。

——根据委员们的审议意见，抓紧研究起草和修改好最高人民检察院向九届全国人大二次会议的工作报告。

——结合九届全国人大常委会第七次会议的审议意见，紧紧围绕大局，全面落实全国检察长工作会议部署的各项任务，推动检察工作取得新进展，检察改革迈出新步伐，队伍素质得到新提高，基层基础建设提到新水平，努力开创检察工作新局面。

国家经贸委等三部门要求出售国有小型企业要依法规范操作

为制止部分地区在出售国有小型企业时出现的错误倾向，国家经贸委、财政部、中国人民银行日前联合发出通知，对出售国有小型企业提出一系列规范性意见。

三部门在《关于出售国有小型企业中若干问题意见的通知》中指出，近年来，各地积极探索放开搞活国有小型企业的路子，取得了一定成效。但是，一些地方违背党的十五大精神，把出售国有小型企业作为改革的主要形式甚至唯一形式，采取“一卖了之”的做法，出现了一些不规范行为，导致国有资产流失、银行债务和拖欠税款悬空，职工的合法权益受到一定的损害。

通知要求，各级政府及有关部门要全面理解、正确贯彻党的十五大关于国有小型企业改革的方针，坚持从实际出发，因地制宜，因企业制宜，采取多种形式放开搞活国有小型企业。要抵制各种错误言论的误导，坚决制止出售企业之风，特别要制止名卖实送、半卖半送、逃废银行债务、拖欠税款和规避安置职工的错误做法。国有小型企业出售要按照国家法律、法规和规章操作。

通知规定，要严格控制出售国有小型企业的范围和数量，不得出售社会公益性企业和法律、法规规定不能出售的企业。向国外(境外)购买者出售企业，要依照国家有关规定执行。出售企业必须坚持公开、公平、公正的原则，严格实行人民政府逐级审批制度和应遵循的有关程序。

通知要求，购买者应出具不低于所购买企业价款的有效资信证明，不得以所购买企业的资产作抵押，获取银行贷款购买这家企业。企业出售前，应依法进行资产清查，由具备资格的审计机构对原法定代表人进行审计，未经资产清查和原法定代表人离任审计的企业不得出售。对出售企业要根据国家有关规定界定产权、评估资产和确认出售价格。在出售国有小型企业的过程中，要严格保护债权人利益，依法落实各项债权，确保企业职工合法权益不受侵犯。

通知强调，对出售后的企业要进行必要的监督和管理。要加强对企业出售工作的检查和监督，对违反程序和有关规定或利用职权徇私舞弊、谋取非法收入、与购买者串通、故意压价出售企业的单位和个人，要依法追究其行政责任或刑事责任。地方各级政府要加强对企业出售工作的组织领导，指定部门负责出售企业的组织、协调工作，防止多头管理、政出多门和无人负责，不得以强迫命令、压指标、定任务和规定时限等方式出售企业。

外交部部长唐家璇在北京会见南斯拉夫驻华大使斯洛博丹·翁科维奇

唐家璇就科索沃问题阐述了中国政府的立场。

唐家璇强调：中国反对对主权国家南斯拉夫采取军事行动，因为这样做是对联合国宪章和公认的国际法准则的粗暴践踏。他指出，军事行动不仅无助于问题的解决，反而会使刚刚有所进展的谈判进程半途而废，特别是会对整个地区的稳定及人民的生活造成灾难性的后果。

唐家璇表示，中国十分关注有关政治解决科索沃问题的朗布依埃和谈进程，注意到经过有关各方的耐心谈判，和谈取得了进展。

唐家璇说，中国政府一贯主张，科索沃问题是南斯拉夫的内部事务，应根据尊重南斯拉夫的主权和领土完整、保障科索沃地区各民族合法权益等原则通过谈判和平解决。唐家璇强调：“这是解决科索沃问题的唯一有效的正确途径，有利于该地区的和平与稳定。”

唐家璇说：“我们呼吁国际社会及南联盟有关各方继续坚持不懈地寻求政治解决，以理智与耐心找到符合科索沃地区各民族利益和有利于该地区和平与稳定的政治解决方案。”

翁科维奇表示，南联盟政府高度评价中国政府在科索沃问题上的原则立场，南联盟将继续致力于通过对话政治解决科索沃问题。

国防部部长迟浩田在伦敦会见英国防大臣乔治·罗伯逊

国办转发国家版权局关于不得使用非法复制的计算机软件通知的通知

中国第一个出版集团——上海世纪出版集团在上海成立

2月25日

中共中央总书记江泽民与越共中央总书记黎可漂举行会谈

会谈下午在人民大会堂举行。

两位领导人为两国关系面向21世纪的发展确定了框架和发展方向，一致商定要共同努力，建立和发展长期稳定、面向未来的中越睦邻友好与全面合作关系。双方表示要尽早谈判解决两国边界领土问题，并一致同意在1999年内签署两国陆地边界条约，在2000年内解决北部湾划界问题。双方确认要按照“平等互利、注重效益、讲求质量、形式多样、共同发展”的原则，进一步扩大两国的经贸和科技合作，以利两国的共同繁荣和发展。

关于历史遗留问题，江泽民指出，尽快解决两国边界领土问题符合两国人民的共同愿望和根本利益。中越睦邻友好与全面合作关系的深入发展和两国领导人达成的共识，为两国谈判解决历史遗留问题创造了良好的条件。相信只要双方都从战略高度和两国友好大局出发，本着“友好协商、公平合理、互谅互让”的精神，加快谈判进程，就一定能顺利完成这一艰巨而光荣的历史使命。

谈到台湾问题时，江泽民对越南党和政府坚持“一个中国”的原则，支持中国维护和推进国家统一事业的立场表示赞赏，并希望越方继续坚持这一立场。黎可漂重申越南承认中华人民共和国政府是代表全中国唯一合法政府，台湾是中国领土不可分割的一部分。越南绝不与台湾发展官方关系，或进行有任何具有官方性质的往来。

会谈结束后，两位领导人出席了《中越经济技术合作协议》签字仪式。

俄罗斯总统叶利钦在克里姆林宫会见国务院总理朱镕基

叶利钦欢迎朱镕基作为中国总理首次访问俄罗斯。他说，江主席和我已经奠定了俄中两国关系的基础，现在应当构筑两国关系的大厦了。我和江主席决定建立的战略协作伙伴关系，在世界上是独一无二的。我和他达成的各项协议，都应切实落实。中方已为此作出了积极的努力，现在俄方也要积极行动起来。他还说，今年是中华人民共和国成立 50 周年，也是俄中两国建交 50 周年。俄罗斯人民将隆重地庆祝这一盛大的节日，使俄中友谊更加深入人心。

朱镕基总理感谢叶利钦总统富有远见的谈话。他说，他此次访俄就是为了落实江泽民主席和叶利钦总统达成的共识，推动两国平等、信任的战略协作伙伴关系。

国务院总理朱镕基在莫斯科俄罗斯政府大厦同俄罗斯总理普里马科夫举行会谈

双方就双边关系和共同关心的问题务实、深入地交换了意见，达成了广泛的一致。

朱镕基表示非常高兴应普里马科夫总理的邀请访问俄罗斯并举行两国总理第四次定期会晤。朱镕基说：“这是我们先后出任总理以来首次举行这样的会晤。”

朱镕基说，这次会晤已经解决了许多问题，这主要应该感谢吴仪国务委员和马斯柳科夫第一副总理，他们领导的两国总理定期会晤委员会和各分委会做了大量工作，为两国总理会晤富有成果做了充分准备。两国总理对他们所做的工作给予了充分肯定。

普里马科夫总理欢迎朱镕基总理首次访俄。普里马科夫说，双方此次会晤就讨论的所有问题达成一致，这反映出了两国关系的水平。

朱镕基说，今年是中俄建交 50 周年。实践证明，江泽民主席和叶利钦总统决定两国建立战略协作伙伴关系的决定是英明的，完全符合两国人民的根本利益。目前两国关系在健康稳定的基础上保持着良好的发展势头。我们深信，中俄战略协作伙伴关系将平稳地过渡到新世纪，并不断充实新的内容。中方愿为此作出不懈的努力。

朱镕基指出，他此访的重要目的之一，是进一步推动两国经贸等具体领域的合作。朱镕基说，双方都认识到，经贸是目前两国关系的薄弱环节，但两国经贸合作的潜力很大，这次我们共同探讨了合作的新领域和新形式，这将为两国的合作、特别是经贸合作展现出良好的前景。

双方就加强各领域的合作，特别是经济合作交换了意见，并达成广泛共识。

普里马科夫说：“你已经同叶利钦总统进行了很有成果的交流，他非常满意。我们之间也就不少主要领域的合作取得一致。这次访问取得了圆满成功，将成为俄中关系新的里程碑，俄中相互理解与合作的关系有坚实的基础，这种关系一定会不断得到加强。”

会谈结束后，双方举行了签字仪式，就两国经贸、科技、能源、交通等领域的合作以及中俄两国有关省州的合作签署了 11 项协议。签字仪式结束后，两国总理共同会见了记者并回答了记者的提问。

中方参加会谈的有：国务委员吴仪、国家发展计划委员会主任曾培炎、国防科工委主任刘积斌、铁道部部长傅志寰、外经贸部部长石广生、驻俄罗斯大使武韬、国务院副秘书长石秀诗、外交部副部长王英凡、科学技术部副部长徐冠华、国务院研究室副主任魏礼群、总理办公室主任李伟等。俄方参加会谈的有：第一副总理兼俄中政府总理定期会晤委员会俄方主席马斯柳科夫，总理秘书处秘书长马尔卡良，驻华大使罗高寿，原子能部部长阿达莫夫，贸易部部长、俄中经贸合作筹委会俄方主席加布尼亚，燃料和动力部部长、俄中能源领域合作筹委会俄方主席格涅拉洛夫，科学与技术部部长基尔皮奇尼科夫，交通部部长、俄中交通领域合作筹委会俄方主席弗兰克。

国务院总理朱镕基在莫斯科俄罗斯联邦委员会大厦会见俄联邦委员会(议会上院)主席斯特罗耶夫

九届全国政协常委会举行十次主席会议

全国政协主席李瑞环主持会议。

会议先后听取了全国政协秘书长郑万通关于全国政协九届二次会议筹备工作情况的汇报、关于全国政协副秘书长任免名单(草案)、关于庆祝人民政协成立 50 周年活动实施方案(草案)的说明；全国政协副主席王兆国关于全国政协九届二次会议增补委员、增选常务委员建议名单(草案)、中央社会主义学院院长任免名单(草案)的说明;全国政协副秘书长王巨禄关于个别委员界别调整名单(草案)和政协专门委员会委员增补、调整名单(草案),副主任增补建议名单的说明。

会议审议并原则通过有关人事任免名单(草案),全国政协九届二次会议增补委员、增选常务委员建议名单(草案),政协专门委员会副主任增补建议名单,决定将这三个名单(草案)和建议名单提请政协第九届全国委员会常务委员会第四次会议审议。

会议审议并通过了政协专门委员会委员增补、调整名单,决定刘民复、郑苏薇、周晋峰、温克刚为提案委员会委员;王荣生、沈祖伦、杨邦杰、顾云飞为经济委员会委员;刘腭强、唐守正、梁从诫、常近时为人口资源环境委员会委员;王浒、文楼、巴德年、毕克官、吴光正、李国章、张复良、胡芝风、徐善衍、焦文俊、蔡冠深、潘霞、霍震霆为教科文卫体委员会委员;牛平、孙金龙、陈红、敬一丹、薛昭鋆为社会和法制委员会委员;马国超、邝广杰、刘广均、杨钊、张万欣、张千一、金基鹏、赵镇东、高苕华、释圣辉为民族和宗教委员会委员;冯友、张厚粲、陈漱渝为文史资料委员会委员;林祖基、施祥鹏为港澳台侨委员会委员;余志华不再担任提案委员会委员。

会议同意林信平辞去九届全国政协委员的职务。

会议还审议批准了关于庆祝人民政协成立50周年活动的实施方案,责成全国政协办公厅负责组织实施。

全国政协副主席叶选平、杨汝岱、阿沛·阿旺晋美、钱伟长、任建新、宋健、李贵鲜、陈俊生、张思卿、钱正英、孙孚凌、陈锦华、赵南起、毛致用、白立忱、经叔平、罗豪才、张克辉、周铁农、王文元出席会议。

全国对外宣传工作会议在北京召开

全国对外宣传工作会议2月25日至27日在北京召开。26日,中共中央总书记江泽民出席会议并发表讲话。

会议认为,江泽民对外宣工作的讲话,深刻阐述了外宣工作的战略地位作用、目标任务和方针原则,对外宣工作提出了要求,作出了部署,高屋建瓴,深刻精辟,使人感奋。学习和贯彻这一讲话精神,对于我们认清形势,统一思想,改进工作,全面开创对外宣传工作的新局面,具有极其重要的指导意义。

中央对外宣传办公室、国务院新闻办公室主任赵启正在闭幕会上作了报告。他指出,我国已成为国际政治舞台和经济舞台的重要角色,世界各国比以往更需要了解中国的发展。努力把一个团结、稳定、开放、繁荣的中国向世界介绍,使中国和世界更好地沟通和交往,是我们对外宣传工作肩负的重任。对外宣传要成为使世界了解中国,同时也使中国了解世界的桥梁。

赵启正说,1999年对外宣传工作的指导思想和总体要求是:高举邓小平理论伟大旗帜,坚持党的基本路线和十五大精神,贯彻江泽民总书记在这次外宣会议上的重要讲话,紧紧围绕改革开放和现代化建设,配合今年国庆50周年、澳门回归等大事,站在面向新世纪的高度,积极运用科学高效的外宣手段,系统全面地向世界展示50年来我国经济发展和社会进步的巨大成就,宣传全国人民满怀豪情地迈向21世纪的精神风貌,进一步传播准确的中国社会进展情况,为改革开放和现代化建设创造更加有利的国际舆论环境,为全党全国工作大局服务,为实现祖国统一服务,为促进世界和平和人类进步服务。

各地负责外宣工作人员、中央和国家机关有关部门负责人和新闻发言人、中央对外新闻宣传单位负责人和部分驻外使领馆人员,参加了会议。

最高人民法院和全国妇联在北京举行全国十大杰出女法官表彰大会暨首场报告会

全国28万人民法官队伍中的10位杰出女性受到表彰。

会上,最高人民法院副院长李国光宣读了最高人民法院关于授予尚秀云、高炳环、秦玲妹、岳璐、刘丽萍、戴飞、朱筱玫、汤肇华、赵小莉、阳映红10位女法官“全国十大杰出女法官”称号的决定。全国妇联副主席、书记处第一书记顾秀莲宣读了全国妇联关于授予高炳环等9位女法官全国“三八红旗手”称号的决定。表彰仪式后,赵小莉、尚秀云等为首都1200名法院干警和各界妇女代表作事迹报告。

全国人大常委会副委员长、全国妇联主席彭珮云出席会议并讲话。她说,党的十一届三中全会以来,随着社会主义民主与法制的不断发展,我国相继制定了一系列保护妇女儿童权益的法律法规。实施依法治国基本方略,除了要进一步完善立法工作外,更重要的要确保法律得到实施。这就要求各级人民法院在审判工作中坚持严格执法,公正执法,以法律为武器,严惩各类犯罪行为,坚决保护维护广大妇女儿童的合法权益。长期以来,各级人民法院依法审理了大量案件,为保护妇女儿童的合法权益作出了重要的贡献,广大女法官在这方面更是奋勇当先,竭尽心力,以实际行动为人民法官争了光,赢得了党和人民的赞誉。她表示,全国人大及其常委会将一如既往地支持人民法院公正司法,为促进社会公正文明与进步作出更大的贡献。

最高人民法院院长肖扬在讲话中强调,人民法院作为国家的审判机关,代表国家行使神圣庄严的审判权力，法官队伍的形象直接反映党的形象、法制的形象、国家的形象。10 位女法官的先进事迹充分说明，法官队伍是一支坚强、有战斗力的队伍，是一支能够胜任当前复杂繁重的审判工作、经得住市场经济大潮考验的队伍，是一支忠诚于法律、忠诚于党和人民的法官队伍。他要求全国法院系统广泛开展学习十大杰出女法官等先进模范的活动，在自己的工作岗位上不断创造新的业绩，为改革、发展、稳定作出新的贡献。

中宣部、中央政法委、最高人民检察院、公安部、司法部等有关部门负责人出席会议。

杰出检察官深圳市南山区检察院检察长侯黎明先进事迹报告会在人民大会堂举行

中央政法委书记罗干会见深圳市南山区人民检察院检察长侯黎明先进事迹报告团全体成员

罗干在会见时说，侯黎明在打击经济犯罪中带头办案，敢于碰硬，挖出了一批破坏社会主义现代化建设的蛀虫。打铁还得自身硬，侯黎明对自己严格要求，并且以身作则，严格管理，带出了一支敢打敢拼、业绩突出的优秀队伍，在群众中树立了检察官的良好形象。

罗干强调，一支好的队伍必须有一个优秀的带头人，一个强有力的领导班子，这样才能完成好党和人民赋予我们的神圣使命。他希望检察系统能涌现出更多的像侯黎明这样的模范人物，像南山区人民检察院这样的先进集体，大力弘扬和宣传先进典型，推动队伍建设，把检察工作做得更好，为社会主义现代化建设作出新的贡献。

最高人民检察院检察长韩杼滨等参加了会见。

中央政法委书记罗干在北京会见全国十大杰出女法官全国三八红旗手

财政部发行 1999 年记账式(一期)国债

云南发现的距今 4.1 亿年的斑鳞鱼化石是迄今已知最早的硬骨鱼化石

2 月 26 日

中共中央总书记江泽民在全国对外宣传工作会议上发表讲话

江泽民发表讲话指出，在新的形势下，对外宣传工作的地位和作用更加重要。我们应该站在更高的起点上，分析形势，审时度势，把外宣工作做得更好。我们要在国际上形成同我国的地位和声望相称的强大宣传舆论力量，更好地为改革开放和现代化建设服务，为促进祖国统一、世界和平和人类进步作出更大的贡献。

江泽民说，改革开放以来，外宣战线的同志们坚持以邓小平理论和党的基本路线为指导，认真贯彻中央的方针政策，围绕全党全国工作大局，积极宣传我国改革开放和社会主义现代化建设取得的伟大成就，说明我们党和政府在重大国际国内问题上的原则立场，为增进世界各国对我国的了解，树立我国的良好形象，维护国家利益，改善外部舆论环境，做了大量工作，取得了良好效果。

江泽民指出，对外宣传工作是党和国家的一项具有重要战略意义的工作，党中央历来很重视。毛泽东同志和邓小平同志对外宣工作作出过许多重要论述，是我们做好这项工作的重要指导思想。

江泽民说，我们实现跨世纪发展的宏伟目标，必须有一个包括国际舆论环境在内的良好国际环境。现在，世界多极化和经济全球化的趋势正在深入发展，科技进步日新月异。任何国家要加快发展，不开放不行，不与世界各国交往不行。要开放，要交往，中国需要全面了解世界，也要让世界更好地了解中国。向世界阐明我们党和国家内政外交的方针政策和对国际重大问题的原则立场，介绍我国历史和现实的情况，这对于我们加强同各国经济、技术和文化等方面的交流与合作，增进同各国人民的友谊，争取更多的国际支持和帮助，维护我国的政治经济文化安全，具有十分重要的意义。

在谈到对外宣传工作的目标和任务时，江泽民强调，对外宣传工作要继续坚持以邓小平理论和党的路线方针政策为指导，贯彻我国的对外方针政策，加大向世界全面介绍中国的力度，增进各国对中国的了解，积极开展国际问题报道和国际舆论斗争，加强和维护社会主义中国的国际形象，更好地为改革开放和现代化建设服务，为祖国统一、世界和平和人类进步作出新的更大的贡献。

江泽民指出，对外宣传工作的着力点应该是，继续向世界说明我国改革和建设的伟大成就，说明邓小平同志开创的建设有中国特色社会主义道路的正确性，充分展示中国人民坚定不移地走自己的路、实现社会主义现代化的形象；继续向世界说明我国改革开放的方针政策，充分展示中国人民坚持实行改革开放的形象；继续向世界说明我国反对霸权、维护和平、支持国际正义事业的立场，充分展示中国人民爱好和平的形象；继续向世界说明我国政治稳定、经济发展、社会进步、民族团结的局势，充分展示中国人民为维护安定团结和实现繁荣富裕而不懈奋斗的形象；继续向世界说明我国社会主义民主法制建设的成就，充分展示中国人民依法治国，建设社会主义法治国家的形象。今年是新中国成立 50 周年，要大力宣传 50 年来我国建设取得的巨大成就。

江泽民说，要继续宣传我国坚持独立自主的和平外交政策，在和平共处五项原则基础上同世界各国发展友好合作和支持国际正义事业的立场，介绍我国对国际事务的基本原则和主张。继续宣传我国同各大国改善和发展关系的方针政策与举措，促进巩固和落实双边关系发展取得的积极成果。继续宣传我国同广大发展中国家的团结和传统友谊，对发展中国家在国际事务中的作用要给予充分报道和积极评价，支持它们维护自身权益和谋求自身发展的正义事业。继续宣传我国的睦邻友好政策，促进保持安定和平的周边环境。同时，要拓宽报道面，不断增加国外经济科技文化发展的新情况和可资借鉴的先进经验的报道。

江泽民强调，信息传播业正面临着一场深刻革命，以数字压缩技术和卫星通讯技术为主要标志的信息技术的发展，互联网的应用，使信息达到的范围、传播的速度与效果都有显著增大和提高。世界各国争相运用现代化信息技术加强和改进对外传播手段。我们必须适应这一趋势，加强信息传播手段的更新和改造，积极掌握和运用现代传播手段。

江泽民指出，对外宣传工作，政策性和政治性都很强。要旗帜鲜明地维护国家利益、民族尊严和祖国统一。在涉及国家主权、国家利益、民族尊严的问题上，要坚持原则。要树立坚定的国家意识和大局意识，服从和服务于党和国家的工作大局，服从和服务于我国整体对外战略。要坚持以正面宣传为主、以事实为主、以我为主的方针。考虑宣传重点内容和工作部署，一定要着眼于增进外国人对中国的理解和支持。对外宣传工作有自己的规律，要加强研究，不断提高对外宣传的本领。

江泽民强调，外宣工作全党都要做，领导干部要带头做。各级党委和政府的负责同志都要学会做外宣工作，主动做外宣工作。各级党委和政府都要进一步加强领导，加大力量的投入，为更好地开展对外宣传提供必要的工作条件。要加强对外宣传队伍建设，关心外宣干部的成长，努力造就一支政治强、业务精、作风正的高素质的对外宣传队伍。他希望外宣战线的同志们，坚持以邓小平理论和党的基本路线为指导，全面贯彻落实十五大精神，解放思想，实事求是，知难而进，开拓进取，以奋发有为的精神开创对外宣传工作的新局面。

中共中央政治局常委李鹏在人民大会堂会见越共中央总书记黎可漂

中共中央政治局常委李瑞环在人民大会堂会见越共中央总书记黎可漂

中共中央政治局常委胡锦涛在钓鱼台国宾馆会见越共中央总书记黎可漂

中共中央政治局常委李岚清在钓鱼台国宾馆会见越共中央总书记黎可漂

国务院召开全国抗旱和春耕备耕电视电话会议

国务院副总理温家宝在会上要求各地和各有关部门，紧急行动起来，全力做好抗旱和春耕备耕工作，为实现今年农业稳定增长奠定坚实基础。

会议在听取山东、陕西、湖南三省负责同志介绍抗旱备耕情况后，温家宝讲了话。他指出，当前的农业生产开局不错，总体上是好的，但也存在一些不容忽视的问题。突出的有两个问题，一是旱情严重，而且还在发展。全国越冬作物受旱面积 1.7 亿亩，个别地方出现干枯死苗现象，“三北”地区有 1.5 亿亩春播白地土壤缺墒，东北和西南东部等地有 1540 万亩水田栽插缺水。全国有 1200 万人、800 万头大牲畜饮水发生困难。二是农民投入不足。去年农民收入增长缓慢，现金收入增幅小，影响了农户的生产投入能力，特别是遭受严重洪涝灾害的地区，农民生活比较困难，投入能力更弱。他强调，今年春节晚，回春早，各地务必紧急行动起来，动员一切力量，投入抗旱保春管、保春播中来，争取夏季农业有一个好收成，掌握全年农业和农村工作的主动权。

温家宝就当前抗旱和春耕备耕工作提出三条要求：

第一，采取各种有效措施，抗旱夺丰收。夺取夏粮乃至全年农业丰收的关键是抓好抗旱工作。要立足于抗旱夺丰收，准备长期抗旱、抗大旱，根据不同的旱情和水源情况，在抗旱的组织领导、技术指导、资金扶持和物资供应上，重点向严重干旱地区特别是既干旱又缺水源的地区倾斜，全面落实各项抗旱措施。要狠抓抗旱水源工程建设，发动群众修建各种抗旱设施，打井、开渠、修塘坝、截潜流，千方百计扩大灌溉面积。彻底改变大水漫灌的传统灌溉方式，大力推广普及喷灌、滴灌、渗灌等节水灌溉技术。综合运用工程、农艺、生物、化学措施，积极推广旱作农业技术。组织动员社会各方面的力量为严重干旱地区群众拉水、送水，努力解决人畜饮水困难。在抓好抗旱工作的同时，做好防汛准备工作。

第二，认真部署，精心组织，搞好春耕备耕工作。春耕生产是全年农业生产的关键环节，春季是夏收作物生长和产量形成的重要时期，春播作物面积占全年总播种面积的一半左右，春耕生产不仅直接影响夏季粮油的收成，而且关系一年农业生产的全局。各地要进一步采取得力措施，切实加强越冬作物田间管理，加强病虫害防治工作。引导农民合理安排春耕种植结构，为发展高效农业、增加农民收入创造条件。要落实好农村政策，调动农民抗旱和搞好春耕生产的积极性。必须不折不扣地落实延长土地承包期的政策，让农民吃上“定心丸”。春耕大忙期间，减轻农民负担工作不能松懈，不要集中收缴各种税费，符合政策法规的税费也不得预先收取，保证农民有更多的资金投入春耕生产。各级粮食收购部门要严格执行国家的粮食收购政策，切实按保护价敞开收购农民的余粮，增加农民的现金收入，以利农民增加春耕备耕投入。

第三，统筹安排好灾区人民生活和春耕生产。由于去年灾情重，损失大，目前灾区群众的生产生活仍有很多困难，要继续给予关心和支持。各级政府要急灾区所急，想灾区所想，千方百计帮助他们搞好春耕生产，安排好群众生活，帮助灾区群众顺利渡过难关。保证灾区春耕生产的物资供应。抓好灾区基础设施修复工作。结合灾后重建，搞好结构调整。坚持做好防疫工作和民政救济工作。

温家宝要求各有关部门要通力合作，全力支持抗旱和春耕生产。农业银行和信用社要切实改进服务，尽可能保证春耕生产需要的信贷资金；财政部门要增加救灾化肥、柴油补助资金和抗旱经费，并及时下拨；供销社、石化、电力等部门要确保抗旱和春耕生产所需物资、电力的供应；农业、工商和技术监督等部门要加强种子、化肥、农药的市场管理。

温家宝最后强调，当前工作头绪较多，各项任务都很重，但农时季节不等人。各级政府要统筹兼顾，集中力量，把抗旱和春耕生产作为当前农业和农村工作的中心任务，切实抓紧抓好。各级领导要转变作风，减少会议，摆脱应酬，把精力和时间用在当前的抗旱和春耕生产上来，组织干部和农业科技推广人员深入第一线，帮助基层和农民解决抗旱和春耕生产中的实际问题，夺取抗旱和春耕生产的全面胜利。

国务院副秘书长马凯主持今天的会议，农业部部长陈耀邦、水利部部长汪恕诚等国务院有关部门负责同志和各省、自治区、直辖市的负责同志参加了会议。

中国银行下达不良资产清收任务

中国银行将提高资产质量，防范和化解资产存量风险作为全年的中心工作之一，制定了具体措施，并在系统内下发了 1999 年不良资产清收任务。这一做法受到国务院领导同志的肯定。

1998 年，中国银行不良贷款的清收工作取得较好的成绩，在去年客观环境比较困难的情况下，人民币贷款不良率下降了 0.39 个百分点。从 1999 年起，中国银行对信贷资产实行新老划段，分账考核，在此基础上，对新老贷款分别制定清收任务。

对 1998 年 1 月 1 日后发放的新贷款，原则上不允许产生不良贷款。一旦发生，必须要逐笔逐级上报并说明原因，采取有力措施限期收回。

为保证今年不良资产清收任务的完成，该行还采取了如下措施：一是明确了全行不良贷款清收重点。根据 1998 年末各行不良贷款在全行所占的比重，确定广东省等 8 个省、市分行作为 1999 年清收重点行，指派专人进行监管。同时，总行将确定 30 个不良贷款大户，作为清收工作的重点对象。二是每月进行不良贷款清收情况和变动原因的分析，包括不良贷款的变动情况和原因及不良贷款清收情况分析。三是实行清收情况月通报制。总行每月对不良贷款余额和不良率上升最快的 10 家分行通报批评；对清收工作完成较好的分行，总行将予以通报表扬并把有关清收经验通过信贷信息简报等形式及时下发，加强信息交流。四是落实奖罚措施。总行将对各行清收结果进行量化打分，并根据指标权重的不同，得出综合考核结果，与行长业绩考评、分行费用限额等挂钩。人事部门把各行清收任务完成情况作为行长任职考核的重要内容。

国家统计局发布《中华人民共和国 1998 年国民经济和社会发展统计公报》

1998 年，面对复杂严峻的国内外经济环境，全国人民在党中央、国务院的正确领导下，认真贯彻落实增加投入、扩大内需为主的一系列方针政策，努力克服亚洲金融危机和特大洪涝灾害造成的重重困难，深化各项改革，促进经济增长，取得了举世瞩目的成绩。

一、综合

国民经济总体运行良好，改革和发展的各项目标基本实现。

国民经济扭转了上半年增幅回落的状况，保持了较快增长的态势。全年国内生产总值 79553 亿元，比上年增长 7.8%。其中，第一产业增加值 14299 亿元，增长 3.5%；第二产业增加值 39150 亿元，增长 9.2%；第三产业增加值 26104 亿元，增长 7.6%。全年社会劳动生产率 11401 元，比上年提高 6.9%。

市场价格总水平下降。全年居民消费价格总水平比上年下降 0.8%，其中服务项目价格上升 10.1%；商品零售价格总水平比上年下降 2.6%。

劳动就业工作有所加强。年末全国从业人员 69957 万人，比上年末增加 357 万人。其中城镇从业人员 20678 万人，比上年末增加 471 万人；城镇私营个体从业人员3232万人，比上年末增加563万人。再就业工程有了重大进展，通过多种途径使609万名下岗职工实现了再就业。年末城镇登记失业率为3.1%，与上年末持平。

国际收支平衡，人民币汇率稳定，外汇储备继续增加。年末国家外汇储备达到1450亿美元，比上年末增加51亿美元。年末1美元兑8.2789元人民币，比上年末略升9个基本点。

国民经济和社会发展中存在的主要问题是：由于多年重复建设，大多数行业生产能力偏大，产品供过于求，经济结构矛盾突出；部分国有企业经营困难，经济效益不好；部分群众生活仍然比较困难，农民收入增长缓慢，下岗职工基本生活保障和社会就业压力较大；市场特别是农村市场销售不旺；多年积累的金融风险不容忽视。

二、农业

粮食生产在大灾之年获得好收成。1998年虽然我国部分地区遭受历史罕见的洪涝灾害，但全年粮食生产形势仍好于上年。由于低温多雨和洪涝灾害影响，我国夏粮减产1460万吨，早稻减产530万吨。进入秋季，光、热、水等综合气候条件大大好于上年，同时高产作物玉米种植面积扩大，秋粮增产较多。全年粮食总产量达到4.9亿吨以上。

经济作物产量有增有减。棉花因调减播种面积和长江流域棉花主产区洪涝灾害的影响，产量为440万吨，比上年减产20万吨。油料、糖料、茶叶和水果等作物产品产量有所增长。全年油料产量2292万吨，比上年增加135万吨，增长6.3%；糖料产量9765万吨，比上年增加379万吨，增长4.0%。茶叶和水果产量分别达到66.5万吨和5490万吨，分别比上年增长8.5%和7.9%。烤烟产量为210万吨，比上年减少180万吨，减幅达46.0%。

畜牧业和渔业生产稳定发展。全年猪牛羊肉产量达到4355万吨，比上年增长6.5%；水产品总产量达到3854万吨，增长7.0%。

林业生产继续发展。天然林资源保护工程开始启动，林业投入进一步加大。全年完成造林面积473万公顷，比上年增长8.5%。全国重点林业工程完成森林抚育面积1100万公顷以上，比上年有较大幅度增长。

农田水利建设得到加强。全年修复水毁工程45万处，加高加固堤防3万公里，疏浚河道4.7万公里。新增综合治理水土流失面积5万平方公里。全国新增有效灌溉面积110万公顷，新增节水灌溉面积180万公顷。

三、工业和建筑业

国有企业改革进一步深化，政企分开迈出重大步伐。通过改革、改组、改造，对一些重要行业进行了调整，取得了初步成效。兼并破产了一批企业，同时组建了中国石油天然气集团、中国石油化工集团、上海宝钢集团等一批特大型企业集团。纺织行业全年压缩淘汰落后棉纺锭512万锭，分流下岗职工66万人。94户国有重点煤矿全部下放地方管理，并加大结构调整的力度，关掉一批非法生产、污染严重和布局不合理的小煤矿。

工业生产稳定增长。全年全部工业增加值33541亿元，比上年增长8.9%。国有工业企业及年产品销售收入500万元以上的非国有工业企业增加值20046亿元，比上年增长8.8%。其中国有及国有控股企业11365亿元，比上年增长4.9%；集体企业4990亿元，增长8.7%；股份制企业1338亿元，增长11.9%；外商及港、澳、台商投资企业3835亿元，增长12.7%；其他经济类型企业753亿元，增长19.6%。

全年轻工业增加值8984亿元，比上年增长9.1%；重工业增加值11062亿元，增长8.5%。

产品结构继续得到改善。科技含量高、附加价值大的电子、信息通信产品等生产增长较快，微型电子计算机、程控交换机、载波通信设备、光通信设备、移动通信设备等生产比上年增长16.9%至53.7%；水泥、平板玻璃、钢、钢材等投资类产品增长4.7至7.7%。市场供大于求的一些纺织产品、一般耐用消费品、部分机电产品生产增长有所减慢。

全年工业产品销售率96.49%，与上年持平。工业新产品生产比上年增长4.9%。主要工业产品质量等级品率89.98%，比上年提高5.18个百分点。

工业经济效益有所下滑。全年工业企业实现销售收入63331亿元，比上年增长4.1%；实现利润1473亿元，下降17.0%，亏损企业亏损额1556亿元，比上年多亏22.1%，其中，国有及国有控股企业亏损1023亿元，多亏21.9%；年末产成品库存达6094亿元，比上年末增加320亿元，增长5.5%。工业企业经济效益综合指数91.0，比上年下降4.2。

建筑业快速发展。全社会建筑业完成增加值5609亿元，比上年增长12.0%。全国四级及四级以上建筑业企业实现利润总额113亿元，增长2.9%；税金总额308亿元，增长13.4%。施工工程个数649676个，其中投标承包工程228236个，占全部施工工程个数的35.1%；施工面积131085万平方米，比上年增加2404万平方米；房屋竣工面积58705万平方米，减少3539万平方米。

地质勘查取得新进展。全年完成1∶5万区域地质调查9万平方公里。新发现矿产232处，比上年增加12处。有45种矿产新增探明预测储量，其中石油

7.6 亿吨,天然气 2602 亿立方米,原煤 64 亿吨。地质勘查完成机械岩心钻探工作量 536 万米。

四、固定资产投资

投资总量快速增长。年初开始,国家把增加投资作为拉动经济增长的重要手段,特别是下半年,进一步采取了积极的财政政策,发行 1000 亿元长期国债,加大基础设施建设投入,固定资产投资增长速度明显加快,成为拉动经济增长的主要因素。全年全社会固定资产投资 28457 亿元,比上年增长 14.1%。按经济类型划分,国有经济投资 15662 亿元,增长 19.6%;集体经济投资 3717 亿元,下降 3.5%;城乡居民个人投资 3638 亿元,增长 6.1%;其他经济投资 5440 亿元,增长 19.1%。按投资管理渠道划分,基本建设投资 11904 亿元,增长 20.0%;更新改造投资 4467 亿元,增长 13.9%;房地产开发投资 3580 亿元,增长 12.6%。

投资结构进一步改善。长期国债及配套信贷资金拨付及时,到位率高,加大了基础设施建设的投资力度。全年农林牧渔水利投资 684 亿元,比上年增长 47.8%(其中水利投资 419 亿元,增长 58.1%),所占比重由上年的 2.6%上升为 3.2%;交通通信业投资 4990 亿元,增长 53.4%,所占比重由 18.4%上升到 23.6%。房地产投资结构有所调整,经济适用房建设进展较快。全年经济适用房投资 791 亿元,竣工面积 5506 万平方米。投资进一步向西部地区倾斜。全年西部地区投资比上年增长 31.2%,分别比东部和中部地区高出 14.9 个和 16.8 个百分点。

国家重点建设项目进展顺利,全年 118 个国家重点建设项目完成投资 1647 亿元,一批项目建成投产。

全国基本建设投资新增的主要生产能力有:原煤开采 351 万吨/年,大中型发电机组容量 1690 万千瓦,变电设备 4726 万千伏安,其中城乡电网改造 779 万千伏安,原油开采 1378 万吨/年,天然气开采 24 亿立方米/年;新建铁路主线正线交付运营里程 900 公里,增建铁路第二线交付运营里程 596 公里,电气化铁路主线正线交付运营里程 995 公里;新建高速公路 1487 公里;新(扩)建万吨级港口码头年吞吐量 1400 万吨,长途光缆 3 万皮长公里;新建数字微波线路 1 万公里。

五、交通和邮电业

交通运输发展平稳,邮电通信业继续快速增长。全年交通运输和邮电通信业增加值为 5029 亿元,比上年增长 8%。

交通运输业,受生产结构调整和煤炭、粮食等大宗货物地区流量变化等因素的影响,货运量有所下降。全年各种运输方式完成货物周转量 37706 亿吨公里,比上年下降 1.3%。其中,铁路 12292 亿吨公里,下降 6.2%;公路 5438 亿吨公里,增长 3.1%;水运 19363 亿吨公里,增长 0.7%;民航 33.5 亿吨公里,增长 14.9%。旅客周转量完成 10612 亿人公里,增长 5.9%。其中,铁路 3724 亿人公里,增长 4.9%;公路 5950 亿人公里,增长 7.4%;水运 138 亿人公里,下降 11.4%;民航 800 亿人公里,增长 3.5%。沿海主要港口货物吞吐量 9.1 亿吨,增长 0.5%,受我国外贸出口增长放慢的影响,全年完成外贸货物吞吐量 3.4 亿吨,下降 7.4%。

邮电部门全年完成邮电业务总量 2413 亿元,比上年增长 35.7%。全国长途光缆线路总长度达到 17.3 万公里,全年新增局用交换机 2221 万门,总容量达到 1.3 亿门,固定电话用户和移动电话用户突破 1 亿户大关。全国电话普及率达到 10.6 部/百人,其中,城市电话普及率达到 27.7 部/百人,农村 67%的行政村通了电话。中国电信数据通信总用户达到 153.5 万户。其中,计算机互联网(CHINANET)用户达到 68 万户,中国公众多媒体用户达到 52.5 万户。

六、国内贸易

国内市场商品销售平稳增长。全年社会消费品零售总额 29153 亿元,比上年增长 6.8%,考虑价格因素,实际增长 9.7%。分城乡看,城市消费品零售额 17825 亿元,县及县以下消费品零售额 11328 亿元,分别增长 7.1%和 6.4%。分经济类型看,国有及国有控股企业消费品零售额 7023 亿元,比上年下降 2.3%,集体经济 4830 亿元,私营及个体经济 12195 亿元,其他经济 5105 亿元,分别比上年增长 1.3%、14.9%和 8.7%。分行业看,批发零售贸易业增长 6.0%,餐饮业增长 15.7%。生产资料市场偏淡,全国大中型批发零售贸易业生产资料销售总额 11798 亿元,比上年下降 12.7%。集贸市场发展平稳,全年商品成交额 19836 亿元,比上年增长 13.8%。

大型商业企业经济效益依然不好。全国 500 家重点批发零售贸易企业销售收入净额 2487 亿元,比上年下降 1.1%;毛利率为 10.3%,下降 0.7 个百分点;全年实现利润总额 50 亿元,比上年下降 16.9%。

七、对外经济

在对外贸易方面,受亚洲金融危机的冲击,出口增长明显放慢;受国内需求等因素的制约,进口下降。全年进出口总额 3240 亿美元,比上年下降 0.4%。出口总额 1838 亿美元,增长 0.5%。其中一般贸易出口下降 4.8%,加工贸易出口增长 4.9%;进口总额 1402 亿美元,下降 1.5%。进出口相抵,贸易顺差 436 亿美元。进出口商品结构进一步优化,机械及运输设备出口增长 14.9%,占出口总额的比重上升到 27.3%;进口增长 7.6%,占进口总额的比重上升到 40.5%。面对出口形势的变化,进一步推进市场多元化战略。全年对亚洲出口虽然下降 9.9%,但对欧洲及北美洲出口增长

15.7%，对非洲及拉丁美洲出口增长20.1%，对大洋洲出口增长11.0%。

外商直接投资平稳发展，对外借款下降。全年实际利用外资额589亿美元，下降7.9%。其中，实际外商直接投资额456亿美元，增长0.7%；对外借款110亿美元，下降8.5%。

对外承包工程、劳务合作和设计咨询业务保持增长势头。全年签约118亿美元，比上年增长3.7%，完成营业额突破百亿美元大关，达到101亿美元，增长20.9%；年末在外劳务人数32.5万人，比上年增加1.8万人。

国际旅游业有所发展。全年海外游客入境人数6348万人次，比上年增长10.2%，其中港、澳、台胞5625万人次，增长12.4%，外国游客711万人次，下降4.3%。国际旅游收入达126亿美元，增长4.4%。

八、金融和保险业

货币供应量适度增长。年末广义货币(M2)为104499亿元，比上年末增长15.3%；狭义货币(M1)为38954亿元，增长11.9%；市场现金流通量(M0)为11204亿元，增长10.1%。全部金融机构各项存款余额95698亿元，比上年末增加13402亿元，增长16.1%。其中，企业存款余额为32487亿元，增长13.4%；城乡居民储蓄存款余额为53407亿元，增长17.1%。各项贷款余额为86524亿元，增长15.5%。

证券市场在逐步规范和加强监管中稳步发展。全年在上海、深圳证券交易所发行A股109只，筹资440亿元。年末境内上市公司数量由上年末的745家增加到851家，市价总值达到19506亿元。通过发行B股、H股共吸收外资7.7亿美元。全年共发行国债3891亿元(不含财政部向四大国有独资商业银行发行的2700亿元特别国债)，到期国债兑付圆满结束。

保险事业稳步发展。全年保费收入1247亿元(含外资机构)，增长14.0%。其中，财产险保费收入500亿元，寿险保费收入683亿元，健康险和意外伤害险保费收入65亿元。支付各类赔款556亿元，其中财产险和短期人身险共支付赔款318亿元，寿险给付238亿元。

九、科学技术和教育

科技队伍稳定发展。1998年末国有企事业单位共有各类专业技术人员2918万人，比上年末增长2.0%。全国共有县级以上国有独立研究开发机构、高等院校办科研机构、大中型工业企业办科研机构19918个；从事科技活动人员286万人，其中科学家和工程师167万人。

科技经费投入增加。全年全国科技活动经费支出总额为1177亿元，比上年增长10.7%。其中，研究与发展经费支出526亿元，增长9.2%。

基础研究工作得到加强，国家技术创新取得新进展。全年国家基础研究投入37亿元，比上年增长26。组织了一批技术创新项目和新产品试产，完成了15项重大技术装备的研制及鉴定验收。企业、高校、研究机构之间的合作进一步加强。

科学研究和技术开发取得新的成果。全年共取得省部级以上重大科技成果2.8万项，其中基础理论成果2500项，应用技术成果2.4万项，软科学成果1500项；达到国际先进水平的科技成果4700项，获国家奖励的成果543项。全年6次成功发射卫星。全年受理国内外专利申请121989件，授权专利67889件，分别比上年增长6.8%和33.1%。技术市场更加活跃。全国共签订技术合同28万份。技术合同成交金额430亿元，比上年增长22.8%。

质量、标准化、计量工作和天气预报等项服务进一步加强。全年全国共有产品质量检验机构4500个，其中国家检测中心228个。国家监督抽查6265家企业200类7804种产品和商品。全国共有法定计量技术机构3875个，全年强制检定计量器具2212万台件。全国共有城乡天气预报服务网发射站点1213个，卫星云图接收站点235个。全国共有地震台站1267个，遥测台网28个。全国共有1403个海洋观测、监测站点，共获得2082万组海洋数据。测绘部门公开出版地图1070种。

各级各类教育事业稳步发展，高等教育管理体制改革继续深入，中小学学校布局进一步调整。年末全国普通高校1022所，招生108万人，在校生341万人；研究生培养单位736个，招生7.3万人，在学研究生19.9万人；成人高校962所，招生100万人，在校生282万人。普通高中13948所，在校生938万人。各类高级中等职业学校17106所，在校生1126万人(含技工学校学生173万人)，占高中阶段在校生总数的55%。全国初中在校生5450万人，初中入学率达87.3%；小学在校生13954万人，小学学龄儿童入学率达98.9%。普通初中和小学学生辍学率分别为3.23%和0.93%。成人中等专业学校在校学生251万人。成人技术培训学校培训学员8682万人次。全年共扫除文盲321万人。

十、文化、卫生和体育

文化事业健康有序发展。年末全国共有艺术表演团体2635个，文化馆2915个，公共图书馆2721个，博物馆1289个。中、短波广播发射台和转播台743座，广播人口覆盖率88.2%，一千瓦以上电视发射台和转播台1283座，电视人口覆盖率89.0%。全国各类电影放映单位6.9万个。全年生产电影故事片82部，向国内销售影片(含复映片)221 部,向国外销售 143 部。有 10 部影片在各类国际电影节上获 12 项奖。全年出版全国性和省级报纸 195 亿份,各类杂志 25 亿册,图书 73 亿册(张)。年末全国共有档案馆 3706 个,已开放各类档案 3305 万卷(件)。

卫生事业不断发展。年末全国共有卫生机构(含诊所)31 万个,床位 314 万张,其中医院、卫生院 291 万张。卫生技术人员 442 万人,其中医院、卫生院医生 141 万人,护师、护士 107 万人。全国共有卫生防疫、防治机构 5907 个,卫生技术人员 22 万人。妇幼卫生机构 2724 个,卫生技术人员 7.3 万人。达到农村初级卫生保健规划目标的县数占总县数的 75%。农村乡(镇)共有卫生院 5 万个,床位 74 万张,卫生技术人员 100 万人。农村有医疗点的村数占总村数 89.5%,乡村医生和卫生员 133 万人。体育事业蓬勃发展。在国内外的各项比赛中,我国运动健儿获得了 83 个世界冠军;30 人 3 队 68 次创 31 项世界纪录。在第十三届曼谷亚运会上获得金牌 129 枚,奖牌 274 枚,从而 3 次蝉联金牌与奖牌数亚洲第一。全民健身活动进一步开展。

十一、环境保护

环境保护事业加快发展。年末全国环境保护系统共有 11 万人,各级环境监测站 2144 个,环境监测人员 5.7 万人。自然保护工作取得了新的成就,生态示范区建设试点单位总数已达 111 个;全国自然保护区达到 926 个,其中国家级自然保护区达到 136 个。环境法制建设取得新进展,执法力度进一步加大。到年末,已制定各类环境保护标准 395 项。年内设立的建设项目环境影响评价制度执行率达 88.0%,当年投产的建设项目同时建设防治污染设施的占 90%。全年完成环境污染限期治理项目 9575 个,总投资 10.1 亿元。全国 513 个城市建成了 2606 个烟尘控制区,面积达 1.5 万平方公里;402 个城市中建成了 1994 个环境噪声达标区,面积达 8684 平方公里。

重点流域和区域污染防治工作全面展开。对太湖流域日排水 100 吨以上的 1035 家排污企业进行了限期治理,全流域共投入治理资金 14.5 亿元,878 家企业完成达标治理任务,14 家企业停产治理,关停取缔了 143 家污染严重又治理无望的企业。年末太湖流域已基本实现全流域工业污染源达标排放的目标,太湖水质趋于好转。

污染物总量控制计划与跨世纪绿色工程规划的实施工作有序进行。至 1998 年 8 月止,已竣工项目 323 个,完成投资额 189.9 亿元。

全国环境形势依然严峻。一些大中城市污染加剧,垃圾、农药、化肥等污染仍然严重,水土流失、荒漠化、森林和草地功能衰退等生态问题比较突出。

十二、人口与人民生活

人口自然增长率继续下降。全年出生人口 1991 万人,出生率为 16.03‰;死亡人口 807 万人,死亡率为 6.50‰;全年净增人口 1184 万人,自然增长率 9.53‰,比上年下降 0.53 个千分点。年末全国总人口为 124810 万人。其中,城镇人口 37942 万人,占 30.4%;乡村人口 86868 万人,占 69.6%。0—14 岁人口比重为 25.7%,15—64 岁人口比重为 67.6%,65 岁以上老年人口比重为 67.6%,老年人口达到 8375 万人。家庭户平均户规模为 3.63 人。

城乡居民收入稳定增长,生活水平继续提高。全年全国城镇居民人均可支配收入 5425 元,考虑价格下降因素,实际增长 5.8%。农村居民人均纯收入 2160 元,实际增长 4.3%。全年城镇竣工住宅面积 4 亿平方米,农村竣工住宅面积 8.1 亿平方米。

社会保障事业发展迅速。年末 99%的国有企业下岗职工进入再就业服务中心,全国有 8505 万职工参加了基本养老保险,2735 万离退休人员参加了离退休费社会统筹;1590 万职工参加了大病医疗费用社会统筹;152 万离退休人员参加了医疗费用统筹。

社会福利事业继续发展。年末全国各类社会福利院床位达 106 万张,收养 80 万人。城镇建立起各种社区服务设施 16 万个,其中社区服务中心 6629 个。全国 600 个城市、1242 个县已建立最低生活保障制度,共有 332 万人得到最低生活保障救济。城乡各种社会救济对象得到国家救济的达 7208 万人次。国家抚恤、补助各类优抚对象 453 万人,妥善安置了退伍军人的生活和就业。全年销售社会福利彩票 51.4 亿元,筹集社会福利资金 15.4 亿元,接收社会捐赠 122 亿元。

注释:

1. 本公报为初步统计数。
2. 香港特别行政区统计数据未包括在本公报中,由香港特别行政区政府发布。
3. 各项统计数据未包括台湾省和澳门地区。
4. 国内生产总值、各产业增加值绝对数按现价计算,增长速度按可比价格计算。
5. 全国基本建设新增主要生产能力中,原油开采、天然气开采、新增高速公路、长途光缆、新建数字微波线路含更新改造和其他投资增加的能力。

附表 1:

1998 年工农业主要产品产量

产品名称	计量单位	绝对数	比上年增长%
一、农产品产量			
粮食	万吨	49000 以上	基本持平
油料	万吨	2292	6.3

产品名称	计量单位	绝对数	比上年增长%
花生	万吨	1170	21.3
油菜籽	万吨	827	—13.6
棉花	万吨	440	—4.3
黄红麻		26	—39.8
甘蔗	万吨	8363	6.0
甜菜	万吨	1402	—6.3
烤烟	万吨	210	—46.0
茶叶	万吨	67	8.5
水果	万吨	5490	7.9
猪、牛、羊、肉	万吨	4355	6.5
蚕茧	万吨	54.8	16.8
水产品产量	万吨	3854	7.0
淡水	万吨	1542	8.2
海水	万吨	2312	6.2
二、工业产品产量			
纱	万吨	542	—3.2
布	亿米	241	—3.1
化纤	万吨	510	8.1
糖	万吨	826	17.6
卷烟	万箱	3374	—0.1
彩色电视机	万台	3497	29.0
家用电冰箱	万台	1060	1.5
能源生产总量	亿吨标准煤	12.4	—6.1
原煤	亿吨	12.5	—8.9
原油	亿吨	1.61	持平
发电量	亿千瓦小时	11670	2.8
钢	万吨	11559	6.1
钢材	万吨	10518	5.4
十种有色金属	万吨	615	6.3
水泥	亿吨	5.36	4.7
木材	万立方米	5680	—11.2
硫酸	万吨	2171	6.6
纯碱	万吨	744	2.5
乙烯	万吨	378.7	5.6
化肥(折100%)	万吨	3010	6.7
化学农药(折100%)	万吨	55.9	6.2
发电设备	万千瓦	1608	—4.7
汽车	万辆	163	3.0
轿车	万辆	50.71	4.3
拖拉机	万台	6.78	—17.3
集成电路	亿块	27.01	5.7
程控交换机	万线	4219.9	51.4
移动通信设备	万部(信道)	2215.2	53.7
微型电子计算机	万部	291.4	41.1

附表2:

市场价格变动情况

类别	指数(上年=100) 1997	1998
全国居民消费价格	102.8	99.2
城市	103.1	99.4
36个大中城市	103.4	99.7
农村	102.5	99.0
食品	99.9	96.8
粮食	91.1	96.9
肉禽及其制品	105.5	90.9
蛋品	79.3	100.9
水产品	100.2	93.9
鲜菜	100.0	99.9
衣着	103.0	99.2
家庭设备及用品	100.7	98.4
医疗保健用品	104.7	102.8
交通和通讯工具	97.4	95.8
娱乐教育文化用品	100.9	96.6
居住商品	108.3	101.7
服务项目	116.5	110.1
全国商品零售价格100.8	97.4	
城市	100.8	97.4
36个大中城市	100.8	97.4
农村	100.7	97.6
全国农业生产资料价格	99.5	94.5
全国农产品收购价格	95.5	92.0
全国工业品出厂价格	99.7	95.9
全国固定资产投资价格	101.7	99.8

国务院总理朱镕基在莫斯科出席俄罗斯工商界人士举行的午餐会上发表演讲

朱镕基在演讲时表示相信,在双方业已存在的平等信任、面向二十一世纪的战略协作伙伴关系的基础上,中俄经贸合作定会加速发展。

朱镕基指出,中俄双方在经济上各具优势,互补性强,只要共同努力,就一定能迅速使双边经贸关系上升到一个崭新的水平。他说,俄罗斯有丰富的自然资源,如石油、天然气和森林资源等。双方在这方面的合作将很有前途。此次双方决定在石油、天然气开采方面进行可行性研究,为将来的合作开发作准备。我们还就森林采伐和木材加工方面的合作达成了谅解。森林采伐并不是破坏资源，合理的采伐和迹地更新，只会有助于森林的生长，同时也充分利用了森林资源。中国愿意提供设备作为投资，与俄罗斯共同建设木材加工厂，来提高木材出口的价值，同时也可以帮助俄罗斯解决就业问题。这对双方都有利。

他说，俄罗斯在高新技术，包括航天技术等方面都具有世界一流的优势。在这一方面，只要我们相互信任，加强合作，就会为经贸合作的快速增长奠定很好的基础。他说，两国总理已就此达成了真诚的谅解，相信这方面的合作会加快。

朱镕基指出，中国方面的优势是农业。由于实行正确的农业政策，中国农业最近几年发生了很大的变化，粮食不仅自给有余，而且可以出口，大大增加了国家储备。

他说，去年中国遭受的特大洪涝灾害造成了 300 亿美元的经济损失，但中国的粮食没有减产，仍然达到了近 5 亿吨。中国的粮食、油料、肉类、蔬菜和水果，都非常丰富，而且价钱便宜，完全可以向俄罗斯大量出口。

他说，中国的彩电、空调、电冰箱、洗衣机等消费品生产最近几年得到了很大发展，中俄两国可以采取加工贸易方式在这方面进行合作。比如这次签订的在俄罗斯建立两个彩电配件组装加工生产企业的协议，就体现了这种合作。这种合作方式可使俄罗斯一方面节省宝贵的外汇；另一方面又可增加就业。

古巴国务委员会主席菲德尔·卡斯特罗在哈瓦那革命宫会见国防部部长迟浩田

中宣部 解放军总政治部 共青团中央在广州联合举办李向群先进事迹报告会

李向群生前是广州军区“塔山守备英雄团”九连战士。在短短 20 年人生岁月和 20 个月的军旅生涯中，他先后 5 次在危急关头舍身救人，2 次被评为训练标兵，2 次被评为优秀士兵，一次荣立三等功。在去年抗洪抢险斗争中，李向群中止休假，赶赴抗洪前线。他主动参加抢险突击队，火线入党，因劳累过度，牺牲在荆江大堤上。李向群牺牲后，广州军区为他追记一等功，并追授他“抗洪勇士”称号。

报告会上，广州军区某师政治部主任晏宏应，介绍了李向群的成长经历；李向群的父亲李德清，介绍了李向群牺牲后，他的家人表现的高尚风格；湖北省公安县第二人民医院护士长王华英，追忆了李向群牺牲后灾区人民悼念烈士的感人情景；李向群生前所在班副班长袁纲，回忆了李向群关心连队、乐于助人的动人事迹；海南省琼山市副市长王舜，介绍了海南省宣传、学习李向群的情况。

3000 多名陆海空、武警部队官兵和群众参加。报告会中共中央宣传部副部长刘鹏对新时期的好战士李向群给予了高度评价。他说，李向群同志是新时期青年的杰出代表。他的动人事迹和崇高精神，生动地体现了中华民族优良传统和人民军队优良传统的有机统一，体现了共产主义道德和时代精神的有机统一，体现了爱国主义、集体主义、社会主义和革命英雄主义的有机统一，是广大党员干部学习的榜样，是全体官兵学习的榜样，也是全社会学习的榜样。人民军队是一所大学校，是培养人、造就人的大熔炉。李向群这个典型的出现，是人民军队的光荣和骄傲。我们要学习他有理想、有追求、有信念的崇高思想境界；学习他助人为乐、服务他人、奉献社会的良好道德；学习他刻苦学习，艰苦朴素，遵守纪律的优秀品质；学习他不怕困难，顽强拼搏，敢于牺牲的英雄本色。我们要大力弘扬江泽民同志倡导的新时期“六十四字创业精神”和伟大的抗洪精神，坚定信心，团结一致，艰苦奋斗，把建设有中国特色社会主义的伟大事业不断推向前进。

总政治部副主任袁守芳主持报告会。

中共中央政治局委员、广东省委书记李长春，共青团中央书记处书记胡春华，广州军区司令员陶伯钧，政治委员刘书田和有关部门的领导出席了报告会。

解放军总政治部在北京召开驻京大单位“讲学习、讲政治、讲正气”教育汇报会

中央军委委员、总政治部主任于永波在会上强调，要认真贯彻江主席的重要指示，进一步提高思想认识，切实把“三讲”教育作为今年全军思想政治建设的一件大事来抓，确保取得扎实成效。

于永波说，最近，江主席在内蒙古视察部队时指出，军队的“三讲”教育要紧密结合自己的实际，着眼于解决问题，务求取得实效。要通过“三讲”教育，增强各级党委的凝聚力和战斗力，确保政令军令畅通，确保部队建设的正确方向。江主席的重要指示，进一步明确了军队“三讲”教育的指导思想，指出了教育所要解决的主要问题和达到的根本目的，使军队“三讲”教育的方向更明确了，重点更突出了，路子更清楚了，具有很强的针对性和指导性，是各级指导和开展“三讲”教育的基本依据。特别是江主席提出的“一个增强、两个确保”，集中概括了军队党委班子和领导干部搞好“三讲”教育的基本要求。查找本单位党性党风方面存在的突出问题，必须从“一个增强、两个确保”的高度来认识和分析，真正抓住事关根本、事关方向的重大问题。能不能做到这一点，直接关系到“三讲”

教育能否切实解决问题，取得扎实成效。各级要把“一个增强、两个确保”作为一条主线，贯穿于“三讲”教育的全过程。

于永波指出，在世纪之交的重要历史时期，在国家改革和发展的关键阶段，党中央决定在县级以上党政领导班子、领导干部中深入开展以“讲学习、讲政治、讲正气”为主要内容的党性党风教育，是对邓小平理论和党的十五大精神的深入学习，意义非常重大、非常深远。我们深刻理解和领会中央这一重大决策，一定要同实现国家和军队现代化建设跨世纪发展的宏伟目标紧密联系起来，同党委和领导干部担负的历史重任紧密联系起来，同建设团结坚强的党委领导班子和高素质干部队伍的迫切要求紧密联系起来，把“三讲”教育作为贯穿全年的重点工作，集中精力抓紧抓好。

于永波强调，这次“三讲”教育，重点很明确，就是要集中解决团以上党委班子和领导干部在党性党风方面存在的突出问题。我们在工作指导上，一定要按照中央和军委的要求，真正把党委班子和领导干部这个重点突出出来。各级都要从本级抓起，领导干部要从自身做起，带头贯彻整风精神，拿起批评和自我批评的武器，严于解剖自己。党委班子成员尤其是正副书记要以身作则，严肃认真地检查本级班子和个人在党性党风方面存在的突出问题，进行认真的、深刻的、负责的自我批评，查找的问题要有实际内容和具体表现，分析问题要实事求是，触及实质，真正体现出党内生活的原则性、战斗性。

会上，驻京10个大单位的政治部主任汇报了“三讲”教育的情况和做法，提出了一些很好的意见和建议。

总政治部副主任周子玉主持会议并讲话。

国家测绘局首次公布数据确定雅鲁藏布大峡谷是世界第一大峡谷

雅鲁藏布大峡谷位于中国境内的世界最高大河雅鲁藏布江下游，围绕喜马拉雅山东端最高峰南迦巴瓦峰作神奇的马蹄形大拐弯。1994年春，我国科学家经过科学考察和论证宣布，雅鲁藏布江大拐弯峡谷全长496.3千米，最深处在南迦巴瓦峰和加拉自垒峰与雅鲁藏布江交汇处，深达5382米，属世界之最。但当时技术设备落后，测量、计算主要以1∶10万或1∶5万比例尺地形图为基础，精度不高。1998年10月，经国务院批准，大峡谷被正式命名为雅鲁藏布大峡谷。同时，我国科学家和新闻工作者组成科学探险考察队，首次徒步穿越大峡谷250千米的核心地段。在此次科考中，国家测绘局派出专业技术人员携带精密仪器对大峡谷进行了测量。他们在大峡谷核心地段分别埋设了科新Ⅰ号、Ⅱ号、Ⅲ号3座测量标志，采用先进的GPS技术和常规测量技术精确测量，获得大量科学数据。考察结束后，测绘专家结合1∶25万国家基础地理信息数据库对数据进行计算，最终得出权威的结论。

经科学论证认定，雅鲁藏布大峡谷入口处在派乡转运站，出口处在巴昔卡村，实际长度为504.6公里。其最深处位于南迦巴瓦峰和里勒峰与雅鲁藏布江交汇处——宗容村，谷深6009米，单侧峡谷最深处在得哥村附近，谷深7057米，大峡谷平均深度为2268米，核心地段平均深度为2673米。

测绘数据还显示，大峡谷江面从入口处的660米.逐渐收敛至最窄处的35米，江面最大坡降（河段高程差与距离之比）为75.35‰。据水利专家分析，这也是世界之最。这种河道的快速收敛与急剧倾斜表明，大峡谷地区地壳运动剧烈，正处于强烈上升阶段。

从上述各项定量特征数据看，雅鲁藏布大峡谷无疑是世界之最，是世界其他大峡谷，如美国的长370千米、深2133米的科罗拉多大峡谷，秘鲁的长90千米、深3200米的科尔卡大峡谷所无法比拟的。

劳动和社会保障部在北京召开扩大社会保险覆盖范围加强基金征缴工作电视电话会议

劳动和社会保障部部长张左己在电视电话会议上提出，要认真学习贯彻今年1月22日朱镕基总理签署发布的《社会保险费征缴暂行条例》和《失业保险条例》，努力扩大社会保险覆盖范围，切实加强基金的征缴。

张左己说，目前，全国参加基本养老保险的职工只有73%，参加失业保险的职工只有56%，医疗保险制度改革由于刚刚起步，参加的比例更低。去年全国基本养老费的收缴率平均为90.6%，但各地收缴率很不平衡，有的地区仅为72%，有25个省市当年基金收不抵支。失业保险收缴率也不高，这是下岗职工基本生活保障资金“三三制”中社会筹集部分不到位的主要原因。国务院发布的这两个条例，扩大了各项社会保险的覆盖范围，规范了征缴制度和程序，实行各项社会保险费统一合并征收，增加了征缴的强制性，将从根本上改变社会保险待遇发放和基金征缴一手硬、一手软的局面，进一步扭转两个确保资金紧缺的严峻形势。

张左己说，为了在今年上半年基本实现社会保险全面覆盖，基金收缴率达到90%以上这两项国务院下达的硬指标、硬任务，4月、5月、6月三个月要抓紧工作，要把外商投资企业、港澳台投资企业和私营企业作为扩大覆盖面的重点，并解决国有企业参加社保的难点问题，着力做好城镇集体企业和事业单位参加社保的工作。

张左己提出，要尽快实现各项社会保险费的统一合并征收，最迟在 5 月份实现由社会保险经办机构或由税务部门一个机构统一合并征收。

2 月 27 日

九届全国人大常委会举行八次会议

会议是为将于 3 月 5 日召开的九届全国人大二次会议做准备。全国人大常委会委员长李鹏主持上午的会议，并参加下午的分组审议。

会议首先通过了根据委员长会议的决定安排的本次常委会的议程。会议的主要议程为，审议九届全国人大二次会议议程草案、主席团和秘书长名单草案、全国人大常委会工作报告稿、列席人员名单草案。会议听取了代表资格审查委员会主任委员王维澄作的关于选举、补选代表资格的审查报告。会议还审议了全国人大代表团访问坦桑尼亚、乌干达、津巴布韦、博茨瓦纳和纳米比亚五国情况的书面报告。

委员们下午开始对会议各项议程进行分组审议，重点围绕全国人大常委会工作报告(稿)展开了热烈讨论。与会者普遍认为工作报告(稿)体现了实事求是的精神，对九届全国人大常委会一年来的工作进行了全面地反映。大家认为，过去的一年常委会立法工作卓有成效，在总结前几届人大立法工作的基础上，积极探索和开拓，采取了一些新的做法，改进了立法工作，提高了立法质量。李鹏委员长多次深入实际进行立法调研，起了很好的带头作用。

委员们认为，九届全国人大常委会在监督方面亦有较大进展，但与立法工作相比力度不够，特别是执法检查，还要加以改进，要进一步深入下去，体察民情，反映民意，增强实际效果，建议报告(稿)对这方面的问题加以反映。

委员们还对报告(稿)提出了一些其他的具体修改意见。

全国人大常委会副委员长田纪云、姜春云、王光英、布赫、铁木尔·达瓦买提、吴阶平、彭珮云、何鲁丽、周光召、成克杰、曹志、丁石孙、成思危、许嘉璐、蒋正华，秘书长何椿霖出席了今天上午的会议。列席会议的有国务委员司马义·艾买提、最高人民法院院长肖扬、最高人民检察院检察长韩杼滨。

全国政协九届常委会在北京举行四次会议

会议主要是为召开政协九届二次会议做准备。会议决定：政协九届二次会议于 3 月 3 日在北京召开。

中共中央政治局常委、全国政协主席李瑞环主持会议。

上午的会议首先通过了本次常委会会议议程和关于召开政协九届二次会议的决定。本次常委会议为期 3 天，将审议通过政协第九届全国委员会常务委员会工作报告和报告人，政协九届二次会议议程草案和日程，政协第九届全国委员会提案委员会关于政协九届一次会议以来提案工作情况的报告，政协九届二次会议增补委员名单、增选常务委员建议名单，政协全国委员会专门委员会通则(修正案)，政协第九届全国委员会专门委员会副主任增补名单以及人事任免事项。会议还将审议全国政协视察团赴天津市、广东省、上海市和海南省视察情况的报告(书面)，全国政协代表团访问纳米比亚、赞比亚、贝宁三国情况的报告(书面)。

全国政协秘书长郑万通在会上作关于政协常委会工作报告草案、政协九届二次会议议程和日程草案的说明以及全国政协副秘书长任免名单草案的说明；全国政协副主席王兆国作了关于政协九届二次会议增补委员、增选常务委员建议名单草案和中央社会主义学院院长任免名单草案的说明；全国政协副秘书长王巨禄作了关于专门委员会通则修正草案、专委会副主任增补名单草案的说明。

下午的会议先后听取提案委员会副主任吴文英、经济委员会主任房维中、人口资源环境委员会主任侯捷、教科文卫体委员会主任刘忠德、社会和法制委员会主任王森浩、民族和宗教委员会副主任金鉴、文史资料委员会主任朱作霖、港澳台侨委员会主任朱训、外事委员会主任田曾佩所作的各专门委员会 1998 年度工作总结。

九届一次会议以来，提案委员会收到各民主党派、全国工商联和有关人民团体和各界委员提出提案 3041 件，经审查立案 2664 件，其中以各民主党派中央和全国工商联名义提出的提案 36 件。

中国和越南在北京发表联合声明

一、应中国共产党中央委员会总书记、中华人民共和国主席江泽民的邀请，越南共产党中央委员会总书记黎可漂于 1999 年 2 月 25 日至 3 月 2 日对中华人民共和国进行正式友好访问。

中共中央总书记、中华人民共和国主席江泽民同越共中央总书记黎可漂举行了会谈。中共中央政治局常委、中华人民共和国全国人民代表大会常务委员会委员长李鹏，中共中央政治局常委、中华人民共和国全国人民政治协商会议主席李瑞环，中共中央政治局常委、中华人民共和国副主席胡锦涛和中共中央政治局常委、国务院副总理李岚清分别会见了黎可漂总书记。双方相互通报了各自国家的政治、经济形势，并就进一步巩固和加强两党、两国和两国人民的友好合作关系以及共同关心的地区和国际问题广泛交换了意见。会谈和会见是在亲切、友好、坦诚、互相尊重和互相理解的气氛中进行的。

双方认为，越共中央总书记黎可漂对中国的访问取得了圆满成功，这次访问对建立面向21世纪的两党、两国友好合作关系作出了重要贡献，并将对本地区的和平、稳定与发展产生积极影响。

二、双方对两党、两国友好合作关系的不断巩固和积极发展表示满意，认为这不仅符合两党、两国和两国人民的根本利益，而且有利于本地区和世界的和平、稳定、合作与发展。双方商定，在继续遵循中越关系正常化以来发表的联合公报所确定的原则和两党、两国领导人达成的共识基础上，建立长期稳定、面向未来的中越睦邻友好与全面合作关系。双方重申，中国共产党和越南共产党将继续在独立自主、完全平等、互相尊重、互不干涉内部事务的原则基础上不断发展友好合作关系，促进国家关系的全面发展。

双方确认，要着眼长远，进一步加强两国党政部门、群众组织和地方之间的友好往来和多种形式的合作与经验交流，尤其是加强青少年之间的友好交往，使中越两国的友好事业全面发展，后继有人。

三、双方重申1991年以来两国历次高层会晤达成的协议和共识，一致认为早日解决两国边界领土问题符合两国人民的根本利益和共同愿望，并对近年来两国边界谈判取得的积极进展表示满意。双方同意，继续本着“大局为重、互谅互让、公平合理、友好协商”的精神，并根据国际法，参照国际实践，通过和平谈判，妥善解决两国间存在的边界领土问题。

双方决心加快谈判进程，提高工作效率，在1999年内签署陆地边界条约和在2000年内解决北部湾划界问题，共同把两国边界建设成为和平、友好、稳定的边界。

双方同意，继续维持现有海上问题谈判机制，坚持通过和平谈判，寻求一项双方都能接受的基本和长久的解决办法。在问题解决前，双方本着先易后难的精神，积极探讨在海上，诸如海洋环保、气象水文、减灾防灾等领域开展合作的可能性和措施。与此同时，双方均不采取使争端复杂化或扩大化的行动，不诉诸武力或以武力相威胁。双方对产生的分歧应及时进行磋商，采取冷静和建设性的态度，予以妥善处理；不因分歧而影响两国关系的正常发展。

四、双方对近年来两国在扩大贸易往来，发展经济、科技合作等方面取得的进展表示满意。双方认为进一步扩大两国间经贸、科技等领域的合作具有很大的潜力和广阔前景。双方决心共同努力，以平等互利、注重效益、讲求质量、形式多样、共同发展为原则，进一步发挥大公司主渠道的作用，扩大大宗商品贸易，鼓励和支持双方企业开展大型项目合作，为双方企业相互投资创造有利条件，推动两国边境贸易健康有序地发展。双方将积极探索继续扩大和深化经贸、科技等领域合作的新途径和新方法，把这种合作关系发展到一个新的水平。

双方签署了两国政府间的经济技术合作协定。

五、双方再次确认1991年11月10日、1994年11月22日和1995年12月2日《中越联合公报》达成的共识：越南方面重申，越南承认中华人民共和国政府是代表全中国的唯一合法政府，台湾是中国领土不可分割的一部分。越南同台湾只进行非官方的经贸往来，绝不同台湾发展官方关系。中国方面对越南方面的上述立场表示理解和赞赏。中国方面重申，台湾问题纯属中国内政，坚决反对与中国建立外交关系的国家同台湾建立任何形式的官方关系，或进行任何具有官方性质的往来。

六、双方对两国在改革开放、社会主义建设和改善人民生活的事业中取得的巨大成就表示高兴。

越南方面高度评价中国在改革开放、扩大对外关系和在维护与实现国家统一的事业中取得的成就；中国方面高度评价越南为民富国强，社会公平、文明而进行的革新事业和扩大国际合作方面取得的成就。

七、双方对就共同关心的地区和国际问题达成的广泛共识表示满意。双方认为，维护和巩固本地区和世界的和平与稳定，加强双边、多边和区域经济合作，符合本地区和世界各国人民的共同愿望和根本利益。双方主张并致力于建立公正、合理的国际政治、经济新秩序，并将切实为维护和巩固本地区及世界的和平、稳定与发展作出各自的努力。

双方认为，亚洲金融危机对亚洲许多国家的经济造成了不同程度的冲击，有关各国应共同负起责任，加强协调与合作，克服危机。越南方面高度评价中国为缓解亚洲金融危机和稳定本地区经济作出的贡献。中国方面高度评价越南在抵御亚洲金融危机的影响、保持本国经济发展方面作出的积极努力。

八、越共中央总书记黎可漂对中国共产党、中国政府和中国人民所给予的隆重、热情和友好的接待表示衷心感谢。黎可漂总书记邀请中共中央总书记、中华人民共和国主席江泽民在方便的时候再次访问越南，江泽民总书记、国家主席对此表示感谢并愉快地接受了邀请。

全国人大常委会法制工作委员会发言人就香港特

别行政区终审法院的判词发表谈话

谈话如下：

1 月 29 日，香港特别行政区终审法院对港人在内地所生子女居留权案件作了判决。这一判决在香港社会引起了强烈反应，也受到内地的关注。由于判词的内容涉及香港特别行政区基本法解释权以及中央和香港特别行政区的关系，香港和内地的法律界人士对此作出了反应。

我们注意到 2 月 26 日香港特区终审法院的判词中提到，"特区法院的司法管辖权来自《基本法》。《基本法》第 158(1)条说明《基本法》的解释权属于人大常委会。法院在审理案件时，所行使解释《基本法》的权力来自人大常委会根据 158(2)及 158(3)条的授权。""法院执行和解释《基本法》的权力来自《基本法》并受《基本法》的条文(包括上述条文)所约束。""如果人大常委会对《基本法》作出解释时，特区法院必须要以此为依归。"还表示，全国人大常委会的基本法解释权、全国人大及其常委会依据《基本法》和《基本法》所规定的程序行使任何权力，是不能质疑的。

我们认为，香港特区终审法院 2 月 26 日的判词对于澄清 1 月 29 日的判词是必要的。全国人民代表大会是中华人民共和国最高国家权力机关，全国人大及其常委会将按照"一个国家，两种制度"的原则和《香港特别行政区基本法》行使职权。

澳门特区筹委会政务小组第十次会议在北京举行

国家外汇管理局局长李福祥就完善外汇管理发表谈话

李福祥强调，今年外汇管理工作要重点抓好以下几个方面：

一、进一步完善银行结售汇制度。要继续打击骗汇、逃汇和非法买卖外汇行为，为守法企业创造出一个良好的投资经营环境。要充分利用进出口报关单联网核查系统，提高进出口收付汇核销监管水平，提高贸易真实性审核的速度和效率，为企业提供更加方便快捷的服务。

二、支持扩大出口和促进来华投资。要会同外经贸部通过建立、健全"出口收汇考核办法"，为"出口收汇荣誉企业"制定适当的优惠政策，以鼓励企业多出口、多收汇。同时要采取一些措施，改善对外筹资环境，促进外资流入。

三、根据科学、合理、有效的原则进一步改善外汇管理法制环境。要完善立法机制，规范立法程序，成立外汇政策专家顾问小组，增强法规的科学性和可操作性。要建立对外宣传和新闻发言制度，加强外汇管理法规的解释与宣传。

整顿和规范建设市场工作会议在大连召开

建设部部长俞正声在会上发表讲话说，要集中用一年左右的时间，进一步加大整顿和规范建设市场的力度，把严肃查处违法违规行为同建章建制结合起来，尽快使建设市场秩序有明显好转。

俞正声说，这次整顿和规范建设市场的主要内容有九项：一是纠正和查处项目法人规避工程招标，不合理划分标段、压缩工期，不按照规定的程序和方式组织开标、评标、定标，或者弄虚作假搞"明招暗定"，以及行政领导人利用职权干预项目法人正当的工程招标投标的行为；二是纠正和查处项目法人不按照规定委托监理，或搞"同体监理"的行为；三是纠正和查处在合同签订与履行中的违法违规行为，以及指定使用不合标准的建材设备等行为；四是纠正和查处不按照规定进行政府工程质量监督的行为；五是纠正和查处项目法人不依法申请办理施工许可证，或弄虚作假骗取施工许可证的行为；六是取缔未取得相应专业资质证书从事勘察、设计、施工、监理活动，以及这些活动中的挂靠行为；七是取缔施工单位转包或违法分包工程，勘察、设计、监理单位转让业务的行为；八是纠正和查处项目法人将未经竣工验收和验收不合格工程交付使用的行为；九是纠正和查处建设行政主管部门不依法行政、不严格执法的问题。

外交部发言人章启月针对美国国务院最近发表的 1998 年度"人权报告"的中国部分发表评论

章启月说，中国政府一贯尊重《联合国宪章》和国际人权文书关于促进人权及基本自由的宗旨和精神，按照宪法和有关法律保护和促进中国人民的人权和基本自由，并为此作出了长期不懈的努力。半个世纪以来，特别是改革开放 20 年以来，中国政府在改善中国人民的生活水平和人权状况方面所取得的巨大成就是有目共睹的。中国人民广泛享受政治、经济、社会、文化等各项权利。

章启月指出，美国政府对自己国内存在的严重违反人权的现象闭口不谈，却发表所谓国别"人权报告"，对他国人权状况肆意歪曲，对他国内部事务说三道四，横加指责，这是在人权问题上搞双重标准的典型表现。对美方的这一做法，中方表示强烈不满和坚决反对。我们要求美方遵守国际关系准则，停止借口所谓人权问题干涉别国内政。

2 月 28 日

九届全国人大常委会八次会议闭幕

全国人大常委会委员长李鹏主持并发表讲话。

会议表决通过了九届全国人大二次会议议程草案，决定提请九届全国人大二次会议预备会议审议；表决通过了九届全国人大二次会议主席团和秘书长名单草案，决定提请九届全国人大二次会议预备会议选举。

会议原则通过了全国人大常委会工作报告（稿）。该报告会后将根据委员们提出的意见进行修改，由委员长会议审定后，提请九届全国人大二次会议审议。委员长会议建议，请姜春云副委员长向九届全国人大二次会议作常委会工作报告。

会议还表决通过了九届全国人大二次会议列席人员名单，全国人大常委会代表资格审查委员会关于选举、补选代表的代表资格的审查报告，批准了最高人民检察院任命名单。

在各项议程进行完毕后，李鹏发表讲话。他说，即将召开的九届全国人大二次会议是一次重要会议。开好这次会议，对于鼓舞和动员全国各族人民抓住机遇、知难而进、艰苦奋斗，把建设有中国特色社会主义的伟大事业全面推向21世纪，具有十分重要的意义。常委会全体组成人员要与人大代表一道，本着对人民高度负责的精神，群策群力，集思广益，畅所欲言，审议好各项议案，使会议通过的报告、制定的法律、作出的决定，体现人民的意志，代表人民的利益。

李鹏说，宪法规定，全国人大常委会是全国人民代表大会的常设机关，由全国人民代表大会选举产生，接受全国人民代表大会的监督，对全国人民代表大会负责并报告工作。按照规定，在每年召开的人代会上，常委会都要作工作报告。这次常委会会议审议了全国人大常委会工作报告，认真总结了常委会过去一年来的工作，提出了改进工作的措施以及新的一年工作的任务和要求。在这次常委会会议审议的过程中，大家对全国人大常委会工作报告普遍表示赞同，有些委员提出了一些具体的修改意见和建议。根据委员们的意见，对工作报告作适当修改后，提请九届全国人大二次会议审议。在大会审议常委会工作报告的过程中，常委会组成人员要虚心听取代表的意见，根据常委会的实际工作，对代表提出的问题作必要的说明，自觉接受代表大会的监督。会后，常委会要认真研究代表的意见，采取有力的措施，努力改进和加强常委会的工作，一定不辜负代表的信任和委托，认真履行宪法和法律赋予的职责，兢兢业业地做好工作，保障和促进改革开放和现代化建设顺利进行。

全国人大常委会副委员长田纪云、姜春云、王光英、布赫、铁木尔·达瓦买提、吴阶平、彭珮云、何鲁丽、周光召、成克杰、曹志、丁石孙、成思危、许嘉璐、蒋正华，秘书长何椿霖出席会议。列席会议的有国务委员罗干、最高人民法院院长肖扬、最高人民检察院检察长韩杼滨。

九届全国人大常委会发布公告

自第九届全国人民代表大会常务委员会第五次会议以来，第九届全国人民代表大会代表逝世2名：黑龙江王建功、江苏王庆云，辞职2名：辽宁鲍振东（蒙古族）、贵州兰天权（苗族）。

最近，地方人民代表大会、人大常委会选举、补选了8名九届全国人大代表：云南杨崇勇（满族），辽宁王大操，黑龙江孙魁文，浙江杨仁争，山东朱长富，四川陈光志、周维莲（女），贵州钱运录。全国人民代表大会常务委员会同意代表资格审查委员会的审查报告，确认杨崇勇（满族）、王大操、孙魁文、杨仁争、朱长富、陈光志、周维莲（女）、钱运录等8人的第九届全国人民代表大会代表资格有效。

现在，第九届全国人民代表大会实有代表2978名。特此公告。

全国人民代表大会常务委员会

1999年2月28日

九届全国人大常委会八次会议通过批准任命李春林为云南省人民检察院检察长

九届全国人大常委会举办七次法制讲座

全国人大常委会委员长李鹏主持并发表讲话。他说，我们要结合我国民主法制建设实际，加强法学理论的学习和研究，为建设社会主义法治国家作出应有的贡献。

李鹏说，法律是一门科学，法律有它内在的规律性，法律本身有自己的发展历史和体系。法学理论是研究法律这一特定社会现象及其发展规律的科学。新中国成立以来，特别是党的十一届三中全会以来，广大法学理论工作者，以马克思主义法学基本原理为指导，结合我国民主法制建设的具体实践，不断探索和研究有中国特色的社会主义法学理论，取得了较多的理论成果。这对加强我国的民主法制建设，推进依法治国、建设社会主义法治国家，起到了重要的指导作用。

李鹏指出，马克思主义的法学理论是社会主义民主法制建设的理论依据。人大及其常委会是从事民主法制建设的重要机关，人大的工作离不开法学理论的支持和指导。就立法工作而言，在各立法项目之间有一些共同的法学理论问题，在每个立法项目上也涉及一些特殊的法学理论问题。在起草和审议法律草案的过程中，经常遇到一些问题，特别是一些争议比较大的问题，需要法学理论予以解释。在实际工作中，我们切身地感到，立法需要法的基本理论、部门法的理论和具体法律的理论的指导。可以说，熟悉和掌握法学理论的基本知识，是做好人大工作的基本功，是从事人大工作必备的条件。他希望大家结合人大的工作，注意比较系统地学习和掌握法学理论，以便更好地指导实践，努力开创人大工作新局面。

李鹏说，法学同经济学、政治学一样，是社会科学的一个组成部分。法学属于上层建筑，它是经济基础的反映，反过来它又为经济基础服务。

在现阶段也就是为建设有中国特色的社会主义，为现代化建设服务。我国民主法制建设的实践，是我国法学理论进一步发展的动力和源泉。党的十五大将依法治国、建设社会主义法治国家确定为治理国家的基本方略，提出到 2010 年形成有中国特色社会主义法律体系。他希望我国的法学理论工作者和人大常委会组成人员、各专门委员会以及人大机关各工作部门，都要运用马克思主义的基本理论，结合我国民主法制建设的实际，特别是当前立法、执法和司法中提出的重大问题，加强对法学基本理论和部门法学理论的学习与研究，更好地为我国的民主法制建设服务，为建设社会主义法治国家作出应有的贡献。

在讲座上，中国社会科学院法学研究所研究员刘瀚作了题为《法学理论的几个基本问题》的报告，从法的概念、法律关系、法的分类、法的效力几个方面进行了阐述。

全国人大常委会副委员长田纪云、姜春云、王光英、布赫、铁木尔·达瓦买提、吴阶平、彭珮云、何鲁丽、周光召、成克杰、曹志、丁石孙、成思危、许嘉璐、蒋正华，秘书长何椿霖，出席九届人大常委会第八次会议的委员和列席人员听取了讲座。

中共中央政治局常委尉健行在人民大会堂会见日本第十次“长城计划”友好交流使节团

使节团以日本自由党党首小泽一郎为顾问、众议院议员东祥三为团长。

尉健行高度评价了“长城计划”友好交流活动，认为这一交流项目的实施对中日友好关系的发展产生了积极的影响。他希望这一项目为建立中日致力于和平与发展的友好合作伙伴关系作出新的贡献。

尉健行说，去年年底国家主席江泽民访日期间，中日双方确立了建立致力于和平与发展的友好合作伙伴关系的共同目标，为中日关系在下世纪的稳步发展指明了方向。

尉健行说，在严格遵循《中日联合声明》和《中日和平友好条约》的基础上，构筑健康稳定的中日关系，符合中日两国的根本利益，也是实现亚太地区乃至世界持久和平与长期发展的重要保障。

在世纪交替之际，中日关系面临着许多新的发展机遇与挑战。减少乃至消除中日关系发展进程中的各种消极因素，是两国面临的共同课题。

尉健行说，中方希望日本政治家及各界人士多做有利于中日关系大局的事，多说有利于中日关系大局的话。只有本着“以史为鉴，开创未来”的精神，切实处理好历史认识问题、台湾问题等中日关系中的敏感问题，中日关系才能迎来更加稳固发展的新阶段。

尉健行指出，中国一贯奉行独立自主的和平外交政策，反对将一个国家的利益建立在侵犯别国领土主权完整的基础之上。日本作为亚太地区的一个大国，应该认真吸取历史经验和教训，坚持走和平发展道路。

小泽一郎说，他将继承前首相田中角荣重视日中友好的精神。这次亲率“长城计划”友好交流使节团来访，正是为了将这种精神进一步发扬光大。他表示今后将继续致力于加深日中两国间的相互理解与信任，为日中友好关系在下世纪的健康稳定发展发挥力所能及的作用。

全国人大常委会副委员长布赫在人民大会堂会见并宴请日本“长城计划”友好交流使节团

澳门特别行政区筹备委员会第六次全体会议主任委员会议在北京举行

国务院副总理、澳门特区筹委会主任委员钱其琛主持会议。

会议主要研究决定筹委会第六次全体会议议程，以及审议筹委会关于澳门特别行政区第一届政府有关机构和主要官员职位设置的意见(草案)。

澳门特区筹委会副主任委员马万祺、廖晖、王启人、王英凡、何厚铧、吴福、曹其真、何鸿燊及筹委会秘书长陈滋英等参加会议。

经国务院批准自 3 月 1 日起对邮政电信资费进行结构性调整

调整后，邮电资费总体水平将大幅度降低。

冰心逝世

3 月 19 日，首都各界人士在八宝山革命公墓，送别世纪老人冰心先生。

李瑞环、李岚清、丁关根、王光英、程思远、吴阶平、何鲁丽、许嘉璐、王兆国、赵朴初、钱伟长、陈俊生、孙孚凌、经叔平、罗豪才、张克辉、王文元和雷洁琼同志等前来送别冰心先生。

在冰心病危期间和逝世以后，江泽民、李鹏、朱镕基、胡锦涛、尉健行、李铁映、贾庆林、温家宝、曾庆红、万里、乔石、荣毅仁、丁石孙、成思危、叶选平、巴金、卢嘉锡、习仲勋、彭冲、费孝通、孙起孟、杨静仁等用不同方式表示慰问和哀悼。

20 世纪中国杰出的文学大师、忠诚的爱国主义者、著名的社会活动家、中国共产党的亲密朋友、中国作家协会名誉主席、中国民主促进会中央委员会名誉主席、中国人民政治协商会议第九届全国委员会委员冰心，因病于 1999 年 2 月 28 日在北京逝世，享年 99 岁。

1900 年 10 月 5 日出生于福州的冰心，在五四运动的影响和新文化运动的兴起中登上文坛。其作品直面封建社会对女性的摧残、军阀混战给人民带来的苦痛等重大社会问题，被认为是当时极有代表性的“问题小说”而产生广泛社会影响。而后，所创作在“为人生”的旗帜下源源流出，诗集《繁星》、《春水》推动了新诗初期的“小诗”写作潮流，《寄小读者》的通讯散文，成为我国最早的儿童文学力作。新中国成立后，她创作的《小橘灯》、《樱花赞》等名篇脍炙人口、广为流传，改革开放以来她以 80 高龄而笔耕不辍，《空巢》、《万般皆上品》、《想到就说》、《三寄小读者》等新作接连问世，以数量之多、内容之丰富、风格之独特，将自己的文学事业提升到一个新的境界。甚至在年近九旬之际，还以正直、坦诚之心，写作了《我请求》、《我感谢》等充满真情实感的佳作，在广大读者中引起强烈共鸣。

冰心曾任中国作协书记处书记、顾问、中国文联副主席、中国民主促进会中央委员会副主席、全国人民代表大会第一至五届代表、中国人民政治协商会议第五至七届全国委员会常委和第八、九届委员、全国少儿福利基金会副会长、全国妇联常委等职。为我国的文学事业、妇女儿童事业的发展，为坚持和完善中国共产党领导的多党合作和政治协商制度，都作出了杰出的贡献。

3月1日

全国政协九届常委会四次会议闭幕

会议由全国政协副主席陈俊生主持。全国政协秘书长郑万通作了关于听取小组讨论和文件修改情况的综合汇报。

会议原则通过了政协第九届全国委员会常务委员会工作报告，决定根据常委们提出的意见进行认真修改后，提请政协九届二次会议审议；通过了叶选平副主席为政协第九届全国委员会常务委员会工作报告的报告人；通过了政协九届二次会议议程（草案）和日程；通过了政协第九届全国委员会提案委员会关于政协九届一次会议以来提案工作情况的报告；通过了政协九届二次会议增补委员名单，决定增补王永乐等27人为九届全国政协委员；通过了政协第九届全国委员会增选常务委员建议名单；原则通过了政协全国委员会专门委员会通则（修正案），责成文件起草组吸收常委们的意见再进行一次修改；通过了政协第九届全国委员会专门委员会副主任增补名单，决定增补张发强、傅庚辰为教科文卫体委员会副主任，王德瑛、巴音朝鲁为社会和法制委员会副主任，黄璜为民族和宗教委员会副主任，宋堃、刘济民为文史资料委员会副主任，何添发为港澳台侨委员会副主任，李北海为外事委员会副主任；通过了任命何鲁丽为中央社会主义学院院长，免去杨纪珂中央社会主义学院院长职务；通过了任命张国祥、李昌鉴为政协全国委员会副秘书长，梁金泉因工作调动不再担任政协全国委员会副秘书长职务。

全国政协九届常委会四次会议通过政协第九届全国委员会增补委员名单

（按姓名笔画排列）

王永乐、卢荣景、叶承垣、任殿喜、刘文甲（满族）、刘善璧、孙常印、纪玲芝（女）、杜颖（女）、李讷（女）、杨永良、张晔（女）、陈广元（回族）、陈开枝、陈祖芬（女）、林庆民、房凤友、胡延森、洛桑（藏族）、骆隆森、黄济人、韩喜凯、覃志刚（壮族）、程道喜、傅继德、虞荣仁、蔡望怀

全国政协九届常委会四次会议原则通过《中国人民政治协商会议全国委员会专门委员会通则》

（一九九五年六月五日政协第八届全国委员会常务委员会第十三次会议通过。一九九九年三月一日政协第九届全国委员会常务委员会第四次会议修订）

第一章 总 则

第一条 根据中国人民政治协商会议章程第38条的规定，政协全国委员会设置若干专门委员会。

第二条 专门委员会是常务委员会和主席会议领导下的工作机构。专门委员会的设置和变动，由常务委员会决定。

第三条 专门委员会的日常工作由主任或主任委托的副主任主持，政协全国委员会秘书长和秘书长委托的副秘书长负责协调。

第四条 专门委员会以马克思列宁主义、毛泽东思想、邓小平理论为指导，坚持社会主义初级阶段的基本路线，贯彻“长期共存、互相监督、参政议政的职能”。

第五条 专门委员会工作是政协工作的重要组成部分，是政协履行职能的重要方式。专门委员会根据中国人民政治协商会议章程的要求，以及全国委员会全体会议和常务委员会会议提出的各项任务，从实际出发开展工作。组织委员会认真学习、宣传国家的方针政策法律；就国家的大政方针以及政治、经济、文化和社会生活中的重要问题调查研究，提出意见、建议和提案；团结和联系委员及各族、各界人士，积极反映社会民情；维护社会稳定和民族团结，促进祖国和平统一，加强同各国人民的友好往来与合作；组织各种活动，积极为委员知情出力、履行职责创造条件。

第二章 组 织

第六条 专门委员会由全国政协委员组成。按照有利于联系各界、各方面人士，自愿、协商和便于组织经常性活动的原则，统筹安排。

第七条 每届专门委员会的组织一般应在当届政协第一次常委会议上产生。专门委员会的组成人员原则上为全体委员的20%左右。各专门委员会一般由40人至60人组成，设主任1人，副主任5人至8人。个别工作领域较宽和工作任务较重的委员会可适当增加组成人员。

第八条 专门委员会的组建，其组成人选由政协全国委员会秘书长会议提出，征得委员本人同意后，委员由主席会议决定，主任、副主任由常务委员会决定。

专门委员会组成人员需要调整时，应由本人申请或委员推荐，经专门委员会主任会议提出建议，全体会议协商同意，按组建专门委员会时的程序办理。

第九条 未参加专门委员会的政协委员，根据本人意愿，可同某一专门委员会建立联系。根据工作需要，专门委员会可采取适当方式邀请这些委员参加活动，发挥作用。

第十条 专门委员会的组成人员，一般应具有相关工作经历、专业知识水平和调查研究的能力，身体适应，有时间和精力参加经常性活动。

第十一条 每届政协第一次会议成立的提案审查委员会，闭会后即作为提案委员会列入专门委员会序

列，负责届内每次会议和日常提案的审查、督办工作。提案委员会主任、副主任和委员的调查，与其他专门委员会办理程序相同。

第三章 工作制度

第十二条 专门委员会的各种活动应发扬社会主义民主，注重调查研究，进行充分协商。专门委员会须对工作作出决定时，按照民主集中制原则办理。

第十三条 主席或主席委托副主席、秘书长根据需要召开专门委员会主任联席会议，讨论研究专门委员会工作的重要问题。

第十四条 以专门委员会名义形成的文件，须经该委员会全体会议或主任会议讨论，由主任或主任委托的副主任审定并签发；重大问题可提请主席会议和常务委员会审议。

以政协全国委员会办公厅名义发出的专门委员会文件，须由政协全国委员会秘书长或秘书长委托的副秘书长签发。

第十五条 专门委员会根据全国委员会全体会议和常务委员会的决议精神，制订年度工作计划并提请主席会议审议。年度末向常务委员会提交工作报告。

第十六条 专门委员会应主动与中共中央、全国人民代表大会常务委员会和国务院的有关部门以及各民主党派、有关人民团体、地方政协有关机构沟通情况，建立联系。

第四章 办事机构

第十七条 政协全国委员会机关根据精简、统一、效能原则设立相应的办事机构，为专门委员会服务。

第五章 附　则

第十八条 本通则自常务委员会通过之日起实行，解释权和修改权属常务委员会。

澳门特别行政区筹备委员会第六次全体会议在北京开幕

国务院副总理、筹委会主任委员钱其琛在致开幕词时指出，澳门特别行政区第一届政府推选委员会的参选报名工作已顺利完成。这一工作得到了澳门各界的热烈响应，充分表明广大澳门居民对澳门特别行政区筹组工作的高度热忱和对国家、对澳门高度负责的态度。

钱其琛指出，在第五次全体会议后的一个半月内，筹委会主要的一项工作是在澳门进行了特别行政区第一届政府推选委员会的参选报名工作。这项工作从1月26日开始，为期20天，已经顺利完成。他说，参选推委会委员，是澳门居民自澳门有史以来第一次以主人翁的姿态进行民主参选活动的一个开端，是澳门历史上的一件大事。这次参选推委会委员的报名工作是面向全澳门社会各界人士的。报名的盛况表明了大家对筹委会在充分征询澳门社会各界人士意见的基础上制订的推委会具体产生办法的认同，对基本法及全国人大的有关决定的广泛拥护。事实又一次说明，广大的澳门居民是有信心和能力把澳门的事情办好的。

钱其琛说，在本次全体会议上，委员们要从2200多位有意参选推委会委员的报名人中提出推委会委员候选人的建议人选。我们一向主张推委会的组成必须具有广泛的代表性，应包括各个方面、各个阶层、各个行业的代表性人物，其中还有澳门永久性居民中的外国人和有待选择国籍的人士。总而言之，是要有代表性和包容性，要体现“五湖四海”的特点。他表示希望各位委员从筹建特区的大局出发，从与澳门居民切身利益休戚相关的整体和长远利益出发，本着认真负责的精神提出合适的推委会委员候选人的建议人选。

钱其琛特别强调指出，由于报名参选的人数大大超过了推委会应选的名额，能够当选的人员将不到报名人数的1/10。不论选得上还是选不上，参选行动的本身就是对澳门回归这件大事的支持和贡献，以及对组建澳门特别行政区政府的积极参与。他代表筹委会全体成员对所有参选人表示敬意和感谢。

在介绍了筹委会各项工作顺利进展的情况后，钱其琛指出，经过中葡双方的共同努力，中葡联合联络小组的工作也取得了进展，特别是双方就澳门政权交接仪式的地点达成了共识。中方将继续遵循中葡联合声明的精神，本着建设性和积极友好的态度同葡方加强磋商合作，以实现澳门政权的顺利交接和平稳过渡。

钱其琛表示，近一段时间，海内外许多传媒、机构等都在以多种形式纪念江泽民主席关于台湾问题八项主张发表4周年暨《告台湾同胞书》发表20周年。他说，20年来，我们坚持一个中国的原则，始终确保台湾作为中国一部分的地位不被改变。我们努力推进两岸接触交流和对话，取得了相应成果。

钱其琛强调，同香港特别行政区与台湾地区的关系一样，未来澳门特别行政区与台湾地区的关系，也是两岸关系的一个特殊组成部分。澳门特别行政区的涉台问题，凡属涉及国家主权和两岸关系的事务，由中央人民政府安排处理，或者由澳门特别行政区政府在中央人民政府的指导下处理。为促进两地共同发展，澳台两地的民间交往，澳门同胞、台湾同胞的正当权益都将予以维护。钱其琛说，我们希望台湾当局顺应祖国统一的大势，多做一些有益于推进两岸关系的事情。祖国要统一，中华民族要振兴，这是不可改变的历史潮流。

钱其琛最后表示，从现在到澳门回归只有294天，筹委会的工作已经进入攻坚阶段。澳门回归的事情办好了，祖国的统一大业将展现出更加美好、广阔的前景。

会议还听取了筹委会政务、法律、经济三个小组关于本小组工作情况的报告；听取了筹委会秘书长陈滋英对《澳门特别行政区第一届政府有关机构和主要官员职位设置的意见（草案）》的说明以及关于推选委员会参选人报名情况和名册的说明。

筹委会副主任委员马万祺主持会议。筹委会副主任委员廖晖、王启人、王英凡、何厚铧、吴福、曹其真、何鸿燊及委员共 92 人出席了会议。

中央党校举行春季开学典礼

中共中央政治局常委、中央党校校长胡锦涛在开学典礼上发表讲话强调，面对世纪之交新的形势和任务，各级领导干部要自觉加强学习，在实践中增长才干，全面提高自身素质特别是思想政治素质，以高度的政治责任感和良好的精神状态做好工作，为把我们的事业全面推向新世纪而努力奋斗。

胡锦涛首先讲了当前形势和今年工作。他说，过去的一年是极不平凡的一年。全党全国人民在以江泽民同志为核心的党中央的坚强领导下，高举邓小平理论伟大旗帜，全面贯彻落实党的十五大精神，团结奋斗，开拓进取，顶住亚洲金融危机的巨大冲击，战胜历史罕见的洪涝灾害的严重影响，取得了改革开放和现代化建设新的重大成就。我们党在经受严峻考验、驾驭复杂局面的实践中，深化了对改革开放和现代化建设中一些重大问题的认识，进一步积累了宝贵经验。

胡锦涛指出，今年是我国历史发展进程中具有特殊意义的一年，大事、要事、喜事多，改革、发展、稳定的任务十分繁重。做好今年的工作，对于巩固和发展好的形势，保持大局稳定，保证我国以更加主动的姿态进入新世纪，具有至关重要的意义。在讲了中央关于今年工作的总体要求和着重抓好的几项工作后，胡锦涛说，完成今年的各项任务，我们有许多有利条件，同时也面临一些困难。我们的事业，历来是在克服困难、解决矛盾中前进的。只要全党认真贯彻中央的部署和要求，进一步统一思想、坚定信心，抓住机遇、知难而进，团结一致、艰苦奋斗，就一定能够夺取改革开放和现代化建设的新胜利。

胡锦涛说，在新的形势和任务面前，能否抓住机遇，做好工作，克服困难，迎接挑战，对各级领导干部的素质、能力和水平提出了很高的要求。这就必须加强学习，最重要的是学习马列主义、毛泽东思想特别是邓小平理论。要把学习邓小平理论同学习党的十五大精神和中央的一系列重大决策、部署结合起来，增强贯彻执行党的路线方针政策和中央精神的自觉性、坚定性。同时要尽可能多地学习各种知识，特别要注重学习反映当代世界政治、经济、文化新发展的各种新知识，努力使自己的思想水平和知识水平适应时代前进的需要。

在讲到加强学习必须树立理论联系实际的马克思主义学风时，胡锦涛指出，学习理论要同了解历史实践、总结历史经验结合起来。江泽民同志在纪念十一届三中全会召开二十周年大会上的讲话，科学、系统地总结了改革开放二十年来的基本经验。这些经验，来源于实践又经过长期实践的检验，是付出很大代价得到的科学认识，确实来之不易。各级领导干部要联系实际认真学习这些经验，实事求是地回顾这些年来自己在一些重大问题上的思想认识和工作实践，既重视总结经验，又注意吸取教训，把全党的宝贵经验真正转化为自己的认识，用以指导今后进一步做好工作。胡锦涛说，江泽民同志今年初在省部级主要领导干部金融研究班上提出，学习马克思主义理论，要坚持以理论为指导，以我们正在做的事情为中心，系统、周密地研究我国改革开放和现代化建设的现实问题，开拓理论和实践的新境界。这个要求很重要，各级领导干部特别是高中级干部要认真贯彻。脑子里要经常装着几个重大问题，解放思想，实事求是，结合自己的工作和学习反复思考，经常同干部和群众一起研究，逐步深化对这些问题的认识，在实践中不断寻找解决问题的正确答案。这样才能不断提高领导水平，把我们的事业不断推向前进。

胡锦涛强调，集中一段时间，在全国县级以上党政领导班子、领导干部中用整风精神开展以“讲学习、讲政治、讲正气”为主要内容的党性党风教育，这是党中央进一步贯彻十五大精神，推动全党深入学习邓小平理论，加强领导班子建设、提高领导干部素质的一项重要举措，也是今年党建工作的一个重点。在总结试点经验的基础上，“三讲”教育将有计划地全面展开。各级党委要进一步统一思想，提高认识，以高度的政治责任心、足够的领导精力和良好的精神状态，把这件大事抓实抓好，取得预期的效果。他要求到党校学习的领导干部，要集中精力认真读书，联系实际深入思考，同时要严格党内生活，自觉加强党性锻炼，按照中央的有关精神，把“讲学习、讲政治、讲正气”的要求贯彻到党校学习的全过程。

中央有关部门负责人曹庆泽、张全景、刘云山、陈福今、郑科扬出席开学典礼。开学典礼由中央党校常务副校长郑必坚主持。中央党校副校长龚育之、刘胜玉、刘海藩、杨春贵、张志新、王伟光也参加了开学典礼。

《求是》杂志1999年第5期发表中共中央政治局常委 中纪委书记尉健行的文章《加大力度 标本兼治 推动反腐败斗争深入开展》

《长安》杂志刊登全国人大常委会委员长李鹏文章《加强综合治理 推进依法治国》

最高人民法院首次公开招考高级法官

国家主席江泽民在钓鱼台国宾馆会见来访的古巴外交部部长罗伯托·罗瓦伊纳·冈萨雷斯

国务院总理朱镕基在中南海会见美国国务卿奥尔布赖特

国务院副总理钱其琛在钓鱼台国宾馆会见美国国务卿奥尔布赖特

外交部部长唐家璇在钓鱼台国宾馆与美国国务卿奥尔布赖特举行会谈

双方就双边关系、重大国际及地区问题交换意见。

唐家璇说，中美元首成功实现互访，双方决定共同致力于建立中美建设性战略伙伴关系，确定了面向21世纪中美关系的框架和发展方向，两国关系在广泛领域取得了重要进展，双方并在一些重大国际和地区问题上加强了磋商和合作。

唐家璇说，今年4月，朱镕基总理将应克林顿总统的邀请，对美国进行正式访问。这是中国总理15年来首次访美，也是中美元首成功实现互访后中美关系中的另一件大事，意义重大。中方相信，经过中美双方共同努力，朱镕基总理对美国的访问将增进相互了解、扩大两国在广泛领域的互利合作，推动两国关系朝着建立中美建设性战略伙伴关系的目标健康、稳定地发展。

唐家璇强调指出，台湾问题一直是中美关系中最重要、最敏感的核心问题，只有严格按照中美三个联合公报所确认的有关原则行事，中美关系才能平稳发展。

对于中美两国由于国情不同而在一些问题上有不同的看法，唐家璇强调，应该根据相互尊重、平等协商、互不干涉内政等公认的国际关系准则，予以妥善处理。中美关系发展的历史实践证明，交流比隔绝好，合作比对抗好；对抗没有出路，走回头路没有前途。

奥尔布赖特表示，美中两国元首的成功互访，全面推进了美中关系。美方认为，保持和加强美中友好合作关系十分重要。美国政府和人民热烈欢迎朱镕基总理即将对美国进行的正式访问。朱镕基总理访美极为重要，是进一步推动美中关系的良好机遇，美方将与中方共同努力，做好各方面的安排，通过这次访问，保持和促进美中关系发展势头，共同致力于建立美中建设性战略伙伴关系。

奥尔布赖特表示，美国政府坚持“一个中国”的政策，与台湾保持非官方的关系，这一政策没有改变。她还表示，美方也认为，应通过对话缩小美中之间的分歧，扩大共识，使美中关系持续向前发展。

双方就发展中美经贸关系等问题交换了意见。双方都认为，经贸合作是两国关系的重要组成部分，双方将继续共同努力，使两国经贸关系取得进一步发展。双方还就一些共同关心的重大国际和地区问题交换了看法。

外交部副部长杨洁篪和美国驻中国大使尚慕杰等参加会谈。

外交部发言人朱邦造就美国国防部发表所谓“台湾海峡安全形势的报告”发表评论

朱邦造就美国国防部最近发表所谓“台湾海峡安全形势的报告”，散布所谓中国大陆对台湾的导弹威胁，企图藉此为美国向台湾出售先进武器制造舆论和借口一事发表评论说，美方的这一做法是对中国内政的严重干涉，中方对此表示强烈不满和坚决反对。

朱邦造强调，台湾是中国领土不可分割的一部分，台湾问题纯属中国内政，任何外国无权干涉。我们要求美方恪守中美三个联合公报的原则和美方的有关承诺，妥善处理台湾问题，逐步减少并最终停止售台武器，不从事任何阻碍中国统一大业的活动。

国防部部长迟浩田上将和墨西哥国防部长塞万提斯上将在墨西哥城举行会晤

《人民日报》发表社论《务实进取拓展合作——热烈祝贺朱镕基总理访俄圆满成功》

中央军委主席江泽民在人民大会堂会见空军第九次党代会代表

中央军委副主席张万年，中央军委委员傅全有、于永波、王克、王瑞林等参加会见。

江泽民等军委领导下午在空军司令员刘顺尧、政委乔清晨的陪同下来到人民大会堂北大厅，会见出席空军第九次党代会的全体代表。

江泽民发表重要讲话。他代表党中央、中央军委向空军党代会的成功召开表示祝贺，并向空军全体官兵致以问候。江泽民指出，近几年来，空军党委坚持贯彻党中央、中央军委的决策指示，带领广大指战员艰苦奋斗，扎实工作，在思想政治建设、战备训练、武器装备建设、管理教育和后勤保障等方面，都取得了很大成绩。在去年的抗洪抢险斗争中，空军组织实施了大规模的空运行动，出色地完成了许多急难险重任务。在一线守堤抢险的空降兵部队，涌现出不少先进集体和英模人物。事实说明，空军部队是坚决听党的话的，关键时刻是过得硬的。

江泽民强调指出，空军在维护国家主权和安全中担负着重大使命，在未来高技术战争中的地位和作用非常重要。我们必须建设一支有中国特色的攻防兼备的强大的人民空军。希望空军的同志增强使命感和紧迫感，把部队的革命化、现代化、正规化建设全面推向前进。

江泽民指出，要大力加强思想政治建设。坚持用邓小平理论武装官兵头脑，深入进行“四个教育”，保持人民军队的性质和优良作风，保持部队的高度稳定和集中统一。当前，要切实抓好在团以上党委和领导干部中开展“三讲”教育这项工作，使各级党组织的建设和对领导干部的教育管理得到新的加强。要坚持科技强军战略，加快空军质量建设的步伐。既要加速发展先进武器装备，又要牢固树立立足现有武器装备打仗的思想，充分发挥现有武器装备的作战效能。要十分注重培养高素质人才，抓好广大官兵特别是各级领导干部的高科技知识学习。要贯彻“科技兴训”的思想，努力提高军事训练的质量和水平。要坚持从严治军，加强部队的经常性管理工作，不断提高空军现代化建设的组织管理水平。

江泽民勉励大家继续发扬空军部队长期以来形成的好传统好作风，团结奋斗，开拓进取，争取新的更大的成绩！

教育部确定高考制度改革方案

日前教育部确定高校招生考试制度改革方案，将在考试科目、考试内容、考试形式、录取方式四个方面进一步改革。为此，教育部决定从今年起向社会征集高考综合能力测试试题，同时征集高考语文、数学、外语等单科能力试题。

在四个方面的改革中，高考科目设置改革是指用3年左右的时间分步骤推行“3＋X”科目设置方案。“3”指语文、数学、外语，为每个考生的必考科目。“X”指物理、化学、生物、政治、历史、地理六个科目或“综合科目”，由高等学校确定一门或几门考试科目。其中“综合科目”是指建立在中学文化科目基础上的综合能力测试。

高考内容改革是高考改革的重点和难点，总体上是更加注重能力和素质的考查，命题遵循中学教学大纲，但不拘泥于教学大纲，增加应用性、能力型题目，以利于支持中学实施素质教育。在“3＋X”方案中将推行的“综合科目”考试命题，是高考内容改革的一个重要方面。鉴于此，教育部特向全社会征集“综合科目”试题，同时征集语文、数学、外语等单科能力试题。

中国青基会发表公布“希望工程”捐款收支和资助情况公告

一、全国希望工程机构捐款收支情况

1. 希望工程自1989年10月30日开始实施，截至1998年年底，全国各级希望工程实施机构累计接受海内外捐款(按人民币，下同)1611038135元，资助支出累计1408346538元。

2. 1998年，全国各级希望工程实施机构累计接受海内外捐款353706055元，当年资助支出共计433245941元。

3. 全国希望工程捐款暂存(待拨)202691597元。

二、全国希望工程资助情况

4. 截至1998年年底，全国希望工程共资助失学儿童2098766名，资助建设希望小学7111所。

5. 1998年，全国希望工程共资助失学儿童251760名，资助建设希望小学1855所。

三、中国青基会希望工程捐款收支及使用情况

6. 截至1998年年底，中国青基会累计接受海内外捐款550152478元，资助支出累计473960713元，捐款暂存(待拨)76191765元。

7. 1998年，中国青基会接受海内外捐款198808278元，资助支出共计190627854元。

8. 截至1998年年底，中国青基会共资助失学儿童505980名，资助建设希望小学1393所。

1998年，中国青基会共资助失学儿童55008名，资助建设希望小学757所。

中国青基会向所有关心、支持和捐助希望工程的海内外人士、企业、团体表示衷心感谢和崇高敬意！

中国青少年发展基金会

3月2日

全国政协九届二次会议在人民大会堂举行新闻发布会

会议发言人田曾佩向中外记者通报：政协九届二次会议将于3月3日下午在人民大会堂开幕，3月11日下午闭幕。目前，会议的准备工作已全部就绪。

发言人介绍说，政协九届一次会议以来，各民主党派、人民团体和各界委员共提出提案3041件，立案2664件，其中8个民主党派和工商联共提出提案36

件，无论是提案总量还是党派提案数量，都比过去多。截至今年2月10日，提案已办复2557件，占全部提案的96%。所提意见和建议得到解决或列入计划解决的2021件，占75.9%。

澳门特别行政区筹备委员会第六次全体会议在北京闭幕

出席会议的93位委员在会上以无记名投票的方式，提出了澳门特区第一届政府推选委员会候选人的建议人选。

会议还审议通过了《全国人民代表大会澳门特别行政区筹备委员会关于澳门特别行政区第一届政府有关机构和主要官员职位设置的意见》及会议新闻公报。

国务院副总理、筹委会主任委员钱其琛在闭幕会上发表讲话。他说，这次会议完成了一项很重要的任务——各位委员分别提出了澳门特别行政区第一届政府推选委员会委员的建议人选。由一个具有广泛代表性的推选委员会选举特区第一任行政长官人选，这是筹组澳门特区的核心工作。今天的选举为这项工作打下了基础。

钱其琛指出，筹委会在筹组特区的工作中，始终严格遵照基本法和全国人大的有关决定办事，坚持公平、公正、公开、民主和廉洁的原则，坚持依靠广大澳门居民的支持和参与，因此工作一直进行得比较顺利。下一步的工作就是按照委员们所提人选的建议名单，进行差额选举。钱其琛说，筹委会第七次全体会议将正式投票选举推委会的成员。随之，澳门特别行政区第一届政府推选委员会将宣告成立。

钱其琛说，本次会议还通过了关于特区政府有关机构设置和主要官员规定的意见。这是牵涉到未来特区政府的架构及运作的规范性的文件，澳门各方面都比较关心。筹委会依据全国人大有关决定所赋予的权力提出的这个意见，符合澳门基本法的有关规定，有利于平稳过渡，也兼顾到了澳门各界对改革澳门现行行政架构、提高行政效率的要求，对组建特区政府和规范、稳定今后的特区架构有重要意义。

钱其琛回顾了筹委会自去年5月成立以来的工作。他说，十个月来，筹委会召开了六次全体会议和三十多次小组会议，按照基本法的规定和全国人大的决定，基本完成了为推选第一任行政长官人选所作的准备工作，对特区第一届政府的机构组成和主要官员规定作出了决定或提出了意见；关于国籍法在澳门的实施和永久性居民问题也有了明确的建议和意见；完成了大量的法律审查工作；对与政权交接和平稳过渡有关的一些重大问题表明了自己的态度；对一些与成立特区有关的具体问题也提出了解决办法和方案。这些工作与各位委员的努力是分不开的。

钱其琛表示，筹委会下一步工作首先要抓好推委会的选举和第一任行政长官人选的选举；要抓紧研究有关第一届立法会、特区司法机关的产生办法的制定；要着手进行澳门市政机关过渡办法的研究；要继续研究1999年后特区与内地的经贸关系等经济问题；要继续审查澳门法律等。

澳门筹委会副主任委员马万祺主持会议。筹委会副主任委员廖晖、王启人、王英凡、何厚铧、吴福、曹其真、何鸿燊等共93位委员出席了会议。

会议决定，筹委会第七次全体会议将于今年4月9日至10日在北京举行。

澳门特区筹备委员会第六次全体会议发表新闻公报

全国人民代表大会澳门特别行政区筹备委员会第六次全体会议于1999年3月1日至2日在北京举行。会议由筹委会副主任委员马万祺主持。主任委员钱其琛在会议开幕和闭幕时发表了讲话。

会议听取了政务小组、法律小组、经济小组的工作报告和秘书长关于澳门特别行政区第一届政府推选委员会报名情况的报告。

会议审议通过了《全国人民代表大会澳门特别行政区筹备委员会关于澳门特别行政区第一届政府有关机构和主要官员职位设置的意见》，认为这个意见是符合澳门实际情况的，对落实澳门特别行政区基本法、保证澳门政权的顺利交接和平稳过渡具有重要意义。

会议认为，在澳门各界人士的积极参与和热忱支持下，推选委员会的报名工作取得了圆满成功。

出席本次全体会议的93位委员以无记名投票的方式提出了推选委员会委员候选人的建议人选。筹委会主任委员会议将按照推委会产生办法提出候选人名单，交由筹委会第七次全体会议选举产生推选委员会。

会议决定，全国人民代表大会澳门特别行政区筹备委员会第七次全体会议于1999年4月9日至10日在北京召开。

澳门特区筹备委员会第六次全体会议通过澳门特区筹委会提出《关于澳门特区第一届政府有关机构和主要官员职位设置的意见》

为筹建澳门特别行政区，确保澳门政权的顺利交接和平稳过渡，依据澳门特别行政区基本法，并考虑到澳门的实际情况，全国人民代表大会澳门特别行政区筹备委员会就澳门特别行政区第一届政府有关机构和主要官员职位设置，提出如下意见：

一、澳门特别行政区第一届政府设五个司，即行政法务司、经济财政司、保安司、社会文化司、运输工务司。

二、澳门特别行政区政府在组建统一的警察部门之前，澳门原有各警察机构统归澳门特别行政区政府保安司管辖，保安司司长兼任基本法所规定的“警察部门主要负责人”。

三、根据澳门特别行政区基本法的规定，澳门特别行政区政府各司司长、廉政专员、审计长、警察部门主要负责人和海关主要负责人，均是主要官员，由行政长官从符合基本法规定的澳门特别行政区永久性居民中的中国公民中提名，并报请中央人民政府任命。

国家主席江泽民在钓鱼台国宾馆会见美国国务卿奥尔布赖特

国家主席江泽民在钓鱼台国宾馆会见英国保诚保险集团董事长马丁·杰科姆爵士

国家主席江泽民在钓鱼台国宾馆会见瑞士苏黎世金融服务集团董事长胡仁夫

国家主席江泽民在钓鱼台国宾馆会见意大利意达泰尔电信公司董事长法乌斯特·普莱巴

外交部发言人朱邦造对菲律宾方面在南沙中业岛修建军事设施发表谈话表示关注和强烈不满

有记者问：菲律宾一高级官员近日称菲将在南沙中业岛扩建机场跑道并增建军事设施，中方对此有何反应？

朱邦造说：“中方对上述动向表示严重关注和强烈不满。中国对南沙群岛及其附近水域拥有无可争辩的主权，中业岛是南沙群岛的组成部分，菲律宾非法侵占该岛，并在岛上修建军事设施，构成对中国领土主权的严重侵犯。”

朱邦造指出：“近年来，菲律宾方面在南沙地区采取了一系列行动，在其非法侵占的岛礁上不断修建军事设施，屡屡派出军舰、飞机赴南沙活动，并在南海单独或与他国联合举行军事演习等，这些行为不利于维护该地区的和平与稳定，只能导致南沙地区局势进一步紧张。”

朱邦造强调：中方要求菲方停止一切扩大事态、制造紧张的行动，以维护南海地区局势的稳定。

墨西哥总统塞迪略在墨西哥城总统府会见国防部部长迟浩田上将

中共中央在人民大会堂举行元宵节联欢晚会

1999 年度高校思想政治工作会议在北京召开

王鹤寿逝世

久经考验的忠诚的共产主义战士，无产阶级革命家，中国共产党纪律检查工作和我国冶金工业战线的杰出领导人，中共中央纪律检查委员会原第二书记王鹤寿同志，因病医治无效，于 1999 年 3 月 2 日 4 时 05 分在北京逝世，享年 90 岁。

王鹤寿，1909 年 4 月 19 日生于河北省唐县。曾用名王警昆、王和叔、王和波。1925 年 4 月加入中国共产主义青年团，同年 10 月，加入中国共产党。1927 年被派往苏联莫斯科中山大学学习，1928 年回国后，主要是在白区青年工人中开展宣传和组织工作，在白色恐怖的长期斗争中，曾六次被捕，受尽严刑拷打，残酷迫害，始终坚贞不屈，正气凛然。直到七·七抗日战争爆发，经党中央营救出狱，获释后到延安。1938 年起任中共中央组织部干部科科长。1939 年 2 月起任中共中央干部教育委员会委员。在此期间，参加由毛泽东亲自提议、陈云直接组织领导的马克思主义哲学学习小组，并被推举为中央组织部的学习模范。1941 年 8 月任陈云的政治秘书。1945 年以正式代表出席中共七大。抗日战争胜利后奉调东北工作。在解放战争中先后任中共黑龙江省工作委员会书记、黑龙江省委书记、黑龙江军区政治委员、军区党委书记，中共中央西满分局委员、北安地委书记兼西满军区第一（北安）军分区政治委员。在黑龙江期间将这里建成为东北的巩固根据地和稳定的战略后方，支持了整个东北的解放战争。从 1948 年 9 月起任中共中央东北局副秘书长、东北人民政府委员、东北人民政府财政经济委员会委员、重工业部部长、东北人民政府工业部部长，还创办了东北工学院、沈阳金属研究所等一批院校和科研机构，经过三年的艰苦创业，完成了恢复和重建东北工业的任务，为新中国第一个五年计划的实施，准备了重要的物质条件和干部条件。1952 年任中央人民政府重工业部部长、党组书记，在任上要求各企业通过加强计划管理、建立生产责任和加强技术管理三件事。1956 年任冶金工业部部长、党组书记，任上组织编制了钢铁工业建设规划。提倡政治与业务相结合，实现又红又专，把冶金工作转到以农业为基础的轨道上来，为国防军工、为国民经济其他部门服务。中共八大上当选为中央候补委员。1964 年任中共鞍山市委第一书记兼鞍山钢铁公司党委书记。“文化大革命”中受迫害，被关押 8 年之久。1978 年 12 月在中共十一届三中全会上当选为中央纪律检查委员会副书记。1985 年 9 月在中共十二届五中全会上被批准为中纪委第二书记。在此期间，兼任中央审查林彪、江青反革命集团案件领导小组副组长，中共中央整党工作指导委员会副主任。参加领导审查林彪、江青两个反革命集团案件的工作，参加领导清查康生、谢富治罪行的工作。参加领导平反“文化大革命”和历史上遗留下来的大量冤假错案，特别是刘少奇、瞿秋白、潘汉年等人的重大冤假错案的工作。中共十三大上当选为中央顾问委员会委员。

3月3日

政协九届全国委员会二次会议开幕

会议下午在人民大会堂召开。

本次会议应出席委员2209人，实到2013人，符合法定人数。

大会由全国政协主席李瑞环主持。会议首先审议通过了政协第九届全国委员会第二次会议议程。全国政协副主席叶选平受常务委员会委托，在会上作了中国人民政治协商会议第九届全国委员会常务委员会工作报告。

全国政协副主席叶选平、杨汝岱、王兆国、阿沛·阿旺晋美、赵朴初、钱伟长、卢嘉锡、任建新、宋健、李贵鲜、陈俊生、张思卿、钱正英、丁光训、孙孚凌、霍英东、马万祺、朱光亚、万国权、胡启立、陈锦华、赵南起、毛致用、白立忱、经叔平、罗豪才、张克辉、周铁农、王文元，秘书长郑万通在主席台前排就座。

党和国家领导人江泽民、李鹏、朱镕基、胡锦涛、尉健行、李岚清等出席大会并在主席台就座。

在李瑞环主席主持下，大会首先审议通过了政协第九届全国委员会第二次会议议程。

全国政协副主席叶选平受常务委员会委托，在会上作了中国人民政治协商会议第九届全国委员会常务委员会工作报告。

中共中央、国务院有关部门负责人应邀参加了开幕大会。各国驻华使节应邀旁听了开幕大会。

全国政协九届二次会议通过大会议程

一、听取和审议政协第九届全国委员会常务委员会工作报告

二、列席第九届全国人民代表大会第二次会议

三、听取政协第九届全国委员会提案委员会关于政协九届一次会议以来提案工作情况的报告

四、审议通过政协第九届全国委员会第二次会议政治决议

五、审议通过政协第九届全国委员会关于常务委员会工作报告的决议

六、审议通过政协第九届全国委员会提案委员会关于政协九届二次会议提案审查情况的报告

七、增选政协第九届全国委员会常务委员

全国政协副主席叶选平在全国政协九届二次会议上作《中国人民政治协商会议第九届全国委员会常务委员会工作报告》

各位委员：

我受中国人民政治协商会议第九届全国委员会常务委员会的委托，向大会作工作报告，请予审议。

一

1998年，是全国各族人民在以江泽民同志为核心的中共中央领导下，全面落实中共十五大精神，经受了严峻考验，取得改革和建设新的重大胜利的一年。我国的改革开放事业向纵深推进，先后出台了一系列重大改革措施，国有企业、金融体制、政府机构等方面的改革有序进行并取得初步成效；我国政府采取积极措施应对亚洲金融危机的冲击，保持了人民币汇率稳定和国民经济较快增长，人民生活继续得到改善；民主法制和社会主义精神文明建设取得新的成果，社会政治局面安定团结；广大军民万众一心战胜了历史上罕见的特大洪涝灾害，把受灾损失减到最低限度，维护了全国改革、发展和稳定的大局，这场斗争中形成的抗洪精神成为推动各方面工作的巨大动力。

过去的一年，是政协第九届全国委员会开展工作的第一年。全国政协以邓小平理论为指导，认真贯彻中共十五大精神，切实履行政治协商、民主监督、参政议政职能，许多方面的工作取得了新的进展，为维护社会稳定、推动改革开放和社会主义现代化建设作出了积极贡献。

（一）围绕国家大局参政议政

在九届一次全委会议上，委员们认真听取和讨论了政府工作报告、最高人民法院和最高人民检察院的工作报告、关于国民经济和社会发展计划草案的报告、关于财政预算的报告以及国务院机构改革方案，以高度的政治责任感，对国家的改革发展大计提出许多重要的意见和建议。大会结束后，委员们继续关注国家和群众关心的重大问题。

国有企业下岗职工再就业问题，关系深化改革维护稳定的大局，牵涉千家万户的实际利益，也是新一届政府要着力解决的一件大事。九届一次大会期间，不少委员已就此提出了提案。会后，经济委员会、社会和法制委员会积极配合国务院的工作部署，迅即组织了一系列专题研讨，诸如：调整下岗分流节奏，加大安置力度；加快发展中小企业和第三产业，拓宽就业渠道；解放思想，转变观念，发挥个体、私营经济在解决就业

中的作用;深化社会保障制度改革,扩大社会保险覆盖面;挖掘各种社会教育资源,抓好劳动力培训;制定优惠政策,鼓励下岗职工自主创业;关心群众疾苦,切实维护下岗职工的合法权益等。在此基础上,4 月下旬,部分委员应邀参加了朱镕基总理主持召开的国有企业下岗职工再就业专题座谈会,国务院领导同志对委员们发表的意见给予高度评价,一些意见得到采纳。

科教兴国是江泽民总书记在中共十五大突出强调的一项重大发展战略,也是新一届政府确定的最大任务。去年 6 月上旬,全国政协专门安排了一次常委会议来讨论这个问题。为了开好会议,教科文卫体委员会组织了 50 名委员参加 13 个专题的调研,就实施科教兴国战略的一系列重要问题形成主报告和分报告。常委会议期间,中共中央政治局常委、国务院副总理李岚清作了关于《实施科教兴国战略,迎接 21 世纪的机遇与挑战》的报告;受主席会议委托,朱光亚副主席作了关于跨世纪科学技术发展趋势的专题报告,宋健副主席作了关于《全面实施科教兴国战略,为实现 21 世纪发展目标而奋斗》的总结讲话。会议经过认真研究讨论,形成了《关于实施科教兴国战略若干问题的建议》,强调科教兴国关键在于解决好体制和机制问题,大力促进经济与科教的结合;建立以提高市场竞争力为目标的技术创新体系,加快实现高技术的产业化;选准目标、精心组织,力争在若干重要领域实现技术的跨越发展;克服重复引进,加强引进技术的消化、吸收和创新;深化高等教育管理体制改革,积极发展民办教育;建立人才竞争和激励机制,造就一支跨世纪、高素质的科教人才队伍等,并建议国务院抓紧制定科教兴国战略的实施纲要。

农业在经济工作中居于首位,农业和农村工作关系我国改革开放和现代化建设的全局。1998 年 10 月下旬,中共十五届三中全会刚刚结束,全国政协召开了第三次常委会议,及时组织传达学习《中共中央关于农业和农村工作若干重大问题的决定》。中共中央委托政治局委员、国务院副总理温家宝到会传达了三中全会精神。常委们一致拥护中共十五届三中全会的决定,并就长期稳定和保护农民的土地使用权,搞活农产品流通,实施教科农一体化,减轻农民负担、增加农民收入,开拓农村消费市场,加快小城镇建设,扩大农村基层民主等问题发表了建设性的意见。会上,常委们对我国的洪涝灾害和水资源短缺问题给予特别的关注。李瑞环主席在会上作了《关于我国水的几个问题》的重要讲话,杨汝岱、钱正英副主席和部分常委作了专题发言,对我国大江大河大湖的治理和水资源的开发利用等问题,提出了不少观点鲜明、论据充分的建议。

(二)专题调研活跃深入

发挥专门委员会的基础作用、加强经常性的参政议政工作,是八届政协的一条重要经验,也是过去一年政协工作的一个重要特点。换届后,一批曾经担任党政部门领导职务的同志和各领域的专家学者进入政协,加强了专委会的力量;全国政协主要领导同志强调围绕国家中心任务积极建言立论,对专题调研提出了新的更高的要求;根据中共十五大关于在现代化建设中必须实施可持续发展战略的精神,新增设了人口资源环境委员会。在常委会领导下,本届各专委会的工作起步快、起点高,迅速形成了活跃而有序的局面。一年来,各专委会组织专题调研 51 项,已上报中共中央、国务院的专题调研报告 45 件。

主席会议加强了对各专委会工作的领导和协调,叶选平、陈俊生副主席等多次召开专委会主任联席会议听取工作汇报,研究部署工作。各专委会的调研注意把握以下几点:其一,紧密围绕国家工作重点确定调研题目,既注意对当前热点难点问题的探讨,又重视对中长期发展问题的研究。如经济委员会在中央经济工作会议之前,提出了《对当前经济形势的认识》的报告。这个报告是该专委会年初以来对国民经济形势进行追踪分析的结果。朱镕基总理、李岚清副总理对报告及时作了批示,责成国务院有关部门对所提意见和建议进行认真研究。社会和法制委员会配合国家"依法治国"方略的实施,对政法队伍反腐倡廉、教育整顿问题进行了调查。民族和宗教委员会就少数民族地区的教育、扶贫、国有企业改革情况开展专题调研,召开"民族地区经济发展与资源开发"研讨会,形成了《关于进一步重视民族地区资源开发在实现我国跨世纪发展战略中的地位和作用的建议》,并就宗教政策的落实情况进行调研,认真探讨宗教如何进一步与社会主义社会相适应的问题。有关专门委员会还开展了围海造地和海涂开发、建设生态农业、发展环保产业等具有前瞻性的专题调查研究。其二,加强同国务院有关部门和地方政协的协作。如长江水灾刚过,人口资源环境委员会同国家林业局一起参加"森林资源保护与生态环境的关系——大洪水后的反思"研讨会,在水利部的积极支持下举行"淡水资源与可持续发展战略研讨会",同国家气象局合作召开"气象对水资源的影响与对策"专题座谈会。教科文卫体委员会贯彻中央打击走私工作会议精神,于去年 8 月至 10 月,会同公安部、海关总署、国家文物局组成打击文物盗窃和走私犯罪活动联合调查组进行专题调研,形成《关于进一步加强打击文物盗窃和走私工作的建议》报送中共中央、国务院及有关部门。同时,全国政协与地方政协协作,就首都大气污染与防治、浙江舟山渔场资源保护与利用、云南省环境保护等问题开展了调研。其三，全国政协领导亲自动手，指导或牵头组织专题调研。一年来，先后有10多位副主席带队参加了调研活动。许多副主席或者以自己方便的形式参与专委会的调研活动；或者不顾年事已高，与委员一起长途跋涉、深入基层调查；或者亲自主持专题研讨的各种会议，亲自动手撰写、修改调研报告。

文史资料委员会重点抓紧对库内尚存的两亿字的新中国成立前文史资料的清理，同时积极探索新形势下充分发挥文史资料在存史、资政、团结、育人方面的作用。

（三）积极参与和支援抗洪救灾

去年夏天，长江、嫩江、松花江流域发生了历史上罕见的特大洪水。全国军民万众一心，顽强拼搏，夺取了抗洪抢险的伟大胜利。在同这场特大自然灾害的搏斗中，各级政协组织和参加政协的各党派团体、各族各界人士，急国家之所急，想人民之所想，以各种形式参与和支援抗洪救灾。

在抗洪斗争中，全国政协主要领导同志亲赴长江抗洪前线，察看灾情，慰问奋战在抗洪抢险第一线的军民。有的副主席直接参加地方抗洪救灾的领导工作，坚持战斗在抗洪第一线。地处灾区的各级政协在当地党委和政府的统一部署下，分工负责江河堤段的安全，组织和带动群众抗洪抢险。其他地方的政协组织广泛发动各参加单位和广大委员捐款捐物，向灾区人民伸出援助之手。担任全国政协委员的非公有制经济人士慷慨解囊回报社会，宗教界委员及其联系的有关宗教团体和信教群众乐行善举捐赠钱物，医卫界委员深入灾区防病治病，文艺界委员积极参加赈灾义演或赴抗洪前线慰问演出，委员中的书画家纷纷捐赠精品力作。在香港特别行政区和澳门的全国政协委员，踊跃捐献款物，充分表达了血浓于水的同胞深情。

洪水退去以后，全国政协继续关注和支援灾区人民恢复生产、重建家园的工作。江泽民总书记关于夺取抗洪抢险斗争最后胜利的重要讲话发表以后，全国政协立即举行第七次主席会议，响应中共中央、国务院的号召，作出关于厉行节约、支援灾区重建的七项决定，要求全国政协机关压缩行政经费5%，精减会议，调整年度委员视察计划，严格控制出国访问，进一步开展捐款捐物活动。全国政协办公厅与民政部、中国红十字会总会和中华慈善总会联合举办了“全国政协委员赈灾义演晚会”，收到国内外企业和个人捐赠款物共计二亿四千多万元人民币，全部用于支援灾区。其中定向用于修筑民居的捐款已陆续落实到黑龙江、安徽、吉林、内蒙古、湖北、湖南、江西等地的重灾区，为当地的灾后重建尽了一份心意。

（四）认真反映社情民意

常委会进一步加大反映社情民意工作的力度，通过不断完善信息网络，广泛了解和收集政协委员、政协参加单位、地方政协的意见、建议，运用《政协信息》等形式向中共中央和国务院如实地反映，为党和政府了解民情、体察民意、集中民智发挥了重要作用。这是新形势下加强人民政协民主监督的可贵探索。一年来，共收到反映社情民意信息3500多条、人民群众来信18000多封，整理报送信息1800多条，其中许多是领导关注和群众关心的难点、热点问题。例如，关于切实减轻农民负担、加快国有粮库建设、制止农田撂荒、落实扶贫贷款、整顿农村宅基地等呼吁；关于国有中小企业走出困境、改变下岗和退休职工安置政出多门状况以及保证基本生活费和养老金的及时发放、加强国有企业领导班子和职代会建设等建议；关于机构改革中一些地区和部门突击提干、滥发分流干部安置费等问题；关于领导干部贪污腐化、基层干部横行乡里的举报；关于一些地区社会治安状况恶化、带黑社会性质的恶势力抬头的投诉等，都及时向中央及有关部门作了反映。各级领导同志对政协信息反映的问题和建议十分重视，在若干信息件上作了批示，一些关系百姓生计的实际问题经过各方努力较快得到解决，在人民群众中产生了良好的影响。

视察是政协委员履行职能的重要方式，也是了解和反映社情民意的重要渠道。去年的视察工作主要围绕国家的改革与建设任务，精心选择题目，认真组织实施，比过去又有新的改进。组织在京委员视察团6个，考察团4个，学习参观团3个，共有405位委员参加，分别就农业的可持续发展、高新科技开发、海峡两岸经济交流、民族地区经济发展、水资源的保护利用和中西部地区开发扶贫等问题进行了视察和考察。京外委员的视察委托各省、自治区、直辖市政协负责组织，其中有3个跨省视察团，其他为就地视察。同时，积极尝试把视察工作同反映社情民意工作结合起来，在视察过程中注意随时随地了解和反映社情民意，进一步提高了视察工作的实效。

（五）加大提案办理力度

提案是政协履行政治协商、民主监督、参政议政职能的有效形式，越来越受到广大委员的重视。九届一次会议以来，各民主党派、全国工商联、有关人民团体和各界委员共提出提案3041件，经审查立案2664件，其中以各民主党派中央和全国工商联名义提出的提案36件。无论提案总量还是党派提案数量，都是历年来较多的。

常委会加大了提案办理工作的力度，主动加强与承办单位的联系，积极督促提案的办理和落实；对重点提案采取提案委员会、提案人和提案承办单位协商座谈、组织调研和实地考察等办法，进行重点办理。这些措施，受到提案单位和提案委员的欢迎，也收到很好的效果。比如，中国民主建国会中央提出的关于建立风险投资体制的提案，国家发展计划委员会、国家科技部等部门多次与民建中央座谈研讨，国家计委提出了试行方案，已报国务院审批。关于全面推行政府采购强制招标制度的提案，朱镕基总理、李岚清副总理都作了批示，指出这是一项具有重大意义又比较易于实行的改革，也有利于防止腐败，并就提案内容的落实问题向有关部门提出明确的要求，此项改革已在国务院有关部门试行。关于利用外资、改善投资环境的提案，国家对外贸易经济合作部已会同有关部门研究落实，简化了外商投资项目的审批程序，缩短了审批时间。关于设立国家知识产权总署的提案，国务院已经采纳、组建了国家知识产权局。关于面向 21 世纪建设远距离教育开放体系的提案，国家教育部认为非常重要，准备召开全国现代远程教育与教育技术工作会议部署这方面的工作。

（六）开展对港澳台侨的联谊活动

常委会根据政协自身的特点，贯彻“和平统一、一国两制”的基本方针，积极开展促进祖国统一和经济建设的联谊活动。一年来，共接待港澳台同胞和海外侨胞的 46 个团组，促进了相互沟通和了解。在澳门即将回归的形势下，主动配合有关方面，热情做好澳门来访团组的接待工作。香港、澳门地区的政协委员，为保持香港的繁荣稳定，为促进澳门政权的顺利交接和经济发展，继续发挥着积极的作用。全国政协领导同志及时向港澳委员传达政协九届三次常委会议精神，听取委员对发展农业和农村工作的意见。港澳台侨委员会广泛开展同海外学者的联谊工作，结合第三次常委会议议题，邀请部分海外学者就中国农业发展问题进行座谈，他们提供的 30 多篇建议性文章，印发常委会议参阅，并报送中央领导和有关部门，受到高度重视。由部分香港委员组成的“香港工商界人士访京团”，对国有企业改革、用高新技术改造传统工业、下岗职工再培训等问题非常关心，中共中央政治局委员、国务院副总理吴邦国听取了他们的意见和建议。全国政协还在广泛联络华侨华人的基础上，有计划地邀请海外新移民回国参观访问，为他们服务祖国现代化建设牵线搭桥。

（七）扩大对外友好交往

过去的一年，在世界多极化趋势加速发展的形势下，我国积极参与国际事务，发展睦邻友好关系，以一个负责任的大国形象活跃于国际舞台。在国家外交总体格局中，全国政协根据自身有利条件，多渠道、多层次地开展对外友好交往工作。一年来，共组织 6 个出访团组访问了 12 个国家，接待了 8 个国家的 10 个团组来访。李瑞环主席首次对罗马尼亚、意大利、西班牙和法国进行的正式友好访问，取得了预期的良好效果。宋健副主席赴巴西里约热内卢出席了国际行动理事会第十六届年会，赵南起、陈锦华副主席分别访问了朝鲜、纳米比亚、赞比亚和贝宁。应全国政协的邀请，老挝国家副主席、罗马尼亚和西班牙的参议长、越南祖国战线中央委员会工作考察团等相继访华。截至今年 2 月，政协全国委员会已与 71 个国家的 105 个机构和 4 个国际组织开展了友好往来，其中 3 个国家、7 个机构是九届一次会议期间新建立联系的。通过这些活动，宣传了中国改革开放和现代化建设的成就，宣传了中共十五大确定的路线、方针和政策，宣传了中国独立自主的和平外交政策，也宣传了人民政协在国家政治生活中的重要地位和作用，增进了交往国家对中国的了解和友谊。

（八）加强政协自身建设

学习是人民政协的优良传统，也是加强政协自身建设的重要途径。新形势下政协委员为了更好地履行职责，就必须加强学习。九届一次会议以来，常委会采用报告会、座谈会等多种形式，组织委员认真学习邓小平理论，学习中共中央的方针政策和其他方面的知识。第三次常委会议期间，专门编印了有关学习材料，组织与会常委学习领会以江泽民同志为核心的党中央关于统一战线和人民政协的论述以及其他有关内容。举办纪念中共十一届三中全会召开 20 周年座谈会，回顾总结我国改革开放和统一战线 20 年的发展历程，强调高举邓小平理论伟大旗帜对发展人民政协事业的重要意义。广大委员通过学习，进一步提高了坚持共产党领导的多党合作和政治协商制度的自觉性，增强了大局意识和履行职责的积极性。

以“搞好服务、当好参谋”为目标，全国政协机关切实加强了思想建设、组织建设、作风建设和制度建设。认真组织干部职工学习贯彻中共十五大精神，积极开展“讲学习、讲政治、讲正气”活动，召开学习邓小平人民政协理论研讨会，总结交流做好政协工作的新经验。加强思想政治工作，积极开展创建文明机关活动，组织了一系列业务培训和岗位技术竞赛。积极推进干部人事制度改革，进一步加强了机关干部队伍建设。干部职工工作热情高涨，办文办事效率有所提高，保证了政协各项活动的开展。全国政协干部培训中心有计划地组织地方政协负责人和政协委员进行学习，为他们提高理论政策水平创造条件。一年来共举办各种形式的培训班 8 期，培训人员 1715 名，适应了政协换届的需要。

各位委员！九届政协第一年的工作是顺利的，成绩是显著的。之所以能够如此，是因为有中共中央的正确领导，有国家大局稳定和发展这个良好的社会环境，有国务院及有关部门的协作和社会各界的支持。在此，我代表政协第九届全国委员会常务委员会，向所有关心和支持政协工作的同志们、朋友们表示衷心的感谢，并希望在新的一年里能够继续得到大家的支持。政协常委会一年来工作的进展，是同政协各参加单位和广大委员尽职尽责、辛勤工作分不开的，在此我代表常委会向政协各组成单位，向全体政协委员和各级地方政协的同志们、朋友们，表示亲切的慰问和崇高的敬意！

在肯定成绩的同时，我们清醒地看到工作中还存在不少问题和不足。比如，履行职能的有些制度规定还没有完全落实，在政治协商、民主监督方面仍存在薄弱环节，同各民主党派、人民团体的联系有待加强，京外政协委员的作用发挥不够等。对这些问题和不足，我们要高度重视，认真研究和改进。

二

各位委员，1999 年是我国历史发展进程中具有特殊意义的一年。我们将隆重庆祝中华人民共和国成立 50 周年，隆重庆祝人民政协成立 50 周年，中国政府将恢复对澳门行使主权。在国家工作的总体布局上，将深入贯彻落实中共十五大和十五届三中全会精神，继续推进改革开放，保持国民经济持续快速健康发展；切实加强民主法制建设和精神文明建设，大力实施科教兴国战略和可持续发展战略，促进社会全面进步；进一步处理好改革、发展、稳定的关系，确保社会政治稳定。总之，要统一思想、坚定信心，抓住机遇、知难而进，团结一致、艰苦奋斗，以改革开放和社会主义现代化建设的优异成绩迎接新中国成立 50 周年。

面临新的形势和任务，1999 年度政协全国委员会的工作方针是：高举邓小平理论伟大旗帜，在以江泽民同志为核心的中共中央领导下，深入贯彻中共十五大和十五届三中全会精神，坚持和完善中国共产党领导的多党合作和政治协商制度，服从和服务于国家大局，围绕改革、发展、稳定中的重要问题，加强调查研究，积极建言立论，献计献策，进一步推进政治协商、民主监督、参政议政的规范化制度化，多做增进团结、协调关系、化解矛盾、维护稳定的工作，以实际行动迎接新中国成立 50 周年和人民政协成立 50 周年，为夺取建设有中国特色社会主义事业的新胜利作出积极贡献。

（一）把学习邓小平理论引向深入

邓小平理论是全国各族人民团结奋斗、夺取改革开放和社会主义现代化建设全面胜利的根本指导思想，也是人民政协事业不断发展的科学指南。要坚持解放思想、实事求是，继续发扬自我学习、自我教育的优良传统，组织委员开展多种形式的学习研讨活动，推动委员和政协机关工作人员深入学习邓小平理论。要把学习邓小平理论同学习马列主义、毛泽东思想和以江泽民同志为核心的中共中央关于统一战线和人民政协的论述结合起来，同学习现代经济知识、现代科技知识、法律知识和中外历史知识结合起来。通过学习，增进共识，促进团结合作，增强在国际风云变幻历史条件下坚持中国共产党领导的多党合作和政治协商制度的坚定性，增强在改革开放新形势下做好政协工作的责任心和使命感。

（二）继续推进政治协商、民主监督、参政议政的规范化制度化

中共十五大提出要继续推进政治协商、民主监督、参政议政的规范化制度化，使人民政协成为中国共产党团结各界的重要渠道。人民政协要积极采取措施，促进这一要求的贯彻落实。要着重抓好重大问题的政治协商，采取多种形式使之经常化、制度化。每年一次的政协全委会议，每季度一次的政协常委会议，每个月一次的主席会议，以及不定期举行的常务委员专题座谈会和各界代表人士参加的协商座谈会等，都是政协章程规定、已成惯例并行之有效的政治协商形式，应高度重视和充分发挥这些形式的作用。在政治协商的过程中，要注意政协组织的特点，发挥界别众多和智力雄厚的优势，努力实现协商形式多样化、规范化与增强实际效果的统一。政协提案、委员视察、反映社情民意等，是政协履行民主监督职能的重要形式，应认真组织实施，切实提高其成效。同时，积极研究探索新形势下民主监督的有效方式，依法维护参加人民政协的单位和个人按照政协章程履行职责的权利。

（三）努力把专题调研提高到一个新水平

政协各专门委员会要继续围绕党和国家的中心工作，根据自身特点和条件，选择当前改革开放与现代化建设中的难点问题和适度超前的宏观性课题开展专题调研，对去年一些重要课题进一步展开追踪研究。要合理配备力量，加强与有关方面的协作，注意吸收京外委员参加调研活动。要在深入调查、科学论证上多下功夫，力求提出有启发性的思路和切实可行的对策。要按照立论的要求，把专题调研工作做深、做细、做精，使参政议政的成果有特色、有水平，或对当前决策有重要的咨询、参考作用，或能给后人以启迪和借鉴。

（四）隆重庆祝新中国成立 50 周年和人民政协成立 50 周年

今年是中华人民共和国诞生 50 周年和人民政协成立 50 周年。全国政协要按照《中共中央、国务院关于举行中华人民共和国成立 50 周年庆祝活动的通知》精神，本着热烈、节俭的原则，举行一系列庆祝活动，宣传人民共和国的辉煌成就和人民政协的历史功绩，讴

歌中国共产党的正确领导，宣传新时期爱国统一战线的重大作用，弘扬中国人民团结奋斗的民族精神，认真总结人民政协 50 年特别是改革开放以来的经验。要切实组织好庆祝人民政协成立 50 周年大会，精心选编和出版《人民政协全书》、《人民政协 50 年》画册和有关文史资料专题图书，举办庆祝晚会和书画展，拍摄反映人民政协光辉历程的电视片。

（五）进一步做好促进祖国统一工作

澳门回归将是中华民族的又一盛事。我们要加强与港澳委员的联系，发挥广大委员特别是港澳地区全国政协委员的作用，为澳门政权的顺利交接，保持香港、澳门的长期稳定和发展贡献力量。要继续宣传贯彻江泽民主席提出的关于发展两岸关系、推进祖国和平统一进程的八项主张，进一步扩大与台湾各界人士的接触，促进海峡两岸经济文化等方面的交流与合作，促进两岸对话和政治谈判，推动祖国和平统一的进程。坚决反对任何制造“台湾独立”、“两个中国”、“一中一台”的分裂活动。继续多渠道地开展对广大侨胞的联谊工作。

（六）积极扩大对外友好交往

要按照国家外交工作的总体部署和政协特点，进一步拓展对外友好交往。继续开展本会主席、副主席同有关国家高层人士的互访，注意发挥民主党派领导人、无党派民主人士和地方政协领导人在对外交往活动中的作用；努力探索对外交往的新途径、新形式，有选择地发展同外国有关机构和组织的友好关系；积极筹办“21 世纪论坛”2000 年会议。

（七）加强对地方政协的指导

要根据政协章程规定，进一步加强对地方政协的指导。主要包括：及时传达中共中央对政协工作的指示精神，统一思想、明确方向、把握政策；继续通过邀请地方政协主席出席或列席全国政协会议等形式，及时向地方政协通报全国政协的工作思路和工作情况；各专门委员会在进行专题调研时，可根据课题需要积极与地方政协开展协作；完善与地方政协信息联网，规范反映社情民意工作；组织交流地方政协的工作经验，研究地方政协工作中带共同性的问题；继续采取多种形式，做好对地方政协领导干部和委员的培训工作；通过《人民政协报》、《政协会刊》和其他渠道，积极宣传报道各级政协履行政治协商、民主监督、参政议政职能的成果和经验。

各位委员！伴随共和国前进的步伐，人民政协正以新的姿态和风貌，踏上新的历程，谱写新的篇章。让我们在邓小平理论的指引下，在以江泽民同志为核心的中共中央坚强领导下，高举爱国主义和社会主义的旗帜，同心同德，群策群力，充分发挥人民政协的政治优势，为把建设有中国特色的社会主义事业全面推向 21 世纪而努力奋斗！

中组部关于进一步做好公开选拔领导干部工作的通知

改革开放以来，特别是党的十四大以来，全国绝大多数省、区、市和一些中央、国家机关在一定范围内面向社会，采取公开推荐与考试考核相结合的办法选拔领导干部，取得了明显成效，产生了积极的社会影响，得到了广大干部、群众的支持和拥护。实践证明，这项改革是成功的。为深入贯彻党的十五大精神，加快干部制度改革步伐，进一步做好公开选拔领导干部工作，现就有关问题通知如下。

一、进一步提高认识，加大公开选拔领导干部工作的力度

公开选拔领导干部是新时期干部选拔任用方式的一项重要改革，是公开、平等、竞争、择优原则在干部选拔任用工作中的有效运用。公开选拔领导干部，有利于把坚持党管干部原则与充分走群众路线结合起来；有利于拓宽识人选人视野，在更大范围内择优选拔人才；有利于形成正确的用人导向，激发广大干部的进取精神；有利于扩大干部工作中的民主，加强群众监督，防止和克服选人用人上的不正之风。这项改革对于加强领导班子和干部队伍建设具有重要的作用。

各级党委（党组）及其组织（人事）部门，要进一步提高认识，积极推进这项改革。已开展这项工作的，要在总结经验的基础上继续努力实践，逐步使之规范化和制度化；凡没有开展公开选拔领导干部工作的地方和中央、国家机关，都应根据本地区本部门的实际，努力创造条件，积极稳妥地推行。今后，在党政职能部门出现职务空缺时，凡适用于公开选拔的岗位，应逐步采用公开选拔的方式选人。特别是在年轻干部比较少的地方，在群众关注的热点部门，在出现领导职位空缺比较多的时候，更应积极主动地开展这项工作。各地、各部门要因地制宜，区别不同职位，将公开选拔与严格考核基础上的内部晋升和调配交流等任用方式结合使用，并与实行试用期制、任期制等改革措施结合起来，推动干部制度改革深入发展，创造公开、平等、竞争、择优的用人环境，使更多优秀人才脱颖而出。当前，尤其要注意结合机构改革的进程，根据实际需要，积极运用这种方法选拔优秀领导干部，促进人才资源的优化配置。

二、正确把握公开选拔领导干部的适用范围

公开选拔方式主要适用于选拔中央、国家机关的正副司局长和地方省（区、市）、地（市）和县（市）党委、政府工作部门的副职领导干部。此外，还可以运用这

一方式选拔事业单位、国有和国家控股企业的领导干部。运用这一方式选拔的领导干部，凡需要依法任命的职务，要严格按照有关法律的规定办理。涉及国家重要机密和国家安全等特殊职位，不宜用这种方式选拔领导干部。

三、逐步规范公开选拔的工作程序

为保证选拔工作的公正性和科学性，根据各地经验，公开选拔工作一般应按如下基本程序进行：(1)公布选拔职位和报名条件；(2)公开推荐报名与资格审查；(3)统一考试；(4)组织考察；(5)党委(党组)集体讨论决定任用人选；(6)公布选拔结果。公开选拔前，要对拟选拔职位所需人才资源进行充分的分析预测，合理确定报名范围和资格条件。报名人员的资格条件，应符合《党政领导干部选拔任用工作暂行条例》的有关规定。选拔方案确定后，要通过党报、电视等新闻媒体向社会公布拟选拔职位、报名资格条件、选拔程序和方法，并广泛宣传发动，动员符合条件的人员参与竞争。公开推荐报名采取组织推荐、群众推荐和个人自荐的方式进行。同时，要严格按照公布的职位条件要求，对报考者进行资格审查。考试应由组织(人事)部门统一组织实施。考试包括笔试和面试。笔试主要测试应试者的政治理论和政策水平、行政管理知识和专业知识等。笔试分为公共科目和专业科目。公共科目内容一般应包括马克思主义基本原理、邓小平理论、党和国家的方针政策、社会主义市场经济理论、行政管理学与领导科学、党史党建、法律知识、现代科学技术基础知识等；专业科目内容包括拟选拔职位所要求的业务知识和相关的重要政策法规等。面试主要测试在笔试中不易测试的拟选拔职位所要求的领导能力和素质。决定任用或决定推荐提名人选要严格按干部管理权限和有关程序、方法进行，并严格执行有关法律的规定。凡属破格提拔的，应在作出决定前征求上级党委组织部门的意见。公开选拔上来的领导干部，上岗前要进行任职培训。其中属于委任制和聘任制的，要实行一年的试用期。试用期满，经过考察，胜任者正式任用，不胜任者取消任用资格，按干部的原职级安排适当工作。公开选拔领导干部过程中，每道程序的人员筛选要掌握好一定的比例。资格审查合格参加笔试的人数与拟选拔职数的比例一般不低于10∶1左右；经笔试进入面试的人数与拟选拔职数的比例一般在5∶1左右；经面试合格进入考察范围的人数与拟选拔职数的比例一般在3∶1左右。筛选比例应根据报考人数事前设定，严格按成绩确定参加下一轮竞争的人选。在公开选拔过程中，要严肃纪律，加强监督，保证选拔工作的公正性。

四、着力提高考试的科学化水平

考试是公开选拔领导干部工作的一个关键环节，考试的科学化水平直接关系着公开选拔的公正性和准确性。考试前要对拟选拔职位的要求和特点作出具体分析，合理确定考试内容和所用题型，据此命制试题。考试分数要能真实反映应试者的知识水平和应用能力，确保考试的筛选作用。考试结束后，要根据考试结果对所用试题进行质量分析，为今后命制试题提供依据。为切实提高试题质量，增强考试的科学性和权威性，中组部将建立全国公开选拔领导干部考试题库，以便为各地各部门的考试工作服务。面试工作应注意吸收借鉴现代人才测评技术，采用多种有效的方法进行。面试测评小组一般应由党政领导、组织人事部门和相关部门的领导、熟悉拟选拔职位业务的专家组成。要逐步提高考务管理水平。对考试的程序和考务纪律等要作出明确规定，并严格执行，保证考试工作严密有序地进行。为切实履行职责，努力做好公开选拔领导干部考试这项新的工作，组织人事部门要注意培养一批熟悉公开选拔考试工作业务的人才。

五、认真做好组织考察工作

组织考察是公开选拔领导干部的重要环节。考察要严格按照《党政领导干部选拔任用工作暂行条例》、《党政领导干部考核工作暂行规定》进行。考察中要坚持走群众路线，广泛听取各方面的意见，全面、客观、准确地了解考察对象的德才表现、工作实绩和群众公认程度。要重视考察干部的思想政治素质，深入了解考察对象的理论素养和思想水平、政治方向和政治立场、政治品德和道德品质、群众观点和执行群众路线的情况以及是否廉洁，深入了解考察对象的实际领导水平、政策水平、工作能力、工作作风等。对思想政治素质较差、群众公认程度较低或存在其他较严重问题的干部，即使考试成绩好，也不能作为拟任用人选。对参与同一职位竞争的人选应由同一个考察组考察，以便统一评价比较。

六、切实提高公开选拔领导干部的工作成效

要在坚持基本程序的前提下，减少不必要的工作环节，以降低选拔成本，提高工作成效。全国统一试题库建成后，各地各部门开展公开选拔所需试卷，应从题库中提取。对公开选拔的成果可根据需要进行多层次开发利用，在公开选拔中发现的优秀人才，因职数所限未被任用的，相隔一定时间后也可根据工作需要和本人情况选拔到其他相关岗位上任职，或作为备用人选。

各地、各部门党委(党组)要切实加强对公开选拔领导干部工作的领导，根据领导班子和干部队伍建设的实际，统筹部署本地本部门的公开选拔工作。对选拔工作的重要程序和关键环节要加强指导，认真审查把关。各级组织(人事)部门要认真履行职责，与相关部门密切配合，做好公开选拔的具体实施工作。各级党委(党组)及其组织(人事)部门要采取得力措施,坚决抵制不正之风的干扰。要及时总结经验,认真研究公开选拔工作中出现的新情况、新问题,不断改进和完善这项工作,保证公开选拔工作持续健康地发展。

中国人民银行农村信贷工作指导意见

针对农村金融服务跟不上农业和农村经济发展的需要,许多地区仍然存在农户贷款难等问题,中国人民银行日前发布了《关于做好农村信贷工作的指导意见》(以下简称《指导意见》),要求金融机构进一步改进金融服务,适当增加农业贷款总量,合理调整贷款结构,切实提高贷款质量。

《指导意见》包括十方面内容,主要是:

一、农业银行和农村信用社对农村信贷服务对象实行基本分工、适当交叉,当地人民银行要做好业务基本分工的协调工作。

二、根据农户的合理需要扩大贷款范围。农村金融机构在安排好农户从事农业生产和多种经营贷款的基础上,积极支持农业生产服务组织,有步骤地提供建房等消费性贷款。

三、优先发放对农户从事种养业和工商业的贷款。农村信用社要与乡村干部密切配合,逐户了解农民对粮棉生产贷款的需要,并主动、及时发放贷款。对农业机械服务专业户、农民运输专业户购买农业机械、交通运输工具、自筹资金达到 60%左右并办理财产保险和以农业机械和运输工具作抵押的,农村信用社可以提供 40%左右的贷款。贷款期限可以根据生产经营周期和综合还贷能力决定,最长可定为 3 年。进一步办好小额扶贫贷款。

四、支持农业产前产后服务机构,做好对农户的服务。农业银行对许可经营良种的种子公司的贷款要及时安排,同时要加强种子贷款的管理。积极支持有权经营农业生产资料的公司扩大农业生产资料的购销,确保农业生产特别是当前抗旱和春耕备耕的需要。

五、支持农业综合开发,继续发展粮棉等商品生产基地。

六、支持农产品加工和农业产业化经营。支持现有国有、乡(镇、村)办企业按市场需求搞好农产品加工。选择一批市场开拓能力强的乡(镇、村)办农业产业化"龙头"企业,予以重点支持。

七、扩大农村市场,开办农村消费信贷业务。支持城市商业企业到农村销售工业品。对确能还本付息的供销社及承包经营人,要支持扩大工业品销售。

八、逐步增加农业贷款,提高农业贷款的比重。农村金融机构要积极组织存款,按贷款条件及时满足农民和农业集体经济对贷款的合理需要。农业银行分支行资金不足,由农业银行及时调剂,仍然不足的,由农业银行向人民银行贷款。农村信用社吸收的存款,在缴足存款准备金和留足必要的备付金之后,剩余资金都可以用于发放贷款。资金不足,由县联社相互调剂,仍不足的,可由人民银行给予再贷款支持。

九、努力提高贷款质量,防范和化解金融风险。降低对农户和企业的贷款风险,要立足于对农户和企业还贷能力和资信的实地了解。对农户粮棉生产费用贷款,一般不用担保和抵押方式,可在农户自愿签署粮棉销售扣还贷款委托书后及时发放。对其他数额较大贷款,可采取农户联保,也可采取其他各种方便有效方式提供保证。县、乡政府要尊重银行贷款自主权,逐步建立农户贷款担保基金,为农户贷款扩大生产经营创造条件。

十、做好农村信贷的协调和指导工作。中国人民银行特别是县支行,要深入农户和农村工商企业了解对贷款的客观需要,及时分析所在地区贷款数量和结构,落实农村信贷政策,协调和督促有关金融机构做好信贷服务。

中国人民银行关于开展个人消费信贷指导意见

水利部决定采取措施进一步规范整顿水利建设市场

国家主席江泽民会见日本早稻田大学校长奥岛孝康

中科院发布"科学与社会"系列报告

系列报告包括《科学发展报告》和《中国可持续发展战略报告》。前者分为科学发展趋势、科学前沿介绍、科学热点评述、科技战略与政策、科学与高技术、1998 年中国科学家具有代表性的研究工作等 9 个部分。后者则着重对近几十年来社会发展、经济发展、人口增长、资源和环境变化等进行了深层次的定量研究,首次在世界同领域中公布了国家级的可持续发展报告。

西北农大何蓓如教授的小麦选育技术和薛光行在水稻进行两系法杂交技术经中科院鉴定委员会鉴定均达到国际先进水平

1999 年度中国航天基金在北京颁奖

全国足球工作会议 3 日至 5 日在青岛召开

3月4日

九届全国人大二次会议举行预备会

会议上午在人民大会堂举行。全国人大常委会委员长李鹏主持会议。出席预备会议的代表2699名。

李鹏讲话指出,这次大会的指导思想是:高举邓小平理论的伟大旗帜,以党的基本路线和十五大精神为指导;继续推进改革开放,保持国民经济持续快速健康发展;进一步处理好改革、发展、稳定的关系,确保社会政治稳定;积极推进依法治国、建设社会主义法治国家的进程;统一思想、坚定信心、抓住机遇、知难而进、团结一致、艰苦奋斗,促进各项事业的全面发展和社会的全面进步;在以江泽民同志为核心的党中央领导下,以新的成就和新的面貌迎接新中国成立50周年和澳门的顺利回归。

预备会议选举了本次大会的主席团和秘书长。大会主席团由169人组成,田纪云为大会秘书长。

预备会议还通过了九届全国人大二次会议的议程。

九届全国人大常委会副委员长田纪云、姜春云、邹家华、帕巴拉·格列朗杰、王光英、布赫、吴阶平、彭珮云、何鲁丽、周光召、成克杰、曹志、丁石孙、成思危、许嘉璐、蒋正华,秘书长何椿霖出席预备会议。

九届全国人大二次会议主席团举行第一次会议

会议推选九届全国人大常委会委员长、副委员长、秘书长为九届全国人大二次会议主席团常务主席。

会议通过了本次大会的日程。会议将于3月5日开幕,3月15日闭幕。据了解,这是自改革开放以来,全国人民代表大会会期最短的一次。

会议经过表决,通过了本次大会的执行主席分组名单和会议表决议案方法,决定何椿霖、王忠禹、王维澄、曾建徽、胡光宝为大会副秘书长。

九届全国人大二次会议预备会议通过大会议程

一、听取和审议国务院总理朱镕基关于政府工作的报告

二、听取和审议国家发展计划委员会主任曾培炎关于1998年国民经济和社会发展计划执行情况与1999年国民经济和社会发展计划草案的报告

审查、批准1998年国民经济和社会发展计划执行情况的报告及1999年国民经济和社会发展计划

三、听取和审议财政部部长项怀诚关于1998年中央和地方预算执行情况及1999年中央和地方预算草案的报告

审查1998年中央和地方预算执行情况的报告及1999年中央和地方预算草案

批准1998年中央预算执行情况的报告及1999年中央预算

四、审议《全国人民代表大会常务委员会关于中华人民共和国宪法修正案(草案)》

五、审议《中华人民共和国合同法(草案)》

六、审议《中华人民共和国澳门特别行政区第九届全国人民代表大会代表的产生办法(草案)》

七、听取和审议全国人民代表大会常务委员会副委员长姜春云关于全国人民代表大会常务委员会工作的报告

八、听取和审议最高人民法院院长肖扬关于最高人民法院工作的报告

九、听取和审议最高人民检察院检察长韩杼滨关于最高人民检察院工作的报告

十、其他

九届全国人大二次会议预备会议通过主席团和秘书长名单

主席团(169人,按姓名笔画排列)

丁石孙　丁关根　于永波(满族)　于淑珍(女)
马开明(彝族)　马　军　马启智(回族)　马忠臣
王云龙　王云坤　王乐泉　王光英　王兆虹(女)
王　克　王怀远　王宋大　王忠诚　王　涛(女)
王家福　王维澄　王越丰(黎族)　王朝文(苗族)
王瑞林　云布龙(蒙古族)　毛如柏　亢龙田
尹克升　尹　俊(白族)　甘子玉　布赫(蒙古族)
卢功勋　叶文玲(女)　叶连松　叶叔华(女)
田玉科(女,土家族)　田成平　田纪云　史来贺
白成亮(哈尼族)　冯之浚(回族)　冯苏祥
成克杰(壮族)　成思危　曲格平　朱开轩
朱清时　朱添华　朱森林　刘长瑜(女)　刘方仁
刘汉章　刘亦铭　刘志艳　刘　玠　刘明祖
刘　珩　关广富(满族)　江泽民　许嘉璐
孙　英　孙鸿烈　严义埙　杜青林　李长春
李兆焯(壮族)　李伯勇　李明豫(女)　李泽民
李建国　李经纬　李玲蔚(女)　李铁映　李梦九
李淑铮(女)　李登海　李瑞环　李　蒙　李　鹏
杨长槐(侗族)　杨正午(土家族)　杨国庆
杨　忠　吴长淑(朝鲜族)　吴阶平　吴官正
吴康民　吴瑞林　吴德馨(女)　邱健行　何厚铧
何鲁丽(女)　何椿霖　邹家华　汪家镠(女)
沈辛荪　张丁华　张万年　张立昌
张健民(满族)　张绪武　张皓若　陆佑楣
阿木冬·尼牙孜(维吾尔族)

阿勒布斯拜·拉合木(哈萨克族) 陈光毅
陈丽龄(女) 陈明义 陈奎元 陈铁迪(女)
陈难先 陈敏章 陈章良 陈焕友 陈滋英
奉恒高(瑶族) 范敬宜 林永年 林 墉
岩庄(傣族) 罗尚才(布依族)
帕巴拉·格列朗杰(藏族) 周光召 周 强
孟富林 赵志浩 胡亚芳(女,高山族) 胡光宝
胡锦涛 柳随年 侯宗宾 姜春云 姜恩柱
洪绂曾 热 地(藏族) 贾庆林 顾昂然
顾诵芬 铁木尔·达瓦买提(维吾尔族) 徐有芳
高德占 郭振乾 陶驷驹 黄启璪(女) 黄 菊
曹 志 曹伯纯 常沙娜(女,满族) 尉健行
彭珮云(女) 彭楚政(土家族) 董喜海 蒋正华
蒋洁敏 惠永正 程思远 傅全有 傅铁山
舒惠国 童 傅 曾庆红 曾建徽 曾宪梓
谢世杰 谢 非 谢铁骊 虞云耀
嘉木样·洛桑久美·图丹却吉尼玛(藏族)
滕 藤 颜龙安
秘书长:田纪云

九届全国人大二次会议主席团第一次会议决定主席团常务主席名单

李 鹏 田纪云 谢 非 姜春云 邹家华
帕巴拉·格列朗杰 王光英 程思远 布 赫
铁木尔·达瓦买提 吴阶平 彭珮云 何鲁丽
周光召 成克杰 曹 志 丁石孙 成思危
许嘉璐 蒋正华 何椿霖

九届全国人大二次会议主席团第一次会议决定副秘书长名单

何椿霖 王忠禹 王维澄 曾建徽 胡光宝

九届全国人大二次会议在人民大会堂举行新闻发布会

大会新闻发言人曾建徽在会上介绍了上午九届全国人大二次会议预备会议和预备会议后大会主席团第一次会议的情况,并回答中外记者的提问。

发言人介绍说,九届全国人大二次会议将于 3 月 5 日开幕,3 月 15 日闭幕。这次会议是在重要时期召开的一次重要会议,是我国各族人民政治生活中的一件大事。

在回答记者提出的有关九届全国人大及其常委会一年来立法工作情况的问题时,曾建徽说,立法工作是全国人大常委会第一位的重要任务。本届常委会特别注重提高立法质量,在总结前几届人大立法经验的基础上,采取了一些新的做法。第一,立法走群众路线。广泛听取实际工作机关、法律专家和广大人民群众的意见,特别是听取全国人大代表的意见。一些与人民群众利益密切相关的重要法律草案,在常委会审议过程中,同时在报纸上公布,征求全民意见。第二,加强立法调研。一年来,李鹏委员长、各位副委员长和全国人大各专门委员会多次深入基层,进行立法调研,许多意见被吸收到法律中。第三,改进审议方式。一些重要的法律草案由过去两次审议改为一般实行三次审议。

有记者问,九届全国人大及其常委会将采取哪些措施加大监督的力度。发言人回答说,监督宪法和法律的实施,监督国务院、最高人民法院、最高人民检察院的工作,是宪法赋予全国人大及其常委会的重要职权。一年来,全国人大常委会派出 6 个检查组,赴各地各部门对 6 部法律和关于法律问题的决定的实施情况进行了检查。人大常委会还建立了执法检查的反馈制度。去年,全国人大有关部门开始着手制定个案监督的办法。全国人大常委会的工作监督,主要围绕改革和建设中的重大问题、人民群众普遍关心的问题进行。今年全国人大常委会要继续加大监督力度,增强实效。准备加快监督法的起草工作,争取早日制定出监督法。

有记者问,每年全国人大开会仅十几天,全国人大代表尤其是来自基层的代表如何行使职权、发挥作用?曾建徽说,在大会期间,代表们审议大会的各项议案,并依法提出议案和建议、批评、意见。这些意见、批评和建议,很多来自于闭会期间所了解的情况,包括参加代表视察,同原选举单位和基层群众的密切联系。可以说,闭会期间的活动,为代表参加全国人大会议依法行使职权,确定了良好的基础。他指出,全国人大常委会十分重视大会闭会期间发挥代表的作用问题。去年组织了全国人大代表的集中视察,每次全国人大常委会会议,请部分全国人大代表列席,还设立了专门的代表联系机构,听取代表对全国人大常委会、国务院及所属部门、最高人民法院、最高人民检察院的工作意见。

在回答澳门记者提出的关于全国人大在澳门回归过程中发挥的作用问题时,曾建徽说,澳门回归是今年的一件大事。全国人民代表大会澳门特别行政区筹备委员会正在紧张有序地工作。刚刚闭幕的筹委会第六次全体会议已经提出了澳门特区第一届政府推选委员会委员候选人的建议人选,下次会议就要正式选举产生推选委员会,接着还要选举产生澳门特区第一任行政长官人选。此外,澳门特别行政区驻军法也正在起草中。

在回答记者提出的全国人大对香港特别行政区终审法院 2 月 26 日判词的态度时,这位发言人表示,全国人大常委会法制工作委员会 2 月 27 日发表谈话,表

明香港特别行政区终审法院2月26日的判词对于澄清1月29日的判词是必要的。全国人大常委会法制工作委员会是全国人大常委会的法制机构，对涉及法律的问题对外发表谈话，是职责范围内的事，是有权威性的。

新闻发言人还回答了中外记者提出的其他问题。

国家主席江泽民 全国政协主席李瑞环在全国政协九届二次会议香港特别行政区和澳门的全国政协委员联组会上发表讲话

上午，全国政协主席李瑞环陪同江泽民参加联组会。江泽民希望港澳委员继续发扬爱国家、爱香港、爱澳门的优良传统，一如既往地做好各自的工作，为着香港、澳门更加美好的明天，为着祖国统一大业的最终完成，作出新的更大贡献。

在听取了委员们的发言后，江泽民发表重要讲话。他说，刚才各位的发言都很好，有关意见和建议，中央政府将认真加以研究。

江泽民说，香港回到祖国怀抱、香港特别行政区成立已经20个月了。在这段时间里，“一国两制”、“港人治港”、高度自治的方针得到了全面落实。今天的香港，原有的社会经济制度没变，生活方式没变，法律基本没变。香港特别行政区充分享有基本法规定的自治权利，广大香港同胞维护祖国尊严、拥护“一国两制”的自觉性不断增强。事实证明，“一国两制”方针切实可行，具有强大的生命力。

江泽民指出，实行“一国两制”是中央政府坚定不移的基本方针，是我们考虑香港问题、处理香港事务的根本出发点和落脚点。中央政府严格按照“一国两制”方针办事，不干涉香港特别行政区自治范围内的事务，为一切尊重客观事实的人们所承认。无论在内地还是在香港，我们做任何事情，处理任何问题，都应自觉维护而不能损害“一国两制”，都应有利于而不应妨碍“一国两制”和基本法的贯彻实施。“一国两制”的实施是一个发展的过程，需要在实践中不断探索，不断积累经验，不断提高水平。中央政府和全国人民真诚希望香港长期繁荣稳定。只要大家都以国家的根本利益为重，以香港的根本利益为重，就可以实现最广泛的团结，把香港建设得更加美好。

江泽民说，以董建华先生为首的香港特别行政区政府，依照基本法施政，为保持香港繁荣稳定的局面作出了卓有成效的努力。这种努力既体现在解决广大香港居民关心的迫切问题上，也体现在着眼于提高香港未来的经济竞争力上。特别是在亚洲金融危机袭来，一系列问题接踵而至的关键时刻，特区政府沉着应付，采取积极而有效的措施应对挑战，表现出了可贵的勇气、智慧和应变能力。香港各行各业同胞也表现出了良好的素质和责任感，配合特区政府共渡难关。在大家的共同努力下，香港的大局得以稳住。中央政府对董建华先生领导的香港特区政府的工作给予高度评价，对香港同胞不怕困难、团结奋进的精神表示赞许。中央政府和全国各族人民将继续全力支持香港特区政府的工作。

江泽民强调，我们对香港的发展前景充满信心。香港目前仍然存在不少困难，但继续保持繁荣稳定有着许多有利的条件。祖国内地经济的持续发展，中央政府积极支持香港企业到内地投资，支持特区政府发展经济的各项措施，是香港繁荣稳定的可靠保障。香港本身财政、外汇储备充足，金融监管健全，拥有经验丰富的企业家队伍和素质良好的公务员队伍，保持着作为国际金融、贸易、信息、航运中心和自由港的地位。尽管当前国际环境有严峻复杂的一面，但日新月异的科技进步和全球经济结构的调整也在带来新的发展机遇。600多万香港同胞希望香港好，12亿中国人民希望香港好。保持香港长期繁荣稳定是海内外中华儿女的共同愿望，任何困难都阻挡不住这个美好愿望的胜利实现。

江泽民说，今年12月20日，中国政府将对澳门恢复行使主权。这是中华民族的又一盛事。澳门回归祖国，将标志着外国人占据和统治中国领土的历史彻底结束。澳门问题的解决，是按照“一国两制”方针解决祖国统一问题的又一成功范例。

江泽民说，当前，澳门的形势继续朝着平稳过渡的方向发展。过渡期虽然仍存在一些有待解决的问题，但中葡双方总体上保持着良好的合作关系。经过共同努力，过渡期的一些主要问题，包括公务员本地化、法律本地化、落实中文官方地位“三大问题”在内，都取得了比较大的进展。有关政权交接的具体事项正在加紧磋商落实。我们希望在遵循中葡联合声明和与澳门基本法衔接的基础上，加快有关磋商的步伐。澳门特别行政区筹委会成立后，各项工作进展顺利，筹组工作有了良好的开端。澳门同胞和全体居民对澳门回归后的前景充满信心，正以主人翁的态度积极参与过渡期的事务。

江泽民强调，中央政府将坚定不移地贯彻“一国两制”方针，坚定不移地落实“澳人治澳”、高度自治。希望广大澳门同胞实现最广泛的团结，为澳门回归祖国作出积极的贡献。要按照澳门基本法和全国人大的有关决定，继续做好筹组澳门特别行政区的各项工作。澳门基本法是澳门平稳过渡、实施“一国两制”方针和保持长期稳定与发展的法律保障，一定要通过广泛的推介工作，使之家喻户晓，深入人心。澳门经济由于近来内部进行调整和外部受到亚洲金融危机的影响而面临困难，社会治安问题也比较突出。澳葡政府在过渡期的最后阶段应切实负起管治责任，中国政府将继续给予支持和配合。我们相信，澳门一定能够实现平稳过渡，澳门回归后也一定能够保持社会稳定和经济发展。

江泽民说，香港地区的政协委员为广泛团结爱国爱港人士，全力支持以董建华先生为首的香港特区政府，为纾缓香港的经济困难和社会矛盾，维护香港繁荣稳定的局面，做了大量有益的工作。澳门地区的政协委员积极参与澳门回归祖国的各项工作，为促进澳门的平稳过渡，促进澳门的经济发展和社会稳定，作出了重要贡献。各位委员关心国家大事，积极参政议政，通过提交提案、反映信息、参加政协会议以及到内地进行视察调研等方式，为国家的改革开放和现代化建设建言献策。去年，内地一些地区受到严重洪涝灾害的袭击，各位委员纷纷捐钱捐物，支持灾区人民抗洪救灾和重建家园，在全国人民中传为美谈。江泽民希望全国政协要重视发挥港澳委员的作用，进一步加强同港澳委员的联系，更多地听取他们的意见和建议。

李瑞环也在会上讲了话。他强调，江泽民主席的讲话很重要，希望委员们认真学习，深刻领会。李瑞环说，我讲三句话：一、振奋精神，增强信心，团结奋斗。由于亚洲金融危机的冲击，香港经济确实出现了一些问题，包括我们一些委员在内的不少同胞确实遭受到了损失。面对困难和逆境，最重要的是保持一个好的精神状态，不被暂时的困难所压倒。二、研究特点，实事求是，从实际出发。为了渡过难关、繁荣经济，必须对香港特定的地位和条件进行客观、冷静、深入的分析，搞清香港过去繁荣的原因是什么，现在发生困难的原因又是什么，哪些原因是暂时起作用的，哪些原因是长远起作用的，从而有针对性地确定今后的方针与对策。三、坚持“一国两制”，加强合作共事，实现优势互补。香港与内地过去合作得很好，今后应当在坚持“一国两制”的大前提下继续加强各方面的合作，特别是香港要注意研究和发挥自己特有的、内地所不能代替的有利条件，通过合作，增强抵御风险的能力，通过合作，达到共同发展。李瑞环表示相信，有港澳同胞的团结奋斗，有内地人民的大力支持，香港一定能够实现新的繁荣，澳门一定能够顺利回归。

座谈会由全国政协副主席、澳门中华总商会会长马万祺主持。中共中央政治局委员、国务院副总理钱其琛，全国政协副主席叶选平、王兆国、霍英东，全国政协秘书长郑万通，参加座谈会。

国家主席江泽民在全国政协九届二次会议的民族宗教界委员联组会上发表讲话

全国人大常委会委员长李鹏到全国政协九届二次会议社会科学界妇女界委员会上参加讨论

国务院总理朱镕基出席全国政协九届二次会议经济界委员的联组会议

国家副主席胡锦涛到铁道大厦看望出席全国政协九届二次会议的中共组和对外友好界的委员并参加讨论

香港特别行政区驻北京办事处成立国务院副总理钱其琛表示祝贺

最高人民法院 最高人民检察院关于在办理受贿犯罪大要案的同时要严肃查处严重行贿犯罪分子的通知

各省、自治区、直辖市高级人民法院、人民检察院，解放军军事法院、军事检察院：

近一时期，各级人民法院、人民检察院依法严肃惩处了一批严重受贿犯罪分子，取得了良好的社会效果。但是还有一些大肆拉拢、腐蚀国家工作人员的行贿犯罪分子却没有受到应有的法律追究，他们继续进行行贿犯罪，严重危害了党和国家的廉政建设。为依法严肃惩处严重行贿犯罪，特作如下通知：

一、要充分认识严肃惩处行贿犯罪，对于全面落实党中央反腐败工作部署，把反腐败斗争引向深入，从源头上遏制和预防受贿犯罪的重要意义。各级人民法院、人民检察院要把严肃惩处行贿犯罪作为反腐败斗争中的一项重要和紧迫的工作，在继续严肃惩处受贿犯罪分子的同时，对严重行贿犯罪分子，必须依法严肃惩处，坚决打击。

二、对于为谋取不正当利益而行贿，构成行贿罪、向单位行贿罪、单位行贿罪的，必须依法追究刑事责任。“谋取不正当利益”是指谋取违反法律、法规、国家政策和国务院各部门规章规定的利益，以及要求国家工作人员或者有关单位提供违反法律、法规、国家政策和国务院各部门规章规定的帮助或者方便条件。

对于向国家工作人员介绍贿赂，构成犯罪的案件，也要依法查处。

三、当前要特别注意依法严肃惩处下列严重行贿犯罪行为：

1. 行贿数额巨大、多次行贿或者向多人行贿的；

2. 向党政干部和司法工作人员行贿的；

3. 为进行走私、偷税、骗税、骗汇、逃汇、非法买卖外汇等违法犯罪活动，向海关、工商、税务、外汇管理等行政执法机关工作人员行贿的；

4. 为非法办理金融、证券业务，向银行等金融机构、证券管理机构工作人员行贿，致使国家利益遭受重大损失的；

5. 为非法获取工程、项目的开发、承包、经营权，向有关主管部门及其主管领导行贿，致使公共财产、国家和人民利益遭受重大损失的；

6. 为制售假冒伪劣产品，向有关国家机关、国有单位及国家工作人员行贿，造成严重后果的；

7. 其他情节严重的行贿犯罪行为。

四、在查处严重行贿、介绍贿赂犯罪案件中，既要坚持从严惩处的方针，又要注意体现政策。行贿人、介绍贿赂人具有《刑法》第三百九十条第二款、第三百九十二条第二款规定的在被追诉前主动交代行贿、介绍贿赂犯罪情节的，依法分别可以减轻或者免除处罚；行贿人、介绍贿赂人在被追诉后如实交代行贿、介绍贿赂行为的，也可以酌情从轻处罚。

五、在依法严肃查处严重行贿、介绍贿赂犯罪案件中，要讲究斗争策略，注意工作方法。要把查处受贿犯罪大案要案同查处严重行贿、介绍贿赂犯罪案件有机地结合起来，通过打击行贿、介绍贿赂犯罪，促进受贿犯罪大案要案的查处工作，推动查办贪污贿赂案件工作的全面、深入开展。

六、各级人民法院、人民检察院要结合办理贿赂犯罪案件情况，认真总结经验、教训，找出存在的问题，提出切实可行的解决办法，以改变对严重行贿犯罪打击不力的状况。工作中遇到什么情况和问题，要及时报告最高人民法院、最高人民检察院。

以上通知，望认真遵照执行。

中宣部等五单位举办巾帼创新业报告团首场报告会在北京举行

最高人民法院关于不得对中国人民银行及其分支机构的办公楼、运钞车、营业场所等进行查封的通知

国务院总理朱镕基在北京会见美国贸易代表巴尔舍夫斯基和她率领的美国贸易代表团

国务院副总理李岚清在钓鱼台国宾馆会见意大利外贸部部长皮耶罗·法西诺

3月5日

九届全国人大二次会议开幕

2869名代表出席会议。

会议由大会执行主席、主席团常务主席李鹏主持。大会执行主席、主席团常务主席田纪云、姜春云、邹家华、帕巴拉·格列朗杰、王光英、布赫、吴阶平、彭珮云、何鲁丽、周光召、成克杰、曹志、丁石孙、成思危、许嘉璐、蒋正华、何椿霖在主席台前排就座。

江泽民、李瑞环、胡锦涛、尉健行、李岚清等党和国家领导人出席会议。

朱镕基总理代表国务院向大会作政府工作报告。

在主席台就座的还有：丁关根、李长春、李铁映、吴邦国、吴官正、张万年、罗干、贾庆林、钱其琛、黄菊、温家宝、曾庆红、司马义·艾买提、王忠禹、肖扬、韩杼滨、叶选平、杨汝岱、王兆国、阿沛·阿旺晋美、赵朴初、钱伟长、卢嘉锡、任建新、宋健、李贵鲜、陈俊生、张思卿、钱正英、丁光训、孙孚凌、霍英东、马万祺、朱光亚、万国权、胡启立、陈锦华、赵南起、毛致用、白立忱、经叔平、罗豪才、张克辉、周铁农。

中央党政军群领导机关负责人，出席全国政协九届二次会议的政协委员各民主党派中央、全国工商联负责人和无党派代表人士列席大会。122个国家的驻华使节或代表旁听大会。

国务院总理朱镕基在九届全国人大二次会议上作《政府工作报告》

各位代表：

现在，我代表国务院，向大会作政府工作报告，请予审议，并请全国政协各位委员提出意见。

一、1998年工作回顾和1999年工作的总体要求

过去一年，面对复杂严峻的国内外经济环境，全国各族人民团结奋斗，克服重重困难，取得了改革开放和社会主义现代化建设的巨大成就。年初确定的改革和发展的各项目标基本实现。

国民经济保持较快增长。国内生产总值比上年增长7.8%，虽然略低于8%的预定目标，但这是在抵御亚洲金融危机的冲击和战胜国内特大洪涝灾害的情况下取得的，来之不易。为了应对亚洲金融危机的影响，我们年初就采取了增加投资、扩大内需的对策。但是亚洲金融危机发展的广度、深度和对我国的影响程度，比预料的更为严重。由于外贸出口增长速度大幅度回落和国内需求对经济拉动的力度不够，上半年经济增长速度出现减缓趋势。针对这种情况，中央果断决定实施积极的财政政策，经全国人大常委会批准调整预算后，国务院增发1000亿元财政债券，重点用于增加基础设施建设投资。下半年国有单位固定资产投资增长显著加快，全年增长19.5%，全社会固定资产投资增长14.1%。投资的较大幅度增加，对拉动经济增长发挥了明显作用。

去年长江、嫩江和松花江流域发生历史罕见的洪

涝灾害,直接经济损失 2000 多亿元,许多工矿企业停产,长江部分航段中断航运 1 个多月,对生产建设和内外贸易造成很大影响。在党和政府的坚强领导下,广大军民团结奋战,特别是人民军队发挥了不可替代的关键作用,取得了抗洪斗争的伟大胜利,把灾害损失减到了最低限度。灾后恢复生产和重建家园的工作进展顺利。大灾之年,农业仍然获得了好收成。抗洪抢险斗争中焕发出来的伟大抗洪精神,成为推进我们事业发展的强大动力。

在周边许多国家货币大幅度贬值的情况下,我们权衡利弊,坚持人民币不贬值。同时,实行鼓励出口和吸引外资等多种政策,深入开展严厉打击走私和骗汇、逃汇、套汇的斗争,避免了对外贸易和利用外资出现大的波动,外汇储备有所增加。实践证明,保持人民币不贬值是完全正确的,这不仅有利于我国经济的稳定和发展,也对亚洲乃至世界金融和经济的稳定作出了积极贡献。

在经济发展的同时,改革继续推进。国有企业改革进一步深化。纺织、煤炭、石油和石化、冶金等行业以及国防工业的调整和改组,取得新的进展。国务院向部分国有重点企业派出稽察特派员的试点工作,取得初步成效。国有企业下岗职工基本生活保障和再就业工作普遍加强,大多数下岗职工进入了再就业服务中心,并且领到了基本生活费,全年共有 600 多万下岗职工实现了再就业。企业离退休人员的养老金基本做到了按时足额发放。粮食流通体制改革稳步推进,国有粮食收储企业基本停止了新的亏损。金融体制改革和防范金融风险等工作迈出重要步伐。国务院机构改革进展顺利,实现了预定目标。国务院组成部门从 40 个减少到 29 个,部门内设机构精简 1/4,移交给企业、社会中介机构和地方的职能 200 多项,人员编制总数减少一半,机关建设和工作作风出现了新的气象。中央关于军队、武警部队和政法机关不再从事经商活动,中央党政机关与所办经济实体和管理的直属企业脱钩的决策得到落实。中国人民解放军的建设和改革取得新成绩,裁军 50 万人的工作进展顺利。城镇住房制度改革、城镇职工医疗保险制度改革的方案正在实施。大多数城市建立了居民最低生活保障制度。各项改革的推进,对建立社会主义市场经济体制、促进经济和社会发展,发挥了积极作用。

科技教育和各项社会事业继续发展。国务院成立了国家科技教育领导小组,加强对科技教育工作的指导,中央财政较多地增加了对科教的投入。科技创新体系的建设取得新进展,关键性技术的攻关研究取得一批新成果,多项国家重大科学工程开始建设实施,基础研究得到加强。各级各类教育进一步发展。高等教育体制改革和结构调整的步伐加快。全国基本普及九年义务教育和基本扫除青壮年文盲的工作达到了年度目标,中等职业教育有了进一步发展。治理和保护环境工作的力度加大。重点地区生态工程建设和长江、黄河上游天然林保护工程全面展开。治理淮河、太湖污染初见成效。社会主义精神文明建设和民主法制建设得到加强。文学艺术、新闻出版、广播影视、社会科学、计划生育、卫生、体育等各项社会事业,取得新的成绩。各级政府依法行政的水平有所提高。农村基层民主建设加强。社会治安综合治理收到积极成效,维护了社会稳定。廉政建设和反腐败斗争取得新进展。

城乡人民生活水平继续提高。农村居民人均纯收入,考虑价格下降因素,比上年实际增长 4.3%,城镇居民人均可支配收入实际增长 5.8%。市场商品供应充足。经济适用住房的建设和销售有较大幅度增长。城市基础设施、环保设施建设加强。城乡人民的生活条件进一步改善。

过去的一年,我们能够取得这样大的成绩,主要是由于以江泽民同志为核心的党中央的坚强领导,及时果断地作出了一系列正确决策;20 年改革开放和经济发展,为战胜巨大困难创造了物质基础和体制条件;各地区、各部门认真贯彻中央的方针政策,全国各族人民齐心协力,奋发进取,发挥了高度的主动性和创造性。在此,我代表国务院,向奋斗在全国各条战线上的广大工人、农民、知识分子、干部、人民解放军、武警部队官兵和公安干警以及各界人士,表示崇高的敬意!向关心与支持祖国建设和统一的香港特别行政区同胞与澳门、台湾同胞和海外侨胞,表示衷心的感谢!

在肯定成绩的同时,我们清醒地看到,前进中还存在不少困难和问题。主要是:市场需求不旺,启动难度较大;多年重复建设造成大多数工业行业生产能力过剩,经济结构矛盾更加突出,经济运行质量和效益不高;部分国有企业经营困难加剧,多年积累的金融风险不容忽视;财经纪律松弛,经济秩序比较混乱;乱收费、乱集资、乱摊派、乱罚款屡禁不止,一些地方农民和企业不堪重负;部分群众生活仍然比较困难,社会就业压力较大,生态环境恶化的问题相当突出;某些消极腐败现象还比较严重,有些地方的社会治安状况不好。我们对这些问题十分重视,正在采取措施,逐步加以解决。

各位代表!1999 年,我们将庆祝新中国成立 50 周年,迎接澳门回归祖国,做好各项工作的意义十分重大。今年政府工作总的要求是:高举邓小平理论伟大旗帜,深入贯彻落实党的十五大和十五届三中全会精神,继续推进改革开放,大力实施科教兴国战略和可持续发展战略,把扩大国内需求作为促进经济增长的主要措施，稳定和加强农业，深化国有企业改革，调整经济结构，努力开拓城乡市场，千方百计扩大出口，防范和化解金融风险，整顿经济秩序，保持国民经济持续快速健康发展，切实加强民主法制建设和精神文明建设，促进社会全面进步，进一步处理好改革、发展、稳定的关系，确保社会政治稳定，以改革开放和社会主义现代化建设的优异成绩迎接新中国成立50周年。

当前，世界金融市场和经济走势不确定的因素增加，国际竞争日益激烈，扩大出口的难度加大，国内也存在不少矛盾和隐忧。对此，我们必须保持清醒头脑，作好克服更大困难的准备。同时应该看到，有利条件也很多：去年以来采取的扩大内需等政策措施的效应正在进一步发挥，国内市场还有很大潜力；物资储备和外汇储备比较充裕；我们逐步积累了在新的形势下正确进行宏观调控和促进经济增长的经验和办法；我国政治、社会稳定，经济持续发展，改革逐步深化，为扩大对外开放提供了好的环境。我们要统一思想、坚定信心，抓住机遇、知难而进，团结一致、艰苦奋斗，争取把今年各个方面的工作做得更好。

二、继续扩大内需和实施积极的财政政策

综合分析国内外的有利条件和制约因素，今年的经济增长预期为7%左右。在优化结构、提高质量和效益的基础上，实现7%左右的增长速度并不容易，但是预计经过努力还是可以达到的。这个增长速度是指导性的，是就全国来说的，各地情况不同，有的增长速度可能高一点，有的也可能低一点。

实现今年经济较快增长，必须首先立足于扩大国内需求，继续实施积极的财政政策。去年的实践证明，这是在需求不旺的情况下拉动经济发展的有效举措。

今年我们面临的外部经济环境仍然十分严峻，国内消费需求一时也难以有较大的增长。因此，继续由财政向商业银行发行长期国债，主要用于加强基础设施建设，同时采取多种办法，拓宽融资渠道，鼓励和引导集体、个体和社会其他方面增加投资，进一步扩大投资需求，势在必行。随着经济发展和税收的增加，财政债务可以得到偿还，财政赤字也可以逐步缩小。

在通常情况下，靠扩大财政赤字搞建设，势必会引发通货膨胀，这在我国历史上有过多次深刻的教训。但是，在当前的特定条件下，发生这种危险的可能性不大。现在银行储蓄存款比较多，通过财政债券将一部分储蓄转化为对基础设施的投资，不会过量发行货币；粮食等主要农产品、工业消费品和生产资料供应充裕，物价比较稳定，适度扩大财政赤字和国债规模，如果运用得当，不会引发通货膨胀。去年财政增发1000亿元国债加强基础设施建设，银行也相应增加了贷款，但全年货币发行还比年初计划少了近500亿元；社会商品零售价格和消费价格的总水平都比上年下降。今年中央财政预算赤字1503亿元，比去年增加了，但发债规模并没有扩大。现在财政赤字和累计国债余额占当年国内生产总值的比重，还低于国际公认的警戒线，是可以承受的。

当然，靠扩大财政赤字搞建设也不是没有风险，问题在于能不能用好这笔钱。如果一哄而起，乱铺摊子，大搞重复建设和劣质工程，那就会给财政背上沉重包袱，迟早要引发严重的通货膨胀。党中央、国务院对这个问题非常重视，去年就明确提出，利用财政债券搞建设，一定要确保资金的合理投向，集中力量搞好农林水利、交通通信、城市公用设施和环境保护、城乡电网改造、粮食仓库等基础设施建设，并且优先安排在建项目。要注意向中西部地区倾斜，推动中西部地区经济发展。现有企业的技术改造要促进经济结构的调整，主要由银行信贷安排，财政债券也应给予必要支持，但绝不能是单纯扩大生产能力，继续搞重复建设，而必须是符合市场需求、能够增加品种、提高质量和效益的项目。基础设施是我国的薄弱环节，总体上不存在重复建设问题。加强基础设施建设，不仅可以拉动当前经济增长，还可以增强经济发展的后劲。

进行基础设施建设，首先要全面规划，合理布局，选好项目，认真论证，绝不能草率上马。上述这些领域的项目，有些可以通过收费偿还投资；有些虽然没有直接经济效益，但是社会效益显著，有利于整个经济发展，从而增强国家财政的综合偿还能力。其次，必须确保工程建设质量。最近暴露出来一些工程的严重质量事故，给国家造成重大损失，必须引起高度重视。不久前，国务院专门召开了全国性会议，部署加强工程质量管理的工作。工程建设是百年大计，必须坚持质量第一。要认真贯彻《建筑法》。所有项目都要严格执行建设程序，加强可行性研究，按规定的权限进行审批，精心勘察设计和施工，认真做好竣工验收工作；必须改革、整顿和规范建设市场，积极推行项目法人责任制、招标投标制、工程监理制和合同管理制，严禁层层转包和违法分包；要层层落实领导责任制，综合运用经济、法律、行政和舆论监督等手段严把工程质量关，对事故责任者和有关领导人必须严肃查处，直至追究刑事责任。最后，要严禁挤占、挪用财政债券资金，绝不允许把资金拿去弥补经常性开支或搞其他建设，甚至搞楼堂馆所。对重大项目要进行专项审计和跟踪审计。加大执法力度，依法严厉惩治建设领域的各种腐败行为。

实施积极的财政政策，决不是可以敞开口子花钱，而必须珍惜人民的血汗钱。要强化预算管理，努力增收节支。继续加强税收征管，堵塞漏洞，清缴欠税，做到依法治税、应收尽收。大力提倡艰苦奋斗、勤俭建国,反对铺张浪费,坚决压缩一切不必要的行政开支,保证重点支出。严格财经纪律,规范和加强预算外资金管理。要进一步完善财税体制改革,重点是全面清理和规范收费,逐步实行“费改税”。这是一项理顺分配关系、增强宏观调控能力和加强党风政风建设的重大举措,今年要以交通和车辆收费改革为突破口,积累经验,再逐步推开。

这里需要特别指出,实施积极的财政政策是特定条件下采取的特定政策。从中、长期来说,仍然要坚持财政收支基本平衡的原则,实行适度从紧的财政政策,严格控制并逐步缩小财政赤字。

在扩大投资需求的同时,要采取有力措施引导和扩大消费需求,形成投资和消费对经济增长的双重拉动。要通过多种渠道增加城乡居民特别是低收入群众的收入;加快发展消费信贷,推进城镇住房制度改革,支持居民购买住房和大件耐用消费品;积极引导居民增加文化、娱乐、体育健身和旅游等消费,拓宽服务性消费领域。活跃市场流通,大力开拓国内市场特别是农村市场,要从各地农村的实际出发,生产和供应适销对路商品,以满足广大农村居民生产和生活的需要。

三、促进农业和农村经济全面发展

今年的农业和农村工作,要全面贯彻落实党的十五届三中全会精神,稳定党在农村的基本政策,稳定和完善以家庭承包经营为基础、统分结合的双层经营体制,继续增加农业投入,促进农业和农村经济全面发展,努力增加农民收入。

第一,调整和优化农业结构。农业连续几年丰收,不少农产品供过于求,价格下跌,农民收入增长减缓。这是在农业生产发展、人民生活水平提高基础上出现的新问题。经过 20 年的农村改革,我国农业发展进入了一个新的阶段。要适应新阶段的要求,把工作的着力点转移到调整和优化结构、提高产品质量和经济效益上来。今年的粮食生产要在稳定总量的同时,引导农民增加适销对路的优质粮食品种的生产。合理调整棉花布局,稳定新疆棉区种植面积,进一步调减冀鲁豫和长江流域种棉面积。畜牧业、渔业和其他农产品生产,也要根据市场需求变化,调整品种结构,提高产品质量。大力推进科教兴农,加强生物技术、信息技术等高新技术的研究与开发应用,加快优良品种选育和繁育,推广先进适用的增产增收技术。

第二,加强以水利为重点的农业基本建设。今年,中央财政继续较多地增加水利建设和天然林保护的投资,地方财政也要增加投入。要立足于防大汛、抗大灾,赶在汛期之前修复水毁工程,加固长江、黄河等大江大河关键地段的干堤,对病险水库进行除险加固,确保安全度汛。加强城市防洪工程和海堤建设。抓紧建设主要江河控制性工程。开展群众性农田水利建设,鼓励集体、农户以多种形式建设和经营小型水利设施。重视计划用水、节约用水,大力发展节水农业,推广多种形式的节水技术。防治污染,保护水资源。在注意防汛的同时,做好防旱抗旱工作。坚决实行最严格的土地管理制度和保护森林、草原的措施。停止长江、黄河上中游天然林采伐,东北、内蒙古林区和其他天然林区要限量采伐或者停止采伐。坚决制止新的毁林开荒、围湖造田,对过度开垦、围垦的土地,有步骤地退耕还林、还草、还湖。要继续搞好灾后重建工作。开展大规模的植树造林种草,抓好重点生态工程建设,治理水土流失,为子孙后代留下青山绿水。

第三,积极推进粮食流通体制改革,搞活农产品流通。中央关于粮食流通体制改革的方针政策,符合我国国情和发展社会主义市场经济的要求,应当坚定不移地贯彻执行。今年要继续围绕贯彻按保护价敞开收购农民余粮、粮食收储企业实行顺价销售、粮食收购资金实行封闭运行“三项政策”和加快国有粮食企业自身改革,在健全企业机制、完善配套政策和抓好组织落实上下功夫。切实管好粮食收购市场,放开、搞活粮食销售市场,加强粮食市场监管。按照政企分开的原则,粮食收储企业要实行自主经营、自负盈亏,真正转换经营机制,改善服务态度,方便农民售粮。同时,要努力降低成本,积极销售粮食。进一步改革棉花购销体制,建立在政府指导下由市场形成棉花价格的机制,拓宽棉花经营渠道。采取有力措施,清除各种关卡,创造条件,确保农产品货畅其流。

第四,调整乡镇企业结构,推进小城镇建设。引导乡镇企业按照市场需求调整产品结构和企业组织结构。把发展乡镇企业与促进农业产业化经营结合起来,发展以粮食等农产品为原料的加工业,促进粮食转化、增值。加快小城镇建设,是经济社会发展的一个大战略。要抓好小城镇户籍管理制度改革的试点,制定支持小城镇发展的投资、土地、房地产等政策。小城镇建设要科学规划,合理布局,注意节约用地和保护生态环境,避免一哄而起。

第五,减轻农民负担,维护农村稳定。当务之急是要狠刹乱收费等不正之风,坚决取消国家明令禁止的各种收费项目。继续实行农民合理负担定项限额,一定三年不变。抓紧制订并实施农村“费改税”方案,保障农民的合法权益,从根本上解决农民负担过重的问题。扩大农村基层民主,推进村民自治,实行村务公开。改进农村基层干部作风,教育农民依法履行应尽义务,密切干群关系。加大扶贫攻坚的力度,力争今年农村贫困人口再减少 1000 万以上,并做好防止返贫的工作。

四、大力推进国有企业改革

中央前年提出，用三年左右的时间，通过改革、改组、改造和加强管理，使大多数国有大中型亏损企业摆脱困境，大多数国有大中型骨干企业初步建立现代企业制度。今年是实现这个目标的关键一年。国有企业改革的思路和方针政策已经明确。一批企业在市场竞争中发展壮大，一些企业已经或正在走出困境，在实践中积累了许多成功的经验。只要各方面共同努力，扎实工作，中央提出的国有企业改革和发展的目标就能够实现，对此我们充满信心。现在最重要的是，进一步统一思想，坚定不移地贯彻执行中央确定的方针政策。今年政府要突出抓好以下几项工作。

第一，制止重复建设，加快行业调整和改组的步伐。今年，除少数属于提高技术水平、产品升级又有市场的项目之外，各级政府要停止审批工业建设项目，银行也要停止向这类建设项目贷款。要继续压缩纺织、煤炭、冶金、石化、建材、机电、轻工等行业过剩的生产能力，坚决淘汰那些技术落后、浪费资源、产品质量低劣和污染严重的小企业；同时，要按照打破垄断、鼓励竞争的原则，通过联合、兼并、改组，形成技术水平高、有竞争能力的企业集团。这样坚持几年，就可以逐步形成优胜劣汰的机制，为企业发展创造良好的宏观环境和市场条件。

第二，继续做好国有企业下岗职工基本生活保障和再就业工作。这是深化企业改革的重要任务，也是保持社会稳定的重要措施。抓好这项工作，关键是要落实资金。坚持实行企业、社会、财政各负担三分之一的办法。企业、社会筹集不足的部分，财政要给予保证。中央企业由中央财政负担，地方企业由地方财政负担。今年各地财政一定要调整预算支出结构，优先、足额安排这项资金，财政确有困难的省、自治区，中央财政通过转移支付给以一定支持。特别要加强多种形式的职业培训，拓宽就业门路，引导职工转变择业观念，争取尽可能多的下岗职工实现再就业。下岗职工再就业以后，要与原企业解除劳动关系。三年以后还没有再就业的下岗职工，也要与原企业解除劳动关系，转到社会保险机构领取失业保险金；享受失业保险两年后仍未就业的，转到民政部门领取城镇居民最低生活费。这“三条保障线”是目前条件下有中国特色社会保障制度的重要组成部分。

要完善养老保险制度，确保企业离退休人员养老保险金的按时足额发放，并尽快补发拖欠的养老金。要按照国际通行的做法，扩大养老保险覆盖面，国有企业、城镇集体企业、私营企业、外商投资企业都要参加养老保险。要努力提高收缴率。完善养老金省级统筹制度，加强养老金管理。

第三，推进政企分开，健全监管制度，整顿和加强企业领导班子。国务院各部门已经解除了与所属企业的行政隶属关系，不再直接管理企业，今年地方政府也要按照同样原则进行改革。同时，必须加强国家对企业的监管，保护所有者权益和国有资产安全。今年要继续做好向国有重点企业派出稽查特派员的工作。搞好国有企业，关键要加强企业领导班子建设。要坚持德才兼备原则，选拔政治素质高、经营管理能力强、公正廉洁的优秀人才担任企业领导。全心全意依靠工人阶级，发挥职工的民主监督作用，坚持职代会评议企业领导人的制度。加强对企业领导班子的考核，达不到标准的，限期整顿；对因经营管理不善而严重亏损的企业一把手，一年黄牌警告，两年予以撤换；对贪污受贿、腐败堕落者，依法惩办，决不手软；对企业效益好、社会贡献大的，要给予奖励。

搞好国有企业，还必须十分重视企业内部的改革和管理。要按照社会主义市场经济的要求，以市场为中心转换经营机制，实行科学决策制度，推行现代管理科学，严格内部劳动纪律，重点加强质量管理和财务、成本管理，建立全国统一的会计制度和现代企业管理制度。同时，要不拘一格，延揽人才，加强技术开发，努力开拓市场，全面提高企业的活力和竞争能力。

继续采取多种形式放开搞活国有小企业。不能把出售作为国有小企业改革的主要形式，需要出售的要按照国家规范的办法进行，坚决制止名卖实送、半卖半送和逃废银行债务及国家税款、规避安置职工的错误做法。要从信贷、技术、信息和培训等方面，扶持有市场前景的中小企业特别是科技型企业发展。

在推进国有企业改革的同时，大力发展多种形式的城乡集体经济，不断巩固公有制的主体地位。要采取积极的政策措施，鼓励、支持和引导个体经济、私营经济等非公有制经济的健康发展，充分发挥它们对满足居民多样化需要、增加就业、促进国民经济发展的重要作用。

五、认真做好金融工作，防范和化解金融风险

我国金融运行平稳，金融改革取得重要进展。在亚洲金融危机影响加深和世界金融市场动荡、我国经济生活中深层矛盾逐渐显现的情况下，进一步做好金融工作，对于改革、发展和稳定的全局，具有十分重要的意义。

要实行稳健的货币政策，适当增加货币供应量，把握好金融调控力度，保持人民币币值稳定。银行既要坚持商业信贷原则，保证贷款质量，防范金融风险；又要努力改进金融服务，拓宽服务领域，运用信贷杠杆，促进扩大内需和增加出口，积极支持经济增长。

深入贯彻落实1997年中央召开的全国金融工作

会议的精神和部署，继续做好深化金融改革、整顿金融秩序、防范金融风险的工作。一是认真完善银行、证券、保险和信托业分业经营和管理的体制，实行金融监管责任制，切实加强对各类金融机构的监管。二是加快国有商业银行的改革，落实银行经营自主权，推进按经济区划和业务量设置分支机构的工作，撤并机构，精简人员，强化内部控制。推行贷款质量五级分类办法，逐步建立金融资产管理公司，负责处理银行原有的不良信贷资产，对银行新增贷款质量实行严格的责任制。三是办好政策性银行，贯彻国家产业政策，提高资金使用效益。四是依法规范和维护金融秩序。清理、整顿非银行金融机构和地方性金融机构，化解金融机构的风险，保持金融稳定。促进其他商业银行和城乡信用社在改革中稳步发展。认真贯彻《证券法》，规范和发展证券市场。整顿和规范保险市场，促进保险业健康发展。严肃查处金融机构各种违规违纪行为，依法严惩金融犯罪活动。

六、千方百计扩大出口和有效利用外资

要继续贯彻对外开放的基本国策，努力开拓国际市场，力争对外贸易和利用外资有所增长。这对于实现今年经济的持续增长，保持国际收支平衡和人民币汇率稳定，至关重要。

千方百计扩大出口。积极实施以质取胜和市场多元化战略，综合运用出口信贷、退税等各种国际通行的政策手段，促进出口，增加收汇。以扩大机电产品、高附加值产品和优质名牌产品的出口为重点，调整出口结构，开拓新的市场。下大力气抓好一般贸易，完善和加强对加工贸易的管理。进一步扩大生产企业自营出口，调动企业增加出口的积极性。要从资金、技术、人才培训等方面，支持和鼓励有条件的企业到境外有市场潜力的地区发展加工贸易，带动国内商品出口。改进对外贸出口企业考核的内容和方法。外贸企业要知难而进，深化改革，改善管理，提高经济效益和竞争能力。增加必要的进口，改善贸易平衡，把进口与国内产业调整和升级、技术引进结合起来。要发展国际旅游，增加非贸易收汇。

充分发挥我国社会政治稳定、宏观经济形势良好的优势，尽可能多地吸引外资，特别是吸引著名跨国公司的投资，提高利用外资的质量。合理引导外资投向，优化利用外资的结构和地区布局。进一步改善外商投资环境，有步骤地放宽外商投资领域，依法健全对外商投资企业的管理。加强外债的全口径管理，控制规模，优化结构，加强监测预警，提高外债的偿还能力。继续办好经济特区和上海浦东新区。

继续保持人民币汇率稳定。加强外汇收支管理，保持国际收支平衡和外汇储备稳定。严格结售汇制度，禁止非法外汇交易，严厉打击各种骗汇、逃汇、套汇行为。强化缉私力量，深入持久地开展打击走私斗争。

七、实施科教兴国战略和可持续发展战略

实施科教兴国战略，是实现经济振兴和国家现代化的根本大计，也是本届政府极其重要的任务。

当前最重要的是，大力推进改革，加快国家创新体系建设，解决科技与经济相脱节的问题，促进科技成果的转化和推广。一是推动企业成为技术进步的主体，提高企业的技术开发和创新能力。对主要行业和重点企业的技术发展加强指导，用高新技术改造传统产业，加快重大技术装备国产化和高新技术产业化进程，培植电子信息产业等新的经济增长点。加强对引进技术的消化吸收与创新提高。二是以市场为导向，促进多种形式的产学研结合。要深化科研院所内部改革，引入竞争机制，促进科研机构和高等院校的科技力量进入企业，鼓励应用型科研机构与企业联合或直接办成科技企业，改变我国大部分科技力量游离于企业和市场之外的局面。三是抓紧制定和实施适应新形势的产业技术政策。集中力量攻克一批关键性技术。加强工程化研究，促进科技成果的产业化。支持科技型中小企业的发展。对有市场、有效益的科研项目，要加大资金支持力度。加强和完善对知识产权的保护。四是进一步重视和加强基础研究。集中力量抓好重点基础研究项目计划的实施，力争在优势领域取得新的进展，增加科技发展后劲。继续改善科技人员工作和生活条件，建立和完善科技人才培养、使用和使优秀人才脱颖而出的机制。

科教兴国，基础在教育。要继续把教育放在优先发展的战略地位。今年，要使全国 80％以上的人口地区普及九年义务教育，扫除青壮年文盲 300 万人左右；积极发展各种形式的职业教育和成人教育；大力推进素质教育，注重创新精神和实践能力的培养，使学生在德、智、体、美等方面全面发展。依法增加政府对教育的投入，充分利用教育资源，注重提高办学效益。振兴教育事业，一要加大改革力度。继续积极改革教育思想、体制、内容和方法。按照“共建、调整、合作、合并”的方针，进一步改革政府专业部门办学的体制，加快高等教育向中央和省两级管理、在国家宏观政策指导下以省级政府统筹为主的新体制过渡。深化高校内部管理体制和其他各类学校管理体制的改革。积极探索发展民办教育的机制。二要更加重视质量。全面提高各级各类学校的教育质量，特别是中小学阶段的教育质量。严格教师标准，努力提高教师队伍的政治素质和业务水平，继续改善教师的工作和生活条件。三要更加重视思想政治和品德教育。坚持用马克思列宁主义、毛泽东思想特别是邓小平理论教育学生，使他们树立坚定的社会主义理想和信念，努力提高一代新人的全面素质。

进一步实施可持续发展战略。要以对人民、对子孙后代高度负责的精神，保护资源和生态环境。加强对资源的规划和管理，克服靠浪费资源求发展的短期行为，合理利用和保护资源，切实提高资源综合利用水平。要强化全民族的环境保护意识，继续增加环境保护投入，加强对重点城市、区域、流域、海域的污染治理。鼓励清洁生产，对污染物排放超标的企业要限期整顿，达不到要求的必须关闭。首都北京今年把治理大气污染作为政府的一项突出任务，国务院各有关部门要给予有力支持。加强城乡规划工作，严格实施规划，严肃查处违规行为。坚持控制人口增长，提高人口质量。完善人口与计划生育目标管理责任制，重点做好农村和流动人口的计划生育工作。切实解决基层计划生育工作的实际困难和问题，真正做到责任到位、措施到位、投入到位。深化城镇职工医疗保险制度改革，加快医药卫生体制改革步伐，开展社区卫生服务，争取基本实现农村初级卫生保健规划目标，进一步搞好灾区防疫工作。重视人口老龄化趋势，认真做好老龄人口的工作。关心和加强残疾人事业。广泛开展全民健身活动，努力提高竞技运动水平，逐步改善国民营养水平和健康素质。办好“中国’99昆明世界园艺博览会”。

坚持“二为”方向，贯彻“双百”方针，促进社会主义文化建设。繁荣文学艺术，重视社会科学研究，发展新闻出版、广播影视事业，加强文物保护工作和档案工作。要坚持正确的舆论导向，加强舆论监督。完善新闻媒介的自律机制。深化文化管理体制改革。整顿和规范文化市场，持续开展“扫黄打非”斗争。加大对书刊、音像盗版活动的打击力度。普及科学知识，消除愚昧现象，反对封建迷信活动。要坚持“两手抓、两手都要硬”的方针，大力加强社会主义精神文明建设。在全社会倡导遵纪守法、爱护公物、文明礼貌、助人为乐的社会公德，进一步加强对青少年的教育，提高全民族思想道德水平。

八、贯彻依法治国方略，建设廉洁、勤政、务实、高效政府

依法治国，是党领导人民治理国家的基本方略。政府要加强行政立法工作，强化执法监察，推进依法行政。今年要着重抓好以下三项工作。

第一，依法整顿经济秩序，严厉打击经济违法犯罪活动。要加大执法力度，坚决改变有法不依、执法不严的现象，毫不手软地依法惩治经济犯罪分子。严格财经纪律，加强审计监督，维护社会信用，严肃查处乱设账、造假账、逃废银行债务的行为；大力整治各种乱收费、乱集资、乱摊派、乱罚款，对行政性收费和罚没收入实行“收支两条线”管理；强化市场监管，整顿市场秩序，严厉惩治制售假冒伪劣商品以及其他违法活动；打击偷税、骗税、逃税、抗税等犯罪行为。规范和发展社会中介机构。各项法律、法规和行政性规定一经颁布，就要严格执行，反对地方和部门保护主义，真正做到令行禁止，政令畅通。

第二，搞好社会治安综合治理，维护社会稳定。各级政府必须把维护稳定的工作放在突出位置，各有关部门要齐抓共管，落实维护稳定的责任制。继续深入开展“严打”斗争，依法严厉打击危害公共安全的暴力犯罪、带有黑社会性质的团伙犯罪、毒品犯罪，以及盗窃、抢劫、拐卖妇女儿童等其他刑事犯罪活动，使社会治安状况进一步好转。严密防范和打击境内外敌对势力的破坏活动。综合运用法律、经济、行政的方法和进行深入细致的思想政治工作，妥善处理新形势下的人民内部矛盾，及时化解矛盾，把问题解决在萌芽状态，决不能简单粗暴、激化矛盾，更不能动用专政手段对待人民群众。要依靠社会各方面力量，做好维护稳定工作。

第三，从严治政，建设廉洁、勤政、务实、高效政府。各级政府和各部门要进一步转变职能，转变工作方式，转变工作作风，提高工作效率。国务院组成人员要继续严格执行“五项要求”、“约法三章”。地方各级政府也要按照这个精神，定出行为规则，公诸于众，接受监督。每个政府工作人员都要牢记自己是人民的公仆，勤奋工作，全心全意为人民服务。要敢于坚持原则，敢于碰硬，不能回避矛盾，更不能随波逐流；要深入实际，体察民情，为群众办实事，力戒空话套话；要求真务实，严禁虚报浮夸、欺上瞒下；切实改变文山会海、繁文缛节，克服形式主义、官僚主义，把精力真正集中到研究和解决实际问题上来。认真开展讲学习、讲政治、讲正气的“三讲”教育。进一步完善国家公务员制度，严格管理，加强培训，提高公务员的政治和业务素质。

加强廉政建设，惩治腐败。要认真落实廉政建设责任制，进一步加大反腐败斗争的力度，标本兼治，综合治理。继续抓好大案要案的查处，严厉打击和清除腐败分子。进一步做好廉洁自律工作，各级政府工作人员都必须带头遵纪守法，廉洁奉公，领导干部要作出表率。认真抓好纠正部门和行业不正之风的工作，切实解决群众关心的突出问题。要深化改革，健全制度，完善监督制约机制，从源头上、机制上、制度上预防和治理腐败。

按照中央确定的方针，积极稳妥地推进地方政府机构改革。各地可按照中央总的精神，结合实际情况自行确定具体安排和做法。省级政府组成部门的设置应与国务院组成部门基本对口，人员编制原则上减一

半，逐步、分期实施。省级政府机构改革方案，以及市(地)、县和乡镇政府行政编制的精简比例，由省、自治区、直辖市根据实际情况研究提出，报中央审批后实施。为了稳妥起见，县级和乡镇政府的机构改革放在明年进行。地方政府机构改革要精心组织，周密部署，深入细致地做好人员分流工作，做到思想不散，秩序不乱，工作正常运转。

人民代表大会制度是我国的根本政治制度，各级政府都必须自觉接受同级人民代表大会及其常委会的监督；共产党领导的多党合作和政治协商制度将在我国长期存在和发展，各级政府要主动加强与人民政协的联系，认真听取民主党派、工商联、无党派民主人士和人民团体的意见。充分发扬民主，不断完善迅速反映社情民意的机制，使人民的意愿在政府工作中真正得到体现。进一步健全民主决策制度，重大决策特别是涉及广大人民群众利益的政策措施，要谨慎从事，采取适当的形式广泛听取各方面的意见。大力推进基层民主建设，切实发挥企业职工代表大会、城镇居民委员会和农村村民委员会的作用。实行政务公开，加强民主管理和社会监督，充分发挥人民对政府的监督作用。

我国是统一的多民族国家。加强民族团结，维护祖国统一，促进共同发展，是全国各族人民的根本利益所在。改革开放以来，民族地区经济快速增长，人民生活改善，社会全面进步，为全国的发展作出了贡献。要坚持和完善民族区域自治制度，保障民族自治区域的自治权利和民族平等权利。大力培养少数民族干部。坚持对少数民族和民族地区的优惠政策，增加对民族地区的投资，加强对口支援工作，促进民族地区经济社会发展。巩固和发展平等、团结、互助的社会主义民族关系，促进各民族共同繁荣与进步。认真贯彻宗教政策，依法管理宗教事务，积极引导宗教与社会主义社会相适应。进一步做好侨务工作，发挥海外侨胞在促进祖国改革开放与实现和平统一大业中的作用。

各位代表！为了保卫国家安全，必须加强国防现代化建设。要贯彻积极防御的军事战略方针，走有中国特色的精兵之路，加强质量建设，坚持科技强军、依法治军，优先发展重点武器装备，提高军队在现代技术特别是高技术条件下的防卫作战能力。按照军民结合、平战结合的原则，加快国防科研和国防工业的改革和调整，促进军工高技术和民用技术的发展。完善国防动员体制，加强民兵、预备役部队建设和改革。加强人民武装警察部队建设。各级政府要重视国防教育，增强国防意识，关心国防事业，支持军队建设，满腔热忱地做好复员转业军人的安置工作。深入开展拥军优属、拥政爱民和军民共建活动，巩固军政、军民团结。

九、努力促进祖国和平统一大业

香港回归祖国以来，“一国两制”方针得到全面贯彻落实。中央政府严格按照基本法办事，不干预香港特别行政区自治范围内的事务，确保香港特别行政区实行“一国两制”、“港人治港”、高度自治，赢得了广泛的赞誉。亚洲金融危机以来，香港特区政府沉着应对，采取了一系列有效措施，经受住了严峻考验，显示出管理香港社会、驾驭复杂局势的能力。我们将继续全力支持特区政府按照基本法施政，并和香港同胞一道，进一步推进香港与内地的经贸、科技、文化等各个领域的合作，促使香港经济早日复苏，维护香港的长期繁荣稳定。

今年 12 月 20 日，澳门将回到祖国怀抱。澳门特别行政区的筹建工作目前已进入关键性阶段。澳门特别行政区第一届政府推选委员会的组建工作正在进行。年中，推选委员会将选举产生澳门特别行政区第一任行政长官人选，报中央人民政府任命。澳门特别行政区第一届政府将由行政长官依照澳门特别行政区基本法的规定负责筹组。我们相信，有香港回归的成功经验，有广大澳门同胞的共同参与，通过中葡双方的合作与努力，澳门一定能够实现平稳过渡和政权的顺利交接。

在新的一年里，我们要继续坚持“和平统一、一国两制”的基本方针和江泽民主席提出的八项主张，认真做好各项对台工作。我们更寄希望于台湾人民，要广泛团结台湾同胞，听取他们的呼声，支持他们有利于祖国统一的合理主张。大力加强两岸人员往来和经济文化等方面的交流与合作，鼓励台胞投资和发展两岸贸易，保护台胞的正当权益，推动早日实现两岸直接“三通”。实现祖国完全统一是全体中国人民的根本利益所在，国家主权和领土完整不容分割，我们坚决反对“台独”和以任何形式制造“两个中国”、“一中一台”。我们呼吁台湾当局认清时势，尽早同我们进行政治谈判，为在一个中国原则下正式结束两岸敌对状态，进一步改善两岸关系，作出实际努力。

十、关于国际形势和外交工作

1998 年，世界多极化和经济全球化趋势进一步发展，国际关系特别是大国关系正在调整。国际形势总体缓和，但是危机频繁发生，动荡此伏彼起，天下并不太平。霸权主义和强权政治仍然存在，有时表现还很突出。亚洲金融危机影响波及全球，世界经济受到严重冲击。维护经济安全成为许多国家特别是发展中国家的紧迫课题。

面对国际风云变幻，我国坚持奉行独立自主的和平外交政策，维护世界和平，促进共同发展，加强了同世界各国的友好合作关系，国际地位进一步提高。我国同发展中国家的团结与合作继续加强，在国际事务中相互支持、相互配合；同朝鲜、韩国和东盟各国的睦邻友好关系进一步加强；同南亚大多数国家的关系更加密切；同蒙古及中亚国家的合作不断扩大。中美两国元首成功地实现了互访，使中美关系进入了一个新的发展阶段。江泽民主席访俄取得重大成果，两国元首就双边关系和一系列重大国际问题达成广泛共识。江泽民主席作为国家元首首次对日本进行了成功的国事访问，双方本着以史为鉴、面向未来的精神，宣布建立致力于和平与发展的友好合作伙伴关系。中欧关系稳步发展，中国与欧盟举行首次领导人会晤，宣布中欧建立面向21世纪的长期稳定的建设性伙伴关系。中国与其他发达国家的合作与交流不断扩大。

我国积极参与亚太经合组织、亚欧会议以及其他多边领域的外交活动。我国与有关国家密切合作，主张通过协商和平解决争端，反对诉诸武力或以武力相威胁，为维护地区稳定发挥了建设性作用。

中国政府一贯致力于促进和保护人权。中国提出的在完全平等和相互尊重的基础上进行对话，反对利用人权等问题干涉别国内政的主张，在国际上赢得了广泛的赞同和响应。

人类即将进入21世纪。中国政府将继续贯彻邓小平外交思想，始终不渝地奉行独立自主的和平外交政策，坚决维护我国的独立主权、领土完整和民族尊严，反对霸权主义，维护世界和平。我们要坚定不移地把加强和巩固同广大发展中国家的团结与合作，作为外交工作的立足点。在和平共处五项原则的基础上，继续发展同周边国家的睦邻友好关系；继续改善和发展同发达国家的关系。在平等互利的基础上发展同世界各国的经贸、科技、文化以及其他领域的交流与合作。积极参与联合国事务，以积极务实的态度参与多边合作。同有关国家一道，防范和化解金融风险，促进亚洲乃至世界经济的稳定增长。努力推动建立公正合理的国际政治经济新秩序，为人类和平与发展的崇高事业作出自己应有的贡献。

各位代表！

综观世纪之交的形势，我们面临着历史机遇和新的挑战。让我们高举邓小平理论伟大旗帜，在以江泽民同志为核心的党中央领导下，坚持党的基本路线，依靠全国各族人民的智慧和力量，振奋精神，锐意改革，抓住机遇，团结奋斗，全面完成今年经济和社会发展的各项任务，把建设有中国特色社会主义的伟大事业胜利推向21世纪！

国家主席江泽民在人民大会堂参加九届全国人大二次会议广西代表团的全体会议

全国人大常委会委员长李鹏参加九届全国人大二次会议北京代表团的第一次全团会议

九届全国人大二次会议在人民大会堂就国企改革和发展问题举行记者招待会

国家经贸委主任盛华仁，副主任陈邦柱、郑斯林就国有企业改革和发展问题回答了中外记者的提问。

记者：目前下岗职工较多，影响社会稳定，今年国有企业改革是否会放慢步伐？

盛华仁：1999年，是实现国有企业改革和脱困三年目标的第二年，也是十分关键的一年。国有企业改革是今年中国经济改革和发展的重中之重，能否取得突破性进展，对实现三年目标具有重要意义。虽然面临不少困难，任务十分艰巨，但这丝毫没有动摇我们的决心和信心。我们要精心部署，狠抓落实，务求取得实质性进展，国企改革的步伐不会放慢，在有些方面还会加快。

记者：国企改革与中国申请加入世贸组织关系如何？

陈邦柱：国有企业改革与中国加入世贸组织是相辅相成、相互促进的关系，中国在国有企业改革方面的进展，会促进中国加入世贸组织的进程。中国如能早日加入世贸组织，也会促进国有企业进一步深化改革。

记者：将采取哪些措施保证今年国有企业改革目标实现？

盛华仁：具体措施有如下几条：一、制止重复建设，压缩过剩的生产能力；二、减员增效，做好国有企业下岗职工基本生活保障和再就业工作；三、政企分开，加强监管，加强企业领导班子建设；四、突出重点，落实责任，打好国有大中型亏损企业脱困工作的攻坚战；五、从实际出发，采取多种形式放开搞活国有小企业；六、加快技术进步步伐，提高企业技术创新能力；七、坚定不移地贯彻“鼓励兼并，规范破产，减员增效，下岗分流和实施再就业工程”的方针；八、大力开拓国际国内市场，整顿和规范市场秩序；九、加强企业内部管理，提高企业经营管理水平。

《人民日报》记者：国家决定今年要加大控制总量、淘汰落后生产能力的力度，继续关停“五小”企业，这样会不会导致大量工人下岗？会不会影响经济增长速度？

郑斯林：任何事均有利、弊两方面，我们决策时考虑的是选择利比较大的方面，避免弊比较大的方面。“五小”企业往往造成资源浪费、环境污染、产品质量不高，而且在总量过剩的情况下，这些企业产品的销售也冲击了市场。当然，关停“五小”企业可能带来这些企业职工暂时下岗。朱镕基总理在今天的政府工作报告中提出，这些企业应该就地取材，利用当地的资源进行深加工，来寻找新的出路。在产业结构调整的过程中，使劳动力结构得到调整。

记者：朱镕基总理在政府工作报告中提到，在国企改革过程中，要避免“低价出售”和“明卖暗送”现象的发生。这种现象是否普遍？

盛华仁：确实有一些地方把出售作为国有小企业改革的主要形式甚至唯一形式，在出售过程中也出现了一些不规范的行为，导致国有资产流失，银行债务悬空，职工合法权益受到损害。针对这样的问题，国家经贸委和财政部、中国人民银行联合下发了关于出售国有小企业若干问题意见的通知，这样做，主要是为了防止出售国有小企业中的不规范行为。到目前为止，可以说这方面的问题得到了较好解决。国有小企业今后的改革，将会按照党的十五大提出的方针，根据企业不同的情况，采取不同的方式来深化改革。

国家主席江泽民在钓鱼台国宾馆会见美国前国防部部长威廉·佩里

江泽民在会见中表示，历史进程证明，中美关系的改善和发展，不仅给中美两国人民带来了巨大的利益，而且对亚太地区及世界的和平与稳定发挥了积极的作用。中美两国元首实现互访以来，中美关系得到了新的发展，其成果来之不易，值得珍惜。

江泽民强调，台湾问题一直是中美关系中最敏感、最重要的问题，只有严格遵守中美三个联合公报的原则，中美关系才能平稳健康地向前发展。

江泽民指出，由于中美两国国情和价值观念不同，彼此之间存在这样那样的分歧是不奇怪的，重要的是要审慎对待分歧，本着平等和相互尊重的精神，妥善处理分歧。他表示相信，朱镕基总理即将对美国进行的正式访问，将推动中美关系取得进一步发展。

江泽民表示，利用非官方渠道加强对话、增进相互了解是有益的，希望一切美国有识之士为推进两国关系继续作出积极努力。

中国驻美国大使馆发言人于树宁在华盛顿举行记者招待会就美国国务院人权报告对中国的指责表示反对

于树宁在记者招待会上说，保护和促进人权是一个国家的内部事务，不容外部势力干涉。中国政府一贯重视保护和促进人权。中华人民共和国成立后，尤其是改革开放 20 年来，中国人权事业取得了巨大进步，人民生活水平大大提高，享有越来越多的政治、经济、社会和文化权利。2 月 26 日发表的美国国务院人权报告却无视这种情况，对中国横加指责。对美方这种干涉中国内政的行为，我们表示坚决反对。

于树宁指出，美国的人权问题并不少，但报告避而不谈，却对 194 个国家和地区的人权状况评头论足，这是典型的双重标准。在中美人权对话恢复举行 1 个月后，美国发表这个报告，尤其令人遗憾。

关于美国有可能在今年日内瓦人权会议上搞反华提案的问题，这位发言人说，中国坚持反对把人权问题政治化。美国等西方国家在日内瓦曾 7 次提出反华提案，均以失败告终。去年，美国放弃了这种做法，为双方恢复人权对话消除了障碍。我们认为，如果美国今年再提反华提案，不仅对双方的人权对话，而且将对中美关系造成负面影响。

在评论美国有人提出将中国的人权与加入世贸组织挂钩时，于树宁说，克林顿政府上台之初，把二者挂钩，后来认识到这是一种不好的政策而放弃了。我们希望美方不要重复过去的错误做法。中国对加入世贸组织一贯采取积极态度，并为此作出了巨大努力。目前，中美正在进行谈判，我们希望，经过双方努力，使这一问题得到解决。早日解决这个问题，符合中美两国的利益。

针对中国最近逮捕一些所谓“政治活动分子”的问题，于树宁指出，这些人从海外反华势力那里接受资金，从事颠覆政府的活动，触犯了中国的刑法，因而被中国司法机关逮捕、审判。处罚刑事犯与保护和促进人权，完全是两回事。这些犯罪分子只是一小撮人，不能代表 12 亿中国人民。美国一些人对这一小撮人表现出太大的兴趣，令人遗憾。于树宁说，事实上，许多国家都采取严厉措施，惩处威胁国家安全的罪犯。美国法律规定，对企图颠覆政府的人，即使他们只是印发有关宣传材料，也可以被判处 20 年徒刑和处以 2 万美元罚款。

于树宁说，人权问题只是中美关系一个侧面。中国一贯认为，正确处理中美人权问题分歧的方法是，承认两国间分歧，在相互尊重的基础上，通过对话和磋商而不是用指责和对抗来解决分歧。

3 月 6 日

九届全国人大二次会议举行第二次大会

会议上午在人民大会堂举行。会议听取关于 1998 年国民经济和社会发展计划执行情况与 1999 年国民经济和社会发展计划草案的报告、关于 1998 年中央和地方预算执行情况及 1999 年中央和地方预算草案的报告。

江泽民、李鹏、朱镕基、胡锦涛、尉健行、李岚清等党和国家领导人出席大会。大会由执行主席、主席团常务主席邹家华主持。

受国务院委托，国家发展计划委员会主任曾培炎向大会作了《关于 1998 年国民经济和社会发展计划执行情况与 1999 年国民经济和社会发展计划草案的报告》。

受国务院委托，财政部部长项怀诚向大会作了《关于 1998 年中央和地方预算执行情况及 1999 年中央和地方预算草案的报告》。

下午，朱镕基、李岚清分别参加湖南代表团、西藏代表团对政府工作报告的审议讨论会。

国家计委主任曾培炎在九届全国人大二次会议上作《关于 1998 年国民经济和社会发展计划执行情况与 1999 年国民经济和社会发展计划草案的报告》

各位代表：

我受国务院委托，向大会报告 1998 年国民经济和社会发展计划执行情况与 1999 年国民经济和社会发展计划草案，请予审议，并请全国政协委员提出意见。

一、1998 年国民经济和社会发展计划执行情况

1998 年是极不寻常的一年。面对亚洲金融危机的冲击，中央果断作出了增加投入、扩大内需的决策，加强基础设施建设，拉动经济增长；全国军民万众一心，顽强拼搏，夺取了抗洪抢险的伟大胜利。总的看，1998 年计划执行情况是好的，基本实现了各项宏观调控目标。

国民经济继续较快增长，物价总水平有所下降。随着扩大内需各项政策措施的落实，经济增长速度逐步回升。三季度经济增长 7.6%，比二季度快 0.8 个百分点，四季度达到 9%。全年国内生产总值完成 79553 亿元，比上年增长 7.8%，基本实现年初确定的目标。商品零售价格总水平比上年下降 2.6%，居民消费价格下降 0.8%。在亚洲金融危机影响日益加深和遭受严重洪涝灾害的情况下，国民经济依然保持较快的增长速度，是来之不易的。

农业获得好收成，工业生产稳定增长。全年粮食总产量 4900 亿公斤以上，棉花 440 万吨，油料 2292 万吨。畜牧、水产业持续增长。猪、牛、羊肉总产量 4355 万吨，比上年增长 6.5%；水产品 3854 万吨，增长 7.0%。

受投资需求拉动，工业增长速度逐渐加快。12 月份工业增加值增长速度由 6 月份的 7.9% 上升到 11.5%。全年完成工业增加值(全部国有工业企业和年产品销售收入 500 万元以上的非国有工业企业) 20046 亿元，比上年增长 8.8%。工业结构有所改善，电子信息等高技术产业发展加快。微机产量 291 万台，增长 41.1%；程控交换机 4220 万线，增长 51.4%；集成电路 27 亿块，增长 5.7%。产销衔接状况逐步好转。工业产品销售率逐步回升，全年平均 96.5%。

固定资产投资规模扩大，基础设施建设明显加快。全年全社会固定资产投资完成 28457 亿元，比上年增长 14.1%。其中国有单位投资增长 19.5%。投资结构继续改善，基础设施建设出现了前所未有的新局面。国家确定的重点领域投资大幅度增加。全年农林牧渔水利业投资完成 684 亿元，增长 47.8%；运输邮电通信业完成 4990 亿元，增长 53.4%，其中，邮电通信业 1504 亿元，增长 48.3%。固定资产投资注意对中西部地区适当倾斜。西部地区投资增长 31.2%，比东部地区快 14.9 个百分点。一批大型基础设施项目交付使用。兰州经西宁到拉萨的通信光缆提前建成，使全国通信光缆骨干网基本形成。沪杭高速公路、京郑铁路电气化、广州地铁一期、陕甘宁气田、河北桃林口水库等大中型项目竣工投产。全年建成投产高速公路 1487 公里，铁路新线 900 公里，复线 596 公里，电气化铁路 995 公里。长江三峡和黄河小浪底水利枢纽工程、西安—安康铁路、朔黄铁路、首都机场扩建工程等重点项目进展顺利。二滩水电站、黄河万家寨水利枢纽工程等项目部分建成投产。

灾后重建全面展开。中央预算内投资和新增国债共安排 200 亿元用于灾后重建。长江、黄河干堤和洞庭湖、鄱阳湖重点垸堤加固，以及重要城市防洪体系建设进展较快，平垸行洪、退田还湖、移民建镇工作积极推进。修建了一批过冬用房，目前大多数灾民已搬入新居。

财政收入增长较快，金融形势保持平稳。全国财政收入(不含债务收入)完成 9853 亿元，比上年增长 13.9%；财政支出(不含债务支出) 10771 亿元，增长 16.7%；全国财政支大于收 918 亿元，其中中央财政赤字 960 亿元。实施积极的财政政策，对扩大内需、启动经济发挥了关键作用。银行三次降低存贷款利率，减轻了企业负担，支持了经济增长。全部金融机构各项存款余额 95698 亿元，增长 16.1%；各项贷款余额 86524 亿元，增长 15.5%。下半年货币供应量增长加快。12 月末，狭义货币供应量(M1)和广义货币供应量(M2)分别比上年增长 11.9%和 15.3%，比 6 月末加快了 3.2 个和 0.7 个百分点。全年累计净投放现金 1027 亿元，控制在全年投放目标之内。1998 年年末外汇储备达到 1450 亿美元，比上年末增加 51 亿美元。人民币汇率保持稳定。

各项改革稳步推进，再就业工作取得进展。国有企业改革不断深化。纺织、煤炭、石化等重点行业的改革、改组、改造初见成效。兼并破产、减人增效和实施再就业工程进展加快。有下岗职工的国有企业全部建

立了再就业服务中心或类似机构，绝大部分下岗职工进入企业再就业服务中心。基本养老保险省级统筹稳步推进，11 个行业基本养老保险统筹移交地方管理，企业离退休人员养老金基本做到按时足额发放。

粮食流通体制改革进展顺利。基本上做到了按保护价敞开收购农民余粮，保护了农民的种粮积极性。国有粮食收储企业初步实现顺价销售，基本停止了新的亏损。粮食收购资金得到了充分保证，制止了挤占挪用，实现了封闭运行。国有粮食企业改革步伐加快。国家对粮食市场的宏观调控能力明显增强。

贯彻实施《价格法》，价格改革继续推进。适当调整了粮食收购价格。棉花收购价格由政府定价改为政府指导价，放开销售价格。提高了铁路货运价格和公路建设客运附加费标准。部分城市提高自来水价格并开征污水处理费。实现了原油价格与国际市场价格基本接轨。清费、治乱、减负力度加大，开展了重点行业价格和收费专项检查。整顿农村电价和各种乱收费，分三批公布取消违反规定征收的基金、附加费等乱收费项目。

金融体制改革取得新进展。撤销了人民银行省级分行，跨省区设置 9 家分行。证监会实行垂直管理体制。成立保监会，对保险业实施监管。撤并和调整国有商业银行的分支机构。取消对国有商业银行贷款限额控制，实行资产负债比例管理，推行贷款质量 5 级分类办法。发行 2700 亿元特别国债，充实国有独资商业银行资本金，防范金融风险能力得到加强。整治金融秩序，查处了一批违法违规案件，关闭了个别问题严重的金融机构。

进出口商品结构不断改善，利用外资质量继续提高。外贸进出口总额 3240 亿美元，比上年下降 0.4%。其中，出口 1838 亿美元，增长 0.5%；进口 1402 亿美元，下降 1.5%。出口商品结构改善。机电产品出口增长 12.2%，高于整个出口增长速度 11.7 个百分点，所占比重达到 36.2%。设备和技术进口所占比重有所提高。严厉打击走私和骗汇，取得明显效果。

利用外资规模基本稳定。全年共批准外商投资项目近 2 万个，新签合同外资金额 521 亿美元，比上年增长 2.2%。实际利用外资 589 亿美元，其中外商直接投资 456 亿美元，增长 0.7%。外资流向技术密集型产业、基础设施和中西部地区增多。

科技教育取得新成就，各项社会事业全面进步。研究与发展的投入增加。围绕经济建设中的重大关键和共性技术展开科研攻关，取得一批新成果。数字蜂窝移动通信、高清晰度电视功能样机、8 英寸直拉硅单晶抛光片、窑法磷酸工艺等自主开发成功。大天区面积多目标光纤光谱望远镜等重大科研基础设施开始建设。

各级各类教育出现新的发展局面。实现普及九年义务教育的人口地区达到 73%，青壮年文盲率下降到 5.5%。职业教育和成人教育健康发展。高校管理体制改革取得突破性进展，650 多所高校按照“共建、调整、合作、合并”方针进行了不同形式的管理体制改革。高等教育“211 工程”进入实施阶段。

文化、体育、卫生等各项社会事业取得新成绩，新闻出版、广播电视进一步发展。以伟大抗洪精神的形成为标志，社会主义精神文明建设再上新台阶。

人民生活继续改善。城镇居民人均可支配收入 5425 元，农村居民人均纯收入 2160 元，考虑到价格下降因素，实际分别增长 5.8% 和 4.3%。市场销售平稳增长，全年社会消费品零售总额 29153 亿元，比上年增长 6.8%。城镇人均居住面积超过 9 平方米，提前实现了“九五”计划目标。扶贫工作取得新成效，农村贫困人口减少 800 万。城镇登记失业率为 3.1%。人口自然增长率 9.53‰，实现了计划确定的目标。

1998 年经济社会发展的伟大成就，赢得了国际社会的高度评价，增强了对我国经济发展前景的信心。这些成就的取得，首先是由于中央及时果断地作出正确决策。1998 年初，面对亚洲金融危机的冲击，党中央、国务院作出了扩大内需，加强基础设施建设的重大决策。下半年，为适应局势的变化，中央又决定实施积极的财政政策，进一步促进扩大内需各项措施的落实。经第九届全国人大常委会第四次会议批准调整预算后，国务院增发 1000 亿元财政债券，重点用于增加基础设施建设投入。这对全国经济的稳定和发展，发挥了极其重要的作用。各地区、各部门按照中央的部署，周密安排，通力协作，狠抓落实，使中央的各项决策很快见到成效。实践再次表明，以江泽民同志为核心的党中央，完全能够应对各种复杂多变的国内外经济环境，保证国民经济在持续快速健康发展的轨道上胜利前进。

在看到成绩的同时，我们也充分认识到经济和社会生活中还存在着诸多矛盾和问题，有的还相当突出。经济结构不合理，多年来重复建设造成大量生产能力不能发挥。一些企业正在走出困境，但仍有相当一部分国有企业生产经营困难，经济效益下降。1998 年，工业企业实现利润总额同比下降 17%，亏损企业的亏损额增长 22.1%。国有企业下岗职工增加，就业压力加大。最终消费需求不旺，启动市场难度较大。经济秩序混乱。金融机构多年积累的风险不容忽视。一些地区生态环境继续恶化，部分城市污染严重。对于这些问题，我们要有针对性地进一步采取措施，认真加以解决。

二、1999年经济社会发展调控目标和主要任务

1999年，我们将庆祝建国五十周年，恢复对澳门行使主权。做好今年的经济工作，对于完成"九五"计划，全面实现第二步战略目标，具有十分重要的意义。

1999年经济工作的总体要求是：高举邓小平理论伟大旗帜，深入贯彻落实党的十五大和十五届三中全会精神，继续推进改革开放，把扩大国内需求作为促进经济增长的主要措施，稳定和加强农业，深化国有企业改革，调整经济结构，努力开拓城乡市场，千方百计扩大出口，防范和化解金融风险，整顿经济秩序，保持国民经济持续快速健康发展和社会全面进步，迎接新中国成立五十周年。根据这一要求，1999年经济和社会发展的主要预期目标是：

——经济增长率7%左右；

——全社会固定资产投资增长12%左右；

——全国商品零售价格涨幅2%以内，居民消费价格涨幅4%以内；

——进出口总额力争有所增长，进出口基本平衡；

——保持必要的财政收支差额，中央财政赤字1503亿元；

——货币发行量1500亿元左右；

——城镇登记失业率3.5%左右；

——人口自然增长率10.1‰。

在社会主义市场经济条件下，经济增长率是个预期性指标，在国内外经济情况发生变化时可以进行调整。经济增长率7%左右，是综合考虑各方面因素确定的。继续保持较快的增长速度，有利于各方面矛盾和问题的解决，有利于增强全国人民信心。实现这一增长目标，既是有条件的，也需要付出相当艰苦的努力。我们要加快推进经济体制和经济增长方式的转变，坚持速度、结构、质量、效益的统一，在保持经济适度快速增长的同时，把工作的着力点放在开拓市场、优化结构、提高经济增长的质量和效益上来。

1999年国民经济和社会发展的主要任务是：

(一)加强农业基本建设，调整和优化农业结构

继续加强以水利为重点的农业基本建设。加快大江大河大湖的治理，抓紧修复水毁设施，重点加固干堤，确保今年安全度汛。搞好江河湖清淤疏浚，有计划地实施平垸行洪、退田还湖、移民建镇，恢复和提高行蓄洪能力。加快病险水库除险加固，加强主要江河控制性工程建设，提高对洪水的调蓄能力。

切实搞好生态环境建设。在长江、黄河上中游地区，"三北"风沙区和草原区，大力开展生态环境综合治理，大规模植树种草，建设生态农业。加大退耕还林和"坡改梯"力度。恢复和扩大草地植被，搞好小流域治理，减少水土流失。继续搞好天然林资源保护和十大防护林体系建设。

调整和优化农业结构。1999年粮食播种面积稳定在16.5亿亩，粮食总产量4950亿公斤。要按照市场需求，调整种植结构，提高农产品质量。稳定新疆棉花生产，压缩冀鲁豫和长江流域棉花产量。糖料、烤烟也要按照市场需求生产。继续搞好"菜篮子"产品的生产，保证市场供给。进一步推广先进适用农业技术，特别是大力推广渠道防渗、低压管道输水和喷灌、滴灌等多种形式的节水增效灌溉技术，以及旱作农业技术。有条件的地方积极发展精准农业。

千方百计增加农民收入。完善农业社会化服务体系，发展农业产业化经营，提高农产品加工深度和转化率。组织农村劳动力参加基础设施建设，增加劳务收入。乡镇企业要抓好结构调整，尤其要注重质量、效益和环境保护，着重发展农副产品加工业和储藏、保鲜、运销业。切实减轻农民负担，落实合理负担定项限额、一定三年不变的政策，坚决取缔各种乱收费、乱集资、乱罚款、乱摊派。

加快小城镇建设。要抓好小城镇户籍管理制度改革的试点，发挥小城镇对农村经济的带动作用，提高农民生活质量。

(二)努力为国有企业改革创造良好的外部条件，加大对中小企业的扶持力度

今年是大多数国有大中型亏损企业摆脱困境，大多数国有大中型骨干企业初步建立现代企业制度的关键一年。针对多年来低水平重复建设造成国有企业开工不足、效益下降的问题，进一步调整和压缩过剩的生产能力。纺织行业要基本完成压锭1000万、分流人员120万和全行业减亏60亿元的目标；煤炭行业要做好煤矿下放的后续工作，关闭小矿井2.58万处，压产2.5亿吨；整顿和关闭技术落后、质量低劣、污染严重、浪费资源的小玻璃厂、小水泥厂、小火电厂、小炼钢厂和小炼油厂。加大鼓励兼并、规范破产的力度。改进银行呆、坏账准备金核销办法，集中支持重点行业和重点企业的改组。

做好国有企业减员增效和再就业工作。完善下岗职工基本生活保障、失业保险和城镇居民最低生活保障"三条保障线"制度。各级财政预算要优先打足下岗职工基本生活保障资金。继续办好企业再就业服务中心，加强劳动力市场建设和再就业培训，开拓新的就业渠道。完善养老金省级统筹制度，扩大覆盖面，提高收缴率，确保养老金按时足额发放。积极推进城镇职工医疗保险制度改革。切实抓好企业领导班子的考核和调整。

采取多种形式，进一步放开搞活国有小企业。加强对小企业发展的引导和政策扶持，为各种所有制小

企业特别是高新技术企业的成长创造条件。建立有效的国有资产管理、监督和营运机制，防止国有资产流失和逃废银行债务。

加强和改善对个体经济、私营经济的引导、监督和管理，充分发挥他们在促进经济增长和吸纳就业等方面的积极作用。

(三)推进经济结构调整，积极培育新的经济增长点

积极利用先进技术改造和提高传统产业，加快调整加工工业。以市场为导向，加大技术改造力度，大力推广节能降耗、综合利用和提高环保效益的新工艺和新技术，加快淘汰落后工艺、技术和设备，增加产品科技含量，提高产品质量和档次。纺织工业要加快技术引进和设备更新，提高印染等后整理水平，积极开发装饰和产业用纺织品。造纸工业要调整原料结构，发展纸浆、中高档纸及纸制品。电力发展要从以增加发电能力为主，转到开拓电力市场，调整电力结构，加强电网建设上来。石油、石化行业要推广先进钻井、采油技术，加强天然气的勘探、开发和利用，改造现有炼油企业，提高轻油收率。化工行业要积极开发精细化工产品，调整化肥品种结构，发展高浓度化肥。钢铁工业要加快淘汰平炉炼钢、化铁炼钢、模铸和横列式轧机等落后工艺和设备。建材工业要推广新型干法旋窑水泥等技术，发展节能、节水、节地和低污染新型建筑材料。

大力振兴装备工业，提高技术装备水平。依托国家重大建设项目，抓好国外先进技术的引进、合作设计、合作制造，提高自主开发能力，推进关键设备的国产化。实施城市轨道交通设备和环保设备等国产化专项计划。提供优惠买方信贷，鼓励使用国产设备。

发展新兴产业和高技术产业，积极培育新的经济增长点。制定高技术产业发展规划，实施高技术产业化示范工程。探索高技术创业投入机制，在财税、金融、折旧和进出口经营等方面给予支持。加强信息基础设施建设。抓好移动通信、数字化电子信息等产品的开发和生产，积极培育和生产具有自主知识产权和市场竞争力的高技术产品。

(四)进一步深化价格改革，大力整顿市场秩序

抓住当前物价总水平下降的有利时机，围绕扩大内需和产业升级，继续调整价格结构，改革价格形成机制。重点调整邮政、电信以及住房等基础产业和公用事业价格，打破行业垄断。改革农村电价管理体制，逐步实现城乡用电同网同价。进行厂网分开和发电竞价上网的试点。继续实行粮食收购保护价政策，整顿粮食收购市场秩序。放开棉花收购价格和化肥零售价格。积极推进收费改革，加快理顺税、费、价三者关系。

整顿市场秩序，规范价格行为。严厉打击生产和销售假冒伪劣产品的行为。制定与《价格法》相配套的法规，依法查处低价倾销、价格垄断、价格欺诈、价格歧视、牟取暴利等不正当价格行为。完善药品价格及医疗服务收费管理，规范药品价格折扣。整顿建筑市场，规范建筑收费。开展与人民生活关系密切的价格和收费检查，特别要加强电信资费和粮食收购价格、农村电价、涉农收费的检查。

(五)坚持实施科教兴国战略，依靠科技进步和提高劳动者素质推动经济增长

大力推进科技体制改革，加快创新体系建设，形成科技与经济紧密结合的新机制。充分发挥企业在推进产业技术进步中的主力军作用，尽快使企业成为科技投入和技术开发的主体。鼓励科研院所和高等院校的科技力量进入企业，或与企业联合、合作、共建，增强企业的技术创新能力，促进应用型科研院所转制为科技型企业，改变大部分科技力量游离于企业和市场之外的局面。深化科研院所内部改革，建立激励机制，激发科研人员的积极性和创造性。加快部门所属科研机构管理体制改革，尽快转变运行机制。瞄准市场潜力大的技术和产品，加大开发力度，加快科技成果转化。

切实把教育放在优先发展的战略地位。继续全面推进教育改革和发展，进一步调动社会力量发展教育的积极性。积极发展高等教育，加快高教管理体制改革，加速教育后勤社会化。努力提高教师队伍整体素质。继续大力普及九年义务教育和扫除青壮年文盲。全面推行素质教育。积极发展职业教育和成人教育。抓紧完成高校筒子楼和危房改造工作。1999 年研究生计划招生 8.5 万人，普通高校招生 130 万人。

(六)坚持可持续发展战略，积极发展各项社会事业，进一步改善人民生活

继续加强社会主义精神文明建设，通过完善有关经济政策，促进文学、艺术、广播电影电视、新闻出版、体育等各项事业发展。努力提高广播电视覆盖率，积极推进“村村通广播电视”工程。认真做好区域卫生规划工作，完善基层卫生服务设施。

加快实施《中国 21 世纪议程》，增强可持续发展能力。切实保护和合理利用耕地、淡水、森林、矿产等资源，继续加强重点城市、区域、流域和海域的污染治理，努力实现环境、经济和社会协调发展。

继续做好计划生育工作。坚持把控制农村人口增长作为重点，将计划生育工作与发展农村经济、帮助农民脱贫致富、建设文明幸福家庭结合起来。大力提倡少生优育，提高人口素质。

努力改善城乡居民生活。1999 年，城镇居民人均可支配收入和农村居民人均纯收入力争实际增长 4%。加强公共设施和社会福利设施建设。搞好爱国卫生运

动,做好疫病防治工作。美化生活环境,提高生活质量。加大扶贫攻坚力度,解决1000万以上农村贫困人口的温饱问题。

三、继续立足于扩大国内需求,促进国民经济持续快速健康发展

继续扩大国内需求,是当前应对亚洲金融危机和国际市场变化的正确选择,也是我国经济发展的基本立足点和长期战略方针。在全球金融和经济复杂多变、不确定因素增多的情况下,只有立足于扩大内需,同时积极推进对外开放,才能把握经济发展的主动权。

(一)增加固定资产投资,确保基础设施工程质量

1999年,全社会固定资产投资总规模增长12%左右。要在继续增加国有经济投资的同时,积极采取措施,引导非国有经济增加投资。固定资产投资,要重点用于灾后重建、整治江湖、兴修水利,在建的基础设施项目,重大技术装备国产化和高技术产业化项目,适当向中西部地区倾斜。今年,除少数属于提高技术水平、产品升级又有市场的项目外,要停止审批工业建设项目。集中资金,确保一批重点建设项目竣工投产,包括上海大规模集成电路芯片,宝坻至山海关、西安至潼关高速公路,江阴长江大桥、厦门海沧大桥,首都机场、浦东机场,北京复八线地铁,新疆引额济克工程,南疆铁路等。

确保基础设施工程质量,是扩大内需政策成败的关键。严格按建设程序办事,做好项目前期工作,对勘察设计、施工和设备、原材料采购等各个环节,实行全方位、全过程的质量管理。要健全和完善项目法人责任制,规范招标投标制,强化工程监理制和合同管理制,实行工程质量的领导责任制。运用经济、法律、行政和舆论监督等各种手段,强化质量监管。发挥重大项目稽查特派员的作用,对发现有重大工程质量问题的项目,要一查到底,严肃处理。

(二)正确引导居民消费,大力开拓农村消费市场

消费需求是社会再生产的终点和新的起点。只有增加消费需求,才能使增加的投资取得预期效益,实现社会再生产的良性循环。大力开拓城乡消费市场,是扩大内需的重要内容。要采取有效措施,扩大居民消费,活跃城乡市场,发挥投资与消费对经济增长的双重拉动作用。

进一步完善收入分配结构和分配方式,提高城乡居民购买力。特别是注意增加广大中低收入居民的现金收入。合理引导居民心理预期,鼓励居民增加消费。理顺体制,完善政策,扩大住房等高价值商品消费。逐步建立以个人消费为主体的消费制度,减少福利型、供给型、实物型分配,实行分配货币化。加快推进城镇住房制度改革,整顿土地转让价格和拆迁补偿费,清理各种摊派和收费,规范住房成本构成,切实降低房价。增加住房信贷,完善二级市场,尽快把住房培育成新的消费热点。提倡和推广分期付款等大众信用消费。

花大力气开拓农村市场。改善农村消费环境,加强水、电、路、通信和广播电视等基础设施建设,为家用电器和电话进入农村居民家庭创造条件。积极生产和开发灌溉、田间作业、粮食烘干、农副产品加工、运输等质优价廉的农机产品。开发适合农村市场的净水设备和使用多种燃料的高效节能灶具。

拓宽消费领域,开发新的服务消费市场。鼓励和引导第三产业加快发展。推进文化、体育、非义务教育和非基本医疗保健的产业化。努力把旅游业培育成新的经济增长点。促进社区服务快速发展,方便居民生活。

(三)继续实行积极的财政政策和稳健的货币政策

为了保证经济发展和稳定的大局,缓解经济社会生活中的各种困难和压力,实现宏观经济预期目标,今年还要继续实施积极的财政政策。增发一定数量的国债,继续用于灾后重建、兴修水利以及其他基础设施建设投资。实施积极的财政政策,增加财政支出,也要适时适度,充分考虑财政的承受能力。确保资金的合理投向,用好有限的资金,充分发挥财政资金对社会资金的引导作用。要切实抓好增收节支,反对铺张浪费。继续整顿财经秩序,推行对行政性收费和罚没收入"收支两条线"管理,强化财政监督。

实行稳健的货币政策,适当增加货币供应量,促进经济增长。今年广义货币供应量(M2)预期增长14%—15%;狭义货币供应量(M1)增长14%左右;国家银行新增贷款指导性计划1万亿元,增长14.6%。保持人民币汇率稳定。灵活运用利率、再贷款、再贴现、公开市场操作、存款准备金等手段,调节货币供应量。重点增加对基础设施建设、农业、消费和中小企业的信贷投入,加大对经济增长的支持力度。稳步推进金融改革,大力整顿金融秩序,切实防范和化解金融风险。完善国有商业银行一级法人管理,强化内控制度建设,逐步建立金融资产管理公司,负责处理银行原有的不良信贷资产,对新增贷款质量实行严格的责任制。修订主办银行管理办法,实行双向选择,加强银企合作。逐步建立地方性中小金融机构存款保险制度。进一步加强金融监管。严格规范证券、保险市场运作。严厉查处各种违法违规行为,打击金融犯罪活动。

(四)努力扩大对外贸易,积极合理有效地利用外资

对外开放是我国的一项基本国策。在扩大内需的同时,要大力发展对外经济贸易。坚持实施市场多元化战略和以质取胜战略,千方百计扩大外贸出口。进

一步扶持和鼓励机电产品出口。努力提高出口产品的质量、档次和配套化、系列化水平，增加附加值。积极支持和鼓励有条件的企业开展境外加工贸易，带动国内设备、原材料和劳务出口，这是当前扩大外贸出口的重要途径。继续优化出口产品结构，通过出口配额、信贷政策和调整出口退税率等措施，促进外贸出口，特别是扩大名优产品的出口规模。培育大宗农产品出口生产基地，加强储备设施建设，建立风险防范机制。进一步改革外贸管理体制，加快出口经营权由审批制向登记备案制过渡。进一步优化进口商品结构，继续鼓励高技术产品和设备进口，组织好国内短缺原材料和资源性产品进口。加强和完善对各类企业进出口经营的监督管理，继续严厉打击走私、骗汇和黑市交易等非法活动。

努力稳定利用外资规模，提高利用外资的质量和水平。要有选择地放宽某些领域对外商投资的限制，有步骤地推进服务贸易的对外开放。探索运用国际通行的吸收外资方式，努力开辟新的融资渠道。逐步落实外商投资国民待遇，积极吸引跨国公司投资。优化外商投资结构。鼓励外资投向中西部地区，优先安排一批农业、水利、交通、能源、原材料和环保等条件较好的项目吸引外资。对外商投资的管理，逐步由项目审批制为主转变为政策指导为主。继续改善外商投资环境，完善法律、法规体系，依法制止对外商投资企业的乱收费行为。进一步加强全口径外债管理，控制规模，优化结构，加强监测预警，完善责权利统一的借用还机制。

各位代表，1999年是中国人民迈向21世纪的重要一年，也是我国实现跨世纪宏伟目标进程中具有特殊意义的一年，改革、发展和稳定的任务十分繁重。我们要在以江泽民同志为核心的党中央领导下，高举邓小平理论伟大旗帜，统一思想、坚定信心，抓住机遇、知难而进，团结一致、艰苦奋斗，努力完成国民经济和社会发展计划！

财政部部长项怀诚在九届全国人大二次会议上作《关于1998年中央和地方预算执行情况及1999年中央和地方预算草案的报告》

各位代表：

受国务院委托，我向大会提出1998年中央和地方预算执行情况及1999年中央和地方预算草案的报告，请予审议，并请全国政协各位委员提出意见。

一、1998年中央和地方预算执行情况

1998年，在党中央、国务院的领导下，全国人民齐心协力，共同奋斗，经受住了亚洲金融危机和特大洪涝灾害的严峻考验，经济工作取得了来之不易的成绩。国民经济保持较快增长，国内生产总值比上年增长7.8%，人民币汇率保持稳定，年初确定的改革和发展的各项目标基本实现。

在经济稳步增长的基础上，1998年中央和地方预算执行情况也是比较好的。1998年中央财政总收入5483亿元，完成预算的103.3%。其中，中央财政本级收入4885亿元，比上年增长15.6%；地方上解中央收入598亿元，与上年持平。中央财政总支出6443亿元，完成预算的111.7%。其中，中央财政本级支出3120亿元，比上年增长23.2%；补助地方支出3323亿元，比上年增长16.3%。中央财政收支相抵，赤字960亿元，与九届全国人大常委会第四次会议审议批准的调整预算数额持平。

1998年中央财政共发行国债3891亿元，除转贷给地方用于基础设施建设的580亿元以外，中央财政债务收入3311亿元，其中，用于偿还国内外债务本息2351亿元，用于弥补当年赤字960亿元。此外，1998年中央政府性基金收入1204亿元，中央政府性基金支出1204亿元。

地方财政总收入8291亿元，完成预算的103.8%。其中，地方财政本级收入4968亿元，比上年增长12.3%；中央补助收入3323亿元，比上年增长16.3%。地方财政总支出8249亿元，完成预算的103.3%。其中，地方财政本级支出7651亿元，比上年增长14.2%；上解中央支出598亿元。地方财政收支相抵，结余42亿元。

以上中央和地方预算执行情况汇总，1998年全国财政收入9853亿元，完成预算的101.8%，比上年增长13.9%；全国财政支出10771亿元，完成预算的106.2%，比上年增长16.7%。全国财政收支相抵，支出大于收入918亿元，其中，中央财政赤字960亿元，地方财政结余42亿元。上述预算执行数字，在中央和地方决算编制汇总后，还会有些变化。

各位代表：九届全国人大一次会议批准的1998年中央预算是根据《中华人民共和国国民经济和社会发展"九五"计划和2010年远景目标纲要》的精神，按照适度从紧原则安排的，赤字比上年压缩了100亿元。但是，在预算执行中，情况发生了很大变化，亚洲金融危机对我国经济的影响程度比预料的要严重得多，在国家相继采取了降低银行存贷款利率、增加信贷资金供应以及提高部分商品出口退税率等刺激经济增长的措施之后，上半年经济增长速度仍呈下降趋势。面对严峻挑战，中央决定加大宏观调控力度，实施积极的财政政策。去年6月，九届全国人大常委会第三次会议批准财政部增发相当于80亿元人民币的外债。8月份，九届全国人大常委会第四次会议批准了国务院提出的1998年中央财政预算调整方案。财政部向国有商业银行增发1000亿元国债,同时银行配套发放1000亿元贷款,重点用于农林水利、交通通信、环境保护、城乡电网改造、粮食仓库和城市公用事业等基础设施建设。这是在特定时期为增加投资、扩大消费、拉动经济增长而采取的一项特殊政策。去年的实践表明,这项政策的实施,有力地拉动了经济增长,对去年国民经济增长基本达到预定目标起了关键作用,同时也有利于调整投资结构和经济结构,增强经济发展后劲。这样做,虽然财政赤字和债务规模扩大了一些,但并没有导致货币超量发行,也没有引发通货膨胀,效果是好的。

各位代表:1998年财政收入的增长继续高于当年经济增长,财政收入占国内生产总值的比重也由上年的11.6%提高到12.4%。这个比重近几年来逐步上升,这是规范税制、加强征管、依法理财、堵塞漏洞的结果,是一个可喜的成绩。去年中央财政着力于优化支出结构,重点保证了事关改革、发展和稳定大局的支出项目。一是增加了基础设施建设投入,中央财政基本建设支出比上年增长90.7%,其中农林、水利、基建支出增长1.5倍。二是为确保国有企业下岗职工基本生活费和离退休人员养老金的及时、足额发放,中央财政通过增列支出和亏损补贴等方式共拨付补助资金和借款168亿元。三是为大力推进粮食流通体制改革,中央财政用于粮食政策性补贴的支出比上年增加102亿元,其中粮食风险基金增加34亿元。四是为落实科教兴国战略,从去年起,中央财政本级支出中教育经费支出所占比例连续三年每年提高一个百分点,同时建立了科技发展基金,启动了知识创新工程,增加了对国家重点科研项目的投入。1998年中央财政教育和科学事业费支出分别比上年增长37%和27.9%。五是大力支持抗洪救灾,共拨付抗洪等各种救灾经费130多亿元。上述支出除用预算资金和增发国债资金安排一部分外,1998年中央财政收入比预算超收的174亿元,也主要用在了上述几个方面。

此外,为减轻企业负担,清理了涉及企业的政府性基金和收费,分三批取消了一些不合法、不合理基金和收费项目。

在肯定成绩的同时,必须看到预算执行中还存在一些不容忽视的问题。一是违反财经法纪的状况相当普遍。一些地方政府和部门的乱收费现象相当严重,甚至以费挤税,造成国家税源的大量流失;一些非银行金融机构及企业单位隐匿收入、偷逃税收、账外设账、私设"小金库"和挥霍浪费等问题比较突出。这些问题严重扰乱了经济秩序,滋生了腐败,损害了党和政府的形象,引起了人民群众的强烈不满。二是财政收入占国内生产总值的比重尽管有所提高,但其总体水平仍然偏低,大量财政性资金游离于预算之外,缺乏规范管理和必要监督,财政收入增长受到制约。三是财政支出结构不够合理,国家财政包揽过多,不少应由企业、社会和个人承担的支出,仍由财政承担,而一些应由财政保证的重点支出却难以安排,部分地方甚至连工资都无法保证。对这些问题,我们必须加大整顿财经秩序力度,深入开展反腐败斗争,不断推进财税体制改革,切实加以解决。

二、1999年中央和地方预算草案

1999年是我国历史发展进程中具有特殊意义的一年。党中央、国务院决定,要继续扩大内需和实施积极的财政政策。这是在综合分析国内外经济形势,权衡经济社会发展诸方面的利弊以后作出的慎重决定。

从改革、发展和稳定的大局出发,今年有许多非办不可的大事需要财政预算作出安排:

(一)继续增加基础设施建设投资。去年以来,国家陆续开工兴建了一批基础设施建设项目,为了保证这些项目如期建成并发挥效益,需要中央财政在去年基础上再增加投入250亿元。

(二)加大农林水利和生态环境保护投入力度。必须赶在今年汛期之前完成长江、黄河、嫩江、松花江干堤的修复加固任务。同时,为保护生态环境,实现可持续发展,要继续在长江、黄河中上游及东北林区实施天然林保护工程。为此,1999年中央财政须增加农林水利投资约300亿元。

(三)积极支持外贸出口,进一步提高出口退税率。今年继续提高机械设备、电器和电子产品以及纺织品等20类产品的出口退税率,综合退税率平均提高2.56个百分点,出口退税额也要相应增加。

(四)全面落实党中央关于军队、武警部队、政法机关不再从事经商活动的决定。这一决定对于加强军队和政权建设,维护社会主义市场经济秩序,深入开展反腐败斗争,保证国家的长治久安,具有十分重要的意义。根据中央要求,军队、武警部队、政法机关与企业脱钩后,中央财政须给予适当补助。其中,给予军队的补助加上正常增长,今年国防费支出为1046.5亿元,比上年增长12.7%。此外,中央财政将增加海关、边防等部门缉私经费和贫困地区政法机关装备及办案经费30多亿元。

(五)落实各项粮棉政策。近几年农业连年丰收,为保护农民种粮积极性,国家实行了按保护价敞开收购粮食的政策。中央财政要支付库存粮食储备费用和利息,安排粮食风险基金,负担粮棉出口亏损以及1992年以来新增粮食财务挂账的利息补贴等500多亿元,比上年增加支出60多亿元。

(六)大力支持科教兴国战略的实施。实现我国现代化建设目标，从根本上讲，要靠科学技术进步和劳动者素质的提高。今年，中央财政本级教育事业费增加26亿元，增长21.4%；为支持知识创新工程和国家重点科研项目，中央财政增加科技投入8.2亿元，增长9.5%。

（七）加大转移支付力度，促进区域经济协调发展。根据分税制财政体制的规定，今年中央财政需要增加对地方的税收返还56亿元，增加对民族地区、经济不发达地区的扶贫资金和转移支付22亿元。

（八）继续做好国有企业下岗职工基本生活保障和再就业工作。今年，中央财政将继续安排中央所属企业下岗职工基本生活保障财政应负担的资金，同时对困难较多的中西部地区和老工业基地，在地方财政足额安排保障资金后出现的预算缺口，中央财政将以专项转移支付的方式给予适当补助。

1999年中央财政支出汇总要在上年预算执行数的基础上增加946亿元，减去中央财政收入预计增加的403亿元，支出增加额大于收入增加额543亿元。再加上作为计算基数的上年预算执行数中960亿元的收支差额，今年中央财政赤字为1503亿元。

实行积极的财政政策，通过增加财政投入，扩大基础设施建设，拉动经济增长，是特定时期采取的非常措施。如果不继续这样做，国内需求将难以扩大，经济结构调整将受到阻碍，国民经济难以保持稳定增长，就业问题更加突出，税收也会减少，财政日子将更加难过。随着经济发展和税收增加，财政赤字可以逐步缩小，财政偿债能力也将不断增强。

从目前的经济和财政情况看，扩大一些财政赤字和国债规模，是控制在国民经济可以承受范围之内的。据测算，今年财政赤字和累计国债余额占当年国内生产总值的比重分别为1.7%和10%左右，均低于国际公认的3%和60%的警戒线。目前银行存贷款差额较大，通过向商业银行发行一些长期国债，将一部分储蓄转化为投资，不会导致货币过量发行，也有利于提高银行资金运营效益；粮食等主要农产品丰富，工业消费品充裕，物价比较稳定，不会引发通货膨胀。当然，我们也注意到，我国潜在的财政赤字和债务融资规模已经比较大，社会保障和粮食亏损等欠账较多，在扩大财政赤字和国债规模时要特别谨慎。从根本上讲，经济的增长要立足于社会投资和消费增长，同时要积极扩大进出口和利用外资。因此，积极的财政政策是特定条件下采取的特定政策。从中长期看，必须坚持财政收支基本平衡的原则，实行适度从紧的财政政策，严格控制并逐步缩小财政赤字。

中央为扩大内需而采取的积极财政政策，已经充分考虑了国民经济各方面包括各地区经济发展的客观需要。地方要认真贯彻落实好这项政策，确保其发挥出最大的效益。地方预算安排要严格按照《预算法》的要求，在确保重点支出的前提下，做到收支平衡，不能搞赤字预算。

根据上述情况，我们汇编了1999年中央预算草案，同时代编了1999年地方预算草案。

（一）1999年中央预算安排情况

1999年中央财政总收入安排5886亿元，比上年执行数增加403亿元，增长7.3%。其中，中央本级收入5288亿元，比上年执行数增加403亿元，增长8.2%；地方财政上解中央收入598亿元，与上年持平。中央财政总支出7389亿元，比上年执行数增加946亿元，增长14.7%。其中，中央本级支出4111亿元，比上年执行数增加990亿元，增长31.7%；中央补助地方支出3278亿元，比上年执行数减少45亿元，下降1.3%，主要是上年增发国债资金中有一部分是一次性补助地方支出，而今年用国债安排的支出主要体现在中央本级。中央财政收支相抵，赤字1503亿元，比上年执行数增加543亿元。

需要说明的是，去年增发1080亿元国债时已到下半年，当年实际拨款和使用的只是一部分；另一部分要在今年拨付使用，所以，当时向全国人大常委会建议增发的国债分两年纳入国家预算，其中580亿元准备列入今年的财政赤字。但实际操作中这部分资金全部用于地方项目，为了增强地方的责任，提高资金的使用效益，中央决定将这部分国债资金转贷给地方，由地方逐年归还。由于这部分资金不属于中央财政本级支出，因此不再列入中央预算，也不作扩大中央财政赤字处理。

1999年中央财政到期需归还的国内外债务本息为1912亿元，加上弥补当年财政赤字1503亿元，国内外债券发行额为3415亿元，比去年实际发行的国债减少476亿元。

此外，1999年中央政府性基金收入预算安排1218亿元（含以前年度结转收入58亿元），中央政府性基金支出预算安排1218亿元。

（二）1999年地方预算安排情况

1999年地方财政总收入8799亿元，比上年执行数增长6.1%。其中，地方财政本级收入5521亿元，比上年执行数增加553亿元，增长11.1%，中央税收返还和补助收入3278亿元。地方财政总支出8799亿元，比上年执行数增长6.7%。其中，地方财政本级支出8201亿元，比上年执行数增加551亿元，增长7.2%，上解中央支出598亿元，地方财政收支平衡。

1999年中央和地方预算汇总的情况是：全国财政收入安排10809亿元，比上年执行数增加956亿元，增长 9.7%;全国财政支出安排 12312 亿元,比上年执行数增加 1541 亿元,增长 14.3%。

三、深化改革,加强管理,依法理财,努力完成 1999 年的预算任务

完成 1999 年的预算任务,做好各项财政工作,对于促进经济结构调整,支持各项改革,保持国民经济的持续健康发展,推动社会全面进步,具有十分重要的意义。

(一)认真贯彻落实积极的财政政策,管好用好财政投资。积极的财政政策能否达到预期效果,关键在于管好用好这笔资金。中央财政用于增加基础设施建设的投资要严格执行国务院确定的投资方向,坚决不搞重复建设。要优先安排在建项目,原则上要在一两年内竣工见效,避免形成倒逼机制,欲罢不能。认真落实好配套资金,对配套资金不落实的,要扣款、减项目。要加强对建设资金的专项监督检查,严防资金被挤占、挪用和损失浪费。所有的项目都要坚持质量第一,严格按基建程序办事,统筹规划、科学论证、精心设计,健全项目法人责任制、招标投标制、工程监理制和合同管理制。要坚决杜绝劣质工程,确保工程建设质量。如果工程质量出现问题,不仅会造成资源和财政资金的巨大浪费,而且会严重危害人民群众生命财产的安全,是严重的违法犯罪行为。因此,对工程质量事故及挤占、挪用财政投资的责任者,要坚决依法严处。

(二)积极推进税费改革,完善和规范财税体制。税费改革是本届政府的施政目标之一,也是财税体制改革的重点。当前各种收费(基金)既多且乱,不仅加重了社会各方面的负担,导致民怨沸腾,而且扰乱了分配关系和分配秩序,侵占了财政收入,造成各种"小金库"屡禁不止。因此,必须加快收费制度改革步伐。

收费制度改革的总体思路是:第一,按照转变政府职能和逐步建立公共财政的要求,取消政府实施公共管理和提供普遍性公共服务收取的管理费,所需经费由财政预算统筹安排。第二,将体现市场经营行为的服务性收费,转为经营收费,所得收入依法征税。第三,将政府为支持某些重点产业和重要事业发展设立的、具有税收性质的政府性基金或专项性收费改为相应的税收。第四,保留政府向社会实施特定管理或提供特殊服务以及对国有资源有偿使用收取的必要费用,并实行规范化的财政管理。

按照总体规划、分步实施的原则,今年拟以交通和车辆收费改革作为突破口,在清理整顿和取消有关不合理收费的同时,将合理的收费规范为法定税收和规费。在调查研究的基础上,进行农村税费改革的方案设计和试点工作,切实解决农民负担过重的问题,然后还要实施城市建设、社会保障、环境保护等领域的税费改革。整个收费制度改革力争用三年至五年的时间完成。

要抓紧研究起草《遗产税法》、《燃油税暂行条例》和《车辆购置税暂行条例》,修订《个人所得税法》。进一步规范转移支付办法,适当调整和补充转移支付因素,扩大转移支付规模,加大对中西部地区和老工业基地转移支付力度。

(三)强化税收征管,确保财政收入稳定增长。要进一步完善以自行申报和优质服务为基础、以计算机网络为依托,集中征收,重点稽查的税收征管体系,要把税收宣传作为税收征管的一项重要内容,增强全民的纳税意识,促进建立科学有效的收入组织机制。要继续认真贯彻落实"加强征管、堵塞漏洞、惩治腐败、清缴欠税"的方针,严禁越权减免税,大力清理欠税,严格控制缓税。清理调整税收优惠政策,凡到期的都要恢复征税;合理调整消费税征收范围和税目税率,对卷烟全面推行核定计税价格征收消费税办法;完善和规范加工贸易税收政策。要继续清理漏征漏管户,开展全国性发票检查,依法查处各种偷税、骗税和逃税行为。选择典型的案件公开曝光,以儆效尤。在条件成熟的时候,建立税务警察,严厉打击各种涉税犯罪行为,维护国家税法权威。

(四)转变财政职能,优化支出结构,建立公共财政的基本框架。社会主义市场经济条件下的财政职能,主要体现在保证社会公共需要,优化资源配置,调控宏观经济运行,促进公平分配,协调地区经济社会发展等方面。我国现行财政职能是从计划经济体制下演变而来的,具有比较明显的体制转轨时期过渡性特征,同建立社会主义市场经济体制的要求相比,还有很多不相适应的地方,必须结合政府机构改革和职能转变对现行支出结构进行调整和优化,逐步建立公共财政的基本框架。

调整和优化支出结构,要区分支出性质和层次,突出重点,有保有压。从今年开始各级财政要减少生产经营性基建投资和一般性技改投资;除少数特殊行业外,对事业单位的经费原则上要减少三分之一,调整下来的资金要用于保证国有企业下岗职工基本生活费和再就业经费,以及粮食风险基金等目前急需安排的重点支出。

(五)整顿财经秩序,严肃财经法纪,实现依法理财。江泽民总书记最近强调,全党都要加强经济工作纪律,特别是财政金融工作纪律。要抓紧健全财政金融方面的规章制度和纪律规范,各级党政领导机关和领导干部都要严格遵守财政金融工作制度。我们要认真贯彻江总书记的指示,结合当前财经工作实际,切实抓好以下几项工作:一要建立、健全财政法规制度。抓

紧修订和起草《会计法》、《注册会计师法》、《财政监督条例》等重要财政法规。发布实施证券公司、银行等行业的会计制度，建立企业会计、会计师事务所、审计、财政、稽查特派员相结合的企业财务监督体系和会计信息质量抽查公告制度；研究制定军队、武警部队、政法机关不再从事经商活动及中央党政机关与所办经济实体和管理的企业脱钩后，企业产权划转和产权变动的管理办法；建立健全国有企业和集体企业资本金统计报告制度，实行资产评估行业脱钩改制和评估机构资格等级管理办法。二要强化财政监督检查工作。切实加强对企业改制、资产重组、中小企业出售等方面产权变动的规范和监控；严格预算监督，加强对财政资金申请、立项、拨付、使用效果等各个环节的监管；加强预算外资金的管理和监督，将所有预算外资金全部纳入财政专户，实行收支"两条线"。同时，对收入征管机关、执法部门、金融机构、中介机构及重大支出项目要加强监督检查。三要加大处罚力度。坚决依法查处各种违法违纪问题，要把处理事与处理人结合起来、行政处罚与法律处罚结合起来、内部通报和新闻曝光结合起来。从根本上讲，加大财政管理力度要走法治之路，实行依法理财，从严治财。

（六）勤俭办一切事业，反对铺张浪费。艰苦奋斗、勤俭建国是我们党和国家的优良传统，是经济和财政工作应当长期坚持的方针。在新的环境和条件下，这一方针在一部分干部包括一些领导干部中淡漠了，以致经济生活中讲排场、摆阔气、比享受之风滋长蔓延，对此必须予以高度重视。各地区、各部门要牢固树立艰苦奋斗、勤俭节约的观念，坚决反对铺张浪费，千方百计节约一切可以节约的支出。去年以来实行积极的财政政策，较大幅度地增加财政投资，这是以增加财政赤字为代价的，绝不能花钱大手大脚，恰恰相反，更应该以对人民高度负责的态度，把资金用好，坚决防止"重点支出重点浪费"。所有财政支出，都要精打细算，厉行节约，把有限的资金用在"刀刃上"，发挥最大的使用效益。要改革财政支出管理制度，加快推行零基预算制度和政府采购制度，从源头上、制度上堵塞漏洞。

财政部门是政府宏观调控部门，担负着管理财政收支、组织预算执行的重要职责，一定要按照江泽民同志的指示，讲学习、讲政治、讲正气，严格执行政治纪律、组织纪律、经济纪律和群众纪律；一定要服从全局，服务全局，正确处理改革、发展和稳定的关系；一定要转变职能，转变作风，深入实际调查研究，倾听群众呼声，关心群众疾苦；一定要依法办事，敢抓敢管，不讲情面，坚决同违法违纪现象作斗争。

各位代表：1999年财政工作任务十分繁重，让我们高举邓小平理论伟大旗帜，紧密团结在以江泽民同志为核心的党中央周围，统一思想，坚定信心，抓住机遇，知难而进，团结一致，艰苦奋斗，确保完成预算任务，以优异成绩迎接新中国成立50周年。

国务院总理朱镕基参加九届全国人大二次会议湖南代表团的全体会议

全国政协九届二次会议在人民大会堂新闻发布厅就扩大内需问题举行记者招待会

国务院发展研究中心研究员吴敬琏、中国国际工程咨询公司董事长屠由瑞、国家发展计划委员会宏观经济研究院院长佘健明、中国商业经济学会代会长张世尧四位委员就扩大内需问题发表自己的见解，并回答中外记者的提问。

记者：昨天，朱镕基总理在政府工作报告中提到"市场需求不旺，启动难度较大"。请问为什么难度较大，应采取什么对策？

吴敬琏：朱镕基总理的判断是正确的。启动需求难度大，主要原因有五个方面：第一，从1997年中期开始，我国经济开始出现需求不足和通货紧缩，在第四季度变得十分明显。同年10月以后，物价总水平持续下降。由于消费者有"买涨不买落"的心理，所以启动需求比较困难；第二，国企改革已进入一个攻坚时期，在解决国企长期重复建设形成的多余生产力和富余人员这两个问题的同时，需求也相应减少；第三，由于打破"铁饭碗"和住房、医疗等改革，使居民储蓄倾向提高，消费趋向谨慎；第四，近期内，由于亚洲金融危机和国际经济环境恶化的影响还没有消除，因此出口不可能增长很快；第五，去年主要采取扩张性的财政政策，增加基础设施投资，对拉动经济增长起了很好的作用，但是，今年除了继续执行扩张性的财政政策，还必须有新的招数。启动需求有三方面对策：一、继续采取扩张性的财政政策，同时采取更积极的货币政策，扩大内需。二、要启动消费品市场，包括住房市场和农村市场。三、帮助、支持中小企业发展，发挥他们的活力。这样，有利于社会总供给扩大，从而有利于解决需求不足的问题。并且，支持中小企业发展，还对扩大投资、启动农村市场十分有利。比如，去年政府投资增加很快，民间投资却增加不多。今年要扩大投资，势必要求民间投资力度加大。而民间投资的重要主体之一就是中小企业。再如，启动农村市场，关键在于增加农民收入。发展中小企业，有利于将农村剩余劳动力转向非农产业就业，从而增加农民收入。

记者：去年以来，中国政府实施积极的财政政策取得明显成效，但民间投资没有跟进且有所下降。这是什么原因？推动民间投资需求增长需要采取什么措施？

屠由瑞：从短期因素看，其原因是比较清晰的。这就是去年政府加大投入、扩大内需的主要投向是水利、交通通信、电网改造、城市公用设施等基础，这些领域由于其投资大、周期长、投资回报率相对较低，一般来说不是民间投资的热点，加之去年加大投资的行动集中在下半年，在短期内，民间投资者难于做出这样迅速而巨额的投资转移。所以出现了国有与非国有投资幅度的差异。但从长期因素看，特别是从鼓励和引导非国有经济增大投资需求看，还有许多事情要做。如进一步解决市场准入、开拓投资领域的问题，进一步落实人民银行关于做好信贷服务的《指导意见》以拓宽融资渠道，以及大力协助民间投资者解决信息管道不通畅等这些影响民间投资积极性的具体问题。

记者：消费不旺的原因是什么？如何进一步刺激消费，启动市场？

佘健明：当前居民消费不旺的最主要原因，一是居民当年的收入增长幅度下降。二是居民预期的支出增大，主要是住房、医疗、养老、就业和子女教育等保障，原来主要由国家和企业负担，今后有一部分要逐步由个人或家庭支出。

要进一步刺激消费、启动市场，从城镇居民消费来讲，应抓好以下几个方面：

首先，要保持经济的适度增长，提高城乡居民的收入，特别是中低收入群体的收入。其次，要理顺体制，完善政策，扩大住房、汽车以及其他耐用消费品的消费。最后，要拓宽消费领域，开发新的服务消费市场，推进文化、体育、非义务教育、医疗保健和社区服务的产业化，把旅游业作为一个新兴产业培育成新的经济增长点，推动服务业和其他相关行业的发展。

张世尧：如何启动农村市场？第一，努力提高农业产业化、市场化水平，大力发展高产、优质、高效农业，从而使农副产品价格稳定提高，效益不断增加。

第二，工商联手，共同开拓农村市场。要进一步调查了解农民生产生活需求和消费特点，多生产供应一些价格便宜、结实耐用、功能比较简单的商品。

第三，要善于发现和培育农村市场新的需求领域和新的销售增长点。例如，为适应农民建房、子女结婚等集中消费所需的多种相关商品的供应和服务项目的提供。此外，还要重视开发和满足农村市场新的需求，如旅游、餐饮、理发、照相和清洁服务、保健服务、照顾老幼等多种多样的家庭服务和社区服务。

第四，大力疏通、搞活农村商品流通网络，积极培育、发展多渠道、少环节、低成本、高效率的农村商品市场体系。要办好县城和重点集镇的商品批发市场，以及农产品和工业品的初级市场。要积极发展非公有制商业，充分利用个体、私营经济机动灵活的经营优势。

第五，努力改善农村消费环境。要加大农村水、电供应和交通、通信等设施建设的力度，特别是改造农村电网，以减轻农民的电费负担。

国家主席江泽民在钓鱼台国宾馆会见来北京列席全国人大九届二次会议开幕式的香港特别行政区行政长官董建华

江泽民首先听取了董建华有关香港近期情况和特区政府主要工作的介绍。

江泽民高度赞扬了董建华领导的特区政府在香港回归一年多来的工作。他指出，香港经历了100多年的殖民统治后回归祖国，在落实“一国两制”的过程中遇到一些问题是难免的，只要我们从维护国家统一和保持香港的长期稳定繁荣出发，严格按照基本法的规定办事，就没有克服不了的困难。“一国两制”是我们的一项基本国策，符合包括香港同胞在内的全体中国人民的利益。中央政府将坚定不移地贯彻执行这项国策，并一如既往地全力支持董建华领导的特区政府的工作。由于亚洲金融风波的冲击，香港当前还有不少困难，越是在这种时候，越是要众志成城，同舟共济。这样就能战胜困难，继续前进，迎来香港更加光明的前景。

国务院副总理钱其琛、中共中央办公厅主任曾庆红和国务院港澳办主任廖晖参加会见。

此前，全国人大常委会委员长李鹏、国务院总理朱镕基、副总理钱其琛也分别会见了董建华先生。

纪念三八国际劳动妇女节89周年暨中华全国妇女联合会成立50周年大会在人民大会堂举行

国家副主席胡锦涛出席纪念大会并发表重要讲话。

来自全国各族各界正在参加“两会”的人大女代表、政协女委员，在京的女部长、女院士、女将军，社会知名老大姐，全国妇联在京常执委和首都各界妇女代表，以及香港特别行政区、澳门地区和海外华人妇女代表欢聚一堂，共度姐妹们自己的节日。

胡锦涛在讲话中首先代表党中央、国务院，向全国各族各界妇女，向香港特别行政区女同胞、澳门和台湾女同胞及海外女侨胞致以节日的祝贺和良好的祝愿，向辛勤从事妇女工作的同志们，向所有关心、支持我国妇女事业发展的国内外朋友们表示亲切的问候和衷心的感谢。

胡锦涛回顾了我国妇女运动发展的光辉历程，高度评价了我国妇女运动的巨大成就，深刻阐述了我国妇女运动的历史经验。他说，新中国成立以来特别是改革开放以来我国妇女运动的发展，给我们以深刻的启示：第一，必须用马克思列宁主义、毛泽东思想特别是邓小平理论指导中国妇女运动。在全党全社会牢固树立马克思主义妇女观。第二，必须坚持中国共产党对中国妇女运动的领导，这是中国妇女运动沿着正确方向前进的根本保证。第三，必须带领妇女坚定不移地走建设有中国特色社会主义道路，只有始终不渝地沿着这条道路前进，中国妇女运动才能开辟光明的未来。第四，必须把妇女运动融入整个社会发展事业之中，尤其要把发展生产力作为妇女运动的一项基本内容，紧紧围绕经济建设这个中心开展妇女工作。第五，必须在维护全国人民总体利益的同时切实维护妇女的具体利益，正确把握两者的辩证关系，使它们很好地统一起来。第六，必须把提高妇女素质作为妇女运动长期的战略任务。第七，必须支持妇联组织依照法律和章程独立自主、创造性地开展工作。第八，必须加强同世界各国妇女和妇女组织的友好交往与合作。他强调，这些经验和启示是一笔宝贵的精神财富，对于推动新形势下妇女运动的进一步发展具有重大意义。

胡锦涛指出，今年是我国历史发展进程中具有特殊意义的一年。做好今年各方面的工作，对于全面完成“九五”计划，保证我国以更加主动的姿态跨入 21 世纪至关重要。新的形势和任务，对妇女和妇联工作提出了新的更高要求。

胡锦涛希望广大妇女大力发扬艰苦创业精神，以实际行动推动中央关于扩大内需、调整结构、开拓市场、增加出口等重大决策的落实，为稳定和加强农业、深化国有企业改革和实施科教兴国战略贡献智慧和力量。大力弘扬传统美德和时代新风，积极倡导健康文明的生活方式，以勤劳节俭为本，以尊老抚幼为荣，自觉同社会上存在的消极、落后、腐朽现象作斗争，坚决维护社会政治稳定。大兴勤奋学习之风，既要认真学习邓小平理论，牢固树立正确的世界观、人生观、价值观，又要结合各自劳动和工作的实际，刻苦学文化、学科学、学技术、学管理，进一步增强业务本领和竞争能力，紧跟时代前进的步伐，努力成为“四有”、“四自”新女性。

胡锦涛希望各级妇联组织更加自觉地服务大局，始终把党的十五大的主题作为妇联工作的主题，把经济建设这个中心作为妇联工作的中心，把党和政府关注的重点作为妇联工作的重点，找准位置，发挥优势，全面履行妇联的各项职能。更加密切地联系群众，抓住广大妇女最关心的问题，把工作做到基层去，做到千家万户去，特别要在扶贫攻坚、促进下岗女职工再就业等方面多做实实在在的工作，竭诚为广大妇女群众服务。更加扎实地推进自身建设，当前尤其要按照中央的部署，以开展“三讲”教育活动为契机，从思想上、组织上、作风上、业务上全面加强妇联干部特别是领导干部队伍建设，努力把妇联工作提高到一个新水平。

胡锦涛要求各级党委和政府必须从讲政治的高度，关心和支持妇女工作，一如既往地贯彻男女平等的基本国策，认真研究解决改革开放新形势下的妇女问题，切实为妇女发展进步创造良好的社会环境。

全国人大常委会副委员长、全国妇联主席彭珮云也在会上讲话。

何鲁丽、周光召、司马义·艾买提、陈俊生、钱正英，以及陈慕华、雷洁琼等出席纪念大会。中央、国家机关有关部门负责人也参加大会。

纪念大会由全国妇联副主席顾秀莲主持。会上演出了题为《世纪的风采》大型文艺节目。

申雪 赵宏博在圣彼得堡国际滑冰联合会花样滑冰大奖赛总决赛获双人滑冠军

3 月 7 日

全国政协九届二次会议举行二次全体会议

会议下午在人民大会堂举行。会议听取全国政协提案委员会关于全国政协九届一次会议以来提案工作情况的报告，并进行大会发言。

全国政协提案委员会主任何光远代表提案委员会报告提案工作情况。他说，政协九届一次会议以来，提案委员会共收到提案 3041 件，经审查，立案 2664 件，有 377 件转作委员来信处理。提出提案的委员有 1722 人，占委员总人数的 78.4％。8 个民主党派中央和全国工商联提案共 36 件，委员小组提案 11 件。这些提案内容广泛，为党和国家的科学决策和推进有关部门的工作提供了有价值的参考，受到各承办单位的重视。他说，提案委员会将继续提高服务质量，推动提案质量和办理质量不断提高，促进提案工作进一步制度化、规范化，使提案工作再上新台阶。

在随后进行的大会发言中，9 位委员先后登上讲台，就有关国家经济社会发展的大政方针和一些难点热点问题发表意见。

国家主席江泽民参加九届全国人大二次会议香港代表团的讨论

代表发言后，江泽民发表讲话。他说，去年 3 月 9 日，我来参加你们的讨论时，曾就怎样正确观察香港形势，估量香港力量，审视香港前景，提出了四条基本依据。这就是：邓小平同志提出的“一国两制”的伟大构想和“港人治港”、高度自治的方针是完全正确的，香港同胞完全有能力有办法把香港治理好，董建华先生为首的特别行政区政府具有的智慧和经验是能够驾驭复杂局势的，伟大的社会主义祖国是香港保持繁荣稳定和战胜前进中的困难与风险的坚强后盾。

江泽民指出，香港回归以来，董建华先生领导的香港特别行政区政府，积极致力于解决经济、社会和民生问题，沉着地应对亚洲金融危机的冲击和其他挑战，进行了卓有成效的工作，维护了香港金融和经济的安全，巩固了香港国际金融中心的地位。香港同胞处变不惊，知难而进，表现出了顽强的毅力、充沛的信心、很强的凝聚力和应对智慧，赢得了全国人民的赞赏。我们有更充分的理由相信，香港的明天一定会更美好。

国家主席江泽民参加九届全国人大二次会议广东代表团的讨论

国务院总理朱镕基参加九届全国人大二次会议吉林代表团的讨论

全国政协主席李瑞环同九届全国人大二次会议天津代表团一起审议《政府工作报告》

外交部部长唐家璇在九届全国人大二次会议举行的记者招待会上就国际形势和中国外交政策等答记者问

中央电视台记者问：在您担任外交部长的一年间，国际形势风云变幻，重大事件接连不断发生，在这种国际形势下，中国外交是如何应对的？面对未来依然复杂的国际形势，中国外交将如何发挥自己的作用？

唐家璇答：在过去的一年里，国际形势继续发生重大、深刻、复杂的变化。我们在以江泽民同志为核心的党中央和国务院的领导下，在全国人民的支持下，广泛、活跃地开展了多样化的外交活动，在外交战线上继续取得显著的成绩。第一，我们坚决捍卫了国家主权和领土完整，维护了国家的安全、国家的利益和民族尊严，积极地推进了祖国的和平统一大业。第二，我们同邻国的睦邻友好关系继续得到发展，同发展中国家的团结与合作进一步加强。第三，我们同美国、俄罗斯、欧洲、日本以及世界上其他发达国家发展了关系；中国几乎同所有大国都构筑了面向未来的国家关系的框架。第四，在事关和平与安全的重大国际问题，包括一些地区热点问题上，特别在是和还是战的关键问题上，中国始终旗帜鲜明地反对动武，反对以武力相威胁，力主和平解决争端，为防范和制止事态的进一步恶化发挥了建设性的作用。第五，在历时一年半之久的亚洲金融危机中，中国在国际上所树立的和平、友好、合作、负责任的大国形象已经得到国际社会的公认，受到世界各国政府和人民的好评。总之，中国的国际地位在提高，中国的国际影响在进一步扩大。

世纪之交，中国将进一步致力于推进跨世纪外交和总体外交。中国将坚定不移地奉行独立自主的和平外交政策，将坚持以邓小平外交思想作为我们外交工作的指针，继续加强同发展中国家的团结合作，同它们一道维护发展中国家正当合理的权益。同时，我们要进一步致力于稳定周边、巩固睦邻友好，我们还将不断地充实与各个大国已经建立或正在建立的未来关系框架的内涵。我们将更加积极地参与国际事务和各种多边外交活动，坚决反对霸权主义、强权政治，推动在世界上建立公平合理、平等互利的国际政治、经济新秩序。如果用一句话概括，可以说，中国将在国际舞台上积极发挥有自己特色的发展中大国的作用，为世界的和平与发展更多地作出自己应有的贡献。

俄通社—塔斯社记者问：俄中关系现在怎样，双方能不能在科索沃、伊拉克问题等方面继续进行外交合作？

答：中俄之间已经建立起一种新型的国家关系，被称之为中俄战略协作伙伴关系。这种关系是一种既不结盟、也不对抗，更不针对第三国、第三方的正常国家关系。中俄两国关系发展得很好，不久前朱镕基总理对俄国进行了非常成功的访问。这次访问的特色之一是在中俄经贸合作已取得很多成果的基础上，进一步探讨如何开拓中俄合作的新领域、新途径，如何进一步充实和丰富中俄战略协作伙伴关系的内涵。双方签订了16个协议，还确定要探索两国在能源及其他一些新领域开展长期合作的现实可能性。叶利钦总统非常热情地对朱镕基总理说，俄国对同中国的合作将是开放的，而且他表示愿意在今年访问中国，同江泽民主席举行中俄之间新一轮首脑会晤。我们正在积极作准备，欢迎叶利钦总统再次来访。中俄之间一直就国际问题包括科索沃问题、伊拉克问题保持着联系，通过联合国或者双边渠道进行磋商。我同伊万诺夫外长之间也多次通过电话直接交换意见。中俄之间就国际事务、国际问题所进行的这种联系、沟通和磋商将继续进行下去。

新华社记者问：朱镕基总理下个月将对美国进行正式访问，这是中国总理15年来首次访美，但是中美关系中还存在一些问题。您如何评价中美关系的现状，如何看待两国关系的发展前景？

答：今年是中美建交20周年。应美国总统克林顿邀请，朱镕基总理将于下个月对美国进行正式访问，这无疑是中美两国元首成功互访以后中美关系中的又一件大事。中美两国对朱总理的这次访问都很重视。几天前，美国国务卿奥尔布赖特专程来北京，为朱总理访美进行必要的政治准备。朱总理访美的主要目的是增进了解，扩大共识，促进合作，保持两国关系改善和发展的良好势头，推动两国朝着建立中美建设性战略伙伴关系的目标继续前进。应该讲，朱总理访美意味着中美关系又一次面临改善和发展的机遇。中美两国都是世界上有重要影响的国家。实践证明，中美两国保持良好关系，发展友好合作，符合两国的根本利益，也有利于亚太地区乃至世界的和平与稳定。毋庸讳言，最近在美国国内出现了不少反华的噪音。我想，出现这些噪声不足为奇，它说明总是有些人不愿意看到中美关系的改善与发展。但是，他们的企图是不得人心的，是不可能得逞的。这种噪声不仅反对中国，实际上也是反对美国克林顿政府奉行的对华全面接触政策的继续实施。我还要指出，在中美关系中还存在一个台湾问题，这始终是中美关系中最重要、最敏感、最值得注意的问题。我想只要双方都能严格恪守中美三个联合公报和中美联合声明的各项原则，特别是遵循相互尊重主权和领土完整、互不干涉内政、平等互利等重要原则，中美关系就有可能平稳发展。就中国而言，我们愿意同美方共同努力，排除一切阻力和障碍，把一个健康稳定的中美关系带入下一个世纪。

日本广播公司记者问：在江泽民主席对日本进行首次国事访问之后，两国对于历史问题都存在一些不满的想法和反感情绪。在促进中日关系朝着新的伙伴关系发展的过程中，中国将采取什么样的战略？

答：去年是中日两国缔结和平友好条约 20 周年，江泽民主席应邀对日本进行了访问，这次访问非常成功，最主要的成果表现在：通过两国领导人的会谈、会见，双方不仅就历史问题和台湾问题，坦诚深入地交换了意见，还对今后跨世纪的中日关系的发展方向与框架达成一致，中日双方共同宣布：把今后中日关系定位于中国、日本致力于和平与发展的友好合作伙伴关系。在历史问题上，双方同意一个原则，这就是以史为鉴，面向未来。只有正确地认识和对待历史问题，才能更好地开辟中日关系的未来。目前，双方最重要的后续行动或者说面临的共同课题，就是要全面落实江主席访日期间与日本确定的各项原则、达成的各项协议，例如中日跨世纪的青少年的交流计划，有关环保问题的中长期合作，双方关于高科技产业的合作等，应该以实际行动很好地加以落实，这样就会产生一种动力，不断推进中日友好合作伙伴关系健康稳定地向前发展。

美国有线新闻网记者问：您对《纽约时报》不久前发表的指责中国 80 年代在美国一些核试验中从事间谍活动的报道有何反应和评论？中国对美日共同开发战区导弹防御系统的反应如何？如果台湾将来被纳入战区导弹防御系统，将会产生何种后果？如果美国在即将在日内瓦召开的人权会上提出谴责中国人权状况的提案，中国将作出怎样反应？

答：《纽约时报》所刊登的报道是没有根据的，是很不负责的。我们也注意到现在美国国内不时出现这样的报道，这说明一种动向：总是有一些要阻挠美国对中国出口正常的高科技产品的噪声。这种做法也是不利于美国的国家利益的。关于战区导弹防御系统问题，我想现在世界的潮流是走向和平与发展，走向缓和。“冷战”时代早就结束了。现在研究这种战区导弹防御系统不符合时代潮流发展的需要，也不利于国际军控领域的各种努力。这会对 21 世纪全球和地区的战略平衡带来非常不利的影响，因此，中方对这一点非常关切。美国同一个盟国要共同研究开发这一技术，将大幅度提高它们之间军事同盟的整体攻防水平，这将远远超过有关国家正当防卫的需要，将损害亚太地区的和平与安全。我想特别指出的是，如果有人想把台湾也拉入这个系统，那就是对中国主权和领土完整的侵犯，将会阻挠中国实现和平统一祖国的大业，必将遭到包括台湾人民在内的全体中国人民的强烈反对。

对于人权问题，如果有人在今年的日内瓦会议上再次提出反对中国的决议案，只会取得过去 7 次会议上同样的结果。搞对抗是没有出路的，如果想走回头路，那更是没有任何前途的。

今年 1 月中美已经恢复了中断 4 年之久的有关人权问题的磋商，这次磋商和对话是有益的，也是成功的。我们历来主张在人权领域应该通过对话缩小分歧，增加共识。我们希望同有关国家之间的这种磋商能够继续进行下去。

香港亚洲电视台记者问：这次朱镕基总理到美国访问，会不会对中国加入世贸组织的问题有所帮助？

答：中国政府对于加入世贸组织历来持积极的态度。中国自申请加入世贸组织已经有十多年了，在此期间，同有关各国进行了多次磋商，可以称得上是马拉松式的磋商。谈判久拖不决的原因，归根结底是有些国家无视中国是一个发展中国家的客观事实，提出了过高要价，甚至是漫天要价。中国在开放国内市场问题上已经多次做了不少努力，我们还准备继续作出努力。几天前，美国贸易代表巴尔舍夫斯基大使到北京，同我们的主管部长继续就这个问题进行了磋商，这次磋商可以讲是建设性的，取得了重要的进展，但是双方仍然存在一些重要的分歧。中美双方现在都在继续努力，争取能够早日达成协议。

印度记者问：中国是否准备恢复同印度的政治关系？中国打算怎样解决与印度的边界问题？

答：中国一直奉行独立自主的和平外交政策，我们愿意在和平共处五项原则的基础上同世界上所有国家、特别是同周边邻国发展友好合作关系。我们愿意改善同印度的关系,我们同样愿意发展同巴基斯坦以及其他南亚国家之间的友好关系。应该说,长期以来,中国为了改善、发展同印度之间的关系做了不懈的努力。但是由于各位所了解的原因,去年5月份以后中印关系受到了损害,其责任不在中方。但是最近我们注意到,印度领导人几次在公开场合表示,愿意同中国改善关系,而且几次讲到,印度现在并不认为中国对印度构成威胁,我们对此表示欢迎。不久前在北京,中印外交部官员进行了一次有益的会晤,可能不久中印边界谈判联合工作小组也要恢复活动。我们希望印度方面通过实际行动继续作出积极努力,以利两国关系能够早些回到正常发展的轨道上来。我们也注意到,最近印巴关系有所改善。我们对印巴关系改善的努力表示欢迎。在核试验问题上,我们继续要求印巴双方都能切实地执行联合国安理会1172号决议。

法国《欧洲时报》记者问:欧洲总共住着近100万华侨、华人,他们非常关心中国与欧盟的关系,请问中国与欧盟的关系如何?在中国的外交战略中欧盟占据什么位置?在进一步发展与欧盟的关系中,存在着哪些有利的因素?

答:欧盟在中国的外交中占有很重要的位置。中国不仅与欧盟、与欧洲国家在经贸上有互助互利的友好合作关系,而且在政治上、在国际事务中,与欧盟、与欧洲许多国家也有共同的想法、类似的主张。譬如说,双方都认为现在世界在加快走向多极化,这是对世界形势最根本的看法之一。我们同欧盟的关系发展得很好,同欧洲国家的关系同样也发展得很好。去年下半年来访的外国领导人很多都来自欧洲。不久,江泽民主席就要出访欧洲几个国家。在发展关系的进程中,当然避免不了会产生一些问题。譬如在经贸合作上,我们欢迎欧元问世,而且希望欧元能够稳定。但我们要求欧洲国家,包括欧盟应该在贸易保护主义问题上对中国改变做法,不要搞什么新的反倾销,已经搞的,也应该改变。在人权问题上我们也有不同的看法。当然,中国与欧洲大多数国家都坚持对话,不搞对抗。中国与欧洲国家关系的发展是大有前途的。

澳门电视台记者问:澳门今年就要回归了,自从去年葡萄牙总理来华访问后,今年中葡双方的互访再也没有开展,是否双方关系有什么问题?中葡两国澳门问题联合联络小组讨论澳门过渡期的某些问题,如回归仪式、驻军问题,进展怎样?

答:还有288天,中国政府就要对澳门恢复行使主权,这意味着中国的统一大业又将向前迈进一大步。我认为,中葡两国自1987年签署了联合声明后,在有关于过渡期的一些问题,特别是关于政权的平稳过渡和顺利交接等问题上,双方的磋商是有效的。中葡双方的高级官员,随着澳门回归的临近,还有不少重要的接触和会晤。只要双方都按照联合声明和基本法行事,都抱着一种务实、积极、建设性的态度,中葡之间的合作会在新基础上更加顺利发展。经过双方的共同努力,政权的平稳过渡和顺利交接是肯定能实现的。

丹麦广播公司记者问:您下周就要前往北欧访问。您认为像丹麦这样一个小国和中国这样一个大国之间的关系是怎样的?

答:我预定在这次全国人大会议结束后的第二天就启程访问北欧四国,最后还要到德国去开会。我们同丹麦之间的关系发展得很好,在经贸等各个领域的交流与合作已经有了良好的基础,也有一定成效。丹麦尽管在面积上是一个小国,但是在经济上,在工业方面,特别是在科学技术的某些领域,丹麦有很多东西值得中国借鉴、学习。我这次访问包括丹麦在内的北欧四国的主要目的,就是为了增进相互了解,促进互利合作。希望通过此行,能够为我们之间的合作增添一些新的内容,为促进两国的高层互访做些工作。

台湾《联合报》记者问:朱镕基总理在这次政府工作报告中提到,要听取台湾民众的呼声,支持他们的一些合理的主张。近几年,海峡两岸的民间人士提出了"外交休兵"的构想,即两岸停止在外交领域你死我活的斗争,共同为发展两岸关系创造好的气氛和条件。您是否愿意重新考虑这一主张?另外,台湾方面非常关心大陆与梵蒂冈外交关系的发展。请问,教皇是不是有访问香港的计划,或江泽民主席会不会去梵蒂冈访问?最后,您刚才提到如果美国向台湾出售战区导弹防御系统会引起中国人民的反对,请问这种反对是否包括军事行动?

答:海峡两岸之间的交流,特别是双方在很多具体领域的交往,这几年有了很大的发展。香港已经回归了,澳门很快也要回归,完全实现祖国统一的问题总不能无限期地拖延下去。要求早日实现祖国统一,是包括台湾人民在内的全体中国人民的共同强烈心愿。

关于外交上能不能"休兵",我认为不能就事论事地或从字面上来议论这个问题,而应该透过现象看到实质。一针见血地讲,台湾当局还在顽固地坚持自己的立场,要通过所谓"扩大国际空间",继续制造"两个中国"、"一中一台",继续从事分裂祖国的活动,这当然会遭到全国人民的反对。因此,能不能"休兵",首先取决于台湾当局能不能停止这些分裂祖国的活动,能不能真正做到以国家和民族利益为重,真正回到一个中国的立场上来。

关于战区导弹防御系统问题,现在台湾内部确有一些人想方设法地力图钻进这个系统的研究与开发中去。《三国志》中有一句话形容曹操，叫“挟天子以令诸侯”，现在台湾有些人是“挟洋天子”来保护自己，其目的在于拖延统一，继续分裂祖国。现在台湾当局内部就这个问题还有不同意见。如果有一天真的出现这种局面，那么，中国政府和中国人民当然会作出应有的强烈反应。

关于中国同梵蒂冈的关系是不是有突破的问题，我不知道你们是从哪里得到这个消息的。应当指出，第一，我们是愿意同梵蒂冈改善关系的，但是我们是有原则的，这就是梵蒂冈必须首先断绝同台湾的所谓外交关系；第二，不能干涉中国的内政，包括不通过宗教活动来干涉中国的内部事务。总之，关于同梵蒂冈关系所谓的突破问题，我作为中国外长还没有听到这方面的消息，也没有听到有关教皇要访问香港的消息。

记者招待会共进行了一个半小时。500 多名中外记者参加了招待会。

中国公司承建的伊朗德黑兰至卡腊季段 31.5 公里电气化铁路开通典礼在德黑兰举行

伊朗总统哈塔米出席了开通典礼并对伊中两国友好关系给予高度赞赏。

中国男女队双双获得圣彼得堡 1999 年短道速滑世界团体锦标赛冠军

中国队在为期 3 天的世界杯跳水系列赛德国站的比赛中获 4 项冠军

最高人民法院核准“金华税案”两主犯死刑

最高人民法院公布对浙江“金华税案”两名主犯的判处结果：虚开增值税专用发票税价总额逾亿元的胡银峰、吕化明被核准死刑，已在当地执行。

浙江省永康市农民胡银峰，于 1995 年 6 月至 1996 年 12 月间，在浙江省金华县先后成立了 7 家无经营资金、场地、人员的公司，向税务机关领取增值税专用发票 350 本，并以这 7 家无经营活动公司的名义，为全国 30 个省、自治区、直辖市的 4000 余家企业虚开增值税专用发票 337 本，共计 6000 余份，虚开价税总额 6.4 亿余元，骗取国家税收 8900 余万元，至今仍有 2400 余万元未追回。

3 月 8 日

全国政协九届二次会议举行三次全体会议

11 位委员先后就科技、教育和生态环境建设等有关国计民生重大问题发表意见。

中共中央政治局常委、全国政协主席李瑞环出席会议。

会议的执行主席是叶选平、钱伟长、卢嘉锡、宋健、钱正英、丁光训、朱光亚、周铁农。会议由宋健主持。中共中央政治局委员、书记处书记丁关根，国务委员王忠禹和中共中央、国务院有关部门负责人到会听取发言。

楚庄委员代表民进中央首先发言，呼吁尽快把节约、合理利用和保护自然资源确定为我国的基本国策，以保障可持续发展战略的全面实施。陈洲其委员代表全国政协人口资源环境委员会发言，就治理首都大气污染提出八条建议。巴音朝鲁委员代表共青团、青联组发言提出，建立健全公众参与机制，使保护母亲河行动成为社会参与生态环境建设的共同行动。韩应选委员发言建议，尽快实施南水北调西线工程，从根本上解决北方缺水问题。徐冠华委员发言认为，大力开发、应用和普及重大共性高新技术是实施科教兴国的一项战略措施。针对农村、城市和信息化发展方面的要求，国家应重点应用和普及节水灌溉技术、城市空气净化技术和智能化技术。谢丽娟、江景波委员联合发言强调，采取措施促使企业真正成为科技进步主体。卢强委员就如何解决我国西部干旱地区缺水问题提出建议：依靠科技进步建设绿色大西北。傅庚辰委员代表全国政协教科文卫体委员会发言强调，进一步加强打击文物盗窃和走私工作。吴正德委员代表民盟中央发言，就我国基础教育跨世纪发展提出建议：切实落实基础教育重中之重的战略地位；依法治教，保证教育事业优先发展；加大对基础教育的投入；实行办学体制多元化和办学形式多样化；加快教育管理体制改革；大力治理薄弱学校；建立健全实施素质教育的运行机制；优化干部、教师队伍。闵乃本委员代表九三学社中央发言，就加强创新人才建设提出建议：在全社会大力弘扬民族知识英雄精神；制定并实施创新人才发展战略；深化教育改革，加强人才创新素质的培养；以公开、公平、公正为原则，建立鼓励创新的人才优胜劣汰机制；营造有利于人才创新的政策和法律环境。王珣章委员代表致公党中央发言提出，筑巢引凤，精心培育，促进留学人员创业园健康发展。

全国政协副主席杨汝岱、王兆国、阿沛·阿旺晋美、任建新、李贵鲜、陈俊生、张思卿、孙孚凌、马万祺、万国权、胡启立、陈锦华、赵南起、毛致用、白立忱、经叔平、罗豪才、张克辉、王文元，秘书长郑万通出席会议。

国家主席江泽民参加九届全国人大二次会议上海代表团审议《政府工作报告》讨论并发表讲话

全国政协九届二次会议就加强环保问题在人民大会堂举行记者招待会

全国政协人口资源环境委员会主任侯捷、副主任张洽及汪纪戎、王东四位委员就加强环境保护问题回答中外记者的提问。

记者：据了解，全国政协人口资源环境委员会成立一年多来工作开展得比较活跃。请问在环保问题上做了哪些专题调研，取得了哪些成效？今年要开展哪些工作？

侯捷：我国政府在实现经济持续快速发展的过程中，承受着人口膨胀、资源短缺、环境恶化的沉重压力，遇到许多尚待研究、解决的难题。以江泽民同志为核心的党中央非常重视环保工作。一年来，全国政协人口资源环境委员会重点围绕淡水资源与可持续发展、长江中上游生态环境建设等11个专题，相继到近20个省、自治区、直辖市调研考察，取得了重要的阶段性成果，其中7项专题调研工作已经完成。

1999年是人资环委工作全面开展的一年，将在继续完成好跨年度调研课题的同时，突出环境保护重点开展工作，逐步扩展荒漠化防治、提高少数民族地区出生人口素质、城市可持续发展等新的研究领域。

记者：朱镕基总理在《政府工作报告》中强调要强化全民族的环境保护意识。落实这项要求应当采取哪些措施？

张洽：强化全民族的环保意识，首先要在全民范围内普及环境保护的知识，让大家都知道环境保护包括哪些方面，环境遭到破坏后有什么严重后果，怎样才能保护环境等。其次还要加强以经济的、行政的、法制的手段制约对环境的破坏，这是带有强制性的，要让破坏环境者经受处罚后深感今后不能再犯。其中加强立法、加强法制教育、加大执行力度是非常重要的。最后还要抓典型，好的差的都要抓。

记者：中国在环保方面的投入占整个国家预算的比重是多少，同发达国家相比存在哪些差距？要加大这方面的投入，工作重点应放在哪些方面？

汪纪戎：环境保护是我国的一项基本国策，我国从70年代后期就一直致力于增加环境保护投资。1986—1997年，中国环境治理投资总量逐年增加，但占GDP的比例仍在0.7%左右。1998年超过1%。目前，世界上一些发达国家环境治理投资占GDP的比例已达2%以上。“九五”后期，要重点加大重点流域、区域的环境综合整治、老污染源治理和城市环境基础设施建设等方面的投入。

记者：去年中国遭受了历史罕见的洪涝灾害，损失严重，今后应当采取什么措施进行江河治理？

王东：大灾过后，中国政府及时作出灾后重建、整治江湖、兴修水利的部署，投入了大量资金，这是前所未有的。现在的问题是我们一定要把这笔资金用好，严禁挤占挪用，集中力量把江湖堤防修好，确保水利工程质量。

今后我们应采取的措施是，提高认识，增加水患意识；统一规划，综合治理，建设合理的防洪体系；建立统一领导机制，有计划、有步骤地开展工作；加强林业，把林业建设作为国土建设的一个重要组成部分；加强科学研究和新技术应用；依法治水，保护环境。

记者：北京市正在狠抓大气污染的治理，在今后几年内还应突出解决哪些问题？

汪纪戎：北京市在有效实施18项紧急措施的基础上，还应该下大力气调整工业布局、严控工业污染；改善燃料结构、大力推行清洁能源；严格执行新的机动车排放标准和淘汰制度，控制用车污染；采取综合措施努力控制扬尘污染。

记者：中国在加强环境保护和污染治理方面所采取的措施受到国际社会的广泛关注，请问人资环委对于引进外资和高新技术方面持什么态度？

侯捷：加强与世界各国相关部门和有关国际组织的交流与合作，是人资环委的一项重要工作内容。今后，欢迎各国在环境保护和污染治理方面，积极与我们合作。

纪念三八国际劳动妇女节89周年中外妇女招待会在人民大会堂举行

最高人民法院关于严格执行公开审判制度的若干规定

国家副主席胡锦涛在人民大会堂会见刚果(布)共和国外交、合作和法语国家事务部部长鲁道夫·阿达达

外交部部长唐家璇在北京与刚果(布)共和国外交、合作和法语国家事务部部长鲁道夫·阿达达举行会谈

唐家璇说，加强同非洲国家的团结合作始终是中国独立自主和平外交政策的重要组成部分。

唐家璇说，中国对非政策可以归纳为四个支持，即支持非洲国家人民根据本国国情自主选择政治制度和发展道路；支持非洲国家捍卫独立和主权、维护政治稳定和发展经济的努力；支持非洲各国加强团结合作，排除外来干扰，通过和平协商解决彼此间分歧和争端；支持非洲国家平等参与国际事务。

纪念西藏废除封建农奴制实行民主改革40周年“雪域明珠——中国西藏文化展”在北京开展

3 月 9 日

九届全国人大二次会议举行三次大会

大会听取关于宪法修正案草案的说明、关于合同法草案的说明、关于澳门特别行政区九届全国人大代表产生办法草案的说明，听取全国人大常委会的工作报告。

江泽民、李鹏、朱镕基、胡锦涛、尉健行、李岚清等党和国家领导人出席会议。会议由大会执行主席、主席团常务主席王光英主持。

根据全国人大常委会的决定，全国人大常委会副委员长田纪云向大会作关于中华人民共和国宪法修正案草案的说明。

根据全国人大常委会的决定，全国人大常委会法制工作委员会主任顾昂然向大会作关于合同法草案的说明。

根据全国人大常委会的决定，全国人大常委会秘书长何椿霖向大会作关于澳门特别行政区第九届全国人民代表大会代表的产生办法草案的说明。

全国人大常委会副委员长姜春云代表全国人大常委会向大会作工作报告。

全国人大常委会副委员长姜春云在九届全国人大二次会议上作《全国人民代表大会常务委员会工作报告》

各位代表：

现在，我代表全国人民代表大会常务委员会作工作报告，请予审议。

一、一年来的主要工作

过去的一年，在以江泽民同志为核心的党中央领导下，经过全国各族人民团结奋斗，我国成功地抵御了亚洲金融危机的冲击，战胜了特大洪涝灾害，改革开放和社会主义现代化建设取得了重大成就。全国人大常委会坚持以邓小平理论和党的十五大精神为指导，认真履行宪法赋予的职责，在前几届人大工作的基础上，积极进取，真抓实干，立法、监督等各方面工作都取得了新的进展，为推进依法治国、建设社会主义法治国家，作出了贡献。

(一)加强和改进立法工作，提高立法质量

一年来，全国人大及其常委会共审议法律草案和有关法律问题的决定草案 28 件，其中通过法律 11 件，通过关于法律问题的决定 10 件，还批准了同外国缔结的条约、协定和我国加入的公约 10 个。

对宪法进行修改，是我国政治生活中的一件大事。根据党的十五大精神，适应我国改革开放和现代化建设的需要，中共中央提出了修改宪法部分内容的建议。这次宪法的修改，总结了我国改革和建设的新经验，巩固了改革、发展、稳定的成果，将为全面推进建设有中国特色社会主义事业进一步提供宪法依据。常委会经过认真讨论，形成宪法修正案议案，已提请这次大会审议。

适应引导、促进和保障社会主义市场经济发展的需要，常委会审议通过了证券法和关于惩治骗购外汇、逃汇和非法买卖外汇犯罪的决定，审议了合同法草案。证券法总结了我国金融体制改革和证券市场发展的实践经验，汲取国际金融危机的教训，确定了我国证券市场活动的基本规则，对筹集建设资金，保护投资者的合法权益，防范和化解金融风险，促进证券市场的健康发展，将会起到重要作用。合同法是市场经济的基本法律。制定一部统一的、较为完备的合同法，将更有效地保护合同当事人的合法权益，促进和保障市场经济的正常运行。常委会 4 次审议了合同法草案，已提请这次大会审议。

实行村民自治制度，保证广大农民直接行使民主权利，是社会主义民主的重要实践，也是社会主义民主在农村的有效实现形式。常委会在总结十年来实践经验的基础上，对村民委员会组织法进行了修订。这对于进一步健全村民自治组织，保障亿万农民行使当家做主的权利，加强基层民主政治建设，具有重大而深远的意义。

为了全面实施可持续发展战略，常委会对土地管理法和森林法进行了修改，通过了专属经济区和大陆架法。修订后的土地管理法，对耕地保护、土地承包经营期限、土地利用审批权限等作出了一些新规定，将土地管理方式从分级限额审批制度，改为土地用途管理制度，有利于充分保护和利用土地资源，促进农业和农村经济的持续发展。森林法的修改和补充，对于加强林业管理，更好地保护、培育、开发森林资源和改善生态环境，具有重要作用。专属经济区和大陆架法，为保障我国行使海洋主权权利和管辖权，保护、开发和利用海洋资源，提供了法律依据。

为了促进教育、卫生事业的发展，常委会通过了高等教育法和执业医师法。高等教育法对高等院校的设立和领导体制、师生的权利与义务、高等院校的自主权、高等教育的管理体制等问题作出了明确规定，有助于巩固高等教育改革成果，促进高等教育事业发展。执业医师法的制定，有利于加强医师队伍的建设和管理，提高医师的职业道德和业务素质，维护医师的合法权益，保护人民健康。

此外，常委会还制定了消防法、关于增加香港特别行政区基本法附件三所列全国性法律的决定、关于补选出缺的香港特别行政区第九届全国人大代表的决定、关于香港特别行政区九届全国人大代表辞去代表职务的办法的决定，修订了收养法、兵役法，审议了行政复议法、预防少年违法行为法、公路法修正案、著作权法修正案等法律草案。

一年来，在总结前几届人大立法经验的基础上，本届常委会采取了一些重要举措和做法，改进立法工作。主要是：(1)加强立法工作的计划性和主动性，做到年度有计划、五年有规划、长远有纲要。常委会明确提出本届立法的目标是初步形成有中国特色社会主义法律体系，并组织力量对这个法律体系进行了研究和论证。根据需要和可能，制定了 1998 年、1999 年立法计划和五年立法规划，正在考虑制订到 2010 年的立法纲要。分清轻重缓急，安排立法任务。综合性法律一时制定不出来的，先制定单行法律。适应形势发展的需要，重视对法律的修改工作。(2)制定和修改法律，坚持以宪法为依据，以人民的根本利益和国家的整体利益为出发点，正确处理中央和地方之间、部门之间的关系，注意防止不适当地扩大部门和地区的权限和局部利益，确保法律同宪法规定相一致，维护国家法制的统一。(3)从我国社会主义初级阶段的基本国情出发，借鉴国外立法的有益经验，既注意法律的前瞻性，又考虑法律的阶段性；既及时肯定改革的成果，又为深化改革留有空间和余地。(4)坚持走群众路线，集中人民的意志，充分反映人民的愿望和要求。在审议法律草案过程中，广泛征求各部门、各地方和专家学者的意见，还先后将土地管理法、村民委员会组织法修订草案和合同法草案向社会公布，征求全民意见。人民群众和社会各界积极参与讨论，不仅对法律草案提出了许多修改意见，也受到了普法的教育。常委会还加强对法律草案的立法调研。委员长、副委员长和常委会其他组成人员深入基层，听取各方面对有关法律草案的意见。(5)改进审议方式。将审议法律草案改为一般实行三审，以增加审议时间，提高审议质量。加强协调工作。法律委员会对法律草案统一审议，各专门委员会提出意见。对法律草案中的问题，坚持调查研究，反复商讨，以把好立法质量关。有些重大问题，由委员长会议和委员长办公会议研究协调。一年来先后召开委员长会议 13 次、委员长办公会议 23 次，对有争议的问题展开讨论，集思广益，择善而从，使法律适时出台。

(二)重视监督工作，增强监督实效

常委会把对法律实施的监督放在与立法同等重要的位置，坚持听取和审议国家行政、审判、检察机关工作报告的制度。一年来，常委会先后组织 6 个检查组，由 7 位副委员长带领，分别对 5 部法律和 1 个关于法律问题的决定的实施情况进行检查；先后听取和审议了国务院及其有关部委 5 个工作报告，听取和审议了最高人民法院和最高人民检察院的工作汇报；加强了对地方性法规的备案审查工作。

农业是关系国计民生的战略产业。为了巩固农业的基础地位，确保农业持续发展，常委会组织检查组，以减轻农民负担问题为重点，对农业法的实施情况进行了检查。常委会指出，国务院和地方政府加大了减轻农民负担工作的力度，取得了一定的成效，但问题仍然相当突出，要求进一步采取得力措施，切实减轻农民负担。同时，还强调要重视解决土地延续承包进度较慢、农业投入不足、农业科技推广工作薄弱等问题，努力做好农业和农村工作。

针对沿海海水污染和水土资源破坏严重的现象，常委会组织检查组对海洋环境保护法和水土保持法的实施情况进行了检查，强调要增强全民的环保意识，坚持开发和保护并重，加强执法监督，切实保护好海洋生态环境和水土资源。

常委会组织检查组对税收征收管理法的实施情况进行了检查，提出要继续加大对偷、逃、抗、骗税等违法行为的打击力度，大力清理欠税，切实改进税收征管工作。

常委会组织检查组对促进科技成果转化法的实施情况进行了检查，要求政府和有关部门进一步深化科技体制改革，增加投入，充分调动科技人员的积极性，更好地发挥科学技术对促进经济发展的巨大作用。

为了解决社会治安中的突出问题，常委会组织检查组对全国人大常委会关于加强社会治安综合治理的决定的实施情况进行了检查，要求政府及有关部门依法加大社会治安综合治理的力度，落实各项治理措施，为改革开放和现代化建设创造良好的社会环境。

去年夏天，我国一些地方遭受严重洪涝灾害。常委会听取和审议了国务院关于抗洪抢险工作的汇报，对抗洪抢险斗争给予高度评价。常委会在审议中指出，要从可持续发展战略的高度，增强水患意识，加快对大江大河大湖的治理，搞好水土保持和生态环境保护。强调总结各地依照防洪法组织、动员全社会力量防洪抗洪的成功经验，集中力量搞好水利基础工程和防洪设施建设，把防洪治水纳入法治轨道。

常委会加强了对国家计划和中央预算执行情况的监督。听取和审议了国务院关于本年度计划和中央预算执行情况的报告，审查批准上年度中央决算，还听取和审议了国家审计署关于 1997 年中央预算执行和其他财政收支的审计工作报告。委员们指出，审计中发现的问题，特别是有些地方和部门违规占用财政资金问题性质是严重的。要求国务院责成有关部门和地方政府加大执法力度，认真查处违法行为。常委会还审议了国务院关于增发国债用于加快基础设施建设和1998年中央财政预算调整的议案,决定批准1998年中央财政预算调整方案。常委会认为,在当前的国内外经济形势下,为了加快基础设施建设,扩大内需拉动经济增长,对1998年预算进行适度调整,是必要的。为了进一步提高预算监督的质量,常委会决定设立预算工作委员会,作为常委会的工作机构。

常委会还听取和审议了最高人民法院、最高人民检察院关于开展集中教育整顿工作情况的汇报。常委会在审议中指出,法院、检察院系统开展的集中教育整顿工作,措施比较得力,解决了一些突出问题,取得了较为明显的成果。但要清醒地看到,搞好司法队伍建设,惩治司法腐败,是一项长期的任务。司法机关必须继续狠抓公正司法,狠抓司法队伍建设,通过改革解决好深层次问题,努力使司法工作适应改革、发展、稳定的需要。

一年来,常委会总结近些年来监督工作的经验,积极探索,改进了监督工作。(1)紧紧围绕党和国家工作的大局,抓住国民经济和社会发展的重大问题以及人民群众反映强烈的问题,确定监督工作的内容,有计划有重点地开展执法检查,有针对性地听取和审议工作报告,保障和促进党中央关于改革、发展、稳定重大决策的贯彻落实。(2)正确处理监督和支持的关系。人大与国家行政、审判、检察机关的职责不同,是监督与被监督的关系,但工作的总目标是一致的。在监督工作中,常委会注意把监督和支持结合起来,在监督中体现支持。通过法律监督和工作监督,支持和督促国务院及其部门依法行政,支持和督促最高人民法院、最高人民检察院公正司法。(3)采用上下结合的方式进行执法检查。执法检查组既听取法律实施主管机关的汇报,又下基层单位进行考察,听取全国人大代表和人民群众的意见。从下面了解执法中的问题,督促改进执法工作,并向常委会反馈改进执法工作的措施和效果。(4)重视发挥各专门委员会协助常委会进行监督的作用。各专门委员会在参加常委会统一组织的执法检查的同时,安排了对有关法律的实施情况的检查。有关专门委员会围绕国民经济运行形势、增发国债、生态环境保护、科教兴国、政法队伍集中教育整顿等问题,听取了国务院有关部门和最高人民法院、最高人民检察院的专题工作汇报,并对地方人大开展个案监督的做法和经验进行了调研和总结。各专门委员会对备案的地方性法规,也作了审查。(5)注意把人大监督和舆论宣传结合起来。在中央和地方新闻单位的密切配合下,对常委会的执法检查及时作了报道,对有的严重违法现象予以公布,增强了执法检查的效果。

(三)认真办理代表议案和建议,加强和改进代表工作

九届全国人大一次会议主席团决定将190件代表议案交专门委员会审议。各专门委员会经过认真审议,已向常委会提出审议结果的报告。代表提出的2782件建议、批评和意见,有关单位进行了认真研究、办理,并已答复了代表。常委会坚持邀请部分全国人大代表列席常委会会议的制度,在作出重大决议、决定时,征求有关代表的意见。各专门委员会也注意加强与代表的联系,有的还建立了邀请代表列席专门委员会会议的制度。常委会在审议法律草案时,注意征求全国人大代表的意见,并召开部分全国人大代表座谈会,听取代表对常委会工作的意见。这次大会前,常委会还委托各地组织全国人大代表对执行国民经济和社会发展计划、财政预算,发展农业和搞好国有企业改革,实施依法治国方略、加强勤政廉政建设等问题进行了集中视察,为在本次大会上审议各项议案创造了条件,还组织香港特别行政区的全国人大代表分别到河南和广东两省进行了视察,对当地的经济和科技教育事业的发展提出了很好的建议。通过上述做法,密切了常委会与代表的联系,发挥了代表在管理国家事务中的作用。

办理人民群众的来信来访,是常委会联系人民群众的重要渠道,也是国家权力机关接受群众监督的有效形式。一年来共收到人民来信6万多件,接待群众来访1.1万多人次。通过办理信访,督促有关部门处理了一批重要的或久拖不决的案件,帮助群众解决了一些实际困难和问题,化解了一些社会矛盾,密切了国家机关同人民群众的关系。

常委会加强了与地方人大的联系,听取地方各级人大的意见,对他们的工作给予帮助和指导。委员长、副委员长到各地视察、调研时,注意了解地方人大工作情况,探讨如何搞好立法和监督等工作。各专门委员会和工作机构也与地方人大经常沟通情况、交流经验,促进了各级人大工作的开展。常委会工作机构对地方人大代表换届选举工作中遇到的问题,认真作了答复,还督促有关部门及时纠正一些地方在选举过程中出现的违法行为,以保证地方选举工作严格依法进行。

(四)做好社会主义民主法制宣传报道工作

党的十五大确立了依法治国、建设社会主义法治国家的基本方略,对社会主义民主法制建设提出了更高的要求。为此,常委会加强了民主法制的宣传报道工作,重点宣传邓小平的民主法制思想,宣传依法治国方略,宣传宪法和法律,宣传人大的立法和监督工作。常委会办事机构同新闻单位密切配合,加大了对常委会会议、委员长会议和专门委员会会议的报道力度,在搞好程序性报道的同时,增加实质性内容,对一些重要

的、与人民群众密切相关的法律案,从起草、提案、审议到表决,进行全过程的报道,抓住正、反两方面的典型事例进行报道,收到了较好的效果。

为了配合各新闻单位做好对民主法制的宣传报道,在各级人大机关建立了通讯员队伍,召开了通讯员工作座谈会,配合办好民主和法制专版,人大机关刊物和民主法制出版工作有了改进。举办了党的十一届三中全会以来社会主义民主法制建设图片展,与有关新闻单位组织法律知识竞赛,开展了评选宣传人民代表大会制度好新闻等活动。

(五)加强同外国议会和议会国际组织的交往与合作

开展同外国议会和议会国际组织的交往与合作,是国家整体外交的重要组成部分。一年来,全国人大组织7个代表团,访问了24个国家及欧洲委员会议会,派团出席了10次包括各国议会联盟第100届大会在内的国际会议,接待了36个国家议会及议会国际组织的访华团。各专门委员会也结合自身的工作积极开展对外交往。全国人大还先后成立了51个双边友好小组或友好协会。

去年10月,全国人大在广西桂林成功地承办了亚太地区议员环境发展大会第六届年会。这次会议发表的《桂林宣言》,全面概括了与会各国在保护生态和环境、促进可持续发展方面达成的共识。我国与广大发展中国家的立场和主张在这一文件中得到充分体现。

议会交往具有形式灵活、接触面宽、影响较大的特点。全国人大通过与外国议会和议会国际组织之间的广泛交往,宣传了我国改革开放20年来的巨大成就和基本经验,介绍了我国人民代表大会制度和民主法制建设的重要成果,同时就共同关心的问题交换看法,并对涉及我国主权的重大问题表明了我们的原则立场。许多外国议会界人士通过访华和实地考察,对我国有了更加客观和全面的了解,增进了信任和友谊,有助于促进国家关系的全面发展。

(六)加强常委会自身建设,努力提高工作水平

加强常委会组成人员的思想建设。为了做好立法和监督等工作,并使人大各项工作严格按照宪法和法律规定的程序进行,常委会要求组成人员带头学习宪法和法律,学习民主法制建设的理论。委员长会议决定定期举办法制讲座。一年来,已就邓小平民主法制理论、宪法和宪法的实施、人民代表大会制度、立法体制、社会主义市场经济法律制度等专题,举办了7次法制讲座,这对提高常委会组成人员的理论水平和法制观念,起到了积极作用。

改进常委会工作制度。常委会会议分组审议由原来的4个组调整为6个组,使常委会组成人员有更充足的时间审议各项议案。委员长、副委员长均参加分组审议,听取意见。为了保证委员长会议组成人员集中精力思考、处理重大问题,制定了有关规定,精简不必要的事务性活动。

改进和加强专门委员会的工作。换届以来,常委会加强了对专门委员会的领导和建设。各专门委员会制定或完善了工作制度。各专门委员会之间、专门委员会与常委会工作机构之间还加强了相互联系与分工合作,提高了工作效率。

重视和加强机关建设。换届后,全国人大机关就召开处级以上干部大会,强调机关工作的重要性和连续性,要求全体机关干部同心协力,开拓进取,恪尽职守,廉政勤政,树立良好的精神风貌。为了提高机关干部的素质,常委会办公厅坚持举办培训班,组织机关干部系统学习邓小平理论和民主法制基本知识,还建立了经常性的岗位学习制度。目前正在组织开展讲学习、讲政治、讲正气为主要内容的教育活动。机关后勤服务工作也有改进,为保障机关各项工作正常进行和改善职工工作、生活条件做了大量工作。

一年来,常委会的工作取得了一定的成绩,但也存在一些缺点和不足。主要是:有一些在发展社会主义市场经济中急需的重要法律还没有制定出来,法律宣传和解释工作做得不够,立法程序尚须进一步完善;监督工作是人大工作的薄弱环节,需要加强,执法检查不够深入、扎实,督促解决问题的力度不够,法律监督和工作监督程序需要进一步规范;常委会自身建设还不能完全适应新形势对人大工作的要求。对这些问题,要采取有效措施加以解决。

二、今后一年的主要工作任务

在新的一年里,常委会要继续高举邓小平理论的伟大旗帜,以党的基本路线和十五大精神为指导,把发展社会主义民主和健全社会主义法制作为根本任务,认真行使宪法赋予的各项职权,积极推进依法治国、建设社会主义法治国家的进程,在立法、监督和自身建设等方面都取得新的较大进展,以保障改革开放和现代化建设的顺利进行。

(一)继续加强立法工作,提高立法质量,努力完成立法任务

按照立法规划,本届任期内要制定和修改法律89件,其中安排今年审议的法律草案29件,立法任务相当艰巨、繁重。当前,经济体制改革已进入攻坚阶段,触及到社会的方方面面和一些深层次矛盾,难度很大。改革的重点和难点,也是立法的重点和难点。常委会要以改革的精神对待和解决立法工作中遇到的问题,把立法同改革、发展、稳定的重大决策结合起来,从制度和法律上保证党的路线、方针、政策的贯彻实施。为

此，必须进一步加强立法工作，提高立法质量。要从我国长期处于社会主义初级阶段的实际出发，根据改革开放和现代化建设的需要，抓紧制定和修改有关完善社会主义市场经济体制、保障人民当家做主、规范行政和司法行为等方面的法律，如制定招标投标法、独资企业法、信托法、劳动合同法、行政复议法、立法法、监督法等法律，修改民族区域自治法、会计法、专利法等法律。

要认真落实立法规划和年度立法计划。法律草案提请审议机关和承担法律起草任务的部门，要抓紧法律草案的起草工作，认真搞好立法调查研究，实行立法工作者、实际工作者、理论工作者相结合，取长补短，集思广益。常委会要加强对实施立法规划的指导和督促，对起草和审议法律草案过程中有分歧的问题，通过协调及时解决。进一步总结立法工作经验，明确划分立法权限，完善审议法律草案的具体制度和程序，提高立法质量和效率。要加强立法监督和法律解释，维护社会主义法制的统一。各专门委员会要充分发挥专业性和经常性的特点、优势，加强与有关法律起草部门的联系，除完成各自承担的起草法律草案的任务外，要认真做好法律草案的审议工作。常委会工作机构要为审议法律草案提供优质服务。

（二）切实加大监督力度，完善监督方式，支持和促进依法行政和公正司法

常委会的法律监督和工作监督，要加大力度，增强实效。当前，我国法制建设中的一个突出问题是，宪法的权威还没有得到充分的体现，有些法律的实施不够得力，有法不依、执法不严、违法不究的现象在一些地方和部门还相当严重。常委会将进一步加强对宪法和法律实施情况的检查监督。执法检查要突出重点，切中要害，改进方式，力戒形式主义，提高检查效果。要深入基层、群众，了解和掌握法律实施的真实情况，使执法检查的过程也成为体察民情、反映民意的过程。对执法检查中发现的重大问题，要分析原因，责成法律实施主管机关尽快解决并要求对解决情况及时向常委会作出反馈。有些执法检查结果和改进情况，还要公布于众，以接受人大代表和广大人民群众的监督。

要继续就改革和建设中的重大问题以及人民群众普遍关心的问题，听取和审议国务院和最高人民法院、最高人民检察院的工作报告。同时加强对国家计划、预算执行情况的监督，注意把计划、预算监督同审计监督结合起来。今后要重点开展专题监督，就某一方面工作、某一热点问题、某一重大事件，听取和审议国务院及其有关部门、最高人民法院、最高人民检察院的工作汇报，以增强工作监督的针对性和实效性。

要把法律监督和工作监督结合起来。个案监督要规范化和制度化。对在执法检查和人民群众的申诉、控告、检举中发现的重大案件，各级人大常委会将考虑采取询问、质询、组织调查等方式，依法进行监督，以促进依法行政和公正司法。

在多年来的人代会上，许多代表提出尽快制定监督法的议案。过去几届常委会为起草监督法做了大量的工作，一些地方在组织代表评议“一府两院”工作、听取和审议有关国家机关负责人述职报告等方面进行了探索，取得了一定的效果。本届常委会已把制定监督法列入了五年立法规划，正在抓紧进行起草工作，争取早日出台；还要制定若干专项的监督决定，健全和完善人大监督制度。

（三）加强社会主义民主法制宣传，提高全民的法制观念和法律意识

今明两年我国将继续深入开展“三五”普法教育，在全体公民中普及法律知识，做到人人学法、懂法、守法。常委会要检查“三五”普法规划的实施情况。法制宣传教育要注意结合各系统、各部门、各单位的实际情况进行。常委会要坚持办好法制讲座。各级人大领导干部、特别是高级领导干部要带头学习宪法和法律知识，模范遵守宪法和法律，严格做到依法决策、依法管理、依法办事。

常委会有关机构要积极主动配合新闻单位做好民主法制建设的宣传，逐步做到宣传工作系统化、制度化。加强通讯员队伍建设，充分发挥通信网络的作用，配合把《民主与法制》周刊办好。把《人大工作通讯》办得生动活泼，使之成为反映人大工作动态和交流经验的重要园地。

（四）继续开展同外国议会的交往与合作

全国人大要继续会同有关部门开展同外国议会和议员的联系和交往。加强同周边国家议会的友好合作，发展同拉美、非洲国家议会的关系，不断改善和增进与美国和欧盟国家议会的交往。要充分发挥议会多边外交的作用，积极参加各国议会联盟和亚太议会论坛等国际议会组织的活动。对外交往要讲究实效，为我国改革开放和现代化建设创造更为有利的国际环境。

1999 年 12 月 20 日，我国政府将对澳门恢复行使主权，这是继香港回归祖国以后中华民族的又一盛事。全国人大澳门特别行政区筹备委员会成立以来，按照澳门特别行政区基本法和全国人大及其常委会的有关决定，做了大量工作。目前，筹备成立澳门特别行政区的各项工作正在紧张有序地进行。我们相信，澳门特别行政区筹委会全体委员将不辜负包括澳门同胞在内的全国各族人民的重托，努力做好回归的各项工作，为实现澳门的平稳过渡作出积极的贡献。

各位代表：

过去的一年，在全体代表的支持和监督下，全国人大常委会完成了九届全国人大一次会议提出的任务。今后我们将继续采取各种形式，加强同代表的联系，依靠代表的支持，接受代表的监督，充分发挥代表的作用，使人大工作有一个新的进展。

新的世纪将要来临，时代赋予我们的任务艰巨而光荣。1999年，是我们国家发展史上具有特殊意义的一年，我们将迎来中华人民共和国成立50周年大庆。让我们高举邓小平理论伟大旗帜，紧密团结在以江泽民同志为核心的党中央周围，深入贯彻十五大精神，统一思想，坚定信心，团结奋斗，加强民主与法制建设，努力开创人大工作的新局面，把建设有中国特色社会主义的伟大事业全面推向二十一世纪！

全国人大常委会副委员长田纪云在九届全国人大二次会议上作《关于中华人民共和国宪法修正案（草案）的说明》

各位代表：

根据全国人大常委会的决定，我向大会作关于中华人民共和国宪法修正案（草案）的说明。

1982年通过的中华人民共和国宪法是一部好宪法，在国家的政治、经济和社会生活等方面发挥了重要作用。随着我国改革开放和社会主义现代化建设事业的不断发展，1988年和1993年先后两次对宪法的部分内容作了修改。1997年召开的中国共产党第十五次全国代表大会，高举邓小平理论伟大旗帜，总结我国改革和建设的新经验，对建设有中国特色社会主义事业的跨世纪发展作出全面部署。中共中央提出应当以党的十五大报告为依据，对宪法部分内容做适当修改，并提出修改的原则是，只对需要修改的并已成熟的问题作出修改，可改可不改的问题不做修改。为此，中共中央成立了宪法修改小组，李鹏同志任组长，组织草拟了关于修改宪法部分内容的初步意见，经中共中央政治局常委审定并经中央政治局会议原则通过后，于1998年12月5日发给各省、自治区、直辖市党委，中央各部委，国家机关各部委党组（党委），军委总政治部，各人民团体党组和中央委员、中央候补委员征求意见。12月21日，江泽民同志主持中共中央召开的党外人士座谈会，就中共中央提出的修改宪法部分内容的初步意见，征求各民主党派中央、全国工商联负责人和无党派代表人士的意见。12月22日和24日，李鹏同志主持中共中央宪法修改小组召开的法律专家和经济专家座谈会，就宪法修改问题征求意见。中共中央认真研究了各方面的意见，对下发征求意见的初步意见又作了修改，经中共中央政治局常委会议和政治局会议讨论通过，形成了中共中央关于修改中华人民共和国宪法部分内容的建议。1999年1月22日，中共中央向全国人大常委会提出了关于修改中华人民共和国宪法部分内容的建议。九届全国人大常委会第七次会议讨论了中共中央的建议，依照《中华人民共和国宪法》（以下简称《宪法》）第六十四条的规定，提出关于中华人民共和国宪法修正案（草案），提请九届全国人大二次会议审议。这次《宪法》修改，继续沿用1988年和1993年的修正案方式，同时在出版的文本中按修正案把原文改过来。现对中华人民共和国宪法修正案（草案）的内容说明如下：

一、关于《宪法》序言第七自然段，增加“邓小平理论”的内容，相应地将“根据建设有中国特色社会主义的理论”修改为“沿着建设有中国特色社会主义的道路”，并将“我国正处于社会主义初级阶段”修改为“我国将长期处于社会主义初级阶段”，增加“发展社会主义市场经济”的内容。

这样修改，表明了邓小平理论在我国社会主义现代化建设事业中的指导地位，反映了全国人民的共识和心愿。邓小平理论是毛泽东思想的继承和发展，是指导中国人民在改革开放中胜利实现社会主义现代化的理论，是马克思主义在中国发展的新阶段。在社会主义改革开放和现代化建设的进程中，一定要高举邓小平理论的伟大旗帜，用邓小平理论来指导我们整个事业和各项工作。这是全国各族人民从历史和现实中得出的不可动摇的结论。将邓小平理论载入宪法，对于建设有中国特色社会主义事业的胜利发展，具有重大的现实意义和深远的历史意义。

二、关于《宪法》第五条，增加规定：“中华人民共和国实行依法治国，建设社会主义法治国家。”依法治国，是中国共产党领导人民治理国家的基本方略，是国家长治久安的重要保障。将“依法治国，建设社会主义法治国家”写进宪法，对于坚持依法治国的基本方略，不断健全社会主义法制，发展社会主义民主政治，促进经济体制改革和经济建设，具有重要的意义。

三、关于《宪法》第六条，增加规定：“国家在社会主义初级阶段，坚持公有制为主体、多种所有制经济共同发展的基本经济制度，坚持按劳分配为主体、多种分配方式并存的分配制度。”在宪法中明确规定社会主义初级阶段的基本经济制度和分配制度，有利于在改革开放和社会主义现代化建设的实践中，坚持和完善上述制度，进一步解放和发展社会生产力。

四、关于《宪法》第八条第一款，增加规定：“农村集体经济组织实行家庭承包经营为基础、统分结合的双层经营体制。”相应地删去“家庭联产承包为主的责任制”的提法。统分结合的双层经营体制，是指在农村集体经济组织内部实行的集体统一经营和家庭承包经营相结合的经营体制，家庭承包经营是双层经营体制的基础。在宪法中对家庭承包经营为基础、统分结合的双层经营体制作出规定，有利于这一经营制度的长期稳定、不断完善和农村集体经济的健康发展。

五、关于《宪法》第十一条，增加规定："在法律规定范围内的个体经济、私营经济等非公有制经济，是社会主义市场经济的重要组成部分。"相应地删去个体经济、私营经济"是社会主义公有制经济的补充"的提法，同时将本条的其他文字修改为"国家保护个体经济、私营经济的合法的权利和利益。国家对个体经济、私营经济实行引导、监督和管理。"这样修改，进一步明确了个体经济、私营经济等非公有制经济在我国社会主义市场经济中的地位和作用，有利于个体经济、私营经济等非公有制经济的健康发展。

六、关于《宪法》第二十八条，将其中"反革命的活动"修改为"危害国家安全的犯罪活动"。1997 年修改的《中华人民共和国刑法》，已将"反革命罪"修改为"危害国家安全罪"。对《宪法》第二十八条中"反革命的活动"的用语进行修改，是完全必要的。

我的说明完了，请审议。

中华人民共和国合同法草案提请九届全国人大二次会议审议

根据全国人大常委会的决定，全国人大常委会法工委主任顾昂然就这一法律草案向九届全国人大二次会议第三次大会作了说明。

顾昂然说，合同法是民法的重要组成部分，是市场经济的基本法律，与公司、企业的生产经营和人民群众的生活密切相关。党的十一届三中全会以来，我国先后制定了《经济合同法》、《涉外经济合同法》和《技术合同法》三部合同法。随着改革开放的不断深入和扩大，经济、社会的不断发展，这三部合同法的调整范围和有些规定不能完全适应了，需要根据发展社会主义市场经济的要求，制定统一的合同法。

顾昂然说，制定合同法的指导思想是：以邓小平理论为指导，坚持从中国实际出发，并借鉴国外的有益经验，制定一部统一的、较为完备的合同法，以保障社会主义市场经济健康发展。注意保持法律的连续性和稳定性，以现行的经济合同法、涉外经济合同法和技术合同法为基础，总结实践经验，加以补充完善。注重可操作性，把近十年来行之有效的有关合同的行政法规和司法解释的规定，尽量吸收进来，对需要增加的，尽可能作出具体规定。

顾昂然说，根据全国人大常委会的立法规划，法制工作委员会组织法律专家和实际工作部门于 1997 年 5 月起草了合同法征求意见稿。根据各方面意见进行修改后，于 1998 年 8 月将合同法草案提请九届全国人大常委会第四次会议审议。根据全国人大常委会的决定，将草案全文公布，广泛征求意见，共收到中央有关部门、地方、企业事业单位和人民来信对合同法草案的意见 160 多份。李鹏委员长针对审议中提出的主要问题，亲自进行多次调查研究。全国人大法律委员会、财政经济委员会和全国人大常委会法制工作委员会联合召开了有关部门、企业事业单位和法律专家的座谈会，征求意见。合同法草案经九届全国人大常委会第四次、第五次、第六次、第七次会议审议。

关于合同法草案的调整范围，顾昂然说，本法所称合同是平等主体的自然人、法人、其他组织之间设立、变更、终止民事权利义务关系的协议。这是根据民法通则的规定作出的：第一，合同法调整的是平等主体之间的民事关系。政府依法维护经济秩序的管理活动，属于行政管理关系，不是民事关系，适用有关行政管理的法律，不适用合同法；法人、其他组织内部的管理关系，适用有关公司、企业的法律，也不适用合同法。第二，合同法主要调整法人、其他组织之间的经济贸易关系，同时还包括自然人之间因买卖、租赁、借贷、赠与等产生的合同法律关系。有关婚姻、收养、监护等身份关系，不适用合同法。

顾昂然说，合同法草案对合同法基本原则的规定是：第一，平等、自愿。第二，公平、诚实信用。第三，守法。他说，自愿原则体现了民事活动的基本特征，是民事法律关系区别于行政法律关系、刑事法律关系特有的原则，也是发展社会主义市场经济的客观要求。当事人有权按照自己的意愿订立合同，但是，应当依法行使这项权利，包括订立合同的内容和程序都应当遵守法律、行政法规。违反法律、行政法规的强制性规定的合同无效。法律、行政法规规定应当办理批准、登记等手续生效的，依照其规定。国家根据需要下达指令性任务或者国家订货任务的，有关法人、其他组织之间应当依照有关法律、行政法规规定的权利和义务订立合同。

顾昂然还就合同的订立、合同的履行、违约责任、合同法分则等问题作出说明。

提请大会审议的合同法草案，共分总则、分则、附则三个部分，有 23 章。总则共 8 章，分别为：一般规定；合同的订立；合同的效力；合同的履行；合同的变更和转让；合同的权利义务终止；违约责任；其他规定。分则共 15 章，分别为买卖合同；供用电、水、气、热力合同；赠与合同；借款合同；租赁合同；融资租赁合同；承揽合同；建设工程合同；运输合同；技术合同；保管合同；仓储合同；委托合同；行纪合同；居间合同。草案全文的最后是附则。

中华人民共和国澳门特别行政区九届全国人大代表的产生办法草案提请九届全国人大二次会议审议

根据全国人大常委会的决定，全国人大常委会秘书长何椿霖向召开的九届全国人大二次会议第三次大会作了关于这一草案的说明。

何椿霖说，我国将于 1999 年 12 月 20 日恢复对澳门行使主权。现在澳门地区的全国人民代表大会代表是由广东省人民代表大会选出的。澳门回归祖国后，按照澳门特别行政区基本法的规定，将“根据全国人民代表大会确定的名额和代表产生办法，由澳门特别行政区居民中的中国公民在澳门选出澳门特别行政区的全国人民代表大会代表，参加最高国家权力机关的工作。”《全国人民代表大会和地方各级人民代表大会选举法》第十五条第三款规定：“香港特别行政区、澳门特别行政区应选全国人民代表大会代表的名额和代表产生办法，由全国人民代表大会另行规定。”根据上述规定，全国人大常委会工作机构拟订了澳门特别行政区第九届全国人大代表的产生办法草案。1999 年 1 月，全国人大常委会办公厅和法制工作委员会召开座谈会，征询了澳门地区全国人大代表和政协委员的意见，对草案又作了部分修改。1 月 29 日至 30 日，九届全国人大常委会第七次会议对这个草案进行了初步审议，并决定将草案提请九届全国人大二次会议审议。

关于澳门特别行政区九届全国人大代表应选名额，何椿霖说，根据有关法律的规定并参照有关规定的精神，考虑到代表名额和人口数之间的比例和便于澳门特别行政区全国人大代表单独组成代表团，草案规定，澳门特别行政区第九届全国人民代表大会代表的名额为 12 名。已由广东省人民代表大会选举产生的 5 名澳门地区全国人大代表，在澳门特别行政区成立后，即成为澳门特别行政区第九届全国人大代表。澳门特别行政区按照本办法应选举 7 名第九届全国人大代表。

关于选举方式，何椿霖说，根据澳门的实际情况，参照香港特别行政区的做法，草案规定，澳门特别行政区成立第九届全国人民代表大会代表选举会议，在全国人大常委会的主持下选举第九届全国人民代表大会代表。考虑到，根据《全国人民代表大会关于澳门特别行政区第一届政府、立法会和司法机关产生办法的决定》产生的澳门特别行政区第一届政府推选委员会，将由工商、金融界人士，文化、教育、专业等界人士，劳工、社会服务、宗教等界人士，以及澳门原政界人士、澳门地区全国人大代表和澳门地区全国政协委员的代表组成，包括了澳门各阶层、各界别、各方面的人士，具有广泛的代表性，选举会议以澳门特别行政区第一届政府推选委员会委员中的中国公民为基础组成，是适当的。同时，参照香港特别行政区选举九届全国人大代表的办法的规定，把选举会议成员扩大到不是推选委员会委员的澳门居民中的九届全国政协委员和立法会议员中的中国公民。这里需要说明的是，澳门地区全国人大代表如参选行政长官，就不能参加推选委员会，也就不能成为选举会议成员。从便于开展选举工作考虑，澳门地区全国人大代表应当成为选举会议成员。这个办法只适用于澳门特别行政区选举第九届全国人大代表。

何椿霖还就澳门特别行政区选举会议选举九届全国人民代表大会代表的程序、代表的辞职和补选问题作说明。

全国政协九届二次会议举行第四次全体会议

会议下午在人民大会堂举行，10 位委员分别就祖国统一、做好国有企业下岗职工基本生活保障和再就业工作、加强社区建设、确保基础设施工程质量等问题发表了意见和建议。

中共中央政治局常委、全国政协主席李瑞环出席会议。

大会的执行主席是：王兆国、任建新、张思卿、孙孚凌、马万祺、万国权、胡启立、赵南起、罗豪才、王文元。会议由罗豪才主持。中共中央政治局委员、国务院副总理钱其琛，中共中央政治局委员、书记处书记、国务委员罗干和中共中央、国务院一些部委的负责人到会听取发言。

全国政协九届二次会议邀请澳门地区全国政协委员就“迎接澳门回归，保持澳门的稳定和繁荣”问题答记者问

记者会在人民大会堂台湾厅举行，贺定一、李康、黄枫桦、廖泽云和梁仲虬委员答记者问。

记者：澳门特别行政区筹委会运作已有 10 个月，请问筹委会工作的进展情况如何？

贺定一：从现在到特区成立还有 9 个多月的时间，全国人大交给特区筹委会的九大任务已在逐项落实过程中。按照基本法的规定和全国人大的决定，基本完成了为推选第一任行政长官人选所做的准备工作。对特区第一届政府的有关机构和主要官员职位设置提出了意见。关于国籍法在澳门的实施和永久性居民问题也有了明确的建议和意见。完成了大量的法律审查工作。对一些与成立特区有关的具体问题如过渡性邮票、假日、区旗区徽使用、庆回归活动等也提出了解决办法、方案，筹委会工作正积极有序向前推进。

记者：澳门回归祖国将为经济发展提供新的机遇，请问如何抓住机遇，促进澳门经济发展？

贺定一：由于受到亚洲金融风暴和澳门社会治安不靖等因素的影响，澳门经济发展有所放缓，但也面临着回归带来的巨大机遇：即将回归的澳门受到世人关注，对宣传推介澳门带来了很好的促进作用。内地各省市、各地区与澳门之间的交流和合作将进一步加强；祖国内地经济继续保持健康增长，将对澳门起到积极的带动作用；澳台航线通航，使澳门在航空方面首先实现两岸准直航，澳门成为沟通海峡两岸人员往来与贸易合作的桥梁；香港经济复苏有望，这对澳门经济发展将起一定的促进作用。

记者：为保证过渡期和回归后澳门社会的繁荣稳定，如何进一步解决好澳门的治安问题？

李康：近年来，由于澳门经济发展有所放缓，澳门黑社会为争夺赌场“边缘利益”而发生了一些打斗、枪击、绑架和纵火等案件，影响到澳门居民的生活，也影响到澳门的对外形象。澳门治安案件虽然主要发生在黑社会组织内部，但它危及当地居民的人身安全，影响澳门居民生活，影响社会稳定，我们要求澳门葡萄牙政府在后过渡期切实负起责任，维护澳门社会秩序。在中方的不断敦促、推动和澳门居民的强烈呼吁下，最近澳葡政府在一定程度上加强了有关打击罪案的措施，内地公安部门特别是广东警方积极主动与澳葡警方合作，共同打击跨境犯罪活动。人们盼望澳门回归祖国后，治安问题一定能够改善，澳门将成为一个祥和、稳定的澳门。

记者：公务员本地化、法律本地化、中文的官方地位是澳门过渡时期的三大问题，目前解决三大问题的进展情况如何？

黄枫桦：澳门公务员本地化、法律本地化、中文官方地位是澳门历史遗留的、难度很大的三大问题，葡萄牙政府必须在过渡期内抓紧解决，以利于澳门政权交接。经过中葡双方友好合作和共同努力，目前解决三大问题取得了较大的进展。以中文为母语的华人在澳葡政府司厅级公务员队伍中的比例不断增加，法律本地化工作有了进一步推进，中文在澳门政府中的使用逐步得到推广。但是三大问题的解决程度与平稳过渡的客观要求还有一定差距，澳葡政府要抓紧时间，加大相关工作力度，解决三大问题，确保澳门平稳过渡和政权顺利交接。

记者：澳门基本法协进会在促进各界别、各阶层社团和广大澳人学习、宣传、推介基本法，增强对“一国两制”的认识方面做了哪些工作？

廖泽云：澳门基本法协进会由在澳门的原基本法起草委员和咨询委员组成，作为一个以宣传澳门基本法为主要宗旨的民间社团，自成立至今 6 年来结合社会实际，透过多种渠道和不同的方式广泛开展基本法的宣传推介工作。

通过举办基本法研习班、研讨会、学术讲座、学术报告、座谈会和文艺演出等活动，使广大市民，特别是各界精英人士对基本法有了比较系统的认识和了解。基本法协进会对澳门各友好社团、机构所举办的基本法宣传活动予以大力扶持、配合和协助。基本法协进会也注意在内地开展基本法的宣传推介工作，已在广州、北京等 8 个省市开展宣传。

记者：再过 286 天，澳门就要回到祖国的怀抱了，请问当前广大澳人的心态怎么样？

梁仲虬：当前澳门居民的普遍心态，是热切盼望回到祖国的怀抱，自己当家做主人。澳门同胞具有爱国爱澳的光荣传统，对祖国的凝聚力与向心力不断增强。目前澳门同胞希望祖国内地给予大力扶持，促进澳门的经济发展和社会稳定。近年来澳门居民发挥了前所未有的主人翁精神，踊跃参与过渡期事务和筹建特区、宣传基本法、迎回归等方面的工作，促进了澳门过渡事务的顺利开展和平稳过渡。澳门同胞都关注祖国内地的改革开放和经济建设，认为只有祖国强大，才有澳门同胞的地位，所以积极支持内地建设，而且，每当内地遇到困难或灾害时，他们总是慷慨解囊，体现了血浓于水的爱国精神。

西藏自治区人大常委会主任热地 西藏自治区政府主席列确就西藏的发展情况接受中外记者的采访

采访在人民大会堂西藏厅举行。

热地首先介绍关于西藏民主改革 40 年发展变化的情况。热地说，西藏通过民主改革，彻底推翻了封建农奴主统治，废除了政教合一的封建农奴制度，废除了生产资料的农奴主所有制，解放了百万农奴和奴隶，解放了社会生产力，开创了西藏历史的新纪元。民主改革 40 年来，西藏的政治、经济、文化及社会各项事业取得了巨大的成就。政治上，广大西藏人民当家作主，广泛参与国家和地方事务的管理，到 1998 年藏族干部在全区干部总数中占 74.9%，自治区各级人大、政府的主要领导均由藏族和其他少数民族干部担任。经济上，1998 年全区粮食总产量达 85 万吨，比 1959 年增长 4.6 倍；现代工业从无到有，逐步壮大，1998 年全区工业总产值预计达到 13.65 亿元。文化教育方面，旧西藏没有一所现代意义的学校，文盲率高达 97%，到 1998 年，全区已拥有各级各类学校 4365 所，适龄儿童入学率达到 81.3%，文盲率减少了 47 个百分点。到 1998 年，全区农牧民人均纯收入达 1150 元，全区总人口由民主改革前的 100 多万增长到 1998 年的 240 多万，人均预期寿命由35岁提高到65岁。

热地说,西藏民主改革后的40年是西藏历史上发展变化最快的40年,是西藏人民享有充分人权的40年。40年的发展历史雄辩地证明,西藏实行民主改革,废除政教合一的封建农奴制度,走社会主义道路,是西藏人民的历史选择,是西藏进步和繁荣的必由之路。

热地在回答外国记者关于民族语言教育的问题时说,中央政府历来十分关心西藏的科技、教育、文化事业的发展,几十年来西藏的科技、教育、文化事业都取得了前所未有的进步。但与发达地区相比还有一定的距离,为此西藏自治区提出了科教兴藏的战略,自治区每年从财政预算中拿出19%投入教育事业。在拉萨市及地县一级的学校中,我们使用藏、汉两种语文教学,县以下的学校都使用藏语文教学。他说,如果一个民族只学习和使用本民族的语言文字,那么这个民族必定是一个封闭的民族,一个封闭的民族是没有前途、没有希望的。一个民族要兴旺发达,必须要大力发展教育事业,必须走与其他民族交流的道路,语言文字没有国界、民族之分,它是人类交流信息、相互学习的工具,我们不仅要学习使用本民族语言文字,还要学习其他民族、其他国家的语言文字,这样才能获取更多的信息,促进开放和发展。

列确在回答中央政府对西藏的关心的问题时说,中央三代领导集体始终关心着西藏的进步和发展,改革开放以来,中央专门召开了3次西藏工作座谈会,每一次会议,都是对西藏工作的一次推动,特别是第三次西藏工作座谈会,使西藏连续5年发展速度达到两位数,11年粮食丰收,城乡居民人均收入大幅度提高。

有记者问,西藏经济发展已经连续几年高于全国平均水平,但由于历史的原因和自然条件的制约,目前西藏与全国其他地方相比还相对落后,西藏如何缩小经济差距,经济发展的前景如何?列确说,为改变西藏落后的面貌,促进各民族共同繁荣,中央政府和全国人民对西藏的发展一直给予特殊的支持。近年来,中央政府给西藏的财政定额补贴每年都达到12亿元以上。从20世纪50年代到1997年,中央政府共向西藏投入400多亿元,并调运了大量的进藏物资。继1984年全国9省市援建43个工程项目后,1994年中央政府和全国各地又无偿援建62项工程,总投资由原定的23亿元增加到40亿元,目前已有60项竣工,还有2项工程预计在年内完成。

列确说,在中央和全国其他地方大力支援下,加上西藏各族人民为发展经济作出的巨大努力,全区经济社会的发展明显加快,人民生活水平显著提高。按目前的发展速度,我们有信心使西藏的经济和社会发展面貌在未来几年里有一个更大的变化,进一步缩小与内地的差距。尽管由于历史的原因和自然条件的制约,自治区基本解决人民温饱的问题难度较大,但经过几年的努力,我们已使未解决温饱的人口由48万减少到14.7万,我们有决心、有能力在明年底基本解决这部分人的温饱问题。

列确在回答记者提出的关于西藏移民的问题时说,西藏有流动人口,但不存在移民现象。我们十分欢迎兄弟民族的人到西藏从事各项经济技术活动。西藏过去发展慢,主要是封闭,眼界不够高,思路不宽,办法不多,现在有交流是正常的,是好事。

热地在回答有关达赖的问题时说,中央政府对达赖的政策是一贯的、明确的,达赖必须真正放弃西藏独立的主张,停止分裂祖国的活动,公开声明承认西藏是中国不可分割的一部分,承认台湾是中国的一个省,中华人民共和国政府是全中国的唯一合法政府。达赖分裂集团打着谈判的幌子,搞"两面派",欺骗国际舆论,其真正动机没有变,就是要分裂祖国搞"西藏独立"。

热地严正指出,达赖一向变化多端,看风使舵,没有谈判诚意,现在他已经成了国际反华势力任意摆布的忠实工具。中央政府对达赖是一忍再忍,但只要他放弃原有的立场,我们随时可以谈判。现在的问题是,达赖不愿谈,怕谈。热地希望西方有些国家和新闻媒体要是真正关心达赖,就奉劝他认清形势,审时度势,丢掉幻想,悬崖勒马,在有生之年为西藏人民做些有益的事。

当记者问到西藏是如何保护民族文化遗产时,列确说,中央政府和西藏地方各级政府十分重视保护和发展西藏的优秀传统文化,发展和繁荣西藏的文化事业,目前,全国从事藏学研究的机构有50多个,研究人员达数千人;藏族民间文化艺术遗产得到大规模的、有系统的普查、收集、采录、整理和出版,这在旧西藏是无法做到的。《格萨尔王传》是在民间口头流传的英雄史诗,自治区设立专门机构进行抢救整理,现已整理出5000多万字,出版了研究专著30多部;西藏基本完成了全区的文物普查工作,大批珍贵文物得到全面保护,国家投巨资对布达拉宫、扎什伦布寺等古代建筑进行了全面维修。

在回答记者提出的西藏如何与西方国家接触和交流时,热地说,近年来,我们与西方国家和团体,有过一些接触。过去西方国家很多人很不了解西藏的过去和现在,只听达赖的一面之词,少数新闻媒体也做了不少不负责任的宣传,不符合西藏的历史和现实,把达赖统治下的野蛮、落后的封建农奴制社会描绘成天堂,而对百万翻身农奴当家做主的社会主义新西藏横加指责。这完全是不顾事实,睁着眼睛说瞎话。

热地说,达赖不单纯是一个宗教人士,而且是一个长期从事分裂祖国活动的政治流亡者，是旧西藏三大领主利益的总代表。在他统治下，西藏人民悲惨苦难，过着牛马不如的生活，他没为西藏人民办过一件好事。众所周知，古今中外任何主权国家，都坚定地维护国家的主权、法律的尊严，坚定地维护国家的统一和安全，绝不允许任何个人、团体和宗教违反国家法律、损害人民利益、制造民族分裂、破坏祖国统一。达赖的所作所为与上述原则是完全背道而驰的。民主改革 40 年来，西藏发生了翻天覆地的变化，如果没有达赖集团的干扰破坏，西藏的发展会更快。

在回答"一国两制"是否适用于西藏时，热地表示，"一国两制"是邓小平同志为香港、澳门、台湾问题提出的伟大构想，只适用于港、澳、台地区，不适用于西藏。在中国共产党的领导下，走社会主义道路，是西藏人民的历史选择。

外交部发言人朱邦造就红色高棉问题在记者招待会上发表谈话

朱邦造表示红色高棉问题已经成为历史，如何对待和处理前红色高棉领导人完全是柬埔寨的内政，应由柬政府和人民独立自主地作出判断。他说，中方对柬埔寨新政府不久前提出的旨在维护稳定、振兴经济的施政纲领表示赞赏。柬当务之急是巩固民族和解成果，集中力量进行经济建设。这不仅符合柬民族和人民的根本利益，也有利于本地区的和平与稳定。

朱邦造说："国际社会应尊重柬政府和人民的选择，多做有利于柬和平、稳定与民族和解的工作。"

3 月 10 日

九届全国人大二次会议举行第四次大会

最高人民法院院长肖扬在九届全国人大二次会议上作《最高人民法院工作报告》

各位代表：

现将 1998 年人民法院开展审判工作、队伍集中教育整顿情况和今年的工作安排报告如下，请予审议，并请全国政协各位委员提出意见。

1998 年 3 月，在第九届全国人民代表大会第一次会议上，人民代表本着对人民法院审判工作和队伍建设的关心、支持和爱护，提出了许多中肯的意见和建议。对此，最高人民法院高度重视，认真整改。一年来，最高人民法院以邓小平理论和党的十五大精神为指导，在以江泽民同志为核心的党中央领导下，自觉接受全国人大及其常委会的监督，一手抓审判工作，一手抓队伍建设，各项工作取得了新进展。

一、紧紧围绕全党全国工作大局，大力加强审判工作，维护司法公正

最高人民法院紧紧围绕党和国家的中心工作，把维护司法公正作为法院工作的出发点和落脚点，认真履行宪法和法律赋予的职责，大力加强各项审判工作。全年共受理各类二审、再审和死刑复核等案件 4673 件，审结 4535 件。地方各级人民法院共受理各类一审案件 541 万余件，比上年上升 2.31%。其中，受理刑事一审案件 48.2 万余件，占收案总数的 10.36%；受理民事、经济、行政、海事等各类一审案件 492.9 万余件，占收案总数的 89.64%。全年共审结 539 万余件，比上年上升 2.77%，结案诉讼标的总金额 5958 亿余元，结案率为 94.23%。全国法院还受理了当事人申请执行的各类案件 220 万余件，依法执行 207 万余件，执行标的总金额 1583 亿余元，为维护稳定、保障改革、促进发展作出了积极努力。

(一)严惩刑事犯罪，参与综合治理，维护社会稳定

最高人民法院和地方各级人民法院坚持"严打"方针不动摇，认真执行刑法和刑事诉讼法，依法严惩严重刑事犯罪。全国法院全年共审结一审刑事案件 48 万余件，比上年上升 9.03%，判处犯罪分子 53 万余人，比上年上升 30.76%。对暴力性犯罪继续加大打击力度，其中故意杀人、绑架犯罪判处重刑的分别占此类案件的 86% 和 81%；拐卖妇女、儿童犯罪案件判处重刑的占 77%；抢劫和强奸案件判处重刑的均占 58%。在核准死刑的罪犯中，故意杀人、抢劫、毒品犯罪人数居前三位。全国法院在惩罚犯罪的同时，还充分运用司法手段，正确处理人民内部矛盾，消除社会不安定因素。

依法严惩危害国家安全的犯罪、危害公民生命和财产安全的犯罪。最高人民法院和有关地方人民法院对那些实施分裂国家、颠覆国家政权和推翻社会主义制度的犯罪，坚决依法制裁。重点部署依法严惩暴力性犯罪、涉枪犯罪、毒品犯罪、黑社会性质的组织犯罪和非法出版物犯罪。地方各级人民法院结合本地区社会治安的实际，适时开展"严打"专项斗争，对群众反映强烈、社会影响大的重大恶性案件，依法快审快判，以震慑犯罪，鼓舞正气。如张子强等 36 人在内地、香港实施重大刑事犯罪，对两地社会治安和公民人身、财产安全造成极大危害，人民法院严格依法对张子强等人进行审判，判处张子强等 5 名主犯死刑，立即执行，对其他 31 名罪犯也分别依法判处死缓、无期徒刑和有期徒刑，显示了国家法制的威严，对维护内地和香港的治安秩序具有重要作用。

依法严惩贪污、贿赂、挪用公款犯罪。最高人民法院认真贯彻执行中央关于反腐败斗争的重要指示精神，加强对这类大案要案的审判和指导。全国法院全

年共审结这类经济犯罪案件18468件，判处犯罪分子15670人。根据人民检察院的指控，对曾经担任省(部)级以上领导职务的陈希同、姜殿武、辛业江3人，地(厅)级干部54人，县(处)级干部434人，依法判处了刑罚，推动了党风廉政建设和反腐败斗争的开展。

依法妥善处理各类群体性集团诉讼案件。最高人民法院和地方各级人民法院审理这类案件既坚持严肃执法，又及时妥善处理，防止矛盾激化。去年，全国法院审结了一大批有重大社会影响的群体性集团诉讼案件，对化解社会矛盾，促进社会稳定起了积极作用。

积极参与社会治安综合治理。最高人民法院根据"打防结合、预防为主"的方针，指导地方各级人民法院结合各项审判工作，配合基层组织，积极做好治安防范工作。全国法院加强以案说法，以案普法，通过公开审理案件，使600多万旁听公民受到生动直观的法制教育；严格依法办理了减刑案件27万余件，假释案件2万余件，促进了罪犯的改造；向有关部门提出司法建议1.7万余条，对加强社会管理产生了积极效果；人民法庭通过处理大量民事、经济纠纷和群众来信来访，及时将矛盾消除在萌芽状态；全国少年法庭依法从轻判处未成年罪犯33612人，较好地发挥了教育、感化、挽救作用。

(二)发挥审判职能，防范金融风险，维护国家经济安全

最高人民法院坚决按照党中央关于深化金融改革、维护金融秩序、加强金融法治的部署，指导全国法院充分发挥审判职能，维护经济秩序和经济安全。

依法严惩破坏社会主义市场经济秩序的犯罪。近年来，走私犯罪和骗购、非法买卖外汇、虚开增值税专用发票等破坏金融管理秩序和财税征管秩序的犯罪大幅度上升。去年，全国法院受理破坏金融管理秩序案件4834件，比上年上升4倍；金融诈骗案件1468件，比上年上升2倍；危害税收征管案件1147件，比上年上升2.96%。针对这种情况，最高人民法院及时作出部署，指导地方各级人民法院加强案件审理，加快办案进度，依法严惩犯罪分子。同时通过向社会公布典型案件，震慑犯罪。例如浙江省金华县虚开增值税专用发票案件中，被告人胡银峰、吕化明虚开增值税专用发票8亿多元，抵扣税款1亿余元，被依法判处死刑。全国法院全年共审结这类一审案件9876件，判处犯罪分子12204人。通过依法判处罚金、没收财产和追缴非法所得，为国家挽回经济损失95亿余元。运用司法手段，防范和化解金融风险。最高人民法院按照中央关于清理整顿金融机构，防范和化解金融风险的要求和部署，及时制订司法解释，指导地方各级人民法院依法审理好金融案件。全年共审结借款、存单、票据、股票、债券、证券回购、非法集资等案件57万余件，依法制裁了违法金融活动，对规范金融行为，维护金融秩序起到了促进作用。

(三)依法调节经济关系，化解人民内部矛盾，维护国家重大改革措施的实施

最高人民法院指导地方各级人民法院通过依法公正审理民事、经济、行政、海事等案件，积极调整民事和经济关系，促进了国有企业改革、金融体制改革、住房制度改革、粮食流通体制改革、社会保障体制改革等重大改革措施的贯彻落实。

加强对涉及国有企业改革案件的审理。最高人民法院指导地方各级人民法院审理企业改组、联营、兼并、承包、租赁、转让、出售中发生的案件，依法保护市场主体的合法权利，制裁导致国有资产流失的违法行为。全国法院全年共审结这类案件36696件，对推动国有企业改革和发展发挥了积极作用。全国法院按照企业破产法(试行)和民事诉讼法等规定，全年共审结国有企业破产案件3380件，依法保护债权人的合法权益，防止假破产、真逃债和国有资产流失。同时，结合审理案件，协助有关部门妥善安置破产企业职工，保障国有企业改革的顺利进行。

加强对农村承包纠纷案件和与农业发展相关案件的审理。为贯彻党的十五届三中全会精神，最高人民法院及时召开全国人民法庭工作会议，对涉农案件的审判工作作出部署，要求地方各级人民法院在审理有关案件中认真贯彻农业法等法律、法规，按照党中央关于稳定农村土地承包的政策，依法纠正随意撕毁承包合同、高价发包、缩短承包期、收回承包土地等违法行为。全国法院全年共审结农村承包合同纠纷案件56344件。地方各级人民法院注意依法处理农业产业化经营及生产、加工、销售中出现的案件，农民兴办股份合作制企业出现的案件，农村粮食购销中出现的案件。坚决依照国家关于减轻农民负担的法律规定，切实加强对向农民乱收费、乱摊派、乱罚款案件的审理。通过对上述案件的审理，依法保护农民的合法权益，保障国家对农村改革和发展政策的实施。

加强对房地产开发、商品房销售等案件的审理。最高人民法院指导地方各级人民法院依照房地产管理法、建筑法的规定，加强对住房制度改革和房地产业中发生的各种纠纷，尤其是城市房屋拆迁、土地资源开发和房地产销售中的质量纠纷案件的审理。全年共审结房屋土地不动产案件17万余件，对国土资源的合理开发利用，住房制度的改革和房地产业的发展起了一定作用。

加强对劳动案件的审理。最高人民法院根据劳动案件大幅度上升的情况，要求地方各级人民法院在审

理劳动争议、劳动报酬以及职工再就业社会保障等方面的案件中，依照劳动法的规定，坚持有利于社会稳定，有利于建立和维护适应发展社会主义市场经济要求的劳动制度，有利于国有企业下岗职工基本生活保障和再就业工作的原则，加强法庭调解，防止矛盾激化。全国法院共审结劳动案件58205件，依法保护了劳动者和用人单位的合法权益。

(四)依法履行职责，强化执法力度，维护法律权威

针对审判工作中社会关注的问题，最高人民法院加强指导和监督，改进工作，完善制度，严肃执法，坚决维护法律权威。

开展执行工作统一行动，大力解决“执行难”问题。近几年，人民法院受理的执行案件大幅度上升，未执行的积案明显增多，影响了社会主义市场经济的正常运行和司法公正的实现，社会各界反映强烈。最高人民法院把解决“执行难”问题作为严肃执法的重要工作来抓，大力加强和规范执行工作，颁布了《关于人民法院执行工作若干问题的规定(试行)》；部署了从9月份开始在全国开展集中清理未结执行案件的统一行动；加强对执行工作的监督、指导和协调，坚决反对和抵制地方和部门保护主义。地方各级人民法院对生效的裁判，凡当事人有履行能力的，依法坚决执行；切实搞好法院之间的委托执行；采取发布执行公告、下达执行通知书等措施促进执行，同时做过细的法制宣传教育工作，防止矛盾激化；坚决纠正和制止执行中的违法行为。从9月至12月底，全国法院共清理未执行积案120万余件，执行标的总金额达893亿余元，“执行难”问题得到初步缓解。

积极清理积案，认真解决案件审理超审限问题。最高人民法院针对审理少数案件久拖不决的问题，从自身做起，对1997年以前受理的二审、再审等案件进行认真清理，限期审结，共审结超过法定审理期限的案件1400余件，并督促地方各级人民法院采取有力措施，审结了超审限的案件36万余件。同时，还要求地方各级人民法院加强对新收案件的及时审理，建立案件催办、督办制度，防止和减少形成新的积案，提高了审判效率。

加强审判监督和制约，妥善处理告诉申诉。为确保司法公正，最高人民法院督促地方各级人民法院进一步健全和完善立案和审判分立、审判和执行分立、审判和审判监督分立的制度；建立完善各项监督的具体程序，从制度上保证对行使审判权的监督。许多法院建立了院长接待日制度，直接听取群众的意见。一年来，全国法院认真接待处理人民来信来访935万余件(人)次。其中，提出告诉的687万余件(人)次，提出申诉的67万余件(人)次。对经审查符合告诉和申诉条件的，依法及时立案或进行复查、提起再审。对原判在认定事实和适用法律上确有错误的案件，依照法定程序坚决改判。认真执行国家赔偿法，共审结国家赔偿案件1431件，依法维护了公民的合法权益。全国法院还审结了检察机关按照审判监督程序提起抗诉的各类案件7837件。其中，抗诉有理、原判确有错误，依法改判的1725件；抗诉理由不能成立，原判正确，予以维持的1940件；检察机关撤回抗诉的195件；发回重审的770件；作调解、终结处理的3207件。

加强司法解释，指导和规范审判工作。为了解决审判工作中应用法律遇到的疑难问题，确保法律的统一实施，最高人民法院大力加强司法解释工作，适时制定了《关于审理骗购外汇、逃汇和非法买卖外汇刑事案件具体适用法律若干问题的解释》、《关于审理非法出版物刑事案件具体应用法律若干问题的解释》、《关于人民法院认可台湾地区有关法院民事判决的规定》等31件司法解释，及时指导和规范审判工作。最高人民法院与香港特别行政区法院依据香港基本法的规定，经过多次协商，签署了《关于内地与香港特别行政区法院相互委托送达民商事司法文书的安排》，并将由最高人民法院适时发布司法解释和由香港特别行政区修改高等法院规则后，予以实施。

(五)推进审判方式改革，落实公开审判，维护裁判公正

全面推进公开审判，以公开促公正。最高人民法院和地方各级人民法院坚持通过法定程序公开，确保实体裁判公正。一审案件除法律规定不公开审理的案件外，一律实行公开审判，二审案件也逐步提高了开庭率；对公开审理或者不公开审理的案件，一律公开宣判；开庭审理案件实行当庭举证、质证、认证、辩论，提高当庭宣判率；对一些有影响的重大案件进行现场直播或实况转播。去年7月，最高人民法院会同中央电视台，对北京市第一中级人民法院审理的一起知识产权案件进行了现场直播。目前，全国已有11个高级人民法院，58个中级人民法院对部分案件的庭审进行了电视转播，社会反映良好。

强化合议庭、独任审判员职责。最高人民法院和地方各级人民法院依法加强合议庭和独任审判员的职责，规定除重大、疑难案件由审判委员会讨论决定外，其他案件的裁判均由合议庭决定。最高人民法院副院长、庭长，地方各级人民法院许多院长、庭长亲自担任审判长审理案件，对强化合议庭职责发挥了重要作用，既保证了审判质量，又提高了审判效率。

完善人民陪审员制度。最高人民法院督促地方各级人民法院依照宪法和法律规定的原则，对人民陪审员制度的改革进行积极探索。一些法院参照法律规

定，特邀一些专家、学者担任人民陪审员，参与审判专业性很强的案件，促进了审判质量的提高。

二、开展集中教育整顿，清除司法人员腐败，加强法院队伍建设

维护司法公正，必须清除司法人员腐败，纯洁法院队伍。根据中央的统一部署，从去年2月份开始，最高人民法院和地方各级人民法院深入开展了集中教育整顿工作，对加强法院队伍建设、提高司法水平产生了良好效果，促进了审判工作的发展。

（一）正确分析队伍现状，突出解决少数司法人员滥用审判权问题

近年来，社会各界对少数司法人员滥用审判权问题反映比较强烈。去年初，最高人民法院对全国法院队伍现状进行了深入调查研究，认真分析了存在的问题。调查表明，人民法院队伍绝大多数是好的，是党和人民可以信赖的，这是主流。但在法院队伍中也确实存在不少问题，有的还相当严重。突出表现在：一是办"关系案"、"人情案"、"金钱案"，甚至索贿受贿、徇私枉法；二是违法查封、扣押财产，违法办案，违法执行；三是参与搞地方保护主义，偏袒本地当事人，侵害外地当事人的合法权益；四是违反审判纪律，泄露审判机密，为律师介绍案件，为当事人推荐律师，从中牟利；五是乱收费、乱拉赞助，诉讼费管理比较混乱；六是对当事人态度生硬、冷漠，耍特权、耍威风，等等。最高人民法院深刻认识到这些问题的严重性，明确提出开展集中教育整顿要以清除少数司法人员腐败、确保司法公正为重点，要以建设一支政治坚定、公正清廉、纪律严明、业务精通、作风优良的法院队伍，保证审判工作的公正、廉洁、高效为目标。各级人民法院在集中教育整顿中，紧紧把握司法公正这条主线，采取了一系列措施，务求取得实效。

（二）周密部署，加强指导，防止教育整顿走过场

从自身抓起，整顿纪律作风。最高人民法院提出，院机关要做法院系统集中教育整顿和队伍建设的表率，要做贯彻中央政法委"四条禁令"、最高人民法院"八个不准"和《法官法》"十三个不得"的表率。为此，抓住存在的问题，在院机关认真开展了教育整顿。严格了诉讼费的管理；撤销、脱钩、移交了全部经营性的公司；认真清理了违反规定占用交通、通信工具等问题；对6名违反纪律和不合格的人员分别予以除名和清退。

部署和指导各地法院开展集中教育整顿工作。最高人民法院根据教育整顿的进展情况，先后三次召开全国性会议，贯彻落实党中央和全国人大常委会对法院集中教育整顿工作的指示精神。九届全国人大常委会第七次会议和内务司法委员会第五次会议，分别听取并审议了最高人民法院关于开展集中教育整顿工作的汇报。最高人民法院及时向地方各级人民法院传达了李鹏委员长的讲话精神，对集中教育整顿工作进一步进行部署，针对少数法院集中教育整顿走过场的情况，要求坚决进行补课。

把思想教育贯穿于集中教育整顿的始终。最高人民法院和地方各级人民法院在集中教育整顿的各个阶段，认真学习邓小平理论，学习江泽民同志关于开展反腐败斗争和加强政法工作一系列重要指示，开展"审判工作究竟代表谁的利益、为谁服务"和"如何维护司法公正"的大讨论，开展宗旨教育、廉政教育、纪律作风教育、职业道德教育和正、反两方面的典型教育，从而提高了认识，统一了思想。

对全国法院集中教育整顿加强监督检查。最高人民法院先后派出由院领导和督导员带队的15个检查组，分赴全国各地法院检查指导集中教育整顿工作。各高级人民法院也相继派出检查组进行专题调研和检查督促，推动了集中教育整顿工作健康有序地进行。

（三）实行开门整顿，自觉接受人大和社会各界监督

最高人民法院和地方各级人民法院实行开门整顿，广泛征求人大代表、政协委员和社会各界人士对法院工作的意见。

最高人民法院邀请部分全国人大常委会委员、全国政协委员来院视察，听取对法院工作的意见、批评和建议；院领导多次分赴全国各地召开座谈会，及时向全国人大代表和全国政协委员通报法院重大事项，听取意见和建议；认真办理全国人大代表和政协委员提出的建议、提案，全年共收到全国人大常委会办公厅、全国政协办公厅转来的建议、提案47件，已全部在规定期限办复；制定了《关于人民法院接受人民代表大会及其常务委员会监督的若干意见》，明确规定要主动接受人大及其常委会监督，加强与人大代表的联系，邀请人大代表视察人民法院；建立了与全国人大代表联络制度，办理全国人大代表的联络事项。最高人民法院和地方各级人民法院共召开各类座谈会26万余次，走访案件当事人19万余人次，发放征求意见函105万余件，主动听取社会各界人士对法院工作的意见和建议，这对法院搞好队伍建设发挥了重要作用。

（四）从案件入手查问题，坚决处理裁判不公的人和事

最高人民法院强调在集中教育整顿中要从群众反映裁判不公的案件入手，围绕案件查问题、围绕问题找原因、围绕原因追责任、围绕责任抓处理。做到"四不放过"，即对群众反映的裁判不公及其他违法违纪问题不查清楚不放过，对查出的问题不分清是非责任不放

过，对违法违纪人员不作处理不放过，对存在的突出问题整改措施不落实不放过。通过教育整顿，全国法院共发现原判确有错误的案件 12045 件，依法改判 11563 件，其余正在处理中。同时，抓住重点地区、重点单位、重点案件和重点人员，加紧督办、催办。去年全国法院对 2512 名违法违纪的法官和其他工作人员作了严肃处理，其中，给予行政处分的 1654 人，给予党纪处分的 637 人，追究刑事责任的 221 人。例如辽宁省辽阳市太子河区人民法院告诉申诉庭审判员高雅杰，私自受理办理案件，贪污、挪用诉讼费和执行款 7 万余元，受到了刑事追究。此外，全国法院还清理不合格人员 4221 人，清退编外人员 2609 人。严肃了纪律，纯洁了队伍。

(五)切实抓好领导班子建设，增强凝聚力和战斗力

最高人民法院坚持集中教育整顿首先从领导班子和领导干部抓起，认真开好民主生活会，运用批评和自我批评的方式开展自查自纠，互相评查，广泛听取各方面的意见，并采取切实可行的整改措施。与此同时，配合地方党委加大了对法院领导干部的协管力度，对下级人民法院领导班子进行了考察。对在教育整顿中发现有违法违纪问题的，不团结、内耗严重给工作造成损失的，玩忽职守、管理松懈导致违法违纪问题发生的，或者工作长期打不开局面、群众意见很大的领导班子和领导干部，及时建议依照法定程序调整。教育整顿期间，受到党纪、政纪处理的地方各级人民法院院长、副院长 28 人，其中，高级人民法院副院长 1 人，中级人民法院院长、副院长 7 人，基层人民法院院长 20 人；被追究刑事责任的 3 人，其中，高级人民法院副院长1 人，基层人民法院院长 2 人。例如广西壮族自治区高级人民法院原副院长潘宜乐受贿案，最高人民法院指定北京市第一中级人民法院依法审理，潘宜乐被依法判处有期徒刑十五年。

(六)加强制度建设，健全内部和外部监督制约机制

为了巩固和发展教育整顿的成果，防止和避免违法违纪问题的发生，最高人民法院和地方各级人民法院加强制度建设，努力拓宽内部、外部监督渠道，规范监督工作秩序。

及时制订和严格执行违法审判责任追究制度和违反审判纪律处分制度。明确规定，对违法审判和违反审判纪律的，分别不同情况，给予党纪、政纪处分，直至追究刑事责任。此外，最高人民法院还制定了督导员制度和“收支两条线”诉讼费管理等制度。各地法院也先后建立、健全了案件检查、评查、督办制度和规范审判人员与当事人、律师关系等制度。通过建立健全各项制度，并狠抓落实，为保证审判工作的公正、廉洁、高效，进一步加强队伍建设打下了良好基础。

建立法官违法违纪举报中心，设立举报信箱，公布举报电话。全国法院对涉及法官和其他工作人员违法违纪举报线索立案调查的共 13731 件，已结 12626 件，其余正在查处中。

正确对待舆论监督。最高人民法院和地方各级人民法院允许新闻机构在遵守诉讼程序和法庭秩序的前提下，以对法律自负其责的态度，全面、公正、如实报道案件的审理；建立新闻发言人制度，及时通过新闻媒体向社会通报法院工作情况和重大案件的审理情况；认真对待新闻舆论反映的有关法院的问题，并及时进行查处、整改。

(七)堵塞漏洞，积极预防司法人员腐败的发生

针对教育整顿中发现的问题，最高人民法院和地方各级人民法院严格规范工作秩序，防止司法人员腐败的发生。

进一步规范诉讼费的管理。最高人民法院和地方各级人民法院坚决落实中央关于“收支两条线”的规定，除按规定收取诉讼费外，一律不再收取其他费用。诉讼费的收取做到了统一票据、统一账户、统一管理，严格按照规定范围开支，有效地制止和纠正了少数法院乱收费、拉赞助、搞提成等错误做法，严肃处理了动用诉讼费进行营利活动的行为。在集中教育整顿中，全国法院共清退过去超标准、超范围收费 827 万余元，清退赞助费 1103 万余元。

认真清理经商办企业问题。为了贯彻执行党中央关于政法机关不再从事经商办企业活动的决定，最高人民法院要求对全国法院及其所属单位开办的经营性公司，必须按照有关规定进行清理。经检查验收，最高人民法院已于去年 11 月提前全部处理完毕。地方各级人民法院也都对所属单位经商办企业的问题进行了清理，共撤销经营性公司 394 个，移交 61 个，解除挂靠关系 88 个。

坚决消除容易影响司法公正的因素。最高人民法院明令禁止法院与行政机关、企业事业单位建立“法律服务关系”并设立机构，撤销了挂靠在本院原有关公司的法律服务中心；再次重申了审判人员除法律规定的情形外，禁止为当事人推荐、介绍、指定律师，禁止私下会见当事人及其律师，努力在审判人员与律师、当事人之间建立起一条维护司法公正的“隔离带”；地方各级人民法院进一步清理了设在行政机关的执行室、法庭，纠正了审判人员参与行政事务、行政人员参与审判活动的错误做法。

总的来说，集中教育整顿取得了良好效果。全国法院队伍普遍受到一次深刻的教育，提高了对清除司法人员腐败的重要性和紧迫性的认识，增强了廉洁自

律意识和抵御各种不正之风侵蚀的能力，精神面貌发生了可喜的变化；进一步端正了办案指导思想，增强了审判工作为全党全国工作大局提供可靠保障和良好服务的自觉性；进一步加强了各级人民法院的领导班子建设；及时纠正了一批群众反映强烈的裁判不公的案件，严肃查处了一批违法违纪人员。同时，法院系统也涌现出北京市海淀区人民法院、上海市黄浦区人民法院、江苏省常熟市人民法院，湖南省湘潭市雨湖区人民法院楠竹山人民法庭庭长王泽其、"全国十大杰出女法官"等一大批先进集体和先进个人典型。最高人民法院对在审判工作和队伍建设中作出优异成绩，对在抗洪抢险斗争中经受住严峻考验、表现突出的78个优秀集体、151名优秀个人，授予了荣誉称号，进行了表彰。这些先进典型体现了公正司法、清正廉洁、热情服务、开拓进取、不怕牺牲、甘于奉献的精神，为全国法院树立了榜样。

各位代表：在过去的一年里，人民法院工作取得了进展。但是，我们也清醒地看到，人民法院的工作与新形势的发展还不相适应，还存在不少缺点和问题，人民群众对法院工作还有不少不满意的地方。主要有：在审判工作方面，少数法院领导和法官为党和国家工作大局服务的观念还不强；有些案件办案质量不高，确有裁判不公的问题；一些法官作风拖拉，少数案件久拖不决；一些法官对当事人态度冷漠、生硬；有些法院在审理案件和执行工作中，受利益驱动搞地方保护主义；"执行难"问题仍然存在；一些法院特别是贫困地区法院办案经费严重不足，工作条件差，装备落后，影响案件的及时审理和执行。

在队伍建设方面，一些法官的法律专业知识、审判工作能力不适应审判方式改革和形势发展的要求，素质亟待提高；一些违法违纪问题还有待彻底查清处理；少数法院教育整顿走了过场，需要补课；在集中教育整顿期间，顶风违法违纪的人和事仍时有发生，少数司法人员腐败的问题仍相当严重，在社会上造成了恶劣的影响。对此，最高人民法院负有监督、指导不力的责任。这些情况表明，对集中教育整顿的成绩绝不能估计过高。法院工作和队伍中长期积累起来的问题，不可能通过一次集中教育整顿就全部解决，影响司法公正的因素将长期存在。因此，加强队伍建设，消除司法人员腐败现象，维护司法公正，是人民法院一项长期而艰巨的任务，任重道远。我们决心为建设一支高素质的法院队伍而不懈努力。

三、服务大局，深化改革，努力开拓审判工作和队伍建设新局面

各位代表：今年是我们党和国家历史发展进程中具有特殊意义的一年，人民法院面临着十分繁重的任务。今年工作的总体要求是：坚持以邓小平理论和江泽民同志对加强政法工作的一系列重要指示为指导，深入贯彻落实党的十五大和十五届三中全会精神，实施依法治国基本方略，牢固树立大局意识、公正意识、效率意识、廉政意识，严格执行法律，深化法院改革，全面推进各项审判工作，确保司法公正，坚决维护社会稳定，为把改革开放和社会主义现代化事业全面推向21世纪，提供有力的司法保障和良好的服务。

（一）依法裁判，为改革、发展、稳定提供可靠的司法保障。继续把全力维护社会稳定作为首要任务，依法严厉打击危害国家安全和社会治安的刑事犯罪，打击走私、骗汇、伪造货币等破坏社会主义市场经济秩序的犯罪，打击贪污、贿赂、挪用公款犯罪。积极参与社会治安综合治理，化解人民内部矛盾。坚持打击与保护并重，既依法惩罚犯罪，又重视依法保护公民、法人和其他组织的合法权益，保障和促进我国经济和社会健康发展。

积极为改革开放和经济建设服务。充分发挥各项审判职能，保障国家各项改革措施的落实。特别要审理好涉及深化国有企业改革的案件，整顿金融秩序的案件，房屋土地不动产案件，涉及农业和农村工作的案件，劳动和社会保障方面的案件。依法审理好知识产权案件，加大对知识产权的司法保护力度。依法审理好涉外和涉港澳、涉台案件，贯彻"一国两制"方针，促进对外开放和对外经济贸易的发展。

（二）全面提高审判质量和效率，确保国家法律的正确实施。在全国法院开展"审判质量年"活动，进一步提高审判质量，确保裁判正确，切实提高司法效率。开展"执行年"活动，加大执行力度，改善执行环境，积极探索执行工作的新途径、新办法，抓好执行监督、指导、协调工作，争取社会各界的支持和配合，保证生效裁判的执行。

（三）健全审判监督机制，确保公正司法。进一步加强上级人民法院对下级人民法院审判监督的权威性、有效性、准确性，及时纠正裁判不公的案件。认真执行审判人员违法审判责任追究办法和审判纪律处分办法，切实加强审判工作纪律监督。从今年起，凡地县人民法院年内发生一起法官贪赃枉法造成重大影响的案件，除对当事者依法严肃查处外，法院院长要到省高级人民法院检讨责任。凡省、自治区、直辖市年内发生两起的，省高级人民法院院长要到最高人民法院汇报查处情况，检讨责任。发生情节特别严重、造成恶劣影响、被追究刑事责任案件的，因严重官僚主义，用人失察、疏于管理而负有直接领导责任的法院院长要向选举或任命机关引咎辞职。要做好法官违法违纪举报查处工作，继续把民事审判庭、经济审判庭、执行庭和人

民法庭等作为检查、督促的重点，严肃处理各种利用审判职权谋取私利的违法违纪行为。自觉接受人大及其常委会的法律监督和工作监督、检察机关的法律监督和人民政协的民主监督，认真听取社会各界的意见和建议，确保司法廉洁和裁判公正。

(四)巩固和发展集中教育整顿成果，提高法院队伍整体素质。在法院系统开展“争当人民满意的好法官、争创人民满意的好法院”活动，进一步加强法院队伍建设；以整风精神开展以“讲学习、讲政治、讲正气”为主要内容的党性党风教育；继续抓好法院领导班子的调整充实工作，落实领导干部任职交流、轮岗制度；继续清理不合格人员，纯洁法官队伍；加大教育培训力度，最高人民法院将用三年时间，把全国中级以上人民法院正副院长、正副庭长轮训一遍，各高级人民法院也要抓紧轮训基层人民法院和人民法庭的法官。对不能胜任审判工作要求的，要离岗培训，对经培训仍不能胜任的，要商有关部门依照法定程序调离审判工作岗位。

(五)以司法公正为主线，加大法院改革力度。法院改革是我国司法改革的重要组成部分。最高人民法院正在制订《人民法院五年改革大纲》。今年改革的重点是：改变长期存在的审判工作行政管理模式，建立符合审判工作规律，具有审判工作特点，适应审判工作需要的法院管理机制；改革法官人选的考试考核办法，建立从社会高层次法律人才中公开招考法官的制度和在经过基层锻炼与考验的司法人员中逐级选拔法官的制度，把好进人关，提高法官素质；完善人民陪审员制度，继续积极探索人民陪审员的推荐、任职等方面的改革，充分发挥人民陪审员在审判工作中的作用；改变长期存在的“重实体、轻程序”的现象，严格按照诉讼程序办案；调整人民法庭设置，加强人民法庭建设，充分发挥基层人民法院派出机构的职能；积极探索法院体制改革，确保人民法院依法独立公正行使审判权。

各位代表！在新的一年里，最高人民法院和地方各级人民法院、专门人民法院决心紧密团结在以江泽民同志为核心的党中央周围，坚持以邓小平理论和党的基本路线为指导，自觉接受人民代表大会及其常委会的监督，进一步振奋精神，扎实工作，为实施依法治国的基本方略，建设社会主义法治国家，为把建设有中国特色社会主义事业全面推向 21 世纪，作出新的贡献！

最高人民检察院检察长韩杼滨在九届全国人大二次会议上作《最高人民检察院工作报告》

各位代表：

现在，我向大会报告九届全国人大一次会议以来检察工作的主要情况和今年的工作安排，请予审议，并请全国政协各位委员提出意见。

1998 年，在以江泽民同志为核心的党中央坚强领导下，在人大监督和社会各界、广大人民群众的大力支持下，检察机关认真贯彻党的十五大精神，按照依法治国方略的要求，根据中央的部署深入开展集中教育整顿，紧紧围绕党和国家工作大局依法履行检察职责。经过全体检察干警的共同努力，教育整顿取得了比较明显的成效，队伍建设进一步加强，检察业务工作取得新的进展。

一、深入开展集中教育整顿，加强队伍建设，促进公正执法

1998 年在政法机关开展集中教育整顿，是党中央为治理司法腐败，加强政法队伍建设而作出的一项重大决策，也是人民群众的强烈呼声。去年“两会”期间，人大代表和政协委员从国家大局出发，从实施依法治国方略出发，对检察机关提出了许多中肯的意见、批评和建议。会后，最高人民检察院进行了认真讨论，眼睛向内，深刻反思，并派出工作组进行广泛深入的调查研究。从人大代表、政协委员的意见和我们调查了解的情况看，检察机关为改革、发展和稳定做了大量工作，检察队伍的主流是好的，但也确实存在一些突出问题：一是执法犯法、违法办案，有的违反法定程序对犯罪嫌疑人采取强制措施，甚至刑讯逼供，有的违法传唤、拘押证人；二是以权谋私、以案谋钱，有的办“人情案”、“关系案”、“金钱案”，有的越权办案、插手经济纠纷，有的乱拉赞助，占用发案单位交通、通信工具，甚至截留、挪用扣押款物；三是作风粗暴、态度蛮横，有的耍特权、逞威风，到发案单位吃拿卡要。这些问题虽然发生在少数干警身上，但严重损害检察机关的形象，妨碍检察工作的健康发展。为了解决这些问题，使检察工作更好地适应依法治国的需要，我们在全系统开展了一场时间长、范围广、力度大的集中教育整顿。

(一)认真部署，开门整顿，狠抓落实，推动教育整顿工作逐步深入。去年 5 月中旬，最高人民检察院专门召开了全国检察机关深入开展教育整顿工作会议，明确提出了教育整顿的目标和具体措施，确定把反贪局等一线业务部门，领导机关和领导干部，以及违法违纪问题较多的单位，作为教育整顿的重点，要求各级检察机关把人大代表和社会各界的意见作为改进和加强检察工作、建设高素质检察队伍的强大动力，下大决心，花大力气，使这次教育整顿成为标本兼治、切实解决问题和见到明显成效的教育整顿。6 月下旬和 8 月下旬，我们又分别召开电话会议和检察长座谈会，认真学习江泽民总书记关于反腐败的重要指示，对完成教育整顿攻坚阶段的任务，进行了再部署。9 月中旬，全国人大内务司法委员会第五次会议审议检察机关教育

整顿工作的汇报后，我们及时学习贯彻李鹏委员长在会上的重要讲话，进一步加大了工作力度。

各级检察机关在认真开展自查自纠的同时，普遍实行开门整顿，通过登门走访、邀请座谈、发征求意见信等多种形式，加强同各级人大代表、政协委员的联系，广泛听取各级党政领导和社会各界的意见。共召开各种座谈会15000多次，参加座谈的有17万多人；发出征求意见函54万多份；走访发案单位和案件当事人，发放办案监督卡；普遍向社会公布了检察人员违法违纪举报电话。各级党政领导、人大代表和社会各界人士，以极大的热情和深切的关心，对检察机关搞好教育整顿给予了很大的支持和帮助，促进了教育整顿工作的深入发展。

在教育整顿中，各级检察机关实行严格的领导责任制，由检察长担当第一责任人，一级抓一级，层层抓落实。把思想教育贯穿全过程，不断提高广大干警对教育整顿重要性和紧迫性的认识。最高人民检察院从6月开始，用两个多月时间，采取半天学习、半天工作的方法，带头搞好教育整顿。最高人民检察院和各省级检察院多次派出检查组和专题工作组，进行督促检查，狠抓各项目标的落实。对工作扎实、成效明显的，及时总结推广他们的经验；对工作不力、进展迟缓的，指令检察长到上级检察院说明情况、检讨责任。坚持时间服从质量，做到目标和措施不落实的不放过，对存在问题整改不力的不放过，违法违纪案件不严肃查处的不放过，一步一步把教育整顿引向深入。

（二）制定九条硬性规定，严肃查处群众反映强烈的违法违纪问题。教育整顿之初，最紧迫的任务是采取果断措施，坚决把严重违法违纪的歪风刹住。为此，最高人民检察院在要求严格执行中央政法委“四条禁令”的同时，作出了九条硬性规定：(1)严禁超越管辖范围办案；(2)严禁对证人采取任何强制措施；(3)立案前不得对犯罪嫌疑人采取强制措施；(4)严禁超期羁押；(5)不得把检察院的讯问室当成羁押室；(6)讯问一般应在看守所进行，必须在检察院讯问室进行的，要严格执行还押制度；(7)凡在办案中搞刑讯逼供的，先停职，再处理；(8)因玩忽职守、非法拘禁、违法办案等致人死亡的，除依法依纪追究直接责任人员外，对于领导严重失职渎职的，要依照法定程序给予撤职处分；(9)严禁截留、挪用、私分扣押款物。为使九条规定得到严格遵循，我们还相应制定了《对违法办案、渎职失职若干行为的纪律处分办法》。各地严格落实九条规定，使突出的违法违纪问题得到遏制。在教育整顿中，我们把查处检察人员违法违纪案件作为重点，对严重违法违纪线索逐件排查，重点案件挂牌督办，限期结案，一抓到底。共立案调查1641人，已查结1550人，给予党政纪处分1285人，追究刑事责任116人。中国检察出版社原社长罗辑，在任最高人民检察院反贪污贿赂总局局长期间，严重违反赃款赃物管理的办案纪律，被给予留党察看两年、撤销职务的处分。

（三）开展执法大检查，复查纠正一批有问题的案件和错案。各级检察机关把复查案件、纠正错案，作为教育整顿的一项重要内容，采取自查、互查、抽查等形式，复查了476707件案件，重点复查了97140件检察机关直接受理侦查的案件。纠正超越管辖范围立案等有问题的案件3773件，给予161名错案当事人刑事赔偿，对因贪赃枉法、徇私舞弊而造成错案的，依法严肃追究了有关人员的责任；对检查中发现的729名直接受理案件犯罪嫌疑人的超期羁押问题进行了纠正；认真落实“收支两条线”规定，严格办案中暂扣款物的管理制度，清查处理了全部涉案暂扣款，清退了占用有关单位的交通、通信工具。通过执法检查，针对制度上、管理上的漏洞，制定了防范措施。

（四）开展执法思想大讨论，统一认识，端正执法思想。在教育整顿中，我们感到要从根本上解决执法犯法、违法办案问题，仅仅查处违法违纪行为和复查纠正错案是远远不够的，还必须从执法思想这一深层次上分析原因，解决问题。为此，我们紧紧抓住如何全面正确认识和履行法律监督职能，以及为谁执法、怎样执法等根本问题，在全系统开展了为期4个多月的执法思想大讨论。广大检察干警以邓小平理论和江泽民总书记关于政法工作的一系列重要指示为指导，理论联系实际，通过举办座谈会、研讨会和撰写文章等形式，进行了深入讨论，在检察工作的一些重大理论与实践问题上端正了思想，提高了认识，进一步增强了紧紧依靠党的领导的观念；提高了为党和国家工作大局服务的自觉性；强化了为人民执法、自觉接受监督的意识；增强了既重视打击犯罪又重视保护公民合法权益的观念；树立了执行实体法与执行程序法并重、办案以质量为本的观念；提高了公正执法、依法办案的自觉性，纠正了一些地方办案下指标、违法采取强制措施、受利益驱动越权办案等错误做法。这场讨论为搞好当前的检察工作，推进检察事业的健康发展打下了良好的思想基础。

（五）全面考察地、县两级检察院和反贪局领导班子，清理机构和人员，加强基层建设。一是鉴于地、县两级检察院领导班子和反贪队伍建设的重要性，最高人民检察院商请中央组织部联合部署，各级检察机关和组织部门共同组成1500多个考察组，对地、县两级检察院的20830名正副检察长和反贪局正副局长进行了全面考察。通过考察，全面掌握了地、县两级检察院及反贪局领导班子的基本情况，被考察干部受到了一次深刻的教育。在考察基础上，采取坚决措施，加强组织建设。对不团结、软弱涣散的班子进行调整，对不称职的领导干部予以免职或调换，对违法违纪的进行严肃查处。共调整、充实两级检察院领导班子632个，反贪局领导班子338个；调整正、副检察长和反贪局正、副局长2315人，交流2812人，一批德才兼备的优秀年轻干部被提拔到领导岗位。二是各级检察院普遍召开了领导班子专题民主生活会，以统一执法思想、从严治检、廉洁自律为主要内容，结合自身存在的问题，开展自查自纠和批评与自我批评，加强了领导班子的思想作风建设。三是对机构和人员进行了认真清理，撤销不规范的检察室4654个和各类工作点、联系点3636个；调离、辞退不适合做检察工作的人员827人，清理超编人员4665人，免除未按法定条件和程序任命的1221人的法律职务，解聘非检察编制人员15780人。四是根据基层检察院是检察工作的前沿阵地，其机构、人员和所办案件都占80%以上的情况，我们把加强基层检察院建设作为一项战略任务来抓，专门召开会议进行了部署。各地普遍加大了抓基层、打基础的力度，在领导精力、工作重心和人力财力上向基层检察院倾斜，推动了基层检察院的建设。

(六)坚决贯彻中央关于政法机关不再从事经商活动的决定，清理撤销经营性公司。各级检察机关把贯彻中央决定作为从源头上预防和治理腐败的一项严肃的政治任务，雷厉风行，迅速落实，在去年年底前按期完成了清理撤销任务。全国检察机关1574个经营性实体已全部撤销、移交和脱钩。

(七)强化内部制约，规范检察权的行使，防止检察权的滥用。最高人民检察院进一步完善了人民检察院侦查工作内部制约的制度，对检察机关查办贪污贿赂、渎职等职务犯罪工作，规定在不同阶段由不同内设机构承办，形成五个环节的内部制约：侦查工作与举报工作相制约，防止擅自办案和压案不办；侦查工作与审查决定逮捕工作相制约，防止错捕漏捕和滥用强制措施；侦查工作与审查起诉工作相制约，防止错诉漏诉；侦查工作与扣押款物管理工作相制约，防止擅自处理扣押款物；侦查工作与不立案、撤案、不起诉决定的复议、复查工作相制约，防止有错不纠。同时，强化检察长和检察委员会的决策作用，建立侦查部门负责人轮岗制度。严格实行这些制度，比较有效地防止和纠正了查办贪污贿赂、渎职犯罪工作中的违法违纪行为。我们还制定了人民检察院错案责任追究制，明确执法责任，对造成错案的，严肃追究有关人员的责任。各级检察机关针对教育整顿中发现的问题，制定、修订了一系列规章制度，严肃纪律，加强管理，规范办案工作。

(八)推行检务公开和检察长接待日制度，拓宽服务人民、接受监督的渠道。为了维护广大人民群众的根本利益，更好地服务于人民群众，接受监督，促进队伍建设，保障公正执法，我们采取了三个方面的举措：

一是推行检务公开。在教育整顿中，一些地方检察院创造了检务公开的好做法，最高人民检察院及时总结推广这一经验，作出了在全国检察机关实行检务公开的决定，制定了具体实施办法。各级检察机关迅速行动，设置了9693个专栏、牌匾，印发了190多万本“检务公开”手册，向广大群众公开履行检察职能的法律依据、司法解释、工作制度、办案纪律、办事程序等十个方面内容，并向案件当事人等诉讼参与人告知依法享有的诉讼权利，通过报刊、电台、电视台等新闻媒体广为宣传。实行检务公开，对增大检察工作透明度，让群众更好地了解、支持、监督检察工作，防止检察人员滥用职权，促进检察机关的内部建设和公正执法，发挥了积极作用，受到了社会各界和广大人民群众的欢迎。

二是建立和完善检察长接待日制度。去年5月，最高人民检察院开始实行正、副检察长、检察委员会委员等领导干部每周轮流接待上访群众的制度，并要求各级检察院普遍建立和完善这一制度。各级检察长直接参加接待工作，当面了解群众反映的问题，倾听意见，对接访的案件加强督促，落实责任，努力做到件件有交代。全年参加接待活动的各级正、副检察长达12万多人次，接待来访群众29万多人次，依法解决了一批久诉不息的“老大难”案件。

三是改进和加强举报申诉工作，更好地为群众服务。各级检察机关结合纪念举报制度建立十周年活动，开展了大规模的举报宣传，设立统一的举报电话，完善工作制度，对积压的举报线索集中力量进行全面清理和分流处理。加强了处理群众来信、来访和办理申诉案件的力量，开展创建文明接待窗口活动。全年共处理群众来信、来访814583件，立案复查各类申诉案件6261件，改变原决定771件，纠正和解决了群众反映的一批问题。

经过历时一年的集中教育整顿，广大检察干警普遍受到了一次深刻教育，公正执法、文明办案、廉洁自律意识进一步增强，工作积极性进一步提高，队伍的纪律作风发生了可喜的变化，涌现出了北京市东城区检察院和深圳市南山区检察院检察长侯黎明等一大批先进典型。全年受省级以上表彰的先进集体有1656个、先进个人3226人，评选出了第三届中国十大杰出检察官。最高人民检察院表彰了在抗洪抢险中表现突出的50个先进集体和56名先进个人。这些先进典型的事迹，展现了新时期检察队伍的良好形象和精神风貌。

检察机关教育整顿取得的成效，是各级党委高度重视和强有力领导的结果，是各级人大有力监督和各级政府、政协以及广大人民群众大力支持的结果。各级党委、人大常委会或人大内司委听取了检察机关教育整顿工作的汇报，主要领导出席检察机关召开的会议，到检察院检查、视察工作，提出要求。各级党委、政府对教育整顿中遇到的重要问题进行协调，在班子考察、人员清理、经费保障等方面，帮助解决问题。这是检察机关教育整顿工作取得成效的重要保证。

二、认真履行检察职责，各项业务工作取得新进展

过去的一年，各级检察机关从维护改革、发展、稳定的大局出发，一手抓教育整顿，一手抓业务工作，切实履行宪法和法律赋予的职责，各项工作都取得了新的成绩。

（一）依法履行查办职务犯罪职能，从严惩治贪污贿赂、渎职犯罪。各级检察机关按照中央关于反腐败的总体部署，始终把惩治贪污贿赂、渎职犯罪摆在重要位置。特别是去年7月，江泽民总书记就打击走私和反腐败问题发表重要讲话后，各地抓紧排查线索，采取领导带头办案，集中优势兵力，层层落实督办责任等措施，加大了查办大案要案工作的力度。全年共立案侦查贪污贿赂、渎职等职务犯罪案件35084件40162人，侦查终结34081件38883人，经审查已提起公诉22700件26834人。通过办案为国家和集体挽回直接经济损失43.8亿元。去年查办职务犯罪工作突出的有以下几个方面：一是查办了一批有震动、有影响的大案要案。共立案侦查徐炳松等3名省部级干部、103名厅局级干部和1714名县处级干部涉嫌贪污贿赂、渎职犯罪的案件；立案侦查贪污、贿赂、挪用公款等50万元以上的案件1773件。二是为保障国有企业改革、金融体制改革等重大改革措施的顺利实施，防止国有资产流失，立案查办国有企业、金融系统、房地产领域中发生的贪污贿赂、渎职犯罪案件18601件。三是把查办司法人员和行政执法人员索贿受贿、徇私舞弊等犯罪案件作为一项重点，共立案侦查这类犯罪案件5811件7067人。四是严肃查办了一批国家机关工作人员在经济活动和重大工程建设中严重不负责任，造成国家财产重大损失和人员伤亡的渎职犯罪案件，共立案侦查玩忽职守、滥用职权犯罪案件1590件。五是查办国家机关工作人员非法拘禁、刑讯逼供、报复陷害等犯罪案件1467件，依法保护公民的合法权利。这些案件的查处，促进了廉政勤政建设和反腐败斗争的深入开展。

（二）依法履行批捕、起诉职能，严厉打击各种刑事犯罪活动。各级检察机关始终把维护稳定作为重要任务，与公安、法院、司法行政等部门密切配合，切实贯彻“严打”方针，积极参与各地组织的打击暴力恐怖犯罪，打击走私、盗窃、抢劫机动车犯罪等专项斗争，对各种危害国家安全、经济安全和社会治安的犯罪，依法快批捕、快起诉。全年共受理公安、国家安全机关移送审查批捕的犯罪嫌疑人689025人，已审结批准逮捕582120人；受理移送起诉犯罪嫌疑人668425人，已审结提起公诉557929人。广东省检察机关依法批捕、起诉了张子强等36人特大暴力犯罪案，使这些犯罪分子受到了法律制裁。为了维护农民利益和农村稳定，各级检察机关对破坏农村改革和发展，特别是称霸一方的农村恶势力、制假贩假等坑农害农的犯罪案件，配合有关部门及时予以严惩。遭受洪涝灾害地区的检察机关，依法严厉打击趁灾打劫的各种犯罪，为维护灾区的稳定作出了贡献。

（三）依法履行诉讼监督职能，维护司法公正，保障国家法律的统一正确实施。为纠正诉讼活动中有法不依、执法不严、司法不公的问题，检察机关下大力加强了诉讼监督工作。一是以纠正有案不立、有罪不究、以罚代刑等问题为重点，强化刑事立案监督工作。对应当立案侦查的案件而没有立案的，依法要求公安机关说明不立案理由9335件，通知立案5207件。二是以防止错捕错诉、漏捕漏诉和纠正超期羁押为重点，强化侦查监督工作。对提请逮捕和移送审查起诉的案件严格审查把关，对不构成犯罪或不符合逮捕、起诉条件的，依法作出不批准逮捕决定93218人，作出不起诉决定11225人；追捕6957人，追诉3094人；对超期羁押的情况提出纠正意见70992人次；对侦查活动中的违法情况提出纠正意见9964件。三是以纠正有罪判无罪、重罪轻判、轻罪重判为重点，强化刑事审判监督工作。对认为确有错误的刑事判决裁定提出抗诉3791件；对审判活动中的违法情况提出纠正意见1211件次。四是以对罪犯减刑、假释、保外就医活动的监督为重点，强化刑罚执行监督工作。对有关部门办理减刑、假释、暂予监外执行、保外就医中的违法情况，提出纠正意见9672件次。五是以纠正发生法律效力但确有错误的民事、经济、行政判决、裁定为重点，强化民事审判、行政诉讼监督工作，维护公民、法人和其他组织的合法权益。共立案审查申诉案件26158件，向人民法院提出抗诉8438件。对人民法院正确的判决裁定，认真做好申诉人的服判息诉工作。

各级检察机关努力把教育整顿与检察业务工作紧密结合起来，用正确的执法思想指导检察实践，用法律和纪律规范执法活动，使去年的业务工作呈现出几个明显特点：

第一，紧紧围绕中央的工作部署开展检察工作。各级检察机关根据中央关于维护社会政治稳定和国家经济安全、深入开展反腐败斗争、加强民主法制建设的部署，适时调整查办案件的主攻方向和打击重点，为党和国家工作大局服务。去年，党中央针对走私、骗汇活

动猖獗，严重危及我国经济安全的状况，先后作出了集中打击走私、骗汇的重大决策。各级检察机关坚决贯彻执行，积极投入反走私联合行动和打击骗汇逃汇专项斗争。一方面，认真履行批捕、起诉职能，共批准逮捕走私、骗汇、金融诈骗和破坏金融管理秩序的犯罪7193 件 11867 人，提起公诉 6003 件 10060 人。另一方面，依法直接立案查办了一批与单位走私、护私、放纵走私以及骗购外汇等犯罪相关联的国家机关工作人员受贿、渎职犯罪案件。广东省检察机关立案侦查了发生在湛江海关等部门中的一批涉嫌放纵走私、收受贿赂的重大犯罪案件。

第二，依法文明办案，注重办案质量。各级检察机关通过严格执行九条硬性规定和内部制约等制度，促进办案工作更加文明规范，办案进度明显加快，办案质量有较大提高。去年立案侦查的贪污贿赂、渎职犯罪案件，侦结数占立案数的 97.1%，比上年增加 8.7 个百分点；起诉数占审结数的 87.1%，比上年增加 7.4 个百分点。在审查批捕、审查起诉工作中，注意严把质量关，防止错捕错诉，批捕、起诉工作质量也有新的提高。

第三，注意办案方法，讲求办案效果。各级检察机关在工作中坚持讲政治，顾大局，努力实现办案的法律效果和社会效果的统一。中国银行广东省佛山市汾江支行原行长苑孝庭收受贿赂，滥用职权，违规发放贷款。检察机关在查办这起案件时，不仅追究了犯罪人的刑事责任，而且采取积极措施，从境内外追回 14.3 亿元现金和价值 3 亿元的房产。各级检察机关在办案中注意维护正常的工作、生产、经营秩序，对群众反映强烈的亏损企业或下岗职工相对集中的企业中的贪污贿赂、渎职犯罪案件，集中力量，优先查办，并尽可能挽回经济损失，及时返还企业。

第四，既依法追究犯罪，又重视保护公民的合法权益。在办案中依法保护犯罪嫌疑人、被告人的合法权益，支持律师依法履行辩护职责。正确掌握法律政策界限，该打击的坚决打击，该保护的依法保护，能挽救的尽力挽救，做到不枉不纵。对受到错告、诬告的人，在查清事实后及时予以澄清，使无罪的人受到保护。成都市检察机关收到反映一家国有企业的 6 名领导贪污、挪用公款的举报信后，经过调查，发现举报内容失实。他们及时到企业为 6 人澄清事实，依法保护了干部。

第五，坚持打防并举，积极开展预防职务犯罪工作。各级检察机关把开展预防职务犯罪作为服务大局的一项重要内容，摆到了更加重要的位置。有的深入调查分析职务犯罪的特点、规律、产生原因，结合国家重大改革措施的实施，搞好犯罪预测，提出深化改革、加强管理的建议；有的与职务犯罪多发行业和部门建立工作联系制度，针对一些工程建设中暴露出来的管理上的漏洞，与有关部门联手开展预防，防止“工程上马，干部落马”。山东省检察机关结合办案，向有关部门提出各类检察建议、调查报告 395 件，有 210 件被上级机关和有关部门采纳。

第六，加强检察业务建设，提高执法水平。一是实行侦查工作归口管理，严格执行对侦查工作的内部制约制度，切实把好案件立案关、强制措施关和处理关。二是加强出庭公诉工作，充分运用视听资料和音像手段，提高公诉人在法庭上运用证据揭露犯罪、证实犯罪的能力；一些地方进行了主诉检察官等制度的试点，在改进公诉工作，规范和强化公诉职能方面进行了有益探索。三是围绕执行刑法和刑事诉讼法，对贪污贿赂、渎职犯罪侦查部门的负责人进行集中培训；为适应打击走私、骗汇工作的需要，举办了办理走私、骗汇逃汇案件培训班，提高了检察官办理有关案件的能力。四是加强司法解释，指导执法活动。最高人民检察院单独或与有关部门联合制定了关于人民检察院直接受理案件侦查范围的规定、关于办理走私犯罪案件适用刑事诉讼程序若干问题的通知等 14 个司法解释文件。

各位代表：在肯定成绩的同时，我们也清醒地看到，检察队伍和检察工作中还存在不少问题，离党和人民的要求还有较大差距。主要是：

第一，教育整顿工作开展不平衡。少数地方整顿力度不大，有的违法违纪问题没有得到严肃处理，个别地方还有边整边犯的现象，一些不适合做检察工作的人员没有清理出去，有些深层次问题的解决还需要作艰苦的努力。

第二，检察队伍的整体素质还不完全适应新形势、新任务的需要。少数检察人员政治素质不高，缺乏抵御消极腐朽思想的能力；部分检察人员的执法观念、办案方法还不适应修改后的刑法、刑事诉讼法的要求；在经济领域犯罪的形式和手段不断变化的情况下，一些检察人员的相关知识和执法水平不适应工作需要。

第三，检察业务工作还有不少薄弱环节。侦查水平还不适应新形势下查办职务犯罪案件工作的需要；诉讼监督特别是民事审判和行政诉讼监督工作亟待加强；规范执法活动、保障公正执法的监督制约制度在有些地方还没有得到很好落实，有些案件办案质量不高。

第四，上级检察院对下级检察院工作的领导在有些方面还没有落到实处，有令不行、有禁不止的现象仍有发生。经费紧缺、装备落后等问题，在一些贫困地区检察院仍很突出。

最高人民检察院对上述问题负有领导责任。我们决心加强对新形势下检察工作特点和规律的调查研究，以改革的精神，采取针对性措施，使工作和队伍中存在的问题逐步得到解决。

三、公正执法，服务大局，努力开创检察工作新局面

为充分发挥检察机关在实施依法治国方略、服务党和国家工作大局中的职能作用，把有中国特色社会主义检察事业不断推向前进，今年1月，我们召开了全国检察长工作会议，分析了世纪之交检察工作面临的形势，研究制定了《检察工作五年发展规划》，确定把“公正执法、加强监督、依法办案、从严治检、服务大局”作为今后一个时期的检察工作方针，提出了未来五年检察机关的总体奋斗目标。主要是：健全和完善与社会主义市场经济体制和依法治国要求相适应的、有中国特色的社会主义检察制度，全面加强法律监督工作，造就一支高素质的专业化检察队伍，树立起检察机关清正廉明、公正执法、人民满意的良好形象。

1999年，是我们党和国家历史上具有特殊意义的一年，也是推进检察工作跨世纪发展至关重要的一年。我们将高举邓小平理论伟大旗帜，深入贯彻党的十五大精神和中央关于政法工作的总体部署，把维护社会政治稳定作为首要任务，全面履行检察职能，开拓进取，扎实工作，推动检察业务取得新进展，队伍素质得到新提高，检察改革迈出新步伐，基层基础建设达到新水平，努力开创检察工作新局面。

（一）认真履行法律监督职责，努力为改革开放和经济建设创造良好的法治环境。第一，与公安机关、国家安全机关、人民法院等部门密切配合，坚持不懈地依法严厉打击各种危害国家安全的犯罪活动，维护国家政治稳定；坚持不懈地打击走私、骗汇逃汇、金融诈骗等破坏社会主义市场经济秩序的犯罪，促进整顿经济秩序工作的顺利进行，保障国家经济安全；坚持不懈地严厉打击严重暴力犯罪、带黑社会性质的团伙犯罪、毒品犯罪，以及盗窃、抢劫、拐卖妇女儿童等其他刑事犯罪，努力维护社会安定。第二，按照中央关于反腐败的指示，进一步加大查办贪污贿赂、渎职等职务犯罪的工作力度，集中力量查办大案要案，依法查办国有企业改革、金融体制改革、粮食流通体制改革及重大基础设施建设工程中的贪污贿赂、渎职犯罪案件。对严重的贪污贿赂、渎职等职务犯罪案件，不管涉及什么人，都要一查到底，决不手软。第三，把强化诉讼监督、维护司法公正摆到更加突出的位置，紧紧抓住有法不依、执法不严、司法不公等问题，进一步加强对刑事诉讼、民事审判和行政诉讼的法律监督工作，严肃查办司法人员贪赃枉法、徇私舞弊、刑讯逼供等犯罪案件，遏制司法腐败，维护国家法律的统一正确实施。第四，大力加强职务犯罪预防工作，积极探索检察机关的预防与社会预防相结合的有效途径，逐步建立预防犯罪的工作机制，增强预防工作的效果。认真落实检察环节的各项社会治安综合治理措施，努力化解社会不安定因素。在履行各项职责中，我们要以事实为根据，以法律为准绳，坚持“一要坚决，二要慎重，务必搞准”的原则，强调严格按程序法办事，促进公正执法，确保办案质量，增强执法效果。

（二）巩固和发展集中教育整顿成果，大力加强检察队伍建设。继续把队伍建设作为事关检察工作全局的大事来抓，以保证公正执法为目标，加强教育，严格管理，强化培训，严加监督，不断提高检察队伍的整体素质。最近，我们召开了全国检察机关政治工作和纪检监察工作会议，对进一步加强队伍建设作出了部署。一是坚定不移地用邓小平理论武装检察干警，深入进行以“讲学习、讲政治、讲正气”为主要内容的党性党风教育，切实加强检察队伍建设特别是各级领导班子的思想政治建设和纪律作风建设。二是加大教育培训力度，分不同层次采取多种形式，分级负责地抓好全员培训，三年内把全体检察官轮训一遍。三是坚持依法建院，从严治检，全面加强基层检察院建设。今年要分期分批把基层院检察长全部轮训一遍；广泛开展“争创人民满意的检察院，争当人民满意的检察干警”活动，建成一批以好班子、好队伍、好机制、好业绩、好形象为内容的“五好”基层检察院。四是针对一个时期或一个地区存在的突出问题，适时开展专项整顿和治理，继续搞好人员清理，严肃查处违法违纪行为，坚决清除检察队伍中的害群之马。五是认真落实党风廉政建设责任制，凡地县检察机关年内发生一起干警严重贪赃枉法造成恶劣影响或刑讯逼供致人死亡的案件，除对当事人依法严肃查处外，单位一把手要到省级检察院做检讨；凡一省年内发生两起的，省检察长要到最高人民检察院检讨责任。情节特别严重，造成重大影响的，所在单位一把手要引咎辞职。对发生严重违法违纪问题，隐瞒不报或包庇、袒护的，要从严处理。

（三）积极推进检察改革，为检察事业的发展注入新的活力。按照党的十五大关于推进司法改革，从制度上保证依法独立公正行使检察权的要求，解放思想，大胆探索，在宪法和法律规定范围内，深化改革，逐步建立健全适应依法治国要求、符合检察工作特点和规律的管理体制和工作运行机制。今年主要推行六项改革：(1)继续深化检务公开，使检察工作更全面、更广泛、更自觉地接受监督，以公开促公正，以对外公开促进内部建设；(2)改革业务管理制度，进一步完善对贪污贿赂、渎职犯罪案件侦查工作的监督制约机制，推行主诉检察官制度，健全执法办案责任制，完善错案责任追究制；(3)建立专家咨询制度，充分发挥有关方面专家的知识资源优势，听取对疑难复杂案件的咨询意见，

促进检察权的正确行使；(4)改进和加强检察委员会工作，贯彻民主集中制原则，充分发挥检察委员会在检察工作中的决策指导作用；(5)做好机构改革工作，精简上层，充实、加强基层和办案第一线的力量；(6)认真落实检察官法，全面推行干部人事管理制度改革，努力形成公开、平等、竞争、择优的选人用人环境，建立和完善能上能下、促进优秀人才脱颖而出的用人机制。

在今后的工作中，我们将更加坚定地依靠党的领导，把党的路线、方针、政策和依法治国方略的要求不折不扣地贯彻到各项工作中去；我们将更加自觉地接受人大及其常委会的监督，认真负责地报告工作，及时办理交办的事项，继续加强同人大代表的联系；我们将更加主动地争取政府的支持，接受政协的民主监督，广泛地接受人民群众的监督，坚持人民检察为人民，始终把人民答应不答应、满意不满意、赞成不赞成作为检验检察工作成效的根本标准。

各位代表！在世纪之交的重要历史时刻，面对时代的召唤、人民的重托，我们深感责任重大。在新的一年里，我们将高举邓小平理论伟大旗帜，在以江泽民同志为核心的党中央坚强领导下，认真贯彻落实党的十五大和本次全国人民代表大会精神，统一思想、坚定信心，抓住机遇、知难而进，团结一致、艰苦奋斗，充分履行宪法和法律赋予的职责，以新的工作业绩，迎接新中国成立五十周年！

九届全国人大二次会议全国人大及其常委会的立法工作和有关情况举行记者招待会

记者招待会在人民大会堂举行。

全国人大常委会法制工作委员会负责人乔晓阳、胡康生、张春生就有关问题回答记者的提问。

记者：在征求修宪意见时，有人还提出一些其他问题，宪法修正案(草案)为什么没有采纳这些意见？

乔晓阳：宪法作为国家根本大法，首先要强调它的稳定性。维护宪法的稳定，也是维护国家的稳定，宪法对修改宪法规定了特别程序。保持宪法的稳定并不意味着对宪法不能做任何修改。宪法的某些具体规定如果不适应客观实际，本身也会失去权威性。随着改革开放和社会主义现代化建设的发展，如果宪法的某些具体规定确实已经不适应实际的需要，就应当及时地作出修改。

1982年通过的中华人民共和国宪法，即我国现行的宪法，是一部好宪法，在国家的政治、经济和社会生活等方面发挥了重要作用。随着我国改革开放和社会主义现代化建设事业的不断发展，1988年和1993年先后两次对宪法的部分内容作了修改，使这部宪法进一步趋于完善。这次修宪将党的十五大总结的改革开放和社会主义现代化建设的新经验写进宪法，同样是使宪法更加符合实际，更加富于时代精神，因而也更具有权威性。需要强调的是，这次修宪的原则是只对需要修改的并已成熟的问题作适当修改，可改可不改的问题不做修改。在改革开放中出现的新事物、新提法，只要是宪法可以包容的，并不与宪法的具体规定直接抵触的，可以不做修改。

记者：我国现有三部合同法，为什么还要制定一部统一的合同法？

胡康生：制定统一的合同法是基于以下几方面的考虑：第一，现行的经济合同法、涉外经济合同法、技术合同法，是根据改革开放的进程，分别于1981年、1985年和1987年制定的，1993年对经济合同法进行了修改，这三部合同法对我国经济、贸易和技术的发展起了积极的作用。但是这三部合同法总共只有一百四十五条，有些问题规定得比较原则，如合同的订立和履行；有些共性问题的规定还不一致，如违约责任的规定；在调整范围方面，也不完全适应市场主体多元化和市场交易行为多样化的需要。第二，在市场交易中，利用合同的形式搞欺诈活动，损害国家、集体和他人利益的问题比较突出，需要作出统一的补充规定来防范和制止欺诈行为。第三，在市场交易中出现了一些新类型的合同，其中一些合同运用得越来越多，如融资租赁合同、委托合同等。合同法分则的问题，现行的三部合同法已经有了购销、供电、借款、加工承揽、建设工程、仓储、技术、涉外经济合同等，这些合同与每个公司企业、每个公民的生产经营和日常生活密切相关，要保持法律的连续性。基于以上几个方面考虑，有必要从我国的实际出发，借鉴国际上通行的做法，制定一部统一的、比较完备的合同法，以更好地适应社会主义市场经济的发展。

记者：村民委员会组织法制定过程中如何处理乡镇政府与村委会的关系，村民委员会组织法的执行情况如何？

张春生：1987年全国人大常委会通过了村民委员会组织法(试行)，九届全国人大常委会去年又通过了修订后的村民委员会组织法。乡镇政府与村委会两者之间是"领导关系"还是"指导关系"，从字面上看，虽然只有一个字的差别，但实质问题是要不要从法律上保障村民群众的自治权利。全国人大常委会总结了村民委员会组织法试行十年的经验，从民主选举、民主决策、民主管理和民主监督四个方面对村民委员会组织法进行了完善，法律明确乡镇政府与村民委员会是指导关系，并且规定，乡镇政府不能干预村民委员会自治范围内的事情。当前广大的农村正按照法律的规定认真贯彻实施这部法律，总体讲，我国农村的民主生活是前所未有的。

记者：当地方性法规与全国人大制定的法律相抵触时，全国人大将采取什么措施？

张春生：经过改革开放20年的实践和努力，目前，我国已经形成了以宪法为核心的社会主义法律体系的框架。这个体系的内容是和谐一致的。地方性法规如果同全国性的法律和行政法规相抵触，全国人大常委会有权将其撤销。近年来，全国人大常委会通过对地方性法规的备案制度，对发现地方性法规与全国性的法律相抵触问题，以及程度不等的越权问题，已通知有关地方予以撤销。关于监督法，八届全国人大期间对此进行了积极的探索，目前制定监督法已列入九届全国人大的立法规划。

记者：全国人大常委会何时批准《公民权利和政治权利国际公约》、《经济、社会及文化权利国际公约》？

乔晓阳：在过去的两年里，中国政府不仅签署了《经济、社会及文化权利国际公约》，而且签署了《公民权利和政治权利国际公约》。去年六月，全国人大常委会对国务院提交的关于提请批准《经济、社会及文化权利国际公约》的议案进行初步审议。常委会组成人员认为这个公约中涉及的一些具体问题还需要进一步研究和审议。《公民权利和政治权利国际公约》尚未提交全国人大常委会审议。我们认为，在加入一个国际公约前，对这个公约进行认真研究，是应有的负责任的态度，也是国际社会通行的做法。

乔晓阳、胡康生、张春生还就中外记者关心的其他问题作回答。

全国政协九届常委会举行第五次会议

受全国政协主席会议的委托，全国政协秘书长郑万通在会上汇报了全国政协九届二次会议小组讨论的情况。他说，政协九届二次会议3月3日下午开幕以来，已进行了7天。这期间共举行4次全体会议，听取和审议了政协常委会工作报告，听取了30位委员的大会口头发言。列席4次九届全国人大二次会议全体会议，听取和讨论了政府工作报告、宪法修正案草案的说明、计划和财政报告以及"两高"报告等。

郑万通说，江泽民、李鹏、朱镕基、李瑞环、胡锦涛、尉健行、李岚清等党和国家领导同志分别到全国政协礼堂和8个委员驻地看望委员，同25个小组的委员们进行了座谈。中共中央和国务院有关领导同志听取了大会发言，听取大会发言的中共中央、国务院部长、副部长达83人次。

会议通过了政协第九届全国委员会第二次会议政治决议草案，政协第九届全国委员会关于常务委员会工作报告的决议草案，政协第九届全国委员会增选常务委员候选人名单，政协第九届全国委员会提案委员会关于政协九届二次会议提案审查情况的报告草案。

全国政协办公厅中央统战部举行招待晚会招待出席全国政协九届二次会议的香港特别行政区和澳门地区的全国政协委员

最高人民法院关于开展"执行年"活动的通知

国务院外国在华常驻人员携带进境物品进口税收暂行规定

外经贸部新闻发言人胡楚生就美国政府以不符合外交政策和国家安全利益为借口决定拒绝发放亚太移动通信卫星出口许可证事答记者问

胡楚生说，亚太移动卫星通信责任公司是由中国、新加坡、日本、泰国、印度尼西亚和马来西亚等国合资成立的卫星通信公司。该公司采购美国休斯国际航天通信公司的卫星，以开展亚太地区的民用移动通信业务，这有利于亚太地区的经济发展。

胡楚生说，长期以来，中美两国有关公司在民用卫星贸易和发射服务合作的过程中，严格按照国际通行的做法运作，这是正常的国际商业往来，符合中美双方的利益。

胡楚生指出，美国政府拒绝发放卫星的出口许可证，已对中美间正常的商业往来和经贸关系造成损害。美国趋紧的对华出口管制政策不利于双边贸易不平衡问题的解决。他希望美国政府能从中美关系的大局出发，纠正其错误决定，为中美贸易平衡做些实实在在的工作，积极推动中美间正常的经贸往来与合作。

3月11日

全国政协九届二次会议在人民大会堂闭幕

会议由全国政协副主席叶选平主持。副主席杨汝岱、王兆国、阿沛·阿旺晋美、赵朴初、钱伟长、卢嘉锡、任建新、宋健、李贵鲜、陈俊生、张思卿、钱正英、丁光训、孙孚凌、霍英东、马万祺、朱光亚、万国权、胡启立、陈锦华、赵南起、毛致用、白立忱、经叔平、罗豪才、张克辉、周铁农、王文元，秘书长郑万通，党和国家领导人江泽民、李鹏、朱镕基、胡锦涛、尉健行、李岚清等出席会议。

叶选平在大会开始时宣布，政协第九届全国委员会第二次会议应出席委员2209人，实到1916人，符合法定人数。

根据议程，会议经过表决增选卢荣景为政协九届全国委员会常务委员。会议还通过了政协九届全国委员会第二次会议政治决议、政协九届全国委员会第二次会议关于常务委员会工作报告的决议、政协九届全国委员会提案委员会关于政协九届二次会议提案审查情况的报告。

全国政协主席李瑞环在闭幕会上发表了讲话。

全国政协九届二次会议期间，委员们听取和审议了叶选平副主席代表常务委员会所作的工作报告，列席了第九届全国人民代表大会第二次会议，听取并讨论了朱镕基总理所作的政府工作报告和其他重要报告，讨论了宪法修改的有关问题。委员们认真履行职责，就国家经济、政治、社会生活中的重大问题和政协工作，提出了许多很好的意见和建议。

全国政协主席李瑞环在全国政协九届二次会议闭幕会上发表讲话

各位委员、各位同志：

中国人民政治协商会议第九届全国委员会第二次会议，经过全体委员的努力，圆满完成了各项议程。会议期间，委员们审议通过了叶选平副主席代表常务委员会所作的工作报告，列席了第九届全国人民代表大会第二次会议，听取并讨论了朱镕基总理所作的政府工作报告和其他重要报告，讨论了宪法修正案草案。委员们认真履行职责，就国家经济、政治、社会生活中的重大问题和政协工作，提出了许多很好的意见和建议。这是一次民主、求实、团结、鼓劲的大会。

一

今年是中华人民共和国成立五十周年，也是中国人民政治协商会议成立五十周年。1949年9月，毛泽东主席在中国人民政治协商会议第一届全体会议上庄严宣告："占人类总数四分之一的中国人从此站立起来了"，中国历史从此开辟了一个新的时代。经过五十年的奋斗，伟大祖国发生了翻天覆地的变化。社会生产力和综合国力有了很大发展，主要工农业产品产量跃居世界前列；十二亿人民基本解决了温饱问题，物质文化生活整体水平接近小康；社会主义精神文明建设取得丰硕成果，全民族的科学文化素质普遍提高；社会主义民主与法制逐步健全，人民当家作主的国家政权日益巩固；爱国统一战线不断扩大，中华民族的大团结、大联合空前增强；"一国两制"的伟大构想深入人心，祖国统一大业取得历史性进展；我国国际地位显著提高，成为世界上维护和平与促进发展的重要力量。特别是中共十一届三中全会以来，我们把马克思主义同中国实践和时代特征结合起来，形成了邓小平理论，制定了社会主义初级阶段的基本路线，走出了一条建设有中国特色社会主义的道路。50年在历史长河中是短暂的。中国人民在中国共产党领导下，以如此巨大而坚定的步伐走向富强、民主和文明，这在中华民族发展史上是前所未有的，对整个人类社会的发展也产生了广泛而深远的影响。每一个中华儿女都为此而欢欣鼓舞，无比自豪。50年来，人民政协始终与人民息息相通，同国家休戚与共。历届政协组织和政协委员为国家的繁荣、祖国的统一、社会的进步、人民的幸福，为人民政协的建设与发展，尽心竭力，作出了不可磨灭的贡献。今天，回顾半个世纪的光辉历程，我们对先辈们无限景仰和怀念。我们要学习他们的优秀品格，弘扬他们的崇高精神，把他们开创的伟大事业继续推向前进。

在中国这样一个人口众多、经济文化落后的东方大国建设社会主义，是前无古人的崭新事业，外部环境又十分复杂。在几十年的奋斗和探索中，我们经历了种种曲折坎坷，战胜了无数艰难险阻，付出了沉重的代价，同时也积累了丰富的经验。这些经验凝聚着人民群众的智慧，蕴含着兴衰成败的哲理，揭示了治国安邦的真谛，是我们继往开来的重要条件。邓小平同志要求我们重视历史经验，他强调指出："历史上成功的经验是宝贵财富，错误的经验、失败的经验也是宝贵财富。"

成功的经验符合客观规律，具有直接的指导意义，能够鼓舞士气、坚定信心；失败的经验因为吃过苦头，有着刻骨铭心的教训，有益于保持冷静和清醒。以史为鉴，可以知兴替，可以使思想更加主动自觉，可以使工作避免重犯老毛病。在庆祝新中国成立50年来所取得辉煌成就的时候，我们应该认真地、全面地总结和汲取历史经验，乐亦鉴之，哀亦鉴之。前事不忘，后事之师。

总结历史是为了开辟未来。当前，我国总的形势是好的。在以江泽民同志为核心的中共中央坚强领导下，我们经受住了亚洲金融危机和严重洪涝灾害的考验，国民经济较快增长，各项改革继续推进，人民生活不断改善，社会局面保持稳定。但也应当看到，我们在改革和发展中还面临许多困难和问题。这些困难和问题，有的是世界各国在发展过程中普遍存在的，有的是在中国特殊国情下产生的，有的是在探索中难以避免的，也有的是我们体制和作风方面的弊端造成的。解决这些困难和问题，需要研究新情况，学习新知识，寻找新思路，创造新方法。特别重要的是，在这个过程中必须坚持马克思主义的基本原理，必须遵循事物发展的基本规律，必须记取长期积累的基本经验。比如，我们在任何时候、做任何工作都必须坚持解放思想、实事求是，必须尊重实践，从实际出发，理论联系实际，认真研究事物的内在规律，达到主观与客观相统一。比如，我们在任何时候、做任何工作都必须坚持群众观点、群众路线,必须维护群众的利益,倾听群众的呼声,依靠群众的力量,接受群众的监督,永远保持同群众的血肉联系。对这些来之不易的、长期起作用的基本经验,我们应当百倍地珍惜,很好地继承,并在实践中不断加以丰富和发展。

二

中共十五大把坚持、完善中国共产党领导的多党合作和政治协商制度纳入社会主义初级阶段的基本纲领,要求人民政协更好地履行职能,继续推进政治协商、民主监督、参政议政的规范化、制度化。在以江泽民同志为核心的中共中央领导下,在各地党委、政府的重视和支持下,各级政协适应新的形势,不断实践探索,工作领域大为拓宽,规章制度逐步健全,活动形式更加多样,呈现出民主和谐、生动活跃的局面。但发展还不平衡,还存在着思想上模糊、做法上随意的现象。我们要提高认识,改进工作,把中共中央关于人民政协履行职能的各项要求进一步落到实处。

政治协商是人民政协的首要职能,也是人民政协存在与发展的重要依据。1954 年,当人民政协刚刚结束代行人民代表大会职权时,毛泽东同志就针对一些人提出政协还要不要存在、协商还有没有必要的疑问,明确指出,人民代表大会是国家权力机关,有了人大,并不妨碍政协进行政治协商。政协是各党派的协商机关。各党派、各民族、各团体的领导人物一起来协商新中国的大事非常重要。周恩来同志也反复强调,政治协商是新民主的一个特点。就是在普选的全国人民代表大会召开以后,政协还将对中央政府的工作起协商、参谋和推动的作用。中共十一届三中全会之后,我国进入新的历史时期,邓小平同志深刻指出,中国的社会主义现代化建设事业,继续需要政协就有关国家的大政方针、政治生活和四个现代化建设中的各项社会经济问题,进行协商、讨论。江泽民同志明确要求,各级党委要满腔热情地支持政协履行章程规定的主要职能。按规定应当交政协协商的问题,一定要在决策之前交政协协商,并在协商中认真听取各方面的意见。政治协商作为我国基本政治制度的一项重要内容,已经载入宪法,写进中国共产党章程、各民主党派章程和中国人民政治协商会议章程,我们必须自觉遵循、认真执行。

政治协商是中国共产党和各民主党派、无党派民主人士长期合作共事的优良传统,是我国政治制度的一大特点和优势。通过协商,可以广泛听取各党派团体和各族各界人士的意见,促进决策的民主化、科学化;通过协商,可以增进理解、扩大共识,使党和政府的方针政策成为大多数人的自觉行动;通过协商,可以发现和集中群众的智慧与经验,依靠群众的力量克服困难、解决问题;通过协商,可以协调利益关系、化解社会矛盾,维护和发展团结稳定的政治局面。大量事实证明,有协商比没协商好,真诚相待、肝胆相照、知无不言、言无不尽地协商,对于我们的工作只有益处、没有害处。履行职能是人民政协围绕中心、服务大局的基本途径,是人民政协工作好坏、成效大小的主要标志。在新的一年里,我们要继续抓紧抓好履行职能的各项工作,特别要坚持不懈地把政治协商向前推进,努力创造良好的环境,总结推广新鲜的经验,使政治协商更加经常有序、更加生动活泼、更加富有成效。

三

坚持调查研究、弄清实际情况,是做好一切工作包括政协工作的基础,也是当前需要突出强调的一个问题。我国正处在由计划经济体制向社会主义市场经济体制转轨的时期,旧体制已被打破,但还在一些环节发生影响,新体制正在建立,但在许多方面还有待完善,出现了许多错综复杂的现象。由于利益关系的影响,社会矛盾纵横交错;由于新与旧、正确与错误的观念交织碰撞,对同一事物往往产生多种甚至截然相反的看法;由于客观现实变化很快,人们的认识容易陈旧落后。特别是现在社会上弄虚作假现象相当严重,形形色色的假情况、假数字、假政绩、假商品屡禁不止,往往造成是非混淆、真伪难辨。在这种形势下,如果不下大力量加强调查研究,就很难把客观情况弄全弄准,就极容易上当受骗,就会因判断失误而把事情办坏。因此,我们必须力戒官僚主义、形式主义,切实从会议多、文件多、应酬多的状况中解脱出来,集中时间和精力,扎实、深入、反复地开展调查研究,真正抓出成效,并形成自觉、形成制度、形成习惯。

人民政协历来重视调查研究工作。近些年来,各级政协组织和政协委员围绕改革、发展和稳定中的重大问题,进行了大量的专题调研,提出了许多建设性的意见和建议,得到了各级党政领导的重视,对实际工作起到了推动作用,在社会上产生了广泛影响。实践证明,专题调研是履行政协职能的基础环节,是调动委员积极性的有效形式,也是活跃政协工作的重要途径。面对新的形势和任务,我们应当认真总结经验,发扬成绩,克服不足,把专题调研提高到一个新的水平。要精心选择课题,合理配备力量,找准服务大局与发挥政协优势的结合点;要搞好组织协调,加强与各党派、团体之间的合作,体现整体效应和政协特色;要注重成果的转化工作,搞好调研报告的报送、交流和反馈,增进与有关部门的沟通和联系。特别是要在研究上狠下功夫。不重视研究,满足于堆砌材料;不面向实际,习惯于图解已有结论;不集思广益,沉湎于少数人编词作文,这些都是当前研究工作的突出弊端。这样的研究,或者没有用处、徒劳无功，或者谬传误导、害人坏事。从一定意义上讲，研究工作决定着调研结论的对错、水平的高低和作用的大小。我们必须在材料弄全弄准的基础上，提倡运用马克思主义基本原理，吸取现代科学成果，进行深入的理性思考；提倡组织有关专家学者和经验丰富的人士参与，形成讨论问题的良好气氛，集中各方面的正确意见；提倡对材料进行郑重而不敷衍、深刻而不肤浅、系统而不零碎的分析、综合、提炼、抽象。只有这样，才能抓住事物的本质及其同周围事物的联系，才能通过调查研究达到指导实践、深化认识的目的。

我们搞专题调研，当然希望对领导有所帮助，对决策有所参考。由于种种原因，或选题不准，或深度不够，或实施条件不具备，我们的调研报告不可能都被采纳。但只要是付出了心血，只要是确有真知灼见，不用不等于无用，今天不用不等于将来也不用。自古以来，很多有识之士为国家大事建言立论，写下了若干著名的“疏”、“表”、“策”、“论”，有的在当朝当代发挥作用，有的对后人后世产生影响，有不少至今仍被人们所引用。我们的专题调研，也应当在建言立论上有所作为。“言而无文，行之不远。”我们应该对具有重要价值的调研报告精心锤炼，力求准确、生动、鲜明，并编辑成册，使之留存下来。如果我们对事关中华民族生存和发展的问题，能够提出一些带方略性的思路和主张，我们就尽到了责任，也就会感到由衷的欣慰！

各位委员、各位同志：

1999 年是我国历史上十分重要的一年。我们要欢庆建国五十周年，迎接澳门回归祖国。各级政协组织和全体政协委员应当以高度的历史责任感、使命感，按照“尽职不越位、帮忙不添乱、切实不表面”的要求，努力做好各项工作。要坚定信心，知难而进，保持奋发向上的势头；要发挥优势，进言献策，为国家和人民分忧解难；要联系各界，化解矛盾，促进社会的和谐与稳定。让我们在以江泽民同志为核心的中共中央领导下，高举邓小平理论伟大旗帜，团结起来，振奋起来，为实现跨世纪的宏伟目标，为完成祖国统一大业而共同奋斗！

现在我宣布：中国人民政治协商会议第九届全国委员会第二次会议闭幕！

全国政协九届二次会议通过《中国人民政治协商会议第九届全国委员会第二次会议政治决议》

中国人民政治协商会议第九届全国委员会第二次会议，赞同朱镕基总理所作的政府工作报告。与会委员认为，政府工作报告对过去一年的工作总结符合实际，对新一年度的工作部署切实可行，是一个鼓舞人心、催人奋进的报告。会议赞同对中华人民共和国宪法部分内容进行修改。与会委员认为，把邓小平理论的指导地位、依法治国的基本方略、社会主义初级阶段的基本经济制度和分配制度载入宪法，是全国各族人民的共同愿望，必将对我国的社会主义现代化建设产生深远的影响。会议赞同最高人民法院的工作报告、最高人民检察院的工作报告以及关于 1998 年国民经济和社会发展计划执行情况与 1999 年国民经济和社会发展计划草案的报告、关于 1998 年中央和地方预算执行情况及 1999 年中央和地方预算草案的报告。

会议认为，过去的一年，在以江泽民同志为核心的中共中央坚强领导下，全国各族人民贯彻落实中共十五大精神，经受住了亚洲金融危机的冲击和特大洪涝灾害的考验，取得了改革和建设新的重大胜利。我国的国民经济保持较快增长，各项改革稳步推进，人民生活水平继续提高，民主与法制建设进一步加强，社会主义精神文明建设取得新的成果。与会委员对当前我国经济和社会发展中的若干重大问题深表关注，这些问题主要是：稳定和加强农业，深化国有企业改革，扩大内需促进经济增长，防范和化解金融风险，支持集体经济及个体、私营经济健康发展，做好国有企业下岗职工基本生活保障和再就业工作，实施科教兴国战略和可持续发展战略，加强精神文明建设，推进民主和法制建设，加大反腐败力度，严厉打击刑事犯罪，维护社会政治稳定，以及整顿建筑市场、提高工程质量等。委员们就解决这些问题提出了许多建设性的意见和建议。

会议对按照“和平统一、一国两制”基本方针实现祖国统一大业问题十分关心。与会委员对香港回归以来“一国两制”方针得到全面贯彻深感欣慰，表示要继续促进内地与香港的经贸、科技、文化等各个领域的合作，为维护香港的长期繁荣稳定出力。与会委员认为，我国即将对澳门恢复行使主权，这是中华民族的一大盛事，相信通过中葡双方的合作与努力，澳门一定能够实现平稳过渡和政权的顺利交接。参加人民政协的各党派、各团体和各族各界人士，呼吁台湾当局顺应历史潮流，回应江泽民主席提出的八项主张，早日实现两岸直接“三通”，尽早进行政治谈判，在一个中国原则下正式结束敌对状态，推进祖国和平统一进程。一切爱国的中国人都应从民族大义出发，坚决反对任何制造“台湾独立”、“两个中国”、“一中一台”的分裂活动，维护国家的主权和领土完整。

会议认为，1999 年是我国历史发展过程中具有特殊意义的一年。我们将庆祝新中国成立 50 周年，庆祝人民政协成立 50 周年，迎接澳门回归祖国。我国的发展正处于关键时期，改革进入攻坚阶段。人民政协要继续服从和服务于国家大局，发挥自身的特点和优势，围绕改革开放、经济建设、社会稳定以及其他重要问题，加强调查研究，切实履行职能，进一步推进政治协商、民主监督、参政议政的规范化、制度化。会议号召，人民政协各参加单位、各级组织和全体委员，高举邓小平理论伟大旗帜，在以江泽民同志为核心的中共中央领导下，坚持和完善中国共产党领导的多党合作和政治协商制度，紧密团结，坚定信心，群策群力，为实现社会主义现代化建设的宏伟目标，为完成祖国统一大业而努力奋斗。

全国政协九届二次会议通过《中国人民政治协商会议第九届全国委员会第二次会议关于常务委员会工作报告的决议》

中国人民政治协商会议第九届全国委员会第二次会议，同意叶选平副主席代表常务委员会所作的工作报告。会议对常务委员会一年来围绕国家中心任务切实履行职能所取得的成绩表示满意，并对加强和改进今后的工作提出了要求。会议同意报告提出的1999年度全国委员会的工作方针和部署，要求常务委员会认真组织实施。

全国政协九届二次会议通过《中国人民政治协商会议第九届全国委员会提案委员会关于政协九届二次会议提案审查情况的报告》

政协第九届全国委员会第二次会议截至3月7日，提案委员会共收到提案3093件。其中：委员提案3005件，参加提出提案的委员1730人，占委员总数的78.3%；各民主党派中央和全国工商联提出提案61件，界别小组提案27件。

提案委员会按照《中国人民政治协商会议全国委员会提案工作条例》的规定，对收到的提案进行了审查，共立案2937件，其中经济建设方面1257件，占42.8%；教科文卫体方面819件，占27.9%；政法、统战、人事等方面861件，占29.3%。没有立案的156件，经与提案人协商，作为委员来信转交有关部门处理。

委员们遵循"民主、务实、团结、鼓劲"的精神，立足于继续推进改革开放和社会主义现代化建设事业、维护社会政治稳定的高度，运用自己的权利和义务，认真履行政治协商、民主监督和参政议政的职能，围绕党和国家的工作中心以及人民群众关心的热点问题，提出了许多有价值的意见和建议。提案反映的主要内容有：保持国民经济持续快速健康发展，加强农业和做好农村工作，继续大力推进国有企业改革，防范和化解金融风险，扩大内需，继续贯彻对外开放方针和努力开拓国际市场，实施科教兴国战略和可持续发展战略，贯彻依法治国方略和反腐倡廉，促进祖国统一大业等。提案对中西部和民族地区经济发展、江河治理和水利建设、建筑工程质量、生态环境的保护和治理、教育改革、医疗制度改革、社会治安、下岗职工的再就业、社区建设等问题格外关注。

各民主党派中央和全国工商联提出的提案数量超过了历次会议，质量进一步提高。

会议期间，提案委员会就一些提案召开座谈会，进行了协商办理和跟踪办理，邀请有关部门和单位的负责同志与部分政协委员进行座谈，沟通情况，交换意见，共商解决问题的办法。对本次会议提案中一些急需处理的问题，已及时送交有关部门。

对已立案的提案，大会闭幕以后将召开交办会，分别送中共中央、全国人大常委会、国务院、全国政协、中央军委、高法、高检的所属有关部门，有关人民团体以及各省、自治区、直辖市的中共党委和人民政府等单位办理。

本次大会提案截止日期后收到的提案，提案委员会将及时审查立案，交有关部门办理。

全国政协九届二次会议通过《中国人民政治协商会议第九届全国委员会增选常务委员名单》

常务委员：卢荣景

九届全国人大二次会议主席团举行第二次会议

会议经过表决，通过了九届全国人大二次会议关于政府工作报告的决议草案，并决定将决议草案印发各代表团审议，提请大会表决。

全国人大财政经济委员会主任委员陈光毅向会议作了关于1998年国民经济和社会发展计划执行情况与1999年国民经济和社会发展计划草案的审查报告。

全国人大财政经济委员会副主任委员郭振乾作了关于1998年中央和地方预算执行情况及1999年中央和地方预算的决议草案的审查报告。

九届全国人大二次会议主席团第二次会议通过《关于1998年国民经济和社会发展计划执行情况与1999年国民经济和社会发展计划草案的审查报告》

九届全国人大二次会议主席团第二次会议通过《关于1998年中央和地方预执行情况及1999年中央和地方预算草案的审查报告》

中国人民银行行长戴相龙在九届全国人大二次会议举行的记者招待会上就金融改革和发展问题答中外记者问

记者：中国是否存在通货紧缩现象？中央银行将

采取何种措施？组建金融资产管理公司工作进展如何？

戴相龙：我认为，不能把我国目前内需不足简单说成是通货紧缩，更不同意说已经出现严重的通货紧缩。但是，我们也在注意防止通货紧缩。通货紧缩一般有两个特征：一是商品和劳务价格持续下跌；二是货币供应量持续下降。与通货紧缩相伴随的是经济衰退，即经济连续两个季度以上出现负增长。从物价方面看，从1997年10月以来，我国零售物价指数开始下降，消费物价指数自1998年2月开始负增长。物价下降不是因为货币供应紧缩，其中一个重要原因是农产品价格下降。从货币供应量方面看，1997年、1998年广义货币供应量(M2)分别比上年增长17.3%和15.3%，不是下降而是上升。从经济发展速度方面看，1998年GDP增长7.8%，继续持续快速增长。

由于各种原因，我国存在内需不足的问题，我们对此保持高度警觉。中国人民银行将认真执行稳健的货币政策，在坚持贷款条件、防范和化解金融风险的基础上，适当扩大货币供应量，同时，运用信贷利率杠杆，促进消费、投资和出口，积极支持经济增长。

朱镕基总理在《政府工作报告》中提出要逐步成立金融资产管理公司，处理国有商业银行不良贷款。我们正在研究组建方案。成立这个公司出于三个方面的目的：一是改善国有商业银行资产负债结构；二是集中专业人才处理和管理不良资产；三是有利于实行新老账分开、对新贷款实行严格的责任制。同时我们也要防止在组建金融资产管理公司时出现道德危害，即银行依赖金融资产管理公司继续扩大不良贷款，或者企业逃废对银行的债务。

中国人民银行准备先在中国建设银行试行这项工作，然后逐步推开。至于冲销或收购不良资产所需资金及公司将采取的运作方式，我们将会充分考虑国际惯例和国际会计准则。

记者：中国的人民币今年会否贬值？海外有消息说，央行已成立一个小组研究人民币汇率贬值的时机，这是否属实？

戴相龙：从1994年汇率并轨以来，中国实行以市场供求为基础、单一的、有管理的浮动汇率制度。人民币汇率长期保持基本稳定、略有升值的态势，在亚洲金融危机中，坚定了国内外投资者对中国经济和货币的信心。现在，我国外汇储备超过1460亿美元，出口产品价格稳定，中国政府提高了产品退税率，人民币利率也比较低，所以人民币汇率稳定有坚实的基础。今年，我国出口虽然面临新的压力，但预计进出口仍有一定增长，外商投资还会有较多增加，外汇管理明显加强，人民币汇率将进一步保持稳定。

人民银行目前并未成立什么小组来研究人民币贬值的时机问题。

记者：广信事件在海外引起较大震动，请问广信破产会不会影响中国的信用？在香港有多少中资企业有这样类似的情况？中国政府对广信破产的态度将会是常态还是个案？

戴相龙：今年1月16日，广东省高级人民法院依法受理广东国际信托投资公司破产还债案，这是我国第一例金融机构破产还债案。现在，广信债务清偿已经由我国金融监管机关组织和协调的关闭清算过渡到依法破产清算。有关法院已聘请国际及香港著名的会计师事务所、法律事务所及资产评估机构，从事破产清算的中介服务。我相信，广信破产还债将会依法公开、公正、公平地进行。

广信事件不会影响中国的信用，海外对这一事件的总体反应也是积极的。它反映了我国金融监管机关依法监管、维护金融秩序的决心，也反映了各级政府实行政企分开，不承担企业偿债责任的决心，提高了国家主权的信用。中国政治稳定，经济持续发展，外汇储备充足，投资环境不会因为广信事件受到影响。由于广信事件，香港的中资公司增加了筹资难度，但可以说，在港中资金融机构是健全的，中资工商企业的管理水平也是逐步提高的。

广信事件不仅不会影响中国的信用，还将有利于促进广大金融企业加强管理，提高金融企业整体信用。按照《公司法》规定，国有独资公司也实行有限责任制，也应在市场上自负盈亏，接受考验。对极少数资不抵债、不能支付到期债务的金融企业实行破产，是企业管理制度的必然趋势。同时由于金融企业的独特性和重要性，我们将对金融企业的关闭、破产持谨慎态度，尽可能采取投资人增加资本金、整顿和重组的办法予以解决。

记者：今年我国银行对非国有经济融资将有哪些新的突破？

戴相龙：非国有经济，指非国有控股的股份制经济、集体经济、三资企业、私营经济和个体工商户。央行对非国有经济融资问题非常重视。截至1998年年底，金融机构对非国有经济的贷款余额为36186.98亿元，占全部金融机构贷款余额的42%。其特点表现为：一、对非国有经济的贷款比重呈逐年上升趋势。从1996年至1998年，全国金融机构贷款余额年均增长17.2%，对非国有经济贷款年均增长27.3%。二、对非国有经济融资的支持力度，东部高于中部，中部高于西部。三、不同类型的金融机构对非国有经济贷款的比重不同。全国农村信用社和城市信用社80%—90%贷款基本投向了非国有经济，4家国有商业银行这一比例为 32.8%。

今年,希望国有商业银行要健全中小企业信贷服务部。另外,还要支持建立小企业贷款担保基金。商业银行对中小企业贷款资金不足的,中央银行可以增加对其的再贷款。

记者:中国国有商业银行的不良资产比例有多大?价值多少?

戴相龙:我国对不良贷款的统计有自己的标准和概念。不良贷款包括三部分:一是逾期贷款;二是呆滞贷款,指逾期两年以上的贷款;三是呆账贷款,指需要核销的收不回的贷款。所以,不良贷款不等于收不回的坏账。

近年来,随着央行监管力度和商业银行经营管理的加强,国有商业银行新增贷款质量不断提高。但由于国有企业状况没有得到根本好转,国有商业银行不良贷款上升势头还没有得到根本遏制。1998 年年底,国有商业银行账面反映需要注销的呆账占贷款的 2.9%,此外,在呆滞贷款中要注销的呆账约占贷款的 5%左右。应该说,国有商业银行还是具有良好的流动性,每年吸收储蓄 7000 亿—8000 亿元,有充足的支付能力。中央财政赤字占 GDP 不到 2%,累计国债发行余额不到 GDP 的 10%,所以国家有能力不断补充国有商业银行资本金,增强其抵抗风险能力。去年财政发行国债为国有商业银行补充了 2700 亿元的资本金,今后还将逐步增加。

民盟第八届中央常务委员会第五次会议在北京举行

民建第七届中央常务委员会第六次全体会议在北京召开

九三学社第十届中央常务委员会第五次会议在北京举行

中国与世界银行在华盛顿签署五项货款协议

据此,世行将向我国提供总额达 6.07 亿美元的硬贷款和 5440 万特别提款权的软贷款。

3 月 12 日

中央军委主席江泽民参加九届全国人大二次会议解放军代表团全体会议并发表讲话

江泽民在解放军代表团全体会议上发表重要讲话。他指出,去年我军完成了一系列重大任务,部队全面建设取得新进步。今年,国家和军队的改革与建设任务都很繁重,全军同志一定要站在党和国家工作大局和现代化建设全局的高度,坚持以邓小平新时期军队建设思想为指导,努力推进我军的跨世纪发展。

江泽民在认真听取了几位代表的发言后发表重要讲话。他说,要毫不放松地抓好思想政治建设,确保党绝对领导下的人民军队永不变色。坚持党对军队的绝对领导,保持人民军队性质,是我们必须始终高度关注和着力抓好的一个根本问题。这些年来,我反复强调要把思想政治建设摆在全军各项建设的首位,根本目的就是要确保党对军队的绝对领导,使军队现代化建设始终保持正确的方向。

江泽民说,军队的思想政治建设,要紧紧围绕国家和军队现代化建设这个中心任务,突出服从大局、支持改革这个主题。现在国家的改革和发展正处在关键时期,任务十分艰巨,各方面的困难和矛盾也比较多,尤其需要全党全军和全国人民同心同德,知难而进,开拓进取。加强军队的思想政治建设,就是要紧密结合改革的形势和任务,引导广大官兵坚定对改革的信心,正确对待改革中利益关系的调整,自觉以军队建设服从国家经济建设,以个人利益服从集体利益、局部利益服从全局利益,用实际行动为国家的改革大业作出贡献。

江泽民强调,我军是人民民主专政的坚强柱石,保持高度稳定和集中统一,对于保证现代化建设的顺利进行和国家长治久安至关重要。今年,党和国家大事多,保持社会稳定尤为重要。各级党委和领导机关要密切关注国际国内形势的发展变化,善于从政治上观察和思考问题,通过强有力的思想教育和严格管理,切实做好保持部队稳定的工作。

江泽民指出,要大力加强质量建设,坚定不移地走有中国特色的精兵之路。高新技术的发展,世界军事的变革,尤其是我军现代化建设的任务,都要求我们必须把加强质量建设作为实现我军现代化的基本指导方针,全面贯彻,长期坚持。

江泽民指出,80 年代初以来,我军进行了几次大的调整精简,军队的数量规模大幅度压缩。我们现在面临的一项重要任务,就是要努力提高部队的质量和效能。走有中国特色的精兵之路,核心是一个"精"字。精,既是对"量"的要求,更是对"质"的要求。要真正达到精兵的要求,实现我军由数量规模型向质量效能型、由人力密集型向科技密集型转变,还有大量的工作要做。在军费尚不充足的条件下,我们要走出一条投入较少、效益较高的现代化建设路子,必须切实解决好结构调整问题。如何在现有总员额内进一步优化结构,提高效能,需要很好地研究。关键是要把全军各级的注意力、把各方面的力量真正统一和集中到军队现代化建设上来。

江泽民强调指出，推进军队质量建设，必须依靠科技进步。贯彻科技强军战略，不仅要大力发展先进武器装备、利用高技术改进现有武器装备，而且在教育训练、作战指挥和后勤保障等各个方面，都要努力利用科技进步的最新成果，增大高科技含量。高技术战争中的决定性因素仍然是人。要进一步抓好军队院校建设，发挥院校人才培养的"基地"作用。全军各级都要把现代科技特别是高科技知识的学习教育，作为科学文化教育的重点突出出来，纳入教育训练轨道，纳入干部在职培训计划，纳入院校教学体系。这项工作要做到经常化、制度化、规范化，务求取得扎实的成效。团以上领导干部和机关干部，要学得更多更好一些，以身作则地带动和促进部队的学习。

江泽民说，要坚持依法治军，保障我军建设更好更快地发展。党的十五大明确提出，依法治国是党领导人民治理国家的基本方略。全军同志要适应社会主义民主法制建设的这一重要发展，更加自觉地贯彻依法治军的方针，把国防和军队建设事业纳入法制的轨道，做到有法可依，有法必依，执法必严，违法必究。

依法治军，把党关于国防建设和武装力量建设的主张，通过法定程序上升为国家意志，使党的领导同依法办事统一起来，目的是从制度上和法律上保证党对军队的绝对领导，保持人民军队的性质，推动军队现代化建设。我们党在长期革命斗争实践中积累了丰富的治军经验，形成了一系列卓有成效的治军方式和方法，是我们建军治军的宝贵财富。思想政治教育、党的政策指导、优良作风建设、党纪政纪约束等，对军队建设和管理具有十分重要的作用，必须始终坚持和发扬。同时，我们治军也必须充分运用法律手段。法制作为一种规范的强制的方式，可以成为发扬我们党治军的优良传统、巩固治军成功经验的有力保障。

江泽民说，党的十一届三中全会以来，我军法制建设取得了历史性的进步，制定和颁布了一系列军事法律、军事法规和军事规章，有力地促进和保障了军队建设和改革的顺利进行。我们要继续抓紧军事立法工作，逐步建立适应社会主义市场经济发展要求，符合现代军事发展规律，能够体现我军性质和优良传统的军事法规体系，使军队的各项建设工作都有章可循、有法可依。依法治军，必须坚决维护军事法律法规和条令条例的权威性和严肃性。军事法律法规和条令条例，是我军建设的法律依据。大家都要自觉遵守，严格执行。

江泽民指出，搞好依法治军，首先要提高全军各级领导干部依法办事的能力。要探索发展社会主义市场经济和对外开放的条件下治军的特点和规律，提高新时期治军水平，其中就包括提高干部特别是各级领导干部依法治军的水平。各级领导干部要努力学习法律知识，增强法制观念和依法办事的能力，学会用法规制度教育、引导和管理部队，协调和处理内外关系和各种矛盾。

江泽民说，要加紧选拔和培养优秀年轻干部，从组织上为我军跨世纪发展提供坚强保证。实现军队现代化建设"三步走"的宏伟目标，必须进一步抓紧抓好培养和选拔优秀年轻干部的工作。在这个问题上，我们要有紧迫感，早作筹划。做好选拔和培养优秀年轻干部的工作，关键是要进一步解放思想。选用干部不能论资排辈，不能求全责备。对看准了的优秀年轻干部，要敢于大胆使用。对那些有发展潜力、有培养前途的年轻干部，可以先放到一定的领导岗位上进行摔打和磨炼，能够担当什么样的领导责任，就大胆地放到那个岗位上，促使他们在实践中更快地成熟起来。领导干部特别是高级干部要有举贤荐能的宽阔胸怀。这是检验领导干部党性观念和大局意识强不强的重要标准。

江泽民指出，对年轻干部的选拔和培养这两方面工作，必须紧密结合进行，决不能重选拔而轻培养。全军各级领导都要在年轻干部的培养上下大功夫，把它作为一项战略任务来落实。选拔前的培养工作要抓好，任用后的培养工作也要跟上去。培养年轻干部，要有总体规划，可以采取一些特殊的措施和办法。特别是政治上要严格要求，使他们始终保持坚定的政治信念、良好的思想作风和昂扬的精神状态，真正能够接好革命的班。现行的军队干部人事制度也需要进行调整改革，要从制度上保证干部队伍始终保持活力，真正形成有利于优秀年轻干部脱颖而出的机制。

九届全国人大二次会议就外经贸情况举行中外记者招待会

招待会邀请对外贸易经济合作部部长石广生向中外记者介绍中国 1998 年外经贸的情况。

石广生介绍说，1998 年中国对外经济贸易取得来之不易的成绩。进出口贸易总额与 1997 年基本持平，外贸出口继续保持增长。据海关统计，全国外贸进出口总额 3239.3 亿美元，比上年下降 0.4%，进出口商品结构进一步优化，去年底中国外汇储备达 1449 亿美元。中国出口在世界的排名由上年的第十位上升为第九位；进口排名由上年的第十二位上升为第十一位；进出口总额的排名由上年的第十位下降为第十一位。

他说，去年中国新签合同外资金额实现恢复性增长，全国新批准外商投资企业 19846 家，新签合同外资金额 521.32 亿美元。实际利用外资 455.82 亿美元，继续保持增长。对外承包工程和劳务合作发展较快，援外方式改革和援外工作继续稳步推进，对外投资有了初步发展,外经贸管理体制改革取得积极进展,多边和双边经贸关系继续发展。

国家主席江泽民根据全国人大常委会的决定任免驻外大使

一、免去张成礼的中华人民共和国驻巴基斯坦伊斯兰共和国特命全权大使职务。

任命陆树林为中华人民共和国驻巴基斯坦伊斯兰共和国特命全权大使。

二、免去钱锦昌的中华人民共和国驻马来西亚特命全权大使职务。

任命关登明为中华人民共和国驻马来西亚特命全权大使。

三、免去关登明的中华人民共和国驻菲律宾共和国特命全权大使职务。

任命傅莹(女)为中华人民共和国驻菲律宾共和国特命全权大使。

四、免去李清玉的中华人民共和国驻阿尔及利亚民主人民共和国特命全权大使职务。

任命郑阿全为中华人民共和国驻阿尔及利亚民主人民共和国特命全权大使。

五、免去安惠侯的中华人民共和国驻黎巴嫩共和国特命全权大使职务。

任命刘振堂为中华人民共和国驻黎巴嫩共和国特命全权大使。

六、免去刘立德的中华人民共和国驻科特迪瓦共和国特命全权大使职务。

任命赵宝珍(女)为中华人民共和国驻科特迪瓦共和国特命全权大使。

七、免去肖思晋的中华人民共和国驻安哥拉共和国特命全权大使职务。

任命蒋元德为中华人民共和国驻安哥拉共和国特命全权大使。

八、免去蒋元德的中华人民共和国驻佛得角共和国特命全权大使职务。

任命廖启平为中华人民共和国驻佛得角共和国特命全权大使。

九、免去刘培根的中华人民共和国驻古巴共和国特命全权大使职务。

任命王成家为中华人民共和国驻古巴共和国特命全权大使。

十、免去李尚胜的中华人民共和国驻牙买加特命全权大使职务。

任命刘大群为中华人民共和国驻牙买加特命全权大使。

十一、免去汤铭新的中华人民共和国驻乌拉圭东岸共和国特命全权大使职务。

任命王珍为中华人民共和国驻乌拉圭东岸共和国特命全权大使。

十二、免去詹道德的中华人民共和国驻巴巴多斯特命全权大使职务。

任命杨友勇为中华人民共和国驻巴巴多斯特命全权大使。

十三、免去崔广俊的中华人民共和国驻基里巴斯共和国特命全权大使职务。

任命杨智宽为中华人民共和国驻基里巴斯共和国特命全权大使。

十四、免去廖金城的中华人民共和国驻瓦努阿图共和国特命全权大使职务。

任命黄东璧为中华人民共和国驻瓦努阿图共和国特命全权大使。

十五、任命张滨华为中华人民共和国驻汤加王国特命全权大使。

国家主席江泽民在人民大会堂接受奥地利新任驻中国大使博天豪和马达加斯加新任驻中国大使奥埃尔菲斯·鲁瓦雅尔·米施塞利松递交的国书

中国驻美国大使李肇星在华盛顿就当前中美关系问题举行招待会

李肇星在招待会上说,中美是世界上两个大国,都是联合国安理会常任理事国,对世界的繁荣、和平与稳定负有重大责任。中美两国正在致力于建立面向21世纪的建设性战略伙伴关系,在几乎每一个领域都进行了很好的合作。

他指出,中美两国也存在分歧,我们认为,双方应当在相互尊重和平等的基础上处理分歧,减少和消除分歧,如果不能,就搁置分歧,不要让它们成为两国关系发展的障碍。

李肇星说,最近美国有人散布“中国偷美国的高技术”,这纯属谣言。中国没有从任何国家得到高技术,完全是依靠自己科学家和工程师的努力,成功发射了导弹和卫星。我们为自己能为别国,包括美国,发射卫星而感到自豪。事实上,中美双方都从这一合作中受益。

在回答有关西藏问题的提问时,李肇星说,早在13世纪,西藏就是中国领土的一部分。达赖喇嘛并不是人们所想象的宗教领袖,而是一个不遗余力地从事分裂祖国活动的政治流亡者。西藏和平解放以来,发生了巨大变化,经济取得长足发展,人民生活水平大大提高,宗教信仰自由得到保证。他欢迎在场的美国客人访问中国,看一看西藏的真实画面。

有人问到中国的人权问题，李肇星说，中国政府最关心中国人民的人权进步。我们认为，在中国最重要的人权是解决吃饭问题。中国有12.4亿人口，可耕地只有美国的一半，按这一比例算，美国要养活20亿至30亿的人口，而不是目前的2.6亿。可以想象，要解决吃饭问题，中国面临的任务有多么艰巨。中国是一个发展中国家，人权状况并不是完美的，但是在不断取得进步。

江泽民 朱镕基 胡锦涛 尉健行 李岚清等党和国家领导人观看在北京举行的“我们新疆好地方”晚会

3月13日

第九届全国人大法律委员会提交《关于中华人民共和国澳门特别行政区九届全国人大代表的产生办法草案审议结果的报告》

九届全国人大法律委员会提交《关于中华人民共和国合同法草案审议结果的报告》

中共中央在人民大会堂举行中央人口资源环境工作座谈会

中共中央总书记、国家主席江泽民主持座谈会并发表讲话。

党和国家领导人李鹏、朱镕基、李瑞环、胡锦涛、尉健行、李岚清等出席座谈会。

朱镕基总理在座谈会上就如何学习、贯彻、落实江泽民总书记的讲话精神作出部署。

座谈会上，国家计生委主任张维庆汇报了当前人口形势和计划生育工作情况，国家环保总局局长解振华汇报环境保护工作情况，国土资源部部长周永康汇报土地资源保护和利用工作情况，水利部部长汪恕诚汇报了水资源保护和利用工作情况。吉林省委书记王云坤、内蒙古自治区政府主席云布龙、北京市市长刘淇、江苏省委书记陈焕友、甘肃省委书记孙英先后发言。

出席座谈会的领导还有：李长春、吴邦国、吴官正、姜春云、贾庆林、黄菊、温家宝、曾庆红、彭珮云、王忠禹。

各省、自治区、直辖市党委和政府的主要负责人，中央、国家机关有关部门和解放军、武警部队的负责人等出席会议。

中共中央总书记江泽民在中央人口资源环境工作座谈会上发表讲话

江泽民说，做好环保工作虽然有很大难度，但也有不少有利条件。要抓住调整产业结构、加强基础设施建设的机遇，使环保工作有一个大的进展。到2000年，要力争使环境污染和生态破坏加剧的趋势得到基本控制，部分城市和地区的环境质量有所改善。到2010年，要基本改变生态环境恶化的状况，使城乡环境质量普遍有比较明显的改善，建成一批经济快速发展、环境清洁优美、生态良性循环的城市和地区。实现跨世纪的环保目标，必须抓好防治污染和保护生态环境两方面的工作。到2000年，在污染防治方面，各省、自治区、直辖市，要使本辖区主要污染物排放总量控制在规定的指标内；全国工业污染源排放污染物达到国家和地方规定的标准；直辖市、省会城市等重点城市的大气、水环境质量达到国家规定的标准。今年是实施“一控双达标”的关键一年，要逐个地区、逐个城市、逐个企业地狠抓落实。

北京市的环境质量在国内外都具有重要影响，一定要抓紧搞好。中央和国务院有关部门要关心和支持首都的环境保护工作。北京市委、市政府要采取切实有效的措施，努力改善北京的环境质量。

要全面落实《全国生态环境建设规划》，抓紧编制和实施全国生态环境保护纲要，根据不同地区的实际情况，采取不同的保护措施。在长江、黄河等重要江河源头、重要湖泊湿地建立特殊生态功能保护区，实行抢救性保护；对矿产、森林、草地等重点自然资源，依法进行强制性保护，坚决防止在资源开发中对生态环境造成新的破坏；对生态良好的地区要继续做好保护，发挥示范作用。

江泽民强调人口、资源、环境这三方面的工作，是一个具有内在联系的系统工程。各级党委和政府要加强领导，协调各有关部门，动员全社会的力量，搞好这项系统工程。中央多次强调，对这三项工作，各级党政一把手要负总责、亲自抓。这三项工作搞得如何，成效怎样，任期内要逐年考核，离任时要作出交代，工作失职的要追究责任，拿一把手是问。领导干部抓工作，不能停留在文件和口头上，要亲自调查研究，亲自安排部署，亲自督促检查。检查也不能停留于听汇报，而要多深入基层、深入群众，了解真实情况，总结推广先进经验，发现问题及时帮助解决。要通过艰苦细致的工作，真正做到责任、措施和投入“三到位”。责任到位，就是各级党政领导和各有关部门，都要明确各自的工作目标和任务，恪尽职守，真抓实干。措施到位，就是要把党中央和国务院制定的有关人口、资源、环境的各项政策措施落到实处，收到实效。投入到位，就是要保证必要的投入，保证经费落实。搞好计划生育，加强资源管理和环境保护是需要投入的，这种投入不仅具有巨大的经济效益，而且具有巨大的社会效益。

总之，要通过各方面的共同努力，切实把人口、资源、环境这三方面的工作抓紧抓好，取得更大的成效。

国务院总理朱镕基在中央人口资源环境工作座谈会上发表讲话

刚才，江泽民同志作了非常重要的讲话，我完全赞同。下面，我就学习、贯彻、落实江泽民同志的讲话精神，讲几点意见：

第一，提高认识。这次座谈会，中央第一次把人口、资源、环境问题一起列为会议的主题，这是对经济和社会发展规律的认识逐步深化的反映。人口和计划生育问题是我国可持续发展的关键问题。我国人口基数大，人口增长的压力重，资源、环境以及经济社会发展中许多矛盾和问题都同人口问题分不开。必须把人口问题摆在可持续发展战略的首要位置，千方百计抓好。保护和合理利用自然资源问题已经到了非解决不可的时候了。我国地大物博是事实，但人均资源严重不足，特别是资源损耗和浪费严重，其中土地资源、水资源和矿产资源的问题尤为突出。再这样下去，几乎要难以为继了。今后要坚持开发与节约并举、把节约放在首位的方针，实行最严格的土地管理制度和保护森林、矿产等自然资源的措施，大力提高水资源的利用率。依靠科技进步，集约利用各类自然资源。环境污染和生态环境破坏的问题也相当突出，必须坚持防护与治理并举，努力完成“九五”的环保目标，决不能以牺牲生态环境为代价换取经济的增长。高投入、高消耗、高污染、低效益的增长方式，势必浪费资源，污染环境。竭泽而渔，最后危及民族的生存和发展。过去已经欠了债，现在要还债，绝不能再欠新债。各级党政领导都要提高对经济社会可持续发展的认识，统筹考虑和正确处理人口、资源、环境的关系，做一个有现代意识和务实精神的领导者。决不能在自己手上贻误了时机，或者急功近利，遗祸于后人。为官一任，要造福一方。在生态环境的保护和治理方面要有所建树，把青山绿水留给子孙后代。

第二，狠抓落实。计划生育、环境保护、资源保护和合理利用，都是我国的基本国策，必须年年下大功夫狠抓落实。关键是要责任到位，措施到位，组织到位，特别要把基层的工作抓好。要按照江泽民同志提出的要求，一条一条地抓落实。一把手亲自抓、负总责的制度要坚持下去，同时上级有关部门要加强对各地工作的监督和考核。党政领导和企业领导由于工作不落实，导致人口失控或者耕地流失或者环境污染加重的，都要作出检查，及时改进，并依照法律和有关行政法规追究责任。各级有部门必须严格执行国务院关于人口、资源、环境方面的重要决策，对那些等待观望或者不照办的要严肃查处。

第三，依法行政。各级党委、政府要认真贯彻实施好《中华人民共和国土地管理法》、《中华人民共和国水法》、《中华人民共和国防洪法》、《中华人民共和国水土保持法》、《中华人民共和国矿产资源法》、《中华人民共和国环境保护法》以及《计划生育条例》等有关法律、法规。要广泛宣传这些法律、法规，力求做到家喻户晓，增强全民的法律意识和人口、资源、环境的意识。各级领导干部要带头做守法的模范，真正做到有法必依，执法必严，违法必究。

要继续增加投入。各级财政都要逐步增加计划生育、资源保护和综合利用以及环境保护方面的投入，进一步疏通融资的渠道，积极吸引外资和社会资金投向这些方面。

最后，要有组织保证。去年在国务院的机构改革中，计划生育、国土资源和环境保护这三方面的政府机构在职能上都得到了加强。这次全国人大会议后，地方政府机构将要进行改革，省级机构设置基本上要与国务院的机构相对口。通过机构改革，要减员增效，提高干部队伍的素质，使人口、资源、环境方面的工作得到加强而不是削弱。

让我们共同努力，真抓实干，把各项措施落到实处，推动我国经济和社会的可持续发展。

中共中央宣传部等四部门向社会公布第二批“百城万店无假货”示范街名单

为推动“百城万店无假货”活动继续向纵深发展，中宣部、国家国内贸易局、国家工商行政管理局、国家质量技术监督局公布第二批全国“百城万店无假货”活动示范街名单，它们是：

山西省太原市开化寺街
内蒙古自治区包头市钢铁大街
吉林省吉林市河南街
浙江省温州市五马街
安徽省合肥市长江中路
湖北省武汉市中山大道
江西省南昌市中山路东段
重庆市解放碑购物中心广场
广西壮族自治区柳州市龙城路
贵州省贵阳市中华中路
海南省海口市海秀东路
青海省西宁市西大街
甘肃省兰州市张掖路
宁夏回族自治区银川市解放大街
新疆维吾尔自治区乌鲁木齐市中山路

全国环境保护工作会议在北京召开

国家环境总局局长解振华出席会议并讲话。

解振华强调，今年是实现“九五”环保目标最关键的一年，我们必须全力以赴抓紧抓好，要继续突出重点，着重抓好主要污染物排放总量控制、全国工业污染源和重点城市天气、水环境质量达标工作，有效遏制环境污染加剧的趋势，努力改善重点城市、区域、流域、海域的环境质量，扎实做好生态环境保护工作。

解振华说，党中央和国务院对环境保护高度重视，在过去的一年中，党和国家领导人对环保工作作出113件重要批示。从总体看，全国环境质量总体保持稳定，部分城市和地区的环境质量有所改善。但是从全面环保工作看，仍面临着一些亟待解决的突出问题，必须引起高度重视，认真解决。

解振华指出，要推动今年环保工作上新台阶，必须扎扎实实做好“一控双达标”工作，要把这项工作纳入政府目标责任制，逐个地区、逐个城市、逐个企业落实达标计划；要严把新建项目审批关，杜绝新污染源；要抓紧老企业的污染治理，依法淘汰落后工艺和设备，关停污染严重的小煤矿、小炼油、小水泥、小火电、小冶炼；加大污染源限期治理力度；对逾期不达标企业坚决关闭、停产。

解振华说，重点城市、区域、流域、海域的污染防治要切实抓出成效，要下大力气抓好三河、三湖、两区、北京市和渤海的污染防治工作。其他城市要继续抓好城市污水和垃圾处理等环保基础设施建设，改善能源结构，加强机动车尾气管理和噪声污染防治。

解振华还强调，要下大力气加强生态环境保护，对江河源头区、重要湖泊湿地等特殊生态功能区实施抢救性保护，划定黄河、长江源头特殊生态功能保护区；对矿产、森林、草地等重点自然资源的开发，依法进行强制性保护，坚决制止和避免资源开发中对生态环境造成新的破坏；要做好农村生态环境保护工作，防治农药、化肥、农膜以及畜禽、水产养殖污染。

3月14日

九届全国人大二次会议主席团举行第三次会议

会议在人民大会堂举行。

会议通过了宪法修正案草案，决定将宪法修正案草案印发各代表团审议后，提请大会表决。

全国人大法律委员会主任委员王维澄代表法律委员会向主席团会议分别作关于合同法草案审议结果、关于澳门特别行政区第九届全国人民代表大会代表的产生办法草案审议结果的报告。

会议随后通过了这两个报告，并经表决通过了这两部法律草案。

会议还分别表决通过了关于全国人大常委会工作报告的决议草案、关于最高人民法院工作报告的决议草案、关于最高人民检察院工作报告的决议草案。这三个决议草案将印发各代表团审议，提请大会表决。

九届全国人大二次会议副秘书长何椿霖向会议报告了代表提出的议案的处理意见。他说，本次会议收到议案共759件，其中：代表团提出的议案19件，30名以上代表联名提出的议案740件。经大会秘书处同各专门委员会商议，建议将229件议案交各专门委员会审议，并提出是否列入全国人民代表大会会议或全国人大常委会会议议程的意见，由全国人大常委会审议决定。另外530件作为建议、批评和意见，连同大会期间收到的代表提出的建议、批评和意见，由全国人大常委会办公厅交由有关机关、组织认真研究处理，并负责答复代表。

九届全国人大二次会议主席团第三次会议通过《关于第九届全国人民代表大会第二次会议代表提出的议案的处理意见报告》

《人民日报》发表全国人大常委会副委员长田纪云的文章《这次修宪的意义重大》

中国驻美国大使李肇星在华盛顿驳斥“中国窃取美国核技术”谬论

李肇星在大使官邸就美国媒体报道所谓中国“非法窃取美国核机密”事，接受《人民日报》、新华社和中央电视台记者联合采访。

李肇星说，美国媒体近来连篇累牍地报道所谓中国“非法窃取美国核机密”，是“毫无根据和极不负责任的”。中国一贯严格遵守国际法准则，忠实于与别国达成的合作协议，尊重别国法律，从不进行非法活动。

李肇星说，美国有的报纸声称，早在70年代末，就有一位在加利福尼亚州一实验室工作的中国台湾出生的美籍科学家把美国中子弹秘密资料泄露给中国；到80年代中，又有人把美国的什么弹头的机密提供给中国，中国因此才得以造出了类似的东西。这些都是无中生有的奇谈怪论。

李肇星说，美国的这些报纸为什么不提一提中国人远在明朝就进行过极具创造性的火箭发射？为什么不提一提早在1964年，即在中美建交前15年，中国就成功爆炸了第一颗原子弹？如属无知，也还罢了，但看来更可能是蓄意捏造。他说，少数记者以耸人听闻的笔触所提到的上述实验室工作，其实是许多国际学术会议上的议题，是正常的学术交流的内容。此外，对于所谓有人把美国激光技术机密泄露给中国等谣言，中国7位著名科学家已于1998年2月发表公开信予以驳斥。他们的信列举了许多证据，但至今未见哪家美国报纸有勇气发表过这封公开信，也没有听说哪位记者先生有言以对。

李肇星说，90年代，中美两国有关实验室之间开展了一些交流与合作，这是应美方的要求进行的，都遵循平等互利、公开透明的原则。这种交流与合作许多国家之间都有，也符合美国的利益，根本不存在所谓“窃取技术机密”的问题。令人高兴的是，最近有一些美国人士仗义执言，明确指出上述不实之词是别有政治用心的。

李肇星说，作为中国驻美大使，我为自己祖国的科学家和工程师感到骄傲。他们依靠自己的聪明才智和艰苦劳动发展了本国的高科技。我常收到他们的信，他们对此间一些不负责任的报道十分气愤，认为关于中国窃取美国技术的宣传，是对中国科研人员的侮辱，只能表明谣言制造者的傲慢与偏见。中国科研人员有能力、有智慧发展中国自己的高科技。他们愿意与外国同行开展交流，相互学习。但这只能建立在相互尊重的基础上。

李肇星说，最近出现的流言蜚语，说奇怪也不奇怪。美国总有那么一些人不愿看到中美关系的改善和发展。江泽民主席成功访美和克林顿总统成功访华后，两国关系的发展出现并保持了良好的势头。这些人又不高兴了，便寻机滋事，以种种借口再次渲染所谓的“中国威胁论”，破坏两国正常的科技交流和合作，企图阻碍两国关系的健康发展。这些人无视基本事实，无视中美两国人民的共同利益和愿望，抱着“冷战思维”不放，逆历史潮流而动，是不会有好结果的。

李肇星说，中国人民珍视来之不易的中美友好关系。朱镕基总理应克林顿总统的邀请即将对美国进行正式访问。克林顿总统表示他将热情接待朱镕基总理；戈尔副总统也将同朱镕基总理共同主持发展环境论坛会。现在，美国参众两院的许多议员、一些州的州长和市长都表示希望能有机会同朱镕基总理见面。美国许多大企业负责人、工商界知名人士、大学校长、科学家以及宗教界人士也都纷纷表示希望能够参加欢迎朱镕基总理的活动，这种情景令人感动。绝大多数美国人对中国怀有友好感情，期盼美中关系能够健康向前发展，这是美国社会中的主流。

李肇星说，朱镕基访美是中美关系中的又一件大事，必将为推动建立两国建设性战略伙伴关系作出重要贡献。我们愿与美方一道，积极准备，排除干扰，确保朱总理访美的圆满成功。

全军计划生育和环境保护工作会议在北京召开

全国计划生育工作会议在北京闭幕

会议反映，1998年是我国人口与计划生育工作取得明显进展的一年。各地普遍加大基层建设和基础工作力度，全国启动人口与计划生育立法工作，广泛开展了“婚育新风进万家”活动，继续推进计划生育“三结合”和扶贫开发与计划生育相结合工作，对人口问题实行综合治理取得新成果。经过各级党委、政府和广大干部群众、计划生育工作者的共同努力，国家年度人口计划得到较好地完成，人口自然增长率自70年代以来首次降到10‰以下，达到9.53‰。

国务委员王忠禹在会上强调，要认真学习、深入贯彻落实中央人口、资源、环境工作座谈会和江泽民总书记、朱镕基总理重要讲话精神，进一步提高对人口和计划生育是我国可持续发展的关键问题的认识，正确处理发展经济与人口、资源、环境的关系，切实把计划生育工作抓紧抓好，确保中央关于人口与计划生育工作目标的实现。

国家计生委主任张维庆说，在肯定成绩、总结经验的同时，还必须清醒地看到当前人口与计划生育工作面临的困难和问题。主要是：基层基础工作薄弱，相当一部分村级组织不能担负起计划生育工作的责任；部分地区党员干部带头超生现象严重；一些基层人口出生统计水分居高不下，瞒报漏报问题突出；宣传教育的声势和力度不够，技术服务水平较低，每年还有相当数量的育龄夫妇没有落实必要的避孕节育措施；一些地方党政领导抓计划生育工作的力度减弱，存在盲目乐观和松懈情绪；不少地方计划生育投入严重不足，影响到计划生育工作的正常开展；某些消极腐败现象和行业不正之风依然存在。张维庆要求，在新的一年里，各级计生部门深化计划生育宣传教育，加快计划生育法制建设，提高计划生育服务质量，推进计划生育科技成果转化和产业化进程，加强计划生育干部队伍的教育和培训，确保1999年度人口计划的完成和计划生育工作水平的进一步提高。

3月15日

九届全国人大二次会议闭幕

闭幕大会首先表决通过了关于政府工作报告的决议。

会议通过了关于1998年国民经济和社会发展计划执行情况与1999年国民经济和社会发展计划的决议，决定批准国务院提出的1999年国民经济和社会发展计划，批准曾培炎受国务院委托所作的报告；通过了关于1998年中央和地方预算执行情况及1999年中央和地方预算的决议，决定批准国务院提出的1999年中央预算，同意项怀诚受国务院委托所作的报告；

会议表决通过了《中华人民共和国合同法》；

会议表决通过了《中华人民共和国澳门特别行政区第九届全国人民代表大会代表的产生办法》；

会议还分别通过了关于全国人民代表大会常务委员会工作报告的决议、关于最高人民法院工作报告的决议、关于最高人民检察院工作报告的决议。

按照大会通过的表决议案办法，今天的会议对《中华人民共和国宪法修正案(草案)》进行投票表决。在通过了总监票人、监票人名单后，投票开始。经过发展、投票、计票，下午5时整，会议公布了投票表决结果：赞成2811票，反对21票，弃权24票，赞成票超过全国人民代表大会全体代表的2/3以上。

2866名代表出席了会议，大会各项议程完成后，李鹏委员长发表讲话。

国务院总理朱镕基向九届全国人大二次会议大会主席团提交修改《政府工作报告》的说明

根据人民代表审议和政协委员讨论的意见，国务院经过对《政府工作报告》进行了36处的修改。

朱镕基总理向本次大会主席团提交了关于《政府工作报告》修改情况的说明。介绍了报告的主要修改情况：

1. 在报告第一部分谈到抗洪斗争取得了伟大胜利时，增加了“特别是人民军队发挥了不可替代的关键作用”。

2. 在第二部分谈到确保资金的合理投向时，把“适当向中西部地区倾斜”，改为“要注意向中西部地区倾斜，推动中西部地区经济发展”。

3. 第三部分关于“减轻农民负担，维护农村稳定”一段，在“改进农村基层干部作风”之后，增加了“教育农民依法履行应尽义务”的内容。

4. 第四部分关于“继续采取多种形式放开搞活国有小企业”一段，在“不能把出售作为国有小企业改革的主要形式”之后，增加了“需要出售的要按照国家规范的办法进行”，“要从信贷、技术、信息和培训等方面，扶持有市场前景的中小企业特别是科技型企业发展”的内容。

第四部分的最后一段，进一步充实了有关内容。原稿是：“在推进国有企业改革的同时，采取积极的政策措施，鼓励与支持集体企业和个体企业、私营企业的健康发展”。现在修改为“在推进国有企业改革的同时，大力发展多种形式的城乡集体经济，不断巩固公有制的主体地位。要采取积极的政策措施，鼓励、支持和引导个体经济、私营经济等非公有制经济的健康发展，充分发挥它们对满足人们多样化需要、增加就业、促进国民经济发展的重要作用”。

5. 在第六部分关于吸引外资一段，增加了“继续办好经济特区和上海浦东新区”的内容。

6. 在“实施科教兴国战略和可持续发展战略”这一部分，增加了以下内容：“加强引进技术的消化吸收与创新提高”；“注重创新精神和实践能力的培养”；“继续改善教师的工作和生活条件”；“鼓励清洁生产”；“办好中国’99昆明世界园艺博览会”；“坚持两手抓、两手都要硬的方针，大力加强社会主义精神文明建设”。

7. 在第八部分“进一步做好侨务工作”之后，增加“发挥海外侨胞在促进祖国改革开放和实现和平统一大业中的作用”；在国防现代化建设一段，增加了“重视国防教育”的内容。

全国人大常务委员会委员长李鹏在九届全国人大二次会议闭幕大会上发表讲话

各位代表：

九届全国人大二次会议，在全体代表的共同努力下，圆满完成了各项预定的任务。会议审议和批准了国务院的政府工作报告，审查和批准了关于1998年国民经济和社会发展计划执行情况的报告及1999年国民经济和社会发展计划，审查和批准了关于1998年中央和地方预算执行情况的报告及1999年中央预算。审议通过了宪法修正案、合同法、澳门特别行政区九届全国人大代表的产生办法。还审议和批准了全国人大常委会工作报告、最高人民法院工作报告、最高人民检察院工作报告。会议通过的各项决议和法律，充分反映了人民的根本利益，集中体现了人民的意志和愿望。会议开得很成功，是一次发扬民主的大会、团结的大会，也是一次求真务实、鼓舞人心、催人奋进的大会！

过去的一年，是很不平凡的一年。在以江泽民同志为核心的党中央领导下，全国各族人民团结奋斗，克服重重困难，抵御了亚洲金融危机的冲击，战胜了历史上罕见的洪涝灾害，保持了国民经济较快的发展，九届全国人大一次会议确定的各项任务和目标基本得到实现，改革开放和社会主义现代化建设取得了新的成就。今年，我国经济和社会发展面临着许多新的情况和新的问题，改革开放和发展的任务更加艰巨。在审议政府工作报告中，代表们针对扩大国内需求、促进国有企业的改革和发展、做好下岗职工的基本生活保障与再就业工作、加强廉政勤政建设等问题，提出了不少意见和建议，希望国务院及其有关部委认真加以研究，并按照本次大会作出的决议，努力做好工作。要继续推进改革开放，积极扩大国内需求，大力实施科教兴国战略和可持续发展战略，加强农业和农村工作，提高农民收入，深化国有企业改革，调整经济结构，提高经济运行的质量和效益，千方百计扩大出口，防范和化解金融风险，特别要重视处理好改革、发展、稳定的关系，保持经济健康发展，维护社会稳定，促进社会全面进步，努力完成好本次会议确定的各项任务。

惩治司法腐败、维护司法公正，是代表们普遍关心的问题。在审议最高人民法院和最高人民检察院工作报告的过程中，代表们充分肯定了“两院”系统开展集中教育整顿所取得的成果。同时也指出，搞好司法队伍建设，惩治司法腐败，是一项长期的任务。要解决这个问题，根本措施是靠推进司法改革，完善监督机制，从制度上保证司法机关依法公正地行使审判权和检察权。希望各级司法机关坚持不懈地抓好司法队伍自身建设，确保公正司法，以不辜负广大人民群众的期望。

这次会议根据中国共产党第十五次全国代表大会的精神，适时地修改了宪法，把邓小平理论的指导思想地位、依法治国的基本方略、国家现阶段的基本经济制度和分配制度以及非公有制经济的重要作用等内容写进宪法，这是改革开放成功实践的反映，是促进我国经济和社会发展的需要，是全国各族人民的共同愿望。宪法的修改，对于我们高举邓小平理论伟大旗帜，坚持党在社会主义初级阶段的基本路线，发展社会主义市场经济，发展社会主义民主政治，加强社会主义精神文明建设，具有十分重要的意义。现在，我国的宪法更加完备，更加符合国情，更加有利于我们沿着建设有中国特色社会主义的道路胜利前进。

各位代表！

依法治国，建设社会主义法治国家，是中国共产党领导人民治理国家的基本方略。宪法是治国安邦的总章程。依法治国，归根到底就是依照宪法治国。全国各族人民、一切国家机关和武装力量、各政党和各社会团体、各企业事业组织，都必须以宪法为根本的活动准则，切实维护宪法的权威。全国人大及其常委会要始终把宪法的实施摆在首要位置，带头执行宪法，依照宪法的规定履行最高国家权力机关的职责，保障和促进改革开放和现代化建设的顺利进行。

中国共产党是我国社会主义事业的领导核心，是执政的党。党的这一地位和作用是历史形成的，是全国各族人民所公认的，并且明确地载入了我国的宪法。人大及其常委会把经过实践证明行之有效的、代表广大人民根本利益的党的政策和主张，按照法定的程序变为国家意志，使其成为对各级国家机关以及全体公民都具有约束力的行为规范。加强党的领导同发挥人大作用是一致的，是辩证统一的。党领导人民制定宪法和法律，党领导人民遵守和执行宪法和法律，党本身也在宪法和法律的范围内活动。各级人大及其常委会要自觉接受同级党委的领导，各级党组织也要重视和关心人大工作，保证和支持人大及其常委会依法行使职权。按照宪法的规定，我国的国家机构是按照民主集中制的原则建立和运转的。

国家行政机关、审判机关、检察机关都由人民代表大会产生，对人大负责，接受人大的监督。人大对“一府两院”的监督，在一定意义上也是一种支持，通过监督支持依法行政、公正司法。在我国，人大和“一府两院”都是在党的领导下，根本目标是一致的，只是职责有所不同。这种关系是我国政治体制的一大特点，也是一大优势，有助于国家机器高效运转。当前，人大监督工作同立法工作相比，还是一个薄弱环节，亟待改进和加强。监督要围绕改革、发展和稳定的重大问题和人民群众普遍关心、社会反映强烈的问题依法进行。监督要有重点，才能产生实效。为了加强监督工作，全国人大常委会已经把制定监督法列入立法规划，要按照这次大会上代表的普遍意见，抓紧制定这部法律，争取尽快提请代表大会审议。在监督法出台以前，还可以制定若干开展有关单项监督的规定。各级人大对司法机关进行个案监督的目的，是督促和支持司法机关公正司法，不能代替司法机关办案。这些年来，地方各级人大在监督方面进行了一些有益的探索，如开展了“代表评议”、“述职评议”，加强了监督的力度，取得一定的效果。全国人大常委会要认真总结这些经验，把那些行之有效的做法吸收到监督法和有关单项监督规定中去。

国家的一切权力属于人民，人民行使国家权力的机关是全国人民代表大会和地方各级人民代表大会。人民赋予人大以权力，人大以实现人民权力为己任。密切联系人民群众，依靠人民群众，了解民情，反映民意，集中民智，是做好人大工作的基础，也是人大保持活力的源泉所在。人大及其常委会的立法、监督等工作，都要坚持走群众路线。制定和修改法律，都要以宪法为依据，着眼于国家的整体利益，代表人民的根本利益。重要法律草案要公布于众，听取人民群众的意见。执法检查要改进方法，轻车简从，深入群众，力戒形式主义。要把人大的法律监督、工作监督同群众监督、舆论监督有机结合起来。希望各新闻媒体加强对民主法制建设和人大工作的宣传报道，使人民群众更多地了解人大工作，支持人大工作，监督人大工作。全国各级人大代表有300多万人，来自各行各业，与人民群众朝夕相处，最了解人民群众的愿望和要求。各级人大常委会要采取有力措施，为代表执行职务提供必要条件。全国人大常委会要加强同地方人大的联系，交流情况和经验，共同做好人大工作。

各位代表！

1999 年是我国发展史上具有特殊意义的一年。希望大家回到各自的工作岗位后，认真宣传和贯彻这次会议的精神，动员和团结广大人民群众做好各项工作，以优异的成绩迎接中华人民共和国成立 50 周年，迎接澳门的回归。让我们高举邓小平理论伟大旗帜，紧密团结在以江泽民同志为核心的党中央周围，全面深入贯彻党的十五大精神，坚定信心，知难而进，把建设有中国特色社会主义事业全面推向 21 世纪。一个富强、民主、文明的社会主义现代化中国一定能够屹立在世界的东方！

九届全国人大二次会议通过《关于 1998 年国民经济和社会发展计划执行情况与 1999 年国民经济和社会发展计划的决议》

第九届全国人民代表大会第二次会议经过审议并根据全国人民代表大会财政经济委员会的审查报告，决定批准国务院提出的 1999 年国民经济和社会发展计划，批准国家发展计划委员会主任曾培炎受国务院委托所作的《关于 1998 年国民经济和社会发展计划执行情况与 1999 年国民经济和社会发展计划草案的报告》。

会议同意全国人民代表大会财政经济委员会在审查报告中为完成 1999 年计划提出的各项建议。会议要求各级人民政府全面落实中央对经济工作的总体要求，坚持速度、质量和效益的统一，正确处理改革、发展和稳定的关系。在计划执行过程中要扎实工作，狠抓落实。要把扩大内需作为促进经济增长的主要措施，继续实施积极的财政政策，调动各方面增加投资的积极性，千方百计开拓城乡市场特别是农村市场。基础设施建设要统筹规划，讲求效益，量力而行，确保工程质量。落实党在农村的基本政策，深化农村改革，积极推进和完善粮食流通体制改革，增加农业投入，加强以水利为重点的农业基础设施建设，认真抓好增加农民收入和保持农村稳定这两个关系全局的问题。继续坚持对国有企业实行改革、改组、改造和加强管理的方针，全心全意依靠工人阶级，切实发挥职工代表大会的作用，搞好企业领导班子建设，力争改革取得实质性进展。适应市场需求，调整和优化产业、产品结构。大力发展多种形式的城乡集体经济，鼓励与支持个体、私营经济的健康发展。深化金融体制改革，完善金融宏观调控体系，保持金融对经济增长必要的支持力度，切实降低不良资产比重。抓紧落实鼓励出口的各项政策，坚持以质取胜，力争出口有新的增长。严格控制外债总规模，努力提高利用外资的质量。大力整顿经济秩序，严肃查处各种违纪违规和经济犯罪行为。要把关心群众疾苦、帮助困难职工摆脱困境的工作真正落到实处，做好下岗职工基本生活保障和再就业工作。积极推动中西部地区经济的发展。大力实施科教兴国战略和可持续发展战略，紧密围绕国民经济和社会发展总目标，推进各项社会事业的全面发展。让我们高举邓小平理论伟大旗帜，在以江泽民同志为核心的党中央领导下，为圆满完成 1999 年国民经济和社会发展计划而努力。

九届全国人大二次会议通过《关于全国人大常委会工作报告的决议》

第九届全国人民代表大会第二次会议经过审议并根据全国人民代表大会财政经济委员会的审查报告，决定批准国务院提出的 1999 年中央预算，同意财政部部长项怀诚受国务院委托所作的《关于 1998 年中央和地方预算执行情况及 1999 年中央和地方预算草案的报告》。

会议同意全国人民代表大会财政经济委员会在审查报告中就完成 1999 年中央和地方预算提出的各项建议。会议要求各级人民政府认真贯彻《中华人民共和国预算法》，严格按同级人民代表大会批准的预算执行，全面完成 1999 年的预算任务，并接受人民代表大会及其常务委员会对预算执行的监督。为促进经济发展和保持社会稳定，今年要继续实施积极的财政政策。在预算执行中，要开源节流，强化税收征管，严格依法征税，严禁越权减免税。要优化支出结构，保证重点支出，精打细算，节约开支。用于基础设施建设的财政投资，要严格执行国家确定的使用原则和投资方向，注意向中西部地区倾斜，严禁挪作他用，努力发挥财政政策的带动作用，促进社会投资和扩大消费。通过发行国债，增加赤字，促进经济增长，是在特定条件下采取的特定政策，从中长期看，必须坚持财政收支基本平衡的原则，实行适度从紧的财政政策。要千方百计促进经济发展，提高偿债能力，尽早制定今后减少财政赤字、控制国债规模的规划。要大力整顿财经秩序，加强审计监督，全面清理和规范收费，坚决取缔各种形式的乱收费，减轻企业和农民的负担，稳步推进税费改革，加强预算外资金的管理和监督。今年财政赤字比较大，执行中要力争有所减少，预算超收收入应主要用于减少当年财政赤字。

实现 1999 年中央和地方预算的任务相当繁重，困难不少，但也有很多有利条件。让我们高举邓小平理论伟大旗帜，在以江泽民同志为核心的党中央领导下，齐心协力，扎实工作，艰苦奋斗，勤俭节约，为更好地完成 1999 年中央和地方预算而努力。

九届全国人大二次会议主席团发表公告公布施行《中华人民共和国宪法修正案》

《中华人民共和国宪法修正案》已由中华人民共和国第九届全国人民代表大会第二次会议于 1999 年 3 月 15 日通过，现予公布施行。

中华人民共和国
第九届全国人民代表大会
第二次会议主席团
1999 年 3 月 15 日于北京

九届全国人大二次会议通过《中华人民共和国宪法修正案》

第十二条宪法序言第七自然段："中国新民主主义革命的胜利和社会主义事业的成就，都是中国共产党领导中国各族人民，在马克思列宁主义、毛泽东思想的指引下，坚持真理，修正错误，战胜许多艰难险阻而取得的。我国正处于社会主义初级阶段。国家的根本任务是，根据建设有中国特色社会主义的理论，集中力量进行社会主义现代化建设。中国各族人民将继续在中国共产党领导下，在马克思列宁主义、毛泽东思想指引下，坚持人民民主专政，坚持社会主义道路，坚持改革开放，不断完善社会主义的各项制度，发展社会主义民主，健全社会主义法制，自力更生，艰苦奋斗，逐步实现工业、农业、国防和科学技术的现代化，把我国建设成为富强、民主、文明的社会主义国家。"修改为："中国新民主主义革命的胜利和社会主义事业的成就，是中国共产党领导中国各族人民，在马克思列宁主义、毛泽东思想的指引下，坚持真理，修正错误，战胜许多艰难险阻而取得的。我国将长期处于社会主义初级阶段。国家的根本任务是，沿着建设有中国特色社会主义的道路，集中力量进行社会主义现代化建设。中国各族人民将继续在中国共产党领导下，在马克思列宁主义、毛泽东思想、邓小平理论指引下，坚持人民民主专政，坚持社会主义道路，坚持改革开放，不断完善社会主义的各项制度，发展社会主义市场经济，发展社会主义民主，健全社会主义法制，自力更生，艰苦奋斗，逐步实现工业、农业、国防和科学技术的现代化，把我国建设成为富强、民主、文明的社会主义国家。"

第十三条宪法第五条增加一款，作为第一款，规定："中华人民共和国实行依法治国，建设社会主义法治国家。"

第十四条宪法第六条："中华人民共和国的社会主义经济制度的基础是生产资料的社会主义公有制，即全民所有制和劳动群众集体所有制。""社会主义公有制消灭人剥削人的制度，实行各尽所能，按劳分配的原则。"修改为："中华人民共和国的社会主义经济制度的基础是生产资料的社会主义公有制，即全民所有制和劳动群众集体所有制。社会主义公有制消灭人剥削人的制度，实行各尽所能、按劳分配的原则。""国家在社会主义初级阶段，坚持公有制为主体、多种所有制经济共同发展的基本经济制度，坚持按劳分配为主体、多种分配方式并存的分配制度。"

第十五条宪法第八条第一款："农村中的家庭联产承包为主的责任制和生产、供销、信用、消费等各种形式的合作经济，是社会主义劳动群众集体所有制经济。参加农村集体经济组织的劳动者，有权在法律规定的范围内经营自留地、自留山、家庭副业和饲养自留畜。"修改为："农村集体经济组织实行家庭承包经营为基础、统分结合的双层经营体制。农村中的生产、供销、信用、消费等各种形式的合作经济，是社会主义劳动群众集体所有制经济。参加农村集体经济组织的劳动者，有权在法律规定的范围内经营自留地、自留山、家庭副业和饲养自留畜。"

第十六条宪法第十一条："在法律规定范围内的城乡劳动者个体经济，是社会主义公有制经济的补充。国家保护个体经济的合法的权利和利益。""国家通过行政管理，指导、帮助和监督个体经济。""国家允许私营经济在法律规定的范围内存在和发展。私营经济是社会主义公有制经济的补充。国家保护私营经济的合法的权利和利益，对私营经济实行引导、监督和管理。"修改为："在法律规定范围内的个体经济、私营经济等非公有制经济，是社会主义市场经济的重要组成部分。""国家保护个体经济、私营经济的合法的权利和利益。国家对个体经济、私营经济实行引导、监督和管理。"

第十七条宪法第二十八条："国家维护社会秩序，镇压叛国和其他反革命的活动，制裁危害社会治安、破坏社会主义经济和其他犯罪的活动，惩办和改造犯罪分子。"修改为："国家维护社会秩序，镇压叛国和其他危害国家安全的犯罪活动，制裁危害社会治安、破坏社会主义经济和其他犯罪的活动，惩办和改造犯罪分子。"

九届全国人大二次会议通过《关于 1998 年中央和地方预算执行情况及 1999 年中央和地方预算的决议》

第九届全国人民代表大会第二次会议审议了姜春云副委员长代表全国人民代表大会常务委员会所作的工作报告。会议决定批准这个报告。

会议认为，一年来，在以江泽民同志为核心的党中央领导下，全国人民代表大会常务委员会坚持以邓小平理论和党的基本路线为指导，紧紧围绕党和国家工作的大局，认真履行宪法和法律赋予的职责，在前几届人大工作的基础上，立法、监督等各项工作取得了新的进展，为推进依法治国、建设社会主义法治国家，作出了应有贡献。

会议要求，全国人民代表大会常务委员会要继续高举邓小平理论伟大旗帜，全面深入贯彻中国共产党第十五次全国代表大会精神，依法履行最高国家权力机关常设机关的职能，推进社会主义民主和法制建设，保障改革开放和社会主义现代化建设的顺利进行。要继续加强立法工作，提高立法质量，抓紧制定和修改有关完善社会主义市场经济体制、保障人民当家做主、规范行政和司法行为等方面的法律，认真落实五年立法规划和年度立法计划。要进一步加大监督力度，完善监督程序，增强监督实效，继续加强对宪法和法律实施的检查监督，加强对国务院和最高人民法院、最高人民检察院工作的监督，督促和支持依法行政和公正司法，保障和促进关于改革、发展、稳定重大决策的贯彻落实。要继续大力推动民主法制宣传教育和普法规划的实施，提高全民的法制观念和法律意识。要进一步加强同全国人大代表和人民群众的联系，发挥人大代表的作用，自觉接受全国人民代表大会和人民群众的监督。要继续开展同外国议会的交往与合作，促进对外关系的发展。要继续加强全国人大常委会自身建设，努力开创人大工作的新局面，为把建设有中国特色社会主义的伟大事业全面推向 21 世纪而努力奋斗。

九届全国人大二次会议通过《中华人民共和国澳门特别行政区第九届全国人民代表大会代表的产生办法》

第一条　根据中华人民共和国宪法、中华人民共和国澳门特别行政区基本法以及中华人民共和国全国人民代表大会和地方各级人民代表大会选举法第十五条第三款的规定，结合澳门特别行政区的实际情况，制定本办法。

第二条　澳门特别行政区选举第九届全国人民代表大会代表由全国人民代表大会常务委员会主持。

第三条　澳门特别行政区第九届全国人民代表大会代表的名额为十二名。

澳门特别行政区成立以前，已由广东省第九届人民代表大会选举产生的五名澳门地区第九届全国人民代表大会代表，在澳门特别行政区成立后，即成为澳门特别行政区第九届全国人民代表大会代表。

澳门特别行政区按照本办法应选举七名第九届全国人民代表大会代表。

原由广东省人民代表大会选举产生的五名代表，如果在按照本办法选举澳门特别行政区第九届全国人民代表大会代表之前出现空缺，将空缺的名额列为按照本办法应选的名额一并进行选举。

第四条　澳门特别行政区选举的全国人民代表大会代表必须是年满十八周岁的澳门特别行政区居民中的中国公民。

第五条　澳门特别行政区成立第九届全国人民代表大会代表选举会议。选举会议由《全国人民代表大会关于澳门特别行政区第一届政府、立法会和司法机关产生办法的决定》中规定的第一届政府推选委员会委员中的中国公民，没有参加推选委员会的澳门地区第九届全国人民代表大会代表，以及不是推选委员会委员的澳门特别行政区居民中的中国人民政治协商会议第九届全国委员会委员和澳门特别行政区立法会议员中的中国公民组成。但本人提出不愿参加的除外。

选举会议成员名单由全国人民代表大会常务委员会公布。

第六条　选举会议举行全体会议，须有过半数成员出席。

选举会议第一次会议由全国人民代表大会常务委员会召集，推选九名选举会议成员组成主席团，主席团从其成员中推选常务主席一人。

主席团主持选举会议。

选举会议根据主席团的提议，依照本办法制定具体选举办法。

第七条　选举会议成员十人以上联名，可以提出代表候选人。每一名成员参加联名提出的代表候选人不得超过应选名额。

第八条　选举会议选举第九届全国人民代表大会代表的候选人名额应多于应选名额五分之一至二分之一，进行差额选举。

提名的候选人名额如果没有超过应选名额二分之一的差额比例，直接进行投票选举；如果超过应选名额二分之一的差额比例，由选举会议进行预选，根据得票多少的顺序，按照不超过二分之一的差额比例，确定正式候选人名单，进行投票选举。

第九条　选举会议选举第九届全国人民代表大会代表采用无记名投票的方式。

选举会议进行选举时，所投的票数多于投票人数的无效，等于或者少于投票人数的有效。

每一选票所选的人数，多于应选人数的作废，等于或者少于应选人数的有效。

第十条　代表候选人以得票多的当选。如遇票数相等不能确定当选人时，应当就票数相等的候选人再次投票，以得票多的当选。

第十一条　选举结果由主席团予以宣布，并报全国人民代表大会常务委员会代表资格审查委员会。

全国人民代表大会常务委员会根据代表资格审查委员会提出的报告，确认代表资格，公布代表名单。

第十二条 澳门特别行政区第九届全国人民代表大会代表可以向全国人民代表大会常务委员会提出辞职，由全国人民代表大会常务委员会决定接受辞职后予以公告。

第十三条 澳门特别行政区第九届全国人民代表大会代表因故出缺，由选举澳门特别行政区第九届全国人民代表大会代表时未当选的代表候选人，按得票多少顺序依次递补。

九届全国人大二次会议通过《关于政府工作报告的决议》

第九届全国人民代表大会第二次会议，审议了朱镕基总理代表国务院所作的《政府工作报告》。会议认为，报告对政府去年工作的总结是实事求是的，提出的今年政府工作的总体要求和主要任务，经过努力是可以实现的。会议决定批准这个报告。

会议认为，过去的一年，我国各族人民在中国共产党领导下，团结奋斗，开拓进取，在严峻的国内外经济环境下克服重重困难，取得了改革开放和社会主义现代化建设的巨大成就，基本实现了预定的改革和发展的各项目标，这是来之不易的。

会议指出，1999 年是我国历史发展进程中具有特殊意义的一年。国务院和地方各级人民政府要高举邓小平理论伟大旗帜，深入贯彻落实党的十五大和十五届三中全会精神，继续推进改革开放，进一步处理好改革、发展、稳定的关系，保持国民经济持续快速健康发展，促进社会全面进步，努力完成本次会议确定的各项任务。

会议强调，要立足于扩大国内需求，继续实施积极的财政政策，在优化结构、提高质量和效益的基础上，实现经济的较快增长。积极的财政政策是在特定条件下采取的特定政策。要促进农业和农村经济全面发展，落实党在农村的基本政策，调整和优化农业结构，促进乡镇企业与农业产业化经营相结合，加强以水利为重点的农业基本建设，推进和完善粮食流通体制改革，搞活农产品流通，增加农民收入，减轻农民负担，加大扶贫攻坚力度，维护农村稳定。要积极推动中西部地区经济的发展。要以市场为导向，加快行业调整和改组的步伐，调整产品结构，坚决制止重复建设。确保工程建设质量。要大力推进国有企业改革，全心全意依靠工人阶级，加强企业领导班子建设和科学管理，继续做好国有企业下岗职工基本生活保障和再就业工作。积极推进社会保障制度改革。鼓励和支持集体经济和个体经济、私营经济的健康发展。要稳步推进金融改革，继续整顿金融秩序，防范和化解金融风险。要加强税收征管，全面清理和规范收费，逐步推进“费改税”。要继续贯彻对外开放的基本国策，努力开拓国际市场，千方百计扩大出口，积极有效利用外资，保持人民币汇率稳定。要大力发展经济，扩大就业，继续改善人民生活。

会议要求，继续实施科教兴国战略和可持续发展战略。积极推进科技体制改革，加快国家科技创新体系建设和科技成果的推广应用，切实把教育放在优先发展的战略地位。保护资源和生态环境，加大治理环境污染的力度。控制人口增长，提高人口质量。促进社会主义精神文明建设，繁荣各项社会主义文化事业。

会议要求，进一步加强社会主义民主法制建设，积极推进依法治国、建设社会主义法治国家的进程。依法严厉打击各种犯罪活动，搞好社会治安综合治理，维护社会稳定。加强廉政建设，深入持久地开展反腐败斗争。依法行政，从严治政，进一步转变政府职能，转变工作作风，建设廉洁、勤政、务实、高效政府。积极稳妥地推进地方政府机构改革。加强民族团结，维护祖国统一，促进共同发展。加强国防现代化建设，走有中国特色的精兵之路。

会议指出，要继续全力支持香港特别行政区政府按照基本法施政，维护香港的长期繁荣和稳定。要确保澳门平稳过渡和政权的顺利交接；坚持“和平统一、一国两制”的基本方针和江泽民主席提出的八项主张，认真做好各项对台工作，努力促进祖国和平统一大业。

会议指出，要始终不渝地奉行独立自主的和平外交政策，坚决维护我国的独立主权、领土完整和民族尊严，反对霸权主义，维护世界和平。在和平共处五项原则的基础上，继续发展同世界各国的友好关系。

会议号召，全国各族人民高举邓小平理论伟大旗帜，在以江泽民同志为核心的党中央领导下，统一思想、坚定信心，抓住机遇、知难而进，团结一致、艰苦奋斗，把建设有中国特色社会主义的伟大事业胜利推向 21 世纪！

九届全国人大二次会议通过《关于最高人民法院工作报告的决议》

第九届全国人民代表大会第二次会议审议了最高人民法院院长肖扬所作的《最高人民法院工作报告》。会议认为，一年来，最高人民法院认真贯彻第九届全国人民代表大会第一次会议精神，履行宪法和法律赋予的职责，大力加强审判工作，为改革开放和社会主义现代化建设，为维护社会稳定，做了大量工作，法院工作取得了新的进展。法院队伍开展集中教育整顿，思想重视，措施有力，认真听取人大代表和群众的意见，取得了比较明显的成效。报告对最高人民法院一年工作的总结是符合实际的。会议决定批准这个报告。

会议指出，加强司法队伍建设，是一项长期的任务。最高人民法院要狠抓法院队伍建设，继续清除司法队伍中的腐败现象。要严格执行法律，进一步提高审判工作质量和效率，确保司法公正。要继续努力推进司法改革，完善审判工作的各项制度，发挥人民法院在依法治国、建设社会主义法治国家中的重要作用。

九届全国人大二次会议通过《关于最高人民检察院工作报告的决议》

第九届全国人民代表大会第二次会议审议了最高人民检察院检察长韩杼滨所作的《最高人民检察院工作报告》。会议认为，一年来，最高人民检察院认真贯彻第九届全国人民代表大会第一次会议精神，履行宪法和法律赋予的职责，为改革开放和社会主义现代化建设，为维护社会稳定，做了大量工作，检察工作取得了新的进展。检察队伍开展集中教育整顿，思想重视，措施有力，认真听取人大代表和群众的意见，取得了比较明显的成效。报告对最高人民检察院一年工作的总结是符合实际的。会议决定批准这个报告。

会议指出，加强司法队伍建设，是一项长期的任务。最高人民检察院要狠抓检察队伍建设，继续清除司法队伍中的腐败现象。要严格执行法律，认真履行法律监督职责，惩治贪污贿赂、渎职等犯罪，确保司法公正和法律的统一正确实施。要继续努力推进司法改革，完善检察工作的各项制度，发挥人民检察院在依法治国、建设社会主义法治国家中的重要作用。

国家主席江泽民签署中华人民共和国主席令第15号公布《中华人民共和国合同法》

《中华人民共和国合同法》已由中华人民共和国第九届全国人民代表大会第二次会议于1999年3月15日通过，现予公布，自1999年10月1日起施行。

中华人民共和国主席　江泽民

1999年3月15日

中华人民共和国合同法

总　则

第一章　一般规定

第一条　为了保护合同当事人的合法权益，维护社会经济秩序，促进社会主义现代化建设，制定本法。

第二条　本法所称合同是平等主体的自然人、法人、其他组织之间设立、变更、终止民事权利义务关系的协议。

婚姻、收养、监护等有关身份关系的协议，适用其他法律的规定。

第三条　合同当事人的法律地位平等，一方不得将自己的意志强加给另一方。

第四条　当事人依法享有自愿订立合同的权利，任何单位和个人不得非法干预。

第五条　当事人应当遵循公平原则确定各方的权利和义务。

第六条　当事人行使权利、履行义务应当遵循诚实信用原则。

第七条　当事人订立、履行合同，应当遵守法律、行政法规，尊重社会公德，不得扰乱社会经济秩序，损害社会公共利益。

第八条　依法成立的合同，对当事人具有法律约束力。当事人应当按照约定履行自己的义务，不得擅自变更或者解除合同。

依法成立的合同，受法律保护。

第二章　合同的订立

第九条　当事人订立合同，应当具有相应的民事权利能力和民事行为能力。

当事人依法可以委托代理人订立合同。

第十条　当事人订立合同，有书面形式、口头形式和其他形式。

法律、行政法规规定采用书面形式的，应当采用书面形式。当事人约定采用书面形式的，应当采用书面形式。

第十一条　书面形式是指合同书、信件和数据电文（包括电报、电传、传真、电子数据交换和电子邮件）等可以有形地表现所载内容的形式。

第十二条　合同的内容由当事人约定，一般包括以下条款：

（一）当事人的名称或者姓名和住所；

（二）标的；

（三）数量；

（四）质量；

（五）价款或者报酬；

（六）履行期限、地点和方式；

（七）违约责任；

（八）解决争议的方法。

当事人可以参照各类合同的示范文本订立合同。

第十三条　当事人订立合同，采取要约、承诺方式。

第十四条　要约是希望和他人订立合同的意思表示，该意思表示应当符合下列规定：

（一）内容具体确定；

（二）表明经受要约人承诺，要约人即受该意思表示约束。

第十五条　要约邀请是希望他人向自己发出要约的意思表示。寄送的价目表、拍卖公告、招标公告、招股说明书、商业广告等为要约邀请。

商业广告的内容符合要约规定的，视为要约。

第十六条 要约到达受要约人时生效。

采用数据电文形式订立合同，收件人指定特定系统接收数据电文的，该数据电文进入该特定系统的时间，视为到达时间；未指定特定系统的，该数据电文进入收件人的任何系统的首次时间，视为到达时间。

第十七条 要约可以撤回。撤回要约的通知应当在要约到达受要约人之前或者与要约同时到达受要约人。

第十八条 要约可以撤销。撤销要约的通知应当在受要约人发出承诺通知之前到达受要约人。

第十九条 有下列情形之一的，要约不得撤销：

(一)要约人确定了承诺期限或者以其他形式明示要约不可撤销；

(二)受要约人有理由认为要约是不可撤销的，并已经为履行合同作了准备工作。

第二十条 有下列情形之一的，要约失效：

(一)拒绝要约的通知到达要约人；

(二)要约人依法撤销要约；

(三)承诺期限届满，受要约人未作出承诺；

(四)受要约人对要约的内容作出实质性变更。

第二十一条 承诺是受要约人同意要约的意思表示。

第二十二条 承诺应当以通知的方式作出，但根据交易习惯或者要约表明可以通过行为作出承诺的除外。

第二十三条 承诺应当在要约确定的期限内到达要约人。

要约没有确定承诺期限的，承诺应当依照下列规定到达：

(一)要约以对话方式作出的，应当即时作出承诺，但当事人另有约定的除外；

(二)要约以非对话方式作出的，承诺应当在合理期限内到达。

第二十四条 要约以信件或者电报作出的，承诺期限自信件载明的日期或者电报交发之日开始计算。信件未载明日期的，自投寄该信件的邮戳日期开始计算。要约以电话、传真等快速通信方式作出的，承诺期限自要约到达受要约人时开始计算。

第二十五条 承诺生效时合同成立。

第二十六条 承诺通知到达要约人时生效。承诺不需要通知的，根据交易习惯或者要约的要求作出承诺的行为时生效。

采用数据电文形式订立合同的，承诺到达的时间适用本法第十六条第二款的规定。

第二十七条 承诺可以撤回。撤回承诺的通知应当在承诺通知到达要约人之前或者与承诺通知同时到达要约人。

第二十八条 受要约人超过承诺期限发出承诺的，除要约人及时通知受要约人该承诺有效的以外，为新要约。

第二十九条 受要约人在承诺期限内发出承诺，按照通常情形能够及时到达要约人，但因其他原因承诺到达要约人时超过承诺期限的，除要约人及时通知受要约人因承诺超过期限不接受该承诺的以外，该承诺有效。

第三十条 承诺的内容应当与要约的内容一致。受要约人对要约的内容作出实质性变更的，为新要约。有关合同标的、数量、质量、价款或者报酬、履行期限、履行地点和方式、违约责任和解决争议方法等的变更，是对要约内容的实质性变更。

第三十一条 承诺对要约的内容作出非实质性变更的，除要约人及时表示反对或者要约表明承诺不得对要约的内容作出任何变更的以外，该承诺有效，合同的内容以承诺的内容为准。

第三十二条 当事人采用合同书形式订立合同的，自双方当事人签字或者盖章时合同成立。

第三十三条 当事人采用信件、数据电文等形式订立合同的，可以在合同成立之前要求签订确认书。签订确认书时合同成立。

第三十四条 承诺生效的地点为合同成立的地点。

采用数据电文形式订立合同的，收件人的主营业地为合同成立的地点；没有主营业地的，其经常居住地为合同成立的地点。当事人另有约定的，按照其约定。

第三十五条 当事人采用合同书形式订立合同的，双方当事人签字或者盖章的地点为合同成立的地点。

第三十六条 法律、行政法规规定或者当事人约定采用书面形式订立合同，当事人未采用书面形式但一方已经履行主要义务，对方接受的，该合同成立。

第三十七条 采用合同书形式订立合同，在签字或者盖章之前，当事人一方已经履行主要义务，对方接受的，该合同成立。

第三十八条 国家根据需要下达指令性任务或者国家订货任务的，有关法人、其他组织之间应当依照有关法律、行政法规规定的权利和义务订立合同。

第三十九条 采用格式条款订立合同的，提供格式条款的一方应当遵循公平原则确定当事人之间的权利和义务，并采取合理的方式提请对方注意免除或者限制其责任的条款，按照对方的要求，对该条款予以说明。

格式条款是当事人为了重复使用而预先拟定，并在订立合同时未与对方协商的条款。

第四十条 格式条款具有本法第五十二条和第五

十三条规定情形的，或者提供格式条款一方免除其责任、加重对方责任、排除对方主要权利的，该条款无效。

第四十一条 对格式条款的理解发生争议的，应当按照通常理解予以解释。对格式条款有两种以上解释的，应当作出不利于提供格式条款一方的解释。格式条款和非格式条款不一致的，应当采用非格式条款。

第四十二条 当事人在订立合同过程中有下列情形之一，给对方造成损失的，应当承担损害赔偿责任：

（一）假借订立合同，恶意进行磋商；

（二）故意隐瞒与订立合同有关的重要事实或者提供虚假情况；

（三）有其他违背诚实信用原则的行为。

第四十三条 当事人在订立合同过程中知悉的商业秘密，无论合同是否成立，不得泄露或者不正当地使用。泄露或者不正当地使用该商业秘密给对方造成损失的，应当承担损害赔偿责任。

第三章 合同的效力

第四十四条 依法成立的合同，自成立时生效。

法律、行政法规规定应当办理批准、登记等手续生效的，依照其规定。

第四十五条 当事人对合同的效力可以约定附条件。附生效条件的合同，自条件成就时生效。附解除条件的合同，自条件成就时失效。

当事人为自己的利益不正当地阻止条件成就的，视为条件已成就；不正当地促成条件成就的，视为条件不成就。

第四十六条 当事人对合同的效力可以约定附期限。附生效期限的合同，自期限届至时生效。附终止期限的合同，自期限届满时失效。

第四十七条 限制民事行为能力人订立的合同，经法定代理人追认后，该合同有效，但纯获利益的合同或者与其年龄、智力、精神健康状况相适应而订立的合同，不必经法定代理人追认。

相对人可以催告法定代理人在一个月内予以追认。法定代理人未作表示的，视为拒绝追认。合同被追认之前，善意相对人有撤销的权利。撤销应当以通知的方式作出。

第四十八条 行为人没有代理权、超越代理权或者代理权终止后以被代理人名义订立的合同，未经被代理人追认，对被代理人不发生效力，由行为人承担责任。

相对人可以催告被代理人在一个月内予以追认。被代理人未作表示的，视为拒绝追认。合同被追认之前，善意相对人有撤销的权利。撤销应当以通知的方式作出。

第四十九条 行为人没有代理权、超越代理权或者代理权终止后以被代理人名义订立合同，相对人有理由相信行为人有代理权的，该代理行为有效。

第五十条 法人或者其他组织的法定代表人、负责人超越权限订立的合同，除相对人知道或者应当知道其超越权限的以外，该代表行为有效。

第五十一条 无处分权的人处分他人财产，经权利人追认或者无处分权的人订立合同后取得处分权的，该合同有效。

第五十二条 有下列情形之一的，合同无效：

（一）一方以欺诈、胁迫的手段订立合同，损害国家利益；

（二）恶意串通，损害国家、集体或者第三人利益；

（三）以合法形式掩盖非法目的；

（四）损害社会公共利益；

（五）违反法律、行政法规的强制性规定。

第五十三条 合同中的下列免责条款无效：

（一）造成对方人身伤害的；

（二）因故意或者重大过失造成对方财产损失的。

第五十四条 下列合同，当事人一方有权请求人民法院或者仲裁机构变更或者撤销：

（一）因重大误解订立的；

（二）在订立合同时显失公平的。

一方以欺诈、胁迫的手段或者乘人之危，使对方在违背真实意思的情况下订立的合同，受损害方有权请求人民法院或者仲裁机构变更或者撤销。

当事人请求变更的，人民法院或者仲裁机构不得撤销。

第五十五条 有下列情形之一的，撤销权消灭：

（一）具有撤销权的当事人自知道或者应当知道撤销事由之日起一年内没有行使撤销权；

（二）具有撤销权的当事人知道撤销事由后明确表示或者以自己的行为放弃撤销权。

第五十六条 无效的合同或者被撤销的合同自始没有法律约束力。合同部分无效，不影响其他部分效力的，其他部分仍然有效。

第五十七条 合同无效、被撤销或者终止的，不影响合同中独立存在的有关解决争议方法的条款的效力。

第五十八条 合同无效或者被撤销后，因该合同取得的财产，应当予以返还；不能返还或者没有必要返还的，应当折价补偿。有过错的一方应当赔偿对方因此所受到的损失，双方都有过错的，应当各自承担相应的责任。

第五十九条 当事人恶意串通，损害国家、集体或者第三人利益的，因此取得的财产收归国家所有或者返还集体、第三人。

第四章 合同的履行

第六十条 当事人应当按照约定全面履行自己的义务。

当事人应当遵循诚实信用原则，根据合同的性质、目的和交易习惯履行通知、协助、保密等义务。

第六十一条 合同生效后，当事人就质量、价款或者报酬、履行地点等内容没有约定或者约定不明确的，可以协议补充；不能达成补充协议的，按照合同有关条款或者交易习惯确定。

第六十二条 当事人就有关合同内容约定不明确，依照本法第六十一条的规定仍不能确定的，适用下列规定：

（一）质量要求不明确的，按照国家标准、行业标准履行；没有国家标准、行业标准的，按照通常标准或者符合合同目的的特定标准履行；

（二）价款或者报酬不明确的，按照订立合同时履行地的市场价格履行；依法应当执行政府定价或者政府指导价的，按照规定履行；

（三）履行地点不明确，给付货币的，在接受货币一方所在地履行；交付不动产的，在不动产所在地履行；其他标的，在履行义务一方所在地履行；

（四）履行期限不明确的，债务人可以随时履行，债权人也可以随时要求履行，但应当给对方必要的准备时间；

（五）履行方式不明确的，按照有利于实现合同目的的方式履行；

（六）履行费用的负担不明确的，由履行义务一方负担。

第六十三条 执行政府定价或者政府指导价的，在合同约定的交付期限内政府价格调整时，按照交付时的价格计价。逾期交付标的物的，遇价格上涨时，按照原价格执行；价格下降时，按照新价格执行。逾期提取标的物或者逾期付款的，遇价格上涨时，按照新价格执行；价格下降时，按照原价格执行。

第六十四条 当事人约定由债务人向第三人履行债务的，债务人未向第三人履行债务或者履行债务不符合约定，应当向债权人承担违约责任。

第六十五条 当事人约定由第三人向债权人履行债务的，第三人不履行债务或者履行债务不符合约定，债务人应当向债权人承担违约责任。

第六十六条 当事人互负债务，没有先后履行顺序的，应当同时履行。一方在对方履行之前有权拒绝其履行要求。一方在对方履行债务不符合约定时，有权拒绝其相应的履行要求。

第六十七条 当事人互负债务，有先后履行顺序，先履行一方未履行的，后履行一方有权拒绝其履行要求。先履行一方履行债务不符合约定的，后履行一方有权拒绝其相应的履行要求。

第六十八条 应当先履行债务的当事人，有确切证据证明对方有下列情形之一的，可以中止履行：

（一）经营状况严重恶化；

（二）转移财产、抽逃资金，以逃避债务；

（三）丧失商业信誉；

（四）有丧失或者可能丧失履行债务能力的其他情形。

当事人没有确切证据中止履行的，应当承担违约责任。

第六十九条 当事人依照本法第六十八条的规定中止履行的，应当及时通知对方。对方提供适当担保时，应当恢复履行。中止履行后，对方在合理期限内未恢复履行能力并且未提供适当担保的，中止履行的一方可以解除合同。

第七十条 债权人分立、合并或者变更住所没有通知债务人，致使履行债务发生困难的，债务人可以中止履行或者将标的物提存。

第七十一条 债权人可以拒绝债务人提前履行债务，但提前履行不损害债权人利益的除外。

债务人提前履行债务给债权人增加的费用，由债务人负担。

第七十二条 债权人可以拒绝债务人部分履行债务，但部分履行不损害债权人利益的除外。

债务人部分履行债务给债权人增加的费用，由债务人负担。

第七十三条 因债务人怠于行使其到期债权，对债权人造成损害的，债权人可以向人民法院请求以自己的名义代位行使债务人的债权，但该债权专属于债务人自身的除外。

代位权的行使范围以债权人的债权为限。债权人行使代位权的必要费用，由债务人负担。

第七十四条 因债务人放弃其到期债权或者无偿转让财产，对债权人造成损害的，债权人可以请求人民法院撤销债务人的行为。债务人以明显不合理的低价转让财产，对债权人造成损害，并且受让人知道该情形的，债权人也可以请求人民法院撤销债务人的行为。

撤销权的行使范围以债权人的债权为限。债权人行使撤销权的必要费用，由债务人负担。

第七十五条 撤销权自债权人知道或者应当知道撤销事由之日起一年内行使。自债务人的行为发生之日起五年内没有行使撤销权的，该撤销权消灭。

第七十六条 合同生效后，当事人不得因姓名、名称的变更或者法定代表人、负责人、承办人的变动而不履行合同义务。

第五章 合同的变更和转让

第七十七条 当事人协商一致,可以变更合同。

法律、行政法规规定变更合同应当办理批准、登记等手续的,依照其规定。

第七十八条 当事人对合同变更的内容约定不明确的,推定为未变更。

第七十九条 债权人可以将合同的权利全部或者部分转让给第三人,但有下列情形之一的除外:

(一)根据合同性质不得转让;

(二)按照当事人约定不得转让;

(三)依照法律规定不得转让。

第八十条 债权人转让权利的,应当通知债务人。未经通知,该转让对债务人不发生效力。

债权人转让权利的通知不得撤销,但经受让人同意的除外。

第八十一条 债权人转让权利的,受让人取得与债权有关的从权利,但该从权利专属于债权人自身的除外。

第八十二条 债务人接到债权转让通知后,债务人对让与人的抗辩,可以向受让人主张。

第八十三条 债务人接到债权转让通知时,债务人对让与人享有债权,并且债务人的债权先于转让的债权到期或者同时到期的,债务人可以向受让人主张抵销。

第八十四条 债务人将合同的义务全部或者部分转移给第三人的,应当经债权人同意。

第八十五条 债务人转移义务的,新债务人可以主张原债务人对债权人的抗辩。

第八十六条 债务人转移义务的,新债务人应当承担与主债务有关的从债务,但该从债务专属于原债务人自身的除外。

第八十七条 法律、行政法规规定转让权利或者转移义务应当办理批准、登记等手续的,依照其规定。

第八十八条 当事人一方经对方同意,可以将自己在合同中的权利和义务一并转让给第三人。

第八十九条 权利和义务一并转让的,适用本法第七十九条、第八十一条至第八十三条、第八十五条至第八十七条的规定。

第九十条 当事人订立合同后合并的,由合并后的法人或者其他组织行使合同权利,履行合同义务。当事人订立合同后分立的,除债权人和债务人另有约定的以外,由分立的法人或者其他组织对合同的权利和义务享有连带债权,承担连带债务。

第六章 合同的权利义务终止

第九十一条 有下列情形之一的,合同的权利义务终止:

(一)债务已经按照约定履行;

(二)合同解除;

(三)债务相互抵销;

(四)债务人依法将标的物提存;

(五)债权人免除债务;

(六)债权债务同归于一人;

(七)法律规定或者当事人约定终止的其他情形。

第九十二条 合同的权利义务终止后,当事人应当遵循诚实信用原则,根据交易习惯履行通知、协助、保密等义务。

第九十三条 当事人协商一致,可以解除合同。

当事人可以约定一方解除合同的条件。解除合同的条件成就时,解除权人可以解除合同。

第九十四条 有下列情形之一的,当事人可以解除合同:

(一)因不可抗力致使不能实现合同目的;

(二)在履行期限届满之前,当事人一方明确表示或者以自己的行为表明不履行主要债务;

(三)当事人一方迟延履行主要债务,经催告后在合理期限内仍未履行;

(四)当事人一方迟延履行债务或者有其他违约行为致使不能实现合同目的;

(五)法律规定的其他情形。

第九十五条 法律规定或者当事人约定解除权行使期限,期限届满当事人不行使的,该权利消灭。

法律没有规定或者当事人没有约定解除权行使期限,经对方催告后在合理期限内不行使的,该权利消灭。

第九十六条 当事人一方依照本法第九十三条第二款、第九十四条的规定主张解除合同的,应当通知对方。合同自通知到达对方时解除。对方有异议的,可以请求人民法院或者仲裁机构确认解除合同的效力。

法律、行政法规规定解除合同应当办理批准、登记等手续的,依照其规定。

第九十七条 合同解除后,尚未履行的,终止履行;已经履行的,根据履行情况和合同性质,当事人可以要求恢复原状、采取其他补救措施,并有权要求赔偿损失。

第九十八条 合同的权利义务终止,不影响合同中结算和清理条款的效力。

第九十九条 当事人互负到期债务,该债务的标的物种类、品质相同的,任何一方可以将自己的债务与对方的债务抵销,但依照法律规定或者按照合同性质不得抵销的除外。

当事人主张抵销的,应当通知对方。通知自到达对方时生效。抵销不得附条件或者附期限。

第一百条 当事人互负债务，标的物种类、品质不相同的，经双方协商一致，也可以抵销。

第一百零一条 有下列情形之一，难以履行债务的，债务人可以将标的物提存：

（一）债权人无正当理由拒绝受领；

（二）债权人下落不明；

（三）债权人死亡未确定继承人或者丧失民事行为能力未确定监护人；

（四）法律规定的其他情形。

标的物不适于提存或者提存费用过高的，债务人依法可以拍卖或者变卖标的物，提存所得的价款。

第一百零二条 标的物提存后，除债权人下落不明的以外，债务人应当及时通知债权人或者债权人的继承人、监护人。

第一百零三条 标的物提存后，毁损、灭失的风险由债权人承担。提存期间，标的物的孳息归债权人所有。提存费用由债权人负担。

第一百零四条 债权人可以随时领取提存物，但债权人对债务人负有到期债务的，在债权人未履行债务或者提供担保之前，提存部门根据债务人的要求应当拒绝其领取提存物。

债权人领取提存物的权利，自提存之日起五年内不行使而消灭，提存物扣除提存费用后归国家所有。

第一百零五条 债权人免除债务人部分或者全部债务的，合同的权利义务部分或者全部终止。

第一百零六条 债权和债务同归于一人的，合同的权利义务终止，但涉及第三人利益的除外。

第七章 违约责任

第一百零七条 当事人一方不履行合同义务或者履行合同义务不符合约定的，应当承担继续履行、采取补救措施或者赔偿损失等违约责任。

第一百零八条 当事人一方明确表示或者以自己的行为表明不履行合同义务的，对方可以在履行期限届满之前要求其承担违约责任。

第一百零九条 当事人一方未支付价款或者报酬的，对方可以要求其支付价款或者报酬。

第一百一十条 当事人一方不履行非金钱债务或者履行非金钱债务不符合约定的，对方可以要求履行，但有下列情形之一的除外：

（一）法律上或者事实上不能履行；

（二）债务的标的不适于强制履行或者履行费用过高；

（三）债权人在合理期限内未要求履行。

第一百一十一条 质量不符合约定的，应当按照当事人的约定承担违约责任。对违约责任没有约定或者约定不明确，依照本法第六十一条的规定仍不能确定的，受损害方根据标的的性质以及损失的大小，可以合理选择要求对方承担修理、更换、重作、退货、减少价款或者报酬等违约责任。

第一百一十二条 当事人一方不履行合同义务或者履行合同义务不符合约定的，在履行义务或者采取补救措施后，对方还有其他损失的，应当赔偿损失。

第一百一十三条 当事人一方不履行合同义务或者履行合同义务不符合约定，给对方造成损失的，损失赔偿额应当相当于因违约所造成的损失，包括合同履行后可以获得的利益，但不得超过违反合同一方订立合同时预见到或者应当预见到的因违反合同可能造成的损失。

经营者对消费者提供商品或者服务有欺诈行为的，依照《中华人民共和国消费者权益保护法》的规定承担损害赔偿责任。

第一百一十四条 当事人可以约定一方违约时应当根据违约情况向对方支付一定数额的违约金，也可以约定因违约产生的损失赔偿额的计算方法。

约定的违约金低于造成的损失的，当事人可以请求人民法院或者仲裁机构予以增加；约定的违约金过分高于造成的损失的，当事人可以请求人民法院或者仲裁机构予以适当减少。

当事人就迟延履行约定违约金的，违约方支付违约金后，还应当履行债务。

第一百一十五条 当事人可以依照《中华人民共和国担保法》约定一方向对方给付定金作为债权的担保。债务人履行债务后，定金应当抵作价款或者收回。给付定金的一方不履行约定的债务的，无权要求返还定金；收受定金的一方不履行约定的债务的，应当双倍返还定金。

第一百一十六条 当事人既约定违约金，又约定定金的，一方违约时，对方可以选择适用违约金或者定金条款。

第一百一十七条 因不可抗力不能履行合同的，根据不可抗力的影响，部分或者全部免除责任，但法律另有规定的除外。当事人迟延履行后发生不可抗力的，不能免除责任。

本法所称不可抗力，是指不能预见、不能避免并不能克服的客观情况。

第一百一十八条 当事人一方因不可抗力不能履行合同的，应当及时通知对方，以减轻可能给对方造成的损失，并应当在合理期限内提供证明。

第一百一十九条 当事人一方违约后，对方应当采取适当措施防止损失的扩大；没有采取适当措施致使损失扩大的，不得就扩大的损失要求赔偿。

当事人因防止损失扩大而支出的合理费用，由违约方承担。

第一百二十条 当事人双方都违反合同的，应当各自承担相应的责任。

第一百二十一条 当事人一方因第三人的原因造成违约的，应当向对方承担违约责任。当事人一方和第三人之间的纠纷，依照法律规定或者按照约定解决。

第一百二十二条 因当事人一方的违约行为，侵害对方人身、财产权益的，受损害方有权选择依照本法要求其承担违约责任或者依照其他法律要求其承担侵权责任。

第八章 其他规定

第一百二十三条 其他法律对合同另有规定的，依照其规定。

第一百二十四条 本法分则或者其他法律没有明文规定的合同，适用本法总则的规定，并可以参照本法分则或者其他法律最相类似的规定。

第一百二十五条 当事人对合同条款的理解有争议的，应当按照合同所使用的词句、合同的有关条款、合同的目的、交易习惯以及诚实信用原则，确定该条款的真实意思。

合同文本采用两种以上文字订立并约定具有同等效力的，对各文本使用的词句推定具有相同含义。各文本使用的词句不一致的，应当根据合同的目的予以解释。

第一百二十六条 涉外合同的当事人可以选择处理合同争议所适用的法律，但法律另有规定的除外。涉外合同的当事人没有选择的，适用与合同有最密切联系的国家的法律。

在中华人民共和国境内履行的中外合资经营企业合同、中外合作经营企业合同、中外合作勘探开发自然资源合同，适用中华人民共和国法律。

第一百二十七条 工商行政管理部门和其他有关行政主管部门在各自的职权范围内，依照法律、行政法规的规定，对利用合同危害国家利益、社会公共利益的违法行为，负责监督处理；构成犯罪的，依法追究刑事责任。

第一百二十八条 当事人可以通过和解或者调解解决合同争议。

当事人不愿和解、调解或者和解、调解不成的，可以根据仲裁协议向仲裁机构申请仲裁。涉外合同的当事人可以根据仲裁协议向中国仲裁机构或者其他仲裁机构申请仲裁。当事人没有订立仲裁协议或者仲裁协议无效的，可以向人民法院起诉。当事人应当履行发生法律效力的判决、仲裁裁决、调解书；拒不履行的，对方可以请求人民法院执行。

第一百二十九条 因国际货物买卖合同和技术进出口合同争议提起诉讼或者申请仲裁的期限为四年，自当事人知道或者应当知道其权利受到侵害之日起计算。因其他合同争议提起诉讼或者申请仲裁的期限，依照有关法律的规定。

分　则

第九章 买卖合同

第一百三十条 买卖合同是出卖人转移标的物的所有权于买受人，买受人支付价款的合同。

第一百三十一条 买卖合同的内容除依照本法第十二条的规定以外，还可以包括包装方式、检验标准和方法、结算方式、合同使用的文字及其效力等条款。

第一百三十二条 出卖的标的物，应当属于出卖人所有或者出卖人有权处分。法律、行政法规禁止或者限制转让的标的物，依照其规定。

第一百三十三条 标的物的所有权自标的物交付时起转移，但法律另有规定或者当事人另有约定的除外。

第一百三十四条 当事人可以在买卖合同中约定买受人未履行支付价款或者其他义务的，标的物的所有权属于出卖人。

第一百三十五条 出卖人应当履行向买受人交付标的物或者交付提取标的物的单证，并转移标的物所有权的义务。

第一百三十六条 出卖人应当按照约定或者交易习惯向买受人交付提取标的物单证以外的有关单证和资料。

第一百三十七条 出卖具有知识产权的计算机软件等标的物的，除法律另有规定或者当事人另有约定的以外，该标的物的知识产权不属于买受人。

第一百三十八条 出卖人应当按照约定的期限交付标的物。约定交付期间的，出卖人可以在该交付期间内的任何时间交付。

第一百三十九条 当事人没有约定标的物的交付期限或者约定不明确的，适用本法第六十一条、第六十二条第四项的规定。

第一百四十条 标的物在订立合同之前已为买受人占有的，合同生效的时间为交付时间。

第一百四十一条 出卖人应当按照约定的地点交付标的物。

当事人没有约定交付地点或者约定不明确，依照本法第六十一条的规定仍不能确定的，适用下列规定：

（一）标的物需要运输的，出卖人应当将标的物交付给第一承运人以运交给买受人；

（二）标的物不需要运输，出卖人和买受人订立合同时知道标的物在某一地点的，出卖人应当在该地点交付标的物；不知道标的物在某一地点的，应当在出卖人订立合同时的营业地交付标的物。

第一百四十二条 标的物毁损、灭失的风险，在标的物交付之前由出卖人承担，交付之后由买受人承担，但法律另有规定或者当事人另有约定的除外。

第一百四十三条 因买受人的原因致使标的物不能按照约定的期限交付的，买受人应当自违反约定之日起承担标的物毁损、灭失的风险。

第一百四十四条 出卖人出卖交由承运人运输的在途标的物，除当事人另有约定的以外，毁损、灭失的风险自合同成立时起由买受人承担。

第一百四十五条 当事人没有约定交付地点或者约定不明确，依照本法第一百四十一条第二款第一项的规定标的物需要运输的，出卖人将标的物交付给第一承运人后，标的物毁损、灭失的风险由买受人承担。

第一百四十六条 出卖人按照约定或者依照本法第一百四十一条第二款第二项的规定将标的物置于交付地点，买受人违反约定没有收取的，标的物毁损、灭失的风险自违反约定之日起由买受人承担。

第一百四十七条 出卖人按照约定未交付有关标的物的单证和资料的，不影响标的物毁损、灭失风险的转移。

第一百四十八条 因标的物质量不符合质量要求，致使不能实现合同目的的，买受人可以拒绝接受标的物或者解除合同。买受人拒绝接受标的物或者解除合同的，标的物毁损、灭失的风险由出卖人承担。

第一百四十九条 标的物毁损、灭失的风险由买受人承担的，不影响因出卖人履行债务不符合约定，买受人要求其承担违约责任的权利。

第一百五十条 出卖人就交付的标的物，负有保证第三人不得向买受人主张任何权利的义务，但法律另有规定的除外。

第一百五十一条 买受人订立合同时知道或者应当知道第三人对买卖的标的物享有权利的，出卖人不承担本法第一百五十条规定的义务。

第一百五十二条 买受人有确切证据证明第三人可能就标的物主张权利的，可以中止支付相应的价款，但出卖人提供适当担保的除外。

第一百五十三条 出卖人应当按照约定的质量要求交付标的物。出卖人提供有关标的物质量说明的，交付的标的物应当符合该说明的质量要求。

第一百五十四条 当事人对标的物的质量要求没有约定或者约定不明确，依照本法第六十一条的规定仍不能确定的，适用本法第六十二条第一项的规定。

第一百五十五条 出卖人交付的标的物不符合质量要求的，买受人可以依照本法第一百一十一条的规定要求承担违约责任。

第一百五十六条 出卖人应当按照约定的包装方式交付标的物。对包装方式没有约定或者约定不明确，依照本法第六十一条的规定仍不能确定的，应当按照通用的方式包装，没有通用方式的，应当采取足以保护标的物的包装方式。

第一百五十七条 买受人收到标的物时应当在约定的检验期间内检验。没有约定检验期间的，应当及时检验。

第一百五十八条 当事人约定检验期间的，买受人应当在检验期间内将标的物的数量或者质量不符合约定的情形通知出卖人。买受人怠于通知的，视为标的物的数量或者质量符合约定。

当事人没有约定检验期间的，买受人应当在发现或者应当发现标的物的数量或者质量不符合约定的合理期间内通知出卖人。买受人在合理期间内未通知或者自标的物收到之日起两年内未通知出卖人的，视为标的物的数量或者质量符合约定，但对标的物有质量保证期的，适用质量保证期，不适用该两年的规定。

出卖人知道或者应当知道提供的标的物不符合约定的，买受人不受前两款规定的通知时间的限制。

第一百五十九条 买受人应当按照约定的数额支付价款。对价款没有约定或者约定不明确的，适用本法第六十一条、第六十二条第二项的规定。

第一百六十条 买受人应当按照约定的地点支付价款。对支付地点没有约定或者约定不明确，依照本法第六十一条的规定仍不能确定的，买受人应当在出卖人的营业地支付，但约定支付价款以交付标的物或者交付提取标的物单证为条件的，在交付标的物或者交付提取标的物单证的所在地支付。

第一百六十一条 买受人应当按照约定的时间支付价款。对支付时间没有约定或者约定不明确，依照本法第六十一条的规定仍不能确定的，买受人应当在收到标的物或者提取标的物单证的同时支付。

第一百六十二条 出卖人多交标的物的，买受人可以接收或者拒绝接收多交的部分。买受人接收多交部分的，按照合同的价格支付价款；买受人拒绝接收多交部分的，应当及时通知出卖人。

第一百六十三条 标的物在交付之前产生的孳息，归出卖人所有，交付之后产生的孳息，归买受人所有。

第一百六十四条 因标的物的主物不符合约定而解除合同的，解除合同的效力及于从物。因标的物的从物不符合约定被解除的，解除的效力不及于主物。

第一百六十五条 标的物为数物，其中一物不符合约定的，买受人可以就该物解除，但该物与他物分离使标的物的价值显受损害的，当事人可以就数物解除合同。

第一百六十六条 出卖人分批交付标的物的，出卖人对其中一批标的物不交付或者交付不符合约定，致使该批标的物不能实现合同目的的，买受人可以就该批标的物解除。

出卖人不交付其中一批标的物或者交付不符合约定，致使今后其他各批标的物的交付不能实现合同目的的，买受人可以就该批以及今后其他各批标的物解除。买受人如果就其中一批标的物解除，该批标的物与其他各批标的物相互依存的，可以就已经交付和未交付的各批标的物解除。

第一百六十七条 分期付款的买受人未支付到期价款的金额达到全部价款的五分之一的，出卖人可以要求买受人支付全部价款或者解除合同。

出卖人解除合同的，可以向买受人要求支付该标的物的使用费。

第一百六十八条 凭样品买卖的当事人应当封存样品，并可以对样品质量予以说明。出卖人交付的标的物应当与样品及其说明的质量相同。

第一百六十九条 凭样品买卖的买受人不知道样品有隐蔽瑕疵的，即使交付的标的物与样品相同，出卖人交付的标的物的质量仍然应当符合同种物的通常标准。

第一百七十条 试用买卖的当事人可以约定标的物的试用期间。对试用期间没有约定或者约定不明确，依照本法第六十一条的规定仍不能确定的，由出卖人确定。

第一百七十一条 试用买卖的买受人在试用期内可以购买标的物，也可以拒绝购买。试用期间届满，买受人对是否购买标的物未作表示的，视为购买。

第一百七十二条 招标投标买卖的当事人的权利和义务以及招标投标程序等，依照有关法律、行政法规的规定。

第一百七十三条 拍卖的当事人的权利和义务以及拍卖程序等，依照有关法律、行政法规的规定。

第一百七十四条 法律对其他有偿合同有规定的，依照其规定；没有规定的，参照买卖合同的有关规定。

第一百七十五条 当事人约定易货交易，转移标的物的所有权的，参照买卖合同的有关规定。

第十章 供用电、水、气、热力合同

第一百七十六条 供用电合同是供电人向用电人供电，用电人支付电费的合同。

第一百七十七条 供用电合同的内容包括供电的方式、质量、时间，用电容量、地址、性质，计量方式，电价、电费的结算方式，供用电设施的维护责任等条款。

第一百七十八条 供用电合同的履行地点，按照当事人约定；当事人没有约定或者约定不明确的，供电设施的产权分界处为履行地点。

第一百七十九条 供电人应当按照国家规定的供电质量标准和约定安全供电。供电人未按照国家规定的供电质量标准和约定安全供电，造成用电人损失的，应当承担损害赔偿责任。

第一百八十条 供电人因供电设施计划检修、临时检修、依法限电或者用电人违法用电等原因，需要中断供电时，应当按照国家有关规定事先通知用电人。未事先通知用电人中断供电，造成用电人损失的，应当承担损害赔偿责任。

第一百八十一条 因自然灾害等原因断电，供电人应当按照国家有关规定及时抢修。未及时抢修，造成用电人损失的，应当承担损害赔偿责任。

第一百八十二条 用电人应当按照国家有关规定和当事人的约定及时交付电费。用电人逾期不交付电费的，应当按照约定支付违约金。经催告用电人在合理期限内仍不交付电费和违约金的，供电人可以按照国家规定的程序中止供电。

第一百八十三条 用电人应当按照国家有关规定和当事人的约定安全用电。用电人未按照国家有关规定和当事人的约定安全用电，造成供电人损失的，应当承担损害赔偿责任。

第一百八十四条 供用水、供用气、供用热力合同，参照供用电合同的有关规定。

第十一章 赠与合同

第一百八十五条 赠与合同是赠与人将自己的财产无偿给予受赠人，受赠人表示接受赠与的合同。

第一百八十六条 赠与人在赠与财产的权利转移之前可以撤销赠与。

具有救灾、扶贫等社会公益、道德义务性质的赠与合同或者经过公证的赠与合同，不适用前款规定。

第一百八十七条 赠与的财产依法需要办理登记等手续的，应当办理有关手续。

第一百八十八条 具有救灾、扶贫等社会公益、道德义务性质的赠与合同或者经过公证的赠与合同，赠与人不交付赠与的财产的，受赠人可以要求交付。

第一百八十九条 因赠与人故意或者重大过失致使赠与的财产毁损、灭失的，赠与人应当承担损害赔偿责任。

第一百九十条 赠与可以附义务。

赠与附义务的，受赠人应当按照约定履行义务。

第一百九十一条 赠与的财产有瑕疵的，赠与人不承担责任。附义务的赠与，赠与的财产有瑕疵的，赠与人在附义务的限度内承担与出卖人相同的责任。

赠与人故意不告知瑕疵或者保证无瑕疵，造成受赠人损失的，应当承担损害赔偿责任。

第一百九十二条 受赠人有下列情形之一的，赠与人可以撤销赠与：

（一）严重侵害赠与人或者赠与人的近亲属；

（二）对赠与人有扶养义务而不履行；

（三）不履行赠与合同约定的义务。

赠与人的撤销权，自知道或者应当知道撤销原因之日起一年内行使。

第一百九十三条 因受赠人的违法行为致使赠与人死亡或者丧失民事行为能力的，赠与人的继承人或者法定代理人可以撤销赠与。

赠与人的继承人或者法定代理人的撤销权，自知道或者应当知道撤销原因之日起六个月内行使。

第一百九十四条 撤销权人撤销赠与的，可以向受赠人要求返还赠与的财产。

第一百九十五条 赠与人的经济状况显著恶化，严重影响其生产经营或者家庭生活的，可以不再履行赠与义务。

第十二章 借款合同

第一百九十六条 借款合同是借款人向贷款人借款，到期返还借款并支付利息的合同。

第一百九十七条 借款合同采用书面形式，但自然人之间借款另有约定的除外。

借款合同的内容包括借款种类、币种、用途、数额、利率、期限和还款方式等条款。

第一百九十八条 订立借款合同，贷款人可以要求借款人提供担保。担保依照《中华人民共和国担保法》的规定。

第一百九十九条 订立借款合同，借款人应当按照贷款人的要求提供与借款有关的业务活动和财务状况的真实情况。

第二百条 借款的利息不得预先在本金中扣除。利息预先在本金中扣除的，应当按照实际借款数额返还借款并计算利息。

第二百零一条 贷款人未按照约定的日期、数额提供借款，造成借款人损失的，应当赔偿损失。

借款人未按照约定的日期、数额收取借款的，应当按照约定的日期、数额支付利息。

第二百零二条 贷款人按照约定可以检查、监督借款的使用情况。借款人应当按照约定向贷款人定期提供有关财务会计报表等资料。

第二百零三条 借款人未按照约定的借款用途使用借款的，贷款人可以停止发放借款、提前收回借款或者解除合同。

第二百零四条 办理贷款业务的金融机构贷款的利率，应当按照中国人民银行规定的贷款利率的上下限确定。

第二百零五条 借款人应当按照约定的期限支付利息。对支付利息的期限没有约定或者约定不明确，依照本法第六十一条的规定仍不能确定，借款期间不满一年的，应当在返还借款时一并支付；借款期间一年以上的，应当在每届满一年时支付，剩余期间不满一年的，应当在返还借款时一并支付。

第二百零六条 借款人应当按照约定的期限返还借款。对借款期限没有约定或者约定不明确，依照本法第六十一条的规定仍不能确定的，借款人可以随时返还；贷款人可以催告借款人在合理期限内返还。

第二百零七条 借款人未按照约定的期限返还借款的，应当按照约定或者国家有关规定支付逾期利息。

第二百零八条 借款人提前偿还借款的，除当事人另有约定的以外，应当按照实际借款的期间计算利息。

第二百零九条 借款人可以在还款期限届满之前向贷款人申请展期。贷款人同意的，可以展期。

第二百一十条 自然人之间的借款合同，自贷款人提供借款时生效。

第二百一十一条 自然人之间的借款合同对支付利息没有约定或者约定不明确的，视为不支付利息。

自然人之间的借款合同约定支付利息的，借款的利率不得违反国家有关限制借款利率的规定。

第十三章 租赁合同

第二百一十二条 租赁合同是出租人将租赁物交付承租人使用、收益，承租人支付租金的合同。

第二百一十三条 租赁合同的内容包括租赁物的名称、数量、用途、租赁期限、租金及其支付期限和方式、租赁物维修等条款。

第二百一十四条 租赁期限不得超过二十年。超过二十年的，超过部分无效。租赁期间届满，当事人可以续订租赁合同，但约定的租赁期限自续订之日起不得超过二十年。

第二百一十五条 租赁期限六个月以上的，应当采用书面形式。当事人未采用书面形式的，视为不定期租赁。

第二百一十六条 出租人应当按照约定将租赁物交付承租人，并在租赁期间保持租赁物符合约定的用途。

第二百一十七条 承租人应当按照约定的方法使用租赁物。对租赁物的使用方法没有约定或者约定不明确，依照本法第六十一条的规定仍不能确定的，应当按照租赁物的性质使用。

第二百一十八条 承租人按照约定的方法或者租赁物的性质使用租赁物，致使租赁物受到损耗的，不承担损害赔偿责任。

第二百一十九条 承租人未按照约定的方法或者

租赁物的性质使用租赁物，致使租赁物受到损失的，出租人可以解除合同并要求赔偿损失。

第二百二十条　出租人应当履行租赁物的维修义务，但当事人另有约定的除外。

第二百二十一条　承租人在租赁物需要维修时可以要求出租人在合理期限内维修。出租人未履行维修义务的，承租人可以自行维修，维修费用由出租人负担。因维修租赁物影响承租人使用的，应当相应减少租金或者延长租期。

第二百二十二条　承租人应当妥善保管租赁物，因保管不善造成租赁物毁损、灭失的，应当承担损害赔偿责任。

第二百二十三条　承租人经出租人同意，可以对租赁物进行改善或者增设他物。承租人未经出租人同意，对租赁物进行改善或者增设他物的，出租人可以要求承租人恢复原状或者赔偿损失。

第二百二十四条　承租人经出租人同意，可以将租赁物转租给第三人。承租人转租的，承租人与出租人之间的租赁合同继续有效，第三人对租赁物造成损失的，承租人应当赔偿损失。

承租人未经出租人同意转租的，出租人可以解除合同。

第二百二十五条　在租赁期间因占有、使用租赁物获得的收益，归承租人所有，但当事人另有约定的除外。

第二百二十六条　承租人应当按照约定的期限支付租金。对支付期限没有约定或者约定不明确，依照本法第六十一条的规定仍不能确定，租赁期间不满一年的，应当在租赁期间届满时支付；租赁期间一年以上的，应当在每届满一年时支付，剩余期间不满一年的，应当在租赁期间届满时支付。

第二百二十七条　承租人无正当理由未支付或者迟延支付租金的，出租人可以要求承租人在合理期限内支付。承租人逾期不支付的，出租人可以解除合同。

第二百二十八条　因第三人主张权利，致使承租人不能对租赁物使用、收益的，承租人可以要求减少租金或者不支付租金。

第三人主张权利的，承租人应当及时通知出租人。

第二百二十九条　租赁物在租赁期间发生所有权变动的，不影响租赁合同的效力。

第二百三十条　出租人出卖租赁房屋的，应当在出卖之前的合理期限内通知承租人，承租人享有以同等条件优先购买的权利。

第二百三十一条　因不可归责于承租人的事由，致使租赁物部分或者全部毁损、灭失的，承租人可以要求减少租金或者不支付租金；因租赁物部分或者全部毁损、灭失，致使不能实现合同目的的，承租人可以解除合同。

第二百三十二条　当事人对租赁期限没有约定或者约定不明确，依照本法第六十一条的规定仍不能确定的，视为不定期租赁。当事人可以随时解除合同，但出租人解除合同应当在合理期限之前通知承租人。

第二百三十三条　租赁物危及承租人的安全或者健康的，即使承租人订立合同时明知该租赁物质量不合格，承租人仍然可以随时解除合同。

第二百三十四条　承租人在房屋租赁期间死亡的，与其生前共同居住的人可以按照原租赁合同租赁该房屋。

第二百三十五条　租赁期间届满，承租人应当返还租赁物。返还的租赁物应当符合按照约定或者租赁物的性质使用后的状态。

第二百三十六条　租赁期间届满，承租人继续使用租赁物，出租人没有提出异议的，原租赁合同继续有效，但租赁期限为不定期。

第十四章　融资租赁合同

第二百三十七条　融资租赁合同是出租人根据承租人对出卖人、租赁物的选择，向出卖人购买租赁物，提供给承租人使用，承租人支付租金的合同。

第二百三十八条　融资租赁合同的内容包括租赁物名称、数量、规格、技术性能、检验方法、租赁期限、租金构成及其支付期限和方式、币种、租赁期间届满租赁物的归属等条款。

融资租赁合同应当采用书面形式。

第二百三十九条　出租人根据承租人对出卖人、租赁物的选择订立的买卖合同，出卖人应当按照约定向承租人交付标的物，承租人享有与受领标的物有关的买受人的权利。

第二百四十条　出租人、出卖人、承租人可以约定，出卖人不履行买卖合同义务的，由承租人行使索赔的权利。承租人行使索赔权利的，出租人应当协助。

第二百四十一条　出租人根据承租人对出卖人、租赁物的选择订立的买卖合同，未经承租人同意，出租人不得变更与承租人有关的合同内容。

第二百四十二条　出租人享有租赁物的所有权。承租人破产的，租赁物不属于破产财产。

第二百四十三条　融资租赁合同的租金，除当事人另有约定的以外，应当根据购买租赁物的大部分或者全部成本以及出租人的合理利润确定。

第二百四十四条　租赁物不符合约定或者不符合使用目的的，出租人不承担责任，但承租人依赖出租人的技能确定租赁物或者出租人干预选择租赁物的除外。

第二百四十五条 出租人应当保证承租人对租赁物的占有和使用。

第二百四十六条 承租人占有租赁物期间，租赁物造成第三人的人身伤害或者财产损害的，出租人不承担责任。

第二百四十七条 承租人应当妥善保管、使用租赁物。

承租人应当履行占有租赁物期间的维修义务。

第二百四十八条 承租人应当按照约定支付租金。承租人经催告后在合理期限内仍不支付租金的，出租人可以要求支付全部租金；也可以解除合同，收回租赁物。

第二百四十九条 当事人约定租赁期间届满租赁物归承租人所有，承租人已经支付大部分租金，但无力支付剩余租金，出租人因此解除合同收回租赁物的，收回的租赁物的价值超过承租人欠付的租金以及其他费用的，承租人可以要求部分返还。

第二百五十条 出租人和承租人可以约定租赁期间届满租赁物的归属。对租赁物的归属没有约定或者约定不明确，依照本法第六十一条的规定仍不能确定的，租赁物的所有权归出租人。

第十五章 承揽合同

第二百五十一条 承揽合同是承揽人按照定做人的要求完成工作，交付工作成果，定作人给付报酬的合同。

承揽包括加工、定作、修理、复制、测试、检验等工作。

第二百五十二条 承揽合同的内容包括承揽的标的、数量、质量、报酬、承揽方式、材料的提供、履行期限、验收标准和方法等条款。

第二百五十三条 承揽人应当以自己的设备、技术和劳力，完成主要工作，但当事人另有约定的除外。

承揽人将其承揽的主要工作交由第三人完成的，应当就该第三人完成的工作成果向定作人负责；未经定作人同意的，定作人也可以解除合同。

第二百五十四条 承揽人可以将其承揽的辅助工作交由第三人完成。承揽人将其承揽的辅助工作交由第三人完成的，应当就该第三人完成的工作成果向定作人负责。

第二百五十五条 承揽人提供材料的，承揽人应当按照约定选用材料，并接受定作人检验。

第二百五十六条 定作人提供材料的，定作人应当按照约定提供材料。承揽人对定作人提供的材料，应当及时检验，发现不符合约定时，应当及时通知定作人更换、补齐或者采取其他补救措施。

承揽人不得擅自更换定作人提供的材料，不得更换不需要修理的零部件。

第二百五十七条 承揽人发现定作人提供的图纸或者技术要求不合理的，应当及时通知定作人。因定作人怠于答复等原因造成承揽人损失的，应当赔偿损失。

第二百五十八条 定作人中途变更承揽工作的要求，造成承揽人损失的，应当赔偿损失。

第二百五十九条 承揽工作需要定作人协助的，定作人有协助的义务。定作人不履行协助义务致使承揽工作不能完成的，承揽人可以催告定作人在合理期限内履行义务，并可以顺延履行期限；定作人逾期不履行的，承揽人可以解除合同。

第二百六十条 承揽人在工作期间，应当接受定作人必要的监督检验。定作人不得因监督检验妨碍承揽人的正常工作。

第二百六十一条 承揽人完成工作的，应当向定作人交付工作成果，并提交必要的技术资料和有关质量证明。定作人应当验收该工作成果。

第二百六十二条 承揽人交付的工作成果不符合质量要求的，定作人可以要求承揽人承担修理、重作、减少报酬、赔偿损失等违约责任。

第二百六十三条 定作人应当按照约定的期限支付报酬。对支付报酬的期限没有约定或者约定不明确，依照本法第六十一条的规定仍不能确定的，定作人应当在承揽人交付工作成果时支付；工作成果部分交付的，定作人应当相应支付。

第二百六十四条 定作人未向承揽人支付报酬或者材料费等价款的，承揽人对完成的工作成果享有留置权，但当事人另有约定的除外。

第二百六十五条 承揽人应当妥善保管定作人提供的材料以及完成的工作成果，因保管不善造成毁损、灭失的，应当承担损害赔偿责任。

第二百六十六条 承揽人应当按照定做人的要求保守秘密，未经定作人许可，不得留存复制品或者技术资料。

第二百六十七条 共同承揽人对定作人承担连带责任，但当事人另有约定的除外。

第二百六十八条 定作人可以随时解除承揽合同，造成承揽人损失的，应当赔偿损失。

第十六章 建设工程合同

第二百六十九条 建设工程合同是承包人进行工程建设，发包人支付价款的合同。

建设工程合同包括工程勘察、设计、施工合同。

第二百七十条 建设工程合同应当采用书面形式。

第二百七十一条 建设工程的招标投标活动，应当依照有关法律的规定公开、公平、公正进行。

第二百七十二条　发包人可以与总承包人订立建设工程合同，也可以分别与勘察人、设计人、施工人订立勘察、设计、施工承包合同。发包人不得将应当由一个承包人完成的建设工程肢解成若干部分发包给几个承包人。

总承包人或者勘察、设计、施工承包人经发包人同意，可以将自己承包的部分工作交由第三人完成。第三人就其完成的工作成果与总承包人或者勘察、设计、施工承包人向发包人承担连带责任。承包人不得将其承包的全部建设工程转包给第三人或者将其承包的全部建设工程肢解以后以分包的名义分别转包给第三人。

禁止承包人将工程分包给不具备相应资质条件的单位。禁止分包单位将其承包的工程再分包。建设工程主体结构的施工必须由承包人自行完成。

第二百七十三条　国家重大建设工程合同，应当按照国家规定的程序和国家批准的投资计划、可行性研究报告等文件订立。

第二百七十四条　勘察、设计合同的内容包括提交有关基础资料和文件（包括概预算）的期限、质量要求、费用以及其他协作条件等条款。

第二百七十五条　施工合同的内容包括工程范围、建设工期、中间交工工程的开工和竣工时间、工程质量、工程造价、技术资料交付时间、材料和设备供应责任、拨款和结算、竣工验收、质量保修范围和质量保证期、双方相互协作等条款。

第二百七十六条　建设工程实行监理的，发包人应当与监理人采用书面形式订立委托监理合同。发包人与监理人的权利和义务以及法律责任，应当依照本法委托合同以及其他有关法律、行政法规的规定。

第二百七十七条　发包人在不妨碍承包人正常作业的情况下，可以随时对作业进度、质量进行检查。

第二百七十八条　隐蔽工程在隐蔽以前，承包人应当通知发包人检查。发包人没有及时检查的，承包人可以顺延工程日期，并有权要求赔偿停工、窝工等损失。

第二百七十九条　建设工程竣工后，发包人应当根据施工图纸及说明书、国家颁发的施工验收规范和质量检验标准及时进行验收。验收合格的，发包人应当按照约定支付价款，并接收该建设工程。建设工程竣工经验收合格后，方可交付使用；未经验收或者验收不合格的，不得交付使用。

第二百八十条　勘察、设计的质量不符合要求或者未按照期限提交勘察、设计文件拖延工期，造成发包人损失的，勘察人、设计人应当继续完善勘察、设计，减收或者免收勘察、设计费并赔偿损失。

第二百八十一条　因施工人的原因致使建设工程质量不符合约定的，发包人有权要求施工人在合理期限内无偿修理或者返工、改建。经过修理或者返工、改建后，造成逾期交付的，施工人应当承担违约责任。

第二百八十二条　因承包人的原因致使建设工程在合理使用期限内造成人身和财产损害的，承包人应当承担损害赔偿责任。

第二百八十三条　发包人未按照约定的时间和要求提供原材料、设备、场地、资金、技术资料的，承包人可以顺延工程日期，并有权要求赔偿停工、窝工等损失。

第二百八十四条　因发包人的原因致使工程中途停建、缓建的，发包人应当采取措施弥补或者减少损失，赔偿承包人因此造成的停工、窝工、倒运、机械设备调迁、材料和构件积压等损失和实际费用。

第二百八十五条　因发包人变更计划，提供的资料不准确，或者未按照期限提供必需的勘察、设计工作条件而造成勘察、设计的返工、停工或者修改设计，发包人应当按照勘察人、设计人实际消耗的工作量增付费用。

第二百八十六条　发包人未按照约定支付价款的，承包人可以催告发包人在合理期限内支付价款。发包人逾期不支付的，除按照建设工程的性质不宜折价、拍卖的以外，承包人可以与发包人协议将该工程折价，也可以申请人民法院将该工程依法拍卖。建设工程的价款就该工程折价或者拍卖的价款优先受偿。

第二百八十七条　本章没有规定的，适用承揽合同的有关规定。

第十七章　运输合同

第一节　一般规定

第二百八十八条　运输合同是承运人将旅客或者货物从起运地点运输到约定地点，旅客、托运人或者收货人支付票款或者运输费用的合同。

第二百八十九条　从事公共运输的承运人不得拒绝旅客、托运人通常、合理的运输要求。

第二百九十条　承运人应当在约定期间或者合理期间内将旅客、货物安全运输到约定地点。

第二百九十一条　承运人应当按照约定的或者通常的运输路线将旅客、货物运输到约定地点。

第二百九十二条　旅客、托运人或者收货人应当支付票款或者运输费用。承运人未按照约定路线或者通常路线运输增加票款或者运输费用的，旅客、托运人或者收货人可以拒绝支付增加部分的票款或者运输费用。

第二节　客运合同

第二百九十三条　客运合同自承运人向旅客交付

客票时成立，但当事人另有约定或者另有交易习惯的除外。

第二百九十四条 旅客应当持有效客票乘运。旅客无票乘运、超程乘运、越级乘运或者持失效客票乘运的，应当补交票款，承运人可以按照规定加收票款。旅客不交付票款的，承运人可以拒绝运输。

第二百九十五条 旅客因自己的原因不能按照客票记载的时间乘坐的，应当在约定的时间内办理退票或者变更手续。逾期办理的，承运人可以不退票款，并不再承担运输义务。

第二百九十六条 旅客在运输中应当按照约定的限量携带行李。超过限量携带行李的，应当办理托运手续。

第二百九十七条 旅客不得随身携带或者在行李中夹带易燃、易爆、有毒、有腐蚀性、有放射性以及有可能危及运输工具上人身和财产安全的危险物品或者其他违禁物品。

旅客违反前款规定的，承运人可以将违禁物品卸下、销毁或者送交有关部门。

旅客坚持携带或者夹带违禁物品的，承运人应当拒绝运输。

第二百九十八条 承运人应当向旅客及时告知有关不能正常运输的重要事由和安全运输应当注意的事项。

第二百九十九条 承运人应当按照客票载明的时间和班次运输旅客。承运人迟延运输的，应当根据旅客的要求安排改乘其他班次或者退票。

第三百条 承运人擅自变更运输工具而降低服务标准的，应当根据旅客的要求退票或者减收票款；提高服务标准的，不应当加收票款。

第三百零一条 承运人在运输过程中，应当尽力救助患有急病、分娩、遇险的旅客。

第三百零二条 承运人应当对运输过程中旅客的伤亡承担损害赔偿责任，但伤亡是旅客自身健康原因造成的或者承运人证明伤亡是旅客故意、重大过失造成的除外。

前款规定适用于按照规定免票、持优待票或者经承运人许可搭乘的无票旅客。

第三百零三条 在运输过程中旅客自带物品毁损、灭失，承运人有过错的，应当承担损害赔偿责任。

旅客托运的行李毁损、灭失的，适用货物运输的有关规定。

第三节 货运合同

第三百零四条 托运人办理货物运输，应当向承运人准确表明收货人的名称或者姓名或者凭指示的收货人，货物的名称、性质、重量、数量，收货地点等有关货物运输的必要情况。

因托运人申报不实或者遗漏重要情况，造成承运人损失的，托运人应当承担损害赔偿责任。

第三百零五条 货物运输需要办理审批、检验等手续的，托运人应当将办理完有关手续的文件提交承运人。

第三百零六条 托运人应当按照约定的方式包装货物。对包装方式没有约定或者约定不明确的，适用本法第一百五十六条的规定。

托运人违反前款规定的，承运人可以拒绝运输。

第三百零七条 托运人托运易燃、易爆、有毒、有腐蚀性、有放射性等危险物品的，应当按照国家有关危险物品运输的规定对危险物品妥善包装，作出危险物标志和标签，并将有关危险物品的名称、性质和防范措施的书面材料提交承运人。托运人违反前款规定的，承运人可以拒绝运输，也可以采取相应措施以避免损失的发生，因此产生的费用由托运人承担。

第三百零八条 在承运人将货物交付收货人之前，托运人可以要求承运人中止运输、返还货物、变更到达地或者将货物交给其他收货人，但应当赔偿承运人因此受到的损失。

第三百零九条 货物运输到达后，承运人知道收货人的，应当及时通知收货人，收货人应当及时提货。收货人逾期提货的，应当向承运人支付保管费等费用。

第三百一十条 收货人提货时应当按照约定的期限检验货物。对检验货物的期限没有约定或者约定不明确，依照本法第六十一条的规定仍不能确定的，应当在合理期限内检验货物。收货人在约定的期限或者合理期限内对货物的数量、毁损等未提出异议的，视为承运人已经按照运输单证的记载交付的初步证据。

第三百一十一条 承运人对运输过程中货物的毁损、灭失承担损害赔偿责任，但承运人证明货物的毁损、灭失是因不可抗力、货物本身的自然性质或者合理损耗以及托运人、收货人的过错造成的，不承担损害赔偿责任。

第三百一十二条 货物的毁损、灭失的赔偿额，当事人有约定的，按照其约定；没有约定或者约定不明确，依照本法第六十一条的规定仍不能确定的，按照交付或者应当交付时货物到达地的市场价格计算。法律、行政法规对赔偿额的计算方法和赔偿限额另有规定的，依照其规定。

第三百一十三条 两个以上承运人以同一运输方式联运的，与托运人订立合同的承运人应当对全程运输承担责任。损失发生在某一运输区段的，与托运人订立合同的承运人和该区段的承运人承担连带责任。

第三百一十四条 货物在运输过程中因不可抗力

灭失，未收取运费的，承运人不得要求支付运费；已收取运费的，托运人可以要求返还。

第三百一十五条 托运人或者收货人不支付运费、保管费以及其他运输费用的，承运人对相应的运输货物享有留置权，但当事人另有约定的除外。

第三百一十六条 收货人不明或者收货人无正当理由拒绝受领货物的，依照本法第一百零一条的规定，承运人可以提存货物。

第四节 多式联运合同

第三百一十七条 多式联运经营人负责履行或者组织履行多式联运合同，对全程运输享有承运人的权利，承担承运人的义务。

第三百一十八条 多式联运经营人可以与参加多式联运的各区段承运人就多式联运合同的各区段运输约定相互之间的责任，但该约定不影响多式联运经营人对全程运输承担的义务。

第三百一十九条 多式联运经营人收到托运人交付的货物时，应当签发多式联运单据。按照托运人的要求，多式联运单据可以是可转让单据，也可以是不可转让单据。

第三百二十条 因托运人托运货物时的过错造成多式联运经营人损失的，即使托运人已经转让多式联运单据，托运人仍然应当承担损害赔偿责任。

第三百二十一条 货物的毁损、灭失发生于多式联运的某一运输区段的，多式联运经营人的赔偿责任和责任限额，适用调整该区段运输方式的有关法律规定。货物毁损、灭失发生的运输区段不能确定的，依照本章规定承担损害赔偿责任。

第十八章 技术合同

第一节 一般规定

第三百二十二条 技术合同是当事人就技术开发、转让、咨询或者服务订立的确立相互之间权利和义务的合同。

第三百二十三条 订立技术合同，应当有利于科学技术的进步，加速科学技术成果的转化、应用和推广。

第三百二十四条 技术合同的内容由当事人约定，一般包括以下条款：

(一)项目名称；

(二)标的的内容、范围和要求；

(三)履行的计划、进度、期限、地点、地域和方式；

(四)技术情报和资料的保密；

(五)风险责任的承担；

(六)技术成果的归属和收益的分成办法；

(七)验收标准和方法；

(八)价款、报酬或者使用费及其支付方式；

(九)违约金或者损失赔偿的计算方法；

(十)解决争议的方法；

(十一)名词和术语的解释。

与履行合同有关的技术背景资料、可行性论证和技术评价报告、项目任务书和计划书、技术标准、技术规范、原始设计和工艺文件，以及其他技术文档，按照当事人的约定可以作为合同的组成部分。

技术合同涉及专利的，应当注明发明创造的名称、专利申请人和专利权人、申请日期、申请号、专利号以及专利权的有效期限。

第三百二十五条 技术合同价款、报酬或者使用费的支付方式由当事人约定，可以采取一次总算、一次总付或者一次总算、分期支付，也可以采取提成支付或者提成支付附加预付入门费的方式。

约定提成支付的，可以按照产品价格、实施专利和使用技术秘密后新增的产值、利润或者产品销售额的一定比例提成，也可以按照约定的其他方式计算。提成支付的比例可以采取固定比例、逐年递增比例或者逐年递减比例。

约定提成支付的，当事人应当在合同中约定查阅有关会计账目的办法。

第三百二十六条 职务技术成果的使用权、转让权属于法人或者其他组织的，法人或者其他组织可以就该项职务技术成果订立技术合同。法人或者其他组织应当从使用和转让该项职务技术成果所取得的收益中提取一定比例，对完成该项职务技术成果的个人给予奖励或者报酬。法人或者其他组织订立技术合同转让职务技术成果时，职务技术成果的完成人享有以同等条件优先受让的权利。

职务技术成果是执行法人或者其他组织的工作任务，或者主要是利用法人或者其他组织的物质技术条件所完成的技术成果。

第三百二十七条 非职务技术成果的使用权、转让权属于完成技术成果的个人，完成技术成果的个人可以就该项非职务技术成果订立技术合同。

第三百二十八条 完成技术成果的个人有在有关技术成果文件上写明自己是技术成果完成者的权利和取得荣誉证书、奖励的权利。

第三百二十九条 非法垄断技术、妨碍技术进步或者侵害他人技术成果的技术合同无效。

第二节 技术开发合同

第三百三十条 技术开发合同是指当事人之间就新技术、新产品、新工艺或者新材料及其系统的研究开发所订立的合同。

技术开发合同包括委托开发合同和合作开发合同。

技术开发合同应当采用书面形式。

当事人之间就具有产业应用价值的科技成果实施转化订立的合同，参照技术开发合同的规定。

第三百三十一条　委托开发合同的委托人应当按照约定支付研究开发经费和报酬；提供技术资料、原始数据；完成协作事项；接受研究开发成果。

第三百三十二条　委托开发合同的研究开发人应当按照约定制订和实施研究开发计划；合理使用研究开发经费；按期完成研究开发工作，交付研究开发成果，提供有关的技术资料和必要的技术指导，帮助委托人掌握研究开发成果。

第三百三十三条　委托人违反约定造成研究开发工作停滞、延误或者失败的，应当承担违约责任。

第三百三十四条　研究开发人违反约定造成研究开发工作停滞、延误或者失败的，应当承担违约责任。

第三百三十五条　合作开发合同的当事人应当按照约定进行投资，包括以技术进行投资；分工参与研究开发工作；协作配合研究开发工作。

第三百三十六条　合作开发合同的当事人违反约定造成研究开发工作停滞、延误或者失败的，应当承担违约责任。

第三百三十七条　因作为技术开发合同标的的技术已经由他人公开，致使技术开发合同的履行没有意义的，当事人可以解除合同。

第三百三十八条　在技术开发合同履行过程中，因出现无法克服的技术困难，致使研究开发失败或者部分失败的，该风险责任由当事人约定。没有约定或者约定不明确，依照本法第六十一条的规定仍不能确定的，风险责任由当事人合理分担。

当事人一方发现前款规定的可能致使研究开发失败或者部分失败的情形时，应当及时通知另一方并采取适当措施减少损失。没有及时通知并采取适当措施，致使损失扩大的，应当就扩大的损失承担责任。

第三百三十九条　委托开发完成的发明创造，除当事人另有约定的以外，申请专利的权利属于研究开发人。研究开发人取得专利权的，委托人可以免费实施该专利。

研究开发人转让专利申请权的，委托人享有以同等条件优先受让的权利。

第三百四十条　合作开发完成的发明创造，除当事人另有约定的以外，申请专利的权利属于合作开发的当事人共有。当事人一方转让其共有的专利申请权的，其他各方享有以同等条件优先受让的权利。

合作开发的当事人一方声明放弃其共有的专利申请权的，可以由另一方单独申请或者由其他各方共同申请。申请人取得专利权的，放弃专利申请权的一方可以免费实施该专利。

合作开发的当事人一方不同意申请专利的，另一方或者其他各方不得申请专利。

第三百四十一条　委托开发或者合作开发完成的技术秘密成果的使用权、转让权以及利益的分配办法，由当事人约定。没有约定或者约定不明确，依照本法第六十一条的规定仍不能确定的，当事人均有使用和转让的权利，但委托开发的研究开发人不得在向委托人交付研究开发成果之前，将研究开发成果转让给第三人。

第三节　技术转让合同

第三百四十二条　技术转让合同包括专利权转让、专利申请权转让、技术秘密转让、专利实施许可合同。

技术转让合同应当采用书面形式。

第三百四十三条　技术转让合同可以约定让与人和受让人实施专利或者使用技术秘密的范围，但不得限制技术竞争和技术发展。

第三百四十四条　专利实施许可合同只在该专利权的存续期间内有效。专利权有效期限届满或者专利权被宣布无效的，专利权人不得就该专利与他人订立专利实施许可合同。

第三百四十五条　专利实施许可合同的让与人应当按照约定许可受让人实施专利，交付实施专利有关的技术资料，提供必要的技术指导。

第三百四十六条　专利实施许可合同的受让人应当按照约定实施专利，不得许可约定以外的第三人实施该专利；并按照约定支付使用费。

第三百四十七条　技术秘密转让合同的让与人应当按照约定提供技术资料，进行技术指导，保证技术的实用性、可靠性，承担保密义务。

第三百四十八条　技术秘密转让合同的受让人应当按照约定使用技术，支付使用费，承担保密义务。

第三百四十九条　技术转让合同的让与人应当保证自己是所提供的技术的合法拥有者，并保证所提供的技术完整、无误、有效，能够达到约定的目标。

第三百五十条　技术转让合同的受让人应当按照约定的范围和期限，对让与人提供的技术中尚未公开的秘密部分，承担保密义务。

第三百五十一条　让与人未按照约定转让技术的，应当返还部分或者全部使用费，并应当承担违约责任；实施专利或者使用技术秘密超越约定的范围的，违反约定擅自许可第三人实施该项专利或者使用该项技术秘密的，应当停止违约行为，承担违约责任；违反约定的保密义务的，应当承担违约责任。

第三百五十二条　受让人未按照约定支付使用费的，应当补交使用费并按照约定支付违约金；不补交使用费或者支付违约金的，应当停止实施专利或者使用技术秘密，交还技术资料，承担违约责任；实施专利或者使用技术秘密超越约定的范围的，未经让与人同意擅自许可第三人实施该专利或者使用该技术秘密的，应当停止违约行为，承担违约责任；违反约定的保密义务的，应当承担违约责任。

第三百五十三条 受让人按照约定实施专利、使用技术秘密侵害他人合法权益的，由让与人承担责任，但当事人另有约定的除外。

第三百五十四条 当事人可以按照互利的原则，在技术转让合同中约定实施专利、使用技术秘密后续改进的技术成果的分享办法。没有约定或者约定不明确，依照本法第六十一条的规定仍不能确定的，一方后续改进的技术成果，其他各方无权分享。

第三百五十五条 法律、行政法规对技术进出口合同或者专利、专利申请合同另有规定的，依照其规定。

第四节 技术咨询合同和技术服务合同

第三百五十六条 技术咨询合同包括就特定技术项目提供可行性论证、技术预测、专题技术调查、分析评价报告等合同。

技术服务合同是指当事人一方以技术知识为另一方解决特定技术问题所订立的合同，不包括建设工程合同和承揽合同。

第三百五十七条 技术咨询合同的委托人应当按照约定阐明咨询的问题，提供技术背景材料及有关技术资料、数据；接受受托人的工作成果，支付报酬。

第三百五十八条 技术咨询合同的受托人应当按照约定的期限完成咨询报告或者解答问题；提出的咨询报告应当达到约定的要求。

第三百五十九条 技术咨询合同的委托人未按照约定提供必要的资料和数据，影响工作进度和质量，不接受或者逾期接受工作成果的，支付的报酬不得追回，未支付的报酬应当支付。

技术咨询合同的受托人未按期提出咨询报告或者提出的咨询报告不符合约定的，应当承担减收或者免收报酬等违约责任。

技术咨询合同的委托人按照受托人符合约定要求的咨询报告和意见作出决策所造成的损失，由委托人承担，但当事人另有约定的除外。

第三百六十条 技术服务合同的委托人应当按照约定提供工作条件，完成配合事项；接受工作成果并支付报酬。

第三百六十一条 技术服务合同的受托人应当按照约定完成服务项目，解决技术问题，保证工作质量，并传授解决技术问题的知识。

第三百六十二条 技术服务合同的委托人不履行合同义务或者履行合同义务不符合约定，影响工作进度和质量，不接受或者逾期接受工作成果的，支付的报酬不得追回，未支付的报酬应当支付。

技术服务合同的受托人未按照合同约定完成服务工作的，应当承担免收报酬等违约责任。

第三百六十三条 在技术咨询合同、技术服务合同履行过程中，受托人利用委托人提供的技术资料和工作条件完成的新的技术成果，属于受托人。委托人利用受托人的工作成果完成的新的技术成果，属于委托人。当事人另有约定的，按照其约定。

第三百六十四条 法律、行政法规对技术中介合同、技术培训合同另有规定的，依照其规定。

第十九章 保管合同

第三百六十五条 保管合同是保管人保管寄存人交付的保管物，并返还该物的合同。

第三百六十六条 寄存人应当按照约定向保管人支付保管费。

当事人对保管费没有约定或者约定不明确，依照本法第六十一条的规定仍不能确定的，保管是无偿的。

第三百六十七条 保管合同自保管物交付时成立，但当事人另有约定的除外。

第三百六十八条 寄存人向保管人交付保管物的，保管人应当给付保管凭证，但另有交易习惯的除外。

第三百六十九条 保管人应当妥善保管保管物。

当事人可以约定保管场所或者方法。除紧急情况或者为了维护寄存人利益的以外，不得擅自改变保管场所或者方法。

第三百七十条 寄存人交付的保管物有瑕疵或者按照保管物的性质需要采取特殊保管措施的，寄存人应当将有关情况告知保管人。寄存人未告知，致使保管物受损失的，保管人不承担损害赔偿责任；保管人因此受损失的，除保管人知道或者应当知道并且未采取补救措施的以外，寄存人应当承担损害赔偿责任。

第三百七十一条 保管人不得将保管物转交第三人保管，但当事人另有约定的除外。

保管人违反前款规定，将保管物转交第三人保管，对保管物造成损失的，应当承担损害赔偿责任。

第三百七十二条 保管人不得使用或者许可第三人使用保管物，但当事人另有约定的除外。

第三百七十三条 第三人对保管物主张权利的，除依法对保管物采取保全或者执行的以外，保管人应当履行向寄存人返还保管物的义务。

第三人对保管人提起诉讼或者对保管物申请扣押的，保管人应当及时通知寄存人。

第三百七十四条 保管期间，因保管人保管不善造成保管物毁损、灭失的，保管人应当承担损害赔偿责任，但保管是无偿的，保管人证明自己没有重大过失的，不承担损害赔偿责任。

第三百七十五条 寄存人寄存货币、有价证券或者其他贵重物品的，应当向保管人声明，由保管人验收或者封存。寄存人未声明的，该物品毁损、灭失后，保管人可以按照一般物品予以赔偿。

第三百七十六条 寄存人可以随时领取保管物。

当事人对保管期间没有约定或者约定不明确的，保管人可以随时要求寄存人领取保管物；约定保管期间的，保管人无特别事由，不得要求寄存人提前领取保管物。

第三百七十七条 保管期间届满或者寄存人提前领取保管物的，保管人应当将原物及其孳息归还寄存人。

第三百七十八条 保管人保管货币的，可以返还相同种类、数量的货币。保管其他可替代物的，可以按照约定返还相同种类、品质、数量的物品。

第三百七十九条 有偿的保管合同，寄存人应当按照约定的期限向保管人支付保管费。

当事人对支付期限没有约定或者约定不明确，依照本法第六十一条的规定仍不能确定的，应当在领取保管物的同时支付。

第三百八十条 寄存人未按照约定支付保管费以及其他费用的，保管人对保管物享有留置权，但当事人另有约定的除外。

第二十章 仓储合同

第三百八十一条 仓储合同是保管人储存存货人交付的仓储物，存货人支付仓储费的合同。

第三百八十二条 仓储合同自成立时生效。

第三百八十三条 储存易燃、易爆、有毒、有腐蚀性、有放射性等危险物品或者易变质物品，存货人应当说明该物品的性质，提供有关资料。

存货人违反前款规定的，保管人可以拒收仓储物，也可以采取相应措施以避免损失的发生，因此产生的费用由存货人承担。

保管人储存易燃、易爆、有毒、有腐蚀性、有放射性等危险物品的，应当具备相应的保管条件。

第三百八十四条 保管人应当按照约定对入库仓储物进行验收。保管人验收时发现入库仓储物与约定不符合的，应当及时通知存货人。保管人验收后，发生仓储物的品种、数量、质量不符合约定的，保管人应当承担损害赔偿责任。

第三百八十五条 存货人交付仓储物的，保管人应当给付仓单。

第三百八十六条 保管人应当在仓单上签字或者盖章。仓单包括下列事项：

（一）存货人的名称或者姓名和住所；

（二）仓储物的品种、数量、质量、包装、件数和标记；

（三）仓储物的损耗标准；

（四）储存场所；

（五）储存期间；

（六）仓储费；

（七）仓储物已经办理保险的，其保险金额、期间以及保险人的名称；

（八）填发人、填发地和填发日期。

第三百八十七条 仓单是提取仓储物的凭证。存货人或者仓单持有人在仓单上背书并经保管人签字或者盖章的，可以转让提取仓储物的权利。

第三百八十八条 保管人根据存货人或者仓单持有人的要求，应当同意其检查仓储物或者提取样品。

第三百八十九条 保管人对入库仓储物发现有变质或者其他损坏的，应当及时通知存货人或者仓单持有人。

第三百九十条 保管人对入库仓储物发现有变质或者其他损坏，危及其他仓储物的安全和正常保管的，应当催告存货人或者仓单持有人作出必要的处置。因情况紧急，保管人可以作出必要的处置，但事后应当将该情况及时通知存货人或者仓单持有人。

第三百九十一条 当事人对储存期间没有约定或者约定不明确的，存货人或者仓单持有人可以随时提取仓储物，保管人也可以随时要求存货人或者仓单持有人提取仓储物，但应当给予必要的准备时间。

第三百九十二条 储存期间届满，存货人或者仓单持有人应当凭仓单提取仓储物。存货人或者仓单持有人逾期提取的，应当加收仓储费；提前提取的，不减收仓储费。

第三百九十三条 储存期间届满，存货人或者仓单持有人不提取仓储物的，保管人可以催告其在合理期限内提取，逾期不提取的，保管人可以提存仓储物。

第三百九十四条 储存期间，因保管人保管不善造成仓储物毁损、灭失的，保管人应当承担损害赔偿责任。因仓储物的性质、包装不符合约定或者超过有效储存期造成仓储物变质、损坏的，保管人不承担损害赔偿责任。

第三百九十五条 本章没有规定的，适用保管合同的有关规定。

第二十一章 委托合同

第三百九十六条 委托合同是委托人和受托人约定，由受托人处理委托人事务的合同。

第三百九十七条 委托人可以特别委托受托人处理一项或者数项事务，也可以概括委托受托人处理一切事务。

第三百九十八条 委托人应当预付处理委托事务的费用。受托人为处理委托事务垫付的必要费用,委托人应当偿还该费用及其利息。

第三百九十九条 受托人应当按照委托人的指示处理委托事务。需要变更委托人指示的,应当经委托人同意;因情况紧急,难以和委托人取得联系的,受托人应当妥善处理委托事务,但事后应当将该情况及时报告委托人。

第四百条 受托人应当亲自处理委托事务。经委托人同意,受托人可以转委托。转委托经同意的,委托人可以就委托事务直接指示转委托的第三人,受托人仅就第三人的选任及其对第三人的指示承担责任。转委托未经同意的,受托人应当对转委托的第三人的行为承担责任,但在紧急情况下受托人为维护委托人的利益需要转委托的除外。

第四百零一条 受托人应当按照委托人的要求,报告委托事务的处理情况。委托合同终止时,受托人应当报告委托事务的结果。

第四百零二条 受托人以自己的名义,在委托人的授权范围内与第三人订立的合同,第三人在订立合同时知道受托人与委托人之间的代理关系的,该合同直接约束委托人和第三人,但有确切证据证明该合同只约束受托人和第三人的除外。

第四百零三条 受托人以自己的名义与第三人订立合同时,第三人不知道受托人与委托人之间的代理关系的,受托人因第三人的原因对委托人不履行义务,受托人应当向委托人披露第三人,委托人因此可以行使受托人对第三人的权利,但第三人与受托人订立合同时如果知道该委托人就不会订立合同的除外。

受托人因委托人的原因对第三人不履行义务,受托人应当向第三人披露委托人,第三人因此可以选择受托人或者委托人作为相对人主张其权利,但第三人不得变更选定的相对人。

委托人行使受托人对第三人的权利的,第三人可以向委托人主张其对受托人的抗辩。第三人选定委托人作为其相对人的,委托人可以向第三人主张其对受托人的抗辩以及受托人对第三人的抗辩。

第四百零四条 受托人处理委托事务取得的财产,应当转交给委托人。

第四百零五条 受托人完成委托事务的,委托人应当向其支付报酬。因不可归责于受托人的事由,委托合同解除或者委托事务不能完成的,委托人应当向受托人支付相应的报酬。当事人另有约定的,按照其约定。

第四百零六条 有偿的委托合同,因受托人的过错给委托人造成损失的,委托人可以要求赔偿损失。无偿的委托合同,因受托人的故意或者重大过失给委托人造成损失的,委托人可以要求赔偿损失。

受托人超越权限给委托人造成损失的,应当赔偿损失。

第四百零七条 受托人处理委托事务时,因不可归责于自己的事由受到损失的,可以向委托人要求赔偿损失。

第四百零八条 委托人经受托人同意,可以在受托人之外委托第三人处理委托事务。因此给受托人造成损失的,受托人可以向委托人要求赔偿损失。

第四百零九条 两个以上的受托人共同处理委托事务的,对委托人承担连带责任。

第四百一十条 委托人或者受托人可以随时解除委托合同。因解除合同给对方造成损失的,除不可归责于该当事人的事由以外,应当赔偿损失。

第四百一十一条 委托人或者受托人死亡、丧失民事行为能力或者破产的,委托合同终止,但当事人另有约定或者根据委托事务的性质不宜终止的除外。

第四百一十二条 因委托人死亡、丧失民事行为能力或者破产,致使委托合同终止将损害委托人利益的,在委托人的继承人、法定代理人或者清算组织承受委托事务之前,受托人应当继续处理委托事务。

第四百一十三条 因受托人死亡、丧失民事行为能力或者破产,致使委托合同终止的,受托人的继承人、法定代理人或者清算组织应当及时通知委托人。因委托合同终止将损害委托人利益的,在委托人作出善后处理之前,受托人的继承人、法定代理人或者清算组织应当采取必要措施。

第二十二章 行纪合同

第四百一十四条 行纪合同是行纪人以自己的名义为委托人从事贸易活动,委托人支付报酬的合同。

第四百一十五条 行纪人处理委托事务支出的费用,由行纪人负担,但当事人另有约定的除外。

第四百一十六条 行纪人占有委托物的,应当妥善保管委托物。

第四百一十七条 委托物交付给行纪人时有瑕疵或者容易腐烂、变质的,经委托人同意,行纪人可以处分该物;和委托人不能及时取得联系的,行纪人可以合理处分。

第四百一十八条 行纪人低于委托人指定的价格卖出或者高于委托人指定的价格买入的,应当经委托人同意。未经委托人同意,行纪人补偿其差额的,该买卖对委托人发生效力。

行纪人高于委托人指定的价格卖出或者低于委托人指定的价格买入的,可以按照约定增加报酬。没有约定或者约定不明确,依照本法第六十一条的规定仍不能确定的，该利益属于委托人。

委托人对价格有特别指示的，行纪人不得违背该指示卖出或者买入。

第四百一十九条 行纪人卖出或者买入具有市场定价的商品，除委托人有相反的意思表示的以外，行纪人自己可以作为买受人或者出卖人。

行纪人有前款规定情形的，仍然可以要求委托人支付报酬。

第四百二十条 行纪人按照约定买入委托物，委托人应当及时受领。经行纪人催告，委托人无正当理由拒绝受领的，行纪人依照本法第一百零一条的规定可以提存委托物。

委托物不能卖出或者委托人撤回出卖，经行纪人催告，委托人不取回或者不处分该物的，行纪人依照本法第一百零一条的规定可以提存委托物。

第四百二十一条 行纪人与第三人订立合同的，行纪人对该合同直接享有权利、承担义务。

第三人不履行义务致使委托人受到损害的，行纪人应当承担损害赔偿责任，但行纪人与委托人另有约定的除外。

第四百二十二条 行纪人完成或者部分完成委托事务的，委托人应当向其支付相应的报酬。委托人逾期不支付报酬的，行纪人对委托物享有留置权，但当事人另有约定的除外。

第四百二十三条 本章没有规定的，适用委托合同的有关规定。

第二十三章 居间合同

第四百二十四条 居间合同是居间人向委托人报告订立合同的机会或者提供订立合同的媒介服务，委托人支付报酬的合同。

第四百二十五条 居间人应当就有关订立合同的事项向委托人如实报告。

居间人故意隐瞒与订立合同有关的重要事实或者提供虚假情况，损害委托人利益的，不得要求支付报酬并应当承担损害赔偿责任。

第四百二十六条 居间人促成合同成立的，委托人应当按照约定支付报酬。对居间人的报酬没有约定或者约定不明确，依照本法第六十一条的规定仍不能确定的，根据居间人的劳务合理确定。因居间人提供订立合同的媒介服务而促成合同成立的，由该合同的当事人平均负担居间人的报酬。

居间人促成合同成立的，居间活动的费用，由居间人负担。

第四百二十七条 居间人未促成合同成立的，不得要求支付报酬，但可以要求委托人支付从事居间活动支出的必要费用。

附 则

第四百二十八条 本法自1999年10月1日起施行，《中华人民共和国经济合同法》、《中华人民共和国涉外经济合同法》、《中华人民共和国技术合同法》同时废止。

国务院总理朱镕基在九届全国人大二次会议记者招待会答记者问

大会新闻发言人曾建徽邀请国务院总理朱镕基会见采访本次大会的中外记者并回答记者的提问。

朱镕基总理在下午的招待会开始时表示欢迎记者们提出任何问题。

意大利《24小时太阳报》记者：有人认为，10年以后世界会有三种大货币，美元、欧元，另一个不知道是亚洲的日元还是人民币？你觉得人民币有这个可能性吗？

朱镕基答：人民币能否成为世界货币，这个问题不应该由我来回答，而且现在还言之过早。但是我可以说一句：现在人民币非常坚挺，不会贬值。

中央电视台记者：在过去一年中，中国政府经受了严峻的考验，也赢得广泛的赞誉。请问过去一年让你最感困难的是什么，最不满意的是什么，最感动的又是什么？

答：过去的一年我感到非常难，这个困难超过了我预料的程度。第一，我原来没有估计到亚洲金融危机的影响这么大；第二，我国发生的历史上罕见的特大的洪涝灾害也超出了我的预料。但我感到满意的是，我们在以江泽民同志为核心的党中央领导下，依靠全国人民的努力，我们站住了，这两个困难我们都挺过去了。这是不容易的，所以我在政府工作报告中说了一句“来之不易”呀！

我所不满意的，是我的工作没有做好。但是，我也感觉到，有个别部门和地区没有很好贯彻中央的方针政策。我最感动的，是我在抗洪抢险第一线看到我们的人民解放军不顾一切地保卫人民，甚至用身体保卫堤防，我禁不住热泪盈眶。

美国《时代周刊》记者：您再过几天就将访问美国，但是考虑到现在华盛顿出现了一种很不好的反华的情绪，看来您的美国之行就好像您要踏入另一片“雷区”。在华盛顿人们指责中国从事间谍活动，或者是偷窃一些敏感的、高技术的情报用于提高中国自己的军事技术，而这对美国的安全构成了威胁。您对这样的指责作如何的反应？您打算怎样来改变美国人对中国的看法？在美国华盛顿有一些政客，他们在要求重新审查美国奉行的对华接触政策，在美国好像不太喜欢中国的情况下，您认为中国还值得把美国当成你们的朋友吗?

答:在中美两国元首实现互访以后,中美之间致力于建立建设性战略伙伴关系,发展势头本来是很好的。但是由于种种不讲你们也知道的原因,在美国出现了一种反对中国的潮流,这使我们感到很不安。我不认为我对美国的访问将要进入"地雷阵",但是确实会遇到很多敌意和不友好的气氛。在今年 2 月 22 号的《Business weekly》(《商业周刊》)上登了一篇题为《China what's going wrong》(《中国出了什么问题?》)的文章,这篇文章十分特别,它认为中国已经大祸临头。我还没有看到美国的其他杂志发表过这样的文章。这篇文章的发表也反映了现在美国出现的那一股潮流,实际上是美国的内部斗争把中美关系作为牺牲品。这样,我也成了一个受害者。这家杂志的封面上登了我的一张照片,这张照片看起来我就像个死人。在这种气氛中,我应邀访美当然是个很不轻松的任务,很多媒体也预言我的访问不可能成功,但是我还是要去,因为既然你们有气,我就要去给你们消消气。这不是个"地雷阵",无非是气氛不太好,但我的访问就是要去说明真相,恢复中美致力于建立建设性战略伙伴关系的好势头。

刚才,你要我说明关于所谓中国盗窃美国军事机密的问题。我认为,在这个问题上美国方面的人士犯了两个"过低估计"的错误。第一,过低估计了美国自己的保密能力。据我所知,美国洛斯阿拉莫斯实验室里的保密措施十分严密,根本就不可能泄露什么机密,所以直到现在他们没有能够找出那位李文和博士泄露机密的证据,没法起诉他,只好把他解雇了。我们不要忘记历史,历史上曾经有过这种草木皆兵、人人自危的时期,在美国有过这种时期,在中国也有过这种时期。第二,过低估计了中国开发军事技术的能力。中国人是很聪明、很勤奋的,许多华裔美国人的成就就证明了这一点;中国独立自主地开发"两弹一星"也证明了这一点。中国完全有能力开发任何的军事技术,这仅仅是个时间问题。但是请记住,中国是最早声明不首先使用核武器的国家。我们已经停止了核试验,我们和美国已经签订了导弹互不瞄准的协议。我们为什么还要冒政治上和道德上的风险去盗窃什么人的军事机密呢?所以,所谓中国盗窃美国的军事机密的问题,可以认为是一种天方夜谭。

台湾人权新闻通讯社记者:1993 年下半年开始实施的宏观调控有成效。第一,对付亚洲金融危机有一个很大的截阻作用;第二,在中国内部使金融市场稳定,物价稳定,社会稳定。请问宏观调控今后怎样继续做到内外兼顾?另外,您这次到美国去将面临人权问题,这个问题也可能是一个焦点。请就人权问题提出您的看法。

答:1993 年下半年开始采取加强宏观调控的措施,当时正是中国加大改革开放力度,取得巨大成就的时候。与此同时也出现了某种程度的过热,就是在房地产、开发区、股票市场方面出现了过热现象。这种过热导致 1994 年通货膨胀达到 21.7%。当时邓小平同志还在世,在他的支持下,以江泽民同志为核心的党中央决定加强宏观调控,采取了 16 条措施,其中 13 条是经济措施,有 11 条是关于金融方面的。由于加强了宏观调控,使中国在两年多一点的时间解决了经济过热问题,改革开放和社会主义建设取得了很大成绩。去年中国之所以能够抵御亚洲金融危机的冲击,就是因为我们在 1993 年已经发生了这种金融问题,幸好我们在它还未扩大的时候就把它制止住了。我们有了宏观调控的经验,才使我们在去年的亚洲金融危机中站得笔直。我在这里想介绍 2 月 16 日《纽约时报》发表的一篇文章,这篇文章意思是说美国在亚洲大力推行资本的过分流动,促成了危机的发生,危机发生后又通过国际金融组织贷款,要一些国家实行紧缩财政、提高利率等并不适合这些国家的政策,结果使金融危机加深。关于这个问题、这些观点,我早在去年就已经讲过,所有到中国来访问的贵宾,我都给他们讲过,包括你们《时代》杂志 2 月 15 日一期封面上的 3 个人:格林斯潘、鲁宾、萨默斯,你们称之为阻止了世界金融崩溃的 3 个人。这 3 个人我去年都跟他们谈过,我想他们也同意我的观点。我说这些话,并不是想跟《纽约时报》那两位作者分稿费,因为我的这个观点也没有申请专利。我只是说,经济的发展、金融的开放必须有宏观调控,要根据每个国家的具体情况实行不同的宏观调控政策。过快地要求一个国家开放资本市场,过分地扩大资本的流动性,往往欲速则不达,很可能破坏这个国家的经济。

刚才还提出了一个人权问题。我想这也是在座很多记者想向我提出的一个问题。所有跟我们中国领导人会见的外宾,很少有不谈人权问题的,好像不谈中国的人权问题回去就不好交代。因此,这个问题在我向他们重复了这么多遍以后,今天实在不想再讲了。我只想讲一桩事情,就是美国国务卿奥尔布赖特最近访问中国时,我告诉她一句话。我说:"我参加争取和保障人权运动的历史比你早得多。"她说:"是吗?"表示她不同意我的意见。我就说:"不是吗?"我说:"我比你大 10 岁,当我冒着生命危险同国民党政权作斗争,参加争取中国的民主、自由、人权运动的时候,你还在上中学呢。"我说我们在人权的观点上很多是一致的,我在中学学习时就念了法国卢梭写的《社会契约论》、《爱弥儿》、《忏悔录》。人生而平等、天赋人权的观念我早就知道。我们接受了中国“五四”运动的影响,“五四”运动就是为民主、科学而斗争,所以后来我们在共产党领导下一直是进行着反对专制独裁,反对反动政权侵犯人权的斗争,我们今天怎么可能反过来去压制人权?而且只有我们才知道在中国如何才能够实现保障人权。当然,我们在人权问题上并不是没有缺点,也不可能没有缺点。因为中国几千年是封建社会,还有过半封建半殖民地的历史,中华人民共和国成立只有50年,50年怎么可能把所有问题都解决?但是我们愿意听取各方面的意见,特别是听取我国人民群众的意见。我们天天都在看人民来信,研究怎样满足他们的愿望,实现他们的要求。我们也愿意听取国际友人的意见,因此我们有很多对话的渠道。我们同美国、欧盟、澳大利亚都有人权方面的对话渠道。我们在人权方面的工作每天都有进步。刚刚闭幕的九届全国人大二次会议通过了宪法修正案,增加了依法治国、建设社会主义法治国家的内容。我们全国人大常委会在立法,我们国务院也在立法,国务院立的法叫行政法规。我们天天在努力健全我国的法制,保障中国人民的人权,我们会继续做下去。我们欢迎外国朋友批评我们的工作,但你不要太急了,我比你还急嘛!

日本共同社记者:日美两国同意共同研究战区导弹防御系统(TMD),这件事对日中两国友好合作伙伴关系会带来什么负面影响?观察人士说,广东国际信托投资公司倒闭案损害了包括日本在内的外国金融机构对中国的信用,您对此有何评论?还有,您任总理以后第一次访日将于何时实现?

答:我们反对TMD,尤其坚决反对把台湾纳入TMD,因为TMD不但违反了有关导弹的国际协议,也干涉了中国的内政,是对中国主权和领土完整的侵犯。为什么要搞TMD?据说是因为中国在东南沿海部署了600枚导弹,而过去只有几十枚。我不知道你怎么知道中国部署了600枚导弹,因为连我都不知道!在我们的国土上部署导弹是我们自己的主权,但我们的导弹绝对不会瞄准台湾的兄弟姐妹。我们不会轻易地使用导弹,但我们不能不部署,我们希望和平统一中国,也绝对不能承诺放弃使用武力。如果那样的话,台湾将永远被分离出去。美日建立TMD的另一个理由,就是说朝鲜民主主义人民共和国发射了导弹,在研制核武器,而中国没有对它施加影响。我要问:我怎么就不知道它在研制核武器。我们不知道这件事,何况它是一个独立的国家,我们怎么能干预?!既然世界上最先进的武器都是从美国出来的,你还害怕什么呀?

关于广信问题,这是大家所关心的。广东国际信托投资公司申请破产这件事情,是中国金融改革过程中的一个个别事件。但是这件事非常重要,它向全世界发出一个信息:中国政府不会为一个金融企业还债,如果这个债务不是由各级政府所担保的话。这就是说,外国的银行和金融机构对这些金融企业进行贷款时,必须进行风险分析,审慎从事。大多数舆论都认为中国这种做法坚持了金融改革的原则,符合国际惯例。我觉得那些债权银行以及某些金融机构对这个问题的估计太悲观,就是认为中国已经发生了金融危机,没有支付能力,不讲信用。中国经济保持快速发展,现在有1465亿美元的外汇储备,国际收支是平衡的,完全有能力偿还债务,问题是这种债务是不是应该由政府来偿还。同时,我也认为,尽管你破产是合法、合情、合理的,你也不能随便破产,不要破出甜头来,大家都搞破产也不行。我在中学时念过莎士比亚的《威尼斯商人》,这个剧本里的商人夏洛克借给安东尼奥3000块金币,契约订明如果3个月不还,就要在安东尼奥身体的任何地方割下一磅肉。当然,现在不还债不会割你的肉,但是那个债权银行对你也不会善罢甘休。因此我想,今后不会有太多的金融机构破产,也许就没有了。但前提是各个债权银行不要逼债,不要逼它们提前偿还贷款,你逼急了,它就只好破产。如果大家坐下来按照国际惯例谈一谈,采取资产重组、注资、债权变股权等办法,这个问题是可以得到解决的,你的债务也能得到偿还,它也用不着破产。你刚才说,这件事影响了一些日本银行的债务,我感到遗憾。但我想大家如果共同努力的话,今后可能不会再发生这样的事情了。

关于访日问题,去年是中日和平友好条约缔结20周年,江泽民主席对日本进行了成功的国事访问,双方本着“以史为鉴、面向未来”的精神,宣布建立致力于和平与发展的友好合作伙伴关系,这是符合中日两国人民根本利益的。如何落实这一联合声明,中国将尽自己的努力,我也很愿意来做具体落实的工作。至于我何时能够访问日本,要通过外交途径来商量。

俄罗斯《独立报》记者:一些观察人士说,现在涉及重大战略性的国际事务中,似乎只有俄罗斯在支持中国。最明显的一个例子是,中国在反对战区导弹防御系统上与俄罗斯立场非常近似。你是否会料想有朝一日中国在反对战区导弹防御系统方面,会与俄罗斯共同采取更加实际、更加具体的措施?如果那样,你是否认为在国际事务中,中国将会与俄罗斯靠得更近,而不是与美国靠得更近。还有,在实施俄中签署的一系列有关文件特别是经贸协议方面,你认为俄罗斯是否有足够能力实施这些协议?

答:最近我应普里马科夫总理邀请访问俄罗斯,并进行了第四次中俄总理会晤。这次会晤是为了落实江泽民主席和叶利钦总统关于建立中俄战略协作伙伴关系的要求所涉及的具体内容。我们取得了很多成果,主要是在经济贸易合作方面签订了十几个协定。

俄罗斯支持中国反对 TMD,但这并不是说,而且也没有到研究如何对付 TMD 的时候,因此我们没有谈到这个问题。

我认为中国与美国的关系到目前为止还是很好的,双方致力于建立建设性的战略伙伴关系。我们中国与俄罗斯的关系也是很好的,双方建立了战略协作伙伴关系。我可以告诉大家:我确实在俄罗斯受到了热烈的欢迎。你们从电视里看到,叶利钦总统同我会见的时候把我的手拉过去放在他的胸口上,会谈结束时,叶利钦总统走过来和我紧紧拥抱。我想这无非是说明我们是真诚的朋友。

我想我这一次访问美国,也会受到同样的接待,会受到热烈的欢迎,而不是去闯"地雷阵"。也许我跟克林顿总统不会拥抱,但可能握手握得很紧,这也是一样的意思。

香港凤凰卫视记者:我的问题跟香港的生活与投资有关。打个比方,如果我在香港打个电话给美国总统克林顿,每分钟只要 0.98 港元,要是我打电话给您,每分钟就要 9.8 港元,是 10 倍的价钱。这次发现从北京打电话回香港,每分钟从原来的 8.1 元降到了 5 元。我们知道通过竞争可以降低通话费用,提高服务质量。请问总理,您用什么样的方法可以加快中国电信市场的竞争步伐?还有,现在一些外资银行已经可以经营人民币业务了,那么您认为大概最快什么时候可以全面开放人民币的业务经营?

答:中国电信业务正在降价,降得还不够,还要继续降价,办法就是引进竞争。首先,我们正在改革中国电信业体制,一个重要原则就是打破垄断,鼓励竞争。其次,有步骤地开放中国的电信市场,让外国资本进入中国的电信市场。我们也将让外国银行在中国经营人民币业务。具体的细节现在没法谈,反正是要逐步开放。香港银行家赶快申请,申请得越早,批准得越快。

英国《金融时报》记者:在您访问美国期间或是在访问美国之后几个月,中美在有关中国加入世贸组织方面,达成协议的可能性有多大?考虑到现在中美之间的关系有所恶化,中美之间达成协议的可能性是增加了还是减少了?另外,在中国看来,开放市场、引入外国的竞争,最困难的是哪些领域?

答:中国进行恢复 GATT(关贸总协定)的地位和进入 WTO(世贸组织),已经谈判了 13 年,黑头发都谈成了白头发了,该结束这个谈判了。现在存在这种机遇。第一,是加入了 WTO 的国家知道没有中国的参加,WTO 就没有代表性,就是忽视了中国这个潜在的最大市场。第二,是中国改革开放的深入和积累的经验,使我们对加入 WTO 的条件所可能带来的一些问题提高了监管能力和承受能力。因此,中国也准备作出最大的让步。最近,我们与美国以及欧盟等国家进行了认真的谈判,双方的差距正在缩小,但是还有相当大的差距。只要双方从大局出发,从促进国际市场的繁荣和稳定出发,大家都做一点让步,那么达成协议是很有希望的。

外交部部长唐家璇在北京会见南联盟副外交部部长诺瓦科维奇

外交部部长唐家璇在北京会见土耳其外交部次长哈克塔内尔

'99 中国国际民族歌舞年开幕式在北京展览馆剧场举行

3月16日

国务院发布澳门特区区旗区徽国家标准

国务院新闻办、国务院港澳办以及国家质量技术监督局在北京联合发布《澳门特别行政区区旗》、《澳门特别行政区区徽》两项国家标准。澳门特别行政区区旗、区徽的底色为绿色,上面绘有五颗呈弧形排列的五角星及莲花、大桥、海水图像,区徽的周围同时写有"中华人民共和国澳门特别行政区"中文繁体字样和葡文"MACAU"(澳门)。

区旗和区徽标准中规定了区旗、区徽的形状与图案,各部图形尺寸允许误差,使用的材料、颜色、制作规格及允许误差等。

国务委员吴仪在全国外贸出口电视电话会议上发表讲话

吴仪强调,要正确处理扩大内需和发展对外经贸的关系,进一步提高对外开放水平;积极采取措施,千方百计扩大出口。

吴仪指出,扩大内需与大力发展对外经贸的目的都是为了保障国民经济的持续稳定发展,两者之间是相互依存、相互促进的,绝不能把两者对立起来。在当前国际环境困难的情况下,继续实施积极的财政政策、坚持扩大内需为主是为了主动适应国际经济形势的发展变化,保障国民经济适度快速增长。而扩大内需,需要资金、技术和先进设备及管理经验,就要大力发展对外经贸,以保证扩大内需政策能够取得预期效果,要使国内、国际两个市场结合起来,形成拉动我国国民经济增长的合力。

谈到今年的出口工作,吴仪指出,要千方百计扩大出口，在扩大经营主体、开拓市场、转变交易方式等方面多想办法，积极采取有力措施，大力培育外贸出口新的增长点。要扩大生产企业自营出口，加快生产企业进出口经营权由现行的审批制向登记备案制过渡的步伐，并在总结经验的基础上，逐步降低私营企业经营外贸的条件。

吴仪说，要把境外带料加工、对外工程承包、劳务合作、对外援助和外贸出口紧密结合起来，大力开拓国际市场；积极探索符合国际惯例的新的贸易方式，进一步扩大外贸合资企业的试点；利用国际商业连锁网络，实现外贸出口形式的多样化。

吴仪强调，扩大机电产品出口，是今年中国外贸出口最有潜力的增长点。要提高机电产品的研制开发能力，加强售后服务，加大政策性金融支持的力度，增强国际竞争能力。要扩大高附加值产品出口，重点是增加高新技术产品和成套设备出口，大力培育电子信息、光机电一体化、生物技术和医药类产品为主的高新技术产品出口。要不断扩大优质名牌产品出口。

吴仪要求财政、税务、银行、科技、海关、商检以及外汇管理等部门加大支持外贸出口的力度，为企业扩大出口营造良好的环境。她还要求各级外经贸部门继续配合有关部门深入开展打击走私、逃套汇和骗退税等各项违法犯罪活动的专项斗争；依照国际惯例加强反倾销应诉工作，规范企业经营行为，打击低价倾销、无序竞争。要提高外贸企业的收汇水平，保证国家的外汇储备。

保监会决定对保险中介市场进行整顿

外交部发言人孙玉玺就日本审议新日美防卫合作指针相关法案事答记者问

孙玉玺表示，希望日本在审议新日美防卫合作指针相关法案过程中以实际行动体现其继续遵守和平宪法，坚持“专守防卫”政策，决不走军事大国道路的诺言。

孙玉玺说，中方注意到日本国会已开始审议新日美防卫合作指针相关法案。中国政府关于这一问题的立场是明确和一贯的，我们曾多次要求日方在此问题上慎重行事，日方也向中方作出过一系列郑重承诺和表态。

孙玉玺表示，希望日方在审议过程中言而有信，以实际行动体现其继续遵守和平宪法，坚持“专守防卫”政策，决不走军事大国道路的诺言，尤其是严格按照中日联合声明和中日和平友好条约的原则处理好涉台问题。

国防部部长迟浩田会见英国第一海务大臣兼海军参谋长鲍尔斯

国办转发信息产业部《关于解决计算机2000年问题工作进展情况及意见》的通知

劳动和社会保障部决定设立国有企业下岗职工基本生活保障和再就业监督电话

3月17日

中央精神文明建设指导委员会等单位在北京联合召开电话会议

根据中央精神文明建设指导委员会1999年工作安排，中央文明办、教育部、建设部、铁道部、交通部、水利部、国家环保总局、国家林业局、全国绿委办、团中央、全国妇联11个部门和团体联合召开电话会议，决定在全国开展“保护生态环境，倡导文明新风”主题活动。

会议提出，此次活动着重围绕搞好植树绿化、清理白色垃圾、改善空气质量、治理水源污染四个方面的主要任务，开展群众性宣传教育活动，组织集中性整治战役。活动将分两个阶段推进：第一阶段，3月初至6月底，充分利用春季植树造林的最佳季节，搞好群众性植树绿化活动，着重搞好城市及城市周边地区的绿化和绿地养护；结合开展春季爱国卫生运动，重点清理城市公共场所、旅游景点、内河水域和铁路沿线的白色垃圾；第二阶段，7月初至国庆节前后，大中城市要切实按照国家有关法律和规定，着力改善空气质量，重点治理机动车污染、建筑工地尘土污染、工业烟尘排放、街头烧烤等影响城市空气质量的突出问题。沿江、沿河、沿湖地区要加大环保执法力度，坚决依法惩处乱排乱放废水、向水中倾倒垃圾等污染水源的违法行为。要加强保护水资源的宣传，组织群众积极参与清理江河湖岸垃圾和水面漂浮物的公益活动。

全国工商联在北京举行第五次主席会议

国务院召开第15次常务会议

会议讨论并原则通过了《中华人民共和国招标投标法(草案)》，审议并原则通过了《住房公积金管理条例(草案)》和《娱乐场所管理条例(草案)》。

会议认为，当前，招标投标活动存在一些突出问题，亟待通过立法加以解决。制定招标投标法，推行招标投标制度，对于规范招标投标活动，保护国家利益、社会公共利益和招标投标活动当事人的合法权益，提高经济效益，保证工程项目质量，防止腐败，具有重要意义。建立住房公积金制度，是城镇住房制度改革的重要内容和中心环节。制定《住房公积金管理条例》，将加强对住房公积金的管理，维护住房公积金所有者的合法权益，促进城镇住房建设，提高城镇居民的居住水平。针对当前娱乐场所在快速发展的同时暴露出的一些问题，制定《娱乐场所管理条例》，有利于加强对娱乐场所的管理，丰富人民群众文明、健康的娱乐生活，促进社会主义精神文明建设。

会议决定，《中华人民共和国招标投标法（草案）》，经进一步修改后提请全国人大常委会审议；《住房公积金管理条例（草案）》和《娱乐场所管理条例（草案）》，经进一步修改后由国务院发布施行。

国务院副总理温家宝在河北考察

3月17日至20日，温家宝到河北衡水市的阜城、武邑、景县检查抗旱和春耕生产，与农民群众和基层干部座谈，详细询问旱情、人畜饮水等生产和生活情况，共同研究抓好抗旱、田间管理和春耕春播工作的措施。

温家宝在河北省检查抗旱和春耕生产工作时指出，九届全国人大二次会议决定，把以家庭承包经营为基础，统分结合的双层经营体制写入宪法，这对我国农村改革和发展具有重大而深远的意义，必将极大地调动亿万农民的积极性。各地要广泛宣传和认真贯彻落实，推动春耕生产。九届全国人大二次会议通过的《政府工作报告》指出，我国农业进入了一个新的发展阶段。适应这个阶段性变化的要求，必须调整和优化农业结构，今年一定要争取开个好头。

国务院侨办启动“为侨资企业服务行动年”活动

国家主席江泽民在钓鱼台国宾馆会见意大利《晚邮报》主编费鲁丘·德·博尔托利

中国—东盟联合合作委员会第二次会议在马来西亚举行

芬兰总统阿赫蒂萨里和总理利波宁在赫尔辛基分别会见外交部部长唐家璇

国家计委与联合国工业发展组织（UNIDO）正式签署“中国可持续发展的产业发展规划、政策的评估与调整”项目文件

中国代表张义山在联合国麻醉品管制会议上阐述中国禁毒立场

出席联合国麻醉品管制委员会第四十二届会议的中国代表团团长、中国常驻联合国维也纳办事处和其他国际组织代表张义山，在大会发言时指出，毒品泛滥是一个世界性问题，各国只有加强合作，采取综合均衡禁毒战略，才能从根本上解决这一问题。

在介绍中国禁毒斗争的措施和成果时，他说，1998年中国开展了声势浩大的全民禁毒预防教育，首次在北京举办了全国禁毒展览。与此同时，中国执法机关加大了禁毒力度，去年全年共缴获海洛因7358公斤、鸦片1215公斤、大麻5079公斤、甲基安非他命1608公斤以及其他可用于制作毒品的化学品34.4万公斤。

3月18日

中共中央决定曾庆红 张全景 王刚担任新的职务

中共中央决定，曾庆红同志兼任中共中央组织部部长，不再兼任中共中央办公厅主任、中共中央直属机关工作委员会书记职务；张全景同志任中共中央党的建设工作领导小组副组长，不再担任中共中央组织部部长职务；王刚同志任中共中央办公厅主任、中共中央直属机关工作委员会书记。

海峡两岸关系协会副秘书长李亚飞与台湾海峡交流基金会副秘书长詹志宏交换意见

李亚飞与詹志宏在台北就海协会长汪道涵访台、两会对话等事宜交换意见。双方原则确定汪道涵会长偕夫人将于今年秋天访台，在台湾停留5天至6天左右的时间。

中国驻美国大使馆公使衔参赞何亚非在华盛顿举行记者招待会再次批驳“核盗窃”谣言

何亚非指出，近来美国一些新闻媒体和国会议员指控中国“盗窃美国核技术和军事技术”并进行大肆渲染，这种指控是“完全没有事实根据的”，“中国从来没有在美国和其他任何国家进行过任何非法活动”。

何亚非在中国大使馆举行的记者招待会上说，包括洛萨拉莫斯实验室在内的美国3个核实验室同中国的核实验室、物理工程研究所和原子研究所进行过学术交流。这些旨在防止核扩散的交流活动是由美方首先提出的，不涉及敏感的军事技术情报，中美双方在这方面合作得很好。何亚非说，所谓向中国“泄露敏感军事机密”，实际上是正常的科技学术交流。

何亚非说，在交流活动中，美国的工程技术人员和科学家参观了中国的核试验场，但当中方科研人员希望参观美国的核试验场时，却始终没有得到答复。不少中国科学家认为，学术交流应该建立在平等的基础上，其目的不是为了得到军事情报，而是为了推动核科学技术的发展。

何亚非说，最近中国大使和大使馆收到很多中国科学家的来信和电话，他们都认为美国国内有人宣扬所谓“核盗窃案”是对他们的侮辱。中国科学家同美国科学家一样聪明勤奋，中国发展核武器是完全依靠自己的努力实现的。

何亚非说，自江泽民主席访美和克林顿总统访华以来，中美关系在许多方面都取得了新的进展，但美国国内却有人对中美关系取得任何进展都感到不舒服。只要中美关系有了改善，只要中美两国领导人之间将要举行重要会晤，这些人总会在人权、核扩散以及其他一些问题上大做文章，掀起一股反华浪潮。

何亚非指出，美国国内一些人企图把中国乃至中美关系变成美国党派政治的牺牲品。何亚非说，朱镕基总理即将对美国进行访问，这是中美关系中又一个重大事件。现在中美双方正在为此进行紧张的准备工作。我们希望双方通过共同努力，克服一切困难和障碍，确保朱总理的访问取得圆满成功。

中国人民银行关于执行金融违法行为处罚办法的通知

中国再保险公司正式成立

瑞典国王卡尔十六世·古斯塔夫在斯德哥尔摩王宫会见外交部部长唐家璇

外交部部长唐家璇在赫尔辛基会见瑞典副首相莱娜·耶尔姆-瓦伦女士和外贸大臣帕格罗茨基

中国文联六届四次全委会中国作协五届四次全委会在北京召开

中共中央政治局委员、书记处书记、中宣部部长丁关根出席会议并讲话。丁关根强调，文艺界要紧紧围绕庆祝新中国成立50周年，推出更多优秀作品，热情歌颂新中国半个世纪以来的光辉历程，生动反映亿万群众投身改革建设的伟大实践，全面展示中华民族奔向新世纪的精神风貌，唱响祖国颂、社会主义颂、改革开放颂，营造欢乐喜庆、昂扬向上、团结奋进的良好氛围，兴起文化建设新高潮。

丁关根说，过去的一年，文艺界认真贯彻党的方针政策，坚持正确文艺方向，深入抗洪抢险一线，弘扬伟大抗洪精神，讴歌改革开放成就，积极开展文化下乡，活跃群众文化生活。文学创作健康发展，荧屏银幕丰富多彩，舞台艺术佳作不断，儿童作品质量提高，文艺工作保持了积极向上的良好态势。

丁关根指出，1999年是党和国家发展历史上具有特殊意义的一年。文艺工作任务重、要求高，重任在肩，大有可为，党和人民寄予厚望。要坚持为人民服务、为社会主义服务，坚持百花齐放、百家争鸣，弘扬主旋律，提倡多样化。要尊重文艺规律、尊重作家艺术家的创造性劳动，充分发扬艺术民主，热情鼓励不同内容、形式的探索和创造，积极支持不同风格、流派的形成和发展。对于艺术问题，不能靠行政命令，要多理解，多沟通，相互切磋，平等讨论。要学会用符合文艺规律的办法领导文艺，把作家艺术家的积极性引导好保护好发挥好，为文艺创作提供广阔的空间和舞台。一个有追求有成就的文艺家总是有着高尚的心灵，蕴含着强烈的社会责任感。我们的艺术家要始终不渝地面向群众，多创作反映群众真情实感、所思所想的作品。要坚持社会效益和经济效益的统一，坚持艺术创作和社会责任的统一，生动活泼，寓教于乐，歌颂真善美，鞭挞假恶丑，把最好的精神食粮奉献给人民。

丁关根指出，文艺创作是一种艰苦的创造性劳动，需要坚忍不拔，精益求精。尤其是迎接新中国成立50周年的重点作品，更要注重质量，把精品意识贯穿到创作的全过程，倾注心血，反复磨砺，千方百计拿出自己满意、群众喜欢、经得起历史检验的优秀作品，努力实现思想性艺术性、观赏性的高度统一。要加强学习，深入生活，从博大精深的传统文化中，从健康有益的外国文化中，从人民群众的火热生活中，汲取营养，丰富自己。打牢思想和文化根底，厚积薄发，开掘思想内涵，升华作品主题，提高创作水平。要开展积极健康的文艺评论，用观点正确，有见解、有说服力、有感染力的评论文章，营造良好风气，推动创作繁荣。

丁关根指出，回顾几千年中国文艺发展的历史，中华民族涌现了一代又一代光彩夺目、蜚声中外的文学艺术大师。他们用自己的智慧和才华，创作了一部又一部永垂青史的不朽名著，谱写了我国传统文化光辉灿烂的篇章。我们一定要继承中华民族优秀文化传统，古为今用，推陈出新，汲取精华，发扬光大。当今时代，党领导亿万人民从事的改革和建设事业，是一部威武雄壮的历史活剧；当代文坛，一批有才华、有作为、有潜力的作家艺术家，正在续写着中国文艺的辉煌。文艺工作者一定要眼界开阔，胸襟宽广，同心同德，坦诚相见，以一种献身艺术、永不满足的精神，脚踏实地，不断进取，努力成为德艺双馨的优秀人才。

丁关根指出，文联、作协作为党领导的由各民族文艺家组成的人民团体，要认真贯彻中央精神，做好联络、协调、服务工作，多为作家艺术家办实事、办好事，尊重人、理解人、关心人，把文艺界的积极性调动起来，力量凝聚起来，优势发挥出来，努力形成团结融洽、生动活泼的良好局面。

丁关根最后强调，新中国成立 50 年特别是改革开放 20 年，汹涌澎湃的建设洪流，波澜壮阔的改革实践，丰富多彩的社会生活，为文艺创作提供了丰厚土壤，为精品涌现创造了历史机遇。一切有抱负有作为的作家艺术家一定会敏锐感受时代的呼唤，以饱满的创作激情，以崇高的责任意识，让自己的艺术才华在这样一个伟大的历史进程中得到充分展现。我们要在以江泽民同志为核心的党中央领导下，高举邓小平理论伟大旗帜，认真贯彻十五大精神，团结一心，奋发努力，创作出更多无愧于伟大时代伟大人民的精品力作，向新中国成立 50 周年献礼！

中国文联、中国作协这次全委会将总结去年工作，围绕迎接新中国成立 50 周年，部署今年任务。来自全国各地约 300 名委员参加会议。有关方面负责人刘云山、高占祥、翟泰丰等出席会议。中国文联主席周巍峙主持会议。

中国文联六届四次全委会中国作协五届四次全委会 18 日至 20 日在北京召开并增选田爱习 李世济为文联副主席

全国爱卫会主任李岚清在全国爱国卫生灾后防疫电视电话会议上发表讲话

李岚清强调，今年救灾防病工作形势严峻，爱国卫生灾后防疫任务繁重而艰巨。各级党委和政府、各级爱卫会要认真组织，统筹协调，恪尽职守，全力以赴，大力开展爱国卫生运动，确保大灾之后无大疫，夺取救灾防病的最后胜利。

全国爱卫会副主任、卫生部部长张文康首先通报当前卫生防疫防病的形势和任务，湖南省副省长潘贵玉、黑龙江省常务副省长王先民、江西省副省长胡振鹏、贵州省副省长马文骏分别汇报了本省开展爱国卫生运动和救灾防病工作情况。

李岚清在讲话中指出，去年，我国长江流域、嫩江松花江流域遭受了历史罕见的洪涝灾害，在党中央、国务院的坚强领导和指挥下，全国军民万众一心，团结奋斗，取得了抗洪抢险斗争的伟大胜利。卫生防疫防病工作也取得了重大胜利，到去年年底，我国受灾地区和非受灾地区重点疾病得到控制，没有发生传染病的暴发与流行。这个成果来之不易，是各级党委领导、部门协同，全社会共同参与、共同努力，才取得这样的奇迹。他说，“大灾之后易有大疫”，这是疫病发生和流行的规律，也是历史经验。党中央、国务院对实现大灾之后不发生大疫，夺取灾后防疫防病工作的最后胜利非常关心。今天，我们再次召开全国爱国卫生灾后防疫电视电话会议，主要目的就是要巩固去年救灾防病工作的成绩，继续发扬伟大的抗洪精神，进一步动员起来，大力开展爱国卫生运动，打一场除害灭病的“人民战争”，确保实现大灾之后无大疫的目标。

李岚清说，大灾后的病疫流行往往是次年暴发的可能性更大。再加上去年我国洪水灾害范围广、持续时间长、受灾人口多，灾区群众的居住、工作环境和外环境遭受了很大破坏，影响到今年的传染病预防和控制工作。由于灾后重建、国家大型建设项目的开工，形成了大量的民工聚集和人口流动，对于疫病防治工作的压力很大。去冬气候反常，北方地区发生秋冬春连续干旱，有利于病原微生物的保存与繁殖，也容易引起传染病的流行。此外，也存在局部发生某些肠道传染病或鼠传疾病暴发的可能。因此，今年预防和控制传染病暴发与流行的任务十分艰巨和繁重。各级党委和政府对灾后防疫的艰巨性、长期性要有清醒认识，引起足够重视。

既要立足当前，部署工作，又要分析形势，未雨绸缪，预防为主，做好控制疫情暴发与流行的各项准备工作。要继续严格实行救灾防病责任制，明确领导责任、部门责任。要认真检查督促各部门的工作，促进落实。他强调，非灾区的传染病预防和控制工作做得扎实不扎实，对灾区乃至全国的疫情会产生重要影响。因此，不管是灾区还是非灾区，都一定要落实卫生防疫防病各项措施，救灾防病所需经费和物资要列入计划，及早准备。对防疫防病工作务必做到坚持，再坚持，决不能有半点松懈和厌战情绪。

李岚清指出，做好爱国卫生灾后防疫工作，防止重大疫情暴发，各部门都负有重要责任。农业部门要做好农村人畜粪便和各种废弃物处理，配合卫生部门做好血吸虫病、地方病和人畜共患疾病的防治工作，推动灾区改厕工作；建设部门要加强城镇污水排放和监测管理，在灾区重建工作中要认真做好村镇规划，落实必要的基础卫生设施，同时还要协助搞好农村改水工作；环保部门要积极参与灾区的环境保护；教育部门要积极建设好灾区学校卫生设施，进一步为学生安排有关灾区卫生防病知识教育；财政部门要将救灾防病经费列入计划；新闻和宣传部门要继续大力宣传卫生知识，增强群众的防病意识；铁路、交通、民航以及解放军、武警、共青团、妇联等，都要继续发挥在灾后防疫工作中的作用；有关部门要及早准备继续对除害防病、消毒杀虫药品的生产供应，国家储备药品的紧急调度；卫生部门要切实担负起在爱国卫生救灾防病工作中的责任，积极主动制定救灾防病预案和技术方案，协助政府组织动员和组织实施；各级政府要组织监督检查各项救灾防病措施落实情况；各级爱卫会要充分发挥在开展爱国卫生运动方面的优势和协调作用，将全社会动员起来，整治环境，预防疾病。他说，创建国家卫生城市、国家卫生镇是促进我国城镇卫生设施基本建设、改善环境卫生以及提高群众卫生文明意识的一个好形式，也是预防疾病发生，保障人民身心健康的重要举措，要继续开展城市卫生检查，提高我国城市卫生水平。

李岚清指出，去年在救灾防病中我们提出的深入开展爱国卫生运动，突出重点地区、重点人群、重点疾病，狠抓重点工作，对于指导救灾防病起到了重要作用。今年，各地仍然要根据实际情况，继续抓住重点，保证重点，全面落实各项卫生防疫防病措施，确保防止重大疫情发生。4月份是今年“爱国卫生活动月”，希望各地将开展爱国卫生活动月与救灾防病工作结合起来，彻底清理环境。特别是北方灾区，要及早动员，及早准备，及早动手，把工作做在前面。在鼠传疾病严重的地区，要下大力气灭鼠和杀虫，防止鼠传疾病流行。南方灾区洪水过后，血吸虫病疫区钉螺大面积扩散，造成血吸虫病扩散的隐患，血防工作的难度加大，对此，各地要坚持综合治理和科学防治。

李岚清还强调，要加强灾区饮水卫生和食品卫生管理，控制肠道传染病流行，各地要重视灾区的饮水卫生问题，统筹安排，争取尽快解决灾区群众的饮水卫生问题；要提高科学救灾防病的意识和能力，强化疫情监测、疫情报告和防疫信息系统建设工作，各医疗卫生单位，特别是广大基层卫生机构和人员，要严格按照传染病防治法的要求报告疫情。隐瞒不报疫情，贻误防治时机，会酿成大错；建设国家卫生防疫信息网的工作，有关部门要大力支持、配合，尽快发挥作用；要加强对疫情的分析、预测和预报，做到科学防疫；儿童的免疫预防系统也要尽快恢复和发挥功能。

李岚清最后说，去年灾害发生时，广大卫生人员奋不顾身投身抗洪抢险和救灾防病当中，广大医疗卫生单位，特别是广大基层单位不计代价投入救灾防病之中，为救灾防病作了很大贡献。由于灾后补偿困难，影响了功能恢复，削弱了防治疾病能力。各级政府要切实帮助医疗卫生机构解决实际困难，尽快恢复功能，尽快投入到今年的灾后防疫工作当中去。

国务院副秘书长徐荣凯主持会议。出席会议的有国务院有关部门负责人陈耀邦、俞正声、解振华、于珍等。

3月19日

全国“三讲”教育工作会议在北京开幕

中共中央政治局常委、书记处书记胡锦涛出席会议并发表重要讲话。胡锦涛指出，“三讲”教育试点取得的成效说明：中央关于以整风精神在领导班子、领导干部中深入开展“三讲”教育的决策，是完全正确、十分必要的，得到了党内外广大干部群众的拥护；中央提出的关于开展“三讲”教育的指导原则、基本要求和方法步骤，是符合实际的。各级党委要进一步把思想统一到中央精神上来，坚定信心，增强责任感，切实加强领导，有计划有步骤地做好下一步“三讲”教育工作，确保高质量地完成任务。

中共中央政治局常委、书记处书记尉健行主持会议。

会议是中共中央决定召开的，主要任务是总结、交流“三讲”教育试点的情况和经验，研究部署下一步的工作。上午的会议以电视电话会的形式召开，各省、自治区、直辖市设立分会场。

胡锦涛说，在全国县级以上党政领导班子和领导干部中，集中一段时间开展以“讲学习、讲政治、讲正气”为主要内容的党性党风教育，是贯彻落实党的十五大精神，推动全党深入学习邓小平理论，加强领导班子建设、提高领导干部素质的一项重要举措。以江泽民同志为核心的党中央对这件事非常重视。在党中央的领导下，中央有关部门同山东省委、广西壮族自治区党委、内蒙古自治区党委，国土资源部、教育部、广电总局党组以及共青团中央书记处一起，认真进行“三讲”试点。三个多月来，试点进展比较顺利，总的看基本上达到了中央的要求。其成效主要表现在：领导干部受到了一次深刻的马克思主义理论教育，贯彻党的基本理论、基本路线的自觉性和坚定性有了新的增强；查找和剖析了领导班子、领导干部党性党风方面存在的突出问题，进一步明确了努力方向；在恢复和发扬批评与自我批评的优良传统方面有了明显进步，健全与活跃了党内生活，增强了领导班子的团结；领导干部受到一次生动的群众路线和群众观点的再教育，保持廉洁、接受群众监督的意识增强；振奋了精神，改进了作风，推动了工作，产生了积极的反响。

在谈到试点单位取得的主要经验时，胡锦涛指出，这些单位结合本地区本部门实际认真贯彻中央的指导思想、工作原则和方针政策，在实践中积累了一些好的经验。胡锦涛强调，各地各部门要认真学习、借鉴和运用好这些经验。坚持用中央精神统一领导层的思想，以对党对人民对历史负责的态度，从事关党和国家前途命运的高度，来认识和对待这次“三讲”教育；始终立足于教育和提高干部，把学习理论、武装头脑同整顿思想、改进作风结合起来，从政治上认识问题、鉴别原则是非，从世界观、人生观、价值观上剖析自己；紧密联系工作实际和思想实际，下决心、花功夫找准、抓住和解决领导班子、领导干部党性党风方面存在的突出问题，切忌“空对空”；充分发扬民主，坚持走群众路线，诚心诚意地听取群众的意见和批评，自觉接受群众的监督和帮助；拿起批评与自我批评的武器，开展积极健康的思想斗争，不断提高领导班子解决自身问题的能力；围绕改革、发展、稳定的大局，坚持边整边改，使“三讲”教育与推进当前工作结合起来，相互促进。

胡锦涛指出，下一步“三讲”教育总的部署，要根据中央的要求，继续按照自上而下、分级分批的原则有计划地进行，必须加强领导，精心组织，精心指导，确保工作质量，防止走过场。胡锦涛要求各级党委：第一，要把“三讲”教育作为一件大事，纳入重要日程，统筹安排。在深入调查研究的基础上，制定出具体实在、针对性和可操作性强的“三讲”教育工作方案。第二，要抓紧组织好工作班子。省区市和地市党委要成立“三讲”教育领导小组和精干高效的办事机构，尽快投入工作。第三，要严格工作标准，时间和进度服从质量。前一阶段工作未达到标准的，不转入下一阶段。尚未集中开展“三讲”教育的地方和部门，领导干部在学习、工作和党内生活中，现在就要自觉体现“三讲”要求，克服和纠正“三不讲”的现象。第四，要认真掌握政策，坚持“团结—批评—团结”这个解决党内矛盾的公式。第五，要搞好舆论引导，及时发现好的典型，总结推广成功经验，营造“三讲”教育健康发展的良好氛围。第六，要切实加强工作进程中的督促检查，发现问题，及时解决。主要领导同志要自始至终认真履行第一责任人的职责，推动每个阶段的安排部署落到实处。

尉健行在主持会议时指出，中央决定在县以上各级党政领导班子、领导干部中，以整风精神深入开展以“三讲”为主要内容的党性党风教育，是事关我们党和国家前途命运的一项具有战略意义的决策。无论是从我们向新世纪迈进面临的形势任务对领导班子、领导干部的要求，还是从领导班子、领导干部队伍素质的现状来看，搞好“三讲”，以增强党性，进一步搞好党风，都是十分重要、十分迫切的。各级党委、特别是主要领导同志，要按照中央的要求进一步统一思想，坚定信心，以高度的政治责任心、足够的领导精力、良好的精神状态，把即将在面上展开的“三讲”教育抓紧抓实抓好，抓出明显的成效。

中共中央政治局候补委员、书记处书记、中央组织部部长曾庆红，最高人民法院院长肖扬，最高人民检察院检察长韩杼滨出席会议。

出席会议的还有中央党建工作领导小组副组长张全景和党建工作领导小组其他人员。各省、自治区、直辖市党委负责人和组织部长，中央、国家机关各部门、各人民团体的负责人，以及中央巡视组成员等共 400 多人参加会议。在各分会场参加会议的有各省、自治区、直辖市党委常委，人大、政府、政协党组成员等。

国务院总理朱镕基在中南海会见来访的美国环境保护局局长卡洛尔·布朗诺女士

国务院副总理钱其琛和葡萄牙总统若热·桑帕约在澳门总督府会晤

双方就加强两国在澳门问题上的友好合作交换了意见，并满意地回顾了自中葡联合声明签署以来，有关澳门过渡期各方面工作所取得的进展。会晤在上午进行约一个半小时。

美国总统克林顿在白宫举行的记者招待会上就中美关系问题发表讲话

克林顿强调，美中关系“非常重要”，建立积极的美中关系“符合美国的长期利益”，他还表示期待着朱镕基总理即将对美国进行的正式访问。

克林顿说，“我们承担不起在美中关系方面所产生的错觉”。他认为，美中之间“既有共同的利益，又有深刻的分歧”，“我相信，我所执行的对华政策是对美国最有利的政策之一，即承认双方分歧，追求共同利益，这符合美国的利益”。

克林顿在记者招待会上说，他期待着中国总理朱镕基对美国进行正式访问。他说，美中之间仍需要对一系列的问题进行定义，如“我们拥有什么样的未来，如何分享这一未来，哪些是双方竞争的领域，哪些是双方合作的领域”。克林顿指出，美中关系“不是完美的，但是我相信它是正确的”。

针对所谓中国“窃取”美国核技术的问题，克林顿说：“据我所知，目前的调查尚未能证实间谍活动曾经发生过。”他还强调，“在我的任期内，没有人向我报告过任何中国搞间谍活动的事”。

外交部部长唐家璇在赫尔辛基同瑞典外交大臣安娜·林德女士举行会谈

3 月 20 日

中办转发中组部《关于加强农村基层干部队伍建设的意见》

为了贯彻落实党的十五大和十五届三中全会精神，坚持党在农村的基本政策，发展农村经济、提高农业生产力水平，进一步加强党对农业和农村工作的领导，保证农村改革和发展目标的实现，现就大力加强农村基层干部队伍建设提出以下意见：

一、充分认识加强农村基层干部队伍建设的重要性和紧迫性

农村基层干部是贯彻执行党在农村各项方针政策的骨干，是团结带领广大农民脱贫致富奔小康、建设有中国特色社会主义新农村的带头人。全国600多万农村基层干部，长期工作在农业生产第一线，勤勤恳恳，任劳任怨，为农村的改革、发展和稳定作出了重要贡献。改革开放二十年来的实践证明，这支队伍总体上是好的、有战斗力的，是完全可以信赖的。同时也要看到，这支队伍的整体素质同新形势新任务的要求还不完全适应。有的干部不能正确领会党的农村政策，执行中随意性较大，一些年轻干部不熟悉农村改革进程和政策；有的文化水平低，思想观念陈旧，带领群众发展经济缺少办法；有的思想作风不正，办事不公，作风简单粗暴，少数人甚至以权谋私，违法乱纪。这些问题必须认真加以解决。建设高素质的农村基层干部队伍，是把十五届三中全会精神真正贯彻落实到基层的需要，是全面、深入、扎实、持久地推进农村基层组织建设的需要，是深化农村改革、发展农村经济、维护农村社会稳定、推动农村社会全面进步的需要。各级党委必须从全局和战略的高度，充分认识加强农村基层干部队伍建设的重要性，采取有力措施，切实把这项工作抓紧抓好。加强农村基层干部队伍建设总的要求是：组织广大农村基层干部深入学习马克思列宁主义、毛泽东思想，特别是邓小平理论和党的十五大、十五届三中全会精神，坚定走有中国特色社会主义道路的信念，提高贯彻执行党的路线方针政策、遵守国家法律、法规的自觉性；认真实践全心全意为人民服务的根本宗旨，学会在新的历史条件下做好农民工作的方法；努力掌握社会主义市场经济知识、科技文化知识、法律知识，增强带领农民发展经济，搞好两个文明建设的本领。

二、进一步明确农村基层干部的职责和任务

农村基层干部要把团结带领群众深化农村改革，发展农村经济，增加农民收入，实现共同富裕，建设社会主义新农村作为根本任务，主要职责是：

1. 坚决执行党在农村的各项政策，稳定和完善以家庭承包经营为基础、统分结合的双层经营体制；解放思想、实事求是，根据本地的优势确定经济发展思路；稳定发展粮食生产，积极发展多种经营和乡镇企业，推广农业科技，推动农村经济的持续发展和农民收入的稳定增长；在积极发展公有制经济的同时，鼓励和引导农村个体、私营等非公有制经济有更大发展。通过建立、健全农村社会化服务体系，为农民提供产前、产中、产后服务，不断发展壮大集体经济实力。

2. 加强农村社会主义精神文明建设，促进农村经济发展和社会全面进步。加强思想政治工作，不断对农民进行爱国主义、集体主义和社会主义教育，党的基本路线和方针政策教育，思想道德和民主法制教育，引导农民正确处理国家、集体、个人三者利益关系；要大力发展农村教育事业，搞好计划生育，深入开展创建“文明村镇”、“文明户”活动，破除封建迷信，移风易俗，开展健康的文化体育活动，树立社会主义新风尚。

3. 坚持党的群众路线，密切与农民群众的联系。决定重大事情要同群众商量，布置工作任务要向群众讲清道理；坚持乡镇政务公开、村务公开和乡村集体企业厂务公开，加强民主管理，接受群众监督；转变工作方法和工作作风，方便群众办事，关心群众疾苦，维护群众合法权益；正确处理新形势下的人民内部矛盾，善于用法律的、行政的、经济的和思想教育的手段调解纠纷，化解矛盾，促进农村安定团结。乡镇领导干部每年下村工作的时间不应少于50%，切实帮助村干部解决问题，开展工作，不要增加群众负担。

4. 严格执行党中央、国务院关于减轻农民负担的各项规定。农民的合理负担要坚持定项限额，保持相对稳定；集体兴办生产和社会公益事业，要坚持量入为出、勤俭节约的原则，充分考虑群众的意愿和承受能力；严禁乱收费、乱集资、乱罚款和各种摊派及用公款大吃大喝、请客送礼；要根据农村人口数量、经济发展状况等，合理确定村里享受补贴的干部人数和标准。村党支部委员会成员和村民委员会的成员可以交叉兼职，村组干部也可交叉兼职。

三、注重培养选拔优秀人才，改善农村基层干部队伍结构

农村基层干部的选拔，必须坚持干部队伍“四化”方针和德才兼备的原则。要把那些认真贯彻执行党的路线方针政策，清正廉洁，公道正派，群众拥护，有文化、有本领、真心诚意为群众办事的人，选进乡、村领导班子，特别要选准配强乡镇党委书记和村党支部书记。发扬民主，扩大视野，多渠道地培养选拔农村基层干部。要有计划地从机关和企事业单位选派党性强、作风正、有能力的优秀年轻干部到乡镇担任领导职务。要重视从优秀村干部中选拔乡镇干部。继续选调优秀大中专毕业生到乡镇工作，表现突出的应及时充实进乡镇领导班子。要重点从农村知识青年、退伍军人、乡村企业骨干、外出务工经商回乡的优秀党员中选拔村党支部书记。对一时没有合适党支部书记人选的村，可从外面选派优秀党员去任职。要支持和鼓励机关干部、军队转业干部和大中专毕业生到农村工作。对一些地方引入竞争机制，采取公开报名、群众推荐、组织推荐和考试、考核、评议相结合的方法，确定村党支部委员候选人，由党员大会选举的做法，要在总结经验的基础上积极推行。加强农村基层干部后备力量的选拔

培养。加强对农村青年的教育培训，发展优秀青年农民入党，培养农村基层干部后备力量。要有计划地选送农村优秀青年接受各种职业、专业培训，参加实践锻炼，培养初、中级经营和管理人才。要重视农村年轻妇女和少数民族干部的培养和使用。

四、切实抓好农村基层干部队伍的思想作风建设，密切党群干群关系

农村基层干部队伍思想作风建设的基本要求是“五坚持五不准”：坚持实事求是，不准虚假浮夸；坚持依法办事，不准违法乱纪；坚持艰苦奋斗，不准奢侈浪费；坚持说服教育，不准强迫命令；坚持廉洁奉公，不准以权谋私。思想作风建设要在加强学习、提高理论和政策水平上下功夫，在认真贯彻民主集中制、增进团结上下功夫，在改进作风、真心诚意为群众办实事上下功夫。广泛开展向优秀农村基层干部吴金印等同志学习的活动，在广大农村基层干部中形成学先进、赶先进的良好氛围。对那些问题多、群众意见大的乡村领导班子，要进行集中整顿。县乡党委要在认真调查研究的基础上，制定具体整顿方案。在整顿中，要组织党员、干部深入学习党的十五大和十五届三中全会精神，突出党的宗旨和政策、法制教育；要发扬民主，认真听取党员、群众对乡村领导班子和领导成员的评议意见；要通过组织生活会，认真开展批评与自我批评，制定整改措施，建立、健全规章制度；要坚持思想教育为主、正面教育为主、自我教育为主，注重解决存在的突出问题。对经教育仍不能改正的，要果断进行组织调整。对违法违纪的，要严肃查处。加强农村基层干部思想作风建设，要坚持经常抓，建立、健全制度。坚持和完善乡镇党员代表大会或党员大会制度、村党员大会制度，健全党组织集体领导和个人分工负责相结合的制度，制定乡镇党委和村党支部的议事规则、决策程序。建立、健全村民委员会的民主选举制度，以村民会议或村民代表会议为主要形式的民主议事制度，以村务公开、民主评议和村民委员会定期报告工作为主要内容的民主监督制度。

五、加大培训力度，不断提高农村基层干部的思想政治素质和工作能力

培训内容要适应农村改革和发展的需要，增强针对性和实用性。重点是学习邓小平理论和党在农村的各项方针政策，同时要有计划地进行党的基本知识、社会主义市场经济知识、科技文化知识、法律知识的培训。通过学习和培训，帮助农村基层干部了解邓小平理论的精神实质，能够结合本地实际贯彻执行党的方针政策，并帮助他们提高带领群众发展经济、建设社会主义新农村的本领；帮助他们增强民主意识和法制观念，提高依法办事的能力。中共中央组织部组织编写的《农村基层干部读本》，可作为培训的基本教材之一。培训要坚持理论联系实际的原则，方法灵活多样，讲求实效。每年对农村基层干部轮训一遍，每次培训要集中解决一两个突出问题。还可根据需要组织农村基层干部进行实用技术培训、岗位培训和各种专题培训。有条件的地方，可采取与大中专学校联合办班、鼓励农村基层干部参加自学考试和函授学习等方法，提高农村基层干部素质。一些地方组织贫困落后地区的乡、村干部，到上级经济管理部门或经济较发达地区跟班学习锻炼等经验，可进一步总结推广。建立培训工作分级负责的责任制。市(地)委负责培训乡镇领导干部，县(市)委负责培训乡镇干部和村党支部书记、村委会主任，乡镇党委负责培训农村党员和其他基层干部。培训工作要在党委统一领导下进行，有关部门各负其责，密切配合。充分发挥县(市)、乡党校的作用。党员领导干部要带头在培训班上讲课。要认真研究解决培训工作中的实际问题，加强培训基地、师资、教材等基础建设。按照《中共中央、国务院关于做好 1999 年农业和农村工作的意见》(中发〔1999〕3 号)规定，农村基层干部培训经费列入地方财政预算。各地掌握的党费可用做培训经费的补充。

六、严格对农村基层干部的管理和监督

认真贯彻落实《中国共产党农村基层组织工作条例》和《中华人民共和国村民委员会组织法》，积极探索村干部管理和监督办法，逐步实行村级干部规范化管理。认真推行任期目标责任制，建立、健全年度考评和离任审计制度。根据乡镇干部的工作特点，把对乡镇干部实行工作目标责任制、党风廉政建设责任制和离任审计制度与公务员年度考核结合起来。建立和完善乡村干部激励机制。上级组织和有关部门要关心、爱护、支持农村基层干部，为他们开展工作创造良好的条件和环境。对实绩突出、群众拥护的干部，要大力宣传、表彰，给予鼓励和奖励；对农村基层干部工作和生活上的困难，要予以关心和照顾。坚决制止各种打击报复乡村干部的行为，触犯刑律的，必须依法处理。村干部的报酬，应随着经济发展和村级集体经济实力增强逐步提高，其标准应经过村民大会或村民代表大会讨论后报上级批准。有条件的地方，对正常离任的村干部可给予适当生活补贴。乡镇要转变职能，精简机构，减员增效，加强服务，做到依法行政，规范管理。乡镇工作人员的配备应严格执行国家的编制，坚决防止和纠正私招滥聘的错误做法，采取切实措施，坚决把编外人员精减下来。各地要按照地方机构改革的统一部署，制订工作方案，认真贯彻实施。严格控制乡镇领导职数，不得超职数配备，超配的，要予以精减。注意乡镇党委、政府领导成员的相对稳定，保持工作的连

续性。

七、加强对农村基层干部队伍建设工作的领导

加强农村基层干部队伍建设，县（市）委是关键。要把农村基层干部队伍建设列为县（市）委工作的重要内容，做到责任明确，措施得力。每年要对这项工作有部署，有检查，有总结，向上级专题报告工作情况。县（市）委书记要认真履行抓基层组织建设第一责任人的职责，带动一班人共同抓。建立县级领导干部抓农村基层组织建设联系点制度，以点带面，推动工作。省委、市（地）委要深入调查研究，制定工作规划，定期督促检查，加强对农村基层干部队伍建设的宏观指导。各级党委要加强对农村基层干部队伍建设的领导，各有关部门通力协作，各负其责。党委组织部门要切实做好统筹协调工作，并建立工作联系制度，经常了解情况，及时发现和解决存在的问题。尤其要把计划安排、督促检查、教育培训、集中整顿、宣传典型等工作落到实处。共青团、妇联等群众组织要加强和指导各自的基层组织搞好自身建设。要用改革的精神研究新情况，解决新问题，总结新经验，探索新路子，不断提高抓农村基层干部队伍建设的水平。

中国人民银行决定增加对农民的贷款

中国人民银行行长戴相龙表示，人民银行决定新增一百五十亿元贷款，支持农村信用社帮助农民扩大生产经营，增加农民收入。

他介绍说，近几年来，农村信用社在改革中不断发展，对农业和农户的贷款大幅增加，到今年二月底，全国农村信用社各项存款已达一万二千四百一丨亿元，贷款八千四百七十三亿元，比年初增加二百四十二亿元。

国办转发国家经贸委关于加强安全生产工作意见

国务院批准中保财产保险有限公司更名为中国人民保险公司

文化部发出要求大力清理整顿音像制品集中经营场所的通知

中国女足战胜美国队夺得葡萄牙国际邀请赛冠军

3 月 21 日

全国“三讲”教育工作会议在北京闭幕

中共中央政治局候补委员、书记处书记、中央组织部部长曾庆红在会上讲话强调，搞好“三讲”教育，事关改革、发展、稳定的大局，是当前加强党的建设工作的重中之重，一定要高度重视，作为重要任务来抓。各级党委（党组）要全面贯彻这次会议精神，切实把思想统一到中央精神上来，周密部署，精心指导，扎实工作，务求取得明显成效，并使开展“三讲”教育与推动当前改革和建设工作相互结合、相互促进。

闭幕会由曾庆红主持。

中央党建工作领导小组副组长、中央“三讲”教育联系会议召集人张全景作会议总结。张全景强调，要按照中央的要求，做到把联系实际深入学习，提高认识，统一思想贯穿“三讲”教育全过程，保证“三讲”教育顺利进行；充分走群众路线，坚持开门搞“三讲”教育，发动群众帮助查摆和剖析突出问题；勇于拿起批评和自我批评的武器，开展积极健康的思想斗争，牢固树立正确的世界观、人生观、价值观；坚持边整边改，落实整改措施，巩固“三讲”教育成果；切实加强领导，精心组织，及时指导，保证工作有条不紊地推进。

中共北京市委副书记于均波、湖北省委副书记杨永良、最高人民检察院副检察长胡克惠作为第一批开展“三讲”教育单位的代表在闭幕会上发言。

会议期间，中共中央政治局委员、中共山东省委书记吴官正，国土资源部党组书记周永康，中共广西壮族自治区党委书记曹伯纯，中共内蒙古自治区党委书记刘明祖作为试点单位的代表在大会上作经验介绍。

中央党建工作领导小组成员出席会议。出席会议的还有各省、自治区、直辖市党委负责人和组织部长，中央、国家机关各部门、各人民团体负责人，中央巡视组成员等共 500 多人。

《人民日报》发表特约评论员文章《以整风精神深入开展“三讲”教育》

中国队在索非亚举行的世界短道速滑锦标赛单项赛中获其中 5 项冠军

3 月 22 日

国家主席江泽民在罗马意大利总统府与意大利总统斯卡尔法罗举行会谈

江泽民在会谈中说：“去年总统先生访华时，我们双方在北京进行了友好坦诚的会谈。我还记得当时总统先生说过的一句话，真诚是友谊的基础。现在，我怀着真诚与友谊，愿与总统先生就共同关心的双边和国际问题交换意见。”

斯卡尔法罗说，中国是世界上的一个大国，历史悠久，地域辽阔，人口众多，近年来发展尤其迅速。意大

利希望意中两国关系愈来愈好。他认为，通过加强两国政府和人民之间的交往，两国在政治、经贸、科技、文化等领域的合作一定能够得到进一步发展。

在谈到国际形势时，斯卡尔法罗对科索沃局势的发展可能危及欧洲安全和稳定表示担忧，希望能够避免战争。对伊拉克问题，斯卡尔法罗表明意大利不赞成使用武力的立场。

江泽民说，中国和意大利两国虽然相距遥远，社会制度、文化传统、经济发展程度也存在差异，但两国关系很好。中国政府一贯重视发展同意大利的友好关系，中国人民对意大利人民怀有友好感情。现在两国合作的深度与广度不断扩大。意大利是中国在欧洲的重要贸易伙伴，也是中国在欧盟国家中的第二大技术引进国。两国经济互补性强，双方开展经贸合作潜力很大。中国政府支持和鼓励中国企业界同意大利同行多往来，使两国经贸合作更富有成果。

江泽民指出，中国和意大利是两个文明古国，两国在文学、艺术、文物保护、学术研讨等方面的交流与合作也很活跃。他还强调，中意两国在许多重大地区及国际问题上有着相同或相似的看法，保持着良好的磋商与合作。

江泽民说，明年是中意建交 30 周年。中意双方在现有的基础上，继续不懈努力，中意友好合作关系一定能在下个世纪长期稳定地向前发展。

关于国际形势，江泽民指出，当前，国际形势正处于重大而深刻的变化之中。迅速变化的世界呈现出很多新情况、新问题，许多老问题依然存在。世界还很不安宁。21 世纪即将到来，历史证明，世界上的许多问题都要坐下来谈，不是用实力政策和诉诸武力所能解决的。对于科索沃、伊拉克这样的问题，我们都主张通过和谈加以解决。他强调，这个世界没有多极化的发展是不行的。

江泽民向斯卡尔法罗总统介绍国内情况。江泽民指出，1998 年中国经济在亚洲金融危机不断加剧和国内遭受特大洪涝灾害的困难条件下，仍保持了持续快速增长的势头，人民币汇率稳定，各项改革进展顺利，政治改革也在有步骤、有秩序地进行。

江泽民说，今年我们将继续扩大国内需求，增加基础设施投资；努力使城乡居民增加收入，以扩大消费。我们还要继续扩大对外开放，改善投资环境，有效吸引和利用境外资金。我们相信，通过努力，可以实现今年的经济发展与改革任务。

斯卡尔法罗再次高度赞扬中国人民币汇率稳定的政策，认为这是一个勇敢的决定，为稳定地区和国际金融起了十分重要的作用。他表示，意大利支持中国加入世界贸易组织，希望中国尽早成为世贸组织的成员。

双方还就其他共同关心的双边和国际问题交换意见。

中国方面参加会谈的有国务院副总理钱其琛、国家发展计划委员会主任曾培炎、对外贸易经济合作部部长石广生、中国驻意大利大使吴明廉、外交部副部长王英凡。意大利方面参加会谈的有外交部长迪尼、总统府秘书长吉福尼、外交部秘书长瓦塔尼和意大利驻中国大使布鲁尼。

全国政协主席李瑞环在云南考察

3 月 22 日至 28 日，李瑞环在云南省委书记、省政协主席令狐安和省长李嘉廷陪同下，先后到丽江、德宏、西双版纳、昆明等地城乡进行考察。

李瑞环听取了云南省委、省政府的工作汇报，并作了重要讲话。他说，在当前情况下，必须特别强调三个问题。第一，要时刻注意处理好改革、发展、稳定三者之间的关系。从总体上讲，改革是动力，发展是目标，稳定是前提，三者是相互促进的，但在具体工作中，三者也常常会发生一些矛盾，尤其是改革的攻坚阶段，经济社会生活出现了一些困难和问题，要更加重视做好稳定工作。因此，我们要审慎地把握好改革的力度、发展的速度和社会承受的程度，在研究实施改革措施时，应当努力遵循人民群众总体受益原则和总体承受能力原则。第二，要始终坚持实践第一的观点。当前我们面临的许多问题，从根本上讲还是一个实践的问题。我们的干部要懂得，实践的观点是辩证唯物论的认识论之第一的和基本的观点，一切真知都发源于实践。改革开放以来的各项重大突破和创造无一不是来自实践。因此，我们要尊重实践，着眼实践，大胆实践，在实践中寻找克服困难、解决问题的办法。第三，要切实加强同群众的联系。现在群众总体上是满意的，但由于种种原因，部分群众生活上确有一些困难，我们的工作也确有不尽如人意之处。各级干部要牢记全心全意为人民服务的根本宗旨，认真倾听群众的呼声，及时了解群众的意愿，实实在在地为群众排忧解难，以赢得群众的理解和支持，充分调动群众的积极性。

中国人寿保险公司在北京成立

全国人大常委会委员长李鹏在人民大会堂会见由乌克兰总检察长米哈伊尔·阿列克谢耶维奇·波捷边科率领的乌克兰检察代表团

欧盟作出在联合国日内瓦人权会议上不提针对中国人权提案的决定

在布鲁塞尔举行的欧盟外长理事会上决定，根据近几年欧中人权对话取得的进展，欧盟在今年的联合国日内瓦人权会议上，依然奉行1998年制定的政策，即不提针对中国人权状况的提案。

中国和菲律宾关于在南海建立信任措施工作小组首次会议3月22日至23日在马尼拉召开

中国外交部部长助理王毅和菲律宾副外长巴哈共同主持了会议。双方还发表了联合公报。

中菲双方一致认为，经过双方的共同努力，两国的传统友谊得到进一步发展。双方就建立信任措施进行广泛、深入的探讨，取得了重要共识。双方重申以下承诺：

遵守继续通过友好磋商寻求解决分歧方法的谅解；根据广泛接受的包括联合国海洋法公约在内的国际法原则解决分歧；维护地区稳定与和平，不使用武力或以武力相威胁；在渔业、海洋环境、气象、海洋科研、海上生命安全、减灾防灾和航行安全领域，改善现有的接触和对话机制；扩大双边军事对话与合作，包括增加高级防务和军事官员的互访，加强信息交流，建立避免海上冲突的措施。

双方还就包括美济礁在内的两国在南海地区存在的分歧坦诚交换了意见。针对本地区形势可能出现进一步发展的关注，双方同意保持克制，不采取可能导致事态扩大化的行动。

双方认为，召开建立信任措施会议本身就是一项信任措施，增进了相互了解。双方认为，中菲之间的磋商渠道是畅通的。双方同意通过协商和平解决争议，分歧不应影响两国关系的正常发展。双方重申将本着建设性、友好和互让的精神努力解决悬而未决的问题。双方同意尽早召开建立信任措施第二次会议，中方愿意在双方同意的时间和地点主办会议。

会议期间，王毅还同西亚松外长举行了单独会晤，就共同关心的问题深入地交换了意见。会议结束后，王毅举行记者招待会，全面阐述了中国对于南沙群岛的主权立场以及致力于南海地区和平与稳定的方针政策。王毅表示，这次磋商正式启动了建立信任措施进程，增进了相互了解，缓解了近期两国关系中出现的紧张气氛。中方认为，这种磋商是有益的。

国际反贪污会议在香港会议展览中心开幕

国务院颁发中国国际科技合作奖

科技部部长朱丽兰代表中国政府向1997年度中国国际科技合作奖获得者、欧盟信息总司官员、法籍专家琼-皮埃尔·勒伯汉博士颁发了奖牌和证书。1997年度该奖项的另一名获得者是新加坡眼科专家林少明。

国务院副总理李岚清在湖南考察灾后卫生防疫、医药卫生体制改革、教育改革等工作

李岚清3月22日至24日在湖南省考察灾后卫生防疫、医药卫生体制改革、教育改革等工作。李岚清强调，历史的经验和当前现实情况表明，大灾之后发生大疫的危险性依然存在，各级党委、政府务必认真贯彻落实全国爱国卫生灾后防疫电视电话会议精神，予以高度重视，丝毫不能有松懈麻痹思想，要切实把卫生防疫工作做好，确保大灾之后无大疫；要深化医药卫生体制改革，为人民群众提供高质量、低成本的医疗服务。

李岚清指出，日前召开的全国爱国卫生灾后防疫电视电话会议已经对今后的卫生防疫工作做了部署，各地要狠抓落实，有几项重点工作更要抓紧抓好：加强疫情、疾病的监测，严格控制和扑灭重点传染病的暴发与流行；深入开展爱国卫生运动，进一步加强环境整治，改善城乡卫生面貌；继续开展健康教育活动，提高全民卫生知识水平，加强饮水和食品卫生监督；加快全国公共卫生信息网建设，以高科技手段保证疫情报告准确、快速传递；各地的水毁卫生防疫设施要抓紧恢复和正常运行。

23日，李岚清听取省政府关于医药卫生体制改革情况的汇报，并与有关部门、医院负责人进行座谈。李岚清在讲话中指出，城镇职工医疗保险制度的改革是党中央、国务院确定的一项重大改革任务，这项改革势在必行，同时情况又比较复杂，难度较大，各级党委、政府必须加强领导，精心组织，积极稳妥推进。

李岚清强调，医疗保险制度的改革必须与医药卫生体制的改革配套进行，这项改革有以下几个重要方面：一、医疗保险制度改革的根本目的是让人民群众享有高质量、低成本的基本医疗服务。医疗保险制度、医疗机构和药品生产、流通体制的改革目标一致，大家要统一认识，协调地同步进行；二、医疗机构改革要引入竞争机制。病人可以选择医院，医务人员也要竞争上岗、优化组合，在减人增效的基础上，实行优劳优得、多劳多得；三、医院中要实行医药分开核算，实行收支两条线。病人可以选择购药的药店药房，医院也可以选择有合法许可的药品采购渠道；四、合理配置和充分利用医疗资源，探索组建区域性医院集团，发挥中心医院和基层医院互补优势，充分发挥基层医疗机构的作用；五、加大医疗服务质量的监督、检查力度。

国务院有关部门负责人张文康、徐荣凯、吕福源等随同李岚清副总理考察工作。

国务院在北京召开全国森林防火工作电视电话会议

3月23日

国家主席江泽民在罗马会见意大利总理达莱马

双方就共同关心的双边和国际问题交换意见。

达莱马在会见说，这次访问是继去年斯卡尔法罗总统访华后两国关系中又一重要事件。他本人去年以意大利左民党书记身份访华。70年代末，中国改革开放开始时他也曾访华。中国过去20年的进步不只是20年的进步，而是世界性的进步。中国在世界政治、经济舞台上正发挥着越来越重要的作用。目前，意中关系良好，意大利愿在政治、经贸、科技、文化等各个领域进一步发展同中国的关系。

达莱马赞赏中国在稳定世界和地区金融方面所起的重要作用，表示意支持中国加入世贸组织，并愿为此而积极努力。达莱马还阐述了意大利在联合国安理会改革问题上的立场，对意与中方立场有许多共同点而感到满意。

江泽民说，当前，中意关系很好，两国在各个领域的合作取得了较大发展。国与国相处，要相互尊重，平等互利。中意能够保持良好关系，就是因为在相互关系中，注意到了这一原则。从面向21世纪的战略高度出发，双方应进一步加强在双边和国际领域的对话与合作。这不仅符合两国人民的利益，有利于中欧、亚欧合作，也有利于世界的和平与发展。

江泽民说，意大利是中国在欧洲的重要贸易伙伴。总的看，中意经贸合作也得到了较快发展，但还须双方为此而继续共同努力。中意两国的文化、科技交流均有较大发展。我们希望两国在这些领域的合作取得更多成果。

关于国际金融形势和金融体制改革，江泽民说，1997年爆发的亚洲金融危机给全球经济带来了消极影响。中国采取高度负责的态度，坚守人民币不贬值的承诺，为缓解金融危机、稳定亚洲和世界经济作出了自己的贡献。江泽民强调，全球化的经济需要全球化的合作。各国都应为改革和完善国际金融体制、建立国际金融新秩序而努力。中国愿与各国一道为稳定国际金融市场、建立公正合理的国际经济新秩序而努力。

江泽民阐述中国对加入世界贸易组织的原则立场，对意大利在中国加入世贸组织问题上持积极态度表示赞赏。江泽民希望意方继续推动欧盟在中国加入世贸组织问题上表现出更多的灵活性，使谈判尽快取得实质性进展，争取中国早日加入世贸组织。

意方介绍当前科索沃局势。达莱马表示，意大利对科局势的发展深感担心，正努力推动和平协议的达成。

江泽民说，科索沃问题近来的事态发展引起了全世界爱好和平的人们的关注和不安。科索沃广大民众渴望和平。科问题是南联盟内部事务。中国政府主张，这一问题应在尊重南联盟主权和领土完整、保障科地区各民族合法权益的基础上通过对话政治解决。他强烈呼吁有关方面本着克制、耐心和灵活的态度，继续通过谈判妥善、公正地解决科问题。

中方参加会谈的有国务院副总理钱其琛，国家发展计划委员会主任曾培炎，对外贸易经济合作部部长石广生，中央政策研究室主任滕文生，中国驻意大利大使吴明廉，外交部副部长王英凡，中央办公厅副主任、中央警卫局局长由喜贵，江泽民办公室主任贾廷安。意大利方面参加会谈的有外交部长迪尼、外交部秘书长瓦塔尼、意驻华大使布鲁尼等。

全国价格监督会议在北京召开

会议要求各级价格主管部门着重抓好以下四方面工作：

第一，加强农村价格监督检查，维护农民利益，保障农业和农村经济发展。

第二，大力整治各种向企业伸手的乱收费，切实减轻企业负担，为国有企业改革创造良好的外部条件。

第三，加强住房价格、电信价格检查，为培育新的经济增长点和扩大国内需求服务。

第四，整顿价格秩序，制止不正当价格行为，维护公平竞争的市场环境。

国家计委 监察部等七部委在北京联合召开部署粮食流通体制改革执法监察电视电话会议

为保证粮食流通体制改革的顺利进行，经国务院批准，监察部、国家计委、财政部、审计署、国家工商局、国家粮食储备局、中国农业发展银行决定，从4月至8月底，围绕粮食流通体制改革情况进行执法监察。下午，7个部门联合在北京召开电视电话会议，对这项工作进行部署。

粮食流通体制改革是党中央、国务院作出的重大决策，也是当前经济工作的一项重要任务。据了解，去年以来，各地区、各部门按照中央的部署和要求做了大量工作，粮食流通体制改革取得了阶段性成果。但同时仍然存在一些突出的矛盾和问题：部分县（市）、乡（镇）负责干部对粮改缺乏足够的认识，个别甚至有抵触情绪；有些地方和企业在收购农民余粮时，拒收限收和压级压价现象时有发生；粮食收购市场还没有完全管住；顺价销售尚未全面实现，部分企业仍在发生亏损；一些地方配套的粮食风险基金没有完全落实，超储补贴没有完全到位；国有粮食企业自身改革仍然滞后，政企分开的新机制还未完全建立起来。

中央纪委副书记、监察部部长何勇在电视电话会上指出，当前粮食流通体制改革进入了关键时刻和攻坚阶段。集中一段时间对粮食流通体制改革情况进行执法监察，目的就是充分发挥行政监察和各业务部门的监管职能，强化监督检查的力度，坚决纠正和制止有令不行、有禁不止，阳奉阴违，拒不执行党中央、国务院决策部署的行为，确保中央粮改方针、政策的贯彻落实。

粮食流通体制改革情况执法监察的重点是，1998年6月1日以来地方各级政府、各有关部门贯彻执行“三项政策、一项改革”的情况和加强粮食市场监管的情况。检查的内容主要包括：地方各级政府，特别是县、乡（镇）两级政府落实粮改工作领导责任制的情况；国有粮食收储企业执行粮食购销政策的情况；工商行政管理部门履行管理粮食市场职责的情况；粮食资金封闭运行及财政拨补到位情况；查处违纪违法行为等。

何勇要求各地各部门切实加强领导，结合本地、本部门的实际，研究制订工作方案，积极组织实施；各有关部门要各司其职，各负其责，加强协调，密切配合；同时注意工作方法，讲求工作实效。

国家计委副主任王春正在会上发表讲话，要求各地各部门振奋精神，坚定信心，扎扎实实做好1999年粮改工作。王春正提出：要进一步统一思想认识，切实把改革的各项政策措施落到实处；继续认真贯彻《粮食收购条例》，切实做到敞开收购；按照政企分开原则，加快粮食企业自身改革步伐；积极配合工商部门，管好管住粮食收购市场；建立激励机制，促进粮食顺价销售；进一步完善粮食价格机制；积极抓好粮食的转化和出口工作。

财政部副部长高强、审计署副审计长刘鹤章、国家工商局局长王众孚、国家粮食储备局局长高铁生、中国农业发展银行副行长胡楚寿等，结合本系统的工作实际对开展粮食流通体制改革情况执法监察提出了具体要求。公安部、铁道部、交通部、国家税务总局以及北京市有关负责人参加北京主会场的会议。各省、自治区、直辖市设立分会场。

挪威国王哈拉尔五世在奥斯陆会见外交部部长唐家璇

中国代表团团长乔宗淮对联合国人权委员会第55届会议机制提出改革建议

乔宗淮提出，本届人权会议面临的重要任务是，改革联合国人权委员会机制，使之适应时代发展的要求。

乔宗淮希望本届会议为推动国际人权合作做一些实实在在的工作。为此，他提出几点原则性建议：一、贯彻民主协商的原则，反对少数人说了算。人权委员会应在各个问题上倾听各国的意见，充分发扬民主，提高决策的透明度，在广泛参与、充分协商的基础上推动改革进程；二、通过平等对话解决分歧，反对对抗。应抛弃“冷战”时期不同意识形态、社会制度的国家之间政治对抗的做法，通过在平等、相互尊重基础上的对话与合作妥善解决分歧；三、用统一与平衡的观点处理两类人权问题，把各种权利放在同等重要地位。要特别注意纠正偏重政治权，忽视生存权、发展权的现象；四、正确处理人权的普遍性和特殊性的关系，尊重各国在保护和改善人权方面的选择。硬是推行一种模式、一种做法，对其他选择横加指责和干涉，只会产生消极后果。

中央军委调整解放军驻香港部队主要领导人

根据中央军委江泽民主席签发的命令，驻香港部队司令员刘镇武中将近日调离驻香港部队，升任广州军区副司令员；同时任命驻香港部队政治委员熊自仁少将为驻香港部队司令员。

中国加入《国际植物新品种保护公约》

中国代表团在日内瓦向国际植物新品种保护联盟递交了中华人民共和国加入《国际植物新品种保护公约(1978年文本)》的加入书，至此，我国成为国际植物新品种保护联盟的第39个成员国。

国家计委等部门联合制定关于开展区域卫生规划工作的指导意见

劳动和社会保障部发布三项社保管理办法

劳动和社会保障部近日制定了三项有关社会保险登记、基金征缴、监督检查的管理办法并予发布。这三项管理办法是《社会保险登记管理暂行办法》、《社会保险费申报缴纳费管理暂行办法》、《社会保险费征缴检查办法》。

3月24日

中共中央政治局常委尉健行在上海考察

3月24日至30日，尉健行在中共中央政治局委员、中共上海市委书记黄菊，市长徐匡迪等分别陪同下，考察了市建筑工程交易管理中心、家庭居室装潢交易市场和市公安局、市规划局政务公开现场，召开了政务公开、行风评议、企业廉政建设等座谈会，听取了市委、市政府及市纪委、市总工会的工作汇报，对上海市认真贯彻党的十五大精神，在改革开放、现代化建设和党风廉政建设等方面取得的成绩和经验给予充分肯定。

尉健行在考察时强调，以"讲学习、讲政治、讲正气"为主要内容的党性党风教育，是贯彻党的十五大精神，深入学习邓小平理论，加强领导班子建设，提高领导干部素质的一项重要举措，为推动领导干部的廉洁自律和加强党风廉政建设提供了极为有利的条件。各级党委一定要按照党中央的部署，认真抓实抓好。要把中央关于加强党的纪律、领导干部廉洁从政准则和党风廉政建设责任制的要求作为"三讲"教育的重要内容。要坚持以整风的精神开好领导干部民主生活会，广泛听取群众的意见和批评，严格进行自我剖析，认真开展批评和自我批评，切实解决好领导班子和领导干部在党性党风方面存在的突出问题，在党的思想、组织和作风建设上取得明显成效。

尉健行指出，加强党风廉政建设必须紧紧围绕经济建设这个中心进行。上海市针对建筑领域中出现的新问题新矛盾，从建立有形建筑工程市场入手，逐步发展到建立各种建材市场、装潢市场，严格招、投标制度，着眼防范，规范市场运作，使这些领域的违纪违法案件逐年下降。这充分表明，各级纪检监察机关必须贴近经济，介入市场，针对发展社会主义市场经济过程中党风廉政建设出现的新情况新问题，加强调查研究，及时提出解决的对策和办法，从改革和建立体制、机制、管理制度着手，积极探索从源头上消除产生腐败的土壤和条件。只有这样，纪检监察工作才能更好地为改革开放和经济建设服务。

尉健行指出，政务公开是发展社会主义民主、扩大群众监督、加强党风廉政建设的重要举措，应当大力推行。上海市积极推行政务公开，已经由基层站所延伸到市、区(县)政府部门，由执法部门扩展到经济管理部门，由向公民个人公开发展到向企事业单位等法人组织公开，还采用信息上网等现代高科技手段扩大知情面，工作初见成效。这些探索和实践，值得肯定和借鉴。搞好政务公开要同加强行政部门内部监督约束机制、群众性的行风评议以及干部考核任用等项工作结合起来，标本兼治，综合治理，形成机制，以保证人民群众对政府工作的有效监督，促进政府工作人员的勤政廉政。

尉健行强调，在加强党政机关党风廉政建设的同时，要十分注意企业的廉政建设。在加强企业领导班子建设的同时，要按照现代企业制度和"三改一加强"的要求，用改革的精神整顿和加强企业管理。要把党风廉政建设的规范和要求纳入企业管理制度和业务工作中去，使加强管理和廉政建设有机结合与统一起来。要进一步加强企业纪检监察工作，实行厂务公开，建立和完善职工代表大会制度，加强职工群众对企业的民主管理和民主监督，推进企业廉政建设，推动企业的改革和发展。

在谈到工会工作时，尉健行指出，工会工作必须放到改革、发展、稳定的大局中来认识和把握。要从工会的性质、职能、特点出发，努力做好两个基本方面的工作。一方面，要保护调动好职工的积极性，通过劳动竞赛等各种形式，把积极性引导到推进改革，促进发展，完成党和政府提出的各项任务上来。一方面，要正确调整和处理好劳动关系，通过平等协商和签订集体合同，协助党和政府做好下岗职工基本生活保障和再就业工作，大力实施送温暖工程等，维护好职工群众的合法权益，为维护稳定作出应有的贡献。

财政部负责人谈 1998 年严重违反财经纪律问题

财政部有关负责人在北京公布去年查处的严重违反财经纪律的典型案例时指出，1998 年各级财政部门及财政部驻各地财政监察专员办事处查出违反财经法纪金额 150 亿元，为财政挽回损失 39.6 亿元。

这位负责人说，1998 年各级财政部门及财政监察专员办事处按照严格执法的要求，加大了对违法违纪单位和责任人的处理力度，全国有 31443 个单位和 408 名责任人受到经济处罚，79 人受到党纪政纪处分，61 人被移送司法机关依法处理。财政部直接检查的案件中有 15 名违法违纪会计人员的会计证被吊销。

他说，从去年财政监督检查情况看，财政秩序的混乱状况仍然比较严重，有的违法违纪行为十分恶劣。

此外，还对部分烟草、石化企业会计基础工作等情况进行检查，查出违纪金额 11.76 亿元，通过责令调整账务补税并处以罚款共 6 亿多元。四川卷烟厂通过虚假会计账务处理逃避缴纳增值税 3216 万元，现这个厂已根据财政部的决定将增值税款全部补缴入库，厂长被免职，有关会计人员也将受到严肃处罚。

中国人民银行货币政策委员会在北京召开货币政策咨询会议

在日前召开的货币政策咨询会上专家们对 1998 年货币政策操作给予了积极的评价。同时指出，1999 年中央银行要在防范金融风险的同时，继续适当扩大货币供应，保持对经济增长的支持力度，防止通货紧缩。要综合运用公开市场业务、利率、存款准备金、再贷款等货币政策工具，进行适时、适度的灵活调节。要把发展货币市场提上重要议事日程，搞好货币市场与资本市场的协调。深化国有商业银行改革，要把降低不良资产比例与减少亏损、提高盈利水平二者有机地统一起来，既健全约束机制，又增强激励机制。对中小金融机构的风险处置，要多重组、少关闭，在业务发展中化解风险。

专家指出，目前金融领域存在的问题根源于经济运行的深层次矛盾，防范金融风险，要与深化国有银行特别是国有企业改革，建立有效的企业治理结构结合起来进行。1999年信贷政策，既要注意调整信贷结构，支持农业和农村经济发展，支持基础设施建设，扩大消费信贷，又要注意利用信贷杠杆，扶优汰劣，促进企业转换经营机制，增强经济发展后劲。

外交部部长唐家璇与挪威外交大臣沃勒贝克在奥斯陆举行会谈

挪威首相邦德维克在奥斯陆会见外交部部长唐家璇

中国葡萄牙联合联络小组就澳门回归后中国政府在澳门驻军等问题举行组长会晤

中国正式圈定大洋矿区

中国大洋协会负责人日前宣布，经过多年努力，我国已经在北太平洋圈定了一块7.5万平方公里、面积相当于渤海的大洋矿区，从而为我国的可持续发展开辟了一块战略性资源基地。

申雪 赵宏博在世界花样滑冰锦标赛双人滑比赛中获得亚军

3月25日

国家主席江泽民在伯尔尼瑞士联邦大厦同瑞士联邦主席德赖富斯举行会谈

双方就双边关系和共同关心的问题交换意见。

江泽民说，瑞士是最早承认中华人民共和国的西方国家之一，明年将是两国建交50周年。近年来，双边关系发展很快，两国在政治、经贸、科技、文化、教育等各个领域的交流活跃且富有成果，特别是民间往来日益增多，相互了解不断加深，对推动两国友好合作关系的全面发展起了重要作用。

德赖富斯首先对江泽民主席来访表示欢迎。德赖富斯说，瑞中建交近50年了，双方关系发展顺利。她表示相信两国关系将在更广阔的领域深入发展下去。

瑞士联邦副主席兼国防部长阿道夫·奥吉介绍瑞士的安全政策，阿道夫·奥吉赞赏中国政府在反对核扩散领域中的努力，并表示瑞士愿与中方加强安全对话。

钱其琛副总理表示，两国在军事领域的交流良好。国防部长迟浩田即将对瑞士的访问将会进一步推动两军交流。

钱其琛特别谈到中国对科索沃问题的立场。钱其琛说，我们一直希望能够通过和平谈判解决科索沃这样的属于一国内部事务的问题。遗憾的是，和谈破裂了。昨晚，北约已开始了对科索沃的军事行动。此举使巴尔干地区局势进一步恶化，威胁到了欧洲的和平与稳定，后果令人担忧。我们呼吁北约立即停止对南联盟的军事打击，回到通过和平谈判实现政治解决的轨道上来。

瑞士联邦委员兼外交部长弗拉维奥·科蒂表示对科索沃局势甚为担心，瑞士将不参与军事行动。

会谈中，江泽民还阐述中国对人权问题的看法。江泽民指出：中国政府一贯重视人权问题，并为此作出了不懈的努力，在促进和保护中国人民的生存权和发展权以及加强民主和法制建设等方面都取得了巨大成绩。

江泽民说，中国尊重国际社会关于人权的普遍性原则，同时认为，世界是丰富多彩的，各国历史传统、经济发展水平、政治社会制度不同，促进和保护人权必须与各国国情相结合，而不可能都遵循一个模式。我们主张各国在平等和相互尊重的基础上开展人权对话与合作，以减少分歧，扩大共识。为此，中国政府积极开展人权领域的国际合作。近两年，中国与包括瑞士在内的西方国家进行了一系列人权对话与交流活动，增进了相互了解，促进了双边关系的发展。我们对贵国去年不参与人权反华提案及在人权领域主张与中国开展对话的态度表示赞赏。近年来，中国已加入17项国际人权公约，并先后签署了《经济、社会和文化权利国际公约》和《公民权利和政治权利国际公约》。中国将在认真、深入研究之后正式履行批准手续。

江泽民还向德赖富斯介绍中国对所谓“西藏问题”的立场以及西藏民主改革40年来在经济发展、社会进步、民族团结方面取得的巨大成就。江泽民强调指出，达赖的问题不是宗教问题，而是政治问题。达赖集团是一个有组织、有纲领的分裂主义政治集团。达赖喇嘛也绝不仅仅是一个宗教人士，而是一个从事分裂祖国活动的政治流亡者。达赖在与中央政府接触商谈问题上并没有诚意，达赖所作所为的真实目的是企图蒙蔽不明真相的人，骗取国际支持。

双方还就一些共同关心的双边和国际问题交换意见。

中方参加会谈的人员还有：国家发展计划委员会主任曾培炎、对外贸易经济合作部部长石广生、中央政策研究室主任滕文生、中国驻瑞士大使周子忠、外交部副部长王英凡、江泽民主席办公室主任贾廷安。

瑞方参加会谈的人员还有：联邦委员兼公共经济部长帕斯卡尔·库什潘、瑞士驻中国大使周铎勉等。

会谈结束后，钱其琛副总理和科蒂外长共同签署了《中华人民共和国政府和瑞士联邦政府文化合作意向声明》和《中华人民共和国政府和瑞士联邦政府高等教育交流意向书》。

第一次全国农业普查协调联席会议第四次会议在北京召开

国务院副总理温家宝到会并讲话。他说：这次农业普查是我国历史上最大规模的普查，动员了700多万普查人员，对2亿多农户、70多万个行政村、4万多个乡镇和140万个乡镇企业进行逐个查点和填报。普查的内容丰富，涵盖了耕地、劳动力等资源，农业生产条件、农业和农村经济社会发展状况等重要方面。

农业部在西安召开全国旱作节水农业现场会

日前召开的全国旱作节水农业现场会议指出：我国是一个干旱缺水的国家，人均占有水资源仅相当世界平均水平的1/4，全国一半以上的耕地受到干旱的威胁，旱区人口占全国总人口的40%。实施旱作节水农业具有极其重大的价值。

农业部副部长路明介绍说，农业部正在组织编制《旱作节水农业建设规划》，其重要内容之一，就是要加快新科技的研究、开发和推广应用，改变旧的旱作农业经营观念。今后旱作节水农业科技开发的侧重点是：选择具有全局性、方向性和关键性的重大课题、加强集成技术体系的系统研究和开发应用；加快新科技成果的转化和推广；加大旱作节水技术的宣传和培训力度。

国家计委交通部关于开展全国交通收费检查的通知

首条台湾至华东华北集装箱班轮航线开通

该航线实行周班服务，将挂靠上海、香港、基隆、高雄等港口。它是由台湾南泰海运股份有限公司和青岛港务局共同开辟的。

外交部就北约对南斯拉夫联盟共和国进行空中打击发表声明

中国外交部发表声明对此表示深感忧虑，并指出科索沃问题是南斯拉夫的内政，应该由南当事各方自行解决。各国应该尊重南斯拉夫的主权和领土完整。中国政府强烈要求立即停止对南斯拉夫的军事袭击行动。

全国人大常委会委员长李鹏在北京会见罗马尼亚宪法法院代表团

科技部发布第四号科学技术黄皮书

科技部日前在北京发布了1998年卷《中国科学技术指标》，即第4号科学技术黄皮书。

《中国科学技术指标》是全面阐述中国科学技术发展状况和趋势的政府出版物，自1992年起正式发布，每两年发布一次。

中宣部 广播电影电视总局 新闻出版署 全国记协在北京联合召开加强职业道德建设禁止有偿新闻电视电话会议

西沙群岛水下文物抢救性发掘共发现五代宋元明清各个年代的水下文物遗存13处文物1500余件

3月26日

国家主席江泽民在日内瓦裁军谈判会议上发表推动裁军进程维护国际安全的讲话

主席先生，

秘书长先生，

诸位大使先生，

女士们、先生们：

设立在日内瓦莱蒙湖畔的裁军谈判会议，是当今国际上唯一的多边裁军谈判机构。它对维护世界和平与安全起着不可或缺的作用。你们各位从事的是一项崇高而艰巨的工作。

回首20世纪，世界曾经遭受过空前的战争浩劫，各国人民为争取和维护世界和平进行了不懈的奋斗。两次世界大战和延续40余年的“冷战”，给人类带来的创伤和教训是惨痛而深刻的。“冷战”结束后，国际形势发生了重大而深刻的变化。世界多极化和经济全球化趋势的深入发展，总体上有利于国际局势的缓和和世界的和平与发展。

世纪之交，是我们总结历史的经验教训，展望未来，构筑持久和平的良好时机。全面审视当前的世界现实，应该看到，“冷战”思维依然存在，霸权主义和强权政治时有表现。强化军事同盟的倾向有所抬头，新的“炮舰政策”正在肆虐，地区性冲突此起彼伏。前天，发生了对科索沃和南斯拉夫其他地区的空中打击和武力干涉，我当即表达了我的深切忧虑和不安，呼吁立即停止武力行动，使科索沃问题重新回到政治解决的轨道上来。在此，我郑重重申，对科索沃和南斯拉夫其他地区的军事行动违背了国际关系准则，不利于巴尔干地区的和平。国际社会应该共同努力，尽快化解这场危机。

关于裁减军备问题，我不能不遗憾地指出，军事强国掌握的高精尖武器，不但一件没有裁减，反而还在发展，防止核扩散的国际努力受到严峻挑战。在这种情况下，如何推动裁军进程，维护国际安全，不能不成为世界各国共同关注的一个重大而紧迫的问题。

历史告诉我们，以军事联盟为基础、以加强军备为手段的旧安全观，无助于保障国际安全，更不能营造世界的持久和平。这就要求必须建立适应时代需要的新安全观，并积极探索维护和平与安全的新途径。

我们认为，新安全观的核心，应该是互信、互利、平等、合作。各国相互尊重主权和领土完整、互不侵犯、互不干涉内政、平等互利、和平共处五项原则以及其他公认的国际关系准则，是维护和平的政治基础。互利合作、共同繁荣，是维护和平的经济保障。建立在平等基础上的对话、协商和谈判，是解决争端、维护和平的正确途径。只有建立新的安全观和公正合理的国际新秩序，才能从根本上促进裁军进程的健康发展，使世界和平与国际安全得到保障。

裁军的目的在于增进安全，而安全必须是各国的普遍安全。国家无论大小、贫富、强弱，都有享受安全的平等权利。如果广大发展中国家得不到安全，整个世界也就不可能安宁。裁军不应成为强国控制弱国的工具，更不应成为少数国家优化军备，进而谋求单方面安全优势的手段。只裁别人的不裁自己的，边裁边扩，甚至为了所谓自身安全而牺牲他国安全；或者只要求别国严格履约，自己却将国内法凌驾于国际法之上为所欲为，这种搞双重标准的做法是对国际裁军努力的嘲弄，有悖于裁军的根本宗旨和目标。

历史经验表明，无节制地扩充军备必然影响经济发展，也无助于维护和平与安全。裁军应同时为各国特别是广大发展中国家的经济发展节省更多的资源，创造更好的条件。判断一项裁军条约的好坏，一个重要标准就是看它是否有利于促进各国特别是广大发展中国家的经济发展，是否有利于加强国际科学技术合作。如果裁军措施是以牺牲大多数国家的经济或科技发展为代价，那就不可能得到国际社会的普遍支持，也不会有长久的生命力。

裁军不是少数国家的特权，所有国家都有平等参与的权利。多边裁军条约是各国普遍参与谈判的结果，是国际社会共同意志的反映。少数国家之间的某些出口控制机制，无论从公正性还是从普遍性来讲，均不能同多边国际条约相提并论。在多边条约达成以后继续保持集团性安排，甚至将其凌驾于多边条约之上，其结果只能削弱多边条约的权威性和普遍性，进而影响国际裁军事业的健康发展。因此，应大力加强联合国裁军机构的作用，以多边条约逐步取代集团性安排。

主席先生，

半个多世纪以来，核武器像一把高悬在人类头上的达摩克利斯之剑，时刻威胁着人类的生存。“冷战”的结束并没有宣告核武器的消亡。美俄核裁军经历了短暂的进展之后陷入僵局。《全面禁止核试验条约》缔结后，新的核试验还在发生。上述情况清楚地表明，在当前和今后相当长一段时期内，防止核武器扩散、推动核裁军仍是国际社会面临的重要任务。完成这一任务有赖于国际社会坚持不懈的共同努力。我们认为，在现阶段，应着重在以下几个方面取得进展。

第一，作为拥有世界上最庞大核武库的国家，美俄在核裁军问题上负有更大的责任。两国应切实履行已达成的核裁军条约，并在此基础上继续大幅度裁减各自的核武库。这将为其他核国家参加多边核裁军进程创造条件。

第二，《不扩散核武器条约》是国际核不扩散体制的基础，也是核裁军进程取得进展的前提条件。这个条约必须得到全面切实的遵守，否则就会对核裁军与不扩散的国际努力造成严重的损害。没有参加《不扩散核武器条约》的国家应尽早参加，使这项条约具有真正的普遍性。

防止扩散核武器和全面彻底消除核武器这两件事，是相辅相成的。全面彻底消除核武器是我们为之奋斗的目标，防止扩散核武器是实现这一目标的有效手段和必要阶段。正是基于这样的认识，中国支持《不扩散核武器条约》的无限期延长。这一条约的无限期延长，绝不意味着核国家拥有永远保留核武器的特权。恰恰相反，核国家应该忠实履行核裁军的义务，以实际行动推动全面彻底核裁军的早日实现。

第三，核武器国家应尽早以具有法律约束力的方式无条件地承诺，既不首先使用核武器，也不对无核国家使用核武器。中国自拥有核武器的第一天起就公开宣布，在任何时候、任何情况下都不首先使用核武器，后来又明确保证不对无核武器国家使用或威胁使用核武器。广大无核武器国家既已明确放弃发展核武器，就理应获得免遭核武器威胁的权利。“冷战”已经结束，核武器国家之间的关系也已得到改善，相互承诺不首先使用核武器的条件已经成熟。中国愿意积极推动就上述问题尽早达成国际法律文书。

第四，要努力推动《全面禁止核试验条约》按照条约规定尽早生效。不久前发生的新的核试验，使《全面禁止核试验条约》尽早生效显得更加紧迫。中国作为首批签署条约的国家，将继续为促成这项条约的尽早生效作出贡献。中国政府将于近期正式提请全国人民代表大会批准该条约。

第五，要尽早谈判缔结具有普遍性的可核查的《禁止生产武器用裂变材料公约》。该公约一旦缔结，将成为《全面禁止核试验条约》之后又一个推动核裁军和防止核扩散的重要成果。在座各位正在为该公约的谈判而努力工作，我祝你们取得成功。

第六，要在上述各项基础之上谈判缔结《全面禁止核武器公约》。鉴于生物武器和化学武器这两类大规模毁灭性武器已被全面禁止，没有理由不全面禁止和彻底销毁更具有毁灭性的核武器。要达到这个目标，需要的只是坚定的政治意愿。

消除核武器，从根本上免除核战争的危险，是世界各国人民的共同心愿，也是中国政府和人民坚定不移的奋斗目标。让我们为最终实现无核武器的世界而共同努力。

核裁军的进展，离不开全球的战略平衡和稳定。研制、部署和扩散先进的反导系统，修改甚至退出已达成的维系全球战略平衡的军控条约，势必对国际安全与稳定产生广泛的消极影响，在新的领域引发新一轮军备竞赛，从而严重阻碍或抵消国际核裁军和防核扩散的努力。国际社会对此应予严重关注，并采取必要的措施制止这一危险事态的发展。

中华民族是爱好和平的民族。万国宫里陈列的中国赠送给联合国的北京天坛祈年殿挂毯，就表达了中国人民企盼普天之下风调雨顺、国泰民安的愿望。要和平、求稳定、谋合作、促发展，是一切爱好和平的国家和人民的共同主张。我们居住的这个星球，应该成为各国人民和睦相处、安居乐业的家园。我们要牢记两次世界大战的惨痛教训，为维护世界的和平与安全而坚持奋斗。

中国唐代大诗人李白写过这样两句诗："长风破浪会有时，直挂云帆济沧海。"我相信，有全世界人民的共同努力，有各国政治家的真诚意愿，有在座各位的艰苦工作，裁军事业必将克服重重阻力，不断取得进展。世界的明天将会更加美好。

中共中央政治局常委胡锦涛在河南考察

3 月 26 日至 30 日，中共中央政治局常委、国家副主席胡锦涛在河南考察时强调，中央决定在县级以上党政领导班子、领导干部中深入开展"三讲"教育，是迎接新世纪、进行新的伟大创业的重要思想和组织准备，是关系党和国家前途命运的一件大事。各级党委和领导同志一定要以对党负责、对人民负责、对历史负责的精神，确保高质量地完成任务，推动当前改革发展稳定各项工作顺利进行。

胡锦涛在中共河南省委书记马忠臣、省长李克强等陪同下，先后到黄河小浪底水利枢纽工程工地和洛阳、许昌、郑州等市考察工作。

3 月 30 日，在听取河南省委、省政府工作汇报后，胡锦涛讲话。他充分肯定几年来河南取得的新成绩，并着重就搞好"三讲"教育提出要求。胡锦涛指出，党的十一届三中全会以来 20 年，我国社会主义现代化事业以邓小平理论和党的基本路线为指导，排除各种干扰，战胜了一个又一个困难，取得了举世瞩目的伟大成就。其原因是多方面的，最重要的一条，就是坚持了邓小平同志所说的关键在党、关键在人的思想。现在面对新的形势和任务，在迈向新世纪的征途上，要战胜各种困难和风险，胜利推进新的伟大创业，最根本的还是要靠党的坚强领导，靠建设一支高素质的干部队伍。各级领导同志特别是主要负责同志要把思想和行动统一到中央精神上来，坚定信心，脚踏实地，做好工作，务必使"三讲"教育收到明显成效。

胡锦涛强调，这次"三讲"教育，是新时期对领导干部进行的一次马克思主义的自我教育。认真抓好思想发动和理论武装，是确保"三讲"教育取得成效、不走过场的前提和基础，要贯穿到整个活动的全过程。要大力弘扬理论联系实际的马克思主义学风，着重解决在改造客观世界中加强改造主观世界的问题。这就要求在学习中必须联系贯彻党的路线、方针、政策的实践，联系领导班子和个人的思想作风状况，联系本地区本单位反映出的问题，认真总结经验教训，深入进行理论思考。领导干部掌握了理论武器，提高了从政治上认识问题、鉴别原则是非的能力，增强了从世界观、人生观、价值观上剖析自己的自觉性，教育活动才能严肃认真地开展起来。

胡锦涛指出，在"三讲"教育中，要广泛发动群众，引导他们积极发表意见，参加民主评议。领导干部要坚定地相信群众，依靠群众，以鲜明的态度，诚心诚意地听取群众的意见和评论。这次"三讲"教育，是对各级领导干部是否真正具有马克思主义群众观点、懂得党的群众路线的一次检验。我们的同志应当经得起这个检验。

胡锦涛说，批评和自我批评是我们党的一个好传统，是正确解决党内矛盾、促进团结和进步的一个好武器。但是，在一部分领导班子、领导干部中，这个好传统、好武器被淡忘了，一定要下决心改变这种状况。要按照"团结—批评和自我批评—团结"的公式，解决党内存在的思想作风问题，既做到讲党性，讲原则，"坚持真理，修正错误”，又注意讲政治，顾大局，在党的各级领导层把批评和自我批评的优良传统带头弘扬起来。

胡锦涛最后要求，把开展“三讲”教育与推进当前工作结合起来，相互促进。要坚持边整边改，及时解决影响本地改革发展稳定，影响领导班子整体合力，影响党群关系、干群关系的突出问题，有力地保证党的路线方针政策和中央重大决策的贯彻落实，进一步凝聚党心民心，把我们正在做的事情做得更好。

中共中央国务院决定省以下质量技术监督系统实行垂直管理

全国质量技术监督管理体制改革工作会议在北京召开

国务院副总理吴邦国出席会议并讲话。吴邦国在强调实行垂直管理的必要性时指出，第一，这项改革是适应社会主义市场经济发展的需要。质量技术监督部门是政府主管标准化、计量、质量工作，并行使行政执法监督职能的部门。质量技术监督工作在经济和社会发展中具有十分重要的作用，要坚持以法律为准绳，以标准为依据，以计量检测为手段，具有很强的科学性、公正性、权威性，这是任何其他监督手段无法替代的。在社会主义市场经济发展中，需要建立一个统一、有效的质量管理和质量监督体系，来解决产品质量差、档次低，假冒伪劣等问题。实行垂直管理有利于进一步加强政府监督，切实加强质量技术监督管理，促进质量水平提高，是适应社会主义市场经济发展的一次重大改革。第二，是保证执法公正、独立，维护良好市场经济秩序的需要。现行的属地化管理体制难以保证独立、统一、严格、公正执法。不可避免地受到地区保护主义的干扰，办案难、处罚难，执法人员甚至遭到打击报复。实行垂直管理体制有利于排除各种干扰，保证执法的权威性和公正性，强化监督职能，加大执法力度，切实维护统一开放、竞争有序的市场经济秩序。第三，是提高质量技术监督队伍素质和依法行政水平的需要。实行垂直管理体制，有利于加强对机构编制和人员的管理，制止一些地方通过权力和关系把素质差的人员调入质量技术监督部门，把住进人关；有利于统一协调依法行政，发挥整体优势，提高依法行政水平；有利于加强行风建设，建立、健全系统内部的监督、制约机制，加快建立一支高素质的质量技术监督队伍，树立科学、公正、廉洁、高效的良好行业形象。

国家质量技术监督局局长李传卿就如何确保管理体制改革方案实施，提出了具体要求。他说，实行管理体制改革后，地(市)、县(市)质量技术监督局，作为上一级质量技术监督局的直属机构，各级技术机构作为同级质量技术监督局的直属事业单位，都要按照省以下垂直管理的原则，实行统一管理。

中共中央组织部副部长张柏林、中央机构编制委员会办公室副主任顾家麒、财政部副部长高强分别就领导班子建设和干部队伍建设、机构设置和人员编制以及财政经费管理等工作提出了要求。

中央、国务院各有关部门的负责人以及各省、自治区、直辖市、计划单列市和副省级市政府领导和组织、机构编制、财政、技术监督部门负责人出席了会议。

中国人民银行召开全国银行系统学习贯彻《金融违法行为处罚办法》电视电话会议

中国人民银行行长戴相龙出席会议并讲话。他要求银行系统，认真总结过去发生违法违规案件的教训，健全和完善内控机构，加强内部监督，防止金融违法行为的发生。

戴相龙介绍说，中国人民银行依据《中国人民银行法》等法规，加强了对金融机构的监管力度。1995 年下半年集中力量对商业银行账外经营、房地产贷款、违规证券回购等问题进行了清理整顿。1996 年以来，通过兼并、收购、重组、接管、关闭、破产等方式，化解了一些金融机构的风险。去年该行又加大了对金融机构违法行为的查处力度，对 50 家不良贷款数额大、比率高的国有商业银行市、县支行有关责任人进行了处理；对骗购外汇、非法套汇、逃汇、非法买卖外汇等行为进行了坚决打击。

中国人民银行副行长阎海旺主持会议。中国工商银行行长刘廷焕、中国农业银行行长何林祥、中国银行副行长蒋祖祺、中国建设银行行长周小川、中国农业发展银行行长谢旭人、交通银行行长王明权在会上先后发言。

中国水产品质量认证管理委员会成立

国务院副总理李岚清在中南海会见挪威教育科研和宗教事务大臣永·利勒通率领的挪威教育代表团

丹麦女王玛格丽特二世和首相拉斯穆森在哥本哈根会见外交部部长唐家璇

德国总理施罗德在波恩会见外交部部长唐家璇

唐家璇说，中国政府和中国领导人欢迎和期待着施罗德总理今年 5 月对中国进行正式友好访问。唐家璇指出，当前中德关系发展良好。中国政府和人民高度重视同德国的关系，重视德国在欧洲和国际上的重要地位，支持并愿意看到德国在维护世界和平和促进人类共同发展的事业中发挥更加积极的作用。中国愿同以施罗德总理为首的德国联邦政府共同努力，全面推进两国之间业已存在的友好合作关系，把一个长期稳定的中德关系带入 21 世纪。

外交部部长唐家璇晚上在波恩与德国副总理兼外长菲舍尔举行会谈。

娱乐场所管理条例

第一章 总　则

第一条 为了加强对娱乐场所的管理，丰富人民群众文明、健康的娱乐生活，促进社会主义精神文明建设，制定本条例。

第二条 本条例所称娱乐场所，是指向公众开放的、消费者自娱自乐的营业性歌舞、游艺等场所。

第三条 娱乐场所经营单位应当坚持为人民服务、为社会主义服务的方向，开展文明、健康的娱乐活动。

第四条 国家倡导弘扬民族优秀文化，禁止在娱乐场所从事含有下列内容的活动：

(一)反对宪法确定的基本原则的；

(二)危害国家的统一、主权或者领土完整的；

(三)危害国家安全、利益或者社会稳定的；

(四)煽动民族分裂、侵害少数民族风俗习惯、破坏民族团结的；

(五)宣扬淫秽、色情、迷信或者渲染暴力，有害消费者身心健康的；

(六)违背社会公德或者诽谤、侮辱他人的。

第五条 县级以上人民政府文化行政主管部门、公安机关在各自的职责范围内，依照本条例的规定，分别对娱乐场所的经营活动和消防、治安管理工作，加强指导和监督。

第六条 各级人民政府文化行政主管部门、公安机关及其工作人员不得举办娱乐场所，并不得参与或者变相参与娱乐场所的经营活动。

第七条 文化行政主管部门、公安机关的工作人员在娱乐场所依法执行公务时，应当出示执法证件，文明礼貌，依法办事。

文化行政主管部门、公安机关依照本条例对娱乐场所实施监督检查，不得收取任何费用；文化行政主管部门对娱乐场所实施监督检查所需经费，可以通过依法调整娱乐业营业税税率，由地方财政解决，具体办法由省、自治区、直辖市人民政府规定。

第二章 娱乐场所经营单位的设立

第八条 设立娱乐场所经营单位，应当具备下列条件：

(一)有单位名称、住所、组织机构和章程；

(二)有确定的经营范围和娱乐项目；

(三)有与其提供的娱乐项目相适应的场地和器材设备；

(四)娱乐场所的安全、消防设施和卫生条件符合国家规定的标准。

第九条 娱乐场所不得在可能干扰学校、医院、机关正常学习、工作秩序的地点设立。

娱乐场所的边界噪声必须符合国家规定的标准。

第十条 下列人员不得担任娱乐场所经营单位的法定代表人和主管人员，并不得参与娱乐场所的经营管理活动：

(一)因犯有强奸罪，强制猥亵、侮辱妇女罪，组织、强迫、引诱、容留、介绍卖淫罪，赌博罪，制作、贩卖、传播淫秽物品罪，或者走私、贩卖、运输、制造毒品罪，曾被判处有期徒刑以上刑罚的；

(二)因犯罪曾被剥夺政治权利的。

第十一条 国家禁止设立外商独资经营的娱乐场所。

第十二条 设立娱乐场所经营单位，应当经其所在地县级以上地方人民政府文化行政主管部门、公安机关和卫生行政部门在各自的职责范围内依照本条例的规定进行审核；经审核合格的，方可向工商行政管理部门申请注册登记，领取营业执照。

第十三条 娱乐场所经营单位变更名称、住所、法定代表人或者主管人员、经营范围、娱乐项目或者其他重要事项的，应当经原审核部门审核，并依法向工商行政管理部门申请办理变更登记。

第三章 娱乐场所的经营活动

第十四条 任何单位未经文化行政主管部门、公安机关、卫生行政部门依照本条例审核合格，并领取营业执照，不得从事娱乐场所经营活动。

娱乐场所经营单位不得涂改、转借、出租营业执照，不得将娱乐场所转包他人经营。

第十五条 娱乐场所提供的各种娱乐项目、服务项目等的收费，必须明码标价。

县级以上地方人民政府价格管理部门对不适当的价格和高额收费，应当依照国家有关规定采取限价措施。

第十六条 歌舞娱乐场所组织的表演活动或者播放的曲目以及演播的屏幕画面，不得含有本条例第四条禁止的内容。

游艺娱乐场所通过电子屏幕显示声光、影像的游戏机内设计和装置的游戏项目，不得含有本条例第四条禁止的内容。

娱乐场所使用的音像制品和电子出版物，必须是经依法批准的出版单位出版的或者经依法批准进口的。

第十七条 游艺娱乐场所不得设置使用具有退币、退钢珠、退奖券等赌博功能的电子游戏机机型、机种、电路板。

第十八条 娱乐场所增加或者变更游戏机机型、机种、电路板的，应当报原审核的文化行政主管部门审核。

第十九条 娱乐场所不得提供利用电子计算机从事的娱乐活动。

第二十条 歌舞娱乐场所聘请文艺表演团体或者个人从事营业性演出的，应当符合国家有关营业性演出管理规定。

第二十一条 歌舞娱乐场所不得接纳未成年人。

游艺娱乐场所中设置的电子游戏机，除国家法定节假日外，不得向未成年人提供。

第二十二条 娱乐场所的从业人员在营业时间内，应当统一着装并佩戴工作标志。

第四章 娱乐场所的治安管理

第二十三条 娱乐场所经营单位应当建立、健全各项安全制度，按照国家有关规定配备保安人员。

保安人员须经县级以上地方人民政府公安机关培训；经培训并取得资格证书的，方可上岗。

第二十四条 娱乐场所的从业人员应当持有居民身份证；其中，外地务工人员还应当持有暂住证和务工证明。外国人及其他境外人员在娱乐场所就业的，应当按照国家有关规定，取得外国人就业许可证书。

娱乐场所经营单位不得雇用没有前款所列证件或者证件不齐全的人员就业。

第二十五条 严禁娱乐场所经营单位及其人员组织、强迫、引诱、容留、介绍他人卖淫，开设赌场、赌局，引诱、教唆、欺骗、强迫他人吸食、注射毒品，进行封建迷信活动，贩卖、传播淫秽书刊、影片、录像带、录音带、图片及其他淫秽物品，提供以营利为目的的陪侍，或者为进入娱乐场所的人员从事上述活动提供方便和条件。

严禁进入娱乐场所的人员在娱乐场所卖淫、嫖娼、赌博、吸毒，贩卖、传播淫秽书刊、影片、录像带、录音带、图片及其他淫秽物品，从事淫秽、色情或者违背社会公德的活动和封建迷信活动，或者从事以营利为目的的陪侍。

娱乐场所经营单位发现进入娱乐场所的人员有前款所列行为的，必须予以制止，并立即向当地公安机关报告。

第二十六条 任何人不得在娱乐场所内打架斗殴、酗酒、滋事，不得调戏、侮辱妇女，不得进行扰乱娱乐场所正常经营秩序的活动。

第二十七条 任何人不得非法携带枪支、弹药、管制刀具和爆炸性、易燃性、放射性、毒害性、腐蚀性物品进入娱乐场所。

第二十八条 歌舞娱乐场所设置的包厢、包间应当安装展现室内整体环境的透明门窗，并不得有内锁装置。

第二十九条 娱乐场所经营单位应当加强防火措施，保证消防设施的正常使用。

第三十条 歌舞娱乐场所容纳的消费者不得超过核定人数。

第五章 罚 则

第三十一条 违反本条例规定，擅自设立娱乐场所经营单位的，由工商行政管理部门予以取缔，没收违法所得和从事违法经营所使用的器材设备等，违法所得4000元以上的，并处违法所得2倍以上5倍以下的罚款；没有违法所得或者违法所得不足4000元的，并处4000元以上20000元以下的罚款。

第三十二条 娱乐场所经营单位擅自涂改、转借、出租营业执照的，由工商行政管理部门依照有关法律、法规的规定处罚。

第三十三条 娱乐场所经营单位变更娱乐项目，增加或者变更游戏机机型、机种、电路板，未报文化行政主管部门审核的，由文化行政主管部门责令限期补办审核手续；逾期不办理审核手续的，责令停业整顿，没收违法所得，并处2000元以上10000元以下的罚款。

第三十四条娱乐场所经营单位有下列情形之一的，由文化行政主管部门责令改正，给予警告，责令停业整顿，没收违法所得，违法所得2500元以上的，并处违法所得2倍以上4倍以下的罚款；没有违法所得或者违法所得不足2500元的，并处2500元以上10000元以下的罚款；情节严重的，由工商行政管理部门吊销营业执照：

（一）将娱乐场所转包他人经营的；

（二）歌舞娱乐场所接纳未成年人的，游艺娱乐场所中设置的电子游戏机在国家法定节假日外向未成年人提供的；

（三）使用未经依法批准的音像出版单位出版的或者未经依法批准进口的音像制品或者电子出版物的；

（四）提供利用电子计算机从事的娱乐活动的；

（五）提供具有赌博功能的游戏机机型、机种、电路板的。

第三十五条 娱乐场所有下列情形之一的，由文化行政主管部门责令停业整顿，没收违法所得和从事违法经营所使用的器材设备等，并处4000元以上40000元以下的罚款；情节严重的，由工商行政管理部门吊销营业执照；构成犯罪的，依法追究刑事责任：

（一）组织的表演活动或者播放的曲目以及演播的

屏幕画面含有本条例第四条禁止的内容的；

（二）游戏机内设计、装置的游戏项目中含有本条例第四条禁止的内容的。

第三十六条 除本条例第三十五条规定的情形外，在娱乐场所内从事本条例第四条所禁止的活动的，由公安机关依照有关法律、法规的规定处理；构成犯罪的，依法追究刑事责任。

第三十七条 娱乐场所经营单位有下列情形之一的，由公安机关责令改正，给予警告，责令停业整顿，并处 1000 元以上 10000 元以下的罚款；情节严重的，由工商行政管理部门吊销营业执照：

（一）雇用的从业人员没有本条例第二十四条规定的证件或者证件不齐全的；

（二）未按照国家有关规定配备保安人员或者安排未取得资格证书的保安人员上岗的；

（三）设置的包厢、包间不符合本条例第二十八条规定的；

（四）歌舞娱乐场所容纳的消费者超过核定人数的。

第三十八条 娱乐场所经营单位违反消防安全规定的，由公安机关依照有关法律、法规的规定处罚。

第三十九条 娱乐场所经营单位的人员有下列情形之一，构成犯罪的，依法追究刑事责任；尚不构成犯罪的，依照治安管理处罚条例的有关规定给予处罚：

（一）利用本单位的条件，组织、强迫、引诱、容留、介绍他人卖淫的；

（二）在公安机关查处卖淫、嫖娼活动时，隐瞒情况或者为违法犯罪分子通风报信的；

（三）利用本单位的条件，开设赌场、赌局的；

（四）利用本单位的条件，引诱、教唆、欺骗、强迫他人吸食、注射毒品的。

第四十条 娱乐场所经营单位对发生在本单位的卖淫、嫖娼活动放任不管，不采取措施制止的，由公安机关责令停业整顿，并处 10000 元以上 100000 元以下的罚款；情节严重的，由工商行政管理部门吊销营业执照；对直接负责的主管人员和其他直接责任人员，按照规定给予纪律处分，并由公安机关处 1000 元以下的罚款。

第四十一条 娱乐场所经营单位有下列情形之一的，由公安机关责令改正，给予警告，责令停业整顿，并处 4000 元以上 20000 元以下的罚款；情节严重的，由工商行政管理部门吊销营业执照：

（一）进行封建迷信活动的；

（二）提供以营利为目的的陪侍的；

（三）为进入娱乐场所的人员从事本条第（一）、（二）项所列行为提供方便和条件的。

第四十二条 有下列情形之一的，依照治安管理处罚条例的有关规定给予处罚；构成犯罪的，依法追究刑事责任：

（一）非法携带枪支、弹药、管制刀具或者爆炸性、易燃性、放射性、毒害性、腐蚀性物品进入娱乐场所的；

（二）在娱乐场所内从事卖淫、嫖娼、赌博、吸毒或者封建迷信活动的，贩卖、传播淫秽物品的，或者从事淫秽、色情活动的；

（三）在娱乐场所内打架斗殴、酗酒、滋事，调戏、侮辱妇女或者进行扰乱娱乐场所正常经营秩序活动的。

第四十三条 文化行政主管部门、公安机关的工作人员举办娱乐场所的，参与或者变相参与娱乐场所经营活动的，依法给予撤职或者开除的行政处分。

文化行政主管部门、公安机关有前款所列行为的，对直接负责的主管人员和其他直接责任人员依照前款规定处罚。

第四十四条 文化行政主管部门、公安机关和其他有关行政主管部门的工作人员滥用职权、玩忽职守、徇私舞弊、参与或者包庇违法行为，构成犯罪的，依法追究刑事责任；尚不构成犯罪的，依法给予行政处分。

第六章 附 则

第四十五条 本条例施行前已经批准设立的娱乐场所经营单位，应当自本条例施行之日起 6 个月内，依照本条例第十二条的规定，重新办理审核手续。

第四十六条 非娱乐场所经营单位兼营娱乐项目，参照本条例执行。

第四十七条 本条例自 1999 年 7 月 1 日起施行。

国务院残疾人工作协调委员会等部门联合发出开展第九次全国助残日活动的通知

3 月 27 日

澳门各界庆祝澳门回归祖国活动委员会成立

司法部在北京召开全国法律援助工作会议

会议决定，我国法律援助将介入信访工作，以法律的手段来解决一些影响大、多年上访的涉法问题。

《人民日报》发表评论员文章《搞好体制改革 提高质量水平》

党中央、国务院决定，改革现行质量技术监督管理体制，实行省以下质量技术监督系统垂直管理。这是加强质量技术监督管理的一项重大措施，对于建立、健全适应社会主义市场经济的质量技术监督管理体制，进一步加强标准化、计量、质量的管理和行政执法，提高产品质量、工程质量和服务质量,维护良好的市场秩序,维护人民群众利益,促进国民经济健康发展,具有十分重要的意义。

当前质量问题十分突出,原因是多方面的,其中一个重要原因就是现行的质量技术监督管理体制不适应新形势要求。质量技术监督部门是政府主管标准化、计量、质量工作,并行使行政执法监督职能的部门。新中国成立以来,质量技术监督体制几经变革。当前,我国经济已经进入一个新的发展阶段。经济总量已达到相当规模,社会主义市场经济体制正在逐步完善,企业成为自主经营的独立法人。在这种情况下,需要建立一个统一、有效的质量技术监督体系,来解决产品质量差、档次低,假冒伪劣等问题。这次质量技术监督改为垂直管理是带有根本性的变革,有利于进一步加强政府监督,切实加强质量技术监督管理,促进质量水平提高,是适应社会主义市场经济发展的一次重大改革;有利于排除各种干扰,保证政令畅通,保证执法的统一性和公正性,切实维护统一开放、竞争有序的市场经济秩序;有利于加强对机构编制和人员的管理,建立、健全系统内部的监督、制约机制,加快建立一支高素质的队伍,树立科学、公正、廉洁、高效的良好形象,维护党和政府在人民群众中的威信。

质量技术监督管理体制改革方案,在国务院的统一领导下,由各省、自治区、直辖市人民政府负责组织实施。各地党委、政府要高度重视,加强领导,周密部署,精心组织,狠抓落实。中央各有关部门要抓紧制定关于干部管理、机构设置、人员编制、经费保障、国有资产划转等管理办法,尽快下发执行。各级质量技术监督部门,特别是省级质量技术监督部门,要紧紧依靠各级党委和政府,通过改革管理体制,促进职能转变,进一步加大工作力度,加强自身建设,以新的风貌和优异的成绩迎接新中国成立50周年。

中国国际贸易促进会会长俞晓松一行十人应台北世界贸易中心董事长林振国先生邀请离开北京前往台北进行经贸访问活动

国家主席江泽民在巴塞尔瑞士工商界人士集会上发表讲话《发展中欧友好合作推动建立国际新秩序》

主席先生,

女士们,先生们:

我很高兴来到山清水秀的瑞士,在经济重镇和工业中心巴塞尔,同瑞士工商界的各位朋友见面。我借此机会向所有为发展中瑞友好合作作出贡献的瑞士各界人士,致以亲切的问候和良好的祝愿!

瑞士是最早承认中华人民共和国的欧洲国家之一,也是中国在西欧的重要合作伙伴。中瑞建交近50年来,两国在各个领域的交流与合作不断发展。特别是经贸合作呈现出日益良好的势头,双边贸易额逐年上升。进入90年代以来,瑞士在华投资增长迅速。瑞士不少大公司在中国有知名度,同中国的合作富有成效。瑞士中小企业也日益增多地开始进入中国市场。我们双方应该继续作出努力,保持相互关系发展的良好势头,这符合我们两国的共同利益。

近年来,西欧联合不断深化,特别是欧元问世,为世界所瞩目。西欧国家在国际事务中发挥着重要的作用。中国一贯支持欧洲国家为维护世界和平、促进共同发展作出自己的贡献。

中欧关系在中国对外关系中占有十分重要的位置。中国和欧洲国家高层互访日益频繁,政治磋商和对话日益加强,在各个领域的互利合作不断发展。去年,中国和欧盟之间建立了领导人年度会晤机制,双方同意建立面向新世纪的长期稳定的中欧建设性伙伴关系。西欧已成为中国第三大贸易伙伴,1998年双边贸易额达到510亿美元。西欧也一直是中国引进外资和先进技术的重点地区。我们对中欧关系的发展形势感到满意。

展望未来,中欧关系发展的潜力巨大,双方加强友好合作具有许多有利条件。中国和欧洲国家同是世界舞台上的重要力量,在维护世界和平与稳定、促进经济共同发展等方面,有着广泛的共同利益。中国正在致力于改革开放和现代化建设,西欧正在努力推进一体化建设,这为加强相互的友好交流与合作提供了新的动力。中国作为世界上最大的发展中国家,有着丰富的人力资源和广阔的市场,西欧作为发达国家最集中的地区,拥有雄厚的资金和先进的技术,双方在经贸、科技等领域的合作具有很强的互补性。中国和西欧都有自己的悠久历史和灿烂文化,都曾为人类文明进步作出过重大贡献,双方在自然科学、社会科学和文化艺术等领域可以相互借鉴,共同提高。这些共同点,为建立和发展中欧建设性伙伴关系提供了坚实的基础。

中国与欧洲国家在社会制度、发展水平、文化传统和价值观念等方面存在差异,对一些问题有不同看法,这并不奇怪。这些差异和不同看法,不应成为影响中欧关系的因素,而应成为推动中欧对话、增进彼此了解与合作的动力。只要中欧双方都从战略高度和长远观点出发,本着相互尊重、求同存异、互利互补、共同发展的精神,以务实审慎的态度处理相互关系,就可以将一个充满活力的中欧建设性伙伴关系带入21世纪。

中国实行改革开放20年来,取得了举世瞩目的成就。国民经济持续稳定发展,年均经济增长率9.8%,城乡居民收入成倍增加,物质文化生活显著改善。

1998 年中国经济总量已跃居世界第七，在世界贸易中的地位名列第十一位，外汇储备达到 1450 亿美元，年吸收外资已居世界第二。中国人民正在满怀信心地沿着邓小平先生开创的建设中国特色社会主义的发展道路继续前进。

去年，亚洲金融危机对中国造成强烈冲击，严重洪涝灾害也给国民经济带来重大损失。面对这种国内外经济环境，中国政府果断运用积极的财政政策，增加投入，扩大内需，确保经济稳步增长，保持人民币汇率稳定。我们将坚定不移地执行改革开放的基本国策，大力实施科教兴国和可持续发展战略，把扩大国内需求作为促进经济增长的重要措施，继续保持国民经济持续快速健康发展。

我们将坚持扩大对外开放，继续发展对外经济、贸易、技术合作，我们将进一步改善外商投资环境，有步骤地放宽外商投资领域，保障外商投资企业的合法权益，力争对外贸易和利用外资有新的增长。这不仅有利于中国经济的稳定和发展，也有利于亚洲乃至世界金融和经济的稳定和发展。

中国的发展离不开世界，世界的发展需要中国。中国的稳定和繁荣，必将给中瑞、中欧的友好合作开辟广阔的前景，必将为世界的和平、发展与稳定作出更大的贡献。

女士们、先生们，

回首过去的一百年，世界经历了沧桑巨变。在这个世纪里，人类创造了历史上无与伦比的巨大物质财富和先进文明成果，也遭受了前人难以想象的两次世界大战的空前浩劫。历史的车轮经过曲折崎岖的道路继续向前奔驰。即将进入新世纪的世界，正在发生重要的变化。和平与发展已成为各国人民的共同要求和不可阻挡的历史潮流。世界多极化和经济全球化趋势的深入发展，给人类政治、经济、文化生活产生空前深刻的影响。历史的发展和进步，给各国人民带来新的希望，也带来新的挑战。

总的看来，国际形势继续趋向缓和，维护和平与稳定的力量继续增长，但局部紧张和诸多不稳定因素仍然存在，贫国和富国的差距进一步扩大，霸权主义和强权政治还有新的发展，一些地区的武装冲突面临升级的危险。天下仍不太平。这几天对科索沃和南斯拉夫其他地区发动的军事打击就是这方面的典型事例。这说明维护世界和平、促进共同发展的崇高事业依然任重而道远。

世界多极化是不以人们意志为转移的客观趋势。大国关系和整个国际关系都在进行调整。欧盟一体化进程取得历史性突破。广大发展中国家在国际事务中的作用继续增长。各种区域性组织空前活跃。各国自主意识进一步增强，霸权主义和强权政治越来越不得人心。这种多极化趋势有利于世界的和平与发展，但在演变过程中也充满着矛盾和斗争。

经济全球化是当今世界经济发展和科技进步的产物，它给各国的发展带来新的机遇，也带来风险。始于东南亚一些国家的金融危机广泛蔓延，反映了在经济全球化背景下世界各国经济的紧密联系，也暴露了现行的国际金融体制和经济秩序存在的严重缺陷和弊端。为了防范金融和经济风险，促进各国金融和经济安全，对旧的国际金融体制和经济秩序进行改革已势在必行。

金融危机的发生不仅会危害发展中国家，发达国家也会受到影响和冲击。国际社会所有成员应该本着责任和风险共担的精神，加强合作，共同维护世界经济的稳定发展。在世界经济中居主导地位的发达国家应该承担更多的义务，采取切实有效措施，帮助经济困难和受危机冲击的发展中国家尽快摆脱困境。只有国际社会共同努力，坚持互利合作，世界才会有真正的繁荣和稳定。

全球化的经济，呼唤进行全球化的协调与合作。变化了的世界，需要建立与之相适应的国际新秩序。推动建立和平稳定、公正合理的国际政治经济新秩序，已成为世界各国面临的一个紧迫课题。

在这里，我愿提出中国关于建立国际政治经济新秩序的基本主张。

我们认为，建立国际政治经济新秩序，应该从当今世界的实际情况出发，应该反映世界各国人民的普遍愿望和共同利益，应该体现历史发展和时代进步的要求。产生于 50 年代的著名的和平共处五项原则，以及其他公认的国际关系准则，应该成为建立国际政治经济新秩序的基础。

第一，应坚持互相尊重主权和领土完整、互不侵犯、互不干涉内政的原则。遵守这些原则，是和平共处的应有之义和必要前提。

第二，应坚持用和平方式处理国际争端的原则。国家之间的争端，地区之内的冲突，应该通过和平谈判、平等协商逐步求得公正合理的解决，而不应凭借自己的军事优势动辄使用武力或以武力相威胁。要彻底摒弃“冷战”思维和由此而产生的各种强权行为。

第三，应坚持世界各国主权平等的原则。国家不分大小、贫富、强弱，都是国际社会平等的一员，都有平等地参与世界事务的权利。任何国家或国家集团都没有凌驾于国际社会之上的特权。要充分尊重和发挥联合国在维护世界和平与稳定方面的积极作用。

第四，应坚持尊重各国国情、求同存异的原则。每个国家都有权根据本国的国情，独立自主地选择自己的社会制度、发展道路和生活方式。各国历史背景、文化传统、社会制度和价值观念上存在的差异,应该得到尊重,而不应成为发展正常国家关系的障碍,更不应成为干涉别国内政的借口。

第五,应坚持互利合作、共同发展的原则。发达国家和发展中国家应该相互合作,平等互利,共同发展。要改革不合理的国际经济旧秩序,使之有利于维护世界各国特别是广大发展中国家的权益。任何国家都不得利用自己经济、技术和金融方面的优势,去损害别国的经济安全和发展。

21世纪的钟声即将敲响。让我们同世界各国人民一道,为推动建立和平稳定、公正合理的国际政治经济新秩序,为创造一个持久和平和普遍繁荣的新世界而共同努力!

外交部发言人孙玉玺就美国政府决定在联合国人权会上提出反华提案事答记者问

有记者问:据报道,美国决定在联合国第五十五届人权会上提出涉华提案,请问中方对此有何评价?

孙玉玺回答说:"我们对美国政府决定在联合国人权会上提出反华提案表示强烈反对。众所周知,中国政府一贯致力于保护和促进人权,近年来中国人民享受人权的水平不断提高。美方却不顾事实,企图利用人权问题干涉中国内政,这不仅违背了《联合国宪章》的基本原则,也违背了当今国际社会要求合作、反对对抗的历史潮流。"

孙玉玺指出,中国一贯主张通过在平等和相互尊重基础上的对话,处理和解决国与国之间在人权问题上的分歧。事实证明,搞对抗是没有出路的。

孙玉玺要求美方立即纠正其错误决定,放弃干涉中国内政的做法。

3月28日

国家主席江泽民在维也纳总统府会见奥地利总统克莱斯蒂尔

中奥两国元首积极评价了两国关系。双方都认为,两国在各个领域的友好合作不断发展,两国领导人保持频繁交往有利于推动两国友好合作关系。克莱斯蒂尔表示,奥对华投资在增加,两国文化交流非常活跃,维也纳爱乐乐团到中国巡回演出,中国民族乐团也已两次来奥演出,双方还多次在对方国家成功地举办了展览。江泽民表示,中方将同奥方共同努力,保持两国各领域友好交流的良好势头。

双方讨论科索沃问题。克莱斯蒂尔表示,他对科索沃危机感到忧心忡忡。奥地利只能参加联合国的维和行动,因此未允许北约飞机从奥领空飞越。

江泽民重申在科索沃问题上的立场,并表示:我们认为,这个世界许多问题还是应坐下来谈,不能大动干戈,更不能以强凌弱。国与国关系应坚持和平共处五项原则,其中核心问题是不干涉别国内政。国与国要坦诚协商,而不是自己先作出结论,再迫使对方接受。世纪之交,各国应共同努力,使21世纪的世界成为一个和平、友好、繁荣的世界。

关于人权问题,克莱斯蒂尔赞赏中国签署人权问题两国际公约。克莱斯蒂尔认为,欧盟决定不在日内瓦人权会上提出针对中国的人权提案,是一个积极的迹象。江泽民主席重申了中方的原则立场。克莱斯蒂尔强调,对于人权问题上的不同意见,最好的办法就是对话。

双方介绍各自国家的情况,并就共同关心的一些问题交换意见。

克莱斯蒂尔总统对江泽民来访表示欢迎。克莱斯蒂尔说,这是中国国家元首首次访问奥地利。奥中关系现在非常密切。双方高层互访频繁,经济关系发展良好。

江泽民说,奥地利是我此次欧洲三国之行的最后一站。中国重视同包括奥地利在内的西欧各国发展长期稳定的互利合作关系,这不仅符合有关国家双方的利益,也有利于维护世界和平,促进经济共同发展。

在回答记者提问时,克莱斯蒂尔说,奥地利作为欧盟成员国,坚决支持中国加入世贸组织,欧盟已决定作为一个整体支持中国加入世贸组织。

在回答关于人权问题的提问时,江泽民说,中国同西方国家在人权问题上既有很多共同点,也有不同的观点,不应该要求所有国家都一样。西欧人民对遥远的中国的情况并不十分了解,对一个有12亿人口的国家所面临的问题和在许多方面包括人权领域所取得的巨大成绩了解不多,我们欢迎各界人士多到中国亲眼看一看。对于分歧和有不同看法,我们主张通过对话来增进相互了解。

国家主席江泽民在维也纳会见奥地利总理克利马

下午,克利马就共同关心的问题交换意见。他介绍了欧洲一体化建设情况及欧盟共同外交与防务政策目标。他认为,下个世纪将是多极化的世纪,欧洲将是其中一极。欧盟与中国领导人建立了定期会晤机制,这有益于双方关系的进一步发展。他对欧洲与中国的良好关系感到高兴。

克利马表示,去年下半年奥地利是欧盟轮值主席国,现在仍是欧盟"三驾马车"之一,奥方将继续为促进欧中关系作出努力。

谈到两国关系时，克利马说，两国关系很好，双方在不少领域开展了合作，在冶金、钢材、交通、环保等领域，奥有一定优势，可继续加强两国在这些领域的合作。克利马赞扬中国有条不紊地逐步推进改革开放政策。他说，中国保持稳定对世界非常重要。

江泽民说，他很高兴有机会访问奥地利。中国重视发展同奥地利的友好合作关系，双方高层互访频繁，对两国关系的顺利发展起了重要作用。中奥经济互补性强，双方应努力拓展合作领域。他表示相信，在双方共同努力下，中奥友好合作关系在新世纪里一定会得到更好的发展。

关于中欧关系，他表示，在多极化和经济全球化的新形势下，中欧进一步加强合作与对话符合双方的利益，也有利于推进亚欧合作和世界的和平、稳定与发展。

江泽民还介绍了中国改革开放的进程，中央与地方的关系，关于允许一部分人和一部分地区先富起来、最终达到共同富裕的方针，裁减军队人员、禁止军队经商的政策，以及中国少数民族的情况和政府的政策等。他还介绍了改革、发展与稳定的关系。

国务院关于克服官僚主义进一步转变工作作风提高办事效率有关问题的通报

国务院各部委、各直属机构：

新一届政府成立以来，国务院各部门认真贯彻执行党的路线、方针、政策，精简机构，转变职能，机关工作作风有所改善，办事效率也有提高。但是，还必须清醒地看到，官僚主义、推诿扯皮、各行其是等不良作风仍在一些部门严重存在，具体表现为：有些部门和单位的领导不注重扎扎实实地研究改革和发展中带有全局性、方向性的重大问题，不认真办理国务院领导同志的交办事项，把精力过多地放在场面活动上，沉溺于大会、小会，有布置、无检查，不解决实际问题，“捡了芝麻，丢了西瓜”；个别部门和单位争权扯皮、办事拖拉，缺乏责任感和紧迫感；少数部门不按《国务院工作规则》办事，遇事不与相关部门通气、协商，甚至片面强调本部门职权，听不得其他部门的意见；一些机关工作人员全局观念淡漠，处理问题时过多地强调本部门、本系统的利益，对国家的方针政策各取所需、各行其是。

例如，为克服亚洲金融危机给我国经济发展带来的严重影响，加快钢铁企业的解困步伐同时对加工贸易实行规范化管理，1997 年，国务院领导同志作出了鼓励加工出口企业使用国产钢材的重要决策，要求有关部门研究支持国内钢铁企业参与平等竞争的税收政策，并进一步采取措施防止走私对国内市场的冲击。这项政策的提出为国内钢铁企业摆脱困境拓宽了思路，各方面一致表示赞成。但是国务院有关部门对这项决策的重要意义不去理解，对解决钢铁行业困难的紧迫性缺乏认识，在制定办法过程中又不作深入细致的调查研究，以致花费半年多时间提出的却是一个不切实际的办法，即要求企业先将钢材运抵保税区，再销售给加工出口企业，才能享受全额退税政策。这个办法手续烦琐，增加往返运输，加大了钢铁企业成本，实际上达不到促进国产钢材销售的目的。为此，1998 年 9 月，国务院领导同志再次作出批示，要求有关部门的负责同志亲自主持，认真研究改进办法，尽快将这项政策落到实处。但是，由于一些部门的负责同志全局观念不强，工作作风不扎实，放任下属司局之间在部门职责权限上争来争去，在监管责任上推诿扯皮，在关键问题上议而不决，又经历了半年的反复协商，下发的改进办法仍然是一个无法操作的办法。鼓励加工出口企业使用国产钢材的政策仍然不能到位，影响了国内钢铁企业的解困进程。直至今年 3 月中旬，国务院领导同志对此提出了严厉批评，有关部门才意识到问题的严重性，主要负责同志亲自出面协商才提出了对销售给加工出口企业的国产钢材免征增值税，同时对加工贸易进口钢材实行保证金“实转”的办法，从而有望结束这项旷日持久的“办案”过程。在一年半多的时间里，国务院领导同志对这样一项具体工作批示十余次，甚至提出严厉批评，有关方面特别是钢材企业也多次疾呼，但就是由于有关部门的官僚主义和自行其是，致使一项正确决策迟迟得不到具体贯彻落实。

上述情况说明，如果让官僚主义、推诿扯皮、各行其是的不良作风继续发展下去，将会严重影响政府形象和办事效率，使国务院的正确决策埋葬在文山会海之中而一事无成。为此，国务院各部门要认真总结经验教训，采取有效措施，坚决克服官僚主义作风，进一步转变职能，转变工作方式和工作作风，提高办事效率。现就有关问题通知如下：

一、严格执行“五项要求”、“约法三章”，全心全意为人民服务

本届政府任期的五年，是跨世纪的五年，是社会主义现代化事业承前启后、继往开来的五年，我们面临着历史的机遇和新的挑战，任务十分艰巨，时间尤为紧迫。为不辜负全国人民的重托、争取多办成几件大事、实事，国务院各部门必须继续严格执行本届政府成立时提出的“五项要求”和“约法三章”，牢记自己是人民的公仆，勤奋工作。要深入实际，体察民情，为群众办实事，严禁虚报浮夸、欺上瞒下。切实改变文山会海、繁文缛节，克服形式主义和官僚主义，把精力真正集中到研究和解决实际问题上来。必须树立全局观念，紧

紧围绕本届政府的中心任务努力工作，开拓进取，恪尽职守，把本届政府真正建设成为廉洁、勤政、务实、高效的政府。

二、要认真落实部门责任制，加强部门间的协调和配合

国务院各部门要认真依照法律法规行使职权，各司其职，各负其责，在各自职权范围内，独立负责地做好工作。各部门主要负责同志要抓大事，注意研究和发现关系全局和长远发展的重大问题，提出解决问题的办法和政策建议。对党中央和国务院决定和交办的重要事项，部门主要负责同志要亲自抓，遇有问题要直接出面协调，不能因司局之间推诿扯皮而延误工作。国务院各部门在制定政策和处理问题时，如遇涉及其他部门职责分工范围内的事项，主办部门要主动征求有关部门的意见，认真进行协商，协办部门要积极配合。凡未经有关部门主要负责同志认真研究、充分协商的问题不得上报国务院。今后部门间如有分歧意见须请示国务院，报文前必须经过相关部门主要负责同志亲自协商。主办部门主要负责同志主持召开协调会议，可邀请协办部门相应负责同志出席，协办部门负责同志必须出席；根据主办部门的要求，国务院办公厅可派员列席会议。经部门主要负责同志协商不能达成一致意见的问题，在报请国务院裁决时，主办部门必须明确、具体地列举有关部门不同意见的论据，以便国务院领导同志决策。

三、严肃纪律，提高效率，确保政令畅通

在国务院制定政策或做出决定之前，各级领导和有关部门要以高度负责的精神，充分发表意见，敢于说真话、说实话，不能回避矛盾。国务院一旦作出决定，各部门必须坚决贯彻执行，做到有令必行，有禁必止，确保政令畅通，不允许各取所需、自行其是。为了确保党中央和国务院确定的各项工作方针政策按照预定的目标、期限贯彻落实，国务院各部门要进一步转变工作作风和工作方式，提高办事效率。国务院及各部门在向下级部署工作和下达任务时，应当明确提出时限要求，有关单位要按照规定时限予以落实；各部门之间征求意见或会签文件时，协办部门必须在七个工作日内予以答复，否则视为失职。各部门办理国务院交办文件，必须在两周内回复。凡没有正当理由拖延不办、贻误时机，造成损失的，要追究部门主要领导和经办人的责任。

四、进一步健全和完善督促检查制度

各部门要进一步健全和完善督促检查制度，确保国务院重大决策的贯彻落实。督查工作要突出重点，紧紧围绕国务院的中心工作和国务院领导同志关注的重大问题，以及人民群众关注的热点、难点问题进行。对重大决策贯彻落实情况的督促检查，要指定专人负责，做到事事有着落，件件有结果。督查工作要实事求是，讲求时效，防止形式主义，不做表面文章。有关部门在履行职责或完成国务院交办事项的过程中，遇有问题应及时向国务院报告。国务院办公厅要加强对各部门落实国务院决定事项的督促检查，定期向国务院领导同志报告国务院文件、会议和国务院领导批示及交办事项的落实情况。

各部门要按照本通知的精神，结合“三讲”教育开展一次克服官僚主义、转变工作作风，提高办事效率的自查，认真总结经验，吸取教训，提出改进措施，并于1999年6月底前向国务院写出书面报告。

国务院

一九九九年三月二十八日

中国击剑选手王海滨在匈牙利布达佩斯举行的世界男子个人花剑锦标赛中获得金牌

重庆医科大学研制成功的世界上第一台超声聚焦刀通过国家鉴定

3月29日

国家主席江泽民就北约对南斯拉夫发动军事攻击致口信给南斯拉夫联盟共和国总统米洛舍维奇并复信美国总统克林顿

江泽民强调，中国反对凭借军事优势动辄使用武力或以武力相威胁。科索沃问题应该在尊重南斯拉夫主权和领土完整、保障科索沃地区各民族合权益法的前提下，通过谈判公正、合理地解决。中方强烈要求北约立即停止对南斯拉夫的军事干涉，使科索沃问题重新回到政治解决的轨道上来。

中央统战部和中央台办在人民大会堂举行“对台工作形势政策”报告会

中共中央台湾工作办公室、国务院台湾事务办公室主任陈云林向各民主党派中央、全国工商联负责人和无党派人士代表通报了海峡两岸关系形势和中央解决台湾问题的方针政策。

中国航空器材总公司及有关航空公司近日与美国波音公司签订购买10架波音飞机的合同

国家主席江泽民在维也纳霍夫堡宫会见奥地利经济界人士

奥总统托马斯·克莱斯蒂尔和江泽民主席分别发

表讲话。

江泽民说，近年来，中奥两国在各个领域的合作取得了可喜的进展，特别是经贸合作富有成果。这是两国政府共同努力的结果，也同在座经济界各位朋友的努力分不开。他说，他在同克莱斯蒂尔总统和克利马总理会谈时一致认为，要在现有基础上，进一步加强两国经济、贸易、技术、文化等领域的交流与合作。

江泽民说，中国自 1978 年实行改革开放以来，国民经济持续快速发展，年均增长达到 9.8%。中国经济的持续发展，为亚洲乃至世界经济的稳定和发展作出了贡献。

江泽民说，中国实行改革开放和推进现代化建设，是坚定不移的。我们将继续加快建立社会主义市场经济体制，深化各项改革，落实发展措施，不断促进经济繁荣和社会全面进步。我们将继续扩大对外开放，进一步改善外商投资环境，有步骤地放宽外商投资领域，积极有效地利用外资，继续加强同世界各国的经贸、科技交流与合作。

江泽民说，中国政府重视同奥地利发展经济技术合作，支持双方经济界为扩大两国经济技术合作作出新的努力。奥地利经济发达、技术先进。我们欢迎更多的奥地利企业家到中国投资。中国是一个有 12 亿人口的大市场，只要投资的项目符合中国的产业政策和市场需求，就一定会收到好的效益。希望奥地利经济界人士为发展两国的友好合作关系，作出更多的贡献。

在两国元首发表讲话前，中奥双方签订关于造纸和炼钢技术引进等三项合同。

国务院副总理钱其琛等陪同人员和奥联邦经济部长法恩莱特纳、联邦工商会主席马德塔纳参加会见。

全国人大常委会委员长李鹏在北京会见美国国会参议院外交委员会亚太小组委员会主席克雷格·托马斯参议院外交委员会欧洲小组委员会主席格登·史密斯和众议员格雷格·沃尔登

国务院总理朱镕基在北京会见美国商务部部长戴利和他率领的基础设施代表团

德国总统赫尔佐克在柏林总统府会见来访并出席第二届亚欧外长会议的中国外交部部长唐家璇

首届城市水及垃圾处理设备展示暨技术交流项目洽谈会在北京举行

最高人民法院发布施行《关于内地与香港特别行政区法院相互委托送达民商事司法文书的安排》公告

3 月 30 日

中宣部 人事部 中央文明办就深入开展做人民满意公务员活动联合召开电视电话会议

中宣部、人事部、中央文明办联合召开电视电话会议，要求深入开展做人民满意的公务员活动。

中宣部副部长刘鹏在会上宣读了中宣部、人事部、中央文明办《关于继续深入开展做人民满意的公务员活动的通知》。

人事部部长宋德福在会上指出，深入开展这项活动要不断深化“让人民满意”的主题。

公安部、国家税务总局、辽宁省人事厅、湖北省人事厅的代表在会上发了言。

中央国家机关工委、国务院各部委、各直属机构主管人事工作的负责人和北京市有关部门负责人，以及全国 30 个分会场的 2800 多人参加会议。

全国人大常委会委员长李鹏在雅典会见希腊议会议长卡克拉马尼斯

双方就推动两国友好关系的发展、进一步加强中国全国人大与希腊议会的交往以及包括南斯拉夫科索沃危机在内的问题深入交换了意见。

李鹏首先感谢卡克拉马尼斯议长的邀请和接待。李鹏说，我这次访问的目的，就是要进一步发展中希两国的友好关系，加强中国全国人大同希腊议会的友好交往。他感谢希腊支持中国加入世贸组织，赞赏希腊坚持一个中国的正确立场。

李鹏指出，中希两国建交以来，双方在各个领域的友好合作与交流不断发展，特别是近几年来两国关系出现了良好的发展势头。两国高层领导人互访增多，希腊议会与中国全国人大的往来与接触也日趋活跃。两国在经贸、科技、文化等诸多方面的交流与合作取得了积极的进展。

卡克拉马尼斯议长说，不久以前，我对中国进行的访问非常成功，而且到了西藏，目睹了中国的伟大成就，中国的发展进程对世界产生了重大影响。希腊人民和希腊议会非常愿意发展同中国的友好关系。尽管希腊同中国的幅员、人口有很大差异，但是我们感情上是亲近的。希中两国都是文明古国，有很多相同之处，可以互相借鉴，互相学习。

会谈中，双方就当前的科索沃局势交换看法。李鹏说，北约对科索沃和南斯拉夫其他地区进行空中打击，引起了中国人民的极大关注和忧虑。几天来，中国国家主席江泽民多次阐述了中国政府的严正立场，中国坚决反对北约对南斯拉夫进行军事干涉。北约的行径严重违背了国际关系准则，侵犯了南斯拉夫的主权，使巴尔干地区局势进一步恶化，危及欧洲的和平与稳定，开了一个很坏的先例。中国历来主张，一个国家的内部事务包括民族问题，应由该国人民自己通过正确的政策和妥善的办法来加以解决，外国不应进行干涉。

李鹏说，中国人民在历史上曾经饱受列强的欺凌。现在世界上仍有一些人利用这样那样的借口干涉中国的内政，因此中国人民对南斯拉夫人民目前的遭遇深表同情。北约对科索沃和南斯拉夫其他地区的狂轰滥炸，使不少人的生命财产遭到了严重损害，许多人流离失所成为难民，使巴尔干地区的稳定和安全受到威胁。因此，我们强烈呼吁，北约必须立即停止对南联盟的军事干涉，使科索沃问题尽快回到政治解决的轨道上来，确保南斯拉夫的主权和领土完整得到完全尊重。国际社会应该共同为此作出不懈努力，尽快化解这场危机，使整个巴尔干的形势缓和下来。

李鹏说，希腊反对诉诸武力，主张根据国际法和现有边界保持不变的原则，在联合国有关决议框架内通过和平谈判解决争端。希腊地处巴尔干地区，又是北约和欧盟的成员，但能够主张正义，坚持上述正确原则立场，我们表示钦佩和赞赏。

李鹏强调，中国一贯反对霸权主义和强权政治，主张建立和平稳定、公正合理的国际政治经济新秩序，主张以和平谈判和友好协商的办法解决一切争端，反对以任何借口干涉他国的内部事务。

卡克拉马尼斯议长表示赞赏中国的立场和主张。卡克拉马尼斯说，希腊地处巴尔干，是南斯拉夫的近邻，对危机有切身感受。希腊主张尊重别国的领土完整，用和平的手段解决争端，反对诉诸武力。科索沃问题完全可以通过政治对话加以解决，采取武力必然导致形势恶化和失控，使这一地区的人民深受其害。目前，许多难民涌入希腊，危及到希腊的稳定。这种状况必须尽早结束。

李鹏强调，中国和希腊虽然有很大差异，但这并没有成为两国发展友好合作的障碍。中方高度评价希腊为推动中欧关系的恢复和发展所发挥的积极作用。中国重视同希腊的关系，珍视两国人民的传统友谊，愿与希方共同努力，把两国友好合作关系提高到新的水平，以更大的合作成果迈入21世纪。

李鹏委员长的夫人朱琳、全国人大常委会副委员长何鲁丽及其他主要陪同人员参加会谈。

农业部完成《中国21世纪议程农业行动计划》

农业部副部长路明宣布：农业部近百名专家学者历经一年时间，编制完成了《中国21世纪议程农业行动计划》，实施这个行动计划，将是农业部今后长期的重要工作。

《中国21世纪议程农业行动计划》的主要内容包括：21世纪我国农业可持续发展的目标、任务、主要方案领域和具体行动计划。其基本目标是：保持农业生产稳定增长，保障食物安全；发展农村经济，增加农民收入，改变农村贫困落后状况；保护和改善农业生态环境，合理、永续地利用自然资源，以满足不断增长的国民经济、社会发展和人民生活的需要。

该行动计划根据《中国21世纪议程》的基本内容要求，依据农业部管理职能和当前及今后农业发展的重点问题，列出36个方案领域，并阐述了实现农业可持续发展的几个主要行动：调整结构，增加和改善投入，保护和合理利用资源，促进地区发展和扶贫，加强农业可持续发展的科研教育，推进社会参与和对外合作。

国办转发科技部等部门关于促进科技成果转化若干规定的通知

各省、自治区、直辖市人民政府，国务院各部委、各直属机构：

科技部、教育部、人事部、财政部、中国人民银行、国家税务总局、国家工商行政管理局《关于促进科技成果转化的若干规定》已经国务院同意，现转发给你们，请认真贯彻执行。

关于促进科技成果转化的若干规定

为了鼓励科研机构、高等学校及其科技人员研究开发高新技术，转化科技成果，发展高新技术产业，进一步落实《中华人民共和国科学技术进步法》和《中华人民共和国促进科技成果转化法》，作出如下规定：

一、鼓励高新技术研究开发和成果转化

1. 科研机构、高等学校及其科技人员可以采取多种方式转化高新技术成果，创办高新技术企业。以高新技术成果向有限责任公司或非公司制企业出资入股的，高新技术成果的作价金额可达到公司或企业注册资本的35%，另有约定的除外。

2. 科研机构、高等学校转化职务科技成果，应当依法对研究开发该项科技成果的职务科技成果完成人和为成果转化作出重要贡献的其他人员给予奖励。其中，以技术转让方式将职务科技成果提供给他人实施的，应当从技术转让所取得的净收入中提取不低于20%的比例用于一次性奖励；自行实施转化或与他人合作实施转化的，科研机构或高等学校应当在项目成功投产后，连续在3－5年内，从实施该科技成果的年净收入中提取不低于5%的比例用于奖励，或者参照此比例，给予一次性奖励；采用股份形式的企业实施转化的，也可以用不低于科技成果入股时作价金额20%的股份给予奖励，该持股人依据其所持股份分享收益。在研究开发和成果转化中作出主要贡献的人员，所得奖励份额应不低于奖励总额的50%。

上述奖励总额超过技术转让净收入或科技成果作价金额50%，以及超过实施转化年净收入20%的，由该单位职工代表大会讨论决定。

以股份或出资比例等股权形式给予奖励的，获奖人按股份、出资比例分红，或转让股权所得时，应依法缴纳个人所得税。

3. 国有科研机构、高等学校持有的高新技术成果在成果完成后一年未实施转化的，科技成果完成人和参加人在不变更职务科技成果权属的前提下，可以根据与本单位的协议进行该项科技成果的转化，并享有协议约定的权益。科技成果完成人自行创办企业实施转化该项成果的，本单位可依法约定在该企业中享有股权或出资比例，也可以依法以技术转让的方式取得技术转让收入。

对多人组成的课题组完成的职务成果，仅部分成果完成人实施转化的，单位在同其签订成果转化协议时，应通过奖励或适当的利益补偿方式保障其他完成人的利益。

本单位应当积极组织力量支持、帮助成果完成人进行成果转化。

4. 对科技成果转化执行现行的税收优惠政策。科研机构、高等学校的技术转让收入免征营业税。科研单位、高等学校服务于各业的技术成果转让、技术培训、技术咨询、技术承包所取得的技术性服务收入暂免征收所得税。

5. 科技人员可以在完成本职工作的前提下，在其他单位兼职从事研究开发和成果转化活动。高等学校应当支持本单位科技人员利用节假日和工作日从事研究开发和成果转化活动，学校应当建章立制予以规范和保障。

国有科研机构、高等学校及其科技人员可以离岗创办高新技术企业或到其他高新技术企业转化科技成果。实行人员竞争上岗的科研机构、高等学校，应允许离岗人员在单位规定的期限内(一般为2年)回原单位竞争上岗，保障重新上岗者享有与连续工作的人员同等的福利和待遇。

科技人员兼职或离岗期间的工资、医疗、意外伤害等待遇和各种保险，原则上应由用人单位负责。科研机构、高等学校应按照国家的有关规定，制定具体办法予以规范，并与用人单位和兼职人员签订书面协议予以确定。

从事上述活动的人员不得侵害本单位或原单位的技术经济权益。从事军事科学技术研究的科技人员兼职或离岗，执行国家关于军工单位人员管理的有关规定；高等学校有教学任务的科技人员兼职不得影响教学任务。

二、保障高新技术企业经营自主权

6. 科技人员创办高新技术企业，应当贯彻“自愿组合、自筹资金、自主经营、自负盈亏、自我约束、自我发展”的原则，应当遵守国家的法律、法规，遵从与本单位签订的协议。

7. 要妥善解决集体性质高新技术企业中历史遗留的产权关系不清问题。

集体性质高新技术企业过去在创办及后来的发展过程中，国有企事业单位拨入过资产并已明确约定是投资或债权关系的，按照约定办理；未作约定的，由双方协商并重新约定产权关系或按有关规定界定产权；与国有企事业单位建立过挂靠关系、贷款担保关系的，国有企事业单位一般不享有资产权益，但国有企事业单位对集体性质的高新技术企业履行了债务连带责任的，应予追索清偿或依照有关规定转为投资；对属于个人投资形成的资产，产权归个人所有。

对集体性质高新技术企业仍在实施的由国有企事业单位持有并提供的高新技术成果，当初没有约定投资或债权关系的，可以根据该项技术目前的市场竞争力，以及有关各方在技术创新各阶段的物资技术投入情况，按照有关规定重新界定产权。

8. 允许国有和集体性质的高新技术企业吸收本单位的业务骨干参股，以增强企业的凝聚力；企业实行公司制改造时，允许业务骨干作为公司发起人。

9. 国有科研机构、高等学校与其投资创办的高新技术企业要实行所有权与经营权分离，合理确定投资回报比例，为企业留足发展资金。要保障企业经营管理人员和研究开发队伍的稳定，在经营决策、用人、分配等方面赋予企业经营者充分自主权。任何单位或个人都不得随意摊派或无偿占用企业的资源。

三、为高新技术成果转化创造环境条件

10. 各地方要支持高新技术创业服务中心(科技企业孵化器)和其他中介服务机构的建设与发展，有关部门在资金投入上要给予支持，政策上要给予扶持。要引导这类机构不以营利为目的，以优惠价格为科研机构、高等学校和科技人员转化高新技术成果，创办高新技术企业提供场地、设施和服务。

高新技术创业服务中心和其他中介服务机构要按社会主义市场经济办法，以市场为导向，为转化科技成果做好服务，求得发展。有条件的高新技术创业服务中心可以依据《中华人民共和国促进科技成果转化法》及其他有关法律、法规和文件规定，建立风险基金(创业基金)和贷款担保基金，为高新技术企业的创业和发展提供融资帮助。

11. 政府利用竞标择优机制,以财政经费支持科技成果转化,包括采用投资、贷款贴息、补助资金和风险投资等形式支持成果转化活动。有条件的地方可以按照国家的有关规定,设立科技成果转化基金或风险基金。商业银行应对符合信贷条件的高新技术成果转化项目积极发放贷款。

各地方、各部门在落实国家股票发行计划时,应对符合条件的高新技术企业给予重点支持。

12. 独立科研机构转制为企业的,参照本规定执行。

各地方、各部门应当积极鼓励各种科技成果转化活动,鼓励科研机构、高等学校和科技人员兴办高新技术企业,鼓励科技开发应用型科研院所转制为科技型企业,切实加强对科技成果转化工作的领导。各地方、各部门应及时研究科研机构、高等学校和科技人员发展高新技术产业中出现的新情况、新问题,制定切实可行的实施办法,优化政策环境,推动我国高新技术产业发展跃上新台阶。

科技部　教育部
人事部　财政部
中国人民银行
国家税务总局
国家工商行政管理局
一九九九年三月二十三日

国家质量技术监督局国旗国家标准第一号修改单

全国血吸虫病防治工作会议在北京召开

中共中央政治局常委、国务院副总理李岚清出席会议并讲话。他说,各地、各有关部门的领导,要把群众的疾苦始终放在心上,做好血吸虫病的防治工作。对于已控制的地区也要做好疫情监测工作,防止血吸虫病死灰复燃,做到警钟长鸣,常抓不懈。

国务院副总理李岚清在北京召开的第九次全国血吸虫病防治工作会议上强调血防工作要常抓不懈

3月31日

全国人大常委会委员长李鹏在雅典会见希腊总理西米蒂斯

李鹏在会见中说:中希关系很好,朱镕基总理期待着你对中国进行正式访问,相信你对中国的访问将对保持中希两国友好关系良好的发展势头发挥积极的作用。西米蒂斯请李鹏委员长转达他对朱镕基总理的问候,并表示他期待着对中国进行访问。

李鹏说,希腊政府在人权问题上主张对话,不搞对抗;在台湾、西藏问题上坚持正确的政策,尊重中国的主权和领土完整;支持中国加入世界贸易组织。对此,中方给予高度评价并表示感谢。

李鹏说,中希之间良好的政治关系为进一步发展两国在经济贸易领域的合作创造了良好条件,中方愿意为进一步扩大两国的经贸合作作出自己的努力。

李鹏说:世界多极化和经济全球化是当今世界的两大发展趋势。我们希望多极化应有助于维护世界的和平与稳定,经济全球化应有助于在平等互利基础上的合作与发展,而不是相反。在这两大趋势的发展进程中应该趋利避害,对于发展中国家来说,既要抓住机遇,又要防范风险。

在谈到目前南斯拉夫局势时,李鹏对希腊所持的立场表示赞赏,对希腊所受到的影响表示理解和同情。

关于中国的国内情况,李鹏强调:西方有人认为中国只进行经济体制改革,而不进行政治体制改革,这完全是一种误解。事实上,中国一直重视经济体制改革和政治体制改革的同步进行。

改革开放20年来,中国民主与法制建设取得了很大进展,我们把依法治国的基本方略写进了宪法,许多涉及国家政治经济生活的重要法律相继出台。作为中国根本政治制度的人民代表大会制度不断健全和完善。中国的民主法制建设和政治体制改革都是根据中国的国情进行的。

西米蒂斯说,希腊政府非常重视同中国的关系,我们一直把两国关系看成是一种平等互利的关系。希腊虽然是北约和欧盟成员国,但我们一直认为世界应该是多元化的,应该同北约及欧盟以外的国家发展关系。

关于南斯拉夫局势,西米蒂斯说,希腊在这一问题上的政策核心是:一、反对使用武力;二、必须严格遵守国际法;三、应该承认巴尔干国家在发展进程中的差异,不应以人权为借口进行干涉。他说,过去我们认为欧洲的和平是有保障的,但事实并不是这样。欧洲目前动荡的局势说明,欧洲的和平还没有得到保障,因为科索沃危机目前还没有政治解决的明显迹象。

全国人大常委会副秘书长吕聪敏、外交部副部长吉佩定、中国驻希腊大使杨广胜,西米蒂斯总理的高级助手参加会见。

全国人大常委会委员长李鹏在雅典总统府拜会希腊总统斯特法诺普洛斯

《人民日报》发表评论员文章《从一开始就要严防走过场——论以整风精神深入开展"三讲"教育》

《人民日报》发表评论员文章《澳门，我们深情呼唤你——纪念〈中华人民共和国澳门特别行政区基本法〉颁布六周年》

中国人民银行决定取消外资银行营业性分支机构地域限制

幼儿教育和青少年营养健康问题座谈会在北京召开

中共中央政治局常委、国务院副总理李岚清在座谈会上指出，幼儿教育和青少年营养健康问题是关系到贯彻党的教育方针，培养德、智、体、美等方面全面发展的建设者和接班人的重大根本性问题，各级政府、有关部门、学校和家长都要予以高度重视，采取有力措施，共同把这项工作做好。

卢良恕院士等十几位专家、学者在座谈会上发言指出，幼儿教育和青少年营养健康方面目前存在的一些问题应该引起社会的重视。在幼儿教育中，普遍存在重幼儿园(所)建设、轻教育方法和质量的倾向，由于“望子成龙”心切，家长和教师过早地用灌输的方式让孩子们读、写、算，扼杀了孩子们的创造力、想象力、求知情趣和探索欲望。青少年营养健康状况也不容乐观，由于营养结构不合理，缺少适当的体育活动和锻炼，使肥胖儿和过瘦学生数量增加，贫血及缺乏维生素现象呈现增长，学生体能呈下降趋势，身高增长缓慢或停滞。

李岚清在听取专家、学者的发言后指出，国民素质的提高不仅仅是依靠学校教育，而要从早期教育到终身教育这样一个全过程的教育体系才能体现出来。实施全面素质教育也包括幼儿教育，不能把幼儿园(所)单纯看成是幼儿托管场所，把幼儿教师看作是保姆。幼儿教育对孩子们的健康成长至关重要，但是教育内容和方法要科学，要适应孩子们的身心发展的特点，要寓教于乐，寓教于动。幼儿教育也要规范，要与基础教育合理衔接。他说，对幼儿教育，教育部门要负主管责任，有关部门要主动配合做好工作，要加强对幼儿教师的培养，提高幼儿教育水平。

李岚清说，我们培养跨世纪的人才应该是德、智、体、美等方面全面发展的人才，学校的体育教育要引起高度重视，必须要有必要的体育设施，体育课要保证课时，保证质量，不能是休闲课。要通过科学的体育锻炼和训练，增强青少年学生的体能。我们都应该有这样一个共识，即只有身体好，才能学习好、工作好。他说，学校和社会的现有体育场所、设施要充分利用起来，为学生们提供更多的锻炼机会和方便。

李岚清指出，增强广大青少年和学生体质的另一方面是注意他们的合理营养问题，当前的突出问题是营养结构不合理。我赞成专家们的意见，提倡让广大青少年和学生多食用优质蛋白和维生素丰富的豆类制品和奶制品，这些食品营养丰富，食用方便，对青少年的身体健康发育很有益处。有关部门和专家要大力宣传提倡，让社会及学校、家长、学生都认识到现在青少年营养结构不合理的严重危害和食用豆奶的益处，在有条件的地方，可让学生们每天增加一杯豆奶或牛奶，使青少年学生健康成长。

李岚清说，家庭对幼儿教育和青少年健康营养问题的影响也至关重要，因此，家长们要树立起科学的观念，要用科学合理的教育和营养方法来培养孩子。学校也应该适时地对家长进行这些方面知识的教育，以使家长和学校能更好地配合做好学生工作。总之，这是关系到民族发展的根本大计，全社会都要引起高度重视。

国务院有关部门负责人徐荣凯、吕福源、彭玉、刘海荣、李主其等出席座谈会。

宣传贯彻《中华人民共和国收养法》座谈会在人民大会堂举行

4月1日

纪念《中华人民共和国澳门特别行政区基本法》颁布六周年座谈会在人民大会堂举行

中国人民银行实施《人民币利率管理规定》

中国人民银行负责人就《人民币利率管理规定》颁布实施等有关问题答记者问

为有效发挥利率杠杆对国民经济的调节作用，加强利率监管，创造公平有序的竞争环境，日前中国人民银行颁布《人民币利率管理规定》，于4月1日起正式实施。记者就有关问题采访中国人民银行负责人。

问：为什么要颁布《人民币利率管理规定》？

答：1990年12月，中国人民银行颁布实施了《利率管理暂行规定》。该规定的实施对规范金融机构的利率行为，维护正常的金融秩序起到了积极作用。但随着我国社会主义市场经济的发展和金融体制改革的深入，特别是政策性银行的设立，允许外资银行经营人民币业务，单位存、贷款计结息方式的改变，放开同业拆借市场利率等一系列改革措施的出台，该规定已经不适应当前的需要，并且部分条款的内容也已在后来的文件中做了改动。修改后的《人民币利率管理规定》总结了多年来我国利率管理的经验和改革成果，在广泛征求和吸收了金融、企业等各界人士的意见和建议的基础上，重点对银行存、贷款利率中的有关问题做了较为详尽的规定，同时又增加了一些新的条款，既考虑到我国利率管理的规定，又兼顾了将来利率体制改革的需要，具有权威性和较高的操作性。

问：新修订的《人民币利率管理规定》突出了哪几方面内容？

答：突出了五个方面的内容。一是扩大了《人民币利率管理规定》的适用范围，凡是在中华人民共和国境内(不含香港、澳门、台湾)经营人民币存、贷款业务的金融机构，邮政储蓄部门，其他法人、自然人和其他组织，均须遵守该规定。二是重新划分了中国人民银行总行、分支行的利率管理职责，总行主要职责是根据国民经济发展的需要和货币政策要求，制定、组织实施各项利率政策和管理法规，分支行侧重于利率监管；明确了中国人民银行和金融机构的利率制定权限，中国人民银行主要负责制定中央银行的存、贷款利率和金融机构的存、贷款利率，金融机构根据中国人民银行有关规定，主要负责确定内部资金往来利率、贴现和转贴现利率，并允许金融机构对同业拆借利率进行协商。三是重新明确了金融机构办理各种存、贷款的计息、结息规则，并增补了住房金融、保证金存款、贴现、提前归还贷款、拒付存款等方面的计息规定。四是对一年期以下的短期贷款，允许借贷双方在结息方式上进行协商，既可按月结息，也可按季结息，这是利率管理的一个重要突破，适应了新形势下的需要。五是对利率违规行为及处罚方法做了较为明确的界定，明确金融机构违反国家法律法规和利率政策而多收的贷款利息或少付的存款利息，以及个人、法人及其他组织因金融机构违规而多收的存款利息和少付的贷款利息，不受法律保护。

问：《人民币利率管理规定》对个人住房存、贷款利率及计结息规则做了哪些新的规定？

答：新规定把明确住房存、贷款利率的制定标准和结息规则作为重要内容。在第十四条规定：各金融机构办理个人住房公积金存款业务，分为当年归集和上年结转两部分，前者按活期存款利率计息；后者按三个月整存整取定期存款利率计息，结息日为每年的6月30日。对于个人住房贷款利率及结息规则，在第二十七条明确，按照1998年5月9日中国人民银行颁布的《个人住房贷款管理办法》办理。

问：《人民币利率管理规定》对财政存款计息规则做了哪些规定？

答：1998年3月，中国人民银行对金融机构存款准备金制度进行了改革，明确：金融机构吸收的中央预算收入、地方金库存款和代理发行国债款项等财政存款需全额划缴人民银行，金融机构办理的财政存款中的机关团体存款、财政预算外存款划为金融机构的一般存款。这为明确财政存款计息办法提供了依据。为此，在《规定》第十八条明确：金融机构办理的财政存款，应全额划缴人民银行的部分一律不计息，不需划缴人民银行列为金融机构一般存款的部分按单位存款利率计息。

问：为什么在第二十条中将短期贷款的结息方式由过去的“按季结息”改为“按季或按月结息”？

答：这样做，为借贷双方提供了一种新的选择，有利于进一步改善金融服务，减轻企业集中付息的压力，也有利于商业银行提高收息率，改善信贷资产质量。

问：借款人提前归还贷款，贷款人是否有权获得利息补偿？

答：按《中华人民共和国合同法》的有关规定，借款人提前偿还贷款也是一种违约行为，贷款人有权要求借款人予以补偿，并在第一百一十三条对补偿金额作了明确规定。据此，我们在《规定》第二十六条明确：借款人提前偿还贷款，贷款人有权按原借款合同向借款人收取利息。这就是说，如果借款人提前归还贷款，贷款人有权要求借款人除支付按照实际贷款期限计算的利息外，再给予一定的补偿，补偿金额不超过提前还款日至借款合同到期日之间应付的利息。当然，如果借贷双方签订借款合同时，对提前还款问题的处理已另有约定的，按借款合同执行。

问：因利率违规产生的收入，如何处理？

答：由于过去是单方明确金融机构在利率违规行为中的责任和处罚，没有明确金融业务另一方当事人（含企业单位和个人）的责任，使得利率违规屡禁不止。如乱提高利率，用高息拉储蓄存款，搞储蓄大战等，给金融安全运行留下许多难以处理的问题，高息揽储和高息放贷引起金融机构与储户和企业之间的纠纷屡见不鲜。因此，在第五章第三十二条明确：由利率违规给金融业务双方当事人所带来的收入均不受法律保护，以此警诫企业单位和个人加强金融方面的自我保护意识，注重自身行为涉及的金融业务的合法性。

问：金融机构因非不可抗力对存款人已到期合法存款拖延或拒绝支付存款人到期存款如何处理？

答：金融机构无故拒绝或拖延支付存款人已到期的合法存款也属于违规行为，要承担由此引起的民事责任，并接受相应的处罚，这在《商业银行法》第七十三条已有规定。但如何对存款人的损失进行补偿，没有作具体规定。近几年来，随着社会公众金融意识的提高，类似的纠纷越来越多。为更好地保护存款人合法利益，规范商业银行的行为，在第三十三条明确：金融机构因非不可抗力对存款人已到期合法存款拖延或拒绝支付的，拖延或拒绝支付期间要按该存款利率继续向存款人支付利息，以补偿给存款人造成的损失。

国家副主席胡锦涛在北京同也门副总统曼苏尔·哈迪会谈

中共中央政治局常委尉健行在人民大会堂会见由政治局委员西塔拉姆·亚秋里率领的印度共产党（马克思主义）中央代表团

中央军委主席江泽民签署命令授予李向群“新时期英雄战士”荣誉称号

命令如下：

李向群，海南省琼山市人，1978 年 9 月出生，1996 年 12 月入伍，1998 年 8 月入党，上等兵军衔，牺牲时年仅 20 岁。李向群同志短暂的一生，是胸怀远大理想、努力奋发进取的一生。在学校读书时，他品学兼优，多次被评为“三好学生”和“优秀班干部”；在家庭拥有百万资产的情况下，他不图一家富裕，毅然参军报国。入伍后，他立志献身国防事业，努力争做“四有”军人，被评为“优秀士兵”，荣立三等功。他刻苦学习理论和科学文化知识，写了近 10 万字的心得笔记，参加法律函授被评为“优秀学员”；苦练军事技术，20 个训练科目，获得 17 个优秀，被团里评为“训练尖子”；关心同志，乐于助人，战友们称赞他：“不是党员做的是党员的事，不是干部操的是干部的心”；艰苦朴素，克勤克俭，“身为特区人，不当特殊兵”，把省下的上千元津贴费捐给战友和群众；关键时刻，挺身而出，曾从水、火中和爆破现场救出 5 名老人、儿童和战友。特别是在去年抗洪抢险中，他随部队坚守荆州长江大堤，带病顽强拼搏，先后 4 次晕倒在大堤上，被送进医院抢救醒来后，又拔掉输液的针管上堤战斗，直至献出年轻的生命。

李向群同志无论是在部队基层建设的平凡岗位上，还是在国家和人民生命财产受到严重威胁的紧急关头，始终以生命不息、战斗不止的拼搏精神，恪守军人职责，忠实履行我军宗旨，用宝贵的青春年华谱写了一曲壮丽的人生凯歌。他是我军按照“五句话”总要求培养出来的青年军人的杰出代表，是部队“双争”活动中涌现出来的优秀士兵楷模。为表彰李向群同志的模范事迹，中央军委决定授予李向群同志“新时期英雄战士”荣誉称号。

全军广大官兵要向李向群同志学习。学习他热爱党、热爱祖国、热爱人民、热爱军队的崇高思想；学习他紧跟时代步伐，追求高尚人生，刻苦学习科学文化，争做“四有”新人的进取精神；学习他不怕艰难困苦，不怕流血牺牲，顽强拼搏的钢铁意志；学习他忠实履行党员义务和军人职责，以实际行动为党旗、军旗增辉的优秀品格。全军部队要在党中央、中央军委领导下，高举邓小平理论的伟大旗帜，广泛开展向英雄模范学习的活动，发扬伟大的抗洪精神，为推进我军革命化、现代化、正规化建设而努力奋斗。

1998 年全国十佳运动员评选揭晓

由首都 20 家新闻单位联合主办的“康威杯”1998 年全国十佳运动员评选活动在北京举行揭晓颁奖仪式。

根据得票票数当选的十佳运动员依次是：王楠（乒乓球）、李雪梅（田径）、孙天妮（举重）、刘璇（体操）、李丽珊（帆板）、陈桦（游泳）、王义夫（射击）、叶钊颖（羽毛球）、杨扬（短道速滑）、葛菲（羽毛球）。为培养十佳运动员而作出了突出贡献的教练员们也受到了主办单位的表彰，他们是李隼、张容伟、沙峰、陆善真、艾培理（荷兰）、朱志根、张恒、李玲蔚、辛庆山、田秉义。

全国绿化委第 18 次会议在北京召开

国务院副总理、全国绿化委员会主任温家宝出席并讲话。

会议听取了全国绿化办主任、国家林业局局长王志宝的工作报告，并决定对植树造林、绿化祖国工作中作出突出贡献的530名同志颁发“全国绿化奖章”。

国务院副总理温家宝在全国绿化委员会第十八次会议上发表题为《巩固成果加快发展提高国土绿化水平》的讲话

一、当前国土绿化工作的形势

改革开放20年来，我国经济、社会各方面都发生了翻天覆地的变化，国土绿化事业也进入了一个新的较快的发展时期。党和国家高度重视绿化工作，把绿化国土、保护环境当作一件大事，摆到重要位置。在邓小平同志亲自倡导的全民义务植树运动的推动下，全国广泛开展了有计划、大规模的造林绿化，国土绿化事业步入全社会办林业、全民搞绿化的新阶段，取得了巨大成就。全国人工造林保存面积达3425万公顷，全国森林覆盖率达13.92%。重点造林绿化工程建设取得了重要成果，“三北”防护林已经完成一、二期工程，在祖国的北方筑起了一道绿色屏障。长江中上游防护林体系和沿海地区防护林体系建设，平原绿化和北方生态脆弱地区的水土保持、防沙治沙工作都取得了阶段性成果。全民义务植树在全国范围内广泛发展，累计义务植树300多亿株。目前，全国已有广东、福建、湖南、安徽、浙江、湖北、山东、江西、广西、吉林、江苏、海南12个省、自治区基本消灭了宜林荒山，涌现出了一批像珠海、大连、威海这样的园林城市。全社会植树种草、保护环境的观念不断加强，广大人民群众造林积极性空前高涨。各级党委和政府在领导和组织国土绿化工作方面，积累了比较丰富的经验。

在看到成就的同时，也要清醒地看到，绿化工作面临着十分严峻的形势。目前最突出的有两个问题：一是由于自然生态条件差，再加上长期乱砍滥伐，不少地方缺林少绿、森林覆盖率低、林木蓄积量少的局面没有明显改变；二是在人口增加、经济发展的同时，一些地方不注意保护资源和环境，植被不断减少，水土流失严重，土地荒漠化加剧，生态环境恶化给经济发展和社会生活带来了极大的危害。去年发生的特大洪涝灾害，主要原因是气候异常，但也给我们敲了警钟。植树造林、绿化国土、保护和改善生态环境，直接关系到我国经济、社会可持续发展，关系到社会主义精神文明建设，关系到人民生活质量的提高，应当引起我们的高度重视。

党的十五大确定了我国跨世纪发展的宏伟蓝图。改善生态环境，再造秀美山川，是建设富强、民主、文明的社会主义现代化国家的一项重要任务，也是现代化国家的一个重要标志。党的十五届三中全会决定把“实现农业可持续发展”作为我国农业和农村工作的一条重要指导方针，明确提出“改善生态环境是关系中华民族生存和发展的长远大计，也是防御旱涝等自然灾害的根本措施。要大力提高森林覆盖率，使适宜治理的水土流失地区基本得到整治。”全面落实十五大精神和十五届三中全会提出的奋斗目标，在今后10—15年的时间里，必须使我国的森林覆盖率有较大幅度提高，生态环境有明显改观。这是一项十分艰巨的战略任务，需要我们继续发扬艰苦创业的精神，动员全社会力量，进行长期不懈的奋斗。

二、我国国土绿化工作的基本方针

新中国成立50年来，特别是改革开放以来，我们在国土绿化工作方面探索出了比较成熟的路子和做法，这既是过去取得的经验，也是今后必须坚持的方针。开创我国国土绿化和生态环境建设工作的新局面，必须认真贯彻以下方针：

（一）实行全社会办林业、全民搞绿化。植树造林，绿化祖国，改善生态环境，是造福当代、荫及子孙的伟大事业，是每一个公民应尽的义务。要提高全民族的绿化和环境意识，动员广大群众自己动手，创造美好生活。实行全党动员、全民动手，地方和部门一起抓，发挥机关、部队、企业、学校和各行各业的作用，共同参与国土绿化事业，深入持久地开展全民义务植树运动。

（二）坚持依法治林。目前我国已经颁布了《森林法》、《水土保持法》，国务院及有关部门也制定颁布了一系列相关配套的法律法规，形成了较为完备的国土绿化法律法规体系，初步建立了从中央到地方的林业行政执法体系。坚持依法兴林，依法护林，是我国林业发展的根本保障。

（三）发挥广大群众造林绿化的积极性。广大人民群众是国土绿化的主力军，要通过政策引导，最大限度地发挥各行各业广大群众参与造林绿化的积极性。经过20年的改革和发展，我们在实践中形成了一系列有利于调动广大农民造林绿化积极性的政策措施，包括林业承包政策，“四荒”使用权拍卖、租赁政策，鼓励农民进行小流域治理政策；坚持谁造林、谁所有、谁收益，采取集体造林、股份造林、合作造林、承包造林等多种方式，建立多元化的投入机制，等等。这些政策措施被实践证明是正确的，要继续坚持和不断完善。

（四）实施科教兴林。林业的发展必须依靠科技进步和劳动者素质的提高，走科教兴林之路。要加快林业科技进步，培育和推广优良树种、草种，推广现代化造林种草技术。尊重自然规律和经济规律，根据不同地区的自然气候特点，因地制宜地种树种草，实行乔灌草相结合，山水田林路综合治理。科学造林，科学管理，切实提高林木成活率和保存率。

（五）坚持统一规划，长期奋斗。立足我国的自然环境状况，从经济、社会发展的要求出发，进行总体规划，这是做好绿化工作的基础。规划要全面系统，突出重点，逐级配套，切实可行。规划一经制定颁布，就要保证实施，不能随意变更，要一届班子接着一届班子，一代人接着一代人长期奋斗。

（六）搞好重点生态地区的国土绿化建设。在全面推进国土绿化建设的同时，从我国生态环境状况极不平衡的实际出发，对大江大河上游、水土流失严重地区、风沙区等生态环境脆弱的重点地区，通过实施大规模的生态工程建设，集中力量，加大投入，重点治理，加快国土绿化的进程。

（七）坚持生态建设和资源环境保护并重。我国大部分地区气候和地理条件比较差，生态环境一旦破坏很难恢复，必须坚持生态建设和环境保护并重，在开展大规模造林绿化的同时，高度重视保护森林资源和绿色植被。去年国家开始实施天然林保护工程，全面停止采伐天然林，严禁毁林开荒，严格执行限量采伐制度，对超过 25 度以上的高坡地逐步实行退耕还林，这些都是保护森林植被的重大措施，必须坚决贯彻执行。

（八）实现造林绿化与经济社会发展相结合。在造林绿化中要注重经济效益、社会效益和生态效益的统一，使林业成为一个大产业。通过植树造林，合理利用和开发各类土地资源，发展用材林、经济林、药材、花卉、森林绿色食品和森林旅游等多种经营，促进农村产业结构调整，扩大农村富余劳动力就业，增加农民收入。

（九）实行党政领导绿化工作责任制。绿化国土，改善环境，是我们党和政府对人民负责、对历史负责，为人民谋利益的具体体现。各级党政领导要树立为官一方，留下一片青山绿水的责任意识，把绿化工作摆上重要议事日程，层层落实责任制。要把绿化国土纳入经济和社会发展规划，把基本消灭本地宜林荒山和绿化美化城乡环境作为奋斗目标，并且在领导力量、资金投放、政策措施上给予保证。

三、世纪之交国土绿化的主要任务

21 世纪将是一个生态文明的世纪。绿化国土，改善生态环境，关系到中华民族的生存和长远发展。我们必须从这样的高度，深刻认识搞好国土绿化的重要性，在保持经济持续发展的同时，下大力气搞好我国的生态环境建设，这要作为我国现代化建设进程中必须长期坚持的一项基本国策。

去年，国务院制定了《全国生态环境建设规划》，明确了我国生态环境建设的总体目标，提出用 50 年左右的时间，动员和组织全国人民，依靠科学技术，加强对现有天然林及野生动植物资源的保护，大力开展植树种草，治理水土流失，防治沙漠化，建设生态环境，改善生产和生活条件，完成一批对改善全国生态环境有重要影响的工程，扭转生态环境恶化的势头。力争到下个世纪中叶使全国适宜治理的水土流失地区基本得到治理，适宜绿化的土地植树种草，“三化”草地基本得到恢复，大部分地区生态环境明显改善，基本实现中华大地山川秀美。到 2010 年要新增治理水土流失面积 60 万平方公里，治理荒漠化面积 2200 万公顷，治理“三化”草地 3300 万公顷，新增森林面积 3900 万公顷，森林覆盖率达到 19%以上。我国今后一个时期的国土绿化工作，就是要坚持造林绿化与国土整治、经济发展相结合，正确处理经济发展与生态环境建设的关系，改善人民的生存生活环境，全面构筑 21 世纪的国土绿化新格局。

荒山荒地绿化是国土绿化的重点。21 世纪的荒山荒地绿化工作，要按照建设现代林业的思想和实行分类经营的做法，以建立比较完备的林业生态体系和比较发达的林业产业体系为目标，大力推进生态公益林和商品林建设，努力满足生态环境改善和经济社会发展的需要。一方面，要切实把江河源头地区、湖库周围地区、石质山地、风沙干旱区、高山陡坡地带、生物多样性丰富地区和其他生态环境脆弱地区的林草植被保护起来；没有植被的，要采取封山育林、飞播造林和人工造林等办法，尽快恢复植被。另一方面，要选择那些自然条件优越，适宜林木生长，同时又不易造成水土流失和对生态环境构成影响的地方，采用集约经营的办法，大力发展速生丰产用材林、短周期工业原料林和各种经济林，增加木材和林产品的有效供给，满足经济建设和人民生活的要求，减轻森林资源采伐消耗的压力，加快实现我国木材生产从利用天然林为主向以人工林为主的转变。

城市绿化是国土绿化的有机组成部分。21 世纪的城市绿化，要向园林化、城乡绿化一体化方向发展。老城市要结合城市改造和扩建，努力扩大绿地面积。小城镇建设要把绿化纳入城镇建设总体规划，统一实施，整体推进。在搞好街道、广场、公园等公共场所和庭院、厂区、居民区绿化的同时，要特别注重城市大环境的绿化，努力建设大型环城林带，发展“森林城”、“园林城”。到 2010 年，力争建成一批经济发达、环境优美、生态良性循环的现代化城市。

草地保护和建设是国土绿化的重要内容。我国草地分布广阔，是全国生态环境建设的重要组成部分，也是长江、黄河中上游生态治理的重点地带。草原区是全国近期生态环境建设的一个重点。种草在绿化中有许多优势，发展速度快、适应性强、覆盖面广、减少地表径流率高，对提高城市绿化水平、减少土地裸露有突出作用。在干旱、半干旱和水土流失严重的地方，草本灌木先行，能够取得理想的治理效果。全国生态环境建设规划对草地保护和建设提出了明确要求，各地要在首先保护好现有林草植被的前提下，积极采取人工种草、飞播牧草、围栏封育等工程措施，把草地培育、经营与生态环境建设结合起来，做到持续发展、永续利用。到2010年，基本改变草原生态环境恶化的状况。

四、努力做好当前的国土绿化工作

当前，我国国土绿化和生态建设面临着前所未有的良好机遇。去年以来，中央确定了扩大内需的方针，实行积极的财政政策，加强基础设施建设，把生态工程建设作为重点，大幅度增加了投入。《中共中央、国务院关于灾后重建、整治江湖、兴修水利的若干意见》把“封山育林、退耕还林”作为综合治理的首要措施。中央和地方都确定了一批绿化和生态建设项目，林业和绿化战线的同志，要抓住这个机遇，积极主动地开展工作，在各级党委和政府的领导下，进一步动员和组织各方面力量，加快植树造林和国土绿化进程。

(一)切实提高绿化造林工作的质量。这些年，我们下了很大功夫，花了很大力气，投入不小，造林不少，但森林覆盖率的增长还远不适应经济、社会发展和人民生活提高的要求。这里有两个问题，一是森林采伐量过大，超限额采伐、毁林开荒、乱占林地的情况仍然十分严重。二是造林绿化工作质量不高，造林的成活率和保存率比较低。为此，绿化工作要把提高植树造林的质量，提高成活率和保存率，作为根本要求，进一步明确营林思想，切实改变重造轻管的状况，巩固造林成果，保护广大人民群众绿化积极性。要采取得力措施，力争植一株活一株，造一片活一片。造林活动要精心组织，严格要求，讲求质量，确保成活。今后不能只统计造林面积，更重要的是看最后成活了多少，保存了多少。各级林业部门要对造林的地块、种苗、营造方式进行科学设计和规划。林业科技部门，要深入第一线，加强对群众的技术指导。要搞好幼林的抚育和管理，加强护林防火和森林病虫害防治等保护性措施，减少自然灾害和人为对林木造成的破坏。对林木绿地实行单位、部门分片包干责任制，在全社会倡导爱护树木花草的文明风气。目前造林绿化总体上粗放经营，科技含量较低，这是一些地方特别是干旱地区年年造林不见林的主要原因。随着我国生态环境治理重点的逐步西移，绿化难度越来越大，对科技的要求也更加迫切。要依靠科技提高绿化水平和造林质量。特别是加快开发抗旱抗逆树种和品种，研究推广干旱地区造林和植被恢复技术，尽快扭转国土绿化经营管理粗放和技术水平低下的被动局面。

(二)实施好重点林业生态保护和建设工程。去年国家把生态建设工程包括绿化工程，作为一项重点基础设施建设，大幅度地增加了投入，今年还将继续增加。长江、黄河等大江大河上中游防护林体系建设、西北风沙区治理和天然林保护等重点生态工程是重中之重，中央下了决心，全国人民十分关注，林业和绿化部门责任重大，一定要把这件事办好。这些工程要严格执行国家基本建设程序，按规定立项，按项目进行动态管理，按设计组织施工，按工程进度安排建设资金，按效益考核。工程范围内的地方政府要负起责任，精心组织实施，林业系统要搞好规划、协调、指导和检查工作，确保工程的质量和进度。天然林保护工程今年将全面启动。有关地方和林业部门，要坚决贯彻国务院关于停止天然林采伐的决策，实行封山育林，变伐木工为种树人，变砍树的刀斧油锯为种树的锹镐。要认真细致地做好工作，千方百计安排好林业工人的基本生活，保证国务院的决策顺利实施。今年还要开始有计划地对25度以上坡耕地实行退耕还林，这也是改善生态环境的一项重大举措。林业部门要主动参与，搞好规划，加强指导。继续推进公路、铁路、江河两岸绿色通道工程建设，在全国范围内建立100条绿色通道示范路(段)，加快“京九绿色长廊”建设步伐，发挥示范带动作用。

(三)深化全民义务植树运动。全民义务植树是社会主义制度的优越性在改造自然、绿化国土方面的充分体现，是社会主义精神文明建设的重要内容，要长期不懈地坚持下去。要把加快城镇及城乡接合部的绿化作为义务植树的重点。现在我国的城市发展很快，小城镇建设方兴未艾，但绿地太少，与发达国家差距很大，离园林化差距更大，远远不能满足人们对生活环境的要求，群众很有意见。因此，对城镇绿化必须给予高度重视。在继续抓好农村义务植树的同时，今年要重点抓一批城市的绿化美化。要将城市绿化纳入城市发展的总体规划，同步实施。城市绿化规划的编制和实施要严格按照城市绿化规划建设指标的规定执行。要努力创建一批绿化精品工程，采取各种形式，增加城市绿色覆盖。要抓好城乡接合部的绿化工作，大力营造环城林带，增加“城市肺叶”。城镇是全民义务植树的薄弱环节，居民义务植树尽责率不高，而且还有下滑的趋势。要广泛地进行宣传发动，增强居民的义务植树观念。今年是新中国成立50周年，植树节20周年，要抓住机遇，做好绿化宣传工作，使参加义务植树成为每一个公民的自觉行动，形成强大的推动力量，把社会全民义务植树运动提高到一个新水平。

(四)切实加强对国土绿化工作的领导。我国经济、社会发展面临着日益严峻的资源缺乏和环境恶化的双重压力。各级党政领导一定要有强烈的责任感和忧患意识，高度重视生态环境建设，大力推进造林绿化工作。要健全各级领导干部任期造林绿化责任制及森林资源保护和管理责任制，增加对森林资源保护和绿化成果管理方面的考核。要把营造和管护结合起来，造林面积越多，越要加强管护。要像抓造林那样抓管护，不但要做到造林面积多，还要做到造林质量高，造林要成活、成林，切实解决由于经营管理不善，造成森林植被退化、造林成果难以巩固的问题。地方政府在机构改革中要注意保持绿化部门的相对稳定。各级绿化委员会要进一步转变职能，改进作风，深入基层，研究新形势下出现的新情况、新问题，充分发挥组织协调作用。

大力植树造林，绿化国土，改善生态环境，建设秀美山川，是以江泽民同志为核心的党中央向全党和全国各族人民发出的战略号召，我们一定要统一思想、坚定信心，抓住机遇、知难而进，团结一致、艰苦奋斗，努力开创国土绿化工作的新局面，以新的成绩迎接新中国成立 50 周年。

劳动和社会保障部 财政部国企下岗职工基本生活保障金不得挤占挪用的通知

劳动和社会保障部、财政部近日为此联合发出通知，要求切实加强国企下岗职工基本生活保障资金的管理和监督，保障国企下岗职工基本生活。

通知要求各地建立健全财务规章制度，规范资金管理，明确资金的申请、筹集、使用程序和管理办法，同时要督促和指导企业再就业服务中心建立健全相关的财务规章制度。国有企业下岗职工基本生活保障资金必须纳入财政专户，实行专项管理，专款专用，资金使用要做到公平、透明、合理，任何部门、单位和个人都不得挤占、挪用。

通知强调，各地劳动保障部门和财政部门要定期深入企业，对企业的盈亏状况、下岗职工人数等情况进行认真核查。省市两级劳动保障部门都要设立国企下岗职工基本生活保障监督电话，并公布于众，受理社会各界对国企下岗职工基本生活保障资金筹集、使用和管理等方面违规违纪行为的举报。

通知要求各地在 4 月底前对国有企业下岗职工基本生活保障资金筹集、使用情况进行一次全面检查，着重检查资金管理制度的执行情况，“三三制”资金是否按规定的程序拨付，是否存在虚报冒领等问题，并对违规违纪行为作出严肃处理。

4 月 2 日

中央直属机关首批十二个部委“三讲”教育全面展开

根据全国“三讲”教育工作会议的部署，中央直属机关有十二个部委被列为第一批开展“三讲”教育的单位。十二个部委是：中央政法委、中央办公厅、中央台办、中央文献研究室、中央编译局、新华社、人民日报社、光明日报社、经济日报社、全国总工会、中国文联、中国作协。这十二个单位，按照自上而下、分级分批的原则，首先在部委领导班子和领导干部中开始“三讲”教育。中央巡视组相继进驻各单位。

近日，十二个单位均已召开了动员大会，部委主要负责人亲自作动员，提出了开展“三讲”教育的指导思想、目标和实施步骤。各巡视组组长也都在动员大会上讲话。

纪念中华全国妇女联合会成立 50 周年座谈会在人民大会堂举行

座谈会由全国人大常委会副委员长、全国妇联主席彭珮云主持。她说，为了开创妇女工作的新局面，各级妇联组织一定要高举邓小平理论伟大旗帜，认真学习和贯彻党的十五大精神和江泽民同志、胡锦涛同志代表党中央对妇女工作所做的重要指示，全面落实中国妇女八大提出的任务，团结、动员广大妇女为实现跨世纪的宏伟目标，进一步实现男女平等而努力奋斗。为此，妇联组织一定要继承我国妇女运动的优良传统，勇于开拓创新，深入开展讲学习、讲政治、讲正气的活动，努力建设一支高素质的干部队伍，把妇联工作提高到一个新的水平；一定要更加密切地联系群众，抓住广大妇女最关心的问题，最迫切的需求，把工作做到基层去，做到千家万户去；一定要认真研究新形势下的妇女问题，积极争取党委、政府的领导，善于动员社会各方面的力量，齐心协力共同做好妇女工作。

全国再保险工作会议在南京举行

会议的主题是，贯彻落实朱镕基总理在九届全国人大二次会议《政府工作报告》中对保险工作提出的总体要求，以及全国保险工作会议精神。

保监会副主席吴定富出席会议并讲话。他说，再保险是保险企业分散风险、稳定经营的重要机制，保险企业要认真贯彻落实《保险法》的有关规定，做好再保险工作，促进保险业的发展。

他说，近期保监会工作的目标是贯彻执行《保险法》，实现保险市场秩序的根本好转；提高企业的经营管理水平；提高监管水平，初步建立健全有效的监管体系，今明两年要在保险业务集中的中心城市建立保监会的派驻机构。

中国再保险公司总经理戴凤举在会上介绍了公司的机构设置和业务情况。他说，经国务院批准，中国再保险公司于今年 3 月正式成立，要用 10 年时间把中国再保险公司创建成实力雄厚、管理规范、技术先进、信誉卓著、堪称世界一流的再保险公司，综合素质跻身于世界再保险公司前十名之列。

国家主席江泽民在钓鱼台国宾馆会见也门副总统哈迪

江泽民会见哈迪时指出，与发展中国家发展友好合作关系是中国外交的基本点，中国愿在和平共处五项原则的基础上，与也门继续发展面向21世纪的友好合作关系。

江泽民说中国坚决支持也门的统一，对也门一贯奉行“一个中国”的立场表示赞赏。

哈迪副总统表示，也门政府和人民感谢中国对也门的无私援助。中国是联合国安理会有重要影响的国家，是维护世界和平与稳定的重要力量。也门赞赏中国支持中东和平进程的立场，并希望中国在该进程中发挥自己应有的作用。

国家副主席胡锦涛在人民大会堂会见柬埔寨王国国防联合大臣迪班上将和西索瓦·西里拉亲王

国务院总理朱镕基在中南海紫光阁接受美国和加拿大记者采访

朱镕基分别接受美国道琼斯公司董事长兼《华尔街日报》发行人康比德夫妇和加拿大《环球邮报》董事长兼发行人帕金森的采访。

朱镕基就中美关系、中加关系、他即将对美、加两国进行的正式访问以及中国经济体制改革和经济形势等回答他们的提问。

国家副主席胡锦涛在北京会见韩国超党派国会议员代表团

“长江学者奖励计划”首批特聘教授受聘暨首届“长江学者成就奖”颁奖典礼在人民大会堂举行

中共中央政治局常委、国务院副总理李岚清出席典礼，向首批特聘教授和首届“长江学者成就奖”获奖者表示祝贺。

“长江学者奖励计划”是由教育部和香港著名爱国实业家李嘉诚及其领导的长江基建(集团)有限公司合作并共同筹资设立的，旨在吸引和培养杰出人才，加速高校中青年学科带头人队伍建设，这个计划包括实行高等学校特聘教授岗位制度和“长江学者成就奖”两项内容，在我国政府提供资金的同时，李嘉诚先生也为此分别投入6000万元港币和1000万元港币。首批特聘教授为73名，将受聘于40所高等学校；首届“长江学者成就奖”评审出上海第二医科大学陈竺教授、湖南医科大学夏家辉小组为一等奖；清华大学范守善教授为二等奖，他们分别在各自的科研领域取得了重大突破和成果，对一等奖和二等奖的获得者各奖励100万元和50万元。

教育部部长陈至立在典礼上讲话说，实施“长江学者奖励计划”，建立高校特聘教授岗位制度，也是推动高校进一步解放思想、转变观念，深化用人制度及分配制度改革的重要措施。通过特聘教授岗位制度，引入并强化公开招聘、竞争上岗、聘约管理，为高等学校全面实行能进能出、能上能下的聘任制，打破人才单位所有制、职务终身制和平均主义的弊端将起到十分积极的促进作用。

4月3日

党和国家领导人江泽民 朱镕基 李瑞环 胡锦涛 尉健行 李岚清等到天坛公园参加首都全民义务植树

国务院妇女儿童工作委员会在北京召开三届二次全体会议

国务委员、国务院妇女儿童工作委员会主任吴仪主持会议并讲话。

吴仪说，去年政府换届后新一届妇女儿童工作委员会的工作在各成员单位的共同努力下，较好地完成了既定的工作任务，特别是实施妇女儿童两个纲要的工作取得了一定的进展。她指出，今年妇女儿童工作主要抓好三件大事，一是5月下旬召开全国第二次妇女儿童工作会议，中心议题是研究如何进一步动员各级政府和全社会力量，采取更加有力的措施，为到本世纪末如期实现两个纲要的目标而努力奋斗。二是完成第一次《妇女纲要》监测评估工作并写出国家级监测评估报告，为到2000年终期监测评估做好准备。三是结合国情和我国经济发展水平，突出重点制定下个世纪头10年妇女儿童两个纲要的框架，为我国妇女儿童事业的跨世纪发展奠定基础。

国务院总理朱镕基签署第262号国务院令发布《住房公积金管理条例》

《住房公积金管理条例》已经1999年3月17日国务院第15次常务会议通过，现予发布施行。

总理 朱镕基

1999年4月3日

住房公积金管理条例

第一章 总 则

第一条 为了加强对住房公积金的管理，维护住房公积金所有者的合法权益，促进城镇住房建设，提高城镇居民的居住水平，制定本条例。

第二条 本条例适用于中华人民共和国境内住房公积金的缴存、提取、使用、管理和监督。

本条例所称住房公积金，是指国家机关、国有企业、城镇集体企业、外商投资企业、城镇私营企业及其他城镇企业、事业单位（以下简称单位）及其在职职工缴存的长期住房储金。

第三条 职工个人缴存的住房公积金和职工所在单位为职工缴存的住房公积金，属于职工个人所有。

第四条 住房公积金的管理实行住房委员会决策、住房公积金管理中心运作、银行专户存储、财政监督的原则。

第五条 住房公积金应当用于职工购买、建造、翻建、大修自住住房，任何单位和个人不得挪作他用。

第六条 住房公积金的存、贷利率由中国人民银行提出，经征求国务院建设行政主管部门的意见后，报国务院批准。

第七条 国务院建设行政主管部门会同国务院财政部门、中国人民银行拟定住房公积金政策，并监督执行。

省、自治区人民政府建设行政主管部门负责对本行政区域内住房公积金管理工作的指导。

第二章 机构及其职责

第八条 直辖市和省、自治区人民政府所在地的市以及其他设区的市，应当设立由人民政府负责人和财政、建设等有关部门的负责人以及工会代表、专家组成的住房委员会，作为住房公积金管理的决策机构。

第九条 住房委员会在住房公积金管理方面履行下列职责：

（一）依据有关法律、法规和政策，制定和调整住房公积金的具体管理措施，并监督实施；

（二）根据本条例第十八条的规定，拟订住房公积金的具体缴存比例；

（三）确定住房公积金的最高贷款额度；

（四）审批住房公积金归集、使用计划；

（五）审批住房公积金归集、使用计划执行情况的报告。

第十条 直辖市和省、自治区人民政府所在地的市以及其他设区的市应当按照精减、效能的原则，设立住房公积金管理中心，负责住房公积金的管理运作。

县（市）原则上不设立住房公积金管理中心；确需设立的，应当报省、自治区、直辖市人民政府批准。

住房公积金管理中心是不以营利为目的的独立的事业单位。

第十一条 住房公积金管理中心履行下列职责：

（一）编制、执行住房公积金的归集、使用计划；

（二）负责记载职工住房公积金的缴存、提取、使用等情况；

（三）负责住房公积金的核算；

（四）审批住房公积金的提取、使用；

（五）负责住房公积金的保值和归还；

（六）编制住房公积金归集、使用计划执行情况的报告；

（七）承办住房委员会决定的其他事项。

第十二条 住房公积金管理中心应当按照中国人民银行的有关规定，委托住房委员会指定的银行（以下简称受委托银行）办理住房公积金贷款、结算等金融业务和住房公积金账户的设立、缴存、归还等手续。

住房公积金管理中心应当与受委托银行签订委托合同。

第三章 缴　存

第十三条 住房公积金管理中心应当在受委托银行设立住房公积金专户。

单位应当到住房公积金管理中心办理住房公积金缴存登记，经住房公积金管理中心审核后，到受委托银行为本单位职工办理住房公积金账户设立手续。每个职工只能有一个住房公积金账户。

住房公积金管理中心应当建立职工住房公积金明细账，记载职工个人住房公积金的缴存、提取等情况。

第十四条 新设立的单位应当自设立之日起 30 日内到住房公积金管理中心办理住房公积金缴存登记，并自登记之日起 20 日内持住房公积金管理中心的审核文件，到受委托银行为本单位职工办理住房公积金账户设立手续。

单位合并、分立、撤销、解散或者破产的，应当自发生上述情况之日起 30 日内由原单位或者清算组织到住房公积金管理中心办理变更登记或者注销登记，并自办妥变更登记或者注销登记之日起 20 日内持住房公积金管理中心的审核文件，到受委托银行为本单位职工办理住房公积金账户转移或者封存手续。

第十五条 单位录用职工的，应当自录用之日起 30 日内到住房公积金管理中心办理缴存登记，并持住房公积金管理中心的审核文件，到受委托银行办理职工住房公积金账户的设立或者转移手续。

单位与职工终止劳动关系的，单位应当自劳动关系终止之日起 30 日内到住房公积金管理中心办理变更登记，并持住房公积金管理中心的审核文件，到受委托银行办理职工住房公积金账户转移或者封存手续。

第十六条 职工住房公积金的月缴存额为职工本人上一年度月平均工资乘以职工住房公积金缴存比例。

单位为职工缴存的住房公积金的月缴存额为职工本人上一年度月平均工资乘以单位住房公积金缴存比例。

第十七条 新参加工作的职工从参加工作的第二个月开始缴存住房公积金，月缴存额为职工本人当月工资乘以职工住房公积金缴存比例。

单位新调入的职工从调入单位发放工资之日起缴存住房公积金，月缴存额为职工本人当月工资乘以职工住房公积金缴存比例。

第十八条 职工和单位住房公积金的缴存比例均不得低于职工上一年度月平均工资的百分之五；有条件的城市，可以适当提高缴存比例。具体缴存比例由住房委员会拟订，经本级人民政府审核后，报省、自治区、直辖市人民政府批准。

第十九条 职工个人缴存的住房公积金，由所在单位每月从其工资中代扣代缴。

单位应当于每月发放职工工资之日起5日内将单位缴存的和为职工代缴的住房公积金汇缴到住房公积金专户内，由受委托银行计入职工住房公积金账户。

第二十条 单位应当按时、足额缴存住房公积金，不得逾期缴存或者少缴。

对缴存住房公积金确有困难的单位，经本单位职工代表大会或者工会讨论通过，并经住房公积金管理中心审核，报住房委员会批准后，可以降低缴存比例或者缓缴；待单位经济效益好转后，再提高缴存比例或者补缴缓缴。

第二十一条 住房公积金自存入职工住房公积金账户之日起按照国家规定的利率计息。

第二十二条 住房公积金管理中心应当为缴存住房公积金的职工发放缴存住房公积金的有效凭证。

第二十三条 单位为职工缴存的住房公积金，按照下列规定列支：

（一）机关在预算中列支；

（二）事业单位由财政部门核定收支后，在预算或者费用中列支；

（三）企业在成本中列支。

第四章 提取和使用

第二十四条 职工有下列情形之一的，可以提取职工住房公积金账户内的存储余额：

（一）购买、建造、翻建、大修自住住房的；

（二）离休、退休的；

（三）完全丧失劳动能力，并与单位终止劳动关系的；

（四）户口迁出所在的市、县或者出境定居的；

（五）偿还购房贷款本息的；

（六）房租超出家庭工资收入的规定比例的。

依照前款第（二）、（三）、（四）项规定，提取职工住房公积金的，应当同时注销职工住房公积金账户。

职工死亡或者被宣告死亡的，职工的继承人、受遗赠人可以提取职工住房公积金账户内的存储余额；无继承人也无受遗赠人的，职工住房公积金账户内的存储余额纳入住房公积金的增值收益。

第二十五条 职工提取住房公积金账户内的存储余额的，所在单位应当予以核实，并出具提取证明。

职工应当持提取证明向住房公积金管理中心申请提取住房公积金。住房公积金管理中心应当自受理申请之日起3日内作出准予提取或者不准提取的决定，并通知申请人；准予提取的，由受委托银行办理支付手续。

第二十六条 缴存住房公积金的职工，在购买、建造、翻建、大修自住住房时，可以向住房公积金管理中心申请住房公积金贷款。

住房公积金管理中心应当自受理申请之日起15日内作出准予贷款或者不准贷款的决定，并通知申请人；准予贷款的，由受委托银行办理贷款手续。

住房公积金贷款的风险，由住房公积金管理中心承担。

第二十七条 申请人申请住房公积金贷款的，应当提供担保。

第二十八条 住房公积金管理中心在保证住房公积金提取和贷款的前提下，经住房委员会批准，可以将住房公积金用于购买国债。

住房公积金管理中心不得向他人提供担保。

第二十九条 住房公积金的增值收益应当存入住房公积金管理中心在受委托银行开立的住房公积金增值收益专户，用于建立住房公积金贷款风险准备金、住房公积金管理中心的管理费用和建设城市廉租住房的补充资金。

第三十条 住房公积金管理中心的管理费用，由住房公积金管理中心按照规定的标准编制全年预算支出总额，报本级人民政府财政部门批准后，从住房公积金增值收益中上交本级财政，由本级财政拨付。

住房公积金管理中心的管理费用标准，由省、自治区、直辖市人民政府建设行政主管部门会同同级财政部门按照略高于国家规定的事业单位费用标准制定。

第五章 监 督

第三十一条 地方有关人民政府财政部门应当加强对本行政区域内住房公积金归集、提取和使用情况的监督，并向本级人民政府的住房委员会通报。

住房公积金管理中心在编制住房公积金归集、使用计划时，应当征求财政部门的意见。

住房委员会在审批住房公积金归集、使用计划和计划执行情况的报告时，必须有财政部门参加。

第三十二条 住房公积金管理中心编制的住房公积金年度预算、决算，应当经财政部门审核后，提交住房委员会审议。

住房公积金管理中心应当每年定期向财政部门和住房委员会报送财务报告，并将财务报告向社会公布。

第三十三条 住房公积金管理中心应当依法接受审计部门的审计监督。

第三十四条 住房公积金管理中心和职工有权督促单位按时履行下列义务：

(一)住房公积金的缴存登记或者变更、注销登记；

(二)住房公积金账户的设立、转移或者封存；

(三)足额缴存住房公积金。

第三十五条 住房公积金管理中心应当督促受委托银行及时办理委托合同约定的业务。

受委托银行应当按照委托合同的约定，定期向住房公积金管理中心提供有关的业务资料。

第三十六条 职工、单位有权查询本人、本单位住房公积金的缴存、提取情况，住房公积金管理中心、受委托银行不得拒绝。

职工、单位对住房公积金账户内的存储余额有异议的，可以申请受委托银行复核；对复核结果有异议的，可以申请住房公积金管理中心重新复核。受委托银行、住房公积金管理中心应当自收到申请之日起5日内给予书面答复。

职工有权揭发、检举、控告挪用住房公积金的行为。

第六章 罚 则

第三十七条 违反本条例的规定，单位不办理住房公积金缴存登记或者不为本单位职工办理住房公积金账户设立手续的，由住房公积金管理中心责令限期办理；逾期不办理的，处1万元以上5万元以下的罚款。

第三十八条 违反本条例的规定，单位逾期不缴或者少缴住房公积金的，由住房公积金管理中心责令限期缴存；逾期仍不缴存的，可以申请人民法院强制执行。

第三十九条 违反本条例规定，挪用住房公积金的，追回挪用的住房公积金；有违法所得的，没收违法所得，并入住房公积金；构成犯罪的，依法追究刑事责任；尚不构成犯罪的，对直接负责的主管人员和其他直接责任人员依法给予行政处分。

第四十条 违反本条例规定，住房公积金管理中心向他人提供担保的，对直接负责的主管人员和其他直接责任人员依法给予行政处分。

第四十一条 国家机关工作人员在住房公积金监督管理工作中滥用职权、玩忽职守、徇私舞弊，构成犯罪的，依法追究刑事责任；尚不构成犯罪的，依法给予行政处分。

第七章 附 则

第四十二条 住房公积金财务管理和会计核算的办法，由国务院财政部门商国务院建设行政主管部门制定。

第四十三条 本条例施行前尚未办理住房公积金缴存登记和职工住房公积金账户设立手续的单位，应当自本条例施行之日起60日内到住房公积金管理中心办理缴存登记，并到受委托银行办理职工住房公积金账户设立手续。

第四十四条 本条例自发布之日起施行。

《人民日报》发表对外贸易经济合作部部长石广生的文章《坚持平等互利原则 发展中美经贸合作》

国家经贸委决定全面实施“节约增效工程”

为贯彻落实“资源开发与节约并举，把节约放在首位”的方针，提高资源利用效率和综合利用水平，促进经济增长方式转变和可持续发展，国家经贸委决定今年在全国范围内组织实施“节约增效工程”。

国家经贸委介绍，实施“节约增效工程”旨在通过法律、经济、技术和必要的行政手段，从系统工程的角度，在全社会组织开展能源节约、原材料节约、资源综合利用和新能源开发利用。逐步建立与社会主义市场经济体制相适应的资源节约综合利用宏观管理体系；建立与现代企业制度相适应的企业自主开发资源节约综合利用微观管理体系和机制；建立资源节约综合利用社会化服务体系和运行机制，以促进经济和社会可持续发展。

实施“节约增效工程”将分三步走。到2000年，将在全国创建百家“节约增效”示范企业；万元国内生产总值能耗降到3.19吨标准煤，重点用能行业主要产品单位能耗达到目标要求；工业“三废”综合利用率达到50％。到2005年，能源利用效率达到36％，工业“三废”综合利用率达到55％，新能源和可再生能源的开发利用量达到3.3亿吨标准煤。到2010年，能源利用效率提高到40％，资源综合利用率达到60％，新能源和可再生能源开发总量达到3.9亿吨标准煤，大多数重点用能单位成为“节约增效”型企业。

今年实施“节约增效工程”的重点是建立《节能法》配套法规体系和节能标准体系；组织制定《综合利用电厂认定管理办法》、《煤矸石综合利用技术政策》；组织资源节约综合利用技术改造示范项目，加强对重点示范项目的跟踪管理，做好示范项目储备等等。

全国人大常委会委员长李鹏在伊斯坦布尔会见土耳其对外经济委员会执委会主席雅乌斯·塞伊廷奥卢和该委员会土中企业家理事会主席雅乌斯·欧乃以及其他一些土耳其企业家

全国人大常委会委员长李鹏在中国驻伊斯坦布尔总领馆看望总领馆工作人员留学生和中资机构代表

綦江虹桥垮塌案一审审结

重庆市第一中级人民法院对綦江县虹桥垮塌案作出一审判决，林世元等13名罪犯被判刑。

第一案审理后，重庆市第一中级人民法院认为，被告人林世元的行为已构成玩忽职守罪和受贿罪，被告人张基碧、孙立、赵祥忠、贺际慎的行为构成玩忽职守罪。

第二案审理后，重庆市第一中级人民法院认为，被告人李孟泽、费上利、段浩、夏福林、阎珂的行为构成工程重大安全事故罪，刘泽均的行为构成生产、销售不符合安全标准的产品罪，胡开明、王远凯、重庆通用技术服务部的行为构成生产不符合安全标准的产品罪，王远凯的行为还构成职务侵占罪。

4月4日

国家计委查处三项目截挪建设资金问题

国家计委最近派出稽察特派员，对部分省市的公路、水利项目进行了专项稽察，发现一些项目截留、挪用建设资金问题严重。

荆江大堤加固工程(二期)是对长江防洪具有重要作用的堤段，在去年防洪抢险斗争中备受瞩目。但稽察发现，国家用于该大堤的建设资金被层层截留和挪用，严重影响了工程的建设。

河北省石安高速公路批准概算总投资为368573万元，实际投资预计超过44亿元。该项目超概算的一个重要原因是，项目业主利用修路之机，大量挪用、挤占工程款，违规建设服务设施和非生产性设施。

山西省原太高速公路建设中也存在大量挪用工程款的严重问题。在工程建设期间，山西省交通厅擅自批准原太高速公路指挥部，以建服务区的名义，挪用11246万元修建了豪华宾馆。

国家计委指出，湖北荆江大堤加固工程等三个项目层层截留、挪用国家建设资金，问题性质严重。当前，一些项目管理政企不分，财务把关不严的问题突出，一些人置国家利益于不顾，千方百计利用上项目的机会为个人和小团体谋利益，把项目建设资金当作“唐僧肉”，层层瓜分，严重损害了国家利益，必须严肃查处，以示警戒。

中央军委主席江泽民等为“新时期英雄战士”李向群题词

国家计委查处湖北荆江大堤加固工程等项目擅自挪用建设项目资金问题

4月5日

国家主席江泽民在人民大会堂与埃及总统穆罕默德·胡斯尼·穆巴拉克举行会谈

两国元首就中埃双边关系、中东和平进程、非洲问题、科索沃问题等共同关心的地区和国际问题广泛深入地交换意见，达成广泛共识。双方确定建立两国面向21世纪的战略合作关系。

江泽民首先对穆巴拉克总统访华表示欢迎。

江泽民说，中埃建交近半个世纪以来，不论国际风云如何变幻，国际形势怎样错综复杂，中埃友谊不仅没有受到任何影响，而且不断巩固和发展。这充分说明由两国老一辈领导人共同培育和建立的中埃友谊和友好合作符合两国人民根本利益。

江泽民说，中埃同属发展中国家，又是世界上有影响的大国。中国始终把贵国视为自己在阿拉伯世界和非洲最重要的合作伙伴，重视发展同埃及全面合作关系。加强和发展同埃及的长期友好合作关系是中国外交的既定方针。现在双方已确定两国建立面向21世纪的战略合作关系，并将以联合公报的形式予以确认并对外公布。这一文件是两国跨世纪关系的纲领性文件，将指导两国在各个领域的合作关系。

江泽民表示愿同穆巴拉克总统一道，本着继往开来、密切合作、携手共进的精神，不断赋予两国关系新的内涵。

江泽民说，两国经贸关系是两国合作关系的重要组成部分，两国经济合作领域非常广阔，潜力很大。中埃两国国情相似，目前都面临深化改革、发展民族经济、提高人民生活水平、增强综合国力的宏伟任务。我们在许多方面可以相互学习和借鉴，优势互补，彼此可以成为重要的经贸合作伙伴。

穆巴拉克说，埃方非常重视同中国发展经贸合作关系。目前两国在苏伊士湾经济开发区建设上已有很好的合作，在其他领域的合作也很有潜力，希望双方共同努力，使两国经贸合作得到进一步充实和提高。

穆巴拉克介绍中东和平进程和埃方的立场。江泽民说，实现中东和平是本地区各国人民的共同呼声，符合阿以双方的现实和长远利益，我们希望有关各方排除干扰，以联合国有关决议为基础，以“土地换和平”为原则，进行认真的谈判，早日实现中东地区的和平。

江泽民说，埃及是中东和平进程的开拓者，为推动中东地区早日实现和平作出了重大贡献。我们对此表示赞赏和钦佩。中方愿与埃方共同努力，推动中东和平进程向前发展。

会谈中，江泽民主席介绍对当前国际形势的看法和中国的对外政策。

会谈后，江泽民和穆巴拉克共同签署《中华人民共和国和阿拉伯埃及共和国关于建立战略合作关系的联合公报》，并主持签署中埃两国外交部、外交学院合作议定书，两国政府经济技术合作协定、海运协定、旅游合作协定，以及两国农业部农业合作议定书。

随后，两国元首共同会见中外记者，并回答记者的提问。

国务院总理朱镕基前往钓鱼台国宾馆拜会埃及总统穆罕默德·胡斯尼·穆巴拉克

全国人大常委会委员长李鹏在安卡拉与土耳其大国民议会议长切廷进行会谈

双方就双边关系和共同感兴趣的问题广泛交换意见。

大组会议前，李鹏委员长同切廷进行了单独会谈。李鹏对切廷议长和土耳其大国民议会的盛情邀请和接待再次表示感谢。李鹏希望这次访问将进一步加深彼此的了解和信任，加强中国人大同土耳其议会的合作和交流，从而促进中土关系的全面发展。

李鹏说，我们在贵国的时间虽然短暂，但访问留下了深刻印象：土耳其人民对中国人民怀有友好感情；土耳其有着悠久的文明史，现在又取得了经济建设的巨大成就；土耳其地跨欧亚两大洲，战略地位重要，对维护世界和平，特别是对推动地区和平与稳定的实现发挥着重要作用。

李鹏说，中土两国和两国人民有着传统友谊。古丝绸之路就是双方历史交往的最好见证。两国建交 20 多年来，中土友好合作关系持续发展。近年来两国议会间的交往也不断增加，加深了两国议会和人民之间的传统友谊，我们对此感到高兴。两国经贸关系发展较快，保持良好的发展势头。我们感谢土耳其政府多年来所奉行的“一个中国”的政策以及对中国民族政策的理解。

李鹏说，中土两国都是发展中国家，对许多重大国际和地区问题有着相同或相似的看法，两国进一步发展友好合作关系符合两国和两国人民的根本利益，也有利于地区的和平与稳定。中国人大和政府重视同土耳其的关系，愿与土方共同努力，积极发展包括两国议会在内的政治、经济和文化等方面的友好合作关系，同时加强双方在国际领域的磋商与合作，在和平共处五项原则的基础上构筑面向 21 世纪的中土长期友好合作关系。

李鹏简要介绍中国的人民代表大会制度、全国人大及其常委会的职能和专门委员会的主要工作。李鹏强调，中国的民主法制建设日益向前推进。我们的目标是按照依法治国的基本方略，把中国建设成社会主义法治国家。在此指导思想下，我国的立法和执法监督工作不断加强。中国按照自身的国情所进行的政治体制改革与经济体制改革相辅相成，同步进行。实践证明是成功的。

李鹏说，中国人大愿进一步加强与土耳其大国民议会的交流，议会领导人和各专门委员会应加强来往，使双方的合作取得更多实质性成果。

切廷议长说，土耳其重视中国在国际和地区事务中的重要影响，重视土中关系，希望土中合作不仅造福两国人民，而且为地区和平与稳定发挥重要作用。

切廷强调，土耳其主张国与国之间应相互尊重，互不干涉内政。土耳其反对任何民族分裂势力的活动。台湾问题是中国内政，土耳其政府坚持“一个中国”的政策，承认中华人民共和国政府是代表全中国的唯一合法政府。土耳其不与台湾当局发生官方关系，把双方的关系只局限在民间经贸和文化往来的范围。

切廷还说，从香港回归后的成功实践和澳门即将回归，可以相信，中国政府的“一国两制”政策一定会得到完全实现。

全国人大常委会副委员长何鲁丽和侯宗宾、江村罗布、范敬宜、于振武、杜青林、袁启彤、吕聪敏、吉佩定、万经常和中国驻土耳其大使姚匡乙等陪同人员参加会谈。

全国人大常委会委员长李鹏在安卡拉会见土耳其总理埃杰维特

共青团中央等表彰百名全国青年兴业领头人

共青团中央、劳动和社会保障部日前在西安联合表彰了陈恩洪等 10 名全国优秀青年兴业领头人和李玉玲等 100 名全国青年兴业领头人，以激励更多的下岗青工走自主创业之路。

受到表彰的 10 名全国优秀青年兴业领头人是：北京市朝阳区“洪鑫小吃店”经理陈恩洪、河北省石家庄市三木生产合作总社总经理杜彦利、山西省中青家政—太原青年家政服务公司经理杨向东、辽宁省营口市交通技术有限公司董事长兼总经理玄绪明、吉林省长春市同心老人院院长李艳华、黑龙江省牡丹江市佳宝纸品实业有限公司董事长兼总经理徐洪艳、江苏省江阴市贝贝集团有限公司董事长兼总经理王小立、河南省安阳市安庆家庭服务社经理王保庆、四川省成都奇奇实业有限公司总经理袁跃、陕西省西安索乔海辰汽车用品有限公司总经理田晚霞。

外交部部长唐家璇与埃及外交部部长穆萨举行会谈

中国埃及两国在北京发表《中华人民共和国和阿拉伯埃及共和国关于建立战略合作关系的联合公报》

应中华人民共和国主席江泽民的邀请，阿拉伯埃及共和国总统穆罕默德·胡斯尼·穆巴拉克于1999年4月5日至9日对中国进行国事访问，其间，两国元首就世纪之交的重大国际问题深入交换了意见，并就进一步加强双边合作、建立两国面向21世纪的战略合作关系达成共识。

两国元首认为，1956年5月30日两国建交为世界上两个古老文明的国家发展在各个领域的友好合作关系开辟了广阔的前景。建交后的近半个世纪，不论国际形势和各自国内情况发生何种变化，中、埃关系始终健康地向前发展，成为发展中国家之间关系和南南合作的典范。在21世纪即将来临之际，两国愿继往开来，密切合作，携手共进，将业已存在的友好关系推向一个新阶段。

双方认为，当今世界正处于深刻的变化中，多极化和全球化加速发展。国际形势总体趋向缓和，但仍有许多紧张、不稳定和危机的根源需要处理和努力消除，和平与发展仍然是人类社会为之奋斗的崇高目标。双方决定加强合作，为建立公正、合理的国际政治、经济新秩序而共同努力。世界各国和各国人民应在相互尊重、平等互利的基础上和睦相处，增进信任，发展合作，和平解决争端，共同努力建设一个更加繁荣安全的新世纪。

双方强调，中、埃作为两个发展中国家，愿致力于加强发展中国家的团结与合作，为争取缩小发达和发展中国家之间在政治、经济、文化、科技等领域的差距而努力。双方对经济全球化给发展中国家带来的机遇和挑战表示关注，呼吁发展中国家加强经济安全交流与合作，共同抵御金融风险和其他影响国家经济稳定的因素。

双方重视联合国在维护国际和平与安全、促进发展方面发挥的作用。鉴于国际形势所发生的变化，双方赞成安理会改革，并认为扩大安理会必须充分考虑到地区和地域平衡，确保发展中国家享有公正的代表权，以便安理会更有效地履行其对维护世界和平与安全的主要责任。

双方认为，实现中东地区的全面、公正、持久的和平符合地区各国人民的根本利益，也有利于世界的和平与发展。联合国决议、特别是安理会有关中东问题的242号、338号和425号决议、土地换和平原则、马德里和会精神以及以色列与阿拉伯方面已签署的协议是解决中东问题应遵循的原则和基础。巴勒斯坦民族权力机构和以色列在国际社会见证下业已签署的协议应得到全面、忠实地执行。双方强调，地区各国和人民都有维护其安全、独立、领土完整和民族利益的权利。巴勒斯坦人民享有自决和在其国土上建立自己独立国家的权利。中、埃有责任和义务利用各自在地区和国际上的独特作用和影响推动中东和平进程向前发展，以造福于地区各国人民。

双方认为，在中东地区实现无大规模杀伤性武器和禁止生产、试验核武器的要求和建议，特别是穆巴拉克总统关于建立中东无大规模杀伤性武器区的倡议，应受到国际社会的广泛重视和充分支持。双方呼吁中东地区所有国家及有关方面作出积极努力并进行认真谈判，以使中东成为无核武器和无大规模杀伤性武器区。这是与《不扩散核武器条约》、《全面禁止核试验条约》等有关国际文件所倡导的世界潮流相顺应的紧迫目标。

双方主张，关于禁止大规模杀伤性武器和防止其扩散的国际制度对于世界任何国家或地区应无一例外地具有普遍性和有效性。双方对经过埃及及其他方面的努力使非洲无核区条约得以签署感到高兴。

双方谴责各种形式的恐怖主义，并将在反对国际恐怖主义活动方面加强交流，保持合作。

双方十分满意地回顾了自1998年9月阿拉伯国家联盟第一百一十届理事会通过5809号决议和1999年1月中华人民共和国与阿拉伯国家联盟签署谅解备忘录以来阿中关系所取得的积极发展。

双方指出，非洲国家在地区和国际事务中正发挥着日益重要的作用。双方支持非洲国家独立自主地选择适合本国国情的政治制度和发展道路，支持非洲国家维护独立和主权、反对外来干涉的正义斗争，呼吁国际社会给予非洲应有重视并在经济上帮助非洲。双方鼓励两国主管非洲事务、特别是对非经贸、科技合作的机构加强磋商和协调，在平等互利的基础上促进共同发展。

双方强调，不断扩大和深化两国的长期友好互利合作是两国政府和人民的共同愿望，符合两国人民的共同利益。双方鼓励两国有关机构就双边政治、经济、社会和文化关系发展及双方在21世纪的作用进行研讨，以加深相互信任和了解，促进双边关系在各个领域的持续发展。

双方商定，两国外长每年至少会晤一次，两国外交部及两国驻国际组织的代表机构和驻外使馆继续保持磋商，就双方共同关心的问题进行协调。

双方指出，经贸合作是两国关系中的重要组成部分。双方将共同努力，不断拓展经贸合作领域，实现优势互补，使彼此成为重要的经贸伙伴。双方同意抓紧、抓好埃及西北苏伊士湾经济特区建设项目和其他在建的合作项目。两国政府鼓励双方公司、企业加强往来，促进投资，加强在工业、农业、科技和旅游领域的交流与合作，并为在上述领域和其他合作领域开展工作的公司、企业和机构之间的有关经贸活动提供必要的便利，这符合两国人民的利益，有利于加强两国友好关系，促进两国及其所关心的地区和世界的经济发展、安全和稳定。

双方认为，穆巴拉克总统此次访华是一次十分重要的访问，取得了圆满成功。两国元首一致同意今后保持经常性联系，以推动两国关系不断向前发展。穆巴拉克总统邀请江泽民主席再次访问埃及，江泽民主席愉快地接受了邀请。

中华人民共和国主席 江 泽 民

阿拉伯埃及共和国总统 穆罕默德·胡斯尼·穆巴拉克

国家副主席胡锦涛在人民大会堂会见泰王国玛哈扎克里·诗琳通公主

中国—东盟第五次高官磋商在昆明召开

磋商中，双方一致赞同加强和充实睦邻互信伙伴关系，保持政治交往势头，扩大经贸、科技等领域的互利合作以及在地区和国际事务中的相互协调与支持。

双方对近年来中国—东盟关系的发展表示满意，认为自 1997 年双方确定建立睦邻互信伙伴关系以来，中国与东盟的关系又有了新的发展。有关国家再次承诺根据中国—东盟《联合声明》确定的原则和精神，根据公认的国际法，通过双边磋商以和平的方式解决彼此间存在的分歧和争议，不让这些问题成为发展睦邻互信伙伴关系的障碍。

东盟国家高度赞赏中国在亚洲金融危机中所采取的国内经济政策，感谢对东盟国家的大力支持，认为中国是地区和国际和平与稳定的重要因素，希望中国保持经济持续稳定和快速发展，继续在地区和世界的和平与发展中发挥积极作用。

双方同意加强东亚国家的对话与合作，认为东盟与中国、日本、韩国领导人非正式会晤应进一步增进相互信任，突出互利合作，特别是经贸、科技领域的合作，共同维护亚洲国家的利益。东盟国家高官赞赏胡锦涛副主席于去年年底代表中国提出的举行东亚副财长和央行副行长会议的建议，并对在今年 3 月首次副财长和央行副行长会议的成功举行给予高度评价。

与会各方一致认为，本次磋商达到了预期目的，取得了圆满成功。会议同意中国—东盟第六次高官磋商于 2000 年 4 月在马来西亚举行。

中央军委主席江泽民签署中央军委表彰通令

中央军委最近颁布通令，给航天远洋测量船基地“远望三号”船记一等功。

给太原卫星发射中心发射站记二等功。

给国防科技大学计算机系主任卢锡城记一等功。

给装甲兵工程学院电子工程系电气自动化教研室教授臧克茂记一等功。

给第三军医大学第三附属医院、野战外科研究所研究员王正国记一等功。

给第一军医大学第一附属医院传染科主任医师骆抗先记二等功。

给南京军区前线歌舞团编导室创作员黄素嘉记三等功。

国务院中央军委发布命令给武警西藏总队那曲地区支队记一等功

由国务院总理朱镕基、中央军委主席江泽民签署的命令说，1997 年 9 月至 1998 年 2 月，西藏那曲地区遭受百年不遇的特大雪灾，造成道路堵塞，信息中断，牲畜死亡，牧民生命受到严重威胁。在这关键时刻，武警西藏总队那曲地区支队全体官兵，牢记我军全心全意为人民服务的宗旨，紧急投入抗雪救灾，在平均海拔 4500 米的藏北高原，冒着严寒，奋不顾身解救被困群众、破冰挖雪开辟通道、抢运各种救灾物资。官兵中有的患了雪盲，有的被冻伤，仍然坚持战斗。这个支队在五个多月中共出动兵力 5000 多人次、车辆 860 余台次，为夺取抗雪救灾斗争的胜利和加强民族团结作出了突出贡献。

国家版权局颁发《出版文字作品报酬规定》

4 月 6 日

全国村民自治工作经验交流会在许昌召开

国务委员司马义·艾买提在讲话中指出，扩大农村基层民主，实行村民自治，是党领导亿万农民建设有中国特色社会主义民主政治的伟大创造，是农村经济体制改革的必然要求。全面推进村民自治,扩大农村基层民主,有利于体现社会主义制度的优越性,有利于加快我国民主政治建设的进程;全面推进村民自治,切实保障农民当家做主的民主权利,有利于长期稳定农村土地承包关系,有利于减轻农民群众的负担,有利于健全农村社会化服务体系,有利于推进农村经济体制改革,从而有力地推动农村经济与社会的协调发展。

民政部部长多吉才让在会上作了题为《认真贯彻党的十五届三中全会精神,全面推进村民自治,把农村基层民主政治建设提高到新水平》的报告。

全国人大常委会委员长李鹏在安卡拉土耳其总统府拜会土耳其总统德米雷尔

全国人大常委会委员长李鹏在大马士革与叙利亚人民议会议长卡杜拉举行会谈

李鹏说,中叙友谊源远流长,两国在政治、经贸、文化等各领域进行了广泛而富有成效的合作,在国际事务中也一直相互理解和支持。近年来,两国高层互访不断,进一步加深了相互了解,有力地推动了两国友好合作关系的发展,合作领域不断拓宽。他说,1991年我访问过贵国,这次再次来到叙利亚,目睹大马士革发生了很多变化。我们对叙利亚在阿萨德总统领导下取得的重大建设成就感到十分高兴。中国十分珍视同叙利亚的传统友谊和业已存在的友好合作关系,进一步加强中叙友好,不仅符合两国人民的根本利益,也有利于加强发展中国家的团结与合作。

李鹏说,中国全国人大愿意进一步加强同叙利亚人民议会的交往与合作,我愿与议长阁下共同努力,通过两国议会不断加深交流与合作,增进两国人民相互了解,促进两国关系发展,在相互尊重、平等互利的基础上,把两国长期、稳定的友好合作关系带进21世纪。

李鹏还介绍中国全国人大的组织结构、人民代表大会的职能和刚刚结束的九届全国人大二次会议取得的成果。

卡杜拉议长说,叙中两国自50年代建交以来,不管国际形势发生何种变化,我们都保持着十分友好的关系。委员长的这次来访是我们两国关系中的重要事件。叙非常重视发展与中国的关系,珍视同中国的友谊。叙利亚人民感谢中国长期以来在政治、经济、文化等各个方面对叙利亚的帮助。叙利亚愿意发展两国、两国议会和两国人民之间的友好合作关系。

全国政协主席李瑞环在钓鱼台国宾馆会见埃及总统穆巴拉克

国家副主席胡锦涛在钓鱼台国宾馆会见埃及总统穆巴拉克

国务院副总理温家宝在贵州农村考察

温家宝4月6日至8日,在中共贵州省委书记刘方仁、省长钱运录的陪同下,在贵州农村考察工作。他强调,加强党对农村工作的领导,充分发挥基层党组织的领导核心作用,是推动农村经济发展和社会进步,实现农村改革和发展目标的政治保证。要切实加强以党支部为核心的农村基层组织和干部队伍建设、民主法制建设和精神文明建设,促进农村经济发展和社会全面进步。

四家外国保险公司获准进入中国市场

外经贸部宣布:为进一步深化保险体制改革,扩大保险市场开放,经中国保险监督管理委员会批准,4家外国保险公司将进入我国市场。

美国丘博保险集团公司在华设立分公司,美国恒康相互人寿保险公司、英国保诚集团公司、加拿大永明人寿保险公司在华设立合资寿险公司。

全国人大常委会委员长李鹏在安卡拉下榻的宾馆接受土耳其新闻媒体的联合采访

土耳其NTV记者问:土耳其和中国在科索沃问题上有不同见解,请问您与土耳其领导人是如何谈论这一问题的?

李鹏委员长答:对于科索沃问题,我们双方既有相同的看法,也有一些不同的见解。各国的处境不一样,有不同的见解也是很自然的。中国认为北约没有经过联合国的授权,对一个主权国家发动空中打击,这是国际社会所不能接受的。土耳其作为北约成员国没有直接参加空中打击,土耳其还决定接受2万名科索沃难民,发扬了人道主义精神,这是值得赞赏的。靠动武是很难解决科索沃危机的,唯一的出路还是要停止空袭,重新回到谈判桌上来。

《时代报》记者问:土中两国在经贸合作方面还有很大潜力没有发挥出来,请问原因是什么?中国对此准备采取什么措施?

李鹏委员长答:主要原因是我们双方彼此了解不够。中国实行社会主义市场经济,土耳其实行的也是市场经济,因此在双边经贸合作中应该按市场规律办事,平等互利。在这方面,我有三点建议:一是由中国有关部门邀请土耳其企业家访华,实地了解双方可以进行合作的领域,了解彼此的需求是什么。二是欢迎土耳其企业到中国投资,中国也可以到土耳其投资。中土双方企业界已经达成了协议,在土耳其合作建设一座水电站，第一期投资就达 2.5 亿美元。这是个好的开端，为以后的合作提供借鉴。三是两国可以联合起来，发挥双方在技术、资金方面的优势，向第三国投资。中国愿意为进一步解决中土贸易不平衡作出努力。相信中土经贸合作的前景是十分广阔的。

土耳其《每日新闻》记者问：埃及总统穆巴拉克目前正在中国访问。我们得到这样一个信息：中国准备更加有力地参加到中东的和平进程中去。对此，您有什么看法？

李鹏委员长答：中国一贯支持巴勒斯坦人民为争取自己的民族权利所进行的斗争。同时我们也主张中东地区的矛盾要通过和平谈判的方式来解决。这是中国一贯采取的积极态度。

土耳其国家广播公司电视台记者问：现在世界上存在着很多问题，如大规模杀伤性武器、恐怖活动、饥饿等问题。中国在 21 世纪希望看到一个什么样的世界？中国对土耳其希望成为联合国安理会非常任理事国有何看法？

李鹏委员长答：展望 21 世纪，可以说机遇和挑战并存。主题仍然是和平与发展。现在世界和平受到威胁，这是显而易见的。中国和许多国家一样，主张世界多极化。因为多极的世界比单极的世界要更安全。就发展而言，应该说现在世界上贫富差距越来越大，许多国家还没有解决人民基本生活的保障问题。因此，发展这些国家的经济是保证这些国家人民生存的唯一途径。另一个趋势是，世界经济越来越全球化。这给发展中国家带来了机遇，可以互相交流好的东西，开展合作。但是发展中国家也要学会保护自己，因为它们比较弱小，发达国家比较强大，在经济全球化过程中，弄不好发展中国家就容易上当受骗，容易吃亏。

新中国已经成立 50 年了。50 年来中国的面貌发生了巨大变化，特别是最近 20 年，实行改革开放政策，实行社会主义市场经济，经济得以持续发展，保持了年增长 9%—10%的速度。即使是前年亚洲发生了金融危机，中国遇到了严重的自然灾害，仍然取得了将近 8%的发展速度。我们相信，这个发展势头将会保持下去。当然，中国自身也有弱点，人口多，有些资源相对不足。按现在的发展水平，人均国内生产总值还落后于许多国家，与土耳其也有很大差距，大概只有土耳其的一半。所以，中国要实现现代化，还要走一段漫长的路，还要经过 30 年甚至 50 年的艰苦努力。只有在和平和稳定的条件下，中国才能保持经济的发展。我们反对霸权主义和强权政治，将来中国真正强大了，也决不在世界上称霸，也决不谋求所谓势力范围。

安理会面临改革，许多国家都想参加安理会。土耳其战略地位重要，而且是本地区有影响的国家。所以我们认为，如果土耳其成为联合国安理会非常任理事国，将有助于安理会的工作，因此我们持积极的态度。

土耳其商业新闻社记者问：中国现在面临参加世界贸易组织的问题，对此您有什么看法？中国是否有计划使人民币贬值？

李鹏委员长答：中国为了维护世界和地区金融秩序的稳定，保持了人民币不贬值。为此我们也付出了很大的代价，我们的出口贸易今年就已经出现了负增长。为了弥补人民币不贬值和贸易下滑带来的损失，中国采取的主要办法是扩大内部需求，特别是加大对基础设施建设的投资。中国是世界贸易大国，中国加入世界贸易组织不仅对中国有利，而且对这个组织、对整个世界经济贸易的发展都将是有益的，这是一件互利互惠的事情。

国务院总理朱镕基出席南加州各界华侨华人为他访问美国举行的欢迎宴会

国务院总理朱镕基会见驻洛杉矶中资机构代表留学生代表和中国驻洛杉矶总领馆的工作人员

国防部部长迟浩田会见土耳其武装部队陆军司令阿·阿泰什

中央军委主席江泽民观看北京军区科技强军成果网上演示

中央军委副主席张万年，中央军委副主席、国防部部长迟浩田，中央军委委员傅全有、于永波、王瑞林、曹刚川陪同观看演示。

江泽民说，当前，国际形势总的继续趋向缓和，但局部紧张和不稳定因素仍然存在，霸权主义和强权政治还有新的发展，天下并不太平。这些向我们提出了加强军队建设的紧迫性问题。当今世界，科学技术迅猛发展，军事领域也在发生深刻的变革。科学技术是第一生产力，也是军队提高战斗力的重要动力。我们要牢固确立科技强军的战略思想，紧紧依靠科技进步，大力推进我军的质量建设，全面提高我军的战斗力。

江泽民强调指出，要努力培养和造就大批高素质的新型军事人才。打赢未来高技术条件下的局部战争，人的因素仍然是第一位的，起决定作用的。新的形势新的任务，对军队官兵的素质提出了更高的要求。广大官兵的素质不大大提高，就难以打赢未来高技术条件下的局部战争。要加大院校教育改革的力度，发挥院校教育的主渠道作用，改善高中级干部的知识结构，培养大批能够驾驭高技术的战争的复合型人才。

各级指挥员要刻苦学习高科技知识，掌握高科技技能，将来才能稳操胜券。

江泽民指出，要集中力量把武器装备搞上去。先进的武器装备是军队现代化的重要标志，也是未来高技术防卫作战的重要条件。提高我军武器装备的现代化水平，增强武器装备的高科技含量，是一项紧迫的任务。要追踪世界军事发展的趋势，从我们的国情军情出发，有所赶、有所不赶，集中力量，重点攻关。要抓好新型武器装备的配套建设，搞好技术保障，使新装备尽快形成战斗力。要树立立足现有武器装备打仗的思想，积极运用现代科技成果，对现有武器装备进行技术改造，革新挖潜，提高作战效能。

江泽民说，要在全军广泛、深入、持久地开展科技练兵活动。开展科技练兵，依靠科技提高军事训练质量，缩小训练与实战的差距，这个方向很对。全军在这方面下了很大功夫，取得了新的成绩，希望继续抓紧抓好。各级领导机关抓训练，关键是要落实科技练兵，并以此推动军事训练的改造改革和创新。要坚持不懈地抓好部队高技术知识的学习，使科技强军的方针变为全军官兵的自觉行动。要加强诸军兵种联合作战的训练，以提高部队的整体作战能力。

中国第十五次南极考察队历时149天安全圆满地完成任务回到上海

民办高等教育理论研讨在北京召开

来自教育界、科技界和社会各界的近百位领导、专家、学者出席，全国人大常委会副委员长许嘉璐、教育部副部长周远清等近百人出席了研讨会。

研讨会的主题是：发展民办高等教育，落实科教兴国战略。专家、学者们就我国民办高等教育存在的必然性和发展现状、如何进一步使之适应社会主义市场经济和世界教育发展潮流、如何保护办学者的积极性以及怎样引导民办高校纳入依法办学、依法管理的轨道等问题进行了深入研讨。

专家们指出，随着社会主义市场经济的不断完善和高教体制改革的不断深入，民办高等教育不仅是我国高等教育的补充，还将逐步成为社会主义高等教育体制中的重要组成部分，而且将有力促进高教体制改革；应该努力探索符合中国国情的民办高等教育机制；制定有利于吸纳社会资金办教育和民办高校发展的优惠政策和相关法律，保障办学者的法人地位和合法权益，依法监督民办高校的办学行为，促进民办高等教育健康发展。

理论研讨会由人民日报社教科文部主办。

中国社科院语言所负责60多位学者耗时十年编纂成41卷本《现代汉语方言大辞典》由江苏教育出版社出版

第16届中国戏剧梅花奖在北京揭晓 23名优秀演员上榜

“空气净化工程——清洁汽车行动”会议在北京召开

中共中央政治局常委、国务院副总理李岚清出席会议并讲话。

李岚清说，改革开放20多年来，我国的经济和社会发展取得了举世瞩目的成绩，然而，随着经济的高速发展，大气环境污染问题越来越突出地表现出来。这一问题已成为制约经济和社会发展、危害人民健康的重要因素，成为全社会关注的焦点。

李岚清指出，造成我国城市空气污染的主要原因，一是工业与民用燃煤排放的二氧化硫和粉尘；二是汽车排放的有害气体，因此，“空气净化工程”应以改善能源结构和利用效率以及降低汽车有害排放物为突破口，同时加强综合治理。治理汽车的排放污染，首先要大力进行清洁燃料和低污染燃烧技术的研究开发工作，加速汽车产品的更新换代，从根本上大幅度降低汽车尾气排放的污染。首批试点的城市和海南省要抓紧实施，取得成效。

李岚清强调，在对燃煤和汽车尾气排放污染重点治理的同时，对其他造成城市空气污染的因素也不容忽视。要严格管理建筑施工工地，加强城市绿化建设和管理工作，减少扬尘污染；对污染严重的企业，要促进其技术改造，严格实行污染物排放总量控制。对排放达不到标准的，实行关、停、并、转。要加强全民环保意识教育，要从幼儿教育抓起并贯穿于教育的全过程。

李岚清说，空气净化工程是一个系统工程，科技要先行，特别要集中必要的人力、物力和财力进行战略清洁高效能源的科学研究和技术开发工作；同时也涉及政策、技术、法规、标准、资金和管理等各个方面，各地区、各有关部门要担负起自身的职责，并加强各部门间的支持与协作，对城市空气污染进行全方位的研究治理，为人们创造一个清新的生活、学习和工作环境。

会议由科技部、国家环保总局、国家计委、国家经贸委、国家机械工业局等十几个部委组成的全国清洁汽车协调领导小组组织召开。

中央纪委 监察部通报中信投资公司副董事长金德琴严重违纪违法案件

中央纪委、监察部最近会同最高人民检察院严肃查处了原中国国际信托投资公司副董事长兼香港嘉华银行董事长金德琴侵吞巨额公款案。金德琴利用职务之便,侵吞公款达数千万元之多,性质恶劣,情节严重。经党中央、国务院批准,中央纪委、监察部决定开除金德琴党籍和公职。检察机关已依法将其逮捕。

通报强调,要加强金融纪律,严格管理监督。在金融工作中,要认真执行中央关于金融工作的"六个严禁",决不允许为谋取个人私利或小团体利益进行违规违法经营活动,或者授意、指使、纵容、包庇其他人员从事违规违法经营活动,以及为亲属、朋友等关系人违规办理贷款、投资、担保、融资、结算、提现等金融业务;对大额度资金的使用及其他涉及国家利益的重大事项,要经集体研究,严格审批程序,并要追踪使用情况,严防国有资产流失。要认真实行党风廉政建设责任制,严格执行责任追究的规定,对存在严重违纪违法问题又长期失察,或者隐瞒不报、压制不查的,要追究有关领导的责任。当前,要把查办金融领域违纪违法案件作为一个重点,坚决查处那些利用工作和职务之便以权谋私,侵吞、挪用国家资财,在金融体制改革中因官僚主义造成国有资产严重流失,以及包庇、袒护、纵容金融违法违规行为等案件,为推进金融体制改革、防范金融风险提供保证。

4月7日

全国人大常委会委员长李鹏在大马士革叙利亚总理府会见叙利亚总理祖阿比

全国人大常委会委员长李鹏在拉塔基亚市拜会叙利亚总统阿萨德

双方一致同意加强双边和多边关系。

李鹏积极评价中叙关系,希望进一步加强双边和多边接触,使两国关系全面发展。阿萨德表示同意,认为增加两国的接触很有必要。

李鹏说,在总统的重视和关怀下,中叙两国的友好合作关系近年来又有了新的发展。我们高度赞赏叙利亚积极发展对华关系、坚持"一个中国"的政策。两国友好关系的历史证明,不断加强和拓展两国间的友好合作符合两国人民的根本利益。

阿萨德说,叙中友好关系悠久,两国人民始终是站在一起的。叙利亚人民钦佩中国人民的勤劳和勇敢。当前世界形势出现许多复杂的新情况,发展中国家要保持团结,应付各种挑战。

李鹏说,加强与发展中国家的团结与合作是中国外交政策的立足点。在世界多极化和经济全球化两大趋势发展过程中,这种团结与合作更为重要。

在谈到中东问题时,李鹏强调,中国对中东地区的局势和中东和平进程一直十分关注。我们认为,实现中东和平是中东地区各国人民的呼声,符合中东地区各国的利益,也有利于世界的和平与发展。通过和谈解决阿以争端,是中东地区各国的战略选择。中东和平进程开始 7 年多来,尽管出现许多曲折,但已不可逆转。切实执行联合国安理会有关中东问题的决议,认真履行各方已达成的协议和承诺,坚持"土地换和平"的原则,继续和谈,是打破当前和谈僵局的关键所在。叙利亚是中东和平进程中的重要一方,没有叙利亚的参与,中东地区不可能有真正意义上的和平。李鹏说,支持阿拉伯国家收复失地的正义事业,是中国政府的一贯方针,不论中东地区形势发生什么样的变化,中国的这一原则立场都不会改变。

阿萨德重申叙利亚在中东问题上的立场,他高度评价中国为谋求中东问题公正、合理解决所做的努力,感谢中国一贯支持阿拉伯人民的正义事业。

财政部关于加强基础设施建设资金管理与监督的通知

经国务院同意,财政部近日发出《关于加强基础设施建设资金管理与监督的通知》(以下简称《通知》),要求各地、各有关部门进一步加强基础设施建设资金的管理与监督。

《通知》强调,要加强资金源头管理,确保建设资金及时、足额到位。各地区、各部门要在建设项目的前期工作阶段就将资金来源管理放在突出位置,确保项目建设资金不留缺口,防止形成"胡子工程"。对所有财政性资金投资的建设项目,各级财政部门必须加大监督力度,督促落实配套资金,否则不得安排拨付财政资金;中央补助地方投资的建设项目,地方财政配套资金来源不能落实或明显超过地方财政承受能力的,要相应调减项目,压缩投资规模。

《通知》重申,要严格执行国债专项资金管理的各项制度和法规,切实加强执法监督检查。财政部对基本建设的资金管理,有一系列的规章制度。国家实施积极的财政政策以来,为提高基础设施建设资金的使用效益,防止资金的损失和浪费,财政部又制定了一些加强基础设施建设资金的财务管理与监督的制度和法规,各地区、各部门要认真贯彻落实有关规定,切实保证基础设施建设资金的专款专用,防止挪用和变相挪用。

为了确保严格执行财务与资金管理的规章制度,有关部门要加强监督检查,杜绝资金使用中的违法违纪行为。

《通知》明确,要进一步加强基础设施项目概算、预算和竣工财务决算管理，努力降低工程建设成本。凡有国债资金投入或其他财政性资金投入的建设项目，都要认真搞好工程概算审查，并将审定的工程概算，作为安排财政预算资金的依据。凡有财政资金投资的基础设施建设项目，工程预算需由财政部门审查认定，作为建设单位向施工单位办理工程款拨付和结算的依据。

国家副主席胡锦涛在人民大会堂会见由全国委员会委员外事部部长纳特瓦尔·辛格率领的印度国大党(英)代表团

北京市市长刘淇和中国奥委会主席伍绍祖在瑞士洛桑正式向国际奥委会主席萨马兰奇递交北京市申办2008年夏季奥运会的申办报告

国务院副总理李岚清就世界卫生日发表书面讲话

4月8日

国务院总理朱镕基与美国总统克林顿在白宫进行会谈

朱镕基在会谈中说，当前国际形势正发生重大而深刻的变化，中美作为两个在当今世界具有重要影响的大国，对世界的和平、繁荣与发展负有重要的责任。一年半之前，江泽民主席与克林顿总统在这里举行了具有历史意义的会谈，双方决定共同致力于建立中美建设性战略伙伴关系。一年多来，中美关系在许多领域取得了重要进展。双方在缓解亚洲金融危机、制止南亚核扩散等重大国际和地区问题上进行了有效的磋商与合作。事实证明，中美发展互利合作关系，不仅造福中美两国人民，而且还对稳定国际金融形势、促进地区和世界安全与发展发挥了建设性作用。

朱镕基说，中美关系的发展并不是一帆风顺的。重要的是，中美双方应从中美两国人民的根本利益和世界和平与发展的大局出发，排除干扰，坚定不移地推动中美关系向前发展。虽然国际局势发生了巨大变化，但中美之间存在着重要共同利益的事实没有改变，中美双方应从历史的高度和长远的观点审视和处理中美关系，在中美三个联合公报和《中美联合声明》所确立的各项原则基础上，正确处理两国间的分歧，推动两国关系稳定、健康地向前发展。

克林顿重申美国政府坚持"一个中国"的政策，遵守中美三个联合公报和有关承诺。

克林顿高度赞扬中国在缓解亚洲金融危机中一直发挥着非常积极的作用，尤其是在巨大的压力下仍坚持人民币不贬值的政策。

双方还就人权问题、科索沃问题等阐述了各自的立场。

国务委员吴仪、国务委员兼国务院秘书长王忠禹等主要陪同人员参加会谈。

美方参加会谈的有：国务卿奥尔布赖特、财长鲁宾、商务部部长戴利、贸易谈判代表巴尔舍夫斯基、白宫办公厅主任鲍尔斯、总统国家安全事务助理伯杰等。

国务院总理朱镕基和美国总统克林顿在白宫举行联合记者招待会

两位领导人表示，中美两国将继续共同致力于建立建设性的战略伙伴关系。他们宣布，中美双方在中国加入世贸组织谈判方面取得了重要进展。

克林顿在记者招待会上首先讲话，介绍当天上午他与朱总理会谈的情况。他说，两国领导人经常会晤是重要的，这次会谈在有益于两国人民的领域取得了进展，双方就有分歧的问题进行了直接和坦率的对话。克林顿说，中国经济经受了亚洲金融风暴的考验，为减少金融危机对该地区其他国家的负面影响作出了贡献。中国正在成功地解决在经济领域面临的最艰难的挑战，在改革国有企业和金融机构、使国家进入信息时代以及扩大国际贸易方面都取得了令人满意的进展。这些努力有利于中国及其贸易伙伴，包括美国的商人、工人和农民。

朱镕基说，自从踏上美国的国土进行正式访问以来，他一直受到美国人民热情、友好的接待，他希望通过新闻界向美国人民转达衷心的问候和美好的祝愿。

朱镕基说，中美双方的这次会谈是友好坦诚的、建设性的，也是富有成果的。访问期间，他还将继续广泛接触美国各界朋友，以促进中美两国人民之间的交流和理解，使中美关系取得进一步发展。

在谈到中国加入世界贸易组织问题时，克林顿说，尽管还没有完全达成协议，但双方在这个问题上已经取得了巨大进展。双方将就中国加入世贸组织问题取得的显著进展发表联合声明。他说，中国加入世贸组织将给美国在中国市场提供更多的竞争机会，中国加入世贸组织符合美国利益。

朱镕基指出，中美两国在中国加入世贸组织问题上的分歧已经不大了。他说，克林顿总统认为，中国加入世贸组织符合美国人民的利益，我也应该说，中国加入世贸组织也是符合中国人民利益的。我完全有把握说，由于中国改革开放所取得的成绩，我们可以经受住各种变化，通过竞争使中国的国民经济以更快的速度、更好的效益继续发展。

在谈到台湾问题时，朱镕基说，中国政府对台湾的政策，江泽民主席已经发表了非常明确的讲话。中国在香港实行“一国两制”、“港人治港”、高度自治，全世界人民都承认这一点。在两岸统一问题上，中国政府对台湾的政策更宽。他重申，我们将尽量采用和平的方式实现祖国统一，但决不承诺放弃使用武力，因为如果我们这样宣布，台湾可能永远从中国分离出去。克林顿再次重申美国坚持“一个中国”的政策。

当有记者问到中国对美国准备在日内瓦联合国人权会议上提出针对中国的提案有何评论时，朱镕基表示中国坚决反对这种提案。他说，美国的这种做法不仅是不公正的，而且是对中国内政的干涉。朱镕基指出，中国的人权在解放几十年来取得了史无前例的进步，中国人民享受着前所未有的民主和政治权利。人民群众完全可以依据中国的法律来批评、监督我们的政府。他们可以畅所欲言。我们现在的新闻和言论自由比起过去也有了很大的进步。朱镕基还说，关于人权的观念也应该历史地来看待，同时每个国家也有不同的理解。如果跟一些很贫困的人谈直接选举，恐怕他们更关心人权的其他方面，比如说受教育的权利，生存和发展的权利，享受文化、娱乐和卫生的权利等等。朱镕基强调，在人权问题上要对话，不要对抗。

朱镕基还就所谓中国“偷窃”美国核技术和所谓“政治献金”问题进行了澄清，针对关于中国的无端攻击进行了有力的驳斥。

在回答有关中国经济现状和前景的提问时，朱镕基说，很多外国人预言中国将是下一个经济危机发生的国家，我可以明确地说，完全不是这样。中国今年经济发展速度预计是 7%，今年第一季度是 8.3%。我预期中国今年的经济状况一定会比去年好，这不只是讲速度，而且是讲它的效益一定要比去年好。中国的经济改革在去年不但没有停顿，而且比预期的计划有更大的进展。政府机构、国有企业和金融机构改革进展顺利，取得了很大成绩。朱镕基还重申，中国的人民币不会贬值，并呼吁美国的企业家更多地到中国去投资。

巴基斯坦国民议会议长苏姆罗在伊斯兰堡巴基斯坦议会大厦举行晚宴欢迎全国人大常委会委员长李鹏

澳门特区筹委会第七次全体会议主任委员会议在北京举行

会议决定在第七次全体会议上选举产生澳门特别行政区第一届政府推选委员会委员。

国务院副总理、澳门特区筹委会主任委员钱其琛主持会议。会议研究决定第七次全体会议的日程；听取了筹委会秘书处关于推委会候选人名单的产生情况；审议了拟在本次全体会议上通过的文件；讨论通过推委会选举安排的有关事项。

澳门特区第一届政府推选委员会全部由澳门永久性居民组成，共 200 人。推委会委员将以无记名投票方式选举产生澳门特区第一任行政长官人选。

钱其琛强调，选举产生推选委员会是筹组澳门特区政府的核心工作，他要求全体筹委会委员认真做好这项工作。

澳门特区筹委会副主任委员马万祺、廖晖、王英凡、吴福、曹其真、何鸿燊及筹委会秘书长陈滋英等参加主任委员会议。

全国政法机关不再从事经商活动工作进展情况汇报会在郑州召开

会上，中央关于军队武警部队和政法机关不再从事经商活动工作领导小组办公室主任何勇在讲话中指出，军队、武警部队和政法机关不再从事经商活动工作取得了明显成效，但是离全面落实中央决策还有不小的差距，下一步还有大量的工作要做，任务十分繁重。在落实中央决策中，各级党委、政府和政法机关要进一步加强领导，切实负起责任。主要领导要亲自过问，主管领导要直接抓，对工作中遇到的问题要拿出切实可行的办法，及时予以解决。各级领导小组要按照中央的统一部署，组织机构不撤，工作力度不减，努力完成好中央交给的任务。

中央军委主席江泽民在钓鱼台国宾馆会见墨西哥国防部部长恩里克·塞万提斯·阿吉雷上将

中俄联合勘界委员会第八次会议在莫斯科结束

双方草签了《中华人民共和国政府和俄罗斯联邦政府关于中俄国界线东段的叙述议定书》、《中华人民共和国政府和俄罗斯联邦政府关于中俄国界线西段的叙述议定书》及其附件。

本次会议于 3 月 25 日正式开始，历时 14 天举行文件草签仪式后闭幕。中国驻俄罗斯大使武韬，俄罗斯外交部副部长卡拉辛出席草签仪式。双方对圆满完成中俄国界东、西两段的勘界工作表示满意，对双方在勘界过程中表现出的合作精神给予高度评价。

全国学校治安综合治理工作电视电话会召开提出优化育人环境保彰师生安全

4月9日

国家主席江泽民在人民大会堂与卡塔尔埃米尔哈马德·本·哈利法·阿勒萨尼殿下举行会谈

国家副主席胡锦涛在钓鱼台国宾馆拜会卡塔尔埃米尔哈马德殿下

全国人大常委会委员长李鹏在伊斯兰堡会见巴基斯坦总理谢里夫

李鹏说，中巴建交48年来，两国在各个领域的互利合作成效显著，相互理解、相互信赖、相互支持是两国关系的重要特征。可以说，中巴关系是不同社会制度国家间关系的典范，中巴友谊经受了时间和风雨的考验。我们感谢巴基斯坦在人权、台湾、西藏等问题上一贯对我们的坚定支持。巩固和加强中巴传统友谊，发展全面合作，是中国政府的一贯方针，不管国际风云如何变幻，中国始终是巴基斯坦可以信赖的朋友。

李鹏说，巴基斯坦独立52年来，在建设国家的事业中取得了巨大成就，在地区和国际事务中发挥着日益重要的作用，我们对此表示钦佩。

谢里夫对李鹏说，我们既把你当作中国的领导人，也是把你当作一位巴基斯坦人民真诚而坚定的朋友来接待的。我本人一直没有忘记1995年我作为反对党领袖访华时，你和中国其他领导人所给予我的热情友好的接待。这种接待和我担任总理时没有两样，这不仅是对我本人的友好表示，更是中国人民对巴基斯坦人民深厚友谊的体现。对此，我深为感动。

谢里夫强调，巴中两国友好关系正在不断深入发展，中国是巴基斯坦最可信赖的朋友，发展巴中友好关系是巴基斯坦外交政策的基石。他感谢中国政府所给予巴基斯坦的多方面的援助。他说，这种援助对巴基斯坦的发展发挥了重要作用。谢里夫重申，巴基斯坦将始终不渝地坚持“一个中国”的政策，并将继续在日内瓦人权会议上站在中国一边。

李鹏说，过去中国给巴基斯坦提供过一些力所能及的援助，但数量非常有限，这只是中国人民对巴基斯坦人民的友好表示。巴基斯坦的巨大成就主要是依靠巴基斯坦人民自己的努力所取得的。

在谈到国际形势时，双方一致认为，“冷战”结束后，人们期待着世界不断走向和平与稳定，但当前世界形势中出现的一些事态令人担忧，违背国际关系准则的事件时有发生，因此尽早建立公正、合理的国际政治经济新秩序是全世界人民的强烈要求。

谢里夫向李鹏通报巴印两国总理拉合尔会晤的情况及双方所达成的协议。李鹏对巴印两国总理所达成的协议表示欢迎。他说，巴印关系的改善和发展不仅符合巴印两国人民的根本利益，而且也有利于本地区的和平与稳定，希望巴印双方通过耐心、坦诚、有意义的对话，增加信任，消除紧张，以和平的方式解决彼此间的分歧。

会见后，中国巴基斯坦两国政府签署经济技术合作协定。

全国人大常委会委员长李鹏在伊斯兰堡会见巴基斯坦参议院主席萨贾德

澳门特别行政区筹委会第七次全体会议在北京人民大会堂开幕

国务院副总理、筹委会主任委员钱其琛在致开幕词时指出，以无记名投票方式选举产生澳门特别行政区第一届政府推选委员会是本次全体会议要完成的一个重要任务。他要求筹委会全体委员按照公平、公正、公开、民主和廉洁的原则，选出符合基本法和全国人大有关决定的推选委员会，使澳门特别行政区第一届政府推选委员会能够顺利诞生。

钱其琛说，在筹委会第六次全体会议上，筹委会委员以无记名投票的方式提出了推选委员会委员候选人的建议人选。筹委会主任委员会议昨天下午确定了推选委员会委员的候选人名单，共计243人。从总体上来讲，委员们提的建议人选，在各个界别的范围内，已兼顾到方方面面，涵盖面比较宽，代表性相当广泛。他说，这份候选人名单完全是按照建议人选在其所属界别中得到推荐票的多少来确定的，希望委员们行使神圣权利，采取负责任的态度，投票选出推选委员会委员。

钱其琛介绍上个月他应葡萄牙方面的邀请第一次访问澳门，并同葡萄牙总统若热·桑帕约举行了会晤的情况。钱其琛说，双方进行了友好务实的谈话，回顾了中葡联合声明签署以来两国的友好合作关系，并就加强两国在澳门问题上的合作交换了意见。中葡双方都认为，在澳门问题上，总体合作是良好的，但随着澳门回归的日期日益临近，还有一些问题需要磋商解决。钱其琛指出，葡方比较关心的是澳门特色能否继续保持，换句话说就是葡萄牙在澳门的影响能否保持下去。其实，澳门回归后中国政府执行“一国两制、澳人治澳、高度自治”的政策，双方应当关心的是通过澳门的平稳过渡和政权的顺利交接，使中葡两国合作关系翻开新的一页。

钱其琛说，这次筹委会全体会议是在九届全国人大二次会议和九届全国政协二次会议圆满结束的背景下召开的。全国人大和政协两个会议充分显示了中央和全国12亿人民对澳门回归的关注和重视。会议期间,党和国家领导人在多个场合谈到澳门问题,会议的有关报告、决议和讲话等也多有提及。这些对实现澳门的顺利回归具有重大指导意义。九届全国人大二次会议以高票通过《中华人民共和国澳门特别行政区第九届全国人民代表大会代表的产生办法》,使澳门在明年召开的全国人大九届三次会议上,将首次有自己单独的代表团进入国家最高权力机构参与国事。

所有这些,对我们做好澳门特别行政区的筹建工作都是极大的鼓舞和鞭策。

本次全体会议为期两天。除了将选举产生推委会外,会议还将审议《澳门特别行政区第一届立法会具体产生办法(草案)》、《澳门特区筹委会关于设立法官推荐委员会的决定(草案)》和《澳门特区筹委会关于澳门特别行政区政府及其公共行政机构的徽记、印章、旗帜问题的决定(草案)》等三个文件。

会议由副主任委员马万祺主持。

会议推举5名委员担任澳门特区第一届政府推选委员会选举监票人,筹委会副主任委员曹其真担任总监票人。会议听取政务、法律、经济、社会文化四个小组的工作报告,还听取筹委会秘书长陈滋英关于推委会候选人名单及有关文件的说明。

筹委会副主任委员廖晖、何厚铧、吴福、曹其真、何鸿燊及委员共90人出席会议。

《人民日报》公布全国村民自治模范县(市、区、旗)名单

全国村民自治模范县(市、区、旗)名单

北京:海淀区、昌平县

天津:宝坻县、东丽区

河北:赵县、围场满族蒙古族自治县、雄县、滦南县、冀州市

山西:河曲县、临猗县、长子县、平定县

内蒙古:临河市、苏尼特左旗、托克托县

辽宁:大连市金州区、辽中县、新民市、宽甸满族自治县、营口市老边区

吉林:梨树县、东丰县、桦甸市

黑龙江:青冈县、泰来县、穆棱市、绥化市

上海:闵行区、松江区

江苏:太仓市、昆山市、锡山市、启东市、无锡市郊区

浙江:宁波市镇海区、绍兴县

安徽:五河县、当涂县、宁国市

福建:古田县、厦门市湖里区、宁化县、仙游县、南靖县

江西:崇仁县

山东:莱西市、招远市、安丘市、章丘市、桓台县、邹城市

河南:许昌县、正阳县、汝南县、新野县、鄢陵县、郑州市邙山区、辉县市

湖北:京山县、谷城县、潜江市

湖南:临澧县、望城县、双峰县、汝城县、湘潭县

广东:深圳市宝安区、深圳市龙岗区

广西:武鸣县、横县、贵港市港南区

海南:文昌市

重庆:永川市

四川:达川市、彭山县、眉山县、南充市顺庆区

贵州:玉屏侗族自治县、福泉市

云南:石林彝族自治县、弥勒县

西藏:乃东县

陕西:榆林市、西安市未央区、华阴市、扶风县

甘肃:天水市北道区、敦煌市、泾川县

青海:西宁市城北区、湟源县

宁夏:中卫县

新疆:焉耆回族自治县、玛纳斯县。

国务院副总理吴邦国在辽宁考察

4月9日至12日,吴邦国在辽宁省委书记闻世震、省长张国光陪同下,先后到沈阳、抚顺、辽阳、鞍山等城市,实地考察了沈阳飞机制造公司、抚顺石化公司、辽阳化纤公司、鞍山钢铁公司等国有大型企业,分别召开部分国有企业领导人、专家学者和地方有关方面负责同志参加的座谈会,就如何进一步搞好国有企业改革和发展问题听取意见。在考察期间,吴邦国还听取了辽宁省委、省政府的工作汇报。

吴邦国充分肯定辽宁省近年来的工作,特别是国有企业改革和发展方面所取得的成绩。吴邦国说,辽宁是全国重要的老工业基地,长期以来对我国的经济建设和改革开放事业作出重要的贡献。同时,由于国有经济比重大,国有企业历史遗留的问题比较多,经济结构矛盾尤为突出,实现大中型企业三年改革和脱困的目标,需要付出更大的努力。辽宁的国有企业改革和脱困工作做好了,对全国具有推动作用。必须坚持以党的十五大精神为指导,认真贯彻中央关于国有企业改革和发展的方针政策,进一步增强紧迫感和责任感,振奋精神,坚定信心,知难而进,真正打好国有企业改革和脱困的攻坚战。

吴邦国指出,从战略上调整国有经济布局和改组国有企业,是党的十五大的重要决策,是搞好国有企业改革和发展的重要举措。应当着眼于从整体上搞好国有经济,增强国有企业活力和素质,更好地发挥国有经济的主导作用,下大力气搞好国有经济布局的调整和

企业改组。这是我国产业结构优化升级的必然要求，也是建立社会主义市场经济体制的迫切需要。要结合本地的实际情况，针对不同产业、不同企业，采取相应的措施。要把国有经济布局调整、国有企业改组与实现三年改革和脱困目标结合起来，与完善所有制结构结合起来，与“抓大放小”结合起来，积极探索公有制经济的多种实现形式。结构调整是国有企业改革和发展必经的过程，不能犹豫不决，贻误时机。

吴邦国说，搞好国有企业改革和发展，必须妥善解决企业人员过多和债务负担过重的问题。下岗分流，减员增效，是国有企业改革的重要任务，也是搞好国有企业的必由之路。人员过多，成本就不可能降下来，产品就不可能有竞争力。必须下大决心做好下岗分流和减员增效工作，无论是亏损企业还是盈利企业，凡是有富余人员的都应这样做。建立职工竞争上岗机制，是国有企业改革必须解决的一个重要问题。要精干企业主体，真正使分离出去的辅助部分做到独立经营，自负盈亏。要确保国有企业下岗职工的基本生活，确保企业离退休人员养老金按时足额发放。要广开就业门路，引导职工转变择业观念，搞好就业培训和信息服务，使更多的下岗人员早日实现再就业。同时，要采用直接融资、债务重组等多种方式，积极帮助国有企业增资减债，为国有企业改革和脱困创造条件。

吴邦国强调，深化企业内部各项制度改革、加快企业技术进步、加强科学管理，大力抓好产品结构调整，对于搞好国有企业改革和发展具有重要的现实意义。大量事实表明，国有企业在进行内部改革和向管理要效益方面的潜力很大。企业要以市场为导向，大力转换经营机制，改革用人和收入分配制度，做到职工能进能出，干部能上能下，分配能多能少，使企业每个干部和职工都能够感到有压力、有危机感。要继续深入开展学邯钢活动，加强企业财务管理、成本管理和质量管理，向管理要效益。要进一步加强企业领导班子建设，充分发挥高素质人才的作用。

吴邦国指出，做好国有企业改革和脱困工作，必须切实加强领导，建立责任制。各级领导干部要讲学习、讲政治、讲正气，转变工作作风，实实在在地抓工作，不能流于一般号召。要组织有关方面的力量，深入企业，解剖“麻雀”，认真分析企业改革和脱困工作中遇到的各种矛盾和问题，找出症结，对症下药。要相信和依靠职工群众，充分调动广大群众的积极性、主动性、创造性。要处理好改革、发展、稳定的关系，在推进国有企业改革和发展中，确保社会稳定。

考察期间，吴邦国与国务院有关部门以及辽宁省负责人一起检查和研究辽宁部分有色企业和煤炭企业的脱困工作，并提出具体的实施意见。

国家经贸委等贯彻《国有工业企业物资采购管理暂行规定》的通知

中国和卡塔尔发表联合新闻公报

应中华人民共和国主席江泽民的邀请，卡塔尔国埃米尔哈马德·本·哈利法·阿勒萨尼殿下于1999年4月8日至9日对中国进行国事访问。两国元首在亲切友好的气氛中就发展中卡在各个领域的关系举行了正式会谈，并就共同关心的国际与地区问题交换了意见，双方一致同意通过建立牢固而稳定的关系迈向21世纪。哈马德埃米尔还会见了中国国家副主席胡锦涛、国务院副总理钱其琛。访问取得了圆满成功，双方对访问成果表示满意。

双方对建交10多年来双边关系的长足发展感到高兴，强调不断扩大和深化两国的长期友好合作是两国政府和人民的共同愿望，符合两国的共同利益。埃米尔殿下向江泽民主席介绍了卡塔尔在能源特别是天然气领域的优越条件，江主席向对方介绍了中国工业的发展以及中国未来对能源的需求情况。双方表示将鼓励两国有关方面加强联系，以探讨在此方面的合作前景，谋求共识。双方指出，经贸合作是两国关系的重要组成部分，双方一致同意将不断拓展合作领域。访问期间，双方签署了“两国政府相互鼓励和保护投资协定”、“两国政府航空运输协定”、“两国政府教育和文化合作协定”及“两国外交部谅解备忘录”。

双方承诺尊重人权的普遍性原则，同时强调，促进和保护人权必须与各国国情相结合，主张在平等和相互尊重基础上开展人权对话与合作，以减少分歧，扩大共识，反对将人权问题政治化，或利用人权问题干涉别国内政的做法。

双方认为，实现中东地区的全面、公正、持久的和平符合地区各国人民的根本利益，也有利于世界的和平与发展。联合国有关中东问题的决议和“土地换和平”的原则是解决中东问题应遵循的原则和基础。双方强调，有关各方业已签署的各项协议必须得到坚决履行。

双方一致强调维护海湾地区安全与稳定的重要性，主张地区国家在睦邻友好、相互尊重、互不干涉内政原则上建立友好关系；重申在国际法基础上通过和平手段公正、持久地解决海湾地区的未决问题，以实现该地区的长治久安。中方积极评价卡塔尔为促进阿拉伯国家的团结与合作，主张通过和平协商、谈判或国际仲裁解决国与国之间的分歧，为实现地区和平与发展作出的努力和贡献。

双方指出，卡塔尔国埃米尔殿下此次访华是一次十分重要的访问。双方一致同意继续保持高层接触，加强两国协调与合作。哈马德埃米尔感谢江泽民主席对他本人和代表团给予的盛情接待，并邀请江泽民主席访问卡塔尔，江主席表示感谢并愉快地接受了邀请。

中国卡塔尔两国政府签订教育和文化合作协定两国外交部谅解备忘录、两国政府航空运输协定和两国政府相互鼓励和保护投资协定

全国人大常委会委员长李鹏在下榻的宾馆接受巴基斯坦新闻媒体的联合采访

李鹏说，10 年前我曾经访问过巴基斯坦，现在有机会再次对巴基斯坦进行正式友好访问，并且受到了巴基斯坦人民的热情欢迎。李鹏说，“我相信我此行将有助于进一步推动两国之间的友好合作关系的发展”。

巴基斯坦《国民报》记者问：结合正在不断变化的国际政治关系，您如何看待巴中关系，以及我们在政治、经济、防务领域进行合作的前景？

李鹏委员长答：中国和巴基斯坦是好朋友、好邻居。我们的友谊经受了时间的考验。不管各自的国家或者是国际上发生了什么事情，中巴两国总是互相支持，互相帮助，我们是全天候的好朋友。国际形势在不断变化，但是这种变化并没有减轻中巴友谊、中巴合作的分量。相反地，在目前的形势下，中巴应该更加紧密合作。我们都是发展中国家，发展对我们来说是第一位的。要发展就要有一个和平的国际和国内环境，因此，我们双方都要为和平与发展做出努力。在经济上，我们要互相帮助，互相支持。我们从来不认为我们的帮助是单方面的，我们之间的合作是互利的。我们和巴基斯坦之间也有一些防务方面的合作。我们只是提供一些完全是防御性的装备，不对任何邻国造成威胁，是有助于南亚地区的稳定与和平的。

巴联社记者问：您如何看待南亚地区目前的局势？中国认为如何才能在该地区建立持久的和平与稳定？

李鹏委员长答：南亚地区的局势正在向好的方向发展。特别是最近巴基斯坦和印度两国领导人就有争议的克什米尔等问题进行了会晤，表达了两国愿意通过政治谈判、以和平方式解决争端的意向。我认为这是一个良好的开端。当然还要有后续行动，还要采取更为具体的措施，使这个问题通过政治谈判最终得以解决。

《黎明报》记者问：中国是亚洲最大的国家，作为这样一个国家的领导人，您认为，为了能从安全和经济的角度实现地区的稳定，我们应该采取哪些可能而且必要的步骤？

李鹏委员长答：中国对国际事务的看法，从政治上说世界应该走向多极化，从经济上说正趋向全球化。世界多极化，世界和平与稳定才能有保证。世界不能由一个国家或者少数国家来主宰。这个问题也是当今亚太地区所面临的问题。现在亚太地区已经有不少国家集团和区域组织，如亚太经合组织、东盟、南亚区域合作联盟。我们希望它们在这个地区的和平与稳定的进程中发挥更为积极的作用。从去年发生的亚洲金融危机可以看出，经济全球化既给发展中国家带来了机遇，也带来了极大的挑战。有的国家在这场危机中遭受了很大挫折，国力受到很大的损害。因此我们发展中国家应该在经济全球化的进程中学会保护自己。

《新闻报》记者问：您对巴基斯坦核试验后的巴中关系发展有何看法？我们两个传统的友好国家是否更有必要加强合作？

李鹏委员长答：中国是核不扩散条约和全面禁止核试验条约的签字国。中国人向来守信用，既然我们签了字，就要说到做到。我们也看到，巴基斯坦的核试验是在印度核试验后进行的。从我们一贯的立场出发，中国还是希望世界上不要有核武器。当然，完全做到这一点，要有个过程，是有步骤的，首先核大国要削减核武器。我们不希望有核战争，核战争会对人类带来极大的灾难，中国不支持、不鼓励核扩散。巴基斯坦爆炸的核装置是你们自己的科研成果。中巴之间的核合作完全是和平利用核能，而且是在国际原子能机构严格监督下进行的。

巴基斯坦电视台记者问：在世界上，人们普遍认为中国正在成为一个经济强国，原因之一就是因为中国政府采取了开放的政策。请问，这种经济自由的政策，对共产党领导的中国的政治思维会不会有影响？

李鹏委员长答：新中国成立已经 50 周年，这 50 年间中国发生了翻天覆地的变化，前 30 年我们遭受了一些挫折，当然也取得了成绩。后 20 年因为实行改革开放，中国的成就更为显著。我们所放弃的是曾经犯过错误或者导致挫折的那一部分，我们坚持的是原来正确的一部分，而且有了进一步发展。比如关于市场经济问题，中国的确实行了市场经济，我们认为以市场经济的原则合理地配置资源是我们发展的重要手段，但是中国的市场经济是社会主义市场经济。比如我们这次修改宪法，明确规定了私营经济和个体经济在中国经济中的作用。但这并不是说我们放弃了国有经济的部分，相反，国有经济在我们国家仍然起着主导的作用。中国仍然是一个发展中国家，拿我们的话来讲，就是仍然处于社会主义初级阶段，这是一个基本的国情。现在的政策就是从这个基本国情出发的。

我们现在坚持邓小平理论，实行改革开放，走社会主义市场经济的道路，所有这些都是为了极大地提高中国的社会生产力，发展经济，使人民过幸福的生活。

你所讲的思维可能是一个很广泛的概念，我的意见是，一个国家实行什么样的制度，选择什么样的意识形态，是这个国家人民自己的事情。中国现在实行改革开放，按市场经济规律办事，引进外资，加强对外交流，所有这一切并不是改变原来的既定目标，相反，在中国改革开放进程中，我们社会主义的理论要更加发展、更加完善。简而言之，我们搞市场经济，发展私营经济和个体经济，并不等于中国要搞私有化。中国仍然是以公有制为主体的，而且中国要进一步发扬民主，加强法制建设，使人民真正当家做主，但是，我们实行的是中国式的民主，而不是西方式的。中国现在要走一条适合中国国情的道路。我们并不认为世界正确可行的道路只有一条。应该允许各国进行探索。只要符合它们自己的实际，实践证明是有效的、正确的，别国就不应去说三道四，更不应去干涉。当然，我们也不认为中国所选择的道路对其他国家都适合。但我们走的道路确实是适合中国国情的。

全国人大常委会委员长李鹏在伊斯兰堡到中国驻巴基斯坦大使馆看望大使馆工作人员中国驻巴机构和留学生代表

国务院总理朱镕基和美国副总统戈尔在华盛顿共同主持中美环境与发展讨论会第二次会议

这次会议是继1997年3月中美两国在北京召开的第一次环境与发展讨论会后的又一次会议。两位领导人在会议开幕式发言中表示要进一步加强双方在环保方面的合作，为两国的发展创造更为良好的条件。

戈尔说，美中两国在环境与发展领域有着共同的利益，这种共同利益使两国今天在一起再次举行环境与发展讨论会。戈尔说，中国经济在飞速发展的同时，也带来了一些新的挑战，其中许多挑战也是美国所面临的。

戈尔说，全球的环境状况直接影响全球的气候变化，最终导致对美中两国人民产生严重影响的后果，所以，两国应共同努力，寻找解决环境问题的办法。戈尔说，美中两国已经要求各自的有识之士为达到我们共同的目标而努力。在今天的会议上，美中两国的专家将讨论环保问题，并探讨解决这一问题的途径。美中应抓住机遇，为两国人民开创更美好的明天而奋斗。

朱镕基总理在开幕致辞中说，今天，我很高兴和戈尔副总统阁下在这里共同主持第二次中美环境与发展讨论会。首先，我代表中国政府对这次会议的召开表示热烈祝贺。

朱镕基说，1997年3月，中美双方在北京召开了首届环境与发展讨论会。两年来，双方对讨论会涉及的各个领域开展了广泛的交流和合作，取得了积极的进展。今天，我们通过举办这次讨论会，共同回顾两年来的进展，交流经验，探讨未来，这对中美双方加强互惠的合作，迎接新世纪的挑战具有重要的意义。

朱镕基说，环境与发展，是当今国际社会普遍关注的重大问题。如何在发展经济的同时保护人类赖以生存和发展的生态环境，已成为全世界人民面临的紧迫而艰巨的任务。本世纪以来全球生态环境的恶化已经严重地威胁着人类的发展。土地荒漠化、资源匮乏、环境污染加剧、气候变化、淡水资源短缺、臭氧层的破坏、森林锐减和物种加速灭绝等等都是自然界受到巨大创伤后给我们敲响的报复警钟。因此，在这世纪之交的历史时刻，人们在审视和回顾已走过的历程，展望即将来临的21世纪的同时，都在认真思考应该把一个什么样的地球留给我们的子孙后代。值得欣慰的是，近几年来，环境与发展问题的重要性和紧迫性越来越被国际社会所认识，各国已经认识到那种通过高消耗追求数量增长和“先污染后治理”的传统发展模式已不再适应当今和未来发展的需求，我们必须寻求一条人口、经济、社会、环境和资源相互协调的可持续发展之路。

朱镕基总理在讲话中介绍目前中国在环保领域存在的问题以及为解决这些问题而采取的措施。

朱镕基说，80年代以来，中美两国在环境保护领域开展了积极和富有成效的合作。特别是1997年江泽民主席访美，双方签署了中美能源与环境合作倡议书。1998年克林顿总统访华，双方又签署了中美城市空气质量监测项目合作意向书，推动了中美环保合作的进一步深入。但中美双方在环境领域的合作，无论从深度和广度上都与中美两个大国的地位不相称，双方合作的潜力远未打开。美国拥有环保技术、资金和人才方面的优势，中国拥有环保市场的巨大潜力。只要双方共同努力，扫除障碍，创造条件，中美两国在环境领域的合作必然会有广阔的前景。

朱镕基指出，环境与发展是全人类面临的共同问题，我们应该超越国界，超越民族、文化、宗教和社会制度的不同，为人类的共同、长久利益，同时也是为了各国的切身利益，同舟共济，通力合作，发挥两国人民的智慧，在发展经济的同时，治理和保护环境，实现可持续发展。中美第二次环发讨论会的召开将进一步促进双方在这方面的互利合作。希望双方以此次会议为契机，本着平等互利、扩大合作的原则，抓紧落实会议所取得的共识，推动中美在环保领域的交流与合作迈上一个新的台阶。

参加会议的中方人员有外交部部长唐家璇、国家发展计划委员会主任曾培炎、科技部部长朱丽兰、对外贸易经济合作部部长石广生、国家环保总局局长解振华及其他陪同人员；美方与会的有商务部部长戴利、能源部部长理查森、环保署署长布朗纳及其他政府官员。

国务院总理朱镕基和美国副总统戈尔出席美国十多家主要能源环保公司负责人举行的能源环保圆桌会议

朱镕基在圆桌会议上说，随着中国可持续发展战略的深入实施，中国的电力、石油天然气、煤层气开发、节能、开发新能源、大气治理、环境保护等能源环保产业将面临空前的发展机遇，将为中美能源环保合作进一步创造良好条件。他表示相信，美国企业在中美能源环保合作领域必将大有作为。他欢迎美能源环保企业继续积极参与中国的能源环保建设。

两位领导人还出席中美两个环保意向性合作文件的签字仪式。

外交部部长唐家璇在华盛顿同美国国务卿奥尔布赖特举行会谈

唐家璇与美国国务卿奥尔布赖特及美国运输部部长斯莱特签署关于《中华人民共和国政府和美利坚合众国政府民用航空运输协定》的议定书。

国务院总理朱镕基会见美国财政部部长鲁宾和美国联邦储备委员会主席格林斯潘

国务院总理朱镕基在下榻的国宾馆先后会见世界银行行长沃尔芬森众院筹款委员会贸易小组委员会主席克兰和美国的一些宗教组织领袖

国务院总理朱镕基应邀出席由美中关系全国委员会美中协会等7个团体联合举行的欢迎晚宴

朱镕基在宴会上发表演讲并回答与会人士的提问。

朱镕基就发展中美两国经贸、环保等领域的合作阐述中方的立场，并介绍了中国当前的经济情况。朱镕基说，9日上午他和美国副总统戈尔共同主持了中美环境与发展讨论会第二次会议的开幕式，他在会上讲了一个观点，即中国越来越重视环境保护和生态保护。朱镕基指出，中国深切地认识到可持续发展战略非常重要，强调必须在重视发展的同时，重视环境保护，以造福于子孙后代。朱镕基说，中美两国在这方面的合作有着广阔的前途，美国政府应该采取开明和开放的态度，让美国的企业家到中国去投资，向中国转让技术，帮助中国的环保工程和生态工程。

在谈到中国目前的投资环境时，朱镕基说，不管是哪一个国家的企业家到中国去，都应该而且也能够得到公正的待遇。朱镕基说，中国正在进一步改善投资环境，以便使外国企业在中国更好地经营，关键是看美国企业家的竞争能力，有没有新的技术和管理方法。

关于知识产权保护问题，朱镕基说，中国现在很重视这个问题，本届政府专门成立了一个很重要的部门来负责这项工作。“我相信，我们的工作正在改善，而且将做得越来越好。”

朱镕基阐述了中国对加入世贸组织的原则立场，强调中国将坚定不移地继续走改革开放的道路。他同时指出，改革开放必须循序渐进，否则就可能出现东南亚国家发生金融危机的情况。

朱镕基还批驳所谓的“中国威胁论”。他指出，中美两国不应成为对手，而应成为伙伴。“中国威胁论”应当改为“中国机遇论”。美国企业家应该看清中国经济发展的广阔前景，抓住机遇，积极开展对华经贸合作。

在介绍当前中国经济形势时，朱镕基说，中国今年的经济情况要比去年好，中国各项改革不仅没有停止，而且在加快进行。朱镕基说，中国的改革开放政策是邓小平先生提出的，人们对此的认识在逐步提高。改革开放从沿海地区开始，是因为那里的知识和文化水平较高，投资环境比较好，有利于吸引外资。但如果改革开放局限于沿海地区，就会过于密集，而使内地依然处于落后状态。朱镕基介绍说，现在情况已经发生变化，中国内地大部分地区基础设施落后的状态已得到改善，监管能力已有所提高，内地也完全有条件实行开放政策。朱总理鼓励美国企业家多到中国内地去投资。

欢迎晚宴由美中关系全国委员会主席科纳布尔主持，共400余人参加。朱镕基的夫人劳安以及国务委员兼国务院秘书长王忠禹等主要陪同人员也应邀出席欢迎晚宴。

国务院扶贫开发领导小组在贵阳召开全国东西扶贫协作经验交流会

国务院副总理、国务院扶贫开发领导小组组长温家宝出席会议并讲话。温家宝强调，当前和今后一个时期，东西扶贫协作要认真贯彻落实党的十五大和十五届三中全会精神，以改变贫困地区生产条件和生态环境，解决贫困地区群众温饱问题为重点，遵循社会主义市场经济规律，充分运用现代科学技术，按照互惠互利、共同发展的原则，广泛动员社会各界力量，在努力扩大对口帮扶的同时，开展多种形式的经济合作，把东西扶贫协作推向一个新阶段。

1996年中央扶贫开发工作会议决定在全国开展东西扶贫协作，确定经济较发达的东部9个省市和4个计划单列市对口帮扶经济欠发达的西部10个省区。3年多来，在党中央、国务院的统一部署和领导下，经过帮扶双方的共同努力，东西扶贫协作取得了很大成绩。据不完全统计，东部13个省市政府和社会各界累计捐款和赠物折款10亿多元；双方签订项目协议2600个，实际投资40亿元；从贫困地区定点输出劳动力25万人次，劳务收入8亿多元。

温家宝指出，开展东西扶贫协作，是以江泽民同志为核心的党中央，对邓小平共同富裕伟大构想的积极探索和成功实践。目前东西扶贫协作势头很好，东西部地区合作的热情越来越高，领域越来越宽，方式越来越多，力度越来越大，效果越来越好，创造和积累了很多好的经验。各具特色、形式多样的东西扶贫协作，对全面促进贫困地区的经济发展和社会进步产生了深远影响，也给发达地区的经济发展提供了广阔的空间，创造了良好的机遇。

温家宝强调，实现《国家八七扶贫攻坚计划》，到2000年年底基本解决农村贫困人口的温饱问题，是我们坚定不移的目标。温饱问题基本解决以后，巩固温饱成果，根本改变贫困地区面貌，将是一项长期任务。东西扶贫协作作为一项重要措施，必须长期坚持，继续扩大，不断提高。为此，要坚持以下几点：

第一，把东西扶贫协作摆上党委和政府的重要议事日程。各级领导，特别是主要领导，要从社会稳定、民族团结、国民经济发展的大局看待东西扶贫协作工作，增强做好对口帮扶工作的自觉性。确保思想到位、组织到位、资金到位、措施到位。东西扶贫协作要有新思路，必须讲效率、讲效益、讲效果。

第二，党政机关带头，社会各界广泛参与。要充分发挥党政机关的组织领导作用和党员干部的模范带头作用，广泛深入地动员全社会力量参与扶贫。发达省市的各级政府，要根据各自的优势，尽力帮助贫困地区。通过多种形式，深入开展国情教育，唤起公民的社会责任感，激发全社会扶贫济困的热情。

第三，结对帮扶，落实责任。要根据中央精神，组织富裕县和贫困县结对帮扶。发达地区要把对口扶贫落实到县，对口协作落实到企业和项目。贫困地区要充分发挥主观能动性，主动搞好对口协作，使对口扶贫真正做到对象清楚，目标明确，责任具体，落到实处。

第四，继续把解决和巩固温饱作为重点。东西扶贫协作要牢牢把握基本解决农村贫困人口的温饱问题这个重点，集中力量支持贫困地区群众改善贫困户基本的生产生活条件，支持贫困户发展能够直接解决温饱的种植业、养殖业项目。要普及增产增收效果明显的实用技术，提高贫困地区农民的科技素质。

第五，按照经济规律办事，优势互补、互惠互利。东西扶贫的经济协作必须按经济规律办事，合作项目要根据双方的优势和市场需求，充分论证，避免盲目性，真正做到优势互补，互惠互利。发达地区要合理利用西部资源丰富、劳动成本低、市场潜力大的优势，在帮助西部的发展中发展自己，扩大市场份额。贫困地区要充分利用东部发达地区的资金、技术，人才优势，采取积极的政策，吸引发达地区投资建设。

第六，抓住有利时机，扩大协作领域。要充分利用当前扩大内需和东部发达地区一些产品、产业逐步向中西部梯次转移的有利时机，把东西扶贫协作推向一个新阶段，加快从政府行为、无偿捐助向动员社会各个领域，尤其是经济技术领域的合作扩展。

第七，加强对东西扶贫协作的组织领导。要对东西扶贫协作工作进行周密组织，精心协调。协作双方要指定专门机构，安排专门人员，具体负责。要认真解决合作过程中的实际问题，从政策、技术、管理等方面为这项工作的顺利开展提供保障。要加强对扶贫资金、物资的管理和监督，真正让贫困户受益。

温家宝最后说，我国的扶贫攻坚、解决温饱已经进入了最后的关键阶段，东西扶贫协作也进入巩固、完善、提高的新时期。广大干部群众要认清当前我国扶贫攻坚面临的形势和任务，增强责任心和紧迫感，坚定扶贫攻坚的信心和决心，为尽快解决贫困地区群众温饱问题，改变贫困地区的面貌努力奋斗。

国务院扶贫开发领导小组副组长刘成果主持会议。中财办副主任段应碧、国务院扶贫开发领导小组成员杨钟、高鸿宾和对口帮扶的23个省区市的负责人参加会议。

4月10日

全国人民代表大会澳门特别行政区筹备委员会第七次全体会议发表新闻公报

全国人民代表大会澳门特别行政区筹备委员会第七次全体会议于1999年4月9日至10日在北京举行。会议由筹委会副主任委员马万祺主持。主任委员钱其琛在开幕和闭幕时发表了讲话。

会议听取了政务小组、法律小组、经济小组和社会文化小组工作情况的报告。

会议根据《全国人民代表大会关于澳门特别行政区第一届政府、立法会和司法机关产生办法的决定》和《中华人民共和国澳门特别行政区第一届政府推选委员会具体产生办法》，以无记名和差额选举的方式选举产生了185名澳门特别行政区第一届政府推选委员会委员。其中，工商、金融界60人，文化、教育、专业等界50人，劳工、社会服务、宗教等界50人，原政界25人。

同时，根据全国人民代表大会的有关决定，4名具有澳门永久性居民身份的澳门地区全国人大代表，都是推选委员会委员。澳门地区全国政协委员以协商互选方式产生了11名推选委员会委员。至此，澳门特别行政区第一届政府推选委员会的200名委员已全部产生。在澳门各界人士的积极参与和热忱支持下，组建推选委员会的工作取得了圆满成功。

会议指出，推选委员会的产生是筹建澳门特别行政区过程中的一件大事。由具有广泛代表性的200名澳门永久性居民组成推选委员会，推举澳门特别行政区第一任行政长官人选，是实行"一国两制"和"澳人治澳"、高度自治的重要步骤。会议希望推选委员会的全体委员认真履行自己所肩负的重要历史使命，不辜负澳门居民的期望和国家的重托。

筹委会主任委员会议决定，1999年4月23日在澳门举行推选委员会第一次全体会议，提名澳门特别行政区第一任行政长官候选人人选。

会议还审议通过了《中华人民共和国澳门特别行政区第一届立法会具体产生办法》、《全国人民代表大会澳门特别行政区筹备委员会关于设立推荐法官的独立委员会的决定》，以及《全国人民代表大会澳门特别行政区筹备委员会关于澳门特别行政区公共机构的徽记、印章、旗帜问题的决定》。

会议决定，全国人民代表大会澳门特别行政区筹备委员会第八次全体会议于1999年5月16日在珠海召开。

中华人民共和国澳门特别行政区第一届政府推选委员会在北京诞生

这个委员会按规定在45天内推选出未来澳门特别行政区的第一任行政长官人选。

200名澳门永久性居民当选为推委会委员。

筹委会全体会议根据《全国人民代表大会关于澳门特别行政区第一届政府、立法会和司法机关产生办法的决定》和《中华人民共和国澳门特别行政区第一届政府推选委员会具体产生办法》，以无记名和差额选举的方式选举产生了185名澳门特别行政区第一届政府推选委员会委员。其中，工商、金融界60人，文化、教育、专业等界50人，劳工、社会服务、宗教等界50人，原政界25人。根据全国人民代表大会的有关决定，4名具有澳门永久性居民身份的澳门地区全国人大代表，都是推选委员会委员。澳门地区全国政协委员以协商互选方式产生了11名推选委员会委员。

钱其琛在选举结束后发表讲话说，结束外国对澳门的殖民管治，建立澳门特别行政区，这是一项重大的历史工程。这项工程的核心环节是组建推选委员会推选特区第一任行政长官人选，进而由行政长官筹组澳门特别行政区第一届政府。

在今后的一个多月里，推选委员会将在筹委会主任委员会议的主持下开展工作，主要是提名行政长官候选人，了解行政长官候选人的治澳理念、施政设想以及领导才能等方面的情况，按行政长官人选产生办法所规定的民主程序，选出一位符合基本法规定的行政长官人选。

钱其琛指出，本次筹委会全体会议之后，第一任行政长官人选的参选报名工作也将开始。筹委会秘书处已于3月底在澳门公告了参选报名的有关事项，报名的日期从本月12日开始，至17日结束。他希望有意参选第一任行政长官人选的人士踊跃报名。

全国人民代表大会澳门特别行政区筹备委员会第七次全体会议通过《中华人民共和国澳门特别行政区第一届政府推选委员会委员名单》

工商、金融界

（60人，按简体字姓氏笔画为序）

马有礼　马秀立　区永强　区宗杰　王守基
王启翔　王孝仁　王孝行　冯　众　叶启明
司徒获　林刘艺　良毕明　江美芬　老寿永
许世元　许健康　何佩芬　何　厚　何桂铃
吴立胜　吴在权　吴利勋　吴柱邦　吴荣恪
张伟智　李子丰　李睿恒　杨俊文　陆永根
陈志杰　陈泽武　陈锦灵　招银英　林金城
林润垣　欧家明　郑志强　施子学　柯为湘
胡顺谦　贺一诚　钟小健　殷飞历　莫均益
莫家栋　崔煜林　曹锦泉　梁仕友　梁拔祥
梁维特　萧志伟　黄义满　黄国胜　黄树森
彭彼得　谢硕文　谭民权　谭伯源　黎振强

文化、教育、专业等界

（50人，按简体字姓氏笔画为序）

马有恒　马若龙　区秉光　区金蓉　孔智刚
尤淑瑞　邓祖基　冯觉生　关笑红　刘本立
刘羡冰　朱月霞　江濠生　许辉年　何美华
余惠莺　李公剑　李文钦　李沛霖　李明基
李祥立　李鹏翥　杜　岚　杨允中　杨道匡
陆　昌　陈炳华　陈振华　陈景垣　林　昶
林笑云　欧安利　罗立文　罗肖金　郑秀明
唐志坚　袁惠清　郭　士　梁少培　梁披云
梁金泉　黄汉强　黄如楷　黄宇光　黄枫桦
黄显辉　龚文鲍　马　壮　蔡安安　蔡志龙

劳工、社会服务、宗教等界

（50人，按简体字姓氏笔画为序）

区天香　冯金喜　卢学锋　卢勤心　叶耀荣

邝荣杰 关翠杏 刘光普 刘炎新 刘润辉
江荣辉 阮子荣 阮毓明 何海威 何婉琪
何锦霞 吴仕明 吴秀琼 吴素宽 吴培娟
宋厚章 李宝来 李筱玉 陈明金 陈洁瑛
陈荣光 陈健英 陈锦华 姗桃丝 林华坚
林香生 林淑源 欧宝莲 罗少荣 郑康乐
姚鸿明 唐坚谋 高展鸿 崔德祺 梁 奀
梁冠峰 萧卓芬 黄秉贤 黄洁林 释机修
蓝钦文 潘玉兰 潘志明 薛观平 霍丽斯

原政界、澳门地区全国人大代表、澳门地区全国政协委员的代表

(40人,按简体字姓氏笔画为序)

飞迪华 马家杰 冯志强 刘衍泉 刘焯华
何玉棠 何厚铧 吴志良 岑玉霞 张 裕
李 康 杨秀雯 汪长南 苏树辉 麦健智
官世海 罗永源 姚汝祥 施绮莲 柯正平
钟立雄 唐星樵 高开贤 崔 耀 崔世安
崔世昌 崔乐其 梁 华 梁 宋 梁仲虬
梁庆庭 梁庆球 梁秀珍 梁官汉 彭为锦
曾炽明 温 泉 廖泽云 潘汉荣 颜延龄

全国人民代表大会澳门特别行政区筹备委员会第七次全体会议通过《全国人民代表大会澳门特别行政区筹备委员会关于设立推荐法官的独立委员会的决定》

全国人民代表大会澳门特别行政区筹备委员会根据《中华人民共和国澳门特别行政区基本法》(以下简称基本法)和1993年《全国人民代表大会关于澳门特别行政区第一届政府、立法会和司法机关产生办法的决定》,特做如下决定:

一、设立由澳门当地法官、律师和知名人士组成的推荐法官的独立委员会(以下简称委员会),即基本法规定的独立委员会。

二、委员会的职责是根据基本法和1993年全国人大决定等有关规定,向澳门特别行政区行政长官推荐澳门特别行政区各级法院的法官人选。

三、委员会由7名澳门当地人士组成,其中属澳门编制的法官1名,律师1名,其他方面的知名人士5名。

四、委员会委员均以个人身份参加,并以个人身份履行职责。

五、委员会委员应当具备下列条件:

(一)符合澳门特别行政区永久性居民的资格;

(二)拥护和遵守基本法;

(三)愿意履行推荐澳门特别行政区各级法院法官人选的职责。

六、委员会委员由行政长官委任。行政长官在委任法官和律师担任委员前应咨询相关界别的意见。

七、委员会设主席1名,由委员互选产生。

八、委员会的任期至澳门特别行政区依法产生出新的独立委员会为止。

全国人民代表大会澳门特别行政区筹备委员会第七次全体会议通过《全国人民代表大会澳门特别行政区筹备委员会关于澳门特别行政区公共机构的徽记、印章、旗帜问题的决定》

为体现我国政府于1999年12月20日对澳门恢复行使主权,全国人民代表大会澳门特别行政区筹备委员会对澳门特别行政区行政、立法、司法及其他公共机构(以下简称公共机构)的徽记、印章、旗帜问题决定如下:

一、自1999年12月20日起,原澳门行政、立法、司法及其他公共机构中反映葡萄牙管治的徽记、印章、旗帜不再使用。

二、澳门特别行政区根据《中华人民共和国国旗法》、《中华人民共和国国徽法》和《中华人民共和国澳门特别行政区区旗、区徽使用暂行办法》的有关规定,悬挂和使用中华人民共和国国旗和国徽以及澳门特别行政区区旗和区徽。澳门特别行政区公共机构若需使用其他徽记、印章、旗帜,由澳门特别行政区自行决定并制作。

全国人民代表大会澳门特别行政区筹备委员会第七次全体会议通过《中华人民共和国澳门特别行政区第一届立法会具体产生办法》

一、根据《中华人民共和国澳门特别行政区基本法》和《全国人民代表大会关于澳门特别行政区第一届政府、立法会和司法机关产生办法的决定》,制定本办法。

二、澳门特别行政区第一届立法会的产生应体现国家主权和平稳过渡的原则。

三、澳门特别行政区第一届立法会由23人组成,其中直接选举产生议员8人,间接选举产生议员8人,行政长官委任议员7人。

四、澳门特别行政区第一届立法会议员必须拥护中华人民共和国澳门特别行政区基本法、愿意效忠中华人民共和国澳门特别行政区并符合澳门特别行政区基本法规定的其他条件。

五、原澳门最后一届立法会通过直接选举或间接选举产生的议员,如符合本办法第四条规定的条件,愿意过渡为澳门特别行政区第一届立法会议员,须填写《澳门特别行政区第一届立法会议员资格确认申请

表》,连同相关证明文件一并递交澳门特别行政区筹备委员会秘书处,经筹委会主任委员会议审议后提请筹委会全体会议确认。

六、如在过渡时,上述议员出现缺额,按如下办法补选:

直选议员出现缺额时,由澳门特别行政区第一届政府推选委员会(以下简称推委会)委员提出候选人,每20名或20名以上委员可联名从澳门社会符合资格的人士中提出一位候选人,每名委员的提名人数不得超过缺额人数。推委会在筹委会主任委员会议主持下,以无记名方式对候选人进行投票。得票最多的相应缺额数目的候选人当选。如遇候选人票数相等而不能确定何人当选,则再次进行投票,得票多者当选。

间选议员出现缺额时,由产生该议员的原利益团体界别通过协商提名的方式提出候选人,由推委会在筹委会主任委员会议主持下,通过无记名投票方式进行选举,得票最多的候选人当选。

投票时,每张选票上所选人数等于或少于缺额人数,选票有效;多于缺额人数,选票无效。

候选人是推委会委员,本人不参加投票。

补选结果由筹委会主任委员会议确认。

上述各项工作根据公平、公正、公开、民主和廉洁的原则进行。

七、澳门特别行政区第一届立法会产生后,由议员根据基本法的有关规定互选产生立法会主席和副主席。

八、原澳门最后一届立法会由选举产生的议员履行过渡手续及出现缺额时进行补选的时间,由筹委会主任委员会议另行确定。

九、本办法由筹委会主任委员会议负责解释。

国务院总理朱镕基和美国总统克林顿在华盛顿就中国加入世界贸易组织问题发表联合声明

值此中美农业合作协议签署之际,朱镕基总理和威廉·杰斐逊·克林顿总统重申,中华人民共和国与美国已经大大推进了中国加入世界贸易组织的共同目标。上述协议及在广泛的市场准入和议定书问题上所取得的重要共识进一步推动了这一目标的实现。朱镕基总理和克林顿总统欢迎这一重大进展。美国坚定地支持中华人民共和国于1999年加入世界贸易组织。为此,朱镕基总理和克林顿总统指示各自的贸易部部长,继续进行双边谈判,以便满意地解决余留的重要问题,并尽快在强有力的商业条件下达成协议。

全国人大常委会委员长李鹏在伊斯兰堡巴基斯坦国民议会报告会上发表演讲

议长阁下,女士们、先生们、朋友们:应巴基斯坦国民议会的邀请,我前来友好邻邦巴基斯坦进行正式访问。今天有机会在巴国民议会举行的报告会上发表讲演,感到格外高兴。在此,我愿向你们,并通过你们向兄弟的巴基斯坦人民转达中国人民的美好祝愿和亲切问候。

巴基斯坦是一个具有数千年文明而富有开拓进取精神的伟大国家。独立五十二年来,巴基斯坦人民以自己的勤劳、智慧,在建设国家的事业中取得了令人瞩目的成就。贵国奉行和平、独立、不结盟的外交政策,在地区和国际事务中日益发挥着积极作用。我们真诚祝愿你们在未来的岁月取得新的更大的业绩。

两天来,我同谢里夫总理、苏姆罗议长、萨贾德参议院主席和阿齐兹外长进行了会谈和会见,就进一步发展中巴友谊和共同关心的国际及地区问题深入交换了意见,取得了广泛共识。今晚,我还将拜会塔拉尔总统。我的这次访问,是中巴两国高层互访的继续。几十年的经验说明,保持两国高层接触的势头,不断加强磋商,协调立场,对发展中巴双边关系具有非常重要的意义。

女士们、先生们、朋友们:中巴友谊源远流长,根深叶茂。中巴两国和两国人民风雨同舟,休戚与共。不管国际形势和我们两国情况发生什么变化,中巴关系始终保持稳定发展。近半个世纪建立起来的中巴友好合作关系经受住了时间的考验,具有强大的生命力。中巴两国一贯相互信赖、相互理解、相互支持,是全天候的好朋友,堪称不同社会制度国家开展友好合作的典范。继续巩固和加强中巴睦邻友好和互利合作是中国的一项重要方针,它不仅符合两国人民的根本利益,也有利于本地区乃至世界的和平与稳定。我相信,经过两国政府和人民的不懈努力,中巴面向二十一世纪的全面合作伙伴关系必将结出更加丰硕的果实。

女士们、先生们、朋友们:人类即将进入二十一世纪,国际形势的现状和发展趋势如何,不仅为各国政治家所关注,也是所有从事外交和战略研究的专家、学者着力探讨的重要课题。我们认为,当前国际形势有趋向缓和的一面,但地区紧张、动荡的因素有增无减,新的危机还在不断发生,在有些地区发生了武装冲突和战乱。一年以来的大量事态表明,霸权主义和强权政治又有新的发展。违背国际关系准则、以某种借口干涉他国内政的事例层出不穷。"冷战"结束后,人们曾以为世界人民将会有一个更加和平和安宁的美好前景。但事实无情地告诉我们,过去曾被掩盖着的许多矛盾进一步暴露,甚至激化。天下仍不太平。

世界多极化和经济全球化是当今世界的两大趋势。我认为,多极化趋势的发展有利于世界和平与稳定,多极比一极好。世界上的事情,不能任由一个国家主宰，也不能由少数几个国家说了算。世界各国不论大小、贫富、强弱，都是国际大家庭中平等的一员，都应该受到尊重。多极化发展的另一个重要标志是，地区性组织或集团不断应运而生，总体上看，这是国际政治生活中的一种积极现象。这些地区组织和集团都是在特定的条件下形成的，情况各不相同，有的比较紧密，有的则比较松散；有的已形成合作机制，有的只是不定期磋商；有的是经济性的，而有的是政治性的；也有的是政治和经济内容兼有的协调机制。我们认为，不管属于哪一种情况，都应该是谋求共识、发展合作的非排他性讲坛，都应该严格遵守联合国宪章和国际关系准则，特别是互不干涉内政的原则，都应该致力于世界和地区的稳定，为推动和平与发展事业作出积极贡献。当前，世界形势正在发生深刻变化，世界各国和各地区组织都在研究如何在新的形势下抓住机遇、应付挑战的战略，以便在下一个世纪的国际格局中占据有利的地位。在这一方面，各国之间正在围绕地区安全、经济、金融以及可持续发展等一系列重大问题调整彼此的关系。其中，大国关系的调整所带来的变化和影响更是受到人们的广泛关注。

经济全球化是目前人们议论最多的问题之一。这说明，经济关系是当今国际关系中极为重要的内容。世界各国，不论是发达国家，还是发展中国家，经济关系互相交织，互相依存，互相补充，利益相关。在国际经济活动十分广泛而复杂的形势下，经济安全问题空前突出，而金融安全又是经济安全的核心。我们认为，经济全球化是生产要素在全球范围内流动和配置的必然结果，是大势所趋，总体上看，有利于国际交流，有利于经济的发展。但是，同任何事物一样，经济全球化也应该从两方面来看。对广大发展中国家，特别是经济实力还很脆弱的发展中国家来说，经济全球化既带来机遇，也意味着巨大的风险和挑战。一方面，发展中国家可以从资金、技术、信息等生产要素的全球流动中受益。但另一方面，也应看到，西方发达国家在经济全球化进程中占据主导地位。它们推行的“金融自由化”政策，为西方短期投机资本到处进行金融掠夺大开方便之门，成为引发危机的导火线。与此同时，发展中国家在不等价交换的国际贸易体制中困难愈来愈大，致使世界贫富差距进一步扩大。目前，某些发展中国家的人民还非常贫困，他们的生存权和发展权还得不到保障。总的来看，在激烈的经济竞争中，发展中国家的经济实力和科技水平还难以承受各种冲击和压力。改变这一状况是一个长期复杂的斗争过程。从根本上说，国际社会应努力推动建立和平稳定、公正合理的国际政治经济新秩序，建立新的国际金融体系。与此同时，发展中国家应制定符合本国实际的经济政策和金融政策，在政局稳定的条件下集中力量把经济搞上去。在对外经济活动中，要注意维护自身的经济安全和金融安全，防范和化解经济和金融风险，不断学会保护自己，趋利避害，争取更大的回旋余地。如果没有必要的防范和警惕，就很容易上当受骗，就会蒙受严重的损失。这也是亚洲金融危机为我们提供的有益启示。亚洲金融危机虽然有所缓解，但导致危机的深层次根源远未消除，现在还不能说危机已经过去，也不能说危机受害国已完全摆脱经济困境。金融危机本身是一件坏事，但它使我们增长了见识，头脑更加清醒。中国有句成语，叫“吃一堑，长一智”。我相信，遭受亚洲金融危机冲击的有关国家，经过努力一定能够摆脱暂时的困难，恢复健康发展的良好势头。

女士们、先生们、朋友们：近年来，南亚各国注重发展经济，提高人民生活水平，探索适合本国国情的发展道路，取得了显著的成效。南亚区域合作联盟为本地区的经济合作和政治协调日益发挥着积极作用。我们衷心希望，在世界多极化和经济全球化趋势深入发展的情况下，南亚各国和睦相处，长期稳定，经济发展。我们高兴地看到，最近，巴基斯坦和印度两国总理通过友好会谈，就改善两国关系达成了一些重要协议，发表了《拉合尔宣言》等重要文件，共同宣布将为解决包括克什米尔问题在内的两国之间的一切问题加紧进行努力。这一积极的发展无疑有利于本地区的和平与稳定。以和平谈判的方式解决历史遗留问题，通过友好协商消除国与国之间的分歧，是我们的一贯主张。巴印两国领导人关于改善两国关系所达成的重要协议，符合两国和两国人民的长远和根本利益。对此，我们给予高度评价。

中国同南亚国家山水相连，比邻而居。我们之间的友好交往可以追溯到两千年以前。中国和南亚各国同属发展中国家，维护和平、促进发展，是我们面临的共同课题。不断拓宽和扩大中国同南亚国家间的合作与交流，符合双方的共同利益。中国将一如既往地坚持和平共处五项原则，奉行睦邻友好政策，愿与南亚各国一道共同谱写友好合作关系的新篇章。我同时相信，以不屈不挠的斗争赢得民族独立的南亚各国人民，一定能在这块世代生息的沃土上迸发出巨大的发展潜力，开创更加美好的明天。

女士们、先生们、朋友们：我愿借此机会，向大家简要介绍一下中国的情况。正如朋友们所知，一九九九年是中国历史上一个非常重要的年份，我们即将迎来新中国成立五十周年和澳门顺利回归祖国，中国人民将以新的姿态迈向二十一世纪。

回顾五十年的发展历程，中国由一个半封建半殖民地的国家，发展成为一个独立自主、初步繁荣昌盛的社会主义国家。特别是改革开放二十多年来，中国的经济和社会各项事业出现了空前的大发展，国家的实力不断增强，人民的生活水平有了很大提高。中国一贯奉行独立自主的和平外交政策，在和平共处五项原则基础上同世界各国建立和发展关系。中国坚持原则，主持正义，以负责的态度参与国际事务，为世界的和平与发展事业作出了贡献。过去的一年，对中国人民来说是很不平凡的一年。中国受到亚洲金融危机和国际金融市场动荡的冲击，国内发生了历史上罕见的洪涝灾害，在江泽民主席领导下，中国各族人民团结奋斗，克服重重困难，经受住了严峻的考验，保持了经济的较快发展和社会的稳定，各项改革全面推进。今年，我国经济和社会发展面临着许多新的情况和新的问题，改革开放和发展的任务很繁重。但我们有充分的信心，在妥善处理好改革、发展、稳定三者关系的前提下，把各项工作搞得更好。

女士们、先生们、朋友们：同其他各项事业一样，中国的民主法制建设也取得了重要进展。特别是近二十年来，根据改革开放和现代化建设的需要，抓紧制定和完善经济改革和发展所急需的法律，引导、促进和保障社会主义经济体制的建立，使经济活动逐步走上规范化、法制化的轨道。全国人大及其常委会已通过三百五十多件法律和有关法律问题的决定，大体形成了以宪法为基础，涉及国家经济、政治、文化、社会生活主要方面的法律体系框架。根据依法治国基本方略的要求，我们确定了到二〇一〇年形成有中国特色的社会主义法律体系的目标。为此，九届全国人大制定了五年立法规划和年度立法计划。不久前结束的九届全国人大二次会议通过了宪法修正案，把邓小平理论的指导思想地位、依法治国的基本方略、以公有制经济为主体，同时发挥非公有制经济的重要作用等内容写进宪法。这标志着我国的立法工作又向前推进了一大步。现在，我国的宪法更加完备，更加符合国情，更加有利于我们沿着建设有中国特色社会主义的道路胜利前进。我们将继续把改革开放和现代化建设过程中，经实践证明是正确、有效的做法用法律形式固定下来，对不适应现实需要的法律进行必要的修改或予以废止，不断完善立法程序，提高立法质量，加强执法监督，提高全社会的法律观念。

中国的民主法制建设是根据中国自身的国情进行的。人民代表大会制度是中国根本的政治制度，是具有中国特色的政权组织形式。全国人民代表大会是中国的最高国家权力机关，有近三千名代表，按人口比例民主选举产生，每年召开一次会议，主要议题是制定和修改法律、审议政府及最高人民法院和最高人民检察院的工作报告、批准国民经济和社会发展计划、批准国家预算、选举或批准任命国家领导人和政府各部部长。因此，每年一次的全国人民代表大会是中国人民政治生活中的大事。

在大会闭会期间，由一百五十五人组成的全国人民代表大会常务委员会每两个月召开一次会议，承担着立法和对政府、最高人民法院、最高人民检察院进行监督的职权。全国人民代表大会设有九个专门委员会，它们协助常委会行使职权。为了发扬社会主义民主政治，中国还坚持由中国共产党领导的多党合作和政治协商制度。在中国争取国家独立和民族解放的长期斗争中发挥过重要作用的八个民主党派，在今天的改革开放和现代化建设中，仍然发挥着参政议政的重要作用。

女士们、先生们、朋友们：多年来，中国全国人大和贵国国民议会和参议院的交流与合作卓有成效。中国全国人大代表团多次访问贵国，贵国议会两院领导人和众多的议员也多次访华，这种友好交流对发展中巴全面合作伙伴关系发挥了重要作用。我衷心希望，中巴两国各界人士、双方议会领导人、专门委员会、友好小组以及议员之间进一步加强接触，交流立法等方面的经验。我也希望两国从事国际事务和战略问题研究的专家、学者建立长期的合作关系，共同为发展中巴友谊作出新的贡献。

在我结束这篇演讲的时候，请允许我代表中国人民，衷心祝愿巴基斯坦国家昌盛，人民幸福，祝愿中巴友谊万古长青。让我们大家共同携手，为构筑面向二十一世纪的中巴全面合作伙伴关系而努力奋斗！

谢谢大家。

巴基斯坦总统塔拉尔在伊斯兰堡会见全国人大常委会委员长李鹏

巴基斯坦总统塔拉尔在伊斯兰堡举行仪式授予来访的全国人大常委会委员长李鹏巴基斯坦最高文官荣誉“巴基斯坦勋章”

外经贸部部长石广生就国务院总理朱镕基和美国总统克林顿就中国加入世界贸易组织(WTO)问题发表联合声明一事发表谈话

石广生部长指出，中国政府代表团此次访美期间，中美就中国加入世贸组织问题进行了紧张的磋商。4月9日，双方进行了通宵达旦的谈判，直到美国东部时间4月10日早晨6时(北京时间晚间6时)，在中国代表团离开华盛顿前的最后一刻，双方才就中国加入WTO一揽子协议中的重要组成部分——《中美农业合作协议》达成一致。

石广生说，这是中美两国就WTO问题达成的第一个协议。双方对此都极为重视。在签订协议后，朱镕基总理和克林顿总统为此发表了联合声明。在联合声明中，美国承诺“坚定地支持中国在1999年加入世界贸易组织”。这表明中国加入WTO的谈判已经进入了最后阶段。中美就中国加入WTO的谈判一波三折，历经艰辛，现在终于达成了第一个协议，确实来之不易。

石广生指出，4月8日，有些媒体报道，中美已就中国加入WTO的所有问题“达成协议”，实际上除了今天达成的农业合作协议以外，其他尚未取得一致；媒体报道的所谓“协议”，只是美方提出的谈判草案。石广生说，中国加入WTO的谈判已经进行了13年，我们将按照联合声明的要求，尽早达成中美双边协议，为中国在今年加入WTO创造条件。

对外贸易经济合作部部长石广生与美国贸易谈判代表巴尔舍夫斯基分别代表中美两国政府在华盛顿签署《中美农业合作协议》

4月11日

全国海关外经贸协作会议在广州召开

会议反映，今年1—3月，全国外贸进出口总额为702.6亿美元，与上年同期相比增长0.3%；其中出口372.7亿美元，下降7.9%。继续扩大出口面临十分严峻的挑战。

会议认为，如果外经贸特别是外贸出口出现较大滑坡，就会对当前扩大内需造成很大压力，对国民经济增长产生不利影响。海关和外经贸两个部门分工不同，但肩负着共同促进外经贸发展的重任。当前关贸协作的主要内容包括：共同加强“金关工程”建设，提高贸易效率；共同加强配额许可证的计算机联网，堵塞漏洞，提高贸易和海关监管的科学性；共同加强对加工贸易的管理和监管，促进加工贸易健康发展；共同加强进出口商品的检验检疫，提高贸易质量；共同打击走私，维护正常的进出口经营秩序等。

海关总署副署长刘京指出，海关总署各部门、全国各级海关要继续认真贯彻“依法行政，为国把关”的海关工作方针，认真落实海关促进扩大出口的各项措施，加强与外经贸部相应部门、全国各级外经贸部门在打击走私方面的联系配合，加强对进出口企业经营活动的管理，形成进出口企业守法自律的良好风气。

外经贸部副部长周可仁要求，各级外经贸部门要采取有力措施，贯彻落实九届全国人大二次会议关于千方百计扩大出口的要求，力争今年外贸出口有一定程度增长。同时，要主动、积极、坚决配合海关等有关部门，开展好反走私联合行动和专项斗争。对违法违纪的人和事，一经查出，不管涉及什么人，都将配合海关等有关部门追查到底，决不姑息。

国家出入境检验检疫局局长田润之提出，检验检疫系统将通过实施“三检合一”(动植物检验、商检、卫检三种检验合并)，降低检验收费标准，降低外商投资设备鉴定收费，积极推进分类检验监管制度，帮助企业利用好“普惠制”等措施，全力推进我国进出口贸易的回升。

会议还就做好出口退税工作，提高通关效率，做好进出口商品检验检疫、加工贸易深加工结转、加工贸易审批管理等规定和办法进行了讨论。最后，海关总署、对外贸易经济合作部在会上签署了关于合作打击走私违法活动的行政互助协议。

国务院办公厅转发卫生部关于做好提高出生人口素质工作的意见

《人民日报》讯，国务院办公厅转发卫生部关于做好提高出生人口素质工作意见，要求各部门认真贯彻执行。

新中国成立以来，我国提高出生人口素质工作取得了显著成就。目前，全国已有各级妇幼保健机构和县级计划生育机构5000多所，1.5万所县级以上医院设有妇产科和儿科，妇幼卫生和计划生育服务网络遍布城乡。通过开展婚前保健、孕产期保健和新生儿保健，实行全民食用合格碘盐和为特需人群合理补碘等防治地方病措施，大力治理环境污染，使先天畸形和智残发生率有较大幅度下降。婴儿死亡率由新中国成立前的200‰下降到1995年的31.4‰，达到发展中国家的先进水平。

卫生部的意见指出，提高出生人口素质工作的主要目标是：根据我国国民经济和社会发展规划的战略部署，认真实施《婚姻法》、《母婴保健法》、《环境保护法》、《劳动法》、《残疾人保障法》、《食盐加碘消除碘缺乏危害管理条例》、《女职工劳动保护规定》等有关法律法规，力争使高发致残、致畸的出生缺陷发生率有较大幅度下降，努力消除因围产因素、孕期及哺乳期妇女缺碘所导致的儿童智力损害，提高出生婴儿的体质和智能。

意见要求，加强科学知识的宣传教育，使广大干部群众重视提高出生人口素质工作。认真开展婚前医学检查、产前诊断、遗传咨询和新生儿疾病筛查工作。加强孕产期保健，大力提倡住院分娩，狠抓产科质量，减少产伤和新生儿窒息发生。

卫生部的意见要求，积极预防影响出生人口素质的疾病。落实除高碘地区外全民食用合格碘盐的措施，强化碘盐出厂检测制度，加强对食盐市场流通领域的管理，严禁不合格碘盐的销售，严厉打击生产销售伪劣碘盐及补碘药物的非法行为。各级医疗保健机构要逐步将孕产妇、新生儿碘营养水平和血铅化验列为孕产期常规临床检验项目。在全国推广车用汽油无铅化，努力减少铅等有毒有害物质导致的儿童智力损伤。

意见要求，依靠科技与教育，提高母婴保健科技水平。有关科研院所、大专院校要加强与提高出生人口素质相关的基础研究和应用研究。要针对提高出生人口素质工作中存在的亟待解决的重大问题，组织全国有关的科研机构、科研人员集中力量，协同攻关。当前要重点开展防止围产期缺血缺氧性损伤、降低新生儿窒息致残率、孕期疾病和用药对胎儿生长发育影响、环境和营养因素对胎儿及儿童生长发育影响及简便易行的尿碘、血铅检测方法等科学研究工作。要重视科技成果的推广及应用，积极推广一些简便易行、效果较好的适宜技术，使人民群众真正受益。

卫生部的意见要求，增加投入，提高资金利用效益。各级政府和有关部门应根据需要和可能增加对提高出生人口素质工作的投入，并随着经济发展逐步加大投入。

卫生部的意见要求，各级政府要把提高出生人口素质工作作为一件大事来抓。提高出生人口素质是各级人民政府义不容辞的责任，要把提高出生人口素质的工作纳入到国民经济和社会发展计划中，建立目标管理责任制。贫困地区要把提高出生人口素质工作纳入当地政府的扶贫攻坚计划，统筹安排。

4月12日

国家主席江泽民在人民大会堂会见荷兰女王贝娅特丽克丝

国家主席江泽民在人民大会堂会见尼日利亚当选总统奥卢塞贡·奥巴桑乔

江泽民表示，我们高兴地看到，中尼建交28年来，双边关系一直发展顺利。尼日利亚坚持“一个中国”、不与台湾发展官方关系的立场，支持中国的统一大业，我们对此表示赞赏。在国际事务中，两国也一向相互理解、相互支持、密切合作。中国是最大的发展中国家，尼日利亚是非洲人口最多的大国，两国有很多共同利益和共同语言，在许多重大问题上有着一致或相似的看法。

全国人大常委会委员长李鹏在达卡孟加拉国总统府与孟加拉国总理哈西娜举行会谈

李鹏说，中孟友好关系源远流长。这种友好关系是包括总理阁下的父亲在内的两国老一辈领导人共同培育的。在贵国人民欢度国庆佳节后不久，我应邀访问友好邻邦孟加拉国，感到十分高兴。我们一到首都达卡，就受到你们的热情欢迎和友好接待，对此我们表示感谢，并借此机会转达中国人民对孟加拉国人民的亲切问候和良好祝愿。

李鹏说，孟加拉国去年和中国一样，遭受了特大的洪涝灾害，我们对孟加拉国灾区人民表示慰问。在孟加拉国政府的领导下，贵国人民团结一致，战胜了特大洪水，救灾工作取得了很大成绩。他说，10年前，我对贵国进行过正式友好访问，至今留有深刻美好的印象。这次再次来访目睹勤劳智慧的孟加拉国人民克服重重困难，在建设国家的事业中取得了新的成就，我们感到十分高兴。

在谈及中国对外政策时，李鹏说，中国重视发展同包括孟加拉国在内的周边国家的睦邻友好关系。中国正在进行大规模的现代化建设。在国内，需要保持稳定；在国际和周边，需要有一个和平的环境。我们奉行独立自主的和平外交政策，积极、负责地参与国际事务，坚持原则，伸张正义，致力于建立国际政治经济新秩序。孟加拉国奉行中立和不结盟的外交政策，为地区的稳定与世界和平作出了积极贡献，在国际上赢得了声誉。对此，我们表示赞赏。我们预祝贵国承办的2001年不结盟运动首脑会议筹备工作取得成功，同时希望两国在国际事务中继续保持磋商，相互支持。

哈西娜说，我们对你期待已久，今天终于有机会在此欢迎你，深感荣幸。孟加拉国在发展经济的过程中，不断得到了中国的帮助。

对此，我们的人民将永远铭记在心。我曾作为孟加拉国反对党领袖访问中国。人民联盟执政后，我作为总理第一个出访的国家就是中国，受到你和中国政府热情友好的接待，给我留下了美好的印象。这充分说明了我本人和孟政府对孟中两国友好关系的高度重视。

哈西娜说，孟加拉国目前的主要任务是解决贫困问题。因此，我们特别希望发展同包括中国在内的友好国家的经贸合作，以促进孟加拉国经济的发展。

李鹏委员长和哈西娜总理对中孟关系的发展表示满意，同时还一致认为，世界形势正在经历着复杂而深刻的变化，在机遇和挑战并存的情况下，必须进一步加强发展中国家之间的团结与合作，更好地抓住机遇，应付挑战，战胜困难，求得发展。中国和孟加拉国同处亚洲，同属发展中国家，发展长期睦邻友好关系符合两国人民的长期和根本利益,也有利于本地区的和平与稳定。

澳门特区首任行政长官人选参选报名开始

澳门特别行政区筹备委员会秘书处开始接受澳门特别行政区第一任行政长官人选参选者报名。

上午9时多,澳门汇业银行主席区宗杰和胜利文娱康乐会的钟鹤年相继来到筹委会秘书处澳门办事处,递交了致澳门特区筹委会主任委员会议的参选意愿书,然后领取了《中华人民共和国澳门特别行政区第一任行政长官参选人简历表》。接着,还有李光远(卫生司医务助理)和澳门佳信地产贸易公司总经理刘球也前来办事处领取表格。

参选人要在按照《中华人民共和国澳门特别行政区第一任行政长官人选的产生办法》的有关规定和简历表上的有关说明和要求,填写简历表并递交筹委会秘书处澳门办事处后,才算正式报名参选。

参选澳门特别行政区第一任行政长官报名的截止时间为本月17日下午5时。据悉,本月23日将举行澳门特别行政区第一届政府推选委员会第一次全体会议,投票选举第一任行政长官候选人人选。

各民主党派工商联领导人和无党派人士考察沿海对台工作

4月12日至25日,各民主党派中央、全国工商联领导人和无党派人士积极拥护江泽民总书记关于解决台湾问题的八项主张,先后分3路赴沿海6省1市,就推动海峡两岸政治谈判、经贸合作和两岸直接"三通"等问题进行了考察和研讨。

民革中央常务副主席周铁农,民盟中央名誉主席钱伟长、主席丁石孙,民建中央名誉副主席万国权、主席成思危,民进中央主席许嘉璐,农工党中央主席蒋正华,致公党中央主席罗豪才,九三学社中央主席吴阶平、常务副主席王文元,台盟中央主席张克辉,全国工商联名誉主席王光英、名誉副主席孙孚凌、主席经叔平以及部分无党派知名人士、各民主党派中央和全国工商联的其他领导人参加了这次考察活动。

全国政协副主席、中共中央统战部部长王兆国,中央台办、国台办主任陈云林一同参加考察。

最高人民法院司法部下发《关于民事法律援助工作若干问题的联合通知》

《人民日报》发表评论员文章《敞开大门依靠群众——再论以整风精神深入开展"三讲"教育》

中共中央组织部 国家经贸委人事部和全国总工会在北京召开全国加强国有企业领导班子建设座谈会

国家税务总局颁布下岗职工从事社区服务的优惠政策

国务院总理朱镕基在芝加哥出席美国中部委员会举行的宴会并发表讲话

美国中部地区在促进国际商业合作方面最具影响的机构美国中部委员会,中午在芝加哥市希尔顿大饭店举行千人宴会,欢迎中国国务院总理朱镕基来访。

美国商务部部长威廉·戴利、伊利诺伊州副州长科琳·伍德和芝加哥市市长理查德·戴利出席午宴并先后发表了热情洋溢的讲话。一大批以中部地区为基地的美国大公司的负责人以共同东道主的身份参加了欢迎午宴。

戴利说,对芝加哥市来说,这是一次十分重要的访问,因为芝加哥地区很多公司与中国有着经贸合作关系,摩托罗拉等不少美国公司在中国的业务开展得非常好。1997年芝加哥对中国的出口额达到16亿美元。

朱镕基说,上周中美两国达成并签署了《中美农业合作协议》。这一协议对中美双方都是有利的。伊利诺伊州的农业、工业和金融业均很发达,中国是一个非常大的潜在市场,双方合作前景广阔。他强调,中国正在进行前所未有的基础设施建设,如果美国抓住这个机会,美国的许多产品和更多的公司就会在中国找到自己的市场。如果美国愿意向中国出口先进技术,美国的对华贸易逆差状况就会大大改善。

国务院总理朱镕基在芝加哥下榻的饭店先后会见建筑机械设备生产商卡特彼勒公司首席执行官巴顿以及美国联合航空公司等5家大公司的负责人

国务院副总理钱其琛在钓鱼台国宾馆会见尼日利亚当选总统奥卢塞贡·奥巴桑乔

国务院副总理李岚清在人民大会堂会见荷兰副首相兼经济大臣安娜玛丽·约里茨马-莱宾克

会见后,李岚清和约里茨马分别代表两国政府签署了中荷两国政府科学技术合作协定。

中宣部 解放军总政治部 共青团中央联合在北京举行"新时期英雄战士"李向群先进事迹报告会

劳动和社会保障部部长张左己就完善社会保险制度答记者问

今年1月,国务院发布了《社会保险费征缴暂行条例》和《失业保险条例》，劳动和社会保障部把贯彻实施两个条例作为完善社会保险制度、巩固两个确保的大事，明确了当前的工作重点，要求奋战 4、5、6 三个月，基本实现社会保险全面覆盖，社会保险费征缴率达到 90%以上的目标。就此，记者日前就有关问题采访了劳动和社会保障部部长张左己。

记者：请问贯彻实施两个条例对巩固两个确保有什么重要意义？

张左己：国务院发布实施两个条例，是建立和完善社会保障体系的重要步骤，它对于加强社会保障法制建设，维护职工合法权益，巩固两个确保具有极为重要的意义。确保国有企业下岗职工基本生活，确保企业离退休人员养老金按时足额发放，事关经济发展、社会稳定的大局。要实现和巩固两个确保，最关键的问题是落实资金。中央明确规定，对保障国有企业下岗职工基本生活和缴纳社会保险费用的资金来源，实行由财政、社会、企业各负担 1/3 的办法；对企业离退休人员按时足额发放养老金通过加强基金征缴、动用积累资金等措施解决。由于过去社会保险覆盖面比较窄，基金收缴率比较低，社会保险基金总体支撑能力不足，给两个确保带来了较大困难。同时，地区间基金收缴率也不平衡，相当一部分省市基金收不抵支。两个条例的实施，将从根本上改变社会保险待遇发放和基金征缴一手软一手硬的局面，进一步扭转两个确保资金紧缺的严峻形势，为今后长期巩固两个确保提供极为重要的条件。

记者：请问这两个条例的发布在社会保障制度的建设上有哪些突破？

张左己：国务院发布的两个条例，将过去十几年来我国社会保险的改革经验上升为法律规范，在制度建设上有许多突破。概括起来讲，主要表现在以下四个方面：

一是扩大了各项社会保险的覆盖范围。我国过去的社会保险实际上仅限于国有企业和部分集体企业，基本上没有包括外商投资企业和非公有制企业，无论从建立社会主义市场经济体制的要求来说，还是从维护劳动者的社会保险权益来说，都是不够的。两个条例对养老、失业、医疗三项社会保险制度的覆盖范围作出了明确的规定。基本养老保险的覆盖范围是所有城镇企业、实行企业化管理的事业单位及其职工。失业保险的覆盖范围除了城镇企业外，还扩大到事业单位及其职工。基本医疗保险从一开始就覆盖到所有城镇企业、机关、事业单位及其职工。各省、自治区、直辖市人民政府还可以把城镇个体工商户等纳入社会保险覆盖范围。两个条例打破了城镇企业所有制性质界限和从业人员的身份界限，这是覆盖范围上的重大突破。

二是规范了社会保险费征缴制度和程序。过去社会保险费的征缴基本上是由劳动和社会保障部门按照政策一个企业一个企业地去收缴，缺乏有力的法律手段。条例规定所有用人单位都应当进行社会保险费登记，并按月向社会保险经办机构如实申报缴纳社会保险费。主动登记、主动申报，成为所有用人单位的法定义务，这是社会保险费征缴制度的一项重大变革。

三是各项社会保险费统一合并征收。针对目前几项社会保险费分别由多个机构单项征收，造成缴费单位事务负担繁重的情况，条例规定，在一个省、自治区、直辖市范围内，各项社会保障费由一个社会保险机构或税务机关集中统一、合并征收。这一规定明确保险费征收机构的责任，有利于减轻缴费单位的事务负担，提高社会保险费征收机构的效能，降低管理成本。

四是增强了社会保险费征缴的强制性。为维护社会保险费征缴的严肃性，针对一些单位故意拖欠和拒绝缴纳社会保险费的行为，两个条例明确规定了相应的法律责任和处罚措施，包括责令限期改正、罚款，加收滞纳金、纪律处分、申请法院强制征缴等，为加强征缴工作提供了有力的法律手段。

记者：立法重要，落实更重要，请问为落实两个条例将采取哪些切实可行的措施？

张左己：按照党中央、国务院的要求，我部对贯彻实施两个条例作了具体部署，对工作目标提出量化指标，逐一分解到月，提出奋战 4、5、6 三个月，全力以赴打一场攻坚战。具体来说，4 月份基本完成对新参保单位的社会保险登记工作；5 月份全面实行缴费申报制度，并实现各项社会保险费统一合并征收；6 月份基本实现社会保险全覆盖，全年基金征缴率保持在 90%以上。为了实现上述工作目标，要紧紧抓住三个重点环节：一是抓社会保险登记，努力扩大社会保险覆盖范围；二是抓申报缴费，努力提高社会保险费征缴率；三是抓执法监督，做到有法必依，执法必严，违法必究。

记者：过去，一些地方挤占挪用养老、失业保险基金的报道时有所闻，现在扩大社会保险覆盖面，提高征缴率，基金总量会有较大幅度增加，请问如何防止挤占挪用社会保险基金现象？

张左己：社会保险基金是国家为保障离退休人员和失业人员基本生活、保障职工基本医疗需求而建立的专项基金，必须专款专用，决不允许挤占挪用和挥霍浪费。党中央、国务院十分重视社会保险基金的管理工作，多次作出明确规定。按照中央的要求，从 1998 年 5 月开始，我部会同审计署对全国基本养老保险基金和失业保险基金进行了全面清查。通过清查，大部分过去被挤占挪用的基金被收回，相关责任人受到了严肃处理，目前这项工作还在继续进行之中。为保证社会保险基金的安全与完善,我部还设立了基金专门监督机构,制定了规章制度,加强对基金的管理。我们还公布了社会保险基金监督电话,欢迎社会各界对挤占挪用基金的问题及时举报。发现挤占挪用问题,我们将坚决予以查处,决不姑息迁就。

4 月 13 日

中办国办发出关于在新中国成立 50 周年庆祝活动中严禁铺张浪费的通知

最高人民检察院严肃查处工程建筑领域玩忽职守等渎职犯罪的人

审计署发出关于加强建设资金和项目审计监督的通知

国家主席江泽民在钓鱼台国宾馆会见以会长樱内义雄为团长的日本国际贸易促进协会代表团

全国人大常委会委员长李鹏在达卡下榻的宾馆先后会见孟加拉国反对党领袖前总理卡·齐亚夫人和前总统艾尔沙德

国务院总理朱镕基在由纽约经济俱乐部主办的晚餐会上就中美关系 中国加入世贸组织和中美贸易等问题发表演讲

朱镕基说,中美两国人民的友谊有着深厚的历史基础。发展中美友好合作关系不仅有利于中美两国人民,而且有利于世界人民,有利于世界的和平与合作。尽管中美关系出现过一些波折,现在也遇到了一些困难,但这些在中美交往的历史长河中不过是小小的插曲。我们希望并相信中美关系排除干扰,不断前进。

朱镕基说,在华盛顿期间,他同克林顿总统进行了友好、坦诚的会谈,取得了建设性的成果。在中国加入世贸组织的问题上,也取得了重要进展。他在美国各地会见了很多国会议员和官员,接触了许多美国民众,深切体会到美国人民对中国人民的深厚情谊,他们都愿意进一步发展同中国的友好合作。

朱镕基说,中美两国各方面的合作前景是广阔的,上周他与戈尔副总统在华盛顿共同主持了中美环境与发展讨论会第二次会议。他认为,中国在环保、能源、电信等方面可以给合作方提供广大的市场。

朱镕基说,所谓的“中国威胁论”是毫无根据的,“中国威胁论”应当改为“中国机遇论”。中美应该是合作的伙伴。

朱镕基说,美国确实有不少先进的管理经验值得中国学习和借鉴,但借鉴和引进要适合中国的特点和需要。

朱镕基在演讲中还以有力的证据、具体的事实阐明了中国的人权观,并介绍了加强社会主义法治的情况。

晚餐会由纽约经济俱乐部主席威廉·麦克多诺主持。

出席晚餐会的有该俱乐部的许多知名人士以及纽约地区的一批有影响的经济、金融界名流。

国务院总理朱镕基应邀分别出席美国新闻界和金融界为他举行的早餐会和午餐会

美国近 20 家重要新闻媒体和 10 多家金融机构负责人出席。

分别主持早餐会和午餐会的时代华纳公司总裁莱文和摩根斯坦利公司董事长麦克对朱镕基来访表示欢迎。

朱镕基对有机会与美国新闻界重要人士见面表示高兴。朱镕基说,他历来非常重视新闻媒体。新闻界对中美友好合作关系的发展能起到很大作用,希望大家都能经常访问中国,并帮助美国公众更多地了解中国的真实情况。今年 9 月,时代华纳公司将在上海举办《财富》论坛年会,欢迎大家利用这一机会到中国去看一看。

朱镕基向银行家们介绍中国的金融政策、金融监管和金融开放的情况。朱镕基指出,中国的金融改革 1993 年就开始了,1996 年又召开了金融工作会议,这次会议为后来的亚洲金融危机准备了对策。由于采取了正确的政策,在这次危机中,中国不仅保持了人民币币值的稳定,而且通过国际货币基金组织向遭受危机的国家提供了 50 亿美元的援助。中国也从危机中吸取了教训,正继续推进金融改革。中国还加强了国有商业银行的改革,加强了银行的监管职能;通过了商业银行法,健全了金融法律法规体系,使商业银行独立经营,自负盈亏;把证券业务和保险业务从银行分离出来,使证券业和保险业得到更好的发展。他还表示,中国国际收支平衡,外汇储备充足,完全有条件继续保持人民币币值稳定。

在早餐会和午餐会上,朱镕基都谈到中国加入世贸组织问题。

朱镕基说,在访美期间,双方经过谈判,美国明确表示坚定地支持中国在 1999 年内加入世贸组织。他在到访各地与美国官员、工商界和民众接触中,感到他们都是支持中美尽早就此问题达成协议的。中国加入世贸组织有利于中国进一步建立市场竞争机制,有利于中美两国友好合作关系继续向前发展。他表示相信，只要双方根据中美间关于这一问题的联合声明共同努力，加快谈判，是可以尽早达成协议的。

朱镕基还分别就中美关系、科索沃问题和中国当前经济形势、国有企业和银行体制改革、人权状况等问题回答提问。

国务院总理朱镕基会见前总统国家安全事务助理基辛格博士等美国友人

由中国和荷兰两国政府主办的中荷水管理研讨会在北京友谊宾馆开幕

解放军全军农副业生产表彰动员电视电话会议在北京举行

中央军委副主席张万年出席会议并讲话。

由解放军总参谋部、总政治部、总后勤部、总装备部召开的全军农副业生产表彰动员电视电话会议，主要任务是深入学习江泽民主席关于要把部队农副业生产搞得更好的重要指示，认真贯彻军委的有关精神，总结部队“菜篮子”工程三年建设成绩，表彰全军农副业生产先进单位和个人，动员全军部队继续发扬艰苦奋斗的优良传统，巩固发展当前大好形势，推动军队农副业生产的发展。

张万年在讲话中充分肯定军队农副业生产取得的可喜成绩，向受到四总部表彰的全军农副业生产先进单位和先进个人表示祝贺。

张万年说，江主席对发展部队农副业生产作过许多重要指示，江主席指出：“军队的农副业生产是老传统，是南泥湾精神，要继承发扬，巩固提高。”他在讲到军队要吃“皇粮”、不经商这个问题时，总是要求部队继承发扬我军的光荣传统，搞好养猪种菜，改善部队生活。去年，江主席在作出军队、武警部队停止一切经商活动的战略决策时，再次强调指出：“部队为改善干部战士的生活，办一些农场、养猪养鸡场，是必要的。这个我们一直在搞，今后还要继续搞并把它们搞得更好。”江主席的重要指示，为新形势下搞好部队农副业生产指明了方向，提出了更高的要求。我们一定要深刻领会，认真贯彻落实。

张万年指出，关于部队生产问题，我们曾经把它分为两种。一种叫经营性生产，这是特殊历史条件下的权宜之计，这一部分已经按照党中央的要求，在去年年底全部停止。另一种叫农副业生产，这是带方向性的生产，是长久之计。我军有农副业生产的光荣传统。在新形势下，特别是军队停止经商活动以后，搞农副业生产这个传统不能丢。各级党委和领导，一定要充分认清搞好部队农副业生产的重大意义，把它作为服从国家经济建设大局，落实江主席“不经商”战略决策，保持我军艰苦奋斗政治本色，保持部队稳定的一件大事来抓。要进一步端正指导思想，集中力量搞好基层养猪种菜，搞好农场的种植业、养殖业和农副产品加工业。需要特别指出的是，我们发展农副业生产的目的，是为了改善部队官兵生活。全军各部队一定要坚持生产为生活服务，把生产收益真正落实到战士的餐桌上。只有真正做到了这一点，农副业生产才不会偏离正确的方向。

张万年要求要下大力提高农副业生产的效益，紧紧依靠科技进步推动农副业生产发展。各部队要按照军委、总部的部署和要求，加强领导，统筹安排，狠抓落实，努力把我军农副业生产提高到一个新水平，为增强部队凝聚力，提高部队战斗力作出更大贡献。

总政治部副主任唐天标在会上宣读四总部《表彰全军农副业生产先进单位和个人》的通报，总后勤部副部长王太岚在会上对全军农副业生产作总结，并部署下一步任务。

解放军四总部和军委办公厅的领导出席主会场的会议，全军各大单位的主要负责人在所在的分会场参加会议。

4 月 14 日

国务院新闻办公室发布《1998 年中国人权事业的进展》

1998 年是中国实行改革开放 20 周年，也是中国人权事业在改革、发展、稳定中继续取得进展的一年。在这一年里，中国在受到亚洲金融危机的深刻影响和遭遇特大洪水灾害的情况下，国民经济稳步增长，人民生活继续改善，民主法制建设明显加强，人权状况保持了不断改善的良好态势。

一、人民的生存权和发展权

中国是一个拥有 12.5 亿人口的发展中国家。维护和促进人民的生存权、发展权始终是中国在人权方面的首要课题。

改革开放以来，中国政府一直将解决人民的生存权、发展权问题放在首位，大力发展经济，使国民经济以年平均增长 9.6％的速度持续健康发展，人民生活水平大幅度提高。20 年来，国内生产总值增长了近 5 倍，人均国内生产总值增长了 3.4 倍。城乡居民收入大大增加。1978 年至 1997 年，农村居民家庭人均纯收入由 133.6 元提高到 2090.1 元，扣除物价因素，实际增长 3.4 倍，年平均增长 8.1％；城镇居民家庭人均可支配收入由 343.4 元提高到 5160.3 元，扣除物价因素，实际增长2.1倍，年平均增长6.2%；城乡居民储蓄存款余额由210.6亿元增加到46279.8亿元，人均储蓄存款由22元增加到3744元，分别增长218.8倍和169.2倍。居民住房条件明显改善。城镇居民人均居住面积由1978年的3.6平方米提高到1997年的8.8平方米，增长1.4倍；农村居民人均居住面积从8.1平方米扩大到22.46平方米，增长1.8倍。国内商品充足，绝大多数商品已经供过于求或供求平衡。城乡居民每百户电视机拥有量已高于世界平均水平。交通、通讯等生活设施和各方面生活环境逐步改善，生活质量大大提高。居民消费支出中食品支出的比例不断下降。1997年，城镇居民"恩格尔系数"由1978年的59.5%下降到46.4%；农村居民"恩格尔系数"也已下降到55%。统计表明，从经济水平、物质生活、人口素质、精神生活和生活环境等方面综合测算，截至1997年，中国已实现小康初始水平的86.52%。这说明，中国人民生活水平总体上说已经温饱有余，正在接近小康。

1998年，中国政府继续为维护和促进人民的生存权和发展权作出巨大的努力。在这一年里，中国遭遇了历史上罕见的特大洪水，2亿多人口受灾，直接经济损失达2000多亿元。在与洪水灾害作斗争的过程中，中国政府始终把灾区人民的生命安全放在首位，动员全国人民采取一切措施，确保受灾群众有饭吃、有衣穿、有清洁的水喝、有住处、有地方看病，保证灾区学生都能上学读书，使灾区人民的生活得到了妥善安置，使他们的生命财产损失减少到最低限度。中国政府还采取切实措施，认真安排灾后重建工作，确保灾后没有出现大的疫情，保证了灾区人民安全过冬，保证了他们重建家园和恢复生活、生产工作的顺利进行。

1998年，亚洲金融危机进一步蔓延，严重损害亚洲和拉美许多国家的经济利益，使上亿人口的生存状况恶化，也对中国的经济发展产生了严重的影响。中国政府积极采取应对措施，成功地抵御了亚洲金融危机的冲击，使国民经济保持较快增长，人民生活继续得到改善。1998年，国内生产总值比上年增长7.8%；农村居民人均纯收入比上年实际增长4.3%，城镇居民人均可支配收入实际增长5.8%。与此同时，中国还在面临周边许多国家货币大幅度贬值的压力和承担重大经济损失的情况下，以对世界高度负责的精神，坚持人民币不贬值，并向有关国家提供了力所能及的援助，为维护世界经济的稳定，缓解危机对各国人民生存和发展的不良影响，作出自己的贡献，受到世界各国的普遍赞誉。

中国在普遍提高人民生活水平的同时，始终高度重视解决贫困人口的温饱问题。1998年，在政府和社会各界的共同努力下，又有800万农村贫困人口解决了温饱问题，从而使我国农村的贫困人口由1978年的2.5亿下降到目前的4200万，成为世界上贫困人口减少最快的国家。这与世界上目前还有13亿贫困人口且以每年2500万的速度增长的情况形成鲜明的对照。

随着生活水平的提高和生活环境的改善，人民的健康水平大大提高。据统计，中国的人口死亡率已由新中国成立前高达33‰下降到目前的6.5‰左右，人口预期寿命已由新中国成立前的35岁提高到目前的70.83岁，比发展中国家的平均指数高出10岁，达到中等发达国家的水平。

二、公民政治权利的保障

中国在促进人民生存权和发展权的同时，重视民主与法制建设，依法保障公民的政治权利。

在中国，一切权力属于人民，人民行使国家权力的机关是全国人民代表大会和地方各级人民代表大会。各级人民代表大会的代表及其常委会的组成人员都由民主选举产生，对人民负责，受人民监督。各级人民代表大会的代表来自各族各界，具有广泛性。1998年年初选出的九届全国人大代表共2979名，其中，工人、农民占18.9%；知识分子占21.08%；干部占33.17%；民主党派和无党派爱国人士占15.44%；解放军占9%；香港特别行政区代表占1.17%；归国华侨占1.24%。

全国人民代表大会是最高国家权力机关，决定国家大政方针，行使国家立法权。1998年，九届全国人大一次会议听取和审议了国务院、最高人民法院、最高人民检察院的工作报告，审查和批准了国民经济和社会发展计划和财政预算，选举和决定了新一届国家领导人。九届全国人大及其常委会一年多来审议通过了24件法律和有关法律问题的决定。特别是1999年3月召开的九届全国人大二次会议对现行宪法进行了修改，将"实行依法治国，建设社会主义法治国家"写进宪法，从而将"依法治国"的基本治国方略上升为宪法原则，这对于加强民主与法制建设，依法保障人权，具有重要意义。立法工作进一步民主化。去年一年，全国人大常委会先后公布土地管理法修正草案、村民委员会组织法草案、合同法草案3部法律草案，广泛听取社会各界的意见。全国人大常委会领导先后就多项法律草案的制定或修改到全国各地进行调研，听取意见和建议。

全国人大及其常委会对法律实施的监督工作明显加强。1993年至1997年，八届全国人大常委会对妇女权益保障法、劳动法等23部法律和有关法律问题的决定的实施情况进行了检查。1998年，九届全国人大常委会先后组织6个检查组，对农业法等6项法律和有关法律问题的决定的实施情况进行了检查；各专门委员会对民族区域自治法等8部法律的实施进行了检查，有效地督促了这些法律的贯彻实施。

人大代表参与行使国家权力的热情进一步提高。1998年九届全国人大一次会议期间，代表共提出议案830件，议案总数居历次全国人民代表大会之首；提出建议、批评和意见2782件，有关单位均进行了认真研究、办理，并向代表作出答复。1999年九届全国人大二次会议期间，代表共提出759件议案，其中有关立法占60%，是历届历次大会涉及立法议案最多的一次，反映了代表依法治国意识的增强。全国人大常委会还办理人民群众的来信来访，1998年共收到人民来信6万多件，接待群众来访1.1万多人次，督促有关部门处理了一批重要的案件，帮助群众解决了一些实际困难和问题。

中国共产党领导的多党合作和政治协商制度是民主政治制度的重要组成部分。政治协商会议由各民主党派、人民团体和无党派爱国人士组成，具有广泛代表性。九届全国政协委员共2196名，来自34个界别，其中非中共党员占总数的60.1%；八个民主党派委员占29.7%。各民主党派和政协组织在政治协商、民主监督和参政议政方面，发挥着日益重要的作用。1993年至1998年，中共中央就国家大政方针、国家领导人人选以及各项重大决策、法律、法规，同参加政协的各民主党派、人民团体和各族各界代表进行了62次各种形式的协商活动。据统计，目前非共产党人士在全国各省级政府中任正副局长职务的近200人，在市级政府及各省直属厅(局)中任正副处长的6000多人。1993年至1997年，全国政协就国家政治、经济、社会、文化生活方面的一些重要问题，向中共中央和国务院提出重大建议100多项。1998年，全国政协委员就国有企业下岗职工再就业、科教兴国、保护农民的土地使用权等重大问题，向中共中央和国务院提出多项建议和意见；全国政协还就少数民族地区的教育、扶贫、国有企业改革、发展环保产业等组织专题调研51项，提出专题调研报告45件。与此同时，全国政协加大提案办理力度，积极反映社情民意。全国政协九届一次会议以来，各民主党派、全国工商联和有关人民团体和各界委员共提出提案3041件，经审查立案2664件。提案已分别送中共中央和国家机关有关部门和各有关单位处理。

农村基层民主政治建设取得了令人瞩目的进展。各地农村在村民自治中实行民主选举、民主决策、民主管理和民主监督。村民委员会主任、副主任和委员由全村有选举权的村民以直接、差额、无记名投票的方式选举产生，并可视其政绩进行罢免；村内所有涉及村民利益的大事，从土地承包方案到宅基地使用，都交村民会议讨论决定；村内的日常事务，通过村民会议和村民自治章程、村规民约进行民主管理；对村委会工作、涉及村民利益的事项，村民通过村委会村务公开包括财务公开，进行民主监督。到1997年年底，全国选举产生了90多万个村民委员会，378.8万名村委会干部。目前，60%的农村已经初步确立了村民自治制度。全国农村村民委员会普遍进行了三次至四次换届选举，参选率一般在90%以上。村务公开已在全国绝大多数农村建立起来，河北、四川、云南、山西、天津等11个省市，村务公开的农村已达90%以上。1998年11月全国人大常委会通过了新修订的《村民委员会组织法》，完善了村民自治制度，为进一步推进农村基层民主建设，保证人民群众直接行使民主权利，提供了有力的法律保障。

三、人权的司法保障

1979年以来，全国人大及其常委会通过了351件法律和有关法律问题的决定，国务院制定了800多件行政法规，地方人大及其常委会制定了6000多件地方性法规，形成了比较系统的法律制度，使社会生活各领域和公民的各方面人权都基本有了法律保障。

中国依法惩治犯罪，保障公民的生命财产安全和其他各项人权不受侵犯。公安、司法机关依法严厉打击杀人、抢劫、强奸、爆炸等严重暴力犯罪以及其他刑事犯罪活动。1998年，全国法院共审结一审刑事案件48万余件，判处犯罪分子53万余人。司法机关在办理案件中既依法追究犯罪，保护受害人权利，同时又注意依法保障被告人和犯罪嫌疑人获得法律帮助、辩护、申请回避、上诉、申诉、对侵权提出控告和获得赔偿等权利。一年来，法院严格执行《国家赔偿法》，共审结国家赔偿案件1431件，依法维护了公民的合法权益。

中国重视严格执法，加强在司法各个环节中对人权的保护。为惩治司法腐败，维护司法公正和当事人的合法权益，1998年，全国法院和检察系统普遍开展了集中教育整顿活动。通过集中教育整顿，提高了各级执法人员依法办事的自觉性，纠正了一批冤案错案，严肃查处了一批执法人员违法违纪案件，同时建立健全了保证严格执法、文明办案的规章制度和监督制约机制。据统计，在集中教育整顿中，全国法院共复查各类案件456万余件，发现原判确有错误的案件1.2万件，已依法改判1.16万件；共严肃处理2512名违法违纪的法官和其他工作人员，其中追究刑事责任的221人。各级检察机关复查各类案件47.7万件，纠正超越管辖范围立案等有问题的案件3773件，给予161名错案当事人刑事赔偿，纠正729名检察机关直接受理侦查的案件犯罪嫌疑人的超期羁押问题；共立案调查违法违纪人员1641人，已查结1550人，其中追究刑事责任的116人。

1998年,各级法院全面推进公开审判,强化对审判的社会监督和舆论监督。一审案件除法律规定不公开审理的案件外,一律实行公开审判,二审案件也逐步提高了开庭率;对公开审理或者不公开审理的案件,一律公开宣判;开庭审理案件实行当庭举证、质证、认证、辩论,提高当庭宣判率;对一些有影响的重大案件进行现场直播或实况转播。目前,全国已有11个高级人民法院,58个中级人民法院对部分案件的庭审进行了电视转播,社会反映良好。1999年3月,最高人民法院公布《关于严格执行公开审判制度的若干规定》,严格规范了公开审判案件的范围,明确审判活动的全过程都要公开,并规定了落实公开审判的保障制度。

检察机关加大执法监督的力度,依法纠正诉讼活动中有法不依、执法不严、司法不公等问题。1998年,在侦查监督工作中,对超期羁押情况提出纠正意见7.1万人次,对侦查活动中的违法情况提出纠正意见9964件。在刑事审判监督工作中,对认为确有错误的刑事判决、裁定提出抗诉3791件,对审判活动中的违法情况提出纠正意见1211件次。在刑罚执行监督工作中,对有关部门办理减刑、假释、暂予监外执行、保外就医中的违法情况提出纠正意见9672件次。在民事审判、行政诉讼监督工作中,重点纠正发生法律效力但确有错误的民事、经济、行政判决、裁定,共立案审查申诉案件26158件,向人民法院提出抗诉8438件。检察机关还依法查办职务犯罪,1998年共立案侦查司法人员和行政执法人员索贿受贿、徇私舞弊等犯罪案件5811件7067人,查办国家机关工作人员非法拘禁、刑讯逼供、报复陷害等犯罪案件1467件,依法保护了公民的合法权利。

中国律师队伍不断壮大,已成为维护公民合法权益的一支重要力量。据统计,全国律师事务所已从1979年的79家发展到1998年年底的8600多家,执业律师从212人增加到10万多人。到1999年3月底,已有79家外国律师事务所(其中27家来自美国)在华和26家香港律师事务所在内地设立了办事处。1993年至1997年,中国律师共办理刑事案件200万件,民事案件121万件,经济案件150万件,非诉讼法律事务206万件,担任政府机关和企业的法律顾问25万家。

中国法律援助制度广泛实施,在完善司法机制、维护公民权利、促进司法公正方面起到了越来越重要的作用。1997年5月中国法律援助基金会和司法部法律援助中心成立,标志着中国建立和实施法律援助制度迈出了实质性的一步。目前,全国共有各级法律援助机构500多个。1998年,各级法律援助机构共承办各类法律援助案件8万多件,解答公民法律咨询100余万人次,为保障经济困难的公民平等地实现自己的合法权益作出了重大贡献。

四、公民的经济、社会、文化权利

中国重视维护公民的劳动和社会保障权利。为保护公民的就业权利,国家通过发展多种类型的职业介绍机构,提供就业服务和职业指导,开发就业岗位,开展职业培训等措施促进劳动者的就业和再就业。近20年来,随着经济的发展,共创造非农产业就业岗位2.5亿多个,农业劳动力向非农产业转移1.3亿人。到1997年年底,全国设立各类职业介绍机构3.4万多家,1997年共介绍873.7万人次实现就业。1998年城镇登记失业率为3.1%。

为解决失业人员和下岗职工的再就业问题,国家从1994年开始实施再就业工程,目前已在全国范围内推行。截至1998年年底,全国所有有下岗职工的国有企业均建立了再就业服务中心,99%的国有企业下岗职工已进入再就业服务中心,其中领取生活费的比例为93.2%。通过实施再就业工程,1997和1998两年,共帮助1042.5万国有企业下岗职工实现了再就业。

国家积极发展职业培训事业,开发劳动者的职业技能,增强劳动者的就业能力。到1997年年底,全国有技工学校4395所,在校生近193.2万人,当年毕业生69.9万人,同时培训其他各类人员137万人;就业训练中心2700所,经劳动部门批准的社会办培训机构2万多所,年培训能力约为500多万人。

国家保障劳动者取得劳动报酬的权利,职工的工资水平在经济发展的基础上逐步提高。1997年全国职工工资总额为9405.3亿元,比上年增长3.6%。全年职工平均工资为6470元,比上年增长4.2%,扣除价格因素,实际增长1.1%。1998年上半年,全国累计发放职工工资4466.9亿元,比上年同期增加187亿元,实际增长4.4%;全国职工月平均工资为513元,比上年同期实际增长6%。国家实行最低工资保障制度,目前各省、自治区、直辖市(除西藏外)都颁布实施了本地区的最低工资标准,保障了劳动者的最低工资水平。

为保障劳动者的安全和健康,国家制定了大量专项法规,建立健全各项劳动安全卫生制度,加强劳动安全卫生的监督检查工作。近年来,企业伤亡事故和职业病发病率呈下降趋势,工作环境的常规检测合格率逐年上升。1997年,全国企业职工伤亡事故起数和死亡人数,比上年同期分别下降12.5%和9.8%,重大伤亡事故起数和死亡人数分别下降15.6%和1.8%。

社会保险事业发展迅速。到1998年年底,全国已基本实行统一企业职工基本养老保险制度;绝大多数省、自治区、直辖市实行了基本养老保险省级统筹;全国参加基本养老保险的职工有8400多万人,离退休人员养老金按时足额发放的比例达到99%。到1998年年底,全国有 7932 万职工参加了失业保险。到 1997 年年底,有 396.4 万职工和 111.5 万离退休人员参加了医疗保险制度改革,1155.3 万企业职工和 266.8 万离退休人员参加了大病医疗费用社会统筹;26 个省、自治区、直辖市实行了工伤保险费用社会统筹和生育保险费用社会统筹,参加两项统筹的企业职工分别为 3507.8 万人和 2485.9 万人。

社会救济和社会福利事业稳步发展。到 1998 年底,全国已有 600 个城市和 1242 个县建立了城市居民最低生活保障制度,共有 332 万人得到国家最低生活保障救济。全国各类社会福利院床位达 106 万张,收养 80 万人。

公民的受教育权利进一步得到保障。国家加大对教育的投入,积极为公民接受教育创造条件。1997 年,全国教育经费总支出比上年增长 11.91%,其中国家财政性教育经费支出比上年增长 11.42%。国家财政性教育经费支出占国内生产总值的比例为 2.49%,比上年有所提高。中央和地方各级政府预算内教育拨款比上年增长 12.03%。1998 年,全国有 360 个县(市、区)达到基本普及九年义务教育和基本扫除青壮年文盲的要求,从而使全国实现"两基"目标的县(市、区)累计达到 2242 个,人口覆盖率由 1997 年的 65%上升到 73%。全年扫除青壮年文盲 320 万人,使青壮年文盲率下降到 5.5%。到 1997 年,全国共有小学 62.9 万所,基本实现每个孩子都能上小学;初中 6.6 万所,94%的小学毕业生可以升入初中;高中阶段教育学校 3.1 万所,50%的初中毕业生可以接受高中阶段教育;高等学校 2000 多所,年招生能力 200 多万人,高中毕业生升学率为 45%。1997 年,全国高等学校在校生总数为 608 万人,其中研究生 18 万人,分别是 1979 年的 2.2 倍和 9.6 倍。大学毛入学率提高到 9.07%,高于世界发展中国家的平均水平。据统计,中国 25 岁及 25 岁以上的人口中,受中等教育的比重为 42.5%,已接近美国等发达国家的水平。

五、妇女、儿童的合法权益

中国妇女参与国家和社会管理的程度不断提高。九届全国人大有女代表 650 人,占代表总数的 21.82%,比上届提高 0.82 个百分点。九届全国政协有女委员 341 人,占委员总数的 15.5%,比上届提高 1.54 个百分点。目前,有 4 位女性担任国家领导人,有 18 位女性正副部长。31 个省、自治区、直辖市的党政领导班子中都配备了女干部,从而使全国省级党政领导班子中的女干部数达到 43 人,比 5 年前增长 46.47%。截至 1997 年年底,全国女干部总数为 1383.8 万人,占干部总数的 34.4%,比 1995 年增长 8%。

妇女就业人数增加,就业比重上升。据国际劳工组织 1998 年对包括美国、俄罗斯、印度等国在内的全球 26 个国家就业状况的统计,中国妇女的就业率达 56%,居第一位。1997 年,女性占全部就业人员的比例为 46.5%,比 1990 年提高 1.5 个百分点;女性从业者比 1990 年增加 3600 多万人。非国有经济单位有女职工 513 万人,比 1990 年增加 5 倍多,女性所占比重由原来的 36%上升到 1997 年的 47%。即使在目前产业结构调整和企业机制转换的过程中女性职工下岗较多的情况下,女性整体就业率仍呈现上升趋势。

妇女受教育水平明显提高。据推算,1997 年,15 岁以上女性人口人均受教育水平为 6.41 年,比 1990 年提高近 1 年,快于同期男性增幅。女性成人文盲率由 1990 年的 31.93%减少到 1997 年的 23.20%。女童与男童入学率之差由 1990 年的 2.91 个百分点减少到 1997 年的 0.21 个百分点。1997 年年底,全国有女大学生 118 万多人、女研究生 5 万多人,分别占在校学生总数的 36%和 30%。中学和小学女生占学生总数的比例分别从 1978 年的 41.5%、44.9%提高到 1997 年的 45.5%和 47.6%。据 1998 年年底统计,中国科学院、中国工程院的千余名院士中,女院士 62 名,占 6%,高于世界其他国家的女院士比例。

妇女的健康状况不断改善。1998 年已有妇幼卫生机构 3207 个,床位 42002 张。各级卫生机构逐步建立健全了妇幼保健网,开展了早孕建卡、产前检查、高危管理、住院分娩、产后访视等一整套孕产妇系统保健工作,保护了妇女的生育安全。1997 年全国孕产妇住院分娩率达到 63.5%,孕产妇死亡率为 63.6/10 万,比 1990 年下降 1/3。女性平均预期寿命已由新中国成立前的 36.7 岁提高到 1997 年的 73.2 岁,比男性高出 4.5 岁,比联合国提出的到 2000 年世界妇女预期寿命 65 岁的目标高出 8 岁。

儿童权益依法受到保护。1997 年,全国有幼儿园 18.3 万所,在幼儿园(包括学前班)的儿童 2519 万人,幼儿园毛入学率达到 40%以上。小学学龄儿童入学率达到 98.9%,比 1990 年提高了 1.1 个百分点。1998 年,希望工程资助失学儿童 25.18 万名,新建希望小学 1855 所,资助灾区贫困家庭儿童 53907 名。至此,希望工程实施 9 年来,已累计接受海内外捐款 16.11 亿元,资助失学儿童 209.88 万名,援建希望小学 7111 所。为解决流动人口中适龄儿童少年就学问题,1998 年国家教委、公安部制定《流动儿童少年就学暂行办法》,要求流入地人民政府依法为流动儿童少年就学创造条件,提供就学机会,保障其接受一定年限的义务教育。1997 年,为残疾儿童办的特殊教育学校已有 1440 所,比 1990 年增加了近一倍;盲、聋、弱智儿童入学率由

6%提高到64.3%。特殊教育在校生从1978年的3.1万人增长到1997年的34.1万人;在普通学校随班就读的残疾儿童34.06万人,是1990年的近5倍。

儿童健康水平显著提高。目前,全国已有爱婴医院4730所。据统计,到1997年年底,全球2000年儿童发展的24项目标中,中国有14项已经或即将实现。婴儿死亡率和5岁以下儿童死亡率分别为33.1‰和42.3‰,婴儿死亡率比20年前的74‰下降40.9个千分点,5岁以下儿童死亡率也下降近1/3。1997年儿童腹泻死亡率为141.7/10万,比1991年下降67.8%。全国共建立康复中心(站点)达3371个,10年内已有416万残疾人得到不同程度的康复,其中9万聋儿开口说话,60万儿麻后遗症患者经矫治手术改善了功能;14万智力残疾儿童通过康复训练,增强了认知和自理能力。由国家投资兴办的城市儿童福利院91所,收养孤儿2万多名。国家通过计划免疫消灭了脊髓灰质炎。全民食盐加碘,为9000多万孕妇、2岁以内婴幼儿等特需人群补用碘油丸,减少了残疾发生。

六、少数民族的权利

中国实行各民族一律平等和对少数民族特殊保护的政策。少数民族人民不仅同汉族人民一样平等地享有宪法和法律规定的全部公民权利,而且依法享有少数民族特有的各种权利。

少数民族享有参与管理国家事务和管理本民族事务的权利。九届全国人大、政协中,55个少数民族都有代表和委员。占全国人口总数8.98%的少数民族,有全国人大代表428名,占代表总数的14.37%;全国政协委员257名,占委员总数的11.7%。各少数民族聚居的地方,实行民族区域自治。自1978年以来,中国新设立民族自治地方63个,目前全国共有5个少数民族自治区、30个自治州、120个自治县(旗)和1200多个民族乡。全国55个少数民族已有44个民族建立了自治地方,实行区域自治的民族人口占少数民族总人口的75%。民族区域自治制度赋予各少数民族人民充分的管理本地区和本民族事务的自治权利。按照《民族区域自治法》的规定,民族自治地方的人大常委会,由实行区域自治民族的公民担任主任或副主任;各自治区主席、自治州州长、自治县县长,都由实行区域自治民族的公民担任;自治地方人民政府的其他组成人员都尽量配备实行区域自治的民族和其他少数民族的人员。目前,全国少数民族干部已达250万人。1998年,藏族干部已占西藏自治区干部总数的74.9%。

国家对少数民族地区的经济和社会发展实行扶助政策,提供资金、技术、人才等方面的支援,促进了少数民族地区的经济发展和社会进步,提高了少数民族群众的生活水平。据统计,1997年,少数民族地区国内生产总值已由1978年的324亿元增加到7087亿元,增长21倍,年均递增10.9%,比全国平均增长幅度高1.1个百分点;人均国内生产总值从247元增加到4053元,增长15倍。少数民族地区农民人均纯收入由1978年的120元提高到1997年的1482元,增长11倍多;城镇居民可支配收入由375元提高到4818元,提高近12倍。

近年来,中央政府给西藏的财政定额补贴每年都达12亿元以上。从50年代到1997年,中央政府共向西藏投入400多亿元,并调动了大量物资进藏。继1984年全国9省市援建43个工程项目之后,1994年中央政府和全国各地又无偿援建62项工程,总投资达40亿元,现已有60项竣工。这些援助和支持极大地推动了西藏经济的发展和人民生活水平的改善。据统计,近五年来,西藏经济以12.9%的平均速度增长,并已连续两年超过全国平均水平。到1998年,全区农牧民人均收入达到1150元,城镇居民人均生活费收入首次超过全国平均水平达到5130元。城镇人均居住面积达14平方米,比全国平均水平高出近5平方米,农村人均居住面积达20平方米以上,与全国平均水平基本持平。全区总人口由民主改革前的100多万增长到1998年的240多万,人均期望寿命提高了30岁。

少数民族的教育文化权利受到保障。1997年,少数民族专任教师已由1978年的43.3万人增加到83.32万人;各级各类学校少数民族在校学生由1024.8万人增加到2900多万人。普通高校、中学和小学中的少数民族学生占学生总数的比例分别为6.8%、6.7%、8.9%。内蒙古等8个主要的少数民族聚居的省(区)小学适龄儿童入学率达到97.6%。55个少数民族都培养了自己的大学生,其中10多个少数民族每万人拥有大学生数超过了全国平均水平。旧西藏没有一所现代意义的学校,文盲率高达97%,到1998年全区已建立起各级各类学校4365所,文盲率下降了47个百分点。新疆维吾尔自治区青壮年非文盲率为96%以上,高于全国平均水平两个百分点。

中国重视保护少数民族的传统文化和宗教信仰自由。在中国,各少数民族依法享有使用和发展自己的语言和文字的自由,有保持或改革自己的风俗习惯的自由,有宗教信仰的自由。据统计,全国有1万多所各类学校进行汉语和少数民族语言的“双语教学”,涉及少数民族语言60多种。在西藏,中小学实行双语教学,大中专学校设立藏文系或藏文班。藏民族的优秀传统文化得到继承和发展。目前,全国从事藏学研究的机构有50多个,研究人员达数千人;藏族民间文化艺术遗产得到大规模的、有系统的普查、收集、整理和出版。大批藏文古代经典得到整理和保护,西藏人民出版社重点整理出版了一批古典名著,包括佛经、藏医藏历和历史典籍、人物传记、民族民间文艺书籍等。仅西藏图书馆就收集、整理和保护藏文古籍 10 万多册。《格萨尔王传》是民间流传的英雄史诗,自治区设立专门机构进行抢救整理,现已整理出 5000 多万字,出版研究专著 30 多部。西藏大批珍贵文物得到保护,继布达拉宫维修工程之后,西藏自治区政府又投资 2600 万元,于 1997 年 10 月完成对甘丹寺的全面维修。

少数民族地区医疗卫生条件明显改善。西藏已初步建成遍布城乡的医疗卫生网络,截至 1997 年年末,已有卫生机构 1324 个,医院床位 6246 张,平均每千人拥有床位超过 2.5 张;专业技术人员 10929 人,平均每千人拥有医生 1.84 人。宁夏回族自治区有卫生机构 476 个,每千人拥有医生数 5.15 个,人均卫生事业费为 19.51 元,分别比 1957 年增长 51.59%、213.41%和 2923.14%;贫困山区缺医少药的状况得到彻底改变。

七、人权领域的对外交流与合作

中国一贯尊重国际社会关于人权普遍性的原则,积极参与国际人权领域的活动,主张在平等与相互尊重的基础上与国际社会就人权问题开展对话与合作。

1998 年是联合国《世界人权宣言》(以下简称《宣言》)发表 50 周年。江泽民主席于 1998 年 1 月致函联合国秘书长安南,表示中国政府完全支持国际社会纪念这一纲领性文件,回顾和总结人权领域的工作,展望和规划未来。12 月 10 日,江泽民主席致函祝贺中国人权研究会召开"《世界人权宣言》发表 50 周年纪念会",高度评价《宣言》的地位和作用,强调中国愿与国际社会一道为缔造一个公正合理、和平繁荣的世界作出自己的贡献。10 月,中国以"面向二十一世纪的世界人权"为主题,召开第一次国际研讨会,邀请世界五大洲 26 个国家的近百名专家学者与会,共同总结《宣言》发表 50 周年来国际人权的实践经验,研究当前国际人权领域面临的机遇与挑战,探讨世界人权跨世纪发展的前景。中国国务院副总理钱其琛出席会议,并发表讲话,阐明中国政府对促进世界人权的原则立场。作为纪念《宣言》发表 50 周年活动的一部分,中国学术界还举办了其他一系列研讨会,并于 12 月在中央人民广播电台开办了系列人权专题节目,开展人权知识的普及教育。

中国政府历来重视国际人权公约在促进人权方面的积极作用,迄今已加入 17 个国际人权公约,并采取多种措施认真履行公约义务。在此基础上,中国政府分别于 1997 年 10 月和 1998 年 10 月签署了《经济、社会、文化权利国际公约》和《公民权利和政治权利国际公约》。现中国正在按照宪法和法律的规定对公约进行审议。根据《中英联合声明》和《香港特别行政区基本法》的有关规定,上述人权两公约适用于香港的有关规定继续有效,并将通过香港特别行政区的法律予以实施。1997 年 11 月,中国政府决定为香港特别行政区向联合国转交《经济、社会、文化权利国际公约》和《公民权利和政治权利国际公约》的执行情况报告,以使有关公约机构和国际社会更好地了解香港的人权状况。

中国积极与联合国开展人权领域的合作。1998 年 9 月,中国政府邀请联合国人权事务高级专员罗宾逊夫人来华访问,双方就人权问题进行了广泛的交流,并且签署了《技术合作项目的合作意向备忘录》。1999 年,又邀请联合国人权事务高级专员办公室专家团访华,该专家团与中国政府有关部门、非政府组织和有关地方政府部门就人权领域的咨询服务和技术合作问题进行了友好的交流和广泛的讨论。近年来,中国政府还先后邀请联合国宗教不容忍问题报告员、联合国任意拘留问题工作组访华。最近,中国政府还准备邀请联合国酷刑问题报告员访华。

中国在人权问题上一贯主张对话,反对对抗。多年来,中国与世界许多国家就人权问题开展了对话和合作。中国领导人在与外国国家元首、政府首脑和有关人士会晤时,就人权问题进行了广泛的讨论。1997 年,江泽民主席成功地对美国进行访问,双方在签署的《中美联合声明》中,决定共同致力于建立中美建设性战略伙伴关系。双方承认在人权问题上存在重大分歧,但同意本着平等与相互尊重的精神,通过政府和非政府的对话开展讨论。1998 年克林顿总统访华时,与江泽民主席就人权问题进行了坦率的对话,双方再次重申上述共识。去年欧盟与美国先后作出放弃在联合国 54 届人权会搞反华提案的决定,推动了中国与有关国家的对话与合作。此后,中国与英国、法国、澳大利亚、加拿大、挪威、瑞典、巴西、日本、美国、欧盟等许多国家和组织就人权问题举行了政府和非政府间的对话,举办了一系列双边或多边研讨会,开展了广泛的交流与合作,增进了彼此的了解,取得了积极的成果。

与世界上其他国家一样,中国在人权领域也还存在着不少有待解决的问题。中国政府愿意借鉴世界各国在促进人权方面的有益经验,一如既往地致力于促进中国人权事业的发展,同时,积极参与国际对话与合作,推动国际人权事业的健康发展。

全国纪检监察法规工作会议在北京召开

会议 4 月 14 日到 16 日在北京举行,中央纪委书记尉健行出席并讲话,中纪委副书记夏赞忠作了报告。

中央纪委、监察部始终把纪检监察法规工作作为一项事关全局的基础性工作来抓。1992 年以来,全国纪检监察系统共起草、制定各类法规两千四百多项,党的纪检和行政监察法规体系正在逐步形成。近年来纪检监察法规工作主要反映在这样几个方面:制定了领导干部廉洁从政的行为规范,推动了领导干部廉洁自律工作的深入开展;制定了行政监察、民主监督和组织保障方面的法律、法规,使这些方面的工作进一步有法可依;制定了关于党内违纪行为的处理原则和定性量纪标准,把党的纪律处分工作初步纳入制度化、规范化的轨道;制定了一些程序性规定,为纪检监察机关正确履行职责提供了程序制度上的保证;各地区各部门结合实际,制定了一系列地方和部门性法规制度。

夏赞忠指出,根据党风廉政建设和反腐败斗争以及纪检监察工作的需要,要抓紧起草基础性法规。今年,为维护行政纪律,尽快解决行政处分工作缺乏完整统一的定性量纪标准的问题,将把起草《国家公务员行政处分条例》作为重点工作抓紧进行。同时,将着手起草行政监察法实施条例、《中国共产党纪律检查工作条例》、《关于对共产党员违反财政金融法律、法规行为党纪处分的补充规定》等,还要着手研究起草关于加强党内监督的重要法规。

美国总统克林顿与正在纽约进行访问的国务院总理朱镕基通电话

在通话中,他们一致认为,双方应进行紧张的谈判来解决中美关于中国加入世贸组织会谈中的余留题。他们同意双方将于本月底以前在北京继续进行谈判。

全国政协主席李瑞环在河北考察工作

4 月 14 日至 18 日,李瑞环在河北省委书记叶连松、省长钮茂生、省政协主席吕传赞的陪同下,先后到石家庄、保定等地城乡进行考察。在石家庄棉纺四厂、天同集团公司、高新技术开发区和中国乐凯集团,他详细了解生产经营管理情况,同企业负责人深入探讨国有企业如何深化改革、提高经济效益的有效办法。在石家庄三鹿集团、保定龙飞集团,他勉励民营企业家按照党的十五大精神,不断壮大自己,更好奉献社会。在石家庄市郊区北焦村、定州市辛兴村,他看望了农民家庭,仔细询问农业生产和农民生活情况,就如何增加农民收入问题同当地干部群众交换意见。在石家庄市,他视察民心河等市政建设工程,对城市建设肯定成绩,提出希望。

李瑞环在听取河北省委、省政府的工作报告后作重要讲话。他对近年来河北各项工作所取得的成绩给予了高度评价。他说,河北基础好,优势多,劲头足,广大干部群众要再接再厉,团结奋斗,在加快本地发展中争取取得新的更大的成绩。

在谈到搞好"三讲"教育时,李瑞环说,首先必须肯定,我们的领导干部队伍总体上是好的,赢得了广大群众拥护。

如果不这样看,就无法解释改革开放 20 年来取得的巨大成就,群众也就会丧失克服困难、继续前进的信心。与此同时,也必须清醒地看到,我们的干部在思想、作风等方面确实存在一些问题,有的问题还相当严重。中央决定以整风的精神在县级以上领导干部、领导班子中深入开展"三讲"教育,是完全正确、十分必要的。希望各级党委高度重视,切实按照中央的部署,有计划、有步骤地做好这项工作。李瑞环说,批评与自我批评是我们党的优良传统,是党内监督的有效形式,也是搞好"三讲"教育的重要环节。没有批评与自我批评,党的生命也就停止了。我们要开展严肃认真的批评与自我批评,特别是要主动搞好自我批评。批评的目的是促进自我批评。我们要多拿镜子照自己,敢于自揭己短。批评与自我批评,必须按照"惩前毖后,治病救人"的精神和"团结—批评—团结"的公式解决问题,坚持与人为善,共同进步。李瑞环说,1942 年的延安整风,使全党达到了空前的团结和统一,为我们夺取全国胜利奠定了坚实的思想基础。今天的"三讲"教育,面临着新的形势和任务,其目的就是要通过这一活动,努力促进领导干部素质的提高,促进领导班子的建设,促进各项事业的发展。

在谈到维护社会稳定时,李瑞环说,今年是我国历史进程中非常重要的一年,维护稳定具有特殊的意义。对各级领导干部来讲,需要特别强调三个问题。一是要妥善处理改革、发展与稳定的关系。在研究实施改革措施时,要始终坚持群众总体受益原则和总体承受能力原则,审慎地把握好改革的力度、发展的速度和社会承受的程度,切实保证大多数人能够受益,少数利益受到影响的人生活过得去。二是要耐心做好群众工作。现在一些群众生活确有困难,对我们的工作也确有一些意见。各级领导干部要继承和发扬党的优良传统,密切联系群众,认真听取群众的意见,帮助他们解决各种实际问题。当前特别是要狠抓落实,使下岗职工的基本生活费、城市贫困居民的最低生活费以及特困职工的救助金、离退休职工的养老金有着落。河北省委提出带着感情做群众工作,很有针对性,要很好地坚持下去。三是要坚决依照法律处置群体性事件。依法治国是十五大确定的治国方略,在维护社会稳定中必须贯彻这一指导思想。不管什么人,在法律面前都一律平等;不管什么行为,违法都不行。我们必须高举维护法律尊严的旗帜,以法律为武器,严惩极少数违法分子,确保正常的社会秩序。

在河北考察期间,李瑞环还看望河北省政协和民主党派、工商联的负责人。

中国人民银行发布《经济适用住房开发贷款管理暂行规定》

全国加强国有企业领导班子建设座谈会在北京闭幕

国务院副总理吴邦国在全国加强国有企业领导班子建设座谈会上发表讲话

实现党对国有企业的政治领导，推进国有企业的改革和发展，必须建设思想政治素质好，经营管理能力强，掌握现代经济、金融、科技和管理知识、遵纪守法、廉洁自律的高素质的企业领导班子和经营管理者队伍，尤其是要选好企业的主要领导人。邯钢的经验很能说明这个问题。邯钢的钢铁产量在全国各大钢铁企业居中等，利润却连续几年保持全国第二；同时，他们还派出得力干部帮助一些困难企业，效果很明显。可见，加强国有企业领导班子和经营管理者队伍建设，是搞好国有企业的关键。江泽民、李鹏、朱镕基同志对这个问题都做过很多重要阐述，我们要认真学习。这里，我再强调四点：

第一，要充分认识加强国有企业领导班子和经营管理者队伍建设的重要性和紧迫性。目前，国有企业领导班子和经营管理者队伍总的状况是好的。绝大多数企业领导班子团结协作，开拓进取，顽强拼搏，涌现出一批在国际国内市场上享有良好信誉、具有很强实力的优势企业。许多企业领导人员面对种种困难和压力，锐意改革，艰苦奋斗，忘我工作，赢得了广大职工的拥护和信任，为国有企业的改革、发展和社会主义现代化建设作出了重要贡献。在近几年国有企业遇到许多困难的情况下，如果企业领导人员没有一定的思想政治觉悟和事业心，就不会有今天的发展局面。对此，一定要充分肯定。

邓小平同志多次强调，政治路线的实现要靠组织路线来保证。他在一九九二年视察南方的谈话中指出："中国的事情能不能办好，社会主义和改革开放能不能坚持，经济能不能快一点发展起来，国家能不能长治久安，从一定意义上说，关键在人。""要按照'革命化、年轻化、知识化、专业化'的标准，选拔德才兼备的人进班子。我们说党的基本路线要管一百年，要长治久安，就要靠这一条。真正关系到大局的是这个事。"搞好国有企业，同样是这个道理。大量事实说明，一个好的领导班子可以使一个亏损企业变成赢利大户，一个不好的领导班子可以把一个优秀企业搞垮。搞好一个企业，光靠一个人无论如何是不行的；搞垮一个企业，一个人就足够了。这次座谈会上介绍的先进事迹说明，搞好国有企业要抓的工作千头万绪，但关键是要抓好企业领导班子和经营管理者队伍建设。加强企业领导班子建设，建设一支高素质的经营管理者队伍，是建立现代企业制度的要求，也是搞好国有企业的重要组织保证。

当前，加强国有企业领导班子和经营管理者队伍建设的任务十分紧迫。今年是实现国有大中型企业改革和脱困两大目标的第二年。九届全国人大二次会议通过的《政府工作报告》，明确了今年国有企业改革的主要任务。现在，国有企业改革和发展进入了关键时期和攻坚阶段，形势逼人。在这种情况下，加强企业领导班子建设，造就一支高素质的经营管理者队伍，就显得更加重要，更加紧迫。各级党委、政府和企业主管部门，一定要从改革开放和社会主义现代化建设的大局出发，进一步认识加强企业领导班子和经营管理者队伍建设的重要性、必要性和紧迫性，把这项工作作为一件大事抓紧抓好，抓出成效。

第二，努力提高国有企业领导班子和经营管理者队伍的政治业务素质。国有企业经营管理者队伍是我们党的干部队伍的重要组成部分。加强国有企业领导班子建设必须把思想政治建设放在首位。为什么这么讲？这是因为，对国有企业的改革和发展没有信心，不坚信国有企业与市场经济能够结合，就谈不上搞好国有企业。精神状态不振奋，怎么能去面对困难？没有事业心和责任感，又怎么能带领群众去克服困难？现在，西方发达国家也要求企业经营者有社会责任感，有精神凝聚力，也不只是靠物质刺激。提高国有企业领导人员的思想政治素质，主要体现在：认真贯彻执行党的路线方针政策和国家的法律法规；坚持企业改革的社会主义方向，具有强烈的事业心和责任感；从党和人民的根本利益出发，处理好国家、企业和个人三者利益的关系；廉洁自律、勇于奉献，全心全意依靠职工把企业办好。领导人应时刻想到自己的历史责任。目无法纪，损害国家利益，侵吞国有资产，是犯罪行为；为了个人或小集团利益，"打擦边球"、"绕着红灯走"，是违背党性原则的。党和国家把这么多国有资产交给我们经营，是对我们莫大的信任。我们应该事事处处把这种信任转化成做好工作的动力和责任，尽心尽力，保证国有资产的安全和增值，有损于国家利益的事情绝对不能做。这是对国有企业经营管理者思想政治素质的基本要求。

国有企业的领导人不仅要有较高的思想政治素质，而且要有较高的业务素质和经营管理能力。对那些经营状况长期不能好转的企业，必须调整领导班子。有些同志思想政治素质不错，工作也很辛苦，为什么还要调整职务呢？因为他们打不开局面，调整了之后换个思路，可能有新的变化。党的十四大以来，建立社会主义市场经济体制的进展加快，世界经济全球化的趋势日益明显，国内国外市场竞争非常激烈。对于许多国有企业来说，现在供求关系变了，市场规则变了，竞争对手也多了。国有企业不仅要与个体的、私营人企业竞争，还要与三资企业和跨国公司竞争。国有企业生存和发展的内外环境发生如此大的变化，相应地对企业经营管理者的素质提出了更高的要求。企业经营管理者只有尽快全面提高自身素质，才能适应这种变化。目前，在国有企业经营管理者队伍中，懂生产的多，熟悉市场的少；懂技术的多，熟悉管理的少，熟悉资本运营的更少。许多同志比较熟悉计划经济、卖方市场和国内市场的环境，对市场经济、买方市场和国际市场条件下的企业运作则很不熟悉，有的甚至感到束手无策。我们作过调查，许多企业亏损的原因主要有两个：一是决策失误，大都是由于对本行业的产品、技术和市场现状及未来发展趋势缺乏研究；二是一些企业领导人对财务管理不熟悉，对企业的账目不清楚。从根本上说，这两方面原因都与决策者的知识不平和业务素质有直接关系。因此，必须努力学习，主动地去适应变化，否则就有被淘汰的危险。江泽民同志多次强调，要学习学习再学习。国有企业的领导班子和经营管理者一定要按照江泽民同志的要求，把学习当作一项重要任务，不仅要学生产，也要学经营，学销售；不仅要学技术，也要学管理，学现代经营管理所需的各种知识；不仅自己要学习，还要带领全体职工学习，在企业中形成一种浓厚的学习风气。这样，才能提高驾驭市场经济的能力，提高管理水平，在市场竞争中立于不败之地。如果我们有一支宏大的高素质的经营管理者队伍，国有企业的改革和发展就大有希望。

第三，要建立健全对国有企业经营管理者的约束和激励机制。加强对国有企业监督，是国有企业健康发展的重要保证。目前，对国有企业监督不力的问题比较突出，导致国有资产大量流失，有些问题触目惊心。一九九八年，通过稽察特派员的稽察，发现一些企业的问题相当严重。如有一户企业先后查了三次，前后相差十几亿美元，到底亏损多少，企业自己也不知道。有户企业自己查了三个月，连子公司、孙公司究竟有多少都搞不清。出现这种情况，主要原因是监督约束机制不完善。因此，建立和完善有效的监督约束机制是一项重要任务。

随着改革的深入，国家直接管理国有企业的职能逐步减少，但是作为所有者的监督职能要切实加强。国家作为国有企业的所有者，为保证国有资产的安全，保证所有者的权益，对国有企业实行有效的监督，这是天经地义的事情。要从体制上、机制上加强对国有企业的监督。一九九八年国务院实行向国有重点企业派稽察特派员制度，这是建立和完善国家作为所有者对国有企业监督机制的重要探索。从这项制度初步运行的情况看，效果是好的。稽察特派员制度，主要是强化外部监督。外部监督很重要，内部监督更不可缺少。按照《中华人民共和国公司法》的要求建立法人治理结构，实质上是强化企业的内部监督，这要逐步完善。在企业内部，还要加强企业党组织的监督和职工民主监督。党组织和职工的监督有自身特点，包括事前、事中和事后监督，是企业自我约束的重要组成部分，是其他监督方式不能替代的。监督就是帮助，可以帮助企业领导人减少决策失误。监督就是爱护，可以使企业领导人头脑清醒，不栽大跟头。要把企业的外部监督和内部监督结合起来，更好地发挥作用。

在完善国有企业监督机制的同时，要重视调动国有企业经营管理者的积极性，完善激励机制。要制定必要的政策，在收入、荣誉以及相关的社会地位方面，充分肯定和体现国有企业经营管理者的劳动价值和贡献。要把国有企业经营管理者的收入和经营业绩挂钩，那些为企业发展作出重大贡献的经营管理者应当得到更多的奖励。各地近年来在激励手段方面进行了不少探索，要总结经验，不断完善，逐步制度化、规范化。

第四，要紧紧依靠党组织和职工群众办好企业。国有企业党组织是企业的政治核心。充分发挥企业党组织的政治核心作用和党员的先锋模范作用，调动广大职工的积极性和创造性，是国有企业的政治优势和力量源泉。把市场机制、先进的技术和管理与党的政治优势有机地结合起来，我们的国有企业就一定能够搞好。《中华人民共和国全民所有制工业会企业法》、《中华人民共和国公司法》无疑要坚决贯彻执行，经营管理者依法行使职权必须予以保障，但不能片面理解厂长（经理）所拥有的权力。我们必须认识到，企业重大问题的决策，事关企业兴衰。发挥集体的智慧，实行民主、科学的决策，是防止和避免决策失误的最有效方法。在重大问题上搞个人说了算，把什么权力都揽到自己手上，既不尊重党委的意见，也不听其他同志的意见，这是对厂长（经理）负责制的片面理解和歪曲。搞独断专行、个人权力至上，最终都不会有好结果。企业的党员干部，要不断增强党的观念，自觉接受党组织的监督。当然，企业党组织也要大力支持厂长（经理）、股东会、董事会、监事会依法行使职权，切实发挥保证监督作用。企业党的工作要紧紧围绕企业改革和生产经营这个中心来进行。党组织负责人要不断提高参与决策的能力和水平。许多国有企业从实际出发制定了重大问题决策的程序和制度，要坚持并不断完善。

吴邦国提出，要充分尊重职工的民主权利，真正使职工当家做主，在国有企业的改革和发展中发挥好主人翁作用。当前，国有企业的改革和发展正处在关键时期，充分发挥包括工人、经营管理者和专业技术人员在内的全体职工的积极性，尤其重要。一个人的本事再大，决策再正确，如果得不到职工的理解和支持，企业改革和发展的任务也是不可能完成的。特别是困难企业，企业领导者必须把企业的实情向职工讲清楚，团结带领职工奋力拼搏，战胜困难。坚持和完善以职工代表大会为基本形式的企业民主管理制度，实行企业民主评议企业领导人和厂务公开。这既是对职工权利的维护，也是贯彻全心全意依靠工人阶级方针的具体体现。这样做的好处很多，一定要认真总结、推广这方面的经验，并长期坚持下去。

当前，不少企业思想政治工作非常薄弱，有许多职工十分关心的热点、难点问题没有得到很好解决。这值得我们高度重视。加强思想政治工作是我们党的优良传统。在新的历史条件下，这个好传统不能丢。企业越是困难，越要发挥党组织和党员的作用，越要加强思想政治工作。要帮助广大职工认清当前部分国有企业生产经营困难、富余人员过多的原因是多方面的，应正确对待。要明确认识企业实行下岗分流、减员增效是振兴国有企业的重要举措，有利于整个国有经济的发展，符合工人阶级的长远利益。要帮助职工群众树立与社会主义市场经济相适应的择业、就业观念。同时，要把做好职工的思想政治工作同解决实际问题结合起来，关心职工生活，倾听职工呼声，帮助职工解决生产和生活中的困难，把党中央、国务院对国有企业下岗职工的关心落到实处，以保证国有企业改革和脱困目标的顺利完成。

国务院总理朱镕基在美国麻省理工学院发表以中美关系为主题的演讲

朱镕基说，中美贸易逆差问题是美国各界人士都非常关心的问题。对此，他想说明这样几个观点。

第一，中美贸易逆差的数字被大大夸大了。首先根据美方统计，1998 年美方逆差是 569 亿美元，而中方的统计是 211 亿美元，两者差距很大。美国斯坦福大学教授刘遵义作了深入的研究，认为这两个数字都不准确，原因是这些数字在计算进口时包括了运费和保险费，而在计算出口时都没有包括；其次，没有考虑到中美贸易很大一部分是从香港转口的，而在香港的附加值很高；此外，也没有考虑走私的因素。据此，这位教授估计，中美贸易逆差大约是 365 亿美元。如果再考虑到美国对中国大量增加的服务性贸易出口，美国对华贸易逆差约为 350 亿美元。

朱镕基说，他不去评论这一数字是否准确，但至少应该说这位教授是做了大量研究的，有大量的数据作为依据。不要把中美贸易逆差问题看得太严重，去年美国全年的贸易逆差只有 1690 亿美元，加上其他方面的逆差，总额不超过 2000 亿美元，仅占美国国民生产总值的 2%，这一比例在其他国家是很平常的。多年来，加拿大的贸易逆差都超过其国民生产总值的 2%。由此可见，对美国来说，目前的贸易逆差问题并不是一个严重的问题。

第二，中国对美国的出口绝大部分是劳动密集型、低附加值消费品，或者是资源性消费品。这些产品美国早在 15 年前就停产了。

因此，这种出口与美国的产业并没有竞争，而是有利于美国的经济调整，有利于美国发展高科技产业的。如果美国停止从中国进口这些产品，而改从别的国家进口，美国每年就要为此多付出 200 亿美元。这个数字是根据世界银行报告所提供的数据推算出来的。

第三，中国对美国的出口 70%以上是加工贸易，即包括美国企业在内的外国投资企业在中国开办工厂，加工和装配从外国进口的原材料和零部件，然后再将成品出口到美国。这些原材料和零部件主要来自日本、韩国、新加坡、台湾和香港等国家和地区。出口产品在中国加工的增值微乎其微。实际上，中国对美国的出口就是那些国家和地区对美出口的一种转移。美国原来是从那些国家和地区进口消费品，现在因为那些国家和地区的劳动力成本很高，不能再生产了。它们把原材料、零部件转移到中国来加工、装配，然后向美国出口。所以，虽然现在美国对中国的贸易逆差增加了，但其总体贸易逆差并没有增加。

朱镕基说，他讲这三个观点，旨在说明中美贸易逆差并不是单纯有利于中国，也十分有利于美国。当然，中国将尽其所能地改善中美贸易逆差。在华盛顿期间，他和戈尔副总统共同主持了中美环境与发展讨论会第二次会议开幕式。他在会上讲，中国在实践中深刻认识到可持续发展战略的重要性，认识到发展与环境保护、生态工程必须予以同等重视。现在中国对能源、环保等基础设施的投入是史无前例的。如果中美两国在这些方面进行合作，美国愿意开放出口，转让技术，那么几年内必然改善中美两国贸易的平衡。但这不完全取决于中国，关键是美国方面要真正做到它所倡导的“自由贸易”。现在，美国对中国的出口限制太严了。卫星出口不批准，中国气象局需要的计算机美国也不出口，这样中美贸易如何平衡呢？他提醒大家，去年美国出口到中国的机电产品只有 89 亿美元，而日本出口到中国的机电产品是 151 亿美元，欧盟出口到中国的是 148 亿美元。美国只要求向中国出口小麦、柑橘，但是，中国人民靠吃小麦、柑橘就能活下去吗？

可以活下去，但是中国人民要活得更好。因此，他认为，关键是要认识到中美关系的战略重要性，有些问题才能真正得到解决。

朱镕基说，中国不是美国的潜在对手，更不是美国的敌人，而是值得信赖的合作伙伴。中国不可能威胁美国，也不会威胁美国。中国的人均国民生产总值比美国差几十倍，即使过30年、40年、50年，中国和美国相比还会有很大差距。中国会是美国最大的潜在市场。中国是你们的伙伴，而不是你们的对手。

外交部部长唐家璇就国务院总理朱镕基访问美国的意义和成果在波士顿接受记者采访

唐家璇说，应美国总统克林顿的邀请，朱镕基总理于4月6日至14日对美国进行了正式访问。这是中国总理15年来首次访美，是江泽民主席和克林顿总统成功地相互进行国事访问后，中美关系中的又一件大事。

唐家璇说，由于众所周知的原因，一个时期以来，中美关系中出现了不少困难。中国政府从两国关系的大局和两国人民的根本利益出发，决定朱总理如期访美，这充分体现了中方对中美关系的高度重视和致力于改善和发展两国关系的诚意。

唐家璇说，克林顿总统和美国政府十分重视朱总理的来访，给予了热情、隆重的接待。美国人民热烈欢迎朱总理的到来。朱总理与克林顿总统等美国领导人在华盛顿举行了正式会谈和会见，还访问了洛杉矶、丹佛、芝加哥、纽约和波士顿，与美各界人士广泛接触和交流。访问达到了预期目的，取得了积极成果，获得了圆满成功。

一、此次访问对维护和促进中美关系发挥了重大作用，有力地推动了两国关系朝着建立建设性战略伙伴关系的目标前进。在友好、坦诚的气氛中，朱总理和克林顿总统等美国领导人就中美关系和共同关心的重大国际和地区问题深入地交换了意见。双方一致认为，虽然中美之间存在一些分歧，但作为联合国安理会常任理事国，两国在事关世界和平与发展的重大问题上都负有重要的责任。发展中美关系不仅符合中美两国和两国人民的根本利益，而且有利于亚太地区乃至世界的和平、稳定与发展。双方表示应按照两国元首确定的中美关系的发展方向和框架，在中美三个联合公报和《中美联合声明》的基础上共同努力，坚定不移地继续推进两国关系，把一个持续、稳定、健康发展的中美关系带入21世纪。

中方强调台湾问题始终是中美关系中最重要、最敏感的核心问题。美方重申将继续坚持“一个中国”的政策，遵守中美三个联合公报和“三不”承诺。

二、加深了中美两国人民的相互了解和友谊。朱总理这次访美期间，从西到东，从南到北，通过会见、演讲、接受采访、和群众直接接触等多种形式，同美国国会两党议员、州市官员、工商、科技、教育、农业和新闻媒体等各界人士广泛交换意见，并与美国人民进行了直接接触。

朱总理全面介绍中国改革开放、经济发展的形势，表达中国人民热爱和平、谋求发展的愿望，强调中美之间存在共同利益，呼吁两国人民增进相互了解，扩大互利合作。针对美国国内最近出现的反华逆流和美国内一些人在人权、美中贸易逆差等问题上对中国的误解和偏见，朱总理坚持原则，列举实例，澄清事实，以理服人。朱总理还阐明我对重大国际问题的立场，强调指出，在国际关系中必须坚持相互尊重主权和领土完整、互不干涉内政的原则。朱总理高屋建瓴、坚定自信、坦率诚恳、平易近人，展现了中国领导人的风采和才干，受到美国人民的热情称赞。各界人士纷纷表示，朱总理来得及时，讲得入理。美国内支持发展中美关系的声音明显增强，美国和世界舆论对朱总理此次访问普遍予以积极评价。

三、双方就中国加入世界贸易组织的谈判取得重大进展。朱总理和克林顿总统就中国加入世贸组织问题发表联合声明，美国政府明确承诺坚定地支持中国于1999年加入世贸组织。双方一致认为，中国早日加入世贸组织符合中美双方的利益，也有利于世界贸易的发展。双方同意在4月底前在北京继续谈判，以解决中美关于中国加入世贸组织会谈中的余留问题。美公众高度赞扬中方采取积极、合理的立场，强烈呼吁美政府应尽快与中方达成协议。

四、推动中美在各领域的互利合作取得新的发展。中美两国在经贸、环保、教育等广泛领域的合作潜力巨大。访问期间，朱总理和戈尔副总统共同主持了中美环境与发展讨论会第二次会议开幕式，双方签署了一系列环保与能源合作项目意向书。双方还签署了《中美农业合作协议》、《中华人民共和国政府和美利坚合众国政府民用航空运输协定》、《中美海关合作协定》等政府间协议。双方还根据各自的实际需要签订了若干经济合作协议和商业合同。双方一致同意要从各个领域加强合作，造福于两国人民。

唐外长最后说，朱总理带着中国人民对美国人民的友好情谊来到美国进行正式访问。在访问中，我们处处感受到美国人民对中国人民的友好情谊和他们支持改善和发展中美关系的强烈愿望。中国是最大的发展中国家，美国是最大的发达国家，两国之间存在着重要的共同利益。虽然中美关系的发展时而出现困难和曲折，但中美友好合作是人心所向，是不可逆转的历史潮流。值此世纪之交，中方愿意与美方共同努力，增进了解，扩大共识，排除干扰，求同存异，发展合作，推动中美关系继续向前发展。

中国杰出(优秀)青年外事工作者评选活动揭晓

由共青团中央、中联部、外交部、外经贸部、对外友协和全国青联共同主办的首届“中国杰出(优秀)青年外事工作者”评选活动日前在京揭晓，分别评选出10名“中国杰出青年外事工作者”和50名“中国优秀青年外事工作者”。

国家副主席胡锦涛在人民大会堂会见越共中央政治局委员越南人民军总政治局主任范清银中将率领的越南人民军总政治局领导干部代表团

中外艺术歌曲音乐会在北京世纪剧院举行

4 月 15 日

中共中央《关于进一步加强政法干部队伍建设的决定》

高举邓小平理论伟大旗帜，把建设有中国特色社会主义事业全面推向二十一世纪，实现国民经济持续、快速、健康发展和社会全面进步，要有一个稳定的社会政治环境。我国的政法干部队伍肩负着打击敌人，惩治犯罪，保护人民，服务改革开放和现代化建设的重要使命，是维护国家安全和社会政治稳定的专门力量。保证国家的长治久安，实行依法治国，建设社会主义法治国家，必须建设一支高素质的政法干部队伍。

一、今后一个时期政法干部队伍建设的目标和任务

党和国家历来十分重视政法干部队伍建设。近年来，各级党委、政府和政法各部门，在加强政法干部队伍建设方面做了大量工作，取得了很大成绩。广大政法干警在打击敌人，惩治犯罪，保护人民，维护国家安全和社会政治稳定，保障改革开放和经济建设健康发展的过程中，辛勤工作，英勇奋斗，作出了重要贡献，涌现出许多忠于职守、严格执法、敬业爱民、廉洁奉公的先进人物，有的甚至流血牺牲，为国家和人民的利益献出了宝贵的生命。政法干部队伍的本质和主流是好的，是一支忠于党和人民、忠于祖国、完全可以信赖的队伍。同时，也应该看到，在发展社会主义市场经济的过程中，政法干部队伍处在与境内外敌对势力和各种违法犯罪分子作斗争的第一线，工作任务十分繁重，执法环境异常复杂，面临的考验极其严峻，而政法干部队伍的整体素质与新形势、新任务的要求相比，仍有不相适应的地方，近年来政法干部队伍中暴露出不少问题，有的还相当严重。极少数干警经受不住考验，理想信念动摇，特权思想严重，有法不依，执法不严，执法不公，违法办案；吃拿卡要，索贿受贿，贪赃枉法；作风粗暴，欺压群众。这些问题，人民群众反映强烈，严重影响了政法干部队伍的形象，损害了党和政府的威信，必须引起高度重视，并切实予以解决。各级党委、政府和政法各部门，要从确保社会政治稳定、巩固人民民主专政、实施依法治国方略的高度，充分认识建设高素质政法干部队伍的重要性和紧迫性，切实把这项工作抓紧抓好。

当前和今后一个时期，加强政法干部队伍建设的指导思想和目标任务是，以邓小平理论为指针，全面贯彻执行党的十五大精神和江泽民同志关于加强政法干部队伍建设的一系列指示，认真执行党的干部路线方针政策，坚持依法管理、从严要求、切实保障的方针，以提高政法干部队伍的整体素质和战斗力为重点，进一步深化改革，理顺体制，加强领导，加强管理，加强教育，加强监督，不断推进政法干部队伍的革命化、正规化、现代化建设。从现在起，用三年左右的时间，使各级政法部门的领导班子得到切实加强，政法干部队伍的整体素质得到明显提高，在解决群众反映强烈的突出问题上取得明显成效，违法违纪和腐败现象得到有效遏制，从而把政法干部队伍建设成为一支党和人民放心的、能够担当跨世纪重任的、高素质的队伍，一支忠诚可靠、纪律严明、作风过硬、秉公执法、训练有素、业务精通的队伍。

二、全面提高政法干部队伍的政治素质和业务素质

要用马列主义、毛泽东思想特别是邓小平理论武装全体政法干警。教育和引导广大干警特别是领导干部全面、正确地理解和掌握邓小平理论的科学体系与精神实质，牢固树立正确的世界观、人生观、价值观，更好地为人民群众服务，为党的中心工作服务，为社会政治稳定服务，忠实履行党和人民赋予的职责。

要不断提高政法干警遵守政治纪律的自觉性。教育广大干警讲政治，顾大局，增强政治责任感，坚决维护以江泽民同志为核心的党中央的权威，一切行动听从党中央的指挥，为保证党的基本路线和基本方针的贯彻实施，努力做好本职工作。要教育广大政法干警，在错综复杂的国际形势下，增强国家安全意识，增强敌情观念，对西方敌对势力“西化”、“分化”的图谋和颠覆、渗透活动，对境内外敌对分子运用心战谋略和高科技手段进行的各种破坏活动，对民族分裂主义分子和非法宗教组织、宗教极端主义分子分裂祖国、破坏民族团结的阴谋活动，始终保持高度警惕，进行坚决斗争。

对境内外不法分子相互勾结、走私贩私的犯罪活动，进行坚决打击。

要以职业道德教育为重点，切实加强政法干部队伍的精神文明建设。按照党的十五大精神和江泽民同志提出的“严格执法、热情服务”的要求，坚持把让人民群众满意作为做好工作的根本出发点，进一步加强政法干警全心全意为人民服务的宗旨教育，使他们真正懂得“为谁执法，为谁服务”，牢固树立爱民为民的思想，争当人民群众满意的政法干警。要按照中央关于廉政建设的规定和加强政法干部队伍建设的要求，制定政法各部门的规章制度和职业道德规范，约束干警的言行。要教育广大政法干警增强廉洁自律的自觉性，消除特权思想，自重、自省、自警、自励，自觉经受各种考验。

要加强对政法干警的法制教育。全体政法干警要认真学习法律知识，不断增强法制观念，提高执法水平，严格依照法律程序办事。要坚持法律面前人人平等，严肃执法，秉公办案。在新形势下，特别要善于正确区分、妥善处理两类不同性质的矛盾。对敌对势力和犯罪分子，要依法严厉打击；对人民内部矛盾，要疏导、教育、化解，做耐心细致的思想工作，防止矛盾激化。

要切实加强和改进政法干部队伍的思想政治工作，认真研究探索新形势下思想政治工作的特点和方法，增强思想政治工作的针对性和有效性。各级领导干部要带头做思想政治工作，凝聚人心，稳定队伍，调动广大政法干警的工作积极性。要大力表彰政法干部队伍中涌现的先进典型，激励斗志，弘扬正气。

为适应建设高素质政法干部队伍的要求，要改进和完善政法干部教育培训工作制度，加大培训力度，努力改变政法部门高新技术人才较少特别是基层单位特殊专业人才缺乏的状况。教育主管部门和政法各部门要深化政法院校教学改革，大力培养政法各部门急需的各类专门人才。同时，广泛开展多种形式和多层次的在职干部教育培训，不断提高各级政法干警的业务素质和执法水平。今后三年内，政法部门的全体干警都要到各级党校、政法院校或者政法部门的培训机构轮训一次。

要坚持走科技强警之路。大力提高政法干部队伍的科技文化水平和运用现代化科技手段的能力。要把提高科技素质作为提高政法干部队伍业务素质的重要环节来抓，不断提高广大干警掌握和运用高科技手段与犯罪分子作斗争的能力。要大力开展岗位练兵和各种形式的业务竞赛活动，形成学习业务、钻研业务的浓厚气氛，不断提高政法干部队伍的业务素质。

三、一定要把各级政法部门领导班子建设好

建设高素质的政法干部队伍，关键是要按照干部队伍“四化”方针和德才兼备的原则，把政法部门的各级领导班子建设好。

要按照中央关于在全党深入学习邓小平理论的通知要求，在政法部门领导干部中兴起学习邓小平理论的新高潮，不断提高各级政法部门领导干部的思想政治素质。学习邓小平理论，要同学习贯彻十五大精神结合起来，在全面、正确地理解和掌握邓小平理论科学体系和精神实质上下功夫，真正把思想和行动统一到十五大精神上来。同时，要按照中央的部署，在政法部门领导班子中深入开展以“讲学习、讲政治、讲正气”为主要内容的党性党风教育，用整风的精神，认真解决党性党风方面存在的突出问题。

要选准配强主要领导干部。各级党委要高度重视政法部门主要领导干部的选拔任用工作，把政治强、作风硬、熟悉政法工作、具有丰富工作经验和较强组织领导能力的优秀干部选拔到政法部门的主要领导岗位。政法部门的主要领导干部，必须知法懂法，有较强的法制观念和群众观念，具有较高的执法能力和领导水平。缺少必备的法律知识和工作经历的领导干部，要经过专门的任职培训方能上岗。拟安排担任政法部门主要领导职务的政法系统以外的干部，除接受上岗前的培训外，还应采取提前调入担任常务副职，或者到上级政法部门挂职锻炼的办法，使其熟悉业务。本地区、本部门没有合适人选的，由上级党委交流选配。

要坚持和健全民主集中制，不断提高领导班子解决自身矛盾和问题的能力，增强领导班子的凝聚力和战斗力。要完善党委(党组)议事规则，健全集体领导与个人分工负责相结合的制度。政法部门的领导干部，要具有较强的全局观念和纪律观念，具有雷厉风行的战斗作风，办事坚决果断，一切行动听指挥。凡是涉及全局以及干部任免等重大问题，必须经过党委(党组)集体讨论决定，充分发扬党内民主，不能搞个人说了算。要严格领导干部双重组织生活制度，进一步提高民主生活会质量，认真开展批评与自我批评，及时解决班子内部的矛盾和问题。对个别闹不团结、严重影响工作的领导班子，上级党委要果断采取组织措施。

对领导班子和领导干部要严格要求、严格管理、严格监督。坚持干部考核制度，完善干部考核工作，建立健全干部谈话制度、诫勉制度、个人重大事项报告制度。对存在这样或那样问题的领导班子和领导干部，要及时进行诫勉或组织调整。

要加大政法部门领导干部交流的力度。省级以下政法部门的主要领导干部，原则上在同一地区、同级班子里任职满十年必须交流，在同一职位任职五年以上，原则上要实行轮岗。领导班子其他成员在同一地区、同级班子里任职十年以上也必须在系统内对口交流，在同一职位任职五年以上，原则上要实行轮岗。要处理好干部交流、轮岗与保持领导班子相对稳定的关系，一二把手原则上不同时交流。无正当理由拒不服从组织交流决定的，依照有关规定就地免职或降职使用。

四、积极推进政法干部队伍的正规化、法制化建设

要坚持依法管理政法干部队伍。要坚持党管干部的原则，根据政法干部队伍的性质、任务和特点，积极探索依法管理政法干部队伍的办法和措施，建立健全具有政法部门特点的干部队伍管理机制。要认真执行《中华人民共和国法官法》、《中华人民共和国检察官法》、《中华人民共和国人民警察法》、《中华人民共和国国家安全法》、《中华人民共和国监狱法》和《中华人民共和国律师法》，抓紧制定这些法律的配套实施办法，落实法律规定的队伍管理措施。要进一步深化干部人事制度改革，通过改革，创造一个公开、平等、竞争、择优的用人环境，建立一套与有关法律相配套的干部能上能下、能进能出、充满活力的用人机制。

要严格把好政法干部队伍的入口关。要坚持凡进必考（考试、考核）的原则。今后政法各部门录用主任科员以下职务的工作人员，一律实行考试录用的制度，进行严格的考试考核和审核审批。除特殊岗位经批准外，考试应公开进行，并接受各方面的监督。在同等条件下要优先考录政法院校毕业生。从其他部门和军队转业干部中补充的人员，必须经过培训，经考试考核合格后才能进入政法部门工作。省及省级以下人民法院、人民检察院录用、调进人员，必须经高级人民法院、省级人民检察院审核后，由地级以上党委组织部门审批；省及省级以下公安、国家安全、司法行政部门录用、调进人员，必须经省级公安厅（局）、国家安全厅（局）、司法厅（局）审核后，由地级以上组织人事部门审批。新录用的人员，必须经培训合格、试用期满后方可正式上岗。建立调动、录用工作责任制。凡违反规定调动的，一律退回原单位，违反规定录用的，一律取消录用资格，并追究有关领导干部和工作人员的责任。

根据有关规定，政法各部门要逐步推行部分领导职务和非领导职务竞争上岗制度。制定政法各部门领导职务任职资格标准，处级（含处级）以下领导职务实行任职资格考试考核制度。考试考核不合格的，不能担任领导职务。要进一步完善、推广岗位目标责任制，签订任期目标责任书，把岗位目标责任制与考核、奖惩、晋升等制度结合起来，奖勤罚懒，奖优罚劣。

要切实疏通政法干部队伍的出口。对不适合做政法工作的人员，要调出政法部门，由组织、人事部门另行安排工作。对不符合干部条件的不合格人员，要坚决予以辞退或者责令辞职。今后每五年逐级对政法干警进行一次资格考试考核，考试考核合格者，方可继续从事政法工作；考试考核不合格者，离岗培训，培训后再进行考试考核，仍不合格者，予以辞退。

五、大力加强政法干部队伍的监督管理

要加大监督管理力度，健全和完善政法干部队伍监督管理的各项规章制度，认真抓好落实。制度不落实，主要领导要负责任。要把各项制度的落实情况列为各级政法部门领导班子年度考核的一项重要内容。

要认真研究和制定预防司法人员腐败及违法犯罪的有效措施。要制定政法干部必须遵守的纪律和规定。要建立健全并严格执行执法责任制、错案责任追究制和有关奖惩规定，把严格执法、秉公执法落实到人。要完善内部监督机制，健全监督机构，充实监督力量，拓宽监督渠道，强化监督手段，加强内部监督管理。要充分发挥纪检、监察机关对政法干部队伍的监督作用。认真总结推广一些地方人大评议执法工作的经验，研究制定必要的法律程序，使人大对执法机关和执法人员监督职能得到有效行使。要实行司法公开，采取公开办事制度、公开办事程序、公开办事结果，聘请执法监督员，建立警民联系制度等多种形式，健全群众性监督网络，加强群众对执法人员的监督。要充分发挥舆论监督的作用，加大执法监督的宣传力度，形成良好的舆论监督氛围。

各级党委政法委员会要认真履行监督职能，针对政法干部队伍建设中存在的突出问题，结合政法各部门工作的特点，加强执法监督，切实解决执法活动中的违法问题。

要定期开展政法干部队伍纪律作风整顿和执法检查。整顿和检查要根据各地区、各部门的不同情况，针对队伍建设中存在的突出问题有重点地进行。特别要把纠正行业不正之风、整肃纪律作风、提高职业道德水平放在突出位置，制定切实可行的改进措施。要重点查办执法犯法、索贿受贿、徇私舞弊、刑讯逼供等重大案件，下决心坚决查处一批严重违法违纪的“害群之马”，以警示干警，取信于民。

六、健全和完善政法工作的保障机制

目前，政法部门警力不足、经费紧缺、装备落后等问题，严重影响和制约着政法工作和政法干部队伍建设。要建设高素质的政法干部队伍，增强政法干部队伍的战斗力，保证政法工作的正常开展，必须尽快建立健全政法工作的保障机制。

今后要注意从党政机关选调不同层次的优秀干部到政法部门工作。在这次党政机关机构改革中，要进行余缺调剂，为力量薄弱的政法部门充实一部分人员，以缓解当前基层警力不足的矛盾。要从这次军队裁员的转业干部中，择优选调一部分人员到政法部门工作。

要结合干部队伍结构调整，通过公开招考和组织考核，分期分批从现有干部队伍中挑选一批适合从事政法工作的干部，经过岗前培训后充实到政法基层部门工作。也可通过考试从下岗职工中录用一部分优秀分子到政法部门工作。在政法部门内部，要结合机构改革，精简上层，充实基层。

必须从根本上解决政法部门经费保障问题。今后政法部门所需经费，一律由国家和地方财政支付。要按照“分级管理、分级负担，确保基本需要，保证重点支出、支持贫困地区，讲求资金效益”的原则，建立与国民经济和社会发展相协调，符合事权划分基本原则和现行财政管理规定，有利于政法机关职能作用充分发挥的经费保障制度。政法部门要继续发扬艰苦奋斗、勤俭节约的优良传统，严格管理经费，接受财政监督，提高资金使用效益。要认真落实从优待警的政策，继续实行国家统一规定的政法干警有关津贴，根据国家财政收入的增长逐步提高政法干警的工资待遇和津贴标准，尽快建立政法干警保险制度，提高政法干警抚恤标准。要优先解决政法干警公费医疗、住房和子女入学、入托等方面的实际困难。根据工作需要，司法干警应统一着制式服装。

各级政法部门都要严格执行中央关于政法部门不再从事经商活动的决定，严格执行行政性收费和罚没款收入“收支两条线”的规定，严禁拉赞助和接受捐赠，严禁用当事人或单位的钱物办案。

要努力为政法干警创造良好的执法条件和环境。各级党委和政府要支持政法部门依法办案，支持政法干警依法行使职权，坚决反对执法过程中的地方和部门保护主义。要慎用警力。严禁滥用枪械，不得调动政法干警处理法定职责以外的其他事务。任何单位和个人都不得非法干涉、干预和影响政法干警依法执行公务。对秉公执法的政法干警进行打击报复的，要从严惩处。对秉公执法，为维护国家安全、社会治安而牺牲的政法干警的家属，要做好抚恤工作。

七、切实加强党对政法干部队伍建设工作的领导

加强党的领导是加强政法干部队伍建设的根本保证。要进一步建立和完善政法干部队伍建设领导责任制。各级党委和政府都要把加强政法干部队伍建设作为一件大事来抓。各级党委、政府的主要负责人，要亲自过问政法干部队伍建设工作。各级政法部门党组（党委），要用更多的精力抓好队伍建设。各级政法部门的主要领导是抓队伍建设的第一责任人，对政法干部队伍建设负总责。领导班子成员都要履行一岗双责的责任，一手抓分管业务，一手抓队伍管理。要充分发挥政法机关的政工、纪检监察机构和机关党委的职能作用，使之紧密配合，形成抓队伍建设的合力。要重视和加强政法机关政工部门的建设，配强配齐政工部门的主要领导干部。政工部门的主要领导干部由同级副职兼任或由同级副职干部专任。政工干部要提高自身素质，改进工作作风，切实担负起抓好队伍建设的责任。对于抓队伍建设软弱无力，屡屡发生干警违法违纪问题的领导班子，要果断进行组织调整，问题严重的要追究领导责任。

政法委员会是各级党委领导、管理政法工作的职能部门，在加强政法干部队伍建设方面负有重要责任。各级政法委员会要根据新的形势和任务的要求，及时研究制定加强政法干部队伍建设和领导班子建设的具体措施，协助党委及其组织部门管理好政法部门的领导班子和干部队伍。要配强配好各级政法委员会书记。各级政法委员会的书记，要由同级党委常委担任，一般不得兼任同级其他政法部门的领导职务。各级党委组织部门要在加强政法干部队伍建设方面投入更多的精力，并支持各级政法委员会发挥好协管政法干部的职能作用。各级政法委员会的政工部门，要明确职责，配强人员，建立健全工作制度，理顺同各有关部门之间的工作关系，更好地承担起协管政法部门领导干部和指导政法干部队伍建设的职责。地方各级政法部门继续实行干部双重管理。地方党委决定任免政法部门的领导干部，要征得上一级政法部门党组（党委）同意。组织部门、政法委员会、政法各部门之间，都要从建设高素质的政法干部队伍的大局出发，相互支持，密切配合，共同为建设一支高素质的政法干部队伍而努力工作。

要把政法干部队伍建设的重点放在基层，及时发现和解决基层队伍建设中的问题。要进一步加强政法部门的基层党组织建设，充分发挥党组织的战斗堡垒作用和共产党员的先锋模范作用，实行抓党建、带班子，抓党员、带队伍。要切实解决基层政法部门党组织建设中存在的问题。凡是具备建立党支部条件的政法基层单位都要建立党支部，没有条件单独设立党支部的，可设立政法联合党支部，加强对基层党员、干警的思想教育和日常管理。

建设高素质的政法干部队伍是一项长期的任务。在迈向新世纪的征途上，各级党委、政府及各政法部门要把握全局，着眼长远，立足当前，针对本地区、本部门的特点，每年集中解决一两个突出问题，扎实有效地开展工作，全面实现中央提出的建设高素质政法干部队伍的战略目标，为建设有中国特色社会主义的宏伟事业提供坚强保证。

共青团中央全国青联授予16名青年“中国青年五四奖章”

共青团中央、全国青联颁布决定，授予16名青年

1999 年度"中国青年五四奖章"。这是共青团中央、全国青联授予青年的最高荣誉。

本年度获此殊荣的 16 名青年是：联想集团高级副总裁兼联想电脑公司总经理杨元庆、铁道部第十六工程局总工程师胡万毅、中国科学院系统科学研究所所长郭雷、中国葛洲坝水利水电工程集团公司副总经理陈飞、上海复星高科技(集团)有限公司董事长、总经理郭广昌、胜利石油管理局钻井工程技术公司经理刘汝山、中国人民解放军空军某飞行试验训练中心副团长刘明、中国人民解放军军事科学院战役战术研究部副团职研究员公方彬、中国人民武装警察部队云南省总队二支队中队长方红霄、广东省公安厅刑侦局科长张绍新、河南省郑州市公安局火车站分局侦察员王玉荣、中国远洋运输(集团)总公司轮机长王新全、天津百货大楼股份有限公司电讯商场进口音响部主任邱汝舜、河南省内乡县马山口镇河西村农民秦英林、内蒙古中蒙医医院副主任医师乌兰、南京大学新闻传播系学生孙海涛。

国家主席江泽民在钓鱼台国宾馆与巴勒斯坦国总统阿拉法特举行会谈

泰国国会上议院议长米猜在泰国清迈举行招待会欢迎全国人大常委会委员长李鹏

中国记协举行加强职业道德建设禁止有偿新闻座谈会

国务院副总理钱其琛在中南海会见巴勒斯坦国总统阿拉法特

国务院副总理李岚清分别会见世界海关组织秘书长米·达内和美国花旗银行董事长约·雷德

外交部发言人孙玉玺就美国两院通过关于台湾问题决议案事发表谈话

孙玉玺表示，中国要求美国政府严格遵守中美三个联合公报的原则和美方的有关承诺，明确反对美国会参、众两院分别通过的所谓纪念《与台湾关系法》20 周年决议案和参院通过的"支持台湾参与世界卫生组织决议案"，以免台湾问题干扰中美关系的发展。

孙玉玺重申，台湾是中国的一个省，台湾问题作为中国的内政，任何外国无权干涉。

孙玉玺说，1979 年，美方违背中美建交公报原则，抛出所谓《与台湾关系法》，企图通过美国内立法使其利用台湾问题干涉中国内政的行为"合法化"。中国政府对美方的这一错误行径一直表示坚决反对。

孙玉玺说，不久前，美国会通过决议案，纪念所谓《与台湾关系法》20 周年，严重违反了中美三个联合公报，是对中国内政的粗暴干涉，"中方对此表示强烈不满和坚决反对"。

孙玉玺强调，众所周知，世界卫生组织是只有主权国家才能加入的政府间国际组织，台湾作为中国的一部分，根本没有资格加入。

孙玉玺指出，美国会参院无视国际关系基本准则和中美三个联合公报的原则，通过所谓"支持台湾参与世界卫生组织决议案"，中方对此表示坚决反对。

第五届中法经济研讨会在北京开幕

国务院副总理吴邦国和法国前总理雷蒙·巴尔出席开幕式并发表讲话。

自 1995 年以来，中法经济研讨会已连续举办了四届，受到两国政府和企业的高度重视和支持。

吴邦国在开幕式上指出，法国有着先进的科学技术和管理经验，而这些都属于中国经济优先发展的领域，两国经济有很强的互补性。法国是中国在西欧的重要市场，同时也是中国进口先进技术和成套设备的主要来源之一。中法在经济贸易合作方面已有许多成功的项目和经验。但相对中法两国人民之间源远流长的友好交往历史，相对法国在国际贸易中的地位，相对两国经济很强的互补性，相对中国经济持续、健康、高速发展的势头，还有一定的差距，有很大的潜力可挖。而通过"中法经济研讨会"这一形式，可以促进中法经贸合作，可以挖掘潜力。

雷蒙·巴尔发表讲话。他说，中国的巨大变化已引起世界各国的广泛关注。中国坚持人民币不贬值，对世界经济的稳定是有贡献的。法国支持并欢迎中国加入世贸组织。中国的改革正在继续深入，中国将用扩大内需、刺激消费来加速经济的增长，这给法中的经贸合作，特别是给法中两国中小企业之间的合作提供了良好的机遇。

1999 年反兴奋剂大会在大庆市召开

最高人民法院公布三起走私大案

最高人民法院公布 3 起走私案件的终审结果，9 名犯罪分子受到了法律的严厉制裁。

台湾省"永载鸿 7 号"渔船船长林镜川伙同 3 名船员，于 1997 年 7 月受不法分子雇佣，利用船中暗舱装载 37 袋假人民币，从台南市安平港向广东境内偷运时，被我边防缉私艇截获，共查出偷运的假人民币面值为 7300 多万元。广东省汕头市中级人民法院经公开审理，以走私罪判处林镜川死刑，并处没收个人财产人民币10万元，其余同案人被分别判处无期徒刑，并处没收个人财产人民币5万元。

台湾省居民李惟，1998年2月从内地不法分子处购得假美钞6万元，企图从广州白云机场离境偷运至香港时被查获。广州市中级人民法院经公开审理，以走私假币罪判处李惟有期徒刑14年，并处罚金人民币10万元。

香港居民谢依明、萧燕珊、萧燕萍、王少琴4人，1998年1月受人指使，在行李中夹带黄金128千克，乘飞机从香港抵达山东济南机场，未作申报企图蒙混过关时被查获。济南市中级人民法院经公开审理，分别以走私普通物品罪判处谢依明有期徒刑7年，判处萧燕珊、萧燕萍有期徒刑各5年，判处王少琴有期徒刑4年；4人还分别被并处罚金人民币70万元。

上述各案一审宣判后，被告人分别向广东省高级人民法院和山东省高级人民法院提出上诉。广东省高级人民法院和山东省高级人民法院审理认为，一审判决认定事实清楚，适用法律准确，量刑适当，审判程序合法，分别裁定：驳回上诉，维持原判。最高人民法院对林镜川案进行死刑复核时认为，林镜川等人共同走私假币，数额特别巨大，情节特别严重。林镜川在共同犯罪中起主要作用，系主犯，应依法予以严惩。并据此依法核准了对林镜川的死刑判决。

4月16日

全国人大常委会委员长李鹏在曼谷总理府会见泰国总理川·立派

双方进行了交谈，就共同关心的问题交换了意见。

川·立派高度赞赏中国在亚太经合组织等区域性组织中发挥的建设性作用，并高度赞扬中国在维护地区和平与稳定方面作出的重要贡献。同时，他还高度地评价了中国实行的改革开放政策和在经济建设方面取得的巨大成就。他说："中国政府执行正确的经济和金融政策，积累了许多宝贵的经验，经济实力增强，所以在这次经济危机冲击下，中国能够将损失减少到最低程度，我们对此表示钦佩。在这场危机中，泰国遭受的打击最大。在泰国最艰难的时候，尽管中国自己也有不少困难，但仍以双边和多边的方式向泰国提供了慷慨的援助。对此泰国政府和人民深表感谢。目前，泰国人民正努力把危机变成转机，争取在今年内扭转负增长的局面，达到经济增长1%的水平。"

川·立派还表示，泰国政府将一如既往地积极支持中国加入世界贸易组织。同时，他还表示相信中国加入该组织后定会为改善世界贸易体制发挥积极、重要的作用。

李鹏说："在泰国经济和金融形势遇到困难的时候，中国的经济也受到很大压力，但我们从维护地区经济和金融的稳定及中泰友谊的大局出发，一方面坚持人民币不贬值；另一方面为泰国提供了一些力所能及的帮助。在双边贸易方面，中国也采取了相应的措施。中国对泰国的帮助是有限的，这只是中国人民对泰国人民一种友好的表示。"

在谈到中国国内情况时，李鹏简要地回顾了新中国成立50年来不平凡的历程，并介绍了目前中国的政治经济形势、香港回归和澳门即将回归等重大事件的意义。李鹏最后强调："中国一贯奉行睦邻友好政策，高度重视同东盟各国的友好合作关系。我们衷心希望中泰两国按照《中泰关于21世纪合作计划的联合声明》的精神，把两国关系推向一个新的水平。"

中方参加会见的有李鹏委员长夫人朱琳、全国人大常委会副委员长何鲁丽、副秘书长吕聪敏、外交部副部长吉佩定、驻泰大使傅学章和委员长办公室主任吴文昌。泰方参加会见的有外交部部长素林等。

泰国国会主席兼下议院议长万诺举行晚宴欢迎李鹏和夫人朱琳。

国务院总理朱镕基同加拿大总理克雷蒂安在渥太华加拿大议会进行会谈

两国总理对中加双方就中国加入世贸组织取得的重大进展表示满意并给予高度评价，一致认为中国的加入有助于世贸组织的完整性和广泛代表性，也有助于中加双边经贸关系的更大发展。双方都认为应尽早结束中加双方关于中国加入世贸组织的谈判。

双方一致决定加强在环保、司法、议会之间以及两国省市地方之间的广泛合作，进一步加强两国在联合国组织中的磋商与合作。

两国总理会谈后共同出席《中加环境合作行动计划》、《中加关于打击犯罪的合作谅解备忘录》以及《中国从加拿大进口动物制品议定书》的签字仪式。

国务院总理朱镕基与加拿大总理克雷蒂安发表关于中国加入世界贸易组织问题的联合声明

我们对于两国在就中国加入世界贸易组织双边谈判中所取得的重大进展感到高兴。经过本周在货物和服务领域所进行的富有成果的讨论，在解决所有双边遗留问题上，我们的立场已大大接近。我们指示各自的官员加紧谈判，以在较短的时间内达成最后协议。加方希望中国在今年年底前成为世界贸易组织成员。双方期待着在世界贸易组织中就共同关心的问题一起工作。

国务院总理朱镕基前往加拿大总督府会见加拿大总督勒布朗和夫人

中组部 中宣部 中央直属机关工委 中央国家机关工委 中央金融工委联合召开“三讲”教育报告会

中共中央政治局常委、中央书记处书记胡锦涛在报告会上强调指出，一定要把整风精神贯穿到“三讲”教育的全过程，这是确保高质量地做好工作的关键所在。

报告会由中宣部部长丁关根主持。中组部部长曾庆红、最高人民法院院长肖扬和中央军委委员、总政治部主任于永波等出席报告会。

胡锦涛首先全面深刻地阐述“三讲”教育的重要意义。胡锦涛说，中央决定在县级以上党政领导班子、领导干部中深入开展“三讲”教育，是在认真总结新时期党的建设的基本经验，全面分析我国跨世纪发展面临的新形势新任务和领导班子、领导干部的现状后作出的一项重大决策。这是我们党为迎接新世纪、完成新的历史任务所做的重要思想准备和组织准备；是从实际出发加强领导班子建设、提高领导干部队伍思想政治素质的重要任务；是推动全党兴起学习邓小平理论新高潮，从根本上加强全党的思想政治教育的重要举措；也是对在改革开放和发展社会主义市场经济条件下，如何有效解决党内尤其是领导干部中党性党风方面存在问题的一次创造性探索。各级领导班子和领导干部要把思想进一步统一到中央精神上来，从事关党和国家前途命运的高度来认识和对待这件大事，积极投身“三讲”，认真抓好“三讲”。

胡锦涛指出，为了使这次“三讲”教育收到预期效果，必须严格按照中央的要求，以整风精神扎扎实实地开展教育。贯彻整风精神，就是要紧密联系近几年来的工作实际和思想作风实际，有的放矢地学习理论，用马克思主义武装头脑，提高辨别重大是非的能力；就是要发扬党内民主，相信和依靠群众，搞好自我反思，把这些年在领导工作中和个人成长方面的经验教训总结起来，用于指导今后；就是要认真开展批评和自我批评，坚持真理、修正错误，努力掌握马克思主义的世界观和方法论。一句话，就是要坚持党性原则，增强党性锻炼，解决党性党风方面存在的问题，使党的干部在思想上、政治上和作风上得到新的进步和提高。

胡锦涛说，切实抓好思想发动和理论学习，是搞好“三讲”教育的前提和基础，是确保“三讲”教育取得成效、不走过场的首要一环，必须以严肃认真的态度，足够的精力和时间，下功夫抓好。搞好思想发动和理论学习阶段工作的主要标志，就是把按规定必须学习的文件精神领会好，真正以严肃认真、积极负责的态度投身“三讲”教育；把规定的必读篇目认真通读，重点精读，经过学习和思考，在思想上确有所得；领导班子和成员对自身存在的主要问题初步进行了查找，认识上确有提高；通过深入细致的工作把本单位群众发动起来了，大家积极帮助领导层开展“三讲”。一个单位如果没有达到这些要求，不能转入下一步。

胡锦涛强调，在“三讲”教育中，领导班子、领导干部必须找准、抓住党性党风方面存在的突出问题，认真加以解决。中央文件明确指出要着重解决四个方面的问题，针对性很强，具有普遍的指导意义，哪一个方面都不能忽视，哪一个方面都不能“空对空”，抽象地议论了事。在查找问题过程中，必须坚持马克思主义的世界观和方法论，全面地、历史地、辩证地思考和分析问题。要从贯彻党的理论、方针、政策的实践中找认识上和工作上的差距；要从领导班子和个人的思想、作风状况中找存在的不足；要从本地区、本部门发生的重大事件或典型案件中找教训；要从分管的领域或下属单位存在的突出问题中查领导上应负的责任。查找问题力求符合实际，既不夸大，又不缩小。在找准问题的基础上，要着重从主观世界和党性方面找原因，既剖析思想方法上的主观主义和形而上学，又剖析思想意识上的根源，避免就事论事。

在谈到要坚持开门搞“三讲”教育时，胡锦涛说，推进建设有中国特色社会主义伟大事业，离不开人民群众的智慧和力量；推进党的建设新的伟大工程，造就高素质的干部队伍，同样离不开人民群众的智慧和力量。领导班子、领导干部一开始就要树立起坚定地依靠和相信群众搞“三讲”教育的思想，以鲜明的态度欢迎群众的帮助，诚心诚意听取群众的意见和评议，自觉接受群众的监督，并且把发扬民主、走群众路线贯穿到每一个阶段的工作中去。发动群众、听取意见的面要适当大一点，发扬民主、听取意见的方式要尽可能多一点、灵活一点。无论采取什么形式，都要有利于让方方面面的干部和群众把心里话讲出来，把真实情况反映上来。各级领导同志首先是主要领导同志要在“三讲”中带头实践马克思主义群众观点和党的群众路线，认真发扬民主作风。

胡锦涛强调，搞好这次“三讲”教育，一定要把批评和自我批评切实开展起来。我们共产党人的高明之处，不在于没有缺点和错误，而在于能及时认识、勇于承认并坚决改正缺点和错误。由于领导班子和领导干部的情况不同，存在的问题不同，解决的形式可以多种多样，但务必搞好批评和自我批评，做到讲真理不讲面子，讲原则不讲关系，讲党性不讲私情。既要高标准、严要求地进行自我批评，又要开展认真负责的相互批评，从团结的愿望出发，达到增强团结的目的。

胡锦涛指出，在“三讲”教育过程中，要坚持边整边改，及时解决已经发现的问题，特别是群众最关心、反映最强烈的问题。能改的要马上改，让干部、群众实实在在地感受到领导干部思想和作风上的变化和进步。尤其要通过学习和整改，推动贯彻落实中央关于搞好当前改革、发展、稳定的各项决策，把各项工作做得更好。

胡锦涛最后说，中央、国家机关是党中央、国务院的工作部门，肩负着重要的职责和任务，又是领导干部比较集中的地方。中央、国家机关的党组织和领导干部要自觉把本部门的工作放到全党全国工作的大局中来认识，深刻领会这次“三讲”教育的重要意义，按照中央的要求和部署，把本部门的“三讲”教育搞好，确保高质量地完成任务。

丁关根在报告会结束时说，胡锦涛同志的报告全面深刻地阐述了开展“三讲”教育的目的和重要意义，强调了必须遵循的原则，对扎实有效地做好工作提出了明确的要求，是对我们深入开展“三讲”教育的一次有力动员，具有很重要的指导意义。我们要很好学习，认真贯彻。

丁关根指出，搞好“三讲”教育，对于我们坚持党的基本理论、基本路线不动摇，增强党组织的凝聚力、战斗力，进一步加强党同人民群众的联系，确保我国跨世纪宏伟目标的实现，具有重大的现实意义和深远的历史意义。我们要充分认识搞好“三讲”教育的重要性和必要性，认真自觉地参加这一教育，认真负责地抓好这件大事。通过教育，力求思想上有明显提高，政治上有明显进步，作风上有明显转变，纪律上有明显增强，更好地担负起领导建设有中国特色社会主义伟大事业的历史重任。

中央、国家机关部级干部和部分司局级干部1600多人参加报告会。

全国纪检监察法规工作会议在北京闭幕

中共中央政治局常委、中央纪委书记尉健行发表讲话强调，各级党委、政府和纪检监察机关的领导干部要适应形势发展的需要，认真学习领会党的十五大确定的“依法治国”的基本方略和邓小平关于反腐败和党风廉政建设的重要论述，从政治的高度重视纪检监察法制建设，切实加强领导。

尉健行充分肯定党的十四大以来纪检监察法规工作取得的成绩。尉健行说，纪检监察法规工作以邓小平理论为指导，紧贴党和政府的中心工作，围绕党风廉政建设和反腐败斗争以及纪检监察两项职能，不断加大工作力度，制定了一批党风廉政建设和反腐败斗争急需的法规制度和纪检监察基础性法规，为加强党内监督和行政监察，不断推进党风廉政建设和反腐败斗争的深入开展，提供了法制保证。

尉健行指出，早在党的十一届三中全会召开前夕，邓小平就明确指出：“国要有国法，党要有党规党法。党章是最根本的党规党法。没有党规党法，国法就很难保障。”这一重要论断指明了依法治国与依法从严治党的关系。我们党是执政党，党内法规建设搞好了，党员干部带头遵纪守法，自觉依照党内法规和国家法律办事，就能够在全社会形成良好的法治氛围，加快依法治国的进程。

尉健行分析纪检监察法制建设面临的新形势，指出，纪检监察法规工作是党内法规和行政法规建设的重要组成部分，要实现依法治国基本方略，贯彻从严治党方针，亟须加强纪检监察法制建设；我国经济体制改革进入攻坚阶段，迫切需要建立一整套与之相适应的纪律规定和党风廉政法规制度；随着反腐败斗争的深入发展，迫切需要把党风廉政建设和反腐败斗争的方针政策、职责权限、组织协调、工作程序等以法规的形式确定下来，做到规范化、制度化；全社会法律意识的提高和法治观念的增强，也迫切需要纪检监察机关提高法律素质和执纪水平。

尉健行指出，加强纪检监察法制建设，当前要着重解决好以下五个方面的问题：一是法制建设要全面体现纪检监察机关的工作职能。纪检监察机关不仅仅是查办案件的机关，还有教育、预防、监督以及维护党的纪律特别是政治纪律等职能作用。纪检监察法制建设要为全面履行纪检监察机关的职能服好务；二是要从实际出发，注意掌握法规制定和出台的时机；三是充分发挥各级党委、政府和纪检监察机关在纪检监察法制建设中的作用。党风廉政建设和反腐败斗争是全党的工作，各级党委、政府对所在地区的党风廉政建设负有领导责任，有些规定和措施必须由党委、政府直接制定。对于一些应由部门制定的廉政建设的规定和制度，有关部门应当切实负起责任；四是在执纪执法工作中要领会和掌握相关纪律和法规的精神，善于运用纪律和法规处理问题。纪检监察干部要站在党和国家利益、人民利益、全局利益的高度，严肃认真执纪执法；五是要严格执纪，坚持公平、公正原则，对于在执纪办案工作中有严重违纪违法行为的干部，要严肃处理。

尉健行强调，在新形势下，必须以改革和创新的精神加强纪检监察法制建设。在建立社会主义市场经济体制过程中，党风廉政建设和反腐败斗争出现了许多新情况新特点，这就要求我们主动贴近经济，了解市场，深入开展调查研究，善于发现和揭露矛盾，有针对性地从体制、机制、法制、政策、管理等方面着手建立健全各种纪律规定、道德规范和规章制度，努力探索从源头上预防和治理腐败的新方法、新途径，不断铲除腐败现象滋生蔓延的土壤。

中央纪委副书记曹庆泽主持会议并讲话。中央纪委、监察部负责人何勇、夏赞忠、李至伦、赵洪祝、袁纯清、傅杰、陈昌智、干以胜等出席会议。

最高人民检察院检察长韩杼滨在全国检察机关深化改革座谈会上发表讲话

韩杼滨说，检察改革是我国政治体制改革和司法改革的重要组成部分。今后一个时期检察改革的目标是：健全上级检察院领导下级检察院的体制，形成上下一体、政令畅通、指挥有力的领导体制；深化检察业务改革，建立起一整套灵活、高效的检察业务管理和工作运行机制；改革和完善内部制约和外部监督机制，健全办案责任制和错案追究制，从制度上防范司法腐败，确保公正执法；深化干部人事管理制度改革，建立符合检察工作特点的队伍管理体制，完善有利于优秀人才脱颖而出的竞争激励机制。

《人民日报》发表国务院副总理吴邦国的文章《系统攻坚 全面推进》

国家主席江泽民在人民大会堂接受罗马尼亚等四国新任驻中国大使递交的国书

四位大使是罗马尼亚大使约安·敦卡，乌兹别克斯坦大使伊斯马季拉·埃尔加舍夫，纳米比亚大使霍佩隆·乌绍纳·伊平盖和马耳他大使萨维尔·博志。

中国与俄罗斯发表关于《限制反弹道导弹系统条约》有关问题磋商的新闻公报

根据 1999 年 2 月 25 日中华人民共和国国务院总理与俄罗斯联邦政府总理达成的协议，中华人民共和国外交部部长助理王光亚和俄罗斯联邦外交部副部长马梅多夫于 1999 年 4 月 14 日在莫斯科就战略稳定问题举行了磋商，双方军方和外交专家参加了磋商。

双方特别讨论了有关《限制反弹道导弹系统条约》(以下简称《反导条约》)局势的问题。根据 1998 年 11 月 23 日中俄最高级会晤发表的题为《世纪之交的中俄关系》的联合声明中达成的谅解，双方认为，维护和巩固 1972 年签署的《反导条约》极为重要，它曾是并仍将是维护世界战略稳定的基石。这种相互谅解是双方讨论这一问题的基础。

由于美国宣布准备部署反导弹系统的计划，当前出现了破坏《反导条约》的严重威胁，双方对此表示严重关切。实施这些计划将违反《反导条约》的基本义务，即：不建立保护全境的导弹防御系统，也不为建立这种防御系统做准备。

双方认为，破坏或违反《反导条约》将产生一系列消极后果：在地区乃至全球会产生导致国际局势不稳定的新因素，为恢复军备竞赛提供借口，并为裁军进程设置新的障碍。

在目前形势下，中俄双方认为，必须使国际社会充分认识到破坏《反导条约》可能产生的后果。

中国虽不是《反导条约》的缔约方，但基于对维护战略稳定和巩固国际安全的一贯关注，对俄罗斯为防止破坏或绕开此条约所做的努力表示支持。俄方则全力支持中国为巩固国际和地区稳定所做的努力。双方认为，亚太地区一些国家实施建立和部署反导弹系统计划，可能加剧本地区冲突热点的紧张局势，双方对此表示忧虑。

双方表示将根据形势发展，继续就维护《反导条约》及相关问题进行磋商与合作。

中央军委授予李向群“新时期英雄战士”荣誉称号命名大会在广州举行

国务院副总理李岚清观看中国青年艺术剧院演出的话剧《居里夫妇》并祝贺青艺建院 50 周年

北京市高级人民法院核准杀害邹竞蒙凶手马可和江涛两人死刑

4 月 17 日

全国人大常委会委员长李鹏前往王宫拜会泰国国王普密蓬·阿杜德和王后诗丽吉

澳门特区首任行政长官人选报名结束

参选澳门特别行政区第一任行政长官报名工作下午 5 时顺利结束。在从本月 12 日至今的 6 天报名时间内，共有 9 位澳门居民报名参选。

先后报名参选澳门特别行政区第一任行政长官的 9 位澳门居民分别是：区宗杰、钟鹤年、李光远、刘球、吴作敏(女)、何厚铧、梁排康、梁四超、苏珊(女)。其中区宗杰和何厚铧是特区政府推选委员会委员，他们已按行政长官产生办法的规定向筹委会主任委员会议递交辞去推委会委员职务的信函。

“中国杰出(优秀)青年卫士”评选活动在北京揭晓

第二届“中国杰出青年卫士”获奖者中，有一年办案 500 多件，创全国法院最高纪录的青年法官任志清；

有临危不惧，同暴力抗税分子坚决斗争的青年税收干部谷静；有忠于职守，为保护银行和储户的财产智擒歹徒的青年经济民警张宇；有秉公执法，在查处制售假冒伪劣商品的案件中取得突出成绩的“全国打假先进工作者”周锦辉；有不畏艰险和压力，查处多起贪污贿赂大要案的青年检察官钟长鸣；有机智勇敢，只身擒路霸，勇救被拐卖妇女的青年民警施华山；有坚持原则，在查处有问题及违纪资金的工作中为国家挽回了大量损失的青年财政监察干部高伟明；有身患重症，仍以顽强毅力做好民间纠纷调解和法律服务工作的青年司法干部韩超；有战斗在反走私第一线，查处走私货案值数亿元的青年海关干部赖伟忠；有多次参加抗洪抢险，为维护少数民族地区稳定团结屡建战功的武警警官蔡忠宝。此外，丁榕等100名同志被授予“中国优秀青年卫士”称号，刁力等67名同志被授予“中国优秀青年卫士提名奖”。

国家主席江泽民在四川考察

江泽民4月17日至23日在四川考察，重点对国有企业进行调研。江泽民强调，搞好国有企业的改革和发展，是今年经济工作的重中之重。只要我们坚定不移地贯彻落实中央确定的方针政策，面向市场，深化改革，国有企业是完全可以搞好的。

江泽民总书记和随行的中共中央政治局委员、国务院副总理吴邦国，中共中央政治局候补委员、书记处书记、中央组织部部长曾庆红一起，在四川省委书记谢世杰和成都军区司令员廖锡龙的陪同下，先后到宜宾、凉山、攀枝花、成都、绵阳等地，深入企业、农村、科研单位和部队，了解四川的改革和发展情况，与当地干部群众亲切交谈，并听取了四川省的工作汇报。江泽民对四川广大干部群众，在经济和社会发展、民族团结、党的建设等方面取得的成绩给予了充分肯定。他希望四川的广大干部群众，继续贯彻落实党的路线、方针和一系列重大决策，同心同德，开拓进取，扎扎实实地把各项工作推向前进。

从川南到川北，江泽民先后到宜宾五粮液集团、攀枝花钢铁公司、二滩水电站、成都飞机工业公司和绵阳长虹集团，了解国有企业改革和发展情况。

在考察中，江泽民对四川国有企业在改革和发展中取得的经验给予肯定，对去年全省国有企业取得的成绩表示赞赏。江泽民说，这次在四川看的几家企业很有特色。

有的抓住产品著名品牌的效应，以稳定的质量和适应市场的用工制度等，促进企业发展，还带动了当地的扶贫攻坚；有的遵循建立现代企业制度的改革方向，按照国际惯例高标准、严要求地加强企业管理；有的紧密结合市场的发展，加快技术改造和技术创新；有的不断提高技术水平和管理水平，依靠增资减债、减员增效求发展。江泽民指出，目前一部分国有企业困难很多，我们对此要有清醒的认识。对遇到暂时困难的企业，要有针对性地采取措施加以解决。要把各方面的有利条件充分调动起来，动员广大干部群众坚定信心，不懈努力，开创国有企业改革和发展的新局面。

江泽民十分关心民族地区的经济社会发展。在凉山彝族自治州，江泽民看望了西昌市大箐乡白庙村的两个彝族农户。在8年前他曾到过的吉洛子且家，江泽民看到这里装上了自来水、看上了电视，实现了房屋开窗、人畜分居，非常高兴。他称赞凉山彝族自治州的“形象扶贫”工作花钱不多，好处不少，对改善彝族群众的生产和生活条件发挥了很好的作用。江泽民指出，加快民族地区的经济发展和社会进步，是关系各民族共同发展、共同繁荣的大事，也是关系我国现代化事业全局的大事。党中央、国务院已经和正在采取一些特殊的政策措施，帮助民族地区发展经济文化和其他事业，今后还要继续加大力度。应切实把这些政策措施贯彻落实到这些地区。

江泽民强调，巩固农业基础，保持农业稳定发展和农村稳定，对全国发展和稳定的大局十分重要。要全面贯彻落实党的十五届三中全会精神，全面发展农业和农村经济，增加农民收入，减轻农民负担，扩大农村市场需求，进一步把农业、农村和农民的工作做好。

考察中，江泽民指出，今年，我们要庆祝新中国成立50周年，澳门将回到祖国怀抱，改革和建设的任务很繁重，保持安定团结的社会政治局面十分重要。中央提出今年经济工作的三个重点，既着眼于保持国民经济继续持续快速健康发展，又着眼于保持和促进整个社会的稳定。

江泽民说，今年在县级以上党政领导班子和领导干部中，用整风的精神开展“讲学习、讲政治、讲正气”的集中教育，是今年党的建设的重中之重。做好这项工作，对我们进一步全面加强党的建设，提高全党的战斗力和凝聚力，具有重大而深远的意义。世纪之交，我们党肩负着带领全国各族人民迎接新的挑战、全面推进建设有中国特色社会主义事业的重大历史使命。实现党的十五大提出的跨世纪发展的战略目标，完成我们肩负的各项任务，克服前进道路上存在的种种困难和问题，要求我们必须尽快从思想、组织和作风上做好干部队伍的充分准备。这次开展“三讲”教育，就是要在新世纪到来之际，保证县级以上党政领导班子和领导干部，能够更好地面向未来，承担重任，开拓前进。他强调，正在第一批进行“三讲”教育的地方和单位，要按照中央的要求，精心组织，认真落实；第二批将要开展这项工作的地方和单位，思想上要高度重视，早做准备。

在川考察期间，江泽民还看望和慰问了解放军指战员和公安、武警官兵。江泽民勉励广大指战员始终保持高度的事业心、责任心和使命感，努力为军队的革命化、现代化、正规化建设，为西南地区的安全稳定和发展繁荣多做贡献。在成都军区测绘大队，江泽民走进部队的荣誉室，仔细观看记录这支英雄部队光辉业绩的图片和实物。江泽民勉励测绘大队官兵继续发扬丈量世界屋脊的精神，勇攀现代军事测绘高峰。

全国人大常委会委员长李鹏在曼谷下榻的宾馆会见 50 多位泰国著名华人华侨代表

李鹏向大家介绍中国国内政治、经济形势，希望他们在各自的事业中取得成功，并为发展中泰友谊贡献力量。泰国中华总商会主席郑明如代表大家欢迎李鹏委员长来访，并表示将继续为发展两国友好关系而努力。

泰国公主诗琳通设宴招待全国人大常委会委员长李鹏

泰中文化经济协会　泰国中华总商会等 5 家泰华友好团体晚上在曼谷举行招待会欢迎全国人大常委会委员长李鹏及全体随行人员

全国人大常委会委员长李鹏在结束对欧亚 6 国正式友好访问前夕在泰国曼谷接受随行记者和中国常驻泰国记者的联合采访

李鹏就访问成果、国际和地区问题、中国的外交政策回答记者的提问。

中央人民广播电台记者：委员长，您以前曾多次以总理身份出访。这是您第一次以委员长的身份出访，不知有什么不同的感受？这次您访问了 6 个国家，请问您的主要收获是什么？

李鹏：我所访问的欧亚 6 国，从地理位置上讲，多数都没有离开一个“南”字，这就是南欧、南亚和东南亚。从访问的性质来说，是中国全国人大与各国议会的交往。我同各国议长的会谈，重点是就如何进一步加强议会的合作交换意见，并就立法工作以及如何发挥议会在各自国家政治和社会生活中的作用等交流了经验。我同各国元首、总理的会晤，主要是就国际和地区问题以及如何进一步发展两国的全面合作交换了意见，取得了广泛共识。开展同外国议会的交流与合作，是我国总体外交的重要组成部分，其目的是加强各国人民之间的友谊，增进相互理解和信任，从而为我国现代化建设创造一个良好的国际环境。这次我是以委员长身份出访的，在各国都受到了热情、友好、隆重的接待。这种盛大欢迎不仅仅是对我个人的，更重要的是反映了这些国家的政府、议会和人民对我国政府、全国人大和人民的友好情谊，也说明由于中国国力增强，在国际事务中发挥着越来越重要的作用，国际威望提高，这些国家都重视发展对华关系，愿意同中国友好相处，扩大合作。

《人民日报》记者：您这次出访中多次谈到科索沃问题，特别是在访问希腊的时候谈得更多。目前的情况是，一方面，北约对科索沃和南斯拉夫其他地区的军事打击有增无减；另一方面，各种和平方案和建议纷纷出台。您如何看待这些新的动态？

李鹏：在希腊，我们重点讨论了科索沃问题。希腊地处巴尔干地区，是南斯拉夫的近邻，现在又有大批难民涌入。希腊担心危机殃及本国，所以它虽然是北约的成员，但没有派兵参加空袭行动，而且还表示反对武力解决，这一立场是难能可贵的。现在事态还在进一步发展，以美国为首的北约对南的轰炸已持续 20 多天。它们本来想通过空中打击在短时期内把南斯拉夫压服，但它们没有想到，虽然使用了最先进的高科技武器，炸毁了南斯拉夫的一些军事设施等要害部位，给南斯拉夫的经济造成很大损失，但并没有把南斯拉夫压服。中国是坚决反对北约采取军事干涉行动的。巴尔干地区一些国家的民族矛盾是历史遗留下来的，这个问题应该在尊重各国主权的基础上，以和平的方式加以解决。没有联合国的授权，北约就对一个主权国家采取军事打击，而且规模之大、时间之长也是少有的，这在国际上开了一个很不好的先例。现在有一种论调，什么“人权高于主权”，这是为侵略和干涉他国内政提供理论根据，是十分荒谬的。但是，我们也要看到科索沃问题的复杂性，因为它确实存在着民族矛盾。尽管如此，这毕竟是南斯拉夫的内政，应该由南联盟和科索沃地区的人民自己解决。中国反对北约空袭，同时对当前引起的大量科索沃难民背井离乡深表同情。

现在国际上有各种各样的解决方案。我们注意到南联盟的立场是必须先停止轰炸，然后坐下来谈，主权不容侵犯。中国一贯认为，通过政治谈判和平解决是唯一的出路，希望安理会采取有效措施，促使北约停止军事行动，使科索沃问题回到政治解决的轨道。任何和平建议只有得到南联盟政府的同意与合作才能够顺利实施。

《中国日报》记者：“东突”问题是您在土耳其访问期间同土耳其领导人会谈的重要议题，人们对此也十分关注。双方在这一问题上有什么共识？

李鹏：所谓“东突”问题，它的起因是一小撮人在早些年逃离新疆到土耳其，在那里形成了一小股民族分裂势力，扬言要建立名叫“东突”的所谓国家。他们从事民族分裂活动,甚至进行暴力恐怖活动,所以对此包括新疆各族人民在内的全国人民是坚决反对的。在这次访问中,我和土耳其总统、总理、议长都就这个问题深入交换了意见。土耳其领导人的态度是明确的。他们反对有人在土耳其从事反华分裂活动,特别是暴力恐怖活动。土耳其总统表示由两国政府的有关部门就此加强合作,采取有力措施,对反华分裂势力进行防范和打击。总统说,土耳其人和新疆的维吾尔族人有血缘关系,但新疆是中国的领土,新疆的维吾尔族人是中国公民,应该为中国的建设、为新疆的发展作出贡献。土耳其不希望"东突"问题成为土耳其和中国发展友好关系的障碍。土耳其议长也对我说,土耳其是伊斯兰国家,但他们反对原教旨主义极端势力。另外,在双方的谈话中,土耳其领导人对中国的经济发展、社会稳定、民族团结以及在国际事务中发挥的作用等均给予积极评价。他们强烈希望搞好土中关系。他们认为,土中友好是大局,没有任何理由作出对中国不友好的事情来,也决不会去支持"东突"这样一个反华组织。

中央电视台记者:近年来,中国与东盟的关系发展顺利。但中国与菲律宾因美济礁的归属问题发生了争执,双方关系受到影响。这会不会波及中国与东盟的关系?另外,亚洲金融危机以来,东盟内部因经济利益的不均衡,比如损失大小不同、承受的压力不同、要竞争有限的相同市场等等,相互间产生了一些矛盾和分歧。这会不会影响中国对东盟的政策?

李鹏:中国和东盟的关系一直是良好的。至于中国与个别东盟国家存在一些历史遗留的问题,这是双边关系中的局部问题,不影响、也不应该影响双边关系的大局。对这些问题,中国历来主张通过和平谈判的方法加以解决。目前发生在中菲之间的问题就中菲全面关系而言,是局部的,纯属中菲之间的事。我们仍然主张通过双边友好协商解决存在的分歧。东盟国家与中国没有根本的利害冲突。我们都是发展中国家,又生活在同一个地区。中国发展同东盟各国的关系,我认为应坚持以下几条原则:一是要保持政治交往势头,进一步加强相互之间的了解和信任;二是要扩大经贸、科技、金融等领域的互利合作;三是要通过友好平等协商解决历史遗留问题;四是要促进双方在国际和地区事务中的相互配合和支持。我们认为,经过多年发展,中国与本地区各国的关系是有坚实基础的,在双方共同努力下,中国与东南亚各国可以永远成为好邻居、好朋友、好伙伴。

中国国际广播电台记者:巴基斯坦新闻媒体说,您是去年5月爆发印巴核危机后,中国访巴的重要领导人。但就在此时,印度于您离开巴基斯坦前一天发射了一枚导弹,巴随后也发射了一枚。在此背景下,您认为中国将如何处理中印、中巴关系?

李鹏:中国实行独立自主的和平外交政策,同周边国家睦邻友好相处。印度和巴基斯坦都是中国的邻国,中巴关系很好。就我们的愿望来说,也愿意搞好与印度的关系。中巴友谊经受了历史考验,在各自国家困难的时候,对方都伸出了援助之手。所以说,中巴是"全天候"的朋友。印度和中国有漫长的边界线,曾经为此发生过冲突。但是通过双方共同努力,两国关系有了改善,双方签署了维护边境地区和平与安宁的协定。中国是一个拥有核武器的国家,但中国签署了核不扩散条约和全面禁止核试验条约。中国是严格恪守承诺的。去年印巴先后进行了核试验,加剧了南亚局势的紧张,中国对此表示关切。当然我们注意到,是印度首先进行核试验,然后巴基斯坦才进行核试验的。这次也是印度首先发射了中程导弹,然后巴基斯坦才发射的。我们希望印巴两个邻国通过和平谈判解决彼此争端,而不是诉诸武力。印巴两国总理不久前在拉合尔会晤,双方表示愿意通过和平谈判解决包括克什米尔问题在内的所有问题。中国对印巴两国改善关系的积极姿态是欢迎的,我们不希望看到南亚地区出现军备竞赛,因为这不符合本地区人民的根本利益,不利于地区的和平、稳定与发展。

新华社记者:您曾三次访泰,当时泰国经济情况很好。这次亚洲金融危机首先在泰国爆发,危机的程度超过了人们的预料。中国应该从危机中吸取哪些教训?

李鹏:亚洲金融危机爆发后不久,我曾和泰国前外长西提有过一次谈话。他当时就说,金融危机始于泰国,既有外因也有内因。内因就是泰国经济本身有弱点。比如房地产过热,泡沫经济严重。另一方面,国际金融投机者在泰金融市场大肆炒作,造成了泰币的大幅度贬值,使泰国金融体系几近瘫痪。这次我到泰国发现,金融危机虽使泰经济蒙受巨大损失,但并未从根本上动摇泰国的经济基础。泰国的基础设施、工业、农业、旅游业都比较好,虽然去年泰国经济是负增长,但我认为,泰国经济已经滑到谷底,年内复苏是有希望的。新中国成立50年来,取得了很大成绩,但也有过波折,有过失误。我们从波折和失误中吸取了教训,可以说坏事变成了好事。这个道理同样适用于你刚才提的问题。人们应该从这场金融危机中得到有益的启示。毫无疑问,经济全球化会给发展中国家带来很大好处,可以通过国际经济合作,加快技术、资金、信息等方面的交流,但是经济全球化也会给发展中国家带来风险。所以我们说机遇和风险并存,发展中国家应该学会保护自己。我国早在几年前就采取了许多宏观调控措施,在一定程度上有助于防范金融风险。金融危机发生后，我们进一步加强了这方面的工作。例如，全国人大常委会不久前通过的证券法，使得我们的证券交易有法可依，从而可以有效地遏制投机活动。

《法制日报》记者：在6国中，有4个是您多年前曾经访问过的。能不能请您把最突出的感受给我们讲一讲？

李鹏：我认为，各国都有各国的实际情况。从我10年前访问到现在，这些国家都有进步，都有发展，但有的发展快一些，有的则慢一些。这是多种因素决定的。各国的自然条件、社会政治状况、经济起点和基础不尽相同。但是，无论是什么情况，一个国家要发展，离不开一个重要因素，就是要有一个稳定的政治局面和团结的社会环境，保证国家集中精力发展经济，改善人民生活，促进社会全面进步。这一点不仅为中国几十年来的实践所证明，也为世界上众多国家走过的道路所证实。通过这次访问，我在这方面的感受更为深切。一个国家特别是发展中国家有一个稳定的政治局面是特别重要的。

加拿大中国贸易理事会在多伦多举行晚宴欢迎国务院总理朱镕基

北京外国语大学等单位联合举行活动纪念法国作家巴尔扎克诞辰200周年《巴尔扎克全集》由人民文学出版社出版

北京大学生电影节在北京师范大学开幕

4月18日

国家主席江泽民为香港回归祖国纪念碑题写碑名

香港回归祖国纪念碑设计方案完成，江泽民为纪念碑题写碑名。

纪念碑设计方案是从香港社会各界人士提供的250多份方案中精选综合完成的。纪念碑为20米高的柱体造型，直径1.6米，柱体上圆下方。基石和碑柱以坚实耐久的黑色和灰色麻石为材料，柱头选用青绿色的锻铜。柱身正面刻写着江泽民的题字："香港回归祖国纪念碑"。

全国厂务公开经验交流会在天津召开

中央纪委、国家经贸委、全国总工会召开交流会。全国总会主席尉健行出席会议并讲话。国务院副总理吴邦国发表了书面讲话。

尉健行指出，一些企业通过实行厂务公开，切实加强职工民主管理和民主监督，有效地调动了职工群众当家做主的积极性，凝聚了职工群众的智慧和力量，促进了企业的改革、发展和稳定，具有十分明显的积极作用和现实意义。一是有利于扩大职工民主参与，加强企业的科学管理。通过公开厂情，调动职工的积极性，使广大职工真正了解企业改革与发展的重大决策、涉及职工切身利益的重大事项和领导干部廉政勤政等情况，为广大职工通过职工代表大会等形式行使民主权利提供了必不可少的条件，打下了好的基础。二是有利于加强职工群众民主监督，推进企业的党风廉政建设。通过厂务公开，把企业的经营管理和干部的廉政勤政等情况置于广大职工群众的监督之下，并通过职工群众对领导干部的民主评议和民主测评等工作，使职工群众的监督权真正落到实处，形成自上而下和自下而上相结合的监督制约机制，推进企业的领导班子建设和党风廉政建设。三是有利于密切企业党群、干群关系，调动干部和职工两个积极性。通过厂务公开，加强企业领导干部与职工群众之间的双向沟通，架起相互理解、相互信任、相互支持的桥梁，使企业的重大决策和管理措施得到职工群众的理解和支持，就能够进一步密切党群、干群关系，有效地调动干部和职工的积极性，同时也有利于企业劳动关系的协调与稳定。四是有利于坚持和完善职工代表大会制度，加强企业民主建设。推行厂务公开，为我们找到了一个在新形势下既坚持职代会制度，又促进职代会制度建设的有效形式，还可以带动企业其他民主制度的建设。五是有利于促进现代企业制度的建立，推进企业制度的创新。厂务公开是从推动企业形成激励和约束相结合的体制、机制、制度等方面发挥作用的，它有利于促进企业制度的创新，增强企业的凝聚力和市场竞争力。

尉健行提出，如何进一步推行厂务公开，需要我们在现有工作的基础上，结合各自实际，认真处理和解决好以下几个问题。

一要着眼于促进国有企业的改革、发展和稳定。

二要坚持从实际出发突出重点。

三要坚持以职工代表大会为基本载体。

四要与建立现代企业制度相结合。

尉健行要求，各地要切实加强对推行厂务公开工作的领导，党委要把推行厂务公开工作纳入重要议事日程，统一部署，统筹安排，认真组织，为这项工作的健康稳步发展把握方向，创造条件。行政和纪检、监察、组织部门及工会、共青团等，都要根据党委的统一安排，发挥自身优势，各司其职，各负其责。工会组织要积极主动地承担起推行厂务公开的日常工作。要逐步建立起党委统一领导、党政共同负责、有关方面齐抓共管、职工群众全员参与的工作体制和运行机制。

全国人大常委会委员长李鹏在曼谷下榻的宾馆接受8家泰国新闻媒体的联合采访

李鹏首先说："我这次访泰，拜会了泰国国王，会见了诗琳通公主，并与泰国总理、国会主席、上院议长进行了亲切友好的会晤，还参加了泰国最重要的节日宋干节庆祝活动，并同泰各界人士进行了广泛接触。访问圆满成功。我衷心感谢泰国王室、政府、国会的热情友好接待。"

当记者问到泰中关系的发展前景时，李鹏说，中泰友谊源远流长，中泰两国是友好邻邦，同属发展中国家，在很多国际和地区问题上相互支持、相互帮助。我相信，这种睦邻友好关系将在21世纪得到进一步的发展。他说，我们认为，21世纪应该是一个多极化的世纪，而不应该由一个或少数几个国家发号施令，国家不分大小、贫富、强弱，应该一律平等。21世纪还将是一个高科技的世纪，高科技应造福人民，有利于和平，而不应该用来发展大规模杀伤性武器，杀害无辜的平民。

在回答有关中国统一的问题时，李鹏说，1997年香港回归以来，"一国两制"、"港人治港"、高度自治的政策得到了很好的落实。我们相信，澳门今年也将顺利回归。李鹏强调，世界上只有一个中国，就是中华人民共和国。中华人民共和国政府是代表全中国的唯一合法政府，台湾是中国领土不可分割的一部分。台湾同祖国大陆的统一是大势所趋，人心所向。我们主张，祖国统一后，台湾不仅实行"一国两制"，而且将享有比香港、澳门更大的自治权。在现阶段，台湾与祖国大陆之间应该是经济上实行"三通"，政治上开展对话。祖国统一大业不应该无限期地拖延下去，拖延下去对祖国大陆不利，对台湾人民不利，对地区的和平与稳定也不利。

当记者问到中国与东盟关系以及中国如何看待柬埔寨前红色高棉领导人问题时，李鹏说，中国与东盟国家之间是平等互利、互相支持、共同发展的关系，和平共处五项原则对现在中国发展与东盟国家之间的关系仍然具有指导意义。虽然中国与一些东盟国家之间存在着一些历史遗留下来的问题，但这些问题应该通过和平谈判、友好协商的办法来解决。世界上有些国家总是希望东盟国家之间、东盟与中国之间不时产生矛盾，以便从中渔利。所以，如果把个别问题"炒热"，是不明智的。李鹏重申，中国反对霸权，自己也不搞霸权，不谋求所谓势力范围，也不会利用在东盟国家的华人、华侨为自己谋取私利。中国继续发展同东盟各国的睦邻友好关系。过去如此，现在如此，将来也如此。

李鹏说，中国同选举产生的柬埔寨现议会、政府有着良好的关系，中国十分赞赏西哈努克国王对柬埔寨民族和解、民族团结所发挥的重要作用。柬政府领导人不久前明确指出，前红色高棉领导人的问题是柬埔寨的内部事务，应该由柬政府自己决定如何妥善处理。对此，我们表示理解和赞赏。

李鹏还就中泰经贸关系、东南亚金融危机以及中国同东盟国家加强合作打击制毒、贩毒等问题回答了记者的提问。

外交部发言人孙玉玺就日本东京都知事石原慎太郎言论发表评论

孙玉玺在回答记者提问时说，中国对新当选的日本东京都知事石原慎太郎肆无忌惮地发表伤害中国人民感情和有损中日关系的言论感到愤慨。

有记者问：你对新当选日本东京都知事的石原慎太郎最近公开发表敌视中国、反对中日友好的言论有何看法？

孙玉玺回答说："我们对石原慎太郎肆无忌惮地发表伤害中国人民感情和有损中日关系的言论感到愤慨。"

孙玉玺说，在中日两国政府和人民本着以史为鉴，面向未来的精神，努力推动两国关系不断向前发展的形势下，石原公然散布美化侵略历史和极其荒谬的反华论调，是逆历史潮流而动。中日友好符合两国人民的根本利益，也反映了两国人民的共同愿望，石原的拙劣表演不得人心，必将遭到中日两国人民的共同反对。我们奉劝石原悬崖勒马，不要在错误的道路上继续走下去。

解放军总参谋部发布命令授予创造中国陆军航空兵中士李洪涛"科技练兵好战士"荣誉称号

人民解放军总参谋部近日发布命令，授予短短4年创造了我国陆军航空兵"八个第一"的中士李洪涛"科技练兵好战士"称号。这是新中国成立以来第一位因军事训练成就卓著而被最高军事领率机关授予荣誉称号的士兵。

'99春兰杯第五届中国国际风筝会暨第九届全国风筝比赛在连云港开幕

叶飞逝世

中国共产党的优秀党员，久经考验的忠诚的共产主义战士，无产阶级革命家、军事家，第六、七届全国人民代表大会常务委员会副委员长，海军原第一政委、司令员叶飞同志，因病医治无效，于1999年4月18日12时在北京逝世，享年85岁。

叶飞，原名叶启亨，曾用名叶琛。福建省南安县人。1914年出生于菲律宾奎松省华侨家庭，1918年归国。1928 年加入中国共产主义青年团，当年离开学校专门从事地下活动。1932 年 3 月转为中国共产党党员。1933 年到闽东参与创建闽东革命根据地和红军游击队。1936 年领导闽东军民坚持了三年艰苦卓绝的游击战争。抗日战争爆发后，闽东红军改编为新四军，他曾任新四军第三支队第六团团长，率部火烧上海虹桥日军机场，大振军威。他参与领导开辟苏北抗日根据地，指挥了郭村保卫战和参加黄桥战役。皖南事变后，他历任新四军第一师第一旅旅长兼政治委员、苏中第三分区地委书记、新四军第一师副师长、苏中军区司令员、苏浙军区副司令员等职，参与指挥车桥、天目山等战役。解放战争时期，他历任山东野战军第一纵队司令员、华东野战军第一纵队司令员兼政治委员、第一兵团副司令员兼第一纵队司令员等职，先后参加宿北、鲁南、莱芜、孟良崮、豫东等战役。他 1949 年任第三野战军十兵团司令员，参加渡江、上海战役。之后，他率部南下解放福建，任福建军区司令员，并指挥部队肃清国民党残余武装力量和土匪。中华人民共和国成立后，他历任中共福建省委第二书记、第一书记、福建省省长、福建省政协主席、南京军区副司令员、福州军区司令员兼政治委员、中共中央华东局书记处书记。在主持福建省工作期间，他与其他领导一起带领广大干部群众，建立了第一批新兴工业基地，并大力发展农业、交通运输、水利电力和文化教育事业。同时致力于巩固海防和加强海上军事斗争，组织指挥了东山岛战斗和炮击金门。“文化大革命”期间，他受到诬陷和迫害，身处逆境，始终相信党和人民，与林彪、江青反革命集团进行了针锋相对的斗争。他 1975 年 1 月出任国家交通部部长，全面整顿生产秩序，努力振兴国家交通事业。他 1979 年调任人民解放军海军第一政治委员，1980 年 1 月至 1982 年 8 月任海军司令员。1980 年，解放军向南太平洋发射运载火箭试验中，他指挥部队首次远航太平洋，圆满完成中央赋予海军的任务。他是第一至第三届国防委员会委员、中共第八届中央候补委员、中央委员(1966 年递补)、第十届中央候补委员、第十一、第十二届中央委员、第六、第七届全国人大常务委员会副委员长和人大华侨委员会主任委员、全国侨联第三届委员会名誉主席。他 1955 年被授予上将军衔，荣获一级八一勋章、一级独立自由勋章和一级解放勋章。他 1988 年荣获一级红星功勋荣誉章。

4 月 19 日

《人民日报》发表评论员文章《严肃认真紧张投入——三论以整风精神深入开展“三讲”教育》

国家经贸委在江阴召开全国技术改造工作会议

国务院副总理李岚清会见英国伦敦金融城市市长莱文

一颗小行星被命名为“香港星”

中国科学院、香港中华科学与社会协进会与临时市政局日前举办“香港星”命名典礼，正式宣布将紫金山天文台科学家在 1978 年发现的 3297 号小行星命名为“香港星”。

4 月 20 日

全国人大常委会委员长李鹏在人民大会堂会见由议长鲁塞尔-约翰斯顿勋爵率领的欧洲委员会议会代表团

第二次全国各族青年团结进步模范集体和模范个人评选揭晓

共青团中央、国家民委、全国青联日前决定，授予中央民族大学团委等 40 个单位为第二次全国各族青年团结进步模范集体，刘彤等 160 名同志为第二次全国各族青年团结进步模范个人。

第二次全国各族青年团结进步表彰活动是共青团中央、国家民委、全国青联于 1998 年 1 月联合开展的，旨在更好地团结引导全国各族青年为巩固发展我国民族团结进步事业、实现跨世纪宏伟目标作出更大的成绩。

这次受表彰的模范集体和模范个人是从 30 个省、自治区、直辖市和武警、民航、铁道、中央国家机关、新疆生产建设兵团等评选推荐的 102 个候选单位和 309 名候选人中经过认真评审确定的。40 个模范集体主要分布在民族地区和少数民族聚居地，涉及党政群团、武警公安、医疗卫生、厂矿企业、饮食服务、金融、学校等众多行业。160 名模范个人来自汉族和 55 个少数民族。其中少数民族 130 名，占总数的 81.3%。平均年龄 32.5 岁。他们中有自愿放弃优越条件，扎根民族地区的；有响应党的号召，到民族地区开展援助工作的；有大学毕业后自愿回乡建设民族地区的；有为民族地区人才培养作出重要贡献的；还有为民族地区的发展无私提供物质、智力帮助的。

国务院批准中国首家经营商业银行不良资产的公司——中国信达资产管理公司在北京宣布成立

温哥华地区一百多个华侨华人团体在温哥华市会

议中心举行千人宴会欢迎到访的国务院总理朱镕基

中葡联合联络小组第35次会议在北京举行并就澳门电力公司专营和约等问题达成共识

由文化部 中国文联主办 中共中央政治局常委李瑞环出席纪念吴作人诞辰90周年暨吴作人艺术大展在中国美术馆开幕

4月21日

党和国家领导人江泽民等为人民海军成立50周年题词

国务院副总理李岚清在吉林 辽宁考察工作

李岚清4月21日至24日分别由吉林省省委书记王云坤、省长洪虎,辽宁省省委书记闻世震、省长张国光陪同,考察了吉林大学、东北大学、沈阳音乐学院和一些中小学的教育改革与素质教育;考察了东北大学、中科院的科技企业与科研院所,同科技人员就科技体制改革问题深入地交换了意见。

在两省分别召开的教育工作座谈会上,李岚清指出,我们正处在一个知识经济已见端倪、科学技术突飞猛进、国力竞争日趋激烈的时代,我们必须拥有足够数量又全面发展、具有创新精神的人才,以适应时代的需要。

李岚清指出,要围绕全面推进素质教育,加快教育各个阶段和各个方面的改革。高等教育改革要围绕加快培养高素质人才和努力为社会经济发展作出贡献这两个方面进行。他说,以"共建、调整、合作、合并"为主要形式的高教管理体制改革已取得重要进展,这一改革带来了教育质量和办学效益的提高,为人才培养创造了条件,这项改革要继续推向深入;要加快高校内部管理体制改革,通过精简机构,优化教职工队伍、实行后勤社会化等改革,做到减人增效、增强办学活力,促使优秀人才脱颖而出;

在东北大学创办的阿尔派计算机软件公司,李岚清仔细了解了这个公司从十几名科研人员、十几台科研设备发展到现在1500名员工、几亿元资产、年均利润增长率超过120%的发展过程,高度评价了他们面向经济建设主战场,加快科技成果产业化所作出的努力和突出成绩。在中科院沈阳自动化研究所,李岚清对他们追踪世界前沿技术,不断开创新的研究领域,决心改制为高科技企业并使越来越多的高科技成果能面向市场,成为新的经济增长点感到高兴。

李岚清还考察了长春电影制片厂、辽宁川江教师新村、沈阳第一机床厂和辽宁省图书馆,观看了辽宁芭蕾舞团新创作的芭蕾舞剧《二泉映月》。

国务院有关部门负责人陈至立、徐荣凯、王陇德等陪同李岚清副总理考察工作。

全国人大常委会委员长李鹏在北京会见帕普利亚斯率领的希腊议员代表团

国家副主席胡锦涛在人民大会堂会见以全国主席帕特里克·莱科塔为团长的南非非洲人国民大会代表团

中华全国总工会主席尉健行在北京会见以会长鹫尾悦也为团长的日本工会总联合会代表团

4月22日

中办印发《党政领导干部交流工作暂行规定》

为进一步推进干部交流工作,加强领导班子和干部队伍建设,现就党政领导干部交流工作作如下规定:

一、干部交流的指导思想

以邓小平理论和党的基本路线为指导,坚持干部队伍"四化"方针和德才兼备原则,正确执行党的干部政策,着眼于培养锻炼干部,优化领导班子结构,加强党风廉政建设和党的统一领导,促进地区、部门之间的联系和发展。

二、干部交流的对象

干部交流的对象主要是县(市、区)以上党委、政府领导班子成员和部分职能部门的主要负责人。具体交流对象按以下情况确定:

(一)需要通过交流丰富领导经验、提高领导水平的:

1. 拟提拔担任县(处)级以上党政领导职务,凡没有两年以上基层工作经历的干部,应有计划地交流到基层工作两年以上。

2. 拟提拔担任县(处)级以上党政领导职务,凡没有在下一级两个以上职位任职经历的干部,应在同级职位之间进行交流。

3. 新提拔担任县(市、区)以上党委和政府领导班子成员,应有计划地安排一部分易地交流任职;新提拔担任各级纪检监察、审判、检察机关和组织、人事、公安、财政、审计等部门的主要负责人,一般要易地交流任职。

(二)在一个地方或部门工作时间较长的:

1. 现任县(市、区)以上党委和政府领导班子的成员,在同一职位上任职满10年的,必须交流(实行民族区域自治地方的少数民族党政领导干部参照执行)；在同一地区、同级党政领导班子任职满 10 年的，应有计划地进行交流。

2. 现任各级纪检监察、审判、检察机关和组织、人事、公安、财政、审计等部门的主要负责人，在同一领导班子任职满 10 年的，应有计划地进行交流。

3. 实行双重管理、以业务部门为主管理的部门的主要负责人，在同一领导班子任职满 10 年的，应有计划地进行交流。

(三)按照有关规定需要回避的：

1. 新提拔担任县(市)委书记、县(市)长职务的以及县(市)纪检监察、审判、检察机关和组织、人事、公安、财政、审计等部门的主要负责人，一般不得在其原籍、出生地、生长地所在的县(市)任职。已在其原籍、出生地、生长地所在的县(市)任职满一届的，必须交流(民族自治县参照执行)。

2. 有夫妻关系、直系血亲关系、三代以内旁系血亲以及近姻亲关系等亲属关系的，如双方在同一领导班子里任职，或在同一机关担任直接隶属于同一领导人员的职务，或有直接上下级领导关系职务的，其中一方必须交流；在其中一方担任领导职务的机关从事组织、人事、纪检、监察、审计、财务工作的干部，必须交流。上述避亲交流不受任职时间限制。

(四)因工作需要、改善领导班子结构、发挥干部特长及其他原因需要交流的：

有以下情况之一的，不进行交流：

1. 县(处)级党政领导干部年龄超过 50 岁，地(厅)级以上(含地厅级)党政领导干部年龄超过 55 岁(任职年龄上限规定为 65 岁的，交流年龄上限可延至 58 岁)，一般不易地交流。属于必须交流的对象，已超过上述年龄的，可区别不同情况对其工作进行调整。

2. 因健康原因影响正常工作的。

3. 经考核考察被确定为不称职的。

4. 因涉嫌违纪违法正在接受组织审查而尚未作出结论的。

5. 其他原因不适合交流的。

三、干部交流的范围

干部交流应当有计划地在地区之间、部门之间、地区与部门之间、上下级机关之间、党政机关与企事业单位及社会团体之间进行。地(厅)级干部一般应在本省(自治区、直辖市)内交流，根据工作需要，也可跨省(自治区、直辖市)交流。县(处)级干部一般应在地(市、州)范围内交流，根据工作需要，也可跨地(市、州)交流；县(市)委书记、县(市)长应跨地(市、州)交流。实行双重管理、以业务部门为主管理的领导干部，一般在本系统内交流，根据工作需要，也可与地方或其他系统相互交流。

四、干部交流的组织实施

干部交流工作由各级党委(党组)及组织(人事)部门按照干部管理权限，分级负责。开展干部交流工作，应按照以下程序组织实施：

1. 组织(人事)部门拟定干部交流方案。

2. 组织(人事)部门征求干部调出、调入单位意见，研究提出交流人选，必要时应听取本人意见。

3. 党委(党组)集体讨论决定，由组织(人事)部门办理。跨地区、跨系统交流干部，经党委(党组)集体讨论提出人选后，报上级组织(人事)部门审批办理。必要时上级组织(人事)部门也可提出交流意见，并组织实施。

4. 在干部调出前，党委(党组)或组织(人事)部门的领导干部须与本人谈话，做好思想工作，并要求他们按时到新岗位工作。领导班子换届或届中调整时，应有计划地进行干部交流。每次交流干部的数量，一般不应超过领导班子成员的三分之一。同一地方或部门的党政正职一般不同时交流。需按法定程序选举或任免的干部，交流时应按照法定程序办理。按有关规定需作离任审计的，应进行审计。干部交流应严格执行领导班子职数的有关规定，不得超职数配备。中央、国家机关司(局)级干部交流到地方工作的，须报中央组织部审批办理。

五、干部交流的纪律

为保证干部交流工作顺利进行，防止和克服干部交流工作中的不正之风，应严格执行以下纪律：

1. 任何地区和单位必须坚决执行上级关于干部交流的决定，干部须服从组织作出的交流安排。

2. 各级党组织必须严格履行干部交流的程序，集体研究确定交流对象，不准个人或少数人指定交流对象，不准借干部交流突击提拔干部。

3. 调出单位的组织(人事)部门应负责地向调入单位的组织(人事)部门提供被交流干部的有关材料，不准弄虚作假；调入单位的组织(人事)部门对有关材料应认真审核，并严格按组织程序办理。

4. 干部接到交流通知后，须尽快办理工作交接手续，在主管部门限定的时间内到新的工作单位报到，并同时将行政关系、组织关系、工资关系转到新的工作单位。调出单位应尽快将被交流干部的档案转到调入单位。

5. 干部调离后，不准干预原地区或原单位的工作，不准从原单位随带工作人员和携带交通、通讯工具及其他公共物品。对违反上述干部交流纪律的当事人和责任者，应根据《中国共产党纪律处分条例》(试行)和《关于对违反〈党政领导干部选拔任用工作暂行条例〉

行为的处理规定》,视情节予以处理。

六、干部交流的配套措施

1. 把干部交流与干部使用结合起来,形成有利于干部健康成长的政策导向。对那些在基层和艰苦地方工作并取得突出成绩的干部,应优先提拔使用。

2. 凡属组织确定交流的干部,任何地区不得征收国家规定以外的费用。

3. 被交流的干部,其配偶子女是否随调、随迁,可尊重干部本人意愿。配偶子女随调、随迁的,对其工作、就业、上学、住房等应优先安排。

4. 被交流的干部,可按住房改革有关政策购买一处住房。

5. 被交流的干部退休时,可根据本人意愿,到已购住房所在地或家庭生活基础所在地进行安置和管理。

本规定自印发之日起施行,由中共中央组织部负责解释。

国家主席江泽民在成都主持召开四省市国有企业改革和发展座谈会

中共中央政治局委员、国务院副总理吴邦国,中共中央政治局候补委员、书记处书记、中央组织部部长曾庆红等出席座谈会。

座谈会上,云南省委书记令狐安、重庆市委书记张德邻、贵州省委书记刘方仁、四川省委书记谢世杰分别介绍了三省一市国有企业改革和发展的情况,就打好国有企业改革和发展攻坚战发表了看法。云南昆明制药股份有限公司董事长兼党委书记李南高、重庆长安汽车集团公司总经理尹家绪、贵州水城钢铁集团有限责任公司董事长兼总经理朱继民、四川长虹电子集团公司董事长倪润峰也在会上发言。

江泽民总书记在会上发表了讲话。

国家主席江泽民在成都国有企业改革和发展座谈发表讲话

我这次到四川,主要是就国有企业的改革和发展进行调查研究,已经考察了五天。今天,请大家来座谈。听了大家的发言,你们按照中央的方针政策,推进国有企业的改革和发展,取得了新的成绩。下面,我讲几点意见。

一、我国国有企业的发展历程

中央提出,搞好国有企业的改革和发展,是今年经济工作的重中之重。中央作出这个工作部署,是从当前我国经济体制改革和经济发展的要求出发的,也是从全面实现党的十五大提出的跨世纪发展目标的要求出发的。党的十五大和十五届一中全会确定了国有企业改革和脱困的三年目标,今年是完成这一目标的第二年,也是关键的一年。当前,世界范围的科技进步和产业结构调整正在加速进行,亚洲金融危机的影响还没有消除,国内经济结构也处于调整之中。这都向我们提出了新的挑战。我们不抓住机遇,下大决心、用大气力切实解决国有企业面临的深层次矛盾和问题,进一步增强国有企业的活力,不仅我们确定的改革和脱困的三年目标难以实现,而且长远发展的任务就更难以完成。也是绕不过去的关口。打好这场攻坚战,不仅关系到国有企业改革的成败,也关系到整个经济体制改革的成败。

我国的国有企业,已经历了半个世纪的发展历程。旧中国,社会生产力水平十分低下,基本上没有什么像样的现代工业。新中国成立以后,为了迅速改变长期贫困落后的状况,打破帝国主义对我国的全面封锁,党提出了基本上实现社会主义工业化,使我国由落后的农业国变为先进的工业国的奋斗目标。为此,国家集中财力物力,建设和发展了一大批国有企业。经过近三十年的艰苦奋斗,我们建立起独立的比较完整的工业体系和国民经济体系,为推进国家的工业化和现代化奠定了重要基础。国有企业的广大干部和职工为此作出了巨大的贡献。由于计划经济体制自身存在的弊端和历史条件的限制,国有企业在发展中也经历过曲折,积累了不少矛盾的问题。

党的十一届三中全会以后,我国改革开放和现代化建设的总设计师邓小平同志率领我们党认真总结历史经验,围绕进一步解放和发展社会生产力这个根本任务,确立了党在社会主义初级阶段的基本路线,确立了以公有制为主体、多种所有制经济共同发展的基本经济制度,确定了建立社会主义市场经济体制的改革目标,实行了对外开放,从而走上了建设有中国特色社会主义的正确道路。实行改革开放政策的初期,我们党就认识到,国有企业在整个国民经济中具有举足轻重的地位,在坚决推进改革的同时保持它们的稳定和发展,对支持整个改革的推进,保证国民经济健康发展,具有十分重要的意义。我们党从实际出发,从整个改革的战略布局出发,采取循序渐进的方式,积极稳妥地推进改革。

七十年代末八十年代初,中央决定扩大国有企业的经营自主权,实行多种形式的利润留成。一九八四年,十二届三中全会通过关于经济体制改革的决定,强调增强企业活力是城市经济体制改革的中心环节,决定实行国有企业所有权和经营权适当分离,使国有企业成为自主经营、自负盈亏、相对独立的商品生产者和经营者,普遍实行厂长经理负责制。一九八七年,党的十三大明确提出"国家调控市场,市场引导企业",在国有企业逐步推行承包经营责任制,试行租赁制和股份制等多种经营形式。一九九二年，党的十四大确立了社会主义市场经济体制的改革目标，提出要认真抓好国有企业经营机制的转换，加快市场体系的培育，深化分配制度和社会保障制度的改革，加快政府职能的转变。一九九三年，十四届三中全会通过的决定，进一步勾画了社会主义市场经济体制的基本框架，明确指出国有企业改革的方向是建立"产权清晰、权责明确、政企分开、管理科学"的现代企业制度。一九九五年和一九九六年，我对国有企业改革和发展比较集中地进行了调查研究，召开了一系列座谈会，并针对当时国有企业遇到的新情况、新问题发表了几次讲话。一九九七年，党的十五大对推进我国经济体制改革在理论上取得新的突破，提出要调整和完善所有制结构，全面认识公有制经济的含义，从战略上调整国有经济布局，努力寻找能够极大促进生产力发展的公有制实现形式。党的十五大和十五届一中全会对国有企业改革和发展提出了明确要求，作出了全面部署。这些年来，我们以国有企业改革为中心环节，在计划、财税、金融、外贸、外汇、投资、分配体制改革，社会保障和市场体系建设以及政府机构改革方面，进行了相应的配套改革，促进了国有企业改革的不断深化。

我们进行的改革，既努力革除旧体制的弊端，促进生产力的发展，又适应经济和社会的实际情况和各方面的承受能力，避免了大的社会震荡。实践证明，这条路子是正确的。二十年来，一大批国有企业在改革中焕发了新的生机和活力，在市场竞争中成长壮大，技术装备水平的明显提高，国有经济总体实力大大增强。国有工业总产值按可比价格计算年均增长百分之八点七，国有工业固定资产净值年均增长百分之十四点五，国有工业利税总额年均增长百分之十一点八。占国有和国有控股企业总产值百分之五十八的千户国有企业，资产负债率已降到百分之五十六点五。国有经济保持了较快的发展速度，在国民经济中继续发挥主导作用。这都充分说明，在多种所有制共同发展的市场竞争环境中，国有企业有充分的发展空间；市场经济不是私有制的专利，公有制完全可以和市场经济有机地结合起来。我们的改革方向和方针政策是完全正确的。

在我们这样一个实行社会主义制度、有十二亿多人口的发展中大国，提高综合国力和人民生活水平，巩固和发展社会主义制度，促进社会全面进步和保持社会安定，必须形成独立的比较完整的工业体系和国民经济体系。而国有企业特别是大中型干企业，是我国工业和国民经济的中坚力量。只有千方百计把国有企业搞好，进一步在改革开放中发展壮大国有经济，才能加快我国的工业化和现代化进程，我国经济才能在日益激烈的国际竞争和剧烈的市场动荡中稳定发展，才能在下个世纪中叶基本实现现代化。

推进国有企业的改革和发展，必须坚持建立社会主义市场经济体制的改革目标，适应国内外经济、科技和市场的发展变化，进一步深化改革，扩大开放，不断增强企业市场竞争能力、科技创新能力和抗御风险能力。要坚持公有制经济为主体、多种所有制经济共同发展的基本经济制度，坚持邓小平同志提出的"三个有利于"的根本标准，积极探索在社会主义市场经济条件下发展国有企业的新路子，大胆探索能够极大促进生产力发展的公有制实现形式，使国有经济在改革中不断获取新的生机和活力。

二、当前国有企业改革和发展的形势

正确认识和把握当前国有企业改革和发展的形势，不仅要实事求是地分析存在的困难，而且要充分把握住各方面的有利条件。这对于统一认识，增强信心，做好工作，至关重要。

当前，国有企业面临的主要问题是，部分国有企业生产经营困难，经济效益下降，技术进步迟缓，国有经济的结构性矛盾突出，富余人员多，债务和社会负担重，下岗职工基本生活保障和社会就业压力很大。对这些困难和问题，要继续进行实事求是地分析，找准原因，对症下药。

综合地看，产生这些问题的主要原因在于，一些政府部门和企业还没有完全摆脱旧体制的影响，管理体制和经营机制不适应市场经济的要求；随着体制改革的深化和结构调整的推进，长期以来积累的诸多矛盾和大量遗留问题集中暴露出来；一些改革措施还没有完全到位，一些建设存在很大的盲目性，乱上项目，乱铺摊子，使一批企业陷入困境；国内外市场环境发生急剧变化，特别是亚洲金融危机的冲击，加剧了一些企业的困难；也有些企业水平低，产品质量差，成本高，资金占用多，造成效益下降，亏损增加。总的看，这些问题都是前进和发展中的问题。过去我们实行的是计划经济，现在发展社会主义市场经济，在体制转轨和结构调整中必然会遇到一些新情况、新问题。不少国家在经济结构大调整的时期，都曾出现过类似的情况和问题。我国人口多，底子薄，生产力水平还比较低，有些问题的解决难度会更大一些。我们要充分估计到工作的艰巨性和复杂性，同时要充分看到并积极运用各种有利条件，坚定信心，扎扎实实地抓紧做好工作。

第一，改革开放以来，特别是党的十四大和十五大以来，我们党在实践中形成了推动国有企业改革和发展的一系列重要方针。主要是：坚持公有制经济为主体、多种所有制经济共同发展；以国有企业改革为中心环节全面推进经济体制改革；把国有企业改革同改组、改造和加强管理结合起来；国有企业改革的方向是建立现代企业制度；着眼于搞好整个国有经济，调整国有经济布局和结构，对国有企业实行战略性改组；鼓励兼并，规范破产，形成企业优胜劣汰的竞争机制；建立符合市场经济规律和中国国情的企业领导体制和管理制度；全心全意依靠工人阶级，发挥企业党组织的政治核心作用；实行政企分开，协调各项配套改革；等等。这些基本方针，符合我国国情，符合市场经济规律和现代化生产的要求，在实践中是行之有效的。我们要结合实际，继续坚定不移地贯彻执行。

第二，多年来，各地区、各部门和企业广大干部职工按照中央的部署，大胆探索，锐意进取，在转换企业经营机制、建立现代企业制度，推动国有资产重组、优化国有经济结构，集中力量抓好大企业大集团、采取多种形式放开搞活国有企业，减员增效、下岗分流、实施再就业工程，采取多种方式减轻企业债务负担，改革和完善国有资产管理、监督和运营体系等方面，做了大量工作，积累了初步的经验。

第三，现在，我国的综合国力大大增强，物质技术基础更加坚实。能源、交通、通讯和重要原材料等长期制约经济发展的“瓶颈”问题已经基本解决。国际收支平衡，外汇储备达到一千四百六十六亿美元，人民币汇率保持稳定。企业生产技术整体水平明显提高，形成了较强的科研开发和技术创新能力。社会保障体系逐步建立和完善，全国二百多个城市实行了城市镇居民最低生活保障制度。多种所有制经济迅速发展，创造了更多的就业机会。这些都可以为深化国有企业改革、推进结构调整，提供更好的条件和较大的回旋余地。

第四，经过实践，我们党开始积累发展社会主义市场经济条件下宏观调控的经验。既有了抑制通货膨胀，实现经济“软着陆”的经验，也有了通过扩大内需，推动经济增长方面的初步经验。面对亚洲金融危机的严重冲击，我们采取正确的对策，保持国民经济持续稳定增长。同时，政府机构、金融体制、粮食流通体制和住房制度的改革取得重要进展。纺织、石化、煤炭、冶金、有色、军工等行业的结构调整和企业重组稳定进行。国有商业银行的改革及其金融资产管理公司的成立，资本市场的发展，将为国有企业筹措资金和增加资本创造更好的条件。我们加强对经济秩序的整顿，切实防止重复建设，打击走私、贩私，严厉查处逃汇、套汇、骗汇，经济秩序进一步好转。中央还作出重大决策，实现了军队、武警部队和政法机关不再从事经商活动，中央党政机关与所管、所办企业一律脱钩。这一切，使得国有企业改革和发展的环境进一步改善。

第五，国有企业的广大干部工，对搞好国有企业有强烈的愿望和要求，也有强烈的责任感和参与意识。深化国有企业改革，增强国有企业的发展活力，符合工人阶级和广大人民群众的根本利益。二十年来，企业广大干部职工增强了改革开放意识，树立了市场观念、竞争观念和效益观念，开始形成与市场经济相适应的根本观念和就业观念，对改革的支持和承受能力增强。只要我们始终坚持全心全意依靠工人阶级，就能形成强大的前进力量。

三、加强党对国有企业改革的领导

当前，改革正处于攻坚阶段。各级党委、政府和党政主要负责同志，要充分认识搞好国有企业改革和发展的重大经济意义和重大政治意义，切实承担起应负的责任，进一步加强领导，团结和带领广大干部群众，坚定不移地按照中央的要求做好工作。

我们党有一个很好的传统，这就是每当革命、建设和改革面临重要转折关头、实施重大举措时，都要发动全党深入实际调查研究，在群众丰富多样的实践创造中找到解决问题的正确方法。这是我们事业不断取得成功的一个重要法宝。当前，面对推进国有企业改革和发展的艰巨任务，我们要坚定不移地贯彻执行党的群众路线，进一步转变领导作风，大兴调查研究之风。各级领导干部特别是主要领导同志要带头下基层，进行认真的而不是敷衍的、深入的而不是浮浅的调查研究，同企业的广大干部群众一起总结经验，制定有力措施，推进企业的改革和发展。

第一，要认真总结企业干部群众创造的成功经验，特别是那些能够有效解决当前的突出困难和问题，推动企业面向市场发展壮大的新鲜经验。我曾多次提出，要深入研究公有制如何同市场经济相结合的问题。要真正解决这个问题，必须解决一些重大的课题。比如，公有制采取什么样的实现形式才能更好地发挥优越性？如何调整和完善所有制结构，增强国有经济的控制力和竞争能力？如何运用股份制这一现代企业的资本组织形式来提高企业和资本的运作效率，促进所有权和经营权的分离？如何实现政企分开，建立科学合理的国有资产管理、监督和营运的机制，实现国有资产的保值增值？如何推进国有企业的战略性改组，促进国有产权合理流动，形成优胜劣汰的机制？如何建立企业创新机制，加快企业的技术进步？如何加强企业领导班子建设，形成经营者选拔、考核、任用、激励和约束的有效机制？如何适应国内买方市场的形成和国际激烈竞争的挑战，进一步拓展国有企业的发展之路？如何建立和完善同企业经济效益挂钩的合理的收入分配制度，更好地调动经营管理者和职工的积极性？等等。虽然我们在这些方面已经取得了不小的成绩，但总的看还需要在实践中进一步探索。我们要根据发展社会主义市场经济的要求，总结新的经验，进行新的创造，争取在这些重大课题上取得新的突破。

第二，要坚持具体问题具体分析，既要认识和把握矛盾的普遍性，也要注意分析和掌握矛盾的特殊性，不断认识新情况，解决新问题。现在，由于企业广泛地进入了市场，企业本身及其所处的内外环境也不断变化，企业越来越呈现出多样化的发展趋势。不同地区和不同行业的企业，在发展水平、产品结构和组织结构等方面往往很不相同。即使是同一地区和同一行业的企业，其经营状况和发展水平也不完全一样。同样的现象和问题，产生的原因也会是多种多样的。在这样的情况下，我们既要掌握企业的真实情况，也要注意研究市场的变化，有针对性地提出深化改革、促进发展、克服困难的政策措施。笼而统之是不行的。各级党委和政府都要制订周密的工作计划，做到每个困难企业都有领导干部去，每个领导干部都去一些困难企业。各地都要对本地区的国有企业开展一次普遍的调查研究，把情况摸清楚，做到心中有数。在这个基础上，有针对性地确定推进改革和发展的正确思路。当前，首先要努力实现中央提出的国有企业改革和脱困的三年目标。

第三，要勇于站在企业改革的前列，按照党的十五大精神，坚持"三个有利于"的根本标准，实事求是，积极探索，勇于开拓。国有企业的改革和发展是一场深刻的变革。实现这场变革，全党必须锐意进取，迎难而上，而不能因循守旧，无所作为。越是改革进入攻坚阶段，我们越要发扬这种积极进取的精神。我们提倡大胆地试，大胆地闯，决不是说盲目蛮干，而是要把勇于改革的精神同科学求实的态度紧密地结合起来。不做表面文章，不刮风，不要简单化、绝对化，搞一个模式。只要我们坚持一切从实际出发，善于从群众的丰富实践中吸取力量和智慧，就一定就够打开国有企业改革和发展的新局面。

《已购公有住房和经济适用住房上市出售管理暂行办法》由建设部颁布施行

这一管理暂行办法对已购公房和经济适用住房的上市条件、交易办法、收益分配等，作出了具体说明，它的实施将会对推动住房市场发展起积极的作用。

《已购公有住房和经济适用住房上市出售管理暂行办法》（以下简称《办法》）中规定，经省、自治区、直辖市人民政府批准，具备下列条件的市、县可以开放已购公有住房和经济适用住房（包括安居工程住房和集资合作建设的住房）上市出售的交易市场：已对城镇职工家庭住房状况进行了普查，并对房改中的违法违纪行为进行了处理；已制定了已购公有住房和经济适用住房上市出售收益分配管理办法和上市出售的具体实施办法，等等。

已取得合法产权证书的已购公有住房和经济适用住房可以上市出售，但有下列情况者不得上市出售：以低于房改政策规定的价格购买、且没有按照规定补足房价款的；住房面积超过省、自治区、直辖市人民政府规定的控制标准，或违反规定利用公款超标准装修，且超标部分未按照规定退回或者补足房价款及装修费用的；处于户籍冻结地区并已列入拆迁公告范围内的；产权共有的房屋，其他共有人不同意出售的；已抵押且未经抵押权人书面同意转让的；上市出售后形成新的住房困难的；擅自改变房屋使用性质的；法律、法规以及县级以上人民政府规定其他不宜出售的。

对已购公房和经济适用住房的成交价格，《办法》中提出按照政府宏观指导下的市场原则，由买卖双方协商议定，房地产交易管理部门对所申报的成交价格进行核实。对交易收益，《办法》规定：以成本价购买、产权归个人所有的已购公房和经济适用住房上市出售的，其收入在按规定交纳有关税费和土地收益后归职工个人所有。以标准价购买，职工拥有部分产权的已购公有住房和经济适用住房上市出售前，先按成本价补足房价款及利息，取得原购住房的全部产权后，再按前办法处理出售收入；也可直接上市，其收入在交纳税费和土地收益后，由职工与原产权单位按产权比例分成。

为鼓励城镇居民"以旧换新"，《办法》规定：已购公房和经济适用住房上市出售后或出售前一年内该户家庭按照市场价购买住房的，可以视同房屋产权交换，但该户家庭不得再按照成本价或标准价购买公有住房，也不得再购买经济适用住房等政府提供优惠政策建设的住房。

国家副主席胡锦涛在人民大会堂会见以会长鹫尾悦也为团长的日本工会总联合会代表团

中央军委主席江泽民为全军青年题词：努力学习艰苦奋斗做无愧于新时代的高素质青年军人

无产阶级革命家军事家刘伯承塑像在江苏省南京市胜利广场揭幕中央军委主席江泽民总书记为塑像题名

中纪委监察部通报一起顶风违纪案

在中央纪委的过问下，国家体育总局最近对其所属事业单位对外体育交流中心在1998年亚运会期间组织公费出国（境）旅游问题进行了严肃查处。对外体育交流中心副主任刘屯被撤销党政职务，副主任王殿才受到行政记大过、党内严重警告处分，该中心经营开发部负责人范江受行政记过处分。对外体育交流中心所获20万元违纪收入被追缴。中央纪委监察部近日转发了国家体育总局关于此案的通报。

4月23日

九届全国人大常委会召开第十四次委员长会议

会议决定，九届全国人大常委会第九次会议于4月26日至29日在北京举行。

全国人大常委会委员长李鹏主持会议。

会议首先听取了全国人大常委会秘书长何椿霖关于九届全国人大常委会第九次会议建议议程和日程安排的汇报。委员长会议建议，本次常委会会议的主要议程为：审议行政复议法草案，审议公路法修正案草案，审议预防少年违法行为法草案，审议全国人大常委会委员长会议关于提请审议公益事业捐赠法草案的议案，审议全国人大财经委员会关于提请审议独资企业法草案的议案，审议国务院关于提请审议招标投标法草案的议案，审议国务院、中央军委关于提请审议澳门特别行政区驻军法草案的议案等。

在会议上，何椿霖还分别就全国人大常委会1999年工作要点草稿、全国人大常委会1999年执法检查计划草稿做了说明；全国人大法律委员会主任委员王维澄汇报了行政复议法等几个法律草案的修改意见；全国人大法律委员会副主任委员、全国人大常委会法制工作委员会副主任乔晓阳就公益事业捐赠法草案做了说明。

全国人大常委会副委员长田纪云、姜春云、邹家华、王光英、布赫、铁木尔·达瓦买提、吴阶平、彭珮云、何鲁丽、周光召、成克杰、曹志、丁石孙、许嘉璐、蒋正华出席会议。

九届全国人大常委会在人民大会堂举办第八次法制讲座

全国人大常委会委员长李鹏主持并讲话。他说，九届全国人大二次会议通过的宪法修正案，将“依法治国、建设社会主义法治国家”这一党领导人民治理国家的基本方略载入宪法。依法治国的首要条件和基本前提，是建立有中国特色社会主义法律体系。加强对有中国特色社会主义法律体系的研究，从理论和实践的结合上搞清它的基本内涵和基本特征，以及明确建立这个体系的立法任务和主要措施，将有利于增强立法工作的主动性和自觉性，有利于有计划、有步骤、有重点地做好立法工作。因此，全国人大常委会专门组织力量对有中国特色社会主义法律体系进行了研究和论证，并已有了一个大体思路。随着实践的发展，对这一法律体系的认识还会不断深化。

李鹏说，党的十一届三中全会以来，在邓小平理论和党的基本路线指引下，我国立法工作取得了巨大成就，在经济、政治、社会生活的主要方面基本实现了有法可依，初步形成了有中国特色社会主义法律体系的框架。九届全国人大常委会提出，在本届任期内初步形成有中国特色社会主义法律体系。实现这个任务，将为到2010年形成有中国特色社会主义法律体系奠定坚实的基础。现在，全国人大常委会已经制定了5年立法规划，要在此基础上，根据有中国特色社会主义法律体系的研究成果，着手制定到2010年的立法纲要，以便更好地指导今后的立法工作。

李鹏指出，形成有中国特色社会主义法律体系，是一项前无古人的伟大工程，应当从我国社会主义初级阶段的实际出发，并研究借鉴外国有益的立法经验。

要形成这样的体系，还需要制定相当数量的法律，其中不少立法项目的难度很大，立法任务仍然是十分繁重的。当前要集中力量，抓紧制定立法法、监督法、物权法、社会保险法、劳动合同法，以及规范行政行为方面的重要法律，在建设有中国特色社会主义法律体系方面迈出坚实的步伐。在立法中要特别注意各法律部门、各法律之间的相互衔接与协调。要努力提高立法技术，法律的规定要尽可能明确具体、便于操作，以使法律在国家的经济、政治和社会生活中发挥应有的作用。

讲座的主讲人是全国人大法律委员会主任委员王维澄。他以《关于有中国特色社会主义法律体系的几个问题》为题，着重围绕以下几个问题作了详细阐述：建立有中国特色社会主义法律体系的重要意义，这一法律体系的构成和基本特征，建立这一法律体系的现实基础和今后的立法任务，为达到形成有中国特色社会主义法律体系目标应采取的主要措施。

听取讲座的有全国人大常委会副委员长田纪云、姜春云、邹家华、王光英、布赫、铁木尔·达瓦买提、吴阶平、彭珮云、何鲁丽、周光召、成克杰、曹志、许嘉璐、蒋正华，秘书长何椿霖，在北京的部分全国人大常委会委员、全国人大各专门委员会组成人员、全国人大机关各部门负责人等。

澳门特别行政区第一届政府推选委员会在澳门举行第一次全体会议

本次会议的主要内容是从报名参选的人士中提名产生澳门特别行政区第一任行政长官人选候选人。

会议由全国政协副主席、澳门特区筹委会副主任委员马万祺主持。会议开始。国务院副总理、澳门特别行政区筹委会主任委员钱其琛致开幕词。

钱其琛说，推委会的组成兼顾到了澳门社会各界别、各方面和各阶层的均衡参与。由这样一批按公平、公正、公开、民主和廉洁原则产生的在澳门各个领域有影响、有代表性的人士来选举产生澳门特别行政区第一任行政长官人选，是有权威的，是能够代表澳门社会的整体和长远利益的，是可以得到广大澳门居民信赖的。

钱其琛表示，“澳人治澳”、高度自治是中国政府既定的方针政策，是“一国两制”的一个核心内容。在现阶段，就是要让广大澳门居民积极地参与到中国政府对澳门恢复行使主权和筹建澳门特别行政区的各项具体工作中来。从基本法起草委员会到特区筹委会，澳门居民作为成员所占比例越来越高。现在推选委员会已完全由澳门居民组成。这生动地说明“澳人治澳”、高度自治的方针正在逐步贯彻落实。他指出，再过 7 个多月，当中国政府对澳门恢复行使主权的时候，一个完全由澳门居民组成的澳门特别行政区政府将担负起管理澳门的责任。澳门居民当家做主，这对在外国管治下过了几个世纪的澳门来说，是一个巨大的历史变化，是民族振兴的必然结果，也是民主的重大发展。

钱其琛强调指出，中央在行政长官人选问题上的态度向来都很明确：就是完全按基本法和全国人大的有关决定以及筹委会制定的有关产生办法办事。具体说，行政长官人选要请推委会委员通过无记名投票来选择，而不会由筹委会来内定，也不会由任何人来“钦定”。从步骤上说，首先，本次大会要确定第一任行政长官的候选人，这就要取决于推委会委员的提名。其次，大家还要听取各位行政长官候选人就自己的施政设想分别作介绍，并回答推委会委员提出的问题和质询，以了解候选人在治澳理念、领导才能等方面的情况。最后，要请推委会委员以对澳门、对国家高度负责的精神，行使民主选举权利，投下神圣一票。推选产生的行政长官人选将由筹委会全体会议审定后报中央人民政府任命。

会议宣布了筹委会主任委员会议的有关决定。鉴于原推委会委员区宗杰、何厚铧在报名参选特区第一任行政长官后，已辞去推委会委员职务，根据澳门特区第一任行政长官人选产生办法的有关规定，筹委会主任委员会议决定：区宗杰辞去推委后的缺额，由工商、金融界推委候选人黄友狮依次递补；何厚铧辞去推委后的缺额，由于具有澳门永久性居民资格的澳门地区全国人大代表均已成为推委，该缺额不予补充；推委会委员由 200 人减少至 199 人。

会议宣布，根据特区第一任行政长官人选产生办法的有关规定，筹委会主任委员会议对报名参选特区第一任行政长官的 9 位人士进行了资格审查，按参选人报名时间先后排序，确定区宗杰、刘球、梁排康、何厚铧、梁四超共 5 人符合参选资格，成为特区第一任行政长官参选人。

会议通过曹其真为总监票人，贺定一、李成俊为监票人。

筹委会副主任委员廖晖、王英凡、吴福、曹其真、何鸿燊及 197 名推委会委员出席会议。

何厚铧区宗杰成为澳门特区首任行政长官候选人

下午，196 名澳门特别行政区第一届政府推选委员会委员以无记名投票方式选举产生了澳门特区第一任行政长官人选候选人。4 时 25 分，国务院副总理、澳门特区筹委会主任委员钱其琛宣布：何厚铧、区宗杰已获得推委会 20 名及 20 名以上委员的提名。根据《中华人民共和国澳门特别行政区第一任行政长官人选的产生办法》的有关规定，这两位参选人成为中华人民共和国澳门特别行政区第一任行政长官人选的候选人。

下午 3 时整，澳门特区第一届政府推委会第一次会议继续举行。筹委会秘书长陈滋英首先向全体委员宣读了行政长官人选候选人提名须知。根据规定，每位委员只能在 5 位参选人中提名 1 人；参选人获得 20 张或 20 张以上提名票者，经筹委会主任委员会议确认，成为第一任行政长官人选的候选人。

3 时 40 分，委员们经过秘密写票后开始投票。投票完毕后进行了公开唱票。计票结果，何厚铧获得 125 票；区宗杰获得 65 票。当钱其琛代表筹委会主任委员会议宣布两位参选人成为第一任行政长官人选候选人时，全场响起热烈的掌声。

提名结束后，钱其琛致会议闭幕词。他说，这次为期一天的会议虽然短暂，但在大家的努力下，圆满地完成了会议的任务，成功地选出了何厚铧、区宗杰等两位澳门特区第一任行政长官人选的候选人，这样就为第一任行政长官人选的如期顺利产生打下了良好的基础。

钱其琛说，这次行政长官候选人的选举过程，通过电视直播，广大澳门同胞也都已经看到了。选举特区行政长官的活动将继续贯彻公开、公平、公正、民主和廉洁的原则，以确保能够推选出众望所归、德才兼备的第一任行政长官人选。

他指出，在今后不到一个月的时间里，推选委员会的工作将比较紧张。5 月 7、8 两日推选委员会将举行第二次会议，在这次会议上将听取两位行政长官候选人关于治理澳门的理念以及如何施政的设想，并分别回答委员们所提出的问题。5 月 15 日，将在澳门举行推委会的第三次会议，选举产生第一任行政长官人选。

他最后表示相信，推委会一定能够选出能孚众望的第一任行政长官人选。

筹委会副主任委员马万祺主持下午的会议，副主任委员廖晖、王英凡、曹其真、何鸿燊 96 名推委会委员出席会议。

澳门特区筹委会主任委员会议在澳门举行

国务院副总理、澳门特区筹委会主任委员钱其琛主持会议。

会议主要讨论晚些时候举行的澳门特区第一届政府推选委员会第一次会议的议程，确定推委会委员空缺递补人名单、特区第一任行政长官参选人名单、监票人名单。

澳门特区筹委会副主任委员马万祺、廖晖、王英凡、吴福、曹其真、何鸿燊及秘书长陈滋英出席会议。

国务院总理朱镕基在人民大会堂会见泰国副总理兼卫生部部长空·达巴兰西

国家主席江泽民在钓鱼台国宾馆会见沙特阿拉伯王国利雅得地区长官萨勒曼·本·阿卜杜勒-阿齐兹亲王

外交部发言人孙玉玺就联合国人权委员会对美国等极少数国家提出的所谓“中国的人权状况”决议草案不予审议和表决发表谈话

孙玉玺发表谈话指出，4 月 23 日，联合国人权委员会第五十五届会议以表决方式作出决定，对美国等极少数国家提出的所谓“中国的人权状况”决议草案不予审议和表决。这是 1990 年以来，联合国人权会第八次拒绝反华提案。中国政府对所有主持正义、支持中国的国家表示钦佩和感谢。

孙玉玺说，中国政府一贯重视人权，为促进和改善中国的人权状况作出了不懈努力，取得了举世瞩目的成就。然而，美国置事实于不顾，出于其国内政治和党派斗争的需要，再次在人权会提出反华提案，妄图利用人权问题干涉中国内政，诋毁中国的国际形象。这种做法不仅违背了《联合国宪章》的宗旨和原则，也违背了当前国际人权领域主张对话、反对对抗的潮流，受到中国和广大发展中国家的坚决反对，就连欧盟等其他西方国家也未参加共同提案国。美国在这场反华闹剧中处境孤立，反华提案理所当然以失败而告终。事实再次说明，利用人权干涉他国内政、推行霸权主义和强权政治的做法不得人心，搞对抗是没有出路的。

孙玉玺表示，中国政府一贯主张，各国在平等和相互尊重基础上开展人权对话与交流，增进了解，减少分歧。我们愿在《联合国宪章》的宗旨和原则指导下，与国际社会一道，推动国际人权事业的健康发展。

外交部发言人孙玉玺就日本阁僚和政治家参拜靖国神社等事答记者问

有记者问：日本政府 20 日就涉及新日美防卫合作指针的“周边事态”法案发表“统一见解”，中方有何反应？

孙玉玺回答说：中方迄今已多次表明对日美新防卫合作指针相关法案的强烈关切。中方愿再重申，任何直接或间接把中国台湾纳入所谓“周边事态”范畴的做法，都是中方坚决反对的。希望日本政府恪守在台湾问题上所作的郑重承诺，妥善处理相关法案的涉台问题，不要做侵犯中国主权、干涉中国内政的事。

有记者问：据报道，4 月 22 日春季祭祀期间，有日本政府阁僚和政治家共 100 多人集体参拜了靖国神社，中方对此有何评论？

孙玉玺回答说：我们注意到这一报道。日政府现职阁僚和政治家参拜供奉有甲级战犯牌位的靖国神社，不符合日本政府就历史问题对中方所作的表态。日方应在实际行动中体现正确对待历史的态度，尊重受害国人民的感情，维护中日关系的政治基础。

江泽民等党和国家领导人会见全国军转安置工作会议代表

中央军委主席江泽民，国务院总理朱镕基，国家副主席胡锦涛在北京会见全国军队转业干部安置工作会议代表。

江泽民指出，完成裁减军队员额 50 万的任务，对推进我军的质量建设很重要。今年是关键的一年，转业干部数量多，有 81000 多名。做好军队转业干部的安置工作，不仅是军队建设和稳定的需要，对于促进国家的改革、发展和稳定也具有重要意义。

江泽民说，当前，国有企业的改革正在深化，地方政府的机构改革也要开展，安置 8 万多转业干部，困难肯定是有的。但是，各地各部门必须深刻认识并切实承担起妥善安置军队转业干部的政治责任。经过解放军这所大学校的培养、教育和锻炼，军队转业干部的政治素质和工作能力是比较强的。在去年抗洪抢险斗争中，广大军队干部就表现了很高的政治素质。这种政治优势，军队建设需要，地方建设同样需要。各级党委和政府都要建立责任制，“一把手”要亲自抓，亲自督促检查，及时协调解决军转安置工作中出现的问题。希望大家以高度的责任感和满腔的热情，同心协力地把军队转业干部安置好和使用好。

吴邦国、迟浩田、张万年、曾庆红、王忠禹和傅全有、于永波、王克、曹刚川以及宋德福等有关部门负责人参加会见。

中央军委主席江泽民会见全军第九次青年工作会议全体代表

中共中央政治局委员、书记处书记、中央军委副主席张万年，中共中央政治局委员、中央军委副主席、国务委员兼国防部部长迟浩田，中央军委委员傅全有、于永波、王克、曹刚川，共青团中央书记处第一书记周强参加会见。

江泽民要求全军的青年官兵，认真学习马列主义、毛泽东思想特别是邓小平理论，掌握好改造主观世界和客观世界的思想武器，坚决听党的话，全心全意为人民服务，始终保持坚定正确的政治方向，保持高尚的道德情操；刻苦钻研高科技知识、钻研军事技术，积极参加科技练兵，熟练掌握手中武器，练就打赢高技术条件下局部战争的过硬本领；继承和发扬我党我军的优良传统，艰苦奋斗，无私奉献，为国防和军队现代化建设作出更多的贡献。

解放军全军第九次青年工作会议在北京举行

来自全军各基层单位的先进团组织和先进青年代表以及部分青年工作干部，认真学习领会军委主席江泽民关于“努力学习艰苦奋斗做无愧于新时代的高素质青年军人”的题词，共商新形势下做好军队青年工作，培养和造就高素质青年军人的大计。

中央军委委员、总政治部主任于永波在会上讲话指出。

团中央第一书记周强在会议开幕时致词。总政治部副主任周子玉在会上作青年工作报告。总政治部副主任唐天标主持会议。总政治部副主任袁守芳和各大单位有关领导出席会议。

国家天文观测中心成立

作为中国科学院知识创新工程首批启动的12项试点之一，国家天文观测中心正式成立，北京天文台台长艾国祥院士任中心主任。

4月24日

中国企业管理协会20周年暨更名组建中国企业联合会大会在人民大会堂举行

尉健行、李岚清、邹家华、陈锦华等领导致信向大会的召开表示祝贺。吴邦国、王光英、布赫、孙孚凌等出席大会。

中国企业管理协会理事长张彦宁在会上对中国企业管理协会20年来的工作进行了总结。他说，企协系统现已拥有28个全国性行业协会；在31个省、自治区、直辖市、200多个工业城市建立了企业管理协会、企业家协会和专业性协会，目前已拥有企事业团体会员43.6万家，形成了地域广泛、行业众多、功能配套的社会团体网络。中国企业管理协会会长袁宝华在会上回顾了20年来我国企业的改革与不断加强管理的历程。

大会宣布，经国家有关部门批准，从即日起，中国企业管理协会更名、组建为中国企业联合会。此前，中国企业管理协会与全国各行业企协、地方企协、全国性专业协会具有多年的合作关系，已形成联合体的雏形。在此基础上，中国青年企业家协会、中国女企业家协会、中国乡镇企业协会、中国外商投资企业协会、中国个体劳动者协会及中国民营科技实业家协会也将作为成员单位加盟中国企业联合会，从而将进一步充实扩大这个协会的工作覆盖面，更好地发挥它的桥梁纽带作用，引导企业自律并维护企业和企业经营者的合法权益。建立中国企业联合会后，中国企业家协会名称不变，继续代表中国雇主组织参加国际劳工组织的活动，作为我国劳动关系协商机制中企业一方代表，负责参与劳动立法、劳动争议的协调和处理工作，推动企业对外交流与合作。

来自全国各地经济界、企业界的500多名人士出席大会。

中国—巴西热带农业研讨会在海口举行

80多位中外专家就开发海南热带作物问题献计献策。国家外国专家局副局长张宇杰、海南省副省长王厚宏、巴西外交部官员保罗·佩素托博士等出席研讨会。

4月25日

九届全国人大民族委员会召开第七次会议

全国常委会副委员长铁木尔·达瓦买提出席会议。

在会上，国家发展计划委员会向全国人大民委作了《关于加强民族地区基础建设的政策措施及项目安排情况的汇报》，详细汇报了内蒙古、广西、宁夏、新疆、西藏、云南、贵州、青海八省区投资与项目安排的具体情况，说明国家安排给少数民族地区的财政债券投资不仅绝对量较大，而且安排财政债券投资占项目总投资的比重也高于全国平均水平。

铁木尔·达瓦买提副委员长说，国家去年增发1000亿元财政债券，配套增加1000亿元银行贷款，把其中60%以上资金投向中西部地区和少数民族地区，加强基础设施建设，体现了国家对包括少数民族地区在内的中西部地区的政策倾斜。中西部地区有大量的资源需要开发，基础设施的改善，必将大大促进中西部地区经济的发展，少数民族人民生活水平的提高。委员们在发言中认为，国家下大决心加大对中西部地区的投资，各级人大有责任监督这笔资金的使用，使地方政府用好国家的钱，把地区经济搞上去。

全国人大民委主任委员王朝文主持会议。

《人民日报》发表评论员文章《税费改革势在必行——一论税费改革》

解放军总政治部通报表彰全军先进共青团组织和优秀个人

总政治部日前发出通报，表彰全军先进共青团组织、优秀青年工作干部、刻苦钻研科技知识青年典型和优秀士兵。其中，先进共青团组织三十个，优秀青年干部二十名，刻苦钻研科技知识青年典型十名，优秀士兵一百名。

国家防总召开1999年第一次全体会议

国家防汛抗旱总指挥部近日在北京召开1999年第一次全体会议。国务院副总理、国家防汛抗旱总指挥部总指挥温家宝在会上作讲话。他强调，1999年是我国历史发展进程中非常重要的一年，做好今年的防汛抗旱工作意义重大，各地、各部门要立即行动起来，抓紧落实防汛措施，确保今年安全度汛。

会议指出，1998年我国长江、松花江等河流发生了历史罕见的大洪水，在党中央、国务院的坚强领导下，广大军民万众一心，团结奋斗，夺取了抗洪抢险斗争的全面胜利。总结去年和多年来的经验教训，防汛抗洪工作应当坚持八条原则：一是坚持"建重于防，防重于抢"的指导思想。二是坚持把保证人民群众生命安全作为防汛工作的首要目标。三是坚持做好汛前准备。四是坚持军民联防，全社会总动员。五是坚持科学防洪。六是坚持工程措施和非工程措施并重。七是坚持依法防洪。八是坚持党和政府的统一领导。

4月26日

国家主席江泽民在人民大会堂会见以色列总统埃泽尔·魏茨曼

江泽民对以色列政府长期以来奉行"一个中国"的政策、坚持不与台湾发生任何形式的官方往来的原则立场表示赞赏，同时希望以色列方面警惕达赖喇嘛从事分裂中国的活动。

魏茨曼总统表示，他将继续积极推动以色列政府继续坚持一个中国的立场，并在西藏问题上尊重中国政府的立场。

九届全国人大常委会举行第九次会议

全国人大常委会委员长李鹏主持。这次会议为期4天，共安排11项议程。

上午的会议进行了以下几项议程：全国人大法律委员会副主任委员李伯勇作关于行政复议法草案审议结果的报告，法律委员会副主任委员乔晓阳作关于公路法修正案草案审议结果的报告，法律委员会副主任委员周克玉作关于预防少年违法行为法草案修改情况的汇报，全国人大常委会法工委副主任张春生作关于公益事业捐赠法草案的说明，全国人大财经委员会副主任委员姚振炎作独资企业法草案的说明，国家发展计划委员会主任曾培炎作关于招标投标法草案的说明，中央军委委员、中国人民解放军总参谋长傅全有作关于澳门特别行政区驻军法草案的说明，外交部副部长王英凡作《中华人民共和国政府、朝鲜民主主义人民共和国政府和俄罗斯联邦政府关于确定图们江三国国界水域分界线的协定》和《中华人民共和国和新加坡共和国关于民事和商事司法协助的条约》两个议案的说明。会议还印发了李鹏委员长访问希腊、土耳其、叙利亚、巴基斯坦、孟加拉国和泰国六国情况的书面报告，请各位委员审议。

全国人大常委会副委员长田纪云、姜春云、邹家华、王光英、程思远、布赫、铁木尔·达瓦买提、吴阶平、彭珮云、何鲁丽、周光召、成克杰、曹志、丁石孙、成思危、许嘉璐、蒋正华，秘书长何椿霖出席了上午的会议。列席会议的有国务委员迟浩田、最高人民法院院长肖扬、最高人民检察院检察长韩杼滨。

九届全国人大常委会第九次会议下午举行分组会议，审议行政复议法草案和公路法修正案草案。

全国人大法律委员会副主任委员李伯勇在九届全国人大常委会第九次会议上作行政复议法草案审议结果报告

李伯勇在向九届全国人大常委会第九次会议所作的关于行政复议法草案审议结果的报告中说，法律委员会对草案提出了一些修改意见。对在此基础上形成的草案三次审议稿，法律委员会建议全国人大常委会审议通过。

这次由法律委员会提出的修改意见，涉及行政复议机构的职责、抽象行政行为、申请行政复议等几个方面。

是否将抽象行政行为纳入行政复议的范围，一直是社会各界和几次审议关注的问题。李伯勇说，有些常委会组成人员提出，应当将抽象行政行为纳入行政复议的范围。因此，法律委员会建议增加规定："公民、法人或者其他组织认为行政机关的具体行政行为所依据的下列规范性文件不合法，在对具体行政行为申请行政复议时，可以一并向行政复议机关提出对该规范性文件的审查申请：(一)国务院部门的规范性文件；(二)县级以上地方各级人民政府及其工作部门的规范性文件；(三)乡、镇人民政府的规定。""前款所列规范性文件不含国务院部、委员会规章和地方人民政府规章。规章的审查依照法律、行政法规的规定实施。"

第四次全国律师代表大会在北京开幕

中共中央政治局委员、国务委员、中央政法委书记罗干出席会议并讲话。他指出，律师工作有着广阔的发展前景，广大律师要充分认识在实践依法治国方略中的神圣使命，抓住机遇，不断进取，努力开拓律师工作的新局面。

罗干要求各级司法行政机关和律师协会，要切实加强对律师工作的指导和监督。要向全社会大力宣传律师，让社会充分了解律师，深刻认识律师工作的重要性，在全社会树立律师的良好形象。要认真贯彻落实《律师法》，切实维护律师的合法权益，为律师执业创造一个良好的环境。要坚持一手抓发展，一手抓管理，不断深化律师管理体制和律师工作的改革，促进律师制度的进一步完善和提高。要切实加强律师协会和律师事务所的自身建设，深化内部管理体制改革。要按照《律师法》的规定，严格规范律师事务所的行为，建立健全各项规章制度和监督制约机制，保障和促进律师事业的发展。

罗干强调，要进一步加强律师队伍建设。各级司法行政机关和律师协会，要切实把这项工作抓好；要组织广大律师认真学习邓小平理论，努力提高自身的思想政治素质；要牢固树立大局意识；要恪守职业道德，坚决反对拜金主义，坚决纠正"一切向钱看"、办"金钱案"、"人情案"、"关系案"等不良倾向，努力建设一支政治合格、业务精通、作风优良、具有良好形象的高素质的律师队伍。

全国政协副主席王文元以及高昌礼等有关部门负责人出席开幕式。

会议选举了新一届全国律师协会理事会。高宗泽当选为会长。

《人民日报》发表评论员文章《理顺分配秩序遏制腐败现象——二论税费改革》

中国企业联合会和世界经济论坛共同组织'99中国企业高峰会在北京开幕

国务院副总理吴邦国在开幕式上作简短致辞。吴邦国重申，人民币不会贬值，中国雄厚的物质基础和1460亿美元的外汇储备为此创造了条件。他认为，中国的经济形势总的是乐观的，并表示对中国保持较快发展"充满信心"。

以"持续增长：周期性调整及长期的体制改革"为主题的会议吸引来自中国和世界各地的政府官员、知名企业负责人和著名经济学家等近500名代表前来参加。会议将就中国外汇汇率体制、财政政策、住房改革、保险业走向等题目展开讨论。

中国企业高峰会一年一度。这是自1981年以来的第十八次会议。

国家主席江泽民在人民大会堂会见国际民航组织理事会主席阿萨德·科泰特博士

国务院总理朱镕基会见日本海外经济协力基金总裁筱泽恭助

中共代表团团长尉健行在哈瓦那同巴拉格尔举行会谈

尉健行在会谈中说："古巴革命胜利40年来，以卡斯特罗主席为首的古巴共产党领导古巴人民，以不屈不挠的革命意志顶住了各种各样的困难和外部压力，在社会主义革命和建设中取得了令人钦佩的成就，对此我们感到由衷的高兴。"尉健行指出，中国党和政府历来十分重视与古巴的友谊和友好合作关系，愿意同古巴同志一起交流治党治国的经验，相互学习借鉴，以利双方共同发展。尉健行还向巴拉格尔介绍了中国的国内形势和新时期党的建设的情况。

全国军队武警部队政法机关移交企业清理处理工作会议在北京召开

中共中央政治局常委、书记处书记胡锦涛出席并讲话

胡锦涛在讲话中充分肯定了军队、武警部队和政法机关不再从事经商活动工作所取得的成绩。他说，自中央作出军队、武警部队和政法机关一律不再从事经商活动的重大决策后，军队、武警部队，地方各级党委、政府，政法机关把贯彻中央重大决策作为一项严肃的政治任务来对待，雷厉风行，坚决落实。到去年年

底，军队、武警部队和各级政法机关已与所办经营性企业彻底脱钩，不再从事经商活动，如期实现了中央确定的目标。今年以来，按照中央的要求，又集中力量抓了企业处理的后续工作。目前整个工作正健康有序地继续向前推进。

第一，增强政治责任感和工作紧迫感。

第二，着力解决难点问题。

第三，加强组织协调。

第四，加大督促检查的力度。

第五，保持工作机构的稳定。

国务院副总理吴邦国就新组建国防科工委发表讲话

吴邦国说，国防科技工业是我国实现国防现代化的重要基础，是国民经济发展的战略性产业。

当前，世界多极化和经济全球化的趋势继续发展，我国的社会主义市场经济体制改革不断深入，在计划经济体制下建立起来的国防科技工业，已越来越不适应部队武器装备和社会主义市场经济发展的需要。根据党中央、国务院和中央军委的决策，国务院去年对国防科技工业管理体制进行了调整，组建新的国防科工委。新组建的国防科工委与企业脱钩，真正成为主管国防科技工业的政府部门，对国防科技工业实施行业管理。核、航天、航空、船舶和兵器五大军工总公司改组为若干企业集团，建立起符合社会主义市场经济发展需要的供需分离、政企分开、产研结合、精干高效的管理体制和运行机制，为跨世纪长远发展奠定坚实的基础。

吴邦国要求，企业集团组建以后，国防科工委和各集团公司都要树立为国防现代化服务的思想，坚决完成武器装备研制、生产、保障任务。国防科工委要积极推进国防科技工业的结构、布局和能力调整；通过制定行业法规、行业规划、行业政策、行业标准和进行行业监督等方式，搞好国防科技工业的行业管理和宏观调控；加强对企业改革和脱困工作的指导。各集团总公司要抓住市场开发、技术开发两个关键环节，调整结构，强化管理，努力开创扭亏脱困的新局面。

国办在中南海举办1999年第二次科技知识讲座

讲座邀请北京大学计算机研究所所长、中国科学院和中国工程院院士王选教授作“信息产业的发展和中国面临的问题与机遇”的报告。中共中央政治局常委、国务院副总理李岚清，国务院副总理吴邦国，国务委员迟浩田、司马义·艾买提以及国务院各部门的负责人、国务院办公厅处级以上的工作人员，认真听取讲座。

有电脑核弹之称的CIH病毒在国内爆发

北京师范大学隆重集会庆祝著名历史学家白寿彝教授从事学术活动70周年及所主持编撰的多卷本《中国通史》全部出版

北京师范大学4月26日隆重集会，庆祝著名历史学家白寿彝教授从事学术活动70周年以及由他主持编写的多卷本《中国通史》全部出版。

江泽民、李鹏、李瑞环、李岚清等党和国家领导人分别致信或致电表示祝贺。

中宣部、统战部、国家民委、教育部、国家宗教事务局等有关部门的领导参加了大会。著名学者季羡林、钟敬文、刘大年等也参加了大会。

北京师范大学校长陆善镇和党委书记袁贵仁在庆祝会上先后讲话，他们对白寿彝教授所取得的学术成就给予了高度评价，对白寿彝教授从事学术活动70周年、特别是由他任总主编的多卷本《中国通史》的最终完成致以热烈的祝贺。

90岁的北师大历史系教授白寿彝在会上也讲了话。

白寿彝教授在中国交通史、中国伊斯兰教史、回族史、中国民族关系史、中国思想史、中国史学史、中国通史和史学理论等领域，均有深入的研究。70年来，他撰述和主编了几十部学术著作，撰写了数百篇学术论文，取得了丰硕的研究成果，在海内外有着广泛的学术影响和崇高的学术声望。特别是在中国通史、中国史学史和民族宗教领域，白寿彝教授的研究成果具有开创性意义，极大地推动了这些学科的发展。他创办和主编的《史学史研究》学术季刊，是国内唯一的史学史专业杂志，至今已有38年的历史，现今向全国各地和海外十几个国家和地区发行，为世所重。

刚刚全部完成出版的多卷本《中国通史》，是白寿彝教授学术成就的典型代表。全书共12卷、1400万字。

《中国通史》为哲学社会科学国家“六五”重点项目，全书以马克思主义观点系统论述了自远古时代起讫1949年的中国历史。

白寿彝先生担任总主编，并亲自撰写了第一卷《导论》；第二卷《远古时代》第一次从考古学入手，理清中国史前民族和文化及社会的发展脉络；第三卷《上古时代》，论述了自有文字记载以来的秦灭六国的历史；第四卷至第十卷为《中古时代》，阐述了秦汉至鸦片战争前的历史；最后两卷是《近代》卷，鸦片战争至1949年中华人民共和国成立前的百年风云尽收其中。

20余位学有专长、造诣精深的历史学家、考古学家应邀分别担任各分卷主编，来自全国各高等学府、社会科学研究院所及各自关部门的500余位专家学者参加了撰稿工作。在白寿彝先生的主持下，这部书表现出了独到的理论见解和新颖的表现形式，是本世纪最大规模的史学著作之一，无论是在思想观点还是在具体研究等方面，都反映了中国马克思主义史学的最新研究成果。

4月27日

《人民日报》发表评论员文章《着眼于解决问题——四论以整风精神深入开展“三讲”教育》

全国人大常委会委员长李鹏在人民大会堂会见以色列总统魏茨曼

中办国办信访局负责人就“法轮功”练习者在中南海周围聚集一事接受记者采访

4月27日，记者就4月25日部分“法轮功”练习者在中南海周围聚集一事，采访了中共中央办公厅国务院办公厅信访局负责人。

这位负责人说，天津某大学一杂志最近刊发了一篇署名文章，文中涉及“法轮功”。一些“法轮功”练习者反对这篇文章，从4月19日起不断到杂志社交涉。4月25日，北京、天津等地的部分“法轮功”练习者听信某些谣传，到中南海周围聚集。受上级指派，有关方面负责人到聚集者中了解情况，认真听取意见，进行说服教育工作。同时，中办国办信访局和北京市公安局向聚集者发出了公告，希望“法轮功”练习者不要轻信谣传，自觉遵守有关法规，共同维护首都的公共秩序，经过耐心工作，当日晚上，聚集者陆续离去。

这位负责人强调指出，对各种练功健身活动，各级政府从未禁止过。有不同看法和意见是允许的，可以依法通过正常渠道反映，而不应聚集在中南海周围。这样聚集影响中央、国务院机关周围的公共秩序和人民群众的正常生活，是完全错误的。对借练功之名危害社会稳定的，要依法处理。

中办国办信访局负责人说，当前，我国政治、经济和社会形势是好的，好形势来之不易。保持社会安定团结的局面，符合广大人民群众的根本利益，我们应当十分珍惜，自觉维护社会稳定。

《人民日报》发表特约评论员文章《税利有别》

一

税收简称税，利润简称利，本来是两个不同的经济概念。但是，将近20年来，人们在评价国有企业的生产经营状况和绩效、贡献时，常把“上交利税”作为重要指标甚至是首要指标来谈论，造成了一种新的税利不分、税利混淆的误区，这就不但导致了认识上的混乱，而且对国有企业管理乃至国家的税收管理，带来了诸多弊端和不良影响。

评价企业包括国有企业的生产经营状况，核心问题是资产经营效益，与此相关的考核指标除资本投入产出率外，还有利润率即总资本与利润的比率、净资产利润率即净资产收益率等。

“上交利税”这一经济指标是不科学的，它把税收和利润这两个截然不同的经济范畴和概念搅和在一起，模糊甚至掩盖了企业的实际经营状况和资产收益状况。事实上，有不少国有企业生产经营状况不佳，管理混乱，有些企业资不抵债，企业经营不但“无所得”即没有利润，甚至长期亏损，但是，却可以用“上交利税”这一含混不清的概念和指标，掩饰企业亏损的真相，甚至掩盖偷税、逃税的实际情况，以混淆视听。这样，“上交利税”这一指标和说法，就成了企业经营混乱甚至长期亏损的托词和避风港。根据建立社会主义市场经济体制的客观要求，“上交利税”这一过时的、有害的指标、说法和做法，已经到了下决心废止的时候了。

二

“上交利税”这一概念是传统的计划经济的产物。改革开放以前，理论界和经济管理部门普遍认为，由于国有企业上交的利润是国家的，国有企业上交的所得税也是国家的，所以国家没有必要对国有企业征收所得税。这种糊涂认识，实际上否定了国家通过税收筹集财政收入和在宏观经济调控中的地位和作用。

1983年，我国先后实行“一步利改税”和“二步利改税”，即把国有企业上交的利润和交缴给国家的企业所得税分开来，从而税收在宏观经济调控中的地位开始明确，职能和作用开始加强。但是，两步“利改税”之后，一些部门和地方政府对国有企业大面积地搞承包经营责任制，国有企业的经营者把“上交利税”合在一起，作为一项指标对国家承包，从而在特定背景下以另一种形式实际否定了两步“利改税”，否定了税利之间的本质差别，从而弱化了国家对国有企业的税收管理。直到现在，我国对国有企业所得税的管理，包括计划统计管理和征收管理，依然不规范、不彻底、不到位，“上交利税”这一含混不清的指标和概念继续在使用。如果说，在两步“利改税”前后，“上交利税”这一概念和指标混淆了国有企业所得税与利润之间的界限和区别，那么，今天继续使用“上交利税”这一概念和指标，不但混淆了国有企业所得税与利润之间的界限和区别，而且混淆了涉及国有企业的全部税收，包括间接税和直接税与利润之间的界限和区别，使国家对国有企业的税收管理和国有资产管理信息失真，从而可能诱发许多矛盾和问题，甚至带来不必要的麻烦和混乱。

三

税收是国家财政收入的主要来源，国家依靠社会公共权力，根据法律法规，对纳税人包括法人企业、非法人企业和自然人强制、无偿征收，纳税人依法纳税，以满足社会公共需求和公共物品的需要。税收体现了国家主权和国家权力，带有鲜明的强制性和无偿性。在税收和税法面前，各类企业包括国有企业处于同等地位。利润是企业或厂商出售商品后得到的销售收入扣除预付资本价值即成本后的余额。真实的利润可以真实地体现企业或厂商的资本收益即经济效益状况。依法纳税是每一个纳税人包括国有企业应尽的义务和责任。对纳税人来说，税收更多地体现的是对国家的法律“义务”和“责任”，而不是对国家的“贡献”。当然，国家根据法律法规，同时保护纳税人应有的权益。特别是各类企业包括国有企业所交缴的流转税，包括增值税、营业税、消费税等，不论是价内税还是价外税，其税收负担最终是由消费者承当的，对于这部分税收，很难说企业为国家作出什么“贡献”。

至于国家作为国有资产所有者的代表，参与国有独资企业利润的再分配，以及参与国家参股或控股的股份有限公司的利润分红，履行和维护的是国有资产所有者的权益。

从上面简要的分析可以清楚地看出，所谓“税利有别”，二者之间的区别不仅表现在经济含义上，而且表现在法律意义和政治意义上：国家依法征税，行使的是国家行政权力；国家参与国有资本收益的分配，行使的是国有资产所有者的权益。正因为税利有别，所以无论对国有企业，还是对非国有企业，税收与利润不能混淆，税收与利润必须彻底分开考核和管理，桥归桥，路归路。

四

取消“上交利税”这一指标，对国有企业实行税收、利润分开考核管理，不但有利于反映国有企业生产经营的真实状况，改善国有企业自身的经营管理，而且有利于国家强化对企业包括国有企业的税源监控和税收管理，堵塞税收漏洞，还有利于国有企业按照建立现代企业制度的要求，真正做到“产权清晰，权责明确，政企分开，管理科学”，不断提高市场竞争力和经济效益。

对于国家来说，“税利有别”这项改革既不要花费成本，也没有什么风险。这项改革粗看起来只是取消一个指标一种说法，实际上见微知著，事关宏观经济管理全局，是利国利民的大好事。

从10多年前国有企业的“税利分流”，到后来“上交利税”的含混提法，再到现在的“税利有别”，即把国有企业的税收和利润分开考核，分开管理监督，取消“上交利税”这一含混不清的不科学的统计指标，既反映了我国国有企业的改革在深化，也反映了我国国民收入分配、再分配领域和整个宏观经济管理方面的改革不断在深化。这是历史的必然。

《人民日报》发表评论员文章《总体规划分步实施——三论税费改革》

国家副主席胡锦涛在人民大会堂会见苏丹外交部部长穆斯塔法·奥斯曼·伊斯梅尔

国务院副总理李岚清在北京分别会见美国大华府华人考察团和英国政府文化代表团

外交部发言人孙玉玺就美国部分国会议员致信李登辉重申信守所谓《与台湾关系法》等事在新闻发布会上发表谈话

孙玉玺表示，美国部分国会议员致信李登辉重申信守所谓《与台湾关系法》，严重违反了中美三个联合公报，是对中国内政的粗暴干涉，中方对此表示强烈不满和坚决反对。

孙玉玺指出，《与台湾关系法》严重违反中美建交公报原则，其根本目的是通过美国内立法使其利用台湾问题干涉中国内政的行为“合法化”，中国政府和人民对此一直表示坚决反对。必须指出，台湾问题作为中国的内政，任何外国无权干涉。

孙玉玺说：“我们希望，美国会议员从中美两国人民的根本利益出发，多做有助于中美关系发展的事情，而不是相反。”

孙玉玺还就日本众议院通过新日美防卫合作指针相关法案发表谈话。在这里表示，中方对日本众议院表决通过新日美防卫合作指针相关法案深表关注。

孙玉玺说，日本不顾包括中国在内的周边邻国的严重关切，在亚太地区形势趋向缓和的形势下执意制定旨在强化日美军事合作的相关法案，不符合时代潮流，也将给本地区的安全形势带来新的不稳定因素和消极影响。

孙玉玺指出中国政府迄今已通过各种途径多次向日方全面阐明了有关立场并要求日方慎重行事，日方也向中方作出了一系列郑重承诺和表态。

孙玉玺说：“我们要求日方以实际行动恪守承诺，尤其是切实严格按照中日联合声明和中日和平友好条约的原则处理好涉台问题，不做任何干涉中国内政，有损中日关系的事。”

贺绿汀逝世

贺绿汀，原名贺安卿，又名贺抱真、贺揩等，湖南邵阳市邵东县人，中国著名音乐家和教育家。是音乐教育家黄自的几个著名弟子之一。早年参加湖南农民运动和广州起义。20岁时，走进长沙艺术专修学校，攻读绘画与音乐，两年后留校任音乐教员。1931年，考入上海国立音乐专科学校，三年后在俄国作曲家齐尔品举办的征求“中国风味钢琴曲比赛”中，以《牧童短笛》和《摇篮曲》获得一等奖和名誉二等奖。这年，进入电影界，先后为电影《船家女》、《都市风光》、《十字街头》、《马路天使》和话剧《复活》、《武则天》等20多部影剧配乐，创作了《摇船歌》、《背纤歌》、《春天里》、《怨别离》等脍炙人口的歌曲。抗日战争爆发后，参加了上海救亡演剧队第1队，后在重庆育才学校任教；皖南事变后，参加新四军，在军部和鲁迅艺术学院华中分院从事音乐创作和教学工作。1943年赴延安，任陕甘宁晋绥联防军政治部宣传队音乐教员，延安中央管弦乐团团长。1945年后在华北大学任教。解放战争时期，任华北文工团团长。1949年加入中国共产党。中华人民共和国成立后，任上海音乐学院院长，中国文联第四届副主席，中国音乐家协会第二、三届副主席，第五、第六届全国政协常委。贺绿汀将主要精力放在音乐教学上，一直担任上海音乐学院院长的职务，并创办了上海音乐学院附中和附小，为国家培养了大量优秀音乐人才。这期间，还创作了大量音乐作品，并且写下《我对戏曲音乐改革的意见》、《论音乐的创作》、《民族音乐问题》等文章，为中国音乐事业的建设作出了不可磨灭的贡献。主要音乐作品有《天涯歌女》、《四季歌》、《游击队之歌》、《嘉陵江上》、《牧童短笛》等，管弦乐《森吉德玛》、《晚会》等。著有《贺绿汀音乐论文选集》。

4月28日

国务院总理朱镕基在人民大会堂与泰国总理川·立派举行会谈

九届全国人大常委会九次会议分组审议独资企业法草案

常委会组成人员认为，制定独资企业法有重要意义，将有效地规范独资企业的组织和行为，保护独资企业投资人和债权人的合法权益，鼓励私人投资，促进经济发展。

对独资企业的所得税负担问题，常委会组成人员审议热烈。许多委员建议应对此予以具体规定，而不能回避。因为根据我国现行法律，独资企业要交纳企业所得税，而投资者个人还要交纳个人所得税。对独资企业和投资人都征收所得税是不合适的，实际上会加重个体工商户的税负。委员们认为，如果回避这一问题，势必会影响本法对于鼓励私人投资的积极作用，使许多投资人想方设法规避法律，不以独资企业的名义登记注册。

常委会组成人员还就从业人员的限制和保护、独资企业投资人的无限责任、独资企业设立的条件、独资企业与个体工商户的关系等专题，进行了深入的审议。

全国工商联和中国光彩事业促进会在北京举行纪念光彩事业五周年暨农业产业化经营研讨会

全国政协副主席、中共中央统战部部长王兆国出席会议并指出，光彩事业前景广阔、大有可为，广大非公有制经济人士要再接再厉，在扶贫开发，走共同富裕的道路上作出更大贡献。

全国人大常委会副委员长王光英，全国政协副主席孙孚凌、经叔平出席会议。

王兆国在会上讲话指出，在党中央、国务院领导同志的关心支持下，5年来，广大民营企业家积极投身光彩事业，取得了辉煌成绩，涌现出大批先进人物，受到社会各界的广泛赞誉。光彩事业显示了十分重要的意义，它体现了社会主义的本质要求和发展规律，体现了社会主义物质文明建设和精神文明建设的有机结合，体现了中华民族扶贫济困的传统美德和社会主义市场经济规律的内在统一。光彩事业拓宽了统战工作为党和国家大局服务的新领域，开辟了新形势下加强非公有制经济代表人士思想政治工作的新途径，探索了引导非公有制经济健康发展的新路子。随着光彩事业的发展，它在建设有中国特色社会主义事业和巩固发展爱国统一战线中的作用，必将日益重要和突出。

王兆国指出，光彩事业符合社会主义初级阶段的基本国情，既是一项光荣的事业，又是一项长期的事业，要加大对光彩事业的宣传力度，进一步争取各级党委、政府和社会各方面的关心、支持，热情鼓励、帮助更多的非公有制经济人士投身光彩事业。各级统战部门要深刻认识和把握光彩事业的特征，在培养非公有制经济代表人士积极分子队伍上狠下功夫，紧紧围绕党和国家工作大局开展工作，开拓创新。

农业部、国家林业局等有关部门负责人在会上发言。全国近200家非公有制企业的经济人士出席会议。

《人民日报》发表评论员文章《搞好交通和车辆税费改革——四论税费改革》

国土资源部闲置土地处置办法

该办法解释，闲置土地是指土地使用者依法取得土地使用权后，未经原批准用地的人民政府同意，超过规定的期限未动工开发建设的建设用地，同时规定了三种属于可以认定为闲置土地的情形。

原国家土地管理局对1991年1月1日至1997年4月15日全国各类非农建设用地进行过一次清查，结果表明，全国共有闲置土地11.65万公顷(174.7万亩)，其中耕地6.28万公顷(94.2万亩)，而且闲置耕地中55%已被破坏，无法复耕。

该办法规定的闲置土地处理方法主要有收取土地闲置费和无偿收回土地两种，同时规定了10种利用方式，分别是：恢复耕种、改为其他农用地、政府土地储备、延长开发建设时间、改变土地用途、转为临时用途、土地置换、更换土地使用者、交还土地使用权后另行调剂使用、按比例折算土地使用权(只适用于因政府、政府有关部门行为造成的闲置土地)。

国务院总理朱镕基在人民大会堂会见肯尼亚外交部部长博纳亚·戈达纳

中共中央政治局常委国家副主席胡锦涛在人民大会堂会见古巴共产党中央政治局委员 国务委员会副主席何塞·拉蒙·马查多

国务院召开第16次常务会议

国务院总理朱镕基上午主持会议，审议并原则通过《科技奖励制度改革方案》和《国家科学技术奖励条例(草案)》。

会议认为，科技奖励制度是我国科技政策的重要组成部分，为了全面贯彻党的十五大关于"要建立一整套有利于人才培养和使用的激励机制"的精神，建立和完善国家科技创新评价体系，推进科教兴国发展战略的实施，有必要深化我国科技奖励制度改革。

改革的主要内容是：设立国家最高奖，完善国家级科技奖，加强对部门、地方和社会各种科技奖励的管理和指导，修改现行法规、规章，制定发布《国家科学技术奖励条例》，将改革方案用法律形式固定下来。

会议还讨论国务院办公厅关于三峡工程库区移民工作若干问题的通知。

国家主席江泽民在云南考察工作

江泽民4月28日至5月3日在专程前往云南出席中国'99昆明世界园艺博览会开幕式活动期间，对云南进行了考察。他强调，在社会主义祖国的大家庭里，56个民族始终要心连心，同呼吸、共命运，不断巩固平等、团结、互助的社会主义民族关系，促进共同发展和共同繁荣。这不仅是从中华民族几千年发展历史中得出的重要结论，也是我们胜利迈向21世纪、实现中华民族全面振兴的重要保证。

中共中央政治局候补委员、书记处书记、中央组织部部长曾庆红等随同总书记考察。云南省省委书记令狐安、省长李嘉廷、成都军区政委张志坚陪同考察。

考察期间，江泽民多次看望当地驻军的指战员。他指出，云南地处祖国西南边陲，边防线长，战略地位十分重要，部队的任务很繁重。他希望指战员们认清形势，牢记职责，始终保持部队的高度稳定和集中统一，用实际行动为国家经济建设和国防建设作出更大贡献。江泽民所到之处，还会见了当地党政领导和公安干警、武警官兵的代表。

国家药品监督局发布修订后的《新药审批办法》《进口药品管理办法》等

国家药品监督管理局发布修订后的《新药审批办法》、《进口药品管理办法》等系列规章，从而向完善有中国特色的药品监督管理法规体系、实行依法治药的目标迈进一大步。

发布的规章还有《新生物制品审批办法》、《新药保护和技术转让的规定》、《仿制药品审批办法》。

全国总工会慰问百名老劳模

在五一国际劳动节来临之际，全国总工会在中国职工之家举行招待会，慰问百名老劳动模范、老先进工作者。

这百名来自全国的老劳模、老先进工作者都是五六十年代在各条战线上作出特殊贡献的先进模范人物。他们中有"铁人"王进喜的战友，有马德仁、申纪兰、郭凤莲、邢燕子、玉荣等。

4月29日

庆祝五一国际劳动节大会在人民大会堂举行

国家副主席胡锦涛在大会上发表讲话。

胡锦涛在讲话中充分肯定工人阶级在我国革命、建设和改革中所作出的巨大贡献。胡锦涛指出，今年是我国历史发展进程中具有特殊意义的一年，改革发展稳定的任务十分繁重。他希望广大职工遵照江泽民同志在同全国总工会新一届领导成员和工会十三大部分代表座谈时的重要讲话精神，大力发扬工人阶级的光荣传统，与全国人民一道，团结奋斗，开拓进取，为深化改革、促进发展、维护稳定作出新的更大贡献。

胡锦涛强调，改革是我国社会主义事业发展的强大动力，是决定当代中国命运的关键决策。国有企业改革是整个经济体制改革的中心环节。搞好国有企业特别是国有大中型企业，既是关系国民经济良好运行和长远发展的重大经济问题，也是关系社会主义制度前途命运的重大政治问题。现在这项改革已进入攻坚阶段，不管面临多大困难，我们都要积极探索，勇于创新，知难而进，奋力拼搏，坚决闯过这道关口。广大职工一定要以改革为己任，胸怀全局，增强信心，自觉站在改革前列，坚定不移地支持党和政府为搞好国有企业改革所采取的一系列重大措施，积极为企业的改革、改组、改造和加强管理献计出力，推动国有企业改革取得突破性进展。

胡锦涛说，发展是硬道理，中国解决所有问题的关键在于自己的发展。目前我国经济形势总的是好的，但也面临着困难和风险，世界金融市场和经济走势的不确定因素仍然存在，国内经济运行中的一些深层次矛盾还在严重制约着经济的发展。在这样一个复杂严峻的国内外经济环境中，要实现今年经济发展的各项目标，我们还必须付出艰巨的努力。广大职工一定要积极贯彻落实党和政府关于促进经济持续稳定增长的各项重大措施，围绕开拓市场、扩大内需、增加出口等任务，鼓足干劲，加倍工作，尤其要强化质量第一的观念，以建设优质工程、生产优质产品、提供优质服务的实际行动，促进企业经济效益提高和国民经济持续快速健康发展。

胡锦涛指出，稳定是改革和发展的基本前提，没有稳定什么事情也办不成，已经取得的成果也会丧失。广大职工一定要十分珍惜全国安定团结的良好政治局面，进一步发扬工人阶级识大体、顾大局的优良传统，以主人翁的姿态正确对待国家、集体和个人的利益关系，自觉做到个人利益服从整体利益，眼前利益服从长远利益；进一步增强社会主义民主和法制观念，遵纪守法，依法办事，坚持权利与义务的统一；进一步强化社会责任意识，明辨是非，站稳立场，坚决同一切危害民族团结、国家安全和社会稳定的现象作斗争。

胡锦涛说，在科技进步日新月异、知识更新不断加快、综合国力竞争日趋激烈的今天，在发展社会主义市场经济的新形势下，学习对每个劳动者来说都是重要和迫切的任务。他希望广大职工认真学习马列主义、毛泽东思想特别是邓小平理论，认真学习党的十五大精神，努力掌握现代科学文化知识，全面提高自身素质，真正成为适应改革开放和社会主义现代化建设要求的合格劳动者。

胡锦涛强调，全心全意依靠工人阶级是我们党和政府一贯坚持的根本方针。在建设有中国特色社会主义的整个过程中，都必须全心全意依靠工人阶级和广大人民群众，都必须把实现和维护工人阶级和广大人民群众的利益作为各项工作的根本出发点。公有制实现形式可以而且应当多样化，但职工在企业中的主人翁地位不能也绝不允许改变。必须坚持和完善以职工代表大会为基本形式的企业民主管理制度，坚持职代会民主评议企业领导干部制度，建立健全平等协商和签订集体合同制度，积极推行厂务公开，组织职工参与企业改革和管理，维护职工合法权益，全心全意依靠职工办好企业。要继续加大工作力度，确保国有企业下岗职工基本生活，确保企业离退休人员养老金按时足额发放。同时，要加强职业培训，拓宽就业门路，引导职工转变择业观念，帮助下岗职工实现再就业。非公有制企业的职工同样是国家的主人，他们的合法权益也应得到切实的维护。

胡锦涛指出，改革越深入，遇到的新情况新问题越多，工会就越要自觉接受党的领导，坚持正确的政治方向，紧紧围绕全党全国工作大局开展工作；越要密切联系广大职工群众，更好地代表和维护他们的切身利益，千方百计地为他们办实事、办好事。这是工会在新的实践中积累的重要经验，也是做好今后工作必须遵循的基本原则。当前，广大工会干部特别是领导干部，要以开展"三讲"教育活动为契机，全面强化自身素质，进一步提高工作水平，努力开创工会工作的新局面。

全国总工会副主席、书记处第一书记张俊九在会上讲话。

全国总工会副主席、书记处书记卢展工主持庆祝大会。全国总工会副主席、书记处书记李奇生在大会上宣读全国总工会关于颁发 1999 年"五一劳动奖章"、"五一劳动奖状"的决定。在社会主义两个文明建设中作出突出贡献的 1000 名先进个人和 300 个先进集体分别获得"五一劳动奖章"和"五一劳动奖状"。全国"五一劳动奖章"获得者张玮在会上宣读"五一劳动奖章"、"五一劳动奖状"获得者代表给全国职工的倡议书。

中央和国家机关负责人、解放军四总部、武警总部以及各民主党派、人民团体和北京市负责人出席大会。来自全国各地的"五一劳动奖章"、"五一劳动奖状"获得者的代表和港澳工会界代表以及首都各界群众 3000 多人参加庆祝大会。

九届全国人大会常委会九次会议通过《关于批准〈中华人民共和国政府、朝鲜民主主义人民共和国政府和俄罗斯联邦政府关于确定图们江三国国界水域分界线的协定〉的决定》

九届全国人大常委会九次会议通过《关于批准〈中华人民共和国和新加坡共和国关于民事和商事司法协

助的条约〉的决定》

国家主席江泽民签署中华人民共和国主席令第16号公布《中华人民共和国行政复议法》

《中华人民共和国行政复议法》已由中华人民共和国第九届全国人民代表大会常务委员会第九次会议于1999年4月29日通过，现予公布，自1999年10月1日起施行。

中华人民共和国主席 江泽民

1999年4月29日

中华人民共和国行政复议法

第一章 总 则

第一条 为了防止和纠正违法的或者不当的具体行政行为，保护公民、法人和其他组织的合法权益，保障和监督行政机关依法行使职权，根据宪法，制定本法。

第二条 公民、法人或者其他组织认为具体行政行为侵犯其合法权益，向行政机关提出行政复议申请，行政机关受理行政复议申请、作出行政复议决定，适用本法。

第三条 依照本法履行行政复议职责的行政机关是行政复议机关。行政复议机关负责法制工作的机构具体办理行政复议事项，履行下列职责：

（一）受理行政复议申请；

（二）向有关组织和人员调查取证，查阅文件和资料；

（三）审查申请行政复议的具体行政行为是否合法与适当，拟订行政复议决定；

（四）处理或者转送对本法第七条所列有关规定的审查申请；

（五）对行政机关违反本法规定的行为依照规定的权限和程序提出处理建议；

（六）办理因不服行政复议决定提起行政诉讼的应诉事项；

（七）法律、法规规定的其他职责。

第四条 行政复议机关履行行政复议职责，应当遵循合法、公正、公开、及时、便民的原则，坚持有错必纠，保障法律、法规的正确实施。

第五条 公民、法人或者其他组织对行政复议决定不服的，可以依照行政诉讼法的规定向人民法院提起行政诉讼，但是法律规定行政复议决定为最终裁决的除外。

第二章 行政复议范围

第六条 有下列情形之一的，公民、法人或者其他组织可以依照本法申请行政复议：

（一）对行政机关作出的警告、罚款、没收违法所得、没收非法财物、责令停产停业、暂扣或者吊销许可证、暂扣或者吊销执照、行政拘留等行政处罚决定不服的；

（二）对行政机关作出的限制人身自由或者查封、扣押、冻结财产等行政强制措施决定不服的；

（三）对行政机关作出的有关许可证、执照、资质证、资格证等证书变更、中止、撤销的决定不服的；

（四）对行政机关作出的关于确认土地、矿藏、水流、森林、山岭、草原、荒地、滩涂、海域等自然资源的所有权或者使用权的决定不服的；

（五）认为行政机关侵犯合法的经营自主权的；

（六）认为行政机关变更或者废止农业承包合同，侵犯其合法权益的；

（七）认为行政机关违法集资、征收财物、摊派费用或者违法要求履行其他义务的；

（八）认为符合法定条件，申请行政机关颁发许可证、执照、资质证、资格证等证书，或者申请行政机关审批、登记有关事项，行政机关没有依法办理的；

（九）申请行政机关履行保护人身权利、财产权利、受教育权利的法定职责，行政机关没有依法履行的；

（十）申请行政机关依法发放抚恤金、社会保险金或者最低生活保障费，行政机关没有依法发放的；

（十一）认为行政机关的其他具体行政行为侵犯其合法权益的。

第七条 公民、法人或者其他组织认为行政机关的具体行政行为所依据的下列规定不合法，在对具体行政行为申请行政复议时，可以一并向行政复议机关提出对该规定的审查申请：

（一）国务院部门的规定；

（二）县级以上地方各级人民政府及其工作部门的规定；

（三）乡、镇人民政府的规定。

前款所列规定不含国务院部、委员会规章和地方人民政府规章。规章的审查依照法律、行政法规办理。

第八条 不服行政机关作出的行政处分或者其他人事处理决定的，依照有关法律、行政法规的规定提出申诉。

不服行政机关对民事纠纷作出的调解或者其他处理，依法申请仲裁或者向人民法院提起诉讼。

第三章 行政复议申请

第九条 公民、法人或者其他组织认为具体行政行为侵犯其合法权益的，可以自知道该具体行政行为之日起六十日内提出行政复议申请；但是法律规定的申请期限超过六十日的除外。

因不可抗力或者其他正当理由耽误法定申请期限的，申请期限自障碍消除之日起继续计算。

第十条 依照本法申请行政复议的公民、法人或者其他组织是申请人。

有权申请行政复议的公民死亡的，其近亲属可以申请行政复议。有权申请行政复议的公民为无民事行为能力人或者限制民事行为能力人的，其法定代理人可以代为申请行政复议。有权申请行政复议的法人或者其他组织终止的，承受其权利的法人或者其他组织可以申请行政复议。

同申请行政复议的具体行政行为有利害关系的其他公民、法人或者其他组织，可以作为第三人参加行政复议。

公民、法人或者其他组织对行政机关的具体行政行为不服申请行政复议的，作出具体行政行为的行政机关是被申请人。

申请人、第三人可以委托代理人代为参加行政复议。

第十一条 申请人申请行政复议，可以书面申请，也可以口头申请；口头申请的，行政复议机关应当当场记录申请人的基本情况、行政复议请求、申请行政复议的主要事实、理由和时间。

第十二条 对县级以上地方各级人民政府工作部门的具体行政行为不服的，由申请人选择，可以向该部门的本级人民政府申请行政复议，也可以向上一级主管部门申请行政复议。

对海关、金融、国税、外汇管理等实行垂直领导的行政机关和国家安全机关的具体行政行为不服的，向上一级主管部门申请行政复议。

第十三条 对地方各级人民政府的具体行政行为不服的，向上一级地方人民政府申请行政复议。

对省、自治区人民政府依法设立的派出机关所属的县级地方人民政府的具体行政行为不服的，向该派出机关申请行政复议。

第十四条 对国务院部门或者省、自治区、直辖市人民政府的具体行政行为不服的，向作出该具体行政行为的国务院部门或者省、自治区、直辖市人民政府申请行政复议。对行政复议决定不服的，可以向人民法院提起行政诉讼；也可以向国务院申请裁决，国务院依照本法的规定作出最终裁决。

第十五条 对本法第十二条、第十三条、第十四条规定以外的其他行政机关、组织的具体行政行为不服的，按照下列规定申请行政复议：

（一）对县级以上地方人民政府依法设立的派出机关的具体行政行为不服的，向设立该派出机关的人民政府申请行政复议；

（二）对政府工作部门依法设立的派出机构依照法律、法规或者规章规定，以自己的名义作出的具体行政行为不服的，向设立该派出机构的部门或者该部门的本级地方人民政府申请行政复议；

（三）对法律、法规授权的组织的具体行政行为不服的，分别向直接管理该组织的地方人民政府、地方人民政府工作部门或者国务院部门申请行政复议；

（四）对两个或者两个以上行政机关以共同的名义作出的具体行政行为不服的，向其共同上一级行政机关申请行政复议；

（五）对被撤销的行政机关在撤销前所作出的具体行政行为不服的，向继续行使其职权的行政机关的上一级行政机关申请行政复议。

有前款所列情形之一的，申请人也可以向具体行政行为发生地的县级地方人民政府提出行政复议申请，由接受申请的县级地方人民政府依照本法第十八条的规定办理。

第十六条 公民、法人或者其他组织申请行政复议，行政复议机关已经依法受理的，或者法律、法规规定应当先向行政复议机关申请行政复议、对行政复议决定不服再向人民法院提起行政诉讼的，在法定行政复议期限内不得向人民法院提起行政诉讼。

公民、法人或者其他组织向人民法院提起行政诉讼，人民法院已经依法受理的，不得申请行政复议。

第四章 行政复议受理

第十七条 行政复议机关收到行政复议申请后，应当在五日内进行审查，对不符合本法规定的行政复议申请，决定不予受理，并书面告知申请人；对符合本法规定，但是不属于本机关受理的行政复议申请，应当告知申请人向有关行政复议机关提出。

除前款规定外，行政复议申请自行政复议机关负责法制工作的机构收到之日起即为受理。

第十八条 依照本法第十五条第二款的规定接受行政复议申请的县级地方人民政府，对依照本法第十五条第一款的规定属于其他行政复议机关受理的行政复议申请，应当自接到该行政复议申请之日起七日内，转送有关行政复议机关，并告知申请人。接受转送的行政复议机关应当依照本法第十七条的规定办理。

第十九条 法律、法规规定应当先向行政复议机关申请行政复议、对行政复议决定不服再向人民法院提起行政诉讼的，行政复议机关决定不予受理或者受理后超过行政复议期限不作答复的，公民、法人或者其他组织可以自收到不予受理决定书之日起或者行政复议期满之日起十五日内，依法向人民法院提起行政诉讼。

第二十条 公民、法人或者其他组织依法提出行政复议申请，行政复议机关无正当理由不予受理的，上级行政机关应当责令其受理；必要时，上级行政机关也可以直接受理。

第二十一条 行政复议期间具体行政行为不停止

执行;但是,有下列情形之一的,可以停止执行:

(一)被申请人认为需要停止执行的;

(二)行政复议机关认为需要停止执行的;

(三)申请人申请停止执行,行政复议机关认为其要求合理,决定停止执行的;

(四)法律规定停止执行的。

第五章 行政复议决定

第二十二条 行政复议原则上采取书面审查的办法,但是申请人提出要求或者行政复议机关负责法制工作的机构认为有必要时,可以向有关组织和人员调查情况,听取申请人、被申请人和第三人的意见。

第二十三条 行政复议机关负责法制工作的机构应当自行政复议申请受理之日起七日内,将行政复议申请书副本或者行政复议申请笔录复印件发送被申请人。被申请人应当自收到申请书副本或者申请笔录复印件之日起十日内,提出书面答复,并提交当初作出具体行政行为的证据、依据和其他有关材料。

申请人、第三人可以查阅被申请人提出的书面答复、作出具体行政行为的证据、依据和其他有关材料,除涉及国家秘密、商业秘密或者个人隐私外,行政复议机关不得拒绝。

第二十四条 在行政复议过程中,被申请人不得自行向申请人和其他有关组织或者个人收集证据。

第二十五条 行政复议决定作出前,申请人要求撤回行政复议申请的,经说明理由,可以撤回;撤回行政复议申请的,行政复议终止。

第二十六条 申请人在申请行政复议时,一并提出对本法第七条所列有关规定的审查申请的,行政复议机关对该规定有权处理的,应当在三十日内依法处理;无权处理的,应当在七日内按照法定程序转送有权处理的行政机关依法处理,有权处理的行政机关应当在六十日内依法处理。处理期间,中止对具体行政行为的审查。

第二十七条 行政复议机关在对被申请人作出的具体行政行为进行审查时,认为其依据不合法,本机关有权处理的,应当在三十日内依法处理;无权处理的,应当在七日内按照法定程序转送有权处理的国家机关依法处理。处理期间,中止对具体行政行为的审查。

第二十八条 行政复议机关负责法制工作的机构应当对被申请人作出的具体行政行为进行审查,提出意见,经行政复议机关的负责人同意或者集体讨论通过后,按照下列规定作出行政复议决定:

(一)具体行政行为认定事实清楚,证据确凿,适用依据正确,程序合法,内容适当的,决定维持;

(二)被申请人不履行法定职责的,决定其在一定期限内履行;

(三)具体行政行为有下列情形之一的,决定撤销、变更或者确认该具体行政行为违法;决定撤销或者确认该具体行政行为违法的,可以责令被申请人在一定期限内重新作出具体行政行为:

1. 主要事实不清、证据不足的;

2. 适用依据错误的;

3. 违反法定程序的;

4. 超越或者滥用职权的;

5. 具体行政行为明显不当的。

(四)被申请人不按照本法第二十三条的规定提出书面答复、提交当初作出具体行政行为的证据、依据和其他有关材料的,视为该具体行政行为没有证据、依据,决定撤销该具体行政行为。

行政复议机关责令被申请人重新作出具体行政行为的,被申请人不得以同一的事实和理由作出与原具体行政行为相同或者基本相同的具体行政行为。

第二十九条 申请人在申请行政复议时可以一并提出行政赔偿请求,行政复议机关对符合国家赔偿法的有关规定应当给予赔偿的,在决定撤销、变更具体行政行为或者确认具体行政行为违法时,应当同时决定被申请人依法给予赔偿。

申请人在申请行政复议时没有提出行政赔偿请求的,行政复议机关在依法决定撤销或者变更罚款,撤销违法集资、没收财物、征收财物、摊派费用以及对财产的查封、扣押、冻结等具体行政行为时,应当同时责令被申请人返还财产,解除对财产的查封、扣押、冻结措施,或者赔偿相应的价款。

第三十条 公民、法人或者其他组织认为行政机关的具体行政行为侵犯其已经依法取得的土地、矿藏、水流、森林、山岭、草原、荒地、滩涂、海域等自然资源的所有权或者使用权的,应当先申请行政复议;对行政复议决定不服的,可以依法向人民法院提起行政诉讼。

根据国务院或者省、自治区、直辖市人民政府对行政区划的勘定、调整或者征用土地的决定,省、自治区、直辖市人民政府确认土地、矿藏、水流、森林、山岭、草原、荒地、滩涂、海域等自然资源的所有权或者使用权的行政复议决定为最终裁决。

第三十一条 行政复议机关应当自受理申请之日起六十日内作出行政复议决定;但是法律规定的行政复议期限少于六十日的除外。情况复杂,不能在规定期限内作出行政复议决定的,经行政复议机关的负责人批准,可以适当延长,并告知申请人和被申请人;但是延长期限最多不超过三十日。

行政复议机关作出行政复议决定,应当制作行政复议决定书,并加盖印章。行政复议决定书一经送达,即发生法律效力。

第三十二条 被申请人应当履行行政复议决定。

被申请人不履行或者无正当理由拖延履行行政复议决定的，行政复议机关或者有关上级行政机关应当责令其限期履行。

第三十三条 申请人逾期不起诉又不履行行政复议决定的，或者不履行最终裁决的行政复议决定的，按照下列规定分别处理：

（一）维持具体行政行为的行政复议决定，由作出具体行政行为的行政机关依法强制执行，或者申请人民法院强制执行；

（二）变更具体行政行为的行政复议决定，由行政复议机关依法强制执行，或者申请人民法院强制执行。

第六章 法律责任

第三十四条 行政复议机关违反本法规定，无正当理由不予受理依法提出的行政复议申请或者不按照规定转送行政复议申请的，或者在法定期限内不作出行政复议决定的，对直接负责的主管人员和其他直接责任人员依法给予警告、记过、记大过的行政处分；经责令受理仍不受理或者不按照规定转送行政复议申请，造成严重后果的，依法给予降级、撤职、开除的行政处分。

第三十五条 行政复议机关工作人员在行政复议活动中，徇私舞弊或者有其他渎职、失职行为的，依法给予警告、记过、记大过的行政处分；情节严重的，依法给予降级、撤职、开除的行政处分；构成犯罪的，依法追究刑事责任。

第三十六条 被申请人违反本法规定，不提出书面答复或者不提交作出具体行政行为的证据、依据和其他有关材料，或者阻挠、变相阻挠公民、法人或者其他组织依法申请行政复议的，对直接负责的主管人员和其他直接责任人员依法给予警告、记过、记大过的行政处分；进行报复陷害的，依法给予降级、撤职、开除的行政处分；构成犯罪的，依法追究刑事责任。

第三十七条 被申请人不履行或者无正当理由拖延履行行政复议决定的，对直接负责的主管人员和其他直接责任人员依法给予警告、记过、记大过的行政处分；经责令履行仍拒不履行的，依法给予降级、撤职、开除的行政处分。

第三十八条 行政复议机关负责法制工作的机构发现有无正当理由不予受理行政复议申请、不按照规定期限作出行政复议决定、徇私舞弊、对申请人打击报复或者不履行行政复议决定等情形的，应当向有关行政机关提出建议，有关行政机关应当依照本法和有关法律、行政法规的规定作出处理。

第七章 附　则

第三十九条 行政复议机关受理行政复议申请，不得向申请人收取任何费用。行政复议活动所需经费，应当列入本机关的行政经费，由本级财政予以保障。

第四十条 行政复议期间的计算和行政复议文书的送达，依照民事诉讼法关于期间、送达的规定执行。

本法关于行政复议期间有关"五日"、"七日"的规定是指工作日，不含节假日。

第四十一条 外国人、无国籍人、外国组织在中华人民共和国境内申请行政复议，适用本法。

第四十二条 本法施行前公布的法律有关行政复议的规定与本法的规定不一致的，以本法的规定为准。

第四十三条 本法自1999年10月1日起施行。1990年12月24日国务院发布、1994年10月9日国务院修订发布的《行政复议条例》同时废止。

国家主席江泽民在昆明会见出席中国'99昆明世界园艺博览会开幕式的津巴布韦总统穆加贝

国家主席江泽民在昆明会见出席中国'99昆明世界园艺博览会开幕式的吉布提总理哈马杜

古巴共产党中央委员会第一书记卡斯特罗在哈瓦那革命宫会见中共中央政治局常委尉健行

双方就中古两党、两国关系和其他共同关心的问题深入交换了意见。

尉健行说："40年来，古巴人民在以卡斯特罗主席为首的古巴共产党的领导下，坚决捍卫民族独立和国家主权，根据本国情建设有古巴特色的社会主义，赢得了世界上越来越多的国家和人民的同情和支持。现在，古巴政治社会稳定，经济逐步恢复，国际地位进一步提高。我们坚信在即将到来的新世纪，古巴共产党一定能带领古巴人民战胜各种前进中的困难，在各方面取得更大的成就。"

卡斯特罗表示，中国的国际地位十分重要，在当今世界上有很大影响。他特别赞赏中国在抵御亚洲金融危机中表现出对付危机的才干，对世界经济作出了贡献。

全国人大常委会委员长李鹏在北京会见日本参议院议长斋藤十郎

李鹏会见时强调，要切实遵照《中日联合声明》和《中日和平友好条约》的原则，以长远的战略观点审视和处理中日关系，正确认识和对待日本侵华历史的问题，以确保两国关系的健康发展。

这是发展长期稳定中日关系的最重要的因素。

李鹏指出，日本国会众议院最近通过了日美新防卫合作指针相关法案，中方对此严重关注，一是因为它涉及台湾问题;二是事关日本扩大军事作用问题。“我们强烈希望日本信守承诺,坚持走和平发展的道路。这样做,不仅对日本自身有利,也可以取信于亚洲和世界人民。”

斋藤十郎表示,日本将恪守《日中联合声明》和《日中和平友好条约》所确定的原则,坚持和平宪法,走和平发展的道路。日本国会议员将为推动日中世代友好继续作出贡献。

九届全国人大常委会九次会议闭幕

全国人大常委会委员长李鹏主持会议。

会议听取了全国人大法律委员会主任委员王维澄作关于行政复议法草案和修改公路法的决定草案修改意见的报告,表决通过了行政复议法和有关任免名单,批准了有关国际协定和条约。

交付表决的修改公路法的决定草案,因赞成票未超过常委会组成人员的半数,未获得通过,将在以后的常委会会议上继续审议。

在大会各项议程进行完毕后,李鹏着重就人大监督工作发表讲话。

李鹏说,总的来讲,本届常委会的监督工作有所加强,但与立法工作相比,还是一个薄弱环节,同人大代表和人民群众的要求还有相当的距离,亟待进一步改进和加强。按照九届全国人大二次会议通过的《关于全国人大常委会工作报告的决议》和本次常委会会议印发给各位委员的委员长会议通过的《全国人大常委会1999年工作要点》,今年常委会监督工作总的指导思想是:把监督工作放在与立法工作同等重要的位置,紧紧围绕党和国家工作的大局,进一步加大监督力度,改进监督方式,完善监督程序,重视监督实效,督促和支持“一府两院”依法行政和公正司法,保障国家的改革、发展、稳定重大决策的贯彻落实。

李鹏指出,加强人大监督工作,首先要提高对人大监督工作的认识。他说,宪法规定,国家的一切权力属于人民,人民行使国家权力的机关是人民代表大会。人大依法行使监督权,是党领导人民依法治国的重要内容,是人民当家做主的重要体现。同时也必须明确,人大对“一府两院”的监督,同西方国家议会对政府的制约有着本质区别。我国的国家机构是按照民主集中制的原则建立和运转的。各国家机关都在党的领导下开展工作,是密切配合、分工合作的关系,不是“三权分立”的关系。人大监督的目的,是为了督促国家行政、审判、检察机关依法行政、公正司法,把工作做得更好,从这个意义上说,监督也是对这些国家机关工作的支持。

李鹏说,实践经验告诉我们,改进和加强监督工作,需要强调两点。一是监督要抓住重点,也就是要围绕党的中心工作、人民群众普遍关心的大事、社会反映强烈的问题开展监督。这样才能得到党委的支持、政府的重视、群众的欢迎,也才能有针对性。为此,委员长会议通过的1999年执法检查计划决定,今年常委会重点对大气污染防治法、森林法、产品质量法、义务教育法4部法律的实施情况进行检查。对每部法律的检查不要面面俱到,要抓住实施中的主要问题进行重点检查。在工作监督上,根据常委会1999年工作要点,拟安排听取和审议国务院关于公安机关进行集中教育整顿、加强队伍建设,国有企业下岗职工基本生活保障和再就业,增加农民收入和减轻农民负担,防治北京大气污染,文化市场管理等方面的工作报告。并争取从6月份开始,每次常委会会议都要听取执法检查报告和工作报告。二是监督要讲求实效。监督要有结果,没有结果,不了了之,等于没有监督。所以,对执法检查中发现的问题,要由“一府两院”的法律实施主管机关将改进工作的情况及时向常委会作出反馈。在常委会审议工作报告时委员们提出的意见和建议也要送有关部门,要求它们按期反馈改进工作的结果。

李鹏说,要发挥人大专门委员会在监督工作中的作用。专门委员会工作具有专业性和经常性的特点,不仅要参加立法工作,也要协助常委会开展监督工作。今年,各专门委员会首先应该集中力量协助常委会做好执法检查和审议工作报告的工作。在有余力的前提下,各专门委员会也可以选择若干专题进行监督,但切忌过多过滥而流于形式。为此,各专门委员会应该根据常委会工作要点和执法检查计划,制订自己的专项监督计划,经委员长会议同意后实施。

李鹏说,要进一步完善人大的监督制度。宪法和法律已明确赋予了人大监督的权力,也规定了人大监督的内容和形式。但现在的问题是监督工作缺乏具体的、规范的操作程序。没有具体操作程序,监督的权力就落不到实处,还可能带来不良的后果。为此,全国人大常委会根据近几年来人代会上代表们集中反映的意见和提出的议案,决心做好制定监督法的工作。监督法是一部非常重要的法律,起草的工作量很大,有一定难度,出台要有一个过程。但即使有难度,也必须努力去做。首先组织专门起草小组,进行监督法的调研、论证和起草工作。在监督法出台以前,为了使各级人大的监督工作按照一定的规范和程序来进行,人大常委会要抓紧制定若干专项监督的决定,如关于对司法机关实施个案监督工作的决定、关于中央预算审查和监督工作的决定、关于国民经济和社会发展计划审查和监督工作的决定等。通过这些专项监督决定的实施,进一步规范监督工作,也为监督法的制定积累经验和创造条件。

副委员长田纪云、姜春云、邹家华、程思远、布赫、铁木尔·达瓦买提、吴阶平、彭珮云、何鲁丽、周光召、成克杰、曹志、丁石孙、成思危、许嘉璐、蒋正华、秘书长何椿霖出席会议。

国务委员吴仪、最高人民法院院长肖扬、最高人民检察院检察长韩杼滨列席会议。

中共中央政治局常委李瑞环在人民大会堂会见古巴共产党中央政治局委员国务委员会副主席何塞·拉蒙·马查多

中国人民解放军海军诞生地纪念馆在江苏省泰州市白马乡举行落成开馆典礼

中共中央政治局委员丁关根同中国京剧青年演员研究生班师生座谈

财政部关于治理向农民乱收费 切实减轻农民负担的紧急通知

财政部日前发出通知，要求治理农村乱收费，切实减轻农民负担。通知指出，国务院在去年进行农民负担执法检查过程中，仍发现有一些地方和部门在农村中小学生就学、农民建房、农村结婚登记等过程中，不顾中央三令五申，继续向农民乱收费、搭车收费和进行各种摊派，加重农民负担。

通知要求各级财政部门会同有关部门在近期开展对本地区范围内的各种向农民乱收费、搭车收费的专项治理整顿。凡在中小学生就学中收取的除国家规定的学杂费之外的教育附加、民办教师统筹费、补课费、新建学校球场费等收费，向农民建房收取的土地登记费、村镇建设费、土地测绘费等收费，以及在婚姻登记时强行搭车收取的学习资料费、报刊订阅费、母子保健费等收费，均属于乱收费和搭车收费，必须坚决取消，非法所得一律没收上缴财政。对情节严重，影响很坏的，要提请有关部门依法追究有关单位主要领导人和直接责任人的责任。

通知重申，"九五"期间，停止审批一切面向农民的新收费项目。

通知要求各级财政部门加强对涉及农民负担的收费票据管理。基层有关部门在按规定向农民收费时，必须使用省级以上财政部门印制的收费票据。财政部门要建立健全涉及农民负担的收费政策公告制度，定期向社会公布本地区涉农收费项目和收费标准，以广泛接受社会监督。

生动体现中共中央关心西藏全国支援西藏的大型图文集《西藏六十二项工程》出版座谈会在人民大会堂召开

4 月 30 日

国家主席江泽民在昆明会见出席中国'99 昆明世界园艺博览会开幕式的柬埔寨国王西哈努克和王后莫尼列

国家主席江泽民在昆明会见泰国总理川·立派

中国'99 昆明世界园艺博览会组织委员会主任李岚清在昆明分别会见国际展览局主席菲利普森和国际园艺生产者协会主席柯什

委内瑞拉总统乌戈·查韦斯会见访问拉美三国途经委内瑞拉加拉加斯的中共中央政治局常委尉健行

尉健行就委内瑞拉最近在世界人权会议上支持中国，向查韦斯总统转达了江泽民的谢意。

查韦斯说，委内瑞拉是中国的朋友，愿和中国一起为建立公正合理的国际政治经济新秩序而共同努力。委内瑞拉欢迎中国积极参与委内瑞拉的发展，进一步拓宽两国之间合作的领域。

中国与泰国在北京联合发表新闻公报

一、应中华人民共和国国务院总理朱镕基阁下的邀请，泰王国政府总理川·立派阁下于 1999 年 4 月 27 日至 5 月 3 日对中华人民共和国进行正式访问，并出席了'99 昆明世界园艺博览会开幕式。访问期间，川·立派总理会见了江泽民主席、李鹏委员长，同朱镕基总理举行了正式会谈。双方就两国关系及一些共同关心的国际和地区问题进行了有益的探讨并取得了共识。川·立派总理对中华人民共和国政府和人民所给予的热情友好款待表示感谢。双方一致认为访问取得了圆满成功，有助于中泰全方位友好合作关系的进一步发展。

二、在两国总理会谈中，双方重申愿巩固业已存在的传统友谊，共同努力，开创中泰合作的新纪元，这不仅符合双方的共同利益，也有利于世纪之交亚太地区的和平、稳定与发展。

双方认为，两国高层保持频繁互访势头有利于两国友好关系的健康稳定发展。泰王国政府和人民期待着江泽民主席阁下早日对泰王国进行国事访问。双方将密切配合，确保访问取得圆满成功。

三、双方十分重视 1999 年 2 月 5 日在曼谷签署的

《中华人民共和国与泰王国关于21世纪合作计划的联合声明》。上述文件确认,中泰两国将致力于建立睦邻互信的全方位合作关系,并就各领域友好合作提出了明确目标,对未来两国关系的长远发展具有重要指导意义。双方同意将利用现有的双边机制,采取切实措施,积极落实联合声明所制订的各项合作计划。

四、双方就当前经济和金融危机形势进行了深入探讨。中方高兴地看到,由于泰国政府和人民的不懈努力,泰国经济复苏工作已取得积极进展。中方对泰国的经济潜力和发展前景充满信心。泰方感谢中方自金融危机出现以来向泰方提供的支持,赞赏中国在努力克服亚洲金融危机,尤其保持人民币币值稳定所起的决定性作用,这对保持本地区经济、金融的稳定有着积极重要作用。泰方认为,中国保持经济持续稳定发展对本地区经济早日复苏具有重要意义。双方一致认为,克服金融危机,需要国际社会共同努力,发达国家尤其应该履行责任和义务。

五、双方充分肯定两国在经贸合作方面所取得的进展,一致同意继续挖掘潜力,支持和鼓励两国企业增加往来,积极探讨新的合作领域和方式,不断深化互利合作。双方同意在农产品进出口方面继续作出积极安排;加大双向投资力度,推动在基础设施和资源开发方面重大项目的落实。

六、双方强调有必要加强本地区各国的经济合作关系。双方注意到,湄公河流域次区域经济合作计划有着巨大潜力,愿为尽早达成中、泰、老、缅澜沧江—湄公河商业通航协定作出积极努力,以促进本地区相邻国家间的商业和民间往来。双方对东盟和中、日、韩领导人两次非正式会晤所取得的成果表示满意,愿继续为推进东亚范围的合作进程作出贡献。

七、双方还就当前国际形势交换了意见。双方欢迎国际社会特别是大国关系继续朝着缓和的方向发展,重申通过和平方式解决国际争端的重要性。双方对当前科索沃地区的局势表示严重关切,呼吁有关各方在联合国的协助下通过政治途径尽快恢复科索沃地区的和平与稳定。

八、泰王国政府总理阁下代表泰国人民祝贺中华人民共和国成立50周年和澳门回归中国。中华人民共和国领导人请川·立派总理阁下转达对泰王国国王陛下的亲切问候和良好祝愿。应泰方邀请,今年中方将派艺术团体赴泰演出,与泰国人民共同庆祝泰国国王陛下6循(72岁)寿辰这一泰国历史上的重要事件。

国务院总理朱镕基在中南海会见澳大利亚前总理基廷

中国昆明第二十二次世界园艺博览会开幕

世界园艺博览会在昆明拓东体育场举行开幕式。

国家主席江泽民出席开幕式,并宣布中国'99昆明世界园艺博览会开幕。

柬埔寨国王西哈努克和王后,以色列总统魏茨曼和夫人,津巴布韦总统穆加贝,吉布提总理哈马杜,泰国总理川·立派,国务院副总理、世博会中国组委会主任李岚清和夫人章素贞出席开幕式。

开幕式由世博会组委会副主任、云南省省长李嘉廷主持。

李岚清在开幕式上致辞。他说,在四季如春、繁花似锦的"春城"——昆明迎来了中国'99昆明世界园艺博览会。这是一次由95个国家和国际组织参加的国际园艺博览盛会。

人类只有一个地球。尊重自然,就是尊重人类自身;保护生态,就是保护我们赖以生存的家园。为了我们自己,以及我们的子孙后代生活得更好,为了把我们共同的家园建设得更美,我们呼唤和平相处,呼唤人与自然携手共进,呼唤在重视发展的同时,重视环境保护,实现新的世纪的可持续发展。这就是本届博览会举办的宗旨,也是中国政府所致力的目标。

国际展览局主席菲利普森和国际园艺生产者协会主席柯什分别致辞,他们对本届世博会的组织工作给予了充分肯定和高度评价。菲利普森说,作为国际展览局主席和代表展览局85个成员国的使者,我对你们已完成的工作表示衷心的赞赏。

博览会的主题是"人与自然——迈向21世纪"。展览内容包括:各参展国悠久的传统园艺和丰富多彩的园艺品种;传统文化与现代文化相结合的庭园建筑;人类保护自然环境、维护生态平衡的成就;园艺与民族文化发展密不可分的渊源以及园艺在人类社会生活中的重要作用;通过人类科技发展的成就,展示经济环境与自然环境的完美结合等。博览会共有69个国家和26个国际组织参展,其中34个国家和国际组织在世博园内修建了永久性展园。参展国家和国际组织来自亚、欧、非、美、大洋洲,具有广泛的代表性。我国31个省、自治区、直辖市和香港特别行政区、澳门、台湾地区均参加展览。

《人民日报》发表社论《人与自然和谐共处的画卷——热烈祝贺昆明世博会隆重开幕》

第85届广交会闭幕

5月1日

'99昆明世博会正式开园

上午，国家主席江泽民，柬埔寨国王西哈努克和王后，津巴布韦总统穆加贝，吉布提总理哈马杜，泰国总理川·立派，国务院副总理、世博会组委会主任李岚清和夫人章素贞，先后来到世博园。在欢快的迎宾乐曲声中，他们乘电瓶车，沿着花园大道，驶向各展馆和展园。在云南省省委书记令狐安、省长李嘉廷等陪同下，江泽民、李岚清与外国贵宾分别参观了室内展馆和室外展区。

随后，参加剪彩的中外领导人和夫人来到世纪广场附近的常青园，挥锹铲土，种植纪念树。

中共中央政治局候补委员、书记处书记曾庆红，全国人大常委会副委员长曹志，全国政协副主席钱伟长、丁光训、马万祺、万国权，香港特别行政区行政长官董建华和夫人，中央军委委员、总参谋长傅全有等，出席开园仪式。

出席开园仪式的中外贵宾还有：博览会组委会成员，中央和国务院有关部门负责人，一些国家的政府部长，参展国政府和国际组织代表，一些国家的驻华使节，31个省、自治区、直辖市和香港特别行政区、澳门、台湾地区的代表，组委会特邀嘉宾。

中午，世博园对中外游客正式开放。占地218公顷的世博园，有国际馆、中国馆、科技馆、大温室、人与自然馆5个室内展馆；有树木园、竹园、盆景园、蔬菜瓜果园、药草园、茶园6个专题展园；还有国际、国内、企业3个室外展区。世博园移栽植物2000多种，其中乔木6万多株、灌木32万多株、藤本植物6万多丛、草本植物85万多株(丛)，珍稀和濒危植物110多种。园内还培植草坪43万平方米，种育花卉150多万盆。

国家主席江泽民在昆明出席共庆五一联欢晚会

《人民日报》发表社论《劳动万岁！——庆祝五一国际劳动节》

《人民币汇率管理规定》开始实施

全国绿化委召开第18次会议

执业医师开始实行考试制度

《中华人民共和国执业医师法》在全国开始实行。它规定，今后将实行医师资格考试制度，只有通过医师资格考试并依法注册者，才具有行医权。

有关方面介绍说，80年代中后期，大量非卫生技术人员涌入卫生队伍，致使全国医师总数由1987年的77.7万人猛增到1989年年底的125.8万人，远远超过同期医学教育机构的培养输送人数，未经正规培训人员的大量涌入，使医师队伍总体质量明显下降。此次颁布实施的《中华人民共和国执业医师法》规定实行医师准入制度，就是要根据实际需要，规定临床医师必须具备的基本知识、基本技能、基本素质，严把入门质量关。

5月2日

全国再保险工作会议在南京召开

中国队在世界杯竞走赛上夺两枚金牌

第十九届世界杯竞走比赛是在法国梅兹栋举行的。中国女将在20公里比赛中，连夺个人和团体两项世界冠军；男选手也有上佳表现，荣获银牌、铜牌各一枚。刘宏宇在女子20公里比赛中以1小时27分32秒首先冲线。

5月3日

团中央 全国青联授予十六名杰出青年“中国青年五四奖章”

团中央、全国青联今天举行“中国青年五四奖章”颁奖仪式。

在朴素、庄重的颁奖仪式上，团中央书记处全体成员与16名获奖者聚集一堂，亲切交谈。团中央书记处第一书记周强仔细询问了16名获奖者的工作和学习情况，庄重地把授予青年最高荣誉的“中国青年五四奖章”挂在他们胸前，勉励他们珍惜荣誉，戒骄戒躁，再接再厉，不辜负党和人民的殷切期望，在改革开放和社会主义现代化建设中作出新的更大的成绩。团中央书记处常务书记、全国青联主席巴音朝鲁向获奖者颁发了证书。

5月4日

党和国家领导人江泽民 李鹏 朱镕基 李瑞环 胡锦涛 李岚清等出席在北京人民大会堂举行的五四运动八十周年纪念大会

中共中央政治局常委、国家副主席胡锦涛在大会上发表讲话。6000多名各族各界青年代表参加大会。

出席纪念大会的还有：丁关根、田纪云、李长春、吴邦国、吴官正、迟浩田、张万年、罗干、姜春云、贾庆林、钱其琛、黄菊、温家宝、曾庆红、吴仪、宋平、刘华清、邹家华、王光英、程思远、布赫、吴阶平、彭珮云、何鲁丽、周光召、曹志、丁石孙、成思危、许嘉璐、蒋正华、司马义·艾买提、王忠禹、肖扬、韩杼滨、杨汝岱、王兆国、阿沛·阿旺晋美、钱伟长、卢嘉锡、任建新、宋健、李贵鲜、陈俊生、张思卿、钱正英、孙孚凌、朱光亚、万国权、胡启立、陈锦华、赵南起、白立忱、经叔平、罗豪才、张克辉、周铁农、王文元等。

李德生、段君毅、黄华、谷牧、吕正操、马文瑞、郑天翔、王汉斌、倪志福、陈慕华、费孝通、雷洁琼、李锡铭、王丙乾、邓力群、张廷发、韩光等老同志也出席了今天的大会。

纪念大会由中共中央宣传部、教育部、共青团中央联合召开。中央党政军群各部门及北京市主要负责同志,各民主党派中央、全国工商联负责人和无党派人士,部分老红军、老党员等也出席大会。

中共中央政治局常委胡锦涛在五四运动八十周年纪念大会上发表题为《发扬伟大的爱国主义精神为建设有中国特色社会主义努力奋斗》的讲话

同志们、青年朋友们:

今天,我们在这里隆重集会,纪念五四运动八十周年,庆祝五四青年节。我代表中共中央、国务院,向全国各族青年致以节日的祝贺!

在新世纪即将到来的时候,缅怀五四先驱们的业绩,回顾中国人民和青年在本世纪走过的历程,展望建设有中国特色社会主义事业的前景,在新的历史条件下进一步弘扬五四精神,具有特别重要的意义。

八十年前爆发的五四运动,是以一批先进青年知识分子为先锋、广大人民群众参加的彻底反帝反封建的伟大爱国革命运动,也是一场伟大的思想解放运动和新文化运动。这场运动,成为中国旧民主主义革命走向新民主主义革命的转折点。

1840年鸦片战争以后,由于西方列强的野蛮入侵和中国封建统治者的腐败无能,中国一步步沦为半殖民地半封建社会。中国的发展受到严重阻碍。中华民族灾难深重,国家日益贫弱,社会战乱不已,人民饥寒交迫。为了救亡图存,许多志士仁人艰苦求索,寻找救国救民、振兴中华的真理和道路。为了改变自己的悲惨境遇,中国人民进行了一次又一次英勇卓绝、可歌可泣的斗争。从鸦片战争到中法战争、中日甲午战争,从太平天国运动到义和团运动,从戊戌维新到辛亥革命,都表现了中国人民不甘屈服于西方列强奴役和封建统治压迫的顽强反抗精神。这些斗争都在当时的社会历史条件下为拯救中国作出了自己的贡献。正是这些此起彼伏、连续不断的斗争,粉碎了帝国主义把中国变为殖民地的企图。毛泽东同志曾经把领导辛亥革命的孙中山先生称为中国民主革命的伟大先行者。辛亥革命结束了在中国延续几千年的封建帝制。但是,中国人民仍然处于帝国主义和封建主义的双重压迫之下。

旧式的农民革命运动和农民战争,资产阶级改良主义运动和资产阶级领导的旧民主主义革命,都没有也不可能改变中国半殖民地半封建的社会性质。从洪秀全、康有为到孙中山,都曾努力向西方学习,但都未能找到救国救民的真理。1915年,袁世凯政府同日本签订卖国的二十一条。1918年第一次世界大战结束,西方列强把持的巴黎和会竟然决定把战败国德国在我国山东攫取的各种权利转让给日本,极大地激怒了中国人民。也正是在这个时期,俄国十月革命取得胜利,显示了马克思列宁主义的伟大力量,使中国的先进分子在黑夜里看到了曙光,中国人民的反帝反封建斗争从此找到一个全新的历史支点。五四运动在这种情况下不可避免地爆发了。

1919年5月4日,北京数千学生涌上街头,高呼"外争国权、内惩国贼"等口号,由此掀起了有工人阶级、小资产阶级、民族资产阶级和其他爱国人士广泛参加的全国性群众斗争。五四运动是中国人民以往前赴后继斗争的继续和新的发展。在这场斗争中,中国工人阶级第一次以声势浩大的政治大罢工显示出崭新的战斗姿态。五四运动鲜明地贯穿着彻底地不妥协地反帝反封建的爱国主题。

五四运动作为极大地促进思想解放的新文化运动,猛烈地冲击和荡涤着几千年来的封建旧礼教、旧道德、旧思想、旧文化,为新思想、新文化在中国的广泛传播开辟着道路。

热爱祖国、追求进步的青年和人们,开始用新的眼光看中国、看世界,从对各种社会思潮、政治主张和政治力量的鉴别中认真思考。一批先进的青年知识分子,经过历史的比较和实践的选择,接受了马克思列宁主义,并积极传播马克思列宁主义,促进它同中国工人运动的结合。这就为以马克思主义为理论指导、以中国工人阶级为阶级基础的中国共产党的成立,作了思想上和干部上的准备,并使社会主义思想成为五四运动后新文化运动的主流。

五四运动树立了一座推动中国历史进步的丰碑。五四运动也孕育了爱国、进步、民主、科学的伟大精神。在当时,爱国,首先是争取民族独立、维护国家主权和领土完整,反对帝国主义的奴役和封建军阀政府的卖国行径;进步,首先是反对阻碍民族独立和人民解放的一切腐朽没落的东西,推动中国社会向前发展;民主,首先是推翻专制独裁的旧制度,实现最广大人民的解放和民主、自由;科学,首先是探索指导中国人民根本改变受奴役、受压迫地位的科学真理和发展道路。五四精神的核心，是伟大的爱国主义。在五四运动中和五四时期，革命青年为救亡图存、振兴中华奔走呼号，奋不顾身，表现出了高尚的爱国情操和大无畏的革命英雄主义。五四运动所体现的爱国主义精神，是中华民族百折不挠、自强不息的民族精神的生动写照。这种历久弥新的伟大爱国主义精神，是我国几千年来发展和进步的重要力量源泉。所有的中华儿女都应万分珍视、大力弘扬这个宝贵的精神财富。

五四运动以后，在中国共产党的领导下，中国人民争取社会进步和推动历史前进的斗争，波澜壮阔地向前发展。

我们党在以毛泽东同志为核心的第一代领导集体的领导下，始终站在反帝反封建的最前列，经受了世所罕见的重重磨难，付出了难以估量的巨大牺牲。经过北伐战争、土地革命、抗日战争和解放战争，终于推翻了压在中国人民头上的帝国主义、封建主义和官僚资本主义三座大山，完成了新民主主义革命的任务。在1949年纪念五四运动三十周年后不久，中华人民共和国宣告成立，从此彻底结束了鸦片战争以来中华民族任人宰割、备受欺凌的屈辱历史。中国人民在世界上光荣地站起来了。

新中国成立后，面对帝国主义对我们的封锁和武力威胁，我们党紧紧依靠人民，坚持独立自主、自力更生的方针，迅速医治了战争创伤，创造性地完成了社会主义改造，建立了社会主义制度，实现了中国历史上最深刻、最伟大和具有世界意义的社会变革。在积极探索中国社会主义建设的正确道路过程中，我们遇到过不少困难，也发生过严重的失误。但是，党和人民同甘共苦，团结奋斗，社会主义事业取得了巨大的成就。在短短的二三十年间，我国就建立起了独立的比较完整的国民经济体系，为实现国家的工业化和现代化奠定了重要的物质技术和文化基础，这在世界的发展史上是罕见的。

党的十一届三中全会以后，我国社会主义事业的发展进入了新的历史时期。我们党运用马克思列宁主义、毛泽东思想和邓小平理论，科学地总结正反两方面的历史经验，确立了党在社会主义初级阶段的基本路线、基本纲领和一系列重大方针政策，成功地开辟了建设有中国特色社会主义的正确道路。改革开放二十年来，我们党在以邓小平同志为核心的第二代领导集体和以江泽民同志为核心的第三代领导集体的领导下，团结和带领全国各族人民，排除各种干扰，克服一个又一个困难，经受住了各种风险的严峻考验，取得了改革开放和现代化建设的举世瞩目的伟大成就。我国的社会生产力、综合国力和人民生活水平都上了一个大台阶。十二亿人的温饱问题已基本解决，正在进入和建设小康社会。发展社会主义民主政治取得重要进展，加强社会主义精神文明建设取得新的成果。我国政府顺利恢复了对香港行使主权。澳门也将于今年回到祖国怀抱。中国的国际影响日益扩大，国际地位不断提高。全党全国各族人民正在满怀信心地把建设有中国特色社会主义事业全面推向二十一世纪。

五四运动以来的八十年，是中国共产党把马克思主义同中国实际相结合，继承和发展五四精神的八十年；是中国人民和青年在党的领导下，不断开创革命、建设和改革的辉煌业绩，为振兴中华而不懈奋斗的八十年。此时此刻，我们可以告慰五四先驱们的是，他们追求的理想和目标，许多已经成为现实而且被大大向前推进和发展了。中国人民将继续努力奋斗，直到实现中华民族的伟大复兴，直到经过社会主义事业的不断发展而最终实现共产主义。

八十年的历史证明，中国共产党是五四精神最忠诚的继承者。我们党自建立以来，总是根据不同历史时期的形势和任务，把五四精神与人民群众推动社会进步的实践结合起来，使爱国、进步、民主、科学的五四精神始终具有广泛的群众性和鲜明的时代性，不断升华到新的境界。今天，我们继承和发扬五四传统，就要坚持以马克思列宁主义、毛泽东思想和邓小平理论为指导，坚持党的基本路线，发扬民族自尊、自信、自强的精神，汲取一切有益的新思想、新经验，努力建设有中国特色社会主义的经济、政治、文化，把改革开放和现代化事业不断推向前进。

八十年的历史证明，中国人民选择中国共产党作为领导自己事业的核心力量，选择经过新民主主义过渡到社会主义社会的革命道路，选择并成功地开辟具有中国特色的社会主义发展道路，是完全正确的。没有中国共产党的领导，就没有中国革命的胜利，就没有中国的社会主义事业，也就没有中国的前途和希望。社会主义制度的建立和通过改革不断加以完善，为我国社会生产力的发展和社会的全面进步提供了可靠的保证。坚持和改善党的领导，坚定不移地沿着建设有中国特色社会主义道路前进，中华民族的伟大复兴就一定能够实现。

八十年的历史证明，青年始终是我们社会中最积极、最活跃、最有生气的一部分力量，青年运动的发展始终同中国共产党领导人民不懈奋斗的历史进程紧密相连，我们的事业取得的全部成就始终与一代又一代青年的英勇奋斗分不开。党离不开青年，青年更离不开党。青年运动的正确方向，就是坚持党的领导，坚持同人民群众的伟大实践一道前进。在历史进程中，每个人都不可避免地要经受各种考验。革命队伍中的绝大多数人昂首阔步地向前迈进，他们中涌现出的英雄模范永远受到人民的尊敬。但是，也有人在历史进步的洪流中被淘汰。青年要坚持正确的人生之路，不断为人民建功立业，就要把个人的理想融入广大人民的共同理想之中，把个人的奋斗融入广大人民的集体奋斗之中，不断从人民群众中汲取智慧和力量，永远保持朝气蓬勃、奋发向上的青春活力。

同志们、青年朋友们！

今年是中华人民共和国成立五十周年。中华民族全面振兴的灿烂前景鼓舞我们奋发前进。在新世纪的第一个十年，我们将实现国民生产总值比2000年翻一番，使人民的小康生活更加宽裕，形成比较完善的社会主义市场经济体制；再努力十年，到我们党成立一百周年时，将使国民经济更加发展，各项制度更加完善；到二十一世纪中叶，中华人民共和国成立一百周年时，将基本实现现代化，建成富强民主文明的社会主义国家，中国人民将达到现代化基础上的共同富裕。

实现这个宏伟目标，要靠党和人民的团结奋斗，要靠全国青年继往开来、奋发进取。五四运动点燃的革命火炬，已经传到当代青年的手中。现在二十多岁的青年，将亲身经历实现中华民族全面振兴的伟大进程。生活在这样一个大有作为的历史时期，是十分幸运的。五四以来几代青年梦寐以求的实现中国现代化的理想，将通过你们的继续奋斗得以实现，这更是十分光荣和自豪的。广大青年要增强历史使命感，高举邓小平理论伟大旗帜，发扬伟大的五四精神，为实现我国的社会主义现代化不断建功立业。

当代青年要肩负起时代赋予的崇高责任，一定要认清形势，勇于面对任何艰难险阻，经受住各种考验。当今世界正在发生深刻的变化。世界多极化和经济全球化趋势进一步发展，科学技术突飞猛进，知识经济开始出现，综合国力竞争日趋激烈。和平与发展是当今世界的两大课题，而且一个也没有解决。“冷战思维”依然存在，霸权主义和强权政治还有新的发展，天下并不太平。西方大国对社会主义国家和发展中国家推行“西化”、“分化”的战略企图没有也不可能改变。我国的发展既面临难得的历史机遇，也受到严峻的挑战。建设有中国特色社会主义是一项全新的事业，我们对它的发展规律在不少方面还知之不多、知之不深，需要继续探索。我们还需要经历一个相当长的时期才能完成工业化和实现经济的社会化、市场化、现代化。在前进的道路上，还会遇到许多复杂的情况和困难，不可能一帆风顺。广大青年要学会用全面的观点、辩证的观点、发展的观点看待形势。只看到光明的一面，看不到困难或轻视困难，盲目乐观，是不对的和有害的。害怕困难，动摇信心，无所作为，也是不对的和有害的。

五四运动八十年来，中国共产党领导全国各族人民，是在战胜各种困难和风险中走过来并不断取得胜利的。今天，我们有邓小平理论和党的基本路线的正确指引，有以江泽民同志为核心的党中央的坚强领导，有改革开放进一步积累起来的物质技术基础，有广大干部和人民群众的共同奋斗，无论遇到什么困难和风险，无论这些困难和风险是可以预料的还是难以预料的、是来自国内的还是来自国外的，都动摇不了我们实现社会主义现代化的雄心壮志。广大青年应当牢固树立这样的信心和决心。在顺利的时候，不骄傲自满，始终谦虚谨慎；在挫折和困难面前，不悲观失望，始终坚忍不拔；在风云变幻之际，不随波逐流，始终坚持正确的前进方向。

当代青年要肩负起时代赋予的崇高责任，一定要响应江泽民同志的号召，坚持学习科学文化与加强思想修养的统一，坚持学习书本知识与投身社会实践的统一，坚持实现自身价值与服务祖国人民的统一，坚持树立远大理想与进行艰苦奋斗的统一，努力把自己锻炼成为党和人民所需要的、符合时代要求的社会主义建设者和接班人。

第一，要坚定理想，服务人民。正确的理想，是推动社会进步的重要动力，也是人们知难而进、走向成功的重要精神支柱。古往今来，凡有作为的人，无不具有坚定的理想和信念，而且大多立志于年轻之时，追求于一生之中。当代青年一定要立志献身于改革开放和现代化建设的伟大事业，一定要始终高举邓小平理论伟大旗帜不动摇，坚持党的基本路线不动摇，坚持走建设有中国特色社会主义的道路不动摇。只有牢固树立了这样的崇高理想和坚定信念，才能自觉地把自己的人生追求同祖国和民族的前途命运联系起来，在服务祖国、服务人民的实践中充分发挥自己的聪明才智。要自觉地把爱党、爱祖国、爱社会主义与爱集体、爱岗位、爱本职工作结合起来，在工作中努力创造一流成绩，扎扎实实地为人民谋利益。要积极参与群众性精神文明创建活动，带头弘扬团结友爱、诚实守信、助人为乐、见义勇为的道德风尚，努力倡导健康文明的生活方式，做有益于人民、有益于社会的人。

第二，要深入群众，投身实践。一切有志的青年，都要自觉地深入人民群众之中，与工农相结合、与实践相结合。人民群众改造自然和社会的伟大实践，是青年成长的丰厚沃土和宽广课堂。要站在人民的立场上，增强同人民群众的感情，自觉到祖国和人民最需要的地方去，到改革和建设的第一线去，到艰苦的和困难多的地方去，了解国情，经受锻炼，增长才干，开拓事业。要通过向人民学习、向实践学习，深刻体验我们现在的奋斗同革命先驱奋斗的历史联系，切身感受改革开放和现代化建设的时代脉搏，保持青年人朝气蓬勃的鲜明特点，认真克服自己的弱点和不足，在建设有中国特色社会主义的实践中更好地成长和成熟起来。

第三，要勤奋学习，勇于创造。青年时期是学习的黄金时期，尤其要勤奋学习。不学习就要落伍，就会被时代所淘汰。大家务必珍惜宝贵的年华，刻苦学习马克思主义基本理论，特别要用历史唯物主义和辩证唯物主义武装自己，努力掌握马克思主义关于历史发展和社会进步的科学观点，增强在实际生活中识别和抵御各种唯心主义错误思潮和观点的能力，在改造社会的伟大实践中不断丰富和充实自己的精神世界。要做崇尚科学，破除迷信的模范。要结合各自的工作实际，学习经济、科技、法律、历史和其他方面的知识，努力用人类创造的优秀文明成果武装自己。当今世界综合国力的竞争，归根到底是人才的竞争，是创新能力的竞争。创新是一个民族进步的灵魂。广大青年要努力培养创新精神，提高创新能力，投身创新实践，为实施科教兴国战略，发挥更大的作用。

第四，要脚踏实地，艰苦奋斗。建设有中国特色社会主义的伟大事业是异常艰巨的，需要全国人民和青年付出长期艰苦的努力。巩固和发展社会主义制度，更需要几代、十几代甚至几十代人坚持不懈地奋斗。创业难，守业更难，守业加创业，尤其艰难。当代青年一定要深刻认识我国的基本国情，继承和发扬艰苦奋斗的优良传统，任何时候都不懈怠创业精神，都不涣散奋斗意志，积极创造无愧于前辈、无愧于后人的业绩。

青年是祖国和民族的未来与希望。各级党委和政府，要从社会主义事业长远发展的战略高度，热情关怀青年，正确引导青年，严格要求青年，努力把青年一代培养成为有理想、有道德、有文化、有纪律的社会主义新人。这是我们的事业兴旺发达的重要保证。共青团是党领导的先进青年的群众组织，要发挥好作为党的助手和后备军的作用，为党的事业教育、团结和带领好青年；发挥好作为国家政权的重要社会支柱的作用，积极协助政府管理好青年事务；发挥好作为党和政府联系青年群众的桥梁与纽带的作用，依法代表和维护青年的利益，反映青年的意愿和呼声。社会各方面都要热情关心青年一代的成长和发展。

在二十世纪，中国青年为祖国和人民赢得了巨大的光荣。我们相信，在新的世纪里，中国青年也一定不会辜负党和人民的厚望，一定会继续勇往直前，谱写青年运动的新篇章，为祖国和人民赢得新的更大的光荣。让我们高举邓小平理论伟大旗帜，紧密团结在以江泽民同志为核心的党中央周围，为建设有中国特色社会主义而努力奋斗！

《人民日报》发表社论《承前启后继往开来——纪念五四运动80周年》

国务院总理朱镕基在人民大会堂会见津巴布韦总统穆加贝

穆加贝说，津中两国人民有着深厚的友谊，中国是津巴布韦的好朋友。在津解放斗争年代，中国人民给予了无私的援助；津获得独立后，在国家建设事业中继续得到了中国的大力支持。目前，津中两国友好合作关系不断发展，中国的企业家在津积极开展业务，工作出色。希望中国有更多的公司去津开拓，同津方一起开展在工业、采矿、农业、水利等方面的合作，把津中两国建设性互利合作关系提高到一个新的水平。

朱镕基说，中津两国有着特殊的友好关系，建交19年来，彼此信任，是久经考验的朋友。特别是近年来，两国高层互访和友好往来频繁，经贸关系形成了多领域、多形式、多层次的合作新格局。除政府间合作外，中国政府鼓励和支持中国有实力的公司去津开展业务，同贵国同行共同探讨互利合作新形式、新途径。两国在双边和国际领域的交流与合作也不断扩大，中国为津经济建设提供了力所能及的帮助。津在中国统一大业和许多重大国际问题上，也给了中国很大的支持，对此我们表示感谢。

乌拉圭总统桑吉内蒂在蒙得维的亚总统府会见中共中央政治局常委尉健行

国办转发国土资源部编制《全国土地利用总体规划纲要》的通知

国务院办公厅日前发出通知，印发经国务院批准、由国土资源部组织编制的《全国土地利用总体规划纲要》。

该纲要在对全国土地资源利用状况和面临的形势进行全面分析的基础上，根据《国民经济和社会发展"九五"计划和2010年远景目标纲要》、国土整治和资源环境保护的要求、土地供给能力以及各项建设对土地的需求，以保护耕地和控制非农业建设用地规模为重点，确定了土地利用的目标、方针，对土地利用结构和布局进行了必要的调整，进一步协调了各类用地矛盾，提出了土地利用宏观调控和用途管制的政策意见，制定了实施规划的具体措施。

全国人大常委会委员长李鹏在人民大会堂会见以干事长町村信孝众议员为团长的日中友好议员联盟代表团

国务院总理朱镕基在人民大会堂会见突尼斯共和国外交部部长赛义德·本·穆斯塔法

国防部部长迟浩田与布隆迪国防部部长阿尔弗雷德·恩库伦齐扎举行会谈

纪念五四运动八十周年“青春之歌”大型文艺晚会在北京工人体育馆举行

5月5日

中共中央政治局决定十五届四中全会秋季在北京召开

中共中央政治局决定，1999年秋天在北京召开中国共产党第十五届中央委员会第四次全体会议。

这次全会的主要任务是，贯彻党的十五大提出的战略部署，就国有企业改革和发展的若干重大问题作出决定。

国家主席江泽民在人民大会堂与南非总统纳尔逊·曼德拉举行会谈

江泽民指出，中国与南非去去年初顺利实现建交，这是两国关系史上的一个重要里程碑，我们对阁下发挥的关键作用表示赞赏。建交以来，两国关系发展顺利，高层互访日益增多，经贸合作稳步发展，各领域交流全面开展，在国际事务中的沟通与协调更为顺畅。我们对两国关系的发展表示满意。

江泽民表示，中国重视南非在地区及国际事务中的作用，赞同南非关于发展中国家应在国际事务中加强磋商、协调立场、共同维护自身合法权益的主张。中方愿与南非建立面向二十一世纪的建设性伙伴关系。希望双方共同努力，使两国关系不断向前发展。

曼德拉总统说，他本人以及他的代表团一直期待着对中国进行访问。中国是联合国安理会五个常任理事国之一，在国际事务中发挥着举足轻重的作用。

关于两国经贸关系，江泽民指出，两国经济互补性强，合作潜力巨大。目前，南非已是中国在非洲最大的贸易伙伴。经贸联系成为两国关系中重要的稳定因素。

南非一些有实力的大公司积极开拓中国市场，也取得了可喜进展。南非黑人商界与中国同行间的合作也在发展，两国在航空技术、军工、农业等方面各有所长，中国政府鼓励和支持两国的经济贸易交流与合作。

中共中央总书记国家主席江泽民在人民大会堂会见日本民主党党首菅直人

中央“三讲”教育联系会议办公室在北京召开会议

会议总结交流中央、国家机关第一批开展“三讲”教育单位第一阶段的工作，部署第二阶段的任务，要求切实抓好自我剖析、听取意见这一关键阶段的工作。

会议传达胡锦涛同志最近关于抓好第二阶段工作，搞好自我剖析的重要意见。中央“三讲”教育联系会议负责人张全景对搞好自我剖析阶段的工作提出了具体要求。

会议指出，全国“三讲”教育工作会议之后，各省、自治区、直辖市和中央、国家机关各单位领导高度重视，认真贯彻中央的部署，总的看要求严，抓得紧，开局好，进展顺利。领导班子、领导干部的认识逐步到位，第一责任人负起了责任；认真学习理论和有关材料，注重思想提高；坚持开门搞“三讲”，广泛听取群众意见；巡视组尽职尽责，发挥了重要作用；正确处理“三讲”教育与当前工作的关系，做到工作与学习相互结合、相互促进。目前，省部级领导班子第一批开展“三讲”教育的单位已有80%进入第二阶段，即自我剖析、听取意见阶段。这一阶段既是对学习阶段工作成效如何的检验，又是以后顺利开展批评、搞好集中整改的前提和基础，一定要再接再厉，把这阶段的工作抓扎实，绝不能因为第一阶段开局好，就产生松口气的情绪。

张全景在讲话中强调，要充分认识搞好自我剖析、听取意见阶段工作的重要。领导班子、领导干部“三讲”教育能不能取得实效，关键在于能否找准、抓住和解决党性党风方面存在的突出问题。自我剖析、听取意见是找准、抓住突出问题的重要环节。要进一步发动和依靠群众，在听取意见时要重视多数人的意见，也要重视少数人特别是了解情况的人的意见，还要注意听取老同志的意见。要认真做好意见反馈工作。要严于解剖自己，查摆突出问题。要采取“个人找、群众提、上级点、互相帮”的办法，自觉拿起批评与自我批评的武器，边学习提高边查找问题。要结合“三讲”教育，搞好干部考察。要充分发挥第一责任人和巡视组长的作用，切实加强领导，强化督促检查和指导，确保“三讲”教育工作健康、顺利进行，完成中央提出的任务。

农业部部长陈耀邦、人民日报社社长邵华泽、交通部部长黄镇东先后在会上介绍了各自单位开展“三讲”教育第一阶段的情况和第二阶段的工作安排。中央、国家机关第一批开展“三讲”教育的67个单位主要负责人和35位巡视组组长等共160多人参加会议。

《人民日报》发表评论员文章《严于自我剖析——五论以整风精神深入开展“三讲”教育》

全国纠风工作会议在山东省烟台召开

中央纪委副书记、监察部部长、国务院纠风办主任何勇在会上强调指出，今年全国纠风专项治理工作要继续以减轻农民负担、减轻企业负担、狠刹医药购销中的不正之风为重点，同时要巩固和扩大治理公路“三乱”和中小学乱收费的工作成果，进一步搞好重点部门和行业的作风整顿。

何勇强调指出，中央纪委第三次全会和国务院廉政工作会议，对纠正部门和行业不正之风工作提出了新的更高的要求。最近，国务院办公厅又转发了国务院纠风办关于1999年纠风工作的实施意见。今年要继续下大力气抓好减轻农民负担工作。要着重抓好四件事：一是要从今年开始，在全国普遍落实农民合理负担定项限额、一定三年不变的政策规定。提留统筹费的绝对额要严格控制在上年农民人均纯收入的5%以内。二是要清理整顿农民用电的不合理负担。三是要坚决纠正强行平摊报刊征订任务、让农民出钱出物出工开展达标升级活动等错误做法；认真清理乡镇政府编制外的机构和人员。四是要用党的十五届三中全会精神教育群众，搞好农村基层干部的教育培训。

何勇指出，要进一步做好减轻企业负担工作。一是要全面复查涉及企业的收费项目，按规定应当取消的收费项目必须坚决取消。二是要在巩固电力、铁道、公安去年治理成果的基础上，重点抓好工商、环保、建设、质量监督、交通、水利等重点部门的重点项目和中介服务收费的清理整顿。三是要坚决落实《中共中央国务院关于治理向企业乱收费、乱罚款和各种摊派等问题的决定》中“九个严禁”的要求，重点是严格控制和规范对企业的各类检查。四是要认真推行和完善收费许可证和企业交费登记卡制度，坚决查处向企业乱收费、乱罚款、乱摊派的违纪违法行为。

何勇指出，今年狠刹医药购销中的不正之风，要实现如下目标：一是下决心取缔目前各地搞的几十个非法药品集贸市场。二是对药品生产经营企业进行全面清理整顿，取缔一批无证照、证照不全或违反证照规定的药品生产、经营户。三是认真解决各类药品虚高定价和高额折扣，降低一批药品的价格。四是严禁医疗机构从药品销售方谋取不正当的利益。

李春亭、徐青、李至伦及全国各省区市纠风办主任、中央国家机关有关部委局纪检监察部门负责人共150多人参加了会议。

首都建国50周年庆祝活动筹备委员会公布首都建国50周年庆祝活动标志和使用规定

首都国庆筹委会负责人介绍，这一标志由北京歌华文化发展集团朱维理设计。标志图案以雄浑、庄重的“50”作为创意切入点，以红色和金色（黄色）强化50年国家庆典的热烈气氛，“0”中嵌有的五星和天安门的造型，进一步点明了中华人民共和国50周年华诞的特定时间和地点。

首都国庆筹委会在向社会公布新中国成立50周年庆祝活动标志的同时，还就标志的使用作出了一系列规定：

“首都建国50周年庆祝活动标志”的所有权属于首都建国50周年庆祝活动筹备委员会；使用“首都建国50周年庆祝活动标志”图案应保持其形象完整、准确，不得改动；标志图案不得用于商品或以营利为目的的商业性活动；标志图案主要用于首都举行的各项庆祝活动的设施、设备、道具、用品以及各类证件、请柬、门票，首都国庆筹委会委托制作的纪念品，经首都国庆筹委会批准的、由企业无偿或部分无偿提供的用于新中国成立50周年庆祝活动的设施、设备、用品等。各类纪念品应在正面或主图案上使用标志图案；在正面或主图案上不适于设计标志图案的纪念品，可在背面图案或其他适当的位置使用标志图案；在庆祝活动各类票证的正面图案和设施、设备、道具、用品的适当位置使用标志图案。

国务院反假货币工作联席会议第二次会议在北京召开

会议强调加大力度，依法严厉打击制贩假币犯罪活动，确保经济发展、社会稳定。

由中央26个部门组成的国务院反假货币工作联席会议成员单位都参加了今天的会议。会前，国务院副总理温家宝听取了会议准备情况的汇报，对当前反假货币工作提出了总体要求：以稳定币值，维护人民币信誉，保证正常的经济、社会秩序为目标，树立全局观念，实行标本兼治，完善反假法规，理顺反假体制，加强反假宣传，提高反假技能，加大打击力度，促进经济发展和社会稳定。

会议召集人、中国人民银行行长戴相龙强调，近年来打击制贩假币活动取得了很大成绩，但是当前制贩假币犯罪活动比较严重，反假货币工作的难度较大，问题较多。为此，各地区、各部门要高度重视，依法严厉打击制售假币活动。

会议要求各地区、各部门立即行动起来，把反假货币工作当作稳定经济、稳定金融和稳定社会的大事来抓，确保各项工作任务的完成。各级政府要对当地反假币工作负责，加强对这项工作的领导，建立健全反假币组织机构，配备必要的工作人员。机构撤销的地方必须立即恢复，并采取有力措施加大打击力度，力争在短期内有效遏制假币泛滥的势头。要理顺体制。反假货币工作的组织协调机构是国务院反假货币工作联席会议。中国人民银行受国务院委托作为会议召集人，负责组织、协调各地区、各部门反假货币工作；设在中国人民银行的国务院反假货币工作联席会议办公室，要加强力量，做好全国反假货币日常工作。公安部门要加强侦破工作，堵源头、捣窝点，加大打击力度；财政部门要设立专款，保证反假币工作的经费需要；宣传部门要做好普及反假币常识教育，使反假币工作家喻户晓；教育部门、群团组织、街道乡镇要配合做好反假币的宣传教育工作；法院、检察院要加强案件审理，依法严惩犯罪分子；海关、边防、工商等有关部门也要根据自己的工作职责，积极配合，齐抓共管，把反假币工作落到实处。

会议要求，学习国外先进技术，不断提高防伪功能，提高人民币印制质量；要借鉴国外反假防假、打击制假犯罪的经验；要加强对境外伪造人民币犯罪活动的调查研究，摸清情况，采取对策，堵住假币入境的源头。

全国吸收外资工作经验交流电视电话会在北京召开

中共中央政治局候补委员、国务委员吴仪在全国吸收外商投资工作经验交流电视电话会上强调指出，要进一步提高对利用外资工作的认识，提高利用外资的质量和水平。

吴仪指出，召开这次会议，目的是充分交流经验，克服不利因素，进一步推动外资工作的发展，保持今年我国吸收外资的规模，促进国民经济的健康发展。

吴仪强调，当前我们正处在利用外资发展的新阶段，知识经济迅猛发展，全球经济一体化趋势进一步加强，跨国公司投资出现了新动向、新特点，面对21世纪的机遇和挑战，世界各国吸引国际投资的竞争日趋激烈，我们对此一定要有清醒的认识。随着竞争产业和服务贸易领域的进一步开放，我国企业在面临更加激烈的竞争风险的同时也将获得更多的参与国际合作的新机遇，我们要把握这一历史机遇。今后我国利用外资要注重提高质量和水平，改善结构，拓宽投资领域，促进我国国民经济的新跨越和战略结构的调整，进一步提升我国在世界经济新格局中的地位。各地区还必须在改善“软环境”方面下硬功夫，进一步增强外商在华投资的信心。在继续坚决执行现行法律法规和政策的同时，要按照社会主义市场经济发展的需要，不断充实和完善外商投资的法规体系。要进一步提高外资管理水平，提高政策的可操作性，在加大对违法经营活动打击力度的同时，注意保护守法企业的正常生产经营。吸收外资要做到与国家产业结构调整相结合，与地方经济发展规划相结合，与培育新的经济增长点相结合，与老企业改造相结合，与扩大出口相结合，与提高技术开发水平相结合。要进一步规范外商投资项目的审批管理，避免重复建设。

吴仪肯定了江苏、上海、福建、重庆、深圳等地优化外商投资结构，改善投资环境，积极合理有效地利用外资的成功经验。要求各地区相互学习和借鉴，在党中央、国务院的正确领导下，做好本地区的外资工作，开创我国利用外资的新局面，为国民经济的持续、健康、稳定发展作出更大贡献。

外经贸部部长石广生对今年的吸收外资工作提出了要求。石广生指出，要千方百计做好吸收外商投资工作，确保今年吸收外资保持相当规模；认真落实国家出台的各项利用外资政策，充分发挥政策效应，更多更好地吸引外资；大力提高利用外资的质量和水平；采取各种有效措施，加大招商引资力度，并要大力改善和优化外商投资环境。上海、江苏、福建、重庆、深圳五省市代表介绍了他们利用外资工作方面的经验。

全国人大常委会委员长李鹏为《合同法知识读本》题写批语

第九届全国人民代表大会第二次会议审议通过的《中华人民共和国合同法》，是我国社会主义市场经济法律体系的重要组成部分，它与亿万人民群众的生活密切相关。最近，李鹏委员长为中国民主法制出版社出版的《合同法知识读本》一书题写了批语，强调合同当事人和有关行政管理部门的同志要学习合同法律知识。

李鹏在批语中指出，合同法与企业的生产经营和公民的日常生活密切相关，是规范市场交易行为的基本法律。九届全国人大二次会议通过的《中华人民共和国合同法》，对保护合同当事人的合法权益，促进国内贸易和对外经济交往，发展社会主义市场经济，具有重要作用。

李鹏指出，实际生活中发生不少合同纠纷，国际贸易上有合同欺诈，国内也有三角债等问题。合同当事人不仅要熟悉专业贸易知识，还得学习合同法律知识。应当预先把问题想得周到一些，使订立的合同规范化、法制化，使合同这一法律手段更好地为我国现代化建设服务。

李鹏强调，有关行政管理部门的同志也要学习合同法。行政管理部门对合同的实施负有监督的职责，但有一个监督什么、怎样监督的问题。行政管理部门在合同的监督上应做到尽力、尽职，还要通过监督进行普法教育，使当事人知法守法。行政管理部门对合同的监督应严格按照合同法和其他有关法律、行政法规的规定来进行。

国务院总理朱镕基在中南海会见欧盟委员会副主席利昂·布里坦

宾主就双边经贸关系和中国加入世界贸易组织等

问题交换了意见。

朱镕基对欧盟积极支持中国加入世贸组织表示赞赏。

双方还表示，将加速谈判，以便早日结束中国和欧盟之间关于中国加入世贸组织的谈判。

国务委员吴仪、外经贸部部长石广生、外交部副部长杨文昌和外经贸部首席谈判代表龙永图等参加了会见。

阿根廷总统正义党主席梅内姆在布宜诺斯艾利斯总统府会见正在阿根廷访问的中共中央政治局常委尉健行

全国人大常委会《中华人民共和国大气污染防治法》执法检查组举行第一次全体会议

会议听取国家经贸委、国家环保总局、建设部、公安部、卫生部的汇报。《大气污染防治法》执法检查是全国人大常委会安排的今年第一次执法检查。邹家华副委员长出席会议。

会上，国家经贸委、国家环保总局、建设部、公安部、卫生部分别作关于工业污染防治、法律执行情况、改善大气环境质量、机动车尾气排放管理以及污染对健康影响的汇报。这些汇报表明，从总体上看，全国大气主要污染物排放总量呈现下降或持平趋势，污染物净化处理率逐年增长，全国城市大气环境质量总体保持稳定，部分城市有所改善。但是，全国大气环境污染形势依然严峻，酸雨覆盖区占国土面积 30％以上。70％以上的城市空气质量处于 3 级或超 3 级标准，全球十大污染最严重的城市中，我国就占 6 个。

邹家华副委员长在听取完汇报后指出，大气环境与人们的生活息息相关，其质量如何，将直接关系到生态环境的总体面貌和人民群众的身体健康。我国大气污染形势十分严峻，已经到了非整治不可的地步，必须采取有力措施，下大决心加以治理。依法治污，从严执法，把环境保护纳入法制轨道，从根本上解决大气污染问题。《大气污染防治法》有些内容也需修改，如对超标排放的处罚、汽车尾气管理的规定等。他还要求检查组成员在检查中注重实效，抓住一两个突出问题，进行深入调查研究，提出建设性的意见。委员们在发言中建议，在注意大气污染对生态环境影响的同时，注重大气污染对人身健康的影响。

这个检查组由邹家华副委员长担任组长，近日分为 5 个检查小组赴北京、上海、兰州、西安、沈阳检查《大气污染防治法》执行情况。

5月6日

国务院关于贯彻实施《中华人民共和国行政复议法》的通知

各省、自治区、直辖市人民政府，国务院各部委、各直属机构：

《中华人民共和国行政复议法》(以下简称行政复议法)已于 1999 年 4 月 29 日经九届全国人大常委会第九次会议通过，将于 1999 年 10 月 1 日起施行。这是我国社会主义民主与法制建设的一件大事。保证行政复议法全面、正确地实施，并以此促进各级政府和政府各部门依法行政，从严治政，建设廉洁、勤政、务实、高效政府，是各级行政机关的一项重要职责，也是政府法制建设的一项重要任务。地方各级政府、国务院各部门对行政复议法的实施要给予高度重视，切实做好各项实施工作。为此，特作如下通知：

一、从贯彻依法治国基本方略、严格依法行政的高度认识行政复议法的重要意义，扎扎实实地学习好、宣传好行政复议法

行政复议是行政机关自我纠正错误的一种重要监督制度。行政复议法在总结 1990 年国务院制定的《行政复议条例》施行以来实践经验的基础上，进一步完善了行政复议制度，主要是：扩大行政复议范围，进一步加强行政复议制度在解决行政争议方面的作用；简化行政复议申请程序，更充分地体现便民原则；赋予当事人对规范性文件监督机制的启动权；确立国务院受理涉及国务院部门和省级政府的行政复议案件并作出最终裁决的制度，加强了国务院对所属各部门和省级政府的监督；严格了行政机关不履行行政复议职责的法律责任。行政复议法是继行政诉讼法、国家赔偿法、行政处罚法之后又一部规范政府行为的重要法律，不仅对保护公民、法人和其他组织的合法权益，而且对保障和监督行政机关依法行使职权，促进依法行政，从严治政，提高工作效率，加强廉政建设，密切政府与人民群众的关系，维护社会稳定，都有重大意义。各级行政机关工作人员、特别是领导干部，都要从贯彻依法治国基本方略、严格依法行政的高度，充分认识实施行政复议法的重要意义，认真学习行政复议法，深刻领会它的精神实质，增强依法行政的自觉性，提高依法行政水平。各级政府和政府各部门都要对学习、宣传、贯彻行政复议法作出具体部署，狠抓落实。要利用报刊、广播、电视等宣传舆论工具，采取各种生动活泼的形式，向广大人民群众广泛深入地宣传行政复议法，做到家喻户晓，使人民群众熟悉行政复议制度，学会用它维护自己的合法权益。要结合实施行政复议法，进一步加强对行

政执法人员和具体办理行政复议事项的人员的培训。县级以上各级政府和政府各部门的法制工作机构要在本级政府或者本部门的统一领导下，具体组织本地方、本部门的学习、宣传、培训工作。

二、严格依照行政复议法开展行政复议工作

行政复议法对行政复议的范围、申请、受理、决定、法律责任等都作了明确的规定。县级以上各级政府和政府各部门都要严格执行这些规定，认真履行行政复议职责。对申请行政复议的具体行政行为所依据的规范性文件的审查、处理以及县级政府对行政复议申请的转送，各地方可以依照法定权限，作出具体规定。要在总结行政复议实践经验的基础上，建立、健全重大行政复议决定备案制度，抓紧修订行政复议文书的规范格式，进一步完善行政复议、应诉统计制度。对行政复议法的具体应用问题，由国务院法制办公室按照全国人大常委会《关于加强法律解释工作的决议》的规定具体承办。

三、加强对行政复议活动的监督检查

行政复议法对行政复议活动监督作了明确规定，并对有关行政机关及其工作人员的违法行为规定了明确的法律责任。县级以上各级政府和政府各部门要依法加强对行政复议活动的监督。要把是否依法受理行政复议申请、是否按照规定转送行政复议申请以及是否依法审查并作出行政复议决定等情况作为重点进行检查，一旦发现对行政复议申请该受理的不受理、该作决定的不作决定以及“官官相护”或者严重不负责任等情况，必须严格依法查处，坚决予以纠正；该追究法律责任的，要依法追究法律责任，首先要追究负责人的法律责任。县级以上政府的法制工作机构要根据本级政府的统一部署，具体组织、承担对行政复议的监督检查工作。政府法制工作机构发现下级政府或者本级政府工作部门无正当理由不受理行政复议申请、在法定期限内不作出行政复议决定、不履行行政复议决定、对申请人打击报复或者有违反行政复议法的其他行为的，应当向本级政府或者同级行政监察部门提出处理建议。接受建议的行政机关要依照行政复议法和有关法律、行政法规的规定在2个月内作出处理。

四、为行政复议工作的正常开展提供必要的保障

行政复议法规定：“行政复议机关受理行政复议申请，不得向申请人收取任何费用。行政复议活动所需经费，应当列入本机关的行政经费，由本级财政予以保障。”行政复议是行政机关自我纠正错误的活动，有错必纠是行政机关应尽的责任。各级行政复议机关及其办理行政复议事项的法制工作机构都要坚持全心全意为人民服务的宗旨，依法积极办理行政复议案件，不得向申请人收取任何费用。行政复议活动经费要列入行政机关正常的行政经费，各级财政部门要按照行政复议法的规定给予保证。在行政机关的行政经费中，行政复议活动经费要单独列支，不得挪作他用。对具体办理行政复议事项的法制工作机构办理行政复议事项必须的设备、工作条件，行政复议机关要给予保障。

五、通过实施行政复议法，进一步加强政府法制建设，提高依法行政水平

党的十五大提出依法治国是党领导人民治理国家的基本方略，并明确要求“一切政府机关都必须依法行政”。九届全国人大二次会议通过的宪法修正案规定：“中华人民共和国实行依法治国，建设社会主义法治国家。”依法行政是依法治国的重要组成部分。行政机关能否严格依法行政，在很大程度上对依法治国方略的实现有着决定性的意义。九届全国人大二次会议批准的《政府工作报告》中提出，政府要加强行政立法工作，强化执法监督，推进依法行政，并明确地把从严治政，建设廉洁、勤政、务实、高效政府作为今年国务院贯彻依法治国基本方略要着重抓好的三件大事之一。这种新的形势，对政府法制工作提出了新的更高的要求。各级政府和政府各部门要充分认识做好新时期政府法制工作的重要性，把加强政府法制建设真正放到重要位置，列入重要议程。当前，要通过实施行政复议法，使政府的立法工作、行政执法和执法监督等政府法制工作再上一个新台阶。

行政复议工作是一项法律性、专业性都很强的工作，数量大、涉及面广，需要有一个熟悉法律和行政管理、又相对比较超脱的机构具体办理行政复议事项。行政复议法规定：“依照本法履行行政复议职责的行政机关是行政复议机关。行政复议机关负责法制工作的机构具体办理行政复议事项，履行下列职责：(一)受理行政复议申请；(二)向有关组织和人员调查取证，查阅文件和资料；(三)审查申请行政复议的具体行政行为是否合法与适当，拟订行政复议决定；(四)处理或者转送对本法第七条所列有关规定的审查申请；(五)对行政机关违反本法规定的行为依照规定的权限和程序提出处理建议；(六)办理因不服行政复议决定提出行政诉讼的应诉事项；(七)法律、法规规定的其他职责”。按照这些规定，行政机关的法制工作机构在行政复议活动中承担着很重要的责任，能否全面、正确地履行行政复议法规定的职责，直接关系着行政复议制度的实施和行政机关的形象。法制工作机构要以对人民高度负责的精神，以事实为依据，以法律为准绳，严格履行法定职责。县级以上地方政府和政府各部门都要按照国务院这次机构改革中加强法制工作的精神，进一步加强法制工作机构建设，建设一支政治强、作风硬、业务精的法制工作队伍，使法制工作机构的设置和人员

配备同本地方、本部门政府法制工作(包括行政复议工作)任务相适应,并为法制工作机构开展工作创造必要的条件,充分发挥其协助本级政府或者本部门的行政首长办理法制事项的参谋、助手作用。

各地方、各部门接到本通知后,要结合本地方、本部门的实际情况,认真研究、落实。行政复议法实施中的有关重要情况和问题,请及时报告国务院法制办公室。

《人民日报》发表评论员文章《中央机关要带好头——六论以整风精神深入开展“三讲”教育》

纪念青联成立50周年座谈会在人民大会堂举行

中共中央政治局常委、国家副主席胡锦涛,中共中央政治局常委、国务院副总理李岚清出席座谈会。李岚清在会上发表讲话。

座谈会由全国青联召开,曾庆红、王光英、王兆国出席座谈会。

李岚清在讲话中对青联组织提出三点希望:

一是要帮助青年在学习和实践中成长进步。

二是要引导青年为改革和发展多做贡献。

三是要进一步巩固和发展全国各族青年的大团结。

国办关于彻底清理乡村两级不良债务的通知

各省、自治区、直辖市人民政府,国务院各部委、各直属机构:

近年来,一些地方的乡村两级(乡镇政府、村委会和乡村集体经济组织)不顾农村经济实际状况,超过自身承受能力,盲目向单位、个人举债,主要用于非生产性支出,甚至挥霍浪费,使乡村两级不良债务大量增加,债务包袱沉重。乡村两级不良债务大量增加的原因是多方面的。有些乡镇政企不分,权责不清,盲目兴办企业举债,使乡村集体经济组织背上了沉重的债务包袱;有的地方搞“达标”,讲“政绩”,迫使乡村集体经济组织举债;还有的地方乡级机构庞杂,支出过大,被迫大量借债等等。这已引起农民群众的强烈不满,成为制约农村经济发展、影响农村社会稳定的一个严重问题。如任其蔓延,不仅会拖垮乡村集体经济组织,加重乡镇财政及农民负担,而且会扰乱农村经济秩序,影响农村基层政权巩固。对此,各地区、各部门必须高度重视,采取果断措施,对乡村两级不良债务进行彻底清理,化解老债务,有效制止新的不良债务继续增加,为农村经济健康发展创造良好的环境。为此,经国务院同意,现就有关问题通知如下:

一、全面清查乡村两级债务

为了摸清乡村两级债务状况,明确债权债务关系,为消化解决业已形成的债务、遏制不良债务的增加奠定基础,各地要在今年内对1998年年底以前乡村两级自身的各种债务、债权和担保形成的各种债务进行一次彻底清查。乡(镇)办和村办企业经营性债务、债权暂不列入清查范围。

地方各级人民政府要从当地实际情况出发,制定切实可行的清查方案,有领导、有计划地进行。清查以乡(镇)村自查为主,县级农业、财政、金融、税务、审计等有关部门要加强协调和指导,并联合进行抽查。为保证清查工作有条不紊地进行,应把清查和处理分开,采取先清查、后处理的办法。

清查工作结束后,要按农业部设计的表格将乡村负债的有关情况进行统一汇总,并逐级上报到农业部。

二、坚决制止新的不良债务继续增加

今后,乡村两级集体经济组织一般只宜向金融机构借款,向非金融单位、个人借款必须十分慎重。凡违反规定、擅自借款发生的债务,要按照谁决定借款、谁负责还债的原则处理。

乡(镇)村举办公益事业,必须坚持量入为出的原则,有多少钱办多少事。乡村集体经济组织兴办生产、经营项目,一定要适应市场需求,讲求经济效益,进行充分的市场调研和市场预测,做好可行性研究,实行科学决策;借(贷)款兴办生产、经营项目,乡镇要经领导班子成员集体研究决定;村要经村民大会或村民代表大会讨论通过。决不能盲目举债乱铺摊子,形成新的不良债务。项目建设和财务情况,包括借(贷)款使用情况应当公布,接受群众监督。

要严格按照政企分开的原则规范乡镇政府行为。乡镇政府一律不准直接办企业,不准为企业贷款提供担保和抵押,也不准挤占和挪用集体资金,更不准迫使乡村集体经济组织借(贷)款上缴税费。乡村集体经济组织所属企业都应实行独立核算,成为自主经营、自负盈亏、自我约束、自我发展的经济实体,不准把所形成的债务向农民转嫁或摊派。

乡镇政府要坚决精简超编人员,清退自行招聘人员,下决心减少开支。从严控制村定额补贴干部的人数和补贴标准,村干部可实行交叉兼职。严格控制乡(镇)村管理费和招待费开支,禁止大吃大喝。

要结合整顿农村金融秩序,坚决打击农村非法金融活动。对违反国家规定高息借贷的行为,国家不予保护。所有干部一律不得参与高利贷活动。乡村两级要把1996年以来的高利借(贷)款逐笔登记。对放高利贷从中牟利的单位、个人,要逐一排查,按国家有关规定予以处理。

严格执行税收政策,规范税收征管。农业税、农业特产税、屠宰税要明确纳税人,据实征收,不得由乡村集体经济组织借(贷)款代缴,更不得以"奖励"、"回扣"等手段鼓励借(贷)款代缴。凡凭借(贷)款缴税获得的"奖励"、"回扣",必须全额退缴。乡村两级也不得为完成交费和摊派任务而借债、垫款。

三、妥善处理已形成的债权债务

对已形成的乡村债务,要在清查的基础上,分类进行处理,采取以下主要途径逐步消化解决:一是收欠还债。各地要运用法律手段和行政手段催收单位和个人所欠乡村的款项,用收回的欠款偿还债务。二是核销减债。对于债权单位已撤销或债权人主动放弃追债要求的债务,可按规定程序予以核销。三是拍卖还债。以乡村名义为企业借(贷)款,企业已关、停的,要拍卖其财产,用于抵债。四是划转债务。以乡村名义为企业借(贷)款形成的债务,一律划转给企业由其负责偿还,企业已合并、转制的,由接收企业负责偿还。

化解乡村债务要依法办事,严格掌握政策界限,维护农民群众和债权人利益。在偿还债务时,不得将乡镇政府和乡村集体经济组织所欠债务向农民摊派,也不得借机向农民乱收税费,加重农民负担。对以集体名义借(贷)款用于代缴税费的,要向应缴纳税费的单位和个人催收,限期缴齐,专项用于归还代缴税费的借(贷)款。对农民群众欠缴乡村集体经济组织的款项,要区别对待,其中合理的,应当帮助群众发展生产,制订计划,逐步催缴;不合理的,要坚决取消,不再催缴。

四、严肃查处违法违纪行为

要把乡村两级债务的增减作为考核乡(镇)村干部任期目标和工作实绩的重要内容。对不按规定程序决策、脱离实际、盲目大量举债营造所谓"政绩"的干部,既不得提拔重用,也不得让其留下债务异地做官。凡造成经济损失的,要追究责任。

对以集体名义举债,个人从中牟利的乡(镇)村干部,要令其将所得款项全部退回用于还债,并视情节轻重给予相应的纪律处分;对挪用借(贷)款进行奢侈消费的,要令其将花费的费用退回用于还债,并追究直接责任人和单位负责人的责任。县级审计、农业部门要分别组织好对乡镇财政、乡村集体经济组织债务的专项审计工作,严格执行乡(镇)村干部任期、离任审计制度。

五、加强领导,把各项工作落到实处

当前乡村两级负债数量大,涉及面广,增长速度快,并且还在蔓延。地方各级人民政府要充分认识这个问题的严重性和危害性,把清查、处理不良债务,制止不良债务增加作为1999年农业和农村工作的一项重要内容,摆上议事日程,主要领导同志要亲自抓。要以农业部门为主,财政、金融、税务、审计等有关部门密切配合,加强对这项工作的协调和指导。要把制止乡村两级不良债务增加的工作与整顿农村金融秩序、防范金融风险工作结合起来,与农村集体资产清产核资工作结合起来,与加强农村基层组织建设,推进农村基层民主,实行政务公开、村务公开结合起来,统筹安排,综合治理。

乡村两级债务的清查、处理和制止不良债务增加的工作,涉及国家、集体、个人的利益,事关重大。各地要在保持农村稳定的前提下,从实际出发,积极稳妥地进行,使这项工作取得实效。

各省、自治区、直辖市人民政府要在今年年底前,将乡村两级债务的清查、处理和制止不良债务增加的有关情况,向国务院报告。

国办关于加强土地转让管理严禁炒卖土地的通知

各省、自治区、直辖市人民政府,国务院各部委、各直属机构:

《中共中央、国务院关于进一步加强土地管理切实保护耕地的通知》(中发〔1997〕11号)下发以来,土地管理特别是耕地保护工作得到了加强,取得了一定成效。但是,一些地区仍存在用地秩序混乱、非法转让土地使用权等问题,特别是非法交易农民集体土地的现象比较严重,出现了以开发"果园"、"庄园"为名炒卖土地、非法集资的情况。为进一步加强土地转让管理,防止出现新的"炒地热",保持农村稳定,保护农民利益,保障经济和社会可持续发展,经国务院总理办公会议审定,现就加强土地转让管理、严禁炒卖土地的有关问题通知如下:

一、严格控制城乡建设用地总量,坚决制止非农建设非法占用土地

城市、村庄、集镇建设一律不得突破土地利用总体规划确定的用地规模,城市新增建设用地和原有建设用地要统一实行总量控制,不得超计划供地;各项建设可利用闲置土地的,必须使用闲置土地,不得批准新占农用地,闲置土地未被充分利用的地区,应核减其下一年度农用地转用指标。

农村居民点要严格控制规模和范围,新建房屋要按照规划审批用地,逐步向中心村和小城镇集中。中心村和小城镇建设要合理布局,统一规划,不得随意征、占农用地。小城镇建设要明确供地方式和土地产权关系,防止发生土地权属纠纷。

乡镇企业用地要严格限制在土地利用总体规划确定的城市和村庄、集镇建设用地范围内,不符合土地利用总体规划的建筑物、构筑物不得改建、扩建,并结合乡镇企业改革和土地整理逐步调整、集中。

严格控制高速公路服务区用地范围,公路两侧符合条件的农田,必须依法划入基本农田保护区。

二、加强对农民集体土地的转让管理，严禁非法占用农民集体土地进行房地产开发

农民集体土地使用权不得出让、转让或出租用于非农业建设；对符合规划并依法取得建设用地使用权的乡镇企业，因发生破产、兼并等致使土地使用权必须转移的，应当严格依法办理审批手续。

农民的住宅不得向城市居民出售，也不得批准城市居民占用农民集体土地建住宅，有关部门不得为违法建造和购买的住宅发放土地使用证和房产证。

要对未经审批擅自将农民集体土地变为建设用地的情况进行认真清理。凡不符合土地利用总体规划的，要限期恢复农业用途，退还原农民集体土地承包者；符合土地利用总体规划的，必须依法重新办理用地手续。

三、加强对农林开发项目的土地管理，禁止征用农民集体土地进行"果园"、"庄园"等农林开发

农林项目开发必须符合土地利用总体规划和土地利用年度计划，土地权属和地类必须经过严格认定，任何单位和个人不得在土地利用总体规划确定的禁止开垦区内从事土地开发活动。

进行农林项目开发必须严格按照《中华人民共和国土地管理法》的有关规定办理用地手续，任何单位和个人都不得私自与农村集体经济组织签订用地协议，禁止以征用方式取得农民集体土地进行"果园"、"庄园"等农林开发。

以承包经营方式使用国有土地进行农林项目开发的，必须签订国有土地承包合同，约定双方的权利和义务。

农林项目开发必须严格按照批准的规划用途使用土地，严禁改变农林用途搞别墅、度假屋、娱乐设施等房地产开发，确需配套进行非农建设的，要依法办理建设用地审批手续。属于基本建设项目的，必须严格按照基本建设程序履行审批手续。建设项目经批准后，方可办理建设用地手续，严禁未批先用土地。

四、强化开发用地的监管，禁止利用土地开发进行非法集资

农林开发用地必须依法进行土地登记，明确规划要求和转让、转租的限定条件，未经批准不得擅自进行分割转让、转租。通过出让方式取得的国有土地使用权或以拍卖方式取得的集体所有的未利用土地使用权，在交清全部土地价款、完成前期开发后，方可依法转让、出租、抵押；以租赁或承包等其他方式取得的土地使用权，未经原出租或发包方同意，不得转让、出租、抵押或转包、分包。

人民银行要加强对农林开发项目的信贷管理，加大对以土地开发、土地转让为名进行非法集资行为的监管和查处力度。对未交清土地价款、未取得土地使用权的开发用地，各有关银行不得允许其进行抵押贷款。

工商行政管理机关要加强对开发企业的工商管理，严格核定开发企业经营范围。开发企业不得使用"招商"等不规范用语，不得非法从事金融业务；吸收股东进行土地开发的，不论以出售、转让土地使用权方式，还是以其他方式增加新的股东，均应按《中华人民共和国公司法》的规定办理企业登记注册手续。加强对开发企业经营活动的监管，对超范围经营的开发企业，要坚决查处；对非法集资的企业，一经查实，坚决吊销其营业执照，并依法追究有关当事人的责任。

五、规范国有土地交易活动，制止炒卖土地

商业、旅游、娱乐和豪华住宅等经营性用地，原则上必须以招标、拍卖方式提供。出让土地首次转让、出租、抵押，必须符合法律规定和出让合同约定的条件，不符合条件的不得转让、出租、抵押。划拨土地使用权转让、出租等，必须经有批准权的人民政府批准。

严禁利用建设项目、规划许可证和用地红线图转让等形式变相"炒卖"土地。对已批准立项的建设项目，其建设用地符合土地利用规划的，必须限期办理用地手续。

国有企业改组、改制等涉及土地使用权交易时，不得低价售卖土地，要拟订土地资产处置方案，中央企业要选择减轻中央财政负担的方案，报国务院土地行政主管部门批准。

已购公有住房和经济适用住房入市涉及土地使用权交易的，必须将其中的土地收益依法上缴国家。

六、全面清理土地转让、炒卖土地情况，坚决查处土地使用权非法转让和农民集体土地非法交易的行为

各省、自治区、直辖市人民政府要组织力量对本行政区域内土地转让、炒卖土地情况进行一次全面清理。清理的重点是城乡接合部，特别是公路两侧私搭乱建的违法用地。凡符合土地利用总体规划而未按规定办理有关手续的，必须限期办理，逾期不申报的，按非法占地予以查处。

对现有各种以"果园"、"庄园"名义进行招商和炒卖土地的开发项目进行清理，按照"谁批准、谁负责"的原则，妥善处理存在的问题，对违反规定的，要追究有关当事人的责任，构成犯罪的，要移交司法机关追究刑事责任。在清理规范之前，各地要立即停止各类"果园"、"庄园"、"观光农业"等开发项目和用地的审批。要通过完善举报制度、强化舆论和群众监督，及时查处炒卖土地行为，防止死灰复燃。

国务院各有关部门和各省、自治区、直辖市人民政府要认真贯彻落实本通知精神，制定相应的实施办法

和相关的实施细则，确保加强土地转让管理、严禁炒卖土地各项规定的落实。

各省、自治区、直辖市人民政府要在1999年12月底前将清理本行政区域内土地转让、炒卖土地的情况向国务院作出报告。国务院责成国土资源部会同有关部门负责本通知贯彻执行情况的监督检查和落实工作，并定期向国务院作出报告。

国家计委在成都召开部署利用外资工作会议

近日在成都举行的全国计委系统外资工作会议对去年利用外资工作进行了总结，对如何做好1999年利用外资工作及“十五”期间利用外资的思路进行了研究。关于1999年利用外资工作，会议指出：要根据中央的总体部署，逐步扩大外商在银行、保险、商业、运输、电信等领域和中西部地区的投资，推进扩大商业开放、基础设施产权转让和制止对外资企业乱收费等规定的制定和出台。稳定国外优惠贷款的规模，支持农业、交通、环保和灾后重建，继续加大向中西部地区倾斜的力度。在保证国家已批准的重点项目前提下，严格控制使用国际商业贷款。根据当前形势，特别要在有效利用外资上下功夫，促进结构优化，提高我国企业的国际竞争力，支持国民经济持续快速健康发展。严格控制外债总规模，保持外债的合理结构，加强外债全口径管理和监测预警，确保主要偿债指标控制在安全线以下，维护政府对外偿债信誉。抓紧开展“十五”计划思路的研究工作。

南疆铁路全线铺通

江泽民总书记为南疆铁路建设题词：修好南疆铁路，造福各族人民。

新疆喀什市火车站南疆铁路建设工地上最后一节轨排平稳落地，标志着这条横贯南疆的大动脉全线铺通。

南疆铁路是国家“九五”重点工程，东起吐鲁番，西至喀什市，全长1451公里。其中东段吐鲁番至库尔勒于1984年建成交付运营，全长476公里。这次修建铺通的西段，于1996年9月6日开工，从库尔勒西站引出，沿天山南麓、塔里木盆地北缘西行，经轮台、库车、新和、阿克苏、巴楚、阿图什至喀什市，全长975公里。沿线经过库尔勒三角洲、渭干河—库车汉—迪那汉三角洲、阿克苏三角洲、叶尔羌河下游冲积平原和喀什三角洲五个地貌单元。全线共填筑路基土石方4221万立方米，建设大中桥梁54座、小桥涵3171座，正线铺轨966公里，站线铺轨76公里。

该铁路为国家Ⅱ级单线铁路，由内燃机车牵引，规划输送能力库尔勒至阿克苏段客车4对，年货运量1200万吨；阿克苏至喀什段客车3对，年货运量1000万吨。

南疆地处天山与昆仑山之间，地域辽阔，面积106万平方公里，人口766万。塔里木盆地蕴藏着丰富的石油、天然气资源，是我国石油工业最重要的战略地区之一。南疆地区粮、棉产量占新疆总产量的49%和66%。

南疆南连我国西藏，东接甘肃、青海，西与塔吉克斯坦、吉尔吉斯斯坦、阿富汗、巴基斯坦等国接壤，有五个已开通的通商口岸。

全国人大常委会副委员长铁木尔·达瓦买提出席铺通典礼。

全国人大常委会委员长李鹏在北京会见泰国国会下议院副议长颂萨·革素拉暖

国家副主席胡锦涛在人民大会堂会见马达加斯加外交部部长莉拉·拉齐凡德里亚马纳纳

胡锦涛说：我们对马达加斯加政府坚持“一个中国”的立场，果断废除与台湾签署的“特别协定”，和在联合国人权会议上一贯坚定地支持中国表示赞赏和感谢。

胡锦涛强调，中国政府十分重视发展与马达加斯加的友好合作关系，愿与马方共同努力，把长期稳定、平等互利、真诚合作、全面发展的中马友好关系带入21世纪。

拉齐凡德里亚马纳纳说，在当前许多国际问题上，如科索沃问题以及在人权、尊重国家主权和不干涉别国内政等方面，马中有着相同的看法。正因为如此，马达加斯加在不久前的联合国人权会议上坚定地支持了中国的立场。

外交部发言人朱邦造就美国国防部向国会提交含有将台湾纳入战区导弹防御系统的报告在记者招待会上发表谈话

外交部发言人朱邦造在例行记者招待会上表示，中国对美国防部向国会最近提交的含有将台湾纳入战区导弹防御系统的报告表示强烈不满和坚决反对。

有记者问：近日，美国防部向美国会提交了《亚太地区战区导弹防御结构方案》的报告，其涉台部分就将台纳入TMD问题进行了研究，请问你对此有何评论？

朱邦造说，台湾是中国领土不可分割的一部分。台湾问题纯属中国内政，任何外国无权干涉。美国国防部向国会提交《亚太地区战区导弹防御结构方案》报告，再次散布所谓中国大陆对台湾的导弹威胁，并提出了将台纳入战区导弹防御系统的所谓选择方案，企图进一步为美向台湾出售先进武器制造舆论和借口。美方的这一做法违反了中美“八・一七”公报的原则，是对中国内政的严重干涉，不利于台湾海峡局势的稳定。中方对此表示强烈不满和坚决反对。

他指出，中国要求美方恪守中美三个联合公报的原则和美方的有关承诺，停止向台出售先进武器，明确承诺不向台转让战区导弹防御系统及其相关技术、设备，不从事任何阻碍中国统一大业的活动。

外交部发言人朱邦造在此间举行的例行记者招待会上说，中国对北约轰炸南联盟造成大量平民伤亡感到愤慨并予以谴责。

朱邦造说，北约对南联盟动武以来，已连续制造多起重大平民伤亡惨案，无数无辜平民最基本的生存权被扼杀。我们要求北约立即结束对南联盟的军事干预，停止轰炸，为政治解决科索沃问题创造条件。

5月7日

澳门特别行政区第一届政府推选委员会在澳门举行第二次全体会议

中华人民共和国澳门特别行政区第一届政府推选委员会在此间举行第二次全体会议，听取第一任行政长官人选候选人何厚铧和区宗杰的施政设想。他们的演讲博得了与会者的热烈掌声。

何厚铧首先发言。他说，作为一个生于澳门、长于澳门的中国人，时时不忘祖国统一，一直盼望澳门重投祖国怀抱。他表示，此次参选是要以行动表达服务澳门的意愿；参选政纲就是一个服务澳门的承诺。何厚铧从 9 个方面谈了他的施政设想。他说，其中“一国两制”置于首要地位，它是整个参选政纲的最基本依据，也是政纲可行性的根本保障。以下的 8 个部分是：整顿治安；经济重建；公共行政；厉行廉政；教育、青年、专业；社会服务；族群和谐；文化使命。

区宗杰在全会上发表了题为《我的抉择》的长达 7000 多字的演讲。他表示，从来没有像今天这样的去思考澳门，思考未来，思考自己。区宗杰主要讲了两个大问题：个人自由和我们需要一个怎样的行政长官。

今天应到会 199 人，实到 197 人。大会由澳门特别行政区筹备委员会副主任委员马万祺主持，筹委会副主任委员廖晖、吴福、曹其真、何鸿燊以及秘书长陈滋英在主席台就座。8 日，推委会将按界别分成两个大组，两位候选人分别在分组会上回答推选委员会委员们提出的问题。

中组部部长曾庆红在中南海与第四期青年专家国情考察团成员座谈

中央直属机关表彰第三届“十杰青年”

中直团工委和中直青联在北京举行会议，表彰中直机关第三届“十杰青年”和先进团支部、优秀共青团员、优秀团干部。

来自中直机关不同岗位的 10 名优秀青年被授予“十杰青年”称号。他们是：中央电视台新闻评论部节目主持人白岩松、中华女子学院教务处处长丛中笑、全国政协人口资源环境委员会办公室人口环境处处长杨小波、中宣部理论局理论宣传处副处长宋海庆、中纪委监察部第八纪检监察室一处副处长姚增科、新华社解放军分社采编副主任贾永、中央办公厅中央警卫团工程管理中队区队长倪殿福、经济日报社特刊部主任助理梅绍华、广电总局中国广播民族乐团首席指挥彭家鹏、团中央中青旅股份有限公司董事兼总裁蒋建宁。

《人民日报》发表特约评论员文章《用利润指标衡量企业效益——再论税利有别》

不久前，本报发表了《税利有别》一文，指出税收和利润是两个不同的经济范畴，用“上交利税”作为衡量企业经营和效益指标，造成了利税不分，掩盖了企业效益真相，应该对企业实行税收和利润分别考核。本文专门论述用利润指标考核企业经营和效益问题。

利润是企业生存和发展的基础

企业一切活动都必须在依法经营的条件下，坚持以利润为中心。特别是在市场经济条件下，企业的盈与亏决定着企业生死存亡。从企业再生产来讲，必须保本才能维持简单再生产；有了利润才能进行扩大再生产投入，企业才能发展壮大。从投资者角度看，投资者收益来自于企业盈利，企业是否盈利和利润的多少，是投资者决策的重要依据。对上市公司而言则表现得更加明显，企业盈利的增加推动股票价格上升，股东们不仅可以获得股息红利，还能获得资本的增值；企业盈利减少或亏损，股票价格随之下降，投资者蒙受损失。从债权人来讲，利润也是企业按期支付利息和偿还贷款的主要来源，商业银行提供贷款主要看企业是否盈利，有无偿债能力。总之，企业有了利润，企业的发展、壮大就有了力量和源泉；反之，企业如果亏损，不仅再投入没有来源，难以向外筹措资金，再生产无法继续进行，甚至连职工的工资发放、养老保险基金的缴纳等基本活动也难以维持，企业就失去了生存的基础，更谈不上国有资产保值增值。

准确反映企业效益状况的是利润

利润是衡量企业经营成果的综合指标。在一般情况下，企业利润水平高，说明经济效益好；企业利润水平低，说明经济效益差；企业长期大量亏损，说明无效益甚至负效益。由于企业利润多少与其生产规模、生产效率、生产成本以及投入产出率和负债率等有关，衡量企业效益状况，不仅看实现利润的绝对额，而且要建立以利润为中心的企业考核指标体系，以利润总额为主线，全面反映企业的整体盈利水平、资本回报水平、偿债能力，这些构成了对企业经济效益评价不可分割的有机整体，都是考核企业经济效益的重要组成部分。上述考核指标体系应主要包括三个方面：一是利润总额及增长率指标，反映企业盈利多少和增长水平；二是衡量企业盈利能力的指标，如总资产报酬率、销售利润率；三是从投资者、债权人角度衡量企业效益的指标，如资本金收益率、利息支付倍数。具体来讲，新的企业考核指标体系主要有以下五项指标：(1)利润总额及增长率；(2)总资产报酬率：(利润总额＋利息支出净额)/平均总资产；(3)销售利润率：利润总额/销售收入；(4)资本金收益率：净利润(利润总额－所得税)/实收资本(或所有者权益)；(5)利息支付倍数：支付所得税及利息前利润/利息支出净额。这五项指标能直观、准确反映企业经营成果和资产运营效益，其计算均可依据企业财务报表的数字得出，不管是财务会计专业人员还是非财务会计专业人员，都能根据企业财务会计报表对企业的经营状况和经济效益作出全面的评价和判断。这五项指标在现行的企业财务会计制度中已经做了明确规定。当然，根据不同的需要，从不同的角度，还可以增加其他相关指标，但以利润为中心的指标是评价企业经济效益无法替代的指标。

用利润衡量效益就是
抓住了企业管理的“牛鼻子”

建立以利润为中心的企业考核指标体系，用利润指标取代税利合计指标，不单纯是指标上的调整，更重要的是观念上的转变，工作方法上的改进，是企业管理工作一次质的飞跃。著名经济学家孙冶方提出，利润是企业的“牛鼻子”。用利润指标来衡量企业效益，等于抓住了企业管理工作的“牛鼻子”，可以全面、准确地反映企业经营成果和资产运营效益，正确引导企业以利润为中心，帮助提高经济效益。相反，如果用税利合计指标作为考核企业经济效益指标，必然掩盖了企业管理和效益上存在的问题。烟草、石油等属于高税率行业，企业实现的间接税即消费税和增值税等，都是消费者负担的，并不是企业的贡献。如用税利合计计算，企业的销售利税率很高；而用利润考核，销售利润率就比较低了。1997年烟草销售利税率为65.7%，销售利润率为12.2%；石油销售利税率为19.6%，销售利润率仅为6.2%。近年来，部分国有企业经营困难，效益下滑，重要原因是企业利润下降。1994—1997年，国有工业企业销售利税率由13.8%下降到10.9%，下降幅度为20%；而销售利润率由3.9%下降为1.3%，下降幅度达2/3。从税利合计的指标看，企业经济效益下降的状况尚不太明显；用利润计算的销售利润率指标则更能准确地反映出企业困难的程度。

切实做好企业效益考核评价工作

企业效益是企业通过生产经营活动创造出来的，建立一套科学的、全面完善的考核指标体系，准确反映企业生产经营成果和资产运营效益，目的是推动企业提高经济效益。为了做好企业效益考核工作，应做到“两统一结合”，一是统一认识。即由过去习惯用税利合计指标来衡量效益统一到以利润为中心的企业考核指标体系上来。二是统一考核办法。有关部门要抓紧研究具体考核办法，包括指标计算口径、指标权数、综合评分方法以及评价结果公布等。三是企业效益考核工作与制定国家宏观政策、确定重点支持企业名单等结合起来，充分发挥以利润为中心的企业考核指标体系的信号作用。

全国劳动保障法制工作座谈会在上海召开

会议总结了近年劳动和社会保障法制建设的经验，分析当前面临的形势，提出要全面推进劳动保障法制建设的任务。

劳动和社会保障部副部长刘雅芝在会上说，今后劳动保障法制建设的主要任务是：一、大力加强劳动保障立法工作，用五年左右时间，初步建立我国劳动保障法律体系的基本框架；二、各地劳动保障部门监察机构紧密配合社会保险法律法规的实施，强化对用人单位执行社会保险法律法规情况的监察；三、按照《行政复议法》的规定，全面建立劳动保障行政复议体制；四、研究制定社会保险行政争议处理案件的规程和方法；五、深入开展劳动保障普法教育。

浙江大学代表队在1999年大学生数学竞赛中获特别奖并获运筹与管理科学院奖

国家防汛抗旱总指挥部总指挥温家宝在山东河南两省检查黄河防汛准备工作

中共中央政治局委员、国务院副总理、国家防汛抗旱总指挥部总指挥温家宝近日在山东、河南两省检查黄河防汛准备工作。他三天沿黄河行车数百公里，察看了堤防、水库、滩区，要求各级党委、政府和防汛部门抓紧主汛期前的时间，做好各项防汛准备，确保今年黄河安全度汛。

历史上“三年两决口，百年一改道”的黄河在新中国成立后已安然度过49个伏秋汛期，但是发生大洪水的几率越来越大，黄河安危牵动着党中央、国务院和全国人民的心。去年以来，国家加大了水利建设的投入，黄河防洪工程建设取得了重大进展。今年,沿黄河各地按照防大汛、抗大洪的要求,正在积极进行各项防汛准备工作。5月7日上午,温家宝率领国家防汛抗旱总指挥部部分成员,来到山东济南槐荫区防汛物资仓库、泺口险工等堤段,仔细询问防汛物资的准备情况。在泺口险工,温家宝观看了机动抢险队捆抛柳石枕、编抛铅丝笼、打木桩等抢险演习。温家宝对抢险队员说,今年的防汛形势十分严峻,黄河两岸军民责任重于泰山,必须做到有备无患;要有一支过硬的防汛大军,遇到大汛能拉得出、打得好、防得住。

5月7日下午,温家宝检查了山东刑家渡引黄闸、济阳城关大堤、葛店险工堤段。在济阳城关大堤,他仔细询问了大堤加高加固工程的设计、施工质量等情况,特别关心是否实行了项目法人责任制、招标投标制、建设监理制。他强调防洪工程是百年大计,建设者不仅要对当代,而且要对子孙后代负责,防洪工程要经得起洪水的考验。

位于河南省洛阳市以北30公里处的黄河小浪底水利枢纽工程是迄今治黄史上最为宏伟的工程,建成后将使黄河下游的防汛标准大大提高。5月8日上午,温家宝来到正在加紧施工的小浪底工程工地,考察了大坝、进水塔、地下厂房,语重心长地告诉建设者们:行百里,半九十;千里之堤,溃于蚁穴。目前是小浪底工程施工的最后阶段,也是关键阶段,一定要确保工程质量,用好管好工程资金,千方百计提高工程效益,把小浪底水利枢纽工程建成第一流的工程。他要求做好工作,确保小浪底工程汛期安全施工。

5月8日下午和9日上午,温家宝检查了河南境内的黄河花园口水文站,以及马渡、九堡、黑岗口等险工防护和控导工程。在花园口水文站,他得知现在的水文测报实现计算机联网、传输速度大大加快时,非常高兴。他说,水文是防汛的尖兵,气象预报和水文测报是防汛指挥的耳目和决策的依据,是一条无形的堤防,国家已经把进一步加强水情测报提到议事日程。他希望沿黄的水文工作者在汛期要做到测得准、报得出,为防大汛再立新功。

黄河滩区内居住近两百万人,发生中小洪水就受到威胁,他们的安全时刻为党中央、国务院所牵挂。5月9日上午,温家宝来到地处黄河北岸滩区的河南封丘县荆隆宫乡三姓村,仔细询问群众生产生活情况、防汛设施建设情况。得知群众有了防洪的心理和物资准备,他再三嘱咐大家,对洪水宁可信其有,不可信其无,一定要立足防大汛,做好应急度汛的准备工作,特别是做到在来大水的情况下,要能够及时掌握情况,迅速撤离,保证群众生命安全。

在考察期间,温家宝分别听取了山东、河南两省省委、省政府的汇报。他充分肯定了两省自去年汛期以来在防洪工程建设取得的成绩,并对下一步工作提出了具体要求。他说,两省对黄河防汛高度重视,主要领导亲自负责,做了大量工作,但是也要看到存在的不足,还有薄弱环节,要进一步做好工作,确保来大水时安全度汛。

中共山东省省委书记吴官正、省长李春亭,河南省省委书记马忠臣、省长李克强以及国家有关部门负责人汪恕诚、马凯、张佑才、符传荣、鄂竟平等陪同检查。

5月8日

中国政府最强烈抗议北约轰炸我驻南斯拉夫使馆

中华人民共和国政府发表声明说:5月7日午夜(当地时间),以美国为首的北约悍然使用3枚导弹,从不同角度袭击了中华人民共和国驻南斯拉夫联盟共和国大使馆,造成馆舍严重毁坏,迄今为止已有2人死亡,2人失踪,20余人受伤。

以美国为首的北约对南斯拉夫40多天的狂轰滥炸,已经造成无辜平民大量伤亡,现在又居然轰炸中国大使馆。北约的这一行径是对中国主权的粗暴侵犯,也是对《维也纳外交关系公约》和国际关系基本准则的肆意践踏。这在外交史上是罕见的。

中国政府和人民对这一野蛮暴行表示极大愤慨和严厉谴责,并提出最强烈抗议。以美国为首的北约必须对此承担全部责任。中国政府保留采取进一步措施的权利。

中国常驻联合国代表秦华孙(于纽约时间5月7日)向记者发表谈话强烈谴责北约袭击中国驻南斯拉夫大使馆

秦华孙说:"得悉中国驻南斯拉夫大使馆遭到北约袭击,并造成大量人员受伤,我们对此表示强烈谴责和愤慨。北约的野蛮行径违反了《联合国宪章》、国际法及国际关系准则,违反了《维也纳外交关系公约》,它必须对由此产生的后果负责。我们呼吁北约立即停止军事行动,不要再造成更大的人道主义灾难。"

秦华孙说,中国已要求安理会主席于今晚召开紧急会议,讨论这一问题。

《人民日报》发表评论员文章《强烈谴责美国为首的北约的血腥罪行》

当地时间5月7日午夜,以美国为首的北约悍然用导弹袭击中国驻南斯拉夫联盟大使馆,造成3人死亡,1人失踪,20多人受伤,使馆建筑被严重毁坏。消息传来,举国震惊。我国政府和人民无比愤慨,强烈抗议和谴责以美国为首的北约袭击我国使馆、杀害我国同胞的野蛮罪行。

众所周知，驻外使领馆是一个国家主权的象征，受国际法的保护。北约袭击我国使馆是对我国主权的野蛮侵犯，是对《维也纳外交关系公约》和国际关系基本准则的粗暴践踏，不能不激起全世界爱好和平国家的强烈反对，不能不激起中国政府和人民的强烈抗议。

事件发生后，以美国为首的北约辩解说，它“并非有意对准中国大使馆”。但是，巧舌诡辩掩盖不了血的事实。3 颗导弹从不同角度袭击中国大使馆，完全暴露了侵略者的罪恶用心。这是北约对中国人民欠下的一笔血债。以美国为首的北约必须对此承担全部责任。中国政府已经声明，保留采取进一步措施的权利。

自 3 月 24 日以来，北约对南联盟的军事打击已持续了 40 多天。在此期间，北约从打击南联盟的军事目标发展到摧毁南联盟的医院、桥梁、电视台、炼油厂、电站、住宅等大量民用设施，现在又发展到袭击中国驻南使馆；它不但炸死炸伤大量无辜平民，而且还残害外国驻南外交人员和新闻记者。其野蛮行径惨无人道，令人发指。

科索沃危机发生后，中国政府和中国人民屡次表明自己的正义立场，提出在尊重南联盟的主权和领土完整、保障该地区各族人民合法权益的基础上，采用和平方式政治解决科索沃危机。中国的正义立场在国际上赢得了普遍的好评。中国一贯实行独立自主的和平外交政策，在国际事务中维护正义，主持公道。谁搞霸权主义，我们就反对谁；谁搞侵略，我们就谴责谁。中国的正义立场也符合世界爱好和平人民的愿望，不管面临什么样的威胁，中国是决不会改变自己的原则立场的。

以美国为首的北约袭击中国驻南大使馆，在国际上引起了强烈的反应。联合国秘书长对此表示“震惊”和“悲痛”。安理会立即为此举行紧急会议，讨论这一严重事件。我们呼吁国际社会共同努力，立即制止以美国为首的北约在南联盟极其野蛮的侵略行径。

全国人民代表大会外事委员会就北约袭击中国驻南斯拉夫大使馆发表严正声明

以美国为首的北约在 5 月 7 日午夜竟然用 3 枚导弹袭击了中华人民共和国驻南斯拉夫联盟共和国大使馆，造成我外交人员的严重伤亡和财产的重大损失。这是对中华人民共和国主权的粗暴侵犯。全国人大外事委员会对这一野蛮暴行表示极大的愤慨和最严厉的谴责。

以美国为首的北约打着所谓“人道主义”的旗号，对一个主权国家连续进行了 44 天的狂轰滥炸，造成了大量的平民伤亡和数十万难民背井离乡。这是“冷战”结束以来最大规模的人道主义灾难。这充分暴露了美国所谓维护人权的极端虚伪性。现在，竟然又置《维也纳外交关系公约》和国际关系准则于不顾，公然对我驻南联盟使馆进行导弹袭击。这是一种赤裸裸的霸权主义行径，是中国人民绝对不能容忍的。以美国为首的北约必须对由此产生的一切后果承担全部责任。

全国政协外事委员会发表声明谴责北约袭击中国驻南斯拉夫大使馆

5 月 7 日，以美国为首的北约悍然使用 3 枚导弹，无端袭击中国驻南斯拉夫联盟共和国大使馆，造成使馆多人伤亡和财产严重损失。这是对中国主权的公然侵犯，是对中国人民的严重挑衅，也是对国际关系准则的粗暴践踏。参加中国人民政治协商会议的各党派、各团体、各族、各界人士对以美国为首的北约这一野蛮行径极为愤慨，表示最强烈的谴责和抗议。我们坚决支持中国政府的严正声明，强烈要求以美国为首的北约对此造成的严重后果承担全部责任。

以美国为首的北约对南斯拉夫 40 多天的狂轰滥炸，已经造成无辜平民大量伤亡，这是对一个主权国家的野蛮侵略，早已引起世界各国爱好和平的人民的强烈反对。我们呼吁全世界一切爱好和平的人民行动起来，坚决制止这场侵略战争。

中国人权发展基金会强烈谴责北约暴行

中国人权发展基金会晚上召开座谈会，对以美国为首的北约的野蛮行径表示极大的愤慨和最强烈的抗议，对在袭击中不幸遇难的我使馆工作人员和新闻工作者表示沉痛哀悼，对受伤者及其家属表示深切慰问。

基金会名誉会长黄华，顾问雷洁琼、王光英、吴阶平，会长吕东，高级专家顾问委员会顾问费孝通、朱光亚、张震、龚育之、厉以宁、任继愈、王蒙、陈章良、白春礼、王家福、陶驷驹、高放、田进等，今天分别打电话给基金会办公室，以极其悲愤的心情，强烈谴责以美国为首的北约悍然使用导弹袭击我国驻南斯拉夫联盟共和国大使馆，造成重大人员伤亡的野蛮行径。

与会人员提出，以美国为首的北约不顾国际社会的强烈反对，悍然发动对南联盟的侵略，在 40 多天的狂轰滥炸中，造成大量平民伤亡，现在竟然又轰炸中国大使馆，这一行径是对中国国家主权的粗暴侵犯，是对人权的严重摧残，是对《维也纳外交公约》和国际关系基本准则的肆意践踏，也是对世界上一切爱好和平的国家、地区和人民的公然挑衅。国际霸权主义者一贯以世界人权的卫士自居，干涉别国的内政，指责别国的人权状况，今天终以其血腥暴行在世界人民面前暴露了他们假人权、真霸权的狰狞面目。

中国人权发展基金会发出呼吁：世界上一切伸张正义、维护和平的人权组织、慈善机构、基金会和各类社会组织，立即携起手来共同制止以美国为首的北约在南联盟极其野蛮的罪恶行径。得道多助，失道寡助，霸权主义和侵略行径不得人心。历史必将证明，正义一定会战胜邪恶。

中国五大宗教组织联合发表抗议北约用导弹轰炸中国驻南斯拉夫大使馆信

中国佛教协会、中国道教协会、中国伊斯兰教协会、中国天主教爱国会、中国天主教主教团、中国基督教三自爱国运动委员会和中国基督教协会就以美国为首的北约悍然用导弹轰炸我国驻南斯拉夫大使馆的野蛮行径联合发表抗议信。

抗议信指出，我国五大宗教的全国性组织，代表中国1亿多宗教徒强烈抗议以美国为首的北约悍然用导弹轰炸我国驻南斯拉夫大使馆的野蛮行径。几十天来，以美国为首的北约对一个主权国家进行狂轰滥炸，用最先进的武器屠杀大量无辜平民，已经激起了我国各种宗教信徒的强烈愤慨。现在竟然又丧心病狂地攻击我驻南使馆，令人震惊，骇人听闻。这种粗暴侵犯我国主权的恶劣行径，是对中国人民的严重挑衅，也是对世界上一切热爱和平的人民的严重挑衅。

抗议信说，我们强烈要求以美国为首的北约，按照国际有关公约规定，惩治制造这一事件的战争罪犯；立即无条件停止对南斯拉夫的轰炸，结束这场野蛮、罪恶的侵略战争。以美国为首的北约公然违反国际准则、破坏世界和平、践踏国际人权的行为，必将遭到全世界一切有良知、有正义感的人们的强烈反对，请你们立即放下屠刀，多行不义必自毙！

外交部副部长王英凡紧急召见美国驻中国大使

王英凡下午紧急召见美国驻中国大使尚慕杰，奉命就我驻南斯拉夫联盟共和国大使馆遭北约导弹袭击一事向以美国为首的北约提出最强烈抗议。

王英凡说："北京时间5月8日凌晨5时45分，以美国为首的北约悍然使用3枚导弹，从不同角度袭击了中华人民共和国驻南斯拉夫联盟共和国大使馆，迄今为止已有2人死亡，2人失踪，20余人受伤，使馆馆舍受到严重毁坏。我奉命就此向以美国为首的北约提出最强烈抗议。"

他指出，以美国为首的北约违背《联合国宪章》、践踏《维也纳外交关系公约》、《关于防止和惩处侵害应受国际保护人员包括外交代表的罪行的公约》以及国际关系的基本准则，居然对中国大使馆进行导弹袭击，粗暴侵犯中国主权，这在外交史上是罕见的。中国政府和人民对这一野蛮暴行表示极大愤慨和强烈谴责。以美国为首的北约必须对此承担全部责任。

他强调，以美国为首的北约无视《联合国宪章》和包括中国在内的国际社会的警告，公然对主权国家南斯拉夫进行军事侵略，中国政府对此从一开始就予以谴责，要求北约立即停止对南斯拉夫的军事行动，使科索沃问题尽快回到政治解决的轨道上来。但是，以美国为首的北约一个多月来对南斯拉夫联盟共和国的轰炸步步升级，现在竟然对外交机构进行袭击，使该地区的局势进一步恶化，使科索沃危机进一步扩大。

他说，中国政府和人民强烈要求以美国为首的北约立即停止侵略，停止轰炸。如果以美国为首的北约继续一意孤行，逆历史潮流而动，必将遭到包括美国和北约各国人民在内的全世界人民越来越强烈的谴责和反对。

他最后表示，中国政府保留采取进一步措施的权利。

新华社 光明日报社就记者遇难向北约提出抗议

5月7日晚，新华社驻贝尔格莱德女记者邵云环在北约野蛮袭击中国驻南斯拉夫联盟共和国大使馆中不幸遇难。

邵云环，1951年生，中国共产党党员，是新华社优秀驻外记者之一。今年3月赴任以来，在北约轰炸南斯拉夫期间，她坚持采访报道，发回了大量消息。

新华社负责人严正指出，北约袭击中国驻南使馆的野蛮行径是对中国主权的粗暴侵犯，是对《维也纳外交关系公约》和国际关系基本准则的肆意践踏，也是对全世界新闻工作者正当采访权利的严重蹂躏。新华社负责人对此表示极大的愤慨和严厉谴责，并向以美国为首的北约提出最强烈的抗议。

新华社负责人对邵云环同志的牺牲表示沉痛哀悼，并向她的亲属表示亲切慰问。

《光明日报》常驻南斯拉夫记者许杏虎和妻子朱颖5月7日晚在北约轰炸中不幸遇难。光明日报社负责人今天发表谈话，对以美国为首的北约用导弹袭击中国驻南斯拉夫联盟共和国大使馆、造成包括本报记者在内的人员伤亡，表示最强烈的抗议，对本报记者许杏虎、朱颖夫妇的牺牲表示深切哀悼，并向他们的亲属表示亲切慰问。

光明日报社负责人严正声明：以美国为首的北约袭击中国驻南使馆，造成《光明日报》记者等人员伤亡，这是对中国主权和国际关系准则的野蛮践踏和粗暴侵犯，是对全世界新闻工作者履行新闻报道神圣职责的公然挑衅。

《光明日报》负责人介绍说，许杏虎今年31岁，江苏丹阳人，毕业于北京外国语大学，专攻塞尔维亚语，原为《光明日报》国际部编辑，1998年7月受报社委派，和新婚不久的妻子朱颖一起，赴南斯拉夫担任常驻记者。他写了大量优秀作品，是一位优秀的驻外记者。朱颖是本报广告部美术编辑，一贯表现出色，随丈夫赴南斯拉夫特别是在北约袭击南联盟后，不惧艰险，协助许杏虎做好新闻报道工作，拍摄了大量战地照片。

俄罗斯外交部部长伊万诺夫打电话给中国外交部部长唐家璇

对中国驻南斯拉夫大使馆遭北约导弹袭击，造成馆舍毁坏、人员伤亡，向中方表示同情和哀悼。

北京 上海 广州 成都等地高校学生举行示威游行抗议北约轰炸中国驻南斯拉夫使馆暴行

以美国为首的北约野蛮轰炸中国驻南使馆的暴行，激起北京各界人士的强烈愤慨。下午四时多，北京大学、清华大学、北京师范大学、北京航空航天大学、中央民族大学、首都师范大学、北京理工大学等首都十余所大学的学生高举“反对霸权，反对侵略”、“捍卫主权，还我使馆”、“强烈谴责美国的霸权主义行径”等横幅，高呼“坚决拥护我国政府的严正声明！”“最强烈地抗议以美国为首的北约轰炸我国驻南斯拉夫大使馆！”“以美国为首的北约必须对轰炸我驻南使馆的野蛮行径承担全部责任！”等口号，来到美国驻华使馆门前游行示威，愤怒宣读抗议书，对以美国为首的北约野蛮轰炸我驻南使馆的暴行，表示强烈的愤慨和抗议。

北京大学示威游行的学生代表在美国使馆门前高声宣读抗议书：“玩火者必自焚。中国不可欺！中华民族不可辱！已经站立起来的中国人民决不能容忍对中国主权的践踏。”

首都高校学生今天的示威游行是经北京市公安局批准的。

六时三十分，经上海市公安局批准，由市学联组织，复旦、交大、同济、华东理工、华东师范等十多所高校学生陆续汇集到美国驻上海总领馆门前。他们高举着“最强烈地抗议以美国为首的北约的野蛮行径”、“美国践踏国际法”、“反对霸权，反对侵略”等中英文标语，高喊“反对轰炸”、“还我尊严”、“严惩凶手”、“和平万岁”、“爱我中华”等口号，高唱国歌和国际歌，群情激愤。上海学联主席、上海交大学生胡楠，代表上海大学生向美国驻上海总领事馆递交了一份抗议书。一些师生秉烛游行，祈祷和平，为死难同胞致哀。

下午，广州近十万高校学生经当地公安机关批准在环广州市中路、人民北路、江南大道及沙面一带游行，抗议以美国为首的北约轰炸我驻南联盟大使馆的犯罪行为。

在美国驻广州总领事馆前，中山大学、中山医科大学、华南理工大学、广东公安高等专科学校的学生汇集在这里。

英国、法国等北约成员国驻广州的总领事馆门前水泄不通，广场上学生人数超过一万人。几百名星海音乐学院的学生唱起了《国际歌》和《保卫黄河》。

广东外语外贸大学、广州中医药大学、广州医学院、广州师范学院等大专院校师生大约两万人，也冒雨举行声势浩大的游行示威，抗议以美国为首的北约使用导弹野蛮袭击我驻南联盟大使馆的罪恶行径。

四川大学和各界群众数万人到美国驻成都总领事馆门前愤怒声讨北约的野蛮行径。

四川大学师生的游行队伍浩浩荡荡，打着横幅，高举各种标语口号，不断高呼：“反对战争，捍卫主权！”

许多站在街道两旁的群众，不断为游行队伍鼓掌助威，并同师生一起高呼反对霸权主义口号。一位退休老干部对记者说，以美国为首的北约肆意侵犯他国主权，太坏了！对一个主权国家狂轰滥炸，炸死炸伤平民百姓，破坏民用设施，犯下了不可饶恕的罪行！一位四川大学的教师对记者说，以美国为首的北约无法无天，惨无人道。它们在南联盟犯下最不人道的滔天罪行，充分暴露出它们“人权卫士”的虚伪嘴脸。

全国劳动保障法制工作座谈会在上海召开

会议总结了近年劳动和社会保障法制建设的经验，分析当前面临的形势，提出要全面推进劳动保障法制建设的任务。

劳动和社会保障部副部长刘雅芝在会上说，今后劳动保障法制建设的主要任务是：一、大力加强劳动保障立法工作，用五年左右时间，初步建立我国劳动保障法律体系的基本框架；二、各地劳动保障部门监察机构紧密配合社会保险法律法规的实施，强化对用人单位执行社会保险法律法规情况的监察；三、按照《行政复议法》的规定，全面建立劳动保障行政复议体制；四、研究制定社会保险行政争议处理案件的规程和方法；五、深入开展劳动保障普法教育。

全国各级红十字组织举行各种活动庆祝“世界红十字日”并纪念中国红十字会建会95周年 为期一年的迎接新世纪红十字宣传活动拉开序幕

5月9日

中共中央政治局常委国家副主席胡锦涛就中国驻

南大使馆遭北约导弹袭击发表电视讲话

同志们、朋友们：

在北京时间5月8日清晨，以美国为首的北约悍然使用导弹袭击了我国驻南斯拉夫联盟共和国大使馆，造成我人员伤亡，馆舍严重毁坏。这一违背国际法和国际关系准则的罪恶行径，激起了中国人民的极大愤慨。中国政府当天上午发表了严正声明，严厉谴责以美国为首的北约的野蛮暴行，要求北约必须对此承担全部责任。中央还决定，由外交部紧急约见了美国驻华大使，提出最强烈的抗议；要求联合国安理会召开了紧急会议，讨论和谴责以美国为首的北约的野蛮行径；采取一切措施抢救伤员，立即派专机前往贝尔格莱德，接回我有关人员；我国政府还在声明中郑重表示保留采取进一步措施的权利。所有这些，都表达了全中国人民维护国家主权、坚持正义、反对侵略的共同心愿。在此，我代表党中央、中国政府和中国人民，对我驻南斯拉夫大使馆的全体工作人员表示诚挚的问候，对死难的烈士表示深切的哀悼，对他们的家属和受伤人员表示亲切的慰问。

从昨天开始，全国各地的广大群众，纷纷举行座谈、集会、发抗议信或抗议电等各种活动，拥护我国政府的严正声明，强烈谴责以美国为首的北约的野蛮行径。北京、上海、广州、成都、沈阳等一些城市的学生和群众，还在美国驻华外交机构附近举行了示威游行。这一切，都充分反映了中国人民对以美国为首的北约袭击我驻南使馆暴行的极大愤慨和强烈的爱国热情。中国政府坚决支持、依法保护一切符合法律规定的抗议活动。我们相信，广大人民群众一定会从国家的根本利益出发，自觉维护大局，使这些活动依法有序地进行。要防止出现过激行为，警惕有人借机扰乱正常的社会秩序，坚决确保社会稳定。

中国政府坚定不移地奉行独立、自主、和平的外交政策，坚定不移地维护国家主权和民族尊严，坚决反对霸权主义和强权政治。我们要坚持改革开放，依据有关国际法和国际关系准则，依据我国的有关法律，保护外国驻华的外交机构和人员，保护外国侨民和来华从事经贸、教育、文化等活动的人员，充分体现中华民族的优良文明传统。

中国人民是坚持正义、爱好和平的人民。我们愿意与世界各国人民一道，相互支持，加强合作，为促进人类和平与发展的崇高事业而共同努力。

让我们紧密地团结在以江泽民同志为核心的党中央周围，高举邓小平理论伟大旗帜，振奋精神，团结一致，把建设有中国特色社会主义伟大事业全面推向21世纪。

中国政府专门小组抵贝尔格莱德

中国政府处理驻南斯拉夫使馆遭以美国为首的北约袭击事件专门小组抵达战火纷飞的贝尔格莱德，代表党中央和中国政府对中国驻南使馆工作人员尤其是受伤同志表示最亲切的慰问，并对遇难者表示沉痛哀悼。

当地时间清晨6时25分，专门小组乘坐的专机平安降落在贝尔格莱德苏尔钦机场，我驻南使馆人员以及南联盟政府官员在机场迎候。

专门小组首先前往医院看望了受伤的使馆工作人员。小组组长、外交部领导成员王国章拉着每一位伤员的手说："我们受党中央、国务院和全国人民的委托来看望你们，代表全国人民向你们表示慰问。"此后专门小组前往几近废墟的中国驻南大使馆。王国章向中外记者发表谈话，他说，以美国为首的北约对南斯拉夫40多天的狂轰滥炸已经造成无辜平民大量伤亡，现在又居然袭击中国大使馆。以美国为首的北约的这一行径是对中国主权的粗暴侵犯，肆意践踏了《维也纳国际公约》和现行国际关系准则。以美国为首的北约用数枚导弹从不同角度袭击中国大使馆，造成重大人员伤亡和物质损失，以美国为首的北约必须对此承担全部责任。中国政府和人民强烈要求以美国为首的北约停止轰炸，停止侵略。

下午，专门小组全体成员前往医院向遇难者遗体告别。朱颖的父亲朱福来抱着惨不忍睹的女儿和女婿的遗体泣不成声。

专门小组组长王国章还会见南联盟外长伊万诺维奇。南外长再次代表南斯拉夫人民对中国大使馆遇难人员表示沉痛哀悼，并表示南将尽全部努力帮助专门小组处理好善后事宜。

中华全国总工会发表严正声明对以美国为首的北约袭击中国驻南使馆的野蛮暴行表示最强烈的抗议

中华全国青年联合会和中华全国学生联合会分别召开座谈会强烈谴责以美国为首的北约野蛮袭击中国驻南使馆的暴行

纪检监察领导干部财政金融研究班开学

会议反映，财政金融直接关系国家利益，在现代化建设中举足轻重。目前财政金融领域违纪违法案件的多发，危及财政金融的安全有序运行，危及国民经济的持续、快速、健康发展。作为一名纪检监察干部，要更好地履行职责，就必须在自己的知识结构中增大财政金融等现代经济知识的含量，开阔视野，拓宽思路，掌握查处新类型腐败案件的本领，在经济活动最活跃的部位和前沿地带积极发挥作用。

全国农村信用社会议在京召开

伏明霞和黄强在美国佛罗里达举行的国际泳联跳水大奖赛上分别夺取女子三米板和男子十米跳台冠军

5月10日

《人民日报》发表评论员文章《中国人民不可侮》

中国愤怒了！

以美国为首的北约悍然袭击中国驻南斯拉夫大使馆，燃起了中国的怒火。中国政府当日发表严正声明，最强烈抗议北约野蛮侵犯中国主权、粗暴践踏中国尊严的罪恶行径，要求以美国为首的北约对此承担全部责任，并表示中国保留采取进一步措施的权利。中国全国人大、全国政协、各民主党派、全国工商联、各人民团体以及新闻单位也纷纷发表声明或举行座谈、集会，声讨以美国为首的北约的血腥暴行。大江南北，长城内外，义愤填膺的高校学生和人民群众纷纷举行示威游行，严厉声讨以美国为首的北约的暴行，坚决支持中国政府维护国家主权和民族尊严的严正立场。他们高呼："中国不可欺，中华民族不可侮！"

北约袭击中国驻南斯拉夫大使馆是对中华人民共和国主权和尊严的公然侵犯，是对中国人民民族感情的严重伤害，是对12亿中国人民的公然挑衅。血的事实使人们更清楚地看到，"冷战"结束后，在世界人民普遍渴望和平与发展的今天，是谁在公然违反《联合国宪章》和国际关系准则、破坏世界的和平，是谁在南联盟惨无人道地杀伤无辜平民、乃至戕害其他国家外交公务人员的生命。北约的暴行揭去了其"人道主义"的外衣，赤裸裸地暴露了其侵略者凶残的嘴脸。

中华人民共和国的成立标志着中国人民从此站起来了。中国百年以来积弱受欺的时代已经一去不复返了。为了捍卫国家主权和民族尊严，在一百多年的时间里，中国人民不惜流血牺牲，前仆后继。经过50年的艰苦奋斗，中国已走上了富强之路。今天，如果有人认为可以用武力威胁吓倒中国人民，那就完全打错了算盘。以美国为首的北约必须对其袭击中国大使馆的暴行承担全部责任。

北约的暴行从反面激发了中国人民的民族忧患意识和爱国热情，人们在高呼"反对侵略"、"反对霸权"、"捍卫主权"的同时，再次发出"爱我中华"、"振兴中华"的心声。祖国的强盛、人民的团结、国内各民族的团结是中华民族安身立命之本。广大青年学生和各界群众纷纷表示，要化悲愤为动力，刻苦学习、勤奋工作，奋发图强，用切实的努力发展生产，发展科技，实现工业、农业、科技、国防的现代化，增强祖国的综合国力。这是最宝贵的、应予大力发扬的爱国主义精神。

中国的主权和尊严是不容侵犯的，不畏霸权的中国人民是不容欺侮的。中华民族艰苦卓绝的百年奋斗已经并将继续证明，伟大的中国人民是不可战胜的。以美国为首的北约如果无视中国人民的义愤，必将犯下时代的错误，而逃脱不了历史的惩罚。

国家主席江泽民应俄罗斯总统叶利钦来电话就北约导弹袭击中国驻南斯拉夫大使馆事件与之通电话

中午，叶利钦给江泽民打来热线电话，对以美国为首的北约用导弹袭击中国驻南斯拉夫联盟共和国大使馆的野蛮暴行表示极大的愤怒。

他说，在获悉这一消息后，他立即就此事发表声明，予以最强烈的谴责。他强调说，俄对这一事件的立场与中方完全一致。

叶利钦还谴责北约绕开联合国对主权国家南联盟进行空中打击，要求北约立即停止轰炸，回到谈判桌前，通过谈判寻求科索沃问题的解决。科索沃问题的任何政治解决都只有在北约停止轰炸后才有可能。

江泽民在谈话中谴责北约袭击中国大使馆这件事是一种极其野蛮的行为，是对中国主权的粗暴侵犯，在外交史上是罕见的。他说，以美国为首的北约必须对这一事件承担全部责任，否则中国人民不会答应。

他指出，以美国为首的北约绕开联合国，对主权国家南联盟进行军事打击，这是彻头彻尾的炮舰政策，是一种十分危险的倾向，不能不引起各国政治家的警惕。

他说，中俄作为安理会常任理事国和在世界上有重要影响的大国，对主持正义、维护和平负有重要责任。在当前形势下，解决科索沃危机的前提是北约停止轰炸，在导弹狂轰滥炸的情况下安理会无法讨论任何解决方案，而且任何方案都应该得到当事国南联盟的同意。中俄在科索沃等重大国际问题上进行了良好的合作。他希望双方保持密切磋商，加强协作。

外交部部长唐家璇代表中国政府再次就北约用导弹袭击中国驻南斯拉夫大使馆事件向美国驻中国大使尚慕杰提出严正交涉

唐家璇说，以美国为首的北约悍然用导弹袭击了中华人民共和国驻南斯拉夫联盟共和国大使馆，造成重大人员伤亡和馆舍的损坏，这是对《联合国宪章》和国际关系基本准则的公然蔑视和严重破坏，是对中国主权的粗暴侵犯。中国政府已就此发表了严正声明，对这一野蛮行径表示了极大愤慨，予以强烈谴责，并向以美国为首的北约提出了最强烈抗议，要求以美国为首的北约必须对这一事件承担全部责任。中方将继续密切关注情况的发展。他代表中国政府，目前向以美国为首的北约提出以下严正要求：

一、公开、正式向中国政府、中国人民和中国受害者家属道歉。

二、对北约导弹袭击中国驻南斯拉夫联盟共和国大使馆事件进行全面、彻底的调查。

三、迅速公布调查的详细结果。

四、严惩肇事者。

他说，必须指出，以美国为首的北约对南斯拉夫联盟共和国的军事行动给这一地区人民造成了深重灾难。以美国为首的北约应立即停止对南斯拉夫联盟共和国的军事行动，使科索沃问题早日回到政治解决的轨道上来。

中方还就此向美方递交了正式照会。

美国总统克林顿及国务卿奥尔布赖特就中国驻南联盟大使馆被袭击事件向中国人民公开道歉

美国总统克林顿在白宫就以美国为首的北约用导弹袭击中国驻南斯拉夫联盟共和国大使馆公开表示："我已经向江泽民主席和中国人民表示了道歉。我要再次对中国人民和中国领导人说，我对此表示道歉和遗憾。同时，我要重申，我们致力于加强美中两国之间的关系。"

随后，美国国务卿奥尔布赖特在国务院向记者表示："我重申我们对由于北约错误轰炸导致中国驻贝尔格莱德大使馆人员伤亡表示深切悲痛。中国人民想必了解，包括克林顿总统在内的北约领导人已经就这一悲剧性错误作出了道歉。北约将就这一事件发生的原因向中方作出全面解释。与此同时，我们继续与中国寻求一个建立在广泛基础上的、符合双方共同利益的关系。"

外交部发言人朱邦造宣布中国决定推迟中美两军高层交往

外交部发言人朱邦造宣布：根据中华人民共和国政府声明的精神，考虑到目前的情况，中方决定：推迟中美两军高层交往；推迟中美防扩散、军控和国际安全问题磋商；中止中美在人权领域的对话。

朱颖父亲致信美国总统克林顿

克林顿先生：

我是一名中国人，是一个有两个可爱的女儿、一个女婿的父亲，我现在是从南斯拉夫的首都贝尔格莱德给您写信。今天，我刚刚去看望了在您领导下的北约对中国大使馆的袭击中被夺去生命的大女儿朱颖和女婿许杏虎的遗体。看着他们被杀死的惨状，我悲痛的心情真是无以复加。我的家庭非常幸福，两个漂亮的女儿非常知道疼爱父母，每当一起上街的时候，她们总是一个拉着我的右胳膊，一个挎着我的左胳膊，亲密之状很令我的邻人们羡慕和称赞；大女儿朱颖工作后第一个月，就用自己的工资买了一个很好的电动剃须刀送给我，说是报答我的养育之恩；她 1997 年秋天刚刚结婚，我们在一起吃饭的时候，餐桌上总是洋溢着欢乐的笑声。我可以想象得到，您和您的夫人、女儿切尔西在一起的时候，一定也是这样愉快吧？可是，现在，我却只能看着女儿和女婿的遗体，他们再也不会向我欢笑，再也不会向我问候，再也回不到我的身边了。想到这里，难以抑制的恸哭几乎使我无法再写下去了。我的女儿朱颖只有 27 岁呀！她和她的丈夫妨碍了您的什么？就因为他们是住在中国大使馆里的中国记者吗？您和您的北约为什么要袭击中国大使馆？我和我的夫人都认为他们住在中国大使馆内是最安全的，可谁能想到，您和您的北约竟敢袭击中国大使馆呢！

两个年轻人在您的炸弹下死去了，被无辜地夺去了生的权利。我的夫人在北京的家里终日以泪洗面，等待着，可能够等来什么呢？女婿的母亲远在江苏乡下，听到噩耗，立即昏死了过去，美好的生活瞬间如天塌地陷一般。面对您造成的这种悲惨局面，您作为一名父亲，作为一个人——一个一贯主张人权的人，觉得不应该说点什么吗？

我真希望您能接到我这封信，如果有可能，译成英文在美国报纸上发表就更好了。我真心地希望您能了解，中国人和美国人一样不愿意失去幸福的生活，他们同样拥有生存的权利。请记住，我们的血不能白流，中国人是不会任人欺侮的！最后，祝您和您的夫人、女儿阖家幸福！莱德家幸福！

朱颖、许杏虎的父亲、朱福来

1995 年 5 月 10 日于贝格

国家副主席胡锦涛在人民大会堂与基里巴斯副总统塞瓦雷卡·森托阿举行会谈

胡锦涛在人民大会堂与来访的基里巴斯副总统兼内政和乡村发展部部长塞瓦雷卡·森托阿举行会谈。

森托阿对中国政府向基里巴斯提供各种援助表示感谢。他说，基里巴斯与中国有着牢固的关系。基里巴斯政府认为台湾是中国的一部分，真诚地支持"一个中国"的政策，对香港回归中国感到高兴，希望中国早日实现完全统一。

胡锦涛对基里巴斯政府在台湾问题上坚持正确的立场表示高度赞赏。

会谈后，胡锦涛和森托阿出席了关于中国政府向基里巴斯政府无偿提供海水淡化设备的换文的签字仪式。

中国成功发射“一箭双星”

中国在太原卫星发射中心用一枚“长征四号乙”运载火箭，成功地将“风云一号”气象卫星和“实践五号”科学实验卫星，送入轨道高度为八百七十公里的太阳同步轨道。

上午九时三十三分，伴随着雷鸣般的轰响，“长征四号乙”火箭托举着我国自己研制的两颗卫星拔地而起。火箭飞行七百四十九秒后，“风云一号”卫星与火箭分离；八百一十四秒后，“实践五号”卫星与火箭分离。据西安卫星测控中心十多分钟后传来的数据表明，这两颗卫星准确进入预定轨道，卫星发射获得圆满成功。

“长征四号乙”是在“长征四号”基础上，经过改进的一种多用途常规燃料三级火箭。火箭全长四十四点一米，起飞推力为三百吨，运载能力为一千五百公斤。这次发射是这种型号火箭首次发射，也是长征系列运载火箭的第五十六次飞行。

“风云一号”卫星是我国自行研制的第一代太阳同步轨道气象卫星。星上装有十通道可见光和红外扫描辐射计，可向世界各地云图接收站实时发送气象云图，还可进行海洋水色探测和海温遥感研究；星上携带的空间粒子成分监测器，将为卫星工程和空间环境研究获取监测数据。

我国曾于 1988 年、1990 年发射过“风云一号”气象卫星，这次发射的卫星与前两颗相比，性能更先进。

“实践五号”卫星是我国第一颗采用公用平台思想设计的小型科学实验卫星，主要用来进行空间单粒子效应及对策研究、空间流体科学试验、S 波段高速数传发射机及大容量固态存储器在轨试验和平台技术试验。

有关专家介绍说，这两颗卫星的发射成功，对于加速我国气象现代化，提高灾害性天气预报能力，推动小卫星共同平台的研制和空间科学研究，促进国民经济建设和国防建设，都具有重要作用。

太原卫星发射中心举行庆功大会

塔里木成为我国最大油气田

塔里木成为我国最大油气田，已探明、控制和预测地质储量 5679 亿立方米。

国务院学位委员会第十七次会议在北京召开

这是第四届国务院学位委员会组成后的第一次会议。全国政协副主席、中国工程院院长、国务院学位委员会副主任委员宋健主持开幕式，教育部部长、国务院学位委员会常务副主任委员陈至立作了工作报告。会议审议通过了国务院学位委员会 1999 年工作要点以及进行第八次博士、硕士学位授权审核工作的意见；审议批准了公共管理硕士、农业推广硕士和兽医专业学位设置方案；对《中华人民共和国学位法》(草案)提出了进一步的修改意见。会议对保证和提高研究生培养质量，学位工作主动适应国家的经济建设、科技、教育和社会发展以及国防建设需要等方面的问题进行了研究。

国务院副总理、国务院单位委员会主任李岚清出席并讲话。李岚清指出，学位工作是实施科教兴国战略的一项重要工作，必须进一步加强。首先，学位工作要有利于人才的培养，特别是有利于高素质、高水平人才的培养。在知识经济已见端倪的时代，综合国力的竞争最根本的还是人才的竞争。学位工作担负着人才培养的重任。我们所说的高素质、高水平人才，应当是热爱社会主义祖国，具有良好道德品质和高度社会责任感，具有创新精神和实践能力，具有艰苦奋斗、团结合作精神和面向世界的宽广眼界，具有健康的体魄、高尚的情操和良好的心理素质，当然还应该有丰富知识和实践能力。每个人所从事的专业不一样，但这些要求对他们是一样的，是最基本的。学位工作还应该创造一种环境和条件，不论资排辈，“不拘一格降人才”，鼓励那些年轻有为的人才尽快脱颖而出，使他们的才干充分发挥，在科教工作中充分发挥自己的聪明才智。

李岚清强调，学位工作要有利于科教体制改革，有利于科技与经济进一步紧密结合，有利于科技成果的转化。最近几部门联合发布《关于转化科技成果若干规定》，要认真贯彻执行。他指出，学位工作要围绕改革认真做好工作。

李岚清还对学位委员会要不断提高工作水平提出了要求，强调学位工作要出两个成果，一是出高素质、高水平人才成果，学位要保证质量，并要有一定数量；二是出科研成果，这个科研成果应当是能转化成现实生产力的，对于基础研究来说，也应是国家经济和社会发展中长远所需要的。

国务院副秘书长徐荣凯，国务院学位委员会副主任委员路甬祥、周远清、王洛林以及曾培炎、陈耀邦、楼继伟等委员出席会议。

最高人民检察院第九届第二十三次检察长办公会通过《人民检察院办理民事行政抗诉案件公开审查程序试行规则》

5 月 11 日

《人民日报》发表评论员文章《制造人道灾难的罪魁祸首》

以美国为首的北约悍然用导弹袭击中国驻南斯拉夫联盟大使馆，造成 20 多名中国外交人员和新闻记者伤亡。这是国际关系史上罕见的野蛮罪行。这一践踏国际法的毫无人性的暴行，引起中国人民的极大愤慨和国际社会的强烈谴责。在一片谴责声中，以美国为首的北约对南联盟还在继续进行狂轰滥炸。血淋淋的事实剥去了以美国为首的北约人道主义卫士的伪装，彻底暴露了它们以霸道践踏人道的真面目。事实证明，制造人道主义灾难的罪魁祸首不是别人，就是以美国为首的北约！

以美国为首的北约借口避免人道主义灾难，对南联盟实施空中打击，但近 50 天来，它每天都在制造人道主义灾难。在北约的狂轰滥炸下，南斯拉夫联盟的土地上硝烟弥漫，许多桥梁、炼油厂、发电厂、电视台甚至医院和民宅也成为北约野蛮轰炸的目标，至少已有上千名南联盟无辜平民丧生，80 多万人为了逃命而离开自己的家园。这表明，以美国为首的北约喊着“避免人道主义灾难”的口号，实际上干的是最不人道的勾当。

以美国为首的北约不是不知道，用炸弹对付和平的人民是天怒人怨的暴行。所以，每当发生了伤害平民的惨剧时，北约都以“失误”来搪塞。在袭击了中国大使馆以后，美国官方又狡辩说，这是“误炸”，“战斗造成意外是难免的”。新华社记者邵云环在牺牲前 6 天就曾发回一篇《北约“意外失误”几时休》的文章，她愤怒地诘问：“在北约空袭仍在继续的情况下，北约还会出现多少‘失误’呢？在南联盟又将会有多少无辜的平民百姓因这些‘不可避免的失误’而死于非难呢？”事实上，侵略者的凶残本性就是要对和平人民制造灾难。悍然袭击我国大使馆，完全是以美国为首的北约的蓄意图谋。这也是以美国为首的北约侵略本性的大暴露。什么“失误”、“意外”，这类辩词是欺骗不了任何人的。

国际社会强烈谴责北约袭击中国使馆是“野蛮行径”，美国却辩称“这不是野蛮行为”。这种蛮不讲理的说法，再次暴露了美国的霸气。由于北约毫无人性的暴行，这次母亲节有 3 位中国母亲失去了自己的孩子，一个中国孩子失去了自己的母亲。北约袭击中国使馆受害者之一朱颖的父亲指着苍天痛苦地呼喊：“以美国为首的北约为什么要炸我驻南使馆？为什么要杀死我的女儿和女婿?!”这是悲恸的控诉，这是和平的呐喊，它代表了中国人民和世界爱好和平人们的心声：以美国为首的北约必须对袭击我驻南使馆承担全部责任，必须立即停止在南联盟制造人道主义灾难！

得道多助，失道寡助。北约的野蛮行径激起了全世界爱好和平人们越来越强烈的反对。联合国人权事务高级专员认为，北约应对其向南联盟发动战争的罪行负责。连美国的许多舆论也谴责北约这种反人道罪行，认为北约有意伤害平民、轰炸民用设施，是应当受到国际刑事法庭和国际法院审判的严重罪行。

“冷战”结束后，各国人民都渴望过上安宁富足的日子。但是，世界并不太平。以美国为首的北约为了推行其社会模式和价值观，不惜挑起战乱，制造人道主义灾难。不坚决与霸权主义和强权政治作斗争，人道主义灾难就不会结束。在祈望和平与安宁的世界人民面前，以美国为首的北约的霸权主义和强权政治行径，必将遭到越来越强烈的反对。

国务院办公厅关于沉痛悼念邵云环 许杏虎 朱颖同志的通知

国务院办公厅向各省、自治区、直辖市人民政府发出通知：为沉痛悼念在以美国为首的北约袭击我国驻南斯拉夫联盟共和国大使馆中牺牲的邵云环、许杏虎、朱颖同志，根据《中华人民共和国国旗法》第十四条的规定，国务院决定：1999 年 5 月 12 日，北京天安门、新华门、人民大会堂、外交部所在地，各省、自治区、直辖市人民政府所在地，香港特别行政区政府所在地，新华社澳门分社所在地下半旗志哀。

国家主席江泽民会见俄罗斯总统特使切尔诺梅尔金

江泽民强调指出，以美国为首的北约对中国驻南联盟大使馆进行导弹袭击，是对中国主权的严重侵犯，必须按照中国政府的严正要求对中国人民作出交代；如何在未来的 21 世纪实现世界的持久和平和普遍繁荣，必须由世界各国人民来共同讨论和决定。中俄两国对主持正义、维护和平负有共同的历史责任；解决科索沃危机的唯一正确出路是，北约必须立即停止轰炸，否则，任何政治解决方案都无从谈起，都会成为一纸空文。

国家主席江泽民在钓鱼台国宾馆会见基里巴斯副总统塞瓦雷卡·森托阿

国务院总理朱镕基会见俄罗斯总统特使切尔诺梅尔金

切尔诺梅尔金转达了叶利钦总统和普里马科夫总理对朱镕基的问候，并通报了俄及有关国家在科索沃危机问题上的立场。他谴责几天前以美为首的北约对中国驻南斯拉夫使馆的袭击是野蛮的侵略行为，并对死难者表示沉痛哀悼。他强调，科索沃危机只能在安理会范围内通过政治谈判得以解决。北约必须首先停止轰炸，南斯拉夫的主权和领土完整必须得到尊重。

朱镕基感谢切尔诺梅尔金的通报。他指出，以美国为首的北约野蛮袭击了中国驻南斯拉夫使馆，这一暴行严重侵犯了中国的主权，侮辱了中国人民的尊严。事实表明，霸权主义的价值观和强权政治的逻辑已发展到了何等严重的程度，你不赞成使用武力，那就用武力对付你。显然，它们高唱的维护人权、民主、反对“种族屠杀”只不过是一块遮羞布。我们认为，这种暴行违反了《联合国宪章》、《维也纳外交关系公约》和《日内瓦公约》等有关国际公法，必须进行彻底调查，严厉惩处策划者和肇事者。我们要求美国及北约必须向中国政府和人民正式公开道歉。

朱镕基说：我们也认为，必须停止对南斯拉夫的狂轰滥炸。经过近50天的轰炸，南斯拉夫的交通运输、通讯等基础设施已炸毁了，燃料动力和人民生活所必需的公用设施也炸毁了，再炸下去，除了滥杀无辜平民以外，还能炸什么！联合国安理会也不可能在对一个主权国家实行狂轰滥炸的时候讨论未经它同意的政治解决办法。针对以美国为首的北约的暴行，中国人民特别是青年学生，以各种合法形式，表达了他们高度的爱国主义热情和崇高的正义感，也体现了中华民族团结御侮的精神和光荣的“五四”爱国主义传统。尽管是在十分悲愤的情况下，他们自觉地维护了一个文明法治国家的形象。我们支持中国人民的这种正义行动，当然也将继续坚持改革开放的路线，发展与世界各国和各国人民的友好合作关系，致力于维护世界和平和加强国际合作。

朱镕基指出，中俄两国在科索沃问题上有着广泛一致，两国从一开始就反对使用武力，要求北约停止轰炸，以政治手段解决科索沃危机。中俄双方应继续加强沟通和磋商，这不仅符合两国利益，也有利于世界和平。朱镕基还请切尔诺梅尔金转达他对叶利钦总统和普里马科夫总理的问候。

韩国总统金大中在汉城青瓦台会见全国政协主席李瑞环

金大中说，去年我对中国的访问非常成功，两国确定建立面向21世纪的合作伙伴关系，我对韩中关系感到满意。金大中总统说，北约轰炸中国驻南斯拉夫使馆，造成人员伤亡，韩国政府感到遗憾，这种事情不应再次发生。他对中国政府的立场和中国人民的心情表示理解。

在谈到世纪之交的话题时，李瑞环说，过去的一个世纪是人类社会取得巨大进步的世纪，科学技术和经济的发展创造了空前的财富，人类认识和改造自然的能力提高到了空前的水平。过去的一个世纪也是人类社会蒙受巨大灾难的世纪，特别是两次世界大战、连绵40余年的“冷战”和大大小小的局部战争，给许多国家的人民带来深重的生命财产损失和心灵伤害。在新世纪即将来临之际，我们应当对过去作一番冷静、深入的思考，吸取历史教训，继承、发扬好的方面，抛弃、克服不好的方面，不断地向上、向前，向着更加文明、更加进步的方向发展。但是，历史在前进的过程中，总会有曲折、反复甚至倒退，一些反动势力总想依仗武力，以大欺小，以强凌弱，给前进造成障碍，给人类带来痛苦，因此，人类社会必须保持清醒的头脑，必须团结起来，反对战争，维护和平。我们坚信，真理定能克服谬误，正义总会战胜邪恶，光明终将驱散黑暗。人类创造的巨大文明必然为人类造福，而不会用来毁灭人类自己，这是不以人的意志为转移的客观规律。“世界潮流，浩浩荡荡，顺之者昌，逆之者亡。”那些置人民的愿望于不顾、逆潮流而动的行径是注定不能持久、注定要失败的，历史最终也会作出公正的评判。

外交部发言人朱邦造发表谈话表示中国政府中国人民强烈要求以美国为首的北约立即停止轰炸南斯拉夫

有记者问，以美国为首的北约至今仍打着“人权”和“人道主义”的幌子继续对南联盟进行空中打击。请问中方对此有何评论？

朱邦造回答说：“自3月24日以来，以美国为首的北约对南联盟的军事打击已持续近50天。在此期间，北约从打击南联盟的军事目标发展到摧毁南联盟的医院、桥梁、电视台、炼油厂、电站、住宅等大量民用设施，现在又发展到袭击中国驻南使馆；它不但炸死炸伤大量无辜平民，包括阿族平民，而且还残害外国驻南外交人员和新闻记者。”

这位发言人指出，美国一向以“人权卫士”自称，却采取如此野蛮的暴行；美国开口闭口反对“种族清洗”，却避而不谈美国及北约对南狂轰滥炸造成的严重人道主义灾难。事实证明，以美国为首的北约不是在结束悲剧，而是在制造灾难。

外交部发言人朱邦造重申中国政府在科索沃问题上的原则立场

外交部发言人朱邦造重申，中国政府一贯主张，科索沃问题应该在尊重南斯拉夫主权和领土完整、保障科索沃地区各民族合法权益的前提下，通过谈判公正、合理地加以解决。

朱邦造强调指出:“我们主张通过谈判和平解决争端,反对在国际事务中使用武力和以武力相威胁;主张尊重各国主权和领土完整,反对以任何借口和方式干涉别国内政;更反对绕开联合国自行其是。”

他说,以美国为首的北约绕开联合国,对主权国家南斯拉夫发动军事打击,这是彻头彻尾的炮舰政策。这一政策已造成了极其严重的恶果。迄今为止,北约还在对南狂轰滥炸,在这种形势下,解决科索沃危机的前提必须是北约立即停止对南的军事行动,否则一切无从谈起。同时,我们认为,任何解决科危机的方案均应得到南联盟的同意,而且必须符合国际法的有关原则。

教育部决定今年以语文考试改革为突破口全面推进初中毕业升学考试改革工作

中共中央政治局常委李岚清出席在北京举行的纪念《黄河大合唱》创作并首演 60 周年音乐会

5 月 12 日

中共中央政治局常委国家副主席胡锦涛代表党中央国务院和国家主席江泽民到首都机场迎接三位烈士骨灰和受伤人员回国专机

在以美国为首的北约袭击中国驻南联盟使馆中牺牲的邵云环、许杏虎、朱颖的骨灰和负伤人员及部分使馆工作人员,上午由专机接运回到北京。中共中央政治局常委、国家副主席胡锦涛代表党中央、国务院和江泽民主席到机场迎接。

前往机场迎接的领导同志还有:丁关根、张万年、罗干、钱其琛、曾庆红、布赫、王忠禹、胡启立。中央、国家机关有关部门、人民团体的负责同志,北京市的负责同志,各民主党派、全国工商联的负责人等也到机场迎接。

党和国家领导人江泽民 李鹏 朱镕基 胡锦涛 尉健行 李岚清先后前往新华社和光明日报社沉痛悼念在以美国为首的北约袭击我驻南联盟使馆中光荣牺牲的邵云环 许杏虎 朱颖 3 位烈士

《人民日报》发表评论员文章《对世界和平的严重威胁》

以美国为首的北约野蛮地用导弹袭击中国驻南斯拉夫联盟大使馆,这个丧心病狂的罪恶行径震惊世界,引起普遍强烈谴责和愤慨。江泽民主席明确表示:“以美国为首的北约必须对这一事件承担全部责任,否则中国人民不会答应。”中国政府严正要求:以美国为首的北约必须作出公开正式的道歉,进行全面彻底调查,迅速公布调查的详细结果,严惩肇事者。同时,中国政府决定:推迟中美两军高层交往;推迟中美防扩散、军控和国际安全问题磋商;中止中美在人权领域的对话。

江泽民的讲话和中国政府采取的措施反映了 12 亿中国人民的共同心声,得到了举国上下的一致拥护。妄图用“误击”、“意外事件”进行搪塞是办不到的。以美国为首的北约袭击中国大使馆,是对中国主权和民族尊严的粗暴侵犯,也是对世界和平与安全的严重挑战。

“冷战”结束后,世界要发展、人民要和平成为不可阻挡的潮流。作为“冷战”时期军事组织的北约,在美国操纵下,不仅不解散,反而不断扩大,其作用和性质也发生了根本的变化。根据今年 4 月下旬公布的北约“新战略概念”,北约从一个防御性组织变成一个进攻性的军事政治组织,军事行动范围扩大到北大西洋地区以外,不经联合国授权即可对各国动武。这显然是一个霸权主义膨胀的新战略概念。北约绕开联合国对南联盟进行军事打击就是这一新战略概念的实践。美国政要公开宣布,北约在执行“不限地域”的新使命。美国加紧控制北约,使其成为干涉侵略的工具,对世界和平构成重大威胁。连英国有识之士也撰文尖锐指出,北约新战略概念“是一个令人震惊的挑衅文件”,“它播下了下一次世界大战的种子”。

以美国为首的北约对南联盟的军事打击是彻头彻尾的炮舰政策。当年,西方列强凭借坚船利炮,到处横行霸道。如今,以美国为首的北约公然蔑视《联合国宪章》和国际关系基本准则,凭借高新技术武器以强凌弱,对一个主权国家狂轰滥炸,而且悍然对一个联合国安理会常任理事国的大使馆进行野蛮袭击。这种新炮舰政策更凶残、更危险,对世界和平的威胁更大。全世界爱好和平的人民和各国负责任的政治家,一定要高度警惕以美国为首的北约的这一危险倾向。

应当指出,大国对维护世界和平与安全负有不可推卸的责任。江泽民主席同叶利钦总统 5 月 10 日在通电话中一致表示,中俄两国作为安理会常任理事国和在世界上有重要影响的大国,对主持正义、维护和平负有重要责任。在科索沃等重大国际问题上,中俄双方进行了良好合作,并将继续保持密切磋商,为维护世界和平与安全做出自己的努力。

国际社会如果不尽快制止以美国为首的北约的进攻势头,势必在今后继续受到威胁和伤害。如果让其得逞,它们就会第二次、第三次滥用军事力量打击在它们看来任何“不听话”的主权国家。我们呼吁爱好和平的国家共同努力，立即制止以美国为首的北约在南联盟极其野蛮的战争行径，保卫世界和平。

国家主席江泽民根据全国人大常委会的决定任免驻外大使

一、免去段春来的中华人民共和国驻贝宁共和国特命全权大使职务。

任命袁国厚为中华人民共和国驻贝宁共和国特命全权大使。

二、免去左树森的中华人民共和国驻加蓬共和国特命全权大使职务。

任命郭天民为中华人民共和国驻加蓬共和国特命全权大使。

三、免去吕凤鼎的中华人民共和国驻尼日利亚联邦共和国特命全权大使职务。

任命梁银柱为中华人民共和国驻尼日利亚联邦共和国特命全权大使。

四、免去吴明廉的中华人民共和国驻意大利共和国特命全权大使兼驻圣马力诺共和国特命全权大使职务。

任命程文栋为中华人民共和国驻意大利共和国特命全权大使兼驻圣马力诺共和国特命全权大使。

国家主席江泽民在钓鱼台国宾馆会见德国总理格哈德·施罗德

施罗德对中国驻南斯拉夫大使馆遭北约导弹袭击事件向江泽民主席表示深切的遗憾。他说：德国作为北约成员国和应对此事件负责任的国家之一，认为北约应不附加任何条件地向中国政府和人民道歉。中国要求彻底调查此事是完全合理的，我们一定会这样做。

国务院总理朱镕基在人民大会堂与德国总理施罗德举行会谈

朱镕基就科索沃问题和中国驻南联盟使馆遭北约导弹袭击事件全面阐述了中方的立场。

朱镕基总理欢迎施罗德总理来华进行工作访问，讨论科索沃问题。他表示注意到施罗德总理来华前对北约导弹袭击中国驻南联盟大使馆表示了震惊和忧虑，并代表德国作了道歉，并要求北约对此进行调查。

施罗德代表德国政府和人民对中国驻南联盟大使馆遭北约导弹袭击一事向中国政府和人民表示由衷的遗憾，并再次向事件中死难者家属和中国人民无条件地表示道歉。北约各国对此负有共同的责任，他愿代表北约对此作同样的表示。北约也必须毫无保留地、彻底地调查这一事件的真相，并公之于众。这是他和他的同事们的共同立场。

施罗德介绍并解释了上周8国外长在波恩通过的声明。他强调，在发生了导弹袭击中国驻南使馆事件后，解决科索沃危机的局势更加复杂化了。目前必须尽早找到政治解决的办法，舍此别无选择。他希望中国在政治解决科索沃危机的过程中发挥自己的作用。

朱镕基就科索沃问题和我使馆遭北约导弹袭击事件全面阐述了中方的立场，强调只有北约立即停止对南轰炸，才谈得上科索沃问题的政治解决。

朱镕基指出：

1. 我们一直认为，科索沃问题是南联盟的内政。南国内民族、宗教矛盾由来已久，错综复杂，只能以和平方式寻求这些问题的政治解决。中国一贯主张和平解决科索沃危机，一直反对北约动用武力，并警告外部军事干预不仅无助于问题的解决，相反只能使之复杂化。使用武力是非常危险的。

2. 以美国为首的北约不经联合国安理会授权，绕过联合国对南联盟进行军事打击，严重违反《联合国宪章》和国际法准则。我们从一开始就不赞成这样做，并予以谴责。

3. 五十天来，以美国为首的北约对南联盟的野蛮轰炸，使大量无辜平民死伤，数十万难民流离失所。这场以“维护人道”名义进行的战争，却酿成了战后欧洲最大的人道主义灾难。

4. 北约的轰炸不仅步步升级，而且公然对中国驻南使馆进行导弹袭击，造成人员伤亡和馆舍被毁，严重侵犯中国主权。中国政府和人民对这野蛮暴行表示极大愤慨。所谓“误炸”，不但不能使中国人民信服，而且外国舆论也不相信。我们要求对导弹袭击事件进行彻底调查，公布调查结果，严惩策划者和肇事者。

5. 中国政府一向主张科索沃问题的政治解决，支持联合国在政治解决过程中发挥应有作用。中方已注意到八国集团外长声明。我们认为，当前政治解决的前提是北约必须停止轰炸，为政治解决创造必要条件。轰炸不停，政治解决何从谈起？中国作为安理会常任理事国，不会同意在轰炸继续进行的情况下，由联合国安理会讨论任何政治解决方案。其次，任何关于科索沃问题的安理会决议、或安理会讨论的任何政治解决方案，都应得到作为当事方的主权国家南联盟的同意。否则，决议无法落实，没有实际意义。

6. 我们再次要求以美国为首的北约立即停止对南联盟的轰炸。我们呼吁包括德国在内的世界一切爱好和平的国家和人民，为制止北约对南联盟的野蛮轰炸，为尽快结束科索沃危机，作出积极的努力和贡献。中国一贯主张政治解决科索沃危机，现在也继续致力于政治解决。

施罗德表示，德政府将坚持对华政策的连续性，坚持“一个中国”的政策，全面发展德中两国在各个领域的友好合作关系。

参加会谈的有外交部部长唐家璇、中国驻德国大使卢秋田、外交部副部长王英凡、德国国务秘书海耶、外交部国务秘书伊辛格和德国驻华大使于倍寿等。

最高人民法院颁发《贯彻落实〈关于实行党风廉政建设责任制的规定〉的实施办法》

最高人民法院特邀咨询员工作条例

中国残疾人福利基金会第十五次理事会议在北京举行

会议听取并审议通过了《中国残疾人福利基金会第十五次理事会议工作报告》和《中国残疾人福利基金会 1998 年度捐款收支决算和 1999 年度支出预算报告》。

中国残疾人福利基金会理事长邓朴方在工作报告中说，1998 年，中国残联第三次全国代表大会胜利召开，确定了残疾人事业跨世纪发展的蓝图；全面完成了“九五”计划纲要规定的年度指标，各项业务稳步推进，难点工作有所突破。残疾人康复工作体系基本形成。社区和家庭康复训练广泛开展，智残儿童和肢体残疾人得到系统康复训练，效果明显。特教学校和普通学校附设特教班数增加，大量残疾儿童随班就读，残疾儿童少年入学率稳步提高。高级中等以上教育稳中有进，职业教育与培训深入发展。残疾人扶贫攻关大规模展开，共使 180 万贫困残疾人解决温饱。共有 17 万残疾人就业，其中分散按比例就业 11.6 万人。全国人大内务司法委员会对安徽、内蒙古执行残疾人保障法的情况进行了检查。广泛宣传亚太经社会关于建立残疾人无障碍环境的指导原则，开展无障碍设施建设的检查和宣传，大中城市推行《方便残疾人使用的城市道路和建筑物设计规范》工作力度加大。

会议还公布了中国残疾人福利基金会 1998 年捐款收支决算。1998 年中国残疾人福利基金会募集捐款折合人民币 431 万元，募集物资折合人民币 560 万元；实际支出 1483.58 万元，全部用于资助残疾人康复、教育、扶贫解困、文化宣传等项目支出。

湛江特大走私受贿案一审宣判

广州市等 5 个中级人民法院分别对案件进行了公开宣判：以走私普通货物罪、行贿罪并罚判处李深、张猗死刑，剥夺政治权利终身；以走私普通货物罪判处邓崇安死刑，剥夺政治权利终身；以走私普通货物罪、行贿罪并罚判处林春华死刑，剥夺政治权利终身；以受贿罪判处曹秀康死刑，剥夺政治权利终身；以受贿罪、巨额财产来源不明罪并罚判处朱向成死刑，剥夺政治权利终身；鉴于陈励生于案发后投案自首并坦白交代罪行，以走私普通货物罪判处陈励生死刑，缓期二年执行，剥夺政治权利终身；鉴于姜连生在共同走私犯罪中的作用次于林春华，以走私普通货物罪判处姜连生死刑，缓期二年执行，剥夺政治权利终身；鉴于李勇在共同走私犯罪中的作用次于李深、张猗，以走私普通货物罪、行贿罪并罚判处李勇死刑，缓期二年执行，剥夺政治权利终身；鉴于杨洪中有认罪态度较好、退清赃款等情节，以受贿罪、巨额财产来源不明罪并罚判处杨洪中死刑，缓期二年执行，剥夺政治权利终身；鉴于杨衢青并非走私货主，并考虑其在走私犯罪中的作用，以走私普通货物罪、行贿罪、受贿罪并罚判处杨衢青死刑，缓期二年执行，剥夺政治权利终身；鉴于陈同庆认罪态度较好，并主动退清赃款，以受贿罪判处陈同庆死刑，缓期二年执行，剥夺政治权利终身；鉴于邓野有自首、立功情节，陈恩则拒不认罪，以受贿罪、贪污罪、徇私枉法罪、滥用职权罪、巨额财产来源不明罪并罚分别判处邓野、陈恩死刑，缓期二年执行，剥夺政治权利终身；鉴于方鹏、王思源有立功等情节，以受贿罪、巨额财产来源不明罪并罚分别判处方鹏、王思源无期徒刑，剥夺政治权利终身。以上各犯均并处没收个人全部财产，追缴的赃款上缴国库。其他案犯分别被判处无期徒刑或有期徒刑。

国际体育记者协会在布达佩斯宣布包括李宁在内的 25 名运动员当选为本世纪最佳运动员

5 月 13 日

中共中央国务院在人民大会堂召开欢迎我国驻南斯拉夫联盟共和国工作人员大会

中共中央总书记、国家主席、中央军委主席江泽民在会上发表讲话。

中共中央政治局常委、全国人大常委会委员长李鹏，中共中央政治局常委、国务院总理朱镕基，中共中央政治局常委、国家副主席胡锦涛，中共中央政治局常委、书记处书记尉健行，中共中央政治局常委、国务院副总理李岚清出席大会。大会由李鹏主持。

中共中央政治局常委、国务院总理朱镕基代表党中央、国务院宣读《中共中央、国务院关于对我国驻南斯拉夫联盟共和国大使馆工作人员和驻南新闻工作者给予表彰的决定》。

宣读完党中央、国务院的决定后，朱镕基郑重宣布：根据《革命烈士褒扬条例》的规定，国务院有关部门已批准新华社记者邵云环、《光明日报》记者许杏虎、朱颖同志为革命烈士。

国家主席江泽民在欢迎我国驻南斯拉夫联盟共和国工作人员大会上发表讲话

同志们：

首先，我代表党中央、国务院和全国各族人民，向邵云环、许杏虎、朱颖三位革命烈士，表示沉痛的哀悼！他们是为和平、为正义、为祖国捐躯的，我们永远怀念他们。我们还要向光荣负伤的同志表示亲切的问候！向仍然在战火中履行神圣使命的驻南使馆工作人员和坚守岗位的新闻工作者，表示崇高的敬意！

以美国为首的北约悍然对我驻南使馆进行导弹袭击的暴行发生后，我国政府当即发表了严正声明，提出了最强烈的抗议。以美国为首的北约必须对这一事件承担全部责任，必须对中国政府提出的要求作出全面交代。否则，中国人民决不答应！中国政府正密切关注事态的发展，并继续保留采取进一步措施的权利。

几天来，全国各族人民和海外广大同胞对以美国为首的北约暴行义愤填膺，用各种形式表达了强烈的抗议和严厉的谴责。这些正义活动，充分显示了中华民族的伟大爱国主义精神和巨大凝聚力，充分体现了中国人民维护世界和平、反对霸权主义的坚强意志。伟大的中华人民共和国是不可欺的！

世界上许多国家的政府、政党、社会团体和一切爱好和平的人民，也纷纷对北约的暴行进行谴责，声援中国人民的正义斗争。我代表中国政府向他们表示诚挚的谢意！

中国政府坚决反对以美国为首的北约绕开联合国安理会，对南联盟发动军事攻击。这场战争给南联盟人民造成了巨大的灾难，严重威胁到欧洲稳定和世界和平。这场战争必须结束了。在北约继续狂轰滥炸的情况下，不可能在联合国讨论任何政治解决方案。这是我国政府和人民的原则立场。

“冷战”结束后，世界向多极化的方向发展，但天下仍很不太平。美国倚仗其经济、科技和军事实力，继续推行霸权主义和强权政治，肆意干涉别国内政。它的所作所为已引起了越来越多的国家和人民的警觉。人类正处在维护世界和平、促进共同发展的关键时刻。世界潮流，浩浩荡荡，顺之则昌，逆之则亡。一切爱好和平、维护正义的国家和人民，应该团结起来，为反对霸权主义和强权政治，推动建立公正合理的国际新秩序而共同奋斗！

中国人民将始终不渝地坚持邓小平理论和党的基本路线，按照党的十五大提出的跨世纪发展的战略目标，把建设有中国特色社会主义的伟大事业全面推向21世纪。

我们要继续坚定不移地坚持以经济建设为中心。全党和全国各族人民，要把对北约野蛮行径的巨大义愤和伟大爱国热情化作强大的动力，同心同德，艰苦奋斗，不断增强我国的经济实力、国防实力和民族凝聚力。这是社会主义中国永远立于不败之地的根本保证。

我们要继续坚定不移地推进改革开放。这是强国之路。我们要坚持独立自主、自力更生，又要进一步扩大开放，继续在平等互利的基础上开展对外经济技术交流与合作，把发扬中华民族的优良传统同积极学习世界上一切优秀文明成果结合起来，不断推进我国的现代化建设。

我们要继续坚定不移地保持社会稳定。这是我们完成各项改革和建设任务的基本保证。对于国内外敌对势力伺机搞乱中国，破坏我们社会主义现代化的图谋，必须时刻保持警惕。全党同志和全国各族人民，都要努力维护安定团结的社会政治局面。

我们要继续坚定不移地贯彻执行独立自主的和平外交政策。在和平共处五项原则的基础上继续发展同世界各国的友好合作。对于一切国际事务，坚持从中国人民和世界人民的根本利益出发，根据事情本身的是非曲直来决定自己的立场和政策。坚决维护国家的主权和安全，坚决主持公正，伸张正义，不信邪，不怕压，为促进人类和平与发展的崇高事业而努力。

中国人民是具有光荣的爱国主义传统、热爱和平的伟大人民。在中国共产党的领导下，全国各族人民坚强团结，不懈奋斗，建设富强民主文明的社会主义现代化国家的伟大目标，就一定能够达到！

中共中央国务院作出《关于对我国驻南使馆工作人员和驻南新闻工作者表彰决定》

3月24日以来，以美国为首的北约对南斯拉夫联盟共和国进行狂轰滥炸，造成无辜平民大量伤亡，财产严重损失。5月8日，又悍然使用导弹袭击了我国驻南斯拉夫联盟共和国大使馆，造成我人员伤亡，馆舍严重毁坏。中国政府发表了严正声明，我国各族各界群众纷纷举行抗议活动，声讨以美国为首的北约的暴行。

在以美国为首的北约对南联盟轰炸的50多个日日夜夜里，我驻南大使馆全体工作人员在使馆的坚强领导下，忠实执行中央的外交方针和政策，不顾个人安危，坚守工作岗位，认真履行职责，积极开展工作，不辱使命，不负重托，圆满地完成了任务。我驻南新闻工作者，不怕困难，不怕牺牲，及时、客观、公正地报道了科索沃危机的最新动态和事实真相。邵云环、许杏虎、朱颖同志在以美国为首的北约对我国驻南大使馆的轰炸中不幸以身殉职，20 多位同志受伤，许多同志受伤后仍坚持工作。他们以自己的实际行动，展现了新时期外交、新闻工作者良好的精神风貌。党中央、国务院决定，对我驻南斯拉夫联盟共和国大使馆工作人员和驻南新闻工作者给予表彰。

党中央、国务院号召全国人民学习他们热爱祖国、尽职尽责、英勇无畏、无私奉献的优秀品质和高尚情操，更加紧密地团结在以江泽民同志为核心的党中央周围，高举邓小平理论伟大旗帜，立足本职，努力工作，艰苦奋斗，不断进取，维护国家社会稳定的大局，搞好改革开放和现代化建设，为把建设有中国特色社会主义伟大事业全面推向 21 世纪而努力奋斗。

党和国家领导人江泽民 李鹏 朱镕基 胡锦涛等来到北京医院看望在以美国为首的北约袭击中国驻南联盟使馆中身负重伤的 6 名人工作人员

身负重伤的 6 名工作人员是：大使馆武官任宝凯、参赞刘鑫泉、一秘曹荣飞、刘锦荣、三秘郑海峰、职员杨永丰。

党和国家领导人江泽民 李鹏 朱镕基 胡锦涛等在人民大会堂会见在北约袭击中国驻南联盟使馆中牺牲的烈士和负伤人员的亲属和使馆部分回国工作人员

《人民日报》发表评论员文章《对人类文明的肆意亵渎》

全国人大常委会副委员长邹家华在山西考察

邹家华 5 月 13 日至 16 日，在山西省省委书记胡富国、省长孙文盛等陪同下，先后在太原、晋中、忻州、朔州等地，考察了汾河治理、山区绿化、大(同)运(城)公路、太原至原平高速公路的绿化通道情况以及万家寨引黄入晋工程等。

邹家华说，城市环保工作中一定要抓好防治大气污染、污水处理、垃圾处理和植树种草，大面积绿化。为了防治大气污染，各地积累了不少经验，如领导重视，加强法治，大力宣传《大气污染防治法》，不断提高环保意识；从各地的实际条件出发，采取多种有力措施，如建设防护林带，使用清洁能源，集中供热，煤炭气化，多用电多用气，减少直接燃煤；文明施工，减少扬尘以及加强对汽车尾气的治理；大量种草植树，做到城市无裸土。

全国粮食流通体制改革工作会议在北京召开

中共中央政治局常委、国务院总理朱镕基出席会议并讲话。

朱镕基说，自去年 5 月国务院发布实施《关于进一步深化粮食流通体制改革的决定》以来，各地区、各有关部门按照中央的统一部署，坚持以“三项政策，一项改革”为重点，积极推进粮食流通体制改革，取得了明显成效。各地普遍加强了对粮食工作的领导，初步建立了地方政府层层负责的粮食工作领导责任制，初步实现了政企分开，加强了对粮食购销企业的监督和对粮食销售市场的管理，粮食购销企业基本做到了按保护价敞开收购农民的余粮；粮食顺价销售政策逐步得到贯彻，国有粮食购销企业开始扭转大量亏损的局面；粮食收购资金供应得到较好保证，基本实现了封闭运行；国有粮食购销企业自身改革取得了一定进展。朱镕基指出，在充分肯定粮食流通体制改革取得明显成效的同时，也要深刻认识当前粮食生产和流通出现的新情况、新问题。主要是随着近年来粮食生产的连续丰收，我国粮食已由长期短缺变成总量大体平衡、丰年有余，粮食生产结构性矛盾日益突出，优质品种相对不足，一些劣质粮食品种销售不畅，库存大量积压，而农民仍在继续大量生产。这个问题不解决，不仅造成社会浪费，增加财政负担，而且影响我国农产品竞争力和农民收入的提高，不利于我国粮食生产的长远发展。当前，我国农业和农村经济已进入一个新的发展阶段。粮食流通体制改革要适应这一新的形势，在坚持“三项政策，一项改革”的基础上，完善相关政策，制定新的措施，用经济杠杆促进粮食种植结构的调整和优化，把粮食生产的品种、质量、效益提高到一个新的水平。

朱镕基强调，为了调动农民调整粮食种植结构、发展优质粮的积极性，必须调整按保护价收购的范围，完善粮食收购价格政策，形成调整粮食种植结构的动力和机制。他说，按保护价敞开收购农民余粮是党中央、国务院制定的一项重大政策，对保护农民利益、调动农民积极性、促进农业稳定增长发挥了重要作用。但在当前的粮食供求形势下，按保护价收购的范围偏大，不分品种和品质，不考虑市场需求，一律按保护价敞开收购，既不利于引导农民调整粮食种植结构、发展优质粮食生产，又造成库存大量积压，国家财政负担越来越重。因此，要适当缩小按保护价敞开收购的范围，对东北春小麦、南方早籼稻、长江以南的小麦等一些品质差、不适合市场需求的粮食品种，要逐步退出按保护价敞开收购范围。考虑到这些粮食品种今年已经种植的实际情况，先采取调低保护价的办法进行收购，给生产者以强烈的信号，促进他们调整种植结构，明年再退出保护价收购范围。各地要认真研究具体实施办法。他强调，各地要结合结构调整和市场情况，进一步拉开质量差价、品种差价，安排好等级差价、季节差价和地区差价。

国有粮食购销企业要按照购得进、销得出的原则，自行确定优质品种的具体购销价格。他指出，这些调整措施，从眼前看，可能会对部分农民的种粮收入产生一定影响，但也可从拉开品质差价时，得到一定补偿，同时从长远看，如果不这样调整，粮食收购和销售的困难还将继续加剧，农民利益最终还是无法得到保护。及时调整和完善粮食收购与价格政策，引导农民生产优质、适销的粮食品种，有利于提高粮食生产效益，增加农民种粮收入，是完全符合农民长远利益的。

朱镕基指出，要改进和完善粮食财政补贴办法。为了改变国有粮食购销企业不积极销售、坐拿超储补贴的状况，以减轻财政补贴过多的压力，必须在合理确定中央财政对地方粮食风险基金补助基数的前提下实行地方政府包干的办法。实行这个办法，有利于调动地方搞好粮食生产和流通的积极性，促进粮食顺价销售；有利于合理使用国家财政补贴，减轻财政负担；有利于粮食购销企业面向市场，转换经营机制，提高自身竞争能力。各地方政府要认真执行补贴包干办法，结合本地实际，制定鼓励粮食销售的措施。实行地方政府包干后，各地节余的粮食风险基金可用于发展粮食生产和促进粮食购销体制改革，决不能挪作他用。国家有关部门要加强对各地执行补贴包干办法情况的严格监管。

朱镕基还对加强粮食收购市场管理、加快国有粮食购销企业改革等项工作提出了明确要求。他说，粮食收购市场管理工作，丝毫不能松懈。工商行政管理部门要继续加大工作力度，严厉查处私商粮贩和未经批准收购粮食的加工企业违法收购粮食的行为，坚决取缔无照经营。经省级政府批准，大型农业产业化龙头企业和大型饲料生产企业可以与农民签订自用粮特别是优质粮的产销合同，在工商、粮食部门的严格监管下，按合同规定收购农民的粮食，但只限于自用，决不准转手倒卖。有关部门要采取有效措施，过细工作，从严监管，切实维护好粮食收购市场秩序。朱镕基要求，粮食购销企业包括县级粮食购销公司必须真正实行政企分开，继续搞好减员增效，切实加强企业经营管理，努力降低成本费用，提高经济效益，增强市场竞争力。

这次会议是由国务院召开的。国务院副总理温家宝在会议开幕时作工作报告。国务委员吴仪、国务委员兼国务院秘书长王忠禹出席会议。出席这次粮食流通体制改革工作会议的还有中央国家机关有关部门负责人，各省、自治区、直辖市负责人和计划、财政、工商管理、粮食、物价部门的负责人。

全国人大常委会检查《产品质量法》实施情况

自1993年《产品质量法》颁布实施以来，我国产品质量的总体水平仍然不高，抽查合格率一直在80%以下的低水平徘徊。这引起全国人大常委会的重视。从5月下旬起，全国人大常委会分组赴浙江、重庆、山东、广东、河南检查该法实施情况。

此次《产品质量法》执法检查是自此法颁布以来全国人大常委会第三次执法检查。此次执法检查的重点是：法律实施主管机关对生产和销售食品、家用电器、建材、农用生产资料等产品的监督管理情况，存在的问题及原因；制售假冒伪劣产品使消费者受到损害的典型案件；《产品质量法》本身存在的需要修改、完善的问题。

中共中央政治局常委李瑞环致信祝贺《中华国宝大典·传世名画》在北京举行的出版座谈会

5月14日

应美国总统克林顿的要求国家主席江泽民晚上与之通电话

克林顿说："我愿对发生在贝尔格莱德的悲剧表示由衷的道歉，尤其是向受伤人员和遇难者的家属表示我个人的歉意。"他保证查清事件发生的原因，并尽快让中国人民了解事实真相。他强调，美中两国关系非常重要，他将尽最大努力处理好这场"悲剧"，使两国关系恢复正常发展。

江泽民说，我收到了你近日的来信，也已获悉今天早些时候你同李肇星大使谈话的内容。我注意到总统先生刚才再次作出的道歉。如你所知，中国政府在声明中和有关交涉中，严正地表明了立场，明确地提出了要求。

江泽民强调，以美国为首的北约对中国驻南斯拉夫联盟共和国大使馆进行导弹袭击，是一起震惊世界的严重事件，造成了我人员重大伤亡和馆舍毁坏，严重侵犯了中国主权，也是对《联合国宪章》和国际关系基本准则的粗暴践踏。

他说，对中国人民来说，这是一场飞来横祸。中国政府十分关心本国公民的生命安全。我们是一个有12亿人民的国家，每个中国人的生命都是极其宝贵的。这是中国政府必须维护的最根本的人权。

江泽民指出，袭击中国使馆的严重事件极大地伤害了中国人民的民族感情。事件发生后，中国人民自发地用各种形式表达自己的义愤，举国上下形成了声势浩大的抗议浪潮，这是理所当然的。中国政府和中国人民的这一正义斗争，得到了国际社会和世界人民的广泛同情、理解和支持。

江泽民强调，以美国为首的北约必须对这一事件承担全部责任。我希望，美国政府要充分看到这个事件的严重性，它已经损害了中美关系。我们一贯重视改善和发展两国关系，关键是要严守和平共处五项原则，特别是相互尊重主权和领土完整的原则。

江泽民最后指出，当务之急，美国政府应该对这一事件进行全面、彻底、公正的调查，并迅速公布调查结果，满足中国政府和中国人民提出的全部要求。

此前，美国总统克林顿于北京时间今天凌晨在白宫会见了中国驻美大使李肇星，并在中国驻美大使馆悼念中国驻南联盟大使馆遇难者吊唁簿上留言："对死难者表示深切哀悼，并对其家属和中国人民表示真诚的歉意。"

《人民日报》发表评论员文章《向三位英雄的新闻工作者致敬》

青山垂泪，江河呜咽。

共和国以最隆重的仪式，向为国殉难的邵云环、许杏虎、朱颖烈士志哀。党和国家领导人亲往新华社、光明日报社沉痛悼念三位烈士。庄严的天安门广场下半旗志哀。社会各界以不同的方式向烈士表达无尽的哀思。12 亿人民以无比的悲愤心情表达着一个共同的信念：坚决拥护我国政府的严正声明，强烈谴责以美国为首的北约的野蛮暴行，继承英雄的遗志，化悲痛为力量，坚定不移地把我国的改革开放和社会主义建设全面推向前进，实现振兴中华的伟大理想。

邵云环、许杏虎、朱颖三位同志是英雄的新闻工作者，是中华民族的优秀儿女，是党和人民的骄傲。他们忠实地履行了新闻工作者的神圣责任，恪尽职守，不辱使命，在战火纷飞的南斯拉夫，发出了大量真实、生动的新闻报道，为宣传我国政府主持正义、维护和平的原则立场，为向世人披露以美国为首的北约在南斯拉夫犯下的罪行，为揭露霸权主义、强权政治的丑恶嘴脸，作出了重要贡献。邵云环等三位新闻工作者将个人的安危置之度外，出生入死，夜以继日，拼命工作，为和平呼喊，为正义奋斗，直至生命的最后一刻。

他们的精神风貌体现了我国新闻工作者优良品质，反映出中华民族主持正义、不畏强暴、爱好和平、自强不息的品格。以美国为首的北约袭击我驻南大使馆，炸死我新闻工作者，是对中国的主权和尊严的侵犯，也是对人类文明人类良知的摧残，是对全世界一切主持正义爱好和平的人民的公然挑衅。他们必须对炸我使馆、残害我新闻工作者的罪行承担一切责任。

邵云环、许杏虎、朱颖三位同志壮烈牺牲了，但是他们的英魂不死，浩气长存。我们要继承三位烈士的遗志，学习他们主持正义、爱好和平、疾恶如仇、不惧强暴的凛然正气和大无畏英雄气概；学习他们公而忘私、恪尽职守、顽强拼搏、奋发有为的道德情操和崇高的职业道德；学习他们刻苦学习、精通业务、胜任工作、争当一流的好作风。烈士的壮举和精神必将化作鼓舞我国新闻工作者为正义为和平为真理而斗争的巨大勇气，必将化作激励我国亿万人民为推进改革开放和现代化建设事业而奋斗的巨大力量。

邵云环、许杏虎、朱颖的英名将永载史册，万古流芳！

向三位英雄的新闻工作者致敬！

向在南斯拉夫继续坚守工作岗位的我国新闻工作者致敬！

解放军总政治部就学习江泽民讲话向全军和武警部队发出通知

通知说，江泽民的讲话，严正谴责了以美国为首的北约对南联盟发动军事攻击、袭击我驻南使馆的野蛮暴行，科学分析了当前的国际国内形势，深刻阐述了党和政府的一系列重大方针原则，明确提出了全党全军和全国人民面临的各项任务，为我们进一步贯彻落实党的十五大精神，把建设有中国特色社会主义伟大事业全面推向 21 世纪指明了方向。各级党委和政治机关要把学习贯彻江泽民重要讲话作为一件大事，高度重视，切实抓紧抓好。

通知要求学习中要紧密联系实际，用江泽民的重要讲话统一全军官兵的思想和行动。要引导官兵坚决拥护党和政府对以美国为首的北约野蛮轰炸南联盟、袭击我驻南使馆的严正立场和采取的措施，坚信以江泽民同志为核心的党中央各项决策的正确性；充分认清以美国为首的北约推行"炮舰政策"的严重危害，坚决反对霸权主义和强权政治；正确把握和平与发展的世界潮流和国家改革发展稳定的大局，毫不动摇地坚持党的基本理论、基本路线和基本纲领，时刻牢记我军在捍卫国家主权和民族尊严中肩负的使命。

通知要求要以江泽民的重要讲话为指导，引导官兵把巨大的义愤和伟大的爱国热情转化为推进军队现代化建设的动力，以实际行动捍卫国家主权。要自觉地在思想上、政治上同以江泽民同志为核心的党中央保持一致，严守政治纪律和组织纪律，保持部队的高度稳定和集中统一。要认真贯彻新时期军事战略方针，积极做好军事斗争准备，加强质量建设，坚定不移地走有中国特色的精兵之路。要努力学习现代科技特别是高科技知识，进一步掀起科技练兵的热潮，提高打赢高技术条件下局部战争的能力。要高度警惕国内外敌对势力伺机搞乱中国、破坏社会主义现代化的图谋，认真贯彻党中央、中央军委关于做好稳定工作的各项指示。要教育引导广大官兵更加紧密地团结在以江泽民同志为核心的党中央周围，努力做好本职工作，为改革开放和社会主义现代化建设提供坚强有力的安全保证，为实现振兴中华的伟大目标作出新的贡献。

国家主席江泽民在人民大会堂与哥伦比亚总统安德烈斯·帕斯特拉纳·阿朗戈举行会谈

全国人大常委会委员长李鹏在人民大会堂会见哥伦比亚总统安德烈斯·帕斯特拉纳·阿朗戈

国务院总理朱镕基在中南海紫光阁会见哥伦比亚总统安德烈斯·帕斯特拉纳·阿朗戈

联合国安理会召开正式会议就北约袭击中国驻南斯拉夫使馆通过主席声明

在通过这一声明之前，安理会全体成员以及参加会议的所有其他国家代表全体起立，为在北约袭击中国驻南使馆中的三位死难者默哀。

声明对中国驻南使馆5月7日遭到北约轰炸所造成的严重人员伤亡和财产损失深表悲痛和关注。声明说，安理会谨对中国政府和受害者家属表示最深切的同情和慰问。

声明指出，安理会对轰炸事件深表遗憾。安理会重申《联合国宪章》和公认的国际准则，在任何情况下都必须尊重外交人员和房舍不容侵犯的原则。

安理会强调，必须对北约轰炸中国驻南使馆事件进行全面、彻底的调查，而且等待收到调查结果。

国务院总理朱镕基签署第263号令发布《导游人员管理条例》

现发布《导游人员管理条例》，自1999年10月1日起施行。

导游人员管理条例

第一条 为了规范导游活动，保障旅游者和导游人员的合法权益，促进旅游业的健康发展，制定本条例。

第二条 本条例所称导游人员，是指依照本条例的规定取得导游证，接受旅行社委派，为旅游者提供向导、讲解及相关旅游服务的人员。

第三条 国家实行全国统一的导游人员资格考试制度。

具有高级中学、中等专业学校或者以上学历，身体健康，具有适应导游需要的基本知识和语言表达能力的中华人民共和国公民，可以参加导游人员资格考试；经考试合格的，由国务院旅游行政部门或者国务院旅游行政部门委托省、自治区、直辖市人民政府旅游行政部门颁发导游人员资格证书。

第四条 在中华人民共和国境内从事导游活动，必须取得导游证。

取得导游人员资格证书的，经与旅行社订立劳动合同或者在导游服务公司登记，方可持所订立的劳动合同或者登记证明材料，向省、自治区、直辖市人民政府旅游行政部门申请领取导游证。

具有特定语种语言能力的人员，虽未取得导游人员资格证书，旅行社需要聘请临时从事导游活动的，由旅行社向省、自治区、直辖市人民政府旅游行政部门申请领取临时导游证。

导游证和临时导游证的样式规格，由国务院旅游行政部门规定。

第五条 有下列情形之一的，不得颁发导游证：

(一)无民事行为能力或者限制民事行为能力的；

(二)患有传染性疾病的；

(三)受过刑事处罚的，过失犯罪的除外；

(四)被吊销导游证的。

第六条 省、自治区、直辖市人民政府旅游行政部门应当自收到申请领取导游证之日起15日内，颁发导游证；发现有本条例第五条规定情形，不予颁发导游证的，应当书面通知申请人。

第七条 导游人员应当不断提高自身业务素质和职业技能。

国家对导游人员实行等级考核制度。导游人员等级考核标准和考核办法，由国务院旅游行政部门制定。

第八条 导游人员进行导游活动时，应当佩戴导游证。

导游证的有效期限为3年。导游证持有人需要在有效期满后继续从事导游活动的，应当在有效期限届满3个月前，向省、自治区、直辖市人民政府旅游行政部门申请办理换发导游证手续。

临时导游证的有效期限最长不超过3个月，并不得展期。

第九条 导游人员进行导游活动，必须经旅行社委派。

导游人员不得私自承揽或者以其他任何方式直接承揽导游业务，进行导游活动。

第十条 导游人员进行导游活动时，其人格尊严应当受到尊重，其人身安全不受侵犯。

导游人员有权拒绝旅游者提出的侮辱其人格尊严或者违反其职业道德的不合理要求。

第十一条 导游人员进行导游活动时，应当自觉维护国家利益和民族尊严，不得有损害国家利益和民族尊严的言行。

第十二条 导游人员进行导游活动时，应当遵守职业道德，着装整洁，礼貌待人，尊重旅游者的宗教信仰、民族风俗和生活习惯。

导游人员进行导游活动时，应当向旅游者讲解旅游地点的人文和自然情况，介绍风土人情和习俗；但是，不得迎合个别旅游者的低级趣味，在讲解、介绍中掺杂庸俗下流的内容。

第十三条 导游人员应当严格按照旅行社确定的接待计划，安排旅游者的旅行、游览活动，不得擅自增加、减少旅游项目或者中止导游活动。

导游人员在引导旅游者旅行、游览过程中，遇有可能危及旅游者人身安全的紧急情形时，经征得多数旅游者的同意，可以调整或者变更接待计划，但是应当立即报告旅行社。

第十四条 导游人员在引导旅游者旅行、游览过程中，应当就可能发生危及旅游者人身、财物安全的情况，向旅游者作出真实说明和明确警示，并按照旅行社的要求采取防止危害发生的措施。

第十五条 导游人员进行导游活动，不得向旅游者兜售物品或者购买旅游者的物品，不得以明示或者暗示的方式向旅游者索要小费。

第十六条 导游人员进行导游活动，不得欺骗、胁迫旅游者消费或者与经营者串通欺骗、胁迫旅游者消费。

第十七条 旅游者对导游人员违反本条例规定的行为，有权向旅游行政部门投诉。

第十八条 无导游证进行导游活动的，由旅游行政部门责令改正并予以公告，处 1000 元以上 3 万元以下的罚款；有违法所得的，并处没收违法所得。

第十九条 导游人员未经旅行社委派，私自承揽或者以其他任何方式直接承揽导游业务，进行导游活动的，由旅游行政部门责令改正，处 1000 元以上 3 万元以下的罚款；有违法所得的，并处没收违法所得；情节严重的，由省、自治区、直辖市人民政府旅游行政部门吊销导游证并予以公告。

第二十条 导游人员进行导游活动时，有损害国家利益和民族尊严的言行的，由旅游行政部门责令改正；情节严重的，由省、自治区、直辖市人民政府旅游行政部门吊销导游证并予以公告；对该导游人员所在的旅行社给予警告直至责令停业整顿。

第二十一条 导游人员进行导游活动时未佩戴导游证的，由旅游行政部门责令改正；拒不改正的，处 500 元以下的罚款。

第二十二条 导游人员有下列情形之一的，由旅游行政部门责令改正，暂扣导游证 3 个月至 6 个月；情节严重的，由省、自治区、直辖市人民政府旅游行政部门吊销导游证并予以公告：

(一)擅自增加或者减少旅游项目的；

(二)擅自变更接待计划的；

(三)擅自中止导游活动的。

第二十三条 导游人员进行导游活动，向旅游者兜售物品或者购买旅游者的物品的，或者以明示或者暗示的方式向旅游者索要小费的，由旅游行政部门责令改正，处 1000 元以上 3 万元以下的罚款；有违法所得的，并处没收违法所得；情节严重的，由省、自治区、直辖市人民政府旅游行政部门吊销导游证并予以公告；对委派该导游人员的旅行社给予警告直至责令停业整顿。

第二十四条 导游人员进行导游活动，欺骗、胁迫旅游者消费或者与经营者串通欺骗、胁迫旅游者消费的，由旅游行政部门责令改正，处 1000 元以上 3 万元以下的罚款；有违法所得的，并处没收违法所得；情节严重的，由省、自治区、直辖市人民政府旅游行政部门吊销导游证并予以公告；对委派该导游人员的旅行社给予警告直至责令停业整顿；构成犯罪的，依法追究刑事责任。

第二十五条 旅游行政部门工作人员玩忽职守、滥用职权、徇私舞弊，构成犯罪的，依法追究刑事责任；尚不构成犯罪的，依法给予行政处分。

第二十六条 景点景区的导游人员管理办法，由省、自治区、直辖市人民政府参照本条例制定。

第二十七条 本条例自 1999 年 10 月 1 日起施行。1987 年 11 月 14 日国务院批准、1987 年 12 月 1 日国家旅游局发布的《导游人员管理暂行规定》同时废止。

中纪委监察部发出《关于严肃纪律 保证机构改革顺利进行的通知》

各省、自治区、直辖市党委、政府、纪委、监察厅(局)，中央各部委，中央国家机关各部委党组(党委)、纪检组(纪委)、监察局，中央纪委各派驻纪检组，监察部各派驻监察局、监察专员办公室，中直机关和中央国家机关工作委、纪工委，军委纪委：

目前，国务院机构改革进展顺利，地方的机构改革工作将逐步展开。这次机构改革是改革开放以来机构变化比较大、人员调整较多的一次，牵涉到广大干部的切身利益，涉及多方面工作格局、利益关系的调整，涉及改革开放和社会发展中一系列深层次矛盾的解决。为严明纪律，确保机构改革的顺利进行，中央纪委、监察部特重申和提出如下要求：

一、严格遵守政治纪律。各地区、各部门必须在政治上同党中央保持一致，不折不扣地贯彻执行中央关于机构改革的方针、政策，按照“思想不散、秩序不乱、工作不断、国有资产不流失”的要求，坚定不移地推进机构改革工作。各级领导干部要牢固树立政治意识、大局意识、责任意识，自觉维护中央的权威，正确处理国家、集体、个人三者间的关系，讲党性，顾大局。坚决反对分散主义、地方和部门保护主义，重大问题必须及时向上级报告。

二、严格遵守组织纪律。要认真贯彻执行民主集中制原则，凡涉及改革中人员分流、资产处置、干部任免等重大问题，必须坚持集体讨论决定；严禁突击进人、突击提拔干部或擅自在机关内部评定专业技术职称；严禁拒不执行组织作出的机构调整、职位变动和干部交流的决定。

三、严肃财经纪律，切实防止国有资产流失。要严格执行国家的各项财经纪律和国有资产管理的规定，认真落实资产管理责任制，切实防止国有资产流失。机构变动的部门和单位要认真做好资产清查登记、财务清算和资产处置工作，不得弄虚作假、瞒报漏报，随意变更、毁坏财会账目凭证；不得隐瞒、截留、挪用公款，虚报冒领、侵占、贪污公共财物；不得将专用经费、物资、房地产等国有资产擅自转让、转借、转移、调换、变更用途。不得违反规定购买、分配住房。

四、厉行节约，坚决反对奢侈浪费。要认真贯彻执行《中共中央、国务院关于党政机关厉行节约、制止奢侈浪费行为的若干规定》和中央纪委《通知》（中纪发〔1998〕4号）精神，坚决反对任何形式的奢侈浪费行为。不得借机发放奖金、补贴、礼品、纪念品或用公款宴请、组织高消费娱乐活动；不得借机组织到境内、外公款旅游；不得借机违反规定购买、配备、调换小轿车。

五、强化监督检查，严肃执行纪律。各级党委、政府、纪检监察机关和有关职能管理部门要强化对机构改革中各项政策、规定、法律法规及党纪政纪执行情况的监督检查，坚决杜绝和纠正有令不行、有禁不止的行为，确保政令畅通。要注意做好思想政治工作，克服工作方法上的简单生硬，对涉及分流人员利益的问题要有人负责落实解决，不得以任何借口相互推诿、扯皮，激化矛盾。要充分发挥群众监督、舆论监督的作用，认真做好信访举报工作。对违反纪律的行为，要坚决纠正，并按照有关规定追究有关人员的责任；情节严重的，要从重处理，并按照《关于实行党风廉政建设责任制的规定》，追究有关领导的责任；触犯刑律的，要移交司法机关依法处理。

中共中央纪委
监　察　部
一九九九年五月十四日

中国科学家在燕山中段河北兴隆—宽城地区发现18亿年前红藻的有性生殖机构这是目前地球上发现最早的生物有性生殖器官

5月15日

中华全国新闻工作者协会作出关于授予邵云环许杏虎 朱颖“人民的好记者”荣誉称号的决定

1999年5月8日清晨，以美国为首的北约悍然使用导弹袭击我国驻南斯拉夫联盟共和国大使馆，造成我人员伤亡，馆舍严重毁坏。在这一暴行中，新华社记者邵云环、《光明日报》记者许杏虎、朱颖同志不幸以身殉职。

邵云环、许杏虎、朱颖三位同志是英雄的新闻工作者，是中华民族的优秀儿女，是党和人民的骄傲。他们忠实地履行了新闻工作者的神圣责任，恪尽职守，不辱使命，在战火纷飞的南斯拉夫及时发出大量准确、鲜明、客观、真实的新闻报道，为宣传我国政府主持正义、维护和平的原则立场，为向世人披露以美国为首的北约在南斯拉夫犯下的罪行，为揭露霸权主义、强权政治的丑恶嘴脸，作出了重要贡献。邵云环、许杏虎、朱颖三位新闻工作者，将个人安危置之度外，出生入死，夜以继日，为和平呐喊，为正义奋斗，直至生命的最后一刻。他们的精神风貌，体现了我们党的新闻工作的优良传统，体现了我国新闻工作者爱岗敬业、艰苦奋斗、不怕牺牲、无私奉献的优秀品质。

为了表彰和弘扬邵云环、许杏虎、朱颖三位同志的崇高精神，中华全国新闻工作者协会决定，授予邵云环、许杏虎、朱颖三位同志“人民的好记者”荣誉称号，并号召全国新闻工作者向他们学习。

我们要学习他们热爱祖国、热爱人民，全心全意为人民服务的崇高精神；学习他们热爱新闻工作，勤奋学习、钻研业务、争创一流的优良品格；学习他们公而忘私、恪尽职守、顽强拼搏、奋发有为的高尚情操；学习他们主持正义、疾恶如仇、不畏强暴、不怕牺牲的凛然正气。

烈士的壮举和精神必将化作鼓舞我国新闻工作者为正义为和平为真理而斗争的巨大勇气。让我们紧密地团结在以江泽民同志为核心的党中央周围，高举邓小平理论伟大旗帜，牢记新闻工作者的神圣职责，坚持正确的舆论导向，努力做好新闻工作，为维护改革、发展和稳定的大局，为建设有中国特色社会主义现代化强国，为维护世界和平，作出更大贡献。

中华全国新闻工作者协会
1999年5月15日

澳门特别行政区第一届政府推选委员会第三次全体会议在澳门旅游活动中心举行

199位澳门特别行政区第一届政府推选委员会委

员在何厚铧、区宗杰两位候选人之中作出抉择，以无记名投票方式选出了第一任行政长官人选。国务院副总理、澳门特区筹委会主任委员钱其琛出席会议并讲话。

在筹委会秘书长陈滋英对选举事项做了说明后，上午 10 时 40 分开始投票，11 时 05 分投票结束。总监票人报告共收回选票 199 张，同发出的选票数目相同，选举有效。何厚铧得票 163 张；区宗杰得票 34 张；弃权票两张。

钱其琛宣布，何厚铧当选为澳门特别行政区第一任行政长官人选。将由筹委会报请中央人民政府任命。

199 位推选委员全部出席了今天的会议。会议由澳门特区筹委会副主任委员马万祺主持。在主席台就座的还有筹委会副主任委员廖晖、王启人、王英凡、吴福、曹其真和何鸿燊以及筹委会秘书长陈滋英。

国务院批准中国又增加重庆市酉阳土家族苗族自治县 秀山土家族苗族自治县为对外国人开放地区

国办转发国家经贸委关于关停小火电机组有关问题的意见的通知

意见明确了关停的范围和期限。根据这份意见，单机容量 5 万千瓦（含 5 万千瓦）以下的中低压常规机组 2000 年年底以前予以关停，同等容量的高压常规机组在 2003 年前基本关停。其中，在老旧机组替代改造项目中被替代的和已经退役报废的机组服役期满的单机 2.5 万千瓦以下（含 2.5 万千瓦）的凝汽式机组今年 12 月 31 日前一律关停。

此外，意见还规定，酸雨控制区和二氧化硫污染控制区内的小机组在关停前，必须燃用含硫量小于 1% 的燃料或采取其他减少二氧化硫排放的措施。

中国羽毛球队在哥本哈根进行的第六届苏迪曼杯世界羽毛球混合团体赛的决赛中第三次荣获冠军

5 月 16 日

澳门特别行政区筹委会第八次全体会议在珠海召开

会议讨论并通过《全国人民代表大会澳门特别行政区筹备委员会关于报请国务院任命澳门特别行政区第一任行政长官的报告》。

这次会议是澳门特别行政区第一届政府推选委员会在澳门召开三次会议，依照公平、公正、公开、民主和廉洁的原则，完成了澳门特别行政区第一任行政长官人选选举后召开的。

会议由筹委会副主任委员马万祺主持。会议开始之前，在马万祺的提议下，筹委会委员们以热烈的掌声向新当选澳门特区首任行政长官人选，同时也是筹委会副主任委员的何厚铧表示祝贺。

国务院副总理、筹委会主任委员钱其琛在会上作了有关行政长官产生工作的总结性讲话。

会议听取了筹委会秘书长陈滋英所作的关于澳门特别行政区第一任行政长官人选产生过程的报告。报告指出，第一任行政长官人选的推选过程一直按澳门基本法、全国人大的有关决定和筹委会制定的产生办法等有关规定进行。整个过程坚持公平、公正、公开、民主和廉洁的原则。澳门各界对推委会的工作是信任的，对选举结果是认同的。可以说，推选第一任行政长官人选的工作取得了圆满成功。

全体委员以热烈的掌声通过《全国人民代表大会澳门特别行政区筹备委员会关于报请国务院任命澳门特别行政区第一任行政长官的报告》。这项报告由钱其琛签署。

钱其琛在总结讲话中指出，澳门特别行政区第一任行政长官人选的顺利产生，是澳门历史上的一件大事，可喜可贺。钱其琛说，这次全体会议通过了筹委会关于报请国务院任命澳门特别行政区第一任行政长官的报告。待国务院任命后，第一任行政长官就要开始负责筹组澳门特别行政区第一届政府的一系列事务。澳门特别行政区行政长官是澳门特别行政区的首长，也是特别行政区政府首长。他依照澳门特别行政区基本法的规定对中央人民政府和澳门特别行政区负责。倘若我们把特区比作一艘将要沿着“一国两制”的航向扬帆远航的轮船的话，那么第一任行政长官就是要领着这艘轮船航行的船长，任重而道远。我们相信，有中央政府和祖国人民的支持，第一任行政长官一定能够带领广大澳门居民在澳门特别行政区成功地实践“一国两制”、“澳人治澳”、高度自治的方针，全面贯彻落实基本法，勇敢地迎接可能面对的各种挑战，带领澳门昂首跨入充满希望的新纪元。

钱其琛说，特区第一任行政长官人选产生后，筹委会仍然有大量的工作在等待着我们去完成，包括制定相应决定，为行政长官在 1999 年 12 月 20 日前开展筹组特区政府的工作创造条件；要按照特区第一届立法会的具体产生办法，对原澳门最后一届立法会中的选任议员在履行一定手续后成为特区第一届立法会的议员予以确认；要做好在原选任议员出现缺额的情况下，由推委会来补选的准备工作；要按照基本法和全国人大的决定，制定相关办法筹组好澳门特别行政区的司法机关，以确保未来特别行政区在“一国两制”的原则下行使独立的司法权和终审权。此外，澳门原市政机构过渡问题的研究、原有法律的审查等，也要着手或抓紧进行。

截至今年3月底，由中葡土地小组中方代表处代为管理的土地基金已达约91.5亿澳门元。将这笔宝贵财富移交给未来的澳门特别行政区政府，是同1999年政权顺利交接相关的财经事务。中葡土地小组中方代表将在适当时候向筹委会经济小组进行通报。

澳门民间庆回归活动是一件大事。要继续把这件大事所涉及的各个环节、各个方面的工作安排、协调好。

钱其琛还向委员们通报了有关以美国为首的北约袭击中国驻南联盟大使馆的暴行等情况。他说，目前我国政治稳定，各项改革在顺利进行，经济继续快速、健康发展。全国各族人民正在以实际行动迎接国庆50周年和澳门回归祖国。在国际关系和国际问题上，我国政府为维护国家的主权独立与世界和平事业进行了不懈地努力。但是，正如大家所共知的，本月8日清晨，以美国为首的北约悍然使用多枚导弹袭击了我国驻南斯拉夫联盟共和国大使馆，造成我人员伤亡，馆舍严重损坏。这是对中国主权的粗暴侵犯，也是对《维也纳外交关系公约》和国际关系基本准则的肆意践踏。从5月8日开始，全国各地的广大群众，全球的华人、华侨和留学生开展了多种抗议活动。澳门居民同全国人民一样也举行了抗议活动，拥护我国领导人的讲话和我国政府的严正声明，以及采取的一系列措施。我国的正义立场也得到了全世界伸张正义、爱好和平的人们的支持。我国政府将坚定不移地奉行独立自主的和平外交政策，坚定不移地维护国家主权和民族尊严，坚定不移地继续坚持改革开放政策。我们筹委会要把义愤和抗议化为实际行动，投身到迎接澳门回归的各项具体工作中去。

钱其琛最后说，随着澳门特别行政区第一任行政长官人选的产生，筹建澳门特别行政区的工作又进入了一个新的阶段。让我们在"一国两制"伟大方针的指引下，继续坚持"面向澳人，依靠澳人"的实践，鼓足干劲，再接再厉，把筹建澳门特区的历史任务完成好。为祖国的统一，为国家的富强和民族的振兴贡献力量。

会议通过了筹委会第八次全体会议新闻公报。决定筹委会第九次全体会议于1999年7月2日至3日在北京举行。

筹委会副主任委员廖晖、王启人、王英凡、何厚铧、吴福、曹其真、何鸿燊和委员出席会议。

澳门特区筹委会第八次全会发表新闻公报

全国人民代表大会澳门特别行政区筹备委员会第八次全体会议于1999年5月16日在珠海举行。会议由筹委会副主任委员马万祺主持。钱其琛主任委员作了讲话。

这次全体会议召开前，在筹委会主任委员会议主持下，澳门特别行政区第一届政府推选委员会于1999年5月15日在澳门选举何厚铧为澳门特别行政区第一任行政长官人选。会议听取了筹委会秘书长陈滋英所作的关于澳门特别行政区第一任行政长官人选产生过程的报告。会议认为第一任行政长官人选的产生符合《中华人民共和国澳门特别行政区基本法》和《全国人民代表大会关于澳门特别行政区第一届政府、立法会和司法机关产生办法的决定》，并体现了公平、公正、公开、民主和廉洁的原则，得到了澳门社会的普遍欢迎和认同。会议通过了《全国人民代表大会澳门特别行政区筹备委员会关于报请国务院任命澳门特别行政区第一任行政长官的报告》。

会议指出，澳门特别行政区第一任行政长官人选的产生是澳门历史上的一件大事。委员们坚信，随着第一任行政长官人选的产生和其他各项筹组澳门特别行政区工作的顺利进行，澳门即将进入"一国两制"、"澳人治澳"、高度自治的新时代。

会议决定，全国人民代表大会澳门特别行政区筹备委员会第九次全体会议于1999年7月2日至3日在北京举行。

《人民日报》发表评论员文章《"澳人治澳"的重要体现》

全国政协主席李瑞环在阿布扎比与阿联酋国民议会议长哈卜图尔举行会谈

李瑞环说，20年来，中国经济快速发展，社会全面进步，人民生活明显改善，综合国力逐步增强，人们的观念有了很大变化，国际地位也有显著提高，其根本原因就是实行了改革开放。没有改革开放，就不会有中国今天的局面。人民群众从改革开放中得到实惠，真心实意地拥护改革开放，改革开放已成为不可逆转的历史潮流。

当然，在改革开放的过程中也出现了一些消极现象，对此，我们必须认真对待，切实解决，否则，就会人心涣散，社会畸形；改革进入攻坚阶段，碰到了一些解决起来难度很大的问题。对此，我们必须高度重视，妥善处理，否则，体制无法理顺，改革难以深入。他强调指出，不论出现什么问题，碰到什么困难，都动摇不了我们继续推进改革开放的决心，都影响不了坚持改革开放的大方向。改革开放根本目的就是扫除发展社会生产力的障碍，就是为了完善社会主义制度，为了维护国家的主权，为了促进民族的团结。这是我们的重大原则，在任何时候都不会违背，都不会放弃。

国务院副总理李岚清在北京会见澳大利亚副总理兼贸易部部长蒂姆·费希尔

中宣部部长丁关根在中宣部中国记协召开的“学习邵云环 许杏虎 朱颖烈士英雄事迹大会”上发表讲话

5 月 17 日

《人民日报》发表观察家文章《是人道主义？还是霸权主义?》

从 3 月 24 日以美国为首的北约对南联盟发动武力干涉的第一天起，世界各国包括北约国家人民就表示强烈的谴责和反对，要求北约立即停止轰炸，回到政治解决的轨道上来。但是，以美国为首的北约竟冒天下之大不韪，变本加厉地对南联盟实行狂轰滥炸，到现在已持续 50 多天了。

在这期间，北约出动 1000 多架战机，进行了 12000 次轰炸，投下了 1 万多吨炸弹，发射了 3000 多枚导弹，使用了大量有强烈爆炸力的新式武器。在南联盟小小山国 10 万平方公里的土地上，从城市到乡村，无数民用设施被夷为平地，数以千计的无辜平民惨遭杀害，伤残的男女老幼不计其数。昔日有“伊甸园”之称的南斯拉夫，如今弹痕遍地，满目疮痍。北约制造了一场第二次世界大战以来欧洲从未有过的惨绝人寰的战争浩劫。

5 月 8 日，以美国为首的北约践踏《联合国宪章》、国际关系准则和《维也纳外交关系公约》，悍然用导弹袭击我国驻南联盟使馆，造成人员重大伤亡和馆舍严重毁坏，举世为之震惊。这一丧心病狂的罪行，是对中国主权的粗暴侵犯，是对中国人民民族尊严的极大伤害，是世界外交史上罕见的严重事件。

事实表明，对南联盟的空中袭击，乃是以美国为首的北约凭借其强大的军事机器对一个弱小国家发动的一场极其野蛮的战争行动，是北约成立 50 年来首次大规模使用武力进攻处于其“防御”范围之外的一个主权国家，是本世纪末发生的一场对整个国际局势产生严重影响的大规模武装侵略。

这场战争，充分暴露了霸权主义蛮横无理、无法无天的凶恶面目，粗暴地践踏了公认的国际法和国际关系准则，破坏了巴尔干和欧洲的和平与稳定，是对全世界所有爱好和平、坚持独立的国家和人民的挑战。

“人道”其名霸权其实

以美国为首的北约发动这场侵略战争，既没有道义上的理由，也没有法理上的根据。

科索沃是南联盟塞尔维亚共和国的一个省。北约在科索沃问题上的意图十分明确，就是要用他们的武装部队控制南联盟的这块领土。为此，他们做了精心的策划。一方面，主持南联盟政府和科索沃阿族分离主义者在法国朗布依埃举行谈判；一方面，进行军事部署，制订了空中袭击计划。在谈判中，他们千方百计逼迫南联盟接受西方国家事先制订的方案，包括北约部队进驻科索沃的要求。如果南联盟屈从他们的意志，接受这个方案，他们就可以顺理成章地占据科索沃，肢解南联盟；如果南联盟坚持维护自己的主权和领土完整，加以拒绝，他们就按其既定方针，实施武力干涉。这充分说明，以美国为首的北约发动这场战争，是完全有预谋的。

北约声称，它们所以要对南联盟实行武力干涉，是为了什么“维护人权”，“执行人道主义救援”。这种说法，是根本站不住脚的。

科索沃的民族纠纷，是历史遗留的问题。如何解决科索沃问题，是南联盟的内部事务，别国无权干涉，尤其不能允许别国使用武力或武力威胁进行干预。北约绕开联合国安理会，借口一个国家内部存在民族纠纷而进行武力干涉，是完全违背《联合国宪章》宗旨和原则的。众所周知，美国和一些北约国家内部也存在这样那样的民族问题，并且有过暴力行为，如果它们这种霸权逻辑可以成立，那么别的国家或国家集团是否也可以利用这种借口对美国或英国肆意进行武装干涉呢？如果大家都照此行事，岂不是要天下大乱，那还有什么世界和平与国际安全可言？

至于说发动这次战争是为了“维护人权”，“执行人道主义救援”云云，这种谎言已经被几周以来北约在南联盟土地上所犯下的血腥罪行彻底揭穿了。

在北约的狂轰滥炸下，南联盟有 1200 多人丧生，5000 多人重伤，有近百万难民流离失所。北约炸毁了 20 多家医院，250 多所学校，50 多座桥梁，12 条铁路线，5 条公路干线，5 个民用机场，甚至连国际列车和公共汽车也未免于难。它们还袭击化工厂、化肥厂和炼油厂，造成大量有毒化学物质泄漏，导致严重生态灾难，危害南联盟及邻国人民的生命与健康。难道这是“人道主义”，是“维护人权”？

在北约的狂轰滥炸下，南联盟的国民经济和生活环境遭到巨大的破坏。大批工厂、商店被毁，发电厂被炸，造成 50 多万人失业，200 多万人失掉生活来源，直接经济损失达数千亿美元。美国《华盛顿邮报》认为，北约“轰炸使南斯拉夫倒退了 10 年，甚至 20 年”。北约和欧盟还决定，对南实施大范围的石油禁运。狂轰滥炸还要再加上经济封锁，必欲置南联盟 1000 多万人民于死地而后快。难道这是“人道主义”,是“维护人权”?

北约的狂轰滥炸,把《联合国宪章》、国际法准则和国际公约统统践踏在脚下。它们在袭击贝尔格莱德电视台,杀害了18位南联盟新闻工作者之后,又悍然把中国驻南使馆作为袭击的目标,造成3位中国记者丧失生命,二十几位外交人员受伤的惨剧。难道这也是“人道主义”,是“维护人权”?

美国推行称霸全球战略的重大步骤

根据一个时期以来美国和北约大量的言论与行动,人们不难看出它们发动这场战争的真实目的究竟是什么。

其一,“冷战”结束后,美国及北约公开声称,要除去南联盟这个“欧洲的最后一个红色堡垒”。可见,肢解和搞垮南联盟是它们既定的政治目标。北约的战略意图就是,通过政治施压、经济制裁、文化渗透以至军事干涉,逼迫南联盟就范,使之“融入”它们所谓的“民主社会”。

其二,巴尔干历来是大国争夺的战略要地。北约东扩后,南联盟周围的国家已被纳入其范围,而拒绝加入北约的南联盟便成了北约进一步东扩的障碍。以美国为首的北约所以要发动这场战争,是企图控制巴尔干,为北约继续向东推进打开方便之门,进而控制整个欧洲。

其三,要为实施北约“新战略概念”创造一个先例。经过一个时期的内部争执与协调,北约首脑会议于4月25日在华盛顿发表了《联盟的战略概念》,其核心就是要将北约的防区伸展到成员国领土之外,把北约从一个“集体防御性组织”,转变为一个进攻性侵略性的军事集团。新战略强调北约要“捍卫民主价值观”,声称必要时“拥有行动的自由”。也就是说,在北约认为涉及他们所谓安全利益的问题上,可以甩开联合国安理会自行其是。这说明北约作为“冷战”后最大的军事集团,正在成为美国推行霸权主义的重要工具。

“冷战”结束后,美国成为世界上唯一的超级大国,迫不及待地构筑由它主宰一切的“世界新秩序”。美国于1998年12月推出的《新世纪国家安全战略》毫不隐讳地声称,美国的目标是“领导整个世界”,决不允许出现向它的“领导地位”提出挑战的国家或国家集团。美国在欧洲搞北约东扩,在亚太强化美日军事同盟,以致发动这次对南联盟的侵略战争,都是它推行称霸世界的全球战略的重要步骤。

所谓“新干涉主义”就是新霸权主义

一百年前,在中国近代史上曾发生过八国联军侵略中国的事件。当时,欧美列强凭借它们的坚船利炮,寻找借口,派遣大军入侵中国,烧杀掳掠,强迫处于贫弱状态的中国签订丧权辱国的不平等条约,瓜分在华势力范围。今天,以美国为首的西方强国凭借它们的高技术武器,制造借口,欺压弱小的南联盟,在某些方面可以说是当年八国联军侵华战争的重演。只是由于时代不同了,以美国为首的北约为了实现霸权主义的目的,不能不采取一些新的策略,并提出一套新的理论。

它们声称,随着新的千年临近,国际社会应当改变传统的国际关系准则,“必须对不干涉内政原则的重要方面加以限制”,“国家主权不及人权重要”,“我们不是为土地而战,而是为价值观而战”。同时它们还强调,军事干预是一种重要手段,要大力扩充军备,强化军事联盟。它们把自己的一套理论和策略称之为“新干涉主义”。

这个所谓“新干涉主义”究竟是一套什么货色,我们不妨作一番剖析。

当今世界是一个多样化的世界。各国在社会制度、文化传统、生活方式、宗教信仰和价值观等方面的差异,是客观的存在。各国之间应互相尊重,互相交流,共同发展,共同进步,而不应该也不可能强求一律,更不应该也不可能把某一种模式强加给所有的国家。如果说,过去老殖民主义主要是通过攻城略地来扩张自己的势力范围,那么今天以美国为首的北约鼓吹“我们不是为土地而战,而是为价值观而战”,无非就是要把它们所谓“民主”、“自由”、“人权”的价值观强加于人,把别的国家变为它们的附庸。如果谁不接受它们的价值观,它们就向谁施加压力,实行武力威胁以至武力干涉。这实质上是一种新殖民主义。

所谓“国家主权不及人权重要”,也就是认为人权高于主权。这是对国际法基本原则的篡改,在理论上是极其荒谬的。一个国家的主权受到侵犯和践踏,这个国家的人权还能有什么保障呢?联合国大会在1981年12月通过的《不允许干涉和干预别国内政宣言》中明确规定:“各国有义务避免利用和歪曲人权问题,以此作为对其他国家施加压力或在其他国家或国家集团内部或彼此之间制造猜疑和混乱的手段。”美国和西方国家强调人权高于主权,其实质就是要利用人权问题任意侵犯他国主权,干涉他国内政,支持所谓“不同政见者”和分裂主义分子,以实现其对社会主义国家和其他发展中国家进行新的“冷战”和“西化”、“分化”的政治图谋。

同历史上的霸权主义一样,新霸权主义有文的一手,也有武的一手。以美国为首的北约对南联盟的武力干涉,就是“炮舰政策”的延续和发展。据报道,北约在这次侵南战争中使用的高技术武器,比在海湾战争中使用的多好几倍。它们把这场战争作为高技术武器的试验场，以大肆扩充它们的现代化武库。可见它们打“价值观”旗号也好，打“人权”旗号也好，归根到底，都是以武力为后盾的。本来，两大军事集团对峙的“冷战”局面结束后，北约已失去存在的依据，但是它们这个军事联盟却不仅不解散，反而扩大组织，强化功能，甚至声称要组成“民主国家的国际组织”以取代联合国。这种坚持扩充军备、强化军事联盟的趋向，是霸权主义新发展的一个重要特征。

“冷战”结束十年来，国际局势发生了重大而深刻的变化。维护世界和平，促进共同发展，成为各国人民的强烈愿望。要求建立公正合理的国际新秩序的呼声日益高涨。但是，严酷的现实警示人们：霸权主义不仅依然存在，而且有新的发展。它是世界和平与国际安全受到严重威胁、天下仍不安宁的主要根源。一切爱好和平、坚持独立的国家和人民不能不对此保持高度的警惕。

以美国为首的北约在世纪之交发动的这场侵略战争，遭到具有反抗侵略光荣传统的南联盟人民的英勇抵抗和世界各国人民日益强烈的反对。事实证明，霸权主义是不得人心的，任何企图构筑霸权主义的“世界新秩序”的图谋是行不通的。以美国为首的北约国家必须立即停止对南联盟的狂轰滥炸和武力干涉，回到政治解决的轨道上来。它们必须收起所谓“新干涉主义”那一套货色，彻底改变以大欺小、以强凌弱、以富压贫的行径和“强权就是公理”的思维逻辑。如果一意孤行，顽固地逆时代潮流而动，那么它们就一定逃脱不了彻底失败的厄运，逃脱不了历史的严厉惩罚。

国务院总理朱镕基在中南海紫光阁会见澳大利亚副总理兼贸易部部长蒂姆·费希尔

外经贸部部长石广生在北京召开的第九次中澳部长级经济联委会上重申中国加入世贸组织的原则立场

外经贸部部长石广生在第九次中澳部长级经济联委会上重申，中国加入世贸组织的立场、观点和态度从未改变。

石广生说，中国坚持权利与义务的平衡。作为发展中国家，中国只能承担与本国目前国力相适应的义务。中国加入世贸组织不仅于己有利，对世贸组织本身和世界贸易的发展也有利。中国决不会牺牲自己的根本利益去参加世贸组织。

石广生说，我们已经注意到日前美国、日本、加拿大和欧盟贸易部长在东京发表的支持中国在今年内加入世贸组织的声明。但声明仅仅是一方面，更重要的是要拿出实际行动。

他表示，中国是一个讲原则的国家，决不会拿原则做交易。我们看到一些国外媒体的报道，说它们有一个最低的要价底线。但我们也要告诉它们，中国同样有一个出价的最大限度，我们决不会超过这个最大限度来进行承诺。

国务委员吴仪在香港开幕的太平洋地区经济理事会第32届年会上发表讲话

国务委员吴仪在年会上说，在经济全球化迅速发展的形势下，所有国家和地区相互开放市场是必然的潮流；同时，由于各国经济发展的不平衡，市场开放只能从实际出发，积极而又稳步地推进。

吴仪在年会的欢迎宴会上发表讲话时说，一年多来，亚洲经济笼罩在金融危机的阴影之中。在国际社会的关心和支持下，有关国家的政府和人民经过种种努力正在摆脱危机、走出困境。她表示相信，经过这场劫难，解决了存在的问题，亚洲经济的基础会更加坚实，发展前景将更加光明。

吴仪指出，根据中国的经验，必须在保持社会稳定的前提下，加快改革，扩大开放，促进发展。她说，最近中国在电信、金融、保险、商贸、旅游等领域的开放又迈出了重要步伐。今后中国仍将积极创造条件，继续推进全方位的对外开放。

她还强调，中国加入世界贸易组织“态度是积极的，立场是不变的”，但中国不会为了加入世贸而牺牲国家的根本利益。

她说：“我希望任何国家和工商界人士，不能对中国加入世贸的要价过高。否则，不仅不利于中国经济的稳定和发展，也不利于经济全球化的进程。”

上午，香港特别行政区行政长官董建华在年会开幕式上作基调发言。

为期6天的太平洋地区经济理事会本届年会主题为“太平洋地区下个世纪面临的挑战”，本地区许多政界和经济界知名人士与会。

国家计委下达1999年国家重点建设项目名单(102项)

一、1999年新增加的项目(11项)

水利项目1项

宁夏扬黄扶贫灌溉工程

铁道项目3项

包西铁路神木北至延安北

内昆线

水株复线

电力项目5项

福建棉花滩水电站

辽长吉哈50万伏输变电工程

华东江苏50万伏输变电工程
浙江秦山核电站三期
全国农村电网建设与改造工程
城建项目2项
上海轨道交通明珠线一期工程
深圳地铁一期工程
二、1999年以前确定的在建项目(91项)
水利项目10项
黄河小浪底水利枢纽
黄河万家寨水利枢纽
治淮工程
——怀洪新河
——沂沭泗洪水东调南下近期工程
太湖综合治理
——望虞河工程
——太浦河工程
——杭嘉湖南排工程
浙江珊溪水利枢纽工程(地方项目)
洞庭湖治理二期
——堤防加固及洪道整治工程
湖南江垭水利枢纽工程
甘肃引大入秦工程(地方项目)
甘肃疏勒河农业灌溉及移民综合开发(地方项目)
新疆乌鲁瓦提水利枢纽工程(地方项目)
农业项目1项
吉林松原玉米加工项目(地方项目)
林业项目1项
“三北”防护林三期工程
铁道项目10项
西安安康线
邯济线
安徽芜湖长江大桥
南疆铁路
成昆线电化
宝成复线
哈大线电化
新菏兖石复线一、二期工程
达万线
朔黄铁路
交通项目15项
广州港新沙港区一期
川藏公路
广西防城港二期工程
秦皇岛港戊己码头
烟台港西港池三期
黄骅港一期工程
天津港(地方项目)
黑龙江哈同公路(地方项目)
江苏江阴长江公路桥(地方项目)
南京长江第二大桥(地方项目)
厦门海沧大桥(地方项目)
湖南湘江航运二期工程(地方项目)
广西西江航运二期工程(地方项目)
京沈高速公路(地方项目)
——宝坻—山海关段
——山海关—沈阳段
京深高速公路湘潭至耒阳段(地方项目)
民航项目2项
首都机场航站楼项目
上海浦东机场(地方项目)
煤炭项目12项
河北蔚县矿区
山西晋城矿区
山西华晋离柳矿区沙曲矿井
黑龙江双鸭山矿区
安徽淮南矿区
安徽淮北矿区
山东兖州矿区
山东枣藤矿区
河南平顶山矿区
河南永夏矿区
甘肃华亭矿区
神府东胜矿区

国家计委制定重大建设项目违规举报办法

全国农业引智成果展示会在郑州河南省科技馆开幕

由国家外国专家局、农业部、国家林业局联合主办的全国首次农业引智成果展示推广洽谈会在河南省科技馆开幕。全国29个省、市、自治区精选了404项优秀农业引智项目参加展示和推广。

近些年来,国家外国专家局认真贯彻党中央、国务院关于“加强农业基础地位”的精神,把农业引智当作头等大事来抓,在有关部门大力支持下,通过聘请外国农业技术管理专家来华工作、我国农业技术人员出国培训、合作开发等多种途径,引进了很多国外优良品种和先进的种植、养殖技术及病虫害防治方法。这些成果经我国农业专家和农业技术人员消化、吸收和创新,已经对提高产量、改善品质、调整农业产品结构、发展高效农业,以及治理环境、改善生态平衡等,起到了积极的促进作用。举办这次全国农业引智成果展示推广洽谈会的目的，是要对这些优秀成果进行汇总，以不同方式加大在全国适宜地区进行示范和推广的力度，并尝试把农业引智成果推向市场，进一步扩大引智受益面。

农业引智成果展示推广洽谈会会场设 50 多个摊位，以照片、文字、录像和部分实物产品展示了我国农业引智工作的巨大成就。出席开幕式的国家外国专家局局长万学远认为，要下大力气推广引智成果，只有推广才能产生效益。

开幕式上，国家外国专家局为全国 9 个农业引智示范基地授牌或颁发证书。

最高人民法院下发《关于进一步清理清退不适合法院工作的人员的通知》

国家投资改造农村电网初见成效

农村电网建设与改造是去年 1000 亿元国债重点投入的六个领域之一，国家计划用 3 年左右时间基本完成全国农村电网建设与改造任务。通过改造农网，改革农电管理体制，实现城乡用电同网同价，从而达到大幅度降低农村电价，开拓农村市场，促进国民经济快速、持续、健康发展的目的。

目前，这项工作总体进展良好，1998 年共下达计划投资 425 亿元，涉及全国 30 个省(市、区)的 1500 个县。截至去年年底，已建成与改造 110 千伏变电站 308 座、输电线路 5490 千米，35 千伏变电站 950 座、输电线路 10694 千米，10 千伏线路 111716 千米、配电台区 34452 个，累计完成投资 128 亿元，基本达到了预期的目标。

——减轻了农民负担，提高了用电质量。这次农网改造是新中国成立后第一次由国家投入巨资对农村电网进行全面建设和改造，而不再由农民筹集大量资金改造农村主干网，使农民负担大大降低。

——促进了农村电力消费和经济发展，并带动了相关行业的发展。

——刺激了农村市场，有利于启动投资、扩大内需。

为了确保农村电网建设与改造的质量，使农网改造工程尽快见效，国家计委专门下发了农村电网建设与改造工程质量管理办法和验收规定，并决定，1999 年农网建设与改造投资要相对集中使用，优先安排规划设计完成、建设与改造条件成熟、能够在 1999 年内全部完成建设与改造任务的县中，确保年内全国至少完成 550 个县的建设与改造任务。

世界卫生大会决定不将有关台湾问题提案列入议程

第五十二届世界卫生大会决定，不将洪都拉斯等五国提出的“邀请台湾以观察员身份参加世界卫生大会”的提案列入本届大会议程。这是连续第三年世界卫生大会作出这样的决定。

在全体会议召开之前举行的总务委员会会议上，洪都拉斯的提案遭到世界卫生组织 191 个成员国中绝大多数成员国的反对，会议未经表决即以协商一致的方式作出了不把有关台湾问题的提案列入大会议程的决定。随后全体会议以协商一致方式通过了总务委员会决定。

北京大学和清华大学两校校长共同签署合作办学协议书

5 月 18 日

全国政协主席李瑞环在马斯喀特同阿曼全国协商会议主席卡塔比举行会谈

阿曼 苏丹兼首相卡布斯在马斯喀特会见全国政协主席李瑞环

会见时，李瑞环向卡布斯苏丹兼首相转交了江泽民主席的亲笔信。

李瑞环说，我这次访问时间虽然短，但亲眼看到了阿曼在苏丹陛下的领导下，社会发展，经济繁荣，人民安居乐业。

在谈到两国关系时，李瑞环说，中阿交流往来的历史源远流长。早在公元 6 世纪，“海上丝绸之路”和“海上香料之路”就把我们两国人民联系在一起。当时，阿曼建造的“苏哈尔号”船从阿曼的重要商埠苏哈尔市起航，给中国运来了亚麻、毛毯、金属制品以及阿曼特产乳香；返回时，则满载中国的丝绸、陶瓷、樟脑、麝香以及食用香料。

此后相当长时间内，两国人民通过“苏哈尔号”船开辟的这条海路频繁往来，进行经济和文化方面的交流。据史书记载，首批侨居中国的阿拉伯人大多来自以苏哈尔为都城的阿曼，苏哈尔市因此享有“通往中国门户”的美誉。

卡布斯苏丹兼首相说，我们高兴地看到，中国在经济、科技等方面取得的重大成就。毫无疑问，中国在当今世界具有非常重要的地位。我们希望中国发挥自己的作用，这对世界人民有利。

国务院第 17 次常务会议召开

国务院总理朱镕基主持会议，讨论并原则通过《中华人民共和国气象法(草案)》和《饲料和饲料添加剂管理条例(草案)》。

会议认为，气象事业是为国民经济和社会发展提供服务的基础性社会公益事业，对防灾减灾、经济建设，特别是对发展农业和农村经济以及国防建设等有着十分重要的作用。为了规范气象活动，准确、及时地发布气象预报，防御气象灾害，合理开发利用和保护气候资源，为国民经济和社会发展提供气象服务，制定气象法很有必要。

气象法（草案）对气象工作总的原则、气象设施的建设与管理、气象探测、气象预报与灾害性天气警报、气象灾害防御、气象资源开发利用和保护、法律责任等方面作了具体规定。

会议认为，饲料涉及肉、蛋、奶等动物产品的安全卫生，对于农业和农村的发展，农民致富和人民生活水平的提高，维护人体健康，有着十分重要的意义。制定《饲料和饲料添加剂管理条例》，有助于加强对饲料、饲料添加剂的管理，提高饲料、饲料添加剂的质量，促进饲料工业和养殖业的发展，维护人民身体健康。

会议决定，《中华人民共和国气象法（草案）》将由国务院提请全国人大常委会审议；《饲料和饲料添加剂管理条例》由国务院发布施行。

《人民日报》发表评论员文章《一具体就深入——七论以整风精神深入开展“三讲”教育》

国家主席江泽民在钓鱼台国宾馆会见香港长江实业集团有限公司主席李嘉诚先生

中纪委书记尉健行与纪检监察领导干部财政金融研究班学员座谈

尉健行强调：要加大反腐败的力度，进一步把党风廉政建设和反腐败斗争引向深入。他指出，广大纪检监察干部必须加强学习，用科学理论武装头脑，掌握现代经济知识，不断提高思想理论素质和业务水平。这是当前纪检监察机关适应形势发展要解决的一个重要问题。

纪检监察领导干部财政金融研究班在北京结束。这次研究班以邓小平理论为指导，贯彻江泽民同志关于努力建设一支高素质执纪执法队伍的指示精神，集中学习了有关的财政金融知识，研讨了新形势下财政金融领域预防和治理腐败的一些重要问题。

尉健行认真听取了学员们的发言。他在肯定了举办这次研究班的意义及取得的成绩后强调指出：纪检监察干部要加强学习马克思主义、毛泽东思想尤其是邓小平理论，用科学理论武装头脑，运用科学理论的立场、观点观察、思考和处理党风廉政建设和反腐败斗争中的重大问题。邓小平关于党风廉政建设和反腐败的理论，系统地阐述了新时期党风廉政建设和反腐败斗争的重大意义、基本原则、方法途径等一系列基本问题，贯穿着解放思想、实事求是的精神，是指导我们在新时期深入开展党风廉政建设和反腐败斗争的强大思想武器。

尉健行指出，江泽民同志对党风廉政建设和反腐败斗争发表了一系列重要论述，非常深刻透彻，针对性很强，对反腐败具有十分重要的指导意义。我们要紧密联系反腐败斗争的实际，认真学习邓小平理论和以江泽民同志为核心的党中央关于反腐败的重要指示，深刻领会其精神实质。这样，就能增强我们政治上、理论上的坚定性，就能从全局、从讲政治的高度去驾驭社会主义现代化建设和反腐败斗争的局势，反腐败斗争的重大决策和工作指导就不会偏离方向，就能使反腐败斗争保持健康的势头，不断向纵深发展。

尉健行指出，纪检监察干部要努力学习和掌握社会主义市场经济知识，包括财政金融知识，学习相关法律、法规和科技知识，不断提高开展反腐败各项工作的本领，在为经济建设这个中心服务上更好地履行职责、发挥作用。随着改革开放和社会主义市场经济的不断发展，反腐败面临着许多新情况、新问题、新矛盾，涉及的领域越来越多，给反腐败工作提出了更高的要求。目前，纪检监察干部的思想理论素质、知识水平和业务水平还不能完全适应新形势发展的需要，必须切实加强学习，不断探索社会主义市场经济条件下开展反腐败斗争的特点和规律，不断提高业务水平和工作能力，不断增强工作的预见性、主动性和有效性。这样，反腐败工作就能贴紧经济建设这个中心，在保证改革开放和经济建设的顺利进行上发挥更大作用；就能适应当前传统型案件有所变化、新类型案件增多的形势，更加有效地遏制腐败现象滋生蔓延的势头；就能不断加大标本兼治的力度，在完善体制、机制、法制、政策和管理，从源头上预防和治理腐败方面取得更大的成效。

尉健行提出，要以当前开展的“三讲”教育活动为契机，推动纪检监察系统学习的深入。他要求各级纪检监察领导干部做讲学习、讲政治、讲正气的表率，带动纪检监察系统进一步形成良好的学习风气。

座谈会由中央纪委副书记曹庆泽主持。

《人民日报》就农村电网建设和改造作为六项基础设施建设工程之一发表评论员文章《农网改造要快要好》

全国粮食流通体制改革工作会议召开

会议提出，要适当缩小按保护价敞开收购的范围，对一些品质差、不适合市场需求的粮食品种，要逐步退出按保护价敞开收购范围。今年先采取调低保护价的办法进行收购,促进生产者调整种植结构,明年再退出保护价收购范围。

外经贸部公布首批重点支持和发展的名牌出口商品名单

中国青年科技论坛在北京开幕

为纪念五四运动80周年,由共青团中央、全国青联、中国社会科学院、中国科学院和中国科协联合主办的'99中国青年科技论坛在中国科技会堂开幕。中共中央政治局委员、中国社会科学院院长李铁映出席开幕式。

为期两天的论坛,以"青年·创新·新世纪"为主题,围绕"科技进步与经济发展,科技创新与当代青年"等专题,采取主题报告、专题报告和多领域、多层次、多方面广泛交流与研讨相结合的方式进行。近200名青年科学家和日本、中国香港的知名企业家参加论坛。

团中央书记处第一书记周强在开幕式上致辞。

中国科学院院长路甬祥、日本NEC株式会社前社长关本忠弘和中国青年科技工作者协会会长白春礼等人分别作了主题报告。

此次论坛共收到论文700多篇。此前,上海、浙江、山东、湖北、广东、四川等省市已先期举行了分论坛,开展了一系列活动。

清华大学计算机系成功研制出新型高性能计算机——探索108集群计算机系统最高浮点计算的速度达每秒160亿次

5月19日

全国政协主席李瑞环在马斯喀特会见阿曼全国委员会主席哈尔希

国务院召开三峡工程移民工作会议

5月19日至20日,国务院在北京召开三峡工程移民工作会议。中共中央政治局常委、国务院总理朱镕基在会上发表了重要讲话。他指出,三峡工程是我国现代化建设中的千秋大业,举世瞩目。工程建设能否顺利进行,关键在移民和搬迁。库区各级党委政府要进一步加强领导,落实政策,坚持以多种形式安置移民的方针,加大搬迁企业结构调整力度,确保二期移民搬迁任务圆满完成,确保三峡工程建设顺利进行。

朱镕基指出,党中央、国务院对三峡工程建设十分重视,制定了一系列方针、政策。三代中央领导集体为兴建三峡工程,倾注了大量心血。江泽民、李鹏等中央领导同志,多次到库区、坝区视察,作了许多重要指示。我们一定要认真贯彻执行,努力把三峡工程建设的各项工作做得更好。他说,三峡工程建设自1993年开始施工准备,1994年12月正式开工以来,在党中央、国务院的领导下和全国人民的大力支持下,经过广大建设者和库区各级党委政府的积极努力,取得了很大成绩。枢纽工程建设进展顺利,移民工作取得阶段性成果,胜利完成了以大江截流为标志的一期任务,并为二期工程创造了条件。当前,三峡工程建设正处在一期转向二期的关键时期。二期工程建设的主要任务是:枢纽工程建设将实现水库蓄水至135米水位,第一批机组发电,永久船闸通航;库区移民搬迁安置55万人。二期工程建设同一期比较,任务更加艰巨,更加繁重。

朱镕基强调,要完成这个艰巨任务,根据三峡工程建设的实践,当前必须实行政策上的两个调整。第一是调整和完善移民政策;第二是调整企业的搬迁政策。

他说,三峡库区山高坡陡,环境容量十分有限;随着水库蓄水升高,大量耕地还将被淹没;25度以上坡地要停止开垦,已经开垦的要逐步退耕还林,人多地少的矛盾将进一步加剧。如果强求就近后靠安置,势必开垦陡坡,毁坏植被,造成新的水土流失,破坏生态环境,贻害无穷。为此,一定要坚持多种方式安置农村移民的方针,把本地安置与异地安置、集中安置与分散安置、政府安置与自找门路安置结合起来。他指出,现在看来,需要鼓励更多的移民外迁安置,首先要尽量在本省市非库区安置;本省市安置不了的,在临近省安置;然后适当考虑在沿江各省和长江下游滩涂地及其他省区市安置。有关省区市要积极接收安置移民,为三峡工程建设多做贡献。要大力支持农村移民投亲靠友分散外迁,认真执行农村移民外迁政策,保证外迁移民能拿到应得的补助。迁入地政府要妥善解决迁入移民承包土地、购买或新建住房、转入户口等问题,安排好他们的生活和生产。他强调,库区移民搬迁建设要量力而行,严格控制迁建规模。绝不能不顾自身的财力、物力,贪大求洋,乱铺建设摊子,盲目提高标准。要加强对移民迁建规划的执法监察。凡是超过规划的,必须坚决退回;规划内的建设,也要分步实施,逐步到位,不能急于求成。不得强行规定农村移民住房标准,允许移民在统一规划下分户自主建房。

朱镕基强调,要加大迁建工矿企业结构调整力度。他说,当前全国工业生产能力普遍过剩,大多数产品已形成买方市场,库区绝大多数企业规模小,设备陈旧,污染环境,亏损严重,竞争力差,不进行结构调整是没有出路的。原样搬迁库区工矿企业,势必形成新的亏损源、污染源，给库区经济背上更大的包袱。三峡工程建设为库区工业结构调整提供了难得的机遇。要抓住这个千载难逢的机遇，着力调整企业结构和产品结构。除少数生产名特优新产品和有市场、有效益产品的企业外，要下决心淘汰那些落后的企业。对因迁建工矿企业破产或关闭而使地方财政减少的收入，由中央财政采取转移支付办法予以适当补助。要妥善安置关停企业的职工，使他们的基本生活得到保障，并且积极扩大再就业门路。要采取切实措施和鼓励政策，帮助更多的关停企业职工从事农业生产。

朱镕基说，质量是三峡工程的生命，质量责任重于泰山。三峡枢纽工程建设要达到一流的工程、一流的质量、一流的管理水平。三峡工程法人单位和所有参建单位，要以对国家、对人民、对子孙后代高度负责的精神，把质量放在工程建设的首位，确保万无一失，不留隐患。要认真推行项目法人责任制、招投标制、合同管理制和工程监理制。选择资质合格、认真负责的监理单位，对工程的质量、进度进行不讲情面的全面监督和检查。对出现重大质量事故的，要依法依纪追究责任。他指出，移民搬迁建设项目多，质量隐患不少，甚至有一些“豆腐渣”工程。对此，必须高度重视，严加稽查，认真解决。要层层建立移民工程责任制，严格移民工程项目管理，强化工程建设监理，按各自的职责对移民工程质量负终身责任。

朱镕基指出，三峡工程的成败系于各级领导干部的素质。参建单位和库区的各级干部要以高度的责任感和历史使命感，切实负起责任，做好各项工作。要加强对各级干部的教育培训，不断提高综合素质，为三峡工程建设提供可靠的组织和人才保证。湖北省、重庆市要选派一批素质高、能力强的干部，充实移民工作第一线，加强对移民工作的领导。库区各级干部要树立廉洁奉公、勤奋敬业的精神，全心全意为移民群众服务。他强调，移民资金来之不易，必须十分珍惜，每一分钱都要用在移民重建家园上。要进一步建立健全严格的稽核制度，强化审计监督，加强资金计划、财务管理，保证移民资金专款专用，不断提高移民资金使用效益。要加大对侵吞、挤占、挪用移民资金案件的查办力度，严厉打击和清除腐败分子。

中共中央政治局委员、国务院副总理吴邦国在19日的开幕会上作了工作报告。他首先肯定了三峡枢纽工程和移民工作所取得的成绩，并就二期移民工作的一些重大问题，控制迁建规模、多种形式安置移民、加大企业调整力度、确保工程质量、管好用好移民资金、做好环境保护和文物保护等，进一步明确了政策措施。他要求，库区各级党委和政府要进一步加强对移民工作的领导，如期完成二期移民任务。继续把移民工作摆在经济工作的首位，建立严格的目标管理责任制。各级移民管理机构要充分发挥职能作用，协调有关部门和单位同心协力做好移民工作。库区各级移民干部要遵纪守法，照章办事，认真贯彻执行移民工作的各项方针政策。他强调，要坚持“优势互补、互惠互利、长期合作、共同发展”的方针，继续做好全方位的对口支援。有关省区市在做好对口支援工矿企业迁建的同时，还要加大对基础设施建设、高效生态农业、旅游开发和社会事业发展等方面的支援。在资金投入和技术转让方面，进行广泛合作。国务院有关部门要进一步加强对三峡库区的行业指导和支援工作，在政策上给予倾斜，大力支持三峡工程建设和库区经济发展。

国务院副总理温家宝、国务委员兼国务院秘书长王忠禹出席了会议。国家有关部门负责人、有关省区市负责人参加了会议。

全国技术改造工作会议在南京举行

全国人大常委会委员长李鹏在人民大会堂会见自民党议员 日本国会日中友好议员联盟会长林义郎一行

国务院总理朱镕基在中南海会见由越共中央政治局委员 政府常务副总理阮晋勇率领的越南党政代表团

解放军总装备部在航天远洋测量船基地召开庆功大会庆祝中央军委给“远望三号”航天测量船记一等功

劳动和社会保障部等部门要求进一步完善国有企业下岗职工基本生活保障失业保险和城市居民最低生活保障制度

劳动和社会保障部、民政部、财政部日前发出通知，要求各地进一步巩固和完善国有企业下岗职工基本生活保障、失业保险、城市居民最低生活保障制度三条保障线，加强三条保障线的衔接。

通知指出，各地劳动保障部门、民政、财政部门要结合当地实际，按照互相衔接、拉开距离、分清层次、整体配套的原则，科学制定国有企业下岗职工基本生活保障标准、失业保险金标准和城市居民最低生活保障标准。失业保险金标准要低于基本生活保障标准，城市居民最低生活保障标准要低于失业保险金标准。

国有企业下岗职工在再就业服务中心期满未实现再就业的，与企业解除劳动合同。原企业要及时为其出具相关证明，按照规定享受失业保险待遇，并将失业人员名单自终止或解除劳动合同之日起7日内报失业保险经办机构。下岗职工应持相关证明，及时办理失业登记。失业保险经办机构对符合条件的失业人员要按时足额发放失业保险金。

失业人员享受失业保险待遇期满仍未实现再就业，需要申请城市居民最低生活保险金的，由失业保险经办机构提供有关证明，并将享受失业保险待遇期满人员名单提前一个月通报民政部门。民政部门要对此类人员进行专门登记，对符合条件者及时给予救济。

没有建立再就业服务中心的城镇集体企业下岗职工，需要申请城市居民最低生活保障金的，由企业出具相关证明，向当地民政部门或职工所在街道办事处提出申请。下岗职工、失业人员、企业离退休人员和在职职工，在领取基本生活费、失业保险金、养老金、职工工资期间，家庭人均收入低于当地最低生活保障标准的，可以申请城市居民最低生活保障金。

黄河防汛工作会议在郑州召开

国家防汛抗旱总指挥部日前召开黄河防汛工作会议，国务院副总理、国家防汛抗旱总指挥部总指挥温家宝出席并讲话。

在听取了黄河防汛总指挥部和山西、陕西、河南、山东四省、济南军区的汇报后，温家宝指出，黄河下游是一条悬河，洪水全靠两岸大堤约束，是我国历史上洪涝灾害最严重的河流，从先秦时期到中华人民共和国成立前的2500多年中，下游决口1500多次，大的改道26次，平均三年两决口，百年一改道。每次决口和改道都给中华民族带来极其深重的灾难。黄河洪水威胁极大，现在仍然是中华民族的心腹之患。

温家宝强调，做好黄河防汛工作，事关黄淮海流域千百万人民的生命财产安全，事关全国改革、发展和稳定的大局。今年黄河防汛的任务是：确保花园口站发生2.2万立方米每秒的洪水大堤不决口；遇超标准洪水，采取有效措施，确保人民生命安全，千方百计减小灾害损失；确保小浪底工程安全施工。

5月20日

国务院召开第四次全体会议

国务院总理朱镕基主持召开国务院第四次全体会议，就全国人民代表大会澳门特别行政区筹备委员会报请国务院任命中华人民共和国澳门特别行政区第一任行政长官作出了决定。

全体会议首先听取了国务院港澳事务办公室主任、澳门特别行政区筹委会副主任委员廖晖就第一任行政长官人选的产生过程等情况所作的汇报。李岚清、钱其琛副总理发表意见，并进行讨论。大家认为，澳门特别行政区第一任行政长官人选的产生过程符合澳门特别行政区基本法和全国人大有关决定的规定，体现了公平、公正、公开、民主和廉洁的原则，得到了澳门社会各界人士的普遍欢迎和认同。

朱镕基在会上作了讲话。他指出，澳门特别行政区第一任行政长官的选举，是我们国家继香港特别行政区第一任行政长官选举之后，在落实"一国两制"方针的进程中的又一次重大实践，为全国人民和国际社会广泛关注。在全国人民代表大会澳门特别行政区筹备委员会主任委员会议的主持下，由199位全部是澳门永久性居民组成的澳门特别行政区第一届政府推选委员会经过大量工作，于1999年5月15日在澳门选举何厚铧为澳门特别行政区第一任行政长官人选。由澳门同胞自己来选择澳门的最高行政长官，这在澳门历史上是第一次。它标志着澳门即将进入一个新时代。我们对何厚铧先生的当选表示热烈的祝贺，对澳门各界人士在澳门重大历史转折关头所表现出来的高度责任感和主人翁精神表示赞赏。

朱镕基说，依据《中华人民共和国澳门特别行政区基本法》和《全国人民代表大会关于澳门特别行政区第一届政府、立法会和司法机关产生办法的决定》的规定，澳门特别行政区第一任行政长官人选产生后，需报中央人民政府任命。全国人民代表大会澳门特别行政区筹备委员会第八次全体会议已经通过了《全国人民代表大会澳门特别行政区筹备委员会关于报请国务院任命澳门特别行政区第一任行政长官的报告》。今天国务院召开全体会议，就是要决定对澳门特别行政区第一任行政长官的任命。在筹建澳门特别行政区的过程中，我们始终坚持按照基本法办事，在澳门特别行政区成立之后，我们将同样严格依照基本法办事，确保"一国两制"、"澳人治澳"、高度自治。我们相信，何厚铧在被任命为中华人民共和国澳门特别行政区第一任行政长官后，一定会不负众望，为澳门的平稳过渡，为保持澳门的长期稳定和发展，作出应有的贡献。

最后，朱镕基总理代表国务院宣布，任命何厚铧为澳门特别行政区第一任行政长官，于1999年12月20日澳门特别行政区成立时就职。在此之前，按照澳门特别行政区基本法和全国人大有关决定的规定，负责筹组澳门特别行政区第一届政府等事宜。朱镕基总理还当即签署了任命何厚铧为中华人民共和国澳门特别行政区第一任行政长官的国务院第264号令。

会议于下午在中南海举行。国务院副总理李岚清、钱其琛、吴邦国、温家宝，国务委员迟浩田、罗干、司马义·艾买提、王忠禹以及国务院全体会议其他组成人员出席会议。

何厚铧简历

1955年出生于澳门,现年44岁,已婚,育有一子一女。1969年出外留学,获加拿大约克大学工商管理学士学位。1981年获加拿大注册会计师和特许核数师专业资格。曾在香港毕马域会计师楼任核数师。1983年返澳门工作,任大丰银行常务董事兼总经理。

现任主要社会公职有:中华人民共和国第九届全国人民代表大会常务委员会委员、中华全国工商业联合会副主席、澳门特别行政区筹备委员会副主任委员、中华海外联谊会理事长、澳门特别行政区基本法协进会理事长、澳门银行公会主席、澳门中华总商会副会长。曾任全国政协委员、澳门特别行政区基本法起草委员会副主任委员。

国务院总理朱镕基签署第264号令任命何厚铧为中华人民共和国澳门特别行政区第一任行政长官

依照《中华人民共和国澳门特别行政区基本法》和《全国人民代表大会关于澳门特别行政区第一届政府、立法会和司法机关产生办法的决定》的有关规定,根据中华人民共和国澳门特别行政区第一届政府推选委员会选举产生的人选,任命何厚铧为中华人民共和国澳门特别行政区第一任行政长官,于1999年12月20日就职。

国家计委提出加快清理现行价格法规

国家计委副主任王春正指出,创造一个良好的价格法制环境是当前经济增长的客观要求。为更好贯彻实施《价格法》,必须加快对现行法规的清理工作,修订或取消那些与《价格法》不符的法规规章,废止在通货膨胀时期出台的抑制消费的政策,抓住当前有利时机出台一些有利于扩大内需的政策。

王春正还针对当前市场上各种价格欺诈行为盛行,明码标价在一些地方名不符实,破坏市场价格秩序的问题提出,要在吸收各地实践经验的基础上,对明码标价的有关规定进行修订,尽快研究制定、出台这方面的法规。

《人民日报》发表社论《始终不渝地坚持党的基本理论基本路线——学习江泽民同志在欢迎我驻南工作人员大会上的讲话》

国家主席江泽民在钓鱼台国宾馆会见葡萄牙外交部部长伽马

江泽民说,再有7个月的时间,中国将对澳门恢复行使主权。中国政府将严格按照《澳门基本法》处理澳门事务。希望通过中葡双方的共同努力,实现澳门的平稳过渡和政权的顺利交接。

江泽民指出,中葡双方通过友好磋商,解决了澳门问题,签署了《中葡联合声明》,为通过谈判解决历史遗留问题树立了典范。

在谈到双边关系时,江泽民主席说:外长先生已先后6次访华,表明葡萄牙政府重视发展对华关系,相信外长先生此次访问将有助于中葡友好合作关系的发展和在澳门问题上的良好合作。他表示,中国政府重视同葡萄牙发展长期稳定的友好关系,对近年来双方在各个领域合作出现的良好势头感到高兴。中国愿意同葡萄牙政府和人民共同努力,将两国关系推向一个新的水平。

伽马说,明年上半年葡萄牙将担任欧盟轮值主席国,葡萄牙将为发展欧盟与中国的合作作出积极努力。

1998年度中国电影"华表奖"暨第三届夏衍电影文学奖评选在北京揭晓

医疗改革配套政策出台

劳动和社会保障部、国家计委、国家经贸委、财政部、国家药品监督管理局等部门近日联合出台了《城镇职工基本医疗保险定点医疗机构管理暂行办法》、《城镇职工基本医疗保险定点零售药店管理暂行办法》和《城镇职工基本医疗保险用药范围管理暂行办法》。

根据这三个办法,劳动和社会保障部门将对提出申请的医疗机构和零售药店进行严格认定。按照办法规定,参保职工今后可选择3家至5家定点医疗机构作为自己的定点医院, 年后还可根据自己意愿更换定点医疗机构。参保职工应在选定的定点机构就医,并可自主决定在定点医疗机构或持处方到定点零售药店购药。

办法对医疗保险用药范围作出详细规定,不能纳入基本医疗保险用药范围的药品主要有:一是主要起营养滋补作用的药品,如维生素E、十全大补膏、人参等;二是部分可以入药的动物及动物脏器,干(水)果类,如鹿茸、蝎子、海马、胎盘等;三是用中药材和中药饮片泡制的各类酒制剂,如杜仲酒等;四是各类药品中的果味制剂、口服泡腾剂,如果味维生素C、阿司匹林泡腾片等;五是血液制品、蛋白类制品(特殊适应症与急救、抢救除外),如冻干血浆、人血白蛋白等;六是劳动和社会保障部规定基本医疗保险基金不予支付的其他药品。

5月21日

《人民日报》发表评论员文章《迎接澳门新纪

元——祝贺澳门特别行政区第一任行政长官产生》

全国妇女儿童工作会议召开

中共中央政治局候补委员、国务委员、国务院妇女儿童工作委员会主任吴仪讲话指出，为了实现党的十五大提出的跨世纪宏伟目标，达到妇女儿童发展与国民经济和社会发展同步的要求，国务院妇儿工委决定着手编制 2001—2010 年中国妇女发展纲要和中国儿童发展纲要。

吴仪说，2001—2010 年是我国国民经济和社会发展的重要时期，也是我国妇女儿童事业进步和发展的重要时期。新的纲要将提出下个世纪前 10 年中国妇女儿童发展的目标和任务，是指导、规范和推动这一时期我国妇女儿童工作的纲领性文件。新的纲要以邓小平理论为指导，全面贯彻党的十五大精神；以提高妇女儿童的整体素质为重点，把与妇女儿童生存、保护和发展关系最为密切的就业、参政、教育、卫生保健、法律保护等问题作为优先发展领域；继续把农村特别是贫困地区发展作为重点地区；把 90 年代实施两个纲要中的重点、难点问题作为重要指标，务求取得突破性进展。

全国人大常委会副委员长、全国妇联主席彭珮云在会上听取有关负责人的汇报。

会议于 5 月 23 日闭幕，国务院副秘书长、国务院妇儿工委副主任刘奇葆作会议总结，全国妇联副主席、书记处第一书记、国务院妇儿工委副主任顾秀莲主持会议。

国办转发科学技术部财政部《关于科技型中小企业技术创新基金的暂行规定的通知》

最高人民检察院公布办理民事行政抗诉案件公开审查程序试行规则

最高人民检察院在深化检务公开方面再迈新步，日前公布了“人民检察院办理民事行政抗诉案件公开审查程序试行规则”，以进一步保障公正执法，保护当事人的合法权益。

根据民事诉讼法和行政诉讼法的规定，按照检务公开的原则，此次公布的试行规则要点是：立案公开，立案审查应当通知当事人和作出终审判决的人民法院；告知当事人在公开审查程序中的权利和义务；在审查案件时不仅要听取申诉人的陈述，还要听取对方当事人的陈述；审查结论公开，抗诉或不抗诉都要告知当事人。

国家主席江泽民在人民大会堂接受希腊等五国新任驻华大使国书

江泽民上午接受了希腊新任驻华大使约安尼斯·塞奥法诺普洛斯、尼日利亚新任驻华大使卡比鲁·艾哈迈德、西班牙新任驻华大使欧亨尼奥·布雷戈拉特一奥维奥尔斯、保加利亚新任驻华大使迪米特尔·茨维塔诺夫·查内夫和毛里塔尼亚新任驻华大使阿卜杜拉西·乌尔德·阿卜迪递交的国书。

中共中央政治局常委胡锦涛在人民大会堂会见由菲利普·曼古拉总书记率领的坦桑尼亚革命党代表团

国务院副总理李岚清在中南海会见世界银行常务副行长兼国际金融公司常务副总裁彼德·沃奇

国务院副总理李岚清在中南海会见北京市市长顾问法国布依格集团总裁马丹·布依格

中国要求美国尽快通报袭击中国驻南斯拉夫使馆调查结果

中国驻美国大使馆公使刘晓明在使馆重申了中国政府对以美国为首的北约袭击我驻南斯拉夫使馆事件的严正立场，要求美方加紧对该事件的调查，并尽快向中方通报调查结果。

刘晓明说，中国政府对北约袭击中国使馆事件表示了最强烈的抗议，并提出四项严正要求；中国人民对这一事件非常愤慨，强烈谴责北约的暴行；数十万旅美华人、华侨及留学生举行了各种抗议活动。他说，北约的暴行也遭到世界上 120 多个国家的同声谴责。

刘晓明说，对这一事件，美国政府应加紧进行全面、彻底、公正的调查，并迅速公布调查结果，满足中国政府和人民提出的全部要求，中国政府正等待着美国政府的答复。他指出，许多美国人，特别是不少国会议员认为，中国政府提出的要求是“合情合理的”，美方应该全面答复，向中方作出交代。

刘晓明说，中国一向重视发展中美关系，但以美国为首的北约袭击我使馆的事件严重“伤害了中国人民的感情，也严重损害了中美关系”。他说，目前中美关系面临考验，如美方有诚意改善和发展两国关系，应拿出实际行动来，对袭击我使馆事件查个“水落石出”，“这样才能取信于中国政府和人民”。

国办《关于抓紧做好勘界工作维护边界地区稳定的通知》

何香凝国画作品荣获第十九届全国最佳邮票最佳印刷奖专家奖在广州揭晓

此次活动由人民邮电出版社牵头，《人民日报》、中央电视台、《工人日报》、《中国青年报》、《人民邮电报》、中华全国集邮联合会、中国集邮总公司、邮票印制局9家单位联合主办，广东省邮政局、省邮电管理局承办。

5月22日

全国政协主席李瑞环在开罗同埃及协商会议主席希勒米举行会谈

李瑞环说，像中国和埃及这样的文明古国，如何振兴起来，再铸辉煌，这是一个需要认真思考的重大问题。实践证明，要跟上时代步伐，就必须坚持改革。要从有利于发展社会生产力、改善人民生活出发，研究造成落后的深层次原因，破除一切过时的阻碍前进的东西，而不能因循守旧、停滞不前。要融入国际社会，就必须大胆开放。要扩大同各国的经济、科技、文化的交流与合作，汲取和借鉴其他国家和民族创造的先进成果，而不能盲目自满、闭关锁国。要保持民族特色，就必须大力弘扬本民族的优秀文化。学别人的东西一定要学好的，丢自己的东西一定要丢坏的，要从本国实际出发选择发展道路，而不能简单照搬，丢掉传统，有个性才有地位、才有价值。我们衷心希望中埃两国在建设现代文明的进程中，增进友谊，互相学习，面向新世纪，创造新奇迹，作出新贡献。

全国政协主席李瑞环在开罗会见埃及人民议会议长苏鲁尔

国务院办公厅批转国家经贸委关于清理整顿小玻璃厂小水泥厂的意见

外交部部长唐家璇在钓鱼台国宾馆会见捷克共和国外交部部长扬·卡万

教育部就严格控制社会力量办学评比活动发出通知

5月23日

劳动和社会保障部财政部在北京联合召开巩固两个确保工作会议

会议要求各地加大工作力度，通过扩大社会保险覆盖面、加强基金征缴和财政拨付，千方百计落实资金，进一步做好确保国有企业下岗职工基本生活，确保离退休人员养老金按时足额发放工作。

会议指出，目前绝大多数国有企业下岗职工基本生活得到保障，离退休人员养老金基本做到按时足额发放，但一些地区发生了新的拖欠，扩大社会保险覆盖面和加强基金征缴工作的进展情况不够理想，少数下岗职工没有领到基本生活费。

劳动和社会保障部部长张左己在讲话中说，中央关于筹集国有企业下岗职工基本生活保障资金的政策十分明确。各地要下决心调整财政支出结构，落实“三三制”。该由企业出的资金，企业一定要出；对能出钱而不出的企业，必须采取必要的制约措施。要做好失业保险基金的征缴工作，调剂更多资金，用于下岗职工基本生活保障。目前已经作出足额资金安排的地区，要保证资金按时拨付到位。没有作出足额安排的地区，要按照中央的要求，调整财政预算支出结构，优先、足额安排这项资金。对企业、社会筹集不足部分，财政要给予保证。张左己强调，要加强社会保险费征缴、追缴企业欠费和回收挤占基金的工作力度，增强养老保险基金的支撑能力，确保养老金不再发生新的拖欠，并要立即补发三、四月份的拖欠。要严格落实《社会保险费征缴暂行条例》和《失业保险条例》规定的扩大社会保险覆盖范围，督促外商投资企业和事业单位及时缴纳社会保险费。要切实解决好煤炭等困难企业养老金发放问题，做好破产、关闭、撤销企业职工安置和养老金发放工作。同时要加快推进城镇职工医疗保险制度改革，各地要力争在九月底前出台实施方案。

财政部副部长高强在讲话中说，财政部门要密切配合，千方百计筹措国有企业下岗职工基本生活保障资金，各地财政部门一定要将这部分资金足额安排。企业和社会有能力承担的必须承担起来，企业和社会筹集资金确有困难的，财政要给予保证。财政部门要积极配合劳动保障部门，规范下岗程序，加大再就业工作力度，支持劳动力市场建设。要加强对国有企业下岗职工基本生活保障和再就业资金的管理，专款专用，严禁挪用、挤占。中央财政补助资金必须全部用于两个确保，地方安排的资金也必须及时到位。如到年底中央补助资金未用于两个确保，中央将相应扣回补助的资金。

会议由国务院副秘书长石秀诗主持，各省、自治区、直辖市人民政府分管副秘书长、劳动保障和财政部门负责同志及中央国家机关有关部门负责同志出席会议。

国务院总理朱镕基签署第265号令发布《国家科学技术奖励条例》

《国家科学技术奖励条例》已经1999年4月28日国务院第16次常务会议通过，现予发布施行。

总理 朱镕基

1999年5月23日

国家科学技术奖励条例

第一章 总 则

第一条 为了奖励在科学技术进步活动中作出突出贡献的公民、组织，调动科学技术工作者的积极性和创造性，加速科学技术事业的发展，提高综合国力，制定本条例。

第二条 国务院设立下列国家科学技术奖：

(一)国家最高科学技术奖；

(二)国家自然科学奖；

(三)国家技术发明奖；

(四)国家科学技术进步奖；

(五)中华人民共和国国际科学技术合作奖。

第三条 国家科学技术奖励贯彻尊重知识、尊重人才的方针。

第四条 国家维护国家科学技术奖的严肃性。

国家科学技术奖的评审、授予，不受任何组织或者个人的非法干涉。

第五条 国务院科学技术行政部门负责国家科学技术奖评审的组织工作。

第六条 国家设立国家科学技术奖励委员会，国家科学技术奖励委员会聘请有关方面的专家、学者组成评审委员会，依照本条例的规定，负责国家科学技术奖的评审工作。

国家科学技术奖励委员会的组成人员人选由国务院科学技术行政部门提出，报国务院批准。

第七条 社会力量设立面向社会的科学技术奖，应当在科学技术行政部门办理登记手续。具体办法由国务院科学技术行政部门规定。

社会力量经登记设立的面向社会的科学技术奖，在奖励活动中不得收取任何费用。

第二章 国家科学技术奖的设置

第八条 国家最高科学技术奖授予下列科学技术工作者：

(一)在当代科学技术前沿取得重大突破或者在科学技术发展中有卓越建树的；

(二)在科学技术创新、科学技术成果转化和高技术产业化中，创造巨大经济效益或者社会效益的。

国家最高科学技术奖每年授予人数不超过2名。

第九条 国家自然科学奖授予在基础研究和应用基础研究中阐明自然现象、特征和规律，作出重大科学发现的公民。

前款所称重大科学发现，应当具备下列条件：

(一)前人尚未发现或者尚未阐明；

(二)具有重大科学价值；

(三)得到国内外自然科学界公认。

第十条 国家技术发明奖授予运用科学技术知识作出产品、工艺、材料及其系统等重大技术发明的公民。

前款所称重大技术发明，应当具备下列条件：

(一)前人尚未发明或者尚未公开；

(二)具有先进性和创造性；

(三)经实施，创造显著经济效益或者社会效益。

第十一条 国家科学技术进步奖授予在应用推广先进科学技术成果，完成重大科学技术工程、计划、项目等方面，作出突出贡献的下列公民、组织：

(一)在实施技术开发项目中，完成重大科学技术创新、科学技术成果转化，创造显著经济效益的；

(二)在实施社会公益项目中，长期从事科学技术基础性工作和社会公益性科学技术事业，经过实践检验，创造显著社会效益的；

(三)在实施国家安全项目中，为推进国防现代化建设、保障国家安全作出重大科学技术贡献的；

(四)在实施重大工程项目中，保障工程达到国际先进水平的。

前款第(四)项重大工程类项目的国家科学技术进步奖仅授予组织。

第十二条 中华人民共和国国际科学技术合作奖授予对中国科学技术事业作出重要贡献的下列外国人或者外国组织：

(一)同中国的公民或者组织合作研究、开发，取得重大科学技术成果的；

(二)向中国的公民或者组织传授先进科学技术、培养人才，成效特别显著的；

(三)为促进中国与外国的国际科学技术交流与合作，作出重要贡献的。

第十三条 国家最高科学技术奖、中华人民共和国国际科学技术合作奖不分等级。

国家自然科学奖、国家技术发明奖、国家科学技术进步奖分为一等奖、二等奖2个等级。

国家自然科学奖、国家技术发明奖、国家科学技术进步奖每年奖励项目总数不超过400项。

第三章 国家科学技术奖的评审和授予

第十四条 国家科学技术奖每年评审一次。

第十五条 国家科学技术奖候选人由下列单位和个人推荐：

(一)省、自治区、直辖市人民政府；

(二)国务院有关组成部门、直属机构；

(三)中国人民解放军各总部；

(四)经国务院科学技术行政部门认定的符合国务院科学技术行政部门规定的资格条件的其他单位和科学技术专家。

前款所列推荐单位推荐的国家科学技术奖候选

人，应当根据有关方面的科学技术专家对其科学技术成果的评审结论和奖励种类、等级的建议确定。

香港、澳门、台湾地区的国家科学技术奖候选人的推荐办法，由国务院科学技术行政部门规定。

中华人民共和国驻外使馆、领馆可以推荐中华人民共和国国际科学技术合作奖的候选人。

第十六条 推荐的单位和个人限额推荐国家科学技术奖候选人；推荐时，应当填写统一格式的推荐书，提供真实、可靠的评价材料。

第十七条 评审委员会作出认定科学技术成果的结论，并向国家科学技术奖励委员会提出获奖人选和奖励种类及等级的建议。

国家科学技术奖励委员会根据评审委员会的建议，作出获奖人选和奖励种类及等级的决议。

国家科学技术奖的评审规则由国务院科学技术行政部门规定。

第十八条 国务院科学技术行政部门对国家科学技术奖励委员会作出的国家科学技术奖的获奖人选和奖励种类及等级的决议进行审核，报国务院批准。

第十九条 国家最高科学技术奖报请国家主席签署并颁发证书和奖金。

国家自然科学奖、国家技术发明奖、国家科学技术进步奖由国务院颁发证书和奖金。

中华人民共和国国际科学技术合作奖由国务院颁发证书。

第二十条 国家最高科学技术奖的奖金数额由国务院规定。

国家自然科学奖、国家技术发明奖、国家科学技术进步奖的奖金数额由国务院科学技术行政部门会同财政部门规定。

国家科学技术奖的奖励经费由中央财政列支。

第四章 罚　则

第二十一条 剽窃、侵夺他人的发现、发明或者其他科学技术成果的，或者以其他不正当手段骗取国家科学技术奖的，由国务院科学技术行政部门报国务院批准后撤销奖励，追回奖金。

第二十二条 推荐的单位和个人提供虚假数据、材料，协助他人骗取国家科学技术奖的，由国务院科学技术行政部门通报批评；情节严重的，暂停或者取消其推荐资格；对负有直接责任的主管人员和其他直接责任人员，依法给予行政处分。

第二十三条 社会力量未经登记，擅自设立面向社会的科学技术奖的，由科学技术行政部门予以取缔。

社会力量经登记设立面向社会的科学技术奖，在科学技术奖励活动中收取费用的，由科学技术行政部门没收所收取的费用，可以并处所收取的费用 1 倍以上 3 倍以下的罚款；情节严重的，撤销登记。

第二十四条 参与国家科学技术奖评审活动和有关工作的人员在评审活动中弄虚作假、徇私舞弊的，依法给予行政处分。

第五章 附　则

第二十五条 国务院有关部门根据国防、国家安全的特殊情况，可以设立部级科学技术奖。具体办法由国务院有关部门规定，报国务院科学技术行政部门备案。

省、自治区、直辖市人民政府可以设立一项省级科学技术奖。具体办法由省、自治区、直辖市人民政府规定，报国务院科学技术行政部门备案。

第二十六条 本条例自公布之日起施行。1993 年 6 月 28 日国务院修订发布的《中华人民共和国自然科学奖励条例》、《中华人民共和国发明奖励条例》和《中华人民共和国科学技术进步奖励条例》同时废止。

中共中央政治局常委李瑞环李岚清致电祝贺学术界文化界在北京大学举行的祝张岱年先生 90 华诞集会

在丹麦哥本哈根举行的第十一届世界羽毛球锦标赛孙俊夺得男子单打冠军 葛菲 顾俊夺得女子双冠军

5 月 24 日

国家主席江泽民在钓鱼台国宾馆会见澳门特别行政区第一任行政长官何厚铧

江泽民主席首先对何厚铧当选并被任命为澳门特别行政区第一任行政长官表示祝贺。他说，葡萄牙管治澳门 400 余年，历任总督毕由葡萄牙直接派遣。你是澳门 400 多年来第一个由中国人担任的行政长官，并且是通过全部由澳门永久性居民组成的推选委员会以无记名投票方式民主选出的，充分体现了中央贯彻落实“一国两制”、“澳人治澳”、高度自治方针的坚强决心，也开创了澳门历史的新纪元。

江泽民说，“一国两制”是我们的长期国策，澳门特别行政区成立后，我们一定严格按照基本法办事，决不干预属于特别行政区自治范围的事务。同时，根据基本法的规定，澳门特别行政区行政长官要对中央人民政府和澳门特别行政区负责。如果行政长官遇到什么问题需要中央协助解决，中央一定会全力支持。

江泽民主席说，作为第一任行政长官，肩负着率领全体澳门居民将“一国两制”付诸实施的伟大历史使命，任重而道远。他希望何厚铧不辜负包括 40 多万澳门居民在内的全国人民的殷切期望。

最后，江泽民表示相信，有祖国的强大后盾和澳门全体居民的共同努力，"一国两制"一定能在澳门成功实现，澳门的明天一定会更加美好。

何厚铧表示，非常荣幸能够当选澳门特别行政区第一任行政长官，并得到中央人民政府的任命。自己一定尽最大努力，为澳门的稳定发展和祖国的兴旺发达作出应有贡献。

国务院副总理钱其琛、国务院港澳办主任廖晖、副主任陈滋英参加了会见。

国务院总理朱镕基在钓鱼台国宾馆向澳门特别行政区第一任行政长官何厚铧颁发任职命令

朱镕基说，澳门特别行政区第一任行政长官的选举是成功的，充分体现了公平、公正、公开、民主和廉洁的原则，反映了澳门居民的共同愿望以及中央在澳门实施"一国两制"、"澳人治澳"的坚定决心。

朱镕基表示，对即将成立的以何厚铧为行政长官的澳门特别行政区第一届政府寄予厚望，对回归后澳门的经济发展、社会稳定充满信心。他强调中央人民政府将全力支持行政长官的工作。

会见前，国务委员兼国务院秘书长王忠禹宣读了任命何厚铧为澳门特别行政区第一任行政长官的国务院264号令，随后，朱镕基总理向何厚铧颁发了国务院令。

国家主席江泽民在钓鱼台国宾馆会见牙买加总督牙中友协赞助人霍华德·库克及夫人

全国人大常委会委员长李鹏在人民大会堂会见保加利亚国民议会主席约尔丹·索科洛夫和夫人埃娃·索科洛娃

国务院总理朱镕基会见澳大利亚国防部部长约翰·穆尔

全国政协主席李瑞环在开罗会见埃及总理詹祖里

《人民日报》就国务院三峡工程移民工作会议日前在北京闭幕发表社论《确保三峡工程二期移民顺利进行》

中央军委主席江泽民在钓鱼台国宾馆会见来访的巴基斯坦参联会主席兼陆军参谋长佩尔韦兹·穆沙拉夫上将

国家行政学院与北大合作办学

为更好地培养高素质的政府管理人才，国家行政学院与北京大学近日决定合作办学，以实现优势互补。

国家行政学院与北京大学合作办学的主要项目包括：联合招收与培养行政管理专业的博士生，并逐步扩展到经济学、政治学和法学等领域；合作开设国家行政学院青年干部培训班学员的研究生学位教育课程，培训班学员学习期满后，向北京大学申请硕士学位；开展行政管理硕士办班的试点工作；实行教师互聘；以多种方式合作进行科学研究工作；实现图书资料和其他信息资源的交流与共享；加强双方在对外交流与合作方面的联系。

5月25日

国务院第18次常务会议召开

国务院总理朱镕基主持召开会议，讨论并原则通过《中华人民共和国会计法(修订草案)》和《期货交易管理暂行条例(草案)》。

会议认为，现行的会计法，对规范和加强会计工作，促进会计工作更好地为经济建设服务，起了积极作用。但是，随着改革的深化、开放的扩大和社会主义市场经济的发展，会计法已经难以适应形势的变化和国家加强宏观经济调控的要求。因此，按照建立社会主义市场经济体制的要求，对会计法加以修改、完善，是迫切需要的。

会议认为，我国期货市场自1990年开始试点以来，曾一度出现盲目发展的势头。为此，国务院先后两次发出通知，加强对期货市场的整顿和规范。为了切实加强对期货市场的监管，防范与化解风险，在试点的基础上拟订了《期货交易管理暂行条例(草案)》。

会议原则通过了《会计法(修订草案)》，待进一步修改后，将由国务院提请全国人大常委会审议。《期货交易管理暂行条例(草案)》经修改后，由国务院发布施行。

全国人大常委会委员长李鹏在人民大会堂会见澳门特别行政区第一任行政长官何厚铧

全国人大常委会委员长李鹏在人民大会堂会见科特迪瓦国民议会议长埃米尔·布鲁和夫人安杰琳·布鲁

《人民日报》发表社论《坚定不移地坚持以经济建设为中心——学习江泽民同志在欢迎我驻南工作人员

大会上的讲话之二》

中共中央总书记江泽民在湖北考察工作

中共中央总书记、国家主席、中央军委主席江泽民5月25日至30日在湖北考察工作，重点就国有企业的改革与发临展问题进行调研。他指出，在社会主义条件下发展市场经济，这是前所未有的创举，没有现成的答案。在发展社会主义市场经济条件下，搞好国有企业，更是我们面的重大课题。我们必须坚持解放思想，实事求是，大胆探索，勇于实践，以“三个有利于”为根本标准，在实践中不断探索，不断认识经济规律，不断开辟新的发展境界。只要我们树立坚定的信念，全党和全国人民齐心奋斗，就没有克服不了的困难，就没有攻不克的难关。

这是江泽民总书记今年以来第三次专门就国有企业的改革和发展问题进行调研。随行的有中共中央政治局委员、国务院副总理吴邦国，中共中央政治局候补委员、书记处书记、中组部部长曾庆红。江泽民等在湖北省省委书记贾志杰、省长蒋祝平、广州军区司令员陶伯钧陪同下，先后前往十堰、襄樊、武汉等地考察。所到之处，江泽民同当地干部群众亲切交谈。在机声轰鸣的车床旁，在钢花飞溅的高炉前，江泽民与企业一线干部、职工和技术人员亲切握手表示慰问。江泽民对湖北广大干部群众坚持党的基本路线，团结奋斗，开拓进取，在改革和建设中取得的成绩给予了充分肯定。他希望湖北的广大干部群众坚持贯彻落实党的十五大精神，扎实工作，继续前进。

位于十堰市的东风汽车公司，经过30年的建设，已发展成为我国汽车生产的骨干企业。在总装配厂，江泽民从头至尾看完装配线后，兴致勃勃地登上一辆刚刚装配而成的东风1108G型卡车驾驶室，了解这辆卡车的性能。考察中，江泽民还同东风公司的负责人、党务工作者、工会干部、工人、科技人员的代表座谈，听取他们对国有企业改革与发展的意见和建议。江泽民在讲话中，对东风汽车公司的干部职工几十年来艰苦创业取得的成绩给予了高度赞扬，对他们在激烈的市场竞争中坚定信心、知难而进的精神状态给予了充分肯定，并希望他们紧紧把握世界汽车工业的发展趋势，积极吸收先进的企业管理经验，通过深化改革加快建立现代企业制度，同时面向市场努力增加产品的科技含量，提高企业的竞争能力。在十堰，江泽民还亲切会见了为东风汽车公司的创建和发展作出过卓著功绩的离退休老同志。

襄樊一棉集团公司是国内商品纱最大生产销售厂家之一，主体经营连续24年保持盈利。在公司，江泽民察看了细纱车间和自动络筒机生产工艺。这家公司坚持“三改一加强”，围绕开发市场适销对路产品进行技术改造和技术进步，新开发产品的比重已达到30%以上。了解到这一情况，江泽民非常高兴，他勉励公司干部职工继续开拓市场，努力再创佳绩。

武汉钢铁集团公司是新中国成立后兴建的第一个特大型钢铁联合企业，经过40多年的发展，已具备年产钢铁各700万吨的综合生产能力，是我国重要的板材生产基地。1989年7月，江泽民曾经到武钢视察工作。10年过去，武钢取得了长足发展。在这里，江泽民参观了反映武钢改革和发展历程的展览，并来到国家“八五”重点工程项目之一的武钢第三炼钢厂，察看250吨双吹转炉生产工艺。江泽民还亲切会见了舒立银、陈永钊、吴克林三位劳动模范。

下岗职工再就业问题，是江泽民始终牵挂的问题。5月28日下午，江泽民专程前往武汉市再就业指导中心，了解下岗职工的再就业情况，并与再就业职工代表座谈。在招聘大厅，江泽民与前来求职的下岗工人进行交谈，了解他们的生活状况和求职情况。在座谈会上，江泽民仔细听取了王仁忠、于梅、周桂英三人先后讲述的不等不靠、自强不息的奋斗经历，并予以赞扬。他指出，你们的感人事迹说明，三百六十行，行行出状元。只要转变择业观念，发扬坚忍不拔的精神，就一定能作出一番事业。希望通过你们的示范作用，为下岗职工提供一些思路和启发，把再就业工程搞得更好。

武汉邮电科学研究院是国家光纤通信技术研究基地和国家光纤通信工程研究中心。在研究院，江泽民详细了解他们发展高新技术产业、重点科技攻关的情况。据介绍，这家研究院科技成果的转化率达90%以上。江泽民对这个研究院坚持科技工作面向经济建设主战场，走科研、生产、经营一体化的道路给予了肯定，并希望他们继续增强科技创新能力，为发展我国的光纤通信技术事业作出更大贡献。江泽民在考察中指出，改革开放以来，国有企业改革不断深化，管理体制和经营制度发生了深刻变化，一大批企业焕发了新的生机，在市场竞争中得到发展壮大。目前仍有一些企业生产经营困难，我们一定要下决心加以解决。要推进国有企业的发展，必须适应发展社会主义市场经济的要求，不断深化改革，推进技术改造和技术进步，加强科学管理，不断提高企业的市场竞争能力、科技创新能力和抵御风险的能力。只要我们坚持这样做，就一定能开辟国有企业新的发展境界。

汛期临近，江泽民心系长江两岸人民生命财产安全。他专程前往察看了武汉龙王庙险段整治工程。龙王庙段位于长江与汉水汇合处，河道狭窄，水流湍急，是历史上著名的险段。去年8月，正当长江抗洪抢险最紧要关头，江泽民来到这里，站在用草袋垒起的堤坝上，发出了“中国人民是不可战胜的”这一豪迈誓言，极大地鼓舞了抗洪军民和全国人民。一年后的今天，江泽民再次来到这里，只见过去狭窄的河道已被拓宽，堤防得到加固，浩浩长江和汉江在脚下汇合，一泻千里，奔流东去。江泽民感慨地说，去年的抗洪抢险斗争再次说明，中华民族具有强大的凝聚力，民族凝聚力也是综合国力的重要组成部分。有了这种凝聚力，我们就能勇往直前地战胜一切艰难险阻。

在去年抗洪抢险斗争中，广州军区某舟桥旅先后出动3000多名官兵、400多部车辆和冲锋舟，转战千里江堤，被中央军委授予“抗洪抢险模范旅”称号。江泽民看望了舟桥旅部队官兵，向他们表示慰问。在战士宿舍里，江泽民同官兵们亲切交谈，了解训练和生活情况。在食堂，江泽民察看了连队的食谱，关切地了解战士们的伙食状况。

江泽民还会见了驻湖北部队师以上干部。他说，去年，驻湖北各部队坚决执行中央的指示，为保卫武汉、保卫长江大堤，夺取抗洪抢险斗争胜利作出了重大贡献，党和人民是不会忘记的。江泽民指出，坚持以经济建设为中心，不断增强国家的经济实力，这是解决包括国防和军队现代化在内的所有社会问题的基础。在增强经济实力的同时，还要不断增强国防实力和民族凝聚力。江泽民要求部队广大指战员，继续贯彻落实科技强军战略，全面加强军队建设。

考察期间，江泽民还强调要正确处理好改革、发展、稳定的关系。他指出，实践证明，三者关系处理得当，就能调动、协同和统率各方力量，保证经济和社会的顺利发展；处理不当，就会吃苦头，付出代价。这是我们经过长期实践得到的一条重要经验。

全国人大常委会委员长李鹏在山东考察工作

李鹏近日在山东考察工作，了解地方人大及其常委会开展监督工作的情况，进行立法调研，就全国人大常委会关于对司法机关实施个案监督工作规定草案广泛征求各方面的意见。他强调指出，加强监督工作，尽快制定监督法是人大代表和广大人民群众的共同要求。全国人大常委会将在抓紧起草监督法的同时，争取年内完成几个单项监督规定或决定的立法工作，以进一步加强和规范人大的监督工作，推进我国的民主法制建设。

在5月中下旬为期一周的考察中，李鹏委员长在中共中央政治局委员、山东省省委书记吴官正，省长李春亭，省人大常委会主任赵志浩的分别陪同下，先后在济南、潍坊、烟台、威海等地进行立法调研，了解国有企业改革情况。他多次邀请全国、省、市等各级人大代表，地方领导同志，司法机关负责人和社会各界人士进行座谈，认真听取大家对人大监督工作和关于对司法机关实施个案监督工作规定草案的意见和建议。与此同时，随同李鹏委员长进行调研的全国人大有关专门委员会的负责同志也就有关问题分别召开了座谈会。

座谈会上，各界人士对制定个案监督规定草案的必要性予以充分肯定，赞同草案所提出的立法宗旨、原则，对草案的具体条文提出了不少意见和建议。同时结合规定草案对人大开展监督工作发表了看法。李鹏委员长仔细听取了大家的发言，感谢大家以认真负责的态度，畅所欲言，踊跃地发表意见。

李鹏说，九届全国人大二次会议上，人大代表在充分肯定全国人大及其常委会立法工作的同时，对进一步加强监督工作提出了很多很好的建议和意见。全国人大常委会高度重视代表们的意见，把制定监督法列入了本届常委会的立法规划，将组织人员抓紧起草工作。由于监督法的出台有个过程，因此，全国人大常委会计划先制定几个单项的监督规定或决定，对司法机关实施个案监督的规定就是其中的一个。他说，这些年来，地方各级人大在开展监督工作包括个案监督中进行了有益的探索和实践，取得了一定的经验，产生了较好的社会效果，一些地方还制定了有关个案监督的地方性法规。全国人大常委会制定个案监督规定就是要将地方人大成功的经验加以总结和规范，以推动监督工作顺利开展。

李鹏指出，对“一府两院”进行监督，是宪法赋予人大及其常委会的职权。

我国宪法规定了中国共产党的领导地位，因此，人大是在党的领导下开展监督工作的，对此必须十分明确。党领导人民制定宪法和法律，党领导人民执行宪法和法律，党也要在宪法和法律范围内活动。这是一个辩证的关系。他说，人大及其常委会开展监督的目的是为了把工作做好，促进依法行政、公正司法。从这个意义上讲，监督也是支持。李鹏阐述了个案监督工作应该遵循的原则：一是必须集体行使监督职权。人大代表个人有批评权、建议权，但行使监督职权的必须是各级人大及其常委会。二是必须突出重点，要选择那些社会反映强烈、人民群众意见较大的个案开展监督，不可能过问过多的案件。三是必须尊重司法机关独立办案的职权，人大不具体办案。他还就个案监督的具体程序和各种不同性质的个案采取不同方式的监督发表了意见。李鹏建议个案监督草案的起草部门要充分注意吸收各级人大好的意见和建议。他特别强调，我们制定法律必须走群众路线，在总结实践经验的基础上开展立法工作，使我们的法律具有较强的可操作性。

李鹏指出，我们要进行经济体制改革，也要进行政治体制改革。政治体制改革中很重要的一条就是要坚持和完善人民代表大会制度，进一步发挥人大的作用。人民代表大会制度是中国共产党领导下的人民民主制度。中国的民主就是人民当家做主，人民行使当家做主权利的机关就是人民代表大会。要充分发挥人大及其常委会在依法治国中的作用，认真行使宪法和法律赋予的各项职权。各级人大常委会要密切与人大代表的联系，发挥人大代表的作用。

考察过程中，李鹏还专程前往山东省人大常委会机关，看望了常委会组成人员和机关工作人员。他说，发扬社会主义民主，健全社会主义法制，人大的责任重大。希望大家在人大的岗位上努力工作，不要有“退下来到第二线”的消极思想。一些老同志确实是从党委、政府等岗位上退下来的，但是到了人大，就要履行好自己的神圣的职责。在人大机关工作的同志，要很好地协助常委会组成人员工作，大家共同努力，把人大的工作做好。

国有企业的改革和发展是今秋中共中央全会将要讨论的重要问题。在山东期间，李鹏多次到企业考察，召开座谈会，详细了解企业改革和发展情况以及遇到的问题，认真听取了企业负责人的意见和建议。

“菜篮子”工程是李鹏多年来始终关注的问题。考察中，他专程来到全国重要的蔬菜生产基地寿光，实地了解寿光在蔬菜生产方面取得的成功经验。

李鹏在考察期间还听取了山东省委、省人大的工作汇报，对山东在改革开放中取得的突出成绩予以充分肯定。李鹏说，山东的民风淳朴，工作扎实。山东人民热爱党、热爱祖国、热爱社会主义，执行中央的方针政策坚决，这是一个优良传统。他说，山东一直重视能源、交通等基础设施建设，重视农业发展。山东的经验说明，依靠科技进步，我国农业发展的潜力是很大的。他说，生物工程的运用将可能对我国农业产生巨大的作用，要积极探索和实践。

财政部 监察部 国家发展计划委员会 中国人民银行和审计署联合举行落实“收支两条线”规定全国电视电话会议

中共中央政治局常委、中央纪委书记尉健行出席并讲话。

尉健行指出，落实“收支两条线”规定要明确阶段性要求，务必抓好工作落实。第一，要明确工作标准。“收支两条线”工作必须按照明确具体的标准，逐条抓好落实。一是所有收费项目和收费标准，必须经国务院和省级政府批准，不得擅自设立收费项目，扩大收费范围，提高收费标准；二是收费、罚款统一使用由中央或省级财政部门印制的票据，做到亮证收费或罚款；三是严格依法收费和罚款，实行罚款与收缴相分离；四是开设银行账户必须经财政部门批准和人民银行许可，不得擅自开设银行账户和私设“小金库”；五是各项行政事业性收费和罚没收入要及时足额缴入国库或财政预算外资金专户，不得截留、坐支、私分；六是财政部门要按照预算内外资金结合使用的原则，对公检法、工商部门履行职能所必需的经费给予保障。第二，要突出工作重点。今年，公检法和工商部门从上到下都要实行“收支两条线”管理，重点抓好地(市)、县(区)一级的落实工作；中央一级、省一级以及副省级城市、省会城市市一级的其他执收执罚部门都要实行“收支两条线”管理，重点抓好交通、城建、教育、海关、卫生、环保、农业、民政、劳动、土地管理、质量技术监督、计划生育和出入境检验检疫等13个部门的落实工作。第三，要制定政策规定。要针对“收支两条线”工作中存在的问题和管理制度、工作程序上的漏洞，研究制定有关政策，对“收支两条线”工作涉及的主要方面和各个环节作出具体规定，以此规范和制约执收执罚行为。第四，要严格执行纪律。财政、银行、审计等部门要研究制定财政金融方面的规章制度和纪律规范。纪检监察机关要会同有关部门抓紧制定违反“收支两条线”规定的党纪政纪处分办法。各级党委、政府和执收执罚部门的领导干部，都要严格遵守财政金融工作制度和“收支两条线”的各项规定。

任何一级地方党委、政府及所属部门都不准向执收执罚部门下达收费和罚款指标，违者要严肃追究有关人员的责任。

中共中央政治局委员、中央政法委书记罗干出席会议。会议由国务委员、国务院秘书长王忠禹主持。中央纪委、监察部、财政部、公安部、教育部、海关总署以及北京市、广东省的负责同志何勇、楼继伟、贾春旺、陈至立、钱冠林、翟鸿祥、王华元在会上发了言。中央、国家机关各部门和各省、自治区、直辖市党委、政府主管领导同志，以及公检法、工商和各执收执罚部门的负责人参加会议。

全国人大外委会负责人就日本参议院通过新日美防卫合作指针相关法案发表谈话

全国人大外事委员会负责人说，日本参议院不顾日本人民和亚洲国家的反对，继众议院之后于5月24日通过了新日美防卫合作指针相关法案。这是日本为强化日美军事合作、扩大日本在亚太地区军事作用而采取的严重步骤，不能不引起中国人民和亚洲其他国家和地区的忧虑和不安。

他说，美、日两国政府制定新日美防卫合作指针以及日本国会为之通过相关法案，其要害是加强日美在亚太地区的军事合作，使日本自卫队可以协同美国以“维护地区安全”为名跨出日本本土进行军事活动，给本地区的和平与稳定带来威胁。日方这种倒行逆施的行为，完全违背了亚太地区人民的和平友好愿望，将会引起他们的强烈反对。

他指出，中方还注意到，日方有关“周边事态”的解释一直含糊其辞，这将给中日关系的稳步发展带来不利影响。任何直接或间接地把中国的台湾纳入日美安全合作范围的企图，都是对中国主权和领土完整的侵犯和对中国内政的干涉，我们坚决反对。日本应当信守日中联合声明和日中友好条约的原则，不要做干涉中国内政、妨碍中国统一大业、破坏中日友好关系的事。

外交部发言人朱邦造评论美方公布的《考克斯报告》

朱邦造在应记者要求评论美方公布的《考克斯报告》时指出，《考克斯报告》污蔑中方通过所谓窃取美军事技术而危害了美国的国家安全，这种耸人听闻的指控极其荒谬，是毫无根据和别有用心的。

5 月 26 日

《邓小平理论研究系列丛书》出版

中华工商联合出版社日前出版发行《邓小平理论研究系列丛书》。全套丛书共 30 分册，总计 300 万字。

《人民日报》发表评论员文章《诚心诚意对待评议意见——八论以整风精神深入开展“三讲”教育》

国家农业综合开发第二次联席会议在北京召开

国务院副总理温家宝出席会议讲话。

温家宝指出，适应农业发展阶段性变化的要求，农业综合开发在指导思想上要实现两个转变：即由以改造中低产田和开垦宜农荒地相结合，转到以改造中低产田为主，尽量少开荒甚至不开荒，把提高农业综合生产能力与保护生态环境结合起来；由以增加农产品产量为主，转到积极调整结构，依靠科技进步，发展高产优质高效农业上来。

温家宝说，根据农业和农村经济发展新阶段的要求，农业综合开发工作要进一步明确思路。

改造中低产田，改善农业基本生产条件，是农业综合开发的主要任务，是提高农业综合生产能力的一项重大措施，也是发展高产优质高效农业的基础，要坚持下去。

农业综合开发要突出四个重点：一是建设大型优质粮食生产基地，主要是发展优质专用小麦，抓紧在北方冬小麦区建设优质小麦基地。二是建设优质饲料粮生产基地，推进畜牧业产业化经营。北方特别是东北玉米产区，要大力发展优质饲料玉米，并逐步形成饲料粮生产基地——饲料生产企业——养殖业——畜产品加工企业相结合的畜牧业发展格局。三是发展节水农业。要大力发展节水灌溉，推广渠道防渗、管道输水，有条件的可以发展喷灌滴灌。四是坡改梯。山区、丘陵地区的农业综合开发要进一步加大坡改梯的力度，特别要重视扶持贫困山区，建设基本农田，改变生产条件。

加快农业科技进步，加强科学管理，是搞好农业综合开发的重要保障。农业综合开发要上新的台阶，关键是推广先进适用技术，加强对农民的培训，提高农民的科技素质。农业综合开发要科学规划，项目确定要充分论证。要搞好项目管理，建立责任制，完善规章制度，加强监督检查，提高工程质量。要严格资金管理，坚持专款专用，严禁挤占挪用，提高资金使用效益。

郑州粮食批发市场采取公开竞价交易方式销售中央储备进口小麦

与以往中央储备粮吞吐相比，竞价销售有以下几个特点：一是运行机制不同，计划经济时期中央储备粮抛售的办法是层层下达计划，通过本系统的企业实施，而这次是适应社会主义市场经济发展的要求，按照市场机制来吞吐调节储备粮，参与的对象为所有具有粮食经营资格的经营、加工企业，透明度增强，购销直接见面，少环节、高效率运行；二是定价方式不同，过去是由国家有关部门定价，可能与市场实际价格有出入，而这次是由市场形成价格，有利于实现公开、公正、公平，有利于减轻财政负担，也有利于监督；三是借此培育粮食批发市场，促进粮食交易的规范化；四是按照政企分开的要求，委托中介组织进行交易。

中国种植格局发生变化

据不完全统计，东北地区近年水稻种植面积已达 1800 万亩，水稻产量占粮食产量的比重上升了 10 多个百分点；与此同时，南方种植玉米也日益普遍，稻谷产量第一大省的湖南省今年玉米将发展到 600 万亩，可基本解决所需。

昔日长江流域及其以南地区为我国水稻主产区；以北地区为玉米主产区。伴随近年来农业生产结构调整步伐的加快，北方对南方稻谷的调入量急剧下降，加之水稻产区广泛推广杂交水稻，大幅度提高了单产，稻谷产量大增，形成供过于求局面。长江流域的气候、土壤都适宜玉米生长，且由于气温比北方高，加上地膜玉米栽培等新技术的运用，使南方玉米产量不断提高，平均单产已达 400 公斤左右，略高于早稻。有关专家已着手研究发展南方玉米生产的诸多配套工作。

国务院总理朱镕基在中南海会见吉尔吉斯共和国外交部部长穆·桑·伊马纳利耶夫

全国政协外委会负责人就日本国会通过新日美防卫合作指针相关法案发表谈话

全国政协外委会负责人就日本国会通过新日美防卫合作指针相关法案发表谈话,强烈要求日本信守日中联合声明和日中和平友好条约的原则,继续遵守和平宪法,切实执行专守防卫政策,走和平发展道路,以实际行动履行自己所做的承诺,不要做干涉中国内政、妨碍中国统一大业、破坏中日友好关系的事。

全军科技练兵电视电话会议在北京召开

中央军委委员、总参谋长傅全有在讲话中指出,面对国内外新的形势,全军要进一步增强忧患意识和战备观念,以实际行动苦练精兵,更好地肩负起捍卫国家主权的神圣使命;一定要深刻认识到科学技术是军队的第一战斗力,开展科技练兵是适应世界军事发展的必然要求;一定要坚定立足现有装备打胜仗的信心,在提高人的科技素质上下功夫,在发挥现有武器装备效能上下功夫,在研练适应高技术战争的战法上下功夫。

傅全有指出,开展科技练兵要遵循规律,把握实质,坚持正确方向;要着眼实战,坚持训战一致,瞄准强敌练兵,深入研究近年来几场局部战争,努力把握高技术条件下作战的特点规律;要把着力点放在提高人的素质上,重点是加强指挥员队伍建设;要广泛吸收和运用科技成果,把高科技渗透到战法研练、训法改革、训练管理中去。全军院校和科研机构,要把主要科研力量投向研究现实问题的“主战场”。

总参谋部、总政治部、总后勤部、总装备部和全军各大单位领导在主、分会场参加会议。

中国科技体制改革出台重大改革方案

我国科技领域一项重大改革方案日前已经国务院批准,即将付诸实施。根据这项方案,在6月30日之前,国家经贸委管理的10个国家局所属的242家科研机构,要按照实现产业化的具体要求,从实际情况出发,自主选择改革方式,包括转变成科技型企业、整体或部分进入企业和转为技术服务与中介机构等,被批准继续保留事业单位性质的少数科研机构,也要引进科技型企业运行机制。转制科研机构从7月1日起按新的管理体制运行。

为确保242家科研机构顺利转制,国家除制定了周详的实施方案外,还出台了一系列配套优惠政策。科研机构转制后,原有的正常事业费继续拨付,主要用于解决转制前已经离退休人员的社会保障问题。转制科研机构从1999年起,5年内免征企业所得税、技术转让收入的营业税、科研开发自用土地的城镇土地使用税。转制科研机构还将享有自营进出口权,享受国家支持科技型企业的待遇,参加国家科研课题和项目的申请、竞标享有与其他科研机构同等的权利。

国家经贸委管理的10个国家局所属242个科研机构改革座谈会在北京召开

国务院副总理李岚清出席并讲话。座谈会上,北京有色金属研究总院院长屠海令、南京玻璃纤维研究设计院院长张耀明、纺织印染中心主任俞亦政、北京玻璃钢研究院院长李新华等代表就本单位进行产业化改造的经验发言。在认真听取了代表们的发言后,李岚清发表讲话。他说,各单位的经验证明:谁先改革,主动面向市场,大力推进科技产业化,谁就先赢得发展,就会利国利民。

李岚清指出,科研机构向企业化转制是顺应世界经济、科技发展趋势的必然选择,242个科研机构的转制将对全国科技体制改革起到重要的示范带动作用,这次242个科研机构与原主管部门脱钩,也是实行政事分开的试点工作,为全面开展事业单位的改革探索道路、积累经验。各地经济发展对科学技术进步也寄予了很高期望。这对我国科技发展提出了迫切要求,也为科研机构的发展壮大提供了大好机遇。

李岚清说,推动242个科研机构向企业化转制,不是要削弱这支研究开发力量,而是要通过新的机制来加强。国家对广大科研机构寄予厚望,科研机构企业化转制后,国家将继续重视发挥它们的作用,并为转制努力创造良好的政策环境。

李岚清强调,今后国家将对行业共性技术、关键技术和战略高技术研究项目加大支持的力度,在运作方式上要逐步实行公开招标制,要靠科技实力去竞争获得,而不能再像过去一样由行业去分配任务。科研机构无论转制后变成企业,还是进入企业或到了地方,都具有同等的竞争国家项目的权利,仍然可以通过承担项目为行业科技进步服务。

科研机构向企业化转制,不仅有利于其自身的壮大和发展,而且必将带来我国工业科技长足进步、整体技术水平不断提高的新局面。李岚清说,科研机构转为企业或进入企业后,就要按照现代企业制度来运行,既要有自我激励机制又要有自我约束机制。原有的内部各项管理制度都要改革,要尽快建立起现代企业制度。转制后,要继续保持科研机构的优势和特色,加大研究开发投入,不断增强研究开发实力和技术创新能力。转为科技型企业的，更要把提高持续创新能力视为生存发展的根本，把研究开发高新技术产品和发展高新技术产业作为自己的使命。

中共"一大"会址纪念馆扩建工程竣工开放仪式在上海举行

中共"一大"会址纪念馆1952年建馆以来，累计已接待了全国各地观众800多万人次，1997年被中宣部命名为"全国爱国主义教育示范基地"。纪念馆扩建工程在去年6月开工，广大党团员和普通市民纷纷自愿捐款，并踊跃参加义务劳动，其中，各项捐款总额达2000多万元。

扩建工程的新建筑位于中共"一大"会址纪念馆的西侧，占地面积715平方米，建筑面积2316平方米，建筑高度12米，与纪念馆的建筑风格相同，保持了20年代上海典型的石库门民居的建筑风貌。扩建后的纪念馆展览厅的面积比原来扩大3倍。

扩展后的"一大"会址纪念馆，主题更加鲜明，内容更加丰富，形式更加新颖，更具有直观性和历史的感染力。在陈列展品中，文物原件有117件，占陈列展品总数的79%，其中国家一级文物24件，有不少过去长期保存在库房中，这次首次与观众见面。新的陈列厅还专门开辟了一个蜡像室，生动地再现了这一开天辟地的历史事件。

全国公安边防决定严打偷渡活动

公安部边防管理局有关负责人透露，针对我国沿海地区近年来偷渡活动猖獗的情况，公安部决定在福建、广东、浙江、辽宁、广西等沿海重点地区组织一次为期一个月的以"打现行、挖团伙、抓蛇头"为重点内容的反偷渡联合行动。

逃往厄瓜多尔的特大贪污犯罪嫌疑人周长青被公安部门押解回国

46岁的周长青家住西安市莲湖区青年路126号楼23号，原系陕西省机电设备公司总经理。1997年11月至12月间，周长青利用职务之便，先后以业务用款为由，将公司下属的桑塔纳专营公司、汽车销售公司，北京、上海办事处等单位4000余万元资金和2.6万美元转往珠海市利恒发展公司兑成现金。1997年12月，周长青逃往厄瓜多尔。

公安部刑事侦查局获悉周长青藏匿厄瓜多尔共和国境内，通过相关渠道请求厄瓜多尔协助缉捕周长青。5月11日，厄方捕获周长青后，公安部立即派员赴厄，将周长青押解回国。

5月27日

《人民日报》发表社论《坚定不移地推进改革开放——学习江泽民同志在欢迎我驻南工作人员大会上的讲话之三》

《人民日报》发表观察家文章《论美国霸权主义的新发展》

以美国为首的北约对南斯拉夫联盟共和国进行狂轰滥炸，并悍然袭击中国驻南联盟大使馆，引起中国政府和人民的极大愤慨，受到全世界爱好和平的国家和人民的严厉谴责。美国的这些野蛮暴行，充分暴露了霸权主义的凶恶面目和帝国主义的侵略本性。

从世界的范围进行观察就可以看出，美国对南联盟发动这场武力干涉，并不是孤立的偶然的现象。它是美国在世纪之交加紧推行其称霸全球战略的一个重要步骤，是美国霸权主义新发展的一个重要标志。这是当前国际局势中一个值得严重注意的新动向。

(一)苏联解体，"冷战"结束后，美国作为世界上唯一的超级大国，自恃经济、技术和军事力量强大，趾高气扬，不可一世，称霸世界的野心急剧膨胀。美国去年12月推出的《新世纪国家安全战略》就毫不隐讳地声称，美国的目标是"领导整个世界"，决不允许出现向它的"领导地位"提出挑战的国家或国家集团。为了实现其独霸世界的战略目标，美国置《联合国宪章》和有关国际法与国际公约于不顾，到处插手别国事务。谁不听它的话，谁不接受它的政治经济模式，它就向谁施加种种压力，甚至大动干戈，必欲置之死地而后快。它在巴尔干、中近东和世界其他地方不就是这样干的吗！

(二)在东西两线建立为美国霸权主义服务的军事集团或军事联盟，构筑由它主导的全球安全体系。在欧洲，美国把北约作为推行称霸全球战略的重要工具。北约是"冷战"的产物。华约解体以后，北约本已失去存在的理由。但美国出于全球战略需要，非但没有解散北约，反而加强和扩大这个军事集团。北约成员国已由15个增加到19个，今后还将进一步扩大。美国处心积虑地为北约制定新战略，赋予它新的使命。经过长期谋划，4月25日，北约在美国举行首脑会议，通过了"北约战略新概念"。它的核心内容，是将北约的防区延伸到其成员国的领土之外，把北约的职能从保卫成员国领土安全，扩大到保卫成员国的"共同利益"、"共同价值观念"以及预防冲突和处理危机。按照这个"新概念"，北约的军事干预行动可以不必经过联合国安理会而自行授权。这样一来，不管美国要捍卫的所谓"民主价值观"或可以导致危机和冲突的事态出现在世界什么地方，它都可以利用北约作出“军事反应”。这就说明，北约已从一个集体防御组织转变为一个冒险性、扩张性和侵略性的军事集团。这次美国主导北约对南联盟发动的侵略战争，就是北约实施新战略的一个开端。这是北约第一次在传统防区以外使用武力干涉别国的内政，开创了北约武装干涉一个主权国家的危险先例。

在亚太地区，美国坚持保留10万驻军，强化美日军事同盟，与日本签订了新防卫合作指针。日本众参两院已通过新日美防卫合作指针相关法案，把美日军事合作的范围扩大到了包括中国台湾在内的整个亚太地区。矛头所指，昭然若揭。正如日本国内有识之士所指出，所谓“相关法案”就是“战争法案”。它是一个危险的信号，表明在美国的支持和纵容下，日本的一些当权派企图背离日本宪法规定的战后和平发展道路，追随以美国为首的军事联盟干涉他国内政，严重威胁亚洲地区的和平与安全。与此同时，美日还决定合作研发“战区导弹防御系统”(TMD)，构造以攫取军事优势为目的的导弹防御系统。这些活动，标志着美国推行全球军事联盟战略的重大发展。

(三)加大军事投入，大力发展高技术武器。苏联解体后，美国的军事力量在世界上没有任何一个国家可以匹敌，但它仍嫌不足，大肆扩充军事实力。1999年，美国防务预算开支达2762亿美元，相当于俄罗斯、英国、法国、德国、日本和中国6个国家军费总和的1.67倍。美国还决定在今后6年内增加防务预算1120亿美元。为确保在军事领域的绝对优势，美国公布了“国家导弹防御系统(NMD)”计划。在海湾战争和对南联盟的武力干涉中，美国就大量使用了高技术武器，甚至动用国际法禁用的集束炸弹，把别国当作高技术武器的试验场。美国当局为军火商谋取超额利润，要发战争财，把军火工业作为它的一个新的经济增长点。美国宣布，其军事力量必须作好同时打赢两场地区性战争的准备，必要时不惜单方面使用军事力量。这不是说说而已，美国已经这样做了。它以打击恐怖主义为由，对苏丹、阿富汗进行导弹袭击，对伊拉克进行大规模空袭，现在又对南联盟大动干戈。这一切都说明，美国把军事实力作为推行全球战略和维护经济利益的重要手段。美国动武或以武力相威胁的倾向在“冷战”后不是削弱了而是加强了。

(四)美国企图主导国际经济新秩序，在经济、贸易、科技、金融等领域建立全球霸主地位。不择手段地最大限度地攫取利润，是所有垄断资本的本性。美国利用经济全球化的发展趋势，在世界各地加紧进行经济渗透和掠夺，力图凭借经济、科技、金融等优势，控制别国的经济命脉，损害别国的经济主权。它违背平等互利这一国际经济交往中的普遍原则，千方百计地诱压别国无限度地开放市场，自己却大搞贸易保护主义，动辄运用超级301条款对别国进行经济制裁。美国把贸易问题政治化，竭力要把劳工标准、环保和所谓“良政”等涉及他国主权权限的问题纳入多边贸易协议。美国国会通过达马托法和赫尔姆斯—伯顿法，明目张胆地谋求治外法权。美国推行金融霸权主义，利用美元的独特地位，通过印发钞票，影响和操纵汇率、利率等手段，为自己捞取巨大的经济利益，还力图控制国际金融体系改革的主导权。在国际贸易和金融组织中，美国起劲地推进符合其自身利益的贸易投资自由化，试图按照美国的需要，左右国际经济游戏规则的制定。

(五)向社会主义国家和第三世界发动新的“冷战”。东欧剧变，苏联解体后，美国坚持对华制裁，从政治、经济等方面向中国施压，企图一举压垮中国。但中国不仅没有垮，反而发展壮大起来了，以一个社会主义发展中大国的崭新姿态，屹立在世界民族之林。美国不喜欢中国坚持社会主义道路，不愿看到中国的发展强大。它对其他一些社会主义国家也施加各种压力或进行所谓遏制。但是社会主义并没有按照美国为首的西方的意志和愿望从地球上消逝，经过总结经验教训，经过自我完善和发展，正在显示出新的生机与活力，前途仍然一片光明。

以美国为首的西方国家竭力把自己的社会制度、价值观念强加给发展中国家，到处推行它们的议会民主、多党制和经济模式，使广大发展中国家吃尽了苦头。美国打着它们所谓的“自由”、“民主”、“人权”等旗号，肆意干涉发展中国家的内政。美国连年在联合国人权会上提出别国人权提案，企图充当“人权法官”，对发展中国家进行“审判”。美国还公开扬言要推翻一些发展中国家的合法政权，支持一些民族分裂势力和某些宗教势力制造事端，借口所谓“民族自决”，肢解别的主权国家。1989年年底，邓小平同志就曾指出：“我希望‘冷战’结束，但现在我感到失望。可能是一个‘冷战’结束了，另外两个‘冷战’又已经开始。一个是针对整个南方、第三世界的；另一个是针对社会主义的。西方国家正在打一场没有硝烟的第三次世界大战。所谓没有硝烟，就是要社会主义国家和平演变。”

(六)美国等西方国家向公认的国际法准则挑战，提出种种荒谬论调，为推行霸权主义和强权政治制造新的“理论”。它们大肆鼓吹什么“人权高于主权”、“主权有限论”、“人道主义干预论”、“新干涉主义”、“为价值观而战”等谬论，目的都是力图使它们的霸权行径“合法化”。这些论调同希特勒当年提出的“生存空间论”和“种族优越论”可谓异曲同工。究其实质，就是要打着“人权”、“人道主义”的幌子，大肆扩张其政治、经济势力范围，推行新殖民主义。说穿了，就是要以霸权代替人权，以霸道代替人道，以霸主代替民主，用炮舰践踏和平。美国为推行霸权主义，对别的主权国家已不满足于进行政治施压、经济制裁和文化渗透，甚至不惜发动战争。

美国还凭借在信息和传媒领域的绝对优势，欺骗世界舆论和本国人民，为霸权主义张目。在这次科索沃危机中，美国一方面开动其全部宣传机器，大肆歪曲和渲染南联盟政府搞什么“种族清洗”，而闭口不谈北约的狂轰滥炸给包括科索沃人民在内的南联盟全国人民带来的空前灾难；一方面竟悍然袭击南斯拉夫电视台，企图阻止南联盟新闻机构向世人报道事实真相。这哪里有一丝一毫它们鼓吹的所谓“客观公正”、“新闻自由”的影子呢？

美国霸权主义的新发展，是由其帝国主义的本性所决定的，有着深刻的国内、国际和政治、经济根源。美国经济连续 9 年保持增长，在政治、经济、科技和军事领域具有明显优势，美国垄断集团必然要求进一步向外扩张。美国统治集团认为，如何保持它独一无二的霸主地位是 21 世纪美国全球战略的最重要目标。美国在海湾战争中得逞，在其他地区搞霸权主义也有所得手，更加助长了它的嚣张气焰。从世界范围看，“冷战”结束后，国际力量对比发生重大变化，特别是在军事领域，世界上没有别的国家可以同美国进行抗衡。加之世界各地的民族、宗教问题错综复杂，美国居心叵测，竭力加以利用。美国正是利用这个战略时机，通过政治、经济、军事、文化等手段，向全世界大肆扩张，企图加紧构筑在国际事务中由美国一家说了算的“单极世界”，并由美国霸权主义来主宰 21 世纪的世界秩序。

但是，美国霸权主义的如意算盘是不可能得逞的。维护世界和平，促进共同发展，是世界人民的普遍要求和强烈愿望。世界走向多极化，是历史发展的必然趋势。这一趋势的发展过程可能出现曲折和起伏，但多极化的发展潮流是任何力量也阻挡不了的。世界上越来越多的国家不赞成或反对由一个国家或国家集团垄断国际事务。美国虽然拥有超级国力，但并不能完全为所欲为。美国推行新霸权主义的实质和要害是要建立以美国为主导的国际秩序，对此，广大发展中国家不答应，就连美国的盟友也不会答应。欧洲多数国家反对美国企图建立“单极世界”，不愿听从美国的摆布，同美国的利益冲突与矛盾正在发展。美欧围绕欧洲事务主导权之争并没有停止。美与日欧的经济贸易摩擦不断发生，有时还很激烈。美俄战略利益冲突加剧，在众多问题上存在着矛盾。美国企图把自己的社会制度和价值观强加于社会主义国家和第三世界国家，肆无忌惮地干涉别国内政，只能激起它们的强烈抗争。帝国主义、霸权主义总是过高地估计自己的力量，过低地估计世界人民的力量。这就决定了它们必然事与愿违，搬起石头砸自己的脚。侵略南联盟就是一个明显的例子。以美国为首的北约气势汹汹，想一口把南联盟吃掉，但它们已经发现自己深陷泥潭。北约的兵力是南联盟的 37 倍，财力是南联盟的 696 倍。但弱小的南斯拉夫不畏强权，顽强抵抗，使貌似强大的北约骑虎难下，丢尽了脸面。美国使尽一切手段，企图搞垮伊拉克等国家，也没有得逞。

美国推行霸权主义和强权政治，是威胁世界和平与稳定的主要根源，是逆历史潮流而动的不义之举，在世界上很不得人心。当前，全世界爱好和平人民反对以大欺小，以强凌弱，以富压贫的呼声日益高涨。西方和美国国内的反战情绪也在上升。广大中小国家独立自主的倾向在发展。穆斯林国家也不会听从美国的摆布。这都是对美国推行霸权主义的有力牵制。无数历史事实表明，霸权主义可能逞雄于一时，但不可能长久肆虐下去。正如邓小平同志指出的：“现在出现的新的霸权主义、强权政治，是不能长久维持的。少数国家垄断一切，这种形式过去多少年没有解决任何问题，今后也不能解决任何问题。”可以肯定，霸权主义在“冷战”时期没有达到称霸世界的目的，在“冷战”后新的形势下也同样达不到目的。历史是公正的，新殖民主义、新霸权主义不会比老殖民主义、老霸权主义有更好的下场。

世界是属于世界各国人民的。在本世纪，经过世界人民的共同努力奋斗，老殖民主义体系已经土崩瓦解。在新的世纪里，一切爱好和平的国家和人民决不会允许新殖民主义、新霸权主义重新主宰世界。“时来天地皆同力，运去英雄不自由。”美国霸权主义自以为时来运转，可以横行霸道。但它错误估计了形势，打错了算盘。它失道寡助，最终好运不长，逃脱不了彻底失败的厄运。

中共中央国务院关于严禁擅自修建已故领导同志纪念设施的通知

各省、自治区、直辖市党委和人民政府，各大军区党委，中央和国家机关各部委，军委各总部，各军兵种党委，各人民团体：

中央历来十分重视用已故老一辈革命家的光辉业绩和革命风范教育广大干部群众。多年来，经中央批准修建的已故老一辈革命家的纪念设施，在对广大干部群众特别是对青少年进行革命传统教育和爱国主义教育方面发挥了重要作用。同时，中央多次强调，修建已故领导同志纪念设施必须严格控制；确有必要修建的，必须经党中央、国务院批准；未经批准，各地一律不得擅自修建。但是,中央的这些规定在一些地方至今没有得到很好地执行,个别地方擅自修建已故领导同志纪念设施的情况越来越严重。近几年,又出现一些已故领导同志亲属相互攀比,找已故领导同志生前战友、部下和曾工作过的地方领导,要求当地批钱划地,在已故领导同志诞生地和工作过的地方修建纪念馆、陵园、陵墓和塑像的现象。有的已故领导同志的生前战友和部下不坚持原则,为修建纪念设施到处找熟人、写条子、疏通关系,甚至给当地施压;有的地方领导碍于故情,对已故领导同志生前战友、部下和亲属提出的不适当要求,一味迁就;有的地方受经济利益驱动,把修建已故领导同志陵园、墓地作为建设新的旅游人文景观的途径;个别地方甚至以为已故领导同志修建纪念设施为名向社会集资、摊派。为了坚决制止上述错误做法,党中央、国务院重申并提出以下要求:

一、各级党委、政府和广大党员领导干部要从讲政治的高度,充分认识中央严禁擅自修建已故领导同志纪念设施决定的重要意义。我们党是全心全意为人民服务的党,党的性质和宗旨决定了党必须把为人民谋利益作为自己全部活动的出发点和归宿。已故领导同志生前参加革命的目的是为人民谋利益,而不是要在身后留下昭示自己功劳的纪念场所。擅自为已故领导同志修建纪念设施,违背了已故领导同志生前参加革命的初衷,愧对于为中国革命和建设事业牺牲了的无数革命先烈。我国土地资源有限,人均耕地本来就少,擅自划出耕地、林地,甚至在风景名胜区为已故领导同志修陵建墓,不仅是对土地等资源的严重浪费,也是对子孙后代不负责任的做法。特别是在目前我国经济发展水平还不高,还有几千万贫困人口、几百万下岗职工的情况下,耗费大量人力、财力、物力修建纪念设施,不仅严重脱离了群众,而且损害了共产党人的形象。我国改革开放的总设计师邓小平同志为中国人民的解放和社会主义建设事业奉献了一生,辞世前嘱托后事从简,捐献角膜,骨灰撒入大海。邓小平同志以他为党和国家建立的不朽功勋和后事从简的表率作用,在人民群众心目中树起了永久的历史丰碑,为全党全国树立了光辉榜样。邓小平同志逝世两年多来,一些地方提出为邓小平同志修建纪念设施,但邓小平同志亲属多次向中央表示,不要为邓小平同志修建纪念设施。中央尊重邓小平同志及其亲属的意愿,至今没有为邓小平同志修建一处纪念设施。全党同志特别是党的高级干部及其亲属要带头学习邓小平同志的革命风范,坚决遵守中央的规定和要求,绝不做有违党的宗旨和脱离人民群众的事。

二、今后,确需修建的已故领导同志纪念设施,统一由党中央、国务院统筹规划和安排,各地区、各部门不得再就此问题向中央提出申请和报告。经党中央、国务院规划和安排并责成有关地区或部门负责修建的纪念设施,承建地区和部门必须严格按照党中央、国务院批准的方案组织施工,不得擅自扩大建设规模和突破投资概算。

三、未经党中央、国务院规划和安排,任何地方和单位都不得擅自为已故领导同志修建、扩建纪念馆、纪念亭、纪念碑、陵园、陵墓,树立塑像,建立个人故居和其他纪念设施。凡未经党中央、国务院规划和安排擅自修建、扩建纪念设施的,计划部门不得立项,土地行政主管部门不得办理土地审批,财政部门不得拨款,城乡建设规划部门不得安排建设规划。

四、已故领导同志的故居和生前工作过的场所应正常使用,不得擅自辟为纪念地。已故领导同志的骨灰要按有关规定妥善安置。已安放在北京八宝山革命公墓和其他城市革命公墓中的已故领导同志骨灰,一般不要迁往他处安葬或安放。已故领导同志亲属要求并经批准移往他处安葬或安放的,应一次全部迁出。重新安葬或安放时,不得占用耕地、林地,不得迁入风景名胜区,不得在烈士陵园内新建纪念设施;占地面积按照《殡葬管理条例》和《国务院办公厅转发民政部关于进一步加强公墓管理意见的通知》(国办发〔1998〕25号)的有关规定执行;不立塑像,不搞评价性碑文,不作宣传报道。

五、各级党委、政府和各有关部门要坚持原则,坚决按规定办事,绝不能迫于人情而乱批、乱建纪念设施。已故领导同志亲属或生前身边工作人员可以向组织反映自己的要求,但绝不能利用已故领导同志生前的影响和声望到他们生活和工作过的地方要地要钱。对已故领导同志亲属或生前身边工作人员提出的不适当要求,有关地方、部门和单位要理直气壮地做好劝导工作,说服他们严格遵守党和国家有关规定,自觉维护已故领导同志的形象。对不听劝阻、对地方施加压力,执意要求修建纪念设施的已故领导同志亲属和生前身边工作人员,其所在单位要进行严肃处理。任何单位和个人都不准以修建、扩建纪念设施为名搞集资、搞摊派、搞募捐、拉赞助。

六、对未经党中央、国务院批准,目前正在建设的纪念设施,必须立即停建,并作出妥善处理。对位于风景名胜区、历史文化保护区内的不符合规划要求、影响景观风貌的纪念设施,应立即拆除。对即将建成但尚可改造的,应改建为其他社会经济文化福利设施。对违反规定动用财政资金或靠集资、摊派修建、扩建纪念设施的单位主要负责人和直接责任人,要依照党纪、政纪的有关规定进行严肃处理。对以修建、扩建纪念设施为名挪用扶贫资金和其他专项资金或从事其他违法活动的，要依法追究单位领导人和直接责任人的法律责任。

七、各省、自治区、直辖市党委和人民政府接到本通知后，要立即对本地区为已故领导同志修建、扩建纪念设施的情况进行一次全面检查清理，逐一详细登记，并对违反规定修建的纪念设施提出处理意见，向党中央、国务院作出负责任的专题报告。中央将适时派出检查组，对贯彻落实本通知精神的情况进行督促检查。

八、本通知所称已故领导同志，是指生前担任省、部级以上领导职务的同志。对为已故其他领导同志修建纪念设施的，参照本通知精神执行。

中共中央政治局常委尉健行在人民大会堂会见以捷列先科主席为团长的哈萨克斯坦共和国“祖国”党代表团

《人民日报》就国务院批准经贸委管理的 10 个国家局所属 242 个科研机构的改革方案发表评论员文章《科技体制改革的必由之路》

5 月 28 日

中央党校省部级干部进修班举行毕业典礼

中共中央政治局常委、中央书记处书记、中央党校校长胡锦涛出席并讲话。

中央党校第二十六期省部级干部进修班，有来自各省、自治区、直辖市和中央部委的负责人 78 人参加，历时 3 个月。在学习期间，学员们紧紧围绕十五大主题，认真学习了马克思列宁主义、毛泽东思想特别是邓小平理论；紧密结合形势的发展和当前的实际，就我国改革、发展、稳定的一些重大现实问题和理论问题进行了专题研讨和交流。

胡锦涛强调，面对新世纪，我们党肩负着重大的历史责任，党的各级干部首先是几千名高级干部、几万名中级干部肩负着重大的历史责任。在全国县级以上党政领导班子、领导干部中深入开展“三讲”教育，是中央在全面分析我们迈向新世纪面临的新形势、新任务和领导班子、领导干部的现状后，作出的一个重大决策。“三讲”的核心，是讲政治。各级领导班子和领导干部只有坚定正确的政治立场，坚持正确的政治方向，不断增强政治敏锐性和政治鉴别力，遵守政治纪律，才能经受住各种困难和风险的考验，完成改革和建设的各项任务。他希望这期省部班学员在“三讲”教育中尽职尽责，首先要用自己的行动为广大干部作出表率，通过“三讲”教育，真正使自己在思想上有明显提高，政治上有明显进步，作风上有明显转变，纪律上有明显增强，以新的姿态把各项工作做得更好。

毕业典礼由中央党校常务副校长郑必坚主持。中央办公厅主任王刚，中央纪律检查委员会副书记、监察部部长何勇，中央宣传部常务副部长刘云山，中央组织部副部长王旭东等参加毕业典礼。

国务委员吴仪在国家级经济技术开发区外资工作会议上发表讲话

吴仪日前在国家级经济技术开发区外资工作会议上指出，面对新世纪即将带来的挑战和机遇，必须进一步扩大对外开放，更多更好地利用外资，国家级经济技术开发区更要努力改善投资环境，提高利用外资水平。

这次会议由外经贸部和国务院体改办于 5 月 24 日至 26 日在沪召开。吴仪在出席会议之前先后在浙江、上海考察了外商投资企业，并分别召开外商投资企业、国家级经济技术开发区负责人座谈会，广泛听取他们对吸收外资工作的意见，就有关问题与他们深入交换了看法。吴仪强调，中国改革开放的基本国策是不会改变的，随着社会经济的不断发展，我们的开放力度会更大，开放领域会更广。中国政治稳定，社会安定，法律逐步完善，经济持续快速健康发展，市场前景广阔，科技潜力巨大，劳动力成本相对较低，仍然是外商投资热点地区，各国企业界特别是跨国公司加大对华投资是明智的选择。

吴仪对经济技术开发区建设 15 年来所取得的成绩和积累的区域经济发展的丰富经验以及在对外开放包括吸收外资等方面所起到的窗口、辐射、示范、带动作用给予了充分肯定。她说，国家级经济技术开发区目前已成为我国经济新的增长点，经济结构和产业结构调整的排头兵，外贸出口的生力军。实践证明，邓小平同志 1986 年作出的“开发区大有希望”的论断是十分正确的。

吴仪提出，国家级经济技术开发区吸收外资工作在思想认识上要实现两个转变，一是从依靠政策优势向依靠综合环境优势转变；二是从注重规模效益向注重质量效益转变。在工作着力点上也要实现两个转变，即从土地经营转为资本经营和技术经营，由经济开发转为经济和技术开发并重，以运行机制的转换和体制创新再创开发区发展的新优势。

吴仪指出，努力改善投资环境特别是软环境是我国利用外资工作中一项长期而艰巨的任务。要下硬功夫改善投资软环境，加强法制建设，依法行政，切实保障外商投资企业经营管理自主权，维护投资各方和企业的合法权益，依法保护劳动者的正当权益，切实加强对知识产权的保护。

吴仪强调，经济技术开发区在竞争中应开拓思路，积极吸引国际跨国公司投资建立高新技术项目和设立研究开发中心，并发挥这些项目的孵化和辐射作用，带动相关配套产业发展，形成高新技术产业链条和产业群，同时把开发区办成高素质人才的摇篮。

部分省市加工贸易管理工作会议在北京召开

会议由国家经贸委、外经贸部、海关总署、中国人民银行、国家税务总局、国家外汇管理局和中国银行联合举办，国家经贸委副主任陈邦柱主持。

外经贸部部长石广生在会上说，加工贸易是我国改革开放的产物，1979 年至 1998 年，加工贸易出口从 2.35 亿美元增至 1044.7 亿美元，增长了 450 倍。加工贸易促进了国内技术进步和产业升级，促进了出口商品结构不断优化，带动了国内相关产业发展，培养了大批熟悉外向型经济的人才，目前加工贸易企业从业人员达 3000 多万人，有效缓解了国内就业压力。

石广生指出，由于国内外市场条件和环境的变化，加工贸易规模日趋庞大，分布领域宽广，经营企业众多，加工贸易进口商品和一般贸易进口商品存在很大税负差异，容易诱发走私行为等，对加工贸易管理的难度大大增强，出现了一些不容忽视的问题。要使加工贸易健康有序地发展，必须做到四个结合，即把发展加工贸易与调整产业结构、产品结构结合起来；把发展加工贸易与扩大外贸出口、优化出口商品结构结合起来；把发展加工贸易与提高吸收外资质量和水平结合起来；把发展加工贸易同提高我国国民经济和对外贸易的效益结合起来。

石广生说，近年来国家出台了加工贸易进口料件银行保证金台账制，收到了明显效果。为了进一步加强管理，现在又制定了 35 号文件，这是促进加工贸易管理从过去以行政手段为主转向以经济手段为主的重要举措，其总的精神就是宽严有别。对敏感商品要严，对一般商品要宽；对违规企业要严，对守法企业要宽。

中国证监会颁布规范上市公司的新规定

为规范上市公司的运作，健全上市公司的法人治理结构，中国证监会日前发出通知，要求上市公司总经理及高层管理人员不得在控股股东单位兼职。

通知规定，上市公司的总经理必须专职，在集团等控股股东单位不得担任除董事以外的其他行政职务；总经理及高层管理人员（副总经理、财务主管和董事会秘书）必须在上市公司领薪，不得由控股股东代发薪水。通知还要求证监会驻各地派出机构督促辖区内上市公司遵照执行。

目前，一些上市公司没有按规定与控股股东在人员、财务、资产上严格分开，总经理由集团等控股股东单位的负责人兼任、高层管理人员不在上市公司领工资的现象较为普遍。

有关人士指出，上市公司与其控股股东决策层及管理层重叠，会导致股东大会、董事会和监事会难以发挥《公司法》赋予的职能，高层管理人员职责不明，责权利不对等，容易出现大股东无偿占用上市公司的资金、资源，以及非正常关联交易、虚做利润等问题。人员上的分离，有利于上市公司逐渐建立独立的运行机制，保护上市公司的利益和广大投资者的合法权益。

国办转发国家经贸委等部门关于清理整顿小炼油厂和规范原油成品油流通秩序意见的通知

通知要求坚决取缔非法采油和土法炼油，并将依法清理整顿小炼油厂。

通知说，依照《中华人民共和国矿产资源法》和国务院有关规定，对没有采矿许可证的采油场点，一律予以取缔；依照《国务院关于环境保护若干问题的决定》，对各类土法炼油设施和场点，也一律予以取缔。取缔时间均为今年 7 月 31 日以前。未经国务院批准擅自新建、未列入 1998 年国家原油分配计划的小炼油厂，包括加工进口燃料油的小炼油厂，必须在今年 7 月底前关闭；虽已列入国家原油分配计划，但污染物排放和产品质量不符合国家规定标准的小炼油厂，必须于今年 12 月 31 日前关闭；未经国务院批准的拟建和在建炼油厂，必须立即停止建设。

为贯彻国务院通知精神，国家经贸委等 10 个部委局今天联合召开全国电视电话会议作出部署。国家经贸委副主任石万鹏在会上强调，这次清理整顿，政策性强，涉及面宽，情况复杂，各地区、各有关部门要加大执法力度，狠抓落实，切实抓出成效。

全国清理整顿小炼油厂和规范原油成品油流通秩序工作领导小组成立，小组成员由国家经贸委、国家计委、公安部、财政部、中国人民银行、国家税务总局、国家环保总局、国家工商局、国家质量技术监督局、国家石化局等 10 个部委局的主要负责人组成。

铁道部清理不合理收费

1998 年 3 月，全国铁路开展了以制止以车以票谋私和乱收费、乱加价为突破口的清理整顿活动。到目前为止，全路已取消不合理收费 133 项，其中主业 15 项，延伸服务 89 项，代地方收费 21 项，其他 8 项；暂停收费 25 项。货运延伸服务收费做到了合乎规范，全部按国家计委、铁道部统一服务项目收费标准执行，社会反应良好。

国家副主席胡锦涛在北京会见白俄罗斯国家安全

委员会秘书、总统安全助理维·符·舍依曼

中国驻美国大使李肇星在华盛顿美国全国记者俱乐部举行的新闻发布会上就当前中美关系中的一些问题答各国记者问

李肇星批驳了诬蔑中国“偷”美国尖端军事技术的考克斯报告。他说，报告充满了“别有用心的猜测、给人误导的细节和精心编造的结论”，“这样的报告没有任何真实性可言，报告的作者们将会搬起石头砸自己的脚”。他指出，美国一些政客为了实现自己不可告人的野心，全面地煽动歇斯底里的反华情绪，“这种歇斯底里已经损害了我们两国之间的有价值的、受到珍视的关系”。

李肇星强调，以美国为首的北约野蛮轰炸中国驻南斯拉夫大使馆是世界外交史上罕见的暴行，“当务之急是美方按中国人民和政府的要求，进行彻底、完全和公正的调查”，“以美国为首的北约应对一切后果负责”。

李肇星大使说：“中国一贯重视中美关系，重视中美合作和双方达成的协议。是美方破坏了中美之间的合作气氛，美方应该作出努力，纠正错误。”他表示，希望两国能够在中美三个联合公报和中美联合声明的基础上，根据江泽民主席和克林顿总统互访以及朱镕基总理访美期间达成的共识和协议，处理两国之间的问题。

中国银行成功发行 1.5 亿美元亚洲债券

5 月 29 日

中共中央和中央国家机关第一批“三讲”教育单位负责人和巡视组组长会议召开

中共中央政治局常委、中央书记处书记胡锦涛出席并讲话

胡锦涛指出，第一批进行“三讲”教育的单位已陆续转入或即将转入交流思想、开展批评阶段。这一阶段工作同上一阶段紧密相连，十分重要，绝对不能有任何忽视和松懈。各地各部门要严格按照中央的有关要求，扎扎实实、一丝不苟地把这一阶段的工作抓好。

胡锦涛强调，要紧紧抓住讲政治这个核心，密切联系国内外形势的发展变化深入开展“三讲”教育。他说，开展这次“三讲”教育，加强领导班子的思想政治建设，提高领导干部的思想政治素质，解决好讲政治的问题是第一位的。中央提出在“三讲”教育中要着重解决的几个问题，都包含着讲政治的要求。各地各部门要高度重视，认真解决，务求收到实效。要紧密联系实际，总结经验教训，努力提高从政治上观察、分析和解决问题的水平，增强正确把握前进方向、驾驭复杂局面的能力，以便更好地肩负起党和人民赋予的领导职责。

胡锦涛说，开展批评和自我批评的过程，是正确认识自己，加强党性锻炼的过程；也是自觉坚持真理、修正错误的过程，又是学习在正常的党内生活中接受组织、同志、群众的帮助和监督的过程。实践表明，广大干部和群众是渴望我们把批评与自我批评这个好传统弘扬起来的。关键在于领导干部首先是主要领导干部，一定要以对党对人民对历史高度负责的态度，认识恢复和发扬党的这一优良传统的重要性，带头把这个好武器运用起来，把整个班子以至本单位各级领导干部带动起来。开展批评和自我批评，必须抓住重点，着力从世界观上解决好存在的突出问题。尤其是要解决好群众意见比较集中、反映最强烈的问题。要抓住问题的实质进行深入剖析，从思想上政治上划清是非界限。既要防止“空对空”，也要防止就事论事。

胡锦涛指出，在“三讲”教育第三阶段，领导班子开一次高质量的民主生活会十分重要。在召开民主生活会之前，领导班子内部要深入、坦诚地开展谈心活动，搞好思想沟通。上下级之间也要认真交换意见。主要领导同志，要以身作则，带头讲真话、讲心里话，自我批评襟怀坦白，批评别人真情实意，作出好的样子，就会给下面以好的影响，带出好的风气。要做到讲真理不讲面子，讲原则不讲关系，讲党性不讲私情。每个领导同志都要经常想到自己的缺点、弱点和不足，养成严以律己、广纳善言的好习惯。

会上，新华社社长、党组书记郭超人，国家计委副主任、党组副书记王春正，国家计生委主任、党组书记张维庆，交通银行行长、党组书记王明权先后介绍了本单位开展“三讲”教育的情况。

会议由中央“三讲”教育联系会议负责人张全景主持。中央“三讲”教育联系会议全体成员、第一批开展“三讲”教育的中央和中央国家机关负责人和中央巡视组组长等两百多人出席了会议。

国家主席江泽民在武汉主持召开六省区国有企业改革和发展座谈会

江泽民 5 月 29 日、30 日在武汉主持召开六省区国有企业改革和发展座谈会。这是今年以来，江泽民总书记第二次主持召开部分省市区国有企业改革和发展座谈会。

中共中央政治局委员、国务院副总理吴邦国，中共中央政治局候补委员、书记处书记、中央组织部部长曾庆红出席座谈会。

座谈会上，河南省委书记马忠臣、湖南省委书记杨

正午、广东省省长卢瑞华、广西壮族自治区党委书记曹伯纯、海南省省委书记杜青林、湖北省省委书记贾志杰介绍了六省区国有企业改革和发展情况，并就如何进一步深化国有企业改革、推动国有企业发展谈了看法。中国一拖集团有限责任公司总经理方刚，湖南国光瓷业集团股份有限公司董事长费明仪，广东风华高新科技集团有限公司总裁、党委书记梁力平，广西柳州钢铁(集团)公司董事长、党委书记詹开基，海南椰树集团有限公司董事长、党委书记王光兴，湖北沙隆达集团公司董事长陈立洲也在会上发了言。

在听取了大家的发言后，江泽民发表讲话。他指出，国际局势正在发生深刻的变化，出现了一些新特点。为维护国家安全和民族利益，必须不断提高综合国力。我们反对在国际事务中搞实力政策，但我们自己必须有实力。全党同志和全国上下必须增强做好各项工作的紧迫感，坚决贯彻落实党的十五大精神，继续埋头苦干，扎实工作，艰苦创业，努力把我国的经济实力、国防实力搞上去，并不断增强我们民族的凝聚力。这是我们在世界上立于不败之地的根本保障。

江泽民说，从现在起到下世纪的前十年，是我国改革和发展的关键时期。不失时机地推进国有企业改革和发展，并取得突破性进展，是摆在全党面前的一项紧迫任务。首先要努力实现使大多数国有大中型亏损企业摆脱困境，大多数国有大中型骨干企业初步建立现代企业制度的三年目标。再用较长的时间，基本完成对国有经济的战略性调整和对国有企业的战略性改组，形成更为合理的布局和结构，建立比较完善的现代企业制度。只有坚定不移地完成这项任务，我们才能使国有经济在下一世纪取得更大的发展，进一步发挥主导作用，我们也才能更好地实现十五大提出的跨世纪发展的宏伟目标。

江泽民强调，要坚持建立和完善社会主义市场经济体制，通过深化改革使国有企业更好地发展壮大起来。经过艰苦探索和实践，我们朝着建立社会主义市场经济体制这个目标迈出了坚定和重大的步伐。我们必须坚定不移地朝着这个目标继续前进。必须把社会主义市场经济体制同社会主义基本制度有机地结合起来，把社会主义基本制度的优势同市场的优势结合起来，充分利用市场对各种经济信号反应比较灵敏等优点，发挥市场在资源配置中的基础性作用，同时加强和完善宏观调控，使我国社会主义制度的优越性更加充分地发挥出来。建立和完善社会主义市场经济体制，是一场广泛而深刻的变革，也是一项艰巨而复杂的任务，需要进行长期的努力。虽然我们对市场经济的运行规律有了比较深刻的认识，但这个过程远未完结。我们要继续解放思想，实事求是，大胆地试，大胆地闯，以"三个有利于"为根本标准，不断探索、认识和把握客观经济规律，不断开辟新的发展境界。

江泽民指出，发展是硬道理。坚持贯彻这一重要思想，对提高我国的社会生产力、综合国力和人民生活水平，解决我们面临的诸多矛盾和困难，更好地维护国家安全，具有十分重要的意义。国有企业不大力开拓市场空间，要解决存在的突出问题，实现新的更大发展将是很困难的。我们讲的发展，决不是盲目铺摊子，简单扩大生产能力，搞新的不合理重复建设，而是要把工作的着力点和重点放在调整结构、提高经济运行的质量和效益上，适应市场需求，通过技术进步培育新的经济增长点，通过技术改造提高产品质量，实现规模与结构、数量与质量、速度与效益相统一，走内涵式和可持续发展的道路。

江泽民指出，要适应我国生产力发展和市场变化的新情况，进一步开拓市场。开拓农村市场，进口替代，扩大出口，都是大文章。国有企业完全可以找到广阔的用武之地，关键是要面向市场，适应市场，开拓市场，提高企业的整体素质，增强市场竞争能力。

江泽民指出，我国经济的发展，世界科学技术加快发展和国际经济结构加速重组的趋势，都要求我们继续从战略上调整国有经济布局和结构，改组国有企业，使国有企业适应国内外市场需要的变化，转变经济增长方式，逐步改变高投入、低产出，高消耗、低效益的状况。不这样做，国有企业就不能更好地发展。调整国有经济布局，要同产业结构的优化升级和所有制结构的调整完善结合起来，坚持有进有退，有所为、有所不为。要集中力量，加强重点，提高国有资产的整体质量。国家要在关系国民经济命脉的重要产业和关键领域，集中力量发展一批大企业和大企业集团，使之成为国民经济的主力军。国有中小企业在满足社会多方面需要，创造就业岗位，促进经济发展等方面，有着重要作用，要采取多种形式放开搞活，鼓励它们采取更为灵活的经营方式，加快发展。

江泽民指出，要加强国有企业的技术改造和技术创新，加快形成以企业为中心的技术创新机制。要采用国内外先进技术，加快改造传统产业，同时努力发展高新技术产业，加快形成我们自己的科技创新体系。增强我国的科技创新能力，国有企业负有重要责任，要走在前列。技术改造和技术创新一定要面向市场，选准方向，紧紧围绕增加品种，改进质量，提高效益来进行。国有大型企业要建立自己的技术开发中心，加强技术开发力量和资金投入，抢占技术制高点，增加技术储备，保持发展后劲。要引进先进技术，更要提高消化、创新能力，鼓励开发有自主知识产权的先进技术。

江泽民强调，为了推进国有企业的发展，必须积极探索能够极大促进生产力发展的公有制实现形式；必须加快建立现代企业制度，转换企业经营机制；必须强化企业科学管理，提高管理水平；必须全面推进各项配套改革，为国有企业的改革和发展创造良好环境。

参加座谈会的还有中共中央政治局委员、广东省委书记李长春，中央军委委员、总政治部主任于永波，有关方面负责人陶伯钧、滕文生、曾培炎、华建敏、盛华仁、项怀诚、傅志寰、戴相龙、由喜贵、王沪宁、杨凌隆、贾廷安和有关省区负责人李克强、蒋祝平、储波、李兆焯、汪啸风等。

国务院发布《饲料和饲料添加剂管理条例》

科技部在北京主持召开科技发展“十五”计划暨科技攻关计划工作座谈会

科技发展“十五”计划和15年规划研究工作分为总体研究和若干专题研究。

总体研究旨在通过对21世纪初我国科技发展所面临的国际、国内挑战和发展机遇，以及国民经济和社会发展对科技的总体需求的分析，提出今后一段时期我国科技发展的战略和总体目标。

专题研究分别是：农业科技发展研究、工业领域重大科技问题研究、社会发展重大科技问题研究、高技术研究与发展、基础研究、科技投入及科技发展支撑条件研究、科技队伍建设研究、我国国际科技合作的环境与对策研究、区域科技发展研究等。

这一研究制定工作预定于2000年前全部完成。

在会议中，与会代表将研究讨论国家科技发展“十五”计划及2015年远景规划编制工作的基本思路和“十五”国家科技计划体系的改革方案，交流和总结“九五”科技攻关计划前三年的执行情况，并重点就如何做好国家科技攻关计划“九五”后两年的工作作出安排和部署。

科技部公布科技攻关计划中的重点项目

为确保“九五”科技攻关计划全面完成，并突出重点、抓出一批标志性成果，科技部在原国家科委重中之重和重大科技产业工程项目的基础上，近日在北京公布了51项重中之重项目。

在51项重中之重项目中，农业领域有“水稻、小麦、玉米、棉花、大豆大面积高产综合配套技术研究开发与示范”、“农产品加工技术研究与开发”等9项；工业高新技术领域有“若干关键软件技术及实用化”、“中文信息处理应用平台”等32项；社会发展领域有“夏商周断代工程”等10项。

5月30日

全国人大常委会副委员长姜春云在山东考察

姜春云日前在山东城乡基层调查研究时指出，强化廉政和民主法制建设，是促进经济发展、社会稳定的重要保障，应当下大力抓好。

5月中下旬，姜春云深入到青岛市的即墨城区，潍坊市的寿光、昌乐，淄博的周村，德州市的宁津等县（市、区），就城乡基层民主法制建设、廉政建设和改革发展稳定等问题进行调查研究。他说，随着党的十五大精神和依法治国方略的贯彻落实，全国各地出现了一些改革深化、经济发展、社会稳定，基本上没有集体上访、聚众斗殴、重大刑事案件的县乡村。

姜春云充分肯定了即墨、昌乐、宁津等县市的经验和做法。他说，这些地方实现基本上没有集体上访、聚众斗殴、重大刑事案件的经验主要有五条：一是依法解决群众反映强烈的热点问题，带着感情办实事、办好事。二是领导干部遵纪守法，率先清正廉洁，勤政为民。他认为，昌乐县、即墨市在党政干部中强化廉政建设，实行“一把手”带头，“从我做起，向我看齐，对我监督”，一级带一级，一级抓一级，一级监督一级，效果很好。三是积极推进基层民主法制建设。四是集中精力发展经济，使农民和集体都富起来。他说，这次调查表明，凡是经济发展快，农民富裕，集体家底厚实的村庄，都呈现出安定祥和、民风纯正的景象。经济发展了，农民负担减轻了，集体服务搞得好，干群关系就很融洽。五是加强新形势下的思想政治工作。姜春云说，一些经济发展快、社会稳定的单位，都有一整套思想政治工作。他强调说，新形势下的思想政治工作非常重要，只能加强，不能削弱。城乡基层这块阵地，如果社会主义思想不去占领，封建迷信、歪风邪气、宗派势力等就会抬头。

姜春云考察了潍坊市实施的“民心工程”情况后说，以便民、利民、安民、富民为基本内容的“民心工程”，虽然时间不长，但成效很大，出现了干群齐心协力发展经济的可喜局面。他说，古代政治家管子有句名言：“政之所行，在顺民心；政之所废，在逆民心。”这道出了“令顺民心，法从民欲”是得民心的根本。我们党是社会主义现代化建设的领导核心力量，更应当牢固树立万事民为先的思想。所有党员干部都应当摆正公仆和主人的关系，真心实意地为群众谋利益。

国家主席江泽民在武汉召开的国有企业改革和发展座谈会上发表讲话

党的十一届三中全会以来，国有企业改革不断深化,管理体制和经营机制发生了深刻变化,一大批企业焕发了新的生机,在市场竞争中发展壮大。但是也要看到,目前仍有不少企业生产经营困难,其原因主要是经营机制不活,改造、创新动力不足,布局结构不合理,历史包袱和社会负担沉重。解决这些问题的根本途径,还在于适应发展社会主义市场经济的要求,不断深化改革,推动国有企业在市场的风浪搏击中发展壮大。

建立和完善社会主义市场经济体制,基础在于企业。国有企业改革是整个经济体制改革的中心环节。我们必须使国有企业形成适应发展社会主义市场经济要求的充满活力的机制,增强在国内外市场中的竞争能力,继续在国民经济中发挥支柱作用。

第一,适应市场的需要,积极推进国有企业实现新的发展。发展是硬道理,这是邓小平同志从我国社会主义初级阶段发展社会生产力、加快实现现代化这一基本任务出发提出的重要思想。坚持贯彻这一重要思想,对提高我国的社会生产力、综合国力和人民生活水平,解决我们面临的诸多矛盾和困难,更好地维护国家安全,具有十分重要的意义。国有企业要适应市场的需要,通过改革,增强市场竞争能力、科技创新能力和抵御风险能力。国有企业不大力开拓市场空间,要解决存在的突出问题,实现新的更大发展将是很困难的。我国是发展中的社会主义大国,必须依靠自己的力量来解决基本的消费品、工业设备和国防产品,特别是一些高新技术的关键产品。这是关系国计民生和国家长治久安的重大战略。我们讲的发展,决不是要大家又去盲目铺开摊子,简单扩大生产能力,搞新的不合理重复建设,而是要把工作的着力点和重点放在调整结构、提高经济运行的质量和效益上,遵循经济规律,适应市场需要,通过技术进步培育新的经济增长点,通过技术改造提高产品质量,降低生产成本,实现规模与结构、数量与质量、速度与效益相统一,走内涵式和可持续发展的道路。

第二,适应我国生产力发展和市场变化的新情况,进一步开拓城乡市场。我国过去那种商品供应短缺的状况,现在已有了根本的改变,出现了一定程度的生产能力过剩、供大于求的情况。国有企业还有没有发展空间?依我看,空间还大得很。我国有十二亿人口,随着现代化建设的不断推进和人民生活水平的不断提高,必然会产生巨大的社会需求。九亿农民,需求很大,而现在我们对农民的需求并不完全了解,农村市场还远未开拓。开拓农村市场,要有适销对路的产品和畅通的销售渠道。关键是要增加农民收入,提高他们的购买力,否则他们面对市场上的大量商品只能望洋兴叹,农村市场也只是潜在的市场而不是现实的市场。许多重要原材料、重大技术装备、重要基础设备,以及信息产业、环境保护产业等领域的很多高精尖产品,我们还不能生产,大量依赖进口。近几年,我国的出口额增长较快,但在整个国际贸易额中所占的比重,特别是在高技术含量和高附加值产品的国际贸易,我们占的份额并不高。开拓农村市场,进口替代,扩大出口,都是大文章。国有企业完全可以找到广阔的用武之地,关键是要面向市场,适应市场,开拓市场,提高企业的整体素质,增强市场竞争能力。

第三,继续从战略上调整国有经济布局和结构,改组国有企业。我国经济的发展,世界科学技术加快发展和国际经济结构加速重组的趋势,都要求我们通过战略性的调整和改组,使国有企业的生产经营适应国内外市场需要的变化,促进产业结构优化,推动区域经济协调发展,转变经济增长方式,逐步改变高投入、低产出,高消耗、低效益的状况。不这样做,国有企业就难以有强大的后劲,就不能更好地发展。调整国有经济布局,要同产业结构的优化升级和所有制结构的调整完善结合起来,坚持有进有退,有所为、有所不为。要集中力量,加强重点,提高国有资产整体质量。对过剩的生产能力要进行调整和压缩;对浪费资源、污染环境、质量低劣、亏损严重的企业和产品要予以关闭和淘汰。国家要在关系国民经济命脉的重要产业和关键领域,集中力量发展一批大企业和大企业集团,使之成为国民经济的主力军。国有中小企业在满足社会多方面需要,创造就业岗位,促进经济发等方面,有着重要作用,要采取多种形式放开搞活,鼓励它们采取更为灵活的经营方式,加快发展。有关方面要在资金融通、技术服务、市场开发、信息咨询、人员培训等方面采取措施,积极予以扶持。

第四,加强国有企业的技术改造和技术创新,加快形成以企业为中心的技术创新机制。创新是一个民族的灵魂,是国家兴旺发达的不竭动力。面向新的世纪,我们的一项紧迫任务,就是要采用国内外先进技术,加快改造传统产业,同时努力发展高新技术产业,加快形成我们自己的科技创新体系。这对于我国下世纪的发展至关重要。国际经济竞争的核心,是知识创新和高新技术的产业化。增强我国的科技创新能力,国有企业负有重要责任,要走在前列。这既是由国有企业在国民经济中所处的地位决定的,也是由国有企业自身发展需要决定的。如果不努力增强技术创新能力,开发新产品、新品种,提高产品质量,增强竞争能力,国有企业就不能在激烈的市场竞争中站住脚,就有被淘汰的危险。技术改造和技术创新一定要面向市场,选准方向,紧紧围绕增加品种,改进质量,提高效益来进行。国有大型企业要建立自己的技术开发中心,加强技术开发力量和资金投入,抢占技术制高点,增加技术储备，保持发展后劲。要引进先进技术，更要提高消化、创新能力，鼓励开发有自主知识产权的先进技术。大家都很关心我国加入世界贸易组织的事情。对此，我们既要争取，又要全面分析和研究。要广泛听取各地区、各部门的意见，还要听取企业的意见，做好充分的应对准备。

第五，积极探索能够极大促进生产力发展的公有制实现形式。坚持以公有制为主体、多种所有制经济共同发展的基本经济制度，是由我国的社会主义性质和初级阶段的国情决定的。这一条，我们在指导思想上要十分明确，不能有丝毫动摇。包括国有经济在内的公有制经济，是我国社会主义制度的经济基础，是国家引导、推动、调控经济和社会发展的基本力量，也是实现广大人民群众根本利益的重要保证。同时，必须努力寻找公有制的多种实现形式，更好地发挥公有制的优越性，增强国有经济的控制力。公有制实现形式可以而且应当多样化。在公有制为主体，国家控制国民经济命脉的前提下，一切反映社会化生产规律的经营方式和组织形式都可以大胆利用。要通过所有制实现形式的改革，使国有企业得以吸引和利用更多的社会资本，形成新的发展优势，提高国有经济的控制力、影响国和带动力。

第六，加快建立现代企业制度，转换企业经营机制。建立现代企业制度，是国有企业改革的方向。以公有制为主体的现代企业制度，是社会主义市场经济体制的基础。现代企业制度的基本特征是产权清晰、权责明确、政企分开、管理科学，这是一个有机联系的整体，必须全面理解和贯彻。企业要形成良性的发展机制，必然成为注重经济效益、追求资产保值增值的法人实体和市场主体，成为对市场需求信号和国家调控政策反应灵敏的生产者和经营者，成为具有活力的市场竞争者和风险承担者。企业要通过建立现代企业制度，建立和健全适应社会化大生产和市场要求的科学的企业领导体制与组织管理体制，形成一套促进企业提高劳动生产率和经济效益的经营机制。近年来，一些地方在改革实践中，重视建立企业优胜劣汰、经营者能上能下、人员能进能出、收入能增能减、国有资产保值增值的机制，取得了好的效果。要进一步总结这方面的实践，继续丰富和完善。

第七，强化企业科学管理，提高管理水平。企业能不能持续发展，管理能力和管理水平往往是决定性的。管得严、管得好，好的企业可以发展得更好，原先不好的企业也可以改变面貌；管得松、管得乱，好企业也会被搞糟。科学管理是企业永恒的主题，任何时候都不可有丝毫的放松。加强管理，首先要建设好企业的领导班子，特别是要选好企业的主要负责人。企业办得好坏，关键在人，在领导班子。要深化企业人事制度改革，建设一支高素质的经营管理者队伍。同时还要大力加强企业职工队伍建设，全面提高劳动者素质。要建立一整套的科学管理制度，改革和完善企业决策、执行和监督体系，理顺各方面关系。要建立企业的激励约束机制，既充分发挥经营管理者和广大职工的积极性，又对各方面的行为进行制约和规范。要搞好企业管理，必须坚持从严治理企业。加强企业管理，要从基础工作做起，特别是重视质量管理、财务管理、成本管理和风险管理，向管理要效益。

第八，全面推进各项配套改革，为国有企业的改革和发展创造很好环境。要继续推进宏观管理体制的改革。适应建立社会市场经济体制的要求，依照精简、统一、效能的原则，继续推进政企分开，转变政府职能。要抓紧建立和完善社会保障体系，为深化企业改革，保持社会稳定创造条件。这项工作做好了，也会使人民长期受益。要从我国情出发，适应现阶段生产力发展水平，扩大社会保障覆盖面，提高各项保障的社会化程度。要切实保障国有企业下岗职工基本生活，努力扩大就业门路，帮助他们实现再就业。离退休职工的生活，要切实安排好。走私贩私、假冒伪劣产品泛滥、逃废银行债务、乱收费乱摊派、企业恶性竞争等，都严重扰乱市场秩序。这些问题不切实解决，国有企业的改革和发展难以见成效。要加强监督，严格执法，加大整顿市场秩序的力度，促使社会主义市场经济在法制化的轨道上健康发展。

国务院关于进一步完善粮食流通体制改革政策措施的通知

各省、自治区、直辖市人民政府，国务院各部委、各直属机构：

《国务院关于进一步深化粮食流通体制改革的决定》(国发〔1998〕15 号)下发以来，各地区、各有关部门按照中央的部署，坚持以“三项政策、一项改革”为重点，积极推进粮食流通体制改革，取得了明显成效。各地普遍加强了对粮食工作的领导，初步建立了地方政府层层负责的粮食工作领导责任制，加强了对粮食购销企业的监督和对粮食收购市场的管理；粮食购销企业基本做到了按保护价敞开收购农民的余粮；粮食顺价销售政策逐步得到贯彻，国有粮食购销企业开始扭转大量亏损的局面；粮食收购资金供应得到较好保证，基本实现了封闭运行；国有粮食购销企业自身改革取得了一定进展，初步实现了政企分开。粮食流通体制改革的不断推进，有效地保护了农民的利益，避免了粮食生产的大起大落，对于保持国民经济持续稳定增长和社会稳定，发挥了十分重要的作用。但当前粮食生产和流通出现了一些新情况、新问题，主要是：我国粮食已由长期短缺变成总量大体平衡、丰年有余，粮食生产结构性矛盾日益突出，优质品种相对不足，一些劣质粮食品种销售不畅，库存大量积压，而农民仍在继续大量生产；按保护价收购的范围偏大，影响粮食生产结构的调整和效益的提高；粮食超储补贴办法不尽合理，导致一些国有粮食企业不积极销售、坐拿超储补贴，财政补贴负担过重。为加快粮食生产结构调整，提高粮食质量和生产效益，增加农民收入，要在继续坚定不移地贯彻“三项政策、一项改革”的基础上，完善相关政策，制定新的措施，继续深化粮食流通体制改革。现就有关问题通知如下：

一、适当调整粮食保护价收购范围

黑龙江、吉林、辽宁省以及内蒙古自治区东部、河北省北部、山西省北部的春小麦和南方早籼稻、江南小麦，从2000年新粮上市起退出保护价收购范围。考虑到这些粮食品种现在已经播种或插秧的情况，1999年暂不退出保护价收购范围，但要较大幅度地调低收购保护价格水平。具体办法由各有关省级政府根据本地的实际情况研究确定。

二、完善粮食收购价格政策

（一）各地区要根据粮食市场供求情况，按照有利于促进粮食生产结构调整、有利于农民获得合理收益和有利于国有粮食购销企业实现顺价销售的原则，合理确定1999年粮食收购保护价格。

（二）各地区在保持粮食定购制度和定购价格形式的前提下，可以调整定购粮收购价格。在市场粮价较低的情况下，也可以将定购价格调低到保护价格水平。

（三）各地区要根据市场需求和粮食内在品质，进一步拉开粮食品质差价、季节差价和地区差价，切实做到按质论价。具体质量标准，由国家质量技术监督局会同有关部门重新修订。

优质品种粮食的购销价格，在当地物价部门的指导下，由国有粮食购销企业按照购得进、销得出的原则自行确定，实行单收、单储，以促进优质品种粮食的发展。

三、完善粮食超储补贴办法，促进顺价销售

（一）中央对地方粮食风险基金补助，在合理确定补助基数的前提下，从1999年起，实行地方政府包干办法。实行包干后各地节余的粮食风险基金只能用于粮食方面的支出，不得挪作他用。包干的具体办法由财政部会同有关部门研究制定。

（二）各地要调整和完善对粮食购销企业的超储费用补贴办法，制定鼓励粮食销售的措施，以促进顺价销售。

（三）对国有粮食购销企业销售的粮食，以及其他国有粮食企业销售的军粮、救灾救济粮、水库移民口粮，免征增值税。对粮食加工企业、粮食经营企业和工业生产企业从国有粮食购销企业购进的粮食，可享受相应优惠政策。具体办法由财政部制定下达。

（四）农业发展银行对粮食购销企业随行就市收购的粮食，要按实际收购价格和必要的收购费用保证贷款供应。对粮食购销企业的展期贷款，要按人民银行的规定执行当期利率。

四、继续加强粮食收购市场管理

（一）工商行政管理部门要继续加强粮食收购市场的管理，严厉查处私商粮贩和未经批准收购粮食的单位违法收购粮食的行为，坚决取缔无照经营。

（二）大型农业产业化龙头企业和大型饲料生产企业，经省级政府主管部门审核批准后，可以在本省（自治区、直辖市）范围内与农民签订自用粮包括优质粮的产销合同，并按合同收购农民的粮食，但不得违反国家粮食价格政策。这些企业收购的原粮只限于自用，不得倒卖。粮食、工商行政管理部门要严格监管。

（三）加强对粮食加工企业和经批准可以收购粮食的用粮企业台账制度的监督检查，对违反有关规定的，要依法严肃处理。经批准直接收购粮食的用粮企业，可凭产地粮食部门开具的证明，跨地区运输粮食，工商行政管理部门要依法监管。

五、抓紧处理陈化劣变粮食

按照中央和地方粮食责权划分的原则，做好陈化劣变粮销售处理工作。销售陈化劣变粮发生的价差亏损，属于中央储备粮的，由中央财政负担；属于地方储备粮的，由地方财政负担；属于国有粮食购销企业周转库存粮的，由粮食风险基金适当补助。具体办法由国家计委、财政部、国家粮食储备局和中国农业发展银行等部门研究制定。

六、加快国有粮食企业改革步伐

（一）国有粮食购销企业包括县级粮食购销公司，必须实行政企分开。粮食购销公司不得承担行政管理职能和向购销企业摊派管理费用，要真正成为独立核算、自主经营、自负盈亏的经济实体。

（二）加大粮食购销企业下岗分流、减员增效的力度，必须完成人员分流计划。

落实好这次出台的政策措施，对于保证粮食流通体制改革的顺利进行，促进粮食种植结构调整，保持农业和农村经济的健康发展，都具有重要意义。各级政府和各有关部门，务必以高度的政治责任感，加强对这项工作的领导，不折不扣地把各项政策措施落到实处。

国家电力公司召开1999年工作会议

国家电力公司在日前召开的1999年工作会议上，

再次制定出较高的经营目标:今年实现利润不少于去年的86亿元。

国家电力公司去年虽然受到亚洲金融危机、洪水等诸多不利因素的影响,经营业绩仍稳步增长,公司完成售电量7474亿千瓦时,同比增长1.6%,并完成了年初制定的全年实现86亿元利润的目标。

今年是国家电力公司改革力度进一步加大的一年,改革任务很重,国家电力公司旨在通过一系列改革措施把公司建成控股型、经营型、现代化、集团化管理的国际一流企业,同时通过改革提高经济效益。

除了继续推进实体化工作、改组网省公司外,国家电力公司今年还将重点推进"厂网分开,竞价上网"的改革工作。同时,为了进一步降低成本,国家电力公司将关停小火电180万千瓦。在资金投向上,将把重点从电源建设转到电网建设上,加快跨大区电网的互联进程,转变以省为界实行自发自用自我平衡的旧观念,实现大区和全国范围的资源优化配置。这一系列改革措施,都将直接促进经济效益的提高。

中央与地方合资建设铁路成为新建铁路发展模式

我国改革开放中出现的新事物——中央与地方合资建设铁路,十几年来获得长足发展。截至1998年年底,全国已经建成和正在建设的合资铁路有29条,分布于全国21个省、市、自治区,线路总长8409公里,其中投入运营4897公里;今年计划新建铁路15个项目共4718公里,安排投资212.2亿元,其中合资铁路就有13个项目计3480公里,占73.8%;投资179.1亿元,占84.4%。这一数据说明,合资铁路已成为新建铁路的重要模式。

长期以来,我国铁路由国家负责建设与管理,投资主体只是中央政府。但由于建设资金不足,致使铁路建设速度缓慢,路网规模扩大有限,铁路成了制约国民经济和社会发展的"瓶颈"。80年代,先后有广西壮族自治区和广东省政府,主动与铁道部合作,共同出资建成了南(宁)防(城)、三(水)茂(名)铁路。1991年,国家计委和铁道部在广东省联合召开了全国合资铁路工作会议,肯定了合资铁路的发展方向。1992年,国务院对合资铁路建设提出了"统筹规划,条块结合,分层负责,联合建设"的方针,明确指出:"修建合资铁路是对传统的建设和管理体制的一大突破,是深化铁路改革的一条新路",有力地推进了合资铁路的快速发展。"八五"后三年,先后有13个合资铁路项目开工建设。"九五"前三年完成的新建铁路铺轨工作量中,合资铁路占到47%。到1998年年底,29条合资铁路资产总额达到1082亿元,其中资本金456亿元,铁道部出资62%;省、市、自治区和其他出资人占38%。

全国人大外委会负责人就美众参两院通过一反华决议发表谈话

全国人大外委会负责人就美众参两院通过所谓"六·四"十周年反华决议发表谈话。

他说,美国国会众参两院于5月25日和27日以所谓"六·四"十周年为由,分别通过反华决议,肆意歪曲历史事实,攻击中国的人权状况,利用早经历史定论的事件,煽起新的反华浪潮,妄图破坏中国的稳定,干扰中美关系的发展。对此,我们坚决反对。

他说,众所周知,1989年春夏之交,国内外一些别有用心的人在北京掀起那场政治风波,其目的是妄图推翻中国的合法政府,颠覆社会主义的中华人民共和国。中国政府理所当然地及时采取了正确果断的措施,成功地将其平息下去,维护了社会稳定,保证了改革开放和现代化建设的顺利进行。十年来的实践充分证明,没有中国政府当时的正确决策,就没有政局的稳定,也不可能有今天中国经济和社会的长足发展和举世公认的成就。

这位负责人指出,在那场风波中,美国等一些西方国家的反华势力扮演了不光彩的角色。他们积极参与了那场动乱,不仅利用他们的传媒大量制造和散布骇人听闻的谣言,欺骗和蒙蔽国际社会,而且还直接为动乱分子出谋划策,出钱出物,予以支持。事后,他们又公然置国际法和中国的法律于不顾,为主要犯罪分子提供庇护,帮助他们偷逃出境,并把他们豢养起来,怂恿他们继续从事反对中国政府的活动。

他说,如今美国国会在其决议中公然蛮横地干涉中国内政,悍然要中国政府成立什么"调查委员会","重新评价"那一事件,妄图为之翻案,霸道之极。这是决不会得逞的。

他说,美国国会中总有那么一些人,一贯以"人权卫士"自居,他们或出于狭隘的政治偏见,或出于恃强凌弱的霸权心理,鼓吹什么"人权高于主权",打着所谓"民主"、"自由"、"人权"的旗号,肆意干涉别国内政,践踏别国的主权和人权,企图把他们的社会制度和价值观念强加于别国,实现其独霸世界的野心。美国在南斯拉夫的所作所为充分说明了这一点。他们对南联盟进行了长达两个多月的狂轰滥炸,导致众多平民伤亡、近百万难民背井离乡。他们置《联合国宪章》和公认的国际法准则于不顾,悍然用导弹袭击了中国驻南联盟使馆,造成我人员伤亡和财产的重大损失。他们在南斯拉夫制造的这场自"冷战"结束以来最大的人权和人道主义的灾难,充分暴露了美国人权主张的虚伪性。

他最后指出,中国政府一贯重视维护人权,采取有力措施不断改善中国的人权状况,取得了举世瞩目的成就。中国人民现在享有的广泛的人权是历史上从未有过的。中国尊重人权的普遍性原则，一贯积极参与国际人权领域的活动，努力推动国际人权事业的健康发展。同时，我们坚决反对利用人权问题向别国施压。任何借口人权问题干涉我国内政的企图都是注定要失败的。

北京举行纪念俄罗斯诗人普希金诞辰200周年大会

中国射击队在米兰世界杯射击赛获得两项冠军

女子气步枪比赛，赵颖慧以501.9环的成绩获得冠军。她在资格赛中以399环的成绩平了这个项目的世界纪录。中国的另一名女选手单红在女子步枪3×20项目的比赛中，以686.7环的成绩获得冠军。

5月31日

中国和平利用原子能取得新成就

除了建核电站之外，和平利用原子能的又一条宽敞的大道——辐射加工，在我国日渐兴旺，已走上产业化的道路。

属于核技术范畴的辐射加工，是一项具有极大发展潜力的高新技术，几乎可以渗透到国民经济的每个领域，为人类造福。1997年年底，我国国务院批准了“同位素及辐照应用”列入“当前国家重点鼓励发展的产业、产品和技术目录”，推动了辐射加工产业化。

我国目前用于辐射加工的主要有两种方式，即钴源辐照与电子加速器辐照。到1998年年底，我国已拥有功率5千瓦以上的工业用电子辐照加速器45座，各类伽马辐照装置123座，总装源量为1300万居里，分布在28个省、市、自治区。其中装源能力在30万居里以上的有48座，除3座为进口外，其余均为国内设计建造。

辐射加工被称为核技术的“轻工业”。目前用于工业产品辐射加工的产业，以热收缩材料的发展最为突出。辐射交联线缆可提高产品的绝缘、热稳定、热老化、耐磨损和阻燃等性能，在我国十几个城市都有生产。

我国将辐射加工技术应用于农业和医药业，已形成“核农业”和“核医学”等新行业。通过辐射加工植物诱变为新品种，是核农业的主要领域。我国已用这一手段培育出40多种植物的513个新品种，占世界总数的1/4左右，推广面积达900万公顷，年增产的粮、棉、油在300万—400万吨之间。此外，给动物喂食经辐照加工的饲料，可以提高其繁育效率和战胜疾病的免疫能力。在防治柑橘大实蝇方面，辐照昆虫不育技术也起了相当的作用。

我国的医疗器具、药品和人体组织接肢都采用了辐射加工技术。至于食品经过辐照加工，可以替代使用防腐剂的作用。经调查，这属于加工绿色食品的一种有效手段。目前辐照加工食品，有杀虫灭菌、检疫、延缓食物的呼吸、抑制发芽，延长存放期的作用，可为公众提供更鲜美可口、富有营养价值的食品。

国务院新闻发言人赵启正就美国国会的《考克斯报告》发表谈话

国务院新闻办公室主任赵启正在会上严厉驳斥了美国国会前不久发表的污蔑中国“窃取”美国重要军事技术的所谓《考克斯报告》，指出美国炮制《考克斯报告》是煽动反华情绪、破坏中美关系的一出闹剧。

赵启正说，以考克斯为代表的美国一些反华政客，经过半年多时间的精心策划，炮制了一份冗长的所谓调查报告，于今年5月25日公开出笼。这篇报告把中国自力更生、独立自主发展起来的国防尖端技术和关系到国民经济发展的重大科学技术都污蔑为从美国“窃取”或非法“获得”。对这种捏造事实、颠倒黑白、无中生有、捕风捉影的攻击，中国政府和中国人民表示极大的愤慨。

赵启正指出，《考克斯报告》断言，“中华人民共和国利用各类人员、组织机构和手段获取美国的敏感技术，中国的科学家、学生、商人和官员以及职业情报人员对美国国家安全构成威胁”。这是对中华民族的极大污蔑，是典型的种族偏见。中国是有着悠久文明历史的大国，中华民族是勤劳智慧的民族，中国历来依靠自己的力量办自己的事情。中国过去没有、现在没有、将来也不会依赖“窃取”别人的技术来发展关系到国家安全和民族利益的重大国防尖端技术。中国国防科技的发展立足于自主开发，这是中国一贯坚持的基本方针。

众所周知，在美国对中国进行全面封锁和核讹诈的年代，中国依靠自己的力量发展了“两弹一星”等国防尖端技术。在中美建交前15年，1964年6月29日中国就成功发射了第一枚自行研制的地地导弹，同年10月16日中国又成功爆炸了第一颗原子弹；在中美建交前12年，1967年6月17日中国就爆炸了自己的第一颗氢弹；中美建交前9年，1970年4月24日中国成功发射了自己的人造地球卫星。这些事实表明，中国完全有能力自主开发任何国防尖端技术。考克斯等美国一些反华政客无视这一事实，极力贬低并否定中国人民开发国防尖端技术的创新能力。

他说，《考克斯报告》攻击中国长时间广泛“窃取”美国的各种军事技术，但通篇从头到尾都用“似乎”、“大概”、“如果”、“可能”、“或许”、“将来或许会”等猜测性语言，没有任何实质性证据，没有任何确凿的具体的事实，竟然就判定中国有组织地广泛“窃取”美国敏感技术、危害美国国家安全，这是十分荒谬的，这种耸人听闻的结论是站不住脚的。《考克斯报告》还把调研公开资料和进行国际学术交流这种正常的学术活动，说成是“窃取”美国技术情报，这是十分可笑的。它所采取的方法是先认定中国有“窃取”行为，然后主观臆造、东拼西凑甚至蓄意捏造。我顺便在这里告诉大家一个事实，《考克斯报告》提到的激光模拟核爆炸，本来依据的是中国科学家王淦昌先生1964年提出的激光惯性约束核聚变思想，中国从来没说其他国家使用这一思想是窃取。

中国核武器是独立自主开始研制的，核武器的发展也是依靠自己的力量进行的。中国从来没有像《考克斯报告》中所说那样，从美国核武器实验室“窃取”机密。实际上，《考克斯报告》中所说的W56、W62、W70、W76、W78、W87、W88这七种核弹头的性能数据早已在美国公开出版物上发表，不是什么秘密，更谈不上“窃取”。例如，1984年托马斯·B. 科克伦等著的《核武器手册》第一卷《美国的核力量和能力》；1988年丘克·汉森撰写的《美国核武器秘史》等，对上述几种核弹头的威力、重量、长度、直径、所用材料、圆概率偏差等性能数据以及研制单位、配备的运载系统、装备的军种均有详细介绍。作者还特意说明，书中引用资料均来自美国国会听证会记录、美国能源部三大核武器实验室和国防部，以证实其权威性和可靠性。而且，近几年来，在国际互联网上随时可以看到美国从早期的MK—1到最新装备的W88核弹头的性能数据。

《考克斯报告》称，美国进行了约1030次核试验，而中国只进行了45次核试验，却研制出在技术上与美国相近的先进的热核弹头，报告在这里闪烁其词，暗示中国是因为“窃取”了美国核技术，才做到这一点，否则是不可能的。这种逻辑是十分荒谬的。按照这种逻辑推论，世界上任何其他国家取得的每一项科技进步，特别是比美国发展快的科技进步，都是靠从美国“窃取”技术来实现的。这是极其狂妄的。从第一颗原子弹爆炸到第一颗氢弹爆炸，中国仅用了两年零八个月时间，中国这一成就是在美国进行严格封锁情况下取得的。这一事实恐怕是美国某些反华政客无法否认的。

《考克斯报告》对中国的航天事业也进行了大量的歪曲。中国航天事业开始于西方国家禁运和封锁的时代。中国航天事业完全是依靠自己的力量发展起来的。中国的中近程导弹、远程火箭、潜艇水下发射固体燃料火箭、返回式卫星、一箭多星、地球静止轨道通信卫星都是在没有任何外国帮助下独自完成的。1985年，中国宣布进入国际商业卫星发射市场时，已经具备了高、中、低三种轨道各类卫星的发射能力，积累了20次成功发射的经验。1990年，中国首次进行国际商业卫星发射，“长征三号”运载火箭发射休斯公司制造的“亚洲一号”卫星，其入轨精度是该公司31颗同类卫星中入轨精度最高的。上述事实表明中国航天技术已跻身于世界航天先进行列。

商业卫星发射是空间技术的和平运用，是互惠互利的正常商务活动。《考克斯报告》诬称，中国通过商业发射“获取”了美国的制导技术并推进了中国导弹的发展。这完全是一种移花接木、欺世惑众的说法。尽管中国早已拥有高精度的导弹制导技术，但稍具科技常识的人都知道，商业卫星发射决定了只需要采用精度适中、经济合理的制导系统，而没有必要采用弹道导弹那样高精度的制导系统。通过商业发射能提高导弹制导精度，如果是外行人这么说还可以理解，但出自美国国会专门委员会的所谓调查报告，就太令人惊诧了。《考克斯报告》用大量篇幅渲染1995年和1996年中国两次商业卫星发射故障，认为故障原因的判定都是在美国专家指点下完成的，中国因此改进了运载火箭技术并用于导弹，简直是无稽之谈。火箭是中国自行研制的，各种飞行数据在中国人手里。中国人有自行研制火箭30多年的历史，经历过无数次成功与失败，难道排除故障还需要别人指点吗？况且中国人的火箭设计细节，当然也不能轻易向外人泄露，美国人不知底里，又如何指点？中国既然有能力独立成功地研制运载火箭，当然有能力解决飞行中的技术问题。中国从来没有、也没必要通过故障调查“获取”美国敏感技术。

中国发射美国卫星是严格按照两国政府间协议进行的，美制卫星的安全完全由美方实行每天24小时严密监控。而《考克斯报告》却称，“当美国制造的卫星、相关设备和文件都在中国时，如果中国不利用美国监控的某些疏漏，这是令人奇怪的”，找不到任何证据说明中国通过商业发射“窃取”美国敏感技术，就采取这种主观臆断的方法妄加推测，才是真正怪事！

《考克斯报告》不仅污蔑中国“窃取”美国核武器和导弹技术，而且还攻击中国将美国高性能计算机、民用航空、精密机械等先进技术用于军事目的，并据此建议要全面加强对中国两用商品和技术出口的控制，甚至无理要求中国建立所谓的公开和透明的制度，能使美国指定的美国国民在不事先通报的情况下，对最终用户进行就地检查。这是无视中国主权、违背国际关系基本原则的霸权行径，中国绝不会答应。

赵启正指出，不久前，以美国为首的北约用导弹袭击中国驻南使馆，遭到中国政府和人民以及国际社会的强烈谴责。《考克斯报告》选在这时出台，完全是别有用心的，是美国一些人近年来制造的一系列反华事件后又一股反华逆流，他们的目的是转移视线，煽动反华情绪，诋毁中国形象，试图把中美关系拉向后退，遏制中国发展。这是注定要失败的。

赵启正最后表示，中国将坚定不移地坚持以经济建设为中心，坚持改革开放，坚持独立自主的和平外交政策。中国是个爱好和平的国家，中国发展自己的科学技术事业，发展自己的国防力量，是为了捍卫自己的国家安全和民族利益，维护国家主权，维护世界和平。中国反对霸权主义，中国永远不称霸。

中国马来西亚签署关于未来双边合作框架联合声明

外交部部长唐家璇同应邀来华进行正式访问的马来西亚外长赛义德·哈米德分别代表本国政府在北京正式签署《中华人民共和国和马来西亚政府关于未来双边合作框架的联合声明》。联合声明主要内容如下：

中马两国自1974年5月31日建交以来，在平等、互信、互利的基础上，在政治、经济、文化、教育、防务及其他领域建立了友好和实质性的关系。双方之间的密切交往使这种关系在友好和谐的气氛中得到进一步加强。双方一致认为，两国保持友好合作关系不仅符合两国人民的根本利益，也有利于亚洲和世界的和平、稳定以及社会和经济发展。

世纪之交，双方同意共同制定一个未来双边合作的框架，从而在相互信任、相互支持的基础上建立全方位的睦邻友好合作关系。为此，本着共同的意愿和目的，双方同意优先考虑以下几个方面：

为进一步发展双边关系、促进本地区和世界的持久和平、稳定与繁荣而共同努力。

保持包括双方高层领导、政府官员的各个层次的经常性接触和互访，增进双方企业及人民之间的交流，以促进两国关系全面、持续地发展。

加强两国外交部年度高官磋商机制，就共同关心的双边、地区和国际问题交换意见。

在平等互利原则的基础上扩大贸易、投资、银行、金融、国防、安全、教育、科技、信息、卫生、交通、环境、农业、林业、矿业、文化、旅游、青年和体育等领域的友好互利合作。联合声明并对上述领域的合作作出了详细规划。

双方确认相互尊重独立、主权和领土完整。马方重申承认中华人民共和国政府是中国的唯一合法政府，台湾是中华人民共和国领土不可分割的一部分。

双方重申《联合国宪章》、和平共处五项原则、《东南亚友好合作条约》所确立的原则及其他公认的原则，应作为指导双方关系的基本准则。

双方将继续在东盟、东盟地区论坛、亚太经济合作组织、亚欧会议、世贸组织和联合国等多边场合就共同关心的地区和国际问题加强磋商与合作，促进地区及国际和平与发展。

双方将致力于加强中华人民共和国和东盟之间的友好关系。认为中马之间的密切合作促进了中华人民共和国和东盟及东盟与中日韩关系的发展。

双方表示将共同维护南中国海的和平与稳定，根据公认的国际法原则，包括1982年联合国海洋法公约，通过双边友好协商和谈判促进争议的解决。

双方重申各国有权选择自己的社会、政治和经济制度，任何国家都不应以任何借口干涉他国内政。要继续促进发展中国家团结，支持发展中国家平等参与国际事务并在新的世界秩序中占有自己应有的位置。

双方将共同努力，促进多极世界和公正、合理的国际政治经济新秩序的建立。

自行车选手姜翠华破亚洲纪录

世界杯自行车赛第二站比赛达拉斯举行。中国选手姜翠华在女子500米计时赛中，以35秒41的成绩打破了她本人保持的该项亚洲纪录并获得第三名。

第十二个世界无烟日卫生部 全国爱卫会在北京召开座谈会

呼吁全社会行动起来，尽快控制烟草危害，保护人民身体健康。国务院副总理、全国爱卫会主任李岚清发来书面讲话。

国务院批转水利部《关于加强长江近期防洪建设若干意见》

《意见》提出近期长江防洪建设目标和总体部署，确保采取综合措施，加快建设长江综合防洪体系。长江防洪要采取综合措施，逐步建成以堤防为基础，三峡工程为骨干，干支流水库、蓄滞洪区、河道整治相配套，结合封山植树、退耕还林、平垸行洪、退田还湖、水土保持等措施及其他非工程措施，构成长江综合防洪体系。

6月1日

国家主席江泽民在人民大会堂与塞拉利昂总统艾哈迈德·泰詹·卡巴举行会谈

江泽民赞赏塞拉利昂政府坚持“一个中国”、不与台湾发生官方关系的正义立场，感谢塞方给予中国统一大业的宝贵支持。

国务院副总理李岚清看望幼儿园小朋友和教师

李岚清来到北京的两所幼儿园，看望正在欢度节日的小朋友和教师，并向少年儿童祝贺节日，祝他们健康成长。他还邀请北京市部分幼儿园园长和幼儿教育专家举行座谈，北京市第五幼儿园园长朱小娟、北京市教科院研究员方明、教育部基础教育司副司长朱慕菊分别汇报、畅谈实施幼儿素质教育的体会和建议。

李岚清在听取大家的发言后指出，儿童是祖国的未来，幼儿时期，正是他们身体生长、智力形成、习惯养成、陶冶情操的重要时期，对他们今后的健康成长十分重要，因此，素质教育必须从娃娃抓起。他指出，幼儿教育总体情况是好的，但存在的一些问题应该引起足够重视，例如有相当一批幼儿园还停留在保育式的教育上；应试教育的影响也渗透到了幼儿教育；社会、教育部门和家庭对幼儿教育的不正确观念和要求等等。要改变这种状况，必须首先端正对幼儿教育的思想观念，还要有科学的教育方法。幼儿教育必须寓教于乐，寓教于动，要注意培养儿童的想象力和良好的习惯，注意发现他们的特长，并给他们的发展创造好条件。李岚清指出，各级领导、教育部门、幼儿园和家长都要进一步提高对幼儿教育重要性的认识，把幼儿教育融入到整个教育体系中去，按照有利幼儿身心健康成长的规律实施幼儿教育。进一步搞好幼儿教育必然对幼儿师资素质提出更高的要求，要通过培养、培训等方法加快幼儿师资队伍的建设。农村的幼儿教育是个大问题，各地要采取多种办法加强幼儿教育工作，使广大农村儿童在学前受到合理适当的教育。

国务院有关部门和北京市的负责人陈至立、徐荣凯、艾青春、彭玉、刘海荣等陪同李岚清副总理看望儿童和教师，并出席座谈会。

国办转发经国务院同意的国务院机关事务管理局(以下简称国管局)关于在国务院各部门机关试行政府采购的意见的通知

国管局关于在国务院各部门机关试行政府采购的意见指出，政府采购是政府为了开展日常职能活动或为社会公众提供服务的需要，使用财政性资金，以规定的方式和程序，从市场上购买物资、工程和劳务的行为。推行政府采购制度，是适应建立社会主义市场经济体制要求，加强财政支出管理，提高资金使用效益，促进政府机关廉政建设的一项重要措施。

意见指出，试行政府采购应遵循公开、公平、公正的原则，确保质量，注重效益；坚持从实际出发，分类实施，稳步推进。国管局按照这一原则和要求，依据国家有关政策规定，结合国务院各部门机关实际，制定实施办法、确定采购计划并组织集中采购。在实施过程中，及时总结经验，认真分析效益情况，建立和完善相关的制度及标准，使这项工作逐步规范化。

根据目前情况，暂将以下项目纳入国务院各部门机关试行政府采购的范围：汽车、锅炉、电梯、计算机及其辅助设备、复印机、传真机、空调器、办公家具等物资；投资额在50万元以上的非生产性修缮工程；大型会议接待、车辆保险和车辆维修等服务项目。基本建设工程按照现行工程招标投标管理的有关规定执行。

意见指出，采购方式以招标采购为主，谈判采购、询价采购、单一来源采购等其他方式为辅。具体项目的采购方式，由国管局根据实际情况商有关部门确定。

意见要求，纳入政府采购范围的项目，原则上由国管局会同有关部门按照确定的方式和程序，统一组织，集中采购。各部门参与招标、评标、定标等环节的工作，签订并履行合同。特殊情况，经国管局批准，各部门可以自行组织采购。暂未纳入政府采购范围的，各部门应结合实际，按照政府采购的原则和要求进行采购。各部门要贯彻勤俭节约的方针，根据实际需要和财力可能，严格按照有关制度和标准，认真编制年度采购计划。各部门的采购计划分别于每年5月和9月报送国管局，采购计划中应详细说明采购项目的性质、用途、数量、质量、技术规格、交货时间和资金来源等情况和要求，国管局在认真审核的基础上进行汇总、编制并组织实施。

意见指出，为了加强对政府采购工作的领导，确保这项工作顺利进行，由国管局牵头，国家计委、财政部、建设部、监察部等有关部门参加，组成国务院各部门机关试行政府采购工作领导小组，负责研究解决工作中的重要问题并做好有关协调工作。监察、审计等部门要依法加强监督。对各部门自行组织的采购活动，国管局要加强指导和监督。对采购活动中的违规行为，要及时予以纠正。

首都举办小伙伴手拉手共话祖国50年交流活动

中共中央政治局常委、国家副主席胡锦涛，中共中央政治局常委、国务院副总理李岚清来到少年儿童中间，参加小伙伴手拉手，共话祖国50年“六一”交流活动，和孩子们一起庆祝六一国际儿童节。胡锦涛代表党中央、国务院向全国各族小朋友们致以节日的祝贺，向为少年儿童健康成长辛勤工作的广大教师和少年儿童工作者表示问候和敬意。

在今天的活动中，来自北京、山东、上海、陕西、深圳和西藏等地的少先队员代表，用图片、实物、模型等形式向领导人和“手拉手”小伙伴们介绍了新中国成立50年、特别是改革开放20年来祖国各地发生的巨大变化和他们成长进步的情况。

在活动结束时，胡锦涛亲切勉励少年儿童：今天你们是国家的小主人，明天你们将是国家的栋梁。希望你们响应江泽民总书记的号召，从小树立远大志向，发愤学习，增长才干，强健体魄，全面发展，将来为建设祖国、保卫祖国、振兴中华贡献更多的力量。

胡锦涛强调，少年儿童的健康成长关系着祖国的未来和民族的希望。祖国21世纪的前途寄托在广大少年儿童身上。全党和全社会都要从事关党和国家前途命运的高度，充分认识做好少年儿童工作的重要性，为少年儿童多办实事、好事，为培养和造就有中国特色社会主义事业的合格建设者和接班人而共同努力。

小伙伴手拉手，共话祖国50年“六一”交流活动，是在共青团中央、全国少工委发起的“‘共话家乡50年’手拉手书信赛”的基础上组织的。全国31个省、自治区、直辖市的少先队组织都开展了丰富多彩的采访和通信活动。

吴仪、彭珮云、陈慕华和共青团中央、全国妇联、教育部、文化部、中国科协、北京市等有关部门负责人也参加了今天的活动。今天的活动由共青团中央、全国妇联、国务院妇儿工委办公室、全国少工委共同举办。

国家工商行政管理局全国妇联在人民大会堂联合举行保护儿童消费权益座谈会

与会专家指出，近些年来，我国儿童消费品日益丰富，不仅种类繁多、样式新颖，适应了不同年龄层次儿童的需求，而且开始从以往的服装、食品、图书、玩具、娱乐消费向教育、智力、科技消费方面发展，家庭在儿童消费方面的支出日益扩大。与此同时，儿童消费领域的问题也日渐突出，主要包括：部分产品质量低劣、消费服务欠佳、宣传误导、精神污染、轻视包装安全、经营存在空白。

国家工商行政管理局副局长甘国屏指出，各级工商行政管理部门要进一步增强责任感，加大对制售假冒伪劣儿童食品、玩具、用品等违法行为的打击力度，集中开展市场专项整治，加强对文化娱乐场所及学校周边经营场所的检查监督，大力开展“扫黄”、“打非”专项斗争，扫除“文化垃圾”，为儿童的健康成长创造良好条件。

座谈会上，专家们还针对当前儿童食品、玩具、用品等在生产、销售、使用中存在的问题进行了讨论，并就如何教育引导社会、家长和儿童树立健康安全的消费观念，增强儿童的自我保护意识进行了探讨。

全国政协副主席杨汝岱、全国妇联名誉主席陈慕华参加会议。

全国人大常委会副委员长布赫在人民大会堂会见保加利亚欧洲左翼党副主席国民议会副主席佩蒂亚·绍波娃

国防部部长迟浩田在北京会见罗马尼亚军队总参谋长康·德杰拉图

解放军总参谋长傅全有上将会见泰国国防部次长提拉德·米偏上将

中国记协举行座谈会揭露西方媒体所谓“新闻自由”的本质

《人民日报》、新华社、《光明日报》、中国国际广播电台等新闻单位的代表，以各自从工作实践中掌握的大量情况揭露西方媒体所谓“新闻自由”的本质。他们以事实说明，美国、英国等西方主流媒体以极不客观甚至混淆黑白的态度制造“新闻谎言”，为美国为首的北约的侵略行径和霸权主义推波助澜。与会人士认为，一向标榜自己“最自由”、“最公正”的西方媒体，充分暴露出它们的虚伪性、两面性，它们以自己的所作所为，所说所写，表明了它们不过是推行霸权主义强权政治的工具。也给中国人民和全世界上了生动一课，彻底暴露了它们在“自由、公正、客观”等动听的口号背后的真实面目。

在会上发言的还有中央电视台、《中国日报》、社科院新闻所的代表。中国记协常务副主席、党组书记郑梦熊也在会上发言。

《祖国您好》少儿艺术创作活动揭晓

6月2日

全国人大常委会委员长李鹏在人民大会堂会见塞拉利昂总统艾哈迈德·泰詹·卡巴

国务院总理朱镕基在中南海紫光阁会见塞拉利昂总统艾哈迈德·泰詹·卡巴

《人民日报》发表社论《坚定不移地保持社会稳定——学习江泽民同志在欢迎我驻南工作人员大会上的讲话之四》

国务院总理朱镕基签署第 267 号令发布《期货交易管理暂行条例》

《期货交易管理暂行条例》已经 1999 年 5 月 25 日今国务院第 18 次常务会议通过，现予发布，自 1999 年 9 月 1 日起施行。

总理 朱镕基

1999 年 6 月 2 日

期货交易管理暂行条例

第一章 总 则

第一条 为了规范期货交易行为，加强对期货交易的监督管理，维护期货市场秩序，防范风险，保护期货交易各方的合法权益和社会公共利益，制定本条例。

第二条 从事期货交易及其相关活动的，必须遵守本条例。

第三条 从事期货交易活动，应当遵循公开、公平、公正和诚实信用的原则。禁止欺诈、内幕交易和操纵期货交易价格等违法行为。

第四条 期货交易必须在期货交易所内进行。禁止不通过期货交易所的场外期货交易。

第五条 中国证券监督管理委员会（以下简称中国证监会）对期货市场实行集中统一的监督管理。

第二章 期货交易所

第六条 设立期货交易所，由中国证监会审批。

未经中国证监会批准，任何单位或者个人不得设立或者变相设立期货交易所。

第七条 期货交易所不以营利为目的，按照其章程的规定实行自律管理。期货交易所以其全部财产承担民事责任。

第八条 期货交易所会员应当是在中华人民共和国境内登记注册的企业法人。取得期货交易所会员资格，应当经期货交易所批准，并交纳会员资格费。

期货交易所会员由期货经纪公司会员和非期货经纪公司会员组成。

第九条 期货交易所设理事会。理事长、副理事长由中国证监会提名，理事会选举产生。

期货交易所设总经理、副总经理，由中国证监会任免。总经理为期货交易所的法定代表人。

第十条 有《证券法》第一百零一条规定的情形或者中国证监会规定的其他情形的，不得担任期货交易所的高级管理人员、财务会计人员。

第十一条 期货交易所的工作人员应当忠实履行职务，不得以任何方式为自己从事期货交易，不得泄露内幕信息或者利用内幕信息获得非法利益。

第十二条 期货交易所的工作人员履行职务，遇有与本人或者其亲属有利害关系的情形时，应当回避。

第十三条 期货交易所的工作人员在任职期间或者离开期货交易所未满一年的，不得在该期货交易所的会员单位任职。

国家公务员不得在期货交易所任职。

第十四条 期货交易所履行下列职能：

（一）提供期货交易的场所、设施和服务；

（二）设计期货合约、安排期货合约上市；

（三）组织、监督期货交易、结算和交割；

（四）保证期货合约的履行；

（五）制定和执行本条例第三十五条规定的风险管理制度；

（六）中国证监会规定的其他职能。

第十五条 期货交易所不得从事信托投资、股票交易、非自用不动产投资等与其职能无关的业务。

禁止期货交易所直接或者间接参与期货交易。

第十六条 当期货市场出现异常情况时，期货交易所可以按照其章程规定的权限和程序，决定采取下列紧急措施，并应当立即报告中国证监会：

（一）提高保证金；

（二）调整涨跌停板幅度；

（三）限制会员或者客户的最大持仓量；

（四）暂时停止交易；

（五）采取其他紧急措施。

前款所称异常情况，是指在交易中发生操纵市场并严重扭曲价格形成的行为或者不可抗力的突发事件以及中国证监会规定的其他情形。

异常情况消失后，期货交易所应当及时取消紧急措施。

第十七条 期货交易所有下列情形之一的，应当经中国证监会批准：

（一）制定或者修改章程、业务规则；

（二）上市、中止、取消或者恢复期货交易品种；

（三）上市、修改或者终止期货合约；

（四）中国证监会规定的其他情形。

第十八条 期货交易所的所得收益应当按照国家有关规定管理和使用，不得分配给会员，不得挪作他用。

期货交易所的税后所得按照国家有关规定提取公益金后，应当全部转作公积金，用于弥补以后年度发生的亏损。

第十九条 期货交易所的合并、分立，由中国证监会审批。

第二十条 期货交易所因下列情形之一解散：

(一)章程规定的营业期限届满,会员大会决定不再延续;

(二)会员大会决定解散;

(三)中国证监会决定关闭。

期货交易所因前款第(一)项、第(二)项情形解散的,由中国证监会审批。

第三章 期货经纪公司

第二十一条 设立期货经纪公司,应当符合公司法的规定,并应当具备下列条件:

(一)注册资本最低限额为人民币3000万元;

(二)主要管理人员和业务人员必须具有期货从业资格;

(三)有固定的经营场所和合格的交易设施;

(四)有健全的管理制度;

(五)中国证监会规定的其他条件。

第二十二条 设立期货经纪公司,必须经中国证监会批准,取得中国证监会颁发的期货经纪业务许可证,并在国家工商行政管理局登记注册。

未经中国证监会批准,任何单位或者个人不得从事期货经纪业务,不得在其名称中使用"期货经纪"、"期货代理"或者其他类似字样。

第二十三条 期货经纪公司根据业务需要可以设立营业部,作为分支机构。设立营业部应当符合中国证监会规定的条件,经中国证监会批准,取得中国证监会颁发的经营许可证,并在国家工商行政管理局登记注册。

营业部在期货经纪公司授权范围内依法开展业务,其民事责任由期货经纪公司承担。

第二十四条 期货经纪公司接受客户委托,以自己的名义为客户进行期货交易,交易结果由客户承担。

第二十五条 期货经纪公司除接受客户委托,从事期货交易所上市期货合约的买卖、结算、交割及相关服务业务外,不得从事其他业务。

期货经纪公司不得从事或者变相从事期货自营业务。

第二十六条 期货经纪公司有下列情形之一的,应当经中国证监会批准,并在国家工商行政管理局办理变更登记:

(一)变更法定代表人;

(二)变更注册资本;

(三)变更股东或者股权结构;

(四)变更住所或者营业场所;

(五)变更或者终止营业部;

(六)中国证监会规定的其他情形。

第二十七条 期货经纪公司因下列情形之一解散的,应当结清受委托的业务,并依法返还客户的保证金:

(一)营业期限届满,股东会决定不再延续;

(二)股东会决定解散;

(三)因合并或者分立需要解散;

(四)破产;

(五)中国证监会决定关闭。

期货经纪公司因前款第(一)项、第(二)项、第(三)项情形解散的,由中国证监会审批。

期货经纪公司解散,应当在国家工商行政管理局办理注销登记。

第四章 期货交易基本规则

第二十八条 在期货交易所内进行期货交易的,必须是期货交易所会员。期货经纪公司会员只能接受客户委托从事期货经纪业务,非期货经纪公司会员只能从事期货自营业务。

期货交易所会员应当委派出市代表进入交易场所内进行期货交易。出市代表只能接受本会员单位的交易指令,不得接受其他单位、个人的交易指令或者为其提供咨询意见,不得为自己进行期货交易。

第二十九条 期货经纪公司接受客户委托为其进行期货交易,应当事先向客户出示风险说明书,经客户签字确认后,与客户签订书面合同。

期货经纪公司不得向客户作获利保证或者与客户约定分享利益或者共担风险,不得接受公司、企业或者其他经济组织以个人的名义委托进行期货交易,不得将受托业务进行转委托或者接受转委托业务。

第三十条 下列单位和个人不得从事期货交易,期货经纪公司不得接受其委托为其进行期货交易:

(一)金融机构、事业单位和国家机关;

(二)中国证监会的工作人员;

(三)期货市场禁止进入者;

(四)未能提供开户证明文件的单位;

(五)中国证监会规定不得从事期货交易的其他单位和个人。

第三十一条 客户可以通过书面、电话或者中国证监会规定的其他方式,向期货经纪公司下达交易指令。

客户的交易指令应当明确、全面。

第三十二条 期货经纪公司根据客户的交易指令,为其进行期货交易。期货经纪公司不得未经客户委托或者不按照客户委托范围,擅自进行期货交易。

第三十三条 期货经纪公司向客户提供的期货市场行情应当真实、准确,不得隐瞒重要事项或者使用其他不正当手段诱骗客户发出交易指令。

第三十四条 期货交易所应当及时公布上市品种期货合约的成交量、成交价、持仓量、最高价与最低价、开盘价与收盘价和其他应当公布的信息,并保证信息的真实、准确。期货交易所不得公布价格预测信息。

第三十五条　期货交易所应当按照国家有关规定建立、健全下列风险管理制度：

（一）保证金制度；

（二）每日结算制度；

（三）涨跌停板制度；

（四）持仓限额和大户持仓报告制度；

（五）风险准备金制度；

（六）中国证监会规定的其他风险管理制度。

第三十六条　期货交易应当严格执行保证金制度。期货交易所向会员、期货经纪公司向客户收取的保证金，不得低于中国证监会规定的标准，并应当与自有资金分开，专户存放。

期货交易所向会员收取的保证金，属于会员所有；期货交易所除用于会员的交易结算外，严禁挪作他用。

期货经纪公司向客户收取的保证金，属于客户所有；期货经纪公司除按照中国证监会的规定为客户向期货交易所交存保证金、进行交易结算外，严禁挪作他用。

期货经纪公司应当为每一个客户单独开立专门账户、设置交易编码，不得混码交易。

第三十七条　期货交易所、期货经纪公司应当按照中国证监会、财政部的规定提取、管理和使用风险准备金，不得挪用。

第三十八条　期货交易所向会员、期货经纪公司向客户收取交易手续费，应当按照国务院有关部门的统一规定执行。

第三十九条　期货交易实行集中竞价，按照价格优先、时间优先的撮合成交原则进行。

第四十条　期货交易的结算，由期货交易所统一组织进行。

期货交易所实行每日结算制度。期货交易所应当在当日收市后及时将结算结果通知会员。

期货经纪公司根据期货交易所的结算结果对客户进行结算，并应当将结算结果及时通知客户。

第四十一条　期货交易所会员的保证金不足时，该会员必须追加保证金。会员未在期货交易所统一规定的时间内追加保证金的，期货交易所应当将该会员的期货合约强行平仓，强行平仓的有关费用和发生的损失由该会员承担。

期货经纪公司在客户保证金不足而客户又未能在期货经纪公司统一规定的时间内及时追加时，应当将该客户的期货合约强行平仓，强行平仓的有关费用和发生的损失由该客户承担。

第四十二条　期货交易的交割，由期货交易所统一组织进行。期货交易所不得限制实物交割总量。

交割仓库由期货交易所指定。期货交易所应当与交割仓库签订协议，明确双方的权利和义务。

第四十三条　交割仓库不得有下列行为：

（一）出具虚假仓单；

（二）违反期货交易所业务规则，限制交割商品的入库、出库；

（三）泄露与期货交易有关的商业秘密；

（四）参与期货交易；

（五）中国证监会规定的其他行为。

第四十四条　会员在期货交易中违约的，先以该会员的保证金承担违约责任；保证金不足的，期货交易所应当以风险准备金和自有资金代为承担违约责任，并由此取得对该会员的相应追偿权。

客户在期货交易中违约的，期货经纪公司比照前款规定执行。

第四十五条　期货交易所、期货经纪公司应当保证期货交易、结算、交割资料的完整和安全。

第四十六条　任何单位或者个人不得编造、传播有关期货交易的谣言，不得恶意串通、联手买卖或者以其他方式操纵期货交易价格。

第四十七条　任何单位或者个人不得使用信贷资金、财政资金进行期货交易。

金融机构不得为期货交易融资或者提供担保。

第四十八条　国有企业、国有资产占控股地位或者主导地位的企业进行期货交易，限于从事套期保值业务，并应当遵守下列规定：

（一）进行期货交易的品种限于其生产经营的产品或者生产所需的原材料；

（二）期货交易总量应当与其同期现货交易总量相适应；

（三）中国证监会的其他规定。

前款企业从事套期保值业务的，应当向期货交易所或者期货经纪公司出具其法定代表人签署的文件，并经期货交易所或者期货经纪公司依照前款规定审核同意。

第四十九条　未经批准，任何单位或者个人不得直接或者间接从事境外期货交易。确需利用境外期货市场进行套期保值的，由中国证监会会同国务院有关部门审核，报国务院批准后，颁发境外期货业务许可证。

禁止期货经纪公司从事境外期货交易。

第五章　监督管理

第五十条　期货交易所和期货经纪公司应当定期向中国证监会报送财务会计报表、有关资料和审计报告。

第五十一条　中国证监会可以随时检查期货交易所、期货经纪公司的业务、财务状况，有权要求期货交易所、期货经纪公司提供有关资料，有权要求期货交易所提供会员、期货经纪公司提供客户的有关情况和资料；必要时，可以检查会员和客户与期货交易有关的业务、财务状况。

中国证监会在检查中，发现有违法嫌疑的，可以调取、封存有关文件、资料，并应当在规定的期限内及时作出处理决定。

中国证监会的工作人员在检查时，应当出示合法证件。

第五十二条 中国证监会对有期货违法嫌疑的单位和个人有权进行询问、调查；对期货交易所、期货经纪公司、会员和客户在商业银行或者其他金融机构开立的单位存款账户可以进行查询；对有证据证明有转移或者隐匿违法资金迹象的，可以申请司法机关予以冻结。有关单位和个人应当给予支持、配合。

第五十三条 当期货市场出现异常情况时，中国证监会可以采取必要的风险处置措施。

第五十四条 中国证监会对期货交易所和期货经纪公司的高级管理人员和其他期货从业人员实行资格认定制度。

第五十五条 期货交易所应当依照本条例和中国证监会的规定，建立、健全各项规章制度，加强对期货交易所交易活动的风险控制和对会员以及期货交易所工作人员的监督管理。

期货经纪公司应当建立、健全内部业务管理规则，加强对客户资信情况的审查，并应当按照期货交易所的规定，向期货交易所报告大户名单、交易情况。

第五十六条 期货交易所总经理离任时，期货交易所应当聘请具有从事相关业务审计资格的中介机构对其进行离任审计。中国证监会认为必要时，可以指定中介机构进行离任审计。

第六章 罚　则

第五十七条 期货交易所有下列行为之一的，责令改正，给予警告，没收违法所得：

（一）违反规定接纳会员的；

（二）违反规定收取交易手续费的；

（三）违反规定使用、分配收益的；

（四）不按照规定公布信息的；

（五）不按照规定向中国证监会履行报告义务的；

（六）不按照规定向中国证监会报送有关文件、资料的；

（七）不按照规定提取、管理和使用风险准备金的；

（八）限制会员实物交割总量的；

（九）任用不具备资格的期货从业人员的；

（十）有违反中国证监会规定的其他行为的。

期货交易所有前款所列行为之一的，对直接负责的主管人员和其他直接责任人员给予纪律处分，可以并处1万元以上10万元以下的罚款。

期货交易所有本条第一款第（二）项所列行为的，应当责令退还多收取的交易手续费。

第五十八条 期货交易所有下列行为之一的，责令改正，给予警告，没收违法所得，并处违法所得1倍以上5倍以下的罚款；没有违法所得或者违法所得不满10万元的，处10万元以上50万元以下的罚款；情节严重的，责令停业整顿：

（一）未经批准，擅自制定或者修改章程、业务规则的；

（二）未经批准，擅自上市、中止、取消或者恢复期货交易品种的；

（三）未经批准，擅自上市、修改或者终止期货合约的；

（四）允许会员在保证金不足的情况下进行期货交易的；

（五）直接或者间接参与期货交易，或者从事与其职能无关的业务的；

（六）违反规定收取保证金，或者挪用保证金的；

（七）伪造、涂改或者不按照规定保存期货交易、结算、交割资料的；

（八）未建立或者未执行涨跌停板、持仓限额和大户持仓报告制度的；

（九）拒绝或者妨碍中国证监会监督检查的；

（十）有违反中国证监会规定的其他行为的。

期货交易所有前款所列行为之一的，对直接负责的主管人员和其他直接责任人员给予纪律处分，并处1万元以上10万元以下的罚款。

第五十九条 期货经纪公司有下列行为之一的，责令改正，给予警告，没收违法所得，并处违法所得1倍以上3倍以下的罚款；没有违法所得或者违法所得不满10万元的，处10万元以上30万元以下的罚款；情节严重的，责令停业整顿或者吊销期货经纪业务许可证：

（一）接受不符合规定条件的单位或者个人委托的；

（二）接受公司、企业或者其他经济组织以个人名义委托进行期货交易的；

（三）将受托业务进行转委托，或者接受转委托业务的；

（四）允许客户在保证金不足的情况下进行期货交易的；

（五）从事期货自营业务或者违反本条例规定的其他业务的；

（六）不按照规定向中国证监会报送有关文件、资料的；

（七）不按照规定提取、管理和使用风险准备金的；

（八）伪造、涂改或者不按照规定保存期货交易、结算、交割资料的；

（九）任用不具备资格的期货从业人员的；

（十）未经批准设立营业部的；

（十一）未经批准办理变更事项的；

（十二）伪造、变造、出租、出借、买卖期货经纪业务许可证和经营许可证的；

（十三）违反规定进行混码交易的；

（十四）拒绝或者妨碍中国证监会监督检查的；

（十五）有违反中国证监会规定的其他行为的。

期货经纪公司有前款所列行为之一的，对直接负责的主管人员和其他直接责任人员给予纪律处分，并处 1 万元以上 5 万元以下的罚款。

第六十条　期货经纪公司有下列欺诈客户行为之一的，责令改正，给予警告，没收违法所得，并处违法所得 1 倍以上 5 倍以下的罚款；没有违法所得或者违法所得不满 10 万元的，处 10 万元以上 50 万元以下的罚款；情节严重的，责令停业整顿或者吊销期货经纪业务许可证：

（一）不按照规定向客户出示风险说明书，向客户作获利保证或者与客户约定分享利益、共担风险的；

（二）未经客户委托或者不按照客户委托范围擅自进行期货交易的；

（三）提供虚假的期货市场行情、信息，或者使用其他不正当手段，诱骗客户发出交易指令的；

（四）向客户提供虚假成交回报的；

（五）未将客户交易指令下达到期货交易所内的；

（六）挪用客户保证金的；

（七）有中国证监会规定的其他欺诈客户的行为的。

期货经纪公司有前款所列行为之一的，对直接负责的主管人员和其他直接责任人员给予纪律处分，并处 1 万元以上 10 万元以下的罚款；构成犯罪的，依法追究刑事责任。

任何单位或者个人编造并且传播影响期货交易的虚假信息，扰乱期货交易市场的，比照本条第一款、第二款的规定处罚；构成犯罪的，依法追究刑事责任。

第六十一条　期货交易内幕信息的知情人员或者非法获取期货交易内幕信息的人员，在对期货交易价格有重大影响的信息尚未公开前，利用内幕信息从事期货交易，或者向他人泄露内幕信息，使他人利用内幕信息进行期货交易的，没收违法所得，并处违法所得 1 倍以上 5 倍以下的罚款；没有违法所得或者违法所得不满 10 万元的，处 10 万元以上 50 万元以下的罚款；构成犯罪的，依法追究刑事责任。

第六十二条　任何单位或者个人有下列行为之一，操纵期货交易价格的，责令改正，没收违法所得，并处违法所得 1 倍以上 5 倍以下的罚款；没有违法所得或者违法所得不满 20 万元的，处 20 万元以上 100 万元以下的罚款；构成犯罪的，依法追究刑事责任：

（一）单独或者合谋，集中资金优势、持仓优势或者利用信息优势联合或者连续买卖期货合约，操纵期货交易价格的；

（二）蓄意串通，按事先约定的时间、价格和方式相互进行期货交易，影响期货交易价格或者期货交易量的；

（三）以自己为交易对象，自买自卖，影响期货交易价格或者期货交易量的；

（四）为影响期货市场行情囤积实物的；

（五）有中国证监会规定的其他操纵期货交易价格的行为的。

单位有前款所列行为之一的，对直接负责的主管人员和其他直接责任人员给予纪律处分，并处 1 万元以上 10 万元以下的罚款。

第六十三条　交割仓库有本条例第四十三条所列行为之一的，责令改正，给予警告，没收违法所得，并处违法所得 1 倍以上 5 倍以下的罚款；没有违法所得或者违法所得不满 10 万元的，处 10 万元以上 50 万元以下的罚款；情节严重的，责令期货交易所暂停或者取消其交割仓库资格；对直接负责的主管人员和其他直接责任人员给予纪律处分。

第六十四条　国有企业、国有资产占控股地位或者主导地位的企业违反本条例规定进行期货交易的，任何单位或者个人使用信贷资金、财政资金进行期货交易的，给予警告，没收违法所得，并处违法所得 1 倍以上 5 倍以下的罚款；没有违法所得或者违法所得不满 10 万元的，处 10 万元以上 50 万元以下的罚款；对直接负责的主管人员和其他直接责任人员给予降级直至开除的纪律处分；构成犯罪的，依法追究刑事责任。

第六十五条　任何单位或者个人违反本条例规定，擅自从事境外期货交易的，予以取缔，没收违法所得，并处违法所得 1 倍以上 5 倍以下的罚款；没有违法所得或者违法所得不满 20 万元的，处 20 万元以上 100 万元以下的罚款；对直接负责的主管人员和其他直接责任人员处 1 万元以上 10 万元以下的罚款，并给予降级直至开除的纪律处分；构成犯罪的，依法追究刑事责任。

任何单位或者个人非法设立或者变相设立期货交易所、期货经纪公司，或者擅自从事期货经纪业务的，予以取缔，并依照前款的规定处罚；构成犯罪的，依法追究刑事责任。

第六十六条 期货交易所的工作人员在任职期间或者离开期货交易所未满一年，在该期货交易所的会员单位任职的，或者泄露知悉的国家秘密和会员、客户商业秘密的，给予纪律处分；构成犯罪的，依法追究刑事责任。

第六十七条 任何单位或者个人违反本条例规定，情节严重的，由中国证监会宣布该个人、该单位或者该单位的直接责任人员为期货市场禁止进入者。

第六十八条 中国证监会的工作人员泄露知悉的国家秘密以及会员、客户商业秘密，或者徇私舞弊、玩忽职守、滥用职权、收受贿赂，构成犯罪的，依法追究刑事责任；尚不构成犯罪的，依法给予行政处分。

第六十九条 对期货交易所及其会员、期货经纪公司及其客户、期货从业人员、交割仓库的行政处罚，由中国证监会决定；对其他单位或者个人的行政处罚，由有关部门依照法定职权决定。

第七章 附　则

第七十条 本条例下列用语的含义：

(一)"期货交易"，是指在期货交易所内集中买卖某种期货合约的交易活动。

(二)"期货合约"，是指由期货交易所统一制定的、规定在将来某一特定的时间和地点交割一定数量和质量商品的标准化合约。

(三)"保证金"，是指期货交易者按照规定标准交纳的资金，用于结算和保证履约。

(四)"结算"，是指根据期货交易所公布的结算价格对交易双方的交易盈亏状况进行的资金清算。

(五)"交割"，是指期货合约到期时，根据期货交易所的规则和程序，交易双方通过该期货合约所载商品所有权的转移，了结到期未平仓合约的过程。

(六)"平仓"，是指期货交易者买入或者卖出与其所持期货合约的品种、数量及交割月份相同但交易方向相反的期货合约，了结期货交易的行为。

(七)"持仓量"，是指期货交易者所持有的未平仓合约的数量。

(八)"持仓限额"，是指期货交易所对期货交易者的持仓量规定的最高数额。

(九)"仓单"，是指交割仓库开出并经期货交易所认定的标准化提货凭证。

(十)"撮合成交"，是指期货交易所的计算机交易系统对交易双方的交易指令进行配对的过程。

(十一)"涨跌停板"，是指期货合约在一个交易日中的交易价格不得高于或者低于规定的涨跌幅度，超出该涨跌幅度的报价将被视为无效，不能成交。

(十二)"内幕信息"，是指可能对期货市场价格产生重大影响的尚未公开的信息，包括：中国证监会及其他相关部门制定的对期货交易价格可能发生重大影响的政策，期货交易所作出的可能对期货交易价格发生重大影响的决定，期货交易所会员、客户的资金和交易动向以及中国证监会认定的对期货交易价格有显著影响的其他重要信息。

(十三)"内幕信息的知情人员"，是指由于其管理地位、监督地位或者职业地位，或者作为雇员、专业顾问履行职务，能够接触或者获得内幕信息的人员，包括：期货交易所的理事长、副理事长、总经理、副总经理等高级管理人员以及其他由于任职可获取内幕信息的从业人员，中国证监会的工作人员和其他有关部门的工作人员以及中国证监会规定的其他人员。

第七十一条 本条例自 1999 年 9 月 1 日起施行。

中国信息产业商会数字化联盟在北京成立

国家主席江泽民在钓鱼台国宾馆会见俄罗斯外交部部长伊戈尔·伊万诺夫

国务院总理朱镕基在中南海紫光阁会见俄罗斯外交部部长伊万诺夫

外交部部长唐家璇同俄罗斯外交部部长伊万诺夫举行会谈

唐家璇在会谈时表示，中国愿与俄罗斯继续加强磋商，为建立公正合理的国际新秩序、建立多极化世界而共同努力。

唐家璇说，中俄在科索沃问题上有着广泛的一致，并就此达成许多共识。中国赞赏俄罗斯为推动政治解决科索沃危机作出的不懈努力。

唐家璇欢迎伊万诺夫首次访华。他说，两国关系保持着很好的发展势头。去年 11 月，江泽民主席访问了俄罗斯，并举行了两国元首首次非正式会晤，推动了两国关系的发展。今年 2 月，朱镕基总理访俄，双方在扩大各领域合作方面达成了广泛共识。实践证明，中俄建立战略协作伙伴关系符合两国人民的根本利益。中俄应认真准备两国元首今年秋天的第二次非正式会晤，并进一步采取措施，落实两国总理第四次定期会晤达成的各项合作协议。

伊万诺夫说，俄中是友好近邻，近年来双边关系有了长足发展。两国作为联合国安理会常任理事国，在国际问题上的磋商与合作也得到加强。俄方对此深感满意。

伊万诺夫表示，叶利钦总统与江泽民主席已为中俄关系的发展指明方向，奠定基础。双方应进一步落实与充实已达成的协议，推动两国关系全面发展。

会谈后，双方签署了两国外交部档案领域合作协议，并就两国政府关于简化两国公民进入对方贸易综合体手续的协议进行换文。随后，两国外长会见了记者。

中国 俄国两国外交部部长发表《北京会晤联合新闻公报》

应中华人民共和国外交部部长唐家璇的邀请，俄罗斯联邦外交部部长伊·谢·伊万诺夫于1999年6月1日至3日对中华人民共和国进行了正式访问。中华人民共和国主席江泽民和国务院总理朱镕基分别会见了伊万诺夫外长。两国外长举行了会谈，就双边关系和当前国际局势中的重大问题交换了意见，并达成以下共识：

一、江泽民主席和叶利钦总统1998年11月在莫斯科举行的第一次非正式会晤极大地促进了双边关系的发展，两国元首在《世纪之交的中俄关系》的联合声明中所共同阐述的对当前国际形势的看法具有重要的现实意义。

二、双方认为，中俄元首第二次非正式会晤将为两国战略协作伙伴关系的进一步发展作出实质性贡献，双方将进行认真的准备。

三、双方高度评价1999年2月在莫斯科举行的中俄总理第四次定期会晤，正采取措施落实双方达成的有关合作协议。

两国总理第五次定期会晤将于2000年在北京举行。

四、有关中俄边界协商一致地段勘界结果的法律文件已准备就绪，将于近期签署。这是双边关系中的一件大事，必将为两国关系进一步发展创造良好的条件。

五、双方将于近期结束关于对界河中个别岛屿及其附近水域进行共同经济利用的谈判，就规范两国公民相互往来制度问题商定具体解决办法，为双方现有使领馆房产办理登记手续并继续谈判解决其他外交房产问题，就合理利用界河以及跨界河流问题达成协议。

双方将加紧商签新的领事条约和其他正在商谈的政府间协定，包括公民相互往来和互免团体旅游签证协定、在开发利用森林资源领域进行合作的协定、继续开展能源领域合作协定以及两国公民临时劳务协定。

六、中国和俄罗斯对北约空袭南斯拉夫联盟导致国际局势严重复杂化深表忧虑。双方认为，这一行动严重违反《联合国宪章》和公认的国际法基本准则，北约立即停止对南联盟的军事行动是通过政治途径解决科索沃问题的必要条件。双方主张联合国在解决危机方面发挥应有作用，任何解决方案都应听取直接当事一方南联盟的意见。

前南国际刑庭检察长决定签发对南联盟最高政治和军事领导人的起诉书，不能不被认为是政治行为，其结果只能使谈判进程变得更加复杂。

双方一致认为，继续对南斯拉夫的侵略将使巴尔干局势更加恶化，并对欧洲乃至世界其他地区的安全与稳定产生十分不利影响。

俄方再次谴责北约袭击中国驻贝尔格莱德大使馆，认为这是对中国主权的侵犯和对国际法准则的粗暴践踏，支持中方在这一问题上正义的并有着充分根据的立场。

中国和俄罗斯愿为政治解决科索沃危机继续努力。

七、双方反对任何旨在推行强权政治的做法，强调切实尊重各国人民根据本国国情选择社会制度、价值观念和发展道路的权利，世界不能只按同一种模式进行重组，认为只有尊重所有国家，不论大国和小国，强国和弱国，中立国和不结盟国家的主权和领土完整，不允许违背《联合国宪章》和联合国决议，以诸如“保护基本价值观”、“捍卫”人权和少数民族权利等种种借口对主权国家内政进行干涉，才能维护当今世界的和平与稳定。

八、双方表示，中俄发展战略协作伙伴关系的基本目标是，致力于建立多极化和公正合理的国际秩序，维护世界的和平、稳定与安全，促进世界各国的共同发展。双方重申，中俄无意结成针对任何第三国或国家集团的军事政治联盟，并反对当前在世界一些地区扩大和强化军事联盟的倾向。

伊万诺夫外长对中方的热情友好接待表示感谢，并邀请唐家璇外长对俄罗斯联邦进行正式访问。唐家璇外长接受邀请并表示感谢。访问时间将通过外交途径商定。

国家主席江泽民在钓鱼台国宾馆会见吉布提前总统古莱德

国务院总理朱镕基在中南海紫光阁会见马来西亚外交部部长赛义德·哈米德

国务院副总理李岚清在中南海会见由会长土屋义彦率领的日本全国知事会访华团

6月3日

全国人大常委会委员长李鹏在人民大会堂同朝鲜

最高人民会议常任委员会委员长金永南举行会谈

《人民日报》发表社论《坚定不移执行独立自主和平外交政策——学习江泽民同志在欢迎我驻南工作人员大会上的讲话之五》

在北京专家学者就台湾问题举行座谈会

部分在北京台湾问题研究专家学者举行座谈会，就台湾民进党近期通过的所谓“台湾前途决议文”提出看法。

5月8日，台湾民进党在高雄召开该党八届二全大会上，表决通过了所谓“台湾前途决议文”。该“决议文”声称“台湾是一主权独立国家，其主权领域仅及于台、澎、金、马与其附属岛屿。任何有关独立现状的更动，必须经由台湾全体住民以公民投票的方式决定”等。

专家们指出，民进党“决议文”的出笼是该党在岛内外压力下不得不作出的策略调整。经过中国政府和全体中国人民强烈的反“台独”、反分裂斗争，“一个中国”的原则得到国际社会的普遍认同，世界上绝大多数的国家承认世界上只有一个中国，台湾是中国的一部分。搞“台独”得不到国际社会的支持，并且被认为是“麻烦制造者”。在台湾岛内，台湾民众普遍反对“台独”，认为搞“台独”是死路一条。绝大多数台湾民众迫切希望加强两岸交流与往来，改善并发展两岸关系。民进党的“台独”主张遭到越来越多的人反对，不仅说明“台独”是没有出路的，而且成为民进党在历次选举中的“票房毒药”，成为民进党进一步发展的瓶颈。一直希望通过选举上台的一些民进党人，面对即将到来的所谓“总统选举”，要求修改“台独”党纲，加速民进党转型，以便争取民心赢得选举。但修改“台独”党纲之议遭到了民进党内外“台独基本教义派”的强烈反对，最后调和折中出不动“台独”党纲，但对“台独”党纲进行解释、包装的“台湾前途决议文”。

与会专家学者认为，从“决议文”内容看，民进党“台独”本质未变，只是在如何“表述”其“台独”主张上有了一些变化。包括从“建国台独”向“事实台独”转变；从“公投台独”向“改变现状公投”转变等。“决议文”中声称承认“事实台独”，并要推动“公投法制化”，具有欺骗性，因而也具有更大的危险性。其实质是欺骗台湾民众，以更加隐蔽的手法继续推动“体制台独”、“法理台独”。

座谈会由全国台湾研究会主办。

全国棉花工作会议在北京召开

国务院副总理温家宝主持会议。国务委员兼国务院秘书长王忠禹，全国政协副主席、供销合作总社主任白立忱出席会议。

会议经国务院批准，由国家计委、国务院体改办、全国供销合作总社、财政部、农业部、国家纺织局和农业发展银行联合召开的。参加会议的有棉花主产省区政府和新疆生产建设兵团的有关负责人，国务院有关部门负责人，以及各省区市计划、供销、财政、物价、农业、纺织、农发行等部门的负责人。

国务院总理朱镕基到会讲话。

朱镕基指出，去年国务院作出《关于深化棉花流通体制改革的决定》，提出要逐步建立起在国家宏观调控下，主要依靠市场机制实现棉花资源合理配置的新体制。改革的方向是正确的，必须继续坚定不移地贯彻执行。当前，我国棉花生产和流通中存在的问题仍很突出。主要是由于棉花连年丰收，而消费逐年减少，棉花总量供大于求的状况继续加剧，库存积压日趋严重。去年国务院已经提出减少全国棉花种植面积，但是各地调整力度很不够，种植面积并没有真正减下来，不少棉农仍在大量生产没有市场销路的低质棉花，供销社棉花销售困难，亏损不断增加。朱镕基强调，必须充分认识棉花生产和流通问题的严重性和紧迫性，采取坚决有力措施，尽快加以解决。否则，不仅进一步加剧棉花销售困难和企业库存积压，造成严重的社会浪费，占用银行大量信贷资金，加重财政负担，而且势必影响棉农的长远利益，影响我国棉花生产和棉纺工业的长远发展。因此，要抓住当前有利时机，进一步完善和制定相关的政策措施，加大棉花结构调整力度，坚决把棉花种植面积减下来，推动我国棉花生产和流通的健康发展。

朱镕基指出，减少棉花种植面积，调整棉花结构和布局，不能靠行政命令，而必须依靠经济手段，特别是发挥价格杠杆的调节作用。国家对棉花的收购价格和销售价格不再作统一规定，棉花价格主要由市场供求形成。当前要发出一个强烈的信号，就是今年棉花总量仍然严重供大于求，由此决定棉花价格还会有较大幅度下降，特别是没有市场销路的低质棉花价格会降得更多，用供求信息和价格信号积极引导棉农调减棉花种植、优化品种结构。朱镕基强调，要认真实行优质优价政策，大幅度拉开棉花质量差价，扩大品种差价和等级差价。实行优质优价，有利于促进优质棉生产，改善棉花种植结构；有利于提高棉花质量，增强国际市场竞争能力；有利于使棉农通过增加优质棉比重，弥补因调减棉花面积和产量而减少的收入。为了适应优质优价政策的要求，国家有关部门要综合考虑长度、强力、色泽和含杂量等多方面因素，尽快改革棉花质量标准。

朱镕基指出，棉花是一些地区农民收入的重要来源。棉花种植面积减少,价格降低,从眼前看会影响一部分棉农收入,但符合棉农的长远利益。棉花生产不适应市场需求变化,不调整棉花结构,棉农的长远利益就没有保证。只有把产量减下来,结构合理了,质量提高了,收入才能逐步增加。对棉农因调减面积而减少的收入,要通过提高科技种棉水平,降低生产成本,提高优质棉比重,发展其他有销路、有效益的农产品,加以弥补。增收必须减负。当前农民负担仍然很重。各地区和各有关部门务必下大的决心,切实减轻农民负担。

朱镕基指出,棉花主产区省级政府要组织有关部门认真负责地做好本地区的棉花生产和销售工作,积极稳妥地推进本地区棉花流通体制改革。他强调,决不能认为棉花价格放开了,棉花经营渠道拓宽了,就可以撒手不管了。省级政府要继续加强棉花购销市场管理,严格审定市场准入资格,保证棉花市场的正常秩序。经省级政府批准取得市场准入资格的棉纺企业,也要委托供销社轧花厂进行籽棉加工。对未经省级政府批准,擅自从事棉花收购、加工和经营的单位和个人,要严肃进行查处。目前,全国籽棉加工能力已经严重过剩,各地不得再新上籽棉加工项目,禁止生产和使用已被取缔的小轧花机、土打包机。要进一步加强棉花质量监督,加强对采摘、收购和加工等环节的管理,既要保证质量,防止掺杂使假,又要防止压级压价,损害棉农利益。

朱镕基指出,要加快供销社棉花企业改革。棉花经营渠道拓宽后,供销社棉花企业要进一步转变经营观念,强化服务功能,提高竞争能力,建立新的经营机制,真正办成自主经营、自负盈亏的经营实体。要积极收购农民的棉花,努力为用户服务,通过竞争和优质服务,继续在棉花流通中发挥主渠道作用。价格可以由市场供求形成,但决不能拒收。要继续做好下岗分流、减员增效工作,进一步减少流通环节,降低经营费用,扭转经营亏损局面。棉花价格放开后,棉花企业必须按照保本销售的原则进行经营,决不允许再发生新的亏损挂账。农业发展银行要加强对棉花收购资金的监管。棉纺企业要抓紧清理和归还拖欠供销社棉花企业的货款。全国供销总社要切实负起做好棉花购销工作的责任。

外交部发言人朱邦造就菲方抓扣中方渔船渔民答记者问

在记者招待会上,有记者问:“据报道,菲律宾军舰撞沉中方渔船事件中的三名中国渔民因‘非法进入菲领海偷捕’证据不足,罪名不成立,已获准离菲。你对此有何评论?”

外交部发言人朱邦造说:中方注意到菲律宾方面已让三名中国渔民离境回国。关于此次菲军舰追击并撞沉中国渔船事件,中方已表明了自己的立场和态度。最近,菲律宾方面宣称是中国渔船撞及菲舰而沉,这是违背事实的,也是不符合逻辑的。事实是,菲方军舰追击中国渔船达两小时之久,三次蓄意撞击该渔船,最终导致渔船沉没,渔民落水。菲方用军舰侵害手无寸铁的渔民,这种做法最起码是违背了人道主义原则。

朱邦造强调:众所周知,黄岩岛是中国固有领土,出事海域一向是中国渔民的传统渔场,他们在这一地区从事渔业生产完全是正当的、合法的。近几年来,菲律宾方面一再在南海地区抓扣中方渔船、渔民,给中方渔民造成了重大的经济损失和精神伤害,也给两国关系带来了不利影响。中方已向菲方提出了严正要求,菲律宾政府有责任纠正上述错误做法,停止制造事端,杜绝类似事件再次发生。

国办转发教育部等部门关于进一步做好 1999 年普通高等学校毕业生就业工作的意见

各省、自治区、直辖市人民政府,国务院各部委、各直属机构已经国务院同意,现转发给你们请认真贯彻执行。

教育部、中央组织部、人事部、中央机构编制委员会办公室、财政部《关于进一步做好 1999 年普通高等学校毕业生就业工作的意见》。

关于进一步做好 1999 年普通高等学校毕业生就业工作的意见

1999 年全国普通高校毕业生毕业在即。为进一步做好 1999 年普通高等学校应届毕业生的就业工作,提出如下意见:

一、高校毕业生是实施科教兴国战略,实现我国 21 世纪宏伟目标的重要力量,是国家的宝贵财富。做好毕业生就业工作,对于保证社会主义现代化建设事业的需要,促进经济和社会的发展,维护高校和社会稳定,具有十分重要的意义。各地区、各有关部门要高度负责,切实加强领导,加大管理和监督力度,克服困难,采取有效措施,千方百计地做好高校毕业生的接收和安置工作。

二、高校毕业生就业主管部门要有组织、有计划、有步骤地开展各类毕业生就业活动,充分发挥各级毕业生就业指导和服务机构的作用,积极做好毕业生就业指导和服务工作,采取多种方式,提供就业服务。要重视和加强毕业生就业信息交流工作,各高校和用人单位要利用多种手段包括利用“全国高校毕业生就业信息网”收集、发布供求信息,实现信息共享,为毕业生提供信息比较充分,公开、平等、竞争的环境。

三、为适应21世纪国际政治斗争和综合国力竞争的形势，积极储备人才。工商、税务、审计、公安、司法、海关等需要加强的部门要从优化人员结构，提高队伍整体素质出发，有计划地吸收品学兼优的高校毕业生，充实基层和重要岗位。各类银行、保险公司及非银行金融机构要积极吸收高校毕业生，改善人员结构。优化国有单位会计人员结构，对没有大专学历或专业知识又不能胜任会计工作岗位的人员要逐步实行分流，有计划地吸收高校会计专业毕业生充实国有单位会计队伍，也可根据工作需要选拔一批其他专业的毕业生，进行会计专业培训，合格后上岗。

四、采取措施鼓励高校毕业生到基层支教、支农、支医、扶贫或到企业锻炼，参加农村基层工作，经过两三年锻炼，根据工作需要从中选拔优秀人员到机关工作，重点充实乡镇机关。这项工作由人事部门负责组织，所需编制由编制部门研究解决，工资参照当地行政机关同类人员标准发放，所需经费由财政部门研究解决，具体实施办法由人事部会同有关部门制定。

五、对截止派遣时尚未落实工作单位的高校毕业生，可适当推迟派遣时间或派回其家庭所在地，对一年内找到工作单位的，主管调配部门应予以派遣。公安部门要协助做好户口的迁移工作。对派回家庭所在地的毕业生，当地政府及有关部门要积极创造条件，提供就业机会，或根据社会需要，组织免费的专业技能培训。对回到县乡的毕业生，组织农村急需的农业技术培训，充实农村专业人员和经营管理人员队伍，鼓励毕业生以多种方式为农村和农业提供生产技术指导和技术咨询服务。

六、近两年已有100多所原国务院部门所属高校实行中央与地方共建、以地方管理为主的体制，有关地方政府要切实履行职能，对这些高校毕业生就业工作加强统筹管理、组织协调、检查监督和指导服务，认真做好毕业生就业安置和接收工作。对一些行业性较强的高校的毕业生，在过渡期内有关地方政府可以商请原主管部门在行业内安排，原主管部门有责任帮助做好毕业生就业工作。

七、各有关部门、高校及用人单位不得以任何理由向毕业生收取不合理费用，物价、监察部门要进一步加强监督，要依据国家有关规定对乱收费的严肃查处。

八、认真细致地做好高校毕业生思想教育工作，教育毕业生以国家利益为重，坚持学习科学文化与加强思想修养的统一、学习书本知识与投身社会实践的统一、实现自身价值与服务祖国人民的统一、树立远大理想与进行艰苦奋斗的统一，树立正确的人生观、价值观和择业观，主动到祖国最需要的地方和艰苦行业去工作。

九、我国正处于改革的攻坚阶段，国民经济也在进行重大结构调整，各级教育行政部门和各高校，要根据社会实际需求和毕业生就业的反馈信息，采取切实措施，及时调整高校专业结构和层次结构，改进教学内容和教学方法，提高教育质量，使高等教育尽快适应经济和社会发展的需要。

十、各级教育、人事、计划、公安等有关部门要密切配合、相互协作，努力拓宽高校毕业生就业领域。继续确保国有企业特别是重点单位用人需要，同时鼓励和支持毕业生到非国有制单位就业或自主创业。有关部门和地方要采取有效措施解决相关的派遣、户籍、人事档案等问题，解除毕业生的后顾之忧。要加强高校毕业生就业工作的宣传，报道毕业生就业工作的成功做法和新经验。

十一、各地区、各部门要认真过细地做好本地区、本部门高校毕业生就业工作，确保高校和社会稳定。要认真研究迎接21世纪知识经济的挑战，发挥人力资源的优势，有计划地扩大高校毕业生在行政部门和企事业单位的比例，优化人才结构，提高人员素质，使高校毕业生就业工作适应我国经济、社会发展的需要。

全国妇联荣获环境保护全球五百佳

中国首例小肠移植手术在西安第四军医大学西京医院获得成功

国家环保局发布《车用汽油有害物质控制标准》

6月4日

国家主席江泽民在钓鱼台国宾馆会见朝鲜最高人民会议常任委员会委员长金永南

江泽民说："中国党和政府一向珍视中朝传统友谊。目前，我们两国都在根据各自的国情，以自己的方式建设社会主义。在当前复杂多变的国际形势下，进一步发展两国传统友好关系，不仅符合两国人民的共同愿望和根本利益，也有利于本地区乃至世界的和平与稳定。"

江泽民强调，中国是朝鲜半岛的近邻。我们一贯致力于维护半岛的和平与稳定，这是我们处理半岛事务的根本原则。我们支持北南双方实现自主和平统一的立场，希望朝鲜北南改善关系，支持朝鲜与美、日、欧盟等西方国家改善关系并最终实现关系正常化。

江泽民指出，"冷战"结束后，世界向多极化的方向发展，但天下仍很不太平。当前，人类正处在维护世界和平、促进共同发展的关键时期。摆在世界人民面前的重要课题是反对霸权主义和强权政治，推动建立公正合理的国际政治经济新秩序。

江泽民说，去年以来，我们抵御了自然灾害和金融风波的冲击，顶住了强权政治的压力。实践证明，发展是硬道理。一个国家综合国力的主要标志一是经济实力；二是保卫自己的国防能力；三是全国人民团结一致的民族凝聚力。只有综合国力提高了，才能立于不败之地。

金永南说，朝中友谊是金日成主席和毛泽东主席、周恩来总理等两国老一辈领导人亲自缔造和培育的。发展朝中友好是金正日和朝鲜党的一贯立场。朝中传统友好关系经受住了历史的考验，具有很强的生命力。我们希望，以这次朝鲜国家代表团访华和朝中两国建交50周年为契机，共同努力，进一步巩固和发展朝中传统友好关系。

他再次强调，朝鲜支持中国的改革开放事业。他说，这次来华访问，亲眼看到了中国在改革开放和经济建设方面取得的巨大成就，说明中国从事建设有中国特色社会主义的事业符合中国的国情，我们为此感到高兴，并给予高度评价。

金永南说，中国党和政府对内保障安定团结，对外维护和平，反对霸权，国际地位日益提高。香港和澳门相继回归有助于进一步推进中国的统一大业，朝方对此表示祝贺。

全国人大常委会委员长李鹏在人民大会堂会见也门议长阿卜杜拉·本·侯赛因·阿赫马尔

国务院总理朱镕基在人民大会堂会见朝鲜最高人民会议常任委员会委员长金永南

国务院副总理钱其琛同土库曼斯坦总统尼亚佐夫在总统府举行会谈

国务院总理朱镕基在人民大会堂会见香港特别行政区政府财政司司长曾荫权

最高人民法院院长肖扬在北京市法院召开的人民陪审员工作会议上发表讲话

肖扬在讲话时强调，坚持和完善人民陪审员制度，是加快社会主义民主政治建设的客观需要，是加强审判工作监督、维护司法公正的重要措施。

肖扬对北京市法院落实人民陪审员制度工作给予了充分肯定。他说，坚持和完善人民陪审员制度，是加快社会主义政治建设的客观需要。

肖扬强调，全国各级法院的审判人员，特别是各级领导，一定要充分认识坚持和完善人民陪审员制度的重要意义，切实把落实好人民陪审员制度的工作，当作实施依法治国方略，推进司法改革的一件大事来抓，纳入重要议事日程，切实加强领导，设置专门的管理机构，建立、完善一套行之有效的管理制度。要为人民陪审员提供必要的工作环境和办公条件，加强对人民陪审员的业务培训，建设适应审判工作需要的人民陪审员学习培训和上岗的制度以及表彰奖惩机制，逐步把人民陪审员工作纳入规范化、制度化的轨道。

四川省九届人大常委会九次会议任命张中伟为代理省长接受宋宝瑞辞去省长职务

国务院总理朱镕基与德国总理施罗德就科索沃问题通电话

下午，德国总理施罗德给中国国务院总理朱镕基打来电话，通报科索沃问题的最新进展。

朱镕基重申中国政府在科索沃问题上的原则立场，指出科索沃问题应在尊重南斯拉夫主权和领土完整、保障科索沃地区各民族合法权益的原则上通过政治对话和平解决。

他强调指出："北约应立即停止对南联盟的轰炸，这样才能够为联合国安理会解决科索沃问题创造必要的条件和必要的气氛。这不仅可以使南联盟各族人民尽快脱离战争痛苦，也有利于世界特别是巴尔干地区和欧洲的稳定与发展。"

施罗德感谢朱镕基与其通话，并表示他将尽快派德国外交部官员赴京向中方作详细通报。

国务院总理朱镕基在人民大会堂会见菲律宾等17国离到任驻中国大使

这些大使包括：离任的菲律宾、克罗地亚、爱尔兰和巴基斯坦大使，到任的塞浦路斯、哥伦比亚、德国、马达加斯加、纳米比亚、罗马尼亚、乌兹别克斯坦、马耳他、希腊、尼日利亚、西班牙、保加利亚和毛里塔尼亚大使。

外交部发言人朱邦造就美国总统克林顿宣布决定延长本年度对中正常贸易关系发表评论

国务院总理李鹏题写片名的首部以环保工作为题材的影片《零点行动》在北京首映

6月5日

澳门14个公务员团体及组织共同发起成立澳门

公务员庆祝澳门回归祖国活动委员会

《人民日报》发表评论员文章《有话讲在当面——九论以整风精神深入开展“三讲”教育》

国办关于转发交通部水上安全监督管理体制改革实施方案

我国现行的水监体制是“一港两监”，即中央和地方同时管理。交通部部长黄镇东在今天的会议上说：这种体制是计划经济体制下形成的，现在已经越来越不适应，不仅形成了水域分割，政出多门，执法混乱，监管不力的局面，而且造成机构重复设置，基础设施重复建设。

此次改革明确界定了中央与地方对有关水域的管理分工。方案规定，沿海（包括岛屿）海域和港口、对外开放水域及主要跨省、自治区、直辖市内河（长江、珠江、黑龙江）干线及港口为中央管理水域，由交通部统一领导。除此以外的内河、湖泊和水库等水域由地方政府负责。

国务院关于建设中关村科技园区有关问题的批复

在对北京市人民政府、科技部《关于实施科教兴国战略加快建设中关村科技园区的请示》的批复中，原则同意加快建设中关村科技园区的意见。

批复说，北京市中关村地区是全国科技人员和智力资源最密集的地区，具有人才、科技和知识优势，高科技产业也有一定的基础。加快建设中关村科技园区，通过科技成果和创新知识的产业化，把丰富的智力资源转化为强大的生产力，对北京市调整产业结构，加快经济和社会发展具有重大意义；对实施科教兴国战略，增强我国创新能力具有重要作用，也是增强综合国力的重大措施。批复要求在实施时，要注意借鉴国外建设科学城的有益经验，创建有中国特色的中关村科技园区，为全国高新技术产业的发展发挥示范作用。

长江源环保纪念碑在各拉丹冬雪山西侧的姜根迪如冰川脚下建立

纪念普希金诞辰200周年诗歌音乐会在北京音乐厅举行

国家主席江泽民题写碑名的长江源环保纪念碑在各拉丹东雪山西侧

6月6日

中办国办关于批转《监察部、财政部、国家发展计划委员会、中国人民银行、审计署关于1999年落实行政事业性收费和罚没收入“收支两条线”规定工作的意见》的通知

各省、自治区、直辖市党委和人民政府，中央和国家机关各部委，军委总政治部，各人民团体：

《监察部、财政部、国家发展计划委员会、中国人民银行、审计署关于1999年落实行政事业性收费和罚没收入“收支两条线”规定工作的意见》已经党中央、国务院同意，现转发给你们，请遵照执行。

行政事业性收费和罚没收入实行“收支两条线”管理是促进依法行政和公正执法，整顿财政分配秩序，从源头上预防和治理腐败的一项重要措施，意义十分重大。今年，党中央、国务院对落实“收支两条线”规定工作提出了新的任务和要求，各级党委、政府要进一步提高认识，切实加强领导，明确各有关部门的责任，加强组织协调和政策研究，注意分析解决遇到的问题，扎扎实实地做好落实工作。

附件：监察部、财政部、国家计委、中国人民银行、审计署关于1999年落实行政事业性收费和罚没收入“收支两条线”规定工作的意见

行政事业性收费和罚没收入实行“收支两条线”管理，是党中央、国务院作出的从源头上预防和治理腐败的一项重要举措。认真扎实地做好这项工作，有利于执收执罚部门依法行政和公正执法；有利于加强勤政廉政建设；有利于整顿财政分配秩序，提高财政资金的使用效益。1998年，中央一级、省一级以及副省级市、省会城市市一级的法院、检察院、公安（以下简称公检法）和工商行政管理部门（以下简称工商部门），率先实行了“收支两条线”管理，不少地（市）、县（市、区）也开始执行这项规定，有的地方还向其他执收执罚部门延伸。这项工作总的情况是好的，正在深入开展。同时，也存在一些问题。少数地区和部门在思想认识上还有差距，工作还不够落实；有些地区公检法和工商部门的财政经费保障问题还没有得到妥善解决。今年年初，中央纪委第三次全会和国务院廉政工作会议对这项工作提出了新的任务和要求。为贯彻这两个会议精神，切实做好1999年落实“收支两条线”规定工作，现提出如下意见：

一、总体要求和阶段性目标

今年，各地区、各部门要按照党中央、国务院关于实行“收支两条线”管理的部署和要求，在前一段工作的基础上，深化认识，巩固成果，突出重点，全面推进，

狠抓落实，把这项工作不断引向深入。

各级公检法和工商部门要全面落实“收支两条线”规定，在继续抓好中央一级、省一级以及副省级市、省会城市一级的同时，重点抓好地（市）、县（市、区）一级的落实工作。

中央一级、省一级以及副省级市、省会城市一级的其他执收执罚部门都要落实“收支两条线”规定，重点抓好交通、城建、教育、海关、卫生、环保、农业、民政、劳动、土地管理、质量技术监督、计划生育、出入境检验检疫等 13 个部门的落实工作。

1999 年落实“收支两条线”规定工作要达到以下目标：

（一）所有行政事业性收费项目、罚没款项及标准，均按国务院、省级人民政府及其财政、计划（物价）部门批准文件的要求执行，国务院、省（自治区、直辖市）人民政府明确规定取消的收费项目全部取消，要求降低标准的已经降低，没有违反规定越权新增收费项目、扩大收费范围、提高收费标准的问题。

（二）收费、罚款一律凭《收费许可证》或《罚没许可证》，做到亮证收费或罚款，统一使用中央或省级财政部门印制或监制的票据。

（三）全面实行罚缴分离，推行行政事业性收费票款分离。各项行政事业性收费逐步实行“单位开票，银行代收，财政统管”的管理体制，所有行政事业性收费收入都及时、足额缴入国库或预算外资金财政专户；实行处罚决定与收缴彻底分离，受罚者持罚款通知单到指定的银行缴纳罚款。

（四）单位预算外资金账户的开设与管理符合国家有关规定。所有具有执收执罚权的单位，经财政部门批准并取得中国人民银行核发的开户许可证，可在一家银行开设一个预算外资金支出专用存款账户；所有具有执收执罚权的单位收取或取得的预算外资金收入，除财政部门另有规定外，应全部直接上缴同级财政部门开立的预算外资金财政专户，确有特殊情况不能直接上缴预算外资金财政专户的单位，经财政部门批准并取得中国人民银行核发的开户许可证，可在银行开设一个预算外资金收入汇缴专用存款账户，并定期上缴预算外资金财政专户。

（五）单位财务收支由本单位财务部门统一归口管理，所设银行账户符合规定，经财政部门核定撤销的账户已全部撤销。

（六）财政部门安排预算时将执收执罚部门上缴的行政事业性收费和罚没收入与其支出脱钩，行政事业性收费优先用于满足相关业务的必要支出。

二、主要工作

实现今年的阶段性目标，任务十分艰巨。各地区、各部门要加大工作力度，采取得力措施，认真做好以下工作：

（一）公检法和工商部门，中央一级、省一级以及副省级市、省会城市市一级的其他执收执罚部门，要对自身的行政事业性收费和罚没收入项目、标准进行全面清查，摸清情况，找出问题，坚决纠正擅自设立收费项目、扩大收费范围、提高收费标准的行为。

（二）对执收执罚部门的银行账户进行彻底清理，严格按照国家对银行账户管理的规定，设立和使用银行账户，加强资金收支管理，切实解决银行账户过多过滥、预算外资金收入应缴不缴、坐支挪用、私设“小金库”等问题。这是一项重要的基础性工作，上级主管部门要积极予以支持，有关金融部门要主动给予配合，及时核实被查单位的账户收支情况。

（三）对票据进行全面清理，规范执收执罚行为。对非中央或省级财政部门印制或监制的票据一律予以取消；按照《中华人民共和国行政处罚法》和国务院《罚款决定与罚款收缴分离实施办法》的规定，全面实行罚缴分离，积极推行行政事业性收费票款分离管理办法。

（四）各地区、各部门，尤其是公检法、工商部门和其他 13 个重点执收执罚部门，都要按照统一部署和要求，紧密结合本部门特点制定实施细则，对本地区、本部门落实工作作出具体安排。

（五）针对“收支两条线”工作中存在的问题，研究制定有关政策规定。中央有关部门要抓紧制定地（市）、县级公检法和工商部门落实“收支两条线”规定工作的实施办法和其他执收执罚部门实行“收支两条线”管理办法，以及对违反“收支两条线”规定行为的纪律处分办法等具体规定。各地区、各部门也要结合实际制定有关规章制度，使“收支两条线”工作逐步纳入制度化、规范化、法制化轨道。

三、保证措施

（一）深化思想认识，提高执行“收支两条线”规定的自觉性。要通过宣传教育，使广大干部特别是各级领导干部，充分认识实行“收支两条线”管理的重要意义。公检法、工商和其他执收执罚部门依据国家法律、法规和具有法律效力的规章而收取的行政事业性收费和罚没收入都是国家财政性资金，必须纳入财政管理，决不允许坐收坐支，要增强做好这项工作的自觉性和紧迫感。

（二）切实加强领导，实行严格有效的工作责任制。各地区、各部门要把这项工作摆到重要位置上来，明确分工，落实责任。主要领导要亲自抓，及时研究解决工作中发生的问题，切实保证阶段性目标的实现。为加强对落实“收支两条线”规定工作的指导和协调，建立由监察部、财政部牵头，国家发展计划委员会、中国人民银行、审计署参加的“收支两条线”工作联席会议制度，在监察部设立办公室，承担日常工作。

(三)搞好组织协调，密切部门之间的配合。财政部门要担负起主管部门的责任，与公检法、工商和其他执收执罚部门密切配合，针对落实“收支两条线”规定工作过程中遇到的问题，研究和提出解决办法。中国人民银行要加强对执收执罚部门开设和使用银行账户的监管。各执收执罚部门要按照有关规定，积极主动地抓好落实。纪检监察机关要发挥职能作用，加强与各有关部门的沟通联系，做好组织协调工作。

(四)切实落实经费保障的措施。财政部门既要加强对执收执罚部门行政事业性收费和罚没收入的监管工作，又要按照《中共中央办公厅、国务院办公厅关于转发〈财政部关于政法机关不再从事经商活动和实行收支两条线管理后财政经费保障的若干意见〉的通知》(中办发〔1998〕30号)的精神，安排好公检法和工商部门各项经费预算，及时审核拨付。各执收执罚部门要发扬艰苦奋斗精神，勤俭办事，加强管理，提高资金使用效益。

(五)坚持工作标准，加强监督检查。财政部、国家发展计划委员会、监察部等部门1998年制定的《法院、检察院、公安和工商行政管理部门落实“收支两条线”规定的标准》和《财政部门落实“收支两条线”规定的标准》同样适用于其他执收执罚部门。各地区、各部门要依据这两个标准和有关规定，对本地区、本部门执行“收支两条线”规定的情况进行监督检查。要加强审计监督，注意发现问题。对没有达到标准的，要督促其改进工作；对违反规定的要予以纠正处理，确保“收支两条线”规定得到贯彻执行。

首届国际“白色农业”研讨会在北京举行

近日召开的这次会议认为，目前人们在食物供给上正逐步实现两大观念转变：从传统的仅依靠耕地转变为大力开发利用非耕地资源，从单纯依靠粮食扩展到全方位、多层次开发食物资源，在这一背景下，“白色农业”正在崛起。

“白色农业”这一概念最早由中国农科院包建中教授提出，因在工厂内进行农业生产，人们身穿白色工作服劳动而得名。国际农业和生物科学中心(CABI)等国际农业科技界专家认为，这是解决发展中国家粮食、环境问题的一个有效途径。研讨会由中国农科院和CABI联合主办，百余名中外学者、官员和财团决策人就“白色农业”的发展状况等问题进行了探讨。

国务院副总理钱其琛在杜尚别与塔吉克斯坦代总理图拉宗佐达会谈

第七届昆明进出口商品交易会开幕

由重庆、四川、云南、贵州、广西、西藏和成都七方联合举办，云南省政府承办的中国昆明出口商品交易会在昆明国际贸易中心开幕。

本届昆交会按照“专业化、规范化、上水平”的要求，设立了大型机械、电子电器、烟草、食品土畜医保、五矿化工、轻工纺织6个专业馆以及招商引资馆、周边经贸馆、海外来展馆。部分境外贸易组织和跨国大企业已直接参加本届昆交会。

广电总局等五部门联合发出通知要求做好大型纪录片《挥师三江》的宣传发行放映工作

6月7日

全国政协九届常委会召开第十三次主席会议

全国政协主席李瑞环主持会议。

会议审议了政协第九届全国委员会常务委员会第六次会议议程(草案)和日程，决定第六次会议于6月22日至25日在京举行，建议这次会议的主要议题是，讨论研究“环境与发展”问题，重点是环境保护问题。

会议审议了人事任命事项；听取和讨论了人口资源环境委员会关于我国环境保护若干问题的建议(草稿)。

全国政协副秘书长王巨禄、全国政协人口资源环境委员会副主任张洽分别就上述议题作了说明和汇报。

全国政协副主席叶选平、王兆国、阿沛·阿旺晋美、钱伟长、卢嘉锡、任建新、陈俊生、张思卿、钱正英、孙孚凌、万国权、胡启立、陈锦华、赵南起、毛致用、白立忱、经叔平、罗豪才、王文元出席了今天的会议。

国家主席江泽民在人民大会堂与塞浦路斯总统格拉夫科斯·克莱里季斯举行会谈

江泽民说，中塞两国相距万里，没有根本的利害冲突。中国政府一贯主张国家不分大小、贫富、强弱都是国际社会的平等成员。加强中塞友好合作关系是中国政府的既定政策，也符合两国人民的根本利益。中国愿同塞方共同努力，把长期稳定的双边友好合作关系带入21世纪。

江泽民说，一个时期以来，国际关系中霸权主义和强权政治有新的发展，强化军事同盟和使用武力或以武力相威胁的倾向明显抬头，这是造成危机频发、局势动荡的主要根源。世界和平与稳定面临新的威胁。

最高人民法院 最高人民检察院公安部关于《办理骗汇逃汇犯罪案件联席会议纪要》的通知

福建人大常委会通过《福建省招收台湾学生若干规定》

国家档案局发布经国务院批准的中华人民共和国档案法实施办法

第一章 总 则

第一条 根据《中华人民共和国档案法》(以下简称《档案法》)的规定,制定本办法。

第二条 《档案法》第二条所称对国家和社会有保存价值的档案,属于国家所有的,由国家档案局会同国家有关部门确定具体范围;属于集体所有、个人所有以及其他不属于国家所有的,由省、自治区、直辖市人民政府档案行政管理部门征得国家档案局同意后确定具体范围。

第三条 各级国家档案馆馆藏的永久保管档案分一、二、三级管理,分级的具体标准和管理办法由国家档案局制定。

第四条 国务院各部门经国家档案局同意,省、自治区、直辖市人民政府各部门经本级人民政府档案行政管理部门同意,可以制定本系统专业档案的具体管理制度和办法。

第五条 县级以上各级人民政府应当加强对档案工作的领导,把档案事业建设列入本级国民经济和社会发展计划,建立、健全档案机构,确定必要的人员编制,统筹安排发展档案事业所需经费。

机关、团体、企业事业单位和其他组织应当加强对本单位档案工作的领导,保障档案工作依法开展。

第六条 有下列事迹之一的,由人民政府、档案行政管理部门或者本单位给予奖励:

(一)对档案的收集、整理、提供利用作出显著成绩的;

(二)对档案的保护和现代化管理作出显著成绩的;

(三)对档案学研究作出重要贡献的;

(四)将重要的或者珍贵的档案捐赠给国家的;

(五)同违反档案法律、法规的行为作斗争,表现突出的。

第二章 档案机构及其职责

第七条 国家档案局依照《档案法》第六条第一款的规定,履行下列职责:

(一)根据有关法律、行政法规和国家有关方针政策,研究、制定档案工作规章制度和具体方针政策;

(二)组织协调全国档案事业的发展,制定发展档案事业的综合规划和专项计划,并组织实施;

(三)对有关法律、法规和国家有关方针政策的实施情况进行监督检查,依法查处档案违法行为;

(四)对中央和国家机关各部门、国务院直属企业事业单位以及依照国家有关规定不属于登记范围的全国性社会团体的档案工作,中央级国家档案馆的工作,以及省、自治区、直辖市人民政府档案行政管理部门的工作,实施监督、指导;

(五)组织、指导档案理论与科学技术研究、档案宣传与档案教育、档案工作人员培训;

(六)组织、开展档案工作的国际交流活动。

第八条 县级以上地方各级人民政府档案行政管理部门依照《档案法》第六条第二款的规定,履行下列职责:

(一)贯彻执行有关法律、法规和国家有关方针政策;

(二)制定本行政区域内的档案事业发展计划和档案工作规章制度,并组织实施;

(三)监督、指导本行政区域内的档案工作,依法查处档案违法行为;

(四)组织、指导本行政区域内档案理论与科学技术研究、档案宣传与档案教育、档案工作人员培训。

第九条 机关、团体、企业事业单位和其他组织的档案机构依照《档案法》第七条的规定,履行下列职责:

(一)贯彻执行有关法律、法规和国家有关方针政策,建立、健全本单位的档案工作规章制度;

(二)指导本单位文件、资料的形成、积累和归档工作;

(三)统一管理本单位的档案,并按照规定向有关档案馆移交档案;

(四)监督、指导所属机构的档案工作。

第十条 中央和地方各级国家档案馆,是集中保存、管理档案的文化事业机构,依照《档案法》第八条的规定,承担下列工作任务:

(一)收集和接收本馆保管范围内对国家和社会有保存价值的档案;

(二)对所保存的档案严格按照规定整理和保管;

(三)采取各种形式开发档案资源,为社会利用档案资源提供服务。

按照国家有关规定,经批准成立的其他各类档案馆,根据需要,可以承担前款规定的工作任务。

第十一条 全国档案馆的设置原则和布局方案,由国家档案局制定,报国务院批准后实施。

第三章 档案的管理

第十二条 按照国家档案局关于文件材料归档的规定,应当立卷归档的材料由单位的文书或者业务机构收集齐全,并进行整理、立卷,定期交本单位档案机构或者档案工作人员集中管理;任何人都不得据为已有或者拒绝归档。

第十三条 机关、团体、企业事业单位和其他组织，应当按照国家档案局关于档案移交的规定，定期向有关的国家档案馆移交档案。

属于中央级和省级、设区的市级国家档案馆接收范围的档案，立档单位应当自档案形成之日起满20年即向有关的国家档案馆移交；属于县级国家档案馆接收范围的档案，立档单位应当自档案形成之日起满10年即向有关的县级国家档案馆移交。

经同级档案行政管理部门检查和同意，专业性较强或者需要保密的档案，可以延长向有关档案馆移交的期限；已撤销单位的档案或者由于保管条件恶劣可能导致不安全或者严重损毁的档案，可以提前向有关档案馆移交。

第十四条 既是文物、图书资料又是档案的，档案馆可以与博物馆、图书馆、纪念馆等单位相互交换重复件、复制件或者目录，联合举办展览，共同编辑出版有关史料或者进行史料研究。

第十五条 各级国家档案馆应当对所保管的档案采取下列管理措施：

(一)建立科学的管理制度，逐步实现保管的规范化、标准化；

(二)配置适宜安全保存档案的专门库房，配备防盗、防火、防渍、防有害生物的必要设施；

(三)根据档案的不同等级，采取有效措施，加以保护和管理；

(四)根据需要和可能，配备适应档案现代化管理需要的技术设备。

机关、团体、企业事业单位和其他组织的档案保管，根据需要，参照前款规定办理。

第十六条《档案法》第十四条所称保密档案密级的变更和解密，依照《中华人民共和国保守国家秘密法》及其实施办法的规定办理。

第十七条 属于集体所有、个人所有以及其他不属于国家所有的对国家和社会具有保存价值的或者应当保密的档案，档案所有者可以向各级国家档案馆寄存、捐赠或者出卖。向各级国家档案馆以外的任何单位或者个人出卖、转让或者赠送的，必须报经县级以上人民政府档案行政管理部门批准；严禁向外国人和外国组织出卖或者赠送。

第十八条 属于国家所有的档案，任何组织和个人都不得出卖。

国有企业事业单位因资产转让需要转让有关档案的，按照国家有关规定办理。

各级各类档案馆以及机关、团体、企业事业单位和其他组织为了收集、交换中国散失在国外的档案、进行国际文化交流，以及适应经济建设、科学研究和科技成果推广等的需要，经国家档案局或者省、自治区、直辖市人民政府档案行政管理部门依据职权审查批准，可以向国内外的单位或者个人赠送、交换、出卖档案的复制件。

第十九条 各级国家档案馆馆藏的一级档案严禁出境。

各级国家档案馆馆藏的二级档案需要出境的，必须经国家档案局审查批准。各级国家档案馆馆藏的三级档案、各级国家档案馆馆藏的一、二、三级档案以外的属于国家所有的档案和属于集体所有、个人所有以及其他不属于国家所有的对国家和社会具有保存价值的或者应当保密的档案及其复制件，各级国家档案馆以及机关、团体、企业事业单位、其他组织和个人需要携带、运输或者邮寄出境的，必须经省、自治区、直辖市人民政府档案行政管理部门审查批准，海关凭批准文件查验放行。

第四章 档案的利用和公布

第二十条 各级国家档案馆保管的档案应当按照《档案法》的有关规定，分期分批地向社会开放，并同时公布开放档案的目录。档案开放的起始时间：

(一)中华人民共和国成立以前的档案(包括清代和清代以前的档案；民国时期的档案和革命历史档案)，自本办法实施之日起向社会开放；

(二)中华人民共和国成立以来形成的档案，自形成之日起满30年向社会开放；

(三)经济、科学、技术、文化等类档案，可以随时向社会开放。

前款所列档案中涉及国防、外交、公安、国家安全等国家重大利益的档案，以及其他虽自形成之日起已满30年但档案馆认为到期仍不宜开放的档案，经上一级档案行政管理部门批准，可以延期向社会开放。

第二十一条 各级各类档案馆提供社会利用的档案，应当逐步实现以缩微品代替原件。档案缩微品和其他复制形式的档案载有档案收藏单位法定代表人的签名或者印章标记的，具有与档案原件同等的效力。

第二十二条《档案法》所称档案的利用，是指对档案的阅览、复制和摘录。

中华人民共和国公民和组织，持有介绍信或者工作证、身份证等合法证明，可以利用已开放的档案。

外国人或者外国组织利用中国已开放的档案，须经中国有关主管部门介绍以及保存该档案的档案馆同意。

机关、团体、企业事业单位和其他组织以及中国公民利用档案馆保存的未开放的档案，须经保存该档案的档案馆同意，必要时还须经有关的档案行政管理部门审查同意。

机关、团体、企业事业单位和其他组织的档案机构保存的尚未向档案馆移交的档案，其他机关、团体、企业事业单位和组织以及中国公民需要利用的，须经档案保存单位同意。

各级各类档案馆应当为社会利用档案创造便利条件。提供社会利用的档案，可以按照规定收取费用。收费标准由国家档案局会同国务院价格管理部门制定。

第二十三条《档案法》第二十二条所称档案的公布，是指通过下列形式首次向社会公开档案的全部或者部分原文，或者档案记载的特定内容：

（一）通过报纸、刊物、图书、声像、电子等出版物发表；

（二）通过电台、电视台播放；

（三）通过公众计算机信息网络传播；

（四）在公开场合宣读、播放；

（五）出版发行档案史料、资料的全文或者摘录汇编；

（六）公开出售、散发或者张贴档案复制件；

（七）展览、公开陈列档案或者其复制件。

第二十四条 公布属于国家所有的档案，按照下列规定办理：

（一）保存在档案馆的，由档案馆公布；必要时，应当征得档案形成单位同意或者报经档案形成单位的上级主管机关同意后公布；

（二）保存在各单位档案机构的，由各该单位公布；必要时，应当报经其上级主管机关同意后公布；

（三）利用属于国家所有的档案的单位和个人，未经档案馆、档案保存单位同意或者前两项所列主管机关的授权或者批准，均无权公布档案。

属于集体所有、个人所有以及其他不属于国家所有的对国家和社会具有保存价值的档案，其所有者向社会公布时，应当遵守国家有关保密的规定，不得损害国家的、社会的、集体的和其他公民的利益。

第二十五条 各级国家档案馆对寄存档案的公布和利用，应当征得档案所有者同意。

第二十六条 利用、公布档案，不得违反国家有关知识产权保护的法律规定。

第五章 罚　则

第二十七条 有下列行为之一的，由县级以上人民政府档案行政管理部门责令限期改正；情节严重的，对直接负责的主管人员或者其他直接责任人员依法给予行政处分：

（一）将公务活动中形成的应当归档的文件、资料据为己有，拒绝交档案机构、档案工作人员归档的；

（二）拒不按照国家规定向国家档案馆移交档案的；

（三）违反国家规定擅自扩大或者缩小档案接收范围的；

（四）不按照国家规定开放档案的；

（五）明知所保存的档案面临危险而不采取措施，造成档案损失的；

（六）档案工作人员、对档案工作负有领导责任的人员玩忽职守，造成档案损失的。

第二十八条《档案法》第二十四条第二款、第三款规定的罚款数额，根据有关档案的价值和数量，对单位为 1 万元以上 10 万元以下，对个人为 500 元以上 5000 元以下。

第二十九条 违反《档案法》和本办法，造成档案损失的，由县级以上人民政府档案行政管理部门、有关主管部门根据损失档案的价值，责令赔偿损失。

第六章 附　则

第三十条 中国人民解放军的档案工作，根据《档案法》和本办法确定的原则管理。

第三十一条 本办法自发布之日起施行。

中纪委 监察部就广东湛江特大走私受贿案召开新闻发布会公布涉案领导干部党纪政纪处理情况

中央纪委常委、秘书长、中央纪委新闻发言人袁纯清指出，湛江市委原书记陈同庆等人置国家利益于不顾，纵容、支持走私，收受贿赂，买官卖官，受到党纪、政纪、法律的严肃惩处，完全是咎由自取。纪检监察机关要继续把打击走私犯罪活动作为反腐败的一项重要工作来抓，为改革开放和经济建设创造良好环境。

袁纯清说，湛江特大走私、受贿案，是在党中央、国务院的领导下，由中央纪委牵头，广东省委、省政府和省纪委积极支持配合，最高人民法院、最高人民检察院、公安部、审计署、海关总署等部门充分发挥各自职能作用，共同查处的。这个案件的严肃查处，充分表明了党中央、国务院坚决打击走私犯罪活动、惩治腐败的决心。

袁纯清指出，湛江特大走私、受贿案，涉及范围之广、涉案领导干部之多、损失之巨大、影响之恶劣，在同类案件中是前所未有的。作为党员领导干部，陈同庆等人之所以置党纪国法和国家利益于不顾，徇私枉法，自甘堕落，坠入犯罪的泥坑，完全是个人私欲膨胀、丧失党性原则的必然结果。

袁纯清强调，各级党员领导干部一定要从湛江特大走私、受贿案中吸取深刻教训，要充分认识到，越是改革开放，越要加强学习，自觉加强党性锻炼，不断提高思想境界；越是改革开放，越要严格遵守国家法律法规和党纪政纪，坚决维护国家利益。要以正在开展的“三讲”教育为动力，推动廉洁自律工作的深入开展，弘扬优良党风，做廉政勤政的模范，自觉抵制金钱、美色等各种诱惑。要按照中央的决策和要求，继续加大反走私斗争的力度，坚决与走私等违纪违法活动作斗争，保证改革开放和现代化建设的顺利进行。纪检监察机关要充分发挥职能作用，把打击走私犯罪活动作为反腐败的一项重要工作继续抓紧抓好，采取有力措施，排除干扰，坚决惩治参与走私等违纪违法活动的腐败分子。

最高人民法院就湛江特大走私受贿案举办新闻发布会

在新闻发布会上，刘家琛副院长公布：经最高人民法院核准，广东湛江特大走私、受贿案的李深、曹秀康等6名主犯已在广东被执行死刑。其他被告人的上诉被广东省高级人民法院驳回。

湛江特大走私案是新中国成立以来走私数额最大，涉及党政机关、执法部门人员最多的严重经济犯罪案件。1998年9月案发以后，党中央、国务院对此十分重视，中纪委牵头会同最高人民检察院、公安部、国家审计署、海关总署等中央国家机关，在广东省委、省纪委、省公安厅、省检察院的积极配合下，迅速查处了党政机关、执法部门人员违纪违法问题，对其中涉嫌触犯刑律的有关人员依法移交司法机关处理。有关司法机关派出得力人员，严格依法办事，分别作出前述判决。

6月8日

全国人大常委会委员长李鹏在人民大会堂会见塞浦路斯总统格拉夫科斯·克莱里季斯

国务院总理朱镕基在中南海紫光阁会见塞浦路斯总统格拉夫科斯·克莱里季斯

中共中央政治局常委李瑞环在人民大会堂会见津巴布韦非洲民族联盟(爱国阵线)全国主席约瑟夫·姆西卡

《人民日报》发表社论《团结一心 奋发图强 振兴中华——学习江泽民同志在欢迎我驻南工作人员大会上的讲话之六》

中央扶贫开发工作会议在北京召开

国务院副总理温家宝在中央扶贫开发工作会议上发表题为《坚定信心加大力度确保如期实现扶贫攻坚目标》的讲话

中华人民共和国成立50周年即将到来，改革开放也已走过了20年光辉的历程。在这个时候，党中央、国务院召开扶贫开发工作会议，向全国和全世界展示我国扶贫开发工作所取得的巨大成就，表明中国共产党和中国政府消除贫困的决心，具有特殊重要的意义。这次会议的任务是：高举邓小平理论伟大旗帜，深入贯彻党的十五大和十五届三中全会精神，分析当前扶贫攻坚形势，总结成功经验，统一思想认识，完善政策措施，加大工作力度，确保实现《国家八七扶贫攻坚计划》的战略目标。党中央、国务院对这次会议非常重视，会前国务院和中央政治局常委、中央政治局先后进行专门研究；会议期间江泽民总书记、朱镕基总理将要作重要讲话；会后将正式下发《中共中央、国务院关于进一步加强扶贫开发工作的决定》。现在，我受党中央、国务院委托，讲几点意见。

一、我国扶贫开发取得的巨大成就和基本经验

全心全意为人民服务，是中国共产党的根本宗旨。消除贫困，最终实现共同富裕，是社会主义的本质要求。我们党团结和带领全国各族人民进行革命战争、社会主义建设和改革开放的全部过程，就是实践党的宗旨，争取国家独立和人民解放，摆脱贫穷落后，实现繁荣进步，走向共同富裕的奋斗历程。

旧中国，由于帝国主义、封建主义和官僚资本主义的重重压迫，国家积贫积弱，民族灾难深重，广大劳动人民政治上深受压迫、经济上深受剥削，长期陷入极度的贫困之中。中国的农民，在长期的封建土地制度桎梏下，过着饥寒交迫的生活。

新中国成立后，我们党领导人民在全国范围内开展了波澜壮阔的土地改革，彻底废除了封建土地所有制，实行耕者有其田，使农村生产力获得了一次大解放。广大农民有了基本的生产资料和生活保障，生产迅速恢复，生活明显改善。社会主义为从根本上解决中国的贫困问题提供了最基本的制度保证。但是，由于长期"左"的思想影响，特别是人民公社"一大二公"和"文化大革命"十年动乱，严重挫伤了农民的生产积极性，阻碍了农村生产力的发展，延缓了摆脱贫困的进程。1978年，全国农村约有1/3的人没有解决温饱，解决吃饭问题成为当时中国最紧迫的大事。

党的十一届三中全会，实现了全党工作重心的转移。农村改革率先冲破了僵化体制的束缚，放开了农民的手脚，使农村生产力获得了又一次大解放。实行家庭承包经营为基础、统分结合的双层经营体制，理顺了农村最基本的生产关系，并由此形成了一系列党的农村政策。提高农产品收购价格，调整农业生产结构，兴办乡镇企业，改革农产品流通体制，发展农村商品经济等政策措施，极大地调动了亿万农民的积极性。在改革开放的推动下，农村经济和社会发生了翻天覆地

的变化，农民生活显著提高，贫困人口大幅度下降。1978年到1985年，全国农村没有解决温饱的贫困人口从2.5亿人减少到1.25亿人。改革开放以来所形成的一整套农村政策和国民经济的快速发展，为全面解决农村贫困人口的温饱问题创造了有利条件和物质基础。

80年代中期，党中央、国务院针对一些地区由于历史原因和自然环境制约而发展缓慢，一部分群众生产生活条件非常困难的情况，首先从“三西地区”(甘肃省的定西、河西地区和宁夏回族自治区的西海固地区)着手扶贫开发，尔后从1986年起，决定在全国范围内开展有计划、有组织、大规模的扶贫开发工作。为此，国务院成立专门工作机构，安排专项资金，制定扶持政策，并对传统的救济式扶贫进行彻底改革，确定了开发式扶贫的方针。经过广大干部群众的艰苦努力，扶贫开发取得了显著效果。到1993年年底，全国农村没有解决温饱的贫困人口减少到8000万人。国家统一规划部署，集中力量解决贫困地区群众的温饱问题，标志着我国扶贫开发进入了一个新的阶段。

随着扶贫开发的深入，贫困面逐渐缩小，没有解决温饱的贫困人口主要集中在那些自然环境恶劣，生产生活条件差的地区，扶贫的难度越来越大。针对这种情况，为进一步加快扶贫开发步伐，国务院在1994年制定并开始实施《国家八七扶贫攻坚计划》，明确提出要集中人力、物力、财力，用7年左右时间，也就是到2000年年末，力争基本解决8000万农村贫困人口的温饱问题。1996年，党中央、国务院专门召开中央扶贫开发工作会议，作出《关于尽快解决农村贫困人口温饱问题的决定》，制定了一系列新的、更加有力的政策措施。扶贫工作形成全党动手，全社会动员，合力攻坚的新局面。

改革开放20年来，我国扶贫开发工作取得了巨大成就：

——解决了2亿多农村贫困人口的温饱问题。农村尚未解决温饱的贫困人口已由1978年的2.5亿人减少到1998年的4200万人，农村贫困发生率从30.7%下降到4.6%。国定贫困县农民人均纯收入从1985年的206元提高到1998年的1318元。

——贫困地区的生产生活条件明显改善。1986年到1998年的13年间，共修建基本农田8800多万亩，解决了6200多万人和7500多万头大牲畜的饮水困难。新修公路35万多公里，乡通公路率从83.9%上升到97.6%。架设输变电线路近40万公里，乡通电率由77.8%上升到97%。

——科技、教育、文化、卫生等社会事业发展较快。贫困地区人口增长率由1986年的20‰下降到1997年的11.5‰；办学条件明显改善，适龄儿童辍学率下降到6.9%；98%的乡有了卫生院，缺医少药状况得到缓解；推广了一大批农业实用技术，农民科学种田的水平明显提高；群众的文化生活得到改善，精神面貌发生了很大变化。

——一些集中连片的贫困地区整体解决了温饱问题。沂蒙山区、井冈山区、大别山区、闽西南地区等革命老区群众的温饱问题已经基本解决，经济社会面貌发生了深刻变化。沂蒙山区经过10多年的扶贫开发，贫困人口从179.4万人减少到19.9万人，贫困发生率由24.7%下降到2.7%，农民人均纯收入从258元增加到2035元，实现了村村通车，户户通电。其他重点贫困地区，包括部分偏远山区、少数民族地区，面貌也有了很大改变。历史上“苦瘠甲天下”的甘肃定西地区和宁夏的西海固地区，经过多年的开发建设，基础设施和基本生产条件明显改善，贫困状况大为缓解。革命老区、少数民族地区和偏远山区发生的显著变化，极大地鼓舞了全国人民在党的领导下摆脱贫困、走向富裕的信心。

扶贫开发实现了贫困地区广大农民群众多年来吃饱穿暖的愿望，为促进我国经济的发展、民族的团结、边疆的巩固和社会的稳定发挥了重要作用。在短短的20年时间里，我们解决了2亿多农村贫困人口的温饱问题，这在中国历史上和世界范围内都是了不起的奇迹。在全世界贫困人口每年以上千万的速度增加，贫困问题日趋严重的情况下，我们取得这样的成就，举世瞩目，得到了国际社会的高度评价。世界银行认为：“中国政府为帮助最落后的农村地区摆脱贫困做了极大的努力，这种努力比其他许多发展中国家所做的努力要成功得多。”中国的扶贫开发，对全球消除贫困作出了重大贡献。如果讲人权，使人民获得充分的生存权与发展权，这是最基本的人权。我国作为一个人口最多的发展中国家，在综合国力还不强的情况下，由党和政府组织，全社会参与，开展大规模的、长时期的扶贫开发，在当今世界是独一无二的。这充分体现了中国共产党真正是一个把为最广大人民群众创造幸福生活作为自己崇高使命的政党，充分体现了有中国特色社会主义的优越性。

我国的扶贫开发工作，是邓小平共同富裕伟大构想的成功实践。多年来，各级党委和政府在邓小平理论指导下，坚持解放思想，实事求是，带领贫困地区广大干部群众艰苦奋斗，创造了一系列行之有效的经验，主要是：

第一，必须把扶贫开发作为关系改革、发展、稳定全局的大事，纳入国民经济和社会发展的总体规划。实现全社会的共同富裕和各地区的协调发展，是社会主义现代化的最终目标。在实现共同富裕的过程中，城乡差别和地区差距将会长期存在。但如果一部分地区长期处于贫困落后状态，一部分人长期解决不了温饱，就会影响整个国家现代化的进程和社会稳定。扶贫开发不仅是重大的经济问题，而且是重大的政治问题，需要作为一个战略布局，一个系统工程，进行全面部署，采取特殊政策措施来解决。各级党委、政府从政治和战略的高度认识问题，把消除贫困放到重要位置，是搞好扶贫开发的基本保证。

第二，必须从我国国情和贫困地区的现实状况出发，实事求是地确定扶贫开发的目标和任务。农村的贫困问题是历史上长期形成的，不少地方贫困程度很深，贫困面很大。解决贫困问题，要与经济社会发展特别是农村发展相适应。在整个国家还不发达的情况下，现阶段扶贫开发的目标只能是基本解决贫困人口的温饱问题。要根据这个目标确定贫困标准和扶持范围，制定有针对性的政策措施。从实际出发，从最紧迫的问题入手，量力而行，确保重点，是扶贫攻坚必须明确的指导思想。

第三，必须以经济建设为中心，变救济式扶贫为开发式扶贫。这是在总结历史经验的基础上对扶贫工作进行的重大改革。实践证明，救济式扶贫可以缓解群众一时的生活困难，但不能使他们真正摆脱贫困。这么多贫困人口靠国家全部包下来也不现实。从根本上改变贫困地区的落后面貌，必须发展贫困地区的生产力。开发式扶贫的实质，就是以经济建设为中心，支持贫困地区干部群众开发当地资源，发展商品生产，改善生产条件，增强自我积累、自我发展的能力。这是摆脱贫困的根本出路，是扶贫工作必须长期坚持的一项基本方针。

第四，必须采取综合配套措施，促进贫困地区经济、社会、文化全面发展。贫困是由多方面原因造成的，消除贫困也必须从多方面入手。发展科技和教育，提高农民素质，是扶贫开发取得成功的重要条件。加强基础设施建设，改变生产条件，改善生态环境，是脱贫致富的根本措施。控制贫困地区人口过快增长，改变越穷越生、越生越穷的恶性循环，是稳定解决温饱不容忽视的重要问题。重视智力开发，搞好计划生育，是扶贫攻坚必须做好的基础工作。

第五，必须充分发挥我们的政治优势，动员组织全社会力量支持贫困地区的开发建设。加强党对扶贫开发工作的领导，是实现扶贫攻坚任务的根本保证。解决贫困地区群众温饱问题，是党和政府的重要任务，也是全社会的共同责任。扶贫攻坚最终要靠基层组织带领群众苦干实干，基层党组织坚强有力，才能把群众充分地发动起来，把扶贫攻坚的各项政策措施落到实处。各级党政机关、群众团体和人民解放军带头参与扶贫开发，各民主党派和全国工商联积极为扶贫开发献计献策，发达地区对口支援贫困地区，社会各界广泛开展扶贫帮困活动，加大了扶贫攻坚的力度，弘扬了中华民族一方有难八方支援的优良传统。举全国之力，动员全社会扶贫，是具有中国特色的有效扶贫形式。

第六，必须坚持自力更生、艰苦奋斗，主要依靠贫困地区自身的努力改变面貌。脱贫致富的伟力蕴藏在广大人民群众中间。解决温饱，摆脱贫困，需要国家的扶持和社会各界的帮助，但更需要调动贫困地区干部群众的积极性和创造性。只有这样，外部的支持才能真正发挥作用。许多自然条件很差、生活非常贫困的地区的面貌发生了很大变化，根本的原因就是那里的干部群众不等不靠，苦干实干。贫困地区的干部群众自强不息，艰苦创业，是脱贫致富的决定因素。

二、今明两年扶贫攻坚的形势和任务

完成《国家八七扶贫攻坚计划》，到2000年年末基本解决农村贫困人口的温饱问题，是党中央、国务院既定的战略目标。现在，广大群众和社会各界对我们能否如期实现这个目标非常关注。党中央、国务院对当前扶贫攻坚形势进行了全面分析，认为经过努力这个目标是能够实现的。基本解决农村贫困人口的温饱问题，是指在正常年景下，通过发展生产，满足大多数贫困人口基本的生存需要。到1998年年底，没有解决温饱的农村贫困人口还有4200万人。他们当中，一部分是不适合参加生产劳动的残疾人和社会保障对象，需要家庭供养和社会救济。这类贫困人口和贫困现象，任何时候、任何社会都有，这些人的生活只能随着经济发展和社会保障制度的完善而逐步改善。还有一部分人生活在自然环境十分恶劣的地区，特别是偏远山区和部分少数民族地区，缺乏基本生产生活条件，有些需要搬迁移民，不可能在短期内全部解决温饱问题。这两部分人有2000多万，约占农村人口的2%。按照世界贫困发生率的一般情况，这个比例是比较低的。除了这些特殊的贫困人口，其余2000万左右的人一定要在今明两年解决他们的温饱问题。中央认为，作出这样的估计和确定这样的任务，是实事求是的，与“八七扶贫攻坚计划”确定的目标是一致的。完成了这一任务，我们就可以郑重地宣布，扶贫攻坚的目标胜利实现，拥有12亿多人口的社会主义中国，基本解决了农村贫困人口的温饱问题。

完成今明两年的扶贫攻坚任务，时间紧迫，难度很大。实施“八七扶贫攻坚计划”以来，贫困人口减少最多的年份只有800万人，今明两年必须每年解决1000万人左右。现在剩下的贫困人口，贫困程度深、生存条件差，是扶贫攻坚最难啃的硬骨头。由于受国际经济形势的影响，市场环境发生变化，农产品销售不畅、价格下跌，乡镇企业发展速度减缓、效益下滑，农民劳务输出困难。加上去年部分地区遭受严重的洪涝灾害，给扶贫攻坚增加了新的困难。可以说，今明两年的扶贫开发，已到了最艰难的攻坚阶段。但无论任务多么艰巨，我们也要打赢这场硬仗，啃下这块硬骨头，决不能动摇。第一，这是党和政府义不容辞的责任。我们党的宗旨是全心全意为人民服务，帮助贫困群众解决温饱问题，是实践党的宗旨最直接、最实际的体现。我们已经向全国人民作出了郑重承诺，一定要如期实现。第二，这是关系民族团结、边疆巩固、社会稳定的大事。现在的贫困人口，多数分布在少数民族地区、边疆地区。这些地方经济发展了，人民生活改善了，民族团结和边疆巩固才有可靠保障。第三，这是贯彻扩大内需战略方针的现实需要。广大西部和贫困地区基础设施落后，农民收入水平很低，无论是拉动投资还是促进消费，西部和贫困地区的经济发展都是重要的增长点。加大扶贫开发力度，增加农民收入，对于开拓农村市场，扩大国内需求，促进国民经济持续增长具有重要的现实意义。第四，这是贯彻邓小平同志“两个大局”思想的实际步骤。小平同志明确提出，沿海地区先发展起来，这是一个事关大局的问题。发展到一定时候，沿海拿出更多力量帮助内地发展，这也是一个大局。并进一步指出，到本世纪末达到小康水平的时候，就要突出地提出和解决这个问题。搞好扶贫开发，加快中西部和贫困地区的发展，是缩小地区之间发展差距，最终实现共同富裕的重大步骤。我们一定要从政治的战略的全局的高度，认识做好今明两年扶贫开发工作的重大意义，进一步统一思想，下定决心，确保如期实现八七扶贫攻坚计划。

应该看到，实现扶贫攻坚目标有许多有利条件。改革开放 20 年来，我国的综合国力大大增强，积累了比较雄厚的物质基础，中央和地方都有能力加大扶贫开发投入。随着贫困人口的减少，可以更集中力量对贫困地区加以扶持。国家实行积极的财政政策，为贫困地区改善基础设施条件，增加劳务收入提供了新的机遇。经过多年的扶贫开发，贫困地区有了一定的自我发展能力，创造和积累了许多成功经验。党中央、国务院和地方各级党委、政府对扶贫工作高度重视，社会各界参与和支持扶贫开发的积极性越来越高。贫困地区广大干部群众有解决温饱的强烈愿望，摆脱贫困的信心进一步增强，这是扶贫攻坚强大的内在动力。只要我们充分发挥社会主义制度的优越性，充分发挥我们的政治优势，充分利用各种有利条件，就一定能够胜利完成今明两年扶贫攻坚任务。

三、今明两年扶贫攻坚的指导思想和政策措施

今明两年扶贫开发工作的总体要求是：以邓小平理论和党的基本路线为指导，认真贯彻党的十五大和十五届三中全会精神，落实党的农村政策，坚持扶贫开发的成功经验，以解决温饱为中心，以贫困村为主战场，以贫困户为对象，以改善基本生产生活条件和发展种养业为重点，增加扶贫投入，加大工作力度，力争每年解决 1000 万左右贫困人口的温饱问题。

做好今明两年的扶贫开发工作，首要的问题是进一步端正指导思想，把路子搞对头。第一，必须坚持以贫困村、贫困户为扶持对象，决不能贫富一起扶。这是由扶贫攻坚的目标任务决定的，也是由农村基本经营制度决定的。只有对贫困村、贫困户进行具体的帮扶，才有可能解决他们的温饱问题；只有把帮扶措施和家庭承包经营的活力结合起来，才能使贫困户具有自我积累、自我发展的能力。第二，必须集中力量解决贫困户的吃饭问题，决不能搞与解决温饱无关的事情。现阶段的扶贫开发，首要的任务就是解决温饱，贫困群众最急迫、最盼望的也是解决温饱，务必集中力量保证这个第一位的目标。第三，必须保证扶贫开发工作进村入户，决不能浮在上面。现在的贫困人口主要集中在一部分地区的贫困村，各地的贫困原因、资源条件不一样，每个贫困村、贫困户的情况也不相同，只有把工作做到村、做到户，有针对性地采取措施，才能提高扶贫工作的效果。坚持扶贫到村到户，是实现扶贫攻坚目标的关键。

按照扶贫工作的总体要求和指导思想，在具体工作中，今明两年要着力抓好以下几件事：

（一）帮助贫困村、贫困户重点发展种养业，增加农民收入

改善基本生产生活条件，是稳定解决群众温饱的基础和关键。发展种养业是增加农民收入、解决群众温饱最现实、最可靠的途径。这是广大干部群众在多年的实践中探索出的一条扶贫开发的成功路子。今明两年要坚定不移地照着这条路子走，在帮助贫困村、贫困户改善生产条件，发展种养业上下功夫，切实抓出成效。第一，大力加强农田水利建设。要组织贫困户兴修基本农田，发展小型微型水利，做到人均有半亩到一亩旱涝保收基本农田。第二，大力推广农业实用技术。今明两年，要在贫困地区因地制宜地推广一批增产增收效果明显的作物、畜禽优良品种和栽培、养殖新技术。突出抓好“种子工程”、节水灌溉和旱作农业技术，实施“温饱工程”。重点在西北干旱地区推广集雨节灌、旱作农业技术，在高寒山区推广地膜覆盖增温技术，在西南石灰岩地区推广“种植、养殖、沼气”三位一体技术。要组织科技人员深入贫困村，传授科技知识，推广普及实用技术，提高贫困户生产技术水平。第三，大力发展高产优质高效农业。目前，农产品供给相对

过剩，要增加贫困户的收入，必须改变单纯追求产量的传统做法，根据市场需求，调整和优化农业结构，提高农产品质量。贫困地区首先要抓好粮食生产，确保口粮需要。粮食生产也要优化结构，改良品种，提高品质。要发挥山区优势，积极发展畜牧业。这既能够实现农产品转化增值，又能够促进种植业，带动加工业。不少贫困地区还有独特的气候条件和自然资源，可以发展适销对路的名特优产品，特别是优质林果。

现在整个工业处于结构调整时期，市场约束很大。贫困地区搞工业，难度更大。搞不好不仅不能增加财富，还会成为新的包袱，加重财政和群众负担。贫困地区不能使用扶贫资金上一般工业项目。各级驻县帮扶和驻村包户的干部，要明确指导思想和工作重点，在帮助贫困村、贫困户改善基本生产生活条件和发展种养业上下功夫，不要盲目为当地跑项目。

（二）努力增加扶贫投入，提高资金使用效益

多渠道筹集扶贫资金，加大投入力度，是加快扶贫攻坚进程的基本条件。中央决定，今年在原有资金规模的基础上，再增加 15 亿元财政扶贫资金，其中 10 亿元用于以工代赈，增加 50 亿元扶贫信贷资金，中央扶贫资金的总量将达到 248 亿元，这是历史最高水平。随着国家财力的增长，明年还将继续增加。同时，为了简化程序，方便操作，提高效益，扶贫信贷资金实行统一的优惠利率，统一利率与商业银行正常贷款基准利率之间的差额由国家财政补贴。中央尽了最大努力，各地也要调整财政支出结构，千方百计筹集资金，努力增加扶贫投入。

扶贫攻坚，增加资金投入是必要的，但管好用好资金，提高使用效益更为重要。目前扶贫资金的管理使用存在不少问题，资金不能及时足额到位，挤占挪用现象比较严重，不少资金用到了与解决群众温饱没有多大关系的项目上，甚至搞了一些非生产性项目，这些问题必须坚决纠正，否则再多的钱也发挥不了作用。今明两年要切实做到以下几点：第一，要统筹安排。各地要根据本地扶贫攻坚的任务，统筹考虑，加强协调，合理安排扶贫资金。各类扶贫资金要尽可能集中在一起使用，发挥整体效益。第二，要突出重点。扶贫资金支持的重点，要放在改善贫困村、贫困户基本生产生活条件和发展种养业上。财政资金应主要用于修田造地，解决人畜饮水和推广农业实用技术；以工代赈资金主要用于建设基本农田、兴修小型水利和乡村道路建设；扶贫信贷资金主要用于支持贫困户发展种养业。第三，要完善办法。国务院有关部门和各地要抓紧完善扶贫资金管理的具体办法，确保扶贫资金及时足额到位，专款专用，不准改变资金的用途和使用范围。财政扶贫资金要实行专户管理，不得用于平衡地方预算。第四，要加强审计。今年，审计部门要对近几年扶贫资金的管理使用情况进行一次全面审计，要一个县一个县地审计，对扶贫资金是否及时到位，到位后上了哪些项目，配套资金是否落实等情况进行详查，发现问题，及时处理。对挤占挪用的，要坚决纠正，迅速追回；对贪污挥霍的，要从严惩处，决不手软。

要认真总结和推广扶贫信贷资金到户的有效做法。在国家安排的扶贫资金中信贷资金占大头，贫困村、贫困户发展种养业主要靠信贷资金支持。确保贫困农户能用上信贷资金，提高资金的使用效益，并按时偿还贷款，对于尽快解决群众温饱，保证资金的安全具有重要意义。扶贫信贷资金怎样到户，怎样用好，怎样管好，是扶贫开发中一个长期没有解决好的问题。一些地方采取小额信贷的办法较好地解决了这个问题。这种形式，资金到户率高，项目成功率高，贷款回收率高，受到贫困地区广大干部群众的欢迎，要在总结经验、规范运作的基础上积极稳妥地推广。农业银行、农村信用合作社要积极争取农业、商业、扶贫、科技、妇女、青年等部门的支持，共同抓好这项工作，在实践中逐步建立一套比较规范的制度，创造具有我国特色的小额信贷形式。

（三）加快贫困地区基础设施建设，改善生产条件和生态环境

近几年，为了促进和带动贫困地区的经济发展，国家在中西部地区安排了一批基础设施建设项目，如京九铁路、南昆铁路、三峡库区水利设施建设扶贫工程、宁夏扬黄工程等。去年以来，中央采取积极的财政政策，进一步加大基础设施投入，并向中西部倾斜。这对贫困地区来说，是一个难得的机遇。各地要抓住国家扩大内需的有利时机，把扶贫开发与基础设施建设结合起来，加快自身发展。一是要保质保量地搞好本地的基础设施特别是水利、交通、通讯、电网改造等建设项目，改善水、电、路等基础条件，使贫困地区的基础设施建设水平上一个台阶，为从根本上消除贫困创造条件。二是要认真实施好国家确定的退耕还林、坡改梯等生态工程建设项目。这些项目主要在贫困地区，对于提高当地农业生产水平，稳定解决群众温饱问题具有直接意义。各地要认真搞好规划，精心组织实施。三是要充分利用劳动力资源优势，组织劳务输出，积极参与铁路、公路、水利和电力等建设项目。有关部门要制定相应政策，在适宜的项目上，优先安排一定比例的贫困地区劳动力，增加贫困地区群众的收入。

（四）加强党政机关定点扶贫工作，动员全社会参与扶贫开发

中央和地方党政机关带头参加扶贫攻坚，定点帮扶贫困地区，对于加快解决贫困群众温饱问题，带动全

社会参与扶贫工作,发挥了积极作用。中央国家机关、人民团体、民主党派有 138 个单位定点帮扶 325 个国家重点扶持的贫困县,其中大多数单位派出扶贫工作团组,常年在贫困县具体帮助工作。地方各级党政机关也开展了联县包村等定点帮扶活动。实践证明,党政机关开展定点扶贫工作,是加快扶贫攻坚的重要措施,也是密切党和政府与人民群众的联系,改进机关工作作风,培养锻炼干部的重要途径。机关干部到贫困地区蹲点扶贫,深入实际,体察民情,可以更全面地了解我国的基本国情,增进与人民群众的感情,锻炼做群众工作的本领和解决实际问题的能力。中央国家机关各部门、各单位要把定点扶贫作为一件大事来抓,进一步明确任务,充实力量,采取多种形式,为贫困地区办实事、办好事。要在党政机关中倡导一种风气,以帮助贫困地区开发建设为己任,以到第一线蹲点扶贫为光荣。今明两年,地方党政机关在机构改革中,无论机构如何变动、人员怎样调整,定点帮扶的任务不能变,工作不断线,力度不能减。党员干部包户扶贫,是帮助贫困群众解决温饱问题最直接的办法,要大力倡导。

要在全社会大力宣传扶贫开发的重要意义,弘扬中华民族扶贫济困的优良传统,进一步动员社会各界支援贫困地区。工会、妇联、共青团、残联、人民解放军、武警部队、科研单位、大专院校,要继续积极开展多种形式的扶贫帮困活动。欢迎各民主党派和全国工商联继续开展科技扶贫、智力支边的活动。继续动员城市和发达地区向贫困地区捐款、捐物、捐书,组织好科技、文化、卫生“三下乡”活动,推广农业实用技术,开展智力扶贫,促进精神文明建设。

争取国际社会的支持和援助,有助于加快解决贫困地区群众的温饱问题,也可以使我们从中学习和借鉴国际上组织扶贫项目的经验。各地和各有关部门要在总结经验的基础上,继续扩大与国际组织的合作与交流。

(五)不断深化东西扶贫协作,促进东西部共同发展

1996 年,中央决定,沿海 9 个省、市和 4 个计划单列市对口帮扶西部 10 个省、区,开展东西扶贫协作。这是中央为加快贫困地区的发展,缩小东西部差距作出的重要决策。三年来,经过帮扶双方的共同努力,这项工作进展顺利。据不完全统计,东部 13 个省、市政府和社会各界共向西部 10 个省、区捐款捐物达 10.4 亿元,实施合作项目 2074 个,投资近 40 亿元,帮助建设基本农田 154 万亩,新修公路 1464 公里,解决了近 40 万人、30 万头大牲畜的饮水困难。东西扶贫协作已经开了个好头,要长期坚持下去。一是要切实加强领导,精心组织。协作双方要认真总结经验,提高认识,制定明确的工作目标和具体的协作规划,任务和责任要分解落实到省内有关部门和地市县,落实到有条件的企业,并加强督促检查。二是要围绕解决温饱问题的目标,将东西扶贫协作向贫困村、贫困户延伸。各方面支持的资金和物资,要集中用于帮助贫困村和贫困户改善生产条件,发展种养业,帮助当地修路、打井、修渠、办电,搞异地搬迁。东西协作的工业项目,要适应市场变化,从一般工业项目转到有市场、有效益的农产品加工项目上,带动当地的资源开发和农民增产增收。三是要充分发挥东部地区资金、技术、人才优势和西部地区资源丰富、劳动力成本低、市场潜力大的优势,不断扩大合作领域。四是要按经济规律办事,坚持互利互惠的原则,讲效率、讲效益、讲效果,努力把东西扶贫协作提高到一个新的水平。

(六)落实党政一把手扶贫工作责任制,加强对扶贫开发的领导

解决群众的温饱问题,是贫困地区各项工作的中心,是压倒一切的任务。各级党政一把手,特别是贫困县的书记和县长,要聚精会神地抓好扶贫攻坚。贫困县的各项工作都要服从和服务于扶贫攻坚这个中心,而不能脱离这个中心。衡量贫困县的党委和政府工作成绩的大小,主要看扶贫开发工作抓得好不好,有多少贫困村、贫困户解决了温饱问题。贫困地区要紧密结合扶贫工作实际,在县以上党政领导干部中认真开展以“讲学习、讲政治、讲正气”为主要内容的党性党风教育,进一步增强政治责任感,使“三讲”教育成为推动扶贫攻坚的强大动力。

基层组织是党在农村全部工作和战斗力的基础。今明两年,贫困地区的农村基层组织建设要以贫困村为重点,切实加强以党支部为核心的村级组织建设,在贫困村形成坚强的战斗堡垒。建立一个好的支部,关键是要选好带头人。一个好的支部书记,既要有艰苦创业和无私奉献的精神,又要有带领群众解决温饱、脱贫致富的能力。要按照民主、公正、公开、择优的原则,注意从致富能手、复员军人、回乡知青中培养选拔村干部。对确实没有合适人选的村,要从县乡机关和先进村推荐干部,经法定程序到那里任职。也可以从对口帮扶的单位选派优秀干部到贫困村挂职。要切实加强对贫困村干部的培训,进行党的宗旨教育、艰苦奋斗教育和廉洁奉公教育,提高他们带领群众脱贫致富的本领。

扶贫攻坚是一场硬仗,打硬仗要有过硬的作风。现在扶贫攻坚的目标和政策措施都已经明确,关键是抓好落实。各级领导干部要带头深入基层,带头包村包户,带头苦干实干,和群众一起研究解决温饱问题的办法,扎扎实实为群众办实事。完成扶贫攻坚任务,需

要有一个强有力的扶贫工作机构,有一支精干的扶贫队伍。在地方政府机构改革中,扶贫工作机构要保持稳定,尤其是贫困地区,不能削弱。扶贫工作机构,要加强思想作风建设,提高工作人员的思想水平和业务能力,求真务实、高效廉洁地开展工作。

扶贫开发,消除贫困,是建设有中国特色社会主义伟大事业的一项历史任务,基本解决农村贫困人口的温饱问题只是完成这项历史任务的一个阶段性胜利。在如期实现八七扶贫攻坚计划的目标后,我国的扶贫工作并没有结束,对此要有清醒的认识和充分的思想准备。第一,到2000年年底,尽管大多数贫困人口的温饱问题已经解决,但还会有一部分特困人口不能完全解决,需要继续扶持。不少初步解决温饱问题的群众,由于生产生活条件尚未得到根本改变,一遇灾害极易返贫,他们的温饱是不稳定的,需要巩固提高。第二,现在基本解决了温饱问题的贫困人口,标准还很低,在这个基础上实现小康、进而过上比较宽裕的生活,需要一个长期的奋斗过程。第三,我们的基本国情决定了我国将长期处于社会主义初级阶段。社会主义初级阶段就是不发达阶段,农村尤其不发达,在相当长时期内仍会存在贫困地区、贫困人口和贫困现象。至于从根本上改变贫困地区经济社会的落后状态,缩小东西部地区的发展差距,更是一个长期的历史性任务。这些情况决定了扶贫开发,消除贫困,缩小地区差距,将贯穿于社会主义初级阶段的整个历史过程。我们要充分认识扶贫开发的长期性、复杂性和艰巨性,在完成国家八七扶贫攻坚计划以后,继续把扶贫开发放在国民经济和社会发展的重要位置。要坚持以经济建设为中心,加快发展贫困地区的生产力;坚持开发式扶贫的方针,从根本上改变贫困地区的生产生活条件;坚持科教扶贫,加快科技、教育、文化事业发展,努力提高贫困地区的劳动力素质;坚持发扬中华民族扶贫济困的优良传统,动员全社会力量支援贫困地区的开发建设;坚持自力更生、艰苦奋斗,激励贫困地区的广大干部群众为创造自己的幸福生活不懈奋斗。

让我们高举邓小平理论伟大旗帜,紧密团结在以江泽民同志为核心的党中央周围,万众一心,知难而进,扎实工作,努力奋斗,夺取扶贫攻坚的最后胜利。

香港中国投资贸易洽谈会暨中国投资政策研讨会在香港揭幕

国家有关部委负责人分别介绍中国当前的经贸政策、逐步对外资开放的行业以及外商参与的机会。同时,洽谈会推出400多个最新招商项目。

此次为期3天的研讨会和洽谈会,是中国对外经济贸易合作部主办的大型经贸招商活动,今年已踏入第六届。其中,研讨会与香港贸易发展局合办。洽谈会由香港贸发局、华润集团、香港总商会等多个商会团体协办。会上首次设立咨询台,及时解答客商投资内地的有关问题。

吉尔吉斯斯坦总统阿卡耶夫在吉尔吉斯斯坦比什凯克国宾馆会见国务院副总理钱其琛

国家主席江泽民应俄罗斯总统叶利钦的要求与他就科索沃问题进行通话

国家主席江泽民在中南海会见欧盟科索沃问题特使芬兰总统阿赫蒂萨里

阿赫蒂萨里向江泽民主席通报了有关政治解决科索沃问题的最新情况。他说,中国是联合国安理会常任理事国,向中国及时通报最新情况非常重要。

江泽民感谢阿赫蒂萨里总统专程来华通报情况,并针对当前的形势阐明了以下几点看法:

一、以美国为首的北约悍然向南斯拉夫动武,此事非同小可,不是孤立事件,而是关系到建立什么样的国际新秩序和21世纪向何处去的根本问题。“冷战”结束后,世界的多极化趋势是不可阻挡的历史潮流,而企图建立单极世界和确立世界霸权,将对世界和平和稳定构成严重威胁。

二、中国在科索沃问题上采取的一系列行动,完全是根据事情本身的是非曲直,从中国人民的根本利益和世界和平与稳定的大局出发,主持公道,伸张正义。

三、全世界有2500多个民族,绝大多数国家都是多民族国家。我们一贯主张,各民族之间应该一律平等、和睦相处,各民族的合法权益都应得到尊重和保障。历史证明,民族问题相当复杂和敏感,靠外部武力干预根本解决不了,只会加剧矛盾,留下长期隐患。

四、“冷战”结束后,国际形势发生了重大变化。但是,《联合国宪章》的宗旨和原则绝没有过时,相反具有更加重要的现实意义。

江泽民指出,历史证明,只有坚持《联合国宪章》的宗旨和原则,各国才能和睦相处、共同发展,世界和平才能得到维护和促进。反之,偏离或违背了这些原则,强权就会横行,国际及地区和平就得不到有效保障。各国、特别是小国和弱国的主权和独立就会遭到损害,联合国作用就会遭到削弱,天下就不会有太平。

国务院副总理钱其琛在比什凯克同吉尔吉斯斯坦第一副总理西拉耶夫举行会谈

双方就促进两国睦邻友好合作关系深入交换了意见。

西拉耶夫说，吉尔吉斯斯坦独立后努力创造全面发展经济的条件，当前经济发展形势比较稳定。作为中国的邻国，吉政府和人民都非常关心中国的发展，并感谢中国对吉的大力支持。吉政府重申台湾是中国不可分割的一部分。吉方认为两国的经贸合作至关重要，尤其希望加强两国在交通方面的合作。

钱其琛说，中吉是友好邻邦，两国建交后关系发展顺利，各个领域的交流与合作日益密切。两国最高领导人之间建立的亲密关系对推动两国在各个领域的合作发挥了重要作用。他说，去年双边贸易有很大发展，这是双方共同努力的结果，也说明两国发展经贸合作有巨大潜力，并具有地缘优势。钱其琛感谢吉方对中国统一大业给予的一贯支持。

双方还就发展交通运输、开放口岸、便利公民往来以及其他合作项目深入交换了意见并达成共识。

钱其琛和西拉耶夫出席了中国政府向吉尔吉斯斯坦政府提供无偿援助文件的换文签字仪式。

中国人民银行发布关于计算机 2000 年问题将进行测试的公告

由国家环境保护总局主办的“第四届全国环保产业暨第六届国际环保展览会”在北京展览馆开幕

《人民日报》就审判机关对湛江特大走私受贿案作出庄严判决发表评论员文章《严厉打击走私受贿犯罪活动》

公安部召开进一步推动创建“平安大道”活动电话会议

6 月 9 日

中央扶贫工作会议在北京闭幕

中共中央总书记江泽民在会上发表讲话。李鹏、朱镕基、李瑞环、胡锦涛、尉健行、李岚清出席会议。

中共中央总书记江泽民在中央扶贫开发工作会议上发表题为《全党全社会进一步动员起来夺取八七扶贫攻坚决战阶段的胜利》的讲话

这次会议，是党中央、国务院召开的一个十分重要的会议。目的是进一步认清当前扶贫攻坚的形势，动员全党全社会的力量，切实做好“国家八七扶贫攻坚决战”阶段的工作，确保实现 2000 年基本解决农村贫困人口温饱问题的战略目标。温家宝同志在会议开始时的讲话，我完全同意。希望大家按照中央的要求，坚定不移、扎扎实实地把工作做好。下面，我讲三个问题。

一、我国扶贫开发工作的巨大成就和伟大意义

新中国成立后，党和政府始终把解决贫困人口的温饱问题作为重要任务，带领全国各族人民不懈奋斗，取得了巨大成就。特别是改革开放以来，我国扶贫开发工作进展之快，成效之大，为世界瞩目。这 20 年，是我国经济社会发展最快、贫困人口减少最多的历史时期。1978 年，全国农村贫困人口有 2.5 亿人，1993 年底减少到 8000 万人，1998 年减少到 4200 万人。农村贫困人口占农村人口的比重，由 30.7%下降到 4.6%。贫困地区的生产条件明显改善，人民生活水平显著提高，各项事业都取得了明显进步。现在，我国农村绝大多数人口的温饱问题已经基本得到解决，12 亿中国人民进入和建设小康社会具备了更为坚实的基础。这不仅是中国历史上的奇迹，也是世界历史上的奇迹！这不仅具有重大的经济和社会意义，而且具有重大的政治意义。这件事在中国的发展史上是值得大书特书的。

第一，在我们党和政府的领导下，广泛动员全社会的力量，按照统一的部署，筹集巨额资金，有组织、有计划、大规模地长期开展扶贫开发工作，这在世界上是独一无二的。这只有在社会主义制度下才能办得到。在旧中国，由于几千年封建制度的桎梏，由于近代一百多年三座大山的压迫，广大劳动人民长期过着食不果腹、衣不蔽体的贫苦生活，遇到大的自然灾害，更是生灵涂炭、饿殍遍野。吃饱穿暖，成为他们千百年来梦寐以求的愿望。历朝历代，多少仁人志士提出的美好理想，都无法实现。广大劳动人民始终处于极度贫困之中，没有掌握自己的命运。在中国共产党的领导下，新中国终于诞生了，人民当家做了主人，这就为他们摆脱贫困、逐步过上富裕生活提供了根本条件。我国绝大多数贫困地区解决了几千年没有解决的温饱问题这个事实，无可辩驳地说明，我国的社会主义制度具有巨大的优越性，是彻底消除贫困的根本制度保障。坚持走有中国特色社会主义道路，是我国各族人民实现共同富裕和国家富强的必由之路。近 20 年来，我国贫困人口每年平均减少 1000 万人，这同世界许多国家和地区的贫困状况日趋严重，还有大量人口处于赤贫状态形成了鲜明的对照。我国扶贫开发取得的伟大成就，更加坚定了全国各族人民在党的领导下建设有中国特色社会主义的信念，为推进跨世纪伟大事业增强了思想政治基础，凝聚了巨大的物质力量和精神力量。

第二，组织扶贫开发，解决几亿人的温饱问题，是一项伟大的社会工程。这一壮举向世界表明，我们党和政府高度重视推进和发展中国人民的人权事业，为保障中国人民的生存权和发展权这一最基本、最重要

的人权，进行了锲而不舍、艰苦卓绝的努力。实践证明，中国共产党和中国政府，是中国人民基本权利最坚决、最忠诚的维护者。我们根据自己国情确定的发展人权事业的方针，是完全正确的。我国是世界上人口最多的发展中国家。这就决定了，实现和保障广大人民群众的生存权和发展权，是我们维护人权最基础、最首要的工作。不首先解决温饱问题，其他一切权利都难以实现。人权是历史的产物，它的充分实现，是同每个国家的经济文化水平相联系的逐渐发展的过程；集体人权与个人人权，经济、社会、文化权利与公民、政治权利，是不可分割的。我们依靠自己的力量，解决了几亿贫困人口的温饱问题，使他们的生存权和发展权得到保障，为他们享受其他各项权利创造了有利条件。这是我们党和政府在发展人权事业方面取得的最重要、最伟大的成果，也是对世界人权事业的重大贡献。这一事实，有力地回击了西方敌对势力在人权问题上对我国制造的种种谬论和谣言。

第三，我们进行的规模空前的扶贫开发，有力地促进了国民经济的协调发展和社会的安定团结。历史的经验证明，贫困往往成为一个国家、一个地区政治动荡和社会不稳定的重要根源。如果不能逐步消除贫困，一个国家就难以长期保持社会稳定；没有稳定，根本谈不上经济和社会发展。我国的贫困县，多数分布在少数民族地区和边疆地区。少数民族地区、边疆地区的稳定发展，对加强民族团结、巩固边防、维护国家统一十分紧要。如果这些地区经济文化长期落后，部分群众生活困难的局面长期不能得到改变，就会积累起不稳定因素。这里还要考虑国际环境的影响。我国不少边疆地区，存在着跨国界的民族成分。这就有个比较。如果我们这边经济发展得好，生活水平高，就会产生很强的向心力、凝聚力，边疆就可以更加稳定，边防也可以更加巩固。经过多年来的扶贫开发，少数民族地区、边疆地区的经济建设有了长足的发展，人民生活有了明显改善，社会面貌发生了重大变化，这是我们加强全国各民族的大团结、维护边疆安定的重要基础。

扶贫开发取得的伟大成就和积累的宝贵经验，以及在这个过程中广大干部群众表现出来的自力更生、艰苦创业的奋斗精神，为我们进行爱国主义、集体主义、社会主义教育和基本国情教育增添了极为丰富生动的教材。各地区、各部门都应认真总结，广泛宣传，以激励全国各族人民更加坚定地坚持党的基本理论、基本路线和基本纲领，坚定不移地走建设有中国特色社会主义的道路，继续为全面推进社会主义现代化建设事业而奋斗。

二、确保实现八七扶贫攻坚的战略目标

到2000年基本解决农村贫困人口的温饱问题，这是我们党和政府向全国人民作出的庄严承诺，并向世界作了宣告。这个战略目标必须实现，也完全有条件实现。实现这个战略目标，标志着中国人民将在新的发展起点上进入新世纪。

我们也应清醒地看到，目前尚未解决温饱问题的农村贫困人口还有4200万，除去不适合参加生产劳动的残疾人和社会保障对象，以及一部分缺乏基本生存条件的极度贫困人口，还有2000多万人。现有的贫困人口大多数分布在地域偏远、交通闭塞、资源匮乏、生态环境恶劣的地方。解决这部分贫困人口的温饱问题，是扶贫工作中最难啃的硬骨头。今后两年，每年要力争解决1000万左右贫困人口的温饱问题，难度是很大的。扶贫开发已进入最艰难的攻坚阶段。不论今后两年的扶贫攻坚任务有多么艰巨，全党全国都要同心协力啃下这块硬骨头。

我们党的根本宗旨是全心全意为人民服务。各级领导干部必须始终想人民之所想，急人民之所急。当前，农村贫困群众最盼望、最着急的就是吃饱穿暖，进而过上比较富裕的日子。帮助贫困群众实现这个愿望，是党的为人民服务宗旨的最实际的体现。关心群众生活，切实帮助他们克服困难，是党的优良传统，也是党和人民的事业不断取得胜利的重要保证。1996年，我沿京九铁路考察贫困地区时，曾引用过毛主席1934年在《关心群众生活，注意工作方法》一文中的话，这段话很有现实的指导意义。毛主席说："解决群众的穿衣问题，吃饭问题，住房问题，柴米油盐问题，疾病卫生问题，婚姻问题。总之，一切群众的实际生活问题，都是我们应当注意的问题。假如我们对这些问题注意了，解决了，满足了群众的需要，我们就真正成了群众生活的组织者，群众就会真正围绕在我们的周围，热烈地拥护我们。"毛主席把关心群众生活，提到了团结群众、组织群众，保障革命胜利的政治高度。这个重要指导思想，不仅战争年代要执行，今天仍要执行。就是将来我们发展得更好了，也还要坚持执行。目前，我国农村贫困人口还有几千万人，这是一个不小的数字。其中不少是老区人民，他们在革命战争年代，为党和人民的事业作出了巨大的牺牲和贡献。时至今日，老区人民中还有不少人过着缺吃少穿的日子，各级领导干部都应为此而寝食不安。新中国成立50年了，如果不能尽快让那里的群众吃饱穿暖，我们就无法向为建立新中国英勇牺牲的千百万烈士交代，无法向人民、向历史交代。全党同志都要从坚持党的宗旨的高度来认识这个问题，都要把解决农村贫困人口的温饱问题作为一项重大的政治任务，义不容辞地完成好。

我国是一个人口众多的发展中的社会主义大国，任何时候都不能依靠别人搞建设，必须始终坚持独立自主、自力更生。扩大国内需求，开拓国内市场，必须作为我国经济发展的基本立足点和长期战略方针。搞社会主义现代化建设，不能关起门来搞。必须坚定不移地实行对外开放，这是我们要长期坚持的一项基本国策。要大胆吸收和利用国外的资金、先进技术和一切进步的东西，积极开拓国际市场，否则我们就难以面向世界、面向未来，取得更大的发展。但必须深刻认识到，我们具有需求潜力十分巨大的国内市场，这是在当今世界经济形势急剧变化和国际市场竞争日趋激烈的情况下，推进我国经济发展的一个重要优势。

我们必须十分珍惜并充分发挥好这个优势。实现扶贫开发的战略目标，并在这个基础上继续前进，必将有力地促进开拓国内市场，把潜在的市场需求变为现实的市场需求，大大增加经济增长的空间和活力。我国过去那种商品供应短缺的状况已经有了根本的改变，目前出现了一定程度的生产能力过剩、供大于求的情况。但这决不是说我们的产品已真正多余、绝对过剩了。拿农村市场来说，现在还远未开拓，关键是大多数农民的收入不高，他们潜在的消费需求还没有转化为现实购买力。有两亿多人口的西部地区，农民刚刚实现低水平的温饱。如果他们的收入和消费水平进一步提高，就会成为扩大内需很大的拉动力量。广大西部地区交通、通讯、电力、水利等基础设施建设也有很大的需求。加大中西部地区扶贫开发的力度，不仅可以解决贫困人口的温饱问题，而且对于扩大内需，促进全国经济的发展也是至关重要的。

维护改革、发展、稳定的大局，也要求我们必须坚定不移地继续做好扶贫开发工作。国以民为本，民以食为天。毛主席讲，手里有粮，心里不慌，脚踏实地，喜气洋洋。邓小平同志讲，不管天下发生什么事，只要人民吃饱肚子，一切就好办了。越是贫困的地方，越容易积累矛盾。因为群众生活过得不好，心中有怨气，心情不舒畅。如果干部作风再有问题，一些矛盾处理不妥当，干群关系紧张，就可能引发事端。在具有重要战略地位的少数民族地区、边疆地区还有那么多贫困人口，如果温饱问题迟迟不能解决，势必影响民族团结和边防巩固，以至影响全国的安定。中央反复强调，加快贫困地区的发展，不仅是一个重大的经济问题，而且是一个重大的政治问题，就是因为它直接关系国家的安定团结和长治久安。全党同志必须从改革、发展、稳定的全局高度，深刻认识做好扶贫开发工作的重大意义。

关于今后两年如何开展工作，这次会议已经作了部署。我这里概括地再强调一下。(一)贫困地区要把打好扶贫攻坚战作为中心任务，各项工作都要围绕这个中心，服务这个中心。(二)解决贫困群众的温饱问题，是扶贫攻坚阶段最重要、最急迫的任务，必须摆在第一位来完成。(三)坚持开发式扶贫的方针，首先帮助贫困农民发展种养业，大力加强农田水利基本建设，改善基本生产和生活条件，推广适用科技，发展教育，提高劳动者的素质，落实科教扶贫的各项措施。(四)中央和地方都要加大扶贫投入的力度，提高资金使用效益。对挤占、挪用扶贫资金的行为，要从严惩处。(五)各项扶贫工作都要狠抓落实，逐一落实到贫困村、贫困户，帮助每个贫困户制定切合实际的解决温饱的措施。(六)发扬中华民族团结互助、帮困济贫的美德，动员全社会力量继续支持贫困地区。各级党政机关要带头搞好定点扶贫，发达地区要加强对贫困地区的对口帮扶，社会各界要积极开展各种形式的扶贫济困活动。(七)坚持实行以省为主的扶贫工作责任制，做到任务到省、责任到省、权力到省、资金到省。各省、自治区、直辖市对贫困地区、贫困县也要层层实行责任制。各级党政一把手要亲自部署、亲自督促、亲自检查，切实做到领导、措施、资金三到位。(八)加强农村基层组织建设，加强以党支部为核心的村级组织建设，选好带头人，真正形成能够带领群众艰苦创业、脱贫致富的坚强战斗堡垒。

三、牢固树立扶贫开发长期作战的思想

基本解决农村贫困人口的温饱问题这项任务完成以后，扶贫开发仍然不能放松，要继续抓下去。当然，这是在更进一个层次上的扶贫开发。下个世纪继续开展扶贫开发，要首先解决剩余贫困人口的温饱问题，巩固扶贫成果，使已经解决温饱的人口向小康迈进，同时在稳定解决温饱的基础上，全面推进贫困地区经济社会发展。这项工作，必须同我们对下个世纪整个经济发展战略的考虑结合起来，同加快中西部地区建设、缩小东西部地区发展差距，实现共同富裕的目标结合起来。这是一个大战略，要早作筹划。

我国正处于并将长期处于社会主义初级阶段。这个基本国情，决定了我们必须牢固树立扶贫开发长期作战的思想。现在，我国的社会生产力、综合国力和人民生活水平比过去有了很大提高，但生产力不发达的状况还没有根本改变，经济科技实力同发达国家相比还有很大差距，国内各地区的发展也很不平衡。我们的社会主义社会脱胎于旧中国半殖民地半封建社会，而不是像马克思、恩格斯所设想的那样，产生于生产力高度发达的资本主义社会。我们进入社会主义的时候，全国生产力水平远远落后于发达国家。我国人口多，底子薄，资源相对不足。现在人口已接近12.5亿，到2030年可能达到16亿；人均耕地不到世界平均水平的1/3；人均水资源不到世界平均水平的1/4。我们要以不到世界10%的耕地和不到7%的水资源，养活占世界1/5多的人口。在这样一种历史的和现实的、

社会的和自然的条件基础上，要摆脱不发达状态，由农业人口占很大比重、主要依靠手工劳动的农业国逐步转变为非农业人口占多数、包含现代农业和现代服务业的工业化国家，由贫困人口占很大比重、人民生活水平比较低逐步转变为全体人民比较富裕，实现社会主义现代化，必然要经历一个相当长的历史过程。就是到新中国成立100年、下世纪中叶基本实现现代化，我们建设社会主义的任务也还远未完成。邓小平同志说，巩固和发展社会主义制度，需要几代人、十几代人、几十代人坚持不懈地努力。我们要胸怀远大的目标，脚踏实地做好当前的工作。

我们订计划，做工作，时刻都不能脱离我国生产力还不发达、农村尤其不发达这个客观实际。目前，我国多数农村主要靠手工劳动，自给半自给经济占相当比重，科技教育文化水平也比较低。到本世纪末，农村虽然可以基本解决贫困人口的温饱问题，但标准还很低，而且很不稳定。许多地方还没有从根本上改变落后的生产条件，一遇自然灾害，一部分人仍可能饱而复饥，温而复寒。改变这些地方长期形成的生产力不发达状况，还要进行长期努力，不可能一蹴而就。从这个意义上讲，扶贫开发是贯穿整个社会主义初级阶段的一项重要任务。下个世纪，扶贫开发还要继续深化，并不断向更高的水平推进。

逐步缩小全国各地区之间的发展差距，实现全国经济社会的协调发展和最终达到全体人民的共同富裕，是社会主义本质特征的要求。我国地域辽阔、人口众多，不能设想采用平均主义的办法可以实现共同富裕，这是我们过去实践的经验教训已经证明了的。要求同步富裕、同等富裕也是不现实的。为了达到共同富裕的目的，邓小平同志提出了“两个大局”的重要战略构想。他指出：“沿海地区要加快对外开放，使这个拥有两亿人口的广大地带较快地先发展起来，从而带动内地更好地发展，这是一个事关大局的问题。内地要顾全这个大局。反过来，发展到一定的时候，又要求沿海拿出更多力量来帮助内地发展，这也是个大局。那时沿海也要服从这个大局。”邓小平同志还指出：“可以设想，在本世纪末达到小康水平的时候，就要突出地提出和解决这个问题。”改革开放以来，沿海发达地区运用自身较好的经济基础、优越的地理位置和一些特殊措施，经济和社会发展突飞猛进，积累了相当的实力。现在，加快中西部地区发展步伐的条件已经具备，时机已经成熟。如果我们看不到这些条件，不抓住这个时机，不把该做的事情努力做好，就会犯历史性的错误。在继续加快东部沿海地区发展的同时，必须不失时机地加快中西部地区的发展。从现在起，这要作为党和国家一项重大的战略任务，摆到更加突出的位置。

中西部地区幅员辽阔，资源丰富，战略地位非常重要。我国的能源和矿产资源主要分布在中西部地区，主要农产品生产基地也多在中西部地区。加快中西部地区的开发，对于合理配置资源，促进全国经济持续协调发展，有着重大的战略意义。中央将继续加大对中西部地区特别是西部地区扶持的力度，优先安排水利、电力、交通、环境保护和资源开发项目。近几年来，我们已开始这样做了。去年增加的财政投资用于中西部地区的占62%，西部地区固定资产投资增长幅度已经超过东部地区，这是多年来从未有过的。今后还要进一步加大力度。东部发达地区要继续帮扶西部贫困地区，以改变贫困地区基本生产生活条件为重点，按照优势互补、互惠互利、长期合作、共同发展的原则，开展多层次、多渠道、多形式的经济技术合作，把东西扶贫协作推向一个新的阶段。

实现“八七扶贫攻坚”的战略目标，并持之以恒地把扶贫开发工作进行下去，逐步实现各地区共同发展、共同富裕，是历史赋予我们党的庄严使命。全党同志和各级领导干部，都要进一步增强做好扶贫开发工作的紧迫感和使命感。我们党的全部任务和责任，就是为人民谋利益，团结和带领人民群众为实现自己的根本利益而奋斗。党的根本工作路线，就是一切为了群众，一切依靠群众，从群众中来，到群众中去。打好扶贫开发攻坚战，是对各级干部特别是领导干部能不能坚持党的宗旨，实践党的根本工作路线的重大考验，也是对全体党员和干部进行党的宗旨和群众路线教育的大课堂。党员、干部要勇于到贫困地区去接受考验，在带领群众克服困难、发展生产的艰苦实践中经受锻炼。贫困地区的党政领导干部更要以身作则，带头深入贫困村、贫困户，了解群众的疾苦，倾听群众的呼声，千方百计地同群众一道开创脱贫的路子。这样，我们就能继续赢得广大群众的真心拥护。派干部参加和组织扶贫攻坚，是考察和识别干部的一个重要途径。在艰苦的环境中，在艰巨的任务面前，更能识别一个干部是否真正坚持全心全意为人民服务的宗旨，是否真正坚持走群众路线，是否真正对人民群众怀有深厚的感情，是否真正具有不怕困难、开拓进取的勇气，是否真正具有苦干实干、百折不挠地贯彻党的方针政策的毅力。能够经受住艰苦环境的考验，并作出了成绩、得到群众拥护的干部，就是好干部，应该提拔重用。经不住艰苦环境的考验，打不开工作局面，群众不拥护的干部，就是一个不胜任的干部。很多地方的经验证明，只要干部下决心，全力以赴，做艰苦细致的工作，把群众充分发动起来，就可以改变贫困地区的面貌。贫困地区县以上党政机关开展以“讲学习、讲政治、讲正气”为主要内容的党性党风教育，要密切联系扶贫开发的实际来进行，以利把工作做得更好。

中央号召，全党全社会进一步动员起来，高举邓小平理论伟大旗帜，按照党的十五大确定的跨世纪发展战略，坚定信心，再接再厉，坚决夺取八七扶贫攻坚决战阶段的胜利！

国务院召开第 19 次常务会议

国务院总理朱镕基主持召开会议，讨论并通过国务院关于提请解释《中华人民共和国香港特别行政区基本法》有关条款的议案。这个议案，由国务院提请全国人大常委会审议。

《人民日报》发表评论员文章《批评要紧扣主题——十论以整风精神深入开展“三讲”教育》

国务院总理朱镕基在中南海紫光阁会见由老挝政府副总理兼国防部部长朱马利·赛雅贡中将率领的老挝高级军事代表团

国务院总理朱镕基在中南海紫光阁会见匈牙利总理府部部长什敦普夫·伊什特万

北京市出台高级技术专业人才调动政策

北京市宣布“对高新技术企业和跨国公司地区总部及研发机构所需的高级专业技术人才可直接办理调京手续”等多项新措施，并承诺符合规定且手续、材料齐全的，10 个工作日内办结。

北京市人事局出台的新举措包括：对高新技术企业和跨国公司地区总部及研发机构所需人才，凡“具有本科及以上学历且取得高级专业技术职称或获得硕士及以上学位的专业技术人员和管理人员”，可直接办理调京手续；对“具有学士学位且成绩突出者，具有中级专业技术职称的骨干人员和在国外获得学士以上学位并取得一定研究成果的留学人员”，可申请办理北京市工作寄住证。持证者工作满三年经用人单位推荐，市人事局审定，可办理调京手续；对高新技术企业需要的市属高等院校毕业生优先推荐和保证；引进急需的非北京生源毕业生，凡符合规定条件的均可报批；帮助企业管理好代理招聘毕业生的户籍、档案等。

文化部决定每年开展一次音像市场反盗版宣传活动

公安部关于清理收缴爆炸物品严厉打击涉爆违法犯罪活动的通告

宁波市原副市长谢建邦收受巨额贿赂被一审判处死缓

6 月 10 日

《人民日报》就党中央国务院召开中央扶贫开发工作会议发表社论《万众一心合力攻坚》

中国人民银行决定降低金融机构存贷款利率并同时降低中央银行准备金存款利率再贷款和再贴现利率

国家经贸委召开全国钢铁限产增效电视电话会议要求控制钢铁生产总量限产保价

中共中央政治局常委朱镕基出席在人民大会堂举行的纪念国家杰出青年科学基金实施五周年座谈会

中科院青年科学家奖揭晓

40 名优秀年轻学者荣膺中科院青年科学家奖。其中应用数学所曹道民等 7 人获基础性研究一等奖，计算技术所孙凝晖等 3 人获高新技术开发一等奖。

国务院副总理温家宝考察国家知识产权局时指出要不断完善法律法规依法保护知识产权

由中国政府和联合国共同举办的自然灾害管理国际研讨会在北京召开

国家主席江泽民致函祝贺自然灾害管理国际研讨会在北京举行

国家禁毒委员会全体委员会议在北京召开

会议总结 1998 年全国禁毒工作，分析当前毒品形势，对下阶段的禁毒工作作出部署。

国家禁毒委员会副主任、公安部副部长白景富汇报了去年的禁毒工作。

国家禁毒委员会主任、公安部部长贾春旺讲话时强调，当前各级禁毒委员会要认真学习江泽民总书记对禁毒工作的指示精神，提高对毒品严重危害性和禁毒斗争重大意义的认识，切实增强禁毒的危机感、责任感和紧迫感。要抓住重点环节，通过重点地区的集中整治，破获一批大案，打掉一批毒枭，收戒一批吸毒人员，摧毁一批毒品制贩窝点和分销网络。要深化毒品预防教育，把宣传教育作为禁毒工作的治本工程，进一步提高全社会的禁毒意识。要抓好禁吸戒毒工作，提高依法管理和科学管理水平，务求今年的禁毒工作有新的突破。

中宣部、卫生部、海关总署等国家禁毒委员会25个成员单位的负责人出席会议。

陈锡联逝世

中国共产党优秀党员、忠诚的共产主义战士、久经考验的无产阶级革命家、军事家陈锡联，因病医治无效，于1999年6月10日23时45分在北京逝世，享年85岁。

1915年1月4日生于湖北黄安(今红安)高桥陡山彭家村一个贫苦农民家庭。1929年在家乡参加(黄)陂(黄)安南游击队，同年秋编入中国工农红军第11军。1930年加入中国共产主义青年团，同年转入中国共产党。1931年在红四方面军任连政治指导员，参加了鄂豫皖苏区历次反“围剿”。1933年起任红30军第88师263团营政治委员、团政治委员，红4军第10师副师长、第11师政治委员，参加了开辟川陕苏区和反“三路围攻”、反“六路围攻”作战。在历次作战中屡建战功，曾被李先念称赞为“打仗数第一”。长征中，曾率部担负掩护红四方面军北上和筹集粮秣的任务。后任红4军第10师师长、第11师政治委员。抗日战争爆发后，任八路军第129师385旅769团团长。1937年10月率部夜袭阳明堡日军机场，炸毁日军战机24架。此次战斗是129师出兵第一仗，使日军一时丧失进攻忻口、太原的空中支援力量，并且被迫回调大批部队守备后方，有力配合了国民党军对日作战，提高了八路军的威望，受到八路军总部嘉奖。后率部参加神头岭、响堂铺、晋东南反“九路围攻”等战役战斗。1938年起任第129师385旅副旅长、旅长，太行军区第3分区司令员。1940年在129师破袭白晋铁路作战中，率部采取“腹地开花”、内外结合的战法，迅速歼灭南关镇日军。在“百团大战”第一阶段作战中，率部在狮垴山顽强阻击日军进攻，给日军以重大杀伤，牵制了大量日伪军，为129师在正太路的破袭行动创造了有利条件。1943年到延安，入中共中央党校学习。抗日战争胜利后，任晋冀鲁豫军区和晋冀鲁豫野战军(后为中原野战军)第3纵队司令员，先后参加上党、邯郸、鲁西南诸战役。1947年参加进军大别山战役，率3纵跨过陇海路，越过黄泛区，以交替前进的部署，率先抢渡淮河，到达大别山北麓，半个月解放宛西9个县城及大片地区，打开宛西新局面。1947年4月在豫北战役中，采取避其锋芒、诱其深入、陷其孤立，然后聚而歼之的战法，全歼国民党军第2快速纵队，创造了以劣势装备歼灭一个机械化旅的范例。随后协同兄弟部队攻取豫北重镇汤阴，活捉国民党第12纵队司令孙殿英。淮海战役开始后，率中原野战军第1、第3纵队和华东野战军第13纵队组成西线集团，受命攻占宿县。在作战中亲率各级指战员抵近前沿勘查，作出周密部署，研究攻坚战法。总攻发起后经一昼夜激战，全歼宿县守敌1.2万余人，使徐州刘峙集团完全陷入孤立。后协同兄弟部队在双堆集歼灭国民党军黄维兵团。1949年2月任第二野战军第3兵团司令员，率部参加渡江战役，突破江防防线后截断浙赣线，迂回大西南，歼灭宋希濂集团，攻占国民党“陪都”重庆，兼任中共重庆市委第一书记、市长和川东军区司令员。

中华人民共和国成立后，1950年调任人民解放军炮兵司令员，后兼任炮兵学院院长，主持制定炮兵发展规划，组织部队改装，进口和研制炮兵装备，为新中国炮兵的发展做了大量开创性工作。到50年代末期，炮兵达到了队伍壮大、编制合理、配套齐全、训练正规的要求，在抗美援朝、炮击金门作战中发挥了重要作用。在为我国第一个导弹试验基地选址过程中，带领专家组乘飞机穿越戈壁沙漠，多次出入无人区，掌握了大量第一手资料，为人民解放军战略导弹部队的创建作出重要贡献。1959年起任沈阳军区司令员并任军区党委第一书记及中共中央东北局书记处书记、辽宁省革委会主任、中共辽宁省委第一书记、北京军区司令员、中共中央军委常务委员、国务院副总理。是第一届至第三届国防委员会委员，中共七大至十四大代表、十五大特邀代表，中共第八届、中央委员，第九届至第十一届中央委员和中央政治局委员。在中共十一届五中辞去所有职务。中共十二大、十三大当被选为中共中央顾问委员会常务委员。

1955年被授予上将军衔，获一级八一勋章、一级独立自由勋章和一级解放勋章。1988年获一级红星功勋荣誉章。

6月11日

中共中央在人民大会堂举办1999年第一次法制讲座

讲座题目是《依法保障和促进农村的改革、发展与稳定》。中共中央总书记江泽民主持讲座并讲话。

中共中央政治局常委李鹏、朱镕基、李瑞环、胡锦涛、尉健行、李岚清参加法制讲座。

主讲人是西南政法大学教授李昌麒。主要讲了三个问题：一、加强法治，是建设有中国特色社会主义新农村的迫切需要；二、我国农业、农村方面法制建设面临的几个主要问题；三、思考与建议。

江泽民等认真听讲座、作记录，并就促进农村改革、发展与稳定的有关法律问题与李昌麒教授进行探讨。

讲座结束后，江泽民总书记发表题为《大力加强农村法制建设》的讲话。他说，我国十二亿人口有九亿在农村。农业又是国民经济的基础。我们伟大的改革事业首先是从农村开始的。因此，农村的改革、发展、稳定的情况如何，直接关系到我们整个国家改革、发展、稳定的大局。没有农业改革的示范作用，就没有城市改革和其他各项改革的顺利推进；没有农村经济的发展，就没有整个国民经济的发展；没有农村的稳定，就没有整个社会的稳定。在进行社会主义现代化建设的全过程中，我们必须始终重视保障和促进农村的改革、发展和稳定。

江泽民指出，在二十年的农村改革实践中，我们党和国家制定了一系列有关农业、农村和农民工作的方针政策。实践证明，这些方针政策是正确的，对于促进和维护农村的发展与稳定，对于调动和发挥广大农民群众和农村干部的积极性、主动性、创造性，起到了重要的指导作用。坚持党的农村基本政策的稳定性和连续性，是促进农村改革、发展、稳定的重要保证。

江泽民说，按照十五大提出的我国跨世纪发展的战略部署，党的十五届三中全会通过的《中共中央关于农业和农村工作若干重大问题的决定》，提出建设有中国特色社会主义新农村的目标。实现这一目标，离不开法制的保障。巩固农业的基础地位，长期稳定农村基本政策，实施科教兴农，实现农业可持续发展，保护和发展农村生产力，维护广大农民的民主权利和其他合法权益，促进农村物质文明建设和精神文明建设协调发展，都需要进一步加强法制建设。

江泽民指出，改革开放二十年来，农村的法制建设取得很大进展。全国人大和国务院及有关部门制定了十多部法律和四十多部行政法规，地方人大和政府还制定了一大批地方性法规和规章，初步形成了以农业法为核心的农业法律体系框架。农村的执法工作和执法机构、执法队伍建设，也得到明显加强。全国人大和地方各级人大及其常委会，加大了对农业法律法规实施的监督检查力度。这些都有力地促进了农村的法制建设，对保障农村的经济发展和社会稳定，发挥了重要作用。

江泽民说，党的十五大将依法治国、建设社会主义法治国家，作为党领导人民治理国家的基本方略确定下来。九届全国人大二次会议通过的宪法修正案，将这一基本方略写入了国家根本大法。建设社会主义法治国家，离不开广大农村人口的积极参与，否则依法治国就不可能得到全面落实。

江泽民就继续推进农村的法制建设提了四点要求：

第一，要进一步提高对农村法制建设重要性的认识。各级党委和政府在推进农村各项工作中，要始终坚持“一手抓建设，一手抓法制”，不能有任何动摇。要坚持依法决策、依法行政、依法办事，努力提高运用法律手段管理农村工作的水平。第二，要进一步加强农业立法工作。农业立法工作的总的目标，是建立和完善有中国特色社会主义的农业法律体系，加快制定和完善、规范农村政治、经济、社会生活的法律、法规。要把在农村改革和建设实践中行之有效的方针政策、已经成熟的经验上升为法律，使农村生活的各个方面都能做到有法可依、有法必依、执法必严、违法必究。在农业立法过程中可以学习和借鉴国外的某些有益的东西，但一定要结合我们的国情和农村的实际，不能照抄照搬。

第三，要进一步在广大农民和农村干部中开展法制宣传教育。通过这种宣传教育，切实提高农民群众的法律意识，切实增强农村干部的法制观念和依法办事能力。要努力做到使广大农民知法守法，积极履行应尽义务，并懂得用法律保护自己的合法权益；使农村干部自觉遵守法律，严格依法办事。

第四，要进一步加大农村的执法力度。关键是要努力建设一支高素质的农业行政执法队伍，建立起科学合理、运行有效的行政执法体制，以保证农村执法工作的顺利实施。

丁关根、田纪云、李铁映、吴邦国、迟浩田、罗干、姜春云、贾庆林、温家宝、吴仪、邹家华、布赫、彭珮云、成克杰、司马义·艾买提、王忠禹、肖扬、韩杼滨、王兆国、任建新、宋健、钱正英、朱光亚、胡启立，以及中央、国家机关有关部门负责人参加讲座。

内蒙古海拉尔盆地发现石油

记者从内蒙古自治区地矿部门获悉，大庆石油管理局的勘探部门在呼伦贝尔草原的海拉尔盆地发现石油，现已探明储油面积超过 20 平方公里，预计储量在 2000 万吨以上，并且一部分油层所出原油质轻、低硫、低沥青，接近成品油品质。此外，还发现了大约 100 亿立方米估算储量的二氧化碳气。

中国证监会发出做好证券经营机构外资股业务资格管理工作的通知

中国对欧盟决定对中国货物木质包装实行紧急措施一事提出严正交涉

外经贸部卫生部海关总署国家环境保护总局国家出入境检验检疫局国家国内贸易局国家工商行政管理局关于暂停进口和禁止经销比利时等国受二噁英污染

食品的紧急通告

国家主席江泽民在钓鱼台国宾馆会见摩纳哥王储阿尔贝

国家副主席胡锦涛在人民大会堂同摩纳哥王储阿尔贝举行会谈

胡锦涛说，自从1995年中摩建交后，两国关系呈现良好的发展势头，双方经贸合作稳步发展，在文化、艺术等方面的交流日益活跃。他说，中国一贯认为，国家不分大小、贫富、强弱，都是国际社会平等的一员，都应在和平共处五项原则的基础上发展友好合作关系。中摩两国虽然国情不同，但都有增进了解、发展友谊、加强相互关系的共同愿望。中国愿与摩纳哥一道，进一步拓展双方在各个领域的友好合作，努力把两国关系推向更高的水平。

阿尔贝说，摩方愿意在经济、文化、体育等各个方面进一步加强同中国的合作。

全国人大常委会副委员长丁石孙、全国政协副主席孙孚凌、外经贸部副部长周可仁、文化部副部长孟晓驷等出席了欢迎仪式。周可仁、孟晓驷等参加了会谈。

全国人大常委会委员长李鹏在北京会见巴基斯坦外交部部长萨尔塔杰·阿齐兹

旨在强化资源意识激发爱国热情的“争当美丽家园小主人——全国亿万中小学生保护资源教育与实践活动”正式启动

文化部等举办欧阳山尊从艺70周年学术讨论会

著名文学史家思想史家教育家谭丕模百年诞辰暨学术思想研讨会在北京师范大学举行

6月12日

中国科技开发的首架实用飞翼船在太湖投入运营

中国自行研制的第一列时速200公里的电动铁路客车组在长春客车厂竣工下线

中国成功发射两颗“铱星”

北京时间凌晨1时15分，中国在太原卫星发射中心，成功地用自行研制的“长征二号丙”改进型运载火箭，将两颗“铱星”送入太空。此次发射是长征系列运载火箭的第五十七次飞行，也是长征系列运载火箭自1996年10月以来，连续第十五次取得发射成功。

这次发射的两颗“铱星”，是铱系统的补网星。中国航天界在参加这种世界多个国家和地区合作的全球卫星个人通信系统的“铱星”发射中，已连续取得了三次组网、三次补网发射的成功。

中国政法大学刑事法律研究中心主办的有组织犯罪国际研讨会在北京召开

6月13日

国家计委副主任王春正就完善政策措施继续深化粮食流通体制改革问题答记者问

国家发展计划委员会副主任王春正近日就完善政策措施、继续深化粮食流通体制改革的问题，向记者发表了谈话。

记者：粮食流通体制改革进展如何？为什么要进一步采取措施推进粮食流通体制改革？

王春正：去年5月国务院发布实施《关于进一步深化粮食流通体制改革的决定》以来，各地区、各有关部门坚持以落实按保护价敞开收购农民余粮、粮食收储企业实行顺价销售、粮食收购资金封闭运行“三项政策”和加快国有粮食企业自身改革为重点，积极推进粮食流通体制改革，取得了显著成效。各地加强了对粮食工作的领导，大部分粮食购销企业做到了按保护价敞开收购农民的余粮，粮食收购市场秩序明显好转，粮食顺价销售政策逐步得到贯彻，国有粮食购销企业开始扭转大量亏损的局面，粮食收购资金基本实现了封闭运行，国有粮食购销企业自身改革也取得了一定进展。粮食流通体制改革的不断推进，有效地保护了农民的利益，避免了粮食生产的大起大落，对于促进国民经济的持续稳定增长和社会稳定，发挥了非常重要的作用。

但是，目前粮食流通体制改革中还存在一些突出的问题。一是按照保护价收购的范围偏大。不分品种和质量，不考虑市场需求，一律按保护价敞开收购，而且品种质量差价过小，不利于引导农民面向市场需求调整生产结构、发展优质粮食生产。二是粮食库存过大，国有粮食购销企业亏损仍有发生，潜亏问题相当突出。三是粮食补贴大量增加，财政负担过重。同时粮食超储补贴办法不尽合理，不利于促进企业积极销售粮食。另外，有的地方粮食收购市场没有完全管住，国有粮食企业自身改革仍然滞后。

上述这些问题，既有改革措施没有完全到位的原因，也有粮食生产和流通形势发生新变化的情况。随着近几年粮食生产的连续丰收，粮食供求已由长期短缺变成总量大体平衡、丰年有余。但供求结构矛盾突出，粮食生产的品种、质量不适应消费需求的变化。如北方部分地区的春小麦、南方早籼稻，质量较差，销路不好，大量积压，而专用小麦等优质粮食品种却相对不足。因此，粮食流通体制改革必须适应这一新形势，在坚持实行“三项政策、一项改革”的基础上，进一步完善相关政策，充分利用经济杠杆促进粮食生产结构的调整，把粮食的品种、质量和效益提高到一个新水平。

记者：今年将采取哪些完善粮食流通体制改革的政策措施？

王春正：为了有效地解决当前粮食生产和流通中存在的主要问题，形成促进粮食生产结构调整的动力和机制，促进企业顺价销售，减少亏损，减轻国家财政负担，这次出台了以下主要措施：第一，适当调整按保护价收购的范围。对一些质量差、不适合市场需要的粮食品种，如东北春小麦和南方早籼稻、长江以南的小麦等，从明年起，退出保护价收购范围。考虑到这些品种已经种植的实际情况，今年先采取调低保护价的办法进行收购。第二，完善粮食收购价格政策，根据市场需求和粮食的品质进一步拉开品质差价，实行按质论价，优质优价。第三，改进和完善粮食的财政补贴办法。通过财政补贴运作机制的调整，促进地方和粮食购销企业提高销售粮食的积极性。第四，为了促进粮食产业化经营的发展，经省级政府批准，大型农业产业化龙头企业和大型饲料生产企业，可以和农民直接签订自用粮包括优质粮的产销合同，按合同收购农民的粮食。另外，国务院还要求各地加快国有粮食企业改革步伐，加强粮食收购市场管理，并抓紧做好陈化劣变粮处理工作。

记者：这些改革的政策措施出台后，对我国农业和粮食生产将产生怎样的影响，具有哪些意义？

王春正：这次粮食流通体制改革政策措施的调整和完善，是党中央、国务院正确分析当前农业和粮食形势后做出的重要决策，必将对我国粮食生产产生深刻影响，对农业和农村经济的健康发展具有十分重要的意义。一是有利于增强农民市场意识，使农民意识到粮食价格是由市场供求决定的，从而以市场为导向发展粮食生产，减少生产的盲目性。二是促使农业生产由数量型向质量效益型转变。一方面，通过优化生产结构，保证农民收入持续、稳定增长；另一方面，通过生产结构调整，促进粮食销售，并提高在国际市场上的竞争力，使粮食生产在新的基础上达到一个新的水平。三是将会有力推动农业产业化和规模化发展。允许大型农业产业化龙头企业和大型饲料生产企业经过省级政府批准，按合同收购农民的粮食尤其是优质粮食，通过这些企业为农民提供产前、产中、产后的服务，逐步形成产供销一条龙、贸工农一体化的生产经营方式。另外，粮食结构的调整，优质粮食的发展，将为农业科技的发展提供广阔的市场和有力的推动作用。因此，今年推出的粮食流通体制改革的政策措施，对我国粮食生产具有重大意义，必将产生积极而深远的影响。

记者：新的措施出台后，是否还要继续坚持“三项政策、一项改革”？

王春正：一年多的改革实践充分证明，以“三项政策、一项改革”为重点的粮食流通体制改革，符合我国国情和发展社会主义市场经济的要求，是完全正确的，行之有效的，必须坚定不移地贯彻执行。这次出台的政策措施，正是在坚持“三项政策、一项改革”的基础上，针对当前粮食生产和流通中出现的新情况、新问题，对相关配套政策的进一步完善与补充，用经济手段促进粮食生产结构调整，促进粮食购销企业顺价销售。在政策取向上，与“三项政策、一项改革”是完全一致的。今后，对于在保护价范围内的粮食仍要继续实行敞开收购，粮食购销企业还要坚持顺价销售的原则，收购资金仍要实行封闭运行，国有粮食企业改革更要抓紧抓好。

记者：今年粮食收购政策的调整完善和收购价格的安排会对农民收入产生什么影响？

王春正：从总体上来说，这次政策的调整和完善不会对农民收入产生大的影响，但确实会对部分农民的种粮收入产生一定的影响。主要是，今年调低东北等地的春小麦和南方早籼稻以及江南小麦的收购保护价，这些地区农民的种粮收入会受到一定影响。但是，我们应充分认识到，及时调整完善粮食收购和价格政策，是符合市场经济规律要求的，是为了引导农民生产优质、适销、价值高的粮食品种，只有这样，才能提高粮食生产效益，增加农民种粮收入，这也是符合农民长远利益的。如果不这样调整，粮食收购和销售的困难还将继续加剧，农民利益最终还是无法得到保护。

记者：部分粮食品种退出保护价收购范围和允许大型农业产业化龙头企业、大型饲料生产企业直接收购农民粮食，将会对粮食收购市场管理产生什么影响？是否意味着市场管理会有一些松动呢？

王春正：管好粮食收购市场，既是国有粮食购销企业敞开收购的重要保证，也是实现顺价销售的关键措施，对于增强国家调控能力、确保粮食市场稳定至关重要。国务院在出台新措施的同时，特别强调要继续加强对粮食收购市场的管理，工商行政管理部门要继续加大工作力度，严厉查处私商粮贩和未经批准收购粮食的加工企业违法收购粮食的行为，坚决取缔无照经营。今年允许大型农业产业化龙头企业、大型饲料生产企业经省级政府批准后，可以按合同收购农民的粮食，也要在工商行政管理、粮食部门严格监管下进行，而且，这些企业必须与农民签订产销合同，收购的粮食只限于自用，不得倒卖，这并不意味着放松对粮食收购市场的管理。当然，这样会给粮食收购市场的管理增加一些难度，这就要求有关部门加大工作力度，维护好收购市场秩序。

记者：当前粮食库存较多，国家财政和粮食购销企业压力都很大，这次出台的政策措施在促进购销企业加快顺价销售方面有哪些举措？

王春正：做好粮食顺价销售工作，是保证粮食购销企业扭亏增盈和减轻国家财政压力的主要途径，也是保证粮食流通体制改革成功的关键。为了进一步促进粮食购销企业顺价销售，这次推出了以下几项措施：一是在实行中央对地方粮食风险基金补助包干办法的同时，明确要求各地要调整和完善对粮食购销企业的超储费用补贴办法，制定鼓励粮食销售的具体措施，以加强地方政府对粮食工作的责任，改变部分购销企业不积极销售的状况。二是给予一定的税收优惠政策。对国有粮食购销企业销售的粮食，以及其他国有粮食企业销售的军粮、救灾救济粮、水库移民口粮，免征增值税，以降低粮食企业的成本。三是农业发展银行对粮食购销企业随行就市收购的粮食，按实际收购价格和必要的收购费用保证贷款供应，对粮食购销企业的展期贷款，按照人民银行的规定执行当期利率。这也为粮食购销企业顺价销售创造了有利条件。另外，加快粮食购销企业的改革，也会降低企业经营费用，增强企业的市场竞争能力，促进粮食顺价销售。

1999 年反假币宣传周活动在全国范围内拉开序幕

国务院反假货币工作联席会议办公室负责人介绍了有关情况。

他说，在我国经济发展、社会稳定的同时，当前制贩假币犯罪活动也比较严重。制贩假币犯罪活动扰乱了正常的经济、金融和社会秩序，损害了人民群众的切身利益，破坏了人民币的良好信誉。为此，国务院反假货币工作联席会议决定在全国范围内开展“’99 反假币宣传周”活动，目的是通过宣传国家反假货币的方针、政策、法律、法规和反假货币的常识，唤起全社会的反假货币意识，提高人民群众的识假、防假能力，有效地打击和遏制假币犯罪活动。

他指出，1995 年 3 月八届全国人大三次会议通过了《中华人民共和国中国人民银行法》，明确规定了禁止伪造、变造人民币；禁止出售、购买伪造、变造的人民币；禁止运输、持有、使用伪造、变造的人民币；禁止故意毁损人民币；禁止在宣传品、出版物或者其他商品上非法使用人民币图样。1997 年 10 月 1 日重新修订实施的《刑法》第 170 条、171 条、172 条、173 条，分别对伪造、变造货币，出售、购买伪造的货币或者明知是伪造的货币而运输、持有、使用的行为，作出了严厉的处罚规定，还对伪造货币数额特别巨大、情节特别严重的犯罪分子作出了死刑处罚决定。为了维护国家正常的经济、金融秩序，防范和化解金融风险，必须依法严厉打击制贩假币犯罪活动，切实抓好反假货币工作。

中共中央国务院关于深化教育改革全面推进素质教育的决定

当今世界，科学技术突飞猛进，知识经济已见端倪，国力竞争日趋激烈。教育在综合国力的形成中处于基础地位，国力的强弱越来越取决于劳动者的素质，取决于各类人才的质量和数量，这对于培养和造就我国二十一世纪的一代新人提出了更加迫切的要求。我国正处在建立社会主义市场经济体制和实现现代化建设战略目标的关键时期。新中国成立 50 年来特别是改革开放以来，教育事业的改革与发展取得了令人瞩目的巨大成就。但面对新的形势，由于主观和客观等方面的原因，我们的教育观念、教育体制、教育结构、人才培养模式、教育内容和教学方法相对滞后，影响了青少年的全面发展，不能适应提高国民素质的需要。全党、全社会必须从我国社会主义事业兴旺发达和中华民族伟大复兴的大局出发，以邓小平理论为指导，全面贯彻落实党的十五大精神，深化教育改革，全面推进素质教育，构建一个充满生机的有中国特色社会主义教育体系，为实施科教兴国战略奠定坚实的人才和知识基础。

一、全面推进素质教育，培养适应二十一世纪现代化建设需要的社会主义新人

1. 实施素质教育，就是全面贯彻党的教育方针，以提高国民素质为根本宗旨，以培养学生的创新精神和实践能力为重点，造就“有理想、有道德、有文化、有纪律”的、德智体美等全面发展的社会主义事业建设者和接班人。

全面推进素质教育，要面向现代化、面向世界、面向未来，使受教育者坚持学习科学文化与加强思想修养的统一，坚持学习书本知识与投身社会实践的统一，坚持实现自身价值与服务祖国人民的统一，坚持树立远大理想与进行艰苦奋斗的统一。全面推进素质教育，要坚持面向全体学生，为学生的全面发展创造相应的条件，依法保障适龄儿童和青少年学习的基本权利，尊重学生身心发展特点和教育规律，使学生生动活泼、积极主动地得到发展。

2. 实施素质教育应当贯穿于幼儿教育、中小学教

育、职业教育、成人教育、高等教育等各级各类教育，应当贯穿于学校教育、家庭教育和社会教育等各个方面。在不同阶段和不同方面应当有不同的内容和重点，相互配合，全面推进。在不同地区还应体现地区特点，尤其是少数民族地区的特点。

实施素质教育，必须把德育、智育、体育、美育等有机地统一在教育活动的各个环节中。学校教育不仅要抓好智育，更要重视德育，还要加强体育、美育、劳动技术教育和社会实践，使诸方面教育相互渗透、协调发展，促进学生的全面发展和健康成长。

3. 各级各类学校必须更加重视德育工作，以马克思列宁主义、毛泽东思想和邓小平理论为指导，按照德育总体目标和学生成长规律，确定不同学龄阶段的德育内容和要求，在培养学生的思想品德和行为规范方面，要形成一定的目标递进层次。要加强辩证唯物主义和历史唯物主义教育，使学生树立科学的世界观和人生观。要有针对性地开展爱国主义、集体主义和社会主义教育，中华民族优秀文化传统和革命传统教育，理想、伦理道德以及文明习惯养成教育，中国近现代史、基本国情、国内外形势教育和民主法制教育。把发扬中华民族优良传统同积极学习世界上一切优秀文明成果结合起来。高等学校要进一步加强邓小平理论"进教材、进课堂、进学生头脑"工作。职业学校要加强职业道德教育。

进一步改进德育工作的方式方法，寓德育于各学科教学之中，加强学校德育与学生生活和社会实践的联系，讲究实际效果，克服形式主义倾向。针对新形势下青少年成长的特点，加强学生的心理健康教育，培养学生坚韧不拔的意志、艰苦奋斗的精神，增强青少年适应社会生活的能力。加强民族团结教育，规范国防教育，提高学生的国家安全意识，继续搞好军训工作并使之制度化。加强校园的精神文明建设，严禁一切封建迷信和其他有害于学生身心健康的活动及物品传入校园。加强共青团、少先队和学生会工作，在培养和提高学生素质方面发挥更大的作用。社会各方面要为青少年提供优秀的精神文化产品和德育活动基地，形成学校、家庭和社会共同参与德育工作的新格局。

4. 智育工作要转变教育观念，改革人才培养模式，积极实行启发式和讨论式教学，激发学生独立思考和创新的意识，切实提高教学质量。要让学生感受、理解知识产生和发展的过程，培养学生的科学精神和创新思维习惯，重视培养学生收集处理信息的能力、获取新知识的能力、分析和解决问题的能力、语言文字表达能力以及团结协作和社会活动的能力。

高等教育要重视培养大学生的创新能力、实践能力和创业精神，普遍提高大学生的人文素养和科学素质。职业教育和成人教育要使学生在掌握必需的文化知识的同时，具有熟练的职业技能和适应职业变化的能力。减轻中小学生课业负担已成为推行素质教育中刻不容缓的问题，要切实认真加以解决。各级政府都要建立、健全减轻学生课业负担的监督检查机制。要重视婴幼儿的身体发育和智力开发，普及婴幼儿早期教育的科学知识和方法。

5. 健康体魄是青少年为祖国和人民服务的基本前提，是中华民族旺盛生命力的体现。学校教育要树立健康第一的指导思想，切实加强体育工作，使学生掌握基本的运动技能，养成坚持锻炼身体的良好习惯。确保学生体育课程和课外体育活动时间，不准挤占体育活动时间和场所。举办多种多样的群体性体育活动，培养学生的竞争意识、合作精神和坚强毅力。地方各级人民政府要统筹规划，为学校开展体育活动提供必要条件。培养学生的良好卫生习惯，了解科学营养知识。根据农村的实际条件和需要，有针对性地加强农村学校的体育和卫生工作。

6. 美育不仅能陶冶情操、提高素养，而且有助于开发智力，对于促进学生全面发展具有不可替代的作用。要尽快改变学校美育工作薄弱的状况，将美育融入学校教育全过程。中小学要加强音乐、美术课堂教学，高等学校应要求学生选修一定学时的包括艺术在内的人文学科课程。开展丰富多彩的课外文化艺术活动，增强学生的美感体验，培养学生欣赏美和创造美的能力。地方各级人民政府和各有关部门要为学校美育工作创造条件，继续完善文化经济政策，各类文化场所（博物馆、科技馆、文化馆、纪念馆等）要向学生免费或优惠开放，鼓励文化艺术团体到学校演出高雅健康的节目。农村中小学也要充分利用当地文化资源，因地制宜地开展美育活动。

7. 教育与生产劳动相结合是培养全面发展人才的重要途径。各级各类学校要从实际出发，加强和改进对学生的生产劳动和实践教育，使其接触自然、了解社会，培养热爱劳动的习惯和艰苦奋斗的精神。建立青少年参与社区服务和社区建设的制度。中小学要鼓励学生积极参加形式多样的课外实践活动，培养动手能力；职业学校要实行产教结合，鼓励学生在实践中掌握职业技能；高等学校要加强社会实践，组织学生参加科学研究、技术开发和推广活动以及社会服务活动。利用假期组织志愿者到城乡支工、支农、支医和支教。社会各方面要为学校开展生产劳动、科技活动和其他社会实践活动提供必要的条件，同时要加强学生校外劳动和社会实践基地的建设。

二、深化教育改革，为实施素质教育创造条件

8. 基本普及九年义务教育和基本扫除青壮年文盲

(简称“两基”),是全面推进素质教育的基础。地方各级人民政府要继续将“两基”作为教育工作的“重中之重”,确保2000年“两基”目标的实现和达标后的巩固与提高。各地要从实际出发,改造薄弱学校,提高义务教育阶段的整体办学水平。2000年后要继续实施“国家贫困地区义务教育工程”,加大对贫困地区和少数民族地区的扶持力度,继续加强发达地区对少数民族贫困地区的教育对口支援工作,切实解决农村初中辍学率偏高的问题,同时大力提高义务教育阶段残疾儿童少年的入学率。

9. 调整现有教育体系结构,扩大高中阶段教育和高等教育的规模,拓宽人才成长的道路,减缓升学压力。通过多种形式积极发展高等教育,到2010年,我国同龄人口的高等教育入学率要从现在的9%提高到15%左右。要在确保“两基”的前提下,积极发展包括普通教育和职业教育在内的高中阶段教育,为初中毕业生提供多种形式的学习机会。在城市和经济发达地区要有步骤地普及高中阶段教育。

高等职业教育是高等教育的重要组成部分。要大力发展高等职业教育,培养一大批具有必要的理论知识和较强实践能力,生产、建设、管理、服务第一线和农村急需的专门人才。现有的职业大学、独立设置的成人高校和部分高等专科学校要通过改革、改组和改制,逐步调整为职业技术学院(或职业学院)。支持本科高等学校举办或与企业合作举办职业技术学院(或职业学院)。省、自治区、直辖市人民政府在对当地教育资源的统筹下,可以举办综合性、社区性的职业技术学院(或职业学院)。

10. 构建与社会主义市场经济体制和教育内在规律相适应、不同类型教育相互沟通相互衔接的教育体制,为学校毕业生提供继续学习深造的机会。职业技术学院(或职业学院)可采取多种方式招收普通高中毕业生和中等职业学校毕业生。职业技术学院(或职业学院)毕业生经过一定选拔程序可以进入本科高等学校继续学习。高等学校和中等职业学校要创造条件实行弹性的学习制度,放宽招生和入学的年龄限制,允许分阶段完成学业。大力发展现代远程教育、职业资格证书教育和其他继续教育。完善自学考试制度,形成社会化、开放式的教育网络,为适应多层次、多形式的教育需求开辟更为广阔的途径,逐渐完善终身学习体系。

11. 进一步简政放权,加大省级人民政府发展和管理本地区教育的权力以及统筹力度,促进教育与当地经济社会发展紧密结合。今后3年,继续按照“共建、调整、合作、合并”的方式,基本完成高等教育管理体制和布局结构的调整,形成中央和省级人民政府两级管理、以省级人民政府管理为主的新体制,合理配置教育资源,提高教育质量和办学效益。经国务院授权,把发展高等职业教育和大部分高等专科教育的权力以及责任交给省级人民政府,省级人民政府依法管理职业技术学院(或职业学院)和高等专科学校。高等职业教育(包括高等专科学校)的招生计划改由省级人民政府制定,其招生考试事宜由省级人民政府自行确定。

继续完善基础教育主要由地方负责、分级管理的体制。根据各地实际,加大县级人民政府对教育经费、教师管理和校长任免等方面的统筹权。地方各级人民政府要加强对职业教育和成人教育的统筹。学历教育由教育行政部门负责管理。在高中及其以上教育的办学水平评估、人力资源预测和毕业生就业指导等方面,进一步发挥非政府的行业协会组织和社会中介机构的作用。

按照《中华人民共和国高等教育法》的规定,切实落实和扩大高等学校的办学自主权,增强学校适应当地经济社会发展的活力。加强对高等学校的监督和办学质量检查,逐步形成对学校办学行为和教育质量的社会监督机制以及评价体系,完善高等学校自我约束、自我管理机制。进一步扩大高等学校招生、专业设置等自主权,高等学校可以到外地合作办学。深化学校内部管理体制改革,进一步精简机构,减员增效。改革分配和奖励制度,实行多劳多得、优劳优酬。加大学校后勤改革力度,逐步剥离学校后勤系统,推动后勤工作社会化,鼓励社会力量为学校提供后勤服务,发展教育产业。

12. 进一步解放思想、转变观念,积极鼓励和支持社会力量以多种形式办学,满足人民群众日益增长的教育需求,形成以政府办学为主体、公办学校和民办学校共同发展的格局。凡符合国家有关法律法规的办学形式,均可大胆试验。在发展民办教育方面迈出更大的步伐。鼓励社会力量以各种方式举办高中阶段和高等职业教育。经国家教育行政主管部门批准,可以举办民办普通高等学校。在保证适龄儿童、少年均能就近进入公办小学和初中的前提下,可允许设立少数民办小学和初中,在这个范围内提供择校机会,但不搞“一校两制”。积极发展以社区为依托的、公办与民办相结合的幼儿教育。要因地制宜地制定优惠政策(如土地优惠使用、免征配套费等),支持社会力量办学。

各级人民政府要加强对民办教育的管理、引导和监督,国家要加快民办教育的立法,促进民办教育的健康发展。各级各类民办学校都要依法办学,不断提高办学水平。

13. 加快改革招生考试和评价制度,改变“一次考试定终身”的状况。改革高考制度是推进中小学全面实施素质教育的重要措施，按照有助于高等学校选拔人才、中小学实施素质教育和扩大高等学校办学自主权的原则，积极推进高考制度改革。进行每年举办两次高等学校招生考试的试点。高考科目设置和内容的改革应进一步突出对能力和综合素质的考查。鼓励有条件的省级人民政府进行多种形式的高考制度改革试验，扩大学校的招生自主权和考生的选择机会。逐步建立具有多种选择的、更加科学和公正的高等学校招生选拔制度。

在普及九年义务教育的地区，实行小学毕业生免试就近升学的办法。鼓励各地中小学自行组织毕业考试，采取多种形式改革高中阶段学校的招生办法，改革高中会考制度。建立符合素质教育要求的对学校、教师和学生的评价机制。地方各级人民政府不得下达升学指标，不得以升学率作为评价学校工作的标准。鼓励社会各界、家长和学生以适当方式参与对学校工作的评价。

14. 调整和改革课程体系、结构、内容，建立新的基础教育课程体系，试行国家课程、地方课程和学校课程。改变课程过分强调学科体系、脱离时代和社会发展以及学生实际的状况。抓紧建立更新教学内容的机制，加强课程的综合性和实践性，重视实验课教学，培养学生实际操作能力。要增强农村特别是贫困地区义务教育的课程、教材与当地经济社会发展的适应性。促进教材的多样化，进一步完善国家对基础教育教材的评审制度。积极推进教学改革，提高课堂教学的质量，国家和地方要奖励并推广符合素质教育要求的优秀教学成果。

职业教育要增强专业的适用性，开发和编写体现新知识、新技术、新工艺和新方法的具有职业教育特色的课程及教材。高等教育要加快课程改革和教学改革，继续调整专业结构和设置，使学生尽早地参与科技研究开发和创新活动，鼓励跨学科选修课程，培养基础扎实、知识面宽、具有创新能力的高素质专门人才。

15. 大力提高教育技术手段的现代化水平和教育信息化程度。国家支持建设以中国教育科研网和卫星视频系统为基础的现代远程教育网络，加强经济实用型终端平台系统和校园网络或局域网络的建设，充分利用现有资源和各种音像手段，继续搞好多样化的电化教育和计算机辅助教学。在高中阶段的学校和有条件的初中、小学普及计算机操作和信息技术教育，使教育科研网络进入全部高等学校和骨干中等职业学校，逐步进入中小学。采取有效措施，大力开发优秀的教育教学软件。运用现代远程教育网络为社会成员提供终身学习的机会，为农村和边远地区提供适合当地需要的教育。

16. 努力改变教育与经济、科技相脱节的状况，促进教育和经济、科技的密切结合。高等教育实施素质教育，要加强产学研结合，大力推进高等学校和产业界以及科研院所的合作，鼓励有条件的高等学校建立科技企业，企业在高等学校建立研究机构，高等学校在企业建立实习基地。采用多种形式，使高等学校科研机构进入企业，提高高等学校科技成果的转化率，加快实用科技成果向企业的转移，增强企业的技术创新能力，培育新的经济增长点。要创建若干所具有世界先进水平的一流大学和一批一流学科，在高等学校建设一批既出人才又出成果的基础研究和应用研究基地，为国家创新体系建设和现代化建设作出贡献。继续推进城市教育综合改革。职业教育和成人教育要通过多种方式，为加快提高劳动者素质，为转岗、分流、下岗职工再就业提供教育和培训。

进一步推进农科教结合，全面推进农村教育综合改革，促进农村普通教育、成人教育和职业教育的统筹协调发展，使农村教育切实转变到主要为农村经济和社会发展服务上来。要把文化知识教育和扫除青壮年文盲与实用生产技术培训结合起来，与农民脱贫致富结合起来。要采取灵活多样的教育培训形式，抓紧培养一大批农村急需的实用技术推广人才、乡镇企业管理人才和医疗卫生人才。

三、优化结构，建设全面推进素质教育的高质量的教师队伍

17. 建设高质量的教师队伍，是全面推进素质教育的基本保证。教师要热爱党，热爱社会主义祖国，忠诚于人民的教育事业；要树立正确的教育观、质量观和人才观，增强实施素质教育的自觉性；要不断提高思想政治素质和业务素质，教书育人，为人师表，敬业爱生；要有宽广厚实的业务知识和终身学习的自觉性，掌握必要的现代教育技术手段；要遵循教育规律，积极参与教学科研，在工作中勇于探索创新；要与学生平等相处，尊重学生人格，因材施教，保护学生的合法权益。

18. 把提高教师实施素质教育的能力和水平作为师资培养、培训的重点。加强和改革师范教育，大力提高师资培养质量。调整师范学校的层次和布局，鼓励综合性高等学校和非师范类高等学校参与培养、培训中小学教师的工作，探索在有条件的综合性高等学校中试办师范学院。2010 年前后，具备条件的地区力争使小学和初中阶段教育的专任教师的学历分别提升到专科和本科层次，经济发达地区高中阶段教育的专任教师和校长中获硕士学位者应达到一定比例。提高高等学校教师中具有博士学位教师的比例。

开展以培训全体教师为目标、骨干教师为重点的继续教育，使中小学教师的整体素质明显提高。中小

学专任教师以及师范学校在校生都要接受计算机基础知识和技能培训。注意吸收企业优秀工程技术和管理人员到职业学校任教，加快建设兼有教师资格和其他专业技术职务的“双师型”教师队伍。地方各级人民政府要多渠道筹资设立骨干教师专项资金，在大中小学培养一批高水平的学科带头人和有较大影响的教书育人专家，造就一支符合时代要求、能发挥示范作用的骨干教师队伍。

19. 建立优化教师队伍的有效机制，提高教师队伍的整体素质。全面实施教师资格制度，开展面向社会认定教师资格工作，拓宽教师来源渠道，引入竞争机制，完善教师职务聘任制，提高教育质量和办学效益。中小学根据学校编制聘用教师，可面向社会公开招聘，经县以上教育行政部门审批；高等学校依法自主聘任教师，吸引优秀人才从教。继续关心和改善教师的工作条件和生活待遇。

加强编制管理，精减富余人员，富余人员原则上在教育系统内部进行培训和安排。各地要认真做好各级各类学校转岗教师的管理服务工作，进一步建立和完善人才流动的社会化服务体系，搞好人才供求信息的收集和发布工作，开展转岗前职业培训，协调和促进教师的合理流动。地方各级人民政府的人事、劳动和社会保障、财政部门要提供必要的政策指导和经费支持。

20. 合理配置教师资源。各地要制定政策，鼓励大中城市骨干教师到基础薄弱学校任教或兼职，中小城市(镇)学校教师以各种方式到农村缺编学校任教，加强农村与薄弱学校教师队伍建设。城镇中小学教师原则上要有 ·年以上在薄弱学校或农村学校任教经历，才可聘为高级教师职务。采取优惠政策，吸引和鼓励教师到经济不发达地区、边远地区和少数民族地区任教。经济发达地区和城市也要采取多种形式，帮助少数民族地区和农村提高教师队伍水平。

21. 努力造就能够带领广大教师和教育工作者积极实施素质教育的学校领导以及管理干部队伍。学校校长在推进素质教育中具有特殊作用，要率先转变教育观念，把领导教职工创造性地实施素质教育作为重要职责。要继续巩固和完善中小学校长岗位培训和持证上岗制度，试行校长职级制，逐步完善校长选拔和任用制度，鼓励优秀校长到薄弱学校任职。对于富余的学校管理人员要转岗分流。

四、加强领导，全党、全社会共同努力开创素质教育的新局面

22. 全面推进素质教育，必须切实加强党和政府的领导。邓小平同志指出：“我们要千方百计，在别的方面忍耐一些，甚至于牺牲一点速度，把教育问题解决好。”各级党委和人民政府要切实落实教育优先发展的战略地位。全面推进素质教育是党和政府的重要职责，各级领导干部要转变观念，充分认识素质教育的重要性和紧迫性，把思想统一到中央的决定上来，认真贯彻落实。建立自上而下的素质教育评估检查体系，逐级考核省、市、县、乡各级党委和政府及其主要领导干部抓素质教育工作的情况。各级党委和政府及其有关部门要通力协作，为实施素质教育创造良好的政策环境，注意研究新情况和新问题，鼓励大胆实践，尊重群众的首创精神。重视和加强教育科学研究，提高政府决策和管理的科学性。

23. 全面推进素质教育，根本上要靠法治、靠制度保障。各级人民政府和各部门要切实做到依法行政，保证教育方针的全面贯彻执行。各级党政领导和广大教育工作者要深入进行教育法律、法规的学习、宣传活动，提高法律意识，严格履行保护少年儿童和学生身心健康发展的法律职责，坚决制止侵犯学生合法权益的行为，抵制妨碍学生健康成长的各种社会不良影响。各地要依法保障教师的合法权益，不得拖欠教师工资。要整治校园内部和周边环境，维护学校正常秩序。

继续完善国家教育立法，加大教育执法力度，加强教育法制机构和队伍建设，完善教育行政执法监督机制。制定有关素质教育的制度和法规，逐步实现素质教育制度化、法制化。

进一步健全教育督导机构，完善教育督导制度，在继续进行“两基”督导检查的同时，把保障实施素质教育作为教育督导工作的重要任务。

24. 努力采取有效措施，切实加大教育投入，逐步实现国家财政性教育经费支出占国民生产总值4%的目标。各级人民政府必须按照《中华人民共和国教育法》的规定，确保教育经费有较大增长。中央决定，自1998年起至2002年的5年中，提高中央本级财政支出中教育经费所占的比例，每年提高1个百分点。各省、自治区、直辖市人民政府也要根据本地实际，增加本级财政中教育经费的支出。要进一步依法加强城乡教育费附加的征收和管理，农村教育费附加实行乡征、县管、乡用，确保完全用于教育。

进一步完善教育经费拨款办法，充分发挥教育拨款在宏观调控中的作用，不断提高教育经费的使用效益。政府的教育拨款主要用于保证普及义务教育和承担普通高等教育的大部分经费。地方各级人民政府要确保义务教育的资金投入并做到专款专用。在非义务教育阶段，要适当增加学费在培养成本中的比例，逐步建立符合社会主义市场经济体制以及政府公共财政体制的财政教育拨款政策和成本分担机制。加强教育经费的管理，严格禁止乱收费。认真组织实施教育储蓄、教育保险和助学贷款制度，完善奖学金制度。积极运

用财政、金融和税收政策，继续鼓励社会、个人和企业投资办学和捐(集)资助学，不断完善多渠道筹措教育经费的体制。

25. 社会用人制度对于实施素质教育有着重要的导向作用，改革用人制度是全面推进素质教育的当务之急。要依法抓紧制定国家职业(技能)标准，明确对各类劳动者的岗位要求，积极推行劳动预备制度，坚持实行“先培训、后上岗”的就业制度，继续改革大中专毕业生就业制度，使学生树立正确的择业观。地方政府教育部门要与人事、劳动和社会保障部门共同协调，在全社会实行学业证书、职业资格证书并重的制度。转变传统的人才观念，形成使用人才重素质、重实际能力的良好风气。

26. 全面推进素质教育，是我国教育事业的一场深刻变革，是一项事关全局、影响深远和涉及社会各方面的系统工程。要进一步加强学校党的工作，充分发挥党员在实施素质教育中的模范带头作用。要通过新闻媒体的正确舆论导向，深入动员社会各界关心、支持和投身素质教育。学校、家庭和社会要互相沟通、积极配合，共同开创素质教育工作的新局面。

要继续认真落实国务院批转的《面向二十一世纪教育振兴行动计划》。全面推进素质教育，是党中央和国务院为加快实施科教兴国战略作出的又一重大决策，各级党委和人民政府要结合本地实际情况，创造性地把素质教育落到实处，在以江泽民同志为核心的党中央的领导下，高举邓小平理论伟大旗帜，为实现社会主义现代化建设宏伟目标和中华民族伟大复兴作出更大的贡献。

军队系统学校如何落实本文件精神，由中央军委作出决定。

6月14日

国家主席江泽民在人民大会堂与中非共和国总统昂热-菲利克斯·帕塔塞举行会谈

江泽民说，1998年1月，中国和中非两国恢复了外交关系，从而翻开了两国关系史上新的一页。在短短一年多的时间里，两国在各个领域的友好合作关系得到全面恢复和发展，双边交往逐步展开，政治、经贸、卫生、教育等领域的合作已取得成果，两国人民的友谊不断加深。中方对此表示满意。江泽民对帕塔塞总统和中非政府坚持“一个中国”的立场表示赞赏。

国务院副总理李岚清在中南海紫光阁会见香港总商会理事会访京团

李岚清对以香港总商会主席董建成为团长的访京团的到来表示欢迎。李岚清说，香港回归祖国两年来，香港工商界为香港经济的发展作出了积极的努力，他对此表示赞赏，并表示对香港美好前景充满信心。李岚清还向客人介绍了内地的经济形势和改革开放的情况，并回答了客人们提出的问题。

香港总商会创立于1861年，拥有4000多家会员公司，是香港历史最悠久、规模最大的商界组织。香港总商会长期致力于推动内地与香港经贸合作和发展。此次香港总商会理事会访京团的成员除香港工商界的知名人士外，还包括多个驻港外国商会的主席。

外经贸部部长石广生、国务院港澳办副主任陈佐洱会见时在座。

国家副主席胡锦涛在人民大会堂会见由总书记叶海亚率领的加纳全国民主大会党代表团

全国人大常委会委员长李鹏在人民大会堂会见赞比亚国民议会副议长索蒙·姆维拉

中华人民共和国与中非共和国政府签署《经济技术合作协定》《关于成立经济和贸易合作混委会协定》等文件

中国研制成功基因芯片

20世纪90年代中期发展起来的高技术产物——基因芯片(又称DNA芯片、生物芯片)在我国研制成功。这种DNA芯片的诞生，表明我国在这项高技术的研究开发及应用方面取得了突破性的进展。

被列入国家“863计划”研究项目的基因芯片是由陕西超群科技股份有限公司承担的，故又称超群DNA芯片。

中宣部 教育部等四部门决定1999年暑期继续大力将开展大中专学生志愿者文化科技卫生“三下乡”活动

教育部决定扩大成人高校招生

我国成人高校今年在原计划招生90万人的基础上，再扩大招生10万人。

今年全国报考各类成人高校总人数近230万人，原计划招生数90万人。为适应现代化建设对人才的需求，满足人民群众对接受高等教育的迫切需要，今年又新增计划10万人，其中本科6万人，专科4万人。

中国红十字会在人民大会堂召开第三十七届南丁格尔奖章颁奖大会

中共中央总书记、国家主席、中国红十字会名誉会长江泽民为本届奖章的中国获得者曾熙媛、王桂英、秦力君颁奖。

中办国办信访局负责人接待部分“法轮功”上访人员

中办、国办信访局负责人近日接待部分“法轮功”上访人员并发表谈话。谈话要点如下：

一、连日来，一些“法轮功”练习者纷纷传言，什么“公安机关就要对练功者进行镇压了”，“党团员、干部参加练功就要开除党(团)籍和公职”，“中国准备拿出5亿美元的贸易顺差把×××引渡回国”等。这完全是无中生有、蛊惑人心的谣言。极少数别有用心的人制造这类谣言的目的，就是要煽动不明真相的“法轮功”练习者大规模聚集，挑起事端，制造混乱，破坏社会稳定。出于这种不可告人的险恶用心，他们还可能继续采用造谣惑众的伎俩，编造新的更加离奇的谣言。对于这类谣言，绝大多数“法轮功”练习者不信不传，有的还义正词严地予以揭穿和批驳。但也有少数不明真相的人盲目轻信，上当受骗。希望你们提高警惕，明辨是非，充分认清极少数唯恐天下不乱的造谣者的真实面目和险恶用心，谨防被人蒙骗利用，作出危害国家和人民利益的事来。每一个共产党员、共青团员、干部和每一个公民都应当保持清醒的头脑，不听谣、不信谣、不传谣，及时识破并彻底揭穿极少数别有用心的人的图谋，维护社会稳定。

二、党和政府对待正常练功健身活动的态度是十分明确的。今年4月25日部分“法轮功”练习者在中南海周围聚集时，我们就明确宣布了对练功健身活动的态度。后来又印发了《宣传教育提要》，进一步阐明了这一精神。我现在再次重申：对各种正常的练功健身活动，各级政府从未禁止过；人们既有相信并练习某一种功法的自由，也有不信某种功法的自由；有不同的看法、意见都是正常的，可以通过正常的渠道和方式反映；任何一种练功活动，都不应妨碍公共秩序和正常的社会生活；任何人都可以参与各种练功健身活动，但决不允许借练功、“弘法”之名宣传迷信，造谣煽动，进行扰乱社会秩序、影响社会稳定的大规模聚集活动。相信绝大多数练功者不会轻信谣传，一定会自觉维护正常的社会秩序。

三、依法治国，建设社会主义法治国家，是党的十五大提出的奋斗目标，也是全国各族人民的共同愿望。希望你们认真学习中央宣传部和司法部组织编写的《维护社会稳定法律知识问答》，自觉同破坏社会稳定的违法犯罪行为作坚决的斗争，共同维护社会主义法制的尊严。

四、全国各族人民都要珍惜来之不易的安定团结的政治局面，共同做好维护社会稳定的工作。维护安定团结的政治局面，确保改革开放和现代化建设的顺利进行，符合广大人民群众的根本利益。没有稳定的局面，什么事情也干不成。当前，我国政治、经济形势很好，改革开放顺利进行，综合国力不断增强。以美国为首的北约悍然用导弹袭击我驻南使馆后，全国各族人民同仇敌忾，万众一心，民族凝聚力空前增强。“中国不可侮”、“中国不能乱”、“中国要发展”、“中国要自强”等振奋人心的呼声震撼着长城内外，大江南北。这是12亿中国人图强自立的心声。希望你们很好认清我们国家在新时期面临的形势和任务，很好认清在当前复杂多变的国际形势下维护国家稳定的特殊重要性，要像爱护自己的眼睛那样爱护来之不易的安定团结的政治局面，把一切力量都集中到维护社会稳定、促进改革发展和中华民族的振兴上来，更加紧密地团结在以江泽民同志为核心的党中央周围，用实际行动报效祖国，振兴中华。

国务院批转水利部关于加强长江近期防洪建设若干意见

国务院近日发出通知，批转水利部关于加强长江近期防洪建设若干意见，对长江近期防洪建设作出全面规划和部署，确定采取综合措施，加快建设长江综合防洪体系。

去年发生大洪水后，党中央、国务院及时对灾后重建、整治江湖、兴修水利作出全面部署。为了贯彻落实中央的部署，水利部于1998年11月中旬开始对长江近期防洪建设中的有关问题进行调研、分析，在此基础上形成了初步意见。根据国务院领导同志的批示精神，水利部组织有关专家和部门充分论证，并征求了沿江各省、直辖市政府和国务院有关部门的意见，提出了关于加强长江近期防洪建设的若干意见。

该意见明确了长江防洪建设的防御目标和总体部署。遵照“蓄泄兼筹、以泄为主”的防洪方针，根据长江的特性及其洪水特点，针对近几年特别是去年大水暴露出来的问题，长江防洪要采取综合措施，逐步建成以堤防为基础，三峡工程为骨干，干支流水库、蓄滞洪区、河道整治相配套，结合封山植树、退耕还林、平垸行洪、退田还湖、水土保持等措施及其他非工程措施，构成长江综合防洪体系。这一体系建成后，可防御类似1954年洪水，荆江河段可以防御百年一遇洪水。如果再遇类似1998年洪水，长江中下游干流及洞庭湖、鄱阳湖的堤防可以确保安全。这样，可以使长江中下游地区防洪安全得到基本保障，为沿江两岸经济持续稳定发展创造良好的环境。

该意见提出堤防建设是长江防洪工程体系的基础。近期堤防建设以欠高堤段加高培厚、基础防渗、堤身隐患处理和穿堤建筑物及其与堤身结合部的加固为重点，根据堤防的重要性和险情严重程度，按照轻重缓急分步实施。沿江各地区当前要对水毁工程修复、堤防基础防渗处理、重要河段崩岸处理以及去年汛期依靠子堤挡水的薄弱堤段堤防的加高培厚等四个重点作出具体安排，落实到项目。

意见提出要抓紧以三峡工程为重点的干支流水库建设。充分发挥三峡工程的防洪作用，抓紧进行三峡工程各阶段的防洪调度研究。对于已建在建重点大型水库，有关部门和省要抓紧研究包括洪水调度在内的各种方法，挖掘潜力，充分发挥其防洪作用。当前特别要加强病险水库的除险加固，尽快消除隐患，充分发挥防洪效益。还要抓紧进行其他干支流水库的前期工作，逐步安排建设。

意见提出要加强河道整治。河道整治，要按照统一规划、综合治理的原则，既考虑防洪，又兼顾航运、取水以及两岸经济发展的需要，近期重点是上荆江、下荆江等 10 多个河段的河势控制和崩岸守护。还要对洞庭湖区、鄱阳湖区及其有关河段进行清淤疏浚。

意见强调要搞好生态建设，防治水土流失。按照中央有关文件精神和国务院批准的全国生态环境建设规划，认真开展以改造坡耕地为中心的长江上中游地区的生态建设，加快“坡改梯”和水土流失治理步伐，大力开展封山植树、退耕还林还草。当前特别要注意防止三峡库区交通、矿山及城镇等建设中对生态环境造成新的破坏。

意见还对落实各项非工程防洪措施提出了要求。要加强水文、气象、工情、灾情信息系统建设，完成长江防洪指挥系统建设。加强法律法规建设，依法加强河道、湖泊和蓄滞洪区的管理。加强建设管理，确保工程质量。做好基础工作，抓紧组织长江防洪规划的修订。

国务院在通知中强调，长江防洪建设关系国民经济和社会发展全局，关系人民生命财产安全。各有关地区和部门要以对国家和人民高度负责的精神，切实加强领导，尽快把各项任务落实下去。

通知要求，防洪建设要坚持统筹规划、远近结合、突出重点、分步实施、分级负责、共同负担的原则。有关部门要结合“十五”计划的制订，抓紧对各大江河、湖泊防洪建设进行总体规划，将水利建设纳入国民经济和社会发展总体规划。要抓紧制定并落实今明两年长江防洪建设计划；今明两年防洪建设要突出重点，确保重点工程、重点堤段的投入，争取早日竣工，使之在防汛抗洪中早日发挥作用。

6 月 15 日

九届全国人大常委会举行第十六次委员长会议

会议决定，九届全国人大常委会十次会议于 6 月 22 日至 28 日举行。

委员长会议建议，全国人大常委会十次会议的主要议程为：审议预防未成年人犯罪法草案、澳门特别行政区驻军法草案、公益事业捐赠法草案；审议国务院关于提请解释《香港特别行政区基本法》第二十二条第四款和第二十四条第二款第（三）项的议案；审议全国人大常委会委员长会议关于提请审议全国人大常委会关于《香港特别行政区基本法》第二十二条第四款和第二十四条第二款第（三）项的解释草案的议案；审议国家高新技术产业开发区法草案、独资企业法草案、招标投标法草案、海洋环境保护法修订草案的议案、气象法草案的议案、会计法修订草案和关于惩治违反会计法犯罪的决定草案的议案、关于惩治期货犯罪的决定草案的议案；听取和审议国务院关于 1998 年中央决算的报告，审查和批准 1998 年中央决算；听取和审议国务院关于 1998 年中央预算执行和其他财政收支情况的审计工作报告；听取全国人大常委会执法检查组关于检查大气污染防治法实施情况的报告；听取和审议国务院关于北京市大气污染防治情况的报告等。

在今天的会议上，全国人大常委会秘书长何椿霖就九届全国人大常委会十次会议议程草案和日程安排意见作了汇报。

全国人大法律委员会主任委员王维澄汇报了预防未成年人犯罪法等 6 个法律草案主要问题修改意见。全国人大法律委员会副主任委员乔晓阳就对《香港特别行政区基本法》第二十二条第四款和第二十四条第二款第（三）项进行解释的有关问题作了汇报。委员长会议决定，就对《香港特别行政区基本法》第二十二条第四款和第二十四条第二款第（三）项的解释，征询全国人大常委会香港特别行政区基本法委员会的意见。

全国人大常委会副委员长田纪云、姜春云、邹家华、王光英、程思远、布赫、吴阶平、彭珮云、何鲁丽、成克杰、丁石孙、成思危、许嘉璐、蒋正华出席会议。

全国人大常委会委员长李鹏在人民大会堂会见中非共和国总统昂热-菲利克斯·帕塔塞和夫人昂热勒·帕塔塞

国务院总理朱镕基在中南海紫光阁会见中非共和国总统昂热-菲利克斯·帕塔塞

中央文明办和国务院纠风办就深入开展文明行业创建工作联合召开全国电视电话会议

会议要求各地各有关部门要从服务经济建设中心、服务人民群众、服务改革发展稳定大局的高度，充分认识深入开展文明行业创建工作的重要性和紧迫性，深入开展优质规范服务，大力倡导文明行业新风。

中宣部常务副部长、中央文明办主任刘云山，中纪委常委、监察部副部长、国务院纠风办副主任李至伦分别在会上讲话。

会议指出，现在我国改革进入攻坚阶段，发展处在关键时期，稳定的任务相当繁重。贯彻落实中央总的工作部署，迫切要求文明行业创建活动有一个更大的发展，为深化改革、促进发展、维护稳定提供强大的精神动力和思想保证，为迎接新中国成立50周年大庆、迎接澳门回归祖国营造团结奋进、欢乐喜庆、昂扬向上的社会氛围。

刘云山在讲话中强调，深入开展创建文明行业活动，要以邓小平理论为指导，认真贯彻党的十五大精神，继续落实十四届六中全会提出的创建要求，坚持标本兼治、纠建并举的方针，深入开展优质规范服务，着力解决服务质量、行业风气方面存在的突出问题，大力倡导文明行业新风，努力促进各行各业两个文明建设协调发展，更好地为人民服务、为社会主义服务，为全党全国工作大局服务。

刘云山指出，深入开展优质规范服务，要以为人民服务、树行业新风为主题，以解决群众最关心的问题为着力点，通过规范行业行为，把职业要求制度化，把为人民服务具体化，多办好事实事，使群众得到实实在在的好处。要着力抓好与群众日常工作生活紧密相关的社会服务行业和其他行业系统的服务窗口这些重点行业和重点单位的工作，进一步密切党和政府同人民群众的联系。各行各业都要结合自身实践，制定切实可行的服务规范。要围绕实施优质规范服务，深入进行职业理想、职业道德、职业纪律和职业技能教育。要建立、健全科学规范的管理制度，不断提高管理水平，保证优质规范服务的实现。要把行业系统内部监督与外部监督紧密结合起来，使监督工作经常化、社会化。各地各行业系统主管部门要加强组织领导，采取有力措施，狠抓工作落实。

李至伦讲话时指出，深入开展优质规范服务关键在于加强领导。各级领导干部要率先垂范，带头搞好“三讲”，真正做到思想上有明显提高，工作上有明显进步，作风上有明显转变，纪律上有明显增强，并把这“四个明显”在推行规范化服务、创建文明行业活动中体现出来。要把这项工作作为落实党风廉政建设责任制的一项重要内容，加强督促、检查和指导，严格执行责任追究的规定。对违反服务规范和行业纪律，尤其是以权谋私，侵害群众利益，影响恶劣的违法违纪行为，要严肃查处，并有选择地予以曝光，以儆效尤。要把深入开展优质规范服务与加强行风建设的其他有效做法紧密结合起来，统一融入到创建文明行业的总体规划和行动之中，发挥好各种载体的作用。各级纠风办要在各级党委政府统一领导下，认真履行自己职责，与文明办等有关部门积极配合，共同做好组织协调，积极推动这项工作取得更大的成效。

中央办公厅副主任、中央文明办副主任姜异康，国务院纠风办副主任郭汝斌出席了会议。会议由中央文明办副主任胡振民主持。国家税务总局、铁道部、上海市文明委、石家庄电业局的负责同志在会上介绍了开展规范化服务的经验。中直工委、中央国家机关工委、中央金融工委和有关行业系统主管部门以及北京市的有关负责同志在主会场参加会议，各省（区、市）文明办、纠风办及有关部门的负责同志在各分会场参加会议。

全国保护和合理开发利用矿产资源现场会在浙江省湖州市召开

会议反映，为扭转我国目前矿产资源破坏和浪费严重的严峻形势，国土资源部将对全国矿产资源的开发利用进行全面规划。

为优化矿业结构，促进矿业可持续发展，国家将通过规划和政策引导，对开发总量进行宏观调控。在矿种上，根据矿产资源条件、开发利用水平和需求状况，进行分类规划；在区域上，根据国家的区域经济分区，结合矿产资源分布的具体特点，划分出7大区划，突出优势和特色。为提高我国矿产资源勘查、开发利用技术水平和管理水平，国家将加大对国内外“两种资源、两个市场”的开发利用力度，对到国外风险勘查开发矿产资源和矿产品进口提出规划意见。

国务院总理朱镕基在中南海会见印度外交部部长贾斯旺特·辛格

朱镕基说，中印是世界上两个最大的发展中国家，都是文明古国，历史上有过相似的经历和遭遇。中印共同倡导的和平共处五项原则构成发展两国关系的政治基础，而且已被国际社会公认为处理国与国之间关系的指导原则。根据这些原则，中印双方不仅互不构成威胁，而且应该睦邻友好，和平相处。

他说，去年由于众所周知的原因，中印关系受到严重伤害。我们欣慰地看到，现在两国关系开始步入改善和发展的进程。

辛格说，印度政府高度重视发展对华睦邻友好关系,印方愿在和平共处五项原则的基础上,积极推动双边关系继续恢复和改善。在当前的国际形势之下,坚持和平共处五项原则更具有十分重要的现实意义。

国家副主席胡锦涛在北京会见由葡萄牙总检察长若泽·罗德里格斯率领的葡萄牙检察代表团

国务院总理朱镕基在中南海紫光阁会见纳米比亚国防部部长埃里基·恩金蒂纳

中国蒙古举行政府间联委会会议

中华人民共和国政府和蒙古国政府间经济、贸易、科技合作委员会(简称联委会)第六次会议于15日至18日在乌兰巴托举行。双方签署了会议纪要。

外交部发言人章启月就西方媒体和西藏流亡分裂组织对中国某世行贷款项目的攻击发表评论

中国政府就近一段时间来,一些西方新闻媒体和西藏流亡分裂组织攻击中国某世行贷款扶贫项目存在"同化藏民"和"项目区涉及劳改农场"等问题并反对世行对该项目提供贷款一事进行严正批驳。

章启月在记者招待会上说,中国坚决反对这些西方新闻媒体和西藏流亡分裂组织等反华组织对世行贷款青海省移民计划"别有用心"的攻击。

章启月强调,该移民计划的实施完全是根据当地群众的自愿选择,得到了项目区包括藏族群众在内的广大群众的大力支持,项目区少数民族的合法权益也得到充分保护,根本不存在所谓"同化藏民"的问题。该项目区与劳改农场毫无关系。

据介绍,该项目是中国在青海省实施"八七"扶贫计划的一部分,旨在通过实施自愿移民计划,将青海省东部6县部分贫困人口从自然条件恶劣的、无法进行就地开发的地区搬迁到自然条件相对较好的青海省西部海西蒙古族自治州都兰县,以帮助这些地区的各族群众,包括藏族群众摆脱贫困,提高当地的经济和社会发展水平。

章启月说,中国认为,世行股东国应遵守世行章程,坚持世行促进发展中国家经济发展的宗旨,防止世行政治化倾向,并按世行程序公平地对待所有股东国。

章启月指出,世行贷款青海扶贫项目经过3年多的准备和可行性论证,完全符合世行贷款的各项标准。中国期待着世行执董会如期批准该项目。

章启月同时告诫说,中国政府对该扶贫项目给予高度重视。为尽早实施这一重要项目,中国希望世行股东国能够正确认识该项目的扶贫性质,严格遵守世行的有关政策规定,不要受一些反华组织无理取闹的影响,不要作出伤害中国人民感情和对双边关系产生负面影响的事情。

章启月最后表示,中国的扶贫事业正在深入进行,也得到了世界各国人民的理解和支持。中国欢迎国际新闻界的人士随时到青海省进行实地考察。

外交部发言人章启月在记者招待会上就美参院近日通过了"2000财年国防拨款法"及其涉台修正案以及众院即将辩论该法发表评论

章启月说,近日,美国会参院通过了"2000财年国防拨款法"及其涉台修正案,公然要求对所谓台湾海峡军力平衡差距情况及美国防部执行所谓"与台湾关系法"有关条款情况进行评估,这是对中国内政的严重干涉和对中美三个联合公报的粗暴违反。中方对此表示强烈不满和坚决反对。

章启月说:"必须指出,台湾问题纯属中国内政,任何外国无权干涉。中方要求美行政当局采取切实有效措施,阻止该修正案获得通过并成为法律。"

第3次全国教育工作会议在北京召开

中共中央、国务院召开会议。中共中央总书记、国家主席江泽民出席并讲话。

中共中央政治局常委、全国人大常委会委员长李鹏,中共中央政治局常委、国务院总理朱镕基,中共中央政治局常委、全国政协主席李瑞环,中共中央政治局常委、国家副主席胡锦涛,中共中央政治局常委、书记处书记尉健行,中共中央政治局常委、国务院副总理李岚清出席会议。会议由朱镕基主持。

江泽民在分析国际国内形势后指出,在当今世界上,综合国力的竞争,越来越表现为经济实力、国防实力和民族凝聚力的竞争。无论就其中哪一个方面实力的增强来说,教育都具有基础性的地位。改革开放20年来,我国经济建设和科技进步都取得了巨大的成就。但是,也要清醒地看到,我国经济增长方式还没有根本转变,沉重的人口负担还没有转化为人力资源的优势。我们的劳动力素质和科技创新能力不高,已经成为制约我国经济发展和国际竞争能力增强的一个主要因素。中央全面分析国际国内发展的大势,认为必须坚定不移地实施科教兴国的战略,大力提高全民族的思想道德和科学文化素质,提高知识创新和技术创新能力,密切教育与经济、科技的结合,加快实现经济增长方式和经济体制的根本转变。这是全面推进我国现代化事业的必然选择,也是中华民族自立于世界民族之林的根本保证。

江泽民说,教育是知识创新、传播和应用的主要基地,也是培育创新精神和创新人才的摇篮。无论在培养高素质的劳动者和专业人才方面，还是在提高创新能力和提供知识、技术创新成果以及增强民族凝聚力方面，教育都具有独特的重要意义。我们的各级各类教育机构，我们的全体教育工作者，对增强包括民族凝聚力在内的综合国力，承担着庄严的职责。

江泽民指出，面对当前国际国内新的形势，我们的教育思想、教育体制和结构、教育内容和方法，同社会主义现代化建设发展的需要不相适应的矛盾，已经和正在日益显露出来。各级党委和政府，整个教育战线的同志们，对教育工作中存在的问题和不足，都应保持清醒的认识。思想政治教育，在各级各类学校都要摆在重要地位，任何时候都不能放松和削弱。思想政治素质是最重要的素质。不断增强学生和群众的爱国主义、集体主义、社会主义思想，是素质教育的灵魂。

江泽民说，普及九年义务教育，满足基本学习需要和提高劳动者的整体素质，要作为教育工作的首要目标，努力提高绝大多数人的教育水准。对于不能进入高等教育行列进行学习的城乡学生和其他群众，应通过大办各级各类职业技术学校，广泛吸收他们学习和掌握一门或几门生产技术与管理、服务方面的技能。要根据需要和可能，采取多种形式积极发展高等教育，特别是社区性的高等职业教育，扩大现有普通高校和成人高校的招生规模，尽可能满足人民群众接受高等教育的要求。也可以动员社会的力量办一点民办高校，作为现有高校的补充。各级政府要为受教育者提供尽可能公平的教育机会，尤其要重视解决欠发达地区和人群的教育问题，增加对贫困地区和贫穷家庭的教育资助。特别是要高度重视发展农村教育事业，确保农村教育的投入，并不断加大投入的力度。

江泽民说，面对世界科技飞速发展的挑战，我们必须把增强民族创新能力提到关系中华民族兴衰存亡的高度来认识。教育在培育民族创新精神和培养创造性人才方面，肩负着特殊的使命。必须转变那种妨碍学生创新精神和创新能力发展的教育观念、教育模式，特别是由教师单向灌输知识，以考试分数作为衡量教育成果的唯一标准，以及过于划一呆板的教育教学制度。要下功夫造就一批真正能站在世界科学技术前沿的学术带头人和尖子人才，以带动和促进民族科技水平与创新能力的提高。这不仅是教育界的责任，也是全党全社会的战略性任务。在出人才的问题上，要鼓励和支持冒尖，鼓励和支持当领头雁，鼓励和支持一马当先，这不是提倡搞个人突出、个人英雄主义，而是合乎人才成长规律的必然要求。

江泽民说，事实已经充分说明，“象牙塔”式的教育，不能适应当今时代的需要。教育同经济、科技、社会实践越来越紧密的结合，正在成为推动科技进步和经济、社会发展的重要力量。在我国社会主义初级阶段，教育作为经济、政治、文化建设的基础工程，不仅要为现代化建设提供人才和智力储备，而且要直接参与各方面的建设事业，为推动各项建设事业作出贡献。

江泽民说，终身学习是当今社会发展的必然趋势。要逐步建立和完善有利于终身学习的教育制度。学校要进一步向社会开放，发挥学历教育、非学历教育、继续教育、职业技术培训教育等多种功能。基础教育、职业教育、成人教育和高等教育要加强相互间的衔接与沟通，为学习者提供多种多次受教育的机会。要以远程教育网络为依托，形成覆盖全国城乡的开放教育系统，为各类社会成员提供多层次、多样化的教育服务。

江泽民要求，全党同志和全国各族人民都要从实现祖国富强和民族振兴的高度，继续关心和支持我国教育的发展。他说，各级党委和政府，要将教育纳入战略发展重点和现代化建设的整体布局之中，切实把教育作为先导性、全局性、基础性的工作，摆到优先发展的战略重点地位。各级党政领导干部，都要抓好教育工作，坚持在制定经济与社会发展规划时保证教育优先的适度超前发展，坚持在安排各级财政预算时实现教育经费的三个增长，提高教育支出在财政支出中的比例，为教育优先发展提供物质保证。要经常关心和帮助解决教育工作中遇到的困难问题，建立和健全目标管理责任制，层层明确目标和责任。要建立领导干部联系学校的制度以及检查和奖惩制度。要继承中华民族的优良传统，在全社会大力弘扬尊师重教的良好风尚。要为教师多办实事，切实保障教师合法权益，努力改善教师的待遇。要大力加强教师队伍的建设，不断优化队伍结构和提高队伍素质。

江泽民指出，人才培养和青少年的成长，不仅需要各级各类学校的努力，而且需要良好的社会环境。加强社会综合治理和文化建设，坚决抵制各种封建迷信、腐朽思想文化对青少年的毒害；加强社区建设，积极创造有利于青少年健康成长的家庭、邻里和学校的环境。文化艺术部门和大众传播媒介，必须以内容健康向上、具有艺术魅力的精神产品教育青少年。总之，全党和全社会要共同努力营造文明健康的学习环境。

中共中央政治局常委、国务院副总理李岚清代表党中央、国务院作题为《深化教育改革，全面推进素质教育，为实现中华民族的伟大复兴而奋斗》的报告。报告强调，全面推进素质教育，是当前我国现代化建设的一项紧迫任务，是我国教育事业的一场深刻变革，是教育思想和人才培养模式的重大进步，必须采取重大举措加快教育的改革和发展，全党全社会要共同努力，为全面推进素质教育创造良好条件。

参加这次会议的有各省、自治区、直辖市和新疆生产建设兵团以及计划单列市党委或政府的主要负责人、教育行政部门的负责人、中央和国家机关、解放军、武警部队有关部门的负责人以及部分学校的负责人。各民主党派、工商联的负责人和教育界的老同志列席了会议。

第六届全国少数民族传统体育运动会组委会在北京正式成立

国家环保总局发布《1998 年中国环境状况公报》表明我国环境形势依然严峻

《公报》表明，我国面临的环境形势依然严峻，相当多地区环境污染状况仍然没有得到改变，有的甚至还在加剧。一些地区水土流失、荒漠化、森林和草地功能衰退等生态问题比较突出。

《公报》指出，1998 年我国政府在环境保护方面作出了很大努力，污染物排放总量控制、工业污染源达标排放和城市环境综合整治取得进展，环境保护投资显著增加。国务院发布了《全国生态环境建设规划》，启动了天然林保护工程，生态建设和保护得到重视和加强。

我国水环境面临的三个严重问题是水体污染、水资源短缺和洪涝灾害。去年废水排放总量有所减少，但水体仍处于较高的污染水平。在广大农村地区，不合理地使用化肥、农药等农用化学物质对地表水的影响日趋严重。我国主要流域(水系)的断面监测结果表明，与 1997 年相比，长江、淮河和珠江水质有所好转，黄河、海河、松花江水质变化不大，辽河水质则有所恶化。近岸海域水体有一半为三类和超三类标准的海水，环境质量总体上未见好转。

我国的大气环境污染仍然以煤烟型为主，主要污染物是二氧化硫和烟尘。去年全国二氧化硫、烟尘和工业粉尘的排放量分别比上年降低了 7.8%、7.7%和 12.2%。其中，生活来源的二氧化硫排放量比上年提高 0.6%，生活烟尘排放量比上年降低 10.1%，生活来源的污染物占总量的比重在增加。酸雨问题依然严重，以煤烟型为主的大气污染导致酸雨的覆盖面积约占国土面积的 30%，呈明显的区域性特征。工业固体废物的排放和堆存，占用了大量土地，并且对地下水及水源地造成威胁。

在城市环境方面，城市环境质量仍不容乐观。城市化进程加快、城市人口密集、机动车数量增加等都给城市环境带来巨大压力。我国绝大多数城市河段受到不同程度的污染，52%的河段污染较重。城市空气质量总体上比 1997 年有所改善，但仍处于较重的污染水平，北方城市重于南方城市。部分大、中城市出现煤烟与机动车尾气混合型污染。多数城市的噪声污染处于中等水平。垃圾围城现象仍较严重，白色污染问题突出。

6 月 16 日

国家主席江泽民致信祝贺姆贝基就任南非总统

纪念黄埔军校建校 75 周年座谈会在北京举行

为纪念黄埔军校建校 75 周年，黄埔军校同学会与来自台湾、香港及海外的黄埔军校校友、亲属隆重集会。全国人大常委会副委员长何鲁丽，全国政协副主席张克辉出席会议。

中共中央统战部副部长张廷翰出席会议并讲话。

张廷翰说，75 年前，国共两党合作创办了黄埔军校，在东征、北伐和抗日战争中，浴血奋战，为民族独立和解放建立了不朽的业绩。今天，再为维护祖国领土和主权完整统一，为振兴中华，为中华民族跻身于世界民族之林贡献力量，这是海内外黄埔同学所面临的历史使命、民族重托。

中国轻工业博览会在北京中国国际展览中心开幕

博览会由国家轻工业局主办，充分展示了新中国成立 50 年特别是改革开放二十年来我国轻工业发展成就，是一九九二年以来举办的全国最高水平的轻工业博览会，共有三百五十余家企业参展。

美国总统特使副国务卿皮克林在北京向中国政府报告美国政府对以美国为首的北约袭击中国驻南斯拉夫联盟共和国大使馆事件的调查结果

外交部部长唐家璇和副部长杨洁篪分别与美国特使进行了会见和会谈。

皮克林说，克林顿总统和美国政府就中国驻南联盟大使馆被炸事件向中国政府和人民做了道歉，美方认识到再多的解释也不能弥补死伤人员及其亲人所遭受的悲剧。此次，他奉克林顿总统之命，作为总统特使前来向中国政府报告美国政府对这一事件的正式调查结果。美方的调查表明，中国驻南联盟大使馆被炸是一起由美政府一些部门的一系列失误所导致的“悲剧性误炸”事件。美有关部门主要有三个重大失误：

第一，目标定位方面的失误。美方要打击的目标是南联盟军需供应采购局，但在查找这一目标时使用了南斯拉夫绘制于 1989 年和 1996 年以及美国国家地图局绘制于 1997 年的三幅地图。所有这些地图都没有显示南联盟军需供应采购局大楼，也没有标出中国驻南使馆的正确位置。1997 年版地图仍把中国驻南使馆标在贝尔格莱德老城区的旧址。同时，在定位过程中，美有关情报人员违反操作规定，使用美陆军野战时确定目标的方法，根据一条街道的布局和门牌号顺序来比较并推定另一条平行街道上的目标。这种方法只适用于普通的地理定位，而完全不适用于空袭的精确定位。由此，该情报人员把中国驻南使馆错误地确定为南联盟军需供应采购局。

第二，美数据库存在缺陷。尽管近几年美官员曾数次去过中国驻南使馆新址，但新地址未被输入美情报和军事部门的目标数据库。美方的这些数据库未及时得到更新，而仍把中国驻南使馆定在贝尔格莱德的老城区。因此，当有关南联盟军需供应采购局的错误目标被输入几个数据库进行核查时，美所有数据库均未能查出这一错误。美拍摄的卫星图像也没有显示出中国驻南使馆的明显标志。

第三，审查程序未能纠正上述两项失误。在对被认为是南联盟军需供应采购局这一目标进行审查时，美国及欧洲盟军各级审查机关均未查出有关的错误。在整个审查过程中，谁也没想到这一目标会是中国驻南使馆，因为中国驻南使馆与美要打击的南联盟军事机构没有任何关系，因此，也没有人向那些知道中国使馆地址的人进行过了解。

在此情况下，空袭按计划进行。格林尼治时间5月7日夜21时46分，从密苏里州怀特曼空军基地出发的一架美B-2轰炸机向中国驻南使馆这一错误目标投下5枚全球定位系统制导、全天候、各重2000磅的联合直接攻击弹药(JDAM)。由于是夜间飞行，加之飞行的速度和高度，机组无法看清中国驻南使馆的国旗及其他标志，不可能知道轰炸的是中国驻南使馆。

皮克林说，目前美中央情报局和国防部仍在继续对那些参与轰炸决策过程的有关人员进行调查。由于北约对南轰炸行动刚刚结束，这项工作迄今未完成，也未能对导致这次错误的责任问题作出结论。美内部调查尚在进行，调查结束后将决定是否对有关人员进行处分。

中方指出，5月8日，以美国为首的北约袭击了中国驻南使馆，造成中方人员重大伤亡和馆舍严重毁坏。这践踏了《联合国宪章》和国际关系基本准则，是对中国主权的粗暴侵犯。事件发生后，中国政府代表全中国人民向以美国为首的北约提出了最强烈的抗议，要求以美国为首的北约必须对此承担全部责任，公开、正式向中国政府、中国人民和中国受害者家属道歉，对此事件进行全面、彻底的调查，公布调查的详细结果，并严惩肇事者。我们注意到美国及其他一些北约国家政府和领导人就此事件向中国政府和人民作出了道歉，我们也注意到美方对此事件进行了调查。但必须指出，美方迄今对此事件发生原因所作出的解释是难以令人信服的，由此得出的“误炸”结论是中国政府和人民不能接受的。

第一，美方不可能不知道中国驻南联盟使馆的确切位置。美方说美在查找南联盟军需供应采购局时出现失误，是因为使用了南联盟1989年和1996年版以及美国家地图局1997年版没有标明中国驻南使馆正确位置的旧地图。中方难以相信美方会如此看重并深信南斯拉夫的过期地图。美方也承认，许多地图是正确标明了中国驻南使馆位置的，美方为何不用这些地图？美国家地图局也已发表题为“轰炸中国使馆”的声明，指出“最近有关国家地图局地图准确性的新闻报道是不准确的和不全面的”，因此有关该局地图导致了误炸的说法是不成立的。再者，中国驻南使馆具有独特的中国传统建筑风格，楼体正面挂有国徽，大门处挂有标牌，标志明显。南联盟军需供应采购局是一个公开机构，很多国家的外交官都去过，它与中国驻南使馆相距甚远，而且两者的建筑外观大相径庭。美国拥有各种最先进的侦察手段，不可能将中国使馆大楼同南军需供应采购局混为一谈。

第二，种种情况表明，美方完全掌握驻贝尔格莱德外国机构的总体分布情况。众所周知，美要对南联盟动武酝酿已久，早在对南联盟采取军事行动前，美方就已使用高科技手段对南全境，特别是对贝尔格莱德市进行过详细的侦照测绘。美方对位于贝尔格莱德市中心的南联盟许多目标进行过多次轰炸，但都避免击中距轰炸地点只有数十、数百米的外国驻南使馆。这说明美国对打击目标、非打击目标的情况是心中有数的。

第三，美方关于用陆军野战定位方法来确定拟进行空中打击的南联盟军需供应采购局的位置，这种说法不合乎逻辑。美方称所有其他目标都用其他更为准确的方法定位，为什么对这一美方认为的重要攻击目标却使用陆军野战定位方法定位？美方介绍的情况表明，为确定这个目标，美国内军事指挥部门、情报机构和北约方面曾长期酝酿并最终确定。如何解释美情报人员突然别出心裁，而违反美操作规定，采用这种目标定位方法？美方的解释是没有说服力的。根据中方在轰炸现场勘察，5枚炸弹分别击中中国驻南使馆建筑的不同部位，且发发命中。这证明美方对使馆的建筑结构了如指掌，事先是对使馆作过细致、准确侦察的。

第四，美方有关目标的数据库是经常更新的，对打击目标和非打击目标也有严格的区分。美方关于把中国驻南使馆误作为南联盟军需供应采购局而输入数据库的说法站不住脚。

第五，美方所谓审查程序未能纠正“情报错误”的解释令人难以置信。美方有这么多知悉中国驻南使馆和南联盟军需供应采购局位置的人员，美军事情报当局居然一个也没去了解，这是违反军事作战规律和常识的。美方历来宣称，对打击目标从侦察、判定直到最后选定，都有一套严格的审查程序。美专门的技术部门必须在没有疑点的情况下，才能确定目标的性质、能否实施打击以及如何打击，并要根据情况变化反复核实和修正。既然有如此严格的审查程序，那么为什么在每个环节都出现失误而得不到纠正？

中方强调，美国袭击中国驻南使馆，不仅是对 12.5 亿中国人民最为珍视的国家主权和尊严的侵犯，也是对生存权这一基本人权的严重侵犯，极大地伤害了中国人民的民族感情。中国人民严厉谴责、强烈抗议这一行径。中国人民的正义立场，得到了国际社会和世界人民的广泛同情、理解和支持。美国政府必须充分认识到美国袭击中国驻南联盟使馆事件的严重性，高度重视中国政府的严正立场和要求，切实进行全面、彻底的调查，严惩肇事者，以实际行动向中国政府和人民作出满意的交代。

中方指出，美国袭击中国驻南联盟使馆构成美国的国际不法行为。中方要求美国政府承担全部赔偿责任。对中国的人员伤亡和财产损失作出迅速、充分和有效的赔偿。

皮克林说，美方理解中国政府和人民对中国驻南使馆被炸的心情，认为美方完全有责任向中方报告对此事件的调查结果。美方愿解决中国人员伤亡和财产损失的问题，愿同中方就此进行讨论。他强调，克林顿总统和美国政府高度重视美中关系，将继续致力于发展两国关系。

中方表示，中国政府一贯重视改善和发展中美关系。但同时，中方对发展中美关系是讲原则的，这就是中美关系的改善和发展只能建立在国际关系的基本准则，特别是相互尊重主权和领土完整、互不干涉内政的原则之上。解铃还须系铃人。美方必须正视美国袭击中国驻南使馆事件给中美关系造成的严重后果，采取实际行动，妥善处理好这一事件，为中美关系重新回到正常轨道创造必要的条件和气氛。

国务院总理朱镕基在中南海会见保加利亚外交部部长娜德日达·米哈伊洛娃

朱镕基对保加利亚政府坚持“一个中国”的立场表示赞赏。他说，中国政府愿意同保加利亚共同努力，在相互尊重、平等互利、互不干涉内政等原则的基础上把中保友好关系全面推向二十一世纪。

科学技术部部长朱丽兰和葡萄牙科学技术部部长若泽·马里亚诺·加戈在北京签署中国葡萄牙科学技术合作联合声明

中央军委主席江泽民签署通令为中国驻南联盟大使馆武官任宝凯记一等功

中央军委会最近发布通令，给我驻南联盟大使馆武官任宝凯同志记一等功。

由中央军委主席江泽民签署的通令说，我驻南斯拉夫联盟共和国大使馆武官处正师职武官任宝凯，1944 年 9 月出生，1969 年 8 月入伍，1970 年 6 月入党，大校军衔。他在以美国为首的北约对南联盟空袭的 50 多天里，充分发挥领导干部的表率作用，不负重托，不辱使命，出色地完成了各项任务。他出生入死，忘我工作，冒着随时可能遭到轰炸的危险，穿梭于炮火纷飞的贝尔格莱德和其他地区，观察北约轰炸南联盟和南联盟军民奋起抗击的情况。他不畏艰险，勇挑重担，通过多方交涉，亲自带队完成了撤离侨民和留学人员的任务。他坚守岗位，恪尽职守，在使馆遭导弹袭击时，身负重伤，埋进废墟达 9 个小时，昏迷近两天，是我使馆伤亡人员中职务最高的。他的表现受到各级领导和人民群众的高度赞扬。

通令说，任宝凯同志的英雄行为和先进事迹，充分展示了我驻南武官人员忠于祖国、忠于人民的崇高思想，履行职责、恪尽职守的高尚品格，不畏强暴、伸张正义的凛然正气。

中国科考船启程赴太平洋考察

我国“大洋一号”船于从青岛起航，赴太平洋执行 DY95—10 航次科学考察任务。

“大洋一号”科学考察船的 DY95—10 航次任务，以富钴结壳靶区的调查、中国多金属结核开辟区环境基线调查为主要内容。科考人员主要由来自国家海洋局北海分局、国家海洋局第二海洋研究所等 10 个单位约 120 名调查队员和船员组成。

国务院副总理李岚清同出席全国教育工作会议的代表和首都高校师生代表在中国剧院观看’99 全国大学生艺术节《祖国在我心中》文艺晚会

国家主席江泽民全国人大常委会委员长李鹏分别为庆祝《光明日报》创刊 50 周年题词

《光明日报》创刊 50 周年座谈会在人民大会堂举行。中共中央政治局委员、书记处书记、中宣部部长丁关根委托中宣部副部长徐光春转达对《光明日报》创刊 50 周年的祝贺，向《光明日报》全体同志表示问候，向为《光明日报》的宣传报道和事业发展作出贡献的老同志致以敬意。丁关根说，50 年来特别是改革开放以来，《光明日报》宣传党的基本理论、基本路线和方针政策，反映社会主义两个文明建设的伟大实践，团结和激励广大知识分子为建设有中国特色社会主义事业而奋斗，取得很好的成绩。他希望《光明日报》坚持党性原则，坚持实事求是，坚持团结稳定鼓劲、正面宣传为主，介绍党的方针政策，反映人民群众意愿，促进改革发展，维护社会稳定，更好地为人民服务，为社会主义服务，为全党全国工作大局服务。

参加第二十届世界大学生运动会的中国体育代表团在北京正式成立

本届大运会共设12个项目，中国代表团将参加田径、击剑、体操、游泳、跳水、柔道、网球、篮球、排球等9个项目的比赛。中国代表团由177人组成，其中运动员124人(男55人、女69人)，教练员27人。他们分别由国家体育总局和教育部选派的来自省市、解放军和高等院校以及国家体育总局运动项目管理中心等33个单位的运动员和教练员组成。

6月17日

《人民日报》发表评论员文章《归根到底在整改——十一论以整风精神深入开展“三讲”教育》

中央纪委监察部在北京召开中央和国家机关领导干部廉洁自律工作座谈会

会议通报了前一阶段领导干部廉洁自律工作的情况。今年以来，加强党风廉政建设责任制、严禁党政机关到庐山等12个风景名胜区开会、公费出国(境)管理等工作不同程度地取得进展，总的发展势头是好的。

重庆市第一届人大常委会第十七次会议决定任命包叙定为副市长代理市长

国家主席江泽民在西安主持召开西北五省区国有企业改革和发展座谈会

江泽民在听取大家的发言后，发表讲话。

座谈会之前，江泽民和随行的吴邦国，在陕西省省委书记李建国、省长程安东和兰州军区政委温宗仁的陪同下，对陕西国有企业改革和发展问题进行了调研。他先后考察了中国标准缝纫机集团有限公司、陕西鼓风机集团有限公司、西安航空发动机集团有限公司、华圣企业集团股份有限公司，了解这些企业改革和发展的情况，并与企业的干部、群众交谈，表示慰问。

国家主席江泽民在西北五省区国有企业改革和发展座谈会上就进一步加快中西部地区发展发表讲话

现在我们正处在世纪之交，应该向全党和全国人民明确提出，必须不失时机地加快中西部地区的发展，特别是抓紧研究西部地区大开发。江泽民强调，加快开发西部地区，对于推进全国的改革和建设，对于保持党和国家的长治久安，是一个全局性的发展战略，不仅具有重大的经济意义，而且具有重大的政治和社会意义。加快中西部地区发展的条件已经基本具备，时机已经成熟。从现在起，这要作为党和国家一项重大的战略任务，摆到更加突出的位置。

逐步缩小全国各地区之间的发展差距，实现全国经济社会的协调发展，最终达到全体人民的共同富裕，是社会主义本质的要求，也是关系我国跨世纪发展全局的一个重大问题。中央对中西部地区的改革和发展是高度重视的，强调要把逐步缩小东部与中西部地区发展的差距作为一条长期坚持的重要方针，并采取了一系列政策措施，促进中西部地区的发展。在中央和其他地区的支持下，中西部地区广大干部群众自力更生，团结奋斗，改革和建设取得了很大的成就。

80年代，当改革开放和现代化建设全面展开以后，邓小平同志对全国经济的协调发展就进行过深刻的考虑。他提出了“两个大局”的思想。一个大局，就是东部沿海地区加快对外开放，使之较快地先发展起来，中西部地区要顾全这个大局。另一个大局，就是当发展到一定时期，比如本世纪末全国达到小康水平时，就要拿出更多的力量帮助中西部地区加快发展，东部沿海地区也要服从这个大局。我国地域辽阔，人口众多，生产力不发达，要在一个时期实现同步富裕、同等富裕是不现实的，必然会有的先富起来，有的后富。在发展战略布局上，必须有全盘的构想。邓小平同志的这个战略设想是，根据生产力发展水平和各方面的条件，东部地区先加快发展，然后带动和支持中西部地区发展，最终实现全国各地区共同繁荣和共同富裕。实践证明，这是完全正确的。

加快开发西部地区，是全国发展的一个大战略、大思路。改革开放以来，沿海发达地区运用自身较好的经济基础、优越的地理位置和国家支持的政策，经济和社会发展已经积累了相当的实力。现在，加快中西部地区开发的时机已经到来。中西部地区范围很大，如何加快开发，要有通盘的考虑。加快西部地区的经济发展，是保持国民经济持续快速健康发展的必然要求，也是实现我国现代化建设第三步战略目标的必然要求。西部地域广大，自然资源丰富，有巨大的发展潜力，也是一个巨大的潜在市场，加快发展西部地区可以促进各种资源的合理配置和流动，为国民经济的发展提供广阔的空间和巨大的推动力量。

由于千百年来多少次战乱、多少次自然灾害和各种人为的原因，西部地区自然环境不断恶化，特别是水资源短缺，水土流失严重，生态环境越来越恶劣，荒漠化年复一年地加剧，并不断向东推进。这不仅对西部地区，而且对其他地区的经济社会发展也带来不利的影响。改善生态环境，是西部地区的开发建设必须首先研究和解决的一个重大课题。如果不从现在起，努力使生态环境有一个明显的改善，在西部地区实现可持续发展的战略就会落空。

西部地区少数民族聚居比较集中，又地处边疆。加快西部地区的发展，对于保持西部地区政治和社会稳定、促进民族团结和保障边疆安全具有重大意义。维护民族地区的稳定，很重要的一条就是要不断加快这些地区的经济发展和社会进步。经济发展了，社会进步了，各民族共同富裕了，就会进一步巩固和发展平等、团结、互助的社会主义民族关系，就会大大增强整个中华民族的凝聚力。保持民族地区的稳定和巩固祖国边防，也就具有了更加强大的物质基础和思想政治基础。

在发展社会主义市场经济的条件下，加快开发西部地区，要有新的思路。要适应建立社会主义市场经济体制的要求和新的对外开放环境，充分考虑国内外市场需求的新变化，按客观经济规律办事。国家要加强宏观调控，研究提出符合实际的政策措施。要按照有所为、有所不为的原则，统筹安排，有计划有步骤地进行开发，防止刮风，防止"一哄而起"。在编制下一个五年计划时，要把加快开发西部地区作为一个重要方针。

加快开发西部地区，必须充分考虑各种有利和不利的因素，充分调动广大干部群众和各个方面的积极性。总的原则是：把加快西部经济社会发展同保持政治社会稳定、加强民族团结结合起来，把西部发展同实现全国第三步发展战略目标结合起来，在国家财力稳定增长的前提下，通过转移支付，逐步加大对西部地区的支持力度；在充分调动西部地区自身积极性的基础上，通过政策引导，吸引国内外资金、技术、人才等投入西部开发，有目标、分阶段地推进西部地区人口、资源、环境与经济社会的协调发展。加快开发西部地区应该是全面的，要把水资源的开发和有效利用放在突出位置。生态环境建设、普及科学教育、推广实用技术、发展特色旅游、交通通信设施建设等方面，都要统筹规划。

国家已经采取的支持西部地区发展的措施要继续落实好，包括优先安排基础设施建设项目，支持技术改造和产品结构调整，在企业增资减债、下岗分流、完善社会保障制度方面给予更多支持，加大对中西部地区财政转移支付的力度。

加快开发西部地区，是一个巨大的系统工程，也是空前艰难的历史任务。既要有紧迫感，抓紧研究方案、步骤和政策措施，又要做好长期奋斗的充分思想准备。西部各省区的广大干部群众，要抓住这个历史机遇，坚持发扬自力更生、艰苦奋斗的光荣传统，利用自己的优势，创造新的业绩。我们要下决心通过几十年乃至整个下世纪的艰苦努力，建设一个经济繁荣、社会进步、生活安定、民族团结、山河秀美的西部地区。

劳动和社会保障部国家统计局发布《1998 年劳动和社会保障事业发展年度统计公报》

日前发布的这份报告显示，1998 年全国从业人员共 69957 万人，比上年增加 357 万人。城镇从业人员 20678 万人，比上年年底增加 471 万人。在城镇 12336.5 万在岗职工中，国有单位为 8809.3 万人。到年底全国企业(西藏未作统计)下岗职工 892.1 万人，国有企业下岗职工 610 万人，国有企业下岗职工中有 603.9 万人进入再就业服务中心，有 93.2%的人领到生活费。全年有 609.1 万国有企业下岗职工实现再就业，再就业率达到 50%。1998 年年底全国城镇登记失业人员 571 万人，城镇登记失业率为 3.1%。

国办转发中国人民银行等部门关于国家助学贷款管理规定(试行)的通知

教育部公安部国家工商行政管理局关于发布《自费出国留学中介服务管理规定》的通知

6 月 18 日

十一世班禅朝拜大昭寺释迦牟尼佛像

十一世班禅额尔德尼·确吉杰布专程前往拉萨大昭寺，朝拜释迦牟尼佛像。

81 岁高龄的中国佛教协会副会长、佛协西藏分会会长波米·强巴洛珠抱病前来迎候十一世班禅并陪同朝拜。他在接受记者采访时说："十一世班禅前来朝拜释迦牟尼佛，是件非常吉祥的事情。看到十一世班禅健康成长，我非常高兴。衷心祈愿十一世班禅勤学精进，福慧双修。"波米·强巴洛珠是十世班禅转世灵童金瓶掣签仪式的掣签人、十一世班禅的剃度师和受沙弥戒的授戒师。大昭寺民管会主任格列喇嘛和大昭寺僧众表达了对十一世班禅的拥戴之情。

全国供销合作总社发出加强农资质量管理的紧急通知

中华全国供销合作总社近日发出紧急通知，要求供销社农资部门切实加强对农资经营活动的监督管理，严把质量关，保护农民利益。

通知指出，全国供销合作社农资经营部门要克服"市场责任减轻"的思想倾向，主动承担起给农民供应质优价廉农资商品的责任，稳定市场，保证供应，切实发挥供销社农资部门在农资经营中的主导作用。

通知强调，要加强对农资经营活动的监督管理。对经营者要定期进行检查，对违规经营的要进行严肃查处，对不符合要求的限期改正直至收回营业执照。同时，继续积极配合工商等有关部门，严厉打击非法经营和生产、销售假冒伪劣农资商品的行为。

通知要求各级供销社农资部门不管采取什么样的经济责任制度，都必须建立起一个有效的农资商品质量监督保证体系，实行进货前检验制度、进货信誉卡制度、销售承诺制度、质量举报制度和质量监控抽查制度，使农资商品质量管理工作制度化、规范化、法制化。对已销出有质量问题的商品，要立即追回，并负责赔偿因此给农民造成的损失。

全国公路工作会议在重庆结束

交通部副部长李居昌在会议上通报了近半年来清理整顿公路收费站点工作的进展情况。他说，自今年年初交通部作出部署后，各地根据分阶段实施的原则，按照交通部总体部署，有条不紊地展开了工作。到目前为止，湖北、北京、山西、安徽等24个省市已经完成对收费站点的调查摸底工作。当前存在的问题是：部分省市重视不够，清理整顿工作未能真正展开；少数省市在清理整顿期间仍然审批收费公路，设置公路收费站点，顶风而行；有些省市没有成立专门机构，清理整顿力度不大，工作质量不高，进度明显滞后。

中国共产党代表出席马来西亚巫统代表大会

中央军委主席江泽民签署命令组建新的中国人民解放军国防科学技术大学宣布命令暨授旗大会在长沙举行

中共中央政治局委员、中央军委副主席、国务委员兼国防部部长迟浩田在会上宣读了江泽民签署的命令，代表中央军委向新的国防科技大学授予军旗。

国务院总理朱镕基在第三次全国教育工作会议闭幕会上发表讲话

这次全国教育工作会议，从社会主义现代化建设全局和战略的高度，对我国面向新世纪的教育改革和发展作出了重要部署，具有深远的意义。各级党委和政府要认真学习和贯彻江泽民总书记在会议开幕时的重要讲话精神，贯彻和落实《中共中央、国务院关于深化教育改革全面推进素质教育的决定》，以这次会议为动力，抓住机遇，锐意进取，努力开创我国教育改革和发展的新局面。

我国教育必须有一个较大的发展。从根本上说，要加速实现国家现代化，显著增强综合国力和国际竞争力，迎接新世纪的机遇和挑战，就必须落实科教兴国战略，真正把教育放在优先发展的战略地位。从当前看，加快教育发展更具有极大的重要性和紧迫性。目前我国劳动者受教育水平普遍较低，而城乡居民对教育的需求日益旺盛。加快发展教育，既可以减缓升学压力，为素质教育创造良好环境，满足广大学生和家长对教育的需求，提高国民素质和社会文明程度，又可以扩大教育消费，拉动内需，促进经济持续增长，还可以减缓目前的就业压力。加快教育发展是有条件的。现在城乡居民教育消费意愿十分强烈，居民家庭储蓄中有相当的比例准备用于教育，现有教育资源还有很大潜力，社会力量也有办学的积极性。要在切实保证义务教育健康发展的同时，调整现有教育体系结构，扩大高中阶段教育和高等教育的规模，大力发展各级各类职业技术教育，拓宽人才成长的道路。

加快教育发展主要靠改革。关键是要进一步解放思想。一方面，要通过加快教育体制和结构改革，挖掘现有教育资源潜力，增强学校的活力与效率，充分发挥公办学校的主渠道作用。另一方面，积极鼓励和支持社会力量以多种形式办学，形成以政府办学为主体、公办学校和民办学校共同发展的格局。凡符合国家有关法律法规的办学形式，都可以大胆试验。在发展民办教育方面可以迈出更大的步伐。鼓励社会力量以各种方式举办高中阶段和高等职业教育，有条件的也可以举办民办普通高等学校。他说，发展民间办学，吸引社会各方面力量共同办教育，才能实现大国办大教育。我国是穷国办大教育，不走多种形式办学的路子，别无选择。

朱镕基说，要调整和放宽政策，支持教育加快改革和发展。例如，新建扩建学校，可以无偿提供用地，免收校舍配套费用；修建学生公寓，减轻学校宿舍负担；为广大学生特别是困难家庭子女提供贷学金，为优秀学生提供奖学金等。在加快教育改革和发展的同时，要注意防止一哄而起。要尽力而为，也要量力而行。要坚持正确的办学方向，确保办学质量。切实加强对各类学校的引导、监督和管理，抓紧建立、健全教育评估、督导、检查体系和制度。

实施科教兴国战略，加快教育发展，必须采取有效措施，切实加大教育投入，随着经济的发展，逐年增加教育经费。同时，要大力提高办学效益，提高教育经费使用效率。要进一步合理调整学校布局，优化教育资源配置。学校之间要互通有无，资源共享，学校教育设施应向社会开放。要扩大走读生比例。加快学校内部管理体制改革，逐步把后勤从学校剥离出来，实行后勤服务社会化。切实加强教育经费管理，杜绝一切铺张浪费现象。

加快教育改革和发展，需要进一步加强教师队伍建设。教师对学生的一生都有至关重要的影响。教师是人类灵魂的工程师，应当"学为人师，行为世范"。

要着力提高教师的思想政治素质，不断丰富教师的科学文化知识，提高业务水平。建立优化教师队伍的有效机制。要严格执行教师资格制度，不合格的人不能进入教师队伍。同时，实行竞争上岗制度，分流富余人员，调整不能履行岗位职责的教师。要采取多种形式，加强教师培训工作，把培训考核与评职晋级、淘汰不合格教师结合起来。继续采取有效措施改善教师的工作和生活条件，对高水平的、有突出贡献的教师要"优劳优酬"，给予特别荣誉和奖励。要建立、健全鼓励优秀青年教师增长才干和脱颖而出的机制，充分发挥广大教师教书育人的积极性和创造性。

全国高校党建工作会议在北京召开

第八次全国高等院校党的建设工作会议6月18日至19日召开。中共中央政治局常委、国务院副总理李岚清出席会议并讲话。

这次会议是高等教育战线进一步贯彻落实党的十五大提出的各项任务，贯彻落实《中共中央、国务院关于深化教育改革，全面推进素质教育的决定》、全国教育工作会议精神和《面向21世纪教育振兴行动计划》，进一步加强高等学校党的建设和思想政治工作的一次重要会议。会议由中组部、中宣部和教育部联合召开。

李岚清在讲话中说，我们必须从实现跨世纪宏伟目标，实施科教兴国的战略高度，从提高大学生的全面素质，使他们成为德、智、体、美全面发展的社会主义事业的建设者和接班人的战略高度，从战胜国内外敌对势力对我们实施"西化"、"分化"图谋的战略高度，充分认识加强高校党建和思想政治工作的重要性与紧迫性。

李岚清说，当前我国政治经济形势是好的，高校师生思想政治状况、精神面貌呈现积极向上的态势，为做好高校师生的思想政治工作奠定了良好的基础。同时也要看到，随着我国改革进入攻坚阶段，一些深层次社会矛盾进一步显现，侵蚀到我们肌体中的消极腐败现象尚有待进一步清除，再加上国内外敌对势力的干扰破坏，有些困难可能还会加重。高校内部也存在一些不利于师生思想健康发展的问题和因素。因此，必须研究新形势带来的新情况、新问题，更加重视做好师生的思想政治工作。要围绕师生普遍关心的问题，有针对性地加强形势与政策教育。各级领导要在一定时期，向他们作形势报告，帮助他们对全面形势有所了解，珍惜和维护来之不易的成果和稳定的大局。今年我们将迎来新中国成立50周年、澳门回归祖国等重大事件。要抓住这一有利时机，组织开展多种多样、丰富多彩的纪念和庆祝活动，对师生进行现实生动的爱国主义、集体主义、社会主义和邓小平理论与党的基本路线教育。

李岚清说，要把解决思想问题同为师生办实事结合起来，这也是提高思想政治工作实效的重要途径。要针对师生学习、工作和生活方面存在的突出问题，认真研究并予以切实解决。1995年以来，集中抓了教师的住房问题，对稳定教师队伍、调动高校教职工的积极性发挥了重要作用。一些破旧危漏的学生宿舍也应当抓紧维修，应结合后勤社会化，逐步改善学生宿舍的条件，把食堂办好等。他说，要进一步加强政工干部队伍建设，加强共青团、学生会、研究生会的工作。这是做好思想政治工作的重要组织保证。高校党务和思想政治工作干部同教师一样是"人类灵魂工程师"，担负着重要职责。要关心这支队伍的建设，对他们在政治上、业务上要坚持高标准，工作上严要求，生活上要多关心。要注意从优秀的大学生、研究生和青年教师中选拔一批政治和业务上都优秀的同志，充实党务和政工干部队伍，不断补充新生力量。同时要通过脱产和在职培训、进修等途径，提高党务和思想政治工作干部的思想政治素质和工作能力。

会议期间，教育部长陈至立代表中组部、中宣部和教育部党组作报告，中宣部副部长白克明作了会议总结讲话，北京市委教工委、上海市教工委、清华大学、中国人民大学、山东大学在大会上介绍加强党建工作和思想政治工作的经验。

中国奥运足球队在预选赛中获出线权

奥运会足球预选赛亚洲区第七小组的比赛在上海结束，提前出线的中国队在最后一场比赛中以2∶0击败朝鲜队，在全部六场比赛中踢进20个球，未失一球。

6月19日

中国国民党革命委员会第九届中央常务委员会第七次会议在北京举行

中共天津市委天津市人民政府作出了在全市开展向范玉恕同志学习活动的决定

天津市委、市政府的决定说，范玉恕作为天津市建工集团三建有限公司项目经理，在30多年的工作岗位上，始终坚持“老老实实做人，结结实实盖楼”的信念，努力实现“建百年工程、筑时代丰碑”的追求，在平凡的岗位上作出了不平凡的业绩。他组织完成的18项、30万平方米工程，项项都是优质工程，其中两项工程还获得国家建筑工程质量最高荣誉奖——鲁班奖，被誉为“群众信得过的建房人”。建设部作出的关于向范玉恕学习的决定，在全国建设系统掀起了学习范玉恕的高潮。

何振梁在汉城举行的第109次国际奥委会上全票当选为国际奥委会执行委员会委员

山西青年农民朱朝辉成功驾摩托车飞越黄河壶口瀑布

海南判决一起台湾间谍窃密案

海南省中级人民法院日前对一起台湾间谍窃密案进行了公开宣判，被告人熊天军以间谍罪一审判处无期徒刑，剥夺政治权利终身；另一名被告人席世国以为境外窃取、非法提供国家秘密罪判处无期徒刑，剥夺政治权利终身。

6月20日

解放军总政治部下发军队中高级干部学习规划

为进一步贯彻落实江泽民主席关于讲学习的一系列重要指示，提高军队高中级干部的科学文化素质，经中央军委批准，总政治部于近日制定下发了《军队高中级干部学习规划(1999—2002年)》。

国家计生委在大连召开东部地区人口与计划生育工作座谈会

6月21日

全国人大常委会委员长李鹏在人民大会堂会见柬埔寨王国国民议会议长诺罗敦·拉那烈亲王和诺罗敦·维吉拉公主

九届全国人大常委会举办第九次法制讲座

九届全国人大常委会委员听取关于刑法和刑事诉讼法的法制讲座。全国人大常委员委员长李鹏主持讲座并讲话。

讲座开始前，李鹏首先回顾了两部法律的制定历史。他说，1979年7月1日，五届全国人大第二次会议制定了选举法、地方各级人民代表大会和地方各级人民政府组织法、人民法院组织法、人民检察院组织法、刑法、刑事诉讼法和中外合资经营企业法七部法律。这七部法律连同在此前制定的森林法(试行)、逮捕拘留条例，是党的十一届三中全会以后，我国首批制定的法律。这些法律的制定，标志着我国立法工作排除了各种干扰，又重新得到恢复并取得重大突破，在我国社会主义民主法制建设史上具有重要的意义。这次会议制定的刑法、刑事诉讼法，结束了我国司法机关长期以来存在的惩罚犯罪无法可依的局面。我们今天举办这次法制讲座，也是对这七部法律制定20年的一个纪念。

李鹏指出，刑法是规定犯罪、刑事责任和刑事处罚的法律规范的总和，刑事诉讼法是关于刑事诉讼程序的法律。它们都是国家的基本法律，是我国社会主义法律体系的重要组成部分。刑法、刑事诉讼法担负着保卫国家安全，保卫人民民主专政的政权和社会主义制度，保护国有财产和劳动群众集体所有的财产，保护公民私人所有的财产，保护公民的人身权利、民主权利和其他权利，维护社会秩序、经济秩序，保障社会主义建设事业顺利进行的重要任务。

1979年刑法、刑事诉讼法制定以后，随着形势的发展，全国人大常委会陆续对刑法作出了22个修改补充规定和决定，在此基础上，八届全国人大第四次会议和第五次会议分别对这两部法律进行了全面修改，从而形成了比较完备的刑法典和刑事诉讼制度。

李鹏强调，社会是不断发展的，法律本身也需要适时进行修改。今后，随着社会的发展，根据新的情况和问题，总结同犯罪作斗争的新经验，借鉴国外刑事立法的有益的成果，我们还要对刑法、刑事诉讼法进行必要的修改和补充，使之更加完备，更加符合实际需要。

今天讲座的主讲人是中国人民大学教授高铭暄，他以《我国刑法和刑事诉讼制度》为题，讲了三方面的内容：刑法和刑事诉讼法的概念以及二者的相互关系、刑法的基本范畴、刑事诉讼证据及其种类。

全国人大常委会副委员长田纪云、姜春云、邹家华、王光英、程思远、布赫、铁木尔·达瓦买提、彭珮云、周光召、成克杰、曹志、丁石孙、成思危、蒋正华，秘书长何椿霖，以及全国人大各专门委员会组成人员，各省、自治区、直辖市人大常委会负责人，全国人大机关各部门负责人听取讲座。

全国政协主席李瑞环在人民大会堂会见柬埔寨王国国民议会议长诺罗敦·拉那烈亲王

李瑞环说，中柬是近邻，友好交往历史悠久。新中国成立后，中柬友谊持续发展，经受了各种考验。中国人民永远不会忘记西哈努克国王和柬埔寨政府多年来在许多重大问题上给予的支持。以江泽民为核心的中国第三代领导集体，一定会在已有的良好基础上把中柬两国各方面的友好合作关系不断推向前进。李瑞环说：柬埔寨资源丰富，气候宜人。柬埔寨人民经历长期战乱，更加珍惜和平稳定，更加渴望发展繁荣，这是一种巨大的动力。我们相信，在西哈努克国王的领导下，柬埔寨一定能够顺利实现恢复重建、发展经济、改善生活的各项目标。

拉那烈表示：柬中友好关系是两国老一辈领导人亲自缔造的，作为新一代领导人，我们有责任继续发扬光大。这次访华的目的是为了继续巩固两国和两国议会之间的友好合作关系，同时看一看中国人民在改革开放方面取得的巨大成就。

拉那烈代表柬埔寨人民对中国政府长期以来向柬埔寨提供的政治、经济方面的支持和帮助表示感谢。他说，目前柬埔寨国内政治局势日趋稳定，经济恢复工作也已走上轨道，希望柬中两国进一步加强经贸等领域的互利合作。

九届全国人大华侨委员会在北京举行九次全会

会议审议公益事业捐赠法草案，讨论了归侨侨眷权益保护法的修改情况，并听取有关报告。

委员们认为，九届全国人大华侨委员会成立以来，在侨务立法方面取得了明显成效。在一年多的时间里，与全国人大常委会法制工作委员会合作，制定了公益事业捐赠法草案，已提交全国人大常委会审议。这部法律草案保证了华侨向国内捐赠兴办公益事业的合法权益不受侵犯，肯定了侨胞们在历史和现实中为祖国、家乡兴办公益事业所起的作用，承认了我国侨务部门在协助侨胞向国内兴办公益事业捐款捐物中的作用，并对侨胞向国内捐赠物资给予减免有关税收的优惠作了规定，这是一部反映侨意，体现侨心的好法。

会上，围绕归侨侨眷权益保护法的修改情况，委员们展开讨论。与会人员认为，归侨侨眷权益保护法颁布实施近 10 年来，在保护归侨侨眷合法权益，争取侨心、发挥侨力等方面发挥了积极的作用。在讨论中，大家也感到，随着我国改革开放的深化，社会主义市场经济体制的建立和国内外侨情的变化，归侨侨眷权益保护法也应根据新时期的形势变化与发展，作适当的修改、完善和补充，这是十分必要的。

会议由全国人大华侨委员会主任委员甘子玉主持。

全国村务公开和民主管理经验交流会议在安徽省合肥市郊区召开

会议反映，去年 4 月，中共中央办公厅、国务院办公厅《关于在农村普遍实行村务公开和民主管理制度的通知》下发以来，各地结合实际，认真贯彻落实。去冬今春，各地按照十五届三中全会的要求，工作力度进一步加大，取得了突破性进展。目前，绝大多数省区市已基本推开，有 20 个省区市推行面在 90%以上。召开这次会议的目的，是通过总结交流经验，找出存在的问题，研究改进措施，把村务公开民主管理广泛深入地开展下去。

中共中央组织部副部长虞云耀在讲话中强调，发展社会主义民主政治，是我们党始终不渝的奋斗目标。实行村务公开和民主管理，是推进农村基层民主政治建设的基础，是加强农村基层民主法制建设的客观要求，是保护和调动农民积极性、维护农村稳定的有效形式，是加强和改善党对农村工作领导的题中应有之义，是加强农村基层组织建设的重要内容。他指出，各地积极推行村务公开和民主管理，开局很好，但工作发展很不平衡，质量还不高，与中央的要求和群众的愿望还有很大差距。他要求各地在今年年底前，要普遍实行村务公开和民主管理，重点是认真落实村民委员会直接选举、村民议事、村务公开三项制度，使这项工作取得新的进展。要规范公开的内容和形式，保障群众参与民主管理和民主监督的基本要求，加强有关制度建设，认真检查验收，切实提高村务公开和民主管理的质量与水平。乡村两级党组织要充分发挥领导核心作用，为搞好村务公开和民主管理提供坚强的组织保证。

各省区市和新疆生产建设兵团党委组织部的分管副部长和有关部门的负责同志出席会议。中纪委、民政部、农业部和全国基层组织建设联系会议办公室的有关负责同志也参加了会议。全国基层组织建设联系会议办公室主任刘俊林主持会议。

中共中央总书记江泽民在郑州主持召开黄河治理开发工作座谈会

中共中央政治局委员、国务院副总理、国家防汛抗旱总指挥部总指挥温家宝出席座谈会。

座谈会上，黄河水利委员会主任鄂竟平、河南省委书记马忠臣、山东省省长李春亭、济南军区司令员钱国梁先后发言，汇报了黄河治理开发和防汛工作的情况。

江泽民在听取大家的发言后发表讲话。他指出，治理开发黄河，对国家经济社会的发展，具有重大的战略意义。新中国成立以来，在党和政府的领导下，经过沿黄河地区广大干部群众和水利部门的不懈努力，黄河的防洪、水资源管理、生态环境建设取得了很大的成绩。同时，黄河治理开发也面临着一些新情况、新问题，应该引起我们的高度重视。

江泽民说，黄河是中华民族生存和发展的一个伟大摇篮。几千年来，黄河流域是我们中华民族进行文明创造的重要基地。黄河奔腾向前、百折不挠的气势，是我们民族自强不息、蓬勃向上精神的生动写照。黄河流域作为历代政治、经济、文化发展的中心地带的时间，长达3000多年。我们的先人在这里创造了灿烂的文化。从《诗经》到唐诗宋词，从《史记》到《资治通鉴》，许多不朽的辞章典籍，是在黄河地区诞生的，为中华文化增添了不朽的光彩。以"四大发明"为代表的我国古代的大量重要科技成果，充分显示了中国人民的聪明才智，而它们都与黄河地区的文明进步分不开。这些举世瞩目的科技文化成就，不仅是中华文明宝库中的瑰宝，而且对人类文明的发展作出了不可磨灭的贡献。

江泽民指出，黄河又是一条桀骜不驯、多灾多难的河流，曾被称为"中国之忧患"。关于黄河洪水灾害，史不绝书。从先秦到国民党统治时期的2500多年内，黄河下游共决溢1500多次，大的改道26次。频繁的决口改道，给两岸群众带来了深重的灾难。由于生产力发展水平和社会制度的制约，在漫长的历史时期，两岸人民盼望黄河除害兴利的美好愿望难以实现。他说，新中国成立以后，党和国家对治理开发黄河始终极为重视，把它作为国家的一件大事列入重要议事日程。黄河50年伏秋大汛岁岁安澜，这本身就是一件很了不起的事情。这充分表明，在中国共产党的正确领导下，坚持发挥社会主义制度的巨大优越性，中国人民就能够不断地创造出人间奇迹。

江泽民指出，长期以来，黄河存在着洪水威胁、水土流失和泥沙淤积等严重问题。近年来，又出现了缺水断流加剧和水污染严重等新问题，归结起来，突出的问题有三个：一、黄河洪水威胁依然是我们国家的一个心腹之患。黄河下游已成为地上悬河，下游保护区地处黄淮海大平原，人口密集，有许多重要的铁路、公路干线和城市工矿企业。目前，下游河道淤积严重还没有得到有效控制，防洪体系还不完善，不能达到防御大洪水的要求。二、水资源出现供需失衡，工农业生产、城市生活、生态环境用水之间的矛盾日益尖锐。三、黄土高原是我国水土流失最严重、生态环境最脆弱的地区之一。黄河的水污染问题也日益突出，严重影响沿黄河地区人民群众的生产和生活。这些问题如不能得到有效的遏制和治理，将会对流域经济社会发展产生严重的负面影响。

在谈到黄河的治理开发时，江泽民强调，必须深入调查，加强研究，积极探索在新形势、新情况下治理开发黄河的路子。总的原则是：黄河的治理开发要兼顾防洪、水资源合理利用和生态环境建设三个方面，把治理开发与环境保护和资源的持续利用紧密结合起来，坚持兴利除害结合，开源节流并重，防洪抗旱并举；坚持涵养水源、节约用水、防止水污染相结合；坚持以改善生态环境为根本，以节水为关键，进行综合治理；坚持从长计议，全面考虑，科学选比，周密计划，合理安排水利工程。要制定黄河治理开发的近期目标和中长期目标，全面部署，重点规划，统筹安排，分步推进，以实现经济建设与人口、资源、环境的协调发展。

关于防洪问题，江泽民说，解决黄河洪水问题，既要有紧迫感和使命感，又要充分估计它的长期性和复杂性。要在认真总结经验的基础上，制定治理方略，运用现代科学技术，建立和完善防洪安全保障体系，加强堤防建设、河道整治、水土保持、水库与滞洪区安全建设等措施。力争到下世纪中叶，基本解除洪水威胁，谋求黄河长治久安。

关于水资源问题，江泽民说，要从战略上采取措施，坚持经济效益、社会效益和生态效益的统一，保证黄河流域以及沿黄地区经济和社会不断发展对水资源的要求。缓解黄河水资源供需矛盾，必须坚持开源、节流和保护三者并重，综合运用经济的、技术的、行政的措施。当前要把节约用水作为一项紧迫的首要任务抓紧抓好。关键是要大力发展节水农业，改变大面积漫灌这种粗放式的耕作方法，实现农业的集约式发展。工业等其他事业的兴办，也要坚持贯彻节水的方针。中西部地区一些地方发展缓慢，贫困人口多，一个主要原因就是缺水。解决了水的问题，这些地方必定能够实现更快更大的发展。这对增进民族团结、巩固边防具有十分重大的意义。要加强流域水资源统一管理和保护，实行全河水量统一调度。

关于生态环境问题，江泽民说，生态环境建设是关系到黄河流域经济社会可持续发展的重大问题。必须把水土保持作为改善农业生产条件、生态环境和治理黄河的一项根本措施持之以恒地抓紧抓好。生态工程建设要同国土整治、综合开发和区域经济发展相结合。黄河上游的水土保持，是一项十分广泛而复杂的任务。要充分发挥我国社会主义制度能够集中力量办大事的优越性，调动各方面的积极因素，采取工程、生物和耕作措施，进行综合治理。

江泽民在讲话中强调，高度重视运用科学技术特别是高新技术，是搞好黄河治理开发的一个关键环节。他说，当今世界科技进步突飞猛进，我们必须把握住这个大趋势。对国际上治理开发大江大河的先进科学技术，应该积极研究，并结合实际加以借鉴和应用。黄河有自己的显著特点，因此必须按照黄河的实际情况研究和应用先进的科技手段。对黄河防洪、水资源利用、生态环境建设有重大影响的关键科技问题，要重点攻关，力争取得新的突破，为治理开发黄河提供有力的科技支撑。

江泽民说，黄河治理开发，要注重全河统筹。要坚持依法治水的原则，研究制定有关法规，依法调整和规范黄河治理开发与管理工作中各方面的关系，统一规划、统一管理水资源，严格监督执法。中央和地方都要加大黄河治理开发的投入，形成多元化的投入机制。国家有关部门、流域各省区都要从大局出发，立足长远，着眼当前，加强研究，做好规划，以强烈的使命感和责任感，切实做好各方面的工作。

出席座谈会的还有中共中央政治局委员、山东省省委书记吴官正，中央军委委员、总政治部副主任王瑞林，有关方面负责人王刚、滕文生、华建敏、傅志寰、汪恕诚、刘江、由喜贵、王沪宁、贾廷安和河南省省长李克强等。

解放军院校体制编制开始进行调整改革

中央军委近日发布全军院校体制编制调整改革的命令，要求全军切实把思想统一到军委的决策上来，全面推进面向新世纪的院校建设，培养大批高素质的新型军事人才，以实现国防和军队现代化建设跨世纪发展的战略目标。

这次全军院校体制编制调整改革，坚持面向现代化、面向世界、面向未来，完善干部培训体制，构建新型院校体系，调整院校内部体制编制，走规模化办校、现代化教学、正规化管理、社会化保障的路子，逐步建立起适应世界军事发展和打赢高技术条件下局部战争需要、具有我军特色、可持续发展的军队院校教育体制。

这次院校体制编制调整改革的基本原则是，根据干部应训数量，合理确定院校数量和规模；拓宽干部培训补充渠道，走生长干部由军队院校培养和依托地方高校培养并举的路子；改革组训方式，加大合成训练和归口培训力度，优化资源配置；打破部门所有、条块分割的办学格局，统一调整院校、训练机构和部分科研单位的设置；理顺关系，合理确定院校内部体制编制；综合论证，民主决策，总体规划，逐步推进，做到既积极又稳妥。

这次调整改革将使干部培训体制有所突破。在完善在职干部继续教育制度和提高生长干部补充比例的基础上，大幅度地提高了生长干部的培训层次，拓宽生长干部培训补充渠道。军地通用性强的专业人才，逐步实现部分或全部由地方院校培训，直接选拔优秀大学生入伍，尽快建立起以直接接收地方应届大学毕业生为主体，以在部分地方重点普通高校试办预备军官培训机构培养人才为辅助，以招收部分双向选择生为调节的军队生长干部补充机制，并扩大研究生教育规模。与此同时，在组训方式和院校体系上也将有所突破。

北京大学纳米技术研究取得重大突破在世界上首次将单壁碳纳米管组装竖在金属表面并组装出世界上最细最好的扫描隧道显微针探针

《人民日报》发表社论《全面实施素质教育的动员令——祝贺第三次全国教育工作会议胜利闭幕》

扫黄打非半年取得显著成果

据不完全统计，共查获非法音像制品 1919 万盘、非法书刊 809.4 万册，取缔非法店档 14870 家，查处非常案件 1514 件，压缩印厂 4859 家，破获各类案件 4723 件，抓捕涉案嫌疑人 8635 名。

6 月 22 日

九届全国人大常委会举行十次会议

会议在人民大会堂举行。

海洋环境保护法修订草案、气象法草案、会计法修订草案、关于惩治违反会计法犯罪的决定草案、关于惩治期货犯罪的决定草案等五部法律草案首次提请常委会会议审议。

李鹏委员长主持会议。

会议首先通过本次常委会会议议程。在上午的会议上，全国人大法律委员会副主任委员周克玉分别报告了关于预防未成年人犯罪法草案、关于澳门特别行政区驻军法草案审议结果的报告，法律委员会副主任委员张绪武报告了公益事业捐赠法草案审议结果的报告。

依据宪法和香港特别行政区基本法的有关规定，国务院向全国人大常委会提交议案，提请解释《香港特别行政区基本法》第二十二条第四款和第二十四条第二款第(三)项。全国人大常委会委员长会议对这项议案进行了审议，在征询了全国人大常委会香港特别行政区基本法委员会的意见后，提出了关于《香港特别行政区基本法》第二十二条第四款和第二十四条第二款第(三)项的解释草案。受委员长会议委托，全国人大常委会法工委副主任乔晓阳就解释草案、基本法有关条款的立法原意和全国人大常委会解释的法律效力作了说明。

会上，全国人大法律委员会副主任委员顾昂然作了关于国家高新技术产业开发区法草案和招标投标法草案修改情况的汇报，法律委员会副主任委员张绪武作了关于个人独资企业法草案修改情况的汇报。

全国人大环境与资源保护委员会提交议案，提请审议海洋环境保护法修订草案。全国人大环资委副主任委员张皓若就这个修订草案作了说明。国务院提请全国人大常委会审议气象法草案、会计法修订草案和关于惩治违反会计法犯罪的决定草案、关于惩治期货犯罪的决定草案。受国务院委托，中国气象局局长温克刚、财政部部长项怀诚、国务院法制办公室主任杨景宇分别就这些法律草案作了说明。

国务院向全国人大常委会提交议案，提请审议批准中国和越南关于民事和刑事司法协助的条约、中国和韩国关于刑事司法协助的条约以及中国和乌克兰引渡条约。受国务院委托，外交部副部长杨洁篪就这三个议案作了说明。

全国人大常委会副委员长田纪云、姜春云、邹家华、王光英、程思远、布赫、铁木尔·达瓦买提、吴阶平、彭珮云、何鲁丽、周光召、成克杰、曹志、丁石孙、成思危、许嘉璐、蒋正华，秘书长何椿霖出席会议。国务院副总理钱其琛、最高人民法院院长肖扬、最高人民检察院检察长韩杼滨列席会议。

第九届全国人大常委会第十次会议开始对《中华人民共和国澳门特别行政区驻军法(草案)》再次进行审议

全国人大法律委员会副主任委员周克玉向常委会第十次会议报告了对《中华人民共和国澳门特别行政区驻军法(草案)》初步审议的结果。周克玉说，第九届全国人大常委会第九次会议对《中华人民共和国澳门特别行政区驻军法(草案)》进行了初步审议。会后，法律委员会、法制工作委员会将草案印发各地方和中央有关部门，并邀请中央有关部门和部分法律专家座谈，征求意见。法律委员会、法制工作委员会还会同国务院港澳办、国务院法制办、中央军委法制局和新华社澳门分社，在珠海召开座谈会，征求澳门地区的全国人大代表、全国政协委员和澳门特别行政区筹委会部分委员的意见。同时还征求了军队有关方面的意见。

全国人大法制委员会副主任乔晓阳在第九届全国人大常委会第十次会议上作《全国人民代表大会常务委员会关于〈中华人民共和国香港特别行政区基本法〉第二十二条第四款和第二十四条第二款第(三)项的解释(草案)》的说明

委员长、各位副委员长、秘书长、各位委员：

我受委员长会议的委托，作《全国人民代表大会常务委员会关于〈中华人民共和国香港特别行政区基本法〉第二十二条第四款和第二十四条第二款第(三)项的解释(草案)》的说明。

今年5月20日，香港特别行政区行政长官董建华依据《中华人民共和国香港特别行政区基本法》(以下简称《基本法》)第四十三条和第四十八条第(二)项所赋予的职权，向国务院提交《关于提请中央人民政府协助解决实施〈中华人民共和国香港特别行政区基本法〉有关条款所遇问题的报告》(以下简称《报告》)。该《报告》称，香港特区终审法院今年1月29日就香港居民在内地所生子女的居留权案件所作的判决，扩大了原来根据香港《入境条例》香港永久性居民在内地所生中国籍子女获得香港居留权的范围，并认为这些子女无须经内地有关机关批准，即可进入香港特区定居。这一判决内容与香港特区政府对《基本法》有关条款的理解不同。香港特区临时立法会制定的有关法律规定，香港永久性居民在内地所生子女获得香港居留权，必须是在该子女出生时其父母双方或一方是香港永久性居民，并对居留权证明书作了规定。终审法院1月29日的判决宣布临时立法会制定的有关法律不符合《基本法》；认为《基本法》第二十四条第二款第(三)项所指的香港居民所生子女，是包括在其父或母成为香港永久性居民之前或之后所生的子女；《基本法》第二十二条第四款中对“中国其他地区的人”进入香港的限制不适用于这些人士。《报告》称，终审法院的判决，改变了香港现行的出入境管理制度，引起了香港社会广泛的关注和讨论，并可能引发严重的社会问题和后果。据香港特区政府的调查统计表明，根据这项判决内地新增加的符合具有香港居留权资格人士，至少167万(其中第一代约69万人；当第一代在香港通常居住连续七年以上后，其第二代符合居留权资格的人士约98万)。香港特区政府的评估显示，吸纳这些内地人士将为香港带来巨大压力，香港的土地和社会资源根本无法应付大量新进入的内地人士在教育、房屋、医疗卫生、社会福利及其他方面的需要，这将严重影响香港的稳定和繁荣。香港社会对该项判决是否符合《基本法》，提出了质疑和争论。香港社会的广泛民意均要求尽快解决这一问题。《报告》认为，由于终审法院的有关判决涉及应如何理解《基本法》的原则性问题，而内地居民进入香港的管理办法还涉及中央与香港特区的关系，因此，请求国务院提请全国人大常委会根据《中华人民共和国宪法》和《基本法》的有关规定，对《基本法》第二十二条第四款和第二十四条第二款第(三)项作出解释。

国务院研究了香港特别行政区行政长官董建华提交的《报告》，向全国人大常委会提出《关于提请解释〈中华人民共和国香港特别行政区基本法〉第二十二条第四款和第二十四条第二款第(三)项的议案》。全国人大常委会委员长会议审议了国务院的议案，认为议案中提出的问题涉及香港特别行政区终审法院1999年1月29日的判决对《基本法》有关条款的解释，该有关条款涉及中央管理的事务或中央与香港特别行政区的关系。《基本法》第一百五十八条第三款中规定，如香港法院在审理案件时需要对本法关于中央管理的事务或中央和香港特别行政区关系的条款进行解释，而该条款的解释又影响到案件的判决，在作出终局判决前，“应由香港特别行政区终审法院请全国人民代表大会常务委员会对有关条款作出解释”。终审法院在判决前没有按照《基本法》第一百五十八条第三款的规定提请全国人大常委会进行解释，而终审法院的解释又不符合立法原意。根据《中华人民共和国宪法》第六十七条第(四)项关于全国人大常委会解释法律的规定和《基本法》第一百五十八条第一款关于“本法的解释权属于全国人民代表大会常务委员会”的规定，为了保证《基本法》的正确实施，由全国人大常委会就《基本法》有关条款进行解释，是必要和适当的。为此，委员长会议提出了《全国人民代表大会常务委员会关于〈中华人民共和国香港特别行政区基本法〉第二十二条第四款和第二十四条第二款第(三)项的解释(草案)》，并征询了全国人大常委会香港特别行政区基本法委员会的意见。现将草案的内容说明如下：

一、关于《基本法》第二十二条第四款

《基本法》第二十二条第四款规定：“中国其他地区的人进入香港特别行政区须办理批准手续，其中进入香港特别行政区定居的人数由中央人民政府主管部门征求香港特别行政区政府的意见后确定。”《基本法》作出这一规定，是基于在内地与香港之间长期以来实行的出入境管理制度。按照该项制度，内地居民无论以何种理由赴港，均须向内地的有关机关提出申请，在获得批准后，须持有有关机关签发的有效证件方能进入香港。其中，香港永久性居民在内地所生子女的赴港定居安排，是在每天的赴港定居名额中划出专用定额，由内地有关机关协同特区主管机关对申请人的资格条件加以审查确认，然后分批发给当事人相应证件，这样当事人才能赴港定居。《基本法》第二十二条第四款的立法原意，正是肯定内地与香港之间长期以来实行的出入境管理制度，内地各省、自治区、直辖市的人，其中包括香港永久性居民在内地所生的中国籍子女，不论以何种事由要求进入香港特别行政区，均须依照国家有关法律、行政法规的规定，向其所在地区的有关机关申请办理批准手续，并须持有有关机关制发的有效证件方能进入香港特别行政区，但香港永久性居民在内地所生的中国籍子女已经依法取得香港永久性居民身份证的除外。这一立法原意，完全是为了保证内地居民有序赴港，是符合香港的整体利益的。

二、关于《基本法》第二十四条第二款第(三)项

《基本法》第二十四条第二款前(三)项规定：“香港特别行政区永久性居民为：(一)在香港特别行政区成立以前或以后在香港出生的中国公民；(二)在香港特别行政区成立以前或以后在香港通常居住连续七年以上的中国公民；(三)第(一)、(二)两项所列居民在香港以外所生的中国籍子女”。其中第(三)项关于“第(一)、(二)两项所列居民在香港以外所生的中国籍子女”的规定，是指无论本人是在香港特别行政区成立以前或以后出生，在其出生时，其父母双方或一方须是符合《基本法》第二十四条第二款第(一)项或第(二)项规定条件的人。这一立法原意体现了防止内地大量人口涌入香港，以利于维护香港的长期繁荣稳定。因此，《基本法》第二十四条第二款第(三)项与第二十二条第四款是密不可分的。

为了在香港特别行政区成立后实施《基本法》第二十四条第二款的规定，1996年8月10日全国人民代表大会香港特别行政区筹备委员会根据其立法原意通过了《关于实施〈中华人民共和国香港特别行政区基本法〉第二十四条第二款的意见》。筹委会通过该意见前，曾广泛听取香港各界的意见，并充分考虑了香港的实际情况和一贯做法。意见公布后，香港社会普遍认同。1997年3月10日，筹委会主任委员钱其琛在第八届全国人大第五次会议上所作的《全国人民代表大会香港特别行政区筹备委员会工作报告》中将筹委会关于实施《基本法》第二十四条第二款的意见向全国人民代表大会作了报告。1997年3月14日，第八届全国人大第五次会议通过了《关于全国人民代表大会香港特别行政区筹备委员会工作报告的决议》，批准了钱其琛的报告。香港回归后，香港特区临时立法会参照筹委会意见制定了有关法律。该项法律对有效地控制香港的人口增长起到积极作用。

全国人大常委会对《基本法》第二十二条第四款和第二十四条第二款第(三)项作出解释后，香港特别行政区法院在审理有关案件引用《基本法》中该项条款时，应以全国人大常委会的解释为准。全国人大常委会的解释不影响香港特别行政区终审法院1999年1月29日对有关案件判决的有关诉讼当事人所获得的香港特别行政区居留权。此外，其他任何人是否符合《基本法》第二十四条第二款第(三)项规定的条件，均须以全国人大常委会对该项规定的解释为准。

关于《基本法》第二十二条第四款和第二十四条第二款第(三)项的解释(草案)和以上说明是否妥当，请审议。

全国政协九届常委会举行六次会议

会议的中心议题是讨论和研究环境与发展问题，重点是环境保护问题。

全国政协主席李瑞环出席会议。全国政协副主席

叶选平主持会议。

国务院副总理温家宝出席会议并作《实施可持续发展战略,促进环境与经济协调发展》的报告。报告介绍了我国环境保护和生态建设取得的成绩,分析了当前存在的主要问题。在阐述我国促进环境与经济协调发展的主要原则和方针时温家宝说,一是坚持经济社会发展与环境保护、生态建设相统一;二是坚持预防为主,防治结合,标本兼治,综合治理;三是坚持资源开发与节约并举,把节约放在首位,在保护中开发,在开发中保护;四是坚持依靠科技进步推进环境保护和治理;五是坚持统筹规划,突出重点,量力而行,有步骤地进行环境治理和建设;六是坚持严格执行环境保护和生态建设责任制;七是坚持运用政府调控与市场相结合的机制保护环境;八是坚持依法保护环境;九是坚持开展环境与发展方面的国际交流与合作。温家宝还介绍了近期我国环境保护和生态建设的主要工作和措施。第一,统筹规划,把环境保护、生态建设同经济发展紧密结合起来;第二,增加投入,加大环境治理和保护的力度;第三,突出重点,限期改善重点地区的环境质量;第四,标本兼治,加强生态环境建设;第五,严格管理,切实保护土地资源和水资源;第六,调整结构,防治工业污染;第七,强化法治,提高全民环保意识。温家宝说,政府一直非常关心我国的环境保护和生态建设事业,这次会议又专题研究环境与发展问题,说明对这项工作的重视和支持。希望大家提出更多更好的意见和建议。

本次常委会议为期四天,会议听取和讨论全国政协人口资源环境委员会关于我国环境保护若干问题的建议;审议李瑞环主席访问韩国、阿联酋、阿曼、埃及情况的报告;审议宋健副主席出席国际行动理事会第十七届年会和俄罗斯科学院成立275周年庆祝活动情况的报告;审议全国政协常委赴吉林省和全国政协委员赴安徽、湖北省视察情况的报告;审议人事任命事项。

全国政协副主席杨汝岱、王兆国、阿沛·阿旺晋美、钱伟长、卢嘉锡、任建新、宋健、李贵鲜、陈俊生、张思卿、钱正英、孙孚凌、霍英东、朱光亚、万国权、胡启立、陈锦华、赵南起、毛致用、白立忱、经叔平、罗豪才、张克辉、周铁农、王文元,秘书长郑万通出席会议。

中共中央办公厅、国务院办公厅和国土资源部、国家计生委、国家环保总局、水利部、农业部、国家林业局的负责同志应邀参加会议。

全国政协九届常委会六次会议举行全体会议

会议听取张治代表全国政协人口资源环境委员会所作的《关于我国环境保护若干问题的建议》的报告。

全国政协人口资源环境委员会提交的这份《建议》,是在认真调查研究、广泛听取意见的基础上形成的。全国政协人口资源环境委员会副主任张治在报告中说,近年来,我国环境问题日趋严重。城乡环境污染不断加剧,流域、区域环境问题日益突出;生态破坏范围逐步扩大,自然资源对经济社会发展的支持能力随之下降。环境恶化的趋势没有得到控制,已经成为危害人体健康、影响社会安定、制约可持续发展的重大问题,受到国家的高度重视,也引起社会各界普遍关注。

《建议》指出:我国的环境问题是在发展中长期积累形成的,很难在较短时间内根本解决。当前要抓住水污染、大气污染、城市垃圾、荒漠化及绿化等突出问题,采取切实有效措施,尽快遏制环境严重恶化趋势。为此,必须从我国的国情出发,既要制定长远的战略对策,也要采取当前急需的过硬措施,既要认真总结本国的成功做法,也要借鉴国外的先进经验,综合运用行政的、经济的、法律的、技术的以及宣传教育等各种手段,全面加强污染防治和生态保护,力争较短时间内在解决突出环境问题方面取得明显成效。

张治在报告中列举当前防治环境污染的11条对策建议是:保护水资源,防治水污染;优化能源结构,防治大气污染;推行垃圾"三化",消除城市环境隐患;制止"五滥"行为,防治土地荒漠化;大力植树种草,提高绿化成效;建立绿色税收制度,增加环境保护投入;发展环保产业,推行清洁生产;培育环保市场,引入竞争机制;完善环境立法,加大执法力度;提高全民环境意识,增强公众参与能力;实行科学宏观决策,探索中国特色环保之路。

会议由全国政协副主席李贵鲜主持。

国家计委召开电视电话会议部署"十五"规划工作

国家计委主任曾培炎在会议上说,"十五"规划是落实邓小平同志提出的第三步战略部署的第一个中长期规划,是我国社会主义市场经济体制初步建立后的第一个中长期规划,也是我国进入新世纪后的第一个中长期规划,因此有十分重要的战略意义。

曾培炎强调,做好"十五"规划工作,要把握好六个重要原则和四个思想方法。六个重要原则是:正确处理改革、发展、稳定的关系;遵循速度和效益相统一的原则,推进经济增长方式的转变;充分发挥市场机制的作用;坚持可持续发展战略;逐步缩小地区间的发展差距;坚定不移地继续贯彻执行对外开放的基本国策。四个思想方法是:要改变过去规划编制中对国际国内两种资源、两个市场缺乏统一考虑的思想方法,要改变政府包办一切、"包打天下"的思想方法,分清哪些是由市场和企业做的,哪些需要政府做;要改进先确定目标、提出口号,再测算速度的思想方法,从现实出发,从供求分析和竞争力分析入手来测算增长速度，确定规划目标；要提高规划编制过程的社会参与度；广泛听取社会各界的意见。

曾培炎介绍，“十五”规划主要在三个层面展开。第一个层面是，提出全国的国民经济和社会发展“十五”规划和到 2015 年长期规划纲要草案，并于今年年底完成基本思路，2000 年 9 月形成框架性草案，2001 年 3 月提交全国人大审议。第二个层面是，编制必要的行业规划、专业规划和区域规划。第三个层面是，各省、自治区、直辖市也要全面开展“十五”规划工作。

全国城镇集体企业清产核资工作会议在北京召开

会议反映，经过 3 年的清产核资，中国城镇集体企业的“家底”已基本摸清。截至 1997 年年底，中国具有企业法人资格、实际开展生产经营活动、在会计上独立核算并能够单独编制完整资产负债表的城镇集体企业(单位)达 72.1 万户。在已完成清产核资的 36.3 万户城镇集体企业(单位)中，86.3％是工商企业，12.9％是金融企业，还有 0.8％的城镇集体事业单位。其中，全国 31.3 万户城镇集体工商企业的资产总额(以 1998 年 3 月 31 日为清查时间点)为 18498.7 亿元，负债总额为 14464.7 亿元，平均资产负债率为 78.2％；全国 4.7 万户城镇集体金融企业资产总额为 16572.1 亿元，负债总额为 16021.7 亿元，平均资产负债率为 96.7％。

全国人大常委会委员长李鹏会见出席中俄面向 21 世纪地区合作研讨会的俄罗斯联邦委员会副主席奥列格·科罗廖夫

李鹏在人民大会堂会见时说，中俄两国是有着 4000 多公里共同边界的邻邦。两国人民的友谊源远流长。我们高兴地看到，中俄两国建立起平等信任、面向 21 世纪的战略协作伙伴关系，在政治、经济、文化等领域的合作与交流都在不断发展。中俄友协和俄中友协为此做了大量有益的工作。中俄地区间的交流与合作是两国全面合作的重要组成部分，两国有关人士就此进行研讨是必要的。代表团的一些成员来自与中国相邻的地区，将会对两国地区间的合作发挥直接的推动作用。

李鹏向客人介绍了九届全国人大常委会十次会议的议程，并简要介绍了中国在稳定的前提下深化改革和发展经济的情况，以及中国独立自主的和平外交政策。他表示希望进一步加强中国全国人大同俄罗斯联邦委员会和国家杜马的友好关系，并表示欢迎俄罗斯议会成员来华访问，以增进彼此了解和友谊，推动中俄关系健康发展。

科罗廖夫说，俄中两国人民友谊深厚。俄罗斯人民对中方不久前纪念普希金诞辰 200 周年的盛况深为感动。俄罗斯人民由衷地祝贺新中国成立 50 周年。俄罗斯议会成员高度评价中国的建设成就，高度赞赏中国在处理国际事务和危机方面所发挥的重要的建设性作用。

中国人民对外友好协会会长齐怀远等参加了会见。

解放军总参谋部等联合召开全军院校会议

解放军总参谋部、总政治部、总后勤部、总装备部在京联合召开第十四次全军院校会议，按照军委的决策部署全军院校体制编制调整改革任务，共商军事教育跨世纪发展的大计。

军委委员、总参谋长傅全有，军委委员、总政治部主任于永波，军委委员、总后勤部部长王克，军委委员、总装备部部长曹刚川，分别在会上讲话。

傅全有在讲话中说，贯彻落实江泽民主席关于军队院校建设的重要指示，要有紧迫感和使命感。院校教育在军队建设中具有全局性作用，对战斗力的生成和提高具有基础性作用，在军队的改革创新中具有先导性作用。按照江主席提出的新型军事人才标准，全面培养和提高学员的政治鉴别能力、管理部队能力、组织训练能力、指挥打仗能力和解决实际问题的能力，必须实行规模化办校、现代化教学、正规化管理和社会化保障，实现规模、结构、质量、效益的协调发展，走出一条具有我军特色、可持续发展的新路子。要在综合办学、集约训练、重点建设、“军地并举”等方面有所突破，转变办学思路，提高综合效益，建设我军院校的新体系；加强素质教育和创新教育，用现代化的观念指导教学，用现代化的内容更新教学，用现代化的教育技术手段实施教学，努力建设一支素质优良、结构合理、充满活力的教员队伍，全面提高教学质量。

于永波说，江主席最近关于要把院校思想政治建设摆在首位的指示，是新时期军队院校建设和改革必须遵循的根本指导思想。加强院校思想政治建设，必须坚持以邓小平理论和江泽民同志一系列重要论述为指导，着眼打赢高技术战争和保证人民军队性质的需要，围绕培养和造就大批高素质新型军事人才的目标，紧紧抓住用科学理论武装人这个根本，突出思想教育这个中心环节，重点加强领导班子建设和教员队伍建设，确保办学的正确方向，确保培养的人才政治合格，确保院校的高度稳定和集中统一，确保教学等各项任务的完成。要在全军院校大力倡导崇尚科学、追求真理的风气，艰苦奋斗、开拓进取的风气，公道处事、正派做人的风气，尊师敬长、虚心好学的风气，团结互助、共同进步的风气，遵纪守法、令行禁止的风气。

王克说，贯彻落实江主席关于院校教育优先发展的思想，对后勤工作来说，就是要对院校建设所需的财力、物力，实行优先保障。我们一定要认清院校教育与军队现代化建设的关系，树立人才投资是效益最大的投资的新观念。要发扬艰苦奋斗、勤俭办学的优良传统，实行科学管理，在深化改革上下功夫。要紧紧围绕教学这个中心，不断提高院校后勤服务保障质量。

曹刚川在讲话中联系90年代以来的高技术局部战争，阐述了当今世界武器装备的发展趋势，提出了走符合我国国情、军情并体现时代特征的武器发展道路。他说，军队院校装备科研工作，是全军武器装备发展建设的一个组成部分，必须着眼长远、搞好规划，发挥优势、注重创新，深化改革、转变机制，把重点放在与院校教学、人才培养和装备建设联系紧密而又急需的科研任务上来，要力争突破关键性技术，并把科研成果转化到教学中去，转化到促进装备形成战斗力中去。

解放军四总部和国家教育部的领导同志出席会议。

解放军空军司令部在空军礼堂举办“潘元培先进事迹报告会”

空军司令部在空军礼堂举办“潘元培先进事迹报告会”。空军司令员刘顺尧、政委乔清晨和空军司令部、政治部、装备部的领导及空司机关、直属部队的1100多名官兵出席了会议。

会上，潘元培先进事迹报告团的5位同志从不同侧面介绍了潘元培的先进事迹。

报告会介绍，潘元培是空军司令部军事代表局重庆地区第二军事代表室驻泸州市长江起重机厂副师职军代表，专业技术大校军衔。1998年9月3日凌晨，潘元培发现自家楼下的工厂商店遭窃，挺身而出，奋不顾身与4名穷凶极恶的歹徒做殊死搏斗，被歹徒刺中11刀，脉搏也停止了跳动，后经医护人员的全力抢救，又恢复了健康。事情发生后，空司军代局党委、空司直属党委分别作出了“向潘元培同志学习”的决定，空军党委发出通报，给他荣记一等功，并授予他“空军精神文明建设系列十佳标兵”称号。潘元培1968年入伍以后，在30多年的军旅生涯中，无论在哪个岗位上，他都能勤奋工作，无私奉献。

中国建筑展等五大展览在北京中国建筑文化中心开幕

中国建筑文化中心是第二十届世界建筑师大会举行的相关展览中的主展厅，展览面积达6000平方米，包括中国建筑展、国际建协各会员国学会及工作组建筑展、中国古建筑照片展、中国古代建筑门窗及陈设展以及新世纪的家园——中国儿童画展5个展览。

周鹤洋在中国日本围棋对抗赛上力克日本小林光一夺得冠军

第四届中国绿化基金会理事会议在北京召开

会议由第三届中国绿化基金会理事会主席陈慕华主持，会议产生新一届理事会常务理事，王丙乾担任理事会主席。全国政协主席李瑞环担任理事会名誉主席。王丙乾代表新一届理事会作讲话，他说要实现绿化祖国，改善生态环境的宏伟目标，不仅要靠政府的力量，还需要社会各界和广大人民群众的支持和参与，要全民动手、群策群力，共同担负起绿化祖国的重任。他表示，中国绿化基金会要以生态建设为旗帜，发挥桥梁作用，积极聚集社会各界和民间绿化资金，为资助支持我国造林绿化、宣传提高全民绿化意识、推动整个绿化事业发展作出贡献。

国家林业局局长王志宝在讲话时高度评价了中国绿化基金会在我国生态环境建设事业中发挥的重要作用。

中国绿化基金会是1985年经国务院批准成立的，基金会成立以来坚持“筹集民间资金、加速绿化祖国”的宗旨，广泛筹集国内外资金，资助和支持了我国造林绿化、水土保持、荒漠化治理等项目近百个，还通过运用出版图书、举办文体活动等方式宣传造林绿化，努力提高全民绿化意识。

6月23日

国家计委提出制定国民经济和社会发展“十五”规划的原则

国家发展计划委员会主任曾培炎日前表示，研究制定国民经济和社会发展“十五”规划，是关系到21世纪初我国改革开放和社会主义现代化建设总体部署的重要工作，一定要坚决贯彻党的十五大和十五届三中全会精神，注意把握好六项原则。

在谈到“十五”规划工作总的指导思想时，曾培炎指出，做好“十五”规划工作，要高举邓小平理论的伟大旗帜，深入贯彻党的十五大和十五届三中全会精神，坚定不移地坚持党在社会主义初级阶段的基本路线。要遵循社会主义市场经济体制的内在规律，充分发挥市场对资源配置的基础性作用，搞好宏观调控。在全面总结20年来特别是“九五”以来改革开放和现代化建设的成功经验的基础上，提出下个世纪前5年的战略目标、指导方针、发展重点和重大政策，勾画到2015年的发展蓝图。

曾培炎指出，研究和制定“十五”规划要特别注意把握好以下六项重要原则：正确处理改革、发展、稳定的关系，使三者相互协调、相互促进；遵循速度和效益相统一的原则，切实推进经济增长方式的转变，深入贯彻科教兴国战略；充分发挥市场机制的作用，进一步加强和改善宏观调控；坚持实施可持续发展战略，使人口增长、资源开发、生态建设、环境保护与经济增长相协调；逐步缩小地区间的发展差距，贯彻江泽民总书记提出的加快开发中西部特别是西部地区的重大战略决策；坚定不移地继续贯彻执行对外开放的基本国策，切实维护国家经济安全。

他特别强调，在制定全国“十五”规划时，要把加快西部开发这一战略重点充分考虑进去。他透露，中央将进一步加大对中西部地区，特别是西部地区的扶持力度，给予更多的优惠政策，优先安排水利、电力、交通、环境保护和资源开发项目。中西部地区要发扬自力更生的精神，加快改革开放，提高自我发展能力，逐步形成各具特色的地区经济。

深圳总体规划获国际建协表扬奖

国际建筑师协会在北京人民大会堂举行颁奖仪式，深圳市总体规划、香港房屋署分别荣获表扬奖。

国际建协主席莎拉在颁奖仪式上说，深圳在过去十五年里，人口迅速膨胀，经济高速发展，深圳市的总体规划将自然、社会、经济与城市发展有机地结合起来，为世界上经济增长迅速的城市提供了典范。香港房屋署为适应人口增长、有效开发土地，作出了卓越的贡献，为此荣获改善人居环境质量表扬奖。

国际建筑师协会第二十届大会在人民大会堂开幕

全国政协主席李瑞环在国际建筑师协会第二十届大会开幕式上讲话

各位代表、各位来宾：

在世纪交汇之际，国际建筑师协会第二十届大会在北京召开，来自世界各地的6000多位建筑师代表聚集一堂，回顾过去，展望未来，就21世纪建筑学发展和人居环境建设问题广泛交换意见，这对于解决人类面临的种种矛盾，实现经济和社会的可持续发展，具有十分重要的意义。我谨代表中国政府，并以大会组织委员会名誉主席的名义，向朋友们表示热烈欢迎！

即将过去的20世纪是人类社会取得巨大进步的世纪。科学技术日新月异，社会生产力空前发展，文明程度不断提高，人们的生活状况有了极大的改善。即将过去的20世纪也是人类社会蒙受巨大灾难的世纪。连绵不断的战争特别是两次世界大战造成了巨大破坏，大规模的开发建设带来了严重影响，使自然环境与人文环境日益恶化，已经危及人类的生存和发展。

值此关键时刻，人类应该冷静深入思考，应该认真总结经验，应该积极探索新路。作为人类生存环境的直接构造者的建筑师，长期以来，为实现“居者有其屋”的理想，营造良好的人居环境，作出了不可磨灭的贡献，受到人们的普遍尊敬；面对当前的严峻形势，也应该重新审视自己的工作，力求有所发现、有所创造、有所作为。要寻求人与自然的和谐发展。大自然是慷慨的，它给了人类种种生存与发展的条件；大自然是苛刻的，它对无节制的索取必然给予无情的报复。历史发展到今天，人类改造自然的能力空前提高，破坏自然的能力也日益增大。尊重客观规律，处理好人与自然的关系，是全人类面临的重大课题，也是建筑师的神圣职责。要注意在全球化进程中保持民族传统和地域特色。在国际交流日益广泛、频繁的情况下，建筑师要时刻把握世界的发展趋势，借鉴各国的先进经验，跟上不断前进的时代潮流；同时要高度重视和努力保持不同民族、不同地域的风格，使普遍性的文明成果寓于不同的个性之中，使建筑丰富多彩。要坚持既立足现实又面向未来。建筑必然受到现实的经济、政治、文化等条件的制约，因而总是带有时代的特征；建筑特别是一些重要建筑有着较长的寿命，它将存留于未来，又影响着未来，建筑师必须对历史负责，对祖先负责，对子孙负责，重视保护前人遗产，努力给未来创造财富而不是留下包袱。要做到建筑科学与其他学科的紧密结合。离开建筑专业知识，建筑师就失去了存在的根据，必须重视建筑学的研究、运用；建筑又涉及社会科学、自然科学和工程技术诸多学科领域，建筑师必须及时了解其他学科的发展、变化，借鉴和体现其他学科的综合成果。

中国建筑文化对世界作出了卓越的贡献。2000多年前中国哲人老子提出的“安其居，乐其业”的理想，至今仍是人类的共同追求。几千年来，中国建筑在中华民族灿烂的文明沃土上发展，有很多技术上和艺术上的创造，形成了大量独具特色的建筑、城镇和风景名胜。中国文明博大精深，得益于吸收人类社会创造的诸多文明成果，得益于博采众长、兼收并蓄。英国哲学家罗素曾经说过，世界文明的前途就是中西文化优秀部分的融合，以形成一种有利于全人类进步的文明。这次国际建筑师大会在北京召开，为我们提供了一个与世界各国建筑同行互相切磋、交流合作的机会。我们愿意很好地向大家学习，取长补短，增进共识，共同构筑面向21世纪的建筑学。

各位代表、各位来宾：

世界范围的生态环境问题，确实十分严重，确实令人忧虑，确实值得重视。一切负责任、有良知的人们，都应该行动起来，献身于认识自然、保护自然的崇高事业。人类的历史是一个不断扬弃的过程，尽管前进的道路崎岖曲折，但世界总是向着更加文明、更加理性、更加进步的方向发展，人类创造的巨大文明必然为人类造福，而不会用来毁灭人类自己。我们对未来充满着信心。保护环境就是保护人类，拯救地球就是拯救未来。让我们携起手来，为改善人类的生存环境，为创造人类的美好未来而不懈努力！

预祝大会圆满成功！

谢谢大家！

中日友好二十一世纪委员会会议在日本奈良举行

中方首席委员杨振亚和日方首席委员冈部达味分别作基调报告。

杨振亚强调，在当前和今后一个时期，双方应着重做好以下几个方面的工作：第一，切实抓紧落实江主席的访日成果，牢牢把握两国关系发展的正确方向，进一步培育和扩大两国关系的共同利益基础，推动两国关系不断取得新的发展。第二，正确理解和把握"以史为鉴，面向未来"的深刻内涵。希望日方本着高度负责的精神，以正确的历史观教育国民，尤其是青少年一代，以使两国关系更好地走向未来。第三，高度重视并切实消除日美强化安全合作给中日关系造成的消极影响。希望日方根据自己在《中日联合声明》、《中日和平友好条约》和《中日联合宣言》中作出的承诺和承担的义务，明确将台湾排除在日美安全合作的适用范围之外，同时以实际行动体现继续走和平发展道路，不做军事大国的郑重承诺。第四，立足长远，着眼未来，努力创造有利于中日关系健康发展的良好环境，同时努力培育和壮大理解支持中日友好的积极力量，为两国关系的长远发展打下更加坚实的基础。

冈部达味表示，日中双方应抓紧落实以广泛共同利益为基础的、致力于和平与发展的友好合作关系，开展多层次、多渠道的交流与合作，进一步巩固两国关系的纽带。这不仅对日中两国，而且对世界的和平与发展也是不可缺少的。发展日中伙伴关系，首先有必要在政治和安全领域加强相互理解和合作。他说，日本将吸取历史教训，坚持防卫政策，不做军事大国。日美同盟不针对特定第三国。解决日中之间存在的各种问题，发展两国友好合作伙伴关系，必须建立在相互理解和相互信任的基础之上。

国务院总理朱镕基和日本首相小渊惠三分别向大会发表了贺电和贺词。

"21世纪论坛"2000年会议组委会成立

全国政协主办的"21世纪论坛"2000年会议组委会在北京宣布，"21世纪论坛"2000年会议将于2000年6月14日至16日在北京召开。这次会议的主题定为"经济全球化——亚洲与中国"。

中共代表马文普出席孟加拉国民盟50周年庆典

解放军总参谋部为中国驻南联盟大使馆武官处举行命名暨庆功表彰大会

大会上宣读了由中央军委主席江泽民签署的给驻南使馆武官任宝凯记一等功的通令；宣读了总参谋部授予驻南使馆武官处"英雄武官处"的命令；宣读了总参谋部给驻南使馆副武官王树工、李君和武官秘书朱瞻宇等分别记一、二等功的通令。

中央军委委员、总参谋长傅全有等总参领导为被授予荣誉称号的英雄集体代表和光荣立功的个人颁发了奖旗、奖章。

中国泰达棉登山队队员李致新和王勇峰成功登上大洋洲最高峰——海拔5030米的查亚峰国家体委等致电祝贺

6月24日

九届全国人大常委会十次会议举行分组会审议个人独资企业法和招标投资法草案

澳门特别行政区筹备委员会政务小组第十三次会议在珠海举行

会议于1999年6月24日至25日，在广东珠海市举行。会议闭幕后发表了新闻公报。

新闻公报说，此次会议讨论了澳门特别行政区第一任行政长官在1999年12月19日前开展工作的有关安排；会议还讨论了澳门特别行政区有关人员就职宣誓的相关事宜。所有讨论均取得共识。会议决定，将小组讨论的结果提交7月2日至3日召开的筹委会第九次全体会议审议。

此次政务小组会议还初步讨论了澳门市政机构的有关问题。

第十一世班禅额尔德尼·确吉杰布在驻锡地扎什伦布寺首次举行灌顶仪式

农业产业化龙头企业研讨会在郑州结束

由《人民日报》经济部、农业部农业产业化领导小组办公室、河南科迪集团联合召开的农业产业化龙头企业研讨会日前结束。与会的政府官员、专家学者和企业界人士，就如何解决当前农村经济面临的实际困难，如何有效发挥产业化龙头企业在我国农业现代化进程中的历史作用等问题，进行了广泛交流和深入讨论。中共中央政治局委员、全国人大常委会副委员长姜春云，全国政协副主席陈俊生分别给会议发了贺信。

农业部副部长万宝瑞在研讨会上作主题发言，他说，在具体工作中，首先是处理好领导支持与尊重群众创造的关系。从根本上说，农业产业化经营是企业行为，各级政府要因地制宜，分类指导。其次是处理好发挥市场机制作用与加强宏观调控的关系。要充分发挥市场机制对资源配置的基础作用，提高现有农产品加工企业的加工能力和产品档次。同时要加强宏观调控，新上农产品加工项目，要搞好可行性论证，不能盲目铺新摊子。最后是处理好龙头企业与农户的利益关系，下功夫培育具有市场开拓能力，带动基地生产和区域经济发展的龙头企业。

国务院副总理李岚清在中南海会见新加坡教育部部长张志贤

6 月 25 日

全国政协九届常委会六次会议闭幕

中共中央政治局常委、全国政协主席李瑞环出席闭幕会并发表《关于我国绿化的几个问题》的讲话。

这次常委会议认真讨论中共中央政治局委员、国务院副总理温家宝所作的《实施可持续发展战略，促进环境与经济协调发展》的报告。与会者认为，这个报告内容丰富，实事求是，充分体现了党和政府对环境与发展问题的高度重视。报告提出的我国环境保护和生态建设的近期目标和政策措施切实可行，关键在于认真贯彻落实。

与会者还就全国政协人口资源环境委员会提交的《关于我国环境保护若干问题的建议》展开了热烈的讨论，认为所提建议符合实际，措施得力，同时对《建议》提出了修改意见。会议责成全国政协办公厅和人口资源环境委员会根据与会者的意见对《建议》作进一步修改，然后报送中共中央、国务院。

会议通过了人事任命事项，决定任命孙怀山为政协第九届全国委员会副秘书长。

全国政协副主席陈俊生主持闭幕会。

全国政协副主席叶选平、杨汝岱、王兆国、阿沛·阿旺晋美、钱伟长、卢嘉锡、任建新、宋健、李贵鲜、张思卿、钱正英、孙孚凌、朱光亚、万国权、胡启立、陈锦华、赵南起、毛致用、白立忱、经叔平、罗豪才、张克辉、周铁农、王文元，秘书长郑万通出席会议。

全国政协主席李瑞环在全国政协九届常委会六次会议闭幕会上发表题为《关于我国绿化的几个问题》的讲话

这次会议的主题是环境与发展。会议期间，大家以负责、求实的精神，发表了许多很好的意见和建议。研究环境与发展，不能不涉及绿化问题。对绿化问题，人们一直比较关心，我也作过一些思考。借此机会，谈点看法。

一

绿化，特别是植树造林，对于人类居住环境的保护和改善，对于人类自身的生存和发展，有着极为重要的意义。森林是陆地生态系统的主体，对保持水土、涵养水源、调节气候、净化空气、防风固沙、养护物种具有不可替代的作用。森林是发展经济、改善人民生活的重要基础，能提供人们所需要的木材、食品、药品、燃料及工业原料。人类不能离开森林，历史上由于森林消失而导致国家衰亡、文明转移的例证屡见不鲜。古巴比伦、古埃及、古印度文明的衰落，以及我国古黄河文明的转移，都与森林被破坏密切相关。可以说，人类如果失去森林也就会失去未来，失去一切。

我国大部分疆土适宜森林生长，在古代森林资源十分丰富。3000 多年前，黄土高原曾经“草木繁茂，禽兽繁殖”，森林覆盖率达 50%以上。天山、祁连山、阿尔泰山也曾经“有松柏五木，其水草茂密”，分布着大片森林。只是在此后的漫长岁月中，由于过度开发、社会动乱和自然灾害等多种原因，我国森林资源遭到严重破坏，逐渐变成少林国家。新中国成立后，党和国家一直高度重视绿化事业，采取了一系列措施，制定了有关政策和法律、法规，取得了巨大的成就。经过全国人民近半个世纪的奋斗，全国累计义务植树 300 多亿株，现有人工林面积达 5 亿多亩；“三北”防护林、长江中上游防护林、沿海防护林、平原农田防护林体系建设等工程取得阶段性成果；一批省、自治区基本消灭宜林荒山，一批城市初步建成园林城市。

但我们必须清醒地看到，我国绿化事业仍然面临严峻的形势。森林人均占有量少，我国共有森林 20.06 亿亩，人均只有 1.6 亩，为世界人均水平的 12%；林木蓄积量 117.85 亿立方米，人均不足 10 立方米，为世界人均水平的 13%。森林覆盖率低，仅有 13.92%，为世界平均水平的一半，在 160 多个国家和地区中排在第 120 位左右。森林分布不均，总的来说东南多，西北少，许多地方基本没有树。我国森林的这种状况带来一系列生态环境问题。

水土流失日趋严重，面积已达 367 万平方公里，约占国土面积的 38%，而且还以每年 1 万平方公里的速度增加。土地荒漠化不断扩大，面积已达 262 万平方公里，大大超过全国耕地面积的总和，而且还以每年6700平方公里的速度扩展，其中沙化土地每年就净增2460平方公里。野生动植物资源数量下降，物种总数的15%至20%受到威胁，数千种动植物濒危，已经有一批珍贵的野生动植物在国土上绝迹。自然灾害日益加剧，从1950年至1989年，我国平均每年洪涝面积约1.2亿亩，干旱面积约3亿亩，而1990年至今平均每年洪涝面积增至2.5亿亩，干旱面积增至3.4亿亩。以大家熟知的沙尘暴来说，特大沙尘暴在60年代发生过8次，70年代发生过13次，80年代发生过14次，而1990年至今已发生23次，并且波及的范围愈来愈广，造成的损失愈来愈重。尤其令人不安的是，破坏森林资源的行为在许多地方仍未有效制止，由于各种原因，全国每年约有3000万亩有林地逆转为疏林地、灌木林地、无林地乃至非林用地。如果我们再不增强危机感和紧迫感，采取切实有效的措施，从根本上改变这种被动状况，那么，不仅我们的现代化建设目标和可持续发展战略难以实现，就连中华民族的生存也会成为问题。

二

我国绿化工作面临的严峻局面，是多种原因造成的。作为思考问题、改进工作，我们应该着重研究主观原因，研究思路、研究政策、研究方法。

必须在人多上打主意。人多是中国的基本国情，中国许许多多问题是人多造成的，许许多多问题的解决也必须在人多上打主意。我国有960万平方公里国土，要使如此广阔的大地山川都绿起来，只靠少数人使劲不行，必须有广大人民群众的积极支持和踊跃参加。我国是发展中国家，经济基础比较薄弱，花钱买绿化的事情办不起，必须走全民动手、艰苦奋斗的路子。我国劳动力资源丰富，绿化又是一个需要大量劳动力的行当，通过各种形式把尽可能多的人组织起来投身绿化，可以为富余劳动力开辟一条就业的门路。我们要下大力气琢磨如何把人多的优势发挥出来，努力形成千军万马齐心协力大搞绿化的局面。

必须在物质利益原则上做文章。思想教育、组织动员是我们的优良传统，义务植树是我们的成功做法，应该继续坚持和发扬。但是，要把思想觉悟、文化水平和职业分工千差万别的人们都发动起来，自觉自愿、长期不懈地参加绿化，还必须切实贯彻物质利益原则。我们搞社会主义市场经济，发展以公有制为主体的多种所有制经济、实行以按劳分配为主体的多种分配方式，就是承认和运用物质利益原则。绿化工作也应当充分体现这个原则。在劳动还是谋生手段的历史阶段，人类从事生产活动的直接目的，就是获得满足自身需要的物质利益。绿化是义务，是责任，也应该是利益。没有利益就没有动力，没有动力就没有活力。我们要建立一种利益驱动的工作机制，最大限度地调动广大群众的积极性，使每一个人在谋取自己利益的同时为发展集体利益尽责任，在追求自己致富目标的过程中为实现国家宏伟目标作贡献。这是发展我国绿化事业的基本思路，也是我们研究许多问题的出发点。

必须在研究管用的方法上下功夫。我们许多事情之所以没有办好，不少问题之所以长期得不到解决，不是因为思路不对，也不是因为原则不好，就是因为缺乏管用的方法。过去，我们为了解决吃饭问题，憋足了气儿，使足了劲儿，想尽了法儿，制定了农业四十条，提出了粮食产量上纲要、过黄河、跨长江的目标，但就是吃不饱肚子。当时，地比现在多，人比现在少，党风不能说不好，领导威信不能说不高，粮食生产之所以上不去，究其原因，就是没有找到真正体现物质利益原则的有效方法。后来，实行家庭联产承包责任制，把农业生产同农民的切身利益挂起钩来，广大农民的积极性得到前所未有的发挥，我国农业才实现了具有重大历史意义的飞跃，被国际上称为一大奇迹。可以这样说，正确的思路和原则确定之后，关键就在于找到行之有效的方法。一种好的方法、一个对路的实招，可以下活一盘棋，可以开辟一条道，可以影响一大片。我国的绿化工作要取得突破性进展，也必须开动脑筋，深入研究，积极寻找确实管用的正确方法。

真正能够解决问题的正确方法从哪里来？只能从实践中来。我们应当按照小平同志的要求大胆地想，大胆地试，大胆地闯。在大西北这样的地方，有那么多土地长期荒着，当务之急是让它尽快绿起来。国家要加大基础设施建设力度，首先要解决缺水问题。同时，要解放思想，放宽政策，谁绿化谁所有，谁投入谁受益，谁经营谁得利，鼓励不同地区、不同行业、不同所有制的投资者来进行开发。我们的大目标是绿起来，只要有利于绿，绿得多、绿得快、绿得好，各种方法都可以探索和试验。在已经绿起来的许多地方，可以推广森林管护经营责任制，实行管护承包，责任到人，利益到人，并进一步明晰和稳定林地权属关系，切实减轻林业税费负担。对其他需要绿化的荒山荒地、田边路旁、公园庭院等，也应该制定一些能够体现物质利益原则的具体政策。这些想法不一定都对，还会有其他做法。我的目的是鼓励积极探索，不要坐而论道。有些事情来回地争论，争论10年、20年，到头来一事无成，把时间也丢了。应先干起来再说，在干的过程中研究比较，在干的过程中总结提高。我相信，只要有这种精神，总会找到适合自己情况的绿化之路。

三

大力发展经济林木，是推进我国绿化事业的一项重大举措。

发展经济林木，能够给绿化者带来较多的经济利益。与其他林木相比，经济林木不仅具有一定的生态功能，还具有更高的经济价值。由于高新技术的运用，经济林木的挂果期已经大大提前，不少是一年栽植，三年结果，产量和质量都有很大提高。自古以来，我国人民就有种植经济林木的传统和经验。许多家庭千方百计在房前屋后、田间地头种上几棵经济林木，称之为“长年结果的摇钱树”，并把它作为一种财富留传给子孙后代。改革开放后，随着党的富民政策的实施，群众越来越重视种植经济林木，出现了许多依靠经济林木发家致富的典型。广西右江河谷地区是经济贫困的少数民族地区，通过种植芒果，不少群众走上了富裕路，去年芒果收入超万元的近 800 户。实践证明，种植经济林木人们积极，容易坚持，容易推广，有利于形成绿化的良性循环。

发展经济林木，能够充分利用土地等自然资源。土壤、水分、日照和温度是植物生长的主要条件，在我国，这几个条件都好的地方常常农业发达、人口密集、土地珍贵。在这样的地方搞绿化，不能不考虑比较效益。一棵树，占那么大一块地皮，用那么多水分和阳光，不能仅仅为了观赏，还应当发挥更多的作用，既有生态效益又有经济效益。比如丘岗地区，过去大炼钢铁把树都砍光了，当然很荒唐；后来提倡绿化，秃山变绿山，这是进步。但从合理利用土地等自然资源来讲，只绿还不够，应当大力发展经济林木，宜果则果，宜茶则茶，宜药则药。湖南计划开发丘岗地 5000 万亩，相当于全省耕地的面积。江西也提出在山上“再造一个江西”。类似湖南、江西这样条件的地方还有很多，如有计划地进行开发，其意义不可估量。按照这样的思路，不论是丘岗还是平原，不论是农村还是城市，不论是成片的地块还是零散的角落，像公园、庭院、沟旁、路边等，都应地尽其力，见缝插针，广种经济林木，这将对发展经济、改善生活和绿化祖国具有重大的影响和作用。

发展经济林木，能够为解决我国未来的吃饭问题提供新途径。目前，我们用仅占世界 7%的耕地养活占世界 22%的人口，这是举世公认的伟大成就。但应当看到，我国人口仍在以每年一千几百万的速度增加，而耕地却在以每年几百万亩的速度减少，到下世纪中叶，我国人口将达到 16 亿，人多地少的矛盾会更加突出。“民以食为天”，吃饭问题始终是关系中华民族生存和发展的头等大事。在我国，解决吃饭问题当然主要靠提高粮食产量，但还必须调整食物结构，广辟食品渠道。我国经济林木有 1000 多种，其中，木本粮食类 100 多种，木本油料类 200 多种，大部分可作为传统粮油的替代品。如板栗、核桃、柿子、枣、油茶等，就被群众誉为“铁杆庄稼”。根据专家测算，经过改造，木本粮食林平均亩产可达 125 公斤，我国现有木本粮食林 4000 万亩，适宜开发的还有 2 亿亩，如果全部开发出来，每年总产可达 300 亿公斤，按照一斤抵一斤粮食计算，相当于 6000 万亩耕地的粮食产量。水果尽管不是木本粮，但多吃水果，也可以减少吃粮。

当然，提倡种植经济林木，不是要在所有地方、把所有的树都变过来，不是用经济林取代用材林、防护林等其他林种，在什么地方种什么树，必须尊重科学，从实际出发，因地制宜，适地适树，突出特色，协调发展。

四

国土绿化是一项长远的战略任务，是一个宏大的系统工程，需要从多方面做大量扎实有效的工作。

要搞好绿化规划。规划应立足长远，为子孙后代着想，该留的绿化用地必须留足留够，不能因现在穷，就只图眼前，不顾长远，也不能因为要搞开发、上项目，就随意挤占和破坏林地绿地。规划应统筹兼顾，哪里建防护林带，哪里搞经济林木，哪里种乔木灌木，哪里栽花种草，都要合理布局、科学安排，并与国土整治、区域开发和城乡建设结合起来。规划应有权威性，一经制定颁布，就要保证实施，不能因领导人的主观意志而任意改变。

要加强科学研究。搞好绿化尤其是发展经济林木必须依靠科技进步。要强化科技兴绿意识，健全科研机构，组织科研力量，重视绿化造林的基础研究和应用研究。要采用现代生物技术，选育提供品种对路、数量充足的优良种苗，同时搞好对林木的抚育管理，防止退化、老化。要抓好技术试验示范区的建设，积极推广先进适用的技术，大力促进科技成果的转化、应用，保障绿化造林向优质、高产、高效的方向发展。

要完善服务体系。我们不但要使该绿的地方绿起来，还要使已绿的地方富起来，这就要为绿化造林者提供产前、产中、产后一系列服务。最近连续发生果贱伤农现象，并不表明水果真的多了，其主要原因是服务跟不上，致使水果多的地方运不出、卖不掉，水果少的地方见不到、买不着。目前我国的果品消费量还很低，人均每年仅 30 公斤左右，而世界上有的国家已高达 200 公斤。因此，要大力培育市场，疏通销售渠道，帮助种树人把辛勤劳动的果实卖出去，实现其价值。要切实解决好水果的贮存、保鲜、加工、运输等问题，特别是要搞好精加工、深加工，使产品既适销对路又得以增值。要兴办产供销相配套、贸工林一体化的服务组织，建立稳定、高效的生产、销售体系，确保绿化产业的经济效益。

要加大绿化投入。搞好造林绿化，国家必须保证基本投入，并随着经济的发展而逐步增加。去年以来，中央决定加强基础设施建设，把生态工程建设作为重点，大幅度增加投入，今年仅天然林保护工程一项，就拨款近60亿元。但绿化需要大量资金，必须开辟多种渠道。应落实《森林法》有关森林生态效益经济补偿的规定。可采用租赁、承包、股份合作、"四荒"使用权拍卖和独资、合资等各种形式，吸引各方面的资金，形成国有资本、集体资本、私营资本和国外资本共同参与的多元化投入机制，并通过政策上的倾斜与扶持，保证其投资收益。

一部人类的发展史，就是人与自然的关系史。中国数千年来在认识和改造自然的过程中，创造了辉煌的文明成果，也付出了环境恶化、资源紧缺的沉重代价。在人口、资源、环境之间矛盾日益突出的情况下，必须调整发展的模式，寻求人与自然的和谐。绿化是协调人与自然关系的重要环节。我们要进一步提高对绿化事业的认识，使绿化成为全体公民的自觉行动；要一年一年地干，一辈一辈地干，给子孙后代留下山清水秀的美丽环境，为中华民族开辟生存和发展的广阔空间。

九届全国人大常委会十次会议分组审议海洋环境保护法修订草案和气象法草案

九届全国人大常委会十次会议分组审议会计法修订草案关于惩治违反会计法犯罪的决定草案和关于惩治期货犯罪的决定草案

民盟八届中央常委会六次会议在北京举行

最高人民检察院成立专家咨询委员会

国务院副总理李岚清在人民大会堂会见新疆乌恰县人民医院院长吴登云和吴登云事迹报告会团成员

李岚清对吴登云的先进事迹和崇高精神给予高度评价，称赞他是新时期共产党员的楷模和为民爱民的好医生。

李岚清说，吴登云是新中国特别是改革开放新时期的一个全心全意为人民服务的典范，他不仅是医疗卫生战线，也是全国各民族人民的楷模。吴登云从江苏水乡来到祖国的西北边陲，带着对边疆各族人民的深厚感情，刻苦学习，救死扶伤，无私奉献，成为一名备受各族人民爱戴的优秀医生。他以一名共产党员的高度责任感和模范行动，为民族团结、为解决民族地区缺医少药问题，作出了重要贡献，在医德、医风、医术方面树立了光辉榜样。他的事迹感人至深，令人钦佩，我们大家应当很好地向吴登云同志学习，尤其是广大的医疗卫生工作者更应当很好地向他学习。李岚清指出，现在城市医疗资源相对过剩，但广大农村、老少边穷地区缺医少药的状况仍未根本改变，卫生部门应当鼓励城市医务工作者轮流到这些地区去服务，号召高等院校毕业生向吴登云学习，到祖国最需要的地方去。

吴登云的事迹给了我们深刻的教育，这次报告活动将对社会主义精神文明建设和医风医德建设起到重大作用。他希望各级领导要关心像吴登云这样的优秀医疗卫生工作者，努力为他们的工作和生活提供良好的环境。

中共中央政治局委员、书记处书记、中央宣传部部长丁关根，中共中央政治局候补委员、书记处书记、中央组织部部长曾庆红参加了会见。

中组部 中宣部 卫生部和新疆维吾尔自治区党委在人民大会堂联合举办吴登云事迹报告会

国家主席江泽民在青岛主持召开华东七省市国有企业改革和发展座谈会

这是江泽民1999年以来第四次主持召开部分省区市国有企业改革和发展座谈会。

中共中央政治局委员、国务院副总理吴邦国出席座谈会。

座谈会上，中共中央政治局委员、山东省省委书记吴官正，中共中央政治局委员、上海市市委书记黄菊，江苏省省委书记陈焕友，浙江省省委书记张德江，安徽省省委书记回良玉，福建省省委书记陈明义，江西省省委书记舒惠国分别介绍了本省市国有企业改革和发展的情况，并就进一步搞好国有企业提出了建议。上海广电集团有限公司董事长、党委书记徐为煺，江苏春兰集团公司总经理、党委书记陶建幸，浙江杭州钢铁集团公司董事长、党委书记童云芳，安徽丰原生物化学集团有限公司董事长、党委书记李荣杰，福建南纺股份有限公司常务副董事长、党委书记邱金锦，江西凤凰光学仪器公司总经理任捷，山东兖州矿业集团有限公司董事长赵经彻也结合本企业改革与发展的实际发了言。

江泽民强调，必须坚持建立现代企业制度的改革方向。多年来的实践证明，国有企业要提高市场竞争能力、科技创新能力和抗御风险的能力，必须建立起充满生机的管理制度和组织形式。现代企业制度，是发展社会主义市场经济条件下企业的基本制度。没有企业在管理和市场经营方面的有效机制的建立，社会主义市场经济体制最终是建立不起来的，公有制同市场经济的有机结合最终也难以实现。

江泽民说，改革开放以来，我们党总结建设国有企业正反两方面的历史经验，在改革实践中积极探索国有企业有效的管理制度和组织形式，为解决企业在过去计划经济体制下逐渐形成的弊端、增强企业的活力，进行了艰苦的努力。国有企业只有建立现代企业制度，才能真正成为自主经营、自负盈亏、自我发展、自我约束的法人实体和市场主体。

江泽民指出，按照中央的要求，各地区、各部门积极推进现代企业制度建设，在许多方面取得了重要进展。通过实践，我们积累了建立有中国特色的现代企业制度的重要经验。进一步推进现代企业制度建设，首先要全面落实产权清晰、权责明确、政企分开、管理科学的要求。这四个方面，是相互联系的统一整体，应该全面理解，准确把握。

在谈到进一步推进现代企业制度建设问题时，江泽民从八个方面作阐述：

——明确国家和企业的权责。我们的国有资产是全国人民几十年辛苦劳动积累起来的，一定要管好、用好。国有企业必须建立有效的国有资产管理、监督和营运机制。国家作为出资者，必须享有所有者权益，即资产受益、重大决策和选择管理者等权利。企业依法自主经营，自负盈亏，照章纳税，对出资者承担资产保值增值责任。要有人对国有资产的保值增值负责，不能只要管理的权力而不负任何责任，还要对国有资产的管理和营运进行严格的监督。

——进一步转换政府职能，实现政企分开。这是建立现代企业制度的重要环节。政府作为社会管理者，负责搞好宏观调控，制订和组织实施产业政策，进行行政管理，维护正常的经济和信用秩序，营造公平竞争的市场环境，严格执法监督。政府作为国有资本所有者，对其出资兴办和拥有股份的企业，行使所有者的职能，出资人要到位，但不直接干预企业的经营活动。各级政府必须转换职能，按照精简、统一、效能的原则，进行机构改革，改变政府直接经营管理企业，承担无限责任，企业多方面依赖政府的状况。党政机关要同所办的经济实体和直接管理的企业在人财物等方面彻底脱钩。

——对国有大中型企业实行规范的公司制改革，用多种形式放开搞活国有小企业。能够保证在所有者和经营者之间建立起制衡关系的公司法人治理结构，是现代公司制度的核心。国有大中型企业要建立和完善公司法人治理结构，明确股东大会、董事会、监事会和经理层的职责，形成有效的制衡机制。国有独资和国有控股公司的党委负责人和职工代表也可以通过《公司法》规定的聘任程序进入董事会和监事会，以便形成统一的决策监督机构。除极少数必须由国家垄断经营的企业外，要积极培育和发展多元化的投资主体，逐步实行股权多元化。在抓好大企业和企业集团的同时，继续采取改组、联合、兼并、租赁、承包经营和股份合作制、出售等多种形式，放开搞活国有小企业。要从实际出发，注重实效，不要刮风，不搞一个模式。对多种多样的股份合作制企业，要支持和引导，使之逐步完善。无论采取哪种形式，都必须规范操作，充分听取职工群众的意见，防止国有资产流失，防止逃废银行债务。

——加强企业领导班子建设，培养和造就高素质的经营管理者队伍。办好企业，关键在领导班子，在经营管理者。必须继续改革企业人事管理制度，加强企业领导班子建设。要探索建立科学的选人用人和激励约束机制，把坚持党管干部的原则同依法选择、管理企业经营管理者结合起来。要加快培育经营管理者人才市场，促进他们的合理流动和优化配置。按照管资产与管人相结合的原则，进一步理顺关系，尽量避免一个班子多头管理的状况。要开展多种形式的培训，全面提高企业经营管理者的政治和业务素质。

——搞好科学管理，提高企业管理水平。抓企业管理，关键是严字当头，敢于负责。要重点在成本管理、财务管理、质量管理上狠下功夫。要建立和完善全国统一的会计制度，真实编制资产负债表、损益表和资金流量表。要努力按照有关法规和市场原则进行增资减债，把企业资产负债率降到一个比较合理的水平。企业要有明确的发展战略、技术创新战略和市场营销战略，实现由单纯偏重生产管理到重视市场营销和技术开发的转变。要建立、健全各项规章制度，强化基础工作。广泛运用现代管理技术和手段，建立高效、准确、及时的信息系统和财务管理系统。依法管理，依法经营，运用法律手段保护企业的经营安全和合法权益。

——完善企业分配机制，调动职工和经营者的积极性。要按照效率优先兼顾公平的原则，建立按劳分配与按生产要素分配相结合的分配制度。工资的分配可以合理拉开差距，体现多劳多得。允许和鼓励资本、技术等生产要素参与企业收益分配。经营者收入，要根据企业经营的业绩、难度和风险合理确定，逐步建立和完善企业经营者的激励和约束机制。要加强对个人收入的社会调节，完善个人所得税制度，防止收入过分悬殊。

——全心全意依靠职工群众办好企业。全心全意依靠工人阶级，是我们党的一项基本方针，这是由我们党和国家的性质、工人阶级的历史地位和作用决定的，在任何时候任何情况下都不能动摇。各级党政领导和企业负责人必须切实把广大职工群众的积极性引导好、保护好、发挥好。要继续坚持和进一步完善以职工代表大会为基本形式的企业民主管理制度，发挥工会和职工代表大会在民主决策、民主管理、民主监督中的积极作用。要切实维护职工的合法权益，保障职工的民主权利。要重视对职工的思想道德教育和业务技术培训，全面提高队伍素质。对困难职工和下岗职工，要特别给予关心，帮助他们解决实际困难。

——加强和改善党的领导，充分发挥企业党组织的政治核心作用。要进一步探索新的条件下企业党组织发挥作用的有效途径和活动方式。企业党组织要保证、监督党和国家方针政策在企业的贯彻执行，参与企业重大问题决策，支持股东大会、董事会和经理依法行使职权，充分依靠职工群众，引导企业不断加强思想政治工作和精神文明建设。一些实行公司制改造的国有大中型企业，党组织负责人按照法定程序进入董事会，董事会、监事会、经理、工会中的党员负责人按照党章及有关规定进入党委会。

江泽民指出，建立有中国特色的现代企业制度，我们的认识和经验都还很不够。各级党委和政府要加强对这项工作的领导，解放思想，实事求是，鼓励大胆地试，大胆地闯，不断总结经验，不断创造经验，推动现代企业制度建设健康发展。

江泽民在讲话中还谈到了继续加快东部地区改革和发展步伐的问题。他指出，改革开放以来，东部地区运用自身较好的经济基础、优越的地理位置和国家的政策支持，改革和建设发展很快，为全国的改革和建设作出了很大的贡献。东部发达地区积累了相当的实力，进一步加快发展具有很好的条件，应该继续深化改革、加快发展。

江泽民强调，东部地区应该抓住机遇，继续积极深化改革、健全经济和社会发展的有效制度和良性机制，继续积极发展高新技术产业、培育新的经济增长点，继续积极采用先进科学技术改造传统产业，继续积极扩大对外开放、努力开拓国外市场。同时，东部地区应更加重视支持中西部地区的发展，本着互惠互利，优势互补，联合发展原则，通过产业转移、技术转让和联合、联营及合作形式发展生产，加强地区之间经济与技术合作。西部地区的开发搞上去了，资源优势充分发挥了，潜在的市场变为现实的市场，也会有力地促进东部地区经济社会发展。只有谋求中华民族共同发展的大局，才能实现各地经济的快速和协调发展。

国家经贸委与外经贸部联合发布《外商投资商业企业试点办法》

第一条　为进一步扩大对外开放，促进商业企业的改革和发展，推动国内市场建设，使扩大商业领域利用外商投资试点健康有序地进行，根据《中华人民共和国中外合资经营企业法》和《中华人民共和国中外合作经营企业法》等有关法律、法规，制定本办法。

第二条　本办法适用于外国公司、企业同中国公司、企业在中国境内设立中外合资或合作商业企业(以下简称合营商业企业)。暂不允许外商独资设立商业企业。

第三条　设立的合营商业企业必须符合所在城市的商业发展规划，能够引进国际上先进的营销技术和管理经验，促进国内商业现代化，带动国内产品出口，产生良好的经济效益和社会效益。

第四条　设立合营商业企业的地区由国务院规定，目前暂限于省会城市、自治区首府、直辖市、计划单列市和经济特区(以下简称试点地区)。

第五条　合营商业企业的投资者应具备以下条件：

(一)外国合营者或外国合营者中的主要合营者(以下简称外国合营者)应为具有较强的经济实力、先进的商业经营管理经验和营销技术、广泛的国际销售网络、良好的信誉和经营业绩的企业，且能够通过拟设立的合营商业企业带动中国产品出口。

申请设立从事零售业务的合营商业企业的外国合营者，申请前3年年均商品销售额应在20亿美元以上，申请前1年资产额应在2亿美元以上。

申请设立从事批发业务的合营商业企业的外国合营者，申请前3年年均商品批发额应在25亿美元以上，申请前1年资产额应在3亿美元以上。

(二)中国合营者或中国合营者中的主要合营者(以下简称中国合营者)应为具有较强经济实力和经营能力的流通企业，申请前1年的资产额应在5000万元(中西部地区3000万元)人民币以上。其中，中国合营者为商业企业的，申请前3年年均销售额应在3亿元(中西部地区2亿元)人民币以上；为外贸企业的，申请前3年年均自营进出口额应在5000万美元以上(其中出口额不低于3000万美元)。

第六条　合营商业企业应符合以下条件：

(一)符合中国有关法律、法规及有关规定。

(二)符合所在城市商业发展规划。

(三)从事零售业务的合营商业企业的注册资本不低于5000万元人民币，中西部地区不低于3000万元人民币；从事批发业务的合营商业企业的注册资本不低于8000万元人民币，中西部地区不低于6000万元人民币。

(四)采取3家以上分店连锁方式经营的合营商业企业(便民店、专业店和专卖店除外)，中国合营者出资比例应达到51%以上；其中对合营商业企业本身经营情况较好，外国合营者已从国内大量采购产品，并能借助外国合营者的国际营销网络，进一步扩大国内产品出口的合营连锁商业企业，经国务院批准后，可允许外国合营者控股；

开设3家以下分店(包括3家)的合营商业企业和连锁方式经营的便民店、专业店、专卖店,中国合营者出资比例应不低于35%;

从事批发业务(包括零售企业兼营批发业务)的合营商业企业,中国合营者出资比例应达到51%以上。

(五)合营商业企业的分店只限于中外双方直接投资、直接经营的直营连锁形式,暂不允许发展自由连锁、特许连锁等其他连锁形式。

(六)经营年限不超过30年,中西部地区不超过40年。

第七条 外国合营者与合营商业企业签订商标、商号使用许可合同、技术转让合同的,外国合营者提取的相关费用总计不得超过合营商业企业当年销售额(不包括增值税)的0.3%,提取年限不超过10年。

第八条 设立合营商业企业按照以下程序办理:

中国合营者向所在试点地区经济贸易委员会(经济委员会、计划与经济委员会,下同)报送可行性研究报告(代项目建议书)及有关文件,试点地区经济贸易委员会会同内贸主管部门按规定程序报国家经济贸易委员会。国家经济贸易委员会征求对外贸易经济合作部意见后审批。

可行性研究报告(代项目建议书)经批准后,由试点地区外经贸部门按规定程序向对外贸易经济合作部上报合同、章程,对外贸易经济合作部对合同、章程予以审批。

获得批准设立的合营商业企业,应自收到批准证书之日起1个月之内,凭对外贸易经济合作部颁发的《外商投资企业批准证书》,到国家工商行政管理部门办理注册登记手续。

第九条 申请设立合营商业企业,应报送下列文件:

(一)可行性研究申报文件

1. 合营各方共同编制的可行性研究报告(代项目建议书);

2. 合营各方的银行资信证明、登记注册证明(复印件)、法定代表人证明(复印件);

3. 合营各方经会计师事务所审计的最近3年的年度资产负债表和损益表;

4.(如果中国合营者以国有资产投资)国有资产管理部门对中方拟投入国有资产的评估报告确认文件;

5. 拟设立合营商业企业经营的商品种类;

6. 其他有关文件。

(二)合同、章程申报文件

1. 可行性研究申报文件及其批准文件;

2. 由合营各方授权代表签署的拟设立合营商业企业的合同、章程;

3. 进出口商品目录;

4. 拟设立合营商业企业董事会成员名单及合营各方董事委派书;

5. 国家工商行政管理局出具的企业名称预先核准通知书;

6. 其他有关文件。

上述文件除已注明为复印件的,一律为正式文件。非法定代表人签署文件的,应出具法定代表人委托授权书。

第十条 国有流通企业投资设立合营商业企业的,须按《国有资产评估管理办法》的规定,由国有资产管理部门确认的评估机构,对国有流通企业投入的有形和无形资产进行科学、公正的评估。评估结果经省级以上国有资产管理部门确认后,作为投入国有资产作价的依据。

第十一条 已设立合营商业企业申请兼营批发业务、开设分店、更改合营方,对外贸易经济合作部征得国家经济贸易委员会同意后予以审批;已设立合营商业企业的其他变更,按现行外商投资企业的有关规定,报原审批机关审批。报批时合营商业企业需提交以下文件:

(一)申请报告;

(二)企业经营状况报告;

(三)企业验资报告;

(四)企业出口情况报告及证明文件;

(五)董事会有关决议;

(六)合同、章程修改协议;

(七)其他有关文件。

企业应自修改后的合同、章程批准之日起1个月内向国家工商行政管理部门办理登记变更等手续。

第十二条 合营商业企业的经营范围:

(一)从事零售业务的合营商业企业的经营范围

1. 商业零售(包括代销、寄售)经营;

2. 组织国内产品出口业务;

3. 自营商品的进出口业务;

4. 经营相关的配套服务。

(二)经营批发业务的合营商业企业的经营范围

国内商品和自营进口商品的国内批发,组织国内产品出口。

第十三条 从事零售业务的合营商业企业经批准可兼营批发业务。

第十四条 合营商业企业不得从事商品进出口代理业务。

第十五条 合营商业企业经营国家有特殊规定的商品以及涉及配额、许可证管理的进出口商品,应按国家有关规定办理审批手续。

合营商业企业年度商品进口总额不得超过本企业当年商品销售额的30%。

第十六条 合营商业企业应遵守中华人民共和国法律、法规，受中国法律、法规管辖，其正当经营活动及合法权益受中国法律、法规的保护。

合营商业企业如有违反中国法律、法规的行为，按中国有关法律、法规处理。

第十七条 各地要严格按本办法规定设立合营商业企业。违反本办法规定的，由国家经济贸易委员会、对外贸易经济合作部会同国家工商行政管理局进行查处。各地经济贸易委员会、外经贸部门要会同有关部门及时跟踪试点情况，认真总结试点经验，妥善解决试点中出现的问题。

第十八条 国家经济贸易委员会、对外贸易经济合作部、国家工商行政管理局或其授权机构依法对外商投资商业企业进行监督和管理。

第十九条 香港特别行政区、澳门、台湾地区的投资者在祖国大陆投资设立合营商业企业，参照本办法执行。

第二十条 本办法由国家经济贸易委员会、对外贸易经济合作部负责解释。

第二十一条 本办法自发布之日起施行。

全国部分省(区)勘界工作会议在北京举行

为加强勘界工作，促进省(区)边界地区的经济和社会发展，国务院日前召开全国部分省(区)勘界工作会议。国务委员司马义·艾买提传达了朱镕基总理对这次会议的重要指示。朱镕基总理充分肯定了全面勘界工作取得的成绩，对广大勘界工作者付出的辛勤劳动表示衷心的感谢。他强调指出，只有把勘界工作做好，才能保持边界地区稳定，促进当地经济、社会发展和民族团结。为此，他要求各级党委和政府，特别是主要负责同志要从大局出发，从稳定出发，从民族团结和发展经济、摆脱贫困出发，高度重视勘界工作，密切与邻省配合，早动手、早安排，狠抓落实。

司马义·艾买提在讲话中说，1995年国务院决定，从1996年起用5年时间完成全国省、县两级陆地行政区域界线勘定任务。截至今年5月底，全国69条陆地省界，已经开展勘界的有61条，共划定界线4.4万公里，完成总任务的74%；全国41万公里县界，已经划定33.3万公里，完成总任务的81%。从总体上看，全面勘界工作进展比较顺利，取得了阶段性成果，对社会稳定、经济发展和民族团结起到了重要作用。但是，勘界工作进展很不平衡，少数地方对这项工作重视不够，措施不力，行动较慢，影响了全面勘界的进程。个别地区发生的边界争议已经成为当地的不稳定因素。

最近，为加强对全国勘界工作的领导和协调，国务院建立了勘界工作联席会议制度。司马义·艾买提要求各地切实负起责任，加大勘界工作力度，确保省(区)边界地区和睦相处，共同发展。

会上，四川、陕西、贵州、安徽、湖北、广西、云南7省(区)人民政府主管副省长(副主席)就今年全线贯通的川陕线、川黔线、皖鄂线、桂滇线举行了勘定签字仪式；四川、陕西勘界工作领导小组介绍了联合勘定川陕线的经验，贵州省介绍了努力完成全面勘界任务的经验；四川、西藏、甘肃、青海、新疆、江苏、山东7省(区)联合研究制定了藏青、甘青、甘新、川甘、苏鲁线推进勘界工作的具体措施。民政部部长多吉才让就如何贯彻朱镕基总理重要指示和司马义·艾买提国务委员的讲话精神作了总结发言。

全国证券期货监管工作会议在北京召开

温家宝在会上讲话指出，中央决定，建立全国统一的证券期货监管体系，由中国证监会统一负责对全国证券、期货业的监管。会议宣布，中国证监会派出机构将从7月1日起正式挂牌。这标志着我国集中统一的证券监管体制已经形成。

天安门广场改造工程竣工

天安门广场改造工程经过8个月的精心施工，全部完成，并重新开放。

天安门广场的地面，过去铺装的是水泥方砖，这次全部换成了耐磨、抗压的浅粉色天然花岗岩石。铺装的范围包括整个广场、毛主席纪念堂院内的地面、金水桥两侧、革命历史博物馆西门小广场，铺装总面积16.69万平方米。

这次天安门广场改造，还增添了两大块绿色草坪，每块4800平方米。

全国人大常委会委员长李鹏在人民大会堂会见毛里塔尼亚外交部部长艾哈迈德·乌尔德·锡德·艾哈迈德

中共中央政治局常委全国人大常委会委员长李鹏在人民大会堂会见印度共产党(马克思主义)总书记哈·辛·苏吉特

中国激光快速成型技术取得突破

一种适用于中小企业、大专院校和科研单位的CPS系列普及型快速成型机和整体EDM石墨电极成型机在西安交通大学面世。在日前举行的成果鉴定和验收会上，来自国家有关部委的专家组认为，两项研究成果已达到国际领先水平和国际先进水平。

由西安交大承担的"激光快速成型制造研究开发"项目是国家"九五"重点科技攻关项目，1998年被国家列为重点新产品和国家级火炬计划，并获得教育部科技进步一等奖。

大型乐舞《珠穆朗玛》在北京演出

首届国际儿童美术比赛在孟加纳国闭幕 8 岁中国儿童夏儿荣获特别奖另有 2 人获得金奖

6月26日

九届全国人大常委会十次会议举行第二次大会

会议表决通过了《全国人民代表大会常务委员会关于〈中华人民共和国香港特别行政区基本法〉第二十二条第四款和第二十四条第二款第(三)项的解释》。李鹏委员长主持会议。

上午会议上，委员们还听取了全国人大常委会副委员长邹家华作的关于检查《中华人民共和国大气污染防治法》实施情况的报告。受国务院委托，财政部部长项怀诚、审计署审计长李金华、国家环境保护总局局长解振华在会上分别作了关于1998年中央决算的报告、关于1998年中央预算执行和其他财政收支的审计工作报告和关于防治北京大气污染的工作报告。会议还印发了全国人大代表团访问哥伦比亚、委内瑞拉、古巴和牙买加四国情况的书面报告和出席各国议会联盟第101届大会的书面工作报告，请各位委员审议。

全国人大常委会副委员长田纪云、姜春云、王光英、程思远、布赫、铁木尔·达瓦买提、吴阶平、彭珮云、何鲁丽、周光召、成克杰、曹志、丁石孙、成思危、许嘉璐、蒋正华，秘书长何椿霖出席了今天上午的会议。列席上午会议的有国务委员王忠禹、最高人民法院院长肖扬、最高人民检察院检察长韩杼滨。

下午，九届全国人大常委会十次会议举行分组会议，审议上午听取的各项报告。

九届全国人大会常委会十次会议通过《关于〈中华人民共和国香港特别行政区基本法〉第二十二条第四款和第二十四条第二款第(三)项的解释》

九届全国人民代表大会常务委员会十次会议审议了国务院《关于提请解释〈中华人民共和国香港特别行政区基本法〉第二十二条第四款和第二十四条第二款第(三)项的议案》。国务院的议案是应香港特别行政区行政长官根据《中华人民共和国香港特别行政区基本法》第四十三条和第四十八条第(二)项的有关规定提交的报告提出的。鉴于议案中提出的问题涉及香港特别行政区终审法院1999年1月29日的判决对《中华人民共和国香港特别行政区基本法》有关条款的解释，该有关条款涉及中央管理的事务和中央与香港特别行政区的关系，终审法院在判决前没有依照《中华人民共和国香港特别行政区基本法》第一百五十八条第三款的规定请全国人民代表大会常务委员会作出解释，而终审法院的解释又不符合立法原意，经征询全国人民代表大会常务委员会香港特别行政区基本法委员会的意见，全国人民代表大会常务委员会决定，根据《中华人民共和国宪法》第六十七条第(四)项和《中华人民共和国香港特别行政区基本法》第一百五十八条第一款的规定，对《中华人民共和国香港特别行政区基本法》第二十二条第四款和第二十四条第二款第(三)项的规定，作如下解释：

一、《中华人民共和国香港特别行政区基本法》第二十二条第四款关于"中国其他地区的人进入香港特别行政区须办理批准手续"的规定，是指各省、自治区、直辖市的人，包括香港永久性居民在内地所生的中国籍子女，不论以何种事由要求进入香港特别行政区，均须依照国家有关法律、行政法规的规定，向其所在地区的有关机关申请办理批准手续，并须持有有关机关制发的有效证件方能进入香港特别行政区。各省、自治区、直辖市的人，包括香港永久性居民在内地所生的中国籍子女，进入香港特别行政区，如未按国家有关法律、行政法规的规定办理相应的批准手续，是不合法的。

二、《中华人民共和国香港特别行政区基本法》第二十四条第二款前三项规定："香港特别行政区永久性居民为：(一)在香港特别行政区成立以前或以后在香港出生的中国公民；(二)在香港特别行政区成立以前或以后在香港通常居住连续七年以上的中国公民；(三)第(一)、(二)两项所列居民在香港以外所生的中国籍子女"。其中第(三)项关于"第(一)、(二)两项所列居民在香港以外所生的中国籍子女"的规定，是指无论本人是在香港特别行政区成立以前或以后出生，在其出生时，其父母双方或一方须是符合《中华人民共和国香港特别行政区基本法》第二十四条第二款第(一)项或第(二)项规定条件的人。本解释所阐明的立法原意以及《中华人民共和国香港特别行政区基本法》第二十四条第二款其他各项的立法原意，已体现在1996年8月10日全国人民代表大会香港特别行政区筹备委员会第四次全体会议通过的《关于实施〈中华人民共和国香港特别行政区基本法〉第二十四条第二款的意见》中。

本解释公布之后，香港特别行政区法院在引用《中华人民共和国香港特别行政区基本法》有关条款时，应以本解释为准。本解释不影响香港特别行政区终审法院1999年1月29日对有关案件判决的有关诉讼当事人所获得的香港特别行政区居留权。此外，其他任何人是否符合《中华人民共和国香港特别行政区基本法》第二十四条第二款第(三)项规定的条件，均须以本解释为准。

全国人大常委会副委员长邹家华在九届全国人大常委会十次会议第二次全体会议上作《关于检查〈中华人民共和国大气污染防治法〉实施情况的报告》

根据今年全国人大常委会执法检查计划的安排，今年5月，全国人大常委会组织五个执法检查组，赴北京、上海、西安、兰州和沈阳五市，对《中华人民共和国大气污染防治法》的执行情况进行了检查，检查内容侧重于燃煤和汽车尾气污染的治理情况。在九届全国人大常委会十次会议今天举行的全体会议上，邹家华报告了这次执法检查的情况。

邹家华说，自1995年新修订的大气污染防治法颁布以来，国务院及其有关部门对该法的实施给予了高度重视，开展了广泛的宣传，加大了执法力度，制定了相应的法规，取得了明显的成效。具体看，全国大气主要污染物排放量呈下降或持平趋势，污染物处理达标率逐年增长，全国大气环境质量总体保持稳定，部分城市还有所改善。与1995年大气污染防治法修订之前相比，1998年全国二氧化硫排放量下降了12%，工业烟尘排放量下降了10%。城市大气环境中的三项主要指标也有所下降。

邹家华说，从检查的情况看，五个市的市委、市人大、市政府对大气污染防治工作思想重视，步子扎实，措施得力，初见成效。在近年经济持续、快速发展的情况下，五市大气环境质量不仅没有急剧恶化，而且还逐年有所改善，大气污染加重的势头初步得到遏制，一些主要污染指标开始下降。北京市由于去年年底采取了紧急措施，今年头五个月与去年同期相比，大气中的二氧化硫浓度明显下降，下降幅度达到17%—39%。上海市自90年代以来，大气环境质量逐步趋向好转，与1991年相比，1998年全市总悬浮颗粒物年均浓度由251微克/立方米降至189微克/立方米，二氧化硫浓度由53微克/立方米降至25微克/立方米。沈阳市、西安市、兰州市大气质量也趋向好转。

邹家华说，在大气污染防治法实施过程中，国家以及有关城市采取了一些措施：包括领导重视，投入增加，加快治理污染进程；加强环境法制建设，依法治理大气污染；大力改善燃料结构，努力控制煤烟型污染；积极开展燃气汽车改造，加快机动车尾气治理；努力降低建筑工地扬尘，大力开展城市绿化；加快搬迁改造，积极治理工业污染源；加强环境科技开发，努力提高治理污染的技术水平。

邹家华指出，由于原来的污染程度比较重，虽然这几年环保工作的力度有了很大的加强，生态环境也有了不小的改善，但我国城市的大气环境质量与党中央、国务院的要求相比，与其他国家的城市环境质量相比，与广大市民的期望相比，还有相当大的差距。今后，治理污染的任务还是十分艰巨的。

邹家华强调，我国城市大气环境形势依然十分严峻，1998年，在全国322个环境统计的城市中，空气质量达到国家二级标准的占27.6%；空气质量处于国家三级标准的占28.9%；空气质量超过国家三级标准的占43.5%，属于严重污染型城市。从环境监测的指标来看，城市总悬浮颗粒物超标比较普遍，1998年全国城市年平均浓度达到289微克/立方米，超过了国家二级标准(200微克/立方米)。在国内47个重点城市中，空气污染最为严重的十大城市依次为太原、北京、乌鲁木齐、兰州、重庆、济南、石家庄、青岛、广州、沈阳。

邹家华说，我国酸雨正呈蔓延之势，是继欧洲、北美之后世界第三大重酸雨区。1998年，全国一半以上的城市降水年均pH值低于5.6，酸雨在我国几呈燎原之势，覆盖面积已占国土面积的30%以上。

邹家华说，污染造成的危害不断加剧。据中国社会科学院最近公布的一项报告表明，1995年我国环境污染造成的经济损失达到1875亿元，占当年GDP的3.27%。其中大气污染造成的经济损失占总损失的16.1%，因总悬浮颗粒物影响导致的人体健康损失估算为171亿元，因酸雨造成的损失为130亿元。

邹家华说，造成我国城市大气污染严重的原因是多方面的，既有客观条件不利的因素，也有实际工作中的因素。从实际情况来看，主要原因是以煤为主的能源结构造成煤烟型污染严重；汽车数量急剧增长，汽车尾气污染严重；地面扬尘和沙尘暴造成总悬浮颗粒物浓度偏高；工业污染源造成城市局部地区污染严重。

为此，邹家华建议，要加强宣传，提高认识，大家关心，全民参与，进一步增强治理大气污染的紧迫感和责任感；开发和采用先进技术，调整能源结构，发展清洁能源，加快治理煤烟型污染；发展双燃料汽车，积极治理汽车尾气，有效控制汽车型污染；优化产业结构，提高技术水平，增强企业的治污能力；加强施工管理，加快城市绿化建设，大力控制城市尘污染；加快修改大气污染防治法，为依法整治大气环境奠定基础。

香港特别行政区行政长官董建华就全国人大常委会对基本法有关条文的解释在九届全国人大常委会十次会议第二次全体会议上发言

董建华向中外记者表示，今天全国人大常委会对香港基本法有关条文作出解释，使关系香港市民长远利益、引起各界关注的港人在内地所生子女居留权问题，终于在完全合宪合法的情况下得到了圆满解决。

董建华说，“一国两制”是一项史无前例的事业，在落实中出现某些问题是完全可以理解的。最关键的是我们要时时刻刻以香港的长远和整体利益为依归。只要坚持法治精神，严格按照基本法办事，遇到的种种困难都可以解决。通过解决香港人在内地所生子女居留权问题，我们为落实和执行基本法、维护香港法治积累了宝贵经验。

董建华强调，香港成功的基石之一是法治。维护法治，维护司法独立，是特区政府的一项重要任务。因此，这次请求全国人大常委会解释基本法有关条款的行动，每一个步骤，每一个环节，都是深思熟虑的，都是按照法律的规定和程序去做的。

董建华说，从解决居留权问题的过程中可以看到，社会上大多数人是从香港的整体利益出发，以香港市民的就业机会、生活素质和长远利益为依归，赞成在法治精神的指引下，在法律的严格规范之下，找出解决问题的方案。这种态度反映了社会的主流意见，代表了绝大多数市民的利益。但也有少数人，漠视我们在合宪合法的情况下解决问题的努力并试图误导国际舆论，这对香港完全没有好处，对解决问题毫无帮助。

据董建华介绍，在接到全国人大常委会的解释之后，香港特区行政会议立即作出三项决定：第一，下星期将向立法会提交决议案，以便修改入境条例的附表，将规定：港人在香港以外所生的子女，只有在其出生时，其父或母一方已获得香港永久居民身份，才拥有香港居留权；非婚生港人子女有此条件可以申请居留权。第二，根据全国人大常委会的解释不影响 1999 年 1 月 29 日终审法院对有关案件的判决的原则，将对那些从 1997 年 7 月 1 日至 1999 年 1 月 29 日在港并曾向政府声称拥有居留权的人士，根据终审法院的判决核实其永久居民身份。据统计，这些人士大约有 3700 人。第三，其他人士只有在符合全国人大常委会解释的情况下，才可申请居留权。

董建华表示，通过这次事件，我们再一次看到中央对香港和对香港繁荣稳定的关心。他说，“在‘一国两制’条件下，我对香港的宪制和法治充满信心。”

国家环境保护总局局长解振华在九届全国人大常委会十次会议第二次全体会议上作关于防治北京大气污染的工作报告

解振华在报告时说，近年来，北京大气污染相当严重，与社会主义中国的首都的地位，与全国政治、文化中心的地位很不相称，已引起社会各方面包括最高国家权力机关的关注。

解振华说，北京市是我国的首都和政治、文化中心。做好北京市的环境保护工作意义重大。国务院对控制北京大气污染工作非常重视，去年以来多次召开会议研究北京市大气环境污染治理问题，并将北京市环境污染治理列入本届政府确定的国家环保重点治理计划。在国务院领导同志的重视和支持下，北京市委、市政府多次召开专门会议，多方征求专家意见，制定了《北京市环境污染防治目标与对策（纲要）》，并经国家环保总局协调国务院有关部委意见后联合上报国务院。纲要初步确定的主要目标是：1999 年 10 月 1 日前，环境质量有所改善，以良好的环境迎接新中国成立 50 周年；到 2000 年年底，环境质量明显改善，非采暖期的空气质量、城市中心区地面水环境质量基本达到国家标准；到 2002 年年末，环境质量按功能区基本达到国家标准。

关于北京市大气污染情况，解振华说，根据监测，1998 年北京市区大气中总悬浮颗粒物、二氧化硫、氮氧化物年平均值分别超过国家空气质量二级标准 89%、100%和 204%，9、10 月份连续出现空气污染指数四级的状况。根据中国环境监测总站对 45 个国家 157 个城市（包括我国 44 个主要城市）大气质量比较分析，北京市空气污染综合指数 1995 年排第 7 位，1998 年排第 3 位。比世界上大气污染最严重的墨西哥城的总悬浮颗粒物高出 35%、二氧化硫高出 62%，比上海、天津、重庆市的大气污染综合指数分别高出 40%、33%、37%。

解振华说，造成北京大气严重污染的原因是多方面的，既有历史上长期积累的因素，也有近些年发展中形成的问题。主要污染源来自每年燃烧 2800 万吨煤，140 多万辆机动车的排气，5000 多个建筑工地的扬尘，以及自然降尘等。目前，北京市市长已与 18 个区、县和 18 个有关委、办、局、总公司签订了治理污染责任书，并制定出分阶段、分重点的治理行动方案。去年冬季，北京市实施了控制大气污染第一阶段的 18 项紧急措施，重点治理燃煤排放的二氧化硫、烟尘和机动车排气。今年春季，着手实施第二阶段治理的 28 项措施。第二阶段以治理扬尘污染为重点，同时，继续加大治理煤烟和机动车排气的力度。

解振华说，针对煤烟型大气污染的特点，北京市将充分利用陕西天然气替代燃煤，决定在人口稠密的市区，即三环路以内的 160 平方公里和四环路以内的 300 平方公里范围内，分批建设无燃煤区。对于市区供热管网和天然气管网无法进入的单位或居民平房区，采取用电和液化石油气的措施。关于机动车排气污染防治情况，北京市在全国率先颁布机动车排放地方标准，从源头控制新车排气污染。目前已有1.5万辆新车达到了新标准。同时，北京市计划到2002年更新报废60万辆旧车，目前已报废5万辆，其中1.4万辆是污染严重的“面的”。对公交汽车、出租车、环卫车和邮电车辆积极推广使用清洁燃料。汽车排气路检合格率已由去年的42%提高到现在的60%。

关于扬尘污染和工业污染防治情况，解振华说，北京市大气扬尘主要为自然降尘和建筑施工扬尘。治理自然降尘，市政府积极扩大绿化面积，最大限度地减少裸露地面。为治理建筑施工扬尘，北京市将进一步加强对建筑工地的环境管理，建立工地环保监督员制度。目前北京市还加大了对首钢、高井电厂等重点污染源的治理力度。此外，强化了环境保护的监管力度，推行污染物排放总量控制，实施排污许可证和限期治理制度，加强对污染源和机动车排放的检测。

解振华说，北京市实施污染治理措施后，已经初步见到成效。根据监测，全市空气中二氧化硫浓度连续6个月持续下降，今年5月份二氧化硫浓度为27微克/立方米，比去年同期的40微克/立方米，下降了32个百分点。与去年同期相比，大气总悬浮颗粒物和一氧化碳浓度持平，氮氧化物浓度也出现近10年来上升速度减缓的趋势。他同时指出，要从根本上扭转目前严重污染的局面，彻底治理北京市的环境污染，还需要北京市作出长期不懈的努力。

财政部部长项怀诚在九届全国人大常委会十次会议第二次全体会议上报告1998年中央决算

项怀诚说，1998年中央财政收入在连续5年较大幅度增长的基础上继续保持了较高的增长幅度，但中央财政预算执行中也存在一些问题，有的还比较严重，对此必须予以高度重视。

项怀诚说，1998年中央财政总收入5489.13亿元，比预算增加179.94亿元，完成预算的103.4%，比上年增长13.6%。其中，中央本级收入4892亿元，完成预算的103.8%；地方上解中央收入597.13亿元，完成预算的99.8%。中央财政总支出6447.14亿元，比预算增加677.95亿元，完成预算的111.8%，比上年增长19.6%。其中，中央财政本级支出3125.6亿元，完成预算的113.6%；税收返还和补助地方支出3321.54亿元，完成预算的110.1%。中央财政支出超过预算较多，主要是增加了基础设施建设投入、国有企业下岗职工基本生活费补助支出、粮食风险基金和抗洪救灾经费支出。中央财政收支相抵，赤字958.01亿元，比九届全国人大常委会四次会议审议批准的调整预算赤字数额减少1.99亿元。

项怀诚指出，中央财政决算收支数与向九届全国人大二次会议报告的中央预算执行数比较，财政总收入增加5.98亿元，财政总支出增加4.08亿元，赤字数减少1.9亿元。

项怀诚说，1998年中央财政收入继续保持了较高的增长幅度，“两税”、关税和海关代征税等主体税种继续呈现稳定增长的趋势，从而使全国财政收入占国内生产总值的比重继续有所提高，达到12.4%，较上年提高了0.8个百分点。这是在去年经济增长速度趋缓、物价持续负增长的情况下取得的，来之不易。

关于1998年中央财政支出的安排和使用，项怀诚报告说，中央财政支出认真贯彻了党中央、国务院的指示精神和九届全国人大一次会议的决定，较好地体现了“保证重点、兼顾一般”的原则，有力地促进了经济和社会各项事业的发展：

——实施积极财政政策，增加基础设施建设投入。财政部向国有商业银行增发了1000亿元国债，重点用于农林水利、交通通信、环境保护、城乡电网改造、粮食仓库和城市公用事业等基础设施建设。截至1998年年底，中央财政共拨付国债专项资金717.82亿元，银行配套贷款607亿元，带动了全社会资金的投入，加快了基础设施建设。1998年完成堤防加固达标长度2600公里、大江大河干流护坡550公里、险工险段处理770公里、崩岸防护197公里、填塘固基151公里；新增公路里程1100公里；开工兴建粮库300多个、市政环保项目778个等。据统计，这项措施大致增加国内生产总值1122亿元，拉动经济增长1.5个百分点。实践证明，党中央、国务院关于实施积极财政政策的决策和全国人大常委会作出调整中央预算的决定是完全正确的。

——全力支持抗洪救灾工作。1998年中央财政共拨付各项救灾支出130亿元，其中，特大防汛抗旱资金34.87亿元、特大自然灾害救济补助费28.94亿元、灾后恢复重建资金和抢险救灾资金39.55亿元、受灾地区财力补助20亿元、防治防疫事业费2.4亿元。

——努力确保国有企业下岗职工基本生活费和离退休人员养老金的发放。1998年，中央财政通过调整预算支出结构，安排157亿元专项资金，其中补助地方136.3亿元，除用于保证国有企业下岗职工基本生活费和离退休人员养老金按时发放外，还用于中央直属煤矿下划地方后欠发工资，以及纺织行业调整压锭、减员增效过程中下岗职工的生活费补助等。据劳动和社会保障部统计，截至1998年年底，全国国有企业610万名下岗职工，95%以上进入了再就业服务中心并领到了基本生活费；全国已有584个城市和1035个县政府所在镇建立了城市居民最低生活保障制度，覆盖面分别为87%和61%。

——促进外贸出口。1998 年分批提高了纺织原料及制品、纺织机械、煤炭、水泥、钢材、船舶和部分机电、轻工产品的出口退税率。1998 年外贸企业出口退税 436.24 亿元，完成预算的 109.9％。

——推进粮食流通体制改革。1998 年中央财政共拨付粮食补贴 373 亿元，比上年增加 84 亿元，主要是增加了粮食风险基金补贴和粮食企业财务挂账利息补贴。1998 年，调整了粮食风险基金分配政策，加大了对黑龙江、吉林、河南、湖北、湖南、安徽等粮食主产区的补贴力度，中央财政对上述六省的补助占中央对地方粮食风险基金补助总额的 61％。

——增加科教投入。从去年起，中央财政本级支出中教育经费支出所占比例将连续 5 年每年提高一个百分点，同时建立了重点科学发展基金，启动了知识创新工程，增加了对国家重点科研项目的投入。1998 年中央财政教育和科学事业费支出分别比上年增长 37.2％和 27.9％。

——实施天然林保护工程。中央财政拨付 42.5 亿元，启动了云南、四川等 12 省（区、市）的天然林保护工程，当年完成生态公益林建设 302 万公顷，森林抚育 100 万公顷，实际调减木材产量 318 万立方米。

——加大财政扶贫攻坚力度。1998 年中央财政直接用于这方面的资金达 102 亿元，对改善贫困地区生产生活条件，解决当年 800 万贫困人口温饱问题发挥了重大作用。

项怀诚说，除年初预算和调整预算安排的部分外，中央财政收入比年初预算超收的 179.94 亿元，也主要用在了上述几个方面。1998 年中央财政债务收入 3310.93 亿元，完成全国人大常委会批准的调整预算方案。其中，用于偿还国内外债务本息 2352.92 亿元，用于弥补当年财政赤字 958.01 亿元。1998 年中央政府性基金收入 1217.72 亿元，支出 1217.72 亿元，与 3 月份向九届全国人大二次会议报告的执行数相比，分别增加 13.88 亿元。

项怀诚同时指出，1998 年中央财政预算执行中也面临一些不容忽视的问题：一是违反财经法纪的状况相当普遍。一些地方政府和部门随意乱收费，甚至以费挤税，造成国家税源流失的情况仍很严重。挪用财政资金，甚至挪用用于基础设施建设的国债专项资金的行为也时有发生。企业财务管理薄弱，会计信息失真，一些企业单位尤其是非银行金融机构隐匿收入、偷逃税收、账外设账、私设“小金库”和挥霍浪费问题十分突出。这些问题严重扰乱了经济秩序，滋生了腐败，损害了党和政府的形象，引起了人民群众的强烈不满。二是财政收入占国内生产总值的比重尽管有所提高，但其总体水平仍然偏低，大量财政性资金游离于预算之外，缺乏规范管理和必要监督，财政收入增长受到制约。三是财政支出结构不够合理，国家财政包揽过多，不少应由企业、社会和个人承担的支出，仍由财政承担，而一些应由财政安排的支出却难以保证。项怀诚表示，对这些问题要予以高度重视，通过加大整顿财经秩序力度，深入开展反腐败斗争，不断推进财税体制改革，尽快加以解决。

财政部部长项怀诚在九届全国人大常委会十次会议第二次全体会议上报告 1999 年前 5 个月中央和地方预算执行情况

项怀诚表示，今年 1 月至 5 月份，全国财政收入完成预算的 38.5％，比去年同期增长 24.9％，财政收入增幅高于同期经济增长。全国财政支出完成预算的 28.7％，比去年同期增长 17％。预算执行情况总的来说是比较好的。

项怀诚是在九届全国人大常委会十次会议今天举行的全体会议上，受国务院委托，报告今年前 5 个月中央和地方预算执行情况时提出的。

项怀诚说，1 月至 5 月份，全国财政收入 4157.86 亿元（不含债务收入），比去年同期增加 829.58 亿元。其中，中央财政收入 2175.86 亿元，比去年同期增加 521.19 亿元，增长 31.5％；地方财政收入 1982 亿元，比去年同期增加 308.39 亿元，增长 18.4％。全国财政支出 3529.89 亿元，比去年同期增加 511.97 亿元。其中，中央财政支出 1095.17 亿元，完成预算的 26.6％，比去年同期增加 124.58 亿元，增长 12.8％；地方财政支出 2434.72 亿元，完成预算的 29.7％，比去年同期增加 387.39 亿元，增长 18.9％。全国财政收支相抵，收入大于支出 627.97 亿元，比去年同期增加 317.61 亿元。此外，1 月至 5 月份，中央财政债务收入 840 亿元，债务支出 1099.13 亿元。

项怀诚特别指出，1 月至 5 月份全国财政收入增幅高于同期经济增长，有一些特殊的因素，一是去年以来加大了打击走私的力度，加之今年前 5 个月进口增长较快，进口环节税收同比增加 334 亿元，其中关税增加 132 亿元，进口环节“两税”增加 202 亿元；二是征收部门加大清欠力度，1 至 5 月份欠税同比减少 150 亿元；三是打击走私以后，成品油价格回升，石化行业缴纳的税收增加 58 亿元；四是调整甲级卷烟消费税税率增收 19 亿元。如果剔除上述因素，财政正常收入增长只有 7％左右，增幅并不算高。

项怀诚强调，1 至 5 月预算执行情况，总的来说是比较好的，但也存在一些值得注意的问题：一是一些地区债务风险已经影响到财政预算的正常执行。前些年，一些地方为建设项目所作的财政担保以及信托投资公司、农村合作基金会、城市(农村)信用合作社的不良贷款等,正在逐渐成为地方政府债务负担,并已对个别省的财力分配格局形成严重影响。二是部分地区欠发工资现象严重。据初步统计,截至5月底,全国574个县拖欠工资48.8亿元,比4月底增加42个县,拖欠额增加5.6亿元。三是财经秩序混乱问题仍然严重。违反财经法纪的行为几乎存在于国民经济各个领域,而且手段日趋隐蔽,金额触目惊心,性质十分恶劣。

财政部部长项怀诚在九届全国人大常委会十次会议第二次全体会议上报告1999年下半年财政工作安排

项怀诚表示,下半年各级财政部门要下大力气贯彻中央一系列重大决策,促进国民经济持续健康发展,确保预算任务的完成。

项怀诚首先介绍了当前我国经济发展面临的环境。他说,当前,国际国内形势发生了一些新的重大变化,去年以来我国采取积极财政政策拉动经济增长的效应已显减弱趋势,固定资产投资增长的后劲明显不足;消费需求仍然平淡,商品零售价格连续20个月负增长;出口下降的局面一时还难以扭转,再加上利用外资下降、贸易顺差减少等因素,将对国民经济发展产生不利影响。财政收入增幅也可能因此出现前高后低的态势。如果不及时采取有力措施,矛盾就会越来越突出,去年下半年以来经济回升的好势头就可能发生逆转,甚至出现下滑。他表示,根据我国当前经济运行的实际情况,并兼顾到长远发展的要求,为保持国民经济持续健康发展,必须研究采取进一步加强和改善宏观调控的政策措施,想方设法加大财政政策对经济增长的支持力度。

项怀诚指出,第一要认真贯彻落实党中央、国务院一系列重大决策,更好地实施积极的财政政策。重点是研究适当扩大财政投入、增加职工收入、调整税收政策等措施,鼓励投资,吸引外资,支持出口,刺激消费,更好地拉动经济增长。中央财政用于增加基础设施建设的投资要严格执行国务院确定的投资方向,坚决不搞重复建设。地方政府要认真落实好配套资金,凡配套资金不落实的,要采取扣款、减项目等措施,以从源头上保证项目建设成效。要加强对建设资金的专项监督检查,严防资金被挤占、挪用和损失浪费,严禁用于财政经常性开支。

第二要积极推进税费改革,完善和规范财税体制。要进一步完善交通和车辆收费改革方案,积极稳妥地搞好这项改革。在清理整顿和取消有关不合理收费的同时,将合理的收费规范为法定税收和规费,对确需保留的收费,实行财政规范化管理。在调查研究的基础上,尽快着手农村税费改革的方案设计和试点工作。同时,要进一步发挥财政的宏观调控作用,增强税收杠杆功能,尽快开征遗产税,调整个人所得税有关征收政策,以缩小收入分配差距。

项怀诚说,第三要继续强化收入征管,逐步提高财政收入的"两个比重"。进一步完善以"自行申报和优质服务为基础,以计算机网络为依托,集中征收,重点稽查"的税收征管体系,建立科学有效的收入组织机制。严禁越权减免税,大力清理欠税,严格控制缓税。清理调整税收优惠政策,凡到期的都要恢复征税,完善和规范加工贸易税收政策。全面清理漏征漏管户,开展全国性发票检查,依法查处各种偷税、骗税和逃税行为。在条件成熟的时候,建立税务警察,严厉打击各种涉税犯罪行为,维护国家税法权威。

此外,项怀诚还表示,要转变财政职能,优化支出结构,逐步建立公共财政的基本框架;要整顿财政秩序,严肃财经法纪,实现依法理财。

审计署审计长李金华在九届全国人大常委会十次会议第二次全会上汇报审计专项资金财政收支情况

李金华说,审计署在审计1998年其他财政收支情况时,发现有挤占挪用专项资金、社会保障资金、救灾款物等问题。审计署对这些问题已按有关法律法规进行处理。

关于审计专项资金管理使用情况,李金华说,审计水利专项资金,查出部分地区未按规定筹集水利建设基金以及挤占挪用、虚报冒领、应拨未拨水利专项资金等问题。截至1999年3月底,原来未按规定建立水利建设基金的均已建立;已促进资金到位10.08亿元,归还原资金渠道9.11亿元,上缴财政资金1.20亿元;有7起案件已移交纪检监察部门处理。审计电力建设基金和三峡工程建设基金,查出有20个省区市自立名目,加价征收电建基金119.85亿元;有21个省区市越权减免和漏征28.38亿元;有10个省市挤占挪用电建基金16.76亿元用于非电力项目投资;还有一些省的电力主管部门和财政部门延缴或坐支电建基金。审计公安行政收费和罚没收入,查出违反国家规定自立收费项目100多项,隐瞒、截留、挪用应上缴的收入13.56亿元,有6.38亿元收入未按规定纳入财政预算外专户管理,有的还私设"小金库",滥发钱物。

关于审计社会保障资金管理使用情况,李金华说,审计铁道、邮电等11个行业主管部门统筹企业职工基本养老保险基金,查出超标准发放和挤占挪用等违法违规金额10.14亿元。如原邮电部社会保险事业管理局在行业统筹移交地方管理之前,自行调整职工养老金标准,共超标准拨付1.48亿元。原煤炭部社会保险事业管理局将部分省市上缴的 947 万元另立账户，全部隐匿，并将其中的 610 万元长期借给私营企业使用。该局以返还养老保险启动金为名，将养老保险基金 290 万元转给所属北京恒安咨询中心用于归还贷款和借给私营企业。审计还发现该局从银行一次性提取的养老保险基金利息收入 81 万元下落不明，有关人员涉嫌贪污，已移交检察机关立案查处。

谈到审计救灾款物的分配和使用情况，李金华说，从审计情况看，民政部和红十字会对救灾款物的管理是严格的，分配使用情况是好的。但审计也查出少数基层单位有挤占挪用救灾款物的问题。对审计查出的问题，各级审计机关依法进行了处理，追回款物 1469 万元，137 人受到行政处分，4 人移交司法部门处理。

关于审计国家重点建设项目情况，李金华说，审计 72 个国家重点建设项目的竣工决算，查出建设资金不落实、超概算和挤占挪用等问题。审计还发现，有的国家重点建设项目由于决策失误和管理不善，刚刚建成就面临报废，经济损失惨重。有关问题，国务院已责成国家计委、审计署、监察部等部门进行调查处理。

至于审计粮食系统新增财务挂账情况，李金华说，审计署会同有关部门，对全国粮食系统新增财务挂账和其他不合理占用农发行贷款情况进行了审计。主要查出挤占挪用粮油收购贷款，粮食主管部门欠拨财政补贴资金，地方财政部门未按规定足额安排财政补贴资金和未及时拨付资金，粮食企业少列收入、虚列成本、虚报挂账以及投资期货、股票、房地产造成损失等问题。通过审计，还查处了一批挤占挪用收购资金、弄虚作假骗取国家资金和个人贪污侵吞公款等违法、违纪案件。到目前为止，各地共立案查处 2268 件，已处理结案 1850 件，1302 人受到党纪政纪处分，172 人被追究刑事责任。

关于审计国有企业和证券公司财务收支情况，李金华说，1998 年，审计署对 23 户国有大中型企业、162 户国有重点亏损企业和 88 家证券公司进行了审计，查出资产负债损益不实、违规融资和账外经营等问题。审计还发现了一些重大违法犯罪线索，如东方锅炉(集团)股份有限公司编造虚假财务报告，虚增经营利润 2.07 亿元，转移募股资金 1.43 亿元，原董事长涉嫌贪污。一些重大违法犯罪问题已移交司法部门立案查处，涉嫌犯罪人员已被依法逮捕。

审计署审计长李金华在向九届全人大常委会十次会议第二次全会上报告 1998 年中央预算执行和其他财政收支的审计情况

李金华说，1998 年中央预算执行情况是比较好的，但仍存在一些不真实、不合法、不规范的问题，有的还相当严重。对这些问题，审计署依照国家有关法律法规分别作了处理，财税部门和国务院其他有关部门采取了相应的整改措施。

关于审计财政部具体组织执行中央预算情况，李金华说，1998 年，财政部在组织预算收入，调整支出结构等方面做了大量工作，保证了各项事业发展的需要。但在具体组织执行中央预算过程中还存在一些问题，主要有：

——批复预算不及时。财政部没有及时批复 1998 年度农林水利气象事业费、文教科学事业费等支出预算，有的延迟 1 个至 5 个月批复，有的延迟半年以上，到第四季度才批复。中央基本建设投资预算也有一部分没有及时批复。这样做，不仅使预算缺乏透明度，失去严肃性，而且使财政资金不能及时发挥使用效益。

——部分应收缴的财政收入没有清缴入库。财政部涉外司违反规定将部分境外中资企业上缴的利润存入境外企业周转金账户，没有缴入中央国库。经贸司对 1995 年以来预算支出安排的粮棉油“三挂钩”补贴等结余资金没有及时收缴，并同意直接抵顶部分支出。上述资金财政部将收缴入库。

——一些司局和个人利用职权动用财政资金办公司、建楼堂馆所。1998 年 6 月，财政部原工交司部分人员利用职权，向民航总局等 5 家单位募集资金，成立中盛科技投资发展有限公司，其中，要求民航总局作为股东之一出资，并同意可以从民航基础设施建设基金中列支。截至 1998 年 8 月，共募集股本金 9200 万元，主要用于购买国债和炒股票。1992 年年底，财政部提出由各省财政厅集资在上海浦东建金隆大厦。截至 1999 年 1 月，共筹集支农周转金等财政资金 1.45 亿元。

李金华表示，动用财政资金办公司、建楼堂馆所的做法是错误的。财政部将追回挪用的预算资金，所募集的资金清理归还原渠道，并追究有关人员的责任。

——未按规定编制预算外资金收支计划和决算。根据国务院关于加强预算外资金管理的规定，中央财政预算外资金每年应编制收支计划和决算。但财政部至今没有编制 1998 年度预算外资金收支计划，也没有及时编制决算。

——少征中央非税收入。审计财政部 18 个驻地方财政监察专员办事处，查出由于监缴不力，造成少征民航机场管理建设费、三峡工程建设基金和中央电力建设基金等中央非税收入 23.65 亿元。对少征的收入财政部将按照国家有关规定，责成有关单位补征入库。

关于审计国家税务局系统税收征管情况，李金华说，国家税务局系统继续加大税收征管力度，完成了工商税收的增收目标。但税收征管中也存在一些问题。审计 15 个省级国税局，查出违法违规金额 47.70 亿元，其中造成中央税收收入少收 17.91 亿元。主要问题是，越权批准减免税，少征、漏征税款，混淆税收入库级次，违规多提代征代扣手续费，以及为了完成税收任务，征收“过头税”等。审计署对这些问题已作出处理。天津市蓟县国税局虚开增值税发票，截留和侵吞国家税款等问题十分严重。该县国税局有征收任务的 11 个税务所中，有 10 个存在虚开增值税专用发票问题。共虚开增值税专用发票 10753 份，损失国家税款 1748 万元。此外，蓟县国税局受县政府委托代征规费，每年定额上缴 50 万元，超过部分自留。该局为了多得收入，弄虚作假，将应缴增值税转作地方规费收入，侵吞国家税款 673 万元，私设“小金库”，用于乱发奖金、购买汽车等。还将部分增值税以营业税、城建税等名目缴入地方国库，骗取地方奖励 200 万元。此案已移交检察机关立案查处。该局局长涉嫌经济犯罪，已被逮捕。

谈到审计海关系统关税征管情况时，李金华说，海关系统进一步加强监管，积极组织收入，超额完成了征收任务。但在税收征管中也存在一些问题。审计海关系统 18 个直属海关，查出擅自降低税率、违规批准减免税和保税货物监管不严等违法违规金额 16.6 亿元，其中造成少征税收收入 6.14 亿元。上述问题，审计署已按有关规定作了处理。在广东湛江特大走私受贿案查处过程中，审计署配合进行了大量的查账和取证工作，对 22 家走私公司的资产进行了清理核实，对 33 个犯罪嫌疑人的银行存款等财产进行了清查，对走私公司走私成品油、汽车和偷逃税款等情况进行了调查核实，为案件的迅速侦破提供了重要依据。另外，审计还发现了其他一些涉嫌走私案件。

关于审计中央国库办理预算资金收纳拨付情况，李金华说，国库系统加强国库监管，完成了预算资金的收纳、划解和支拨任务，但在国库监管中也存在一些问题。审计中央国库 18 个省级分库，查出收入级次审核不严，将中央收入缴入地方国库和违反规定为税务部门办理经费退库、提取不合理的代征代扣手续费等违法违规金额 16.06 亿元，其中造成减少中央财政收入 2.88 亿元。审计署对这些问题已作出处理。审计还查出银川市城区和新城区人民检察院、国税局在协查“金华税案”过程中，将截留的罚款均分，放在账外由个人保管，用于发放奖金和请客吃饭等。宁夏回族自治区党委和政府对此案进行了查处，截留私分的罚没收入已全部追回上缴中央财政，6 名责任人员受到党纪政纪处分。

对于审计水利部预算执行情况，李金华说，审计查出水利部弄虚作假，乱拉资金建楼堂馆所，私设“小金库”，以及大量挤占挪用专项资金等严重违法违纪问题。主要是：

——顶风违纪，修建高档写字楼。1995 年，水利部违反中央关于停、缓建楼堂馆所的通知精神，决定在北京六里桥地区建水利调度综合楼，实际是包括商务、餐饮、客房在内的高档写字楼。为解决项目建设资金不足，该部从所属企业和地方水利部门收取集资款 1.46 亿元，其中大多数来源不正当，有的甚至采取上下串通的办法，由水利部下拨水利专项资金，然后再返回作集资款。

——隐瞒转移南水北调资金，设立“小金库”。1996 年 1 月，水利部要求丹江口水利枢纽管理局将南水北调中线项目前期经费 1.35 亿元中的 6500 万元交回。水利部收到这笔款项后，由机关服务局另立账户，作为“小金库”，存入中国华能财务公司等单位吃利息。

——挪用水利专项资金。1994 年至 1998 年，水利部及下属单位共挪用水利专项资金 1.16 亿元。如水利部 1998 年挪用大江大河堤防工程资金 1400 万元，给黄河水利委员会等单位建宿舍。水利部下属中国水利投资公司挪用水利基建款和百条挖泥船项目专项资金 5274 万元，用于投资和购置办公楼及宿舍甚至炒股票等。

国务院对上述问题非常重视，已决定没收非法建造的水利调度综合楼，收回被挤占挪用的水利资金用于水利建设，并追究有关领导和直接责任人员的责任。

关于审计国务院其他部门预算执行情况，李金华说，审计国务院 53 个部门和直属单位，查出违法违规金额 164.05 亿元，其中有应缴未缴预算收入，有挤占挪用财政资金，有滞留欠拨财政专项资金，有预算外资金未按规定缴入中央财政专户管理。对上述问题，审计署已按国家有关规定进行了处理。这次审计还查出，1996 年国家旅游局所属中国旅游国际信托投资有限公司采取收入不入账的手法，私分国债收益 385 万元，人均 12 万元，董事长一人分得 77 万元。此案已移交检察机关立案查处。

九届全国人大常委会十次会议分组审议关于 1998 年中央决算的报告和关于 1998 年中央预算执行和其他财政收支的审计工作报告

中国体操运动员李宁当选为本世纪最佳运动员颁奖大会在布达佩斯举行

6 月 27 日

中国农工民主党十二届五次中常会在北京举行

九三学社举行十届六次中常会

中央军委主席江泽民在北京会见第十四次全军院校会议代表

国务院副总理李岚清，中央军委副主席张万年，国务委员兼国防部部长迟浩田参加会见。

江泽民发表讲话说，当今世界，科学技术发展突飞猛进，军事领域也在发生深刻变革。在未来的信息化战场上，知识将成为战斗力的主导因素，敌对双方的较量将更突出地表现为高素质人才的较量。面对世界军事发展的新形势，我们必须努力增强国防实力，努力提高我军对付高技术局部战争的自卫能力。院校作为培养人才的基地，必须坚持放到优先发展的位置。院校领导要更加奋发地为我国的军事教育事业辛勤耕耘和建功立业。

江泽民强调说，要坚持把思想政治建设摆在院校各项建设的首位。努力用马列主义、毛泽东思想、邓小平理论武装学员的头脑，引导和帮助他们树立正确的世界观、人生观和价值观，增强献身国防和军队建设事业的使命感和责任感，确保政治上真正合格。

江泽民说，要全面提高教员队伍的素质。教员的素质和水平，决定着教学质量。没有一支好的教员队伍，培养高质量的人才就会成为一句空话。北大、清华所以享誉中外，当年的"哈军工"所以声名远播，很重要的一条就是他们有一批国内外知名的专家教授。要健全有关的政策和制度，以利创造和保持吸引人才的良好环境，让具有创新意识和能力的优秀年轻教员尽快脱颖而出。这应该成为院校领导的一项重要职责。

江泽民指出，要形成全军办院校、合力育人才的良好局面。全军各级领导和机关要从实现国防和军队现代化建设跨世纪发展战略的高度，积极主动地关心和支持院校建设，切实保证院校教育优先发展。院校要充分发挥智力密集的优势，大力开展科技创新，在国防科研、军事学术研究和推进科技成果向战斗力转化等方面发挥更大的作用，积极为部队和机关提供知识、技术、信息服务。新时期院校建设和发展的大政方针已定，希望大家狠抓落实，开拓进取，不断创造院校教育的新业绩。

中央军委委员傅全有、于永波、王克、王瑞林、曹刚川以及四总部、军委办公厅的负责同志也参加会见。

国办转发六部委关于积极推进劳动预备制度加快提高劳动者素质意见的通知

国务院办公厅转发劳动和社会保障部、教育部、人事部、国家计委、国家经贸委、国家工商局等六部委关于积极推进劳动预备制度、加快提高劳动者素质意见的通知，提出从今年起全国城镇要普遍推行劳动预备制度，组织新生劳动力和其他求职人员，在就业前接受1—3年的职业培训和职业教育，使其掌握必要的职业技能后再进入就业岗位，以此提高劳动者素质，调节劳动力供求，缓解就业压力。

实行劳动预备制度的主要对象是城镇未能继续升学的初高中毕业生，以及农村未能继续升学并准备从事非农产业工作或进城务工的初高中毕业生。对准备从事农业生产的初高中毕业生各地可从本地实际出发另行制定培训办法，各地还可根据实际情况引导城镇失业人员和国有企业下岗职工参加劳动预备制培训。参加劳动预备制人员，由就业服务机构纳入当地劳动力信息资源管理系统，组织双向选择，优先推荐就业，并为他们提供各种就业服务。

通知要求各地按照职业分类和职业技能标准，对劳动预备制人员进行职业培训和职业教育。其中技术职业（工种）的培训时间应在一年以上，非技术职业（工种）应在两年以上。参加劳动预备制的人员进行职业培训原则上实行免试入学；其所需经费原则上由个人和用人单位承担，政府给予必要的支持，家庭经济确有困难的，可酌情减免培训费用。对参加一年以上劳动预备制培训的人员，在报考中等职业学校时，同等条件下优先录取。

通知同时强调要严格实行就业准入控制。劳动预备制人员培训或学习期满后，方可就业。

从事一般职业的必须取得相应的职业学校毕业证书或职业培训合格证书，从事国家和地方政府以及行业有特殊规定职业的，还必须取得相应的职业资格证书。从事个体工商经营的也应接受必要的职业培训，其中从事国家规定实行就业准入控制职业的必须在取得职业资格证书后方可办理开业手续。未经劳动预备制培训的或虽经培训但未取得相应证书的人员，职业介绍机构不得介绍就业，用人单位不得招收录用。

解放军总政治部表彰先进党支部优秀党员和党务工作者

在纪念中国共产党成立 78 周年之际，解放军总政治部决定，对 50 个党支部、100 名党员和 50 名党务工作者给予通报表彰。

6 月 28 日

九届全国人大常委会十次会议闭幕

会议分别听取了全国人大法律委员会主任委员王维澄作的关于《预防未成年人犯罪法》、《澳门特别行政区驻军法》和《公益事业捐赠法》草案修改意见的报告，财经委员会副主任委员郭振乾作的全国人大财经委员会关于 1998 年中央决算的审查报告。吴树青和陈癸尊委员分别在大会上作了发言。

根据常委会委员和全国人大法律委员会的审议意

见，委员长会议决定将预防未成年人犯罪法等三个法律草案交付本次常委会会议表决。大会表决通过了《预防未成年人犯罪法》、《澳门特别行政区驻军法》和《公益事业捐赠法》。国家主席江泽民分别签署主席令，公布这三部法案。

大会表决通过了全国人民代表大会常务委员会关于批准《中华人民共和国和越南社会主义共和国关于民事和刑事司法协助的条约》、关于批准《中华人民共和国和大韩民国关于刑事司法协助的条约》、关于批准《中华人民共和国和乌克兰引渡条约》、关于批准1998年中央决算等四个决定决议。

会议还通过了任免名单。

李鹏委员长在各项议程完成后讲话。他说，占我国总人口近1/3的未成年人的成长状况，关系到祖国的未来、民族的前途。会议通过的预防未成年人犯罪法，对于保障未成年人身心健康，培养未成年人良好品行，有效地预防未成年人犯罪，具有重要意义。今年12月20日，我国政府将恢复对澳门行使主权。根据澳门特别行政区基本法的规定，中国人民解放军驻澳门部队届时将进驻澳门。会议通过的澳门特别行政区驻军法，体现了“一国两制”的基本方针，适应了中央人民政府有效地管理澳门防务的需要，符合澳门的实际情况，对保障澳门驻军依法履行职责，维护国家的主权、统一、领土完整和澳门的安全，将发挥重要作用。会议通过的公益事业捐赠法，有助于鼓励捐赠，规范捐赠、受赠行为，保护捐赠人、受赠人和受益人的合法权益，从而促进公益事业的发展。

李鹏指出，解释法律是宪法和有关法律赋予全国人大常委会的一项重要职权。这次会议审议了国务院应香港特别行政区行政长官董建华先生请求提出的《关于提请解释〈中华人民共和国香港特别行政区基本法〉第二十二条第四款和第二十四条第二款第(三)项的议案》和委员长会议提出的人大常委会关于香港基本法上述有关条款的解释议案。常委会组成人员严格依照法律规定的程序，对上述议案进行了认真的审议，认为为了保证香港特别行政区基本法的正确实施，由全国人大常委会就这部法律的有关条款进行解释是必要和适当的。会议通过的全国人大常委会关于香港基本法有关条款的解释，符合立法原意，符合香港的整体利益和广大香港居民的愿望，有助于更好地在香港贯彻“一国两制”、“港人治港”和“高度自治”的方针，保障和促进香港的长期繁荣和稳定。

李鹏说，与会人员认为，面对去年比较复杂的国内外经济环境，国务院加大宏观调控力度，实施积极的财政政策，做了大量的工作，促进了经济增长和社会稳定。常委会与会人员也指出了预算执行中存在一些问题，有的还相当严重，并对解决这些问题，包括整顿财经秩序、规范预算管理、推进财税改革等，提出了改进的意见。此外，还提出了关于加强预算外资金的管理、适当细化预算案和严格对财政超收部分进行监督的建议。委员们认为，今年1至5月预算执行情况总的讲是比较好的。国务院及其有关部门要进一步加强和改善宏观调控，加大财政政策对经济增长支持的力度，为完成我国今年改革与发展的任务继续做出努力。

李鹏说，对中央预算执行情况进行审计监督，是审计法赋予审计署的一项重要职责。常委会与会人员认为审计署以高度负责的精神，在全面审计的基础上重点审计财政投入较大和关系国计民生的项目，揭露和反映了财政预算分配和资金管理使用中的各种问题，这对促进政府各部门严格预算管理，维护国家正常的财经秩序将发挥积极的作用。全国人大常委会要加强对预算执行的监督，预算工作委员会要协助常委会做好这方面的工作。常委会要抓紧起草关于中央预算审查和监督工作的规定，把这项工作纳入规范化、制度化轨道。

李鹏说，常委会与会人员认为，国务院及其有关部门加大了大气污染防治法的执法力度，为遏制日益严重的大气污染采取了一系列治理措施，使有些城市和地区大气环境质量有所改进。北京市在大气污染治理上也做了许多工作，取得了一定成效。但总的来说，我国大气环境的形势仍很严峻，我国城市其中包括北京市的大气环境质量，与国际上许多城市相比，与广大人民群众的期望相比，还有很大的差距，远未达到国家规定的环境标准，今后的治理任务仍十分艰巨。会议要求，国务院及其有关部门必须进一步增强治理大气污染的紧迫感和责任感，严格执行大气污染防治法的各项规定，进一步加大治理力度，为人民生活和经济与社会的发展创造良好的自然生态环境。北京市作为首都，做好防治环境污染工作尤为重要。全国人大常委会要继续加强对防治北京大气污染的监督，要求国务院环保部门每年都要向全国人大常委会作一次关于北京市环境质量情况的报告。同时，要按照立法计划，根据多年来的实践经验和环境质量新的要求，对我国的大气污染防治法进行必要的修改，为依法整治大气环境提供更加有力的法律保障。

全国人大常委会副委员长田纪云、姜春云、邹家华、王光英、程思远、布赫、铁木尔·达瓦买提、吴阶平、彭珮云、何鲁丽、周光召、成克杰、曹志、丁石孙、成思危、许嘉璐、蒋正华，秘书长何椿霖出席闭幕大会。列席今天大会的有国务委员司马义·艾买提、中央军委委员傅全有、最高人民法院院长肖扬和最高人民检察院检察长韩杼滨。

纪念中国共产党成立 78 周年座谈会在人民大会堂举行

中共中央总书记、国家主席、中央军委主席江泽民出席并讲话。

中共中央政治局常委、书记处书记胡锦涛主持座谈会。出席座谈会的有：中共中央政治局常委、书记处书记尉健行和丁关根、张万年、罗干、温家宝、曾庆红、肖扬、韩杼滨、王兆国、白立忱等。

在座谈会上，福建省委书记陈明义，赴湖北中央巡视组组长李伯勇，国家税务总局局长金人庆，赴交通部、民航总局中央巡视组组长李明豫，烟台市委书记任海深，分别介绍本单位"三讲"教育情况和各自的工作体会。

江泽民指出，在和平建设时期，如何加强党的建设，是我们党执政后始终面临的一个重大课题。在革命战争年代，面对战火的洗礼和恶劣的环境，我们党为赢得民族独立和人民解放，作出了最大的牺牲，经受住了严峻的考验。在和平建设时期，党的中心任务是进行经济建设，环境改变了，生死考验不像战争年代那样经常发生。在这样新的历史条件下，党的建设的内容、形式和特点，必然同战争年代有很大不同。新中国成立后，我们党为此进行了不懈的努力和新的探索，虽然发生过一些失误甚至严重的曲折，但总的来说，逐渐形成了一系列行之有效的措施和办法。十一届三中全会以后，邓小平同志率领我们党认真总结正反两方面的历史经验，为探索在改革开放和现代化建设的新时期加强党的建设的路子，取得了重大成果。这个过程还没有结束，还需要全党继续探索和实践。中央决定开展这次"三讲"教育，是我们党为加强自身建设而进行的一个新的创造性的探索。

江泽民强调，讲学习、讲政治、讲正气，三者是紧密相连和相互统一的，核心是讲政治。我们党是马克思主义的政党，必须坚持讲马克思主义的政治，讲建设有中国特色社会主义的政治，讲实现、维护和发展人民群众根本利益的政治。讲政治是具体的，而不是抽象的。对领导干部来说，最重要的就是要通过自己的实践，把讲政治的要求落实到推动建设有中国特色社会主义的经济、政治、文化等各个方面，体现在自己的日常工作和学习上，贯彻到党内生活里去。尤其要坚定正确的理想和信念，善于从政治上正确认识和判断形势，在路线方针政策上始终保持政治上的清醒和坚定，自觉坚持党的民主集中制原则，全心全意为人民谋利益。

江泽民指出，经济工作和其他各项业务工作中都有政治。领导干部特别是高级干部，必须善于从政治上观察和处理问题，自觉从政治的高度来认识和把握自己从事的工作，绝不能单纯地就经济论经济，就业务谈业务。提高干部队伍素质，关键是要提高马克思主义政治素质。没有这个政治的灵魂，就会迷失方向，就不可能成为一个清醒的和合格的党的领导干部，不可能成为一个清醒的和合格的有中国特色社会主义事业的建设者和领导者。高级干部，一定要按照中央的要求，努力加强学习和实践，努力使自己成为党所要求的善于治党治国的政治家。其他领导干部也要用这样的要求来锻炼和提高自己。我们党有了一大批在新的历史时期、在改革开放和发展社会主义市场经济社会环境中、在复杂的国际斗争形势下会治党治国的政治家，由这样的政治家来办经济、办文化、办军事、办外交、办现代化建设的各项工作，建设有中国特色社会主义的伟大事业就一定能够不断地从胜利走向新的胜利。

江泽民说，讲政治，必须坚持讲学习。领导干部的马克思主义理论基础扎实了，各方面知识丰富了，才能全面地认识和把握各种复杂的矛盾与问题，敏锐地识别各种错误的观点和思潮，科学地制定各项政策措施，坚定地在各种复杂的局势中坚持正确的政治方向。学习，首先是学习理论。同时，还应广泛学习其他知识。学习，不仅要从书本上学，而且要在实践中学；不仅要在总结成功的经验中获得提高，而且要在汲取失败的教训中获得进步。这是我们党的实事求是的思想路线所要求的，也是理论联系实际的马克思主义学风所要求的。

江泽民指出，讲政治，也必然要体现在讲正气上。讲正气，就是要坚持和发扬共产党人的政治本色和革命气节。我们共产党人，应该继承和发扬中华民族的优秀文化传统，应该在马克思主义的思想基础上，培养和弘扬高尚的人格品质。保持革命气节，就要做到无论在何种情况下，都忠诚于党和人民的事业，不改变革命的初衷，不丧失必胜的信心；不怕鬼，不信邪，坚持真理，维护党的原则，旗帜鲜明地同各种错误思想、不良倾向和邪恶势力作斗争；坚持廉洁奉公，艰苦奋斗，在拜金主义、享乐主义、个人主义和"酒绿灯红"的侵蚀影响面前，一尘不染，正气凛然。在全党同志特别是领导干部中大力加强革命气节教育，是新形势下一项重要的思想政治建设。大家都要在改革开放和现代化建设的实践中，自觉进行党性锻炼，自觉加强思想政治修养，在解决世界观、人生观、价值观问题上下功夫，不断坚定自己的信仰、志向，锤炼自己的意志、品质，真正养成共产党人的高风亮节。

江泽民最后说，现在，第一批省部级单位领导班子和领导干部的"三讲"教育即将告一段落，巩固和扩大教育成果、落实整改措施的工作还不少；所属地市厅局和司处级干部的"三讲"教育，也正在或即将展开。第二批省部级单位领导班子和领导干部的"三讲"教育很快就要展开。各地、各部门党委（党组）要加强领导，主要负责同志要切实履行第一责任人的责任，一级抓一级，一级带一级，都要坚持高标准、严要求，不能松劲，不能降低要求和标准，不能走过场。中央巡视组要继续发挥好指导和帮助的作用。要在总结和发扬第一批“三讲”教育单位取得的经验的基础上，把以后各级、各批的“三讲”教育搞得更好。

参加座谈会的还有，中央军委委员，中央党的建设工作领导小组成员，中央“三讲”教育联系会议成员，中央、国家机关各部委主要负责人和分管“三讲”教育工作的负责人，各省、自治区、直辖市党委分管“三讲”教育工作的副书记，中央“三讲”教育巡视组组长，解放军在京各大单位的负责人。

国务院总理朱镕基在人民大会堂同巴基斯坦总理谢里夫举行会谈

朱镕基说，中巴两国尽管国情不同，但都属于发展中国家，面临着发展民族经济、提高综合国力、改善人民生活的共同任务。在当前国际形势发生深刻变化的情况下，进一步加强两国友好合作关系，显得尤为重要。中巴长期睦邻友好，互利合作，不仅符合两国人民的根本利益，而且有利于本地区的和平与稳定。不管今后国际风云如何变幻，中国将一如既往地为维护和发展中巴全面友好合作关系作出不懈努力。

谢里夫表示，巴基斯坦高度重视发展对华关系，一直把这一关系作为巴外交政策的基石。两国高层领导人经常互访，增进了相互了解和信任。巴基斯坦政府和人民始终认为中国是值得信赖的朋友，巴中友谊经过了时间和国际风云的考验。巴基斯坦坚决支持中国在台湾、西藏、人权等问题上的正义立场和主张。

会谈后，两国总理出席《中华人民共和国政府和巴基斯坦伊斯兰共和国政府关于巴基斯坦驻香港特别行政区总领事馆在澳门特别行政区执行领事职务的协议》、《中华人民共和国国家广播电影电视总局和巴基斯坦伊斯兰共和国新闻和媒体发展部广播电视合作协议》、《中国国际贸易促进委员会和巴基斯坦工商会联合会合作协议》的签字仪式。

九届全国人大常委会十次会议通过《全国人大常委会关于批准1998年中央决算的决议》

第九届全国人民代表大会常务委员会第十次会议，听取了财政部部长项怀诚受国务院委托所作的《关于1998年中央决算的报告》，经过审议并根据全国人民代表大会财政经济委员会的审查报告，决定：批准国务院提出的《1998年中央决算(草案)》，批准财政部部长项怀诚所作的《关于1998年中央决算的报告》。

会议同意全国人民代表大会财政经济委员会在审查报告中提出的各项建议。会议要求国务院及有关部门应按照《中华人民共和国预算法》和《第九届全国人民代表大会第二次会议关于1998年中央和地方预算执行情况及1999年中央和地方预算的决议》的要求，积极组织收入，严格按预算安排支出，加强财政监督，严肃财经纪律，为更好地实现1999年中央和地方预算而努力。

国务院任免香港特别行政区6名主要官员

任免情况如下：

任命黎年为廉政专员；

任命李承仕为工务局局长；

任命杨永强为卫生福利局局长；

免去任关佩英的廉政专员职务；

免去邝汉生的工务局局长职务；

免去霍罗兆贞的卫生福利局局长职务。

全国人大常委会关于批准《中华人民共和国和越南社会主义共和国关于民事和刑事司法协助的条约》的决定

全国人大常委会关于批准《中华人民共和国和大韩民国关于刑事司法协助的条约》的决定

全国人大常委会关于批准《中华人民共和国和乌克兰引渡条约》的决定

国家主席江泽民签署第17号令公布《中华人民共和国预防未成年人犯罪法》

《中华人民共和国预防未成年人犯罪法》已由中华人民共和国第九届全国人民代表大会常务委员会第十次会议于1999年6月28日通过，现予公布，自1999年11月1日起施行。

中华人民共和国主席 江泽民

1999年6月28日

中华人民共和国预防未成年人犯罪法

第一章 总 则

第一条 为了保障未成年人身心健康，培养未成年人良好品行，有效地预防未成年人犯罪，制定本法。

第二条 预防未成年人犯罪，立足于教育和保护，从小抓起，对未成年人的不良行为及时进行预防和矫治。

第三条 预防未成年人犯罪，在各级人民政府组织领导下，实行综合治理。

政府有关部门、司法机关、人民团体、有关社会团体、学校、家庭、城市居民委员会、农村村民委员会等各方面共同参与，各负其责，做好预防未成年人犯罪工作，为未成年人身心健康发展创造良好的社会环境。

第四条 各级人民政府在预防未成年人犯罪方面的职责是：

（一）制定预防未成年人犯罪工作的规划；

（二）组织、协调公安、教育、文化、新闻出版、广播电影电视、工商、民政、司法行政等政府有关部门和其他社会组织进行预防未成年人犯罪工作；

（三）对本法实施的情况和工作规划的执行情况进行检查；

（四）总结、推广预防未成年人犯罪工作的经验，树立、表彰先进典型。

第五条 预防未成年人犯罪，应当结合未成年人不同年龄的生理、心理特点，加强青春期教育、心理矫治和预防犯罪对策的研究。

第二章 预防未成年人犯罪的教育

第六条 对未成年人应当加强理想、道德、法制和爱国主义、集体主义、社会主义教育。对于达到义务教育年龄的未成年人，在进行上述教育的同时，应当进行预防犯罪的教育。

预防未成年人犯罪的教育的目的，是增强未成年人的法制观念，使未成年人懂得违法和犯罪行为对个人、家庭、社会造成的危害，违法和犯罪行为应当承担的法律责任，树立遵纪守法和防范违法犯罪的意识。

第七条 教育行政部门、学校应当将预防犯罪的教育作为法制教育的内容纳入学校教育教学计划，结合常见多发的未成年人犯罪，对不同年龄的未成年人进行有针对性的预防犯罪教育。

第八条 司法行政部门、教育行政部门、共产主义青年团、少年先锋队应当结合实际，组织、举办展览会、报告会、演讲会等多种形式的预防未成年人犯罪的法制宣传活动。

学校应当结合实际举办以预防未成年人犯罪的教育为主要内容的活动。教育行政部门应当将预防未成年人犯罪教育的工作效果作为考核学校工作的一项重要内容。

第九条 学校应当聘任从事法制教育的专职或者兼职教师。学校根据条件可以聘请校外法律辅导员。

第十条 未成年人的父母或者其他监护人对未成年人的法制教育负有直接责任。学校在对学生进行预防犯罪教育时，应当将教育计划告知未成年人的父母或者其他监护人，未成年人的父母或者其他监护人应当结合学校的计划，针对具体情况进行教育。

第十一条 少年宫、青少年活动中心等校外活动场所应当把预防未成年人犯罪的教育作为一项重要的工作内容，开展多种形式的宣传教育活动。

第十二条 对于已满十六周岁不满十八周岁准备就业的未成年人，职业教育培训机构、用人单位应当将法律知识和预防犯罪教育纳入职业培训的内容。

第十三条 城市居民委员会、农村村民委员会应当积极开展有针对性的预防未成年人犯罪的法制宣传活动。

第三章 对未成年人不良行为的预防

第十四条 未成年人的父母或者其他监护人和学校应当教育未成年人不得有下列不良行为：

（一）旷课、夜不归宿；

（二）携带管制刀具；

（三）打架斗殴、辱骂他人；

（四）强行向他人索要财物；

（五）偷窃、故意毁坏财物；

（六）参与赌博或者变相赌博；

（七）观看、收听色情、淫秽的音像制品、读物等；

（八）进入法律、法规规定未成年人不适宜进入的营业性歌舞厅等场所；

（九）其他严重违背社会公德的不良行为。

第十五条 未成年人的父母或者其他监护人和学校应当教育未成年人不得吸烟、酗酒。任何经营场所不得向未成年人出售烟酒。

第十六条 中小学生旷课的，学校应当及时与其父母或者其他监护人取得联系。

未成年人擅自外出夜不归宿的，其父母或者其他监护人、其所在的寄宿制学校应当及时查找，或者向公安机关请求帮助。收留夜不归宿的未成年人的，应当征得其父母或者其他监护人的同意，或者在二十四小时内及时通知其父母或者其他监护人、所在学校或者及时向公安机关报告。

第十七条 未成年人的父母或者其他监护人和学校发现未成年人组织或者参加实施不良行为的团伙的，应当及时予以制止。发现该团伙有违法犯罪行为的，应当向公安机关报告。

第十八条 未成年人的父母或者其他监护人和学校发现有人教唆、胁迫、引诱未成年人违法犯罪的，应当向公安机关报告。公安机关接到报告后，应当及时依法查处，对未成年人人身安全受到威胁的，应当及时采取有效措施，保护其人身安全。

第十九条 未成年人的父母或者其他监护人，不得让不满十六周岁的未成年人脱离监护单独居住。

第二十条 未成年人的父母或者其他监护人对未成年人不得放任不管，不得迫使其离家出走，放弃监护职责。

未成年人离家出走的，其父母或者其他监护人应当及时查找，或者向公安机关请求帮助。

第二十一条 未成年人的父母离异的，离异双方对子女都有教育的义务，任何一方都不得因离异而不履行教育子女的义务。

第二十二条 继父母、养父母对受其抚养教育的未成年继子女、养子女，应当履行本法规定的父母对未成年子女在预防犯罪方面的职责。

第二十三条 学校对有不良行为的未成年人应当加强教育、管理，不得歧视。

第二十四条 教育行政部门、学校应当举办各种形式的讲座、座谈、培训等活动，针对未成年人不同时期的生理、心理特点，介绍良好有效的教育方法，指导教师、未成年人的父母和其他监护人有效地防止、矫治未成年人的不良行为。

第二十五条 对于教唆、胁迫、引诱未成年人实施不良行为或者品行不良，影响恶劣，不适宜在学校工作的教职员工，教育行政部门、学校应当予以解聘或者辞退；构成犯罪的，依法追究刑事责任。

第二十六条 禁止在中小学校附近开办营业性歌舞厅、营业性电子游戏场所以及其他未成年人不适宜进入的场所。禁止开办上述场所的具体范围由省、自治区、直辖市人民政府规定。

对本法施行前已在中小学校附近开办上述场所的，应当限期迁移或者停业。

第二十七条 公安机关应当加强中小学校周围环境的治安管理，及时制止、处理中小学校周围发生的违法犯罪行为。城市居民委员会、农村村民委员会应当协助公安机关做好维护中小学校周围治安的工作。

第二十八条 公安派出所、城市居民委员会、农村村民委员会应当掌握本辖区内暂住人口中未成年人的就学、就业情况。对于暂住人口中未成年人实施不良行为的，应当督促其父母或者其他监护人进行有效的教育、制止。

第二十九条 任何人不得教唆、胁迫、引诱未成年人实施本法规定的不良行为，或者为未成年人实施不良行为提供条件。

第三十条 以未成年人为对象的出版物，不得含有诱发未成年人违法犯罪的内容，不得含有渲染暴力、色情、赌博、恐怖活动等危害未成年人身心健康的内容。

第三十一条 任何单位和个人不得向未成年人出售、出租含有诱发未成年人违法犯罪以及渲染暴力、色情、赌博、恐怖活动等危害未成年人身心健康内容的读物、音像制品或者电子出版物。

任何单位和个人不得利用通信、计算机网络等方式提供前款规定的危害未成年人身心健康的内容及其信息。

第三十二条 广播、电影、电视、戏剧节目，不得有渲染暴力、色情、赌博、恐怖活动等危害未成年人身心健康的内容。

广播电影电视行政部门、文化行政部门必须加强对广播、电影、电视、戏剧节目以及各类演播场所的管理。

第三十三条 营业性歌舞厅以及其他未成年人不适宜进入的场所，应当设置明显的未成年人禁止进入标志，不得允许未成年人进入。

营业性电子游戏场所在国家法定节假日外，不得允许未成年人进入，并应当设置明显的未成年人禁止进入标志。

对于难以判明是否已成年的，上述场所的工作人员可以要求其出示身份证件。

第四章 对未成年人严重不良行为的矫治

第三十四条 本法所称“严重不良行为”，是指下列严重危害社会，尚不够刑事处罚的违法行为：

（一）纠集他人结伙滋事，扰乱治安；

（二）携带管制刀具，屡教不改；

（三）多次拦截殴打他人或者强行索要他人财物；

（四）传播淫秽的读物或者音像制品等；

（五）进行淫乱或者色情、卖淫活动；

（六）多次偷窃；

（七）参与赌博，屡教不改；

（八）吸食、注射毒品；

（九）其他严重危害社会的行为。

第三十五条 对未成年人实施本法规定的严重不良行为的，应当及时予以制止。

对有本法规定严重不良行为的未成年人，其父母或者其他监护人和学校应当相互配合，采取措施严加管教，也可以送工读学校进行矫治和接受教育。

对未成年人送工读学校进行矫治和接受教育，应当由其父母或者其他监护人，或者原所在学校提出申请，经教育行政部门批准。

第三十六条 工读学校对就读的未成年人应当严格管理和教育。工读学校除按照义务教育法的要求，在课程设置上与普通学校相同外，应当加强法制教育的内容，针对未成年人严重不良行为产生的原因以及有严重不良行为的未成年人的心理特点，开展矫治工作。

家庭、学校应当关心、爱护在工读学校就读的未成年人，尊重他们的人格尊严，不得体罚、虐待和歧视。工读学校毕业的未成年人在升学、就业等方面，同普通学校毕业的学生享有同等的权利，任何单位和个人不得歧视。

第三十七条 未成年人有本法规定严重不良行为，构成违反治安管理行为的，由公安机关依法予以治安处罚。因不满十四周岁或者情节特别轻微免予处罚的，可以予以训诫。

第三十八条 未成年人因不满十六周岁不予刑事处罚的，责令他的父母或者其他监护人严加管教；在必要的时候，也可以由政府依法收容教养。

第三十九条 未成年人在被收容教养期间，执行机关应当保证其继续接受文化知识、法律知识或者职业技术教育；对没有完成义务教育的未成年人，执行机关应当保证其继续接受义务教育。

解除收容教养、劳动教养的未成年人，在复学、升学、就业等方面与其他未成年人享有同等权利，任何单位和个人不得歧视。

第五章 未成年人对犯罪的自我防范

第四十条 未成年人应当遵守法律、法规及社会公共道德规范，树立自尊、自律、自强意识，增强辨别是非和自我保护的能力，自觉抵制各种不良行为及违法犯罪行为的引诱和侵害。

第四十一条 被父母或者其他监护人遗弃、虐待的未成年人，有权向公安机关、民政部门、共产主义青年团、妇女联合会、未成年人保护组织或者学校、城市居民委员会、农村村民委员会请求保护。被请求的上述部门和组织都应当接受，根据情况需要采取救助措施的，应当先采取救助措施。

第四十二条 未成年人发现任何人对自己或者对其他未成年人实施本法第三章规定不得实施的行为或者犯罪行为，可以通过所在学校、其父母或者其他监护人向公安机关或者政府有关主管部门报告，也可以自己向上述机关报告。受理报告的机关应当及时依法查处。

第四十三条 对同犯罪行为作斗争以及举报犯罪行为的未成年人，司法机关、学校、社会应当加强保护，保障其不受打击报复。

第六章 对未成年人重新犯罪的预防

第四十四条 对犯罪的未成年人追究刑事责任，实行教育、感化、挽救方针，坚持教育为主、惩罚为辅的原则。

司法机关办理未成年人犯罪案件，应当保障未成年人行使其诉讼权利，保障未成年人得到法律帮助，并根据未成年人的生理、心理特点和犯罪的情况，有针对性地进行法制教育。

对于被采取刑事强制措施的未成年学生，在人民法院的判决生效以前，不得取消其学籍。

第四十五条 人民法院审判未成年人犯罪的刑事案件，应当由熟悉未成年人身心特点的审判员或者审判员和人民陪审员依法组成少年法庭进行。

对于已满十四周岁不满十六周岁未成年人犯罪的案件，一律不公开审理。已满十六周岁不满十八周岁未成年人犯罪的案件，一般也不公开审理。

对未成年人犯罪案件，新闻报道、影视节目、公开出版物不得披露该未成年人的姓名、住所、照片及可能推断出该未成年人的资料。

第四十六条 对被拘留、逮捕和执行刑罚的未成年人与成年人应当分别关押、分别管理、分别教育。未成年犯在被执行刑罚期间，执行机关应当加强对未成年犯的法制教育，对未成年犯进行职业技术教育。对没有完成义务教育的未成年犯，执行机关应当保证其继续接受义务教育。

第四十七条 未成年人的父母或者其他监护人和学校、城市居民委员会、农村村民委员会，对因不满十六周岁而不予刑事处罚、免予刑事处罚的未成年人，或者被判处非监禁刑罚、被判处刑罚宣告缓刑、被假释的未成年人，应当采取有效的帮教措施，协助司法机关做好对未成年人的教育、挽救工作。

城市居民委员会、农村村民委员会可以聘请思想品德优秀，作风正派，热心未成年人教育工作的离退休人员或者其他人员协助做好对前款规定的未成年人的教育、挽救工作。

第四十八条 依法免予刑事处罚、判处非监禁刑罚、判处刑罚宣告缓刑、假释或者刑罚执行完毕的未成年人，在复学、升学、就业等方面与其他未成年人享有同等权利，任何单位和个人不得歧视。

第七章 法律责任

第四十九条 未成年人的父母或者其他监护人不履行监护职责，放任未成年人有本法规定的不良行为或者严重不良行为的，由公安机关对未成年人的父母或者其他监护人予以训诫，责令其严加管教。

第五十条 未成年人的父母或者其他监护人违反本法第十九条的规定，让不满十六周岁的未成年人脱离监护单独居住的，由公安机关对未成年人的父母或者其他监护人予以训诫，责令其立即改正。

第五十一条 公安机关的工作人员违反本法第十八条的规定，接到报告后，不及时查处或者采取有效措施，严重不负责任的，予以行政处分；造成严重后果，构成犯罪的，依法追究刑事责任。

第五十二条 违反本法第三十条的规定，出版含有诱发未成年人违法犯罪以及渲染暴力、色情、赌博、恐怖活动等危害未成年人身心健康内容的出版物的，由出版行政部门没收出版物和违法所得，并处违法所得三倍以上十倍以下罚款；情节严重的，没收出版物和违法所得，并责令停业整顿或者吊销许可证。对直接负责的主管人员和其他直接责任人员处以罚款。

制作、复制宣扬淫秽内容的未成年人出版物，或者向未成年人出售、出租、传播宣扬淫秽内容的出版物的，依法予以治安处罚；构成犯罪的，依法追究刑事责任。

第五十三条 违反本法第三十一条的规定，向未成年人出售、出租含有诱发未成年人违法犯罪以及渲染暴力、色情、赌博、恐怖活动等危害未成年人身心健康内容的读物、音像制品、电子出版物的，或者利用通信、计算机网络等方式提供上述危害未成年人身心健康内容及其信息的，没收读物、音像制品、电子出版物和违法所得，由政府有关主管部门处以罚款。

单位有前款行为的，没收读物、音像制品、电子出版物和违法所得，处以罚款，并对直接负责的主管人员和其他直接责任人员处以罚款。

第五十四条 影剧院、录像厅等各类演播场所，放映或者演出渲染暴力、色情、赌博、恐怖活动等危害未成年人身心健康的节目的，由政府有关主管部门没收违法播放的音像制品和违法所得，处以罚款，并对直接负责的主管人员和其他直接责任人员处以罚款；情节严重的，责令停业整顿或者由工商行政部门吊销营业执照。

第五十五条 营业性歌舞厅以及其他未成年人不适宜进入的场所、营业性电子游戏场所，违反本法第三十三条的规定，不设置明显的未成年人禁止进入标志，或者允许未成年人进入的，由文化行政部门责令改正、给予警告、责令停业整顿、没收违法所得，处以罚款，并对直接负责的主管人员和其他直接责任人员处以罚款；情节严重的，由工商行政部门吊销营业执照。

第五十六条 教唆、胁迫、引诱未成年人实施本法规定的不良行为、严重不良行为，或者为未成年人实施不良行为、严重不良行为提供条件，构成违反治安管理行为的，由公安机关依法予以治安处罚；构成犯罪的，依法追究刑事责任。

第八章 附 则

第五十七条 本法自1999年11月1日起施行。

国家主席江泽民签署第18号令公布《中华人民共和国澳门特别行政区驻军法》

《中华人民共和国澳门特别行政区驻军法》已由中华人民共和国第九届全国人民代表大会常务委员会第十次会议于1999年6月28日通过，现予公布，自1999年12月20日起施行。

中华人民共和国主席 江泽民

1999年6月28日

中华人民共和国澳门特别行政区驻军法

第一章 总 则

第一条 为了保障中央人民政府派驻澳门特别行政区负责防务的军队依法履行职责，维护国家的主权、统一、领土完整和澳门的安全，根据宪法和澳门特别行政区基本法，制定本法。

第二条 中央人民政府派驻澳门特别行政区负责防务的军队，称中国人民解放军驻澳门部队（以下称澳门驻军）。

澳门驻军由中华人民共和国中央军事委员会领导，其部队组成、员额根据澳门特别行政区防务的需要确定。

澳门驻军实行人员轮换制度。

第三条 澳门驻军不干预澳门特别行政区的地方事务。澳门特别行政区政府在必要时，可以向中央人民政府请求澳门驻军协助维持社会治安和救助灾害。

第四条 澳门驻军人员除须遵守全国性的法律外，还须遵守澳门特别行政区的法律。

第五条 澳门驻军费用由中央人民政府负担。

第二章 澳门驻军的职责

第六条 澳门驻军履行下列防务职责：

（一）防备和抵抗侵略，保卫澳门特别行政区的安全；

（二）担负防卫勤务；

（三）管理军事设施；

（四）承办有关的涉外军事事宜。

第七条 在全国人民代表大会常务委员会决定宣布战争状态或者因澳门特别行政区内发生澳门特别行政区政府不能控制的危及国家统一或者安全的动乱而决定澳门特别行政区进入紧急状态时，澳门驻军根据中央人民政府决定在澳门特别行政区实施的全国性法律的规定履行职责。

第八条 澳门驻军的飞行器、舰船等武器装备和物资以及持有澳门驻军制发的证件或者证明文件的执行职务的人员和车辆，不受澳门特别行政区执法人员检查、搜查和扣押。

澳门驻军和澳门驻军人员并享有在澳门特别行政区实施的法律规定的其他权利和豁免。

第九条 澳门驻军人员对妨碍其执行职务的行为，可以依照在澳门特别行政区实施的法律的规定采取措施予以制止。

第三章 澳门驻军与澳门特别行政区政府的关系

第十条 澳门特别行政区政府应当支持澳门驻军履行防务职责，保障澳门驻军和澳门驻军人员的合法权益。

澳门特别行政区以法律保障澳门驻军和澳门驻军人员履行职责时应当享有的权利和豁免。

澳门特别行政区制定政策、拟定法案、草拟行政法规，涉及澳门驻军的，应当征求澳门驻军的意见。

第十一条 澳门驻军进行训练、演习等军事活动，涉及澳门特别行政区公共利益的，应当事先通报澳门特别行政区政府。

第十二条 澳门驻军和澳门特别行政区政府共同保护澳门特别行政区内的军事设施。

澳门驻军会同澳门特别行政区政府划定军事禁区。军事禁区的位置、范围由澳门特别行政区政府宣布。

澳门特别行政区政府应当协助澳门驻军维护军事禁区的安全，禁止任何组织或者个人破坏、危害军事设施。

澳门驻军以外的人员、车辆、船舶和飞行器未经澳门驻军最高指挥官或者其授权的军官批准，不得进入军事禁区。军事禁区的警卫人员有权依法制止擅自进入军事禁区和破坏、危害军事设施的行为。

澳门驻军对军事禁区内的自然资源、文物古迹以及非军事权益，应当依照澳门特别行政区的法律予以保护。

第十三条 澳门驻军的军事用地由澳门特别行政区政府无偿提供。

澳门驻军的军事用地，经中央人民政府批准不再用于防务目的的，无偿移交澳门特别行政区政府。

澳门特别行政区政府如需将澳门驻军的部分军事用地用于公共用途，必须经中央人民政府批准；经批准的，澳门特别行政区政府应当在中央人民政府同意的地点，为澳门驻军重新提供军事用地和军事设施，并负担所有费用。

第十四条 澳门特别行政区政府向中央人民政府请求澳门驻军协助维持社会治安和救助灾害并经中央人民政府批准后，澳门驻军根据中央军事委员会的命令派出部队执行协助维持社会治安和救助灾害的任务，任务完成后即返回驻地。

澳门驻军协助维持社会治安和救助灾害时，在澳门特别行政区政府的安排下，由澳门驻军最高指挥官或者其授权的军官实施指挥。

澳门驻军人员在协助维持社会治安和救助灾害时，行使与其执行任务相适应的澳门特别行政区法律规定的相关执法人员的权力。

第十五条 澳门驻军和澳门特别行政区政府应当建立必要的联系，协商处理与驻军有关的事宜。

第四章 澳门驻军人员的义务与纪律

第十六条 澳门驻军人员应当履行下列义务：

（一）忠于祖国，履行职责，维护祖国的安全、荣誉和利益，维护澳门的安全；

（二）遵守全国性的法律和澳门特别行政区的法律，遵守军队的纪律；

（三）尊重澳门特别行政区政权机构，尊重澳门特别行政区的社会制度和生活方式；

（四）爱护澳门特别行政区的公共财产和澳门居民及其他人的私有财产；

（五）遵守社会公德，讲究文明礼貌。

第十七条 澳门驻军人员不得参加澳门的政治组织、宗教组织和社会团体。

第十八条 澳门驻军和澳门驻军人员不得以任何形式从事营利性经营活动。澳门驻军人员并不得从事与军人职责不相称的其他任何活动。

第十九条 澳门驻军人员违反全国性的法律和澳门特别行政区的法律的，依法追究法律责任。

澳门驻军人员违反军队纪律的，给予纪律处分。

第五章 澳门驻军人员的司法管辖

第二十条 澳门驻军人员犯罪的案件由军事司法机关管辖；但是，澳门驻军人员非执行职务的行为，侵犯澳门居民、澳门驻军以外的其他人的人身权、财产权以及其他违反澳门特别行政区法律构成犯罪的案件，由澳门特别行政区司法机关管辖。

军事司法机关和澳门特别行政区司法机关对各自管辖的澳门驻军人员犯罪的案件，如果认为由对方管辖更为适宜，经双方协商一致后，可以移交对方管辖。

军事司法机关管辖的澳门驻军人员犯罪的案件中，涉及的被告人中的澳门居民、澳门驻军以外的其他人，由澳门特别行政区法院审判。

第二十一条 澳门特别行政区执法人员依法拘捕的涉嫌犯罪的人员，查明是澳门驻军人员的，应当移交澳门驻军羁押。被羁押的人员所涉及的案件，依照本法第二十条的规定确定管辖。

第二十二条 澳门驻军人员被澳门特别行政区法院判处剥夺或者限制人身自由的刑罚或者保安处分的，依照澳门特别行政区的法律规定送交执行；但是，澳门特别行政区有关执法机关与军事司法机关对执行的地点另行协商确定的除外。

第二十三条 澳门驻军人员违反澳门特别行政区的法律，侵害澳门居民、澳门驻军以外的其他人的民事权利的，当事人可以通过协商、调解解决；不愿通过协商、调解解决或者协商、调解不成的，被侵权人可以向法院提起诉讼。澳门驻军人员非执行职务的行为引起的民事侵权案件，由澳门特别行政区法院管辖；执行职务的行为引起的民事侵权案件，由中华人民共和国最高人民法院管辖，侵权行为的损害赔偿适用澳门特别行政区法律。

第二十四条 澳门驻军的机关或者单位在澳门特别行政区与澳门居民、澳门驻军以外的其他人发生合同纠纷时，当事人可以通过协商、调解解决。当事人不愿通过协商、调解解决或者协商、调解不成的，可以依据合同中的仲裁条款或者事后达成的书面仲裁协议，向仲裁机构申请仲裁。当事人没有在合同中订立仲裁条款，事后又没有达成书面仲裁协议的，可以向澳门特别行政区法院提起诉讼；但是，当事人对提起诉讼的法院另有约定的除外。

第二十五条 在澳门特别行政区法院的诉讼活动中，澳门驻军对澳门驻军人员身份、执行职务的行为等事实发出的证明文件为有效证据。但是，相反证据成立的除外。

第二十六条 澳门驻军的国防等国家行为不受澳门特别行政区法院管辖。

第二十七条 澳门特别行政区法院作出的判决、裁定涉及澳门驻军的机关或者单位的财产执行的，澳门驻军的机关或者单位必须履行；但是，澳门特别行政区法院不得对澳门驻军的武器装备、物资和其他财产实施强制执行。

第二十八条 军事司法机关可以与澳门特别行政区司法机关和有关执法机关通过协商进行司法方面的联系和相互提供协助。

第六章 附 则

第二十九条 本法的解释权属于全国人民代表大会常务委员会。

第三十条 本法自1999年12月20日起施行。

国家主席江泽民签署第19号令公布《中华人民共和国公益事业捐赠法》

《中华人民共和国公益事业捐赠法》已由中华人民共和国第九届全国人民代表大会常务委员会第十次会议于1999年6月28日通过，现予公布，自1999年9月1日起施行。

中华人民共和国主席 江泽民

1999年6月28日

中华人民共和国公益事业捐赠法

第一章 总 则

第一条 为了鼓励捐赠，规范捐赠和受赠行为，保护捐赠人、受赠人和受益人的合法权益，促进公益事业的发展，制定本法。

第二条 自然人、法人或者其他组织自愿无偿向依法成立的公益性社会团体和公益性非营利的事业单位捐赠财产，用于公益事业的，适用本法。

第三条 本法所称公益事业是指非营利的下列事项：

（一）救助灾害、救济贫困、扶助残疾人等困难的社会群体和个人的活动；

（二）教育、科学、文化、卫生、体育事业；

（三）环境保护、社会公共设施建设；

（四）促进社会发展和进步的其他社会公共和福利事业。

第四条 捐赠应当是自愿和无偿的，禁止强行摊派或者变相摊派，不得以捐赠为名从事营利活动。

第五条 捐赠财产的使用应当尊重捐赠人的意愿，符合公益目的，不得将捐赠财产挪作他用。

第六条 捐赠应当遵守法律、法规，不得违背社会公德，不得损害公共利益和其他公民的合法权益。

第七条 公益性社会团体受赠的财产及其增值为社会公共财产，受国家法律保护，任何单位和个人不得侵占、挪用和损毁。

第八条 国家鼓励公益事业的发展，对公益性社会团体和公益性非营利的事业单位给予扶持和优待。

国家鼓励自然人、法人或者其他组织对公益事业进行捐赠。

对公益事业捐赠有突出贡献的自然人、法人或者其他组织，由人民政府或者有关部门予以表彰。对捐赠人进行公开表彰，应当事先征求捐赠人的意见。

第二章 捐赠和受赠

第九条 自然人、法人或者其他组织可以选择符合其捐赠意愿的公益性社会团体和公益性非营利的事业单位进行捐赠。捐赠的财产应当是其有权处分的合法财产。

第十条 公益性社会团体和公益性非营利的事业单位可以依照本法接受捐赠。

本法所称公益性社会团体是指依法成立的，以发展公益事业为宗旨的基金会、慈善组织等社会团体。

本法所称公益性非营利的事业单位是指依法成立的，从事公益事业的不以营利为目的的教育机构、科学研究机构、医疗卫生机构、社会公共文化机构、社会公共体育机构和社会福利机构等。

第十一条 在发生自然灾害时或者境外捐赠人要求县级以上人民政府及其部门作为受赠人时，县级以上人民政府及其部门可以接受捐赠，并依照本法的有关规定对捐赠财产进行管理。

县级以上人民政府及其部门可以将受赠财产转交公益性社会团体或者公益性非营利的事业单位；也可以按照捐赠人的意愿分发或者兴办公益事业，但是不得以本机关为受益对象。

第十二条 捐赠人可以与受赠人就捐赠财产的种类、质量、数量和用途等内容订立捐赠协议。捐赠人有权决定捐赠的数量、用途和方式。

捐赠人应当依法履行捐赠协议，按照捐赠协议约定的期限和方式将捐赠财产转移给受赠人。

第十三条 捐赠人捐赠财产兴建公益事业工程项目，应当与受赠人订立捐赠协议，对工程项目的资金、建设、管理和使用作出约定。

捐赠的公益事业工程项目由受赠单位按照国家有关规定办理项目审批手续，并组织施工或者由受赠人和捐赠人共同组织施工。工程质量应当符合国家质量标准。

捐赠的公益事业工程项目竣工后，受赠单位应当将工程建设、建设资金的使用和工程质量验收情况向捐赠人通报。

第十四条 捐赠人对于捐赠的公益事业工程项目可以留名纪念；捐赠人单独捐赠的工程项目或者主要由捐赠人出资兴建的工程项目，可以由捐赠人提出工程项目的名称，报县级以上人民政府批准。

第十五条 境外捐赠人捐赠的财产，由受赠人按照国家有关规定办理入境手续；捐赠实行许可证管理的物品，由受赠人按照国家有关规定办理许可证申领手续，海关凭许可证验放、监管。

华侨向境内捐赠的，县级以上人民政府侨务部门可以协助办理有关入境手续，为捐赠人实施捐赠项目提供帮助。

第三章 捐赠财产的使用和管理

第十六条 受赠人接受捐赠后，应当向捐赠人出具合法、有效的收据，将受赠财产登记造册，妥善保管。

第十七条 公益性社会团体应当将受赠财产用于资助符合其宗旨的活动和事业。对于接受的救助灾害的捐赠财产，应当及时用于救助活动。基金会每年用于资助公益事业的资金数额，不得低于国家规定的比例。

公益性社会团体应当严格遵守国家的有关规定，按照合法、安全、有效的原则，积极实现捐赠财产的保值增值。

公益性非营利的事业单位应当将受赠财产用于发展本单位的公益事业，不得挪作他用。

对于不易储存、运输和超过实际需要的受赠财产，受赠人可以变卖，所取得的全部收入，应当用于捐赠目的。

第十八条 受赠人与捐赠人订立了捐赠协议的，应当按照协议约定的用途使用捐赠财产，不得擅自改变捐赠财产的用途。如果确需改变用途的，应当征得捐赠人的同意。

第十九条 受赠人应当依照国家有关规定，建立健全财务会计制度和受赠财产的使用制度，加强对受赠财产的管理。

第二十条 受赠人每年度应当向政府有关部门报告受赠财产的使用、管理情况，接受监督。必要时，政府有关部门可以对其财务进行审计。

海关对减免关税的捐赠物品依法实施监督和管理。

县级以上人民政府侨务部门可以参与对华侨向境内捐赠财产使用与管理的监督。

第二十一条 捐赠人有权向受赠人查询捐赠财产的使用、管理情况，并提出意见和建议。对于捐赠人的查询，受赠人应当如实答复。

第二十二条 受赠人应当公开接受捐赠的情况和受赠财产的使用、管理情况，接受社会监督。

第二十三条 公益性社会团体应当厉行节约，降低管理成本，工作人员的工资和办公费用从利息等收入中按照国家规定的标准开支。

第四章 优惠措施

第二十四条 公司和其他企业依照本法的规定捐赠财产用于公益事业，依照法律、行政法规的规定享受企业所得税方面的优惠。

第二十五条 自然人和个体工商户依照本法的规定捐赠财产用于公益事业，依照法律、行政法规的规定享受个人所得税方面的优惠。

第二十六条 境外向公益性社会团体和公益性非营利的事业单位捐赠的用于公益事业的物资，依照法律、行政法规的规定减征或者免征进口关税和进口环节的增值税。

第二十七条 对于捐赠的工程项目，当地人民政府应当给予支持和优惠。

第五章 法律责任

第二十八条 受赠人未征得捐赠人的许可，擅自改变捐赠财产的性质、用途的，由县级以上人民政府有关部门责令改正，给予警告。拒不改正的，经征求捐赠人的意见，由县级以上人民政府将捐赠财产交由与其宗旨相同或者相似的公益性社会团体或者公益性非营利的事业单位管理。

第二十九条 挪用、侵占或者贪污捐赠款物的，由县级以上人民政府有关部门责令退还所用、所得款物，并处以罚款；对直接责任人员，由所在单位依照有关规定予以处理；构成犯罪的，依法追究刑事责任。

依照前款追回、追缴的捐赠款物，应当用于原捐赠目的和用途。

第三十条 在捐赠活动中，有下列行为之一的，依照法律、法规的有关规定予以处罚；构成犯罪的，依法追究刑事责任：

（一）逃汇、骗购外汇的；

（二）偷税、逃税的；

（三）进行走私活动的；

（四）未经海关许可并且未补缴应缴税额，擅自将减税、免税进口的捐赠物资在境内销售、转让或者移作他用的。

第三十一条 受赠单位的工作人员，滥用职权，玩忽职守，徇私舞弊，致使捐赠财产造成重大损失的，由所在单位依照有关规定予以处理；构成犯罪的，依法追究刑事责任。

第六章 附 则

第三十二条 本法自1999年9月1日起施行。

中办国办县级以下党政领导干部任期经济责任审计暂行规定

第一条 为了加强对党政领导干部的管理和监督，正确评价领导干部任期经济责任，促进领导干部勤政廉政，全面履行职责，根据《中华人民共和国审计法》和其他有关法律、法规，以及干部管理、监督的有关规定，制定本规定。

第二条 本规定所称县级以下党政领导干部，是指县(旗)、自治县、不设区的市、市辖区直属的党政机关、审判机关、检察机关、群众团体和事业单位的党政正职领导干部，乡、民族乡、镇的党委、人民政府正职领导干部(以下简称领导干部)。

第三条 本规定所称领导干部任期经济责任，是指领导干部任职期间对其所在部门、单位财政收支、财务收支真实性、合法性和效益性，以及有关经济活动应当负有的责任，包括主管责任和直接责任。

第四条 领导干部任期届满，或者任期内办理调任、转任、轮岗、免职、辞职、退休等事项前，应当接受任期经济责任审计。

第五条 根据干部管理、监督工作的需要和党委、人民政府的意见，由组织人事部门、纪检监察机关向审计机关提出对领导干部进行任期经济责任审计的委托建议，审计机关依法实施审计。

第六条 审计机关在审计中应当客观公正，实事求是，廉洁奉公，保守秘密，并遵守审计回避制度的规定。

第七条 审计机关依法实施领导干部任期经济责任审计时，被审计的领导干部及其所在部门、单位不得拒绝、阻碍，其他行政机关、社会团体和个人不得干涉。

第八条 审计机关应在实施审计三日前，向被审计的领导干部所在部门、单位送达审计通知书，同时抄送被审计的领导干部本人。

第九条 审计通知书送达后，被审计的领导干部所在部门、单位应当按照审计机关的要求，及时如实提供有关资料；领导干部本人应当按照要求，写出自己负有主管责任和直接责任的财政收支、财务收支事项的书面材料，并于审计工作开始后五日内送交审计机关。

第十条 审计机关实施领导干部任期经济责任审计，应当通过对其所在部门、单位财政收支、财务收支的真实、合法、效益情况审计，分清领导干部本人应当负有的主管责任和直接责任。

对领导干部所在部门、单位财政收支、财务收支审计的主要内容是：预算的执行情况和决算或者财务收支计划的执行情况和决算；预算外资金的收入、支出和管理情况；专项基金的管理和使用情况；国有资产的管理、使用及保值增值情况；财政收支、财务收支的内部控制制度及其执行情况；其他需要审计的事项。

在审计的基础上，查清领导干部任职期间财政收支、财务收支工作目标完成情况，以及遵守国家财经法规情况等，分清领导干部对本部门、本单位财政收支、财务收支中不真实，资金使用效益差以及违反国家财经法规问题应当负有的责任；查清领导干部个人在财政收支、财务收支中有无侵占国家资产，违反领导干部廉政规定和其他违法违纪的问题。

第十一条 审计组实施审计后，应当向审计机关提交审计报告。审计报告报送审计机关前，应当征求被审计的领导干部所在部门、单位和本人的意见。

第十二条 审计机关审定审计报告后，对被审计的领导干部所在部门、单位违反财经法规的问题，认为需要依法给予处理、处罚的，应在法定职权范围内作出审计决定或者向有关主管机关提出处理、处罚意见，同时对领导干部本人任期内的经济责任作出客观评价，向本级人民政府提交领导干部任期经济责任审计结果报告，并抄送同级组织人事部门、纪检监察机关和有关部门。

第十三条 组织人事部门应当将审计机关提交的领导干部任期经济责任审计结果报告，作为对领导干部的调任、免职、辞职、退休等提出审查处理意见时的参考依据。应当给予党纪政纪处分的，由任免机关或纪检监察机关处理。应当依法追究刑事责任的，移送司法机关处理。

第十四条 审计机关按照本规定对领导干部任期经济责任实施审计所必需的经费，应当列入本级人民政府专项财政预算，由本级人民政府予以保证。

第十五条 审计机关依法独立开展领导干部任期经济责任审计工作；上级审计机关负责对下级审计机关执行本规定的情况实行监督、检查；上级组织人事部门、纪检监察机关负责对下级组织人事部门、纪检监察机关执行本规定、利用审计机关审计结果的情况实行监督、检查。

纪检监察机关、组织人事部门、审计机关等有关部门应当建立联席会议制度，交流、通报领导干部任期经济责任审计情况，研究、解决领导干部任期经济责任审计中出现的问题。

第十六条 各地对县级以上党政领导干部已经规定实行任期经济责任审计的，可根据各地党委、人民政府的部署，结合本地实际，按本规定执行。

第十七条 本规定由审计署负责解释。

第十八条 本规定自发布之日起施行。

中办国办发布《国有企业及国有控股企业领导人员任期经济责任审计暂行规定》

第一条 为了加强对国有企业及国有控股企业领导人员（以下简称企业领导人员）的管理和监督，正确评价企业领导人员任期经济责任，促进国有企业加强和改善经营管理，保障国有资产保值增值，根据《中华人民共和国审计法》以及其他有关法律、法规，制定本规定。

第二条 本规定所称企业领导人员，是指企业的法定代表人。

第三条 本规定所称任期经济责任，是指企业领导人员任职期间对其所在企业资产、负债、损益的真实性、合法性和效益性，以及有关经济活动应当负有的责任，包括主管责任和直接责任。

第四条 企业领导人员任期届满，或者任期内办理调任、免职、辞职、退休等事项前，以及在企业进行改制、改组、兼并、出售、拍卖、破产等国有资产重组的同时，应当按国家现行规定进行审计。

第五条 企业领导人员任期经济责任审计应当由企业领导人员管理机关报本级人民政府批准，由人民政府下达审计指令。审计机关可以直接进行审计，也可以由社会审计组织或上级内部审计机构进行审计。

第六条 审计机关应当遵照人民政府的指令，按照审计管辖范围，依法派出审计组实施审计。审计中应当客观公正，实事求是，廉洁奉公，保守秘密，并遵守审计回避制度的规定。

第七条 审计机关依法实施企业领导人员任期经济责任审计时，被审计的企业领导人员及其所在企业不得拒绝、阻碍，其他行政机关、社会团体和个人不得干涉。

第八条 审计机关应在实施审计三日前，向被审计的企业领导人员所在企业送达审计通知书，同时抄送被审计的企业领导人员。

第九条 审计通知书下达后，被审计的企业领导人员所在企业应当按照审计机关的要求，及时如实提供有关资料；被审计的企业领导人员应当按照要求，写出自己负有主管责任和直接责任的企业资产、负债、损益事项的书面材料，并于审计工作开始后五日内送交审计组。

第十条 审计机关实施企业领导人员任期经济责任审计，应当通过对其所在企业资产、负债、损益的真实、合法和效益情况审计，分清企业领导人员本人应当负有的主管责任和直接责任。

企业资产、负债、损益审计的主要内容是：企业资产、负债、损益的真实性；国有资产的安全、完整和保值增值；企业对外投资和资产的处置情况；企业收益的分配；与上述经济活动有关的内部控制制度及其执行情况；其他需要审计的事项。

在审计的基础上，查清企业领导人员在任职期间与企业资产、负债、损益目标责任制有关的各项经济指标的完成情况，以及遵守国家财经法规情况，分清企业领导人员对本企业资产、负债、损益不真实、投资效益差，以及违反国家财经法规问题应当负有的责任；查清企业领导人员个人有无侵占国家资产，违反与财务收支有关的廉政规定和其他违法违纪的问题。

第十一条 审计组实施审计后，应当向审计机关提交审计报告。审计报告报送审计机关前，应当征求被审计的企业领导人员所在企业及本人的意见。审计组应对其提出的审计报告承担有关责任。

第十二条 审计机关审定审计报告后，对被审计的企业领导人员所在企业违反财经法规的问题，认为需要依法给予处理、处罚的，应在法定职权范围内作出审计决定或者向有关主管机关提出处理建议，同时对企业领导人员本人任期内的经济责任作出客观评价，向本级人民政府提交企业领导人员任期经济责任审计结果报告，并抄送企业领导人员管理机关及有关部门。

第十三条 承办企业领导人员任期经济责任审计的社会审计组织、上级内部审计机构，也要依照规定的程序和要求实施审计，并接受审计机关的监督。

第十四条 企业领导人员管理机关应当将审计机关提交的企业领导人员任期经济责任审计结果报告，作为对该企业领导人员的调任、免职、辞职、解聘、退休等提出审查处理意见时的参考依据。应当给予党纪政纪处分的，由企业领导人员管理机关或纪检监察机关处理。应当依法追究刑事责任的，移送司法机关处理。

第十五条 对企业领导人员任期经济责任实施审计所必需的经费，应当列入本级人民政府专项财政预算，由本级人民政府予以保证。

第十六条 各级审计机关依法独立开展企业领导人员任期经济责任审计工作；上级审计机关负责对下级审计机关执行本规定的情况实行监督、检查；上级企业领导人员管理机关负责对下级部门执行本规定、利用审计机关审计结果的情况实行监督、检查。

纪检监察机关、企业领导人员管理机关、审计机关等有关部门应当建立联席会议制度，交流、通报企业领导人员任期经济责任审计情况，研究、解决企业领导人员任期经济责任审计工作中出现的问题。

第十七条 已列入稽查特派员稽查的企业领导人员的管理和监督，按照《国务院稽查特派员条例》和有关规定执行。

第十八条 实行企业化管理的事业单位的领导人员的任期经济责任审计，参照本规定执行。

第十九条 本规定由审计署负责解释。

第二十条 本规定自发布之日起施行。

全国第二次“三讲”教育工作会议在北京召开

会议由中共中央决定召开的。会议强调，各地各部门党委（党组）要认真学习、贯彻江泽民在纪念中国共产党成立78周年座谈会上的讲话，紧密结合实际、坚持高标准、严要求、再接再厉、深入扎实地开展好“三讲”教育。

会议反映，今年3月全国“三讲”教育工作会议后，第一批16个省区市和70个中央、国家机关部委办局领导班子和领导干部的“三讲”教育工作陆续展开，大多数单位的集中教育基本告一段落。

中共中央政治局常委李岚清在人民大会堂会见出席欧美同学会第四届理事会新当选的全体理事

海峡两岸关系协会副秘书长李亚飞与台湾海峡交流基金会副秘书长詹志宏就落实汪辜四项共识交换意见

会谈地点在北京钓鱼台大酒店。在交换意见后，李亚飞介绍说，在交换意见中，双方继续就如何落实四项共识和汪道涵会长访台日期和行程提出意见。海协认为，汪道涵会长访台是两会高层对话，包括政治、经济等内容对话的继续和深入。这是两会已经达成的共识。两岸同胞期待着汪道涵会长访台能够推动两岸对话与谈判；促进两岸关系的改善和发展。因此，汪会长访台的准备工作，重要的是就两会高层对话的继续和深入作认真的准备，当然也包括行程安排。

经过交换意见，双方原则确定，汪道涵访台的行程路线为台北至高雄，在台湾停留7天。在台进行汪辜对话安排上，海协建议举行两场：一为正式对话；一为小范围交换意见。双方并将在今后以多种方式继续沟通交换意见，以妥善准备和安排汪道涵访台事宜。

关于落实两会对话安排，自今年3月以来海协已提出两个具体建议，一是由海协和海基会两会共同举办两岸关系论坛；二是可以就解决事务性商谈中的政治障碍问题交换意见。今天交换意见时，海协重申了这两个建议，并作了进一步的说明。海协认为，由两会举办两岸关系论坛或研讨会，是落实汪辜共识第一项两会对话安排的建议形式之一，台方如不同意，可以提出自己的建议。两会对话的安排，是汪会长访台准备工作的重要组成部分。两会对话安排的共识不应回避，应切实落实。这不存在因此而“削弱海基会功能”和技术上难以操作的问题。海协建议论坛不设主题，自由发言。台湾方面可以提出自己关心的问题，双方可在对话中求同存异、积累共识。如果能形成某些共识，可以为汪辜对话做准备，为开始两岸政治谈判程序性商谈和重开两会经济性、事务性议题商谈创造条件。

李亚飞表示，为推动对话，海协愿于8月底9月初组织一民间性论坛，邀请海基会负责人或副秘书长出席。论坛的地点、人数及其他具体安排事宜，两会可以经充分讨论商定。

由于海基会在交换意见中提出进行有关汪道涵会长访台事宜及劫机犯与私渡人员遣返、渔事纠纷处理等事务性议题的“双轨协商”，李亚飞指出，海协在两岸重开协商问题上的态度是一贯的、明确的。海协主张应尽速进行政治谈判的程序性商谈，并随之重开两会经济性、事务性议题的商谈。正式结束两岸敌对状态和实现直接“三通”，不仅是关系两岸同胞切身利益和根本权益的突出问题，而且是真正改善和发展两岸关系的必由途径，应尽快通过对话和谈判予以解决。

李亚飞指出，当前，两会接触的基础是进行对话，在对话中什么问题都可以交换意见，包括政治、经济内容和台湾方面关心的其他问题，都可以在对话中讨论。因此，双方在积极加强高层对话的同时，更需要就两会对话事宜作出安排。而海基会回避对话安排，对海协关于就结束两岸敌对状态、“三通”、两岸经济合作等问题进行对话的建议不作回应，这不符合汪辜四项共识的精神，更不是落实四项共识的务实态度。

李亚飞还指出，过去两岸事务性商谈之所以无法获得成果，是因为台湾方面一方面回避政治谈判，另一方面又在事务性商谈中凸显“司法管辖权”等政治分歧，致使具体事务性问题难以获得解决。事实证明，达成事务性协议的根本条件在于排除事务性商谈中的政治分歧。如果海基会确有解决事务性问题的诚意，海协愿听取海基会对辜振甫先生去年10月提出的如何排除事务性商谈中的政治障碍问题的具体意见，海协也愿意就此发表意见，并建议作为两会对话的一项内容确定下来。在两岸重开协商前，海协希望两会继续加强个案协助、处理两岸交往中的具体事务性问题，维护两岸同胞正当权益。

在交换意见中，双方还初步达成有关加强两会人员交流的安排，将在今年七八月间由海基会组织法律交流团、由海协组织农业交流团进行互访交流活动。

中央军委主席江泽民就五个军工总公司成立十个集团公司致信国防科工委表示祝贺

国防科工委并转各军工集团公司：

值此五个军工总公司改组成立十个集团公司之际，我向你们表示热烈的祝贺！并向国防科技工业战线的广大科技人员、职工表示亲切的慰问！

国防科技工业，是我国现代化事业的重要组成部分，是国防现代化的重要工业和技术基础，也是国民经济发展的战略性产业和科学技术现代化的重要推动力量。经过五十年来的艰苦奋斗，我国国防科技工业为壮大国防实力、发展国民经济、推动科学技术进步作出了重要的贡献。党中央、国务院、中央军委对你们的辛勤工作和取得的光荣业绩是充分肯定的。

在全面推进有中国特色社会主义的伟大事业中，必须不断增强我国的经济实力和国防实力，国防科技工业承担着光荣的历史使命。各级党委、政府和解放军各军兵种都要积极支持国防科技工业。各军工集团公司要在这次体制改革的基础上，按照社会主义市场发展的要求，继续深化管理体制和运行机制的改革，加快结构调整和军工企事业单位的战略性重组，加大科技创新的力度。希望你们坚持弘扬“自力更生、艰苦奋斗、大力协同、无私奉献”的精神，像当年抓“两弹一星”那样，团结拼搏，勇于攻关，力争尽快地在国防科技的一些关键领域赶上国际先进水平，为我国的国防建设和经济建设作出新的更大的贡献。

江泽民

一九九九年六月二十八日

国务院关于组建中国稀有稀土金属集团公司有关问题的批复

国务院《关于组建中国铜铅锌集团公司有关问题的批复》

最高人民法院审判委员会第 1066 次会议通过《最高人民法院关于审理农业承包合同纠纷案件若干问题的规定(试行)》

国家主席江泽民在钓鱼台国宾馆会见欧洲核子物理研究中心主任卢齐亚诺·马亚尼教授和著名美籍华裔物理学家诺贝尔物理奖获得者丁肇中教授

国务院减负办公布一批受到查处的乱收费案件

6 月 29 日

国家主席江泽民在人民大会堂会见巴基斯坦总理谢里夫

全国人大常委会委员长李鹏在人民大会堂会见巴基斯坦总理谢里夫夫妇

李鹏说，中国全国人大同巴基斯坦议会两院之间的友好合作关系是两国全面合作关系的重要组成部分。近年来，双方的交往与合作不断扩大和加强，对此我们感到满意。我们将一如既往为维护和发展中巴睦邻友好关系做出自己应有的努力，与巴方一道共同构筑面向二十一世纪的更加宏伟的中巴友谊大厦。李鹏指出，中国作为南亚近邻，衷心希望南亚地区保持稳定和发展。中方始终认为，在南亚地区出现核与导弹竞赛以及克什米尔地区出现紧张局势，从根本上讲都不符合该地区人民的利益。

谢里夫高度评价李鹏委员长不久前对巴基斯坦进行了成功访问，强调巴中两国是互相信赖的友好邻邦。巴基斯坦政府和人民珍视巴中友谊，高度赞赏中国多年来为维护南亚的和平与发展所做的积极贡献。谢里夫还介绍了巴基斯坦为改善巴印关系以及缓和克什米尔地区紧张局势所做的努力。他说，南亚各国人民需要的不是战争，而是发展经济、摆脱贫困、维护和平。

全国人大常委会委员长李鹏参观“为了共和国的诞生——革命英烈事迹展览”

李鹏在参观时指出，中华人民共和国是无数革命先烈抛头颅洒热血换来的，我们今天国家经济迅速发展，人民生活逐步改善，国力不断增强，国际地位显著提高，有这样的好局面，我们不应该忘记革命先烈为建立新中国作出的贡献。我们在纪念革命先烈的时候，应该时刻想到祖国的前途，要在不同的岗位上，以实际行动振兴中华民族。

为了纪念中国共产党成立 78 周年，迎接中华人民共和国成立 50 周年，中共中央党史研究室、共青团中央、全国妇联、中共重庆市委今天开始在中国革命博物馆联合主办这次展览。这次展出的历史资料和革命文物共有 500 余件，其中包括 80 余件烈士的狱中绝笔、家书和诗抄。许多文物资料是第一次展出。这些展品生动地展示了 220 余位革命先烈的理想追求和伟大人格。展览共分六个部分：“开创革命伟业的先驱”；“高扬武装斗争的旗帜”；“谱写浩气永存的诗篇”；“抗日战争的民族壮歌”；“为新中国的诞生而战”；“碧血丹心映曙光”。

宋平、许嘉璐、万国权等和一些老同志、老将军今天参观了展览。展览在全国巡回展出。

全国供销合作社扭亏增盈经验交流会在北京召开

全国政协副主席、全国供销总社理事会主任白立忱在交流会上指出，供销社扭亏增盈的措施有很多，但只有改革才是扭亏增盈的根本出路和治本之策。

会议反映，截至1998年年底，全国供销社系统已经连续6年亏损，而且一年比一年严重。为此，扭亏增盈成为该系统的当务之急。

白立忱认为，只有改革才能消除供销社体制和机制上的弊病，建立起遏制亏损、增加盈利的机制，才能从根本上消除亏损恶性增加的隐患，为供销社的持续、健康发展提供制度保障。

白立忱强调，供销社深化改革必须加快进度。早改革早主动，不改革就被动。改革快，可以获得发展的先期效应；改革慢，就要失去机会。供销社深化改革必须加大力度。不回避矛盾，敢于碰硬，勇于为解决矛盾去改革、去工作，这是改革成败的关键。改革要持续深入，改革的思路要不断完善，不能停步。供销社的改革没有禁区，必须解放思想，只要有利于发展的，不管什么形式，都可以试验、探索，在探索中总结，在总结中提高，要不拘一格，千万不要搞一种模式。

国办批转教育部等部门关于国家助学贷款的管理规定(试行)

国务院办公厅日前正式批转了中国人民银行、教育部、财政部《关于国家助学贷款的管理规定(试行)》，决定从今年9月1日起，在全国部分城市的普通高校进行新的国家助学贷款制度试点。这是教育部、财政部、中国人民银行、中国保险监督管理委员会、中国工商银行今天在京联合向新闻界宣布的。记者同时获悉，教育储蓄办法和教育保险办法已经有关部门批准下发。

国家助学贷款是为解决经济困难的家庭子女在接受高等教育时无力支付学费和生活费等问题而发放的财政贴息贷款，国家助学贷款试点工作由中国人民银行指定中国工商银行负责实施。在确定的贷款额度内，由学校根据在校大学生(指全日制本、专科学生)困难情况，对申请国家助学贷款的学生进行资格审查，经办银行审核批准后，由银行与学生个人签订贷款合同。对于一些家庭经济特别困难、而又无法提供担保的学生，可以申请特困生贷款，由学校报请学生贷款管理部门批准后，经办银行按规定办理贷款手续。国家将对贷款学生应承担的利息给予50%的贴息，所需经费由国家财政筹措拨付，贷款本息需在学生毕业后4年内还清。

中国人民银行已于今年6月3日批准了《中国工商银行教育储蓄试行办法》，中国保险监督管理委员会已于今年6月8日下发了《教育保险A、B条款》。这两项办法是为了通过优惠的储蓄和保险方式，引导城乡居民的教育消费，增加对贫困家庭的教育资助。

6月30日

《毛泽东文集》第六、七、八卷出版发行

毛泽东的重要著作集《毛泽东文集》第六、七、八卷，已由人民出版社出版，陆续在全国各地发行。至此，经中共中央批准由中央文献研究室编辑的八卷本《毛泽东文集》全部出齐。

《毛泽东文集》是继《毛泽东选集》之后编辑出版的又一部综合性的多卷本毛泽东著作集。文集编入《毛泽东选集》第一卷至第四卷以外的重要著作803篇，230万字，是从毛泽东1921年至1976年的大量文稿和讲话、谈话记录中精选出来的。《毛泽东文集》是《毛泽东选集》的重要补充，是学习和研究毛泽东思想的重要文献集。

《毛泽东文集》第一、二卷，于1993年12月出版；第三、四、五卷，于1996年9月出版。这五卷编入的是毛泽东民主革命时期的著作。

这次出版的《毛泽东文集》第六、七、八卷，编入的是毛泽东新中国成立后的重要著作，近300篇，其中不少是第一次公开发表。这三卷文集，对于了解、学习和研究毛泽东关于社会主义革命和社会主义建设的重要思想，特别是他对中国社会主义建设道路的探索，对于了解和研究新中国前27年的历史，具有重要的理论价值和文献价值。文集中的一些重要思想，对于社会主义现代化建设，具有现实指导意义。

文集第六卷，编入毛泽东1949年10月至1955年12月的著作137篇，33万字。这一卷涵盖的时段，前三年是新中国的经济恢复时期，收入的著作主要内容包括：宣告中华人民共和国成立。部署消灭国民党残余军队，和平解放西藏，继续完成祖国统一大业。提出用三年左右时间争取国家财政经济状况基本好转的总任务和不要四面出击的策略方针。指导继续完成土地改革和开展镇压反革命。作出抗美援朝的重大决策。为反对腐蚀决定在国家工作人员中开展“三反”斗争，为打击不法资本家决定开展“五反”斗争。

后三年是对生产资料私有制的社会主义改造和第一个五年建设计划时期，收入的著作主要内容包括：提出和阐述党在过渡时期的总路线。主持制定第一部中华人民共和国宪法。为实现社会主义工业化和对农业、手工业、资本主义工商业进行社会主义改造规定一系列方针政策。编入本卷的著作中，还反映了毛泽东对新中国的外交工作、财政经济工作、政权建设工作、文化工作、人民军队和国防现代化建设、统一战线和民族工作等方面提出的一些重要的指导性的意见。

文集第七卷，编入毛泽东 1956 年至 1958 年的著作 72 篇，29 万字。1956 年，我国基本上完成了对生产资料私有制的社会主义改造，并开始全面建设社会主义。收入的著作主要内容包括：提出社会主义革命的目的是解放生产力，要努力改变我国在经济上和科学文化上的落后状况，尽快达到世界先进水平。在对适合中国情况的社会主义建设道路的探索中，围绕调动一切积极因素为社会主义服务的基本方针，阐述社会主义建设的十大关系；强调区分人民内部矛盾和敌我矛盾，把正确处理人民内部矛盾作为国家政治生活的主题；提出艺术上“百花齐放”、科学上“百家争鸣”的繁荣社会主义文化的方针；提出共产党同各民主党派长期共存、互相监督的方针。强调继承党的优良传统，加强党的建设。倡导破除迷信，解放思想，尊重科学。总结无产阶级专政的历史经验，正确评价斯大林。反对美帝国主义侵略台湾，维护祖国的主权和统一。提出帝国主义是真老虎又是纸老虎的论断。1958 年毛泽东轻率发动“大跃进”和人民公社化运动，“共产风”等“左”倾错误泛滥开来。这一卷文集节选了他初步纠正这些错误的一些讲话，强调要利用商品生产和价值法则为社会主义服务，反对弄虚作假虚报成绩等。

文集第八卷，编入毛泽东 1959 年至 1975 年的著作 90 篇，29 万字。这一卷涵盖的时段，在前七年党和国家经历了曲折的发展过程，毛泽东一方面继续纠正实际工作中的“左”倾错误，总结经验教训，一方面又发生在庐山会议错误批判彭德怀和在八届十中全会重提阶级斗争等错误。收入的著作主要内容包括：批评把社会主义误认为共产主义、把按劳分配误认为按需分配、把集体所有制误认为全民所有制的错误，强调不能剥夺农民，坚决纠正“共产风”。指出价值法则是一个伟大的学校，只有利用它才能建设社会主义和共产主义。指出社会主义的第一阶段是不发达的社会主义，第一次提出四个现代化。重申实事求是的思想原则，大兴调查研究之风。系统阐述民主集中制，要求党内党外都要有充分的民主生活。强调要把马克思列宁主义的普遍真理同中国社会主义建设的具体实际相结合，认识和掌握社会主义建设的客观规律。论述人的正确思想是从生产斗争、阶级斗争和科学实验这三项社会实践中来的。提出大力提倡学习和掌握马克思主义的认识论和辩证法。后十年是“文化大革命”时期，毛泽东发动“文化大革命”是全局性的严重错误。文集只选了他在这一时期关于改革对外宣传工作、三个世界的划分、打开外交工作新局面和调整文艺政策等方面的一些重要论述。

编入文集第六、七、八卷的著作，着重反映毛泽东在我国社会主义时期提出的正确的或基本正确的思想理论和方针政策，作为历史文献，有些重要著作虽有“左”的痕迹，仍选入了这部文集。

国家副主席胡锦涛在香港会见香港特区政府主要官员

胡锦涛下午在前港督府会见董建华等香港特区政府主要官员、行政会议成员、立法和司法机构负责人。

胡锦涛在讲话中对特区政府的工作给予了充分肯定和高度赞扬。他说，香港回归前，国际社会曾密切关注香港能否顺利回归；香港回归后，国际社会又密切关注着“一国两制”能否得到真正的贯彻执行，香港能否保持繁荣稳定。现在，人们已经清楚地看到，中国政府在香港贯彻“一国两制”、“港人治港”、“高度自治”方针是坚定不移的，香港特区政府对香港的管治是卓有成效的，香港居民的各项权利和自由得到了充分的保障，香港保持了自由港地位和国际金融、贸易、航运中心地位，仍然是世界上商业环境最好的地区之一，香港原有的社会、经济制度和生活方式确实没有改变，法律也基本没有改变。

这一切都充分说明，“一国两制”方针是有着强大生命力的，是完全正确的；以董建华先生为首的特区政府是完全有智慧有能力驾驭复杂局势的，香港人是完全能够管理好香港的。

他指出，“一国两制”、“港人治港”、“高度自治”是一项史无前例的事业，在前进的道路上，必然会遇到一些新情况和新问题。无论是中央政府，还是特区政府，都要在实践中不断总结经验，摸索前进。

在谈到全国人大常委会按照宪法和基本法的规定行使基本法解释权时，胡锦涛指出，全国人大常委会依法对基本法有关条款进行解释，不仅不会影响香港特区独立的司法权与终审权，而恰恰是维护了香港特区的法治。全国人大、中央政府致力于维护香港特区法治的立场是一贯的，过去是这样，现在是这样，将来也必定是这样。

胡锦涛在讲话中还赞扬香港广大公务员和立法、司法机关的工作人员，在香港历史的重大转折关头，忠实地履行职责，保证了机构的正常运作，保障了广大香港居民的正常生活，为香港回归后的繁荣稳定作出了重要贡献。他希望大家再接再厉，恪尽职守，一如既往地支持和配合行政长官的工作，把 21 世纪的香港建设得更加美好。

国务院港澳办主任廖晖、中共中央办公厅副主任陈福今会见时在座。新华社香港分社社长姜恩柱、外交部驻港特派员马毓真、中国人民解放军驻港部队司令员熊自仁、政委王玉发等参加了会见。

国务院总理朱镕基签署第 268 号令决定发行第五套人民币

中华全国总工会主席尉健行在北京会见以理事长清水春树为团长的日本国际劳动财团代表团

中国政府代表团团长王忠禹出席讨论人口与发展问题的特别联大

讨论国际人口与发展问题的联合国大会第二十一届特别会议在纽约联合国总部开幕。王忠禹出席会议。

王忠禹介绍中国解决人口问题的情况和经验。王忠禹指出,中国实行计划生育不仅为稳定中国人口、促进经济和社会发展起到了很大的作用,而且也对全球人口稳定起到了重要作用。在阐述我国政府关于进一步实施《行动纲领》的原则立场时,他说,首先,人口和发展问题密不可分。各国应结合本国的实际并从经济和社会发展全局来认识和解决人口问题,努力推动实现人口与经济、社会、资源、环境的协调发展和可持续发展。中国政府尊重人口与发展领域中的人权。维护人权首先是维护本民族和人民的生存权和发展权,发展是促进和保护人权的基础,离开这一基础谈论人权问题是没有实际意义的。其次,实施《行动纲领》,开展国际合作应当尊重各国主权,充分考虑各国经济发展水平、历史文化传统、宗教信仰和道德标准的差异。最后,有效解决资金问题是实施《行动纲领》的关键因素。中国呼吁国际社会,特别是发达国家履行承诺,向发展中国家提供资金援助。中国希望本届特别联大就解决资金问题提出具体行动建议。

国家主席江泽民 国务院总理朱镕基签署第 269 号令发布《国务院中央军事委员会关于修改〈中国人民解放军现役士兵服役条例〉的决定》

现发布《国务院、中央军事委员会关于修改〈中国人民解放军现役士兵服役条例〉的决定》,自发布之日起施行。

国务院总理 朱镕基
中央军委主席 江泽民
1999 年 6 月 30 日

国务院 中央军事委员会关于修改《中国人民解放军现役士兵服役条例》的决定

为了进一步完善中国人民解放军现役士兵服役制度,加强军队的革命化、现代化、正规化建设,决定对《中国人民解放军现役士兵服役条例》作如下修改:

一、第二条修改为:“现役士兵按兵役性质分为义务兵役制士兵和志愿兵役制士兵。义务兵役制士兵称义务兵,志愿兵役制士兵称士官,并依照本条例授予相应军衔。”

二、第六条修改为:“义务兵服现役的期限,从兵役机关批准之日起计算。”

三、删去第七条。

四、第八条改为第七条,修改为:“士官从服现役期满的义务兵中选取。义务兵选取为士官,必须具备下列基本条件:

(一)志愿献身于国防事业;

(二)能胜任本职工作;

(三)具有初中毕业以上文化程度;

(四)身体健康。

根据军队需要,士官也可以直接从非军事部门具有专业技能的公民中招收。”

五、第九条前增加一条,作为第八条:“士官实行分期服现役制度。士官服现役的年限为:第一期、第二期各三年;第三期、第四期各四年;第五期五年;第六期九年以上。

士官分期服现役的批准权限为:第一期、第二期由团(旅)级单位批准;第三期、第四期由师(旅)级单位批准;第五期、第六期由军级单位批准。”

六、第九条修改为:“士官担任除班长以外的基层行政或者专业技术领导、管理职务,须经军事院校培训。

士官担任专业技术工作职务,必须经过相应专业技术培训。”

七、第十三条修改为:“新入伍的士兵,必须经过共同科目基础教育训练;专业技术兵必须经过三个月以上的专业技术培训;班长必须经过三个月以上的集训。”

八、第十六条改为第十五条,修改为:“士兵军衔按兵役性质分为:

(一)志愿兵役制士兵:六级士官、五级士官、四级士官、三级士官、二级士官、一级士官;

(二)义务兵役制士兵:上等兵、列兵。”

九、第十五条改为第十六条,修改为:“士兵军衔按等级分为:

(一)高级士官:六级士官、五级士官;

(二)中级士官:四级士官、三级士官;

(三)初级士官:二级士官、一级士官;

(四)兵:上等兵、列兵。

士兵军衔中,列兵为最低军衔,六级士官为最高军衔。”

十、第十八条修改为："士兵军衔的授予、晋升，以本人所任职务、德才表现和服现役年限为依据。"

十一、第十九条修改为："士兵军衔的授予、晋升：

（一）兵：服现役第一年的义务兵，授予列兵军衔；

服现役第二年的列兵，晋升为上等兵军衔；

（二）初级士官：义务兵服现役期满，被批准为第一期士官的，授予一级士官军衔；第一期服现役期满，被批准进入第二期服现役的一级士官，晋升为二级士官军衔；

（三）中级士官：第二期服现役期满，被批准进入第三期服现役的二级士官，晋升为三级士官军衔；第三期服现役期满，被批准进入第四期服现役的三级士官，晋升为四级士官军衔；

（四）高级士官：第四期服现役期满，被批准进入第五期服现役的四级士官，晋升为五级士官军衔；第五期服现役期满，被批准进入第六期服现役的五级士官，晋升为六级士官军衔。"

十二、第二十条修改为："士兵军衔应当按照规定的服现役期限晋升；服现役第一年的列兵被提升为班长职务的，晋升为上等兵军衔。"

十三、第二十一条修改为："士兵军衔授予、晋升的批准权限：

（一）高级士官由军级单位主官批准；中级士官由师（旅）级单位主官批准；初级士官由团（旅）级单位主官批准；

（二）兵的军衔由连或者相当于连的单位的主官批准；服现役第一年的列兵担任班长职务，晋升为上等兵军衔的，由营级单位主官批准。"

十四、第二十二条修改为："兵的军衔的授予、晋升，由连或者相当于连的单位的主官队前宣布；士官军衔的授予、晋升，由批准单位的主官以命令下达。"

十五、第二十七条修改为："士兵军衔评定、授予的程序和办法，由中国人民解放军总参谋部规定。"

十六、第二十八条修改为："对在作战、训练、执勤和工作中表现突出，取得显著成绩，以及为国家和人民做出其他较大贡献的士兵，应当给予奖励。奖励的项目、条件、批准权限和实施程序按照中央军事委员会的规定执行。"

十七、删去第二十九条。

十八、第三十条改为第二十九条，修改为："对违反纪律和故意或者过失给国家、军队和人民造成损失，或者在群众中产生不良影响的士兵，应当给予处分。处分的项目、条件、批准权限和实施程序按照中央军事委员会的规定执行。"

十九、第三十一条前增加一条，作为第三十条："士兵在服现役期间，受除名或者开除军籍处分的，由批准机关出具证明并派专人遣送回原籍，地方人民政府应当予以接收。"

二十、删去第三十一条、第三十二条、第三十三条、第三十四条。

二十一、第三十五条改为第三十一条，第二款修改为："士官实行工资制和定期增资制度，工资由基础工资、军衔等级工资、军龄工资组成，并按照国家和军队的有关规定享受津贴和补贴。"

二十二、第三十六条前增加一条，作为第三十二条："士兵享受国家和军队规定的保险待遇。"

二十三、删去第三十六条。

二十四、第三十七条改为第三十三条，修改为："担任副班长、班长或者相当于班长职务和经军事院校培训并担任基层行政或者专业技术领导、管理职务的士兵，按照规定发给职务津贴。"

二十五、第三十八条改为第三十四条。

二十六、第三十九条改为第三十五条。

二十七、第四十三条改为第三十六条，修改为："高级士官经师（旅）级以上单位的政治机关批准，其配偶和未成年的子女、无独立生活能力的子女可以随军，是农村户口的转为城镇户口，当地人民政府应当准予落户。

家属随军的士官，其住房、家属安置、子女入托入学等待遇，五级士官与家属随军的营职军官相同；六级士官与家属随军的团职军官相同。"

二十八、第四十条改为第三十七条，修改为："士官家属符合随军条件未随军的，由军队发给分居补助费和医疗补助费。"

二十九、第四十一条前增加一条，作为第三十八条："士官牺牲、病故的，其随军家属移交政府安置管理。具体办法按照国务院、中央军事委员会关于牺牲、病故军官的随军家属移交政府安置管理的规定执行。"

三十、第四十一条改为第三十九条，修改为："士官按照下列规定，享受探亲假和休假的待遇：

（一）未婚士官同父母远居两地的或者已婚士官夫妻远居两地的，一级士官任期内享受探亲假两次，每次假期二十天；二级以上士官，每年享受探亲假一次，已婚的假期四十天，未婚的假期三十天；二级以上士官当年未探亲的，第二年增加探亲假十五天；

（二）高级士官夫妻在一地、父母在异地的，每四年享受探望父母假一次，假期二十天；

（三）探亲假期不含途中时间，往返路费按照规定的标准报销；

（四）家属随军的高级士官，每年休假一次，服现役不满二十年的假期二十天，满二十年的假期三十天。"

三十一、第四十二条改为第四十条，修改为："执行作战任务的部队的士官停止探亲和休假。

国家发布动员令后，按照动员令应当返回部队的正在探亲、休假的士官，应当立即结束探亲和休假，返回本部。”

三十二、第四十四条改为第四十一条，修改为：“义务兵服现役期满未被选取为士官的，以及士官服现役满本期规定年限未被批准进入下一期继续服现役的和符合退休条件的，一律退出现役。”

三十三、第四十五条改为第四十二条。

三十四、第四十六条改为第四十三条。

三十五、第四十七条改为第四十四条。

三十六、第四十八条改为第四十五条。

三十七、第四十九条改为第四十六条，修改为：“义务兵从被批准退出现役之日起，必须在三十天内到安置地的退伍军人安置机构报到；逾期不报到的，由户口管理机关按照国家有关规定，给予批评教育或者行政处罚。”

三十八、第五十条改为第四十七条，修改为：“对退出现役的义务兵，按照国家有关规定妥善安置。”

三十九、第五十一条前增加一条，作为第四十八条：“士官退出现役后，初级士官作复员安置；服现役满十年的中级士官、高级士官作转业安置，本人要求复员，并经组织批准，也可以作复员安置，入伍前是农村户口的，可以转为城镇户口；服现役满三十年或者年满五十五岁的高级士官作退休安置，根据地方需要和本人自愿也可以作转业安置。丧失工作能力的士官作退休安置。具体办法由国务院、中央军事委员会另行规定。”

四十、第五十一条改为第四十九条，修改为：“士兵退出现役后分配参加工作的，其工龄按照《退伍义务兵安置条例》第十五条的规定计算；工资标准，按照不低于现岗位同工种、同工龄大多数工人的标准工资的原则确定。”

四十一、第五十二条改为第五十条。

四十二、第五十三条前增加一条，作为第五十一条：“本条例适用于中国人民武装警察部队。”

四十三、第五十三条改为第五十二条。

四十四、第五十四条改为第五十三条。

本决定自发布之日起施行。

依照《全国人民代表大会常务委员会关于修改〈中华人民共和国兵役法〉的决定》，服现役满二年并根据军队需要继续服现役至满三年的义务兵，其待遇和军衔的晋升、佩戴办法由中国人民解放军总参谋部会同有关部门规定。

《中国人民解放军现役士兵服役条例》根据本决定作相应的修改，重新发布。

陆军航空兵学院成立

中央军委主席江泽民近日签署命令，组建中国人民解放军陆军航空兵学院。陆军航空兵学院成立大会在北京举行。

12年前，在全军裁减员额100万的情况下，中央军委为加强我军现代化建设，走有中国特色的精兵之路，决定组建陆军航空兵。在党中央、中央军委的关怀下，这一年轻的兵种不断发展壮大，成为一支现代高科技武装力量和完成急难险重任务的重要突击力量。新组建的陆军航空兵学院担负着为全军陆航部队培养初、中级指挥员和飞行员、航空工程人员及其他相关专业技术人员的培训任务。它的组建标志着陆航人才培养跨入一个崭新的发展阶段，必将对整个陆航部队的建设和发展起到极大的推动作用。

国家科技教育领导小组第四次会议在中南海召开

国务院总理、国家科技教育领导小组组长朱镕基主持会议，听取科技部、农业部关于制定《农业科技发展纲要》，中国科学院关于进行国家知识创新工程试点情况和关于中国高能物理发展战略的汇报。

朱镕基在听取汇报后指出，新中国成立以后，特别是经过改革开放20年来的努力，我国亿万人民的温饱问题得到了基本解决。这些成绩的取得，根本在于党的路线、方针、政策的正确指引，同时农业科学技术进步也发挥了显著的作用。但是，现行的农业科技体制、技术创新能力等方面，已难以适应新阶段农业发展的要求。因此，必须尽快制定《农业科技发展纲要》，指导农业科技发展，大幅度提高农业科技创新能力，确保我国面向新世纪的农业和农村经济实现可持续发展。朱镕基对制定《纲要》提出了具体要求。他说，制定一个《纲要》是必要的，但切忌空泛、抽象，要有针对性，能解决农业和经济发展中的实际问题，真正具有指导意义。《纲要》对农业科技发展要有明确目标，对重点品种和领域要有具体的攻关措施，促进农业科技在创新方面有所突破。他强调，要加大农业科技体制改革力度，应用开发型的研究院所的科技成果要尽快进入市场，转化成生产力，为农业生产发展和农民服务。要加强对我国农业的重大、关键性技术的研究、开发和推广。国家对基础研究要给予支持，但也不能都包下来，应采用课题招标办法择优提供经费。农业部门的工作重点要尽快转到依靠科学技术进步求农业发展的轨道上来。

朱镕基说，根据江泽民总书记提出的“真正搞出我们自己的创新体系”的要求，党中央、国务院决定在中国科学院启动国家知识创新工程试点，这是落实科教兴国和可持续发展战略的重要举措，这一工程实施一年来已取得成效。

加强技术创新，加速科技发展，需要广大科技工作者坚持不懈的努力，也需要进一步加大改革力度。长期以来，我国科研院所存在的分散、封闭等弊端，不利于创新工程的实施，要通过组织结构调整和运行机制转换改变这一状况。进行知识创新工程试点，还要注意吸引国内外最优秀的科学家开展科学研究，推动知识创新基地与大学、企业、地方的合作与共建，形成更加开放的创新格局。要深化科技体制改革，使科技发展与经济社会发展更紧密地结合。科学研究成果不仅要重视学术水平，更要重视其对社会的贡献。我们要真正尊重知识，尊重人才，要调动科技人员的积极性和创造性，营造一个良好的社会环境。

国务院副总理、国家科技教育领导小组副组长李岚清，国务院副总理温家宝也就有关问题作讲话。科技部副部长邓楠、中科院院长路甬祥先后汇报有关工作情况。

会议审议科技部、农业部拟定的《农业科技发展纲要》的目标与内容并原则通过，决定正式开展《纲要》的制定工作；会议决定适时召开全国农业科技工作会议，全面部署农业科技工作。

会议充分肯定了中国科学院国家知识创新工程试点工作取得的成绩，对进一步搞好试点工作提出了要求；会议还讨论了中科院制定的中国高能物理发展战略。

国家科技教育领导小组成员曾培炎、盛华仁、陈至立、朱丽兰、刘积斌、项怀诚、陈耀邦、路甬祥、宋健、徐荣凯出席了会议。

共青团中央全国学联在北京召开首都高校 1999 届部分志愿赴边工作大学生座谈会

《当代中国》丛书暨电子版完成总结大会在北京举行

中共中央总书记江泽民题写书名的《乌兰夫文选》由中央文献出版社出版

国务院减负办公室再次公布一批受到查处的乱收费案件

纪念中国共产党成立 70 周年大型文艺晚会《伟业照千秋》在北京演出

7月1日

国家主席江泽民在人民大会堂同纳米比亚总统努乔马举行会谈

江泽民说,中纳在各个领域的友好合作日益活跃和深入发展,双方达成的合作意向大多已得到落实。两国在经济、文教、卫生和军事等领域进行了卓有成效的合作。我们对两国关系的良好发展深感满意和高兴,并高度赞赏纳米比亚政府始终坚持一个中国的立场。纳米比亚资源丰富,中纳发展互利合作潜力很大。我们愿鼓励中国企业赴纳米比亚开展多种形式的互利合作,不断探索适合两国国情和经济实力的合作领域和方式,以使两国友好合作形式更加多样,更适应国家发展的需要。

努乔马感谢中国政府和人民在纳米比亚争取国家独立和民族解放以及独立后的经济建设中给予纳米比亚的宝贵支持和援助。

会谈后,江泽民主席和努乔马总统出席了中纳两国经济技术合作协定的签字仪式。

香港回归祖国纪念碑揭幕

在香港回归祖国两周年的日子里,香港回归祖国纪念碑揭幕仪式在香港会议展览中心新翼广场隆重举行。国家副主席胡锦涛代表中央政府和全国各族人民对此表示祝贺,并向香港特区政府、香港同胞和各界人士致以节日的问候和良好的祝愿。

上午八时三十九分,站在主礼台上的胡锦涛副主席和香港特区行政长官董建华同时拉动彩绳,覆盖在纪念碑上的巨幅红色绸布轻轻滑落下来,一座通高二十米、宽一点六米的深色花岗岩纪念碑矗立在人们面前。纪念碑正面镌刻的国家主席江泽民亲笔题写的"香港回归祖国纪念碑"九个金色大字。

在纪念碑揭幕仪式上,胡锦涛发表讲话。董建华向胡锦涛副主席赠送了一尊纪念碑模型。

在仪式前,胡锦涛副主席还会见了香港回归祖国纪念碑工作小组成员。

香港回归祖国纪念碑由基石、柱身和柱头三部分组成,柱身则由206块石环重叠而成,分别代表着香港1842年至2047年的年轮。柱身唯一嵌有光环的石环代表1997年,凸显了香港这一年回归祖国的重大历史意义。纪念碑柱头用紫铜锻制而成,表面经氧化处理,历久不衰,寓意香港回归后继续繁荣昌盛。

国家副主席胡锦涛在香港回归祖国纪念碑揭幕仪式上发表讲话

同胞们、朋友们:

在香港回归祖国两周年的喜庆日子里,由江泽民主席题写碑名的香港回归祖国纪念碑正式落成。我代表中央政府和全国各族人民对此表示热烈的祝贺!并向香港特区政府、香港同胞和各界人士致以节日的问候和良好的祝愿!

两年前的今天,江泽民主席在这里庄严宣告,中国政府对香港恢复行使主权,中华人民共和国香港特别行政区正式成立。随着鲜艳的五星红旗和香港特别行政区区旗的升起,神州欢腾,举世瞩目,香港历史从此揭开了崭新的篇章。建立香港回归祖国纪念碑,让我们的子孙永远铭记香港回归祖国这一彪炳史册的重大事件,世代弘扬伟大的爱国主义精神,是香港同胞的共同心愿,也是全国各族人民的共同心愿。

香港回归祖国纪念碑,是一座记载中华儿女维护国家统一、领土完整的奋斗历史的丰碑。100多年来,为了民族的解放和国家的统一,包括广大香港同胞在内的全体中国人民,进行了不屈不挠、可歌可泣的英勇抗争。在中国走上改革开放之路、现代化建设取得巨大成就的历史条件下,我国政府按照邓小平提出的"一国两制"的伟大构想,通过中英谈判,以和平方式解决了香港问题,洗雪了百年国耻,实现了中国人民收回香港的历史夙愿。

香港回归祖国纪念碑,是一座讴歌"一国两制"伟大实践的丰碑。两年来,"一国两制"方针和基本法得到了全面贯彻落实,香港继续保持原有的社会、经济制度和生活方式不变,继续保持自由港地位和国际金融、贸易、航运中心地位,继续保持同世界各国、各地区以及有关国际组织的广泛联系,香港居民充分享有各种权利和自由。事实雄辩地证明,"一国两制"方针和基本法符合国家的根本利益,符合香港的根本利益,也符合各国投资者的利益,是香港长期繁荣稳定的根本保障。

香港回归祖国纪念碑,是一座标志港人当家做主、开始了建设香港新里程的丰碑。两年来,广大香港同胞以前所未有的主人翁精神,积极参与香港事务的管理。以董建华先生为首的香港特区政府,稳健地处理香港的各项事务,沉着地应对面临的各种挑战,成功地抵御了亚洲金融危机对香港的强烈冲击,保持了香港的繁荣稳定。特区政府带领广大香港同胞在战胜困难和风险中继续前进的坚实步伐向世人昭示,以董建华先生为首的特区政府是完全有智慧有能力驾驭复杂局面的,香港人是完全可以管理好香港的。

香港回归祖国纪念碑,是一座铭刻中国人民对人类和平进步事业作出重大贡献的丰碑。香港回归祖国,为国际社会提供了一个以和平方式解决国家间历史遗留问题和争端的成功范例。和平与发展依然是当今世界的两大主题，但天下还很不太平，霸权主义和强权政治有新的发展。中国人民是热爱和平的伟大人民。我们将一如既往坚持独立自主的和平外交政策，坚决反对一切违反《联合国宪章》和国际关系准则的行为。我们愿意在和平共处五项原则的基础上，不断发展同世界各国的友好合作关系，为推动建立公正合理的国际政治、经济新秩序，促进人类和平进步的崇高事业而努力。

香港回归祖国纪念碑，是一座矗立在每个中国人心中的不朽丰碑，它将永远起到告慰先人、激励今人、教育后人、催人奋进的作用。

同胞们、朋友们，今年是中华人民共和国成立 50 周年。50 年来，特别是改革开放 20 年来，我们国家发生了翻天覆地的变化，人民生活得到了明显改善，综合国力不断增强，国际地位大大提高。50 年来，香港同胞与祖国同呼吸、共命运，祖国内地的发展包含着广大香港同胞的重要贡献。随着祖国现代化建设的不断推进，香港与内地的经济联系将进一步密切，香港必将为国家的繁荣富强继续发挥不可替代的重要作用，内地经济的持续稳定发展也将为香港的繁荣提供更有力的支持。

同胞们、朋友们，借此机会，我愿意在这里重申，中央政府全面贯彻执行“一国两制”、“港人治港”、“高度自治”的方针和基本法的决心是坚定不移的，支持以董建华先生为首的特区政府依法施政的决心是坚定不移的。无论发生什么情况，伟大的社会主义祖国都将是香港保持繁荣稳定的坚强后盾。我们完全相信，有“一国两制”方针的正确指引，有 600 多万香港同胞的勤劳和智慧，有以董建华先生为首的特区政府卓有成效的工作，有全国各族人民和中央政府的大力支持，香港一定能够克服前进中的一切艰难险阻，以崭新的姿态进入新的世纪，创造出新的辉煌！

谢谢大家。

《人民日报》发表社论《把我们的党建设得更加强大——庆祝中国共产党成立 78 周年》

今天是我们党成立 78 周年纪念日。值此节日之际，我们向全党 6000 多万党员致以崇高的同志的敬礼！

七一前夕，中共中央总书记江泽民同志在纪念中国共产党成立 78 周年座谈会上发表重要讲话，总结了党的建设的历史经验，科学地阐述了党的建设的一系列重大问题；重点论述开展“三讲”教育的必要性和重要性，全面论述了讲学习、讲政治、讲正气的内涵及其关系，透彻地分析了讲政治是“三讲”的核心，强调在全国县级以上党政领导班子和领导干部中，集中一段时间，以整风的精神深入开展“三讲”教育，是当前党的建设的重中之重。江泽民同志的重要讲话，主题鲜明，内容丰富，思想深刻，不仅对于进一步搞好“三讲”教育具有非常重要的指导作用，而且对于新的历史时期全面加强党的建设，推进改革开放和现代化建设事业，具有重要的指导作用，是新时期搞好党建工作的纲领性文件。各级党委和领导干部，都要深入学习和领会讲话精神，切实贯彻到推进建设有中国特色社会主义事业中去，贯彻到加强和改进党的自身建设中去，贯彻到“三讲”教育中去。

我们的党是一个大党，我们党领导革命和建设的历史，坎坷曲折，波澜壮阔，概括成一句话，就是“关键在党”。没有党的领导，就没有新中国；没有党的领导，就没有社会主义的发展和壮大，没有改革开放和社会主义现代化建设的伟大成就，没有国家和人民光明远大的前途。78 年来，我们党从小到大，由弱到强，从战争时期转到和平建设，从计划经济转向社会主义市场经济，每前进一步都要排除困难，付出代价，都取决于党的素质和水平，取决于党对国内外形势的认识和驾驭。78 年的历史证明，我们的党是坚持马克思主义基本原理和中国具体实际相结合，不断开拓创新推动历史前进的党；是诚心诚意服务于全体中国人民，为振兴中华不懈奋斗，并初步实现繁荣昌盛，使中国面貌发生了翻天覆地变化的党；是不断地经受挫折和考验，为了人民利益和人类进步事业，不断锤炼和提升自己，始终保持着生机和锐气，巍然屹立于历史潮流前列的党。

新的时代，新的形势和任务，对于我们党的领导水平、执政水平，对于各级领导班子、领导干部的素质和能力，提出了新的更高要求。现在的形势是，我们的改革开放事业取得巨大成就，同时遇到一些深层次矛盾亟待解决，而我们对于其中的许多规律还知之不多不深；我们正在大步走向世界，世界政治多极化和全球经济一体化的发展趋势，给我们提供了发展机遇也提出了严峻挑战；西方霸权主义强权政治的猖獗，使我们进一步清醒地意识到世界并不太平，西方敌对势力亡我之心不死；我们的干部队伍主流是好的，但也有部分领导干部精神状态不好，思想政治素质不高，不能或不完全适应新的形势和任务，有的还经受不住新的考验。我们要在新的国际形势和国际格局中，领导 12 亿人民进一步推进改革开放，实现第二步战略目标，并向第三步战略目标前进，必须创造多种条件，付出艰苦努力，战胜众多艰险。

最重要最迫切的就是通过“三讲”教育，并大力巩固和发展“三讲”教育的成果，全面加强党的思想建设、政治建设、组织建设和作风建设，以使各级领导班子和领导干部的整体素质有一个比较大的提高。

试点单位和第一批“三讲”教育单位的实践证明，党中央决定开展“三讲”教育，是一个具有重要战略意义的决策，是新时期加强党的建设的创造性探索，是加强领导班子建设、提高干部队伍素质、解决新形势下党性党风方面存在的突出问题的一项重大举措。以整风精神，依靠党的自身力量，通过学习，通过批评与自我批评，切实解决党性党风方面存在的突出问题，对于增强各级党组织的凝聚力和战斗力，对于提高领导干部的政治觉悟和领导水平，具有重要作用。“三讲”，讲政治是核心，讲学习是前提，讲正气是体现。三者紧密相连，相互统一。在“三讲”教育中，务必抓住讲政治这个核心，带动讲学习、讲正气，全面落实党中央的要求。我们所讲的政治，是马克思主义的政治，是建设有中国特色社会主义的政治，是实现、维护和发展人民群众根本利益的政治。我们讲的政治是具体的，必须通过具体实践把讲政治的要求，落实到推动建设有中国特色社会主义的经济、政治、文化的各个方面，体现在日常工作、学习上，贯彻到党内生活中去。讲政治，就要坚定正确的理想和信念；就要善于从政治上正确认识和判断形势；就要在路线方针政策上始终保持政治上的清醒和坚定；就要自觉坚持党的民主集中制原则；就要全心全意为人民谋利益。总之，每一个党员、干部，特别是领导干部，不论在哪个领域、哪条战线工作，都要讲政治。

共产党人是用人类最先进的文明成果武装起来的先进分子，现在是知识奔流的时代，终身学习的时代，不努力学习就要落后，就会逐渐失去其先进性。讲学习，就要努力学习马列主义、毛泽东思想特别是邓小平理论。要学立场、学观点、学方法，树立正确的世界观、人生观、价值观，还要学习经济、政治、科技、金融、历史、法律、文化等各种知识。要讲科学而不讲迷信，信马列而不信鬼神，对于共产党人来说，这是丝毫不能含糊，丝毫不得动摇的。

邓小平同志强调，办好中国的事情关键在党，关键在人。江泽民同志指出，保证我们的事业不断取得成功的关键在于造就一支高素质的干部队伍，把各级领导班子建设成为团结坚强的领导集体。当今世界，国际竞争依然是综合国力的竞争，在这种竞争面前，对任何一个国家的领导集团的领导水平和执政能力，都是一种现实的考验。我们必须奋发图强，把我们的党建设得更加强大，把我们的国家建设得更加强大。

在县级以上领导班子和党员领导干部中开展“三讲”教育，这是我们党对人民事业高度负责的表现，是我们党的肌体充满生机和活力的表现，也是我们对于党的生日的特殊纪念。全党同志要以搞好“三讲”教育的实际行动加强党的建设，力争使各级领导班子和领导干部在思想上有明显提高，政治上有明显进步，作风上有明显转变，纪律上有明显增强，以新的精神面貌，迎接新的任务，迎接新的世纪！

国务院批准提高部分商品出口退税率

财政部、国家税务总局宣布，为了进一步支持外贸出口，促进国民经济发展，经国务院批准，从1999年7月1日起，提高部分商品的出口退税率。其中，服装的出口退税率提高到17%；服装以外的纺织原料及制品，机电产品中除机械及设备、电器及电子产品、运输工具、仪器仪表四大类产品（目前已执行17%退税率）以外的其他机电产品，以及法定税率为17%且现行退税率为13%、11%的商品，出口退税率统一提高到15%；法定税率为17%且现行退税率为9%的其他商品，出口退税率提高到13%；农产品以外的法定税率为13%且现行退税率未达到13%的商品，出口退税率统一提高到13%。

经过此次调整，我国出口商品的综合退税率平均提高了2.95个百分点，退税率档次由现行的17%、13%、11%、9%、5%五档简并为17%、15%、13%、5%四档。

国务院决定股票交易印花税税率由千分之四下降到千分之三

国防科技工业十大集团公司在北京宣告成立

中共中央总书记、国家主席、中央军委主席江泽民致信表示祝贺，并向国防科技工业战线的广大科技人员、职工表示亲切的慰问。中共中央政治局常委、国务院总理朱镕基出席成立大会并讲话。

朱镕基在讲话时指出，各军工总公司改组为若干集团公司是改革国防科技工业管理体制，增强企业活力和竞争力，加速国防现代化建设的重大举措；国防科技工业战线广大职工要深刻认识这次改革的重大意义，真正把思想统一到中央的决策上来，解放思想，振奋精神，坚定信心，团结奋进，为促进国防科技工业和国民经济发展作出新的贡献。

朱镕基说，国防科技工业是重要的战略性产业，是国防现代化的重要物质技术基础，是综合国力的重要体现。近50年来，在党中央、国务院、中央军委的正确领导下，我国国防科技工业坚持自力更生，艰苦奋斗，取得了举世瞩目的成就，为巩固国防和壮大国力作出了巨大贡献。改革开放以来，军工战线广大职工认真贯彻邓小平同志提出的“军民结合，平战结合，军品优先，以民养军”的方针，在确保军工任务的前提下，大力发展民品和高新技术产业，成为经济建设中一支重要的有生力量。

朱镕基指出，这次国防科技工业体制改革，是遵照江泽民总书记指示，党中央、国务院、中央军委根据国际国内形势发展和国防科技工业的现状，反复听取各有关方面意见后作出的重要决策。各军工总公司改组为若干集团公司，要着力解决五个方面的问题：一是政企分开；二是建立适度竞争的机制；三是科研力量适当集中，确保武器装备的生产和发展；四是促进国防科技工业的合理布局和结构调整；五是有利于企业搞活和脱困。目的在于建立起适应社会主义市场经济发展要求的政企分开、产研结合、供需分离、精干高效的管理体制，为跨世纪长远发展打好基础。

朱镕基强调，十个集团公司的成立，是一个良好的开端，但任重而道远。他对国防科技工业和集团公司的改革和发展提出了明确要求。第一，进一步解放思想，更新观念，转变职能，真正把集团公司办成自主经营、自负盈亏的经济实体。集团公司总部要严格按照经济规律，把集团公司应该管的事情管好，对不应该由集团公司办的事情，要坚决地放下去，满腔热情地支持企业搞活。国防科工委要切实加强行业管理，重点是搞好行业规划、行业政策、行业法规、行业标准和行业监督，加强组织协调。第二，加快武器装备发展，千方百计满足部队需要。企业集团组建以后，国防科工委和各集团公司都要牢固树立为国防现代化服务的思想，坚决完成武器装备研制、生产、保障任务。要不断提高武器装备科研水平，增强国防科技工业的发展后劲。第三，加大国防科技工业结构调整力度。要广泛采用先进技术，加强技术改造，把真正需要的东西搞上去。要通过适度竞争，优胜劣汰，进一步搞好军工企业的战略性重组。第四，坚持军民结合方针，大力发展军民两用技术。要在确保军工任务的前提下，真正按照市场需求，加大科技开发和产品开发力度。充分发挥人才、技术、设备优势，着力开发军民两用技术，发展高新技术产品和高新技术产业，推动军用技术向民用的转移。第五，要从国防科技工业的实际出发，按照建立现代企业制度的方向，加快和深化企业改革。要把企业改革、改组、改造和加强管理紧密结合起来，转换经营机制，增强企业活力，强化内部管理，提高经济效益，千方百计搞好企业扭亏脱困工作。

朱镕基强调，促进我国国防科技工业的发展，既需要国防科技工业干部职工艰苦奋斗，积极进取，也需要各方面的大力支持。国务院有关部门和各地人民政府要充分认识加强国防科技工业建设的重要性，认真研究解决国防科技工业改革、调整和发展中的问题，共同完成振兴国防科技工业的历史使命。

在成立大会上，中共中央政治局委员、国务院副总理吴邦国宣读江泽民总书记的贺信，并为十大集团公司揭牌。中央大型企业工委副书记、人事部部长宋德福宣读了十大集团公司的领导成员的任命。国家工商局局长王众孚向十大集团公司颁发法人代表营业执照。

中共中央政治局委员、中央军委副主席迟浩田，中央军委委员、总装备部部长曹刚川，国防科工委主任刘积斌及国务院、人民解放军有关部门的领导同志出席了成立大会。

国防科技工业十大集团公司是：中国核工业集团公司、中国核工业建设集团公司、中国航天科技集团公司、中国航天机电集团公司、中国航空工业第一集团公司、中国航空工业第二集团公司、中国船舶工业集团公司、中国船舶重工集团公司、中国兵器工业集团公司、中国兵器装备集团公司。

中国人民银行发布关于发行第五套人民币100元券的公告

国务院总理朱镕基在中南海紫光阁会见柬埔寨国务兼外交国际合作大臣贺南洪

中国政府将在3年内投资50亿元建设国家科技创新体系

我国政府决定从1998年到2000年年底的3年内投资50亿元建设国家创新体系，为在21世纪实现可持续发展提供强大的技术支持，并力争使中国科技事业再创辉煌。

科学技术部一位负责人表示，将通过实施国家知识创新工程使国家科技竞争能力在2010年以前进入世界前10名。

作为国家知识创新工程的核心和重要组成部分，中科院的重点研究领域将从我国下世纪初社会经济发展的需求出发，充分考虑世界科技前沿的发展动态与趋势。

中科院明确提出它的重点研究领域将包括农业高新技术、人口与健康、信息科学与技术、能源、新材料与先进制造、资源与环境、空间科学与技术、基础和重大交叉科学等八大领域。

从战略需求和世界科技发展态势出发，中科院在注意发挥已有优势的同时，又增加了新的战略研究方向。目前已选定的有重要农作物功能基因组学、主要农作物抗病虫害、重大生物资源的开发利用、信息化农业技术、生物芯片、新型高分子材料、纳米、超导材料及其应用和全球变化与环境演变等。

中科院负责人说，在组织重大项目方面重点考虑了中长期可能取得重大突破的项目并强调它们的战略性，其中包括对国家经济发展和高技术发展有重大意义的宽带网络电话互联网技术、工业机器人和特种机器人、网络安全与信息对抗技术和重要矿产资源的勘探研究等。

雪龙号破冰船首航北极

雪龙号破冰船离开上海外高桥集装箱新码头，中国第一次大规模北极科学考察就此开始。

这次北极考察是我国首次使用自己的运载工具，装载科考队员从我国的港口出发，直驶北极圈以内。其主要任务是通过实施对白令海、楚科奇海和北极点邻近海、冰、气、生物的综合考察，了解北极在全球变化中的作用和对我国气候的影响，北冰洋与北太平洋水团交换对北太平洋环流的变异影响，以及北冰洋邻近海域生态系统与生物资源对我国渔业发展的影响。

中共中央国务院决定对城镇中低收入居民收入政策进行调整

主要内容包括，从7月1日起，将国有企业下岗职工基本生活费水平、失业保险金水平、城镇居民最低生活保障水平提高30%；增加机关事业单位在职职工工资和离退休人员离退休费；提高企业离退休人员养老金标准；一次性补发1999年6月底前拖欠的企业离退休人员统筹项目内容的养老金；提高部分优抚对象抚恤标准等。

国家防汛抗旱总指挥部在北京召开第二次全体防汛抗洪工作会议

会议分析防汛形势，进一步研究部署防汛抗洪工作。国务院副总理、国家防汛抗旱总指挥部总指挥温家宝出席并讲话。

国家防汛抗旱总指挥部办公室在会上通报近期防汛抗洪情况，中国气象局介绍6月以来降雨概况和未来天气趋势预测情况。6月份以来，我国南方局部地区连降大到暴雨，太湖水位超过历史最高水位，杭嘉湖河网地区出现有记录以来的最高水位，长江的一些支流也先后发生较大洪水。浙江、安徽、江西、湖北、福建等省的局部地区发生了较为严重的洪涝灾害。洪水发生后，有关省市党委、政府十分重视，主要负责同志认真部署抗洪救灾工作，广大军民奋力抗洪抢险，各级防汛抗旱指挥部及时运用各种防洪工程科学调度洪水，把灾害损失减少到最低限度。据气象部门预报，这次降雨过程已逐渐减弱，7月2日以后可基本结束。

针对目前汛情，温家宝指出，当前重点是抓好南方地区防洪。太湖流域有关省市要集中力量加强重点堤防和重要部位的防守。长江、珠江等流域要抓好主要支流的防洪工作，干流地区也要做好迎战洪水的准备。

温家宝要求，各级防汛抗旱指挥部要按照洪水调度方案精心做好调度，充分发挥防洪工程的作用。气象、水文部门要密切监视天气、水情变化，及时准确作出滚动预报，为防汛指挥当好参谋。通信部门要确保通信畅通。国家防汛抗旱总指挥部各成员单位要按照分工，各司其职，通力合作，做好防汛工作。发生洪涝灾害的地区，要积极组织排涝，并妥善安置灾民生活。要抓紧水毁工程修复，做好可能再次发生洪水的防御准备。

温家宝说，在做好南方地区防汛工作的同时，要密切关注北方地区的天气形势，做好各项准备工作。

深圳海关查获走私进口VCD 393万张大案

7月2日

全国人大常委会委员长李鹏在人民大会堂会见纳米比亚总统努乔马

国务院总理朱镕基在中南海紫光阁会见纳米比亚总统努乔马

首都各界人士举行纪念西藏民主改革40周年座谈会

中共中央统战部、全国人大民委、国家民委、全国政协民族和宗教委员会在人民大会堂举行首都各界人士纪念西藏民主改革40周年座谈会。

全国政协副主席、中央统战部部长王兆国在会上讲话。王兆国指出，40年来在党的领导下，西藏人民走上了社会主义道路，实现了社会制度的伟大飞跃，经济建设取得巨大成就。1998年，西藏国内生产总值完成91.18亿元，比1959年增长近50倍，并连续5年高于全国平均增长水平。农业连续11年获得大丰收，粮食产量达85万吨。1998年，西藏城镇居民人均可支配收入达到5438元，农牧民人均纯收入1158元。全区共有各级各类学校4300多所，在校学生37万多人。目前，西藏社会稳定，经济发展，民族团结，边防巩固，人民安居乐业。

王兆国在谈到西藏工作经过40年的实践检验得出的基本经验时说，加强党的核心领导作用，走社会主义道路，是西藏稳定发展的根本保证；坚持以经济建设为中心，坚持改革开放，解放和发展生产力，提高人民生活水平；坚持和完善民族区域自治制度；依靠广大劳动群众和各民族干部，充分发挥各族各界爱国人士的作用，最大限度地调动一切积极因素；坚持汉族离不开少数民族、少数民族离不开汉族、少数民族之间也互相离不开的方针，巩固和发展平等、团结、互助的社会主义新型民族关系；全面正确地执行党的宗教政策，依法加强对宗教事务的管理；坚持两手抓、两手都要硬的方针，坚持人民民主专政，加强基层建设，保持社会稳定，维护祖国统一，反对分裂；必须从战略全局的高度看待西藏工作，长期贯彻"中央关心西藏、全国支援西藏"的方针，调动方方面面的力量支持西藏的工作，并把它与西藏的自力更生结合起来。

关于人权问题，王兆国指出，在封建农奴制度下，西藏人民的人权受到了剥夺和践踏。民主改革以后，西藏发生了翻天覆地的变化，西藏人民从此才真正享有了各项人权。废除封建特权绝不是侵犯人权，而恰恰是为了实现和维护西藏人民的人权。对于废除农奴制，实行民主改革，西藏的一部分农奴主是反对的，他们在 1959 年发动叛乱，失败后流亡国外。当年反对民主改革、践踏人权的农奴主，今天却颠倒黑白、混淆是非，大言不惭地奢谈什么人权，其目的在于恢复他们失去的特权，恢复他们对西藏人民的统治。所谓"西藏人权问题"只是流亡国外的少数西藏分裂主义分子和支持他们的某些国际势力制造出来的一个借口和幌子，其实质是企图分裂中国。他们的借口和幌子本身就是站不住脚的，是不存在的。

全国政协副主席阿沛·阿旺晋美，全国人大民委主任委员王朝文，西藏自治区党委常务副书记、自治区人大常委会主任热地，西藏自治区原党委书记阴法唐，藏族学者大丹增先后在会上发言。

布赫、铁木尔·达瓦买提、司马义·艾买提以及中央、国家机关、解放军总政治部、西藏自治区党委等有关方面负责同志和首都各界人士等参加座谈会。座谈会由中央统战部副部长、国家民委主任李德洙主持。

澳门特区筹委会第九次全体会议在北京开幕

国务院副总理、筹委会主任委员钱其琛在致开幕词时说，澳门特区第一任行政长官何厚铧先生组建特区政府的工作已经起步，相信在行政长官领导下，有广大澳门居民的积极参与和大力支持，筹组特区政府的工作一定会取得圆满成功，"澳人治澳"、高度自治必将得到全面落实。

本次全体会议审议通过筹委会对澳门特区第一任行政长官于 1999 年 12 月 19 日前开展工作的决定、澳门特区有关人员就职宣誓事宜的决定和澳门特区司法机关具体产生办法。

会议还听取筹委会政务、法律、经济小组的工作报告和秘书长陈滋英对拟在本次全体会议通过的文件的说明。

筹委会副主任委员马万祺主持会议。筹委会副主任委员廖晖、何厚铧、吴福、曹其真及委员共 86 人出席会议。

全国政协主席李瑞环在黑龙江考察

中共中央政治局常委、全国政协主席李瑞环在黑龙江考察工作时强调指出，要在全社会大力提倡"扶危济困、乐善好施"的风尚，这对于在新的历史条件下进一步弘扬中华民族的传统美德、加强社会主义精神文明建设，对于更好地坚持党的允许和鼓励一部分人一部分地区先富起来、最终实现共同富裕的政策，具有十分重要的意义。

7 月 2 日至 7 日，李瑞环在黑龙江省委书记徐有芳、省长田凤山、省政协主席周文华的陪同下，先后到哈尔滨、大庆和伊春等地进行考察。

去年夏天，一场百年不遇的特大洪水，给黑龙江人民造成了巨大损失，全省 82 万间民房倒塌，90 万灾民无家可归。洪水过后，全国人民响应江泽民总书记关于夺取灾后重建胜利的号召，纷纷向灾区同胞伸出了援助之手。在李瑞环的倡导下，许多政协委员、非公有制经济人士和海外人士慷慨解囊，4500 余万元定向捐赠的款项很快送到了黑龙江的重灾区。几个月来，李瑞环一直惦记着灾民新村建设的情况。3 日，他来到全国政协捐资助建的"龙江第一村"和"永珍王府新村"，察看房屋建造质量，询问新村建设规划，并同搬进新居的灾民亲切交谈，详细了解灾后的生产、生活情况。看到一幢幢崭新的民宅和配套的学校、幼儿园、卫生所和商店，他高兴地说："新村建设得很好，不仅解决了灾民的住房问题，而且为重新规划、改造农村居住环境，提供了重要的示范。"

伊春是我国的重点林区，素有"红松之乡"的美誉。4 日，李瑞环走进了这片多年来他一直关注的林区，实地察看原始林、次生林，了解人工育林情况。他高度赞扬林区人民为支援国家经济建设、为恢复和保护森林资源所作出的努力。在马永顺林场，他对 86 岁的全国老劳模马永顺说："过去你砍树是功臣，今天种树更是功臣，全国人民都要向你学习。"国家实施天然林保护工程后，一些林业工人的生活受到影响。在看望林业工人家庭时，李瑞环一再嘱咐当地干部，不管碰到多大困难，也要确保职工的基本生活不出问题。

7 日上午，李瑞环听取了黑龙江省委、省政府的工作汇报。他对近年来黑龙江在困难的条件下各项工作所取得的成绩给予了充分肯定。

他勉励黑龙江干部群众进一步解放思想、实事求是、振作精神、团结奋斗，开创现代化建设的新局面。李瑞环说，改革开放以来，人民群众的生活有了很大改善，党的富民政策深入人心，但也必须看到，由于种种原因，一部分群众生活水平提高慢，特别是目前有少数群众的生活遇到暂时困难。确保群众生活，是社会主义的本质要求，是共产党人的应尽职责。各级领导干部要严肃认真地对待这个问题，万万不可有丝毫的大意和疏忽。

他指出，民以食为天，世界上没有什么问题比吃饭更重要。我们许多事情可以讲百分之几，而吃饭问题只能讲百分之百。就我们国家目前的经济实力来讲，要做到这一条是不成问题的。党和政府已经制定了有关扶贫解困的政策，关键是工作要做细。要使每个生活困难的群众都在领导干部的视野之内，都在保障服务的工作网络之中，切实做到他们的呼声有人听，他们的困难有人管。特别是对那些为国家建设和发展出过力、流过汗的老职工、老劳模、老同志，必须给予更多的关心和照顾。只要各级领导干部这样去做了，我们的事业就会进一步得到广大群众的支持，我们的社会就能继续保持稳定和谐的局面。

李瑞环说，要在全社会大力提倡“扶危济困、乐善好施”。他指出，党和政府允许和鼓励一部分人先富起来，因为这是最终实现共同富裕的捷径。先富起来的人除了不断发展经济、继续致富外，还应当报效祖国、服务社会、奉献人民，应当帮助未富的人、贫困的人。他说，“扶危济困、乐善好施”是中华民族的传统美德，是文明社会的重要标志，也是市场经济条件下利用道德力量调节利益关系的有效形式。对于扶贫济困、乐善好施的义举，我们要通过表彰典型、总结经验、健全网络等方式，使之在全社会蔚然成风。

李瑞环还看望了黑龙江省政协的同志。

国家经贸委确定首批重点联系市场名单

为加强对市场建设的管理与规范，对不同地区、不同类别的市场进行分类指导，促进我国市场体系健康发展，国家经贸委对各地区、各有关部门和中央管理企业推荐的市场进行了认真筛选，确定35家市场作为国家经贸委第一批重点联系市场。

国家经贸委将会同有关部门对重点联系市场加强信息引导和政策扶持，通过培育和建设一批关系国计民生、交易规模大、辐射能力强、管理比较规范、现代化程度比较高的大型市场，进一步引导我国市场体系规范有序发展，更好地发挥市场的导向作用，促进国民经济健康运行。国家经贸委要求各地经贸委要按照“合理规划、规范管理、改造提高、分类指导”的要求，加强对重点联系市场的指导和扶持。重点联系市场每月要向国家经贸委及时报送市场建设动态信息，包括市场交易量、价格变化、市场规范管理等方面，及时反映市场建设及管理中的重要情况和问题，总结市场培育和建设方面的做法和经验，不断提高市场建设的质量和水平。

第一批重点联系市场名单如下：(略)

中央军委组建四所新的军队院校

中央军委主席江泽民近日签署命令，组建中国人民解放军石家庄陆军指挥学院、信息工程大学、理工大学、炮兵学院。这四所院校成立暨授军旗大会分别在其驻地举行。

新成立的石家庄陆军指挥学院是由原陆军参谋学院和装甲兵指挥学院合并组成的，主要承担陆军中级指挥干部、参谋，装甲步兵生长干部和教育技术专业干部的培训任务，同时担负军事学硕士博士研究生、全军管理干部、院校教员等培训任务，是一所合成程度较高，融指挥、管理、技术于一体的中级指挥院校。

由原信息工程学院、电子技术学院、测绘学院合并组建的解放军信息工程大学，是一所综合大学，办学规模扩大，办学实力增强。这所大学拥有2个博士后流动站、8个博士点、22个硕士点，更具有取长补短、相互促进、融合创新、全面发展的条件和优势。

由原通信工程学院、工程兵工程学院、空军气象学院、总参第六十三研究所合并组建的解放军理工大学，集理、工、管于一体，教学、科研并重，设有2个博士后科研流动站，以研究生、本科生教育为主体，每年培训的研究生就达近千名，是一所新型的多学科综合性大学。它担负着培养信息战、通信与指挥自动化、工程兵工程、军事气象、合成军指挥等诸多领域高素质新型军事人才的任务，是我军新世纪科技创新、知识创新、装备研制的重要基地和军队、国家创新体系的重要组成部分。

由原合肥炮兵学院与南京炮兵学院合并组建的炮兵学院，将承担炮兵军官的学历教育和博士、硕士等高层次人才培养任务，并被军委、总部确定为“基础教育合训、专业训练分流”先行单位。学院将在原设地炮指挥、无人机工程2个本科专业和6个研究生专业的基础上，新增指挥自动化工程、计算机科学与技术、机械工程及自动化、电气工程及自动化、信息工程等5个本科工程专业，培训定额大幅度提高。

中国老教授协会第四届会员代表大会在北京举行

7 月 3 日

澳门特别行政区筹备委员会第九次全体会议闭幕

澳门特别行政区筹备委员会第九次全体会议下午在北京人民大会堂闭幕。国务院副总理、筹委会主任委员钱其琛致闭幕词。

本次全体会议审议通过了《全国人民代表大会澳门特别行政区筹备委员会关于澳门特别行政区第一任行政长官在一九九九年十二月十九日前开展工作的决定》、《全国人民代表大会澳门特别行政区筹备委员会关于澳门特别行政区有关人员就职宣誓事宜的决定》和《中华人民共和国澳门特别行政区司法机关具体产生办法》。钱其琛在闭幕词中指出，这三个文件对筹备成立特区的工作具有重要意义。

钱其琛说，随着澳门特区第一任行政长官的顺利产生，组建特别行政区的工作已进入具体实施阶段。在今年十二月十九日之前，要完成特区行政、立法和司法机关的组建工作，并处理好其他与成立特区有关的事宜。筹委会作出行政长官于一九九九年十二月十九日前开展有关工作的决定，使行政长官从现在就开展组建特区的工作有了充分的法律依据。

他指出，本次会议还通过了澳门特别行政区司法机关的具体产生办法，这是继推委会产生办法、行政长官产生办法、特区政府机构及主要官员职位设置的意见和立法会产生办法等之后，筹委会制定的又一个有关筹备成立特区的重要文件。澳门各界对“依法治澳”均有高度共识和强烈期望，因此对司法机关的组建也高度关注。这次通过的司法机关产生办法，在体现澳门基本法有关规定的基础上，既适应我国政府对澳门恢复行使主权的要求，又充分考虑到了澳门的实际情况，同时也有助于实现以澳门本地法律专业人士为主体的司法队伍的建设，相信一定能得到澳门居民的认同和支持。

他指出，特别行政区法院独立进行审判，不受任何干涉，这是司法独立的含义。然而基本法是特别行政区的根本性的宪制性法律，只有认真学好基本法，完整准确地理解基本法，坚定不移地执行基本法，才能处理好特别行政区的事务，才能处理好中央和特别行政区的关系。

他说，江泽民主席等国家领导人曾反复强调，中央将坚定地贯彻执行“一国两制”方针，绝不干涉属于特别行政区自治范围内的事务。对属于中央政府管辖的事务或中央与特区关系的问题，将严格按法律规定处理。这些原则同样适用于澳门特别行政区。比如，全国人大常委会对香港居民在内地所生子女的居港权问题的解释，其中体现的法律原则，也是符合澳门特别行政区基本法的，对未来澳门特别行政区处理类似问题也是适用的。他表示，今年年初筹委会对实施基本法有关条款提出的具体意见，实际上也已经体现了这些有关原则。

钱其琛表示，全国人大常委会第十次会议通过了澳门驻军法，得到了澳门居民的广泛而热烈的欢迎。这是中央政府负责澳门防务的必要措施，是国家恢复对澳门行使主权的象征，也是保证澳门稳定的重要因素。

他指出，筹委会下一阶段的主要工作是：研究澳门市政机构的问题，准备原澳门最后一届立法会选任议员过渡为特区第一届立法会议员的确认工作；继续审查澳门原有法律；研究澳门与内地的金融关系问题；继续关注澳门回归庆祝活动的筹备情况。

筹委会副主任委员马万祺主持会议。会议还通过了新闻公报，决定筹委会第十次全体会议于八月二十八日至二十九日在北京举行。

筹委会副主任委员廖晖、何厚铧、吴福、曹其真及委员共八十三人出席会议。

全国人民代表大会澳门特区筹委会第九次全体会议发表新闻公报

全国人民代表大会澳门特别行政区筹备委员会第九次全体会议于 1999 年 7 月 2 日至 3 日在北京举行。会议由筹委会副主任委员马万祺主持。主任委员钱其琛在会议开幕和闭幕时发表了讲话。

会议听取了政务小组、法律小组、经济小组的工作报告。

会议审议通过了《全国人民代表大会澳门特别行政区筹备委员会关于澳门特别行政区第一任行政长官在 1999 年 12 月 19 日前开展工作的决定》、《全国人民代表大会澳门特别行政区筹备委员会关于澳门特别行政区有关人员就职宣誓事宜的决定》和《中华人民共和国澳门特别行政区司法机关具体产生办法》。会议认为，以上决定和办法有利于澳门特别行政区成立时的顺利运作，有利于澳门的平稳过渡和政权顺利交接。

会议决定，全国人民代表大会澳门特别行政区筹备委员会第十次全体会议于 8 月 28 日至 29 日在北京举行。

全国人民代表大会澳门特别行政区筹备委员会第九次全体会议通过《全国人民代表大会澳门特别行政区筹备委员会关于澳门特别行政区第一任行政长官在 1999 年 12 月 19 日前开展工作的决定》

为保证澳门平稳过渡、政权顺利交接和澳门特别行政区自1999年12月20日起顺利运作，根据《中华人民共和国澳门特别行政区基本法》和全国人大有关决定，全国人民代表大会澳门特别行政区筹备委员会决定：

澳门特别行政区第一任行政长官在1999年12月19日前按照澳门基本法的规定和全国人大的有关决定，开展筹建澳门特别行政区的各项工作：

一、筹组澳门特别行政区第一届政府，提名并报请中央人民政府任命澳门特别行政区主要官员；

二、委任澳门特别行政区第一届立法会7名委任议员；

三、委任澳门特别行政区行政会委员；

四、委任推荐澳门特别行政区各级法院法官的独立委员会委员；

五、任命澳门特别行政区各级法院法官和从中选任各级法院的院长，并就终审法院院长和法官的任命报全国人民代表大会常务委员会备案；

六、提名并报请中央人民政府任命澳门特别行政区检察长，根据检察长的提名任命检察官；

七、提出公元2000年澳门特别行政区财政预算案；

八、草拟并提出成立澳门特别行政区的必备法案；

九、会同澳门特别行政区立法会主席、终审法院院长联合提名并报请全国人民代表大会常务委员会任命澳门特别行政区基本法委员会澳门委员；

十、其他有关事务。

全国人民代表大会澳门特别行政区筹备委员会第九次全体会议通过《澳门特别行政区司法机关具体产生办法》

第一条 为筹组澳门特别行政区司法机关，根据《中华人民共和国澳门特别行政区基本法》(以下简称《基本法》)和《全国人民代表大会关于澳门特别行政区第一届政府、立法会和司法机关产生办法的决定》，制定本办法。

第二条 筹组澳门特别行政区司法机关应体现国家主权和平稳过渡的原则，符合澳门的实际情况。

第三条 澳门特别行政区享有独立的司法权和终审权。

第四条 澳门特别行政区设立初级法院、中级法院和终审法院。

第五条 初级法院是澳门特别行政区第一审法院。

初级法院可根据需要设立若干专门法庭。原澳门刑事起诉法庭的制度继续保留。

第六条 澳门特别行政区设立行政法院，负责管辖行政诉讼和税务诉讼。不服行政法院裁决者，可向中级法院上诉。

第七条 中级法院既是初级法院和行政法院的上诉审法院，也是较为重大案件的第一审法院。

第八条 终审法院是澳门特别行政区最高等级的法院，行使澳门特别行政区终审权。

终审法院既审理下级法院的上诉案件，也审理重大的一审案件。

第九条 澳门特别行政区法院除继续保持澳门原有法律制度和原则对法院审判权所作的限制外，对澳门特别行政区所有的案件均有审判权。

澳门特别行政区法院对国防、外交等国家行为无管辖权。

第十条 澳门特别行政区各级法院的法官人数为：初级法院不超过18名，行政法院不超过2名，中级法院5名，终审法院3名。

第十一条 澳门特别行政区各级法院的法官，根据当地法官、律师和知名人士组成的独立委员会的推荐，由行政长官任命。

法官的选用以其专业资格为标准，主要从具有澳门特别行政区永久性居民资格的符合标准的澳门当地法律专业人士中选用，根据需要也可聘用符合标准的外籍法官。

第十二条 澳门特别行政区初级法院、中级法院和终审法院各设院长1人，由行政长官在各级法院法官中选任。

终审法院院长由澳门特别行政区永久性居民中的中国公民担任。

终审法院院长和法官的任命和免职须报全国人民代表大会常务委员会备案。

第十三条 澳门特别行政区设立检察院。检察院独立行使法律赋予的检察职能，不受任何干涉。

第十四条 澳门特别行政区检察院设检察长1人，设检察官20人左右。

澳门特别行政区检察长由澳门特别行政区永久性居民中的中国公民担任。

澳门特别行政区检察长由行政长官提名，报中央人民政府任命。

澳门特别行政区检察官由检察长提名，行政长官任命。

第十五条 澳门特别行政区各级法院院长和法官、检察院检察长和检察官应拥护和遵守基本法，具有法学学士或以上学位和法律工作经验。

第十六条 澳门特别行政区终审法院院长和检察长、法官和检察官在就职时应依基本法的有关规定宣誓。

全国人民代表大会澳门特别行政区筹备委员会第九次全体会议通过《全国人民代表大会澳门特别行政区筹备委员会关于澳门特别行政区有关人员就职宣誓事宜的决定》

根据《中华人民共和国澳门特别行政区基本法》第一百零一条“澳门特别行政区行政长官、主要官员、行政会委员、立法会议员、法官和检察官,必须拥护中华人民共和国澳门特别行政区基本法,尽忠职守,廉洁奉公,效忠中华人民共和国澳门特别行政区,并依法宣誓”和第一百零二条“澳门特别行政区行政长官、主要官员、立法会主席、终审法院院长、检察长在就职时,除按本法第一百零一条的规定宣誓外,还必须宣誓效忠中华人民共和国”的规定,全国人民代表大会澳门特别行政区筹备委员会决定:

一、澳门特别行政区行政长官、主要官员、行政会委员、立法会议员、法官和检察官在1999年12月20日澳门特别行政区成立时宣誓就职。

二、行政长官宣誓时,由国务院总理监誓;主要官员、立法会主席、终审法院院长和检察长宣誓时,由国务院总理委托行政长官监誓;行政会委员、立法会议员、法官和检察官宣誓时,由行政长官监誓。

三、宣誓就职的人员中,凡身兼两项职务者,应分别参加其所担任职务的宣誓。

四、宣誓就职人员的誓词分别如下:

1. 行政长官就职宣誓誓词

本人×××,谨此宣誓:本人就任中华人民共和国澳门特别行政区行政长官,必当拥护并负责执行中华人民共和国澳门特别行政区基本法,效忠中华人民共和国及其澳门特别行政区,尽忠职守,遵守法律,廉洁奉公,致力于维护澳门的稳定和发展,对中央人民政府和澳门特别行政区负责。

2. 主要官员、立法会主席、终审法院院长、检察长就职宣誓誓词

我谨此宣誓:本人就任中华人民共和国澳门特别行政区政府(行政法务司司长、经济财政司司长、保安司司长、社会文化司司长、运输工务司司长、廉政专员、审计长、海关关长),必当拥护并执行中华人民共和国澳门特别行政区基本法,效忠中华人民共和国及其澳门特别行政区,尽忠职守,遵守法律,廉洁奉公,竭诚为澳门特别行政区服务。

宣誓人:×××

我谨此宣誓:本人就任中华人民共和国澳门特别行政区(立法会主席、终审法院院长、检察长),必当拥护并执行中华人民共和国澳门特别行政区基本法,效忠中华人民共和国及其澳门特别行政区,尽忠职守,遵守法律,廉洁奉公,竭诚为澳门特别行政区服务。

宣誓人:×××

3. 行政会委员就职宣誓誓词

我谨此宣誓:本人就任中华人民共和国澳门特别行政区行政会委员,必当拥护并执行中华人民共和国澳门特别行政区基本法,效忠中华人民共和国澳门特别行政区,尽忠职守,遵守法律,廉洁奉公,竭诚为澳门特别行政区服务。

宣誓人:×××

4. 立法会议员就职宣誓誓词

我谨此宣誓:本人就任中华人民共和国澳门特别行政区立法会议员,必当拥护并执行中华人民共和国澳门特别行政区基本法,效忠中华人民共和国澳门特别行政区,尽忠职守,遵守法律,廉洁奉公,竭诚为澳门特别行政区服务。

宣誓人:×××

5. 法官、检察官就职宣誓誓词

我谨此宣誓:本人就任中华人民共和国澳门特别行政区(法院法官、检察院检察官),必当拥护并执行中华人民共和国澳门特别行政区基本法,效忠中华人民共和国澳门特别行政区,尽忠职守,遵守法律,公正廉洁,维护法制,竭诚为澳门特别行政区服务。

宣誓人:×××

财政部等部委联合推出企业效绩评价体系

为适应社会主义市场经济体制下政府职能转变和强化国有企业监管的需要,最近,财政部会同国家经贸委、人事部、国家计委联合颁布《国有资本金效绩评价规则》和《国有资本金效绩评价操作细则》,推出了一套适应现代企业制度的国有资本金效绩评价体系(简称企业效绩评价体系)。

企业效绩评价,是指运用科学、规范的评价指标体系和评价方法,通过将企业一定经营期间的资产运营、财务效益、盈利能力、发展潜力等进行定量和定性对比分析,对企业经营成果和经营风险作出真实、客观、公正的综合评判。四部委颁布的企业效绩评价体系有四个突出的特点:以净资产收益率为核心,重点评价企业资本营运效益。这套企业效绩评价体系参照了国际通行做法,以净资产收益率为主体指标,有利于推动企业改善经营管理,提高投入产出水平,有效抑制“大而全”、“小而全”及盲目资产最大化倾向,提高国有资本的运行质量;建立了多层次立体指标体系,综合分析影响企业经营效绩的多方面潜在因素。评价指标体系由基本指标、修正指标、评议指标三个层次组成,实现了多因素互补和逐级递进修正,定量分析与定性分析相结合,全面评价企业财务效益、资产管理水平、经营风险和持续发展能力,综合反映企业真实业绩;制定和

颁布了分年度评价标准,使企业经营业绩评价具有统一的“度量衡”。这套评价体系,采取以横向对比分析为基础,利用全国国有企业统计资料,制定了分行业企业评价标准值,这在我国尚属首次。有了统一的“度量衡”,就可以客观反映企业的主观努力程度;实现计算机操作,大大提高了工作效率。企业效绩评价体系拥有配套的计算机软件,从企业会计年报提数、评价计分到形成评价结果,全过程实行计算机处理,既减轻了工作量,也提高了评价计分的准确性,操作十分简便。

财政部有关部门负责人介绍,这套企业效绩评价体系克服了以往企业考核和评价办法的指标平面化、内容表面化、标准固定化的缺点,是我国目前最新的企业经营成果和业绩评价办法。新的企业效绩评价体系在我国的推行,将有助于正确引导、评判和考核企业行为,有助于国有企业和国有资本金监管工作制度的进一步完善。

第20届世界大学生运动会至13日在西班牙帕尔玛举行 中国选手获得9枚金牌名列奖牌榜第5名

第三届“地球奖”在北京颁发

第三届“地球奖”在北京颁发,29位为中国环境保护事业作出突出贡献的人士获此殊荣。全国人大环资委主任委员曲格平、国家环境保护总局局长解振华等到会颁奖祝贺。

7月4日

全国人大常委会副委员长帕巴拉·格列朗杰专程到日喀则看望十一世班禅额尔德尼·确吉杰布

帕巴拉副委员长来到班禅新宫德庆格桑颇章,受到了十一世班禅及其经师、扎什伦布寺民管会等有关人员的欢迎。在新宫门前,帕巴拉与班禅行碰头礼、互献哈达后,携手来到会客厅。

第十七世噶玛巴·伍金赤列专程来到日喀则在班禅驻锡地德庆格桑颇章拜见了十一世班禅额尔德尼·确吉杰布

噶玛巴活佛是藏传佛教噶玛噶举派最高活佛。他所在的楚布寺是藏传佛教活佛转世制度的发源地,今年15岁的第十七世噶玛巴经国务院批准,于1992年9月坐床,这是新中国成立以来,中央政府按照宗教仪轨、历史定制批准的第一位藏传佛教的转世活佛。

国家质量技术监督局等单位联合颁布粮食陈化鉴定管理办法

《粮食陈化鉴定管理办法》日前由国家质量技术监督局、国家计委、财政部、国家粮油储备局联合颁布,国家质量技术监督局同时还公布了《粮油储存品质判定规则(试行)》及第一批126个承担粮食陈化鉴定工作的质量检验机构名单,至此妥善安排国有粮食购销企业销售陈化粮的鉴定工作可以全面启动。

中宣部 教育部 团中央举行出征仪式由此拉开今年暑期大中学生“三下乡”活动帷幕

庆祝中华人民共和国成立50周年世纪世界音乐会在人民大会堂举行

第10届国际特殊奥林匹克夏季运动会历时9天在美国北卡罗来纳州结束 中国队获得18枚金牌14枚银牌15枚铜牌

7月5日

国务院在北京召开全国依法行政工作会议

会议7月5日至6日举行。中共中央政治局常委、国务院总理朱镕基在闭幕会上讲话。他指出,全面推进依法行政,是贯彻依法治国基本方略、建设社会主义法治国家的重要组成部分,是从严治政,建设廉洁、勤政、务实、高效政府的必然要求。他强调,各级政府和各部门的工作人员特别是领导干部,必须从巩固我们党的执政地位、维护社会主义国家政权、保障国家长治久安的高度,充分认识加强政府法制建设、严格依法行政的重要性,全面地、切实地推进依法行政,保证改革开放和社会主义现代化建设的顺利进行。

这次全国依法行政工作会议的主要任务是,以邓小平理论和党的基本路线为指导,总结政府法制建设的基本经验,明确新形势下政府法制建设的任务和要求,扎扎实实地贯彻依法治国基本方略,全面推进依法行政。会议开始时,国务委员兼国务院秘书长王忠禹代表国务院作了题为《依法行政,从严治政,建设廉洁、勤政、务实、高效政府》的工作报告。他在报告中全面总结了政府法制建设的基本经验,对全面推进依法行政进行了部署,提出了明确要求。会议期间,一些地方和部门交流了依法行政的经验。

各省、自治区、直辖市、计划单列市人民政府和国务院各部门以及新疆生产建设兵团分管政府法制工作的负责人出席了会议。党中央、全国人大常委会、全国政协、中央军委的有关部门负责同志,最高人民法院、最高人民检察院以及全国总工会、共青团中央、全国妇联的负责人应邀出席了会议。

中国民主促进会第 10 届中央常务委员会第 6 次会议在哈尔滨举行

纪念《中华人民共和国劳动法》颁布五周年座谈会在北京召开

香港地区全国政协委员在云南视察

国际自动控制联合会第十四届世界大会在北京开幕

来自世界 50 余个国家和地区的 1500 名代表参加了这次为期 5 天的大会。国务院副总理李岚清出席大会开幕式,代表中国政府对出席会议的全体代表表示欢迎,对会议的召开表示祝贺。

李岚清指出,这次世界大会在中国召开,共同研究探讨世界范围内自动控制科学的现状与未来,交流经验,促进互相合作和发展,也是一次让世界同行进一步了解中国自动控制技术的发展,推进中国自动控制技术前进的步伐和加强国际合作的好机会。第十四届世界大会也是国际自动控制联合会在本世纪的最后一次大会,她将向人们介绍和展示面向下世纪信息化社会的新方法、新技术和新知识。他祝本届世界大会圆满成功。

国际自控联世界大会是国际自动控制界的"奥林匹克"大会,代表着国际自动控制界的最高水平。本次大会是第一次在发展中国家召开。

开幕式上,国际自动控制联合会第十四届世界大会国家组织委员会主席、中国科学院院长路甬祥,北京市副市长林文漪分别致辞,代表国家组织委员会、中国自动化学会和北京市人民政府祝贺大会的召开。国际自动控制联合会主席、中国著名学者吕勇哉在致辞中介绍了国际自动控制联合会的宗旨与发展。大会主席、中国工程院院长宋健作了题为"下世纪的控制论和自动化技术"的报告。

为配合这届世界大会举行,北京国际自动化技术设备及仪器仪表展览会于 7 月 6 日至 9 日在北京举行。

外交部部长唐家璇在北京同第五十三届联合国大会主席乌拉圭外交部部长迪迪埃·奥佩蒂·巴丹举行会谈

外交部发言人章启月就巴新同台湾签署"建交"公报发表评论

外交部发言人章启月就巴布亚新几内亚总理斯卡特访台期间,巴新外长同台湾当局在台北签署"建交"公报一事,回答记者提问时发表评论说,众所周知,世界上只有一个中国,中华人民共和国政府是代表全中国的唯一合法政府,台湾是中国领土不可分割的一部分。巴布亚新几内亚政府与台湾当局签署"建交"公报完全违背了巴新政府作出的执行一个中国政策的承诺,这是对中国主权和领土完整的严重侵犯,也严重损害了中巴新两国之间长期的友好合作关系。中国政府已向巴新政府提出了严正交涉和强烈抗议。中方强烈要求巴新政府立即纠正与台签署"建交"公报的错误决定,使中巴新关系回到正常的轨道上来。否则,巴新政府必须对由此而产生的一切严重后果承担全部责任。

解放军全军政治工作会议在北京召开

会议的主要任务是,以邓小平理论为指导,贯彻落实江泽民主席关于探索新形势下治军特点和规律的重要指示,集中研究改革开放和发展社会主义市场经济条件下军队思想政治建设面临的重大问题,进一步统一思想认识,加强工作指导,更好地为我军现代化建设的跨世纪发展提供政治思想保证。

中央军委委员、总政治部主任于永波在讲话中强调,在新的形势下,推动军队思想政治建设的进步和发展,最重要的就是始终不渝地坚持邓小平理论的指导地位,深入贯彻落实江主席关于思想政治建设的一系列重要论述。

中央军委委员、总政治部副主任王瑞林出席会议。

会议认为,改革开放以来,特别是党的十四大以来,全军部队围绕保证党对军队的绝对领导这个根本问题,深入学习邓小平理论,大力加强党的建设和高中级干部教育管理,确保在思想上政治上同以江泽民同志为核心的党中央保持一致;围绕发扬我党我军优良传统,保持人民军队的本色,广泛深入地开展"四个教育",增强部队拒腐防变的能力;围绕拥护和支持改革,坚持不懈地用党的基本理论、基本路线、基本纲领教育部队,增强广大官兵的大局观念,保持部队的高度稳定和集中统一;围绕军队现代化建设和新时期军事战略方针,加强军事斗争准备中的政治工作,激发官兵爱军习武、献身国防的热情。全军在研究探索思想政治建设的特点和规律方面取得了许多有价值的成果。

会议认为,我们党在创造和领导人民军队的实践中,历来注重从思想上政治上建设部队。以毛泽东同志为核心的党的第一代领导集体,在长期革命斗争中确立的我军政治工作基本的理论、方针、原则和制度,无论过去、现在还是将来都是我们的政治优势。以邓小平同志和江泽民同志为核心的党的第二代、第三代领导集体,从新时期实际出发,丰富发展了我军思想政治建设的理论和实践。邓小平理论特别是新时期军队建设思想，为新的历史条件下军队思想政治建设奠定了理论基础。江泽民同志对军队思想政治建设高度重视，提出了一系列重要论述，明确了军队思想政治建设的地位作用、方针原则、内容任务和基本要求。面对新的形势和任务，全军必须坚决学习贯彻党的三代领导核心的重要论述，坚定不移地把思想政治建设摆在全军各项建设的首位。

会议回顾了改革开放以来军队思想政治建设的丰富实践认为，伴随着国家、军队建设和改革的步伐，人民军队在思想上、政治上和组织上更加巩固，展现出新的风貌。总结20年的实践经验，与会同志得出共识：必须坚定不移地高举邓小平理论伟大旗帜，必须确保党对军队的绝对领导，必须始终把思想政治建设摆在军队各项建设的首位，必须紧紧围绕军队现代化建设这个中心，必须坚持继承优良传统与改革创新的统一。

会议认为，在复杂的国际环境中，我军能不能打赢未来可能发生的高技术战争；在发展社会主义市场经济和对外开放条件下，我军能不能始终保持人民军队的性质、本色和作风，这是新时期军队建设的两个历史性课题。新时期军队思想政治建设的使命是：为打赢未来高技术战争提供强大的精神动力，为保持人民军队的性质、本色和作风提供可靠的政治保证。全军要努力实现思想政治建设的使命，使我们这支军队始终成为与党同心同德，坚决听从党指挥的军队；始终成为用革命理想信念凝聚起来，坚定捍卫有中国特色社会主义伟大事业的军队；始终成为全心全意为人民服务，具有高尚道德情操，拒腐蚀永不沾的军队；始终成为斗志高昂，英勇善战，具有强大战斗力的军队。会议强调，完成新时期军队思想政治建设的使命，推进政治工作的改革与发展，政治机关和政治干部责任重大。各级党委、政治机关和政治干部，要以高度的责任感和昂扬的精神状态，坚定信心，迎难而上，勤奋学习，扎实工作，努力开创思想政治建设的新局面。

于永波在会议结束时讲话，对学习贯彻江主席在会议上的重要讲话，落实好会议精神，提出明确要求。

会议由总政治部副主任周子玉主持。总参谋部、总政治部、总后勤部、总装备部领导同志，全军各大单位、武警部队和军委直属单位政治委员，全军和武警部队正军级以上单位政治委员，各大单位政治部主任及有关部门负责人参加会议。

教育部发布经国务院同意教育部公安部和国家工商行政管理局联合制定的《自费出国留学中介服务管理规定》

外经贸部台港澳司负责人就台湾渔轮“金庆12号血案”发表谈话

外经贸部台港澳司司长王晖就2月间台湾渔轮“金庆12号”船长龚泰安残暴枪杀11名祖国大陆渔工，并造成4名祖国大陆渔工跳海罹难一事接受了记者专访。王晖指出，对“金庆12号血案”，祖国大陆方面感到非常震惊和气愤，并表示严重关注。“金庆12号”船长的残暴罪行，必须受到法律的严惩。

王晖表示，因该案所涉当事人均为中国公民，中国司法机关对该案拥有管辖权。有关方面已通过中国驻毛里求斯大使馆就此案的处理问题与毛方保持密切的联系。目前，联合小组已委托当地有名望的律师担任大陆方刑事诉讼律师，协助办理案件审理过程的有关事宜。他强调，“金庆12号”船长野蛮残酷的罪行必须受到法律的严惩。此外，台湾签约公司和船东对这一事件也负有不可推卸的责任，祖国大陆有关方面已通过法庭提出民事索赔，并责成有关公司与台湾签约方强登公司和金庆渔业公司就索赔问题进行协商。

7月6日

中共中央部门机构改革工作会议在北京召开

中共中央政治局常委、书记处书记胡锦涛出席会议并讲话。胡锦涛说，党中央部门的机构改革，是一项事关全局的重大改革举措，也是今年下半年党中央部门的一项重要工作。党中央各部门一定要正确领会和认真贯彻中央的精神，统一思想、提高认识，统筹安排、精心组织，细致工作、狠抓落实，确保机关工作的正常开展，确保机构改革方案的顺利实施。

胡锦涛指出，根据十五大和十五届二中全会关于推进机构改革的方针原则和总体部署，中共中央决定进行党中央部门机构改革。这是继去年国务院机构改革和目前正在进行的地方政府机构改革之后的又一项重大改革举措。搞好党中央部门的机构改革，是深入贯彻党的十五大精神，推进经济体制和政治体制改革的重要环节；是进一步提高新时期中央机关服务水平和工作效率的重要途径；也是加强和改善党的领导的重要步骤。

胡锦涛强调，党中央部门机构改革，要有利于进一步坚持、加强和改善党的领导，有利于进一步巩固党的执政地位和提高党的执政水平，有利于全面加强党的思想、组织和作风建设。要着眼于使各部门关系协调、职责清晰、机构和人员编制精干，形成一个结构合理、管理科学、工作高效的运行机制。在机构改革的全过程中，都必须牢牢把握这个指导思想和总的要求，并把它贯彻到实际工作中去。胡锦涛说，目前党中央部门的构成格局是长期历史形成的，同我们这样一个有六千多万党员的执政党地位是相称的。这次机构改革，党中央部门大的格局维持不变。为了使党中央各部门更好地承担起新时期的职能和任务，必须适应当前形势的变化和党的中心工作的需要，进一步理顺职能关系，精简、调整内设机构和人员编制，优化人员结构，增强机关活力。

胡锦涛对党中央各部门落实机构改革任务，提出了四点要求：一是要切实做好思想政治工作，提高干部职工的思想认识。要教育干部职工识大体、顾大局，以党的事业为重，正确认识机构改革，正确对待个人工作岗位的变化，遵守党的纪律，服从组织安排。要充分听取各方面的意见，坚持按政策办事。二是要结合部门实际，制订好“三定”方案。三是要抓住人员分流这个关键，做好优化干部结构工作。四是要加强领导，部门主要负责人亲自抓。胡锦涛说，这次机构改革安排在“三讲”集中教育告一段落后陆续进行。通过前一段的“三讲”教育，广大干部的精神状态、思想作风有了明显的进步，为这次机构改革作了很好的思想准备。要切实把“三讲”教育的成果体现到这次机构改革中去，并在这项工作中得到检验。

中共中央政治局候补委员、书记处书记、中央组织部部长曾庆红主持会议。

国务委员、国务院秘书长王忠禹出席会议，党中央各部门的负责同志参加了会议。

参加党中央部门机构改革的有中央纪委机关、中央办公厅、中央组织部、中央宣传部、中央统战部、中央对外联络部和党中央派出工作机构、议事协调办事机构等 17 个单位。

国家主席江泽民在钓鱼台国宾馆会见第 53 届联合国大会主席乌拉圭外交部部长迪迪埃·奥佩蒂·巴丹

江泽民说，冷战结束后，世界向多极化方向发展，但是天下仍很不太平。我们即将跨入 21 世纪，人类正处于维护世界和平、促进共同发展的关键时期。努力推动建立公正合理的国际政治、经济新秩序，是摆在各国人民面前的重要任务。维护和加强联合国的作用，符合广大成员国的共同利益，也是人类和平与发展的需要。中国作为安理会常任理事国，将一如既往地支持联合国，并愿与广大成员国一道，共同维护联合国的权威。

国家民委主任李德洙在北京举行国务院第三次全国民族团结进步表彰大会新闻发布会

民政部部长多吉才让向全国人大内务司法委员会汇报救灾款物使用情况

去年我国发生了长江、嫩江和松花江流域特大洪涝等自然灾害，政府和社会为灾区抗灾救灾下拨、捐赠了大量钱物。这些钱物的使用情况究竟如何，是社会各界普遍关心的问题。民政部部长多吉才让向全国人大内务司法委员会汇报了这些款物的使用情况。

多吉才让说，去年，我国许多地区受到了洪涝、干旱、地震等自然灾害的侵袭，共有 3.5 亿人(次)受到灾害影响，因灾死亡 5511 人，造成直接经济损失 3007 亿元，其中洪涝灾害造成的死亡为 4150 人，直接经济损失 2550 亿元。面对罕见的大灾，党中央和国务院统一部署，及时向灾区下拨了救灾款物，并发动和组织了新中国成立以来最大规模的救灾捐赠活动，全力支援受灾地区开展救灾抗灾、重建家园和生产自救。年内，国家共下拨抗灾救灾资金 83.33 亿元，民政部等部门共接收捐款捐物合人民币 72.59 亿元，其中港澳台各界捐款捐物合人民币 3.74 亿元，外国政府、国际组织及海外各界捐款捐物合人民币 4.72 亿元。

为管好、用好抗灾款物，民政部加强了几个方面的工作：明确政策界限、建立健全各项规章制度，做到“专款专用、重点使用”和救灾捐赠款物“专款专物专用、集中使用、统一制订分配方案、分头组织实施”；狠抓救灾款物的发放工作；加大监督和检查力度，加强教育和宣传工作。通过多方努力，灾区群众的吃饭、穿衣和住房等基本生活问题得到较好解决，救灾工作取得了举世瞩目的成就。

全国人大常委会副委员长曹志听取了汇报，并就救灾工作的长远规划、抗灾救灾体制的改革和立法等发表了意见。他说，去年我国经历了历史上罕见的特大洪涝灾害，灾区人民的生命财产虽然遭受重大损失，但仍保持了人民生活的安定和社会稳定，没有出现灾民逃荒要饭、无家可归、瘟疫流行等现象。这是以江泽民同志为核心的党中央英明领导的结果，是灾区各级领导干部带领广大军民艰苦奋斗的结果，是全国人民、社会各界对灾区无私援助的结果。其中，各级民政部门的干部做了大量艰苦细致的工作，起到了不可替代的重要作用。

曹志说，我国是一个自然灾害多发的国家，要保证工农业生产的持续稳定发展，就必须做好长期与自然灾害作斗争的思想准备。灾后的抗灾救灾工作，也要有长期的打算，不能临时抱佛脚。他表示，目前我国实行的抗灾救灾体制是在计划经济时期形成的，主要是依靠国家财政，同时由政府出面筹集社会捐赠款进行救济，完全由政府民政部门组织发放。这种体制的优点是速度快，效率高，有可靠的保障；缺点是不利于调动地方的救灾积极性，也不利于提高灾民的自救意识，必须进行相应的改革，逐步建立适应社会主义市场经济的救灾救济体制。

曹志认为，我国必须加快救灾救济工作的立法工作，因为目前救灾救济工作所遵照的是国务院、民政部和有关部门下发的通知和规定，以及地方政府为落实这些通知和规定而制定的一些规范性文件。这些文件的规范性和约束力是有限的，很容易出现随意性和盲目性，这种状况已经越来越不适应工作的需要，应当加快立法的步伐，尽快制定出相应的规章、行政法规和法律。他建议民政部马上行动起来，会同有关部门着手制定规章，共同搞好救灾救济方面的立法工作。

汇报会上，全国人大内务司法委员会主任委员侯宗宾介绍了委员会专题调研组赴五省灾区实地考察及对汇报的审议情况。他说，委员会认为，民政部在去年救灾款物发放使用中做了大量艰苦细致的工作，较好地发挥了救灾工作的组织指导作用，其成效是明显的，人民群众是满意的。

7月7日

《人民日报》就全国依法行政工作会议发表社论《政府机关必须依法行政》

全国人大常委会委员长李鹏在人民大会堂会见泰国武装部队最高司令蒙空·安蓬披西上将

中国驻日使馆就日执法人员殴打在日中国妇女事件向日方严正交涉

就在日本合法营业的中国妇女王娟遭到日执法人员殴打受伤并流产的事件，中国驻日本大使馆向日本政府提出严正交涉。

中国驻日本大使馆领事部总领事罗田广指出，旅居日本的中国公民应遵守日本法律，但日本执法机关也应当依法办事。在此次事件中，日本执法人员不按照法定程序强行对我国公民经营的公司实行搬迁，并集体殴打王娟，导致她身上多处受伤，胎儿流产，不能不令我们感到愤慨。

罗田广总领事表示，中国驻日本大使馆十分关注中国公民王娟遭到日本执法人员殴打事件，已于7月1日向日本外务省提出了严正交涉，要求日方立即调查有关案情，对肇事者依法严惩，并保证今后不再发生类似事件，确保中国公民在日的合法权益和人身安全，中方密切关注这一事件的处理结果，要求日方尽快向中方作出答复。

据了解，千叶县地方法院执行官小川隆等人6月18日上午以执行所谓公务为由，带领20多名“执法”人员来到市川市八幡三丁目一幢公寓内，对王娟担任代表董事的三京物产株式会社实施“强行搬迁”，并谩骂王娟是“偷渡者”。在争执过程中，几个大汉对王娟大打出手。事后经医院诊断，王娟的胸椎、腰椎挫伤，两臂、两腿软组织挫伤，部分挫伤部位尚有淤血，医院建议王娟住院治疗四周。王娟找到千叶地方法院交涉，法院方面认为这是一次“误打”，既不作出道歉，也不表示调查，竟说此事与本法院无关，是小川隆个人所为。据王娟介绍，她经营的贸易公司持有合法的营业执照，去年向日方纳税约6000万日元。

全国人大外委会负责人就美国参院通过2000财年国防拨款法涉台修正案及参众商院提出“加强台湾安全法案”发表讲话

最近一段时期以来，美国国会一些议员不断挑起反华事端，特别是以所谓“中共对台湾的军事威胁”为借口，极力鼓吹增加对台军售。

先是参院外委会主席赫尔姆斯于3月24日在参院发起“加强台湾安全法案”，随后，众院国际关系委员会主席吉尔曼及该院共和党督导迪莱于5月18日共同在众院提出同一版本的法案。6月7日和11日，迪莱和赫尔姆斯还分别致函众参两院，力主尽快通过上述法案。与此同时，参院于6月8日通过了多数党领袖洛特就2000财年国防拨款法提出的修正案，公然要对“台湾和大陆中国之间现在和将来的军力对比中的所有差距”以及美国国防部执行所谓“与台湾关系法”有关条款的情况“进行审查和评估”，如此等等，不一而足。

众所周知，中美签署“八一七”公报以来，美对台军售不仅从未停止，而且近年来大幅增加，所售武器的性能不断提高，不仅有先进的预警、反导等武器系统，而且有电子对抗、新型运输机等提高总体作战能力的综合武器装备。美国有人还力图把台湾纳入“战区导弹防御系统”之中。

现在，美国一些议员炮制2000财年国防拨款法涉台修正案和“加强台湾安全法案”，其目的是为向台出售“战区导弹防御系统”等先进武器、进一步加强对台军事合作提供“法律依据”，为台湾的某些政治势力分裂中国的阴谋活动提供支持和保护，制造海峡两岸紧张局势，破坏两岸关系，阻挠中国统一大业。他们的行径完全违背了中美三个联合公报的原则，尤其是美方在“八一七”公报中关于逐年减少直至最终停止向台湾出售武器的承诺，不仅给中国的安全造成严重威胁，也必将损害亚太地区的和平与稳定。

台湾是中国的领土，台湾问题纯属中国内政，这是得到包括美国在内的国际社会所公认的事实。美国国会部分议员的倒行逆施是对中国主权的严重挑衅和对中国内政的粗暴干涉。对此我们表示强烈谴责和坚决反对。

中美建交以来，两国关系的发展起起伏伏，症结就是台湾问题。中美三个联合公报所确定的原则，是发展中美关系的政治基础。美国国会和政府有义务信守三个联合公报的原则，忠实履行美国对“一个中国”政策的承诺。实践证明，什么时候这些原则得到遵守，中美关系就能顺利向前发展；什么时候这些原则遭到破坏，中美关系就会出现波折，出现停滞不前甚至倒退。中美两国关系遭到损害，是违背两国人民的根本利益和意愿的。我们强烈要求美国国会以中美关系大局为重，信守中美三个联合公报的原则，不要让上述损害中美关系的图谋得逞，避免使屡遭风雨的中美关系雪上加霜。

7月8日

澳门选定“燕子”为回归吉祥物

一只燕子口含祥云，兴高采烈地飞向以红、绿两色的“99”字样和澳门区徽组成的“九九回归”标志。这幅由澳门设计师陈炳豪设计的取名为“燕子”的图案，被澳门各界庆祝回归祖国活动委员会选定为澳门回归的吉祥物图案。

中国致公党召开11届中常会第6次会议

中央直属机关第二批单位“三讲”教育全面铺开

根据中共中央的总体部署，中直机关第二批开展“三讲”教育的单位，近日陆续召开动员大会，“三讲”教育工作全面铺开。此前，中央派驻各部委的“三讲”教育巡视组，进驻各有关单位。

中直机关第二批开展“三讲”教育的共有15个部委。这些单位在开展教育前精心做了四个方面的准备：即认真学习中央有关文件，做好思想准备；成立“三讲”教育领导小组及办事机构，做好组织准备；在一定范围召开座谈会，摸准领导班子、领导干部存在的主要问题；研究制订“三讲”教育方案。中央巡视组进驻各单位后，与部委（党组）主要负责同志就搞好“三讲”教育交换了意见，进行了认真的研究，为教育活动的顺利展开奠定了基础。各部委“三讲”教育动员大会开得隆重、热烈，广大党员干部表示，要以江泽民同志七一重要讲话以及中央一系列指示精神为指导，认真搞好“三讲”教育。

国家计委发出通知要求各地物价部门发挥价格杠杆作用扩大内需

通知要求，要加大整顿价格秩序的力度，坚决制止一切形式的乱收费、乱罚款和各种摊派；对企业改制和下岗职工再就业的中介服务收费、再就业登记费、培训费、管理费、职业介绍费等有关收费，实行适当减免；整顿外贸进出口收费，减轻出口企业负担；停止征收电力增容费；规范企业定价行为，制止低价倾销。加强对粮食、电力、药品、化肥、房地产、旅游服务、交通、邮电价格、物业管理、教育、劳动就业收费的检查，促进市场价格秩序根本好转。

中国外运集团与台湾长荣集团公司合作成立深圳运荣运输有限公司

外交部部长唐家璇在北京同哈萨克斯坦副总理兼外交部部长卡西姆若马尔特·托卡耶夫举行会谈

参加联合国经社理事会实质性会议的中国代表团团长乔宗淮大使在高级别会议上就促进男女平等问题发言

外交部发言人章启月就美国众议院少数议员提出的要求美国政府和国会将每年7月10日定为“世界西藏日”的决议案发表谈话

章启月说，西藏是中国领土不可分割的一部分，西藏事务纯属中国内政，任何外国无权干涉。美国国会少数议员无视事实，提出所谓设立“世界西藏日”决议案，在西藏问题上说三道四，企图利用西藏问题干涉中国内政。中方对此表示坚决反对和强烈不满。

她说，中国要求美国国会少数议员立即停止干涉中国内政，停止做损害中美关系的事。

外交部发言人章启月在外交部记者招待会上就巴布亚新几内亚总理斯卡特宣布辞职一事作评论

章启月说，“我们注意到斯卡特已于7日宣布辞去总理职务。中国要求巴新以中巴新长期友好合作关系和两国人民的友谊为重，立即纠正与台‘建交’的极其错误的做法，使中巴新关系尽早回到正常轨道上来。”

章启月是在外交部记者招待会上应记者要求，对斯卡特7日宣布辞职一事作评论时说这番话的。

她说，7月3日，巴布亚新几内亚总理斯卡特和外长亚基等人不顾中方坚决反对执意访台，并于5日与台湾当局签署“建交”公报。中国政府已向巴新政府提出严正交涉和强烈抗议。

她指出，巴新政府少数人的所作所为已经遭到巴新朝野有识之士和人民的强烈反对，也遭到巴新舆论的普遍谴责。

中央军委主席江泽民出席全军政治工作会议

中央军委副主席张万年，中央军委副主席、国务委员兼国防部部长迟浩田，中央军委委员、总参谋长傅全有，中央军委委员、总政治部主任于永波，中央军委委员、总后勤部部长王克，中央军委委员、总政治部副主任王瑞林，中央军委委员、总装备部部长曹刚川出席会议并参加会见。

解放军四总部、各大单位和军委办公厅的领导以及有关部门负责人也出席会议。

中央国家机关完成军转安置任务

1999年度中央国家机关和中管在京企业接收安置军队转业干部工作基本结束，其中团职干部接收、女干部接收分别超额完成计划，70%有安置任务的单位按计划或超额完成了任务。

今年是落实党中央3年裁减军队员额50万战略决策的关键的一年。中央国家机关各级领导高度重视，切实把军转工作当作一项重要的政治任务来抓。人事部先后5次召开各单位人事处长会议，统一认识，明确任务。军地有关部门积极改革安置办法，想方设法拓宽安置渠道，多方协调，择优选调了一批军政素质、专业素质过硬的转业干部到国务院稽查特派员总署和海关总署工作。国务院军转办在近百家中管企业刚刚与行政机关脱钩之际，主动上门做工作，一个单位一个单位地统计编制情况，及早部署接收计划，还与北京市军转办一起举办了接收军队转业干部协商分配会。

今年进中央国家机关和中管企业的转业干部75%以上具有本科以上学历。国务院军转办于7月下旬组织这些干部进行全员适应性培训，7月底报到工作基本结束。

上海高技术研究发展基地正式成立

中科院上海高技术研发基地由上海冶金研究所、上海硅酸盐研究所、上海有机化学研究所、上海光学精密机械研究所和上海技术物理研究所组成。这些研究所在信息技术、新材料、化学合成、微电子、激光和红外技术等领域具有很强实力，取得了一批国际水平的研究成果。此次五所共同组建高技术研发基地的目的，主要是为把科研工作集中到符合国家战略目标和需求的基础性、战略性、高瞻性高技术创新研究上来，以提高自主创新能力，增强高技术产业的竞争能力和发展后劲。

中科院副院长严义埙认为，知识创新基地的建设没有统一的模式。就上海基地而言，由于进入基地的各研究所专业方向相差较远，暂时不宜进行所与所之间的结构整合。但目前五所已联合成立基地建设推动委员会，以加强各所间的交流合作，并以基地整体的形象组合社会资源，通过建立联合研究开发中心、共建高新技术企业等形式与产业界建立密切的合作关系，实现科研成果产业化。据悉，在基地筹建过程中，五所间已经在小卫星发射等方面开展了一些卓有成效的合作。至于如何最终构建“航空母舰”型的联合体，还有待在各所改革的基础上进一步观察和探索。

国家体育总局中华体总在北京举行征服世界七大洲最高峰庆功大会在会上国家体育总局宣布授予李致新 王勇峰体育运动荣誉奖章决定

7月9日

国家主席江泽民在中南海会见日本首相小渊惠三

江泽民指出，关于历史问题，我们还是应继续坚持以史为鉴，注意从中吸取教训，加以正确认识和对待。关于台湾问题，我们希望日方以信为本，恪守有关承诺。

江泽民指出，当今世界并不太平，维护和平、促进发展仍是人类社会面临的两大主题。延续“冷战思维”，倚重军事同盟，强化军事因素的作用，不符合时代发展的潮流，也不利于建立真正安全的环境。日本在本世纪走过了两条截然不同的发展道路，战后的和平发展给日本带来了今天的繁荣，历史已经证明这一选择是正确的。我们希望日本继续坚持走和平发展的道路。

小渊表示，他认真听取了江主席关于历史和台湾问题的谈话。日本在这方面将继续恪守日中联合声明和日中和平友好条约确定的原则，以及日本政府迄今作出的各项承诺。

全国人大常委会委员长李鹏在人民大会堂会见日本首相小渊惠三

国务院总理朱镕基在人民大会堂同日本首相小渊惠三举行会谈

双方一致认为，去年江泽民主席访日取得了圆满成功。双方本着以史为鉴、面向未来的精神，确认两国建立致力于和平与发展的友好合作伙伴关系，对两国关系作出了跨世纪的定位，使两国关系的发展进入了一个新阶段。双方还以联合新闻公报的形式，对各个领域的务实合作进行了长远展望和全面规划。在双方的共同努力下，这些成果正在得到积极落实，并已取得阶段性进展。

朱镕基希望双方在中日联合声明、中日和平友好条约和去年发表的中日联合宣言的原则指导下，积极推动两国致力于和平与发展的友好合作伙伴关系不断向前发展。

小渊说，日中关系对双方而言都是最重要的双边关系之一，迄今两国关系的发展是显著的，国际社会对于日中两国及两国关系发展的期待也是巨大的。他希望能通过此次访华，进一步推进两国关系面向新世纪健康发展。

关于日本对历史问题的认识，小渊再次确认去年江泽民主席访日期间日方对此的表态和就此表明的诚恳态度。小渊表示，鉴于对过去历史的反省，日本坚持在和平宪法下走和平建国道路，坚持专守防卫政策，坚持无核三原则，不做军事大国，这些基本立场今后也不会有丝毫改变。日美安全体制完全是防御性的，不针对任何特定国家和地区，日本就此通过的有关法律不会超过日美安保条约的目的和范围。日本的自卫队不允许对外使用武力和以武力相威胁。自卫队的活动必须事先得到日本国会的批准。日本充分意识到，同中国的友好关系是日本的重要国家利益。

小渊再次重申日本关于台湾问题的立场，表示日本将坚持日中联合声明所确定的原则，不会改变只有一个中国的立场，绝不参与和支持台湾独立。日本认为，台湾海峡两岸的问题，应由中国人自己通过对话实现和平解决。

朱镕基指出，历史问题是中日关系中一个重大和敏感的政治问题。江泽民主席去年访日时全面、深入地阐述了中方在这一问题上的立场和看法，日本政府首次承认对中国的侵略，并表示了反省和道歉。双方在联合宣言中确认，正确认识和对待历史是发展中日关系的重要基础。他说，中方一向认为，大多数日本人民是能够正确认识和对待历史的，但也必须看到，日本国内仍不时有人以各种形式公然否认和美化侵略历史，伤害中国人民的感情。这些现实表明，如何正确认识和对待历史，在日本国内仍是一个严肃的课题，希望日方从长远角度出发，高度重视这一问题，采取切实有效的措施，约束极少数右翼势力的错误言行。同时让正确的历史观在日本社会得到更为广泛的认同。只有这样才有助于从过去的历史中汲取应有的教训，保证两国关系的健康、稳定发展。

关于日美安全合作问题，朱镕基说，这一问题涉及中国领土台湾，也事关日本未来走向，是当前中国政府和人民极为关注的问题。朱镕基重申了中国关于台湾问题上的原则立场。他强调，日方在中日联合声明、中日和平友好条约和去年发表的中日联合宣言中，就台湾问题向中方作出了一系列郑重承诺，构成了中日关系的重要政治基础，任何直接或间接地把中国台湾纳入日美安全合作范围的做法，都是中国政府和人民坚决反对和不能接受的。他希望日方在这一重大原则问题上不要含糊其辞，而应将中国台湾明确排除在日美安全合作的范围之外。朱镕基表示注意到小渊首相的郑重表态，希望日方言必信、行必果，以实际行动予以体现。

中纪委和监察部在北京举行“三讲”动员会

中共中央政治局常委、中央纪委书记尉健行出席并讲话。

尉健行指出，改革开放以来，特别是党的十四大以来，以江泽民同志为核心的党中央作出了加大反腐败斗争力度的重大决策，进一步明确了反腐败的指导思想、方针政策、基本原则、领导体制和工作格局，采取了一系列重大措施，进行了许多有益的探索。经过全党上下和全国人民的共同努力，党风廉政建设和反腐败斗争取得了新的进展和明显的阶段性成果。但是一些消极腐败现象在有些地区和有些单位还在滋长蔓延，有的问题还相当严重，反腐败面临的形势仍然十分严峻。应当看到，中央纪委监察部作为党中央开展党风廉政建设和反腐败斗争的职能部门，还没有很好地尽到责任，离党中央的要求和人民群众的期望还有相当的差距。主要是因为我们的思想政治素质和驾驭复杂局面、解决现实问题的能力还远不能适应新形势下反腐败斗争的需要。我们要以这次“三讲”教育为契机，从新时期党风廉政建设和反腐败的实际出发，把加强学习、总结经验和研究解决当前反腐败斗争存在的实际问题结合起来，不断探索社会主义市场经济条件下党风廉政建设和反腐败斗争的特点、规律和有效途径，增强反腐败工作的预见性和主动性。

这些年我们从反腐败斗争实践中提出和逐步明确了一系列方针、原则和办法，既积累了一些成功的经验，也存在着很多亟待继续解决的问题，需要我们从理论和实践的结合上，认真总结经验教训，统一认识。这次“三讲”教育中，要着重处理好以下几个问题：反腐败斗争必须坚持共产党的领导；必须紧紧围绕经济建设这个中心来进行；开展党风廉政建设和反腐败斗争，对绝大多数党员干部来说，主要是立足于教育，着眼于防范，对极少数腐败分子，则要严厉惩处，使他们在党内无藏身之地；反腐败是一项长期的斗争，但是又必须不断取得阶段性成果；反腐败不搞群众运动，但必须坚持走群众路线；必须坚持标本兼治；必须全党动手，党政机关一起抓，各行各业、各个部门的领导都要亲自抓；必须不断加强纪检监察机关的自身改革和建设，等等。

中央纪委副书记曹庆泽代表中央纪委常委会和监察部领导班子作动员讲话。

中央“三讲”教育巡视组组长顾云飞也在会上讲话。会议由中央纪委副书记、监察部部长何勇主持，中央纪委常委、监察部领导，中央“三讲”教育巡视组成员，中央国家机关各部门纪检监察机构负责人，中央纪委监察部全体干部职工和离退休人员参加动员大会。

全国人大财经委员会在北京举行全体会议

会议听取国务院有关部门关于国有企业下岗职工基本生活保障和再就业工作的情况汇报。中共中央政治局常委、全国人大常委会委员长李鹏参加会议并发表讲话。

在会议上，劳动和社会保障部部长张左己就国有企业下岗职工基本生活保障和再就业等问题作了汇报；全国总工会副主席、书记处第一书记张俊九介绍了有关情况；全国人大财经委员会委员吴树青、陈明山等分别就赴辽宁、山西等地调研有关情况作了发言；到会委员展开讨论。

听取汇报和发言后，李鹏委员长发表讲话。他说，国有企业下岗职工基本生活保障和再就业是全社会十分关注的问题，关系到广大职工的切身利益，关系到改革、发展、稳定的大局。

李鹏指出，国有企业下岗职工基本生活保障和再就业，在我国是一个长期而艰巨的工作，不可能在短期内一蹴而就。我国人口众多，生产力水平还不够高，目前经济发展又遇到一些暂时性困难，每年大量新增劳动力使城市就业形势相当严峻。对此，我们必须要有正确、清醒的认识。解决这些问题，不只是劳动和社会保障部门的事情，而是要靠全社会的共同努力。人大应当加强对政府的监督和支持，共同把这项工作做好。邓小平同志说，发展是硬道理。发展经济，才是解决国有企业下岗职工再就业、完善社会保障体系的根本出路。解决好这方面的问题，有助于社会的进一步稳定，保证改革开放深入进行。

全国人大常委会副委员长田纪云参加会议。会议由全国人大财经委员会主任委员陈光毅主持。国家计委、国家经贸委、国防科工委、财政部、中国人民银行等国务院有关部门负责人列席会议。

中国和日本两国政府代表团发表《关于中国加入世界贸易组织双边谈判的联合新闻公报》

根据1999年7月举行的关于中华人民共和国（以下简称中国）加入世界贸易组织（以下简称世贸组织）的双边谈判，中日两国代表团愿就此共同宣布：

一、在过去几个月里，中国代表团和日本代表团就服务贸易问题举行了一系列广泛深入的双边谈判。

通过紧张的谈判，双方圆满结束了服务贸易谈判，加之双方已于1997年达成了货物贸易协议框架，至此中日已实质性结束全部双边谈判，双方对此表示欢迎。

日方希望，中国将作为世贸组织成员在下一轮世贸组织谈判中进一步开放服务贸易部门，包括电信和分销等服务。

中方表示，在成为世贸组织成员后，将根据《服务贸易总协定》的有关条款参加下一轮谈判。

双方认识到，为了通知世贸组织秘书处中日已经结束全部双边谈判，还需要完成必要的技术核对。双方决定尽快完成这些工作。

二、双方都认为，中国加入世贸组织符合中日两国的共同利益，也符合所有世贸组织成员的利益。双方重申，决心在日内瓦进行的工作组谈判中继续密切合作，以实现中国尽早加入世贸组织的目标。

三、日本一贯支持中国早日加入世贸组织，中方对此表示赞赏。

四、双方相信，全部双边谈判的结束将进一步加强两国长期稳定的经济关系。

国家主席江泽民在中南海会见哈萨克斯坦副总理兼外交部部长托卡耶夫

中国社会科学院研究生院举行研究生毕业典礼

中国社会科学院研究生院1978年成立，是中国建立的最早的人文社会科学研究生院，它的诞生标志着中国人文社会科学高级研究人才的培养开始走上正轨。研究生院现有6个教学研究部，下含33个系，共有58个博士点，74个硕士点，博士、硕士研究生指导教师1000余名。依靠中国社会科学院各研究所众多知名专家学者，研究生院迄今已为国家培养了3000多名博士、硕士，以及众多的在职研究生课程进修班学员。研究生院自1997年经原国家教委批准招收外国留学研究生以来，已招收来自日本、韩国、越南、加拿大、巴西等国的博士、硕士研究生70名，涉及哲学、经济学、法学、文学、历史学等学科、专业。

民政部 财政部向浙江安徽湖北等11个省（区市）下拨1.02亿元中央救灾款用于帮助解决水灾和其他自然灾害给灾区群众造成的生活困难

国务院减负办向中国通报上半年“三乱”案件督办情况

通报说，为了加大治乱减负的督察力度，国务院减负办陆续对一些企业和群众举报的向企业乱收费案件下发了督办件。各地区、各部门都十分重视，主要领导亲自批示，组织专门力量进行查处。大多数都能够做到在限期内办结，取消了一批乱收费项目，并追究有关人员的责任，有力地推动了治乱减负工作，受到企业广大职工的欢迎。但也有个别地区办事拖拉，未能按期完成。

7 月 10 日

中国和平统一研讨会在香港举行

研讨会在香港开幕。来自海峡两岸、港澳和海外的 200 多位各界人士和学者聚集一堂，共同探讨争取中国和平统一的道路，共同展望新世纪中华民族统一、团结、振兴的前景。

这次规模大、代表性广泛的研讨会由台湾海峡两岸和平统一促进会主办。中国和平统一促进会会长万国权、张克辉，海峡两岸关系协会常务副会长唐树备、副会长张金成应邀出席了会议。

台湾和平统一促进会会长梁肃戎主持开幕式并致辞。他说，中国统一是全世界炎黄子孙共同关注的重大问题。两岸问题的解决，民心的争取、民意的趋向不可忽视。两岸同胞的共同愿望是以合作代替对抗，以协商谈判打开两岸僵局。

万国权在会上致辞说，这次研讨会是在香港回归以后两年零 10 天、距澳门回归只有 5 个月零 10 天、海峡两岸关系已相对缓和和改善的情况下召开的，相信它对促进海峡两岸关系进一步的改善与发展、实现中国的完全统一有着重要的意义和影响。他说，现在的问题不是“一国两制”适不适用台湾，而是台湾领导人愿不愿和要不要实现祖国统一的问题。

万国权说，值得注意的是，台湾领导层中，有些人对参加美日主导的“战区导弹防御系统”十分积极，也想把台湾海峡纳入“新美日安保指针”范围，还辩解说是为了使台湾戴上“安全帽”。他表示，如果不想搞“台独”，不想搞分裂，不搞“两个中国”或“一中一台”，不引进一心称霸世界、干涉别国内政的外国势力，台湾为什么会有“不安全”感呢？相反，如果一定要这样做，那将是“更不安全”。因为这是违反台湾民意的。

海峡两岸关系协会常务副会长唐树备代表汪道涵会长和海协，对会议的成功召开表示热烈祝贺。他说，为了早日促成两岸结束敌对状态谈判，我们主张，海协和海基会可以先就政治谈判的时间、地点、议题、代表名义和谈判方式等进行程序性商谈，找到双方可以接受的解决办法。当前，可以先进行包括政治、经济问题在内的广泛对话，求同存异，寻求共识，为开始政治谈判和重开经济性、事务性议题的商谈创造条件。

台湾中华台海两岸和平发展策进会会长林洋港、新同盟会会长许历农也在会上作了专题发言。

国家经贸委召开全国钢铁限产增效电视电话会议

会议要求控制钢铁生产总量，限产保价。

全国工业企业经济效益稳步回升，而冶金行业经济效益却大幅度下滑。国家经贸委副主任石万鹏说，是总量过剩坑了冶金行业。

石万鹏是在国家经贸委今天召开的全国钢铁限产增效电视电话会议上作上述表示的。他指出，今年前 4 个月钢铁生产总量控制执行情况并不理想，钢材价格持续走低，各地必须继续加大总量控制力度，限产保价，提高行业经济运行质量。

我国钢铁生产总量控制是从今年起开始实施的。国家冶金局局长王万宾在会上对下一阶段工作进行了部署。他说，今年钢产量宏观调控目标为 10400 万吨，今后 7 个月钢产量必须控制在 5400 万吨之内，国家冶金局将根据国家经贸委的总量控制目标，制定各省、自治区、直辖市和 46 家重点企业的月度产量计划，各地方和企业必须严格按照总量控制预期目标组织生产。要加快淘汰落后工艺和技术装备的力度。要坚决控制钢材进口，凡国内能生产的钢材品种不再进口，同时要全力以赴搞好钢材“以产顶进”，努力扩大钢材出口。据悉，国家冶金局将派出调查组分赴重点产钢省和 46 家重点企业，监控、检查总量控制执行情况。

中国人民银行决定降低利率

经国务院批准，中国人民银行决定降低金融机构存、贷款利率，存款利率平均降低一个百分点，贷款利率平均降低 0.75 个百分点，并同时降低中央银行准备主存款利率、再贷款和再贴现利率。

中国中学生在瑞典结束的第 10 届国际生物学奥林匹克竞赛中获得团体总分第一 个人夺得 2 枚金牌 2 枚银牌

第五届台湾和平小天使访问团抵达云南

香港警方将唐代碑石移交内地

香港警方将 12 块唐代碑石移交给内地公安部门。

1992 年，香港警方毒品调查科在一次打击国际制造及贩卖毒品集团行动中，检获了价值 5000 万港元的资产，这批唐代碑石是其中的一部分物品。1998 年 12 月，香港特区原讼法庭发出没收令,将所有检获的资产充公。

这批碑石价值约110万港元,是贩毒集团从内地购买走私到香港的。署理总警司吴锦荣代表香港警方将碑石移交给广东省公安厅。

国家主席江泽民在晚间10点打电话给中国女子足球队

7月11日

中国女子足球队在洛杉矶第三届世界杯女子足球赛上获得亚军

国家主席江泽民和美国总统克林顿就世界杯女足赛互致贺信

国务院副总理李岚清打电话祝贺中国女子足球队

中共中央台办国务院台办发言人就李登辉分裂言论发表谈话

7月9日,李登辉在接受一家外国电台采访时公然表示,台湾当局已将两岸关系定位在"国家与国家,至少是特殊的国与国的关系"。某些台湾当局有关方面负责人也表示,两岸关系已从"两个对等政治实体"走到"两个国家",两岸会谈就是"国与国会谈"等。中共中央台湾工作办公室、国务院台湾事务办公室发言人就此发表谈话。全文如下:

李登辉公然将两岸关系歪曲为"国与国的关系",再一次暴露了他一贯蓄意分裂中国的领土和主权、妄图把台湾从中国分割出去的政治本质,与"台独"分裂势力的主张沆瀣一气,在分裂祖国的道路上越走越远。李登辉自己的言行证明了他一再表示的"不会也没有必要采行'台独'路线"、没有放弃追求未来统一的目标,完全是对台湾同胞、国际舆论的欺骗。

世界上只有一个中国,台湾是中国领土的一部分,中国的领土和主权不容分割。海峡两岸虽然尚未统一,但是台湾是中国领土一部分的地位并没有改变,中国拥有对台湾的主权也没有改变。这是世界上绝大多数国家所承认的。我们坚决反对任何制造"台湾独立"、"两个中国"、"一中一台"等分裂活动。

解决台湾问题,实现祖国完全统一,是人心所向,大势所趋。拒绝统一,蓄意分裂,为两岸关系发展制造障碍,违背中国人民的意志,逆潮流而动,是不得人心的,是注定要失败的。我们严正警告台湾分裂势力,立即悬崖勒马,放弃玩火行动,停止一切分裂活动。我们将一如既往地与广大台湾同胞一道,全面发展两岸关系,推动祖国和平统一进程。

7月12日

全国人大常委会委员长李鹏在人民大会堂会见罗马尼亚众议长扬·迪亚科内斯库

李鹏阐述中国政府关于台湾问题的原则立场。他说,罗马尼亚政府和议会坚持一个中国的政策,不同台湾当局建立和发展官方关系,中方对此表示赞赏。

迪亚科内斯库高度赞扬了中国改革开放取得的巨大成就。他说,代表团抵京后受到了非常热情友好的接待,这表明罗中友谊有着深厚的基础。罗马尼亚人民对中国人民怀有友好感情。代表团多数成员是第一次访华,访问中国是大家多年的宿愿,他们将通过这次访问亲眼看到中国的巨大发展。

第六次全国归侨侨眷代表大会在人民大会堂开幕

大会开幕前,江泽民、李鹏、朱镕基、李瑞环、胡锦涛、尉健行、李岚清等党和国家领导人会见出席会议的全体代表。

胡锦涛出席开幕式。

国务院副总理钱其琛代表党中央、国务院向大会致祝词。

钱其琛强调,侨联是我们党领导下的全国归侨、侨眷的人民团体,是党和政府联系归侨、侨眷和海外侨胞的桥梁和纽带。在实现我国跨世纪发展宏伟目标的进程中,侨联面临的任务更加繁重。希望各级侨联在各级党委和政府的领导和支持下,始终高举邓小平理论伟大旗帜,认真贯彻党的路线、方针、政策,自觉服从服务于全党全国工作的大局,在思想上、政治上与党中央保持高度一致。要充分发挥"侨"的优势,紧紧围绕经济建设这个中心和科教兴国战略,引资引智,为推进我国改革开放和现代化建设贡献更大的力量;要充分发挥归侨、侨眷参政议政和民主监督作用,依法保护归侨、侨眷和海外侨胞在国内的合法权益和正当权益,竭诚为广大归侨侨眷和海外侨胞办实事、办好事,使侨联真正成为归侨侨眷和海外侨胞之家;要充分发挥侨联在社会主义精神文明建设中的作用,坚持开展以爱国奉献为主旋律的一系列爱国主义教育,进一步激发广大归侨侨眷的爱国热情;要充分发挥民间交流的优势,加强与世界各国侨社团以及侨界知名人士的交流和联系,加强与港、澳、台地区的侨社团的联系,为促进中国与世界各国的友好往来,为保持香港的繁荣与稳定,澳门的顺利回归,完成祖国统一大业,维护世界和平积极贡献力量。

全国侨联副主席庄世平致开幕词。全国妇联副主席顾秀莲代表人民团体向大会致辞。全国侨联主席杨泰芳作了中国侨联第五届委员会工作报告。

开幕式上，国务院侨务办公室主任郭东坡宣读了国务院侨办和中国侨联关于表彰侨界先进个人和先进集体的决定。胡锦涛等为张楚琨等 893 位“全国归侨侨眷先进个人”、清华大学党委统战部等 136 个“全国侨务工作先进集体”、贾振荣等 138 位“全国侨务工作先进个人”代表颁奖。

中央社会治安综合治理委员会国家经贸委公安部联合召开的“全国企地共建安全社区工作现场会”在山东东营市结束

会议提出，要积极推动企地共建安全社区活动，为国有企业改革和发展创造良好环境。

受中共中央政治局委员、书记处书记、国务委员、中央综治委主任罗干的委托，中央综治委委员、中央政法委秘书长王胜俊到会讲话。他指出，各级党政领导要从党和国家工作大局的高度，深刻认识开展企地共建活动、维护国有企业治安的重要意义，学习和借鉴东营市和胜利石油管理局开展企地共建活动的经验，坚持“打防结合，预防为主”的方针，严厉打击涉及国有企业的各种犯罪行为，落实好社会治安综合治理的各项措施。

王胜俊说，在严厉打击严重危害国有企业治安的各种刑事犯罪活动的同时，地方党委、政府，尤其是基层党政组织，要严格执行国家有关规定，坚决清除国有大中型企业周边的土炼油炉、小炼油厂、小化肥厂、小煤窑、小轧钢厂、小玻璃厂、废旧物品收购站等，减少违法犯罪诱因。

中央政治局委员、山东省委书记吴官正到会看望与会代表。中央社会治安综合治理委员会、公安部、国家经贸委、最高人民法院、最高人民检察院的负责同志，各省市自治区和新疆生产建设兵团综治委、公安等部门的负责人，山东省有关负责同志及全国各计划单列市综治委负责人出席会议。

国务院总理朱镕基视察长江防汛工作

7 月 12 日至 13 日，朱镕基视察了湖北、江西的防汛抗洪工作，在武汉主持召开沿江五省一市负责同志参加的长江防汛工作座谈会，分析了当前长江的防汛形势，全面部署了长江防汛和堤防建设工作。

12 日中午，朱镕基总理和温家宝副总理一抵达武汉，即在湖北省委书记贾志杰、省长蒋祝平的陪同下，视察了汉口龙王庙堤段，实地察看了这一险段的综合整治情况。下午又视察了去年险象环生的长江干堤洪湖七家垸段的修复工作，检查了姚湖堤段加固工程的质量。13 日下午飞抵江西九江，在省委书记舒惠国、省长舒圣佑的陪同下，实地察看了九江永安大堤和去年决口的九江市城防堤 4—5 号闸口的整治情况。

在防汛工作座谈会上，朱镕基听取中央有关部门和省市负责人的汇报后，就如何做好今年长江的防汛抗洪工作，提出了五个方面的要求。一是要落实防汛工作负责制。各级党委、政府要切实担负起本地防汛抗洪的全面责任，并贯彻到防汛工作的全过程。主要领导要负总责，有关领导要分工包段，一级抓一级，做到思想到位、责任到位、工作到位、指挥到位。凡因工作不力出了问题、造成重大损失的，要追究领导责任。二是沿江各省、市要立即组织对长江防洪工程，特别是堤防工程进行全面的认真的检查。对检查中发现的问题，要及时采取措施，该返工的坚决返工，对险工险段要立即除险加固，及时消除隐患，对责任人要严肃处理，决不能护短。要实行领导检查、专家检查、工程监理单位检查和群众监督相结合，沿江各省的党政主要负责同志要亲自上堤查险，切实解决存在的问题。三是要充分做好物资和人员的准备。备足抢险物料，做到随要随到，保证抢险需要。要落实抢险队伍，一旦需要，召之即来、来之能战。四是要加强大堤防守，特别对薄弱地段要重点防守，加强巡堤查险，昼夜不断。五是要认真做好救灾工作。对洪涝灾区要妥善安置灾民生活，尽快恢复生产，尽量减轻灾害造成的损失。朱镕基要求，各地、各部门要在以江泽民同志为核心的党中央领导下，发扬伟大的抗洪精神，周密部署，严阵以待，团结奋斗，努力做好防汛抗洪的各项工作，确保人民生命安全，确保改革开放和经济发展的顺利进行。

朱镕基还就加强长江堤防建设，保证工程质量提出了明确要求。第一，要落实堤防建设终身责任制。项目工程的行政领导人、法定代表人，勘察设计、施工、监理等单位的责任人，要按各自的职责对其经手的工程质量负终身责任。如发生重大工程质量事故，不管是谁，不管调到哪里工作，都要依法追究责任。第二，要科学设计。每一个流域、每一段堤防的建设工程，都应根据国务院批准修订的长江防洪建设规划，由中央主管部门认定资格的设计单位进行工程设计，并经权威机构审查。第三，要严格执行招投标制度。真正按照“公开、公正、公平”的原则进行规范化的招标投标工作。当前，一些地方招投标中的违法分包和层层转包问题造成资金流失、偷工减料，埋下质量隐患，必须坚决制止。干堤建设投资大，质量标准要求高，一定要选用有资质、技术设备先进的专业化施工队伍来承建。有关部门要组织一次全面的检查，发现违规分包、转包问题，要立即予以纠正。第四，严格实行工程监理制度。工程监理制度是保证工程质量和投资效益的一项重要制度。工程监理必须经过中央主管部门严格的资质认定，不能把一些不具备资质的单位和个人拉进监理队伍。监理单位要严格履行职责，对项目建设进行全过程、全方位监理，严格把关；重要项目要实行旁站式监理，跟班监理。因失职造成重大事故的，要追究法律责任。第五，严格项目和资金管理。水利建设资金必须专款专用，严格按规定使用。对挪用、克扣、挤占水利建设资金的，要依法予以严惩。

朱镕基指出，长江防汛不仅要治标，还要治本。加强长江上游水土保持工作和生态环境建设，对于减少江河湖泊泥沙淤积，提高长江防洪能力具有重要作用，各地一定要下决心做好这件事。他说，国务院已决定在长江上游实施天然林保护工程，封山育林，把砍树人变成种树人。现在看来，多数地方执行是好的，但有的地方仍有偷伐、毁林现象，要进一步完善措施，落实资金、稳定林业队伍，坚决完成封山植树、退耕还林的任务。

中共中央政治局委员、国务院副总理、国家防汛抗旱总指挥部总指挥温家宝也在座谈会上讲话，对长江防汛工作进行了部署。

座谈会上，国家防汛抗旱总指挥部副总指挥、水利部长汪恕诚汇报了全国防汛形势和水利建设工作。湖北省省长蒋祝平、湖南省省委书记杨正午、江西省省长舒圣佑、安徽省省长王太华、江苏省副省长姜永荣、重庆市副市长陈光国汇报了本省、市防汛准备情况。

随同视察的还有曾培炎、汪恕诚、马凯、楼继伟、张基尧、尹成杰、李伟、黎安田等有关部门负责人。

国家主席江泽民在钓鱼台国宾馆会见澳大利亚外交部部长亚历山大·唐纳

国家主席江泽民接受乌干达等四国大使递交的国书

江泽民在人民大会堂接受乌干达、黎巴嫩、卢旺达和巴西四国新任驻华大使递交的国书。

这四位大使是：乌干达大使菲力浦·伊德罗、黎巴嫩大使齐丹·萨基尔、卢旺达大使瓦朗斯·穆尼亚巴吉沙和巴西大使阿丰索·赛尔索·德·欧罗普雷托。

国务院总理朱镕基致电祝贺非统组织第35届首脑会议开幕

解放军总参总政联合发出学习李洪涛的通知

解放军总参谋部、总政治部日前联合发出通知，要求全军和武警部队官兵向“科技练兵好战士”李洪涛学习，推动科技大练兵活动深入开展。

通知说，陆军航空兵某直升机团机务大队战士机械员李洪涛，入伍4年来，刻苦钻研现代科学知识，努力磨炼过硬军事技术，摸索出一整套机务排障要领，练就了一手机务维护绝活；撰写了16篇科技论文，并参与完成了20项革新成果，归纳总结出“科技练兵12法”，在全军陆航部队创下“八个第一”。军委领导对他的先进事迹给予了高度评价。

通知指出，李洪涛是在我军建设跨世纪发展的重要时期涌现出的具有鲜明时代特征的先进典型，是以创新精神学习高科技、追赶现代化、熟练驾驭先进武器装备的高素质青年军人的突出代表。

总参谋部、总政治部要求全军和武警部队广大官兵一定要坚决贯彻江泽民主席科技强军的战略思想，广泛深入地开展科技练兵活动，大力加强我军质量建设，全面提高部队战斗力，为保卫国家主权和领土完整，保卫改革开放和社会主义现代化建设，作出应有的贡献。

中国科技开发院开发的中国首架实用飞翼船在太湖投入运营

中国中学生在曼谷结束的第31届化学奥林匹克竞赛中获得2枚金牌2枚银牌

7月13日

国家主席江泽民在钓鱼台国宾馆会见罗马尼亚众议院议长国家农民党主席扬·迪亚科内斯库和代表团主要成员

江泽民说，今年是中罗建交五十周年，经历了半个世纪的中罗友谊深深扎根于两国人民的心中，两国在政治、经济、文化等各个领域的合作不断发展，这不仅是两国领导人的共识，也是两国人民的共同愿望。罗马尼亚是中国在中东欧地区的重要合作伙伴。中方尊重罗马尼亚人民选择的发展道路，愿与罗方在相互尊重，平等互利，互不干涉内政等原则基础上，长期、稳定、全面地发展面向二十一世纪的中罗友好合作关系。

迪亚科内斯库说，中国对罗马尼亚来说是一个友好国家，虽然最近几年罗马尼亚政治上发生了很大变化，但是对中国的友好政策没有变。罗马尼亚希望继续发展两国几十年来建立起来的传统友谊，进一步加强在国际事务中的合作和相互支持。

中央巡视组分赴第二批“三讲”教育单位开展工作

中央“三讲”教育联系会议办公室透露，41个中央“三讲”教育巡视组近日已陆续分赴第二批“三讲”教育单位。

列入第二批“三讲”教育的有12个省、区、市和64

个中央、国家机关部委。这次分赴各地、各部门的中央巡视组有 41 个，共 297 人。其中，向每个省、区、市各派 1 个巡视组，向中央和国家机关部门派出 29 个巡视组。每个巡视组都由省部级领导干部任组长，成员由中央纪委、中央组织部、中央宣传部、中央及国家机关工委、金融工委和省部级党委的局处级干部组成。

6 月 30 日至 7 月 2 日，中央“三讲”教育联系会议办公室对巡视组进行了集中培训。大家认真学习了江泽民总书记在纪念中国共产党成立 78 周年座谈会上的重要讲话，学习了第二次全国“三讲”教育工作会议的精神，听取了第一批巡视组的经验介绍，表示一定要遵照江泽民总书记提出的要求，进一步增强事业心和责任感，以对党对人民高度负责的精神，扎扎实实地开展好工作。

全国人大内务司法委员会在北京举行宣传贯彻预防未成年人犯罪法座谈会

座谈会由全国人大内务司法委员会主任委员侯宗宾主持。

全国人大常委会副委员长曹志在会上讲话说，我国有 3 亿多未成年人，他们是青少年这一特殊群体的组成部分。预防未成年人犯罪法的颁布，反映了党和政府对青少年培养的重视，反映了社会的要求，对培养未成年人良好的思想品德和遵纪守法的行为习惯，维护家庭的安宁和社会稳定，对优化未成年人成长的社会环境，促进社会主义精神文明建设，都具有十分积极的意义。他特别强调了各级人民政府和“两院”在贯彻实施预防未成年人犯罪法中承担的重要责任。他说，根据预防未成年人犯罪法的规定，预防未成年人犯罪工作由各级人民政府组织领导，政府负有规划任务、协调工作、检查法律实施情况等责任。人民法院、人民检察院要根据法律规定，严厉打击严重危害未成年人身心健康，引诱、教唆未成年人的犯罪活动。他指出，各级人大及其常委会要加强对法律实施的监督。预防未成年人犯罪法实施一段时间后，全国人大常委会将在适当时机组织对法律实施情况的检查，内务司法委员会也要开展有关的调查研究，进一步了解、评估法律实施的情况和存在的问题，督促有关部门改进执法工作。

全国人大常委会副委员长、全国妇联主席彭珮云在会上指出，贯彻预防未成年人犯罪法必须全社会齐抓共管，实行综合治理。家庭对预防未成年人犯罪具有十分重要和不可替代的作用；学校教育对未成年人的健康成长担负着重要的责任；预防未成年人犯罪也是全社会的共同责任。妇联组织应该深入基层，面向家庭，做好宣传教育工作，运用多种形式帮助未成年人的父母或其他监护人正确教育与保护子女，对子女起良好的示范作用。要帮助离异家庭的双方依法履行教育、保护未成年人的责任。未成年人的父母或其他监护人应当配合学校管教有严重不良行为的未成年人，协助司法机关做好犯罪未成年人的教育挽救工作。

全国人大内务司法委员会副主任委员万绍芬在会上介绍预防未成年人犯罪法的立法经过，以及这部法律所具有的立足预防，突出教育，突出家庭和学校的责任，突出净化社会环境，重视对不良行为的矫治等鲜明特点。她还对宣传贯彻这一法律提出了一些意见和建议。中宣部、教育部、团中央、司法部、最高人民法院、最高人民检察院、公安部、文化部、广播电影电视总局、新闻出版署、民政部、北京市人大常委会等单位的负责同志也在会上发言。

第八届海峡两岸关系研讨会在泉州开幕

全国台湾研究会副会长孙晓郁在开幕致辞中指出，虽然李登辉妄言什么两岸是“国与国关系”，但台湾是中国一部分的地位不会改变。祖国大陆坚决反对任何制造“台湾独立”、“两个中国”或“一中一台”的分裂活动。

来自海峡两岸、港澳地区，以及海外的 60 多位专家学者出席了研讨会。本届研讨会的主题是“亚太经济形势与两岸关系”。自 1991 年以来，海峡两岸关系研讨会已成功举办了 7 届，对推动两岸关系发展起到了积极的作用。

研讨会由全国台湾研究会、中华全国台湾同胞联谊会和社科院台湾研究所主办，福建省泉州市政府协办。全国台湾研究会副会长姜殿民、全国台联副会长苏民生、福建省副省长汪毅夫、泉州市副市长黄少萍等出席开幕式。

《人民日报》发表新华社评论员文章《评李登辉的分裂言论》

李登辉又在鼓吹分裂了，时机还是选在岛内政局变幻、两岸关系出现缓和迹象之际，不同的只是这一次完全没有了遮掩。7 月 9 日，他在接受一家外国电台采访时公然宣称，已将两岸关系定位于“国家与国家，至少是特殊的国与国的关系”。这一赤裸裸的分裂言论，令岛内外民众震惊，也为两岸关系乃至台湾前途投下了浓重的阴影。

人们不会忘记，1995 年也是在岛内政局出现变化，两岸关系趋于缓和之时，他跑到美国去，在国际上制造“两个中国”、“一中一台”，还发表一通分裂言论，破坏了台湾海峡的稳定、祥和，使两岸关系急剧恶化。历史有时会惊人地相似。在海峡两岸关系协会会长汪道涵即将访台、两岸关系发展处于非常关键的时刻，李登辉又跑出来,更加肆无忌惮地主张分裂,这不能不使一切热望两岸关系向着缓和方向发展的人们严重警惕。

综观李登辉上台以来的言行,人们可以清楚地看到,他骨子里是搞分裂的。他先说主张统一,不主张"台独",但转眼就自食其言,叫人对他的立场摸不着头脑,连他自己都不得不承认,他说了一百多次不主张"台独",却没有人相信他。最近他的言行则更让人感到对他相信不得。他刚在一本书中主张将中国分成"七块",接着就将两岸关系歪曲为"国与国的关系"。众所周知,他在台湾的那个位置上还只能再坐几个月了。在这时刻,他迫不及待地终于抛开他过去的那些伪装,在两岸关系上再捅上他力所能及的一刀,露出了他的真实面目。

一个中国的原则是两岸关系稳定、发展的基础。两岸关系正是在这一基础上才取得进展的。台湾当局有关领导人也多次作过有关一个中国的表述,海峡两岸关系协会与台湾海基会曾对"海峡两岸均坚持一个中国之原则"达成过共识。现在李登辉不仅肆意破坏这一原则,还将发展两岸关系与坚持一个中国的原则分离开来,在毁坏两会接触、交流、对话的基础之后,又说什么要"从交流中凝聚互信,从互信中营造稳定的关系"。这完全是对台湾同胞、国际舆论的欺骗。

李登辉动辄抬出民主和民意作为幌子,但是他在公开毒化两岸气氛,破坏台湾海峡的稳定时,何曾想到了岛内民众所希望的稳定、和平与安全?李登辉是在利用他的政治地位,把台湾民众拖进他的"台独"泥淖中。他的这种企图,昭然若揭。

人们注意到,李登辉主要的分裂言论多是在外国或向外国人表露的。这表明他的目的是要误导国际舆论,或是意图借助外力,企图将台湾问题国际化。但事实已经并将继续证明,李登辉在国际上不过是一个"麻烦制造者"。他误导国际舆论的图谋是徒劳的。

解决台湾问题,实现祖国统一,是包括台湾同胞在内的全中国人民的共同心愿,是人心所向,大势所趋。出于自己不可告人的目的,以台湾同胞的利益、福祉和前途作赌注去进行政治冒险,是非常危险的,这会给台湾人民带来巨大的灾难,势必会遭到包括台湾同胞在内的全中国人民的坚决反对。"玩火者必自焚"。那些心存侥幸的"玩火者",请悬崖勒马。发展两岸关系,推进祖国和平统一大业的进程,是中华民族共同的心愿,也是历史的必然。任何人想要阻止这一时代的潮流,只能是搬起石头砸自己的脚。

全国政协主席李瑞环在人民大会堂会见朝鲜祖国统一民主主义战线中央委员会议长康连鹤

中澳就中国加入世贸谈判发表联合新闻公报

外经贸部部长石广生与澳大利亚外交部部长亚历山大·唐纳就中国加入世贸组织双边谈判一事发表联合新闻公报。

公报说,唐纳先生在访华之际,与中国外经贸部部长石广生举行了富有成果的会谈,讨论了中国加入世贸组织(WTO)的进展情况,中澳双方愿共同宣布:

中澳双方对1999年5月澳大利亚副总理兼贸易部部长蒂姆·费希尔先生访华期间,双方代表团关于中国加入WTO问题的谈判结果予以确认,并决定全面结束两国关于中国加入WTO的谈判。

中澳双方同意,两国谈判人员抓紧进行技术性核对工作,以尽快向WTO秘书处通报中澳谈判的结果。

澳大利亚支持中国早日加入WTO。中国对此表示赞赏。双方同意在日内瓦一起合作,以便就工作组讨论的问题达成协议,使中国早日加入WTO。中澳双边谈判的圆满结束,将会促进两国经贸关系的进一步发展。

老中青三代文艺家的代表和首都部分文艺界知名人士共庆中国文联成立50周年

党和国家领导人江泽民 李鹏 李瑞环 胡锦涛 尉健行 李岚清在人民大会堂会见中国女子足球队

国家体育总局 全国总工会 共青团中央 全国妇联在人民大会堂共同举办欢迎中国女子足球队凯旋庆功会

在庆功会上,国家体育总局授予中国女足"体育运动荣誉奖章",全国总工会授予女足"五一劳动奖状",团中央授予女足"新长征突击队标兵"称号,全国妇联授予女足"三八妇女红旗集体"的称号。

7月14日

中办国办关于制止借新中国成立50周年名义向企业摊派和生产制作纪念品等有关问题的通知

各省、自治区、直辖市党委和人民政府,各大军区党委,中央和国家机关各部委,军委各总部、各军兵种党委,各人民团体:

今年是中华人民共和国成立50周年,精心组织好首都和各地的庆祝活动是全党全国的一件大事。当前,各地区、各部门在新中国成立50周年活动的准备工作中,认真贯彻落实《中共中央、国务院关于举行中华人民共和国成立50周年庆祝活动的通知》和《中共中央办公厅、国务院办公厅关于在新中国成立50周年庆祝活动中严禁铺张浪费的通知》精神，总的情况是好的。但是，据有的地方反映，最近一些新闻出版单位、政府部门、行业主管部门和社会团体以编辑出版国庆献礼图书、出专刊或专版、拍电视专题片和办展览为名，强行或变相向企业摊派、拉广告、拉赞助，索取费用，加重了企业负担，造成不良影响；还有的地区、部门以及社会团体和个人正在或准备借国庆 50 周年名义，以营利为目的，生产制作纪念品、收藏品、礼品并在上述物品上使用国旗、国徽及其图案。这些做法，违反了中央和国家的有关规定，必须引起各级党委和政府的高度重视。为制止类似现象，经党中央、国务院领导同志同意，现将有关要求重申如下：

一、各地区、各部门和各单位要认真贯彻落实《中共中央、国务院关于治理向企业乱收费、乱罚款和各种摊派等问题的决定》，严禁借国庆 50 周年活动之机，巧立名目，强行向企业拉赞助、拉广告，搞募捐、摘摊派，乱集资、乱收费，决不允许强制企业订购书报刊物、音像制品等，加重企业负担，影响企业正常生产和工作。各企业及有关单位对上述违反规定的行为要坚决予以抵制。对打着领导同志或党政机关的旗号招摇撞骗的，要坚决追究有关人员的责任，触犯刑律的要移交司法机关依法处理。

二、各企业事业单位、社会团体和个人不得以国庆 50 周年之名，把产品、商务活动冠以"国庆献礼"或类似的字样。各地区、各部门要加强对《中华人民共和国国旗法》和《中华人民共和国国徽法》的宣传教育，严格国旗、国徽及其图案的使用。一切组织和公民都应当尊重和爱护国旗、国徽，不得违反国家有关规定，在与国庆 50 周年相关的纪念品、收藏品、礼品等物品上使用国旗、国徽及其图案。对违反规定的，要责令其立即纠正。

三、要严肃纪律，强化监督检查。各地区、各部门接到本通知后，要采取自查自纠与监督检查相结合的方式，对上述问题进行认真的检查和清理。对借国庆 50 周年之机向企业乱收费、乱集资和强行或变相摊派等违规做法，违反有关规定使用国旗、国徽及其图案的，要鼓励企业和个人进行举报，有关主管部门要积极受理，一经查实要坚决处理。新闻出版单位要严格遵守新闻出版纪律，带头执行中央有关规定；要充分发挥新闻舆论的监督作用，对违反中央有关规定的做法，及时予以曝光。

各地区、各部门要从讲政治的高度，对国庆 50 周年各项活动的准备工作切实加强领导，严格按照中央有关规定，精心组织，周密部署，确保庆祝活动的准备工作顺利有序地进行。

《人民日报》发表评论员文章《要害是破坏一个中国原则》

7 月 9 日，李登辉在接受德国一家广播公司采访时公然宣称，台湾当局将两岸关系定位在"国家与国家，至少是特殊的国与国的关系"。台湾当局有关负责人也随声附和，说两岸关系已从"两个对等政治实体"走到"两个国家"，两岸会谈就是"国与国的会谈"等。

台湾当局这些分裂祖国的言论将他们一贯蓄意分裂中国领土和主权、制造"两个中国"、"一中一台"、"台湾独立"的意图暴露无遗。台湾当局的一个要员对此做了最好的注脚，他说：李登辉"对两岸关系的诠释只是更清楚地把它讲出来"。

李登辉发表这些分裂言论，其实质是妄图把台湾从中国分割出去，其要害是否定一个中国原则。台湾当局搞"两个中国"、"一中一台"、"台湾独立"由来已久，绝不是偶然的。近几年来，每隔一段时间，他们就要借机以不同形式表现出他们的分裂意图。不过，李登辉此前总还要做些掩饰，用所谓"一个分治的中国"、"追求国家统一"这样的辞藻加以包装，以欺骗包括台湾同胞在内的中国人民，欺骗国际舆论。现在，李登辉完全撕掉了伪装，将他的分裂底牌和盘托出。

众所周知，世界上只有一个中国，台湾是中国领土和主权不可分割的一部分。台湾海峡两岸目前虽未统一，但台湾是中国领土的一部分、中国拥有对台湾的主权的事实没有改变。在铁的事实面前，任何别有用心的人，包括李登辉在内，不管怎样图谋，怎样歪曲，怎样挖空心思地制造舆论，都只不过是蚍蜉撼树，不自量力。

祖国统一是全世界所有民族都追求的神圣目标，中华民族是缔造世界最悠久的统一国家的伟大民族。正是在这个意义上，祖国统一是华夏文明最重要的价值准则之一。面对这样的文明和民族，任何蓄意分裂、拒绝统一、给两岸关系制造障碍的言行，都是背叛国家和民族的行为，必将遭到包括台湾同胞在内的中国人民的强烈反对。我们相信，台湾同胞和祖国人民一道，正殷切期待全面发展两岸关系，推动祖国和平统一的发展进程。任何挑战一个中国原则，制造"两个中国"、"一中一台"、"台湾独立"的图谋都是不能得逞的。一切逆全体中国人民的意志而动、一意孤行、执迷不悟的人必遭历史唾弃，成为民族的罪人。

中国代表团在帕尔玛的圣莫克斯体育场第二十届世界大学生运动会取得佳绩

中国代表团共参加 9 个大项 57 个小项的比赛，夺得 9 金 6 银 10 铜的成绩，列奖牌榜第五位。

广西高级法院二审判处贵港原副市长李乘龙死刑

广西壮族自治区高级人民法院在玉林市人民会堂设立刑事审判庭,依法对李乘龙受贿、巨额财产来源不明一案作出二审判决:维持一审对李乘龙作出的死刑判决,剥夺政治权利终身,并处没收财产人民币10万元。没收受贿所得人民币374万多元、美元2.5万元、港币1万元,上缴国库。追缴李乘龙来源不明的财产人民币566万元、港币0.966万元、美元321元、台币0.1万元、澳大利亚币500元、首饰一批以及非法收受他人红包、财物合计人民币156万多元。

7月15日

国家主席江泽民在蒙古国家宫同蒙古总统巴嘎班迪进行会谈

江泽民指出,中蒙建交50年来,两国关系虽经历过一些曲折,但睦邻友好始终是主流。尤其是近10年来,两国关系发展迅速,各领域合作成果显著。政治上,两国领导人经常互访,以诚相待,相互信任水平不断提高。1994年,双方重新签署中蒙友好合作关系条约,为两国关系健康、稳定发展奠定了重要的政治、法律基础。去年,总统阁下对中国进行了成功的国事访问,双方立足于世纪之交的战略高度,确定中蒙建立面向21世纪长期稳定、健康互信的睦邻友好合作关系。这为两国关系的未来发展指出了明确的方向。经济上,两国互利合作不断扩大,中国已成为蒙的第二大贸易伙伴和对蒙第一大投资国。在国际事务中,双方在许多问题上有着共同或相似的看法,相互支持,有效合作,我们对两国友好合作关系日益深入发展感到高兴和满意。

江泽民重申,中国政府将一如既往地奉行对蒙友好政策,继续为建立两国间长期稳定、健康互信的友好关系作出不懈的努力。同时,中国继续尊重蒙古国的独立与主权,尊重蒙古国无核区地位,尊重蒙古人民选择的发展道路。

巴嘎班迪强调,蒙对外政策的一个重要方面就是要在1994年双方签署的中蒙友好合作关系条约的基础上,积极推动与中国的睦邻友好关系和平等互利合作的发展。他对两国在各个领域合作的顺利发展表示满意,并表示蒙古将积极推进同中国面向21世纪长期稳定、健康互信的睦邻友好合作关系的发展。

巴嘎班迪再次重申蒙古政府在台湾问题上的原则立场。他强调,世界上只有一个中国,台湾是中国领土不可分割的一部分,中华人民共和国政府是代表全中国的唯一合法政府。

会谈后,两国元首出席了签字仪式。双方有关部门负责人签署了《中华人民共和国政府和蒙古国政府经济技术合作协定》、《中华人民共和国政府和蒙古国政府关于边境地区森林、草原防火联防协定》,以及关于中国政府向蒙古国政府提供无偿援助使用问题的换文、互换关于修改中蒙两国政府卫生合作协定部分条款的照会。

中国和平统促会第六届理事大会在北京召开

与会的200多位理事痛斥李登辉和台湾当局拒绝统一、蓄意分裂祖国的言行,表示要继续团结和联合海内外一切主张祖国统一的力量,坚决揭露李登辉妄图分裂祖国的政治本质,推进两岸政治谈判,促进两岸经贸合作和文化交流,推动直接"三通",加强两岸人民往来,为早日实现祖国的完全统一而努力奋斗。

大会发表《李登辉分裂祖国的阴谋不能得逞》的声明,指出李登辉的"两国论"破坏了一个中国的原则,反映出其蓄意将台湾从中国分割出去的政治本质。李登辉必须悬崖勒马,否则必将成为中华民族的千古罪人。海峡两岸同胞共同创造的两岸交流交往的良好局面来之不易。海内外一切关心祖国统一的中华儿女,都坚决反对李登辉分裂祖国的图谋,维护和发展两岸交流交往的良好局面。

以"联合海内外各界人士,发展台湾海峡两岸的民间往来,促进中国和平统一的实现"为宗旨的中国和平统一促进会的此届理事大会,通过全国政协副主席、中国和平统一促进会会长万国权所作的《抓住机遇,发挥优势,为推动祖国完全统一大业而努力奋斗》的工作报告和全国政协副主席、中国和平统一促进会会长张克辉所作的统促会章程修改报告,完成了统促会成立11年来的首次换届,共推举理事239人,其中新增理事78人。从本届开始,统促会理事会每届任期4年,每两年举行一次全体会议。大会推举王光英、程思远、许嘉璐、钱伟长、卢嘉锡、万国权、罗豪才、张克辉、周铁农、王文元、吴国祯为中国和平统一促进会会长。统促会六届一次常务理事会推举钱伟长为执行会长。吴阶平、赵朴初、巴金、丁光训、孙孚凌、董寅初等12人获聘为中国和平统一促进会顾问。

国务院台办主任陈云林、中央统战部副部长张廷翰在会上讲话,祝贺统促会第六届理事大会召开,严厉批驳李登辉和台湾当局蓄意分裂中国领土和主权、危害和平统一进程、逆潮流而动的言行。

全国人大常委会副委员长王光英、程思远,全国政协副主席、中央统战部部长王兆国,全国政协副主席钱伟长、万国权、罗豪才、张克辉、周铁农等出席会议。

台盟中央全国台联在北京举行座谈会

座谈会批判李登辉分裂祖国的言论。与会人士表示，坚决拥护江泽民总书记提出的发展两岸关系，推进祖国和平统一进程的八项主张，坚决反对李登辉分裂祖国的言论和活动，坚决维护祖国领土和主权的完整，实现祖国的完全统一。

参加座谈的人士认为，李登辉公然宣称将两岸关系定位在“国与国的关系”上，这是对国际公认的一个中国原则的彻底否定和肆意破坏，彻底暴露了李登辉蓄意分裂中国领土和主权，企图把台湾从中国分割出去的政治本质和真实面目。他们对此表示强烈愤慨和坚决反对。

最高人民法院审判委员会第 1067 次会议通过《关于人民法庭若干问题的规定》

中共中央国务院召开省部长经济工作座谈会

会议的主要议题是，贯彻落实中央关于经济工作的部署，进一步统一思想，做好当前经济工作。中共中央政治局常委、国务院总理朱镕基在会议上讲话。

中共中央政治局常委、国家副主席胡锦涛主持会议。中共中央政治局常委、国务院副总理李岚清出席会议。

丁关根、吴邦国、温家宝、曾庆红、吴仪、王忠禹、白立忱等出席会议。

出席会议的还有：各省（自治区、直辖市）省长（主席、市长）以及中央和国家机关有关部门主要负责人。

国务院总理朱镕基在省部长经济工作座谈会上发表讲话谈经济工作部署

朱镕基指出，今年以来，各地区、各部门认真贯彻党中央、国务院的部署，进一步扩大国内需求，进一步加大实施积极的财政政策的力度，稳步推进各项改革，努力做好各方面工作，使国民经济保持了较快增长。上半年国内生产总值比去年同期增长百分之七点六。夏粮、油菜籽获得较好收成。工业生产持续增长，企业效益有所改善。财政收入增幅较高，金融平稳运行。这些成绩的取得，说明去年以来中央采取的扩大内需和积极的财政政策是正确的，效果是明显的。对于我国经济形势的主流和成绩，应该有充分的估计和认识。

朱镕基指出，在看到当前好形势的同时，也应当清醒地看到，我们在前进中遇到了许多新情况、新问题，特别是今年三四月份以来，国际国内形势又发生了一些新的变化，国内经济生活中的一些问题更加明显地表现出来，有效需求不足的矛盾尤为突出。外贸出口和外商直接投资下降，消费需求持续不振，固定资产投资增长放慢，价格总水平连续下降。对于这些问题，必须引起高度重视，及时加以解决。

朱镕基指出，针对我国经济发展中存在的问题，宏观调控必须实施综合性对策。要进一步加大积极财政政策的力度，努力拉动消费、投资和出口需求；同时，加快结构调整，稳步推进改革，确保社会稳定，以继续促进国民经济的持续快速健康发展。

朱镕基在谈到中央关于经济工作的部署时指出，当前要着力抓好以下五个方面的工作：一是采取有力措施，促进投资需求较快增长。增加投资，要继续搞好基础设施建设，主要用于在建的项目，使这些项目在确保工程质量的基础上，尽快建成投入使用，及早发挥效益；同时，要较大幅度增加企业技术改造投入，大力促进企业技术进步，增强企业竞争力。企业技术改造要以市场为导向，紧紧围绕增加品种、改进质量、降低成本、提高效益进行，特别要抓好重点行业、重点企业的技术改造。增加投资要注意向老工业基地和中西部地区倾斜。二是增加城乡居民收入，着力开拓消费市场。要采取多种措施，增加城镇中低收入居民的收入，特别是低收入家庭的收入。努力使农民收入有稳定的增加。要进一步拓宽消费领域，积极开展和扩大消费信贷。继续推进城镇住房制度改革，扩大居民住房消费。大力改善农村消费环境，整顿消费市场秩序，引导城乡居民增加即期消费。三是千方百计扩大出口，积极有效利用外资。要加大出口商品结构调整力度，提高出口商品竞争力。支持优质名牌和高新技术产品扩大出口。要优化贸易方式，大力推动和扶持一般贸易出口。继续推进市场多元化。要适当放宽外商投资领域，调整不利于吸引外资的有关规定，改善对外商投资企业的管理和服务。四是继续推进国有企业改革。这既有利于扩大社会需求，又有利于改善有效供给。要认真贯彻落实中央已经确定的各项方针政策和江泽民总书记最近关于搞好国有企业改革与发展的重要讲话精神。当前，要着力抓好建立现代企业制度、加大企业技术改造力度、改善企业资产负债结构和减轻企业社会负担等项工作，为实现大中型国有企业三年脱困和改革的目标而努力。五是大力发展教育事业。按照科教兴国战略要求，要在切实保证义务教育健康发展的同时，大力发展高中阶段、职业和大学教育等非义务教育。从近期看，这可以增加居民消费，带动与教育相关产业的发展；从长远看，能够提高全民的整体素质。

朱镕基要求，各地区、各部门要认真学习和深刻领会中央关于经济工作决策的精神，把思想真正统一到中央对经济形势分析和经济工作的部署上来。要正确处理改革、发展和稳定的关系，使三者相互促进，在保持社会稳定中推进改革和发展。只要我们紧密团结在以江泽民同志为核心的党中央周围,振奋精神,坚定信心,埋头苦干,扎实工作,充分运用各种有利条件,就一定能够很好地解决前进中的问题,使国民经济实现持续快速健康发展。要努力创造一个良好的社会经济环境,迎接新中国成立50周年大庆和澳门回归祖国。

国务院总理朱镕基在省部长经济工作座谈会上发表讲话谈国有企业改革

搞好国有企业,既有利于扩大社会需求,也有利于改善有效供给,这在很大程度上关系到扩大内需和积极财政政策的成效。必须把加快国有企业改革放在重要位置。今年秋天将召开党的十五届四中全会专门作出部署。最近,江泽民同志连续召开了几个关于国有企业改革和发展的座谈会,并发表了重要讲话,我们一定要认真学习和贯彻落实,务必努力实现中央提出的国有大中型企业三年改革和脱困的目标。这是一个重要的阶段性目标,一定要坚定信心,不能动摇。要全面贯彻中央关于国有企业改革的一系列方针、政策和措施,坚持建立现代企业制度的方向,积极推进国有企业的战略性改组。当前,还要着力抓好以下三个方面。

第一,做好企业债权转股权的工作。债务负担过重是一部分国有企业长期难以摆脱困境的原因之一。要结合国有银行集中处理不良资产,通过金融资产管理公司等方式,对一部分产品有市场、发展有前景,仅由于负债过重而陷入困境的重点国有企业,在建立现代企业制度的同时,将银行的债权转为股权,降低企业资产负债率,减轻贷款利息负担,为企业增强活力创造条件。这件事情要抓紧做。但对债权转股权的范围和操作程序,必须严格把关,要防止一哄而起和国有资产流失。

第二,加大企业技术改造力度。今年增发的国债资金中,要拿出相当部分支持企业技术改造和技术进步。这不仅可以扩大内需,而且对增强企业竞争能力和发展后劲有着重要的作用。这个措施,是搞好国有企业改革和发展的重要手段。增加企业技术改造投入,决不只是今年一年的事,今后还要坚持这样做。必须把企业技术改造同调整结构、压缩过剩生产能力结合起来,近期要以纺织、石化、机械、冶金等行业为重点,努力实现已经确定的行业调整目标。

第三,提高企业直接融资比重。要充分发挥证券市场的积极作用,提供多种融资渠道,支持国有企业改革和发展。完善股票发行、上市制度,使更多的符合条件、经济效益好的企业上市,增加企业资本金。选择一些信誉好、发展潜力大的国家控股上市公司,在不影响国家控股的前提下,适当减持部分国有股,所筹集的资金由国家用于国有企业的改革和发展。发展股票市场,要认真贯彻执行法制、监管、自律、规范的方针,坚持公平、公开、公正的原则,不要搞行政干预,不要搞政府托市,引导和促进证券市场健康发展。

建立、健全社会保障体系,是搞好国有企业改革和发展的必要条件。国有企业要增强活力和竞争力,必须把目前过多的冗员减下来,走下岗分流、减员增效的路子。而要减人就必须解除职工的后顾之忧,使下岗人员的基本生活有切实保障。这就需要建立一整套社会保障体系,并使之规范化、法制化。建立、健全社会保障体系,最重要的是开辟资金来源渠道。一是从现在开始就要适当调整财政支出结构,使社会保障支出逐步增加。二是要开辟专门的税源。例如开征个人利息所得税、遗产税等,这些钱要进入社会保障基金。三是配售一部分国有企业股权,通过股市筹集的资金,要拿出一部分来补充社会保障基金。这些措施具体怎么搞,还要认真研究。

国家经贸委负责人就推进国企改革扭亏脱困发表谈话

国家经贸委主任盛华仁最近指出,上半年全国经贸工作在控制总量、调整结构、深化改革、加强管理等方面都取得了明显进展。工业经济运行平稳,企业经济效益呈现恢复性增长,扭亏脱困工作取得初步成效。但自3月份以来,投资和消费增幅下降,出口出现连续负增长,宏观经济环境趋紧,给工业经济运行和经贸工作带来很大压力。

盛华仁指出,针对这种情况,党中央、国务院最近作出了一系列重大决策,继续采取积极的财政政策,努力发挥货币政策的作用,配合运用税收、价格等经济杠杆,拉动消费、投资和出口需求,加快结构调整,稳步推进改革,确保社会稳定,继续保持国民经济的持续健康发展。国家经贸委要按照中央统一部署,在国企改革与脱困方面重点做好七项工作。

第一,继续控制总量,坚决淘汰落后生产能力。控制总量和关闭“五小”是今年经贸工作的一项重要任务,必须按照既定目标,克服一切困难,千方百计完成这项任务。要进一步统一思想认识,局部利益服从全局利益,按照国务院的部署,不折不扣地做好总量控制工作,并把控制总量、淘汰落后生产能力与结构调整、资产重组和产业升级结合起来。

第二,加大开拓市场力度,从严规范市场秩序。针对外贸出口下降的严重情况,当前要积极扩大出口,认真落实提高出口退税率的政策,优化出口商品结构,加大企业自营进出口工作力度,抓紧调整出口商品管理目录,取消对某些工业产品出口的不合理限制。要进一步加强和改进进口管理,严格控制国内已经过剩的长线产品进口，认真落实好钢材、棉花的“以产顶进”。要大力组织和推动企业开展境外加工贸易。要进一步发挥工贸结合的优势和工商联手开拓市场的作用，积极开拓国内市场特别是农村市场。

第三，加快兼并破产步伐，推动企业优化重组。今年兼并破产工作的重点行业、报送程序和工作内容均已明确，目前已提出一批兼并破产关闭项目，正在审批中，审批后即下发执行。要紧紧围绕纺织、煤炭、冶金、有色、军工等重点行业和重点企业脱困目标，通过兼并、破产、关闭，解决一批企业突出问题，消灭一批亏损源，同时与企业的优化重组、结构调整紧密结合起来，力争今明两年使一批严重亏损和资不抵债、扭亏无望企业的问题得到解决。

第四，准确把握政策，认真搞好债权转股权。在国有商业银行组建金融资产管理公司，依法处置银行原有不良资产的基础上，对部分企业的银行贷款，以金融资产管理公司作为投资主体实行债权转股权。这是党中央、国务院为化解金融风险、减轻企业债务负担的一项重大战略举措。一定要正确把握政策，严格把关，防止一哄而起。

第五，落实技改贴息政策，抓好重点技术改造。党中央、国务院高度重视技术改造工作，决定从今年财政债券中拿出一部分用于技术改造贷款贴息，支持国家重点技术改造项目。各地一定要紧紧围绕质量、品种、效益进行这次技改，绝不允许搞重复建设和变相扩大生产能力。在项目选择上要突出重点，适当向东北老工业基地倾斜。

第六，加快建立社会保障体系，促进国企改革脱困。保障国有企业下岗职工基本生活，建立、健全社会保障体系，是实现国有企业三年改革脱困目标的重要条件。要正确处理好改革、发展与稳定的关系，按照党中央、国务院的要求，加快建立社会保障体系，拓宽社会保障基金的资金来源渠道，切实搞好下岗职工基本生活保障，千方百计帮助他们实现再就业。

第七，清理拖欠货款，加快企业资金周转。企业相互拖欠货款，应收账款居高不下，已成为经济运行中的一大顽症，使不少企业生产经营难以为继。国家经贸委和中国人民银行已经成立了调研小组，对企业拖欠货款进行调查，将尽快提出清欠方案，解决企业债务链问题。

盛华仁强调，在做好以上七项工作的同时，要认真贯彻江泽民总书记最近关于国有企业改革与发展的一系列讲话精神，加快推进建立现代企业制度，力争实现本世纪末在大多数国有大中型骨干企业中初步建立现代企业制度的目标。

中央军委颁发贯彻中共中央国务院党风廉政建设责任制规定的实施办法

中央军委日前发出关于印发《军队贯彻执行中共中央、国务院〈关于实行党风廉政建设责任制的规定〉的实施办法》的通知，要求各单位认真贯彻落实。

中央军委这次颁发的《实施办法》，是根据党中央、国务院关于实行党风廉政建设责任制的规定精神，总结吸收军队近几年反腐倡廉工作经验制定的。体现了党的十五大提出的“党委统一领导，党政齐抓共管，纪委组织协调，部门各负其责”的反腐败领导体制和工作机制，反映了新形势下党风廉政建设的特点和规律，是把反腐倡廉工作纳入经常化、规范化轨道的一项基础性制度，在党风廉政制度体系中具有十分重要的地位和作用。

《实施办法》共七章三十条，包括总则、党委的责任、纪委的责任、机关部门的责任、检查考核、责任追究和附则，其内容涵盖了实行党风廉政建设责任制的指导思想、方针原则、基本要求、责任主体、责任范围、责任内容、责任考核、责任追究等，明确规定了党风廉政建设的责任主体为各级党委、纪委、机关部门和领导干部，各级、各部门主要领导为本单位、本部门党风廉政建设第一责任人，党委对本单位党风廉政建设负全面领导责任，党委书记负总责，其他成员对职责范围内的党风廉政建设负直接领导责任，并对各级纪委和机关部门按照“组织协调”和“各负其责”的工作机制赋予了相应的责任内容。《实施办法》突出了责任追究，对领导干部违反责任制，在党风廉政建设和反腐败工作中的失职、渎职行为，区别不同情形作出了组织处理和纪律处分的具体规定，具有很强的指导性和操作性。

全国总工会主席尉健行致信祝贺中国工人出版社建社50周年并出席《工人日报》创刊50周年座谈会

7月16日

国家主席江泽民在乌兰巴托会见蒙古国家大呼拉尔主席贡其格道尔吉

中共中央党校1999年夏季毕业典礼在北京举行

中共中央政治局常委、中央党校校长胡锦涛出席毕业典礼，并向学员们颁发毕业证书。

中共中央政治局候补委员、书记处书记、中央组织部部长曾庆红出席毕业典礼。

中央党校今年夏季共有毕业学员1156人。中直机关分校、国家机关分校、部队分部、中央金融工委分校还有1257人同期毕业。

中央党校常务副校长郑必坚在毕业典礼上讲话。

中央有关方面负责人王刚、曹庆泽、张丁华、王旭东、郑科扬、刘海藩、杨春贵、张志新、王伟光出席毕业典礼。毕业典礼由中央党校副校长刘胜玉主持。

《人民日报》发表国务院新闻办公室文章《事实胜于雄辩,谎言不攻自破——再驳〈考克斯报告〉》

中组部人事部中编办财政部《关于选拔高校毕业生到农村基层工作有关问题的通知》确定三年内选拔45000名高校毕业生到农村基层工作

10家外贸企业被撤销进出口经营权

正在召开的全国汇贸协作会议传出消息:到目前为止,全国已有10家进出口企业被撤销了外贸经营权,这10家企业涉及逃、套汇金额近5亿美元。

被罚的10家企业是:中国商业对外经济技术合作公司、中国人福新技术开发中心、青海省机电设备进出口公司、青海省粮油食品进出口公司、青海省土产进出口公司、青海机械进出口公司、中国包装进出口公司青海公司、江苏吴县市外贸公司、广西梧州市侨柏工贸总公司和昆明宜良进出口公司。

从去年11月至今,在严厉打击逃套汇违法行为的活动中,国家外汇管理局先后向外经贸部通报了5批36起逃套汇案件,涉及企业59家,涉及骗汇金额达15亿美元、11.7亿港元和6342万日元。

由于国家加大了打击逃套汇的力度,今年银行结售汇较去年同期有了根本变化,据海关统计,1—6月,全国贸易顺差达80亿美元,而据国家外管局统计,截至6月中旬,贸易出口结汇398.9亿美元,贸易进口售汇335.2亿美元,贸易外汇收支顺差63.7亿多美元。

'99中国轻工业博览会在北京举行

7月17日

《人民日报》刊登中国人权研究会的文章《西藏人权保障的历史性进展——纪念西藏民主改革四十周年》

今年是西藏实行民主改革和废除封建农奴制度40周年。40年在人类历史的长河中只是一瞬间,但对于西藏来说却是社会发展和人权状况发生翻天覆地变化的40年。

一、西藏人权的历史性转折

1959年之前达赖统治下的旧西藏,人民深受落后的封建农奴制度的沉重压迫和残酷剥削,毫无人权可言。20世纪50年代末60年代初,在中央人民政府的领导和支持下,西藏人民进行了一场伟大而深刻的民主改革,彻底废除了封建农奴制度,开辟了西藏人权发展的新纪元。

旧西藏是一个比欧洲中世纪还要黑暗的政教合一的封建农奴制社会。占西藏人口不到5%的官家、贵族和寺院上层僧侣三大领主,占有西藏的全部耕地、牧场、森林、山川以及大部分牲畜,操纵着西藏广大人民生杀予夺的大权。据1959年统计,在全藏330万克(15克相当于1公顷)耕地中,寺院和上层僧侣占121.44万克,贵族占79.2万克,由僧俗官员组成的官府占128.37万克,分别占36.8%、24%、38.9%。而占西藏人口95%以上的农奴和奴隶,却不占有土地和其他生产资料,没有人身自由,不得不依附于领主的庄园中为生或充当世代家奴。

在封建农奴制度下,广大农奴遭受农奴主强制的乌拉差役、租税和高利贷三重剥削,生活在死亡线的边缘。据不完全统计,仅噶厦(西藏地方政府)征收的差税种类就达200多种。农奴为噶厦和庄园主支的差,占农奴户劳动量的50%以上,高的达到70%至80%。农奴收入低微,不得不靠借高利贷勉强糊口。据统计,西藏1958年以前的高利贷总数,几乎相当于当时全区农牧业生产总量的2倍,60%以上的农牧民背负着沉重的债务,其中差巴欠债户在80%以上,有的村落甚至达到100%。不堪重负的农奴被迫逃荒、要饭,因饥寒贫病而死者不计其数。拉萨、日喀则、昌都、那曲等城镇中,乞丐成群,到处可见满街要饭的老人、妇女和儿童。

农奴和奴隶毫无人身自由和政治地位。农奴主占有农奴的人身,把农奴视为私有财产随意进行买卖、转让、赠送、抵押和交换,掌握着农奴的生、死、婚、嫁大权。不是同一农奴主的男女农奴结婚要缴纳"赎身费",农奴的子女生而注定终身为农奴。旧西藏流行几百年的《十三法典》和《十六法典》,将人分成三等九级,以法律的形式确认和维护人的社会政治地位的不平等。法典明文规定,"人有上、中、下三等,每等人又分上、中、下三级",农奴属于下等下级,下打上者应予拘捕,"不受主人拘束者逮捕之","百姓碰撞官长者逮捕之","向王宫喊冤者,不合体统,应逮捕鞭击之"。触犯同一刑律,不同等级的人的量刑标准和处罚也不同。杀人赔偿命价律中规定:上等上级的人,其命价为与其尸体等重的黄金,而下等下级的人如妇女、屠夫、猎户、匠人等,其命价为草绳一根。伤人赔偿律中规定,仆人使主人受伤应斫掉仆人的手或脚;主人打仆人延医治疗即可,不必赔偿。西藏地方政府和大寺庙均设有法庭和监狱,领主还可在自己的庄园私设监狱。农奴主可以任意打骂农奴，动用断手、剁脚、投水、剜目、割耳、抽筋等极为野蛮的刑罚。

废除封建农奴制度，是西藏社会发展的必然要求，也是广大西藏人民的迫切愿望。西藏人民为摆脱封建农奴制度的残酷统治，争取自己的做人权利，采用请愿、逃亡、抗租抗差和武装反抗等形式，进行了不断的斗争。1951 年西藏实现和平解放时，考虑到西藏历史和现实的特殊情况，中央人民政府与西藏地方政府签订的《关于和平解放西藏办法的协议》（简称“十七条协议”）肯定了改革西藏社会制度的必要性，同时对改革采取了十分慎重的态度，规定：“有关西藏的各项改革事宜，中央不加强迫。西藏地方政府应自动进行改革，人民提出改革要求时，得采取与西藏领导人员协商的方法解决之。”但是，西藏上层统治集团中的一些人根本反对改革，鼓吹“长期不改，永远不改”，试图永远保持农奴制度，以维护既得利益。面对西藏人民日益高涨的民主改革的要求，他们不是顺应民意，而是与国外反华势力相勾结，组织一系列武装叛乱和分裂活动，杀害中央驻西藏干部，残害拥护改革的西藏群众，并于 1959 年 3 月 10 日公开撕毁“十七条协议”，宣布“西藏独立”，发动全面的武装叛乱。在这种情况下，为了维护国家的统一和西藏人民的根本利益，中央人民政府与西藏人民一道坚决平息了叛乱。与此同时，1959 年 7 月 17 日，西藏自治区筹备委员会通过《关于进行民主改革的决议》，在西藏全区掀起了一场轰轰烈烈的群众性民主改革运动，一举摧毁了封建农奴制度，实现了百万农奴和奴隶梦寐以求的当家做主的权利。

——解放农奴和奴隶。1959 年中央政府下令平息西藏叛乱后，立即解散了压迫西藏人民数百年的西藏地方政府及其所属的军队、法庭和监狱，废止了旧西藏法典及其野蛮刑罚。紧接着，开展了群众性的反对叛乱、反对乌拉差役制度、反对奴役和进行减租减息的运动，宣布解放农奴和奴隶，废除人身依附关系，废除农奴主放给劳动人民的高利贷债务。百万农奴和奴隶的生命安全和人身自由从此获得新中国宪法和法律的保障，不再遭受农奴主的强迫劳动和非人待遇。他们的劳动果实从此归自己所有，不再遭受沉重的差税和高利贷剥削。

——废除封建农奴主的土地所有制。1959 年 9 月 21 日，西藏自治区筹备委员会通过《关于废除封建农奴主土地所有制实行农民的土地所有制的决议》，决定对参加叛乱的农奴主的土地和其他生产资料一律没收，分配给农奴和奴隶；对未参加叛乱的农奴主的土地和其他生产资料由国家出钱赎买后，分配给农奴和奴隶。据统计，在民主改革中，国家共支付 4500 多万元对 1300 多户未参加叛乱的农奴主和代理人的 90 万藏克土地和 82 万多头牲畜进行赎买。农奴和奴隶共分得土地 280 多万藏克，人均约 3.5 藏克。百万农奴和奴隶第一次成为土地和其他生产资料的主人，焕发出了空前的劳动热情，从而极大地促进了西藏社会经济的发展，改善了西藏人民的生存和发展条件。据统计，土改基本完成的 1960 年，西藏全区的粮食总产比 1959 年增长 12.6%，比土改前的 1958 年增长 17.5%。牲畜存栏头数 1960 年比 1959 年增长 10%。

——废除政教合一的政治制度。旧西藏实行的是政教合一的政治制度，达赖喇嘛作为藏传佛教格鲁派的首领之一，兼任地方政府的首脑，集政教大权于一身。原西藏地方政府实行僧俗官员双轨制，僧官大于俗官。寺院在政治、经济和社会生活各个方面享有一系列特权。民主改革彻底废除了政教合一的政治制度，实行政教完全分离。一方面，在民主改革中，明令规定切实保护宗教信仰自由和爱国守法的喇嘛寺庙，保护人民有当喇嘛、尼姑的自由和喇嘛、尼姑还俗的自由，保护正常的宗教活动不受干涉。另一方面，通过改革，废除寺庙在经济、政治上的一切封建特权，废除寺庙的封建占有、封建剥削、人身奴役以及寺庙内部的封建管理和等级制度；寺庙内的公共资金和财产实行民主管理，作为生产基金和供给寺内喇嘛、尼姑的生活和正常宗教活动之用；寺庙的喇嘛、尼姑按劳动力情况分得的土地，由寺庙管理委员会统一管理，组织生产；寺庙内收入不够正当开支时，由政府予以补助。实行政教分离既有效地保障了西藏人民宗教信仰的自由，也为西藏实行人民民主的政治制度奠定了基础。

——逐步实行民族区域自治制度。民主改革使得百万农奴和奴隶翻身成了西藏的主人，也使得西藏人民与全国各族人民一样成为国家的主人，享有了宪法和法律规定的一切政治权利。1961 年，西藏各地开始实行普选。昔日的农奴和奴隶破天荒第一次获得当家做主的权利。他们踊跃参加选举，以极大的政治热情和高度负责的精神行使民主权利，选举产生了自治区各级权力机关和政府。一大批翻身农奴和奴隶担任了自治区各级领导干部。1965 年 9 月，西藏自治区第一届人民代表大会成功召开，西藏自治区正式宣告成立。出席大会的 301 名代表中，藏族和其他少数民族代表占 80%以上，西藏上层爱国人士和宗教界人士占 11%多，藏族代表中绝大多数是翻身农奴和奴隶。西藏自治区的建立和民族区域自治制度在西藏的实行，从制度上保障了西藏人民平等参与管理国家事务的政治权利，保障了藏族人民管理本地区和本民族事务的自治权利。

新中国通过民主改革运动，仅用了短短几年的时间，就消灭了在西藏延续近千年的封建农奴制度，使西藏百万农奴和奴隶在政治、经济和社会生活各方面获得了历史性的解放。这是西藏社会进步和人权发展史上划时代的重大变革，是对中国和世界人权事业的一个重大贡献。

二、公民权利和政治权利的保障

西藏自治区人民不仅与全国人民一样，享有宪法所规定的全部公民权利和政治权利，而且依法享有实行民族区域自治的各种特有权利。

在西藏，年满 18 周岁的公民，不分民族、种族、性别、职业、家庭出身、宗教信仰、教育程度、财产状况和居住期限，都依法享有选举权和被选举权。他们直接选举县、区、乡、镇人民代表大会代表，并由这些代表选举出席全国和自治区、市人民代表大会的代表。通过各级人民代表大会，人民行使参与管理国家和地方事务的权利。据统计，自 1965 年自治区成立以来，历届西藏自治区人民代表大会代表中，藏族和其他少数民族的代表均占 80%左右。目前，在全国人民代表大会中，西藏共有 19 名代表，其中藏族和其他少数民族占 80%；在自治区 450 名人大代表中，藏族和其他少数民族占 82.44%。

西藏妇女与男子一样享有广泛的参政权利。民主改革前，西藏妇女被压在社会的最底层，毫无政治地位。旧西藏地方政府的法典明文规定："勿予妇女议论国事之权"，"奴隶与妇女不参与军政事宜"。民主改革后，西藏妇女依照国家宪法和法律，享有了与男子平等的地位和权利。据统计，自西藏自治区第一次普选以来，历次人民代表大会的换届选举中，妇女的参选率均在 90%以上。目前，自治区各级人民代表大会中，女代表占代表总数的 15%以上。到 1998 年年底，全区有女干部 22525 人，占干部总数的 32.8%。

根据宪法和民族区域自治法，西藏作为藏民族聚居区，实行民族区域自治，西藏人民享有民族区域自治的权利。按照法律规定，西藏自治区人大常委会中应有藏族公民担任主任或副主任，自治区主席以及各级政府的主要官员都由藏族公民担任，自治区各级政府的其他人员也要尽量配备藏族和其他少数民族的人员。据统计，自 1965 年以来，自治区历任人民代表大会常务委员会主任和人民政府主席都由藏族公民担任，各级人大常委会和政府的主要领导都是藏族干部。西藏自治区各级人民检察院和法院的主要官员也均由藏族公民担任。据统计，1998 年，藏族和其他少数民族干部已达 49851 人，占全区干部总数的 74.1%，其中藏族和其他少数民族干部在自治区人大常委会主任、副主任中占 71.4%，在自治区人大常委会委员中占 80%，在自治区主席、副主席中占 77.8%。藏族和其他少数民族的专业技术干部，也已占全区专业技术干部总数的 69.36%。

西藏自治区不仅享有省级国家机关制定地方性法规的权力，而且有权根据本地的政治、经济和文化的特点，决定本地的事务，制定自治条例和单行条例；上级国家机关的决议、决定、命令、指示，如有不适合西藏地方实际情况的，西藏自治机关可以报请批准变通执行或者停止执行。据统计，从 1965 年自治区成立到现在，自治区人民代表大会及其常务委员会已制定、颁布地方性法规和具有法律效力的决议和决定共 150 多项，内容涉及政权建设、经济发展、文化教育、语言文字、司法、文物保护、野生动物和自然资源保护等许多方面。其中包括《西藏自治区人民代表大会议事规则》、《西藏自治区学习、使用和发展藏语文的若干规定》、《关于加强对法律法规实施情况监督检查的若干规定》、《西藏自治区文物保护管理条例》、《西藏自治区环境保护条例》等。这些地方性法规、单行条例和变通规定的制定和实施，充分体现了西藏人民依法享有管理本地区和本民族事务的自治权利，有效地保障了西藏人民在政治、经济和社会生活各方面的特殊权益。例如，在执行全国性法定节日的基础上，西藏自治区立法和行政机关还将"藏历新年"、"雪顿节"等藏民族的传统节日列入自治区的节假日。又如，根据西藏特殊的自然地理因素，自治区把职工的工作时间定为每周 35 小时，比全国法定职工周工作时间少 5 小时。再如，考虑到藏族在历史上形成的一妻多夫和一夫多妻制的婚俗具有一定的群众性，1981 年西藏自治区通过的《西藏自治区施行〈中华人民共和国婚姻法〉的变通条例》，在坚持婚姻法关于实行婚姻自由、一夫一妻的原则的同时，作了适当变通，规定在执行变通条例之前已形成的上述婚姻关系，凡不主动提出解除婚姻关系者，准予维持。

西藏人民的宗教信仰自由受到尊重和保护。民主改革废除政教合一的制度，为西藏人民行使宗教信仰自由和开展正常的宗教活动提供了制度保证。虽然"文化大革命"中，西藏与全国其他地区一样，公民的宗教信仰自由曾一度受到侵害，但是"文革"结束后，国家采取许多具体措施，维护西藏人民的宗教信仰自由权利，恢复了一些传统的宗教节日，修复了许多宗教场所，确保了西藏广大信教群众正常宗教活动的开展。据统计，改革开放以来，国家已拨款 3 亿多元及大量黄金、白银等物资，用于西藏寺庙的维修和保护。其中，对布达拉宫的维修，国家拨款 5500 多万元，历时 5 年多，是几百年来耗资最多、规模最大的布达拉宫维修工程。国家还资助 670 万元、黄金 111 公斤、白银 2000 多公斤及大量珠宝，修复了五世至九世班禅灵塔祀殿。为修建十世班禅灵塔祀殿，国家一次就拨专款 6620 万元、黄金650公斤。此外，国家和自治区还出资维修、修复了著名的大昭寺、扎什伦布寺、哲蚌寺、色拉寺和甘丹寺等许多寺庙。宗教活动场所的修复和开放，满足了信教群众开展宗教活动的需要。现在，每年到拉萨朝佛敬香的西藏信教群众均达百万人次以上。在大昭寺等一些著名寺院内外，挤满了磕长头、转经朝佛的信教群众。信教者家中几乎都设有小经堂或佛龛。

藏民族使用和发展本民族语言文字的自由受到切实保护。藏语言文字是西藏全区通用的语言文字。1987年自治区人民代表大会通过的《西藏自治区学习、使用和发展藏语文的若干规定(试行)》明确规定，在西藏自治区藏汉语文并重，以藏语文为主的原则。在西藏，人大通过的决议、法规，人民政府下达的正式文件、发布的布告，都用藏、汉两种文字。各级人民法院和检察院依法保障公民用本民族语言文字进行诉讼的权利，对藏族诉讼参与人使用藏语文检察和审理案件，用藏文下达法律文书。报纸、广播、电视都用藏、汉两种语言。自治区编辑出版的图书大多数为藏文图书。自治区招工、招干、招生对不同语言文字使用者都平等对待，优先照顾藏语文使用者。在拉萨及地、县一级的学校中，使用藏、汉两种语言教学；县以下的学校都使用藏语文教学。各级各类学校的藏语文课都是学生的主课。

三、经济、社会和文化权利的改善

民主改革40年来，西藏人民在中央政府和全国人民的支持下，大力发展经济、社会、文化事业，使西藏的整个社会面貌发生了根本变化。西藏人民享受经济、社会和文化权利的水平得到了极大提高。

国家对西藏的社会经济发展一直实行优惠政策，提供资金、技术、人才等方面的支援。从50年代到1997年，中央政府共向西藏投入400多个亿，并调动了大量物资进藏。近年来，中央政府给西藏的财政定额补贴每年都达12亿元以上。继1984年全国9省市投资4.77亿元在西藏援建43项工程之后，1994年中央政府和全国各地又无偿援建62项工程，总投资达40亿元，现已竣工60项。与此同时，还派出大批援藏干部和技术人员，并正式启动了15个省市对口支援西藏的工作。这些援助和支持有力地推动了西藏社会经济的发展。据统计，1998年，西藏全区国内生产总值达91.18亿元，比1959年增长47.1倍；基本建设投资36.6亿元，比民主改革前的1958年增长468倍；地方财政收入3.64亿元，比1958年增长96倍。

旧西藏没有现代工业，只有一座92千瓦的小型电站、一个小型的军械厂和一家小型造币厂，职工总数100多人。现在，西藏已拥有电力、采矿、水泥、制革、毛纺、食品、建材等10多项现代工业企业300多家，国有企业职工5万多人，初步形成了有西藏特色的现代工业的雏形。1998年，全区工业产值达到13.65亿元，比1959年增长了31倍。和平解放前，西藏没有一条正式公路，没有一座永久性桥梁，交通极端落后。现在西藏已建成一个以拉萨为中心，青藏、川藏、新藏、滇藏、中尼公路为骨架的公路网，并建成了当雄、贡嘎、邦达3个机场，开通了拉萨至北京、成都、西安、西宁、重庆等地的国内航线和拉萨至尼泊尔加德满都的国际航线。旧西藏农牧业生产力水平低下，1952年，全区粮食总产量只有15.5万吨，牲畜总头数974万头(只)。而1998年，粮食产量已达到85万吨，牲畜总头数达2210万头(只)；农牧业总产值为43.8亿元，比1959年增长30.4倍。

民主改革前，西藏90%以上的人没有自己的住房，许多农奴为了生存，或靠借债生活，或沿街乞讨为生。当时的拉萨城区仅有2万人，而在城周围用破麻袋搭起帐篷居住的贫民和乞丐就有近千户人。而今，西藏人民的生活得到了巨大改善。1998年，西藏城镇居民人均可支配收入首次超过全国平均水平，达到5438元，农牧民人均纯收入达到1158元，城乡居民储蓄存款余额达33.45亿元，绝大多数农牧民解决了温饱问题。城镇人均居住面积达14平方米，比全国平均水平高出近5平方米；农村人均居住面积达20平方米以上，与全国平均水平基本持平。拉萨居民人均住房面积超过17.3平方米。彩电、冰箱、电话等现代家用电器已进入普通藏民百姓家庭。过去只有上层贵族才穿得起的羊羔皮、水獭皮做成的藏袍，现在成了藏族人民的日常服饰。

和平解放前，西藏没有一所现代医疗卫生机构，只有3所设备简陋、规模很小的官办藏医机构和少量私人诊所，从医人员不足百人，加上农牧区的近300名民间藏医，全区也只有400余人，平均每千人不到0.4名医务人员。天花、霍乱、性病、斑疹伤寒、猩红热、破伤风等疾病时常流行。和平解放后特别是民主改革后，中国政府采取各种措施，预防疾病，很快就使一些严重危害人民健康的疾病基本得到控制。从60年代开始，西藏消灭了天花病，各类传染病、地方病发病率大幅度下降。现在，西藏县县有医院、卫生防疫站，部分县还建立了藏医院、妇幼保健院(所)，70%以上的乡建立了卫生院，30%的行政村建立了卫生室。据统计，1998年，西藏共有卫生机构1300多个，比1959年增加了20倍；医院床位6700多张，比1959年增加了16.6倍；专业卫生工作人员1万余人；平均每千人口拥有病床2.3张，每千人口卫生技术人员3.57人，高于全国平均水平。医疗卫生条件的改善，有效地保障了西藏人民的生命健康权利。统计表明，与1959年相比，1998年西藏孕产妇死亡率由50‰下降到7‰左右，婴儿死亡率由430‰下降到36.77‰，人均预期寿命则由50年代的35.5岁增加到67岁。与此同时，西藏人口迅速增长。1959年至1998年间，西藏人口增加了123.36万人，增长193.98%，是西藏本世纪以来人口增长最快的时期。1998年，西藏人口出生率为18.4‰，自然增长率为10.9‰，明显高于全国同期水平。

旧西藏没有一所现代意义上的学校，仅有2000余名僧侣和贵族子弟在旧式的官办学校和私塾学习，适龄儿童入学率不到2%，文盲率高达97%，广大西藏人民被剥夺了受教育的权利。民主改革以来，西藏逐步建立起幼儿教育、小学教育、中学教育、职业技术教育、成人教育、高等教育等多层次的现代教育体系，广大西藏人民的受教育权得到了比较充分的保障。据统计，截至1998年，西藏共有各级各类学校4365所，在校学生40多万人，小学学龄儿童入学率比旧西藏提高近80个百分点，达到81.3%，文盲率比旧西藏下降了47个百分点。国家在西藏实行从小学到大学的免费教育，边远、偏僻地区的小学还实行“三包”(包吃、包住、包穿)。这些措施有效地保障了西藏人民的受教育权利。

妇女的社会地位大大提高。在民主改革中获得解放的广大西藏妇女积极参与经济、社会、文化建设，在社会生活中逐步实现了与男子平等的权利。据统计，目前，妇女占西藏从业人员总数的48.5%。在农牧区，妇女劳动力占60%以上；在城镇，女性从业人员占16岁以上女性人口的比例超过2/3。自治区企事业单位人员中，女性为1.5万多人，占总数的39%；各类专业技术人员中，女性约为1.29万人，占总数的40.12%。女性受教育状况不断改善。女童入学率已由1993年的45.43%上升到目前的71.3%。全自治区现有女大学生1206人，占在校生总数的37.69%。

西藏民主改革40年的历史巨变说明，废除封建农奴制度，实行民族区域自治，是西藏社会发展与进步的根本原因，也是西藏人权状况发生翻天覆地变化的根本原因。尽管由于自然、历史和经济发展水平的限制，西藏的人权状况还存在着许多有待改善的方面，但是，只要坚持走建设有中国特色的社会主义道路，坚持实行民族区域自治制度，西藏的人权状况必将随着社会经济的发展而不断得到改善。

《人民日报》发表评论员文章《分裂国家就是历史罪人——再评李登辉的分裂言论》

台湾“中国统一联盟”发表声明反对“两国论”

台湾“中国统一联盟”发表声明说，李登辉7月9日宣布将两岸关系定位为“国与国的关系”，严重破坏现存的国际秩序以及两岸关系，将为世人所不容。在两岸关系上，李登辉破坏了两岸目前交流及海基、海协两会谈判的基础，徒增两岸关系的紧张关系。而在国际上，“两国论”破坏了现有的国际秩序和国际上普遍接受的一个中国原则，引来亚洲甚至是全球的紧张。

国办转发国家计委关于湖北湖南江西安徽省平垸行洪退田还湖移民建镇进展情况报告的通知

中葡联合联络小组会议发表新闻公报

中葡联合联络小组第三十六次会议于1999年7月13日至17日在里斯本举行。

双方继续讨论了与澳门平稳过渡和政权交接有关的重要议题。

双方完成了关于《澳门民法典》和《澳门商法典》的磋商并就其最后文本达成共识。

双方就下列专营合约达成共识并签署了会谈纪要：

澳门垃圾焚化炉厂、自来水供应—澳门自来水有限公司、中式彩票、赛狗、澳港海上客运服务—香港油麻地小轮有限公司、澳港海上客运服务—港澳飞翼船有限公司。

双方就澳门—波兰、澳门—阿曼航班协定达成共识并签署了会谈纪要。

双方加深了关于国际公约适用于澳门特别行政区和向有关保存机关提交声明的程序的磋商，并已就累计120余项国际公约适用于澳门特别行政区达成共识。

双方继续就政权交接仪式的准备工作进行了建设性磋商，政权交接仪式工作小组及其有关分组已全面运作。

双方同意共同发布关于新闻媒体采访政权交接仪式报名登记的公告。

双方同意加快工作步伐，以确保澳门平稳过渡。

会议是在友好合作的气氛中进行的。

中葡联合联络小组第三十七次会议将于1999年11月9日起在澳门举行。

中国科协中国无神论学会联合在北京举办“科学思想传播与无神论宣传”研讨会

会议由中国科协促进自然科学与社会科学联盟专门委员会主任龚育之、中国无神论学会会长任继愈主持。

研讨会上，与会专家学者畅谈了在建设有中国特色社会主义的新形势下，继承和发扬“五四”运动倡导的科学与民主的精神，传播科学思想，宣传科学无神论的重要现实意义，指出了当前社会上存在的种种鬼神迷信和造神现象的表现形式、社会根源和危害，并就如何用科学精神战胜鬼神迷信、维护社会稳定提出了建议。

龚育之说，马克思主义同科学精神是共命运的。马克思主义和科学精神同迷信是相对立的。迷信泛滥，科学精神受损害，马克思主义必定也受损害；科学精神发扬，马克思主义的创造力和吸引力增强，迷信不说销声匿迹，至少不可能有猖狂之势。马克思主义同科学精神，一损俱损，一荣俱荣。马克思主义和科学精神同迷信和神秘主义，你进我退，此长彼消。

任继愈说，历史经验表明，巫术活动总是随着社会和文化的进步，不断改换着自己的装束，惯于利用科学的理论成果，并加以歪曲。当前，新的有神论的各种虚妄论调之所以能够招摇过市的一个重要原因，是其宣扬者采用了一系列理论伪装。一是滥用实践标准这一科学命题，把实践错误地理解为"眼见为实"，对眼前的错觉、幻觉以及魔术师的表演都信以为真，当作客观事实。二是宣称发现了当代科学尚不能解释的"事实"，而他们对这些"事实"的说明是最新的、最科学的。

7 月 18 日

国务院总理朱镕基在人民大会堂与新西兰总理珍妮·希普利举行会谈

朱镕基说，近年来，中新关系保持了良好的发展势头，两国在各个领域的友好交流与合作进展顺利，高层互访和接触频繁。在国际和地区问题上，双方保持了良好的对话与合作。双方在军事、文化、教育、旅游等领域里的交流与合作也取得了积极的成果。

在经贸领域，在双方的共同努力下，去年双边贸易比前年又有较大增长。希普利表示，新西兰政府坚定地奉行"一个中国"政策，并将严格按照亚太经合组织有关谅解备忘录的精神，妥善处理有关台湾问题。

全国完善公务员制度工作会议在北京召开

会议提出，地方机构改革要进一步加大竞争上岗力度，继续探索，勇于创新管理制度，使公务员制度充满活力和旺盛生命力。

自 1993 年 8 月《国家公务员暂行条例》颁布以来，各地各部门按照党中央、国务院的部署，自上而下地积极做好推行工作，到 1998 年年底，全国公务员制度人轨工作基本到位，公务员管理的各单项制度有效运作。公务员制度已在全国基本建立，并开始进入完善阶段。作为推行公务员制度实践中的一个创新，几年来，竞争上岗制度不断健全和完善。目前，全国 29 个省、自治区、直辖市不同程度地实施了竞争上岗，其中山东、安徽、湖北等省市在省、市、县、乡四级行政机关普遍实行。国家行政机关推行竞争上岗的大趋势已经基本形成。

人事部副部长戴光前在会议上讲话指出，已经开始的地方机构改革是今年地方党委和政府的一件大事，机构改革中，各地要加大竞争上岗力度，各级机关内设机构中层领导职位一般都应实行竞争上岗，有条件的地方和部门，竞争上岗的范围可以扩大到部门领导职位和科级以上非领导职位。在机构改革"三定"的基础上，各地要严格按照国家规定的规格、数量合理设置职位，明确职位标准和任职条件，修订职位说明书，作为竞争上岗的依据。要结合实际制定切实可行的办法，严格按照公开、平等、竞争、择优的原则和规定的范围、条件、程序认真组织实施竞争上岗。

戴光前强调，结合竞争上岗，各地要积极推进轮岗、回避工作。对有培养前途的公务员要有计划地进行轮岗，对从事人、财、物管理，证、牌、照核发，资金、项目审批等重点、热点岗位上的，符合轮岗条件的公务员，必须实行轮岗，轮岗的面一般要达到科级以上同级职位数的 30% 以上。同时，还要积极稳妥地做好人员分流工作，要设身处地地为分流人员今后的工作、生活着想，采取得力措施，想方设法安排好；要及时化解矛盾，保持机关工作连续性和队伍的稳定，做到思想不散，秩序不乱，工作正常运转。

戴光前要求，各地在大力推行竞争上岗的同时，要继续探索，勇于创新管理制度。今后制度创新的重点，具体地讲，就是推行政务公开制度，试行任前公示制度、诫勉制度，完善承诺制度，探索首问责任制度、任期制度和用人失察责任制度，研究最高任职年龄制度、末位调整制度等各项新制度。

人事部部长宋德福，中组部及国务院有关部门负责同志，各省、自治区、直辖市、副省级市、新疆生产建设兵团人事部门负责人，河北、辽宁、山东、云南等省政府负责人出席会议。

全国政协港澳台侨委员会发表谴责李登辉分裂言论的声明

声明说，最近，李登辉在接受"德国之声"采访时公然宣称，台湾当局已将两岸关系定位在"国家与国家，至少是特殊的国与国的关系"。台湾海基会负责人也随声附和，声称两岸会谈是"国与国"会谈。李登辉这一分裂祖国的言论是对国际社会公认的一个中国原则的彻底否定和严重挑衅，完全违背了所有中国人和海外华人盼望祖国和平统一的愿望，严重破坏了海峡两岸关系稳定和发展的基础。对此，我们表示强烈义愤和坚决反对！

声明表示，世界上只有一个中国，台湾是中国领土的一部分，中国的领土和主权不容分割。海峡两岸虽然尚未统一，但是台湾是中国领土一部分的地位并没有改变，中国拥有对台湾的主权也没有改变。这是世界上绝大多数国家所承认的。李登辉分裂言论出笼后，受到海峡两岸中国人和海外华人的强烈谴责，台湾民众不安、股市下挫，国际社会也纷纷表示不赞同“台湾独立”、“两个中国”和“一中一台”。这充分说明，李登辉分裂祖国的倒行逆施是不得人心的。

声明指出，中国统一是大势所趋，人心所向。破坏统一，制造分裂，为两岸关系发展制造障碍，违背中国人民的意志，逆潮流而动，是注定要失败的。我们正告李登辉和台湾当局，不要低估中国人民维护国家主权、尊严和领土完整的坚定决心，不要低估中国人民反分裂、反“台独”的勇气和力量，必须悬崖勒马，放弃玩火行动，停止一切分裂祖国的活动。我们将一如既往地坚持“和平统一、一国两制”的基本方针，贯彻落实江泽民主席提出的解决台湾问题的八项主张，愿意同台湾各党派、各团体和台湾各阶层人士加强交流，增进共识，为稳定和发展两岸关系，推进祖国和平统一大业贡献力量。

农业部财政部和团中央共同实施的跨世纪青年农民科技培训工程启动

为贯彻落实十五届三中全会精神，落实科教兴国战略，进一步提高青年农民科技文化素质，培养一大批适应21世纪农业和农村经济发展需要的青年农民，由农业部、财政部和团中央共同实施的“跨世纪青年农民科技培训工程”启动。

这项工程分两个阶段实施，1999年至2000年为试点阶段，2001年至2005年为全面实施阶段。跨世纪青年农民培训工程计划培训农村青年农民500万，每个村培训7—8人，基本达到在每个村民小组培训1名青年农民。通过培训，全面提高青年农民科技文化水平和农业生产技能，培养青年农民的创业精神和创新意识，更新就业观念，增强热爱农业、献身农业、为建设繁荣富强的新农村而奋斗的责任感，培养一大批有文化、懂技术、善经营、会管理、觉悟高的跨世纪青年农民，使他们成为农业生产的技术骨干和农村脱贫致富的带头人。

农业部、财政部、团中央及山东省有关领导出席启动仪式。

国家信息中心和思科系统（中国）网络技术有限公司在北京发布重点数据库分析结果

近日在京联合举行的信息发布会，发布了国家信息中心全国价格、消费品市场、房地产市场、汽车市场、金融等重点数据库的经济分析结果。

根据国家信息中心数据库分析，今年以来，从整体上看我国经济运行比较平稳，出口额正从谷底爬升，趋势向好。但当前市场价格总体水平仍难摆脱低位运行状态，全国主要城市的消费品市场整体上仍处于回落趋势，经济运行中依然存在明显的紧缩力量。

我国国际互联网用户已达400万。据中国互联网络信息中心（CNNIC）今天在此间发布的“中国国际互联网发展状况统计报告”显示，截至1999年6月30日，我国上网计算机共146万台，上网用户人数达到400万。统计还显示，我国上网用户中80%以上具有大专以上学历，年龄最集中段是21—25岁，男性占85%。自费上网占46%，公费占28%，其余为两者均有。

’99世界管理大会在北京举行

由国际管理学者协会联盟（IFSAM）和中国人民大学、国家自然科学基金会管理学部、国家经济贸易委员会经济研究咨询中心、人民日报海外版等单位联合举办’99世界管理大会。会议的主题是：21世纪经济全球化和信息全球化与管理变革。会议期间将就管理科学、管理战略、资本管理、企业创新、管理科技、管理教育和综合管理等问题设6个论坛进行交流和研讨。’99世界管理大会主席、全国人大常委会副委员长成思危出席了今天的会议并作了专题报告。

国家主席江泽民应邀与美国总统克林顿通电话重申中国政府在台湾问题上的严正立场

克林顿说，他提出与江主席通电话，是为了重申美国政府对一个中国政策的坚定承诺。他强调，美国在台湾问题上的政策没有改变，中方完全可以相信他就这一问题所发表的历次谈话。

江泽民说，我们就台湾问题已谈过多次。总统先生1998年访华时，我们专门就这个问题坦率、深入地交换过看法。那时候我就一再强调，台湾问题攸关中国的主权和领土完整，事关中国的和平统一大业和全体中国人民的民族感情。实现祖国统一，这是中国政府的坚定决心，也是全中国人民，包括台湾同胞，以及海外同胞的共同愿望。

江泽民指出，最近，李登辉公然将两岸关系说成是“国与国关系”，这是他在分裂国家的道路上走出的十分危险的一步，是对国际社会公认的一个中国原则的严重挑衅，进一步暴露了他蓄意分裂中国领土和主权，企图把台湾从中国分裂出去的本质。世界上只有一个中国，台湾是中国领土的一部分，中国的领土和主权绝对不容分割。我们解决台湾问题的基本方针，仍然是“和平统一，一国两制”。我们一直在积极促进两岸人员往来和经济交流，争取两岸直接“三通”，推动两岸进行政治谈判。但是，在台湾问题上，我们不承诺放弃使用武力。原因很清楚，台湾岛内和国际上都有一股企图把台湾从祖国分裂出去的势力。如果出现搞“台湾独立”和外国势力干涉中国统一的情况，我们决不会坐视不管。

江泽民指出，中国政府和人民对李登辉的分裂言论作出反应，这体现了中国政府和中国人民反对分裂、捍卫国家主权和领土完整的坚定决心。我们已经警告台湾当局悬崖勒马，立刻停止各种分裂活动，以免对两岸关系和台湾海峡局势带来严重的后果。

江泽民强调指出，美国国内反华势力仍然嚣张，至今还有人支持“台独”的分裂主张，极力为岛内的“台独”势力撑腰打气。历史证明，台湾问题的处理，将会直接影响中美关系的进程。我希望，美国切实恪守中美三个联合公报和总统先生去年访华时公开重申以及最近白宫再次强调的不支持“台湾独立”，不支持“两个中国”、“一中一台”，不支持台湾加入任何必须由主权国家才能参加的国际组织。这对保持台湾海峡局势的稳定和中美关系的恢复与改善是至关重要的。

关于中美关系，克林顿说，美中两国关系十分重要，不能受到破坏。他将努力使两国关系尽快得到改善。

江泽民说，中国政府一贯重视发展中美关系。希望美方从战略的高度和长远的角度妥善处理当前两国关系所面临的问题。

中国电视科普片在世界科学大会获国际大奖

在匈牙利布达佩斯举行的世界科学大会上，被联合国教科文组织选中的中国唯一一部科普电视片《追寻永乐大钟》，不仅被定为向世界科学大会展播的优秀节目，而且在其后举行的第一届布达佩斯国际影视节上获国际影视广播合作理事会奖。

由武汉电视台摄制的科普电视片《追寻永乐大钟》以现代科学的眼光和先进的电视特技动画等表现手法，全面剖析了永乐大钟在冶金、铸造、力学、声学等方面取得的非凡成就，具有很高的科学性和可视性。该片在国内被评为中国科技电视节目一等奖后，去年 10 月参加巴黎第十五届国际科学广播电视节的角逐，在竞争者众多的专题类节目中力拔头筹，压倒 BBC、CNN、NHK 等世界大台选送的节目，获得唯一的专题节目奖。今年 5 月在葡萄牙举行的第二届国际医学科技影视节上，该片再次获科普片二等奖。

首届世界青少年田径锦标赛历时 3 天在华沙落幕 中国队获 4 枚金牌 3 枚银牌

7 月 19 日

中共中央关于共产党员不准修炼“法轮大法”的通知

各省、自治区、直辖市党委，各大军区党委，中央各部委，国家机关各部委党组(党委)，军委各总部、各军兵种党委，各人民团体党组：

近年来，“法轮功”组织在一些地方发展和蔓延。李洪志编造的“法轮大法”，宣扬一套歪理邪说，严重侵蚀人们的思想。“法轮功”组织策划、煽动、蒙骗一些“法轮功”练习者到党政机关和新闻单位非法聚集，严重扰乱社会公共秩序，破坏改革发展稳定的局面。特别是一些党员也参与其中，损害了党的形象，造成了恶劣的社会影响。为保持党的先进性和纯洁性，增强党组织的凝聚力和战斗力，现就共产党员不准修炼“法轮大法(法轮功)”有关问题通知如下：

一、充分认识“法轮功”组织的政治本质和严重危害，明确要求共产党员不准修炼“法轮大法”

马克思主义的辩证唯物主义和历史唯物主义，是无产阶级的世界观和方法论，是无产阶级及其政党认识世界、改造世界的强大思想武器。建立在这一世界观基础上的马克思主义科学理论，是推进建设有中国特色社会主义的根本指针，是我们共产党人的精神支柱。李洪志所编造的“法轮大法”，宣扬唯心主义、有神论，否定一切科学真理，是同现代科学和现代文明根本对立的，是同马克思主义的基本理论和基本原则根本对立的，是同党领导人民群众进行的建设有中国特色社会主义的伟大事业根本对立的。作为共产党员，必须自觉遵守《中国共产党章程》，坚定地信仰马克思主义，而不能信奉“法轮大法”。共产党员修炼“法轮大法”，完全背离了党的性质和宗旨，是党的纪律所不允许的。对这一涉及共产党人的根本信仰、涉及全国人民团结奋斗的思想基础、涉及党和国家前途命运的重大问题，每一个共产党员都要立场坚定，旗帜鲜明，深刻认识“法轮功”组织的政治本质和严重危害，把思想统一到中央精神上来。

二、针对“法轮功”问题在党内集中开展一次学习教育活动

中央决定，从现在起，要针对“法轮功”问题，在全体党员中集中开展一次学习教育活动。这次学习教育活动，要以江泽民同志的重要讲话和中央关于“法轮功”问题的指示精神为指导，使广大党员普遍受到一次马克思主义唯物论和无神论的教育，增强政治敏锐性

和政治鉴别力，牢固树立正确的世界观、人生观、价值观，坚定共产主义理想信念；使修炼“法轮大法”的党员脱离“法轮功”组织，从思想上与其划清界限，自觉回到党的正确立场上来；使基层党组织经受锻炼和考验，提高在新形势下处理矛盾、解决问题的能力，加强和改进党员的教育管理，增强党组织的凝聚力和战斗力。

这次学习教育活动分为学习提高、教育转化和组织处理三个阶段，全党要统一进行。在学习提高阶段，首先要学好《中国共产党章程》、江泽民同志重要讲话和中央有关精神，以及《共产党员为什么不准修炼“法轮大法”》等材料。学习要采取多种形式，联系实际，注重实效。学习时间要相对集中。教育转化阶段要开展谈心活动，开好专题组织生活会，做深入细致的思想政治工作。要根据不同对象，采取不同方法，把学习教育落实到所有基层党组织和全体党员，不留死角。要把这次学习教育活动与正在开展的“三讲”教育结合进行。

三、严格掌握政策界限，做好修炼“法轮大法”党员的转化工作

这次学习教育活动，要立足于教育，立足于转化，惩前毖后，治病救人。要相信修炼“法轮大法”的党员绝大多数是听党的话的，是能够知错就改的。要通过深入细致的思想政治工作，使绝大多数参与修炼“法轮大法”的党员提高觉悟，转变态度，同“法轮功”组织在思想上划清界限，在组织上脱离关系，回到党的正确立场上来。要自觉做到：不修炼“法轮大法”，不参加“法轮功”组织的活动；不担任“法轮功”组织的任何职务；不传播“法轮功”组织的材料；不为“法轮功”组织的活动提供场所、经费资助和其他方便；主动揭露、批判李洪志及其“法轮大法”；积极配合党组织和有关部门认真做好周围群众的工作。

学习教育活动中，要严格掌握政策界限。一般参与修炼“法轮大法”的党员，能主动脱离“法轮功”组织，并从思想上与其划清界限的，不作为问题提出。参与“法轮功”的组织、宣传活动的一般骨干，能主动脱离“法轮功”组织，从思想上与其划清界限，并揭露“法轮功”问题的，不予追究。错误严重的重要骨干，视情节给予党纪处分；有悔过或立功表现的，视情况可不予追究或从轻处理。经反复教育仍坚持不改的，应劝其退党，劝而不退的，予以除名。对极少数有政治意图、存心作乱的幕后人物和策划者、组织者，要坚决清除出党。

对那些一时思想不通，但已不参加“法轮功”组织的一切活动的党员，允许有一个认识转变过程，党组织要耐心做好思想教育工作。

组织处理工作一般放在学习教育活动的后期进行。

四、各级党组织要加强领导，切实承担起政治责任

揭批李洪志及其“法轮大法”，是一场严肃的政治斗争。各级党组织要充分认识这场斗争的复杂性和艰巨性，严格按照中央的统一部署和要求，紧密结合本地区、本部门的情况，抓紧进行。党委主要负责同志要承担起政治责任，投入足够的精力，抓好这项工作。对重点地区和部门，尤其要加强领导，充实力量。

党的各级纪律检查委员会和组织、宣传、统战等部门以及工会、共青团、妇联等群众团体，要在党委的统一领导下，密切配合，积极工作。既要旗帜鲜明，态度坚决，又要注意方法，防止草率从事，激化矛盾。对揭批李洪志及其“法轮大法”后可能出现的情况和问题要有足够的估计，认真做好处置预案。要密切掌握动态，做到重要情况早发现、早报告、早控制、早解决，确保社会政治稳定。

《人民日报》发表评论员文章《做好新时期的思想政治工作——五论崇尚科学破除迷信》

国家主席江泽民在钓鱼台国宾馆会见新西兰总理珍妮·希普利

江泽民说，近年来，中新关系保持了良好的发展势头，两国在各个领域的友好交流与合作进展顺利，高层互访和接触频繁。中新友好互利合作的前景十分广阔。

希普利总理强调，她此次访问主要是推动新中之间的亲密友好合作关系。新西兰政府和人民热烈欢迎江泽民主席今年 9 月对新进行国事访问，为能够接待江主席访新而感到荣幸，并相信此次访问将对促进新中关系的进一步发展产生深远的积极影响。

江泽民表示很高兴将于今年 9 月对新西兰进行国事访问，期待着与新西兰领导人共同探讨中新关系发展的新途径，构筑两国下个世纪的友好合作关系。

江泽民说，新西兰是今年亚太经合组织领导人非正式会议的东道主。今年是亚太经合组织成立十周年，也是亚太经合组织发展道路上至关重要的一年。中方愿与新方共同努力，为亚太经合组织的健康发展作出应有的贡献。我们预祝此次会议获得圆满成功。我们认为，亚太经合组织应顺应发展中成员要求加强经济技术合作的愿望，推动在经济技术合作的执行方面取得实质性进展，确保经济技术合作和贸易投资自由化两个轮子平衡发展，这是亚太经合组织实现“缩小成员间差距，实现共同繁荣”宗旨的重要途径。关于贸易投资自由化问题，我们认为，亚太经合组织应充分尊重各成员的实际情况和经济发展水平的差异，在协商一致、自

主自愿、灵活务实、循序渐进的基础上,处理有关问题,平衡反映各方面,尤其是发展中成员的立场和意见。

希普利总理表示高度重视江主席关于开好今年亚太经合组织领导人非正式会议的意见。她强调,新西兰作为本次会议的东道主,将积极努力推动亚太经合组织的发展,以造福于本地区的人民。

中国外交部副部长杨洁篪、驻新西兰大使陈文照,以及新西兰驻华大使安德岩、总理内阁部首席执行官普雷布尔、外交贸易部亚太经合组织高官会议主席韦沃斯等参加会见。

《人民日报》发表评论员文章《绝不允许破坏两岸关系的基础——三评李登辉的分裂言论》

台湾劳动党发表声明驳斥李登辉的"两国论"

台湾劳动党发表声明,指出:"两国论"的说法除了再一次暴露李登辉分裂国家的意图外,并无法改变举世公认的一个中国的原则。"两国论"所宣示的分裂意图,背离了维系两岸交流的基础,这是向中国主权领土严重挑衅的行径,必然导致中国政府与人民的强烈反应。因此,顷刻间即震惊海峡两岸与国际社会,除了严重地伤害包括台湾在内的两岸中国人的感情之外,也引起台湾社会的动荡,不仅民心惶惶不安,股市应声齐下,汇市波动,"两国论"业已对台湾造成极大的社会危机,严重冲击广大民众的生活。劳动党还呼吁海基会及其负责人能够从两岸人民的共同利益出发,正视历史的主流,体认历史发展的大势所趋,为推动两岸的正常交流,澄清"两国论"之谬误,回到"一个中国"的原则,重建两岸交流、共信的基础,以造福同胞。

中纪委监察部财政部等部委在北京召开落实"收支两条线"规定工作情况汇报会

7 月 19 日至 20 日,中央纪委、监察部会同财政部、国家发展计划委员会、中国人民银行、审计署等部门在北京召开省、自治区、直辖市落实"收支两条线"规定工作情况汇报会。中共中央政治局常委、中央纪委书记尉健行在听取各地的汇报后指出,今年 5 月 25 日全国电视电话会议后,各地区、各部门对落实"收支两条线"规定工作总的来说都很重视,注意加强组织领导,结合实际提出措施,认真开展监督检查,贯彻情况是好的。但是,这项工作开展不久,发展还不平衡,下一步仍然需要下很大的气力抓好落实。要进一步提高对落实"收支两条线"规定工作重要性和必要性的认识,只有思想认识提高了,工作才能更主动、更自觉。过去,由于对行政事业性收费和罚没收入缺乏统一、有效的规范和监督,不仅造成财力分散和失控,扰乱了国家正常的经济秩序,而且严重腐蚀干部,败坏党风政风。实行"收支两条线"管理,就是要通过整顿和改革,把行政事业性收费和罚没收入纳入统一的财政管理,把"收"和"支"分开,堵住漏洞,建立有效的监管机制,从源头上解决问题。要以"三讲"教育为契机,把落实"收支两条线"规定工作作为进行"三讲"教育的重要内容,进一步促进领导班子和领导干部思想作风建设,增强党员干部的廉洁意识和自律意识,确保有关规定落到实处。

尉健行要求,无论是经济条件好的地区,还是经济比较困难的地区,都无一例外地要按照标准抓落实。任何地区和部门都不能强调情况特殊而降低标准和工作要求。凡是标准规定的,就要按标准去做,努力达到标准的要求。要围绕标准建立一套业务和规范。中央提出的六条工作标准,涉及收费项目的审批、银行账户的开设、资金的上缴、票据的统一使用以及经费支出的管理等许多方面。围绕这些方面,必须建立完整的业务和规范,使之配套,以保证标准的落实。要严格依照标准进行检查、考核。只要有一条标准没有执行,就是不合格。要通过严格地检查、考核,及时发现和抓住薄弱环节,有针对性地提出整改措施,推动工作的落实。

尉健行强调,抓落实"收支两条线"规定工作和抓反腐败其他工作一样,不能停留在一般的号召和泛泛的议论上,不能搞形式主义,不能大而化之,必须以务实的工作作风,真抓实干,一抓到底。有关领导要深入第一线,尤其要深入到问题比较多的地方,开展调查研究,有针对性地进行工作指导,着重解决那些影响"收支两条线"规定落实的倾向性问题和特殊问题。要注意发现管理制度、工作程序上的漏洞,制定有效的防范和监督措施。各级党委、政府要按照党风廉政建设责任制的要求,切实加强对这项工作的领导,严格各级领导的责任。财政部门要担负起牵头主抓的责任,加强业务研究和工作指导。计划(物价)、银行、审计等部门要发挥职能作用,搞好配合。纪检监察机关要组织干部认真学习、钻研有关经济业务知识,深入实际,了解情况,研究问题,切实发挥组织协调作用。

中央纪委副书记、监察部部长何勇,财政部部长项怀诚在会上讲话。15 个省、自治区、直辖市和 3 个省会城市、副省级城市作了汇报发言。中央纪委、监察部领导李至伦、陈昌智以及财政部、国家发展计划委员会、中国人民银行、审计署主管这项工作的负责人,全国 31 个省、自治区、直辖市纪委、监察厅(局)、财政厅(局)负责人参加了会议。

外经贸部首席谈判代表龙永图在北京出席"世界贸易组织第二期培训班"开学仪式后接受记者采访

龙永图出席"世界贸易组织第二期培训班"开学仪

式后接受记者采访。龙永图指出,任何国家开放市场都是有条件、按步骤进行的。中国开放市场,包括吸收外资和进口,同其他国家一样,也是有条件、按步骤进行的。

有些人认为中国加入世贸组织,就是全面地实行自由市场经济,而事实上世界上没有一个国家实行纯之又纯的自由市场经济。也有些人谈到中国加入世贸组织就是要与国际市场价格接轨,外国产品将大规模进入中国市场等,事实上也不存在这个问题。

另一个误解是认为中国开放金融、保险业就是开放资本市场。他指出,开放资本市场问题是由国际货币基金组织解决的,而不是由世贸组织来解决。中国加入世贸组织从来没有涉及资本市场开放的问题。

还有人传言说中国明年要进口730万吨小麦,这也是由于对关税配额量存在误解。他说,配额量是市场准入机会,并不是最低的市场采购义务。如果没有市场需求,中国可能连一吨小麦也不会进口。

龙永图指出,这些误解应该逐步消除,应该树立对中国加入世贸组织的正确认识。

国家质监局公布十宗"打假"大案

国家质量技术监督局近日公布了最近重点查办的十宗"打假"大案要案。

查处佳木斯市晨峰农资贸易中心经销劣质化肥案:1999年4月,佳木斯市技术监督局根据群众举报,对市晨峰农资贸易中心第二经销处进行执法检查,查获该中心存放的大量无合格证、无检验报告、无进货发票的颗粒硫酸钾。经检测,其有效肥含量只有0.3%。

查处湖南益湘铝业有限公司违法生产压力锅案:查获该公司按国家已明令废止的"85标准"生产无开合盖安全装置的压力锅10878口。据了解,益湘公司已违法生产这种压力锅164581口,货值达1034万元。

查处广东潮阳区域制售假冒伪劣电池案:4月26日,国家质量技术监督局组织省技监局对陈店镇、峡山镇进行"打假"集中行动,现场查获假冒伪劣电池217万个,查获各种制假设备97台。

查获广东潮阳奇华塑胶制品厂制造生产假冒伪劣牙刷案:现场查获各种假冒伪劣牙刷60万—70万支,其中,假冒"高露洁"和"佳洁士"的牙刷就有45万支。

此外,还查处了弋阳县制造假冒伪劣牙膏案、上海统仁经贸有限公司生产销售假冒彩电案、天津蓟县礼明庄团伙制售假冒伪劣农药案、吉林延吉市农资公司销售劣质复合肥案、河南鹤壁市神龙水泥厂长期无证生产销售劣质水泥案、隔湖林场生产假冒"邦迪"创可贴案。国家质量技术监督局要求对这十起大案继续抓紧查处结案,进一步推动打假保优活动的开展。

国家计生委透露自70年代以来中国人口增长率首次降至10‰以下已步入低生育率国家行列

7月20日

中国国民党革命委员会中央委员会发表声明对李登辉的分裂言论表示无比的愤慨和强烈的谴责

声明说,7月9日,李登辉在接受"德国之声"记者采访时,明目张胆地将两岸关系定位于"国家与国家,至少是特殊的国与国的关系",彻底暴露了他蓄意分裂祖国的野心。民革全体党员对此表示无比的愤慨和强烈的谴责。

声明指出,我们坚决拥护江泽民主席在与美国总统克林顿通电话中代表中国人民所阐明的严正立场;坚决拥护中台办、国台办负责人的谈话。

声明强调,世界上只有一个中国,台湾自古以来就是中国神圣领土的一部分,中国的领土和主权不容分割,台湾问题是中国的内政,这是举世公认的事实。李登辉上台以来,虽在口头上表示主张统一,但本质上却是推行"台独"分裂路线。李登辉分裂祖国的企图由来已久,这次抛出"两国论",是对国际公认的一个中国原则的否定和挑衅,不仅更加彻底地暴露了他阻挠祖国统一、分裂祖国的政治本质,而且严重破坏了发展两岸关系和和平统一的基础。这是我们绝对不能容忍的。

声明说,发展两岸关系,促进祖国和平统一,关乎中华民族的根本利益和两岸人民的长远福祉。在包括台湾同胞在内的海内外中国人共同努力下,近年来两岸关系有了一定的改善。两岸同胞热切期盼两岸继续加强交流,并通过政治对话,逐步消除政治分歧。但是李登辉置同胞渴望和平统一、渴望改善两岸关系的呼声于不顾,一意孤行,在分裂国家的道路上愈走愈远,甚至不惜孤注一掷,其结果终将成为中华民族千古罪人,必将为所有中华儿女所唾弃。

声明指出,李登辉错误地估计了形势,企图将台湾从中国分裂出去,阻止祖国统一的历史进程,拿整个中华民族的共同利益和台湾人民的福祉、前途去进行自己的政治冒险,最终只能是搬起石头砸自己的脚。李登辉不要低估中国政府维护国家主权和领土完整的坚定决心,不要低估包括台湾同胞在内的中国人民反分裂、反"台独"的宏大力量。同时我们也奉劝台湾当局的某些人,要认清当前的国际形势,正视两岸人民要求发展两岸关系、促进祖国和平统一的正义呼声,不要助纣为虐,跟随李登辉一条道走到黑,尽快回到一个中国的立场上来,同两岸人民一起共同反对分裂,促进祖国统一。

声明最后强调,中国国民党革命委员会以继承孙中山先生爱国、革命和不断进步的精神作为自己的神圣职责。我们矢志不渝地为祖国和平统一大业而奋斗。孙中山先生早就指出:“赞成统一是我友,反对统一是吾敌。”现在李登辉公然站出来分裂祖国,与两岸人民为敌,我们就要坚决反对他的一切分裂祖国的罪行。在这场维护祖国统一、反对分裂的斗争中,我们决心坚定不移地贯彻“和平统一、一国两制”方针,充分发挥民革特点,团结包括台湾同胞在内的一切拥护祖国统一的力量,坚决维护一个中国原则,与一切妄图分裂中国的倒行逆施做最坚决的斗争。

中共中央台办国务院台办负责人发表谈话坚决反对台湾分裂势力按照李登辉“两国论”进行“修宪”的图谋

台办负责人说,李登辉发表意在分裂祖国的所谓“两国论”,受到全中国人民和全世界华人的同声谴责。国际社会普遍重申坚持一个中国政策的立场。事态的发展表明,李登辉分裂祖国的行径,已经严重危害了台湾的社会稳定,冲击了台湾的经济发展,导致了两岸关系的恶化和紧张,是极其不得人心的。

他指出,目前,特别值得注意和警惕的是,台湾分裂势力正企图按照“两国论”修改台湾地区的所谓“宪法”和“法律”,以所谓“中华民国”的名义实现“台湾独立”。这是一个更加严重和危险的分裂步骤,是对和平统一的极大挑衅。如果这一图谋得逞,中国和平统一将变得不可能。7 月 18 日,江泽民主席在与美国总统克林顿通话时,郑重地表达了我严正立场。我们警告台湾分裂势力,必须立即停止玩火,否则必将引火烧身。我们希望国民党的有识之士和一切主张发展两岸关系的人士,摆脱李登辉的分裂路线,不要跟着李登辉走下去。

这位负责人表示,广大台湾同胞具有光荣的爱国主义传统,为发展两岸关系、促进祖国和平统一作出了宝贵的贡献。李登辉的分裂图谋,完全违背台湾同胞的根本利益。我们反对的是李登辉的分裂行径,是为了维护祖国的主权和领土完整,与台湾同胞当家做主和求和平、求安定、求发展的愿望是一致的。我们希望台湾同胞充分认识到,一个中国原则是两岸关系稳定发展和祖国和平统一的基础。我们在两岸关系中讲一个中国原则,是指世界上只有一个中国,台湾是中国的一部分,中国的主权和领土完整不能分割。双方在一个中国原则的基础上,平等协商,共议统一。我们希望广大台湾同胞、社会各界有识之士,与我们共同反对李登辉分裂祖国的行径、特别是将“两国论”法律化的图谋。我们将更加紧密地和台湾同胞团结起来,共同反对分裂,促进统一,振兴中华。

中国新星石油公司在藏北的伦坡拉盆地获得工业油流

中国新星石油公司宣布,在经过 8 年艰苦奋战后,该公司近日在海拔 4700 米的藏北伦坡拉盆地伦浅 3 井的 400 米埋层下,通过蒸气热采试验获得了工业油流。伦浅 3 井在 7 月 9 日至 11 日的试采中,自喷石油 103 方,日产油 30 多方。伦浅 3 井是已报道的世界上海拔最高的石油探井;藏北伦坡拉盆地是已知的世界上海拔最高的含油气盆地;藏北工作区是已报道的世界上海拔最高、自然条件最恶劣的石油勘探开发区。

中国电信在北京召开新闻发布会宣布我国固定电话用户突破 1 亿户

截至 1999 年 6 月底,中国电信局用交换机总容量已达 1.45 亿门,长途自动交换机容量达 452.5 万路端,长途业务线路达到 174.8 万路,全国固定电话普及率达到每百人 9.54 部。一个覆盖全国、连接世界,以光缆为主,卫星和数字微波为辅,集数字化传输、程控化交换为一体的通信网络已基本建成,网络的通话质量、电话接通率和运行安全性明显提高。此次电话用户突破 1 亿是继 1992 年 1000 万和 1996 年 5000 万用户之后的又一重大突破,标志着我国电信的发展又上了一个新台阶。

国务院总理朱镕基在中南海会见挪威瑞士等 10 国新任离任大使

朱镕基在中南海礼节性会见 5 国离任驻华大使和 5 国新任驻华大使。5 位离任大使是:挪威大使白山,莱索托大使莱博杭·莫莱科,墨西哥大使路易斯·维博·阿尔法罗,卡塔尔大使穆罕默德·阿·阿卜杜勒·加尼和匈牙利大使叶桐。5 位新任大使是:瑞士大使周铎勉,乌干达大使菲力浦·伊德罗,黎巴嫩大使齐丹·萨基尔,卢旺达大使瓦朗斯·穆尼亚巴吉沙和巴西大使阿丰索·赛尔索·德·欧罗·普雷托。

全国政协主席李瑞环在人民大会堂会见墨西哥最高法院院长赫纳罗·戴维·贡戈拉·皮门特尔

第 40 届国际中学生数学奥林匹克竞赛在罗马尼亚结束中国队获 4 枚金牌 2 枚银牌与俄罗斯队并列团体总分第一名

全国第 16 届青少年信息学(计算机)奥林匹克竞赛在北京结束 98 名选手获奖

岳阳市防汛指挥通报本市抗洪一线两名干部受

处分

湖南岳阳市湘阴县白马镇水电站站长李庆如防汛期间擅离职守，被市政府撤销站长职务并被市委给予党内严重警告。

另据岳阳市纪委查明，建新农场工会主席、长江建新农场北大堤第三防汛指挥长廖芳义（副处级）有严重失职行为。市纪委决定，给予廖芳义党内严重警告处分，岳阳市防汛指挥部今天也向全市进行通报。

最高人民法院公布五起“扫黄打非”案件判处结果

最高人民法院日前公布5起“扫黄打非”案件的判处结果，制贩淫秽书刊和非法出版物的不法分子受到法律严惩。

最高人民法院副院长刘家琛强调，依法严惩制贩淫秽书刊和非法出版物的犯罪分子，对于维护社会稳定，净化社会环境，促进社会主义精神文明建设具有重要意义。全国各级法院一定要严格依照刑法和最高人民法院《关于审理非法出版物刑事案件具体应用法律若干问题的解释》的具体规定，及时审理好起诉到人民法院的有关案件，严惩这类不法分子，积极推动“扫黄打非”斗争的不断深入和文化市场的繁荣发展。

7月21日

《人民日报》就江泽民主席与美国总统克林顿通电话发表评论员文章《一个中国原则是和平统一的基础》

中直机关工委国家机关工委中央金融工委在北京联合举办马克思主义唯物论和无神论教育系列讲座

为贯彻中央关于在党员、干部中进行马克思主义唯物论和无神论教育的指示精神，由中直机关工委、中央国家机关工委、中央金融工委联合举办的马克思主义唯物论和无神论教育系列讲座，在北京中国科技会堂进行了第一讲。原中央党校副校长、中央党史研究室副主任龚育之作了《坚持科学的唯物论和无神论》的报告。

龚育之在报告中用翔实的材料，精辟论述了近几年来党中央关于宣传科学精神、宣传唯物论和无神论，反对迷信和伪科学的一系列指示，回顾了我们党崇尚科学破除迷信的斗争历史，揭露了近些年来社会上存在的形形色色的迷信活动和伪科学的反动本质及其危害，强调了倡导科学反对迷信的重要意义。

中直工委常务副书记武连元主持报告会。他要求广大党员干部要认真学习马克思主义辩证唯物论和历史唯物论，要坚持科学的世界观和方法论，自觉同一切错误的思想作斗争。各级党员领导干部尤其要做坚持马克思主义唯物论和无神论的表率，要求中央机关各级党的组织要切实加强思想政治工作，带领广大党员干部在改革开放和社会主义现代化建设中，在维护社会的政治稳定、促进各项事业的发展中，发挥先锋模范作用。

中央和中央国家机关以及中央金融系统的党员干部出席报告会。

海协在京理事召开座谈会谴责李登辉蓄意破坏两岸关系

海协理事们指出，近年来，在海峡两岸同胞的共同努力下，以去年10月海协邀请和接待台湾海基会董事长辜振甫来访为标志，两岸关系出现日趋缓和的气氛与稳定发展的势头。正当海协积极推动汪道涵会长访问台湾、深入开展两岸对话、为改善两岸关系真诚努力之际，李登辉迫不及待地抛出两岸是“国与国关系、至少是特殊的国与国的关系”的谬论，再次蓄意破坏得来不易的两岸关系稳定局面和两会政治对话进程。李登辉所谓“两国关系论”的要害是企图彻底否定海峡两岸长期以来均坚持的一个中国原则，赤裸裸地妄图把台湾从中国分裂出去，从而再度把两岸关系推向危机的边缘。令人遗憾的是，海基会的某些负责人士也随声附和，把两岸会谈说成是“国与国会谈”，这不仅违背了1992年两会达成的“海峡两岸均坚持一个中国之原则”的口头共识，也违背了海基会自己所标榜的“中国的、善意的、服务的”宗旨，使海协与台湾海基会接触、交流、对话的基础不复存在。我们注意到，台湾当局用“两国论”公然否定了自己承诺过的一个中国的原则，却又辩称什么大陆政策没有改变，这种瞒天过海的伎俩欺骗不了舆论和人心。海基会必须澄清所谓“国与国”会谈的极端错误的言论，只有这样，两会的对话与合作才有可能。

海协理事们表示，一个中国原则是两岸关系稳定发展与实现和平统一的基础，也是海协与海基会联系交往的基础。尽管当前海峡两岸尚未统一，但世界上只有一个中国、台湾是中国的一部分、中国的主权与领土完整不容分割，这是李登辉改变不了的客观现实。10多年来两岸关系发展的风风雨雨证明，只有坚持一个中国原则，两岸关系才有顺利发展的局面，以和平的方式实现统一才有广阔的前景；制造“两个中国”、“一中一台”和“台湾独立”，只能给台湾人民带来危机和灾难。李登辉的分裂举动，损害了中华民族的根本利益，危及台湾同胞的利益、福祉。我们拥护中央台办、国务院台办负责人7月20日的有关谈话，如果台湾分裂势力胆敢按照“两国论”修改台湾地区的所谓“宪法”和“法律”，以所谓“中华民国”的名义实现“台湾独立”，势必毁掉中国和平统一的前景。一切企图玩火者必将被钉在历史的耻辱柱上。

海协理事们表示，海峡两岸关系协会将继续遵循邓小平"和平统一、一国两制"的基本方针，深入贯彻江泽民关于发展两岸关系、推动和平统一进程的八项主张，坚决维护一个中国的原则，反对分裂。台湾同胞希望稳定发展两岸关系，希望和平解决统一问题，不会听任分裂势力拿自己和平稳定的生活和福祉孤注一掷。我们呼吁广大台湾同胞与我们一道，立即制止李登辉的分裂活动及其延续政治遗产的图谋，恢复两岸关系正常发展的局面。

座谈会由海协常务副会长唐树备主持，部分在京理事参加了会议。

全国财政工作会议在北京召开

中共中央政治局常委、国务院副总理李岚清在全国财政工作会议上作书面讲话。

李岚清说，针对当前我国国内经济运行中出现的一些新情况、新问题，党中央、国务院权衡利弊，决定进一步加大实施积极财政政策的力度。

李岚清说，今年上半年财政收入任务完成是比较好的。财政、税务、海关等部门做了大量工作。特别是海关打击走私和税务部门加强税收征管，堵塞漏洞，惩治腐败等措施发挥了重要作用。完成和超额完成今年的财政收入任务至关重要。下半年实施的一系列重大宏观调控政策措施，都必须有资金支持。各级政府和部门要充分认识到财政增收的重要性，利用各种有利条件，做好收入组织工作。依法征税是保证完成或超额完成财政收入任务的关键。各级收入征管部门要继续坚决贯彻落实国务院"加强征管、堵塞漏洞、惩治腐败、清缴欠税"的方针，严格执法，依率计征。不能少收、漏收，也绝不允许包税或收过头税。要进一步整顿税纪，提高税务人员的政治业务素质，对于税收征管中的各种违法违纪行为，要坚决打击，依法严惩。税务部门要改进征管手段，进一步完善以"自行申报和优化服务为基础，以计算机网络为依托，集中征收、重点稽查"的税收征管体系。打击走私不仅是防止关税流失的重要手段，更重要的是有利于保护民族工业、深化企业改革和扩大内需。各地海关不能有丝毫的松懈，要努力巩固去年以来的打击走私成果，重点打击集团走私犯罪活动。

李岚清说，当前财政支出的重点是贯彻落实好积极财政政策，保证重点支出需要。我国正处于改革和发展的关键时期，要做的事情很多，但财力有限，因此必须按照轻重缓急的原则安排支出，把有限的财政资金用在"刀刃上"。支出管理要按照"调整结构，确保重点，压缩一般，加强管理"的方针，重点保障积极财政政策实施，保障粮食风险基金、社会保障和科学教育支出。在保证重点支出的同时，要加快财政支出管理改革步伐。要强化节约意识，坚决制止各种铺张浪费行为。

李岚清说，各级财政部门要深化改革，转变职能，切实加强财政监督管理。随着社会主义市场经济体制的建立与发展，我国新的财政体制已经运行 5 年了，但财政职能还没有实现根本的转变，财政管理尤其是支出管理还处于传统的预算具体执行层次，还没有真正转到调控宏观经济运行、规范社会经济行为、加强监督职能上来。必须进一步转变财政职能，积极创造条件，加快财政支出改革步伐。近年来，国家在整顿经济秩序方面采取了许多措施，取得了一定的成效，但财经秩序混乱的状况依然十分严重，违反财经法纪的行为几乎存在于国民经济各个领域，而且手段日趋隐蔽，金额触目惊心，性质十分恶劣，严重影响着国民经济的正常运行和宏观调控政策的实施，影响着改革的深入和社会的稳定发展。这种状况若任其发展，后果不堪设想。必须采取严厉的措施，坚决予以整顿。加强财政监督管理，必须改变重收入轻支出、重分配轻监督管理的思想观念，抓紧细化预算科目，实施国库集中支付制度和政府采购制度，切实转变财政管理方式，并把财政监督管理贯穿到财政工作的每一个环节。要进一步完善监督办法，建立事前审核、事中监控与事后检查稽核相协调的监督机制，健全和完善企业会计、社会中介机构、审计和财政监督相结合的社会监督体系。

财政部部长项怀诚在会上作工作报告。

项怀诚说，最近，中央根据我国经济运行中出现的新情况，在全面分析国际国内形势及其变化趋势的基础上，决定采取以进一步加大实施积极财政政策力度为重点的一系列宏观调控政策措施，促进经济增长。进一步加大实施积极财政政策力度的内容主要包括：

——在原定国债发行规模的基础上，建议报请全国人大常委会审议批准，增加发行长期国债，适当扩大中央财政赤字，保持投资需求的较快增长。新增国债资金主要用于在建的基础设施项目、一些重点行业的技术改造、重大项目装备国产化和高新技术产业化、环保与生态建设以及科教基础设施等。

——研究并调整收入分配政策，提高城乡居民收入。重点是增加中低收入者的收入，包括适当提高社会保障"三条线"（国有企业下岗职工基本生活保障、失业保险金、城镇居民最低生活费）的收入水平，提高机关事业单位职工收入，同时，适当提高离退休人员的待遇，千方百计解决国有企业养老金拖欠问题。另外，采取措施切实减轻农民负担，多渠道增加农民收入。

——调整部分税收政策,支持外贸出口。根据国际经济贸易环境变化对我国外贸出口的影响情况,为鼓励出口,要进一步适当提高一些在国际市场上具有竞争潜力和产业关联度较高的产品的出口退税率。从今年7月1日起,除已经实行零税率的出口商品和农产品外,进一步提高包括纺织品、服装和煤炭等在内的其他出口商品的退税率,使我国出口商品综合退税率由12.56%提高到15%。

项怀诚指出,上述政策措施有三个明显的特点:一是力度大。与去年相比,这次同时采取增加投资、扩大消费、支持出口、调整税收政策等多项有力的宏观调控政策,显示了中央解决当前经济问题的决心和魄力。二是影响广。增加基础设施投入、支持技术改造以及提高出口退税率将带动相关产业生产的增长,为经济发展增添后劲;调整收入分配政策,可以直接拉动消费;调整有关税收政策,将使一些企业减轻负担,并有利于扩大投资需求和促进出口。这对促进国民经济持续快速健康发展必将产生很大的影响。三是任务重。进一步加大实施积极财政政策力度,中央财政赤字要增加,债务规模将进一步扩大;地方财政也要增加支出,减少部分收入,这在当前各级财政都很紧张的情况下,任务是比较重的。

国家主席江泽民在人民大会堂接受刚果共和国新任驻华大使皮埃尔·帕西递交的国书

外交部发言人章启月就巴布亚新几内亚新政府宣布坚持一个中国政策发表谈话

章启月表示,中国政府对以莫劳塔总理为首的巴新政府坚持1976年中巴新建交公报的原则,纠正巴新前政府与台湾当局签署所谓"建交"公报的错误做法的明智决定表示高度赞赏。

7月21日,巴布亚新几内亚政府新任总理莫劳塔发表声明,强调巴新政府坚持一个中国政策,维护巴布亚新几内亚和中华人民共和国的外交关系,致力于进一步加强两国关系;同时宣布巴新前政府于7月5日与台湾当局签署的所谓"建交"公报无效,不予承认。

章启月说,众所周知,世界上只有一个中国,中华人民共和国政府是代表全中国的唯一合法政府,台湾是中国领土不可分割的一部分。台湾当局不择手段地推行"金钱外交",企图在南太平洋地区及其他地区制造"两个中国"、"一中一台"。这种肆无忌惮地企图分裂祖国的卑劣行径不仅遭到包括广大台湾同胞在内的全体中国人民的强烈反对,而且遭到包括巴新人民在内的南太地区人民以及全世界一切主持正义人民的严厉谴责。台湾当局分裂祖国的图谋必将遭到彻底的失败。

她强调,中国政府高度重视发展同巴新的友好合作关系。中、巴新建交以来的事实充分证明,发展中、巴新在各领域的合作关系符合两国和两国人民的长远和根本利益。中国政府和人民愿与巴新政府和人民继续共同努力,进一步发展面向21世纪的中巴新友好合作关系。

中央军委颁发《中国人民解放军文职干部条例》

中央军委主席江泽民日前签署命令,批准颁发施行《中国人民解放军文职干部条例》(以下简称《条例》)。

1988年4月中央军委颁发《中国人民解放军文职干部暂行条例》(以下简称《暂行条例》),实行了文职干部制度。10年来,较好地改善了我军人员编成和组织结构,保留了专业技术人才,稳定了科技干部队伍,对于贯彻军委新时期军事战略方针,走有中国特色的精兵之路,促进军队革命化、现代化、正规化建设发挥了积极作用。随着形势的发展,我军文职干部队伍建设出现了一些新情况、新问题,军队的改革和发展对文职干部队伍建设提出了更高的要求,《暂行条例》在实施过程中也遇到一些矛盾和问题。在中央军委领导下,经过广泛征求意见,充分调查论证,适当借鉴外军和地方的经验,对《暂行条例》进行了认真修改、补充和完善。《暂行条例》的修改坚持以邓小平新时期军队建设思想和江主席关于军队建设的有关论述为指导,以《中华人民共和国兵役法》的有关规定为依据,着眼于稳定队伍、增强活力、提高素质、完善制度,总结吸收了我军实行文职干部制度以来的经验和做法,使各项规定更加符合实际。《暂行条例》的发布施行,对于坚持、完善和改革文职干部制度,建设高素质的专业人才队伍,增强文职干部的荣誉感、使命感,加强军队革命化、现代化、正规化建设,具有十分重要的意义。

修改后的《中国人民解放军文职干部条例》(以下简称《条例》)共9章34条,主要是重新明确了文职干部的性质、管理办法、来源和培训、平时服现役的最高年龄和最低年限,补充了选拔任用的方针原则、着装、级别和主管机构等内容。

《条例》确定了文职干部的性质:文职干部是被任命为初级以上专业技术职务或者办事员级以上职务,不授予军衔的现役军人,是国家干部队伍的组成部分。

《条例》针对新形势下文职干部队伍建设出现的新情况,进一步明确:文职干部的选拔和任用,坚持尊重知识、尊重人才的方针,贯彻任人唯贤、德才兼备、注重实绩、公平择优、适时交流的原则,实行民主监督。

《条例》提高了对文职干部来源的学历要求,拓宽了来源渠道，明确规定实行经院校培训提拔文职干部的制度，文职干部应当经过与其所任职务相应的院校培训。

《条例》按文职干部职务等级分别规定了平时服现役的最高年龄：担任初级专业技术职务和科级以下职务的为 45 岁；中级专业技术职务和处级职务的为 55 岁，其中从事文艺、体育和护理工作的为 50 岁；高级专业技术职务的 60 岁，其中少数工作需要的可以适当延长，具体办法按照有关规定执行；局级职务的 58 岁。文职干部平时服现役的最低年限是：从被任命为干部职务之日起，担任初级专业技术职务和科级以下职务的为 10 年，中级专业技术职务和处级职务的为 15 年，高级专业技术职务和局级职务的为 20 年。

解放军总政治部就进一步做好扶贫工作发出通知

解放军总政治部日前发出通知，要求全军和武警部队认真学习贯彻《中共中央、国务院关于进一步加强扶贫开发工作的决定》和江泽民总书记在中央扶贫开发工作会议上的重要讲话精神，进一步组织部队做好扶贫开发工作。

通知指出，到 2000 年年末基本解决农村贫困人口的温饱问题，是党中央、国务院确定的扶贫攻坚战略目标，也是我们党和政府向全国人民作出的庄严承诺。实现这一战略目标，对于推动整个国家的现代化进程，促进民族团结和社会安定，向世界展示社会主义制度的优越性，具有十分重大而深远的意义。各级党委和机关要充分认识改革开放 20 年来我国扶贫开发工作取得的巨大成就和重大意义，明确中央关于今明两年扶贫开发工作的基本目标、主要任务和政策措施，进一步增强履行我军全心全意为人民服务的宗旨，做好扶贫开发工作的使命感和责任感，教育和带领部队坚决响应党中央和江总书记的号召，积极行动起来，为夺取扶贫攻坚的最后胜利作出新的贡献。

通知强调，目前，全国尚未解决温饱的农村人口还有 4200 万人，实施《国家八七扶贫攻坚计划》已经到了关键阶段。中央提出今明两年每年要解决 1000 万人口的温饱问题，全军部队要紧紧围绕实现这一目标，从实际出发，本着就地就近、量力而行、有所作为的原则，以贫困村为阵地，以贫困户为对象，以发展养殖、种植为重点，进一步制订好扶贫计划，确定好扶贫项目，抓好工作落实。驻贫困地区的部队要相对集中使用义务劳动日，参加当地的农田水利、植树造林、修桥筑路等基础设施建设，为群众脱贫致富创造条件。要积极向群众宣传党的农村政策，帮助贫困村、贫困户拓宽脱贫的路子，增加收入，解决温饱问题。驻城市部队要继续按照国家和军队的有关要求，开展经常性捐助活动，为贫困地区群众献爱心、送温暖。省军区系统要积极发动和组织民兵预备役人员，带头脱贫致富、扶贫帮困，在扶贫开发工作中发挥示范和骨干作用。

通知要求，各部队要继续采取多种形式为贫困地区群众提供科技文化服务。部队的院校、科研部门以及有条件的单位，可采取定点挂钩的方式，组织科研人员深入贫困乡、村，向群众传播科普知识，推广农业实用技术，帮助他们提高脱贫致富的能力。要把发展教育作为扶贫开发的一项重要内容，积极帮助贫困山村兴办学校，扫除文盲，培养人才，提高群众的文化素质。部队医疗单位要继续组织医护人员为贫困地区群众防病治病，协助贫困地区办好乡村医院，改善医疗卫生条件。专业技术部(分)队要充分发挥技术优势，对贫困地区进行技术支援。

通知指出，扶贫开发，消除贫困，是建设有中国特色社会主义伟大事业的一项历史任务。各级党委和政治机关要把这项工作作为政治任务来抓，在地方党委、政府的统一领导下，搞好协调，形成合力，为确保如期实现党中央、国务院确定的扶贫攻坚目标作出应有的贡献。

中国美术家协会庆祝成立 50 周年

7 月 22 日

民政部关于取缔“法轮大法”研究会的决定

经查，“法轮大法”研究会未经依法登记，并进行非法活动，宣扬迷信邪说，蒙骗群众，挑动制造事端，破坏社会稳定。据此，依照《社会团体登记管理条例》有关规定，认定“法轮大法”研究会及其操纵的“法轮功”组织为非法组织，决定予以取缔。

公安部取缔非法组织“法轮大法”研究会及其操纵的法轮功组织的通告

中华人民共和国民政部已于 1999 年 7 月 22 日认定“法轮大法”研究会及其操纵的“法轮功”组织为非法组织，决定予以取缔。据此，特通告如下：

一、禁止任何人在任何场所悬挂、张贴宣扬“法轮大法(法轮功)”的条幅、图像、徽记和其他标识。

二、禁止任何人在任何场合散发宣扬“法轮大法(法轮功)”的书刊、音像制品和其他宣传品。

三、禁止任何人在任何场合聚众进行“会功”、“弘法”等宣扬“法轮大法(法轮功)”的活动。

四、禁止以静坐、上访等方式举行维护、宣扬“法轮大法(法轮功)”的集会、游行、示威活动。

五、禁止捏造或者歪曲事实、故意散布谣言或者以其他方式煽动扰乱社会秩序。

六、禁止任何人组织、串联、指挥对抗政府有关决定的活动。

违反上述规定，构成犯罪的，依法追究刑事责任；尚不构成犯罪的，依法给予治安管理处罚。

《人民日报》发表评论员文章《分裂没有出路——四评李登辉的分裂言论》

国办转发农业部等五部门关于做好当前减轻农民负担工作意见的通知

各省、自治区、直辖市人民政府，国务院各部委、各直属机构：

农业部、监察部、财政部、国家计委、法制办《关于做好当前减轻农民负担工作的意见》，已经国务院同意，现转发给你们，请遵照执行。

国务院办公厅

1999年7月22日

农业部等部门指出，减轻农民负担是事关农民增收、农村稳定的大事，党中央、国务院一直非常重视，多次进行工作部署。但从一些地方看，中央关于减轻农民负担的方针政策并没有完全落到实处，农民负担重的问题还没有真正解决。特别是今年以来，由于农副产品购销不旺，价格下跌，农民增收面临许多新的困难。在这种情况下，更要把减轻农民负担工作做好。这个问题如果解决不好，不仅挫伤农民的生产积极性，影响农村的改革、发展和稳定，而且不利于扩大内需和国民经济的持续快速健康发展。因此，各地区、各部门必须充分认识做好当前减轻农民负担工作的特殊重要意义，认真全面落实《中共中央国务院关于切实做好减轻农民负担工作的决定》（中发〔1996〕13号）一系列减轻农民负担的政策，并针对当前情况，采取断然措施，坚决把农民的不合理负担减下来。为此，提出以下意见。

一、严格执行农业税收法规政策。农业税要按夏秋两季征收，不得提前征收；在夏收作物少的地区，夏征可以推迟到秋季一并征收。农业税征收方式要尊重农民意愿，一律不得强行要求农民折征代金，农业税折征代金数额，要随粮食定购价格的调减相应地进行调减。农业特产税要在应税农业特产品收获、出售时，按照农业特产品实际产量和实际价格核定收入，以规定的税率计征，不得随意确定产量和价格，高估计税收入。在农业税计税土地上种植应税农业特产品的，农业税照征，在征收农业特产税时将农业税扣除。严禁按人头、地亩和牲畜存栏头数摊派屠宰税，不得把应由收购方缴纳的屠宰税改由饲养户负担。必须重申，税收的立法权集中在中央，地方政府不得在税法明确授予的管理权限之外，擅自更改、调整、变通国家税法和税收政策，不得借税收名义征收其他费。

二、严格控制提留统筹费提取数额。1999年提留统筹费的提取数额不仅要控制在农民1998年人均纯收入的5%以内，而且不得超过1997年的预算额。凡超过的要重新审批，坚决进行调减。调减的指标不准层层截留，一定要落实到村到户。确定的收费数额，各村要张榜公布。1997年提留统筹费收取标准比较高的乡镇，今年要降低标准收取。对受灾地区农民上交的提留统筹费要适当调减。严禁强迫农民以资代劳。各级农民负担监督管理部门必须加强监督、管理。

三、禁止一切乱收费、乱集资、乱罚款和各种摊派。各级财政、物价（计划）和农民负担监督管理部门，要在近期内对涉及农民的收费项目再进行一次彻底的检查清理。对省级以下政府及部门擅自设立的收费项目要一律取消；《中共中央国务院关于切实做好减轻农民负担工作的决定》（中发〔1996〕13号）下发后出台的收费项目要一律取消；对中央和省级政府已取消的收费项目仍在执行或变换名称继续收费的，必须立即停收；对确须保留的收费项目，今年能暂缓执行的，也应列出项目宣布暂缓执行；能降低收费标准的，要重新核定、降低收费标准。清理后的收费项目和标准，要向农民公布。禁止在结婚登记、中小学生就学、农民建房和办理计划生育指标等过程中向农民的一切搭车收费。与上述行为有关的民政、教育、城建、土地、计划生育等职能部门要制定具体措施，坚决制止、纠正本系统的乱收费。

严禁向农民非法集资和摊派。1999年除农村实施义务教育的中小学危房改造外，暂停审批农村教育集资一年。年初已经审批的，也要坚决停下来，不再收取。在农村开展保险业务、合作医疗和订阅报刊，都必须坚持自愿、量力的原则，不得强制推行和强征代订。

禁止非法对农民罚款，坚决纠正因农民未完成种植任务而处以罚款等错误做法。对非法收取的款物，必须坚决退还农民。

四、禁止一切要农民出钱出物出工的达标升级活动。停止在农村搞计划生育达标、修路达标、医疗卫生保健达标、通电视广播达标、小康建设及小城镇建设达标等检查验收和评比活动。一些地方开展的教育"两基"（基本普及九年义务教育和基本扫除青壮年文盲）检查验收活动也要从实际出发，不得增加农民的负担。

五、切实减轻农民的用电负担。除国务院批准的电力建设基金、三峡工程建设基金等外，坚决取消附加在电价上的不合理收费、基金、附加费等。各省级物价部门要根据农网改造和农电管理体制改革进度，从严核定农村到户电价并负责检查落实。已完成农村电网改造的地区，要根据国家计委批准的“两改一同价”（改造农村电网、改革农电管理体制、实现城乡同网同价）方案的要求，将农村到户电价降到规定的水平；未完成改造的地区，要根据改造已达到的变线损水平，及时核减农村电价。在农村电网改造中，除农民购买自用电表外，绝不允许向农民进行集资、收费。各地要力争使农村到户电价比1998年有明显降低。

六、坚决精简机构、人员，压缩不合理开支。要在冻结乡镇编制的基础上，采取坚决措施精简乡镇机构和超编人员。要精简村、组干部人数，提倡村、组干部交叉兼职。在年内各地都要确定精减人员的数量和进度要求。同时，合理调整农村中、小学校布局，精简教职工队伍，清退不合格的民办教师。乡镇政府要严格控制日常行政开支，1999年一律不得兴建楼堂馆所，停止购买小轿车，切实减少会议，努力达到行政支出零增长。严禁平调、挪用和上解使用提留统筹费。

七、切实落实领导责任制。按照中央的要求，地方党委、政府特别是县（市）委、县（市）政府要抓好农民增收、农村稳定两件大事。今后，凡是减轻农民负担政策落实不到位的地方，首先要追究县（市）委书记、县（市）长的责任。上级各有关涉农部门不要向下级提出过高过急、不切合实际的工作要求。组织、人事部门要对基层干部的考核指标和奖惩办法进行一次认真的清理，对形式主义、脱离实际的规定一律取消。地方各级政府必须稳定和加强农民负担监督管理工作机构，充实力量，强化职能。同时，认真做好对基层干部的教育管理工作，教育他们依法办事。

八、坚决查处加重农民负担的行为。各地要对农民负担的情况立即组织一次全面的检查，重点检查提留统筹费是否控制在5%限额内，是否超过1997年的预算额；各种乱收费、乱集资、乱摊派、乱罚款是否得到纠正，特别是在中小学生就学、结婚登记、农民建房和办理计划生育指标等过程中的搭车收费是否取消；违反规定的达标升级活动是否停了下来；因农民负担引发的恶性案件是否得到及时查处。检查要到村到户，不得走过场，对检查发现的问题必须严肃处理并予纠正。要逐级上报检查结果，上级政府及时予以通报。

新闻出版署关于重申有关“法轮功”出版物处理意见的通知

1996年7月24日，新闻出版署发出了《关于立即收缴封存〈中国法轮功〉等五种书的通知》，根据新闻出版署《关于不得出版宣扬愚昧迷信的图书的通知》（〈89〉新出图字第338号）的有关规定，认定《中国法轮功》（军事谊文出版社出版）、《转法轮》（中国广播电视出版社出版）、《转法轮（卷二）》（中国世界语出版社出版）、《法轮大法义解》（长春出版社出版）、《神通大法——李洪志和中国法轮功》（沈阳出版社出版）五种书借传授练功之名，宣扬迷信及伪科学，决定立即予以收缴、封存，不得继续销售。

1996年8月16日，新闻出版署决定对华龄出版社出版的繁体竖排16开精装本《转法轮》予以收缴查处。

1998年6月5日，新闻出版署同意广东省新闻出版局对花城出版社出版的《法轮佛法》进行查禁处理。

1999年6月1日，新闻出版署同意青海省新闻出版局对青海人民出版社出卖书号、违规出版的《转法轮法解》、《法轮佛法——在悉尼讲法》、《法轮佛法——在欧洲法会上讲法》、《法轮佛法——在北美首届法会上讲法》四种书进行查禁处理。

1999年5月10日，新闻出版署对吉林教育音像出版社出版的《李洪志济南讲法》录音带、录像带，黑龙江音像出版社出版的《大圆满法——功法教学》等音像制品、电子出版物作出了查禁处理。

此外，新闻出版署、全国“扫黄”办部署各地新闻出版管理机构、“扫黄”办对有关“法轮功”的非法出版物进行了严肃查缴。

现在重申，所有有关“法轮功”的出版物一律不得重印（复制）和发行；非法出版的有关“法轮功”出版物，一经在市场上出现，应立即予以收缴；今后，出版单位不得出版、报刊不得刊载有关介绍、宣扬“法轮功”的书稿、文稿、图片、音像制品和电子出版物，印制单位不得印刷复制，发行单位和个人不得发行销售，如有违反者，一经发现，一律依法予以查处。

中华人民共和国新闻出版署

1999年7月22日

第四届中国绿化基金会理事会议在北京召开

鞍山市中级人民法院对台胞林滴娟遇害案作出一审判决

去年7月发生在辽宁海城的非法拘禁、故意伤害、抢劫台湾商人韦殿刚及其女友林滴娟一案，鞍山市中级人民法院经依法公开审理，作出一审宣判，杨荣松等4名被告人受到严惩。

法庭经审理认定，无业人员杨荣松为追要韦殿刚所在台湾升宇贸易公司欠熟人李广志（在逃）经手的货款，与李分别纠集黄世东、张士峰和赵闯3人，采用手铐反铐、胶带捂嘴、捆绑四肢和注射海洛因等暴力手段，非法拘禁韦殿刚及其女友林滴娟（均是台湾居民）达30余小时，并因注射海洛因过量致林滴娟急性中毒死亡，抢劫韦殿刚、林滴娟的财物价值人民币1.19万余元。另外,杨荣松还有行凶伤害他人的行为。鞍山市中级人民法院以故意伤害罪依法判处杨荣松死刑,剥夺政治权利终身,以抢劫罪判处有期徒刑10年,并处罚金1.5万元,以非法拘禁罪,判处有期徒刑3年,决定执行死刑,剥夺政治权利终身,并处罚金1.5万元。以故意伤害罪、非法拘禁罪并罚判处黄世东无期徒刑,剥夺政治权利终身;以故意伤害罪、非法拘禁罪并罚判处赵闯有期徒刑16年,剥夺政治权利5年;以故意伤害罪、非法拘禁罪并罚判处张士峰有期徒刑15年,剥夺政治权利3年。

根据《中华人民共和国刑事诉讼法》和《中华人民共和国民法通则》的有关规定,法庭对林滴娟亲属和韦殿刚提出的赔偿被抢劫财物的附带民事赔偿请求,也同时作出了判决。

7月23日

全国地方政府机构改革工作会议在北京召开

中共中央政治局常委、书记处书记胡锦涛主持会议。这次会议的主要任务是,贯彻落实中共中央、国务院关于地方政府机构改革的意见,分析地方政府机构改革的情况,统一思想,提高认识,推动地方政府机构改革的顺利进行。

中共中央政治局候补委员、书记处书记、中央组织部部长曾庆红出席会议。国务委员、国务院秘书长王忠禹作了题为《统一思想,坚定信心,积极稳妥地推进地方政府机构改革》的报告。报告共分五部分:一、从全局出发,进一步认识地方政府机构改革的必要性和紧迫性;二、明确改革目标,坚持改革原则;三、集中精力,抓紧省级政府机构改革工作;四、统筹安排,认真做好明年市(地)县乡政府机构改革工作;五、加强领导,精心组织,确保地方政府机构改革顺利实施。

各省、自治区、直辖市和副省级市党委或政府负责机构改革工作的领导、编办主任和中央有关部门负责人出席了会议。

国务院总理朱镕基在全国地方政府机构改革工作会议上发表讲话

朱镕基指出,这次地方政府机构改革的重要任务,是转变职能,理顺关系,精简机构设置、精减人员编制。精简机构和人员是个硬任务,各地必须严格按照中央的要求制订方案,组织实施。他说,政府机构改革不是单纯的精简问题。在机构改革的过程中,要注意把握几点:一是着眼于全面提高机关干部的整体素质,把人员的定岗分流同干部结构的优化结合起来。二是着眼于建立干部能上能下和岗位交流机制,把人员的定岗分流同改革干部人事制度结合起来。三是着眼于从严治政,把人员定岗分流同加强机关建设和法制建设结合起来,提高依法行政能力。朱镕基说,地方政府的干部分流,一是要加强企业;二是要加强基层;三是要进行定向培训。人员分流涉及广大干部的切身利益,地方各级政府和各部门要发挥党的政治优势,有针对性地做好思想动员。机关干部是国家的宝贵财富,无论是留在机关还是分流,都是改革的需要、工作的需要,没有高低之分,优劣之别。要一个一个地做细致的思想工作,普遍进行个别谈心,使每个干部都能感受到组织对他们是关心爱护和认真负责的。只要工作做到家,我们的干部是有觉悟的,是通情达理的。

朱镕基强调,要转变职能,做到"政企分开"、"政事分开"、"政社分开"(社会中介组织);要规范政府的审批职能,各级编办在拟定部门"三定"方案时一定要把这件事情抓好,不要怕得罪人;要转变工作方式和工作作风,地方各级政府要制定行为规范,公之于众,接受监督。

朱镕基说,地方政府机构改革任务艰巨,时间紧迫,既要坚定不移地进行,又要周密布置,精心组织,这个责任,各级党委、政府的主要领导要承担起来。要认真制订方案,精心组织实施。对人员定岗、分流、干部安排、国有资产管理等,都要有具体的办法。方案酝酿要坚持党性原则,充分发扬民主,走群众路线。要慎重,谋后而定,果断实施。国务院各部门不得干预地方的改革方案。各省都要按照中央精神,根据本地实际,通盘考虑,顶住压力。

朱镕基说,在地方机构改革中,中编办及地方编办的同志要继续努力工作,做好各级党委政府的参谋、助手,多出点子,多承担责任,把改革工作做好。各级党委、政府主要领导同志要多理解、支持编办同志的工作。

《人民日报》就中共中央发出关于共产党员不准修炼"法轮大法"的通知等文告发表社论《提高认识 看清危害 把握政策 维护稳定》

全国政协副主席中央统战部部长王兆国向各民主党派中央和全国工商联领导人及无党派人士通报中央关于处理"法轮功"问题的文件精神

受中共中央委托,王兆国近日向各民主党派中央、全国工商联领导人、无党派人士通报了中央有关处理"法轮功"问题的文件精神。

王兆国说,"法轮功"事件,是1989年"六四"政治风波以来最严重的一次政治事件。"法轮功"的产生和蔓延,是国内外敌对势力同我们党争夺群众、争夺阵地的一场政治斗争。我们揭批李洪志及其"法轮功",就是要坚持马克思主义唯物论和科学，反对唯心主义和有神论，维护共产党人的政治信念和全国人民团结奋斗的思想基础。希望各民主党派、无党派人士、全国工商联等统一战线成员在这场严肃的政治斗争中，与中国共产党同心同德，齐心协力，讲学习，讲政治，讲正气，共同捍卫马克思主义的思想阵地，共同维护科学的尊严，共同发展我国安定团结的政治局面，把有中国特色社会主义的伟大事业全面推向前进。

王兆国对各民主党派、工商联和无党派人士在处理"法轮功"问题的政治斗争中，如何与中国共产党共同维护社会稳定，提出了四点要求：

一、认真学习和领会中共中央领导同志的讲话和有关文件，把思想统一到党中央的精神上来。中央领导同志在讲话中，对"法轮功"的性质、产生的社会政治背景和这场斗争的实质进行了精辟分析，就坚决果断和慎重稳妥地处理这一事件提出了明确的政策原则和具体要求。希望各民主党派、无党派人士和全国工商联等统一战线成员，认真学习、传达和贯彻中央领导同志的重要讲话和有关文件精神，充分认识"法轮功"的政治本质和严重危害，充分认识与"法轮功"斗争的重大意义，充分认识在改革开放和社会主义现代化建设中维护全国人民团结奋斗的思想基础、维护社会团结稳定的极端重要性，深刻理解和积极支持揭批李洪志及其"法轮功"的斗争。要明确李洪志所编造的"法轮大法"，宣扬唯心主义、有神论，否定一切科学真理，是同现代科学和现代文明根本对立的，是同马克思主义的基本理论和基本原则根本对立的，是同党领导人民群众进行的建设有中国特色社会主义的伟大事业根本对立的，把思想真正统一到党中央的精神上来，以高度的政治责任感，为坚持马克思主义唯物论，巩固和发展安定团结的政治局面贡献力量。

二、发挥科学文化优势，深入开展唯物论和科学知识的宣传普及。反对唯心主义和有神论，破除封建迷信，一个很重要的任务，就是要在全国人民中大力宣传和普及马克思主义唯物论和科学知识。各民主党派、无党派人士和工商联等统一战线成员中，大多数是知识分子，其中不少是社会科学、自然科学方面的专家学者，在宣传普及唯物论和科学知识方面具有很大的优势。要利用讲台、报刊、电台、电视台、出版物等多种方式，在广大人民群众中广泛进行马克思主义唯物论的宣传，大力普及科学知识，克服唯心主义和有神论，破除各种封建迷信，树立科学的世界观、价值观和人生观，用马克思主义和科学知识占领思想文化阵地。

三、发扬自我教育传统，有针对性地做好成员和所联系群众的思想工作。"法轮功"流毒全国，到处泛滥，受蒙骗的既有工人、农民、离退休干部、知识分子、共产党员，也有民主党派、无党派人士和工商联的成员及所联系的群众。要发扬自我教育的优良传统，按照党和政府的有关要求，有针对性地耐心细致地做好成员及所联系群众的思想教育工作。要教育他们树立法制观念，自觉遵守国家法律和政府的有关规定，不得参与任何妨碍社会公共秩序的活动。对参与"法轮功"的成员，要耐心进行科学和无神论教育，讲清道理，晓以利害，帮助他们认清"法轮功"的本质和危害，提高觉悟，转变态度，主动同"法轮功"在思想上划清界限，在组织上脱离关系。

四、树立高度的政治责任感，自觉维护安定团结的政治局面。维护社会的团结和稳定，是改革和发展的前提，是人民群众的根本利益所在，也是中国共产党与各民主党派、无党派人士、工商联等各界人士的共同责任。没有安定团结的政治局面，什么事也干不成，过去取得的改革和建设成果也将付诸东流。"法轮功"组织，宣扬唯心主义和有神论，大搞各种封建迷信活动，妖言惑众，聚集示威，不仅对共产党人的政治信念和全国人民团结奋斗的思想基础是很大的腐蚀，而且对社会的团结稳定也具有极大的破坏作用。对此，我们一定要旗帜鲜明，坚决反对。自觉做到：不修炼"法轮大法"，不参加"法轮功"组织的活动，不担任"法轮功"组织的任何职务，不传播"法轮功"组织的材料，不为"法轮功"组织的活动提供场所、经费和其他方便。对国内外一些人别有用心的造谣、挑拨和诬蔑，要保持高度警惕，不仅要做到不传、不信、不听，还要自觉进行抵制和斗争，以实际行动维护社会政治稳定。

人事部发出国家公务员不准修炼"法轮大法"的通知

人事部近日发出通知，规定国家公务员不准修炼"法轮大法"。

通知说，近年来，极少数公务员参与修炼李洪志编造的"法轮大法"，其中有的还参与以"弘法"为名的扰乱社会秩序的非法聚集活动。这些行为违反了公务员的纪律，损害了公务员的形象，危害了国家和人民的利益，造成了恶劣的社会影响，必须坚决制止。人事部根据《中共中央关于共产党员不准修炼"法轮大法"的通知》和《国家公务员暂行条例》，就公务员不准修炼"法轮大法(法轮功)"有关问题通知作出规定。

通知说，公务员必须旗帜鲜明地反对"法轮大法"宣扬的歪理邪说。公务员承担着执行国家公务的重要职责，《国家公务员暂行条例》规定，国家公务员必须遵守宪法、法律和法规，维护国家的安全、荣誉和利益。国家公务员不得组织或者参加非法组织，组织或者参加旨在反对政府的集会、游行、示威等活动，参与或者支持迷信等活动。修炼“法轮大法”完全违背公务员制度的基本原则，违背公务员的性质和宗旨，违背公务员的义务和纪律。每个公务员必须明辨是非，充分认识“法轮大法”的政治本质和严重危害，自觉在思想上同“法轮大法”划清界限，把思想统一到中央通知精神上来，坚决与以江泽民同志为核心的党中央保持高度一致。

通知规定，公务员必须严格遵守纪律，认真执行《国家公务员暂行条例》，不准修炼“法轮大法”。要主动揭露、批判李洪志及其“法轮大法”；积极配合组织和有关部门认真做好周围群众的工作。不明真相、盲目参加修炼活动的，要立即停止；传播歪理邪说或者参加聚集活动的，要如实向组织讲清楚并保证不再参与；参加“法轮功”组织的，要立即脱离。

通知要求严格掌握政策界限，深入细致地做好转化工作。对参加修炼“法轮大法”的公务员，要立足于教育，立足于转化，惩前毖后，治病救人。一般参与修炼的公务员，能主动脱离“法轮功”组织并从思想上与其划清界限的，不作为问题提出。参与“法轮功”的组织、宣传活动的一般骨干，能主动脱离“法轮功”组织，从思想上与其划清界限，并揭露“法轮功”问题的，不予追究。错误严重的重要骨干，应视情节给予行政处分；有悔过或立功表现的，视情况可不予追究或从轻处理。经反复教育仍坚持不改的，予以辞退。对极少数有政治意图、存心作乱的幕后人物和策划者、组织者，坚决予以开除。对那些一时思想不通，但已不参加“法轮功”组织的一切活动的公务员，允许有一个认识转变过程，各级组织要耐心做好思想工作。

通知还要求各机关积极组织公务员参加学习教育活动，切实加强公务员管理。在做好对在职公务员管理的同时，加强对离退休公务员的思想教育和管理服务工作，把政治上关心和生活上关心结合起来，发扬公务员遵纪守法的优良传统。

共青团中央发出共青团员不准修炼“法轮大法”的通知

共青团中央近日发出通知，规定共青团员不准修炼“法轮大法”。

通知指出，各级团组织要引导广大团员青年深刻认识“法轮功”的政治本质和严重危害，深刻认识修炼“法轮大法”是与团的性质和宗旨相背离的，是团的纪律所不允许的。每一个共青团员都要立场坚定，旗帜鲜明，把思想认识统一到中央精神上来。通知说，各级团组织要从现在起，针对“法轮功”问题，在全体团员中集中开展一次学习教育活动。学习教育活动要以江泽民总书记的重要讲话和党中央关于“法轮功”问题的指示精神为指导，使广大团员普遍受到一次深刻的马克思主义唯物论和无神论的教育。

通知要求严格掌握政策界限，耐心细致地做好团员中“法轮大法”修炼者的转化工作。一般参与修炼“法轮大法”的团员，能主动脱离“法轮功”组织，并从思想上与其划清界限，不作为问题提出。参与“法轮功”的组织、宣传活动的一般骨干，能主动脱离“法轮功”组织，从思想上与其划清界限，并揭露“法轮功”问题的，不予追究。错误严重的重要骨干，应视情节给予团纪处分；有悔过或立功表现的，视情况可不予追究或从轻处理。经反复教育仍坚持不改的，团组织应劝其退团，劝而不退的，予以除名。对极少数有政治意图、存心作乱的幕后人物和策划者、组织者，要开除团籍。对那些一时思想不通，但已不参加“法轮功”组织的一切活动的团员，允许有一个认识转变过程，团组织要耐心做好思想教育工作。组织处理工作一般放在学习教育活动的后期进行。

中组部负责人就共产党员不准修炼“法轮大法（法轮功）”对《人民日报》记者发表谈话

中组部负责人说，7 月 19 日，中共中央发出通知，明确要求共产党员不准修炼“法轮大法”。日前，中华人民共和国民政部已认定“法轮大法研究会”及其操纵的“法轮功”组织为非法组织，宣布依法予以取缔，公安部也就此发出通告。作为共产党员，要坚决执行党中央的决定，模范遵守和维护国家法律法令。凡是参与“法轮功”组织活动的共产党员，都必须从思想上与其划清界限，立即脱离“法轮功”组织，回到党的正确立场上来，并主动揭批李洪志及其“法轮大法”。各级党组织和广大共产党员，要充分认识“法轮功”组织的政治本质和严重危害，立场坚定，旗帜鲜明，积极投入这场严肃的思想政治斗争，自觉维护社会稳定，带领广大群众同一切违法行为作坚决斗争。

中组部负责人指出，李洪志编造的“法轮大法”，大肆散布歪理邪说，蒙骗群众，蛊惑人心，宣扬唯心主义、有神论，否定一切科学真理，是同现代科学和现代文明根本对立的，是同马克思主义的基本理论和基本原则根本对立的，是同党领导人民群众进行的建设有中国特色社会主义的伟大事业根本对立的。李洪志及其“法轮功”组织一再进行非法活动，挑动制造事端，破坏社会稳定。为了国家和人民的根本利益，政府有关部门采取果断措施，坚决取缔这一非法组织，得到了广大党员、干部和人民群众的拥护和支持。

中组部负责人指出，共产党员不准修炼“法轮大法”是党的性质的要求。中国共产党是用马克思列宁主义、毛泽东思想、邓小平理论武装的工人阶级先锋队。每一个共产党员必须坚定地信仰马克思主义，坚持辩证唯物主义和历史唯物主义的世界观和方法论。李洪志鼓吹“宇宙中所有的物质都是灵体”，宣扬社会的发展是由神安排和决定的，是由他来控制的；宇宙间和社会上的灾难只有他才能解救。这是彻头彻尾的唯心主义，与辩证唯物主义和历史唯物主义的基本观点是完全不相容的。共产党员信奉和修炼“法轮大法”，就从根本上背离了马克思主义，丧失了做一名共产党员的资格。

共产党员不准修炼“法轮大法”是党的宗旨的要求。中国共产党的根本宗旨是全心全意为人民服务。无数共产党员，始终牢记和实践党的宗旨，把党和人民的利益放在第一位，为了新中国的诞生，前赴后继，流血牺牲；今天，在改革开放和社会主义现代化建设中，特别是在抢险救灾等危急关头，他们舍生忘死、无私奉献。李洪志鼓吹修炼“法轮大法”，“往高层次带人”，宣扬所谓“真、善、忍”，都不过是一套极其虚伪的骗术，用来愚弄群众。共产党员如果为他的邪说所惑，就会终日沉溺于所谓修炼“得法”，对人民群众的利益漠不关心，这就从根本上背离了党的宗旨。

共产党员不准修炼“法轮大法”是党的纪律的要求。党章明确规定：“党的纪律是党的各级组织和全体党员必须遵守的行为规则，是维护党的团结统一、完成党的任务的保证。党组织必须严格执行和维护党的纪律，共产党员必须自觉接受党的纪律的约束。”遵守党的纪律，最重要的是在思想上、政治上与党中央保持一致。如果共产党员修炼“法轮大法”，信奉李洪志的歪理邪说，必然销蚀党员意志，涣散党的组织，破坏党的团结统一，从根本上违反了党的政治纪律和组织纪律。党员参加“法轮功”组织的非法活动，不仅党的纪律绝不允许，也为国家法律所不容。

中组部负责人指出，中央通知下发以后，许多参与“法轮功”组织活动的党员，已迅速同“法轮功”组织脱离了关系，划清了界限，并积极揭批李洪志及其“法轮功”组织。对这些党员的转变，党组织是欢迎的。在这次针对“法轮功”问题的学习教育活动中，要立足于教育，立足于转化，惩前毖后、治病救人。要严格掌握政策界限，把一般“法轮功”练习者同参与“法轮功”的组织、宣传活动的骨干区别开来；把一般骨干同极少数有政治意图、存心作乱的幕后人物、策划者、组织者区别开来；把在“法轮功”问题上犯有错误，但有明显悔过表现的同执迷不悟、拒不改正的区别开来；把党中央作出“共产党员不准修炼‘法轮大法’”决定之前犯错误，同决定下达之后继续犯错误的区别开来。通过教育帮助，使绝大多数修炼过“法轮大法”的党员得到解脱。对那些一时思想不通，但已不参加“法轮功”组织一切活动的党员，允许他们有一个思想转变的过程，党组织要指派专人逐个做好他们的思想转化工作。对极少数经反复教育仍修炼“法轮大法”，甚至继续参加非法活动，破坏社会稳定的，必须按照党的纪律严肃处理。

中组部负责人指出，各级党组织要按照中央通知的要求，针对“法轮功”问题，认真搞好党内的学习教育活动。党委主要负责同志要切实负起政治责任。各级组织部门要在党委的领导下，同有关部门密切配合，做好学习教育活动的组织实施工作。要通过“法轮功”问题，举一反三，坚持从严治党，切实加强和改进党员的教育管理。要在广大党员中广泛深入地开展马克思主义唯物论和无神论的教育，加强党的理想、宗旨和纪律教育，使广大党员不断增强党性，提高辨别是非的能力，坚持唯物论，反对唯心论；崇尚科学，破除迷信，努力保持新时期共产党员的先进性。县以上党政领导班子和领导干部要在“三讲”教育中，联系“法轮功”问题，提高认识，认真总结经验教训。

中组部负责人强调，党的基层组织的工作内容和活动方式，要适应社会生活的新变化。要使党员无论在什么地方都能参加党的组织生活，自觉接受党组织的教育、管理和监督。党组织要成为党员之家，坚持不懈、耐心细致地做好思想政治工作，努力帮助有困难的党员和群众解决实际问题。全党同志要紧密团结在以江泽民同志为核心的党中央周围，为推进建设有中国特色社会主义的伟大事业而努力奋斗。

中共中央宣传部负责人就宣传思想战线认真学习贯彻中央关于处理和解决“法轮功”问题的决定对《人民日报》记者发表谈话

九届全国人大常委会森林法执法检查组举行第二次全体会议

会议听取两个执法检查小组分赴广西、四川、黑龙江、内蒙古四省区检查森林法实施情况的报告。全国人大常委会副委员长布赫出席会议并讲了话。

今年6、7两个月，全国人大常委会森林法执法检查组对广西等四省区贯彻实施森林法的情况进行了检查。检查组深入林区和群众中，通过听取汇报、召开座谈会、走访、实地考察等多种形式了解情况，掌握实情。检查组在肯定成绩的同时，认真研究和分析了存在的问题及其原因，对进一步贯彻实施森林法提出了许多好的意见和建议。

检查小组在汇报中指出，四省区各级领导的法制意识不断增强，对贯彻实施森林法是重视的，采取的措施是有力的；在学习宣传森林法，大力植树造林，加强林业执法，以及在依法培育、保护、管理森林资源等方面都做了大量工作,取得了明显成绩。但也存在一些不容忽视的问题,有些问题还十分突出,集中表现在我国的森林资源还面临着严峻的形势。

在听取了两个检查小组的汇报后,布赫副委员长讲了话。他强调,要继续大力宣传森林法,特别要解决地方各级领导干部的思想认识问题;要处理好保护森林资源与发展经济的辩证统一关系,下决心保护好森林资源。要落实和完善领导干部保护和发展森林资源任期目标责任制,增强各级政府、主管部门和司法机关领导干部的责任心和自觉性。责任制要规定具体目标,有科学的考核办法、严格的奖惩办法。增强各级领导干部依法决策、依法行政的意识和水平。

中宣部国家经贸委国务院纠风办全国总工会在中国科技会堂联合召开第五届全国职工职业道德“十佳标兵”和“十佳单位”表彰报告会

会前,中共中央政治局常委、中央书记处书记、全国总工会主席尉健行接见“双十佳”代表,并同他们合影留念。

“十佳标兵”是:大连市劳动局职业介绍中心职业指导师戚秀玉(女)、中国远洋运输集团总公司船舶轮机长王新全、湖北省黄石市丝绸厂工会主席潘兰英(女)、农业银行河北省分行石家庄第二营业部主任王仁昌、重庆市第一公共交通公司售票员汪霞(女)、河南省平煤集团田庄选煤厂焊接工张玮、北京市第二十二中学教师孙维刚、吉林省吉林石油集团公司建设公司航运队党支部书记赵文光、山西省大同市永和红旗美食城总经理侯建军、黑龙江省哈尔滨市太平环卫局保洁大队修理工王庆祝。

“十佳单位”是:深圳航空公司、山东省日照电业局、广东省中山市公共汽车公司、辽宁省沈阳市地方税务局和平分局、安徽省商之都有限责任公司、湖北省武汉港客运总站、甘肃省兰州市市政工程管理处七里河管理所下水道疏浚班、福建省漳州市公安局巡逻警察支队直属大队、上海铁路局沪京快速车队、大庆石油管理局客运公司。

会议同时表彰了范玉恕等65位“全国职工职业道德先进个人”、天津药业有限公司等65家“全国职工职业道德先进单位”和“全国职工职业道德百佳班组”。

外交部发言人朱邦造就美国众议院近日通过一项涉台修正案发表评论

朱邦造说,近日,美国会一些议员在众议院国际关系委员会提出并由众议院通过了《2000—2001财年国务院授权法》涉台修正案,要求美国政府寻求使中国承诺放弃对台湾使用武力,并鼓吹美向台湾提供武器等。这是对中国主权的严重侵犯,是对中国内政的粗暴干涉。中国政府和人民对此表示坚决反对。中国外交部和中国驻美国大使馆都已就此向美方提出严正交涉。

全国人民代表大会外事委员会负责人就美众议院通过涉台修正案发表谈话

全国人大外委会负责人发表谈话,批评美国众议院一个修正案与李登辉的所谓“两国论”遥相呼应,竭力为“台独”势力张目,妄图为中国的统一大业设置障碍。

谈话指出,李登辉于7月9日提出旨在否定一个中国原则、分裂祖国的所谓“两国论”。李登辉背弃民族利益,以台湾同胞的福祉和前途作赌注,明目张胆地将两岸关系定为“国与国关系”,在分裂国家的道路上走出了十分危险的一步。这充分暴露了他蓄意分裂中国领土和主权、企图把台湾从中国分裂出去的本质。

谈话指出,众所周知,世界上只有一个中国,中华人民共和国政府是代表全中国的唯一合法政府,台湾是中国领土不可分割的一部分,这是国际社会公认的无可争辩的事实,美国政府在中美三个联合公报中对此作出了明确的承诺。李登辉企图分裂祖国的言行不仅受到包括台湾同胞在内的全体中国人民和全世界华人的强烈谴责,也遭到国际社会的普遍反对。中国政府已严正警告台湾当局悬崖勒马,立即停止各种分裂活动。世界各国纷纷重申坚持一个中国政策的立场。克林顿总统在与江泽民主席通话时也代表美国政府重申对一个中国政策的“坚定承诺”。

解决台湾问题,实现祖国的完全统一,是包括台湾同胞在内的全中国人民的共同心愿。中国政府解决台湾问题的基本方针是“和平统一、一国两制”。但是,中国政府不承诺放弃使用武力。这是针对台湾岛内企图搞所谓“台湾独立”的“台独”分子和分裂势力及国际上一股图谋把台湾从中国分裂出去的势力的。江泽民主席在7月18日应约与克林顿总统通话时再次郑重宣告,如果出现搞“台湾独立”和外国势力干涉中国统一的情况,我们绝对不会坐视不管。

台湾问题事关中国的主权和领土完整,事关中国的和平统一大业和全体中国人民的民族感情,一直是中美关系中最重要、最敏感的核心问题。我们正告美国国会和议员先生们,要以中美两国关系的大局为重,恪守中美三个联合公报的原则和美国政府多次强调的不支持台湾独立,不支持“两个中国”、“一中一台”,不支持台湾加入任何必须由主权国家参加的国际组织的“三不”承诺,不要动辄干涉中国内政,以免妨碍中美关系的恢复、改善和发展。

中央军委主席江泽民视察中华人民共和国成立50周年国庆首都阅兵的陆海空三军武警和民兵预备役部队

中共中央政治局委员、书记处书记、中央军委副主席张万年，中共中央政治局委员、中央军委副主席、国务委员兼国防部部长迟浩田，中央军委委员傅全有、于永波、王克、王瑞林、曹刚川陪同视察受阅部队官兵。

国办转发科技部科学技术奖励制度改革方案的通知

第七届全国中学生运动会在广州天河体育中心开幕

7月24日

国家主席江泽民致电祝贺摩洛哥新国王穆罕默德六世登基

国家主席江泽民致电摩洛哥新任国王穆罕默德六世对哈桑二世国王不幸逝世表示沉痛哀悼

北京最高气温达到42℃为百年同期最高值

7月25日

外交部部长唐家璇在新加坡应邀会见美国国务卿奥尔布赖特

唐家璇在会见中指出，中国政府一贯重视发展中美关系。中方认为，健康、稳定的中美关系符合中美两国人民和世界人民的根本利益。中国奉行独立自主的和平外交政策，主张建立公正、合理的国际政治、经济新秩序。

奥尔布赖特说，美国政府高度重视同中国的关系，致力于与中国建立建设性战略伙伴关系。中国使馆被炸是一起悲剧性的意外事件。克林顿总统、她本人及其他政府官员多次向中方正式道歉。她愿再次就此事件向中方表示道歉。

奥尔布赖特重申了美国政府坚持一个中国政策的承诺，并表示美国政府不会改变这一政策。美国遵守中美三个联合公报，不支持“台湾独立”，不支持“两个中国”、“一中一台”，不支持台湾加入任何必须由主权国家参加的国际组织，台湾问题应由海峡两岸的中国人民自行解决。美国希望这个问题通过和平方式予以解决。

外交部部长唐家璇在新加坡会见俄罗斯外交部部长伊万诺夫

北京军区空军为“兵器通”席吉虎记一等功

日前，北京军区空军在导弹某师召开表彰大会，为刻苦钻研高科技、在开发新装备潜能上作出突出贡献的某导弹团技术股长席吉虎荣记一等功，奖励1万元奖金。

席吉虎1990年从空军导弹学院毕业到部队后，立足本职岗位，潜心钻研高科技知识和新兵器理论，成为上下闻名的“兵器通”。他先后编写了10多种训练理论教材和使用维护规程，为新兵器训练和保障体系的建立作出了突出贡献；他数十次承担新装备检验性实弹打靶、实兵演习等技术保障任务，排除30余起重大故障，多次使发生故障的兵器起死回生；他追踪世界军事斗争发展的最前沿，努力挖掘新装备的最大潜能，先后撰写了20多篇实用价值较高的军事论文，有3篇获空军军事理论研究奖，一次次大胆地提出建设性意见，在训练实践中迅速成长为一名技、智、能复合发展的新型技术军官。他先后两次荣立三等功，一次提前晋级，1998年入选“空军拔尖人才攀高计划”，成为空军最年轻的拔尖人才。

国务院设立的首期额度为10亿元的科技型中小企业技术创新基金启动

“手拉手看朋友”活动在北京举行启动仪式

由全国少工委发起的“手拉手看朋友”互助活动日前在北京丰台区第五小学举行启动仪式。与此同时，这一活动在全国各地少先队组织中也同时开展。

“手拉手”互助活动是由共青团中央、全国少工委等单位联合发起的，旨在倡导城市的少年儿童与农村少年儿童、家庭相对富裕的少年儿童与家庭比较困难的少年儿童、身体健康的少年儿童与患有残疾的少年儿童手拉起手，互相帮助，共受教益的少先队主题教育活动。几年来，已有4000余万少年儿童结成了“手拉手”对子，全国少工委帮助基层少先队组织实施“手拉手访友活动”，从而圆了小朋友一个“手拉手看朋友”的梦想。

7月26日

《人民日报》发表评论员文章《坚持从严治党——论抓紧处理和解决“法轮功”问题》

国务院总理朱镕基在安徽考察抗洪救灾和经济工作

7月26日至28日，朱镕基在安徽考察抗洪救灾和经济工作。

7月26日上午，朱镕基一到安庆市，就在省委书记回良玉、省长王太华的陪同下，顶着炎炎烈日，实地考察去年曾经出现重大险情的广济圩长江干堤填塘固基工程。当天下午，他又横渡长江，来到池州地区东至县裕丰村抢险工段、贵池市铜山乡黄溢村灾民安置点。他走进一个个帐篷，与受灾群众、小学师生和医护人员亲切交谈。他每到一处，都代表党中央、国务院，代表江泽民总书记，向战斗在抗洪救灾一线的广大干部和群众、人民解放军指战员、武警部队官兵和公安干警表示亲切的慰问。

在听取了安徽省委、省政府和安庆市、宣城地区抗洪救灾工作汇报后，朱镕基充分肯定了安徽省抗洪救灾的成绩。他说，今年安徽省暴雨集中，洪水来势猛，江河水位高，外洪内涝，受灾范围大，损失严重。在各级党委、政府的领导下，全省军民奋起抗洪救灾，取得了初步胜利。但要清醒地看到，长江主汛期还未过去，仍有发生更大洪水的可能；长江水位持续较高，干堤浸泡时间长，退水时容易溃堤，切不可掉以轻心。全省要进一步动员起来，做好防大汛、抢大险和打持久战的充分准备。要抓紧补充备足抢险物料和器材，昼夜巡堤查险，严防死守，确保长江大堤万无一失。朱镕基要求，要做好受灾群众的生活安置工作，保持灾区社会稳定。特别是房屋浸泡在水中，目前露宿堤上的60万灾民更要精心照顾，要保证他们有饭吃、有干净水喝、有住处，做好卫生防疫工作。

朱镕基强调，加快长江干堤整治势在必行，刻不容缓。长江水患越来越严重，每次洪涝灾害都给国家和人民财产造成很大损失，每年抗洪抢险也耗费大量的人力、财力、物力。去年以来，国家成倍地增加了长江堤防建设投入，现在已初见成效。但要根治水患，驯服长江，还必须下更大的决心，投入更大的力量。为此，要抓紧修订长江干堤整治规划，明确提出不同区段的等级标准和要求，提早搞好工程设计，做好施工的各项准备，今年汛期过后，就要抓紧实施。国家将进一步加大长江堤防建设的投资力度，重点支持湖南、湖北、江西、安徽省长江干堤建设，力争三年至五年内基本完成全线加固工程。同时，要加强长江上中游生态环境建设，实施天然林保护工程，严禁砍伐森林，大力进行植树造林。各省也要加强长江支流的整治，最重要的是搞好封山植树和水土保持工作。在经常发生内涝的地区，要加强排灌工程设施建设。

朱镕基指出，前不久，中央全面分析了我国当前的经济形势，针对经济发展中的新情况和存在问题，及时果断地提出了宏观调控的综合对策。这是党中央、国务院审时度势作出的重要决策和部署，对于有效克服当前困难，保持改革和发展的良好势头，具有重要的指导意义。各地区、各部门要深刻领会中央关于经济工作部署的精神，结合本地的实际，认真贯彻落实。要切实采取有力措施，进一步加大实施积极财政政策的力度，有效地拉动消费、投资和出口需求，加快结构调整，稳步推进改革，确保社会稳定，以继续促进国民经济持续快速健康发展。

朱镕基指出，农业、农村和农民问题始终是国民经济发展的根本问题。新中国成立50年正、反两方面的经验充分证明，农业是国民经济的基础，任何时候、任何情况下都不可忽视和放松农业。当前，农业和农村工作的重点，是努力增加农民收入。这既是扩大农村消费需求，开拓农村市场，贯彻中央经济工作部署的一个重要方面，又是继续巩固和加强农业基础地位的根本要求。要按照市场需求，积极引导农民调整优化农业结构，生产优质高效的农产品。要切实减轻农民负担，在现实情况下，减轻了农民负担就等于增加了农民收入。要坚决制止各种乱收费、乱集资、乱罚款、乱摊派。要精简乡镇机构和人员，大力压缩行政开支。要抓紧研究制定减轻农民负担的治本之策，加快农村税费改革的步伐。

考察期间，朱镕基在合肥召开社会保障工作座谈会。在听取了有关地市和企业负责人的意见后，他指出，我们要从社会经济发展的全局和战略高度，充分认识加快建立、健全社会保障体系的重要性和紧迫性。健全的社会保障体系，是推进国有企业改革和发展的重要条件，是社会稳定和社会进步的重要保证。国有企业要增强活力和竞争力，就必须解决历史形成的冗员过多的问题，走下岗分流、减员增效的路子，而要减人就必须解除职工的后顾之忧，最重要的是保障他们的基本生活。这就需要建立一整套社会保障体系，并使之规范化、法制化。我们已经建立了国有企业下岗职工基本生活保障、失业保险和城镇居民最低生活保障三项制度，但是，标准比较低，保证程度差，制度不规范。当前关键是要为社会保障体系开辟稳定的资金来源渠道，从现在起，就要适当调整财政支出结构，使社会保障支出在中央和地方财政预算中的比例逐步提高；同时，要采取多种措施，拓展社会保障基金筹资渠道。要加快推进社会保障的社会化管理，实行离退休人员与原企业相分离，养老金由社会服务机构发放。当前，要按照国务院已经确定的办法和措施，认真落实社会保障三项制度，确保国有企业下岗职工的基本生活，确保离退休人员养老金的按时足额发放，不得发生新的拖欠。过去历年拖欠的养老金将由中央财政一次补发，但绝不允许虚报冒领。

朱镕基强调，无论是抗洪救灾，还是贯彻落实中央关于经济工作的部署，都必须保持良好的精神状态，坚持实事求是、求真务实的工作作风，深入基层、深入实际、深入群众，埋头苦干，扎扎实实地做好各项工作。

陪同考察的有王春正、张左己、汪恕诚、马凯、高强、段应碧、魏礼群、李伟、黎安田等有关部门负责人。

交通部公安部和国务院纠风办联合发出加大水路“三乱”治理力度的通知

交通部、公安部、国务院纠正行业不正之风办公室日前联合发出《关于禁止在水路上乱设站乱收费乱罚款的通知》，要求把治理水路“三乱”工作提高到讲政治、讲大局、服务于经济建设的高度，加大治理和督促检查力度，对发现的顶风违纪问题要严肃查处。

通知强调，在通航水域上设置对船舶进行检查、监督、征费的站(点)，必须符合国家有关法律、法规的规定。通知要求经批准设置的检查、监督、征费站，应对外公布设站的批准文号、批准单位、工作范围；涉及收费的，要对外公布收费项目、收费标准和收费单位，公开监督举报电话，公开服务承诺。执法人员必须持由国务院主管部门或省级人民政府核发的行政执法证件上岗。

7月27日

《人民日报》发表社论《提高认识　认清危害——再论抓紧处理和解决“法轮功”问题》

各民主党派中央坚决拥护中共中央对“法轮功”的处理

民革、民盟、民建、民进、农工党、致公党、九三学社、台盟各民主党派中央连日来以各种形式深入揭批“法轮功”的歪理邪说，并分别向各自的地方组织发出了认真学习和贯彻中共中央精神的通知。

致公党中央在发表的声明中指出：“法轮大法”宣扬一套歪理邪说，搞乱了人们的社会道德观念和是非认识，扰乱了党政机关的正常工作秩序，破坏安定团结的局面。从其实质看，“法轮大法”是对现实社会的否定，具有浓厚的反社会、反政府倾向，如果听之任之，姑息养奸，必将酿成大祸。民革中央、民建中央等在通知中指出，李洪志通过“法轮功”组织，不仅从精神上操纵，而且从组织上控制练功者，竭力发展全国性组织机构，妄图成为同党和政府相抗衡的政治势力，以达到其破坏社会安定团结的不可告人的目的。民盟、民进、九三学社等党派中央在通知中指出，“法轮功”利用封建迷信毒害群众，策划煽动一些不明真相的练功者扰乱公共秩序，破坏社会稳定。大量事实证明，“法轮大法研究会”及其操纵的“法轮功”组织是一个非法组织，已经成为一大社会公害。

各民主党派中央要求各级组织和广大成员认真学习和领会中共中央有关文件和中央领导同志的讲话精神，充分认识所谓“法轮大法”及其组织的政治本质和严重危害，认识开展这场斗争的必要性和严肃性，坚决支持中共中央的决定和采取的措施，在思想上、行动上同中共中央保持一致，维护安定团结的政治局面。

《人民日报》就李登辉借外国媒体公然抛出“两国论”发表评论员文章《中国的领土和主权不容分割》

全国外经贸年中工作会议在北京召开

会议于7月27日至28日召开，中共中央政治局候补委员、国务委员吴仪作书面讲话并与部分代表座谈。

吴仪指出，由于亚洲金融危机影响等外部原因和我国出口商品结构不合理、出口竞争力不强以及政策措施不够完善等内部原因，上半年我国外贸出口和利用外资比去年同期有所下降。但外贸出口下降的幅度正逐渐缩小，外商投资特别是到中西部地区投资的信心在增强，加上世界经济形势发展趋稳，从总体上看，发展的机遇大于挑战。党中央、国务院对外经贸工作非常重视，对外经贸行业遇到的特殊困难十分理解，相继制定了一系列支持扩大出口和鼓励吸收外资的政策。只要我们振奋精神，抓住机遇，努力工作，年初确定的外经贸工作目标是完全有可能实现的。

对于下半年的外经贸工作，吴仪要求，在出口方面，一是要加大出口商品结构调整力度，提高商品的竞争力，积极支持机电产品出口，支持一批优质名牌和高新技术产品出口；二是优化贸易方式，大力推动和扶持一般贸易出口并落实对加工贸易企业实行分类管理的办法，促进加工贸易健康发展；三是继续推进出口市场多元化，巩固传统市场，开拓新兴市场，鼓励有实力的企业以现有设备和成熟技术，开展境外带料加工，国家要给予必要的信贷、保险支持；四是清理取消外贸进出口的各种不合理收费，降低偏高的收费标准，同时继续严厉打击走私活动，为进出口企业创造良好经营环境。在吸引外资方面，要适当放宽外商投资的领域，清理不利于吸引外资的有关政策规定，健全外商投资的法律法规体系；要采取有实效的方式招商引资，加强对签约项目的跟踪与服务，提高项目成功率。

为了把下半年的外经贸工作做得更好，吴仪对各地各部门提出了希望：要用好国家推动外经贸发展的一系列政策，充分发挥这些政策的集成效应，以充分调动各方面的积极性；各地要根据本地特点和实际，因地制宜，大胆探索，积极采取支持外经贸发展的措施；各有关部门要把支持外经贸发展、帮助企业排忧解难作为己任，切实转变职能、转变工作作风，密切配合，形成扩大出口和吸收外资的整体合力，构建“大经贸”格局，要优势互补，不要恶性摩擦；要重视对外经贸中长期发展问题的研究，做好基础性工作。

外经贸部部长石广生在会上作报告，并部署当前外经贸工作，其重点是：进一步扩大对外开放；实施科技兴贸战略，调整出口商品结构；对加工贸易加强管理；大力推动开展境外加工贸易；加快对外承包工程和劳务合作改革；加强全国外经贸信息体系建设。

外交部部长唐家璇代表中国政府在新加坡与东盟举行对话

唐家璇在对话会上说，回顾过去，特别是近10年中国与东盟关系的历程，中方高兴地看到，在短短几年内，中国从东盟的协商对话国发展为全面对话伙伴；中国国家主席江泽民与东盟领导人实现首次会晤并发表《联合声明》，确定建立面向21世纪的睦邻互信伙伴关系，为双方关系全面深入的发展，指明了方向，构筑了框架。

他说，中国与东盟的友好合作关系保持着良好的发展势头。在政治领域，双方各个层次的交往频繁。在中国—东盟全面对话合作框架基础上，中国与泰国和马来西亚分别签署了双边面向21世纪的合作计划，中国同越南发表了《联合声明》，充实了中国与东盟睦邻互信伙伴关系的内涵。在经济和科技等领域，双方间的互利合作不断拓展，双方贸易额明显回升；在安全领域，双方不仅在东盟地区论坛等多边对话渠道相互协调，相互支持，而且于最近成功启动了中国与东盟国家的双边安全磋商。

唐家璇说：“中国—东盟关系的发展历程，是增进了解与友谊、加强信任与合作、扩大睦邻友好的历程。”

唐家璇认为，经过多年的共同努力和不断探索，双方对巩固和发展友好合作有了更加明确的方向，更加清晰的思路。归纳起来，主要有四个方面：第一，进一步充实睦邻互信伙伴关系的内涵；第二，以经贸、科技合作为重点，同时开辟多种渠道，采取多种方式，深化和拓展各个领域的互利合作；第三，扩大区域和国际合作；第四，从地区和平与稳定的大局出发，恪守中国—东盟最高层达成的政治共识，坚持求同存异，通过双边友好协商，以和平方式处理彼此间存在的一些分歧和争议，不让这些分歧影响双方睦邻友好的大局。

在对话会上，代表东盟与中国对话的马来西亚外长赛义德·哈米德表示，东盟感谢中国向东盟国家提供的真诚帮助，特别是中国在自身面临诸多困难和巨大压力下仍承诺人民币不贬值，对稳定地区金融形势、帮助东盟国家恢复经济作出了巨大贡献。

他说，近年来，东盟与中国的贸易有了很大发展，但还有潜力，希望双方继续寻求扩大贸易的途径，包括进行易货贸易。东盟方面还希望中国与东盟在东盟首脑们去年在河内通过的《河内行动纲领》中所确定的优先领域开展合作。

中国与加拿大挪威共同举办的第二届人权研讨会在山东省青岛市闭幕

澳大利亚、日本、巴基斯坦、泰国、孟加拉国、尼泊尔、新加坡、马来西亚、印度尼西亚、菲律宾、韩国、新西兰和蒙古13个国家也派代表作为观察员参加了这次为期两天的研讨会。

与会代表就少数民族权利、劳动者权利、言论自由和国际人权两公约四项议题交换了意见，增进了相互了解，达成了一系列共识。

外交部副部长杨洁篪在研讨会上指出，中国主办此次人权研讨会，体现了中国政府对在平等和相互尊重基础上开展人权领域国际交流的高度重视。

7月28日

最高人民法院审判委员会第1070次会议通过《〈人民法院诉讼收费办法〉补充规定》

《人民日报》发表评论员文章《国际社会没有“两国论”的生存空间——五评李登辉的分裂言论》

《人民日报》发表评论员文章《全力解决有效需求不足矛盾——一论扩大有效需求》

最近，党中央、国务院对下半年经济工作作出了重要部署，提出了一系列重大的宏观调控政策措施。要进一步加大实施积极财政政策的力度，努力发挥货币政策的作用，配合运用税收、价格等经济杠杆，有效地拉动消费、投资和出口需求，加快结构调整，稳步推进改革，确保社会稳定，继续保持国民经济的持续快速健康发展。这些部署是对去年以来实施的积极的财政政策的进一步发展，是全面把握经济大局、抓住主要矛盾的正确决策，目标明确，力度较大，综合性强，相互配套，影响深远。

去年，面对亚洲金融风暴的冲击和需求不足的困难，党中央、国务院果断地决定实施积极的财政政策，扩大内需，国民经济基本实现了预定的增长目标。今年以来，各地区、各部门继续贯彻党中央、国务院的决策，坚持实行积极的财政政策，稳步推进各项改革，使国民经济继续保持了较快增长。上半年国内生产总值同比增长7.6%。夏粮、油菜籽获得好收成，工业生产持续增长,工业企业效益出现恢复性回升,财政收入增幅较高,金融运行保持稳定。实践证明,党中央、国务院关于实施积极的财政政策、扩大内需的决策,是完全合乎实际的。没有这些正确的决策,就不会有当前的好形势。

好形势来之不易,巩固发展好形势仍然要付出艰苦的努力。因为当前我们面临的国际环境更加复杂,国际政治、经济不稳定和不确定因素增加,国内经济运行也出现了一些新情况、新问题,有效需求不足的矛盾尤为突出。从投资、消费、出口三大需求来看,固定资产投资增长放慢,投资需求对经济增长的拉动作用明显减弱。消费需求持续不振,一般工业品出现全面过剩,粮食、棉花等主要农产品库存大大超过正常水平。外贸出口和外商直接投资下降。从物价来看,物价连续下降的趋势继续发展。到今年 6 月,商品零售价格总水平已持续下降了 21 个月,生产资料价格持续下降的时间更长。这种物价长时间、大范围的下降,造成了企业经营困难,影响了投资者的信心,使下岗失业增加,居民收入降低,低价倾销和恶性竞争现象增加。有效需求不足,已成为当前我国经济生活中最突出的矛盾。如不及时采取有力措施逐步加以解决,形势就会越来越严峻,去年以来经济回升的好势头就可能发生逆转。

正是为了全力解决有效需求不足的矛盾,党中央、国务院权衡利弊,反复斟酌,未雨绸缪,把握机遇,果断及时地作出了重要部署,提出了一系列重大宏观调控政策措施。针对去年以来采取的积极财政政策的效应逐步减弱的情况,要进一步加大实施积极财政政策的力度,适当增发国债,继续搞好基础设施建设,加强企业技术改造;调整收入分配政策,增加城乡居民收入,促进居民扩大消费;千方百计扩大出口,积极有效利用外资;综合运用财政、税收、金融价格等经济杠杆,有效地拉动投资、消费和出口需求。认真贯彻落实党中央、国务院的重要部署,是下半年经济工作的中心任务,任务繁重,时间紧迫。各地区、各部门要振奋精神,坚定信心,齐心协力,按照党中央、国务院的部署,努力把经济工作做得更好,继续保持国民经济持续快速健康发展,迎接新中国成立 50 周年和澳门回归祖国。

新加坡总理吴作栋在新加坡会见外交部部长唐家璇

唐家璇应询阐述了中国政府在台湾问题上的原则立场,并介绍了中美关系的近况。他赞赏新加坡政府坚持一个中国的立场,对中新关系的发展表示满意,并欢迎吴作栋方便时访华。

吴作栋在会见时指出,海峡两岸关系完全是中国的内政,新加坡不久前再次重申坚定不移地奉行一个中国的政策。

联合国秘书长安南就确认一个中国原则在纽约会见中国常驻联合国代表秦华孙

安南会见秦华孙时说,联合国在这一问题上的立场非常明确,政策没有任何改变。

秦华孙向安南通报了中国政府对李登辉分裂中国言论的严正立场。秦华孙说,联合国早在 1971 年就通过了第 2758 号决议,确认了一个中国原则,宣布中华人民共和国政府是代表全中国人民的唯一合法政府,这已成为整个国际社会的共识。安南对此表示赞同,并作了上述表态。

中美关于美国轰炸中国驻南使馆造成损失赔偿问题谈判取得进展

7 月 28 日至 30 日,中国代表团和美国代表团在北京就今年 5 月 8 日美国轰炸中国驻南斯拉夫联盟共和国大使馆所造成的中方人员伤亡和财产损失的赔偿问题举行了第二轮谈判,谈判取得了进展。

中方代表强调,美国轰炸中国驻南联盟大使馆,造成重大人员伤亡和财产损失,严重违反了国际法和国际关系准则,美方必须对此承担一切责任,对中方一切损失作出迅速、充分和有效的赔偿。美方重申愿意解决中方人员伤亡和财产损失问题。

双方就中方伤亡人员的赔偿问题达成共识。美方将尽快向中国政府支付 450 万美元的赔偿金。中国政府将把这一款项分付给三位烈士的家属及受伤人员。中美双方将继续就解决中方财产损失的赔偿问题进行谈判。

中葡政府就葡萄牙共和国在澳门特别行政区设立总领事馆问题达成协议

根据协议,葡萄牙将自 1999 年 12 月 20 日起在澳门特别行政区设立总领事馆。

教育部发出通知重申招生纪律要求做好高校招生录取工作

中国女足获得第 3 届世界杯赛公平竞赛奖

中国女足将获得一座永久保留的奖杯及证书,所有教练和球员均有一枚奖牌,另有价值 2.5 万美元的阿迪达斯足球装备。

全国中学生运动会历时 8 天在广州闭幕　广东代表团获团体总分第一

7月29日

《人民日报》发表评论员文章《掌握政策 团结大多数——三论抓紧处理和解决“法轮功”问题》

《人民日报》就李登辉公然抛出所谓的“两国论”发表评论员文章《台湾当局必须悬崖勒马》

《人民日报》发表新华社评论员文章《台湾当局切莫把两岸关系当儿戏》

李登辉在岛内外的强大压力下，为了收拾“两国论”的残局，近日又有一些新的动作。其中之一是，当“两国论”使他在岛内外陷入困境以后，7月23日，他像变魔术一样突然转调，声称他是“坚决反台独的”，还说他的大陆政策“并没有任何的改变”，甚至讲道“一个中国”是他“未来的目标”，还说“两国论”是使台湾、大陆、美国“三赢”的策略。26日和27日，他又居然改口说他“从来没有说过‘两国论’”，似乎是别人冤枉他了。岛内的一些人，也忘记了他们前些天还在趾高气扬地声称“今后不再提一个中国”，立即随声附和。李登辉的这些动作，让人们见识了什么叫作“睁着眼睛说瞎话”。

与此同时，李登辉为了缓解岛内被“两国论”引发的不安情绪，着力为稳定形势营造气氛。他们搜罗了几千亿台币的基金，强行拉抬应“两国论”而倒的台湾股市；还从美国找来一些学者，来支持他的“两国论”。这一切，完全是为了壮胆而企图在台湾民众面前拉起一张虎皮。

另一个动作是，在他用“两国论”否定一个中国原则，从而破坏了两岸关系发展和两会商谈、对话、互访的基础后，又一而再、再而三地声言希望汪道涵会长“顺利访台”，还倒打一耙，说“如果汪道涵先生取消今秋访台，将要承担破坏两岸关系的责任”。这简直是颠倒是非的无赖逻辑。

李登辉和台湾当局应当明白，一个中国的原则是发展两岸关系和实现祖国和平统一的基础和前提，在这个原则问题上不能有任何一点含糊，是没有什么花样好要的。不收回“两国论”，却搞一些小动作，把一个关系到台湾同胞福祉的大是大非问题当作可以随意变换的儿戏，那对两岸关系的大局将是危险的。

国务院副总理钱其琛在黑龙江省考察

钱其琛近日在黑龙江省考察。

钱其琛听取黑龙江省委书记徐有芳、省长田凤山的工作汇报后指出，近些年来，黑龙江省充分利用地域优势、传统贸易和与俄罗斯经济互补的优势，把祖国的边远地区变成对外开放的前沿，边境贸易和旅游取得了较快的发展，为全省经济发展提供了诸多便利条件。这再次证明改革开放政策的正确，应当继续坚定不移地予以贯彻执行。钱其琛强调，边境贸易和边境旅游发展的潜力还很大，要进一步扩大边境贸易，促进出口，积极发展边境旅游，拉动社会消费，带动第三产业发展，开辟广阔的就业门路，从而进一步提高人民生活水平。在大胆开放的同时，要依法规范边境贸易和边境旅游，使之走上更加健康发展的轨道。实践证明，建设和平稳定、友好繁荣的边疆是推进对外开放的重大战略措施之一，对促进全国特别是边境省份经济和社会发展发挥了重要作用，强化了全国对外开放格局。随着边境贸易和边境旅游的发展、友好往来的增多，地区性的互通有无和睦邻友好关系都将进一步增强，从而促进边境地区经济繁荣和边疆稳定，为进一步扩大对外开放创造条件。

钱其琛说，中俄关系目前处于历史上最好时期，要紧紧抓往中俄两国领导人关于“建立面向21世纪的战略协作伙伴关系”的历史性机遇，加快发展和提高对俄经贸的层次和水平，充分发挥边境省份的优势，在商品贸易的规范和质量上，在经贸交往的领域上，在重大项目的合作上，要有新的突破，实现兴边富民，拉动地方经济发展。

钱其琛说，近年来，黑龙江省的冰雪旅游、森林旅游发展也很迅速，边境旅游保持快速发展势头，逐步形成多层次、多形式旅游网络，成为令人瞩目的旅游热点地区。要进一步完善旅游规划、产品和市场定位，完善配套设施，提高整体服务接待水平，以适应旅游业快速发展的需要。

在黑龙江省期间，钱其琛先后到哈尔滨、抚远、佳木斯、东宁、绥芬河、牡丹江等地考察。在查看边境河流护岸工程时，钱其琛强调，这是一项重要工作，一定要做好计划安排，逐步落实。

国办转发农业部关于当前调整农业生产结构的若干意见的通知

经国务院同意，国务院办公厅转发农业部《关于当前调整农业生产结构的若干〈意见〉》以下简称《意见》。《意见》要求各地区、各部门认真贯彻执行。农业部在《意见》中指出，当前我国农业发展进入了一个新的发展阶段，各地要进一步贯彻落实党的十五届三中全会通过的《中共中央关于农业和农村工作若干重大问题的决定》精神，抓住主要农产品供应比较充裕的有利时机，大力调整农业生产结构，把农业的发展切实转到以提高质量和效益为中心的轨道上来。

农业部指出，经过20年的改革和发展，我国农产品供给由长期短缺变为总量基本平衡、丰年有余，农业的发展由资源约束转为资源与市场双重约束，农业由解决温饱的需要转向适应进入小康的需要，人们对农产品的品种和质量有了新的要求。面对这一新的形势，我国农业生产结构性矛盾日益突出，农产品品种不够丰富，优质农产品相对不足，不能满足市场对农产品优质化和多样化的需求；一些低质农产品销售不畅，大量积压，而农民仍在继续大量生产；农业区域性结构雷同，地区比较优势未能得到充分发挥。这些问题，不仅造成农产品“卖难”和农业比较效益下降，不同程度地造成一些社会浪费，增加财政负担，而且影响我国农产品竞争力和农民收入的提高，不利于农业生产的长远发展。在这一重要转折时期，各地必须大力调整农业生产结构，为农民增收开辟新的来源，使农业和农村经济在新的台阶上继续保持旺盛的发展活力。

农业部提出，当前调整农业生产结构总的指导思想是，在继续改善农业生产条件，稳定提高农业综合生产能力的前提下，适应农业发展新阶段的需求，面向国内外市场，依靠科技进步，着力改善农产品的品种和质量，发挥区域比较优势，大力发展高产优质高效农业，提高农业的综合效益。

调整农业生产结构应坚持的原则是：（一）坚持以市场为导向。要立足本地市场，面向全国，考虑国际，适应内外贸易发展的需要。既要适应农产品市场的现实需要，又要研究和预测潜在的、未来的市场需求趋势，满足社会对农产品的数量以及多样化、多层次、优质化和动态发展的需求。（二）坚持发挥区域比较优势。要因地制宜，发挥资源、经济、市场、技术等方面的区域比较优势，发展本地优势农产品，逐步形成具有区域特色的农业主导产品和支柱产业。（三）坚持提高农业综合生产能力。继续大力开展农田水利等农业基础设施建设，不断改善农业生产的基本条件和提高农业综合生产能力。严格保护耕地、林地、草地和水资源，防治水土流失。不适宜耕作的耕地实行退耕还林、还草、还湖。保护生态环境，实行可持续发展。（四）坚持依靠科技进步。调整结构要坚持科技先行，通过品种改良和新品种开发、农业先进实用技术推广普及和高新技术应用，加速我国农产品品种的更新换代，提高农业技术装备水平，推进农业增长方式转变，加快农业现代化建设步伐。（五）坚持运用经济手段。要正确处理政府引导和发挥市场机制作用的关系，政府根据市场供求变化，运用价格、财税、信贷等经济杠杆，通过调整产业政策和发布信息等手段，适时进行宏观调控，引导农民生产适销对路产品，促进总量平衡。（六）坚持尊重农民的意愿和生产经营自主权。要稳定党在农村的基本政策，切实尊重、依法保护农户自主经营、自负盈亏的生产经营主体地位，保护农民的生产积极性，把调整农业生产结构的自主权真正交给农民。各级政府要加强信息引导和示范指导，严禁行政干预、强迫命令和搞“一刀切”。

农业部提出了农业生产结构的调整重点：

（一）种植业。要坚持产量、质量、结构、效益的统一，改良品种，提高质量。特别要增加适销对路产品的生产，大力发展优质作物品种，建立优质农产品基地，提高种植业生产的经济效益。调整种植业生产格局，逐步形成粮食作物、经济作物和饲料作物的合理结构。要适当调整种植业区域结构，沿海经济发达地区和大中城市郊区积极发展国内外市场需要的高价值经济作物，适当减少粮食种植面积。粮食作物要着力优化品种结构，提高质量。经济作物要合理调整区域布局，充分发挥地区优势，着力提高品质和价值，逐步形成专业化、规模化、集约化的产业带、产业区。适应大力发展养殖业的需要，积极发展优质饲料作物生产。

粮食作物中，要压缩与市场需求不相适应和品质差的品种，引导和鼓励农民增加市场适销的优质粮食生产。调减南方早籼稻面积，稳定中稻、一季稻和晚稻面积，重点发展优质稻。稳定发展北方冬小麦生产，适当调减南方冬小麦面积，大力发展加工专用小麦，改良东北地区春小麦品质。提高玉米品质，重点发展优质饲用玉米生产，配合加工需要发展高淀粉、高含油等玉米品种的生产，适度扩大南方地区玉米面积。扩大优良品种和高质量的大豆面积。稳定薯类面积，积极发展名特优杂粮生产。经济作物中，要下决心调减棉花种植面积和总产量，改变棉花严重供大于求的状况。控制新疆棉区的发展，进一步减少长江流域棉区面积，大力压缩黄河流域棉区面积。优化区域内棉田结构，稳定集中连片高产优质棉田，调减低产分散棉田，开发高效棉田。提高棉花质量，重点发展可纺性强、适应市场需求的棉花品种。适当发展油料生产，大力发展“双低”油菜生产，稳定花生种植面积。控制糖料种植面积，提高单产和品质，向适宜种植地区集中，压缩低产、分散的糖料种植面积。水果、瓜菜、特产品等其他经济作物也要按照市场供求情况适时调整生产结构。积极鼓励和引导农民发展高价值经济作物。

（二）畜牧业。粮食主产区要通过发展畜牧业，把粮食主产区同时建成畜产品主产区。东部地区和大城市郊区要大力发展规模生产，推进畜牧业的集约化、产业化经营，加快实现畜牧业现代化。中西部地区要实现养殖方式的突破，努力降低生产成本，提高生产效率和经济效益。草原牧区要加强草场改良，建立优质饲草基地，提高单位面积载畜量，努力恢复草原植被，改善草原生态环境。畜牧业生产要大力改良畜禽品种，完善畜牧兽医体系，提高饲养技术和疫病防治水平。大力发展饲料工业，优先发展饲料添加剂，提高配合饲料入户率。要按照国际市场要求，提高动物卫生质量标准，以利于扩大出口。要适应市场需要，大力调整畜牧业品种结构。加快生猪品种改良，优化猪群结构，大力发展适应市场需求的优良品种。大力发展肉牛生产，积极发展城市郊区奶牛业，加快发展乳品生产和加工。保持羊的适度发展规模。加快肉用羊品种改良，大力发展优质细毛羊生产。稳定绒山羊数量，改进羊绒品质。加快优质肉鸡和水禽生产。

(三)渔业。加快发展水产养殖业，保护和合理开发滩涂、水面等宜渔资源，加速品种更新换代，发展名特优新品种养殖。调整养殖模式，重点发展高效生态型水产养殖业，积极发展高科技工厂化养殖，因地制宜地发展水库和稻田养殖。稳定近海捕捞，加强保护近海渔业资源，完善休渔制度，严格控制捕捞强度，减少捕捞量。大力发展远洋渔业，不断扩大国外作业海域，加强国际渔业合作。大力发展水产品的精加工、深加工和综合利用，重点抓好大宗水产品的保质和低值水产品的深加工，提高水产品质量和附加值。

农业部还提出了促进农业生产结构调整的政策措施：

(一)完善农产品价格形成机制，继续执行有关税收优惠政策。完善粮食等主要农产品主要由市场形成价格的机制，实行优质优价政策，进一步拉开品种、质量差价，实行合理的等级、季节、地区差价。对南方早籼稻、东北春小麦和南方冬小麦中的一些品质差、不适应市场需求的品种，今年要大幅度地调低保护价的价格，从2000年新粮上市起退出保护价收购范围。棉花收购价格、销售价格主要由市场形成，国家不再作统一规定。进一步规范养殖业生产税费管理，坚决制止违反现行税收法规及国务院有关规定向农民乱收、摊派生猪税费的现象。继续执行有关税收优惠政策。

(二)大力推动农业科技进步。切实加强优质农作物、畜禽及水产品品种的研究、开发和推广工作，把全面提高农产品质量作为农业科技工作的一项重要任务来抓。认真抓好“种子工程”和养殖业良种工程建设，开发和推广一批种养业优良品种，大力推广一批能够提高农产品质量的先进实用生产技术。加强农产品贮藏、运输、加工、销售等各环节技术的研究和推广。加强农业的国际交流与技术合作，积极引进国外先进技术。继续深化农业科教体制改革，鼓励农业科技人员深入生产第一线。继续依法加强农技推广体系建设，在地方机构改革中要稳定农技推广队伍。

(三)加强优质农产品商品基地建设和加工转化。加强优质、专用粮棉油生产基地、绿色食品生产基地、出口创汇基地建设。加大旱作节水农业示范基地、种植业和养殖业结构调整示范基地建设力度。以市场为导向，大力发展农产品加工业特别是精深加工业，加快对现有农产品加工企业的技术改造，鼓励采用高新技术和先进工艺，提高加工能力和产品档次。鼓励和允许大型农业产业化龙头企业和大型饲料生产企业到主产区建立生产基地。

(四)加强农产品市场体系建设。要通过深化农产品流通体制改革，搞活农产品流通，解决好农产品生产与市场脱节、销售不畅的问题。统一规划，合理布局，完善配套设施，提高农产品市场体系建设和管理水平。当前尤其要加强产地批发市场建设，进一步完善销地批发市场。加强农产品储运、加工、分级分类、包装及信息服务等市场配套设施建设。努力开拓国际市场，进一步完善农产品出口政策。加强对棉花、食用油、食糖、羊毛、天然橡胶等产品的进口管理，严厉打击走私。

(五)发展农民合作经济组织。大力开拓农产品市场，鼓励和支持农民组织起来进入流通领域。发展专业协会、产销服务队等多种形式的农民专业合作经济组织，逐步建立以农民及其合作经济组织为主体的农业社会化服务体系。在农民自愿的基础上，引导和支持乡村集体经济组织开展农产品销售、生产资料统一供应、农业科技推广等服务。要大力发展和规范农民经纪人队伍。

(六)加强信息体系建设。制定和实施农村经济信息体系建设与信息服务规划，加大信息基础设施建设力度。尽快建立和完善国家与地方农业信息网络，逐步建立健全县级农村经济综合信息服务体系，进一步扩大和完善农产品市场信息网，形成从中央到地方适应农业市场化要求的现代化信息传播系统。要因地制宜，采取多种形式向农民及时传播市场供求信息。

(七)加强农业标准体系建设和质量监督管理。加快农业质量标准的制定和修订进度，尽快完成主要农产品的国家标准和行业标准的制度。用标准化手段促进农产品质量、效益的提高，发展农业产业化经营，建设农业标准化示范区。加大农产品质量和农业生产资料质量、计量的执法力度，严厉打击制售假冒伪劣种子、种苗、种畜和其他农业生产资料的行为。

(八)加大资金投入。各级政府和有关部门要按照事权划分的原则，加大对调整农业生产结构的投入力度。国家各项农业建设资金，要调整投向和建设重点，积极扶持优质高产高效农产品生产和加工转化。加快农业利用外资步伐。金融机构要根据调整农业生产结构的要求合理调整贷款结构，适当增加农业贷款总量。农村信用社要坚持以农户为主要服务对象，支持农户调整农产品的生产结构。

农业部最后指出，各级政府和有关部门要适应农业发展新阶段的要求，抓住机遇，把调整农业生产结构作为一件大事，列入议事日程，加强领导，转变职能，把工作重心切实转移到为调整农业生产结构提供指导和服务上来。各地要尽快制定规划，提出调整方案和实施意见，落实具体政策措施，通过政策引导、信息服务、技术示范等办法，切实加强对调整农业生产结构的指导。各有关部门要加强配合，支持和保证农业生产结构调整顺利进行。

中国与世界银行签署三项贷款协定

中国驻美国大使馆临时代办刘晓明和世界银行副行长塞维里诺，在世行总部分别代表中国政府和世行签署了第九个卫生项目、高等教育改革项目和第二个福建公路项目三个贷款协定。

世行向这三个项目的贷款总额为 3.3 亿美元，其中硬贷款为 2.3 亿美元，软贷款为 1 亿美元。福建公路项目将建设福建漳州至诏安的高速公路。高教改革项目将支持中国高教系统教学、管理和信息交流方面的改革与机构建设。第九个卫生项目则旨在加强对艾滋病、性病和其他血液传染病的预防与控制，并改善贫困地区的妇幼保健工作。塞维里诺在签字仪式上说，世行在中国的项目非常成功，这是世行愿意与中国合作的主要原因。他表示，中国和世行的关系是一种互惠互利的关系，世行也从与中国的合作中学到了很多有益的经验。

刘晓明代办则表示，中国政府非常重视基础设施建设和人力开发工作，在这方面世行和中国可以继续加强合作。他还指出，尽管中国经济建设取得了巨大进步，但中国仍是一个发展中国家，希望世行今后能够继续大力支持中国的经济建设。

公安部发布公缉〔1999〕0102 号通缉犯罪嫌疑人李洪志的通缉令

各省、自治区、直辖市公安厅、局：

李洪志组织和利用“法轮大法研究会”及其操纵的“法轮功”组织，宣扬迷信邪说，蒙骗他人，致人死亡，并未经依法申请和许可，组织、策划集会、示威，聚众扰乱公共秩序等活动，涉嫌犯扰乱公共秩序罪，经北京市人民检察院批准逮捕，现予以通缉。

李洪志，男，原名李来，汉族，初中文化，1952 年 7 月 7 日生于吉林省公主岭市，原家庭住址吉林省长春市绿园区静安街十二号。现移居美国。居民身份证号码 220104520707361，中国护照号码 140522510，回美证号码 C001106787，身高约一点七八米，八字眉、单眼皮，体态稍胖，讲普通话，带东北口音。

请各地公安机关和各边防检查站接此通缉令后，立即部署查缉工作。

7 月 30 日

新华社播发特约评论员文章《取缔非法组织 维护社会稳定》

李洪志在宣扬其歪理邪说的同时，还编造了“法轮功没有组织，对政治没有兴趣，我本人是非常注意维护社会稳定”的一类谎言，以此蒙蔽一些以健身强体为目的的人们。

大量事实表明，李洪志控制的“法轮功”组织有一套严密的组织体系。它在全国的最高机构是总部设在北京的“法轮大法研究会”，在“法轮大法研究会”下，全国设立了 39 个“法轮功”辅导总站、1900 个辅导站和 28000 个练功点，各辅导总站、辅导站和练功点统一由“法轮大法研究会”负责指挥，李洪志的指令通过“法轮大法研究会”逐级传达到各辅导总站、辅导站、练功点和“法轮功”练习者。近年来，他们通过这套组织体系，聚集信徒，兴风作浪，有组织有计划地骚扰党政机关和新闻单位。李洪志在北京一手策划的“四二五”非法聚集中南海事件表明，他们这套组织系统实际上已成为李洪志等人进行各种社会政治活动的工具。李洪志及“法轮大法研究会”策划、煽动、蒙骗一些“法轮功”练习者非法聚集，严重扰乱社会公共秩序，破坏改革发展稳定的局面。他们还变换手法，隐蔽骨干，窃取情报，组建所谓“第二梯队”，准备与党和政府长期抗衡。

然而，这样一个规模庞大、体系严密的组织，却未履行任何合法的登记审批手续，违反了我国宪法和法律法规关于公民结社的有关规定，其性质属于非法结社。因此，“法轮大法研究会”及其操纵的“法轮功”组织，完全是一个非法组织。

我国宪法规定公民有结社的自由，结社必须按照法律程序进行，并明确规定任何组织和个人都必须在法律规定的范围内活动，都不得有超越宪法和法律的特权。《社会团体登记管理条例》规定，成立社会团体应当进行登记，未经登记，擅自以社会团体名义活动的，由登记管理机关予以取缔。李洪志的“法轮大法研究会”及其操纵的“法轮功”组织不仅未经登记就开展活动，而且它的非法活动，如宣扬迷信邪说，蒙骗群众，挑动制造事端，破坏社会稳定，更直接违反了《条例》关于社会团体必须遵守宪法、法律、法规和国家政策，不得反对宪法规定的基本原则，不得危害国家安全，不得损害国家利益、社会公共利益以及其他组织和公民的合法权益，不得违背社会道德风尚的规定。

由此可见，只有依法取缔这些非法组织，才能维护社会政治稳定和安定团结的政治局面，才能使我们集中精力推进改革开放和社会主义现代化建设，才能维护全中国绝大多数人的利益。现在需要在全社会树立公民依法结社、社团依法活动的法制观念，使人民群众提高认识，增强识别非法组织的能力，同时要加大对非法组织的打击力度，一经发现坚决取缔，决不能心慈手软，姑息养奸。

《人民日报》发表评论员文章《进一步认清斗争的实质——四论抓紧处理和解决“法轮功”问题》

《人民日报》发表评论员文章《加大积极财政政策的力度——二论扩大有效需求》

国办关于继续冻结各项建设工程征占用林地的通知

国务院办公厅于近日发出通知，要求在《森林法实施条例》颁布实施之前，继续冻结各项建设工程征占用林地。

据了解，去年《国务院关于保护森林资源制止毁林开垦和乱占林地的通知》(简称《通知》)下发后，各地认真贯彻落实，有力地遏制了毁林开垦和乱占林地的歪风。但是，当前林地管理的形势仍比较严峻，未批先用、不批也占等非法征占用林地现象在部分地区还不同程度地存在。

通知指出，为了全面贯彻森林法，从根本上杜绝乱占林地的行为，将征占用林地纳入依法管理的轨道，国务院正在制定《森林法实施条例》。在《森林法实施条例》颁布实施之前，国务院决定继续冻结各项建设工程征占用林地。

通知要求，从今年 8 月 5 日起至《森林法实施条例》颁布实施之前，继续冻结各项建设工程征占用林地；冻结期间，确实需要征占用林地的，要按照《通知》的要求以及国家林业局的有关具体规定办理报批手续；地方各级人民政府要进一步采取措施，继续深入贯彻落实《通知》精神，从严控制各类建设工程征占用林地，对未经批准擅自占用林地或越权批准的，要依法追究有关责任人员的责任，严肃查处；国家林业局要会同有关部门做好督促检查工作，发现违法征占用林地的行为要及时查处，并予以通报。

国家主席江泽民在北戴河会见联合国世界粮食计划署执行干事凯瑟琳·贝尔蒂尼女士一行

江泽民高度赞扬世界粮食计划署多年来致力于向缺粮的低收入发展中国家提供粮食援助，为人类消除饥饿和营养不良事业作出了积极贡献。他向客人介绍了中国扶贫工作的情况，并对 20 年来世界粮食计划署与中国富有成效的合作给予了高度评价，对去年世界粮食计划署向中国长江流域遭受洪涝灾害的湘、鄂、赣、皖四省提供的紧急援助表示感谢，并希望今后在扶贫事业中进一步加强同世界粮食计划署的合作。

贝尔蒂尼女士对江泽民主席的会见及就世界粮食计划署的工作给予的赞扬表示感谢。她盛赞中国政府在促进农业和农村经济发展方面所取得的巨大成就，对世界粮食计划署援华项目的执行情况表示满意，为世界粮食计划署在中国去年特大洪灾中能与中国政府一道救助灾民感到高兴，并对今年中国水灾情况表示关注。

中日两国政府签署关于销毁日本遗弃在华化学武器备忘录

外交部部长助理王毅和日本驻华大使谷野作太郎分别代表两国政府在北京签署了《中华人民共和国政府和日本国政府关于销毁中国境内日本遗弃化学武器的备忘录》。

王毅部长助理就日本遗弃在华化学武器问题阐述了中方原则立场。王毅指出，日本遗弃在华化武问题是日本军国主义侵华期间犯下的严重罪行之一，也是中日间重大历史遗留问题，时至今日仍在对中国人民的生命财产和生态环境造成严重危害。中方一直强烈要求日方全部承担责任，尽快妥善解决。但日方的有关工作进展缓慢，中方对此是不满意的。王毅强调，日方在刚刚签署的备忘录中明确承认了遗弃事实，承诺认真履行销毁责任和义务。中方要求日方切实按照备忘录的有关原则和规定，以对历史和现实高度负责的态度，立即启动销毁进程，早日全面、彻底地解决这一重大历史悬案。

备忘录规定，日本政府将本着中日联合声明和中日和平友好条约的精神，根据《禁止化学武器公约》，诚实履行遗弃国义务，销毁日本遗弃在中国境内的化学武器，并为销毁日本遗弃化武提供一切必要的资金、技术、专家、设施及其他资源。在进行销毁作业时，日本政府将遵守中国法律，确保人员安全，不对中国领土的生态环境造成污染。销毁日本遗弃化武的工作自备忘录签署之日起实施。有关具体事宜将通过双方联合工作组协商解决。

第二届全国少年军校检阅式在北京举行

7 月 31 日

国防部在人民大会堂举行庆祝中国人民解放军建军 72 周年盛大招待会

中共中央政治局委员、中央军委副主席、国务委员兼国防部部长迟浩田上将主持招待会并致祝酒词。中央军委委员、总参谋长傅全有上将，中央军委委员、总政治部主任于永波上将，中央军委委员、总后勤部部长王克上将，中央军委委员、总政治部副主任王瑞林上将，中央军委委员、总装备部部长曹刚川上将出席招待会。

迟浩田说，过去的一年，中国人民解放军在党中央、中央军委的领导下，高举邓小平理论伟大旗帜，贯彻落实党的十五大精神，遵循江主席提出的“政治合格、军事过硬、作风优良、纪律严明、保障有力”的总要求，革命化、现代化、正规化建设取得了新的进步。我军有计划有步骤地进行了以裁减员额 50 万为主要目标的体制编制调整改革，朝着“精兵、合成、高效”的方向迈出了新的步伐。

迟浩田指出，我军坚决贯彻党中央、江主席关于军队、武警部队不再从事经商活动的决策，迅速完成了经营性企业的撤销和移交地方的工作。在抗击历史罕见的洪涝灾害的斗争中，我军发扬“特别能吃苦、特别能战斗”的精神，同全国人民一道夺取了抗洪抢险斗争的伟大胜利，为人民军队的历史增添了新的光辉篇章。

迟浩田指出，要大力加强思想政治建设，永葆我军的性质、宗旨和本色。要认真学习马列主义、毛泽东思想和邓小平理论，学习江泽民同志关于军队建设的一系列重要论述，切实抓好爱国奉献、革命人生观、尊干爱兵、艰苦奋斗和革命气节教育，不断提高官兵的思想政治素质。要始终坚持党对军队的绝对领导，保持人民军队永不变色。我军各级领导班子要通过“讲学习、讲政治、讲正气”的教育，增强部队的凝聚力和战斗力，确保政令军令畅通，确保部队建设的正确方向。

迟浩田指出，要坚持以新时期军事战略方针统揽全局，坚定不移地走有中国特色的精兵之路。继续贯彻科技强军战略，大力加强军队质量建设，把依靠科技进步作为提高军队战斗力的基础。要抓住机遇，迎接挑战，积极推进军队的各项改革。要跟踪世界军事发展的趋势，加强具有中国特色的军事理论研究。加强国防科研，逐步改善武器装备。进一步优化结构、理顺关系、提高效能，广泛、深入、持久地开展群众性的科技练兵活动，努力提高军事训练的质量和水平，切实增强我军在现代技术特别是高技术条件下的防卫作战能力。要高度重视人才的培养教育，加强院校建设，努力造就大批高素质的新型军事人才，为我军建设跨世纪的发展打下坚实的基础。

迟浩田指出，要坚持依法治军、从严治军，严格执行条令条例，强化部队的管理教育，进一步提高我军正规化建设水平。继续做好民兵、预备役工作，持之以恒地抓好全民国防教育，增强全民国防意识。深入开展拥政爱民、拥军优属活动，不断巩固和发展军政军民“同呼吸、共命运、心连心”的大好局面，为社会主义物质文明和精神文明建设再立新功。

在谈到台湾问题时，迟浩田强调，早日结束台湾与祖国大陆的分离状态，完成祖国统一大业，实现中华民族的大团圆，是包括台湾同胞和海外侨胞在内的所有中国人的共同愿望，是不可阻挡的历史潮流。我们坚持按照“和平统一，一国两制”的基本方针解决台湾问题。但是，李登辉和台湾当局违背全体中国人民的愿望，逆历史潮流而动，公然鼓吹两岸关系是“国与国的关系”，在分裂祖国的危险道路上愈走愈远。我们正告李登辉和台湾当局，不要低估我们维护国家主权、尊严和领土完整的坚定意志，不要低估我们反分裂、反“台独”的巨大勇气和力量。中国人民解放军严阵以待，时刻准备捍卫祖国的主权和领土完整，坚决粉碎任何分裂祖国的图谋！

出席招待会的还有：

解放军四总部、驻京各大单位、武警总部、军委办公厅负责人隗福临、吴铨叙、钱树根、周子玉、袁守芳、张树田、周坤仁、李继耐、石云生、杨怀庆、刘顺尧、乔清晨、杨国梁、隋明太、王祖训、张工、邢世忠、李新良、杜铁环、杨国屏、徐永清、董良驹、张黎、王太岚、周友良、沈滨义、左建昌、温光春、陈达植、胡世祥等。

中共中央、国务院有关部门，北京市、对外友协负责人蔡武、刘华秋、杨文昌、孙广相、杨衍银、孟学农、陈昊苏等。

在京的军队离休老干部代表，部队各有关部门负责人，国庆受阅部队代表及部队英模、首都民兵、军烈属和原国民党起义人员代表等。

外国驻华大使馆武官夫妇等也应邀出席招待会。

《人民日报》发表评论员文章《促进居民增加消费——三论扩大有效需求》

10 万解放军和武警官兵投入长江太湖抗洪抢险

今年入汛以来，我国南方部分江湖多次发生洪涝灾害。人民解放军和武警官兵积极投身于艰苦的抗洪抢险斗争中去。截至 7 月 30 日，人民解放军和武警部队投入长江、太湖等流域支援地方抗洪抢险的兵力共 10 万余人。

来自国家防总办公室的消息说，今年 6 月下旬以后，太湖流域发生了超历史纪录的特大洪水，长江中下游发生了水位仅次于 1998 年的大洪水。早已严阵以待的人民解放军和武警部队闻汛而动，迅速出击，全力支援地方抗洪抢险，为人民又立新功。

到 7 月 30 日，人民解放军和武警官兵共投入各种车辆4728台，舟艇712艘，飞机21架次，组织民兵预备役部队168万多人，共排除险情6478处，加固堤坝510公里，抢救转移受洪水威胁群众51.8万人，抢运各种物资58.5万吨。

大学改革国际研讨会在北京举行

研讨会主题是“面向二十一世纪，改革大学体制”，来自世界各地的大学校长、专家学者、政府官员及驻华使馆文化教育参赞、企业界人士共200多人参加研讨会。

这次研讨会的议题包括大学教学和科研的国际化、课程体系重新设置、远程教育、信息技术与大学教育、国际教育资源的利用、产学研合作模式、大学与企业的关系、大学资金的筹措、学生管理、跨世纪大学改革的构想等。

研讨会由我国对外经济贸易大学、美国蒙特克利尔大学、澳大利亚科庭大学、英国卢顿大学联合主办，对外经贸大学国际经贸学院协办，三井物产株式会社、三井广报委员会赞助。

8月1日

国家发展计划委员会颁布《价格违法行为行政处罚规定》

8月2日

《人民日报》发表新华社特约评论员文章《充分认识“法轮功”组织的政治本质》

《人民日报》发表评论员文章《力争稳定增加农民收入——四论扩大有效需求》

国家经贸委等部门联合发布实施《控制对企业进行经济检查的规定》

由国家经贸委、国家计委、财政部、人事部、审计署、税务总局、统计局、工商行政管理局、质量技术监督局、外汇管理局联合制定的《控制对企业进行经济检查的规定》,经国务院批准,近日发布实施。《规定》指出,除法律、法规规定和上述部门之外的任何行政机关,不得擅自对企业进行经济检查,违者必予追究。《规定》对解决目前检查企业过多过滥问题,提高行政部门检查工作的质量和效率,减轻企业负担,维护企业利益和正常的经济秩序,创造有利于企业生存和发展的环境,具有十分重要的意义。

中国政府就美国政府宣布将向台湾出售武器装备向美方提出强烈抗议

外交部副部长杨洁篪召见美国驻华大使馆临时代办莫健,奉命代表中国政府就美国政府宣布将向台湾出售大量先进武器装备向美方提出强烈抗议。

杨洁篪说,美国政府不顾中国政府的坚决反对和严正交涉,于近日宣布将向台湾出售包括E—2T预警飞机以及F—16战斗机的零件和装备等在内的大量先进武器装备,价值达5.5亿美元。美方的这一错误做法,严重违反了中美三个联合公报,特别是中美“八一七公报”的规定,这是对中国内政的粗暴干涉,对中国主权和领土完整的严重侵犯,将进一步加剧台湾海峡的紧张局势,对中美关系造成严重损害。中国政府和人民对此表示极大的愤慨。我奉中国政府之命,就此向美国政府提出强烈抗议。

中国正式向外界公布一批首次发现的侵华日军关东宪兵队“特殊输送”日文原始档案

黑龙江省政府公布的这批档案资料共66件,是侵华日军“731”罪证陈列馆和黑龙江省档案馆的研究人员自1997年10月以来在黑龙江省档案馆陆续发现的。这批档案资料为揭露侵华日军731部队利用活人进行细菌实验的罪行提供了原始铁证。

中国在境内成功进行一次新型远程地地导弹发射试验

文化部发出《关于加强老年文化工作的意见》

文化部近日发出《关于加强老年文化工作的意见》,就加强老年文化工作,丰富老年人文化生活问题作出了部署。

《意见》提出:一要提高认识,切实做好老年文化工作。老年人是我国社会的重要组成部分。老年人的生存状况和精神面貌直接影响到全社会文明程度的提高和社会的稳定与发展。加强老年文化工作对于丰富老年人的精神文化生活,提高老年人的生命生活质量,推进社会主义精神文明建设具有重大的现实意义。各级文化行政部门及文化工作者要把做好老年文化工作、丰富老年人文化生活,作为文化工作的一项长期任务,摆到重要位置。要大力弘扬中华民族尊老爱老的传统美德,营造新时期养老、敬老、爱老、助老的良好社会环境与文化氛围,努力发挥老年人在社会主义精神文明建设中的作用。

二要认真搞好老年文化场所建设,积极开展丰富多彩的老年文化活动。开展老年文化活动,应从老年人的需要和愿望出发,从当地的实际情况出发,坚持立足社区、面向基层、落在实处。各地各级政府要把老年文化设施建设提到重要议事日程,要进一步建立、健全群众文化三级网络,充分发挥文化馆、图书馆、博物馆等现有的公益性群众文化单位在老年文化活动中的主导作用,努力完善老年文化阵地建设。坚持以现有的各级文化馆和各类老年活动中心为主要活动场所。要充分发挥各种老年人文化活动团体的作用。要创造条件开展适合农村老年人的各类文娱活动,使他们的晚年生活丰富多彩。有条件的地方,可积极组织各种类型的老年合唱团,在经常开展活动的基础上,每年的重阳节前后举行歌咏大赛。文化部决定从1999国际老年人年起,每年组织举办一次老年合唱节文化活动。

三要办好老年大学,建立老年教育网络。办好老年大学是老年文化工作的重要组成部分,老年的非学历教育工作由各级文化行政部门统一负责。各级文化行政部门要根据因地制宜、因人施教的原则,动员社会各方面力量,积极有计划地兴办各类老年大学,发展老年教育事业。各级文化主管部门要认真做好各级各类非学历老年大学的规划、审批和管理工作。开办老年大学是一项公益性事业，要把社会效益放在首位，并逐步推进老年教育的产业化。各地可参照执行国家对各级各类学校的优惠政策和管理办法，视学习经费来源情况，适当收取学费，以保证更多老年人能进入学校学习。

四要动员社会力量参与，开创老年文化工作的新局面。各级文化部门要会同老龄工作部门及工、青、妇等群众组织、文联各协会及社会文化团体，根据各自工作特点，积极开展具有较高质量的老年文化活动。要鼓励社会各界关心、支持老年文化活动，要大力倡导并组织志愿者队伍，为老年人提供包括精神慰藉、文化生活在内的各项服务。大中城市缺少广场活动点的地区，可商当地园林部门本着就近就地原则，安排老年人定期优惠进入公园开展文化、体育健身活动。可根据当地季节和风俗习惯，集中组织老年人就近参观自然、人文景观。通过社会各方面的努力，使老年人的文化活动丰富多彩，使老人们更多地感受到社会的温暖和自身在社会的地位、价值。

五要加强领导，搞好老年文化活动的管理和规划。要切实加强对老年文化工作的领导，加强对老年文化活动的研究、规划、指导和管理，保证老年文化事业健康、有序发展。要坚持唯物辩证思想和正确的导向，积极引导老年人开展各种健康、有益科学的文化和健身活动，反对各种不利于老年人身心健康和迷信、伪科学的活动。要坚持社会共建、共办、共享的方针，节俭办事，注重实效。要加强对老年文化产品的生产规划与指导。图书出版、电影生产、文学戏剧创作等单位，要及时调整产品结构，增加老年文化产品的种类和数量，以满足各类老年人的需求。特别要注重加强对民间小戏的创作与排演，满足广大农村老人的文化需求。协同新闻出版部门共同做好老年文化工作的宣传报道，办好现有的老年栏目，积极创办新的老年节目，努力提高节目质量，以积极的舆论引导全社会对老年文化工作的高度重视与积极支持，提高老年文化宣传的整体水平。各级文化行政部门和有关单位要搞好1999国际老年人年的文化活动，以高度的责任感，开创我国老年文化工作的新局面。

文化部还将主办1999国际老年人年文化艺术系列活动，以展示我国老年人健康幸福的晚年生活与不断进取的精神风貌。通过20余项丰富多彩的文化艺术系列活动，充分表达尊老、敬老、爱老的殷殷之情。8月8日，将在工人体育馆举行第一届中国老年合唱节《永远的辉煌》大型老年合唱晚会，正式拉开“1999国际老年人年文化艺术系列活动”的序幕。

全国公安机关开展追逃专项斗争

全国公安机关7月1日开始追逃专项斗争。公安部门发挥科技优势，将所有在逃人员信息采集、整理并录入到“在逃人员信息系统网络”中，各地公安民警只需通过计算机“上网”查询、比对，就可以确定嫌疑人是否在逃人员。

截至7月31日，全国公安机关共抓获3.12万名在逃人员，其中被登录到网络上的在逃人员就达1.88万名。

公安部负责人在今天举行的新闻发布会上还透露，全国追逃专项斗争第一次集中统一行动于7月28日零时打响。在目前抓获的在逃人员中，公安部督捕的在逃人员有133名，各省、自治区、直辖市督捕的在逃人员699名。

8月3日

《人民日报》发表评论员文章《出口和引资要有所作为——五论扩大有效需求》

中国人民争取和平与裁军协会副会长朱善卿在1999年禁止原子弹世界大会国际会议阐述中国核裁军立场

会议在日本广岛开幕。中国人民争取和平与裁军协会副会长朱善卿在会上发表讲话，重申中国在核裁军问题上的立场。

朱善卿说，“中国在核裁军问题上始终采取负责任的态度，这就是：第一，中国从拥有核武器的第一天起就郑重声明，中国在任何时候、任何情况下都不首先使用核武器。中国还无条件地承诺不对无核国家和无核区使用或威胁使用核武器。中国是世界上唯一作出并恪守这一承诺的国家。第二，中国从未在境外部署过核武器，也从未对别国使用或威胁使用核武器。第三，中国在发展核武器方面历来采取最克制的态度。中国进行的核试验、拥有核武器的数量十分有限。在印度和巴基斯坦进行核试后，中国方面明确表示无意恢复核试验。第四，中国一贯积极支持有关地区和国家在自行协商的基础上建立无核武器区的努力，并无条件地向无核区条约缔约国提供安全保证。第五，中国一贯积极支持全面禁止和彻底销毁核武器。”

他说：“中国的国防政策具有自卫性质。中国不谋求霸权，不进行扩张，不在外国驻军，不搞军事同盟，不参加军备竞赛，中国军费开支一直处于较低水平。”

朱善卿说：“事实上，如果所有拥有核武器的国家都采取与中国同样的政策，那么，今天的世界将完全会是另外一种核裁军形势。”

教育部解放军四总部联合下发《关于在普通高等学校开展选拔培养军队干部试点工作的通知》

教育部、财政部、人事部和解放军四总部为贯彻落实江泽民主席关于军队生长干部要逐步走开军队自己培养和依托国民教育培养并举的路子的指示精神，进一步拓宽军队干部培训渠道，于日前联合下发了《关于在普通高等学校开展选拔培养军队干部试点工作的通知》(以下简称《通知》)。

《通知》指出，依托国民教育培养军队干部，是在新形势下改革高等教育制度和我军干部培训体制的重要举措。从 1999 年起，在坚持直接接收普通高校应届毕业生补充军队干部队伍为主、进一步完善接收办法的同时，各军区、各军兵种、总参谋部、总后勤部、总装备部、武警部队各选择一至两所办学条件好、军队所需专业较多的理工类或综合类普通高校，设置选拔培训机构，采取多种形式，包括设置国防奖学金等办法，选拔培养军队干部。每所试点高校通过国防奖学金培养军队干部的数量，按每年向军队输送 60 名掌握；军队从试点高校直接接收应届毕业生数量要比过去有明显增加，质量要进一步提高。享受国防奖学金的培养对象主要从军队所需专业的在校本科生、研究生中选拔，其中女生比例不超过 10%。国防奖学金主要用于补助培养对象的学费、杂费和生活费，每人每年暂按 5000 元的标准。《通知》还就享受国防奖学金培养对象的基本条件、选拔程序、在校期间和任职前的军政训练以及军训考核等有关问题作出了明确规定。

《通知》强调，地方普通高等学校要把为军队培养输送干部作为义不容辞的责任。军地各部门要从国防和军队建设的大局出发，进一步提高认识，统一思想，按照职责分工，切实加强试点工作的组织领导。有关高校要把做好这项工作纳入学校教学改革和全面建设规划，结合招生、教学、管理、思想教育和就业等各个环节进行深入研究，确立为军队培养干部的优先地位，动员和鼓励品学兼优的学生投身军队现代化建设事业。大军区级单位、教育行政主管部门和普通高校，要密切配合，共同解决试点工作中遇到的问题，保证试点工作的顺利进行。

8 月 4 日

中共中央台湾工作办公室国务院台湾事务办公室负责人就台湾当局的"大陆委员会"发表一份所谓"对特殊国与国关系论书面说明"发表谈话

台湾当局发表的"对特殊国与国关系论书面说明"表明，在海内外中国人强烈谴责"两国论"、国际社会普遍重申坚持一个中国政策的压力下，李登辉不敢放肆地继续公开鼓吹"两国论"，但不思悔改，企图改而宣扬"特殊的国与国关系论"(即"特殊两国论")，颠倒黑白，混淆视听，继续欺骗台湾人民和国际社会，达到坚持"两国论"的目的。这份书面说明就是为此而炮制出来的。这种卑鄙的手法必须彻底戳穿。

这份书面说明尽管列举了"特殊两国论"的几个所谓"特殊性"，但在中国的主权和领土不容分割这个最根本的问题上，却顽固地坚持李登辉所主张的海峡两岸已经分裂为两个国家、中国的主权和领土已经被分割的谬论。因此，所谓"特殊两国论"，只是用"特殊性"掩盖"两国论"赤裸裸的分裂本质，本质还是"两国论"，这是李登辉分裂主义图谋的大暴露。

众所周知，1949 年中华人民共和国诞生，中华人民共和国政府成为全中国的唯一合法政府和国际上的唯一合法代表。这是全世界公认的事实。为了发展两岸关系，为了通过谈判实现和平统一，我们充分考虑了两岸尚未统一的现实，主张在统一之前，在处理两岸关系事务中，特别是在两岸谈判中，必须把一些基本点确定下来，即世界上只有一个中国、台湾是中国的一部分、中国的主权和领土不能分割。这既是历史的事实，也是政治、法律的现实；既是所有中国人最基本的认同，也是国际社会普遍承认的事实。李登辉竟然把坚持一个中国原则诬蔑为"霸权"，这只能说明他已经丧失了中国人应有的基本良知。

1992 年 11 月，海协与海基会达成各自以口头方式表述"海峡两岸均坚持一个中国之原则"的共识。台湾当局将这一共识歪曲为"一个中国、各自表述"，是为了在"各自表述"的名义下塞进分裂主张，如今更加露骨地表述为"特殊的国与国关系"，进一步暴露了这一伎俩的险恶用心。海协从来没有承认、今后也不会接受台湾当局编造的所谓"一个中国、各自表述"。台湾当局的谎言必将被彻底戳穿。

1992 年以来海协与海基会的商谈一直是在一个中国原则下以平等的地位进行的，事实表明双方完全可以在一个中国原则下找到平等谈判的方式。台湾当局声称以"特殊两国论"来"奠定两岸对等的基础，提升对话的层次"，显然不是为了实现两岸对话和谈判，而是力图造成两岸彻底分裂。

我们正告李登辉，坚持"两国论"，诡称"特殊两国论"，就是挑战中国的主权和领土完整，挑战台湾同胞的切身和长远利益，挑战亚太地区的和平与稳定，必将受到历史的严惩。台湾当局只有抛弃"两国论"、"特殊两国论"，回到一个中国的立场上来，才是唯一的明智之举。

中直机关工委中央国家机关工委中央金融工委在北京联合举办马克思主义唯物论和无神论教育系列讲座第二讲

国家宗教局局长叶小文作《全面正确地贯彻党的宗教政策,旗帜鲜明地批判“法轮功”》的报告。

《人民日报》发表评论员文章《进一步揭露“法轮功”组织的本质和危害——五论抓紧处理和解决“法轮功”问题》

最高人民法院最高人民检察院公安部国家安全部发布《关于取保候审若干问题的规定》

《人民日报》发表评论员文章《继续推进国有企业改革——六论扩大有效需求》

国家计委关于制止低价倾销行为的规定

针对近年来低价倾销行为正由一些工业生产行业向商业、服务业蔓延的现象,为规范市场价格秩序,国家计委发布实施《关于制止低价倾销行为的规定》(以下简称《规定》)。这是深入贯彻实施价格法、进一步贯彻落实国务院加大依法行政力度,运用法律手段加强宏观经济调控的重大举措,以更好地贯彻落实中央提出的启动市场、扩大内需的经济政策,促进国有企业三年脱困目标的实现。

《规定》对低价倾销和合理降价的界限作了明确界定。《规定》指出:“低价倾销行为是指经营者在依法降价处理商品之外,为排挤竞争对手或独占市场,以低于成本的价格倾销商品,扰乱正常生产经营秩序,损害国家利益或者其他经营者合法权益的行为。”“所称成本是指生产成本、经营成本。”

全国人大外事委员会负责人就美国国会少数议员提出的分裂中国的议案发表谈话

这位负责人说,美国国会众院布朗等少数议员7月29日向众院国际关系委员会提交了一份明目张胆地鼓吹“一中一台”、“台湾独立”的议案。这是对中国的主权、领土完整的严重侵犯和对国际关系准则的公然践踏,是对中国内政的粗暴干涉,也与美国历届政府奉行的一个中国政策背道而驰。对此,我们坚决反对,强烈谴责。

他指出,世界上只有一个中国,中华人民共和国政府是代表全中国的唯一合法政府,台湾是中国领土不可分割的一部分,这是包括美国政府在内的国际社会普遍公认的事实。台湾问题完全是中国的内政。在一个中国的原则下,正式结束两岸敌对状态,通过谈判实现“和平统一,一国两制”是我们解决台湾问题的基本方针,是中国各族人民的共同心愿和强烈要求,也完全符合台湾同胞的根本愿望。李登辉置广大台湾同胞的前途和福祉于不顾,公然发表企图分裂祖国的“两国论”,受到包括台湾人民在内的全体中国人民和世界各地华人的同声谴责,也遭到国际社会的普遍反对。克林顿总统也一再重申美国坚持一个中国政策的立场,并表示美国遵守中美三个联合公报和不支持“台湾独立”,不支持“两个中国”、“一中一台”,不支持台湾加入任何必须由主权国家参加的国际组织。李登辉已经陷入千夫所指的孤立境地。

人大外委会负责人说,在这种情况下,美国众议员布朗等人公然要求美国放弃一个中国的政策,支持“一中一台”、“台湾独立”,给李登辉撑腰打气,鼓励台湾分裂分子进行玩火冒险。这种粗暴干涉中国内政、妄图阻碍中国实现完全统一的行径,势必加剧台湾海峡的紧张局势,破坏亚太地区的和平与稳定,严重损害中美关系。

他表示,希望美国国会从中美关系的大局出发,从维护亚太地区乃至世界和平与稳定的大局出发,采取切实措施,搁置少数议员提出的分裂中国的议案。我们也希望美国国会议员先生们,应该充分认识到支持“台独”、分裂中国的严重性、危害性和危险性。中国人民热爱和平,但中国的主权、领土完整决不容许侵犯。我们将不惜任何代价来捍卫祖国的主权和领土完整。中国的统一大业一定要实现,也一定能够实现,任何企图分裂中国的行径都只能是搬起石头砸自己的脚,是注定要失败的。

全国绿化委员会奖励“全国十大绿化标兵”

为纪念江泽民关于生态环境建设重要批示两周年,全国绿化委员会在北京隆重举行“全国十大绿化标兵”表彰大会。

“全国十大绿化标兵”是:牛玉琴、王树清、张万钧、周兴仁、徐宝桢、吴志胜、马永顺、刘士和、王源楠、温茂元。他们是50年来我国众多绿化英模中的杰出代表。

农村妇女牛玉琴,孩子年幼,双亲力衰,丈夫因病去世,她一人肩挑治沙和家务两副重担,十几年来摸爬滚打,治理沙地32800亩,树立了一座艰苦创业的丰碑。爱树如命的县委书记王树清,二十年如一日,“为官一任,绿化一方”,既当指挥员,又当战斗员,身体力行地推广生态农业的战略思想。工程师张万钧,长期从事盐碱开发利用技术工作,辛勤耕耘在盐碱滩绿化工作第一线,以一丝不苟的科学实践,主持研究12项有关科研课题,并带领群众把寸草不生的盐碱滩建设成具有生态园林特色的渤海绿洲。毕生献给绿化事业的林业站长王源楠，扎根基层，忘我工作，默默地为林业建设付出全部心血，甚至身患癌症、两次手术也没能挡住他造林绿化的脚步。

全国绿化委员会在表彰大会上号召各地、各部门迅速掀起学习“全国十大绿化标兵”的热潮，弘扬他们艰苦奋斗、顽强拼搏、无私奉献的崇高精神，进一步推动全民义务植树和整个造林绿化事业的蓬勃开展，为建设祖国的秀美山川而共同奋斗。

全国人大常委会副委员长王光英、全国政协副主席万国权等参加表彰大会。

8月5日

全国公安系统开展“争创人民满意单位(民警)”活动电话会议举行

104 个基层派出所在北京被公安部授予“人民满意派出所”称号。山东省济南市公安局历下区分局等 18 个在创建人民满意派出所工作中取得显著成绩的公安局同时受到表彰。

1996 年以来，全国公安机关继开展学习济南交警、漳州 110 之后，广泛开展了多种形式的争创人民满意活动。各地公安机关求真务实、精心组织，在实践中摸索了许多经验，各地实行了“开门评警”，请人民群众参与争创活动，变过去对队伍的“自我评价”为人民群众的客观评判。把“争创”活动作为推动公安工作和队伍建设的有效载体，有力促进了公安队伍建设，公安队伍中违法违纪问题得到有效遏制。

公安部部长贾春旺强调，全心全意为人民服务对公安机关和民警来说，不仅仅是一个职业道德问题，而是一个事关政治方向和根本原则的重大问题。深入开展“争创”活动，就是要从人民满意的事情做起，从人民不满意的事情改起，切实解决公安队伍中存在的突出问题，真正把群众满意不满意作为衡量创建活动实绩的最高标准。对暴露出的问题和发生的违法违纪案件，不护短、不包庇，要严肃认真地予以查处，并选择一些典型案例主动曝光，以儆效尤。同时坚持标本兼治，强化管理，不断健全机制、完善制度，努力从根本上铲除滋生各种消极腐败现象的土壤和条件。

《人民日报》发表评论员文章《综合运用各种经济政策——七论扩大有效需求》

国务院总理朱镕基在陕西河南考察

8 月 5 日至 9 日，朱镕基在陕西省考察治理水土流失、改善生态环境和黄河防汛工作。

8 月 6 日上午，朱镕基总理在陕西省委书记李建国、省长程安东的陪同下，实地考察了延安市生态综合治理燕沟示范区。接着，他又来到柳林镇康圪崂村，看望农民群众，同农民亲切交谈，详细询问他们的生产生活情况。8 月 7 日，朱镕基考察了西安高新技术开发区和杨凌农业高新技术产业示范区。在杨凌农业示范区，他听取了科技人员关于水土保持工作的情况汇报，并同他们一起研究治理水土流失的措施和办法，鼓励他们继续为我国农业特别是干旱、半干旱地区的农业科技的发展，以及改善生态环境作出新的贡献。考察期间，朱镕基先后听取了陕西省委、省政府及黄河水利委员会的工作汇报，充分肯定了他们在改革开放、经济建设、生态环境建设以及防汛工作等方面所取得的成绩。

朱镕基指出，搞好水土保持，加强生态环境建设，是中华民族生存与发展的长远大计，必须从实施可持续发展战略的高度，充分认识生态环境建设的重大意义。他说，改革开放以来，特别是近些年，我国人民在党中央领导下，开展以治理水土流失为主的生态环境建设，取得很大成绩。但是，治理力度还不够，一些地方边治理、边破坏，天然林砍伐并未完全停止，绿色植被继续减少，水土流失还在扩展，生态环境形势严峻。如果这种状况不从根本上改变，必将危及中华民族的生存与发展，贻害我们的子孙后代。对此，我们必须有一个清醒的认识。朱镕基指出，防治水土流失，是当前生态环境建设的紧迫任务。我们一定要以对人民、对历史、对子孙后代高度负责的态度，发扬艰苦创业精神，下定决心，持之以恒，植树种草，绿化荒山，保持水土，经过一代又一代的不懈努力，根本改善长江、黄河中上游地区的生态环境。

朱镕基强调，治理黄土高原水土流失，加强生态环境建设，是治理黄河，让黄河造福于中华民族的一项根本措施。他指出，新中国成立以来，黄河治理开发取得举世瞩目的成就，兴修了一批水利工程设施，初步形成了黄河防洪工程体系。但是，黄河洪水威胁仍是心腹之患。根本原因是黄河中上游地区水土流失严重，加快了下游河道淤积，河床抬高，加剧了洪水威胁，给黄河防洪治理和水利工程运行带来严重隐患。因此，防治黄河洪水灾害，刻不容缓的任务是加大黄河中上游地区水土流失治理力度，减少下游泥沙淤积，增强排洪能力。这样才能事半功倍，从根本上除害兴利，让黄河永久安澜。为此，要抓紧制定黄河中上游地区水土流失治理规划，及早做好前期准备，并抓紧加快实施。林业部门要组织科研力量，选育适宜黄土高原地区生长的林草良种，推广先进种植技术，开展飞机播种，乔、灌、草结合。国家将加大治理水土流失的投资力度，重点支持黄河、长江中上游地区的水土流失治理，力争用

10年或更长一点时间，使这一地区的生态环境得到明显改善。

朱镕基说，做好黄河中上游地区的水土保持工作，改善生态环境，重要的是解放思想，调整思路。他指出，在过去粮食短缺时期，黄河中上游的一些地方，在山顶、陡坡开荒种粮，缓解了粮食供给不足的矛盾。但现在情况不同了，随着国家农业政策的成功，农业科技的发展，粮食生产能力明显提高，粮食供给平衡有余。在这种情况下，如果还继续在山顶、陡坡开荒种粮，不仅投资大、成本高、产量低、效益差，而且加剧水土流失，势必严重危害黄河下游的防洪治理和经济发展。因此，黄河中上游地区不要再以牺牲生态环境为代价生产粮食，而是要治理水土流失，改善生态环境，为下游治理和经济发展创造良好的生态条件。各有关省区一定要及早调整农业结构，大力植树种草，扩大绿色植被，搞好水土保持。由此而减少的粮食产量，完全可以通过减少水土流失，减轻下游洪水灾害而增产的粮食得到补偿。国家将采取有效措施，解决黄河中上游地区坡耕地退耕后农民所需的口粮问题，支持生态环境建设。

朱镕基强调，治理水土流失，要采取退田还林（草）、封山绿化、个体承包、以粮代赈的措施。他说，当前最重要的是，黄河中上游地区要坚决实行坡耕地退田还林，坚决停止新的毁林毁草开荒，做到树上山、粮下川。这是治理水土流失的关键措施。

要封山绿化，保护植被，发展林草业及相关产业，开展多种经营，开辟新的增收门路。退耕的坡地造林，可以实行个体承包的办法，把造林任务承包到户、到人，谁造林、谁所有、谁受益。建立、健全责任制，明确造林权益，落实管护措施。对造林种草所需苗木、种子和用工，国家给以适当补贴，个人要保种保活。对退耕并达到造林要求的农户的口粮，在一定年限内，由国家采取以粮代赈、无偿提供的办法解决，以调动农户退田还林的积极性。

在谈到延安的生态环境建设时，朱镕基说，延安是革命圣地，延安人民为夺取中国革命的胜利作出了重要贡献。现在，延安经济、社会有了较快发展，各项事业取得明显进步。但是，延安自然条件差，生态环境还未得到根本改善。国家有关部门和陕西省要把延安作为生态环境建设的重点，加大资金投入，给以政策支持。延安人民要继续发扬艰苦奋斗精神，把过去“兄妹开荒”的革命精神，发展为“兄妹造林”，大力开展植树种草，治理水土流失，为建设一个山清水秀的延安作出新贡献。

朱镕基听取黄河水利委员会工作汇报后，对黄河防汛工作提出了要求。他说，黄河安危，事关大局。当前正值黄河主汛期，尽管还没有发生大的洪水，但在思想上、预防工作上决不能有丝毫的麻痹和松懈。沿黄各省（区）和黄河水利委员会要严密监视雨情、水情，认真负起责任，落实各项防洪措施，抓紧防洪工程建设，充分做好防大汛、抗大灾的准备，确保黄河安全度汛。

朱镕基指出，去年以来，中央实行积极的财政政策，加大投资力度，严厉打击走私活动，有效防止重复建设，为经济发展创造了良好环境。今年以来，国有企业改革与发展取得新的进展，经济效益明显好转，国有大中型企业扭亏增盈成效显著，出现了良好的发展势头。各地区、各部门要认真贯彻执行江泽民总书记关于国有企业改革与发展的重要指示和中央一系列方针政策，进一步坚定信心，抓住有利时机，深化企业改革，转换经营机制，积极开拓市场，提高产品质量和企业经济效益，加快社会保障体系建设，努力实现国有企业三年改革与脱困的目标。

朱镕基说，最近中央作出关于经济工作的重大部署。各地区、各部门要从本地区实际出发，研究制定措施，认真贯彻落实。要进一步加大实施积极财政政策力度，扩大投资、推动消费，拉动经济增长。要发挥本地经济优势，加快经济结构调整，大力开拓市场，狠抓技术创新，不断提高经济效益。现在，全年时间已经过半，时间紧，任务重，各地区、各部门要转变作风，深入基层，扎扎实实地做好今年的各项工作。

8月9日，朱镕基在河南省委书记马忠臣、省长李克强陪同下，考察了黄河小浪底水利枢纽工程。

中国雷达技术理论获重大突破

国防科技大学博士研究生王雪松创立的“雷达极化信息处理理论新体系”，最近得到我国科学家的认定，从而使我国在这一领域的理论研究达到了世界领先水平。

雷达极化信息处理，是提高雷达识别目标效能的一项高新技术，也是当今国际学术界公认的世界性难题。据介绍，这一全新理论体系在国防科技领域和国家经济建设中都有着极高的应用价值，并已在雷达极化增强（目标清晰度）、目标识别增强等方面得到了成功的应用。

全国“两基”督导工作会议在太原召开

在本世纪内实现“基本普及九年义务教育，基本扫除青壮年文盲”的目标，是中国共产党十四大确定的一项战略性任务。“全国‘两基’督导工作会议”，教育部要求各地坚持标准，保质保量完成“两基”目标。

来自22个省的教育部门负责人和全国31个省、自治区、直辖市和新疆生产建设兵团的教育督导室主任参加了此次会议。在总结近年“两基”工作成绩的同时，与会代表深刻认识到当前“两基”工作进入攻坚阶段所面临的部分省区教育经费投入政策不落实，拖欠教师工资，初中辍学率居高不下，初中学龄人口面临高峰期问题以及少数已通过“两基”验收地区出现指标下滑等问题的严重性。代表们围绕这些问题，认真交流，寻找更好的解决方法。

会议反映，截至 1998 年年底，全国已有 2242 个县通过了“两基”验收，人口覆盖率达到 73%。但目前的“两基”工作仍面临着严峻的形势和任务。

卫生部国家计委等 10 部门联合发布《关于发展城市社区卫生服务体系的若干意见》

8 月 6 日

中纪委中组部关于对共产党员修炼“法轮大法”等问题的若干处理意见

根据《中共中央关于共产党员不准修炼“法轮大法”的通知》（中发〔1999〕13 号）精神，现对共产党员修炼“法轮大法”等问题提出如下处理意见：

一、要严格掌握政策，通过教育帮助和组织处理，使其中的绝大多数人回到党的正确立场上来。对共产党员修炼“法轮大法”等问题的处理，要坚持从严治党和“惩前毖后，治病救人”的原则，把一般“法轮功”练习者同参与“法轮功”活动的骨干区别开来；把一般骨干同极少数有政治意图、存心作乱的幕后人物、策划者、组织者区别开来；把在“法轮功”问题上犯有错误，但确有悔过表现的同执迷不悟、拒不改正的区别开来；把党中央作出共产党员不准修炼“法轮大法”决定之前犯错误的，同决定下达之后再犯错误的区别开来。通过教育帮助，使绝大多数修炼过“法轮大法”的党员得到解脱。对那些一时思想不通，但已不参加“法轮功”活动的党员，允许他们有一个思想转变的过程。

二、属下列情况之一者，可不作为问题提出，或不予以追究。

1. 对于只是为了健身强体而练习“法轮功”的党员，只要对“法轮功”问题有了正确认识，并不再参加“法轮功”活动的，经所在党支部支委会研究后，由支部负责人宣布不作为问题提出。

2. 对于修炼过“法轮大法”，参加过“法轮功”非法聚集活动或其他群体性事件的党员，以及在“法轮功”组织中起一般骨干作用的党员，只要是从思想上同“法轮功”划清界限，组织上与“法轮功”脱离关系，已向党组织说清楚，并揭露“法轮功”的问题，不再参加“法轮功”活动的，予以解脱。解脱的方式是，由党员本人在专题组织生活会上说明情况，表明态度。在批评与自我批评的基础上，经支委会研究，由支部负责人宣布不再予以追究。

上述两种情况均不记入本人档案。

三、属下列情况之一者，应依据《党章》及有关规定作出严肃处理。

1. 对于参加过“法轮功”非法聚集活动或其他群体性事件的党员，以及在“法轮功”组织中起一般骨干作用的党员，在党中央作出共产党员不准修炼“法轮大法”决定之后，经反复教育，仍坚持不改的，应劝其退党，劝而不退的，予以除名。

2. 对于造成恶劣社会影响的“法轮功”非法聚集活动或其他群体性事件的重要骨干，视情节轻重，分别给予警告、严重警告、撤销党内职务、留党察看、开除党籍的处分。认错态度好，有立功表现的，可从轻或减轻处分，也可免予处分。

3. 对于有政治意图，策划、组织“法轮功”非法聚集活动，严重扰乱社会秩序、影响社会稳定的，给予开除党籍处分。

四、组织处理要慎重稳妥，宽严适度。对修炼“法轮大法”的共产党员进行组织处理时，不能单纯看其在“法轮功”组织中担任过何种职务，而主要应当看其在“法轮功”组织中起到的实际作用及认错改过的态度。除极少数有政治意图、存心作乱的幕后人物、策划者、组织者必须从严处理外，其他可作劝退、除名处理的，一般不给予开除党籍的处分。

组织处理要严格按照《党章》及有关规定进行。

《人民日报》发表评论员文章《进一步批判李洪志的歪理邪说——六论抓紧处理和解决“法轮功”问题》

中央文明办在北京召开揭露批判“法轮功”座谈会

有色金属工业三大集团公司在北京正式宣布成立

中共中央政治局委员、国务院副总理吴邦国出席成立大会并作重要讲话。

吴邦国在讲话时指出，中国铝业集团公司、中国铜铅锌集团公司、中国稀有稀土金属集团公司的成立，是我国有色金属工业管理体制改革的重大成果，也是有色金属工业发展史上的一件大事。

吴邦国说，国务院决定组建有色金属三大集团公司，是在全面分析有色金属工业面临的形势和现状的基础上，经过反复研究后作出的重要决策。这项改革有利于有色金属工业实施资产重组和结构调整；有利于合理配置资源，实现企业规模经营，解决低水平重复建设的问题;有利于实现政企分开,增强企业活力,促进我国有色金属工业的健康发展,增强国际竞争力,提高经济效益。

吴邦国强调,有色金属三大集团公司的成立,标志着我国有色金属工业改革和发展进入了一个新的阶段。他对有色金属工业今后的改革和发展提出了明确要求。第一,进一步解放思想,更新观念,继续深化改革。按照建立现代企业制度的要求,把集团公司办成自主经营、自负盈亏的经济实体,成为名副其实的专业化、市场化并向国际化发展的大型企业,成为我国有色金属工业的主力军。集团公司总部要严格遵循经济规律,按照公司法的规定,建立规范化的法人治理结构,建立精干高效、职责明确的内部管理机构,把集团公司应该管的事情管好,不要干预企业的正常生产经营活动,要把不该办、办不好的事情,坚决地放手让企业去办,支持成员企业搞活。集团公司的各成员企业,要坚决执行国务院的批复精神,按照公司章程,规范企业行为。第二,加快技术创新和结构调整步伐,开拓有色金属行业发展新路子。有色金属工业要把工作的着力点放在推动技术进步、加快结构调整、提高产品质量和经济效益上。三大集团公司要通过加快技术改造和结构调整,达到规模与结构、数量与质量、速度与效益相统一,实现资产优化重组和资源优化配置,走内涵式和可持续发展的道路,不断增强市场竞争力。第三,坚定信心,振奋精神,打好有色金属企业脱困攻坚战。有色金属工业面临的困难很多,但更要看到克服困难的有利条件,要增强紧迫感和使命感,充分发挥有色金属战线广大干部职工的积极性和创造性,加强企业内部管理,努力降低生产成本,扎扎实实做好企业扭亏增盈和各项工作,全力以赴地打好企业改革和脱困的攻坚战。第四,加强企业领导班子建设,培养和造就高素质的经营管理者队伍。三大集团公司的领导班子要努力提高自身思想政治素质和业务素质,善于根据市场变化作出科学决策。集团公司要搞好成员企业领导班子的选拔、配备和考核工作,建立、健全企业经营者的激励机制和约束机制,全面提高经营管理者的素质。

吴邦国要求,国家有色金属工业局要进一步转变思想观念,转变职能,转变工作方式,把工作重点转到搞好行业规划、行业政策、行业法规、行业标准和行业监督,加强宏观指导和组织协调上来,不要干预集团公司和其他企业的生产经营活动。要认真控制总量,防止重复建设,淘汰落后生产能力,规范和整顿市场秩序,促进集团公司尽早步入正常运行、健康发展的轨道。

国家经贸委主任盛华仁为三大集团公司揭牌。中央大型企业工委副书记、人事部部长宋德福宣读三大集团公司的领导成员的任命。国家工商局局长王众孚向三大集团公司颁发法人营业执照。

国家主席江泽民在北戴河会见联合国开发计划署新任署长马克·布朗

江泽民在会见时说,为帮助发展中国家实现经济和社会的全面发展,应加强包括联合国开发计划署在内的联合国各机构在发展方面的作用,中国将继续开展并加强与联合国及其各机构的合作。

第六届中国戏剧节在沈阳开幕

第六届中国戏剧节宗旨:以"迈向新世纪"为主题,以"人民哺育艺术、艺术奉献人民"为宗旨。中共中央政治局常委、全国政协主席李瑞环接受戏剧节组委会的邀请,担任第六届中国戏剧节的名誉主席。全国人大常委会副委员长程思远、全国政协副主席孙孚凌出席开幕式。本届戏剧节开幕式上演出了大型晚会《千古风流》,同时还举行了第十六届中国戏剧梅花奖颁奖仪式。

8月7日

中央国家机关第二批"三讲"教育单位负责人和巡视组组长会议在北京召开

会议交流了前一段"三讲"教育工作的情况和经验,研究和明确了"自我剖析、听取意见"阶段的工作要求。中央"三讲"教育联系会议负责人张全景在会上强调,必须认真贯彻中央部署,坚持高标准、严要求,确保高质量地完成这一阶段的任务。他指出,当前解决"法轮功"问题,是一场严肃的政治斗争。要紧密联系这一斗争的实际,认真总结和吸取经验教训,把"三讲"教育引向深入。

据中央"三讲"教育联系会议办公室介绍,全国第二次"三讲"教育工作会议以来,中央、国家机关第二批开展"三讲"教育的单位按照中央的部署和要求,认真学习贯彻江泽民同志在纪念中国共产党成立78周年座谈会上的重要讲话精神,从一开始就注意坚持高标准、严要求,领导重视,精心部署,措施得力,进展顺利,取得了初步成效。目前,第二批"三讲"教育的绝大多数单位,已转入自我剖析、听取意见阶段。

张全景在会上指出,认真抓好这一阶段的工作,对于确保整个"三讲"教育的质量至关重要。他对做好这一阶段工作提出了具体要求:

第一,进一步提高认识,端正态度,坚持高标准、严要求,增强搞好自我剖析的自觉性。要保证整个"三讲"教育的高质量、不走过场,必须坚持自我剖析高标准、不走过场。自我剖析是深入开展"三讲"教育的关键环节。自我剖析的过程，就是正确认识自己、不断增强党性锻炼的过程，是坚持真理、修正错误，改造主观世界的过程，也是对每一位领导干部党性的实际考验和思想政治水平的检验。领导干部一定要把这次“三讲”教育作为锻炼自己、提高自己的极好机会，用更高的标准来要求自己。

第二，紧紧围绕讲政治这个核心，突出重点，在找准抓住突出问题上下功夫。领导班子和领导干部进行自我剖析，必须紧紧围绕讲政治这个核心，严格按照江泽民同志和中央文件提出的要求，从影响党的路线方针政策和中央重大决策在本地区本部门的贯彻落实，影响改革、发展和稳定，影响领导班子发挥整体合力，影响党群、干群关系、廉洁自律等方面的问题中，梳理分析党性党风方面存在的突出问题，防止主次不分或停留在一般性问题上。在查摆和剖析问题过程中，必须坚持马克思主义的世界观和方法论，全面地、历史地、辩证地思考和分析问题。要从贯彻党的基本理论、基本路线、基本方针和政策的实践中查找认识上和工作上的差距；从领导班子、领导干部思想作风状况中分析存在的不足；从本地区、本部门、本系统发生的重大事件和典型案件中反思教训；从分管的领域或下属单位存在的突出问题中查找领导上应负的责任。

第三，正确认识和处理成绩与问题、主观与客观的关系，坚持“四个正确对待”，把自我剖析引向深入。试点和第一批“三讲”教育单位的实践充分证明，找准抓住突出问题，采取“自己找、群众提、上级点、互相帮”的方法，是行之有效的。一些同志开始找不准、抓不住突出问题，主要是不能正确认识和处理成绩与问题、主观与客观的关系。从根本上说，就是不能正确对待自己、对待群众、对待同志、对待组织。自我剖析的过程实质上是改造主观世界的过程。要搞好自我剖析，首先必须解决好“四个正确对待”的问题，特别是解决好正确对待自己、正确对待群众的问题。领导干部要以“海纳百川”的胸襟和“闻过则喜”的雅量，虚心听取群众意见。特别是“一把手”，更要正确对待群众意见，为其他班子成员树立榜样。

第四，要把“三讲”教育与解决“法轮功”问题结合起来。解决“法轮功”问题是一场严肃的政治斗争，党员领导干部特别是党的高级领导干部要站在斗争的前列。要把“三讲”教育与解决“法轮功”问题密切结合起来，推动领导班子和领导干部在坚定理想信念、提高政治敏锐性和政治鉴别力、坚持“两手抓，两手都要硬”等方面取得新的进步。在自我剖析中，要深入学习中央关于处理“法轮功”问题的重要指示精神，深刻认识“法轮功”组织的反动本质和严重危害，联系本地区、本系统、本单位的实际，认真吸取经验教训。要认真落实解决“法轮功”问题的各项措施，保持社会稳定。要进一步加强领导班子和党的基层组织建设，加强群众思想政治工作，并作为检验“三讲”教育实际成效的一个重要标志。

第五，加强领导，统筹安排，第一责任人要切实履行责任，巡视组要严格把关。自我剖析阶段任务重、工作量大，必须切实加强领导，精心组织，缜密安排，保证工作有条不紊地进行。主要负责同志要带头示范，树立榜样，勇于自我批评，以自己的模范行动带动班子成员。巡视组要做好意见收集、反馈工作，帮助领导班子和领导干部反思和剖析存在的突出问题。要坚持边整边改，以“三讲”教育的实际成效，推动党的路线、方针、政策和各项工作任务的落实。

会上，中央党校、最高人民检察院、民航总局的负责人分别介绍了在“三讲”教育中进行自我剖析的情况和做法。

国办转发劳动保障部等部门关于做好提高三条社会保障线水平等有关工作意见的通知

“高油玉米”在辽宁省桓仁引种成功

我国新培育的高科技玉米品种——“高油玉米”，已在辽宁省桓仁满族自治县引种成功。“高油玉米”是现代农业高科技产物，它秸秆高，含油量、含蛋白、含赖氨酸、含维生素A和维生素E等均比一般品种的玉米高出2倍至3倍。这一高科技新品种，是由中国农业大学教授宋同明等有关专家经过多年培育获得成功的。

8月8日

中共中央政治局常委全国政协主席李瑞环听取全国政协机关“三讲”教育情况汇报

李瑞环近日听取全国政协机关开展“三讲”教育情况的汇报。

李瑞环说，无论在革命战争年代还是在和平建设时期，我们党之所以历经曲折艰险而能够永葆生机与活力，不断从胜利走向胜利，一个根本的原因，就在于我们党能够经常倾听和接受广大人民群众的意见和监督，勇于开展批评与自我批评，依靠自己的努力不断克服自身的缺点和错误。但是，这些年来我们一些同志在这方面做得不好，对党的优良传统和作风逐渐淡忘、疏远、陌生了。尤其在党政机关，担任各级领导职务的大多数是共产党员，机关工作的行政命令性强、上下级关系分明，领导同志作指示、发号令的时候多，听意见、受监督的时候少，批评别人的时候多，作自我批评的时候少。由于缺乏自律和约束，形式主义、主观主义、官僚主义的作风和消极腐败现象逐渐滋长和蔓延。各级党组织要在“三讲”教育中拿起批评与自我批评的武器，有组织地充分发动群众来给领导干部提意见、找问题，使我们的领导干部能够全面、深入地来一次自我反省，系统、集中地受一次马克思主义理论的再教育。做好“三讲”工作，对于解决党性党风方面存在的突出问题，对于进一步密切党同人民群众的血肉联系，对于增强党的战斗力、凝聚力，都具有重大意义。

李瑞环说，搞好“三讲”教育，关键在领导。各级领导要带好头，要严于解剖自己，真心实意地听取群众意见，依靠群众改进我们工作中的不足。要紧密联系实际，有针对性地解决一些突出问题，防止蜻蜓点水、漫无边际。总之，要通过“三讲”教育，树立一个勤奋学习的风气，营造一个生动和谐的氛围，形成一个团结奋斗的局面。全国政协机关是一个中央机关、政治机关，任务繁重，责任重大，讲学习、讲政治、讲正气是对机关领导干部的基本要求。希望机关党组的同志们努力工作，带出一支素质高、作风好的政协机关工作队伍，促进人民政协事业的新发展。

大连机车车辆厂迎来百年华诞中共中央总书记江泽民为该厂题词

“实践五号”卫星圆满完成任务

装有我国自主研制公用平台的小型卫星“实践五号”，自今年5月10日升空以来，正常运行90天，圆满完成任务，获得大量数据以及许多成果。

据“实践五号”用户中国科学院介绍，“实践五号”小卫星的主要任务是：进行空间单粒子测量及其对策研究和空间带电粒子环境与剂量的测量；对航天器S波段高速数传发射机及大容量固态存储器进行在轨试验；进行流体科学实验。

当前，利用空间环境，生产地面所无法生产的材料，给人类新材料的生产带来了曙光。用浮区法生长晶体材料是在空间材料制备中最有前景的方法之一。“实践五号”首次进行空间微重力流体科学实验，观察到低重力条件下的大量未知现象。这是我国第一次进行微重力流体科学实验，在世界上也是首次在卫星上实行如此复杂的实验。

中国乒乓球协会名誉主席李瑞环致电祝贺中国队夺得世乒赛五项冠军

8月9日

中共中央文献研究室中共中央编译局编辑的《马克思恩格斯列宁斯大林毛泽东邓小平江泽民论唯物论和无神论》一书出版

《人民日报》发表评论员文章《发挥理论优势推进斗争发展——七论抓紧处理和解决“法轮功”问题》

国务院副总理李岚清在人民大会堂会见“海外杰青汇中华”访京团

李岚清会见以香港城市大学校长张信刚为团长的“海外杰青汇中华”访京团。

李岚清说，由香港各界知名人士发起和举办的“海外杰青汇中华”活动对香港及海外的大学生认识祖国历史文化，了解今日中国将起到积极作用。

以邹哲开、李东海、陈瑞球等为顾问的“海外杰青汇中华”访京团由海外知名大学的华裔学生及香港的大学生组成。

中央军委颁布施行新的《中国人民解放军工程建设管理条例》

中央军委主席江泽民日前签署命令，颁布施行新的《中国人民解放军工程建设管理条例》。

新条例以毛泽东思想、邓小平新时期军队建设理论和江泽民关于军队建设一系列重要论述为指导，以新时期军事战略方针和国家、军队有关法律、法规为依据，以提高军事工程设施综合保障能力为目标，总结吸收了国家和军队成功的建设经验和改革成果，并充分吸纳了国际上通行的先进管理办法。

新条例共14章66条，其中6章是新增加的，8章是在原条例基础上修订的。条例涵盖了军队工程建设的决策、计划、组织、指导、调控和监督等全过程，对工程建设程序、建设前期工作、项目审批权限、工程计划、工程勘察设计、工程建设监理、工程发包与承包、工程造价、工程施工、工程财务及奖惩等进行了系统严格的规范，为我军工程建设和管理提供了可靠的法律依据。

中国政府决定设立国家最高科技奖

在科学技术领域有杰出贡献的中国公民，将有可能获得由国家主席亲自颁发的高达500万元的奖金和国家最高科学技术奖证书。

科技部副部长徐冠华宣布，国务院近日批准《国家科学技术奖励条例》和《科学技术奖励制度改革方案》，作为本次科技奖励制度改革的重要内容，我国政府决定设立国家最高科学技术奖。500万元奖金中50万元属获奖者个人所得，450万元由获奖者自主选题，用作科学研究经费。国家最高科学技术奖授予在当代科学技术前沿取得重大突破或者在科学技术发展中有卓越建树的科学技术工作者；或者在科学技术创新、科学技术成果转化和高技术产业化中，创造巨大经济效益的科学技术工作者。每年获奖人数不超过2人。

在设立国家最高科技奖的同时，还设立"中华人民共和国科学技术合作奖"，保留了原有的"国家自然科学奖"、"国家技术发明奖"和"国家技术进步奖"。后三项奖的奖金也上调为一等奖9万元、二等奖6万元。

徐冠华指出，奖励制度改革的指导思想是鼓励创新，鼓励攀登科技高峰，建立和完善人才培养和使用的激励机制，促进研究、技术开发与经济社会发展密切结合，促进科技成果商品化和高新技术产业化，加速我国科教兴国战略和可持续发展战略的贯彻实施。

教育部和国家语言文字工作委员会组织实施我国首次语言文字使用情况调查工作

经国务院批准，由教育部和国家语言文字工作委员会组织实施、国务院9个部委(局)大力支持的"中国语言文字使用情况调查"在北京启动。这项调查在我国尚属首次，其目的是要比较准确地了解我国国民使用语言文字的实际状况、习惯和态度。

这次调查在语言方面重点是普通话、汉语的近百种方言和60多种少数民族语言的使用情况；在文字方面重点调查汉字的简化字、繁体字、30余种少数民族文字以及汉语拼音的使用状况。调查对象为全国除香港特别行政区、台湾、澳门外的所有省、自治区、直辖市年龄在15周岁至69周岁的中国公民，其中重点是公务员、教师、大学生、中学生、商业工作者、医务工作者和大众传媒工作者。调查采用抽样的方法，样本量约为60万个。调查预计2001年全部完成。

教育部、国家语委、国家民委、公安部、民政部、财政部、农业部、文化部、广电总局、国家统计局、中国社科院的有关负责人组成了中国语言文字使用情况调查指导小组，具体调查工作由教育部和国家语委牵头组织实施。经过1年多的努力，上述部门已做好准备工作，包括颁布调查的有关文件，制定调查大纲，编制调查问卷(入户调查问卷和专项调查问卷)，编写调查培训手册，确定调查抽样方案，进行试调查等。这次调查将为我国50年来在推广普通话、推行简化字、推行汉语拼音方面的成就提供科学的数据资料。

全国人大常委会副委员长许嘉璐出席启动仪式并讲话。

《中国集邮史》和《中国集邮大辞典》出版

由中华全国集邮联合会组织编撰的《中国集邮史》和《中国集邮大辞典》(修订版)，近日分别由北京出版社和中国大百科全书出版社出版发行。

中国20世纪杰出的语言大师中国现代语言学的重要奠基者之一中科院哲学社会科学学部委员中国社科院语言所首任所长罗常培诞辰100周年纪念集会在北京举行同时《罗常培文集》由山东教育出版社出版

张良和张丹在萨格勒布举行的第二届世界军人运动会夺得女子5000米越野游泳赛冠亚军

全国禁毒工作会议在内蒙古自治区包头市举行

为落实党中央、国务院和江泽民总书记关于禁毒工作的一系列重要指示精神，总结1997年以来的禁毒工作，分析禁毒斗争形势，并研究、部署当前和今后一个时期的禁毒工作，由国务院批准的全国禁毒工作会议在内蒙古自治区包头市举行。国家禁毒委员会主任、公安部长贾春旺作了重要讲话，内蒙古自治区党委书记刘明祖、自治区主席云布龙参加会议。

贾春旺首先指出了我国禁毒工作取得的显著成绩。1998年以来，各地加大对毒品违法犯罪活动的打击力度，始终保持了对毒品违法犯罪活动不停顿的主动进攻态势。今年上半年，全国缉毒工作再创新高，共破获毒品违法犯罪案件11万余起，抓获毒品违法犯罪人员14万余名。7月4日，广东公安机关破获一起全国最大的制造冰毒案件。全国禁吸戒毒工作也取得新的成绩，1997年和1998年，共强制戒毒22万人次。一些地方还因地制宜，积极探索多种形式的戒毒模式，落实了社会帮教机制。

贾春旺在讲话中指出，我们所面临的禁毒形势还不容乐观。从世界范围看，国际毒潮日益泛滥，境外毒品对我国形成"四面包围，南北夹击，多头入境，全线渗透"的态势，对我国的危害进一步加深；从国内情况看，当前我国毒品形势发生了重大变化，我国已由毒品过境国转变为毒品过境与消费并存的毒品受害国。针对这些情况，贾春旺提出要坚决遏制毒品违法犯罪活动的蔓延势头，努力减少新吸毒人员的滋生，切实降低戒毒人员的复吸率，基本上禁绝非法种植罂粟，最大限度地把毒品堵在境外，查获在边境地区，有效地控制国内制毒活动，进一步提高对麻醉药品、精神药品和易制毒化学品的依法管理水平，不断扩大"无毒社区"的覆盖面，以夺取我国禁毒工作的新胜利。会议为期3天。国务委员、中央政法委书记罗干出席闭幕式并讲话。

最高人民法院公布4起骗购外汇案

最高人民法院公布4起非法骗购外汇案件的审理结果，17名涉案人员和两家企业受到法律惩处。

8月10日

全国人大常委会委员长李鹏听取全国人大常委会机关“三讲”教育情况汇报

李鹏听取全国人大常委会机关“三讲”教育进展情况的汇报，并作指示。

李鹏说，中央决定在全国县级以上党政领导班子和党员领导干部中，集中一段时间，以整风的精神开展“三讲”教育，这对于加强党的建设，全面推进有中国特色社会主义的伟大事业，具有重大和深远的意义。一个多月来，全国人大机关的“三讲”教育是按中央要求进行的，进展情况也是好的，取得了阶段性成果。中央巡视组工作认真负责，作风深入，发挥了很好的指导作用。现在人大机关的“三讲”教育已经进入自我剖析、听取意见阶段，这是整个“三讲”教育的关键阶段，要求高、任务重，而且马上又要召开常委会会议，工作头绪很多。希望大家继续努力，处理好各方面工作的关系，做到“三讲”教育和日常工作两不误、两促进。

李鹏强调，要搞好人大机关的“三讲”教育，关键是深刻领会、认真贯彻落实江泽民同志在建党78周年座谈会上的讲话和中央关于“三讲”教育的各项要求，不断加深对“三讲”教育必要性、重要性的认识。

李鹏说，人人机关工作的政治性很强，“三讲”教育必须突出讲政治这个核心。要在人大工作中牢牢树立党的领导的观念，自觉地把加强党的领导、充分发扬民主和严格依法办事辩证地统一起来。立法工作不能就法律谈法律、就立法谈立法。法律是上层建筑，是统治阶级意志的体现。人大的立法是通过法定程序，把党的主张变为国家的意志，充分体现国家和人民的根本利益。立法工作要借鉴外国的经验，但不能机械地照搬外国的法学理论和法律制度。立法一定要从中国的实际出发，符合中国的国情，形成有中国特色的社会主义法律体系。人大的立法工作还要牢牢树立群众观点，充分走群众路线，一些和人民群众切身利益密切相关的重要法律，要公布草案征求人民群众的意见。人大是人民选出来的，整个人大的工作要对人民负责，并自觉地接受人民群众的监督。这也是在人大工作中讲政治的重要体现。

《人民日报》发表观察家文章《驳李登辉的“两国论”》

一、分裂祖国反动政治图谋的大暴露

李登辉经过精心谋划，于今年7月9日在接受“德国之声”记者采访时，公然向世人宣称台湾当局已将两岸关系定位为“国家与国家的关系，至少是特殊的国与国的关系”。7月27日，他又跑出来解释说，由于“多年来两岸关系的定位过于模糊”，所以他要把两岸关系的“实质内涵”定为“特殊的国与国的关系”。所谓“国家与国家的关系”也罢，所谓“特殊的国与国的关系”也罢，所谓“至少是特殊的国与国的关系”也罢，这三种说法在李登辉的心目中没有任何实质上的区别，就是彻底否定一个中国的原则。李登辉公然鼓吹“两国论”，是对包括台湾同胞在内的全体中国人民的严重挑衅，是他坚持分裂祖国、抗拒祖国统一、推进“台湾独立”的政治本质的大暴露。

李登辉的“两国论”出笼后，他的一伙亲信和追随者出来帮腔，称“两国论”的公然宣示“是个重大政策变化，是两岸关系的一个新的形势”。7月30日台湾海基会发表“谈话稿”，8月1日“陆委会”又发表“说明书”，继续大肆鼓吹两岸关系是“特殊的国与国的关系”。据透露，李登辉还想在他卸任“总统”之前进一步提出“实质的、长期的政策构想”。显然，李登辉是不肯悬崖勒马了，他是铁了心要沿着分裂祖国的危险道路走到底的。

李登辉抛出“两国论”的第二天，一向主张“台湾中国、一边一国”的民进党头面人物陈水扁立即拍手叫好，说“这与我们的主张接近”，是李登辉“送给民进党的一个大礼物”。“李”唱“陈”和，弹冠相庆！李登辉已经从包庇纵容岛内“台独”势力，走到了同这股势力公开合流。

李登辉迫不及待地抛出“两国论”，是有其险恶的政治图谋的。

一是企图从根本上破坏两岸接触、对话、谈判的基础。这个基础，就是一个中国的原则。这些年来，在包括台湾同胞在内的海内外中国人共同努力下，两岸关系的气氛有所改善，人员往来和经济交往有所发展。两岸民间团体的对话保持了良好的势头，要求及早进行政治谈判的呼声日益强烈。按原定计划海协会会长汪道涵将于今年秋天访问台湾。但是，李登辉不愿意看见两岸关系的这种发展态势，尤其不愿意看见两岸政治对话和会谈取得实质性进展。他公开向一个中国原则挑战，目的就是企图将两岸对话的机制置于他划定的“国与国的关系”的框架之中，从根本上阻挠和破坏两岸关系的发展。

二是企图影响和操纵台湾当局今后的政治走向。明年台湾要举行所谓“大选”，李登辉下台在即。据台湾报刊分析，李登辉在“大选”前提出“两国论”，其动机之一就是蓄意把他的“台湾独立”的政治设计延续到“后李登辉时代”，造成分裂的既成事实，使未来的台湾当权者不得逾越。

三是企图抵制“一国两制”方针的强大影响。中国共产党提出的“一国两制”这一完成祖国统一的唯一正确方针，在香港顺利回归祖国的实践中已经取得了巨大的成功。今年 12 月澳门又将回归祖国。“一国两制”的影响越来越深入人心。李登辉惶惶不可终日，妄图用“两国论”抵制“一国两制”，阻挡中国人民完成祖国统一大业的前进步伐。

四是企图把台湾问题国际化，挟外力推行“台独”。今年以来，国际形势发生错综复杂的变化。以美国为首的北约打着“人道主义干预”的旗号，悍然发动对南斯拉夫联盟共和国的武装侵略，使国际上民族分裂主义势力受到鼓舞。他们还公然轰炸我驻南联盟大使馆，激起了我国各族人民和海内外一切爱国力量的无比愤慨，与此同时美国国内又出现一股新的反华浪潮。在这种国际大气候下，李登辉错误地估计形势，以为有机可乘，于是有恃无恐地向国际社会公认的一个中国原则发难，企图浑水摸鱼，以求一逞，在分裂祖国的危险道路上越走越远。

二、从遮遮掩掩到和盘托出

几年前，李登辉故弄玄虚地说：“我当总统头两年里，延续的是前总统蒋经国的政策，之后，也许是上帝在引导我……”请读者注意，这个“上帝”，不在“天国”，也不在别的地方，而在台湾当局，正是这个登上所谓“总统”宝座的李登辉不想按照“前总统”的政策办事了，他要冒天下之大不韪，自己“引导”自己向着分裂中国的道路走去。人们只要回顾一下李登辉十多年来的种种言行就可以清楚地看出，尽管他惯于玩弄两面手法，不断变换说词，遮遮掩掩，反复无常，但万变不离其宗，他决意背弃其前任的“一个中国”政策，妄图把台湾一步步地从祖国分裂出去的诡计已暴露无遗。

李登辉上台初期，从 1988 年到 1990 年期间，由于他的地位未稳，表面上还要暂时延续一下前任“一个中国”的立场，但即使在这个时期，人们也不难察见他搞“两个中国”的真实意图。1988 年 2 月他就任“总统”后称：“我们中华民国的国策，就是只有一个中国而没有两个中国的政策。”到 1990 年 5 月，李登辉还表示：“台湾和大陆是中国不可分割的领土，所有中国人同为血脉相连的同胞。”但他在 1990 年的另一次讲话中却抛出了所谓“一国两府论”，把中央政府同台湾岛上的地方当局并列起来，说什么“一个国家，两个政府，这是现实”，“愿意同中共进行政府对政府的对话”。

1991 年台湾当局“修宪”和公布《国统纲领》以后，李登辉公然提出：“台湾已经是个主权独立国家”，“必须承认台湾是一个对等的政治实体”。1993 年 2 月，在民进党五全大会通过“台湾独立”条款后，李登辉竟然向民进党头面人物表白：“我主张中华民国在台湾，始终没有讲过一个中国。”“始终没有”吗？你看他说得多么斩钉截铁，他把自己在这以前讲过的“一个中国”的话完全赖掉了。同年 4 月，李登辉在“国大”开幕时又荒谬地宣称：“我们必须认识中国仍处于分裂的事实。中华民国在台湾，中共当局在大陆，分别行使有效的管辖权。”这就是说，李登辉把两岸关系从所谓“一国两府”又进而变为“两个对等的政治实体”的关系。

1994 年 3 月，李登辉与日本作家司马辽太郎作了一次长达数小时的吐露真情的对谈。在对谈中，他不仅根本不把台湾看作是中国的一部分，而且宣称在他的“词典”里连“‘中国’这个词也是模糊不清的”，说国民党是“外来政权”，“台湾必须是台湾人的东西”。他把两岸的统一称之为“奇怪的梦”。李登辉简直被这个令他诅咒的“奇怪的梦”搅得昏头昏脑，他不仅忘了自己是“模糊不清”的“中国”人，大概也忘了自己还是建立“外来政权”的国民党的总裁。他把自己比喻为圣经“出埃及记”中的那个“摩西”，发誓要率领台湾人“出埃及”，也就是“出中国”，创立一个新国家。

1994 年 4 月李登辉又公开声称：“现阶段是中华民国在台湾，中华人民共和国在大陆，我们应当尽量忘掉一个中国、两个中国这种字眼……”同年 7 月，台湾当局公布《台海两岸关系说明书》，认为“在中国尚未达成最后的统一以前，两岸既处于分治局面，理应各自有平等参与国际社会的权利”；“在两岸关系的处理上，双方既不属于国与国间的关系，也有别于一般单纯的国内事务。”这里，李登辉为掩人耳目，采用了既非国际也非国内的模糊表述，对外仍用“两个对等政治实体”来定位两岸关系，在政策宣示上则表示“中华民国”主权及于全中国，治权仅及台、澎、金、马。《说明书》对“对等政治实体”的解释是：“所谓‘政治实体’一词含义相当广泛，可以指一个国家、一个政府或一个政治组织。”在这一时期，以李登辉为首的台湾当局是在“创造性模糊”遮掩下，搞所谓“隐性台独”。

1995 年 4 月，李登辉又正式抛出所谓“分裂分治论”，就是用“一个分裂、分治的国家”代替一个中国。他在“国统会”上发表谈话说：“台湾与大陆分别由两个互不隶属的政治实体治理，形成了海峡两岸分裂、分治的局面。”1996 年 5 月，李登辉在接受美国有线电视新闻网采访时又说：“我们应当了解中国是一个分裂、分治的国家”，“如有‘一个中国’，我们认为是统一以后才有一个中国，没有统一，这里就没有这种所谓的‘一个中国’”。

除了在言论上鼓吹“台独”，李登辉还力图通过非法的“修宪”建立与“两个中国”相适应的政治体制，强调他这个“总统”是“名正言顺”的，要对“台湾人的总统”权限进行法律定位。同时以“宪政体制改革”为幌子，策划“废省”或“冻省”，改变台湾省的行政建制，实际上要在政治体制上和法律上改变台湾是中国的一个省的事实，最终达到割断台湾与祖国大陆联系的目的。

在国际上，李登辉上台后把台湾当局过去搞的“弹性外交”更名为“务实外交”，提出要“拓展生存空间”，大搞所谓“银弹外交”、“度假外交”、“元首外交”等，力图使台湾获得“独立国际人格”和“实质独立”。1995年6月李登辉访美，把台湾当局的“务实外交”活动推到高峰。他在康奈尔大学发表演讲，大肆宣扬“在台湾的中华民国”。这是李登辉跑到美国向国际社会发表的一篇分裂祖国的反动宣言。

李登辉上台后，为了达到分裂祖国的图谋，还不断调整台湾的军事战略，加快武器装备的更新步伐，大量从美国等西方国家购买各类先进武器装备。据瑞典斯德哥尔摩国际和平研究所公布的一项报告估计，从1994年至1998年，台湾武器进口总价值达133.11亿美元，居全球之首。实际上台湾进口武器的总价值远不止此数。直到前几天，美国又宣布卖给台湾5.5亿美元的先进武器装备。台湾当局还频繁举行各类军事演习，并谋求加入美国主导的“战区导弹防御系统”，极力与祖国大陆进行军事对抗。

到了1999年5月，李登辉在他出版的新书《台湾的主张》中，居心叵测地把中国划分为台湾、西藏、新疆、蒙古、东北等七个区域。据在日本东京出版的一家中文日报透露，此书是李登辉口述，由一个日本人捉刀代笔的，是“两国论”的最初蓝本。书中提出的臭名昭著的“七块论”，显然是为了呼应西方反华势力的“分化”、“西化”中国的政治图谋的。书中写道：“‘在台湾的中华民国’具有国家的主体性，也保持了主权独立”，当务之急“是将‘中华民国在台湾’或‘台湾的中华民国’实质化”。李登辉还表示：“希望在卸任总统职务之前，能集国际法学者之力，就台湾的国家定位问题，提出更完整的解释。”两个月以后，李登辉认为他分裂祖国的“法理根据”和政治纲领已准备就绪，于是就明目张胆地抛出了“两国论”。

大量事实表明，李登辉上台以后，虽然有时表面上也曾表示“坚决主张一个中国，反对‘两个中国’与‘一中一台’”，并标榜自己讲了“130多次反台独”。但他骨子里一直是搞“两个中国”的。为了分裂中国，他真是到了绞尽脑汁、挖空心思的地步。十多年中，你们看他炮制出了多少妙论：一会儿“一国两府论”，一会儿“两个政治实体论”，一会儿“出埃及论”，一会儿“分裂分治论”，一会儿“七块论”，直到最后他把两岸关系“定位”于“两国论”。李登辉何以要如此“竹竿随身、逢场作戏”，如此闪烁其词、吞吞吐吐呢？自然是有他不便宣示之“苦衷”的。因为历来干分裂祖国的勾当，都是见不得人的，都是不得人心的。李登辉深知，要把台湾从中国分割出去，这是他的前任们都未曾干的，他再斗起胆子来干，也必定会受到国民党内和台湾岛内反对“台独”力量的抵制，必定会遭到全国人民的怒斥和反对，在国际上也得不到多少支持。那么，这次他为什么又明目张胆地抛出他的真实政治主张“两国论”呢？这是因为他下台在即，时日不多，只有孤注一掷了，即使在国人中留下千古骂名，他也顾不得了，而且他自以为已经找到“两国论”的历史和法理上的所谓“根据”，自以为当前的国际形势对他推进“台独”也有利，所以急不可耐地就把“两国论”和盘托出了。

三、“两国论”与历史事实相悖，于法理不容

李登辉在这次抛出“两国论”之前，曾授意他的“智囊”们谋划于密室，进行了两年多的所谓“研究”。据台湾报刊披露，他们“深入研究了《开罗宣言》和《波茨坦公告》”，“认为这两个宣言对台湾的国际地位是有利的”，“可用来破解中共设下的国际迷障，证明台湾所属以及中华民国的存在”；并说李登辉“就是想用国际上的宣言或条约，回到历史来证明中华民国的正统以及国祚的延续并未中断，同时证明台湾属于中华民国的事实”，从而“向世人声明中国目前确实是处于分治的状态，绝非中共所陈述的‘台湾属于中华人民共和国’”。

上述论点归纳起来，一是用《开罗宣言》和《波茨坦公告》“证明”中华民国的“正统”，“证明”中华民国自1912年以来一直是主权独立的国家；二是说1949年以来中华人民共和国未统治过台湾，台湾属于中华民国而不属于中华人民共和国。

李登辉及其一小撮追随者们的这些论点，纯属自欺欺人，它既与历史事实相悖，又于国际法原理不容。

第一，1943年的《开罗宣言》和1945年的《波茨坦公告》规定和确认，日本应将台湾“归还给中华民国”，这的确是事实，因为当时的中华民国政府是国际社会承认的中国中央政府。但这并不能证明中华民国因为当时是“正统的”而以后就不可被推翻，更不能证明“中华民国国祚的延续并未中断”、“中华民国”至今依然存在。李登辉在这里回避了一个重大的历史事实：1949年中华人民共和国成立后，“中华民国”便已灭亡，原来“中华民国”所拥有的领土、主权等，已全部由中华人民共和国政府所继承，当然包括台、澎、金、马在内。

1840年以后，由于西方列强的入侵，封建的中国逐步变成半殖民地半封建的国家。孙中山先生领导的辛亥革命，废除了封建帝制，于1912年创立了“中华民国”。这是中国历史的一个进步。“中华民国”政府曾对外代表中国行使国家主权。但是，由于军阀混战，特

别是 1927 年蒋介石集团背叛孙中山倡导的国民革命以后，“中华民国”不但没能改变旧中国半殖民地半封建国家的悲惨命运，而且使中国人民陷入更加深重的苦难之中。中国人民在中国共产党领导下，经过长期奋斗，终于推翻了帝国主义、封建主义和官僚资本主义的统治，在 1949 年宣告了“中华民国”的终结，建立了中华人民共和国，开辟了中国历史的新纪元。从那时起，中华人民共和国政府便成为中国的唯一合法政府，取代了被推翻的“中华民国”而行使中国的国家主权。

中华民国政府是在推翻清王朝的封建统治后建立起来的政权，它打破了清王朝的“正统”，成为当时中国的合法政府。1949 年中国人民又打破了中华民国的“正统”，建立了中华人民共和国。由于蒋介石国民党的残余势力跑到了台湾并得到了外部势力的支持，中国人民至今尚未实现祖国的完全统一。但是，这一事实并不能作为台湾是所谓“主权独立国家”的根据。按照国际法的“有效统治”原则，一个国家的新政府成立时，只要它能够有效地对该国的绝大部分领土行使着主权，该政府就可以被国际上所承认。国际社会正是根据这一“有效统治”原则，承认中华人民共和国政府是中国唯一的合法政府。台湾当局只不过是盘踞在中国境内若干岛屿上的旧政府的残余势力。怎么能说“中华民国”至今仍然存在，台湾还属于那个早已不存在的“中华民国”呢？这种历史和国际常识上的大笑话，只有分裂成性的李登辉及其一伙追随者们才制造得出来。

第二，根据国际法原理，国家与政府是两个不同的概念。国家是国际法主体，而政府是国家的代表。一个国家的旧政府一旦被推翻，它便无权代表这个国家，而只能由新政府取而代之。这种政府的更迭，在国际法中属于“政府的承认”问题，而丝毫不改变这个国家的国际法主体地位，这个国家的全部领土、主权都应由新政府所继承。这也是国际法的基本常识。因此，1943 年中、美、英三国发表的《开罗宣言》中规定日本将“诸如满洲、台湾、澎湖等日本国从中国窃取的一切地区归还给中华民国”，其确切含意是日本应将它侵占的台湾等地区归还给当时“中华民国”政府所代表的中国。1949 年中华人民共和国政府建立并成为中国的唯一合法政府后，台湾自然也就属于中华人民共和国政府所代表的中国不可分割的一部分。这也早已成为国际社会的普遍共识。世界上已有 160 多个国家与中国建立了外交关系，它们都承认世界上只有一个中国，中华人民共和国政府是中国唯一合法政府，台湾是中国领土不可分割的一部分。

美国在 1972 年中美《上海公报》中声明：“美国认识到，在台湾海峡两岸的所有中国人都认为只有一个中国，台湾是中国的一部分。美国政府对这一立场不提出异议。”美国在 1978 年《中美建交公报》中进一步承认：“中华人民共和国政府是中国的唯一合法政府。在此范围内，美国人民将同台湾人民保持文化、商务和其他非官方关系”；“承认中国的立场，即只有一个中国，台湾是中国的一部分”。

1972 年《中日联合声明》规定：“日本国政府承认中华人民共和国政府是中国唯一合法政府”；“中华人民共和国政府认为台湾是中华人民共和国领土不可分割的一部分。日本国政府充分尊重和理解中国政府的这一立场，并坚持遵循波茨坦公告第八条的立场”。

李登辉抛出“两国论”后，包括美日两国在内的世界许多国家纷纷重申，坚持一个中国的政策，不支持“一中一台”，不支持“台湾独立”。李登辉不顾国际法的基本常识，回避重大的历史事实，又无视国际社会对一个中国原则的普遍承认，企图用 1949 年中华人民共和国成立以前由“中华民国”签署的国际文件，来证明“中华民国”依然存在，“台湾属于中华民国”。这种痴人说梦式的闹剧，除了从反面教育所有的中国人，除了彻底暴露李登辉的分裂面目，不会有任何其他作用。

第三，台湾是中国神圣的固有领土，而不是“主权独立的国家”，这一点从来就不以由谁占领台湾所决定或改变。早在公元 3 世纪，中国三国时期的孙权曾派人赴台开拓。公元 12 世纪中叶，中国南宋政府派兵驻守澎湖，并将澎湖划归福建泉州晋江县管辖。中国元朝也曾派兵赴台，并在澎湖设立了巡检司。“台湾”的名称，就是中国明朝万历年间根据台南原“大湾”港的谐音演化而来的。1642 年荷兰殖民主义者霸占并统治台湾 20 年。1662 年郑成功收复台湾。1684 年中国清政府设立台湾府，隶属福建省。1885 年清政府正式设立台湾省。1894 年日本发动甲午战争，于第二年强迫清政府签署丧权辱国的《马关条约》，将台湾省割让给日本。日本对台湾的殖民统治长达 50 年。但这都没有改变台湾是中国领土不可分割的一部分这个事实。怎么能够说 1949 年在中国内战中失败和被推翻的国民党政府的残余势力逃到台湾，占据了台、澎、金、马，就使台湾变成了一个“主权独立的国家”呢？

第四，李登辉说 1991 年台湾“修宪”后，已将“宪法”的地域效力限缩在台湾，并承认中华人民共和国在大陆统治权的合法性，从而将两岸关系“定位”在“特殊的国与国关系”。这种说法也是根本站不住脚的。

根据国际公认的宪法学原理，宪法是关于“一个国家的整个政治制度，建立、管理或治理政府的规则的总合”，是“包含治理国家的指导原则的国家的根本法”，具有最高的法律效力。只有代表国家的中央政府才具有制定宪法的资格，而一个国家的地区则无权制定宪法。台湾是中国的一个地区，根本不具有制定宪法的资格，更谈不上通过所谓“修宪”来给两岸关系“定位”。

抗日战争胜利后，国民党统治集团在发动大规模反人民内战的同时，曾于1946年11月召开所谓“国大”，通过了一个《中华民国宪法》。但到了1949年，随着中国人民解放战争的胜利号角宣告“中华民国”的灭亡，《中华民国宪法》也就理所当然地被废除了。“皮之不存，毛将焉附？”这种社会常识，李登辉也不懂吗？但分裂祖国的反动本性使他就是如此的利令智昏！李登辉叫嚷要通过台湾的“修宪”来给祖国大陆与台湾的关系进行所谓“定位”，而且要使“两国论”成为台湾人必须遵守的法律。这是完全非法的和无效的。李登辉的这种倒行逆施的政治笑柄，必然要遭到全体中国人民唾弃的。

第五，台湾当局还透露，李登辉在同“德国之声”记者谈话中，把他的“两国论”公之于世，还有一番政治寓意，就是想要仿效“两个德国”的模式。然而，这种算盘又打错了。台湾与祖国大陆的关系同当年两个德国的关系，是根本性质不同的两回事。在第二次世界大战中，中国是战胜国，根据《开罗宣言》和《波茨坦公告》，台湾在1945年已归还中国。台湾同祖国大陆的分离，是中国内战遗留下来的问题。1949年中华人民共和国政府成立后，盘踞在台湾省的旧政府残余势力根本不能代表中国。联合国在恢复中华人民共和国政府在联合国的合法席位时，已将台湾当局的代表从联合国及其附属机构驱逐出去了。因此，世界上只有一个中国，海峡两岸的关系是中央政府同一个省的关系，两岸的统一纯属中国的内部事务。德国的情况则不同。纳粹德国是第二次世界大战的战败国，战后苏、美、英、法四国根据《雅尔塔协议》分区占领了德国。1948年6月，美英法三国占领区合并为西德，苏联占领区则建立了东德。东西德相互承认，并于1973年9月同时加入联合国，从而形成两个德国并存的局面。一个完整的德国被分割为两个德国，是纳粹德国对外侵略失败的结果，也是冷战时期美苏争霸的产物。李登辉却硬要搬来仿效，以为可以借此作为他搞“两个中国”的一个依据，这除了贻笑于世，他还能得到什么呢？岂不可叹也夫！

四、螳臂当车自不量力

在中国数千年历史上，国家的统一始终是主流。历史经验证明，民族团结和国家统一乃是中华民族发展进步的重要保障。孙中山先生说得好：“中国是一个统一的国家，这一点已牢牢地印在我国的历史意识之中，正是这种意识才使文明能作为一个国家保存下来。”他曾尖锐地指出：“赞成统一是我友，反对统一是吾敌。”中国人民一向对一切背叛和分裂祖国、损害中华民族根本利益的行径深恶痛绝，视为“人神所共嫉，天地所不容”。李登辉公然鼓吹“两国论”，妄图分裂祖国，这充分表明他是发展两岸关系的绊脚石，是完成祖国统一大业的严重障碍。

李登辉所以走上分裂祖国、背叛民族的可耻道路，绝不是偶然的。人们只要稍微了解一下他一生的政治轨迹，就不难看到他走到今天这种政治结局，是有其顽固的思想基础和深刻的社会根源的。他祖籍福建，生于当时处于日本统治下的台湾，从小受日本殖民统治的“皇民化”教育。他曾津津乐道地说：“22岁以前是日本人。”他身为一个中国人，却没有一颗中国心。他加入过中国共产党，又背叛了中国共产党；他加入了国民党，又从根本上背叛了孙中山，也背叛了国民党中一切爱国的人士；他在所谓“总统”任期内的所作所为，完全背叛了包括台湾人民在内的整个中华民族。李登辉惯于翻手为云，覆手为雨，出尔反尔，言而无信，一直靠政治投机、政治赌博过日子。他最终堕落成为分裂祖国的最大头目，自己把自己牢牢钉在中华民族历史的耻辱柱上。

在人类即将进入21世纪的重要历史时刻，中国人民正面临着实现祖国完全统一、实现中华民族全面振兴的伟大任务。台湾同祖国大陆处于分离状态已经50年了，全国各族人民绝不会允许让这种不正常状态长期拖延下去。早日解决台湾问题，是大势所趋，人心所向，是任何势力都阻挡不了的历史潮流。中国人民完全有能力维护自己国家主权和领土完整，李登辉分裂祖国的阴谋是绝不可能得逞的。请看今日之域中竟是谁家之天下！螳臂当车，蚍蜉撼树，这种笑话自古以来未曾绝种。李登辉今日又要重弹这类笑话，无非是在这种“笑林”中又增加一个新的可耻角色。他的一切分裂诡计都不可能阻挡中国人民完成祖国统一的历史车轮，而只能是自取灭亡。李登辉抛出“两国论”后，不仅遭到国内外中华儿女的强烈谴责，人人喊打，也受到国民党内的和台湾政界的一切有识之士的抵制和反对，李登辉已经处于四面楚歌、十分孤立的境地。我们奉劝李登辉的追随者不要再执迷不悟了。在你们面前仍然有两条道路可供选择：如果能以民族大义为重，遵守一个中国的原则，为发展两岸关系和促进祖国和平统一做些好事，那就会受到祖国人民的欢迎；如果继续执行和延续李登辉“两个中国”的“理念”，那是绝对没有出路的，到头来也逃脱不了历史的惩罚。

中共中央总书记江泽民在辽宁考察

江泽民8月10日至15日在辽宁省考察工作，重点就老工业基地的国有企业改革和发展进行调研。

随行的人员有中共中央政治局委员、国务院副总理吴邦国，中共中央政治局候补委员、书记处书记曾庆红。

考察途中，听取了辽宁省委、省政府主要负责同志的汇报。江泽民江泽民说，辽宁省广大干部群众认真贯彻中央的路线方针政策，齐心协力，不断开拓，改革和建设都取得了新的成绩，精神文明建设和其他各项事业健康发展，面貌有了很大改变。江泽民勉励他们在已经取得的成绩基础上继续前进，当前更要在国有企业改革上取得新的突破，使国有企业形成新的发展优势。他指出，辽宁等东北老工业基地国有经济布局调整的任务重，面临的困难多，要坚持解放思想，实事求是，一切从实际出发，进一步加大工作力度。同时，要积极培育新的经济增长点，发展多种所有制经济。国家对这些地区的资产重组和结构调整以及国有企业下岗职工安置资金等，也要给予更多的支持。东北这样的老工业基地努力实现国有企业改革与脱困目标，就能大大增强人们搞好国有企业的信心，为全国国有企业的改革和发展作出重大贡献。

江泽民先后考察了大连造船厂、中国华录·松下电子信息有限公司、鞍山钢铁集团公司、沈阳第一机床厂、沈阳飞机工业(集团)有限公司、沈阳劳模物业管理有限公司、东大阿尔派软件有限公司。

全国人大常委会委员长李鹏在人民大会堂会见泰国国会下院第一副议长梭蓬·佩沙旺和夫人

最高人民检察院检察长韩杼滨表示中国愿加强国际司法交流合作

韩杼滨在阿根廷首都举行的第二届美洲国家检察长特别大会上发表演讲表示，中国检察机关非常乐意进一步加强与各国检察机关的交流与合作，借鉴外国检察机关的成功经验，为国际社会的和平与发展作出贡献。

他说，最近几年，中国在司法领域的国际交流与合作日益活跃，中国与俄罗斯、加拿大等 27 个国家签订了司法协助条约，最高人民检察院还与俄罗斯、新加坡等 11 个国家的检察机关签署了双边合作协议。

中国游泳协会支持国际业余游泳联合会在洛桑宣布中国选手王炜和熊国鸣因药检呈阳性均被禁赛 3 年决定并对此事作进一步调查和处罚

中国选手于丽娜在萨格勒世界军人运动会上获得女子柔道 78 公斤级冠军

8 月 11 日

国务院任命澳门特区首届政府主要官员和检察长

根据澳门特别行政区行政长官何厚铧的提名，国务院任命了澳门特别行政区第一届政府 7 名主要官员和澳门特别行政区检察长，名单如下：

一、主要官员

陈丽敏为行政法务司司长；谭伯源为经济财政司司长；张国华为保安司司长；崔世安为社会文化司司长；欧文龙为运输工务司司长；张裕为廉政公署廉政专员；蔡美莉为审计署审计长。

二、检察长

何超明为检察院检察长。

以上主要官员和检察长将于 1999 年 12 月 20 日就职。

中共中央总书记国家主席江泽民在辽宁大连主持召开八省区市国企改革和发展座谈会

江泽民 8 月 11 日至 12 日主持召开东北和华北地区八省区市国有企业改革和发展座谈会，在会上发表题为《坚定信心，深化改革，开创国有企业发展的新局面》的讲话。这是今年以来，江泽民第五次主持召开部分省区市国有企业改革和发展座谈会。中共中央政治局委员、国务院副总理吴邦国，中共中央政治局候补委员、书记处书记曾庆红等出席座谈会。

座谈会上，中共中央政治局委员、北京市委书记贾庆林，天津市委书记张立昌，河北省委书记叶连松，山西省委书记田成平，内蒙古自治区党委书记刘明祖，吉林省委书记王云坤，黑龙江省委书记徐有芳，辽宁省委书记闻世震先后发言，介绍了本地区国有企业改革和发展的做法和经验；国家经贸委副主任石万鹏汇报了当前全国国有企业特别是纺织行业改革和发展的情况；北京开关厂厂长黄国诚、天津汽车工业集团有限公司董事长事张应吉、河北石家庄制药集团有限公司董事长蔡东晨、山西南风化工集团股份有限公司董事长王梦飞、内蒙古自治区伊利实业集团股份有限公司董事长郑俊怀、吉林化纤集团董事长傅万才、黑龙江龙涤集团有限公司董事长赵瑞民、辽宁鞍钢集团公司董事长刘玠，分别结合本企业改革和发展的实际作了发言。

出席座谈会的还有中央军委委员、解放军总装备部部长曹刚川，中央有关方面负责人王刚、滕文生、曾培炎、华建敏、盛华仁、项怀诚、戴相龙、由喜贵、王沪宁、贾廷安，军队和地方有关负责同志梁光烈、刘淇、李盛霖、钮茂生、刘振华、云布龙、张国光、洪虎、田凤山。

建设部召开全国建设系统电话会议

电话会议提出从4个方面落实党中央、国务院关于当前经济工作的重要部署和决策,即:深化住房制度改革,扩大居民住房消费;加快城市基础设施建设;加强政策引导,继续抓好移民建镇工作;统筹规划,强化管理,加快小城镇建设。

建设部部长俞正声在电话会议上说,扩大居民住房消费,解决住宅有效需求不足问题的根本出路在于深化住房制度改革,通过制度创新和调整财政、信贷、税收政策,有效地刺激住房消费。目前要从8个方面采取措施。第一是加快住房分配货币化的步伐,中央机关的房改方案即将出台,全国各城市的住房分配货币化方案原则上都要在9月底前出台。第二是加快出售公有住房,积极推进租金改革。第三是全面开放住房二级市场,促进已出售公房和经济适用住房上市流通。第四是进一步完善税费政策,鼓励住房建设和消费。第五是改进个人住房贷款担保办法,改善金融服务,进一步加大金融对住房消费的支持力度。第六是加强市场调查,根据市场需求保持住房建设投资的适度规模。第七是做好空置房的消化工作。第八是围绕住房流通的各个环节,最大程度地简化手续,减轻收费,为居民住房消费创造良好的环境。

人类学家通过遗传学和考古记录的研究提出印第安人是越过白令海峡到达北美的亚洲人后裔现在这一理论又得到一种名叫JC的病毒的支持

王静玲王金艳和潘松在萨格勒第二届世界军人运动会上夺得女子48公斤级52公斤级和男子100公斤以上级柔道金牌铁人三项女队夺得团体金牌

全国纠正医药购销中不正之风工作电视电话会议在北京召开

会议由国务院纠风办、国家计委、国家经贸委、卫生部、国家工商局、国家药品监督管理局联合召开。

会议反映,近年来,各地区和有关部门曾多次组织力量,对制售假劣药品和药品回扣等违法犯罪行为进行过集中打击和专项检查,取得了一定成效。但是,在药品管理方面仍然存在不少问题,突出表现在:非法开办和变相开办药品集贸市场现象相当严重,曾被取缔过的又死灰复燃,这些非法药品集贸市场实际上成了假劣药品的集散地;药品批发企业过多过滥,无证照、证照不全、出租或转让证照、超证照范围生产经营药品和在中药材专业市场内超范围经营中西成药等问题大量存在;许多药品价格虚高,在购销中给予、收受回扣和虚假开票的违纪违法行为屡禁不止;卫生医疗单位依赖药品收入,多购多用高价药的现象较为普遍,少数医务人员以"开单费"谋取私利的问题时有发生。上述问题的存在,不仅严重影响医药卫生事业的健康发展,加重国家、企事业单位和患者的负担,危害人民群众的生命健康,而且扰乱了正常的社会经济秩序,滋生腐败,败坏社会风气。

国务委员兼国务院秘书长王忠禹在电视电话会议上指出,今年治理的重点和阶段性要求,一是要下决心把目前各地擅自搞的几十个非法药品集贸市场坚决取缔掉,不允许以种种借口搞"变通",留有死角,经国务院有关部门批准的17个中药材专业市场也要按要求加以严格规范;二是对药品生产经营企业要进行全面清理整顿,切实解决药品经营企业过多过滥的问题;三是严厉打击制售假劣药品、给予和收受回扣等违法犯罪活动,严格规范药品的价格行为;四是卫生医疗单位必须加强对药品的管理,坚决实行医药分开核算、分别管理的制度。

中央纪委副书记、监察部部长、国务院纠风办主任何勇在会上对今年要实现的阶段性目标和主要工作作了具体安排。他强调,大力纠正医药购销中的不正之风,是一项得人心、顺民意的"德政工程",意义重大,势在必行。要充分发挥社会和新闻舆论的监督作用;要认真进行全面清理和自查自纠,加强专项检查和重点抽查;各级纪检监察机关和纠风办要在党委和政府的统一领导下,认真履行职责;对拒不执行国家有关规定,继续开办非法药品市场和从事违规购销活动的,要坚决查处。

中央纪委驻国家计委纪检组组长卢时彻、国家经贸委副主任张志刚、卫生部副部长王陇德、国家工商局副局长甘国屏、国家药品监督管理局局长郑筱萸在会上根据各自的职责,就如何搞好纠正医药购销中不正之风工作作了部署。中央和国家机关有关部门、解放军总后勤部、武警总部等单位的主管领导人参加会议,各省、自治区、直辖市人民政府主管领导人等在各地的分会场参加会议。

8月12日

国务院总理朱镕基在昆明会见塔吉克斯坦总统埃莫马利·拉赫莫诺夫

《人民日报》发表评论员文章《营造文明科学的社会环境——八论抓紧处理和解决"法轮功"问题》

国家主席江泽民在东北和华北地区国有企业改革和发展座谈会上发表题为《坚定信心,深化改革,开创

国有企业发展的新局面》的讲话

今年以来，我先后到西南、中南、西北和华东地区就国有企业改革和发展进行调研，并主持召开了座谈会。这次，我们在大连召开东北和华北地区国有企业改革和发展座谈会，八省区市党委和有关企业的负责同志都提了很好的意见。

党的十五大指出，从现在起到下世纪的前十年，是我国改革和发展的关键时期。在这个时期，要努力建立起比较完善的社会主义市场经济体制，保持国民经济持续快速健康发展。要解决好这两大课题，必须不失时机地推进国有企业的改革和发展，使国有企业改革取得突破性的进展。这是实现我国现代化建设跨世纪发展宏伟目标的必然要求，也是不断保持和促进我国改革、发展、稳定的大局的必然要求。下面，我讲三个问题。

一、坚定不移地推进国有企业的改革和发展

国有企业在国家经济和社会发展中始终处于十分重要的地位。新中国成立五十年来，国有企业和广大工人阶级，为我国形成比较完整的工业体系和国民经济体系，增强经济实力和综合国力，巩固和加强国防，促进社会全面进步，提高人民生活水平，作出了重大的历史性贡献。

十一届三中全会以来，在邓小平理论指引下，我们党开辟了建设有中国特色社会主义的新道路。我们坚持解放思想，实事求是，既坚定不移地改革旧体制的弊端，为国有企业和整个经济的发展提供新的动力，又充分考虑到国有企业稳定发展对整个国民经济发展的重大意义，采取循序渐进的方式，逐步深化国有企业改革，迈出了前所未有的重大步伐。经过二十多年改革开放的伟大实践，国有企业的管理体制和经营机制发生了深刻变化，国有经济的布局和结构调整取得进展，国有独资、控股和参股等多种实现形式的发展扩大了国有经济的控制力，一批国有和国有控股企业在改革中焕发出新的生机，在市场竞争中不断成长壮大。

从一九七八年到一九九八年的二十年间，国有及国有控股工业总产值年均增长百分之八点七，资产总额年均增长百分之十六点八，上缴税金年均增长百分之十二点三。金融、铁路、电信、航空、石油、电力等关键领域基本都掌握在国有企业手中；能源、交通、邮电等基础部门和冶金、石化、化工、汽车、机械、电子等重要原材料行业和支柱产业，国有经济占据支配地位。我国钢、煤、化肥等重要工业产品产量跃居世界首位，发电量和原油、化纤产量等位居世界前列，都是以国有和国有控股企业为主生产的。国有企业仍然是国家财政收入的主要来源，目前上缴利税占财政收入的比重达百分之五十五，有力地支持着国家的改革和建设。在多种所有制经济共同发展的格局下，国有经济总体实力进一步增强，在国民经济中继续发挥主导作用，始终控制着国民经济命脉。可以说，我国社会主义工业化和现代化建设的一切重要成就，我国具有今天这样比较雄厚的综合国力和重要的国际地位，我国经济能够在激烈的国际竞争中持续稳步发展，都同国有企业发挥的巨大作用分不开。

同时也要清醒地看到，现在，国有企业改革处于攻坚阶段，发展处于关键时期。在发展社会主义市场经济的广泛而深刻的变革中，国有企业的改革和发展，都面临着一些亟待解决的深层次矛盾和问题：一些企业经营机制不活，生产经营面临困境，经济效益下降，负债率过高，富余人员较多，社会负担沉重，部分职工生活比较困难。造成这些矛盾和问题的原因是多方面的，必须进行全面的科学的分析。传统计划经济体制的深刻影响不是短期可以克服的，解决历史上遗留下来的诸多矛盾也需要一个过程，长期不合理的重复建设造成生产能力的大量过剩是许多企业陷入困境的重要原因之一，一些多年开采的矿山资源枯竭导致企业陷入困难，适应国内外市场的重大变化调整产业结构和企业组织结构要经历一个艰苦的过程。总的看，这些都是前进和发展中的问题。我们既要高度重视，又要坚定信心，采取切实有效的措施，努力加以解决。

我们正处在世纪之交的重要历史时刻。和平与发展仍然是当今时代的主题，世界格局正在向着多极化趋势发展，但霸权主义和强权政治依然存在，并有新的发展。现代科技进步日新月异，全球范围的产业和经济结构调整加快进行。综合国力的竞争，越来越成为决定一个国家前途命运的主导因素。我们既面临着难得的发展机遇，同时也面临着严峻的挑战。我们只有不断增强经济实力、国防实力和民族凝聚力，才能在日趋激烈的国际竞争中立于不败之地，才能切实维护我们的国家主权和民族尊严。

发展社会主义社会的生产力，推进国家的工业化和现代化，必须发挥国有企业特别是大中型企业的支柱作用。我国过去那种商品供应短缺的状况已经改变，某些方面出现了一定程度的生产力过剩、结构性供大于求的情况。另一方面，在信息产业、重大工业技术设备、重要基础设施设备、环境保护等领域的一些高精尖产品，传统产业中一些有特殊要求的产品，我们还生产不了，大量依赖进口。在高技术含量、高附加值产品的国际贸易中，我国所占的份额还很低。九亿人口的农村市场的巨大潜力还有待进一步开发。我们一定要敏锐把握国内外经济发展和科技进步的新趋势，抓住机遇，迎难而上，切实转变经济增长方式，大力开拓新的发展空间，增强国有经济实力，使之更好地发挥主导作用。

建立社会主义市场经济体制，使公有制与市场经济有机结合起来，必须抓住国有企业改革这个经济体制改革的中心环节。建立和完善社会主义市场经济体制，基础在于企业，最重要的是使国有企业形成适应发展社会主义市场经济要求的管理体制和经营机制。我们一定要以“三个有利于”为根本标准，努力探索能够极大促进生产力发展的公有制实现形式，大胆利用反映社会化生产规律、符合市场经济要求的各种经营方式和组织形式，建立现代企业制度，不断增强企业的科技开发能力、市场竞争能力和抗御风险能力。

工人阶级是我国的领导阶级，是促进社会安定团结的中坚力量，必须始终注意维护和发展工人阶级和广大人民群众的利益。通过深化企业改革，促进经济发展，使广大职工生活水平不断提高，这是工人阶级的长远利益和根本利益所在。我们一定要正确处理改革、发展、稳定的关系，使改革的力度、发展的速度与社会承受能力相适应，实现改革、发展、稳定相互协调和相互促进，确保社会稳定和国家长治久安。

搞好国有企业，既是关系国民经济健康运行和长远发展的重大经济问题，也是关系社会主义制度前途命运的重大政治问题。面向二十一世纪，坚定不移地推进国有企业的改革和发展，是摆在全党面前的重要任务，也是历史赋予我们这一代人的光荣使命。

二、进一步加快国有企业改革和发展的步伐

在推进国有企业改革和发展的实践中，我们已形成了一系列重要的指导方针，要继续全面贯彻落实。

第一，从战略上调整国有经济布局和改组国有企业。为适应发展社会主义市场经济的要求，从整体上搞好国有经济，实现资源的合理有效配置，提高国有资产营运效率，必须从战略上调整国有经济布局，对国有企业实施战略性改组。要坚持有进有退，有所为有所不为。国有经济在关系国民经济命脉的重要行业和关键领域必须占支配地位。其他行业和领域，可以通过资产重组和结构调整，集中力量，加强重点，提高国有资产的整体素质。国有经济对经济发展的主导作用，既要通过国有独资企业来实现，更要积极发展股份制，探索通过国有控股和参股企业来实现。国有经济的结构调整，要积极吸收和利用非国有的社会资本，以放大国有资本的功能，提高国有经济的控制力、影响力和带动力。要继续实行“抓大放小”的方针。国家在关系国民经济命脉的重要行业与关键领域，要重点培育和抓好一批国有及国有控股的大型企业和企业集团，发挥这些大企业在资本运营、技术开发、开拓国内外市场等方面的优势，成为经济结构调整和企业重组的重要力量，成为参与国际市场竞争的骨干。要放开搞活国有中小企业，重视发挥国有和其他所有制中小企业的重要作用，注重扶持科技型中小企业的发展。继续采取改组、联合、兼并、租赁、承包经营和股份合作制、出售等多种形式，放开搞活国有小型企业。无论采取哪种形式，都必须从实际出发，听取群众意见，规范操作，注重实效。

第二，坚持建立现代企业制度的改革方向。国有企业建立现代企业制度，是实现公有制与市场经济相结合的有效途径，是整个经济体制改革的关键环节。把这项工作抓好了，有利于形成社会主义市场经济的微观基础。“产权清晰、权责明确、政企分开、管理科学”，要全面理解，全面贯彻。各级政府必须转换职能，进行机构改革，改变政府直接管理企业、承担无限责任、企业多方面依赖政府的状况。公司制是现代企业制度的一种有效组织形式。要积极推进国有大中型企业进行规范的公司制改革。我国的国有资产，是全体人民的共同财富，不仅要管好用好，而且要使其保值和不断增值。国家对其出资兴办和拥有股权的企业，通过出资人代表或机构行使所有者职能，按出资额享有所有者权益。出资人要到位，要有人或有机构对国有资本负责。企业依法自主经营、自负盈亏、照章纳税，对所有者的资产净值承担保值增值的责任。极少数必须由国家垄断经营的企业成立国有独资公司；一般企业应建立有多元投资主体的公司，其中重要的由国家控股。国有独资公司也要尽可能由多家国有企业共同持股。要完善对国有大型企业、企业集团和控股公司实行国有资本授权经营的做法。允许和鼓励地方试点，不断总结经验，探索建立和完善国有资产管理的具体形式。要继续探索通过完善监事会，从体制上、机制上加强对国有资产的有效监督，确保国有资产及其权益不受侵犯。

公司法人治理结构是现代公司制的核心。要按照《公司法》，明确股东会、董事会、监事会和经理层的职责，使之各负其责、协调运转、有效制衡。目前，绝大多数国有控股公司都既有股东会、董事会、监事会，又有党委会、工会、职工代表大会，可考虑采取双向进入的办法，处理好它们之间的关系。在国有和国有控股公司中，党委负责人和职工代表可按照法定程序进入董事会，还可按法定程序进入监事会；董事长、监事会负责人和总经理可按党章和有关规定进入党委会；党委书记和董事长可由一人兼任。通过这些措施，形成公司对重大问题的统一决策机制。

第三，大力加强和改善企业管理。管理是企业永恒的主题。从严治理企业，是企业振兴的必由之路。加强企业发展战略的管理，关键是要根据不断变化的市场要求，抓住发展战略、技术创新战略和市场营销战略这些重要环节。当前，国内外市场竞争日趋激烈，不确定因素增多，这就要求企业必须高度重视科学决策和风险管理，使企业能够经受住市场变化的冲击，有效规避风险。没有规矩，不成方圆。企业经营管理的各个环节、各个方面，都应该建立和完善规章制度，有了制度，照章办事，严明奖惩，管理才能严得起来，效率才能真正提高。要坚持质量第一，采用先进标准，搞好全员全过程的质量管理，全面提高产品、工程和服务质量。

现代科学技术的发展，为加强企业管理提供了全新的条件。要重视和广泛采用现代管理技术、方法和手段来加强管理。在建设国有企业的长期实践中，我们积累了许多行之有效的管理经验，不能丢掉，要结合新的实践，赋予其新的内涵，使之在新形势下继续发挥积极作用。对先进企业在改革和发展中取得的新鲜经验，要注意总结、提高、推广。同时，要积极引进国外智力和借鉴国外企业现代管理方法。通过把我们管理企业的历史经验与新鲜经验结合起来，把我们创造的行之有效的企业管理方法与国外企业的先进管理方法结合起来，探索和形成一整套有中国特色的现代企业科学管理制度，不断实现管理创新。

要强化基础工作，狠抓企业管理的薄弱环节，突出抓好成本管理、财务管理和质量管理。企业的财务、会计、统计等方面的工作，要统一标准，规范操作，做到准确、及时反映企业经营状况。企业生产经营中存在的各种漏洞，往往是企业经营不善、效益下降的大患，要通过切实改进和加强经济核算，加以堵塞。要把加强管理和反腐倡廉结合起来，加强对企业经济活动的审计和监督，坚决纠正做假账、违反财经纪律、营私舞弊等现象。企业要增强法律意识和信用观念，依法经营管理。

第四，切实解决国有企业的突出问题和困难。对制约企业发展、导致企业陷入困境的突出问题和困难，各级党委、政府和中央有关部门必须高度重视，进一步采取措施，着力加以解决。增加银行核销呆坏账准备金用于国有大中型企业的兼并破产和资产重组，利用国内外资本市场筹集资金，增加国有资产的流动性等措施，对企业增资减债很有作用，要继续加大力度。从今年起，国家准备结合国有银行集中处理不良资产的改革，通过成立金融资产管理公司等形式，将债务沉重又符合条件的部分重点国有企业的银行债权转为股权，降低企业负债。这是支持国有大中型企业实现三年改革与脱困目标的重要举措，各有关方面要齐心协力，抓紧落实。操作时要遵循市场经济原则，严格执行有关规定，防止一哄而起、逃废银行债务和国有资产流失。企业在进行“债转股”的同时，要切实转换经营机制，练好内功。

下岗分流、减员增效和实施再就业工程，是解决国有企业富余人员的重要举措。企业要切实把减员与增效有机结合起来，降低成本，提高效益，增强竞争力。各级党委和政府必须满腔热情地关心下岗职工的生活和再就业。这是一个重大的政治责任，一定要千方百计地做好。国有企业的改革和发展搞得好不好，不仅要看企业是否减亏增盈，还要看对下岗职工的思想、生活上的关心和再就业工作是否切实抓紧并认真做好了。中央已决定提高国有企业下岗职工的基本生活保障、失业保险和城镇居民最低生活保障的水平。对财政困难的老工业基地和中西部地区，中央财政将给予适当补助。

企业办社会是国有企业的一个沉重负担，要区分不同情况逐步加以解决。各级政府要给予积极的支持。改善企业外部环境，对推进国有企业的改革和发展十分重要，也要注意全面抓紧抓好。要进一步对外开放，千方百计扩大出口，积极有效地利用外资，有计划、有步骤地发展在国外的经济技术合作，为国有企业利用两种资源和两个市场创造条件。要继续严格执法，加强执法监督，严厉打击走私、制售假冒伪劣商品等犯罪行为和侵犯企业合法权益的各种违法行为。

第五，加快推进技术进步和产业升级。创新是一个民族进步的灵魂，是国家兴旺发达的不竭动力。当今国际经济竞争的核心，是知识创新、技术创新和高技术产业化。国有企业老企业多，相当一部分企业设备与技术老化，要摆脱困境，拓展新的发展空间，必须坚持贯彻“科学技术是第一生产力”的重要思想，抓住技术进步和产业升级这个关键环节。国有企业加快发展，不能搞简单的数量扩张，必须是有质量、有效益的发展。否则，国有企业难以具有发展的后劲，我们也难以保持国民经济的持续快速健康发展。要坚持以市场为导向，用先进技术改造传统产业，增加品种，改进质量，提高效益，同时要大力向新兴产业和高技术产业进军，努力掌握核心技术，占领技术制高点。要在一些重要高新技术行业和关键领域形成一批骨干企业，在国际经济分工格局中占据有利地位。要引进、消化、吸收国外先进技术，更要增强自主创新能力，鼓励有自主知识产权的技术开发项目和高技术产业化项目。切实形成以企业为中心的技术创新体系，不仅可以使企业获得持续发展的动力，而且可以为全社会的技术进步带来巨大的推动。企业要加强技术开发力量和加大资金投入，大型企业都要建立技术开发中心，做到新产品生产一代，储备一代，开发一代。党中央、国务院最近将就加强技术创新，发展高科技，实现产业化作一个重要决定，并要召开全国性的会议进行部署。各地区、各部门和国有企业要认真贯彻落实中央的这个决定，不懈努力，推动国有企业在技术创新上不断迈出新的更大的步伐。

我国是发展中国家，传统产业有广阔的市场需求，能发挥我国劳动力充裕的优势，在国际市场上有竞争力，要给予充分重视。今年和今后若干年要适当增加财政资金，用于国有企业技术改造的贷款贴息，集中力量对重点行业、重点企业、重点产品的技术改造投入，并向老工业基地倾斜。要明确目标，选准技术改造项目，精心组织实施，引导资金投向有市场、有效益的项目，防止出现新的不合理重复建设，防止形成新的不良资产和亏损企业。

第六，建设高素质的经营管理者队伍。国有企业的经营管理者队伍，总体上是好的。他们带领广大职工在激烈的市场竞争中奋力拼搏，锐意进取，为企业的改革和发展作出了重要贡献。有没有好的领导班子和负责人，对企业的发展具有决定性的意义。必须进一步建设一支思想政治素质好，善于经营管理，熟悉本行业务，遵纪守法，廉洁自律的经营管理者队伍。要深化国有企业人事制度改革，把坚持党管干部原则、组织考核推荐和引入市场机制、公开向社会招聘结合起来，进一步研究和完善对国有企业领导人员管理的具体办法，努力营造使他们健康成长、脱颖而出的社会环境。建立和健全国有企业经营管理者的激励机制和约束机制，把物质鼓励和精神鼓励结合起来，提倡奉献精神。要完善对国有企业经营管理者的监督机制，建立企业决策失误的追究制度，实行企业领导人员任期的经济责任审计。

三、加强党对国有企业改革和发展工作的领导

坚持党的领导，是一项基本政治原则，也是我们搞好各项事业的根本政治保证。越是国际风云变幻，越是改革和发展的任务艰巨繁重，越是要加强党的领导。各级党委要站在国有企业改革和发展的前列，切实加强领导，保证中央重大决策和部署的贯彻落实。

第一，要正确分析和认识形势，坚定不移地把国有企业的改革和发展推向前进。当前，国有企业改革和发展的形势，总的是好的。今年上半年，全国工业生产持续稳步增长，主要经济效益指标已走出低谷，呈现恢复性上升态势。国有及国有控股工业企业的扭亏增盈工作取得较大进展，全国实现工业增加值同比增长百分之九点四，企业利润增长近一倍，上交税金增加较多，亏损企业亏损额明显减少。纺织行业作为中央确定的国有企业改革与脱困的突破口，经过一年半的艰苦工作，压锭、减员、减亏取得了突破性的进展，今年六月当月实现了整体转亏为盈。石油、化工、机械、电子、轻工等多数行业也出现了增利、扭亏或减亏的好势头。这说明，中央确定的国有企业改革的大政方针和去年以来提出的一系列扩大内需的政策措施是正确的。只要我们坚韧不拔地贯彻落实，充分发挥国有企业在存量资产、技术装备基础、综合配套能力和职工干部队伍等方面的有利条件，国有企业改革和发展的目标是完全可以实现的。

中央针对当前国际环境的发展变化和我国经济稳定发展的要求，决定进一步加强宏观调控，继续加大实施积极财政政策的力度，努力发挥货币政策的作用，并采取了一系列重要措施。落实好这些政策措施，可以有效地拉动需求，促进经济增长，也有利于国有企业的改革和发展。中央决定采取的加强技术创新、“债转股”、压缩过剩生产能力、关闭“五小”、增加技改贷款贴息、扩大企业直接融资等重要举措，更是从解决国有企业突出问题和困难出发的，是针对性很强的措施。把这些措施贯彻落实好，对实现国有企业三年改革与脱困目标、推动国有企业的长远发展，将会产生重要的作用。

党的十五大和十五届一中全会提出了国有企业改革与脱困的三年目标。推进国有企业改革和发展，首先要尽最大努力实现这一目标，再在这个基础上继续前进。各地区、各行业的情况不同，发展也不平衡，一定要从实际出发，着力抓好重点行业和重点企业，把解决企业当前的突出问题与长远发展结合起来。东部地区条件较好，要率先实现这个目标。中西部地区和老工业基地要加快国有经济布局和企业组织结构的调整，全力解决当前面临的突出问题，并为今后的改革和发展打下坚实基础。

第二，要全面贯彻落实党的方针政策，牢牢把握国有企业改革的正确方向。推进国有企业改革和发展，必须始终坚持以公有制为主体、多种所有制经济共同发展的基本经济制度。这是由我国的社会主义性质和初级阶段的国情决定的。离开了建设有中国特色社会主义的正确道路，不仅国有企业不可能搞好，而且我国改革、发展和稳定的大局都难以保持。公有制经济是国家引导、推动、调控经济和社会发展的重要力量，也是实现广大人民群众根本利益的重要保证。我们推进国有企业的改革和发展，说到底，就是要在发展社会主义市场经济的条件下使国有经济不断发展壮大，增强国有经济的主导作用和控制力。这一点，在我们的指导思想上，必须十分明确。我们要积极开拓，勇于进取，但决不搞私有化。这是一条大原则，绝不能有丝毫动摇。要坚持党管干部的原则，中央和地方党委对关系国家安全和经济命脉的国有重要骨干企业的领导班子，要加强管理。非公有制经济是社会主义市场经济

的重要组成部分，要继续鼓励、引导，使之健康发展。我们走建设有中国特色社会主义道路，是总结国内外一些国家发展的经验教训，从我国的历史条件和实际情况出发而作出的正确选择。改革开放二十年来，我国经济持续增长，社会政治稳定，人民生活水平不断提高，根本原因就是我们既坚持了社会主义道路，又通过改革使社会主义充满新的生机和活力。实践证明，我们改革的路子是正确的成功的。这条道路，我们要坚定不移地走下去。

第三，要进一步加强企业党组织建设，充分发挥它们在企业中的政治核心作用。企业党组织要认真贯彻党的基本路线和方针政策，围绕生产经营开展工作，为实现党的任务和企业改革与发展服务，参与企业重大问题决策，支持股东会、董事会和经理(厂长)依法行使职权。要全心全意依靠职工群众，切实尊重职工的主人翁地位，充分发挥职工群众的积极性、主动性和创造性，发挥工会和职工代表大会在民主决策、民主管理、民主监督中的作用。企业思想政治工作和精神文明建设很重要，要切实加强领导，坚持用邓小平理论和党的基本路线武装广大职工，加强对职工的教育，不断提高职工思想道德素质和科学文化素质，努力建设“四有”职工队伍。要不断改进企业党组织在新的历史条件下的活动方式和工作内容。只要善于把我们党的政治优势同市场机制结合起来，调动一切积极因素，形成合力，就一定能使国有企业焕发新的生机和活力。

第四，要坚持不懈地加强学习，深入企业改革和发展的第一线调查研究。现在，改革和发展的任务很重，新情况、新问题层出不穷，全党同志特别是领导干部都要进一步加强学习和调查研究。各级领导干部和国有企业负责人要不断了解和掌握新知识，不断开阔自己的视野，着力提高创新能力、分析解决问题能力和科学决策能力，及时解决在改革和发展中遇到的各种突出矛盾和问题。要认真学习马列主义、毛泽东思想特别是邓小平理论，不断提高理论思维能力，努力掌握正确的世界观和科学的方法论。不仅要向书本学习，而且要向实践学习。各级干部特别是领导干部都要深入实际，调查研究，努力认识和掌握经济工作和国有企业改革和发展中带规律性的东西。大家都坚持这样做了，我们的工作就一定能不断提高水平，做得更好。

总之，我们既要充分认识推进国有企业改革的重要性和紧迫性，又要看到这项工作的长期性和艰巨性。有邓小平理论和党的基本路线的指导，有二十年来改革的丰富经验，有比过去更加雄厚的综合国力和物质技术基础，有广大职工群众的积极参与，只要全党和全国上下坚定信心，统一认识，锐意改革，真抓实干，就一定能够开创国有企业改革和发展的新局面。

国务院总理朱镕基在云南考察工作

朱镕基 8 月 12 日至 16 日，在中共云南省委书记令狐安、省长李嘉廷陪同下，先后来到昆明、丽江、大理等地，考察农业种植、养殖基地和天然林保护工程。他听取云南省委、省政府的工作汇报，两次与云南省 11 个地、州的党政负责同志座谈，与他们共商云南进一步发展的大计。

朱镕基说，云南的经济发展要发挥三个优势：第一，要发挥具有多个气候带、多样物种资源的优势。云南遍地奇花异木、到处青山绿水。这样气候适宜、资源丰富的地方，就应该高度重视和大力发展多种产业。特别要依靠科学技术，积极推进生物资源开发创新工程，大力发展有特色的种植业、养殖业，着力开发本省优势的各类产业。第二，要发挥云南旅游资源丰富的优势，大力发展旅游业。云南有美丽多姿的自然风光，有丰富多彩的民族文化风情，有不少闻名遐迩的旅游胜地，今年在昆明又成功地举办了世界园艺博览会。这些对国内外游客都有很大的吸引力。旅游业是云南一大支柱产业，要用很大气力做好这篇大文章。旅游业的发展涉及很多环节，交通、住宿、饮食、卫生等每一个环节的工作都要切实做好、做细，创造方便舒适安全卫生的环境，吸引更多的海内外游客到云南来。第三，要进一步创造和发挥培育人才、引进人才的优势。云南的教育基础很好，各民族群众有重视教育的传统，要发挥这一优势，培养出千千万万各行各业需要的人才。云南四季如春，有理想的生活环境，要做好服务工作，广招天下贤士，使科技人才愿意来、扎下根。只有人才加科技，才能把自然资源的优势转化为经济发展的优势。朱镕基说，云南是我国少数民族较多的省份，要巩固和发展民族团结。只要坚决贯彻落实党中央的方针政策，各民族人民团结奋斗，扎实工作，就可以克服各种困难，一定能够实现云南的经济振兴和社会全面进步。

从去年开始实施的天然林保护工程进展如何，是朱镕基十分关心的问题，也是这次考察工作的重点。每到一地，他都向当地的党政负责人详细了解这项工程的进展情况，反复阐明搞好这一工程的重要性和紧迫性。在丽江和大理两地，朱镕基与云南省委、省政府，滇西北、滇西南和滇西等 11 个地、州的负责人进行座谈，专门听取了全省和有关地、州天然林保护工程实施情况的汇报。

朱镕基指出，加快实施天然林保护工程，是去年战胜历史上罕见的特大洪水之后，中央作出的一项重大决策。这是一个刻不容缓、迫在眉睫的工作，耽误一天，损失就会加重一分，长江黄河就不可能有宁日。我们要从经济和社会发展全局的高度，从国家和中华民族长远发展的高度，进一步提高对做好这项工作重大意义的认识。他说，去年以来，有关地区在实施天然林保护工程方面做了不少工作，乱砍滥伐的现象大为减少，但对已经取得的成绩不能估计过高，有些地方现在还没有完全停止砍伐天然林，在工作中也还存在一些需要解决的实际问题。

朱镕基强调，实施天然林保护工程是一项十分艰巨的任务，一定要下更大的决心，采取更坚决的措施，以愚公移山的精神，通过几代人的不懈努力，把这个功在当代、惠及子孙的大事办好。

朱镕基强调，实施天然林保护工程，首先要真正转变经济工作思路和传统观念。要切实把发展经济的指导思想转到重视保护资源和生态环境、实施可持续发展战略上来，转到对经济结构实施战略性调整上来。现在是实施天然林保护的有利时机，国家也有这个经济实力，特别是粮食供应充裕。他指出，实施天然林保护工程必须制订和实行正确的政策与措施。第一，国家要对天然林禁伐地区给予资金支持，以调动地方、企业和群众的积极性。对禁伐天然林而减少的地方财政收入，中央财政要通过转移支付予以适当补贴。不付出这个代价，就不能换来青山绿水。第二，采取退田还林（草）、封山绿化、以粮代赈、个体承包的措施。这项措施，不仅适用于治理黄土高原水土流失，也同样适用于其他地区天然林保护工程。要坚决实行封山植树，实行坡耕地退田还林，植树种草，同时还要严禁新的毁林毁草种粮。对退耕还林的地区，农民在种树种草的同时，国家在 定的午限内，无偿提供粮食。对造林和护林，要实行承包到户、到人的办法。第三，森工企业要由砍树转为种树、护林。一部分职工承包造林和管护任务，由国家给予资金补贴，一部分职工要下岗分流，搞好基本生活保障，通过发展其他产业，逐步解决再就业问题。第四，对以木材为原料的小造纸厂等企业，要有计划地实行关闭、破产，妥善处理债务和人员安置等问题。第五，建立强有力的监督和管理体制，加大执法力度，坚决打击偷砍盗伐的违法行为。他说，在停止砍伐天然林的同时，要选择不会对水土流失造成影响的地方，大力发展速生丰产林，并采取发展新型建材等多种措施，保证社会各方面对木材的需求。朱镕基要求，各有关地方要按照国家的统一规划和部署，抓紧制订具体方案，尽快实施。

8月13日，朱镕基专程来到3年前遭受地震灾害的丽江县，考察了震后重建的大研古城和农民新村。他不时地同当地群众亲切交谈，对丽江人民在短短的时间内恢复古城的历史文化风貌给予了高度赞扬。他来到丽江县白沙乡，察看了异地搬迁重建的文荣新村，详细了解这个村子在地震中的损失情况和纳西族村民现在的生活，仔细询问村民家庭收入和生活情况。乡亲们对朱镕基总理的关心报以热烈的掌声。

'99昆明世博会举行中国馆日活动

'99昆明世界园艺博览会迎来了开园以来的又一盛典，世博会中国馆日活动在世博园里隆重举行。

朱镕基说，中国'99昆明世界园艺博览会在世纪之交举办，对于中国人民和世界各国人民加深相互了解，增进友谊与合作，携手共进，胜利迈向21世纪；对于倡导人们热爱自然、保护自然，实现人与自然的和谐发展，具有重大的现实意义和深远的历史意义。他说，中国政府倡导人与自然和谐发展，积极推行可持续发展战略，努力与世界人民共建人类美好家园。“人与自然——迈向21世纪”既是本届世博会的鲜明主题和全世界人民的共同心声，也是中国人民向全世界人民发出的热切呼唤和中国政府不懈追求的目标。95个国家和国际组织参展参会，不仅使本届世博会异彩纷呈、盛况空前，同时也表明了人与自然和谐发展已成为世界各国人民的共同追求。

朱镕基说，中国'99昆明世博会努力展现中华人民共和国成立50年来，特别是改革开放20年来经济、社会发展的成就和中华民族光辉灿烂的文化、艺术历史。我们希望能够借此机会加深世界各国对中国的了解，增进中国人民与各国人民的友谊，扩大合作，共建未来。最后，他祝世博会和中国馆日活动圆满成功。

塔吉克斯坦总统拉赫莫诺夫和部分参展国代表应邀出席了中国馆日活动仪式。云南省各族群众在仪式上表演了歌舞节目。

中国馆日活动仪式结束后，朱镕基总理参观了上海、云南等省市的室外园区及国际展区，并同拉赫莫诺夫总统一起在常青园植树纪念。中国馆日活动仪式开始前，朱镕基亲切会见了参加活动仪式的各省、自治区、直辖市和香港特别行政区、澳门地区、台湾民间代表和部分参展国在昆明的代表。

中共云南省委书记令狐安、世博会组委会和国务院有关部门负责人参加了中国馆日活动。世博会组委会副主任、云南省省长李嘉廷主持了仪式。

国家经贸委等就整顿一次性使用医疗用品管理秩序发出通知

为切实整顿在一次性使用医疗用品上违反规定乱发证、乱收费问题，经国务院减轻企业负担部际联席会议批准，国家经贸委、国家计委、财政部、监察部、审计署、国务院纠风办、卫生部七部委联合下发通知，就一次性使用医疗用品管理秩序进行清理整顿。

8月13日

国家主席江泽民在大连与塔吉克斯坦总统拉赫莫诺夫举行会谈

江泽民指出，在本次会晤中，双方就协商一致的地段签署了国界协定，这是两国关系中的一件大事。他表示，关于尚未取得一致的地段，双方将以有关目前两国国界的条约为基础，根据公认的国际法准则，本着平等协商、互谅互让的精神，通过谈判寻求双方都能接受的解决方案。

拉赫莫诺夫再次重申塔吉克斯坦坚持"一个中国"，台湾是中国不可分割的一部分的立场。

会谈后，江泽民和拉赫莫诺夫签署中塔两国国界协定和中塔两国关于进一步发展两国睦邻友好和互利合作关系的联合声明。两国有关部门还签署了中塔两国政府汽车运输协定和中塔两国政府关于禁止非法贩运和滥用麻醉药品、精神药物和管制化学品前体的合作协议。

中华人民共和国和塔吉克斯坦共和国发表关于进一步发展两国睦邻友好和互利合作关系的联合声明

应中华人民共和国主席江泽民的邀请，塔吉克斯坦共和国总统埃莫马利·拉赫莫诺夫于1999年8月11日至14日对中华人民共和国进行了友好访问。

在访问期间举行的高层会见与会谈中，双方讨论了进一步发展中华人民共和国和塔吉克斯坦共和国各领域合作关系及共同感兴趣的国际和地区问题。

中华人民共和国和塔吉克斯坦共和国（以下简称"双方"）

强调推动两国睦邻友好合作关系的进一步发展符合两国的根本利益；

认为两国解决历史遗留边界问题取得的显著进展具有重要意义；

重申恪守1993年3月9日《关于中华人民共和国和塔吉克斯坦共和国相互关系基本原则的联合声明》和1996年9月16日《中华人民共和国和塔吉克斯坦共和国联合声明》的各项内容；

声明如下：

一、双方对两国建交以来在政治、经济、文化、科技、教育等领域互利合作的发展感到满意，并决心恪守和平共处五项原则，保持和发展长期稳定的睦邻友好、互利合作关系。

二、双方对此次两国元首签署《中华人民共和国和塔吉克斯坦共和国关于中塔国界的协定》给予高度评价，并同意以有关目前中塔国界的条约为基础，根据公认的国际法准则，本着平等协商、互谅互让的精神，就尚未协商一致地段的边界线走向问题继续进行谈判，以尽早圆满解决。

双方同意，在边界问题彻底解决前维持边界现状。

三、双方将充分利用地缘优势扩大和深化经贸合作，进一步发展两国间，包括边境地区间、省州间多种形式的经贸合作，鼓励和支持两国公司和企业建立直接联系。两国政府将为此创造更为良好的条件。

双方将加强两国政府间经贸混委会协调经贸合作的作用，切实有效地落实已签署的双边经贸协议，及时解决经贸合作中出现的问题。

四、双方将进一步发展运输领域的合作，采取必要措施，相互为客货运输提供便利，相信双方签署的汽车运输协定将有助于实现上述目的。

双方将探讨共同修建库里亚布——阔勒买公路个别路段或该路辅助设施的可能性。

五、双方重申反对任何形式的民族分裂主义、宗教极端主义以及国际恐怖主义，不允许任何组织和势力在本国境内从事针对另一方的分裂活动。双方将在打击有组织犯罪、偷运武器等跨国犯罪行为方面加强合作。

六、双方将继续打击本地区日益频繁的毒品非法种植、生产和贩运活动。为此，双方将在国际和地区范围内进行合作，并相信两国就此问题签署的双边文件将有助于实现上述目的。

七、中华人民共和国重申，将继续支持塔吉克斯坦共和国及其领导人为维护国家独立与主权、维护国内稳定和实现民族和解所做的努力。

塔吉克斯坦共和国对澳门即将回归中国表示欢迎，支持中华人民共和国领导人致力于国家统一的政治努力，重申中华人民共和国政府是中国唯一合法政府，台湾是中国领土不可分割的一部分。塔吉克斯坦政府反对制造"两个中国"或"一中一台"的图谋，确认不和台湾建立任何形式的官方关系和进行任何形式的官方往来。

八、双方对上海和莫斯科协定参加国元首比什凯克会晤表示欢迎，认为该会晤是协定参加国为加强在欧亚地区的相互信任与理解所采取的又一共同步骤。

九、双方对阿富汗武装对抗升级表示关切，强调"6＋2"成员国的努力具有重要意义，主张为和平解决阿富汗冲突而继续努力。

十、双方主张，在国际事务中应信守相互尊重主权和领土完整、平等、互不干涉内政及通过友好协商解决相互分歧与争端的原则；反对在国际关系中动辄使用武力或以武力相威胁；维护联合国在处理国际及地区事务中的权威作用。

双方愿意在国际事务中加强磋商与合作，为建立公正合理的国际政治经济新秩序而共同努力。

十一、塔吉克斯坦共和国总统埃莫马利·拉赫莫诺夫邀请中华人民共和国主席江泽民对塔吉克斯坦进行正式友好访问。江泽民主席对此表示感谢并接受邀请。访问时间将通过外交途径商定。

中华人民共和国代表 江泽民

塔吉克斯坦共和国代表 埃·拉赫莫诺夫

中央政法委员会在北京召开“切实加强法院执行工作”的全国电视电话会议

会议是在中共中央最近转发《中共最高人民法院党组关于解决人民法院“执行难”问题的报告》后召开的。中共中央要求全党、全社会大力解决人民法院“执行难”问题。

《人民日报》发表本报记者和新华社记者文章《李洪志策划指挥“4·25”非法聚集事件真相》

今年4月25日，首都北京风和日丽。然而，就在这天，突然发生了一起大规模的非法聚集事件。1万多名来自北京、天津、河北、山东、辽宁、内蒙古等地的“法轮功”练习者，有组织地集合起来围住了中南海，矛头直指党中央、国务院，严重干扰了党和国家最高领导机关的正常工作，扰乱了首都的社会秩序。这是1989年那场政治风波以来最严重的政治事件，在国内外造成了极其恶劣的政治影响。

这一事件的真相终于被揭露出来，直接策划、指挥这起事件的中心人物，就是“法轮功”的总头目李洪志。而事发后，李洪志却在国外频繁接受媒体采访，编造谎言，百般抵赖，为自己的罪责开脱。他先是说，对“4·25”非法聚集事件全然不知，当时他正在从美国到澳大利亚的路途中。当人们摆出他到过北京的证据时，他又不得不承认他确实到过北京，但只是为了转机，没有离开机场。随着事实的不断披露，在这一谎言再度被戳穿后，他又改口说在北京只停留了一天，但“没有与任何人接触”。

李洪志的谎言一次次被事实戳穿。他隐藏在这些谎言背后的违法犯罪阴谋活动，已经清楚地浮现出来。

兴风作浪　山雨欲来

李洪志是在“4·25”非法聚集事件发生前3天，即4月22日17时10分乘坐美国西北航空公司N W087次航班，从纽约飞到北京的。他在北京停留的时间不是一天，而是前后跨了3天，共44个小时。

22日入境时，李洪志在北京首都机场的一张入境登记卡上留下了自己潦草的字迹。

姓名：李洪志

护照证件号码：001106787

中国签证号：003821

在华地址：吉林省长春市解放大路103号

在“职业”一栏，李洪志在“商业人员”一项下打了一个钩。从他入境填表这一刻到他24日13时30分搭乘中国国际航空公司C A109次航班离境赴香港，他在北京根本没有从事过任何商业活动。

李洪志从大洋彼岸潜回北京，完全是“有备而来”。他事先通知了“法轮大法研究会”的核心骨干纪烈武。他一从机场回到崇文区法华寺小区16号楼他的一所相当高级的住宅，就迫不及待地让纪烈武汇报这几天“法轮功”练习者围攻天津师范大学教育学院的情况。这表明李洪志一开始就想抓住这件事策划一场更大的阴谋活动。

今年4月初，天津师范大学教育学院主办的刊物《青少年科技博览》，刊登了中国科学院院士何祚庥写的文章《我不赞成青少年练气功》，其中讲道：“有一篇关于‘法轮功’的宣传材料，就说有某工程师练了‘法轮功’后，元神出窍了，可以钻到炼钢炉里，亲眼看到炼钢炉的原子分子的种种化学变化。”何祚庥就此诙谐地提出：“炼钢炉里的温度比太上老君炭炉里的温度要高出几百度，钻进去，可能吗？”文章另一段提到，中科院理论物理研究所有一名学生因为修炼“法轮功”而“不吃、不喝、不睡、不说话”，最后被送进精神病院治疗，病愈后仍修炼“法轮功”，导致病情复发。

就是这样一篇文章，使李洪志和“法轮功”的头头们感到有了闹事的机会。4月19日，众多的“法轮功”练习者突然涌进天津师大教育学院静坐、示威，把学校正常的教学和生活秩序完全打乱。

去年5月，北京电视台曾经因为一个节目里有不同意“法轮功”的内容而遭到“法轮功”练习者1000多人数日的围攻。但是李洪志认为那次围攻组织得不好，未能把事情闹大，为此他还撤掉了“法轮功”北京总站的一个负责人。这一次李洪志决心利用天津师大教育学院这件事掀起一场更大的风波。通过他操纵控制的“法轮大法研究会”的具体组织，事态果然一步步地扩大了：

——李洪志潜入北京的前一天，4月21日，“法轮大法研究会”副会长、李洪志跟前的另一个显赫人物王治文，要求“法轮功”天津总站煽动练习者去天津师大教育学院示威。

——李洪志潜入北京的当天，4月22日，在天津师大教育学院聚集的“法轮功”练习者达到2000多人。“法轮功”天津总站再次派人到北京向王治文汇报。王治文对这么多人去闹表示“满意”，并指示他们：“可以白天去，晚上撤。”

——李洪志潜入北京的第二天，4 月 23 日，围攻天津师大教育学院的人数从 2000 多人激增到 6000 多人。当“法轮功”天津总站向王治文报告有关部门要劝离非法聚集的“法轮功”练习者时，王治文说：“怕什么，这不正是考验吗?”随后，两三千名“法轮功”练习者又到天津市委、市政府门前非法聚集。

天津的事件正随着李洪志来到北京而升温。但是，李洪志的目标并不只是在天津闹事，而是处心积虑地要把事态扩大到北京，造成更大规模的社会震荡。

密室策划　扩大事态

4 月 23 日上午，李洪志把“法轮大法研究会”的核心骨干李昌、纪烈武等人召到他的住处，密谋策划把天津的事情闹大，把火烧到北京中南海。

李昌和纪烈武在会上说：“天津的事情不能找北京哪个部门，要找中央和国务院。”李洪志当即说：“到北京去!”“要去中央，去国务院!”

李洪志强调：“人少了不行，要多去点。去年北京电视台的事就是人去少了，要是去的人多，问题早就解决了。”同时，李洪志还让王治文跟外地打招呼：“人来得越多越好”，强调“这是最后一次机会了”。

李洪志在这次秘密会议上还为围攻中南海的活动制定了一个策略：不能用“法轮大法研究会”和辅导总站的名义去做这些事情，要把普通练习者推到闹事的第一线。他要李昌、王治文、纪烈武等人去具体组织、落实。

“4·25”非法聚集中南海的计划，就这样在李洪志亲自密谋策划后定了下来。

23 日下午 1 时 30 分左右，在首都体育馆南路 1 号院 30 门 15 号，现已定居加拿大的“法轮功”核心骨干叶浩的家里，李昌、纪烈武秉承李洪志的旨意，召开了具体部署“4·25”非法聚集活动的第一次会议。

李昌传达了李洪志的决定，要求他们通知所有“法轮功”练习者，4 月 25 日清晨到中南海聚集。他特别强调，“不单是解决天津问题，而且是弘法和护法”。为了落实这一计划，他们还决定利用 24 日的“学法例会”，向“法轮功”北京总站各辅导站的负责人进行布置。

会议还没有结束，纪烈武就匆匆跑到李洪志住处，汇报计划落实的情况和具体措施。李洪志对这次会议表示满意。

23 日晚，为了维护正常的社会秩序，天津市公安局对连续几天围攻天津师大教育学院的“法轮功”练习者采取了劝离措施。“法轮功”练习者陆续离去。整个行动很平和，公安局没有抓一个人，也没有发生其他任何问题。

天津“法轮功”练习者被劝离的消息传到北京，当晚 22 时左右，“法轮大法研究会”的骨干们又聚集在叶浩家召开了部署“4·25”非法聚集活动的第二次会议。会上，李昌、王治文造谣说：天津警察抓人了，听说还死了人，还有人失踪了。他们要求把这些谣言传出去，为煽动“法轮功”练习者大规模非法聚集中南海作舆论准备。

会议还研究确定了去中南海向党和政府施加压力的三条无理要求：第一，要求公安机关立即放人；第二，给“法轮功”提供宽松的环境；第三，允许出版有关“法轮功”的书籍。

李洪志反复标榜他“对政治不感兴趣”，多次声称“‘法轮功’不涉及政治”，可他一方面建立组织，秘密串联，四处渗透；一方面摇旗呐喊，造谣惑众，策动非法聚众示威。从他们提出的这三条要求看，目的就在于把他们的非法组织合法化，任由他们发展，以便纠集、形成一股邪恶的政治势力，与党和政府进行长期的抗衡。这不是政治又是什么呢!

越是阴谋，就越是害怕阳光。按照李洪志“不要暴露这次活动是‘研究会’组织发动的”这一要求，“法轮大法研究会”核心骨干密谋商定，“4·25”行动时李昌、王治文、纪烈武 3 人和北京总站负责人都不到中南海现场，以免有的“法轮功”练习者认出他们，看出他们的组织者身份。

李洪志在做了精心策划、部署之后，核心骨干们商定，北京这边一动，他就不宜留在北京，要赶快走，免得把自己暴露出来。为了掩盖罪责，4 月 24 日一早，李洪志匆匆收拾行李，在纪烈武的护送下赶往首都机场，买了 10 时 20 分飞往香港的 C A111 次航班的机票。但班机因机械故障不能准点起飞，李洪志又改乘 C A109 次航班，于 13 时 30 分飞往香港。

就这样，李洪志从 22 日晚上到 24 日上午，在北京停留 44 个小时。在这段时间里，他的全部心思都用在了策划、组织“4·25”非法聚集活动上。他在悉尼对记者一本正经地说什么“只在北京停留一天”、“没与任何人接触”等，完全是一派胡言。

严密组织　恶意围攻

李洪志匆匆溜走后，由他一手策划的围攻中南海行动，在李昌、王治文、纪烈武等人的具体组织下，紧锣密鼓地付诸实施。同时，他坐镇香港，遥控指挥。

4 月 24 日上午 8 时 30 分，在北京东城区藏经馆胡同 7 号，召开了“法轮功”北京总站及区县辅导站骨干的“学法例会”。“学法例会”，顾名思义是为学习“法轮功”而定期举行的会议，实际上是“法轮大法研究会”操纵“法轮功”练习者的一个重要组织形式。这次“学法例会”，就成了他们为部署“4·25”非法聚集活动而举行的第三次会议。

李昌、王治文在会上按照李洪志的要求，对“4·25”行动作了具体布置，确定去中南海聚集行动的具体时间为4月25日清晨。为了掩盖他们的政治阴谋，会上决定：在中南海聚集现场，各分站长要特别安排一些人负责安全、交通、秩序和卫生，包括现场联系，出现情况和问题要及时处理；并确定了聚集的策略，参加的练习者不喊口号、不带标语、不撒传单、不要有过激言辞，对外不用“研究会”和辅导站的名义。会上还决定，“法轮功”北京总站副站长刘志春负责通知北京各区县，王治文负责通知外地。

会上传达了李洪志为了把练习者们哄骗到这次行动中来编出的一套说辞：为了“护法”，要站出来求得一个“圆满”。同时要求通过各区县分站把这个意思告诉练习者：为大法修炼争取宽松环境，这本身也是“弘法”和“护法”，大家要自觉参与到“弘法”和“护法”中来；参加聚集行动是个人自愿、个人行为、个人负责。

就这样，李洪志一方面利用“师父”、“老师”的身份让“法轮功”练习者按照他的图谋行动；一方面又竭力避免把他自己和他的一套组织暴露出来。

4月24日下午，李昌、纪烈武等“法轮大法研究会”的核心骨干及北京“法轮功”总站负责人，在叶浩家召开了部署“4·25”非法聚集活动的第四次会议。

李昌继续抬出李洪志为大家打气。他说：“师父说这种事情是最后一次了，再也不会有什么机会了。”

这次会议进一步明确了“4·25”行动现场指挥的组织分工：李昌、纪烈武负责全面指挥，王治文负责与外地联络，刘志春负责与北京各区县联络，姚洁负责与现场联络，刘树人负责通过互联网对外发表宣传稿件。会议还决定，在二七剧场附近的姚洁家设立“指挥部”，在民族宫附近柯明家设立现场联络点，派陈东月、李月秋等在中南海现场了解情况，及时向“指挥部”报告。最后，李昌反复强调总站以上负责人均不到中南海聚集现场。

根据会议的分工，王治文以“法轮大法研究会”的名义，向河北、山东、辽宁、天津、内蒙古等地的“法轮功”负责人打出一系列电话，要求他们组织“法轮功”练习者于4月25日晨到北京中南海府右街“护法”。

李洪志的意图，很快传达给“法轮功”各总站站长，各总站站长又逐级传达给各分站、辅导站以及练功者。至此，“4·25”行动的准备工作全部就绪。李洪志及其“法轮功”组织开始向党和政府发难了。

4月24日21时40分，中南海北门出现了第一批约40名“法轮功”练习者。

25日凌晨3时07分，北海附近出现来自河北的十几辆大客车，客车上的人陆续在附近地下通道内集中。

3时30分，另一部分人在护城河边汇集。

5时13分，大批“法轮功”练习者开始从北海公园正门向西行进；另一批人从胡同中走向府右街。

6时55分，府右街出现大批行进人群。

7时，中南海西门府右街一带已形成静坐场面。

这以后，聚集的人继续增多。至25日上午，人数已达1万余人。众多善良的“法轮功”练习者，在李洪志的蒙骗和煽动下，为了“长功”，为了“消业”，为了“圆满”，为了寻找一个好“气场”，来到中南海非法聚集。

4月25日上午8时，记者在事发现场看到，中南海北门路对面，自东向西一直到府右街北口，便道上站满“法轮功”练习者。记者询问其中一些人：“你们这是在做什么？”来自北京远郊县的一名妇女说，要在这里练功。记者问道：“这哪里是练功的地方？为什么要到这里来练功？”这名妇女无言以对。下午，非法聚集人数逐渐增多。18时左右，人群已排列到北海公园前门团城下。此时，府右街的交通中断，非法聚集严重影响了周围地区的社会秩序。

根据事先的安排，25日清晨，李昌、王治文、纪烈武、刘志春等20多人陆续来到在姚洁家设立的“指挥部”，频繁地与中南海聚集现场联系，不断发布命令，进行指挥。

当日早上，中办、国办信访局的工作人员约见了现场“法轮功”练习者的代表，明确指出“法轮功”练习者围聚中南海是错误的、非法的，应立即撤离，并做了大量教育工作。9时许，“法轮功”现场人员向“指挥部”报告说，4名代表进了中南海“对话”，但进去的人对为什么要搞这次活动说不清楚，又换了4个人进去，两拨人都说不清楚，要求“法轮大法研究会”和北京总站派能说清楚的人去谈。经李昌、王治文、纪烈武等人商量，并请示了在香港的李洪志同意后，决定由原来不准备露面的李昌、王治文等5人作为代表进中南海“对话”。

遥控指挥　图谋难逞

4月25日，躲在香港的李洪志又在做什么呢？

事实上，李洪志在香港的住所内，一刻也没有闲着。25日一大早，他就打来电话向“法轮大法研究会”核心骨干了解聚集中南海的情况。在整个事件过程中，他始终紧张地与北京的“指挥部”保持着“热线”联系，不断下达指示，遥控指挥现场活动。北京“指挥部”也不断给李洪志打电话汇报、请示。25日当天，他们频繁来往电话20多次。在通话中，他多次要求“让外地人多来些，再多来些”。

纪烈武将现场情况和有关问题及时报告李洪志。当现场聚集1万多人时，纪烈武打电话告诉了李洪志。李洪志说：“好，外地学员多不多？”在两拨代表进中南海“对话”后，纪烈武也都及时向李洪志作了报告，李洪志说“行”。当中办、国办信访局提出让“法轮大法研究会”和“法轮功”北京总站派人来谈时，纪烈武立即请示李洪志，李洪志答复说：“找你谈，你干吗不去。”

李昌、王治文、郝嘉凤、周德承、刘树人等“法轮大法研究会”的5名代表，与有关方面负责人无理纠缠长达八九个小时。在此期间，远在香港的李洪志多次催问向中央施压的结果。在没有得到李洪志的指令之前，中南海周围非法聚集的人群仍没有散去的迹象。

当北京市政府发布通告要求聚集者离开时，纪烈武立即报告李洪志，并请示聚集在中南海附近的人撤不撤。李洪志问：代表出来没有？纪烈武回答说，还没有。李洪志明确表示不能撤。

21时左右，李昌、王治文等人出来后，纪烈武再次报告李洪志。李洪志问：谈得怎么样？纪烈武说：“明天还要接着谈。”由于中办、国办信访局负责人严厉要求“法轮功”练习者立即停止非法聚集，他们请示李洪志当晚是否撤离，李洪志说：“老李（李昌）让走就走吧。”纪烈武接到这一指令，通知“指挥部”，“让大家都撤”。

李洪志一手策划、指挥的“4·25”非法聚集围攻中南海事件就这样宣告收场。

4月26日清晨6时左右，当李洪志了解到李昌等人并没有见到中央领导，就给纪烈武打来电话质问道：“昨天没有见到中央领导，李昌怎么就让大家撤了？”为此，他大为恼火，责怪为什么没有谈出个结果来。

8时左右，李昌、纪烈武等人陆续来到姚洁家。纪烈武说：“昨天不该撤，‘师父’还以为见到中央领导了，情况没有搞清楚。”李洪志还要他以“师父”的名义通知外地“法轮功”练习者继续来京，要大家再去中南海，人越多越好。纪烈武还叫嚣：“修炼的人什么也不怕，不怕死；必要时还是要流点血，流血才好呢！”

纪烈武的话，清楚地表明了李洪志的险恶用心，他就是要把万余名“法轮功”练习者作为棋子，妄图把中国安定团结的局面搞乱，以达到他不可告人的政治目的。

随着事件真相的不断披露，人们越来越清醒地认识到，“4·25”大规模非法聚集事件完全是一起有目的、有预谋、有组织、有策略的向党和政府示威施压、企图搞乱全国的重大政治事件。

尽管4月25日当天李洪志不在北京，但他却在中国的土地上操纵、指挥着“法轮功”练习者围攻中南海的非法聚集事件。直至26日下午，纪烈武赶到香港，当面向李洪志详细汇报了围攻中南海的全部经过后，李洪志才搭乘国泰航空公司CX103次航班飞往澳大利亚布里斯班。

从指责围攻北京电视台的人太少，到决定把天津的事情闹大，并把火烧到北京来；从确定4月25日在北京发难，到决定围攻中南海，直接向党中央、国务院示威施压；从决定不以“法轮大法研究会”的名义出面，而把不明真相的“法轮功”练习者推向前台，到决定派出代表到中南海向党中央、国务院提出三条无理要求；从对事件现场的遥控指挥，到决定事件的最终收场等大量事实充分证明，这一切都是李洪志亲自策划、指挥的。

李洪志的险恶阴谋彻底破灭了。但他苦心策划、指挥的“4·25”非法聚集事件选在春夏之交，大有深意；地点定在中南海，居心险恶。这一切与国外敌对势力掀起的反华浊流遥相呼应，干了他们想干而干不了的事。

“蚍蜉撼大树，可笑不自量。”这个自称能洞悉宇宙奥秘的李洪志，错误地判断了形势，高估了自己的力量，到头来只能是搬起石头砸自己的脚，被押上历史的审判台。

《人民日报》发表中共中央台办宣传局和国务院台办新闻局文章《一个中国是无可争辩的事实——评台湾当局对“特殊国与国关系论”的书面说明》

8月1日，台湾当局“陆委会”公布了一份“对等、和平与双赢——对特殊国与国关系论书面说明”……这是又一份顽固坚持李登辉“两国论”的辩解书。“书面说明”辩称“两国论”是“从政治、历史与法律的观点，对既存事实作明确的说明”。那么，关于1949年以后海峡两岸关系的历史、现实和法律的“既存事实”究竟是什么，必须予以澄清，以正视听。

中国只有一个，两岸绝非两国

台湾是中国的领土，海峡两岸是一个国家，绝非两个国家。这是已为全部历史、现实和法律所证明的无可争辩的事实。台湾问题是中国内战遗留的问题。解决台湾问题纯属中国的内政。

台湾自古即属于中国。从宋代到清代光绪年间，中国政府一直对台湾行使主权。1885年，清朝政府正式划台湾为单一行省。1895年，日本帝国主义通过中日“甲午战争”强行攫取了台湾与澎湖列岛。但是，中国人民从来不承认包括《马关条约》在内的一切不平等条约，并且为废除不平等条约进行了不屈不挠的斗争。1937年7月，日本帝国主义发动全面侵华战争。1941年12月，中国政府发布《中国对日宣战布告》，明确昭告中外：所有一切条约、协定、合同有涉及中日关系者，一律废止，并郑重宣布：中国将“收复台湾、澎湖、东北四省土地”，《马关条约》自属废止之列。1943年12月中、美、英三国签署的《开罗宣言》和1945年7月中、英、美三国签署后有苏联参加签署的《波茨坦公告》都明确规定，日本应将窃取于中国的领土如东北、台湾、澎湖列岛等归还中国。1945 年 8 月，日本宣布无条件投降，接受《波茨坦公告》的条款。10 月，台湾重归中国版图，置于中国主权之下。此后迄今，台湾是中国领土一部分的地位从未改变过。

1949 年 10 月，中国人民反帝反封建革命取得伟大胜利，推翻了中华民国政府的反动统治，中华人民共和国诞生，中华民国政府行使中国主权的历史至此终结。这是中国人民的历史选择。中华人民共和国政府成为全中国的唯一合法政府和国际上的唯一合法代表，理所当然地继承了原来的中华民国政府代表中国行使的包括对台湾省在内的全中国的主权。从国际法的角度说，这属于政府继承的实例，为全世界所公认。1949 年 10 月以后，虽然台湾当局还打着“中华民国政府”的旗号，但是这个所谓的“中华民国”已经完全丧失其合法性，已不再是代表中国的合法政府。李登辉所谓“两个中国并存于国际间”，从来不是事实，不过是他的图谋和幻想而已。

1971 年 10 月，第 26 届联合国大会通过第 2758 号决议，明确“承认中华人民共和国政府的代表是中国在联合国的唯一合法代表，中华人民共和国是安理会五个常任理事国之一”，宣告“把蒋介石的代表从联合国及其所属机构驱逐出去”。这说明，中华人民共和国政府作为中国的唯一合法代表的事实已被联合国接受，中国在联合国中的代表权问题从政治上、法律上、程序上都已得到公正、彻底地解决。世界上已经有 160 多个国家与中华人民共和国建交。1964 年的中法建交，1972 年的中日建交，1979 年的中美建交，以及所有与中华人民共和国建交的国家，均承认或尊重世界上只有一个中国，台湾是中国的一部分，中华人民共和国政府是全中国的唯一合法政府的事实。这是客观形势发展的必然结果，这种趋势还会发展。考虑到台湾经济发展的需要和台湾同胞的实际利益，我们对台湾与已经同中国建交国家的民间经济、文化往来，从来不持异议。如果台湾当局假借“民意”，以所谓“扩大国际生存空间”为借口，在国际上搞“两个中国”、“一中一台”的分裂活动，那是决不允许的，必须坚决反对。

国家的领土和主权不容分割。维护国家领土完整，是每个国家的神圣权利，也是国际法的基本原则。国家主权属于该国全体人民，而不属于该国某一地区的某一部分人，也绝不允许任由某一地区的某一部分人来肆意改变。虽然海峡两岸尚未统一，但是台湾是中国领土一部分的地位并没有改变，中国拥有对台湾的主权也没有改变，海峡两岸仍然是现实的一个中国。无论李登辉提出什么“两岸关系定位为国家与国家，至少是特殊的国与国关系”或“一个中国指的不是现在，而是未来”等论调，都改变不了上述事实。“书面说明”尽管列举“特殊两国论”的几个所谓“特殊性”，但在中国的主权和领土不容分割这个最根本的问题上，仍然顽固坚持李登辉所主张的海峡两岸已经分裂为两个国家、中国的主权和领土已经被分割的谬论，因此，其本质还是“两国论”。

一个中国原则是两岸平等对话与谈判的基础

“书面说明”辩称“特殊两国论”是为了确立两岸“平等谈判”的地位，这完全是违背事实的谎言，是企图打着“平等”的幌子，骗取国际舆论的同情，达到分裂国家的目的。

众所周知，中国共产党和中国政府自 1979 年实行“和平统一、一国两制”的基本方针起，即一贯主张通过平等谈判实现和平统一，并为此进行了积极的努力。1981 年 9 月 30 日，叶剑英委员长提出，“建议举行中国共产党和中国国民党两党对等谈判”。1983 年 6 月 26 日，邓小平同志更明确地提出，“建议举行两党平等会谈，实行第三次合作，而不提中央与地方谈判”。1992 年 10 月 12 日，江泽民总书记针对台湾政治的变化，进而提出“在一个中国的前提下，什么问题都可以谈，包括就两岸正式谈判的方式同台湾方面进行讨论，找到双方都认为合适的办法”。1995 年 1 月 30 日江总书记在《为促进祖国统一大业的完成而继续奋斗》的重要讲话中明确指出，在一个中国的原则下，“政治谈判的名义、地点、方式等问题，只要早日进行平等协商，总可找出双方可以接受的解决办法”。以上表明，尽管中华人民共和国政府是代表全中国的唯一合法政府，但为了照顾台湾当局关于平等谈判地位的要求，我们一直不提中央对地方的名义与台湾方面谈判，也没有说过台湾是“叛离的一省”。事实上，1992 年开始的海峡两岸关系协会与台湾的海峡交流基金会的商谈一直是在平等的地位上进行的。实践证明，在一个中国原则下，完全可以找到两岸平等谈判的适当方式。我们还主张，在统一之前，在处理两岸关系事务中，特别是在谈判中，坚持一个中国原则，就是坚持世界上只有一个中国，台湾是中国的一部分，中国的主权和领土完整不容分割。所有以实事求是的态度看待两岸关系的人，都会感受到中国共产党和中国政府所表现出的极大诚意和博大胸怀。“书面说明”中所谓坚持一个中国原则是“霸权”表现，纯属无中生有。

台湾当局声称要跳出“政治实体对主权国家的格局”、“奠定两岸对等的基础”，实际上就是要摆脱一个中国原则。将两岸关系定位为“国与国的关系”，不是奠定两岸谈判的基础，而是要“奠定”分裂中国的基础。它充分表明台湾当局所谓寻求谈判的平等地位仅仅是个借口，继续阻止两岸对话与谈判、进而把台湾从中国分割出去才是它真正的目的。

1992 年海协与海基会达成的共识是“海峡两岸均坚持一个中国之原则”

1990 年，台湾当局推动成立海基会。该会自我规定以“中国的、善意的、服务的”为宗旨。1991 年 2 月台湾当局制订的“国家统一纲领”，载明“大陆与台湾均是中国的领土”和“一个中国的原则”。正是注意到台湾当局和海基会有上述承诺，我们愿意与海基会接触、交流、商谈，并成立海协，在一个中国原则基础上进行两会商谈。

海协根据授权，在与海基会进行事务性商谈过程中，明确指出海峡两岸同胞交往中的具体问题是中国的内部事务，应本着一个中国原则协商解决；在事务性商谈中，只要表明坚持一个中国原则的基本态度，可以不讨论一个中国的政治含义。1992 年 8 月 1 日，台湾当局的“国统会”就海基会与海协商谈事务性协议时有关“一个中国”含义问题作出“结论”，确认了“海峡两岸均坚持一个中国之原则”。8 月 27 日，海协负责人发表谈话指出：“明确这一点，对海峡两岸事务性商谈具有十分重要的意义，它表明，在事务性商谈中应坚持一个中国原则已成为海峡两岸的共识。当然，我会不同意台湾有关方面对‘一个中国’含义的理解。我们主张‘和平统一，一国两制’，反对‘两个中国’、‘一中一台’、‘两个对等政治实体’的立场是一贯的。”

1992 年 11 月 16 日，海协与海基会就在事务性商谈中各自以口头方式表述“海峡两岸均坚持一个中国之原则”达成共识。海协的具体表述是“海峡两岸都坚持一个中国的原则，努力谋求国家的统一。但在海峡两岸事务性商谈中，不涉及一个中国的政治含义”；海基会的具体表述是“在海峡两岸共同努力谋求国家统一的过程中，双方虽均坚持一个中国的原则，但对于一个中国的含义，认知各有不同”。这里，海基会和海协各自向对方明确承诺坚持一个中国原则，追求国家统一。但两会是就“海峡两岸均坚持一个中国之原则”达成口头共识，至于一个中国的含义，海协说“在事务性商谈中不涉及一个中国的政治含义”，海基会说“认知各有不同”，充分说明两会从未就一个中国的含义的“各自表述”达成共识。简言之，双方以各自表述的方式表明坚持一个中国原则的态度是共识，而一个中国的内涵，双方既未讨论，也根本没有共识。台湾有关方面将这一共识歪曲为“一个中国、各自表述”是不符合实际情况的，其意图是为了在“各自表述”的名义下塞分裂主张。随着李登辉制造“两个中国”分裂活动的加剧，这一表现更为明显。如今，“书面说明”在“各自表述”的名义下，自称“双方自此就一个中国可以各说各话”，竟然把一个中国表述为“两个中国”即“特殊的国与国关系”与“两国论”，这就彻底暴露了台湾当局歪曲1992 年两会共识的真实用心。“书面说明”毫无诚意回到 1992 年的两会共识，而是企图把李登辉“两国论”的分裂主张强加于两岸对话。这是绝对不能得逞的。

“特殊两国论”是对两岸关系及亚太地区和平与稳定的蓄意破坏

一个中国原则是实现和平统一的基础和前提，也是两岸关系健康发展和两岸对话的基础和前提。离开了一个中国原则，两岸对话谈判的基础就不复存在，和平统一也将变为不可能，两岸关系也必然出现紧张和倒退，台湾海峡局势就无和平安定可言。“特殊两国论”是对 13 亿海峡两岸全体中国人民的蓄意挑衅，李登辉必须对由此产生的一切后果承担责任。

“书面说明”妄称李登辉的“特殊两国论”“充分反映了”台湾 2200 万人民的“心声”，这完全是对台湾同胞感情的亵渎。求和平、求安定、求发展是广大台湾同胞的最大心愿，也是台湾同胞的切身利益所在。“特殊两国论”蓄意挑起两岸冲突和对抗，必将导致台湾社会持续动荡不安，严重损害台湾同胞的利益。“特殊两国论”一日不收回，台湾海峡局势就难以保持和平稳定，台湾就一日不得安宁。

十多年来，经过两岸同胞的共同努力，两岸人员往来和交流不断扩大，两岸经济合作、互补互利的局面正在逐步形成，在一个中国原则下，两岸政治、经济等对话正待继续深入。然而，正当两岸同胞期待两岸关系取得进一步发展之时，李登辉迫不及待地公开抛出“两国论”，彻底毁弃两岸关系正常发展的基础，破坏了台湾海峡局势和平、安定的现状。为了把台湾从中国分割出去，他不顾台湾人民的安全、利益、福祉，孤注一掷，将 2200 万台湾同胞推向灾难的深渊。这证明李登辉不仅是两岸关系发展的绊脚石，更是台湾人民利益的背叛者。

“特殊两国论”公然挑战举世公认的一个中国原则，不仅严重破坏海峡两岸关系，也必将危及亚太地区的和平与稳定。不管“书面说明”怎样为李登辉开脱，李登辉都是国际社会的“麻烦制造者”。

发展两岸关系、实现祖国统一，是包括台湾同胞在内的全体中国人民的共同愿望和神圣的历史使命，是不可阻挡的历史发展潮流。“特殊两国论”没有出路，而用诡辩来欺骗国际舆论也挽救不了李登辉。李登辉分裂中国，必然落得身败名裂的下场。台湾当局只有彻底抛弃“两国论”、“特殊两国论”，回到一个中国原则的立场上来，才是唯一的明智之举。中国政府和中国人民有决心、有能力维护国家的主权、统一和领土完整。我们将继续坚持“和平统一、一国两制”的基本方针，全面贯彻执行江泽民主席在《为促进祖国统一大业的完成而继续奋斗》重要讲话中提出的八项主张，和广大台湾同胞一道，坚定地维护一个中国的原则，为发展两岸关系、早日实现中国的完全统一作出不懈的努力。

国家经贸委公布制止重复建设首批目录

目录涉及的固定投资项目，各级政府投资主管部门不予审批，各银行、金融机构不予贷款。自9月1日起实施。

国家主席江泽民根据全国人大常委会的决定任免驻外大使

一、免去陈德福的中华人民共和国驻斯里兰卡民主社会主义共和国特命全权大使兼驻马尔代夫共和国特命全权大使职务。

任命张云为中华人民共和国驻斯里兰卡民主社会主义共和国特命全权大使兼驻马尔代夫共和国特命全权大使。

二、免去王世杰的中华人民共和国驻伊朗伊斯兰共和国特命全权大使职务。

任命孙必干为中华人民共和国驻伊朗伊斯兰共和国特命全权大使。

三、免去刘宝莱的中华人民共和国驻约旦哈希姆王国特命全权大使职务。

任命邱胜云为中华人民共和国驻约旦哈希姆王国特命全权大使。

四、免去史永久的中华人民共和国驻厄立特里亚国特命全权大使职务。

任命陈占福为中华人民共和国驻厄立特里亚国特命全权大使。

五、免去宋增寿的中华人民共和国驻乌干达共和国特命全权大使职务。

任命张序江为中华人民共和国驻乌干达共和国特命全权大使。

六、免去李永谦的中华人民共和国驻马里共和国特命全权大使职务。

任命程涛为中华人民共和国驻马里共和国特命全权大使。

外交部发言人朱邦造对尼加拉瓜等少数国家要求联大审议台湾在联合国的“代表权”问题表示强烈谴责和坚决反对

8月14日

澳门特别行政区筹备委员会政务小组第十五次会议在北京举行

会议继续研究澳门市政机构过渡问题。

为保证澳门的平稳过渡和政权顺利交接，澳门特区筹委会根据澳门基本法的有关规定和澳门的实际情况，继续研究澳门市政机构过渡问题，内容包括澳门特区可设立非政权性的市政机构、澳门原有市政机构的法律和制度除与基本法抵触的内容外，可以继续保留等。

有关在政务小组第十五次会议上讨论的问题还将提请筹委会全体会议审议通过。

会议讨论了有关澳门市政机构的问题。

会议就组建特区临时性市政机构等问题达成了共识，建议筹委会主任委员会议将小组意见交8月28日举行的筹委会第十次全体会议审议。会议还就澳门原立法会选举产生议员过渡为澳门特别行政区第一届立法会议员资格确认的具体办法进行了讨论。

全国整顿医药市场现场会在湖南省长沙市召开

国家药品监督管理局局长郑筱萸在会上讲话时说，全国20个省、自治区、直辖市的75家非法药品集贸市场和变相药品集贸市场，必须在今年10月底以前予以取缔。

郑筱萸指出，在取缔非法药品集贸市场时，要对非法药品经营户依法进行查处；对非法经营的药品，要限期依法处理，严格防止假劣药品流入经营企业和医疗卫生单位。各地尤其要注意鉴别并坚决取缔向经营药品者提供招牌、经营场地、发票等条件，只收取一定费用，不对经营人员、发票、进货渠道、销售去向和药品质量等进行统一监管，任其独立从事药品购销活动的市场。

郑筱萸要求整顿和规范中药材专业市场。全国15个省、自治区、直辖市经国务院有关部门审批的17家中药材专业市场内，严禁销售中药饮片、中成药、化学原料药及其制剂、抗生素、生化药品、放射性药品、血清疫苗、血液制品和诊断药品以及国家规定限制销售的中药材，严禁场外交易。对入市交易的中药材要加强质量检查，不合格的不得上市交易。

郑筱萸强调，要依法查处无照经营药品活动，严厉打击制售假劣药品违法犯罪活动。各级药品监督管理部门要加大药品抽验力度。严格防止假劣药品流入灾区，用于临床。对制售假劣药品违法犯罪分子，要及时移送司法机关。

外交部发言人朱邦造就达赖喇嘛到纽约活动发表评论

朱邦造说，中国对美国政府允许达赖访美表示强烈不满和坚决反对，并已就此向美方提出严正交涉。

8 月 15 日

人民法院“执行工作宣传周”活动在全国展开

为贯彻执行中央关于解决人民法院“执行难”的重要指示及中央政法委电视电话会议精神，根据最高人民法院的统一部署，今天各地人民法院同时采取行动，一个声势浩大的“执行工作宣传周”活动在全国拉开帷幕。

上海二医大附属上海血液研究所陈赛娟陈竺为首四教授在白血病新型治疗研究跃居世界前列

南京大屠杀史学术成果交流会在南京举行

由侵华日军南京大屠杀史研究会主办的南京大屠杀史最新成果交流会日前在南京举行。

这次交流会重点围绕“日军南京大屠杀暴行”、“南京国际安全区”、“日军慰安妇”、“《东史郎日记》案不公正审判”和“历史与未来”5 个专题，进行广泛深入的研讨。

8 月 16 日

九届全国人大常委会举行第十八次委员长会议

李鹏委员长主持会议。会议决定，九届全国人大常委会第十一次会议将于 8 月 24 日至 30 日举行。

会议首先听取了全国人大常委会秘书长何椿霖作的关于九届全国人大常委会第十一次会议议程草案和日程安排意见的汇报。会议还听取了全国人大法律委员会主任委员王维澄作的关于个人独资企业法等四个法律草案主要修改意见和海洋环境保护法等两个法律草案处理意见的汇报。

会议建议，九届全国人大常委会第十一次会议的主要议程为：审议个人独资企业法草案、招标投标法草案；审议国务院关于提请审议个人所得税法修正案草案的议案；审议海洋环境保护法修订草案、气象法草案、会计法修订草案；审议全国人大内司委关于提请审议全国人大常委会关于对审判、检察工作中重大违法案件实施监督的规定草案的议案；审议全国人大财经委关于提请审议全国人大常委会关于中央预算审查监督的规定草案的议案；审议全国人大环资委关于提请审议大气污染防治法修订草案的议案；审议最高人民法院关于提请审议海事诉讼特别程序法草案的议案；审议国务院关于提请审议财政部增发国债用于增加固定资产投入和今年中央财政预算调整方案草案的议案；听取和审议国务院关于今年以来国民经济和社会发展计划执行情况的报告；听取和审议国务院关于国有企业下岗职工基本生活保障和企业离退休人员养老金发放情况的报告；听取全国人大常委会执法检查组关于检查森林法实施情况的报告等。

全国人大常委会副委员长田纪云、姜春云、邹家华、王光英、程思远、布赫、铁木尔·达瓦买提、彭珮云、何鲁丽、周光召、成克杰、曹志、成思危、许嘉璐、蒋正华出席会议。

全国台办主任会议在北京召开

会议期间，中共中央政治局委员、国务院副总理钱其琛作讲话。会议传达、学习了中央关于当前对台工作的指示精神，通报了当前反对李登辉“两国论”斗争的形势，并对今后的工作作了部署。

会议指出，今年 7 月 9 日李登辉公然抛出“两国论”，彻底暴露了他一贯蓄意分裂中国领土和主权、企图把台湾从中国分裂出去的本质，是对国际社会公认的一个中国原则的严重挑衅，是一个极其严重的分裂步骤，理所当然地遭到中国政府和人民的坚决反对。我们的斗争赢得了海内外中国人的广泛支持和参与，在国际上产生了强烈的反响，强烈地震撼了台湾社会，沉重地打击了以李登辉为首的台湾分裂势力的嚣张气焰。

会议认为，深入进行反对李登辉“两国论”的斗争，事关国家主权与领土完整，事关祖国和平统一大业。所谓“两国论”是李登辉近十年来推行分裂路线的继续，目的在于破坏两岸对话与谈判的基础，破坏两岸和平统一的基础。但他的倒行逆施不可能动摇台湾作为中国一部分的地位，也不可能改变国际社会公认的世界上只有一个中国的大格局。李登辉推行“两国论”、“特殊两国论”只能危害台湾社会、经济发展和台湾同胞的切身利益。由于李登辉的“两国论”不得人心，并在国际上受到冷遇，他的分裂祖国的狂妄企图是注定要失败的。

会议强调，要继续坚持“和平统一、一国两制”的基本方针和江泽民主席提出的八项主张，继续贯彻落实去年 5 月中央对台工作会议对世纪之交的对台工作的部署。我们要尽最大努力实现和平统一，但决不承诺放弃使用武力。当前，要深入地进行反对李登辉“两国论”的斗争，坚决维护国家主权和领土完整，坚决粉碎李登辉分裂祖国的图谋。要继续推动两岸人员往来和经济、文化等各方面的交流。要坚持不以政治分歧影响和干扰两岸经济合作的主张，继续鼓励台商投资。不论在什么情况下，都要切实依法维护台商的一切正当权益。要更加寄希望于台湾同胞，与台湾同胞一道，为促进两岸关系发展、实现和平统一共同奋斗。进行两岸和平统一谈判，进行两岸政治对话和谈判，是我们的一贯主张。台湾当局在不放弃“两国论”、“特殊两国论”的前提下，宣称愿意进行两岸政治谈判，只是蒙蔽台湾同胞、欺骗国际舆论的伎俩。如果台湾当局公开放弃“两国论”、“特殊两国论”，真正回到一个中国原则的立场上来，我们愿意继续与台湾方面进行包括政治、经济内容在内的广泛对话。

中共中央台湾工作办公室、国务院台湾事务办公室主任陈云林主持会议并作工作报告。各省、自治区、直辖市和计划单列市台办主任，中央和国家机关对台工作机构的负责人参加会议。

青海省九届人大常委会第十次会议任命赵乐际为青海省人民政府副省长并代理省长

国务院副总理钱其琛在北京会见台湾“中国统一联盟”访问团

钱其琛说，90年代以来，海峡两岸关系在经贸关系和人员往来方面有了很大发展。这是符合包括台湾同胞在内的全体中国人民心愿的。但是，李登辉出于分裂祖国的本质，每当两岸关系有进一步发展的关键时刻，就要跳出来制造障碍。李登辉最近抛出“两国论”，公然否定一个中国的原则，不过是最近的一个例子。中国政府和中国人民完全有决心、有能力维护中国的主权和领土完整，李登辉的倒行逆施在台湾同胞中也不得人心，是注定要失败的。钱其琛对“中国统一联盟”再次组团来访，表达台湾人民求和平、求安定、求发展、求统一的愿望表示欢迎，对“中国统一联盟”长期以来坚持爱国统一、反对分裂、反对“台独”的立场表示赞赏并给予高度评价。他希望两岸同胞团结起来，反对李登辉的分裂图谋，为发展两岸关系、最终实现祖国完全统一继续努力。

《人民日报》发表评论员文章《保持大局 稳定推进改革发展——九论抓紧处理和解决“法轮功”问题》

中办国办转发建设部等单位关于在京中央和国家机关进一步深化住房制度改革实施方案的通知

建设部、国家计委、财政部、中国人民银行、国管局、建设银行、中直管理局、北京市人民政府提出关于《在京中央和国家机关进一步深化住房制度改革实施方案》，已经国务院同意，这标志着我国住房分配货币化工作又一次取得了实质性重大突破。

关于停止住房实物分配，方案规定，从1998年底起，中央在京党政机关停止住房实物分配，逐步实行住房分配货币化。新建经济适用住房和腾退的旧公房，除根据需要留出一部分作为廉租住房外，原则上只售不租。为保证新老住房分配办法的平稳过渡，方案规定，凡在1998年底前已开工的单位自建住房，或已交纳购房预定金购买的商品住房，并于1999年底前竣工的，可按《国务院关于进一步深化城镇住房制度改革，加快住房建设的通知》(国发〔1998〕23号，以下简称《通知》)规定的办法向职工出售，也可以按届时北京市根据《国务院关于深化城镇住房制度改革的决定》(国发〔1994〕43号)规定的出售现有公房的成本价向职工出售。

关于职工住房补贴问题，《方案》规定，无房和住房未达标职工(含离退休职工)，在按《通知》规定的八项因素构成的微利价购买新建经济适用住房、腾退的旧公房或购买市场价商品房时，均可按规定申请住房补贴。

住房补贴采取一次性发放和按月发放相结合的形式。1998年12月31日(含)前参加工作的无房职工，1998年年底以前工作年限内的住房补贴采取一次性发放方式。其1999年1月1日之后工作年限内的住房补贴，以及1998年12月31日后参加工作的职工的住房补贴采取按月发放的方式。

职工月住房补贴的水平，为职工当月标准工资的66%。老职工一次性发放的住房补贴额为，以职工1998年月均标准工资为基数计算的1998年之前工作月份住房补贴的积累，与职工建立住房公积金制度前的工龄补贴额之和。

工龄补贴额按年度工龄补贴额与职工建立住房公积金制度前的工龄以及职工购房补贴建筑面积标准的乘积计算。1999年度每平方米建筑面积工龄补贴额为13元。机关公务人员购房补贴建筑面积标准为：科级以下，60平方米；正、副科级，70平方米；副处级，80平方米；正处级，90平方米；副司(局)级，105平方米；正司(局)级，120平方米。机关工勤人员购房补贴建筑面积标准为：技术工人中的初、中级工和25年以下工龄的普通工人，60平方米；技术工人中的高级工、技师和25年(含25年)以上工龄的普通工人，70平方米；技术工人中的高级技师，80平方米。

方案提出，要稳步提高在京中央和国家机关现有公有住房租金，并稳步开放职工已购公有住房和经济适用住房的交易市场。

国家副主席胡锦涛在人民大会堂会见由拉米罗·里韦拉主席率领的厄瓜多尔人民民主党代表团

8月17日

《人民日报》就国务院办公厅转发的农业部关于当

前调整农业生产结构的若干意见发表评论员文章《大力调结构 再上新台阶》

中国将扩大外资进入领域

中国外商投资企业协会会长谢树声在成都商务研讨会上介绍中国将进一步扩大开放领域和利用外资的有关政策措施：(一)在商业零售方面，新政策在原有基础上扩大了商业零售对外开放的范围。(二)在对外贸易方面，进一步扩大外贸利用外对外开放的程度。(三)在金融领域，今年内将取消对外资银行在中国国内设立营业性机构的地域限制；此外还将人民币业务的开放地域扩大到深圳市。(四)保险业方面，拟将开放地域从目前的上海、广州扩大到深圳、重庆、大连、天津。(五)在旅游领域，明确了外商投资设立旅行社的地域限制，中外双方只要符合《中外合资旅行社试点暂行办法》中规定的条件，即可申请设立合资旅行社。(六)在会计服务领域，将积极引进国外知名的会计师事务所进入中国会计服务市场。(七)在法制服务领域，有关部门正在考虑取消外国律师事务所在中国设立代表处的地域限制，探讨允许其在中国设立分所并开展规定的业务。

中葡联合联络小组在澳门举行组长会议

双方就澳门政权顺利交接、平稳过渡等有关问题进一步交换意见。

会后，中方组长韩肇康大使说，这次会议是在澳门过渡期最后阶段举行的，中方希望中葡两国在澳门问题上的合作精神得到更好的体现和发挥，双方以大局为重，以两国长远利益为重，使澳门过渡期剩余的工作能够积极、有序地完成。据悉，在此次会议上，双方就中国在澳门特区驻军的具体安排问题、档案和资产移交问题、2000 年财政预算编制问题、公务员退休金问题、双语通则、电信公司专营合约以及司法组织架构等问题进行了讨论。

有关政权交接仪式问题，韩肇康说，双方对此十分重视，已成立多个工作小组，并相继举行了仪式工作小组、新闻小组、礼宾小组、后勤小组等分组会议，就政权交接仪式的各方面问题进行了深入的磋商。他强调，双方以合作的精神在做积极的准备，务求确保仪式顺利举行。

关于驻军的具体安排，韩肇康说，中方对此作出了极大的努力，表现出极大的灵活性，提出了合情合理的建议。他强调，只要双方从中葡两国长远利益出发，这个问题应该可以得到妥善解决。葡方组长贾安栋表示，葡方对此愿意采取合作的态度。他说，有关驻军的具体安排，目前双方正在北京进行讨论。

韩肇康透露，葡方已向中方递交了几次政府资产的清单，相信日后葡方会有新的清单递交。关于档案移交问题，韩肇康说，双方已就这一工作的原则达成共识，现已进入讨论具体移交的方式、进程等阶段。韩肇康强调，这两项工作是必须在政权交接前完成的，相信双方会以合作的态度解决好问题。

贾安栋说，葡方愿作出努力，推广澳门特区护照，并将尽力争取欧盟给予特区护照豁免签证的便利。他还透露，目前双方仍未就邀请出席澳门政权交接仪式的国际嘉宾名单达成共识，双方将于本月 19 日再次会晤，就政权交接仪式有关问题深入进行磋商。

第十七届中国电视金鹰奖在深圳揭晓

一年一度的金鹰奖由中国文联和中国电视艺术家协会共同主办。

获得本届金鹰奖最佳作品奖的是：最佳长篇电视连续剧《还珠格格》(第一部 24 集)，最佳中篇电视剧《呼唤》，最佳短篇电视剧《太阳出山冈》，最佳儿童电视剧《少年英雄王二小》，最佳戏曲电视剧《王昭君》，最佳合拍电视剧《真命小和尚之十二铜人》，最佳综合电视文艺节目《中央电视台九九春节联欢晚会》，最佳电视专题文艺节目《旋转舞台——春节特辑·维也纳的东方神韵》，最佳音乐电视节目《相约 98》，最佳长篇电视纪录片《澳门岁月》，最佳短篇电视纪录片《真心英雄》，最佳动画片《小糊涂神》，最佳电视剧歌曲是长篇电视剧《雍正王朝》的主题歌《得民心者得天下》。《雍正王朝》是本届金鹰奖获奖最多的电视剧，获得优秀作品奖和 8 个单项奖。

中国队在萨格勒布举行的第二届世界军人运动会上获得 29 金 22 银 15 铜成绩名列奖牌第二

中国国务院总理朱镕基致电土耳其总理埃杰维特对土耳其当天凌晨发生强烈地震并造成重大人员伤亡表示深切慰问

8 月 18 日

国务院总理朱镕基在人民大会堂与马来西亚总理马哈蒂尔举行会谈

朱镕基说，中马建交 25 年来，两国关系发展顺利。在平等、互利、互信的基础上，双方开展了一系列实质性合作，取得了丰硕的成果。不久前，两国外长签署了关于未来双边合作框架的联合声明，对两国关系作了回顾和肯定，更为今后合作勾画了蓝图。中方重视马来西亚的地位和作用，珍惜两国人民之间的传统友谊，愿与马来西亚共同努力，不断深化各方面合作，使中马两国永远成为好邻居、好朋友、好伙伴。

马哈蒂尔表示，马来西亚将继续坚持一个中国的政策，他对中方原则同意签署《东南亚无核武器区条约》议定书表示感谢，对中国在亚洲金融危机中采取负责任的态度、坚持人民币不贬值再次表示感谢和赞赏。

在南海问题上，双方表示，应由有关争端国家通过谈判和平解决，反对任何外部势力的介入和干涉。

会谈后，两国总理出席签字仪式。双方有关部门负责人签署《中国工程院与马来西亚科学院关于科学、工程与技术合作协议备忘录》、《中国科学院和马来西亚科学院关于开展科学、工程和技术领域合作的备忘录》和《关于中马合资林地开发和建设纸浆厂的协议》。

公安部门首次向抓获在逃人员有功者颁发重奖

深圳市某绿化公司职工敖华龙、邓世兵从市公安局局长张永强手中接受1万元奖金。这是公安部首次为抓获部督捕在逃人员向有关人员颁发奖金。今年8月4日，两人发现一人盗窃立交桥装饰灯，立刻把此人扭送至派出所。经过公安人员审讯，发现此人正是公安部重点通缉的在逃人员。

《人民日报》转载《解放军报》评论员文章《“实力”救不了李登辉——评“两国论”背后的“四张牌”》

李登辉刚刚上台的时候，曾经信誓旦旦地声称“只有一个中国的政策”。然而时隔不久，他就开始暴露出分裂祖国的真面目，最近更是抛出了极其荒谬的“两国论”。为什么李登辉如此有恃无恐，不怕成为民族千古罪人？联系他这些年来的所作所为，我们不难看出，李登辉之所以敢冒天下之大不韪，是因为他自以为手里有“四张牌”：“实力后盾”、“挟洋自重”、“国际分裂逆流”和所谓“民意支持”。

这“四张牌”究竟是什么货色呢？不妨让我们先来看一看他的第一张牌——“实力”牌。

李登辉上台后，增加了向美国等西方国家购买现代化武器的数量，并提高了所购武器的质量。从1994年至1998年的5年间，台湾武器进口总价值达113.11亿美元，居全球之首，比1983年至1991年9年间的64.61亿美元高得多，使台军基本完成了主战兵器的换代。近年来，台军进一步拓宽了更新武器装备的渠道，由原来的单纯采购逐渐转向谋求美国转让高新技术、以租代售、合作办厂、密切军事交流等方面。随着李登辉的羽翼逐渐丰满，他在用老百姓的血汗钱堆起台军现代化的同时，也为自己分裂祖国的野心撑了腰，壮了胆。凭借这一点，他最终撕下伪装，公开抛出“两国论”。之后，他的亲信甚至还扬言，必要时台湾可以用导弹袭击香港或上海。他们以为，这样就可以“吓阻”中国政府解决台湾问题的决心和信心。

李登辉完全打错了算盘！

在世界政治斗争舞台上，军事实力确实是重要的筹码，但它不是决定因素。真正起决定作用的是公理，是道义，是人心。美元固然能买来现代化装备，但美元买不来军心，买不来士气。人是构成军队战斗力诸因素中最重要的因素，人与武器的有效结合，关键在于掌握这些武器装备的人为什么而战、为什么信念而战。战争的目的很大程度上制约着战争的结果。李登辉分裂祖国的行径不得人心，这一点决定了台军士气必然低落；分裂祖国逆历史潮流而动，违背全中国人民的意志，违背国际关系基本准则，这一点又决定了台军一开始就失去了“师直为壮”的基础。我们相信，同为中国人的台军官兵，不会为李登辉的倒行逆施卖命，不会充当李登辉分裂祖国的炮灰。从这个意义上说，李登辉用美元堆起来的现代化装备，其战斗力是要大打折扣的。

李登辉只顾陶醉于他的现代化武器装备的“幻影”之中，却没有看到人民解放军阔步迈向现代化的雄壮步伐。新中国成立50年来，随着国家经济建设的不断发展和综合国力的逐步提高，我陆、海、空三军逐步建立起完善配套的现代化武器装备体系。尤其是改革开放以来，我军积极贯彻新时期军事战略方针，走有中国特色的精兵之路，加强质量建设，坚持科技强军，优先发展重点武器装备，提高了国防实力，提高了打赢现代技术特别是高技术条件下战争的能力。更重要的是，人民解放军历来重视思想政治建设，广大官兵深知为谁扛枪，为谁打仗，历来把国家和民族的利益看得比自己的生命更重要。宁失千军，不丢寸土，一支为捍卫国家主权和领土完整而战的军队，将勇于承受最大的困难和牺牲；一支为维护祖国统一和民族团结而战的军队，将无敌于天下。

“自古知兵非好战。”中国人民解放军爱好和平，但是决不惧怕战争，如果有人胆敢冒天下之大不韪分裂祖国，我们绝不会坐视不管。50多年前，人民解放军用小米加步枪打败过靠美式装备武装起来的800万国民党军队；今天，正在走向现代化的人民解放军，严阵以待，更有决心有信心有实力随时准备粉碎任何分裂祖国的企图。

《人民日报》发表特约评论员文章《荒诞的邪说 险恶的用心——论“法轮功”反科学、反人类、反社会、反政府的实质》

自“法轮功”非法组织被依法取缔以来，短短20多天，大量触目惊心的事实，使人民群众受到教育，使“法轮功”练习者如梦初醒，开始认清李洪志及其“法轮功”的真实面目和险恶用心。“正胜邪则治而安，邪胜正则乱而亡。”中央决定抓紧处理和解决“法轮功”问题，根本出发点就是为了维护社会稳定。稳定是国家和人民的最高利益。我们必须进一步揭露和批判“法轮功”反科学、反人类、反社会、反政府的实质，确保这场严肃政治斗争的彻底胜利，为我国的改革开放和社会主义现代化建设创造一个良好的环境。

“法轮功”决不是“超常”科学，而是反科学的巫术

李洪志宣称他的那一套歪理邪说是世界上一切学说中“最玄奥、超常的科学”。他在书中套用了粒子、夸克、射线、场等一大堆现代科学名词，振振有词地大谈什么“史前文化”、“人类起源”、“宇宙结构”、“地球爆炸”，并通过因特网来推销他那一套歪理邪说，迷惑了不少人。然而，李洪志的歪理邪说与科学精神是根本对立的。

现代科学以唯物主义为认识基础，不承认任何超自然的神秘力量，李洪志的歪理邪说却是建立在神灵超自然力的主观臆造上。现代科学认为，事物发展有其规律可循，人们只要认识和掌握了这些规律，就可以利用它为人类造福，因此，科学不承认有任何“救世主”。李洪志在科学昌明的今天，却要科学重新成为“神学的婢女”。他声称，他是“最大的佛”，可以“往来于宇宙各个不同的空间”，可以“化出无数化身”，大肆宣扬“元神不灭”、“万物有灵”、“生命神创”，胡说什么“神只要一想就能把你造出来”。这样的“科学”比恩格斯讽刺的“神灵世界的自然科学”更为可笑和荒唐。

现代科学必须接受实践的检验，因而经验和实证是其不可或缺的支柱，李洪志的歪理邪说没有任何实践根据，不敢也经不起严格意义上的科学检验。李洪志宣称“我有功是经科研部门检验过的”。然而从现在揭发出来的大量事实看，他搞的种种“测试”、“鉴定”和“调查报告”都是“导演”出来的。科学事实必须经过严格的、反复的认定和科学实验的检验，这种检验的客观性、可重复性是作出正确判断的前提和准绳。李洪志吹嘘的“推迟地球爆炸”、采集“另外空间的高能量物质”，坐在这里“可以看到美国那边”的“遥视”功能，以及什么“开天目”、“植物的心灵感应”等，统统都属子虚乌有，都是无法证实、无法检验的信口雌黄。

现代科学是事物发展的相对性和绝对性的统一，因而具有客观性，李洪志的歪理邪说却是利用科学的相对性，散布不可知论。人类对客观世界的认识是一个永无穷尽的过程，大千世界确实存在许多现代科学暂时还未认识的东西，正因为有这类未知现象的存在，人类才需要不断探索，科学才能不断发展。现代科学并不排斥建立在大量事实和材料基础上的“设想”和“假说”。李洪志却是利用人们对探索未知领域的浓厚兴趣和认识的相对性，制造种种骗人的奇谈怪论，否定早已被无数实验和实践证实了的科学常识和科学公理，制造神秘主义、宿命论和不可知论，并企图把人们最终诱导到接受所谓的人类正面临着“彻底的毁灭”，而他可以“推迟地球爆炸”的天方夜谭。

现代科学否定有任何的终极真理，不承认有什么穷尽一切真理的“最高科学”，认为人类对真理的认识永无终结，因而它欢迎探讨和争论，鼓励怀疑和批判。李洪志却极力宣扬他炮制的“法轮大法”是终极真理，对所有不赞成他那一套歪理邪说的人，对所有与“法轮大法”不同的观点都采取排斥的态度。“法轮功”练习者对李洪志更是只能顶礼膜拜、奉若神明，否则就是对法“不专”。

科学是人类文明进步的阶梯，是社会、经济发展的决定性力量。科学与迷信是根本对立的，正如亚当·斯密所说：“科学是对付狂热和狂言的有效解毒剂。”正因为科学是对付一切迷信、伪科学的锐利武器，科学与迷信如冰炭之不容，因而李洪志把现代科学看作是他制造迷信和愚昧的最大障碍，进而百般诋毁现代科学，声称“人类现在的科学，实质上是站在一个错误的基点上发展起来的，对宇宙、对人类、对生命的认识都是错误的，所以在修炼界，我们修炼的人根本就不承认现在的科学，认为它是一个错误”。这就充分暴露了他的歪理邪说是现代科学的死敌，同时也暴露出他敌视人类文明的本质。

“法轮功”决不是“度人”灵方，而是反人类的梦呓

在李洪志精心导演的这场闹剧中，围绕人类由来、人的本性和人生命运问题编造的说教，充分暴露了他与人类为敌的实质。

炮制“生命神创论”，给自己的造神运动提供理论根据。李洪志公然宣称，人是由神造出来的，“人觉得人体非常复杂，而对大智大觉的神来说是小事一件”。胡诌神造的人本来是“天人”，居住在宇宙中高层次上的“天国”，功德圆满，无所不能。后因违犯了宇宙大法，便一层一层地往下掉，直至掉到“常人”状态。现实人类就是宇宙中不好的人往下掉下来的，“地球是宇宙的一个垃圾站”。近代科学和哲学早已解决了人类由来这个曾经长期困扰世人的“宇宙之谜”。达尔文的生物进化论，科学地揭示了人类是从古猿进化而来的，特别是恩格斯提出的“劳动创造了人本身”的著名论断，最终令人信服地说明了劳动使猿变成了人。在这一客观真理面前，李洪志竟说三道四，宣传“生命神创论”，就是为了证明他是现代至高无上、无所不能的“神”，以此欺骗愚弄群众，达到他不可告人的目的。同时，也暴露了他敌视和贬损人类的阴暗心理。

宣扬“人类罪恶论”，否定和诋毁社会主义精神文明建设。李洪志污蔑当今社会世风日下，人心不古，“人类在败坏，到处都是魔。”宣称欲要“解救”人类，只有信守他提出的“真、善、忍”。“真、善、忍”既是宇宙的根本特性，又是人生的根本信条，它“第一次科学地揭示人生真谛，揭示做人的真正目的”。“不管人类的道德怎么变化，可这个宇宙特性都不会变，它是衡量好、坏人的唯一标准。”俨然一副道德人性的化身！李洪志否定人类道德的社会制约性和具体历史性特点，蓄意把“真、善、忍”抽象夸大为主宰人类生活乃至世界万物的“根本特性”，这是露骨的历史唯心论。

他的这派胡言乱语，故意混淆真与假、善与恶、美与丑的界限，利用人们热切向往真、善、美的良好愿望，否定人类现实生活的真实性，否定人类享受美好生活的正当性，否定人类追求美好生活和崇高理想的进取性；诋毁我国当今社会中占主导地位的理想信念、道德规范、人际关系和价值取向，诋毁我国现阶段社会主义物质文明和精神文明建设取得的辉煌成就，诋毁我国各族人民在中国共产党领导下坚持走建设有中国特色社会主义道路的奋斗精神和光明前途。这充分暴露了他反人类、反文明的本质。

从李洪志的所作所为中，更可看出他宣扬“真、善、忍”的虚伪性。他口口声声要人们“返本归真”，“说真话，办真事，做真人”，自己却篡改出生年月日，编造神奇经历，就连那些所谓的“经文”、“大法”也是找人捉刀代笔的。他声称传法不为钱，却设立“功德箱”，巧取豪夺，敛财逃税。他不让练功者看病吃药，自己有病却急于求医问药。这哪有一点“真”？他在告诫人们要有“慈悲心”的同时，又强调练功者务必“割舍七情六欲”，不讲亲情友情，以所谓的“业力回报”反对患者就医服药。受此邪说蛊惑，不少人贻误病情，精神失常，自寻短见，戮杀他人，造成许许多多触目惊心的人间悲剧。“善”又从何而来？他表面上讲练功者须持“平常心”、“与世无争”，实质上却唯我独尊，颐指气使，排挤打压他人。谁对“法轮功”提出异议，揭露其伪科学、反科学和愚昧迷信的本质时，他便以“护法”为名，蒙骗群众，频频制造事端，恫吓批评者，直至非法聚集、大规模地围攻中央和地方各级党政机关以及新闻单位。如此横行霸道，哪里有“忍”可言？

鼓吹“人生宿命论”，摧垮人们的意志，束缚人们的思想。李洪志自诩他“有史以来第一次科学地洞察了人类的过去、现在和未来”，断言人类的前途将面临一场万劫不复的“大劫难”。主张人们放弃一切“执着心”，逃避现实，远离社会，听天由命；并以唯一“救世主”的身份自居，“给人留了一部上天阶梯”，只有专心练功修性，方能脱离“常人”社会而“回归宇宙”。主张积极进取还是消极无为，历来是两种根本对立人生观的集中体现。马克思主义认为，人是社会的人，人不能没有远大理想和执着追求，人类历史就是一部为实现人类理想和追求而不断奋斗的历史。对我们共产党人来说，人生的意义在于奋斗，人生的价值就是奉献，以建设有中国特色社会主义、最终实现共产主义为崇高理想。李洪志兜售的悲观厌世、消极无为的“人生宿命论”，妄图抹杀我国社会中已经形成的团结奋斗、开拓进取、奋发有为的时代精神，其根本目的是要麻醉人们的思想，摧垮人们的意志，进而使人们成为他精神上的奴隶，任意摆弄的工具，为实现他的政治野心服务。

“法轮功”决不是“济世”良药，而是反社会的毒瘤

李洪志精心编造一整套反社会的荒谬理论，恶毒污蔑和全面否定我们的社会，煽动其追随者进行非法活动，践踏法律，目的就是搞乱社会，搞乱人心，破坏安定团结的政治局面。

鼓吹“法律无用论”，破坏法制，动摇社会稳定的基础。任何社会要正常运转，都必须有一定的社会规范，从原始社会的习俗到现代社会的法制，反映了人类社会的进步。依法治国，建设社会主义法治国家，是维护社会稳定、实现国家长治久安的根本保证。而李洪志胡说什么“人类制定的法律就是在机械地限制人，封闭人……人都像动物一样被管着，没有出路了，谁也就想不出办法了”。他极力贬低法律和法治的作用，煽动群众蔑视我国的法律。“法轮功”组织就是破坏法制的产物，这个组织及其分支机构从未经过国家民政部门的合法登记；他们组织和煽动练习者到党政机关周围大规模非法聚集，把集会游行示威法的规定、把正常的社会秩序和法律秩序踩在脚下。他们只有所谓的“法轮大法”，没有国家宪法。对其违法活动，如果党和政府不采取坚决果断的措施及时有力地加以制止，任其蔓延发展，法律的权威将遭到极大损害，人民群众对法治的信心将受到严重损伤，改革开放以来我们党领导人民进行社会主义民主法制建设的艰苦努力就可能毁于一旦！

宣扬“末世论”和“地球爆炸论”，制造思想混乱和社会恐慌。任何时代都有任何时代的问题，人类社会就是在不断解决新的矛盾和问题的过程中前进的。李洪志为了达到其不可告人的目的，在宣扬“法轮大法”的荒诞邪说时，抛出了一个“末世论”，宣称：“现在……社会在整体往下滑。”“你回头看一看人、今天的人类社会，就会发现很可怕！真的很可怕！你看现在这个人类真是十恶俱全。”“人如果再滑下去就面临着毁灭，彻底的毁灭，那叫：形神全灭，很可怕！”与此同时，李洪志还竭力宣传“地球爆炸论”，公然宣称，地球有三次爆炸，第三次就在本世纪末。他恬不知耻地说：“地球第一次爆炸是我的师爷定的，第二次爆炸是我的师傅定的，第三次爆炸是我来定的。”李洪志想用这种胡言乱语来吓唬人们，完全是出于其扰乱人们思想、破坏社会稳定的目的。

鼓吹“救世论”，企图操纵主宰社会。“从来就没有什么救世主，也不靠神仙皇帝”，《国际歌》的这两句歌词指出了历史唯物主义一个朴素而又深刻的道理。人有主观能动性，能把握自己的命运，主动地适应和改造自然，因而人的命运不是掌握在“救世主”的手中。李洪志从“末世论”和“地球爆炸论”中导出“救世论”，以当代唯一的“救世主”自居，以“超人”、“最大的佛”自诩，吹嘘当世界末日来临、地球爆炸之时，只有他这个“救世主”才能拯救人类。他剽窃宗教术语，歪曲宗教概念，利用一部分人头脑中模糊的宗教意识、神灵观念和弱势依附心理，建立他“全知全能”的“救世主”的绝对权威，使迷信他的修炼者陷入狂热、偏执的精神障碍状态，不知不觉、心甘情愿地供他任意驱使。很明显，李洪志之所以极力神化自己，追求“绝对权威”，其目的就是要做宇宙的主宰、社会的领袖。

“法轮功”决不是不问政治，而是反政府的元凶

政府是国家机构的重要组成部分，是政治统治的重要工具之一。历史上曾经出现过形形色色的无政府主义思潮和流派，由于与人类社会发展进步的大趋势背道而驰，它们都先后被历史和实践彻底抛弃了。我国是一个社会主义国家，人民政权是人民群众的根本利益的代表者和维护者。李洪志在敌视、否定和破坏社会主义国家政权方面，其说教荒谬而露骨，其行动诡秘而险恶。

鼓吹“法轮大法至上论”，与我们党争夺思想阵地。李洪志声称，他的“法轮大法”是自古以来绝无仅有的绝对真理，唯有“法轮大法”才能直指人心；其他任何学说、理论，都“未说清宇宙之理”，只有“法轮大法”是“最精深的，它是世界上一切学说中最玄奥、超常的科学”。人要进入“天堂”，只有相信“法轮大法”，修炼“法轮功”，而且必须一心一意，不允许有其他任何信仰。很显然，李洪志宣扬“法轮大法至上论”，把“法轮大法”说成是无所不包的绝对真理，否定现代科学以及人类文明的一切优秀成果，目的就是要使人们无条件地信仰和服从他，就是要用他的“法轮大法”控制人们的思想，操纵人们的行动。

宣传“政府无用论”，否定政府权威，图谋取而代之。李洪志称：“现在社会问题层出不穷，哪个政府也解决不了。民族问题，国家与国家的问题，民族之间的矛盾，许许多多社会犯罪各方面的原因，哪个政府都头痛，谁也解决不了。”地球就要爆炸，世界末日即将来临，哪个政府也没有办法。一言以蔽之，政府无用。既然面对即将到来的世界末日政府无能为力，那么，人类如何才能摆脱毁灭的命运？在李洪志看来，答案只有一个，就是祈求他这个“救世主”，用“法轮大法”来消灾避祸，拯救人类。这样，全人类都得乖乖跟着李洪志走，听从其安排，服从其指挥。很明显，李洪志否定政府权威，极力鼓吹“政府无用论”，其要害是要颠覆社会主义政权，以求取而代之。

大力发展非法组织，企图把“法轮功”组织变成能够同党和政府相抗衡的政治势力。虽然李洪志口口声声说自己“不懂政治”、“对政治不感兴趣”；声称“‘法轮功’没有组织，实行松散管理”，实际上“法轮大法研究会”及其操纵的“法轮功”组织，早已形成了一套严密的组织系统，他们的活动也有着很强的政治目的。近年来，李洪志通过这套组织系统，聚集练功人员，兴风作浪，并精心策划了今年4月25日非法聚集中南海的事件，向党和政府施压。一贯自我标榜“真、善、忍”的“法轮功”非法组织的所作所为，严重地干扰了社会正常秩序，造成了极其恶劣的政治影响，充分暴露了李洪志等人破坏社会稳定，制造社会动乱的险恶用心。严峻的事实警示我们，如果看不清“法轮功”非法组织的政治实质和现实危害，不坚决、彻底、妥善、及时解决好这一问题，任其发展蔓延，那么，后果将不堪设想，我们就要犯历史性的错误。只有坚决依法取缔“法轮功”非法组织，彻底解决“法轮功”问题，才能维护安定团结的政治局面，集中精力推进改革开放和社会主义现代化建设。

在“法轮功”中，反科学、反人类是基本表现，反社会、反政府是核心目的。它们之间相互关联，彼此交织，既杂乱无章、荒诞离奇，又居心叵测、暗藏杀机。李洪志企图以此大开历史倒车，用愚昧落后的封建迷信向文明和进步挑战，用“救世主”的险恶图谋向中国共产党和人民民主专政的政权开战。然而，人间正道是沧桑。人类文明进步的历史车轮不可阻挡，社会主义祖国的参天大树枝繁叶盛，李洪志蚍蜉撼树，螳臂当车，必然以彻底失败而告终。

建设银行转贷美国政府优惠贷款

日前，建设银行作为美国进出口银行优惠贷款建设部分城市空气质量自动检测系统项目境外筹资转贷银行，为天津、西安、武汉、南宁等11城市空气质量监测系统项目筹集资金511万美元，其中85％利用美国进出口银行贴息贷款，15％利用迟期付款信用证方式。

空气质量监测系统项目是中美两国政府能源与环境合作框架结构下的重要项目，也是中美两国在环境保护领域的第一个实质性合作项目。该笔贷款将用于购买由美国大西比环保公司生产的空气质量自动监测设备。

中国数字光盘技术联合体在北京宣告成立

由国内10家视盘机骨干企业组成的中国数字光盘技术联合体在北京宣告成立。该联合体的成立对加快我国在这一领域的技术开发具有深远意义。

我国视盘机产业市场规模巨大，在电子行业中具有重要地位。但是，近年来，VCD市场已经出现过度竞争局面，而向新一代DVD产品发展又面临不得不向国外支付较高的知识产权费的问题。如何冲破国外技术垄断，使视盘机产业得以持续健康发展一直是业内各方关注的问题。

今年7月，由行业主管部门出面，多次组织企业和专家对上述问题进行了探讨，各方一致认为，必须从技术开发入手，建立我国自己的适合市场需求和产业发展的、有自主知识产权的技术体制。实现这一目标必须以企业为主体，进行联合开发。

数字光盘技术联合体的成立旨在以集体的力量，通过产、学、研的联合，加快新一代数字激光视盘系统的技术开发，首期完成数字激光视盘系统技术规范的研究开发。联合体内成员共担开发风险，共享开发成果。

8月19日

国家主席江泽民在大连会见马来西亚总理马哈蒂尔

中共中央政治局常委国务院总理朱镕基听取国办机关“三讲”教育情况汇报

朱镕基听取国务院办公厅机关“三讲”教育情况汇报。

朱镕基说，国务院办公厅在一个多月的“三讲”教育中，充分发动群众，认真贯彻开门整风精神，顺利完成了第一、二阶段的各项任务，达到了中央规定的标准，做到了“三讲”教育与当前工作“两不误”和互相促进，反映很好。中央派驻国办巡视组工作认真细致，尽职尽责，发挥了上下沟通、指导帮助的作用。

朱镕基强调，“三讲”的核心是讲政治。在“三讲”教育中，务必抓住讲政治这个核心，讲学习、讲正气，全面落实党中央的要求。政府部门在贯彻落实党的基本路线和各项方针政策，促进国民经济和社会的改革和发展中担负着十分重要的任务，各项工作中都有很强的政治性。在政府部门工作的同志必须善于从政治上观察和处理问题，自觉地从讲政治的高度来认识经济工作和其他工作，决不能单纯地就经济论经济，就业务谈业务。否则，就不可能成为一个清醒的有中国特色社会主义事业的建设者和领导者。

朱镕基指出，讲政治，就必须坚持党的全心全意为人民服务的根本宗旨，建设廉洁、勤政、务实、高效的政府机关。全心全意为人民服务，是我们共产党人和政府工作人员全部工作的出发点和归宿。各级国家机关都要朝着廉洁、勤政、务实、高效的目标，从严治政，依法行政，切实转变职能、转变工作方式、转变工作作风，克服官僚主义，提高工作效率。

朱镕基强调，整改是整个“三讲”教育的着眼点和落脚点，一定要扎扎实实地抓好整改工作，坚持边整边改。去年国务院机构改革以来，国务院办公厅在转变职能方面做了不少工作，但仍不够。要通过这次“三讲”教育，把转变职能工作进一步抓紧、抓好、抓出实效，切实加强审核把关、督查落实和跟踪调研工作。

朱镕基指出，政府各部门的“三讲”教育必须坚持高标准、严要求。经过这次“三讲”教育，各级领导干部一定要做到思想上有明显提高，政治上有明显进步，作风上有明显转变，纪律上有明显增强，工作上有明显改进，更好地适应改革开放和现代化建设新形势、新任务的要求，与全国人民一道，把建设有中国特色社会主义的伟大事业全面推向21世纪。

中共中央政治局常委、国务院副总理李岚清等国务院领导调查研究，了解实际情况和群众要求。只有这样，才能使政府部门的各级干部成为我们事业的清醒的、合格的建设者和领导者，完成肩负的繁重任务。

出席汇报会的国务院领导还有：国务院副总理钱其琛、吴邦国、温家宝，国务委员罗干、吴仪、王忠禹；中央派驻国务院办公厅“三讲”教育巡视组组长蒋民宽也出席了会议。

全国人大常委会委员长李鹏在人民大会堂会见香港特别行政区政府津政司司长梁爱诗女士

人事部决定授予10位同志“人民满意的公务员”荣誉称号

人事部日前作出决定：授予10位同志“人民满意的公务员”荣誉称号。

他们是：朱明健（广东省公安厅副厅长）、张业遂（外交部礼宾司司长）、刘鸿志（女）（国家环境保护总局水处副处长）、丁雪峰（山西省河曲县人民政府县长）、王果香（女）（内蒙古自治区伊克昭盟达拉特旗人民政府副旗长）、王应才（海南省昌江黎族自治县人民政府副县长）、胡道兰（女）（安徽省合肥市郊区常青镇人民政府镇长）、张志琴（女）（北京市延庆县延庆镇人民政府镇长）、廖太洪（四川省隆昌县国家税务局局长）、乔文国（黑龙江省七台河市环境保护局局长）；给予上海市闸北区临汾路街道办事处主任宋强等24名同志记一等功奖励。

人事部在奖励决定中说，当前，做人民满意的公务员活动正在全国深入开展，广大公务员以邓小平理论为指导，坚持解放思想、实事求是的思想路线，牢记党的全心全意为人民服务的根本宗旨，恪尽职守，依法行政，勤政廉洁，无私奉献，又涌现出一批让人民满意的公务员。

《人民日报》转载《解放军报》评论员文章《“挟洋”救不了李登辉——二评“两国论”背后的“四张牌”》

中国保险股份有限公司改组完成

中国保险股份有限公司暨香港中国保险(集团)有限公司正式宣告改组完成，成为一家大型的国有跨国保险企业集团。

中国保险股份有限公司 30 年代在上海成立，新中国成立后成为中国人民保险公司、中国人民保险(集团)公司的全资附属公司。1998 年 10 月，中国人民保险(集团)公司撤销后，中国保险股份公司开始进行改组。此次改组使中国保险股份有限公司成为原中国人民保险(集团)公司所有海外营业性机构的最终控股公司，与香港中国保险(集团)有限公司实行“两块牌子，一套班子”的管理模式，香港中国保险(集团)有限公司对其他海外营业性机构进行统一管理。

中国保险股份有限公司改组后，属下公司达到 30 余家，业务拓展至香港、澳门、英国、德国、美国、日本等国家和地区。公司经营范围包括财产保险、人寿保险、国际再保险以及与保险配套的基金管理、财务融资、证券投资等，总资产超过 180 亿港元。

全国人大常委会委员长李鹏在人民大会堂会见以日本众议院议员前大藏大臣武村正义为团长的日本日中友好沙漠绿化行动代表团

中国常驻联合国代表秦华孙大使就反对尼加拉瓜等国提出“台湾参与联合国”一事致信联合国秘书长安南

秦华孙大使约见了代替不在纽约的安南秘书长主持工作的联合国常务副秘书长路易丝·弗雷谢特，就尼加拉瓜等极少数国家今年再次向联大提出所谓“台湾参与联合国”的问题，向她递交了给联合国秘书长安南的信函，重申中国政府在台湾问题上的原则立场。弗雷谢特表示，联合国将继续坚持一个中国的政策，并尽快将秦华孙的信函作为联合国大会正式文件散发。

秦华孙在致安南秘书长的信函中严正指出，尼加拉瓜等极少数国家今年再次向联合国大会提出所谓“台湾参与联合国”的问题，企图在联合国内制造“两个中国”，是对国际社会公认的一个中国原则的严重挑衅，不仅严重违背了《联合国宪章》的宗旨和原则，而且严重损害了中国的主权和领土完整，粗暴地干涉了中国的内政。中国对此表示强烈谴责和坚决反对。

秦华孙重申，世界上只有一个中国，台湾自古以来就是中国不可分割的一部分。1971 年联大以压倒多数通过的具有历史意义的第 2758 号决议，公正、彻底、全面地解决了中国在联合国的代表权问题。自中华人民共和国恢复在联合国的合法权利之日起，中华人民共和国政府在联合国及其所属机构中自然代表着包括台湾同胞在内的全体中国人民。所以，根本不存在所谓“台湾在联合国代表权”问题。联合国是由主权国家组成的政府间国际组织。台湾作为中国的一个省，根本没有资格参与联合国及其所有机构的工作和活动。台湾问题纯属中国内政，是中国人民自己的事，不容任何外来干涉。按照“一国两制”实现中国的和平统一，代表了包括台湾同胞在内的全体中国人民的愿望。尼加拉瓜等极少数国家的提案只会助长台湾当局的分裂活动，妨碍中国的和平统一大业。我们坚信，在维护自己国家主权和领土完整的正义事业中，中国政府和人民将会继续得到联合国广大会员国政府和人民的理解和支持。

秦华孙在回答记者提问时说，极少数国家提出所谓“台湾参与联合国”问题是违背联合国绝大多数成员国意愿的，是不能得逞的。这一提案自 1993 年以来年年搞，年年失败，今年也肯定要失败。台湾当局宣称，今年的提案是为李登辉的“两国论”服务的。但是“两国论”违背历史潮流，违背法理，违背包括台湾同胞在内的全体中国人民“求统一，谋稳定，盼振兴”的意志。因此“两国论”也是注定要失败的。极少数国家跟着李登辉亦步亦趋，为其“两国论”鼓噪，是不会有好结果的。中国希望这些国家迷途知返。

中国驻美国大使李肇星在华盛顿就台湾问题回答中外记者提问

中国驻美国大使李肇星在华盛顿就台湾问题回答中外记者提问。他指出，“两国论”的要害是搞“台独”，否定一个中国原则，“李登辉是两岸对话和和平统一的最大障碍，是中美关系的最大麻烦制造者”。

他说，李登辉为搞“台独”，竭力破坏两岸对话基础。近 10 年来，在“和平统一、一国两制”方针的指引下，两岸人员往来扩大、经济合作和政治对话的局面正在形成。台胞到祖国大陆探亲、经商、旅游累计超过 1400 万人次；两岸间接贸易额累计 1460 亿美元；台商到祖国大陆投资协议金额累计达 423 亿美元。去年 10

月，台湾海基会董事长辜振甫参访了祖国大陆，海协会会长汪道涵原计划于今秋访台。李登辉显然不愿看到这一系列积极进展。

李肇星指出，李登辉处心积虑地破坏中美关系。近年来，中美关系出现改善和发展的好势头。江泽民主席和克林顿总统成功实现互访，决定共同致力于建立建设性战略伙伴关系。朱镕基总理今年访美，进一步推动了双方的互利合作。这一切更引起李登辉的仇恨和恐慌。

在回答中国是否准备对台采取军事行动的问题时，李肇星说，中国的一贯政策是“和平统一、一国两制”，但不承诺放弃使用武力。这从来都不是针对台湾人民，而是针对“台独”和外国势力的干涉和入侵。孙中山先生指出：“赞成统一是我友，反对统一是吾敌。”李登辉应该了解，中国政府和人民有决心，也有能力维护祖国的主权、统一和领土完整；他只有抛弃“两国论”，回到一个中国的原则上来，才能避免身败名裂。

有记者问：李登辉最近表示，他仍希望汪道涵访台，中方是否已决定取消汪会长访台计划？李肇星说，李登辉的话从来就不大可信。他加入过共产党，但不久就背叛了党；后来投靠蒋经国，但蒋一去世，他就背叛了蒋的一个中国立场；他刚上台时说“要坚持一个中国到底”，现在却提出“两国论”，又背叛了自己。他说希望汪会长访台，恐怕也没有诚意，因为一个中国原则是两岸对话的基础，他的“两国论”破坏了这一基础。

针对美国一些政客“武力保护台湾”的叫嚣，李肇星说：“中国人民热爱和平，渴望和平，但并不害怕任何人的威胁和讹诈。”“台湾是中国的一部分，不是美国的佛罗里达、夏威夷或关岛。台湾问题纯属中国内政，外国无权干涉。”他表示，中国注意到，美国政府承诺坚持一个中国政策，恪守三个联合公报，不支持“台湾独立”、不支持“两个中国”或“一中一台”，不支持台湾加入联合国及其他任何必须由主权国家才能参加的国际组织。他指出，“现在只有李登辉在盼着中美打起来，希望美国为他火中取栗。这对美国利弊如何，有识之士应该心中有数。”

第三届“马中论坛”在北京举行

国务院副总理李岚清和正在我国访问的马来西亚总理马哈蒂尔出席了以“金融危机后的复兴与合作”为主题的第三届“马中论坛”，并分别作了主旨讲话。

本次论坛由马来西亚亚洲战略和领导学院与中国太平洋经济合作全国委员会举办。李岚清在会上说，今年适逢世纪之交，两国签署了《中马两国政府关于未来合作框架的联合声明》，为未来两国关系的发展勾画了蓝图、指明了方向。中马建交 25 年的历程表明，加强经贸合作已成为推进两国关系发展的主要动力。他表示相信，在两国政府和人民的共同努力下，21 世纪的中马关系必将发展得更加富有活力和朝气。

李岚清在介绍当前中国经济情况时说，今年中国经济总体上保持着良好的发展态势。为继续保持中国经济持续、快速、健康增长势头，中国政府正进一步加大宏观调控力度，继续实施积极的财政政策，适当扩大政府直接投资；努力发挥货币政策的作用，健全金融监管机制；努力增加城镇中低收入家庭和农民的收入，促进居民扩大消费；根据科教兴国战略的要求和居民消费的意愿，大力发展教育事业，发挥教育事业对国民经济的促进作用；加大对出口产业的政策扶持力度；加快住房分配货币化进程，把住房培育成为新的经济增长点；继续加强基础设施建设，重点发展高新技术产业，促进经济结构优化升级。从目前情况看，上述政策的实施对中国经济的发展已产生了积极作用。

我们坚信，只要我们坚持改革开放的基本方针和政策，中国经济的发展前景充满希望。

马哈蒂尔在会上作了题为“马中关系：在 21 世纪的挑战和机遇”的演讲，他说，马中两国一直保持着良好关系，双方在贸易、投资、科技、教育领域的合作都取得了进展，这种互利关系使双方确信有必要并且愿意在 21 世纪发展一种更加紧密的关系。

马哈蒂尔赞扬了中国在亚洲金融危机中的表现。他说，中国决定人民币不贬值赢得了本地区国家和国际社会的高度赞赏，中国的合作和高度的责任感使本地区免受更严重的后果。同时，中国也因帮助东亚而付出了很大代价，马来西亚人民从内心赞赏中国所采取的立场。

“马中论坛”自 1994 年开办以来，为促进中马两国工商界的交流与合作发挥了重要作用，来自两国政府部门和企业界的代表共 700 多人参加了本次论坛。

国务委员司马义·艾买提在新疆考察洪涝灾区

8 月 19 日至 23 日，司马义·艾买提率民政部负责同志深入新疆喀什地区、克孜勒苏柯尔克孜自治州、塔城地区、昌吉回族自治州的一些县、市，实地察看了灾区的受灾情况，慰问了部分受灾群众。

今年 7 月份以来，新疆全区气候异常，出现了持续高温天气，再加上全区的 5 次强降水天气过程，新疆绝大部分河流出现超警戒流量，部分河流出现百年一遇的洪水，致使南、北疆相继发生特大洪涝灾害，造成了严重损失。

司马义·艾买提强调，新疆入冬早，安排好灾区倒房灾民的安全过冬已迫在眉睫。各级政府要对灾民建房实施优惠政策，集中资金，突出重点，精心组织，确保灾民有一个安全、保暖的越冬场所。灾民住房重建，要注意与建设社会主义新农村的规划相结合，避免在原地的简单重复，要考虑防范今后再次受到洪灾和其他灾害的侵袭，在条件许可的情况下，重建标准可适当高一些。在灾民的口粮问题上，要进一步摸清群众缺粮的底数，做好调剂和调拨工作，尽快发放到灾民手中。

在谈到修复水毁工程问题时，司马义·艾买提说，水利设施如不能尽快修复，耽误的就不只是今年的农业生产，而且影响今后的农业发展。自治区各级政府要千方百计筹措资金，力争在较短时间内恢复水利设施。要大力组织发动群众投工投劳，充分利用冬闲时间，掀起冬修水利的高潮，确保不误秋播和明年的农业生产。

司马义·艾买提强调指出，新疆的救灾工作要进一步发扬自力更生、艰苦奋斗的精神，立足于生产自救。要充分发扬互帮互济的优良传统，开展社会捐赠活动。

8 月 20 日

中共中央国务院关于加强技术创新发展高科技实现产业化的决定

我国即将进入实施现代化建设第三步战略的关键时期。在二十一世纪，把中国建设成为更加繁荣富强的社会主义现代化国家，是全党和全国各族人民肩负的伟大历史使命。当今世界，科学技术日新月异，以信息技术、生物技术为代表的高新技术及其产业迅猛发展，深刻影响着各国的政治、经济、军事、文化等方面。在以经济实力、国防实力和民族凝聚力为主要内容的日趋激烈的综合国力竞争中，能否在高新技术及其产业领域占据一席之地已经成为竞争的焦点，成为维护国家主权和经济安全的命脉所在。我们既面临着严峻的挑战，又拥有难得的机遇。新中国成立 50 年来特别是改革开放以来，我国科技事业取得了举世瞩目的巨大成就。科技体制改革取得明显进展，广大科技人员为社会主义现代化建设作出了突出贡献。但是，科技与经济脱节的问题还没有从根本上得到解决。科技向现实生产力转化能力薄弱、高新技术产业化程度低，依然是制约我国经济发展的一大障碍。我们必须按照党的十五大提出的要求，“要充分估量未来科学技术特别是高技术发展对综合国力、社会经济结构和人民生活的巨大影响，把加速科技进步放在经济社会发展的关键地位”，通过深化改革，从根本上形成有利于科技成果转化的体制和机制，加强技术创新，发展高科技，实现产业化。这既是解决我国经济发展面临的深层问题、进一步提高国民经济整体素质和综合国力、实现跨越式发展的紧迫要求，也是应对国际竞争、确保中华民族在新世纪立于不败之地的战略抉择。

一、加强技术创新，发展高科技，实现产业化，推动社会生产力跨越式发展

1. 创新是一个民族进步的灵魂，是国家兴旺发达的不竭动力。加强技术创新，发展高科技，实现产业化，核心是全面落实邓小平同志关于“科学技术是第一生产力”，“高科技领域的一个突破，带动一批产业的发展”，“发展高科技，实现产业化”等重要思想，从体制、机制、政策等各方面，促进科技与经济的紧密结合，把我国的科技实力变成现实的第一生产力，使我国的综合国力迎头赶上国际先进水平。

技术创新，是指企业应用创新的知识和新技术、新工艺，采用新的生产方式和经营管理模式，提高产品质量，开发生产新的产品，提供新的服务，占据市场并实现市场价值。企业是技术创新的主体。技术创新是发展高科技、实现产业化的重要前提。

发展高科技，实现产业化，即高新技术成果商品化、产业化，要从体制改革入手，激活现有科技资源，加强面向市场的研究开发，大力推广、应用高新技术和适用技术，使科技成果迅速而有效地转化为富有市场竞争力的商品；改造传统产业，发展现有高新技术产业，形成一批由技术创新突破带动的新兴产业。

在推进技术创新和高新技术成果商品化、产业化的工作中，要把市场需求、社会需求和国家安全需求作为研究开发的基本出发点，强化企业的技术创新主体地位，充分发挥市场机制在配置科技资源、引导科技活动方面的基础性作用，推动大多数科技力量进入市场创新创业；要以改革为动力，深化经济体制、科技体制、教育体制的配套改革，推进国家创新体系建设，为高新技术成果商品化、产业化提供有效的体制保障。

加强技术创新，发展高科技，实现产业化，必须扩大对外开放，广泛开展国际合作与交流，在竞争中获得发展。要把自主研究开发与引进、消化吸收国外先进技术相结合，防止低水平重复，注意技术的集成，促进多学科的交叉、融合、渗透，联合攻关，实现在较高水平上的技术跨越，形成更多的自主知识产权；必须坚持近期目标与长远目标相结合，注重加强基础研究、战略高技术研究和重大社会公益科研工作。重大突破性创新要着眼于从基础研究抓起，不断形成新思想、新理论、新工艺，为应用研究和技术开发提供源泉，增强持续创新的能力。

2. 加强对技术创新和高新科技成果商品化、产业化的方向和重点的宏观引导。在充分运用市场机制的基础上，正确发挥政府的宏观调控作用，统筹规划，突出重点，在我国有优势、产业关联度大、市场前景好以及有利于解决国民经济重点、热点、难点问题的技术和

产业领域，优选一批重大项目，集中力量，协同攻关，取得突破。

加快农业和农村经济发展中关键技术的创新和推广应用。加强信息技术、生物技术与传统农业技术的结合，研究开发一大批关键技术，特别要在优良品种培育和节水农业两大领域集中力量尽快实现新的突破，为我国农业现代化提供强有力的科技支撑。

突出高新技术产业领域的自主创新，培育新的经济增长点。在电子信息特别是集成电路设计与制造、网络及通信、计算机及软件、数字化电子产品等方面，在生物技术及新医药、新材料、新能源、航空航天、海洋等有一定基础的高新技术产业领域，加强技术创新，形成一大批拥有自主知识产权、具有竞争优势的高新技术企业。

加速传统产业的技术升级。注重电子信息等技术与传统产业的嫁接，大力开发有利于开拓国内外市场和有竞争力的新产品，提高产品的质量档次和技术附加值，开发和应用先进制造技术、工艺和装备，大幅度提高国产技术装备水平。

提高服务业的知识含量。大力推动电子商务、远程教育等新兴服务业的发展，加快高新技术在金融、咨询、贸易、文化等服务领域的应用与推广，强化服务业的竞争能力。

加强环境保护和资源综合开发利用领域的技术创新。大力发展环保技术及其产业，加快清洁能源、清洁生产相关技术及其产业的发展，加强灾害监测、预报与防治相关技术的开发和推广应用，依靠科技进步实现可持续发展战略。

大力发展军民两用技术。加快军用技术向民用领域的转移及其相关产业的发展，注重发挥高新技术在科技强军中的重要作用，军民团结协作，为国家安全提供高科技支持。

二、深化体制改革，促进技术创新和高新科技成果商品化、产业化

3. 促进企业成为技术创新的主体，全面提高企业技术创新能力。国有企业要把建立健全技术创新机制作为建立现代企业制度的重要内容，要把提高技术创新能力和经营管理水平作为企业走出困境、发展壮大的关键措施，使企业真正成为技术创新的主体。企业的生存和发展，必须以市场为导向，加强技术研究开发和科技成果的转化与应用，切实把提高经济效益转到依靠技术进步和产业升级的轨道上来。

大中型企业要建立、健全企业技术中心，加速形成有利于技术创新和科技成果迅速转化的有效运行机制。要加强岗位技术培训，全面提高劳动者素质，鼓励职工广泛开展技术发明、技术革新活动。积极创造条件，以多种方式吸引更多的优秀科技人员到企业工作，充分挖掘企业技术开发潜力。要面向市场需求不断开发新产品、新技术和新工艺，采用先进的经营管理方法和组织形式科学地组织生产、销售和服务。

要加强企业与高等学校、科研机构的联合协作。根据优势互补、利益共享的原则，建立双边、多边技术协作机制，通过相互兼职、培训等形式，加强不同单位科技人员的交流。企业研究开发经费要有一定比例用于产学研合作。要强化技术引进与消化吸收的有效衔接，提高技术配套和自主开发能力。

要促使企业主动增加科技投入。高新技术企业每年用于研究开发的经费要达到年销售额的5%以上。国家支持和鼓励大型企业集团提取一定数量的资金，集中用于共性、关键性和前沿性重大科技问题的研究开发和产业化的投入。

企业的技术改造要以市场为导向，注重发挥已有的基础和潜力，注重与高新技术产业发展相结合。技术改造起点要高，防止边改造边落后。国家每年要有重点地支持一批对国民经济有战略意义和有市场、有效益的国有大中型企业的技术改造项目，经过科学论证并获批准的可给予贴息支持。

乡镇企业也要努力提高技术创新能力，在开发应用先进技术和改善经营管理方面迈出更大的步伐。

4. 推动应用型科研机构和设计单位实行企业化转制，大力促进科技型企业的发展。进一步深化科技体制改革，全面优化科技力量布局和科技资源配置。应用型科研机构和设计单位原则上要转为科技型企业、整体或部分进入企业、转为中介服务机构等。政府将通过科技项目招标方式，继续对这些科技型企业从事的共性、关键性、前沿性产业技术研究活动予以支持。现有社会公益型科研机构要实行分类改革：对于有面向市场能力的科研机构，要转为科技型企业、整体或部分进入企业，或转为企业性的中介服务机构；对于向社会提供公共服务、无法得到相应经济回报的科研机构，在调整结构、分流人员的基础上，按非营利性机构的机制运行和管理，政府主要通过扶持政策、竞争择优方式提供科研项目和基地建设经费。国务院部门所属科研机构(包括实行企业化转制的科研机构)，除少数由中央管理外，一般要按属地化原则管理。

国家经贸委管理的10个国家局所属科研机构已经实施企业化转制，为整体推进科研机构体制改革提供了有益经验。科研机构转制为企业后，要建立现代企业制度，充分发挥面向市场研究开发和开展技术创新的优势，尽快形成一批拥有自主知识产权、具备国际竞争能力的高科技企业或企业集团，成长为富有活力的新的经济增长点。

5. 加强国家高新技术产业开发区建设，形成高新技术产业化基地。建设高新技术产业开发区，是我国经济和科技体制改革的重要成果，是符合我国国情的发展高新技术产业的有效途径。现阶段要进一步加大国家高新技术产业开发区综合配套改革的力度，增强为各类企业转化高新技术成果提供服务的功能，营造吸引、凝聚优秀科技人员和经营管理者创新创业的良好环境，成为技术创新、科技成果产业化和高新技术产品出口的重要基地，在区域经济发展中发挥辐射和带动作用。

要加强对国家高新技术产业开发区以及高新技术企业的监督、评估，对于少数不再具备条件、管理不善、在发展高新技术产业方面成效不大的开发区和企业，经评估审定后取消其国家高新技术产业开发区和高新技术企业的资格。

高等学校要充分发挥自身人才、技术、信息等方面的优势，鼓励教师和科研人员进入高新技术产业开发区从事科技成果商品化、产业化工作。支持发展高等学校科技园区，培育一批知识和智力密集、具有市场竞争优势的高新技术企业和企业集团，使产学研更加紧密地结合。

国家选择少数有基础、有条件、有优势的国家高新技术产业开发区，实行扶持政策，鼓励大胆探索，率先建立新的投融资机制和激励机制，尽快形成在国际上有影响的高新技术产业化基地，对全国高新技术产业开发区建设和高新技术产业发展提供有益的经验。

6. 支持发展多种形式的民营科技企业。民营科技企业是发展我国高新技术产业的一支新生力量，在我国经济和科技发展中起到越来越重要的作用。国家科技型中小企业技术创新基金要对民营科技企业给予支持。要从管理制度上保证民营科技企业能够平等地参与政府科技计划项目的竞标。

各级财政部门要帮助和支持民营科技企业解决产权关系不清的问题。对因历史原因造成的民营科技企业与国有企事业单位的产权纠纷，要本着保护国有资产权益、有利于鼓励成果转化、支持科技人员创业的原则妥善解决。在企业决策、管理、分配等方面要充分保障个人的合法权益。允许民营科技企业采用股份期权等形式，调动有创新能力的科技人才或经营管理人才的积极性。

国有科研机构经有关部门批准，可以改组为股份制、股份合作制企业。

7. 大力发展科技中介服务机构。科技中介服务机构属非政府机构，它是科技与应用、生产与消费不可缺少的服务纽带。国家鼓励某些性质相似的科研机构转制为企业性的科技中介服务机构，也鼓励科技人员创办这类机构。要尽快制定和完善关于科技中介服务组织的法规，规范其行业行为，加强管理。要引导各种技术创新服务机构、技术评估机构以及技术经纪机构等中介机构，为加速科技成果的转让提供良好的服务。积极发展信息咨询服务机构，为企业特别是广大中小企业提供经营管理、技术、市场营销、信息、人才、财务、金融、法律等方面的服务。对以向社会提供公共服务为主的中介服务机构，经认定后可按非营利机构运作和管理。

要进一步培育和健全技术市场。加强重大技术供需信息库以及科技信息网络等基础设施建设。各地要根据资源和产业特点，健全区域中介服务体系，逐步实现中介服务的组织网络化、功能社会化、服务产业化，形成全国乃至国际的电子网络商务交易市场。

要通过改革，完善农业科技推广服务体系，建立农业科研机构、高等学校、各类技术服务机构和涉农企业紧密结合的农业科技推广服务网络。农业科研机构要面向农业生产，农业科研成果要尽快转化为生产力。国家赋予农业科研机构包括种子等研究开发产品的自营销售权，鼓励它们与各类农业经营企业进行多种形式的协作或联合。现有县(市)、乡(镇)属农业技术推广服务机构要进一步转变服务方式，不断提高服务功能和水平。要打破行政地域界限，积极发展龙头企业、中介服务机构与农户紧密结合的新型农业技术推广模式，提高农业产业化经营水平，引导广大农户及时调整结构、根据市场需求组织生产。

三、采取有效措施，营造有利于技术创新和发展高科技、实现产业化的政策环境

8. 实行财税扶持政策。各级财政部门要加大对科技投入的力度。财政对科技的投入方式，由对科研机构、科技人员的一般支持，改变为以项目为主的重点支持；国家科研计划实行课题制，大力推行项目招投标和中介评估制度；建立科技型中小企业技术创新基金，为高新技术成果转化活动提供资金支持。对高新技术产品实行税收扶持政策。实行政府采购政策，通过预算控制、招投标等形式，引导和鼓励政府部门、企事业单位择优购买国内高新技术及其设备和产品。国家对社会力量资助科研机构和高等学校的研究开发经费，可按一定的比例在计税所得额中扣除。

对技术转让、技术开发和与之相关的技术咨询、技术服务的收入，免征营业税。对开发生产软件产品的企业，其软件产品可按 6% 的征收率计算缴纳增值税，制定对软件销售企业的扶持政策，软件开发生产企业的工资支出可按实际发生额在企业所得税税前扣除。对高新技术产品的出口，实行增值税零税率政策。对国内没有的先进技术和设备的进口实行税收扶持

政策。

允许和鼓励技术、管理等生产要素参与收益分配。在部分高新技术企业中进行试点，从近年国有净资产增值部分中拿出一定比例作为股份，奖励有贡献的职工特别是科技人员和经营管理人员。

9. 实施金融扶持政策。金融机构要充分发挥信贷的支持作用，积极探索多种行之有效的途径，改进对科技型企业的信贷服务。依据企业的不同特点建立相应的授权授信制度，完善资金管理办法，增加信贷品种，拓展担保方式，扩大科技信贷投入。要尽快研究提出解决中小型科技企业贷款担保的办法。对符合条件、能提供合法担保的科技项目，要优先发放科技贷款与技改贷款；对于有市场发展前景、技术含量高、经济效益好、能替代进口的高新技术成果转化和技术改造项目，要提高贷款支持力度。国家对这类项目给予相应的贴息支持。国家对高新技术产品出口在信贷和贴息方面给予扶持。

要培育有利于高新技术产业发展的资本市场，逐步建立风险投资机制，发展风险投资公司和风险投资基金，建立风险投资撤出机制，加大对成长中的高新技术企业的支持力度。引进和培养风险投资管理人才，加速制定相关政策法规，规范风险投资的市场行为。优先支持有条件的高新技术企业进入国内和国际资本市场。在做好准备的基础上，适当时候在现有的上海、深圳证券交易所专门设立高新技术企业板块。

10. 完善科技人员管理制度，鼓励转化科技成果。科研机构转制为企业后，实行企业的劳动用人制度和工资分配制度。继续由政府支持的科研机构要实行以全员聘任制为主的多种用人制度。改革现行职称制度，推行岗位职务聘任制。对科研机构内部的职务结构比例，政府人事主管部门不再实行指标控制，由科研机构根据自身需要，自主设置专业技术岗位和职务等级，确定岗位责任和任职条件。科技人员竞争上岗，所取得的岗位职务和相应待遇仅在聘期内适用。科研机构实行按岗定酬、按任务定酬、按业绩定酬的分配制度，自主决定内部分配。

科研机构、高等学校要重视对技术创新带头人的培养和使用。要在科技人员中大力弘扬爱国主义、集体主义和求实创新、拼搏奉献的精神。造就一批适应市场竞争、善于经营管理、勇于开拓创新的技术和经营管理人才，努力为他们的成长创造良好的环境和条件，使他们有用武之地，促使优秀人才特别是青年人才脱颖而出，尽快走上关键岗位。

要进一步采取切实措施，以多种形式吸引优秀海外人才。除兑现国家已有优惠政策外，要在户籍、住房、子女入学等方面为他们提供便利。各有关部门要为从事高新技术国际合作与交流的中外人员提供往来方便。

在职务科技成果转化取得的收益中，企业、科研机构或高等学校应提取一定比例，用于奖励项目完成人员和对产业化有贡献的人员。

11. 对科研机构转制为企业的给予专项政策扶持。国家对下一步科研机构转制为企业的，继续实行国家经贸委管理的10个国家局所属科研机构转制所享受的扶持政策。科研机构转制时可以自主选择转为企业或进入企业的具体方式。转制时其全部资产(包括土地使用权)转作企业资产，全部资产减去负债转作国有资本金或股本金；原拨付的正常事业费，主要用于供养转制前离退休人员。转为企业的可将其原名称作为企业名称；进入企业的可继续以原名称从事科技开发等业务活动。

科研机构转制时，在职人员实行企业职工养老保险制度，纳入当地养老保障体系，建立基本养老保险个人账户，单位和职工从转制后开始按比例缴纳养老保险金，转制前视同已缴纳。其中，转制前参加工作的在职人员，按法定年龄退休后，领取的养老保险金低于原事业单位标准的，可由单位按原事业单位的标准给予补贴。

12. 正确评价科技成果和进行科技奖励。国家根据各种科技活动的不同特点，实行相应的评价标准和方法，精简奖项数目，提高奖励力度。在国家级科技奖项中，自然科学奖的评审标准要与国际标准一致，侧重科学水平、科学价值；技术发明奖要奖励重大技术发明，特别是战略高技术的发明者；科学技术进步奖要强化高技术成果产业化导向，侧重自主知识产权和经济社会效益；国际科学技术合作奖要设置双边、多边科技合作奖。特别设立国家最高科学技术奖，对在当代科学技术前沿取得重大突破或在科学技术发展中有卓越建树的，在技术创新、科技成果商品化和产业化中创造巨大经济效益或社会效益的杰出人才实行重奖。

鼓励和规范社会力量举办的各种科学技术奖励。同时加强对各地区、各部门和社会奖励的管理。要较大幅度地精简部门和地方的奖项及获奖数目，改变将科研人员待遇与科技奖励普遍挂钩的状况。对科学技术奖励要建立客观、公正的评审办法，完善评审机制，强化政策导向。

科技成果的价值，最终要看是否符合国家的需要，是否占领市场并获得良好效益。要改革和完善对研究开发成果或产品的鉴定办法。政府计划项目成果应委托有资格的社会中介服务机构进行客观评价，根据合同组织验收。

13. 加强对知识产权的管理和保护。对于政府财政资金支持的科技项目，要充分运用知识产权信息资源，选准高起点，避免低水平重复研究；对于取得的科研成果，要重视运用知识产权制度保护其合法权益；对于知识产权的职务发明人、设计人、作者以及主要实施者，要给予与其实际贡献相当的报酬和股权收益。要大力加强知识产权法律宣传和人才培训工作，引导企业、科研机构和高等学校建立和完善知识产权管理制度。要进一步提高全社会知识产权保护意识和法制观念，加大知识产权保护和执法力度，坚决查处和制裁各种侵权行为，及时有效地处理知识产权侵权和纠纷案件。

四、加强党和政府的领导，全面推进技术创新，发展高科技，实现产业化

14. 各级党委和政府以及有关部门要充分认识加强技术创新，发展高科技，实现产业化的必要性和紧迫性，切实加强对这项工作的领导。要认真调查研究，根据本地区、本部门的实际情况，解放思想，大胆创新，形成具有地方特色和优势的科技与经济发展战略。要具体部署科研机构企业化转制的工作，明确技术创新的工作目标与重点，制定切实可行的措施。要认真总结、宣传各地的成功经验，加强督促检查，积极务实地推进技术创新和科技成果商品化、产业化的工作。

15. 完善科技立法，加强国家创新体系建设，加强协作。各地区、各部门要进一步强化全局观念和法制观念，从经济、科技、教育和管理等各方面全方位加快技术创新和发展高科技，实现产业化进程。要充分发挥各民主党派、群众团体、民间组织的优势，鼓励他们积极贡献力量。国务院有关部门要紧密配合，采取积极措施，主动为技术创新和科技成果商品化、产业化服务。

加强技术创新，发展高科技，实现产业化，是坚定不移地实施党的十五大提出的科教兴国战略和可持续发展战略的重大举措。我们一定要在以江泽民同志为核心的党中央领导下，发扬当年搞“两弹一星”的那种团结协作和艰苦奋斗的精神，发挥科技第一生产力的强大作用，努力提高国民经济整体素质，增强综合国力，把我国社会主义现代化建设事业推向前进。

国家主席江泽民在中科院大连化学物理研究所考察

江泽民来到中国科学院大连化学物理研究所，重点就实施国家知识创新工程工作进行调研。江泽民发表讲话如下：

在当今世界科技进步日新月异的形势下，要实现我国社会主义现代化建设跨世纪发展的战略目标，必须坚定不移地贯彻落实邓小平同志提出的“科学技术是第一生产力”的重要思想，全面实施科教兴国战略，大力推进知识创新和科技创新，特别要加强对我国经济发展和社会进步具有基础性、战略性、前瞻性意义的科技创新。为增强我国的经济实力和国防实力，提高人民生活水平，要不断从科技创新上提供强大的推进力量。

加强应用与开发研究，对国家的经济发展和社会进步具有十分重要的意义。经济建设要依靠科技进步，科技工作要面向经济建设这个主战场。这里很重要的一个方面，就是要加强应用与开发研究。要充分发挥应用与开发研究对经济建设的积极推动作用，必须根据市场和社会的需要，选准课题，不断创新。

基础研究是科技进步和创新的先导与源泉，非常重要。基础研究要坚持有所为有所不为，选准方向，突出重点。要鼓励基础研究工作者大胆探索创新，努力攀登科学高峰。基础研究搞好了，可以为我国的科技持续创新能力打下更为坚实的基础。

在加强科技进步和创新的同时，我们应该大力加强全社会的科学普及工作，努力提高全民族的科学文化素质。这项工作做好了，就可以为科技进步和创新提供广泛的群众基础。在我们这样一个有着十二亿多人口、教育科学文化整体水平还不高的国家里，进行科学普及工作，是一项十分重要而艰巨的任务。事实证明，尽管我们在科技发展和科普工作上已经取得巨大的成就，但科学与迷信、文明与愚昧的斗争在社会上还依然存在。科学真理，只有在与迷信和愚昧的斗争中才能更充分地发挥自己的力量，更深刻地教育和武装群众。对一些人搞的反科学、伪科学的活动，对少数欺世盗名的人宣扬的歪理邪说，必须旗帜鲜明地加以反对。科技知识、科学思想、科学精神、科学方法的宣传和普及，要作为精神文明建设的重要内容不断加强起来，并坚持不懈、锲而不舍地进行。广大科技工作者既要努力攀登科技高峰，也要义不容辞地承担起科学知识的宣传和普及的责任，为提高全民族的科学文化素质作出应有的贡献。

知识创新和科技创新，关键要加强科技人才队伍的建设，特别要注重培养新的人才。青年科技人才，是我国科技事业未来发展的希望。我国老一辈的科学家和科技工作者，从年轻时代起就为国家科技事业的发展作出了重大贡献，现在还在拼搏。年轻一代的科技工作者要虚心向他们学习。长江后浪推前浪，世上新人换旧人。这是历史发展的客观规律。年轻人思维敏捷、思想活跃、富于创新精神，要不断提高思想素质和业务能力，立志为祖国的科技事业和现代化建设贡献自己的青春和力量。

希望广大科技工作者继续把自己的聪明才智贡献

给国家，贡献给人民，积极投身于建设有中国特色社会主义的伟大实践，努力成为知识创新和科技创新的先锋。中华民族是勤劳智慧的民族，历来就有开拓创新的传统，为人类文明的进步作出了不可磨灭的贡献。我们要积极学习各国人民创造的优秀文明成果，但决不能妄自菲薄。中国人是聪明的，只要我们立下雄心壮志，团结奋斗，埋头苦干，就一定能够在世界高科技领域占据一席之地。

解放军总政治部中共中央党史研究室在人民大会堂举行纪念伟大的无产阶级革命家军事家杰出的农民运动领袖土地革命战争时期革命根据地创建人方志敏诞辰100周年座谈会中共中央政治局常委胡锦涛到会并发表讲话

《人民日报》发表特约评论员文章《社会的毒瘤 人民的祸害——论"法轮功"的严重危害》

李洪志及其"法轮功"组织鼓吹歪理邪说，毒害人们思想，制造社会动乱，对抗人民政权，是不折不扣的社会的毒瘤，人民的祸害。进一步揭批"法轮功"对社会对人民的严重危害性，才能更加认清当前我们同"法轮功"的斗争，关系到我们共产党人的根本信仰，关系到全国人民团结奋斗的根本思想基础，关系到我们党和国家的前途命运。

一、聚众闹事破坏正常秩序

稳定是政治，稳定是大局，稳定压倒一切，这是全党和全国各族人民的共识。李洪志及其"法轮功"组织无视国家法律，无视人民利益，唯恐天下不乱，以"弘法"、"护法"为借口，频频聚众闹事，挑起事端，破坏正常的工作、生产、教学、科研秩序。

从1998年以来，"法轮功"以"上访"的名义，以"静坐"的方式，组织策划、指挥了"法轮功"练习者冲击新闻单位，骚扰党政机关，甚至组织大规模的非法聚集活动，向党和政府示威施压。据统计，"法轮功"组织在全国各地策划组织指挥了几百次围攻事件，直至围攻中南海。李洪志及其核心骨干，自己躲在幕后，操纵受蒙蔽的练习者冲在前面，要求"去的人越多越好"，甚至叫嚣"流点血才好"，妄图制造流血事件，嫁祸于党和政府，在国内外造成极为恶劣的政治影响。

"法轮功"组织的聚众闹事，是从围攻新闻界开始的。这是因为，新闻是舆论导向，有影响，有号召力。从1996年以来，一些新闻单位不断发表文章揭露"法轮功"的邪教本质和严重危害，由此招致"法轮功"组织的轮番非法围攻。他们妄图钳制舆论，要挟社会，令新闻单位不得对其稍有微词，企图造成"法轮功"谁也惹不得的局面。

今年4月初出版的天津师范大学校刊《青少年科技博览》，刊登文章《我不赞成青少年练功》。这竟成了"法轮功"又一次发难的借口。当月20日，众多练习者围攻该校。22日，李洪志从美国飞到北京，决定使围攻进一步升级，并一手策划围攻中南海。25日，万余"法轮功"练习者从各地赶到北京，制造了震惊中外的非法聚集中南海的"4·25事件"。躲在香港遥控指挥的李洪志，在一天时间里，同北京的"指挥部"通话达29次。事后，他做贼心虚，自知难逃罪责，5月2日，在接受境外新闻媒体采访时竟公然撒谎说："北京发生的事，事先我一点也不知道，我当时在从美国到澳洲的路上。"

随后，"法轮功"组织又在河北、黑龙江、广西、河南、甘肃等省市自治区制造了多起围攻党政机关的事件。7月20日，湖北、安徽宣布进入紧急防汛期。武汉水位涨至130年来第三高度。就在沿江军民全力以赴迎战大洪水的紧要关头，7月21日，湖北省政府受到数千名"法轮功"练习者的围攻。同日，湖南省政府也受到围攻。7月21日和22日，安徽省政府也受到七八百名"法轮功"练习者的围攻。在国家财产和人民生命受到洪水严重威胁的紧急关头，"法轮功"组织却丧心病狂地围攻党政机关，这就是李洪志及其"法轮功"组织的"善举"！

二、培植骨干建立非法组织

李洪志很清楚，在社会主义中国，想要扯旗造反，公开建立一个与党和政府相抗衡的组织，人民是不答应的，法律是不允许的。因而，他打着"祛病健身"、"益寿延年"、"弘扬功法"的旗号，以不显山、不露水的面目出现，网罗亲信，培植骨干，建立非法组织。一旦羽翼丰满，形成气候，他便打出旗帜，同党和政府较量。

"法轮功"决不是松散的、自发的组织，而是由一套严密的决策系统、指挥系统、信息传递系统等结成的庞大的非法组织。它层层发展，环环相扣，对练功者进行严密控制，形成了从北京到全国许多地方的一个组织网络。

它在全国的最高机构是总部设在北京的"法轮大法研究会"。李洪志任会长。在全国各地设有辅导总站39个，辅导站1900个，练功点28000个。各"法轮功"辅导总站统一由"法轮大法研究会"指挥，李洪志的指令通过总会传达到各总站，再由各总站逐级传达到各辅导站、练功点和练习者。"法轮功"组织要求练习者每天到辅导站或练功点进行"修炼"，还定期举行各种集体活动，"法轮功"组织实际上已经成为李洪志进行各种违法政治活动的工具。

众多的"法轮功"练习者并不知底细，他们是受蒙蔽者，也是受害者。当李洪志的罪恶和"法轮功"组织的政治本质被揭露之后，绝大多数练习者已经幡然悔悟，纷纷反戈一击，“法轮功”组织已经土崩瓦解。当然，李洪志和极少数死硬分子是不甘心失败的，对此我们切不可麻痹大意。

三、邪教控制戕害身心健康

李洪志宣扬邪教教义，采取各种邪教手段控制修炼者，戕害广大练习者的身心健康。“业力说”便是他歪理邪说中一个最迷惑人的内容。他胡说什么“造成有病和所有不幸的原因是前世的回报”，“生老病死都是有因缘关系的，都是业力回报，你欠了债就得还。”“真正修炼的人是不会得病的，也不会遇到什么危险……真正要治好病人，必须是真正修炼的人。”他宣扬，打针吃药并不能消除“业力”，“你的心如果摆正的话，相信练功能练好，把药停了，不去管，不去治，就有人给你治了”。

“业力说”欺骗和蒙蔽了许许多多练功者，生了病也不能看病吃药，造成了一幕幕家庭和社会的悲剧。至今已发现全国各地因修炼“法轮功”致死的有 743 人，致伤致残者更是不计其数。而因练功导致精神失常者，就无法统计了。据北京医科大学的医生说，从 1992 年开始，因练“法轮功”出现的精神障碍患者人数明显上升，占练功出偏患者的 10.2%，今年上半年急剧上升，占到了 42.1%。

那些冤死者，有的是听信了李洪志“有病不吃药不打针不看医生”的歪理邪说，贻误治疗致死的，有的是修炼“法轮功”走火入魔，导致精神失常自杀或杀人。更为可悲的是，有的冤死者，至死都不醒悟，在受着病痛和死亡折磨的同时，还在内心忏悔自己对神灵的不诚，对“法轮大法”修炼不到家。

为了掩盖自己的罪行，为了诱骗更多的人上当，“法轮功”组织还采取张冠李戴、移花接木等手段，精心炮制了一系列祛病健身的“调查报告”，如《法轮功祛病健身效果》、《法轮功健身功效北京万例调查报告》、《广东省部分地区法轮功学员身心状况调查报告》、《广东省高校系统部分法轮功修炼者身心变化实例》和《广东省党政军系统部分法轮功练习者身心变化实例》等。这些“调查报告”名为客观事实，实为骗人的胡编滥造，害人不浅。

对于利用邪教戕害生灵，世界上任何一个负责任的政府都不能放任不管，我国法律对此已有明确规定。李洪志犯了利用迷信致人死亡罪，罪证确凿，罪责难逃。

四、鼓吹歪论制造思想混乱

为了强调“法轮功”的神圣，李洪志妖言惑众，渲染恐怖气氛，制造紧张空气，大肆鼓吹人类面临毁灭的“末世论”，胡诌一套“地球爆炸论”、“科学无用论”、“劳动无用论”、“医学无用论”、“政府无用论”，以此动摇群众的信念，摧毁群众的意志，制造思想混乱，搅乱正常的学习、工作、生活。

李洪志胡说“会发生一起宇宙的大灾难”，“人类有 81 次完全处于毁灭状态”，“现在……社会在整体往下滑”，“再滑下去就面临着毁灭，彻底的毁灭，那叫：形神全灭，很可怕！”这是对现实的诋毁，对未来的否定。

他抓住某些社会问题，无限夸大，目的是造成人们的恐慌。而面对灾难，政府无能为力，科学无能为力，医学无能为力，甚至连“众神”都“对人完全失去了信心”，“再不管人了”。整个人类都处在叫天不应、呼地不灵的悲惨境地。此时此刻，大慈大悲、大智大勇的“活佛”李洪志显灵了，他说：“唯有我才能推迟地球的爆炸”，“我是来度你的”，“不让你面临这样的绝境，把你从人的痛苦之中度到天国去”，将你带到“一个更高的层次上”。

李洪志宣传“末世论”的目的，就是要让人们相信，在世界末日来临之际，只有他才是唯一的“救世主”，是宇宙的主宰，整个人类唯一的出路就是乖乖地跟着他走，无条件地将自己的整个身心都交给他，服服帖帖听从他的指挥，浑浑噩噩地做他的奴隶。

我们对人类的未来充满了希望，对建设有中国特色社会主义的伟大事业满怀胜利的信心。我们不回避人类面临的严峻挑战，不回避当前我国社会发展中存在的各种问题。我们认为，人类社会的任何历史发展阶段，都不可避免、不同程度地存在一些社会问题，人类的文明就是在不断解决这些社会问题的过程中推进和发展的。正视社会问题，解决社会问题，是推动社会发展的动力。没有矛盾和解决矛盾的斗争，社会的发展就没有动力了，就停滞了。冰清玉洁、一尘不染的“桃花源”是不存在的。改革开放 20 多年来，我国社会生产力有了很大的发展，人民生活水平有了很大的提高，社会主义精神文明建设和民主法制建设取得重大成就。12 亿人民由贫困逐步走向小康，这是我国社会不断发展进步的有力证明，也是对李洪志“末世论”的有力批判。

五、诈骗钱财建立非法产业

李洪志绝非不食人间烟火，要“度”信徒进入一个更高层次的“神仙”，而是一个假正经、真贪婪，疯狂聚敛钱财的吸血鬼。

李洪志早在传功初期，就演出了许多“免费”为人“治病”的闹剧。他往往一面“免费”给人治病，一面暗示患者应当捐助“功德”款 100 元以上，露出了这位既无医术又无“法术”的现代神汉的本来面目。

在李洪志传功的中后期，已不满足于做小生意了，剥去了“救人”、“度人”的伪装，在宣传“法轮大法”的书刊、“经文”中直接宣称“有施才有德”、“小施得大德”。

李洪志及“法轮功”组织打着“授功治疗”的招牌，宣传封建迷信，违反国家规定，出版、印刷、复制、发行各种非法出版物；并在许多省市开办所谓“法轮功”辅导班、“法轮功”功法报告会，在全国众多的练习者中骗得了大量钱财。据山东一位原“法轮功”练习者揭露说，李洪志等人卖书、卖图、卖“法轮”章，仅在山东聚敛钱财的数量就不止几百万。为了敛财，他们甚至采取极为卑劣的手段，断章取义，肆意曲解、偷偷拍摄等伎俩，制作名人的发言、录像在全国各地销售。一方面为“法轮功”张目；一方面为自己敛财。事实上，“法轮功”组织通过非法生产、销售大量图书、图片、音像制品以及练功用具等产品，已经形成一个具有相当规模的非法产业。他用这些从练习者身上搜刮来的钱财，为自己购买豪华汽车和住宅，恣意挥霍。在从练习者口袋里掏钱的同时，他们也将黑手伸向国家，逃税、偷税，谋取暴利。

六、伪装科学干扰科教兴国

无知产生狂妄。李洪志是个科盲，但懂得现代科学知识是“法轮功”的天敌，是愚昧迷信的克星。

因此，他在鼓吹歪理邪说的时候，一方面歇斯底里地攻击现代科学知识；一方面又尽可能多地用现代科学的名词术语来包装自己的歪理邪说。他胡说什么“现在的科学不算科学”，“是站在错误的基点上发展起来的，对宇宙、对人类、对生命的认识都是错误的”，“导致了人类社会道德的败坏”，“这个科学又是邪教”。

与此同时，李洪志又不择手段，歪曲科学，制造伪科学，把尚未证实、无法验证的假说当作结论，把子虚乌有当作客观存在，在没有必然联系的现象之间任意推类，蒙骗、吓唬那些现代科学知识不多的人们。

科学技术是第一生产力，是推动人类进步的革命力量。科学技术的进步，不断改变人们的生产方式、生活方式、思维方式。实现人类的全部希望，都要靠科学。相信科学，尊重科学，运用科学解决现实生活中的各种矛盾和问题，社会才能进步，人类才有希望。而歪曲科学，反对科学，制造伪科学的种种做法，不仅使练习者放弃了对科学知识的追求，也大大影响人们学科学、用科学的热情，干扰和破坏科教兴国的战略方针。

七、污辱宗教侵犯信仰自由

党和政府对合法的宗教组织和宗教信仰，是尊重的，保护的；同时，也保障不信仰宗教的自由。然而，李洪志和“法轮功”组织以“最高佛法”相标榜，肆意歪曲、诬蔑、利用佛教和道教，污辱合法宗教，亵渎教徒的信仰，侵犯公民的信仰自由。这是愚昧和专横，充分表明他们与人民为敌，与宗教信仰者为敌；与现代文明为敌，也与传统文化为敌。

李洪志一面吹嘘“法轮大法”是拯救人类的“唯一大法”，“给人留下了一部上天的梯子”，要人们虔诚地信奉“法轮大法”；一面又担心“法轮大法”同其他学说、教义交锋时原形毕露。他吓唬练习者说：“弘扬大法，你根本就不能再提你以前学过的东西”，否则，“会把你自己修炼的身体和你所要修出来的一切搞乱，你就无法回家，你在破坏你自己前进的路”，就是“一下子死了”也不行，也是在“破坏大法”。

“法轮功”不准练习者独立思考，也不准练习者学习别的知识，甚至连以前学到的东西，连人类创造的一切文明成果，都要统统扔掉，都不能提，也不准问。他要把练习者死死封闭在他的“法轮大法”之中，不仅行动要跟着他的“法轮”转，思想、言论也得跟着他的“法轮”转。这是对公民信仰和言论自由的粗暴侵犯，也是对公民思想的禁锢和封锁。这哪里是什么“普度众生”的“活佛”，而是蛮横跋扈的邪教主！正如赵朴初先生所言，“法轮功”打着佛法的幌子，盗用佛教的一些名词术语，欺骗社会蒙蔽群众；它是一种邪教，一种魔道，一种地地道道的歪理邪说；它不仅与党和国家的宗教信仰自由政策根本对立，而且与佛教和其他宗教完全对立。

八、腐蚀干部窃取国家机密

“法轮功”组织为了达到他们险恶的政治目的，把触角伸进共产党内。他们打进党政军机关，甚至打进一些要害部门，特别重视在中高层干部中发展练习者，腐蚀党员和干部队伍。在“法轮功”的练习者中特别是在骨干中，确实有些人是党员、干部，极少数还是党的领导干部。有了“名人”、“大官”，“法轮功”组织就更有欺骗性，更便于钻进党和政府内进行破坏。值得高度警惕的是，确实有些干部，包括身居相当重要岗位的领导干部，成了李洪志的俘虏，供其驱使，为其效劳。

“法轮功”组织所以能像瘟疫一样迅速蔓延，一个重要原因，就是“法轮功”组织利用了我们党在群众中的崇高威信，利用了练功的那些党员、干部过去在群众中的影响力和号召力。这一触目惊心的事实，又一次给我们敲响了从严治党的警钟。

“法轮功”动摇我们党的根本信仰，动摇共产党人的世界观、人生观、价值观。我们党要求自己的党员必须为共产主义奋斗终生，而“法轮功”却要求练功者“逐渐地把各种执着心、欲望去掉”，使我们的党员成为没有理想、没有追求、没有信念、没有意志，只会规规矩矩听他们指挥、任他们奴役的信徒。

“法轮功”组织的一些骨干分子已打进我们党和国家的某些要害部门，千方百计盗窃国家机密，危害国家安全。我们有的要害部门中也有人甘愿为“法轮功”组织效劳，他们偷文件、递情报、传信息，组织非法活动，起了极为恶劣的作用。

“法轮功”祸国殃民，为害严重，天怒人怨。中国有句古话，叫“多行不义必自毙”。对这个社会的毒瘤、人民的祸害，一定要坚决切除和清理。这是一场尖锐复杂的政治斗争，我们务必一鼓作气，乘胜追击，不取得彻底胜利决不罢休！

《人民日报》就做“人民满意的公务员”活动已经开展四年发表评论员文章《人民满意是不懈的追求》

《人民日报》转载《解放军报》评论员文章《“国际分裂逆流”救不了李登辉——三评“两国论”背后的“四张牌”》

全国有形建筑市场建设工作座谈会在北京闭幕

中共中央政治局常委、中央纪委书记尉健行出席座谈会并讲话。

会议反映，今年年初，中央纪委第三次全会和国务院廉政工作会议把建立、健全有形建筑市场，建立公开、公正、平等竞争的工程承发包制度，作为深入反腐败的一项重要措施进一步作出部署。各级政府和有关部门，认真按照中央的部署和要求，在建立和规范有形建筑市场，加强工程招投标管理等方面，做了大量工作。截至目前，全国335个地级以上城市，已经有284个建立了有形建筑市场，上半年实行招标的工程占应招标工程的97.83％，其中公开招标的工程占应招标工程的48.7％，工程交易活动中以权谋私、违纪违法案件的发案率呈下降趋势，促进了建筑市场秩序的好转，建设领域的不正之风和腐败现象得到初步遏制。

尉健行指出，必须进一步提高各级领导对加强有形建筑市场建设重要性的认识，以对党、对人民高度负责的态度，自觉做好这项工作。要继续加强对工程招投标和有形建筑市场的规范化管理，推动公开、公正、平等竞争机制的建立。要进一步明确阶段性目标，今明两年在工程招投标和有形建筑市场管理上要达到三个要求：一是工程招投标率必须达到两个百分之百。凡是政府投资以及国有企事业单位、集体企业和公有产权占主导地位的企业投资的工程，除涉及国家安全的保密工程、抢险救灾等特殊工程和一定限额以下的小型工程外，招标投标率要达到百分之百；凡属政府投资和国有企事业单位投资以及政府、国有企事业单位控股投资的工程，公开招标投标率也要达到百分之百。二是应进场交易的工程项目，都必须进入有形建筑市场招投标。三是有形建筑市场必须具备三个基本功能：及时收集、存贮和公开发布各类工程信息；为工程交易活动，包括工程的开标、评标、定标提供设施齐全、服务周到的场所；为政府有关部门进驻市场办公，为工程交易各方办理有关手续提供配套服务。要建立健全有形建筑市场的管理制度，保证有形建筑市场健康有序运行。建设部要抓紧制定招标投标和有形建筑市场的管理办法，各地区要建立和完善专家评标制度。要切实加强监督检查，一方面，要监督检查有形建筑市场运作情况，重点检查市场工作人员是否认真履行职责，严格遵守各项制度和规定；另一方面，要监督检查工程承发包交易主体双方的行为，督促建设单位自觉进入有形建筑市场。凡是不按规定招标投标和不按规定进入有形建筑市场交易的，以及搞层层转包、违法分包的，都要依据有关规定作出严肃处理。

中央纪委副书记、监察部部长何勇在座谈会上指出，各级纪检监察机关要继续协助建设行政主管部门建立和规范有形建筑市场，完善监督制约机制，促进有形建筑市场健康发展。建设部部长俞正声在会上要求建设部门规范运行，严格管理，进一步推动有形建筑市场建设。

中央、国家机关有关部委负责人，各省、自治区、直辖市监察、建设部门负责人出席会议。

国办转发建设部等部门关于推进住宅产业现代化提高住宅质量若干意见的通知

参加第22届万国邮联大会的中国政府代表团正式组成

中国政府代表团有正式成员45人，随员21人。代表团成员中除邮政方面的专家，还包括信息产业、外交、财政方面的相关人士。具有特殊意义的是，香港邮政署也派出14名高层领导作为中国代表团成员参加会议，这是万国邮联历史上的第一次。

外交部发言人表示坚决反对任何国家将台湾纳入战区导弹防御系统

外交部发言人朱邦造在回答记者提问时说，近来，李登辉和台湾当局不仅不思悔改，反而叫嚷要参加TMD，进一步暴露了其妄图加强军事力量，抗拒统一，分裂国家的险恶用心。中国政府和人民对此予以强烈谴责。李登辉和台湾当局必须认识到，搞“分裂”、搞“台独”是没有出路的，靠TMD也挽救不了其分裂图谋必然失败的下场。

他说，必须指出，任何国家企图以任何形式将台湾纳入TMD都是对中国主权的侵犯和对中国国家安全的严重威胁，这势必助长“台独”气焰，为中国的和平统一大业设置障碍，影响亚太地区的和平与稳定。中国政府和人民对此坚决反对。中国政府已多次向美国政府阐明中方在TMD问题上的原则立场。我们要求美方恪守中美三个联合公报和美方的有关承诺，认清李登辉“两国论”的严重性和危险性，停止售台武器，特别是明确承诺不向台湾提供TMD及其相关技术、设备和配套系统，以免破坏台湾海峡和本地区的和平与稳定，损害中美关系。

国家主席江泽民致电土耳其总统德米雷尔对土耳其17日凌晨发生强烈地震表示深切同情和慰问

8月21日

全国城市公共消防设施建设工作会议在青岛召开

国务委员罗干出席会议并讲话说，近年来，我国的消防工作总的发展趋势较好，在消防法制建设、社会化消防管理、消防力量发展和消防基础设施建设等方面都取得了明显的进步，为保护国家、集体财产和人民群众生命财产的安全，保障社会主义现代化建设顺利进行，发挥了重要的作用。但是，也必须清醒地看到，目前，消防工作还滞后于整个国民经济建设和社会发展，不适应社会主义市场经济的需要，全社会抵御火灾的整体能力仍然较低，火灾形势依然十分严峻。尤为突出的是，我国城市公共消防设施的基础薄弱，欠账严重。

罗干指出，当前和今后一个时期的主要任务是，进一步统一认识，解决突出问题，加快建设步伐，使我国城市的消防安全保障功能有一个大的提高。各级政府要切实担负起领导责任，及时制定并严格执行消防规划。地级以上城市中尚未制定消防规划的要在2000年前完成，已制定消防规划的要抓紧实施；一些经济比较发达的城镇，要着手搞好消防规划，同步建设相应的消防设施。新建城市和开发区的公共消防设施建设，必须高起点、严要求，严格按照国家规定的标准一步到位，不能再欠新账。对过去由于忽视城市公共消防设施建设遗留下来的问题，要深入调查研究，加快补救进度，逐项及时解决，力争尽快达到国家标准。他强调，城市公共消防设施建设既要保证工程的质量，不能滥竽充数，搞豆腐渣工程，又要加强建设后的经常性管理，确保一旦发生火灾，能够充分发挥作用。

《人民日报》转载《解放军报》评论员文章《假借“民意”救不了李登辉——四评“两国论”背后的“四张牌”》

核电发展战略研讨会在北京召开

近百位有关专家参加核电发展战略研讨会，就当前及下世纪初我国核电发展战略问题进行了交流和研讨。全国政协副主席朱光亚到会并讲话。

专家们在核电发展战略研讨会上指出，由于我国的能源分布很不平衡，煤炭资源主要集中在西北，水力资源主要集中在西南，而经济比较发达的东南沿海地区则缺乏常规能源。因此，我国发展电力应采取因地制宜的方针，在煤炭和水力资源缺乏的东南沿海地区，适当多发展一些核电。这样，既可以缓解交通运输的压力，也可以保护我国的生态环境。

专家们认为，核能作为一种具有高新技术特点的清洁能源，保持一定规模的持续发展，有利于军民结合，有利于核电相关产业的发展，有利于以较经济的方式提高我国的综合国力。而且，核电的自主化和国产化也有利于推动相关机械制造业技术创新和高科技产业化进程。

国办转发国家计委等部门关于进一步做好国有粮食企业扭亏增盈工作意见的通知

国务院副总理李岚清在人民大会堂会见出席科教兴国国际研讨会的代表

会见时，香港立法会议员黄宜弘、美国普林斯顿大学教授邹至庄、香港科技大学校长吴家玮、台湾半导体制造公司总裁张忠谋和美国芝加哥大学校长雨果·索南夏因等先后发言。他们热情评价了中国为实施科教兴国战略所作出的努力，并提出建议。

李岚清在听取发言后向代表们介绍中国实施科教兴国战略的情况。

李岚清说，今年6月，中共中央、国务院召开了改革开放以来的第三次全国教育工作会议，并作出了深化教育改革，全面推进素质教育的决定。这次会议是进一步落实科教兴国战略的重要会议，将对提高全民族的整体素质，推动中华民族的进步和发展产生重大影响。我们还将召开全国技术创新大会，这同样是落实科教兴国战略的一次重要会议，重点研究与加强技术创新，发展高科技，实现产业化工作。这是进一步提高中国科技水平和创新能力，增强综合国力的紧迫要求，也是迎接即将到来的知识经济时代和新世纪更加激烈的国际竞争的战略决策。

李岚清指出，发展科学技术，我们既要立足于独立自主、自力更生，走自己的路，又要借鉴国外的有益经验，积极开展国际间的交流与合作，两方面缺一不可。他说，参加这次会议的专家学者提出的许多问题，都是我们在实施科教兴国战略过程中需要重视和解决的，我们将认真研究，并希望专家学者们继续关心中国的科技教育事业，提出意见和建议。

由中国科协主办的这次研讨会于8月18日至20日在京举行。来自国内外的近70位著名科学家、教育家、经济学家、企业家和政府部门的代表参加会议。

全国人大常委会副委员长、中国科协主席周光召和有关部门负责人参加了会见。

中国1999世界集邮展在北京开幕

开幕式在北京中国国际展览中心隆重举行。这是中国首次举办综合性世界邮展，也是本世纪最后一次世界性集邮盛会。

中国1999邮展是一次规模宏大、类别齐全、内容丰富、精品荟萃的全球集邮者盛会。该展览使用中国国际展览中心的全部展馆，总面积达4.2万平方米。邮展总规模为3322框及3个珍邮展柜，集邮文献展品228部。共有67个国家和地区参加竞赛部分的展出，中国有101部邮集和96部集邮文献参展，很多世界邮票珍品将展现在观众面前。邮展竞赛部分展品将由43位世界级邮展评审员组成评审委员会进行评审，设置大金奖、大镀金奖等奖项。在8月21日至30日邮展期间举办邮展日、青少年集邮日、集邮报告会等一系列精彩活动，邮展还设立了销售馆。

联合国儿童基金会“新纪元的万里长征”图片展开始在北京展出

此次展览通过生动的图片展示儿基会在过去20年里与中国政府合作的项目和为改善妇女儿童生存环境所做的工作。

8月22日

《人民日报》发表社论《开放的中国喜迎五洲邮使——热烈祝贺第22届万国邮政联盟大会在京举行》

'99北京中国国际邮政技术设备展在北京农业展览馆开幕

展览会由国家邮政局主办、中国邮电器材总公司承办。来自中国(含中国香港)、澳大利亚、加拿大、丹麦、法国、德国、意大利、日本、新加坡、瑞士、荷兰、英国和美国13个国家的90多家厂商参加了这次展览。这次展览是为配合第二十二届万国邮政联盟大会所举办的一项重大国际活动，是一次规格高、规模大、世界级技术水平的国际邮政设备展示。展览会的宗旨是增进世界各国邮政技术工作者之间的了解与合作，推动邮政技术交流，促进邮政通信技术的发展。

第二十二届万国邮联大会主席达利、万国邮联国际局局长利维、副局长马祖及参加万国邮联大会的部分国家的代表出席开幕式，全国政协副主席胡启立到会祝贺。展览于8月26日闭幕。

中国国际象棋棋手谢军在国际象棋世界冠军赛中夺回失去3年的世界冠军称号并是8年中第3次获世界冠军

全国污染防治及重点流域水污染防治工作会议在北京召开

中共中央政治局委员、国务院副总理温家宝出席并讲话。

温家宝说，我们必须清醒地看到，我国环境形势仍然相当严峻。一是大气污染十分突出；二是水体污染的情况仍然相当严重；三是城市垃圾污染日益突出。我们必须十分重视污染防治和生态环境建设，把这项工作真正摆到经济和社会发展的重要位置，从可持续发展的战略高度，正确认识和把握发展经济与保护环境的关系，全面贯彻落实党中央、国务院确定的环境保护的方针政策，实现经济效益、社会效益、环境效益的统一。他强调，要坚持以经济建设为中心，走可持续发展的道路。我国是一个发展中国家，人口众多，资源相对不足。在整个社会主义初级阶段，我们必须始终坚持以经济建设为中心，大力发展生产力，任何时候都不能偏离这个中心。只有经济发展了，综合国力提高了，人民生活水平才能提高，各项社会事业的发展才有物质基础，环境保护工作也才有保障。在发展经济的同时要加强环境保护，积极防治污染，决不能走“先污染后治理”的路子。要坚持从我国国情出发，把环保工作建立在积极可行的基础上。制定环保规划和目标必须从我国的国情出发，从现阶段生产力发展的水平出发。既要充分认识解决环境问题的紧迫性，又要对这项工作的长期性和艰巨性有足够的估计；既要有长远规划和长期奋斗的思想准备，又要扎扎实实、坚持不懈地努力。

温家宝强调，治理污染、保护环境是一个宏伟的系统工程，要全面规划，统筹兼顾，标本兼治，分阶段达到治理目标。党中央、国务院确定了“九五”环境保护目标，并提出“一控双达标”的具体任务。现在到2000年底只有一年多时间，完成这个任务十分紧迫。如期实现“九五”环境保护目标，是转变经济增长方式、实施可持续发展战略的重大步骤，各地各部门要把实现这个目标摆到重要位置，按照中央的统一规划和部署，采取切实有力的措施，确保完成任务。

温家宝指出，实现“九五”环保目标有许多有利条件。一是党中央、国务院高度重视环境保护。中央连续三年召开座谈会，对环境保护工作提出明确要求。二是国家大幅度增加环保投入。去年以来，国家实施积极的财政政策，扩大内需，把环境保护和生态建设作为投资重点。三是经济结构的战略性调整有利于加强环保工作。近年来,国务院采取了一系列措施,坚决制止重复建设,加快行业调整和改组,压缩过剩的生产能力,淘汰落后的工艺和设备,关闭污染严重的企业,这为实现"一控双达标"带来了机遇。四是科技发展为环境保护提供了技术支持。五是环保法律的制定和社会舆论的形成保障了环保工作的顺利进行。

温家宝要求各地各部门要切实加强对防治污染、保护环境工作的领导,把具体任务分解到有关部门和单位,明确责任人,逐个地区、逐条河流、逐个城市、逐个企业地狠抓落实。要结合经济结构调整,着力抓好"一控双达标"工作。要坚决淘汰一批违反国家法律法规、生产方式落后、质量低劣、环境污染严重、原材料和能源消耗高的落后生产能力、工艺和产品。要加大技术改造力度,调整产品结构,改善企业的生产工艺和技术,减少污染物的产生和排放。要加大污染源治理的强制力度。从现在起,对尚未达标的企业要规定严格的治理限制,逾期不能达标的,要按照有关规定坚决予以关闭、停产。同时,要注意防止关闭企业死灰复燃和达标企业污染反弹。要下大力气抓好"三河三湖两区一市一海工程"。淮河、海河、辽河和太湖、滇池、巢湖流域要加强污水处理厂建设,控制生活污染,控制畜禽养殖污染和农村面源污染。"酸雨、二氧化硫控制区"二氧化硫要实现达标排放和排放总量控制。煤炭行业对煤层含硫大于3%的矿井要抓紧关停、限产,火电厂要积极采取脱硫措施,城市政府要改善能源供应结构,控制直接燃用散煤,逐步提高使用燃气、电力等清洁能源的消费比例。要加快组织实施《渤海碧海行动计划》。北京市要在巩固和扩大大气污染治理成果的同时,加大水污染和垃圾污染治理的力度,美化城市环境。要多渠道筹措资金,切实增加污染治理和环境保护的投入;要依靠科技进步,大力发展环保产业;要强化法治,把污染治理和环境保护纳入法治轨道。各有关部门和各地要团结协作,共同努力,为实现2000年环境保护目标作出应有的贡献。

国家环保总局局长解振华主持会议。这次会议目的是研究太湖、海河、辽河等重点流域水污染防治及实现2000年环境保护目标存在的问题和对策,并部署下一阶段全国的污染防治工作。

8月23日

国家主席江泽民在人民大会堂与文莱达鲁萨兰国苏丹哈桑纳尔·博尔基亚举行会谈

中共中央国务院在北京召开全国技术创新大会

这次全国技术创新大会,是党中央、国务院召开的一次重要会议。会议的主要任务是:部署贯彻落实《中共中央、国务院关于加强技术创新,发展高科技,实现产业化的决定》,进一步实施科教兴国战略,建设国家知识创新体系,加速科技成果向现实生产力转化,提高我国经济的整体素质和综合国力,保证社会主义现代化建设第三步战略目标的顺利实现。

中共中央政治局常委、全国人大常委会委员长李鹏,中共中央政治局常委、国务院总理朱镕基,中共中央政治局常委、全国政协主席李瑞环,中共中央政治局常委、国家副主席胡锦涛,中共中央政治局常委、书记处书记尉健行,中共中央政治局常委、国务院副总理李岚清出席大会。大会由朱镕基主持。中共中央总书记、国家主席江泽民出席并讲话。

中共中央总书记国家主席江泽民在全国技术创新大会上发表讲话

这次全国技术创新大会,是党中央、国务院召开的一次重要会议。会议的主要任务是:部署贯彻落实《中共中央、国务院关于加强技术创新,发展高科技,实现产业化的决定》,进一步实施科教兴国战略,建设国家知识创新体系,加速科技成果向现实生产力转化,提高我国经济的整体素质和综合国力,保证社会主义现代化建设第三步战略目标的顺利实现。

一、关于实施科教兴国战略

我们党历来十分重视发挥科学技术在革命和建设中的重要作用。早在革命战争年代,我们党就开始了有组织的科学技术研究,并建立了从事科学研究的专门机构。新中国成立后,我们制定了一系列方针政策。积极发展我国的科技事业,号召"向科学进军"和"伟大的技术革命",取得了丰硕的成果,有力地促进了我国的社会主义建设。改革开放以来,邓小平同志提出了"科学技术是第一生产力"的著名论断,并明确提出四个现代化的关键是科学技术的现代化。1995年,党中央、国务院在全国科学技术大会上提出,要实施科教兴国战略,加速全社会的科技进步,把经济建设转移到依靠科技进步和提高劳动者素质的轨道上来,实现国家的繁荣昌盛。党的十五大进一步提出,科技进步是经济发展的决定性因素,要把加速科技进步放在经济和社会发展的关键地位,实现我国技术发展的跨越。这些都是事关我国经济和社会发展的重要战略思想和重大决策。

改革开放二十年来,我们坚持依靠科技进步推动经济和社会发展,取得了很大的成绩。广大科技工作者,为增强我国的经济实力和国防实力,提高我国的国际竞争力,作出了重要贡献。我们要继续坚定不移地贯彻"科学技术是第一生产力"的重要思想,全面实施科教兴国战略。

科技技术是人类创造性劳动的产物，是认识与改造世界的智慧结晶。它一旦产生出来，又成为造福人类的巨大财富。马克思“把科学首先看成是历史的有力的杠杆，看成是最高意义上的革命力量”。世界历史的发展不断证明，这个论断是完全正确的。自十八世纪中叶第一次工业革命后，经过二百多年的发展，到本世纪中叶又兴起了全球范围的新科技革命。二十世纪，是知识不断创新、科技突飞猛进、世界深刻变化的世界。特别是八十年代以来，电子信息技术以数字化和网络化为特征，在向传统产业广泛渗透的同时，催生了新的重要产业。生命科学和生物技术取得了重大突破，新材料、新能源、航空航天、海洋等高新技术产业的发展方兴未艾。各种学科相互交叉、渗透、融合，导致新技术不断涌现。知识和科技的更新速度日益加快，科技成果商品化、产业化的周期大大缩短。可以预料，二十一世纪科技创新将进一步成为经济和社会发展的主导力量。在新的世界里，科技与经济和社会发展的结合将更加紧密。新的科学发展和技术发明，特别是高科技的不断创新及其产业化，将对全球化的竞争和综合国力的提高、对世界的发展和人类文明的进步，产生更加巨大而深刻的影响。社会生产方式和产业结构，生产工具、劳动者素质等生产力要素以及人们的生活方式和思想观念，都将发生新的革命性变化。对此，我们应有充分的估计和认识。

无论从世界的发展变化还是从国内改革和建设的要求看，我们都需要比以往任何时候更加注意加速科技进步，加强科技创新。当今世界各国综合国力竞争的核心，是知识创新、技术创新和高新技术产业化。一些西方国家所以能够有恃无恐地推行霸权主义、强权政治，所以能够聚敛世界上的大多数财富，所以能够维持对广大第三世界国家不公正、不合理的国际政治经济秩序，所以能够动辄对一些弱小国家进行武力威胁和发动侵略战争，很重要的一个方面，就是因为它们在科技上从而在经济上、军事上掌握了很大的优势。我们要在未来激烈的国际竞争和复杂的国际斗争中取得主动，要维护我们的国家主权和安全，必须大力发展我国的科技事业，大力增强我国的科技实力，从而不断增加我国的经济实力和国防实力。

从现在起到下世纪的前十年，是我国的社会主义现代化建设实现第二步战略目标，并向第三步战略目标迈进的关键时期。在这个时期，我们必须全面确立比较完善的社会主义市场经济体制，必须更好地保持国民经济持续快速健康发展。这些都离不开科学技术的大发展。无论是解决产业结构不合理、技术水平落后、劳动生产率低、经济增长质量不高等问题，还是推进农村经济发展、创造国有企业的新优势、提高人民的生活水平，无论是发展高新技术产业、形成国民经济新的增长点，还是提高全民族的科学文化素质、推进社会全面进步，我们都面临着许多艰巨的任务。要完成这些艰巨任务，都需要加速科技进步与创新。同时，在全球市场竞争日趋激烈的情况下，要增强我国经济抗御各种风险冲击的能力，也要依靠科技进步与创新来提高增长的质量与效益。总之，离开科技进步与创新，我们就难以保持经济社会的持续稳定发展，就难以实现跨世纪的现代化建设目标。

全党同志和全国各族人民都要牢记，全面实施科教兴国战略，大力推动科技进步，加强科技创新，是事关祖国富强和民族振兴的大事。大家既要充分估量新的科技革命带来的严峻挑战，更要珍惜它带来的难得机遇。尽管我们在科技上同世界的先进水平还有较大差距，但是毕竟我们具备了实现科技大发展的基础和能力。新的世纪又一次把机遇呈现在我们面前，能否抓住机遇，正确驾驭新科技革命的趋势，是对我们的严峻考验。抓住机遇，努力在科技进步与创新上取得突破性的进展，赋予全面推进建设有中国特色社会主义事业以更大的动力，是全国广大科技工作者和各条战线上的同志们的一个伟大战略性任务。大家要切实担负起这个历史责任，在党和政府的领导下，团结一致地向新科技革命进军，向社会主义现代化建设的广度和深度进军。

二、关于加强技术创新

全面实施科教兴国战略，加速全社会的科技进步，关键是要加强和不断推进知识创新、技术创新。我曾经说过，创新是民族进步的灵魂，是国家兴旺发达的不竭动力。科技创新越来越成为当今社会生产力解放和发展的重要基础与标志，越来越决定着一个国家、一个民族的发展进程。如果不能创新，一个民族就难以兴盛，难以屹立于世界民族之林。对这个问题，不仅各级领导干部要有很强的政治意识，而且要使全社会都树立这样的意识。

经过新中国成立以来半个世纪的艰苦奋斗，我国的物质技术实力有了很大的发展，但总的来说我国仍然并将长期处在社会主义初级阶段，人口多，底子薄，人均资源不足，生产力相对不发达，仍是我们基本的国情。在这样的基础上，再用五十年的时间到下个世纪中叶基本实现现代化，任务仍然很艰巨。我们必须把以科技创新为先导促进生产力发展的质的飞跃，摆在经济建设的首要地位。这要成为一个重要的战略指导思想。

这次中央提出要进一步加强技术创新，发展高科技，实现产业化，这是一项系统工程，需要把握的问题很多。大家一定要按照中央的决策和部署加紧工作，统筹兼顾，合理安排。科技创新包括很多方面，其中很重要的一个方面是技术创新。技术创新，主要是企业应用新知识、新技术和新工艺，采用新的生产方式和经营管理模式，提高产品质量，开发新的产品，增强市场竞争的能力和抵御风险的能力。加强技术创新，不仅对我们搞好国有企业具有重大意义，而且对我们提高整个国民经济的质量和效益，提高全社会的劳动生产率，提高我国的国际竞争力也具有决定性的意义。这次中央突出地提出加强技术创新的问题，就是基于这样的基本考虑。加强技术创新，最根本的是要在全社会真正形成推动技术创新工作的有效机制。在这个过程中，要着重把握好以下几个方面。

第一，充分发挥社会主义制度的政治优势，走出一条具有中国特色的技术创新路子。邓小平同志指出，我国实行社会主义制度，可以集中力量办大事。五六十年代，在物质技术基础薄弱、经济困难、帝国主义封锁的艰难条件下，我们依靠发挥社会主义制度的优势，依靠广大科技人员的艰苦创业，在较短时间内，取得了以"两弹一星"的研制成功和大庆油田的勘探和开发等为代表的辉煌科技成就，为捍卫我们国家主权和安全，促进国民经济发展，奠定我国的大国地位，作出了不可磨灭的贡献。社会主义制度能够集中力量办大事的这个政治优势，应该继续坚持并充分加以运用和发挥。在发展社会主义市场经济的新条件下，我们运用和发挥这一优势的方式方法需要进行一些调整，但坚持运用和发挥这一优势的原则不能动摇。我们要按照有所为有所不为的方针，突出重点，选准一些对推动经济和社会发展、维护国家安全、提高生产力和综合国力有重大带动作用的领域，集中力量，大力协同，重点攻关，力求突破。特别要加强基础性、关键性的高新技术领域的创新，加速高技术产业尤其是具有战略意义的新兴产业的发展和应用，同时不断提升传统产业。要高度重视加强国防高技术的创新，注重发展军民两用技术，尽快掌握维护国家主权和安全所需要的新的"杀手锏"。要把社会主义制度的优势与市场经济的优势结合起来，充分发挥市场在配置资源方面的基础性作用，通过竞争机制实现资金、人才、技术和经营管理等要素的最佳组合，最大限度地调动全社会一切有利于促进技术创新的积极力量。

第二，坚持面向经济建设，加速科技成果向现实生产力转化。科技的发生和发展，一开始就是由社会生产所决定的。恩格斯在致·博尔吉乌斯的信中曾经深刻指出："社会一旦有技术上的需要，这种需要就会比十所大学更能把科学推向前进。"科技进步、技术创新，只有同经济和社会发展紧密结合起来，才能具有强大的生命力。随着我国农业、工业、国防、环境保护、服务业以及其他各项社会事业的发展和人民生活水平的提高，有大量的科技课题亟待研究和解决。我国十二亿多人口拥有的创造活力和巨大市场潜力，不仅对技术创新提出了广泛的要求，而且也为技术创新提供了强大的动力和广阔的舞台。去年以来，中国科学院实施了国家知识创新工程的试点，在创新目标、组织机构、人员机制、资源配置等方面进行了力度较大的改革，在应用科技领域推动创新技术与经济建设的紧密结合上迈出了新的步伐。三天前，我在大连看了中科院的化学物理研究所，这个所就是其中的一个试点单位。对实施国家知识创新工程试点中取得的新鲜经验，要把握规律，总结提高，并结合各地的实际加以推广。加强科技成果向现实生产力转化的工作，必须把市场和社会需求作为科技工作的主要导向，注重研究、开发和产业化的有机衔接。要营造良好的政策和社会环境，引导和激励大多数科技力量进入经济建设这个主战场，努力适应社会主义市场经济的发展需要。

基础研究和技术前沿的创新探索，是科技进步的先导与源泉。基础研究和高技术前沿探索中取得的新突破，往往会带来高新技术及其产业的兴起。我们要继续注重加强基础研究和高技术前沿探索，逐步加大这方面的投入。既要支持广大科学家围绕国家确定的目标开展定向基础研究和应用研究与开发，也要热情鼓励一些科学家进行自由探索式的研究。基础研究要坚持有所为有所不为，选准方向，突出重点，鼓励大胆创新。在一些重要领域与前沿，要集中投入力量，组织科学家们勇攀科学高峰，努力占领世界科学前沿的一席之地，为增强我国的持续创新能力奠定更坚实的基础，为人类文明的进步作出应有的贡献。

第三，增强自主创新能力，实现技术发展的跨越。我们在进行社会主义现代化建设的过程中，必须努力继承我们先人创造的优秀文明成果和积极吸收人类全部文明的各种优秀成果，认真学习和借鉴世界各国尤其是西方发达国家的先进科技成果。真正做到把社会主义制度优越性同人类优秀文明成果和先进科技力量结合起来。邓小平同志指出："科学技术本身是没有阶级性的，资本家拿来为资本主义服务，社会主义国家拿来为社会主义服务。"帝国主义利用先进科学技术推行霸权主义政策，剥削和侵略第三世界国家。我们掌握先进的科学技术，是为了促进经济发展和社会全面进步，捍卫国家主权和安全，维护和平，实现最大多数人民的利益。要使我们的国家既具有社会主义的政治优势，又具有当代科学技术的优势，这样我们的经济和社会就会以无比强大的动力向前发展。我们在学习国外先进技术时，当然不能跟着别人亦步亦趋，或者一味依赖外国的现成技术。而必须进行我们自己的探索和创造。我国是一个发展中的社会主义大国，在一些战略性、基础性的重大科技项目上，必须依靠自己，必须拥有自主创新的能力和自主知识产权。不能靠别人，靠别人是靠不住的。如果在这些方面我们不能尽快取得突破，一味依赖别人，一旦发生什么情况，我们就很难维护国家的安全。世界历史上曾经有过许多通过技术创新后来居上的成功范例，我国在一些领域也有这样的范例。现在，我们已具备在一些领域实现技术跨越式发展的基础和条件。关键是要在学习、消化和吸收国外先进技术的同时，加强自主创新，加强人才培育，加强创新基地建设，提高企业的创新能力，掌握科技发展的主动权，在更高的水平上实现技术发展的跨越。

第四，加强全社会的大力协同，尽快建立和完善技术创新和科技成果向现实生产力转化的配套体系。在发展社会主义市场经济的条件下，怎样加强技术创新。怎样按照经济规律加速科技成果向现实生产力转化，是一个需要继续认真解决的大课题。必须看到，在过去的科技体制上，比较普遍地存在科技与经济脱节，存在各地区、各部门自成体系、分工过细、机构重复、力量分散的状况，这是一个严重的弊端。这不仅造成了科研课题重复和资源浪费，而且致使科技成果转化率和对经济社会发展的贡献率较低。经过这些年来的改革，这种状况已有了很大改变，但问题还没有从根本上得到解决，需要进一步改革，彻底革除上述弊端。要按照有利于技术创新和科技成果转化为现实生产力的目标，通过宏观调控和市场配置等手段，打破科研机构之间、企业之间以及科研机构与企业之间的界限，充分发挥各自的优势，搞大协作，形成合力。不能再搞“躲进小楼成一统”，“鸡犬之声相闻，老死不相往来”。“躲进小楼成一统”，自成体系，各立“门户”、“山头”，互相分割封闭，造成科技资源配置的很大浪费，这是同社会主义制度和社会主义市场经济的要求相违背的，是同社会化大生产的需要相违背的，也是同科技创新自身的规律相违背的。这种做法，是我国历史上几千年小农经济、小生产的落后生产方式的残余影响在经济和科技领域中的折射与反映。从思想意识来讲，也是历史上小生产者的“平均主义”思想的残余表现。我们必须从思想上、政治上、经济上认清它的落后性和危害性，必须来个彻底改革，推陈出新。现在，国际上出现了一种称作“虚拟制造”(Virtual Manufacturing)的方式。所谓“虚拟制造”，就是公司按市场需求运用计算机进行产品的开发研制和经营管理，掌握产品的核心软件技术和行销管理，而产品的硬件则通过向社会上的有关企业提出技术、成本和生产进度要求，由它们加以制造，然后由虚拟制造公司加以合成，嵌入核心软件。这样的虚拟制造公司本身基本上没有生产设备和生产线。最近我在沈阳参观了一个高科技软件开发公司的虚制造中心，他们就是这样做的。这种做法，不但可以发挥社会上各种制造企业的技术优势，而且可以使产品为适应市场需求而快速更新换代。改革开放以来，我国科技进步很快，各行各业都形成了新的生产和技术优势。新的科技成果出来后，要注意充分运用有关企业和行业已经形成的制造能力，或者在现有基础上进行补充和加强，迅速形成新的生产力。不要每一项科技成果的投产，都再从头铺新的摊子。这样可以减少不必要设备、基础设施等方面的投资，加速形成产业化的进程，而且一旦需要生产新的产品时，也可以由现有企业通过改造迅速转产，不致造成资源的浪费。技术创新和实现产业化，重点要解决两头。一头要加强技术研究和开发能力；一头要加强系统集成、总装、检测和行销服务。原材料、零部件以及中间的加工制造，应尽可能与现有企业择优协作，不能再搞重复建设，再搞自成体系的“小而全”、“大而全”。也就是说，要搞“哑铃型”而不要搞“橄榄型”的结构。大家在这方面一定要解放思想，实事求是，大胆地进行探索，以形成符合现代经济发展规律、效益高、反应灵活、充满活力、有利于科技成果向现实生产力转化的合理体系。

第五，积极推进国家知识创新体系建设，为技术创新和科技成果向现实生产力转化提供有效的保障与激励机制。首先要确立企业作为技术创新主体的地位，加强企业技术创新机制的建设，努力提高企业的技术创新能力和科学管理水平。要优化科技力量的布局和科技资源的配置，加强政府、科研机构、大学和企业之间的有机联系与分工合作，使技术创新成果更快更好地转化为现实生产力，加速高新技术产业的发展和传统产业的升级。积极鼓励和推动应用型科研机构进入企业、改制成科技企业或科技中介服务机构，充分发挥科研机构和大学在国家知识创新体系中的作用。要加强军民科研体系之间的联系、结合与合作，既要加强军用先进技术向民用的转移，又要注重发挥民用科研在科技强军中的重要作用。要坚持公有制为主体、多种所有制经济共同发展的基本经济制度，积极发展和扶持多种所有制、多种组织形式的科技型中小企业，鼓励发展科技中介服务机构。进一步办好国家高新技术产业开发区、大学科技园区，使其真正成为培养和发展高新技术产业的基地。根据国外高新技术产业形成和发展的经验，建立风险投资机制，是促进高新技术发展及其产业化的重要条件。要建立有利于技术创新和科技成果转化为现实生产力的投融资体制。认真贯彻落实绩效优先、按劳分配和兼顾公平的原则，实行技术、管理等生产要素参与分配的原则，使广大科技人员的收入符合其劳动创造的价值和贡献。

第六，努力建设一支宏大的富有创新能力的高素质人才队伍。推动科技进步、技术创新，关键是人才。要充分发挥广大科技人员的积极性、主动性和创造性。一大批青年人才的迅速成长，是科技进步、技术创新的希望所在。青年时代，是最富有创新精神的黄金时代。世界科技发展的一些重大突破，往往是由年轻人搞出来的。要努力为青年人才脱颖而出营造良好的社会环境，让他们充分施展才华，勇于创新，大展宏图。培养人才的基础在教育。要贯彻德、智、体、美全面发展的方针，按照人才成长的规律和特点，把培养学生的创新意识和开拓精神作为素质教育的重点任务。科研机构也要成为人才培养的基地，纳入国家高级人才培养的教育体系。科研机构制度，营造生动、活跃、民主的学术氛围，鼓励探索和创新。要在全社会进一步树立和发扬尊重知识、尊重人才、崇尚创新的良好风尚。要积极创造条件，鼓励和吸引留学人员特别是留居海外的科技人才回来创办科技产业。要造就一大批精通科技的经营管理人才。积极鼓励群众性的技术发明与革新、技术推广活动。崇高的理想抱负、炽热的爱国热情、坚韧不拔的毅力，是创新成功的必备条件。在广大科技人员特别是青年科技人员，要大力弘扬爱国主义、集体主义、社会主义思想和求实创新、拼搏奉献精神，使大批德才兼备、品学兼优的科技人才茁壮成长。大力宣传科技人员勇于创新和艰苦创业的先进事迹。党中央、国务院决定设立国家最高科学技术成就奖，重奖在科技方面卓有成效的优秀科技工作者，其目的就是要鼓励科技创新。

三、关于加强和改善党对科技工的领导

加强和改善党的领导，是实施科教兴国战略的政治保证。各级党委和政府要从战略的高度，充分认识推进科技创新的重要性和紧迫性，把加强技术创新，发展高科技，实现产业化摆上重要议事日程，结合实际，创造性地把这次会议的精神真正落到实处。

目前，我们正在研究制定“十五”计划和中长期发展规划。从指导思想、战略重点到政策措施，都要把依靠科技进步与创新作为促进经济和社会发展的关键因素来充分考虑。各级党委和政府在作出重大决策时，需要对科技、经济和社会多方面情况进行准确把握，广泛听取专家的意见，做好科学论证，推进决策的科学化、民主化。各级政府部门要切实转变职能，学会用社会主义市场经济的办法推动科技进步、技术创新。要多渠道、多层次增加科技投入，营造有利于技术创新和科技成果转化为现实生产力的政策环境。切实加强科研机构、高等院校党的基层组织建设，发挥党组织的政治核心作用，认真做好广大科技人员的思想政治工作。科技战线上的共产党员要带头勇于创新，乐于奉献。要充分发挥社会各界在推动科教兴国中的积极作用。各民主党派和工会、共青团、妇联、科协等都要发挥自身优势，在科教兴国、技术创新中多作贡献。

各级领导干部要自觉站在新科技革命的前列，认真学习现代科学技术知识。高度重视科技进步对社会发展的深刻影响，坚持运用科学技术来推动经济发展和社会全面进步，是马克思列宁主义唯物论的一个重要思想。恩格斯指出：“在马克思看来，科学是一种在历史上起推动作用的、革命的力量。任何一门理论科学中的每一个新发现——它的实际应用也许还根本无法预见——都使马克思感到衷心喜悦，而当他看到那种对工业、对一般历史发展立即产生革命性影响的发现的时候，他的喜悦就非同寻常了。”无产阶级的革命导师都非常关注科学技术，他们善于运用自然科学的发现来丰富和发展自己的理论，高度重视科技发展对促进社会变革的伟大意义。一九四〇年，毛泽东同志在陕甘宁边区自然科学研究会成立大会上讲话时曾经指出：“自然科学是人们争取自由的一种武装。”他要求广大干部都要学习和研究自然科学，否则“就不算一个最好的革命者”。各级领导干部要胜任领导现代化建设的职责，不仅要努力学习马克思主义理论、学习党的方针政策，而且要坚持用科学知识武装头脑，及时掌握新科技革命以及世界经济、社会发展的态势，不断提高知识水平和自身素质，努力成为新形势下领导经济和科技工作的内行。

各级领导干部还要学会用科学精神、科学方法、科学态度观察分析问题，指导和开展工作。科学精神的精髓是求实创新。我们不但要加强科技创新，而且要加强加强体制创新、政策创新、观念创新。必须一切从实际出发，正确把握客观事物的本质和规律，打破思想禁锢，打破习惯势力和传统偏见的束缚，勇于探索，勇于开拓。

我们要坚持用科学思想、科学精神武装全党同志和全国人民，努力提高全社会的科学文化水平。一个社会如果愚昧迷信盛行，科技创新不仅难以产生，就是产生了也可能被忽视、被扼杀，难以对经济和社会发展发挥作用。事实告诉我们，在科学技术高度发达的今天，科学与迷信、知识与愚昧的斗争并未停止。这些年来，确有一些地方愚昧迷信活动死灰复燃，一些人从事反科学、伪科学的活动，传播歪理邪说，蛊惑人心。而我们有些党员、干部和科技工作者竟然是非不分，也参与其中，甚至为之推波助澜。这个现象还不发人深省吗？这充分说明，我们的科技普及工作、思想政治工作、精神文明建设，必须锲而不舍、持之以恒地抓下去。必须坚持用辩证唯物主义和历史唯物主义教育广大党员干部和人民群众。要高举科学的旗帜，坚决反对迷信，反对反科学、伪科学的活动。凡被实践证明了的科学真理，都要坚定不移地坚持。尚未被认识的客观事物，要鼓励以科学的态度进行研究和探索。但是，未被科学证实的假说，不应在社会上推行，更不能成为决策的依据。要把科技知识、科学思想、科学精神、科学方法的宣传和普及工作，作为精神文明建设的重要内容不断加强起来。

中华民族历来是勤劳智慧、富有创新精神的民族。创新精神，是我们民族几千年来生生不息、发展壮大的重要动力。我们要继续发扬这个光荣的传统，瞄准世界科技发展的先进水平，结合我国现代化建设的实际，奋起直追，锐意创新，把我国的科技事业和现代化建设不断推向前进。

《人民日报》就全国技术创新大会开幕发表社论《加强技术创新 推进科教兴国》

全国人大外事委员会在人民大会堂召开全体会议

会议听取外交部、公安部和国务院法制办关于改进出入境管理有关法律执法工作，特别是严厉打击非法出入境活动的汇报。全国人大常委会副委员长邹家华出席会议并讲话。

在会议上，外交部、公安部和国务院法制办负责人分别就提高出入境管理水平、加大执法力度以及严厉打击和防范偷渡活动的工作做了汇报。据统计，今年上半年全国公安边防机关共破获案件 668 起，抓获偷渡组织者和运送者 348 人；公安出入境边防检查机关抓获偷渡分子 3915 人次，其中组织或协助偷渡分子 247 人。

邹家华在听取汇报后指出，80 年代末以来，我国沿海地区出现了偷私渡和非法出境问题，给我国改革开放和国家声誉造成了不良影响，破坏了出入境管理秩序。要解决这一问题，必须执行“两法”，同时要改善目前护照管理的状况，有关管理部门要分工明确，各负其责，并要加强相互间的协调。公安部门要加大对偷私渡的打击力度，加强出入境管理。

他说，要提高认识，常抓不懈，全面深入地研究对策，解决非法出入境问题。要继续采取措施，解决不法分子利用合法渠道进行非法移民的问题。要加强和改进相关部门的协调和配合，分清职责，共同做好护照、签证管理工作。要努力提高护照制作的防伪水平，从技术上防止买卖、冒用、伪造护照的非法行为。要进一步清理出入境中介机构，依法管理出入境中介市场。要继续完善有关法规，严格执法，不断加强执法队伍自身建设。

全国人大外委会主任委员曾建徽主持会议。

《人民日报》发表特约评论员文章《反面的教材 现实的课题——处理和解决“法轮功”问题引起的思考》

李洪志及其“法轮功”组织的罪恶已经被揭露出来，我们党与“法轮功”的斗争也已取得了重大的胜利。坏事正在变成好事。“法轮功”从产生、蔓延到被依法取缔，为我们提供了难得的反面教材，也为我们提出了一个重大的现实课题：在我们这样一个共产党领导的人民民主专政的国家，在我们这样一个经济发展、社会进步，以马列主义、毛泽东思想和邓小平理论为指导的社会主义国家，像“法轮功”这样具有反科学、反人类、反社会、反政府性质的非法组织能够如此迅速地膨胀起来，李洪志那套完全违反常识和理性的歪理邪说竟迷惑了那么多善良的群众，我们应该从中汲取什么教训，今后应如何改进我们的工作？

一定要讲政治，努力提高政治敏锐性

“法轮功”问题并不是突然冒出来的。从“法轮功”组织一开始出现，就有许多干部和群众奋起抵制。但近些年来，他们迅速发展组织、扩大影响，蒙骗和坑害群众，煽动和组织围攻党政机关和新闻单位的事件也愈演愈烈，以至发展到制造在中南海周围进行非法聚集这样的严重政治事件。为什么会出现这样的问题？一个重要原因，是我们的一些领导干部和党员在事关共产党人的根本信仰，事关全国人民团结奋斗的根本思想基础，事关党和国家的前途与命运这样的大是大非问题上，不善于从政治上观察和处理问题，没有做到见微知著，防微杜渐，有时甚至做了无原则的迁就和让步。这就给我们敲响了政治警钟。

中国共产党是执政党。在各级国家政权中，广大党员领导干部是主导力量。在国家社会经济和政治生活中，共产党员起着先锋模范的作用。我们要沿着建设有中国特色社会主义的道路发展经济、扩大民主、巩固政权，就必须依靠我们的党员领导干部和广大共产党员牢牢地把握政治方向。改革开放和现代化建设是社会主义初级阶段最大的政治。但这决不是说社会主义初级阶段的政治只有经济建设。我们一定要坚定不移地贯彻执行党的“一个中心，两个基本点”的基本路线，坚持以经济建设为中心不动摇。但同时一定要讲政治，讲正确的政治方向、政治立场、政治观点、政治纪律、政治鉴别力和政治敏锐性，为发展经济提供更有力的政治保证。忘记或忽视这一点，党的基本路线就难以得到全面的贯彻执行，社会主义现代化建设就会受到干扰和破坏。“法轮功”组织的产生和蔓延提醒我们，一定要深刻认识邓小平同志关于“到什么时候都得讲政治”这一论断的重大意义，认真实践江泽民同志提出的要求,“必须坚持讲马克思主义的政治,讲建设有中国特色社会主义的政治,讲实现、维护和发展人民群众利益的政治”。

政治是经济的集中表现,是为经济基础服务的。讲政治是具体的,而不是抽象的。经济工作和其他各项业务工作中都有政治,政治渗透于社会生活的各个方面。领导干部要努力通过自己的实践,把讲政治的要求落实到推动建设有中国特色社会主义的经济、政治、文化等各个方面,体现在自己的日常工作和学习上,贯彻到党内生活中去。要努力提高政治鉴别力和政治敏锐性,始终保持清醒的头脑,及时地发现和把握各种政治动向,及早地、坚决地把问题解决在萌芽状态,保证社会主义现代化建设事业的顺利进行。

深入持久开展唯物论和无神论教育,
树立马克思主义的科学世界观

马克思主义的唯物论是我们的世界观和方法论。实践证明,马克思主义的科学世界观,是我们战胜一切敌人和一切艰难险阻的强大思想武器。坚持用马克思主义的科学世界观来指导我们的一切工作,始终是我们十分重要的任务。丢掉了这个强大的思想武器,我们的事业就不可能成功。无神论是唯物论的思想基础。承认和接受唯物论思想,首先就要承认和接受无神论的观点。可是,就是在这样一个事关根本的重大问题上,有的同志以为,唯物论是很基本的理论,已经讲了许多年,再讲就是老一套。这是一个误解。“法轮功”就是钻了这样一个空子,几乎没有阻挡地侵蚀了我们的社会生活。

共产党人是彻底的唯物论和无神论者。共产党人相信唯物论和无神论,是因为它正确反映了客观世界的本来面目,是被人类的实践反复证明的真理。唯物论的道理看似简单,但它是一种基本理论,是一切正确思想和认识的基础。无神论也是如此。相信无神论,人民群众就有了接受马克思主义的科学道理,坚定不移走建设有中国特色社会主义道路的基本思想条件。因此,唯物论和无神论一定要长期不懈地讲下去,决不能有丝毫的疏忽和含糊。“法轮功”的产生和蔓延深刻地说明,思想政治领域的矛盾和斗争错综复杂,有时还表现得相当激烈。思想领域的阵地,马克思主义不去占领,非马克思主义和反马克思主义的东西就必然会去占领。我们不讲唯物论,就会有人出来讲唯心论,用唯心主义的错误思想来蛊惑群众,与我们争夺思想阵地;我们不讲无神论,就会有人出来讲有神论,与我们争夺群众。

我国是一个有几千年封建统治历史的国家。封建主义腐朽思想和小生产习惯势力,是造神和尊神的深厚土壤。在社会主义初级阶段,封建主义思想和小生产习惯势力在我们的政治、经济、文化生活中还有广泛的影响。用唯物论和无神论教育广大干部和群众,与封建主义的腐朽愚昧思想作斗争,是一项长期的任务。共产党人肩负改造世界、改造社会的伟大使命,我们不仅要团结和带领人民创造繁荣富裕的物质生活,而且要带领人民创造科学文明的精神生活。

旗帜鲜明地传播和介绍唯物论与无神论的先进思想,传播和介绍马克思主义的科学世界观与人生观,提高全民族的思想政治素质,是我们共产党人的重要责任。历史上每当社会处于重大的转折关头,思想领域的矛盾和斗争往往是异常激烈的,而现在我们正处于由计划经济体制向社会主义市场经济体制转变的重要时期,一定要高高举起辩证唯物主义和历史唯物主义的旗帜,十分警惕和防范唯心主义与其他反马克思主义的错误思潮对党员和干部思想的侵蚀,决不能让它们干扰和冲击党的基本理论、基本路线和基本纲领。

倡导科学精神,反对愚昧和迷信

“法轮功”的歪理邪说是反科学的。在科技发达、科学昌明的今天,“法轮功”的荒诞邪说居然还有市场,这就再一次警示我们,对干部和群众普及现代科学文化知识极为重要,必须长期努力。

科学是唯物主义世界观的直接成果。科学技术作为第一生产力,一直是推动人类社会进步的革命性力量。科学是战胜愚昧迷信的最强大的力量。所有的迷信巫术,无论多么神秘莫测,在科学面前无一例外地都会原形毕露。因此,普及科学知识,倡导科学精神,是反对和战胜愚昧迷信的根本方法。科学也是人类理性的最高表现。科学对人类的作用,不仅体现在发展社会生产力上,而且体现在陶冶和升华人类的理性精神,提高人类的认识能力和认识水平上。科学素质的高低,直接决定民族素质的优劣。在民族素质中,愚昧迷信的东西越多,科学的成分就越少,科学战胜愚昧迷信的难度就越大。我们要以更博大的胸怀和更深刻的眼光认识科学的本质和作用,不仅要在发展生产力的意义上讲科学,更应该在提高广大人民群众思想文化素质、与封建迷信和各种愚昧落后思想作斗争的意义上讲科学。我们不仅要依靠科学技术提高物质文明的发展水平,而且要依靠科学技术的力量推进社会主义精神文明建设,积极倡导科学、文明、健康的生活方式,努力形成学科学、用科学、爱科学、讲科学的社会风气和民族精神,展现与社会主义现代化进程相适应的社会精神风貌。因此,在实施“科教兴国”战略的伟大实践中,我们既要强调科技与经济的结合,也要强调科技与人的思想教育相结合,强调科技与民族素质的提高相结合。科学技术既要把攻克国民经济发展中迫切需要解决的关键问题作为主要任务,也要把提高人民群众的科学水平,树立人们的科学精神,提高全民族的科学文化素质作为主要任务。要进一步下大力普及科学知识,弘扬科学精神,继续把树立科学精神作为党的思想政治工作的重要内容来抓,从根本上增强广大群众抵制封建迷信和愚昧落后思想的能力。历史上任何一种彻底的理论无一不是建立在科学基础之上的。政治上的正确道理,必须辅之以科学的熏陶和教育才能够真正被群众所接受。只有把政治理论教育与科学理性教育紧密结合起来,共同深入下去,我们的思想政治工作才能取得更大更好的效果。

倡导科学精神,就要坚决地抵制和反对封建迷信思想,杜绝各种形式的封建迷信活动。封建迷信思想和活动,腐蚀广大人民群众的意识,污染社会主义精神文明。封建迷信思想也极易为各种政治势力所利用。"法轮功"就是利用了改革开放以来封建迷信活动在一些地方重新抬头的社会背景而大行其道的。现代迷信总是打着科学的旗号掩盖其勾当,其危害不仅是引诱个别人上当受骗,而且是把迷信和科学混淆起来,借科学的力量传播迷信,使迷信得以大摇大摆地走进社会生活,干扰和阻碍社会主义现代化进程。对此,我们的头脑一定要清醒,旗帜一定要鲜明,决不能有任何犹豫和观望,更不能放任纵容。

发挥政治优势,加强和改善思想政治工作

"法轮功"欺骗和愚弄了那么多群众,甚至俘虏了一些党员和干部,这不能不引起我们的深思。作为一个拥有6100多万党员、执掌国家政权的中国共产党,我们有其他任何组织都不可能具有的巨大政治优势。充分运用和发挥好这些优势,我们就能够把人民群众的积极性和创造性保护好、引导好、发挥好,为社会主义现代化建设扫除一切障碍。

我们有理论优势。中国共产党是以马克思列宁主义、毛泽东思想、邓小平理论武装起来的党。辩证唯物主义和历史唯物主义是我们的理论基础。正是因为有了科学理论的指导,我们党才能够始终站在时代的前列,在领导全国各族人民进行社会主义革命、建设和改革过程中,克服各种困难,不断由胜利走向胜利。在这个优势面前,一切反科学、反理性的歪理都难有市场;一切违背社会发展规律、违背人民意愿的邪说都难成气候。但是,先进的理论既不能自发产生,也难以自发地掌握,必须依靠长期有力的引导和武装。发挥党的理论优势,最根本的就是要继续坚持不懈地用马列主义、毛泽东思想特别是邓小平理论教育广大干部群众,用唯物论代替唯心论,用无神论代替有神论,在同封建主义、资本主义腐朽思想和小生产习惯势力的长期斗争中,不断提高我们的思想觉悟和实践水平,提高我们识别谬误、划清各种是非界限的能力。

我们有组织优势。党是社会主义现代化建设事业的领导核心。党的各级组织和广大共产党员在两个文明建设过程中,发挥着政治领导和先锋模范作用,把马克思主义的科学理论、社会主义的理想和道德,贯彻到社会生活的各个方面中去。要更好地坚持党的群众路线,以马克思主义的群众观点指导我们进一步从政治、思想、工作、生活上关心和联系群众,积极主动地帮助群众排忧解难、解疑释惑,以更好地吸引和凝聚广大群众,增强人民群众对党和政府的信任与拥护。

我们有改革开放的优势。改革开放极大地改善了人民生活,极大地增强了社会主义制度的吸引力和号召力。党的基本理论和基本路线,从来没有像现在这样深入人心,深入群众,真正变为亿万人民改造世界、改造社会的巨大物质力量。改革开放开阔了人民的视野,人民从来没有像现在这样勇于接受新思想、新观念,也从来没有像现在这样热爱科学、尊重科学,对科学思想和科学精神寄予极高的热情和期望。只要我们进一步发挥改革开放的优势,抓住机遇,因势利导,我们的思想政治工作就一定能取得新的、更大的成效。

应当看到,我国正处在改革的攻坚阶段和发展的关键时期,社会情况发生了复杂而深刻的变化,经济成分和经济利益多样化、社会生活方式多样化、社会组织形式多样化、就业岗位和就业形式多样化日益明显。面对这些新情况、新问题、新变化,加强和改善党的领导,包括思想、政治、组织领导,这是新的历史时期巩固我们党的执政地位、维护社会主义政权的带有根本性的重大问题。因此,我们必须主动适应新形势,适应社会经济、政治、文化生活的新变化,以改革的精神,积极寻找新办法和新措施,改进和加强我们的思想政治工作,改进和加强党的组织工作、宣传工作、群众工作,使马克思主义始终牢固地占领思想政治阵地,使各种唯心论、有神论,各种非马克思主义和反马克思主义的东西没有可乘之机。

还应当看到,在改革开放和发展社会主义市场经济的条件下,要充分发挥我们党的政治优势,必须坚持从严治党,保持党的先进性和纯洁性,增强党组织的凝聚力和战斗力。这是由我们党的执政地位和党的先进性决定的,是由党的宗旨及其对于国家前途命运所承担的历史重任决定的,也是由党的建设所面临的形势、任务和新情况、新问题决定的。坚持从严治党,必须加强党的理想、宗旨和纪律教育,加强对党员的管理,坚持不懈地开展党风廉政建设和反腐败斗争,切实把党的建设提高到一个新的水平。

坚持依法治国,加强社会管理

依法治国,就是广大人民群众在党的领导下,依照宪法和法律的规定,通过各种途径和形式管理国家事务，管理经济文化事务，管理社会事务。坚持依法治国，是社会文明进步的重要标志，是国家长治久安的重要保障。实践证明，依法治国的基本方略坚持得好，执行得好，我们就有安定团结的局面；相反，我们就很难处理和解决好一些社会影响大、涉及面广的复杂问题。李洪志及其“法轮功”组织的违法行为之所以没有得到及时有效的制止和处理，同我们的法制意识淡薄、社会管理不严有很大的关系。

领导和管理国家，必须坚持依法办事。国家法律是经过严格程序制定的，深刻地反映了客观规律，具有普遍的管理意义。坚持法治，坚持以宪法和法律为准绳处理国家和社会事务，是避免主观随意性，有效化解矛盾，提高国家管理水平的根本手段。长期以来，我们的一些领导干部法制意识不够强，不善于运用法律武器分析和处理问题。几年来，“法轮功”组织之所以会从初始阶段一般意义上的社会偏离行为发展到后来的反社会、反政府行为，一个重要原因就是我们没有从宪法和法律的高度去分析认识它的性质，及时果断地依法取缔。

要进一步加强社会主义法制建设，切实加强社会管理。一方面，要加强立法工作，抓紧建立、健全有关的法律、法规和制度，依法加强对社会生活各个方面的管理，把我们倡导的先进思想、道德原则融于科学和有效的社会管理之中，使自律与他律、内在约束与外在约束、软约束与硬约束有机地结合起来，形成扶正祛邪、扬善惩恶的良好社会环境。另一方面，要加强法制权威，提高广大干部的依法办事意识，做到有法必依、执法必严、违法必究。同时，还要进一步加强对广大人民群众的法制教育，使人民群众牢固树立依法参加社会活动、自觉遵守国家法律的意识，善于用法律对照和规范自己的行为。

开展群众性体育文化活动，
满足人民群众健身娱乐的需求

“法轮功”问题涉及众多的练功者，其中绝大多数是出于强身健体的愿望，他们对李洪志等极少数人的反动政治目的并不了解。这种现象说明，在人民群众的物质生活得到普遍改善的同时，必须重视满足人民群众健身娱乐的需求。

追求健康、追求丰富的精神生活，是人类的共同愿望。在中国漫长的历史上，哪怕是在极为困难的条件下，人民群众也没有忘记追求崇高的精神文化生活、卫护自己的健康。为此，我们这个古老的民族创造了万万千千的娱乐和健身形式，源远流长地延续至今。这是中华民族优良传统的重要组成部分。我们要在改革开放的新形势下大力发扬这些传统。

开展群众性文化体育活动，关键要在“群众性”上下功夫。“群众性”如何体现？就是要看你的那些活动是不是为广大群众所喜闻乐见、热情参与、易于普及并能够长期坚持下去，使广大群众有机会、有条件自觉自愿地在这些丰富多彩的活动中锻炼和提高自己。改革开放以来，我们的文化体育事业有了很大的发展和进步，但总的看群众性的文化体育事业依然是一个薄弱环节。许多过去有广泛群众基础的公益性体育活动日渐萎缩，远远满足不了广大群众强身健体的需要。我们必须深入开展全民健身运动，坚持用科学的思想指导全民健身，增强群众的科学健身意识，抵制各种愚昧落后的健身观念和健身形式，广泛开展丰富多彩、健康有益的群众性体育活动，提高全民族健康水平。

要正确处理普及与提高的关系，分清文明健康生活方式同消极颓废生活方式的界限。群众性并不等于庸俗化。在群众文化工作上，既要适应广大群众的一般要求，也要提高群众的欣赏趣味；既要满足群众精神娱乐和调节情绪的需要，也要满足群众陶冶情操和提高境界的需要。要坚持精神文明重在建设，坚持把精神文化产品的社会效益放在首位，创造出更多振奋精神、鼓舞斗志、凝聚力量的优秀产品，在社会主义精神文明建设中发挥更重要作用。要坚持一手抓繁荣，一手抓管理，坚决禁止制造和传播文化垃圾的行为，持续开展打击非法出版活动的斗争。要大力发展社区文化、村镇文化、企业文化、校园文化，充分发挥文化馆、图书馆、博物馆、科技馆和各类群众活动中心的作用，面向社会，服务群众，丰富人们的文化生活。

“法轮功”组织及其非法活动为我们提供了难得的反面教材，它将使我们的头脑更加清醒，工作更加主动。经过与“法轮功”的这场严肃思想政治斗争，我们的人民进一步认识和体会到了正确思想的力量、科学精神的力量、正义事业的力量，从而更加成熟起来，更加紧密地团结在以江泽民同志为核心的党中央周围，高举邓小平理论伟大旗帜，坚持党的基本路线，意气风发地去创造新的伟大业绩。没有什么力量能够阻挡我们的事业胜利前进。对此，我们充满信心。

第二十二届万国邮联大会在北京开幕

第二十二届万国邮政联盟大会开幕式在人民大会堂举行。中华人民共和国主席、第二十二届万国邮政联盟大会中国组委会名誉主席江泽民出席开幕式，并宣布大会开幕。万国邮联 189 个成员的 2300 余位代表欢聚一堂，共商 21 世纪的国际邮政大计。

江泽民致辞。大会开幕式由国务院副总理、第二十二届万国邮联大会中国组委会主席吴邦国主持。

万国邮联国际局总局长、第二十二届万国邮联大会秘书长托马斯·利维宣读联合国秘书长安南给大会的贺信。

法国邮政名誉主席、大会元老达里格朗在致辞中对本届大会的组织工作给予充分肯定和高度评价。

万国邮联国际局总局长、第二十二届万国邮联大会秘书长利维代表万国邮政联盟向江泽民主席赠送邮联徽志雕塑。

开幕式上，信息产业部部长、第二十二届万国邮联大会中国组委会常务副主席吴基传，国家邮政局局长、第二十二届万国邮联大会中国组委会副主席刘立清和大会秘书长利维、副秘书长马祖共同为今天发行的一枚由江泽民主席为大会题词“发展现代化邮政，满足社会需要”的小型张，以及以邮联首届大会和本届大会会址为主题的两枚邮票揭幕。

第二十二届万国邮联大会 9 月 15 日结束。这次大会的主要任务是修订各项法规，制定邮政发展战略，批准经费开支，选举行政理事会和邮政经营理事会的理事国，选举邮联大会国际局副局长等。大会特别将就世界邮政面临的机遇和挑战进行深入探讨，并将最终形成“北京战略”，确定今后 5 年的发展目标，从而使邮政在下一世纪全球通信市场中获得更好的发展。

国家主席江泽民在第二十二届万国邮政联盟大会开幕式上致辞

国家主席江泽民会见万国邮联官员

江泽民会见参加第二十二届万国邮政联盟大会的邮联大会元老达里格朗和邮联国际局总局长利维等官员。

江泽民对万国邮联首次在中国举行大会表示祝贺，对各国代表欢聚北京表示热烈欢迎，并预祝大会圆满成功。

江泽民还对万国邮联国际局以及各会员国在大会筹备期间给予中国的支持和帮助表示感谢。江泽民说，中国将继续加强与世界各国在邮政领域的合作。他指出，随着经济全球化和电信事业的不断发展，加强邮政领域的国际合作将有利于各国邮政事业的发展。

国家主席江泽民在人民大会堂会见利比亚领导人卡扎菲特使利比亚对外联络与国际合作总人民委员会秘书(外长)蒙塔塞尔

中国和文莱发表《中华人民共和国和文莱达鲁萨兰国联合公报》

一、应中华人民共和国国家主席江泽民邀请，文莱达鲁萨兰国苏丹和国家元首苏丹·哈吉·哈桑纳尔·博尔基亚·穆伊扎丁·瓦达乌拉陛下于 1999 年 8 月 23 日至 26 日对中国进行工作访问。双方就加强双边关系和共同关心的地区及国际问题交换了意见。双方认为，文莱达鲁萨兰国苏丹和国家元首陛下对中国的访问取得了圆满成功，进一步加强了中华人民共和国和文莱达鲁萨兰国之间的友好关系。

二、双方对两国 1991 年 9 月 30 日建交以来在政治、经济、文化、教育、卫生等领域的交流与合作感到满意。双方同意根据 1997 年中国—东盟首脑会晤联合声明的精神，进一步发展两国在相互信任和相互支持基础上的睦邻友好合作关系。

三、双方确认，《联合国宪章》、《东南亚友好合作条约》所确定的原则、和平共处五项原则及其他公认的国际法原则应成为指导两国关系的基本准则。双方强调，国家不分大小，一律平等；在相互尊重主权和领土完整、互不侵犯、互不干涉内政、平等互利及和平共处原则的基础上，各国有权选择自己的社会制度和发展模式。

四、双方同意继续保持高层接触和交往，继续开展政府各部门及各级官员之间的交流。双方将继续保持两国外交部之间的年度磋商，讨论双边关系和共同关心的国际及地区问题。

五、双方认为，经贸合作是两国关系的重要组成部分。两国政府将继续提供便利，推动两国间的贸易和投资，并鼓励两国商业部门或企业在平等互利的基础上加强在旅游、石油化工、农业、渔业、制造业及其他感兴趣的领域的合作。双方希望两国关于鼓励和保护相互投资的协定能够尽早得到签署。

六、双方认为，两国尚有潜力扩大现有水平上的合作。双方同意进一步促进教育、卫生、文化领域的合作。为此，双方欢迎文化合作谅解备忘录的签署。双方还表示有兴趣探讨在科技和防务领域进行双边合作的可能性。

七、双方对中国与东盟国家间友好关系的发展感到满意，认为中文合作推动了中国和东盟在各领域的关系。他们认为，进一步巩固和发展上述关系符合有关各国的共同利益，有利于亚太地区的和平、稳定与繁荣。双方愿在联合国、东亚领导人非正式会晤、东盟地区论坛、亚欧会议、亚太经合组织会议等多边场合加强磋商与配合。

八、双方认为，国际形势正经历着深刻变化，世界多极化和经济全球化正在发展。双方认为，这既带来了挑战，也提供了机遇。双方决心进一步加强合作，为维护国际和平、稳定及繁荣作出共同努力。

九、文方按照其一个中国的政策，重申承认中华人民共和国政府是中国的唯一合法政府，台湾是中华人民共和国领土不可分割的一部分。

十、文莱达鲁萨兰国苏丹和最高元首陛下邀请中华人民共和国主席江泽民对文莱达鲁萨兰国进行国事访问。江泽民主席愉快地接受了邀请。

我国自行研制和发射的"风云一号"气象卫星正式交付使用

由我国自行研制和发射的"风云一号"气象卫星，正式交付给使用方——中国气象局，供业务运营。自5月10日发射升空以来，3个多月的运行和在轨全面测试表明，卫星姿态正确，工作状态良好，各项性能指标均达到或超过了设计标准。这标志着我国气象卫星研制技术已跃居国际先进水平。

这次交付使用的"风云一号"C是11年来我国发射的第三颗极轨气象卫星，设计寿命为两年。据介绍，与静止气象卫星相比，极轨气象卫星可以获取全球气象资料，同时在探测精度、空间分辨率和观测项目方面更具优势。

专家们对这颗卫星的轨道、姿态、遥感仪器、云图传输信道等各方面的参数和性能进行了严格测试。结果显示，其多数探测通道体系的技术性能已达到国际先进水平。

教育部发出《关于积极推进高中阶段教育事业发展若干意见》

教育部日前向各地发出《关于积极推进高中阶段教育事业发展若干意见》(以下简称《意见》)，要求各地解放思想，积极发展包括职业教育在内的高中教育，为初中毕业生提供更多的受教育机会。

长期以来我国高中教育规模过小，全国初中毕业生至今只有50%能升入高中学习，而且其中普通高中只占高中数的50%左右。这引起了很多社会问题。发展高中与发展高等教育是当前我国教育事业发展的主要方面。

教育部的《意见》提出，各地要从实际出发，采取积极有效的措施发展高中教育。《意见》提出的措施有：首先充分利用现有教育资源，实行初中高中分离、重点学校与薄弱学校联合办学、重点职业学校的特色专业扩大招生等；其次是鼓励、支持社会力量办学，有条件的高等学校采取民办教育的机制举办附属中学和外语、体育、艺术等"特色高中"。

纪念甲骨学百年国际学术讨论会于20日至23日在安阳召开中共中央政治局委员李铁映到会祝贺

100年前，清代学者王懿荣在一种称为龙骨的药材上发现的甲骨文表明，早在3000多年前，我国就已有了体系完备的成熟文字。100多年来，神秘的甲骨文吸收了海内外3000多名学者进行研究，发表著述上万种。中、美、日、英、法等12个国家都设有专门研究甲骨文的机构。

中宣部新闻出版署发出《关于不得出版宣扬愚昧迷信和伪科学内容出版物的通知》

新闻出版署关于非新闻出版机构不得从事与报刊有关活动的通知

8月24日

全国人大常委会委员长李鹏在人民大会堂会见塞拉利昂议长谢库·穆罕默德·法德里尔·库图布

全国人大常委会委员长李鹏在人民大会堂会见多米尼加参议长拉蒙·阿布尔格尔格

国务院总理朱镕基在中南海紫光阁会见文莱达鲁萨兰国苏丹哈桑纳尔·博尔基亚陛下

九届全国人大常委会举行十一次会议

李鹏委员长主持。关于对审判、检察工作中重大违法案件实施监督的规定草案，大气污染防治法修订草案，海事诉讼特别程序法草案等首次提请常委会会议审议。

上午的会议议程主要有：听取全国人大法律委员会副主任委员张绪武作的个人独资企业法草案审议结果的报告；听取全国人大法律委员会副主任委员顾昂然作的招标投标法草案审议结果的报告；听取财政部部长项怀诚受国务院委托所作的个人所得税法修正案草案的说明；听取全国人大法律委员会副主任委员乔晓阳作的关于海洋环境保护法修订草案有关情况的汇报；听取全国人大法律委员会副主任委员周克玉作的气象法草案修改情况的汇报；听取全国人大法律委员会副主任委员李伯勇作的会计法修订草案修改情况的汇报；听取全国人大内务司法委员会主任委员侯宗宾作的关于对审判、检察工作中重大违法案件实施监督的规定草案的说明；听取全国人大环境与资源保护委员会主任委员曲格平作的大气污染防治法修订草案的说明；听取最高人民法院副院长李国光作的关于海事诉讼特别程序法草案的说明等。

全国人大常委会副委员长田纪云、姜春云、邹家华、王光英、程思远、布赫、铁木尔·达瓦买提、彭珮云、何鲁丽、周光召、成克杰、曹志、成思危、许嘉璐、蒋正华，秘书长何椿霖出席会议。国务院副总理温家宝、最高人民法院院长肖扬、最高人民检察院检察长韩杼滨列席会议。

九届全国人大常委会十一次会议举行分组会

分组会审议个人独资企业法草案和招标投标法草案。这两个法律草案均是第三次提请全国人大常委会审议。

中办国办就进一步做好“法轮功”练习者教育转化和解脱工作发出通知

中共中央办公厅、国务院办公厅近日发出通知，要求严格掌握政策界限，进一步做好绝大多数“法轮功”练习者教育转化和解脱工作。

通知说，中央决定公开揭露批判李洪志及其“法轮大法(法轮功)”，取缔“法轮大法研究会”及其操纵的“法轮功”非法组织，广大人民群众坚决拥护，积极投入揭露、批判和控诉李洪志及其“法轮功”组织的斗争。绝大多数曾经练习“法轮功”的党员、团员、干部和群众明确表示脱离“法轮功”组织，不再参加“法轮功”组织的任何活动。许多“法轮功”组织的站点负责人和一些骨干陆续悔悟，表示脱离“法轮功”组织，并揭露李洪志及其“法轮功”组织内幕。做好绝大多数“法轮功”练习者的教育转化和解脱工作，是衡量这场斗争成效、取得这场斗争胜利的一个重要标志。

通知指出，要正确认识和对待绝大多数“法轮功”练习者。李洪志及其“法轮功”组织利用人们练功健身、延年益寿的愿望和对生老病死的关切心理，编造一套歪理邪说，蒙骗、愚弄群众。应该看到，绝大多数“法轮功”练习者参加练功是出于健身强体的愿望，他们对李洪志等极少数人的政治目的和险恶用心并不了解，从这个意义上说，其本身也是受害者。因此，对他们要进行诚恳、耐心、深入、细致的思想教育工作，晓之以理，动之以情，帮助他们认清李洪志及其“法轮功”组织的严重危害，认清这是一场严肃的政治斗争，使他们真正认识到处理和解决“法轮功”问题，是符合国家利益、符合包括他们自己在内的全体人民的切身利益的。要相信他们在接受教育帮助和了解真相后，会提高认识，自觉维护大局，拥护党和政府的决定，会主动脱离“法轮功”组织，不再参加其一切活动。要注意把一般的“法轮功”练习者与李洪志等极少数违法活动的策划者、组织者区别开来，注意把为了健身强体而练习“法轮功”的人与李洪志等极个别有政治意图、存心作乱的幕后人物区别开来。工作中，既要态度坚决，立场坚定，又要慎重稳妥，切忌简单草率。

通知强调，教育转化和解脱工作中要严格掌握政策界限。绝大多数“法轮功”练习者参与“法轮功”组织的活动属于人民内部矛盾，教育转化和解脱工作中，必须严格掌握政策界限，坚定地团结、教育、解脱绝大多数，孤立、打击李洪志等极少数。对于只是为了健身强体而练习“法轮功”的人，只要他们对“法轮功”问题有了正确认识，并不再参加“法轮功”组织的活动，其所在单位或基层组织要及时宣布不作为问题提出，不得歧视他们，也不要搞人人过关。对于修炼过“法轮大法”，参加过“法轮功”组织策划的非法聚集活动和其他群体性事件，以及在“法轮功”组织中起一般骨干作用的人，只要从思想上同“法轮功”划清界限，组织上与“法轮功”脱离关系，已说清自己参与非法活动的情况，并揭露“法轮功”问题，不再参加“法轮功”组织的活动，由所在单位或基层组织采取适当形式，宣布予以解脱。对于错误严重的“法轮功”组织的骨干，在思想上已与李洪志及其“法轮大法”划清界限，对参与的非法活动进行了认真地交代，主动认识和检讨自己的错误，主动提出脱离“法轮功”组织，积极揭露“法轮功”组织内幕，确实已不再参与“法轮功”组织一切活动，可视情节从轻处理，有立功表现的，也可免予处理。对于极少数在幕后组织策划、蓄意破坏社会稳定、构成犯罪的骨干分子，必须依法惩处。

通知说，要注意方式方法，努力巩固教育转化成果。各级党政群组织要以高度的政治责任感，以对群众的满腔热情，精心组织和动员广大党员、干部做好“法轮功”练习者的教育转化和解脱工作。对于一般“法轮功”练习者，要允许有一个思想转化的过程，所在单位的党政群组织要进行耐心地说服教育工作。同时，要尽可能关心他们的实际困难，帮助他们解决实际问题。要大力普及科学文化知识，创造丰富多彩的文化生活条件，引导他们参加健康向上的文体活动。通过这些活动，使他们充分感受到党和政府的关怀和温暖，心情舒畅地投入正常的工作、学习和生活。对受李洪志“法轮大法”毒害比较深的练习者，要采取“一包一、几包一”的办法，耐心细致地帮助教育。对“法轮功”练习者比较多的街道、居委会和乡、村，所在地区的市、县党委要派出工作组协助工作。工作中，要时刻注意把握政策、原则，及时给予正确的指导。通过教育转化工作，使绝大多数“法轮功”练习者进一步认清李洪志及其“法轮功”组织的政治本质、险恶用心和社会危害，为取得这场斗争的彻底胜利打下坚实基础。

国办转发国务院纠风办等部门关于纠正医药购销中不正之风工作实施意见的通知

国务院总理朱镕基在北京会见俄罗斯副总理伊利亚·克列巴诺夫

朱镕基对充满生机的中俄两国战略协作伙伴关系的发展表示满意。

朱镕基说，尽管当今世界风云变幻，中俄关系始终保持健康顺利的发展势头。实践证明，江泽民主席和叶利钦总统共同决定建立的战略协作伙伴关系是一种跨世纪的合作关系，是一种相互信任的合作关系，完全符合两国人民的根本利益，得到了两国人民的衷心拥护。这种关系的继续发展有助于世界多极化的发展，有利于维护地区和世界的和平与稳定。

克列巴诺夫对中方给予的接待表示感谢。他说，俄中两国都主张世界多极化，俄方还希望多极化的进程不要发生偏差。他说，俄中两国不仅要发展战略协作伙伴关系，而且要不断发展战略友好关系。

国务院总理朱镕基在北京会见毛里求斯副总理兼外交和国际贸易部部长拉杰克斯瓦尔·普里亚格

朱镕基说，中毛友谊源远流长，建交27年来在很多领域进行了广泛而真诚有效的合作，特别是两国经贸关系发展迅速，令人满意，双方在平等互利的基础上开展多形式、多领域的合作潜力巨大，前景广阔。他表示，中国愿意与毛里求斯共同努力，积极探讨新的经济合作形式，将两国互惠互利的经贸合作关系推上新台阶。

普里亚格说，中国改革开放取得了巨大成就。毛里求斯实行开放型的经济，非常欢迎中国公司、企业到毛里求斯投资，参与毛里求斯的经济建设。他强调，中国的支持对毛里求斯的经济发展是极为重要的。

国务院总理朱镕基在中南海紫光阁会见韩国国防部长官赵成台

国务院总理朱镕基在中南海紫光阁会见莫桑比克国防部部长马祖拉

为纪念中韩建交7周年中韩关系发展研讨会举行

两国专家学者举办题为“面向21世纪中韩合作伙伴关系发展”的学术研讨会。

与会专家学者满意地回顾了中韩建交7年来两国关系全面发展的历程，一致认为去年江泽民主席与金大中总统共同确立的着眼未来建立面向21世纪中韩合作伙伴关系，为两国关系的跨世纪发展确定了框架和发展方向，具有重要而深远的意义。

中共中央发出关于转发《关于改革开放和发展社会主义市场经济条件下军队思想政治建设若干问题的决定》的通知

中共中央8月24日发出通知，转发《关于改革开放和发展社会主义市场经济条件下军队思想政治建设若干问题的决定》，指出其精神不仅对加强军队思想政治建设具有重要的指导作用，也适用于全党的思想政治建设。

通知说，《关于改革开放和发展社会主义市场经济条件下军队思想政治建设若干问题的决定》，以邓小平理论为指导，全面贯彻江泽民同志关于思想政治建设的重要论述，回顾改革开放20年特别是党的十四大以来军队思想政治建设的实践，总结新时期军队思想政治建设的基本经验，分析新的历史条件和国际国内形势的变化，集中回答改革开放和发展社会主义市场经济条件下军队思想政治建设面临的重大问题，体现了古田会议以来我军政治工作的优良传统，对军队政治工作和现代化建设，将会产生重大而深远的影响。

通知指出，重视思想政治建设是我们党和军队的特有优势。当前，国际战略格局正在发生深刻变化，我国社会正处在重大转折时期，思想政治领域存在复杂的矛盾和斗争。加强思想政治建设，对于坚持党的领导，贯彻党的基本理论、基本路线和基本纲领，维护和巩固改革、发展、稳定的大局，保证社会主义现代化建设的顺利进行，具有极为重要的意义。中国人民解放军是党绝对领导下的人民军队，是体现党和国家政治优势的重要力量，必须把思想政治建设摆在军队各项建设的首位，充分发挥政治工作生命线的作用。

通知说，打赢未来高技术战争，保持人民军队的性质、本色和作风，是新时期党对人民军队的最高政治要求。军队思想政治建设必须为打赢未来高技术战争提供强大的精神动力，为保持人民军队的性质、本色和作风提供可靠的政治保证。实现新时期思想政治建设使命，是全军各级党委、政治机关和广大政治干部的首要职责，是开展各项政治工作的出发点和落脚点。

通知强调，《关于改革开放和发展社会主义市场经济条件下军队思想政治建设若干问题的决定》，不仅对加强军队思想政治建设具有重要的指导作用，其基本精神也适用于全党的思想政治建设。

8月25日

中吉俄哈塔五国元首举行会晤

中吉俄哈塔五国元首第四次会晤在比什凯克的彼那拉饭店举行。东道主吉尔吉斯斯坦总统阿卡耶夫主持会谈并致欢迎词。中国国家主席江泽民、吉尔吉斯斯坦总统阿卡耶夫、俄罗斯总统叶利钦、哈萨克斯坦总统纳扎尔巴耶夫和塔吉克斯坦总统拉赫莫诺夫依次发言，就加强地区安全和多边合作等问题广泛深入地交换了意见并达成广泛共识。

五国首脑分别作了发言，会晤后，江泽民、阿卡耶夫、叶利钦、纳扎尔巴耶夫和拉赫莫诺夫共同签署了五国比什凯克联合声明。接着，中、吉、哈三国元首还签署了三国国界交界点协定。

国家主席江泽民在比什凯克五国元首会晤时发表讲话

阿卡耶夫总统先生，各位同事：

很高兴在风光秀丽的比什凯克与各位再次相聚。首先，我对阿卡耶夫总统的盛情邀请，对吉尔吉斯斯坦政府的周到安排，表示衷心的感谢，并向吉尔吉斯斯坦人民致以良好的祝愿！我相信，在阿卡耶夫总统的主持和各位同事的共同努力下，我们这次会晤一定会取得圆满成功。

中、俄、哈、吉、塔五国元首从一九九六年的上海会晤以来，这是第四次会晤了。三年来，我们五国在加强相互了解和信任，促进睦邻友好，维护地区安全和稳定，推动区域合作等方面，进行了积极的探索，取得了丰硕的成果。本次会晤要签署的五国元首联合声明，将向世界进一步宣示，我们五国将继续致力于本地区和世界的安全与稳定，继续开拓相互合作与发展的新途径。

在这世纪之交的重要历史时刻，我们作为各自国家的最高领导人，共同站在历史的高度，站在维护地区与世界和平、促进共同发展的高度，总结过去，展望未来，具有十分重要的意义。

二十世纪，人类创造了光辉灿烂的文明，也经历过惨绝人寰的劫难。“冷战”结束十年来，国际形势总体上趋于缓和。维护世界和平、促进经济发展，已成为各国人民的共同要求。世界格局走向多极化的进程虽然曲折复杂，但这一发展趋势不可阻挡。现在各国都把发展经济、提高本国人民生活水平放在首位，相互间的经济联系不断加强。科技进步日新月异，国际市场日益扩大，生产要素流动加快，为各国的发展提供了机遇。对于一切爱好和平的国家和人民来讲，应该说是机遇大于挑战，希望多于困难。

但是，天下还很不太平。霸权主义、强权政治有新的发展。正在抬头的所谓“新干涉主义”，就是霸权主义、强权政治的新的表现，已经引起了国际社会的普遍注视和警惕。经济全球化趋势的加速发展，使国际竞争空前激烈，金融和经济风险增加。全球范围内特别是南北之间的贫富差距继续拉大，两极分化状况更趋严重。环境保护和可持续发展问题也日益突出。如何趋利避害，抓住机遇发展自己，维护自身的经济安全，越来越成为世界上许多国家特别是发展中国家所要解决的重大课题。加强发展中国家之间的合作即“南南合作”，对促进广大发展中国家的共同繁荣与经济安全，促进世界的和平、稳定与发展，具有极为重要的意义，符合历史发展的方向。

现实表明，维护公认的国际关系基本准则，特别是相互尊重主权和领土完整、互不侵犯、互不干涉内政、平等互利、和平共处等项原则，维护联合国的权威及其不可替代的作用，推动建立和平稳定、公正合理的国际政治经济新秩序，仍然是一切爱好和平的国家和人民所面临的艰巨任务，也是我们在座各位元首所肩负的共同使命。

中、俄、哈、吉、塔五国面积占欧亚大陆的五分之三，人口占全球的近四分之一。我们五国和睦相处，加强合作，维护本地区的安全和稳定，是对世界和平与发展的重大贡献。近年来，我们通过友好协商，基本上解决了历史遗留下来的边界问题，相互裁减了边境地区的武装力量，建立和增强了相互信任，保障了边境地区的和平与安宁。我们所倡导的不同于“冷战思维”的新型安全观及其成功的实践，在国际上树立了良好的范例。在当前新的形势下，我们有必要进一步加强友好合作。为此，我愿提出以下五点主张。

第一，继续加强在地区安全问题上的合作。通过协商对话，和平解决争端问题，推进“亚洲协作及信任措施会议”进程以及“中亚无核区”倡议的实现。

第二，继续打击危及地区稳定和安全的宗教极端势力、民族分裂势力、国际恐怖活动，以及其他各种跨国犯罪活动。五国有关职能部门应为此逐步建立行之有效的合作机制。

第三，继续推进地区经济的合作与发展。发挥各自的优势和潜力，取长补短，互相借鉴，通过双边和多边渠道，广泛深入地开展经济技术合作，特别是能源和高科技领域的合作。

第四，继续推动复兴古老的“丝绸之路”。积极进行铁路和公路建设，争取尽快建立起现代化的交通运输网络，以促进和活跃本地区的经济文化交流。

第五，继续在重大国际问题和联合国事务中加强磋商、对话与协调，共同维护国际正义和各国人民的正当权益。

实践已经证明，我们五国的睦邻友好和互利合作，符合时代潮流，符合五国人民的根本利益。让我们继续共同努力，为促进本地区稳定与繁荣、促进世界和平与发展的崇高事业，作出新的更大的贡献。

谢谢大家。

中吉俄哈塔五国元首发表《比什凯克声明》

哈萨克斯坦共和国、中华人民共和国、吉尔吉斯共和国、俄罗斯联邦和塔吉克斯坦共和国(以下简称“各方”),基于1998年7月3日阿拉木图会晤联合声明所表达的扩大和加深多边合作的共同愿望,于1999年8月25日在比什凯克举行最高级会晤,在建设性和相互理解的气氛中就共同关心的广泛问题进行了讨论,并声明如下:

一、各方满意地回顾了1996年上海会晤以来五国合作取得的成果,高度评价五国为巩固地区安全与合作所采取的顺应时代潮流的实际步骤。各方对进一步扩大安全领域的合作和加深其他领域的多边协作的前景充满信心。

二、各方坚信五国就共同感兴趣的领域建立具体的相互协作机制有利于充分发挥多边合作潜力,促进地区稳定、安全、发展与繁荣;表示愿举行不定期的国家元首、政府首脑会晤,以及包括外长、国防部长、经济和文化部门负责人会晤在内的各个级别的经常接触和磋商。

各方商定将通过外交途径就举行有关部门间会晤的时间交换意见。

三、各方重申,五国签署并批准的解决边界问题、在边境地区加强军事信任和相互裁减军事力量的协定,就其形式和性质而言都是独一无二的文件,有利于加强睦邻友好,为保障地区安全和稳定做出了建设性贡献。

各方将继续认真落实上述协定并为联合监督小组的活动提供一切必要协助。

四、各方指出,有效打击国际恐怖主义、非法贩卖毒品和麻醉品、走私武器、非法移民及其他形式的跨国犯罪行为,遏制民族分裂主义和宗教极端主义具有重要意义。为此,五国主管部门将采取措施开展实际协作,包括举行磋商并在1999年至2000年间制订有关联合行动计划。

各方表示决不允许利用本国领土从事损害五国中任何一国主权、安全及社会秩序的行为。

各方重申忠实于联合国宪章及其他国际文件规定的尊重人权的原则,指出在实施这一原则时必须考虑主权国家的特点。人权不能被用作干涉他国内政的借口。

五、各方高度重视维护地区的和平与稳定,支持中亚国家建立无核武器区的努力和哈萨克斯坦共和国倡议的亚洲相互协作和信任措施会议的进程,同时欢迎其他有关国家在加强安全与合作方面扩大地区多边对话的建议和具体步骤。

六、各方支持吉尔吉斯共和国总统阿卡耶夫关于在当代国际合作中复兴丝绸之路的“丝路外交”构想,以促进地区经济持续发展,加强地区和平与稳定。

七、各方对阿富汗持续不断的军事对抗及其对地区和国际和平与安全构成的严重威胁深表忧虑。

各方重申,在和平解决阿富汗冲突的国际努力中联合国具有核心作用,支持“6+2”框架内的促和活动,欢迎吉尔吉斯斯坦关于召开阿富汗问题比什凯克和会的倡议。

八、各方满意地指出,随着1997年6月塔吉克斯坦和平与民族和解总协定的落实,塔和平进程已经不可逆转,强调塔国内各方在国际社会积极斡旋下,本着良好意愿妥协解决复杂问题的经验是有益的。

九、各方指出,根据平等互利原则开展经贸合作具有重要意义,表示将继续鼓励五国在双边基础上的合作,同时积极寻求开展多边合作的途径,优先考虑1998年阿拉木图联合声明所确定的合作方向。

为此,哈萨克斯坦共和国、中华人民共和国、吉尔吉斯共和国、俄罗斯联邦和塔吉克斯坦共和国政府将成立联合磋商小组,为五国高级别会晤准备有关建议。

各方欢迎本地区感兴趣的国家及其各种所有制企业在相互投资等领域开展合作。

十、各方注意到当前国际形势发生的重大变化,认为有必要重申在彼此关系及国际事务中应继续信守以下基本原则:

——坚持相互尊重主权和领土完整、平等、互不干涉内政及通过谈判和协商解决分歧与争端;

——在平等互利原则基础上开展多边合作;

——加强联合国作为维护世界和平与安全、和平解决当今国际及地区问题基本机制的作用,反对在国际关系中未经联合国安理会批准使用武力或威胁使用武力;

——恪守不扩散核武器条约和全面禁止核试验条约的立场,支持在联合国和其他多边论坛框架内为促进所有国家尽快无条件加入上述条约所作的努力。

十一、各方认为,世界多极化进程是大势所趋,有利于国际形势的长期稳定。五国决心为维护世界和平和经济的共同发展,为推动建立公正合理的国际政治、经济新秩序而不懈努力。

十二、各方重申,五国间的相互协作是开放性的,不针对其他国家。

哈萨克斯坦共和国总统 努·纳扎尔巴耶夫
中华人民共和国主席 江泽民
吉尔吉斯共和国总统 阿·阿卡耶夫
俄罗斯联邦总统 鲍·叶利钦
塔吉克斯坦共和国总统 埃·拉赫莫诺夫

国家主席江泽民会见俄罗斯总统叶利钦

正在比什凯克出席中国、吉尔吉斯斯坦、俄罗斯、哈萨克斯坦和塔吉克斯坦五国元首会晤的江泽民在他下榻的饭店会见俄罗斯总统叶利钦并与叶利钦共进早餐。

叶利钦表示，他非常高兴同江泽民主席会晤。他说，他一直把江主席当作好朋友、好同事。叶利钦说，自五国元首上海会晤以来，五国做了大量工作，就解决边界问题达成一致，勘界工作也有很大进展，加强了相互信任措施，军队从边界后撤，五国间建立了良好的政治关系。

叶利钦表示，俄中关系发展得很好，是强有力的，俄中将进一步加强两国在各个领域的合作，包括经济贸易合作。他表示期待着今年晚些时候访华时同江主席进一步交换意见。

江泽民主席对再次会见叶利钦总统表示高兴，表示期待着在北京同他举行第二次非正式会晤。江泽民对中俄关系的深入发展感到高兴。他说，自去年 11 月两国元首莫斯科非正式会晤以来，中俄关系又有了进一步发展，两国在国际问题上的共识增多、协作增强。朱镕基总理今年 2 月对俄罗斯进行了成功的访问，双方达成了一系列重要的协议，为两国关系向纵深发展注入了新的活力。中方愿同俄方共同努力，不断充实两国的战略协作伙伴关系。

九届全国人大常委会十一次会议继续举行分组会议

会议审议海洋环境保护法修订草案、气象法草案和个人所得税法修正案草案。

中央社会治安综合治理委员会在北京召开 1999 年第二次全体会议

会议分析了当前治安形势，研究了进一步加强社会治安综合治理，维护社会稳定的措施。中共中央政治局委员、国务委员、中央综治委主任罗干主持会议并讲话。他强调，各级党政领导要切实担负起维护社会稳定的政治责任。

中宣部人事部中央文明办在北京举行"人民满意的公务员"先进事迹电视电话报告会

十位"人民满意的公务员"受到表彰。国务委员、国务院秘书长王忠禹出席会议并讲话。

人事部部长宋德福在会上宣读表彰决定。会议由中宣部副部长白克明主持，中央文明办副主任胡振民出席会议。

《人民日报》发表社论《教育大多数 团结大多数 解脱大多数》

国家计委外经贸部决定检查清理对外资企业的乱收费

国家计委和外经贸部提出要求：第一，各地价格主管部门要高度重视这次检查工作，积极调配检查力量。各地外经贸部门要积极支持配合，动员外商投资企业消除顾虑，如实登记其所承担的费用情况，主动反映存在的各种乱收费行为。第二，加大处罚力度，坚决查处各种乱收费行为。多收、乱收的费用要退还给企业，不能退还的要上缴财政。对于性质恶劣、问题严重的要追究有关责任人、领导人的责任。第三，引导外商投资企业对乱收费依法抵制。

全国人大常委会委员长李鹏在人民大会堂会见德国前总理科尔

李鹏说，中方对两国关系的发展感到高兴，赞赏德国政府坚持奉行"一个中国"政策。他说，中国高兴地看到以施罗德总理为首的德国新政府保持对华政策的连续性，积极发展两国关系。"我相信，经过双方共同努力，中德关系将会不断取得新的发展。"

科尔说，他曾多次来到北京，每次都会发现有新的变化。这次来访，许多地方都不认识了。相信 10 年以后，中国会有更大发展。

中日在东京签署警务合作会谈纪要

正在日本访问的中国公安部部长贾春旺在东京和日本国家公安委员会委员长野田毅举行会谈，双方就进一步加强警务合作问题深入、坦诚地交换了意见，并签署《中华人民共和国公安部和日本国警察厅关于警务合作的会谈纪要》。

双方认为，《会谈纪要》在尊重各自国家的法律以及相关的国际条约和国际刑警组织章程的原则下，确认了双方交往的基本原则和合作范围。这将促进中日两国警方在打击跨国刑事犯罪方面的合作。

双方表示，中日两国是亚太地区乃至世界上的重要国家。世纪之交，两国警方加强合作具有极其重要的意义。两国警方将以签署《会谈纪要》为契机，加强合作，维护两国治安秩序的稳定和人民生命财产的安全，迎接新世纪的到来。贾春旺这次访日的主要目的是：具体落实中国国家主席江泽民去年访日时中日双方共同发表的就面向 21 世纪加强合作的联合新闻公报，以及日本首相小渊惠三上月访华时双方确认的有关中日两国合作打击跨国刑事犯罪的内容；同日本警方在警察教育、警用技术以及警务建设方面交流经验，进一步加强两国执法部门间的合作。

国家主席江泽民为中华世纪坛题名

8月26日

中国国家主席江泽民在比什凯克会见吉尔吉斯斯坦总统阿卡耶夫

阿卡耶夫说，今天是一个具有历史意义的日子，我们两国将结束边界谈判，签署两国边界补充协定。这既符合吉中两国的利益，也符合两国人民的利益。吉人民非常高兴能把这一敏感、复杂的问题留在20世纪，而与中国这个好邻居共同迈入21世纪。

阿卡耶夫高度评价吉中关系，认为两国在各个领域开展了良好合作。吉人民相信，坚定不移地与中国和中国人民发展睦邻友好是吉得以持续发展的重要因素。他相信，江主席此访将为两国经贸领域的合作注入新的活力。

他表示，吉将继续坚定地奉行一个中国的政策。吉在反对民族分裂主义、宗教极端主义和恐怖主义活动方面的立场也是坚定不移的，不会允许任何势力利用吉进行针对中国的活动。

江泽民说，两国各个领域的合作已有了良好的开端，并不断取得进展。去年双边贸易额增长了85%，达到2亿美元，这说明我们之间的合作大有潜力。我们对中吉关系的良好发展前景充满信心。

江泽民说，今天我们将签署《中吉国界补充协定》，这意味着两国1000多公里的边界线走向将全部获得解决。这是中吉关系史上具有重要意义的事情，有利于边境地区的稳定和安宁。我们两国顺利地解决了边界问题，这是我们相互信任、彼此友好的具体体现。双方在谈判过程中表现出的相互尊重、互谅互让、灵活务实的精神应予以肯定。我们对总统阁下为推动全面解决两国边界问题所作的努力表示赞赏，深信我们之间的边界将成为联结两国人民的友好纽带。

他说，我们认为，无论对一个国家，还是对一个地区，保持一个稳定的内部和外部环境都很重要。对于那些可能对稳定造成危害的因素，比如极端宗教势力、民族分裂势力，比如贩毒、偷运武器等跨国犯罪活动，我们必须保持高度警惕，并加强合作予以打击。

会见结束后举行《中吉国界补充协定》的签字仪式。江泽民主席和阿卡耶夫总统分别代表本国在协定上签字。

全国政协九届常委会举行十五次主席会议

会议决定政协第九届全国委员会常务委员会第七次会议于9月下旬在北京举行，建议这次会议的主要议题是讨论经济问题，特别是国有企业改革和发展问题。

中共中央政治局常委、全国政协主席李瑞环主持会议并讲了话。他说，全国政协九届七次常委会议的主要议题是讨论经济问题特别是国有企业改革和发展问题。国有企业的改革和发展，是当前经济工作的重中之重，改革攻坚的难中之难。它关系国民经济的健康运行和长远发展，关系现代化建设宏伟目标的实现，关系建设有中国特色社会主义事业的前途，是我们面临的一项重要而紧迫的任务。人民政协是参政议政的组织，有各个方面的代表人士，有许多专门人才，应该也可以在促进国有企业改革和发展中做出贡献。

李瑞环在谈到政协机关建设特别是加强机关党的建设时指出，政协机关开展"三讲"教育以来，机关党组态度认真，工作扎实，干部职工的思想认识有很大提高，第一、第二阶段已经取得初步成效。希望机关党组按照中央的要求，加强领导，认真开展批评和自我批评，切实抓好整改，善始善终地把"三讲"工作搞好。他说，前段处理和解决"法轮功"的问题取得了重大胜利，从中也暴露了我们工作中的一些问题。

党的建设必须加强，思想政治工作亟待改进。我们共产党人从入党的那一天起就坚信马克思主义，而马克思主义基础的东西就是唯物论，承认世界统一于物质。一些共产党员甚至是入党时间很长的老党员，公然相信和追随虚无缥缈、神神鬼鬼的东西，这对其个人来说是十分可悲的，对党组织来说是很值得深思的。

会议听取全国政协秘书长郑万通关于全国政协九届七次常委会议议程、日程草案的说明。

全国政协副主席陈锦华在会上通报了将在全国政协九届七次常委会议闭幕会上的总结讲话提纲。

会议还听取全国政协副秘书长陈进玉关于庆祝人民政协成立50周年筹备工作情况的汇报。

全国政协副主席叶选平、杨汝岱、王兆国、阿沛·阿旺晋美、钱伟长、卢嘉锡、任建新、李贵鲜、陈俊生、张思卿、钱正英、孙孚凌、万国权、胡启立、赵南起、毛致用、白立忱、经叔平、罗豪才、周铁农出席会议。

九届全国人大常委会十一次会议进行分组审议

会议就全国人大常委会关于对审判、检察工作中重大违法案件实施监督的规定草案进行分组审议。

国务院总理朱镕基在全国技术创新大会上发表讲话

朱镕基讲，必须深化改革，建立有利于加速科技进步和创新的体制与机制。进一步深化改革，是加速科技进步、加强技术创新的根本途径和关键环节。衡量技术创新成效的根本标准在于促进生产力发展，要把促进经济持续发展和社会全面进步作为加强技术创新的根本出发点和落脚点。我们要进一步贯彻经济建设必须依靠科学技术、科学技术工作必须面向经济建设、努力攀登科学技术高峰的基本方针，建立符合社会主义市场经济发展要求与科技自身发展规律的体制和运行机制。为此，必须加大改革力度，特别要积极推进科技体制、教育体制和经济体制的配套改革，从根本上解决科技、教育与经济脱节的问题。

当前，最重要的是加快建立以企业为中心的技术创新体系，使企业成为技术创新的主体，全面提高企业的技术创新能力。要把技术创新和企业改革有机地结合起来。国有企业在建立现代企业制度的改革中，要把建立技术创新机制作为重要内容。切实加强研究开发和科技成果的转化与运用。这是提高企业素质和竞争力的关键。每个企业都要树立技术创新的观念，你搞的东西必须是别人搞不出来的，至少要有你的特点，或者有你的竞争力，不然你就活不了。现在有些企业的领导人，不仅缺乏科学技术知识，更不具备技术的创新的观念和思路。要举办培训班，提高他们的认识。据一九九七年对二万四千家大中型工业企业的调查，进行研究开发活动的仅占百分之四十六点七。在全国研究开发经费中企业所占的比重一九九三年仅为百分之二十二点七，一九九七年上升到在分之四十二点九，但仍然明显低于发达国家的百分之六十至百分之七十五。这是我国许多企业设备陈旧，技术落后，甚至陷入困境的原因之一。今后，所有企业都要开展和加强研究与开发。大型企业和企业集团都要建立、健全技术中心，增加研究开发经费，鼓励职工广泛开展技术发明和技术革新活动，特别要以各种方式吸引优秀科技人才到企业工作。至关重要的是，通过改革使企业按照市场规律的要求，形成以技术创新求生存、求发展的内在动力和机制。

朱镕基说，继续深化科技体制改革，大力促进科技型企业发展。近二十年来，科技体制改革取得了重要进展，但是问题仍然不少。特别是技术创新机制还没有真正建立起来，科技、教育与经济脱节的现象没有得到根本改变。因此，必须按照加强技术创新的要求，切实加大科技体制改革力度，全面优化科技力量布局和科技资源配置。要区别不同情况，推动应用型科研机构逐步转变成科技型企业，整体进入或者部分进入企业，或者转为科技中介服务机构。要注意分类指导，做好细致工作，积极而稳步地推进。要认真做好科研机构中富余人员的转岗分流工作。要坚持公有制为主体、多种所有制经济共同发展的基本经济制度，积极发展和扶持多种所有制、多种组织形式的科技型中小企业。民营科技企业是发展我国高新技术产业的一支新生力量，在经济和科技发展中起着日益重要的作用。要加强对民营科技企业的支持和引导，促进它们健康发展。同时，要大力发展科技中介服务机构，进一步健全和培育技术市场。

积极推进产学研结合，鼓励科研机构和高等院校的科研力量进入企业和企业集团，促进科技成果向现实生产力转化。要彻底打破长期形成的条块分割的羁绊，解决科研力量分散的问题。大型企业和企业集团的技术中心，要充分利用和吸收高等院校与科研机构的设备和人力资源。在企业内部、在高等院校和科研机构中，建立企业的或者企业与高等院校共建的研究开发机构，企业还可以用签订合同的形式委托高等院校研究开发。大企业和企业集团可以直接利用高等院校和科研机构的科技成果实现产业化。高等院校应当成为知识创新的基地、技术创新和高新技术产业化的重要生力军。近几年来，各地在推进产学研结合过程中创造了多种多样的做法和经验，要认真总结，加以推广。

进一步办好国家高新技术产业开发区、大学科技园区，使之真正成为培育和发展高新技术产业的重要基地，充分发挥它们在区域经济发展中的辐射和带动作用。

财政部发出加大规范收费管理力度的通知

中吉两国签署《中吉国界补充协定》

国家主席江泽民说，签署《中吉国界补充协定》，意味着两国 1000 多公里的边界线走向全部获得解决。这是中吉关系史上具有重要意义的事情，有利于边境地区的稳定与安宁。

国务院总理朱镕基会见汤加外交和国防大臣乌卢卡拉拉·拉瓦卡·阿塔王子殿下

国务院总理朱镕基会见亚美尼亚外交部部长瓦尔丹·奥斯卡尼扬

中共中央政治局常委胡锦涛在人民大会堂会见以越南胡志明共青团中央第一书记武重金为团长的越南胡志明共青团代表团

国务院总理朱镕基会见德国前总理赫尔穆特·科尔

国务院副总理李岚清会见参加北京“海峡两岸青年科学家携手迎接新世纪研讨会”的台湾科学家

纪念中国电影家协会成立50周年座谈会在人民大会堂举行

国务院关于实行公民身份号码制度的决定

各省、自治区、直辖市人民政府，国务院各部委、各直属机构：

建立和实行公民身份号码制度，是国家加强社会管理的一项重要基础建设，也是实现社会信息化管理的重要措施，对于促进我国社会主义现代化建设和经济体制改革，方便群众生活和保护公民的合法权益，具有十分重要的作用。为此，国务院决定，自1999年10月1日起在全国建立和实行公民身份号码制度。

一、公民身份号码按照GB11643－1999《公民身份号码》国家标准编制，由18位数字组成：前6位为行政区划代码，第7位至第14位为出生日期码；第15位至第17位为顺序码；第18位为校验码。

二、公民身份号码是国家为每个公民从出生之日起编定的唯一的、终身不变的身份代码，将在我国公民办理涉及政治、经济、社会生活等权益事务方面广泛使用。公安部负责公民身份号码的编制和组织实施工作。

三、各省、自治区、直辖市人民政府和国务院有关部门对公民身份号码的编制和推广应用工作要给予必要的支持。各级人民政府要切实加强领导，提供工作保障，搞好宣传教育，精心组织实施。公安机关要依据《国务院关于修改〈中华人民共和国居民身份证条例实施细则〉的批复》（国函〔1999〕91号），认真做好公民身份号码的编制、使用和管理工作。这项工作争取在今、明两年完成，由公安部做出具体部署。劳动和社会保障、教育、民政、司法、人事、信息产业、卫生、工商、税务、金融、证券、保险、民航等公民身份号码使用部门和单位，要密切配合公安机关做好公民身份号码的编制和推广使用工作。

国务院

一九九九年八月二十六日

“国有企业领导班子先进事迹报告团”在人民大会堂举行首场报告会

中组部、中宣部、国家经贸委、人事部和全国总工会联合组织报告会。

由吉林化纤、邯钢等六家企业组成的国有企业领导班子先进事迹报告团，举行首场报告会。中共中央政治局委员、中宣部部长丁关根，中共中央政治局委员、国务院副总理吴邦国，中共中央政治局候补委员、中组部部长曾庆红，在报告会开始前会见了报告团全体成员。

吴邦国说，报告团的六家企业是优秀国有企业的代表，在企业的改革和发展中积累了很多经验并取得成绩。六家企业的实践证明，党中央、国务院关于搞好国有企业的一系列重大决策是完全正确的。国有企业不仅能够搞好，而且可以搞好，六家企业的共同经验是要有一个好的领导班子，特别是企业带头人。由中组部、中宣部、国家经贸委、人事部、全国总工会联合组织“国有企业领导班子先进事迹报告团”，宣传六家企业领导班子建设的经验，对于深化国有企业改革，促进国有企业发展，实现中央提出的用三年左右时间，使大多数国有大中型亏损企业摆脱困境，使大多数国有大中型骨干企业初步建立现代企业制度的目标，具有重要的意义。

吴邦国说，国有企业改革是整个经济体制改革的中心环节，当前国有企业改革与发展处于攻坚阶段，党中央、国务院对搞好国有企业高度重视。最近，江泽民总书记先后到内蒙古、四川、湖北、陕西、山东、辽宁等地考察国有企业，并亲自主持召开五次座谈会，听取对国有企业改革和发展的意见并发表了重要讲话。我们要认真学习，坚决贯彻落实中央关于国有企业改革、发展的方针和江泽民总书记的一系列重要指示，要靠各级党委、政府扎实有效的工作，更要靠国有企业领导班子特别是一把手和广大职工的共同努力。只要我们坚定信心，振奋精神，扎实工作，就一定能开创国有企业改革和发展的新局面。

国家主席江泽民在中南海会见德国前联邦总理赫尔穆特·科尔

8月27日

九届全国人大常委会十一次会议继续举行分组会

分组会审议大气污染防治法修订草案和海事诉讼特别程序法草案。

8月28日

《人民日报》发表评论员文章《坚持高标准严要求——一论把“三讲”教育继续引向深入》

九届全国人大常委会十一次会议举行全体会议

李鹏委员长出席会议。会议由全国人大常委会副委员长曹志主持。

全国人大常委会副委员长田纪云、姜春云、邹家华、王光英、程思远、布赫、铁木尔·达瓦买提、彭珮云、何鲁丽、成思危、许嘉璐、蒋正华，秘书长何椿霖出席会议。国务委员王忠禹、最高人民法院院长肖扬、最高人民检察院检察长韩杼滨列席会议。

国家发展计划委员会主任曾培炎受国务院委托在九届全国人大常委会十一次会议作关于今年以来国民经济和社会发展计划执行情况的报告

全国人大财经委在九届全国人大常委会十一次会议上作关于《国务院关于提请审议财政部增发国债用于增加固定资产投入和今年中央财政预算调整方案(草案)的议案》的审查报告

劳动和社会保障部部长张左己在九届全国人大常委会十一次全体会议作关于国有企业下岗职工基本生活保障和企业离退休人员养老金发放情况的报告

全国人大常委会副委员长布赫在九届人大常委会十一次会议上作关于森林法实施情况的报告

全国人大法律委员会在九届全国人大常委会十一次会议上提出关于个人所得税法修正案草案审议结果的报告

澳门特区筹委会第十次全会在北京开幕

澳门特别行政区筹备委员会第十次全体会议在北京人民大会堂开幕。会议由筹委会副主任委员马万祺主持。本次全体会议将审议关于澳门特别行政区第一届立法会在 1999 年 12 月 19 日前开展工作的决定、关于澳门市政机构问题的决定、关于处理原有法律问题的建议、关于增加《中华人民共和国澳门特别行政区基本法》附件三所列全国性法律问题的建议等几个文件的草案。并在筹委会主任会议审核的基础上，对要求过渡的原澳门最后一届立法会选任议员的资格确认和缺额补选问题作出决定。

国务院副总理、筹委会主任委员钱其琛在致开幕词时指出，筹委会成立一年多来，在“一国两制”方针的指引下，在委员们的共同努力下，取得了很大成绩。全国人民企盼的澳门回归之期愈来愈近了，希望大家再接再厉，不辜负全国人民的期望。

钱其琛说，为确保澳门平稳过渡和政权顺利交接，政务小组就澳门特别行政区第一届立法会在 1999 年 12 月 19 日前开展工作的问题做了研究，并讨论了关于澳门市政机构问题，均取得了一致意见，提出了有关的建议；法律小组完成了对澳门原有法律的审查任务，并就处理澳门原有法律中一些与基本法不符和抵触的问题的办法达成了广泛共识。还就增加《基本法》附件三所列全国性法律的问题提出了建议；经济小组对处理内地与澳门的金融关系、两地大型基建的协调等这些澳门社会关注的问题进行讨论，提出了不少意见和建议；澳门各界庆祝回归活动委员会的工作也取得了较大的进展，有关庆祝活动的具体安排正在逐项落实。

钱其琛说，本月 9 日至 20 日，筹委会秘书处受理了原澳门最后一届立法会选任议员过渡为澳门特别行政区第一届立法会议员的资格确认申请。这是为澳门特别行政区第一届立法会如期顺利产生而进行的一项重要工作，完成得很顺利。

他说，何厚铧先生领导下的澳门特别行政区的组建工作进展顺利。本月 11 日，根据何厚铧先生的提名，国务院任命了澳门特别行政区七位主要官员和检察长。行政长官还委任了推荐法官的独立委员会的七名成员。这些任命和决定得到了澳门居民的普遍欢迎，为以爱国者为主体的“澳人治澳”写下了新的历史篇章。

他说，在中葡合作方面，经过双方的共同努力，澳门政权交接仪式工作小组及其有关分组已开始全面运作。双方还就新闻媒体申请采访政权交接仪式的事宜共同发布了公告。为确保澳门平稳过渡和政权顺利交接，双方需要继续加强合作。10 月份，江泽民主席将对葡萄牙进行国事访问，这是澳门回归前两国最高领导人的一次重要会晤，我们期待着这次访问取得圆满成功。

筹委会副主任委员廖晖、王启人、王英凡、何厚铧、吴福、曹其真，秘书长陈滋英及委员共 82 人出席了会议。

国家主席江泽民在中南海会见俄罗斯副总理克列巴诺夫

江泽民在会见中说，中俄两国互为友好邻邦，又都是联合国安理会常任理事国，对国际和地区事务都负有重要责任。加强两国之间的磋商与合作，推动世界继续向多极化发展，推动建立公正合理的国际政治经济新秩序，不仅符合两国的根本利益，也有助于维护世界和亚太地区的安全与稳定。

江泽民说，我们正处在世纪之交的重要历史时刻，和平与发展仍是当今时代的主题，世界格局正在向着多极化方向发展，这是不以人的意志为转移的历史趋势。当前中俄两国正发展和深化面向 21 世纪的长期稳定、睦邻友好、互利合作和平等互信的战略协作伙伴关系。

两国在许多重大国际问题上有着一致或相近看法，在处理全球与地区事务中正在积极加强协调与合作。这种战略协作伙伴关系基础深厚、领域宽广、潜力巨大。

江泽民说，克列巴诺夫这次来访与中央军委副主席张万年进行了有益的会谈，这必将为双方合作起到推动作用，希望双方共同努力，使这种合作达到一个新水平。

江泽民说，他几天前与叶利钦总统在吉尔吉斯斯坦进行了友好会见，就双边关系及一些国际问题坦率地交换了意见。他期待着今年秋天与叶利钦总统在中国举行第二次非正式会晤。他还请克列巴诺夫回国后转达他对叶利钦总统的亲切问候。

克列巴诺夫说，两国元首之间的相互接触与了解对于发展两国的友好合作关系具有重要意义。俄中两国应该进一步密切在各个领域的合作，以把双边关系提高到一个新的阶段。

克列巴诺夫应张万年的邀请来华访问。张万年等会见时在座。

'99亚洲举重锦标赛在武汉开幕

8月29日

澳门特区筹委会第十次全体会议发表新闻公报

全国人民代表大会澳门特别行政区筹备委员会第十次全体会议于1999年8月28日至29日在北京举行，由筹委会副主任委员马万祺主持。主任委员钱其琛在开幕和闭幕时发表了讲话。

会议听取了政务小组、法律小组、经济小组和社会文化小组的工作报告。

会议审议通过了《全国人民代表大会澳门特别行政区筹备委员会关于对原澳门最后一届立法会由选举产生的议员过渡为澳门特别行政区第一届立法会议员的资格确认和缺额补充的决定》、《全国人民代表大会澳门特别行政区筹备委员会关于澳门特别行政区第一届立法会在1999年12月19日前开展工作的决定》和《全国人民代表大会澳门特别行政区筹备委员会关于澳门市政机构问题的决定》。这些决定对保证澳门的平稳过渡都是十分必要的。

会议还审议通过了《全国人民代表大会澳门特别行政区筹备委员会关于处理澳门原有法律问题的建议》和《全国人民代表大会澳门特别行政区筹备委员会关于增加〈中华人民共和国澳门特别行政区基本法〉附件三所列全国性法律问题的建议》。这两项建议将提请全国人民代表大会常务委员会审议。

会议决定，全国人民代表大会澳门特别行政区筹备委员会第十一次全体会议于1999年11月19日至20日在珠海举行。

澳门特区筹委会第十次全体会议通过关于澳门市政机构问题的决定

根据《中华人民共和国澳门特别行政区基本法》的有关规定和澳门的实际情况，全国人民代表大会澳门特别行政区筹备委员会决定：

一、澳门特别行政区可设立非政权性的市政机构。市政机构受特别行政区政府的委托为居民提供文化、康乐、环境卫生等方面的服务，并就上述有关事务向特别行政区政府提供咨询意见。市政机构的职权和组成由特别行政区法律规定。

二、在澳门特别行政区设立上述市政机构之前，将澳门原市政机构改组为特别行政区临时性市政机构。临时性市政机构经澳门特别行政区行政长官授权开展工作，由行政长官负责。临时性市政机构的任期至新的市政机构产生为止，时间不超过2001年12月31日。

三、澳门原市政机构中，由选举产生的市政议会成员和市政执委会委员，如本人愿意，可成为澳门特别行政区临时性市政机构中相应机构的成员。如有成员缺额，依法进行补充。由委任产生的市政议会成员和市政执委会委员，由行政长官按相应人数委任。

四、除全国人民代表大会常务委员会另有决定外，澳门原有市政机构的法律和制度中与基本法无抵触的内容，可以继续保留。

五、澳门原市政机构的徽记、印章、旗帜，从1999年12月20日起停止使用。澳门特别行政区市政机构如需使用徽记、印章、旗帜，由特别行政区自行决定。

六、本决定由澳门特别行政区行政长官负责实施。

澳门特区筹委会第十次全体会议通过关于对原澳门最后一届立法会由选举产生的议员过渡为澳门特区第一届立法会议员的资格确认和缺额补充的决定

根据《全国人民代表大会关于澳门特别行政区第一届政府、立法会和司法机关产生办法的决定》和澳门特别行政区筹备委员会通过的《中华人民共和国澳门特别行政区第一届立法会具体产生办法》等规定，经过对申请过渡为澳门特别行政区第一届立法会议员的原澳门最后一届立法会由选举产生的议员进行资格审查，全国人民代表大会澳门特别行政区筹备委员会决定：

一、原澳门最后一届立法会由直接选举产生的议员(按简体字姓氏笔画为序，下同)冯志强、吴国昌、周锦辉、高开贤、唐志坚、梁庆庭、廖玉麟；由间接选举产生的议员许世元、刘焯华、关翠杏、吴荣恪、欧安利、林绮涛、崔世昌、曹其真，符合成为中华人民共和国澳门特别行政区第一届立法会议员的资格要求，确认为澳门特别行政区第一届立法会议员。

二、原澳门最后一届立法会由直接选举产生的议员赵河畅(即陈继杰)未按有关要求提出过渡为澳门特别行政区第一届立法会议员的申请。由此产生的一名缺额，按照《中华人民共和国澳门特别行政区第一届立法会具体产生办法》的有关规定，在筹委会主任委员会议的主持下，由澳门特别行政区第一届政府推选委员会补选。补选的具体安排授权筹委会秘书处予以公布。

澳门特区筹委会第十次全体会议通过关于澳门特区第一届立法会在一九九九年十二月十九日前开展工作的决定

为保证澳门平稳过渡、政权顺利交接，根据澳门特别行政区基本法的规定和全国人大的有关决定，全国人民代表大会澳门特别行政区筹备委员会决定：

澳门特别行政区第一届立法会在其全部议员产生后，在 1999 年 12 月 19 日前开展工作：互选产生立法会主席和副主席；制定立法会议事规则；审议在澳门特别行政区成立时须予通过的必备法案等，以确保澳门特别行政区自 1999 年 12 月 20 日开始顺利运作。

中央“三讲”教育联系会议召开电视电话会议

全国政协主席李瑞环在人民大会堂会见韩国前总理李寿成

国办转发国家体育总局民政部公安部关于加强健身气功活动管理有关问题意见的通知

第 7 届世界田径锦标赛于 20 日至 29 日在塞维利亚举行中国选手刘宏宇王妍分获女子 20 公里竞走赛金银牌

中国选手李卓在武汉亚洲女子举重赛 48 公斤级比赛中打破世界纪录并刷新此项目抓举和挺举的世界纪录

中国在'99 世纪邮展上获得“大金奖”和“国家大奖”

8 月 30 日

国家主席江泽民在人民大会堂与厄瓜多尔总统哈米尔·马瓦德·维特举行会谈

江泽民说，马瓦德欢迎中国企业家去厄瓜多尔投资，参加厄瓜多尔重要项目的建设。他还希望双方在拓展经贸关系的同时，扩大在教育、文化等领域的交流。

马瓦德重申，厄瓜多尔政府将继续坚持“一个中国”的立场，支持中国以“一国两制”的原则实现国家的完全统一。江泽民对此表示赞赏。

九届全国人大常委会十一次会议举行分组会

上午的分组讨论会上审议国有企业下岗职工基本生活保障和企业离退休人员养老金发放情况的报告和检查森林法实施情况的报告。

九届全国人大常委会十一次会议闭幕

全国人大常委会委员长李鹏主持并讲话。

会议分别听取全国人大法律委员会主任委员王维澄作的关于个人独资企业法和招标投标法修改意见的报告、关于个人所得税法修正案草案审议结果的报告、全国人大财经委员会主任委员陈光毅作的关于国务院提请审议财政部增发国债用于增加固定资产投入和今年中央财政预算调整方案草案的审查报告。

在下午的大会上，杨国庆委员代表刘亦铭、严克强、杜宜瑾、童傅委员作大会发言，对李登辉抛出的“两国论”给予了严厉批驳。王幼辉委员就农村稳定问题作了大会发言。

大会表决通过了个人独资企业法和招标投标法两部法律；表决通过了关于修改个人所得税法的决定、关于批准增发国债和 1999 年中央财政预算调整方案的决议。

会议还通过了有关人员的任免名单。

李鹏委员长在各项议程完成后讲话。他说，今年是全国人民代表大会成立 45 周年。1954 年 9 月，第一届全国人民代表大会第一次会议在北京召开，标志着我国人民代表大会制度从中央到地方建立起来了。会议制定的《中华人民共和国宪法》，以根本大法的形式，确定了人民代表大会制度是我国的根本政治制度。

李鹏指出，45 年来、特别是改革开放 20 多年来，人民代表大会制度建设不断完善，取得了重大成就。我们改进和完善了选举制度，直接选举人大代表的范围扩大到县，选民、代表可以依法联名提出代表候选人，实行了代表候选人多于应选人的差额选举。我们加强了各级国家权力机关的建设，扩大了全国人大常委会的职权，并在县级以上的地方各级人大设立常委会，全国和地方各级人大及其常委会的组织制度建设得到了加强。我们按照发挥中央和地方两个积极性的原则，规定省级人大及其常委会、省会城市和国务院批准的较大的市的人大及其常委会，可以依法制定地方性法规。

此外我们还采取了其他一些加强人大制度建设的措施。所有这些，对加强各级国家权力机关的工作和建设，健全国家政治体制，坚持和完善人民代表大会制度，都有重要、深远的意义。45年的实践证明，人民代表大会制度是符合我国国情的人民民主制度，正如邓小平同志说的，“如果政策正确，方向正确，这种体制益处很大，很有助于国家的兴旺发达，避免很多牵扯”。

李鹏说，党的十五大指出，必须坚持和完善人民代表大会制度，不照搬西方政治制度的模式，这对于坚持党的领导和社会主义制度、实现人民民主具有决定意义。

他强调，发展社会主义民主，健全社会主义法制，依法治国，建设社会主义法治国家，是全局性的问题，是全党的事情，整个国家、民族的事情，必须加强党的领导。各级党委要按照党的十五大提出的要求，在实施依法治国基本方略的实践中，把坚持党的领导、发扬人民民主和严格依法办事统一起来，保证和支持人大及其常委会依法履行国家权力机关的职责。

他说人民代表大会制度的本质，是人民当家做主。人大是人民选出来的，必须对人民负责，受人民监督。对人民负责，就要求人大及其常委会制定的法律、通过的决议等，能够真正反映人民的意愿，代表人民的利益。这就要求我们的人大代表、常委会委员密切联系人民群众，深入了解情况，研究问题，以便在工作中真正反映民意、集中民智，提高人大工作的水平和效率。

李鹏指出，要坚持和完善人大制度，还必须加强人民代表大会自身的组织和制度建设。我们要认真总结多年来在提高立法的审议质量，完善各项监督程序，改进议事和表决制度，加强专门委员会建设等方面的成功的实践经验，使之规范化、制度化、法律化。我们还要加强人大机关的建设，使人大的工作机构同人大常委会担负的工作相适应。要结合目前正在进行的“三讲”教育，进一步加强人大机关干部队伍的思想政治建设，提高业务素质和工作效率。机关要围绕人大常委会的工作，当好人大常委会的参谋、助手。

李鹏最后强调，人民代表大会制度在新中国的建立与发展，展示了我国社会主义民主的优越性。我们要高举邓小平理论伟大旗帜，坚持人民代表大会制度这个根本政治制度，保证我们的国家在以江泽民同志为核心的党中央的领导下，沿着有中国特色的社会主义道路胜利前进。

全国人大常委会副委员长田纪云、姜春云、邹家华、王光英、程思远、布赫、铁木尔·达瓦买提、彭珮云、何鲁丽、周光召、曹志、成思危、许嘉璐、蒋正华，秘书长何椿霖出席会议，国务院副总理吴邦国、最高人民法院院长肖扬、最高人民检察院检察长韩杼滨列席会议。

九届全国人大常务委员会十一次会议通过《全国人大常委会关于批准增发国债和1999年中央财政预算调整方案的决议》

第九届全国人民代表大会常务委员会第十一次会议听取了财政部部长项怀诚代表国务院对《国务院关于提请审议财政部增发国债用于增加固定资产投入和今年中央财政预算调整方案（草案）的议案》所作的说明，审议了国务院提请审议的增发国债和调整中央预算的议案。会议同意国务院提请审议的议案，决定：批准增发国债和1999年中央财政预算调整方案。

会议同意全国人民代表大会财政经济委员会在议案审查报告中提出的建议。会议要求，国务院要充分总结去年增发国债加快基础设施建设的经验和问题，并将去年增发国债用于基础设施建设的情况向全国人大常委会作出专题报告。要认真做好今年新增国债的安排使用工作，抓好在建项目的竣工建设，加强国有大中型企业的技术改造。对新上项目要严格项目审批程序，注意投入产出效果，坚决制止重复建设。要采取切实措施，解决配套资金不到位的问题。要加强国债资金使用的监督管理，防止贪污挪用和损失浪费；加强对工程项目的质量监督，对建设项目要严格按规定实行招标、投标，尽量采用国产设备。

各级人民政府要抓紧落实扩大内需、促进经济增长的各项政策措施，坚定信心，振奋精神，埋头苦干，扎实工作，为更好地完成今年的国民经济和社会发展计划而努力！

九届全国人大常委会十一次会议通过《全国人大常委会关于修改个人所得税法的决定》

第九届全国人民代表大会常务委员会第十一次会议决定对《中华人民共和国个人所得税法》做如下修改：

一、删去该法第四条第二项中的“储蓄存款利息”。

二、增加一条，作为第十二条：“对储蓄存款利息所得征收个人所得税的开征时间和征收办法由国务院规定。”

此外，根据本决定对部分条文的顺序做相应调整。

本决定自公布之日起生效。

《中华人民共和国个人所得税法》根据本决定做相应的修改，重新公布。

国家主席江泽民签署第20号令公布《中华人民共和国个人独资企业法》

《中华人民共和国个人独资企业法》已由中华人民共和国第九届全国人民代表大会常务委员会第十一次会议于1999年8月30日通过，现予公布，自2000年1月1日起施行。

中华人民共和国主席 江泽民

1999年8月30日

中华人民共和国个人独资企业法

第一章 总　则

第一条 为了规范个人独资企业的行为，保护个人独资企业投资人和债权人的合法权益，维护社会经济秩序，促进社会主义市场经济的发展，根据宪法，制定本法。

第二条 本法所称个人独资企业，是指依照本法在中国境内设立，由一个自然人投资，财产为投资人个人所有，投资人以其个人财产对企业债务承担无限责任的经营实体。

第三条 个人独资企业以其主要办事机构所在地为住所。

第四条 个人独资企业从事经营活动必须遵守法律、行政法规，遵守诚实信用原则，不得损害社会公共利益。

个人独资企业应当依法履行纳税义务。

第五条 国家依法保护个人独资企业的财产和其他合法权益。

第六条 个人独资企业应当依法招用职工。职工的合法权益受法律保护。

个人独资企业职工依法建立工会，工会依法开展活动。

第七条 在个人独资企业中的中国共产党党员依照中国共产党章程进行活动。

第二章 个人独资企业的设立

第八条 设立个人独资企业应当具备下列条件：

（一）投资人为一个自然人；

（二）有合法的企业名称；

（三）有投资人申报的出资；

（四）有固定的生产经营场所和必要的生产经营条件；

（五）有必要的从业人员。

第九条 申请设立个人独资企业，应当由投资人或者其委托的代理人向个人独资企业所在地的登记机关提交设立申请书、投资人身份证明、生产经营场所使用证明等文件。委托代理人申请设立登记时，应当出具投资人的委托书和代理人的合法证明。

个人独资企业不得从事法律、行政法规禁止经营的业务；从事法律、行政法规规定须报经有关部门审批的业务，应当在申请设立登记时提交有关部门的批准文件。

第十条 个人独资企业设立申请书应当载明下列事项：

（一）企业的名称和住所；

（二）投资人的姓名和居所；

（三）投资人的出资额和出资方式；

（四）经营范围。

第十一条 个人独资企业的名称应当与其责任形式及从事的营业相符合。

第十二条 登记机关应当在收到设立申请文件之日起十五日内，对符合本法规定条件的，予以登记，发给营业执照；对不符合本法规定条件的，不予登记，并应当给予书面答复，说明理由。

第十三条 个人独资企业的营业执照的签发日期，为个人独资企业成立日期。

在领取个人独资企业营业执照前，投资人不得以个人独资企业名义从事经营活动。

第十四条 个人独资企业设立分支机构，应当由投资人或者其委托的代理人向分支机构所在地的登记机关申请登记，领取营业执照。

分支机构经核准登记后，应将登记情况报该分支机构隶属的个人独资企业的登记机关备案。

分支机构的民事责任由设立该分支机构的个人独资企业承担。

第十五条 个人独资企业存续期间登记事项发生变更的，应当在作出变更决定之日起的十五日内依法向登记机关申请办理变更登记。

第三章 个人独资企业的投资人及事务管理

第十六条 法律、行政法规禁止从事营利性活动的人，不得作为投资人申请设立个人独资企业。

第十七条 个人独资企业投资人对本企业的财产依法享有所有权，其有关权利可以依法进行转让或继承。

第十八条 个人独资企业投资人在申请企业设立登记时明确以其家庭共有财产作为个人出资的，应当依法以家庭共有财产对企业债务承担无限责任。

第十九条 个人独资企业投资人可以自行管理企业事务，也可以委托或者聘用其他具有民事行为能力的人负责企业的事务管理。

投资人委托或者聘用他人管理个人独资企业事务，应当与受托人或者被聘用的人签订书面合同，明确委托的具体内容和授予的权利范围。

受托人或者被聘用的人员应当履行诚信、勤勉义务，按照与投资人签订的合同负责个人独资企业的事务管理。

投资人对受托人或者被聘用的人员职权的限制，不得对抗善意第三人。

第二十条 投资人委托或者聘用的管理个人独资企业事务的人员不得有下列行为：

(一)利用职务上的便利，索取或者收受贿赂；

(二)利用职务或者工作上的便利侵占企业财产；

(三)挪用企业的资金归个人使用或者借贷给他人；

(四)擅自将企业资金以个人名义或者以他人名义开立账户储存；

(五)擅自以企业财产提供担保；

(六)未经投资人同意，从事与本企业相竞争的业务；

(七)未经投资人同意，同本企业订立合同或者进行交易；

(八)未经投资人同意，擅自将企业商标或者其他知识产权转让给他人使用；

(九)泄露本企业的商业秘密；

(十)法律、行政法规禁止的其他行为。

第二十一条 个人独资企业应当依法设置会计账簿，进行会计核算。

第二十二条 个人独资企业招用职工的，应当依法与职工签订劳动合同，保障职工的劳动安全，按时、足额发放职工工资。

第二十三条 个人独资企业应当按照国家规定参加社会保险，为职工缴纳社会保险费。

第二十四条 个人独资企业可以依法申请贷款、取得土地使用权，并享有法律、行政法规规定的其他权利。

第二十五条 任何单位和个人不得违反法律、行政法规的规定，以任何方式强制个人独资企业提供财力、物力、人力；对于违法强制提供财力、物力、人力的行为，个人独资企业有权拒绝。

第四章 个人独资企业的解散和清算

第二十六条 个人独资企业有下列情形之一时，应当解散：

(一)投资人决定解散；

(二)投资人死亡或者被宣告死亡，无继承人或者继承人决定放弃继承；

(三)被依法吊销营业执照；

(四)法律、行政法规规定的其他情形。

第二十七条 个人独资企业解散，由投资人自行清算或者由债权人申请人民法院指定清算人进行清算。

投资人自行清算的，应当在清算前十五日内书面通知债权人，无法通知的，应当予以公告。债权人应当在接到通知之日起三十日内，未接到通知的应当在公告之日起六十日内，向投资人申报其债权。

第二十八条 个人独资企业解散后，原投资人对个人独资企业存续期间的债务仍应承担偿还责任，但债权人在五年内未向债务人提出偿债请求的，该责任消灭。

第二十九条 个人独资企业解散的，财产应当按照下列顺序清偿：

(一)所欠职工工资和社会保险费用；

(二)所欠税款；

(三)其他债务。

第三十条 清算期间，个人独资企业不得开展与清算目的无关的经营活动。在按前条规定清偿债务前，投资人不得转移、隐匿财产。

第三十一条 个人独资企业财产不足以清偿债务的，投资人应当以其个人的其他财产予以清偿。

第三十二条 个人独资企业清算结束后，投资人或者人民法院指定的清算人应当编制清算报告，并于十五日内到登记机关办理注销登记。

第五章 法律责任

第三十三条 违反本法规定，提交虚假文件或采取其他欺骗手段，取得企业登记的，责令改正，处以五千元以下的罚款；情节严重的，并处吊销营业执照。

第三十四条 违反本法规定，个人独资企业使用的名称与其在登记机关登记的名称不相符合的，责令限期改正，处以二千元以下的罚款。

第三十五条 涂改、出租、转让营业执照的，责令改正，没收违法所得，处以三千元以下的罚款；情节严重的，吊销营业执照。

伪造营业执照的，责令停业，没收违法所得，处以五千元以下的罚款。构成犯罪的，依法追究刑事责任。

第三十六条 个人独资企业成立后无正当理由超过六个月未开业的，或者开业后自行停业连续六个月以上的，吊销营业执照。

第三十七条 违反本法规定，未领取营业执照，以个人独资企业名义从事经营活动的，责令停止经营活动，处以三千元以下的罚款。

个人独资企业登记事项发生变更时，未按本法规定办理有关变更登记的，责令限期办理变更登记；逾期不办理的，处以二千元以下的罚款。

第三十八条 投资人委托或者聘用的人员管理个人独资企业事务时违反双方订立的合同，给投资人造成损害的，承担民事赔偿责任。

第三十九条 个人独资企业违反本法规定，侵犯职工合法权益，未保障职工劳动安全，不缴纳社会保险费用的，按照有关法律、行政法规予以处罚，并追究有关责任人员的责任。

第四十条 投资人委托或者聘用的人员违反本法第二十条规定，侵犯个人独资企业财产权益的，责令退还侵占的财产；给企业造成损失的，依法承担赔偿责任；有违法所得的，没收违法所得；构成犯罪的，依法追究刑事责任。

第四十一条 违反法律、行政法规的规定强制个人独资企业提供财力、物力、人力的，按照有关法律、行政法规予以处罚，并追究有关责任人员的责任。

第四十二条 个人独资企业及其投资人在清算前或清算期间隐匿或转移财产，逃避债务的，依法追回其财产，并按照有关规定予以处罚；构成犯罪的，依法追究刑事责任。

第四十三条 投资人违反本法规定，应当承担民事赔偿责任和缴纳罚款、罚金，其财产不足以支付的，或者被判处没收财产的，应当先承担民事赔偿责任。

第四十四条 登记机关对不符合本法规定条件的个人独资企业予以登记，或者对符合本法规定条件的企业不予登记的，对直接责任人员依法给予行政处分；构成犯罪的，依法追究刑事责任。

第四十五条 登记机关的上级部门的有关主管人员强令登记机关对不符合本法规定条件的企业予以登记，或者对符合本法规定条件的企业不予登记的，或者对登记机关的违法登记行为进行包庇的，对直接责任人员依法给予行政处分；构成犯罪的，依法追究刑事责任。

第四十六条 登记机关对符合法定条件的申请不予登记或者超过法定时限不予答复的，当事人可依法申请行政复议或提起行政诉讼。

第六章 附 则

第四十七条 外商独资企业不适用本法。

第四十八条 本法自 2000 年 1 月 1 日起施行。

国家主席江泽民签署第 21 号令公布《中华人民共和国招标投标法》

《中华人民共和国招标投标法》已由中华人民共和国第九届全国人民代表大会常务委员会第十一次会议于 1999 年 8 月 30 日通过，现予公布，自 2000 年 1 月 1 日起施行。

中华人民共和国主席 江泽民

1999 年 8 月 30 日

中华人民共和国招标投标法

第一章 总 则

第一条 为了规范招标投标活动，保护国家利益、社会公共利益和招标投标活动当事人的合法权益，提高经济效益，保证项目质量，制定本法。

第二条 在中华人民共和国境内进行招标投标活动，适用本法。

第三条 在中华人民共和国境内进行下列工程建设项目包括项目的勘察、设计、施工、监理以及与工程建设有关的重要设备、材料等的采购，必须进行招标：

（一）大型基础设施、公用事业等关系社会公共利益、公众安全的项目；

（二）全部或者部分使用国有资金投资或者国家融资的项目；

（三）使用国际组织或者外国政府贷款、援助资金的项目。

前款所列项目的具体范围和规模标准，由国务院发展计划部门会同国务院有关部门制订，报国务院批准。

法律或者国务院对必须进行招标的其他项目的范围有规定的，依照其规定。

第四条 任何单位和个人不得将依法必须进行招标的项目化整为零或者以其他任何方式规避招标。

第五条 招标投标活动应当遵循公开、公平、公正和诚实信用的原则。

第六条 依法必须进行招标的项目，其招标投标活动不受地区或者部门的限制。任何单位和个人不得违法限制或者排斥本地区、本系统以外的法人或者其他组织参加投标，不得以任何方式非法干涉招标投标活动。

第七条 招标投标活动及其当事人应当接受依法实施的监督。

有关行政监督部门依法对招标投标活动实施监督，依法查处招标投标活动中的违法行为。

对招标投标活动的行政监督及有关部门的具体职权划分，由国务院规定。

第二章 招 标

第八条 招标人是依照本法规定提出招标项目、进行招标的法人或者其他组织。

第九条 招标项目按照国家有关规定需要履行项目审批手续的，应当先履行审批手续，取得批准。

招标人应当有进行招标项目的相应资金或者资金来源已经落实，并应当在招标文件中如实载明。

第十条 招标分为公开招标和邀请招标。

公开招标，是指招标人以招标公告的方式邀请不特定的法人或者其他组织投标。

邀请招标，是指招标人以投标邀请书的方式邀请特定的法人或者其他组织投标。

第十一条 国务院发展计划部门确定的国家重点

项目和省、自治区、直辖市人民政府确定的地方重点项目不适宜公开招标的，经国务院发展计划部门或者省、自治区、直辖市人民政府批准，可以进行邀请招标。

第十二条 招标人有权自行选择招标代理机构，委托其办理招标事宜。任何单位和个人不得以任何方式为招标人指定招标代理机构。

招标人具有编制招标文件和组织评标能力的，可以自行办理招标事宜。任何单位和个人不得强制其委托招标代理机构办理招标事宜。

依法必须进行招标的项目，招标人自行办理招标事宜的，应当向有关行政监督部门备案。

第十三条 招标代理机构是依法设立、从事招标代理业务并提供相关服务的社会中介组织。

招标代理机构应当具备下列条件：

（一）有从事招标代理业务的营业场所和相应资金；

（二）有能够编制招标文件和组织评标的相应专业力量；

（三）有符合本法第三十七条第三款规定条件、可以作为评标委员会成员人选的技术、经济等方面的专家库。

第十四条 从事工程建设项目招标代理业务的招标代理机构，其资格由国务院或者省、自治区、直辖市人民政府的建设行政主管部门认定。具体办法由国务院建设行政主管部门会同国务院有关部门制定。从事其他招标代理业务的招标代理机构，其资格认定的主管部门由国务院规定。

招标代理机构与行政机关和其他国家机关不得存在隶属关系或者其他利益关系。

第十五条 招标代理机构应当在招标人委托的范围内办理招标事宜，并遵守本法关于招标人的规定。

第十六条 招标人采用公开招标方式的，应当发布招标公告。依法必须进行招标的项目的招标公告，应当通过国家指定的报刊、信息网络或者其他媒介发布。

招标公告应当载明招标人的名称和地址、招标项目的性质、数量、实施地点和时间以及获取招标文件的办法等事项。

第十七条 招标人采用邀请招标方式的，应当向三个以上具备承担招标项目的能力、资信良好的特定的法人或者其他组织发出投标邀请书。

投标邀请书应当载明本法第十六条第二款规定的事项。

第十八条 招标人可以根据招标项目本身的要求，在招标公告或者投标邀请书中，要求潜在投标人提供有关资质证明文件和业绩情况，并对潜在投标人进行资格审查；国家对投标人的资格条件有规定的，依照其规定。

招标人不得以不合理的条件限制或者排斥潜在投标人，不得对潜在投标人实行歧视待遇。

第十九条 招标人应当根据招标项目的特点和需要编制招标文件。招标文件应当包括招标项目的技术要求、对投标人资格审查的标准、投标报价要求和评标标准等所有实质性要求和条件以及拟签订合同的主要条款。

国家对招标项目的技术、标准有规定的，招标人应当按照其规定在招标文件中提出相应要求。

招标项目需要划分标段、确定工期的，招标人应当合理划分标段、确定工期，并在招标文件中载明。

第二十条 招标文件不得要求或者标明特定的生产供应者以及含有倾向或者排斥潜在投标人的其他内容。

第二十一条 招标人根据招标项目的具体情况，可以组织潜在投标人踏勘项目现场。

第二十二条 招标人不得向他人透露已获取招标文件的潜在投标人的名称、数量以及可能影响公平竞争的有关招标投标的其他情况。

招标人设有标底的，标底必须保密。

第二十三条 招标人对已发出的招标文件进行必要的澄清或者修改的，应当在招标文件要求提交投标文件截止时间至少十五日前，以书面形式通知所有招标文件收受人。该澄清或者修改的内容为招标文件的组成部分。

第二十四条 招标人应当确定投标人编制投标文件所需要的合理时间；但是，依法必须进行招标的项目，自招标文件开始发出之日起至投标人提交投标文件截止之日止，最短不得少于二十日。

第三章 投　标

第二十五条 投标人是响应招标、参加投标竞争的法人或者其他组织。

依法招标的科研项目允许个人参加投标的，投标的个人适用本法有关投标人的规定。

第二十六条 投标人应当具备承担招标项目的能力；国家有关规定对投标人资格条件或者招标文件对投标人资格条件有规定的，投标人应当具备规定的资格条件。

第二十七条 投标人应当按照招标文件的要求编制投标文件。投标文件应当对招标文件提出的实质性要求和条件作出响应。

招标项目属于建设施工的，投标文件的内容应当包括拟派出的项目负责人与主要技术人员的简历、业绩和拟用于完成招标项目的机械设备等。

第二十八条 投标人应当在招标文件要求提交投

标文件的截止时间前，将投标文件送达投标地点。招标人收到投标文件后，应当签收保存，不得开启。投标人少于三个的，招标人应当依照本法重新招标。

在招标文件要求提交投标文件的截止时间后送达的投标文件，招标人应当拒收。

第二十九条 投标人在招标文件要求提交投标文件的截止时间前，可以补充、修改或者撤回已提交的投标文件，并书面通知招标人。补充、修改的内容为投标文件的组成部分。

第三十条 投标人根据招标文件载明的项目实际情况，拟在中标后将中标项目的部分非主体、非关键性工作进行分包的，应当在投标文件中载明。

第三十一条 两个以上法人或者其他组织可以组成一个联合体，以一个投标人的身份共同投标。

联合体各方均应当具备承担招标项目的相应能力；国家有关规定或者招标文件对投标人资格条件有规定的，联合体各方均应当具备规定的相应资格条件。由同一专业的单位组成的联合体，按照资质等级较低的单位确定资质等级。

联合体各方应当签订共同投标协议，明确约定各方拟承担的工作和责任，并将共同投标协议连同投标文件一并提交招标人。联合体中标的，联合体各方应当共同与招标人签订合同，就中标项目向招标人承担连带责任。

招标人不得强制投标人组成联合体共同投标，不得限制投标人之间的竞争。

第三十二条 投标人不得相互串通投标报价，不得排挤其他投标人的公平竞争，损害招标人或者其他投标人的合法权益。

投标人不得与招标人串通投标，损害国家利益、社会公共利益或者他人的合法权益。

禁止投标人以向招标人或者评标委员会成员行贿的手段谋取中标。

第三十三条 投标人不得以低于成本的报价竞标，也不得以他人名义投标或者以其他方式弄虚作假，骗取中标。

第四章 开标、评标和中标

第三十四条 开标应当在招标文件确定的提交投标文件截止时间的同一时间公开进行；开标地点应当为招标文件中预先确定的地点。

第三十五条 开标由招标人主持，邀请所有投标人参加。

第三十六条 开标时，由投标人或者其推选的代表检查投标文件的密封情况，也可以由招标人委托的公证机构检查并公证；经确认无误后，由工作人员当众拆封，宣读投标人名称、投标价格和投标文件的其他主要内容。

招标人在招标文件要求提交投标文件的截止时间前收到的所有投标文件，开标时都应当当众予以拆封、宣读。

开标过程应当记录，并存档备查。

第三十七条 评标由招标人依法组建的评标委员会负责。

依法必须进行招标的项目，其评标委员会由招标人的代表和有关技术、经济等方面的专家组成，成员人数为五人以上单数，其中技术、经济等方面的专家不得少于成员总数的三分之二。

前款专家应当从事相关领域工作满八年并具有高级职称或者具有同等专业水平，由招标人从国务院有关部门或者省、自治区、直辖市人民政府有关部门提供的专家名册或者招标代理机构的专家库内的相关专业的专家名单中确定；一般招标项目可以采取随机抽取方式，特殊招标项目可以由招标人直接确定。

与投标人有利害关系的人不得进入相关项目的评标委员会；已经进入的应当更换。

评标委员会成员的名单在中标结果确定前应当保密。

第三十八条 招标人应当采取必要的措施，保证评标在严格保密的情况下进行。

任何单位和个人不得非法干预、影响评标的过程和结果。

第三十九条 评标委员会可以要求投标人对投标文件中含义不明确的内容作必要的澄清或者说明，但是澄清或者说明不得超出投标文件的范围或者改变投标文件的实质性内容。

第四十条 评标委员会应当按照招标文件确定的评标标准和方法，对投标文件进行评审和比较；设有标底的，应当参考标底。评标委员会完成评标后，应当向招标人提出书面评标报告，并推荐合格的中标候选人。

招标人根据评标委员会提出的书面评标报告和推荐的中标候选人确定中标人。招标人也可以授权评标委员会直接确定中标人。

国务院对特定招标项目的评标有特别规定的，从其规定。

第四十一条 中标人的投标应当符合下列条件之一：

（一）能够最大限度地满足招标文件中规定的各项综合评价标准；

（二）能够满足招标文件的实质性要求，并且经评审的投标价格最低；但是投标价格低于成本的除外。

第四十二条 评标委员会经评审，认为所有投标都不符合招标文件要求的，可以否决所有投标。

依法必须进行招标的项目的所有投标被否决的，招标人应当依照本法重新招标。

第四十三条 在确定中标人前，招标人不得与投标人就投标价格、投标方案等实质性内容进行谈判。

第四十四条 评标委员会成员应当客观、公正地履行职务，遵守职业道德，对所提出的评审意见承担个人责任。

评标委员会成员不得私下接触投标人，不得收受投标人的财物或者其他好处。

评标委员会成员和参与评标的有关工作人员不得透露对投标文件的评审和比较、中标候选人的推荐情况以及与评标有关的其他情况。

第四十五条 中标人确定后，招标人应当向中标人发出中标通知书，并同时将中标结果通知所有未中标的投标人。

中标通知书对招标人和中标人具有法律效力。中标通知书发出后，招标人改变中标结果的，或者中标人放弃中标项目的，应当依法承担法律责任。

第四十六条 招标人和中标人应当自中标通知书发出之日起三十日内，按照招标文件和中标人的投标文件订立书面合同。招标人和中标人不得再行订立背离合同实质性内容的其他协议。

招标文件要求中标人提交履约保证金的，中标人应当提交。

第四十七条 依法必须进行招标的项目，招标人应当自确定中标人之日起十五日内，向有关行政监督部门提交招标投标情况的书面报告。

第四十八条 中标人应当按照合同约定履行义务，完成中标项目。中标人不得向他人转让中标项目，也不得将中标项目肢解后分别向他人转让。

中标人按照合同约定或者经招标人同意，可以将中标项目的部分非主体、非关键性工作分包给他人完成。接受分包的人应当具备相应的资格条件，并不得再次分包。

中标人应当就分包项目向招标人负责，接受分包的人就分包项目承担连带责任。

第五章 法律责任

第四十九条 违反本法规定，必须进行招标的项目而不招标的，将必须进行招标的项目化整为零或者以其他任何方式规避招标的，责令限期改正，可以处项目合同金额千分之五以上千分之十以下的罚款；对全部或者部分使用国有资金的项目，可以暂停项目执行或者暂停资金拨付；对单位直接负责的主管人员和其他直接责任人员依法给予处分。

第五十条 招标代理机构违反本法规定，泄露应当保密的与招标投标活动有关的情况和资料的，或者与招标人、投标人串通损害国家利益、社会公共利益或者他人合法权益的，处五万元以上二十五万元以下的罚款，对单位直接负责的主管人员和其他直接责任人员处单位罚款数额百分之五以上百分之十以下的罚款；有违法所得的，并处没收违法所得；情节严重的，暂停直至取消招标代理资格；构成犯罪的，依法追究刑事责任。给他人造成损失的，依法承担赔偿责任。

前款所列行为影响中标结果的，中标无效。

第五十一条 招标人以不合理的条件限制或者排斥潜在投标人的，对潜在投标人实行歧视待遇的，强制要求投标人组成联合体共同投标的，或者限制投标人之间竞争的，责令改正，可以处一万元以上五万元以下的罚款。

第五十二条 依法必须进行招标的项目的招标人向他人透露已获取招标文件的潜在投标人的名称、数量或者可能影响公平竞争的有关招标投标的其他情况的，或者泄露标底的，给予警告，可以并处一万元以上十万元以下的罚款；对单位直接负责的主管人员和其他直接责任人员依法给予处分；构成犯罪的，依法追究刑事责任。

前款所列行为影响中标结果的，中标无效。

第五十三条 投标人相互串通投标或者与招标人串通投标的，投标人以向招标人或者评标委员会成员行贿的手段谋取中标的，中标无效，处中标项目金额千分之五以上千分之十以下的罚款，对单位直接负责的主管人员和其他直接责任人员处单位罚款数额百分之五以上百分之十以下的罚款；有违法所得的，并处没收违法所得；情节严重的，取消其一年至二年内参加依法必须进行招标的项目的投标资格并予以公告，直至由工商行政管理机关吊销营业执照；构成犯罪的，依法追究刑事责任。给他人造成损失的，依法承担赔偿责任。

第五十四条 投标人以他人名义投标或者以其他方式弄虚作假，骗取中标的，中标无效，给招标人造成损失的，依法承担赔偿责任；构成犯罪的，依法追究刑事责任。

依法必须进行招标的项目的投标人有前款所列行为尚未构成犯罪的，处中标项目金额千分之五以上千分之十以下的罚款，对单位直接负责的主管人员和其他直接责任人员处单位罚款数额百分之五以上百分之十以下的罚款；有违法所得的，并处没收违法所得；情节严重的，取消其一年至三年内参加依法必须进行招标的项目的投标资格并予以公告，直至由工商行政管理机关吊销营业执照。

第五十五条 依法必须进行招标的项目，招标人违反本法规定，与投标人就投标价格、投标方案等实质性内容进行谈判的，给予警告，对单位直接负责的主管人员和其他直接责任人员依法给予处分。

前款所列行为影响中标结果的，中标无效。

第五十六条 评标委员会成员收受投标人的财物或者其他好处的，评标委员会成员或者参加评标的有关工作人员向他人透露对投标文件的评审和比较、中标候选人的推荐以及与评标有关的其他情况的，给予警告，没收收受的财物，可以并处三千元以上五万元以下的罚款，对有所列违法行为的评标委员会成员取消担任评标委员会成员的资格，不得再参加任何依法必须进行招标的项目的评标；构成犯罪的，依法追究刑事责任。

第五十七条 招标人在评标委员会依法推荐的中标候选人以外确定中标人的，依法必须进行招标的项目在所有投标被评标委员会否决后自行确定中标人的，中标无效。责令改正，可以处中标项目金额千分之五以上千分之十以下的罚款；对单位直接负责的主管人员和其他直接责任人员依法给予处分。

第五十八条 中标人将中标项目转让给他人的，将中标项目肢解后分别转让给他人的，违反本法规定将中标项目的部分主体、关键性工作分包给他人的，或者分包人再次分包的，转让、分包无效，处转让、分包项目金额千分之五以上千分之十以下的罚款；有违法所得的，并处没收违法所得；可以责令停业整顿；情节严重的，由工商行政管理机关吊销营业执照。

第五十九条 招标人与中标人不按照招标文件和中标人的投标文件订立合同的，或者招标人、中标人订立背离合同实质性内容的协议的，责令改正；可以处中标项目金额千分之五以上千分之十以下的罚款。

第六十条 中标人不履行与招标人订立的合同的，履约保证金不予退还，给招标人造成的损失超过履约保证金数额的，还应当对超过部分予以赔偿；没有提交履约保证金的，应当对招标人的损失承担赔偿责任。

中标人不按照与招标人订立的合同履行义务，情节严重的，取消其二年至五年内参加依法必须进行招标的项目的投标资格并予以公告，直至由工商行政管理机关吊销营业执照。

因不可抗力不能履行合同的，不适用前两款规定。

第六十一条 本章规定的行政处罚，由国务院规定的有关行政监督部门决定。本法已对实施行政处罚的机关作出规定的除外。

第六十二条 任何单位违反本法规定，限制或者排斥本地区、本系统以外的法人或者其他组织参加投标的，为招标人指定招标代理机构的，强制招标人委托招标代理机构办理招标事宜的，或者以其他方式干涉招标投标活动的，责令改正；对单位直接负责的主管人员和其他直接责任人员依法给予警告、记过、记大过的处分，情节较重的，依法给予降级、撤职、开除的处分。

个人利用职权进行前款违法行为的，依照前款规定追究责任。

第六十三条 对招标投标活动依法负有行政监督职责的国家机关工作人员徇私舞弊、滥用职权或者玩忽职守，构成犯罪的，依法追究刑事责任；不构成犯罪的，依法给予行政处分。

第六十四条 依法必须进行招标的项目违反本法规定，中标无效的，应当依照本法规定的中标条件从其余投标人中重新确定中标人或者依照本法重新进行招标。

第六章　附　则

第六十五条 投标人和其他利害关系人认为招标投标活动不符合本法有关规定的，有权向招标人提出异议或者依法向有关行政监督部门投诉。

第六十六条 涉及国家安全、国家秘密、抢险救灾或者属于利用扶贫资金实行以工代赈、需要使用农民工等特殊情况，不适宜进行招标的项目，按照国家有关规定可以不进行招标。

第六十七条 使用国际组织或者外国政府贷款、援助资金的项目进行招标，贷款方、资金提供方对招标投标的具体条件和程序有不同规定的，可以适用其规定，但违背中华人民共和国的社会公共利益的除外。

第六十八条 本法自 2000 年 1 月 1 日起施行。

国家主席江泽民签署第 22 号令公布《中华人民共和国个人所得税法》

《全国人民代表大会常务委员会关于修改〈中华人民共和国个人所得税法〉的决定》已由中华人民共和国第九届全国人民代表大会常务委员会第十一次会议于 1999 年 8 月 30 日通过，现予公布，自公布之日起生效。

中华人民共和国主席 江泽民

1999 年 8 月 30 日

中华人民共和国个人所得税法

第一条 在中国境内有住所，或者无住所而在境内居住满一年的个人，从中国境内和境外取得的所得，依照本法规定缴纳个人所得税。

在中国境内无住所又不居住或者无住所而在境内居住不满一年的个人，从中国境内取得的所得，依照本法规定缴纳个人所得税。

第二条 下列各项个人所得，应纳个人所得税：

一、工资、薪金所得；

二、个体工商户的生产、经营所得；

三、对企事业单位的承包经营、承租经营所得；

四、劳务报酬所得；

五、稿酬所得；

六、特许权使用费所得；

七、利息、股息、红利所得；

八、财产租赁所得；

九、财产转让所得；

十、偶然所得；

十一、经国务院财政部门确定征税的其他所得。

第三条　个人所得税的税率：

一、工资、薪金所得，适用超额累进税率，税率为百分之五至百分之四十五(税率表附后)。

二、个体工商户的生产、经营所得和对企事业单位的承包经营、承租经营所得，适用百分之五至百分之三十五的超额累进税率(税率表附后)。

三、稿酬所得，适用比例税率，税率为百分之二十，并按应纳税额减征百分之三十。

四、劳务报酬所得，适用比例税率，税率为百分之二十。对劳务报酬所得一次收入畸高的，可以实行加成征收，具体办法由国务院规定。

五、特许权使用费所得，利息、股息、红利所得，财产租赁所得，财产转让所得，偶然所得和其他所得，适用比例税率，税率为百分之二十。

第四条　下列各项个人所得，免纳个人所得税：

一、省级人民政府、国务院部委和中国人民解放军军以上单位，以及外国组织、国际组织颁发的科学、教育、技术、文化、卫生、体育、环境保护等方面的奖金；

二、国债和国家发行的金融债券利息；

三、按照国家统一规定发给的补贴、津贴；

四、福利费、抚恤金、救济金；

五、保险赔款；

六、军人的转业费、复员费；

七、按照国家统一规定发给干部、职工的安家费、退职费、退休工资、离休工资、离休生活补助费；

八、依照我国有关法律规定应予免税的各国驻华使馆、领事馆的外交代表、领事官员和其他人员的所得；

九、中国政府参加的国际公约、签订的协议中规定免税的所得；

十、经国务院财政部门批准免税的所得。

第五条　有下列情形之一的，经批准可以减征个人所得税：

一、残疾、孤老人员和烈属的所得；

二、因严重自然灾害造成重大损失的；

三、其他经国务院财政部门批准减税的。

第六条　应纳税所得额的计算：

一、工资、薪金所得，以每月收入额减除费用八百元后的余额，为应纳税所得额。

二、个体工商户的生产、经营所得，以每一纳税年度的收入总额，减除成本、费用以及损失后的余额，为应纳税所得额。

三、对企事业单位的承包经营、承租经营所得，以每一纳税年度的收入总额，减除必要费用后的余额，为应纳税所得额。

四、劳务报酬所得、稿酬所得、特许权使用费所得、财产租赁所得，每次收入不超过四千元的，减除费用八百元；四千元以上的，减除百分之二十的费用，其余额为应纳税所得额。

五、财产转让所得，以转让财产的收入额减除财产原值和合理费用后的余额，为应纳税所得额。

六、利息、股息、红利所得，偶然所得和其他所得，以每次收入额为应纳税所得额。

个人将其所得对教育事业和其他公益事业捐赠的部分，按照国务院有关规定从应纳税所得中扣除。

对在中国境内无住所而在中国境内取得工资、薪金所得的纳税义务人和在中国境内有住所而在中国境外取得工资、薪金所得的纳税义务人，可以根据其平均收入水平、生活水平以及汇率变化情况确定附加减除费用，附加减除费用适用的范围和标准由国务院规定。

第七条　纳税义务人从中国境外取得的所得，准予其在应纳税额中扣除已在境外缴纳的个人所得税税额。但扣除额不得超过该纳税义务人境外所得依照本法规定计算的应纳税额。

第八条　个人所得税，以所得人为纳税义务人，以支付所得的单位或者个人为扣缴义务人。在两处以上取得工资、薪金所得和没有扣缴义务人的，纳税义务人应当自行申报纳税。

第九条　扣缴义务人每月所扣的税款，自行申报纳税人每月应纳的税款，都应当在次月七日内缴入国库，并向税务机关报送纳税申报表。

工资、薪金所得应纳的税款，按月计征，由扣缴义务人或者纳税义务人在次月七日内缴入国库，并向税务机关报送纳税申报表。特定行业的工资、薪金所得应纳的税款，可以实行按年计算、分月预缴的方式计征，具体办法由国务院规定。

个体工商户的生产、经营所得应纳的税款，按年计算，分月预缴，由纳税义务人在次月七日内预缴，年度终了后三个月内汇算清缴，多退少补。

对企事业单位的承包经营、承租经营所得应纳的税款，按年计算，由纳税义务人在年度终了后三十日内缴入国库，并向税务机关报送纳税申报表。纳税义务人在一年内分次取得承包经营、承租经营所得的，应当在取得每次所得后的七日内预缴，年度终了后三个月内汇算清缴，多退少补。

从中国境外取得所得的纳税义务人，应当在年度终了后三十日内，将应纳的税款缴入国库，并向税务机关报送纳税申报表。

第十条 各项所得的计算，以人民币为单位。所得为外国货币的，按照国家外汇管理机关规定的外汇牌价折合成人民币缴纳税款。

第十一条 对扣缴义务人按照所扣缴的税款，付给百分之二的手续费。

第十二条 对储蓄存款利息所得征收个人所得税的开征时间和征收办法由国务院规定。

第十三条 个人所得税的征收管理，依照《中华人民共和国税收征收管理法》的规定执行。

第十四条 国务院根据本法制定实施条例。

第十五条 本法自公布之日起施行。

个人所得税税率表一(工资、薪金所得适用)

级数	全月应纳税所得额	税率(%)
1	不超过 500 元的	5
2	超过 500 元至 2000 元的部分	10
3	超过 2000 元至 5000 元的部分	15
4	超过 5000 元至 20000 元的部分	20
5	超过 20000 元至 40000 元的部分	25
6	超过 40000 元至 60000 元的部分	30
7	超过 60000 元至 80000 元的部分	35
8	超过 80000 元至 100000 元的部分	40
9	超过 100000 元的部分	45

(注：本表所称全月应纳税所得额是指依照本法第六条的规定，以每月收入额减除费用八百元后的余额或者减除附加减除费用后的余额)

个人所得税税率表二(个体工商户的生产、经营所得和对企事业单位的承包经营、承租经营所得适用)

级数	全年应纳税所得额	税率(%)
1	不超过 5000 元的	5
2	超过 5000 元至 10000 元的部分	10
3	超过 10000 元至 30000 元的部分	20
4	超过 30000 元至 50000 元的部分	30
5	超过 50000 元的部分	35

(注：本表所称全年应纳税所得额是指依照本法第六条的规定，以每一纳税年度的收入总额，减除成本、费用以及损失后的余额)

国家主席江泽民在人民大会堂会见澳大利亚《澳人报》总编阿姆斯特朗并接受书面采访

江泽民说，应澳大利亚总督迪恩的邀请，他将于 9 月 6 日起对澳进行为期 5 天的国事访问，这是中国国家元首首次访澳。访问期间，他将同澳大利亚领导人就双边关系以及共同关心的国际和地区问题交换意见，还将同澳大利亚地方政府领导人及各界人士见面，广泛接触澳大利亚人民，以加深相互了解，增进友谊，深化中澳互利合作，推动中澳关系取得更大发展。

江泽民说，近年来，在双方共同努力下，中澳关系呈现良好发展势头。双方高层互访和接触频繁，在一些重大国际和地区问题上，保持了良好的对话与合作。两国在各个领域的交流与合作也取得良好进展，尤其是双边经贸关系稳步发展，取得了显著成效。中澳已成为重要的贸易与投资伙伴。应该说，两国目前的关系正处于一个良好的发展阶段，并呈现出广阔的发展前景。

江泽民说，媒体在世界各国为了和平与发展而增进相互了解的过程中起着十分重要的作用，他希望包括《澳人报》在内的澳新闻机构在促进中澳关系健康发展方面发挥更加积极的作用。

阿姆斯特朗感谢江泽民主席接受他的采访。他说，中国国家元首访澳是件大事，澳大利亚政府和人民热烈欢迎江主席来访。他预祝这次访问取得圆满成功，进一步促进两国关系的发展。

国家主席江泽民为“’99 巴黎·中国文化周”题词

国家主席江泽民最近为即将于 9 月 1 日开幕的“’99 巴黎·中国文化周”题了词。题词全文如下：

在中华人民共和国成立五十周年前夕，中国与联合国教科文组织共同举办的“’99 巴黎·中国文化周”将于九月在巴黎举行。这对增进中法人民的友谊是很有意义的。

中法两国都有着悠久的历史和灿烂的文化，都为人类的文明作出过巨大的贡献。中法文化交流源远流长。法国优秀的文化艺术使中国人民为之赞叹。这次中国文化周将向法国人民展示中国的优秀传统文化和中国人民的智慧，展示当代中国人民在厚实文化基础上进行新的文化创造的成果。我衷心希望它对加强我们两国乃至东、西方文化的沟通起到积极的作用。

中法两国都是世界上有影响的大国，两国加强友好合作，有利于世界的和平、稳定与发展。祝愿两国人民为创造 21 世纪世界的美好未来而共同努力。

我期待着“’99 巴黎·中国文化周”的成功。

中华人民共和国主席 江泽民

中共中央政治局常委胡锦涛在人民大会堂会见以中央政治局委员中组部部长通辛·探马冯为团长的老挝人民革命党代表团

胡锦涛指出，中国共产党和老挝人民革命党都是执政党，都坚持社会主义方向和改革开放，也都面临一些相似的问题和挑战。面对新的形势、新的任务，进一步加强两党、两国的友好合作关系，相互学习、借鉴，相互支持、合作，符合两国人民的共同愿望和根本利益，也一定会促进两党的自身建设和两国的社会主义建设事业。中国共产党愿与老挝人民革命党一道，共同努力，继续致力于发展长期稳定、相互信赖的中老睦邻友好和互利合作关系。

中国台北选手黎锋英在武汉进行的第十二届亚洲女子举重锦标赛53公斤级挺举比赛中打破世界纪录

新中国体育50星评选在北京揭晓

席世国因窃密案被判处无期徒刑

海南省高级人民法院对海南席世国窃密案作出终审判决。海南省政府办公厅原助理调研员席世国被以为境外窃取、非法提供国家秘密罪依法判处无期徒刑，剥夺政治权利终身。

8月31日

全国人大常委会委员长李鹏在人民大会堂会见厄瓜多尔总统哈米尔·马瓦德

国务院总理朱镕基在人民大会堂会见来访的厄瓜多尔总统哈米尔·马瓦德

九届全国人大常委会在人民大会堂举办第十次法制讲座

李鹏委员长主持讲座并发表重要讲话。他强调，完善我国的民事法律制度，把经济生活中的各种民事关系通过法律形式加以规范，对于保障有中国特色的社会主义市场经济的健康发展，具有重要的作用。

李鹏说，民法是规范社会活动的基础性法律，调整平等主体的自然人之间、法人之间、自然人和法人之间的财产关系以及人身关系，一般包括民事主体及其物权、债权、婚姻家庭和继承等内容。民法与人们的生活息息相关。加强民事立法，大力宣传和严格执行民事法律，有利于保障公民、法人的合法民事权益，有利于提高人们的法律意识，为依法治国创造良好的法治氛围。民法还担负维护社会公平正义和公共道德的任务，在社会生活中发挥着调节各种利益关系的作用。

他说，我国重视民事立法工作。早在新中国成立初期就颁布了婚姻法。特别是党的十一届三中全会以来，全国人大及其常委会进一步加强了民事立法工作，一方面，陆续颁布了一批社会急需的、条件比较成熟的单行民事法律；另一方面，制定了民法通则，对民事法律中的若干基本原则和制度作出了规定。民法通则是我国第一部调整民事关系的基本法律。它的颁布实施，对保障改革开放的顺利进行、促进社会主义市场经济的健康发展、保护公民和法人的合法权益等，都发挥了重要的作用。

今年召开的九届全国人大二次会议，通过了在原有的经济合同法、涉外经济合同法和技术合同法三部合同法基础上的统一的合同法。这对于规范市场交易行为、维护社会主义市场经济秩序，将起到积极的作用。现在，除了民法通则、合同法以外，我们还制定了继承法、收养法、担保法、著作权法、商标法、专利法等民事方面的法律，基本确立了反映我国现阶段生产力水平的财产权制度和适合我国国情的人身权制度，为建立完备的民事法律制度奠定了重要基础。

李鹏最后强调，为适应改革开放和社会主义市场经济发展的需要，要继续加强民事立法工作。按照立法规划，要抓紧起草物权法和修改婚姻法，还要研究完善侵害人身权、财产权方面的民事侵权损害赔偿的法律。在条件成熟时，要着手研究编纂一部中国的民法典。制定物权法一定要从我国的实际出发，对各类企业的所有权问题进行深入的调查研究，使制定的物权法符合我国国情，促进我国社会主义市场经济的发展。修改婚姻法，要从我国的社会主义社会性质出发，充分体现我国各族人民优良的伦理道德传统，促进我国的社会主义精神文明建设。

讲座由中国社会科学院法学研究所研究员梁慧星主讲。他以《关于我国民事法律制度的几个问题》为题，详细阐述了什么是民法、民法的基本原则、民法的基本内容以及我国现行民事立法等问题。

全国人大常委会副委员长田纪云、姜春云、邹家华、王光英、布赫、铁木尔·达瓦买提、彭珮云、何鲁丽、周光召、曹志、许嘉璐、蒋正华，秘书长何椿霖听取了法制讲座。全国人大常委会委员、全国人大各专门委员会组成人员、全国人大机关各部门负责人也听取了法制讲座。

国务院总理朱镕基在人民大会堂会见土库曼斯坦副总理兼国防部部长萨尔贾耶夫

国务院总理朱镕基在人民大会堂会见瓦努阿图副总理兼贸易、旅游和商业发展部部长威利·吉米

中国专利博览会暨中美知识产权研讨会在华盛顿开幕

这是中国专利界在美国举办的首届大规模展示交流会，目的是展示改革开放以来中国知识产权事业取得的巨大进步，促进中美知识产权界的相互了解，推动双方的交流与合作。

中国国家知识产权局副局长郭晓东在开幕式上讲话。他说，在迎接中华人民共和国诞生 50 周年和中国专利法颁布 15 周年之际，举办这次博览会具有特殊的意义。在介绍中国专利事业取得的巨大成就时他说："到今年 5 月，中国受理的专利申请总量已超过 90 万件，授予专利权 46 万多件。"据悉，在专利申请总量中，来自国外的申请占 16％，其中美国的申请一直居前列。

美国专利商标局局长迪金生回顾了美中双方在知识产权领域的交流与合作。他表示："美国专利商标局与中国国家知识产权局及其前身——中国专利局，在包括专利在内的知识产权领域有着多年良好的工作关系。"他希望美中双方的交流与合作能够进一步发展。

博览会为期 3 天，展出 200 多项专利技术和发明成果。

9月1日

全国公安保卫战线英雄模范立功集体代表大会在北京举行

中共中央政治局委员、国务委员、中央政法委书记罗干出席会议并讲话。他强调，保证国家的长治久安，实行依法治国，建设社会主义法治国家，必须建设与我国社会发展和进步相适应的强有力的公安工作和强大的公安队伍。

国务委员、国务院秘书长王忠禹在大会上宣读了国务院总理朱镕基签署的命令，授予海南省文昌市公安局“模范公安局”荣誉称号；授予福建省晋江市公安局刑警大队、河北省石家庄市公安局桥东分局刑警大队“特别能战斗刑警队”荣誉称号；授予吉林省长春市公安局东盛路派出所、浙江省诸暨市公安局枫桥派出所“人民满意的派出所”荣誉称号；授予江苏省建湖县公安局公路巡逻民警大队上冈中队“人民满意的公路巡警队”荣誉称号。

公安部作出决定，授予朱明健等3位同志全国公安系统一级英雄模范称号；授予王立科等17名同志全国公安系统二级英雄模范称号；给天津市公安局大港分局板厂路派出所等8个单位记集体一等功。

会议反映，为了共和国的长治久安、人民群众的安居乐业，广大公安民警作出了巨大的奉献和牺牲。仅改革开放20多年来，全国公安机关就有5000余名民警英勇牺牲，10万余名民警光荣负伤，特别是近5年来，平均每年有400多人牺牲，近万人负伤。

中共中央总书记江泽民在人民大会堂会见公安保卫战线英模立功集体代表并发表讲话

江泽民指出，新中国成立50年来，在党的领导下，公安队伍为我国社会主义建设作出了突出贡献，涌现出许多英雄模范和先进集体。实践充分证明，公安队伍是一支党和人民完全可以信赖的、有坚强战斗力的队伍，不愧为坚强的共和国之盾。江泽民强调，维护稳定是压倒一切的工作。公安机关作为人民民主专政的重要工具和维护社会稳定的专门力量，处在维护稳定的第一线，任务繁重，责任重大。希望大家继续为维护稳定、维护治安，保证改革和建设的良好社会环境，作出新的更大的贡献。

中共中央政治局常委李鹏、朱镕基、李瑞环、尉健行、李岚清一同参加了会见。

江泽民总书记在会见时的讲话中首先代表党中央、国务院、中央军委向英雄模范和立功集体表示祝贺，并向全国公安民警、武警官兵、保卫干部和治保积极分子以及他们的家属表示亲切的慰问，致以崇高的敬意。

江泽民说，党和政府历来重视公安工作。周恩来总理曾经指出：“国家安危，公安系于一半。”他说，目前，我国改革和发展的形势很好。但我们也要清醒地看到，国际形势出现了新的变化，国内也存在一些影响稳定的新情况、新问题。我们必须密切观察形势的发展，认真做好工作，切实维护好稳定，使改革开放和社会主义现代化建设能够顺利进行。

江泽民指出，必须继续大力加强公安队伍建设。第一，政治上要坚定，永远做党和人民利益的忠诚卫士。第二，要热爱人民，始终全心全意为人民服务。在维护社会稳定的各项斗争中，广大干警服从命令，听从指挥，显示了战斗力，经受住了考验。公安机关和广大干警要“讲学习、讲政治、讲正气”，切实增强政治敏锐性和政治鉴别力。公安工作必须做到严格执法，热情服务。这是党和人民的要求，也是公安工作的生命线。要真心诚意为人民群众排忧解难，以人民满意为根本标准。

江泽民说，各级党委和政府要加强对公安工作的领导，认真落实从优待警政策，保证公安机关履行职责所必需的经费，解决公安工作必需的装备，特别是保护干警安全的防护装备。公安工作要用先进科技武装起来，努力提高与犯罪现象作斗争的能力。

江泽民最后说，新中国成立50周年的大喜日子就要到了。公安保卫战线的同志们要切实做好国庆活动的保卫工作。他希望大家珍惜党和人民给予的荣誉，发扬成绩，再接再厉，为党和人民再立新功。

出席此次代表大会的有历年来公安系统的英雄模范代表310名、立功集体代表170名、治保委员、保卫干部代表50名、特邀公安英烈家属代表10名、特邀其他代表10名。

参加会见的还有罗干、王忠禹，以及贾春旺、王胜俊等。

《人民日报》就《中华人民共和国个人独资企业法》已由九届全国人大常委会第十一次会议通过发表评论员文章《规范经营 促进发展》

中央党校举行秋季开学典礼

中共中央政治局常委、中央书记处书记、中央党校校长胡锦涛，在中央党校秋季开学典礼上发表讲话时强调，要继续加强领导，坚决按照中央的要求，毫不松懈、善始善终地抓好“三讲”教育这项战略大计。

中央党校今年下半年新招收学员八百三十五人，包括进修部一班、二班学员，培训部西藏民族干部培训班、新疆民族干部培训班、台湾省籍干部培训班学员，研究生部九九级博士生、硕士生及社会主义文化建设师资研讨班学员等。

胡锦涛指出，形势越发展变化，情况越错综复杂，任务越繁重艰巨，各级领导同志就越要刻苦学习马列主义、毛泽东思想特别是邓小平理论，武装头脑，既指导改造客观世界，又指导改造主观世界。胡锦涛在讲话中深刻分析了当前国际国内形势，并就当前全党正在深入开展的几项主要工作讲了意见。他要求大家着眼大局，联系实际，认真读书学习，提高思想政治水平，以更好地贯彻执行党的十五大精神和中央的各项重大决策。

在谈到深入开展"三讲"教育时，胡锦涛说，几个月来，由于各级党委（党组）高度重视，主要负责同志以身作则，贯彻中央的部署坚决，抓得比较扎实，发动群众比较充分，巡视组的工作认真负责，发挥了重要作用，总的看，"三讲"教育的工作进展是健康的，效果是明显的。但是，对成绩不能估计过高。一些地方和单位的教育活动发展不平衡，离高标准、高质量的目标要求还有差距，今后的任务还相当繁重。胡锦涛对继续抓好当前的"三讲"教育提出了要求。他指出，第一批"三讲"教育活动告一段落的单位，要认真落实好各项整改措施，把思想上的收获切实转化到实际工作中去。搞好整改，关键在改。要抓住突出问题改，真心诚意地改，实实在在地改，把集思广益形成的整改方案逐一付诸实施。整改也必须紧紧抓住讲政治这个核心，全面贯彻"三讲"的要求。要通过集中整改，进一步落实中央提出的思想上有明显提高、政治上有明显进步、作风上有明显转变、纪律上有明显增强的要求，使之具体体现到每个领导班子、每个领导干部的实际行动中去。

胡锦涛强调，正在进行"三讲"教育的单位，要认真贯彻江泽民同志在纪念建党七十八周年座谈会上的重要讲话精神，把工作做得更细致、更扎实一些。省部级领导班子、领导干部的"三讲"教育要搞好，地市厅局级领导班子和领导干部的"三讲"教育同样必须搞好。

胡锦涛指出，地市厅局领导干部处于承上启下的位置，担负着重要的责任，搞好"三讲"教育，提高他们的思想政治素质和工作水平，对面向新世纪搞好党的建设和政权建设，推进改革开放和现代化事业具有很重要的意义。能不能把这一级的"三讲"教育抓紧抓好，抓出明显成效，既是对省部级"三讲"教育成果的一个实际检验，也直接影响县处级单位"三讲"教育的质量。各省区市党委要高度重视，切实加强领导，党委书记要继续履行好第一责任人的责任。要坚持高标准、严要求，思想不能松懈，标准不能降低，工作力度不能减弱。要选派好巡视组，充分发挥他们的作用。要加强督促检查，狠抓落实，千方百计保证不走过场。胡锦涛指出，在"三讲"教育中，要把切实改进领导作风和工作作风作为一项重要内容。他在列举了目前在一些部门和领导干部身上严重存在的种种不良思想作风后指出，这些都是同共产党人的党性党风要求根本对立的。如果任其在党内发展蔓延，势必严重侵蚀党的肌体，腐蚀党员干部的思想，败坏党在人民群众中的形象。在"三讲"教育中，要认真检查这方面的问题，坚决加以整治和纠正。

中共中央政治局候补委员、书记处书记、中央组织部部长曾庆红出席开学典礼。

国家主席江泽民接受约旦等四国新任驻中国大使递交的各国国书

这 4 位大使是：约旦驻华大使拉吉布·穆罕默德·苏凯里、墨西哥驻华大使塞西利奥·加尔萨·利蒙、匈牙利驻华大使鲍耶尔·米哈依和莱索托驻华大使穆豪文。

中国文化周在巴黎开幕

由中国国务院新闻办公室和联合国教科文组织联合举办的"'99 巴黎·中国文化周"在巴黎开幕。这是近些年来中国在欧洲举办的规模最大的文化交流活动，活动向国际社会集中展示中华民族 5000 年的文明和新中国成立 50 年、特别是改革开放以来在教育、科技、文化领域取得的成果。

9 月 2 日

国家主席江泽民在曼谷大王宫会见泰国国王普密蓬·阿杜德和王后

第五届海峡两岸及港澳新闻研讨会在昆明开幕

《人民日报》就《中华人民共和国招标投标法》已经九届全国人大常委会第十一次会议审议通过并将从明年 1 月 1 日起施行发表评论员文章《依法推行招标投标制度》

国务院副总理温家宝在河北农村考察

温家宝在河北农村考察时强调，目前，我国农业和农村经济发展进入了一个新的阶段。这个阶段的主要任务，就是增加农民收入和保持农村社会稳定。为实现这个任务，必须抓紧调整农业结构，适应市场需求的变化，充分运用科学技术，发展优质、高产、高效农业，提高农业的整体素质和效益；必须加强农业基础设施建设，改善农业生产条件和生态环境，进一步提高农业生产力水平；必须更加重视农村党的工作、群众工作和思想政治工作，改进干部作风，关心群众生活，减轻农民负担，保护农民的利益和生产积极性。

9月2日至4日，温家宝到河北省乐亭县农村调查研究，考察了果菜种植和畜牧养殖基地、高效农业示范区和农产品批发市场，走访了农户，与基层干部和农民群众座谈，听取他们对农业结构调整的意见和建议。

近年来，乐亭县立足市场需求，发挥本地优势，调整农业结构，在稳定粮食生产的同时，大力发展优质果品和蔬菜生产，以产品的质量和品牌占领市场，实现了农业整体效益的提高，不仅使农民收入增加，而且使财政收入增长。温家宝对乐亭的做法给予了充分肯定。他说，乐亭的经验说明，只要面向市场，依靠科学技术，做好调整农业结构这篇文章，就一定能够走出一条发展优质高产高效农业的新路子。事实证明，农业发展在深度和广度蕴藏着巨大的潜力，只要坚持党在农村的基本政策，继续深化农村改革，充分依靠广大农民和农村干部的积极性和创造精神，经过艰苦努力，农业和农村经济就一定能够在新阶段中取得新的更大的发展。

乐亭县在调整农业种植结构中扩大以水果、蔬菜为主的适销对路的经济作物生产，目前全县已初步形成了支撑农业全局的蔬菜、果品、畜禽、水产品、珍稀皮毛动物五大主导产业，其产值已占农业总产值的79%。温家宝在听取乐亭县的汇报时指出，调整农业结构，是一项重大而紧迫的战略任务。从根本上说，就是从传统农业向现代农业转变。一定要从实际出发，因地制宜，按照市场需求，充分发挥地区优势和资源优势，合理调整和优化农业内部各主要产品的比例关系，形成主导产业和拳头产品，增强市场竞争能力。按照优质高产高效原则，全面发展农、林、牧、副、渔各业；重点围绕农副产品加工和发展优势产品，调整、提高农村工业；结合小城镇建设，大力发展第三产业。

乐亭县把科教兴农作为农业结构调整的重要环节。它们积极引进和推广新优品种，采用先进的农业生产技术和措施，建设现代化的农业科技园区，争创科技含量高、产品附加值大的名牌产品，增强了市场竞争能力，提高了农业的经济效益。温家宝考察了棘坨村林果生产、庞各庄高效农业等示范园区，在与农村基层干部和科技人员座谈时强调，农业结构调整，就是农业从粗放经营向集约经营转变，在这个过程中，科技和教育是关键。要依靠科技掌握和传播市场信息，引导农业形成适应市场需求的生产结构；要依靠科技改良品种，改进农业生产技术，提高质量和效益。要努力做好农业科学技术的研究、引进和推广工作，同时下大力气抓好农民的文化和科技教育，使农业和农村经济的发展真正转到依靠科技进步和提高劳动者素质的轨道上来。

乐亭县重视农产品市场体系建设。近年来，先后兴建了集信息、仓储、运输、加工、服务等功能于一体的国家级冀东果菜批发市场，建立了蔬菜、果品、畜禽、水产专业生产合作社等中介组织，为农产品的生产、销售发挥了窗口和纽带作用，也为农业结构调整指出了方向。温家宝在考察姜各庄镇万亩桃方、冀东果菜批发市场等生产经营现场时，向群众详细询问了农产品流通情况。他说，农业结构调整，是建立适应市场经济的农村经济新体制的过程。其本质是按市场需求来合理利用农业资源，使农业的发展适应市场需求的变化。这就必须稳定党在农村的基本政策，继续深化农村改革，建立、健全农业社会化服务体系、农产品市场体系和国家对农业的支持、保护体系，尽快建立起适应社会主义市场经济发展要求的农村经济体制。

国务院副总理李岚清在中南海会见由执行董事普拉斯特·尤津率领的亚洲开发银行执行董事访华团

占旭刚在武汉进行的第31届亚洲男子举重锦标赛77公斤级挺举比赛中以206公斤的成绩打破205.5公斤的世界纪录

9月3日

国家主席江泽民在曼谷总理府出席泰国总理川·立派举行的招待晚会并致辞

国家主席江泽民在曼谷蓬披曼宫会见泰国总理川·立派

国家主席江泽民在曼谷会见了泰国国会主席万诺

国务院总理朱镕基在中南海会见出席国际检察官联合会第四届年会暨会员大会的国际检察官联合会执委会委员

朱镕基指出，世界各国都在积极探索打击腐败和欺诈犯罪的有效方法，以促进经济全面、健康的发展。这次会议以“腐败犯罪和欺诈犯罪”作为主题，具有重要的价值和意义。

他强调，中国政府历来重视惩治和防范腐败与欺诈犯罪，以此作为加强廉政建设和规范经济秩序的重要保证。他希望通过此次大会，使中国检察机关加强与各国同行的交流，增进了解，互相借鉴。

国家主席江泽民在曼谷泰国国家文化中心发表题为《增进睦邻友好共创光辉未来》演讲

诗琳通公主，
披猜副总理，
主任先生，
女士们，
先生们：

今天，泰国外交部国际研究中心邀请我到这里发表演讲，我感到很荣幸。首先，我代表中国政府和中国人民，并以我个人的名义，向泰国人民致以亲切的问候和良好的祝愿！向在座的以及一切为增进中泰人民友谊作出贡献的各界人士，表示衷心的感谢！

我们高兴地看到，在本世纪最后四分之一的时间里，源远流长的中泰关系取得了新的发展。两国在各个领域的合作卓有成效。“中泰一家亲”成为两国人民的共同心声。普密蓬·阿杜德国王和王室成员为推进中泰友好作出了杰出的贡献。值此国王陛下七十二岁寿辰之际，我谨表示诚挚的祝福。中国政府高度重视中泰关系，把泰国当作中国在本地区最重要的合作伙伴之一。我祝愿泰国繁荣昌盛，祝愿中泰关系如两国古代工匠曾合作烧制的“宋加洛”瓷器一样，愈久弥珍。

中国、泰国和其他亚洲国家的人民，都是亚洲文明的创造者和发展者。人类即将跨入二十一世纪，迎来新的千年。在这样一个重要历史时刻，回顾亚洲一百年来的沧桑巨变，展望亚洲充满希望的未来，不禁感慨万千。

亚洲二十世纪的百年历程，是亚洲人民前仆后继、百折不挠，反抗殖民主义和帝国主义，争取国家独立和民族解放的一部宏伟史诗，也是亚洲人民奋发图强、不断进取，逐步摆脱贫穷落后，崛起于世界民族之林的一幅雄浑画卷。第二次世界大战后，亚洲国家经过艰苦的斗争，终于以独立和平等的姿态走上国际舞台，为亚洲和世界的和平与发展作出了重大贡献。近二十年来，亚洲特别是东亚地区经济快速增长，成为世界上最富有活力的地区之一。亚洲的巨变和兴起，是亚洲人民创造的伟大奇迹，也是二十世纪世界发展和进步的一个重要标志。中国政府一九九七年恢复了对香港行使主权，今年十二月二十日澳门也将回到祖国的怀抱。这标志着西方对亚洲进行殖民统治的历史彻底结束。我们为亚洲在二十世纪赢得的历史光荣感到无比自豪！民族独立，国家统一，是亚洲各国取得伟大发展成就的重要前提。亚洲人民有过备受列强侵略欺凌和国破家亡的经历，因而十分珍视来之不易的民族独立和国家统一。维护民族尊严和国家主权，自主地选择本国的社会制度、发展道路和生活方式，不容许任何外来势力干涉内政，是亚洲各国人民的神圣权利，也是亚洲各国走向繁荣昌盛的根本保障。

自信自尊，自立自强，是亚洲人民激励自己变革创新，排除万难的重要精神。正是依靠这种精神，亚洲人民在发展经济和科学文化、建设各自国家的道路上取得了一个又一个的胜利。面对亚洲金融危机的冲击，泰国人民喊出“泰人助泰”的响亮口号，齐心协力渡过难关，稳定经济发展。中国人民在去年那场历史罕见的洪涝灾害面前，众志成城，顽强拼搏，取得了抗洪抢险的伟大胜利。这些都是亚洲人民自强不息精神的生动体现。

绝大多数亚洲国家都属于第三世界，过去都有过共同的苦难遭遇，现在都有着共同的发展要求。大家都深知平等相待、互利合作、和睦相处之珍贵。正因为如此，在亚洲的土地上诞生了著名的和平共处五项原则。亚洲各国遵循这些既符合亚洲人民根本利益、又适应时代要求的国际关系准则，为不同社会制度国家的和平共处，为广大发展中国家的友好合作，树立了良好的范例，对国际社会产生了深远的影响。

亚洲的历史经验，对人们规划新世纪的蓝图不乏启示。世界多极化和经济全球化趋势的深入发展，科学技术的突飞猛进和知识经济的悄然兴起，给亚洲和世界各国的发展和进步带来新的希望，也带来新的挑战。面对即将来临的新世纪，亚洲人民在思考亚洲的未来，也在思考世界的未来。如何抓住机遇，迎接挑战，继续推动建立和平稳定、公正合理的国际政治经济新秩序，努力把一个持久和平和普遍繁荣的新亚洲和新世界带入二十一世纪，是包括中泰两国在内的亚洲及世界各国的政治家和人民共同面临的紧迫课题。

当前，国际局势正在发生深刻的变化。“冷战”结束以来，世界形势总体趋向缓和。各国人民要和平、求稳定、谋发展的呼声日益高涨。但是，天下仍很不太平。霸权主义、强权政治在国际政治、经济和安全领域中依然存在，并有新的发展。一些大国奉行新的“炮舰政策”和新的经济殖民主义，使许多中小国家的主权独立和发展利益遭到严重损害，使世界和平与国际安全受到威胁。为了维护世界和平，促进共同发展，所有的国家都必须严格遵循世界反法西斯战争以来所形成的国际关系基本准则，包括和平共处五项原则和《联合国宪章》的宗旨和原则。任何国家都不能无法无天、肆意违背和践踏这些准则。国家不分大小强弱，都是国际社会的平等成员，各国的事情要由各国人民自己做主，国际上的事情要由大家商量解决。这是一切爱好和平国家和人民的共同意志，也是不可阻挡的历史潮流。

开展国际经济交往，应该坚持平等互利、共同发展。制定国际经济贸易领域的新规则，应该充分反映发展中国家的合理要求，注意保障它们的正当权益，发达国家应该也有能力承担更多的义务。任何国家都不得利用自己的优势在经济全球化中谋求特权和损害别国的利益。附加政治条件的经济合作和援助历来不受欢迎,形形色色的贸易保护主义既危害别人、最终也会损害自己。这种历史的教训不应忘记。南北经济差距不断拉大的恶性趋势,应该引起高度重视,并采取切实有效的措施逐步加以解决。否则,穷国愈穷,富国愈富,不仅发展中国家的经济发展会受到影响,发达国家也难以实现稳定的经济增长。

维护国际安全,必须彻底摒弃“冷战思维”,努力把国际社会的持久和平建立在促进各国相互信任和共同利益的新安全观的基础上。应该通过对话增进信任,通过合作谋求安全,相互尊重主权,和平解决争端。

中国和东盟国家都是推动建立国际政治经济新秩序的倡导者。作为山水相连的邻国,作为发展中国家,我们双方的战略共识正在不断增强。睦邻友好,是中国和东盟国家的共同需要。只要坚持友好协商,相互之间没有不能解决的分歧。中国和东盟国家要永远做好邻居、好朋友、好伙伴。在亚洲金融危机中,中国与泰国等东盟国家感同身受,风雨同舟。中国为受到这场金融危机冲击的东盟国家提供了力所能及的援助。中国愿意与东盟有关国家深入探讨维护本地区以及南海和平稳定的原则和方式,坚持通过友好协商和谈判解决存在的分歧。中国尊重东盟建设和平、自由、中立区的努力,尊重和支持《东南亚无核武器区条约》议定书。中国欢迎东盟经济一体化进程,积极参与澜沧江—湄公河流域合作,高度重视东盟二○二○年发展宏图和河内行动计划,希望深化同东盟在经贸、科技和社会等领域的交流与合作。我始终认为,一个团结和繁荣的东盟,是促进亚洲和平与发展的重要力量。

近年来,中国与东盟的关系得到了全面和深入的发展。一九九七年,我与东盟各国领导人发表了《联合声明》,确定建立中国—东盟睦邻互信伙伴关系,这为双方关系的发展指明了方向,构筑了框架。中国还与泰国、越南、马来西亚、文莱等国签署或发表了面向二十一世纪的合作计划,并希望与所有东盟国家都进一步加强互利合作关系。中国与东盟已互为重要的贸易和投资伙伴。可以坚信,在遵循和平共处五项原则的基础上,中国与东盟友好关系的发展有着光明的前景。

女士们,先生们:

二十世纪,是中国沧桑巨变的世纪。经过中华人民共和国成立五十年来特别是改革开放二十年来的艰苦创业,中国的综合国力和人民生活水平大幅度提高。中国人民正在建设有中国特色社会主义的伟大道路上阔步前进。我们的战略目标是,到二十一世纪中叶基本实现现代化,建成富强、民主、文明的社会主义国家。在新的世纪里,中国人民愿意同泰国、东盟、亚洲及世界各国人民一道,为推进亚洲和世界和平与发展的崇高事业而共同奋斗。

中国的现代化建设,需要一个长期的和平国际环境和良好的周边环境。中国的发展与稳定,中国周边地区的和平与繁荣,以及按照和平共处五项原则建立和维护地区安全新秩序,是亚洲各国的共同利益之所在,也是中国的根本利益之所在。中国坚持奉行独立自主的和平外交政策和防御性的国防政策。中国的发展不会对任何国家构成威胁,只会有利于地区和世界的和平与繁荣。今后中国发达起来了,也将矢志不渝地奉行独立自主的和平外交政策,坚定不移地同广大发展中国家以及一切爱好和平的国家和人民站在一起。“己所不欲,勿施于人。”中国坚决反对霸权主义和强权政治。中国永远不称霸,这是中国政府和人民对世界作出的庄严承诺。

中华文明绵绵几千年,国家统一始终是中国历史的主流。维护国家统一,是中国人民世世代代极其珍视的崇高目标。世界上只有一个中国,台湾是中国领土不可分割的一部分,按照“和平统一、一国两制”的基本方针解决台湾问题,是全体中国人民的共同愿望,是中国历史发展的大势所趋。香港回归祖国的实践证明,中国实现完全统一的进程有利于亚洲的稳定和繁荣。中国政府高度评价泰国和东盟各国政府在台湾问题上对中国政府立场的支持。

最后,我想对在座的年轻人说几句话。二十一世纪终究是属于你们的。相信你们将继承和发扬本民族与亚洲各国人民的优秀传统,在新世纪的征程上勇敢地承担起建设国家和维护地区与世界和平的光荣使命,同各国人民一道,共创亚洲和世界的美好未来!

谢谢各位。

国务院总理朱镕基在中南海紫光阁会见大韩商工会议所韩国—中国民间经济协议会会长金相厦为团长的韩国企业家代表团

国家副主席胡锦涛在人民大会堂会见乌拉圭国防部部长胡安·路易斯·斯托拉塞

胡锦涛说,我们赞赏乌拉圭坚持奉行一个中国的政策,重视发展同乌拉圭的友好合作关系,希望双方共同努力,推动两军关系的进一步发展。

斯托拉塞重申,乌拉圭将坚定不移地坚持一个中国的立场,一如既往地支持中国的和平统一大业。他表示,乌拉圭将继续加强与中国的友好合作关系。

全国总工会主席尉健行会见伏·帕·谢尔巴科夫

主席等独联体总工会联合会领导人和独联体各国工会人士

解放军全军士官制度改革工作会议在北京召开

经中央军委批准，解放军四总部近日在京召开全军士官制度改革工作会议，部署全面实施士官制度改革工作。

中共中央政治局委员、书记处书记、中央军委副主席张万年在会上讲话说，改革士官制度，是加强我军基础建设的迫切需要，是军队现代化建设发展的必然要求，是推进我军建设与改革的重要步骤。全军各级党委要切实把士官制度改革当作大事来抓，发挥我军的政治优势，把思想政治工作做深做细做到位。要大力宣传士官制度改革的重大意义，真正把大家的思想统一到军委的决策上来。要教育广大战士讲奉献，顾大局，跳出个人得失的小圈子，正确对待选改走留，一切听从组织安排。要坚持公平、公道、公开的原则，严格按标准、规定和程序办事，切实把这件好事办好。

张万年指出，建立士官制度，目的是促进我军现代化建设。要努力提高士官队伍政治素质、科学文化素质和专业技术素质；要切实加强士官的管理，总部有关部门要抓紧建章立制，部队也要研究相应的管理办法，尽快解决新形势下士官队伍管理有法可依、有章可循的问题。在严格培养、管理的同时，还要充分信任、放手使用这支队伍，充分调动他们的积极性、主动性和创造性，充分发挥他们思想工作骨干、训练骨干、管理骨干和专业技术骨干的作用。要总结推广加强士官队伍建设、管理、使用的先进经验，努力把我军士官队伍的全面建设提高到一个新水平。

会议期间，与会代表认真学习贯彻江泽民主席关于积极推进军队改革的一系列重要指示，学习贯彻中央军委关于改革我军士官制度的重大决策。四总部领导对改革实施工作进行了部署。

这次士官制度改革的内容主要是：实行分期服役，将士官“一次选取和服役”的服役方式，改为逐次选取、分期服役，各期之间有一定的淘汰量；扩大编配范围，部队中各类作战、训练、管理骨干纳入了士官选取范围，并包括少量女士官；规范选取程序，明确规定选取士官要按照“本人申请、基层推荐、机关考核、组织审批”的程序进行；改善相关待遇；拓宽安置渠道，建立起新的复员、转业和退休制度。

根据中央军委的要求和这次会议的统一部署，士官制度改革的组织实施工作，于 1999 年年底在全军部队展开，12 月 1 日起全军开始按新的士官制度运行。中央军委委员、总参谋长傅全有出席会议并讲话。解放军四总部的领导，各军区、各军兵种、军事科学院、国防大学、国防科技大学和武警部队的领导和有关部门的负责人出席了会议。

卫生部紧急通知要求加强中秋国庆节期间食品和饮水卫生监督

中共中央直属机关事务管理局国务院机关事务管理局建设部召开在京中央和国家机关住房制度改革工作会议

中国核保险“共同体”在北京成立

经中国保险监督管理委员会批准，中国核保险共同体在北京成立。这标志着我国高风险保险合作的加强，也意味着我国核风险具备了可靠的保障。

中国核保险共同体保险业务范围为中国境内核电站、其他商业民用核设施的核物质损失险、责任险及其他相关核保险业务；参与国际市场核物质损失险和责任险。目前中国核保险共同体成员公司有中国再保险公司、中国人民保险公司、中国太平洋保险公司、中国平安保险公司、华泰财产保险股份有限公司。

9 月 4 日

国家主席江泽民在泰国泰中友协和泰国中华总商会等泰华各社团于曼谷香格里拉大酒店举行的欢迎午宴上发表讲话

江泽民说，泰国的华人、华侨向来有关心故园桑梓的优良传统。我高兴地告诉大家，中国国内的情况是好的。去年以来，我们成功抵御了亚洲金融危机的冲击，战胜了百年不遇的特大洪涝灾害的侵袭，沉着而有效地应对了以美国为首的北约野蛮轰炸我驻南联盟使馆的突发事变。当困难降临的时候，全国上下同仇敌忾，万众一心，表现了中国人民不可欺，不可侮，不畏艰险，不可战胜的英雄气概和强大的凝聚力。当前中国社会政治稳定，民族和睦团结，各项改革不断深入，经济持续稳步发展。今年上半年，国内的生产总值比上年同期增长 7.6%，外国直接投资总体呈增长趋势。外汇储备继续增加，人民币汇率保持稳定，具有中国特色的社会主义市场经济体制正释放出日益旺盛的生命力。香港特别行政区经历两年风风雨雨的考验，继续保持着繁荣稳定，其未来正如同回归纪念碑所铭刻的那样，必“以国际大都会及中国南方经贸文化重镇之雄姿，垂制千秋，昌炽无极”。澳门即将回到祖国怀抱，殖民主义在中国的统治将被彻底根除，这是祖国和平统一大业的新篇章，是值得海内外华夏子孙额手称庆的又一盛事。在庆祝中华人民共和国成立 50 周年之际，中国人民正高举邓小平理论的伟大旗帜，沿着建设有中国特色的社会主义道路，意气风发地创造新世纪的辉煌。

江泽民主席说，实现祖国完全统一，是包括海外同胞在内的所有炎黄子孙的共同愿望。邓小平提出的“一国两制”的伟大构想是我们解决香港、澳门问题的基本方针，也是解决台湾问题的基本方针，这个构想的前提和基础就是一个中国。最近，李登辉公然将两岸关系说成是“国与国关系”，这是在分裂国家的道路上走出的十分危险的一步，是对国际社会公认的一个中国原则的严重挑衅，破坏了稳定发展两岸关系与和平统一的基石，受到了国际社会包括海内外同胞的强烈谴责。中华民族崇尚统一、反对分裂的传统文明是永恒不息的，两岸同胞同根同源、血浓于水的深厚感情是无法割断的，中国政府捍卫国家主权和领土完整的决心是坚定不移的。

他说，中泰两国毗邻而居，两国人民情同手足，传统友谊源远流长。中泰建交 24 年来，尽管国际形势风云变幻，彼此国情也有不少变化，但两国始终相互尊重，以诚相待，互利互助，友好合作。今年初两国签署了 21 世纪合作计划，为双方在新世纪的关系发展指明了方向，勾画了蓝图，从而展示了中泰友好合作的无限广阔和美好的前景。我要特别指出的是，泰国政府历来实行的民族平等政策，使得泰国的华人华侨得以安居乐业，并同当地人民和睦相处，同心协力为泰国的繁荣和发展作出了积极贡献。中国政府对此给予高度评价和赞赏。10 年前，邓小平先生说过，中泰关系是不同社会制度国家之间友好合作的典范；今天我想说，泰国华人华侨与其他民族的亲密融洽，也堪称一个国家内不同民族和睦相处的楷模。泰华各界为推动中泰友好关系和双边经贸合作的发展，付出了辛勤的努力，发挥了重要的作用，我衷心希望大家今后继续为泰国的发展和繁荣，为中泰两国友好事业的千秋大厦添砖加瓦。

泰国泰中友协会长、泰国副总理空·达帕兰西致辞说，江主席此次作为国王陛下的贵宾进行国事访问，不仅使泰中两国人民、而且使全世界都能看到：泰中两国有着不寻常的关系，两国人民之间友好关系更是亲密无间。在泰国人民的心目中，泰国人民和中国人民是同胞兄弟。

泰国中华总商会主席郑明如致辞说，江泽民主席应泰国国王陛下邀请访问泰国，这是中泰两国的大事，对巩固发展中泰两国友谊具有特别重大意义。泰华各界对此特别重视和深感兴奋。泰国华侨华人对中泰友好事业莫不衷心拥护，大力支持，深望中泰两国友好关系继续巩固发展，千秋万代。

中国国务院副总理钱其琛等江主席访泰陪同人员出席了欢迎宴会。

全国省区市老干部局长座谈会在北京召开

会议由中共中央组织部召开。会议期间，与会者认真学习了江泽民关于加强党员、干部思想政治工作的重要指示精神，研究贯彻落实中组部、中宣部、人事部、劳动和社会保障部联合下发的《关于加强退（离）休干部思想政治工作的通知》的措施。中组部副部长李铁林在会上讲话。

“海峡人”化石完成初步鉴定

一件采自台湾海峡海底的化石，日前被确认“身份”。著名考古学家、中国资深院士贾兰坡鉴定了这件化石，肯定了厦门大学考古学者蔡保全提出的结论：1 万—3 万年前，由于陆海变迁，在大陆与台湾之间的谷地，生活着晚期智人，他们是从大陆向台湾迁徙的早期人类。贾兰坡教授建议将他们命名为“海峡人”。它充分证明了台湾最早的文化和人类来自华南，他们是从福建经台湾海峡到达台湾的。

9 月 5 日

中共中央政治局常委李瑞环在陕西考察

9 月 5 日至 9 日，李瑞环在中共陕西省委书记李建国、省长程安东、省政协主席安启元等陪同下，深入陕西城乡进行考察。在位于秦岭山脉的西康铁路秦岭隧道工程和西安黑河引水工程工地上，他详细察看了施工现场，就施工中的各种问题同有关负责人和工程技术人员交换意见。在秦始皇兵马俑和汉景帝阳陵考古挖掘现场，他饶有兴致地参观了各种考古新发现，同考古工作者共同探讨古代文物的挖掘、保护和利用的问题。他还考察了华圣果业集团、达尔曼公司等企业，详细了解了企业的生产经营和职工生活情况。考察中，李瑞环还同省市领导就西安等城市的规划建设问题进行了深入研究。

9 日，李瑞环在听取省委工作汇报后作了重要讲话。他指出，陕西省近几年来城乡面貌大为改观，经济建设成绩突出，群众生活明显改善，社会关系和谐融洽，发展势头很好。他对省委、省政府的工作给予充分肯定，并希望陕西研究特点，发挥优势，抓住西部大开发的历史性机遇，进一步加快全省的发展。

在谈到实事求是、群众路线问题时，李瑞环说，实事求是是我们党的思想路线，群众路线是我们党的工作路线。把实事求是和群众路线提高到我们党一切工作必须遵循的最基本的原则，是毛泽东同志在延安时期确定的。小平同志指出，“我认为，毛泽东同志倡导的作风，群众路线和实事求是这两条是最根本的东西。”回顾我们党的历史，什么时候我们坚持了实事求是、群众路线，我们就能夺取革命和建设的胜利；什么时候我们违背了实事求是、群众路线，我们就会遭受挫折，甚至已经取得的成功也会丧失。实事求是、群众路线是我们事业胜利前进的基本保证，是我们党活跃于中国和世界政治舞台上的鲜明特征，也是我们始终不渝、不懈追求的奋斗目标。

李瑞环说，实事求是的重要意义已经为全党所一致公认。但是，现实表明，要真正自觉地把它贯穿于各项工作之中并坚持下去，并不容易。我认为，这里有认识问题、作风问题、水平问题，还有一个勇气问题。所谓认识问题，就是懂不懂实事求是作为党的思想路线在理论和实践、历史和现实中所具有的深刻涵义，不是把它停留在一般性口号，而是在解决所有工作中矛盾与问题时真正把它摆上第一重要的位置。所谓作风问题，就是肯不肯抛弃官僚主义、形式主义和浮躁心态，踏下心来，扑下身子，深入到群众和实际工作中去作艰苦细致的调查研究。所谓水平问题，就是会不会在理论指导下将从实践中得来的丰富的感性材料进行抽象、概括、加工，上升为对事物规律性的认识，再用以指导新的实践。而所谓勇气问题，就是敢不敢一切从实际出发，根据事情的本来面目作出应有的结论，正确地制定方针政策并加以坚持。勇气问题，既是一个解放思想问题，也是一个思想品质问题；既是一个理论问题，也是一个政治问题，我们必须予以重视并切实解决好。

他说，人民群众是社会实践和认识的主体，是历史发展的真正动力，是社会主义国家的主人。全心全意为人民服务是我们党的根本宗旨，千方百计满足最广大人民群众日益增长的物质和精神生活需求是我们全部工作的出发点、过程和归宿。因此，我们做任何工作，都必须倾听群众的意见，集中群众的智慧，真心实意地向群众学习；都必须依靠群众的力量，接受群众的监督，脚踏实地地为群众办实事。群众路线同实事求是是一致的。不坚持群众路线，就不能坚持实事求是，同样，不坚持实事求是，也不可能坚持群众路线。我们的干部特别是领导干部要重视研究广大群众的劳动、工作、生活状况以及他们的思想、情绪、愿望、要求，把这些作为第一信号，作为制定和调整方针政策的最重要依据。

李瑞环还就进一步加强政协工作、更好履行政协职能提出了要求。

中国第一长隧道——秦岭隧道全线贯通

全国人大常委会委员长李鹏在国际检察官联合会第四届年会暨会员大会开幕式上发表讲话

中共中央总书记江泽民致信白寿彝祝贺《中国通史》全部出版

江泽民最近写信给北京师范大学教授白寿彝，祝贺他主持编写的《中国通史》全部出版。

江泽民总书记的贺信发表在北京师范大学主办的《史学史研究》杂志上。

江泽民在信中说，您主编的二十二卷本《中国通史》的出版，是我国史学界的一大喜事。您在耄耋之年，仍笔耕不辍，勤于研究，可谓老骥伏枥，壮心未已。对您和您的同事们在史学研究上取得的重要成就，我表示衷心的祝贺。

江泽民指出，以史为鉴，可以知兴替。中华民族历来重视治史。世界几大古代文明，只有中华文明没有中断地延续下来，这同我们这个民族始终注重治史有着直接的关系。几千年来，中华文明得以不断传承和光大，一个重要原因就是我们的先人懂得从总结历史中不断开拓前进。我国的历史，浩淼博大，蕴含着丰富的治国安邦的历史经验，也记载了先人们在追求社会进步中遭遇的种种曲折和苦痛。对这个历史宝库，我们应该运用历史唯物主义的观点不断加以发掘，在前人研究的基础上不断作出新的总结。这对我们推进今天祖国的建设事业，更好地迈向未来，具有重要的意义。

江泽民说，中华民族的历史，是全民族的共同财富。全党全社会都应该重视对中国历史的学习，特别是要在青少年中普及中国历史的基本知识，以使他们学习掌握中华民族的优秀传统，牢固树立爱国主义精神和正确的人生观、价值观，激励他们为中华民族的伟大复兴而奉献力量。我一直强调，党和国家的各级领导干部要注重学习中国历史，高级干部尤其要带头这样做。领导干部应该读一读《中国通史》。这对于大家弄清楚我国历史的基本脉络和中华民族的发展历程，增强民族自尊心、自信心和奋发图强的精神，增强唯物史观，丰富治国经验，都是很有好处的。同时，我们也要学习和借鉴外国历史。历史知识丰富了，能够“寂然凝虑，思接千载”，眼界和胸襟就可以大为开阔，精神境界就可以大为提高。我提倡领导干部“讲学习、讲政治、讲正气”，而讲政治、讲正气，也是要以丰富的历史知识作基础的。

江泽民在信中说，我相信，这套《中国通史》，一定会有益于推动全党全社会进一步形成学习历史的浓厚风气。

今年是白寿彝教授 90 华诞。历经 70 年的探索，白寿彝在民族史、民族理论、史学史、中国交通史、历史教育等诸多领域取得了令人瞩目的成就，特别是对中国通史的研究作出了重大贡献。这次由他主持编写的多卷本《中国通史》，全书约1200万字，记述了自远古时代至1949年中华人民共和国成立的中国历史的发展过程。20余位历史学家、考古学家应邀分别担任各分卷主编，来自全国各高等学校、社会科学研究院所及有关部门的500余位专家学者参加了撰稿工作。

中国选手王艳梅在武汉第十二届亚洲女子举重锦标赛75公斤以上级抓举比赛中刷新中国选手张楠的世界纪录

国际防盲协会第六届全体大会在北京召开

以“享有看见的权利”为主题的国际防盲协会第六届全体大会在京开幕。来自世界各地的近400名著名眼科专家、非政府组织代表及政府官员和我国卫生界的200多名代表出席本届大会。国家主席江泽民向大会发来贺信。

国家主席江泽民致信祝贺国际防盲协会第六届全体大会在北京召开

国际防盲协会第六届全体大会主席及各位代表：

世纪交汇之际，国际防盲协会第六届全体大会在北京举行，回顾二十世纪全球的防盲治盲工作，呼吁人类在二十一世纪为战胜失明作出新的努力，这对于增进人类健康具有重要意义。我谨向大会致以热烈祝贺！

眼居五官之首，是心灵之窗。人人渴望拥有健康的眼睛、良好的视力。然而，全世界近半数人患有各种不同程度的眼疾，其中四千多万人失明。如不采取有效措施，受眼疾侵害的人群将进一步扩大，盲人数量将会成倍增长。眼疾威胁着每一个人。防盲治盲，有效地控制眼疾侵害，是人类在新世纪面临的挑战之一。

为迎接挑战，世界卫生组织及国际防盲协会等国际组织联合发起“视觉2020，享有看见的权利”全球行动并发表宣言，这一举措对在全球范围内促进防盲治盲工作，减少眼疾造成的危害具有十分积极的作用。中国政府将在这一宣言上签字，对防盲治盲工作作出庄严的承诺。

中国政府历来重视公共卫生问题，坚持卫生事业与国民经济和社会协调发展。全球五分之一的眼疾患者生活在中国。从五十年代起，国家采取一系列措施加强防盲治盲工作，特别是近十年来制定了以预防保健和白内障复明为重点的国家计划，已使二百四十六万盲人重见光明。我国还积极发展国际交往，一九九七年与国际狮子会合作开展“视觉第一中国行动”，拟到二〇〇一年实现白内障致盲人数的负增长。

防盲治盲、战胜失明，任重而道远。中国政府愿与国际社会一道，为增进人民健康，使盲人战胜黑暗，共享新世纪的曙光作出不懈努力。

预祝大会取得圆满成功！

中华人民共和国主席 江泽民

1999年9月5日

中共中央 国务院决定提高城镇中低收入居民收入

财政部宣布，为促进居民消费，扩大国内有效需求，拉动经济增长，党中央、国务院决定，对城镇中低收入居民收入政策进行调整。这也是加大实施积极财政政策的一项重要内容。

这次调整城镇中低收入居民收入政策的主要内容包括：从一九九九年七月一日起，将国有企业下岗职工基本生活费水平、失业保险金水平、城镇居民最低生活保障水平提高百分之三十；增加机关事业单位在职职工工资和离退休人员离退休费；提高企业离退休人员养老金标准；一次性补发一九九九年六月底前拖欠的企业离退休人员统筹项目内的养老金；提高部分优抚对象抚恤标准等。据悉，上述政策调整，各地可视财力状况，在国家规定的政策范围内自行确定本地区的具体实施标准。

中央决定，北京、上海、江苏、浙江、福建、山东和广东等七个沿海经济发达省市自行解决其增支的一百一十二亿元，其他二十四个地区新增支出的百分之八十四将由中央财政补助。

财政部要求各级财政部门积极会同有关单位从改革、发展、稳定的大局出发，确保在九月中旬前将工资、离退休金及有关补助按提高后的标准发放到相关人员手中。

福建省最近发现一件出自台湾海峡海底的人类化石证明台湾海峡数万年前是与大陆同为一体的陆地台湾早期人类来自大陆

9月6日

《人民日报》发表评论员文章《高度重视地市厅局“三讲”教育——二论把“三讲”教育继续引向深入》

国务院总理朱镕基在四川考察

朱镕基9月6日至12日，在中共四川省委书记谢世杰、代省长张中伟陪同下，翻山越岭，驱车1200多公里，先后考察了阿坝藏族羌族自治州的卧龙自然保护区、茂县干旱河谷造林工程、茂县大沟小流域综合治理项目、弓杠岭天然林保护工程和平武县的森林资源保护等，检查了天然林保护工程的实施情况。每到一地，朱镕基都向当地干部群众表示亲切慰问，详细了解天然林资源保护工作。

朱镕基对四川省取得的工作成绩给予充分肯定。他说，近几年来，四川省委和省政府带领全省各族干部群众，认真贯彻执行中央的方针政策，改革深化，经济发展，民族团结，社会稳定，特别是在实施天然林保护工程方面，四川走在了前面。他指出，从去年 9 月 1 日起，四川省率先停止天然林采伐，森工企业转向造林管护，采伐区已转变为保护区，砍树人已逐步转变为种树人和护林人，林区市县正在调整经济发展思路，中央决策逐步落实到基层。这些说明，四川省委、省政府在实施天然林保护工程方面，态度坚决，行动果断，措施有力。他相信，只要全省进一步统一思想，齐心协力，坚决实施天然林保护工程，就一定能使天府之国尽成秀美山川，从而把握新的经济增长点，胜利迎接新世纪。

朱镕基强调，保护天然林资源，加强生态环境建设，是刻不容缓的任务，也是长期艰巨的事业，必须全面规划，综合治理。要把停止天然林砍伐同退耕还林还草、治理荒山荒地结合起来进行。长江、黄河上中游地区的天然林一律全面禁伐，实施封山管护，关闭木材交易市场。

同时，对农民毁林开荒种植的坡耕地要采取“退耕还林(草)、封山绿化、以粮代赈、个体承包”的措施，恢复林草植被。国务院有关部门要会同地方政府抓紧提出总体规划和相关的扶持政策，报国务院批准后由省级政府负责组织实施。

朱镕基指出，实施天然林保护工程，从长远看，利及当地，泽被全国，收效当前，造福子孙，但是也会给禁伐和退耕地区带来某些暂时的困难，甚至要付出一些代价。我们既要正确认识和处理局部利益与全局利益、当前利益与长远利益的关系，同时国家也要采取正确的政策，调动广大群众的积极性。第一，由于禁伐天然林而使地方政府减少的财政收入，国家要给予补偿，中央财政拿大头，省级财政也要拿出一定比例。不付出必要的代价，就不能换来青山绿水。林区政府也要注意精简机构，节约开支。第二，要深化森工企业改革，妥善安置林业职工。森工企业要保留一支精干队伍从事森林管护，并对农民退耕还林，植树种草，提供技术指导，同时，抚育苗圃，供应树苗。其余职工要按“个体承包”的方式在国有林区封山育林，对下岗职工要纳入社会保障体系，发给基本生活费。对天然林保护地区以木材为原料的小型加工企业，要有计划地实行关闭破产，妥善处理银行债务和人员安置等问题。第三，对退耕还林的农民要认真落实补偿和扶持政策，国家在一定时期内给予农民粮食补助。要抓住当前全国粮食供应有余，粮食库存充裕的机遇，以粮食换森林。要看到森林恢复、生态改善后，粮食将会更大增产的良性循环。造林护林要承包到户、到人，建立严格的责任制，做到责权利统一。要抓紧研究“以粮代赈”的具体办法，先行试点，总结经验，逐步推广。第四，在生态环境脆弱地区，要实行飞播造林，结合人工造林，实行乔、灌、草结合。在实施营造林工程中，要大力采用先进技术，提倡科学造林、育林。第五，切实解决天然林禁伐和封山绿化后当地林区农民烧柴问题。在有条件的地方推行以煤代柴、以电代柴，加速发展薪炭林。还要通过大力开发利用木材代用品，支持发展速生丰产林等措施，保证社会各方面对木材的需求。

朱镕基强调，要使天然林保护和生态环境建设真正取得成效，并得到持久发展，从根本上看，必须彻底改变长期以来形成的林区经济发展的老路子、老框框、老办法，关键是要大力调整经济结构、转变经济增长方式，摆脱“木头财政”的地区经济模式。要积极发展有特色的多种林区产业，努力培育新的经济增长点和支柱产业，包括大力发展旅游业、经济林业和其他适宜发展的林牧业。现在，我国整个经济处于结构大调整时期，林区经济要得到更好的发展，就必须下大力气调整和优化经济结构。

中共中央政治局委员吴邦国在安徽考察

9 月 6 日至 10 日，吴邦国在安徽省委书记回良玉、省长王太华陪同下，先后到合肥、铜陵、安庆等城市，实地考察了合肥江淮汽车制造厂、合肥昌河汽车有限公司、铜陵有色集团公司、铜陵精达集团公司、安庆石化总厂、安庆纺织厂等国有大中型企业，召开了 8 个国有企业负责人参加的座谈会，听取了淮南矿业集团、淮北矿业集团等企业负责人的意见，并就煤炭行业走出困境交换了意见。

吴邦国说，党中央、国务院对国有企业改革和发展工作非常重视，今年以来，江泽民总书记先后在成都、武汉、西安、青岛、大连主持召开了部分省区市国有企业改革和发展座谈会，并发表了一系列重要讲话。即将召开的党的十五届四中全会将集中讨论国有企业改革和发展这一重大议题，对国有企业改革和发展若干重大问题作出决定。

吴邦国强调，要认真学习、贯彻江总书记的重要讲话精神，正确认识国企改革和发展面临的形势，进一步坚定搞好国有企业的信心。他说，国有企业正处于改革的攻坚阶段、发展的关键时期，部分国有企业目前面临的困难和问题，是发展中的问题，是前进中的问题，这是深化改革和经济发展过程中不可避免的。经济发达国家在产业升级和结构调整中、原计划经济国家向市场经济体制过渡中,同样也经历过或正在经历的过程。他指出,当前国企改革和发展的思路已经清楚,推动国有企业改革和发展的政策措施的力度逐步加大,经过各方面的共同努力,国企改革和发展出现了新的生机。今年以来,国有工业的经济效益已经遏制住下滑势头,呈现出稳定回升的趋势。石油化工、机械、电子、轻工、纺织等重要行业分别出现了大幅度增利、扭亏为盈或减亏的好势头。在全国31个省、区、市中,国有及国有控股工业企业效益好于去年的有24个。事实表明,只要我们按照中央确定的方针政策,坚持改革和发展的方向,结合实际,扎实工作,国有企业是完全可以搞好的。

吴邦国指出,国企改革和发展的大政方针已定,关键是要狠抓落实。当前,要认真抓好四个环节:一是加快结构调整和企业重组步伐。过去在计划经济体制下,政企不分,企业只生不死,国家负无限责任,企业“大而全”、“小而全”,国有资产不能流动,结构难以调整。在社会主义市场经济条件下,实现资源的优化配置,进行结构调整成为国企改革和发展的必然选择。要着眼于搞好整个国有经济,从本地实际出发,将结构调整与实现三年改革和脱困目标紧密结合起来,与贯彻“抓大放小”方针紧密结合起来。二是坚持建立现代企业制度的改革方向。要通过实行规范的公司制改革,使企业真正成为适应市场的自主经营、自我发展的法人实体和竞争实体。在建立现代企业制度的过程中,要逐步实现股权多元化,出资人要到位,从体制上落实对国有资产保值增值的责任;要建立和完善法人治理结构,妥善处理“新三会”和“老三会”的关系;要完善适应社会主义市场经济的运营机制。三是集中力量解决当前企业的突出问题。针对部分国有企业负债率过高、富余人员较多、社会负担沉重、技术设备落后等一些突出问题,中央出台了支持企业技术改造、加大企业兼并破产力度和实施“债转股”、提高“三条”社会保障线水平等重大措施,这对实现国企改革和脱困三年目标、提高企业经济效益、促进企业发展都具有重要作用。各地区、各部门和企业要做好工作,把有关的政策措施落到实处,见到实效。四是建立和完善社会保障体系。这是当前的一项紧迫工作,也是一项长期的任务,事关社会稳定、事关国企改革的成败,必须花大气力抓紧抓好。当前,要继续按照中央的要求,采取切实有效的措施,妥善安置好分流下岗职工和离退休人员,确保国有企业下岗职工的基本生活,确保企业离退休人员养老金按时足额发放,保持社会稳定。

在考察过程中,吴邦国对安徽省近年各项工作给予了充分肯定。他说,安徽省不仅战胜了连续两年的特大洪涝灾害,而且国企改革和发展也取得了很大成绩。省委、省政府认真落实党中央、国务院关于扩大内需、促进经济发展的要求,今年上半年国有工业的经济效益进一步回升,国有及国有控股企业较去年同期减亏7.2亿元,还涌现出像安庆纺织厂、安徽叉车集团公司等一批搞得比较好的国有企业。考察期间,吴邦国还就加强企业管理、转换企业经营机制、搞好企业发展战略研究、加快企业技术进步、提高产品质量等问题,听取了地方和企业负责同志的意见和建议。

国务院总理朱镕基在中南海紫光阁会见前来出席第22届万国邮联大会的科特迪瓦总理达尼埃尔·卡布兰·敦坎

国务院总理朱镕基在中南海紫光阁会见英国前首相爱德华·希思

国务院副总理李岚清会见英特尔等外国公司代表

李岚清会见英特尔和惠普等20多家来北京参加首届中国国际电子商务应用博览会的跨国公司代表。

李岚清对这些企业来华参展表示热烈欢迎。他说,当今信息技术发展迅速,正在积极推进电子商务的发展和运用。他希望这些企业加强与中方在信息等高科技领域的交流与合作。

首届中国国际电子商务应用博览会在北京展览馆开幕

第一次由我国政府出面举办的首届中国国际电子商务应用博览会开幕,国务院副总理吴邦国出席开幕式并致辞。

吴邦国说,20世纪90年代以来,以专用网和因特网为基础的电子商务迅速席卷全球,成为当代信息革命最重要的标志和组成部分。电子商务将商业活动纳入网上,扩大了贸易机会,降低了贸易成本,提高了贸易效率,增强了企业竞争力,带来了贸易方式的全新改变。不仅如此,电子商务的发展,还促进了国际分工的再调整和国际市场的重新划分,开拓了新的生产领域和销售领域,对于世界经济格局和贸易体制的改变,以及整个社会就业结构的改变,具有深远而重大的影响。由此可见,无论是发达国家还是发展中国家,无论是政府还是企业,如何充分利用电子商务,在世界经济和市场一体化过程中保持活力,争取有利地位,都面临着挑战和机遇。可以说,电子商务已成各国经济实力较量的重头戏。

吴邦国说,中国政府对电子商务的发展予以极大关注。目前,我国电子商务尚处于起步阶段,但发展速度很快。迅速膨胀的网络用户,为我国电子商务应用提供了坚实的基础,更为我国企业和我国经济带来了前所未有的发展空间。“中国国际电子商务网”的初步建成和运营,以及“中国商品交易市场”等网站的建立,就是其中成功的范例。我国将积极推进电子商务的发展和运用,为加快经济建设,扩大对外交流,促进世界繁荣,做出更大贡献。

本届博览会由外经贸部和信息产业部主办,会期4天,展出面积1.5万平方米,是我国第一次全面推出当今世界最先进的电子商务技术与在各领域应用成果的大型汇报会。全球信息技术产业200多家著名跨国公司以及国内信息行业一批知名企业和一些省市的信息中心到会参展。博览会期间召开13场技术研讨会和为期两天的主题报告会。

北京2008年奥运会申办委员会在北京成立

北京2008年奥运会申办委员会由76人组成,刘淇任主席,伍绍祖任执行主席。袁伟民、刘敬民为常务副主席,何振梁为顾问,张发强、于再清、李志坚、林文漪、汪光焘、张茅任副主席,屠铭德、王伟任秘书长。

民政部财政部关于提高部分优抚对象抚恤补助标准的通知

通知决定,从1999年7月1日起,在职二等甲级、二等乙级、三等甲级、三等乙级革命伤残人员的伤残保健金,在现有标准的基础上,每人每年分别提高75元、60元、40元、35元。在乡老复员军人的生活补助标准,在现有标准的基础上,每人每年增加240元。

此次提高标准,涉及的人员范围是:44万在职二等甲级以下革命伤残军人、伤残国家机关工作人员、伤残人民警察、伤残民兵民工,239万在乡老复员军人。

此次提高标准,是继年初提高革命伤残人员、烈属和在乡退伍红军老战士抚恤补助标准后又一次较大幅度的提标,为此,中央财政今年下半年增加预算近3亿元。

通知要求,各级民政、财政部门要抓紧落实,及时准确地把抚恤补助款发放到优抚对象手中。对优抚对象存在的生活、医疗、住房等困难,各地要作为大事抓紧抓好,切实保障优抚对象的合法权益。

财政部副部长楼继伟就中共中央 国务院决定对城镇中低收入居民收入政策进行调整事接受《人民日报》记者采访

最近,党中央、国务院决定,对城镇中低收入居民收入政策进行调整。为此,记者就有关问题走访了财政部副部长楼继伟。

问:我国为什么要对城镇中低收入居民收入政策进行调整?

答:今年以来,我国国民经济总体上继续保持了良好的发展态势。但是,随着国际环境和国内形势的变化,影响经济增长的一些深层次问题和矛盾也愈来愈突出。由于城乡居民收入增长趋缓,居民对未来支出增加的预期增强,消费意愿减弱,导致消费需求不旺。针对有效需求不足这一突出问题,党中央和国务院决定,今年下半年在继续增发国债扩大财政投资,进一步拉动投资需求的同时,积极调整收入分配政策,通过提高国有企业下岗职工等低收入者的生活保障水平和增加机关事业单位职工工资等措施,逐步改变居民收入预期下降、支出预期上升、高收入者消费意愿不强、低收入者消费能力不足的状况,旨在刺激消费需求,促进国民经济持续快速健康发展。

问:这次调整收入政策的直接受益范围有多大?

答:这次调整收入政策涉及面较广,包括国有企业下岗职工,失业人员,城镇居民最低生活保障对象,机关事业单位在职职工和离退休人员,以及企业离退休人员,部分优抚对象等,直接受益人员达8400多万人。调整收入政策的各项措施,充分体现了党和政府对广大人民群众特别是低收入者的关怀和照顾,既有利于刺激消费,也有利于维护社会稳定。

问:在这次收入政策调整中,“三条社会保障线”的水平提高多少?

答:国家为解决下岗职工等低收入人员的生活保障问题,已经建立了三条社会保障线:一是国有企业下岗职工基本生活保障制度;二是失业保险制度;三是城镇居民最低生活保障制度。这次提高“三条社会保障线”水平,国家原则要求对上述三类人员的保障标准在原有标准的基础上提高30%,具体标准由各地根据实际情况确定。

问:机关事业单位增加工资和离退休费有哪些主要政策?

答:这次机关事业单位在职职工增加工资,机关行政人员主要是提高基础工资和级别工资标准,事业单位按照大体相同的增资水平,分别调整其现行工资构成标准。离退休人员相应增加离退休费,离休人员按照同职务在职人员的增资额增加离休费,退休人员按照本人退休时的职务分不同档次增加退休费。

由于这次增加工资和离退休费的幅度较大,地方政府要在中央财政给予补助的同时,积极调整财政支出结构,努力筹措资金,财力确有困难的地区,可以在国家规定的标准之内,自行确定本地区增加工资和离退休费的具体数额。

问:企业离退休人员如何增加养老金?

答:各地可以按照现行的基本养老金调整机制,适当提高企业离退休人员养老金。企业离休人员养老金的调整水平与机关事业单位大体相当,退休人员养老金的调整幅度比正常年份高一些,一般应比1998年月平均养老金水平提高15%左右。提高养老金的具体标准由各地根据实际情况确定。与此同时,对国有企业1999年6月底前拖欠的离退休人员基本养老金,今年要一次性予以补发。

问:这次调整收入政策的有关措施实施后,对企业在职职工的工资问题有何考虑?

答:按照国家现行规定,机关事业单位职工和企业职工分别实行不同的工资制度,国家对企业不再统一安排升级调资,政府主要通过制定和调整宏观经济政策,为企业经营创造良好的外部环境。企业职工工资收入增加取决于企业经济效益的提高,并由企业在国家有关政策允许的范围内自主决定。随着国家进一步扩大固定资产投资、刺激消费需求等一系列宏观调控措施的陆续出台,企业生产经营状况将得到改善,职工的工资收入也将随着企业经济效益的提高而相应增加。

问:在调整收入政策使大部分城镇居民收入增加的同时,如何考虑提高农民收入?

答:从以往调整收入政策的实施情况看,随着城镇居民收入水平的提高,对消费品需求的不断扩大,农副产品价格也会相应上升,进而使农民收入随之得到增加。因此,这次调整收入政策的有关措施实施后,仍然会间接地带动农民收入水平的提高。同时,针对近年来农民收入增长较慢、负担较重等情况,国家还将进一步加大治理农村乱收费的力度,加快农村税费改革步伐,并结合地方政府机构改革,精简乡镇机构,清退超编人员,节减经费开支,采取各种有效措施减轻农民负担。

问:这次调整收入政策所需资金将如何解决?

答:按照中央确定的调整收入政策测算,今年下半年全国需要增加经费支出540亿元左右,除少部分可以由企业和社会保险统筹基金承担外,绝大部分要由财政负担,主要是用于增加低收入者收入。所需资金主要通过税收超收解决,对居民储蓄存款利息开征的个人所得税也将主要用于国有企业下岗职工生活补助、城镇居民最低生活保障和补发拖欠的离退休人员养老金等。根据目前地方财力状况,北京等7个沿海经济发达省市增加的开支由当地自行解决;财政困难的老工业基地和中西部地区增加的开支,由中央财政分别不同情况给予程度不同的补助;中央财政对困难地区的补助数额占这些地区新增支出的比例平均达到84%,转移支付的力度是相当大的。

9月7日

中共中央政治局决定十五届四中全会的召开日期

中共中央政治局决定,1999年9月19日至22日在北京召开中国共产党第十五届中央委员会第四次全体会议。

这次全会的主要任务是,贯彻党的十五大提出的战略部署,就国有企业改革和发展的若干重大问题作出决定。

《人民日报》发表评论员文章《一个中国原则的挑衅者——一评李登辉及其“两国论”》

国家主席江泽民根据全国人大常委会的决定任免驻外大使:

一、免去齐治家的中华人民共和国驻蒙古国特命全权大使职务。

任命黄家骙为中华人民共和国驻蒙古国特命全权大使。

二、免去王云翔的中华人民共和国驻赞比亚共和国特命全权大使职务。

任命彭克玉为中华人民共和国驻赞比亚共和国特命全权大使。

三、免去张宏喜的中华人民共和国驻坦桑尼亚联合共和国特命全权大使职务。

任命王永秋为中华人民共和国驻坦桑尼亚联合共和国特命全权大使。

四、免去顾品锷的中华人民共和国驻圣卢西亚特命全权大使职务。

任命梁健明为中华人民共和国驻圣卢西亚特命全权大使。

国家主席江泽民在墨尔本澳中贸易投资研讨会上发表演讲

安德森副总理,

维多利亚州总理肯尼特,

女士们,先生们:

首先,我要感谢澳大利亚外交贸易部、维多利亚州政府和澳中工商委员会的盛情邀请,使我有机会出席澳中贸易投资研讨会举办的午餐会。长期以来,在座的两国工商界朋友为促进中澳经贸合作,增进两国人民友谊,做了大量富有成效的工作。我要向你们并通过你们,向两国工商界人士,表示诚挚的谢意和良好的祝愿!

中澳建交以来,两国经贸关系一直保持着良好的发展势头,为中澳关系的发展注入了重要的活力。在新世纪即将来临之际,中澳工商界人士聚集墨尔本,共同讨论两国经贸合作的跨世纪发展,这是一件很有意义的大事。

在这里,我向各位简要地介绍一下当前中国改革开放和现代化建设的情况。

中国的改革开放已经走过了二十年的历程。在这期间,中国经济持续快速健康发展,社会全面进步。从一九七九年到一九九八年,中国国内生产总值年均增长百分之九点七。经济总量已跃居世界第七位。中国的对外经济贸易也不断增长,已同二百二十个国家和地区建立了经贸关系,在世界贸易中的排名上升到第十一位。中国的社会生产力、综合国力和人民生活水平都上了一个大台阶。各项事业全面发展。我们经受住了亚洲金融危机冲击的考验,并着力解决国内发展中面临的新问题,保持了经济社会发展全局的稳定。中国的现代化建设将以欣欣向荣的面貌进入二十一世纪。

当前,我们正在实施积极的财政政策,扩大内需,稳定和加强农业,加快基础设施建设,深化国有企业改革,调整经济结构,努力开拓城乡市场,扩大出口,吸收外资,各方面的工作都在有序地进行。今年上半年,中国经济增长百分之七点六。国有企业效益回升,财政收入增加,金融运行平稳,人民币汇率稳定。下半年,我们将进一步运用财政、货币、投资等宏观调控手段,促进消费、投资和出口的增长。中国今年的预期发展目标是完全可以实现的。

从现在起到下世纪的前十年,是中国改革和建设的关键时期。在这一时期,我们要建立起比较完善的社会主义市场经济体制,要更好地保持国民经济持续快速健康发展。为此,我们将坚持和完善公有制为主体、多种所有制经济共同发展的基本经济制度,同时积极利用包括股份制在内的一切反映社会化生产规律的经营方式与组织形式。我们将继续稳定和加强农业,坚定不移地推进国有企业的改革和发展,推动建立现代企业制度。我们将继续对经济结构进行战略性调整,促进产业结构优化,积极推进地区经济协调发展,大力发展新兴产业和高技术产业,加快经济信息化步伐。我们将继续实施科教兴国战略和可持续发展战略,为中国经济和社会的发展不断增强后劲。

中国的发展离不开世界,世界的繁荣需要中国。中国将一如既往地积极参与国际经济合作,进一步完善全方位、多层次、宽领域的对外开放格局。我们在过去九次下调进口关税的基础上,明年将把工业品平均进口关税降至百分之十五,并进一步在二〇〇五年之前降至百分之十。我们扩大了外资银行从事人民币业务的开放地域,以及中外合资外贸企业的试点地域。我们还将有步骤地进一步为外商投资金融、保险、旅游、商业零售、外贸、法律咨询等服务贸易提供机会,并加快能源、交通、通信等基础设施的开放步伐。我们将继续健全外商投资的法律、法规体系,严格依法保护外资企业的权益,保护知识产权,改善对外商投资企业的服务,为外商来华拓展商机创造更好的环境。

中国有十二亿多人口,市场非常广大。随着经济和社会发展的不断推进,中国市场的巨大潜力将进一步开发出来。未来七年,中国的进口总额将达到一点五万亿美元。下个世纪的前十年,中国经济将保持较快的增长速度。中国同世界各国开展经贸合作的前景会更加广阔。

近二十年来,中澳经贸关系迅速发展。特别是进入九十年代以后,中澳经贸关系的发展进一步加快,经贸合作的领域进一步拓宽,贸易额连续七年实现增长。到一九九八年年底,两国贸易额已增至五十多亿美元。

现在,中国已成为澳大利亚第五大贸易伙伴,第七大出口市场,是澳大利亚羊毛的最大买主。澳大利亚已成为中国第九大贸易伙伴,第四大出口市场,最大的中国对外投资国。到今年上半年,澳大利亚在华投资项目达三千八十七个,协议投资金额超过五十六亿美元。中国在澳大利亚的投资也逐年增加,各类企业和机构已有一百七十个。中澳在农林牧业、能源、矿产、交通、纺织、建材以及城市改造等领域开展了广泛的合作,取得了良好的效益。目前,已有四家澳大利亚银行在中国设立了代表处和分行,一家在中国上海设立了合资人寿保险公司。最近中国政府决定批准澳方两家律师事务所在中国开设办事处,这是中澳经贸合作的又一新的进展。

中澳经贸合作已从双边领域扩大到地区和多边领域。亚洲金融危机发生后,中澳两国就如何化解这场危机、稳定地区经济、推动国际金融体制改革,进行了有效的磋商与合作,并在亚太经合组织和国际金融机构中保持着良好的协调,为促进亚太和世界经济的发展作出了积极努力。

中澳经贸关系所以能够稳定发展,很重要的一条就是两国的经济有很强的互补性。中国有丰富的人力资源、广阔的市场,在科技方面也取得了重大进步。中国能够向澳大利亚出口劳动密集型产业的产品,也能够提供像卫星发射这样的技术密集型项目的服务。澳大利亚拥有丰富的自然资源,出产的铁矿砂、铝、谷物、羊毛等产品在中国市场有很大的需求。澳大利亚的高科技比较发达,双方在科技领域的合作也有着很大的潜力。

今后一个时期，中国将重点发展水利、能源、交通、通信、原材料、环保、高技术、重大装备等基础设施和产业。仅以环保为例，预计未来十年中国环保产业产值年均增长将达到百分之十五至百分之二十，到二〇一〇年，预计年产值将达到三百五十多亿美元。在这些领域，澳大利亚维多利亚州和墨尔本市在资金和技术上都拥有相当的优势，双方合作的前景十分广阔。

中国将进一步加强中西部地区的开发和开放。这是一片幅员宽广、资源丰富的地区，发展潜力巨大。加快中西部的开发，是中国实现跨世纪发展目标的一个重大战略。澳大利亚的工商企业，完全可以利用你们在资源开发等方面拥有的经验和技术，参加中国中西部地区的开发建设。

展望未来，我认为，双方可以着重从以下四方面加大合作力度。第一，在继续发展传统贸易的同时，不断开拓新的贸易领域。例如，澳大利亚可以在能源、环保等领域更积极地参与中国市场的竞争，中国的家电和通信等行业也应该到澳大利亚市场大显身手。第二，中国正在重点发展基础设施和支柱产业，欢迎澳大利亚工商界积极来华投资。第三，中澳两国在科技方面各有所长，都积累了自己的丰富经验，应加强相互借鉴，取长补短，共同提高。第四，进一步加强双方在亚太经合组织和国际金融机构的磋商与合作，为推进区域经济技术合作和国际金融体制改革而共同努力。

中澳经贸关系的发展，需要两国保持健康稳定的政治关系，而不断扩大的经贸关系又有助于推动两国政治关系的发展。努力形成这样一种政治关系和经贸关系相互促进、相互推动的良性格局，符合两国人民的利益。希望两国工商界的有识之士，用长远的眼光来看待和处理两国的经贸合作，共同为推动中澳友好互利合作关系的发展不断作出新的贡献。

最后，预祝澳中贸易投资研讨会圆满成功！

谢谢各位。

国家副主席胡锦涛在人民大会堂会见了科威特副首相兼国防大臣萨利姆·萨巴赫

国防部部长迟浩田在北京会见捷克军队总参谋长伊日·谢迪维

外部发言人孙玉玺就日本右翼分子登上中国领土钓鱼岛事在记者招待会上发表谈话

孙玉玺说，中方对日本右翼分子登上中国固有领土钓鱼岛表示强烈愤慨，并要求日方立即采取有效措施，惩处肇事者，杜绝类似事件再次发生。

有记者问：据悉，日本右翼分子日前再次登上中国固有领土钓鱼岛。你对此有何评论？

孙玉玺回答说，9月5日，日本右翼团体“日本青年社”3名成员悍然登上我固有领土钓鱼岛，严重侵犯了中国的领土主权。9月7日，外交部已就此向日方提出严正交涉，表示了中方的强烈愤慨。

他说，众所周知，钓鱼岛及其附属岛屿自古以来就是中国的固有领土，中方对此有着无可辩驳的历史和法律依据。日本政府不顾中日双方在钓鱼岛问题上达成的重要共识和日方迄今作出的郑重承诺，放任右翼分子侵犯中国领土主权，我们对此极为不满。中方要求日方立即采取有效措施，惩处肇事者，消除此次事件带来的恶劣影响，并切实做到言而有信，杜绝类似事件再次发生。

全国人民代表大会常委会开展《义务教育法》执法检查

全国人大常委会《义务教育法》执法检查组在北京召开第一次全体会议。全国人大常委会副委员长彭珮云在会上作执法检查工作动员报告，会议还听取了教育部、财政部、国家发展计划委员会、审计署和国家税务总局贯彻实施《义务教育法》情况的汇报。

彭珮云强调，搞好这次《义务教育法》的执法检查对于促进依法治教，贯彻“科教兴国”战略，进一步推动义务教育的发展，具有重要意义。她指出，这次执法检查工作有三项主要内容：第一，制定和落实配套法规的情况以及实施义务教育的实际进展情况；第二，保障义务教育经费及改善办学条件的情况；第三，加强师资队伍建设的情况。

执法检查组由彭珮云任组长，全国人大教科文卫委员会副主任委员汪家镠任副组长。会后，检查组将分赴河南、重庆、湖北、新疆、广西5个省、自治区、直辖市进行检查。5个检查组分别由彭珮云、何鲁丽、成思危、许嘉璐、蒋正华副委员长率队。

'99全国产学研联合洽谈会在青岛开幕

'99全国产学研联合洽谈会暨展示会在青岛举行。洽谈会首次集中展示了“产学研联合开发工程”实施7年来取得的成果。大会宣读了江泽民、李鹏为“产学研联合开发工程”的题词。

江泽民的题词是：“走产学研结合的道路促进经济科技教育体制改革。”李鹏的题词是：“产学研联合是促进经济发展的有效途径。”

参加本次展示洽谈会的有来自全国各省、自治区、直辖市、计划单列市组成的35个展团，北京大学、清华大学等138所高等院校，80多所科研机构，近500家企业。大会共征集科技成果1.2万个、企业技术难题3000多个。

国务院副总理李岚清看望老教授考察教师住房建设

在第十五个教师节即将到来之际，中共中央政治局常委、国务院副总理李岚清两天来分别看望了中国音乐学院教授老志诚，中央音乐学院教授喻宜萱、北京师范大学教授白寿彝、北京大学教授唐有祺、清华大学教授李恒德和北京科技大学教授柯俊，考察了高校教师住房建设和筒子楼改造工程。

在老教授家中，李岚清送上鲜花，向他们致以教师节的问候，热情称赞他们为国家培养了大批优秀人才，在各自的教学科研领域取得了突出成就。在与老志诚、喻宜萱的交谈中，两位著名音乐家赞同李岚清的观点：音乐是国民素质教育中的重要内容，音乐工作者对此肩负重任。我们要积极提倡、推广高雅的艺术歌曲，音乐工作者要为人民群众创作更多的易学好听的歌曲和乐曲。

在北京友谊医院，李岚清亲切问候正在住院治疗的著名史学家白寿彝，祝他早日康复。谈到江泽民总书记最近写信给白寿彝，祝贺他主编的《中国通史》全部出版时，李岚清说，从中国的历史中，我们可以借鉴许多宝贵的经验，也可以吸取许多教训。江泽民总书记曾多次要求全党全社会重视历史的学习，我们要认真贯彻落实，切实加强历史的学习与研究，学校也要重视用历史教育青少年学生，并把它作为推进素质教育的一项重要内容。白寿彝十分赞同李岚清的意见。

在著名化学家唐有祺、著名核材料和金属物理专家李恒德、著名金属材料学家柯俊的家中，李岚清与他们交谈的话题涉及教育改革，推进素质教育，加快科技创新和成果产业化等诸多方面。李岚清向老科学家介绍了不久前召开的全国教育工作会议和全国技术创新大会的情况，强调这两次大会将对培养跨世纪的全面素质人才和使科技创新和加快成果转化为现实生产力，提高国民素质和国家综合实力起到巨大而深远的影响。老教授们表示十分赞佩党中央、国务院实施科教兴国战略的决心，以及为推进这一战略而采取的一系列措施，同时表示愿为科教兴国作出新贡献。

李岚清一直关心着清华大学、北京大学的教师住房建设。今天，他在两校蓝旗营教师住宅小区工地上高兴地看到，总建筑面积19万平方米的12座住宅楼已经拔地而起，并将于年底前封顶。他特别叮嘱施工单位负责人：一定要保证质量第一。同时告诉北京市和校领导，要继续把教师住房建设认真抓好。李岚清还来到北京师范大学，了解了学校筒子楼改造情况，看望了青年教师。

国务院有关部门和北京市的负责人陈至立、孙家正、徐荣凯、刘奇葆、徐锡安、林文漪等随同李岚清看望老教授、考察教师住房建设。

教育部门社会各界帮助困难大学生

自1993年以来，原国家教委与财政部先后制定了《普通高等学校本、专科生实行奖学金制度的办法》和《普通高等学校本、专科生实行贷款制度的办法》，逐步建立起了以奖学金、学生贷款、勤工助学基金、特殊困难补助和学费减免为主体的多元化的对经济困难学生的资助政策体系。

今年6月，教育部和财政部又联合下发了《关于进一步加强高校资助经济困难学生工作的通知》，重申各地区、各部门和各高等学校要进一步重视资助高校经济困难学生工作，保证资助高校经济困难学生工作的持久、深入开展。《通知》指出，各高校要加大对经济困难学生的贷款、勤工助学、特殊困难补助等资助工作力度，每年需从学费收入中划出10%的经费，专门用于勤工助学工作，适当提高勤工助学补助标准；对生活特别困难的下岗职工子女就学，经企业、街道出具证明，学校应酌情减免学费。最近，在国务院领导同志的关心下，国务院办公厅批转了中国人民银行、教育部、财政部等部门的《关于国家助学贷款的管理规定（试行）》，决定在北京、上海、天津、重庆、沈阳、武汉、南京、西安等8个城市的中央部委所属高校进行国家助学贷款的试点工作。

国家在中央财政十分困难的情况下，从1994年起，先后8次拨款7.447亿元，专项用于对中央部属高校中经济困难学生进行资助。特别是1998年特大洪涝灾害发生后，中央财政专项拨款2亿元，用于资助来自灾区的经济特别困难学生的旅费、生活费等专项支出，其中3000万元直接拨给受灾地区，发至灾区的学生手中，以保证来自灾区的高校学生按时入学、安心学习和生活。

9月8日

国家主席江泽民在堪培拉与澳大利亚总理霍华德总理举行会谈

江泽民与霍华德在澳议会大厦举行会谈。

双方认为，中澳两国作为亚太地区两个具有重要影响的国家，在维护世界和地区安全与稳定、促进地区经济繁荣方面有着广泛的共同利益。双方一致同意，在此世纪之交，要积极拓展两国新的合作领域，建立两国面向二十一世纪的长期稳定、健康发展的全面合作关系。

在谈到台湾问题时，江泽民对澳政府领导人多次表示坚持一个中国政策表示赞赏，并阐述了中国对台湾问题的原则立场。

霍华德重申，澳大利亚联邦政府将坚定不移地奉行一个中国的政策。

两国领导人一致同意在加强两国现有对话与磋商机制基础上，建立中澳两国领导人以及两国外长之间一年一次的定期会晤机制。具体会晤的时间和方式，双方将根据需要进行安排。两国领导人同意继续加强在国际多边组织中以及一些重大国际和地区问题上的磋商与合作，并愿为推动建立公正合理的国际经济和金融秩序作出努力。

两国领导人一致同意加强双方在领事、矿业、执法等领域的合作，并对中澳双方有关部门最近就中澳网络经济和电子商务合作框架联合声明达成一致以及双方共同建立科技合作特别资金表示高兴和满意。

会谈后，江泽民与霍华德共同出席中澳五个合作文件的签字仪式。双方签署了《中华人民共和国国家发展计划委员会与澳大利亚工业、科学和资源部关于在矿业与能源领域贸易与投资合作的谅解备忘录》、《中华人民共和国国土资源部和澳大利亚工业、科学和资源部关于在矿业领域合作的谅解备忘录》、《中华人民共和国和澳大利亚领事协定》、《中华人民共和国政府和澳大利亚政府关于澳大利亚继续在中华人民共和国澳门特别行政区执行领事职务的协定》、《中华人民共和国政府和澳大利亚政府关于打击犯罪的合作谅解备忘录》。

国家主席江泽民同澳大利亚总理霍华德在会谈后共同会见中外记者回答记者提问

江泽民主席在答记者问时，着重阐述了中国政府对台湾问题和中国加入世界贸易组织问题的原则立场。

江泽民说，台湾问题纯属中国内政。我们解决台湾问题的方针是“和平统一、一国两制”。但是，如果出现“台湾独立”或外国势力干涉的情况，我们绝不放弃使用武力。两岸交流本来出现了一些良好的势头，海协会会长汪道涵原准备今年访问台湾。但是，李登辉公然抛出了“两国论”，这是12亿中国人民绝对不能允许的。

江泽民说，台湾问题是中美关系中非常敏感的问题。在李登辉抛出“两国论”后，克林顿再三向我表示，美国政府坚持一个中国的政策，遵守美中三个联合公报和“三不”承诺。但与此同时，美国又宣布向台湾出售价值5.5亿美元的先进武器装备，对此，中国人民完全不能理解。美国还提出，希望汪道涵按原计划访问台湾。我认为，要实现汪道涵访台，必须要做到以下两条：一是李登辉公开收回“两国论”；二是李登辉只能以国民党主席的身份，而绝不能用所谓“总统”的身份接待汪道涵。

江泽民说，我1993年与克林顿总统在西雅图会晤时，即同他谈过关于恢复中国在关贸总协定的合法席位的问题，现在已叫世界贸易组织。我当时阐明了三条原则，现在仍然适用。第一，世贸组织既然是一个国际组织，没有中国这个最大的发展中国家的参加是不完整的。第二，中国只能作为一个发展中国家参加。第三，中国加入世贸组织，其权利和义务一定要平衡。

江泽民说，今年5月8日，我国驻南斯拉夫联盟大使馆被炸，有三位烈士牺牲。虽然美国政府和克林顿总统本人再三向我们道歉，但在那个时候美国提出继续进行中国加入世界贸易组织问题的谈判，时机是很不适宜的。所以，谈判中断了。从今年8月开始，美国就不断传来信息，要同中国恢复进行谈判。最近，克林顿总统专门就中美恢复谈判问题给我写信，我复信表示同意，谈判又开始了。西方有些舆论声称是中国急于要求同美国重开谈判，这是不符合事实的。不久，我将去奥克兰，参加亚太经合组织领导人非正式会议，届时将同克林顿总统会晤。我想，中美双方应该根据平等互利的原则进行谈判。1997年我访问美国；1998年克林顿总统访华，双方本来是要解决中国加入世贸组织问题的。但是，据说由于美国国会方面的原因没有能谈。今年春天，美国又失去了一个很好的机会，朱镕基总理访问美国，本来也可以达成协议。但据说又是因为美国国会的原因没有谈成。中澳两国现在已就中国加入世贸组织问题达成了协议。中美之间谈得好不好，能不能达成协议，很大程度上取决于美国。

国家副主席胡锦涛在甘肃考察

9月8日至14日，胡锦涛在中共甘肃省委书记孙英、甘肃省省长宋照肃等陪同下到甘肃兰州、定西、嘉峪关、酒泉等地考察工作。

在定西农村，胡锦涛实地考察了小流域综合治理工程，并详细了解了当地农民群众的生产生活情况。在谈到当前的农业和农村经济发展时，胡锦涛指出，在实现了解决温饱问题的历史性跨越之后，如何进一步提高农村生产力水平，保证农村经济和农民收入的稳步增长，团结带领广大农民加快致富奔小康的步伐，进而实现新的历史性跨越，这是一个重大而紧迫的课题。要解决好这个课题，必须进一步解放思想，转变观念，面向市场，积极调整农业和农村经济结构，大力实施科教兴农战略，推动农业和农村经济跨上新的台阶。

胡锦涛在考察“引大入秦”这个甘肃重点水利建设工程时，高度评价了广大干部群众战天斗地、改造山河的伟大精神。他强调，水资源紧缺是制约甘肃农业和经济发展的一个主要因素，要围绕解决水的问题，继续狠抓农业生产条件的改善。要着眼经济和社会的可持续发展，长期不懈地加强生态环境建设，向着“再造秀美山川”的宏伟目标不断努力。

在甘肃考察期间，胡锦涛先后考察了兰州三毛厂、兰州炼油厂、兰州化学工业公司、酒泉钢铁工业公司等国有大企业。他强调，推进国有企业改革和发展，要抓的工作千头万绪，首要的还在于加强领导。各级党委和政府，要把中央精神同企业的实际很好地结合起来，进一步认清形势，坚定信心，努力使国有企业改革和发展取得新的突破。只要我们把发挥党的思想政治优势、组织优势和群众优势同运用和发挥市场机制的作用有机地结合起来，国有企业就一定能够搞好。

在一年一度的教师节到来之际，胡锦涛还专程到兰州大学和中科院兰州分院，看望了部分两院院士和博士生导师，同他们亲切交谈，勉励他们为实施科教兴国战略，为西部地区的经济和社会发展作出更大贡献。

在听取了甘肃省委、省政府的工作汇报后，胡锦涛作了重要讲话。他充分肯定了甘肃这些年来发生的巨大变化，特别是在发展农业生产，实施扶贫攻坚和加快基础设施建设等方面所取得的可喜成绩。胡锦涛希望甘肃各级领导干部，一定要牢固树立“发展是硬道理”的思想不动摇，抓住加快中西部地区发展的有利时机，切实做好当前的经济工作，同时，为迎接下世纪西部地区大开发做好充分准备。

胡锦涛在讲话中强调，我们正在创建历史上未曾有过的社会主义市场经济体制。应该说不少同志的思想认识和知识水平还不适应或不完全适应新形势新任务的需要，对客观经济规律还知之不多、知之不深。比如，长期以来，我们积累了应对短缺经济的丰富经验，而对买方市场初步形成后怎样解决一般产品相对过剩问题，就显得办法不多。又比如，这些年来，我们治理通货膨胀有一些经验和办法，而对解决新形势下可能产生的通货紧缩问题，则感到缺少经验。再比如，过去我们比较习惯带领人民过紧日子，而在经济和社会发展到一定阶段，对如何正确引导消费、刺激需求尚是比较陌生的课题。社会总是在不断解决各种矛盾的过程中向前发展的。旧的矛盾解决了，新的矛盾又会出现，再解决，再出现，如此循环往复，这就是社会历史发展的辩证法。我们共产党人正是在这个过程中，努力学习和实践，不断地认识矛盾，解决矛盾，积累经验，取得进步的。因此，各级领导干部必须注意加强对社会主义市场经济理论的学习和客观经济规律的研究。

在谈到维护社会政治稳定时，胡锦涛强调，当前，国际形势正在发生复杂而深刻的变化，我国改革进入攻坚阶段，发展处在关键时期，维护稳定更具有重要的现实意义。各级党委、政府要按照中央的要求，切实负起政治责任，动员和组织各方面的力量，上上下下齐心协力，方方面面齐抓共管，为庆祝新中国成立50周年，为迎接澳门回归祖国，共同创造稳定有序、欢乐祥和的社会环境。

胡锦涛在讲话中，还对如何做好当前和下一步“三讲”教育工作提出了要求。他强调指出，能不能通过整改，把存在的突出问题进一步解决好，巩固“三讲”教育的成果，使各方面工作出现新的面貌，这是检验“三讲”教育成效最重要的标志。在整改中，要着眼于思想政治上的提高，坚定正确的理想和信念，坚持正确的政治方向，注意从政治上观察和分析问题；要着眼于振奋精神，全面贯彻党的路线方针政策，并自觉地把中央的精神和本地区、本部门的实际相结合，扎扎实实地解决实际问题；要着眼于增强团结，认真贯彻民主集中制，坚决维护中央的权威，保证中央的政令畅通；要着眼于转变作风，大力弘扬党的优良传统。总之，要通过这次“三讲”教育，使中央提出的要求在每个领导班子、每个领导干部身上切实得到体现，特别是在精神状态上要有明显的改观，以崭新的精神面貌投入到工作中去。

国务院副总理温家宝在山西省农村考察抗旱工作

9月8日至10日，温家宝到旱情严重的忻州、大同地区检查抗旱救灾工作，实地察看旱情，了解灾区农民的生产生活情况，同当地干部群众共同研究抗灾自救的措施。温家宝指出，我国农业基础还比较脆弱，要从根本上改善农业生产条件，增强抗御自然灾害的能力，必须做好三项工作。

第一，加强农业基础设施建设。要坚持不懈地搞好农田水利建设，增强防洪抗旱能力。抓紧大江大河的治理，加快大中型灌区水利设施的修复、配套和改造。大力发展节水农业，把推广节水灌溉作为一项重大措施，大幅度提高水的利用率，努力扩大农田有效灌溉面积。治理水土流失，改善生态环境。植树种草，封山育林，搞好小流域治理。农业综合开发要以改造中低产田和改善品种质量为重点，提高农业综合生产能力。

第二，调整和优化农业结构。要抓住当前农产品供给比较充裕的时机，加紧调整和优化农业结构，逐步改变农业结构不合理和农产品质量不高、加工程度低的状况，提高农业综合效益。要大力发展畜牧业，这是实现农产品转化增值，促进种植业，带动加工业的重要环节，既能增加农民收入，又能缓解卖粮难的问题。调整农业结构，要符合市场需求，按经济规律办事；依靠科技进步，推进集约经营；因地制宜，发挥区域优势。

第三，大力推进科教兴农。要大力推广先进实用技术，突出抓好“种子工程”和节水农业技术，不断提高科技对农业增长的贡献率。依靠生物工程、信息技术等高新技术，使我国农业科技和生产力实现质的飞跃，逐步建立起农业科技创新体系。改革农业科技体制，实行农科教结合，科学规划，突出重点，鼓励创新，联合攻关，争取在动植物品种选育、现代集约化种养技术、农产品储运加工技术等方面取得突破。加强县乡村农业技术推广体系建设，扶持农业专业技术协会等民办专业服务组织。提高农民接受和运用农业实用技术能力。

温家宝强调，干旱严重的地区要把抗旱作为当前的一件大事。要开辟水源，节约用水。安排好群众生产和生活，保群众口粮、牲畜饲草、人畜饮水、春播籽种。动员群众广开生产门路，发挥资源优势，发展多种经营，搞好劳务输出，千方百计减轻农民负担，增加收入。同时，开展农田水利基本建设。

国家主席江泽民在悉尼会见澳大利亚新南威尔士州华侨华人代表

江泽民晚间在悉尼华侨华人举行的欢迎宴会上，就华侨华人的作用、中澳关系、国内形势以及祖国统一等问题发表了讲话。

江泽民在讲话中高度评价了一代又一代的华侨华人为促进澳大利亚的发展和中澳人民的友谊作出了不可磨灭的贡献，赞扬他们对祖国的改革和现代化建设表现出的高度关心与支持。江主席说，去年，中国国内遭遇历史罕见的洪涝灾害，华侨华人纷纷援助灾区，表达了中华民族血浓于水的伟大情感。

在谈到中澳关系时，江主席说，近年来，中澳关系取得了新的发展。我这次对澳大利亚进行国事访问，就是为了在现有的基础上，进一步增进两国人民的友谊，扩大相互合作，推动中澳关系沿着长期稳定、健康发展的轨道迈向21世纪。

江主席说，我同迪恩总督和霍华德总理就中澳关系和共同关心的国际与地区问题，举行了富有成果的会谈，双方签署了中澳领事协定、关于打击跨国犯罪和矿业、能源等领域合作的谅解备忘录，并决定采取进一步措施扩大交流与合作。我还参观了一些企业和经济设施，广泛接触了澳大利亚各界人士。我相信，这次访问对中澳关系的发展将会产生积极的推动作用。

关于国内形势，江主席说，国内的改革和建设形势总的很好。我们成功地顶住了亚洲金融危机的冲击，国民经济继续保持快速发展的局面。今年上半年国内生产总值比去年同期增长7.6%。通过努力，各项事业的发展目标可以胜利实现。

江主席说，今年是中华人民共和国成立50周年。50年来，特别是改革开放20年来，中国的综合国力不断增强，国际地位显著提高，中华民族正以日益强劲的姿态屹立于世界的东方。可以断定，在即将到来的21世纪，我们伟大祖国的发展前景必将更加美好，中华民族必将为世界的和平、发展与进步作出更大的贡献。

江主席说，中华文明延绵五千年，民族团结和国家统一历来是中国历史发展长河中的主流。香港回归两年多来，按照“一国两制”、“港人治港”、高度自治的方针，在中央政府和全国人民的大力支持下，在特别行政区政府和全体香港同胞的共同努力下，经受住了亚洲金融危机的严峻考验，保持了繁荣稳定的局面。澳门将于今年12月20日回到祖国怀抱，目前回归的各项准备工作正在顺利进行。事实已经并将继续证明，只要坚持按照“一国两制”的方针办事，我们就一定能够最终完成祖国的统一大业。

江主席说，世界上只有一个中国，台湾是中国领土不可分割的一部分，中华人民共和国政府是代表全中国的唯一合法政府，这是国际社会公认的原则。实现台湾与祖国大陆的统一，这是包括台湾同胞在内的中华民族的共同愿望和神圣使命，是任何力量都阻挡不了的。任何人、任何势力想把台湾从中国分裂出去的企图，都是绝不会得逞的。我们将继续遵循邓小平同志提出的“和平统一、一国两制”的基本方针，推动两岸关系向前发展，为实现祖国的完全统一而努力奋斗。

全国人大常委会委员长李鹏在人民大会堂会见尼泊尔前首相谢尔·巴哈杜尔·德乌帕和夫人

国务院副总理李岚清在中南海会见美国国际商用机器公司董事长兼总裁郭士纳

国务院副总理李岚清在中南海会见坦桑尼亚国务部部长穆罕默德·赛义德·哈提布

国防部部长迟浩田在北京会见越南国会副主席国防与安全委员会主任阮福清

国防部部长迟浩田在北京会见几内亚军队总长依布拉依马·迪亚洛

第三届中国投资贸易洽谈会在厦门开幕

国际经合组织秘书长唐纳德·约翰斯顿、英国贸易国务大臣理查德·卡本、沙特阿拉伯商业大臣乌沙麦·加法尔·法基、日本日中经济贸易中心会长三好俊夫等率团出席开幕式并参观展馆。

与往届相比较，本届洽谈会更具外国企业参展多的特点。在展馆城一层的跨国公司馆，摩托罗拉、爱立信、诺基亚、西门子、埃克森、通用电气、柯达、佳能和索尼等 60 多家国际知名跨国公司设置了展台，参展行业涉及汽车及零部件、移动通讯、建材、电力设备和家电等。全国各省、市、自治区及国家有关部委和经济团体共 44 个成员单位参加本届洽谈会。

迈向 21 世纪的国际投资会作召开讨论会在厦门召开

中共中央政治局候补委员、国务委员吴仪出席并发表题为“进一步扩大对外开放，不断加强国际投资合作”的演讲。她强调，中国将继续以积极的姿态大力发展同世界各国、各地区的经贸合作与交流，推动亚太地区贸易投资自由化进程，在坚持发展中国家地位和权利义务平等的原则下，根据自己的国情，按照既定方针和步骤，积极稳妥地扩大对外开放，继续大力发展同世界各国的经贸往来和互利合作。

吴仪说，在去年克服重重困难，国内生产总值比上年增长 7.8%的基础上，今年上半年国内生产总值比去年同期增长 7.6%，1—7 月工业增加值增长 9.4%，实现利润增长 74%。农业生产形势平稳，夏季粮食产量达 1185 亿公斤，是中国的第二个高产年。人民币汇率稳定，7 月末外汇储备达 1487 亿美元。这表明，中国政府采取的一系列促进经济增长的政策是符合中国实际的。中国经济的增长为稳定亚洲乃至世界作出了贡献。中国经济的增长和其他亚洲国家经济的恢复，不仅是亚洲各国自身努力的结果，也是国际投资合作的结果。

吴仪说，从 1993 年起，中国已连续 6 年成为吸收外资最多的发展中国家。截至今年 7 月底，我国共批准外商投资企业 33.4 万家，合同外资金额 5948.4 亿美元，实际利用外资金额 2889.4 亿美元。吸收外资不仅促进了中国经济结构调整和产业结构优化，加快了中国经济和世界经济的融合，推动了中国开放型经济的建立和发展，而且也为广大海外投资者提供了宝贵的商机和广阔的市场，促进了国际经济的交流与发展。

吴仪特别指出，中国政府最近采取的一系列措施，旨在为广大海外投资者提供广阔的投资空间和良好的投资条件。她建议海外投资者着重寻找商机的五个方面：一是投资于国有企业的技术改造。中国的经济体制改革已经进入攻坚阶段，攻坚的重点是国有企业改革。1998 年，中国政府提出要用三年左右的时间，使大多数国有企业走出困境。吸收外商投资推动国有企业改组改造是其中的重要措施之一。希望广大海外投资者能够抓住这一大好时机。二是投资于中西部地区。中国政府将加大支持中西部地区发展的力度，已经制定了鼓励外商向中西部地区投资的一系列政策措施。希望海外投资者以长远发展的眼光，就像当年投资沿海地区那样，大胆地向中西部地区投资。三是投资于高科技领域。我们制定了一系列鼓励发展科学技术的政策，其中包括鼓励外商投资高新技术产业、技术研究和创新项目，鼓励外商向中国转让先进适用的技术等等，特别希望跨国公司在这一领域的投资能有更大的作为。四是投资于基础设施建设。五是投资于服务贸易领域。她相信这些对广大海外投资者无疑都是非常好的商机，外国投资者会有极大的兴趣。

国务委员吴仪在厦门与出席中国第三届投资贸易洽谈会的港澳台工商界代表进行座谈

吴仪认真听取他们对祖国内地改善投资环境和完善利用外资政策法规方面的意见和建议，并就此问题发表了讲话。

座谈会上先后有 16 位港澳台工商界的代表发言，他们对祖国内地改革开放和利用外资工作取得的巨大成就感到鼓舞，对在祖国内地投资事业的发展表示高兴，并对投资中遇到的困难和问题以及进一步改善投资环境、完善利用外资政策提出了一些好的意见和建议。

吴仪在座谈会结束时作了讲话，她说，改革开放 20 年来，我国实际吸收外商投资已超过 2800 亿美元，其中约 60%来自港澳台地区。港澳台同胞在祖国内地的投资，对推动祖国内地的经济建设，促进祖国内地经济与社会的发展，密切祖国内地与港澳台地区的经济联系起到了十分积极的作用。港澳台同胞与祖国内地人民同种同根，有着特殊的感情。祖国的繁荣与强大，是每个炎黄子孙强烈的期盼。欢迎港澳台企业家继续到祖国内地投资，推动祖国不断地进步与发展。

吴仪强调，经过 20 年来的努力，祖国内地投资环境特别是在交通、电力、通讯等基础设施方面已经有了很大改善。中国的政治稳定，经济始终保持较高速度的增长，又有广阔的市场，未来发展前景乐观，中国将继续是国际投资的热点地区。

吴仪指出，中国经济正处于计划经济向社会主义市场经济转变的进程中，经济结构正在进行重大调整，当前又受到亚洲金融危机的影响，面临一些困难和问题。但中国政府完全有信心、有能力克服困难，妥善解决面临的问题，保持国民经济的持续、快速、健康发展。中国政府坚持对外开放的基本国策，将进一步扩大对外开放，加强国际投资合作。中国政府最近出台了一系列进一步扩大吸引外资的政策，有关部门正在抓紧贯彻实施。

吴仪说，我们的投资环境，特别是软环境，还有一些不尽如人意的地方，有许多工作要做。我们要进一步完善吸引外资的法律、法规，增加政策的透明度，坚持依法治国，坚决制止乱收费、乱摊派、乱罚款，严厉打击腐败，下大力气改善投资环境。同时，希望广大港澳台投资者遵守政府的法律，合法经营，共同营造良好的投资环境。

对港澳台工商界代表提出的问题和建议，吴仪表示感谢，并责成国务院有关部门认真研究答复，并切实改进工作。

福建省委书记陈明义、福建省代省长习近平及国务院有关部门的负责人参加了座谈会。

第二届"中国武警十大忠诚卫士"颁奖大会在北京举行

会上宣读了中央军委主席江泽民的题词"永远做党和人民的忠诚卫士"。中共中央政治局常委、书记处书记尉健行，中共中央政治局委员、国务委员罗干，中央军委委员、总后勤部部长王克等出席颁奖大会。

罗干代表党中央、国务院向荣获第二届"中国武警十大忠诚卫士"称号的英模表示祝贺。

近年来，武警部队在党中央、国务院、中央军委领导下，坚持以邓小平理论为指导，认真贯彻江主席关于武警部队建设的一系列重要指示，坚持把思想政治建设摆在首位，坚持从严治警方针，大力加强武警部队各项建设，忠实履行维护国家安全和社会稳定的神圣使命，无论是在站岗执勤、打击犯罪、处置各种突发事件中，还是在抢险救灾、支援地方经济建设中，都发挥了应有的作用。从 1996 年起，武警部队广泛开展了"做党和人民忠诚卫士"为主要内容的思想教育，广大官兵牢记江主席的嘱托，无私无畏，勇于奉献，谱写了一曲曲忠诚卫士的英雄赞歌，涌现出一个个功绩卓著的先进典型。3 年来武警部队共有 76 名官兵在执勤、处置突发事件和抢险救灾中英勇献身，被批准为革命烈士；共有 217 个集体、68511 名个人光荣立功；14 个单位、18 名官兵被国务院、中央军委和武警部队授予荣誉称号。

第二届"中国武警十大忠诚卫士"获得者孙小强、杨瑞、卢涛、青治、宋波、张丙德、蒋剑辉、郑文宝、吴玉娟、罗海宁披红戴花，接受了党和人民的奖励。

全国教育工会庆祝教师节暨表彰大会在北京召开

全国教育工会庆祝教师节暨全心全意依靠教职工办学优秀党政领导干部和民主管理先进单位表彰大会在北京举行。

中共中央政治局常委、书记处书记、全国总工会主席尉健行，全国人大常委会副委员长彭珮云等出席开幕式，并为朱全俊等 100 名优秀党政领导干部和清华大学等 100 个先进单位的代表颁奖。

中国教育系统自 80 年代开始，普遍建立、健全起以教职工代表大会为基本形式的民主管理制度和管理体系。20 年来，在各级党委、教育行政主管部门和各级教育工会的大力支持下，这一制度对推进教育改革与发展，维护学校的团结和稳定，发挥了十分重要的作用。这次大会旨在总结和弘扬我国各级各类学校加强基层民主建设的先进经验，进一步贯彻落实全心全意依靠教职工办学的指导思想，充分调动广大教职工的积极性和创造性，深化教育改革，全面实施素质教育。

教育部副部长周远清在讲话中要求各级各类学校和教育系统各级党政领导在新的历史条件下，继续发扬党的群众路线的光荣传统，全心全意依靠教职工办学，充分发挥教职工代表大会和工会民主管理、民主监督的作用，调动教职工的积极性。

9月9日

《人民日报》发表评论员文章《台湾人民利益的背叛者——二评李登辉及其"两国论"》

外经贸部国家经贸委财政部海关总署和国家税务总局等部门发布利用外资新政策

新政策主要包括：鼓励外商投资企业的技术开发和创新；加大对外商投资企业的金融支持力度；鼓励外商向中西部地区投资；进一步改善对外商投资企业的管理和服务。允许 1993 年年底前成立的外商投资企业出口货物，选择执行"免抵退"政策；允许中西部地区在其省会或首府市选择一个已建成的开发区申办国家经济开发区。对不利于吸收外资的有关政策规定进行全面清理与调整。

国家主席江泽民在悉尼会见澳中工商会成员

江泽民说，经贸合作是中澳关系的一个重要组成部分。他高兴地看到，中澳建交 27 年来，在两国经贸界的共同努力下，两国经贸关系取得了令人满意的发展。双边贸易额从建交时的 8700 万美元增长到 1997 年创纪录的 53 亿美元。与此同时，双向投资也保持了不断增长的势头。相互投资领域遍及金融、保险、冶金、建材、纺织、电子、机械、石油、轻工、化工和旅游等各行各业，涌现出一大批成功合作的范例。今天，中澳双方已互为重要的贸易和投资伙伴，两国之间的密切经贸关系构成了中澳关系的坚实基础，也为中澳两国的经济和人民生活带来了巨大好处。

中澳经济互补性很强。澳大利亚经济发达，资源丰富，在能源、交通、通信、矿业、环保以及金融保险等多个领域占有优势。

这些基础设施和产业将是中国今后一个时期发展的重点，双方合作的潜力很大。我们希望澳中工商委员会继续发挥其独特作用，进一步推动并帮助中澳两国经贸界开展互利合作。

国务院副总理李岚清在中南海会见经济合作与发展组织秘书长唐纳德·约翰斯顿

外交部部长唐家璇在奥克兰会见美国国务卿奥尔布赖特

正在奥克兰出席亚太经合组织第十一届部长级会议的中国外长唐家璇会见了美国国务卿奥尔布赖特。

唐家璇说，目前，中美关系正处于一个关键时期，既有挑战，也有机遇。中美作为当今世界上具有重要影响的大国，对于维护亚太地区乃至整个世界的和平与稳定肩负着重要的共同责任。中国希望美方采取实际行动，消除阻碍中美关系恢复、改善和发展的障碍。

关于台湾问题，唐家璇强调，台湾问题涉及中国的主权和领土完整这一最高国家利益，中国人民决不允许任何分裂祖国的企图得逞。中方要求美方从中美关系的大局出发，以实际行动恪守中美三个联合公报和有关承诺，停止一切可能助长李登辉“台独”气焰的言行，明确反对李登辉分裂中国的言行，减少并最终停止售台武器，不向台湾提供战区导弹防御系统及其相关技术、设备和配套系统。

奥尔布赖特说，美国希望两国关系尽快得到全面恢复和发展，这是符合美中两国根本利益的。她说，美国将继续奉行一个中国的政策，恪守美中三个联合公报。

首届烛光奖在北京颁奖 860 名农村中小学优秀教师获奖

国家图书馆在北京揭牌

中共中央总书记、国家主席江泽民为国家图书馆题写馆名。中共中央政治局常委、全国人大常委会委员长李鹏出席揭牌仪式并讲话。他强调，国家图书馆要为科教兴国，提高民族素质，建设有中国特色的社会主义国家作出更大的贡献。

揭牌仪式后，国家图书馆举行了庆祝建馆 90 周年纪念大会。刘华清、吕正操等出席会议。

国家图书馆是综合性研究图书馆，是国家总书库，承担着为中央国家领导机关，重点科研教育、生产单位，社会公众服务的任务。其前身是始建于 1909 年 9 月 9 日的京师图书馆。1928 年 7 月，京师图书馆更名为国立北平图书馆。新中国成立后，改名为北京图书馆。1998 年 12 月 12 日，经国务院批准，北京图书馆更名为国家图书馆。截至 1998 年年底，该馆馆藏文献资料已达 2160 万册(件)，居世界图书馆第五位，亚洲第一位。其中该馆尤以典藏古籍善本闻名，其中善本书达 27 万册(件)，普通古籍 164 万册，殷墟甲骨 35000 片。国家图书馆现有阅览室 30 余个，日均接待读者 8000 余人次。

纪念孔子诞辰 2550 年座谈会在北京举行

由文化部、教育部、中国社会科学院联合举办的“纪念孔子诞辰 2550 年座谈会”在北京人民大会堂举行。中共中央政治局常委、国务院副总理李岚清出席座谈会。

中共中央政治局委员、中国社会科学院院长李铁映在会上发表讲话。

原全国政协副主席、孔子基金会名誉会长谷牧，教育部部长陈至立，国务院副秘书长刘奇葆，以及文化、教育、学术界知名专家学者代表和有关方面负责同志 300 多人参加座谈会。文化部部长孙家正主持会议。

北京大学哲学系教授楼宇烈、山东省社会科学联合会刘蔚华教授、南京大学中国思想家研究中心陈效鸿教授、中国社会科学院历史研究所卢钟锋研究员、北京师范大学历史系晁福林教授分别就孔子及其学说在国内外的影响，儒学的人文精神，孔子的政治思想、道德伦理思想、教育思想作专题发言。

北京云居寺 10082 块辽金石经重新回藏地宫

财政部就调整收入分配政策发出紧急通知

为了确保党中央、国务院决定的调整收入分配政策落到实处，在 9 月 15 日之前兑现国有企业下岗职工等低收入人员和机关事业单位职工增加的收入，最近，财政部发出紧急通知，要求各地认真落实调整收入分配政策的各项措施。

通知强调，调整收入分配政策，是党中央、国务院的一项重大决策，充分体现了党和政府对广大人民群众的关心。各级财政部门要进一步认识到做好这项工作的重大政治意义，采取一切必要措施抓紧抓好。

通知要求，各地务必在 9 月 15 日之前将有关社会保障补助、离退休金、职工工资按提高后的标准发放到有关人员手中。其中，要尽可能优先发放国有企业下岗职工、失业人员、城镇居民最低生活保障对象和企业离退休人员等应增加的收入。中央和省财政为落实调整收入分配政策给下级财政转移支付的资金，各有关地区要实行专项管理、专款专用，严禁挤占和挪作他用。一经发现违反规定者，不仅要如数扣回，而且要追究有关责任人和领导的责任。

人事部公安部调整干部夫妻两地分居问题有关政策

人事部、公安部日前调整有关政策，干部夫妻两地分居问题有重大突破。从现在起，有突出贡献者和业务骨干的夫妻两地分居问题，将不受年龄、分居时间、指标方面的限制，及时予以解决。

有突出贡献者和业务骨干是指那些获得省部级以上荣誉称号者、获得省部级以上科研成果奖的主要完成者、有突出贡献的中青年专家、被聘任为高级专业技术职务的人员、被聘任为中级专业技术职务满三年的人员、处级以上管理人员、博士学位获得者及工作满三年的硕士学位获得者。

为切实解决干部夫妻两地分居问题，今后，中小城市将逐步放开有关政策，有条件的大城市将逐步放宽条件。人口压力较大的特大城市，也将在严格控制人口迁移性增长的同时，采取积极有效的措施，缓解当地干部夫妻两地分居的矛盾。

国务院各部委、直属机构及其所属在京单位的干部夫妻两地分居问题，将按照既解决当前干部夫妻分居的突出矛盾，又严格控制北京市人口规模的原则掌握。除符合有突出贡献者和业务骨干条件的人员外，其他夫妻分居人员将继续坚持有出有进的原则予以办理。对因指标限制、分居时间长、有特殊困难的干部夫妻两地分居问题，采取总量控制，分期办理的方式逐年予以解决。

人事部、公安部还规定，对于解决干部夫妻两地分居而在城市落户人员，各地区、各部门均不得收取城市增容费和类似增容费的费用。

人事部有关负责人告诉记者，国务院各部委、直属机构及其所属在京单位解决干部夫妻两地分居问题的新政策从9月起开始实施。

9月10日

全国人大常委会委员长李鹏在人民大会堂会见西欧联盟议会议长路易斯·玛丽亚·德普伊赫和由他率领的代表团

全国人大常委会委员长李鹏在人民大会堂会见阿塞拜疆总检察长埃尔达尔·哈桑诺夫

哈桑诺夫是前来参加在北京举行的国际检察官联合会第四届年会的。

在谈到这次会议反腐败、反欺诈的主题时，李鹏说：在经济全球化以及经济转轨的过程中，这种情况也不可避免地会在中国产生，我们正视这种情况，并采取措施与之作斗争。与这种犯罪行为作斗争是世界各国面临的共同课题，发达国家如此，发展中国家也如此。为此，各国应该作出共同努力。中国政府、全国人大和检察机关非常重视这方面的工作，这是我们依法治国的重要组成部分。他希望中国检察机关与包括阿塞拜疆检察机关在内的各国检察机关进一步加强交流与合作。

最高人民检察院关于对已生效的中止诉讼的裁定能否提出抗诉的答复

山西省人民检察院：

你院晋检民字〔1999〕3号请示收悉。经研究认为，人民检察院对人民法院生效的判决、裁定提出抗诉，其后果是引起法院对案件的再审。你院请示中所述人民法院作出的中止诉讼裁定并不是对案件的最终处理，也不是诉讼程序的终结，人民法院无法进行再审。人民检察院对人民法院已经生效的中止诉讼的裁定，不宜提出抗诉。但是，人民法院已经生效的中止诉讼的裁定确属不当的，可采用检察意见的方式向人民法院提出。

最高人民检察院CPS多道心理测试鉴定结论能否作为诉讼证据使用问题的批复

四川省人民检察院：

你院川检发研〔1999〕20号《关于CPS多道心理测试鉴定结论能否作为诉讼证据使用的请示》收悉。经研究，批复如下：

CPS多道心理测试（俗称测谎）鉴定结论与刑事诉讼法规定的鉴定结论不同，不属于刑事诉讼法规定的证据种类。人民检察院办理案件，可以使用CPS多道心理测试鉴定结论帮助审查、判断证据，但不能将CPS多道心理测试鉴定结论作为证据使用。

国际检察官联合会第四届年会暨会员大会在北京闭幕

会议期间，来自80多个国家和地区的500多名中外检察官，围绕“欺诈犯罪与腐败犯罪”这一主题，就产生腐败与欺诈的原因、欺诈犯罪的表现形态、遏制腐败与欺诈的对策、惩治腐败与欺诈的国际合作等进行了深入而广泛的交流和探讨，并达成共识。代表们认为，随着腐败、欺诈犯罪的日趋国际化，为有效控制贪污腐化、弄权欺诈犯罪的蔓延，各国检察机关之间应加强交流与合作。34 名代表向大会作了精彩的专题发言。

在闭幕式上，最高人民检察院检察长韩杼滨代表中国组委会向各位代表给予大会的支持与合作表示衷心的感谢。他表示，坚决惩治腐败和欺诈，是中国政府的一贯方针。我国检察机关作为法律监督机关，通过履行各项法定职能，有力地打击腐败犯罪和欺诈犯罪，从而保障了我国社会的稳定，促进了经济发展。

韩杼滨说，中国反腐败和反欺诈的方针和策略，是根据我国的实际情况制定实施的，同时吸收了国外有益的经验。“他山之石，可以攻玉。”各国检察官代表在大会期间所阐述的惩治腐败和欺诈的理论和经验，对我国检察机关进一步有效地防止和遏制腐败与欺诈犯罪将起到积极的借鉴作用。中国检察机关将一如既往地同世界各国的检察机关加强交流与合作，为惩治和消除腐败、欺诈及其他犯罪而共同努力。

会议选举澳大利亚新南威尔士州检察长尼古拉斯·考德雷为新一届国际检察官联合会主席，并对国际检察官联合会执行委员会进行了改选，我国最高人民检察院外事局局长叶峰再次当选为国际检察官联合会执委会委员。

教育部北京市人民政府全国教育工会中国中小学幼儿教师奖励(教育)基金会在人民大会堂联合举行首都教育界庆祝教师节茶话会

首都优秀教师代表、荣获首届“烛光奖”的贫困地区农村中小学优秀教师代表、小学思想品德课和中学思想政治课优秀教师代表和全心全意依靠教职工办学的优秀书记、校长代表 300 余人，欢聚一堂，共同庆祝我国第十五个教师节。中共中央政治局常委、国务院副总理李岚清出席茶话会，代表党中央、国务院向全国广大教师和教育工作者祝贺节日。

李岚清指出，中共中央、国务院《关于深化教育改革全面推进素质教育的决定》将建设高质量的教师队伍单列一部分加以强调，充分说明了中央对教师的高度重视。实施素质教育的关键在教师。各级党委和政府必须采取切实有力措施，努力建设一支全面推进素质教育的高质量教师队伍。广大教师要热爱党、热爱社会主义祖国，忠诚于人民的教育事业；要有崇高的理想和高尚的道德情操，爱岗敬业，不断加强职业道德修养；要树立正确的教育观、质量观和人才观，全面贯彻党的教育方针，以培养学生的创新精神和实践能力为重点，造就“有理想、有道德、有文化、有纪律”的德智体美等全面发展的社会主义事业的建设者和接班人；要不断加强学习，努力提高素质，积极投身于教育教学改革，开拓进取，不断创新；要面向全体学生，尊重学生的身心发展特点，使学生生动活泼、积极主动地得到发展。

李岚清强调，各级党委和政府要认真贯彻实施教育法、教师法等教育法律、法规，依法行政，依法加强教师队伍建设，依法维护教师权益，采取切实措施保障和提高教师待遇，把国家已经出台的有关政策逐项落到实处，为广大教师和教育工作者创造工作、学习、生活的必要条件，多为教师办实事、办好事。

全国人大常委会副委员长曹志、许嘉璐，全国政协副主席、中国中小学幼儿教师奖励(教育)基金会理事长钱正英，全国政协副主席罗豪才以及全国人大教科文卫委员会、全国政协教科文卫体委员会、教育部、全国总工会和北京市人民政府的负责人也出席了茶话会。

教育部部长陈至立主持茶话会。茶话会上，北京市副市长林文漪、中国人民大学教授李强、北京八中教师汪艳分别致辞或发言，少先队员向教师节献了辞，北京市中小学金帆、银帆艺术团表演了精彩的文艺节目。

9 月 11 日

国家主席江泽民与美国总统克林顿在奥克兰新西兰总督官邸举行正式会晤

江泽民同前来参加亚太经合组织第七次领导人非正式会议的美国总统克林顿举行正式会晤。双方就中美关系以及共同关心的国际和地区问题坦诚地交换了意见。会晤是积极的、建设性的。

江泽民指出，中美作为世界上具有重要影响的大国，在维护世界和地区的和平与稳定、促进亚太和世界经济的发展等方面都负有重大的责任。我们两国的经济具有很强的互补性，各个领域的交流与合作有世大的潜力。我们应该本着相互尊重、平等相待、求同存异的原则，积极寻求我们共同利益的汇合点，扩大合作，缩小分歧。中美关系的稳定和健康发展不仅有利于中美两国，而且有利于世界。

克林顿表示，美国政府和他本人高度重视推进美中关系。在过去的 6 年多时间里，他一直作出努力，以稳定和发展美中关系。他表示，十分希望促使美中关系在一系列广泛领域里回到正常的轨道上来。

双方表示，中美两国将继续致力于建立面向 21 世纪的建设性战略伙伴关系。

江泽民着重就台湾问题阐述了中国政府的原则立场。江泽民说，李登辉抛出“两国论”两个多月以来，受到了全中国人民的强烈反对和谴责。总统先生也重申了美国支持一个中国的政策。现在，已有 100 多个国家重申坚持一个中国的严正立场。但李登辉执迷不悟，顽固坚持“两国论”的分裂立场。我们与李登辉的斗争是维护还是分裂中国主权和领土完整的斗争，在这个问题上，我们没有回旋余地。李登辉抛出“两国论”就是要破坏台湾海峡的和平局面，破坏两岸关系的发展，破坏中美关系的改善并且危及亚太地区的和平与稳定。事实证明，李登辉是麻烦制造者，是改善中美关系的绊脚石。

江泽民重申：我们在台湾问题上坚持“和平统一、一国两制”的基本方针，尽一切可能争取和平统一。现在，李登辉分裂祖国行动的升级已经激起了全中国人民的强烈愤慨。为维护国家主权和领土完整，我们绝不承诺放弃使用武力。

江泽民说，台湾问题历来是中美关系中最突出的问题，美国总有那么一些势力企图阻挠中国统一，同时美国的有些做法不能不令中国人民严重关切。中国早日完成祖国统一大业，不仅符合中国人民的根本利益，而且有利于维护亚太地区的和平与稳定，也有利于中美关系健康稳定的发展。

克林顿总统表示，他完全理解台湾问题是一个极其重要的问题，李登辉提出“两国论”后，他立即重申，美国政府坚持一个中国的政策，李登辉的“两国论”给中国和美国都制造了许多麻烦。他今天愿重申执行一个中国的政策。

双方还就中国加入世界贸易组织等问题交换了意见。江泽民说，中方对加入世贸组织一直持积极态度。中国加入世贸组织不仅是中国经济发展和改革开放的需要，也是建立一个完整开放的国际贸易体系的需要。在加入世贸组织问题上，我们始终坚持权利和义务的平衡。中国是公认的发展中国家，我们不会接受超出中国经济承受能力的条件，也不会为此而损害自己的国家利益。现在，中美已就中国加入世贸组织问题恢复了谈判，这具有积极的意义。最近，双方的谈判代表充分交换了意见，增进了相互了解，我们希望谈判能在平等互利的基础上进行，并争取早日达成协议。

克林顿说，美国支持中国尽早加入世贸组织，希望尽快成功地结束同中国的谈判，希望双方能为此进一步作出努力。

双方认为，此次两国元首的会晤将对谈判的进程起到积极的指导作用。

会见时，国务院副总理钱其琛、外交部部长唐家璇、外经贸部部长石广生、中央外事办公室主任刘华秋、外交部副部长杨洁篪等在座。美方参加会见的有国务卿奥尔布赖特、总统国家安全事务助理伯杰、商务部长戴利、贸易谈判代表巴尔舍夫斯基。

正在出席亚太经合组织（APEC）第七次领导人非正式会议的国家主席江泽民在奥克兰会见韩国总统金大中

《人民日报》转载《解放军报》评论员文章《我们为什么不承诺放弃使用武力》

在国内国际舆论的一片谴责声中，李登辉仍然一意孤行，将“两国论”列入国民党决议，并企图以其他法律形式将“两国论”加以确定。事实表明，这个丧失了民族良知的顽固分子，在分裂祖国的道路上已经越走越远。

在解决台湾问题上，只有和平与战争两种选择。作为中国领土不可分割的一部分，台湾在历史上饱经战乱，曾几番落入外国侵略者之手。为了捍卫祖国的领土完整，中国人民进行了艰苦卓绝的斗争。明代末年，郑成功扬帆渡海，挥师台湾，从荷兰殖民者手中夺回了宝岛；清朝初年，施琅百舸竞发，鏖战澎湖，实现了康熙大帝统一中国的抱负；“二战”期间，海峡两岸的中国人和世界反法西斯联盟并肩作战，打败了日本侵略者，使台湾重新回到祖国怀抱。历史上这几次解决台湾问题，不约而同都选择了武力的方式，是时代使然，历史条件使然。

新中国成立后，中国共产党在国家统一问题上，也面临着和平与战争两种选择。从 50 年代中期开始，中国共产党即尝试用和平的方式解决台湾问题。改革开放以来，务实而又深明大义的中国共产党人，为和平统一祖国做了大量卓有成效的工作。1979 年元旦，全国人大常委会发表《告台湾同胞书》，郑重宣告了中国政府和平解决台湾问题的大政方针，呼吁两岸就结束军事对峙状态进行谈判。1981 年国庆前夕，叶剑英委员长发表谈话，建议举行中国共产党和中国国民党两党对等谈判，实行第三次合作，共同完成祖国统一大业。邓小平同志是“和平统一、一国两制”基本方针的倡导者，他曾在多次讲话中详细阐明中国政府解决台湾问题的基本方针。他甚至承诺对台湾的政策更宽，除了解决香港问题的政策可以用于台湾以外，还允许台湾保留自己的军队。1995 年新春佳节之际，江泽民主席进一步提出了现阶段发展两岸关系、推动和平统一进程的八项主张，重申“在一个中国的前提下，什么问题都可以谈”，受到海内外华夏儿女的热烈拥护。可以说，中国共产党人一贯奉行和平统一祖国的主张，真正做到了诚心诚意，仁至义尽。而李登辉置民族统一大业于不顾，一而再、再而三地拒绝中国共产党和中国政府的主张，执意要把台湾从祖国版图上分裂出去。面对这种罪恶图谋，我们怎么能够承诺放弃使用武力呢？

不承诺放弃使用武力，是一种战略考虑，是完成祖国统一大业的可靠保证。如果作了这样的承诺，和平统一更成为不可能。实现祖国统一，是我们民族和国家的最高利益。在这个事关国家命运和民族前途的重大问题上，我们必须保证万无一失，才能对得起列祖列宗，对得起华夏子孙。如果传承了几千年的中华民族的完整河山在我们手中割裂、丢失，谁能担当得起这历史的责任？谁能负载得起这千古的骂名？目标的不可更改，决定了手段的多种选择。在维护国家主权和领土完整的问题上，我们不惜一切代价，不排除任何方式，包括迫不得已时使用武力。这是民族利益的必然要求，这是国家统一的战略需要。坚持这一方针，就是对中华民族的前途与命运负责，就是对中华民族的繁荣与发展负责，就是对中华民族的历史、现实和未来负责。

不承诺放弃使用武力，决不是针对台湾同胞的，而是针对台湾岛内一小撮分裂势力搞“台湾独立”的图谋的。在祖国统一的问题上，确有那么一小撮民族败类，充当外国势力的马前卒，总想把台湾从中国分裂出去。李登辉就是这股分裂势力的代表。从外交上不择手段地扩大台湾所谓的“国际生存空间”，到军事上大量购买国外现代化武器装备；从经济上千方百计阻挠两岸贸易往来，到政治上有恃无恐地抛出“两国论”，他走的就是一条分裂祖国的不归路。显然，岛内有这样的人掌权，只靠和平的一手是绝对不行的，还要准备武力解决的另一手，只有这样，才能遏制李登辉之流分裂祖国的行为，最终保证实现祖国统一。

不承诺放弃使用武力，是因为在国际上有外国势力的干涉。台湾问题纯属中国内政，之所以到今天还没有解决，一个重要的原因就是外国势力的干涉使问题复杂化了。西方有些国家从它们本国的利益出发，不愿意看到中国的统一，不愿意看到统一后的中国更加强大，因而不断插手中国内政，企图将台湾问题国际化，为两岸关系的改善和最终统一设置障碍。在这种情况下，我们不承诺放弃使用武力，对挟洋自重的李登辉是一种威慑，对为李登辉撑腰打气的外国干涉势力是一种制约，对中国政府捍卫国家主权和领土完整的决心是一种宣示，对中国人民解放军完成祖国统一大业的信心是一种昭告。

“止戈为武，文武成斌。”我们不承诺放弃使用武力，说到底是为了最大限度地争取和平统一、避免使用武力。江泽民主席最近再次明确指出：“世界上只有一个中国、台湾是中国领土不可分割的一部分，按照‘和平统一、一国两制’的基本方针解决台湾问题，是全体中国人民的共同愿望，是中国历史发展的大势所趋。”中国人民解放军坚决拥护中国政府的主张，希望用和平的方式解决台湾问题。但是，如果李登辉坚持分裂，执意要将台湾从中国分裂出去，搞“台湾独立”，我们也就别无选择。

李登辉必须承担由此造成的一切后果！

中共中央办公厅国务院办公厅中华人民共和国成立五十周年口号

1. 热烈庆祝中华人民共和国成立五十周年！

2. 热烈欢呼我国改革开放和社会主义现代化建设的伟大胜利！

3. 为把我国建设成为富强、民主、文明的社会主义现代化国家而奋斗！

4. 高举邓小平理论伟大旗帜，把建设有中国特色社会主义事业全面推向二十一世纪！

5. 高举邓小平理论伟大旗帜，坚持用邓小平理论武装全党教育人民！

6. 以经济建设为中心，坚持四项基本原则，坚持改革开放！

7. 抓住机遇，深化改革，扩大开放，促进发展，保持稳定！

8. 解放思想，实事求是，坚定不移地推进改革开放！

9. 社会主义社会的根本任务是发展生产力！

10. 维护和保持安定团结的社会政治局面！

11. 深化经济体制改革，建立和完善适应生产力发展要求的经济制度和经济体制！

12. 建立社会主义市场经济体制，积极推进经济体制和经济增长方式的根本转变！

13. 坚持公有制为主体、多种所有制经济共同发展的基本经济制度和按劳分配为主体、多种分配方式并存的分配制度！

14. 推进政治体制改革，发展社会主义民主，健全社会主义法制！

15. 依法治国，建设社会主义法治国家！

16. 坚持和完善人民代表大会制度！

17. 坚持和完善中国共产党领导的多党合作和政治协商制度！

18. 坚持和完善民族区域自治制度，巩固和发展平等、团结、互助的社会主义民族关系，实现各民族的共同繁荣！

19. 全心全意依靠工人阶级！

20. 自力更生，艰苦奋斗，勤俭建国，勤俭办一切事业！

21. 尊重知识，尊重人才，实施科教兴国战略！

22. 实行计划生育，保护资源和环境，实施可持续发展战略！

23. 加强农业基础地位，全面发展农村经济！

24. 坚定信心，勇于探索，大胆实践，开创国有企业改革和发展新局面！

25. 加强社会主义精神文明建设！

26. 以科学的理论武装人，以正确的舆论引导人，以高尚的精神塑造人，以优秀的作品鼓舞人！

27. 坚持为人民服务、为社会主义服务的方向和百花齐放、百家争鸣的方针，繁荣社会主义学术和文艺！

28. 发展卫生体育事业，提高国民身体素质！

29. 巩固和发展新时期的爱国统一战线！

30. 坚持“和平统一、一国两制”的方针，完成祖国统一大业！

31. 坚持对外开放的基本国策，努力提高对外开放水平！

32. 坚持独立自主的和平外交政策，为促进和平与发展的崇高事业、开创人类更加美好的未来而努力！

33. 讲学习、讲政治、讲正气！

34. 加强党风廉政建设，全心全意为人民服务！

35. 坚持、加强和改善党的领导，推进党的建设新的伟大工程！

36. 政治合格，军事过硬，作风优良，纪律严明，保障有力！

37. 积极推进军队建设和改革，把人民解放军的革命化、现代化、正规化建设提高到一个新水平！

38. 统一思想、坚定信心，抓住机遇、知难而进，团结一致、艰苦奋斗！

39. 万众一心、众志成城，不怕困难、顽强拼搏，坚忍不拔、敢于胜利！

40. 紧密团结在以江泽民同志为核心的党中央周围，同心同德，艰苦奋斗，以新的成就迎接新的世纪！

41. 向全国各族工人、农民、知识分子和干部致敬！

42. 向人民解放军和武装警察部队指战员、公安干警致敬！

43. 向各民主党派、各人民团体、各界爱国人士致敬！

44. 向香港特别行政区同胞和澳门同胞、台湾同胞、海外侨胞致敬！

45. 向一切关心和支持中国现代化建设的外国朋友和世界各国人民致敬！

46. 伟大的中华人民共和国万岁！

47. 伟大的中国共产党万岁！

48. 伟大的马克思列宁主义、毛泽东思想、邓小平理论万岁！

49. 全国各族人民大团结万岁！

50. 全世界人民大团结万岁！

外交部就中国对澳门恢复行使主权发表公告

中华人民共和国将自1999年12月20日对澳门恢复行使主权之日起，启用中华人民共和国澳门特别行政区护照和中华人民共和国澳门特别行政区旅行证。

中华人民共和国澳门特别行政区护照是中华人民共和国护照的一种，中华人民共和国澳门特别行政区旅行证是中华人民共和国旅行证件的一种。持上述护照和旅行证前往世界各国和各地区有效。中华人民共和国外交部请各国军政机关对持上述证件人员予以通行的便利和必要的协助。

根据《中华人民共和国澳门特别行政区基本法》第139条规定，中华人民共和国中央人民政府授权澳门特别行政区政府依照法律给澳门特别行政区永久性居民中的中国公民签发中华人民共和国澳门特别行政区护照；给在澳门特别行政区的其他合法居留者签发中华人民共和国澳门特别行政区旅行证。此外，按照国际惯例，中华人民共和国驻外国的外交代表机关、领事机关和中华人民共和国外交部授权的其他驻外机关也可办理签发澳门特别行政区护照和旅行证的有关事宜。

中华人民共和国外交部已开始通过外交或其他途径向世界各国提供中华人民共和国澳门特别行政区护照和中华人民共和国澳门特别行政区旅行证样本及有关说明材料，并希望各国和各地区积极考虑给予中华人民共和国澳门特别行政区护照和旅行证持有者免办签证的待遇。

《人民日报》发表评论员文章《期待着庄严的历史时刻——写在澳门回归倒计时一百天》

国家主席江泽民在奥克兰亚太经合组织工商界领导人峰会欢迎晚宴上发表讲话

江泽民出席一九九九年亚太经合组织工商界领导人峰会所举行的欢迎晚宴并讲话。

江泽民在讲话中首先扼要地介绍了中国经济发展的形势。他说，一九九七年爆发的亚洲金融危机，给本地区近年来持续发展的经济造成了严重的影响，对中国的经济发展也带来了相当大的冲击。中国政府果断采取扩大国内需求的措施促进经济增长，并为缓解这场金融危机的影响，支持有关国家走出危机，保持亚洲地区经济的稳定作出了自己的贡献。

江泽民说：“当前，中国政府正在努力实施扩大内需的政策，综合运用财税、货币等宏观调控手段，促进经济增长。今年上半年国内生产总值增长了百分之七点六。我们将进一步增加有效需求，加快基础设施建设，推进企业技术进步和产业升级，保持农业稳定发展，积极开展环境治理和生态建设，深化国有企业改革，调整经济结构，提高经济增长的质量和效益。我们将一如既往地坚持改革开放政策。中国经济和现代化建设的前景是光明的。”

江泽民指出，经济全球化趋势的进一步发展，是当今世界科技快速进步、产业结构深刻调整和市场急剧变动的产物，也是当今世界经济的一个重要特点。经济全球化趋势给世界各国带来发展的机遇，也带来严峻的挑战和风险。它像一把双刃剑，在促进市场开放、加强竞争、提高效率的同时，也向各国特别是发展中国家提出了如何维护自己经济安全的新课题。

解放军南京广州战区举行诸军兵种联合渡海登陆作战实兵演习

9月上旬，中国人民解放军南京、广州战区陆海空三军、第二炮兵和民兵预备役部队，在浙东、粤南沿海举行了大规模的诸军兵种联合渡海登陆作战实兵演习。

中共中央政治局委员、书记处书记、中央军委副主席张万年观看和指导了演习，并代表江泽民和中央军委向参加演习的三军指战员表示慰问。

演习结束后，张万年检阅参演部队并做讲话。他指出，最近，李登辉公然背离一个中国的根本原则，大肆鼓吹所谓“两国论”，彻底暴露了他企图把台湾从中国领土分裂出去的狂妄野心，是对祖国和平统一的蓄意破坏，是对全体中国人民的严重挑衅。这次渡海登陆作战实兵演习，充分显示了我军捍卫国家主权和领土完整的坚定立场和坚强决心，展示了我军维护祖国统一的强大实力。我们严正警告李登辉，玩火者必自焚！祖国统一是大势所趋，人心所向。任何分裂势力想要逆历史潮流而动，都不过是螳臂当车，不自量力，必将碰得头破血流，自取灭亡。

张万年强调指出，我们解决台湾问题的基本方针仍然是“和平统一，一国两制”，但我们绝不承诺放弃使用武力。中国人民解放军将坚定不移地以国家意志为最高意志，以民族利益为最高利益，有决心、有信心、有能力、有办法捍卫国家主权和领土完整，绝不容忍分裂祖国的图谋得逞，绝不坐视任何一寸土地从中国的版图上分裂出去。中国人民解放军正密切注视着事态的发展，随时准备粉碎任何分裂祖国的罪恶行径！

全国交通战备工作会议在北京召开

中共中央政治局委员、中央军委副主席、国务委员兼国防部部长迟浩田在会议上强调，一定要增强做好交通战备工作的使命感和责任感，坚持平战结合、军民结合的原则，促进交通战备建设与国家交通建设的协调发展，努力开创交通战备工作新局面。国务委员、国务院秘书长王忠禹，中央军委委员、总后勤部部长王克出席会议并讲了话。

会议以江泽民主席关于加强国防建设的重要指示为指导，围绕军事斗争准备的需要，对新形势下加强交通战备建设进行了研究部署。

迟浩田指出，国防交通是构成国防实力的重要内容，在加强军事斗争准备、维护国家安全和稳定方面具有不可替代的重要作用。当前国际形势总体上趋向缓和，和平与发展仍然是时代的主流。但是，霸权主义和强权政治又有新的发展，军事干涉主义进一步抬头，世界局势依然动荡不安，天下仍很不太平，我国安全环境正面临着新的严峻挑战。尤其是李登辉公然抛出“两国论”，彻底暴露了他分裂祖国的反动政治本质。大家一定要认清形势，增强忧患意识和敌情观念，居安思危，常备不懈，加紧做好各项交通战备工作，为维护祖国统一、保卫国家安全作出贡献。

迟浩田强调，交通和通信既是国民经济的动脉和神经，也是保障军队作战的“生命线”。我们要把交通战备建设纳入国家交通建设的总体规划，促进交通战备建设与国家交通建设协调发展。各级交通战备部门，要不断适应国防需求，切实抓好战备落实，始终把满足军事斗争需要作为交通战备工作的出发点和落脚点，在进行交通通信建设，特别是港口码头、高速公路、干线铁路、骨干机场、重要枢纽等建设中，要充分考虑国防要求。

迟浩田指出，要发挥人民战争优势，提高应急交通保障能力。当前，要在加强国防交通设施建设的同时，立足现有条件，着眼未来发展，依靠科技进步，把交通动员工作搞得更加扎实有效。要按照精干管用的要求，大力加强交通保障队伍建设。要认真研究高技术条件下交通保障的运输、抢修、防护一体化问题和各种运输方式综合运用问题，研究社会主义市场经济条件下交通动员的途径和办法。

王忠禹在讲话中指出，各级人民政府和国务院各部门要进一步增强国防意识，正确处理国防建设与经济建设的关系，使之协调发展。要站在国家安全的战略高度，提高做好交通战备工作的紧迫感和责任感，高度重视并认真抓好交通战备工作的落实。在国家和地方交通通信建设中，要坚持平战结合的原则，把战时的需要寓于平时建设之中，在编制国民经济发展计划时充分考虑国防建设对交通通信网络布局、线路走向和控制点等方面的要求。各级政府要按照中央有关文件的要求，结合政府机构改革，加强交通战备组织机构建设。各级交通通信主管部门要加强与交通战备部门的沟通，为交通战备部门开展工作创造条件。有关企业在进行经营机制和管理体制改革中，要把交通战备工作摆在重要位置，保持战备机构的稳定，切实做好各项交通通信战备工作，确保完成交通保障任务。

王克在讲话中强调，军队各级后勤，尤其是军事交通运输部门，一定要认真贯彻中央军委新时期军事战略方针，紧密结合军事斗争任务，提出军事需要，主动与有关部门搞好协调，积极会同有关方面抓好工作落实，不断提高交通设施的综合运用能力、交通保障力量的快速反应能力、交通线的防护再生能力、交通运输工作的平战转换能力。

西安举行西北农林科技大学成立大会国务院副总理李岚清在会上强调实施西部大开发科技教育要先行

以“强我中华，重任在肩”为主题的全国大学生演讲邀请赛在国防大学拉开帷幕

中宣部等六部门决定开展第二届全国推广普通话宣传周活动

中宣部、教育部、人事部、广电总局、解放军总政治部和国家语委最近决定，于9月12日至18日开展第二届全国推广普通话宣传周活动，并确定今年宣传周的主题是“推广普通话，迎接新世纪”。

张艺谋导演的电影《一个都不能少》获第五十六届威尼斯电影节最佳影片奖金狮奖

第四届城运会在西安隆重开幕

全国残疾人扶贫工作会议在哈尔滨召开

9月12日

正在出席亚太经合组织第七次领导人非正式会议的国家主席江泽民在奥克兰会见俄罗斯总理普京

江泽民祝贺普京就任俄罗斯总理，并祝贺他工作顺利。

江泽民指出，世界应是多极化的，中国和俄罗斯都支持世界的多极化。中俄两国都坚持反对一切形式的霸权主义和强权政治，并将继续为维护地区及世界的和平与稳定作出努力。

普京总理表示俄罗斯政府高度评价同中国在各个领域的合作关系。俄罗斯认为，在当前的国际形势下，俄罗斯应在各方面同中国建立战略协作关系，并进一步扩大同中国的经贸合作。

普京说，俄罗斯政府已通过决议，要隆重庆祝中华人民共和国成立50周年和俄中建交50周年。普京还强调，俄罗斯在台湾问题上一贯坚持一个中国的立场。

国家主席江泽民在奥克兰会见菲律宾总统埃斯特拉达

国家主席江泽民在奥克兰会见秘鲁总统藤森

国家主席江泽民在奥克兰会见墨西哥总统塞迪略

国家主席江泽民在奥克兰会见日本首相小渊惠三

国家主席江泽民在奥克兰会见巴布亚新几内亚总理莫劳塔

《人民日报》发表评论员文章《中华民族利益的出卖者——三评李登辉及其“两国论”》

国务院总理朱镕基在河北考察工作

朱镕基9月12日至15日在河北省考察工作。

9月13日，朱镕基在河北省委书记叶连松、省长钮茂生的陪同下，考察了邯钢第三炼钢车间、八十万吨薄板连铸连轧工程施工现场，并同部分国有企业负责人进行座谈。

朱镕基指出，今年以来，国有企业改革和发展趋势良好，集中表现为国有和国有控股企业经济效益明显回升，大部分地区减亏增盈，多数行业利润增加、扭亏为盈或减少亏损，一批大中型企业已经和正在摆脱困境。这表明国有企业改革和发展出现新的重要转机，大大增强了人们对搞好国有企业的信心。这些成绩的取得，一是证明中央确定的国有企业改革的方针政策是正确的；二是说明去年以来中央采取扩大内需、拉动经济增长的决策，以及一系列加大国有企业改革和脱困力度的措施已见成效。同时，也是各地区、各部门团结奋战的结果。

朱镕基强调，打好国有企业改革攻坚战，推动国有企业健康发展，仍然是一项重要而艰巨的任务。当前尤其是要突出抓好三个环节：一是高度重视和切实加强企业管理，重点搞好成本管理、财务管理、质量管理，尽快改变相当一部分企业决策随意、制度不严、财务混乱、纪律松弛的状况。二是以市场为导向，适应市场变化，抓好技术改造、技术开发和技术进步，调整产品结构，提高产品质量，这是企业在激烈的市场竞争中立于不败之地的根本措施。三是建立与现代企业制度相适应的灵活的收入分配制度，特别要建立有效的激励机制，奖惩严明，这样才能充分调动企业经营者和广大职工群众的积极性。他指出，邯钢是国有企业的一面红旗，邯钢经验体现了社会主义市场经济发展的要求，符合建立现代企业制度的方向，要进一步深入学习和推广。

9 月 14 日至 15 日，朱镕基出席国务院在石家庄召开的七省粮食工作座谈会。国务委员、国务院秘书长王忠禹主持座谈会。国家发展计划委员会副主任王春正就粮食流通体制改革情况作了调研汇报。吉林省副省长杨庆才、黑龙江省副省长王振川、安徽省副省长张平、江西省副省长蒋仲平、河南省副省长陈全国、四川省副省长王恒丰和河北省副省长才利民，分别介绍了本省粮改进展情况。

朱镕基在会上指出，由于各级党委、政府和有关部门的高度重视，粮食流通体制改革取得了明显成效。按保护价敞开收购农民余粮的政策基本得到落实。国有粮食购销企业顺价销售力度加大，经营状况好转，亏损减少。粮食收购资金基本实现封闭运行。粮食购销企业自身改革取得一定进展。粮食收购市场管理进一步加强。他说，正是由于粮食流通体制改革的顺利推进，才能够在粮食连年丰收、出现阶段性供过于求的情况下，避免了粮价大起大落，有效保护了农民的利益，这对于促进国民经济持续发展和社会稳定起到了至关重要的作用。实践证明，中央制定的粮食流通体制改革的方针政策是完全正确的，必须坚定不移地贯彻执行，决不能有丝毫动摇。

朱镕基指出，必须清醒地看到，粮食流通体制改革进展还不平衡，一些新的矛盾和问题需要认真研究解决。有的地方没有完全做到按保护价敞开收购农民余粮，把优质优价变成压级压价，甚至限收拒收；有的地方亏本低价销售粮食，扰乱了市场秩序，严重影响了粮食购销企业顺价销售；粮食市场管理存在一些薄弱环节；国有粮食购销企业改革滞后，人员多、费用高、竞争力低的局面还未得到根本扭转。他指出，解决这些问题，必须在坚定不移地贯彻执行"三项政策、一项改革"的基础上，完善相关政策和措施，继续深化粮食流通体制改革。

朱镕基强调，按保护价敞开收购农民余粮事关重大。只有做到这一点，才能避免谷贱伤农，保护农民利益；才能掌握粮源，促进粮食购销企业顺价销售。实行优质优价政策，是为了调动农民发展优质粮生产积极性，促进农业结构调整，绝不能以此为借口压级压价、停收限收。由于某些地方没有完全执行按保护价敞开收购余粮的政策，使农民售粮困难，收入下降，引起一些人又提出放开粮食收购的要求。实际上在当前粮食总量供过于求、粮食库存很大、农民手中余粮甚多的情况下，放开收购不仅势必引起粮价大幅度下降，挫伤农民积极性，而且也不能增加销售，反而会扰乱市场秩序，影响顺价销售，加大国家对粮食企业的亏损补贴负担。

朱镕基强调，当前必须坚定不移地执行国家的粮改政策，最重要的是执行敞开收购农民余粮的政策。为了保护农民的利益，促进国民经济的发展，即使粮食库存再增加，财政补贴再加大，也是国家必须付出的代价。各级政府要加强对执行按保护价敞开收购余粮政策情况的监督检查，对违背政策的要严肃处理。要继续加强收购市场管理，严厉打击非国有粮食企业违法收购、运销粮食的行为。对批准入市收购的大型农业产业化龙头企业、饲料生产企业和粮食出口企业，要掌握标准，严格审批，加强监管。粮食销售市场要进一步放开搞活，积极培育县以上粮食批发市场，零售市场、集市贸易要常年开放。

朱镕基说，要采取多种措施，促进粮食顺价销售。加大粮食企业改革力度，着力抓好下岗分流、减员增效工作，加强内部管理，把过高的成本降下来，这方面的潜力很大。他指出，促进粮食销售必须坚持顺价，决不允许亏本销售。现在一些地方亏本降价竞销，必须坚决制止。各地方、各企业必须认真执行国家规定的顺价销售原则。要加强价格管理，搞好粮食产区的价格衔接协调，制止不正当价格竞争，维护市场秩序。

朱镕基指出，当前粮食流通中的诸多矛盾和困难，从根本上说是由于粮食总量的供过于求。这种状况是由于我国人民的消费水平低，粮食转化程度不高。为此，在不断推进粮食流通体制改革的同时，要加快农业和粮食生产结构调整，促进粮食总量和结构的平衡。要加大退耕还林、还草、还湖力度，既可缓解粮食供过于求的矛盾，又可以改善生态环境，同时，通过以粮代赈，解决贫困地区的口粮问题，支持农业和农村基础设施建设。要以市场为导向，调整粮食种植的品种结构，扩大专用和优质品种的生产。发挥地区比较优势，因地制宜扩大经济作物种植。适应人民生活水平的提高，进一步发展粮食深加工和畜牧、饲养业，大力促进粮食转化。

陪同朱镕基考察河北工作、参加粮食工作座谈会的有关部门负责人有王春正、盛华仁、胡富国、陈耀邦、段应碧、马凯、石秀诗、楼继伟、王众孚、邵秉仁、魏礼群、尹成杰、谢旭人、高铁生、李伟等。

国家主席江泽民出席亚太经合组织领导人与工商咨询理事会代表对话会

江泽民在奥克兰出席亚太经合组织领导人与亚太经合组织工商咨询理事会代表对话会并就经济技术合作问题发表讲话。

江泽民说，企业是推动经济发展的主力。面对经济全球化和知识经济的挑战，一个企业要在激烈竞争中立于不败之地，就必须提高自身的发展能力和参与国际竞争的能力。对此，江泽民谈了三点看法：

一、重视人力资源开发，要培养具有国际商业头脑和全球化经营战略的企业家。企业家的素质已成为现代企业发展和促进经济增长的重要因素。亚太经合组织通过的《中小企业行动计划》及《吉隆坡技能开发行动计划》已将企业家的培训作为亚太经合组织合作的重点领域之一。

二、建立和完善现代企业制度，提高企业的管理水平。两年来的亚洲金融危机使每个企业都经受了考验。调整结构、优化组合、提高管理水平和建立现代企业制度已成为企业面临的迫切任务。希望企业界通过制度创新，提高效益，增强自身的应变能力。

三、加强经济技术合作，提高企业创新能力。科研开发、技术创新已成为提高企业竞争能力的重要途径。《走向二十一世纪的亚太经合组织科技产业合作议程》为企业开展这一领域的合作确立了原则和框架。我希望更多的亚太经合组织成员企业利用这一机制深化科技产业的合作。

国务院副总理钱其琛在奥克兰应约会见美国国务卿奥尔布赖特和总统国家安全事务助理伯杰

钱其琛表示很高兴有机会与奥尔布赖特和伯杰再次见面。他说，11日，江泽民主席和克林顿总统在坦诚的气氛中进行了很好的会晤。近年来，中美关系有发展，也有困难，其中有些经验教训应当汲取。双方应共同努力，把中美关系推向前进。

奥尔布赖特和伯杰对有机会同钱其琛会见表示非常高兴。奥尔布赖特说，美中两国元首11日进行的会晤是十分有意义的。美国珍视美中两国之间的广泛关系，这种关系对于美中两国来说都是极其重要的。

伯杰说，他对克林顿总统和江泽民主席1993年首次在西雅图的会晤至今记忆犹新。当时，两国元首都表示，美中关系在进入下一世纪时，应变得更加强有力，两国应进行更多的合作。此后6年来，美中两国关系有发展，也遇到一些困难，但我们总能克服这些困难。美方认为，11日美中两国元首的会晤揭开了两国关系新的一页，双方应继续努力合作，以扩大我们的共同利益。

关于台湾问题，美方表示，美国对这一问题的重要性有充分的理解。对中国加入世界贸易组织问题，美方表示，希望双方缩小分歧，在双方都可接受的基础上达成协议。

钱其琛说，关于台湾问题，中美双方多次交换过意见。11日克林顿总统说，李登辉提出“两国论”既给中国、也给美国制造了许多麻烦，这是符合实际的。他指出，我们解决台湾问题的基本方针是“和平统一、一国两制”，而且我们将继续朝这一方向努力。他希望美国政府谨慎妥善地处理好台湾问题。

钱其琛阐述了中方在加入世贸组织问题上的原则立场。他表示对中美两国恢复就此问题的谈判感到高兴，希望双方缩小分歧，使这一问题早日得到解决。

在谈到当前国际形势时，钱其琛说，当前国际上存在不少问题，包括地区冲突。解决这些问题仍应遵循相互尊重主权和领土完整、互不干涉内政、和平解决争端等国际关系基本准则，这些准则并没有过时。

奥尔布赖特说，美国也认为，世界是多极的，美愿同中国、俄罗斯、欧盟等进行合作，并重视联合国的作用。

双方还就一些国际和地区问题交换了意见。

外交部部长唐家璇和中央外事办公室主任刘华秋等会见时在座。

国务院副总理李岚清为第二届全国推广普通话宣传周发出书面讲话《大力推广普通话，促进语言文字规范化 为现代化建设营造良好的语言环境》

《中华人民共和国50年图集》出版

该书由中国革命博物馆编纂、上海世纪出版集团上海人民出版社出版。

全国计划生育法制建设工作会议在湖北宜昌召开

国家计生委副主任杨魁孚指出，要坚决贯彻落实依法治国方略，全面推进计划生育法制建设，提高依法行政水平，推动我国人口与计划生育事业稳定、健康地发展。

会议反映，近年来各级计划生育部门积极探索计划生育法制工作的规律和有效途径，初步建立了依法管理的秩序。但是，部分领导对依法行政重视不够，法律、法规体系不完备，有法不依、执法不严、违法不究的问题在一些地方仍较严重，行政侵权行为依然存在。

会议提出，到2005年，要基本形成具有中国特色的计划生育法律、法规框架体系，初步建立以综合治理人口与计划生育为特征、以维护和实现公民合法权益为目标的法律制度和基层管理制度，全面推行计划生育行政执法责任制度，进一步完善执法检查监督体系，基层管理和服务基本实现规范化、法制化、科学化，基本杜绝违反“七个不准”规定的现象，党群、干群关系明显改善，人民群众基本满意，群众基本做到依法生育。

9 月 13 日

国家主席江泽民出席在奥克兰博物馆举行的亚太经合组织领导人非正式会议

国家主席江泽民在亚太经合组织第七次领导人非正式会议上讲话

希普利总理，

各位同事：

我很高兴来到美丽的奥克兰出席这次会议。请允许我对希普利总理的盛情邀请和新西兰政府的周到安排，表示衷心的感谢！

今年是亚太经合组织成立十周年。十年来，亚太经合组织坚持推进经济合作、实现共同繁荣的宗旨，在各成员的共同努力下，不断发展壮大，已经成为亚太地区乃至世界上最重要的经济合作组织之一。总结亚太经合组织的发展历程，我认为有五条成功的经验可以记取。

一是坚持亚太经合组织的经济论坛性质，集中精力开展区域经济合作。这是亚太经合组织发挥积极作用、保持旺盛生命力的根本前提条件。

二是亚太经合组织逐步形成了自己独特的合作方式，即大家公认的“APEC 方式”。这一合作方式承认多样性，强调自主自愿、协商一致、灵活渐进等原则。实践证明，这些原则对保证各成员的经济合作沿着正确的方向发展，发挥了重要的作用。

三是按照多样性特点的要求，在实施贸易投资自由化的同时，照顾各成员的经济发展水平和承受能力，规定两个时间表，不强求一致。

四是重视经济技术合作，努力推动科技交流、技术合作和技术转让，以及在基础设施建设、人力资源开发等领域的合作，使经济技术合作与贸易投资自由化这两个轮子一起转，共同承载亚太经合组织前进。

五是根据形势的发展变化，加强对金融问题的研究和探讨，并对维护正常金融秩序、共同防范金融风险采取相应的措施。

二十世纪即将过去，新世纪的曙光已经出现。亚太经合组织向何处去，这是我们各成员的领导人都在认真思考的问题。亚太的发展离不开世界。当前，国际形势总体上仍然趋向缓和，但天下并不太平。和平与发展这两大问题至今一个也没有解决，而且面临新的挑战。世界上不稳定和不确定的因素明显增加。人们普遍感到这个世界还很不安定。在这样复杂的形势下，我们这些领导人，更需要从本国人民和世界人民的根本利益出发，顺应历史的潮流，坚持不懈地推进和平与发展的崇高事业，努力使我们生活的亚太地区，在二十一世纪成为一个和平、稳定、发展、繁荣的地区。摆在亚太经合组织面前的任务有两个，一是坚定不移地维护亚太地区和平稳定的局面；二是进一步促进亚太地区经济的增长。在这两个方面，亚太经合组织都可以也必须发挥应有的作用。我认为，要使亚太经合组织保持生命力，为地区和世界经济繁荣作出更大的贡献，应该做好六个方面的工作。

第一，积极促进亚太地区经济的共同繁荣。亚太经合组织各成员都在不同程度上受到亚洲金融危机的影响，有的受到巨大损失。克服这些影响，促进各成员经济的普遍发展，这是我们共同面临的任务，也是当务之急。各成员特别是发展中成员，要继续加强自身经济结构的调整和改革。同时发达成员要积极提供有利条件，包括实施积极负责的财政和货币政策，保持主要货币汇率的稳定，为促进地区经济的全面发展与繁荣创造良好的环境。亚太经合组织要在加强各成员，特别是加强发达成员与发展中成员之间宏观经济政策的协调与对话，缩小经济全球化趋势带来的负面影响等方面，进一步发挥自己的作用。

第二，积极深化区域经济技术合作，为亚太地区的中长期发展打下良好的基础。各成员在发展经济的同时，应着眼长远，更加注重自身能力的建设，并致力于解决影响区域经济长远发展的一些深层次问题。要推动经济技术合作取得实质性进展，特别是要加强在科技交流、人力资源开发、基础设施建设等方面的合作，进一步改善投资和贸易环境，以保证亚太经济的稳定持续发展。

第三，积极稳妥地推动贸易投资自由化进程，促进多边贸易体制的健康发展。亚太经合组织的贸易投资自由化已取得了长足的进展，特别是发展中成员为参加这一进程，克服了许多困难，作出了很大的努力。但令人遗憾的是，亚洲金融危机发生后，针对发展中成员的形形色色的贸易保护主义有所滋长。这不利于受到危机严重损害的成员的经济恢复，也不利于多边贸易体制的发展，对发达成员自身也没有好处。各成员特别是发达成员应从区域经济合作的大局出发，采取切实有效的措施，抑制贸易保护主义，进一步向发展中成员开放市场，扩大区域贸易。世界贸易组织对促进全球贸易增长发挥了重要作用，但它还缺乏完整性和代表性。亚太经合组织作为在国际经济事务中有重要影响的组织，应该为维护各成员的利益，完善多边贸易体制作出应有的贡献。

第四，积极加强国际金融领域的合作，推动建立公正合理的国际金融新秩序。金融是现代经济的核心。国际金融的稳定，关系到亚太经合组织各成员的切身利益，关系到地区经济的稳定和发展。抵御金融风险，防止金融危机的再度发生，是各成员的重要任务。为此，要改革和完善国际金融体制，促进国际金融市场安全有序地运行。特别是发达成员，要加强对国际金融流动的监管，遏制国际游资的过度投机，帮助发展中成员提高预测和防范能力。同时，要尊重有关国家和地区为克服金融危机的影响所作出的自主选择，不要将自己的制度和模式强加于人。

第五，积极维护亚太经合组织发展的正确方向，保持亚太经合组织的生机与活力。亚太经合组织有着与其他组织不同的独特的“APEC 方式”。坚持这个合作方式，亚太经合组织就能发展；试图修改或放弃这个合作方式，亚太经合组织的发展就必然会遇到困难和挫折。不论何时，都要坚持亚太经合组织的基本原则，以利为促进亚太地区的稳定和繁荣作出更大的贡献。

第六，积极推进亚太经合组织发展中成员间的互利合作。第二次世界大战以后，广大第三世界国家迅速崛起，特别是东亚发展中国家和地区创造了举世瞩目的经济成就。发展中国家尽管还面临不少困难，但始终是国际舞台上一支重要力量。它们地大物博，人口众多，具有巨大的发展潜力。加强南南合作，是所有发展中国家的共同愿望，也是当今国际关系中一个重要问题，它标志着历史发展和世界进步的方向。亚太经合组织的发展中成员应发挥各自的特长，积极进行优势互补，广泛开展南南经济合作，促进共同发展和共同繁荣。

我们高兴地看到，经过两年的艰苦奋斗，亚太地区一些国家的经济已从金融危机的影响中走出了低谷，逐步恢复增长，正在朝着好的方向发展。这是令人鼓舞的。让我们各成员共同把握机遇，从各自的实际情况出发，加强相互协调与合作，为促进亚太地区经济的全面发展与繁荣而作出不懈的努力！

谢谢各位。

全国人大常委会委员长李鹏在人民大会堂会见英国上议院议长兼法律大臣欧文勋爵

全国人大常委会委员长李鹏在人民大会堂会见法国参议院议长蓬斯莱

全国政协主席李瑞环在人民大会堂会见由法国参议院议长克里斯蒂安·蓬斯莱率领的法国参议院代表团

对外贸易经济合作部部长石广生在奥克兰同美国贸易代表巴尔舍夫斯基就中国加入世界贸易组织问题再次举行会谈

会谈中，双方各自阐述了对中国加入世贸组织问题的立场，进一步增进了相互了解。双方表示将继续就这一问题进行会谈，争取早日达成协议。

外交部部长唐家璇在奥克兰新闻中心记者招待会上就亚太经合组织第七次领导人非正式会议中美关系世界贸易组织等问题回答记者提问

唐家璇说，亚太经合组织第七次领导人非正式会议刚刚结束，与会领导人就本地区经济发展、亚太经合组织的合作现状与发展前景等进行了深入的讨论，并通过了领导人宣言。中国方面对这次会议的结果表示满意，原因可以概括为五点：

一、与会领导人对本地区经济复苏的现状和今后发展前景都表示乐观，认为亚太经合组织成员应进一步加强合作，巩固复苏的势头，为亚太地区经济长远发展奠定基础。

二、与会领导人回顾和总结了亚太经合组织 10 年以来的经验，而且强调亚太经合组织贸易投资自由化同经济技术合作应平衡发展。

三、与会领导人强调了充分执行乌拉圭回合有关协议的重要性，主张世贸组织有关谈判应该充分反映和照顾发展中成员的利益与要求，支持加快亚太经合组织中非世贸组织成员的“入世”进程。

四、作为加强技术合作的具体内容，这次会议主张加强在人力资源的开发和基础设施建设等领域的合作，帮助发展中成员提高经济发展水平和能力，实现亚太经合组织缩小差距、共同繁荣的目标。

五、江泽民主席在会上发表了重要讲话。他指出，亚太经合组织应积极深化区域经济技术合作，积极稳妥地开展和推动贸易投资自由化进程，促进多边贸易体制的健康发展和积极加强国际金融领域的合作。江主席的讲话在会上受到了普遍欢迎和重视。

在回答有关亚太经合组织未来发展方向的提问时，唐家璇说，亚太经合组织 10 年来的发展历程充分证明，要保持其活力，亚太经合组织必须坚持三点：一是必须要坚持亚太经合组织经济论坛的性质，专注经济合作；二是要坚持“亚太经合组织方式”，即承认多样性、灵活性，协商一致，自主自愿，循序渐进，这样有利于充分反映不同发展水平成员的利益；三是坚持贸易投资自由化和经济技术合作齐头并进，如同车子的两个轮子，这样才能增强亚太经合组织的凝聚力，巩固复苏势头，实现亚太经济持续、稳定的发展。

中共中央政治局常委李岚清在陕西考察

李岚清近日在陕西考察了杨凌农业高新技术产业

示范区的建设情况，并参加了 9 月 11 日在此举行的西北农林科技大学成立大会。李岚清强调，实施西部大开发，科技教育要先行。

李岚清充分肯定了杨凌农业高新技术产业示范区的建设成绩。他指出，示范区建设两年来，科研教学和生活环境发生了明显变化，过去这个集中了 4000 多位农林水利科研教学人员的“农科乡”正在变成“农科城”，这说明建设示范区的决策是正确的。李岚清说，早在 1997 年，江泽民总书记就提出要“再造一个山川秀美的西北地区”，今年他在考察陕西时又进一步指出：实施西部地区大开发，对于推进全国的改革和建设，对于国家的长治久安，具有重大的经济意义和政治、社会意义。这是向全党、全国人民发出的伟大号召。西部地区大开发是党和国家的重大战略任务，没有西部地区的现代化，就没有全国的现代化。怎样进行西部大开发？首先思想观念要有一个大的转变。不能再走消耗资源、破坏生态的老路了。再造“山川秀美”是大西北开发的方向。要认真研究省情，抓住优势，发展特色产业。实施西部大开发，教育科技要先行。在知识经济时代，知识和人才是发展的最大资本。西部地区只有充分发挥知识和人才的优势，才能实现跨越发展，缩短和东部地区的差距。杨凌示范区的建设和调整合并组建西北农林科技大学，是为了更好地集中力量培养农林水利高水平人才，实行产学研结合，出更多科研成果并实现产业化，推向市场，这是落实十五大精神，贯彻江泽民总书记指示的重大措施。要站在面向 21 世纪发展的高度，从解决我国西部地区农、林、水问题的高度，认识建设杨凌示范区的意义。杨凌示范区要抓住机遇，解放思想，大胆创新，实事求是，崇尚实干。在示范区内要首先推广运用先进的农业生产技术和经营组织模式。农业高新技术项目要一个个抓，一个个推广。杨凌要率先实现“山川秀美”。要以西北农林科技大学为依托，做好科技成果产业化这篇文章，为植树种草，绿化杨凌，绿化陕西，绿化大西北提供人才和科技支撑。杨凌农业高新技术产业示范区要从人才、技术、信息、产业化、生态环境建设等方面为干旱半干旱地区的可持续发展作出示范，为西部大开发作出贡献。

西北农林科技大学由位于杨凌的西北农业大学、西北林学院、中国科学院水利部水土保持研究所、水利部西北水利科学研究所、陕西省农业科学院、陕西省林业科学院和陕西省中国科学院西北植物研究所等 7 个科教单位合并组建而成，是我国第一所由大学和科研院所合并组建的高等学校。在成立大会上，李岚清要求，西北农林科技大学要优化配置科技、教育资源，发挥整体优势，打破条块分割，推动产学研紧密结合，提高办学质量和科研水平，为开发西部地区培养高素质人才，为西部地区特别是干旱、半干旱地区的生态环境建设提供高水平的科技支持。大学的发展要和示范区的建设紧密结合起来，积极跟踪世界农业科技发展的新趋势，逐步建立起结构合理、整体功能优化、产学研一体的科教新体制和开放、流动、竞争、协作的运行机制，用改革的办法、按照社会主义市场经济体制的要求来办教育、搞科研，多出人才和科技成果，加速科技成果的转化。

李岚清还强调，要继续发挥省部共建的优势，齐心协力，目标一致，把示范区建设得更快更好，以实际行动落实今年召开的全国教育大会和技术创新大会精神。

在陕期间，李岚清还考察了西安飞机制造公司、西安交通大学，并听取了陕西省委、省政府的工作汇报。

全国人大常委会委员长李鹏会见日中经贸中心代表团

教育部负责人谈国家承认的高等学历

教育部有关部门负责人说，国家承认的学历在高等教育方面有专科（含高职）、本科、研究生（含硕士、博士）教育，另外还有第二学士学位。经国家教育主管部门批准具有学历教育资格的普通高等学校（含培养研究生的科研单位、军队高校及科研单位）、成人高校、民办高校所颁发的学历证书，国家予以承认。

哪些是经国家批准具有学历教育资格的高等学校？据介绍，每年四五月份，教育部在《中国教育报》上登载当年具有学历教育招生资格的普通高等学校（含民办）、成人高等学校名单，没被公布的学校当年没有学历教育招生资格。国家鼓励企业事业单位、社会团体及其他社会组织和公民等社会力量依法举办高等学校，但不是凡举办（民办）的高等学校都具有学历教育招生资格和能颁发毕业证书。具有学历教育招生资格的民办高等学校目前有 25 所，它们是：民办天狮职业技术学院、民办万成经贸职业学院、民办黑龙江东方学院、民办东海职业技术学院、民办新侨职业技术学院、民办杉达学院、民办三江学院、民办明达职业技术学院、民办浙江树人学院、民办三联职业技术学院、民办金华职业技术学院、民办福建华南女子职业学院、仰恩大学、民办蓝天职业技术学院、民办青岛滨海职业学院、民办山东万杰医学高等专科学校、民办中原职业技术学院、民办黄河科技学院、民办长江职业学院、湘南医学高等专科学校、民办南华工商学院、私立华联学院、民办培正商学院、民办白云职业技术学院、民办四川天一学院。这些学校所招学生都经省级招生部门录取,所招学生与其他普通或成人高校同层次学生一样被同等认可。而不具有学历教育招生资格的民办高等学校不能制发毕业证书,只能发给载明修业年限和学习内容的结业证书。

这位负责人还介绍了学历文凭考试的情况,他说,学历文凭考试是国家对不具有颁发学历文凭的民办高等教育机构的一种扶持形式,自1993年开始至目前仍属于试点阶段。即进入试点省(自治区、直辖市)内基本符合《民办高等学校设置暂行规定》的民办高等学校,经所在省教育行政部门确定,可进行学历文凭考试的试点(目前限于专科层次)。试点学校的学生学习结束参加由国家、省、学校三方面的考试(内容各占1/3),考试合格取得的毕业证书(证书由试点省高等教育自学考试委员会和培养学校分别具印颁发),国家予以承认。

9月14日

国家主席江泽民在惠灵顿与新西兰总理希普利总理举行会谈

江泽民和希普利上午在新西兰总督府举行会谈。

希普利说,在新中关系顺利发展的时候,江泽民主席作为第一位中国国家元首访问新西兰,必将推动两国关系进入一个新的发展阶段。她感谢江主席为此次会议的成功作出的重要贡献。

江泽民说,近年来,在双方的共同努力下,中新两国的经贸关系已从单一的贸易关系发展成为多领域、多层次、多形式的经贸合作,两国已互为重要的贸易和投资伙伴。双方在科技、文化、教育、旅游等领域里的交流也有了新的进展。中方对双边关系的全面发展表示满意。

江主席指出,人类即将跨入二十一世纪。尽管当前国际和地区形势出现了一些新的变化,但和平与发展仍是时代的主题。中新作为亚太地区两个具有重要影响的国家,在维护世界和地区和平与稳定、保持地区经济繁荣与发展上具有共同利益。中新两国经济互补性强,两国进一步发展双边互利友好合作有着良好的基础和广阔的前景。值此世纪之交的重大时刻,中新两国领导人应站在历史的高度,从中新关系的大局和两国人民的长远利益出发,推动中新关系取得更大的发展。

希普利表示,中国是具有重要影响的大国,新西兰希望增进与中国的彼此了解,以进一步加强和发展两国关系。希普利强调,新西兰坚定地支持中国早日加入世贸组织。

关于台湾问题,希普利重申新西兰政府一贯并将继续坚持一个中国政策的立场。

《人民日报》发表评论员文章《李登辉正将台湾推向灾难》

李登辉抛出"两国论"后,受到海内外和全中国人民的强烈谴责,但是他不但不思悔改,反而变本加厉不断为"两国论"辩解,还说什么"愈闹愈大,愈闹愈好",进而将以"特殊的国与国关系""明确定位两岸关系"写入国民党的文件,作为国民党对大陆政策的正式指导原则。这表明李登辉在分裂祖国的邪道上不仅有言论,而且还上升为行动,这就使问题更加严重起来。李登辉执迷不悟,决意要将分裂祖国的图谋顽固坚持下去,这不能不使人们予以密切注视。

近几年来,在李登辉的纵容、支持下,台湾岛内"台独"势力活动甚为嚣张。一九九一年十月,民进党五全大会公然将建立"台湾共和国"列入党纲,明目张胆地进行分裂祖国的活动,成为臭名昭著的"台独党"。虽然它在李登辉卵翼下大肆进行种种分裂活动,但终究还只是一个"在野党",一时还难成气候。今天,李登辉操纵国民党把"两国论"的分裂主张正式纳入决议文件,情况就严重多了,因为国民党是"执政党",这就意味着今后台湾当局便要以此作为施政的方向,甚至可能作为以后"修宪"、"制宪"、"修法"的"依据"。

实现中国和平统一的基石和前提就是一个中国的原则,"两国论"明显地主张"两个中国"而与祖国和平统一背道而驰。李登辉狡辩说"现在没有一个中国",完全是无视历史和现实,说"一个中国是将来的目标"更是拙劣的骗人的花招。实现国家统一,是包括台湾同胞在内的整个中华民族的崇高目标和强烈愿望,李登辉敢冒天下之大不韪,妄图阻止中国统一的历史进程注定是要失败的。

中国政府一贯将实现国家统一作为自己神圣的职责,并一再向国内外庄严宣告要奉行"和平统一、一国两制"的方针,同时也郑重宣布针对外国势力干涉中国统一和搞"台湾独立"图谋,不承诺放弃使用武力。八十年代以来,中国政府多次提出推进国家和平统一的建议,耐心同台湾当局进行各种对话、谈判,然而由于李登辉顽固坚持分裂立场,国家和平统一的前景今日面临毁于一旦的危险。中国人民决不容许任何分裂国家分裂民族的企图得逞,中国人民是说话算数的,李登辉要胆敢迈出这危险的一步,必将遭到致命的打击。

李登辉企图在自己走下政治舞台之前使分裂国家的路线在今后得以延续,不顾后果地孤注一掷,结果是将使自己身背千古骂名成为民族罪人,不但为国家统一大业设置障碍,还严重地损害了台湾同胞的利益。

一是毁了中国国民党。国民党是孙中山先生创立的百年老党，曾为统一中国、抵御外侮作出过贡献。身为中国国民党主席的李登辉利用所窃取的地位，今天公然背叛了孙中山先生，违背了广大国民党员的意志，将分裂中国、背叛民族的罪责强加到国民党身上，将国民党蜕变成一个主张分裂的党。

二是祸延台湾。全中国人民包括台湾同胞决不愿见到两岸兵戎相见，希望国共战争历史不再重现。李登辉今天强把台湾逐步拖向战场，首当其冲深受其害的必是台湾岛，到时多年努力取得的经济成果也将毁于一旦，台湾将会为李登辉的罪行付出沉重代价。

三是害及广大台湾民众。台湾人民强烈希望过社会安定、经济繁荣的太平生活，这一切都系于国家的统一和两岸关系的健康发展。李登辉抛出"两国论"立即引起人心浮动、社会动荡。台湾经济发展受到严重冲击。用"两国论"制造分裂祖国必将引发两岸关系的紧张乃至发生冲突，后果更不堪设想，这是台湾人民所决不愿见到的。

两岸关系发展已经到了关键时刻。相信台湾各阶层人民、国民党有识之士和广大国民党党员经过一系列事态的发展，必能认清形势，识破李登辉分裂国家的真面目，以及"两国论"对国家、对台湾、对人民的极大的危害性，以民族、国家和人民的利益为重，不要让李登辉凭个人的好恶和一己政治私利为所欲为，置台湾的根本命运于不顾，用实际行动制止李登辉玩火，避免灾难的发生。

全国人大常委会委员长李鹏在人民大会堂会见阿尔巴尼亚人民议会外事委员会主席萨布里·戈多率领的阿尔巴尼亚人民议会代表团

全国人大常委会委员长李鹏在人民大会堂会见澳大利亚高等法院首席大法官默里·格里森

全国人大常委会委员长李鹏在人民大会堂会见日本电气公司最高顾问关本忠弘及夫人关本麻耶子

全国政协主席李瑞环在人民大会堂会见圭亚那前总统人民全国大会党领袖德斯蒙德·霍伊特

苏州工业园区中新联合协调理事会第四次会议在苏州举行

国务院副总理、理事会中方主席李岚清和新加坡副总理、新方主席李显龙共同主持了会议。

会议回顾了苏州工业园区的开发建设历程。园区建设五年来，取得了令人瞩目的良好进展，促进了两国之间的经济技术合作，并增进了两国人民的友谊。到目前为止，园区共吸引外商投资企业 379 家，合同外资金额 63.25 亿美元，园区首期开发的 8 平方公里已经基本建成具有国际高标准的初步繁荣的工业园区，并拥有设备齐全的为工业区配套的社会公益设施。园区开发建设借鉴了新加坡规划、开发建设和社会保障等方面的经验，结合我国的实际，形成了一套科学有效的管理办法，使园区成为国内最具竞争力的开发区之一。

中新两国政府高层领导对园区建设给予了大力的支持。在过去的两年里，江泽民主席和李光耀资政关注并讨论了有关苏州工业园区发展的问题，中新双方全面总结了园区开发建设的经验，共同探索推动园区继续发展的最佳途径，并于今年 6 月 28 日签订了《关于苏州工业园区发展有关事宜的谅解备忘录》。会议一致认为，《谅解备忘录》反映了两国政府要加强友好密切合作的意愿。并确认，这种中方财团持有中新苏州工业园区开发有限公司大股权，并承担主要管理责任的合作方式以后将继续下去。

会议同意双边工作委员会提出的苏州工业园区今后三年的发展目标和措施，并强调要实现上述目标，最重要、最紧迫的是中新双方履行《谅解备忘录》达成的协议，在 2000 年年底前重点集中搞好首期开发的 8 平方公里的建设，全面建成这一范围内的工业区以及相配套的住宅区和服务设施，鼓励城区人口东迁。会议明确提出，根据市场需求，继续滚动开发，实现园区的初步繁荣和良好效益，使园区成为在国际上具有较强竞争力的开发区。为此，会议要求中新合作双方工作人员在 2000 年年底以前，竭尽全力，圆满完成《谅解备忘录》确定的工作目标。

会议重申，苏州工业园区是中新两国政府间最大的合作项目，是中新经济技术合作的重中之重。会议赞赏苏州市政府重申继续大力支持苏州工业园区建设，把适合的项目推荐给园区，通过加强协调避免无序竞争。会议支持苏州市政府、园区管委会和 CSSD 对投资商的承诺维持不变和依法维护投资商合法权益的举措。中新联合协调理事会将进一步采取积极措施，推动苏州工业园区加快发展，通过合作开发建设苏州工业园区，进一步发展两国间的友好关系，扩大经济技术合作，增进两国人民的友谊。

参加理事会议的其他理事或代表，中方有：国家发展计划委员会副主任李荣融、国家经济贸易委员会副主任陈邦柱、财政部副部长张佑才、对外经济贸易合作部副部长孙广相、海关总署副署长赵光华等。新方有：贸易与工业部部长杨荣文、卫生部部长兼财政部第二部长林勋强、新加坡驻华大使陈燮荣等。

在苏州期间，李岚清在中共江苏省委书记陈焕友、省长季允石等陪同下，考察了苏州大学、苏州工业园区和苏州市区老城改造工作。

9月15日

《人民日报》发表本报评论员文章《海峡两岸关系的破坏者——四评李登辉及其“两国论”》

全国人大常委会委员长李鹏在人民大会堂会见以总检察长贝塞拉率领的阿根廷检察代表团

国防部部长迟浩田在北京会见来访的菲律宾海军司令爱德华多·桑托斯

联合国大会拒绝“台湾参与联合国”提案

第五十四届联大主席、纳米比亚外长古里拉布在联大总务委员会会议上宣布，将不把塞内加尔等少数国家提出的所谓“台湾参与联合国”提案列入本届联大议程。台湾当局在联合国制造“两个中国”的图谋连续第七次遭到惨败。

在讨论本届联大议程的总务委员会会议上，缅甸、孟加拉国、阿尔及利亚、哈萨克斯坦、苏里南、墨西哥、蒙古、朝鲜、南非、埃及、叙利亚等40多个亚、非、拉美发展中国家以及俄罗斯、白俄罗斯的代表发言指出，联合国已在1971年通过2758号决议最终解决了中国代表权的问题。世界上只有一个中国，台湾是中国的一部分，中华人民共和国政府是中国唯一的合法政府。所谓的“台湾问题提案”违背《联合国宪章》的宗旨和原则，是对一个会员国内政的干涉。意大利、法国、英国、西班牙等国家代表也发言反对将此问题列入联大议程。美国代表7年来首次在讨论这一问题时发言，重申了美政府一个中国的政策。

中国常驻联合国大使秦华孙在会上发言，重申和阐述了中国政府对台湾问题的立场。

华中理工大学获得国际制造业界最权威的大奖“大学领先奖”

华中理工大学凭其在计算机集成制造系统(CIMS)领域取得的显著成绩，从世界范围的20多所参评大学中脱颖而出，荣获1999年度“大学领先奖”。

颁奖典礼在美国底特律举行。华中理工大学校长周济从国际制造工程师协会(SME)主席塞西尔·施耐德先生手中接过奖牌。此前，清华大学曾于1994年获此奖项，同一个国家有两所大学荣获“大学领先奖”，这在美国以外还是首次，表明我国CIMS技术已达到国际先进水平。

中宣部在北京召开“五个一工程”工作暨表彰会议

第七届精神文明建设“五个一工程”入选作品正式揭晓，宣传文化领域收获的又一批丰硕成果向新中国成立50周年献礼。中共中央政治局委员、书记处书记、中宣部部长丁关根出席会议。

本届“五个一工程”评选适逢新中国成立50周年，中宣部和各地宣传文化部门抓住机遇，精心组织，唱响主旋律，打好主动仗，把“五个一工程”的实施与向新中国成立50周年献礼的各项工作紧密结合起来，极大地调动了理论界、文艺界、出版界的积极性，极大地推动了精神产品的创作生产，参评单位和参评作品数量都大大多于往届。参评作品的范围为1997年7月至1998年6月两年间创作生产的理论文章、电视理论专题片、图书、电影、电视剧(片)、戏剧、歌曲、广播剧等八类作品。经终审确定，372部作品荣获第七届“五个一工程”入选作品奖。其中包括：《十五大报告对邓小平经济理论的运用与发展》、《第三代领导集体对邓小平理论的实践》等68篇理论文章，《改革开放二十年》、《伟大的旗帜》等21部电视理论专题片，《壮丽中华》、《中国制造》等63种图书，《大进军——席卷大西南》、《国歌》等26部电影，《中国命运之决战》、《开国领袖毛泽东》等56部电视剧(片)，《虎踞钟山》、《风雨同仁堂》等42部戏剧，《走进新时代》、《凝聚》等51首歌曲，《千古流芳》、《共和国赤子》等45部广播剧。

这些入选作品反映了半个多世纪，特别是改革开放20年和党的十五大以来，中国共产党领导全国各族人民取得的巨大成就。作品题材广泛，涉及政治、经济、文化、军事、外交、人民生活各个方面，再现重大革命历史进程，反映人民群众日常生活，生动展示了中国人民建设有中国特色社会主义的丰富实践。入选作品的艺术风格也丰富多彩，创作方法、形式、体裁、风格多种多样，高雅厚重与通俗易懂并重，民族文化特色突出，呈现出百花齐放的生动局面，唱响了社会主义文化的主旋律。其中一些入选作品被选入中宣部、文化部、广电总局、新闻出版署、中国文联、中国作协联合推出的向新中国成立50周年献礼重点文艺项目。

本届“五个一工程”评选工作坚持以邓小平理论和党的十五大精神为指导，坚持“二为”方向和“双百”方针，以科学的理论武装人，以正确的舆论引导人，以高尚的精神塑造人，以优秀的作品鼓舞人，弘扬主旋律，提倡多样化，突出团结奋进、欢乐喜庆、昂扬向上的基调，唱响祖国颂、社会主义颂、改革开放颂。坚持思想性、艺术性、观赏性统一，强化精品意识，坚持质量第一的原则，努力把最好的精神食粮奉献给人民，把两年来代表全国精神产品创作成就和人民群众喜闻乐见的作品推荐评选出来，为促进改革发展，维护社会稳定的大局服务，向新中国成立50周年献礼。本届评选增强了评委的代表性和评审的广泛性，评选过程中600多人参加了作品预审，300多名专家和有关部门同志参加作品的审看、初评和论证，同时向中央和国家有关部门征求了意见。

中宣部常务副部长刘云山在会上作了工作报告，对进一步做好“五个一工程”各项工作提出明确要求。中央宣传思想工作领导小组成员出席会议。

中共中央宣传部公布精神文明建设“五个一工程”第七届获奖名单

中共中央宣传部决定，授予北京、上海、江苏、山东、湖北、广东、陕西、四川等26个省、自治区、直辖市党委宣传部和解放军总政治部精神文明建设“五个一工程”第七届“组织工作奖”；授予优秀电影、电视剧（片）、戏剧、歌曲、广播剧、图书、理论文献电视专题片、理论文章372项作品精神文明建设“五个一工程”第七届“入选作品奖”。

9月16日

中央精神文明建设指导委员会在北京召开电视电话会议

会议隆重表彰在全国精神文明创建工作中作出突出成绩的先进单位。中共中央政治局委员、书记处书记、中央文明委主任丁关根出席会议并讲话。中共中央政治局委员、中央文明委副主任李铁映主持会议。中央文明委领导向受表彰单位的代表颁发了奖牌和证书。

丁关根在会上代表中央文明委向受表彰单位表示热烈祝贺。他说，这次表彰对于充分展示精神文明建设的丰硕成果，全面贯彻党的基本路线，推动经济社会协调发展，具有重要的意义。创建文明城市、文明村镇、文明行业等群众性精神文明创建活动，是广大人民群众移风易俗、改造社会的伟大创造，是把两个文明建设有机结合落实到基层的重要载体，是人民群众在党的领导下为自己创造美好生活的有效途径，对促进改革发展、维护社会稳定具有重要作用。现在，我国改革进入攻坚阶段，发展处于关键时期。我们要进一步增强政治意识、大局意识、责任意识，坚持以经济建设为中心，深入开展群众性精神文明创建活动，更好地为人民服务，为社会主义服务，为全党全国工作大局服务。

丁关根强调，一定要坚持不懈地加强理想信念教育，在全社会牢固树立建设有中国特色社会主义的共同理想和信念，牢固树立正确的世界观、人生观、价值观，把全党的思想和行动进一步统一到十五大的精神上来，把全国各族人民的智慧和力量进一步凝聚到实现十五大确定的各项任务上来。

一定要坚持不懈地开展马克思主义唯物论和无神论教育，把科学知识、科学思想、科学精神、科学方法的宣传和普及，作为精神文明建设的重要内容，积极倡导科学、文明、健康的生活方式。一定要坚持不懈地进行社会主义道德教育，大力倡导以贡献全部力量建设和保卫社会主义祖国为最大光荣，以损害国家利益、民族尊严、人民利益为最大耻辱，坚决反对拜金主义、享乐主义和个人主义。一定要坚持不懈地面向群众，依靠群众，服务群众，把着眼点始终放在与群众利益密切相关、为群众所欢迎的事情上，每年办几件作用大、影响大的实事。要坚持实事求是，从实际出发，多做得人心、暖人心的事情，坚决反对形式主义。一定要坚持不懈地抓好基层工作，深入持久地开展文明家庭、文明单位、文明机关和军民共建、警民共建等基层精神文明创建活动，切实加强社区精神文明创建工作，认真抓好村镇文化、企业文化、校园文化建设，广泛开展丰富多彩、健康有益的群众性文体活动，把创建任务落实到基层。要狠狠地抓，一天不放松地抓，从具体事件抓起，务求取得实实在在的成效。他最后强调，要更加紧密地团结在以江泽民同志为核心的党中央周围，高举邓小平理论伟大旗帜，全面深入地贯彻党的十五大精神，更好地完成党和人民交给我们的任务。

李铁映希望受表彰的单位珍惜荣誉，谦虚谨慎，戒骄戒躁，更加努力地工作，不断做出新成绩，在两个文明建设中充分发挥示范带头作用。各地各部门要继续对先进单位给予关心和支持，切实做好巩固和提高工作。对先进单位要加强监督检查，实行动态管理，发现问题及时解决。他强调要进一步增强坚持两手抓、两手都要硬的自觉性，按照十四届六中全会确定的方针、原则和目标、任务，不变主题，一抓到底，把精神文明创建活动深入扎实持久地开展下去；要进一步做好先进经验的宣传和推广工作，把典型示范与普遍提高结合起来，使更多的城市、村镇、行业、单位进入先进行列；要进一步在为群众办实事办好事上下功夫，不断密切党和政府同人民群众的关系。当前，特别要注意把精神文明创建活动同加强基层思想政治工作、健全社会主义法制、提高公民科学文化素质、丰富群众文化体育生活紧密结合起来，在完善社会管理、规范社会行为、净化社会环境、端正社会风气等方面取得新的成效。

中宣部常务副部长、中央文明办主任刘云山在会上宣读了《中央文明委关于表彰全国精神文明创建工作先进单位的决定》（以下简称《决定》）。《决定》中指出，这次表彰的在精神文明创建工作中做出突出成绩的58个创建文明城市工作先进城市和城区，500个创建文明村镇工作先进县(市)、镇、村,500个创建文明行业工作先进单位,503个精神文明建设先进单位,是经各省、自治区、直辖市和行业主管部门推荐,并征得中央、国务院有关部门同意,由中央文明委决定的。

创建文明城市工作先进代表、江苏省张家港市委书记蒋宏坤,创建文明村镇工作先进县(市)代表、山东省文登市委书记刘玉党,创建文明行业先进单位代表、黑龙江省哈尔滨市东莱派出所所长孙富民,精神文明建设先进单位代表、河北省冀东水泥股份有限公司董事长杜金泓在会上发了言。在主会场参加表彰会的有中央文明委委员、有关行业主管部门负责同志、受表彰单位的代表和各省、自治区、直辖市文明办主任。各省、自治区、直辖市文明委领导成员、文明办负责同志和受表彰单位代表,在各分会场参加会议。

中央精神文明建设委员会公布全国精神文明创建工作先进单位名单

全国创建文明城市工作先进城市、城区(58个)

全国创建文明村镇工作先进县(市)镇、村(500个)

全国创建文明行业工作先进单位(500个)

全国精神文明建设先进单位(503个)

中央统战部举办庆祝中华人民共和国成立50周年座谈会

中共中央政治局常委、全国政协主席李瑞环出席座谈会。

全国政协副主席、中共中央统战部部长王兆国在座谈会上代表中央统战部发言。

全国政协副主席阿沛·阿旺晋美发言。

全国人大华侨委员会副主任委员、中华全国台湾同胞联谊会会长杨国庆,全国工商联常务副主席张绪武,全国政协常委、中科院院士曲钦岳也在座谈会上发言。

座谈会由全国人大常委会副委员长、农工党中央主席蒋正华主持。

全国人大常委会副委员长王光英、程思远、吴阶平、何鲁丽,全国政协副主席钱伟长、孙孚凌、万国权、周铁农以及费孝通、雷洁琼出席了座谈会。出席座谈会的还有台盟中央名誉主席蔡子民,中央统战部常务副部长刘延东,中央统战部副部长、国家民委主任李德洙,以及各民主党派中央、全国工商联、有关人民团体的负责人,无党派代表人士,党外知识分子代表,民族、宗教界代表,港澳台同胞、海外侨胞代表等在京的统一战线各界人士。

《人民日报》发表评论员文章《国际社会的“麻烦制造者”——五评李登辉及其“两国论”》

李登辉的“两国论”一出笼,即招致国际社会的普遍谴责,李登辉三个字再次成为“麻烦制造者”的代名词。

李登辉是亚太地区的和平与稳定的麻烦制造者。李登辉此番和盘托出“两国论”,动摇了两岸接触和对话的基础,危及了两岸和平统一的前提,将台海局势推向了危机的边缘,导致目前台湾岛内人心惶惶。台海局势向来与亚太地区的和平与稳定息息相关,目前亚太地区各国正密切注视着事态的发展,李登辉已成为亚太地区和平与稳定的最大不稳定因素。

李登辉选择此时孤注一掷,与当前亚太地区、乃至世界的形势密切相关。世纪之交,国际关系中霸权主义和强权政治有所抬头。美国正在东西两线建立为其霸权主义服务的军事集团或军事联盟,企图构筑由它主导的全球安全体系。最近一个时期,以美国为首的北约打着“人权高于主权”的旗号在全球推行“新干涉主义”,轰炸南斯拉夫,这一切都使李登辉错误地认为,突破一个中国格局的时候到了,只要把两岸关系定位为国与国之间的关系,一旦发生军事冲突,外国势力就可以“停止侵略”为名堂而皇之地进行干涉,加上他一个时期以来厚植军力、整军备战所做的准备,自以为搞分裂可以有恃无恐。

然而,李登辉的如意算盘打错了。他低估了中国人民维护国家主权和领土完整的决心和实力。中国政府和人民对于台独势力的分裂活动,绝不会听之任之;如果李登辉一意孤行,任何外国势力敢冒天下之大不韪,支持所谓的“两个中国”、“一中一台”、“台湾独立”,就必将冒着破坏亚太地区稳定甚至和平的巨大风险。李登辉此举给亚太地区的和平与稳定制造的麻烦可谓大矣。

李登辉是中美关系健康发展的障碍。台湾问题事关中国的主权和领土完整,一直是中美关系中最重要、最敏感的核心问题。“两国论”出笼以来,美国政府一再重申美国的“一个中国”政策和“三不政策”。不可否认,李登辉抛出“两国论”也有美国内一小撮亲台反华势力为他撑腰打气的因素。少数议员相继提出所谓《加强台湾安全法》,鼓吹加强台湾军事能力,公然要求向台出售战区导弹防御系统(TMD)和潜艇等先进武器装备,甚至要求美台军队直接联系并扩大合作。不久前,美国会参院通过的《2000财年国防拨款法》和《国外行动拨款法》也含有亲台反华修正案。美国政府还严重违反中美三个联合公报和有关承诺,竭力提高售台武器的性能和数量,表示将向台湾出售包括远程早期预警雷达在内的各种先进武器装备。中方已对此表示强烈的不满和反对,并提出严正交涉。

中美关系屡经风雨,起伏跌宕,但总的趋势是向前发展的。这是因为发展中美关系具有战略重要性,符合两国根本和长远的利益。正当美国迫于形势,力求修复陷入低潮的中美关系时,李登辉却跳出来兴风作浪,干扰了美国意图,使其处境尴尬,认为李登辉在一个错误的时刻作出了错误的决定。美国主流媒体纷纷指责李登辉的"外交冒险"损害了美的国家利益,称其为"不可预测的政客"、"捣蛋鬼"。

世界上只有一个中国,台湾是中国的一部分,这是包括联合国和绝大多数国家在内的国际社会早已一致承认的事实。近年来,李登辉以金钱铺路,以拓展"生存空间"为名,在国际上推行所谓"务实外交",早已四处碰壁。"两国论"出笼后,先后已有100多个国家重申坚持一个中国政策。事实证明,国际上没有"两国论"的生存空间,一个中国的潮流不可逆转。

李登辉机关算尽,自以为聪明,殊不知"麻烦制造者"必有麻烦。他挟洋自重,以为可以借助外国势力达到目的,未免一厢情愿,任何外国势力在卷入这场危机之前,都要先掂量掂量与12亿中国人民为敌的后果;他罔顾民意,置台湾人民的福祉和整个中华民族的利益于不顾,必将失去人心,其结果,只能是搬起石头砸自己的脚,给自己带来更大的麻烦。

最高人民检察院关于《人民检察院直接受理立案侦查案件立案标准的规定(试行)》

《人民检察院直接受理立案侦查案件立案标准的规定(试行)》已于1999年8月6日由最高人民检察院第九届检察委员会第四十一次会议通过,现予公布,自1999年9月16日起施行。

中共中央总书记国家主席江泽民视察首都国际机场航站区扩建工程

江泽民对这个国家"九五"重点建设项目在新中国成立50周年前夕建成表示满意。他要求民航部门和机场管理部门要始终把安全放在第一位,加强管理,优质服务。

下午6时许,结束对亚太3国访问并出席亚太经合组织会议的江泽民总书记乘坐专机回到首都国际机场。一下飞机,他不顾长途飞行劳顿,来到刚刚落成的机场航站区扩建工程新航站楼,实地察看了这一目前国内单体建筑面积最大的航站楼。

新航站楼建筑面积达32万多平方米,将承担国际航线和国内干线飞机的旅客进出港。设计旅客年吞吐量为3500万人次,高峰小时1万人次,比首都机场目前吞吐量多一倍,年飞机起降为19万架次。新候机楼共有36个登机口、49个登机桥,8个值机岛、168个值机柜台,17组行李提取转盘,安装了国内第一套行李自动分拣系统。各项先进设备系统的运用使北京首都机场步入了世界较先进机场的行列。

全国总工会"双十杰"评选揭晓

全国总工会书记处书记纪明波宣布,1999年"全国十大杰出职工"、"全国十名全心全意依靠职工办企业的优秀领导干部"评选揭晓。

"全国十大杰出职工"是:天津建工集团第三建筑工程有限公司项目经理范玉恕、平顶山煤业(集团)有限责任公司田庄选煤厂管工班长张玮、中国国际航空公司一级飞行员刘晋平、中国三江航天集团研究员刘石泉、山东省冶金科学研究院防腐研究室主任周惠敏、中国远洋运输(集团)总公司轮机长王新全、宝山钢铁(集团)公司运输公司修理工孔利明、铁道部四局二处六段木工班长刘志祥、甘肃会宁县头寨乡中湾小学校长冉树苍、农行福建龙岩市红坊营业所主任饶才富。

"全国十名全心全意依靠职工办企业的优秀领导干部"是:北京开关厂厂长黄国诚、石家庄天同集团有限公司董事长谷全诚、山西南风化工集团股份有限公司总经理王梦飞、辽宁熊岳印染有限责任公司总经理刘国庆、长春欧亚集团股份有限公司总经理曹和平、黑龙江省农垦总局党委书记申立国、无锡小天鹅股份有限公司总经理朱德坤、昌河飞机工业公司总经理杨金槐、水城钢铁(集团)有限责任公司总经理朱继民、云南红河光明股份有限公司总经理王铨。

上海浦东国际机场正式通航

外交部发言人孙玉玺在北京就台湾"参与"联合国提案再次被挫败发表谈话

孙玉玺指出,事实再次表明,台湾当局企图在联合国制造"两个中国"或"一中一台"的活动是徒劳的和不得人心的。

孙玉玺说:9月15日,第五十四届联大总务委员会再次拒绝了少数国家要求将所谓台湾在联合国的"代表权"问题列入本届联大议程的提案。这充分反映了绝大多数会员国捍卫《联合国宪章》的宗旨和原则、维护联大第2758号决议和坚持一个中国原则的坚定立场。

这位发言人指出,事实再次表明,台湾当局企图在联合国制造"两个中国"或"一中一台"的活动是徒劳的和不得人心的,李登辉逆历史潮流而动所鼓吹的"两国论"在国际上是没有出路的,挽救不了其分裂国家的图谋必遭失败的命运。

秦始皇陵考古有重大发现

陕西秦始皇陵考古最近又有惊世发现：在秦始皇陵东南侧的内外城之间，又发现一处大型陪葬坑，出土了80领石质铠甲、30顶石质头盔和重达212公斤目前最重最大的秦铜鼎，以及半裸俑和彩色跪射绿脸俑。

陪葬坑总面积达1.3万多平方米，是秦始皇陵园外城以内发现的最大陪葬坑。建筑结构与秦兵马俑一、二号坑相似。

新出土的铠甲和头盔都是用质地均匀的青灰色石灰岩石片和扁铜条连缀而成，甲衣身长约80厘米。大批石质甲胄是中国考古史上的首次发现，迄今在世界范围内也是绝无仅有。它填补了我国古代军事装备研究的空白，改变了学术界“秦代无胄”的传统认识。

陕西省政府已决定组建秦始皇陵博物院，包括秦兵马俑博物馆、秦铜车马博物馆、秦铠甲博物馆等，形成目前中国乃至世界最大的遗址博物馆群。

陕西秦始皇陵汉景帝阳陵考古有新进展

秦陵出土80领石质铠甲填补考古史空白；汉景帝阳陵自去年以来，新发现从葬坑90座和陪葬墓5000多座，出土骑兵、步兵、动物陶俑以及兵器、车马器、生活用具等9300多件。汉阳陵是西汉第四代皇帝——景帝刘启和王皇后的合葬陵墓，位于咸阳市渭城区正阳乡。陵园面积约12平方公里，坐西向东，结构严谨。景帝陵平面为“亚”字形，在西汉十一个陵墓考古中是第一次发现。考古工作者还对景帝陵南门阙遗址进行了发掘，这是目前我国考古发掘时代最早、级别最高的三出阙门建筑遗址。

9月17日

《人民日报》就中央文明委表彰在精神文明创建活动中涌现的先进城市(区)先进县(市)镇村和各行各业的先进单位发表本报评论员文章《为共和国增光添彩》

国务院总理朱镕基到中国国际展览中心参观’99中国国际金融(银行)技术暨设备展览会

国画名家作品展暨庆祝政协50周年书画展在北京开幕

党和国家领导人江泽民 李鹏 李瑞环等为兰州大学庆祝建校90周年题词祝贺

江泽民的题词是：“团结拼搏求实创新面向未来争创一流”；李鹏的题词是：“加强基础，注重实践，培养适应西部经济发展的高素质人才”；李瑞环的题词是：“办好兰州大学促进西部发展”。

9月18日

中共中央总书记国家主席江泽民考察北京城市建设

江泽民下午考察了北京市城市建设工作。江泽民对近年来北京的城市建设特别是重点建设工程取得的成就给予充分肯定，称赞北京变化很大。

中共中央政治局委员、国务院副总理温家宝，中共中央政治局候补委员、书记处书记曾庆红随同考察。

中共中央国务院中央军委在人民大会堂隆重举行表彰为研制“两弹一星”作出突出贡献的科技专家大会

中共中央总书记、国家主席、中央军委主席江泽民出席并讲话。

中共中央政治局常委、全国人大常委会委员长李鹏主持大会。

中共中央政治局常委、国务院总理朱镕基宣读了《中共中央、国务院、中央军委关于表彰为研制“两弹一星”作出突出贡献的科技专家并授予“两弹一星功勋奖章”的决定》。

会上，组织实施研制“两弹一星”工作主管部门代表丁衡高介绍了“两弹一星”的研制情况，参加“两弹一星”研制的科学家代表、“两弹一星功勋奖章”获得者于敏和青年科技工作者代表邹利鹏先后发言。

中共中央总书记国家主席中央军委主席江泽民在表彰为研制“两弹一星”作出突出贡献的科技专家大会上发表讲话

同志们：

三十五年前的深秋季节，在我们祖国的上空，一声春雷般的巨响向世界庄严宣告：中国人民依靠自己的力量胜利地掌握了核技术。二十九年前的晚春时分，在浩瀚无垠的宇空，一曲嘹亮的《东方红》又向世界庄严宣告：中国人民胜利地掌握了人造卫星的空间技术。从此，我国“两弹一星”事业不断取得辉煌的发展。这极大地鼓舞了中国人民的志气，振奋了中华民族的精神，为增强我国的科技实力特别是国防实力，奠定我国在国际舞台上的重要地位，作出了不可磨灭的巨大贡献。

在举国上下喜迎新中国成立五十周年之际，党中央、国务院、中央军委在这里召开大会，隆重表彰为我国“两弹一星”事业作出突出贡献的科技专家，并授予他们“两弹一星功勋奖章”，希望全国各族人民学习和发扬他们为祖国和人民的崇高的刻苦钻研精神、开拓创新精神和拼搏奉献精神，继续努力奋斗，满怀豪情地把建设有中国特色社会主义事业全面推向二十一世纪。

我代表党中央、国务院、中央军委，向荣获“两弹一星功勋奖章”的科技专家，表示衷心的祝贺！向为“两弹一星”事业作出贡献的所有科学家、科研人员、工程技术人员，广大干部、工人和解放军指战员，表示诚挚的慰问！向全力支持“两弹一星”事业发展的全国各族人民，致以崇高的敬意！

此时此刻，我们特别要向毛泽东同志、邓小平同志等老一辈党和国家领导人，向已经过世的为“两弹一星”事业作出卓越贡献的老一代科学家和领导者、组织者，向在研制过程中献出了宝贵生命的烈士们，表示最深切的怀念。他们的英名和功绩，将永远与“两弹一星”事业的丰功伟绩融为一体，记载在中华民族的光辉史册上。

我们要永远记住那火热的战斗岁月，永远记住那光荣的历史足印：一九六四年十月十六日，我国第一颗原子弹爆炸成功；一九六六年十月二十七日，我国第一颗装有核弹头的地地导弹飞行爆炸成功；一九六七年六月十七日，我国第一颗氢弹空爆试验成功；一九七〇年四月二十四日，我国第一颗人造卫星发射成功。这是中国人民在攀登现代科技高峰的征途中创造的非凡的人间奇迹。

我国“两弹一星”事业的伟大成就，令全世界为之赞叹。在新中国波澜壮阔的发展历程中，五六十年代是极不寻常的时期。当时，面对严峻的国际形势，为了抵御帝国主义的武力威胁和打破大国的核讹诈、核垄断，尽快增强国防实力，保卫和平，党中央和毛泽东同志审时度势，高瞻远瞩，集思广益，运筹帷幄，果断决定研制“两弹一星”，重点突破国防尖端技术，作出了对人民共和国的发展和安全具有重大战略意义的英明决策。经过几代人的不懈努力，现在我国已成为少数独立掌握核技术和空间技术的国家之一，并在某些关键技术领域走在世界前列。邓小平同志深刻地指出：“如果六十年代以来中国没有原子弹、氢弹，没有发射卫星，中国就不能叫有重要影响的大国，就没有现在这样的国际地位。这些东西反映一个民族的能力，也是一个民族、一个国家兴旺发达的标志。”

“两弹一星”事业的发展，不仅使我国的国防实力发生了质的飞跃，而且广泛带动了我国科技事业的发展，促进了我国的社会主义建设，造就了一支能吃苦、能攻关、能创新、能协作的科技队伍，极大地增强了全国人民开拓前进、奋发图强的信心和力量。“两弹一星”的伟业，是新中国建设成就的重要象征，是中华民族的荣耀与骄傲，也是人类文明史上的一个勇攀科技高峰的空前壮举。

我国在物质技术基础十分薄弱的条件下，成功地研制出“两弹一星”，为我们实现技术发展的跨越创造了宝贵的经验。这些经验主要是：

第一，坚持党的统一领导，充分发挥我国社会主义制度的政治优势。毛泽东同志曾多次亲自主持会议，成立了以周恩来同志为主任的专门委员会。经过缜密研究，中央制定了一系列重大方针、原则和政策措施。在党的统一领导下，全国“一盘棋”，集中攻关。二十六个部委、二十多个省区市、一千多家单位的精兵强将和优势力量大力协同，表现了社会主义中国攻克尖端科技难关的伟大创造力量。

实践证明，具有战略意义的国家重大经济、科技建设项目，必须加强党的统一领导，必须根据国家发展的现实要求和长远目标，结合我国物质技术的实际条件，科学论证，不失时机地作出决策，而目标和任务一经确定，又必须充分发挥我们的政治优势，一抓到底，务求必胜。

第二，坚持自力更生，自主创新。在当时的国际条件下，“两弹一星”事业只能依靠我们自己的力量来进行。广大研制工作者充分发挥聪明才智，敢于创新、善于创新。他们攻破了几千个重大的技术难关，制造了几十万台件设备、仪器、仪表。他们知难而进，奋力求新，不仅使研制工作在较短时期内连续取得重大成功，而且有力地保证了我国独立地掌握国防和航天的尖端技术。实践证明，自力更生、自主创新，是我们真正在世界高科技领域占有一席之地的重要基石。尖端技术不可能从国外直接拿来，即使有的一时可以从国外引进，但如果我们不能进行有效的学习、消化和新的创造，最终还是会受制于人。唯有自己掌握核心技术，拥有自主知识产权，才能将祖国的发展与安全的命运牢牢掌握在我们手中。同时，要善于抓住一切可以抓住的机遇，有选择有重点地引进国外关键技术，把自主创新与必要引进有机结合起来。

第三，坚持有所为、有所不为，集中力量打“歼灭战”。“两弹一星”事业，所以能够对增强我们的综合国力发挥重大作用，关键在于它的成功使我国在一些重大尖端技术领域取得了历史性的突破，进入了世界前列。“两弹一星”的研制工作者始终注意选准攻关的重点方向，把有限的人力、物力、财力集中起来，优化组合，形成合力，重点取得突破。实践证明，在物质技术基础比较落后的条件下发展科技事业，必须坚持有所为、有所不为的原则，集中力量发展那些一旦突破就能对经济发展和国防建设产生重大带动作用的关键科学技术，这样才更有利于赢得时间，缩小同发达国家的差距，并且首先在一些重点领域力争尽快进入世界高新科技发展的前沿阵地。

第四，坚持尊重知识，尊重人才。“两弹一星”事业，汇集了我国一大批杰出的科学家、科研人员、工程技术人员和管理工作者。党和国家充分信任和大胆使用来自各个方面的科技专家，委以重任，充分发挥他们的积极性、主动性和创造性。同时，在艰苦的研制工作中，培养和造就了年轻一代的科技人才。“两弹一星”事业的成功，这支骨干队伍功不可没。实践证明，科学技术的竞争，关键是知识和人才的竞争，是开发和创新能力的竞争。要在科学技术的研究开发中取得重大突破，必须有一大批能够掌握和驾驭高新技术的高素质科技专家。有了人才优势，又能充分发挥社会主义制度的优越性，就完全可以更快更好地把我国科学技术搞上去。

第五，坚持科学管理，始终抓住质量和效益。“两弹一星”事业，技术密集，系统复杂，综合性强，广泛运用了系统工程、并行工程和矩阵式管理等现代管理理论与方法，建立了协调、高效的组织指挥和调度系统，从而提高了整体效益，走出了一条投入少、效益高的发展尖端科技的路子。“两弹一星”的研制工作者，始终把质量放在第一位，坚持做到严肃认真，周到细致，稳妥可靠，万无一失。实践证明，越是关系国民经济命脉和国防安全的重大科技与建设项目，越要实施严格的科学管理，始终注重质量管理；越是高科技，越要加强管理，讲求质量和效益，这样才能取得成功。

伟大的事业，产生伟大的精神。在为“两弹一星”事业进行的奋斗中，广大研制工作者培育和发扬了一种崇高的精神，这就是热爱祖国、无私奉献，自力更生、艰苦奋斗，大力协同、勇于登攀的“两弹一星”精神。

“两弹一星”研制者们高举爱国主义的旗帜，怀着强烈的报国之志，自觉把个人的理想与祖国的命运紧紧联系在一起，把个人的志向与民族的振兴紧紧联系在一起。许多功成名就、才华横溢的科学家放弃国外优厚的条件，义无反顾地回到祖国。许多研制工作者甘当无名英雄，隐姓埋名，默默奉献，有的甚至献出了宝贵的生命。他们用自己的热血和生命，写就了一部为祖国为人民鞠躬尽瘁、死而后已的壮丽史诗。

“两弹一星”的研制工作者们，是一支特别能吃苦、特别能战斗的队伍。他们在茫茫无际的戈壁荒原，在人烟稀少的深山峡谷，风餐露宿，不辞辛劳，克服了各种难以想象的艰难险阻，经受住了生命极限的考验。他们运用有限的科研和试验手段，依靠科学，顽强拼搏，发愤图强，锐意创新，突破了一个个技术难关。他们所具有的惊人毅力和勇气，显示了中华民族在自力更生的基础上自立于世界民族之林的坚强决心和能力。

在研制“两弹一星”的伟大历程中，全国各地区、各部门，成千上万的科学技术人员、工程技术人员、后勤保障人员，团结协作，群策群力，汇成了向现代科技高峰前进的浩浩荡荡的队伍。广大研制工作者求真务实，大胆创新，突破了一系列关键技术，使我国科研能力实现了质的飞跃。他们用自己的业绩，为中华民族几千年的文明创造史书写了新的光彩夺目的篇章。

“两弹一星”精神，是爱国主义、集体主义、社会主义精神和科学精神的活生生的体现，是中国人民在二十世纪为中华民族创造的新的宝贵精神财富。我们要继续发扬光大这一伟大精神，使之成为全国各族人民在现代化建设道路上奋勇开拓的巨大推进力量。

同志们：

新世纪的曙光已经展露在我们的面前。和平与发展依然是当今世界的历史潮流。人类正经历着一场全球范围的新科技革命，社会、经济、军事等领域都在发生深刻的变化。我们要实现跨世纪发展的宏伟目标，切实维护国家主权和安全，必须不断地提高我国的经济实力、科技实力和国防实力，不断增强我们的民族凝聚力。中国人民有站在世界科技进步前列的勇气、信心、智慧和力量。我们要始终瞄准国际先进水平，大力实施科教兴国战略，埋头苦干，迎头追赶，努力使我国的科技事业继续实现新的飞跃。

我们一定要把培养高素质的优秀科技人才摆在重要战略地位。通过深化改革，进一步为优秀人才的脱颖而出创造良好环境。要加快培养年轻一代科技人才，特别要下功夫培养能站在世界科技前沿的学术带头人和尖子人才，造就大批具有一流水平的科学家和工程技术专家，使他们成为新世纪我国科技事业发展的先锋力量。

我们一定要坚持发扬当年搞“两弹一星”时的那么一种干劲、那么一种热情、那么一种奋斗精神，全面贯彻邓小平同志关于“科学技术是第一生产力”的思想，建立国家创新体系，继续同心协力地攀登世界科技高峰，为经济社会发展和国家安全不断作出创造性的贡献，以昂扬的姿态把建设有中国特色社会主义的伟大事业向着新世纪全面推进！

中共中央 国务院 中央军委关于表彰为研制“两弹一星”作出突出贡献的科技专家并授予“两弹一星功勋奖章”的决定

在新中国50年的光辉历程中，“两弹一星”的研制成功，是中华民族为之自豪的伟大成就。50年代中期，以毛泽东同志为核心的第一代党中央领导集体，根据当时的国际形势，为了保卫国家安全、维护世界和平，高瞻远瞩，果断地作出了独立自主研制“两弹一星”的战略决策。大批优秀的科技工作者，包括许多在国外已经有杰出成就的科学家，怀着对新中国的满腔热爱，响应党和国家的召唤，义无反顾地投身到这一神圣而伟大的事业中来。

他们和参与“两弹一星”研制工作的广大干部、工人、解放军指战员一起，在当时国家经济、技术基础薄弱和工作条件十分艰苦的情况下，自力更生，发愤图强，大力协同，无私奉献，勇于攀登，完全依靠自己的力量，用较少的投入和较短的时间，突破了原子弹、导弹和人造地球卫星等尖端技术，取得了举世瞩目的辉煌成就。

“两弹一星”的研制成功，成为新中国社会主义建设伟大成就的重要标志，充分显示了中华民族的创造能力，在国内外产生了巨大而深远的影响。它有力地推动了国家经济建设，大大增强了国防实力，促进了我国科学技术的发展。它打破了超级大国的核讹诈和核垄断，奠定了我国在国际事务中的重要地位，振奋了国威、军威，极大地鼓舞了中国人民的志气，增强了中华民族的凝聚力。“两弹一星”的研制成功，培养和造就了一大批能吃苦、能攻关、能创新、能奉献的科技骨干队伍，为我国高新技术及相关产业的发展打下了坚实的基础。在“两弹一星”研制过程中积累的丰富经验和科学管理方法，已广泛应用于我国社会、经济和科技发展等各个领域；在“两弹一星”研制者身上体现出来的“热爱祖国、无私奉献，自力更生、艰苦奋斗，大力协同、勇于登攀”精神，已经成为全国各族人民宝贵的精神财富和不竭的力量源泉。40 多年特别是改革开放以来，在一代又一代科技工作者的不懈努力下，从研制“两弹一星”开始创立起来的我国高科技事业取得了长足的进步。

当前，我们面临着新的形势和任务。世界局势总体上趋向缓和，但天下仍不太平，维护世界和平、促进共同发展依然任重道远。特别是新的科技革命以及由此引发的社会经济变革方兴未艾，这既给我们提供了难得的历史机遇，又带来了空前的严峻挑战。我国改革进入攻坚阶段，发展处于关键时期，任务十分艰巨。为了在新的形势下大力弘扬研制“两弹一星”的革命精神和优良传统，动员广大科技工作者和全党、全军、全国各族人民，抓住机遇，迎接挑战，加快实施科教兴国和科技强军战略，在庆祝中华人民共和国成立 50 周年之际，党中央、国务院、中央军委决定，对当年为研制“两弹一星”作出突出贡献的 23 位科技专家予以表彰，并授予于敏、王大珩、王希季、朱光亚、孙家栋、任新民、吴自良、陈芳允、陈能宽、杨嘉墀、周光召、钱学森、屠守锷、黄纬禄、程开甲、彭桓武“两弹一星功勋奖章”，追授王淦昌、邓稼先、赵九章、姚桐斌、钱骥、钱三强、郭永怀“两弹一星功勋奖章”（以上排名按姓氏笔画为序）。这 23 位科技专家是人民共和国的功臣，是老一辈科技工作者的杰出代表，是新一代科技工作者的光辉榜样。

党中央、国务院、中央军委号召，全党、全军和全国各族人民向为研制“两弹一星”作出突出贡献的科技专家学习，大力弘扬研制“两弹一星”的伟大精神，在以江泽民同志为核心的党中央领导下，高举邓小平理论伟大旗帜，万众一心，艰苦奋斗，顽强拼搏，开拓创新，为夺取我国改革开放和社会主义现代化建设新的伟大胜利而努力奋斗。

全国政协副主席朱光亚 解放军装备部部长曹刚川 政委李继耐受中央委托为科学家钱学森送奖章

中共中央、国务院、中央军委召开的“表彰为研制‘两弹一星’作出突出贡献的科技专家大会”刚结束，受中央委托，全国政协副主席朱光亚，中央军委委员、总装备部部长曹刚川，总装备部政委李继耐，下午立即驱车来到著名科学家钱学森的寓所，将中央授予的“两弹一星功勋奖章”送到钱学森手中。

朱光亚、曹刚川、李继耐向钱学森传达江泽民在表彰大会上重要讲话的精神和中央的表彰决定，讲述了大会的盛况，并向钱学森获得“两弹一星功勋奖章”表示热烈祝贺，对他在“两弹一星”事业中的卓越贡献，致以崇高敬意。

九一八历史博物馆在沈阳开馆

中共中央总书记江泽民为该馆题写了馆名。

这座博物馆的建立引起了各界的极大关注。中央军委、国家计委和财政部先后拨款 2300 万元，沈阳市广大干部、群众、海外侨胞和国际友人纷纷捐款，3 个月就捐款、捐物达 5000 多万元。这座博物馆占地面积 35000 平方米，建筑面积 12600 平方米，展览面积 9180 平方米。馆内共设有 8 个展厅，陈列照片 800 多幅、实物 300 余件、文献、档案资料近 100 件、大小场景 19 组、雕塑 4 尊、油画、国画 20 多幅，并采用现代科技手段，备有分区广播、影视报告厅、电子阅览室、多媒体电脑系统和国际互联网等设施，是一座大型综合性现代化爱国主义教育基地。

“’99 东瀛行”活动拉开帷幕

为庆祝新中国成立 50 周年暨中日文化合作协定签订 20 周年，受文化部派遣，中国对外演出公司承办的“’99 东瀛行”中日大型演出展览系列活动已经拉开帷幕。国家主席江泽民为这次文化交流活动题词表示祝贺。

江泽民的题词是：“‘庆祝中华人民共和国成立五

十周年暨中日文化协定签订二十周年——’99 东瀛行’大型演出展览系列活动在日本举行，对增进中日文化交流和人民友好，是十分有意义的。我谨表示衷心的祝贺！

“我相信，中国著名艺术家此次东渡扶桑，将为中日面向二十一世纪，建立致力于和平与发展的友好合作伙伴关系起到积极的推动作用。祝愿中日人民世世代代和睦友好下去的历史潮流，伴随着新世纪的钟声继续向前发展。”

日本国内阁总理大臣小渊惠三也为这次中日交流活动题词表示祝贺。他说，日中两国开展相互间活跃的文化交流事业，更加明确了文化交流对增进日中两国相互理解的重要性。

此次被称为“’99 东瀛行”的大型演出展览系列活动，包括大连京剧团、北京京剧院、中国交响乐团、山东京剧团、梅兰芳京剧团的巡演和《光辉历程——庆祝中华人民共和国成立五十周年》摄影图片巡展，五团一展近 300 人，是中日建交以来规模最大的赴日演出展览系列活动。

国务院总理朱镕基签署第 270 号令发布《全国年节及纪念日放假办法》

现发布《全国年节及纪念日放假办法》，自发布之日起施行。

总理 朱镕基

1999 年 9 月 18 日

全国年节及纪念日放假办法

(1949 年 12 月 23 日政务院发布 1999 年 9 月 18 日国务院修订发布)

第一条 为统一全国年节及纪念日的假期，制定本办法。

第二条 全体公民放假的节日：

(一)新年，放假 1 天(1 月 1 日)；

(二)春节，放假 3 天(农历正月初一、初二、初三)；

(三)劳动节，放假 3 天(5 月 1 日、2 日、3 日)；

(四)国庆节，放假 3 天(10 月 1 日、2 日、3 日)。

第三条 部分公民放假的节日及纪念日：

(一)妇女节(3 月 8 日)，妇女放假半天；

(二)青年节(5 月 4 日)，14 周岁以上的青年放假半天；

(三)儿童节(6 月 1 日)，13 周岁以下的少年儿童放假 1 天；

(四)中国人民解放军建军纪念日(8 月 1 日)，现役军人放假半天。

第四条 少数民族习惯的节日，由各少数民族聚居地区的地方人民政府，按照各该民族习惯，规定放假日期。

第五条 二七纪念日、五卅纪念日、七七抗战纪念日、九三抗战胜利纪念日、九一八纪念日、教师节、护士节、记者节、植树节等其他节日、纪念日，均不放假。

第六条 全体公民放假的假日，如果适逢星期六、星期日，应当在工作日补假。部分公民放假的假日，如果适逢星期六、星期日，则不补假。

第七条 本办法自发布之日起施行。

9 月 19 日

中国共产党第十五届中央委员会第四次会议在北京举行

中央政治局主持会议，中央委员会总书记江泽民作了重要讲话。

全会审议通过了《中共中央关于国有企业改革和发展若干重大问题的决定》。

全会决定增补胡锦涛同志为中央军事委员会副主席，郭伯雄、徐才厚同志为中央军事委员会委员。

全会审议并通过中共中央纪律检查委员会关于许运鸿问题的审查报告。

全会认为，推进国有企业改革和发展是一项重要而紧迫的任务。国有企业是国民经济的支柱。完成十五大确定的我国跨世纪发展的宏伟任务，建立和完善社会主义市场经济体制，保持国民经济持续快速健康发展，必须大力促进国有企业的体制改革、机制转换、结构调整和技术进步。

全会号召，全党紧密团结在以江泽民同志为核心的党中央周围，高举邓小平理论伟大旗帜，深入贯彻党的十五大精神，认真落实中央的各项决策和部署，同心同德，奋力拼搏，扎实工作，努力开创国有企业改革和发展的新局面，把建设有中国特色社会主义的伟大事业全面推向二十一世纪。

国务院总理朱镕基在钓鱼台国宾馆会见法国参议院议长蓬斯莱率领的法国参议院代表团

《人民日报》发表新华社评论员文章《夺取揭批取缔“法轮功”斗争的彻底胜利》

当前，揭批李洪志及其“法轮功”的斗争已取得重大胜利，绝大多数曾经修炼“法轮功”的党员、干部和群众已经脱离“法轮功”组织，回到了正确立场上来。广大党员、干部和群众也在这场严肃的思想政治斗争中经受了锻炼，社会风气得到了一次净化。

但是，我们也要清醒地看到，“法轮功”组织这一社会的毒瘤虽然被割除了，但其病菌并未完全清除干净，仍在企图侵蚀社会健康的肌体。“法轮功”从组织上虽然被摧毁了，但极少数骨干分子仍不甘心失败，他们采取公开或隐蔽的方式继续从事非法活动，妄图与政府、与社会、与人民为敌。对此，我们切不可掉以轻心。

我们与“法轮功”组织的斗争，是一场争夺群众、争夺思想阵地的严肃的政治斗争，我们要深刻认识其长期性、艰巨性和复杂性。“法轮功”的发展蔓延，对党、国家和人民都有极大的危害性。如果听任“法轮功”那些歪理邪说到处传播毒害群众，势必严重损害我国人民团结奋斗的根本思想基础，动摇建设有中国特色社会主义事业的政治基础。如果不抓紧彻底摧毁“法轮功”组织体系，任其发展扩大，不仅会严重干扰各级领导机关和全国人民一心一意干现代化事业，而且他们最终会发展成为一股在政治上公开和我们党和政府相抗衡的有组织的势力。如果听任一些骨干分子继续为所欲为，就会使他们发展到难以收拾的地步。因此，坚决抓紧处理和解决“法轮功”问题，是关系我们党带领各族人民建设有中国特色社会主义、实现党的十五大提出的跨世纪发展目标，保证国家长治久安的重大政治问题。我们要在继续做好教育、转化和解脱大多数“法轮功”练习者的同时，最大限度地孤立和打击李洪志等极少数骨干分子，坚决依法予以严惩，绝不姑息养奸，养痈遗患。

稳定，是国家和人民的最高利益，乃大局所系，人心所向。现在，全国各族各界人民正在喜气洋洋地迎接中华人民共和国成立 50 周年庆典和澳门回归祖国，正在团结一致地加快改革开放和现代化建设。团结、稳定、祥和的大好局面来之不易，我们绝不容许“法轮功”这种毒化社会风气、危害社会稳定的非法组织及其活动死灰复燃。

斩草除根，除恶务尽。对于“法轮功”组织留下的各种隐患，我们必须保持高度的警惕，采取果断、坚决、有力的措施将其消除在萌芽状态，一鼓作气，乘胜追击，夺取揭批、取缔“法轮功”斗争的彻底胜利。

国家计委副主任李荣融谈九届人大常委会第十一次会议批准增发 600 亿元国债

8 月底闭幕的九届全国人大常委会十一次会议，批准增发 600 亿元国债，用于增加固定资产投入，以进一步增强扩大内需的力度，确保实现今年经济增长预期目标。

据初步测算，这次增发的 600 亿元国债资金，会相应带动银行贷款和地方、企业配套资金的投入，大约可增加 2000 亿元投资需求。相当一部分投资将直接转化为居民收入，促进消费增长。

值得指出的是，这 600 亿元是在去年增发 1000 亿元国债，今年初又增加基础设施投资 250 亿元、农林水利投资约 300 亿元的情况下新增的，因此，必将促进我国经济结构调整和国民经济持续发展。

今年新增国债投资如何安排？国家发展计划委员会副主任李荣融指出，必须遵循六条原则：一是既要考虑选择急需投资的领域，也要考虑有利于社会经济的长远发展。二是优先安排去年使用财政债券、地方配套资金到位比较好的续建项目。三是优先选择投入国债资金后能较多地吸引银行贷款和社会资金的项目。四是扶持重点行业、重点产品的技术改造和技术进步，并注意向老工业基地倾斜。五是向中西部地区适度倾斜。六是重视社会发展。

基础设施 343 亿

根据以上原则，新增国债投资主要用于这样几方面：

重点投向去年已经开工的农林水利、铁路、公路、港口、民航、通讯、城乡电网建设与改造，城市交通、供水供气、污水和垃圾处理等，在建项目占 93%；新开工项目仅占 7%。其中，安排用于农林水利建设 25 亿元，用于铁路、公路和民航机场建设 184 亿元。农网改造工程安排投资规模 642 亿元，其中国债 130 亿元，安排续建县 1387 个，新开工 34 个，确保年内竣工销号 550 个县。

企业技改 153 亿

采用贴息方式增加有利于加快产业结构升级，促进科技进步的项目投入。资金注重投向增加品种、提高质量和技术含量，以及进口替代的技术改造项目，投向产品有市场、效益好的骨干企业，在冶金、有色、石化、纺织、机电行业中选择重点安排。

依托国家重点项目，加快重大装备、城市轨道交通、环保设备的国产化，推进高技术的产业化，如移动通讯设备国产化、高清晰度电视产业化、稀土应用以及软件产业、生物技术、集约化农业技术推广应用等。此次安排的装备国产化及高技术产业化项目共 228 项，是通过专家打分、综合评估的方式，从 2000 多个上报项目中优选出来的，总投资共 213 亿元，其中国债 27.5 亿元。大部分项目于明年底建成投产，将有力地推动我国产业结构的优化升级。

环保生态 67 亿

重点是搞好“三河三湖”（淮河、海河、辽河、巢湖、太湖、滇池）污染治理。安排资金实行以粮代赈，用于长江、黄河中上游“坡改梯”、“退耕还林、还草”，推广节水灌溉。对首都的环保建设要适当给予支持。“三河三湖”水污染防治专项国债共 20 亿元，安排项目 123 个，其中污水处理厂 119 个，污水处理能力 1140 万吨/日。

文教设施 25.7 亿

配合高校扩大招生,适当解决扩招后教学设施、学生宿舍不足的问题。共安排国债项目 335 项,建筑面积 352.9 万平方米,总投资 52.35 亿元,使用国债资金 14.7 亿元。适当安排文化设施建设,加快实施"村村通广播电视"工程。在国债中安排 1.7 亿元,另外国家广电总局安排补助资金 8000 万元,共 2.5 亿元,用于"村村通"工程,力争使大部分农村边远地区、少数民族地区在国庆 50 周年能够看到电视,听到广播。

海关打私 11.3 亿

进一步加强海关打击走私力度。今年我国新增税收中最大一块即来自海关对各种走私活动的有效打击。中央下决心要把打私工作进行到底,为此,特别从新增国债中安排资金用于海关缉私警察的装备开支。

国家计委负责人表示,经过一年的实践,我们已经积累了利用国债扩大投资规模的经验,可以比较有效地防止乱铺摊子、搞重复建设和劣质工程。国家将继续实行由国务院有关部门、有关银行和单位组成项目评审组,通过联合办公集中评审确定投资项目。

外交部部长唐家璇在纽约会见欧盟代表团

中国外交部部长唐家璇在中国常驻联合国代表团驻地,同以芬兰外长塔里娅·哈洛宁为首的欧盟"三驾马车"代表团举行会谈。

唐家璇说,我们注意到,7 月欧盟外长理事会通过审议结论,表示希望与中国尽快重开中国加入世贸组织的谈判。他希望欧盟能以实际行动,采取灵活、务实的态度,放弃不切实际的高要价,使谈判早日达成协议。

欧盟现任轮值主席国外长哈洛宁对欧盟与中国关系的发展表示满意。她说,欧盟支持中国加入世贸组织。

下任欧盟轮值主席国葡萄牙外长雅伊梅·伽马代表欧盟指出,香港的顺利回归为解决澳门问题提供了一个良好的范例。这两个问题的解决将有助于台湾问题的解决和最终实现中国的和平统一。因此,欧盟坚持一个中国的立场。

由国家统计局编写大型文献图书《新中国 50 年》由中国统计出版社出版

中药大典《中华本草》出版

历经 15 年编纂,一部全面总结我国 2000 多年传统中药研究成果、集中反映共和国建立 50 年来现代中药发展水平的大型中药著作——《中华本草》,近日由上海科技出版社出版发行。

中国紫檀博物馆在北京举行开馆典礼

中共中央政治局常委、全国政协主席李瑞环出席开馆典礼并参观展品。李瑞环称赞中国紫檀博物馆的建成为弘扬中华优秀民族文化做了一件大好事,填补了中国文博事业的一项空白。

由全国政协委员、香港富华国际集团董事长陈丽华女士投资近两亿元人民币兴建的中国紫檀博物馆是世界上第一家规模大、藏品丰、档次高的紫檀雕刻艺术博物馆。

9 月 20 日

全国政协机关庆祝政协成立 50 周年

全国政协机关在北京庆祝人民政协成立 50 周年。全国政协副主席陈俊生、张思卿、孙孚凌、万国权、胡启立等向筹备政协第一届全体会议和在全国政协机关工作 30 年以上的同志颁发荣誉牌。

党和国家领导人江泽民等参观"光辉的历程——中华人民共和国建国 50 周年成就展"在北京展览馆开幕

党和国家领导人江泽民、李鹏、朱镕基、李瑞环、胡锦涛、尉健行、李岚清晚上来到北京展览馆,观看了"光辉的历程——中华人民共和国建国 50 周年成就展"。

中共中央总书记、国家主席江泽民首先来到综合展区,观看了利用现代高科技手段,如激光全息、立体电视、高清晰度视屏等技术和设备展示的 50 年来我国社会生产力大发展、综合国力大增强、人民生活大提高的历史性成就。

在充分展示沿海省市和经济特区改革开放成就的展厅门前,一个机器人走来迎接江总书记。当江总书记向它发出一些关于广东基本概况的询问时,机器人有条不紊地一一作出回答。

江总书记非常关心中西部地区经济的发展,仔细观看了几个中西部省区的展台,详细询问了当地的发展情况。他特别应邀来到新疆和西藏展区的两个充满浓郁民族风格的模拟民居客厅,坐下来与大家亲切合影。

在充分展示我军革命化、现代化巨大成就的国防和部队建设展区,江总书记俯身仔细观看了陈列在玻璃柜里珍贵的雷锋日记的原件。在一幅展示我军在高技术条件下渡海登陆作战演习的巨幅立体、动态模型前,江泽民总书记驻足良久。

在香港特别行政区展厅,江总书记仔细观看了展厅四壁大屏幕上反映香港回归后巨大变化的影像,并大声用粤语说:"好!"

参观成就展的还有：丁关根、田纪云、李长春、李铁映、吴官正、迟浩田、张万年、罗干、姜春云、贾庆林、钱其琛、黄菊、温家宝、吴仪、宋平、刘华清、邹家华、王光英、布赫、铁木尔·达瓦买提、彭珮云、何鲁丽、周光召、曹志、司马义·艾买提、王忠禹、肖扬、韩杼滨、杨汝岱、王兆国、阿沛·阿旺晋美、钱伟长、任建新、宋健、李贵鲜、陈俊生、张思卿、孙孚凌、朱光亚、万国权、胡启立、陈锦华、赵南起、白立忱、罗豪才、张克辉、周铁农和李德生、黄华、黄火青、马文瑞、王汉斌、张震、陈慕华、李锡铭、王丙乾、张廷发、韩光。

中共中央政治局常委、国务院总理朱镕基致开幕词，中共中央政治局常委、国家副主席胡锦涛主持开幕式。

上午 8 时 30 分，胡锦涛宣布成就展开幕，军乐队奏《国歌》。接着，朱镕基致开幕词。

朱镕基在讲话中首先代表党中央、国务院，对成就展的开幕表示热烈祝贺。他说，新中国成立后的 50 年，是中国发生翻天覆地变化的 50 年。50 年来，中国各族人民在中国共产党的领导下，万众一心，艰苦奋斗，使贫穷落后、百业凋零的旧中国，变成一个蒸蒸日上、大踏步走向繁荣富强的新中国。特别是改革开放 20 年来，我们在建设有中国特色社会主义的经济、政治、文化等方面取得了举世瞩目的伟大成就。国民经济迅速发展，综合国力大为增强，许多重要工农业产品产量跃居世界前列。科技、教育、文化事业的发展取得巨大成绩，各项社会事业全面进步。社会主义初级阶段的基本经济制度逐步完善，建立社会主义市场经济体制的改革取得决定性进展。全方位、多层次、宽领域的对外开放格局基本形成。社会主义民主法制建设不断加强。国防实力显著壮大。随着社会生产力空前发展，城乡人民生活明显改善，基本上解决了温饱问题，越来越多的居民过上小康生活。独立自主的和平外交政策取得重大成果，我国国际地位日益提高。50 周年成就展，浓缩了半个世纪以来中国人民走过的不平凡道路。新中国 50 年的沧桑巨变，谱写了几千年中国历史最为灿烂辉煌的篇章。这是马克思主义、毛泽东思想、邓小平理论的伟大胜利，是中国社会主义制度巨大优越性和旺盛生命力的集中表现。

朱镕基说，中华人民共和国建国 50 周年成就展，重现毛泽东等老一辈无产阶级革命家率领全国人民艰苦创业的丰功伟绩，展示在邓小平同志和江泽民同志为核心的党的第二代、第三代领导集体的领导下，开创有中国特色社会主义道路所取得的辉煌成果。

他说，新中国 50 年的建设史，如同创建中华人民共和国的战斗历程一样，是一部可歌可泣的创业史，必将彪炳于中华民族的壮丽史册。新中国 50 年的伟大成就，是亿万人民群众吃苦耐劳、不畏艰险、勇于奉献的辉煌成果，一大批工人、农民、知识分子、解放军指战员和干部的杰出代表为新中国作出了突出的贡献。新中国 50 年取得的进步和成就，也饱含着港澳台同胞、海外侨胞和支持中国建设的外国专家与国际友人付出的劳动与心血。历史将永远记住为新中国发展与繁荣作出贡献的华夏儿女和外国朋友。

朱镕基说，我们即将迎来一个新的世纪，这将是一个充满机遇和挑战的时代。让我们紧密团结在以江泽民同志为核心的党中央周围，高举邓小平理论伟大旗帜，深入贯彻党的十五大精神，依靠全国各族人民的智慧和力量，同心同德，锐意改革，扎实工作，沿着有中国特色社会主义的道路阔步前进，为实现我国社会主义现代化和中华民族的伟大复兴而奋斗。

丁关根、张万年、温家宝、曾庆红、铁木尔·达瓦买提、王忠禹、叶选平、宋健、陈俊生、白立忱等出席的开幕式。

“光辉的历程——中华人民共和国建国 50 周年成就展”由国家计委、中共中央宣传部、国家经贸委、财政部、国家统计局和北京市主办，各有关部门、解放军和各省、自治区、直辖市人民政府，香港特别行政区政府共同筹备参展。展览集中展示中国人民在以毛泽东、邓小平、江泽民为核心的中国共产党三代领导集体的领导下，终于成功地走出了一条建设有中国特色社会主义的新道路，在建立和发展社会主义的经济、政治、文化、国防、外交和推进祖国统一大业的各个方面取得的辉煌的历史性成就。

展览共分 64 个展区，展出面积超过 2.2 万平方米，展示内容时间跨度长达半个世纪，分为序言、综合展区、部门展区、地方展区和展望五个部分。许多展区采用现代高科技手段，综合运用声光电技术，如激光全息、立体电视、高清晰度视屏等技术和设备，并设置了一些观众参与的展示项目，使展览更加形象直观，生动活泼。

这次成就展是首都庆祝中华人民共和国建国 50 周年庆典中持续时间最长的一项大型活动，展览于 10 月 18 日结束。

中国决定恢复同欧盟“入世”双边谈判

外经贸部部长石广生表示，中国将恢复与欧盟关于中国加入世界贸易组织的双边谈判，外经贸部有关部门目前正同欧盟联系，安排有关谈判的具体问题。

“第四届国家图书奖”颁奖大会在北京举行

第二十二届大众电影百花奖在北京揭晓

获最佳故事片奖的有：《男妇女主任》(长春电影制

片厂)、《红娘》(北京电影制片厂)和《一个都不能少》(广西电影制片厂)。

赵本山以在《男妇女主任》中饰演刘一本这一角色捧得最佳男演员奖;最佳女演员奖获得者是在《红娘》中饰演红娘的刘欣。

获最佳男配角奖的是在《媳妇你当家》中饰演公公的牛犇;获最佳女配角奖的是在《银幕恋情》中饰演引弟的李晓红。

第四届全国城运会落幕

第四届全国城运会期间,57个代表团的近4000名运动员参加了决赛阶段的比赛,共决出220枚金牌,其中39个代表团夺得金牌,46个代表团获得奖牌。此次城运会刷新了一批纪录。22人55次超19项世界纪录;33人77次超23项世界青年纪录;1人1次平1项世界青年纪录;23人57次超20项亚洲纪录;34人80次超20项亚洲青年纪录。

9月21日

全国人大常委会委员长李鹏在人民大会堂会见英国下院议长布思罗伊德女士和她率领的代表团

李鹏说,自80年代以来,中国全国人大与英国议会保持着正常的交往。全国人大多次派团访英,英国议会也多次组团访华。他强调,议会之间的交往是发展两国关系的重要渠道之一。中国全国人大重视与英国议会的关系,愿意积极与英国议会发展包括议会领导人、各专门委员会和友好小组之间的多层次的交往,增进两国立法机构之间的交流,促进两国友好合作关系的全面发展。

全国人大常委会委员长李鹏在人民大会堂会见巴巴多斯参议长弗雷德·戈洛普和夫人

中共中央政治局常委尉健行在人民大会堂会见由总书记内帕尔率领的尼泊尔共产党(联合马列)代表团

国防部部长迟浩田在北京会见哥伦比亚武装部队总司令费尔南多·塔比亚斯

《人民日报》发表社论《风雨同舟向未来——纪念人民政协成立五十周年》

金风送爽,举国欢乐。在迎接中华人民共和国成立50周年的日子里,我们隆重纪念人民政协诞生50周年。在这个具有重大历史意义的时刻,我们深切怀念人民政协的缔造者和杰出领导人毛泽东、周恩来、邓小平等老一辈无产阶级革命家。我们也向全国政协历届领导人,向历届政协委员,向一切关心和支持人民政协事业的同志和朋友,表示崇高的敬意!

"雄鸡一唱天下白。"50年前的今天,中国共产党同各民主党派、各人民团体、无党派民主人士和各族各界代表欢聚北京,隆重举行了具有伟大历史意义的中国人民政治协商会议第一届全体会议。会议代行全国人民代表大会的职权,通过了具有临时宪法性质的《中国人民政治协商会议共同纲领》,选举产生了中央人民政府,庄严宣告了中华人民共和国的成立。

风雨兼程50年,人民政协走过了一条光辉的道路,成为由中国共产党领导的,有各民主党派、无党派爱国人士、人民团体、少数民族人士和各界人士参加的,包括全体社会主义劳动者、拥护社会主义的爱国者和拥护祖国统一的爱国者在内的、最广泛的爱国统一战线组织;成为我国政治体制中发扬社会主义民主的重要渠道和共产党领导的多党合作和政治协商的重要组织形式。人民政协在建立和巩固人民民主政权,进行社会主义革命和社会主义建设,维护国家统一,维护社会稳定,促进各族人民的团结等方面,发挥了举足轻重、无可替代的作用。特别是党的十一届三中全会以来,人民政协在邓小平建设有中国特色社会主义理论的指引下,为拨乱反正,实现国家工作重心的转移,推进改革开放和现代化建设;为健全和完善社会主义民主与法制,巩固和发展安定团结的政治局面;为实现"一国两制"的伟大构想,促进祖国和平统一,发展我国人民同世界各国人民的友好关系,作出了不可磨灭的贡献。50年的实践证明,爱国统一战线无论是现在还是将来,仍然是中国社会主义建设事业的一个重要法宝。人民政协作为最广泛的爱国统一战线组织,不可削弱,而应加强;不可缩小,而应扩大。她的任务十分光荣,工作大有可为。

在我国,有共产党,还有8个民主党派和无党派爱国人士、各人民团体。共产党与他们的关系不是朝野关系,不是执政党和反对党的关系,而是为了共同目标团结合作的关系,共同协商、互相监督的关系。我们党和各民主党派都赞成人民代表大会制度,赞成共产党领导的多党合作和政治协商制度。中共十五大把坚持、完善中国共产党领导的多党合作和政治协商制度纳入社会主义初级阶段的基本纲领,要求人民政协更好地履行职能,继续推进政治协商、民主监督、参政议政的规范化、制度化。人民政协作为实现这项制度的重要组织形式,坚持了马克思主义统一战线和人民民主的基本理论,体现了中华民族和衷共济、兼容并蓄的传统精神,反映了党的三代领导核心的伟大构想。"疾风知劲草",不管什么时候,不管遇到什么情况,中国共产党都将坚定不移地坚持同各民主党派、无党派爱国人士和各族各界人士“长期共存，互相监督，肝胆相照，荣辱与共”的方针，与他们携手并进、风雨同舟，在新的世纪里为中华民族创造更加辉煌的文明！

统一祖国，振兴中华，一直是全国各族人民孜孜以求的目标。最近，台湾的李登辉不顾全体中华儿女的感情，公然提出了分裂祖国的“两国论”，激起了全体中国人的愤怒。人民政协同党和人民一起，为和平统一祖国呼喊了五十年、奋斗了五十年。今后，她仍将一如既往、旗帜鲜明地反对分裂，反对倒退，坚定不移地为祖国的统一和民族的振兴作出应有的贡献。

“古来青史谁不见，今见功名胜古人。”人民政协这座宏伟大厦，凝聚着一届又一届政协委员的心血和汗水，与共和国历史上一大批闪光的名字相连。在未来的岁月里，人民政协一定会继续高举爱国统一战线和社会主义的大旗，继承和发扬 50 年来特别是改革开放以来的优良传统，充分发挥自身的政治优势和人才优势，紧紧扣住团结、民主两大主题，认真履行政治协商、民主监督、参政议政的职能，积极反映社情民意，充分调动全国各族人民的积极性、创造性，组织各界人士参与国事，努力促进民主政治建设，共同致力于中华民族的伟大振兴。

新世纪曙光在即。让我们紧密团结在以江泽民同志为核心的中共中央周围，高举邓小平理论的伟大旗帜，同心同德，群策群力，振奋精神，埋头苦干，为实现无数革命先辈统一祖国、振兴中华的伟大理想，为建设富强、民主、文明的社会主义现代化强国而努力奋斗！

最高人民检察院第八届检察委员会第六十九次会议通过《人民检察院刑事诉讼规则(修正)》

全国政协在北京举行《人民政协五十年》大型画册首发式

中共中央政治局常委、全国政协主席李瑞环为画册题写了书名。全国政协副主席叶选平、杨汝岱、孙孚凌出席了首发式。

编辑出版《人民政协五十年》大型画册，是纪念人民政协成立 50 周年活动的重要内容之一。画册刊登了江泽民、李鹏、李瑞环为庆祝人民政协成立 50 周年的题词，并以大量珍贵的图片，记录了在以毛泽东、邓小平、江泽民为核心的三代中共中央领导集体的领导下，人民政协走过的半个世纪的光辉历程，讴歌了中国共产党领导的多党合作和政治协商制度的独创性和优越性，反映了人民政协为新中国的创建与发展所作的历史性贡献，展现了政协委员为国家发展、民族振兴、祖国统一而积极履行职责的风采。这本画册是人民政协高举爱国主义和社会主义两面旗帜，发扬民主、促进团结的形象反映和真实写照。

由全国政协办公厅编辑、中国文史出版社出版的这本大型画册，共分五个部分：神州报晓、共创伟业、伟大转折、团结奋进、继往开来。全书收录图片近 700 幅，配以中英文说明。

《邓小平文选》保加利亚文版在索非亚发行

台湾花莲西南发生 7.6 级地震

中国地震台网测定，1999 年 9 月 21 日 1 时 47 分(北京时间)，在台湾省花莲西南(震中位于北纬 23.7 度，东经 121.1 度)发生 7.6 级地震。

地震造成严重的人员伤亡和重大经济损失。据台湾有关方面统计，至 22 时，已造成 1674 人死亡，3924 人受伤，2650 人被困，219 人失踪。在灾情严重地区，大批涌入的重伤者使医院人满为患，收容轻伤者的学校体育馆、大礼堂人山人海。

初步了解，此次地震波及福建省、广东省、浙江省和江西省的部分地区，造成不同程度的震感影响。其中，福建省福州、泉州、厦门、宁德等城市震感强烈，广东省广州至汕头、浙江省温州、江西省南昌、九江等地均有不同程度震感。

国家主席江泽民对台湾地区发生强烈地震表示慰问

江泽民对台湾地区发生强烈地震表示慰问。

江泽民主席指出：今天凌晨台湾地区发生强烈地震，造成台湾同胞生命财产的严重损失，我们对这一重大灾情表示极为关切，对受灾同胞表示亲切慰问，对遇难同胞表示沉痛哀悼。两岸同胞骨肉相连，台湾同胞的灾难和痛苦牵动着全体中国人的心。我们愿为减轻地震灾害损失提供一切可能的援助。

海峡两岸关系协会会长汪道涵对台湾地震灾区同胞表示慰问

汪道涵对地震灾区同胞表示慰问。

汪道涵在接受记者采访时表示，惊闻噩耗，至感伤痛。他说：“我谨向在地震中不幸遇难的台湾同胞表示深切的哀悼，向全体台湾同胞表示诚挚的慰问，并衷心祝愿受灾同胞尽早克服灾害造成的困难，重建家园。”

9 月 22 日

中国共产党第十五届中央委员会第四次全体会议发布公报

中国共产党第十五届中央委员会第四次全体会

议，于1999年9月19日至22日在北京举行。

出席这次会议的中央委员189人，中央候补委员147人。中央纪律检查委员会常务委员会委员和有关方面的负责同志列席会议。

全会由中央政治局主持。中央委员会总书记江泽民同志作了重要讲话。

全会审议通过了《中共中央关于国有企业改革和发展若干重大问题的决定》。全会认为，推进国有企业改革和发展是一项重要而紧迫的任务。国有企业是国民经济的支柱。完成十五大确定的我国跨世纪发展的宏伟任务，建立和完善社会主义市场经济体制，保持国民经济持续快速健康发展，必须大力促进国有企业的体制改革、机制转换、结构调整和技术进步。目前，国有企业改革和发展正处于关键时期，一些深层次矛盾和问题必须加以解决。这次全会集中研究国有企业的问题是适时和必要的。

全会高度评价国有企业在推进我国经济社会发展和巩固社会主义制度中的重要作用。一致认为，新中国成立50年来特别是改革开放以来，我们党领导各族人民不懈奋斗，使我国由一个贫穷落后的农业国，发展成为即将进入小康社会、向工业化和现代化目标大步迈进的社会主义国家。这是中华民族发展进程中一次伟大的历史性跨越。国有企业和工人阶级为此作出了不可磨灭的重大贡献。面对世纪之交激烈的国际竞争，我们要增强国家的经济实力、国防实力和民族凝聚力，必须不失时机地整体推进国有企业的改革和发展，促进国有经济的发展壮大，使国有经济在国民经济中更好地发挥主导作用。

全会确定了从现在起到2010年国有企业改革和发展的主要目标和必须坚持的指导方针。全会强调，完成这一历史任务，首先要尽最大努力实现国有企业改革和脱困的三年目标。要从不同行业和地区的实际出发，根据不平衡发展的客观进程，着力抓好重点行业、重点企业和老工业基地，把解决当前突出问题与长远发展结合起来，为国有企业跨世纪发展创造有利条件。

全会指出，从战略上调整国有经济布局，要同产业结构的优化升级和所有制结构的调整完善结合起来，坚持有进有退，有所为有所不为，提高国有经济的控制力。国有经济要在关系国民经济命脉的重要行业和关键领域占支配地位，其他行业和领域，可以通过资产重组和结构调整，集中力量，加强重点，提高国有经济的整体素质。积极探索公有制的多种有效实现形式，大力发展股份制和混合所有制经济，重要企业由国家控股。继续对国有企业实施战略性改组，充分发挥市场机制作用，着力培育大型企业和企业集团，放开搞活国有中小企业。要重视发挥各种所有制中小企业在促进经济社会发展中的重要作用，积极扶持科技型企业，培育中小企业服务体系。对老工业基地、中西部地区和少数民族地区的国有经济布局调整和企业改组，国家要加大支持力度。

全会指出，建立现代企业制度，是国有企业改革的方向，是公有制与市场经济相结合的有效途径。要继续推进政企分开，按照国家所有、分级管理、授权经营、分工监督的原则，积极探索国有资产管理的有效形式。对国有大中型企业实行规范的公司制改革，建立、健全法人治理结构，面向市场着力转换经营机制。建立与现代企业制度相适应的收入分配制度，形成有效的激励和约束机制。必须切实加强企业管理，重视企业发展战略研究，健全和完善各项规章制度，从严管理企业，狠抓薄弱环节，广泛采用现代管理技术、方法和手段，提高经济效益。

全会认为，改善国有企业资产负债结构和减轻企业社会负担，要同深化企业内部改革、建立新机制、加强科学管理结合起来。根据宏观经济环境和国家财力，区别不同情况，采取切实有效的措施，有步骤地分类加以解决，帮助企业增资减债，促进债务和资产重组。分离企业办社会的职能，各级政府要积极支持，稳步推进。继续做好减员增效、再就业和社会保障工作，广开就业门路，引导职工转变择业观念，形成市场导向的就业机制。

全会指出，适应全球产业结构调整的大趋势和国内外市场需求的变化，必须加快国有企业的技术进步和产业升级。要以市场为导向，用先进技术改造传统产业，围绕增加品种、改进质量、提高效益和扩大出口，加强现有企业的技术改造。在新兴产业和高技术产业，国有企业要占据重要地位，掌握核心技术，发挥先导作用。

采取有效的政策措施，加大重点行业、重点企业、重点产品的技术改造投入。要形成以企业为中心的技术创新体系，推进产学研结合，促进科技成果向现实生产力转化。继续搞好宏观调控和相关的配套改革，保持经济总量的基本平衡，扩大对外开放，健全社会主义市场经济法律制度，发展各类市场，维护经济秩序，为国有企业改革和发展创造良好的外部环境。

全会强调，加强和改善党的领导，是加快国有企业改革和发展的根本保证。必须建立符合市场经济规律和我国国情的国有企业领导体制与组织管理制度，加强企业领导班子建设，发挥企业党组织的政治核心作用，坚持全心全意依靠工人阶级的方针。坚持和完善以职工代表大会为基本形式的企业民主管理制度。推进企业精神文明建设，加强和改进思想政治工作。必须努力建设高素质的经营管理者队伍，规范和完善对经营管理者培养、选拔、管理、考核、监督的办法，营造经营管理者和企业家队伍健康成长的社会环境。各级党委和政府要坚定地站在改革的前列，解放思想，实事求是，从各行各业国有企业的实际出发，团结和带领广大干部群众迎难而上，开拓前进。

全会决定增补胡锦涛同志为中央军事委员会副主席，郭伯雄、徐才厚同志为中央军事委员会委员。

全会审议并通过了《中共中央纪律检查委员会关于许运鸿问题的审查报告》。全会决定，撤销许运鸿中央委员会候补委员职务，开除其党籍。鉴于许运鸿的有些问题涉嫌触犯刑律，由司法机关对其依法处理。

全会对十五届三中全会以来中央的工作给予充分肯定。一致认为，全党和全国各族人民积极贯彻党的十五大精神，勇敢战胜前进道路上出现的各种困难和风险，国民经济持续增长，社会政治稳定，各项工作成绩显著。全会强调，在新世纪到来之际，我们党要全面加强自身建设。领导干部特别是高级干部，要善于把做好当前工作同实现党的总目标、总任务很好地结合起来，越是形势复杂、任务繁重，越是要坚定不移地贯彻邓小平理论和党的基本路线、基本纲领、基本方针，抓住机遇，开拓进取，围绕经济建设这个中心搞好物质文明和精神文明建设，实现经济发展和社会全面进步。

全会号召，全党紧密团结在以江泽民同志为核心的党中央周围，高举邓小平理论伟大旗帜，深入贯彻党的十五大精神，认真落实中央的各项决策和部署，同心同德，奋力拼搏，扎实工作，努力开创国有企业改革和发展的新局面，把建设有中国特色社会主义的伟大事业全面推向 21 世纪。

中国共产党第十五届中央委员会第四次全体会议通过《中共中央关于国有企业改革和发展若干重大问题的决定》

为实现党的十五大提出的我国改革开放和现代化建设跨世纪发展的宏伟目标，中国共产党第十五届中央委员会第四次全体会议讨论了国有企业改革和发展的若干重大问题，并做如下决定。

一、推进国有企业改革和发展是一项重要而紧迫的任务

新中国成立 50 年来，我们党领导各族人民不懈奋斗，取得了社会主义建设的巨大成就。我国由一个贫穷落后的农业国，发展成为即将进入小康社会、向工业化和现代化目标大步迈进的社会主义国家。这是中华民族发展进程中一次伟大的历史性跨越。国有企业和工人阶级为此作出了不可磨灭的重大贡献。

党的十一届三中全会以来，在邓小平理论指导下，我们党开辟了建设有中国特色社会主义的新道路。为克服传统计划经济体制的弊端，我们坚持解放思想，实事求是，积极探索，循序渐进，不断深化国有企业改革和整个经济体制改革，推进现代化建设。国有企业管理体制和经营机制发生了深刻变化，一批企业在市场竞争中成长壮大，技术装备水平明显提高，以国有企业为主生产的一些重要产品的产量跃居世界前列。在公有制为主体、多种所有制经济共同发展的新格局下，国有经济的总体实力进一步增强，在国民经济中继续发挥着主导作用，并且一直是财政收入的主要来源，有力地支持了国家的改革和建设。经过多年的努力，国有企业朝着建立社会主义市场经济体制的改革目标，迈出了前所未有的重大步伐。

国有企业改革是一场广泛而深刻的变革。当前，国有企业的体制转换和结构调整进入攻坚阶段，一些深层次矛盾和问题集中暴露出来。由于传统体制的长期影响、历史形成的诸多问题、多年以来的重复建设以及市场环境的急剧变化，相当一部分国有企业还不适应市场经济的要求，经营机制不活，技术创新能力不强，债务和社会负担沉重，富余人员过多，生产经营艰难，经济效益下降，一些职工生活困难。必须采取切实有效的措施解决这些问题。这不仅关系到国有企业改革的成败，也关系到整个经济体制改革的成败。全党既要充分认识推进国有企业改革和发展的重要性与紧迫性，又要清醒地看到这项工作的艰巨性和长期性，锲而不舍地努力，不断取得新的突破。

世纪之交，和平与发展依然是时代的主题，但霸权主义和强权政治有新的发展。综合国力越来越成为决定一个国家前途命运的主导因素。我们要增强国家的经济实力、国防实力和民族凝聚力，就必须不断促进国有经济的发展壮大。包括国有经济在内的公有制经济，是我国社会主义制度的经济基础，是国家引导、推动、调控经济和社会发展的基本力量，是实现广大人民群众根本利益和共同富裕的重要保证。坚定不移地贯彻十五大精神，推进国有企业的改革和发展，从总体上增强国有企业的活力和国有经济的控制力，对于建立社会主义市场经济体制，促进经济持续快速健康发展，提高人民生活水平，保持安定团结的政治局面，巩固社会主义制度，都具有十分重要的意义。

国有企业是我国国民经济的支柱。发展社会主义社会的生产力，实现国家的工业化和现代化，始终要依靠和发挥国有企业的重要作用。在经济全球化和科技进步不断加快的形势下，国有企业面临着日趋激烈的市场竞争。发展是硬道理。必须敏锐地把握国内外经济发展趋势，切实转变经济增长方式，拓展发展空间，尽快形成国有企业的新优势。

国有企业改革是整个经济体制改革的中心环节。建立和完善社会主义市场经济体制，实现公有制与市场经济的有效结合，最重要的是使国有企业形成适应市场经济要求的管理体制和经营机制。必须继续解放思想，实事求是，以有利于发展社会主义社会的生产力、有利于增强社会主义国家的综合国力、有利于提高人民的生活水平为根本标准，大胆利用一切反映现代社会化生产规律的经营方式和组织形式，努力探索能够极大促进生产力发展的公有制多种实现形式，在深化国有企业的改革上迈出新步伐。

搞好国有企业的改革和发展，是实现国家长治久安和保持社会稳定的重要基础。必须正确处理改革、发展、稳定的关系，改革的力度、发展的速度要同国力和社会承受能力相适应，努力开创改革、发展、稳定相互促进的新局面。

我们党和我国工人阶级历来勇于面对并善于战胜任何艰难险阻。我们有马克思列宁主义、毛泽东思想、邓小平理论和党的基本路线的指导，有比过去更加雄厚的综合国力，有多年积累的实践经验，有广大职工的积极参与，只要全党坚定信心，团结奋斗，就一定能够夺取国有企业改革和发展的新胜利。

二、国有企业改革和发展的主要目标与指导方针

党的十五大和十五届一中全会提出，用三年左右的时间，使大多数国有大中型亏损企业摆脱困境，力争到本世纪末大多数国有大中型骨干企业初步建立现代企业制度。推进国有企业改革和发展，首先要尽最大努力实现这一目标。要从不同行业和地区的实际出发，根据不平衡发展的客观进程，着力抓好重点行业、重点企业和老工业基地，把解决当前的突出问题与长远发展结合起来，为国有企业跨世纪发展创造有利条件。

到 2010 年，国有企业改革和发展的目标是：适应经济体制与经济增长方式两个根本性转变和扩大对外开放的要求，基本完成战略性调整和改组，形成比较合理的国有经济布局和结构，建立比较完善的现代企业制度，经济效益明显提高，科技开发能力、市场竞争能力和抗御风险能力明显增强，使国有经济在国民经济中更好地发挥主导作用。

推进国有企业改革和发展，必须坚持以下指导方针：

（一）以公有制为主体，多种所有制经济共同发展。调整和完善所有制结构，积极探索公有制多种实现形式，增强国有经济在国民经济中的控制力，促进各种所有制经济公平竞争和共同发展。

（二）从战略上调整国有经济布局和改组国有企业。着眼于搞好整个国有经济，推进国有资产合理流动和重组，调整国有经济布局和结构，积极发展大型企业和企业集团，放开搞活中小企业。

（三）改革同改组、改造、加强管理相结合。适应市场经济的要求，着力转换企业经营机制，提高企业整体素质，构造产业结构优化和经济高效运行的微观基础。

（四）建立现代企业制度。实现产权清晰、权责明确、政企分开、管理科学，健全决策、执行和监督体系，使企业成为自主经营、自负盈亏的法人实体和市场主体。

（五）推动企业科技进步。加强企业的科研开发和技术改造，重视科技人才，促进产学研结合，形成技术创新机制，走集约型和可持续发展道路。

（六）全面加强企业管理。推行科学管理，强化基础工作，改善经营，提高效益，实行以按劳分配为主体的多种分配方式，形成有效的激励和约束机制。

（七）建立企业优胜劣汰的竞争机制。实行鼓励兼并、规范破产、下岗分流、减员增效和再就业工程。依靠各方面力量，扩大就业门路，确保国有企业下岗职工基本生活。

（八）协调推进各项配套改革。转变政府职能，建立权责明确的国有资产管理、监督和营运体系，保证国有资产保值增值。加强法制建设，维护市场经济秩序。健全社会保障体系。帮助企业增资减债、减轻负担。

（九）全心全意依靠工人阶级，发挥企业党组织的政治核心作用。加强企业党组织建设和思想政治工作，提高企业经营管理者队伍素质，坚持和完善以职工代表大会为基本形式的企业民主管理，切实维护职工合法权益。

（十）推进企业精神文明建设。加强思想道德教育和技术业务培训，全面提高职工队伍素质，培育积极向上的企业文化，推动物质文明和精神文明建设协调发展。

三、从战略上调整国有经济布局

在社会主义市场经济条件下，国有经济在国民经济中的主导作用主要体现在控制力上。

（一）国有经济的作用既要通过国有独资企业来实现，更要大力发展股份制，探索通过国有控股和参股企业来实现。

（二）国有经济在关系国民经济命脉的重要行业和关键领域占支配地位，支撑、引导和带动整个社会经济的发展，在实现国家宏观调控目标中发挥重要作用。

（三）国有经济应保持必要的数量，更要有分布的优化和质的提高；在经济发展的不同阶段，国有经济在不同产业和地区的比重可以有所差别，其布局要相应调整。

从战略上调整国有经济布局，要同产业结构的优化升级和所有制结构的调整完善结合起来，坚持有进有退，有所为有所不为。目前，国有经济分布过宽，整

体素质不高，资源配置不尽合理，必须着力加以解决。国有经济需要控制的行业和领域主要包括：涉及国家安全的行业，自然垄断的行业，提供重要公共产品和服务的行业，以及支柱产业和高新技术产业中的重要骨干企业。其他行业和领域，可以通过资产重组和结构调整，集中力量，加强重点，提高国有经济的整体素质。在坚持国有、集体等公有制经济为主体的前提下，鼓励和引导个体、私营等非公有制经济的发展。随着国民经济的不断发展，国有经济有着广阔的发展空间，总量将会继续增加，整体素质进一步提高，分布更加合理，但在整个国民经济中的比重还会有所减少。只要坚持公有制为主体，国家控制国民经济命脉，国有经济的控制力和竞争力得到增强，这种减少不会影响我国的社会主义性质。

积极探索公有制的多种有效实现形式。国有资本通过股份制可以吸引和组织更多的社会资本，放大国有资本的功能，提高国有经济的控制力、影响力和带动力。国有大中型企业尤其是优势企业，宜于实行股份制的，要通过规范上市、中外合资和企业互相参股等形式，改为股份制企业，发展混合所有制经济，重要的企业由国家控股。

统筹规划，采取有效的政策措施，加快老工业基地和中西部地区国有经济布局的调整。对困难较大的老工业基地，国家要在技术改造、资产重组、结构调整以及国有企业下岗职工安置和社会保障资金等方面，加大支持力度。国家要通过优先安排基础设施建设、增加财政转移支付等措施，支持中西部地区和少数民族地区加快发展。国家要实施西部大开发战略。中西部地区要从自身条件出发，发展有比较优势的产业和技术先进的企业，促进产业结构的优化升级。东部地区要在加快改革和发展的同时，本着互惠互利、优势互补、共同发展的原则，通过产业转移、技术转让、对口支援、联合开发等方式，支持和促进中西部地区的经济发展。

四、推进国有企业战略性改组

改革开放以来，国有企业组织结构发生了积极的变化，但目前仍不合理。主要是重复建设严重，企业大而全、小而全，没有形成专业化生产、社会化协作体系和规模经济，缺乏市场竞争能力。要区别不同情况，继续对国有企业实施战略性改组。极少数必须由国家垄断经营的企业，在努力适应市场经济要求的同时，国家给予必要支持，使其更好地发挥应有的功能；竞争性领域中具有一定实力的企业，要吸引多方投资加快发展；对产品有市场但负担过重、经营困难的企业，通过兼并、联合等形式进行资产重组和结构调整，盘活存量资产；产品没有市场、长期亏损、扭亏无望和资源枯竭的企业，以及浪费资源、技术落后、质量低劣、污染严重的小煤矿、小炼油、小水泥、小玻璃、小火电等，要实行破产、关闭。

坚持"抓大放小"。要着力培育实力雄厚、竞争力强的大型企业和企业集团，有的可以成为跨地区、跨行业、跨所有制和跨国经营的大企业集团。要发挥这些企业在资本营运、技术创新、市场开拓等方面的优势，使之成为国民经济的支柱和参与国际竞争的主要力量。发展企业集团，要遵循客观经济规律，以企业为主体，以资本为纽带，通过市场来形成，不能靠行政手段勉强撮合，不能盲目求大求全。要在突出主业、增强竞争优势上下功夫。

放开搞活国有中小企业。要积极扶持中小企业特别是科技型企业，使它们向"专、精、特、新"的方向发展，同大企业建立密切的协作关系，提高生产的社会化水平。要从实际出发，继续采取改组、联合、兼并、租赁、承包经营和股份合作制、出售等多种形式，放开搞活国有小企业，不搞一个模式。对这几年大量涌现的股份合作制企业，要支持和引导，不断总结经验，使之逐步完善。出售要严格按照国家有关规定进行。无论采取哪种放开搞活的形式，都必须听取职工意见，规范操作，注重实效。重视发挥各种所有制中小企业在活跃城乡经济、满足社会多方面需要、吸收劳动力就业、开发新产品、促进国民经济发展等方面的重要作用。培育中小企业服务体系，为中小企业提供信息咨询、市场开拓、筹资融资、贷款担保、技术支持、人才培训等服务。

在国有企业战略性改组过程中，要充分发挥市场机制作用，综合运用经济、法律和必要的行政手段。在涉及产权变动的企业并购中要规范资产评估，防止国有资产流失，防止逃废银行债务及国家税款，妥善安置职工，保护职工合法权益。

五、建立和完善现代企业制度

建立现代企业制度，是发展社会化大生产和市场经济的必然要求，是公有制与市场经济相结合的有效途径，是国有企业改革的方向。要从我国国情出发，总结实践经验，按照十四届三中全会决定和十五大报告关于建立现代企业制度的论述，全面理解和把握产权清晰、权责明确、政企分开、管理科学的要求，突出抓好以下几个环节。

（一）继续推进政企分开。政府对国家出资兴办和拥有股份的企业，通过出资人代表行使所有者职能，按出资额享有资产受益、重大决策和选择经营管理者等权利，对企业的债务承担有限责任，不干预企业日常经营活动。企业依法自主经营，照章纳税，对所有者的净资产承担保值增值责任，不得损害所有者权益。各级党政机关都要同所办的经济实体和直接管理的企业在人财物等方面彻底脱钩。

（二）积极探索国有资产管理的有效形式。要按照国家所有、分级管理、授权经营、分工监督的原则，逐步建立国有资产管理、监督、营运体系和机制，建立与健全严格的责任制度。国务院代表国家统一行使国有资产所有权，中央和地方政府分级管理国有资产，授权大型企业、企业集团和控股公司经营国有资产。要确保出资人到位。允许和鼓励地方试点，探索建立国有资产管理的具体方式。继续试行稽察特派员制度，同时要积极贯彻十五大精神，健全和规范监事会制度，过渡到从体制上、机制上加强对国有企业的监督，确保国有资产及其权益不受侵犯。

（三）对国有大中型企业实行规范的公司制改革。公司制是现代企业制度的一种有效组织形式。公司法人治理结构是公司制的核心。要明确股东会、董事会、监事会和经理层的职责，形成各负其责、协调运转、有效制衡的公司法人治理结构。所有者对企业拥有最终控制权。董事会要维护出资人权益，对股东会负责。董事会对公司的发展目标和重大经营活动作出决策，聘任经营者，并对经营者的业绩进行考核和评价。发挥监事会对企业财务和董事、经营者行为的监督作用。国有独资和国有控股公司的党委负责人可以通过法定程序进入董事会、监事会，董事会和监事会都要有职工代表参加；董事会、监事会、经理层及工会中的党员负责人，可依照党章及有关规定进入党委会；党委书记和董事长可由一人担任，董事长、总经理原则上分设。充分发挥董事会对重大问题统一决策、监事会有效监督的作用。党组织按照党章、工会和职代会按照有关法律法规履行职责。股权多元化有利于形成规范的公司法人治理结构，除极少数必须由国家垄断经营的企业外，要积极发展多元投资主体的公司。

（四）面向市场着力转换企业经营机制。要逐步形成企业优胜劣汰、经营者能上能下、人员能进能出、收入能增能减、技术不断创新、国有资产保值增值等机制。建立与现代企业制度相适应的收入分配制度，在国家政策指导下，实行董事会、经理层等成员按照各自职责和贡献取得报酬的办法；企业职工工资水平，由企业根据当地社会平均工资和本企业经济效益决定；企业内部实行按劳分配原则，适当拉开差距，允许和鼓励资本、技术等生产要素参与收益分配。要采取切实措施，解决目前某些垄断行业个人收入过高的问题。

六、加强和改善企业管理

强化企业管理，提高科学管理水平，是建立现代企业制度的内在要求，也是国有企业扭亏增盈、提高竞争能力的重要途径。必须高度重视和切实加强企业管理工作，从严管理企业，实现管理创新，尽快改变相当一部分企业决策随意、制度不严、纪律松弛、管理水平低下的状况。

加强企业发展战略研究。企业要适应市场，制定和实施明确的发展战略、技术创新战略和市场营销战略，并根据市场变化适时调整。实行科学决策、民主决策，提高决策水平。搞好风险管理，避免出现大的失误。

健全和完善各项规章制度。强化基础工作，彻底改变无章可循、有章不循、违章不究的现象。建立各级、各个环节的严格责任制度，加强考核和督促检查，确保各项工作有人负责。完善劳动合同制，推行职工全员竞争上岗，严格劳动纪律，严明奖惩，充分发挥职工的积极性和创造性。增强法制意识，依法经营管理。

狠抓管理薄弱环节。重点搞好成本管理、资金管理、质量管理。建立、健全全国统一的会计制度。要及时编制资产负债表、损益表和现金流量表，真实反映企业经营状况。切实改进和加强经济核算，堵塞各种漏洞。坚持质量第一，采用先进标准，搞好全员全过程的质量管理。坚持预防为主，落实安全措施，确保安全生产。重视企业无形资产的管理、保护和合理利用。要把加强管理和反腐倡廉结合起来，加强对企业经济活动的审计和监督，坚决制止和严肃查处做假账、违反财经纪律、营私舞弊、挥霍浪费等行为。

广泛采用现代管理技术、方法和手段。总结过去行之有效的管理经验，不断赋予新的内涵。推广先进企业的管理经验，引进国外智力，借鉴国外企业现代管理方法。发挥管理专家的作用，为企业改进经营管理提供咨询服务。加强现代信息技术的运用，建立灵敏、准确的信息系统。合理设置企业内部机构，改变管理机构庞大、管理人员过多的状况。

七、改善国有企业资产负债结构和减轻企业社会负担

逐步解决国有企业负债率过高、资本金不足、社会负担重等问题，对于实现国有企业改革和发展目标至关重要。要根据宏观经济环境和国家财力，区别不同情况，有步骤地分类加以解决。

（一）增加银行核销呆坏账准备金，主要用于国有大中型企业的兼并破产和资源枯竭矿山的关闭，并向重点行业倾斜。国有和集体企业兼并国有企业可以享受有关鼓励政策。所有兼并破产和关闭的企业，都要按国家有关规定，妥善安置职工。

（二）结合国有银行集中处理不良资产的改革，通过金融资产管理公司等方式，对一部分产品有市场、发展有前景，由于负债过重而陷入困境的重点国有企业实行债转股，解决企业负债率过高的问题。实行债转

股的企业，必须转换经营机制，实行规范的公司制改革，并经过金融资产管理公司独立评审。要按照市场经济的原则和有关规定规范操作，防止一哄而起和国有资产流失。

（三）提高直接融资比重。符合股票上市条件的国有企业，可通过境内外资本市场筹集资本金，并适当提高公众流通股的比重。有些企业可以通过债务重组，具备条件后上市。允许国有及国有控股企业按规定参与股票配售。选择一些信誉好、发展潜力大的国有控股上市公司，在不影响国家控股的前提下，适当减持部分国有股，所得资金由国家用于国有企业的改革和发展。要完善股票发行、上市制度，进一步推动证券市场健康发展。

（四）非上市企业经批准，可将国家划拨给企业的土地使用权有偿转让及企业资产变现，其所得用于增资减债或结构调整。要严格按照国家的法律、法规操作，坚持公开、公平、公正的原则，维护国家所有者权益和银行及其他债权人权益。

（五）严格执行国家利率政策，切实减轻企业利息负担。银行要合理确定贷款期限，支持企业合理的资金需求，对不合理的贷款期限，要及时纠正；不得超过规定擅自提高或以各种名义变相提高贷款利率；对信用等级较高、符合国家产业政策、贷款风险较低的企业，贷款利率可适当下浮。

（六）具备偿债能力的国有大型企业，经过符合资质的中介机构评估，可在国家批准的额度内发行企业债券，有的经批准可在境外发债。严格禁止各种形式的非法集资。

（七）分离企业办社会的职能，切实减轻国有企业的社会负担。位于城市的企业，要逐步把所办的学校、医院和其他社会服务机构移交地方政府统筹管理，所需费用可在一定期限内由企业和政府共同承担，并逐步过渡到由政府承担，有些可以转为企业化经营。独立工矿区也要努力创造条件，实现社会服务机构与企业分离。各级政府要采取措施积极推进这项工作。

改善国有企业资产负债结构和减轻企业社会负担，一定要同防范和化解金融风险相结合，一定要同深化企业内部改革、建立新机制和加强科学管理相结合，防止卸了原有包袱，又重复出现老的问题。

八、做好减员增效、再就业和社会保障工作

下岗分流、减员增效和再就业，是国有企业改革的重要内容。要把减员与增效有机结合起来，达到降低企业成本、提高效率和效益的目的。鼓励有条件的国有企业实行主辅分离、转岗分流，创办独立核算、自负盈亏的经济实体，安置企业富余人员，减轻社会就业压力。要规范职工下岗程序，认真办好企业再就业服务中心，切实做好下岗职工基本生活保障工作，维护社会稳定。下岗分流要同国家财力和社会承受能力相适应。要调整财政支出结构，坚持实行企业、社会、政府各方负担的办法落实资金，亏损企业和社会筹集费用不足的部分，财政要给予保证。地方财政确有困难的，中央财政通过转移支付给予一定的支持。要进一步完善下岗职工基本生活保障、失业保险和城市居民最低生活保障制度，搞好这三条保障线的相互衔接，把保障下岗职工和失业人员基本生活的政策措施落到实处。

大力做好再就业工作。采取有效的政策措施，广开就业门路，增加就业岗位。积极发展第三产业，吸纳更多的下岗职工。引导职工转变择业观念，下大力气搞好下岗职工培训，提高他们的再就业能力。进一步完善促进下岗职工再就业的优惠政策，鼓励下岗职工到非公有制经济单位就业、自己组织起来就业或从事个体经营，使需要再就业的下岗职工尽快走上新的岗位。对自谋职业的，要在工商登记、场地安排、税费减免、资金信贷等方面，给予更多的扶持。要积极发展和规范劳动力市场，形成市场导向的就业机制。

加快社会保障体系建设，是顺利推进国有企业改革的重要条件。要依法扩大养老、失业、医疗等社会保险的覆盖范围，城镇国有、集体、外商投资、私营等各类企业及其职工都要参加社会保险，缴纳社会保险费。强化社会保险费的征缴，提高收缴率，清理追缴企业拖欠的社会保险费，确保养老金的按时足额支付。进一步完善基本养老保险省级统筹制度，增强基金调剂能力。要采取多种措施，包括变现部分国有资产、合理调整财政支出结构等，开拓社会保障新的筹资渠道，充实社会保障基金。严格管理各项社会保障基金，加强监督，严禁挤占挪用，确保基金的安全和增值。逐步推进社会保障的社会化管理，实行退休人员与原企业相分离，养老金由社会服务机构发放，人员由社区管理。认真落实企业离休干部的政治、生活待遇，做好管理和服务工作。

九、加快国有企业技术进步和产业升级

要实现国民经济持续快速健康发展，必须适应全球产业结构调整的大趋势和国内外市场需求的变化，加快技术进步和产业升级。国有经济在国民经济中的重要地位，决定了国有企业必须在技术进步和产业升级中走在前列，积极拓展新的发展空间，发挥关键性作用。

国有企业技术进步和产业升级的方向与重点是：以市场为导向，用先进技术改造传统产业，围绕增加品种、改进质量、提高效益和扩大出口，加强现有企业的技术改造；在电子信息、生物工程、新能源、新材料、航

空航天、环境保护等新兴产业和高技术产业占据重要地位，掌握核心技术，占领技术制高点，发挥先导作用。处理好提高质量和增加产量、发展技术密集型产业和劳动密集型产业、自主创新和引进技术、经济发展和环境保护的关系。

通过技术进步和产业升级，少数大型企业和企业集团要在产品质量、工艺技术、生产装备、劳动生产率等方面达到或接近世界先进水平，在国际市场上占有一定的份额；一批企业和企业集团要具有较高技术水平，能够生产高附加值产品，在国内外市场有较强竞争力；多数企业要不断进行技术改造和产品更新，并充分发挥我国劳动力充裕的优势，积极参与国内外市场竞争。

采取积极有效的政策措施，支持企业技术进步和产业升级。特别要利用当前国家实行积极财政政策、扩大内需的有利时机，集中必要力量，对重点行业、重点企业、重点产品和重大先进装备制造加大技术改造投入，并向老工业基地倾斜，在企业技术进步和产业升级方面取得明显成效。对于有市场、有效益、符合国家产业政策的技术改造项目，给予贷款贴息支持；对这类技术改造项目的国产设备投资，实行税收鼓励政策。培育和发展产业投资基金和风险投资基金。充分利用国内外资本市场筹集资金，支持企业技术改造、结构调整和高新技术产业发展。实施促进科技成果转化的鼓励政策，积极发展技术市场。继续采取加速折旧、加大新产品开发费提取、减免进口先进技术与设备的关税和进口环节税等政策措施，鼓励企业进行技术改造。

技术进步和产业升级的主体是企业，要形成以企业为中心的技术创新体系。企业要加强技术开发力量和加大资金投入，大型企业都要建立技术开发中心，研究开发有自主知识产权的主导产品，增加技术储备，搞好技术人才培训。推进产学研结合，鼓励科研机构和大专院校的科研力量进入企业和企业集团，强化应用技术的开发和推广，增加中间试验投入，促进科技成果向现实生产力的转化。对重大技术难题组织联合攻关，重视发挥科技专家的作用。要形成吸引人才和调动科技人员积极性的激励机制，保护知识产权。

十、为国有企业改革和发展创造良好的外部环境

国有企业改革和发展是一个复杂的社会系统工程，需要搞好宏观调控和相关的配套改革。

（一）保持经济总量基本平衡。扩大内需，开拓城乡市场，增加就业，促进国民经济持续快速健康发展，防止经济增长的大幅度波动，为国有企业发展创造有利的宏观经济环境。

（二）继续扩大对外开放。推进和完善全方位、多层次、宽领域的对外开放格局。鼓励国有企业合理利用国内外两个市场、两种资源，提高国际竞争力。积极引进先进技术，注重消化、吸收和创新。优化进出口商品结构，实施市场多元化，拓展对外贸易。改善投资环境，扩大利用外资，提高利用外资水平。确有条件的国有企业发挥比较优势到国外设立企业，开拓国际市场，国家要给予必要的政策支持，并加强监管。

（三）制止不合理的重复建设。加快投融资体制改革，建立投资风险约束机制，严格执行项目资本金制度和项目法人责任制，做到谁决策谁承担责任和风险。政府要通过制定产业政策和发布信息等方式进行引导，鼓励资金投向提高技术水平、产品有市场有效益的项目，对国内生产能力已经明显超过市场需求的新上项目必须严格控制。

（四）发展各类市场，维护正常经济秩序。继续完善商品市场，培育和发展要素市场，建立有利于商品、资金、技术、劳动力合理流动的全国统一的市场体系。健全市场规则，规范市场行为，加强市场监管，清除分割、封锁市场的行政性壁垒，营造公平竞争的市场环境。采取有力措施，抓紧解决企业互相拖欠款项的问题，强化信用观念，严格结算纪律。依法严厉打击走私贩私、制售假冒伪劣商品以及其他经济违法犯罪行为。推进税费改革，清理整治乱收费、乱罚款和各种摊派，切实减轻企业负担。

（五）健全中介服务体系。社会中介服务机构要与政府部门彻底脱钩。规范会计、律师、公证、资产评估、咨询等社会中介机构的行为，真正做到客观、真实、公正。对弄虚作假的要追究责任，依法惩处。整顿和规范各类行业协会，加强行业自律。

（六）建立、健全社会主义市场经济的法律制度。要抓紧制定和完善有关维护市场秩序、实施宏观调控、规范市场主体、健全社会保障等方面的法律、法规。加强和改善司法、行政执法和执法监督。依法惩处侵犯企业合法权益的违法犯罪行为。加强社会治安综合治理，为企业生产经营创造良好的社会环境。

十一、建设高素质的经营管理者队伍

国有企业要适应建立现代企业制度的要求，在激烈的市场竞争中生存发展，必须建设高素质的经营管理者队伍，培育一大批优秀企业家。国有企业的经营管理者队伍总体是好的，为企业改革和发展作出了重要贡献。发展社会主义市场经济对国有企业经营管理者提出了更高要求。他们应该是：思想政治素质好，认真执行党和国家的方针政策与法律、法规，具有强烈的事业心和责任感；经营管理能力强，熟悉本行业务，系统掌握现代管理知识，具有金融、科技和法律等方面基本知识，善于根据市场变化作出科学决策；遵纪守法，廉洁自律，求真务实，联系群众。

深化国有企业人事制度改革。坚持党管干部原则，改进管理方法。中央和地方党委对关系国家安全和国民经济命脉的重要骨干企业领导班子要加强管理。要按照企业的特点建立对经营管理者培养、选拔、管理、考核、监督的办法，并逐步实现制度化、规范化。积极探索适应现代企业制度要求的选人用人新机制，把组织考核推荐和引入市场机制、公开向社会招聘结合起来，把党管干部原则和董事会依法选择经营管理者以及经营管理者依法行使用人权结合起来。进一步完善对国有企业领导人员管理的具体办法，避免一个班子多头管理。对企业及企业领导人不再确定行政级别。加快培育企业经营管理者人才市场，建立企业经营管理人才库。按照公开、平等、竞争、择优原则，优化人才资源配置，打破人才部门所有、条块分割，促进人才合理流动。采取多种形式加强教育培训，全面提高经营管理者素质。继续举办和规范工商管理培训，改进培训内容和方法，提高培训质量。努力创造条件，营造经营管理者和企业家队伍健康成长的社会环境。

建立与健全国有企业经营管理者的激励和约束机制。实行经营管理者收入与企业的经营业绩挂钩。把物质鼓励同精神鼓励结合起来，既要使经营管理者获得与其责任和贡献相符的报酬，又要提倡奉献精神，宣传和表彰有突出贡献者，保护经营管理者的合法权益。少数企业试行经理（厂长）年薪制、持有股权等分配方式，可以继续探索，及时总结经验，但不要"刮风"。要规范经营管理者的报酬，增加透明度。加强和完善监督机制，把外部监督和内部监督结合起来。健全法人治理结构，发挥党内监督和职工民主监督的作用，加强对企业及经营管理者在资金运作、生产经营、收入分配、用人决策和廉洁自律等重大问题上的监督。建立企业经营业绩考核制度和决策失误追究制度，实行企业领导人员任期经济责任审计，凡是由于违法、违规等人为因素给企业造成重大损失的，要依法追究其责任，并不得继续担任或易地担任领导职务。

十二、加强党对国有企业改革和发展工作的领导

加强和改善党的领导是加快国有企业改革和发展的根本保证。要搞好国有企业，必须建立符合市场经济规律和我国国情的国有企业领导体制与组织管理制度，加强企业领导班子建设，发挥企业党组织的政治核心作用，坚持全心全意依靠工人阶级的方针。要把发挥党的政治优势同运用市场机制结合起来，调动各方面的积极性，形成合力，确保国有企业改革和发展任务的顺利完成。

坚持党的领导，发挥国有企业党组织的政治核心作用，是一个重大原则，任何时候都不能动摇。企业党组织的政治核心作用主要体现在：保证、监督党和国家方针政策在本企业的贯彻执行；参与企业重大问题决策，支持股东会、董事会、监事会和经理（厂长）依法行使职权；全心全意依靠职工群众，领导和支持工会、共青团等群众组织及职工代表大会依照法律和各自章程独立自主地开展工作；领导企业思想政治工作和精神文明建设，努力建设有理想、有道德、有文化、有纪律的职工队伍；加强党组织自身建设，搞好党性党风教育，发挥党支部的战斗堡垒作用和党员的先锋模范作用。企业党组织要认真贯彻党的基本路线，围绕生产经营开展工作，为实现党的任务和企业改革发展服务。要不断改进企业党组织的工作内容和活动方式，进一步探索发挥政治核心作用的途径和方法。加强和改进思想政治工作，用建设有中国特色社会主义的共同理想凝聚群众，引导广大职工积极支持和参与改革，满腔热情地帮助他们解决实际困难。困难企业和实行兼并破产企业的党组织尤其要深入细致地做好群众工作。

搞好国有企业的改革和发展，必须切实尊重职工的主人翁地位，充分发挥职工群众的积极性、主动性和创造性。坚决维护职工的经济利益，保障职工的民主权利。进一步理顺劳动关系，依法进行平等协商，认真执行劳动合同和集体合同制度。发挥工会和职工代表大会在民主决策、民主管理、民主监督中的作用。坚持和完善以职工代表大会为基本形式的企业民主管理制度，实行民主评议企业领导人和厂务公开。加强职工队伍建设。坚持用邓小平理论和党的基本路线武装广大职工，大力弘扬爱国主义、集体主义、社会主义和艰苦创业精神，深入进行形势任务和民主法制教育，引导职工树立正确的世界观、人生观、价值观。加强职工业务技术和劳动技能培训。加强企业精神文明建设，发展企业文化，广泛开展创建文明行业、文明企业、文明班组和争当文明职工活动，树立爱岗敬业、诚实守信、奉献社会的良好职业道德和职业风尚，提倡科学精神，反对封建迷信，不断提高职工的思想道德和科学文化素质。

各级党委和政府要坚定地站在国有企业改革的前列，解放思想，实事求是，遵循客观经济规律，尊重群众首创精神。要认真改进领导作风，从工交、商贸、金融等各行各业国有企业的实际出发，深入调查研究，总结新经验，研究新情况，解决新问题，团结和带领广大干部群众迎难而上，开拓前进。

全会号召，全党紧密地团结在以江泽民同志为核心的党中央周围，高举邓小平理论伟大旗帜，深入贯彻党的十五大精神，按照中央的统一部署，同心同德，奋力拼搏，扎实工作，坚定不移地实现国有企业改革和脱困目标，努力开创国有企业改革和发展的新局面，把建设有中国特色社会主义的伟大事业全面推向

21世纪!

国家主席江泽民在中南海会见安提瓜和巴布达总督詹姆斯·卡莱尔及其夫人

国务院总理朱镕基在中南海紫光阁会见新加坡内阁资政李光耀

庆祝中国人民政治协商会议成立50周年大会在全国政协礼堂举行

中共中央总书记、国家主席、中央军委主席江泽民出席大会并发表重要讲话。

中共中央政治局常委李鹏、朱镕基、李瑞环、胡锦涛、尉健行、李岚清出席大会。

下午,全国政协礼堂张灯结彩,会场主席台前鲜花竞放,主席台上10面红旗簇拥着政协会徽。“紧密团结在以江泽民同志为核心的党中央周围,同心同德,艰苦奋斗,以新的成就迎接新的世纪”的巨幅标语牌矗立在礼堂二楼。

中共中央政治局常委、全国政协主席李瑞环主持庆祝大会。

李瑞环在主持庆祝大会时指出,江泽民同志的重要讲话,全面回顾了人民政协走过的光辉历程,深刻总结了半个世纪以来政协工作的基本经验,明确提出了面向新世纪政协工作的方针原则。这个讲话对于加强新时期政协工作,对于动员全党、全国人民做好各项工作,不断推进建设有中国特色社会主义的伟大事业,都具有重要的指导意义。我们要深入学习领会,认真贯彻落实。

李瑞环说,人民政协是中国共产党与各民主党派、人民团体和无党派民主人士共同创造的统一战线组织。50年来,人民政协在中国的土地上生根、发展、壮大,为国家繁荣、社会进步、人民幸福和祖国统一作出了不可磨灭的贡献。特别是党的十一届三中全会以来,在邓小平理论的指导下,我国统战、政协工作进入了新的历史发展阶段。人民政协已成为中国人民最广泛的爱国统一战线组织,成为实现共产党领导的多党合作和政治协商这一基本政治制度的重要机构,成为发扬社会主义民主的重要渠道,在我国的政治、经济和社会生活中具有不可替代的重要作用。实践证明,人民政协符合中国国情,体现了我们的政治优势,是我国社会主义民主政治的一个特点和优点,她越来越受到我们党、国家、人民群众和社会各界的高度重视。

李瑞环指出,在新的征程中,人民政协一定始终不渝地坚持共产党的领导,在前进中开拓,在开拓中前进,不负重托,不辱使命。要围绕中心、服务大局,大力促进改革开放和现代化建设;要切实搞好政治协商、民主监督、参政议政,积极稳妥地推进社会主义民主政治建设;要努力做好协调关系、化解矛盾的工作,维护安定团结的政治局面;要广泛联系海内外中华儿女,不断巩固和扩大中华民族的大团结、大联合。为把建设有中国特色社会主义伟大事业全面推向21世纪,为早日实现祖国完全统一,为中华民族的伟大复兴,作出新的更大的贡献。

民革中央主席何鲁丽代表各民主党派中央和全国工商联在庆祝大会上致辞。致辞说,人民政协是我国社会主义民主政治制度建设的一大创造。50年来,参加人民政协的各党派、各团体和各族各界代表人士,始终风雨同舟,和衷共济,为建设有中国特色社会主义的宏伟大业,写下了光辉的篇章。展望即将到来的新世纪,我们深信,在中国共产党的领导下,人民政协必将写下更加辉煌的历史篇章。

出席大会的有:丁关根、田纪云、李长春、李铁映、吴邦国、吴官正、迟浩田、张万年、罗干、姜春云、贾庆林、钱其琛、黄菊、温家宝、曾庆红、吴仪、刘华清、荣毅仁、邹家华、帕巴拉·格列朗杰、王光英、布赫、铁木尔·达瓦买提、吴阶平、彭珮云、周光召、曹志、丁石孙、成思危、蒋正华、司马义·艾买提、王忠禹、肖扬、韩杼滨、叶选平、杨汝岱、王兆国、阿沛·阿旺晋美、钱伟长、卢嘉锡、任建新、宋健、李贵鲜、陈俊生、张思卿、钱正英、丁光训、孙孚凌、霍英东、马万祺、朱光亚、万国权、胡启立、陈锦华、赵南起、毛致用、白立忱、经叔平、罗豪才、张克辉、周铁农、王文元。

曾经担任过全国政协领导职务的老同志彭冲、谷牧、马文瑞、王恩茂、费孝通、雷洁琼、赛福鼎·艾则孜、洪学智,以及各民主党派中央、全国工商联负责人和无党派代表人士,全国政协常委,中共中央和国务院各部委负责人,各省、自治区、直辖市政协和副省级市政协负责人等共1000多人出席大会。

各国驻华使节应邀出席大会。

中共中央总书记江泽民在庆祝中国人民政治协商会议成立50周年大会上致辞

尊敬的各位领导、各位来宾,同志们、朋友们:

50年前,中国人民政治协商会议在北平正式召开,宣告了人民政协的光荣诞生,并开启了社会主义新中国的历史新篇章。今天,我们在这里隆重纪念这个具有重大历史意义的日子,回顾人民政协50年的光辉历程。值此时机,我谨代表各民主党派中央、全国工商联和无党派民主人士,最热烈地祝贺人民政协50华诞。

在隆重庆祝人民政协成立50周年之际,我们深切怀念人民政协事业的缔造者和领导者毛泽东、周恩来、邓小平等老一辈无产阶级革命家，深切怀念为人民政协事业作出了重要贡献的老一辈民主党派领导人和无党派民主人士。

中国人民政治协商会议的创建和发展，源于中国共产党领导中国人民进行革命和建设的伟大实践。以毛泽东同志为核心的中共中央第一代领导集体，在用马克思主义指导中国革命实践的过程中，注意把中国共产党领导的统一战线同中国社会主要矛盾的解决、同人民民主的要求相结合，使统一战线在革命斗争中不断发展壮大，并成为中国革命取得胜利的三大法宝之一。1948 年，在人民解放战争即将取得决定性胜利之际，中共中央发出"五一口号"，号召迅速召开新的政治协商会议，成立人民民主政府，得到了已经真诚接受中国共产党领导的各民主党派、无党派民主人士和全国各阶层人民的广泛响应。在中国共产党的领导下，1949 年 9 月，中国共产党、各民主党派、无党派民主人士、各人民团体、各地区、人民解放军、各少数民族、宗教界、海外华侨及其他爱国民主人士的代表聚集北平，隆重召开了中国人民政治协商会议第一届全体会议，制定了具有临时宪法性质的《中国人民政治协商会议共同纲领》，宣告了中华人民共和国的成立。人民政协的建立，是中国共产党领导中国人民长期斗争的胜利成果，是中国新民主主义革命历史发展的必然选择，是中国共产党人创造性地将马克思主义统战理论、政党理论同中国具体实际相结合的产物。50 年来，作为有中国特色社会主义民主政治制度的重要组成部分，作为共产党领导的多党合作和政治协商的重要机构，作为我国最广泛的爱国统一战线组织，人民政协在国家建设、经济发展、社会进步、祖国统一和社会主义民主政治建设等方面，发挥了十分重要的作用。特别是中共十一届三中全会以后，以邓小平同志为核心的中共中央第二代领导集体，根据我国社会阶级状况已经发生根本变化的客观现实，将统一战线发展成为工人阶级领导的、工农联盟为基础的全体社会主义劳动者、拥护社会主义的爱国者和拥护祖国统一的爱国者的最广泛的联盟，使新时期的人民政协工作进入了一个全新的发展阶段。以江泽民同志为核心的中共中央第三代领导集体，又在全面总结新中国成立以来多党合作和统战工作基本经验的基础上，明确了共产党领导的多党合作和政治协商是我国的一项基本政治制度，明确了民主党派的参政党地位，推动人民政协工作迈上了一个新台阶。

人民政协辉煌的 50 年，是我们各民主党派、全国工商联和无党派民主人士在中国共产党的领导下，高举爱国主义和社会主义旗帜，为民族振兴、国家昌盛和人民幸福共同奋斗的 50 年。50 年来，我们在人民政协这个多党合作和政治协商的重要机构里，行使着自己的参政党职能，在国家的政治生活、经济生活及各项建设中发挥了积极的作用，取得了很大的成绩。我们深切地感到，人民政协正如邓小平同志所指出的那样，是在共产党领导下实现各党派和无党派民主人士团结合作的重要组织，也是我们政治体制中发扬社会主义民主、实行互相监督的重要形式。正是由于有了人民政协这个爱国统一战线的最好组织形式，才使我们各民主党派、全国工商联和无党派民主人士最充分地发挥了建设国家、服务人民的作用，并且使自身的组织建设和思想建设得到了很大的发展和加强。

回顾人民政协 50 年的光辉历程，回顾各民主党派在中国共产党领导下为社会主义祖国共同奋斗的 50 年，我们愈加清楚地认识到，必须坚定不移地坚持中国共产党的领导，坚持共产党领导的多党合作和政治协商制度。没有中国共产党，就没有社会主义新中国，就没有中华民族灿烂辉煌的明天。只有共产党才能领导人民开创建设有中国特色的社会主义道路，实现民族振兴、国家富强、人民幸福和祖国统一的宏伟目标；只有在人民政协里坚持共产党的政治领导，以共产党为核心，才能在共同利益、共同目标的基础之上，汇聚起各个方面的力量，调动一切积极性，使人民政协事业在中华民族的伟大复兴进程中不断发展壮大。

人民政协是我国社会主义民主政治制度建设的一大创造。50 年来，参加人民政协的各党派、各团体和各族各界代表人士，始终风雨同舟，和衷共济，为建设有中国特色社会主义的宏伟大业，写下了光辉的篇章。展望即将到来的新世纪，我们深信，在中国共产党的领导下，人民政协必将写下更加辉煌的历史篇章。

我们决心高举邓小平理论伟大旗帜，更加紧密地团结在以江泽民同志为核心的中共中央周围，始终不渝地坚持和完善共产党领导的多党合作和政治协商制度，坚定不移地走有中国特色的社会主义道路、自觉维护安定团结的政治局面，积极围绕改革、发展和稳定的大局做好参政议政、民主监督工作，为巩固、发展、完善人民政协事业，为促进祖国统一和民族振兴，为推动建设有中国特色社会主义事业的跨世纪发展，作出我们无愧于人民和时代的贡献！

中国外交部部长唐家璇在第 54 届联合国大会上发表讲话

唐家璇说，"冷战"结束后，世界走向多极化，国际形势总体趋向缓和。维护和平、谋求稳定、促进发展成为各国人民的共同心愿和呼声。但是，严峻的现实表明，天下仍很不太平。"冷战思维"依然存在，霸权主义和强权政治有新的发展，军事集团在扩大，在强化，军事干涉主义倾向在抬头，在发展。因民族、宗教和领土等问题引发的局部冲突和争端此起彼伏。南北矛盾日益突出，贫富差距继续拉大。世界的和平问题远未解决，发展问题更加严重。

唐家璇指出，霸权主义和强权政治是造成当今世界局势动荡的主要根源。科索沃战争的爆发给世人以深刻警示。一个地区军事组织以“人道”和“人权”为由，绕开联合国，对一个主权国家进行大规模军事行动，在国际关系中创下了恶劣的先例。这一行径违背了《联合国宪章》和公认的国际关系准则，削弱了联合国在维护国际和平与安全方面的主导作用，使联合国安理会的权威遭到严重损害。

唐家璇说，世界正在发生重大而深刻的变化，建立公正合理的国际新秩序是各国政府和人民面临的紧迫课题。和平共处五项原则、《联合国宪章》的宗旨和原则以及其他公认的国际关系准则，应该成为建立国际新秩序的基础。

唐家璇特别强调了五点：主权平等和不干涉内政；和平解决国际争端；加强联合国的作用，维护安理会的权威；树立新安全观，维护国际安全；改革国际经济体制，促进各国共同发展。

唐家璇说，从本质上讲，人权问题属于一个国家内部事务，应主要依靠各国政府的自身努力加以解决。世界是多样化的，每个国家都有权自主选择适合本国国情的社会制度、发展道路和价值观念。中国与其他发展中国家的历史表明，一个国家主权是该国人民享有人权的前提和基础。“冷战”后，国际形势发生了重大变化，但尊重国家主权和互不干涉内政原则绝没有过时。科索沃危机证明，在未经联合国安理会授权和当事国同意的情况下，对主权国家进行所谓“人道主义干预”，不仅不能解决问题，反而会造成更大的人道主义灾难。

唐家璇指出，和平解决国际争端已成为现代国际法的基本原则。和平解决国际争端的前提是在国际关系中不使用武力或武力威胁。中国认为，处理国与国的关系，靠“热战”、“冷战”和“强权政治”、“集团政治”的思维和方法都是行不通的。一切国际争端和地区冲突，都应该通过和平谈判、平等协商求得公正合理的解决，而不应凭借军事优势动辄使用武力或以武力相威胁。

唐家璇认为，要真正实现和平与发展，建立公正合理的国际新秩序，联合国的作用不可或缺。加强联合国的作用，首先应致力于维护《联合国宪章》宗旨和原则的严肃性，还必须维护安理会的权威和确保全体会员国平等参与国际事务的权力。他说，尽管国际形势发生了很大变化，《联合国宪章》的宗旨和原则仍然没有过时。任何削弱安理会权威、将个别国家或国家集团的意志凌驾于安理会之上的做法都是十分危险的。联合国必须充分反映全体会员国的合理主张，维护它们的正当权益。

唐家璇说，当今世界需要建立适应时代要求的新安全观，探索维护和平与安全的新途径。新安全观的核心应该是互信、互利、平等、合作。和平共处五项原则和《联合国宪章》的宗旨，是维护国际安全的政治基础；互利合作、共同发展是维护国际安全的经济保障；平等对话、充分协商与和平谈判，是维护国际安全的正确途径。他呼吁国际社会以新安全观为指针，从根本上促进裁军进程的健康发展。

唐家璇强调必须改革现有的国际经济、金融体制，发达国家应承担更多义务，发展中国家有权平等参与世界经济的决策和有关规则的制订。要反对贸易歧视，反对以富压贫，反对动辄对别国进行经济制裁或以制裁相威胁。发达国家和发展中国家应实现共同的可持续发展，同时在环境、人口、贫困和债务等全球性问题上，发达国家应在技术和资金等方面向发展中国家提供帮助。

唐家璇表示，中国人民愿与各国人民一道，为推动建立公正合理的国际新秩序，为新世纪的和平与发展、人类社会的全面进步而共同奋斗。

中纪委公布对许运鸿问题审查结果

经中共中央批准，中央纪律检查委员会对中央候补委员、原浙江省委常委、宁波市市委书记许运鸿的问题进行了审查。现已查明，许运鸿的主要错误事实如下：一、应其儿子的要求，帮助宁波某信托投资公司的营业部解决独立融资的资格问题，该营业部总经理吴某先后送给许运鸿之子钱物折合人民币 90 多万元。由于许运鸿的支持和纵容，吴某肆意违规经营，其贪污受贿和行贿等问题也得不到及时查处，致使该营业部的资产规模恶性膨胀，资产质量恶化，造成资产损失 11.97 亿元。二、应其儿子的要求，责令宁波日报社购买有建筑质量问题的华宏国际中心大楼。为表示感谢，该中心大楼业主钟某先后送给许运鸿之子钱物折合人民币 200 余万元。三、应其妻子的要求，利用职务上的便利，帮助宁波某公司贷款、借款。经许运鸿直接打招呼的款项计人民币 2567 万元，美元 540 万元。该公司总经理胡某先后送给许运鸿的妻子人民币 400 余万元，以表示感谢。目前，该公司所欠巨款已无法偿还。

中央纪委常委会议认为，许运鸿身为党的高级领导干部，为了使其妻子、儿子得到好处，一再应他们的要求，利用职务上的便利，为他人谋取私利，其妻子、儿子从中收受他人钱物，数额特别巨大，给党和国家造成了严重的经济损失和恶劣的政治影响，其行为严重违反了党的纪律。许运鸿已完全丧失了作为共产党员的条件。依据《中国共产党章程》和《中国共产党纪律处分条例（试行）》的有关规定，中央纪委常委会议建议中央全会撤销许运鸿的中央候补委员职务，给予其开除党籍处分；并建议依照法律程序，罢免许运鸿宁波市人大代表、浙江省人大代表职务。鉴于许运鸿的有些问题涉嫌触犯刑律，由司法机关对其依法审查。

9 月 23 日

中共中央举行党外人士座谈会征求对《中共中央关于国有企业改革和发展若干重大问题的决定（征求意见稿）》的意见和建议

中共中央日前举行党外人士座谈会，邀请各民主党派中央、全国工商联负责人和无党派人士座谈，征求大家对《中共中央关于国有企业改革和发展若干重大问题的决定（征求意见稿）》的意见和建议。中共中央总书记、国家主席江泽民主持座谈会并讲话。

中共中央政治局常委、国务院总理朱镕基，中共中央政治局常委、全国政协主席李瑞环，中共中央政治局常委、国家副主席胡锦涛出席座谈会。

座谈会在中南海勤政殿举行。会议开始时，江泽民总书记讲话。他说，实现中共十五大提出的我国改革开放和现代化建设跨世纪发展的宏伟目标，必须着力解决关系全局的重大问题。去年召开的中共十五届三中全会集中研究了农业和农村问题。今年召开的中共十五届四中全会将重点讨论国有企业改革和发展问题。

江泽民指出，四中全会选定这一主题主要是基于以下几方面的考虑。一是国有企业在我国国民经济和社会发展中具有重要地位。新中国成立 50 年来，国有企业为推进国家的工业化和现代化，作出了不可磨灭的巨大贡献。面对世纪之交激烈的国际竞争，我们要增强国家的经济实力、国防实力和民族凝聚力，就必须不断促进国有经济的发展壮大。二是经过 20 年的改革，国有企业朝着建立社会主义市场经济体制的改革目标迈出了前所未有的重大步伐。管理体制发生了深刻变化，一批企业在市场竞争中成长壮大，多样化的公有制的有效实现形式增强了公有制经济的活力。这些都为我们从总体上搞好国有企业积累了宝贵的经验，创造了良好的条件。三是国有企业的改革正处在攻坚阶段，一些深层次的矛盾集中暴露出来，迫切需要研究制定切合实际的政策措施，逐步加以解决。因此，中共十五届四中全会集中研究国有企业改革和发展问题，是适时和必要的。

江泽民强调，这次文件起草工作以邓小平理论和中共十五大精神为指导，解放思想，实事求是，尊重实践，集思广益，力求在国有企业改革攻坚上有新的突破。在介绍了征求意见稿的基本思路和主要内容后，江泽民说，各民主党派、工商联和无党派人士对国有企业的改革和发展一直非常关心，也曾提出过一些很好的建议。即将召开的中共十五届四中全会讨论的文件是指导国有企业跨世纪改革和发展的一个纲领性文件。希望大家畅所欲言，多提修改意见。

江泽民指出，中国共产党领导的多党合作和政治协商制度，是我国的一项基本政治制度，是我国社会主义民主政治的重要形式。坚持“长期共存、互相监督、肝胆相照、荣辱与共”的方针，加强同民主党派协商议事，对于提高我们党的决策和执政水平，更好地带领全国各族人民朝着既定目标前进，有着重要意义。

座谈会上，全国人大常委会副委员长、民革中央主席何鲁丽，全国政协副主席、民盟中央名誉主席钱伟长，全国人大常委会副委员长、民建中央主席成思危，全国人大常委会副委员长、民进中央主席许嘉璐，全国人大常委会副委员长、农工党中央主席蒋正华，全国政协副主席、致公党中央主席罗豪才，全国人大常委会副委员长、九三学社中央主席吴阶平，全国政协副主席、台盟中央主席张克辉，全国人大常委会副委员长、无党派代表人士程思远，全国政协副主席、全国工商联主席经叔平先后发言。

他们在发言中普遍认为，在我国改革和发展的关键时期，中共中央举行全会，对国有企业改革和发展做出重大决策，是十分及时、完全必要的。《决定》从实现我国现代化建设跨世纪发展的宏伟目标和改革、发展、稳定的大局出发，对国有企业改革和发展的目标、任务、方针等重大问题进行了明确的阐述，体现了邓小平同志“解放思想、实事求是”的思想，体现并发展了中共十五大关于国有企业改革和发展的精神。贯彻落实《决定》，必将极大地推进国有企业的改革和发展，对建立和完善社会主义市场经济体制，保持国民经济健康运行和持续发展；对社会主义制度的巩固必将产生重大而深远的影响。

他们在发言中指出，今年以来，江泽民同志赴各地考察，就国有企业改革和发展问题进行深入调查研究，主持召开了多次座谈会。江泽民同志在各地的讲话表达了中共中央对推进国有企业改革和发展的决心和力量，必将鼓舞全国人民特别是国有企业的干部职工坚定信心、鼓足干劲、抓住机遇、迎难而上，取得国有企业改革的突破性进展。只要坚忍不拔地贯彻落实文件精神，按照中共中央、国务院的部署不断开拓国有企业改革和发展的新路子，国有企业改革和发展的目标是完全可以实现的。座谈会上，大家围绕加强技术创新、发展高科技、实现产业化，坚持中国共产党对国有企业改革和发展的领导，全心全意依靠工人阶级，加大对企业监督力度，健全社会保障制度、做好再就业工作等谈了看法，并对《决定》提出了具体的修改意见和建议。

认真听取大家的发言后，江泽民总书记代表中共中央向各民主党派中央、全国工商联和无党派代表人士表示诚挚的感谢。他说，大家从国家改革、发展、稳定的全局着眼，从有利于增强国家的综合国力出发，本着知无不言、言无不尽的精神，对《决定》的条文提出了许多修改意见和建议。他要求文件起草组认真研究大家的意见，在修改文件时予以适当吸收。

中共中央政治局委员、国务院副总理吴邦国，中共中央政治局候补委员、中央书记处书记曾庆红，全国政协副主席、中央统战部部长王兆国和中央有关部门负责人、文件起草组部分成员参加座谈会。参加座谈会的各民主党派中央、全国工商联负责人还有：王光英、孙孚凌、万国权、周铁农、冯之浚、张怀西、姚峻、王宋大、赵伟之、林文漪、张绪武等。

国务院召开第21次常务会议

国务院总理朱镕基主持召开会议，审议并通过《城镇居民最低生活保障条例（草案）》，讨论并原则通过《中华人民共和国产品质量法修正案（草案）》。

会议认为，1997年9月国务院下发《关于在全国建立城市居民最低生活保障制度的通知》以来，城市居民最低生活保障制度的实施效果是好的。为了进一步规范具体操作，并将这项工作纳入法制化的轨道，《城镇居民最低生活保障条例（草案）》对城镇居民最低生活保障的标准、享受条件、审批程序等作了具体规定。

会议认为，近几年来，随着改革的深化、开放的扩大和社会主义市场经济的发展，1993年通过的《中华人民共和国产品质量法》已难以完全适应新的情况和要求，因此，迫切需要对《产品质量法》进行修改、完善。

会议通过的《城镇居民最低生活保障条例（草案）》经修改后，由国务院发布施行。会议原则通过的《产品质量法修正案（草案）》，待进一步修改后，将由国务院提请全国人大常委会审议。

全国政协副主席王兆国向党外人士通报中共中央十五届四中全会精神

王兆国说，中共中央召开十五届四中全会，研究了国有企业改革和发展的问题，审议通过了《中共中央关于国有企业改革和发展若干重大问题的决定》，中共中央总书记江泽民作了重要讲话。搞好国有企业的改革和发展，关系到社会主义市场经济体制的建立和发展，关系到保持我国国民经济的持续、健康、快速发展，关系到改革、发展、稳定的大局，关系到社会主义制度的完善和巩固。近年来，各民主党派中央、全国工商联和各界人士对国企改革和发展提出了不少建议，受到中共中央、国务院的高度重视。

王兆国就统一战线贯彻落实中共十五届四中全会精神，提出了具体要求。

各民主党派中央、全国工商联领导人和无党派代表人士成思危、蒋正华、阿沛·阿旺晋美、钱伟长、卢嘉锡、孙孚凌、万国权、罗豪才、张克辉、周铁农、王文元、费孝通、雷洁琼等出席了会议。

《人民日报》发表社论《开创国有企业改革和发展的新局面——热烈祝贺党的十五届四中全会胜利闭幕》

国家主席江泽民在上海江苏考察工作

9月23日至28日，江泽民和随行的中共中央政治局候补委员、书记处书记曾庆红来到上海，在中共中央政治局委员、上海市委书记黄菊，市长徐匡迪的陪同下进行考察。

考察途中，江泽民听取了上海市委、市政府主要负责同志的汇报。他说，上海市的广大干部群众认真贯彻落实党中央的路线方针政策，解放思想，实事求是，团结一心，开拓进取，物质文明建设和精神文明建设都取得了新的成绩，城市建设抓得好，面貌又有新的变化。

江泽民同广大干部、职工、居民、学生亲切交谈，询问他们的工作和生活情况，向他们表示慰问，勉励他们再接再厉，团结奋斗，继续为推进两个文明建设而努力工作。

9月24日上午，江泽民来到坐落在浦东新区的上海华虹NEC电子有限公司。这个合资企业承担着国家重点工程909生产线项目。全国政协副主席胡启立介绍说，项目于1997年7月开工，仅用18个月就建成投产，跟上了世界先进水平，产品性能指标全部达到要求。江泽民对此表示满意。他来到净化车间，详细了解高技术生产设备运转的情况，对公司努力提高工艺技术水平的做法给予高度评价。随后，江泽民来到上海通用汽车有限公司。这个公司是目前我国最大的中美合资企业，引进了国际先进的汽车制造工艺和设备。江泽民先后考察了车身、动力总成、总装、冲压车间，参观了公司的主要产品。公司负责人汇报说，今年4月正式投产批量生产以来，公司已生产1万辆别克轿车，国产化率超过40%，在安全性、舒适性、驾驶性能和排放等方面达到了国际先进水平。在联合汽车电子有限公司，当江泽民了解到这个公司是跨行业、跨地区、资产大组合的中国最大的汽车零部件生产企业，引进了90 年代世界先进水平的汽油发动机控制系统，十分高兴。他指出，当今世界科技进步日新月异，产业调整正在加速进行，我们必须紧紧跟上科技进步的潮流，进一步解放思想，实事求是，探索公有制多种实现形式，通过各种形式的合作和交流，积极引进国际先进技术和管理经验。这样，国有企业才能增强后劲，在激烈的市场竞争中不断发展壮大。

国有老工业企业如何在社会主义市场经济条件下增强活力，重振雄风，是江泽民十分关注的问题。9 月25 日上午，江泽民来到上海锅炉厂有限公司。

这个公司始建于 1921 年，1953 年改名为上海锅炉厂，现已发展成为以经营承制电站锅炉、核电设备、化工压力容器、工业特种锅炉等为主业的国有大型骨干企业，产品遍及全国并行销 30 多个国家。江泽民饶有兴致地察看产品的生产，与工人们亲切握手。他说，几十年来，国有企业的广大干部群众为国有企业建设作出了巨大贡献。在发展社会主义市场经济的新条件下，国有企业的广大干部群众要继续团结拼搏、开拓进取。推进国有企业的改革和发展，必须紧紧依靠广大干部群众。他希望国有老工业企业以市场为导向，深化改革，从严管理，不断提高技术水平，大力开发有竞争力的产品，提高市场竞争力，在现代化建设中大显身手。

江泽民还考察了上海航天设备制造总厂。他仔细察看了运载火箭、卫星和其他国防产品，对广大科技人员奋力拼搏取得的业绩给予高度评价。江泽民指出，科技特别是高科技的水平，决定着一个国家的综合国力。21 世纪，科学技术将越来越成为决定国家经济发展和社会进步的主导因素。我们要保持国民经济持续快速健康发展，切实维护国家的主权和安全，就必须努力在高科技领域不断取得突破性进展。他勉励广大科研人员继续发扬热爱祖国、无私奉献，自力更生、艰苦奋斗，大力协同、勇于登攀的“两弹一星”精神，立志赶超世界先进水平，为增强我国的经济实力、国防实力和民族凝聚力贡献力量。

江泽民指出，实现十五届四中全会确定的国有企业改革和发展的目标，既是一个重大的经济问题，也是一个重大的政治问题。全党都要从这样的战略高度认识问题和开展工作。根本问题是要建立现代企业制度，促使企业形成适应市场要求的新的经营管理机制。要继续按照“三个有利于”的标准，鼓励探索和试验，从各行各业的实际出发，创造性地贯彻落实中央的要求和部署。要把实现国有企业改革和脱困的三年目标同长远发展结合起来，保证国有经济在下个世纪国民经济的发展中更好地发挥主导作用。

江泽民始终惦念着广大群众的生活。9 月 24 日中秋节晚上，江泽民来到南京路步行街，与群众一起欢度中秋。这条有 150 年历史的“中华商业第一街”，经过改建后成了一段集购物、旅游、商务、展示、文化功能为一体的步行街。江泽民不时向游人招手致意，祝大家节日好。9 月 25 日上午，江泽民来到徐汇区康健街道康乐小区，与街道和居委会干部座谈社区党建情况，并走家串户，了解居民的生活和工作情况。江泽民对小区把社区党建与精神文明建设紧密结合的做法给予充分肯定，希望他们进一步探索社区党建的路子，提高居民素质，丰富居民生活。9 月 26 日上午，江泽民又来到人群熙攘的联华超市田林店，详细了解商品的种类、价格、品质，并与顾客亲切交谈。当了解到田林店坚持“为民、利民、便民”的服务宗旨时，江泽民表示赞赏。他说，我们做好一切工作的基础，就是要真正把群众放在第一位，想群众所想，急群众所急，让群众得到实惠。无论什么时候，这都不能改变。

9 月 27 日上午，江泽民考察了上海市新中中学。新中中学是一所现代化的寄宿制高中，拥有一流的教学设施。学校以正确的世界观、人生观、价值观教育为核心，着力实施以培养学生创新精神和实践能力为重点的素质教育，取得初步成效。江泽民先后察看了学校的艺术中心、电子阅览室、教师办公室和学生宿舍，看望了教师和学生。他引用一位诗人的话对学生们说，人的一生只有 3 天，昨天、今天和明天。昨天已经过去，今天正在脚下，但分分秒秒在缩短。明天是未来，是希望，是召唤，是挑战。同学们风华正茂，要珍惜青春，发奋学习，健康成长，努力成为祖国的栋梁之材。

9 月 28 日上午，江泽民考察了浦东国际机场。这个机场是 9 月 16 日竣工通航的，一期工程客运量可达2000 万人次/年，货运量 75 万吨/年，将成为世界上大型航空枢纽港之一。江泽民还考察了位于浦东的金茂大厦和上海证券交易所。他勉励上海证券交易所进一步做好工作，更好地为国民经济发展服务。

在上海期间，江泽民会见了《辞海》1999 年版的主编、副主编。他向 96 岁的主编夏征农祝贺《辞海》新版的发行，并与大家合影。他对专家们的辛勤工作给予高度评价。江泽民指出，中华民族创造了灿烂的文明，这是非常值得我们自豪的。我们要继承和发扬光大中华民族的优秀文化，同时积极吸收和借鉴世界人民创造的优秀文明成果。

考察期间，江泽民会见了上海驻军干部。

9 月 28 日上午，江泽民在江苏省委书记陈焕友、省长季允石和交通部部长黄镇东的陪同下，出席了江阴长江公路大桥通车仪式。江阴长江公路大桥是“中国第一、世界第四”的大钢箱梁悬索桥，全长3071米，是国家“九五”重点基础设施建设项目。

陪同考察的还有中央军委委员、总参谋长傅全有，有关方面负责人王刚、陈炳德、曾培炎、华建敏、盛华仁、由喜贵、王沪宁、贾廷安等。

国务院减轻企业负担办公室召开全国治乱减负工作座谈会

国务院减轻企业负担办公室近日在广州召开全国治乱减负工作座谈会。减负办负责人提出要认真学习十五届四中全会精神，把治乱减负工作提高到一个新水平，为国有企业改革与发展创造良好的外部环境。

会议代表一致拥护中共中央关于国有企业改革和发展若干重大问题的决定，一致认为这是一个跨世纪的重大决策，具有重大的现实意义和深远的历史意义。

座谈会主要是总结过去两年来治理乱收费、减轻企业负担的经验，探讨明年的工作思路。国务院纠风办、国务院减负办、国家发展计划委员会、财政部、审计署以及来自全国十个省、市、自治区的代表参加了会议。

会议认为，经过两年来的努力，全国治理乱收费、减轻企业负担的工作取得明显成效，全国各地认真贯彻执行《中共中央国务院关于治理向企业乱收费乱罚款和各种摊派等问题的决定》，完成了全面清理乱收费的任务，宣布取消了2万多个项目的收费，每年可降低社会收费负担1200亿元。同时，遏制了新增收费项目的增长，对重点行业和重点项目的收费进行了专项治理，如对附加在电力上各种费用的治理，就使全国电价每千瓦时降低了0.05元，全国可减轻电价负担400亿元。

会议提出，一定要在十五届四中全会精神指引下，落实《中共中央国务院关于治理向企业乱收费乱罚款和各种摊派等问题的决定》，紧紧围绕国有企业改革三年脱困目标的顺利实现，态度更加坚决，工作更加扎实，把治乱减负工作提高到一个新的更高水平，为国有企业体制改革、机制转换、结构调整和技术进步创造良好的外部环境。

新中国50周年农业和农村经济成就展暨'99中国国际农业博览会在北京农展馆开幕

中共中央政治局委员、全国人大常委会副委员长田纪云，全国人大常委会副委员长布赫，全国政协副主席陈俊生出席开幕式。

展览由成就展和博览会两部分组成，以图片、模型、实物及声、光、电等高科技手段，集中展示了我国在农、牧、渔、农机、乡镇企业等方面的新成果、新工艺及名特优新产品，多角度宣传和反映了农业50年来的辉煌成就。

此次展览会突出体现了四个特点：一是规模比前三届博览会大，展区面积5万多平方米，囊括了农业和农村经济的各个领域；二是突出发展成就，展示科技成果；三是展示与招商引资相结合，贸易洽谈与技术交流融为一体；四是突出提高农产品质量，认定了1330个名牌的农业优质产品。展区分为农业成就馆、中国展区、国际展区及农产品展销区四个部分。

展览活动由农业部主办，国家计委、国家经贸委、科技部、外经贸部、中国贸促会和北京市政府协办。开幕式由农业部副部长万宝瑞主持，农业部部长陈耀邦致开幕词。中央各有关部委、各省区市的有关负责人、20多个国家驻华使节及有关国际组织驻华机构负责人参加开幕式。

全国人大常委会委员长李鹏在人民大会堂会见联合国前秘书长加利和夫人

国务院副总理李岚清在钓鱼台国宾馆会见新加坡内阁资政李光耀

外交部部长唐家璇在纽约会见联合国秘书长安南

正在纽约出席第五十四届联合国大会的唐家璇会见联合国秘书长安南。

唐家璇赞赏安南关于明年召开联合国“千年大会”的建议，希望有关筹备工作能充分考虑全体会员国的意见，保证全体会员国的公平、充分参与，并取得积极成果。他强调指出，作为具有最广泛代表性的政府间国际组织，联合国在国际事务中的重要作用不可替代。任何削弱联合国权威、将个别国家或国家集团的意志凌驾于联合国之上的做法都是不可能得逞的。不管国际形势发生怎样的变化，《联合国宪章》的宗旨和原则以及公认的国际法准则不但没有过时，而且在现在和将来都是现实的和有效的。

安南首先热烈祝贺新中国50华诞。他感谢中方支持举行“千年大会”建议，并认为中方的积极参与将在“联合国向何处去”问题讨论中发挥建设性作用。他还强调说明，联合国将坚定地奉行一个中国的政策。虽然台湾方面最近的某些言论制造了紧张事态，但联合国恪守一个中国的原则的立场是坚定不移的和明确无误的。

外交部部长唐家璇在纽约与美国国务卿奥尔布赖特会谈

唐家璇要求美国以实际行动改善中美关系。奥尔布赖特表示，美方对中国驻南大使馆被炸深感歉意，愿继续努力妥善处理问题。重申美方坚持一个中国政策及“三不”政策。

国家社科基金项目优秀成果颁奖大会在北京召开

中共中央宣传部、全国哲学社会科学规划领导小组在人民大会堂召开国家社会科学基金项目优秀成果颁奖大会。中共中央政治局常委、国家副主席、中央军委副主席胡锦涛出席并代表党中央、国务院在会上发表讲话。

中共中央政治局常委、国务院副总理李岚清，中共中央政治局委员、中国社会科学院院长李铁映，全国人大常委会副委员长彭珮云，全国政协副主席毛致用出席会议。中共中央政治局委员、书记处书记、中宣部部长丁关根主持颁奖大会。

这次国家社会科学基金项目的评奖工作，把研究改革开放和社会主义现代化建设的重大理论与实践问题的优秀成果作为奖励重点，同时重视奖励基础研究以及新兴边缘交叉学科的优秀成果，共评出“六五”至“八五”时期优秀成果 151 项，其中一等奖 14 项；二等奖 38 项；三等奖 99 项。为表彰著名社会学家费孝通、雷洁琼为我国社会科学事业所作出的重大贡献，全国哲学社科规划领导小组授予他们特别荣誉奖。他们高兴地出席了今天的颁奖大会。中共中央宣传部常务副部长、全国哲学社科规划领导小组组长刘云山在会上宣读了奖励决定。

会上，胡锦涛、李岚清等党和国家领导人向费孝通、雷洁琼和荣获一等奖的代表颁奖，并向他们表示热烈祝贺。北京大学教授黄楠森代表获奖者发言。

出席会议的还有中央军委委员、总政治部主任于永波，全国哲学社会科学规划领导小组成员，获奖成果作者代表，首都社会科学界部分专家学者等。

国家副主席胡锦涛在国家社会科学基金项目优秀成果颁奖大会上发表讲话

同志们：

在新中国成立五十周年纪念日即将来临之际，中共中央宣传部、全国哲学社会科学规划领导小组召开大会，表彰和奖励国家社会科学基金项目的优秀成果，这是很有意义的。党和国家对发展哲学社会科学事业非常重视，并寄予殷切期望。我代表党中央和国务院，向获奖的专家学者表示热烈的祝贺！向全国哲学社会科学工作者致以亲切的问候！

我国是一个历史悠久、具有丰富文化底蕴的国家。我国的哲学思想和灿烂文化对中华民族和世界文明的发展作出过重大贡献。新中国成立后，在中国共产党的领导下，全国的哲学社会科学事业走上了以马克思主义为指导的发展道路，在社会主义建设中发挥了十分重要的作用。

党的十一届三中全会以来，我国哲学社会科学进入了新的发展时期，出现了新的繁荣局面。广大哲学社会科学工作者，坚持以马克思列宁主义、毛泽东思想和邓小平理论为指导，坚持为建设有中国特色社会主义事业服务、为党和政府决策服务的方向，努力研究改革开放和社会主义现代化建设提出的理论和实践问题，在社会主义初级阶段理论、社会主义改革开放理论、社会主义市场经济理论、社会主义民主法制建设理论和社会主义精神文明建设理论等的确立和发展，在新时期党的基本路线和各项重大方针政策的形成和宣传等方面，都作出了重要的贡献。

在这二十年中，哲学社会科学各学科的建设也取得了显著成绩。基础研究、应用研究、对策研究都有新的重大进展，产生了一批具有时代特点、颇有影响的优秀成果，涌现出了一批功底扎实、富有创新精神的学科带头人，壮大了哲学社会科学工作者队伍。哲学社会科学的新发展，伴随着改革开放和现代化建设阔步前进的历程。这二十年，是我国哲学社会科学研究工作充满生机和活力的二十年，也是取得丰硕成果的二十年。

我们正处在世纪之交，中国和世界的发展都进入了一个重要时期。面对国际国内形势的发展变化，需要我们从时代特点和当代中国的实际出发，深入探讨、准确把握和正确回答我国及世界发展所面临的重大问题。因而也就需要我们进一步拓展哲学社会科学的视野和领域，形成新思想、新观点、新方法、新学科，把哲学社会科学的研究推上新的水平和新的境界，使面向二十一世纪的中国哲学社会科学事业有一个大发展。这样才能为我国的改革开放和社会主义现代化建设，为中华民族的全面振兴和人类进步事业作出更大的贡献。这是中国哲学社会科学工作者的崇高历史使命。

为了完成这一使命，必须认真总结我国哲学社会科学发展的历史，继续探索哲学社会科学的发展规律。

经过长期的实践，我们党已经形成了关于繁荣哲学社会科学的正确方针和政策，也积累了许多经验，这是继续推进我国哲学社会科学事业的重要保证。

坚持马克思列宁主义、毛泽东思想、邓小平理论的指导地位，是发展我国哲学社会科学的根本，决定着我国哲学社会科学的性质和方向。马克思主义的基本原理特别是它的世界观和方法论，是我们认识世界和改造世界的强大思想武器。哲学社会科学的一切学科和领域，都必须坚持以马克思主义为指导，决不能搞指导思想上的多元化。唯有如此，才能保证哲学社会科学发展的正确方向。毛泽东思想是马克思列宁主义基本原理与中国革命和建设的具体实践相结合的产物。邓小平理论是毛泽东思想在新的历史条件下的继承和发展，是把马克思主义同当代中国实践和时代特征结合起来的科学理论，是当代中国的马克思主义，是马克思主义在中国发展的新阶段。实践证明，坚持毛泽东思想和邓小平理论对我国哲学社会科学的指导地位，我国的哲学社会科学事业才能具有中国特色，才能更好地为我们的改革开放和社会主义现代化建设服务。

当然，坚持以马克思主义为指导，决不是教条式地搬用，或者脱离实际地从马克思主义一般原理去作抽象推论，或者用它的个别结论去代替具体的科学研究，而是要深刻领会它的精神实质，善于运用它的立场、观点、方法去指导具体的社会科学研究及其学科建设。广大哲学社会科学工作者一定要认真学习马克思列宁主义、毛泽东思想和邓小平理论，用以武装自己的头脑，牢固确立正确的世界观、人生观和价值观，真正掌握和运用好辩证唯物主义与历史唯物主义。

在改革开放和现代化建设的发展进程中，必然会提出许多重大的理论和实践问题，研究和解决这些问题，应该成为我国哲学社会科学的主攻方向。努力为建设有中国特色社会主义事业、为党和政府的决策提供智力支持和理论服务，科学地总结中国人民历史创造活动的经验并把它们上升为理论，应该成为全国广大哲学社会科学工作者的一个最基本的任务。当前，我国改革开放进入攻坚阶段，发展处于关键时期。由于经济成分和经济利益的多样化，社会生活方式的多样化，社会组织的多样化，社会岗位和就业形式的多样化，新情况新问题大量涌现，迫切地需要我们去研究。同时，还要通过深入研究和广泛宣传，帮助人们划清在一些重大原则问题上的理论和政治是非界限，提高思想政治水平。在国际上，经济全球化趋势日益明显，综合国力的竞争日趋激烈，科技进步日新月异，知识经济初见端倪，霸权主义和强权政治仍然存在，西方敌对势力对我国实施“西化”、“分化”的政治战略没有也不会改变。这种国际经济政治形势，对我国的发展会带来一些什么样的影响，我们应该如何把握复杂多变的国际环境，抓住机遇，加快发展，使我国在国际竞争和国际斗争中立于不败之地，并在国际事务中发挥更大的作用，也都需要我们以新的研究、新的成果作出回答。所有这些，都对哲学社会科学提出了新的课题和新的要求。

哲学社会科学发展的最深厚的源泉和最强大的动力是人民群众的社会实践。哲学社会科学只有在正确回答国内外重大理论问题和现实问题中发挥了应有的作用，才能体现自身的重要价值和理论力量。衡量我国哲学社会科学研究工作成效大小的一个重要标志，是看它在何种程度上提供了符合我国社会主义初级阶段实际、有利于推动社会主义现代化建设、促进决策民主化科学化、维护广大人民群众根本利益的成果。广大哲学社会科学工作者在研究工作中必须坚持理论联系实际的马克思主义学风，以我国改革开放和现代化建设的实际问题、以我们正在做的事情为中心，着眼于马克思主义理论的运用，着眼于对实际问题的理论思考，着眼于新的实践和新的发展。广大哲学社会科学工作者一定要深入改革和建设的第一线，从亿万人民群众的伟大创造中汲取营养，认真总结实践中的新经验和新创造，积极探索有中国特色社会主义经济、政治、文化的发展规律，并从经济、政治、科技、教育、文化、民族、军事、外交、统一战线、党的建设等各个方面，进一步加强理论与实际紧密结合的研究，创造性地运用和发展哲学社会科学各个学科和领域的理论与知识。同时，要重视基础研究，加强重点学科和新兴、边缘、交叉学科的建设，全面地发展哲学社会科学。

“百花齐放，百家争鸣”，是发展繁荣我国哲学社会科学事业的正确方针。哲学社会科学的发展需要有一个民主、团结和相互探讨的良好氛围。在坚持四项基本原则的前提下，要充分发扬学术民主，鼓励自由讨论，鼓励不同学派、不同学术观点的相互切磋和争鸣，提倡同志式的、充分说理的批评和反批评。这是探索真理、发展科学的必要条件。只有学术空气活跃起来，形成百家争鸣的局面，才有利于新思想、新观点、新学科的产生和发展，才有利于形成和保持哲学社会科学的繁荣局面。在贯彻“双百”方针的过程中，要注意区分学术问题与政治问题的界限，不要把一般的学术问题当成政治问题，也不要把政治问题当作一般的学术问题。学术问题的研究和讨论没有禁区，政治理论包括党的方针政策的宣传要有纪律。

解放思想，实事求是，大胆探索，勇于创新，是发展哲学社会科学的内在要求和必由之路。江泽民同志指出：“创新是一个民族的灵魂”，“科学精神的精髓是求实创新”。马克思主义和整个哲学社会科学的发展史说明，理论上的每一个重大发展，无不是突破创新的结果。而这种突破创新，应是大胆探索与实事求是的统一。只有紧密结合新的时代特征，在实践中继续丰富和创造性地发展马克思主义理论，才能更好地坚持马克思主义的指导地位。只有在实践的基础上努力开创哲学社会科学发展的新境界，才能推动这一事业不断走向繁荣。广大哲学社会科学工作者一定要坚持解放思想、实事求是的思想路线，打破思想禁锢，防止教条主义，提倡大胆探索，鼓励锐意创新。探索与创新是同继承与借鉴不可分割的。我们要密切联系中国和世界的发展提出的重大问题，吸收借鉴中华民族的优秀文化成果和人类所创造的一切文明成果。坚持贯彻古为今用、洋为中用的方针，反对食古不化和食洋不化。要尊重和支持广大哲学社会科学工作者在研究中进行的艰苦的创造性劳动。

积极探索和建立符合社会科学发展规律、与社会主义市场经济体制相协调的科研及其管理体制，是发展社会科学事业的重要条件。这种新体制，应有利于哲学社会科学工作者的积极性、创造性的充分发挥和优秀成果、优秀人才的脱颖而出；有利于研究方法、研究手段的改进和多学科的协同攻关及新研究领域的开辟；有利于基础研究、应用研究、对策研究的相互协调和共同推进；有利于社会科学研究成果的转化推广和社科研究资金的筹集。要大力深化改革，切实解决科研机构重复设置，条块分割，“大而全、小而全”，人浮于事，低水平重复研究等问题。要加强对哲学社会科学事业的宏观引导、规划和管理，采取有效措施搞好国家社科研究重大项目和中长期科研规划。通过上述努力，使我们的哲学社会科学事业形成良好的发展机制。

邓小平同志指出：“科学技术是第一生产力。”科学包括自然科学和社会科学。二者犹如车之两轮，鸟之两翼，同等重要。只有密切配合，相互结合，科学才能全面发展和进步。发展社会科学，是我国科教兴国战略的重要组成部分。

江泽民总书记指出：“积极发展哲学社会科学，这对于坚持马克思主义在我国意识形态领域的指导地位，对于探索有中国特色社会主义的发展规律，增强我们认识世界、改造世界的能力，有着重要意义。”哲学社会科学的发展水平和繁荣程度，是一个民族的综合素质和文化力量的重要体现和标志。积极发展哲学社会科学是全党和全社会的重要任务。各级党委和政府要充分认识发展哲学社会科学的重大意义，加强对哲学社会科学事业的领导，加大对哲学社会科学研究的投入，加强哲学社会科学队伍的建设，关心哲学社会科学工作者的工作和生活。希望社会各界都来支持我国的哲学社会科学事业的发展。

同志们，在建设有中国特色社会主义的伟大时代，广大哲学社会科学工作者是大有可为的。希望同志们进一步增强政治意识、大局意识、服务意识、创新意识，以高度的责任感和使命感，敬业奉献，严谨治学，团结协作，开拓进取，多出成果，多出人才。让我们在以江泽民同志为核心的党中央领导下，高举邓小平理论伟大旗帜，坚持党的基本路线，认真贯彻十五大精神，为哲学社会科学的发展和繁荣，为把建设有中国特色社会主义事业全面推向二十一世纪而努力奋斗！

“威力杯”新中国 50 周年体坛 50 大事评选揭晓

仪式在人民大会堂举行。许海峰为中国夺得第一枚奥运会金牌、中国女排“五连冠”、中国成功举办第二十六届世乒赛并创佳绩、中国女足扬威世界杯等 50 件体坛大事获选。

本次活动由《中国体育报》、中央电视台和广东中山威力集团联合主办。

海协会就赈济台湾地震灾区提供协助事致函台湾海基会

海峡两岸关系协会致函台湾海基会，请海基会为祖国大陆方面赈济台湾地震灾区提供协助。

函中说：“我会 9 月 21 日‘对台湾地区发生强烈地震表示慰问事’函谅悉。本会受权通告贵会，祖国大陆方面对台湾地震灾区的赈灾援助工作已全面展开，并由中国红十字总会具体实施。”

函中说，现有如下紧急事项，请海基会协调：1. 祖国大陆方面将派出地震专家和救灾专家组成的救灾抢险小组；2. 将派出由创伤外科专家、护理人员组成的救护小组协助现场救助；3. 提供新型快装式彩板房、衣被帐篷等救灾物资发往台湾地区；4. 祖国大陆同胞对台湾受灾同胞高度关切，纷纷捐款捐物，要求转赠台湾受灾同胞。为使上述救援资金、物资及人员及时进入台湾，请海基会协调有关方面提供方便，并速回复海协。

中国红十字会总会公布对台地震救援救助账号和专线电话

中国红十字总会在京公布对台地震救援救助账号和专线电话，以方便祖国大陆群众捐助台湾地震灾区。

中国红十字总会表示，9 月 21 日台湾地区发生强烈地震后，全国人民表示深切关注，纷纷要向地震受灾同胞捐款，为使善款尽快转赠至台湾红十字组织和方便群众捐款，向社会公布救助账号和专线电话。

9 月 24 日

全国政协九届常委会举行七次会议

这次会议的主要议题是学习和贯彻中共十五届四中全会精神，讨论国有企业的改革和发展问题。中共中央政治局常委、全国政协主席李瑞环出席会议，全国政协副主席叶选平主持会议。

会议听取中共中央政治局委员、国务院副总理吴邦国所作的《推进国有企业改革和发展的纲领性文件》的报告。

吴邦国说，搞好国有企业改革和发展，既是关系到国民经济健康运行和长远发展的重大经济问题，也是关系到社会主义制度前途的重大问题。中共十五届四中全会专门讨论国有企业问题，表明了中共中央对这个问题的高度重视。这次全会通过的《中共中央关于国有企业改革和发展若干重大问题的决定》(以下简称《决定》)，以邓小平理论和中共十五大精神为指导，回顾历史，分析形势，阐明了国有企业改革和发展的主要目标和指导方针，提出了实现这些目标的政策措施和工作部署。《决定》所提出的 12 个问题，都是我国国有企业改革的重大问题。

吴邦国强调，我们搞社会主义市场经济，推进国有企业改革和发展，这是一项前无古人的创举，是一场深刻的社会变革，必然会遇到意想不到的困难和矛盾，关键是要有战胜困难的勇气和夺取胜利的信心。我们有以江泽民同志为核心的中共中央的领导，有多年改革实践积累的丰富经验，有比过去更加雄厚的综合国力，现在又有了《决定》和一系列新的改革措施，只要全党一心，扎实工作，就一定能够实现全会确定的目标，开创国有企业改革和发展的新局面。

吴邦国在报告中就《决定》的意义和主要特点、框架和主要内容，以及贯彻《决定》当前要着重做好的几项工作，作了详细的阐述。

本次常委会议还将审议全国政协常委赴辽宁和全国政协委员赴黑龙江、新疆、贵州、北京、湖南和云南等地视察情况的报告和有关外事出访的报告。

全国政协副主席杨汝岱、王兆国、阿沛·阿旺晋美、钱伟长、卢嘉锡、任建新、宋健、李贵鲜、陈俊生、张思卿、钱正英、丁光训、孙孚凌、马万祺、朱光亚、万国权、陈锦华、赵南起、毛致用、白立忱、经叔平、罗豪才、张克辉、周铁农、王文元，秘书长郑万通出席会议。

中共中央和国务院有关部门负责人应邀参加会议。

九届全国人大会环资委在北京举行第十二次全体会议

九届全国人大环境与资源保护委员会在北京举行第十二次全体会议，听取国家测绘局关于测绘法行政执法情况的汇报，审议九届全国人大二次会议主席团交付审议的代表提出的议案审议结果的报告。

国家测绘局局长金祥文在报告测绘法行政执法情况时说，《中华人民共和国测绘法》于 1992 年 12 月 28 日经全国人大常委会通过，1993 年 7 月 1 日起施行。测绘法实施 6 年来，测绘立法不断完善，初步形成以测绘法为核心的测绘法律、法规体系框架。测绘行政执法工作不断加强，据初步统计，1995 年到 1998 年，全国共查处测绘违法案件 400 多件。

根据安排，今年 10 月至 11 月，环资委将组织执法检查组，赴有关省区对测绘法的实施情况进行检查。

九届全国人大二次会议主席团交付环资委审议的代表提出的议案共 19 件，在今天的会议上，环资委全体委员对这 19 件议案逐一进行了审议。全国人大环资委主任委员曲格平主持了今天的会议。

国家税务总局在北京召开全国税务系统文明单位和优秀税务工作者电视电话表彰会议

国家税务总局局长金人庆在表彰会上强调，今年税务系统虽然已经实现了增收 1000 亿元的目标，但今年的税收增长具有前高后低的特点，加上今年下半年减税政策的相继出台，税收增收难度很大。现在距年底还剩下 3 个月时间，是完成全年税收任务的攻坚阶段，组织工作一定要抓早、抓紧、抓好，切实抓出成效。他要求全国税务系统，要大张旗鼓地宣传文明单位、优秀税务工作者的先进事迹和宝贵经验，要以学先进为动力，努力完成各项税收工作任务。

会上，国家税务总局表彰了近年来税收战线涌现出来的一大批政治坚定、征管规范、业务过硬、服务优质的文明单位和爱岗敬业、依法治税、勤政廉政、无私奉献的优秀税务工作者，共有 222 个集体和 198 名同志分别荣获“全国税务系统文明单位”和“全国税务系统优秀税务工作者”称号。

国家主席江泽民在北京会见中信国际咨委员会外方委员

江泽民会见莫里斯·格林伯格等前来参加中信国际咨询委员会第四次会议的咨委会外方委员。

江泽民对各位委员一贯支持中国的改革开放表示赞赏，并祝贺中信咨委会第四次会议圆满召开。

江泽民说，刚刚结束的中国共产党十五届四中全会对国有企业改革和发展的若干重大问题做出了决定。他指出，我们要完成十五大确定的我国跨世纪发展的宏伟任务，建立和完善社会主义市场经济体制，保持国民经济持续快速发展，就必须大力促进国有企业的体制改革、机制转换、结构调整和技术进步。他说，今年是新中国成立 50 周年。50 年来，特别是改革开放以来，中国不断扩大与世界各国的经贸合作，综合国力不断增强，人民生活逐步改善。

中信国际咨委会委员、美国国际集团董事长莫里斯·格林伯格代表咨委会委员感谢江泽民主席的会见。他说，在本次咨委会会议中，委员们就中信公司的发展计划以及中国经济的发展进行了广泛的讨论。中国近年来的快速发展给委员们留下了深刻的印象。各位委员以及其代表的公司愿不断拓展中国市场，为中国经济的发展作出贡献。

中共中央政治局候补委员、书记处书记曾庆红，中信公司董事长王军以及中信国际咨询委员会主席魏鸣一等参加会见。

全国人大常委会委员长李鹏在人民大会堂会见新加坡内阁资政李光耀和夫人柯玉芝

国家副主席胡锦涛在人民大会堂会见马耳他工党领袖前总理阿尔弗雷德·桑特

中央军委在人民大会堂举行庆祝新中国成立 50 周年座谈会

中共中央政治局委员、书记处书记、中央军委副主席张万年在会上讲话，中共中央政治局委员、中央军委副主席、国务委员兼国防部部长迟浩田主持座谈会。

刘华清、李德生、廖汉生、王恩茂、张震、赛福鼎·艾则孜、洪学智、张廷发等和中央军委委员于永波、王克、王瑞林、曹刚川、郭伯雄、徐才厚出席座谈会。

张万年说，中华人民共和国成立以来的 50 年，是中国人民在中国共产党领导下，沿着社会主义道路奋勇前进的 50 年，也是伟大祖国取得辉煌成就的 50 年。以毛泽东同志为核心的党的第一代领导集体，领导全国人民捍卫和巩固新生政权，建立起比较完善的国民经济体系，为社会主义现代化建设奠定了坚实的基础。以邓小平同志为核心的党的第二代领导集体，带领全国人民以经济建设为中心，坚持四项基本原则，坚持改革开放，建设有中国特色的社会主义，使社会主义现代化建设进入了新的历史时期。以江泽民同志为核心的党的第三代领导集体，高举邓小平理论的伟大旗帜，率领全国人民抓住机遇，深化改革，扩大开放，建立和发展社会主义市场经济，坚持依法治国、科教兴国，大力加强社会主义精神文明建设，经受住了国际、国内各种风险的考验，有力地推进了有中国特色社会主义的经济、政治、文化建设。

张万年指出，伴随着共和国前进的步伐，人民解放军的革命化、现代化、正规化建设实现了历史性的跨越，现代条件下的防卫作战能力有了明显增强。我军始终坚持把思想政治建设摆在首位，坚持用马列主义、毛泽东思想和邓小平理论武装官兵，坚持党对军队的绝对领导，始终保持了人民军队的性质、本色和优良作风。为保证改革开放和社会主义现代化建设顺利进行，我们必须有一支强大的军队。全军将士要认清形势，明确责任，切实履行我军在国家跨世纪发展中肩负的神圣使命。

张万年强调指出，我们要坚定不移地坚持党对军队的绝对领导，坚定不移地捍卫国家的安全和统一，坚定不移地服从服务于国家经济建设大局，坚定不移地走有中国特色的精兵之路，全面落实江主席关于“政治合格、军事过硬、作风优良、纪律严明、保障有力”的总要求，在邓小平理论伟大旗帜的指引下，在以江泽民同志为核心的党中央领导下，团结一心，不懈奋斗，开拓进取，为把建设有中国特色的社会主义伟大事业推向前进，为建设强大的现代化正规化革命军队，再创辉煌，再立新功。

迟浩田在主持会议时说，全军部队要结合新中国成立 50 周年庆祝活动，认真学习毛泽东军事思想、邓小平新时期军队建设思想和江主席关于加强军队建设的一系列重要论述，深刻认识在当前国际国内形势下我军肩负的捍卫国家主权和领土完整、维护祖国统一的历史使命，坚持用新时期军事战略方针统揽全局，自觉把思想政治建设摆在各项工作的首位，坚持科技强军、注重质量建设的方针，积极推进军队的各项改革，切实增强我军在现代技术特别是高技术条件下的防卫作战能力，为改革开放和社会主义现代化建设提供坚强有力的安全保证。

海军政治委员杨怀庆、空军司令员刘顺尧、老同志代表莫文骅、英模代表李国安在座谈会上发了言。

解放军四总部、驻京部队各大单位、武警部队、军委办公厅的领导同志和老同志代表以及驻京部队英模代表和国防大学学员代表出席座谈会。

新中国社会科学 50 年学术报告会在中国社会科学院举行

中共中央政治局委员、中国社科院院长李铁映在主题报告中指出，人文社会科学的兴衰与党和国家的命运紧密相连。没有党的正确领导和国家的强盛，就不会有人文社会科学的繁荣；而没有高度发展的人文社会科学，要实现决策的科学化、民主化是不可能的，全民族科学文化综合素质的提高也是不可企及的。自然科学和人文社会科学是科学的两翼，必须平衡发展。

李铁映在报告中回顾了 50 年来中国社会科学取得的辉煌成就。目前，已形成社会科学院系统、高等院校系统、党政部门的社科系统、党校系统和军队系统等 5 个方面军，共有 2000 多个研究机构、3 万多名专职研究人员，从事教学并参与研究工作的人员 20 多万人。我们已基本建成比较完整的学科体系，各学科都推出一批奠基力作，其中不乏集大成式的传世之作。人文社会科学的研究方法有很大突破和创新，对外学术交流日盛，中国的社科学者和著作在世界学术舞台上赢得了声誉。特别是改革开放以来，在社会主义初级阶段理论、社会主义市场经济理论、社会发展理论和发展战略研究、中华文明和社会主义新文化建设的研究等方面，对有关决策发挥了积极的影响。李铁映最后强调，大变革时代要求人文社会科学必须有更大更快的发展和人文社科知识的大普及，造就最优秀的人文社会科学家与造就最优秀的自然科学家和工程师同样重要。为此，必须加速科研管理体制的改革。

在报告会上发言的还有资深历史学家刘大年、哲学家任继愈等。中国工程院副院长潘家铮也致辞作贺。

第六届全国少数民族传统体育运动会在北京工人体育场开幕

朱镕基宣布大会开幕。34 个代表的 3000 多名运动员、教练员参加北京主赛场的比赛和表演。此前，有 2500 人参加了拉萨分赛场的比赛和表演。

本届民运会分别在拉萨分赛场和北京主赛场进行。拉萨分赛场的赛事已于 8 月 18 日至 23 日进行，北京主赛场的赛事于 9 月 24 日至 30 日进行。本届民运会北京主赛场将进行抢花炮、珍珠球、毽球、蹴球、木球、秋千、武术、龙舟、民族式摔跤及部分马上项目等共 10 个项目的比赛，这 10 个项目的比赛分别在国家奥林匹克体育中心、北京体育师范学院、北京乡村赛马场、北京九龙游乐园 4 个场地进行。34 个代表团参加比赛。

《人民日报》发表评论员文章《民族大团结的盛会——祝贺第六届全国民运会开幕》

《乔木文丛》由人民出版社出版发行

一部由《胡乔木谈中共党史》、《胡乔木谈新闻出版》、《胡乔木谈文学艺术》、《胡乔木谈语言文字》四卷专题文集构成的《乔木文丛》。

全国检察机关反贪污贿赂工作会议在北京闭幕

会议指出：当前反腐败工作与党中央和广大群众的要求还有较大差距，一些消极腐败现象还在蔓延，贪污贿赂犯罪仍在发生。因此，必须公正执法、依法办案，不断加大打击贪污贿赂犯罪的力度。

最高人民检察院检察长韩杼滨在闭幕会议上指出，同贪污贿赂犯罪的斗争，是反腐败斗争的重要组成部分，是法律规定的检察职能的重要方面，过去是、现在仍然是检察机关的一项重点工作，只能加强、不能削弱。他要求全国检察机关在深入开展反腐败的斗争中，必须以对党、对人民认真负责的态度，以高度的政治责任感，加大工作力度，不断取得反贪污贿赂工作的新成绩。

他提出，检察机关反贪污贿赂工作必须进一步统一思想，转变执法观念，要按照“公正执法，加强监督，依法办案，从严治检，服务大局”的工作方针，立足于规范、提高、建设、发展来研究和推进新形势下的反贪工作，使这项工作符合依法治国方略的要求，符合“讲学习、讲政治、讲正气”的精神，符合跨世纪形势发展的需要。

为了更好地履行反贪污贿赂的法律职责，各地检察机关按照“高标准、高素质、严要求”的原则，努力提高反贪干警的政治、业务素质，以造就一批技能全面、能打硬仗、善办大案要案的专家型反贪干部。韩杼滨指出，一方面，要从严治检，要求干警严格依法办案；一方面对干警在反贪工作中遇到阻力、受到不公正待遇的，要采取保护措施，为反贪第一线干警解除公正执法的后顾之忧。

会议反映，对反贪污贿赂工作，检察机关将进一步予以规范。会议已将《最高人民检察院关于反贪污贿赂工作若干问题的决定》(讨论稿)下发各地征求意见。

9 月 25 日

全国人大常委会委员长李鹏为《中国政区大典》所作序言

中国幅员辽阔，国土面积 960 万平方公里，是亚洲面积最大的国家。中华大地，物华天宝，人杰地灵，物产丰富。

中国是世界上人口最多的国度。总人口 12.3 亿，占世界总人口的 1/4，由汉、蒙古、回、藏、维吾尔、苗、彝、壮、布依、朝鲜、满等 56 个民族组成。

中国具有悠久的历史和灿烂的文化。有文字可考的历史就有 4000 多年，很早就有发达的农业、手工业，创造过闻名世界的四大发明，哺育过一代又一代民族英才，造就过领先世界、令世人景仰的辉煌业绩，留下了众多的名胜古迹和不计其数的文献典籍，为人类社会的进步和发展做出了巨大贡献。

中国行政区划历史十分悠久，其萌芽始于 4000 多年前的夏代。春秋战国时期在诸侯国内形成较为完备的政区体制。公元前 221 年，秦统一中国后全面推行郡县制，在全国范围内确立了体系完整、结构严密、层次分明的行政区划，成为世界上最早建立比较完备的政区体制的国家之一。后历经汉州、唐道、宋路，至元朝确立行省制，完成了中国行政区划发展史上的又一次重大变革。再经明、清、民国不断演变，基本形成了中国行政区划的大体格局。

中华人民共和国成立后，在沿袭原有政区框架的基础上，国家对政区做了进一步的调整和完善，特别是经过 1954 年大调整和 1955 年至 1965 年的局部调整，全国分为22个省、5个自治区、2个直辖市。1967年天津恢复为直辖市。1988年设立海南省。1997年3月设立重庆直辖市。1997年7月1日,中华人民共和国恢复对香港行使主权,设立香港特别行政区,在中国政区发展史上写下了辉煌灿烂的一笔。至此,中国共分为23个省、5个自治区、4个直辖市和1个特别行政区。澳门于1999年12月20日回归祖国,将成为第二个特别行政区。

和平与发展是当今时代的主题。抓住机遇、深化改革、扩大开放、促进发展、保持稳定是我国的基本方针。中国一定要走向世界,世界也需要更多地了解中国。民政部组织编写的《中国政区大典》一书,全面详细地介绍了中国包括台湾、香港在内的33个省(自治区、直辖市、特别行政区)和澳门地区,300多个地区(地级市、自治州、盟),2800多个县(自治县、县级市、市辖区),50000多个乡(民族乡、镇、街道)的历史沿革、自然资源、经济状况、交通条件、名胜古迹和文化特色,是一部按行政区划顺序编排的中国国情百科全书,是一幅反映祖国大好河山全貌的壮丽画卷。这项工作的完成,为国内外广大读者了解中国国情,提供了便利条件,对于促进国际间、地区间的经济社会文化交流,无疑是一件有益的事情。

我们正处在世纪之交的历史时刻,中华民族面临着前所未有的发展机遇。中国政通人和,经济发展,社会安定,亿万人民正充满信心地谱写历史的新篇章。展望21世纪,我们有理由相信我们的祖国将会更加繁荣昌盛,兴旺发达,一个富强、民主、文明的社会主义中国一定会巍然屹立在世界的东方。

《人民日报》刊登中共中央党史研究室编撰的《新中国诞生大事记》

国家民委和国家体育总局在北京召开大会对全国一批民族体育模范集体及个人进行表彰

本次共授予北京市海淀区人民政府、内蒙古自治区鄂温克族自治旗、西藏自治区日喀则市聂日雄乡、西北第二民族学院等55个单位全国民族体育模范集体称号,授予丁刚(回族)、赵锡桂(土家族)、覃明新(壮族)、青其(藏族)、库德热提·阿不力米提(维吾尔族)等35人全国民族体育模范个人称号。

澳门特别行政区长官办公室发布委任澳门特区行政会委员决定

遵照全国人民代表大会澳门特别行政区筹备委员会第九次全体会议的决定,特区第一任行政长官何厚铧委任澳门特区行政会委员10人:吴荣恪、马有礼、唐志坚、梁庆廷、崔世安、陈丽敏、张国华、廖泽云、欧文龙、谭伯源。

第十届“中国十大杰出青年”评选在北京揭晓

由中华全国青年联合会、中国青少年发展基金会与首都十家主要新闻单位联合主办的第十届“中国十大杰出青年”评选活动日前在京揭晓。

荣膺本届“中国十大杰出青年”称号的是(按姓氏笔画排序):战斗在公安第一线的警坛女侠,福州铁路公安处福州车站派出所副主任科员丁榕(女);在民族信息产业发展中取得优异成绩的民营企业家,黑龙江省哈尔滨市亿阳集团有限公司董事长兼总裁邓伟;现代大型煤矿企业管理与发展新模式的探索者,安徽省淮南市国投新集能源股份有限公司总经理刘谊;冒着生命危险,在战火中坚持现场报道的优秀新闻工作者,人民日报社驻南斯拉夫记者吕岩松;中国女足的“场上灵魂”,国际足联“最佳运动员”,中国女子足球队队长孙雯(女);北大毕业的村支书,农民致富带头人,湖南省涟源市茅塘镇石门村党支部书记吴奇修;默默奉献,自强不息的好军嫂,河南省西峡县丁河镇北峪村农民张荣(女);多次完成重大技术攻关和商业发射任务的青年火箭专家,中国航天科技集团副总经理张庆伟;具有鲜明时代特征的科技尖兵,总参陆航某直升机团机务大队战士机械员李洪涛;历尽艰辛,义务办学,播种希望的乡村教师,甘肃省漳县金钟乡斜坡希望小学校长侯新民。

这10名杰出青年是从全国35家推报单位推报的55名候选人中,经评委投票产生的,分布在科技、教育、农业、企业、文化体育、新闻、公安政法、解放军等行业和系统,具有广泛的代表性。

国务院副总理吴邦国在全国煤炭企业养老保险统筹工作会议上发表讲话

吴邦国强调,要以高度的政治责任感,全面落实党中央、国务院关于企业养老保险统筹的各项政策,尽快建立起煤炭企业养老保险金全额收缴、社会化发放的正常运行机制,确保养老金按时足额发放。同时,要抓紧解决煤炭企业拖欠的养老金和职工工资问题,维护矿区和社会稳定。

吴邦国说,党中央、国务院对国有企业离退休职工非常关心。这些老职工为国有企业的发展和国家建设贡献了一生的力量,是共和国的功臣。有关部门一定要以高度的政治责任感,把拖欠煤矿职工工资和基本养老金问题解决好。

他指出,保障企业离退休人员的基本生活,是社会主义制度的本质要求,也是我国社会保障制度改革的重要内容。抓紧解决煤炭企业养老保险统筹问题,是事关改革发展稳定的一件大事。考虑到煤炭行业是当前最困难的一个行业,94个国有重点煤矿原都属中央企业,下放地方后确实产生一些实际问题,为此要采取特殊的政策措施。一是原国有重点煤炭企业下放后,养老保险缴费率按当地标准执行,把企业过高的负担降下来;煤炭企业缴纳的养老保险费,应全额用于煤炭企业的养老金发放。二是原国有重点煤炭企业缴费率按当地标准缴纳并全额返还后,实际应发数额的不足部分,由中央财政予以补贴。三是原国有重点煤炭企业拖欠的养老金,经财政部、劳动和社会保障部、地方政府、煤炭企业核实后,由中央财政全额补发。四是资金缺口落实以后,养老保险统筹的正常运行由地方政府负责。对运行中出现的问题,由国家经贸委、财政部、劳动和社会保障部、国家煤炭工业局负责协调。

针对当前煤炭货款拖欠严重、企业资金紧张、直接影响职工工资发放的实际问题,吴邦国强调,要采取有力措施,加大清收煤炭货款的力度。对拖欠煤款的大户,由银行实行点贷,收回的货款主要用于补发煤炭企业拖欠职工的工资,以解决职工的生活困难,维护矿区和社会稳定。

吴邦国指出,煤炭企业要认真学习贯彻党的十五届四中全会精神,加快国有煤炭企业改革的步伐。搞好国有煤炭企业战略性改组,下决心关闭一批资源枯竭、成本畸高、扭亏无望、高硫高灰的矿井。按照建立现代企业制度的方向,加快转换国有煤炭企业的经营机制,深化国有煤炭企业内部三项制度改革,继续走以产定人、下岗分流、减员增效的路子,把国有煤炭企业的改革推向一个新阶段。

国务院副总理钱其琛就五十年来新中国外交领域取得的辉煌成就接受中国国际广播电台记者的专访

钱其琛在中华人民共和国成立50周年前夕接受了中国国际广播电台记者的专访。

问:钱副总理,长期以来您一直主管外交事务,您对新中国50年来外交工作的总体评价是什么?

答:50年来国际风云变幻,出现了许多新问题,遇到了许多新的挑战。中国的外交政策始终是独立自主的和平外交政策,它的任务是维护国家领土、主权完整,创造和平稳定的国际和周边环境。在国际事务中,我们一贯伸张正义,反对霸权主义和强权政治,同世界绝大多数国家建立了友好合作关系。

问:新中国的成立,一扫过去百年"屈辱外交"的历史,请您结合我国代表团首次出席日内瓦会议、万隆会议等重大国际活动,以及和平共处五项原则的提出,谈谈新中国是如何以崭新的面貌和独立的姿态登上国际舞台的?

答:独立自主是新中国外交最鲜明的特征。新中国成立伊始,毛泽东主席就提出了"另起炉灶"、"打扫干净屋子再请客"和"一边倒"的三条方针。"另起炉灶"就是同旧中国的"屈辱外交"彻底决裂。"打扫干净屋子再请客"就是在新的基础上同世界各国建立外交关系。"一边倒"即是坚定地站在社会主义国家一边,联合一切爱好和平的国家和人民,反对帝国主义的侵略政策和战争政策。

1954年4月的日内瓦会议,是战后的一次重要国际会议,新中国第一次登上国际舞台,同与会各国一起共商世界大事。以周恩来总理为首的中国代表团在历时87天的会议期间,坚持原则,主持正义,为促进和平解决朝鲜问题与缓和印度支那的局势发挥了积极、重要和建设性的作用,社会主义新中国爱好和平的外交形象,给人耳目一新的感觉,受到国际社会的普遍好评。

早在1953年,周恩来总理就提出了和平共处五项原则,1954年访问印度和缅甸时,同两国共同倡议将和平共处五项原则作为处理国与国关系的基本准则。1955年的万隆会议是战后第一次由亚非国家举办的会议,在中国的积极推动下,会议在和平共处五项原则基础上达成了万隆十项原则。新中国成为国际舞台上维护和平,反对帝国主义和殖民主义的重要力量。如今,和平共处五项原则已深入人心,成为公认的国际关系基本准则。

问:进入六七十年代,我国开始把"反帝反修"、"反对两霸"作为外交工作的主要内容,但与此同时,中国与西方的关系也开始解冻。那么,您如何评价我国恢复在联合国的合法席位,中美建交、中日关系正常化等一系列重大事件在中国外交史上的重要意义?

答:从60年代末到70年代末,美国受侵越战争拖累,力量相对削弱,而苏联霸权主义却更加咄咄逼人。美国为集中力量对付苏联的挑战,试图尽快从越南脱身,开始同中国接近。苏联则在同美国争霸的同时,进一步加强了对中国的压力和军事威胁。亚非拉美国家纷纷获得独立,成为反帝、反殖、反霸的主力军。针对当时的国际形势,毛主席提出了三个世界划分的战略思想,以对付苏联的威胁。

美国和其他西方国家从其自身利益出发,纷纷调整对华政策。1971年基辛格秘密来华,直到尼克松访问和发表中美联合公报,两国关系取得突破。1979年1月,中美两国正式建交。1972年9月,中日恢复邦交,结束了两国关系长期不正常的状态。与此同时,我国同绝大多数西方国家建交,关系大大改善。1971年

10月，第二十六届联合国大会以压倒多数的表决结果，恢复了我国在联合国的一切合法权利，并将台湾驱逐出联合国。中国恢复了她在国际上应有的地位。

问：1978 年中国确定要以经济建设为中心，实行改革和对外开放政策，邓小平同志提出了“和平与发展是当今世界面临的两大问题”的科学论断，中国的国际战略和外交政策也随之进行了调整。那么，中国在这一时期外交政策的核心内容是什么？

答：70 年代末以来，邓小平同志根据国际形势的变化，决定把我国的工作重点转移到经济建设上来，同时对我国外交战略进行了重大调整。他主张在国际事务中，一切要从中国人民和世界人民的根本利益出发，根据事情本身的是非曲直，独立自主地决定我们的态度和政策。新时期我国外交政策的核心是，坚持独立自主的和平外交政策，反对霸权主义，维护世界和平，促进共同发展，创造一个长期、稳定的国际和平环境。

问：自 80 年代以来，中国坚持奉行独立自主的和平外交政策，外交工作进入了一个全面发展的新时期。这一时期的外交成就主要体现在哪些方面？

答：改革开放 20 年来，中国外交在邓小平外交思想的指引下，在以江泽民同志为核心的第三代领导集体的领导下，开创了外交工作的新局面，取得了一系列引人瞩目的成就，主要是：

1. 进一步加强了同发展中国家的团结与合作。2. 创造了良好的周边环境。3. 构筑了相对稳定的大国关系框架。4. 不断推进祖国统一大业，香港顺利回归，澳门即将回归，“一国两制”的伟大构想正在成为现实。

问：改革开放不仅使我国经济得到了快速发展，也树立起了中国在国际上的良好形象。请您就此谈一谈我国是如何广泛参与多边活动、在联合国及重大国际事务中发挥越来越重要的作用的？

答：中国是最大的发展中国家，是联合国安理会常任理事国，是维护世界和平、促进共同发展的坚定力量。在事关和平与战争的重大问题上，如在伊拉克危机和科索沃危机中，中国一贯主持正义，始终主张和平解决国际争端，反对诉诸武力或以武力相威胁，反对以任何借口干涉他国内政。在亚洲金融危机中，中国虽承受了巨大压力，但仍采取了高度负责任的态度，坚持人民币不贬值，对地区乃至世界的经济稳定作出了重要贡献。

在军控领域，早在 60 年代，中国就单方面承诺不首先使用核武器，不对无核国家和无核武器区使用或威胁使用核武器，中国全面参与并推动国际裁军，继 1985 年单方面裁军 100 万后，1997 年又决定裁减 50 万。

中国广泛参与多边经济、社会领域的各项活动，在解决环境、粮食、预防犯罪、禁毒、难民、妇女等全球性问题上发挥了积极作用，为推动亚太经合组织和亚欧会议进程的健康发展作出了重要贡献。

在人权领域，中国为改善中国人民的人权状况作出了不懈努力，取得了有目共睹的成就。中国已签署了 17 项国际人权公约。

问：现在正临近世纪之交，今年以来国际形势又发生了许多新的变化，您认为我国外交目前面临的最大挑战是什么？

答：当前，我国外交工作主要面临两方面的挑战。一是国际形势中的不稳定和不确定因素增加，霸权主义和强权政治有新的发展，强化军事联盟和以“人权”、“人道”为由干涉别国内政的危险倾向抬头，《联合国宪章》的宗旨和原则以及公认的国际关系准则受到挑战。二是经济全球化趋势加速发展，使贫富差距拉大，南北矛盾日益尖锐。如何趋利避害，维护自身经济安全，已成为许多国家特别是发展中国家的紧迫课题。

但是，我国面临的总体国际形势和周边环境应该说还是机遇大于挑战，希望大于困难。“冷战”结束 10 年来，国际形势总体上趋向缓和，世界大战打不起来。世界格局走向多极化的进程虽然曲折复杂，但这一发展趋势是不可阻挡的。发展经济，加强合作，提高综合国力仍是各国的主要目标和政策取向。

我相信：只要我们坚定不移地坚持以经济建设为中心，坚持改革开放，坚持独立自主的和平外交政策，我们的国家就会日益繁荣昌盛，我国的外交工作将会取得更大的成就。

中国戏曲学院新校园在北京落成

中国戏曲学院新校园落成典礼在北京举行。中共中央政治局委员、书记处书记、中宣部部长丁关根出席落成典礼并讲话。

丁关根说，中国戏曲学院新校园的落成，体现了党和国家对社会主义文化事业、对作为中国传统艺术瑰宝的戏曲事业的亲切关怀和支持。新校园的建成，对于进一步办好中国戏曲学院，培养更多戏曲人才，推动我国戏曲事业的繁荣发展具有重要意义。

中国戏曲学院是目前我国唯一的一所综合性高等艺术院校，肩负着为中国戏曲艺术事业跨世纪的发展与繁荣培养高素质优秀戏曲人才的重任。新建成的中国戏曲学院新校园位于北京丰台区万泉寺村西侧，占地 80 亩，总建筑面积 54830 平方米，是一座颇具规模、功能齐全的培养艺术人才的殿堂。此项工程是北京市 67 项重点工程之一。

9 月 26 日

全国政协九届常委会七次会议闭幕

会议完成各项议程后下午在北京闭幕。中共中央政治局常委、全国政协主席李瑞环出席会议。

全国政协副主席陈锦华受全国政协主席会议委托作总结讲话。他说，这次会议学习讨论了中共十五届四中全会通过的《中共中央关于国有企业改革和发展若干重大问题的决定》(以下简称《决定》)，听取了中共中央政治局委员、国务院副总理吴邦国的报告。政协全国委员会及本次常委会议，对中共十五届四中全会的决定表示坚决拥护。人民政协要按照中共中央的要求，把《决定》精神学习好、贯彻好。

陈锦华说，在这次常委会议上，常委们围绕贯彻落实中共十五届四中全会的决定，就国有企业改革与发展问题，谈认识、讲体会，建言献策，发表了很多重要的意见。常委们认为，《决定》是推进国有企业改革与发展的纲领性文件。《决定》体现了中共十五大关于搞好国有企业的精神，并结合新的实践深化了对国有企业改革的认识，丰富和发展了邓小平理论。

陈锦华指出，要切实加大改革力度，建立、健全现代企业制度，为国有企业改革奠定良好的制度基础。常委们建议国有企业在推进公司制改造、建立与健全法人治理结构方面，应把握好以下几个问题：第一，推进国有企业的改革与发展，根本问题是要建立现代企业制度，促使企业建立适应市场要求的新的经营管理机制。第二，现代企业制度的核心，是建立、健全公司法人治理结构。第三，明确产权，鼓励产权多元化。第四，重视培育一支职业经营管理者队伍。

陈锦华说，要认真落实《决定》有关精神，着力培育实力雄厚、竞争力强的大公司、大集团，积极组建面向21世纪的世界级国家队。中共十五届四中全会的决定提出，国家在关系国民经济命脉的重要行业与关键领域，要重点培育和抓好一批实力雄厚、竞争力强的大型企业和企业集团，发挥这些大企业在资本运营、技术开发、开拓国内外市场等方面的优势，成为国民经济的支柱和参与国际竞争的主要力量。常委们认为，这是极具战略眼光的论断。对此，常委们着重讲了以下的看法：第一，抓好大公司、大集团，发挥国有大企业的骨干作用，对于提高国有经济的控制力，促进国有经济布局战略性调整具有非常重要的意义。第二，我国对外开放的力度正在加大，世界经济的全球化步伐也在加快，发展大公司、大集团，有利于提高我国的国际竞争力，应对跨国公司争夺市场的挑战。第三，发展大公司、大集团，有助于调整企业组织结构，引导和带动大量中小企业健康发展。第四，认真总结国内外的经验教训，促进大公司、大集团健康成长。

谈到加快技术进步步伐，建立国有企业的技术创新机制，提高市场竞争力问题时，陈锦华说，技术手段是市场竞争的物质基础。持续不断的技术改造、技术进步，是老企业的希望所在。要把技术改造、技术进步作为推动企业发展的重要环节。技术改造一定要以市场为导向，把市场需要作为项目选择的主要依据。要打破科研机构与企业之间的界限，充分发挥各自的优势，开展大协作，形成合力。要培育和强化国有企业的技术进步主体意识，营造有利于技术进步的环境。要通过技术入股、股权期权等方式，加大对科技人员的激励，强化技术创新的动力。

陈锦华还就建立、健全社会保障体系，为国有企业的改革与发展创造良好的社会环境；把企业改革和金融改革紧密结合起来，抓住债务重组的有利时机，建立新型的银企关系等问题发表了意见。

陈锦华说，贯彻落实中共十五届四中全会决定，是一个用科学指导实践的过程，也是一个不断实践、继续探索的过程。在这个实践过程中，人民政协要按照中共中央的统一部署，发挥自身优势，开拓进取，扎实工作，积极协助党和政府把国有企业的改革和发展胜利推向前进。为此，陈锦华提出四点要求：一、要认真学习中共十五届四中全会文件，把思想认识统一到中央全会的精神上来；二、要深入调查研究，多提建设性意见和建议；三、要立足政协特点和优势，充分调动各方面的积极性；四、要多做协调关系、化解矛盾的工作，维护社会的稳定。

闭幕会还举行了大会发言，各小组召集人汇报了本组学习讨论中共十五届四中全会文件和吴邦国副总理的报告的情况。

全国政协副主席陈俊生主持会议。全国政协副主席叶选平、杨汝岱、王兆国、钱伟长、卢嘉锡、任建新、宋健、李贵鲜、张思卿、钱正英、丁光训、孙孚凌、朱光亚、万国权、赵南起、毛致用、白立忱、经叔平、罗豪才、张克辉、周铁农、王文元，秘书长郑万通出席会议。

《新中国外交 50 年》画册出版

为国家新闻出版署 50 周年重点图书之一的大型画册《新中国外交 50 年》近日由世界知识出版社出版。国家主席江泽民为画册题写书名，国务院副总理钱其琛为画册题词。

外交部部长唐家璇作序。

1998 年我国十大考古新发现

中国文物报受国家文物局的委托，日前邀请中国社会科学院考古研究所、北京大学、中国科学院古脊椎动物和古人类研究所、中国历史博物馆、故宫博物院、中国文物研究所等单位的10余位著名考古学家，从去年的460项考古发掘项目中评选出10项作为“1998年全国十大考古新发现”。

依时代顺序，获得“1998年十大考古新发现”的项目分别是：

一、泥河湾盆地于家沟旧石器遗址；二、含山凌家滩新石器时代祭坛和墓地；三、金坛三星村新石器时代遗址；四、忠县中坝遗址；五、北票康家屯夏家店下层文化石城址；六、印山越国王陵；七、三峡库区云阳李家坝遗址；八、小浪底水库东汉漕运建筑基址；九、南京六朝家族墓地；十、慈溪上林湖寺龙口越窑窑址。

全国“百佳医院”评选揭晓

全国“百佳医院”表彰会暨深化医院改革座谈会日前在哈尔滨举行。卫生部、国家中医药管理局、解放军总后卫生部联合决定，授予北京协和医院、天坛医院、北京铁路总医院、北京隆福医院、同仁医院、中日友好医院等145所医院“百佳医院”称号。

此次评选活动坚持卫生行业评价与社会评价相结合，广泛征求了患者和群众的意见，既体现了我国医院建设与管理的水平，也展示了广大医务工作者全心全意为患者服务的精神风貌，树立起医疗行业良好的整体形象。“百佳医院”坚持“以病人为中心”，在方便病人就医、改善服务态度、保证服务质量、提高工作效率、减轻病人负担、加强医德医风建设等方面成绩突出，是全国6.7万所医院优质服务的典范。卫生部副部长王陇德出席会议并讲话。

9月27日

中国省级政府全部配备党外领导干部

近日，随着新疆维吾尔自治区政府党外副主席的产生，全国31个省、自治区、直辖市的政府领导班子已经全部配备党外领导干部。

培养选拔党外干部，是党的干部工作的重要组成部分，是巩固和发展爱国统一战线的基础性工作。中国共产党历来十分重视党外干部安排工作，特别是党的十一届三中全会以后，党中央拨乱反正，恢复和发展了党与党外人士合作共事的优良传统，把党外干部安排工作提到了重要议事日程。1979年10月，邓小平同志首次把我国的多党合作提升到政治制度的高度，指出中国共产党领导的多党合作制度是我国政治制度中的一个特点和优点。同一年，党中央及时批转了中央组织部、中央统战部《关于在国务院各部委和地方各级人民政府中安排党外人士担任领导职务的请示报告》。多年来，在以江泽民同志为核心的党中央的领导和高度重视下，先后出台了一系列推进党外干部安排工作的政策、措施。经过各级党委和组织、统战及其他有关部门的共同努力，全国培养选拔党外干部担任政府和司法机关领导职务工作进展顺利，势头良好。

据统计，迄今全国31个省、自治区、直辖市已有党外副省长、副主席、副市长28名，省长助理或主席助理4名。15个副省级城市政府领导班子已全部配备了党外副市长。全国省直厅(局)领导班子中安排党外干部164名，其中监察系统党外干部配备情况比较好。

广东省配齐了党外的法院副院长、检察院的副检察长和司法厅副厅长。一些地方政府职能部门还有党外干部担任正职。

全国地(市、州、盟)政府领导班子中安排党外干部217名，北京、上海、天津、河北、江苏、山东、湖南、海南等地所辖地(市)已全部安排了党外干部。全国2/3的县级政府领导班子安排了党外干部，现有党外副县(市)长1874名，其中北京、上海、天津、江苏、湖南、山东、辽宁、宁夏等地的县市已基本配备齐党外干部。

目前，在各级政府和司法机关担任县(处)级以上职务的党外干部共有9000余名。另外，有12万多名党外人士当选为各级人大代表，有24万多名党外人士安排为各级政协委员，有5000多名党外人士被聘为特约监察员、检察员、审计员、教育督导员等。

《人民日报》发表评论员文章《大胆选拔和使用党外干部》

“'99《财富》全球论坛”在上海开幕

以“中国：未来50年”为主题的“'99《财富》全球论坛”在上海隆重开幕，国家主席江泽民参加开幕活动并在开幕晚宴上发表讲话。

中共中央政治局委员、国务院副总理钱其琛，中共中央政治局委员、上海市委书记黄菊和中共中央政治局候补委员、书记处书记曾庆红等出席了开幕晚宴。

于1995年创办的《财富》全球论坛由美国时代华纳集团所属的《财富》杂志主办，每年在世界上选一个具有吸引力的地点举行一次。本届论坛的规模是历届论坛中最大的，与会中外代表超过800人，其中包括300多位跨国企业的董事长、总裁、首席执行官和200家中国大企业的负责人，以及一些政界和经济界名人。世界500强企业中有60家参加了本届论坛，远远超过了前两届10多家的规模。来自中国政府有关部委机关以及一些省、市、自治区的40多位负责人也参加了本届论坛。

国务院副总理吴邦国就学习贯彻十五届四中全会精神和《中共中央关于国有企业改革和发展若干重大问题的决定》作题为《推进国有企业改革和发展的纲领性文件》的报告

中央宣传部、中直机关工委、中央国家机关工委、解放军总政治部、北京市委在北京联合举行形势报告会。报告会由中共中央政治局委员、书记处书记、中宣部部长丁关根主持。

吴邦国在报告中深刻阐述了《决定》的意义和主要特点，介绍了《决定》的框架和主要内容，并就贯彻《决定》提出了需要着力做好的几项工作。

吴邦国说，世纪之交，在国有企业改革的攻坚阶段和发展的关键时期，把国有企业改革和发展问题作为十五届四中全会的议题，并就若干重大问题作出决定，形成一个系统地全面地指导国有企业改革和发展的重要文件，是十分必要、非常及时的。

吴邦国指出，全会通过的《决定》是亿万群众实践的产物，是全党智慧的结晶。《决定》在形成的过程中，进行了大量调查研究。江泽民总书记亲赴内蒙古、四川、湖北、陕西、山东、辽宁等地考察国有企业改革和发展情况，并分别在成都、武汉、西安、青岛、大连召开省(区市)书记、省(区市)长和企业负责人座谈会，发表了重要讲话。今年3月，总书记在接见起草组全体同志时，就文件起草的指导思想、基本原则和若干重大问题，作了重要讲话，并亲自指导文件起草的全过程。中央政治局、常委会和国务院对《决定》稿多次讨论，并征求了各方面的意见。全会又进行了进一步讨论和修改。吴邦国指出，《决定》充分体现了十五大精神，具有很强的思想性；坚持解放思想，实事求是，有开拓性；着力解决突出问题，政策措施有很强的操作性。《决定》全面系统地回答了国有企业改革和发展的许多重大理论问题和实践问题，它不是解决某一方面问题的专门性文件，而是指导我国跨世纪推进国有企业改革和发展的纲领性文件。全会和《决定》在我国国有企业改革和发展进程中，必将成为一个重要的里程碑。

吴邦国指出，《决定》高度评价了新中国成立50年来，特别是改革开放20年来，国有企业在促进国家工业化和现代化建设中做出的重大贡献。我们坚持解放思想，实事求是，积极探索，循序渐进，国有企业朝着建立社会主义市场经济体制的改革目标，迈出了前所未有的重大步伐。同时，《决定》强调国有企业体制转换和结构调整正处于攻坚阶段，一些深层次矛盾集中暴露出来。全党既要充分认识推进国有企业改革与发展的重要性和紧迫性，又要清醒地看到这项工作的艰巨性和长期性。《决定》从当前面临的形势和国有企业的重要地位出发，重申了党的十五大和十五届一中全会提出的“三年两个大多数”的近期目标，第一次提出了到2010年国有企业改革和发展的中长期目标。三年目标是阶段性的，是打基础，要把实现三年目标和十年国企改革和发展联系起来，更要着眼于今后十年。《决定》提出的必须坚持的十条指导方针，基本涵盖了国有企业改革和发展的各方面，是多年实践经验的总结，反映了我们党对国有企业改革和发展规律性的认识，必须在今后的实践中长期坚持并进一步加以完善。

吴邦国指出，国有经济布局和国有企业组织结构不合理，是国有企业目前面临的一个重大问题，必须着眼于从整体上搞好国有经济，对国有经济布局进行战略性调整，对国有企业实施战略性改组。国有经济在国民经济中起着主导作用，主要体现在国有经济的控制力上。《决定》第一次提出了要坚持有进有退、有所为有所不为这个总的原则，这符合十五大精神，符合中国国情。随着国民经济的不断发展，国有经济有着广阔的发展空间，总量将继续增加，整体素质进一步提高，分布更加合理，但在整个国民经济中的比重还会有所减少。只要坚持公有制为主体，国家控制国民经济命脉，国有经济的控制力和竞争力得到增强，这种减少不会影响我国的社会主义性质。《决定》指出，推进国有企业战略性改组，一项重大措施是“抓大放小”，强调发展大企业和企业集团要遵循经济规律，以企业为主体，以资本为纽带，通过市场来形成，不能靠行政手段勉强撮合，不能盲目求大求全。关于放小，《决定》第一次明确提出“放开搞活中小企业”，既要“放小”，又要“扶小”、“带小”，强调放小要从实际出发，不搞一个模式。

吴邦国指出，建立现代企业制度是国有企业改革的方向，要全面理解和把握“产权清晰、权责明确、政企分开、管理科学”的要求。《决定》从我国国情出发，在总结实践经验的基础上，明确提出了必须突出抓好四个环节。一是要继续推进政企分开，进一步理顺政企关系；二是要按照国家所有、分级管理、授权经营、分工监督的原则，积极探索国有资产管理的有效形式；三是要对国有大中型企业实行规范的公司制改革，建立、健全法人治理结构；四是要面向市场，着力转换经营机制。吴邦国说，强化企业管理，提高科学管理水平，是建立现代企业制度的内在要求，也是国有企业扭亏增盈、提高竞争能力的重要途径。《决定》从加强企业发展战略研究，健全规章制度，狠抓管理薄弱环节，广泛采用现代管理技术等方面，提出了明确的要求，要坚决贯彻落实。

吴邦国指出，针对企业债务、富余人员和社会负担问题，《决定》提出要根据宏观经济环境和国家财力，区别不同情况，有步骤地分类加以解决。采取增加银行核销呆坏账准备金、债转股、提高直接融资比重、有偿转让土地使用权和企业资产变现等措施，改善国有企业资产负债结构和减轻企业社会负担。继续做好减员增效和再就业工作，广开就业门路。加快社会保障体系建设，充实社会保障基金，逐步推进社会保障的社会化管理。

吴邦国指出，加快国有企业改革和发展，必须推进技术进步和产业升级，创造良好的外部环境。近年来，我国由卖方市场转向买方市场，一个突出矛盾是总量过剩，绝大多数产品供过于求，但要清醒地看到，一是目前我国的供过于求是建立在大量进口基础上的；二是我国虽然有不少产品的产量位居世界前列，但这个前列是建立在落后工艺基础上的。加快企业技术进步，加速产业升级，无论对于解决当前总量和结构的突出矛盾，还是增强企业发展后劲，实现经济增长方式的转变，都是非常紧迫的任务。《决定》明确了企业技术进步和产业升级的方向和重点，提出要形成以企业为中心的技术创新体系，加大资金投入，推进产学研结合，促进科技成果向现实生产力的转化。关于外部环境方面，《决定》从保持经济总量基本平衡，继续扩大对外开放，制止不合理重复建设，发展各类市场，培育中介服务体系，建立、健全社会主义市场经济法制法律制度等方面，提出了具体措施。

吴邦国指出，国有企业要适应建立现代企业制度的要求，在激烈市场竞争中生存发展，必须建立高素质的经营管理者队伍，培养一大批优秀企业家。《决定》明确，要深化国有企业人事制度改革。坚持党管干部原则，改进管理方法。要按照企业的特点，建立对经营管理者培养、选拔、管理、考核、监督的办法，建立和健全激励和约束机制。吴邦国说，加强和改善党的领导，是加快国有企业改革和发展的根本保证。必须建立符合市场经济规律和我国国情的企业领导体制与组织管理制度，加强企业领导班子建设，发挥企业党组织的政治核心作用，坚持全心全意依靠工人阶级的方针。《决定》要求各级党委、政府坚定地站在国有企业改革的前列，从各行各业国有企业的实际出发，解放思想，实事求是，团结和带领广大干部与群众迎难而上，开拓前进。

吴邦国强调，国有企业改革和发展的大政方针已定，现在的关键是抓落实。要坚定不移地贯彻《决定》精神，进一步认清形势，统一思想，真抓实干，奋力开拓，把国有企业改革和发展的各项工作落到实处。当前要着力做好以下五项工作：一是认真学习和全面领会《决定》精神，坚定搞好国有企业的信心；二是加快结构调整和企业重组步伐；三是坚持建立现代企业制度的改革方向；四是集中力量解决当前企业面临的突出问题；五是建立和完善社会保障体系。

吴邦国强调，全国各地发展不平衡，情况千差万别，在贯彻落实全会精神中，各级领导干部要深入实际调查研究，针对国有企业改革和发展中的重大问题，解剖典型，总结经验，把党中央的战略部署和本地实际有机地结合起来。要尊重群众的首创精神，鼓励从实际出发，积极探索。吴邦国强调，只要我们紧密团结在以江泽民同志为核心的党中央周围，按照四中全会《决定》确定的路子坚定不移地走下去，咬定青山不放松，就一定能够实现全会确定的目标，开创国有企业改革和发展的新局面，把建设有中国特色社会主义的伟大事业全面推向新世纪。

在京党政军机关司局级以上干部1400多人参加了报告会。

国家主席江泽民在“’99《财富》全球论坛·上海”开幕晚宴上发表讲话

李文先生，各位嘉宾，

女士们、先生们、朋友们、同志们：

在这月明中秋的良宵，我们在东海之滨的上海欢聚一堂。我代表中国政府和人民，向前来参加时代华纳集团举办的“’99《财富》全球论坛·上海”活动的朋友们，表示热烈的欢迎！

这次论坛的主题是：“中国：未来五十年”。中国是一个发展中的社会主义大国，它的未来发展，不仅直接关系到中国人民的前途，而且对亚洲和世界的发展与进步也会产生重要影响。

在过去的一百多年间，中国人民历经沧桑，在奋起斗争的过程中进行了伟大的历史变革。新中国五十年的发展取得了令世人瞩目的巨大成就。

今晚我们所在的上海浦东陆家嘴地区，六年前还是一些简陋的住宅和农田，如今已是高楼林立、生机盎然的金融贸易区。五十多年前，我到上海读大学，对旧中国的贫困落后和国势衰败有着深刻感受。正是在那个时候，我立志献身于建立独立、自由、民主、统一和富强的新中国的伟业，并一直奋斗到今天。十四年前，我任上海市市长，经历了中国这座最大城市改革开放和现代化建设的进程。我相信，在座各位也目睹了上海日新月异的变化。上海的发展，从一个侧面反映了中国所发生的巨大变化。

在二十世纪的前五十年里，中国人民坚持不懈地继续着鸦片战争以来为改变自己悲惨命运而进行的努力，经过艰苦卓绝的斗争，终于在中国共产党的领导下结束了半殖民地半封建的历史，赢得了民族独立和人民解放，建立了中华人民共和国。

在二十世纪的后五十年里，中国人民自力更生，奋发图强，开展社会主义建设，在旧中国一穷二白的基础上建立了比较完整的工业体系和国民经济体系，使自己的物质生活水平和精神文明程度得到了大幅度提高，中国日益走向繁荣昌盛。现在，中国人民正满怀信心地沿着邓小平同志开创的建设有中国特色社会主义道路走向未来。中国人民进行的这些历史性的创造，不仅彻底改变了近代中国的悲惨命运，而且也是中华民族对人类进步事业的重大贡献。

在即将跨入二十一世纪的时刻，展望未来五十年的前景，我们充满信心。中国人民将继续坚定不移地走改革开放的道路。我们的目标是，到下个世纪中叶基本实现现代化，把我国建成富强民主文明的社会主义现代化国家，实现中华民族的伟大复兴。

这里，我愿同大家谈谈中国人民的一些基本价值观念。不了解这些，就难以把握中国正在和将要发生的事情。

中华民族历来尊重人的尊严和价值。中国共产党领导人民进行革命、建设和改革，就是要实现全中国人民的自由、民主和人权。今天中国所焕发出来的巨大活力，生动地反映出中国人民具有自由、民主地发挥创造力的广阔空间。中国有十二亿多人口，社会生产力仍不发达，必须首先保障人民的生存权和发展权，不然一切其他权利都无从谈起。中国确保十二亿多人的生存权和发展权，这是对世界人权进步事业的重大贡献。中国人民主张集体人权与个人人权、经济社会文化权利与公民政治权利紧密结合，这是适合中国国情的人权事业发展的必然道路。

中华民族历来坚持独立自主。中国人民珍惜自己经过长期奋斗而得来的独立自主权利，也坚决维护一切民族享有这种权利。我们主张各国都有选择适合本国国情的社会制度和发展道路的权利，不同社会制度的国家应该相互尊重主权和领土完整，平等相待，和平共处，反对任何国家以任何形式把自己的社会制度和意识形态强加于别国的做法。

中华民族历来爱好自由与和平。中国人民在近代饱受战争和被侵略的痛苦，深感和平的珍贵。中国进行现代化建设，需要和平的国际环境。我们希望世界人民能够生活在没有战争、没有暴力的世界里。中国实行以和平为宗旨的外交方针，坚决反对一切危及世界和平的行为。中国的发展不会对任何人构成威胁，而只会促进世界的和平、稳定和发展。永远不称霸，这是中国人民对世界的庄严承诺。

中华民族历来珍惜国家统一。维护祖国统一是全中国人民的坚定意志。香港已经回归祖国，澳门将于今年12月20日回归。台湾问题最终必将得到解决。任何一个国家都不会允许自己的领土分裂出去，也不会允许外国势力制造或支持这种分裂。我们解决台湾问题的方针是“和平统一、一国两制”。在解决台湾问题上，我们不承诺放弃使用武力，正是为了促成和平解决。中国人民一定要也一定能够实现祖国的完全统一。台湾地区最近连续发生的强烈地震，牵动了全中国人民的心。借此机会，我再次向受到地震灾害袭击的台湾同胞表示深切的慰问。

世界是丰富多彩的。各国人民走自己选择的发展道路，实现自己追求的理想，这是人类文明进步和世界民主发展的必然要求与基本标志，因而是不可阻挡的历史潮流。我们主张，世界上存在的社会制度差异和不同政治信仰，不应该被人为地用来阻碍各种正常的经济技术合作和交流。今晚与会的各位企业家，都是你们所在行业的佼佼者，具有丰富的成功经验和战略眼光。你们把眼光投向中国，中国欢迎你们。中国的现代化建设需要你们的参与，中国的经济发展也将为你们提供巨大的机遇。我希望，中国的企业要学习外国企业的先进经验，走出去在经济全球化的浪潮中经风雨见世面，增强自身的竞争力。中国政府将为来华投资的外国企业提供良好的条件，创造更好的环境。

中国的发展与外国的发展，世界南方的发展与北方的发展，是相互联系、相互补充的，应该平等互利地加强交流与合作。中国人民希望过上和平幸福的生活，也希望各国人民都能够享受和平和过美好的生活。各国人民应该携手努力，战胜人类生存与发展面临的各种挑战，保护生态环境，缩小贫富差距，建立公正合理的国际经济新秩序，实现共同发展和普遍繁荣。发达国家在这方面应多承担责任，发展中国家要自强不息。

人类又来到一个世纪之交和千年之交的历史关头。主动权掌握在各国人民的手中。让我们为促进人类和平与发展的崇高事业而共同努力！我坚信，中国的明天将会更加美好，世界的明天将会更加美好。

谢谢各位。

信息产业部部长吴基传在《财富》信息技术圆桌会议上发表讲话

吴基传表示，随着信息技术的飞速发展，中国将继续扩大现有网络规模，提高技术层次，扩展新业务的服务范围和服务深度。

吴基传是在上海国际会议中心举行的《财富》信息技术圆桌会议上说这番话的。由美国《财富》杂志编辑部主任科尔文主持的这一圆桌会议集中讨论了到2003年世界信息新技术的发展前景、潜力和预测。每一位参加圆桌会议的成员有90秒钟的时间来发表对2003年的展望。在与会的35位成员中，既有世界跨国公司的董事长兼首席执行官，也有中国信息企业的领导者。中国教育部部长陈至立、科技部部长朱丽兰、中国科学院院长路甬祥也参加了今天的圆桌会议。

吴基传在发言中说，到2003年，中国的电话普及率将从目前的12%增加到22%左右，每年仍将增加两个百分点，重点地区在广大农村和西部地区，其中固定电话的用户将从目前的1亿户增加到1.7亿户至1.8亿户；移动电话用户数将从目前的3600万户增加到1亿户，上网用户从目前的400多万户增加到2000万户左右。

他强调说，中国将大力推进和组织信息库的建设，丰富互联网的信息资源；大力推广电子商务、远程教育、远程医疗以及家庭办公等网络化、数字化业务，服务于国民经济各部门，提高人民群众生活质量。为完成上述任务，必须建设一个能够适应各种业务需要的高速、宽带、综合、智能、安全可靠的信息网络体系，以及为这个体系服务的网管、维护、监控及软硬件支撑服务体系；引进世界上行之有效的科学管理制度，包括通信服务业的股票上市，使通信服务业进入国际资本市场，与国际资本相结合，促进通信业更快发展；建立和完善符合中国国情的电信法律法规和市场监管体系；同时建立一个国家、企业、个人都受益的价格调节体系。

国家主席江泽民会见参加“’99《财富论坛》”的跨国企业家代表

江泽民在上海国际会议中心会见前来参加“’99《财富》论坛”年会的跨国企业界代表。

参加会见的有美国通用汽车公司总裁兼首席执行官理查德·小瓦格纳、美国福特汽车公司总裁兼首席执行官亚克·纳赛、日本三井物产总裁兼首席执行官上岛茂司、美国通用电器公司董事长兼首席执行官约翰·韦尔奇、日本丰田公司社长张富士夫、德国大众董事会成员罗伯特·布海尔豪弗、意大利菲亚特公司董事长保罗·弗里斯科、中国石油化工工业集团总经理李毅中等来自美洲、欧洲和亚洲的企业家50多人。组织《财富》论坛年会的时代华纳集团董事长兼首席执行官杰拉尔德·李文也参加会见。

国家主席江泽民在上海会见出席“’99《财富》全球论坛·上海”年会的新加坡内阁资政李光耀

国家主席江泽民在上海会见出席“’99《财富》全球论坛·上海”年会的美国前国务卿亨利·基辛格

国家主席江泽民在上海会见时代华纳集团董事长兼首席执行官杰拉尔德·李文

李文向江泽民介绍了时代华纳集团为配合’99《财富》论坛而在中国组织的“新闻之旅”的情况。他说，这次旅行使他们更好地了解了中国。他称赞中国近年来取得的社会进步和经济建设成就。他还说，今年时代华纳集团董事会会议首次在美国以外的地方举行。选择在经济迅速发展的上海举行，具有巨大的象征意义。

国务院总理朱镕基在中南海会见坦桑尼亚前总统阿里·哈桑·姆维尼及夫人

国家副主席胡锦涛在北京会见日本社民党代表团

胡锦涛在人民大会堂会见由党首土井多贺子、前首相村山富士率领的日本社会民主党代表团。

编制公民身份号码工作电视电话会议召开

会议由国务院副秘书长崔占福主持。中共中央政治局委员、国务委员罗干出席并讲话。

罗干说，公民身份号码是国家为每个公民编定的唯一、不变的身份代码，并通过计算机信息系统进行号码的编制、管理和使用。我国公民今后在办理涉及政治、经济和社会生活等权益事务方面将广泛使用公民身份号码，这与许多部门和行业的工作直接相关。使用这个号码，既便于证明公民身份，又可通过计算机的应用大大提高办事效率和管理水平。

罗干强调，各省、自治区、直辖市人民政府和国务院有关部门都要高度重视，从各方面对公民身份号码的编制工作给予必要的支持，在人力、财力、物力，尤其是计算机系统的建设上，给予大力支持，精心组织实施，认真抓紧抓好。

罗干说，国务院要求，从今年10月1日起到明年底，争取用一年多一点的时间基本完成全国人口的编号赋码工作，以确保这一制度的实施。这主要涉及两种情况：一是已领取居民身份证的公民，号码要由15位数字升至18位；二是要为16周岁以下等未发放居民身份证的公民补编号码。罗干强调，要努力做好公民身份号码的推广应用工作。他说，实施公民身份号码制度是我国社会生活中的一件大事，做好宣传工作十分重要。

9月28日

党和国家领导人江泽民 李鹏 朱镕基 李瑞环 胡锦涛 尉健行 李岚清与首都各界群众万余人欢聚一堂观看在人民大会堂举行的大型文艺晚会“祖国颂”

晚会由中宣部、文化部、广电总局、解放军总政治部和北京市政府联合主办。

丁关根、田纪云、李铁映、吴邦国、迟浩田、张万年、罗干、姜春云、贾庆林、钱其琛、温家宝、曾庆红、吴仪、乔石、刘华清、邹家华、帕巴拉·格列朗杰、王光英、程思远、布赫、铁木尔·达瓦买提、吴阶平、彭珮云、何鲁丽、曹志、成思危、许嘉璐、蒋正华、司马义·艾买提、王忠禹、肖扬、韩杼滨、叶选平、杨汝岱、王兆国、阿沛·阿旺晋美、钱伟长、任建新、宋健、李贵鲜、陈俊生、张思卿、丁光训、孙孚凌、朱光亚、万国权、陈锦华、赵南起、毛致用、白立忱、经叔平、罗豪才、周铁农、李德生、黄华、彭冲、廖汉生、谷牧、马文瑞、王汉斌、张震、倪志福、陈慕华、雷洁琼、李锡铭、王丙乾和张廷发、韩光等，以及各有关部门负责人也观看了演出。

全国政协办公厅统战部举行国庆招待会

来自香港特别行政区、澳门、台湾的同胞和海外侨胞以及各界人士1800多人欢聚一堂，参加由全国政协办公厅、中共中央统战部共同举办的国庆招待会，欢庆中华人民共和国成立50周年。

中共中央政治局常委、全国政协主席李瑞环，中共中央政治局委员、国务院副总理钱其琛出席招待会。

招待会由全国政协副主席、中共中央统战部部长王兆国主持。全国政协副主席叶选平代表全国政协、中共中央统战部发表讲话。

出席招待会的还有全国人大常委会副委员长王光英、程思远、吴阶平、何鲁丽、成思危、许嘉璐、蒋正华；全国政协副主席杨汝岱、阿沛·阿旺晋美、钱伟长、卢嘉锡、宋健、陈俊生、孙孚凌、万国权、经叔平、罗豪才、张克辉、周铁农、王文元。

国务院总理朱镕基考察北京市城市建设和环境综合治理工作

朱镕基对北京市在这些方面取得的明显成绩给予充分肯定，对新中国成立50周年大庆前夕北京呈现出的新面貌十分欣喜。他希望北京市继续加大环境污染治理力度，再接再厉，从严治市，为把北京建设成为碧水蓝天、清洁优美和高度文明的现代化都市而努力奋斗。

国务委员兼国务院秘书长王忠禹随同考察。

在中共中央政治局委员、北京市委书记贾庆林，北京市市长刘淇陪同下，朱镕基首先乘船沿昆玉河、长河考察了北京京城水系改造工程。经过整治的河段，波光粼粼，清澈喜人。北京市副市长汪光焘向朱镕基总理汇报说，去年以来，北京市政府开始对城市河湖进行大规模治理。全部治理工程约需投资165亿元，工程将于2005年全部完成。届时，旅游者可以在北京城区内泛舟清流，欣赏两岸的美景。已经完成的一期工程改造了昆玉河、长河河段，河道整治新开辟的水面相当于三个昆明湖的面积。两岸还将铺设50米到100米宽的绿地，可以有效美化环境、调节城市气候。朱镕基对此表示赞同，并嘱咐说，千万要注意保持水面的清洁，两岸的污染一定要治理好，除了绿地，还要多种树。

近年来北京市以大气污染防治为重点，全面开展环境综合整治，工作扎实，成效明显。北京市领导汇报说，自去年10月以来，通过实施两个阶段的46项措施，大气污染治理工作取得明显进展，煤烟型污染、机动车排气污染和扬尘污染得到初步控制。通过治理，全市大气中二氧化硫浓度连续下降，已达到10年来最低水平。朱镕基对北京市的环保工作表示肯定和支持。

朱镕基随后来到高碑店污水处理厂。这座全国最大的城市污水处理厂，日处理污水能力达100万立方米，占北京市污水总量的40%。朱镕基登高观察了处理厂全貌，并观看了处理的样水，当他听到处理水可以还清通惠河并能作工业用水的第二水源，有效缓解北京市水资源短缺的状况，连连称赞这种做法好。

朱镕基还观看了北京新投入使用的天然气公共汽车样车和汽车尾气检测情况，他希望继续加强机动车尾气治理，北京的公交车都能用上环保车。

朱镕基沿途巡视了改造后依旧保持明清风格的平安大街和东四环路上重要的交通枢纽——四惠桥。他还听取了北京第一热电厂污染治理工作的汇报。

朱镕基来到北京最大的经济适用住宅区——望京小区。朱总理十分关心房改进展和市民居住条件的改善。他详细地询问了房价、土地转让金、小区物业管理收费等小区开发工作。他还来到一户居民家中，称赞这个新装修的两室一厅设施完善，环境也好。女主人说，过去做梦也没想到能住进这样好的房子，并请朱总理在客厅合影留念。随后，朱镕基还考察了小营住宅小区。

财政部部长项怀诚在世行和货币基金组织联发委会议上发言

项怀诚在华盛顿举行的世界银行和国际货币基金组织第六十届联合发展委员会议上阐述中国政府的立场，他说，在目前世界经济形势趋于好转的情况下，世界银行和国际货币基金组织等多边开发机构的任务应当从应急救援转向总结经验教训，稳定全球经济，解决发展中国家依然面临的长期发展问题。

他认为，世行和基金组织在与成员国就社会政策、政府管理和制度建设方面进行合作时，必须遵循以下三条原则：

第一，多传播经验，少强求一律。各国社会政策、政府管理和制度建设的发展不能脱离经济发展阶段、价值观念和历史文化传统，因而很难有统一的标准和模式。发达国家在这方面积累的经验对发展中国家具有重要的借鉴意义，但这些经验不能被看成是发展中国家必须遵循的国际标准。

第二，多研究过程，少急于求成。多边开发机构应着重研究发达国家有关制度结构从不完善到比较完善的具体发展过程，以及发展中国家符合本国实际的成功做法，帮助发展中国家探索适当的具体步骤，循序渐进地完善社会政策和制度建设。

第三，多办实事，少说空话。解决发展中国家的社会问题，离不开资金的实际投入。多边开发机构在这一领域的工作更应当强调资金的实际投入，特别是优惠资金。

江阴长江大桥通车

被称为"中国悬索第一桥"的江阴长江公路桥，正式通车。

位于长江下游江苏江阴市与靖江市之间的江阴长江大桥，是我国计划2000年前建成的两条国道主干线上的"咽喉工程"。大桥全长3071米，主跨1385米，居世界第四位，总投资33.7亿多元。

外交部发言人章启月在北京就美国国会通过含有多项反华条款的《2000财年国防授权法》发表评论

章启月说，最近，美国国会参、众两院通过了《2000财年国防授权法》。该法含有少数议员提出的多项反华条款，企图利用台湾、中国国防建设、中美科技交流、"间谍案"和防扩散等问题干涉中国内政，破坏中美关系。中方对此表示强烈愤慨和坚决反对。

她说，必须指出，上述条款一旦通过成为法律，只会严重损害中美双方在诸多领域的交流与合作，毒化两国关系。中方要求美行政当局充分认识到上述反华条款的严重危害性和恶劣影响，从中美关系大局出发，立即采取有效措施，阻止其成为法律，以免为中美关系的改善和发展设置新的障碍。

国务院副总理李岚清在中南海会见以菲利普·莫里斯集团董事长兼首席执行官杰弗里·柏博为团长的美国跨国公司企业家代表团

"夏商周断代工程"取得重大进展

备受世人瞩目的国家"九五"重大科研项目"夏商周断代工程"取得了一系列重大进展，目前阶段性成果已初步完成。日前，全国史学、考古、科技界的200多位专家学者聚集北京，对这一工程初步取得的学术成果展开深入研讨，提出修改意见。预计在此基础上修订而成的《夏商周三代年表》将于今年年底公诸于世。

由中国史学会、中国考古学会和中国科技史学会共同举办学术研讨会，在我国尚属首次。

为夏商周断代是中国几代学者的夙愿。中华文明是人类历史上为数不多的独立起源的文明之一，自古以来绵延流传，举世罕见。但是我国有确切记载的历史年代仅开始于西周晚年的公元前841年。虽然历代学者都曾试图弥补这一缺憾，但终未获得决定性突破。1996年正式启动的"夏商周断代工程"，以自然科学和人文社会科学相结合，多种学科交叉研究的新思路、新方法、新途径，开始了对这一千古之谜的新探索。

在报告会上，"夏商周断代工程"首席科学家李学勤和李伯谦代表工程专家组，向与会者报告了170多位专家学者历经3年联合攻关完成的"夏商周断代工程"研究成果。

据报告，"夏商周断代工程"采取由已知推求未知，由相对晚近推到相对古远的方法，以史学界公认的西周晚期共和元年（公元前841年）为基点，推算有关历史年代。目前，西周段已推出前十王的具体在位年，武王克商年即商周分界年代，也有了具体方案。商代后期，十二王在位年或已推定，或给出了大致年代范围。商代前期，基本建起了考古学文化分期标尺，许多专家认为，郑州商城和偃师商城的始建年代，均可作为夏商分界的界标。夏代始年，通过对考古遗址的分期测定，同时参考天象记录，结合文献所载夏代总积年的数据，也得以初步估定。

工程的这一阶段性成果，把我国的历史纪年由公元前841年向前延伸了1200多年，使中国文明史上的重要时期夏商周三代有了年代学标尺。

国务院总理朱镕基签署第271号令发布《城市居民最低生活保障条例》

《城市居民最低生活保障条例》已经国务院第21次常务会议通过，现予发布，自1999年10月1日起施行。

总理　朱镕基

1999年9月28日

城市居民最低生活保障条例

第一条　为了规范城市居民最低生活保障制度，保障城市居民基本生活，制定本条例。

第二条　持有非农业户口的城市居民，凡共同生活的家庭成员人均收入低于当地城市居民最低生活保障标准的，均有从当地人民政府获得基本生活物质帮助的权利。

前款所称收入，是指共同生活的家庭成员的全部货币收入和实物收入，包括法定赡养人、扶养人或者抚养人应当给付的赡养费、扶养费或者抚养费，不包括优抚对象按照国家规定享受的抚恤金、补助金。

第三条 城市居民最低生活保障制度遵循保障城市居民基本生活的原则，坚持国家保障与社会帮扶相结合、鼓励劳动自救的方针。

第四条 城市居民最低生活保障制度实行地方各级人民政府负责制。县级以上地方各级人民政府民政部门具体负责本行政区域内城市居民最低生活保障的管理工作；财政部门按照规定落实城市居民最低生活保障资金；统计、物价、审计、劳动保障和人事等部门分工负责，在各自的职责范围内负责城市居民最低生活保障的有关工作。

县级人民政府民政部门以及街道办事处和镇人民政府（以下统称管理审批机关）负责城市居民最低生活保障的具体管理审批工作。

居民委员会根据管理审批机关的委托，可以承担城市居民最低生活保障的日常管理、服务工作。

国务院民政部门负责全国城市居民最低生活保障的管理工作。

第五条 城市居民最低生活保障所需资金，由地方人民政府列入财政预算，纳入社会救济专项资金支出项目，专项管理，专款专用。

国家鼓励社会组织和个人为城市居民最低生活保障提供捐赠、资助；所提供的捐赠资助，全部纳入当地城市居民最低生活保障资金。

第六条 城市居民最低生活保障标准，按照当地维持城市居民基本生活所必需的衣、食、住费用，并适当考虑水电燃煤（燃气）费用以及未成年人的义务教育费用确定。

直辖市、设区的市的城市居民最低生活保障标准，由市人民政府民政部门会同财政、统计、物价等部门制定，报本级人民政府批准并公布执行；县（县级市）的城市居民最低生活保障标准，由县（县级市）人民政府民政部门会同财政、统计、物价等部门制定，报本级人民政府批准并报上一级人民政府备案后公布执行。

城市居民最低生活保障标准需要提高时，依照前两款的规定重新核定。

第七条 申请享受城市居民最低生活保障待遇，由户主向户籍所在地的街道办事处或者镇人民政府提出书面申请，并出具有关证明材料，填写《城市居民最低生活保障待遇审批表》。城市居民最低生活保障待遇，由其所在地的街道办事处或者镇人民政府初审，并将有关材料和初审意见报送县级人民政府民政部门审批。

管理审批机关为审批城市居民最低生活保障待遇的需要，可以通过入户调查、邻里访问以及信函索证等方式对申请人的家庭经济状况和实际生活水平进行调查核实。申请人及有关单位、组织或者个人应当接受调查，如实提供有关情况。

第八条 县级人民政府民政部门经审查，对符合享受城市居民最低生活保障待遇条件的家庭，应当区分下列不同情况批准其享受城市居民最低生活保障待遇：

（一）对无生活来源、无劳动能力又无法定赡养人、扶养人或者抚养人的城市居民，批准其按照当地城市居民最低生活保障标准全额享受；

（二）对尚有一定收入的城市居民，批准其按照家庭人均收入低于当地城市居民最低生活保障标准的差额享受。

县级人民政府民政部门经审查，对不符合享受城市居民最低生活保障待遇条件的，应当书面通知申请人，并说明理由。

管理审批机关应当自接到申请人提出申请之日起的30日内办结审批手续。

城市居民最低生活保障待遇由管理审批机关以货币形式按月发放；必要时，也可以给付实物。

第九条 对经批准享受城市居民最低生活保障待遇的城市居民，由管理审批机关采取适当形式以户为单位予以公布，接受群众监督。任何人对不符合法定条件而享受城市居民最低生活保障待遇的，都有权向管理审批机关提出意见；管理审批机关经核查，对情况属实的，应当予以纠正。

第十条 享受城市居民最低生活保障待遇的城市居民家庭人均收入情况发生变化的，应当及时通过居民委员会告知管理审批机关，办理停发、减发或者增发城市居民最低生活保障待遇的手续。

管理审批机关应当对享受城市居民最低生活保障待遇的城市居民的家庭收入情况定期进行核查。

在就业年龄内有劳动能力但尚未就业的城市居民，在享受城市居民最低生活保障待遇期间，应当参加其所在的居民委员会组织的公益性社区服务劳动。

第十一条 地方各级人民政府及其有关部门，应当对享受城市居民最低生活保障待遇的城市居民在就业、从事个体经营等方面给予必要的扶持和照顾。

第十二条 财政部门、审计部门依法监督城市居民最低生活保障资金的使用情况。

第十三条 从事城市居民最低生活保障管理审批工作的人员有下列行为之一的，给予批评教育，依法给予行政处分；构成犯罪的，依法追究刑事责任：

（一）对符合享受城市居民最低生活保障待遇条件的家庭拒不签署同意享受城市居民最低生活保障待遇

意见的，或者对不符合享受城市居民最低生活保障待遇条件的家庭故意签署同意享受城市居民最低生活保障待遇意见的；

（二）玩忽职守、徇私舞弊，或者贪污、挪用、扣压、拖欠城市居民最低生活保障款物的。

第十四条 享受城市居民最低生活保障待遇的城市居民有下列行为之一的，由县级人民政府民政部门给予批评教育或者警告，追回其冒领的城市居民最低生活保障款物；情节恶劣的，处冒领金额 1 倍以上 3 倍以下的罚款：

（一）采取虚报、隐瞒、伪造等手段，骗取享受城市居民最低生活保障待遇的；

（二）在享受城市居民最低生活保障待遇期间家庭收入情况好转，不按规定告知管理审批机关，继续享受城市居民最低生活保障待遇的。

第十五条 城市居民对县级人民政府民政部门作出的不批准享受城市居民最低生活保障待遇或者减发、停发城市居民最低生活保障款物的决定或者给予的行政处罚不服的，可以依法申请行政复议；对复议决定仍不服的，可以依法提起行政诉讼。

第十六条 省、自治区、直辖市人民政府可以根据本条例，结合本行政区域城市居民最低生活保障工作的实际情况，规定实施的办法和步骤。

第十七条 本条例自 1999 年 10 月 1 日起施行。

9 月 29 日

中央民族工作会议暨国务院第三次全国民族团结进步表彰大会召开

表彰大会在人民大会堂举行。中共中央总书记、国家主席江泽民出席大会并讲话。

党和国家领导人李鹏、朱镕基、李瑞环、胡锦涛、尉健行、李岚清出席大会。

大会由中共中央政治局常委、国务院总理朱镕基主持。

这次民族工作会议的任务是：在邓小平理论和党的基本路线指引下，通过回顾 50 年来我国民族工作的伟大成就，进一步认识和把握社会主义初级阶段民族问题的规律，深入研究民族工作面临的新形势，全面部署跨世纪的民族工作，以利更好地团结全国各族人民努力实现党的十五大确定的宏伟目标。

国务委员、国务院秘书长王忠禹在会上宣读了国务院关于授予包头钢铁（集团）有限责任公司等集体为全国民族团结进步模范集体、吴登云等同志为全国民族团结进步模范个人称号的决定。这次受表彰的民族团结进步模范共 1254 个，其中模范集体 626 个，模范个人 628 个。

1992 年党中央、国务院在北京召开了第一次中央民族工作会议。1988 年，国务院召开了第一次全国民族团结进步表彰大会，表彰了 1166 个民族团结进步模范，其中先进集体 565 个，先进个人 601 名；1994 年，国务院又召开了第二次全国民族团结进步表彰大会，表彰了 1256 个民族团结进步模范，其中模范集体 643 个，模范个人 613 名。

参加中央民族工作会议的 384 名代表和出席国务院第三次全国民族团结进步表彰大会的 423 名代表，中央和国家机关各部门主要负责同志以及首都各界代表 4000 多人参加会议。

中共中央总书记江泽民在中央民族工作会议暨国务院第三次全国民族团结进步表彰大会上讲话

同志们：

在新中国成立 50 周年之时，中央召开这次民族工作会议和全国民族团结进步表彰大会，56 个民族的代表聚集首都北京，共度国庆佳节，这是具有重要意义的。我代表党中央、国务院，向受到表彰的模范集体和先进个人，表示热烈的祝贺！向民族工作战线的同志们和所有关心与支持民族团结进步事业的同志们，致以崇高的敬意！向全国各民族人民，致以诚挚的问候！

这次民族工作会议的任务，是在邓小平理论和党的基本路线指引下，通过回顾 50 年来我国民族工作的伟大成就，进一步认识和把握社会主义初级阶段民族问题的规律，深入研究民族工作面临的新形势，全面部署跨世纪的民族工作，以利更好地团结全国各族人民努力实现党的十五大确定的宏伟目标。

新中国的成立，开创了中华民族历史的新纪元。毛泽东同志、邓小平同志等老一辈无产阶级革命家，审时度势，高瞻远瞩，创造性地把马克思主义的民族理论与中国民族问题的实际相结合，确立了平等、团结、互助的社会主义民族关系，建立了符合我国国情和各民族根本利益的民族区域自治制度，制定了一系列促进各民族共同发展繁荣的方针政策，领导我们走出了一条具有中国特色的处理民族问题的正确道路。

我们党处理民族问题的政策和制度，既全面考虑了我们这个多民族的统一国家走上社会主义道路的基本事实，又全面考虑了我国 56 个民族在发展水平和文化风俗上存在多样性与差异性的基本事实，既深刻总结了我国历史上处理民族问题的经验教训，也积极借鉴了世界上一些国家处理民族问题的经验教训，因而具有历史和现实的科学依据。这些正确的政策和制度，保证了我国平等、团结、互助的社会主义民族关系的形成和巩固，保证了各民族在共同发展、共同繁荣的道路上不断前进，保证了我们多民族国家的政治统一、经济发展和社会稳定。这些基本政策和制度是我们的重要政治优势，是我们做好民族工作的根本保证，必须继续坚定不移地贯彻执行，任何时候都不能有丝毫动摇和改变。

新中国的民族工作主要有两大历史任务：一是通过进行社会制度的变革，引导翻身解放的各民族人民走上社会主义道路；二是通过进行社会主义建设，加快各民族特别是少数民族和民族地区的经济社会发展，促进各民族的共同繁荣。在党的领导下，第一项任务早已胜利完成，第二项任务也已取得举世瞩目的伟大成就。事实充分说明，我们的民族政策是完全正确的，与世界其他国家相比，我们处理民族问题也是最成功的。这是全党同志和全国各族人民团结一心、共同奋斗的结果，大家应该百倍珍惜。

当今世界，和平与发展是时代的主题，但天下仍很不太平。纵观全球一些热点地区发生的冲突和战争，大都与民族问题处理不当或外国势力插手民族纠纷有关系。凡是民族问题处理得不好的地方，都不同程度地出现了问题或乱子。

任何一个国家，如果没有社会的安定团结，什么事情都办不成，经济和社会的发展都无从谈起。这些年来，我们在前进过程中遇到了不少困难和风险，有政治领域的也有经济领域和自然界的，有来自国内的也有来自国外的，但我们都顶住了，保持了我国改革、发展、稳定的大局。其中很重要的一个原因，就是我国56个民族始终同心同德、紧密团结。在跨世纪发展的征程上，我们要继续坚持不懈地做好民族工作，加强民族团结。

新中国成立和社会主义制度确立以后，全国各族人民成为国家和社会的主人，真正掌握了自己的命运，实现了各族人民在根本利益上的一致。这是各民族大团结，各民族人民同呼吸、共命运、心连心的坚实政治基础。民族特点和民族差异将长期存在。我们既不能忽视民族特点和民族差异，也不能人为地扩大民族差别。全党同志必须把加强民族团结、促进各民族共同发展和共同繁荣，作为整个社会主义初级阶段民族工作的行动纲领。

按照党的十五大提出的跨世纪发展的战略目标，从现在起到2010年，我国民族工作的主要任务是：高举邓小平理论伟大旗帜，坚持党在社会主义初级阶段的基本路线，以经济建设为中心，加快少数民族和民族地区的经济发展和社会进步，提高少数民族人民群众的生活水平，加强民族团结，维护祖国统一和社会稳定，巩固和发展平等、团结、互助的社会主义民族关系，逐步实现各民族的共同发展和共同繁荣。

第一，抓住历史机遇，加快少数民族和民族地区的发展。加快少数民族和民族地区的发展，是我国社会主义事业的本质要求在民族工作上的体现，也是党的民族政策的基本出发点和归宿。民族地区地域广大，资源丰富，潜在市场广阔，战略地位十分重要。在国家未来的发展战略中，加快民族地区的发展将摆在更加突出的位置。这是逐步缩小全国各地区之间的发展差距、最终实现全体人民共同富裕的要求，是保持国民经济持续快速健康发展、实现我国现代化建设第三步战略目标的要求，也是加强民族团结、保持社会稳定、维护祖国统一的要求。总之，加快少数民族和民族地区的发展，不仅是一个重大的经济问题，也是一个重大的政治问题。全党同志一定要充分认识做好这项工作的重要性和紧迫性。

民族地区的发展与沿海地区还存在着相当大的差距。改革开放以来，民族地区的发展步伐大大加快了，但这种历史形成的差距不可能在短时期内消除。我们要继续抓住机遇，加快民族地区的发展，以利于逐步缩小差距，实现共同繁荣。民族地区的发展，要努力适应社会主义市场经济和对外开放的新的历史条件，坚持按客观经济规律办事，坚持从本地区的实际出发，充分发挥地区优势。国家要加大对民族地区支持的力度，同时通过政策引导吸引国内外资金、技术、人才等投入民族地区的开发。要重点帮助民族地区建设一批对经济发展起重大作用的水利、交通、通信、能源等基础设施项目。合理开发和利用民族地区的资源，建立一些产业基地，使之成为促进民族地区和国家经济增长的重要支点。开发这些资源和建设项目，一定要注意让少数民族和民族地区得到利益和实惠。同时要注重民族地区生态环境的保护和建设，要把它放在与经济发展同等重要的地位。民族地区的扶贫攻坚任务还比较艰巨，应进一步加大工作力度。

加快中西部地区的发展特别是实施西部大开发战略，条件已基本具备。实施西部大开发是我国下个世纪发展的一项重大战略任务，也是民族地区加快发展的重要历史机遇，从现在起有关部门应加紧进行研究。要进一步明确民族地区发展的主要目标、基本任务和重要方针政策，有目标、分阶段地推进民族地区人口、资源、环境与经济社会的协调发展。民族地区的广大干部和群众要抓住机遇，发扬自力更生、艰苦奋斗的精神，努力创造改革和建设的新业绩。

加快民族地区的发展，必须坚定不移地实施科教兴国战略。要优先发展教育事业，全面推进素质教育。加快实用科技开发和成果转化，努力推广实用技术和有条件发展的高新技术，支持和鼓励高等院校和科研部门向民族地区转让科技成果，积极引导科技人才向民族地区合理流动。要继续推进文化、卫生、体育等各项社会事业,大力普及科技知识,引导人们崇尚科学,破除迷信。要结合少数民族的实际,实行计划生育和优生优育,以提高人口素质,使人口增长与经济社会发展相协调。各民族互相尊重、互相了解、互相学习、互相帮助,是中华民族的优良传统,要继续发扬光大。既要继承和发展各民族的优秀文化,又要积极吸取新知识新观念。

第二,坚持和完善民族区域自治制度,大力培养少数民族干部。民族区域自治,是我国的一项基本政治制度,它把国家的集中统一领导与少数民族聚居区的区域自治紧密结合起来,具有强大的政治生命力,我们要始终不渝地坚持并不断加以完善。任何时候都要正确把握维护国家统一与实行民族区域自治的关系,国家依法保障民族自治地方的自治权利,民族自治地方要全面贯彻党和国家的方针政策,并结合本地实际创造性地开展工作。要健全民族工作方面的法制,以利维护和促进民族自治地方的改革、发展、稳定的良好局面。

要进一步加强对少数民族干部的培养。各级党委和政府要满腔热情地关心少数民族干部队伍的建设,按照干部队伍的"四化"方针和德才兼备的原则,制订培养计划,积极选拔优秀中青年少数民族干部进入各级领导班子,尤其要重视高、中级领导干部的培养和选拔。要通过开展以讲学习、讲政治、讲正气为主要内容的党性党风教育,努力提高他们的思想政治素质。同时,要努力改善干部队伍的结构,培养更多的适应民族地区建设需要的科技人才和经济管理人才。民族地区的汉族干部与少数民族干部团结奋斗,为民族地区的经济发展和社会进步作出了不可磨灭的贡献。无论是少数民族干部还是汉族干部,都是党和国家的干部,都要以党和全国人民的事业为重,互相尊重、互相关心、互相学习、互相支持,共同为各民族群众谋利益。

第三,加强民族团结,维护祖国统一和社会稳定。这是全国各族人民的共同愿望和根本利益所在。要努力发扬各族人民同呼吸、共命运、心连心的光荣传统,这是我们战胜各种困难和风险,推动建设有中国特色社会主义事业不断前进的重要保证。没有民族地区的稳定就没有全国的稳定,没有民族地区的小康就没有全国的小康,没有民族地区的现代化就不能说实现了全国的现代化。在当前国际形势下,加强民族团结,维护社会稳定,意义更为重要。全党同志都要高度重视民族问题。

要坚持开展马克思主义的民族理论和党的民族政策的学习与教育,提高各级干部和广大党员执行党的民族政策的水平,增强做好民族工作的自觉性和责任感。还要坚持在全社会开展民族团结进步的宣传教育,使广大人民群众牢固树立汉族离不开少数民族、少数民族离不开汉族、各少数民族之间也相互离不开的思想。尤其要注意在各族青少年中开展这方面的教育工作,让我国各民族大团结的优良传统代代相传。

维护社会稳定,是民族工作的重要任务。要用团结、教育和疏导的办法,正确处理各民族和民族地区的人民内部矛盾,及时解决出现的利益纠纷,防止不尊重民族风俗习惯、伤害民族感情的事件发生。要教育各民族群众高举团结和法律的旗帜,自觉维护社会稳定。要认真做好散居和杂居的少数民族群众的工作,尊重他们的风俗习惯,保护他们的合法权益。

维护祖国统一,反对民族分裂,是一项长期的政治任务。利用民族和宗教问题实施西化、分化中国的政治图谋,是西方敌对势力的一贯手段。民族分裂主义分子是各民族人民的共同敌人。维护祖国的统一和各民族的大团结,是56个民族共同的神圣职责。我们必须旗帜鲜明地反对民族分裂主义,最大限度地团结和依靠各族干部群众,最大限度地孤立和依法打击极少数民族分裂主义分子,防范和抵御国外敌对势力的渗透破坏。

民族问题往往与宗教问题交织在一起。要全面正确地贯彻党的宗教信仰自由政策,加强对宗教工作的领导和依法加强对宗教事务的管理。积极引导宗教与社会主义社会相适应,以利于宗教工作为民族团结、社会安定和现代化建设服务。要坚持政治上团结合作、信仰上互相尊重,继续巩固和发展党与爱国宗教界的统一战线。要坚决反对民族分裂势力利用宗教从事分裂活动,进一步深入开展爱国主义教育,把宗教的领导权牢牢掌握在爱国宗教人士手中。坚持政教分离的原则,无论哪一种宗教都没有超越国家宪法和法律的特权,都不允许干预行政、司法、教育等国家职能的实施。要加强对各族干部群众和青少年进行科学世界观的宣传教育。在宣传教育中,应遵守宗教政策。要加强信教和不信教群众的团结,把他们的力量凝聚到加快民族地区的现代化建设上来。

第四,坚持和加强党对民族工作的领导,不断提高民族工作的水平。各级领导干部特别是高级干部,都要认真学习马克思主义的民族理论和党的民族政策,认真研究党的民族工作的历史经验和民族工作面临的新情况新问题,及时了解世界民族问题的发展趋势和动向,努力掌握在改革开放和社会主义市场经济条件下做好民族工作的特点和规律,不断提高正确处理民族问题的能力。各部门各地方要通力合作,把一些影响民族团结和社会稳定的问题解决在基层,解决在当地,解决在萌芽状态。

要大力加强民族地区的基层党组织建设。采取切实有效的措施，帮助民族地区的党员提高思想政治素质、文化科技水平和发展经济的技能。不论出身于哪个民族的党员，都要坚定社会主义、共产主义信念，不能信仰宗教，不得参与和组织宗教活动，不得参与封建迷信活动。民族地区的基层党组织要进一步密切与各族群众的联系，真正发挥战斗堡垒作用，带领群众努力发展生产、脱贫致富、增强民族团结和创建文明新风。

各级党委和政府要关心、支持民族工作部门，努力培养一支高素质的民族工作干部队伍，并帮助解决工作中遇到的实际困难。要加强对民族、宗教界代表人士的工作，团结一切可以团结的力量，调动一切积极因素，为改革开放和现代化建设服务。各级党委统战部门和政府民族工作部门，要全面提高自身的政治和业务素质，通过履行自己的职能，继续当好党和政府在民族工作方面的参谋和助手。要继续充分发挥各级工会、共青团、妇联组织在推动民族团结进步事业中的积极作用。

中央号召，全国56个兄弟民族更加紧密地团结起来，高举马克思列宁主义、毛泽东思想、邓小平理论的伟大旗帜，抓住机遇，开拓进取，求真务实，艰苦奋斗，为把我国民族团结进步事业继续推向前进，为实现中华民族的全面振兴而努力奋斗！

国家副主席胡锦涛在人民大会堂举行招待晚会欢迎参加新中国成立50周年庆祝活动的海外侨胞港澳同胞台湾同胞和外籍华人

丁关根、迟浩田、钱其琛、曾庆红、布赫、何鲁丽、许嘉璐、司马义·艾买提、王忠禹、叶选平、王兆国、钱伟长、陈俊生、罗豪才等出席招待会。

胡锦涛致祝酒词。他首先代表中国政府和人民，向远道而来的同胞们、朋友们表示热烈的欢迎！并通过大家向广大海外侨胞、香港特别行政区同胞、澳门同胞、台湾同胞和华人朋友，致以亲切的问候和良好的祝愿！

胡锦涛说，中华人民共和国已经走过了50年的光辉历程。50年前，中国人民在中国共产党领导下，经过长期奋斗，终于推翻了帝国主义、封建主义、官僚资本主义“三座大山”，成立了新中国。中国人民从此站了起来，成为自己国家和社会的主人。一个有五千年历史的文明古国，进入了崭新的发展时代。50年来，中国社会和国家面貌发生了翻天覆地的变化。我们在中国大地上建立起社会主义基本制度，把一个一穷二白、经济文化十分落后的国家，建设成为具有独立的比较完整的国民经济体系，大步走向繁荣富强的国家。

特别是改革开放20年来，我们成功地走出了一条建设有中国特色社会主义的道路，极大地促进了社会生产力的解放和发展，促进了综合国力和人民生活水平的提高，使我国的社会主义现代化建设取得了举世瞩目的辉煌成就。

胡锦涛说，展望21世纪，我们的目标是：到世纪中叶新中国成立100年时，基本实现现代化，建成富强民主文明的社会主义国家。在前进的道路上，我们面对着严峻的挑战，更面对着前所未有的有利条件和发展机遇。我们深信，在以江泽民同志为核心的党中央的坚强领导下，在邓小平理论伟大旗帜的指引下，全国各族人民团结一致，艰苦奋斗，中华民族伟大复兴的宏伟目标一定能够实现。

胡锦涛指出，香港回归祖国，标志着中国人民在完成祖国统一大业的道路上，迈出了重要一步。香港回归祖国两年来的实践充分证明，“一国两制”的方针是正确的，它为保持香港的长期繁荣稳定提供了根本保障。

他说，再有两个多月澳门就将回到祖国怀抱。这是中华民族的又一盛事。澳门同胞正以极大的热情支持和参与筹建澳门特别行政区的各项工作。我相信，在中葡双方的合作下，在澳门各界人士的努力下，澳门的回归一定可以顺利实现。

胡锦涛强调，解决台湾问题，实现祖国完全统一，是中华民族根本利益之所在，是海内外全体中国人的共同心愿。我们将继续坚持“和平统一、一国两制”的基本方针和江泽民主席提出的发展两岸关系、推进祖国和平统一进程的八项主张，坚决反对任何势力以任何方式改变台湾是中国一部分的地位。要尽一切可能争取和平统一，但不能承诺放弃使用武力。这不仅是为了维护国家主权和领土完整，也是实现祖国和平统一的保证。我们坚信，在两岸同胞、港澳同胞和海外侨胞的共同努力下，台湾问题最终一定会得到解决，祖国的完全统一一定会实现。最近，台湾地区发生强烈地震，台湾同胞的生命财产受到严重损失。在地震发生后，中共中央总书记、国家主席江泽民表达了对地震灾情和台湾同胞的诚挚关切，并表示愿提供一切可能的援助。祖国大陆各界也通过各种方式表达了深厚的手足之情。在这里，我向受灾的台湾同胞再次表示亲切的慰问，并祝愿台湾同胞早日战胜灾害，重建家园。

胡锦涛说，新中国成立50年来所取得的巨大成就，凝聚着海内外中华儿女的心血和努力。我们希望，全国各族人民及所有爱国的中华儿女更加紧密地团结起来，为实现中华民族的伟大复兴、推进祖国和平统一大业携手共进，作出更大的贡献。

澳门特别行政区首任行政长官何厚铧也出席了招待会。

中华全国归国华侨联合会在北京华侨大厦举行国庆招待会欢迎来自世界各地参加国庆庆典活动的海外侨胞和香港澳门同胞

国务院副总理钱其琛出席招待会并发表讲话。

国庆招待会由中国侨联主席林兆枢主持。参加招待会的有全国人大常委会副委员长王光英，全国政协副主席钱伟长、罗豪才和全国人大侨委、全国政协港澳台侨委、国务院侨办、中国侨联、致公党中央以及有关部门的负责人。

1100 多名海外侨胞和香港、澳门同胞参加招待会。

'99《财富》全球论坛在上海结束

上海市市长徐匡迪主持了闭幕仪式。

此次参加大会的代表 806 人。论坛安排了 11 场大会，专题分组会 29 场，议题多达 40 余个。江泽民主席到会进行了专题演讲。美国前国务卿基辛格、新加坡内阁资政李光耀作为贵宾发表了有关中国未来发展的演说。

此次年会主题为“中国：未来五十年”。与会代表就一些议题发表了自己的见解。代表们认为 WTO 应当尽快吸收中国参加。这不仅符合中美两国的利益，也符合 WTO 的利益。有的代表说，与其说中国需要 WTO，不如说 WTO 需要中国。同时，许多人还提出中美关系应摆脱“冷战思维”，建立稳定的基础。

对于中国近来一个阶段出现的通货紧缩现象，代表们认为这是中国经济转型过程中必然出现的，是正常的。大多数代表认为国有企业改革已经取得了很大成效。

关于中国的经济和企业经营管理，美国宝洁、美国可口可乐、德国巴斯夫和中国海尔公司的代表认为：全球化是跨国公司的经营目标。跨国公司最重要的经营理念是满足消费者。品牌和质量是企业经营管理的关键环节。跨国公司要有全球发展战略，但不能忽视区域发展的特色。

此外，会议讨论还涉及了信息未来与应用、电子商务、全球娱乐业、风险投资及中国的资本市场、知识产权的保护、品牌认知、人力资源的东西差异、金融改革、房地产等领域。

国家主席江泽民在人民大会堂接受挪威等五国大使国书

这 5 位大使是：挪威大使叶德宏、爱尔兰大使康德伦、克罗地亚大使热利科·基林契奇、巴基斯坦大使里亚兹·霍哈尔和乌克兰大使伊戈尔·安东诺维奇·利特文。

全国人大常委会委员长李鹏在人民大会堂会见著名美籍华人美国国际合作委员会主席陈香梅女士和郝福满先生

全国人大常委会委员长李鹏在人民大会堂会见巴基斯坦新闻兼文化体育旅游和青年事务部部长穆夏希德·侯赛因和夫人

国务院副总理李岚清在中南海会见由柬埔寨文化艺术大臣帕花黛维公主率领的柬埔寨文化代表团

国务院副总理李岚清在中南海会见由会长团伊玖磨率领的日中文化交流协会代表团

国家副主席中央军委副主席胡锦涛在人民大会堂会见马里国防部部长索科纳

国务院向百名外国专家颁发本年度“友谊奖”

获本年度“友谊奖”的外国专家来自欧洲、亚洲、非洲、美洲和大洋洲的 26 个国家。他们中有的在中国的高等院校、科研院所、新闻出版部门教书育人、开展合作研究或促进中外文化交流；有的则在中国的工业、农业领域及国家重点建设工程协助解决技术难题、提高管理水平；有的是中外合资、合作企业的外方高级管理和技术人员。

国务委员兼国务院秘书长王忠禹在颁奖仪式上说，新中国成立 50 年来，特别是改革开放以来所取得的丰硕成果凝聚了众多在华工作的外国专家、海外华人专家及广大国际友人的辛勤劳动。他表示，坚持对外开放是中国的一项长期的基本国策。我们需要积极引进国外智力，包括聘请外国专家来华工作、派遣专业技术和管理人员赴国外培训。

加拿大专家潘凯恩、埃及专家侯赛因代表获奖的外国专家在仪式上对获得中国政府给予的荣誉深感荣幸，并表示愿意继续为增进与中国人民的友好交流及中国的建设事业努力工作。

改革开放以来，中国累计聘请外国专家 74 万人次。目前，每年来华工作的外国专家有 8 万多人次，为推动中国的现代化建设作出了突出贡献。

中央军委在北京举行郭伯雄 徐才厚晋升上将军衔仪式

中共中央总书记、国家主席、中央军委主席江泽民向晋升上将军衔军官颁发命令状。

中共中央政治局常委、国家副主席、中央军委副主席胡锦涛，中共中央政治局委员、书记处书记、中央军委副主席张万年，中共中央政治局委员、中央军委副主席、国务委员兼国防部部长迟浩田出席。

这次晋升上将军衔的高级军官是：中央军委委员郭伯雄、徐才厚。

国务院侨务办公室在人民大会堂举行“海外百名博士回国考察交流成果汇报会”

国务院副总理李岚清出席汇报会并发表了讲话。

李岚清说，国务院侨办在新中国成立50周年之际邀请海外学有成就的百名博士回国，开展以农业为主的科技考察交流活动，是侨务部门为实施“科教兴国”战略做的一件实事。各位学者不辞劳苦，为中国农业和高科技的进步和发展做了一件十分有意义的工作。他向学者们表示感谢，并通过他们向旅居海外的科技工作者致以问候。

李岚清指出，实施“科教兴国”战略，关键是人才。充分发挥海外华人科技人才的作用，对于促进中外科技交流，尽快实现中国科学技术现代化，具有重要意义。

他说，改革开放以来，为适应科技发展和经济建设的需要，国家选派了一大批青年人出国学习深造，也有一大批青年自费出国留学。他们当中有的学成回国，有的仍在国外继续学习，有的已在国外工作。

对于出国留学，国家的有关政策是明确和一贯的，祖国人民对出国留学人员也给予极大关注，寄予深切希望。出国学习深造的绝大部分青年人热爱祖国，心系桑梓，学习努力，学业有成。在已回国工作的人中，许多人已经取得了优异的成绩，有的在高等学校、研究院所、企业担当重任，有的成为重大科研项目或一些学科领域的带头人。对回国工作的同志，我们各级政府要在政治上信任他们，在工作上支持他们，在生活上关心他们，使他们能专心致志从事科学研究和技术开发工作。他指出，现在仍留在国外工作的青年专家学者，同样可以通过各种方式为国服务，各级政府和有关部门要为他们创造必要的条件和给予支持。李岚清希望国务院侨办继续做好海外华人科技专家的工作，经常倾听他们的意见和建议，向党中央和国务院反映他们的意愿和要求，沟通他们与有关部门的联系，使他们有用武之地，能为国家的现代化建设贡献自己的力量。希望海外华人科技专家充分发挥聪明才智，为推动我国科学技术的进步作出更大的贡献。

百名博士是根据国内需要，应国务院侨办邀请回国开展交流活动的。他们当中有多年来致力于中外科技合作与交流，为我国农业发展作出突出贡献的老一辈科学家；有改革开放以后负笈西行、在某一领域有较高造诣，眷恋祖国，愿意以各种方式为中国服务的新一代学者专家；有的是海外有影响的科技团体负责人。他们于9月17日至24日分赴18个省、市、区进行了有针对性的考察交流活动，9月25日至27日参观了’99昆明世界园艺博览会，并与云南省有关部门和单位进行了科技交流。昨天会聚北京，参加国庆50周年庆典。在今天的汇报会上，他们畅谈考察感受，踊跃为中国经济、科技发展建言献策，提出许多有价值的意见和建议。

汇报会由国务院侨办主任郭东坡主持。国务院副秘书长徐荣凯和人事部、农业部、科技部、国家外国专家局的负责人参加了汇报会。

9月30日

国务院在人民大会堂举行庆祝中华人民共和国成立五十周年招待会

江泽民、李鹏、朱镕基、李瑞环、胡锦涛、尉健行、李岚清等党和国家领导人同5000余名中外人士出席。

国务院总理朱镕基发表讲话。

招待会由国务委员、国务院秘书长王忠禹主持。

丁关根、田纪云、李长春、李铁映、吴邦国、吴官正、迟浩田、张万年、罗干、姜春云、贾庆林、钱其琛、黄菊、温家宝、谢非、曾庆红、吴仪、乔石、宋平、刘华清、荣毅仁、邹家华、帕巴拉·格列朗杰、王光英、程思远、布赫、铁木尔·达瓦买提、吴阶平、彭珮云、何鲁丽、周光召、曹志、丁石孙、成思危、许嘉璐、蒋正华、司马义·艾买提、肖扬、韩杼滨、叶选平、杨汝岱、王兆国、阿沛·阿旺晋美、钱伟长、卢嘉锡、任建新、宋健、李贵鲜、陈俊生、张思卿、钱正英、丁光训、孙孚凌、霍英东、马万祺、朱光亚、万国权、胡启立、陈锦华、赵南起、毛致用、白立忱、经叔平、罗豪才、张克辉、周铁农、王文元等领导同志，李德生、张劲夫、段君毅、黄华、黄火青、习仲勋、彭冲、廖汉生、王芳、谷牧、马文瑞、王恩茂、郑天翔、刘复之、杨白冰、王汉斌、张震、倪志福、陈慕华、费孝通、雷洁琼、李锡铭、王丙乾、赛福鼎·艾则孜、洪学智、胡绳、邓力群、张廷发、韩光等老同志，香港特别行政区行政长官董建华、澳门特别行政区首任行政长官何厚铧，中央军委委员傅全有、于永波、王克、王瑞林、曹刚川、郭伯雄、徐才厚出席招待会。

在京的中共中央委员、候补委员，在京的原中央顾问委员会委员，在京的中央纪律检查委员会委员，在京的全国人大常委会委员及全国人大常委会机关主要负责人，在京的全国政协常委会委员及全国政协机关主要负责人，中共中央各部门和中央国家机关各部门主要负责人；解放军各总部、各军种、各兵种和北京军区、北京卫戍区、武警总部主要负责人；最高人民法院、最高人民检察院主要负责人，各民主党派、全国工商联主要负责人和无党派人士，各人民团体主要负责人；北京市主要负责人；在京的老将军、老红军、老干部代表；已故的党和国家领导人、元帅、大将的夫人；劳动模范和先进人物代表，中国人民解放军、武警部队英模代表，公安保卫战线英模代表；“人民满意的公务员”代表，全国民族团结进步表彰大会及少数民族代表，在京的知名全国人大代表、全国政协委员和其他爱国人士，全国著名拥军模范、烈士家属、革命伤残军人、退役军人代表，香港特别行政区代表，澳门和台湾同胞、华侨和华人代表，在京的重要外宾、知名人士和夫人，各国驻华使节、国际组织驻华代表和夫人以及部分外国专家，也出席招待会。

国务院总理朱镕基在庆祝中华人民共和国成立五十周年招待会上讲话

各位来宾、各位朋友、各位同志：

今天，我们欢聚一堂，热烈庆祝中华人民共和国成立五十周年。我代表党中央、国务院，向在各条战线辛勤工作的全国各族人民，致以节日的祝贺！向香港特别行政区同胞和澳门同胞、台湾同胞以及海外侨胞，表示诚挚的问候！向出席招待会的各国朋友，向所有关心和支持我国改革开放和现代化建设的国际友人，表示衷心的感谢！

五十年前中华人民共和国的成立，开辟了中国历史的新纪元。五十年来，在中国共产党领导下，各族人民团结奋斗，艰苦创业，我国面貌发生了翻天覆地的变化。特别是改革开放二十年来，在邓小平理论和党的基本路线指导下，我国社会主义现代化建设获得举世瞩目的伟大成就，经济体制改革取得决定性进展，国民经济持续快速健康发展，科技、教育和文化等各项事业全面繁荣，人民生活水平显著提高。社会主义民主和法制建设不断加强，全国各民族的大团结进一步巩固。我们伟大的祖国欣欣向荣，蒸蒸日上，巍然屹立在世界东方。

五十年来，我国始终坚持奉行独立自主的和平外交政策，坚决维护国家主权、领土完整和民族尊严，经受住了国际风云变幻的严峻考验。我国已同世界上一百六十多个国家建立了外交关系，同各个国家和地区保持着经济、文化往来。我国的国际地位空前提高，我们的朋友遍天下。

新中国成立五十年来取得的巨大成就，为中华民族谱写了最辉煌的篇章。这些成就，归功于伟大、光荣、正确的中国共产党，归功于勤劳、勇敢、智慧的中国人民，归功于无比优越的社会主义制度。

今年以来，我国经济发展继续保持良好势头。面对错综复杂的国内外环境，党中央、国务院对可能遇到的困难作了充分估计，及时果断地采取了正确的综合对策。

加大实施积极财政政策的力度，增加投资和促进消费，加快结构调整，加强技术创新，努力扩大出口。这些措施对国民经济的发展起了积极的作用。农业得到加强，夏粮又获丰收。工业生产稳定增长，经济效益明显回升。财政收入增长较快，金融保持平稳运行。国有企业改革取得进展。人民生活进一步改善。刚刚闭幕的党的十五届四中全会通过了《中共中央关于国有企业改革和发展若干重大问题的决定》，这是指导我国国有企业改革和发展的纲领性文件。我们要认真贯彻落实《决定》的精神，坚定信心，扎实工作，开创国有企业改革和发展的新局面，促进整个国民经济的发展。

历史的经验告诉我们，没有稳定什么事情也干不成。我们要百倍地珍惜来之不易的团结稳定局面，正确处理改革、发展、稳定的关系。要妥善处理新形势下的人民内部矛盾，同时坚决打击各种违法犯罪活动，维护社会稳定和保卫国家安全，保证改革开放和现代化建设顺利进行。

来宾们、朋友们、同志们！今年 12 月 20 日，我国将对澳门恢复行使主权。这是祖国和平统一大业的又一重大进展，也是中华民族的又一历史盛事。目前澳门回归的各项准备工作正在有序进行，澳门政权的顺利交接和平稳过渡一定能够实现。中国政府将坚定不移地贯彻落实“一国两制”、“港人治港”、“澳人治澳”、高度自治的方针。事实已经证明，香港同胞完全有能力把香港管理好。事实也将证明，澳门同胞也一定有能力把未来的澳门特别行政区管理好。中央政府和祖国内地永远是保持港澳两地长期繁荣稳定的坚强后盾，港澳各界人士共同努力，香港和澳门一定会展现出更加绚丽的光彩！

解决台湾问题、实现祖国的完全统一，是包括台湾同胞在内的全中国人民的崇高愿望和神圣使命。五十年来，中国共产党、中国政府和中国人民为此进行了长期不懈的努力，坚定地维护了台湾是中国领土一部分的地位，有力地促进了两岸经济、文化等方面的交流和人员往来。当前，我们正在进行的反对李登辉“两国论”、维护国家主权和领土完整的斗争，完全符合中华民族的根本利益。最近，台湾地区发生强烈地震，我们对这一重大灾情高度关切，对受灾的台湾同胞表示亲切慰问，并愿继续提供一切可能的援助。我们将继续贯彻“和平统一、一国两制”的基本方针和江泽民主席关于发展两岸关系、推进祖国和平统一进程的八项主张。我们深信，依靠全体中国人民的共同努力，台湾问题一定能继香港、澳门回归祖国后，早日得到解决，中国的完全统一一定能够实现。

来宾们、朋友们、同志们！当前国际形势总体趋向缓和，局部动荡此起彼伏。中国政府将继续奉行独立自主的和平外交政策，坚决反对霸权主义和强权政治，坚持在和平共处五项原则的基础上积极发展同世界各国的友好合作关系，在平等互利的基础上努力发展同世界各国在各个领域的交流与合作。中国人民将同各国人民一道，为推动实现世界的持久和平和人类的共同繁荣作出自己应有的贡献。

来宾们、朋友们、同志们！回顾过去，展望未来，我们对自己国家和民族的事业充满必胜的信心。尽管前进的道路并不平坦，矛盾和困难不可避免，但我们坚信，在邓小平理论指导下，在以江泽民同志为核心的党中央坚强领导下，中国人民一定能够战胜各种困难，实现社会主义现代化建设跨世纪发展的宏伟目标，促进中华民族的伟大复兴！

现在，我提议：

为庆祝中华人民共和国成立五十周年，

为祖国的繁荣富强和各族人民的幸福，

为中国人民与世界人民的友谊和团结，

为在座的来宾们、朋友们和同志们的健康，

干杯！

国务院对储蓄存款利息所得征收个人所得税的实施办法

第一条 根据《中华人民共和国个人所得税法》第十二条的规定，制定本办法。

第二条 从中华人民共和国境内的储蓄机构取得人民币、外币储蓄存款利息所得的个人，应当依照本办法缴纳个人所得税。

第三条 对储蓄存款利息所得征收个人所得税的计税依据为纳税人取得的人民币、外币储蓄存款利息。

第四条 对储蓄存款利息所得征收个人所得税，适用20％的比例税率。

第五条 对个人取得的教育储蓄存款利息所得以及国务院财政部门确定的其他专项储蓄存款或者储蓄性专项基金存款的利息所得，免征个人所得税。

前款所称教育储蓄是指个人按照国家有关规定在指定银行开户、存入规定数额资金、用于教育目的的专项储蓄。

第六条 对储蓄存款利息所得，按照每次取得的利息所得额计征个人所得税。

第七条 对储蓄存款利息所得征收个人所得税，以结付利息的储蓄机构为扣缴义务人，实行代扣代缴。

第八条 扣缴义务人在向储户支付利息或者办理储蓄存款自动转存业务时，依法代扣代缴税款。

扣缴义务人代扣税款，应当在给储户的利息结付单上注明。

第九条 扣缴义务人每月所扣的税款，应当在次月7日内缴入中央国库，并向当地主管税务机关报送代扣代缴税款报告表；所扣税款为外币的，应当按照缴款上一月最后一日中国人民银行公布的人民币基准汇价折算成人民币，以人民币缴入中央国库。

第十条 对扣缴义务人按照所扣缴的税款，付给2％的手续费。

第十一条 税务机关应当加强对扣缴义务人代扣代缴税款情况的监督和检查，扣缴义务人应当积极予以配合，如实反映情况，提供有关资料，不得拒绝、隐瞒。

第十二条 对储蓄存款利息所得征收的个人所得税，由国家税务局依照《中华人民共和国税收征收管理法》、《中华人民共和国个人所得税法》及本办法的规定负责征收管理。

第十三条 本办法所称储蓄机构，是指经中国人民银行及其分支机构批准的商业银行、城市信用合作社和农村信用合作社办理储蓄业务的机构以及邮政企业依法办理储蓄业务的机构。

第十四条 储蓄存款在1999年10月31日前孳生的利息所得，不征收个人所得税；储蓄存款在1999年11月1日后孳生的利息所得，应当依照本办法征收个人所得税。

第十五条 本办法自1999年11月1日起施行。

国务院总理朱镕基会见《财富》全球论坛年会跨国公司代表

朱镕基在人民大会堂会见参加'99《财富》全球论坛年会的跨国公司代表。他说，改革开放是中国的一项基本国策，中国将进一步扩大对外开放，加强与世界各国的交流与合作。我们欢迎和鼓励更多的外国企业来华投资合作。

美国通用汽车公司总裁兼首席执行官理查德·小瓦格纳、美国福特汽车公司总裁兼首席执行官亚克·纳赛、美国波音公司董事长兼首席执行官菲力普·康迪特、美国《财富》集团总裁杰克·海尔、日本三井物产总裁兼首席执行官上岛重二、日本丰田汽车公司总裁张富士夫、德国大众集团董事会成员罗伯特·布海尔豪弗、瑞典爱立信公司总裁拉斯·拉姆维斯特、中国化工进出口总公司总裁刘德树、中国银行行长王雪冰、前美国驻华大使尚慕杰等近100位来自美国、欧洲和亚洲的企业家参加会见。

国务院总理朱镕基在北京会见获“友谊奖”外国专家

朱镕基在人民大会堂会见荣获1999年度中国政府“友谊奖”的100名外国专家、海外华人专家和国际友人。

朱镕基指出，积极引进国外智力，开展国际人才交流，学习世界各个国家、各个民族的长处，是邓小平同志亲自倡导的。中国政府将继续把这项政策长期贯彻下去。他说，我们将迎来21世纪，知识经济正在蓬勃兴起，我们欢迎更多的外国专家到中国来工作，参与中国的社会主义现代化事业，我们将为他们的工作创造更加富有吸引力的环境和条件。

全国人大常委会委员长李鹏在人民大会堂会见德国经济东方委员会主席奥托沃尔夫·冯·阿梅隆根和委员会中国工作组前主席海因里希·魏斯

全国人大常委会委员长李鹏在人民大会堂会见加拿大鲍尔公司总裁首席执行官兼加中贸易理事会主席安德烈·戴马雷和夫人

国家副主席胡锦涛在人民大会堂会见日中友好会馆会长日本前副首相后藤田正晴

中华全国新闻工作者协会主办的中国新闻事业50年成就展在北京中国人民革命军事博物馆举行

国办转发劳动保障部等部门《关于进一步做好残疾人劳动就业工作若干意见》的通知

各省、自治区、直辖市人民政府，国务院各部委、各直属机构：

劳动保障部、国家计委、民政部、财政部、人事部、税务总局、工商局、中国残联《关于进一步做好残疾人劳动就业工作的若干意见》已经国务院批准，现转发给你们，请认真贯彻执行。

劳动保障部 国家计委 民政部 财政部 人事部 税务总局 工商局 中国残联《关于进一步做好残疾人劳动就业工作的若干意见》

党和国家历来十分重视残疾人劳动就业工作，先后制定并实施了一系列法律、法规和政策，有力地推动了残疾人劳动就业工作的开展，残疾人就业率从1987年的不足50%提高到1998年的73%。但是，由于自身障碍和环境的影响，残疾人就业仍滞后于我国劳动就业的总体水平。近年来，随着我国经济体制改革的不断深化和社会主义市场经济的发展，残疾人就业既出现了新的活力和机遇，也面临着不少新情况、新问题，有些问题还比较突出，亟须解决。

为进一步做好残疾人劳动就业工作，确保按期完成《中国残疾人事业“九五”计划纲要》规定的残疾人就业任务，推动残疾人就业在下个世纪持续、稳定发展，现提出以下意见。

一、充分认识残疾人劳动就业的重要意义

劳动是公民的基本权利，残疾人与健全人一样，享有法律赋予的平等就业和选择职业、取得劳动报酬或收入、获得劳动安全卫生保护、接受职业技能培训、享受社会保险等权利。《中华人民共和国宪法》、《中华人民共和国残疾人保障法》(以下简称《残疾人保障法》)、《中华人民共和国劳动法》，都明确规定对残疾人劳动就业要给予特别的扶持、优惠和保护。

残疾人同样是社会物质文明和精神文明的创造者。就业是残疾人改善生活状况、提高社会地位、参与社会生活的基础，是实现其人生价值的关键。搞好残疾人就业工作，使残疾人从单纯地依靠国家、社会和亲属救济、供养变为自食其力的劳动者，不仅关系到我国6000万残疾人劳动权利的实现，而且对解除近两亿残疾人亲属的后顾之忧，促进经济发展、社会进步和精神文明建设，具有重要作用。各级政府及其有关部门要充分认识残疾人劳动就业的重要意义，加强领导，采取有力措施，切实保障残疾人劳动就业权利的实现。

二、残疾人劳动就业的方针和今后一个时期的主要任务

残疾人劳动就业的方针是：集中与分散相结合，采取优惠政策和扶持保护措施，通过多渠道、多层次、多种形式，使残疾人劳动就业逐步普及、稳定、合理。

当前和今后相当一个时期残疾人劳动就业工作的主要任务是：进一步制定、完善有关法规和扶持政策，广泛开展职业培训和就业服务，全面实施按比例安排残疾人就业，大力扶持个体就业和自愿组织起来就业，稳定、搞活集中就业，使残疾人劳动就业工作提高到一个新水平。

三、依法全面推行按比例安排残疾人就业

《残疾人保障法》规定，应当按一定比例安排残疾人就业。按比例安排残疾人就业，是解决残疾人就业的战略性举措，要依法全面推行。

地方各级人民政府及其有关部门要把按比例安排残疾人就业作为残疾人就业工作的重点，要切实加强领导和做好组织协调工作。凡是未开展按比例安排残疾人就业的地区(市)、县(市、区)，“九五”期间都要制定实施办法，开展这项工作。一些经济困难、暂不具备条件的县，也应积极创造条件，争取尽快开展按比例安

排残疾人就业工作。

机关、团体、企业事业组织、城乡经济组织，要按照本省（自治区、直辖市）制定的有关法规所规定的具体比例，安排残疾人就业；暂时未达到比例的，应按财政部发布的《残疾人就业保障金管理暂行规定》（财综字〔1995〕5号）交纳残疾人就业保障金。

用人单位必须与残疾职工签订劳动合同或办理录用手续，并安排适宜的工作岗位；提前解除残疾职工劳动合同或人事关系，应按有关法律、法规执行并报当地残疾人联合会备案。

鼓励各单位积极安排残疾人就业。对于安排残疾人就业超过规定比例或成绩突出的单位，要给予精神、物质奖励；对于拒不执行按比例安排残疾人就业规定的，要予以批评、教育，责令改正。

四、继续扶持和稳定集中就业

集中就业是残疾人就业的一种重要形式。福利企业是以集中安排残疾人就业为目的具有社会福利性质的特殊企业，为解决残疾人就业发挥了重要作用。当前，福利企业改革与发展面临很多困难，各地区和各有关部门要采取有力措施，稳定残疾人集中就业，并做好以下工作：

（一）进一步完善扶持保护政策，推进福利企业健康发展。

（二）按照国家关于调整和完善所有制结构，推进公有制的多种有效实现形式的要求，加快福利企业的改革、改组和改造的步伐，强化企业内部管理。要根据福利企业的特点，充分保障残疾职工合法权益，保证国有资产不流失。对改制后的多种所有制形式的福利企业，要给予政策上的扶持保护。

（三）继续做好福利企业的检查认证和清理整顿工作，严格依照有关规定对福利企业实施年检，认真清理假冒福利企业，维护国家扶持保护政策的严肃性。

（四）坚持安排残疾人就业的宗旨和方向，维护残疾人的合法权益，采取切实可行的办法，不断改善残疾职工的工作环境和福利状况。

五、大力扶持残疾人个体就业和自愿组织起来就业

《残疾人保障法》规定："政府有关部门鼓励、帮助残疾人自愿组织起来从业或者个体开业。"近十年的实践证明，残疾人个体就业和自愿组织起来就业，可以因地制宜、因人而异、机动灵活，这是社会主义市场经济条件下残疾人就业的一种有效形式，要大力扶持。

工商行政管理、税务等有关部门要根据《残疾人保障法》和有关税收法律、法规的规定，制定、完善扶持残疾人个体就业和自愿组织起来就业的优惠政策，在核发营业执照、办理有关手续、减免税费和落实经营场地等方面给予优先和照顾。

残疾人就业服务机构要认真做好扶持残疾人个体就业和自愿组织起来就业的工作，在选择项目、申办营业执照等方面积极、主动地做好服务，并帮助他们解决生产经营过程中遇到的困难。要积极协助有关部门，按照国务院《社会保险费征缴暂行条例》的规定，逐步将从事个体就业和自愿组织起来就业的城镇残疾人纳入社会保险范围。

六、扶持农村残疾人参加生产劳动

我国农村残疾人约有4800万，占残疾人总数的80%。目前，农村仍有近千万残疾人尚未解决温饱。组织农村适合劳动的残疾人参加生产，帮助他们解决温饱，摆脱贫困，并逐步致富，是残疾人劳动就业工作十分重要的组成部分。

各地区要按照《国家八七扶贫攻坚计划》和《残疾人扶贫攻坚计划（1998—2000年）》及相关文件的要求，做好农村贫困残疾人的扶贫工作，力争在本世纪末基本解决他们的温饱。对于已经解决温饱的农村残疾人，县（市、区）、乡（镇）人民政府要针对他们的特点，结合本地实际，选择适合的项目，组织他们参加种植业、养殖业和家庭手工业等多种形式的生产劳动。

各地在规划和发展小城镇时，应积极吸纳农村残疾人就业，乡镇企业和村办企业也应按比例安排残疾人就业。

七、以发展盲人按摩为重点，积极帮助盲人就业

盲人就业是各类残疾人就业的难点之一。盲人触觉灵敏、精力集中，十分适宜从事按摩工作。要认真贯彻、落实原劳动部、工商局、中国残联《关于做好盲人保健按摩职业技能培训、鉴定及就业工作的通知》和人事部、卫生部、中医药局、中国残联《关于盲人医疗按摩人员评聘专业技术职务有关问题的通知》精神，切实做好盲人按摩人员特别是保健按摩人员的培养、培训和就业工作。

饭店、浴室、保健康乐机构、美容美发场所等有按摩业务的服务行业和社会医疗机构的按摩、推拿科室，应优先录用具有按摩技术并持有相应资格证书的盲人按摩人员。

地方各级人民政府有关部门要采取具体措施扶持盲人按摩人员举办个体、私营及其他形式的按摩机构；鼓励、扶持社会力量开办盲人按摩院、所，集中安排盲人按摩人员就业。

要积极探索、拓展适合盲人特点的就业领域，促进盲人就业。

八、切实做好下岗残疾职工基本生活保障和再就业工作

《中共中央、国务院关于切实做好国有企业下岗职

工基本生活保障和再就业工作的通知》(中发〔1998〕10号)指出:“要尽量避免全国及省(部)级劳动模范、烈军属、残疾人下岗。”各地区要按照这一要求,切实加强宏观调控,尽量避免残疾职工下岗,并积极帮助下岗残疾职工实现再就业。

地方各级人民政府和有关部门要对残疾职工给予特别关注。要进行专题研究,制定专门政策和措施,避免残疾职工下岗。除停产、实施兼并和宣布破产的企业外,其他有生产任务的企业,一般不安排残疾职工下岗。

对已下岗的残疾职工,有关部门和企业要切实保障其基本生活,并按规定缴纳社会保险费。积极组织残疾职工参加再就业培训,优先推荐就业。

要关心离退休残疾人的生活,保证其养老保险金及时足额发放。

各级残联要积极协调有关部门做好工作,避免残疾职工下岗,并督促、帮助企业落实下岗残疾职工的基本生活保障和再就业,对违反国家政策或拒不执行有关规定的,要向有关部门反映并及时解决。

九、健全、完善残疾人就业服务机构,为残疾人就业提供全面服务

各级残联所属残疾人就业服务机构,是为残疾人就业提供服务的专门机构,是劳动就业服务体系的组成部分,在同级劳动和社会保障部门的指导下开展工作。

地方各级人民政府和有关部门,要重视和支持残疾人就业服务工作,按照残疾人事业“九五”计划纲要的要求,结合劳动就业工作,加强残疾人就业服务机构的建设,为其开展工作提供必要的条件。

各级残疾人就业服务机构,要加强内部管理,完善职能,为残疾人提供切实有效的服务。

十、大力开展职业培训,提高残疾人职业技能

提高残疾人职业技能和生产技术,是残疾人实现就业的重要条件。地方各级人民政府的有关部门,要重视残疾人的职业培训工作,将残疾人的职业培训纳入整体职业教育和职业培训计划,加强领导,大力支持,努力提高培训质量。

政府各有关部门所办的职业培训机构,应将残疾人纳入培训计划随班培训,可根据市场需要和残疾人的具体情况单独开设培训班;残疾人职业教育培训机构应具备特殊的培训手段和条件,为在普通培训机构中难以接受培训的残疾人提供培训;其他职业培训机构,也应接收残疾人参加培训。各类职业培训机构对生活困难的残疾人,应酌情减免培训费。

政府各有关部门及企业事业组织和社会团体,要切实抓好本部门、本系统、本单位在岗与转岗残疾职工的职业培训,并为其在培训或进修期间的学习、生活提供保障。

农村残疾人职业培训以乡(镇)为单位,依托当地各种形式的实用技术培训和科技扶贫活动,随班培训或单独设班培训。

十一、加强领导,密切配合,把残疾人就业工作提高到一个新水平

残疾人劳动就业是我国劳动事业和残疾人事业的重要组成部分,关系到几千万残疾人的基本权利和切身利益,意义重大,任务艰巨。地方各级人民政府和有关部门要高度重视,按照国家有关法律、法规和政策,做好残疾人就业工作。

地方各级人民政府要从当地实际情况出发,制定当前和今后一个时期残疾人就业的规划,明确目标、任务和扶持措施并督促、检查和落实;各有关部门和残联要按照各自工作职责,分工协作,密切配合,共同做好残疾人就业工作;要加强残疾人就业的法制建设,制定、完善扶持残疾人就业的政策和法规;要将残疾人就业纳入当地行政执法检查和劳动监察范围,发现问题及时解决,保障残疾人劳动权利的实现;要加强宣传,使全社会了解残疾人就业的方针、政策,理解残疾人的困难,支持、帮助残疾人就业。

中国贸促会慰问并捐助台湾地震灾区

9月21日台湾发生强烈地震以来,祖国大陆民间经贸团体中国国际贸易促进会、海峡两岸经贸协调会深感震惊和担忧,连日来不断电话联络台湾有关经贸团体,表达对震区同胞的关切和慰问。

贸促会会长俞晓松致函台湾海峡两岸商务协调会会长张平沼先生和台北世界贸易中心董事长林振国先生,表达关切和慰问,并对台北世贸中心部分馆舍因地震受损的情况表示关心。

日前,中国国际贸易促进会、海峡两岸经贸协调会联合在京的有关经贸单位,向台湾地震灾区捐款15万元人民币,以表达祖国大陆经贸界援助台湾受灾同胞的情谊。这笔捐款将通过中国红十字总会转交台湾方面。

10月1日

首都各界庆祝中华人民共和国成立50周年大会在北京天安门广场隆重举行

50万各族军民以盛大的阅兵仪式和群众游行，欢庆这一节日。

修缮一新的天安门城楼金碧辉煌，宏伟壮观。城楼红墙中央，悬挂着共和国的缔造者毛泽东的彩色画像。人民英雄纪念碑前，竖立着伟大的革命先行者孙中山先生的画像。两侧是红底白字的巨大标牌“庆祝中华人民共和国成立50周年”、“高举邓小平理论伟大旗帜迈向新世纪”。

广场上空飘浮着34个大红灯笼造型的气球。2个直径为7米的气球，悬挂五彩缤纷的花篮，象征50年来我国各项事业发展迅速，硕果累累，欣欣向荣，生机勃勃。其余的32个气球，分布在广场四周，象征全国各省、自治区、直辖市各族人民的团结和统一。广场上林立的彩旗迎风招展，10万名少先队员、青年学生手持花束，组成红底黄字的巨幅“国庆”字样的图案。

上午9时58分，在迎宾乐曲声中，党和国家领导人江泽民、李鹏、朱镕基、李瑞环、胡锦涛、尉健行、李岚清来到天安门城楼主席台。

10时，中共中央政治局委员、中共北京市委书记贾庆林宣布庆典开始。在50响的隆隆礼炮声中，200名国旗护卫队官兵组成的方队，以铿锵的脚步从人民英雄纪念碑前沿红色地毯向广场北端的旗杆行进。随后，由1000多人组成的中国人民解放军联合军乐团奏响中华人民共和国国歌的旋律，全场肃立高唱国歌，鲜艳的五星红旗冉冉升起。

身着中山装的国家主席江泽民乘国产红旗牌检阅车，在雄壮的军乐声中，穿过天安门城楼、跨过金水桥、驶上长安街，在阅兵总指挥、北京军区司令员李新良的陪同下，检阅了由42个威武雄壮、军容严整、装备精良、精神抖擞的人民解放军陆海空三军和人民武装警察部队、民兵预备役部队组成的地面方队。

这是江泽民第一次在天安门广场检阅三军部队。

检阅部队后，江泽民登上天安门城楼发表了讲话。

10时36分，阅兵分列式开始。由中国人民解放军仪仗大队组成的仪仗方队护卫着中国人民解放军军旗走在最前面。随后，来自陆军、海军、空军、武装警察部队、民兵预备役的1万多名官兵和400多台战车、火炮、各种导弹等，分别组成16个徒步方队和25个车辆方队，通过天安门广场，11时5分，广场上空响起巨大的轰鸣声，以空军航空兵为主体，陆军、海军航空兵联合组成的10个空中梯队低空飞过天安门广场，拉出一道道绚丽的彩烟。

当战略导弹方队最后通过时，全场掌声经久不息。

在《歌唱祖国》乐曲声中，群众游行队伍紧随受阅部队精神抖擞地向广场进发。在“国旗”，“国庆、年号”，“国徽”3个仪仗队方阵后，游行队伍依次展示“开国·创业”、“改革·辉煌”、“世纪·腾飞”3个主题，游行队伍行进中，广场上的背景变换出“祖国万岁”，“改革开放”，“科教兴国”，“奔向新世纪”，“民族团结”，“一国两制”，“祖国统一”，“和平发展”，“祖国明天更美好”等字样和图案。

最后一辆以“奔向未来”为主题的巨型彩车驶过广场，14000名手持鲜花和气球的少先队员高唱《中国少年先锋队队歌》向前行进，方阵来到天安门城楼前，万只五彩气球腾空而起，5万羽和平鸽飞向高空，少先队员们欢呼着涌上金水桥。

12时5分，国庆50周年庆典活动结束。

在天安门城楼上参加庆典的还有：

丁关根、田纪云、李长春、李铁映、吴邦国、吴官正、迟浩田、张万年、罗干、姜春云、钱其琛、黄菊、温家宝、谢非、曾庆红、吴仪、万里、乔石、宋平、刘华清、荣毅仁、薄一波、邹家华、帕巴拉·格列朗杰、王光英、程思远、布赫、铁木尔·达瓦买提、吴阶平、彭珮云、何鲁丽、周光召、曹志、丁石孙、成思危、许嘉璐、蒋正华、司马义·艾买提、王忠禹、肖扬、韩杼滨、叶选平、杨汝岱、王兆国、阿沛·阿旺晋美、钱伟长、卢嘉锡、任建新、宋健、李贵鲜、陈俊生、张思卿、钱正英、丁光训、孙孚凌、霍英东、马万祺、朱光亚、万国权、胡启立、陈锦华、赵南起、毛致用、白立忱、经叔平、罗豪才、张克辉、周铁农、王文元；

李德生、张劲夫、段君毅、黄华、黄火青、习仲勋、彭冲、廖汉生、王芳、谷牧、杨成武、吕正操、马文瑞、王恩茂、郑天翔、刘复之、杨白冰、王汉斌、张震、倪志福、陈慕华、费孝通、孙起孟、雷洁琼、李锡铭、王丙乾、赛福鼎·艾则孜、洪学智、胡绳、邓力群、张廷发、韩光；

香港特别行政区行政长官董建华，澳门特别行政区首任行政长官何厚铧；

中央军委委员傅全有、于永波、王克、王瑞林、曹刚川、郭伯雄、徐才厚。

在京的中共中央委员、候补中央委员，原中顾委委员，中纪委常委，在京的全国人大常委会委员、全国政协常委，香港特别行政区、澳门地区全国人大常委会委员、全国政协常委，中央党政军群各部门主要负责人，北京市主要负责人，各民主党派中央、全国工商联主要负责人，担任过中央党政军群各部门领导职务的老干部，已故党和国家主要领导人和元帅的夫人，香港特别行政区知名人士等。

在城楼下各个观礼台观礼的有：中央党政军群各部门负责人，在京的老同志代表，在京的党的十五大代表、中纪委委员、全国人大代表、全国政协委员，香港特别行政区、澳门地区全国人大代表、全国政协委员，各民主党派、全国工商联在京中央委员、无党派人士代表，各民主党派中央常委，全国著名劳动模范代表，全军英雄模范代表，全国著名优抚对象代表，全国公安保卫战线英模代表，少数民族代表，在京科学院院士、工程院院士，优秀留学人员代表，香港特别行政区、澳门地区各界人士国庆观礼团和有关人士代表，台湾同胞，海外华人、华侨代表，首都各界代表。

各国驻华使节，在京的外国友人，帮助我国工作的外国专家也参加了国庆典礼。

国家主席江泽民在庆祝中华人民共和国成立五十周年大会上发表讲话

全国同胞们，

同志们，朋友们：

今天，我们在宏伟的天安门广场，隆重庆祝中华人民共和国成立五十周年。这是全国各族人民的盛大节日，也是检阅我们成就和力量的庄严典礼。

我代表党中央、全国人大、国务院、全国政协和中央军委，向一切为祖国的独立、统一、民主、富强建立了功勋的革命先辈和烈士们，表示深切的怀念！向全国各族人民和海内外爱国同胞，致以热烈的节日祝贺！向关心和支持中国发展的外国友人和世界人民，表示诚挚的感谢！

五十年前的今天，毛泽东主席在这里向世界宣告了新中国的诞生。中国人民从此站起来了，中华民族的发展进入了一个崭新的时代。

十五年前的今天，邓小平同志在这里向世界宣告了中国人民正沿着改革开放的道路阔步前进，中国社会主义建设的航船将乘风破浪地驶向现代化的光辉彼岸。

经过五十年特别是改革开放二十年来艰苦卓绝的奋斗，昔日积贫积弱的中国发生了翻天覆地的历史巨变。勤劳、勇敢、智慧的中国人民在党的领导下，在古老的华夏大地上创造了举世惊叹的人间奇迹。

实践已经充分证明，只有社会主义才能救中国，只有社会主义才能发展中国。实践也充分证明，建设有中国特色社会主义，是实现中国经济繁荣和社会全面进步的康庄大道。

人类又来到一个新的世纪之交和新的千年之交的重要时刻。这是人们回顾过去征程与业绩、展望未来发展与前景的美好时刻。

从上世纪中叶到本世纪中叶，中国人民经过一百年的浴血斗争，终于实现了民族独立和人民解放，根本改变了自己的命运。从本世纪中叶到下世纪中叶，中国人民经过一百年的艰苦创业，将基本实现社会主义现代化。中华民族将以更加强劲的英姿屹立于世界民族之林。

我们伟大的祖国已经走过了五千年的历程。在五千年的历史长河中，中华民族以自己的聪明才智和卓越创造，为世界文明作出了不可磨灭的贡献。在新的千年中，中华民族必将以自己新的灿烂成就，为世界文明作出更大的贡献。

我们将继续坚持党的基本理论、基本路线、基本纲领，依靠全国各族人民的力量，在新的世纪里不断谱写建设有中国特色社会主义的新篇章。

我们将继续坚持“和平统一、一国两制”的方针，在实现香港和澳门顺利回归以后，最终完成台湾与祖国大陆的统一。实现祖国的完全统一和维护祖国的安全，是中华民族伟大复兴的根本基础，也是全体中国人民不可动摇的坚强意志。

我们将继续坚持独立自主的和平外交政策，在和平共处五项原则的基础上发展同所有国家的友好合作关系。中国人民始终同广大发展中国家和世界各国人民站在一起，为反对霸权主义和推进世界多极化，推动建立公正合理的国际政治经济新秩序，促进世界和平与发展的崇高事业而不懈努力。

奋斗就会有艰辛，艰辛孕育新的发展。这是一个普遍规律。中国的未来是无限光明的。让我们高举马克思列宁主义、毛泽东思想、邓小平理论的伟大旗帜，朝着辉煌的目标奋勇前进！一个富强民主文明的社会主义现代化中国必将出现在世界的东方。

伟大的中华人民共和国万岁！

伟大的中国共产党万岁！

伟大的中国人民万岁！

北京举行盛大国庆联欢晚会

首都各族各界群众在天安门广场上举行联欢，庆祝新中国成立50周年。

党和国家领导人江泽民、李鹏、朱镕基、李瑞环、胡锦涛、尉健行、李岚清登上天安门城楼，与人民群众共度节日之夜。

《人民日报》发表社论《祖国万岁——热烈庆祝中华人民共和国成立50周年》

中国与俄罗斯就中俄建交50周年领导互致贺电

在中华人民共和国成立50周年之际，中国和俄罗斯领导人就10月2日两国建交50周年，相互致电，表示热烈祝贺。

中国国家主席江泽民给俄联邦总统叶利钦的贺电说，“1949 年 10 月 2 日——中华人民共和国成立的第二天，苏联即率先与我国建立外交关系”。“我们高兴地看到，中国和俄罗斯这两大邻国之间的关系不仅稳健地走上了正常的轨道，而且日趋成熟，业已建立的平等信任的战略协作伙伴关系不断得到巩固和发展”。江泽民指出，实践证明，中俄保持睦邻友好和互利合作不仅符合两国和两国人民的根本利益，而且也有利于地区和世界的和平与稳定。

叶利钦总统给江泽民主席的贺电说，过去几十年的经验证明，俄中两国加强睦邻友好、开展平等信任对话的方针极其必要，它完全符合俄中两国人民的根本利益。叶利钦指出，俄中战略协作伙伴关系是促进建立多极化世界、保障亚洲及世界和平与发展的重要因素。他说：“今天的中国已成为一个强盛、迅猛发展的大国，国际社会都愿认真听取你们的权威性意见。改革开放政策所取得的成就大大提高了中国人民的生活水平。”

中国全国人大常委会委员长李鹏、中国政府总理朱镕基也同俄联邦委员会主席斯特罗耶夫和俄联邦政府总理普京分别互致了贺电，俄国家杜马全体代表还致电李鹏委员长和中国全国人大全体代表表示祝贺。

中国驻俄罗斯大使武韬在大使馆举行午宴，庆祝中俄建交 50 周年，俄政府总理普京应邀出席宴会。

中央军委主席江泽民通令嘉奖参加国庆受阅部队全体指战员

江泽民发布嘉奖令，通令嘉奖参加国庆受阅的陆、海、空三军，武装警察部队和民兵、预备役部队全体指战员。

嘉奖令说，在伟大的中华人民共和国成立 50 周年庆典活动中，你们作为人民共和国武装力量的代表，光荣地接受了祖国和人民的检阅，向世界展示了我军革命化、现代化、正规化建设的巨大成就，展示了我军威武之师、文明之师、胜利之师的崭新风貌，展示了我军维护祖国安全与统一，促进世界和平与发展的坚强决心和强大力量。亿万人民看到我军严整强大的阵容和磅礴威武的气势，极大地振奋了民族精神，鼓舞了爱国热情，更加坚定了把建设有中国特色社会主义伟大事业全面推向 21 世纪的信心和决心。

嘉奖令指出，为高标准、高质量地完成国庆阅兵任务，一年多来，受阅部队坚决贯彻执行党中央、中央军委的决策指示，不负重托，不辱使命，做了大量艰苦细致的工作。各级领导把阅兵作为振我国威军威、凝聚民心军心的政治任务，精心准备，精心组织，精心指挥，狠抓落实，表现出了极大的政治热情。广大受阅官兵始终瞄着一流的标准和水平，不怕苦累，不怕困难，严格训练，严格要求，表现出了顽强的拼搏精神。各受阅单位服从命令，听从指挥，互相支持，密切协同，表现出了很强的大局观念。担负阅兵保障任务的同志们，不计得失，不图名利，默默无闻，埋头苦干，表现出了过硬的思想作风。为了表彰参加受阅的陆海空三军、人民武装警察部队和民兵、预备役人员，中央军委决定，特给予通令嘉奖。

嘉奖令号召，全军指战员要认真向受阅部队学习，把这次阅兵的成功经验运用到部队建设中去，进一步推动我军建设的全面发展。要大力加强思想政治建设，始终不渝地坚持党对军队的绝对领导，坚决听从党中央的指挥，永葆人民军队的性质、宗旨和本色。要坚持以新时期军事战略方针统揽全局，继续贯彻科技强军战略，努力造就高素质的新型军事人才，大力推进军队的质量建设。要时刻保持高度警惕，不断提高官兵的军政素质，努力增强我军在现代技术特别是高技术条件下的防卫作战能力，随时准备为维护国家主权和领土完整，实现祖国统一，维护民族尊严履行神圣职责。要深入开展拥政爱民、拥军优属活动，积极参加国家经济建设和抢险救灾斗争，为社会主义物质文明和精神文明建设再立新功。要发扬我军优良传统，贯彻改革创新精神，按照“政治合格、军事过硬、作风优良、纪律严明、保障有力”的总要求，积极推进军队的各项建设和改革。全军上下要在党中央、中央军委的统一领导下，同心同德，团结一致，锐意进取，为把我军建设成为一支强大的革命化、现代化、正规化军队，胜利迈向 21 世纪而努力奋斗！

中央电视台以地面数字节目传输方式在天安门广场向北京地区成功转播国庆庆典情况

经国务院批准《中华人民共和国居民身份证条例实施细则》进行了重新修订公安部部长贾春旺签发命令予以发布自今日起施行

此次修订居民身份证条例实施细则，新增加了一条规定，即“居民身份证的编号使用公民身份号码。户口登记机关在为公民办理出生登记时，按照 GB11643—1999《公民身份号码》国家标准，为公民编制公民身份号码。”并将有关条款修改为“居民身份证式样和制证工艺以及申领居民身份证应当填写的《常住人口登记表》和公民身份号码编号工作使用的《公民身份号码顺序码登记表》，由公安部制定”。此外，还对有关内容进行了修改。

10月2日

党和国家领导人江泽民 李鹏 朱镕基 李瑞环分别到劳动人民文化宫 中山公园 北海公园 天坛公园参加国庆游园

国务院总理朱镕基应邀出席俄罗斯驻华使馆为庆祝中俄建交五十周年举行的招待晚会

朱镕基在同俄罗斯驻华大使罗高寿交谈中，对两国人民的这一共同节日表示祝贺。他说，中俄两国已经建立起了平等互信的战略协作伙伴关系。近年来，两国关系不断发展，合作领域不断拓宽，希望两国各个领域的合作在互信、互利、互惠的基础上更快地发展。

唐家璇外长和罗高寿大使分别在招待会上致辞，对两国建交五十周年表示热烈祝贺，并高度评价近年来中俄友好合作关系的发展。

出席招待会的还有：国务委员兼国防部部长迟浩田，中联部部长戴秉国，全国人大外事委员会主任曾建徽，中俄友好、和平与发展委员会中方主席黄毅诚，铁道部部长傅志寰，外经贸部部长石广生，中科院院长路甬祥，北京市市长刘淇等有关部门的负责人。

国务院副总理李岚清在清华大学与教育科研人员座谈

李岚清参观近日刚落成的清华大学高等研究中心，同校内外的教授、专家、学者和有关部门的负责人进行座谈。他希望清华大学在基础科学和应用科学方面都有一个新的发展，老一辈教授、专家、学者要发挥清华大学的优良传统，并带领全校师生在创新的道路上作出更大的努力。

清华大学高等研究中心近日落成。它是为加强清华大学的基础研究、培养创新人才而兴建的，新建的理科楼群将为数学、物理、化学、生物等基础研究系科、专业提供良好的研究环境与条件。李岚清在这里详细地观看了各个实验室、研究室，了解了正在进行的一些科研项目，并与教师、科研人员交谈。

在随后举行的座谈会上，著名物理学家、清华大学高等研究中心名誉主任杨振宁，科技部部长朱丽兰，中国科学院院长路甬祥，国家自然科学基金委主任张存浩，清华大学校长王大中等就办好高等研究中心、做好科技工作发表意见和建议。

李岚清在讲话时指出，发展科学技术，有几方面的工作要进一步做好，第一，各学科之间、科研和教育部门之间必须紧密合作，协调配合，集中力量，协同攻关。过去的"两弹一星"就是各方面团结协作的成果，今后团结协作的精神要进一步发扬；第二，老一辈科学家、专家、学者、教授要支持有造诣的青年人，把他们推到带头进行科学研究攻关的前沿，支持他们的创意与工作，鼓励他们探索新的领域，取得新的突破；第三，要发挥我们人才济济的优势，必须建立一个有效的机制，在充分发挥现有科技工作者创造性和积极性的同时，积极吸引海外留学人员回国工作或以其他方式进行合作，要为他们创造好工作、学习、生活的环境与条件，更好地发挥他们的聪明才智。

李岚清强调，科学技术发展的基础是基础研究，因此，我们必须有重点地加强基础科学研究工作。基础研究方面的许多重大成果，可以促进科学技术跨越式发展。从事应用科学研究的科研人员要树立为经济建设和社会发展服务的强烈意识，研究开发的课题要面向社会和市场的需要。清华大学在应用科技研究开发上有很多优势，要为我国国民经济和社会发展作更大的贡献。

李岚清指出，现代科技的发展，需要三种人才的配合：一是科技人员，二是经营管理人员，三是政府工作人员。这三种力量的结合，才能更好地推动科技工作的发展，才能使邓小平同志提出的"科学技术是第一生产力"的科学论断变为现实生产力，推动经济和社会的发展。

李岚清还会见前来参加清华大学高等研究中心落成典礼的著名科学家李政道先生。

全国政协副主席朱光亚，中国国际人才交流协会理事长张劲夫，国务院有关部门和北京市的负责人万学远、吕福源、周远清、徐锡安等也出席了座谈会和清华大学高等研究中心落成典礼。

中国红十字总会准备赴台湾参与地震救助

台湾地震发生后，中国红十字总会迅速组成了几支具有精湛的医术和丰富救援经验的医护人员组成的赴台医疗队，准备赴台救死扶伤。

这些医疗队中有北京协和医院高文华教授为领队的医疗队，成员有基本外科赵玉沛教授、骨科王以朋副教授、胸外科张志庸教授、脑外科杨义副教授、泌尿外科肖河主任医师、麻醉科徐建青主治医师、感染内科秦树林副教授、心胸外科主管护师王秋俐和手术室护士蒲霞。

北京红十字会急救中心组成了以王雅平为领队的医疗队，成员包括骨科副主任医师王跃庆、外科主任医师李松岩、外科副主任医师贡保海和纪亚明、脊柱外科主任医师柴胜云、骨外科副主任医师于连正、护士陈静等人。

中国红十字总会上海华山医院组成了以泌尿外科

教授张元芳为领队的医疗队。

中国红十字总会南京医院组成了以伍贻和为领队的医疗队。

福建省红十字会福建医大附属第一医院和协和医院、省立医院也组成了由骨科、外科、神经外科和普外科主任医师、副主任医师和护师10人的赴台医疗队以及由6名长期从事寄生虫、流行病、传染病等防治,具有丰富的临床经验的专家组成的防疫队伍。

上述医疗队整装待发,一俟得到台湾方面的同意,将携先进的急救医疗器材和药品奔赴台湾灾区,为台湾受灾同胞解除痛苦。

10月3日

中央民族工作会议在北京闭幕

中共中央政治局常委、全国政协主席李瑞环主持会议。

中共中央政治局常委、国务院总理朱镕基在闭幕会上发表讲话。

朱镕基指出,这次中央民族工作会议,是一次继往开来的民族团结进步的盛会,会议以邓小平理论和党的十五大精神为指导,从国家长治久安和振兴中华民族的战略高度,对我国面向新世纪的民族工作作出了重要部署。江泽民总书记在这次会议上的重要讲话,是我国进一步做好民族工作的纲领,我们一定要深刻领会精神,坚决贯彻落实。要以这次会议为动力,抓住机遇,奋发进取,扎实工作,努力开创民族工作的新局面,把我国的民族团结进步事业推向新世纪。

朱镕基说,贯彻这次会议精神,首先要进一步提高认识。我国是统一的多民族国家,做好民族工作,推进民族团结进步事业,不仅是一个重大的经济问题,也是一个重大的政治问题。无论是从国内情况还是从国际环境看,都要求我们把做好民族工作放在更加重要的位置。新中国成立50年特别是改革开放20年来,由于我们党和国家实行了正确的民族政策与制度,我国民族团结进步事业取得了举世瞩目的成绩,少数民族和民族地区发生了历史性的深刻变化。现在,我国各个民族在政治和其他一切权利上是完全平等的,但是由于历史和自然地理等因素的制约与影响,一些少数民族和民族地区的经济社会发展水平还相对落后。必须认识到,如果没有少数民族和民族地区的经济繁荣和社会进步,就没有整个国家的兴旺发达和文明昌盛,没有少数民族和民族地区的现代化,也就没有全中国的现代化。在当今复杂多变的国际环境下,切实做好民族工作,对于增强中华民族凝聚力、维护祖国统一尤为重要。

朱镕基强调,进一步做好民族工作的关键,是要加快少数民族和民族地区的发展,特别是要把经济搞上去。这是广大少数民族干部群众的迫切愿望,也是实现各族人民共同富裕、解决民族问题的根本途径。我国各民族团结进步事业有现在这样的好局面,最重要的就是我们党和政府在保证各民族一切权利平等的同时,真心诚意地帮助少数民族和民族地区发展经济。朱镕基说,党中央高瞻远瞩,把握大局,审时度势,提出了加快中西部地区发展特别是实施西部大开发的战略决策,这为少数民族和民族地区加快发展提供了重要的历史机遇。对此,我们要有高度的历史责任感和紧迫感,同时又要从实际出发,按客观规律办事。从现在起,就要抓紧研究和制定规划,采取更加有力的措施,有步骤、分阶段地达到目标。

朱镕基指出,要加快少数民族和民族地区的发展,必须着力抓好以下几个方面。一是继续增加民族地区基础设施建设,特别要加快公路、铁路等交通运输建设,着力搞好水资源开发和综合利用,进一步加强能源和通信建设。二是充分发挥优势,扬长避短,大力发展各具特色的民族地区经济。坚持以市场为导向,积极调整和优化产业结构,努力培育新的经济增长点。要加快农业结构调整,加强牧区建设,合理开发矿产资源,大力发展旅游业和第三产业,特别要培育和发展能够发挥当地资源优势的支柱产业。三是高度重视和切实抓好天然林保护工程与生态环境建设。这是实施西部大开发战略,加快民族地区发展的一项重大步骤,也是全国实现可持续发展的重要举措。有关部门和地区一定要下更大的决心,制定和实施行之有效的政策措施,持之以恒地把这项工作抓紧、抓实、抓好。四是要进一步加大对少数民族地区的扶贫攻坚力度。坚持以解决温饱为中心,以改善基本生产生活条件和发展种养殖业为重点,把扶贫的目标和措施真正落实到贫困村、贫困户。五是认真实施科教兴国战略。要采取多种措施加快民族地区教育事业的发展,大力培养少数民族各类人才。要积极促进科技成果向民族地区转移,提高民族地区转化科技成果和科技创新能力。进一步发展医疗卫生事业。结合少数民族的实际,搞好计划生育和优生优育工作。保护和开发少数民族文化资源,继承和弘扬少数民族优秀文化传统。

朱镕基指出,要积极为加快民族地区的发展创造条件。认真落实国家对少数民族和民族地区的优惠政策,进一步增加对民族地区开发和建设的投入,继续在民族地区优先安排基础设施建设和资源开发项目;随着国家财力的增强,逐步加大中央财政对民族地区转移支付的力度。要继续加强发达地区对民族地区的对口支援与合作，认真总结经验，巩固已有成果，开拓新的内容和方式。要建立有利于各类人才到民族地区工作的激励机制，鼓励大专院校毕业生到西部地区和民族地区工作。民族地区要加快改革开放步伐，大力发展社会主义市场经济，提高生产的商品化和社会化程度，增强经济发展的生机和活力。要进一步鼓励国内外投资者到民族地区投资和开发。采取有效措施，积极促进边境贸易的进一步活跃和发展。

朱镕基强调，实现少数民族和民族地区的全面振兴和发展，归根到底要靠民族地区广大干部群众自力更生、艰苦奋斗。要坚定信心，自强不息，迎难而上，开拓进取。

最后，朱镕基强调，加强民族团结，维护祖国统一，是全国各族人民的根本利益所在，也是加快民族地区发展的根本前提和重要保障。我们要坚持和完善民族区域自治制度，保障民族自治地方的自治权利和各民族的平等权利。要注意及时化解和正确处理各民族和民族地区的人民内部矛盾，坚决依法打击民族分裂主义分子的破坏活动。要加强民族法制建设，推进依法行政，从法律和制度上保证党的民族政策的贯彻落实。特别要大力培养德才兼备的少数民族干部队伍，既要注意扩大数量，更要注重提高素质，改善结构，充分发挥他们在发展民族经济、维护民族团结、促进社会进步的带头作用。

10 月 4 日

中共中央国务院通报表彰筹备组织首都国庆活动的单位和人员

通报说，今年 10 月 1 日，是中华人民共和国成立 50 周年纪念日。首都北京举行了盛大的庆祝大会、阅兵式和群众游行，举行了国庆联欢晚会。9 月 30 日晚，国务院举行了盛大的国庆招待会。国庆节前后，还举行了庆祝人民政协成立 50 周年大会，举办了新中国成立 50 周年成就展，举办了大型文艺晚会《祖国颂》，举行了游园活动。10 月 1 日的阅兵式，受阅部队威武雄壮、军容严整、装备精良，以坚定有力的步伐、勇往直前的英姿、铁甲战机的轰鸣，展示了我军空前的阵容和一流的训练水平，展示了我军革命化、现代化、正规化建设的巨大成就，展示了我军威武之师、文明之师、胜利之师的风貌，展示了共和国钢铁长城维护祖国安全与统一、促进世界和平与发展的坚强决心和强大力量。10 月 1 日的群众游行队伍，阵容庞大，情绪饱满，斗志昂扬，活泼有序，充分反映了新中国成立 50 年来特别是改革开放 20 年来在毛泽东、邓小平、江泽民同志为核心的党的三代中央领导集体的领导下发生的翻天覆地的变化，体现了我国政治稳定、经济发展、民族团结、社会进步和国际地位日益提高的大好形势，表现了全国各族人民奋发向上、满怀豪情迈向新世纪的精神风貌。10 月 1 日晚上的联欢晚会，场面恢宏，流光溢彩，载歌载舞，龙腾虎跃，歌声、笑声与绚丽多姿的礼花交融在一起，充分表达了 56 个民族共祝祖国大家庭繁荣昌盛的美好心愿。新中国成立 50 周年成就展运用直观、形象、生动的形式，采用各种现代化手段，多方面地展示了新中国成立 50 年来发生的巨大变化，特别是党的十一届三中全会以来改革开放和社会主义现代化建设的巨大成就。《祖国颂》大型文艺演出结构宏大、制作精美、气势磅礴、高潮迭起，给人以振奋，给人以激励，给人以力量。各省、自治区、直辖市和香港、澳门也举行了多种形式的庆祝活动。

通报说，首都北京举行的庆祝活动，在党中央、国务院的领导下，由首都新中国成立 50 周年庆祝活动领导小组及其筹备委员会具体承办。从 1998 年 5 月起，领导小组和筹委会就抓紧设计方案，组织力量，进行分工，具体落实。受阅部队从今年 5 月起集中训练，不怕疲劳，不怕流汗，严格要求，一丝不苟，很多战士脸上晒脱了皮，仍坚持苦练。参加游行和联欢晚会的群众，从今年 6 月开始，白天坚持工作上课，业余时间练习，特别是进入暑期后，大家不怕烈日烤晒，不怕风吹雨淋，一遍又一遍地演练。所有游行彩车，都精心设计，精心装配，既有本地本行业特色，又和别的彩车形成一个整体。组织新中国成立 50 周年成就展的各地区、各部门，热情高涨、通力合作、扎实工作，使整个展览达到了前所未有的水平。

筹委会及其各工作小组，紧密配合，各司其职，紧张工作，忙而有序。活动的组织工作设计得早，考虑得细，统筹兼顾，分工合作，紧密衔接，步调统一，现场组织得井井有条、整齐紧凑。宣传和新闻工作按照庆祝活动的总要求，有声有色，既注重气氛又注重实效，起了非常好的导向和宣传作用，在国内外产生了良好的影响，进一步激发了广大人民群众的爱国主义热情。安全保卫和警卫工作抓得早、抓得实，严密部署，精心组织，全体执勤人员坚守岗位、恪尽职守、连续作战，确保了安全，确保了各项庆祝活动的顺利进行。后勤保障工作有力及时，既满足庆祝活动的需要又注意了节俭。

通报说，北京市在首都庆祝活动中发挥了重要作用。市委、市政府高度重视，主要领导亲自抓，组织了得力的工作班子。从去年上半年开始，北京市投入了大量的人力、物力，紧锣密鼓地进行各项活动的筹备。市里周密部署，狠抓落实，认真检查，精益求精。全市各级党委、政府把筹备新中国成立 50 周年庆祝活动作为政治任务，提供了有力的思想保证和多方面的便利条件。首都庆祝活动的成功，与北京市卓有成效的工作是分不开的。

通报指出，首都北京新中国成立50周年的庆祝活动，组织得十分严密，进行得非常圆满，充分显示了国威、军威，振奋了党心、军心、民心，受到了国内外的高度评价和赞扬。党中央、国务院决定，对参加首都新中国成立50周年庆祝活动筹备和组织工作的单位和人员给予表彰。通报希望这些单位和人员再接再厉，把筹备和组织新中国成立50周年庆祝活动中表现出来的精神和干劲倾注到今后工作中去，把各项工作任务完成得更好；希望全党、全军、全国各族人民学习他们的精神和作风，更加紧密地团结在以江泽民同志为核心的党中央周围，高举邓小平理论的伟大旗帜，朝着跨世纪的辉煌目标奋勇前进！

《人民日报》发表社论《把民族团结进步事业胜利推向新世纪——热烈祝贺中央民族工作会议闭幕》

国务院副总理温家宝在河北考察

温家宝在河北省考察时指出，稳定和加强农业，是保持国民经济持续快速健康发展的基础，是国民经济结构调整的一项重大任务，也是开拓农村市场，扩大内需的重要措施。必须着力调整农业和农村经济结构，加强农业基础设施建设，努力增加农民收入，保持农业和农村经济的稳定发展，推进农村精神文明建设和农村社会全面进步。要发展农村好的形势，克服自然灾害等各种困难，继续做好农村各项工作，为明年农业增产、农民增收、农村稳定奠定好的基础。

10月4日至5日，温家宝在河北省委书记叶连松、省长钮茂生陪同下，到河北省张北、怀来县调查研究，检查抗旱工作，看望灾区群众，与农民和基层干部共同研究发展农业和农村经济的措施。

温家宝指出，经过20年的改革开放，我国农村面貌发生了翻天覆地的变化，农业和农村经济发展进入了一个新阶段。当前和今后一个时期的主要任务是：第一，加强农业基础设施建设，进一步提高农业综合生产能力。要加强以水利为重点的农田基本建设和以植树种草为主要内容的生态环境建设，努力改善生产条件和生态环境，增强抗御自然灾害的能力；大力推进科教兴农，提高科技对农业增长的贡献份额，提高农产品的科技含量和市场竞争力。第二，调整和优化农业结构，大力发展优质高产高效农业。要提高农产品质量和优化品种结构，压缩市场滞销品种的生产，扩大优质农产品生产，通过农产品优质化和转化增值提高农业综合效益；发展农产品精深加工，提高农产品附加值，创造新的市场需求。第三，采取综合措施，促进农民收入增长。增加农民收入是当前农村工作的一个突出问题，也是关系国民经济发展全局的一个重要问题。要把增加农民收入作为农业和农村经济发展的出发点和落脚点，从调整优化结构、提高质量效益、增加投入、开拓市场等方面采取综合措施，开辟农民增收的新途径和新领域。

今年我国北方部分地区发生严重干旱。温家宝实地察看了旱情，检查了抗旱工作。他说，干旱地区要紧急行动起来，做好当前的抗旱工作。一要广辟抗旱水源，大力推广节水措施；二要大搞以节水为中心的农田水利基本建设，提高抗旱能力；三要全力抗旱保秋播，争取秋冬作物一播全苗；四要安排好灾区群众的生产和生活，确保人畜饮水、群众口粮、农作物种子和牲畜饲草。

'99世界人居日全球庆典大会在大连举行

联合国秘书长安南为大会发来贺词。

今年世界人居日的主题是“人人共有的城市”。

外交部发言人朱邦造就国际救助台湾地震灾区问题答记者问

朱邦造回答新华社记者提问时说，9月21日，我国台湾地区发生百年罕遇的强烈大地震，造成重大人员伤亡和经济损失。地震发生当天，国家主席江泽民即对台湾受灾同胞表示亲切慰问，对遇难同胞表示沉痛哀悼，表示愿为减轻地震灾害损失提供一切可能的援助。中央政府及各界迅速作出反应，采取各种措施对台湾的救灾工作提供了帮助。

他说，国际社会对台湾大地震也极为关注，纷纷以发表谈话、向中国政府发函致电等方式，表达对受灾台湾同胞的慰问，表示愿意提供救灾协助。日本、美国、俄罗斯、法国、英国等近20个国家迅速派出救援队前往台湾受灾地区参加搜救工作；一些国家及国际组织也纷纷捐款捐物。世界各地华人、华侨也表示慰问，并捐款捐物。我们对国际上通过适当渠道进行的救援行动表示欢迎和感谢，并一直尽可能提供方便。

朱邦造说，为减轻台湾地区地震灾害并缓解受灾同胞的困难，中国政府曾考虑通过联合国启动国际救援行动，以使台湾受震地区得到一切可能的援助。联合国作为政府间国际组织，只能也必须按照其有关规定行事，在涉及其成员国救灾事务时须与主权国家政府协商并征得其同意。为能有效地提供援助，中国政府通过海协于9月24日致函台湾海基会询问台湾方面的需要。我方从海基会得到的答复是无此需要。在此情况下，中国政府遂向联合国表示，目前无须启动国际救援行动。联合国表示将根据有关规定按中国政府的要求行事。尽管联合国没有启动救援行动,这并不影响国际社会通过适当渠道对台湾地震灾区提供援助。目前情况表明,国际社会向台湾地区开展救灾行动、提供人道主义援助是有效的,也是畅通的。中国政府将继续同国际社会就有关救援事宜进行协调。

朱邦造表示,海峡两岸同胞,同为炎黄子孙,骨肉相连,台湾发生大地震牵动着祖国亿万同胞的心。中国政府有关部门一直努力落实江泽民主席的谈话,即"为减轻地震灾害损失提供一切可能的援助"。我们相信,在祖国和国际社会的关心和大力协助下,台湾同胞一定能够战胜地震灾害,渡过难关,重建家园。

10月5日

全国人大常委会委员长李鹏在四川进行立法调研并考察四川的国有企业

10月5日至8日,李鹏在中共四川省委书记、省人大常委会主任谢世杰,代省长张中伟的陪同下,先后在成都、乐山、绵阳等地进行了考察。10月8日上午,李鹏在成都邀请四川省委、省人大、司法机关的负责人和专家学者举行座谈会,听取大家对全国人大常委会关于对审判、检察工作中重大违法案件实施监督的规定草案的意见。

对这一法律草案,李鹏委员长已进行过多次立法调研。今年8月,九届全国人大常委会十一次会议对这个规定草案进行了初审。座谈会上,大家在发言中认为,制定这一法律,对于进一步做好人大的监督工作是十分必要的,是保证依法行使国家审判权、检察权的重要环节,是保障依法治国、建设社会主义法治国家的重要步骤。一些同志还从不同的角度对这一法律草案提出了具体意见。

在听取了大家的发言后,李鹏说,这些年来,地方各级人大在开展监督工作中积极探索,这次立法调研,主要是吸取地方人大积累的许多有益经验。李鹏说,我们正在建设的是有中国特色社会主义,这是一个探索和实践的过程。我们实行的是人民代表大会制度,而不是西方三权分立的议会民主制度,人大及其常委会除行使立法权外,还对"一府两院"实行监督。在立法工作方面要不断探索,要适应这一根本的政治制度。在监督工作方面先制定一些单项性的规定,条件成熟时,再制定综合性的监督法既符合法理,也符合中国的实际。

李鹏指出,人大的监督是一项十分严肃的工作。人大对司法机关进行监督,不是代行司法机关的职权,不影响司法机关在法律的范围内独立行使职权,从某种意义上讲,是启动司法机关自我监督的程序。

李鹏说,人大是在党委的领导下开展工作的。党委的领导和支持是做好人大监督工作的重要保证,各级党委要加强对人大监督工作的领导和支持。

绵阳的国有企业比较集中,开展"两个转变"的试点后,效果显著。10月7日,李鹏来到绵阳考察了这个市国有企业的改革情况。在长虹电子集团公司,李鹏参观了长虹电视系列产品展览室,还参观了新开发的空调生产线和电池生产线,与企业负责人就贯彻落实四中全会关于国有企业改革和发展的决定进行座谈。围绕产品结构、市场营销、售后服务、人才培养、技术创新和辩证地看待规模经营等问题,李鹏与大家交流了意见,并探讨了搞好国有企业改革、振兴民族工业的大计。

李鹏说,认真学习、深入贯彻落实四中全会精神是当前国有企业的主要任务。在社会主义市场经济条件下,要不断发展壮大国有企业,使国有企业不仅从数量上而且在关系国计民生的主要行业,始终处于主导地位。国有企业的改革要有所为有所不为。按照马克思主义的原理,经济基础决定上层建筑,上层建筑反作用于经济基础,国有企业搞好了,才能真正建设有中国特色的社会主义。他说,四川要贯彻落实四中全会精神,树立信心,结合四川的省情,扬长避短,振兴国有企业。长虹的实践证明,国有企业是完全能够搞好的。

10月7日,李鹏专程来到中国工程物理研究院,参观了有关院所的科研项目。他十分高兴地会见了研究院的专家代表和院领导,代表党和国家对40多年来为我国国防事业作出杰出贡献的科研人员表示诚挚的慰问和崇高的敬意。他说,一个国家的综合国力是由经济实力、科技发展水平、民族凝聚力3个要素所构成。中国工程物理研究院的科技研究人员多年来为我国的国防建设作出了巨大的贡献。正是由于你们的奉献,我们的国家才有今天的国际地位。我们要继续开展国防科学研究,不断开发新技术,使我国的国防事业得到更快的发展。李鹏说,你们工作的条件还比较艰苦,但你们的工作是非常有意义的,你们是一支有光荣传统的优秀队伍,要继续发扬"两弹一星"拼搏奉献精神,为国家作出新的贡献。

考察期间,李鹏还听取了四川省的工作汇报,对四川省近年来各方面工作取得的成绩予以充分肯定。他对四川的工作提出了4点建议:继续抓好"讲学习、讲政治、讲正气"的教育;努力搞好国有企业的改革;下大力气减轻农民负担,增加农民收入,搞好小城镇建设,开拓农村市场;充分利用四川丰富的旅游资源,发展多层次的旅游产业。他说,旅游业不但可以促进消费,促进地区经济的发展,而且可以丰富人民群众的精神文化生活，陶冶情操，使人们认识祖国的大好河山。他希望全省人民齐心协力、努力工作，把四川建成适应新世纪要求的天府之国。

随同李鹏委员长考察的有全国人大有关单位负责人侯宗宾、陈光毅、范敬宜、乔晓阳、姜云宝、吴文昌等。

全国城市建设工作会议在大连召开

国务院副总理温家宝致信大会，希望会议认真研究有关城市建设和管理的重大问题，学习大连等省市的先进经验，努力探索适应社会主义现代化要求的城市建设路子。

在会议上，建设部还命名了全国第五批国家园林城市(区)。它们是：青岛、濮阳、十堰、佛山、三明、秦皇岛、烟台、上海浦东区。据了解，自 1992 年建设部开展创建“园林城市”活动以来，先后有北京、合肥、珠海、大连等 19 个城市获此殊荣。20 位创建园林城市的优秀市长、37 位先进个人、48 个园林绿化先进城市(区)也受到表彰。

会议还同时表彰了第三批文明风景名胜区。它们是：衡山、五台山、九华山风景名胜区和南京钟山风景名胜区的南北麓景区、太湖风景名胜区的梅梁湖景区。

国务院总理朱镕基在深圳会见参加“高交会”来宾

朱镕基在深圳会见前来参加深圳“中国国际高新技术成果交易会”的海外来宾，并同他们进行交谈。

参加会见的海外来宾有日本前首相海部俊树，泰王国前总理差瓦立，澳大利亚驻华大使石励，香港特别行政区财政司司长曾荫权，越共中央委员、越中友协会长阮景营，美国朗讯公司光网络部总裁巴特斯，美国贝尔大西洋公司高级副总裁弗莱德里克·塞勒诺，美国国际商用机器公司大中华区总裁周伟昆，泰国正大集团董事长谢国民，美国国际数据集团总裁麦戈文，泰国驻穗总领事黄惠侍，古巴卫生部副部长万里那，美国朗讯公司贝尔实验室科学家、诺贝尔奖获得者霍斯特·斯托姆和朱棣文，著名物理学家牛满江，著名核物理学家梁超凡，台湾鸿海集团董事长、深圳富士康公司董事长郭台铭，香港科技大学校长吴家炜等 19 人。

中朝领导人就两国建交 50 周年互致联名贺电

国防部部长迟浩田在北京与马达加斯加武装力量部部长马塞尔·朗杰瓦举行会谈

首届中国国际高新技术成果交易会在深圳开幕

中共中央政治局常委、国务院总理朱镕基出席开幕式并致辞。

朱镕基说，当今世界，知识不断创新，科技突飞猛进，科技成果商品化、产业化日益加快，促进了全球经济的迅速发展，推动了世界产业结构的深刻调整，带动了国际贸易与合作的全面加强。如何适应新时期知识经济发展的新形势，迎接国际科技竞争的新挑战，已经成为世界各国面临的共同课题。

朱镕基指出，中国作为发展中国家，在实现现代化的历史进程中，依靠科技进步，加快经济发展的任务尤其紧迫。中国改革开放的总设计师邓小平同志提出了“科学技术是第一生产力”的著名论断。江泽民同志在党的十五大报告中进一步提出要把加速科技进步放在经济社会发展的关键地位，全面实施科教兴国的战略。朱镕基说，今年 8 月，中共中央、国务院专门召开了全国技术创新大会，作出了《关于加强技术创新，发展高科技，实现产业化的决定》，对新形势下推进科技进步和发展高新技术产业作了具体部署。中国建立了一整套知识产权保护的法律体系，颁布了一系列鼓励技术创新和发展高科技的政策规定，科学技术在中国经济社会发展中的作用已经并继续在显著增强。

朱镕基强调，在经济全球化加速发展的形势下，积极开展国际经济技术合作，对世界各国加快科技进步和高新技术产业发展具有重要意义。正是为了促进中国与世界各国的经济技术合作，中国政府决定每年在深圳举办中国国际高新技术成果交易会。在这次交易会上，比较集中地展示了新中国 50 年来特别是改革开放 20 年来的高新技术成果，为中国企业和科研机构走向国际市场创造条件。通过交易会，他们将更好地把握国际市场需求变化，增强高新技术研究开发的针对性、实用性，使更多的科研成果迅速地转化为富有市场竞争力的商品。同时，我们也希望更多地了解和学习当今世界的各种先进技术，更好地开展国际交流与合作，加快中国高新技术产业发展和现代化的进程。

由国家对外贸易经济合作部、科学技术部、信息产业部、中国科学院和深圳市政府共同主办的本届“高交会”，以高新技术成果交易为鲜明特色，面向国际、辐射全国，其内容为三大部分：高新技术成果交易，高新技术产品展示、交易，高新技术论坛。开幕式由“高交会”组委会主任、深圳市市长李子彬主持。

参加本届“高交会”的共有 86 个代表团，31 个省、自治区、直辖市和 5 个计划单列市以及香港、澳门、台湾均分别组团，有两个海外留学生团，有北大、清华、香港科技大学、加拿大阿尔伯特大学等 27 所海内外高校独立组团，还有美国、英国、德国、日本、法国、新加坡、韩国等 27 个国家也组团参展和参加交易。

本次交易会的参展企业和机构共计 2856 家，参加交易的投资商有 955 家(其中境外的为 125 家)。累计征集项目达15000多项，其中已经上网的项目为9000多项，参展项目4159项，涉及信息技术、光机电一体化、航天、航空、新材料、生物、海洋、环保农业、能源等技术领域。30余家跨国公司和一批国内著名的高新技术企业将展示其最新产品和技术。

“高交会”期间举办“高新技术论坛”，就“知识经济与国际战略”、“21世纪信息技术”、“生物技术、医药、新材料、新能源”、“高新技术创业投资”4个主题举办36场专题报告会，演讲者既有中国“两院”的院士、国际著名经济学家，也有跨国公司的总裁和诺贝尔奖获得者。

全国促进高新技术产品出口工作会议在深圳举行

外经贸部和科技部在深圳联合召开全国促进高新技术产品出口工作会议。

外经贸部部长石广生和科技部部长朱丽兰分别在会议上就有关问题作报告。石广生说，外经贸部在今年年初明确提出了科技兴贸战略，其最重要的内容就是大力促进高新技术产品出口。这既是我国出口商品结构实现战略调整的需要，也是培育我国外贸出口新增长点的迫切要求，同时也是增强我国外贸出口抗风险能力的重要举措。

石广生在介绍外经贸部与科技部和信息产业部科技兴贸的一些主要做法后提出，实施科技兴贸战略，要加强组织领导，要抓紧国家鼓励高新技术产品出口政策的细化落实工作，要充分调动企业发展高新技术产品出口的积极性，切实发挥它们在促进高新技术产品出口中的主角作用。石广生说，结合科研院所企业化这一转制工作的开展，外经贸部将进一步放宽赋予科研院所外贸经营权的条件，推动它们直接参与国际竞争。要提高吸收外资的质量和水平，尤其要鼓励跨国公司来华设立研发中心，引导外商参与高技术产业化及传统产业的技术改造并投资高技术项目。国内企业和科研院所到发达国家的高科技园进行直接投资，以就地发展高新技术产品出口的事业也将得到国家的鼓励和支持。

朱丽兰在会议上说，从外贸出口来看，导致我国外贸出口一度下降的根本原因还在于我国外贸产品结构简单、档次低下、技术水平落后等。如何提高中国出口产品在国际市场上的竞争力，如何在中国跨世纪的发展进程中保持对国民经济增长的带动作用，如何在我国市场开放程度不断扩大的情况下强化国内产品对进口产品的竞争力，只有大力强化企业技术创新能力，加速科技成果向现实生产力的转化，提高科技进步对经济增长的贡献率。为此，要深化科技体制改革，推动广大科技人员进入高新技术产业主战场，并着力创造有利于高新技术产业发展的良好环境。同时，要大力扶持科技型中小企业发展，加速高新技术产业开发区建设。

全国人大常委会委员长李鹏在昆明参观世界园艺博览会

10月6日

中央精神文明建设指导委员会主任丁关根考察北京创建文明城市情况

丁关根在北京市委书记贾庆林、市长刘淇的陪同下，考察北京中华世纪坛、京城水系昆玉河和长河段、平安大街、东四环路、东方广场等。丁关根对北京市精神文明建设取得的成绩和城市面貌发生的显著变化给予充分肯定，希望北京市以此作为新的起点，继续努力，扎实工作，在巩固、延伸、提高上下功夫，推动首都精神文明建设不断取得新成绩。

丁关根指出，北京市的精神文明建设之所以取得显著成绩，一是市委、市政府自觉坚持两手抓，两手都要硬的方针，在抓好物质文明建设的同时，确实把精神文明建设摆到了首都工作的重要位置，做出了很大努力。二是紧紧抓住迎接国庆50周年这一历史契机，加大创建文明城市工作力度，推动各方面任务的落实。三是真抓实干，为人民群众办实事、办好事，得到了老百姓的称赞和拥护。他强调，北京的成功经验说明，精神文明建设抓与不抓大不一样，认真抓与一般抓大不一样。事在人为，只要认真抓，就会有办法；只要下决心，就能见成效。

丁关根对北京市今后的精神文明建设提出了三点要求：一是巩固，就是要在巩固已经取得的成果上下功夫。二是延伸，就是要在推动首都文明城市建设向广度和深度发展方面下功夫。三是提高，就是要在全面提高北京市民素质和城市文明程度上下功夫。要广泛吸引群众参与创建活动，使人们在参与中受到教育，得到提高。

国务院副总理李岚清视察北京植物园等单位

李岚清到北京植物园、北京锦绣大地农业股份有限责任公司视察，对北京市发展农林高新技术给予充分的肯定。他强调指出，企业要和高等院校、科研院所紧密结合，要采取多种形式的产学研结合方式，促进科技成果的产业化。

西藏发现两处高品位金矿

武警黄金第三总队西藏指挥所在进入西藏一年多的时间里，取得重大突破，于近期在藏北那曲地区发现两处高品位易采易选砂金矿。

这两处金矿为一个中型砂金矿和一个小型砂金矿，按市场黄金价格计算，潜在价值近3亿元。

中央军委副主席胡锦涛在人民大会堂会见马达加斯加武装力量部部长马塞尔·朗杰瓦

朝鲜最高人民会议常任委员会委员长金永南在平壤会见外交部部长唐家璇

唐家璇说，中朝友谊在两国建交后长达半个世纪的岁月里经受住了国际风云变幻的考验，这充分说明中朝友谊具有深厚的历史根基和强大的生命力。这同两国老一辈领导人的精心培育和两党、两国政府始终坚定奉行中朝睦邻友好方针密不可分。今年6月，金永南委员长率朝鲜国家代表团对中国进行了成功访问，对进一步巩固和发展两国友谊作出了积极贡献。他表示相信，在两国领导人的亲切关怀和双方的共同努力下，中朝传统友谊在21世纪必将取得更加丰硕的成果。

金永南说，朝中两国在50年前建交，是朝中两国关系中的重大事件。朝中友谊是两国老一辈领导人金日成主席、毛泽东主席和周恩来总理共同缔造和培育的，是十分珍贵的友好关系，今天这一友谊在金正日总书记和江泽民总书记的关心下正得到继续发展。

中共中央总书记江泽民与首都观众一起观看了俄罗斯亚历山大红旗歌舞团演出并会见演员

10月7日

国家主席江泽民在人民大会堂会见汤加国王陶法阿豪·图普四世和王后陛下

江泽民说，在国王陛下的积极推动下，中汤于去年11月正式建交。一年来，在双方共同努力下，两国关系发展顺利，双方在政治、经贸和文化等领域的合作已有了良好的开端。双方将签署两国政府间的贸易协定，这必定为双方工商企业界发展更为密切的经贸合作提供便利，也有利于双边经贸关系的全面发展。

图普四世说，中国是伟大的国家，中国人民是伟大的人民。汤中两国在历史上有着相似的遭遇，都受到过外国列强的入侵，都被强加过一系列不平等条约。汤加人民珍视与中国人民的友好关系，希望两国人民的友好合作关系进一步得到发展。

江泽民还说，汤加政府坚持“一个中国”原则，不与台湾发生任何官方往来。对此，我们表示高度赞赏。

会见后，中汤两国还签署了两国政府贸易协定和经济技术合作协定。

民建中央七届八次常委会在西安闭幕

全国人大常委会副委员长、民建中央主席成思危出席并主持会议。

这次会议的主要议题是学习贯彻中共十五届四中全会精神，讨论和研究加强集体建设等问题。会议作出了《关于认真学习和贯彻中共十五届四中全会精神的决议》。会议认为，《中共中央关于国有企业改革和发展若干重大问题的决定》是加快国有企业改革和发展的纲领性文件，是促进我国改革开放和现代化建设进程的跨世纪的战略决策。协助党和政府推进国有企业改革和发展，是民建今后一个时期的重要任务。

会议要求，全会各级组织要认真学习中共十五届四中全会文件，充分发挥民建的特点和参政党作用，为国有企业改革和发展献计出力。

民建中央副主席冯梯云、白大华、朱元成、冯克煦、路明、刘珩、黄关从、黄孟复、朱相远、张榕明及秘书长陈明德等出席了会议。

国务院总理朱镕基签署第273号令发布《商用密码管理条例》

现发布《商用密码管理条例》，自发布之日起施行。

总理 朱镕基

1999年10月7日

商用密码管理条例（略）

中共中央政治局常委全国政协主席李瑞环在人民大会堂会见由久加诺夫率领的俄罗斯联邦共产党代表团

李瑞环说，中俄是友好近邻。近年来，两国高层互访频繁，各个领域的合作不断扩大，这既符合中俄双方的根本利益，也有利于世界的和平与发展。

在谈到两党关系时，李瑞环强调，加强中共和俄共的联系，就共同关心的问题及时交换意见，对增进相互了解和信任十分有益。我们愿在“独立自主、完全平等、相互尊重、互不干涉内部事务”四项原则基础上进一步加强与俄共的交往。

久加诺夫代表俄共中央祝贺中华人民共和国成立50周年。他说，这个节日不仅对于中国，而且对于整个世界都有重要意义。这次访问发现中国发生了很大变化，这是在中国共产党正确政策指引下取得的。邓小平理论和中国改革开放取得的成就，在俄罗斯引起了广泛关注，俄罗斯人民高度赞赏中国的发展和进步。俄共愿继续努力保持和发展同中国共产党的友好交流与合作关系，并促进俄中关系不断向前发展。

《全面禁止核试验条约》生效大会在维也纳举行中国代表重申恪守条约

中国代表团团长沙祖康在维也纳霍夫堡开幕的促进《全面禁止核试验条约》生效大会上发言时强调，中国将恪守条约，积极支持和参加条约组织的筹建工作，但他同时指出，一年多来国际上的消极事件无助于条约的生效和普遍性。

沙祖康指出，中国政府对条约的根本立场没有改变，面对最近国际上发生的一系列消极事件，中国仍将在对条约和国际安全环境充分审议的基础上，尽量加快批准条约进程，并将继续为促进条约生效而努力。

外交部发言人章启月就美国国务院无端指责中国的宗教事务一事发表谈话

章启月说，近日，美国国务院根据美国国内的所谓“国际宗教自由法”对中国的宗教事务进行无端指责，并以制裁相威胁。中国政府和人民对此表示强烈愤慨和坚决反对。

她说，中国政府实行宗教信仰自由的政策，并在法律上有充分的保障。中国《宪法》第三十六条就明确规定中华人民共和国公民有宗教信仰自由。美国政府不去关切本国国内存在的包括宗教问题在内的种种问题，却热衷于按照美国的国内法，无中生有地对中国的宗教事务妄加评论、肆意诬蔑，甚至以所谓制裁相威胁，其实质是打着宗教自由的旗号粗暴干涉中国的内政。这是中国政府和人民绝对不能接受的。

章启月说，最近一个时期以来，美方多次表示希望尽快恢复和改善中美关系。目前，中美关系正处于一个关键的时刻，中方要求美方立即纠正其利用所谓宗教问题干涉中国内政的错误行径，以实际行动促进中美关系的恢复和改善，而不要再做任何有损中美关系的事。

第五届世界华商大会在澳大利亚的墨尔本市召开

来自世界20多个国家和地区的约800名华商代表聚集一堂，探讨各国间的经贸合作途径，为增进各国人民之间的友好交流、维护世界经济的稳定与发展献计献策。

中国国务院总理朱镕基为大会发来贺信。贺信说，世界华商大会自1991年发起以来，已成为华商展现自己、互相交流、促进合作与发展的一个舞台，为维护世界和平、促进共同发展发挥了积极作用。

澳大利亚联邦总理霍华德也发来贺信。他在贺信中说，自本世纪开始，华人已成为东亚经济起飞的重要因素，1995年，在中国本土外东亚地区的5000万华人所创造的财富相当可观，华人在协助本地区经济增长和繁荣方面扮演着重要角色，对澳的经济、社会和文化也作出了重要贡献。

中国全国工商联主席经叔平在会上作了主题报告。他说，中国既是世界华商的母亲国，又是国际大家庭中的重要成员。中国的工商界将与世界各地的华商一起，为促进世界各国间的经贸合作，为21世纪的世界和平与发展作出自己的贡献。

世界华商首次大会是在新加坡前总理李光耀的倡导和主持下于1991年在新加坡召开的。

由农业部软科学委员会和经济合作与发展组织(OECD)共同主办的“中国农产品加工业与农业：发展与政策”国际研讨会在北京举行

农业部部长陈耀邦出席并讲话。

会议反映，近年来，我国的农业和农村经济发展进入了一个新的历史阶段，农产品供求关系发生了根本性的变化，农产品供给从过去的长期短缺转为总量基本平衡、丰年有余，市场需求对我国农业发展的导向作用和约束不断增强。适应城乡居民消费需求多样化、优质化和专用化的新趋向调整农业结构，解决新形势下增加农民收入问题，迫切要求加快农产品加工业的发展。

改革开放以来，我国的农产品加工业有了长足的发展。但是从总体上讲，我国农产品加工的深度和广度还很不够，还远不能适应农业发展和国民经济发展的要求。

来自OECD、世界银行、联合国开发计划署、联合国贸易和发展组织、联合国工业发展组织等国际组织和美、英、法、澳、日、加、荷、韩等11个OECD成员国的40多名外方代表，以及中国有关部委、企业界、经济理论界及新闻界的代表共计120多人与会。

党和国家领导人江泽民 胡锦涛 李岚清出席由中共中央宣传部 文化部主办的“我的祖国——新中国50年优秀歌曲音乐会”

纪念孔子诞辰2550周年国际学术讨论会在人民大会堂开幕

中共中央政治局委员、国务委员罗干，国际儒学联合会会长谷牧，联合国教科文组织代表金丽寿等出席开幕式。

来自韩国、日本、新加坡、印度尼西亚、泰国、澳大利亚、英国、德国、法国、比利时、荷兰、俄罗斯、美国、以色列等国家，以及中国大陆、香港、台湾的专家学者，国际儒学联合会会员代表等四百人参加会议。

新加坡驻华大使陈燮荣在会上宣读国际儒学联合

会名誉理事长、新加坡资政李光耀的致辞。

本次国际学术讨论会的主题是："儒学与二十一世纪人类社会的和平与发展"。在为期四天的学术讨论会期间，与会者围绕儒学与世界和平、儒学与全球多元文化的发展等议题，发表自己的最新研究心得。会后，与会者赴孔子故里山东曲阜参观访问。

10月8日

国务院总理朱镕基在钓鱼台国宾馆会见汤加国王陶法阿豪·图普四世

中组部表彰全国离休干部先进个人和先进离退休干部党支部

中共中央组织部近日作出决定，对在社会主义物质文明、精神文明建设和维护改革发展稳定大局中有突出表现的离休干部先进个人和先进离退休干部党支部予以表彰，分别授予"全国离休干部先进个人"和"全国先进离退休干部党支部"的荣誉称号。

这次中央组织部表彰的全国离休干部先进个人和先进离退休干部党支部共500名(个)，其中离休干部先进个人343名，先进离退休干部党支部157个。离休干部先进个人中，省区市251名，中央和国家机关75名，军队和武警系统17名；先进离退休干部党支部中，省区市120个，中央和国家机关32个，军队和武警系统5个。他们是经各省区市党委和中央、国家机关部委党组(党委)以及军队系统的党组织，通过自下而上逐级推选出来的。

全国总工会十三届主席团第三次会议在北京举行

会议的主要任务是认真学习贯彻党的十五届四中全会精神，以此统揽和带动工会各项工作，团结和动员全国广大职工为推进国有企业的改革和发展建功立业，在党和国家的工作大局中更好地发挥工人阶级和工会组织的作用。中共中央政治局常委、书记处书记、全国总工会主席尉健行出席会议并作了重要讲话。

尉健行指出，党的十五届四中全会是我们党在世纪之交召开的一次十分重要的会议。全会通过的决定和江泽民同志的重要讲话，站在跨世纪的高度，全面分析了国际国内形势，充分肯定了党的十一届三中全会以来国有企业改革和发展取得的巨大成就与实践经验，深刻阐明了搞好国有企业的重大意义，明确提出了国有企业改革和发展的奋斗目标与指导方针，对国有企业的跨世纪发展作出了全面部署，确定了解决国有企业当前面临的突出问题的重大政策措施，为进一步搞好国有企业指明了方向。十五届四中全会的决定，是指导和推进国有企业改革和发展的行动纲领。

尉健行强调，推进国有企业改革和发展是工人阶级自己的事业，是历史赋予工人阶级的庄严使命。各级工会一定要积极配合党政部门，组织和引导广大职工努力学好文件，全面准确地领会四中全会精神，把思想统一到党的十五大和十五届四中全会精神上来，积极推动关于搞好国有企业的一系列方针、政策和措施的贯彻落实，充分发挥工人阶级在推进国有企业改革和发展中的主力军作用。

尉健行指出，党的十五届四中全会通过的决定，回答了在发展社会主义市场经济条件下工会工作遇到的诸多理论和实践问题，既为工会工作指明了方向，提出了新的更高的要求，又为工会工作创造了更为有利的条件，提供了难得的机遇。各级工会干部特别是领导干部一定要树立强烈的机遇意识和紧迫感，牢牢抓住机遇，乘势而上，紧紧围绕学习贯彻四中全会精神，统揽和带动各项工作，努力把工会工作提高到一个新水平。

尉健行要求各级工会要以党的十五大和十五届四中全会精神为指导，认真研究国有经济战略性调整、国有企业战略性改组以及企业内部体制改革、机制转换、制度创新和技术进步等给工会工作带来的新情况、新问题，从工会的性质出发，以改革的精神和创新的胆识，着力在工会的组织体制、运行机制、活动方式和工作内容等方面进一步突出和履行维护职能，实现工会工作的"五突破一加强"。一是积极协助党政做好国有企业减员增效、下岗职工基本生活保障和再就业工作，深入实施送温暖工程，对特困职工承担第一责任人职责的工作要有新的突破；二是坚决维护职工的经济利益，进一步理顺劳动关系，推行平等协商和集体合同制度的工作要有新的突破；三是切实保障职工的民主权利，坚持和完善以职工代表大会为基本形式的企业民主管理制度，实行厂务公开和民主评议企业领导人的工作要有新的突破；四是推动国有独资和国有控股公司的董事会、监事会中都要有职工代表参加的工作要有新的突破；五是加快新经济组织和改制企业工会组建步伐，最大限度地把职工组织到工会中来的工作要有新的突破。要实现以上五个方面重点工作的突破，就必须以改革的精神加强工会自身建设。实现"五突破一加强"的目的在于，更好地保护、调动和发挥职工群众的积极性，并把这种积极性引导到推进国有企业改革和发展上来，积极完成党和政府提出的各项任务。

全总副主席、书记处第一书记张俊九主持会议并发表了讲话。会议讨论了《中华全国总工会关于学习贯彻党的十五届四中全会精神的意见》。

国家主席江泽民在天津考察

江泽民 10 月 8 日至 10 日在天津考察工作，再次重点就贯彻落实好党的十五届四中全会精神、推进国有企业改革和发展进行调研。他强调，各级党委、政府和国有企业的广大干部群众，要深刻领会党的十五届四中全会精神，紧密结合国有企业和市场发展的实际，团结一心，勤奋努力，开拓进取，扎实工作，积极推进国有企业的改革和发展，把十五届四中全会的各项部署落到实处。

国庆节后，江泽民在出席 1999 年天津世界体操锦标赛开幕式的第二天，在天津深入工厂企业考察国有企业改革和发展的情况，了解贯彻落实十五届四中全会精神需要抓住的突出环节，慰问广大干部职工。江泽民和随行的中共中央政治局候补委员、书记处书记曾庆红，在天津市委书记张立昌、市长李盛霖和北京军区政委杜铁环的陪同下，先后考察了和平海湾电源集团、天津丰田发动机有限公司和天津钢管公司，并考察了社区建设等方面的工作。

考察途中，江泽民听取了天津市委、市政府负责人的工作汇报。他对天津市广大干部群众在市委和市政府的领导下，认真贯彻落实中央的路线方针政策，发扬踏踏实实的工作作风，团结拼搏，艰苦奋斗，积极推进物质文明和社会主义精神文明建设取得的成绩给予充分肯定，并希望他们深入贯彻落实党的十五大和十五届三中、四中全会精神，继续解放思想，实事求是，开拓进取，在推进国有企业改革等各项工作中取得新的成绩。

江泽民指出，我国各族人民刚刚隆重庆祝了新中国成立 50 周年。10 月 1 日天安门广场举行的盛大庆祝活动，充分展示了新中国成立 50 年来特别是改革开放 20 年来我国各族人民在党的领导下建设社会主义取得的辉煌成就，体现了我国政治稳定、经济发展、民族团结、社会进步的大好局面，极大地振奋了中华民族的民族精神，更加坚定了全国各族人民把建设有中国特色社会主义伟大事业全面推向 21 世纪的信心和决心。我国的社会主义现代化建设已经取得巨大成就，为我们继续前进奠定了坚实的基础。但我们前面的路还很长，肩负的任务还很重，全党和全国上下一定要继续同心同德地艰苦奋斗，坚定不移地实现跨世纪发展的宏伟目标。他指出，新中国成立 50 年来，国有企业为国家的建设和发展作出了重大贡献，我们要继续埋头苦干，把国有企业搞得更好，把我们的国家建设得更好。

天津是我国的老工业基地。近年来，国有企业在适应发展社会主义市场经济的要求、建立现代企业制度方面进行积极探索，取得了新的进展。和平海湾电源集团于 1998 年引进当今世界最先进的镍氢电池制造技术，发展成为目前国内生产小型镍氢电池技术先进的制造厂家。9 日上午，江泽民来到这家企业，考察了极板、组装和化成车间，了解镍氢电池的生产和经营情况。当得知这家公司在镍氢电池的技术、工艺、质量控制标准等方面已率先同国际标准接轨，可为通信制造、电脑制造厂家实行配套，并正在研制未来新型汽车电池时，江泽民表示满意。他指出，积极汲取世界上先进的技术和管理经验，并结合我国的资源优势和市场优势，加强消化吸收和改造创新，是企业实现新发展的一个成功经验。他嘱咐随行的有关部门负责同志，要做好统筹规划工作，集中优势力量，大力协同，努力促使我国高新技术及其产业化更加迅速地发展起来。

在天津丰田汽车发动机有限公司，“创世界一流品质，做用户信赖企业”的条幅格外醒目。江泽民走进机声隆隆的发动机生产组装和铸造车间，了解发动机组装、磨试和零件检测等情况。这家企业生产的 8A 系列汽车发动机，技术先进，工艺成熟。江泽民非常关注与汽车尾气排放有关的环保指标。听公司负责人介绍说公司生产的发动机全部安装了三元净化装置，尾气排放完全符合环保要求，他十分高兴。他走到一辆双燃料环保车前，详细了解这种汽车的性能。他指出，汽车制造业的科研工作，一定要努力跟上世界先进水平，下大气力抓好产品的质量和环保性能。这样，产品才会有竞争力，有广阔的市场前景。

天津钢管公司是国家“八五”重点建设项目。1991 年 7 月和 1994 年 12 月，江泽民曾两次到公司考察。几年来，这家企业着力改革，生产经营水平有了新的提高，成为中国最大的石油套管生产基地。9 日下午，江泽民再次来到这家企业，听取了公司负责人的介绍，察看了轧管生产线和钢管加工生产线以及企业生产的各种产品。江泽民对企业取得的新成绩，给予肯定。他边看，边听，并与公司负责人分析和讨论深化企业改革和发展的问题。江泽民语重心长地说，天津钢管公司是一个技术设备先进的现代化国有企业，我一直十分关注。在发展社会主义市场经济的条件下，国有企业面临着很好的发展机遇，也面临着过去没有遇到过的一些新情况新课题。对存在的问题，中央、地方和企业都要积极想办法，按照经济规律和市场的要求加以解决。大家共同努力，这些问题是完全能够得到解决的。各级干部和国有企业负责人都要密切关注市场的变化，努力学习和掌握现代科技、金融、管理知识，不断改进企业的经营管理，提高产品质量和市场竞争力。只有这样，国有企业才能不断焕发出新的生机和活力。

江泽民在考察中强调，党的十五届四中全会对国有企业的改革和发展作出了重大决定，各级党委和政府都要按照中央的部署，结合实际，深入调研，扎扎实实地贯彻落实。在发展社会主义市场经济的新形势下，国有企业要从严管理，提高质量，改进技术，加强营销，特别是要面向国内外市场，学习先进的企业管理经验，大胆探索，勇于实践，在建立现代企业制度、推动国有企业形成适应市场的经营管理机制上不断迈出新的步伐。

10日上午，江泽民来到地处繁华市中心的和平区社区服务求助中心，了解社区建设情况。这个中心与区政府职能部门、全区6个街道和153个居委会实行计算机联网，设有区政府24小时热线电话，同时高科技的联网手段使居民随时可以得到政务和生活服务。中心开办一年来，接受求助3000余件，群众提出的各项要求都得到了解决。江泽民听取了和平区负责人关于社区建设和社区服务求助网络的情况汇报，随后考察了这个中心的志愿者服务部、家政服务部和职业介绍服务部，具体了解这些部门的工作内容，并向工作人员表示慰问。江泽民还走访了和平区香榭里刚刚建成的居民小区。这里绿树掩映，鲜花盛开，环境优美，居民们用热烈的掌声欢迎总书记，总书记亲切地与他们握手，向他们问好。在走访两户城市危陋平房改造中喜迁新居的家庭时，江泽民详细询问了他们的工作和生活情况。看到居民的居住和生活条件有了很大改善，江泽民十分高兴。他强调，加强社区建设，是新形势下坚持党的群众路线，做好群众工作和加强基层政权建设的重要内容。社区服务直接关系千家万户的利益，也是发展第三产业的重要方面，前景十分广阔。要通过加强社区建设，充分发挥街道、居委会和群众的力量，不断提高为群众服务水平和城市管理水平，提高居民素质和文明程度，加强社会治安综合治理，保证人民群众安居乐业，促进社会稳定和发展。

考察期间，江泽民还参观了平津战役纪念馆。1997年7月建成的这个纪念馆，通过2500多件珍贵文物以及现代化的声光电等手段，重现了平津战役的宏大场面。江泽民仔细观看展出的内容后指出，在新中国成立50周年的时候，我们深切缅怀为新中国的诞生建立了不朽功勋的革命前辈和先烈。我们要坚持不懈地在全体人民特别是青少年中大力开展爱国主义教育和革命传统教育，让人们知道今天的胜利和成就来之不易，使大家都珍惜今天的好形势，加倍努力地工作，把改革开放和现代化建设不断推向前进。

江泽民还会见了天津市的领导干部以及驻津部队师以上干部。

中央军委委员、总政治部主任于永波，中央有关部门负责人王刚、滕文生、华建敏、戴相龙、王春正、郑斯林、由喜贵、王沪宁、贾廷安陪同考察。

全国经济犯罪侦查工作会议在北京召开

工作会议分析研究当前打击经济犯罪工作面临的形势，全面部署公安机关打击经济犯罪的工作。中共中央政治局常委、国务院总理朱镕基就这次会议作出重要批示。

朱镕基在批示中指出："打击经济犯罪工作很重要，这次全国经济犯罪侦查工作会议一定要开好，各级党委、政府和有关部门都要热情支持各级公安机关的工作。最近一个时期，各级公安、政法机关打击经济犯罪很有成绩，把一些大案、要案的潜逃主犯，一个一个抓了回来，大快人心，增强了对犯罪分子的威慑力量，我代表国务院对公安、政法战线的同志们表示衷心的感谢，并予嘉奖。"他强调指出："我们不能看着成千万、上亿元的国有资产和人民的血汗钱流入犯罪分子手中而熟视无睹。一定要保证公安机关的办案经费，这是必须付出的代价，要从政治上，而不只是经济上看到打击经济犯罪的重要意义。"他还要求公安机关"要继续认真贯彻江泽民同志的重要指示精神，坚持不懈地重重打击经济犯罪，以取信于民，保卫国家利益"。

中共中央政治局委员、国务委员、中央政法委书记罗干出席会议并讲话。

他首先肯定了公安机关在打击经济犯罪工作中取得的成绩，指出，改革开放特别是近几年来，在党中央、国务院的领导下，公安机关认真履行职责，以高度的政治责任感和使命感，克服各种困难，破获了一大批重大经济犯罪案件，抓获了一大批重要案犯。特别是1998年下半年以来，公安机关会同有关部门开展打击走私和骗汇活动专项斗争，在金融、财税、商贸等领域以及国有大中型企业，加大了打击经济犯罪活动的力度。这些工作，有力地打击了经济犯罪分子的嚣张气焰，为维护国家经济安全和社会稳定，保障改革开放和现代化建设的顺利进行，作出了积极贡献。他同时指出，尽管打击经济犯罪取得了不小的战果，但目前这方面的形势依然十分严峻。

罗干强调，进一步加强打击经济犯罪的工作，既直接涉及经济安全，也是一个严肃的政治问题。他要求各级公安机关要认真履行职责，进一步做好打击经济犯罪的各项工作。要把应该由公安机关管辖的经济犯罪案件全部管起来，切实管好。要重点打击金融、财税、商贸等领域以及国有大中型企业的严重经济犯罪，集中力量重点抓好大案要案的查处。要切实加大对重要逃犯的缉捕力度，特别是对逃往境外的案犯，要千方百计，想方设法，缉拿归案。要加强对新形势下经济犯罪的特点、规律和发展趋势的分析研究，及时制定相应的对策措施。要严格掌握政策，严格执法，依法办案，不得插手经济纠纷。

罗干指出，要从根本上遏制和减少经济犯罪案件的发生，必须坚持“打防结合”的方针，既要严厉打击，又要整顿秩序，加强管理和防范工作，多管齐下，标本兼治，综合治理。有关行政执法部门、经济管理部门和各个企事业单位，要各负其责，密切配合，加强监管，共同做好防范和打击经济犯罪工作。

公安部部长贾春旺主持会议。公安部副部长赵永吉在会上作工作报告，对公安机关加强经济犯罪侦查工作作了具体部署。

公安部机关、各省、自治区、直辖市公安厅、局和计划单列市、省会市公安局的主要负责人参加会议。中央纪律检查委员会、中央政法委员会、最高人民法院、最高人民检察院、中国人民银行、国家税务总局等20多个中央国家机关和部委局的有关负责人应邀出席会议。

中共中央政治局常委胡锦涛在人民大会堂同越共中央政治局常委范世阅进行会谈

国家副主席胡锦涛在人民大会堂会见菲律宾前总统拉莫斯和澳大利亚前总理霍克

中国德国经济合作混委会在柏林举行

中国对外贸易经济合作部部长石广生与德国经济部部长米勒在柏林共同主持中德经济合作混合委员会第十次会议。

会议中，双方肯定了近年来中德两国经贸关系发展所取得的成果，并就两国经贸关系中存在的问题和今后的发展前景进行了探讨。双方表示，将加强双边磋商与交流，进一步推动两国贸易、投资等各种形式的经济技术合作的开展。

中德部长级经济合作混合委员会会议机制是根据1979年两国政府在波恩签署的经济合作协定建立的，为推动两国的经济合作与交流起到了积极作用。

外交部发言人章启月就美国总统克林顿签署美国会通过的含有多项反华条款的《2000财年国防授权法》发表评论

有记者问：近日，克林顿总统签署了美国会通过的含有多项反华条款的《2000财年国防授权法》，请问你对此有何评论？

章启月说，美国会通过含有多项反华条款的《2000财年国防授权法》后，中方即向美方提出严正交涉，表明了中方的立场。现在，美方竟允许该法案成为法律，中方对此表示强烈不满和坚决反对。中方要求美方从中美关系大局出发，采取切实有效的措施，避免该法中的多项反华条款给中美关系的改善和发展带来损害。

国家主席江泽民　全国政协主席李瑞环听取体操世锦赛筹备工作汇报

江泽民、李瑞环在天津迎宾馆听取国家体育总局和天津市委、市政府关于1999年天津世界体操锦标赛筹备工作的汇报，并接见了中国体操代表团全体成员。江泽民强调，要继续做好工作，把这次重要赛事办好。他希望我国运动员要通过比赛，体现出良好的精神风貌，把我国的体操运动和体育事业提高到一个新的水平。

汇报会上，天津市市长李盛霖、国家体育总局局长伍绍祖分别汇报了这次世界体操锦标赛的筹备情况。

国家主席江泽民在天津会见国际体联主席布鲁诺·格兰迪

世界体操锦标赛在天津开幕

本世纪在中国举办的最后一次国际体育盛会——1999年天津世界体操锦标赛，晚上在天津体育馆举行隆重的开幕式。中共中央总书记、国家主席江泽民出席开幕式并宣布天津体操世锦赛开幕。

10月9日

全国人大农业与农村委员会听取农业部关于农民增收减负情况的工作汇报

农业部部长陈耀邦在汇报中说，改革开放以来，农民收入打破了长期低水平徘徊的局面，保持了持续快速增长的势头。减轻农民负担工作取得了一定成效。去年，农民人均承担的提留统筹费占人均纯收入的比例控制在3.6%，农民承担税费总额的增长幅度比1997年下降0.1个百分点。

会上，委员们对农业部的汇报提出一些意见和建议。许行贯委员说，近年来，农民增收难度加大，增收幅度趋缓，这个情况需要重视。柳随年副主任委员认为，促进农民增收要从调整农业结构和加快农业产业化入手。伍精华副主任委员认为，要树立依法治农的观点，例如种子管理需要法制化。李登海委员提出，为了更好地将农业研究成果推向市场，需要统一农业产品的优质标准。毛达如、张百良委员说，调整农业结构，管理机制要跟上，同时要重规划。

会议由全国人大农业与农村委员会主任委员高德占主持。

'99亚洲·九州地区地方政府领导江苏会议在南京举行

国务院副总理李岚清出席会议并作题为“努力开创亚洲可持续发展的新纪元”的讲话。

'99亚洲·九州地区地方政府领导会议以促进亚洲各国地区间交流和理解为宗旨，致力于推动各方共同发展，创造互惠、互利、健康的伙伴关系，至今已举行了6届。此次出席会议的11个国家31个地区的170多名地方政府领导，围绕“经济发展与环境保护”这一主题交换意见。

李岚清说，中国是世界最大的发展中国家，中国经济水平还不很高，还有几千万人尚未摆脱贫困。中国人口基数大，尽管实行了成功的计划生育政策，但每年新增人口仍在1300万左右。这都给中国经济的发展、生态环境保护和自然资源的利用带来许多困难。对于人口众多、基础薄弱、经济尚不发达的中国来说，经济发展始终是中心任务，发展是硬道理，但必须是经济、社会、人口、资源、环境等各方面相互协调的发展。按照我国制定的到2010年远景目标，在下一个世纪头10年国民经济也将保持7%的增长速度。这将使中国的综合国力和人民生活水平再上一个新的台阶。

李岚清强调说，为了达到中国经济发展这一目标，在处理经济和环境协调发展方面，中国政府坚持贯彻执行以下指导原则和方针：

第一，坚持经济社会发展与环境保护、生态建设相统一。在加快经济建设的同时，切实加强环境保护和污染治理，加强生态建设，使它们紧密结合，相互促进。坚持计划生育这项基本国策，控制人口数量，提高人口素质，减缓人口增长过快对资源、环境的压力。实行正确的经济建设方针，合理确定经济发展速度和建设规模，积极调整经济结构，推进经济增长方式由粗放型向集约型转变，促进经济发展与环境保护、生态建设相协调，实现经济效益、环境效益、生态效益和社会效益相统一。第二，坚持预防为主，防治结合，标本兼治，综合治理。经济建设、城乡建设与环境建设要同步规划、同步实施、同步发展，防止产生新的环境污染和破坏。第三，坚持资源开发与节约并举，把节约放在首位，在保护中开发，在开发中保护。生产、建设、流通、消费等各个领域，都必须十分注意节约资源，千方百计地减少资源的占用与消耗。同时要建立符合我国国情、有利于节约资源和保护环境的产业结构和消费结构。生产活动和消费活动都要充分考虑保护资源和环境。要实行最严格的土地管理制度，建立和完善基本农田保护制度，合理调整农林牧副业结构，在长江黄河中上游地区停止天然林采伐，退耕还林，植树种草，防止水土流失，保护生态环境。第四，坚持依靠科技进步和技术创新推进环境保护和治理。围绕环境保护和污染治理，加快企业技术进步和创新，大力推广节能降耗技术，推行清洁生产，逐步从末端治理为主转到生产全过程控制。积极发展环保产业，研究和开发治理污染和防治生态破坏的先进适用技术。加大环境保护科技投入，不断提高环境保护的科技含量。第五，坚持运用政府调控与市场相结合的机制保护环境。按照建立社会主义市场经济体制的要求，在发挥市场机制对资源配置基础作用的同时，要高度重视发挥政府依法对保护资源和环境的重要作用。依法控制人口增长、保护资源、治理环境污染和维护生态平衡是进一步完善保护环境的立法，要综合运用法律手段、经济手段和必要的行政手段，加强执法，推进环境保护和生态建设。完善自然资源有偿使用制度，逐步建立资源更新的经济补偿机制。第六，坚持加强全社会的环保宣传和教育。通过多种形式，宣传普及有关环境保护、生态建设的知识、政策和法律。使广大群众树立良好的环保意识和道德观念。积极引导和动员社会各界共同参与环境保护和生态建设，使每个公民在享受环境权益的同时，自觉履行保护环境的义务。第七，坚持开展环境与发展方面的国际交流与合作。在对外经济往来中注意努力保护环境和资源，坚持利用好国内外两种资源、两个市场，争取更多地吸收国外资金、技术和管理经验，促进中国环境保护和生态建设。

中共中央政治局常委李瑞环在天津会见由越共中央政治局常委范世阅率领的越南共产党代表团

国务院中央军委发布1999年冬季征兵命令

国务院、中央军委日前发布1999年冬季征兵命令，要求各级人民政府和各级军事机关把征兵工作作为一项严肃的政治任务来完成，切实加强领导，严密组织实施，确保征兵任务的圆满完成。

命令对征集对象、范围和年龄作了规定。这次征集的农业户口青年应具备初中毕业以上文化程度，非农业户口青年应具备高中(含职高、中专、技校)毕业以上文化程度。企业单位具有高中毕业文化程度的青年职工(含工人、管理人员和技术人员)、事业单位具有高中毕业以上文化程度的工人、非学历教育民办大学的在校生、高等院校接收的无学籍学生及在各类高考补习班学习的青年也应当征集。女青年的征集只限1999年的应届高中毕业生(含同等学力)。征集年龄男青年为1999年年满18岁至20岁，高中毕业以上文化程度的青年和企业单位职工可放宽到21岁；根据本人自愿，大专以上文化程度的可放宽到22岁；女青年为1999年年满18岁至19岁；为适应部队一些特殊专业的需要，根据本人自愿，可征集部分年满 17 岁的女青年入伍。

全国政协主席李瑞环在人民大会堂会见前来参加“纪念孔子诞辰 2550 周年大会暨国际儒学联合会第二届会员大会”的中外专家学者

李瑞环说，孔子是中国古代伟大的思想家、教育家，他所创建的儒家学说博大精深，包括了政治、经济、哲学、伦理、教育、艺术等方面的思想和主张，构成了中华民族传统文化的基础，对于中华民族的形成、繁衍、统一、稳定和自立于世界民族之林都起了不可替代的作用，对于人类文明的进步和发展作出了极其重大的贡献，有着超越时代、超越国界的深远影响。儒学的许多重要论著，特别是做人、处事、立国的至理名言，至今还被人们广为引用。

李瑞环指出，当前，人类社会正处在世纪之交，面临着许许多多的矛盾和问题。解决这些问题，固然首先要依靠当代人的聪明才智，但也可以从古代哲人那里寻找智慧。两千多年来的历史充分证明，儒家学说可以为我们解决人类社会面临的问题提供有益的启示。我们要采取科学的态度，运用科学的方法，对儒家学说进行挖掘、整理、总结、研究，取其精华，剔其糟粕，既不抱残守旧、照搬照抄，也不数典忘祖、全盘否定。要结合新的时代情况赋予其新的意义，并使之有机地渗透到政治、经济、文化以及社会生活的方方面面，更好地为现实服务，真正做到古为今用。

李瑞环说，中国作为儒家学说的发源地，我们既感到自豪，也感到责任重大，我们应该为儒学研究做更多的工作。他对中外学者研究儒学的热情表示敬意，对研究取得的成果给予充分肯定，希望大家携手合作，加强交流，把儒学研究提高到一个新的水平。

全国部分省级计划生育协会会长座谈会在宁波召开

座谈会日前召开。座谈会强调，要切实加强城乡基层计生协会建设，充分发挥基层协会作用和发挥会长作用，提高计划生育工作水平，促进计划生育工作思路和方法的转变。

全国人大常委会副委员长姜春云说，实践证明，计生协已成为党和政府联系群众的桥梁和纽带，是社区群众开展自我教育、自我管理和自我服务的重要载体。姜春云在分析了新形势下计划生育工作面临的新情况、新问题后强调，要加快实现计划生育工作思路和工作方法的转变，一方面要坚持过去一些行之有效的经验和做法，继续加强行政管理，通过行政的、法律的手段规范人们的生育行为；另一方面，需要更多地动员社会的力量、人民群众的力量参与，实行人口与计划生育的综合治理。

姜春云强调要按照“组织健全、活动经常、搞好服务、形成风尚”的要求，切实加强基层协会组织建设。他指出，基层协会要充分发挥作用，主要应当抓好五个环节：一是组织落实到位，真正把协会建设成为群众自己的组织；二是任务落实到位，发挥好“带头、宣传、服务、监督、交流”五项职能，带动群众实行自我教育、自我管理、自我服务；三是活动落实到位，通过建立必要的规章制度，设立一些对群众有吸引力的活动项目，保证协会活动经常化；四是服务落实到位，帮助群众解决好生育、生产、生活中的实际问题，增强协会凝聚力；五是工作条件落实到位，把各级协会建成层层有人抓，能开展实际工作的群众团体。

姜春云要求，各级党委、政府要继续贯彻落实好江泽民总书记等中央领导同志有关指示精神和中央关于加强计生协会建设的通知精神，为加强基层协会建设创造好的条件和环境。

国家计生委主任张维庆、浙江省委书记张德江、中国计生协会常务副会长刘汉彬以及 13 个省级计生协会会长和有关领导人参加会议。

最高人民法院 最高人民检察院通过《关于办理组织和利用邪教组织犯罪案件具体应用法律若干问题的解释》

（1999 年 10 月 9 日最高人民法院审判委员会第 1079 次会议、1999 年 10 月 8 日最高人民检察院检察委员会第九届第 47 次会议通过）

为依法惩处组织和利用邪教组织进行犯罪活动，根据刑法的有关规定，现就办理这类案件具体应用法律的若干问题解释如下：

第一条 《刑法》第三百条中的“邪教组织”，是指冒用宗教、气功或者其他名义建立，神化首要分子，利用制造、散布迷信邪说等手段蛊惑、蒙骗他人，发展、控制成员，危害社会的非法组织。

第二条 组织和利用邪教组织并具有下列情形之一的，依照刑法第三百条第一款的规定定罪处罚：

（一）聚众围攻、冲击国家机关、企业事业单位，扰乱国家机关、企业事业单位的工作、生产、经营、教学和科研秩序的；

（二）非法举行集会、游行、示威，煽动、欺骗、组织其成员或者其他人聚众围攻、冲击、强占、哄闹公共场所及宗教活动场所，扰乱社会秩序的；

（三）抗拒有关部门取缔或者已经被有关部门取缔，又恢复或者另行建立邪教组织，或者继续进行邪教活动的；

(四)煽动、欺骗、组织其成员或者其他人不履行法定义务,情节严重的;

(五)出版、印刷、复制、发行宣扬邪教内容出版物,以及印制邪教组织标识的;

(六)其他破坏国家法律、行政法规实施行为的。

实施前款所列行为,并具有下列情形之一的,属于"情节特别严重":

(一)跨省、自治区、直辖市建立组织机构或者发展成员的;

(二)勾结境外机构、组织、人员进行邪教活动的;

(三)出版、印刷、复制、发行宣扬邪教内容出版物以及印制邪教组织标识,数量或者数额巨大的;

(四)煽动、欺骗、组织其成员或者其他人破坏国家法律、行政法规实施,造成严重后果的。

第三条 《刑法》第三百条第二款规定的组织和利用邪教组织蒙骗他人,致人死亡,是指组织和利用邪教组织制造、散布迷信邪说,蒙骗其成员或者其他人实施绝食、自残、自虐等行为,或者阻止病人进行正常治疗,致人死亡的情形。

具有下列情形之一的,属于"情节特别严重":

(一)造成3人以上死亡的;

(二)造成死亡人数不满3人,但造成多人重伤的;

(三)曾因邪教活动受过刑事或者行政处罚,又组织和利用邪教组织蒙骗他人,致人死亡的;

(四)造成其他特别严重后果的。

第四条 组织和利用邪教组织制造、散布迷信邪说,指使、胁迫其成员或者其他人实施自杀、自伤行为的,分别依照《刑法》第二百三十二条、第二百三十四条的规定,以故意杀人罪或者故意伤害罪定罪处罚。

第五条 组织和利用邪教组织,以迷信邪说引诱、胁迫、欺骗或者其他手段,奸淫妇女、幼女的,依照《刑法》第二百三十六条的规定,以强奸罪或者奸淫幼女罪定罪处罚。

第六条 组织和利用邪教组织以各种欺骗手段,收取他人财物的,依照《刑法》第二百六十六条的规定,以诈骗罪定罪处罚。

第七条 组织和利用邪教组织,组织、策划、实施、煽动分裂国家、破坏国家统一或者颠覆国家政权、推翻社会主义制度的,分别依照《刑法》第一百零三条、第一百零五条、第一百一十三条的规定定罪处罚。

第八条 对于邪教组织和组织、利用邪教组织破坏法律实施的犯罪分子,以各种手段非法聚敛的财物,用于犯罪的工具、宣传品等,应当依法追缴、没收。

第九条 对组织和利用邪教组织进行犯罪活动的组织、策划、指挥者和屡教不改的积极参加者,依照《刑法》和本解释的规定追究刑事责任;对有自首、立功表现的,可以依法从轻、减轻或者免除处罚。

对于受蒙蔽、胁迫参加邪教组织并已退出和不再参加邪教组织活动的人员,不作为犯罪处理。

10月10日

《人民日报》发表评论员文章《必须解决的第一个问题——三论把"三讲"教育继续引向深入》

中共中央政治局常委全国人大常委会委员长李鹏考察三峡工程建设和移民工作

李鹏10月10日至12日在湖北省宜昌市考察了三峡水利枢纽工程的建设情况。

三峡工程于1997年实现大江截流、胜利完成一期任务,同时开始二期施工。工程建设负责人介绍说,大江截流后,二期围堰基坑开挖已于今年2月完成,大坝、电站厂房、永久船闸等主要建筑均开始了混凝土浇筑。4月中旬以来,主体工程混凝土浇筑日产量已连续稳定在1万立方米以上,8月、9月两个月都达到了45万立方米的新的世界纪录,目前,溢流坝最高已浇至83.2米、厂坝段最高已浇至58.5米。截至今年9月底进行的单元工程质量评定,工程质量全部合格,优良率达到78.5%。

10月12日下午,李鹏在宜昌听取中国长江三峡工程开发总公司总经理陆佑楣等的汇报。李鹏对三峡工程二期建设进展顺利表示满意,并向三峡工程建设者和为三峡工程建设作出贡献的同志们表示亲切的慰问和衷心的感谢。他指出,三峡工程二期建设到2003年要完成混凝土1000万立方米的浇筑,永久船闸通航,第一台机组发电等,任务十分繁重。在工程建设中,一定要兢兢业业,一步一个脚印,在保证质量的前提下,保证工期。要实现一流工程的目标,必须是一流的质量、一流的管理。

李鹏强调,三峡工程建设要坚定不移地贯彻执行中央确定的建设方针,即"一级开发,一次建成,分期蓄水,连续移民"。他说,三峡工程建设的任务艰巨,但由于全国人民关心三峡工程、支持三峡工程建设,工程建设的资金到位情况很好,这些都是建好三峡工程的良好条件。

他指出,对工程质量提出严格的要求是非常必要的,不仅要充分利用先进的技术和设备,同时还要有科学的管理作保证。李鹏十分关心三峡工程的移民工作。10月10日,他在重庆听取了重庆市有关市区县关于移民工作的汇报,与库区各级负责同志共同探讨了如何进一步搞好移民工作。10月12日,他又在宜昌听取了国务院三峡工程建设委员会副主任郭树言关于移民工作的汇报。

截至 1999 年 6 月底，三峡库区已累计开发、改造、调整土地 26 万亩，新建各类移民房屋 1011 万平方米，搬迁和关闭工矿企业 374 家，累计搬迁安置移民 17.8 万人，同时还为 7.4 万移民搬迁创造了条件。淹没涉及的 13 个城市和县城、114 个集镇的搬迁建设已全面展开，有的已初具规模。全国对口支援为三峡库区引入资金达 60 多亿元，无偿援建希望学校 396 所。

李鹏指出，三峡工程 2003 年完成二期建设，蓄水至 135 米，需要移民 45 万人，这是一项必须完成的硬任务。重庆、湖北两地要实行责任制，各级领导要负起责任，要从讲政治、讲大局的高度，充分认识移民工作的重要性，如期完成移民任务，确保整个工程的顺利建设。

李鹏在考察三峡水利枢纽工程时发表讲话《建设好三峡三期工程，做好移民工作》。

’99 北京国际评估论坛在北京举行

国务院副总理李岚清致信论坛表示祝贺。

李岚清在信中代表中国政府向参加论坛的各国评估界的代表表示热烈欢迎。他指出，资产评估作为维护经济秩序，推动经济发展，促进经济合作的一个重要中介行业，越来越受到社会各界的广泛关注和重视。中国的资产评估业在改革开放中得到了长足发展，在中外经济合作与交流，国有企业改革，国民经济结构调整等领域发挥着重要的作用。在新的千年到来之际，中国政府将继续坚定不移地奉行改革开放的路线，继续支持资产评估事业的成长和发展。

财政部部长项怀诚在开幕式上致辞时说，中国资产评估业从创建至今的 10 年来，积极服从、服务于改革开放和现代化建设，有效地维护了各类产权主体的合法权益，保障了经济的运行秩序，已经成为社会主义市场经济建设中一个不可或缺的重要中介力量。资产评估行业要适应经济发展的要求，必须不断地进行改革，以使其尽快成为真正独立、客观、公正、规范执业的中介服务行业。

截至目前，全国共有资产评估从业人员 6 万多人，注册资产评估师 1.4 万人，资产评估机构 3800 多家。

外经贸部部长石广生率中国代表团出席在柏林开幕的第二届亚欧经济部长会议

石广生部长在会议上两次发言，阐述中国对亚洲经济和世贸组织新一轮多边贸易谈判的立场。

他说，引发 1997 年亚洲金融危机的根本因素还未消除，东亚经济目前的复苏势头还比较脆弱。为防止再次发生金融危机，一方面，需要亚洲国家对其经济继续进行必要的改革；另一方面，需要加强国际金融合作，并对现存的国际金融体系进行改革。他说，亚欧两洲间的双向贸易和投资水平与各自的经济规模还显得很不相称。现在，在经历了亚洲金融危机的挫折和考验后，双方贸易和投资流动又恢复了增长势头，应该保持和强化这一发展势头。

在谈到即将在西雅图举行的世贸组织新一轮多边贸易谈判问题时，石广生说，新一轮谈判应当有助于建立一个更加公平和开放的多边贸易体制，为促进所有成员的经济发展发挥积极作用，不应只有利于少数成员。世贸组织为新一轮谈判确定的议题，对于广大发展中国家关心的反倾销等议题应给予足够的重视。

首届高新技术成果交易会在深圳闭幕

由外经贸部、科技部、信息产业部、中国科学院和深圳市人民政府共同主办的第一届中国高新技术成果交易会在深圳闭幕，总成交额达到 64.94 亿美元。

全国 31 个省、自治区、直辖市，港澳台地区和国家 4 个部以及北京大学、清华大学等 22 所著名高校组团参加了高交会。来自美国、加拿大、德国、澳大利亚、日本、英国、荷兰、法国、意大利等 26 个国家的 402 家高科技企业、大学、研究所、金融机构和一批国际风险投资机构参加了这一盛会，其中加拿大、澳大利亚、意大利、芬兰等国由政府机构组团参展。

此次高交会共有 4000 多项高新技术成果参加了展示和交易，其中有一大批代表我国和国际先进水平的最新科技成果。成交高新技术项目 1030 项，成交金额 42.78 亿美元，占总成交额的 65.9%；其他项目成交 429 项，成交金额 22.16 亿美元。

中国攻克 18 微米铜箔技术难关

大量应用于信息产业的电子基础材料 18 微米铜箔，已由我国联合铜箔有限公司研制成功，近日通过国家新产品技术鉴定。这项技术突破标志着我国已成为世界上掌握这一技术的第二个国家，对我国计算机、航空航天等高科技领域的自主开发生产具有重要战略意义。

18 微米铜箔又称印制电路用铜箔，其厚度约为一根头发丝直径的 1/4。它的生产过程综合了化工、电化学、精密机械、传动自动化过程控制等多学科的高精尖技术，工艺复杂。这项技术于 1996 年列入国家“863”计划。

10 月 11 日

国务院公布迎接澳门回归祖国标语口号

1. 热烈庆祝我国政府对澳门恢复行使主权

2. 澳门回归标志着中国人民洗雪国耻,澳门进入历史新纪元

3. 澳门回归是完成祖国统一大业的重要一步

4. "一国两制"是实现祖国和平统一的伟大创举

5. 贯彻"一国两制"方针,实行"澳人治澳"、高度自治,保持澳门长期稳定发展

6. 坚持"一国两制"方针,完成祖国统一大业

7. 澳门基本法是澳门长期稳定发展的根本保证

8. 学习澳门基本法宣传澳门基本法贯彻澳门基本法

9. 同喜同庆迎接澳门回归,同心同德走向崭新时代

10. 澳门的明天更美好

国家主席江泽民在人民大会堂与委内瑞拉总理乌戈·查韦斯会谈

江泽民说,1974 年中委建交以来,两国友好合作关系稳步发展。近年来,两国高层往来频繁,相互了解进一步加深;贸易关系发展顺利,经济技术合作成效显著;文教等方面的交流不断加强,合作领域日益拓宽;在国际事务中,双方相互支持,紧密配合。中委都是发展中国家,面临着和平与发展这一共同任务。不断密切双方的互利合作,符合两国人民的根本利益。他表示:我们愿同委内瑞拉一道,共同构筑中委两国长期稳定和全面发展的友好合作关系。

查韦斯说,委内瑞拉同中国一样在国际事务中坚持奉行独立自主的政策,坚定地维护国家主权,愿在下个世纪积极促进国与国之间的了解和合作。委内瑞拉方面认为,建立单极世界的企图是危险的,赞成世界向多极化发展。因此,委内瑞拉希望看到中国及整个亚洲保持蓬勃发展的势头,以推动世界多极化的发展趋势。

会谈结束后,江泽民主席和查韦斯总统出席签字仪式。中委双方签署了关于成立能源混委会的谅解备忘录、中委关于商签投资保护协定的谅解备忘录、中国银行向委方提供 3000 万美元出口信贷谅解备忘录、中委两国关于委驻香港总领馆领区扩大至澳门的换文、中国外交学院与委外交高等研究院合作协议和南京大学与安第斯大学学术合作框架协议等文件。

全国人大常委会委员长李鹏在重庆进行立法调研

10 月 11 日上午,李鹏在重庆与重庆市委、市人大、司法机关的负责人和专家学者一同座谈,听取大家对全国人大常委会关于对审判、检察工作中重大违法案件实施监督的规定草案的意见。

由于这部法律对于人大及其常委会开展监督工作意义重大,其立法调研从去年 6 月份就已开始。一年多来,李鹏委员长和全国人大有关单位负责人分赴陕西、山西、河南、山东、广东等近 20 个省市,听取社会各界人士的意见和建议。在九届全国人大常委会第十一次会议一审后,李鹏又来到云南、四川和重庆深入调查研究,以进一步完善这一法律草案。

座谈会上,来自重庆市人大、市政法委、市法院、市检察院、市委党校、西南政法大学的负责人和教授先后发言。他们结合自己的工作实际,从不同角度,有针对性地发表了各自的观点。在肯定了制定这一法律必要性的同时,还提出了一些具体意见。

在听取了大家的发言后,李鹏发表了讲话。他首先向大家阐述了这一法律草案的立法依据。他说,我国宪法和法律对人大及其常委会的监督权作出了明确的规定,"一府两院"由人大产生,对人大负责,受人大监督。这就说明人大及其常委会除享有立法权外,还有对"一府两院"的监督权,这也正是我国的民主政治制度与西方议会制度的根本不同之处。为了规范人大有关监督工作,八届全国人大常委会制定了关于对法律执行情况实施监督的若干规定。

李鹏说,一个时期以来,广大人民群众对司法机关工作中存在的执法不公以及一些司法腐败现象反映强烈,司法机关按照现行法律规定,通过内部监督制约机制纠正了一些错案,但群众还不尽满意,要求人大及其常委会加强监督,人大代表也就此多次提出议案。因此,制定这一法律既有充分的法律依据,又符合人民群众意愿。

他说,这一法律草案也是根据党的十五大关于完善监督法制的精神制定的,对于加强和规范人大的监督工作,促进公正司法,将会发挥重要作用。

李鹏指出,多年来,地方各级人大及其常委会在开展监督工作方面进行了有益的探索,通过对审判、检察工作中重大违法案件进行监督,督促审判、检察机关纠正了一批错案,支持审判、检察机关公正司法,取得了比较明显的效果。在开展监督工作中,各地积累了经验,但也存在一些问题,需要依法对这项工作进行规范。全国人大常委会初审的这一法律草案既是对各地成功经验的总结,又进一步作出规范。这部法律出台后,各地可以根据本地的实际情况制定具体的实施细则,以保障监督工作的顺利开展。

李鹏阐述了人大开展对审判、检察工作中重大违法案件监督的几项重要原则:不直接办案,不代行审判权、检察权的原则;事后监督的原则;集体行使监督职权的原则;坚持党的领导的原则。

李鹏说,对于司法机关中存在的执法不公和司法腐败现象,主要是通过司法改革,加强内部监督机制来

解决。我们制定这部法律，从某种意义上来说，也是启动并且督促司法机关充分运用自我监督纠错机制，及时查处、纠正错案。人大通过对具体案件的监督，解剖麻雀，通过具体案件了解审判、检察工作中的问题，发挥人大的监督作用。他说，人大监督与司法内部监督是相辅相成的，两者之间并不矛盾。建立与完善这种内外相结合的监督制约机制，可以更好地支持司法机关推进司法改革，促进公正司法。

考察期间，李鹏委员长听取了重庆市的工作汇报，充分肯定了重庆成立直辖市以来在经济建设和民主法制、移民扶贫、市政建设和各项社会事业发展中取得的明显成绩。李鹏就重庆市的当前工作提出了 4 点要求：第一，要继续抓好"三讲"教育，通过"三讲"，讲出团结，讲出干劲，树立正确的人生观、世界观，坚定建设有中国特色社会主义的信念和共产主义理想。第二，由于种种原因，国有企业的问题在重庆还比较突出，要认真贯彻落实四中全会的精神，把中央确定的国企改革脱困的阶段性任务和长远目标结合起来。要进一步抓大放小，大企业要建立现代企业制度，加强管理；小企业要放开搞活，根据实际情况，实行多种形式。第三，要高度重视下岗职工社会保障与再就业工作，认真抓好制度的完善，特别是要把保障下岗职工和失业人员基本生活的政策落到实处，以维护社会稳定。第四，重庆在发展过程中遇到的困难有共性，也有特殊性，解决这些困难要以自力更生为主，国家适当支持。新的重庆市领导班子要努力工作，不辜负党中央的厚望、不辜负全市人民的重托。

10 月 10 日，李鹏听取了重庆市有关区市县关于移民工作的汇报，与库区各级负责同志共同探讨搞好这一关系三峡工程成败工作的途径。李鹏对几年来库区的移民工作的顺利进行表示欣慰，要求各级领导从讲政治、讲大局的高度，充分认识移民工作的重要性，保证移民任务的按期完成。在重庆期间，李鹏委员长还在中共重庆市委书记贺国强、代市长包叙定、市人大常委会主任王云龙的陪同下，考察了重庆市的市政建设。

全国纪检监察机关办案工作经验交流会在大连召开

中共中央政治局常委、书记处书记、中央纪委书记尉健行讲话强调，要切实加强办案工作，严厉惩处腐败分子，把党风廉政建设和反腐败斗争进一步引向深入，为实现我们党的跨世纪发展的伟大目标提供政治保证。

尉健行指出，以江泽民同志为核心的党中央，坚持以邓小平理论为指导，加大了反腐败斗争的力度，查办违纪违法案件工作取得了明显成绩。当前办案任务仍然相当繁重，需要进一步提高对办案工作重要性的认识。他强调，查办违纪违法案件，严厉打击腐败分子，是惩治腐败的重要手段，是一项长期尖锐复杂的斗争；是从严治党，纯洁党的组织，增强党的凝聚力和战斗力，加强党的建设的重要保证；是推进经济建设顺利进行，促进改革深化，维护社会稳定，保证国家长治久安的重要措施。通过查办案件，严肃纪律，清除腐败分子，使腐败分子在党内无藏身之地，才能保持党的先进性和纯洁性，提高党的领导水平和执政水平。通过查办案件，才能为维护改革、发展、稳定大局提供政治保证。

尉健行指出，查办案件是我们党同腐败分子最直接、最激烈的较量，是反腐败斗争的主要突破口，也是衡量斗争是否深入、有效的一个重要标志。

在违纪违法行为大量发生的情况下，办案工作必须大大加强，而不能有丝毫松懈。他要求各级党委、政府，各级纪检监察机关和执纪执法机关要坚决贯彻落实党中央关于反腐败的决策和部署，深入反对腐败，进一步抓紧抓实办案工作，努力突破一批大案要案，有效遏制党政机关和干部队伍中腐败现象蔓延的势头，实现十五大确定的跨世纪反腐败目标。各级纪检监察机关要把查办案件放在反腐败全局中来把握，统筹考虑，通盘部署，使反腐败各项工作同步展开，相互促进，不断取得新的成果。

尉健行强调，查办案件必须坚持党委的统一领导。在我们国家，只有中国共产党才能够坚定地领导开展反腐败斗争，才有能力解决腐败问题。以江泽民同志为核心的党中央的坚强有力的领导，各级党委的领导和支持，是纪检监察机关查办案件特别是突破大案要案的强大动力，是取得成功的根本保证。只有坚持党委的统一领导，办案工作才能保持正确的方向，保证工作的健康发展。

尉健行指出，纪检监察机关首先要敢于办案，要以对党和人民高度负责的态度，敢于揭露问题，坚决同违纪违法的组织和个人进行斗争，以维护党纪国法的严肃性。同时又要严格掌握政策和斗争策略，讲究工作方法。要善于利用矛盾，区别对待，分化瓦解违纪违法分子。要善于抓住要害，捕捉战机，集中力量，迅速果断采取有力措施，以快制胜。执行纪律要体现"坦白从宽，抗拒从严"的政策。对主动交代问题，或者问题被揭露能主动谈清问题并协助组织查清案情的，可以从轻处分甚至不给处分；对狡诈抵赖的，要从严从重惩处。要善于运用纪律处分和组织处理两种手段。

尉健行要求各级纪检监察机关要集中力量查办比较重要或复杂的案件，突出办案重点。当前要继续坚持着重查办党政领导机关、行政执法机关、司法机关、经济管理部门和县(处)级以上领导干部的违纪违法案件，加大对金融、证券、房地产、土地批租转租、建筑工程等领域违纪违法案件的查处力度，注意查处国有企业改革过程中出现的国有资产流失、领导干部违纪违法案件。在查办经济案件的同时，还要十分注意查办违反政治纪律的重大案件。尉健行说，对人的处理要持慎重态度。对党员、干部中发生的一般性问题，要善于运用党的思想政治工作的方法，通过批评和自我批评去解决。

在谈到“两规”、“两指”问题时，尉健行指出，党内规定，“要求有关人员在规定的时间、地点就案件所涉及的问题作出说明”；行政监察法规定，“责令有违反行政纪律嫌疑的人员在指定的时间、地点就调查事项涉及的问题作出解释和说明”。这是党内法规和国家法律赋予纪检监察机关的一项重要权力。实践充分证明，纪检监察机关在确实必要的情况下，按照规定程序报经批准后正确运用这项权力，对于查清一些重要或复杂案件所涉及的有重大嫌疑的党员、干部和有关人员的问题，发挥了重要作用。各级纪检监察机关要继续正确使用这项权力。

在谈到纪委与有关执纪执法机关协同配合突破大案要案问题时，尉健行说，党的十五大明确规定了反腐败的领导体制和工作机制，要求纪委在反腐败斗争中承担好组织协调的责任。各级纪委要认真履行这项职责，尤其在查处重要或复杂的案件时，要善于与司法机关、行政执法机关等有关部门密切配合，协同工作，有效地查处案件。各级党委要健全查处大案要案的组织协调工作机制，进一步发挥纪委的组织协调作用。

中央纪委副书记曹庆泽主持会议并作题为《进一步加大办案工作力度，推动反腐败斗争深入开展》的讲话。各省、自治区、直辖市纪委、监察厅(局)，中央、国家机关纪检监察机构，军队纪检部门的负责人出席会议。

《人民日报》发表评论员文章《统一认识坚定信心——一论开创国有企业改革和发展的新局面》

党的十五届四中全会是一次专门讨论国有企业改革和发展问题的重要会议。会议通过的《中共中央关于国有企业改革和发展若干重大问题的决定》是加快国有企业改革和发展的纲领性文件。《决定》充分肯定了20年来我们在国有企业改革和发展方面所取得的巨大成就与实践经验，明确了今后的奋斗目标与指导方针，提出了搞好国有企业改革与发展的一系列政策措施。这是一个跨世纪的战略决策，对于促进我国经济体制改革的深入和国有经济的发展壮大，加快改革开放和社会主义现代化建设的进程具有重要意义。

当前，摆在全党面前的重要任务就是要全面贯彻落实四中全会精神，做到统一认识，坚定信心；真抓实干，落实责任；看重实践，分类指导；抓紧当前，着眼长远。

首先要统一认识，坚定信心，要把全党的思想统一到全会精神上，统一到江泽民同志讲话精神上，充分认识国企改革的重要性迫切性，充分认识落实全会提出的国企改革十条指导方针的重要意义，振奋精神，坚定信心，一定把国企改革搞好。统一认识的过程是切实提高认识的过程。全党同志必须进一步明确，国有企业是我国国民经济的支柱，社会主义制度的重要经济基础。国有企业改革是我国经济体制改革的中心环节，能否实现全会确定的国企改革奋斗目标，关系到我国经济体制改革的成败和我国经济持续快速健康的发展，关系人民生活水平的提高和党的执政地位与社会主义制度的巩固，既是一个重大的经济问题，也是一个重大的政治问题。我们必须从这样的战略高度认识问题和开展工作。

只有统一认识，才能坚定信心。国有企业的改革事关国家和人民的根本利益，只能进，不能退；只能胜，不能败，这是全党和全国人民的坚定意志。过去20多年的探索，我们在国企改革方面积累了经验，取得了成就，培养了典型，锻炼了队伍，国有企业是有活力，有潜力的；更加重要的是，我们有党中央的坚强领导，有广大职工群众的积极支持和参与，只要我们认真贯彻落实四中全会决策部署，抓住机遇，一抓到底，就一定能够开创国有企业改革和发展的新局面。

统一认识，坚定信心，就要坚定不移地解放思想，实事求是，大胆探索，勇于开拓；就要全面科学地分析国有企业的现状，既要充分看到成绩，增强信心，又要冷静分析困难，知难而进；既要看到解决国企改革深层矛盾和困难的艰巨性长期性，又要看到解决矛盾和困难的有利条件；既要积极推进国有企业改革，又要考虑社会承受能力，加强改革中的思想政治工作，维护社会稳定。

统一认识，坚定信心，关键是领导班子的认识和信心，是领导班子的精神状态，领导班子的工作力度和办法。几十年来，国有企业的广大干部群众为国有企业建设作出了巨大贡献。特别是在发展社会主义市场经济的新条件下，他们继续团结拼搏，开拓进取，不断推进国有企业的改革和发展。只要领导班子信心坚定，有所作为，就会把国有企业广大职工群众的积极性和创造力凝聚起来，把党中央的决策落到实处，我们的国有企业改革和发展就大有前途，建设有中国特色社会主义事业就大有前途！

《人民日报》发表评论员文章《坚持不懈打击经济犯罪》

国务院关于进一步完善粮食流通体制改革政策措施的补充通知

最近，国务院在石家庄市召开了七省粮食工作座谈会，在深入调查研究的基础上，实事求是地分析了自去年 4 月全国粮食流通体制改革工作会议以来取得的成绩和存在的问题。由于各级党委、政府和有关部门的高度重视，以“三项政策、一项改革”为重点的粮食流通体制改革取得了明显成效。按保护价敞开收购农民余粮的政策基本得到落实；国有粮食购销企业顺价销售力度加大，经营状况好转，亏损减少；粮食收购资金基本实现封闭运行；粮食收购市场管理进一步加强；粮食购销企业自身改革取得一定进展。在粮食连年丰收、出现阶段性供过于求的情况下，粮食流通体制改革的顺利推进，避免了粮价大起大落，有效地保护了广大农民的利益，对于促进国民经济持续发展和社会稳定，起到了至关重要的作用。同时，也必须看到粮食流通体制改革进展还不平衡，一些新的矛盾和问题需要认真研究解决。主要是，有的地方没有完全做到按保护价敞开收购农民余粮，甚至把优质优价变成压级压价，限收拒收；有的地区国有粮食购销企业低价亏本销售粮食，扰乱了市场秩序，影响了其他地区顺价销售；粮食市场管理存在一些薄弱环节；国有粮食购销企业改革滞后，人员多、费用高、竞争力低的局面还未得到根本扭转。因此，必须按照“三项政策、一项改革”的要求，不断完善相关政策和措施，继续推进粮食流通体制改革。现就有关问题补充通知如下：

一、进一步统一思想认识，坚定不移地贯彻执行“三项政策、一项改革”

按保护价敞开收购农民余粮、国有粮食购销企业实行顺价销售、粮食收购资金实行封闭运行和加快国有粮食购销企业自身改革，是在总结多年来粮食歉收和丰收两种情况下宏观调控实践的经验教训基础上提出的。实践证明，只有按保护价敞开收购农民余粮，进一步管好粮食收购市场，才能保护农民种粮积极性、稳定粮食生产。这也是国有粮食购销企业掌握粮源、实现顺价销售的基础。尤其是在当前粮食总量供过于求、粮食库存增加、农民余粮较多的情况下，如果放松粮食收购市场的管理，势必会使市场粮价大幅度降低，不仅直接损害农民的经济利益，扰乱市场秩序，还会导致粮食购销企业难以顺价销售，加大亏损，对扩大内需、维护农村社会稳定和整个国民经济发展都将产生严重的不利影响。只有认真贯彻执行顺价销售政策，严禁国有粮食购销企业低价亏本销售，才能确保粮食购销企业实现顺价销售，防止产生新的亏损，逐步摆脱经营困境。只有实行粮食收购资金封闭运行，才能保证收购资金及时足额供应，不向农民“打白条”，又防止收购资金被挤占挪用。只有进一步加快国有粮食购销企业自身改革步伐，实行下岗分流、减人增效，建立、健全独立核算、自主经营、自负盈亏的新机制，才能有效地解决国有粮食购销企业人员多、费用高、效益低的问题，确保粮食流通体制改革政策措施的贯彻落实。一年多的实践证明，中央制定的以“三项政策、一项改革”为重点的粮食流通体制改革的方针政策是完全正确的，必须坚定不移地贯彻执行，决不能有丝毫动摇。

二、调整农业和粮食生产结构，促进粮食供求总量和结构的平衡

针对当前我国人民消费水平低、粮食转化程度不高和粮食总量阶段性供过于求带来的粮食流通中的诸多矛盾和困难，必须在不断推进粮食流通体制改革的同时，加快农业和粮食生产结构的调整，促进粮食供求总量的平衡和结构的优化。

（一）加大退耕还林、还草、还湖力度，以改善生态环境，缓解粮食供求总量矛盾。同时，通过“以粮代赈”方式，帮助解决贫困地区人口的口粮问题，支持农业和农村基础设施建设。

（二）以市场为导向，调整粮食品种结构，减少普通粮食品种生产，扩大专用和优质粮食生产。有条件的地方可因地制宜，适当改革耕作制度。农业部门要抓紧研究制定促进农业生产结构调整的配套措施，重点在品种科学选优、区域种植结构调整、技术服务推广和降低生产成本等方面加大工作力度。

（三）适应人民生活水平提高的需要，进一步发展粮食深加工和畜禽水产养殖业，大力促进粮食转化。

（四）在充分考虑全国市场需求的前提下，调整粮食区域种植结构，东部沿海地区和大城市郊区要注重发挥地区比较优势，结合农业生产结构调整，发展国内外市场需要的附加值高的经济作物，提高经济效益和农民收入。对这些地区的粮食定购任务，可由省级政府作相应调整。有关部门要加强调整粮食种植结构的信息指导。

（五）在国家统一协调下，采取必要的鼓励措施，积极扩大粮食出口，以缓解国内市场粮食供过于求的压力。

三、认真贯彻执行按保护价敞开收购农民余粮政策，切实保护农民利益

（一）国有粮食购销企业要牢固树立为农民服务的思想，进一步改善服务态度，提高服务质量，方便农民售粮，切实做到常年、常时挂牌敞开收购，对符合国家质量标准的粮食，不准限收、拒收、停收。当然，也不能

降低国家质量标准，收购那些含水、含杂超标准的粮食。

（二）认真执行按质论价和优质优价政策，决不能以“调整结构、优质优价”为借口，压级压价、停收限收。

（三）认真贯彻执行《国务院关于进一步完善粮食流通体制改革政策措施的通知》（国发〔1999〕11号）关于适当调整保护价收购范围的精神。非主产区的小麦、玉米、稻谷三大粮食品种，如需退出保护价收购范围，必须报国务院审批；经国务院批准同意退出保护价收购范围的粮食品种，可由国有粮食购销企业按照“购得进、销得出”的原则组织收购，或者由国有粮食购销企业实行“代购代销”。同时在严格市场管理和经过省级人民政府审批的前提下，允许粮食加工、饲料、饲养、酿造、医药等用粮大中型企业直接收购，但仅限于自用，不得倒卖。实行按保护价收购的粮食品种，应拉开等级差价，但不得将等内粮中的低等级部分退出保护价收购范围。

（四）各级政府要采取有效措施，重点解决基层购销企业仓储设施不足问题，要继续通过扩建和租赁社会仓储设施等办法，扩大仓储能力，确保敞开收购农民余粮。

（五）各级政府要加强对按保护价敞开收购余粮和按质论价、优质优价政策执行情况的监督检查，对违背政策规定的要严肃处理。要加强宣传教育，鼓励农民按照国家规定的质量标准交售粮食，以保证储存粮食质量。

四、采取多种有效措施，促进粮食顺价销售

（一）要坚决执行国务院确定的粮食顺价销售原则，制止低价亏本销售。有关部门要加强对国有粮食购销企业顺价销售的监管，对于低价亏本销售的，要依据《粮食购销违法行为处罚办法》严肃查处。地方政府可以适当调整和完善对粮食购销企业的超储费用补贴办法，制定鼓励粮食销售的措施，但不得将粮食超储补贴用于企业降价销售的价差补贴。

（二）降低国有粮食购销企业经营费用，是实现顺价销售的重要条件。各地要采取切实措施，进一步加大国有粮食购销企业自身改革力度，着力抓好下岗分流、减人增效工作，加强企业内部管理，挖掘潜力，把过高的经营成本降下来。同时要建立销售激励机制，改善服务，加快粮食顺价销售。

（三）国有粮食购销企业要严格按照《国务院办公厅转发国家计委等部门关于进一步做好国有粮食企业扭亏增盈工作意见的通知》（国办发〔1999〕74号）规定的作价办法顺价销售。对于粮食库存过大，销售特别困难的购销企业，可采取轮换库存粮的办法，实行库存粮按新购进粮食的成本顺价销售，新购进粮食等量对冲入库，以鼓励企业扩大销售，“推陈储新”。但不得借机低价销售库存陈粮，库存粮销量不得超过等量对冲的新粮。要认真按照国务院确定的原则和有关部门制定的办法妥善处理陈化粮，防止处理时间过于集中，更不得擅自放宽陈化粮的认定标准，变相低价销售。处理陈化粮要稳步进行，不能冲击市场粮价。

（四）各级税务部门要加强粮食经营者包括粮食集贸市场的个体经营者、粮食加工企业的税收征管，并严格执行关于国有粮食企业免征增值税的政策，为粮食购销企业顺价销售创造良好环境。

（五）由于当前国有粮食购销企业顺价销售困难，对于原附营业务占用贷款中仍由国有粮食购销企业承担的部分，实行停息挂账，以减轻国有粮食购销企业负担。

五、合理安排今年粮食收购保护价水平，拉开品种质量差价、季节差价

（一）保护价水平的确定，既要有利于保护农民收益，也要考虑市场供求，以利促进国有粮食购销企业顺价销售和农业生产结构的调整。在当前粮食总量供过于求的情况下，结合粮食生产成本收益率的实际情况，在保持今年秋粮价格基本稳定的前提下，可在主产省充分协商、协调一致的基础上，适当调整玉米收购价格，同时要注意价格的调整幅度不要过大。

（二）继续落实好优质优价政策。要切实拉开粮食质量差价，对于内在品质好、消费者认可、市场销路好的优质品种，其收购价格由国有粮食购销企业按照“购得进、销得出”的原则自行确定。质量技术监督部门要尽快制定下达粮食优质品种的具体质量标准。

（三）进一步拉开季节差价，特别是辽宁、吉林、黑龙江和内蒙古东部等高水分粮较多的地区，要根据烘干能力，合理安排收购进度，拉开季节差价，鼓励农民自行降低水分，以减轻国有粮食购销企业的收储压力和增加农民收入。

（四）各省级政府要认真做好毗邻地区粮食收购价格的衔接，必须执行共同协商的收购价格，防止因价格水平差距过大，造成国有粮食购销企业不平等竞争。

（五）各级物价部门要加强对粮食购销价格执行情况的监督。监督企业严格执行价格政策，防止压价收购、低价销售等不正当价格竞争行为。对违背有关规定的，要依法查处。

六、加强粮食收购市场管理，维护正常的收购秩序

（一）各级工商部门要继续加强收购市场管理，严厉打击私商粮贩等各种违法收购、加工和运销粮食的行为，重点加强对加工企业台账的监管，切实管住加工企业粮源。要加强对粮食运销合法凭证的监管，防止一票多用和重复使用。对没有合法凭证的粮食，铁路、

交通部门不得承运。近期要集中力量对粮食市场进行一次清理整顿。

（二）严格按规定审批进农村收购的大型农业产业化龙头企业、饲料生产企业，要防止审批标准掌握过宽、审批不严的现象。经国务院批准的粮食进出口企业，具备条件的，可进农村收购用于出口的粮食。同时，要加强对这些企业粮食收购活动和台账的监管。

（三）粮食、公安、交通、物价、税务、质量技术监督等部门和乡镇政府，要密切配合和大力支持工商部门加强对粮食市场的监管。对一些地方已经采取的一些好的做法，如联席会议制度、设立协管员等，要在总结经验的基础上，加以推广。各级政府对监管粮食收购市场所必需的经费、装备等要给予必要的支持。

（四）粮食销售市场要进一步放开搞活，积极培育县以上粮食批发市场，粮食零售市场、集贸市场常年开放。

七、财政部门和农业发展银行要进一步采取措施，支持国有粮食购销企业正常的经营活动

（一）粮食超储补贴及时足额到位是落实粮改政策的重要保证。中央对地方已经实行了粮食风险基金包干，地方财政部门要根据国有粮食购销企业敞开收购的实际情况，确保粮食超储补贴及时足额拨补到位，以利于国有粮食购销企业敞开收购和正常经营。粮食风险基金包干后，由地方承担的配套资金原则上应由省级财政安排，不得实行层层递减包干，如确需由市县承担，必须保证落实；市县承担资金不落实的，仍由省级财政统筹解决。粮食风险基金管理办法要按有关部门的规定执行，不准对国有粮食购销企业实行补贴包干。

（二）农业发展银行要继续坚持有利于粮食顺价销售的一些好的做法，积极改善金融服务，支持国有粮食购销企业正常经营。对于露天储存和租借社会仓库等增加的收储费用，要根据实际需要安排必要的费用贷款。对于国有粮食购销企业销售粮食所必需的经营费用，要给予资金支持。增加必需的简易建仓贷款，人民银行要相应增加农业发展银行简易建仓贷款计划，地方财政要对这项贷款实行全额贴息。在资金管理上要根据市场情况，在保证收购资金封闭运行的前提下，要维护国有粮食购销企业的营销自主权，以支持其进一步扩大顺价销售。

国家计委在西宁召开“十五”规划西部开发研讨会提出要不失时机地实施西部大开发战略

会议学习了江泽民总书记和中央关于加快西部地区开发的重要指示和党的十五届四中全会精神，研究了国家关于西部地区“十五”计划和到2015年规划的思路，交流了21世纪初加快西部发展的设想。

会议认为，21世纪初实施西部大开发战略意义十分重大。我国西部地区面积540万平方公里，人口2.85亿，超过全国的1/5。但人均国内生产总值仅相当于全国平均水平的60%左右，尚未实现温饱的贫困人口大部分分布在这一地区。下世纪初，在继续加快东部沿海地区经济发展的同时，不失时机地实施西部开发战略。

会议认为，加快西部开发的条件已基本具备。为此代表们研讨了实施西部大开发战略的初步设想。认为，实施西部开发要适应初步建立社会主义市场经济体制的要求，紧紧围绕如何充分发挥市场机制和企业主体的作用进行西部开发，采取多种形式，动员和筹措社会资金，努力培育新的区域开发机制。

会议指出，实施西部大开发战略是一项复杂的系统工程，要有步骤、有重点地加以推进。代表们在研讨中提出，在西部开发中，应当把不断改善人民生活作为优先领域，把生态环境建设和水资源开发利用放在突出位置，进一步加强交通通信基础设施建设，发展各地的特色经济和优势产业，把发展科技教育作为关键环节和根本保障，把企业培育成为西部开发的主体。

国家计委主任曾培炎同志在会上作总结讲话。来自重庆、四川、贵州、云南、西藏、陕西、甘肃、青海、宁夏、新疆等10个省区市及新疆生产建设兵团的领导和各省区市计委主任等参加了研讨会。

国家主席江泽民在人民大会堂会见英国《泰晤士报》专栏作家威廉·里斯-莫格勋爵

全国人大常委会副委员长田纪云在柏林各国议会联盟第一百零二届大会上发言

田纪云发言时说，中国人民愿同世界各国人民携起手来，为把一个和平、安全、稳定、有利于发展的世界带入21世纪而共同努力。

田纪云在发言中指出，“冷战”结束以来，世界形势总体趋向缓和，但天下仍不太平，霸权主义、强权政治在国际政治、经济和安全领域仍然存在，并且有新的发展。正在抬头的“新干涉主义”，就是霸权主义、强权政治的表现。一些大国奉行“炮舰政策”和新经济殖民主义，严重损害许多中小国家的主权独立和经济发展，并且威胁世界和平和国际安全。

田纪云说，中国一向主张国家不分大小、贫富、强弱，都是国际社会的平等成员，各国人民都有权选择适合本国国情的社会制度和发展道路，各国的事情要由各国人民自己做主。世界各国都应相互尊重主权和领土完整，互不侵犯，互不干涉内政，平等互利，和平共处。国与国之间的争端，应通过协商和平解决，而不应

诉诸武力或以武力相威胁。

田纪云说，中国是维护世界和平稳定的坚定力量。在国际关系中，中国坚持不结盟，不搞军事集团，不参加军事竞赛，不进行军事扩张。中国坚持奉行独立自主和平外交政策和防御性的国防政策。中国的发展不会对任何国家构成威胁，只会有利于地区和世界的和平与繁荣。今后中国发达起来之后，也仍然会坚定不移地同世界上爱好和平的国家和人民一道，坚决反对霸权主义和强权政治。

田纪云还强调，世界上只有一个中国，台湾是中国领土不可分割的一部分，实现台湾与祖国大陆的统一，是包括台湾同胞在内的全中国人民的共同愿望和神圣使命，是中国历史的大势所趋，是任何力量都阻挡不了的。香港回归的实践证明，中国实现完全统一的进程有利于亚洲乃至世界的稳定和发展。

田纪云还指出，1949 年制定的《日内瓦公约》及 1977 年的两个附加议定书在当代国际法的发展中占有重要地位，但却遭到一些大国的践踏。它们动辄使用武力，肆意轰炸平民和民用设施，严重违反国际人道主义法则。中国全国人大愿继续与各国立法机构一道，为促进国际上充分尊重国际人道主义法而不断努力。

关于建立国际金融和经济新秩序，他说，亚洲金融危机表明，现行国际经济秩序越来越不适合当今经济发展的需要，改革旧的金融体制，建立国际经济新秩序已势在必行。中国愿同各国加强合作，努力推动建立公正、合理的国际金融和经济新秩序。

中央军委授予南京军区某部五连“基层安全保卫工作模范连”荣誉称号

由中央军委主席江泽民签署的命令说，南京军区某部五连组建于 1938 年，是一个有着光荣历史的连队。战争年代屡建战功，两次荣获“战斗模范连”荣誉称号。和平时期特别是改革开放以来，他们继承和发扬我军优良传统，针对基层建设中出现的新情况、新问题，认真做好安全保卫工作，促进了连队全面建设。他们坚持积极预防，育人为本，5 年来，有近百名战士立功受奖和评为各类标兵，20 多人考入军校和提为干部，30 多人取得各类学科结业证书；坚持点滴抓起，以细求实，严格按照条令条例和《军队基层建设纲要》办事，各项经常性工作得到落实，一日生活达到规范化、制度化；坚持依靠群众，群策群防，充分发挥思想骨干队伍的作用，开展“互帮互学”活动，形成了“人人当主人、个个有责任、大家做工作”的生动局面；坚持抓好个别，防止掉队，近几年转化了 6 名后进战士，其中有的提了干、有的入了党、有的当了班长。连队连续 49 年无案件事故，1981 年 12 月被军区命名为“安全保卫工作模范连”。1990 年以来，年年被师团评为先进连队，8 次被集团军评为基层建设标兵连队，3 次被军区树为基层建设先进单位，并荣立一等功 1 次，二等功 2 次，三等功 3 次。1999 年，党支部被总政表彰为先进党支部。

命令指出，五连是全军基层建设特别是安全保卫工作方面的一个突出典型。全军部队特别是基层单位都要向五连学习。学习他们始终把思想政治建设放在首位的强烈意识，坚持把育人成才作为基层预防工作的根本抓住不放，努力把官兵培养成为高素质的青年军人；学习他们脚踏实地、求真务实的良好作风，严格按章办事，用制度保证经常性工作落到实处；学习他们热爱连队、以连为家的主人翁精神，建立纯洁融洽的内部关系，不断创造互帮互助、团结向上的良好氛围；学习他们会做、善做思想工作的过硬本领，发挥政治工作的优势，真正使连队成为锻炼和改造人的“熔炉”。全军广大官兵要在党中央、中央军委领导下，高举邓小平理论伟大旗帜，艰苦奋斗，扎实工作，大力加强思想政治建设，保持部队高度稳定和集中统一，为推进我军革命化、现代化、正规化建设而努力奋斗。

中国红十字会第七次全国会员代表大会在北京召开

中共中央总书记、国家主席、中国红十字会名誉会长江泽民，中共中央政治局常委、国家副主席胡锦涛，中共中央政治局常委、国务院副总理李岚清会见全体与会代表。

会见后，江泽民发表讲话。他首先代表党中央、国务院祝贺中国红十字会第七次会员代表大会召开，并向为我国红十字事业作出贡献的 1800 万会员表示诚挚的问候。

江泽民指出，我们刚刚隆重庆祝了新中国成立 50 周年。50 年来，我国红十字事业与祖国一同发展，取得了显著的成绩。中国红十字会是从事人道主义工作的社会救助团体，已有 95 年的历史，在国内外享有良好的声誉。中国红十字会协助政府做了大量有益的工作。比如，在 1998 年的严重洪涝灾害和地震、雪灾的救助工作中，中国红十字会为灾区募集款物 9 亿多元，使 3500 万人受益，得到社会的高度赞扬，也受到红十字会与红新月会国际联合会的高度评价。

江泽民说，红十字事业是崇高而伟大的事业，它所倡导的人道主义精神和为社会奉献的精神，符合社会主义精神文明的要求。随着我国改革开放和现代化建设的发展，中国红十字事业的前景将会越来越广阔。所有从事红十字会工作的同志，都要热爱红十字事业，做到爱岗敬业，乐于奉献，开拓进取。各级政府和社会各界要关心和支持红十字会的工作，落实《中华人民共和国红十字会法》，把我国的红十字事业办得更好。

中共中央政治局常委、国务院总理朱镕基向大会发来贺信。朱镕基在贺信中说，中国红十字会作为从事人道主义工作的社会救助团体，协助政府做了大量的自然灾害和突发事件的救助工作，作出了重要贡献。中国红十字会成立至今已有 95 年，特别是新中国成立以来，积极开展民间交往工作，协助政府做了大量的国际救助和人道工作，成为国际红十字运动的一支重要力量，赢得了良好的声誉和社会各界的支持，产生了积极的影响。祝愿中国红十字会在我国改革开放和社会主义现代化建设，以及国际人道主义工作方面进一步发挥重要作用。

李岚清代表国务院在开幕式上发表讲话。他说，中国红十字事业是我国社会主义事业的一个组成部分。希望各级政府对红十字会的建设和工作要给予切实的、强有力的支持，促进红十字事业的发展。这是国家的需要，人民的需要，也是时代的需要。

中国红十字会会长钱正英主持开幕式。

红十字国际委员会主席索马鲁加和红十字会与红新月会国际联合会主席艾丝特里德·海伯格也给大会发来了贺电。

这次代表大会讨论并通过第六届理事会的工作报告；修改中国红十字会章程；选举产生第七届理事会及常务理事会；讨论并通过《中国红十字会 2000—2004 年工作规划纲要》。

会议至 13 日结束，选举彭珮云为会长。

最高人民检察院关于检察机关的法医能否根据省级人民政府指定医院作出的医学鉴定作出伤情程度结论问题的批复

河南省人民检察院：

你院豫检研〔1999〕3 号《关于检察机关的法医能否根据省级政府指定医院作出的医学鉴定作出伤情程度结论的请示》收悉。经研究，批复如下：

检察机关委托省级人民政府指定的医院进行刑事医学鉴定，其鉴定没有明确指明损伤程度等法医学问题的，检察机关的法医可以根据省级人民政府指定医院出具的医学鉴定，就伤情程度等问题提出法医学意见。办理案件的检察人员应当根据省级人民政府指定医院出具的关于伤情情况的鉴定并参照检察机关法医提出的法医学意见，综合进行审查判断，以正确认定案情。

全国残疾人就业工作会议在北京召开

为贯彻执行日前由国务院批准、国务院办公厅转发的《关于进一步做好残疾人劳动就业工作的若干意见》，研究确定今后一段时期残疾人就业工作的任务目标和主要措施，劳动保障部、国家计委、民政部、财政部、人事部、国家税务总局、国家工商局、中国残联等 8 个部门共同召开全国残疾人就业工作会议。

《关于进一步做好残疾人劳动就业工作的若干意见》指出：做好残疾人就业工作，对于促进经济发展、社会进步和精神文明建设具有重要作用。要坚持集中与分散相结合，采取优惠政策和扶持、保护措施，进一步制定、完善有关法规和政策，依法全面推行按比例安排残疾人就业，继续扶持和稳定集中就业，大力扶持残疾人个体就业和自愿组织起来就业。

国务委员、国务院残疾人工作协调委员会主任司马义·艾买提出席会议并特别强调，要做好残疾人劳动就业工作，关键是抓好落实。各级政府要统筹安排，制定本地的规划；要提出切实可行的办法；计划、劳动、民政、财政、人事、工商、税务、残联等部门要明确职责，密切协作，做好工作，同时，要加强检查和监督。

婚姻法修改研讨会在江西吉安召开

中国法学会婚姻家庭法学研究会在江西吉安召开婚姻法修改研讨会，讨论法学专家提交的对婚姻法修改的建议稿。

全国人大常委会副委员长、全国妇联主席彭珮云参加法学专家和基层妇联干部就修改婚姻法进行的讨论，认真听取了大家的意见。她说，此次修改婚姻法工作受到了社会各界广泛的关注，全国人大内司委、民政、妇联、法院、计生委等部门和许多专家学者做了大量工作。彭珮云指出，修改婚姻法要从我国的国情出发，以邓小平理论为指导，以宪法为依据，要同党的改革、发展和稳定的重大决策紧密结合起来，要坚持走群众路线，实行立法机关与实际工作部门和专家学者相结合，广泛听取人民群众特别是广大妇女的意见。她要求各级妇联高度关注并积极参与婚姻法修订工作，深入基层，调查研究，反映广大妇女的意愿和要求，力争从法律上更好地解决婚姻家庭领域中出现的各种问题，保护妇女的合法权益。

10 月 12 日

国务院总理朱镕基在人民大会堂会见委内瑞拉总统查韦斯

朱镕基说，查韦斯总统此次访问期间，两国政府签署了一系列具有实质内容的文件，涉及投资、农业、能源、建筑和教育等领域，这标志着双方的关系已经得到了进一步深化和发展。他表示，中国政府一贯重视发展同委内瑞拉的关系，愿意与委内瑞拉共同努力，全面发展中委友好合作关系，特别是广泛开展在农业、交通、能源、家用电器、加工贸易等领域的互利合作。

查韦斯说，中国50年来所取得的成就令委内瑞拉人民也受到鼓舞。特别是中国对内坚持走有中国特色的社会主义发展道路，对外坚持和平共处五项原则，维护国家主权，重视保护人权，不干涉别国内政，这些政策在国际社会，特别是在委内瑞拉都得到广泛同情和支持。委内瑞拉将坚定地支持中国在国际事务中发挥更积极的作用，并将继续支持中国在人权领域的正义立场。

双方同意设立部长级经贸合作混委会，负责协调双方经济合作事宜。

全国政协主席李瑞环在人民大会堂会见委内瑞拉总统查韦斯

李瑞环在向客人介绍中国50年来的发展情况时强调指出，历史告诉我们：一个民族要实现振兴，就必须千方百计地振奋民族精神，把全民族的积极性都调动起来，潜力都挖掘出来，人心都凝聚起来，依靠本民族的艰苦奋斗，克服困难，创造业绩；一个民族要不断进步，就必须及时经常地检讨自己，总结经验，既要看到已取得的成绩，又要正视出现的失误，更要记取付出沉痛代价换来的刻骨铭心的教训，切实改正错误，改善工作，改革一切阻碍发展的不合理的体制；一个民族要跟上时代，就必须大胆地融入国际社会，善于同其他国家和民族进行广泛的交流与合作，学习和借鉴外来的一切文明成果，取诸家之长，走自己的路。李瑞环说，作为真正的朋友，我们不单是向你们介绍我们的成就，还希望你们了解我们走过的曲折道路，我们认为这比介绍成就更重要。

澳门特别行政区第一届立法会举行第一次全体会议

会议通过无记名投票方式，选举曹其真为立法会主席、刘焯华为副主席。

会议在澳门特别行政区行政长官临时办公处所在地大丰银行大厦内举行。会议根据全国人大关于澳门特别行政区第一届立法会在12月20日以前开展工作的决定而召开的。会议按照澳门基本法第72条和特区筹委会的有关规定进行了第一届立法会主席、副主席的选举。选举前，议员们就选举程序、方法等问题进行了长时间的讨论。

“世界60亿人口日”大会在北京召开

国家主席江泽民为中国少年先锋队成立50周年题词：星星火炬，代代相传

第六届“全国十佳少先队员”评选揭晓

由共青团中央、教育部、全国少工委、中央电视台共同举办的第六届“全国十佳少先队员”评选在北京揭晓。他们是：四川省蒲江县大塘镇中心小学少先队员万伟，天津市西康路小学少先队员王杨（女），厦门市实验小学少先队员方佳佳（女），北京市体育馆路小学少先队员田飞，南京市凤凰街小学少先队员叶波（女），济南市经二路小学少先队员兰珍妮（女），浙江省衢州市柯城区新衢小学少先队员刘哲辰，贵州省凯里市第七小学少先队员易雷（女），上海市曹杨二中少先队员陶晓隽（女），西安市钟楼小学少先队员海蒂。

国家主席江泽民会见台湾女企业家访问团

江泽民在会见时说，9月21日台湾发生强烈地震后，我立即对受灾同胞表示了亲切慰问，对遇难同胞表示沉痛哀悼，并表示祖国大陆愿为减轻台湾地震灾害提供一切可能的援助。我向诸位并通过你们，向台湾受震灾区的同胞再次表示亲切的慰问，并希望在各方的关怀和支持下，灾区人民尽快渡过困难，重建家园。

江泽民强调，台湾同胞具有爱国主义的光荣传统，为发展两岸关系、促进祖国统一作出了宝贵贡献。越来越多的台湾同胞认识到，一个中国的原则是两岸关系稳定发展和祖国和平统一的基础，与台湾同胞求和平、求安定、求发展的愿望是一致的。“两国论”的实质是要把台湾分割出去，引起了两岸关系的紧张，也危害了台湾的社会稳定，是不得人心的。我们坚决维护中国的领土和主权完整。无论两岸关系出现什么变化，我们鼓励和欢迎台湾同胞来投资的方针不会变，依法保护台商的合法权益不会变。我们将继续坚持“和平统一、一国两制”的基本方针，和广大台湾同胞一道，为发展两岸关系，早日实现中国的完全统一作出不懈的努力。

中共中央台湾工作办公室、国务院台湾事务办公室主任陈云林参加会见。

台湾女企业家访问团是应中华全国妇女联合会的邀请，于10月10日抵京的。访问团在京4天，参加“海峡两岸妇女经贸合作研讨会”，并拜访相关单位。

国务院总理朱镕基致信“世界60亿人口日”大会

同志们、朋友们：

世界人口总数已经达到60亿，这是我们人类发展的一个里程碑，也是人口增长过快的警钟。联合国将今天定为“世界60亿人口日”，并把“人类对生育的选择将决定世界的未来”作为它的主题，这充分说明国际社会对于解决人口问题的关注。

20 世纪人类社会经历了前所未有的进步和变化，人类创造出丰富的物质财富，同时也出现了人口剧增和严重的环境问题。针对这种态势，联合国多次召开会议并作出相应的决议，各国政府特别是发展中国家也为解决人口增长过快问题作出了不懈的努力。中国是人口最多的发展中国家，人口多，底子薄，资源相对不足。面对人口的巨大压力，中国政府在大力发展经济的同时，把实行计划生育，控制人口增长，提高人口素质作为一项基本国策。近 30 年来，中国大约减少了 3 亿多人口的出生，这不仅有利于经济发展和人民生活的改善，也使“世界 60 亿人口日”的到来推迟了 4 年。在这个过程中，我们成功地探索了一条有中国特色的综合治理人口问题的正确道路。

中国政府清楚地看到，虽然我国育龄人群的生育率已降到较低水平，但每年净增人口的绝对数仍然很大。到下世纪中叶，中国人口总量将达到 16 亿，老龄人口、劳动就业人口将逐步进入高峰，人口素质、人口结构和人口迁移等问题也将更加突出。为此，我们制定了《中国 21 世纪议程》、《中国计划生育工作纲要》、《中国儿童发展纲要》和《中国妇女发展纲要》等一系列重要文件，还将制订“中国 21 世纪人口与发展行动计划”。我们坚信，在以江泽民同志为核心的党中央领导下，坚持长期以来行之有效的一整套计划生育工作的方针和措施，中国一定能够解决好人口问题，协调好经济发展与人口、资源、环境的关系，为在新世纪的发展创造一个较好的人口环境。同时，我们也希望在人口与发展领域加强同国际社会的广泛交流与合作，为稳定全球人口，促进世界和平与发展作出应有的贡献。

谨祝“世界 60 亿人口日”的活动获得圆满成功！

国家副主席胡锦涛在人民大会堂会见塞舌尔外交部部长博纳拉姆

胡锦涛说，中塞建交 23 年来，两国关系发展顺利，双方在彼此尊重、相互信任的基础上，在政治、经贸、文化等领域进行了真诚、有效的合作。在国际事务中，中塞相互理解，相互支持。胡锦涛表示，中国政府对塞舌尔政府重视发展对华关系，坚持“一个中国”，不与台湾发生官方关系的立场表示高度赞赏。

国务院总理朱镕基在人民大会堂会见亚太地区政府合作社部长会议代表

朱镕基对第五届亚太地区政府合作社部长会议在北京召开表示热烈的祝贺。他表示相信，这次会议将进一步促进亚太地区各国合作社的友好往来与交流，加强相互之间的经济联系与合作。

朱镕基说，中国政府历来重视和支持合作社发展。几十年来，中国的供销合作社在坚持为农民服务，保障市场供应，促进城乡交流等方面做了大量工作，已形成健全的组织体系和遍布城乡的服务网络。当前，中国农业和农村经济发展很快，农产品和农业生产资料供应充裕，市场多元化的格局已经出现。供销合作社在发展的过程中面临着新的挑战，他们正在通过深化改革，加快发展来解决存在的问题，以适应农村经济发展的要求。

朱镕基表示相信，中国合作社在 21 世纪将得到蓬勃发展，成为中国农村的重要经济组织形式。

第五届亚太地区政府合作社部长会议在北京开幕

国务院副总理温家宝出席开幕式并讲话。

温家宝强调，合作社事业要在 21 世纪实现持续发展，肩负起在经济发展和社会进步中的光荣使命，需要各国政府给予支持，更需要继续进行改革，增强自身发展活力。各国应从本国国情出发，积极探索合作社改革的途径，为推动合作社事业进一步发展作出不懈努力。

温家宝说，中国政府历来高度重视合作社事业。新中国成立以来，特别是改革开放 20 年来，中国合作社事业有了长足发展，生产、信贷、供销等领域的各类合作社组织，在我国经济社会发展中都发挥了重要的作用。近几年，为更好地适应农村经济发展的需要和建立社会主义市场经济体制的要求，供销合作社加快了改革步伐，在坚持合作制的基本原则、适应市场经济要求、提高竞争能力等方面进行了积极的探索和实践。我们一定能够逐步建立起一个适合我国国情的合作社体系，中国合作社事业在 21 世纪必将继续蓬勃发展。

全国政协副主席、中华全国供销合作总社理事会主任白立忱在开幕式上致欢迎词。

国际合作社联盟主席罗伯托·罗德里格斯在会上讲话，他说，政府合作社部长会议不单是政府与合作社组织之间的互动机制，更重要的是，这种会议应当成为一种可行的论坛，创造新的政策方向，从而为合作社提供更为有利的环境。

合作社部长会议是国际合作社联盟为协调各国政府与合作社之间的关系，改善合作社发展的环境，推动合作社事业的发展而举办的。亚太地区政府合作社部长会议每两年到三年举行一次。亚太地区政府合作社部长会议首次在中国召开，与会人员和组织规模是历次会议中最多、最大的。本届会议的主题是：进入 21 世纪，支持和促进合作社的可持续发展。

出席这次会议的有来自国际合作社联盟在亚太地区 23 个成员国和特邀的其他地区国家主管合作社事

务的20位政府部长、副部长和政府高级官员，以及国际组织代表、各国合作社领导人和观察员共260多人。

在天津第三十四届世界体操锦标赛中国男队再次蝉联团体冠军

台湾红十字组织就有关赈灾事宜回函中国红十字会总会

回函对中国红十字会总会捐赠20万美元救灾款表示“非常感谢”，“致最高之敬意”。

针对提供救灾物资和防疫、康复医疗专家队伍一事，来函称“目前有关灾区实物救援工作已告一段落”，目前尚无“疫情”，表示目前不需要，“以后有所需”，“再作研商”。

10月13日

国家主席江泽民会见莱索托国王莱齐耶三世

江泽民说，中国历来主张国家不分大小、强弱、贫富，都是国际社会平等一员，都有各自的长处，应平等相待。

莱齐耶三世说，他非常高兴实现了盼望已久的访华愿望。莱索托人民非常关心中国的发展，此次亲眼看到新中国五十年来所取得的伟大的建设成就，令人深受鼓舞。

国务院总理朱镕基在人民大会堂与马里总理易卜拉欣·布巴卡尔·凯塔会谈

朱镕基说，中马建交39年来，两国在政治上相互同情、相互支持，在经济、文教、卫生等领域进行了富有成果的合作，在许多重大国际问题上有着相同或相似的观点或看法。双方一贯密切配合，共同维护发展中国家的正当权益。中国政府感谢马里在人权等问题上给予中国的宝贵支持，并对马里政府一贯奉行一个中国政策表示高度赞赏。

他说，改革开放20年来，中国取得了令人瞩目的成就。中国是发展中国家的希望，马里与中国发展友好关系，并非权宜之计，而是基于共同的原则和目标。马里愿为实现这一共同目标而努力。

会谈后，两国总理还出席了中马两国政府关于中国向马里提供优惠贷款框架协议的签字仪式。

国务院总理朱镕基在中南海紫光阁会见世界知识产权组织总干事加米勒·伊德里斯

朱镕基说，世界知识产权组织对中国知识产权制度的建立和发展以及在中国传播知识产权知识和人才培训等方面都发挥了积极的促进作用。伊德里斯博士任总干事以来，对世界知识产权组织的改革以及在促进和发展知识产权的国际合作，特别是向发展中国家提供技术援助方面提出了一系列新的措施，积极促进世界知识产权组织同中国的合作。朱镕基表示十分赞赏和感谢。

伊德里斯说，中国在知识产权保护方面作出了巨大努力，在很短的时间内建立起了一个牢固的知识产权保护体系，令世人瞩目。中国是世界知识产权组织的重要成员，在知识产权保护体系中发挥着重要作用。世界知识产权组织将继续加强与中国的合作，努力使中国的知识产权工作成为世界范围内的一个典范。

《人民日报》发表评论员文章《让明天更美好——纪念中国少年先锋队建队50周年》

国家副主席胡锦涛在人民大会堂会见参加纪念少先队成立50周年座谈会代表

全国人大常委会副委员长姜春云在浙江考察

姜春云日前在浙江省调研时强调，要加强社会主义法制建设，充分发挥法律对市场经济的规范、保障和促进作用，推动市场经济持续健康发展和两个文明建设。

姜春云在走访宁波、金华、杭州等地的基层企业和组织后指出，当前在发展社会主义市场经济的过程中，应当注意从六个方面更新观念，提高认识，做好工作：

一、要加快从主要依靠行政手段管理经济向注重运用法律手段管理经济的转变。社会主义市场经济的发展，要求我们加快转变管理体制、机制和工作方式，更多地运用法律手段，面对市场主体的多元化和经济利益关系的多元化，如果仍然沿用计划经济的管理模式，主要依靠行政手段管理日益复杂的经济活动，不仅管不了、管不好，而且有可能侵犯市场主体应有的经营自主权，窒息市场竞争带来的活力。必须综合运用法律的、经济的、行政的各种手段管理经济，其中，法律具有普遍、稳定和强制的特点，是更为有效的手段。

二、要用法律规范市场主体行为，维护市场秩序，解决市场经济发展中的突出问题。由计划经济体制向社会主义市场经济体制转变是一场深刻的变革，必然会遇到许多新的情况、问题和矛盾。特别是在市场经济的起步阶段，诸如假冒伪劣、偷税漏税、走私贩私，坑蒙拐骗、欺行霸市等违法行为会比较严重。我们必须切实加强法制建设，把市场运行纳入法制化的轨道，学会用法律手段来解决经济运行中的突出问题，以保证市场经济的健康有序发展。

三、要依法行政、公正司法，为市场经济的发展营造良好的法制环境。要保障市场经济健康有序发展，很重要的一条就是行政机关真正依法行政，确保市场经济的法律、法规的有效实施。各级法院、检察院作为国家的司法机关，应当通过依法行使审判权、检察权，保护公民、法人和其他组织的合法权益，制裁经济活动中的违法行为，为建立良好的市场经济秩序服务。所有行政执法人员都应当以维护国家和人民的根本利益、维护法律的尊严为最高准则，坚持有法必依、执法必严、违法必究，决不允许搞人情执法、徇私枉法。

四、要继续深入开展法制宣传教育，不断提高市场经营主体依法文明经商、民主管理水平。要采取切实可行的措施，进一步加强和改进法律宣传普及工作，使各类市场主体真正了解国家在规范市场主体、市场运行规则和维护市场秩序等方面都制定了一些什么法律规定，知道什么是合法经营、什么是违法经营，以及违法经营要承担什么样的法律责任，使他们都能在市场经济活动中自觉地以法律、法规约束自己的行为，并学会运用法律武器来维护自身的合法权益。只有相信和依靠广大群众，市场经济法制建设才有扎实的群众基础，市场经济发展才更具有活力。

五、要尽快建立、健全市场经济法律服务体系，为各经营主体提供有效的法律服务。随着市场经济的持续发展和法律制度的不断完善，经济生活中需要依法处理的事务越来越多，需要通过法律解决的矛盾也日趋复杂和多样。为了更好地为各类市场主体依法从事经营活动、处理经济纠纷提供法律服务，必须尽快建立、健全由律师事务所、会计师事务所、公证机构、资产评估机构、商标代理机构、专利代理机构等社会中介组织构成的市场经济法律服务体系，进一步培养造就一大批具有良好的职业道德、有专门的法律和经济知识的律师、注册会计师、公证员、资产评估人员、商标代理人员和专利代理人员等为社会经济活动提供法律服务的专门人才。

六、要进一步强化对市场经济法律实施的监督。当前，我国市场经济法制建设中存在的一个突出问题是，有些法律、法规还没有得到有效的实施，有法不依、执法不严、违法不究的现象在一些地方和部门还比较严重。这种状况影响了市场经济的发展，也损害了法律的权威。必须下更大的决心，采取更加有效的方式，切实加强对市场经济法律实施的检查监督。各地人大及其常委会要充分发挥对法律实施监督的职能，执法机关内部要建立、健全制约机制、纠错机制，还要坚持和完善群众、舆论等监督。同时，根据社会主义市场经济发展的要求，继续抓紧经济立法，适时修改不适应需要的法律、法规，不断完善市场经济法律制度。

国务院批准实施股票发行审核委员会条例

《中国证券监督管理委员会股票发行审核委员会条例》，最近已经国务院批准实施。这一条例是根据《中华人民共和国证券法》第十四条的规定制定，它的获准实施标志着我国股票发行审核工作已步入法制化轨道。

1998 年以来，我国证券监督管理体制发生了较大的变化。经国务院决定，原国务院证券委员会撤销，其职能并入中国证监会。从 1993 年起实行的发行审核委员会工作规则已不能适应新形势的要求。随着《证券法》的正式实施，股票发行审核委员会（发审委）作为股票发行的审核表决机构的职能和地位已得到法律的确定。

为使发审委的组成办法、人员任期和工作程序等规范化，条例作了具体规定。首先，为了保证审核质量，条例要求所聘请的委员须熟悉我国宏观经济政策和有关证券市场的法律、法规和政策，了解证券业务，且具有足够的专业判断能力；其次，为了增加审核的透明度和公开性，使委员在组成上更具有代表性，扩大了中国证券监督管理委员会会外委员的比例。会外委员占委员人数的 78%，他们分别来自国家宏观调控专业经济管理等部门、国有银行、证券交易所、全国工商联、科研单位、专业社团、大学及证券业中介机构，并聘请了一些社会知名人士（包括香港专业人士）；最后，为了提高发审委审核工作的权威性，条例规定由该行业中担任重要职务的人员任发审委当然委员。同时新聘请了证券业内证券、法律和会计等专业人士出任发审委委员。

条例规定，发审委委员由中国证券监督管理委员会聘任。除发审委当然委员外，其他委员聘期两年，续聘可以连任，但每次换届时至少更换 1/3 的委员，且每个委员连续任期最长不得超过 3 届。

条例还规定发审委通过召开发审委审核工作会议的方式进行工作。委员分 8 个组，各组设 1 名组长，组长由各组委员选举产生。发审委会议由各组轮流召开，由组长或其委托的本组其他委员召集。参加会议的委员应不少于 8 人。委员以个人身份出席会议，应当以审慎的态度发表意见，并对发行申请进行表决。

在表决时采取无记名投票的方式，委员可投同意票、反对票或弃权票。当同意票数达到参会委员人数的 2/3 即为通过。如果发审委委员认为发行申请单位存在尚待调查的问题，经出席会议半数以上的委员同意，可以对其发行申请暂缓表决。对未通过的发行申请，发行申请单位可以向中国证券监督管理委员会申请复审，复审申请只能提出一次。

为使发审委审核意见更加全面准确，条例中还规定发审委委员有权通过中国证监会调阅履行职责所必需的发行申请单位的有关材料，发审委可以根据审核工作需要邀请委员以外的专家到会提供专业咨询意见，但所邀请的专家没有表决权。

条例的实施有利于提高发行审核工作的质量和透明度，对股票发行审核工作的公开、公平、公正起到促进作用，必将进一步推动我国证券市场健康稳定地发展。

国务院办公厅要求全力投入抗旱保秋播

国务院办公厅最近发出通知，要求各地组织广大干部群众紧急行动起来，全力以赴投入抗旱保秋播，为明年农业丰收、农民增收打下一个良好基础。

通知说，今年入夏以来，我国北方大部分地区发生了严重干旱，其中华北中北部、黄淮大部、江淮西部、东北西部和西北东部的部分地区夏秋两季连旱。由于持续干旱，当前北方地区和南方部分地区土壤墒情差，水利工程蓄水严重不足，对今年秋冬种生产非常不利。为切实搞好秋冬种，通知要求各地认真做好各项工作。

《人民日报》发表评论员文章《崇高而伟大的事业——祝贺第五届亚太地区政府合作社部长会议召开》

国家副主席胡锦涛在人民大会堂会见巴布亚新几内亚外交部部长迈克尔·索马雷

由世界知识产权组织和中国国家知识产权局共同举办的知识产权与知识经济国际研讨会在北京召开

中国学者推定夏商两代的分界点在公元前1600年至公元前1500年 商周两代分界点在公元前1050年至公元前1020年之间

10月14日

国家主席江泽民在中南海会见马里总理凯塔

江泽民说，马里是最早与中国建交的非洲国家。中马建交39年来，两国友好合作关系稳步、健康地向前发展，双方在政治、经济、文教、卫生等诸多领域的合作卓有成效，两国人民之间的友谊与日俱增。中马在国际上一贯相互支持，相互同情。中国政府赞赏马里政府坚持“一个中国”的立场，对马里在人权等重大国际问题上给予中国的宝贵支持表示感谢。

凯塔说，马里非常重视与中国的友谊，中国是非洲人民真诚的朋友。建交近40年来，马中两国相互支持，相互同情，在各个领域的合作关系均取得了很大发展。马里感谢中国政府长期以来给予的无私援助。

凯塔说，马里坚持“一个中国”的立场，在包括人权等重大国际问题上与中国有着相同的看法。我们将继续加强与中国在国际领域的合作。

中宣部在沈阳召开学习十五届四中全会精神研讨会

会议于10月14日至17日召开研讨会强调当前理论战线的重要任务是积极、全面、准确、深入学习宣传贯彻《中共中央关于国有企业改革和发展若干重大问题的决定》，积极投身于国有企业改革和发展的伟大实践，为实现国有企业与市场经济的创造性结合作出自己的理论贡献。

会议认为，党的十五届四中全会以邓小平理论和十五大精神为指导，立足于党和国家的工作大局，站在时代制高点，面向新世纪，深刻总结了20年国企改革和发展的实践经验，系统回答了国企改革和发展的奋斗目标和指导方针，对国有企业的跨世纪发展做出全面部署。全会通过的《决定》是振兴社会主义经济的庄严宣言，是搞好国有企业的行动纲领，在建设有中国特色社会主义的历史进程中，特别是在国有企业改革和发展的历史进程中具有里程碑的意义，对推进国有企业改革攻坚和跨世纪发展必将产生重大而又深远的影响。

会议认为，国有经济是我国国民经济的支柱，国企改革是整个经济体制改革的中心环节。实现公有制与市场机制的有机结合，从而建立社会主义市场经济的新体制，是一个重大的历史课题，也是一项前无古人的伟大创造。一定要认真贯彻落实十五届四中全会精神，统一认识，坚定信心，真抓实干，落实责任，尊重实践，分类指导，抓紧当前，着眼长远，坚定不移地解放思想、实事求是，积极探索，大胆开拓，坚定不移地坚持和完善社会主义公有制为主体、多种所有制经济共同发展的基本经济制度，坚定不移地深化国有企业改革、建立现代企业制度，努力开创国有企业改革和发展的新局面。

会议强调，深入推动国有企业改革与发展，理论战线负有重大责任。理论工作者要深入学习、全面准确地把握十五届四中全会精神。要先学一步，学得深一些，学得透一些，把思想认识统一到十五届四中全会的精神上来。要把学习十五届四中全会精神同深入学习邓小平理论结合起来，同总结20年来经济体制改革的历史经验结合起来，同深入实际调查研究结合起来，同学习借鉴国外有益经验结合起来。

会议指出，搞好国有企业的改革，实现国有企业跨世纪的发展目标，是一项艰巨复杂的历史任务，有许多新的问题和矛盾需要探索。理论工作者要以邓小平理论为指导，紧紧围绕国企改革中遇到的理论和现实问题，积极进行理论创新，认真总结实际经验，从理论和实际的结合上，用创造性的理论成果，为深入贯彻十五届四中全会精神，为党和政府在重大问题上的科学决策，为完善社会主义市场经济的理论体系作出自己的贡献。要坚持用唯物辩证的观点，正确认识和处理各种重大关系，防止和克服主观性和片面性。要联系实际，突出重点，增强针对性，注重实际效果，帮助广大干部群众增强搞好国有企业改革和发展的信心。

与会代表认为，当前国有企业改革虽然面临严重的困难和问题，但也存在巨大的潜力和许多有利的条件。我们有以江泽民同志为核心的党中央的正确领导，有中央正确的路线方针政策，有工人阶级的团结奋战，有 20 年改革积累的丰富经验，有一大批成功企业的示范，一定能够开创国企改革和发展的新局面，把建设有中国特色社会主义的伟大事业全面推向新世纪。

中央宣传部副部长白克明出席会议并讲话。部分省区市党委宣传部主管理论工作的负责人，各省区市党委讲师团团长和宣传部理论处长，中央主要新闻单位和邓小平理论研究基地的有关负责同志出席研讨会。

由全国妇联 农业部 科技部 国家林业局等联合组成的全国各族农村妇女“双学双比”竞赛活动领导小组决定授予 10 名依靠科技发展优质高效农业率先致富的优秀农村妇女“全国十大农民女状元”荣誉称号

她们是：刻苦钻研技术，成功培植反季节葡萄的北京通州区农家女程显新；辞去公职，把荒滩变成现代化新型牧场的内蒙古额济纳旗女牧民永青加布；为美化生活，建起“华夏杜鹃第一家”生产基地的江苏宜兴市“杜鹃皇后”嵇锡华；在毛乌素沙漠植树 14 年，荣获联合国拉奥博士奖的陕西省治沙模范牛玉琴；潜心钻研果树技术，由地道的农家妇女成长为农艺师的果树状元、辽宁省大连市金州区农民刘福玉；科学管理、带领姐妹共同致富的吉林省榆树市“辣椒大王”陈云莲；白手起家，建起中州一座乡村都市的河南省新乡县女乡镇企业家刘志华；科技开发、多种经营的山东省十大农民畜牧科技带头人之一的王银香；与姐妹一起连续 10 年绿化荒山 800 多亩的安徽省歙县农民鲍彩鸾；致富一方，被乡亲们亲切地称为“好班长”的贵州省六枝特区平寨镇河湾村党支部书记喻英。

《人民日报》发表评论员文章《真抓实干落实责任——二论开创国有企业改革和发展的新局面》

中共中央政治局常委李鹏在人民大会堂会见越共中央政治局常委范世阅及其率领的越南共产党代表团

李鹏说，发展长期稳定、面向未来的中越睦邻友好与全面合作关系，是两国人民的共同心愿。中越两国在从本国国情出发进行的改革开放和革新开放事业中，相互借鉴、深入交流，构成了两国在新时期全面合作的重要内容。希望双方进一步扩大和深化在政治、经贸等各个领域的友好合作，造福于两国人民。

范世阅说，代表团访华期间，亲眼看到了中国改革开放和社会主义建设的喜人成就，感受到了中国人民对越南人民的深情厚谊，这对越南共产党和越南人民是巨大的鼓舞。他表示相信越中两党两国的友谊、合作与交流会不断深化并取得新的积极成果。

国务院总理朱镕基会见首届亚欧科技部长会议代表

在谈到我国科技发展时，朱镕基指出，中国政府一贯重视发展科学技术，也十分重视科学技术的对外交流与合作，到目前为止，中国已与 152 个国家和地区建立了科技合作关系，加入了 800 多个国际学术组织。目前我国科技水平还不适应经济、社会发展的需要。贯彻实施“科教兴国”战略，大力发展科学技术，已成为当务之急。今年以来，中国加快了科技体制改革步伐，制定了包括投资、贸易、金融、税收、知识产权保护、成果奖励等一系列重要政策。中国与亚欧各国之间的科技合作面临着良好机遇。

国务院总理朱镕基在人民大会堂会见美国前国务卿乔治·舒尔茨一行

国务院总理朱镕基在人民大会堂会见罗马尼亚外交部部长安德烈·普莱舒

朱镕基说，中罗建交 50 周年来，两国和两国人民始终友好，不论国际形势和两国国内发生什么变化，都没有影响两国关系的发展。中罗关系经受住了历史风雨的考验。中国政府非常重视对罗关系，视罗为中国在中东欧地区的好朋友和好伙伴。

朱镕基对罗马尼亚政府始终坚持一个中国的原则立场表示赞赏。他说，中国愿与罗马尼亚共同努力，不断加强各领域的合作，使中罗友好合作关系在新世纪里发展得更好。

普莱舒转达了罗总理拉杜·瓦西里对朱镕基的问候和访罗的邀请。普莱舒说，罗中两国关系的发展令人满意，在政治领域不存在任何问题，罗马尼亚在台湾、西藏等问题上坚定地支持中国的立场。当前两国尤其要加强经贸领域的合作,这也会进一步促进两国政治关系的发展。罗马尼亚欢迎中国公司和企业家去罗投资。

中央军委副主席胡锦涛在人民大会堂会见几内亚比绍军事委员会统帅安苏马内·马内

国家主席江泽民致电坦桑尼亚总统姆卡帕对坦桑尼亚前总统尼雷尔不幸病逝表示沉痛哀悼

首届亚欧科技部长会议在北京开幕

来自亚欧会议25个成员国科技主管部门的部长及欧盟委员会的官员出席了这次旨在全面启动亚欧科技合作的会议。这是亚洲和欧洲两大洲的科技部长有史以来第一次会聚一堂,交流经验,共同就未来的合作进行探讨。

会议讨论今后亚欧各国都面临而且需要通过国际合作才能解决的全球性重大问题,如农业发展、环境保护、水资源的保护和开发、技术成果产业化、人力资源培养、增强企业技术研究能力和涉及经济社会可持续发展的问题。

国务院副总理李岚清出席亚欧科技部长会议欢迎晚宴并发表讲话

李岚清在宴会上说,这次亚欧科技部长会议是亚欧之间第一次涉及区域科技合作的高层会议,是亚欧关系中的一件大事。它标志着亚欧科技合作在水平和规模上都将进入新的发展阶段。

李岚清说,在科学技术越来越表现为最富有活力、最具有决定性意义的生产要素的今天,亚欧各国的政治家以及科技界、产业界的有识人士都已敏锐地认识到,进一步协调和加强亚欧两大洲之间的科技交流与合作,形成优势互补、利益共享的科技合作关系,不仅有利于双方的科技发展,也有利于推动相互间的经济技术合作,促进区域经济增长和社会进步乃至世界的和平、稳定、发展和繁荣。

李岚清指出,中国政府重视同亚欧各国间的科技合作关系,与日本、韩国、部分东盟及欧盟国家签订了政府间科技合作协定,去年12月还与欧盟签署了《中华人民共和国与欧洲联盟科学技术合作协定》。多年来,中国与其他亚欧国家在信息、通信、能源、环境、材料、农业和卫生等众多领域开展了卓有成效的合作,取得了大批适用成果,为双方科技界的深入交流和促进双方贸易与经济合作作出了突出贡献。

谈到亚欧科技合作时,李岚清强调,亚欧科技合作具有很强的互补性,有着巨大的潜力和合作前景。亚洲有人力资源上的优势,在农林业、生物技术等领域有着丰富的资源,但很大一部分尚未得到有效开发利用;在科学技术的若干领域也有很大的发展,取得了不少成果;欧洲在科研、教育、人力资源开发、技术进步与经济社会的协调、科技成果的产业化等方面拥有丰富的经验。如果亚欧会议成员在科技领域建立有效的合作机制,必将对促进亚欧科技与经济的共同繁荣产生积极的作用。

朱丽兰和来自亚欧会议25个成员国科技主管部门的部长及欧盟委员会的代表出席了欢迎宴会。

全国人大代表团团长人大外事委员会主任委员曾建徽在中国驻美国大使馆举行记者招待会

曾建徽就中美关系、宗教信仰自由和中国经济形势等问题回答了记者提问。

曾建徽说,中国全国人大代表团是应美国国会邀请来美访问的,是近10年来的第一次。中美关系的发展是好的,但也经常受到一些因素的干扰。中国全国人大重视与美国参众两院的交往,希望通过加强对话,减少分歧,使两国关系改善的步伐更快一些。

他说,双方在友好、合作、坦率的气氛中,就共同关心的问题和双边关系交换了看法。彼此增进了了解,扩大了共识,为今后的交流打下良好的基础。虽然在一些问题上有不同看法,但双方都希望中美关系健康稳定发展,并愿为此作出努力。中国全国人大已邀请美众议院派代表团访问中国,继续进行对话。

他说,中国坚决反对美国少数议员鼓动通过《加强台湾安全法案》。搞这类法案违背中美"八·一七"公报的原则,只会加剧台湾海峡的紧张局势,损害中国的和平统一事业。

曾建徽驳斥了所谓中国迫害宗教信仰自由的说法。他指出,中国宪法保障公民的宗教信仰自由,全国人大监督宪法和宗教政策的贯彻执行。中国有五大宗教,信教人数1亿多,没有人因为信教而受到迫害。中国是法治国家,法律面前人人平等。信教者触犯刑律,同样要受到处罚,这与信不信教没有关系。美国监狱里的大部分犯人是信仰宗教的,能因此说美国搞宗教迫害吗?

曾建徽说,当前中国经济发展总体情况是好的,这是改革开放的结果。20年来,中国经济年平均增长率达9.7%。今年上半年经济增长7.6%,工业生产增长9.4%,利润增长70.7%。中国国有企业改革取得很大成效。今年1月至8月,80%的省、自治区、市国有企业效益普遍增长。随着经济体制改革加快进行,中国的经济会越来越好。

第16届国际电动车会议暨展览会在北京开幕

国务院中央军委发布命令表彰参加国庆阅兵装备工作各单位和全体人员

命令指出，在举世瞩目的中华人民共和国成立50周年阅兵盛典中，一批性能先进、质量精良的现代化武器装备光荣地接受了祖国和人民的检阅，展示了新中国50年特别是改革开放20年来国防现代化建设取得的成就，显示了综合国力和国防实力，激发了人民的爱国热情，增强了民族凝聚力，进一步坚定了全国人民统一祖国、振兴中华的信心。

解放军全军第四次住房制度改革工作会议在北京举行

中共中央政治局委员、书记处书记、中央军委副主席张万年，今天看望会议代表并讲话。中央军委委员、总后勤部部长王克代表中央军委向全军全面部署进一步深化军队住房制度改革任务。

中央军委对这次军队住房制度改革十分重视，向全军颁发了《进一步深化军队住房制度改革方案》。中央军委副主席张万年、迟浩田分别作出批示，指出住房制度改革，是新形势下我军政策制度改革的重大举措，事关全军官兵的切身利益，事关巩固稳定部队和提高战斗力，体现了国家对军队干部的关怀。各级务必统一认识，加强领导，精心组织，稳步进行，真正把这件好事办好。

张万年看望会议代表时强调指出，全军广大官兵盼望已久的住房制度改革条件已经成熟，各级政府非常支持，这为房改工作创造了良好的条件。房改工作政策性很强，我们要把好事办好，各级党委要高度重视，加大领导力度，细致周到地做好工作，切实把江主席和军委对全军的关怀爱护真正落到实处。

王克在讲话中强调，党中央、国务院、中央军委对军队的住房问题历来十分关心。中央军委作出进一步深化军队住房制度改革的决策，标志着具有我军特色住房保障新制度的确立，是我军建设和发展进程中的一项重大改革。我们一定要把思想认识统一到军委的决策上来，增强责任感和紧迫感，大力推进我军的住房制度改革。

王克指出，这次房改的主要任务是，适应社会主义市场经济发展和我军现代化建设的要求，着眼于建立与国家的房改政策相衔接、具有我军特色的住房保障新制度，力求从根本上解决“出口不畅”、“买不起房”和“摊子过大”这三个突出问题，走出一条投入较少、效益较高的住房保障路子。房改的主要内容是，建立军队住房保障新体系，逐步实现良性循环；实行住房补贴制度，提高军队人员购买住房的经济能力；将家属生活区划分为公寓区和售房区，扩大现有住房出售；搞好经济适用住房建设，拓宽向军队人员出售住房的路子；推进住房社会化管理，减轻军队住房保障负担。

王克强调，进一步深化军队住房制度改革，是一件大事、好事，也是一件急事、难事。当前要努力办好八件事。要落实退役人员的房改政策；合理划定公寓区；认真清理公寓区内的住房；尽快建立个人住房补贴账户；管好用好补贴经费；加快售房区现有住房的出售；合理利用军队的空余土地，搞好经济适用住房建设；普遍试行住房社会化保障。各级党委和领导，一定要本着对军队建设高度负责、对广大官兵高度负责的精神，精心组织，狠抓落实，认真组织学习国家和军队的有关文件，采取多种形式，深入细致地做好宣传教育工作。

建设部部长俞正声出席会议并讲话。解放军四总部领导、全军房改领导小组成员出席了会议。

中国成功发射“资源一号”卫星

11时16分，我国在太原卫星发射中心用“长征四号乙”运载火箭，成功地将中国和巴西联合研制的“资源一号”地球资源遥感卫星送入预定轨道。一颗巴西小型科学应用卫星也同时搭载升空。这是我国与巴西在航天技术领域的首次合作。

由中国空间技术研究院和巴西国家空间研究院联合研制的“资源一号”卫星，总质量为1540公斤，轨道高度778公里(太阳同步轨道)，工作寿命2年，采用对地三轴稳定姿态控制方式。

这次发射是长征系列运载火箭第58次飞行。自1996年10月以来，长征系列运载火箭共进行了16次发射，将25颗国内外卫星送入太空，全部取得成功。

中巴合作研制地球资源遥感卫星，受到两国政府领导人的高度重视。中国国家主席江泽民和巴西总统卡多佐曾分别视察了巴西国家空间研究院和中国空间技术研究院。

第九届中国新闻奖评选会在青岛结束

中国新闻奖是由中华全国新闻工作者协会主办的全国综合性年度优秀新闻作品最高奖。从全国各新闻媒体选送的425件作品中评出了特别奖，一、二、三等奖180多件。

邪教“主神教”主犯在湘潭伏法

湖南省湘潭市中级人民法院近日召开宣判大会，依法将犯有强奸罪、组织和利用邪教组织破坏国家法律实施罪、诈骗罪，被判处死刑、剥夺政治权利终身的主犯刘家国绑赴刑场，执行枪决；同时，从犯朱爱清被判处有期徒刑 17 年，剥夺政治权利 3 年，并处罚金 1 万元。

10 月 15 日

全国人大常委会委员长李鹏在人民大会堂会见斯洛伐克民族议会议长约瑟夫·米加斯

李鹏说，中国一贯奉行独立自主的和平外交政策，主张尊重各国人民自主选择发展道路。中国赞成世界向多极化发展的进程，反对所谓“人权高于主权”的论调。他强调：“主权不可侵犯是明确载入联合国宪章的原则。”

米加斯重申斯洛伐克将继续奉行“一个中国”政策，支持中国统一大业，不与台湾发生任何官方往来。

国家主席江泽民与蒙古总统巴嘎班迪就两国建交 50 周年互致贺电

国务院总理朱镕基在天津迎宾馆会见国际体操联合会主席布鲁诺·格兰迪

海协希望台湾有关方面尽快放回被扣大陆渔民和渔船

国办转发《人事部、监察部关于对国家公务员修炼“法轮大法”等问题的若干处理意见》

通知要求各省、自治区、直辖市人民政府，国务院各部委、各直属机构，认真贯彻执行。

《人事部、监察部关于对国家公务员修炼“法轮大法”等问题的若干处理意见》（以下简称《处理意见》）要求，要严格掌握政策界限，通过教育帮助和行政处理，使其中的绝大多数人回到正确立场上来。对国家公务员修炼“法轮大法”等问题的处理，要坚持从严治政和“惩前毖后，治病救人”的原则，把一般“法轮功”练习者同参与“法轮功”活动的骨干区别开来；把一般骨干同极少数有政治意图、存心作乱的幕后人物、策划者、组织者区别开来；把在“法轮功”问题上犯有错误，但确有悔过或立功表现的，同执迷不悟、拒不改正的区别开来；把党中央作出共产党员不准修炼“法轮大法”决定，民政部作出关于取缔“法轮大法”研究会及其操纵的“法轮功”组织的决定，公安部通告和人事部发出国家公务员不准修炼“法轮大法”的通知之前犯错误的，同在这之后再犯错误的区别开来。通过教育帮助，使绝大多数修炼过“法轮大法”的国家公务员得到解脱。对那些一时思想不通，但已不参加“法轮功”活动的国家公务员，允许他们有一个思想转变的过程。

《处理意见》规定，属下列情况之一者，可不作为问题提出或不予以追究。一是只是为了健身强体而练习“法轮功”的国家公务员，只要对“法轮功”问题有了正确认识，并不再参加“法轮功”活动的，经所在单位研究后，由单位负责人宣布不作为问题提出；二是修炼过“法轮大法”，参加过“法轮功”非法聚集活动或其他有关群体性事件，以及在“法轮功”组织中起一般骨干作用的国家公务员，只要是从思想上同“法轮功”划清界限，组织上与“法轮功”脱离关系，已向单位说清楚，并揭露“法轮功”的问题、不再参加“法轮功”活动的，予以解脱。

《处理意见》还明确规定，属下列情况之一者，应依据《国家公务员暂行条例》及有关规定作出严肃处理。一是对于参加过“法轮功”非法聚集活动或其他有关群体性事件，以及在“法轮功”组织中起一般骨干作用的国家公务员，在党中央作出共产党员不准修炼“法轮大法”决定，以及有关部门作出有关决定、发出有关通告和通知之后，经反复教育仍坚持不改的，视情节轻重，分别给予警告、记过、记大过处分；二是对于造成恶劣影响的“法轮功”非法聚集活动或其他有关群体性事件的重要骨干中的国家公务员，经反复教育仍坚持不改的，视情节轻重，分别给予降级、撤职或者开除处分；三是对于有政治意图，策划、组织“法轮功”非法聚集活动，严重扰乱社会秩序、影响社会稳定的国家公务员，给予开除处分。

《处理意见》强调，行政处理要慎重稳妥，宽严适度，严格按照《国家公务员暂行条例》及有关规定的程序进行。对修炼“法轮大法”的国家公务员进行行政处理时，不能单纯看其在“法轮功”组织中担任过何种职务，而主要应当看其在“法轮功”组织中起到的实际作用及认错改过的态度。除极少数有政治意图、存心作乱的幕后人物、策划者、组织者必须从严处理外，一般不给予开除的处分。对认错态度好、有立功表现的，可以从轻或者减轻处分，情节较轻的，也可以免于处分；对认错态度不好、坚持错误、影响恶劣的，要从重或者加重处分。对不适合现岗位工作的，可进行必要的调整。对在 7 月 22 日后，经过多次教育仍坚持不改，违反公安部通告，继续从事煽动、串联、策划、操纵、组织及参与非法聚集等活动的，要加重处理。经多次教育，仍到北京非法聚集的，也应加重处理。

国办通知指出，对国有企业中的“法轮功”练习者的行政处理可参照《处理意见》执行。

《人民日报》发表评论员文章《切实做好对储蓄存款利息征税工作》

共青团团中央常委(扩大)会议在北京举行

会议传达、学习贯彻党的十五届四中全会精神，通过了《关于学习贯彻党的十五届四中全会精神充分发挥青年职工在国有企业改革和发展中的生力军作用的决议》。

会议认为，党的十五届四中全会通过的《决定》以邓小平理论和党的十五大精神为指导，科学地总结了我国国有企业改革和发展二十多年的基本经验，深刻阐明了国有企业改革和发展的主要目标、指导方针和重大措施，对开创国有企业改革和发展的新局面作出了全面部署，是指导国有企业实现跨世纪发展的纲领性文件。江泽民总书记发表的重要讲话，对全党全国人民落实党的十五届四中全会精神，夺取国有企业改革和发展的新胜利，具有重要的指导意义。

会议指出，要紧密结合企业改革与发展的实践，以深化青年岗位能手活动为着力点，切实加强青年职工业务技术和劳动技能培训，通过开展导师带徒、岗位练兵和技术比武等活动，引导青年职工积极适应知识经济和市场竞争的新要求，刻苦学习新知识，掌握新技能，努力成为知识丰富、业务熟练、技术精湛的合格劳动者。

会议强调，在深化国有企业改革的进程中，团的建设要始终坚持党建带团建，以服务促发展，以服务求活跃的原则，积极探索与现代企业制度相适应的团的组织设置、团的工作运行机制和活动方式。要进一步健全落实以民主选举制度为重点的团的各项制度，探索和总结企业专兼职团干部培养管理的有效方式，提高团干部自身素质，切实加强企业团干部队伍和团员队伍建设。

亚欧科技部长会议在北京闭幕

会议通过的这两份文件是亚欧科技合作具有宏观政策指导意义的文件，其中确立了合作原则、机制、优先领域及合作方式。来自亚欧 25 国的科技部长在发言中一致确认，国与国之间的合作必须建立在平等和自愿的基础上，为所有亚欧会议成员国提供平等机会参加地区科技合作项目；合作的目标应是共同发展，同时考虑参与国的不同兴趣；科技合作的对话应及时在两大洲科技政策制定者和主要官员间进行。

会上，各国科技部长在政策发言中介绍了本国科技发展政策及对亚欧科技合作的看法和建议，就亚欧科技合作的原则、机制、合作优先领域及合作方式等宏观政策性问题，以及科技与经济的结合、国家创新体系进行了深入的探讨。部长们还听取了韩国、芬兰、奥地利、泰国和中国专家对当前“基础科学及大型科学设施的利用，包括建立利用现有的大型设施的网络以鼓励信息和技能的共享”等议题的介绍，并发表了各自的看法和建议。

本次会议主席朱丽兰和欧盟主管科技的代表在回答本报记者提问时说，未来 4 年，中国与欧盟除了继续在信息、能源、新材料领域合作外，还将在气候改变、电信标准及转基因食品的道德准则等方面展开合作。

第 11 届国际中学生信息学奥林匹克竞赛在土耳其安塔利亚于 14 日至 15 日举行 中国人 4 名选手参赛获 2 金 2 银及个人总分第一名 中国香港队选手获 2 银 1 铜

10 月 16 日

中台办国台办发言人就支援台湾地区抗震救灾发表谈话

中共中央台湾工作办公室、国务院台湾事务办公室发言人说，两岸同胞骨肉相连，休戚与共，血浓于水的亲情是任何人也割不断的。不管台湾当局今后做什么，怎么做，祖国大陆都将一如既往地为台湾同胞提供一切可能的援助。

发言人说，台湾地区发生“9·21”强烈地震后，台湾同胞遭受了巨大的损失和痛苦，牵动了祖国大陆同胞的心。中共中央总书记、国家主席江泽民立即发表谈话，对台湾同胞表示亲切慰问，对死难的台湾同胞表示沉痛哀悼，并表示愿为台湾同胞提供一切可能的援助。

祖国大陆各界以各种形式表达对台湾同胞的关切之情，积极参加救灾行动。祖国大陆有关方面已经先后提供了两批 30 万美元的现金援助，迅速组织了数支由具有精湛医术和丰富经验的医护人员组成的救护队，成立了高水平的地震专家团和数百人的救灾抢险队，并多方筹集救灾物资，随时准备赴台救援。海峡两岸关系协会主动就救灾事宜与台湾海峡交流基金会联系，表达有关方面的救助意愿。这一切，充分体现了两岸同胞血浓于水的骨肉亲情。

发言人说，就在海峡两岸本应共赴时艰的关头，台湾有人继续顽固地敌视祖国大陆，一方面，无视祖国大陆捐款救灾的行动，阻挠祖国大陆救灾人员和物资赴台，千方百计企图削弱两岸同胞的血肉情谊；另一方面，有意歪曲事实，制造谣言，误导舆论。我们对国际社会的救援行动一直持积极态度，对有关国家的救灾飞机要求经过中国领空运送救灾物资和人员去台都予批准。国际社会的民间救援行动一直在台湾正常开展。出于对台湾同胞所受伤痛的满腔同情，并以抗震救灾的大局为重，我们对台湾一些人的破坏行动保持了极大的克制，并不愿作出反应。

发言人指出，祖国大陆同胞为台湾抗震救灾所作出的努力是有目共睹的，是抹杀不了的。两岸同胞骨肉相连，休戚与共，血浓于水的亲情是任何人也割不断的。不管台湾当局今后做什么，怎么做，祖国大陆都将一如既往地为台湾同胞提供一切可能的援助。我们还将把汇集的祖国大陆同胞的救灾捐款继续汇往台湾。祖国大陆救灾人员和台湾同胞急需的救灾物资，我们早已准备妥当。如台湾当局同意，可以立即启动。我们奉劝台湾那些别有用心的人，把力量用在加强抗震救灾上，企图靠造谣中伤祖国大陆支援台湾地区抗灾的诚意，来转移台湾同胞对当局的救灾行动不力的不满，是不能得逞的。

《人民日报》就国务院制定颁布的《商用密码管理条例》发表评论员文章《严格执行〈条例〉管好用好商用密码》

大型权威工具书《辞海》1999年版以崭新面貌在国庆50周年之际与广大读者见面

《辞海》的编撰修订，是我国知识界和出版界的一件大事，几十年来先后得到党和国家三代领导人毛泽东、邓小平、江泽民的直接关心、过问。在刚刚问世的1999年版《辞海》上，江泽民亲笔题写的书名引人注目。

按照国际惯例，大型工具书每10年修订一次，《辞海》继出版1979年版、1989年版后，数千名专家学者为1999年版《辞海》精心工作了近5年时间。新修订的《辞海》有彩图本、普及本和缩印本等不同版本。和以往版本相比，新版《辞海》以更准确的词条注释、丰富的全彩插图、新颖的版式设计、精致的印刷技术，实现了形式和内容的全面更新。

新版《辞海》重在求新，新词目、新解释、新规范、新数据、新设计。全书收词12万条，近2000万字。与1989年版相比，增加了6000多个词条、400多万字，其中绝大部分是近年来出现的新词语。对原有条目，新版《辞海》都重新做了审定和修改，修改幅度达70%。

'99中国丽江国际东巴文化艺术节在丽江古城举行至19日结束 有16个国家参加

天津世界体操锦标赛闭幕

由七十三个国家和地区千余名体操健儿参与角逐的第三十四届世界体操锦标赛下午降下帷幕，中共中央政治局常委、国务院总理朱镕基，全国人大常委会副委员长吴阶平，全国政协副主席钱伟长等出席闭幕式。

中国体操健儿共取得男子团体、男子吊环、女子平衡木、男子跳马四项冠军以及女团第三名，个人一银三铜的好成绩。

10月17日

全国减轻农民负担工作电视电话会议在北京召开

国务院减轻农民负担联席会议召开全国减轻农民负担工作电视电话会议，部署当前减轻农民负担工作。中共中央政治局委员、书记处书记、国务院副总理温家宝在会上强调，要以高度的政治责任感，下更大的决心，采取更有力的措施，坚决制止一切加重农民负担的行为，从现在起到明年年初，要特别抓紧对农民负担的管理和监督工作，确保农村社会稳定。

温家宝指出，减轻农民负担是党在农村的一项基本政策，党中央、国务院对减轻农民负担一直十分重视，各地各有关部门也做了大量工作，使农民负担增长的势头得到遏制，但农民负担重的问题并没有从根本上解决，在一些地方还相当严重。各地各部门要从巩固工农联盟的政权基础、维护国家长治久安的高度认识减轻农民负担工作的重要性。做好当前减轻农民负担工作，具有特殊重要的意义，它直接关系到农民增收，关系到农村市场的启动，进而影响拉动内需和国民经济发展的全局。在一定意义上说，减负就是增收，减负才能增收，只有真正摆脱了负担不断加重的困扰，才能使农民有能力、有积极性去增加投入，调整结构，发展生产，增加收入。我们要比以往任何时候都更加重视和抓好减轻农民负担工作。当前，秋收和农副产品收购已经陆续开始，这段时间也是农村各种收费比较集中、容易因为农民负担引发矛盾的时候，要特别注意防止农民负担反弹。

温家宝指出，农民负担重的问题长期得不到有效解决，主要是中央关于减轻农民负担的政策措施在一些地方没有得到很好的贯彻落实。必须继续认真贯彻落实这些政策措施：第一，党中央、国务院几年来出台的一系列减轻农民负担的方针政策要毫不动摇地贯彻执行，地方和部门的有关规定，凡与中央政策相抵触的一律废止。第二，今年农民承担的提留统筹费决不允许超过1997年的预算额，要定死一个数，三年不追加。坚决制止按人头、按田亩平摊屠宰税和农业特产税的做法。第三，没有法律和行政法规依据的收费项目立即停止执行。除实施义务教育的中小学危房改造外，暂停审批农村教育集资一年。坚决取消附加在电价上的不合理收费、基金和附加费。制止向农村和农民摊派报刊征订任务。第四，对部门和地方提出的涉及增加农民负担的工作要求和标准，对基层干部的考核指标和奖惩办法，进行全面清理，取消各种形式主义、脱离实际的规定。第五，地方各级党委、政府特别是县委、县政府要确保本地不再发生涉及农民负担的恶性案件。

温家宝强调，当前减轻农民负担，任务紧迫，工作艰巨，各级党委和政府要切实加强领导，采取有效措施，加大工作力度，确保取得预期成效。

一、统一认识，明确责任。必须明确，减轻农民负担工作只能抓紧，不能放松。各级领导特别是县乡两级领导要把减轻农民负担作为农村工作的一项重要内容，坚持不懈地抓紧抓好。要落实减轻农民负担工作责任制，实行党政一把手亲自抓、负总责的工作制度，一级抓一级，一级对一级负责。要明确专项治理部门责任制，各有关涉农部门要带头执行中央减轻农民负担的政策规定，坚决维护政令统一，确保令行禁止，务必管住本系统不随便向农民开收费口子。要完善职能部门分工配合的监督管理责任制，农业、纪检、监察、财政、计划、物价、法制等部门要密切配合，齐抓共管。

二、搞好全国减轻农民负担大检查。国务院决定，今年四季度，在全国开展减轻农民负担工作大检查，这是中央推动减轻农民负担工作的重大步骤。各级党委、政府一定要高度重视，一把手要亲自挂帅，分管领导要具体负责。有关部门要抽调得力干部参加工作，检查一定要全面、深入，不走过场，不留死角。通过这次检查，切实解决一些群众反映强烈的问题，纠正违反中央规定的错误做法，推动中央关于减轻农民负担各项政策的落实。

三、严肃查处典型恶性案件。处理各种加重农民负担的行为，绝不能搞下不为例。对违反规定的，各级纪检监察机关要依照党纪政纪追究责任。对非法向农民收取钱物的，要依照有关规定责成其如数退还。对造成严重后果、触犯刑律的，司法部门要依法追究刑事责任。凡因加重农民负担，引发严重事件和死人伤人恶性案件的，发现一起，查处一起，决不姑息。

四、做好对受灾群众的税费减免。灾情严重的部分地区，都要按照政策减免农民的税费，不仅要减农业税，统筹提留费也要减下来。同时，要切实安排好灾区群众的生产生活，解决他们的实际困难。

五、加强对基层干部的教育管理。要结合“三讲”教育活动，认真开展党的宗旨、群众路线和政策法律的教育，帮助基层干部转变工作作风，改进工作方法，学会新时期做好农民工作的本领，切实提高工作水平。

国务院副秘书长马凯主持会议，监察部副部长李至伦通报今年上半年发生的涉及农民负担的恶性案件及查处情况，农业部副部长刘坚就全国减轻农民负担大检查工作作了具体安排。

国家主席江泽民为《中国经济发展五十年大事记》题词并作序言

由中央财经领导小组办公室主编的《中国经济发展五十年大事记》一书及《中国经济发展五十年》多媒体光盘在北京出版发行。与此同时，由中央财经领导小组办公室主办的“中国经济发展五十年”国际互联网大型博览会正式开播。中共中央总书记、国家主席江泽民为此题写了“中国经济五十年”，并作了《总结过去，开创未来》的序言。

江泽民在序言中说，新中国 50 年经济发展的历史，是各族人民自力更生，艰苦奋斗，逐步摆脱贫穷落后，走向繁荣富强的历史；也是我们党以马克思主义为指导，解放思想，锐意进取，不断探索有中国特色社会主义发展道路的历史。认真总结 50 年经济发展的巨大成就和丰富经验，对于把我国社会主义现代化建设伟大事业全面推向 21 世纪具有重要意义。

江泽民强调，我国是一个发展中的大国，正处于社会主义的初级阶段，经济建设任重而道远。我们要始终不渝地贯彻党的基本路线，以经济建设为中心，坚持四项基本原则，坚持改革开放。要继续推进经济体制改革，建立和完善社会主义市场经济体制，以“三个有利于”为根本标准，根据解放和发展生产力的实际需要，改革和调整生产关系。要依靠科学技术发展经济，增强民族科技创新能力，走集约型和可持续发展道路。要以市场为导向，尊重客观经济规律，着力提高经济效益，调整经济结构和生产力布局，努力促进第一、第二、第三产业和地区经济的协调发展。要逐步扩大对外开放，充分利用国内外两种资源、两个市场，积极参与国际经济技术合作与交流，学习和利用国外先进技术和经营管理经验，提高中国经济的竞争力。要加强和改善党对经济工作的领导，正确处理改革、发展、稳定的关系，坚持物质文明和精神文明建设两手抓，实现经济持续发展和社会全面进步。

南开大学喜庆 80 华诞

中共中央政治局常委、全国人大常委会委员长李鹏发来贺信。校庆前夕，中共中央政治局常委、国务院总理朱镕基接见南开大学主要负责人，对南开大学建校 80 周年表示热烈祝贺。全国人大常委会副委员长吴阶平等出席了庆祝大会。

李鹏在贺信中说，爱国教育家严范孙、张伯苓 80 年前创办的南开大学，是中国人创立现代大学的成功范例。此后，她为中国革命输送了许多栋梁之材。新中国建立以来，南开大学在党和政府的关怀领导下，弘扬“爱国、敬业、创新、乐群”的校风，逐步形成了自己的优势和特色，培养了大批高水平人才。他希望广大师生员工共同努力，把南开大学建设成为具有世界先进水平的一流大学。

韩国总统金大中也发来贺信。

80年来，南开大学自强不息，艰苦创业，为中国高等教育的发展与壮大，为民族的独立与振兴作出了重要贡献，培养了近10万名各类优秀人才，周恩来、陈省身、吴大猷、曹禺等就是其中最杰出的代表。

在庆祝大会上，南开校友、中国科学院外籍院士陈省身，中国科学院院士宋玉泉先后致辞。北京大学校长陈佳洱、日本早稻田大学校长奥岛孝康、日本爱知大学校长石井吉也、澳大利亚墨尔本大学副校长罗杰·皮考克、德国海德堡大学副校长海茵斯·霍纳分别表示祝贺。

10月18日

九届全国人大常委会举行二十次委员长会议

李鹏委员长主持会议。会议决定，九届全国人大常委会十二次会议于本月25日至31日在京举行。本次会议的议程有23项，为九届全国人大常委会组成以来议程最多的一次会议。

会议听取全国人大常委会秘书长何椿霖和全国人大有关专门委员会负责人分别作的关于九届全国人大常委会十二次会议议程草案和日程安排意见的汇报和将提请常委会审议的有关法律草案的汇报、说明。

根据委员长会议建议，已经上次常委会审议的关于惩治期货犯罪的决定和关于惩治违反会计法犯罪的决定两个法律草案，因其内容涉及刑法的有关条款，不再单独作出决定，统一在刑法修正案中予以规定。

委员长会议建议本次常委会审议的法律案有：气象法草案，会计法修订草案，全国人大常委会关于防范和打击邪教组织的决定草案，全国人大常委会关于根据澳门基本法第145条处理澳门原有法律的决定草案，公路法修正案草案，海洋环境保护法修订草案，刑法修正案草案，全国人大常委会关于对审判、检察工作中重大违法案件实施监督的规定草案，海事诉讼特别程序法草案，全国人大常委会关于加强中央预算审查监督的决定草案，立法法草案，产品质量法修正案草案等。

委员长会议建议本次常委会议程还有：听取和审议国务院关于增加农民收入、减轻农民负担情况的报告；听取全国人大常委会执法检查组关于检查产品质量法实施情况的报告；审议全国人大财经委员会、华侨委员会、环境与资源保护委员会、农业与农村委员会关于九届全国人大二次会议主席团交付审议的代表提出的议案审议结果的报告等。

全国人大常委会副委员长姜春云、邹家华、王光英、程思远、布赫、铁木尔·达瓦买提、吴阶平、何鲁丽、曹志、丁石孙、许嘉璐、蒋正华出席会议。

全国检察机关座谈会在上海举行

全国检察机关贯彻十五届四中全会精神，为国有企业改革和发展服务座谈会于10月18日至21日在上海召开。与会代表就检察机关如何为国企改革和发展服务进行了深入细致的探讨。会议要求全国各级检察机关要按照十五届四中全会对检察工作提出的新要求，全面发挥检察职能作用，更加积极主动地做好为国有企业改革和发展服务工作。

最高人民检察院检察长韩杼滨在会议上提出，检察机关为国有企业改革和发展服务的指导思想是：以党的十五届四中全会精神为指导，全面发挥检察职能作用，依法打击危害国有企业改革和发展的各种犯罪活动，加强执法监督，加强预防犯罪工作，保护国有经济安全，保护国有企业的合法权益，保护国有企业人员改革创新的积极性，为国有企业改革和发展创造良好的法制环境。这个指导思想概括起来就是“打击、监督、预防、保护”八个字。

韩杼滨强调，依法查办发生在国有企业中的贪污、贿赂、挪用公款、私分国有资产等犯罪，是检察机关为国企改革和发展服务的一项重要内容。要通过依法办案，为国有企业的改革和发展扫除障碍。绝不能一强调服务就放松办案工作。

九届全国人大代表、中国石化集团金陵石油化工有限责任公司董事长兼总经理吴瑞林，十五大代表、陕西长岭股份有限公司董事长王大中等10余名来自国有企业的代表应邀参加了座谈会。他们表示，在实践中，检察机关坚持打防结合、标本兼治，保护国有资产安全，大力促进国有企业的法制建设，保护国有企业的合法权益，在为国企改革和发展创造良好法制环境方面做了大量的工作。同时，他们对检察机关下一步的工作寄予了更高的期望。

中央纪委 监察部发出严查造成法院“执行难”的违法违纪行为的通知

中央纪委、监察部近日发出通知，要求各级纪检监察机关坚决贯彻落实党中央有关决定，严肃查处造成人民法院“执行难”的违法违纪行为。

通知说，当前，人民法院“执行难”问题相当严重。一些地方和部门给人民法院的执行工作设置重重障碍；一些地方和部门的领导干部法制观念淡薄，滥用权力，以权压法，非法干预人民法院的执行工作；有些地方对抗拒执行的违纪违法人员查处不力。这些问题任其发展下去将直接影响国家改革、发展、稳定的大局。党中央为解决人民法院“执行难”问题专门下发文件，表明我们党坚持依法治国的基本方略和坚定不移推进社会主义民主与法制建设的坚强决心。

通知强调，各级纪检监察机关要严肃党纪政纪，突出查处重点，着重从以下几个方面开展监督查处工作：（一）以言代法，以权压法，滥用权力，乱批“条子”，乱打“招呼”，非法干预、阻碍人民法院依法执行的行为；（二）为了本地区或本部门利益，制定违反法律的规定或文件，或者对具体案件制发函文，阻碍和限制人民法院依法执行的行为；（三）企业及其负责人为逃避执行义务而转移、隐匿甚至私分公有财产，以及煽动群众闹事、阻挠人民法院依法执行的行为；（四）受托法院借故拒绝依法接受委托，或消极应付，久拖不执的行为；（五）负有法定协助执行义务的机关、单位和个人，拒不履行协助执行义务的，特别是人民法院异地执行，当地人民法院和公安机关等有关部门消极应付或拒绝协助，或对应当司法拘留的人员拒绝依法办理、拒绝羁押及放纵犯罪的行为；（六）利用企业改制、资产重组规避法律，转移财产，逃避债务或使“债务悬空”，或者搞假破产、假抵押逃避债务的行为。纪检监察对象中，特别是党、政机关的领导干部，凡有以上违法违纪行为的，纪检监察机关应视其情节轻重给予党纪、政纪处分；对触犯刑律的，要及时移送司法机关追究刑事责任。对人民法院依法执行的行为执行不力，互相推诿扯皮，贻误时机，造成不良影响和后果的，也要追究责任。

中国社科院举办首次全学科大型学术研讨会

来自全国哲学界的老中青学者代表，以及科技界、企业界的部分专家百余人，在北京参加中国社会科学院举行的我国哲学界首次全学科大型学术研讨会。

中共中央政治局委员、中国社会科学院院长李铁映在今天的“新中国哲学五十年学术研讨会”上发表讲话。他说，50 年来，新中国哲学事业的发展曲折，始终是与祖国人民的命运、与社会主义事业的命运紧密联系在一起的。党领导人民在国内外艰难复杂环境下开创社会主义事业的伟大历史进程，在每一个重要阶段、每一个重大关头，对每一个重大现实问题的思考，都有哲学上的反响和表现，都受到哲学的深刻影响。特别是改革开放 20 多年来，广大哲学工作者密切关注当代世界和实践的发展，注意辨别各种社会思潮，在哲学上开拓了不少新的研究领域，如：实践的哲学意义、价值和价值观念、社会发展理论、经济哲学、生态环境理论、当代文学比较研究、国外马克思主义研究、科学技术与经济社会、中国传统哲学的现代意义、西方最新哲学流派研究等。

李铁映指出，在我们的事业全面推向 21 世纪的关键时刻，必须高度重视哲学，大力普及哲学，发展哲学，让哲学充分发挥“解放的头脑”作用。他强调，哲学的强大生命力，从根本上说，决定于它把握、理解和解决时代重大课题的程度和水平。对于哲学的繁荣和发展，学术界要做到团结、务实、活跃、创新，面对层出不穷的新现象、新问题，通过不断地调查研究，说出实事求是的新道理，提炼出启迪智慧的新观念、新方法，形成富有时代感和生活气息的新语言。

国务院副总理李岚清与“中国青年科技创新行动——海内外青年材料博士服务企业活动”的代表座谈

李岚清希望广大海内外青年科技工作者共同携起手来，以科学的态度，创新的精神和务实的工作，积极推动科技与经济的结合，为我国科技产业的发展，为中华民族的伟大复兴作出更大的贡献。

这次活动由中国青年科技工作者协会、中国材料学会青年委员会和清华大学国家现代材料信息网络中心联合举办，自十月八日起，来自近二十个国家和地区的一百五十多名具有博士学位的留学海外的青年科技专家以及国内近三百名优秀青年学者参加了活动。其间，在杭州举办了第二届海内外中华青年学者材料科学技术研讨会，九九新材料项目洽谈、人才交流、成果展示会，部分青年专家还先后赴浙江、上海、江苏、北京等地进行了对口服务，与企业、高新技术开发区、留学人员创业园进行了广泛的交流与合作。这次活动共达成成果转让和共同开发项目六十个，资金总额达七千万元。

座谈会上，清华大学材料科学与工程学院副院长潘峰等六位博士畅谈了参加这次活动的体会与建议。

李岚清在听取大家的发言后讲话，他说，新材料是高科技领域的重要组成部分，对中国国民经济的发展至关重要。大家从海外回国，带来各自的研究成果和技术，与国内的企业、高新技术开发区、留学人员创业园进行广泛的交流与合作，达成了不少合作项目。这对于促进我国的技术创新和科技成果产业化，促进科技与经济的结合具有积极的意义。中华民族实现伟大复兴，是海内外全体中国人民的共同愿望，需要包括海外留学人员在内的全国人民的共同奋斗。

李岚清指出，在知识经济已见端倪的今天，综合国力的竞争是国际竞争的核心，在高新技术及其产业领域占据一席之地已成为竞争的焦点，这也是实现中华民族伟大复兴的迫切需要。前不久召开的党的十五届四中全会通过了《关于国有企业改革和发展若干重大问题的决定》。今年八月，党中央、国务院召开了全国技术创新大会，号召全国人民抓住新科技革命的机遇，全面实施科教兴国战略，大力推动科技进步，加强科技创新，按照市场的需求，加速科技成果向现实生产力转化，发展高科技，实现产业化，掌握科技发展主动权，在更高的水平上实现技术发展的跨越，这是实现跨世纪发展战略目标的重大举措。

李岚清说，青年科技工作者要在实施科教兴国战略、实现中华民族伟大复兴的进程中，勤奋学习，勇于创新，敢挑重担，不辱使命。青年最富有创新精神，在他们身上蕴藏着极大的创新热情和创新潜能。广大青年，特别是广大青年科技工作者一定要继承和发扬老一辈科学家"热爱祖国，无私奉献，自力更生，艰苦奋斗，大力协同，勇于登攀"的"两弹一星"精神，立志成才，报效祖国，为实现跨世纪的发展目标贡献自己的青春、智慧和力量。

他说，希望更多的海外学人以各种形式为国服务，参与祖国的现代化建设。我们真诚欢迎广大的海外学子回国工作，为祖国的建设和发展贡献自己的力量。对于回国工作的海外学人，政治上要充分信任，工作上要大力支持，生活上要多加关心，积极创造条件，使他们的聪明才智得以充分发挥。对暂时不能归国的留学人员，我们也欢迎大家以多种方式为国服务。

李岚清要求共青团、青联组织要为广大青年参与科技创新实践牵线搭桥、搭建舞台。由共青团中央、科技部、全国青联共同实施的中国青年科技创新行动，从培养广大青年的创新精神，提高创新能力，营造良好的科技创新氛围，促进大批优秀青年人才脱颖而出，推动青年科技人才与经济社会发展项目对接入手，很有意义，希望扎扎实实地把这一活动搞好。各级共青团、青联组织要充分发挥助手作用，更好地服务经济建设，积极组织动员海内外广大青年投身科技创新实践，为他们提供学习、交流的条件，努力培养一大批适应新世纪发展要求的青年科技创新人才，为科教兴国战略作出贡献。

李岚清指出，各级党政部门和社会各界要大力支持青年创新事业和创新实践。各级党委和政府要注意倾听青年专家的意见和建议，制定有利于创新人才健康成长的政策，建立、健全有利于创新成果不断涌现，实现产业化的机制，创造有利于科技创新的外部环境，把广大青年的创新热情引导好，保护好，发挥好，使青年科技工作者有用武之地，更好地为国家的现代化建设贡献力量。

座谈会由共青团中央书记处第一书记周强主持，全国政协副主席朱光亚和有关部门负责人朱丽兰等出席座谈会。

第二届北京国际音乐节在人民大会堂开幕

香港管弦乐团交响音乐会在人民大会堂奏响，拉开了第二届北京国际音乐节的帷幕。

中共中央政治局常委、国务院副总理李岚清，全国人大常委会副委员长王光英、何鲁丽等出席音乐节开幕式，并与数千名首都各界群众和在国庆庆典活动中作出突出贡献、受到表彰的有功人员一起观看了音乐会。

来自世界10多个国家和我国内地以及香港、澳门、台湾地区1200余名音乐家，在历时一个月的音乐节期间，为广大观众献上40台高水平的音乐会，并举办一系列音乐文化和学术交流活动。

海南查处一起"法轮功"非法聚集事件

今年8月8日发生在海南的公然违抗公安部通告，策划、组织"法轮功"非法聚集事件，已经基本查清。蓄意策划组织这起非法聚集事件的宋岳胜等7名"法轮功"骨干和积极分子，经海口市人民检察院批准被依法逮捕，案件目前正在审理之中。

10月19日

国家主席江泽民在英国女王伊丽莎白二世于伦敦白金汉宫举行盛大国宴上致辞

国务院副总理吴邦国在江苏考察

吴邦国从19日至23日在江苏省进行考察。考察中，吴邦国强调，各地一定要认真贯彻落实党的十五届四中全会审议通过的关于国有企业改革和发展若干重大问题的决定，认真学习和领会其精神实质，解放思想，实事求是，开拓进取，扎扎实实地工作，争取国有企业改革与发展新的更大成绩。

10月20日，吴邦国出席了江苏田湾核电站开工仪式后，在江苏省委书记陈焕友、副省长陈必亭的陪同下，考察了连云港、淮阴、盐城、泰州和南京等地的工厂企业、海港、铁路以及公路交通。吴邦国每到一处都与工人亲切交谈，与科技人员深入座谈，与企业领导交换意见，就当前国有企业的改革与发展进行了调查研究。

在连云港集装箱码头上，吴邦国详细地询问了连云港港口设施、吞吐量、港口经济腹地和港口经营情况后，勉励连云港港务局要为经济腹地省区尤其是中西部地区提供良好的服务，增加运输能力，希望进一步深化企业改革，使企业得到新的发展。

在考察途中，吴邦国专程来到正在施工的淮阴至江都的淮江高速公路建设工地和江阴长江大桥。省交通厅负责人介绍了江苏8条高速公路的建设以及江阴大桥的建设和管理情况。到2002年，江苏13个省级直辖市将全部通高速公路。吴邦国说："江苏的交通建设发展得快，一些工程技术难题，如公路大桥的桥头跳车和桥梁伸缩缝问题，都解决得相当好，沪宁高速公路质量高，江阴长江大桥很气派、很雄伟。"吴邦国在公路建设工地铺路机轰轰的机声中与工程监理工程师周伟进行了交谈。他告诫这位年轻人："你们的工作很重要，责任重大，要本着对人民高度负责的精神搞好监理工作，不能讲情面。建设工程质量出了问题，首先要追究监理人员的责任。"

吴邦国每到一处，都亲切地问候生产一线的职工。在新长铁路盐城北站的建设工地上，当一台铺轨机新铺下一节钢轨后，吴邦国拿起一把扳手加入了钢轨的固定工作。他高兴地说，新长铁路的建成，将结束苏北没有铁路的历史。

在盐城市的森达集团，吴邦国询问了企业的经营和生产情况后指出，只要产品档次高，创出名牌，小产品照样可以创造高利润。要认真研究市场，研究消费者心理，不断提高产品档次，在创世界名牌上下功夫。

在盐城市江动集团的计算机中心，吴邦国与正在计算机上进行新品设计的朱瑞龙进行了长谈。他了解到，企业的技术人员的收入普遍比一般职工高，并和新产品销售利润挂钩。吴邦国说，一个是新品开发，一个是产品销售，这是企业由生产型转变为生产经营型的两个重要环节。在市场经济条件下，要花大力气抓住这两个环节，以提高企业市场竞争能力、科技创新能力和抗御风险能力。

在泰州春兰集团，吴邦国参观了春兰空调、电冰箱、彩电、电脑、摩托车、压缩机、发动机等产品。他说，管理是企业永恒的主题。目前，我国国有企业管理方面的问题不少，这是造成一些企业生产经营困难甚至陷入困境的重要原因。因此，现在有必要强调重视和切实加强企业管理，从严管理企业，实现管理创新。国有大企业，特别是一些经营状况好的企业，都应该像春兰集团这样努力开拓国际市场，多出口创汇，多做贡献。国有大企业在科技创新方面要领先一步，高人一筹，别人生产第二代产品，你要生产第三代、开发第四代产品。

吴邦国还专程到南京熊猫电子集团进行了调研。熊猫集团是一个具有63年历史的大型综合性电子骨干企业，长期以来，为建立和发展我国电子工业，为国防和国民经济现代化建设作出过很大的贡献，但企业在发展中也遇到了一些困难。吴邦国在调研中一再强调，除了国家要帮助企业改善外部环境，实施债转股，减轻债务负担外，企业本身也要在内部组织结构重组，努力开发技术领先的新产品，建立技术创新体制和能够调动广大科技人员、干部、职工积极性的分配制度，以及减员增效等方面狠下功夫，使企业尽快走出困境。

在考察中，吴邦国对江苏省在国有企业改革和发展中取得的成绩给予了充分的肯定。他说，今年以来，江苏认真贯彻党中央、国务院一系列重要指示精神，扎实苦干，迎难而上，工业经济保持了较好的增长势头。1—8月份，全省盈亏相抵后净利润为44亿元，比去年同期增长了1.8倍，涌现了一批像春兰这样的国有企业的先进典型。吴邦国希望江苏广大干部群众要继续认真学习贯彻党的十五届四中全会决定精神，坚定搞好国有企业的信心，加快结构调整和企业重组步伐，加快现代企业制度的建设，集中力量解决当前企业面临的突出问题，建立和完善社会保障体系，为实现党的十五大和十五届一中全会提出的三年改革和脱困目标，做出更大贡献。

在江苏期间，吴邦国副总理还考察了悦达集团、晨光机器厂，瞻仰了淮安市的周恩来总理故居、周恩来总理纪念馆，参观了盐城市的新四军纪念馆，并向周恩来总理纪念馆的周总理坐像敬献了花篮。

中国规模最大的一家金融资产管理公司——中国华融资产管理公司在北京成立

国家主席在英国威斯敏斯特市受到热烈欢迎并在海德公园饭店会见中国驻英使馆工作人员以及中资机构华人华侨和留学生代表

伦敦威斯敏斯特市市长西格尔在圣詹姆士宫举行仪式欢迎前来对英国进行国事访问的江泽民主席。

中央军委副主席胡锦涛在人民大会堂会见阿尔及利亚国家人民军参谋长穆罕默德·拉马里

全国第六届少数民族文学骏马奖在昆明揭晓

来自18个省、市、自治区，27个少数民族的61名少数民族作家共57部作品获奖。

本届评奖活动受到了文学界的广泛关注，全国有30个省、市、自治区32个民族的255名作家的277部作品申报，经评委的严格审定和评选，57部作品获奖。《中国少数民族文学经典文库》(云南人民出版社)获特别奖，藏族作家阿来的《尘埃落定》等7部长篇小说、鄂温克族作家乌热尔图的《你让我顺水漂流》等15部长篇小说集、彝族女诗人禄琴的《面向阳光》等14部诗集、纳西族作家沙蠡的《大地震》等两部报告文学集、回族作家郭风的《汉颜斋文札》等10部散文集、回族作家王业伦的《纸公主与纸王子》等4部儿童文学及满族评论家关纪新的《老舍评传》等4部理论集榜上有名。另有那顺德力格尔等5人获得翻译奖。

《人民日报》发表评论员文章《谱写少数民族文学的新篇章》

第二届中国环境与发展国际合作委员会第三次会议在北京召开

委员会主席、国务院副总理温家宝主持开幕式并讲话。

中国环境与发展国际合作委员会是国务院于1992年成立的一个高层次咨询机构，其目的是向中国政府就如何协调环境与发展提出建议，协助中国政府制定全面一致的可持续发展政策，并致力于加强中国同国际社会在环境与发展领域的合作。

温家宝说，去年以来，国家实行积极的财政政策，加强基础设施建设，把污染治理和生态建设作为投资的重点。1998年全国环境污染治理投资721.8亿元，比上年增加43%。今年国家财政预算和新增国债用于环境保护的资金占较大的比重。我们在进行经济结构的战略性调整中，采取一系列措施，淘汰落后的工艺和设备，关闭污染严重的企业，为环境保护创造了有利条件。按照"九五"环境保护目标的要求，经过各方面的努力，取得了明显的成效。当然，我们也清醒地看到，我国环境形势仍然相当严峻，要从根本上扭转环境污染的局面，还需要坚持不懈地努力。

温家宝指出，在过去的一年里，第二届中国环境与发展国际合作委员会的各位委员和专家一如既往地努力工作，围绕中国环境与发展的突出问题，开展调查研究，提供各国的先进经验，提出解决问题的建议。各专家工作组把研究工作集中到重点地区和关键项目，积极引进技术和资金，认真组织示范项目的实施，委员会的工作为我国环境保护事业作出了积极的贡献。

谈到未来发展和环境保护时，温家宝提出了7条基本要求：遵循经济规律和自然规律，坚持经济社会发展与环境保护、生态建设相统一；切实转变经济增长方式，走资源节约型发展的道路；统筹规划，突出重点，标本兼治，综合治理；依靠科技进步推进环境保护和治理；严格执行环境保护和生态建设责任制；综合运用法律、经济和必要的行政手段，加强对环境保护和生态建设的调控；积极开展环境与发展方面的国际交流与合作。

温家宝强调指出，在即将进入新世纪的时候，我国正在着手制定新的发展规划，真诚地希望委员会出谋划策，对中国的长远发展提供更多的建议。

委员会副主席、加拿大国际开发署署长拉贝尔和曲格平、刘江、解振华分别在会上致辞。

10月20日

最高人民法院公布《人民法院五年改革纲要》

中国共产党第十五次全国代表大会确定了依法治国的基本方略，明确提出了推进司法改革的任务。第九届全国人民代表大会第二次会议又将依法治国的基本方略载入宪法。人民法院的改革是我国司法改革的重要组成部分，必须积极、稳妥推进，使人民法院在依法治国、建设社会主义法治国家的历史进程中发挥应有的重要作用。

一、抓住机遇，推进人民法院改革

1. 人民法院的改革势在必行。随着社会主义市场经济体制的逐步建立，我国经济体制改革、民主与法制建设和社会主义精神文明建设取得了令人瞩目的成就。同时，由于社会关系变化，利益格局调整，社会矛盾交织，使人民法院审判工作面临前所未有的复杂局面，人民法院的管理体制和审判工作机制，受到了严峻的挑战。

——司法活动中的地方保护主义产生、蔓延，严重危害我国社会主义法制的统一和权威。

——现行的法官管理体制导致法官整体素质难以适应审判工作专业化要求，难以抵制拜金主义、享乐主义、特权观念等腐朽思想的侵蚀，人民群众对少数司法人员腐败现象和裁判不公反映强烈，直接损害了党和国家的威信。

——审判工作的行政管理模式，不适应审判工作的特点和规律，严重影响人民法院职能作用的充分发挥。

——人民法院特别是基层人民法院经费困难，装备落后，物质保障不力，严重制约审判工作的发展。

面对挑战，人民法院不改革没有出路。只有通过改革，逐步建立依法独立公正审判的机制，才能适应社会主义市场经济发展和民主法制建设的需要。

2. 人民法院改革面临良好的机遇。

——改革开放和社会主义现代化建设的发展，为人民法院改革提供了良好的政治条件。九届全国人大二次会议通过的宪法修正案，将党的十五大提出的依法治国基本方略载入国家根本大法；会议《关于最高人民法院的工作报告的决议》提出了要发挥人民法院在依法治国、建设社会主义法治国家中重要作用的要求，为人民法院改革奠定了宪法和法律基础。

——社会主义市场经济体制的逐步建立，客观上要求人民法院平等地保护当事人的合法权益，公正、及时地处理当事人之间的纠纷，打击各种侵害市场主体合法权益的违法犯罪活动，改革与社会主义初级阶段经济建设和社会发展不相适应的司法观念、管理模式与运行方式。

——全社会对改革、发展、稳定三者关系认识的逐步深化，人民群众法律意识的增强，理论界对司法改革进行了大量有益的探讨，法院改革已逐渐成为全社会共识，为人民法院改革创造了良好的社会条件。

——人民法院已经进行的改革为今后改革的深入积累了经验。近年来，全国法院为坚持严肃执法，确保司法公正，实施了一系列改革措施。各级人民法院全面落实公开审判制度，进行审判方式改革；强化合议庭和独任审判员的职责，规范审判委员会活动；逐步实行立审分立、审执分立、审监分立的制度。根据《法官法》的规定，在法官考试、任免和交流等方面，进行了成功的实践和探索。这些改革措施和已经取得的阶段性成果，为今后推进人民法院改革创造了有利的条件。

纵观形势，人民法院改革面临不可多得的历史机遇。我们必须站在时代的高度，立足于现实，着眼于长远发展，进一步解放思想，抓住机遇，开拓进取，满怀信心地把人民法院改革推向深入。

3. 人民法院改革，要以邓小平理论为指导，以党的十五大提出的依法治国，建设社会主义法治国家的基本方略和推进司法改革的要求为依据，坚持解放思想、实事求是的思想路线。

4. 人民法院的改革，必须始终坚持以下原则：

——坚持党的领导。

——坚持人民民主专政的国体和人民代表大会制度的政体。

——坚持依法独立审判。

——坚持国家法制统一。

——坚持从中国的国情出发，借鉴国外在法院和法官管理方面的有益经验。

5. 人民法院改革的总体目标是：紧密围绕社会主义市场经济的发展和建立社会主义法治国家的需要，依据宪法和法律规定的基本原则，健全人民法院的组织体系；进一步完善独立、公正、公开、高效、廉洁，运行良好的审判工作机制；在科学的法官管理制度下，造就一支高素质的法官队伍；建立保障人民法院充分履行审判职能的经费管理体制；真正建立起具有中国特色的社会主义司法制度。

6. 为实现人民法院改革的总体目标，从 1999 年起至 2003 年，人民法院改革的基本任务和必须实现的具体目标是：以落实公开审判原则为主要内容，进一步深化审判方式改革；以强化合议庭和法官职责为重点，建立符合审判工作特点和规律的审判管理机制；以加强审判工作为中心，改革法院内设机构，使审判人员和司法行政人员的力量得到合理配备；坚持党管干部的原则，进一步深化法院人事管理制度的改革，建立一支政治强、业务精、作风好的法官队伍；加强法院办公现代化建设，提高审判工作效率和管理水平；健全各项监督机制，保障司法人员的公正、廉洁；对法院的组织体系、法院干部管理体制、法院经费管理体制等改革进行积极探索，为实现人民法院改革总体目标奠定基础。

二、人民法院五年改革的基本内容

（一）进一步深化审判方式改革

7. 1999 年年底前，全国各级人民法院根据明确职责、分工合理、运转高效的原则，全面实行立审分立、审执分立、审监分立。人民法庭的立审分立，结合实际情况进行。

8. 建立科学的案件审理流程管理制度，由专门机构根据各类案件在审理流程中的不同环节，对立案、送达、开庭、结案等不同审理阶段进行跟踪管理，保证案件审理工作的公正、高效。

9. 2000 年年底前，最高人民法院制定有关再审案件的立案标准。

10. 进一步完善质证和认证制度。

——规范质证制度。质证是法官正确认证的前提，任何证据未经法庭质证，不得作为定案的根据。

——探索公开认证的条件和方法，完善认证制度。

——在总结经验的基础上，2000 年年底前，对证据运用规则作出规定。

11. 采取有效措施，解决好证人尤其是关键证人出庭的问题。同时，总结审判经验，对证人出庭作证的义务、人身安全、物质保证、法律责任等问题进行研究，适时向全国人大常委会提出制定证人法的议案。

12. 严格执行最高人民法院 1999 年 3 月 8 日发布的《关于严格执行公开审判制度的若干规定》，全面落实公开审判制度。人民法院开庭审判的案件，应当逐步提高当庭宣判率。

13. 加快裁判文书的改革步伐，提高裁判文书的质量。改革的重点是加强对质证中有争议证据的分析、认证，增强判决的说理性；通过裁判文书，不仅记录裁判过程，而且公开裁判理由，使裁判文书成为向社会公众展示司法公正形象的载体，进行法制教育的生动教材。

14. 2000 年起，经最高人民法院审判委员会讨论、决定的适用法律问题的典型案件予以公布，供下级法院审判类似案件时参考。

15. 严格执行刑事诉讼法有关审判程序的规定，继续深化刑事审判方式改革。

——依法保证被告人有权获得辩护。对于按照普通程序审理的案件，被告人确因经济困难或者其他原因没有委托辩护人的，人民法院要根据最高人民法院、司法部《关于刑事法律援助工作的联合通知》规定，积极落实指定承担法律援助义务的律师为其提供辩护的工作，以确保审判质量。

——对第二审案件除依法可以不开庭审理的以外，应当做到开庭审理，公开宣判；对于死刑二审案件，上诉人对第一审认定的事实、证据提出异议，或提出新的事实、证据，或社会影响较大的，应当依法开庭审理。

——对于刑事再审案件，要在总结试点经验的基础上，制定刑事再审案件开庭审理的规定。

——审判长要努力提高驾驭、指挥庭审能力，注重发挥控辩双方在法庭上的诉辩作用，通过证人出庭作证，出示证据，质证，指控与辩护等活动，查清案件事实。

——在充分保护被害人合法权利的前提下，严格对自诉案件的立案审查；在强调自诉案件当事人举证责任的同时，做好指导当事人举证和必要的调查取证工作。

16. 民事、经济审判方式改革要进一步完善举证制度，除继续坚持主张权利的当事人承担举证责任的原则外，建立举证时限制度，重大、复杂、疑难案件庭前交换证据制度，完善人民法院收集证据制度，进一步规范当事人举证、质证活动。

17. 完善行政审判方式。紧紧围绕被诉具体行政行为的合法性进行审查，彻底改变既审查具体行政行为又审查原告行为，甚至只审原告行为的做法；完善行政诉讼的举证、质证、认证规则，建立符合行政诉讼特点的证据制度；根据行政审判实践的发展，进一步完善裁判形式。

（二）建立符合审判工作规律的审判组织形式

18. 强化合议庭和法官职责，推行审判长和独任审判员选任制度，充分发挥审判长和独任审判员在庭审过程中的指挥、协调作用。2000年年底前，对法官担任审判长和独任审判员的条件和责任做出明确规定，建立审判长、独任审判员的审查、考核、选任制度。审判长和独任审判员依审判职责签发裁判文书。

19. 在法律规定范围内，多适用简易程序审理案件。在条件成熟时，向立法机关提出修改刑事诉讼法和民事诉讼法的建议，扩大人民法院适用简易程序审理案件的范围。

20. 在审判长选任制度全面推行的基础上，做到除合议庭依法提请院长提交审判委员会讨论决定的重大、疑难案件外，其他案件一律由合议庭审理并作出裁判，院、庭长不得个人改变合议庭的决定。

21. 推行院长、副院长和庭长、副庭长参加合议庭担任审判长审理案件的做法。各级人民法院应结合本院的实际情况，对院长、副院长、庭长、副庭长担任审判长审理案件提出明确要求。

22. 规范审判委员会的工作职责。审判委员会作为法院内部最高审判组织，在强化合议庭职责，不断提高审理案件质量的基础上，逐步做到只讨论合议庭提请院长提交的少数重大、疑难、复杂案件的法律适用问题，总结审判经验，以充分发挥其对审判工作中带有根本性、全局性问题进行研究和作出权威性指导的作用。

23. 完善人民陪审员制度。对担任人民陪审员的条件、产生程序、参加审判案件的范围、权利义务、经费保障等问题，在总结经验、充分论证的基础上，向全国人大常委会提出完善我国人民陪审员制度的建议，使人民陪审员制度真正得到落实和加强（1999年5月8日，经肖扬院长签署，最高人民法院向全国人民代表大会常务委员会提交了《关于提请审议〈关于完善人民陪审员制度的决定（草案）〉的议案》）。

（三）科学设置法院内设机构

24. 进一步明确审判部门的职责范围和分工，改变目前职能交叉、分工不明的状况。2000年年底前，最高人民法院对审判庭、室的职责范围作出明确规定。

25. 充实审判部门，精减、合并、统一设立各级人民法院的司法行政管理部门；对各级人民法院审判部门与司法行政管理部门的人员比例作出规定；对司法行政管理部门的富余人员做好分流工作。

26. 落实中发〔1999〕11号文件转发的《中共最高人民法院党组关于解决人民法院"执行难"问题的报告》的精神，改革人民法院的执行机构和执行工作体制。

——1999年年底前，各省、自治区、直辖市高级人民法院对辖区的人民法院执行工作实行统一管理和协调体制。高级人民法院执行机构负责同辖区外的高级人民法院执行机构协调处理执行争议案件。

——加强执行队伍建设。继续进行执行队伍整顿工作，尽快将不适应执行工作的人员调离执行工作岗位；确保按不少于全体干警现有编制总数15%的比例配备合格的执行人员。加强对执行队伍的科学管理，严肃执行纪律，抓紧业务培训，提高执法水平。尽快在全国建成一支政治坚定、清正廉洁、纪律严明、业务精通、作风过硬、训练有素的执行队伍。

——经过试点，在条件成熟时，在全国建立起对各级人民法院执行机构统一领导，监督、配合得力，运转高效的执行工作体制。

——在总结执行工作经验的基础上，起草强制执行法，尽早提交全国人大常委会审议。

27. 根据便于当事人进行诉讼，便于人民法院审判案件的原则，按照规范化、规模化的要求合理设置人民法庭。各地应在调查研究的基础上，根据本地区的实际情况，实事求是地制定人民法庭建设的发展目标和方案。

——人民法庭至少配备 3 名法官，1 名书记员；有条件的地方可以配备法警。在经济发达，道路交通状况较好的地区，应当有计划地撤并部分法庭，建立或者重组具有一定规模的人民法庭。

——1999 年年底之前完成对现存各种“专业法庭”和不符合条件、不利于依法独立公正地行使审判权的人民法庭的清理、调整和撤并工作；

——2000 年年底前，撤销城市市辖区内的人民法庭。

28. 规范司法警察统一领导的管理体制。认真执行《人民法院司法警察暂行条例》中规定的“双重领导、编队管理”的规定，加强统一管理、调动；探索改革司法警察的任用制度，试行部分司法警察聘任制，理顺司法警察的进出渠道。

29. 改革、理顺人民法院司法鉴定、信息工作体制。集中人力、资金、技术，以高级人民法院为重点，建立司法鉴定机构，最高人民法院成立人民法院司法鉴定中心，逐步促成建立统一的司法鉴定体系；统一设置通讯、统计等信息机构。

（四）深化法院人事管理制度改革

30. 严格执行中共中央《关于进一步加强政法干部队伍建设的决定》，上级人民法院党组要积极、主动与地方党委配合，加大对下级法院领导班子成员的协管力度，充分发挥各级人民法院党组管理干部的职能。

31. 对 1988 年以来在一些地区试行的地方法院领导班子成员以上级人民法院党组为主管理，地方党委协助管理的做法进行总结，肯定试点取得的成果，认真研究试点中存在的问题，提出解决的办法。

32. 改革法官来源渠道。逐步建立上级人民法院的法官从下级人民法院的优秀法官中选任以及从律师和高层次的法律人才中选任法官的制度。对经公开招考合格的法律院校的毕业生和其他人员，应首先充实到中级人民法院和基层人民法院。高级人民法院和最高人民法院的审判庭 5 年之后从下级人民法院和社会的高层次法律人才中选任法官。使法官来源和选任真正形成良性循环，保证实现法官队伍高素质的要求。

33. 随着审判长选任工作的开展，结合人民法院组织法的修改，高级人民法院可以对法官配备法官助理和取消助理审判员工作进行试点，摸索经验。

34. 对各级人民法院法官的定编工作进行研究，在保证审判质量和效率的前提下，有计划有步骤地确定法官编制。

——选择不同地域、不同级别的部分法院进行法官定编工作的试点。

——最高人民法院在总结试点法院经验、进行深入调查研究的基础上，2001 年商中央组织、人事部门提出法官编制的具体方案。

35. 进一步加强和完善法官交流和轮岗制度。

——法官交流原则上在法院系统内异地进行或者在上下级法院之间进行。轮换岗位要以不影响法官专业化为前提，以不影响审判工作为原则。

——对法院领导干部实行任职回避、交流制度。各地法院院长实行与长期生活的地区异地任职的办法；副院长实行分管工作轮换制；相近审判庭庭长岗位实行定期轮换。通过实行法官交流、轮岗制度，形成法官的良性互动和人员的合理配置。

36. 加强对法官的培训工作。最高人民法院、各高级人民法院在 2001 年年前，分别对中级以上人民法院正副院长、正副庭长和基层人民法院的正副院长、正副庭长轮训一遍。两年之内各高级人民法院应对法律业大分校进行职能转变，并在其基础上设立法官学院或者其他法官培训机构。2001 年年后，法官每 3 年必须在国家法官学院或者其他法官培训机构集中时间脱产培训；新任命的法官，必须脱产培训，学习专门法律知识、审判业务技能。

37. 建立书记员单独职务序列。在总结试点经验的基础上，最高人民法院会同有关部门在 2000 年制定人民法院书记员管理办法，在 2001 年年后全面建立这项制度。

（五）加强法院办公现代化建设，进一步提高司法效率和法院管理水平

38. 各级人民法院要把加强办公现代化和其他物质装备建设，提高法院管理水平，作为改善执法条件、提高审判质量和效率、实现司法公正的重要方面，认真抓紧抓好。

——适应审判方式改革的需要，进一步抓好审判法庭建设。尽快解决审判法庭不足和设施不配套的问题，审判法庭要配备安全检查、法庭文字录入、录音、录像、投影、闭路电视监控系统等相应的技术设备。

——2001 年年底前，基本实现计算机等现代化技术手段在庭审记录、诉讼文书制作、法院人事管理、档案管理、统计数据信息处理等方面的应用。加快计算机信息网络和通信，建设，统一网络应用软件。用 3 年时间实现最高人民法院与高、中级人民法院之间的计算机联网，力争 5 年内建立全国法院计算机网络系统，将案件的管理、信息和统计数据收集、传输等纳入网络系统，提高人民法院各项管理工作的科技含量。

39. 2000 年年底前，最高人民法院完成对各类案件的司法统计指标体系的改革工作。进一步探索建立符

合人民法院审判工作管理需要的，具有快速反应和宏观分析能力的现代司法统计工作和管理体系。

（六）加强制度建设，健全监督机制，保障司法公正廉洁

40. 建立有效的内部制约机制。

——严格审判监督制度，进一步加强上级人民法院对下级人民法院审判监督的权威性、准确性、有效性。

——全面贯彻执行《人民法院审判人员违法审判责任追究办法（试行）》和《人民法院审判纪律处分办法（试行）》，切实加强对审判工作的纪律监督，严肃查处各种利用审判职权违法违纪的行为。

——进一步完善督导员制度。1999 年年底前，各高级人民法院要建立督导员制度，充分发挥督导员在法院工作中督办、检查、调查、指导的职责作用。通过修改《人民法院组织法》，使人民法院督导员的工作法制化，从制度上落实审判纪律，进一步强化法官职业道德观念。

——完善并强化审判监督工作机制，2000 年制定关于加强审判监督工作的若干规定。

41. 1999 年年底前，制订有关人民法院审判人员在诉讼过程中与当事人、辩护人、律师的关系的规定。

42. 制定人民法院接受社会监督的规范性意见，使人民法院接受监督制度化、程序化、法律化。

——全面贯彻执行《关于人民法院接受人民代表大会及其常务委员会监督的若干意见》。

——进一步规范人民法院接受人民检察院的法律监督工作，尤其是民事、经济、行政抗诉案件的审理。

——会同有关部门制定人民法院审判工作接受新闻监督的规定。

（七）积极探索人民法院深层次的改革

43. 从维护国家法制统一，实现司法公正的要求出发，积极探索人民法院组织体系改革。2001 年向全国人大常委会提出修改人民法院组织法的提案，逐步建立起符合我国政体，确保法院依法独立公正地行使审判权的人民法院组织体系。

——对设立海事高级法院进行研究。

——对铁路、农垦、林业、油田、港口等法院的产生、法律地位和管理体制、管辖范围进行研究。逐步改变铁路、农垦、林业、油田、港口等法院由行政主管部门或者企业领导、管理的现状。

44. 根据维护法律权威和司法统一的要求，积极探索人民法院干部管理体制改革，更好地实现党的领导和人大的监督。

45. 在全面落实"收支两条线"规定的基础上，探索建立法院经费保障体系，保证履行审判职能所必需的经费。

三、加强领导，逐步实现改革目标

46. 各级人民法院必须加强组织领导，坚定不移地落实本纲要提出的各项改革任务。要按照纲要确定的改革措施和目标，结合本地实际情况，分别制定本部门、地区的具体实施方案。2001 年进行人民法院改革中期评估；2003 年进行纲要实施情况总结。

47. 各级人民法院在结合本地情况制定改革的具体实施方案时，要广泛听取各界群众和有关方面的意见，坚持从群众中来，到群众中去，广开言路，择善而从。

48. 立足当前，考虑长远，确定近期的改革重点。要将纲要确定的，不需要通过立法、修改法律便可进行的改革措施，尤其是审判方式、法院内设机构、审判组织、书记员单独职务序列等项改革纳入近期的改革目标，尽快启动，抓紧落实。

49. 人民法院改革是从司法观念、工作方法、管理机制到司法制度的全面改革，是一项关系审判工作全局的重要工作。各级人民法院在积极实施纲要确定的改革措施的同时，对于一些重大的、深层次的改革问题，要积极开展理论研究和宣传工作，为人民法院改革总体目标的实现做充分的理论和舆论准备，奠定坚实基础。

50. 在改革进程中，最高人民法院根据国家的经济体制改革和政治体制改革的进展，以及人民法院改革中面临的新情况、新问题，对改革的目标和内容作出适当的修改、补充和完善，以适应形势发展变化的需要。

《人民法院五年改革纲要》作为组织和动员全国各级人民法院推进司法改革的行动规划，明确了人民法院改革的方向，具有重要意义。实现纲要确定的各项改革目标，将使人民法院呈现出新的面貌，有力推进依法治国方略的实施。各级人民法院要在以江泽民同志为核心的党中央的领导下，高举邓小平理论伟大旗帜，进一步振奋精神，扎实工作，开拓进取，大胆创新，勇于实践，为全面实现纲要提出的各项改革任务，建设社会主义法治国家而努力奋斗！

国办转发农业部等《关于稳定基层农业技术推广体系的意见》的通知

国务院办公厅最近转发了农业部、中编办、人事部、财政部《关于稳定基层农业技术推广体系的意见》，要求各地政府、国务院有关部门认真贯彻执行。国办通知强调，各级人民政府对农业技术推广工作要予以重视并给予必要的支持，鼓励农业科技人员采取多种形式到农业生产第一线，直接为农民服务。对目前一些地方出现的非法拍卖、转租、侵占、平调乡镇农业技

术推广机构财产，随意向基层农业技术推广机构安排非专业人员等做法，要立即予以纠正，以保持基层农业技术推广体系的稳定。

农业部等部门在《关于稳定基层农业技术推广体系的意见》中说，农业技术推广体系是农业社会化服务体系和国家对农业支持保护体系的重要组成部分，是实施科教兴农战略的重要载体。为贯彻落实党的十五届三中全会通过的《中共中央关于农业和农村工作若干重大问题的决定》精神，加强基层农业技术推广体系建设，鼓励农业科技人员到农业生产第一线直接为农民服务，确保农业和农村经济稳定发展，提出如下意见：

一、充分认识稳定基层农业技术推广体系的重要意义。经过多年努力，我国已初步形成了比较健全的农业技术推广体系，农业技术推广事业有了长足的发展。各级农业技术推广机构在农业技术引进、试验示范和推广应用，开展技术培训和咨询，提高广大农民素质，推动农业和农村经济发展等方面，发挥了不可替代的作用。但是，当前一些地方基层农业技术推广机构存在着队伍不稳、保障措施不力、管理体制不顺、人员素质不高等突出问题，严重影响了农业技术推广体系的稳定和农业技术推广事业的发展。农业技术推广体系是科学技术转化为农业现实生产力的主导力量。各级人民政府必须高度重视农业技术推广体系的建设与发展，充分认识它在农业发展新阶段中的特殊地位和重要作用，采取有效措施确保基层农业技术推广体系的稳定。

二、进一步贯彻落实稳定基层农业技术推广机构的政策措施。为了稳定基层农业技术推广机构，推进农业技术推广事业发展，国家制定了一系列政策措施，对基层农业技术推广机构的性质、人员编制、经费保障等作出了明确规定。这些政策措施要继续贯彻落实。

县、乡两级农业技术推广机构是事业单位。各地要依法保护基层农业技术推广机构的权益，对拍卖、出租、侵占、平调基层农业技术推广机构资产的行为，要严肃查处。

各地要按照农业技术推广机构定性、定编、定员工作的要求，核定机构编制，配备专业技术人员。核定的编制不能挪作他用，也不能超出编制配备人员。乡镇农业技术推广机构中专业技术人员的比例不得低于80%，严格控制非专业技术人员进入农业技术推广机构，对超比例安排的非专业技术人员必须坚决予以清退。

基层农业技术推广机构编制内的人员经费要纳入财政预算，保证足额到位。各级人民政府要逐步提高对农业技术推广事业的投入，财政等部门用于农业技术推广的资金应逐年增加，并提高其在农业总投入中的比重。

三、努力探索适应社会主义市场经济要求的农业技术推广新路子。农业技术推广体系建设应当继续坚持国家扶持与自我发展相结合的路子。各级农业技术推广机构要积极探索和建立市场经济条件下的运行机制，服务目标要逐步由促进农产品数量增长向提高质量和效益转变，服务形式要由单一服务向综合服务拓展，服务内容要由以产中服务为主向产前和产后服务延伸。在完成国家赋予的公益性职能的前提下，农业技术推广机构要充分利用自身优势和技术特长，不断拓宽服务领域，开展有偿服务，兴办经营实体，进一步增强其活力和实力。

各级农业技术推广机构要围绕种子、化肥、农药、饲料、疫苗、农机具及配件等农业生产资料经营，开展与技术指导相结合的多种形式的服务。

四、积极为农业技术推广事业改革与发展创造条件。各级人民政府要积极创造条件，推动农业技术推广事业的改革与发展。财政、计划、金融、工商管理等部门，要积极鼓励和支持农业技术推广机构兴办经营实体、开展有偿服务。农业技术推广机构经营服务的收入，应主要用于农业技术推广活动及改善本单位职工的生活条件。按现行政策规定，农业技术服务应当继续享受免征营业税（增值税）的优惠政策。财政部门核拨的事业经费，要专项用于农业技术推广。各级人民政府和部门不得以任何借口向农业技术推广机构摊派支出或强行提留。

五、鼓励农业科技人员到农业生产第一线。各级政府要制定优惠政策和采取有效措施，切实把现有的技术骨干留在基层，把高素质的技术人员吸引到基层。要保障基层农业技术推广人员的工资待遇。基层农业技术推广机构的编内人员和离退休人员的工资，要按时、足额发放。到县以下农业技术推广机构工作的农业技术推广人员，可享受《国务院批转劳动人事部、农牧渔业部、林业部、财政部关于加强农林第一线科技队伍的报告的通知》（国发〔1983〕74 号）规定的向上浮动一级工资的政策。对在艰苦地区工作的农业技术推广人员，除向上浮动一级工资外，还可适当增加补贴。分配到县以下农业技术推广第一线工作的大中专毕业生，按照人事部、农业部下发的《农业事业单位贯彻〈事业单位工作人员工资制度改革方案〉的实施意见》（人薪发〔1994〕22 号）的规定，可以提前定级，其定级工资标准可高于同类人员一档。

各地要积极改革和完善分配政策，鼓励基层农业技术推广人员开展科技开发、科技承包和提供技术服务，对取得重大经济或社会效益成果的要给予重奖，并保护其合法收入。同时，农业技术推广机构要深化改革，逐步打破用人制度上的任命制和分配制度上的“大锅饭”，建立严格考核、竞争上岗、按岗定酬、以绩付酬的机制。

各地在专业技术职务评聘中，对农业技术推广人员应继续采取倾斜政策。要以他们的推广业绩为主，对学历、论文、著作和外语水平等要求应切合实际。对在基层农业技术推广工作中作出突出贡献、工作业绩显著的农业科技人员，可以优先评聘、破格晋升专业技术职务。各级人民政府要加强对农业技术推广机构的领导，关心基层农业技术推广人员的工作和生活。

国际标准化组织第二十二届大会在京举行

国际标准化组织(ISO)第二十二届大会在北京国际会议中心举行，来自96个国家和10个国际组织的400多名代表出席了会议。国务院副总理吴邦国在开幕式上的书面讲话中指出，本届大会是ISO成立52年来首次在中国、也是首次在发展中国家举行这样的会议。今年恰逢《中华人民共和国标准化法》实施10周年。在这个时候，在北京举行国际标准化组织大会，研究讨论对国际贸易和国际社会发展有重要影响的标准化工作，协调全球标准活动，消除贸易壁垒，促进国际合作，这对全世界都有着重要的现实意义。

吴邦国强调，标准化是经济建设、科技进步、国际贸易和社会发展的重要技术基础，它不仅与人民生活和工农业生产密切相关，也与国际贸易和科技合作的开展密切相关。标准化是实现现代化大规模生产的重要技术基础，是加快技术进步、加强企业科学管理的重要保证，是规范市场秩序、联结国内外市场的重要手段。标准化应在推动建立公正合理的国际经济新秩序中发挥积极的作用。在中国加入世界贸易组织的谈判过程中，中国非常注意并积极研究国际标准对消除非关税贸易技术壁垒的积极作用，了解和掌握加入WTO所承担的义务和所拥有的权利，我国政府正在尽自己的能力，努力消除技术法规和标准对贸易的不必要障碍。中国政府一贯支持并积极参加国际标准化组织、国际电工委员会和国际电信联盟这三大国际标准化团体的活动，重视这些国际标准化团体在协调和制定国际标准方面的地位和作用。中国政府将积极采用国际标准和国外先进标准作为一项重要的经济技术政策，通过采用国际标准和国外先进标准，学习和消化国际上先进的技术和管理，提高产品质量，促进国际贸易。

吴邦国同时指出，积极帮助发展中国家解决标准化领域所存在的资源、技术、管理方面的问题，努力缩小发展中国家与发达国家在标准化领域的差距，是ISO一贯致力于解决的重要课题。中国政府愿意积极参与国际标准化组织的工作，为解决国际标准化面临的任务而积极努力，也愿意在相互尊重、平等互利的基础上同世界各国加强标准化领域的交流和合作，也真诚地希望得到各个国家和国际标准化组织的帮助；中国政府愿意承担国际标准化的应尽责任和义务，并尽最大努力为促进国际标准化事业的发展作出应有的贡献。

国家质量技术监督局局长李传卿在开幕式上宣布，截至今年9月，我国已发布国家标准19030项，初步形成以《中华人民共和国标准化法》为主体、包括国务院法规部门规定的标准化法规体系及较为完善的国家标准体系。

江苏田湾核电站工程正式开工

胜利油田建成200万吨级海上油田

我国第二大油田——胜利油田在渤海湾建成了第一座年产200万吨级的浅海大油田，50座井组平台和8座钻井平台已巍然耸立在海平面上，51.3公里的海底输油管线和64.1公里的海底电缆从渤海伸向陆地，一个新兴的浅海石油工业基地在渤海湾中兴起。

胜利油田浅海开发区域蕴藏着丰富的石油资源，现已探明石油地质储量3.1亿吨。

国家主席江泽民在伦敦英中贸协欢迎午宴上发表讲话

江泽民在英中贸易协会举行的欢迎午宴上发表讲话，介绍了中国经济形势并阐述了中国对加入世贸组织的基本立场以及发展中英经贸关系的看法。

数百名英国工商界人士出席欢迎午宴。英中贸易协会主席鲍威尔首先致辞。他代表英国工商界对江主席的来访表示热烈欢迎，并指出，江主席的此次国事访问是英中关系不断改善的“一个里程碑”。

江泽民说，中国经济总体状况良好。尽管1997年爆发的亚洲金融危机给中国带来了影响，去年中国还遭受了历史罕见的洪涝灾害，但由于我们采取一系列有力措施，中国经济仍保持了稳定增长。1998年，中国国内生产总值增长7.8%，今年上半年增长7.6%。中国外汇储备已达1500多亿美元。今年1月至9月，中国进出口总额比去年同期增长9.4%。中国将进一步增加有效需求，加快基础设施建设，调整经济结构，保持农业稳定发展，推进企业技术进步和产业升级，加强生态环境建设，提高经济增长的质量和效益。中国预计的今年经济增长7%的目标是能够实现的。

他说，中国经济在前进中也面临一些新情况、新问题。主要是，亚洲金融危机造成的影响还没有完全消除，改革中面临的一些深层次矛盾亟待解决，经济和产业结构调整的任务紧迫，外贸出口压力较大，国内市场消费不足，国有企业富余人员的分流安置任务也很重。他说："我们正在积极解决这些问题，包括加快进行经济结构调整，大力推动科技进步，继续扩大内需和扩大对外开放等。同时，我们在健全社会保障制度、医疗保险制度、住房制度等配套改革方面也加大了力度。总之，我们坚持正确处理改革、发展、稳定的关系，既推动中国经济持续快速健康地向前发展，又保持社会政治稳定的良好局面。"

江泽民说，中国实行公有制为主体、多种所有制经济共同发展的基本经济制度。国有企业改革是中国经济体制改革的中心环节，关系到经济的持续增长、社会主义市场经济体制的建立和人民生活水平的不断提高。不久前召开的中共十五届四中全会，专门就国有企业改革和发展的若干重大问题作出了决定。通过改革和实施一系列政策措施，国有企业的效益正在明显提高，国有企业富余人员的分流安置也取得了重要进展。中国将重点在探索公有制多种实现形式、从战略上调整国有经济布局、加快企业技术进步和创新等方面加大工作力度，推动国有企业形成适应市场要求的新的经营管理机制。通过不懈的努力，中国的国有企业一定能适应社会主义市场经济的发展要求，焕发出强大的生机与活力。

他说，推进中国经济的发展，需要进一步扩大开放。对外开放是中国的一项长期的基本国策。中国将以更加积极的姿态走向世界，进一步完善全方位、多层次、宽领域的对外开放格局。在过去 9 次下调进口关税的基础上，明年中国将把工业品平均进口关税降至 15%，到 2005 年前降至 10%。中国扩大了外资银行从事人民币业务的开放地域，以及中外合资外贸企业的试点地域。中国还将有步骤地进一步为外商投资金融、保险、旅游、商业零售、外贸、法律咨询等服务贸易提供机会，并加快能源、交通、通信等基础设施的开放步伐。中国将继续健全涉外法律体系，严格依法保护外资企业的权益，保护知识产权，为中国对外经济贸易和外国来华投资创造更好的条件。

江泽民说，中国经济与国际经济的联系越来越密切。中国经济的发展，不仅为世界经济的发展提供了广阔的市场，而且也为国际市场提供了丰富的产品和技术。中国的发展需要世界，世界的繁荣需要中国。

谈到人们关心的中国加入世界贸易组织的问题时，江泽民说，中国对加入世界贸易组织一直持积极态度，并为此进行了 13 年的努力。他说："中国的立场是一贯的，也是明确的。第一，中国加入世界贸易组织是中国经济发展和改革开放的需要，同样世界贸易组织也需要中国。没有 12 亿多人口的中国参加，世界贸易组织是不完整的，也不利于世界经济的发展。第二，中国是一个发展中国家，社会生产力还不发达，只能以发展中国家的条件加入世界贸易组织。第三，中国加入世界贸易组织，其权利和义务一定要平衡。中国不会接受过高的、超出中国承受能力的要价。"

江泽民说，中国愿为促进世界经济发展作出努力，但在任何国际经济合作中都要坚持以不牺牲自己的国家利益为基本前提。世界上的大多数国家都积极支持中国参加世界贸易组织。目前，中国同一些西方发达国家已结束了中国加入世界贸易组织的双边谈判。中国同欧盟也将就此开始新一轮谈判。中国希望英国理解和支持中方的立场，并在这一过程中发挥积极的作用，以合理解决中国加入世界贸易组织的问题。这既符合中英两国和中欧双方的利益，也符合推动各国共同发展和繁荣的利益。

在谈到中英经贸关系时，江泽民说，中英贸易往来有着悠久的历史，通过双方的共同努力，近年又获得新的发展。去年，双边贸易额达到 65.8 亿美元。今年 1 月至 8 月，双边贸易额比去年同期增长 16.9%。在欧盟国家中，英国是中国第二大贸易伙伴，也是欧盟国家中对华投资最多的国家。经贸合作的不断发展，给中英双方都带来很大的实际利益。中英发展经贸合作的潜力还很大，应该继续开拓和挖掘。

江泽民说，中国市场广大，潜在的市场更大。中国经济的持续增长，将为中国与各国开展经贸合作打开广阔的前景。据估计，未来 7 年，中国的进口总额将达到 1.5 万亿美元。今后一个时期，中国将重点发展农业、水利、能源、交通、通信、原材料、环保、高技术、重大装备等基础设施和产业。仅以环保为例，预计未来 10 年中国环保产业产值的年均增长将达到 15%至 20%，到 2010 年，预计年产值将达到 350 多亿美元。英国在金融和科学技术上拥有相当的优势，在能源、化工、机械制造、基础设施建设等方面居世界先进水平。英国许多企业长期从事对华经济贸易，富有经验。只要把双方的有利条件充分调动起来，中英经贸合作完全可以在现有基础上，百尺竿头，更进一步。

江泽民最后说，早在新中国成立初期，为发展两国经贸合作，英国一些公司就冲破阻碍来到中国，进行了有名的"破冰船"之行。"今天，依然需要发扬这种开拓精神，从长远的战略眼光出发，探索在新形势下扩大双方经贸合作的新途径和新领域。我们愿与英国政府和工商界朋友一道，努力推动两国经贸关系提高到新的水平，促进中英全面伙伴关系的发展。"

外交部部长唐家璇在伦敦与英国外交大臣库克进行对口会谈

中国和英国在伦敦签署3项经济贸易合作协议

根据中国石油化工集团公司与英国阿莫科石油公司签署的协议，双方将就在上海合资建设大规模乙烯裂解及下游加工装置问题进行可行性研究。该项目总投资约25亿美元，合资双方各占50%的股份。协议规定，两家公司将努力加快相关研究，争取在2000年以前完成有关谈判，并于2001年年底以前成立合资公司，预期在2005年建成乙烯裂解及下游产品工厂。

同一天，中国银行行长王雪冰与英国汇丰银行董事长庞约翰在这里签署了一项总金额为30亿元人民币的双边基金合作协议，汇丰银行在中国的分支机构将与中国银行开展人民币合作业务。根据中国银行与渣打银行签订的另一项总金额也是30亿元人民币的信贷协议，两家银行今后将在人民币资金清算方面进一步加强合作。

国务院总理朱镕基在人民大会堂会见以名誉会长今井敬为最高顾问会长渡里杉一郎为团长的1999年度日中经济协会大型访华代表团

外交部国务院台办国家地震局有关负责人针对近来台湾有些人一再歪曲、中伤祖国大陆支援台湾抗震救灾的行动接受海峡两岸和香港特别行政区记者的联合采访

有关负责人指出，祖国大陆为台湾抗震救灾所进行的积极努力不容抹杀，台湾有些人的指责是毫无根据的，也是不利于两岸关系发展的。希望台湾当局停止“泛政治化”的做法，把精力集中在灾后重建工作上。

国家地震局新闻发言人李强华介绍了祖国大陆地震界关心台湾“9·21”强烈地震的情况。他说，由于工作的关系，祖国大陆地震部门和专家对“9·21”地震特别关注，在地震发生的当天上午就致函台湾有关地震研究机构负责人和专家表示慰问，并表示愿随时组织专家赴台帮助开展工作。但这一提议迄今没有得到台湾当局的同意。10月15日，鉴于地震应急抢险工作已告一段落，震区将面临恢复重建，中国地震学会特意致函台湾有关专家，表示愿邀请台湾专家来祖国大陆，共同合作研究灾后重建问题。但是，台湾方面昨天下午回函称目前不准备派人来。

李强华说，地震是人类共同的敌人，中国是地震多发国，两岸今后仍将面临地震的严重威胁。祖国大陆几十年来经历了唐山大地震等几次破坏性大地震，在付出血的代价的同时，积累了地震灾后恢复重建方面的丰富经验。他说，我们希望祖国大陆同胞的血没有白流，也不希望今后两岸同胞再流血。我们非常愿意与台湾同行进行合作和探讨，进一步开展两岸地震科技交流，为减轻台湾地震灾害作出贡献。

李强华说，祖国大陆地震专家对未能赴台，为受灾同胞做一些力所能及的事情感到遗憾和痛惜。现在尽管赴台和邀请台湾地震专家前来共同研究的愿望都未能实现，我们仍将继续做好准备，随时可以派出专家组，根据台湾震区不同阶段的需求调整救援方案，为台湾灾区的重建作贡献。

他在答记者问时表示，对台湾当局的震后救灾工作不评价，在这个问题上台湾民众有切身体会，岛内媒体也已经作了评价。他说，抗震救灾是人道主义和科技范畴的问题，两岸地震专家都不希望将这一问题“泛政治化”。

外交部港澳台司司长朱祖寿指出，台湾当局所谓祖国大陆阻挠国际救援的指责是毫无根据的。地震发生后，我们对国际社会的救援行动一直表示感谢，尽可能提供便利，并计划通过联合国启动国际救援。根据联合国的有关规定，只有主权国家才有权提出启动国际救援的要求。出于对台湾方面的尊重，海协受权致函台湾海基会，征询台湾方面的意见，但是海基会回函表示没有必要。实际上，国际社会的民间救援行动一直在台湾正常、顺利地开展，共有20多个国家、30多支救援队伍的700多名人员参加了救援工作。

至于所谓阻碍拖延俄罗斯救援人员飞台的指控，朱祖寿说，事实是俄罗斯紧急状态部通过驻华使馆，提出俄飞机经过中国领空的申请，外交部随即和有关部门协商给予批准，并不存在所谓不准俄飞机飞越的问题。中方完全是按照国际惯例处理的。台湾方面一再炒作这个问题别有用心。实际上有的地区的救援队伍抵台后却无事可做，只好提前离开台湾。

他说，启动国际救援对台湾民众很有利，但台湾当局却将地震救灾“泛政治化”，企图搞“地震外交”，以“主权国家”的身份与一些国际组织发生联系。究竟是谁在阻挠国际救援行动，究竟是谁在将地震救灾“泛政治化”，大家应该看得很清楚。

国务院台办交往局局长张怀君介绍了“9·21”地震后，江泽民等国家领导人多次表示慰问，祖国大陆各界迅速开展援灾赈灾行动的情况。他说，到目前为止，祖国大陆各地共筹集救灾物资折合人民币500万元，收到捐款3000万元，中国红十字会明天又将汇出第三批50万美元的救灾款。他说，台湾“中国统一联盟”等团体和台湾一些人士均对祖国大陆的关心和善意表示感谢。但台湾有些人却刻意进行歪曲。台湾当局对江泽民等领导人的关心反应低调，李登辉只字不提祖国大陆方面的关心和援助，还乘机兜售其“两国论”谬论。台湾当局不顾灾区同胞的需求，对祖国大陆救灾人员和物资赴台采取了搁置、拖延的态度，有些人还一再歪曲事实、制造谣言，对祖国大陆方面积极支援台湾震灾的做法进行中伤、诬蔑。

他说，对此，祖国大陆方面基于救灾第一的考虑，保持了极大的克制。但是台湾方面一而再、再而三地肆意歪曲，中台办、国台办发言人不得不于日前发表谈话，以正视听。他表示，不管台湾当局今后做什么、怎么做，祖国大陆都将一如既往地为台湾同胞提供一切可能的援助。我们还将把汇集的祖国大陆同胞的救灾捐款继续汇往台湾。祖国大陆救灾人员的赴台、台湾同胞急需的救灾物资，均早已准备妥当，如台湾当局同意，可以立即启程。

张怀君说，台湾发生强烈地震，本是一个促进两岸关系发展的契机，台湾少数人却乘机破坏两岸关系，令人遗憾。我们奉劝台湾那些别有用心的人，把力量用在加强抗震救灾上，不要试图转移台湾同胞对当局救灾行动不力的不满。我们也希望台湾当局多做对台湾救灾重建有益的事，尽快允许祖国大陆救灾人员和物资赴台，以密切两岸民众的感情。

国务院总理朱镕基会见出席在北京举行的第二届中国环境与发展国际合作委员会第三次会议的中外委员

委员会副主席、加拿大国际开发署署长霍盖特·拉贝尔女士、国际经济改革与合作委员会总干事马丁·里斯等向朱镕基介绍委员会对中国环境与发展事业的考察情况，并提出各自的建议。

朱镕基感谢委员们对中国环境与发展事业提出的宝贵意见，并表示这些建议将有助于中国政府制定环境、经济和社会协调一致的可持续发展的政策。朱镕基还向委员们介绍了中国在环境保护和改善生态环境等方面所做的工作。

第十九届中国电影金鸡奖评选在沈阳揭晓

由潇湘电影制片厂和北京电影制片厂合作拍摄的《那山那人那狗》荣获最佳故事片奖。该片中饰演父亲的滕汝俊和在《黄河绝恋》中饰演安洁的青年演员宁静分获最佳男女主角奖。张艺谋以影片《一个都不能少》荣获最佳导演奖。

其他获奖名单为：最佳纪录片奖：《共和国主席刘少奇》（新闻纪录电影制片厂）；最佳科教片奖：《征服病毒病》（北京科教电影制片厂）；最佳美术片奖：《宝莲灯》（上海美术电影制片厂）；最佳儿童片奖：《草房子》（南京电影制片厂）；最佳剧本奖（含改编）：曹文轩（《草房子》）；导演处女作奖：金琛（《网络时代的爱情》）；最佳男配角奖：杜源（《草房子》中饰桑乔）；最佳女配角奖：袁泉（《春天的狂想》中饰周小玫）。

同时还评选出最佳摄影、最佳录音、最佳美术等10个奖项。

本届金鸡奖的特别奖授予故事片《国歌》、《春天的狂想》、《黄河绝恋》，纪录片《挥师三江》。同时授予在影片《红娘》中饰法本的著名电影艺术家谢添荣誉奖。

自16日至今日在沈阳举行第8届中国金鸡百花电影节。

10月21日

国家主席江泽民与英国首相布莱尔在伦敦唐宁街10号举行会谈

布莱尔说，英国十分重视这次历史性访问，因为英国十分重视英中关系的发展，并希望进一步加强和发展双方之间的关系。

布莱尔对北约轰炸中国驻南斯拉夫联盟大使馆事件再次向中方表示道歉，并表示高兴地看到，现在英中关系已走上正常发展的轨道，两国政治、经济关系正面临继续发展的良好契机。他希望英中两国作为联合国安理会常任理事国和对国际事务负有重要责任的国家，进一步扩大在各个领域的对话、交流与合作。

江泽民表示，自布莱尔首相执政以来，特别是香港政权顺利交接后，中英关系一直发展比较顺利。两国高层保持了密切的接触和往来。去年中英发表了联合声明，提出了双方在各个领域合作的设想，并决定建立全面伙伴关系。双方经贸合作不断发展，贸易额年年增加，英国对华投资在欧盟国家中继续处于领先地位，两国在保险、金融、航运、航空等领域的合作也有重大进展。教育、科技等领域的交流日趋活跃。目前，中英关系呈现出良好发展势头。我们对工党政府及首相先生本人为发展对华关系作出的积极努力表示赞赏。

江泽民说，中英建立长期稳定的友好合作关系符合两国人民的根本利益。他对加快实现这一目标提出了以下几点想法：

第一，牢牢把握两国关系的大局。工党政府执政之初，中英双方都希望以香港回归为契机，揭开两国关系新的一页。因为我们都朝着这个目标努力，两国关系才呈现出目前这种良好的发展势头。去年上半年，英国任欧盟轮值主席，在人权问题上，你们坚持进行对话，不搞对抗，我们从中看到你们对发展对华关系这个大局的重视。中英之间进行交流，处理各种问题都应该牢牢把握两国关系的大局，把握了大局，就能站得高，看得远，不断扩大和加深双方的合作。

第二，经贸合作要互利互补。中国经济发展已有一定的基础，市场容量越来越大。英国等发达国家希望中国放宽市场准入，以增加在中国的市场份额，我们是理解的。但另一方面，中国在国际经济交往中，也有其自身的需要，我们不仅需要外国的资金，还需要外国先进的技术。我们希望英国在技术交流、技术转让方面更积极、更开放。目前，欧盟对中国的出口产品还有不少非关税壁垒，我们希望能尽快取消歧视性的限制。中英、中欧经济各有特点，互补性强，如果在互补的有利情况下，能够实现互利，双方就都能得到好处，经贸合作的路子就会越走越宽。

第三，增进各个领域的交流，加深相互了解。中英关系长期稳定的发展离不开人民的理解和支持。今天下午将正式启动的“中英论坛”，对增进两国各界人士的沟通是一个有益的尝试。即将开幕的中国陕西文物精品展也将使更多的英国人民了解中国的历史和文化。中英两国的历史、文化传统和社会制度不同，有必要加强交流，在平等和相互尊重的基础上，通过对话增进相互了解，鼓励更多的人关心和参与中英关系的发展，使中英友好更加深入人心，有更广泛的社会基础。

国家主席江泽民与伊丽莎白女王在伦敦为陕西文物展剪彩

国家主席江泽民和英国首相布莱尔在伦敦共同主持中英论坛开幕式

国家主席江泽民在伦敦分别会见英国保守党领袖威廉·黑格、自由民主党领袖查尔斯·肯尼迪以及议会英中小组主席本·查普曼

国务院总理朱镕基在甘肃青海宁夏考察工作

为了贯彻落实江泽民总书记关于实施西部大开发的指示精神，中共中央政治局常委、国务院总理朱镕基继赴陕西、云南、四川考察工作之后，又于10月21日至30日，赴甘肃、青海、宁夏进行实地考察和调研。朱镕基总理在中共甘肃省委书记孙英、省长宋照肃，青海省委书记白恩培、代省长赵乐际，宁夏回族自治区党委书记毛如柏、自治区主席马启智的陪同下，先后考察了曾经是“苦甲天下”的甘肃定西地区的小流域治理、兰州和西宁两市绿化工程以及宁夏扶贫扬黄灌溉工程等，就实施西部大开发战略，特别是加强生态环境保护和建设工作与三省（区）干部群众交换意见，共商加快西部地区发展的大计。他深入基层，实地考察植树造林、治理水土流失的情况。他还访问农户和扶贫移民村，详细询问他们生产和生活情况，征求群众对治理生态环境的看法和意见。

朱镕基指出，加快中西部地区发展，是邓小平同志在90年代初明确提出的“两个大局”的战略思想的重要组成部分：一个大局，就是东部沿海地区要充分利用有利条件，加快对外开放，较快地先发展起来，中西部地区要顾全这个大局；另一个大局，就是当发展到一定时期，可以设想在本世纪末全国达到小康水平的时候，就要拿出更多的力量帮助中西部地区加快发展，东部沿海地区也要顾全这个大局。

朱镕基指出，实施西部地区大开发战略，是一项复杂的系统工程，要有步骤、有重点地推进。根据中央的指示精神，当前和今后一个时期，最重要的是抓好以下几个方面：

第一，进一步加快基础设施建设。这是实施西部大开发的基础。基础设施薄弱是制约西部地区发展的主要因素，要加快进行西部地区大开发，就必须下更大的决心、以更多的投入，加快基础设施建设，特别要加强公路、铁路、机场、天然气管道以及电网、通信、广播电视等基础设施建设。要加快打通西部地区与中部和东部地区、西南地区与西北地区、通江达海、连接周边的运输通道。同时，要坚持把水资源的开发和有效利用放在突出位置，这不仅是缓解部分地区人畜饮水困难的迫切需要，而且是涉及西部地区大开发全局的重要问题，要通过多种途径加快水利设施建设。

第二，切实加强生态环境保护和建设。这是实施西部地区大开发的根本。只有大力改善生态环境，西部地区的丰富资源才能得到很好的开发和利用，也才能改善投资环境，引进资金、技术和人才，加快西部地区发展步伐。尤其要看到，改造西部地区的生态环境，对于改善全国生态环境，具有重大意义。如果不加紧、加快实施在西部地区恢复林草植被、治理水土流失，那么，长江、黄河日渐淤积，洪水灾害不可能得到根治，广大中下游流域将永无宁日。因此，必须高度重视和突出抓好生态环境的建设，把它作为实施西部地区大开发的切入点。为此，必须坚决实行“退耕还林（草）、封山绿化、以粮代赈、个体承包”的措施。这些措施是贯彻中央关于植树造林、绿化荒漠和荒山荒地方针的具体化，也是一些地方经过实践证明行之有效的做法。现在全国粮食供应充裕、库存多，是以粮食换林草的极好时机，我们要紧紧抓住而不能错过这个难得的机遇。这样，既可以改善生态环境，又可以缓解目前粮食总量相对过剩造成的一些矛盾，还能带动整个经济结构的调整。同时，把以粮食换林草同扶贫工作结合起来，也是加快贫困地区脱贫致富的有效途径。这件事涉及面广，政策性强，务必周密筹划，精心组织，做过细的工作，既要积极，又要稳妥，先易后难，分步实施，注重实效，防止一哄而起，更不能做表面文章。各地方要从当地实际情况出发，抓紧制定科学的规划和具体实施办法，并首先选择条件好的地方进行试点，树立样板，取得经验，逐步扩大。

第三，积极调整产业结构。这是实施西部地区大开发的关键。从全国来看，现在是调整产业结构的大好时机。西部地区要根据不同的地理和气候条件、不同的资源和物种特点，以市场为导向，立足于发挥自身优势，调整和优化产业结构，建立具有发展前景的特色经济和优势产业，培养和形成新的经济增长点。要下大力气调整农业结构，着力发展特色农业、节水农业、生态农业，积极发展畜牧业；要合理开发和保护矿产资源，加快工业调整、改组和改造步伐；要重视发展高新技术产业，大力发展旅游业等第三产业。产业结构调整的力度和成效，直接关系到西部地区大开发的进程，一定要切实抓紧抓好。

第四，大力发展科技和教育。这是实施西部地区大开发的重要条件。振兴西部地区经济，必须依靠科学技术进步，依靠高素质的劳动者。因此，开发西部地区科教要先行，特别要大力发展教育，培养各级各类人才。只有人才加科技，才能把自然资源优势转化为经济发展的优势。

朱镕基强调，实施西部地区大开发战略是一项长期而又艰巨的伟业，也是一个规模宏大的社会经济系统工程。既要有紧迫感，又要从长计议，坚持从实际出发，按客观规律办事。要突出重点，因地制宜，有所为、有所不为，有计划、有步骤地推进。要采取适应改革开放新形势的新思路、新机制、新办法。他指出，为了加快西部地区的大开发，国家已经并要继续加大对西部地区的投入力度，东部沿海地区和社会各个方面都要采取多种形式给以大力支持。西部地区的干部群众要进一步解放思想，加快改革开放步伐，奋发图强，顽强拼搏，苦干实干，积极进取，紧紧抓住国家实施西部大开发的历史机遇，以高度的责任感和使命感把各方面的工作做得更好。

朱镕基在考察过程中，还就贯彻落实党的十五届四中全会《决定》进行了调查研究。他考察了一些国有企业，并多次召开国有企业负责人座谈会听取意见。他在讲到推进国有企业改革和发展时指出，党的十五届四中全会通过的《决定》，明确提出了国有企业改革和发展的奋斗目标和指导方针，确定了解决当前国有企业面临的突出问题的重大政策措施。各个方面一定要统一思想认识，坚决贯彻落实。当前，必须集中精力，扎扎实实地工作，把各项方针、政策和措施具体化，真正落实到基层，尽最大努力实现国有企业改革和脱困的三年目标，使大多数国有大中型亏损企业摆脱困境、在大多数国有大中型骨干企业初步建立现代企业制度。为此，从现在到明年，各地方、各部门必须把加快国有企业改革和发展，作为经济工作的重中之重。

朱镕基强调，推进国有企业改革和发展，目前最为重要的是要抓好以下四点：一是按照建立现代企业制度的方向和要求，改革和完善企业管理体制和机制。要改进和完善对国有大中型企业的稽察和监管方式，逐步健全和规范监事会制度，从体制上、机制上加强对国有企业的监督。有关部门要抓紧研究制定现代企业制度科学的和规范化的标准，以使每一个国有大中型企业都朝着一个明确、具体的目标去努力。同时，要把企业脱困同企业建立现代企业制度更好地结合起来。二是帮助国有企业切实解决存在的一些实际困难。要认真落实企业“债转股”、加强技术改造和提高直接融资比重等重要措施。“债转股”是帮助那些产品有市场、管理基础好、有发展前景的重点国有企业降低资产负债率，实现扭亏为盈的有力手段，要妥善地加以运用。关键是必须严格坚持条件，按有关规定规范操作，从严审查，绝不能一哄而起，草率行事，防止国有资产流失和消极影响。同时，实行“债转股”的企业，必须着力深化内部改革，转换经营机制，改进和加强企业管理。在企业技术改造中，要大力推动技术创新和技术进步，改进品种和产品质量，提高经济效益，坚决防止重复建设和单纯扩大生产能力。三是加快社会保障体系建设，这是顺利推进国有企业改革的重要条件，也是维护社会稳定的根本保障。在依法扩大养老、失业、医疗等社会保险的覆盖范围和提高收缴率的同时，要采取多种措施开拓社会保障的筹资渠道，充实社会保障基金。要抓紧改革社会保障管理体制和方式，逐步推行社会化管理。四是继续加大结构调整的力度。坚决淘汰落后的生产工艺和技术，压缩长线产品的生产能力。对那些产品没有市场、长期亏损、扭亏无望和资源枯竭的企业，以及那些浪费资源、技术落后、污染严重、质量低劣的小企业，要下决心实行破产、关闭，支持那些拥有现代生产设备和技术的企业开足马力生产。从纺织等一些行业减亏增盈的实践看，切实调整企业结构和产品结构，是国有企业摆脱困境、重现生机的有效措施。朱镕基强调，只要各方面齐心协力，认真贯彻十五届四中全会的决定精神，坚定信心，真抓实干，中央提出的国有企业三年改革和脱困的目标是一定能够实现的。

考察期间，朱镕基先后听取了甘肃、青海、宁夏三省（区）党委和政府的工作汇报，对他们各方面取得的成绩给予充分肯定。他指出，西部地区的一些省（区）是少数民族群众聚居比较集中的地方，加强各民族团结，保持社会政治的稳定，不仅关系到西部地区的稳定和大开发,也关系到全国改革开放和现代化建设的大局。在新的形势和任务下,要进一步做好民族工作。我们相信,各民族干部群众携手奋进,就一定能够更有力地加快西部地区大开发的进程。

陪同朱镕基考察的有盛华仁、周永康、戴相龙、胡富国、段应碧、马凯、李荣融、楼继伟、王志宝、魏礼群、李伟等有关部门负责人。

巴勒斯坦解放组织执委会主席巴民族权力机构主席阿拉法特会见中联部部长戴秉国率领的中共代表团

中国环境与发展国际合作委员会第三次会议在北京闭幕

与会代表审议了9个工作组或课题组的报告,听取了农业部、国家环保总局等部门和江苏、上海等省、区、市有关情况的介绍,通过了委员会给中国政府的建议。

委员会给中国政府提出的建议包括:实行环境与发展的综合决策;改善能源结构,提高能源效率;发展可持续农业;制定切实可行的环境经济政策;重视贸易与环境的关联;增加环境保护的投入;强化环境法制与公众参与;加强生态保护;推行清洁生产;加强城市规划,重视解决城市交通环境问题;发展环境科技;完善国家的环境管理体制。

委员会副主席、国家环保总局局长解振华在闭幕式上说,希望委员会全体成员在今后的工作中一如既往地致力于解决中国环境与发展中的关键问题,并在推动中国同世界的合作中继续发挥桥梁作用。

《人民日报》就国务院办公厅转发的农业部等部门《关于稳定基层农业技术推广体系的意见》发表评论员文章《基层农技推广队伍不能散》

何梁何利基金第六届颁奖大会在北京钓鱼台国宾馆举行

地球科学家侯仁之、化学家卢嘉锡获科学与技术成就奖,柯召等60位科学家获科学与技术进步奖。国务院副总理温家宝出席颁奖大会并讲话。

温家宝指出,尊重知识,尊重人才,是党和政府的重要政策。奖励有突出贡献的科学家,是激励科技工作者勇攀科学高峰的重要措施。科技奖励工作要有利于鼓励科技创新,鼓励科技成果转化为现实生产力,鼓励优秀青年科技人才的成长。科技奖励制度改革是整个科技体制改革的重要组成部分。随着科技体制改革的深化,科技奖励制度也要不断完善。今年国务院对科技奖励办法作了调整,国家将根据科技活动的不同特点,实行相应的评价标准和方法。特别设立国家最高科学技术奖,对在当代科学技术前沿取得重大突破、在科学技术发展中卓有建树的杰出人才实行重奖。同时,将继续鼓励和规范社会力量举办科学技术奖励,加强对各种科技奖励的管理。这是在我国科技奖励制度改革上迈出的重大一步,必将有力地促进科技与经济的结合,对我国科技和经济的发展产生重大影响。

大会由科技部部长朱丽兰主持,基金评选委员会主任、科技部副部长惠永正作了1999年度基金评选工作报告。全国人大常委会副委员长周光召、全国政协副主席钱伟长及科教界、捐资人代表等莅临祝贺。

何梁何利基金是由何善衡基金会有限公司、梁铼琚先生、何添先生、利国伟先生的伟伦基金有限公司共同捐资,于1994年在香港注册成立的科技奖励基金。"科学与技术成就奖"获得者每位得到100万港元,"科学与技术进步奖"获得者每位得到20万港元。

第二批文明风景旅游区示范点确定

中央文明办、建设部、国家旅游局继去年确定并公布了首批10个全国文明风景旅游区示范点后,近日又确定云南昆明石林风景名胜区、福建武夷山风景名胜区、辽宁鞍山千山风景名胜区、江苏扬州蜀岗—瘦西湖风景名胜区、河北秦皇岛山海关景区、广东深圳湾华侨城旅游度假区、贵州黄果树风景名胜区、陕西华山风景名胜区、湖北武汉东湖风景名胜区、北京八达岭长城景区等10个景区为第二批全国文明风景旅游区示范点。

1999年全国竞赛工作会议暨2000年竞赛招标会在成都召开

10月22日

国家主席江泽民在他下榻的白金汉宫会见英国议会下院议长贝蒂·布思罗伊德女士

全国老龄工作委员会在北京成立并召开第一次全体会议

经中共中央、国务院批准,全国老龄工作委员会成立,并在北京举行第一次全体会议。中共中央政治局常委、国务院副总理、全国老龄工作委员会主任李岚清出席并讲话。

全国老龄工作委员会是国务院主管的议事协调机构,其主要职责是:研究、制定老龄事业发展战略及重大政策,协调和推动有关部门实施老龄事业发展规划,做好维护老年人权益的保障工作;协调和推动有关部门加强对老龄工作的宏观指导和综合管理,推动开展有利于老年人身心健康的各种活动；指导、督促和检查各省、自治区、直辖市的老龄工作；组织、协调联合国及其他国际组织有关老龄事务在国内的重大活动。其办公室设在民政部，日常工作由中国老龄协会承担。

李岚清在会上强调，必须高度重视、充分认识做好老龄工作的重要意义。我国是世界老年人口大国，也是老年人口增长最快的国家之一。截至今年 10 月 1 日，我国 60 岁以上老年人口达 1.26 亿，已占总人口的 10%，这表明我国已提早进入老龄社会。而且，我国的老年人每年还在以 3%的速度增加，这在世界人口发展史上是少有的。老龄问题是带有全局性、战略性的重大问题，涉及社会、政治、经济、文化等各个方面，解决得如何，对国家的稳定与发展至关重要。

李岚清强调，要从以下几方面做好老龄工作：

第一，加强对老龄工作的领导，把老龄事业纳入经济和社会发展计划。要按照江泽民总书记“加强老龄工作，发展老龄事业”的要求，认真重视、切实做好老龄工作。各级党委和政府要提高认识，统一思想，明确责任，把老龄工作列入议事日程。要把老龄事业纳入国民经济和社会发展计划，逐步增加对老龄事业的投入，制定相应的扶持政策，鼓励、引导和扶持社会力量兴办各种老年福利事业。全国老龄工作委员会各成员单位要按照各自职责，积极主动地开展工作。各省、自治区、直辖市要根据国务院关于成立全国老龄工作委员会的通知精神，结合本地实际，尽快理顺和健全老龄工作机制。

第二，加强学习，加大老龄工作的宣传力度。要了解人口老龄化的成因及其发展过程，掌握老年经济学、人口学、社会学、医学、文化、体育、法律和社会保障等方面的理论知识。要在全社会开展尊老、养老、助老的传统道德教育，在对青少年进行政治思想教育时，要把它列入教育计划中，使中华民族敬老、养老的传统美德代代相传。各级宣传部门要加强对老龄问题的宣传，广泛宣传社会上尊老、养老、助老的先进事例，谴责歧视、虐待，甚至伤害老年人的不良现象，进一步增强全社会的老龄意识、养老意识和依法保护老年人合法权益的意识。今年是联合国确定的国际老年人年，各地、各部门要按照国务院办公厅关于开展国际老年人年活动的通知，做好庆祝国际老年人年的各项工作，并以此为契机，全面推动我国老龄工作。

第三，扎扎实实做好为老年人服务的各项工作。各涉老部门和单位要认真做好关系到老年人切身利益的各项服务工作。各级党的组织要加强对老干部工作的领导，要认真加强党的组织建设和思想建设，组织好老年人的组织生活和政治学习，做好老年人的宣传教育和思想政治工作。各级劳动保障、民政、财政等部门要采取措施进一步健全和完善社会养老保障体系，确保企业离退休人员养老金、城市居民最低生活保障金的及时足额发放。要大力发展老年福利事业，兴建老年福利设施，使老年人“老有所养”。各级文化、体育、广电等部门和工会组织要进一步加强老年文体工作，多为老年人开辟活动场所，因地制宜地开展生动活泼、形式多样、健康有益的文体活动和老年人健身活动，丰富老年人的精神生活。要大力发展老年教育，动员社会力量兴办各类老年大学和老年学校，使老年人“老有所乐”、“老有所学”。各级卫生部门要大力开展多种形式的老年保健服务，完善老年医疗保健服务网络，逐步建立起以老年病预防、治疗、保健、康复为主的医疗护理康复机构和社区卫生服务机构。大力开展“家庭病床”、家庭护理等服务，为老年人提供方便、及时的医疗保健服务。要采取措施保障离休人员的医疗待遇和退休人员的基本医疗需求，使老年人“老有所医”。此外，要大力发展社区养老服务，加快社区老年照料服务体系建设的步伐。在农村地区，要进一步完善家庭养老功能，扩大农村敬老院服务范围。

第四，要加强老龄工作的法制建设，认真贯彻执行《老年人权益保障法》，依法维护老年人的权益。各级司法部门和宣传部门要积极开展老年人法制教育和普法工作。不断增强老年人的法制观念和法律意识，不断增强人们维护老年人权益的法律观念，同时要坚决依法取缔以健身为名伤害老年人身心健康、诈骗和侵害老年人权益，宣扬迷信邪说等非法活动。

李岚清最后要求从事老龄工作的同志和有关部门要进一步发扬我党实事求是和走群众路线的优良传统，深入实际，搞好老龄问题的调查研究，积极探索具有中国特色的老龄事业发展道路，努力开创老龄工作和老龄事业发展的新局面。

会议由国务委员、全国老龄工作委员会常务副主任司马义·艾买提主持。全国老龄工作委员会副主任多吉才让、徐荣凯、黄晴宜出席会议，各成员单位负责人在会上讨论了各成员单位的职责，就做好老龄工作发表了意见。

国家主席江泽民在英国剑桥大学发表演讲

在座的有近 600 位剑桥大学的教职员工。江泽民还回答听众提出的关于中国今后发展目标、中英教育交流、环境保护等问题。

校长先生，

同学们，老师们，女士们，先生们：

我感谢布罗斯校长的邀请，使我有机会来到久负盛名的剑桥大学访问。能够与青年朋友们聚集一堂，共同讨论人类如何在新世纪里迎接挑战、创造更加美好的未来,我感到十分高兴。

剑桥大学是具有七百多年历史的世界著名学府,曾培养出牛顿、培根、弥尔顿、拜伦、达尔文等对人类进步事业作出杰出贡献的伟大科学家、思想家和诗人。今天,剑桥大学作为获得诺贝尔奖学者最多的大学,在世界高等学府中依然居于显要的地位。

五十多年前,在我上大学的那个年代,就有不少的中国年轻学子向往到剑桥负笈求学。剑桥大学与中国交往的历史,早在上个世纪之交就开始了。一百年前,剑桥大学开设了汉语课程。贵校已故的李约瑟博士在中国学术界享有很高的声名。他倾注毕生心血撰写的《中国科学技术史》,是一部研究中国古代科学技术和文明成就的鸿篇巨制。一百年来,许多中国学者不远万里到剑桥求学访问,中国杰出的数学家华罗庚就是其中最著名的代表。今天,中国学术界和剑桥大学继续保持着良好的交流与合作。这对加强中英人民的文化交流和友谊,推进科技和思想进步产生了积极的作用和影响。

二十世纪,人类创造的物质和精神财富,超过了以往任何一个时代。令人遗憾的是,人类在这一百年中也经历了前所未有的苦难,特别是遭受了两次世界大战的浩劫。但是世界的历史从来是由世界人民创造和书写的,因而正义总会战胜邪恶,光明总会战胜黑暗,进步总会战胜落后,人类必然会不断地克服艰难险阻,向着美好的未来开拓前进。二十一世纪就要到来,世界人民虽然仍面临着很多严峻的挑战,可以肯定地说,人类也面临着巨大的发展机遇。只要世界人民同心协力,形成战胜一切挑战的巨大力量,人类文明进步的航船就必将乘风破浪地前进。

世界是丰富多彩的。各国人民走过了不同的历史发展道路,有着不同的文化背景、社会制度和价值观念,延续着不同的生活方式。这种多样性正是世界充满竞赛、活力和创新的根本原因。各国之间应该加强交流和了解,在相互尊重和平等相待的基础上共同前进,而不应让这种多样性成为阻碍各国人民携手共进的隔阂,更不应人为地从中挑起对立和冲突。尊重和发展世界文明的多样性,并在这种多样性中找到共同利益之所在,是人类社会向前发展的伟大动力。

这里,我想就中国的发展这个题目谈一些我的看法,希望有助于诸位对中国的了解。

中华人民共和国刚刚度过了五十岁的生日。对于绵延五千多年的中华文明而言,五十年只是弹指一挥间。然而,在这五十年中,中国这个古老的国度发生了翻天覆地的变化,面貌焕然一新。近代中国是一个半殖民地半封建的社会,国势衰弱,外强侵人,国土沦丧,生灵涂炭。中国人民为改变这种悲惨命运,进行了顽强的抗争。从上世纪中叶到本世纪中叶,中国人民在苦斗中经历了多次挫折和失败,但始终不屈不挠,最后在中国共产党的领导下取得了民族独立和人民解放,建立了新中国。从此,中国历史的发展进入了崭新的时代。掌握了自己命运的中国各族人民,终于可以在一个独立、统一、和平、稳定的环境中意气风发地建设自己的国家,实现振兴中华的伟大理想。中国人民十分珍惜经过艰苦卓绝的奋斗而取得的当家作主的权利,十分珍惜经过长期艰辛的探索而开辟的建设有中国特色社会主义这一正确的发展道路。历史和现实都告诉我们,只有始终不渝地坚持这一切,中国才能持续发展,中国人民才能过上幸福美好的生活。

经过五十年的艰苦创业,中国的综合国力、社会生产力和人民生活水平大幅度提高。从一九五二年到一九九八年,中国国内生产总值年均增长百分之七点七,明显高于同期世界年平均增长百分之三左右的水平。现在,中国的经济总量排名世界第七,外汇储备世界第二,进出口总额世界第十一。在过去二十年间,中国农村贫困人口减少了两亿多,百分之九十五以上的农民过上了温饱有余的生活。中国人口的预期寿命由新中国成立前的三十五岁提高到目前的七十一岁,成人文盲率由百分之八十下降到百分之十六点五。中国的物质文明建设和精神文明建设都取得了举世瞩目的成就,旧中国积贫积弱的状况已经一去不复返了。国际舆论评论说:"中国只用了一代人的时间,取得了其他国家用了几个世纪才能取得的成就。"中国建设的成就,不仅为中国的未来发展奠定了坚实基础,而且也为促进亚洲和世界的和平稳定作出了巨大贡献。

中国所以能在短短的几十年间成就这样的大业,是由于在中国共产党领导下全国各族人民实现了前所未有的大团结,是由于中国人民找到了有中国特色的社会主义道路,并从优秀的民族文化传统与时代精神的结合中获得了强大的精神动力。没有自己精神支柱的民族是没有前途的。要正确把握中国已经发生和将要发生的事情,需要了解中国人民的基本价值观念。

中华民族历来尊重人的尊严和价值。还在遥远的古代,我们的先人就已提出"民为贵"的思想,认为"天生万物,唯人为贵",一切社会的发展和进步,都取决于人的发展和进步,取决于人的尊严的维护和价值的发挥。中国共产党领导人民进行革命、建设和改革,就是要实现全中国人民广泛的自由、民主和人权。今天中国所焕发出来的巨大活力,是中国人民拥有广泛自由、民主的生动写照。中国在公元一世纪人口就已达到过六千万左右,众多人口的衣食住行,几千年来一直是中国历代政府所要解决的首要人权问题。今天的中国是一个有十二亿多人口的发展中大国,仍然必须首先保障最广大人民的生存权和发展权，不然一切其他权利都无从谈起。中国确保十二亿多人的生存权和发展权，这是对世界人权进步事业的重大贡献。集体人权与个人人权、经济社会文化权利与公民政治权利紧密结合和协调发展，这是适合中国国情因而是中国人权事业发展的必然道路。中国集中力量发展经济，促进社会全面进步，坚持发展社会主义民主，建设社会主义法治国家，都是为了促进中国人民的人权事业。中国积极参加国际人权领域的活动，在平等与相互尊重的基础上与国际社会就人权问题开展了富有成效的对话与合作，为推进世界人权进步事业作出了积极贡献。

中华民族历来坚持独立自主的民族精神和发展道路。中国人民把独立自主当作立国之本，在五千多年的不懈奋斗中创造了灿烂的中华文明，并在近代反抗外来侵略、实现民族解放的斗争中自立自强，最终掌握了自己的命运。独立自主、自力更生，同学习外国，吸收世界文明的成果，是相互结合、相辅相成的。中华民族的先人们早就懂得这个道理。中国的汉唐时代，都曾在这方面留下了宝贵的历史经验，当时既是中国自强不息地发展自己的昌盛时期，也是积极开展对外交流，广泛吸收外来进步文化的时期。新中国成立后，中国人民坚持走自己的路，进行经济政治文化建设，把祖国建设成为一个初步繁荣昌盛的社会主义国家。同时，积极吸收和借鉴世界一切先进的文明成果，这些文明成果对于中国的发展也起了重要的促进作用。当然，这种对外国文明的吸收和借鉴决不能是简单的模仿。中国既不能照抄西方资本主义国家的发展模式，也不能硬搬其他国家建设社会主义的模式，而必须走适合自己国情的发展道路。这就是我们通过自己的长期实践终于找到的建设有中国特色社会主义的道路。中国人民将坚定不移地沿着这条道路走下去。

中华民族历来珍惜各民族大团结和祖国统一。中国的五十六个民族，从古代开始就在华夏大地上劳动和繁衍，经过长期的相互帮助、相互学习，形成了统一的多民族国家。维护中华民族的团结统一，是中华民族伟大复兴的根本基础，是全国各族人民的根本利益所在。新中国成立以后，中国在少数民族聚居的地方实行区域自治，各民族的权益受到宪法保障，民族地区的经济社会不断发展，各民族之间的平等、团结、互助关系不断加强。中国各族人民坚决反对任何企图分裂中国领土和主权的图谋。中国民主革命的伟大先行者、中国国民党的创始人孙中山先生早就指出："中国是一个统一的国家，这一点已牢牢地印在我国的历史意识之中，正是这种意识，才使我们能作为一个国家而被保存下来。"中国政府已经恢复对香港行使主权，澳门也将于今年十二月二十日回归中国。按照"和平统一、一国两制"方针最终解决台湾问题，完成祖国的统一大业，是全体中国人民不可动摇的意志。在解决台湾问题上，我们不承诺放弃使用武力，正是为了促成和平解决。中国人民一定能够实现中国的完全统一。

中华民族历来爱好自由与和平。中国人民始终希望天下太平、希望同各国人民友好相处。"亲仁善邻"，一直为我们的先人们奉为国之宝箴。中国人民在近代饱受战争和被侵略的痛苦，更深感自由与和平的珍贵。任何一个国家的建设和发展，都需要一个和平稳定的国际国内环境。任何一个国家和民族的自由，都是一切个人自由的前提和基础。我们希望各国人民都生活在没有战争和暴力的世界里，希望各国人民都能享有不被人压迫、歧视和欺凌的自由。中国实行以和平为宗旨的外交方针，坚持相互尊重主权和领土完整、互不侵犯、互不干涉内政的基本原则。中国主张不同社会制度的国家应该平等相待，和平共处，反对任何国家以任何形式把自己的政治制度和意识形态强加于别国。中国的发展和强盛不会对任何人构成威胁，而只会促进世界的和平、稳定和发展。永远不称霸，这是中国人民对世界的庄严承诺。

中国人民选择和实践的社会主义发展道路和各项基本的内外政策，源于现代中国历史发展的必然，也源于中华民族千百年来形成的优良民族传统，因而具有历史和现实的充分依据和牢固基础。我们的目标是，到下个世纪中叶，即中华人民共和国成立一百周年时，基本实现现代化，把中国建成富强民主文明的社会主义国家。中国人民有信心克服和战胜前进道路上出现的各种困难和风险，实现我们既定的伟大目标。

中国的稳定和发展，将会为中英两国在各个领域的友好合作提供良好的机遇。中国愿与英国共同努力，将一个充满活力的中英全面合作伙伴关系带入二十一世纪。

女士们，先生们：

人类又来到了一个新的世纪之交和千年之交的重要历史时刻。"冷战"结束以来，世界形势总体趋向缓和。各国人民要和平、求稳定、谋发展的呼声日益高涨。科学技术日新月异的发展，为人类开发和利用自然提供了空前巨大的能力，也为人类自身能力的发展开辟了广阔的前景。但天下仍很不太平，世界的和平与发展依然受到这样或那样的威胁。强权政治和霸权主义在国际政治、经济和安全领域中依然存在并有新的发展，地区冲突此起彼伏，南北发展差距继续拉大，环境恶化、武器扩散、国际犯罪、恐怖主义等跨国问题困扰着人类。如果我们不能抓紧解决这一系列重大问题，世界就难以发展。何去何从，解决这些问题的主动权掌握在世界人民手中。推动建立公正合理的国际政治经济新秩序,是各国人民和有远见的政治家必须认真而审慎思考的极其重大的课题。

为维护世界和平,促进共同发展,所有的国家都必须遵循公认的国际关系基本准则,包括和平共处五项原则和《联合国宪章》的宗旨与原则。各国的事情要由各国人民做主,国际上的事情要由大家商量解决。各国人民有权自主选择符合本国国情的社会制度和发展道路,创造自己的生活。维护自己国家的主权和安全,是每个国家的政府和人民的神圣权利与光荣职责,任何别的国家和国际组织都应尊重,都无权进行干预。处理国与国的关系应超越社会制度和意识形态的差异,努力寻求共同利益的汇合点,扩大互利合作,谋求共同发展。不能用一种政治制度和发展模式去规范世界。各个国家都应遵循世界是丰富多彩的原则,采取相互学习、取长补短的积极态度,以利共同发展。

开展国际经济交往,应该坚持平等互利。制定国际经济贸易领域的新规则,应该充分反映经济技术还不发达、处于弱势地位的广大发展中国家的合理要求,注意保障它们的正当权益。第二次世界大战以后许多殖民地国家的人民获得了解放和独立,这是人类社会在二十世纪取得的最伟大的进步。这些国家经济基础薄弱,处在发展的过程之中。离开甚至损害发展中国家的利益,整个世界就不可能稳定,更不可能普遍繁荣,就会带来诸多困难、风险和不公正不合理的现象,最终发达国家也会受到损害。我们希望各国的政治家都能关注逐步解决南北经济差距不断拉大这一十分紧迫的问题。这个问题不解决,必将对全球经济的稳定发展产生极大的负面影响,人类共同发展繁荣的目标就不可能实现。

维护国际安全,必须彻底摒弃冷战思维,努力把国际社会的持久和平建立在促进各国相互信任和共同利益的新安全观的基础上。应通过国际社会的共同努力,首先确立有利于世界和平与稳定,有利于各国和平发展的安全机制,任何国家都不能把自己的所谓安全建立在损害他国安全利益的基础上。应通过对话增进信任,通过合作谋求安全,相互尊重主权,和平解决争端。

中国两千五百五十年前诞生的杰出教育家、思想家孔子说过:"逝者如斯夫! 不舍昼夜。"时光流逝不可逆转。二十一世纪正在到来。人类美好的未来要靠一代代年轻人去创造。我希望,中英两国青年顺应时代的要求和世界发展的潮流,刻苦学习,知难而进,为建设自己的国家,为维护世界和平、促进人类进步事业作出应有的贡献。

谢谢各位。

国务院批转国土资源部建设用土审查办法

国家语言文字工作委员会发布中国语言文字四项规范

为促进我国语言文字应用的规范化、标准化,尤其是中文信息处理中语言文字应用的规范化、标准化,国家语言文字工作委员会在北京发布四项语言文字规范,即:印刷魏体字形规范、印刷隶体字形规范、GB13000.1字符集汉字笔顺规范和汉字字序(笔画序)规范。这四项规范自2000年1月1日起实施。

目前我国语言文字的应用,尤其是中文信息处理中语言文字的应用还存在着不同程度的混乱现象。印刷魏体字形、印刷隶体字形、汉字笔顺、汉字字序(笔画序)四项规范除对字形规范外,还确定了20902个汉字的笔顺和字序表以及汉字笔顺原则、汉字笔画序定序原则。专家们认为,四项规范的指导原则正确,规范的内容和形式合理实用,能够满足汉字信息处理、辞书编纂、排序检索、汉字教学等领域应用的需要。

全国人大常委会副委员长许嘉璐出席发布会并讲话。他强调了语言文字规范的重要性,希望全社会宣传、执行这些规范,人人都能增强语言文字规范意识。

10月23日

中组部国家行政学院和中国人民银行共同举办的第三期省部级干部金融专题研究班在北京结业

中共中央政治局委员、书记处书记、国务院副总理、中央金融工委书记温家宝在结业式上讲话,要求各级领导干部认真学习金融知识,提高金融工作水平,增强驾驭经济工作的能力。

国务委员、国务院秘书长兼国家行政学院院长王忠禹为学员颁发结业证书。江西省委副书记黄智权、江苏省副省长王荣炳、海南省海口市市长王法仁代表学员汇报了学习体会,并就当前深入进行国企和金融体制改革等问题提出了建议意见。

温家宝在听取学员代表发言后讲话指出,第三期省部级干部金融专题研究班恰逢党的十五届四中全会通过了《中共中央关于国有企业改革和发展若干重大问题的决定》,大家把学习金融知识与深入领会中央四中全会精神结合起来,把金融改革和推进国有企业的改革和发展联系起来,增强了培训的针对性和学习效果。中央组织部、中国人民银行、国家行政学院三家主办单位的领导对办好金融培训班思想重视,密切合作,从教学计划到组织实施都作了周密安排,使省部级干部金融专题研究班越办越好。

温家宝强调说,我们正在进行社会主义现代化建设,各级领导干部特别是高级干部要加强学习,提高驾驭经济工作全局的能力。最近,发表了江泽民同志

1999年1月10日在中央党校省部级主要领导干部金融研究班讲话的一部分，主要是强调加强干部的学习。这个讲话很重要，我们要认真学习领会。干部学习要学理论、学科技、学法律、学经济、学金融，要把学习同深入调查研究相结合，不断提高理论水平和解决实际问题的能力。

温家宝指出，要把认真贯彻落实党的十五届四中全会精神，加快国有企业改革和发展，作为当前的一项重要任务。各地区、各部门要按照中央的决定，结合各自的情况，制定具体贯彻落实的措施。他就当前的经济形势和任务、做好金融工作为国有企业改革和发展服务作了专题讲话。

举办金融专题研究班，对省部级干部和全国地级市(行署)市长、专员进行分期分批轮训，是根据江泽民总书记、朱镕基总理的指示进行的。今年3月以来，国家行政学院已连续举办3期省部级干部金融专题研究班，培训省部级领导干部和副省级城市领导干部122名。同时举办地市级干部金融专题培训班2期，培训73人。通过培训学习，使省部级和地市级领导干部进一步认识金融在现代经济管理中的重要地位和作用，系统学习和掌握现代金融知识，了解当前国际国内经济、金融形势，加深理解中央关于金融工作的方针、政策和各项改革措施，把思想和行动统一到中央的决策和部署上来，提高了运用金融手段调控经济的水平和能力。

国家主席江泽民为中日青少年交流框架合作计划启动致书面祝词:新世纪的中日友好事业寄希望于两国青年——致参加中日两国青年交流活动的朋友们

中日青少年交流框架合作计划启动

国家主席江泽民访问日本期间，中日两国政府签署《关于进一步发展青少年交流的框架合作计划》。根据该项合作计划由日本政府派遣的第一批百名日本青年访华团抵达北京，开始对中国进行友好访问。江泽民和日本首相小渊惠三分别专门为此发书面祝辞。

中国人大代表团访问美国

中国全国人大代表团结束对美国的访问，离开旧金山回国。

在华盛顿访问5天后，以全国人大外事委员会主任委员曾建徽为团长的代表团前往纽约、休斯敦和旧金山进行了访问。

基辛格博士在纽约会见代表团成员时指出，美中关系不仅对中国重要，对美国同样也非常重要。美国政府应按照美中三个联合公报的精神，维护和发展两国关系，不应做违反公报精神的事。

代表团还分别会见美中关系全国委员会成员、著名旅美华人组织百人会代表、休斯敦市市长和旧金山市市长。

美方人士普遍赞扬美中两国议会进行了建设性的、有成效的交流，希望美中关系健康稳定地发展。代表团成员表示，中美议员经过四轮会谈，沟通了情况，扩大了共识，并确定了今后两国议会之间经常交流的渠道，这次访问取得了圆满成功。

以香港妇女界著名人士查刘璧如名字命名的“查刘璧如星”命名仪式在南京举行

10月24日

国务院总理朱镕基在兰州会见来华参加中美第12次联合经济委员会会议的美国财政部长劳伦斯·萨默斯

中国科学家在安徽繁昌发现一批距今大约200多万年的石制品是中国迄今为止最早的“石刀”从而将人类在中国境内的生活历史向前延伸30万多年

国家药品监督管理局出台药品管理四个规章

国家药品监督管理局日前颁布了《药品非临床研究质量管理规范》、《药品临床试验管理规范》、《药品研究机构登记备案管理办法》和《药品研究与申报注册违规处理办法》4个规章。这表明，对药品研究领域的监督将进一步加强，以保障人们用药的安全有效。国家药品监督管理局提出，力争经过3年至5年的努力，使我国的Ⅰ、Ⅱ类新药的安全性评价，在符合《药品非临床研究质量管理规范》的研究机构中进行。

公安机关破获一批“法轮功”组织非法获取和泄露国家机密案件

公安机关近日破获一批“法轮功”组织及其人员非法获取、泄露国家秘密文件的案件。现已查明，李洪志及“法轮大法研究会”按照其政治预谋，精心策划，一直在有组织、有计划地刺探党和政府的机密情况，非法获取、持有国家秘密文件59件，其中，绝密级文件20件；机密级文件24件；秘密级文件15件。

李洪志口口声声说，他“对政治不感兴趣”，“‘法轮功’不参与政治，不干预社会”。然而，李洪志及其操纵的“法轮功”组织不仅对政治感兴趣，而且具有明显的政治目的和政治野心；不仅在境内构筑严密的组织系统，而且利用互联网等制造舆论，向境外扩大影响；不仅策划、部署非法窃取国家秘密文件，而且造谣惑众，挑起事端，破坏稳定。“法轮功”组织非法获取泄露国家秘密的案件，完全是李洪志及其“法轮大法研究会”主要骨干组织、策划的，是有目的、有计划进行的活动。“4·25”非法聚集事件发生后，李洪志及“法轮大法研究会”部署各地“法轮功”组织非法获取党和政府的有关秘密文件，继续策划、组织、煽动“法轮功”练习者针锋相对地与党和政府对抗。经查，从今年4月25日到7月22日不到3个月的时间里，“法轮功”组织共非法获取国家秘密文件33件，数量之多，密级之高，表明“法轮功”组织非法获取国家秘密的活动达到了前所未有的程度。

按照党纪政纪，党员和国家公务员不能泄露党政机密，否则就要受到党纪政纪乃至国法的制裁。而“法轮功”组织策划者为了实现其政治目的，明知故犯，有意指派一些“法轮功”练习者潜入党政机关内部，窃取机密乃至绝密文件，公然置党纪国法于不顾。4月29日，中央有关部门传达了中央领导同志关于“法轮功”问题的处理意见。“法轮功”练习者葛秀兰听取单位传达后，按照“法轮功”组织的部署，将记录送给姚洁。姚洁按照李昌“这得(给李洪志)传过去”的指示，传真给美国东部“法轮佛法学会”骨干、李洪志在美国的主要关系人。各地“法轮功”组织也积极策动、部署“法轮功”练习者大量非法获取国家秘密文件。今年5月，“法轮功”山东潍坊分站站长李天民布置搜集山东省委办公厅印发的有关“法轮功”问题的文件，潍坊城区辅导站站长孙小梅指使“法轮功”练习者搞到这份文件。李天民得到文件后大量复印并散发，并据此组织起草了《致国家最高领导人的公开信》。

“法轮功”组织的头目在得到这些秘密文件后，千方百计抢先煽动大量不明真相的“法轮功”练习者，制造各种事端，企图造成与党和政府对立，造成法不责众的局面。他们还把内部文件的一些意思加以篡改和歪曲，通过互联网手段广为传播，煽动不明真相的群众对党和政府的不满。6月中旬，“法轮功”北京西城分站副站长陈玲和海淀区学院路分站站长刘静航等人，将“法轮功”练习者刘宇窃取的中央领导同志关于抓紧处理和解决“法轮功”问题讲话的会议传达记录交给姚洁。

陈玲按照姚洁“拿到中央文件后立即上网发出”的要求，指使“法轮功”练习者冯雷通过互联网发出。调查证实，“法轮功”组织向境外非法提供的国家秘密文件达10件。6月中旬，“法轮功”石家庄总站负责人段荣欣指使桥西分站副站长徐新牧，要搞到河北省委关于处理“法轮功”问题的文件，徐按段的指示，回单位3次借阅文件，根据记忆整理出文件的主要内容，并根据文件内容，起草了《石家庄“法轮大法”弟子公开信》。段荣欣又指使他人，将公开信和徐整理的文件内容通过互联网发往境外。6月下旬，四川乐山“法轮功”骨干刘英将非法获取的乐山军分区关于清查“法轮功”练习者和解决“法轮功”问题的通知，通过传真分别发给姚洁和澳大利亚、海口、成都等地的“法轮功”骨干。“法轮功”海口总站站长蒋晓君接到文件后，又传真给美国的“法轮功”骨干并转交李洪志。

李洪志及“法轮大法研究会”通过非法获得的国家秘密文件，摸政府的底，企图抢在政府前面，煽动一批不明真相的群众，不断围攻、冲击新闻单位，骚扰党政机关，甚至搞大规模的非法聚集活动，扰乱社会秩序，危害社会稳定，造成法不责众、有令难行的局面，向党和政府施压。1998年6月，“法轮功”组织非法获取了新闻出版署《新闻出版要情》，李昌等人针对其中反映的问题，编写《“法轮大法研究会”简讯》进行煽动，并于8月初策动、组织“法轮功”练习者中的社会知名人士和专家学者21人，联名给中央领导和国家体育总局负责人写信，指责新闻单位对“法轮功”进行了“不公正报道”，借此挑起事端。1998年8月，在非法获取公安部有关部门的秘密文件后，李昌又编写《“法轮大法研究会”简讯》，诬称公安部的通知“开创了以公文形式造谣污蔑和在全国范围侵害公民合法权益的先例”，提出“必要时可以在北京举行社会各界人士参加的‘法轮功’听证会”，并策划组织“法轮功”练习者联名上书，向党和政府施压。李昌还就此事专门向李洪志作了汇报，李洪志督促“抓紧时间写”。根据李洪志的指令，李昌召集“法轮大法研究会”骨干以及“法轮功”北京总站负责人王治文、纪烈武、姚洁等人，研究给中央领导写联名信。李昌称：“现在已经给‘法轮功’定性了，要收集‘法轮功’的罪证。咱们要联系老干部、科技界、文化界、法律界、教育界的知名人士联名给中央写信。”8月底，“法轮大法研究会”组织百余名练习“法轮功”的科技界、文化界、法律界、教育界人士以及部分老干部签名。李洪志亲自到场接见了参加签名的人员，并讲话予以“鼓励”，事后得意地称“这件事做得不错”。

从1998年4月到今年4月25日，在李洪志及“法轮大法研究会”策划、指挥下，“法轮功”在全国各地组织的对党政机关和新闻单位的围攻事件有数十起；4月25日，他们又煽动1万余名“法轮功”练习者围攻中南海，矛头直指党中央、国务院。4月25日之后，“法轮功”组织更是在全国各地兴风作浪，策划、制造围攻事件愈演愈烈，不到3个月的时间里就达300多起。

10月25日

九届全国人大常委会十二次会议召开

会议在人民大会堂开始举行。这次会议的议程共有 23 项，是本届全国人大常委会议程最多的一次会议。刑法修正案草案、立法法草案、产品质量法修正案草案、关于加强中央预算审查监督的决定草案首次提请常委会会议审议。

会议由李鹏委员长主持。会议首先通过本次常委会会议议程，听取了人大法律委员会副主任委员周克玉所作的关于气象法草案审议结果的报告，法律委员会副主任委员李伯勇所作的关于会计法修订草案审议结果的报告，内务司法委员会主任委员侯宗宾所作的关于防范和打击邪教组织的决定草案的说明，常委会法工委副主任乔晓阳受委员长会议委托所作的关于根据澳门特别行政区基本法第一百四十五条处理澳门原有法律的决定草案的说明。

会议审议了公路法修正案草案，听取了法律委员会副主任委员张绪武所作的海洋环境保护法修订草案修改情况的报告，法律委员会副主任委员顾昂然所作的关于刑法修正案草案的说明，法律委员会副主任委员乔晓阳所作的关于对审判、检察工作中重大违法案件实施监督的规定草案修改情况的汇报，法律委员会副主任委员顾昂然所作的关于海事诉讼特别程序法草案修改情况的汇报，财经委员会副主任委员郭振乾所作的关于加强中央预算审查监督的决定草案的说明，以及受委员长会议委托，常委会法工委副主任张春生所作的关于立法法草案的说明。

会上，受国务院委托，国家质量技术监督局局长李传卿作了关于产品质量法修正案草案的说明，国家环保总局局长解振华作了关于提请审议批准《〈巴塞尔公约〉缔约方会议第三次会议通过的决定第Ⅲ/1 号决定对〈巴塞尔公约〉的修正》的议案的说明，中国民航总局局长刘剑锋作了关于提请审议加入《国际承认航空器权利公约》的议案的说明，外交部副部长王英凡作了关于提请审议加入《关于发生武装冲突时保护文化财产的公约》和《议定书》的议案的说明。

全国人大常委会副委员长姜春云、邹家华、王光英、程思远、布赫、铁木尔·达瓦买提、吴阶平、彭珮云、何鲁丽、周光召、曹志、丁石孙、成思危、许嘉璐、蒋正华，秘书长何椿霖出席会议。国务院副总理李岚清、最高人民法院院长肖扬、最高人民检察院检察长韩杼滨以及全国人大专门委员会有关组成人员、各省（区、市）人大常委会负责人、部分全国人大代表以及有关部门的负责同志列席会议。

国家主席江泽民在巴黎爱丽舍宫与法国总统希拉克举行会谈

希拉克说，我们双方对世界多极化有着一致的看法，中国将是多极世界中的重要一极。欧中之间理应进一步加强对话与合作。双方还认为，世界的非核化进程不应受到影响。有关方面应尽快批准全面禁止核试条约，并应继续遵守《反弹道导弹条约》。为进一步加强合作，法中两国决定建立两国元首间的热线电话，并加强两国常驻联合国代表之间的磋商机制。希拉克重申法国 35 年来一贯坚持一个中国政策，并表示支持中国尽快加入世贸组织。

江泽民说，此次与希拉克总统推心置腹地交换了意见。两国领导人坦诚地就各种问题发表看法、阐明观点是至关重要的，十分有利于增进两国领导人之间，以及两国人民之间的相互了解。江泽民强调，当前世界是一个丰富多彩的世界，不可能是一个单极世界，而应是一个多极的世界。他表示，中法建交以来两国关系不断取得进展，两国领导人认为这次这样深入地交换意见，将有助于双方相互理解，求同存异，缩小分歧，扩大共识，以进一步推动两国关系的深入发展。

江泽民阐述了中国在加入世贸组织问题上的原则立场，希望欧盟在同中国就此问题进行的谈判中能采取积极、务实、灵活的态度，以尽早达成协议。希拉克表示，法国将为此继续作出努力。江泽民还阐述了中法两国开展高新技术合作的重要性，希望两国能够在高新技术合作方面进一步开拓新的渠道和领域，以推动两国经贸合作进一步发展。希拉克对此表示完全赞同。

江泽民最后表示，中法都是文明古国，都有维护民族独立的传统。作为安理会常任理事国，都对国际事务负有重大责任。经济上双方互补性强。因此，我们在许多方面有共同语言和共同利益。这始终是两国发展友好合作关系的重要基础。在人类即将跨进 21 世纪的历史时刻，中方愿同法方一道，继续巩固和发展两国全面伙伴关系，不断扩大和深化双方在各个领域的合作，造福两国人民，并为人类的进步与繁荣作出有益的贡献。

国家主席江泽民在巴黎会见法国总理若斯潘

若斯潘对在科索沃战争期间中国驻南联盟使馆遭轰炸再次表示遗憾。他表示科索沃事件并不意味着北约作用的改变或使安理会的作用受到影响。今后北约不会到欧洲以外的地区进行干预，法国也将继续坚持在安理会范围内通过外交、政治途径解决热点问题。若斯潘表示，法国反对美国搞导弹防御体系和美国参议院拒绝批准《全面禁止核试验条约》的做法。若斯潘认为，在目前的国际形势下，法中两国加强友好对话与合作，不仅有利于双边关系的发展，而且也有利于世界的和平与稳定。

江泽民说，人类即将进入 21 世纪。如何在这世纪之交的历史时刻促进世界的和平、稳定与繁荣，这是摆在各国领导人面前的重要课题。前不久发生的科索沃事件值得我们认真反思，对科索沃事件的干预绝不能成为今后处理国际事务的先例。民族、宗教问题属于一个国家的内政，应由本国人民加以解决，国际社会的帮助应在尊重该国主权的情况下，以和平的方式进行。今后，应进一步加强联合国安理会在维护国际和平与安全方面的权威作用。

国家主席江泽民在拉塞宫和小卢森堡宫先后会见法国国民议会议长法比尤斯和参议院议长蓬斯莱

法比尤斯说，由于中国在国际上的地位，法国愿进一步发展同中国的友好关系。他说，他本人对伟大的中国人民十分尊敬，法国国民议会各党派议员都对中国的发展成就十分钦佩，并认为中国必将在世界上发挥越来越重要的作用。

江泽民表示，现代信息技术的发展不能取代领导人之间面对面的接触。在这样的接触中可以进行推心置腹的交谈，以增进相互了解，扩大共识，求同存异。

国家主席江泽民在巴黎与法国总统希拉克共同会见中外记者并答记者问

在答问中，江泽民阐述了中国对建立国际政治、经济新秩序以及对人权问题的立场和看法。

关于建立国际政治、经济新秩序，江泽民说，我认为，当今世界正处在重大而深刻的变动之中，人类目前面临的两大课题，仍然是维护世界和平，促进共同发展。这也将是各国在21世纪需要继续为之奋斗的目标。要解决这两大课题，关键是建立公正合理的国际政治、经济新秩序。

江泽民说，我始终认为，建立国际政治新秩序，首先，要坚持战后确立的、为国际社会公认的国际关系准则，特别是相互尊重主权和领土完整、互不侵犯、互不干涉内政、平等相待、和平解决国际争端的原则。这些准则维系了战后50多年的和平，证明是行之有效的。其次，必须加强联合国的权威，充分尊重和发挥联合国在维护世界和平与安全方面的积极作用。最后，新秩序的建立过程应是世界各国充分参与的民主过程。国家不分大小，均应有平等参与建立新秩序的权利。

他说，世纪之交，在国际关系中创造什么样的先例极其重要，涉及塑造一个什么样的新世纪和国际新秩序的重大问题。科索沃战争值得人们认真反思。

江泽民说，建立国际经济新秩序，最根本的是要在国际经济关系中坚持互利合作、共同发展的原则。在全球化的过程中应有全球性的协调与合作，各国应共同努力，改革和完善现存的国际经济和金融秩序。发达国家应承担更多的义务，帮助发展中国家，努力缩小贫富国家间的差距。同时应尊重发展中国家根据自己的国情选择发展道路。

江泽民说，中法两国是对世界事务具有重要影响的国家，在重大国际问题上有着共同的利益。我们都主张世界多极化，反对单极世界；都有执行独立自主外交政策的传统；在经济上我们两国具有很强的互补性；我们都赞成要保持世界的多样性。希拉克总统说过，“全球化并不意味着单一化。”这讲得很好。这次我在同希拉克总统的会谈中就许多重要问题取得了共识，双方今后将进一步加强沟通和磋商，加深了解，扩大共识，促进合作，共同推动世界多极化进程，为建立公正合理的国际政治、经济新秩序，为给人类带来一个和平与繁荣的新世纪而不懈努力。

关于人权问题，江泽民说：中国政府对人权问题是非常重视的。我们为促进和保护中国各族人民的人权与基本自由作出了不懈的努力，取得了举世瞩目的巨大成就。有些人对中国人权状况的指责并没有事实根据。各国国情不同，在人权问题上存在分歧是正常的。中国愿意继续在平等和相互尊重的基础上同有关国家开展人权对话与交流，以增进相互了解，妥善处理分歧。

江泽民说，我们将不断地加强民主，同时不断地加强法治。依法治国已经载入我国的宪法。我认为，民主不是一个绝对的概念，这就是说，民主的实现必须考虑到每个国家的具体情况。中国有12.5亿人口，我们首先必须考虑如何使人民吃得饱、穿得暖，也就是说，必须首先保障人民的生存权和发展权，不然一切其他权利都无从谈起。对于这一点，中国人民是有深切的体会的。

人事部海关总署在北京联合召开全国海关先进集体先进工作者表彰大会暨英模代表大会

国务委员吴仪受朱镕基总理委托，出席会议并发表重要讲话。

吴仪充分肯定了新中国海关成立50年来，特别是改革开放20年来所取得的巨大成绩。她强调指出，去年全国打击走私会议之后，海关系统坚决听从党中央、国务院号令，积极开展反走私联合行动和专项斗争，组建缉私警察队伍，严厉查办走私大要案，协助外汇、税务等部门打击骗汇、骗税等违法活动，狠抓经济秩序整顿，决心大、行动快、措施硬、处罚严，效果显著。今年1—9月份，全国海关共查获走私案件9121起，案值47.9亿元，重要地区和重点商品的大规模走私猖獗势头基本得到遏制。全国海关税收实际入库已达到1150亿元，比去年同期净增长近一倍，达到历史上的最高水平。

吴仪对海关现阶段的工作提出了几点要求：

——坚持从严治关，进一步加强海关队伍建设。要以“三讲”教育为契机，全面加强海关队伍的思想建设、政治建设、组织建设和作风建设。要建设好海关各级领导班子，特别是要配好、管好“一把手”；同时，要下大力气提高海关关员的政治、业务素质，造就一支廉洁高效的海关队伍。要从体制上和机制上加大内部监督制约的力度，强化对干部的监督制约，真正建立起适应海关垂直领导体制、对领导干部特别是“一把手”行之有效的监督制约的机制，把权力真正置于党和群众严密有效监督之下。当前要集中力量查处海关内部执法腐败的大案要案，要敢于碰硬，绝不手软。

——对走私犯罪活动要继续严防猛打，保持高压态势，严防走私回潮。海关作为打击走私的主管部门，要切实履行好职能，紧密依靠地方各级党委政府，加强同各有关执法、司法机关的联系配合，建立健全各省市打击走私协调机构。要进一步发挥缉私警察在打击走私犯罪活动中的重要作用。

——严格依法行政，认真履行海关职能。要采取切实有效的措施，支持扩大外贸出口。当前特别要落实好国务院关于进一步完善加工贸易保证金台账制度的各项措施。

国家主席江泽民在巴黎接受法国《费加罗报》采访

江泽民在对法国进行国事访问前夕，接受了法国《费加罗报》社论委员会主席佩雷菲特的书面采访，回答了他就中国的内外政策和国际形势等提出的广泛问题。

一、在回答新中国成立五十年来中国走过的艰辛历程并取得巨大成就的原因的提问时，江泽民说：

一九四九年十月一日，毛泽东主席在北京天安门城楼宣告了中华人民共和国成立，不仅从此结束了中国近代任人宰割的历史，开辟了中国发展的崭新时代，而且确实震撼了亚洲和世界，极大地增强了世界和平与进步的力量，对世界的发展具有重大的意义。

我在中学和大学就学时期，正是中国共产党领导中国人民进行的民族民主革命走向高潮的年代。我就在那个时候接受了马克思主义，加入了中国共产党，并参加了党领导的反对日本法西斯侵略和国民党反动统治的斗争。我为自己选择的政治信仰与人生道路感到自豪和幸福。

新中国已经走过了五十年伟大而艰辛的历程，取得的发展成就举世瞩目。在前三十年中，主要做了两件大事，一是确立了社会主义制度，进行生产资料所有制的社会主义改造，形成了社会主义的经济基础；二是全面展开社会主义建设。在中国这样一个原来是半殖民地半封建的社会基础上建设社会主义，没有现成的经验可循，所面临的困难必然很大，需要认识和解决的问题必然很多，必须进行艰苦的探索和实践。探索的道路是曲折前进的，会有成功，也会受到挫折。我们在取得巨大建设成就的同时，也发生过一些严重的失误。在改革开放以来的二十年中，邓小平同志领导我们党和人民总结了中国建设社会主义正反两方面的经验，成功地开创了建设有中国特色社会主义的正确道路。二十多年来，中国的社会生产力迅速发展，综合国力显著增强，人民生活不断改善。中国正在以强劲的姿态迈向二十一世纪。

在我国取得辉煌成就之时，我们无比兴奋；在发生失误和挫折之时，我们的心情是沉重的，但从来没动摇过自己的信仰和信心。我们相信党和人民一定能够战胜任何艰难险阻继续走向胜利，因为中国共产党来自于中国人民，把全心全意为人民服务作为自己的最高宗旨。除了国家、民族和人民的利益，它没有自己的私利。中国共产党是追求真理的政党，它不但善于从成功的经验中学习，也善于从自己和别人的失误中学习，为国家、民族和人民的利益坚持真理、修正错误。因此，它能始终获得人民的拥护和支持。这也就是中国共产党能够率领中国人民不断前进的奥秘所在。

二、在回答关于在当前国内和国际背景下“共产主义”一词是否还有意义时，江泽民指出：

人类经历原始社会、奴隶社会、封建社会，进到资本主义社会、社会主义社会，最终到达共产主义社会。这是人类社会发展的总进程，也是马克思主义唯物史观最基本的观点。共产主义作为人类社会进步最壮丽的事业，是世界上一切共产党人为之奋斗的最高目标。这个目标的最终实现，要经过一个非常漫长的发展过程。中国目前处在并将长期处于社会主义初级阶段。社会主义初级阶段，是逐步摆脱不发达状态，基本实现社会主义现代化的历史阶段，至少需要一百年时间。至于巩固和发展社会主义制度，那还需要更长得多的时间，需要几代人、十几代人，甚至几十代人坚持不懈的努力奋斗。

进入九十年代后，世界上一些社会主义国家发生了剧变和解体。包括中国共产党人在内的世界上许多国家的共产党人，都在总结这一历史变故的深刻教训。但能不能从这一事件中就得出这样一个结论，说共产主义、马克思主义从此就在这个世界上灭亡了呢？

我看，包括西方发达国家的有识之士在内，都不会得出这个结论。资本主义从产生到现在已经好几百年了，它的发展过程不也充满着失败、危机和挫折吗？社会主义作为一种崭新的社会制度，一旦从世界历史的发展中产生出来，不管在其前进的征途中会经过多少曲折和失败，最终是一定会壮大起来、成熟起来的。当今世界应是包括社会主义制度在内的不同社会制度和平共处、相互竞赛的世界。我对中国社会主义的发展前途充满信心。

历史的经验告诉我们，各国国情不同，发展的道路必然不同。在中国建设社会主义，必须从中国的实际出发，不能照搬照抄其他国家建设社会主义的模式。中国共产党人始终坚持把马克思主义的基本原理同中国的具体实际紧密结合，独立自主地确定自己的路线方针政策。这是我们取得一切成功的根本原因。中国人民从自己的实践中深深懂得，只有社会主义才能救中国，只有社会主义才能发展中国。这是一个历史真理。建设有中国特色社会主义的事业，适合中国国情，符合中国最大多数人的根本利益，是实现中国富强和人民幸福的唯一正确道路。

三、关于中国人民怎样才能在改革开放时期保持精神上的平衡，江泽民强调：

邓小平同志开创的改革开放之路，是实现中国的社会主义现代化和中华民族全面振兴的必由之路。中国的改革，就其引起的经济社会变革的深刻程度来说，是一场新的革命。这必然会引起人们精神世界的巨大变化。改革开放20年来，我们在以经济建设为中心、加快物质文明建设的同时，高度重视社会主义精神文明建设，始终坚持推进经济、政治、文化的协调发展。改革开放使中国人民的精神面貌发生了新的重大的变化。爱国主义、集体主义、社会主义思想，科学文明、开拓进取、健康向上以及其他与改革开放和现代化建设相适应的思想观念、道德风尚，是当今中国人民精神世界的主流。中国人民的精神世界是充实的、丰富的、积极的，这为我们推进物质文明建设提供了强大的精神动力。

我们正在大力发展面向现代化、面向世界、面向未来的，民族的科学的大众的社会主义文化，不断提高全民族的思想道德素质和教育科学文化水平。由于历史的原因和对外开放的环境，国内外一些封建迷信、腐朽没落的东西会在一定范围内对人们的思想产生这样那样的影响。随着科学文化和经济建设的发展，这些东西的市场必定会越来越小。当然，即使在物质生活丰裕、科学文化繁荣的条件下，也难免还会有些人陷入精神空虚甚至颓废状态。这种现象在当前中国的一些人们中确实存在。在世界上的许多国家，包括经济非常发达的国家，这种现象也屡见不鲜，这是个世界性的课题。

“法轮功”是危害社会和人民的邪教。据不完全统计，因练“法轮功”致死的达1400多人，许多修炼者精神失常，家破人亡，妻离子散，酿成了十分严重的社会后果。练习“法轮功”的绝大多数人都是以为可以健身强体，对“法轮功”的策划者、组织者和骨干分子的非法活动并不了解。所以，当他们了解了“法轮功”反社会、反科学、反人类的真相，都立即与“法轮功”划清了界限。当今世界，虽然科技文化已很发达，但危害公众身心健康和社会正常秩序的邪教组织却时有出现，如美国的“大卫教派”、“人民圣殿教”，日本的“奥姆真理教”，欧洲的“太阳圣殿教”等，其原因是相当复杂的。对于这些邪教组织危害社会和人民的活动，任何负责任的政府都不会听之任之。这也说明，物质文明愈发展，愈要高度重视精神文明建设。只有物质文明和精神文明全面发展，人们才能真正过上幸福文明的生活。

四、谈到当前中国经济形势时，江泽民表示：

亚洲金融危机和去年发生的严重洪涝灾害给中国经济的发展带来了影响，中国政府审时度势，制定了促进经济发展的一系列政策措施，进一步加大积极财政政策的实施力度，配合运用税收、价格、利率、收入分配等经济杠杆，有效地拉动投资、消费和出口需求，保持了国民经济的稳定增长。去年经济保持了7.8%的增长速度，今年上半年经济增长7.6%。这在全世界也是快的。

中国过去曾经经历的商品短缺状况已经基本改变，但经济发展中遇到了许多新情况新问题。当前，亚洲金融危机对我国造成的影响还没有完全消除，我们改革中面临的一些深层次矛盾亟待解决，经济和产业结构调整的任务仍很紧迫，市场消费需求呈现不足的现象，外贸出口面临较大压力，国有企业富余职工的分流任务也很繁重。但这些困难和问题，都是有办法解决的，我们正在采取措施努力解决之中。中国发展经济的有利条件也很多。比如，中国有广阔的市场，潜在的市场更大，社会生产力和科技水平大幅度提高，物资储备和外汇储备比较充裕，加强宏观调控和促进经济增长的经验和办法也增多了，全国社会政治稳定，等等。只要我们充分运用这些有利条件，紧紧依靠全国各族人民的智慧和力量，就能够战胜前进过程中出现的一切困难和风险。中国经济发展的前景是十分光明的。

五、关于东帝汶和“新人道主义干预权”问题，江泽民说：

东帝汶的情况与科索沃不同，是在公民投票后局势发生了严重动荡。应印尼政府的邀请，联合国安理会作出决定，向东帝汶派遣了多国部队。我们希望东帝汶问题能在联合国框架内尽快得到妥善解决。

只要世界上还存在不同的国家，只要我们这个星球上的人民还生活在不同的国度里，人权问题就始终属于一个国家的内部事务。任何一个国家的人权事业，不管这个国家是大是小、是强是弱，都应由本国政府依靠自己的人民自主去解决。这是个基本原则。除了这个国家要求联合国予以帮助外，任何其他国家和国际组织都无权进行干预。各国都有义务根据《联合国宪章》的宗旨和原则，遵照国际人权文书，并结合本国的国情和有关法律促进和保护本国人民的人权与基本自由。中国政府和人民不赞成以"人道主义危机"为借口任意干涉一个国家的内政，更反对在未经安理会授权的情况下以武力进行所谓"人道主义干预"。解决当前国际社会面临的问题，包括地区冲突，仍应遵循《联合国宪章》的宗旨和原则以及其他公认的国际关系准则，相互尊重主权和领土完整，互不干涉内政，和平解决国际争端。这些原则绝没有过时，在当前形势下，不但不应被削弱，反而应得到更加切实的遵循。

六、关于解决台湾问题的基本方针，江泽民强调：

我们解决台湾问题的基本方针是"和平统一、一国两制"。我们真诚地希望以和平的方式，按照"一国两制"的方针解决台湾问题，完成中国的统一大业。最近，李登辉公然抛出"两国论"，公然向国际社会公认的一个中国原则挑战。他的这个论调，实质是要把台湾从中国分裂出去，理所当然地要遭到包括台湾同胞在内的全体中国人民的坚决反对，也不为国际社会所接受。维护国家的主权和领土完整、实现中国的完全统一，是中国人民的共同愿望和神圣使命。台湾同胞是我们的骨肉同胞，我们不承诺放弃使用武力，决不是针对台湾同胞的，而是针对外国势力干涉中国统一和台湾分裂势力搞"台湾独立"的图谋的。对任何想把台湾从中国分裂出去的政治图谋，中国政府和人民绝不会坐视不管。中国政府、中国人民和中国军队有决心也完全有能力维护祖国的主权和领土完整。

七、关于中央对达赖的政策，江泽民指出：

我们政府对达赖的政策是一贯的、明确的，即达赖必须真正放弃"西藏独立"的主张，停止分裂祖国的活动，公开声明西藏是中国不可分割的一部分，承认台湾是中国的一个省，中华人民共和国政府是代表全中国的唯一合法政府。在此基础上，中央政府可以与达赖就其个人前途进行商谈。中央政府与达赖的接触商谈是中国内部事务。西藏和平解放以前，实行的是政教合一的非常野蛮和残酷的封建农奴制统治，广大农奴无任何人权可言，过着暗无天日的生活。达赖在旧西藏不只是一个宗教首领，也是一个大农奴主。西藏和平解放后，百万翻身农奴过上了真正人的生活，取得了当家做主的权利。正当西藏各族人民热情建设自己的新生活时，达赖发动了违背西藏各族人民意志和利益、妄图分裂祖国的武装叛乱。是他自己走上了自绝于祖国和人民的道路。40年来，达赖在某些外国势力的支持下，顽固坚持分裂中国的立场，在国际上到处鼓吹所谓"西藏独立"，企图在西藏地方恢复过去那种黑暗的政治制度。为达到这个目的，达赖集团在西藏地方制造骚乱和暴力恐怖活动，从事了大量分裂祖国和破坏西藏地方的稳定和发展的活动。看一个人，不仅要听其言，而且要观其行。从达赖过去和现在的所作所为看，他没有丝毫悔悟的诚意，他的一切行动都是为了加紧进行分裂祖国的活动。这是中国政府和中国人民理所当然要坚决反对的。

八、关于中国的对外政策和世界多极化，江泽民说：

中国始终奉行独立自主的和平外交方针，愿意在和平共处五项原则的基础上发展同世界上一切国家的友好关系。中国重视中美关系，同样也重视同法国和其他发达国家的关系，重视同广大发展中国家加强合作。世界多极化趋势的发展，有利于推动建立公正合理的国际政治经济新秩序，有利于世界的和平与稳定。多极化的进程可能会有曲折，但世界走向多极化是不以人们的意志为转移的客观趋势。任何旨在建立单极世界的图谋，都不符合历史进步的潮流。

历史的经验值得注意。世界上先后出了多少个这样那样的霸主，它们称霸世界之时，真是不可一世。它们奉行"强权即公理"的逻辑，到处横行霸道，闹得世界不得安宁，给被欺凌国家的人民也给本国人民带来了灾难和苦痛。曾几何时，它们一个个都垮了下来。随着冷战的结束，两霸争夺的局面已不复存在，但世界事务也绝不容一国独霸。今后的世界应是多极的、各国共同发展的丰富多彩的世界。中国永远不会称霸，永远不做超级大国，这是中国人民对世界的庄严承诺。

国家主席江泽民在巴黎对法国工商界人士发表演讲

江泽民介绍中国的经济形势，阐述了对推进中法经济技术合作的看法。

江泽民说，中国人民刚刚庆祝了中华人民共和国成立50周年。在这50年中，中国人民在中国共产党的领导下，自力更生，艰苦奋斗，取得了举世瞩目的建设成就，旧中国积贫积弱的状况已经一去不复返了。中国人民正满怀信心地把改革开放和现代化建设全面推向新世纪。

他说，中国经济形势总的很好。1997年爆发的亚洲金融危机给中国经济发展带来了影响，1998年中国又遭受了历史罕见的洪涝灾害的袭击。中国政府审时度势，制定了促进经济发展的一系列政策措施，进一步加大积极财政政策的实施力度，配合运用税收、价格、利率、收入分配等经济杠杆，有效地拉动投资、消费和出口需求，保持了国民经济的稳定增长。1998年，国内生产总值增长7.8%，今年上半年国内生产总值比去年同期增长7.6%。中国的外汇储备达到1500多亿美元。今年1—9月，中国进出口总额比去年同期增长9.4%。中国将进一步增加有效需求，加快基础设施建设，调整经济结构，保持农业稳定发展，推进企业技术进步和产业升级，加强生态环境建设，提高经济增长的质量和效益。中国经济发展的前景是十分光明的。

他说，中国在前进中也面临着一些新情况、新问题。亚洲金融危机造成的影响还没有完全消除，改革中面临的一些深层次矛盾亟待解决，经济和产业结构调整的任务仍很紧迫，市场消费需求呈现不足的现象，外贸出口面临较大压力，国有企业富余职工的分流任务也很繁重。对这些问题，中国政府正在采取措施积极加以解决。前不久，中共十五届四中全会专门就推进国有企业的改革和发展作出了决定，重点是要在探索公有制多种实现形式、从战略上调整国有经济的布局、加快企业技术进步和创新等方面加大工作力度，使国有企业尽快形成适应市场要求的新的经营管理机制。中国在狠抓调整经济结构、推动科技进步和扩大内需的同时，进一步扩大对外开放，努力提高利用外资水平，正确处理改革、发展、稳定的关系。总之，中国的改革和建设正在朝着既定的发展目标稳步向前迈进。

江泽民说，按照邓小平先生的设计，中国经济实行三步走的发展战略。第一步，到1990年，实现国民生产总值比1980年翻一番，这一目标早已实现。第二步，到本世纪末国民生产总值比1980年翻两番，这一目标已于1995年提前实现。因此我们又提出，到本世纪末人均国内生产总值比1980年翻两番，因为从1980年到2000年预计中国人口增长3亿，这不是一个小的调整。这一目标也已提前3年实现。第三步，到下世纪中叶，人均国民生产总值达到中等发达国家水平，基本实现现代化，把中国建成富强民主文明的社会主义国家。

江泽民说："现代化建设的征程，不可能一帆风顺，但我们有克服困难与风险的精神准备和能力、办法。我们坚信，只要中国人民坚持艰苦奋斗，开拓进取，中国发展的宏伟目标是一定能够实现的。"

他说，中国通过多年的探索和实践，吸取国内外建设社会主义正反两方面的经验，终于成功地找到了建设有中国特色社会主义的正确发展道路。中国是一个发展中的大国，人口多、底子薄，生产力不发达，只有坚持从自己的国情出发制定和实施现代化发展战略，才能取得成功。实践已经充分证明，实行以经济建设为中心，坚持四项基本原则，坚持改革开放，发展社会主义市场经济，推动物质文明建设和精神文明建设协调发展，改革、发展、稳定的有机结合和辩证统一，这些重大的方针、政策和原则符合中国的实际，是完全正确的，对于全面推进建设有中国特色社会主义事业，实现中国的现代化极为重要。

他说："中国人民衷心拥护、支持改革开放和现代化建设事业，他们深知这是国家和民族的根本利益所在。因而，大家同心同德，开拓前进。有了人民的拥护和支持，我们就能战胜各种困难和风险，不断把改革和建设胜利推向前进。"

江泽民说，中华民族历来有强大的凝聚力。中国人民对近代以来备受欺凌的痛苦经历有着深刻的感受，十分珍惜得来不易的在和平稳定的环境中建设自己国家的权利和机遇。在中国共产党的领导下，坚持走有中国特色的社会主义道路，经过自强不息的奋斗，实现中国的繁荣富强和中华民族的伟大复兴，是全体中国人民的共同心愿和坚强意志。这也是中国在新世纪里不断发展的强大动力和根本保证。

谈到中法经济技术合作时，他说，中法建交35年来，两国在经济技术领域的互利合作发展迅速，成果显著。1998年，中法双边贸易额达到60亿美元。截至1998年年底，法国在华投资达到26.8亿美元，中法合资企业近1500家。文化和其他方面的交流也十分活跃。去年，法国赴华人员达14万，中国来法人员近30万，中国在法留学生有4500人，法国在华留学生约800人。近5年来，中法高层互访频繁，两国关系不断发展。

江主席说，应该看到，中法合作的潜力还很大。法国是世界第四大经济强国，中国是世界最大的发展中国家，也是近20年来世界上发展最快的国家之一。中国经济的发展，为各国投资者来华投资和进行贸易活动提供了很大的机遇，中国连续7年成为世界上吸收外资最多的发展中国家。目前，中法贸易仅占法国对外贸易的1%左右，法国在华实际投资也仅占其对外投资总额的1%。进一步发掘中法经贸合作的潜力，是双方共同面临的重大课题。

对此，江泽民提出以下三点看法：

第一，继续深化两国合作。1980年中法首家合资企业王朝葡萄酒有限公司成立以来，两国合作成功的例子不少，如上海贝尔电话、大亚湾核电站、富康轿车、大连炼油厂等，目前有6家法国银行在华设立了18家营业性机构，1家法国保险公司在华开业。为巩固和深化现有成果，进一步发展合作，法方应增加对华投资，扩大技术转让，进一步提高市场竞争能力。中国市场广大，特别是在机场、地铁、高速公路等基础设施建设方面。北京、上海、广州的地铁目前总共只有100公里，而中国计划修建地铁是 1000 公里。中国人口百万以上的城市，不少都有建造地铁的规划。中国的高速公路虽已达到近 1 万公里，但这仅为实际需求里程的 1/4。中国在发展基础建设中需要引进资金和技术，但只能在比较中选择合适的合作伙伴。希望法国能以自己的实力和优惠条件在竞争中取胜。

第二，进一步拓宽合作领域。中法扩大经济技术合作的领域很多，特别是可以加强在环保、城建、高新技术和农产品加工领域的合作。在发展经济的同时，中国十分重视环境建设。环保是法国的强项，双方可在污水、垃圾处理以及空气净化方面进行合作。发展小城镇，是关系未来中国发展的一项大战略，中国正在积极推进。今后 10 年，中国预计将有 1 亿多人口进入中小城镇。在老城改造、住房建设和中小城镇建设方面中法可以加强合作。在高科技领域，中国和法国各有优势，双方相互借鉴，加强合作，能做的事情也很多。中国是世界最大的农业国。法国在农业和农产品加工方面拥有先进的技术和管理经验。两国在农业领域的合作也大有前途。

第三，积极推进中小企业合作。法国的中小企业创造了法国 84%的就业机会，其中许多拥有先进技术。中国也很重视中小企业在国民经济发展、劳动力就业和提供各种服务方面的重要作用。随着中国改革的深入，中小企业必将进一步发展。法国的大企业可以带动中小企业在华开展业务，充分利用两国有关省市的友好关系，通过双方工商会等机制，建立中介机构，帮助两国中小企业形成联系渠道，以推动两国中小企业合作的发展。

他说："双方的合作应建立在相互信任和平等互利的基础上。我们欢迎在座各位和法国其他企业继续到中国开展贸易和投资活动。中国政府将为你们提供支持和帮助。中法的经济技术合作有着广阔的发展空间，双方都应对此抱有充分的信心。"

江主席最后说："21 世纪的钟声即将敲响。中法两国作为对世界事务负有重大责任的国家，应该保持长期稳定的友好合作关系，共同致力于促进世界的和平与繁荣。这既需要政府的努力，也需要包括在座各位在内的各界人士的推动。让我们抓住机遇，继续努力，促进中法关系不断向前发展。"

中美联合经济委员会第十二次会议在北京举行

中国财政部部长项怀诚和美国财政部部长萨默斯共同主持这次会议。本次联委会主要是为了贯彻江泽民主席和克林顿总统 9 月在新西兰会晤时达成的促进两国合作原则而召开的。

会议认为，中美两国财政部通过联委会这一经常性的对话机制，积极贯彻两国制定的合作方针，促进了彼此间在经贸、财政、金融及相关领域的合作，为中美两国关系的健康发展发挥了积极作用。

项怀诚在会上说，今年适逢中美建交和中美联合经济委员会创建 20 周年，20 年来，中美两国的经贸关系有了很大的发展。1998 年中美双边贸易达到 549 亿美元，比 1979 年增长了 20 多倍。美商对华投资规模逐年扩大，领域不断拓宽。到 1999 年 9 月底，已批准的美商对华投资项目已达 28156 个。另外，近几年，中国企业在美投资也得到进一步发展。

项怀诚指出，1998 年下半年以来，中国政府按照社会主义市场经济体制的客观要求，实施积极的财政政策，努力发挥货币政策的作用，进一步推进国有企业改革，并逐步建立健全与社会主义市场经济相适应的社会保障体系。

他说，中国政府采取这些宏观调控措施，已经和正在产生积极效果。1998 年中国国内生产总值实现 7.8%的增幅，今年以来中国的经济仍呈现了良好的发展势头。1 月至 9 月份，中国国内生产总值增长 7.4%，人民币汇率继续保持稳定；国内市场销售逐月回升，社会消费品零售总额同比增长 6.3%。他说，我们有条件、有信心使中国经济长期保持稳定增长的发展势头。

关于加入世界贸易组织问题，项怀诚说，中方的立场和态度一直是积极的，从来没有改变。第一，WTO 是一个世界性组织，没有中国这个最大的发展中国家的参与是不完整的。第二，中国只能作为一个发展中国家参加。第三，中国加入 WTO，权利和义务一定要平衡，这也是最重要的一点。

项怀诚最后强调，中美两国关系虽然经历了一些风风雨雨，出现过一些波折，但总的是向前发展的。中美关系的改善和发展符合两国人民的根本利益，也有利于亚太地区乃至世界的和平、稳定与发展。

萨默斯在讲话中说，中美联合经济委员会在增进双方对彼此经济和经济政策的了解、就两国共同关心的问题广泛交换意见等方面发挥了重要作用。

萨默斯下午在清华大学发表了题为《中国在 21 世纪全球经济中的作用》的演讲。

第十二届中美联合经济委员会发表联合声明

应中国财政部部长项怀诚的邀请，美国财政部部长萨默斯访问了中国。两国财长共同主持了第十二届中美联合经济委员会(以下简称"联委会")。在会议中，双方就广泛的经济问题进行了深入讨论。两位部长注意到，通过联委会开展的经常性对话，使两国之间在经济、财政和金融领域的相互理解逐步加深，从而有利于双边关系的发展。两位部长强调了继续加深两国间合作关系的共同愿望，并强调指出，两国应加强在国际经济及金融领域的合作。

第十二届中美联委会就双方国内和国际经济问题进行了讨论。

关于国内经济问题。双方讨论了保持经济可持续增长所取得的成绩和面临的挑战。美国方面指出了其实行审慎的财政与货币政策的重要性，特别是预计在2000年财政年度将再次实现预算盈余，这是连续3年实现盈余。中国方面强调将继续执行积极的财政政策，努力发挥货币政策的作用，维持国际收支平衡，保持人民币汇率的稳定，以刺激内需。

同时，中国方面强调，将进一步深化国有企业和金融体制的改革，完善社会保障体系，保持国民经济的持续快速增长。美国方面对这些目标表示支持。美国和中国同意在联委会的框架下就金融和资本市场的发展问题进行更广泛的对话，包括外国金融服务机构在彼此国家所起的作用。这一机制将由双方财政和央行的副手联合主持，并将包括证券和银行部门的监管官员。这一机制将在联合声明的附件中详细说明。

双方就共同感兴趣的与经济政策和目标有关的经济问题交换了意见，双方讨论的议题涉及宏观经济形势，包括稳健的宏观经济基础和强劲的金融体系的重要性。同时还讨论了双方国家的国际收支情况，包括贸易平衡、资本流动、外汇储备、债务和汇率政策等问题。

关于国际财经和金融问题。双方对当前全球经济形势进行了回顾，并探讨了如何防范和化解金融风险的问题。双方欢迎由重要的发达国家和主要的新兴市场经济体参加的新的非正式的对话机制的建立。双方期待着在今年12月召开的第一次会议上，同其他成员就世界经济所面临的重要问题交换意见，其中包括采取进一步措施，以加强国际金融体系。

双方讨论了两国自亚洲金融危机以来在地区和全球金融体系中的作用问题，总结了两国的国际收支状况。此外，还讨论了中国加入世界贸易组织问题。

双方讨论了反洗钱和加强双边执法的问题，包括劳改产品的进出口所适用的法律，讨论了如何加强在这一领域的合作并执行已达成的协议。双方对上次联委会签署的《中美海关互助协议》表示满意，并重申，这一协议将加强双边打击有组织的国际犯罪、毒品走私和知识产权侵权的努力。双方对在亚太经合组织框架下进行的上海示范通关点项目表示满意，并希望通过技术援助和专业培训取得更实质性的成果。

项怀诚部长特别指出，自上届联委会以来，在以下几方面取得的进展：

他强调江泽民主席和克林顿总统在新西兰奥克兰举行了具有重要意义的建设性会晤，会晤促进了中美关系的改善和发展。他认为，中美两国财长的定期会晤有助于促进两国最高领导人所制定的合作方针的实现。他认为，保持高层的接触将有助于加强双方的了解和促进两国关系的正常发展。

中国正在深入进行以市场为导向的经济体制改革。目前改革的重点是调整国有企业和金融部门的结构，建立与完善社会保障体系。

尽管受亚洲金融危机的影响，中国的国际收支仍然继续保持良好状况。

萨默斯财长就以下问题发表了看法：

他介绍了美国经济的近期发展情况，特别指出，他期待着美国经济在正常的波动情况下，将继续保持高增长和低通胀的扩张势头。

他对中国积极参与由重要国家参加的新的非正式对话机制而感到高兴。

他重申，希望美国财政部与中国财政部之间的关系继续发展。他指出，这两个部门官员之间的联系已逐步扩展，希望继续扩大彼此间的合作。

双方同意联委会下一次会议将于2000年在华盛顿举行。

参加联委会的中国代表团成员来自财政部、外交部、国家发展计划委员会、国家经贸委、外经贸部、司法部、中国人民银行、国家税务总局、海关总署、证监会、国家外汇管理局。美国代表团成员来自财政部、联邦储备委员会、国务院、贸易代表办公室、货币管理办公室、国家安全委员会、国家经济委员会、海关和美国驻华使馆。

联委会文件附件

中美双方同意就金融和资本市场发展问题建立一个更广泛的对话机制，包括外国金融服务机构在彼此国家所起的作用。这一机制将由两国财政和央行的副手共同主持，并将在适当的情况下吸纳两国证券市场和银行的监管者及其他专家参加。

这一机制将讨论如下问题：

金融部门的发展，包括监管和基础设施问题；

资本市场的发展，包括深化证券市场的发展；

资本市场的一体化所带来的政策挑战；

促进产品多样化和适当的危机管理程序的措施。

这一机制将促进双方在对中国未来经济发展起重要作用领域的合作，对增加信心和增强中国金融市场的活力作出贡献。市场的发展和监管基础设施的建立将有助于促进国内储蓄的有效使用和与全球资本市场的谨慎联合。

两国政府认识到计算机2000年问题的潜在危害，并已在此方面进行了合作。双方表示将继续共同对付在千年之交可能出现的计算机方面的问题。

第一次会议将于2000年上半年召开。副手们将向定于明年举行的联委会提交报告。

全国人大常委会委员长李鹏在人民大会堂会见日本青年代表团

全国人大常委会委员长李鹏在北京会见法国经社理事会名誉主席让·马泰奥利

中国和欧盟在日内瓦就中国加入世界贸易组织问题举行新一轮双边谈判

10月26日

国家主席江泽民与葡萄牙总统桑帕约在里斯本总统府举行会谈

桑帕约表示，中国是一个在国际事务中发挥着越来越重要的作用的大国。明年上半年，葡将担任欧盟委员会轮值主席，葡将推动欧盟不断深化同中国的关系。他认为，欧中加强关系是世界和平与稳定的一个重要因素。

江泽民阐述对澳门问题的原则立场。他说，中葡两国签署关于澳门问题的联合声明以来，经过双方的努力与合作，解决了澳门过渡期面临的一系列重要问题，为澳门的平稳过渡和政权的顺利交接以及落实“一国两制”、“澳人治澳”、高度自治创造了必要的条件。保证澳门政权交接的顺利进行，符合中葡两国的根本利益。中国对澳门恢复行使主权后，中央人民政府将严格遵循“一国两制”方针，按照澳门基本法办事，不会干涉属于澳门特别行政区政府自治范围内的事务。我相信，今后澳门一定会在发展中葡关系和中国同欧盟关系方面发挥桥梁和纽带作用。江泽民还表示，将前往澳门参加政权交接仪式。

桑帕约表示很高兴听到江泽民对此问题的评价。他说，历史将证明，通过双方努力，澳门政权交接一定会取得圆满成功，葡中以及欧盟与中国的关系一定会得到加强。在不到两个月的时间里，葡方将同中方一道推动过渡期剩余问题的解决。桑帕约表示，届时他将率团赴澳门出席政权交接仪式。

江泽民阐述了中国在台湾问题上的原则立场，对葡萄牙政府长期以来坚持奉行一个中国的政策表示赞赏。

全国工商行政管理系统第二次基层建设工作会议在西安召开

会议由国家工商行政管理局主持。国家工商局局长王众孚在会上强调，工商行政管理机关要深入贯彻十五届四中全会通过的《决定》精神，充分发挥职能作用，积极促进国有企业改革和发展。

王众孚指出，要围绕国有企业改革和发展的重要性、紧迫性、主要目标和指导方针，进一步统一思想，统一步调，自觉把支持国有企业改革和发展作为工商行政管理部门的一项重点工作抓好。要围绕国有经济布局调整和国有企业战略性改组，切实做好企业登记管理工作，依法规范市场主体行为。工商行政管理机关要积极支持国有企业适应国有经济布局调整和国有企业战略性改组的需要，进行资产重组和结构调整，依法及时办理设立企业和关停并转企业的登记注册工作。支持国有企业建立现代企业制度，实行规范的公司制改革。进一步简化、规范企业登记注册程序，提高工作效率和质量，优质高效地做好国有企业改革、改制、改组中的企业登记注册工作。坚持依法登记，严格把关，为确保国有资产不流失创造条件。对国有改革、改制、改组中的登记注册，适当减免收取登记注册费。要围绕为国有企业改革和发展创造良好的外部环境，进一步健全市场规则，加强市场监管。

《人民日报》就国务院在河北省召开七省粮食工作座谈会并发出了《关于进一步完善粮食流通体制改革政策措施的补充通知》发表评论员文章《坚定执行粮改政策　切实保护农民利益》

全国政协主席李瑞环在大连考察

10月26日至30日，李瑞环在辽宁省委书记闻世震、省长张国光、省政协主席孙奇、大连市委书记薄熙来等陪同下，在大连市进行考察。他饶有兴致地察看了交通道路、公共建筑、环保设施、绿化美化和住宅小区建设。他还到大连港口码头、经济技术开发区、马家军训练基地及有关企业和文博单位进行考察。考察中，李瑞环对大连市近年来城市面貌发生的喜人变化给予高度评价，对大连市的城市建设工作给予充分肯定，并就城市规划与建设问题同当地干部交换了意见。

李瑞环说，城市建设第一位的工作是城市规划。规划是城市建设的蓝图，是城市管理的依据，也是城市发展的方向和目标。没有好的规划，就不可能把城市建设好、管理好。搞好城市规划关键在领导。领导要关心、重视和支持规划工作。搞城市建设的人，就怕遇上“主观、不懂、有权”的领导，不懂不要紧，懂得太多不可能，就怕不懂又不虚心听取意见，他又有权说话算数，这非误事不可。

李瑞环说，搞好城建工作，最基本的方法是具体抓、抓具体，一条街一条街地弄，一条街一条街地搞，一个项目一个项目地抓。必须不怕辛苦，扎实过细，坚忍不拔，使每个地方都能看到付出的心血和汗水。贪便宜走近道，花不得时间，舍不得下本，其结果一定是出错、吃亏、走弯路。

李瑞环指出，城市建设是一门科学，许多基本问题都有定论，别人也有先例，离开这些基本原则瞎来不行。要认真学习理论，借鉴别人经验，结合本地情况，不断开拓创新。李瑞环还对城市建筑墙体材料、饰面色调等提出建议。

李瑞环说，提高人民生活水平，很重要的一项内容就是改善生活环境。随着时间的推移，人民对生活环境的要求越来越高，生活环境在人民生活中的地位越来越重要，各级领导干部从思想观念到具体工作，都要适应形势的发展，尽可能把城市环境搞得好一点，努力为人民群众提供一个环保质量优良、舒适美好的生活环境。

李瑞环在考察中强调，大连对外开放的条件非常优越，环境、道路、港口等基础配套设施比较先进，腹地比较广阔。大连应充分发挥这个优势，辽宁、东北及全国各地也应认识并利用这一条件。

国务院批准保险资金可通过证券投资基金入市

中国证监会和中国保监会宣布，国务院日前已经批准保险公司购买证券投资基金间接进入证券市场，有关方案即可付诸实施。另据透露，有关减持国有股的相关政策，中国证监会已有明确说法。国有股减持将通过配售方式实现，今年内只选择两家企业进行试点，配售金额合计在5亿元左右。

根据实施方案的规定，保险公司将在控制风险的基础上，在二级市场买卖已上市的证券投资基金和在一级市场配售新发行的证券投资基金；中国证监会新发行的基金，将按一定比例向保险公司配售，并根据保险公司的投资需求增发新基金。

有关人士称，保险资金投资股市，不仅适合中国国情，也符合国际惯例，有利于适当拓宽保险资金运用渠道，满足保险公司长期投资的需要，是保险资金管理的重大改革，对增加证券市场资金供给，促进证券市场的稳定与繁荣将起到积极的促进作用。今后，随着保险资金规模的不断扩大，每年将有更多的资金进入证券市场，为适应这一要求，有关方面正在研究保险资金进入股市的其他可能途径和相关配套政策，待条件成熟时将陆续出台。

国有股配售试点的具体方案是，试点上市公司将一定比例的国有股优先配售给该公司原有流通股股东，如有余额再配售给证券投资基金，配售价格将在净资产值之上、市盈率10倍以下的范围内确定。向原有流通股股东配售的国有股可立即上市流通，向基金配售的国有股须在两年内逐步上市。以上配售国有股的试点方案，日前也已获得国务院批准。

中国证监会有关人士指出，国有股配售是一项长期工作，将在较长时间内分步骤稳妥推进，本次试点的目的在于探索在保持市场稳定前提下减持国有股的有效途径。今后的国有股配售工作，将根据市场需求与可能，实事求是地确定方案，并在保持市场稳定的前提下稳妥推进。

全国人大常委会委员长李鹏在人民大会堂会见匈牙利前总理社会党前主席霍恩及夫人

李鹏指出，中国共产党积极开展对外交往，目的是为中国的现代化建设争取和平的国际环境，为维护世界和平、促进各国发展和人类进步作出积极贡献。中匈两党在独立自主、完全平等、互相尊重、互不干涉内部事务的原则基础上不断发展友好合作，推动国家关系的发展，符合中匈两国和两国人民的愿望和利益。在国际形势复杂变化的世纪之交，中匈两党有必要进一步加强交流与合作，为国家关系的发展作出新的贡献。

霍恩表示，中国取得的改革和发展经验很重要，值得我们研究借鉴；匈牙利和匈牙利社会党赞赏中国和中国共产党尊重各国自主选择发展道路的权利的立场，希望匈中两国两党关系进一步发展。

“巴金星”“陈景润星”“袁隆平星”和“光彩事业星”命名仪式在人民大会堂举行

科技部中国信息研究所公布1989年中国科技论文总计结果去年中国被美国三种最有影响的检索工具收条的国际论文共35003篇比上年减少308篇居世界第9位

第十九届亚太地区矫正管理者会议在上海召开

来自21个国家和地区以及联合国有关组织负责矫正工作的官员参加了会议。司法部部长高昌礼出席开幕式并讲话。

亚太地区矫正管理者会议始于1980年，每年召开一次，宗旨是促进亚太地区各国或地区之间在罪犯矫正工作方面的交流，增进理解，加强合作。为期五天的本届会议将就当前亚太地区各国和地区的矫正问题、新世纪的矫正——挑战与对策等议题进行深入探讨。

高昌礼指出，如何采取有效措施，减少直至消灭犯罪是当今世界各国面临的共同课题，对罪犯的改造与矫正也日益受到国际社会的关注。中国监狱在提高罪犯改造质量方面取得了积极明显的进步，中国愿意与亚太地区各国和地区加强联系和合作，共同寻求解决犯罪问题的有效途径和方法。

10 月 27 日

中央"三讲"教育联系会议在北京召开部分中央巡视组组长座谈会

会议就进一步巩固和扩大"三讲"教育成果作出部署。会上，中央"三讲"教育联系会议负责人张全景说，当前省部级领导班子的"三讲"教育，大多数已告一段落，地市厅局"三讲"教育正在深入开展，县级"三讲"教育正在进行试点。从目前的情况看，发展是健康的，成效是明显的。下一步"三讲"教育工作要认真贯彻四中全会精神，重点抓整改，继续抓教育，乘胜前进。他具体提出五点要求。

第一，要深入学习贯彻四中全会精神。张全景说，在不久前召开的党的十五届四中全会上，江泽民同志又一次深刻阐明了开展"三讲"教育的重大意义和根本目的，对"三讲"教育给予了高度评价，并要求"要认真总结、巩固和扩大成果"，为我们指明了前进的方向。因此，我们首先要学习好、贯彻好江泽民同志的这一重要指示，防止和克服松劲情绪，不能认为集中教育告一段落后，就可以松口气了。一定要毫不松懈地抓下去。特别要按照江泽民总书记今年 1 月在金融研究班的讲话精神，进一步搞好学习。

第二，要认真抓好整改措施的落实。"三讲"教育，归根到底是要解决问题，群众评价"三讲"教育，也主要看领导班子和领导干部存在的突出问题是不是解决了，思想作风和工作作风有没有转变，各项工作有没有新气象。因此，一定要认认真真、扎扎实实地抓好整改，把思想上的收获切实转化到实际工作中去，保持良好精神状态和工作热情。

第三，要认真抓好地市厅局的"三讲"教育。省区市党委要认真负责地抓好地市厅局级的"三讲"教育，中央、国家机关部委办局要认真负责地抓好司处级及下属单位的"三讲"教育。党委（党组）书记不仅是本班子"三讲"教育的第一责任人，而且应该对本地、本部门、本单位各级的"三讲"教育负总责。同时，要积极抓好县级"三讲"教育试点，开展调查研究，为明年全面开展县（市）"三讲"教育做好准备。

第四，对"三讲"教育中群众反映强烈的问题，要认真进行处理。对群众反映的问题，一定要认真对待，严肃处理。特别是对群众反映强烈的问题，集中教育阶段没有查清的，要继续组织力量，进行调查处理，给群众一个负责任的交代，不能不了了之。有的要移交纪检监察机关或有关方面，进一步查清问题，依照党纪国法处理。

第五，要根据对领导班子和领导干部的考察情况，提出加强领导班子建设的意见。这次"三讲"教育，把对领导干部的教育、监督、考察班子建设结合起来进行，既使领导干部受到一次深刻的马克思主义自我教育，也使党组织对每个领导班子、领导干部进行了一次比较全面、细致、深入的考察。对政绩突出、群众公认的优秀干部，要提出使用的建议；对问题多、不主动接受教育的干部，要严肃批评，促其改正；对确实不称职的，要进行调整。

中央"三讲"教育联系会议成员和中央派驻各省市区、中央国家机关的 23 位巡视组组长参加会议。

国家主席江泽民在里斯本总理府会见葡萄牙总理古特雷斯

古特雷斯说，中国是世界上最古老的文明国家之一，中国与欧盟都是当今世界上重要的力量。葡对外政策的一个重要方面，就是积极推动葡中以及欧中经济、政治关系的发展，葡认为，这对于纠正全球化过程中的不平衡现象以及防止某种力量在世界上称霸是十分重要的。葡将在明年上半年担任欧盟委员会轮值主席国，葡将在此期间为加强欧盟及葡与中国在各方面的合作竭尽努力，古特雷斯强调，澳门回归中国后，未来的澳门特别行政区必将成为葡与欧盟同中国发展关系的桥梁。他还重申，葡与欧盟支持中国尽早加入世贸组织。

江泽民说，实现澳门的平稳过渡和政权的顺利交接后，澳门一定可以发挥加强中葡双边关系和加强中国与欧盟关系的桥梁作用。双方在澳门问题上的合作是好的，希望继续共同努力，解决好剩余的问题。香港回归两年的事实足以证明，今后我们在澳门落实"一国两制"、"澳人治澳"、高度自治的方针一定会做得更好。

全国街道社区党的建设工作座谈会在上海召开

会议提出，要从坚持、加强和改善党的领导，巩固党的执政地位和城市基层政权的战略高度，来认识加强街道、社区党建工作的重要性和紧迫性，增强政治责任感。

由中共中央组织部召开的这次会议，主要任务是：深入贯彻党的十五大和十五届四中全会精神，分析研究街道、社区党的建设工作面临的新形势、新任务，总结交流经验，进一步明确工作目标和任务，加强街道、社区党的建设，为城市各项任务在基层贯彻落实提供坚强的组织保证。

会议提出了今后一个时期街道、社区党建工作的指导思想和目标要求,即:以邓小平理论和党的基本路线为指导,全面、深入贯彻党的十五大和十五届四中全会精神,紧紧围绕改革、发展、稳定的大局,以加强街道党的基层组织建设为重点,扩大党在城市社区工作的覆盖面,增强街道、社区党的工作的影响力、渗透力和街道、社区党组织的凝聚力、战斗力,把广大人民群众紧密团结在党组织周围,推进城市社会主义物质文明和精神文明建设。

经过两三年的努力,使街道领导班子的整体素质有明显提高,居民区党支部建设工作和社区党员教育管理工作有明显改善,充分发挥街道、社区党组织在社区建设和管理中的作用,促进街道、社区各项工作上新水平。

中央组织部副部长虞云耀出席会议并讲话。他指出,重视党的基层组织建设,发挥基层党组织的战斗堡垒作用,是我们党的优良传统,也是巨大的组织优势。在新的历史条件下,这种传统和优势不仅不能削弱,而且应当大大发扬,结合时代特点,结合新的形势和任务,赋予新的内容。

虞云耀说,改革开放以来,各地从实际出发,采取多种措施加强街道和社区党建工作,街道党组织和党员在城市改革发展中所起的作用越来越明显,涌现了一批两个文明建设的先进城区和先进街道。总结各地的成功经验,以下四条尤为重要:加强街道、社区党的建设工作,必须紧紧围绕改革、发展、稳定的大局,为党和政府的中心任务服务;必须紧紧抓住领导班子建设这个关键,充分发挥街道党委和居民区党支部的领导核心作用;必须善于用改革的精神研究新情况,解决新问题,探索新路子;必须加强领导,建立健全工作责任制,形成各部门齐抓共管的合力。

虞云耀在讲话中提出了当前和今后一个时期街道、社区党组织要着力抓好的四项工作:加强社会主义精神文明建设,建设文明社区;搞好社会治安综合治理,维护社会稳定;发展社区经济,搞好社区服务;密切党和群众的联系,发挥街道、社区党员在两个文明建设中的先锋模范作用。

各省、自治区、直辖市党委组织部负责人出席了会议。上海市委、北京朝阳区委等单位在会上介绍了各自加强街道、社区党的建设的经验。会议期间与会者还实地考察上海市的社区党建工作。

全国法院执行工作座谈会在北京结束

最高人民法院院长肖扬在会上对来自全国各地法院分管执行工作的法院负责人发表讲话时指出,随着国家对推进国有企业改革和发展重大措施的贯彻落实,起诉到人民法院的涉及国有企业改革和发展的纠纷案件会不断增多,因国企改革引发的其他案件也会增多,这必然给执行工作带来不小的压力。一方面,执行案件的数量将在原来已经不断增加的基础上继续攀升,执行工作的任务将更为繁重;另一方面,执行工作的难度也会不同程度的增加。肖扬要求各级法院对国有企业作为申请人的案件要进行具体分析,积极探索新的执行方式。要妥善运用债权转股权、出让土地使用权、转让无形资产、劳务抵债、委托中介机构强制管理被执行财产以及执行和解等各种行之有效的方法。对涉及国有企业的债权,要加大执行力度,依法保障国有企业债权的实现;对涉及国有企业债务的执行,也要根据法律和政策,加强与有关部门的协调配合,依法解决。

会议反映,截至今年九月底,全国法院仍有未结执行案件九十二万余件,案件的执结率还不高,暴力抗法事件十分突出。仅据十六个省(区、市)高级法院的统计,一月至九月共遇到暴力抗法事件三百三十多件,有四百多名法院执行人员被打伤,二百多辆车被毁坏,严重妨碍了依法执行,在社会上产生了极坏影响。肖扬强调,各级法院一定把贯彻落实党的十五届四中全会精神,进一步加大执行力度,把全力解决“执行难”问题作为人民法院当前和今后一段时间的工作重点,坚决维护国家法律的尊严和司法权威。

中国人民银行行长戴相龙就中央银行在国有企业改革与发展方面采取的措施等问题答记者问

在党的十五届四中全会后,作为中央银行的中国人民银行,将采取什么措施进一步支持国有企业改革和发展?近日,记者就这一读者普遍关心的问题采访了中国人民银行行长戴相龙。

问:20年来我国金融业在支持国有企业改革和发展方面做了哪些工作?

答:长期以来我国金融业在支持国有企业发展、转换经营机制和对外开放中做了大量卓有成效的工作。一是及时发放贷款。二是不断扩大贷款范围。三是提供多种融资方式。四是大力支持国有企业转换经营机制。五是从1996年5月1日到1999年6月10日,先后7次降息,使企业累计减少利息支出2500多亿元。六是改进金融服务。七是正在积极推进债转股工作。

问:学习《决定》,总结过去金融业支持国有企业改革和发展的经验和教训,您认为今后金融业支持国有企业需要正确处理哪几个方面的关系?

答:一是正确处理支持经济发展与防范金融风险的关系。二是正确处理服务和监督的关系。三是处理好间接融资与直接融资的关系。四是依法维护国有工商企业和国有金融企业之间分工合作、平等互利、恪守信用的关系。

问:今年银行贷款增幅不大,有人称之为“银行惜贷”,应如何看待这个问题?

答:今年1月至9月,全部金融机构贷款比年初增加7002亿元,比去年同期少增加610亿元。但是,企业从其他渠道的融资增加了。1月至9月,股票市场融资708亿元,比去年多53亿元,其中6月至9月比去年同期多融资202亿元。1—8月,4家国有独资商业银行累计开出商业承兑汇票3206亿元,比去年同期多827亿元。另外,国有商业银行还为国有企业签发大量信用证。据调查,企业向银行申请贷款有73%获得批准。另外,由于贷款限额的取消,资信较好的企业可以及时获得贷款,因此,主动压缩贷款,促使贷款周转速度加快。这些措施的综合效应,反映企业存款不断上升,企业购买力增强。9月末,全部金融机构企业活期存款余额2.56万亿元,比年初增加1474亿元,比去年同期多增加437亿元。这说明当前全国货币信贷增长与经济发展基本适应。国有商业银行加强信贷管理,贷款比过去谨慎,是一个进步。总体上讲,不存在银行惜贷问题。但是,在一些地区、对一些企业,应该给予贷款而没有及时贷款的情况仍然存在。

问:中央银行在进一步支持国有企业改革和发展方面有何打算?

答:中央银行要从六个方面支持国有企业改革和发展。

一是进一步发挥货币政策的作用,运用多种货币政策工具,扩大货币供应量。中国人民银行将增加对商业银行特别是中小金融机构的贷款,更好地支持小型企业、个体经济发展;要进一步降低商业银行存款支付准备金的上存比例,增加商业银行发放贷款的资金;要在保持现有存贷款利率水平的基础上,加快利率管理体制改革步伐;要通过收购商业银行持有的债券,向社会增加货币供应。

二是调整信贷政策,促进经济结构调整、技术创新和扩大消费。增加中长期贷款,支持基础设施建设和国有企业技术改造。增加外贸企业和三资企业贷款。大力发展居民购房、购车和其他消费贷款。开辟教育系列贷款,即大幅度增加助学贷款、学生公寓贷款和大学与工商企业联合开发高新技术的贷款。

三是加快国有独资商业银行改革步伐,认真落实《决定》中为国有企业增资减债的各项政策。增加对破产企业的呆、坏账冲销数额;检查利率政策的执行情况,纠正不符合规定的收息,同时推进依法收息工作;帮助4家金融资产管理公司,做好对国有独资商业银行不良贷款的收购和处理工作,对符合条件的企业实行债转股,同时要严防和消除可能出现的负面影响。

四是改进结算工具,严肃结算纪律,加速企业资金周转。大力推广银行承兑商业票据,促进扩大商品购销活动;逐步推广买卖双方开户银行对购销合同进行鉴证,把企业信用纳入银行之间的信用;在国内推行信用证结算;对产品过剩而又单方面发货赊销的企业,减少或收回贷款;会同有关部门对企业之间现有大量拖欠进行清理,通过增加贷款、压库促销、债转股和坏账核销,控制和降低应收款的上升。

五是完善金融服务体系。加快信托投资公司的整顿和重组步伐,发挥信托投资公司在国有企业实行战略性改组中金融中介组织的作用。适当增设大型企业集团的财务公司,集中企业集团成员的暂时闲置资金,加大企业集团技术改造的能力。

六是支持国有企业扩大直接融资,降低国有资产负债率。逐步扩大证券投资基金在同业拆借市场的融资业务;抓紧制定和公布证券公司以股票抵押向商业银行融资的办法;支持证券公司经过有关部门审批发行金融债券筹集资金。

国际金融公司又为我国融资5560万美元

世界银行成员之一的国际金融公司,今天与都江堰拉法基水泥有限公司在京签署了5560万美元的贷款协议。这是国际金融公司迄今为止在中国中西部最大的投资,也是我国中西部民营部门获得的最大的项目融资。

人事部表彰杰出专业技术人才

50名来自平凡岗位上的杰出专业技术人员受到表彰。人事部作出决定,授予袁隆平等10名同志“杰出专业技术人才奖章”,给予王梦恕等40名同志记一等功奖励。

荣获“杰出专业技术人才奖章”的10名同志是:湖南省农科院研究员、国家杂交水稻工程技术研究中心主任、中国工程院院士袁隆平,解放军武汉海军工程大学教授、博士生导师马伟明,河南省安阳彩色显像管玻壳有限责任公司董事长兼总经理李留恩,中国科学院近代物理研究所研究员、博士生导师詹文龙,航天科技集团中国运载火箭技术研究院副院长、研究员龙乐豪,上海血液学研究所所长、研究员、中国科学院院士陈竺,中国林业科学研究院研究员、中国工程院院士王涛,福州大学校长、教授、博士生导师、中国工程院院士魏可镁,新疆农业科学院研究员吴明珠,天津市天津医院副院长、副主任医师陆芸。

国家决定适当加快研究生教育发展步伐

国家决定2000年全国研究生招生总规模拟按12

万名左右安排，比 1999 年增加 30%，其中国家计划部分增加 20%。这是近十几年来研究生招生规模增幅最大的一次，为广大考生提供了更多的求学深造机会。2000 年的研究生招生工作已全面展开。教育部等部门要求招生单位要严格执行研究生招生的各项规定，不得违反国家有关规定乱收费。

教育部有关文件对社会和广大考生最关心的几个问题做了明确规定：

一、具有同等学力者可报考研究生。即获得国家承认的大专毕业学历后，经两年或两年以上达到与大学本科毕业生同等学力，含国家承认学历的成人高校应届本科毕业生，且达到招生单位根据本单位的培养目标对考生提出的具体业务要求的人员，可以报考硕士生；获得学士学位后六年或六年以上，并达到与硕士毕业生同等学力且达到招生单位根据本单位的培养目标对考生提出的具体业务要求的人员，可以报考博士生。

二、从招收 2000 年硕士生起，试办法律硕士专业学位的高等学校实行全国联考的试点。为培养复合型、应用型高层次法律专业人才和管理人才，该专业不再招收法学专业的毕业生，只招收符合报考条件的非法学专业的往届毕业生及非法学专业的应届本科毕业生。

三、工商管理硕士专业（MBA）继续实行用联考的方式招生。未被该专业录取的上线联考生，不得转至其他学科、专业录取，其他学科、专业的单考生、上线统考生也不得转到该专业录取。

四、报考硕士生的报名时间为 1999 年 11 月 10—14 日，考试时间是 2000 年 1 月 22—24 日。报考博士生的报名考试时间为一年一次或两次，由各招生单位自定。从香港、澳门、台湾人士中招收研究生的报名地点分设在香港、澳门、广州、北京。报名时间为 1999 年 12 月 1—31 日，考试时间为 2000 年 4 月 8—9 日。

谢非逝世

中国共产党的优秀党员，久经考验的忠诚的共产主义战士，卓越的党的工作领导者，中国共产党第十五届中央政治局委员，第九届全国人民代表大会常务委员会副委员长，澳门特别行政区筹备委员会副主任委员谢非，因病医治无效，于 1999 年 10 月 27 日 14 时 50 分在广州逝世，享年 67 岁。

谢非 1932 年 11 月 4 日出生于广东省陆河县河口镇对门村一个贫苦农民家庭。1947 年 11 月在陆丰参加革命工作。1949 年 7 月加入中国共产党。在艰难的岁月里和对敌斗争中锻炼成为一名坚强的、勇敢的革命战士和党的基层工作者。1955 年 6 月以后，谢非历任广东省陆丰县委常委兼宣传部部长、副县长、县委书记。1960 年 8 月起，先后担任广东《上游》杂志社编辑，中共中央中南局政策研究室研究员，广东省革委会政工组政工办公室副主任等职。在“文化大革命”期间，坚持原则，主持公道。粉碎“四人帮”以后，调任《红旗》杂志社三人领导小组成员。以较高的理论修养，废寝忘食地工作，为思想理论上的拨乱反正作出了应有的贡献。1979 年 11 月后，任中共广东省委副秘书长兼办公厅主任。1983 年后，任广东省委书记兼省委秘书长、省委党校校长、省委落实统战政策领导小组组长，为落实党的干部政策和统战、侨务政策做了大量工作。1986 年，任广东省委副书记兼广州市委书记，广州军分区党委第一书记。他带头调查研究，从实际出发，推行各项改革，促进了广州经济和社会的发展。1988 年 6 月后，任广东省委副书记。1991 年 1 月后，任广东省委书记、广东省军区党委第一书记。在党的十四大、十五大上当选为中央政治局委员。任广东省委书记期间，团结和带领“一班人”，坚定不移地贯彻执行党的基本路线，认真贯彻落实邓小平同志视察南方谈话精神，坚持“发展是硬道理”的指导思想，坚持改革开放，勇于探索，求真务实，大力推进两个文明建设，使广东省保持了国民经济和各项事业持续快速发展，经济实力明显增强，城乡面貌发生了巨大的变化。善于把中央的精神和广东实际相结合，创造性地开展工作，在全省实施“三个三”工程。富于开拓进取精神，充分发挥党的政治优势和广东改革开放先行一步以及毗邻港澳、侨胞众多的优势，制定政策措施，促进改革开放，加强粤、港、澳经济合作以及国际交流，推动全省形成全方位、多层次的开放格局，亲自指导深圳、珠海、汕头经济特区和顺德市的综合改革试验。1998 年 3 月，在第九届全国人民代表大会上当选为全国人民代表大会常务委员会副委员长。他为坚持和完善人民代表大会制度，健全社会主义法制，建设社会主义法治国家作出了不懈的努力；为澳门顺利回归、推进祖国统一大业倾注了自己的全部心血。

10 月 28 日

国家主席江泽民在拉巴特与摩洛哥国王穆罕默德六世会谈

江泽民说，中东地区是一个多民族的地区，中东各民族都曾对人类文明作出杰出的贡献，在历史上曾长期是世界文明的中心之一。但在本世纪，中东人民饱尝战乱之苦，阿以间就进行了 4 次战争，严重阻碍了地区和平与发展、文明与进步的历史进程。从古至今，中东的兴与衰、战与和始终为人瞩目。中国与中东各族人民的交往源远流长，我们有着相同的经历和遭遇，我们之间有着特殊的感情与联系，因此，中国对中东地区的形势和中东和平进程的发展尤为关切。

他说，中东各国人民为争取和捍卫和平付出了沉重代价，深深认识到和平之可贵。我们高兴地看到，中东和平进程在前进、阿以关系在变化，政治解决地区争端已成大趋势。中国始终支持中东和平进程，主张和平解决地区争端，希望阿以间化剑为犁，建立起相互信任，实现和睦相处。

中国对当前中东问题的原则立场如下：

一、我们提倡和平而不是诉诸武力，提倡合作而不是对抗，提倡兼容而不是排斥。

二、我们主张中东各国的领土完整和主权独立都应受到广泛尊重，各国的安全应有保障，巴勒斯坦人民的合法民族权利应得到恢复和尊重，各民族应和睦相处。

三、我们支持中东问题有关各方把通过谈判和平解决争端作为战略选择，并希望有关各方切实执行联合国有关中东问题的决议，坚持遵循“土地换和平”的原则，认真履行已达成的协议。

四、我们希望国际社会加大促和力度，并愿同他们一道，一如既往地为实现中东全面、公正、持久的和平共同作出努力。

江泽民高度赞赏摩洛哥政府和人民，尤其是已故哈桑二世国王陛下为推动阿以和解，促进中东和平事业所作的积极努力和贡献。他强调指出，当前中东和平进程出现了一些积极因素，能否推动这些积极因素演变成中东公正持久和平的现实，不仅需要国际社会的共同努力，更需要地区国家领导人的智慧和胆略。作为跨世纪的国家领导人和政治家，站在历史高度，开辟未来为子孙后代构筑一个和平与安宁的生活和发展环境是历史赋予的重任。尽管中东问题艰巨复杂，但我相信，人类有能力解决这些问题，历史总是向前发展的，中东的前途是光明的。

会谈后，中摩双方举行了两项协议的签字仪式，即《中华人民共和国政府和摩洛哥王国政府关于中国向摩洛哥提供优惠贷款的框架协议》和《中华人民共和国政府和摩洛哥王国政府经济技术合作协定》。外经贸部部长石广生代表中方在协议上签字，摩外交和合作大臣贝内萨代表摩方在协议上签字。

国家主席江泽民在拉巴特摩洛哥国宾馆分别会见摩众议院议长拉迪和参议院议长埃赛义德

国家主席江泽民在拉巴特下榻的国宾馆会见摩洛哥首相优素菲

中国与摩洛哥在拉巴特举行《中华人民共和国政府和摩洛哥王国政府关于中国向摩洛哥提供优惠贷款的框架协议》和《中华人民共和国政府和摩洛哥王国政府经济技术合作协定》签字仪式

外交部发言人章启月说中国反对美国会众院国际关系委员会通过“加强台湾安全法案”

章启月在例行记者招待会上回答记者提问时说，美国会众院国际关系委员会通过了经修改的所谓“加强台湾安全法案”。该法案严重违反中美三个联合公报，侵犯中国主权，粗暴干涉中国内政，中方对此表示强烈愤慨和坚决反对。

章启月说，必须指出，美国会少数议员竭力推动通过《加强台湾安全法》，其实质是企图通过强化美国内立法，为美向台湾提供各种先进武器设备、建立和扩大美台武装力量的直接联系提供所谓法律依据，阻挠中国的统一大业。这一图谋对台湾海峡乃至亚太地区和平与稳定和中美关系构成严重威胁。中国政府和人民从一开始就对该法案表示强烈谴责和坚决反对，并已多次就此向美方提出严正交涉。中方注意到美国政府表示反对美国会通过这一立法。中方强烈要求美国会议员立即停止利用台湾问题干涉中国内政的错误行径；要求美国政府恪守中美三个联合公报和有关承诺，认清该法案的严重危害性，采取切实有效措施阻止其成为法律，以免使中美关系受到严重损害。

25 万名合格民办教师将转为公办教师

人事部、国家发展计划委员会、教育部日前决定1999 年至 2000 年安排专项指标，将 25 万名合格民办教师转为公办教师。此举表明党中央、国务院确定的“本世纪末基本解决民办教师问题”的目标将如期实现。

民办教师是我国特殊历史条件下形成的中小学教师队伍的重要组成部分。1977 年，全国民办教师多达491 万。长期以来，广大民办教师忠诚于人民的教育事业，在条件非常艰苦、待遇相当低的情况下，兢兢业业，默默奉献，为我国农村教育和社会发展作出了不可磨灭的贡献。党中央、国务院一直非常重视民办教师问题。党的十一届三中全会以来，各级人民政府积极采取措施，通过坚决关住新增民办教师的口子、有计划地将合格民办教师转为公办教师、师范学校定向招收民办教师，辞退不合格的民办教师、对老年民办教师实行离岗退养制度等措施，规范和加强了民办教师队伍管理。民办教师占中小学教师队伍的比重逐年减小，民办教师队伍整体素质得到显著提高，绝大部分民办教师达到了国家规定的学历，同时民办教师待遇也逐步提高。

1994年，在改革开放以来召开的第二次全国教育工作会议上，党中央、国务院确定了“本世纪末基本解决民办教师问题”的目标，1997年，国务院办公厅发出关于解决民办教师问题的通知，各级人民政府也加大了解决民办教师问题的工作力度，使民办教师工作进入了一个新阶段。“九五”期间，国家共安排了近80万名专项指标用于合格民办教师转公办教师。各省区也相应配套指标用于“民转公”，继北京、上海、天津之后，浙江、江苏、福建、宁夏等省区及其他省的部分地区已提前解决了本地区民办教师问题。

教育部有关负责人指出，目前，解决民办教师问题的工作已经进入最后阶段。在新的世纪，民办教师问题将成为历史。

中宣部 新闻出版署在人民大会堂为《中华大典》首批成书面世举办座谈会

规模与《四库全书》相当，全书将达7亿字，当代学者编纂的最大类书——《中华大典》，首批成书近日面世。

中共中央政治局常委、国务院副总理李岚清，中共中央政治局委员、中央书记处书记丁关根，分别请有关部门负责人转达他们对《中华大典》开始出版的祝贺。

《中华大典》这项集我国历代类书之大成的文化积累工程，由中宣部和新闻出版署组织，全国千余名专家学者参与编纂。它对我国历代浩如烟海的汉文古籍进行了全面、系统的分类整理，涵盖了全部的古代文化典籍，是一部学术性很强、资料极其丰富的巨型工具书。也是我国历史上继《太平御览》、《永乐大典》、《古今图书集成》之后的又一大类书。全书共22个典。首批与读者见面的分别是《文学典·宋辽金元文学分典》(1200万字)和《医药卫生典·医学分典》的《基础理论总部》及《儿科总部》(共800万字)。与会者给予高度评价。

党和国家领导人江泽民、李鹏、李瑞环等都曾为《中华大典》的编纂题词或作批示。

10月29日

《李大钊文集》出版暨纪念李大钊诞辰110周年座谈会在人民大会堂举行

中宣部、中央文献研究室、中央党史研究室在人民大会堂举办座谈会。中共中央政治局常委、国家副主席胡锦涛在座谈会讲话中指出，今天，我们党所处的环境和条件已经发生了很大变化，但我们仍要大力弘扬革命先辈的崇高精神。全党同志，特别是党的各级领导干部，一定要按照讲学习、讲政治、讲正气的要求，加强思想政治修养，自觉抵御各种腐朽思想的侵蚀，真正养成共产党人的高风亮节。

胡锦涛指出，不久前，我们刚刚欢庆过中华人民共和国成立50周年。回顾神州大地发生的翻天覆地的历史性变化，我们更加怀念李大钊等为祖国的独立、统一、民主、富强建立了不朽功勋的革命先烈们。他说，为了缅怀中国共产主义运动的先驱、伟大的马克思主义者、杰出的无产阶级革命家、中国共产党的主要创始人之一李大钊同志，我们在他诞辰110周年的时候，出版新编的《李大钊文集》，并在这里举行座谈会，以表达我们的怀念和敬仰之情。

胡锦涛强调，这次新编出版的五卷本《李大钊文集》，比较全面地收集了李大钊同志的著作，以丰富的文献展现了李大钊同志光辉一生的伟大实践和思想贡献。他的思想理论遗产，是我们党和全国各族人民宝贵的精神财富。我们纪念李大钊同志，学习和研究他的著作，必须像他那样弘扬爱国主义精神，为中华民族的振兴不懈奋斗；必须像他那样始终不渝地坚持马克思主义的科学信念；必须像他那样坚持把马克思主义应用于中国实际的探索精神；必须像他那样保持无产阶级先进分子的革命气节和高尚情操。

会议由中共中央政治局候补委员、书记处书记、中组部部长曾庆红主持。

出席座谈会的，还有中共中央和国家机关部委的负责同志，河北省委、北京大学负责人，李大钊亲属及生前友好人士，参加李大钊学术讨论会的专家学者以及其他各界代表。中宣部常务副部长刘云山、中组部副部长李铁林、中央文献研究室副主任金冲及、中央党史研究室副主任陈威、中国李大钊研究会会长王学珍在座谈会上发了言。

新编五卷本《李大钊文集》，由人民出版社出版发行。文集收录了李大钊同志从1912年6月至1927年4月的遗文，包括文章、书信、诗词、译文、演讲录等500余篇，160余万字。

澳门特别行政区行政长官何厚铧任命未来特区检察官

澳门特别行政区行政长官办公室昨天宣布，特区行政长官何厚铧已根据特区检察长何超明的提名建议，决定任命22人为未来特区的检察官。此任命将于今年12月20日生效。

被任命的检察官有：宋敏莉、韦高度、马翊、黄少泽、陈子劲、黄伟华、高伟文、高文礼、祈礼道、江志、米万英、陈达夫、郭少萍、郭婉雯、徐京辉、程立福、陈美芬、黎裕豪、梁文英、陈锡豪、杜慧芳、刘因之。加上已经由何厚铧提名、并获中央政府任命的特区检察长何超明，未来澳门特区的检察官共有23人。

按照《中华人民共和国澳门特别行政区基本法》和全国人大的有关决定，澳门特别行政区检察院设检察长 1 人，检察官 20 人左右。

三峡工程库区农村移民外迁现场会在重庆市召开

国务院副总理吴邦国出席会议并作了总结讲话。他强调，农村移民外迁工作不仅关系到千家万户农村移民和迁入地老居民的切身利益，关系到迁出地与迁入地的社会稳定，还关系到三峡二期移民任务能否按期完成、水库能否按期蓄水、工程能否按期发挥效益。各地政府必须高度重视，顾全大局，克服困难，积极稳妥地做好这项工作。

此次三峡工程库区农村移民外迁现场会经国务院批准，由国务院三峡工程建设委员会召开。会议期间，与会者参观考察了重庆江津市油溪镇接受安置云阳县外迁农村移民的现场，听取了江津市和湖北省宜昌市接收安置外迁移民的经验介绍。国务院三峡工程建设委员会副主任郭树言对安置重庆库区外迁农村移民进行了部署：出市外迁移民 7 万人将分散安置到上海、江苏、浙江、安徽、福建、江西、山东、湖北、湖南、广东、四川等 11 个省市。

吴邦国在会上强调，要充分认识农村移民外迁安置的必要性。他说，三峡库区移民安置工作总的来说进展顺利。截至今年 6 月底，已搬迁安置 17.8 万人，其中农村移民 9 万人，已有 9000 多人出省市外迁安置，同时，还为 7.3 万人创造了搬迁条件。但是，也要清醒地认识到，移民工作的艰巨性和复杂性。今年 5 月，国务院召开的三峡工程移民工作会议调整和完善了农村移民政策。根据三峡库区农村土地容量严重不足的现状和保护三峡库区生态环境的需要，这次会议强调了要坚持多种方式安置农村移民的方针，突出地强调了异地安置问题，提出了把本地安置与异地安置、集中安置与分散安置、政府安置与自找门路结合起来，鼓励和引导更多的农村移民外迁安置。这一政策的调整是从三峡库区实际情况出发的，必须坚决贯彻执行。

吴邦国指出，重庆市农村移民外迁工作，不论对迁出地政府还是迁入地政府，都是一项新的工作，也是一项艰苦细致、容不得半点马虎的工作。各迁入地政府不仅要把它作为一项重要的经济任务，而且要把它作为一项重要的政治任务，从讲政治、讲大局的高度去看待这件事，采取各种办法努力完成。

三峡库区外迁移民是带资移民，国家还制定了鼓励政策。吴邦国希望 11 个省市把接收外迁移民当作一次促进当地经济发展的机遇。他说，移民带来的资金，有一部分要用于基础设施建设，这可以改善当地道路、供电、供水等基础设施条件。移民带来的生产安置费，可以集中起来开发当地资源，发展高效生态农业，使接收安置地得到实惠。

吴邦国强调，外迁移民要坚持以农为本。他要求接收三峡库区移民的 11 个省市，必须保证移民承包的耕地、自留地、宅基地不低于当地平均水平。他提出，对于分配给移民的耕地，迁入地政府要及时颁发土地承包证，落实移民户的土地承包权、生产自主权和经营收益权，并要积极引导他们发展农业生产。关于外迁移民的进度要求，他提出，11 个省市要先选一个县进行试点，今年底以前做好试点方案，明年完成试点任务，同时编制好本省市接收移民安置的总体规划；从 2001 年开始，在试点的基础上全面铺开；2003 年上半年，完成安置任务。

吴邦国强调，迁入地的 11 个省市要加强领导，明确责任，把移民外迁工作落到实处。他明确要求，11 个省市主要领导要经常过问，分管领导要亲自抓，要落实专门机构或部门负责这项工作；要做好迁入地干部、群众的思想政治工作，要对外迁移民热情欢迎，在生活上多体贴，政治上多关心，使外迁移民早日达到当地居民的平均生活水平；要认真做好外迁移民安置规划，要选择自然条件较好、经济相对发达、土地容量较为充裕的地区作为外迁移民安置区；要加强对外迁移民资金管理，专款专用，不得挤占挪用。

吴邦国要求重庆市加强对 11 个省市接收工作的配合、协作，尽快制定移民外迁的实施计划；要通过广播、电视等多种形式公开宣传外迁移民的有关政策，做到家喻户晓，人人皆知；要做好外迁移民的思想政治工作，使移民由被动外迁变为主动外迁；要认真算清每户外迁移民的补偿资金，让移民走得踏实，不存疑惑。他说，国务院三峡工程建设委员会办公室、移民局要加强协调、监督和服务工作；国务院有关部门也要大力支持外迁移民工作，加强行业指导，在有关政策上予以倾斜。

上海、江苏等 11 个省市的有关负责人和国家计委、国土资源部、公安部、农业部、水利部、铁道部、交通部、国家审计署、国家税务总局、建设银行、长江水利委员会的有关负责人以及重庆市的有关负责人参加了这次会议。11 个省市的负责人对接收安置三峡外迁移民都表示了积极态度，认为这是事关大局的问题，一定服从中央的安排，努力完成外迁移民的安置任务。

中国驻美国大使李肇星就美国对邪教采取双重标准发表谈话

李肇星指出，美国政府可以采取各种手段打击本国的“大卫教”等邪教组织，而对中国依法取缔邪教组织“法轮功”却说三道四，并对中国政府进行无端指责，这完全是一种“双重标准”。

李肇星是在此间由华人华侨艺术家组成的黄河艺术团举行的一次聚会上讲这番话的。他说，“法轮功”头目李洪志不仅在中国骗人钱财，害人性命，而且跑到美国来害人。他举了一位名叫林树峰的旅美青年因练“法轮功”走火入魔的例子。这位青年一年前开始练习“法轮功”，导致精神病发作，26日夜晚离家出走后被警方送到医院接受治疗。

李肇星说，“法轮功”造成的巨大危害充分暴露了其反科学、反人类、反社会的本质。中国政府取缔“法轮功”完全是为了更好地保护宗教信仰自由和公民的基本人权和自由，因而得到了全中国人民的坚决拥护和支持。李肇星说，美国国务院发言人鲁宾和国会少数议员竟然不顾事实，颠倒黑白，指责中国不尊重宗教信仰自由，这是中国政府和人民所不能接受的，也是不利于中美两国关系的。

10月30日

国家主席江泽民在阿尔及尔总统府与阿尔及利亚总统布特弗利卡会谈

中阿双方就进一步发展两国友好合作关系以及双方共同关心的重大国际问题深入地交换了意见，取得了广泛的共识。

江泽民指出，为构筑面向新世纪的中阿关系，双方应在以下几个方面继续努力：一、站在战略高度，从两国人民长远利益出发，坚定不移地推动两国关系的全面发展，不断扩大共同利益。二、充分利用两国经贸合作发展的巨大潜力和良好前景，发扬开拓创新精神，把两国的经贸和科技合作与交流提高到一个新的水平，实现共同发展。三、加强在地区与国际问题上的磋商与协调，为捍卫广大发展中国家的权益及维护世界和平与稳定作出新贡献。四、加强两国各层次人员的相互交流和了解，为中阿关系在新世纪的发展培育坚实的基础。

江泽民说，中国主张各国在平等和相互尊重的基础上开展人权对话与合作，反对将人权问题政治化，特别是利用人权问题干涉发展中国家内政的做法。目前，国际上有些人提出“人权高于主权”和“国家主权有限”的新干涉主义，这值得广大爱好和平的发展中国家的高度警惕。事实上，人权要靠主权来保护，不是人权高于主权，而是没有主权就没有人权。中国支持阿尔及利亚奉行符合本国国情的人权政策，反对别国借口人权干涉阿内政。布特弗利卡表示，在人权问题上，阿尔及利亚与中国的观点完全一致。他特别赞同没有主权就没有人权的重要观点。

江泽民说，加强和发展同包括非洲国家在内的广大发展中国家的友好合作关系，始终是中国独立自主和平外交政策的重要组成部分。我们坚持和平共处五项原则，从不干涉非洲国家内政；支持非洲国家独立自主地选择适合自己国情的政治制度和发展道路；支持非洲国家捍卫独立、主权和领土完整，反对外来干涉的正义斗争；支持非洲国家维护和促进相互间的团结，通过和平谈判解决彼此间的矛盾和争端；主张所有国家一律平等，支持非洲国家平等参与国际事务；继续向非洲国家提供力所能及和不附带任何政治条件的经济援助，并本着平等互利原则同非洲国家开展多种形式的经贸合作，谋求共同发展。在新形势下，中国将遵循“真诚友好、平等相待、团结合作、共同发展、面向未来”的对非关系基本原则，与非洲国家共建面向21世纪的长期稳定、全面合作的中非新型伙伴关系。

布特弗利卡感谢中国对广大发展中国家，特别是对非洲的支持和援助。他表示，发展中国家应进一步加强团结与合作。中国是一个在国际舞台上有着重要影响的国家，阿尔及利亚以及其他发展中国家尤其应同中国加强联系与合作。

国家主席江泽民在阿尔及尔国宾馆会见阿尔及利亚民族委员会（上院）议长布马扎和全国人民议会（下院）议长本·萨利赫

布马扎说，江主席对阿尔及利亚的访问是一次历史性的访问，因为这是中国国家元首首次访阿。阿中两国关系有着悠久的历史，阿在独立和建设过程中都得到中国的许多支持。他说，阿中之间的友谊和关系是独特的，我们在今后的建设中一定会从中国的经验中学到许多有益的东西。

萨利赫说，阿尔及利亚人民始终对中国人民怀有尊重、热爱和感谢的心情。阿中建交以来，两国合作非常成功，堪称典范。江主席此次来访正值阿政治、经济变革的关键时期，将为阿中两国关系今后的发展确定方向。他相信，这次访问一定会成为两国关系发展史上的里程碑。

江泽民说，中阿两国虽相距遥远，但两国的传统友谊源远流长。我们两国有着共同的经历。早在50年代，阿人民进行民族解放战争时期，我们两国就在反帝、反殖的斗争中结下了深厚友谊，阿尔及利亚是最早与中国建交的非洲国家之一，并为恢复中国在联合国的合法席位作出了重要贡献。建交40多年来，在双方的共同努力下，两国在各个领域的友好合作关系取得了令人满意的成果。

江泽民说，当前世界形势发生了许多变化，但中国仍坚持走有中国特色的社会主义道路。中国虽然取得了较大的发展，但仍是一个发展中国家。我们将始终坚定地站在广大发展中国家一边。江主席强调，我们致力于建立公正合理的国际政治、经济新秩序，首先要反对霸权主义和强权政治。我们发展中国家应坚持自己的生存权和发展权，坚持走符合自己国情的发展道路，反对西方借口人权干涉发展中国家的内政。我们反对"人权高于主权"的论调，如果没有独立的主权，发展中国家的人权就没有任何保障。

江泽民向两位议长转达了李鹏委员长的问候。他说，两国议会间的交流是两国关系中的一项重要内容。两国议会间进一步加强交流与合作对推动两国关系的发展是十分重要的。

钱其琛副总理等陪同人员会见时在座。

九届全国人大常委会第十二次会议举行第二次全体会议

会议表决通过了《全国人大常委会关于取缔邪教组织、防范和惩治邪教活动的决定》。听取关于增加农民收入、减轻农民负担等六项报告。全国人大常委会委员长李鹏出席会议。

大会首先听取全国人大法律委员会主任委员王维澄所作的关于《全国人民代表大会常务委员会关于防范和打击邪教组织的决定(草案)》修改意见的报告。王维澄说，根据常委会委员在审议中提出的意见，法律委员会建议，将决定的名称修改为《全国人民代表大会常务委员会关于取缔邪教组织、防范和惩治邪教活动的决定》，同时对有关内容作了一些修改。随后，会议表决通过了这个决定。

会议还听取农业部部长陈耀邦受国务院委托所作的关于增加农民收入、减轻农民负担的报告，全国人大财经委员会主任委员陈光毅所作的全国人大常委会执法检查组关于检查《中华人民共和国产品质量法》实施情况的报告，财经委员会副主任委员曾宪林所作的《关于第九届全国人大第二次会议主席团交付审议的代表提出的议案审议结果》的报告，华侨委员会副主任委员徐惠滋所作的《关于第九届全国人大第二次会议主席团交付审议的代表提出的议案审议结果》的报告，环境与资源保护委员会副主任委员王涛所作的《关于第九届全国人大第二次会议主席团交付审议的代表提出的议案审议结果》的报告，农业与农村委员会副主任委员伍精华所作的《关于第九届全国人大第二次会议主席团交付审议的代表提出的议案审议》结果的报告。

全体会议由全国人大常委会副委员长王光英主持。全国人大常委会副委员长田纪云、姜春云、邹家华、程思远、布赫、铁木尔·达瓦买提、吴阶平、彭珮云、何鲁丽、周光召、曹志、丁石孙、成思危、许嘉璐、蒋正华，秘书长何椿霖出席会议。国务院副总理温家宝、最高人民法院院长肖扬、最高人民检察院检察长韩杼滨列席会议。

九届全国人大常务委员会第十二次会议通过《全国人民代表大会常务委员会关于取缔邪教组织防范和惩治邪教活动的决定》

为了维护社会稳定，保护人民利益，保障改革开放和社会主义现代化建设的顺利进行，必须取缔邪教组织、防范和惩治邪教活动。根据宪法和有关法律，特作如下决定：

一、坚决依法取缔邪教组织，严厉惩治邪教组织的各种犯罪活动。邪教组织冒用宗教、气功或者其他名义，采用各种手段扰乱社会秩序，危害人民群众生命财产安全和经济发展，必须依法取缔，坚决惩治。人民法院、人民检察院和公安、国家安全、司法行政机关要各司其职，共同做好这项工作。对组织和利用邪教组织破坏国家法律、行政法规实施，聚众闹事，扰乱社会秩序，以迷信邪说蒙骗他人，致人死亡，或者奸淫妇女、诈骗财物等犯罪活动，依法予以严惩。

二、坚持教育与惩罚相结合，团结、教育绝大多数被蒙骗的群众，依法严惩极少数犯罪分子。在依法处理邪教组织的工作中，要把不明真相参与邪教活动的人同组织和利用邪教组织进行非法活动、蓄意破坏社会稳定的犯罪分子区别开来。对受蒙骗的群众不予追究。对构成犯罪的组织者、策划者、指挥者和骨干分子，坚决依法追究刑事责任；对于自首或者有立功表现的，可以依法从轻、减轻或者免除处罚。

三、在全体公民中深入持久地开展宪法和法律的宣传教育，普及科学文化知识。依法取缔邪教组织，惩治邪教活动，有利于保护正常的宗教活动和公民的宗教信仰自由。要使广大人民群众充分认识邪教组织严重危害人类、危害社会的实质，自觉反对和抵制邪教组织的影响，进一步增强法制观念，遵守国家法律。

四、防范和惩治邪教活动，要动员和组织全社会的力量，进行综合治理。各级人民政府和司法机关应当认真落实责任制，把严防邪教组织的滋生和蔓延，防范和惩治邪教活动作为一项重要任务长期坚持下去，维护社会稳定。

中央军委主席江泽民签署命令发布施行《中国人民解放军联勤条例》

中央军委主席江泽民日前签署命令，向全军发布施行《中国人民解放军联勤条例》。

据总后勤部有关领导介绍，实行三军联勤在我军历史上是第一次，也是新中国成立以来我军后勤保障体制的一次重大变革。这标志着我军沿袭了近半个世纪的现行三军分供体制已告结束，并被以军区为基础，区域保障与建制保障相结合、通用保障与专用保障相结合的新型保障体制所取代，从而使我军后勤向现代化方向迈出了重要一步。

《中国人民解放军联勤条例》(以下简称《条例》)是人民解放军组织实施联勤工作的基本依据。《条例》以毛泽东军事思想、邓小平新时期军队建设思想和江泽民关于军队建设的一系列重要论述为指导，全面贯彻中央军委关于实行联勤的决策意图，对联勤的工作程序、运行环节、运转过程和工作制度等进行了规范，并对主管全军联勤工作的领导机关总后勤部、主管战区内联勤工作的军区联勤部以及军兵种后勤系统的工作职责作了明确界定，以便于诸军兵种依法联勤，确保联得上、联得住、联得好。

实行联勤，集中集约使用后勤力量，就近就便对三军部队实施保障，对于优化后勤资源配置，理顺保障关系，提高军事经济效益和整体保障能力，具有特别重要的意义，也是我军适应国际军事发展趋势和未来联合作战需要，适应国内社会主义市场经济发展，解决我军后勤现代化建设进程中诸多深层次矛盾的必然选择。

据悉，中央军委确定，三军联勤体制将于2000年1月1日正式启动。目前，全军联勤机构已经建立，对保障实体作了调整，供应关系基本理顺，配套法规制度将陆续出台，联勤的各项准备工作基本就绪，能够保证明年按新体制顺利运转。

中华人民共和国和摩洛哥王国发表新闻公报

应摩洛哥王国国王穆罕默德六世陛下的邀请，中华人民共和国主席江泽民阁下于1999年10月27日至30日对摩洛哥王国进行了国事访问。

访问期间，江泽民主席阁下同穆罕默德六世陛下举行了正式会谈，讨论了中摩关系及共同关心的地区和国际问题。双方全面回顾了两国在各个领域业已存在的友好合作关系，对所取得的积极成果深表满意，强调愿在21世纪加强友好互利合作，致力于建立两国形式多样的伙伴关系。

双方认为，建立在牢固基础之上的两国经贸合作具有发展和多样化的潜力，双方强调将采取具体措施，支持和鼓励两国有关部门和企业增加接触，不断探索扩大合作的新方式和途径。

双方积极评价两国在国际事务中业已存在的协调与合作，认为各国应在平等和相互尊重的基础上进行合作。双方强调联合国的重要作用，愿就新形势下联合国的改革，加强磋商与协调。双方赞同通过对话，增进理解，缩小分歧，反对在人权领域搞对抗，借人权问题干涉别国内政。双方决心继续努力，共同维护发展中国家的权益，促进人权事业的健康发展。双方主张通过和平方式解决争端，对为制止军备竞赛、禁止大规模杀伤性武器及其全球扩散所进行的努力表示赞赏。

双方对阿拉伯—中国关系近年来的积极发展感到满意，并强调，将根据中华人民共和国外交部和阿拉伯国家联盟于1999年1月签署的谅解备忘录继续努力，巩固和加强阿、中关系。

双方欢迎中东和平进程取得的最新进展，认为根据联合国安理会有关决议和“土地换和平”原则实现中东地区全面、公正、持久的和平，保障巴勒斯坦人民的合法民族权利，既符合地区各国人民的根本利益，也有利于世界的和平与发展。强调国际社会有责任和义务帮助中东有关各方克服和排除障碍，推动中东和平进程。中方对摩方为推动中东和平进程所作出的贡献表示赞赏。摩方赞赏中国作为安理会常任理事国为推动中东和平进程所作的不懈努力。两国将一如既往继续支持中东和平进程，为实现该地区的全面、公正和持久的和平作出贡献。

双方表示愿意在南南合作的框架内发展两国与非洲国家的关系，呼吁国际社会努力为实现非洲安全与稳定提供充分支持，帮助非洲克服发展障碍。

双方认为，国际形势正处于深刻变化中，世界多极化和经济全球化继续发展，各国利益相互交织状况日益加深。双方对经济全球化给发展中国家经济带来的机遇和挑战表示关注，主张发达国家应采取更多积极行动，切实帮助发展中国家加强经济安全，提高发展能力，在均衡的发展中实现共同利益。双方表示愿同国际社会一道，为建立公正、合理的国际政治、经济新秩序，为一个更加稳定和繁荣的新世界而共同努力。

双方认为，中华人民共和国主席江泽民先生阁下对摩洛哥的访问取得了圆满成功，这是中摩双边关系中具有重大影响和极为重要的一件大事，必将有力地推动双方在21世纪的合作。

中华人民共和国主席江泽民阁下邀请摩洛哥王国国王穆罕默德六世陛下在方便的时候访问中国，国王陛下对此表示感谢和欢迎。

国办关于确保中央各项社会保障补助资金专款专用的紧急通知

《中共中央、国务院关于转发〈国家发展计划委员会关于当前经济形势和对策建议〉的通知》(中发〔1999〕12号)决定提高三条社会保障线水平和企业离退休人员基本养老金，并一次性补发过去拖欠的企业离退休人员基本养老金，这是党中央、国务院从改革、发展、稳定的大局出发而作出的重大决策。为做好这项工作，中央财政通过调整财政预算支出结构，对财政困难的老工业基地和中西部地区给予了补助。中央财政社会保障补助资金下拨以后，绝大多数地区严格按照中央的要求，及时足额将款项发到有关人员手中。但也有个别地区没有按照中央关于严格执行专款专用规定的要求，截留、抵顶、挪用中央财政社会保障补助资金。陕西省将中央财政下拨的用于补发拖欠国有重点煤炭企业离退休人员基本养老金的社会保障补助资金 6000 多万元，挪作补发非煤炭企业拖欠的离退休人员基本养老金；河北省将中央财政下拨的用于补发拖欠国有重点煤炭企业离退休人员基本养老金的社会保障补助资金 3000 多万元，截留抵顶原来借给国有重点煤炭企业的款项，致使两省部分国有重点煤炭企业的离退休人员未能按时领到补发的养老金，造成陕西省连续发生部分煤炭企业离退休人员集体上访事件，河北省部分煤炭企业离退休人员情绪波动，影响了社会稳定。为严肃纪律，保证中央政策的贯彻执行，现予通报并就有关问题紧急通知如下：

一、陕西、河北两省抵顶、挪用中央财政下拨的用于补发拖欠国有重点煤炭企业离退休人员基本养老金的社会保障补助资金的做法是极其错误的，必须立即纠正，并采取有效措施，至迟 11 月 2 日以前将中央财政下拨的用于补发拖欠国有重点煤炭企业离退休人员养老金的社会保障补助资金足额发放到拖欠养老金的国有重点煤炭企业离退休人员手中。11 月 5 日之前将纠正情况书面报告国务院，并抄送劳动保障部、财政部。

二、各地人民政府和有关部门要对中央财政下拨的各项社会保障补助资金的分配和使用情况进行一次认真检查，确保中央财政社会保障补助资金专款专用，足额支付到位。发现问题要及时采取措施，认真解决。凡截留、抵顶、挪用中央财政社会保障补助资金的，一律按违反财经纪律查处，并追究所在地区、部门和企业有关负责人的责任。

三、各地人民政府和有关部门要从改革、发展、稳定的大局出发，认真落实三条保障线政策，确保国有企业下岗职工基本生活费和企业离退休人员基本养老金按时足额发放，不得产生新的拖欠。要进一步加强对职工群众的思想教育，妥善处理群体性突发事件，切实维护社会稳定。

最高人民法院 最高人民检察院公布《关于办理组织和利用邪教组织犯罪案件具体应用法律若干问题的解释》

10 月 31 日

九届全国人大常委会十二次会议闭幕

会议上午在北京人民大会堂闭幕。会议表决通过气象法、修改公路法的决定等，决定任命胡锦涛为中华人民共和国中央军事委员会副主席。

李鹏委员长主持会议并发表讲话。

会议首先听取了全国人大法律委员会主任委员王维澄所作的关于气象法草案和会计法修订草案修改意见的报告、关于处理澳门原有法律的决定草案和公路法修正案草案审议结果的报告。

全国人大农委委员许行贯就增加农民收入、减轻农民负担问题，张怀西、王选、冯之浚委员就加快规范国家高新技术产业开发区建设，刘亦铭、杨国庆委员就立法打假问题，谢佑卿委员就水利水电工程建设问题，全国人大代表李力就立法法草案作了大会发言。

会议表决通过气象法。会议表决通过会计法修订案。会议表决通过了关于修改公路法的决定。

九届全国人大常委会关于根据澳门基本法第一百四十五条处理澳门原有法律的决定、关于批准巴塞尔公约缔约方会议第三次会议通过的对巴塞尔公约的修正的决定、关于加入国际承认航空器权利公约的决定、关于加入关于发生武装冲突时保护文化财产的公约和议定书的决定，在今天的会议上分别获表决通过。

会议还表决通过全国人大财政经济委员会、华侨委员会、环境与资源保护委员会、农业与农村委员会关于第九届全国人大第二次会议主席团交付审议的代表提出的议案审议结果的报告。

会议根据中华人民共和国中央军事委员会主席江泽民的提名，决定任命胡锦涛为中华人民共和国中央军事委员会副主席，任命郭伯雄、徐才厚为中央军事委员会委员。

会议还表决通过了其他任免名单。

各项议程结束后，李鹏委员长发表讲话。他说，这次会议是九届全国人大常委会至今议程最多的一次会议。经过大家一周来的紧张工作，会议议程已经进行完毕。会议审议通过了气象法、会计法修订案、关于修改公路法的决定和两个有关法律问题的决定，批准了三项国际条约，审议了刑法修正案，立法法草案，关于对审判、检察工作中重大违法案件实施监督的决定草案，关于加强中央预算审查监督的决定草案，海洋环境保护法修订草案，海事诉讼特别程序法草案。

李鹏说，近年来，邪教组织在我国一些地方蔓延，造成了十分严重的后果。本次会议审议通过的《关于取缔邪教组织、防范和惩治邪教活动的决定》，对于依法取缔邪教组织，防范和惩治邪教活动，保护人民生命财产安全，维护正常的生产生活秩序和社会稳定，保护正常的宗教活动和公民的宗教信仰自由，保障现代化建设的顺利进行，有着重要意义。

李鹏说，会议听取审议了《国务院关于增加农民收入、减轻农民负担情况的报告》。增加农民收入，切实减轻农民负担，事关改革、发展、稳定大局，是当前我国经济社会发展中必须解决的一个重要问题，各级政府在这方面作了许多工作。国务院和各级地方政府应当继续采取有效措施，加大工作力度，着力调整农村产业结构、农业生产结构和产品结构，发展农业产业化经营，走高产、优质、高效、低耗的现代化农业道路，稳步增加农民收入。要突出重点，严格控制提留统筹费提取数额，推行农村税费改革，压缩不合理开支，切实减轻农民负担。会议听取审议了《全国人大常委会执法检查组关于检查〈中华人民共和国产品质量法〉实施情况的报告》，总的来看，产品质量法的贯彻落实得到加强，促进了产品质量水平提高，制售伪劣产品的行为得到一定程度的遏制，但产品质量不高、伪劣产品屡禁不止的问题仍然很突出，有关部门应当继续依法加强产品质量管理和监督工作，切实保障人民的生命健康和财产安全。

李鹏指出，今年是我国县级以上地方各级人大设立常委会20周年。1979年五届全国人大二次会议通过的地方各级人大和政府组织法规定，县级以上地方各级人民代表大会设立常务委员会，作为本级人民代表大会的常设机关，对本级人民代表大会负责并报告工作。这是坚持和完善我国人民代表大会制度的一项重大决定。20年来，县级以上地方各级人大及其常委会，在各级党委的领导下，认真履行宪法和法律赋予的职责，在立法、监督、选举和任免地方国家机关工作人员、决定地方有关重大事项等方面做了大量富有成效的工作。20年来的实践证明，在县级以上地方各级人大设立常委会，有效地加强了地方国家机关的建设，对于充分发挥地方国家权力机关在社会主义民主法制建设中的作用，加快建立具有中国特色社会主义法律体系，加强对各级地方人民政府、人民法院、人民检察院的监督，具有重大意义。

全国人大常委会副委员长田纪云、姜春云、邹家华、王光英、程思远、布赫、铁木尔·达瓦买提、吴阶平、彭珮云、何鲁丽、周光召、曹志、丁石孙、成思危、许嘉璐、蒋正华，秘书长何椿霖出席会议。列席今天会议的有国务委员罗干、中央军委委员傅全有、最高人民法院院长肖扬、最高人民检察院检察长韩杼滨。

九届全国人大常务委员会十二次会议通过胡锦涛等任命名单

一、任命胡锦涛为中华人民共和国中央军事委员会副主席。

二、任命郭伯雄、徐才厚为中华人民共和国中央军事委员会委员。

九届全国人大常务委员会十二次会议通过曹建明等任免名单

九届全国人大常务委员会十二次会议通过胡叙明免职名单

批准免去胡叙明的宁夏回族自治区人民检察院检察长职务。

九届全国人大常务委员会十二次会议通过《全国人大常委会关于处理澳门原有法律的决定》

《中华人民共和国澳门特别行政区基本法》(以下简称《基本法》)第一百四十五条规定："澳门特别行政区成立时，澳门原有法律除由全国人民代表大会常务委员会宣布为同本法抵触者外，采用为澳门特别行政区法律，如以后发现有的法律与本法抵触，可依照本法规定和法定程序修改或停止生效。"第八条规定："澳门原有的法律、法令、行政法规和其他规范性文件，除同本法相抵触或经澳门特别行政区的立法机关或其他有关机关依照法定程序作出修改者外，予以保留。"第九届全国人民代表大会常务委员会第十二次会议根据上述规定，审议了全国人民代表大会澳门特别行政区筹备委员会关于处理澳门原有法律问题的建议，决定如下：

一、澳门原有的法律、法令、行政法规和其他规范性文件，除同《基本法》抵触者外，采用为澳门特别行政区法律。

二、列于本决定附件一的澳门原有法律抵触《基本法》，不采用为澳门特别行政区法律。

三、列于本决定附件二的澳门原有法律抵触《基本法》，不采用为澳门特别行政区法律，但澳门特别行政区在制定新的法律前，可按《基本法》规定的原则和参照原有做法处理有关事务。

四、列于本决定附件三的澳门原有法律中抵触《基本法》的部分条款，不采用为澳门特别行政区法律。

五、采用为澳门特别行政区法律的澳门原有法律，自1999年12月20日起，在适用时，应作出必要的变更、适应、限制或例外，以符合中华人民共和国对澳门恢复行使主权后澳门的地位和《基本法》的有关规定。

除符合上述原则外，澳门原有法律中：

（一）序言和签署部分不予保留，不作为澳门特别行政区法律的组成部分。

（二）规定与澳门特别行政区有关的外交事务的原有法律，如与在澳门特别行政区实施的全国性法律不一致，应以全国性法律为准，并符合中央人民政府享有的国际权利和承担的国际义务。

（三）任何给予葡萄牙特权待遇的规定不予保留，但有关澳门与葡萄牙之间互惠性规定不在此限。

（四）有关土地所有权的规定，依照《基本法》第七条的规定解释。

（五）有关葡文的法律效力高于中文的规定，应解释为中文和葡文都是正式语文；有关要求必须使用葡文或同时使用葡文和中文的规定，依照《基本法》第九条的规定办理。

（六）凡体现因葡萄牙对澳门的管治而引致不公平的原有有关专业、执业资格的规定，在澳门特别行政区对其作出修改前，可作为过渡安排，依照《基本法》第一百二十九条的规定参照适用。

（七）有关从澳门以外聘请的葡籍和其他外籍公务人员的身份和职务的规定，均依照《基本法》第九十九条的规定解释。

（八）在条款中引用葡萄牙法律的规定，如不损害中华人民共和国的主权和不抵触《基本法》的规定，在澳门特别行政区对其作出修改前，可作为过渡安排，继续参照适用。

六、在符合第五条规定的条件下，采用为澳门特别行政区法律的澳门原有法律，除非文意另有所指，对其中的名称或词句的解释或适用，须遵循本决定附件四所规定的替换原则。

七、采用为澳门特别行政区法律的澳门原有法律，如以后发现与《基本法》相抵触者，可依照《基本法》的规定和法定程序修改或停止生效。

原适用于澳门的葡萄牙法律，包括葡萄牙主权机构专为澳门制定的法律，自 1999 年 12 月 20 日起，在澳门特别行政区停止生效。

附件一

澳门原有法律中的下列法律、法令及其他规范性文件抵触《基本法》，不采用为澳门特别行政区法律：

1. 关于订定进入公职及晋升的语文知识水平的第 5/90/M 号法律。

2.《澳门立法会选举制度》——第 4/91/M 号法律。

3.《议员章程》及其修订（第 7/93/M 号法律、第 10/93M 号法律、第 1//95/M 号法律）。

4. 关于设立多种勋章以嘉奖为本地区作出重要行为的第 42/82/M 号法令和第 36/89/M 号法令。

5. 关于确定与外国公共实体谈判涉及本地区公共行政之合同或协议之主管实体的第 58/84/M 号法令。

6. 关于葡萄牙远东传教士退休制度的第 81/88/M 号法令和第 10/92/M 号法令。

7.《咨询委员会之通则及选举制度》——第 51/91/M 号法令。

8. 关于核准在澳门批给及发出护照之规章的第 11/92/M 号法令。

9. 关于规范澳门司法体制的第 17/92/M 号法令、第 18/92/M 号法令、第 55/92/M 号法令、第 45/96/M 号法令、第 28/97/M 号法令、第 8/98/M 号法令和第 10/99/M 号法令。

10. 关于澄清《澳门公共行政人员通则》第 13 条第 1 款规定之适用范围的第 5/93/M 号法令。

11. 关于对葡萄牙总统授予澳门法院终审权及专属审判权之声明之相关问题作出解释的第 20/99/M 号法令。

12.《立法会章程》——第 1/93/M 号立法会决议。

附件二

澳门原有法律中的下列法律、法令抵触《基本法》，不采用为澳门特别行政区法律，但澳门特别行政区在制定新的法律前，可按《基本法》规定的原则和参照原有做法处理有关事务：

1. 关于规范澳门水域公产制度的第 6/86/M 号法律。

2. 关于确定向葡萄牙共和国招聘前来澳门执行职务人员章程的第 60/92/M 号法令和第 37/95/M 号法令。

3. 关于核准发出澳门居民身份证之新制度的第 19/99/M 号法令。

附件三

澳门原有法律中下列法律、法令的部分条款抵触《基本法》，不采用为澳门特别行政区法律：

1.《核准土地法》（第 6/80/M 号法律）中有关出售土地以及对不动产所有权享有权利能力的葡萄牙公法人有权取得对土地占有或使用的特别准照的条款。

2.《选民登记》（第 10/88/M 号法律）第 18 条第 5 款。

3.《市政区法律制度》（第 24/88/M 号法律）中体现市政机构具有政权性质的条款。

4. 关于视听广播法律制度的第 8/89/M 号法律第 59 条第 1 款和第 60 条第 1 款。

5.《反贪污暨反行政违法性高级专员公署》（第 11/90/M 号法律）第 2 条、第 17 条和第 41 条。

6. 第 1/96/M 号法律对《澳门立法会选举制度》的修改。

7. 关于订定本地区总预算及公共会计表的编制与执行、管理及业务账目的编制以及澳门公共行政领域财务活动的稽查规则的第 41/83/M 号法令第 10 条第 1 款、第 21 条第 2 款。

8. 关于为儿童、青年、老人、残疾人士或一般居民开展社会援助活动的社会设施应遵守的一般条件的第 90/88/M 号法令第 30 条。

9. 关于将贩卖及使用麻醉品视为刑事行为以及提倡反吸毒措施的第 5/91/M 号法令第 38 条、第 42 条适用葡萄牙引渡法律的规定。

10. 关于修改建立保安部队方面规定的第 19/92/M 号法令第 1 条。

11.《道路法典》(第 16/93/M 号法令)第 50 条第 1 款 D 项。

12. 关于重组行政暨公职司组织架构的第 23/94/M 号法令第 14 条 A 项为葡萄牙共和国选举和选民登记提供技术辅助的规定。

13. 关于重组水警稽查队组织架构的第 2/95/M 号法令第 44 条"纪念日"的规定。

14. 关于重组治安警察厅组织架构的第 3/95/M 号法令第 69 条"纪念日"的规定。

15. 关于重组消防队组织架构的第 4/95/M 号法令第 41 条"纪念日"的规定。

16. 关于核准澳门港务局组织法规的第 15/95/M 号法令第 19 条第 5 款。

17. 关于调整《澳门公共行政工作人员通则》附表的第 17/95/M 号法令附表五、六关于"军职人员"的规定。

18. 关于修改入境、逗留及在澳门定居的一般制度的第 55/95/M 号法令第 5 条第 2 款 B 项。

附件四

采用为澳门特别行政区法律的澳门原有法律中的名称或词句在解释或适用时一般须遵循以下替换原则：

1. 任何提及"葡萄牙"、"葡国"、"葡国政府"、"共和国"、"共和国总统"、"共和国政府"、"政府部长"等相类似名称或词句的条款，如该条款内容涉及《基本法》所规定的中央管理的事务和中央与澳门特别行政区的关系，则该等名称或词句应相应地解释为中国、中央或国家其他主管机关，其他情况下应解释为澳门特别行政区政府。

2. 任何"澳门"、"澳门地区"、"本地区"、"澳门法区"等名称应解释为"澳门特别行政区"。任何有关澳门特别行政区区域的表述应依照国务院颁布的澳门特别行政区区域图作出相应解释后适用。

3. 任何"澳门法区法院"、"普通管辖法院"、"平政院"、"高等法院"及"检察官公署"等名称或词句应相应地解释为澳门特别行政区法院、初级法院、行政法院、中级法院及检察院。

4. 任何"总督"、"澳督"名称应解释为澳门特别行政区行政长官。

5. 任何有关立法会、司法机关或行政机关及其人员的名称或词句应相应地依照《基本法》的有关规定进行解释和适用。

6. 任何"中华人民共和国"、"中国"、"国家"等相类似的名称或词句，应解释为包括台湾、香港和澳门在内的中华人民共和国；任何单独或同时提及大陆、台湾、香港和澳门的名称或词句，应相应地将其解释为中华人民共和国的一个组成部分。

7. 任何"外国"、"其他国家"等相类似的名称或词句，应解释为中华人民共和国以外的任何国家或地区，或者根据该项法律或条款的内容解释为"澳门特别行政区以外的任何地方"；任何"外籍人士"等相类似的名称或词句，应解释为中华人民共和国公民以外的任何人士。

8. 任何"审计法院"和"反贪污暨反行政违法性高级专员公署"等类似的名称或词句，应解释为"审计署"和"廉政公署"。

国家主席江泽民签署第 23 号令公布《中华人民共和国气象法》

《中华人民共和国气象法》已由中华人民共和国第九届全国人民代表大会常务委员会第十二次会议于 1999 年 10 月 31 日通过，现予公布，自 2000 年 1 月 1 日起施行。

中华人民共和国主席 江泽民

1999 年 10 月 31 日

中华人民共和国气象法

(1999 年 10 月 31 日第九届全国人民代表大会常务委员会第 12 次会议通过)

第一章 总则

第一条 为了发展气象事业，规范气象工作，准确、及时地发布气象预报，防御气象灾害，合理开发利用和保护气候资源，为经济建设、国防建设、社会发展和人民生活提供气象服务，制定本法。

第二条 在中华人民共和国领域和中华人民共和国管辖的其他海域从事气象探测、预报、服务和气象灾害防御、气候资源利用、气象科学技术研究等活动，应当遵守本法。

第三条 气象事业是经济建设、国防建设、社会发展和人民生活的基础性公益事业，气象工作应当把公益性气象服务放在首位。

县级以上人民政府应当加强对气象工作的领导和协调，将气象事业纳入中央和地方同级国民经济和社会发展计划及财政预算，以保障其充分发挥为社会公众、政府决策和经济发展服务的功能。

县级以上地方人民政府根据当地社会经济发展的需要所建设的地方气象事业项目，其投资主要由本级财政承担。

气象台站在确保公益性气象无偿服务的前提下，可以依法开展气象有偿服务。

第四条 县、市气象主管机构所属的气象台站应当主要为农业生产服务，及时主动提供保障当地农业生产所需的公益性气象信息服务。

第五条 国务院气象主管机构负责全国的气象工作。地方各级气象主管机构在上级气象主管机构和本级人民政府的领导下，负责本行政区域内的气象工作。

国务院其他有关部门和省、自治区、直辖市人民政府其他有关部门所属的气象台站，应当接受同级气象主管机构对其气象工作的指导、监督和行业管理。

第六条 从事气象业务活动，应当遵守国家制定的气象技术标准、规范和规程。

第七条 国家鼓励和支持气象科学技术研究、气象科学知识普及，培养气象人才，推广先进的气象科学技术，保护气象科技成果，加强国际气象合作与交流，发展气象信息产业，提高气象工作水平。

各级人民政府应当关心和支持少数民族地区、边远贫困地区、艰苦地区和海岛的气象台站的建设和运行。

对在气象工作中作出突出贡献的单位和个人，给予奖励。

第八条 外国的组织和个人在中华人民共和国领域和中华人民共和国管辖的其他海域从事气象活动，必须经国务院气象主管机构会同有关部门批准。

第二章 气象设施的建设与管理

第九条 国务院气象主管机构应当组织有关部门编制气象探测设施、气象信息专用传输设施、大型气象专用技术装备等重要气象设施的建设规划，报国务院批准后实施。气象设施建设规划的调整、修改，必须报国务院批准。

编制气象设施建设规划，应当遵循合理布局、有效利用、兼顾当前与长远需要的原则，避免重复建设。

第十条 重要气象设施建设项目，在项目建议书和可行性研究报告报批前，应当按照项目相应的审批权限，经国务院气象主管机构或者省、自治区、直辖市气象主管机构审查同意。

第十一条 国家依法保护气象设施，任何组织或者个人不得侵占、损毁或者擅自移动气象设施。

气象设施因不可抗力遭受破坏时，当地人民政府应当采取紧急措施，组织力量修复，确保气象设施正常运行。

第十二条 未经依法批准，任何组织或者个人不得迁移气象台站；确因实施城市规划或者国家重点工程建设，需要迁移国家基准气候站、基本气象站的，应当报经国务院气象主管机构批准；需要迁移其他气象台站的，应当报经省、自治区、直辖市气象主管机构批准。迁建费用由建设单位承担。

第十三条 气象专用技术装备应当符合国务院气象主管机构规定的技术要求，并经国务院气象主管机构审查合格；未经审查或者审查不合格的，不得在气象业务中使用。

第十四条 气象计量器具应当依照《中华人民共和国计量法》的有关规定，经气象计量检定机构检定。未经检定、检定不合格或者超过检定有效期的气象计量器具，不得使用。

国务院气象主管机构和省、自治区、直辖市气象主管机构可以根据需要建立气象计量标准器具，其各项最高计量标准器具依照《中华人民共和国计量法》的规定，经考核合格后，方可使用。

第三章 气象探测

第十五条 各级气象主管机构所属的气象台站，应当按照国务院气象主管机构的规定，进行气象探测并向有关气象主管机构汇交气象探测资料。未经上级气象主管机构批准，不得中止气象探测。

国务院气象主管机构及有关地方气象主管机构应当按照国家规定适时发布基本气象探测资料。

第十六条 国务院其他有关部门和省、自治区、直辖市人民政府其他有关部门所属的气象台站及其他从事气象探测的组织和个人，应当按照国家有关规定向国务院气象主管机构或者省、自治区、直辖市气象主管机构汇交所获得的气象探测资料。

各级气象主管机构应当按照气象资料共享、共用的原则，根据国家有关规定，与其他从事气象工作的机构交换有关气象信息资料。

第十七条 在中华人民共和国内水、领海和中华人民共和国管辖的其他海域的海上钻井平台和具有中华人民共和国国籍的在国际航线上飞行的航空器、远洋航行的船舶，应当按照国家有关规定进行气象探测并报告气象探测信息。

第十八条 基本气象探测资料以外的气象探测资料需要保密的，其密级的确定、变更和解密以及使用，依照《中华人民共和国保守国家秘密法》的规定执行。

第十九条 国家依法保护气象探测环境，任何组织和个人都有保护气象探测环境的义务。

第二十条 禁止下列危害气象探测环境的行为：

(一)在气象探测环境保护范围内设置障碍物、进行爆破和采石；

(二)在气象探测环境保护范围内设置影响气象探测设施工作效能的高频电磁辐射装置；

(三)在气象探测环境保护范围内从事其他影响气象探测的行为。

气象探测环境保护范围的划定标准由国务院气象主管机构规定。各级人民政府应当按照法定标准划定气象探测环境的保护范围，并纳入城市规划或者村庄和集镇规划。

第二十一条 新建、扩建、改建建设工程，应当避免危害气象探测环境；确实无法避免的，属于国家基准气候站、基本气象站的探测环境，建设单位应当事先征得国务院气象主管机构的同意，属于其他气象台站的探测环境，应当事先征得省、自治区、直辖市气象主管机构的同意，并采取相应的措施后，方可建设。

第四章 气象预报与灾害性天气警报

第二十二条 国家对公众气象预报和灾害性天气警报实行统一发布制度。

各级气象主管机构所属的气象台站应当按照职责向社会发布公众气象预报和灾害性天气警报，并根据天气变化情况及时补充或者订正。其他任何组织或者个人不得向社会发布公众气象预报和灾害性天气警报。

国务院其他有关部门和省、自治区、直辖市人民政府其他有关部门所属的气象台站，可以发布供本系统使用的专项气象预报。

各级气象主管机构及其所属的气象台站应当提高公众气象预报和灾害性天气警报的准确性、及时性和服务水平。

第二十三条 各级气象主管机构所属的气象台站应当根据需要，发布农业气象预报、城市环境气象预报、火险气象等级预报等专业气象预报，并配合军事气象部门进行国防建设所需的气象服务工作。

第二十四条 各级广播、电视台站和省级人民政府指定的报纸，应当安排专门的时间或者版面，每天播发或者刊登公众气象预报或者灾害性天气警报。

各级气象主管机构所属的气象台站应当保证其制作的气象预报节目的质量。

广播、电视播出单位改变气象预报节目播发时间安排的，应当事先征得有关气象台站的同意；对国计民生可能产生重大影响的灾害性天气警报和补充、订正的气象预报，应当及时增播或者插播。

第二十五条 广播、电视、报纸、电信等媒体向社会传播气象预报和灾害性天气警报，必须使用气象主管机构所属的气象台站提供的适时气象信息，并标明发布时间和气象台站的名称。通过传播气象信息获得的收益，应当提取一部分支持气象事业的发展。

第二十六条 信息产业部门应当与气象主管机构密切配合，确保气象通信畅通，准确、及时地传递气象情报、气象预报和灾害性天气警报。

气象无线电专用频道和信道受国家保护，任何组织或者个人不得挤占和干扰。

第五章 气象灾害防御

第二十七条 县级以上人民政府应当加强气象灾害监测、预警系统建设，组织有关部门编制气象灾害防御规划，并采取有效措施，提高防御气象灾害的能力。有关组织和个人应当服从人民政府的指挥和安排，做好气象灾害防御工作。

第二十八条 各级气象主管机构应当组织对重大灾害性天气的跨地区、跨部门的联合监测、预报工作，及时提出气象灾害防御措施，并对重大气象灾害作出评估，为本级人民政府组织防御气象灾害提供决策依据。

各级气象主管机构所属的气象台站应当加强对可能影响当地的灾害性天气的监测和预报，并及时报告有关气象主管机构。其他有关部门所属的气象台站和与灾害性天气监测、预报有关的单位应当及时向气象主管机构提供监测、预报气象灾害所需要的气象探测信息和有关的水情、风暴潮等监测信息。

第二十九条 县级以上地方人民政府应当根据防御气象灾害的需要，制定气象灾害防御方案，并根据气象主管机构提供的气象信息，组织实施气象灾害防御方案，避免或者减轻气象灾害。

第三十条 县级以上人民政府应当加强对人工影响天气工作的领导，并根据实际情况，有组织、有计划地开展人工影响天气工作。

国务院气象主管机构应当加强对全国人工影响天气工作的管理和指导。地方各级气象主管机构应当制定人工影响天气作业方案，并在本级人民政府的领导和协调下，管理、指导和组织实施人工影响天气作业。有关部门应当按照职责分工，配合气象主管机构做好人工影响天气的有关工作。

实施人工影响天气作业的组织必须具备省、自治区、直辖市气象主管机构规定的资格条件，并使用符合国务院气象主管机构要求的技术标准的作业设备，遵守作业规范。

第三十一条 各级气象主管机构应当加强对雷电灾害防御工作的组织管理，并会同有关部门指导对可能遭受雷击的建筑物、构筑物和其他设施安装的雷电灾害防护装置的检测工作。

安装的雷电灾害防护装置应当符合国务院气象主管机构规定的使用要求。

第六章　气候资源开发利用和保护

第三十二条　国务院气象主管机构负责全国气候资源的综合调查、区划工作，组织进行气候监测、分析、评价，并对可能引起气候恶化的大气成分进行监测，定期发布全国气候状况公报。

第三十三条　县级以上地方人民政府应当根据本地区气候资源的特点，对气候资源开发利用的方向和保护的重点作出规划。

地方各级气象主管机构应当根据本级人民政府的规划，向本级人民政府和同级有关部门提出利用、保护气候资源和推广应用气候资源区划等成果的建议。

第三十四条　各级气象主管机构应当组织对城市规划、国家重点建设工程、重大区域性经济开发项目和大型太阳能、风能等气候资源开发利用项目进行气候可行性论证。

具有大气环境影响评价资格的单位进行工程建设项目大气环境影响评价时，应当使用气象主管机构提供或者经其审查的气象资料。

第七章　法律责任

第三十五条　违反本法规定，有下列行为之一的，由有关气象主管机构按照权限责令停止违法行为，限期恢复原状或者采取其他补救措施，可以并处五万元以下的罚款；造成损失的，依法承担赔偿责任；构成犯罪的，依法追究刑事责任：

（一）侵占、损毁或者未经批准擅自移动气象设施的；

（二）在气象探测环境保护范围内从事危害气象探测环境活动的。

在气象探测环境保护范围内，违法批准占用土地的，或者非法占用土地新建建筑物或者其他设施的，依照《中华人民共和国城市规划法》或者《中华人民共和国土地管理法》的有关规定处罚。

第三十六条　违反本法规定，使用不符合技术要求的气象专用技术装备，造成危害的，由有关气象主管机构按照权限责令改正，给予警告，可以并处五万元以下的罚款。

第三十七条　违反本法规定，安装不符合使用要求的雷电灾害防护装置的，由有关气象主管机构责令改正，给予警告。使用不符合使用要求的雷电灾害防护装置给他人造成损失的，依法承担赔偿责任。

第三十八条　违反本法规定，有下列行为之一的，由有关气象主管机构按照权限责令改正，给予警告，可以并处五万元以下的罚款：

（一）非法向社会发布公众气象预报、灾害性天气警报的；

（二）广播、电视、报纸、电信等媒体向社会传播公众气象预报、灾害性天气警报，不使用气象主管机构所属的气象台站提供的适时气象信息的；

（三）从事大气环境影响评价的单位进行工程建设项目大气环境影响评价时，使用的气象资料不是气象主管机构提供或者审查的。

第三十九条　违反本法规定，不具备省、自治区、直辖市气象主管机构规定的资格条件实施人工影响天气作业的，或者实施人工影响天气作业使用不符合国务院气象主管机构要求的技术标准的作业设备的，由有关气象主管机构按照权限责令改正，给予警告，可以并处十万元以下的罚款；给他人造成损失的，依法承担赔偿责任；构成犯罪的，依法追究刑事责任。

第四十条　各级气象主管机构及其所属气象台站的工作人员由于玩忽职守，导致重大漏报、错报公众气象预报、灾害性天气警报，以及丢失或者毁坏原始气象探测资料、伪造气象资料等事故的，依法给予行政处分；致使国家利益和人民生命财产遭受重大损失，构成犯罪的，依法追究刑事责任。

第八章　附则

第四十一条　本法中下列用语的含义是：

（一）气象设施，是指气象探测设施、气象信息专用传输设施、大型气象专用技术装备等；

（二）气象探测，是指利用科技手段对大气和近地层的大气物理过程、现象及其化学性质等进行的系统观察和测量；

（三）气象探测环境，是指为避开各种干扰保证气象探测设施准确获得气象探测信息所必需的最小距离构成的环境空间；

（四）气象灾害，是指台风、暴雨（雪）、寒潮、大风（沙尘暴）、低温、高温、干旱、雷电、冰雹、霜冻和大雾等所造成的灾害；

（五）人工影响天气，是指为避免或者减轻气象灾害，合理利用气候资源，在适当条件下通过科技手段对局部大气的物理、化学过程进行人工影响，实现增雨雪、防雹、消雨、消雾、防霜等目的的活动。

第四十二条　气象台站和其他开展气象有偿服务的单位，从事气象有偿服务的范围、项目、收费等具体管理办法，由国务院依据本法规定。

第四十三条　中国人民解放军气象工作的管理办法，由中央军事委员会制定。

第四十四条　中华人民共和国缔结或者参加的有关气象活动的国际条约与本法有不同规定的，适用该国际条约的规定；但是，中华人民共和国声明保留的条款除外。

第四十五条 本法自 2000 年 1 月 1 日起施行。1994 年 8 月 18 日国务院发布的《中华人民共和国气象条例》同时废止。

国家主席江泽民签署第 24 号令公布《中华人民共和国会计法》

《中华人民共和国会计法》已由中华人民共和国第九届全国人民代表大会常务委员会第十二次会议于 1999 年 10 月 31 日修订通过，现将修订后的《中华人民共和国会计法》公布，自 2000 年 7 月 1 日起施行。

中华人民共和国主席 江泽民

1999 年 10 月 31 日

中华人民共和国会计法

（1985 年 1 月 21 日第六届全国人民代表大会常务委员会第九次会议通过根据 1993 年 12 月 29 日第八届全国人民代表大会常务委员会第五次会议《关于修改〈中华人民共和国会计法〉的决定》修正 1999 年 10 月 31 日第九届全国人民代表大会常务委员会第十二次会议修订）

第一章 总则

第一条 为了规范会计行为，保证会计资料真实、完整，加强经济管理和财务管理，提高经济效益，维护社会主义市场经济秩序，制定本法。

第二条 国家机关、社会团体、公司、企业、事业单位和其他组织（以下统称单位）必须依照本法办理会计事务。

第三条 各单位必须依法设置会计账簿，并保证其真实、完整。

第四条 单位负责人对本单位的会计工作和会计资料的真实性、完整性负责。

第五条 会计机构、会计人员依照本法规定进行会计核算，实行会计监督。

任何单位或者个人不得以任何方式授意、指使、强令会计机构、会计人员伪造、变造会计凭证、会计账簿和其他会计资料，提供虚假财务会计报告。

任何单位或者个人不得对依法履行职责、抵制违反本法规定行为的会计人员实行打击报复。

第六条 对认真执行本法，忠于职守，坚持原则，做出显著成绩的会计人员，给予精神的或者物质的奖励。

第七条 国务院财政部门主管全国的会计工作。

县级以上地方各级人民政府财政部门管理本行政区域内的会计工作。

第八条 国家实行统一的会计制度。国家统一的会计制度由国务院财政部门根据本法制定并公布。

国务院有关部门可以依照本法和国家统一的会计制度制定对会计核算和会计监督有特殊要求的行业实施国家统一的会计制度的具体办法或者补充规定，报国务院财政部门审核批准。

中国人民解放军总后勤部可以依照本法和国家统一的会计制度制定军队实施国家统一的会计制度的具体办法，报国务院财政部门备案。

第二章 会计核算

第九条 各单位必须根据实际发生的经济业务事项进行会计核算，填制会计凭证，登记会计账簿，编制财务会计报告。

任何单位不得以虚假的经济业务事项或者资料进行会计核算。

第十条 下列经济业务事项，应当办理会计手续，进行会计核算：

（一）款项和有价证券的收付；

（二）财物的收发、增减和使用；

（三）债权债务的发生和结算；

（四）资本、基金的增减；

（五）收入、支出、费用、成本的计算；

（六）财务成果的计算和处理；

（七）需要办理会计手续、进行会计核算的其他事项。

第十一条 会计年度自公历 1 月 1 日起至 12 月 31 日止。

第十二条 会计核算以人民币为记账本位币。

业务收支以人民币以外的货币为主的单位，可以选定其中一种货币作为记账本位币，但是编报的财务会计报告应当折算为人民币。

第十三条 会计凭证、会计账簿、财务会计报告和其他会计资料，必须符合国家统一的会计制度的规定。

使用电子计算机进行会计核算的，其软件及其生成的会计凭证、会计账簿、财务会计报告和其他会计资料，也必须符合国家统一的会计制度的规定。

任何单位和个人不得伪造、变造会计凭证、会计账簿及其他会计资料，不得提供虚假的财务会计报告。

第十四条 会计凭证包括原始凭证和记账凭证。

办理本法第十条所列的经济业务事项，必须填制或者取得原始凭证并及时送交会计机构。

会计机构、会计人员必须按照国家统一的会计制度的规定对原始凭证进行审核，对不真实、不合法的原始凭证有权不予接受，并向单位负责人报告；对记载不准确、不完整的原始凭证予以退回，并要求按照国家统一的会计制度的规定更正、补充。

原始凭证记载的各项内容均不得涂改；原始凭证有错误的，应当由出具单位重开或者更正，更正处应当加盖出具单位印章。原始凭证金额有错误的，应当由出具单位重开，不得在原始凭证上更正。

记账凭证应当根据经过审核的原始凭证及有关资料编制。

第十五条 会计账簿登记，必须以经过审核的会计凭证为依据，并符合有关法律、行政法规和国家统一的会计制度的规定。会计账簿包括总账、明细账、日记账和其他辅助性账簿。

会计账簿应当按照连续编号的页码顺序登记。会计账簿记录发生错误或者隔页、缺号、跳行的，应当按照国家统一的会计制度规定的方法更正，并由会计人员和会计机构负责人(会计主管人员)在更正处盖章。

使用电子计算机进行会计核算的，其会计账簿的登记、更正，应当符合国家统一的会计制度的规定。

第十六条 各单位发生的各项经济业务事项应当在依法设置的会计账簿上统一登记、核算，不得违反本法和国家统一的会计制度的规定私设会计账簿登记、核算。

第十七条 各单位应当定期将会计账簿记录与实物、款项及有关资料相互核对，保证会计账簿记录与实物及款项的实有数额相符、会计账簿记录与会计凭证的有关内容相符、会计账簿之间相对应的记录相符、会计账簿记录与会计报表的有关内容相符。

第十八条 各单位采用的会计处理方法，前后各期应当一致，不得随意变更；确有必要变更的，应当按照国家统一的会计制度的规定变更，并将变更的原因、情况及影响在财务会计报告中说明。

第十九条 单位提供的担保、未决诉讼等或有事项，应当按照国家统一的会计制度的规定，在财务会计报告中予以说明。

第二十条 财务会计报告应当根据经过审核的会计账簿记录和有关资料编制，并符合本法和国家统一的会计制度关于财务会计报告的编制要求、提供对象和提供期限的规定；其他法律、行政法规另有规定的，从其规定。

财务会计报告由会计报表、会计报表附注和财务情况说明书组成。向不同的会计资料使用者提供的财务会计报告，其编制依据应当一致。有关法律、行政法规规定会计报表、会计报表附注和财务情况说明书须经注册会计师审计的，注册会计师及其所在的会计师事务所出具的审计报告应当随同财务会计报告一并提供。

第二十一条 财务会计报告应当由单位负责人和主管会计工作的负责人、会计机构负责人(会计主管人员)签名并盖章；设置总会计师的单位，还须由总会计师签名并盖章。

单位负责人应当保证财务会计报告真实、完整。

第二十二条 会计记录的文字应当使用中文。在民族自治地方，会计记录可以同时使用当地通用的一种民族文字。在中华人民共和国境内的外商投资企业、外国企业和其他外国组织的会计记录可以同时使用一种外国文字。

第二十三条 各单位对会计凭证、会计账簿、财务会计报告和其他会计资料应当建立档案，妥善保管。会计档案的保管期限和销毁办法，由国务院财政部门会同有关部门制定。

第三章 公司、企业会计核算的特别规定

第二十四条 公司、企业进行会计核算，除应当遵守本法第二章的规定外，还应当遵守本章规定。

第二十五条 公司、企业必须根据实际发生的经济业务事项，按照国家统一的会计制度的规定确认、计量和记录资产、负债、所有者权益、收入、费用、成本和利润。

第二十六条 公司、企业进行会计核算不得有下列行为：

(一)随意改变资产、负债、所有者权益的确认标准或者计量方法，虚列、多列、不列或者少列资产、负债、所有者权益；

(二)虚列或者隐瞒收入，推迟或者提前确认收入；

(三)随意改变费用、成本的确认标准或者计量方法，虚列、多列、不列或者少列费用、成本；

(四)随意调整利润的计算、分配方法，编造虚假利润或者隐瞒利润；

(五)违反国家统一的会计制度规定的其他行为。

第四章 会计监督

第二十七条 各单位应当建立、健全本单位内部会计监督制度。单位内部会计监督制度应当符合下列要求：

(一)记账人员与经济业务事项和会计事项的审批人员、经办人员、财物保管人员的职责权限应当明确，并相互分离、相互制约；

(二)重大对外投资、资产处置、资金调度和其他重要经济业务事项的决策和执行的相互监督、相互制约程序应当明确；

(三)财产清查的范围、期限和组织程序应当明确；

(四)对会计资料定期进行内部审计的办法和程序应当明确。

第二十八条 单位负责人应当保证会计机构、会计人员依法履行职责，不得授意、指使、强令会计机构、会计人员违法办理会计事项。

会计机构、会计人员对违反本法和国家统一的会计制度规定的会计事项，有权拒绝办理或者按照职权予以纠正。

第二十九条 会计机构、会计人员发现会计账簿记录与实物、款项及有关资料不相符的，按照国家统一的会计制度的规定有权自行处理的，应当及时处理；无权处理的，应当立即向单位负责人报告，请求查明原因，作出处理。

第三十条 任何单位和个人对违反本法和国家统一的会计制度规定的行为，有权检举。收到检举的部门有权处理的，应当依法按照职责分工及时处理；无权处理的，应当及时移送有权处理的部门处理。收到检举的部门、负责处理的部门应当为检举人保密，不得将检举人姓名和检举材料转给被检举单位和被检举人个人。

第三十一条 有关法律、行政法规规定，须经注册会计师进行审计的单位，应当向受委托的会计师事务所如实提供会计凭证、会计账簿、财务会计报告和其他会计资料以及有关情况。

任何单位或者个人不得以任何方式要求或者示意注册会计师及其所在的会计师事务所出具不实或者不当的审计报告。

财政部门有权对会计师事务所出具审计报告的程序和内容进行监督。

第三十二条 财政部门对各单位的下列情况实施监督：

（一）是否依法设置会计账簿；

（二）会计凭证、会计账簿、财务会计报告和其他会计资料是否真实、完整；

（三）会计核算是否符合本法和国家统一的会计制度的规定；

（四）从事会计工作的人员是否具备从业资格。

在对前款第（二）项所列事项实施监督，发现重大违法嫌疑时，国务院财政部门及其派出机构可以向与被监督单位有经济业务往来的单位和被监督单位开立账户的金融机构查询有关情况，有关单位和金融机构应当给予支持。

第三十三条 财政、审计、税务、人民银行、证券监管、保险监管等部门应当依照有关法律、行政法规规定的职责，对有关单位的会计资料实施监督检查。

前款所列监督检查部门对有关单位的会计资料依法实施监督检查后，应当出具检查结论。有关监督检查部门已经作出的检查结论能够满足其他监督检查部门履行本部门职责需要的，其他监督检查部门应当加以利用，避免重复查账。

第三十四条 依法对有关单位的会计资料实施监督检查的部门及其工作人员对在监督检查中知悉的国家秘密和商业秘密负有保密义务。

第三十五条 各单位必须依照有关法律、行政法规的规定，接受有关监督检查部门依法实施的监督检查，如实提供会计凭证、会计账簿、财务会计报告和其他会计资料以及有关情况，不得拒绝、隐匿、谎报。

第五章 会计机构和会计人员

第三十六条 各单位应当根据会计业务的需要，设置会计机构，或者在有关机构中设置会计人员并指定会计主管人员；不具备设置条件的，应当委托经批准设立从事会计代理记账业务的中介机构代理记账。

国有的和国有资产占控股地位或者主导地位的大、中型企业必须设置总会计师。总会计师的任职资格、任免程序、职责权限由国务院规定。

第三十七条 会计机构内部应当建立稽核制度。

出纳人员不得兼任稽核、会计档案保管和收入、支出、费用、债权债务账目的登记工作。

第三十八条 从事会计工作的人员，必须取得会计从业资格证书。

担任单位会计机构负责人（会计主管人员）的，除取得会计从业资格证书外，还应当具备会计师以上专业技术职务资格或者从事会计工作三年以上经历。

会计人员从业资格管理办法由国务院财政部门规定。

第三十九条 会计人员应当遵守职业道德，提高业务素质。对会计人员的教育和培训工作应当加强。

第四十条 因有提供虚假财务会计报告，做假账，隐匿或者故意销毁会计凭证、会计账簿、财务会计报告，贪污，挪用公款，职务侵占等与会计职务有关的违法行为被依法追究刑事责任的人员，不得取得或者重新取得会计从业资格证书。

除前款规定的人员外，因违法违纪行为被吊销会计从业资格证书的人员，自被吊销会计从业资格证书之日起五年内，不得重新取得会计从业资格证书。

第四十一条 会计人员调动工作或者离职，必须与接管人员办清交接手续。

一般会计人员办理交接手续，由会计机构负责人（会计主管人员）监交；会计机构负责人（会计主管人员）办理交接手续，由单位负责人监交，必要时主管单位可以派人会同监交。

第六章 法律责任

第四十二条 违反本法规定，有下列行为之一的，由县级以上人民政府财政部门责令限期改正，可以对单位并处三千元以上五万元以下的罚款；对其直接负责的主管人员和其他直接责任人员，可以处二千元以上二万元以下的罚款；属于国家工作人员的，还应当由其所单位或者在有关单位依法给予行政处分：

（一）不依法设置会计账簿的；

（二）私设会计账簿的；

（三）未按照规定填制、取得原始凭证或者填制、取得的原始凭证不符合规定的；

(四)以未经审核的会计凭证为依据登记会计账簿或者登记会计账簿不符合规定的；

(五)随意变更会计处理方法的；

(六)向不同的会计资料使用者提供的财务会计报告编制依据不一致的；

(七)未按照规定使用会计记录文字或者记账本位币的；

(八)未按照规定保管会计资料，致使会计资料毁损、灭失的；

(九)未按照规定建立并实施单位内部会计监督制度或者拒绝依法实施的监督或者不如实提供有关会计资料及有关情况的；

(十)任用会计人员不符合本法规定的。

有前款所列行为之一，构成犯罪的，依法追究刑事责任。

会计人员有第一款所列行为之一，情节严重的，由县级以上人民政府财政部门吊销会计从业资格证书。

有关法律对第一款所列行为的处罚另有规定的，依照有关法律的规定办理。

第四十三条 伪造、变造会计凭证、会计账簿，编制虚假财务会计报告，构成犯罪的，依法追究刑事责任。

有前款行为，尚不构成犯罪的，由县级以上人民政府财政部门予以通报，可以对单位并处五千元以上十万元以下的罚款；对其直接负责的主管人员和其他直接责任人员，可以处三千元以上五万元以下的罚款；属于国家工作人员的，还应当由其所在单位或者有关单位依法给予撤职直至开除的行政处分；对其中的会计人员，并由县级以上人民政府财政部门吊销会计从业资格证书。

第四十四条 隐匿或者故意销毁依法应当保存的会计凭证、会计账簿、财务会计报告，构成犯罪的，依法追究刑事责任。

有前款行为，尚不构成犯罪的，由县级以上人民政府财政部门予以通报，可以对单位并处五千元以上十万元以下的罚款；对其直接负责的主管人员和其他直接责任人员，可以处三千元以上五万元以下的罚款；属于国家工作人员的，还应当由其所在单位或者有关单位依法给予撤职直至开除的行政处分；对其中的会计人员，并由县级以上人民政府财政部门吊销会计从业资格证书。

第四十五条 授意、指使、强令会计机构、会计人员及其他人员伪造、变造会计凭证、会计账簿，编制虚假财务会计报告或者隐匿、故意销毁依法应当保存的会计凭证、会计账簿、财务会计报告，构成犯罪的，依法追究刑事责任；尚不构成犯罪的，可以处五千元以上五万元以下的罚款；属于国家工作人员的，还应当由其所在单位或者有关单位依法给予降级、撤职、开除的行政处分。

第四十六条 单位负责人对依法履行职责、抵制违反本法规定行为的会计人员以降级、撤职、调离工作岗位、解聘或者开除等方式实行打击报复，构成犯罪的，依法追究刑事责任；尚不构成犯罪的，由其所在单位或者有关单位依法给予行政处分。对受打击报复的会计人员，应当恢复其名誉和原有职务、级别。

第四十七条 财政部门及有关行政部门的工作人员在实施监督管理中滥用职权、玩忽职守、徇私舞弊或者泄露国家秘密、商业秘密，构成犯罪的，依法追究刑事责任；尚不构成犯罪的，依法给予行政处分。

第四十八条 违反本法第三十条规定，将检举人姓名和检举材料转给被检举单位和被检举人个人的，由所在单位或者有关单位依法给予行政处分。

第四十九条 违反本法规定，同时违反其他法律规定的，由有关部门在各自职权范围内依法进行处罚。

第七章 附则

第五十条 本法下列用语的含义：

单位负责人，是指单位法定代表人或者法律、行政法规规定代表单位行使职权的主要负责人。

国家统一的会计制度，是指国务院财政部门根据本法制定的关于会计核算、会计监督、会计机构和会计人员以及会计工作管理的制度。

第五十一条 个体工商户会计管理的具体办法，由国务院财政部门根据本法的原则另行规定。

第五十二条 本法自 2000 年 7 月 1 日起施行。

国家主席江泽民签署第 25 号令公布《全国人民代表大会常务委员会关于修改〈中华人民共和国公路法〉的决定》

《全国人民代表大会常务委员会关于修改〈中华人民共和国公路法〉的决定》已由中华人民共和国第九届全国人民代表大会常务委员会第十二次会议于 1999 年 10 月 31 日通过，现予公布，修改后的《中华人民共和国公路法》自公布之日起施行。

中华人民共和国主席 江泽民

1999 年 10 月 31 日

全国人大常委会关于修改公路法的决定

一、第九届全国人民代表大会常务委员会第十二次会议决定对《中华人民共和国公路法》做如下修改：

1. 第二十一条第一款修改为："筹集公路建设资金，除各级人民政府的财政拨款，包括依法征税筹集的公路建设专项资金转为的财政拨款外，可以依法向国内外金融机构或者外国政府贷款。"

2. 第三十六条修改为:“国家采用依法征税的办法筹集公路养护资金,具体实施办法和步骤由国务院规定。”

“依法征税筹集的公路养护资金,必须专项用于公路的养护和改建。”

3. 删去第七十六条。

《中华人民共和国公路法》根据本决定作相应的修改,重新公布,自公布之日起施行。

二、国务院在制定将公路和车辆收费改为征税的实施办法时,应当取消各种不合理收费,确定合理的征税幅度,并采取有效措施,防止增加农民负担;同时防止增加车辆用油以外的其他用油单位的负担。

全国人民代表大会常委会举办第十一次法制讲座

李鹏委员长主持并发表讲话。他说,加强商事立法,对于保障和促进国有企业的改革和发展,对于鼓励和引导个体、私营等非公有制经济的发展,对于建立和健全社会主义市场经济体制,都具有重要的意义。

李鹏说,不久前,中共中央召开了十五届四中全会,这是贯彻党的十五大精神的一次重要会议。这次全会集中讨论了国有企业改革和发展问题,通过了《中共中央关于国有企业改革和发展若干重大问题的决定》。全会提出,要建立、健全社会主义市场经济的法律制度,抓紧制定和完善有关维护市场秩序、实施宏观调控、规范市场主体、健全社会保障等方面的法律法规。这对人大的工作提出了明确的要求。我们要认真学习贯彻党的十五届四中全会精神,加快经济立法的步伐,为国有企业的发展和改革创造良好的法制环境。

在谈到商法时,李鹏说,商法是社会主义市场经济法律制度的重要组成部分,是在民法的基础上,适应现代商事交易的需要发展起来的。它调整平等商事主体之间的商事关系。企业是最重要的市场主体,有关企业的法律,如公司法、合伙企业法、个人独资企业法、商业银行法、破产法等,都是商法的重要组成部分。

他指出,党的十一届三中全会以来的20年,我国的商事立法已经取得了很大进展。1993年制定的公司法,对有限责任公司和股份有限公司的设立和组织机构,公司的财务和会计制度,公司的合并、分立和破产等,都作出了规定。公司法的实施,对于推动国有企业的改革和发展,现代企业制度的建立,发挥了积极的作用。全国人大常委会还制定了合伙企业法、个人独资企业法、商业银行法、票据法、保险法、证券法、海商法、企业破产法(试行)等,这些法律的制定,标志着我国商事法律制度已经初步形成。随着社会主义市场经济不断发展,经济生活中也出现许多新情况、新问题,这些法律的某些条文也需要及时修订和完善。

李鹏最后强调,为适应建立社会主义市场经济体制和现代化建设的需要,我们要继续把经济立法工作放在重要位置。当前,要以四中全会精神为指导,进一步做好商事立法工作。重点抓好对公司法和全民所有制工业企业法等的修改补充工作。还要根据立法规划的安排,在做好信托法草案审议修改工作的同时,抓紧起草合作经济组织法、统一的破产法、商事登记法、商业秘密保护法等,争取这些法律早日出台,从而使我国的商事法律制度更加完备。

讲座的主讲人为清华大学法学院教授王保树。他说,商事法律制度是一项古老的法律制度,但在我国还是一项年轻的法律制度。在高度集中的计划经济体制下,没有也不可能有商事法律制度。在我国,商事法律制度的建立得益于改革开放,特别是得益于实行社会主义市场经济体制。他从三个方面阐述了中国的商事法律制度:中国商事法律制度的几个基础性问题;中国现行商事法律制度的基本内容;中国商事法律制度的完善。

全国人大常委会副委员长田纪云、姜春云、邹家华、王光英、布赫、铁木尔·达瓦买提、吴阶平、彭珮云、何鲁丽、周光召、曹志、成思危、许嘉璐、蒋正华,秘书长何椿霖,全国人大常委会委员,以及全国人大各专门委员会组成人员,全国人大机关各部门负责人,各省(区、市)人大常委会负责人听取讲座。

中华人民共和国和阿尔及利亚民主人民共和国发表新闻公报

应阿尔及利亚民主人民共和国总统布特弗利卡的邀请,中华人民共和国主席江泽民于1999年10月30日至31日对阿尔及利亚民主人民共和国进行国事访问。

中国国家主席江泽民同布特弗利卡总统举行了会谈,双方在亲切友好的气氛中就中阿关系及共同关心的国际和地区问题广泛、深入地交换了意见,达成了广泛的共识。双方签署了《中阿经济、技术合作协定》、《中阿贸易协定》等文件。双方认为,中华人民共和国主席江泽民对阿尔及利亚民主人民共和国的访问是千年之交双边关系中具有历史意义的重要事件,访问取得圆满成功,有力地推动了两国间业已存在的友好合作关系的进一步发展。

双方对建交40多年来两国友好合作关系在和平共处五项原则基础上健康、稳步发展感到满意,并愿意在新的世纪,继往开来,携手共进,进一步加强和扩大双边友好合作关系。

双方认为,两国经贸合作有着巨大的潜力和良好前景。双方愿共同努力,相互借鉴,取长补短,不断拓展互利合作领域。两国政府部门将继续为促进双方的贸易和投资创造条件,提供便利。

阿方重申中华人民共和国政府是代表全中国的唯一合法政府,台湾是中华人民共和国不可分割的一部分。阿尔及利亚一如既往支持中国统一大业,反对台湾"重返联合国"的图谋及旨在分裂中国的"两国论"。中方对此表示赞赏并强调,海峡两岸虽未统一,但台湾是中国领土一部分的地位并未改变,中国对台湾拥有主权的地位也未改变。这是世界上绝大多数国家所承认的无可辩驳的事实。中国坚决反对任何制造"台湾独立"、"两个中国"、"一中一台"等分裂活动。

双方在回顾西撒问题的发展时,强调支持联合国解决方案和休斯敦协议,支持联合国秘书长为西撒哈拉人民举行自由、公正的公决,寻求和平解决争端,以保障该地区的安全与稳定而作出的努力。

阿尔及利亚总统先生为实现全民和解和恢复国内安全和稳定作出了努力。1999 年 9 月 16 日的全民公决清楚地表明阿尔及利亚人民拥护和广泛支持这一努力。中方对此表示赞赏,并完全支持布特弗利卡总统为巩固安全与稳定及奠定国家振兴事业的基础所作的努力。

双方积极评价两国在国际人权领域进行的协调与合作,认为保护和发展人权是全人类的一项崇高事业,人权的普遍性原则只有同各国具体国情相结合,国际人权事业才有可能得到真正有意义的发展。双方强调,主权和人权都是神圣不可侵犯的,人权要靠主权来保护,事实上,不是人权高于主权,而是没有主权就没有人权。任何借口人道、人权侵犯别国主权的行径都是人类社会发展的大倒退。各国应在平等和相互尊重的基础上进行人权领域的合作。双方赞同通过对话,增进理解,缩小分歧,反对在人权领域搞对抗,借人权问题干涉别国内政。双方决心继续努力,共同维护广大发展中国家的权益,促进国际人权事业的健康发展。

双方欢迎中东和平进程取得的最新进展,认为实现中东地区全面、公正、持久的和平符合地区各国人民的根本利益,也有利于世界的和平与发展。国际社会有责任和义务帮助中东有关各方克服困难,排除障碍,推动中东和平进程。两国将一如既往支持中东和平进程,为实现该地区的和平作出贡献。

双方指出,非洲曾为人类文明作出过巨大贡献,但历史上殖民主义的统治不仅奴役非洲人民,而且还摧毁了非洲古老和辉煌的文明;冷战后,世界政治、经济形势的快速发展又使非洲人民面临严峻挑战。尽管受历史和现实的多种不利因素的制约,但非洲有丰富的自然资源和巨大的发展潜力,非洲国家正在努力探索适合自己国情的政治模式和发展道路,非洲正在步入求和平、思稳定、谋发展的历史新时期。广大的非洲国家是国际政治舞台的一支重要力量,全球的和平离不开非洲的稳定,世界的繁荣离不开非洲的发展。双方相信,经过长期艰苦斗争,赢得了政治解放,实现了社会进步的历史性跨越的非洲人民一定能够依靠自己的努力和国际社会的帮助,逐步实现经济解放,继续完成非洲社会进步的另一个历史跨越,为人类的和平与发展,文明与进步作出新的巨大贡献。中方高度赞赏并有力支持布特弗利卡总统作为本届非统主席为捍卫非洲和平、稳定和发展的权益所作出的重要努力,相信这一努力今后将会产生越来越积极的效果。

双方认为,当今世界正处于深刻变化中,政治多极化和经济全球化继续发展。国际形势总体趋缓,但不稳定因素依然存在。和平与发展仍将是 21 世纪的时代主题。双方强调,国家不论大小、贫富和强弱,都是国际社会平等的成员,都有权根据本国国情选择政治制度和发展道路。双方指出,相互尊重主权和领土完整、互不侵犯、互不干涉内政、平等互利及和平共处五项原则应成为实践新国际关系的行为准则。双方呼吁国际社会关注经济全球化给发展中国家造成的挑战,倾听发展中国家的声音。发达国家应采取更多行动,切实帮助发展中国家特别是非洲国家加强经济安全,提高发展能力。双方强调,国际社会应为建立一个公正、合理的国际政治、经济新秩序作出努力。

中华人民共和国主席江泽民邀请阿尔及利亚民主人民共和国总统布特弗利卡明年访华。布特弗利卡总统愉快地接受了邀请。

中国与沙特阿拉伯在利雅得签署《中沙混委会工作小组文件》等 5 项协议

中沙两国签署了《中华人民共和国政府与沙特阿拉伯王国政府教育合作协定》、《中华人民共和国政府与沙特阿拉伯政府石油领域合作谅解备忘录》、《中华人民共和国国家广播电影电视总局与沙特阿拉伯王国新闻部广播电视合作协议》、《新华通讯社与沙特通讯社交换和合作协议》以及《中沙混委会工作小组文件》。

国家主席江泽民和沙特阿拉伯法赫德国王共同出席这 5 项协议的签字仪式。

国务院关于北京市环境污染防治目标和对策的批复

国办关于清理整顿经济鉴证类社会中介机构的通知

各省、自治区、直辖市人民政府,国务院各部委、各直属机构:

改革开放以来，我国各种经济鉴证类社会中介机构发展迅速，在服务社会主义经济建设，维护正常的经济秩序，适应政府职能转变等方面发挥了重要作用。但是，经济鉴证类社会中介机构在发展过程中也存在着“乱办、乱管、乱执业”等突出问题，背离了独立、客观、公正的行业特性，严重影响了其作用的发挥，甚至干扰了正常的社会经济秩序，如不及时加以整改，必将影响社会主义市场经济体制的健康运行。为了促进经济鉴证类社会中介机构健康发展，充分发挥其维护市场经济秩序的积极作用，经国务院批准，决定对经济鉴证类社会中介机构进行清理整顿。现将有关事项通知如下：

一、清理整顿的指导思想和目标

党的十四届三中全会通过的《中共中央关于建立社会主义市场经济体制若干问题的决定》指出：“中介组织要依法通过资格认定，依据市场规则，建立自律性运行机制，承担相应的法律责任和经济责任，并接受政府有关部门的管理和监督。”这次清理整顿工作要以此为指导思想，通过清理整顿实现以下目标：第一，规范经济鉴证类社会中介机构的资格认定；第二，依据市场规则进行经济鉴证类社会中介机构的脱钩改制，建立自律性运行机制；第三，依法规范政府部门和行业协会对经济鉴证类社会中介机构的监督、指导和管理。

二、清理整顿的范围

清理整顿的范围是：与市场经济运行和市场经济活动有着密切关系、对维护市场秩序具有重要作用，并依靠专业知识和技能向社会提供经济鉴证服务的经济鉴证类社会中介机构（包括实行企业化经营或者从事经营活动的事业单位）及其行业管理组织，如会计师（审计）事务所、财会咨询公司、税务师事务所、律师事务所，各种资产评估、价格鉴证、工程造价审计（审核、咨询）等经济鉴证类社会中介机构以及相关的行业管理协会、公会、管理中心等。

三、清理整顿的政策要求

（一）凡没有法律依据或未经国务院批准自行设立的经济鉴证类社会中介机构，均需重新申报，经清理整顿后，符合条件的经批准继续执业；不符合条件的予以合并或撤销。

（二）经清理整顿后，经济鉴证类社会中介机构一律实行脱钩改制，任何政府部门不得举办经济鉴证类社会中介机构。

四、清理整顿的步骤

第一步，1999年年底前，对经济鉴证类社会中介机构进行集中清理统计，分类处理。凡依法设立、定位准确、管理体系健全、运作规范的中介机构拟予保留；凡重复设置、业务交叉的中介机构拟予归类合并；凡设置不合理、管理混乱的中介机构拟予撤销。具体办法另行制定。

第二步，拟保留、归类合并的经济鉴证类社会中介机构，必须在2000年第一季度内与挂靠单位在人、财、物等方面彻底脱钩，不再承担政府行政管理职能；脱钩后，其名称不得冠有原挂靠单位名称字样或痕迹，未经批准也不得冠有“全国”、“中华”、“中国”字样。

第三步，2000年上半年内，规范对经济鉴证类社会中介机构的管理。包括健全资格认定和管理法规，统一行业管理组织，明确政府主管部门，建立健全内部管理和执业质量保障机制等。

五、清理整顿工作的组织领导

为了加强领导，便于协调，统筹安排，统一行动，保证清理整顿工作的顺利进行，国务院成立清理整顿经济鉴证类社会中介机构领导小组（以下简称：领导小组），负责组织领导具体的清理整顿工作，并处理有关问题。领导小组组成人员如下：

组　长：项怀诚（财政部部长）

副组长：张佑才（财政部副部长）

李剑阁（国务院体改办副主任）

成　员：（略）

领导小组下设办公室，负责处理日常工作。

主　任：张佑才（兼）

副主任：李　勇（中国注册会计师协会秘书长）

李克平（国务院体改办宏观司副司长）

吴　浩（国务院法制办财政金融法制司副司长）

各地区、各部门要把清理整顿经济鉴证类社会中介机构作为一项严肃的政治任务，严格按照国务院的统一部署，依照国家法律、法规和本通知精神，齐心协力，扎扎实实地抓好落实，确保按时完成对经济鉴证类社会中介机构的清理整顿工作。

’99昆明世界园艺博览会在昆明闭幕

中国’99昆明世界园艺博览会在昆明举行总结表彰大会

为期10天的第四届上海国际艺术电影节闭幕中国演员艾丽娅获最佳女演员奖

《人民日报》就本报刊发《全国人民代表大会常务委员会关于取缔邪教组织、防范和惩治邪教活动的决定》和《最高人民法院、最高人民检察院关于办理组织和利用邪教组织犯罪案件具体应用法律若干问题的解释》发表评论员文章《依法治国 严惩邪教》

最高人民检察院《关于认真贯彻执行〈关于取缔邪教组织、防范和惩治邪教活动的决定〉和有关司法解释的通知》

各省、自治区、直辖市人民检察院，军事检察院：

第九届全国人大常委会第十二次会议于 1999 年 10 月 30 日通过了《关于取缔邪教组织、防范和惩治邪教活动的决定》。决定的颁布，对维护社会稳定，保护人民利益，保障改革开放和社会主义现代化建设的顺利进行具有重大意义，对当前正在进行的取缔“法轮功”邪教组织，防范和惩治邪教活动的斗争，提供了思想法律武器。检察机关要坚决贯彻，严格执行。特通知如下：

一、要组织广大检察人员认真学习《决定》，深刻认识同“法轮功”等邪教组织的斗争是一项长期、复杂的重要任务。《决定》针对近年来邪教组织，特别是“法轮功”邪教组织在一些地方发展蔓延，造成十分严重后果的状况，要求坚决依法取缔邪教组织、严厉打击邪教组织的各项犯罪活动。在处理邪教组织时要严格掌握政策法律界限，进一步加强宪法和法律的宣传教育，进行综合治理，严防邪教组织的滋生和蔓延。最高人民法院、最高人民检察院制发了《关于办理组织和利用邪教组织犯罪案件具体应用法律若干问题的解释》(以下简称《解释》)。《解释》根据刑法的规定，对依法惩处组织、利用邪教组织进行犯罪活动的具体应用法律的问题作了解释。《决定》和《解释》的颁布和执行，对于取缔邪教组织，防范和惩治邪教活动，特别是当前打击组织、利用“法轮功”邪教组织进行犯罪活动，提供了重要的法律保障。各级人民检察院要组织全体检察人员认真学习《决定》和《解释》，准确领会和掌握《决定》和《解释》的精神与具体内容，在取缔邪教组织、防范和惩治邪教活动的严肃政治斗争中，每一个检察干警都必须有明确的态度。要紧密结合检察工作和本地查处组织、利用“法轮功”邪教组织进行犯罪活动的实际情况，做好贯彻、执行工作，保证其正确实施。

二、要充分认识“法轮功”邪教组织的性质和取缔邪教组织，防范和惩治邪教活动是一场严肃的政治斗争，增强同这类犯罪斗争的紧迫感和责任感。对邪教组织必须依法坚决取缔，对其犯罪活动必须坚决依法严厉打击。各级人民检察院要充分履行检察职能，切实加强对组织、利用“法轮功”邪教组织的犯罪案件的审查批捕、审查起诉、出庭支持公诉工作，加强对有关案件的立案监督，加强监所检察工作，在党委的统一领导和部署下，对涉嫌组织、利用“法轮功”犯罪的案件，依法批捕、及时起诉。

三、各级人民检察院在办理组织和利用“法轮功”邪教组织犯罪案件时要严肃执法，严格掌握政策法律界限。要认真学习、准确掌握党和国家的有关政策、法律规定。对于实施组织、利用邪教“法轮功”进行各种犯罪活动的，要依法追究其刑事责任。对于坚持顽固立场、继续破坏社会稳定，坑害人民群众的极少数“法轮功”幕后策划者、组织者、指挥者及骨干分子，必须依法严惩，坚决打击。要把不明真相参与“法轮功”的人，同组织、利用邪教危害社会的犯罪分子区别开来；把在“法轮功”问题上犯了错误但有悔改表现的人，同执迷不悟、拒不改正的人区别开来；对有自首、立功表现的，可依法从轻、减轻或者免除处罚，尽可能团结大多数。

四、在依法取缔邪教组织，防范和惩治邪教活动的斗争中，各级人民检察院要加强领导，严格责任，检察长要亲自过问有关案件的办理情况，对这类案件的审查逮捕、审查起诉工作，要指派业务骨干承办，各业务部门要切实负起责任，对工作各个环节周密部署，依法及时作出决定。要加强与公安、法院等有关部门的密切联系，适时介入侦查，掌握案情，审查证据，为有力指控有关犯罪打好基础。对于重大、疑难案件，上级检察院要加强对下级检察院的指导、支持和协调有关工作，确保依法、及时、准确有力地打击组织、利用邪教组织进行犯罪的斗争顺利健康进行。

五、各级人民检察院对办理组织、利用“法轮功”邪教组织的犯罪案件的有关情况，要及时向上级检察院和当地党委报告；对在贯彻执行《决定》和《解释》中遇到的重要情况和有关适用法律问题，要及时层报最高人民检察院。

11月1日

全国人大常委会在北京召开省自治区直辖市人大常委会负责人座谈会

这是九届全国人大常委会召开的第一次省级人大常委会负责人座谈会。李鹏委员长出席座谈会。

会议分别由全国人大常委会副委员长田纪云、许嘉璐主持,21位省、自治区、直辖市人大常委会负责人在会上发言。

今年是县级以上地方各级人民代表大会设立常务委员会20周年。全国人大常委会召开这次座谈会的目的主要是,交流20年来做好地方人大工作的经验,探讨如何进一步加强党对人大工作的领导,坚持和完善人民代表大会制度,贯彻落实依法治国基本方略,以更好地推进我国社会主义民主法制建设,推动新时期地方人大工作的发展。

与会者指出,20年的实践证明,县级以上地方各级人大设立常委会具有十分重要的意义和作用,它有利于坚持和完善人民代表大会制度,有利于加强社会主义民主法制建设,有利于保证宪法法律的遵守和执行,有利于提高全社会的法制观念和推动依法治国方略的实施,有利于把党的主张通过法定程序变为国家意志,加强和改善党的领导,更好地调动和发挥人民群众的积极性和创造性,推动社会主义现代化事业顺利发展。

制定地方性法规是地方人大及其常委会的重要工作。与会者在发言中都谈到20年来这方面的成就和体会。各地人大常委会从本地区的具体情况和实际需要出发,坚持立法同改革发展稳定的决策相结合,用地方性法规支持和推进改革发展,为改革开放创造良好环境。随着形势的新发展适时修订地方性法规,使之更加适应深化改革、扩大开放和现代化建设的客观需要。到目前为止,地方人大及其常委会坚持走群众路线,不断提高立法质量,共制定地方性法规7000多件。地方立法工作的有效开展,有力地推动了各地的改革开放和社会主义现代化建设,保障了人民群众的根本利益,维护了社会稳定。

监督工作也是地方各级人大及其常委会的一项重要职责。大家在发言中指出,20年来,地方人大常委会围绕本行政区域工作中的重点问题、改革发展中的难点问题、人民群众关心的热点问题,有计划、有重点地开展监督工作,保证法律、法规的有效实施,支持和促进了"一府两院"的工作。大家还介绍了普遍开展执法检查、代表评议、述职评议、听取"一府两院"工作报告等情况,有些同志还介绍了对审判、检察机关重大违法案件进行监督,以及制定有关监督的地方性法规,使监督工作逐步走上法制化、规范化轨道的做法。

与会者在发言中一致认为,坚持和依靠党的领导,是做好地方人大工作的根本保证。他们说,人民代表大会制度是中国共产党领导下的人民民主制度,加强党的领导同发挥国家权力机关的作用,充分发扬民主和严格依法办事是一致的。20年来地方各级人大常委会的发展及工作成就的取得,都与党的领导分不开。

大家还就如何加强和改进人大工作、切实推进依法治国基本方略的实施,提出了一些意见和建议。

出席会议的还有全国人大常委会副委员长姜春云、王光英、程思远、布赫、铁木尔·达瓦买提、彭珮云、何鲁丽、周光召、曹志、成思危、蒋正华,全国人大常委会秘书长何椿霖,以及国务院、最高人民法院、最高人民检察院有关负责同志,全国人大各专门委员会主任委员、部分副主任委员,法律委员会和内务司法委员会委员,全国人大常委会副秘书长,法工委、预算工委主任、副主任等。

中央金融工委书记温家宝在中央金融工委第十二次全委(扩大)会上发表讲话

温家宝强调,金融系统要认真学习党的十五届四中全会精神,提高为国有企业改革和发展服务的自觉性,进一步发挥货币政策的作用,为实现国有企业改革和发展的目标努力奋斗。

这次工委全委(扩大)会议主要是交流学习贯彻十五届四中全会精神的情况,研究金融系统贯彻落实全会精神的具体措施。温家宝说,贯彻党的十五届四中全会精神,支持国有企业改革和发展,是全党和全国各行各业的共同任务,更是金融系统的重大责任。金融机构各级党委要把这项工作摆到重要位置,作为当前的一件大事,认真抓好。首先,要继续组织全体党员和广大干部员工认真学习四中全会精神,深刻认识搞好国有企业改革和发展的重大意义。其次,要结合金融工作实际,深入研究如何支持国有企业改革和发展。金融系统要按照全会《决定》的要求,制定具体措施,积极配合国有企业改革和发展,扎扎实实地做好工作。

温家宝说,金融系统贯彻落实四中全会精神,当前重点要做好十件事:一、综合运用各种货币政策工具,积极支持国有企业的改革和发展。要继续实行积极的财政政策,扩大内需,同时进一步发挥货币政策的作用,运用各种调控货币的手段,加大对国民经济和国有企业发展的支持力度。二、加大对重点行业、重点企业信贷倾斜。金融机构要支持国有企业战略性改组,各国有商业银行要选择一批重点优势企业进行重点支持。要配合企业的兼并破产,做好核销呆、坏账的工作。三、大力增加对高新技术产业和企业技术改造的信贷支持。商业银行要积极配合国债技改项目，加快选项和评审，符合条件的项目要给予信贷支持。四、积极支持西部大开发战略的实施。要把握投资方向，重点支持基础设施建设、生态环境建设、资源开发、产业结构调整、教育和科技等项目。各商业银行要加强内部资金调度，支持西部地区的发展。五、做好对中小企业的信贷工作。对不同所有制的中小企业，要按市场经济的原则，只要是效益好的，都要积极给予信贷支持。六、大力发展消费信贷。当前要以开展教育、住房等消费信贷为重点，促进消费，培育新的经济增长点。七、抓紧、认真、细致地做好债转股工作。债转股要达到两个目的，一是减轻国有企业债务负担，促进企业转换经营机制，支持企业发展；二是盘活银行资产，减少不良贷款损失，降低金融风险。这项工作要在实践中不断探索和完善，对实施过程中出现的问题要及时研究解决。八、提高国有企业直接融资比重。要继续依法规范和发展证券市场，维护市场公开、公平、公正原则，完善股票发行、上市制度，为符合条件上市的国有企业，特别是高新技术企业上市融资创造良好的环境。九、积极发展商业保险。开发新险种，扩大居民保险消费，充分发挥保险资金的融通职能和经济补偿职能。要发展出口信用保险，积极支持国有企业扩大出口。十、继续深化金融改革，防范和化解金融风险。要继续深化金融体制改革，完善各项制度。正确处理搞好金融服务和防范金融风险的关系，既要进一步发挥货币信贷支持经济发展的作用，又要按市场经济规律办事，加强金融监管，严格货币信贷制度，防范金融风险。

温家宝强调，落实四中全会精神要真抓实干，狠抓落实。金融系统各级党委要结合各单位实际，认真研究制定贯彻落实的具体措施。要落实责任，明确任务，一项一项地抓，一件一件地落实。要总结经验，加强督促检查。金融系统各级党委，要经常了解各金融机构贯彻全会精神，落实各项政策措施的情况，总结经验，发现问题，研究改进工作的措施。要加强党的领导，发挥政治优势。金融系统各级党组织要充分发挥政治核心和战斗堡垒作用，切实加强思想政治工作，把党员、干部和职工的思想统一到全会精神上来，进一步加强领导班子建设和金融队伍建设，为贯彻落实四中全会精神提供强有力的思想保证和组织保证。

中央金融工委副书记阎海旺主持了今天的会议。中央各金融机构党委书记戴相龙、周正庆、马永伟、刘廷焕、朱登山等在会上发言。中央金融工委委员、中央各金融机构党委负责同志出席会议，部分其他金融机构党委负责同志也应邀列席了会议。

全国“双学双比”竞赛活动十年表彰大会在北京召开

全国妇联、农业部等 14 个部委在人民大会堂联合召开全国“双学双比”竞赛活动十年表彰大会，表彰全国十大农民女状元、先进女能手等先进个人和集体。

中共中央政治局委员、全国人大常委会副委员长姜春云，全国人大常委会副委员长、全国妇联主席彭珮云，全国政协副主席孙孚凌、周铁农出席表彰大会，并向获奖者颁奖。

大会由全国妇联副主席、书记处第一书记顾秀莲主持。农业部副部长万宝瑞宣读全国十大农民女状元、全国“双学双比”先进女能手、先进工作者、先进协调单位表彰决定。全国妇联副主席、书记处书记沈淑济宣读全国“三八绿色奖章”获得者、全国“三八绿色优质工程”表彰决定和授予全国十大农民女状元全国“三八红旗手”荣誉称号的决定。

彭珮云在大会上讲话。

国家主席江泽民在利雅得国宾馆会见沙特阿拉伯利雅得地区埃米尔萨勒曼亲王

国家主席江泽民在利雅得会见海湾合作委员会秘书长杰米勒·赫杰兰

江泽民在利雅得国宾馆会见时说，海合会成员国与中国都有着很好的双边关系，海合会及成员国十分重视与中国的关系，都希望进一步推动与中国关系的发展。现在双方年贸易额近 50 亿美元，这预示着双方贸易有着美好的前景。赫杰兰还对中国的对外政策，特别是在中东问题上的立场表示高度赞赏和崇高敬意。

江泽民说，中国是最大的发展中国家，也是世界上最具经济活力的国家之一，人力资源丰富，市场潜力巨大，而海湾合作委员会国家能源丰富，资金雄厚，居民消费能力也十分可观，双方经济互补性强，经贸合作大有可为。

庆祝中国科学院建院 50 周年大会在人民大会堂举行

中共中央政治局常委、国务院总理朱镕基出席会议并讲话。他指出，实施科教兴国战略，提高国民经济整体素质，加快经济结构调整和产业升级，显著增强我国经济、科技的国际竞争力，都迫切要求加速科技创新和进步，全面繁荣科学技术事业。

中共中央总书记、国家主席江泽民，中共中央政治局常委、全国人大常委会委员长李鹏，中共中央政治局常委、全国政协主席李瑞环分别为中国科学院建院 50

周年题词。

会上，朱镕基首先代表党中央、国务院向中国科学院的全体职工表示热烈祝贺和亲切慰问，对中国科学院为祖国和世界科学事业作出的卓越贡献表示崇高的敬意。他说，一个月前的今天，全国各族人民隆重庆祝了中华人民共和国成立50周年。新中国的诞生，开辟了中国历史的新纪元。中国科学院于新中国诞生后的一个月正式成立。这说明我们党的第一代领导集体对科学事业的高度重视和关心。这是中国科学院的光荣和骄傲。随着新中国的成立，中国的科技事业进入了一个崭新的时代。中国科学院成立50年来，几代科学家、技术专家和全院职工，坚定地走社会主义道路，积极投身于国家各项建设，勇攀科技高峰，在旧中国积贫积弱的基础上创造了一大批具有世界先进水平甚至世界领先水平的科技成果，培养了一大批德才兼备的科技人才，为我国经济、科技、社会各项事业蓬勃发展作出了重大贡献。对于中国科学院以及全国科技战线50年来取得的成绩和作出的贡献，党和政府一直予以高度评价。

朱镕基指出，一年前，中国科学院根据党的十五大指引的方向，提出“迎接知识经济时代，建设国家创新体系”的建议。党中央、国务院高度重视这个建议，并批准由中国科学院实施知识创新工程试点。知识创新工程试点实施仅仅一年，已经取得明显的效果。这再一次证明了我国科技工作者敢于创新、善于创新。党和政府为我们国家拥有这样一支优秀的科技队伍感到由衷的高兴。

朱镕基强调，未来的50年，我们伟大的祖国，更将大步向前，大展雄风。我们要在今后50年把我国建设成为富强民主文明的社会主义现代化国家。实现这个宏伟目标，要靠全党和全国各族人民持之以恒地艰苦奋斗，特别是要发挥科学技术的关键作用。邓小平同志指出：“科学技术是第一生产力”；江泽民总书记也强调指出：“科技进步是经济发展的决定性因素。”必须充分看到，实施科教兴国战略，提高国民经济整体素质，加快经济结构调整和产业升级，显著增强我国经济、科技的国际竞争力，都迫切要求加速科技创新和进步，全面繁荣科学技术事业。把科学技术搞上去了，我国整个现代化事业就大有希望。未来的50年，我国科学技术工作者肩负着神圣的历史使命和重大责任。

我希望中国科学院的全体科技工作者和全院职工紧密团结在以江泽民同志为核心的党中央周围，进一步发扬中国科学院“唯实、求真、协力、创新”的优良院风，大胆创新，大胆实践，创造更多、更好的科技成果，为新中国第二个50年再铸历史辉煌，为祖国的繁荣富强和世界的文明进步作出新的贡献。

中国科学院成立以来，从建院初期的21个研究所、300多名科技人员发展为具有相当规模和学科齐全的我国科学技术的最高学术机构及高新技术的综合研究与发展中心。50年来，中科院科技专家与全国科技界一起，取得了一大批重要的科研成果。从1956年至1998年年底，共有794项重大科研成果获国家级奖励。会上，中国科学院院长路甬祥院士介绍了中国科学院50年来，在党的三代领导集体亲切关怀和巨大支持下的发展历程和辉煌成就。他说，1998年，以江泽民同志为核心的党中央决定在中国科学院实施国家知识创新工程试点工作，中国科学院又承担起新的历史使命，全院广大科技人员以高度的政治责任感和使命感投身于知识创新工程试点工作，正遵照江泽民总书记为中国科学院成立50周年题词的指示精神，将中国科学院建设成为具有国际先进水平的国家知识创新中心，成为全国自然科学与高新技术综合研究基地、培养和造就高级科技人才的基地、促进我国高技术产业发展的基地，成为有国际影响的国家科技知识库、科学思想库和科技人才库。

中国科学院院士和青年科学家代表也在会上发言。

会前，朱镕基总理会见了应邀来中国科学院参加学术活动的杨振宁、李政道、丁肇中、哈罗德·瓦姆斯、哈特姆特·米歇尔、费里德·穆拉德、施瓦茨·乌力等诺贝尔奖获得者和世界著名专家学者。

丁关根、温家宝、曾庆红、宋平、刘华清、周光召、卢嘉锡、宋健、朱光亚、胡启立、陈锦华出席了大会。有关部门的负责人，外籍著名专家学者，在京部分两院院士以及中国科学院在京各单位科技人员、职工代表等参加了大会。

中科院知识创新工程初见成效

经过一年多的紧张工作，中科院知识创新工程试点工作进展顺利，在创新战略目标调整、体制改革、机制更新和队伍建设方面取得可喜的成效。

在确立科技创新战略目标的过程中，中科院一方面坚持“有所为，有所不为”的方针，突出重点，对一些陈旧、分散、重复的学科布局进行了调整；另一方面，面向新世纪，部署了一批新的科技生长点。中科院提出，基础研究就是要争世界第一，应用研究和高技术创新发展就是要为经济和社会发展作出基础性、战略性、前瞻性的贡献。在明确重点领域和领域前沿方面，该院确定了农业高新技术、人口与健康、重大交叉学科前沿等9大领域，初步选择了脑认知科学、纳米科技基础、量子物理与信息等104个领域前沿。在优选战略方向上，目前已初步选定转基因育种技术、汉语识别与自然语言理解等约 100 个重要研究方向。

与此同时，中科院抓住知识创新工程试点的机遇，致力解决长期困扰自己的不符合创新规律和产业化规律的科技创新组织结构与运行机制问题。该院在数学、生命科学等基础科学领域，将研究所调整为学术组织单元，若干研究所整合成以研究院为法人的国家研究基地。同时选择大连化学物理所等 4 个研究所进行研究所整体改革试点，试行预算拨款制度、岗位聘任制度，扩大研究所的自主权，强化评价机制，实现制度创新和机制转变。正在进行的结构调整涉及 53 个研究所（台、站、中心），对其中 36 个所进行了所际调整。此外，中科院积极推动与大学、企业、地方的合作和共建，建立知识创新与高技术产业化的有机结合机制。如在计算所的改革中，以组成理事会的方式，引入联想集团参与管理，一方面满足国家对计算科学技术的需求另一方面又使所的科研方向始终与产业发展相衔接。

在凝聚人才方面，目前已有 6000 多名科研人员被遴选进入知识创新工程试点，队伍年龄结构得到显著优化：平均年龄 40 岁左右，年龄在 45 岁以下的占 60%以上。确定了岗位聘用人员和流动客座人员比例为 1∶1 的结构模式，增大流动人员的比例。加快了从国内外引进优秀人才的力度，涌现出了大批杰出青年学术带头人。今年 3 月至 6 月，基本完成了院机关机构改革和人员精减，人员总数由 486 人减少到 316 人。

《人民日报》就昆明世博园闭幕发表评论员文章《共建美好家园》

“澳门回归林”在珠海营造

第六次全国人民群众见义勇为与犯罪分子作斗争先进分子表彰大会在人民大会堂举行

表彰大会由中宣部、公安部和中华见义勇为基金会主办。中共中央政治局委员、书记处书记、中宣部部长丁关根，中共中央政治局委员、国务委员、中央政法委书记罗干出席会议。共青团中央书记处书记赵勇、解放军总政治部副主任袁守芳分别向大会致贺词。中央政法委副秘书长、中华见义勇为基金会副会长陈冀平宣读了关于授予徐寅等 85 人、追授刘月明等 19 人“全国见义勇为先进分子”荣誉称号的决定。丁关根、罗干等领导同志向受到表彰的 116 名见义勇为先进分子颁奖。

罗干在会上发表讲话，他首先代表党中央、国务院向荣获“全国见义勇为先进分子”光荣称号的同志表示祝贺，向全国所有见义勇为与犯罪分子作斗争的勇士们表示感谢和敬意。

罗干指出，榜样的力量是无穷的。要充分发挥先进典型的引导示范作用，采取多种形式，深入持久地开展学习、宣传见义勇为先进分子的活动，在全社会形成见义勇为光荣、见危不救可耻的良好氛围，使见义勇为先进分子的崇高精神，成为推动人民群众敢于同犯罪分子作斗争的强大精神动力。同时，要千方百计地解决见义勇为者遇到的医疗、工作、生活等困难，特别要抚恤好、照顾好因见义勇为而光荣牺牲的同志的家属。要建立、健全对见义勇为行为的保护激励机制，解除见义勇为者的后顾之忧，动员和吸引更多的人加入见义勇为的行列。

公安部部长贾春旺在讲话中强调，公安机关对见义勇为行为要坚决予以支持和保护，对见义勇为积极分子受到的不法侵害要坚决予以打击。

受表彰的见义勇为先进分子代表光明日报出版社徐寅、海军东海舰队舟山基地通信站政委张伟奇、内蒙古呼和浩特炼油厂陈利明、江苏省南京市溧水县石湫镇中心小学王红霞、辽宁省沈阳市东陵区五三乡单玉珊先后在会上作了事迹报告。

全国政协副主席万国权，中华见义勇为基金会会长王芳出席表彰大会。会议由中宣部副部长刘鹏主持。中央和国家机关有关部门负责人，以及首都各界群众代表近 3000 人参加会议。会前，丁关根、罗干、曹志、万国权和王芳会见了出席表彰大会的代表。

11 月 2 日

全国人大常委会委员长李鹏在北京召开的省自治区直辖市人大常委会负责人座谈会上发表讲话

李鹏强调，各级人大及其常委会要积极探索，勇于实践，创造性地开展工作，努力开创人大工作的新局面，为推进依法治国、建设社会主义法治国家的进程作出新的贡献。

李鹏说，今年是县级以上地方各级人大开始设立常委会 20 周年。20 年来，地方各级人大及其常委会在邓小平理论和党的基本路线指引下，在地方各级党委领导下，认真履行宪法和法律赋予的职权，勇于实践，积极探索，各方面工作都取得了显著成绩。20 年的实践充分证明，在县级以上地方各级人大设立常委会这一重大决策，是完全正确的。在全国县级以上各级地方的范围内，大大加强了人大对各级行政、审判、检察机关的监督，大大加强了人民群众行使管理国家的权利。

在谈到党的领导与人大工作的关系时，李鹏说，要做好人大工作，很重要的一条，就是要自觉接受同级党委的领导。人大是国家权力机关，但人大的工作是在党的领导下进行的。中国共产党是执政党，党的执政地位是历史形成的，并且明确载入了我国的宪法。党的十五大明确指出，共产党执政就是领导和支持人民掌握管理国家的权力。各级人大要在推进依法治国的进程中，自觉地把坚持党的领导、发扬人民民主和严格依法办事统一起来，真正从制度上和法律上保证党的基本路线和基本方针的贯彻实施，保证党始终发挥总揽全局、协调各方的领导核心作用。

在谈到立法工作时，李鹏说，建设社会主义法治国家，首先要有法可依。经过 20 多年的努力，我们已经制定了 360 多件法律和有关法律问题的决定、800 多件行政法规、7000 多件地方性法规，有法可依的局面已经基本形成。但是我们的法律还不健全，一些重要的法律如民法典、立法法、监督法等还尚未出台，立法工作仍是摆在各级人大及其常委会面前的一项繁重的任务。我们要在本届全国人大任期内初步形成有中国特色社会主义法律体系，并根据十五大的要求，到 2010 年形成这个体系。要实现这个目标，光靠全国人大、全国人大常委会、国务院制定必要的法律和行政法规还不够，还要靠有立法权的地方人大及其常委会，根据各地的具体情况和实际需要，制定一批相应的地方性法规。李鹏指出，立法工作要坚持走群众路线，一些重要的法律草案要向社会公布，广泛征求意见，这样做，除了使制定的法律更加完善外，还起到了普法的作用。同时，人民群众参与立法的过程，也是行使当家做主权利的过程。

李鹏说，相对于立法工作而言，人大在依法开展监督方面的力度还不够。监督要有法可依，宪法规定了人大有监督权，但还需要具体化，所以迫在眉睫的是要制定监督法。由于监督法涉及方方面面，各方面对一些问题有不同看法，所以出台监督法还需要一定时间。在监督法制定出来之前，先制定几个关于监督工作的单项规定或决定，待条件成熟时，再制定综合性的监督法，这个办法是可行的，也是符合我国实际的。这些单项的规定或决定虽然不像综合性法律那样完整，但同样具有法律效力。

李鹏说，消除司法腐败、实现司法公正，是依法治国、建设社会主义法治国家的必然要求和重要环节。加强司法监督、解决司法不公问题，既要通过司法改革、加强司法机关的内部监督，也要加强人大的监督。人大对审判、检察工作中重大违法案件实施监督，是宪法赋予的职权。宪法规定人大统一行使国家权力，政府、法院、检察院由人大产生，对人大负责，受人大监督。八届全国人大常委会还制定了关于加强对法律实施情况检查监督的若干规定。这些是我们制定关于对审判、检察工作中重大违法案件实施监督的规定的宪法和法律依据。各地人大及其常委会也积累了开展这方面监督工作的实践经验。从某种意义上说，制定这个规定是启动和督促司法机关运用自我监督的机制，及时发现和纠正错案。人大对具体案件进行监督，不是对所有的案件都进行监督，而只对重大违法案件进行监督，透过具体案件了解审判、检察工作中的问题，发挥人大的监督作用，促进公正司法。人大对审判、检察工作中重大违法案件进行监督，要遵循不直接办案，不代行审判权、检察权的原则，事后监督的原则，集体行使监督职权的原则，依照法定程序监督的原则，坚持党的领导的原则等。

围绕如何充分发挥人大代表的作用，密切人大与人民群众的联系问题，李鹏说，充分发挥人大代表的作用，是做好人大工作的基础和保证。现在全国各级人大代表有 320 多万人，分布在各条战线、各个行业，生活在群众之中，与人民群众有非常紧密的联系，这是我们实行人民代表大会制度的一个优势。充分发挥好代表作用，可以使人大在工作中更好地反映人民的意见和要求，更好地贯彻党的主张。要认真贯彻好代表法，除继续坚持邀请代表列席常委会会议和专门委员会会议，组织人大代表进行集中视察、开展执法检查和代表评议等工作外，还要探索新的形式和做法。如将提请审议的法律草案印发有关的人大代表征求意见，常委会负责同志调查研究、视察工作时，要注意听取当地人大代表的意见等。各级人大及其常委会、各级人大代表，还要加强与人民群众的联系。根据宪法规定，人大是人民选出来的，要对人民负责，受人民监督。因此加强各级人大及其常委会、各级人大代表与人民群众的联系，是我国人民民主专政的国家性质和人民代表大会制度的政体所要求的。多年来，我们在这方面进行了一些探索，积累了一些成功的经验，但总的来看，这方面的工作还有待于进一步加强。

李鹏强调，要做好人大工作，还必须加强人大及其常委会的自身建设。各级人大代表、常委会组成人员，都要联系实际，认真学习马列主义、毛泽东思想，特别是邓小平理论，为在人大工作中贯彻好党的路线、方针、政策提供理论支持；都要认真学习和掌握人大工作所必备的宪法法律知识、市场经济知识和现代科学知识，使自己适应履行职责的需要。人大常委会机关的建设同样非常重要，各级人大常委会的负责同志要予以关心和重视。当前，首先要把“三讲”教育搞好，讲出团结，讲出干劲，讲出为人大及其常委会依法履行职责服务的精神。

李鹏特别强调，人大的工作、建设有中国特色社会主义的民主和法制，都是前人没有做过的，虽然有些有国外的经验可以借鉴，但不能照搬。各级人大及其常委会一定要解放思想，实事求是，在遵守宪法、维护法制统一的前提下，创造性地开展工作。

31位省、自治区、直辖市人大常委会的负责同志先后发言，交流了地方人大工作的经验，并就进一步加强党对地方人大工作的领导，坚持和完善人民代表大会制度，贯彻依法治国基本方略等问题提出了意见和建议。

会议由姜春云副委员长主持。副委员长田纪云、王光英、程思远、布赫、铁木尔·达瓦买提、何鲁丽、周光召、曹志、成思危、蒋正华，秘书长何椿霖出席会议。

最高人民法院院长肖扬、最高人民检察院检察长韩杼滨，以及国务院有关部门负责人，全国人大各专门委员会主任委员、部分副主任委员，法律委员会和内务司法委员会委员，全国人大常委会副秘书长，法工委、预算工委主任、副主任也参加了会议。

邓小平新时期统一战线理论研究班座谈会在北京举行

中共中央政治局常委、全国政协主席李瑞环在与代表座谈时强调指出：马克思主义关于人民群众的观点，是统一战线理论的一个基石；求同存异、体谅包容，是统一战线工作的一个原则；形象好、人缘好、富有人格力量，是统一战线干部的一个重要条件。

在谈到“统一战线理论的一个基石”问题时，李瑞环说，马克思主义的历史唯物主义有两个基本观点：一个是生产力观点；一个是群众观点。生产力观点揭示了生产力是社会发展的决定性因素，我们讲建设有中国特色社会主义，讲初级阶段、根本任务、基本路线，主要是依据这一观点。群众观点揭示了人民群众是创造历史的动力，我们讲任何推动历史前进的事业都是人民的事业、任何创造历史的过程都必须有人民的参加，讲一切为了人民、一切依靠人民，主要是从这一观点出发的。先进的政党及其领袖人物之所以能够获得成功，是因为代表了人民的利益和愿望，得到了人民的拥护和支持。我们共产党人所说的“解放全人类”，不是“恩赐”给人民什么，而是作为人民中间比较先进的一部分，去启发、引导、带领人民为自身的解放而斗争，归根结底，还是人民自己解放自己。我们共产党人的基本原则，就是要使人民认识自己的利益，并且团结起来，为自己的利益而奋斗。

李瑞环说，人民这个概念，在不同的历史时期有着不同的内容。然而不管怎么改变，人民创造历史这一基本观点不能改变，为了大目标需要大团结、实现大团结需要大目标这个道理也不能改变。人民总是分为不同阶级、阶层和社会集团，总是既有社会基本群众，又有其他方面的人群。这些其他方面的人群，在大目标上同我们是基本一致的，但在信仰上、在世界观上、在具体的利益和要求上又同我们不尽一致。这些人虽然总体数量不是很多，但是有相当的社会能量和社会影响，对实现大目标有其特殊的作用。我们所说的“人民”包括他们，“人民创造历史”包括他们，“一切为了人民、一切依靠人民”也包括他们。我们始终重视依靠基本群众，但是如果少了他们，我们的“人民”就构不成一个整体，我们的团结就够不上“大团结”。而实现同这些人群的团结，不能采用党内的办法，也不能采用一般的群众工作办法，只能采用同他们结成统一战线的办法，就是通过求同存异、合作共事、平等协商、交友联谊，同他们团结、联合起来，为大目标而奋斗。

在谈到“统一战线工作的一个原则”问题时，李瑞环说，做好统一战线工作需要把握许多重要原则，但有一条特别需要引起重视，这就是求同存异、体谅包容的原则。他说，统一战线是“同”和“异”的矛盾统一体。“同”主要是统一战线成员基于共同利益而确立的共同目标和要求。没有“同”，就建立不起统一战线。“异”主要是统一战线成员间在信仰上、世界观上、具体利益和要求上存在的差别。没有“异”，就没有必要建立统一战线。统战工作，既要“求同”，也要“存异”，二者不可偏废。统一战线的首要任务是“求同”。对于共产党来说，放弃“求同”，就是放弃方向，放弃领导，放弃工作。为此，统战工作必须保持政治坚定、头脑清醒，主动宣传党的路线方针政策，积极开展教育引导工作，不断提高统战对象为实现共同目标团结奋斗的责任感和自觉性；对不利于实现大目标、有损于共同政治基础的倾向，要坦诚、负责地给予指出，热情、及时地帮助纠正。统一战线的一个重要问题是“存异”。在统一战线中，有些差异可以通过工作加以限制、缩小乃至转化，但有些差异是应当而且可以长期存在的。比如，党派之间的差异，信仰之间的差异，民族之间的差异，多种经济成分之间的差异，等等。有些人正是由于同我们之间存在差异，才成为统战对象。如果否定这些差异，不能“存异”，也就否定了统一战线存在的理由。

李瑞环说，从我们党的历史看，从统一战线的历史看，有忽视“求同”的错误，但主要的还是不能“存异”的错误，因为追求“清一色”、“纯而又纯”，给我们事业曾带来巨大损失。能不能“存异”，敢不敢“存异”，会不会“存异”，很重要的一条，在于能否体谅包容。做统战工作，就是要宽容一点、谅解一点、豁达一点、“糊涂”一点，就是要听得进、容得下、想得开。对于有些人提出的不同意见甚至比较刺耳、比较尖锐的意见，要听得进；对于有些人在信仰上、世界观上以及思维方式、生活方式上同我们的差别，要容得下；对于那些反对过我们并证明是反对错了的人给以适当安排，也要想得开。这是我们的气度，是我们的胸襟，也是我们的原则和品格。中国共产党已经是有70多年正反两方面经验和50年执政历史的大党，当前正在从事一场前无古人而又异常艰巨复杂的伟大事业。我们应当有超越前人的远大眼光和宽阔胸怀。只要是无碍大局，无关宏旨，无妨大目标，一切“异”都要体谅包容。

在谈到“统一战线干部的一个条件”问题时，李瑞环说，统战干部与从事其他工作的干部一样，要求具备许多基本的条件，但是统战干部还应当具备一些特殊的条件，其中很重要的一条就是要形象好、人缘好、富有人格的力量。他说，就一般来讲，我们做人的工作一要靠真理的力量；二要靠人格的力量。所谓真理的力量，就是所宣传所提倡的东西合乎客观实际，体现人民利益，代表社会正义，反映时代潮流；所谓人格的力量，就是以身作则，带头实践共同目标和道德标准，具有感召力和亲和力，令人心悦诚服、愿意接近。在我们工作中常常可以看到这样的现象：同样的话，有的人去说是“一言九鼎”，有的人去说却“一文不值”；同样的事，有的人去办就顺利，有的人去办就困难。

李瑞环说，对统战干部之所以要特别强调形象好、人缘好、富有人格的力量，这是因为：统战工作是联系、团结的工作，如果你让别人见了感到别扭，避之唯恐不及，本身就是“裂变”因素，怎么能去联系人、团结人呢？统战工作坚持平等、商量的方式，如果你居高临下，作风霸道，把个人意见强加于人，怎么能同别人合作共事呢？统战工作是靠带动、影响做工作，如果你言行不一，不能以身作则，率先垂范，你讲的道理怎么能使别人信服呢？统战干部具有桥梁、纽带的作用，如果你的言行违背党的宗旨，不能使人感受到党的正确和温暖，党的方针政策又怎么能很好地得到贯彻落实呢？因此，形象问题、人缘问题、人格力量问题，对统战干部来讲，不是无关紧要的小问题，而是涉及统战工作能否真正收到实效、统一战线能否巩固和发展的大问题。

李瑞环说，我们的统战干部队伍总体上是好的，他们忠实地贯彻执行党的统战政策，为统一战线巩固和发展付出了很多的心血，作出了很大的贡献，赢得了党外朋友的好评。但也必须指出，在统战干部队伍中确有一些人存在不少毛病，在党外朋友中形象和人缘不那么好，有的不平等，有的不诚恳，有的不虚心，有的不热情。各级党委和统战部门要加强对统战干部的教育，注重选拔、任用那些在党外朋友中形象好的干部，对那些屡加教育而不能改正的人要及时加以调整。从事统一战线工作的同志要提高自觉，注意修养，努力使自己成为和蔼可亲、深受党外朋友欢迎的合格的统战干部。

中共中央政治局常委、书记处书记尉健行在主持座谈会时说，由中央组织部、中央统战部、中央党校联合举办邓小平新时期统一战线理论专题研究班，新中国成立以来还是第一次。这次研究班，组织党内省部级干部集中学习邓小平新时期统一战线理论，这对于进一步提高全党对统战工作的认识，加强党对统一战线的领导，使统一战线更好地贯彻党在社会主义初级阶段的基本路线和基本纲领，为实现祖国完全统一、民族全面振兴作出新的贡献，具有重要意义。刚才，李瑞环同志的讲话，就高举邓小平理论伟大旗帜，坚持大团结大联合的主题，充分调动方方面面的积极性，全党共同做好统战工作，提出了新的要求。各级党委和统战部门要高举邓小平理论伟大旗帜，认真学习贯彻中央关于统战工作的一系列方针政策和李瑞环同志讲话精神，进一步提高全党特别是领导干部对统战工作的认识，加强对统战工作的领导，扎实工作，不断开创统战工作的新局面。

全国政协副主席、中共中央统战部部长王兆国就研究班学习情况在座谈会上作了汇报。他说，研究班期间，各省区市党委副书记、统战部部长集中学习了《邓小平论统一战线》、《邓小平新时期统一战线理论学习纲要》、江泽民和李瑞环同志关于统一战线的重要讲话和指示、《党政干部统一战线知识读本》，听取了有关部委负责同志作的专题报告，深入研究了新形势下统一战线工作中面临的新情况、新问题，相互交流了学习心得和各地开展统战工作的经验。大家通过学习研讨，进一步深化了对邓小平新时期统一战线理论的认识，进一步深化了对统一战线重要法宝地位作用的认识，并对统一战线工作中出现的新情况、新问题进行了集中研讨，提出了一些意见和建议。

来自全国各省、自治区、直辖市党委分管统战工作的副书记、统战部部长70余人参加了座谈会。湖南、新疆、江苏、浙江等省、自治区的有关负责人在座谈会上作了发言。

国务院总理朱镕基在国家行政学院会见国有重点企业领导人员培训班学员

朱镕基强调，国有企业领导人员既要廉洁自律、大公无私，与企业职工同甘苦、共患难，还要不断加强学习，切实提高自身素质。

朱镕基说，举办国有重点企业领导人员培训班，是贯彻落实十五届四中全会精神、实现国有企业三年脱困目标和建立现代企业制度的重要措施。他说，经过很长时间的探索和努力，目前对国有企业改革的认识一致，又有搞得好的经验，我们完全可以把国有企业搞好。江泽民总书记今年以来主持召开了5次国有企业改革和发展座谈会，中央就国有企业改革和发展的若干重大问题作出了决定。只要按照这个决定扎扎实实地去做，国有企业三年脱困的目标和建立现代企业制度的目标就一定能够实现。

朱镕基指出，十五届四中全会为国有企业改革和发展创造了良好的外部环境，现在的关键在于企业内部，在于企业领导人员的素质和水平。企业一把手对于企业的发展具有关键性的作用。要切实在领导人员的培训、选拔、培养、考核和监督等方面下功夫，使他们的思想政治素质、经营管理能力得到进一步提高。他希望学员们刻苦用功地学习，为国家学习，为国有企业学习，为中国的发展学习，不断总结经验，提高领导水平。

朱镕基会见了受人事部表彰的杰出专业技术人员。

丁关根、吴邦国、王忠禹和有关部门负责人宋德福、盛华仁、朱丽兰、张志坚、王旭东、刘鹏等参加会见。

国有重点企业领导人培训班由中组部、人事部、国家经贸委和国家行政学院联合举办。培训班旨在学习贯彻十五届四中全会精神，借鉴国外搞得较好的跨国公司、国内搞得好的企业的经营管理、金融财会等方面的成功经验，开阔国有企业领导人员的视野，帮助他们提高水平，增强素质。

国家主席江泽民在利雅得沙特阿拉伯王储官邸与阿卜杜拉王储举行会谈

阿卜杜拉王储代表法赫德国王和沙特人民对江主席对沙特阿拉伯进行国事访问表示最热烈的欢迎，他说，中国是我们最好的朋友，请相信，这是所有阿拉伯人民的共同感受。

江泽民说，中沙分别是亚洲东、西部的重要国家，都奉行独立自主的和平外交政策，两国在许多重大国际问题上有着相同或相似的看法，并在国际事务中，相互支持与合作。中沙虽社会制度不同，但两国既没有历史遗留问题，也没有根本利害冲突，两国都主张在相互尊重、平等互利、互不干涉内政原则的基础上发展彼此关系。目前，国际形势正发生着深刻的变化，经济全球化迅猛发展，这既为我们提供了机遇，也给我们提出了挑战。中沙同属发展中国家，发展民族经济，提高人民生活水平是我们两国面临的共同任务。我们认为，双方相互学习、彼此借鉴不仅有助于两国关系的发展，也有利于各自国家的建设。中国重视与沙特的关系，愿与沙方一道，致力建立两国政治、经济领域的战略合作关系。

关于两国经贸关系，江泽民说，中沙建交以来，两国贸易关系快速发展，双方贸易已由建交之初的 2.9 亿美元提高到去年的 16.99 亿美元。沙已成为中国在中东地区最大的贸易伙伴。

国家主席江泽民在利雅得对沙特社会各界知名人士发表演讲

尊敬的沙特阿拉伯王国王储兼副首相、国民卫队司令阿卜杜拉亲王，
各位亲王，大臣，
诸位大使，
沙特各界的各位先生，
朋友们：

首先，我代表中国政府和人民，并以我个人的名义，向在座的以及所有为增进中沙两国人民友谊作出贡献的沙特阿拉伯各界人士，表示衷心的感谢！

“求知，哪怕远在中国。”这是穆罕默德的一句名言。中国人民与阿拉伯人民长久以来相互学习，双方的友好关系源远流长。古老的丝绸之路作为友谊的纽带把我们联结在一起。早在一千多年前，中国的商船就曾航抵吉达港，中国明朝的郑和率船队七次下西洋，沿途也访问过吉达港，还到了麦加。早在公元六五一年，阿拉伯帝国的使者和商人就开始到中国访问、经商，还有一些人定居中国，并在中国朝廷供职。阿拉伯旅行家撰写的《苏来曼游记》、《伊本·白图泰游记》，向阿拉伯人和欧洲人介绍了当时中国的社会生活、文化、科技和商业等情况。

中华民族和阿拉伯民族都是古老的民族，都曾创造了自己的璀璨文明。中国历史上产生了许多杰出的哲学家、思想家、政治家、军事家、科学家和文学艺术家，留下了浩如烟海的典籍。春秋战国时期出现的老子、孔子等诸子百家学说，在世界思想史上占有重要的地位，至今仍对中国社会发生着影响。古代中国在天文、历法、地学、数学、农学、医学和人文科学等许多领域都作出过杰出的贡献。特别是中国的造纸术、火药、印刷术、指南针四大发明，极大地推动了人类文明的进步，这些科技成果的广泛应用深刻改变了世界的面貌。古代阿拉伯人也在医学、哲学、文学、历史、地理、数学、化学等方面大放异彩。伊本·西那、拉齐堪称那个时代的医学泰斗，伊本·穆加发撰写的《卡里来和笛木乃》以及脍炙人口的《一千零一夜》，至今仍在世界文坛流传不衰。

人类社会在漫长的发展过程中，创造了多姿多彩的文明。这些文明既有共性，也有差异，但都是人类智慧的结晶。正是由于人类文明的这种多样性，我们这个有着近两百个国家、两千五百多个民族的星球才如此丰富多彩。不同文明应该在平等的基础上开展对话和交流，彼此借鉴，取长补短，在发展和丰富自己的同

时推动人类文明走向新的繁荣。由于各民族在历史发展、社会背景、文化传统、生活方式等方面有差异，存在一些矛盾和分歧是难免的。只要相互尊重，平等对话和交流，这些矛盾和分歧是完全可以解决的。那种认为本民族文明至上，忽视甚至鄙夷其他文明，在文明的差异上大做文章，企图挑起不同文明间的冲突的做法，是错误的，它有害于世界文明的进步，有害于世界和平与发展的崇高事业。

中国与阿拉伯国家同属发展中国家，在国际事务中相互理解、相互支持，是维护世界和平与地区稳定的坚定力量。中国一贯重视发展同阿拉伯国家的友好合作关系，支持阿拉伯人民的正义事业和合法权益。阿拉伯国家在台湾等问题上给中国以坚定的支持。中阿在人权等许多问题上有广泛的共识。近年来，双方政治交往日益频繁，经贸合作不断扩大。一九九八年，中国同西亚、北非十九个阿拉伯国家的贸易额已达七十一亿美元，中沙贸易额近十七亿美元。沙特阿拉伯王国已成为中国在西亚、北非地区最大的贸易伙伴。中沙经贸互补性强，合作潜力巨大，前景广阔。我们愿与沙特探讨进一步加强两国经贸合作的新方式和新途径，欢迎更多的沙特实业家到中国去考察投资，为促进两国友好合作增砖添瓦。

二十世纪的一百年，是中国沧桑巨变的百年。我们的先人提出的“君子以自强不息”的思想，反映了中国人民变革创新、艰苦奋斗的光荣传统。本世纪前五十年，中国人民经过顽强斗争，终于在中国共产党的领导下，赢得了民族独立和人民解放，建立了中华人民共和国。本世纪后五十年，特别是改革开放二十年来，中国人民自力更生，发奋图强，克服重重困难，在建设自己的国家中取得了举世瞩目的成就，国家面貌发生了深刻的变化。过去五十年间，中国国民经济平均增长百分之七点七，大大高于同期世界年均增长百分之三左右的水平。中国的经济总量已跃居世界第七位，国家外汇储备已达到一千五百多亿美元。中国已同二百二十个国家和地区建立了贸易关系，一九九八年外贸总额达到三千二百多亿美元。中国已成为世界上最富有发展活力的国家之一。

中国人民是爱好和平的人民。中国古代思想家提出的“亲仁善邻，国之宝也”的思想，以及“己所不欲，勿施于人”的古训，反映了自古以来中国人民反对强权、渴望和平的美好心愿。我们坚持在和平共处五项原则基础上，同世界各国发展友好合作关系，并为维护世界的和平与稳定作出了不懈努力。我们将继续奉行对外开放的基本国策，同世界各国广泛开展合作与交流，为促进人类的进步与发展作出新的贡献。

人类即将跨入二十一世纪。让我们携起手来，在新的世纪里共同谱写人类文明进步的新篇章。

国家主席江泽民在达曼海湾宫会见沙特东部地区埃米尔穆罕默德亲王

中国智利两国就中国加入世贸组织达成协议

外经贸部副部长孙振宇在北京与来访的智利外交部副部长马里亚诺·费尔南德斯共同签署两国关于中国加入世贸组织问题的双边市场准入协议。

智利是世贸组织成员中第一个与中国结束双边谈判的拉美国家，也是第十二个与中国正式结束谈判的世贸组织成员。孙振宇对智利政府支持中国加入世贸组织表示感谢。费尔南德斯表示，智中协议的达成必将有力地促进两国双边贸易关系进一步发展。

国务院总理朱镕基在中南海紫光阁会见亚洲开发银行行长千野忠男一行

首届中国上海国际艺术节在上海大剧院举行开幕式

安徽黄山风景区荣获联合国教科文组织的首届国际梅丽娜·迈尔库里文化景观保护和管理荣誉奖

11月3日

九届全国人大内务司法委员会第十八次会议在人民大会堂举行

会议听取公安部关于加强公安队伍建设情况的汇报。李鹏委员长出席会议并讲话。他指出，公安战线是一条非常重要的战线。必须进一步加强公安队伍建设，切实解决公安机关存在的问题，使其为维护社会政治稳定和人民生命财产安全，保障改革开放和社会主义现代化建设的顺利进行作出更大的贡献。

公安部部长贾春旺首先报告了公安队伍建设情况。他说，近年来，全国公安机关坚持政治建警、从严治警和依法治警的方针，坚持“抓班子、带队伍、促工作、保平安”的基本思路，坚持“真抓、早抓、主动抓”的指导思想，公安队伍建设取得了一定成效。全国公安机关和广大公安民警在维护稳定、打击犯罪、管理治安、处置突发事件、抢险救灾和服务群众等工作中，出色地完成了各项公安保卫任务，有力地维护了社会稳定和人民生命财产安全。从1998年到今年上半年，全国有660多名民警为国捐躯，1万多名民警光荣负伤。

贾春旺说，从总体上看，公安队伍的主流是好的，是一支党和人民可以信赖的、有战斗力的队伍。但是，公安队伍也确实存在不少问题，有的问题还相当严重。

为了从根本上解决公安队伍中存在的问题，贾春旺表示，今后一段时间里，各级公安机关将重点抓好领导班子建设、干警培训、队伍正规化建设、强化内外监督机制等工作。他表示，从现在起，力争通过 3 年左右时间的不懈努力，明显提高公安队伍的整体素质和执法水平，有效遏制违法违纪和腐败现象，使队伍的纪律作风有较大改观。

听取公安部的汇报后，李鹏发表讲话。他说，新中国成立 50 年来，公安队伍在社会主义革命和建设，特别是改革开放的实践中，为维护社会稳定，保卫改革开放和现代化建设的顺利进行，作出了突出贡献，特别是在保卫国庆 50 周年庆典活动的安全，处置和解决“法轮功”问题以及“追逃”等专项斗争中圆满完成了任务，取得了突出成绩，出现了许多英雄模范和先进集体。广大人民群众对公安民警为我们党的事业、为国家的安宁、为人民群众的安居乐业付出的艰辛和流血牺牲给予了充分肯定。

李鹏说，我国正处于从计划经济向市场经济体制转换的过程中，由于各种原因，社会上的腐败现象在一定程度上侵蚀了公安队伍的肌体，有的还相当严重，如执法不公，违法办案，执法犯法，作风粗暴等，人民群众对此反映强烈，损害了法律的尊严，损害了公安队伍的形象。

李鹏说，要从根本上解决公安机关目前存在的问题，首先要加强公安机关内部的监督机制。近年来，各级公安机关切实加强组织领导，不断完善警务督察制度等制约机制，取得了明显成效，有力地保证了队伍执法的严肃公正。

但这还不够，还要加强外部监督机制，包括人民群众和社会舆论的监督。当然，最直接的监督还是公安机关的内部监督。但要把外部监督和内部监督紧密结合起来，以内部监督为主。

李鹏指出，监督是宪法和法律赋予人大的一项职权。要充分发挥各级人大和人大代表对公安工作的监督。人大的监督，不是代替公安机关执法，而是透过具体违法案件的剖析，督促公安机关公正执法。人大的监督实质上是对公安工作的支持。

李鹏最后强调，公安机关在维护社会稳定，保证现代化建设顺利发展的工作中，责任重大，任务繁重。特别是当前我国正处于改革开放的关键时期，面临着国内国际一系列复杂的新情况、新问题，更需要一支政治可靠、纪律严明、作风过硬、秉公执法、训练有素、业务精通的公安队伍。为此，各级公安机关必须把加强队伍建设工作放在重要位置，切实采取有效措施，不断取得新的成效，以不负党和人民的重托。

全国人大常委会副委员长曹志出席会议。会议由全国人大内务司法委员会主任委员侯宗宾主持。

全国人大内务司法委员会组成人员对公安部的报告进行了审议。

全国人大常委会部分副秘书长，全国人大内务司法委员会组成人员，有关省级人大内务司法委员会负责人，公安部有关负责人出席会议。

中华人民共和国和沙特阿拉伯王国发布联合新闻公报

应沙特阿拉伯王国国王法赫德·本·阿卜杜勒—阿齐兹陛下的邀请，中华人民共和国主席江泽民于 1999 年 10 月 31 日至 11 月 3 日对沙特阿拉伯王国进行国事访问。

江泽民主席与法赫德国王陛下和阿卜杜拉王储殿下兼副首相、国民卫队司令进行了会谈和会见，双方在和谐、友好的气氛中就发展中沙关系以及共同关心的国际和地区问题交换了意见，并取得了共识。

双方对两国建交以来的友好合作关系的长足发展表示满意，重申愿将两国在政治和经济领域的友好合作关系提高到战略性合作水平。

双方回顾了 1991 年马德里和会以来的中东和平进程，对巴勒斯坦与以色列就执行怀伊协议达成沙姆沙伊赫协议表示欢迎，希望这是良好的一步；认为联合国决议，特别是安理会有关中东问题的 242 号、338 号决议和 425 号决议、土地换和平原则、马德里和会精神以及以色列与阿拉伯方面已签署的协议是解决中东问题应遵崇的原则和基础；巴勒斯坦人民享有自决和在其国土上建立自己独立国家的权利。

双方强调耶路撒冷问题的重要性以及避免采取任何影响有关最终地位谈判的单方面行动。

双方呼吁国际社会为实现中东地区全面、公正、持久的和平采取迅速有效的行动。呼吁叙利亚与以色列从两国中止谈判处恢复谈判，呼吁安理会有关黎巴嫩的 425 号决议应得到无条件执行。

双方强调禁止各种大规模杀伤性武器扩散的重要性，表示支持中东地区成为无大规模杀伤性武器和核武器区；认为关于禁止大规模杀伤性武器及防止其扩散的国际制度对于世界任何国家或地区都具有普遍性和有效性。

双方回顾了伊拉克问题的发展情况，对目前伊拉克问题陷入僵局深感忧虑，呼吁伊拉克全面切实执行所有有关国际决议，强调需要执行安理会有关满足伊拉克人民人道主义需求的决议，强调尊重伊拉克独立、主权和领土完整的重要性，呼吁国际社会尽快寻求打破目前僵局办法。

双方指出，印度、巴基斯坦对维护南亚地区的和平与稳定负有重要责任。双方真诚希望印巴两国尽快恢复对话，通过和平途径解决包括克什米尔争端在内的所有问题。

双方强调坚决反对无论何种原因、来自何方的各种形式恐怖主义的重要性，强调采取国际合作与协调打击恐怖主义活动及联合国在这方面发挥突出作用的重要性。

双方赞赏目前为改革和发展联合国机构以使其发挥应有的作用，并使其适应当今国际关系最新变化所作出的努力。双方坚信，鉴于安理会是直接维护国际和平与安全的机构，对其结构进行任何改革，目的应是加强和发挥安理会在执行其决议及处理国际危机的能力和作用，促使安理会更为客观并加强与联合国大会的协调。双方强调恪守联合国宪章原则和宗旨的重要性，强调联合国组织是各国人民相互合作的最好框架，应对其给予支持。

沙方强调沙特阿拉伯王国与中华人民共和国签署的建交谅解备忘录和联合公报的原则，重申中华人民共和国政府是代表全中国人民的唯一合法政府，台湾是中国领土不可分割的一部分，中方对此表示赞赏。

双方高兴地看到，两国贸易额不断增加，两国经济各自具有机遇和潜力，一致认为应继续扩大双方贸易往来，鼓励相互出口。在中沙第二届经贸混委会召开期间，双方签署了中沙第二届经贸混委会会谈纪要、中沙经贸混委会四个工作小组工作文件、中沙石油领域合作谅解备忘录。

双方认为两国在教育、新闻、体育、青年、广播、电影、电视等领域的合作是两国关系的重要组成部分。访问期间，双方签署了《中华人民共和国国家广播电影电视总局与沙特阿拉伯王国新闻部广播电视合作协议》、《新华通讯社与沙特通讯社新闻交换和合作协议》、《中华人民共和国政府与沙特阿拉伯王国政府教育合作协定》及《中华人民共和国政府与沙特阿拉伯王国政府石油领域合作谅解备忘录》。

双方强调石油市场的稳定对世界经济的重要性，沙特作为世界石油市场供应的一个安全可靠的来源，为确保世界石油价格稳定发挥了突出作用，中方对此表示赞赏。双方表示愿继续加强在石油领域的贸易和投资合作关系。

双方一致认为江泽民主席对沙特阿拉伯王国的访问取得了圆满成功，相信这将有力地推动两国面向21世纪的长期稳定、内容广泛的友好合作关系的发展。中方对江泽民主席一行在沙特访问期间受到的热情欢迎和周到款待表示感谢。

江主席邀请法赫德国王访华，法赫德国王接受邀请并表示感谢。

全国人大常委会委员长李鹏在人民大会堂会见出席第四届中美工程技术研讨会的外方代表及部分中方代表

李鹏指出，人类即将进入21世纪，为迎接科学技术迅猛发展和知识经济带来的挑战，缩小与发达国家的差距，我们在自主创新的同时，必须大力开展广泛的人才交流与合作，吸收、借鉴世界各国和地区的一切文明成果。他说，开展中外人才交流，包括海内外华人专家学者之间的交流与合作，对增进我们与世界各国和地区的相互了解、扩大经贸合作和科技交流有利，对世界的和平与发展也有利。

中美工程技术研讨会自1993年始每两年举办一次，旨在通过加强海内外华人专家学者之间的相互交流与合作，推动中国企业的发展和技术进步。

国务院副总理李岚清在全国高校后勤社会化改革工作会议上发表讲话

李岚清强调，高校后勤社会化改革的实质，是实现我国高校办学模式的重大转变。我们要从改变办学模式、提高办学效益、保障今后高校良性发展的角度，高度重视这项改革。要充分地认识到，高校后勤工作必须改革，不改革就没有出路，不社会化就没有前途。我们一定要大力推进高校后勤社会化改革，加快发展高等教育。

李岚清在讲话中指出，新中国成立五十年来特别是改革开放二十年来，我国高等教育的改革与发展取得了历史性的巨大成就。高等教育的办学思想、观念、体制、规模、质量、结构和效益均发生了很大的变化，高等教育领域的各项重大改革正在全面深化，为我国今后加快高教事业的发展，奠定了更加坚实的基础。我们有十二亿多人口，要把沉重的人口负担化成巨大的人才优势，迎接知识经济的挑战和机遇，实现中华民族在二十一世纪的伟大复兴，必须培养数以千万计的高素质人才，必须在今后一个时期内使高等教育有一个更大的发展。目前，我国的高等教育还存在着两种不适应的状况：办学质量还不能完全适应现代化建设对各类高级专门人才的需要；办学规模也不能较好适应广大人民群众日益增长的接受高等教育的需求，形成了“供不应求”的局面。为此，《中共中央、国务院关于深化教育改革全面推进素质教育的决定》中指出，要进一步扩大高等学校的招生，今年六月党中央、国务院召开的全国教育工作会议，又决定采取多种形式积极发展高等教育，为全面推进素质教育创造良好环境。

李岚清指出，加快发展高等教育的关键在于加快高校的改革。当前制约我国高等教育发展的因素有师资力量问题特别是高水平师资力量问题，有教学设施问题，有后勤设施问题，而这三方面问题的解决，各级政府要增加必要的投人，但主要的出路还在于改革。后勤设施问题是影响扩大高校招生最主要的制约“瓶颈”，解决这个问题的主要出路也在于加速高校后勤体制的改革。他说，长期以来，高校一直习惯于关起门来搞自己的“小而全”，搞了许多本不该由学校办的事情，使学校的包袱越背越重，严重地制约了我国高等教育的发展和招生规模的扩大。如果高等学校只负责教学、科研、育人，其他后勤配套服务用社会化办法运营或由社会去承担，那么，政府不用再花很多钱，全国高校规模就可以迅速扩大，高校办学模式也可以实现重大转变。各级政府和各高等院校不能再犹豫不决，更不能再争论不休，而应该抓住时机，借鉴上海等地后勤改革的成功经验，争取用三年左右的时间，在全国大部分地区基本实现高校后勤社会化改革，建立起符合中国国情、适应高等教育特点与发展需要的新型高校后勤服务体系。

李岚清强调，要实现上述改革的目标，要采取“政府主导、统筹规划、政策支持、分类指导、全面推进”的方针。高等学校自身要增强紧迫感和责任感，扎实工作，加快改革进程。高校后勤改革是一项重大的社会工程，单靠学校自己是实现不了的。各级党委、政府要加强领导，把支持和推进这项工作当作是落实科教兴国战略的分内大事，积极主动地规划和落实。他要求政府工作人员认真学习领会邓小平同志的指示，站在战略高度，带着深厚的感情抓教育工作，多为教育做实事。各地要把高校后勤社会化改革纳入本地区综合改革之中，把高校后勤基础设施建设纳入城市建设发展规划。要及时协调各有关方面，研究解决改革过程中发生的各种问题，在政策上、资金上给予必要的支持。在推动高校后勤社会化改革的过程中，既要把现有高校的后勤服务系统成建制地规范分离出来，组建开放性的学校后勤服务实体，同时又要广泛吸收社会力量参与，通过对原有后勤资源的优化配置，组建面向高校的地区性统一后勤服务体系，实行社会化的经营管理，进而形成一种新型产业。高校后勤社会化改革必将推动高等教育的加速发展，为国家和地方培养更多高素质人才，也将刺激消费，拉动内需，带动一系列相关企业的发展，从而促进经济和社会的发展。

李岚清在讲话中还就全面推进素质教育、全面深化高等教育改革工作发表了意见。

在上海期间，李岚清还在黄菊、徐匡迪的陪同下，考察了高校后勤社会化改革、学校素质教育和产学研工作以及医疗卫生体制改革工作。他特别强调，要因地制宜，加快医疗卫生体制改革步伐，优化配置医疗卫生资源，为广大人民群众的健康提供优质的医疗服务。李岚清还看望了巴金和苏步青同志。

第五届世界武术锦标赛在香港红磡体育馆闭幕

中国队以 11 金名列金牌榜首位，中国香港队和越南队分别以 6 金和 3 金列金牌榜第二、第三位。

11 月 4 日

国务院总理朱镕基在人民大会堂同德国总理格哈德·施罗德举行会谈

朱镕基说，经过双方共同努力，中德在各个领域的合作成果显著，在深度和广度上不断拓展，并保持良好的发展势头。两国领导人保持了经常性接触，两国议会和省、州交往活跃。德国一直是中国在欧洲的最大贸易伙伴，是中国引进技术最多的国家之一，也是中国最大的职业教育合作伙伴。朱镕基希望两国关系的这种发展势头继续保持下去。

谈到两国经贸关系时，朱镕基表示，希望双方共同努力，挖掘合作的巨大潜力。中方乐于同德方加强中小企业间的合作，并将根据中国市场的成长程度，逐步开展金融、保险等服务领域的合作。他赞赏施罗德提出的加强两国环境保护合作的主张。朱镕基阐述了中方关于加入世界贸易组织的立场，希望德国在促使欧盟尽早取消对华贸易限制方面发挥积极影响。施罗德说，德中两国经贸合作发展势头良好。两国大型企业合作顺利，可以进一步加强中小企业之间的合作作为有益的补充。他表示，也希望加强两国在服务业的合作。施罗德说，中国是亚洲大国，是德国重要的合作伙伴，希望中国能尽快加入世界贸易组织。施罗德建议进一步加强两国在环境保护领域的合作，并提出具体设想。

双方积极评价了两国在许多领域开展的富有成果的对话，包括人权对话。施罗德表示，愿意在互相尊重的基础上继续进行这种对话。朱镕基表示，这种对话增进了相互了解，扩大了共识，中方重视在人权领域开展国际合作。

会谈后，两位总理出席了签字仪式。两国有关部门负责人分别签署了中国石化—巴斯夫上报南京一体化石化项目可研报告协议和拜耳上海聚合物有限公司项目意向书。

国务院在北京召开全国质量工作会议

国务院总理朱镕基对大会召开和质量工作作出重要批示：祝贺全国质量工作会议的召开，向工作在质量技术监督战线上的同志们致以亲切的问候。要充分肯定全国质量管理和质量监督工作取得的成绩，虽不能过高估计，但确实来之不易。各部门、各地方的负责同志应该高度重视和热情支持质量技术监督工作，切实保证质量标准建设、计量检测体系和质量监督抽查所必需的投资和经费，促进质量工作再上新水平。当前，我们面临经济调整的关键时期，质量工作正是主攻方向。没有质量就没有效益。放任假冒伪劣，国家就没有希望。

中共中央政治局委员、国务院副总理吴邦国出席会议并作重要讲话。

这次会议的主要任务是，以党的十五大精神和十五届四中全会《关于国有企业改革和发展若干重大问题的决定》为指导，对进一步加强质量工作，加大打假力度，提高我国产品质量总体水平，作出明确的部署。会议代表对《国务院关于进一步加强产品质量工作若干问题的决定（征求意见稿）》进行了充分讨论并提出了修改意见。

吴邦国在讲话中强调，提高产品质量总体水平是关系我国经济发展全局的大事。提高产品质量总体水平，是我国当前经济形势发展的迫切要求，是我国现代化建设进程的客观要求，也是扩大对外开放，增强我国经济竞争力的必然要求。我们一定要从经济发展全局和战略的高度，来看待产品质量问题，进一步增强提高我国产品质量总体水平的责任感和紧迫感，切实把“质量第一”的思想贯穿到经济工作的各个环节中去。

吴邦国指出，提高产品质量总体水平首先要加强基础性工作，改进和健全产品质量保障制度。要建立健全科学先进的产品质量标准，提高我国的质量标准水平。要加强计量检测体系建设，提高计量基准、标准的国际等效性，完善计量检测手段，严格对计量设备的定期检定。要进一步完善全面质量管理，坚决推行质量认证制度和质量标识制度。对可能危及人体健康和人身、财产安全的工业产品，实行生产许可证、产品质量安全认证制度，严格把好市场准入关。

吴邦国说，企业要坚持以市场为导向，切实加强质量工作。一是制定和实施企业质量发展目标。同时要把实施名牌战略作为企业质量发展目标的一个重要组成部分，创出一大批在国际国内叫得响的名牌产品。二是建立和完善企业的质量保证体系，严格执行标准，重视计量检测，搞好从产品设计到售后服务全过程的质量管理。对生产不合格产品的企业经营者要“亮黄牌”。三是全面推行售后服务质量国家标准。生产企业要建立、健全售后服务制度和网络，商业企业要对所售商品质量实行先行负责制，切实维护消费者权益。服务业要强化服务质量管理，实现服务质量的制度化、程序化、标准化。

吴邦国指出，提高我国产品质量总体水平，必须狠抓技术改造和技术进步。要以市场为导向，围绕增加品种、改进质量、提高效益和扩大出口，采取有力措施，加大投入，改造落后装备、完善技术保障手段，促进企业采用新技术、开发新产品，增强企业技术创新和产品更新换代能力，提高现有产品的质量水平。当前的市场供求状况和中央关于加强技术改造的决策，为企业技术进步提供了难得的机遇。我们应当珍惜、抓住和用好这个机遇，推动质量工作迈上新台阶。

吴邦国说，要加大政府监督力度，强化质量法治。一是实行重要产品质量监管制度。对涉及人体健康和人身、财产安全的产品，质量技术监督部门要严格执行生产许可证、产品质量安全认证制度，加强对开业的审查。二是建立符合市场经济要求的公平竞争机制。坚决制止一些地方通过报验、准销、准用、公路设卡等手段阻挠外地产品进入本地的做法，坚决杜绝各种虚假宣传和质量欺诈行为，保证公平竞争，实现优胜劣汰。除国家和省级人民政府规定外，各地方、各有关部门、团体一律不得进行对企业产品、服务等的综合评价，以及带有排序、推荐、评比性质的企业和商品信息发布活动。三是完善质量监督抽查制度。要把涉及人体健康和人身财产安全的产品、关系国计民生的重要产品、消费者对质量问题反映强烈的产品作为监督抽查的重点，定期跟踪检查，增加抽查频次，加大处理力度。要健全产品质量法律、法规体系，严格执法，切实加大执法力度。

吴邦国指出，在提高产品质量的同时，要广泛深入持久地开展打假斗争。必须像严厉打击走私活动一样坚决打击制售假冒伪劣产品的违法犯罪行为。要在全国范围组织打假联合行动和专项斗争。要突出重点，紧紧围绕假冒伪劣问题严重的重点产品、重点市场、重点区域，采取专项斗争的办法，进行认真治理。要抓大案要案，加大查处案件的力度，依法惩处一批制假售假的违法犯罪分子。要整顿市场秩序，规范市场行为，严防假冒伪劣产品流入市场，从源头上防止假冒伪劣产品的产生。在严厉打击制售假冒伪劣产品违法犯罪行为的同时，要采取有效措施保护名优产品。

吴邦国强调，要显著提高我国产品质量的总体水平，需要持之以恒地做大量艰苦扎实的工作，当前的关键是加强领导，狠抓落实。要实行产品质量和打假工作行政领导责任制。地方各级政府和国务院有关部门一定要把加强质量和打假工作，作为自己的一项重要职责，并切实负起责任来。各省、自治区、直辖市人民政府要真正承担起本行政区域内的打假工作责任。各级计划、经贸、财政、金融、科技、教育、人事等部门，要结合部门的职能，支持搞好质量和打假工作。充分发挥质量中介机构的作用，同时要加强对其管理和监督。要齐抓共管，形成合力。国家质量技术监督部门作为质量工作的综合管理和行政执法部门，应担负起统一管理质量工作的责任。要尽快理顺质量技术监督管理体制，实施省以下垂直管理，不断提高执法水平。要努力提高全民质量意识和打假意识，充分发挥舆论宣传的作用，在全社会形成“质量责任重于泰山”、“振兴质量人人有责”、“假冒伪劣人人喊打”的社会氛围。

国务院副秘书长石秀诗主持会议，并在会上传达了朱镕基总理的重要批示。国家经贸委副主任陈邦柱、国家质量技术监督局局长李传卿就贯彻国务院关于进一步加强质量工作，加大打假力度的重大部署，扎扎实实抓好质量工作和打假工作分别向各级经贸、质量技术监督部门提出了具体要求。会上，国家药品监督管理局、国家轻工业局、上海市政府、河南省政府、邯郸钢铁集团公司、中国运载火箭技术研究院、经济日报社、中国质量管理协会分别介绍了各自做好质量工作的情况和经验。武汉钢铁集团公司总经理刘本仁宣读了参加会议的54家企业联名向全国企业界发出的贯彻全国质量工作会议精神的倡议书。

各省、自治区、直辖市政府、中央有关部门的负责人及各地经贸委、质量技术监督局的负责人，部分企业和专家、学者代表出席了会议。

全国人大常委会委员长李鹏在人民大会堂会见古巴全国人民政权代表大会副主席海梅·克龙贝特

全国人大常委会委员长李鹏在人民大会堂会见伊朗前总理侯赛因·穆萨维

外交部部长唐家璇就国家主席江泽民访问英国法国等六国接受随行中国记者采访

唐家璇说，应英国、法国、葡萄牙、摩洛哥、阿尔及利亚和沙特阿拉伯六国国家元首的邀请，江泽民主席于10月18日至11月3日对上述六国进行了国事访问，其中对英、阿、沙的访问是我国国家元首对这三个国家的首次国事访问。六国政府对江主席到访高度重视，给予了最高规格的隆重接待，六国人民表达了对中国人民的友好情谊。江主席六国之行是我国在世纪之交进行的一次重大外交行动。访问期间，江主席同六国国家元首、政府首脑、议会领导人等就双边关系和当前国际形势等重大问题坦诚、友好、深入地交换了看法，同六国经贸、企业、科技、教育、文化等各界人士进行了广泛接触，还参观、考察了工厂、农庄和一些有代表性的文化设施。中国同摩洛哥、阿尔及利亚、沙特阿拉伯三国就江主席往访分别发表了新闻公报。访问达到了增进了解、扩大共识、发展友谊、推动合作的预期目的，取得了多方面的重要成果，获得了圆满成功。

唐家璇说，江主席访问的六国既有发达国家，也有发展中国家，在国际或地区事务中都有一定影响。目前，中国同它们的关系良好。推动我国同六国关系更加健康、稳定地向前发展，对我国跨世纪外交的开展具有重要意义。访问期间，江主席分别同六国领导人就相互关系问题深入地交换了意见，对近年来双边关系的不断发展表示满意，一致同意要进一步加强在各个领域的合作，积极推动双方关系在21世纪取得新的更大的发展。中国同其中有关国家签署了一批经贸合作和文化交流协议。

唐家璇说，在访问欧洲三国期间，江主席着重强调了中欧关系长期稳定发展的重要性。对于中英关系，江主席提出了牢牢把握两国关系大局、经贸合作要互利互补、增进各个领域的交流和加深相互了解等三点建议，英方对此积极赞同，表示愿同我在各个领域和各个级别加强磋商与合作。中法两国元首不拘形式地进行了长时间的深入交谈，双方表示要进一步落实、充实和发展两国全面伙伴关系，进一步深化中法合作。为此，中法之间决定建立首脑热线联系，并加强两国常驻联合国代表之间的磋商机制。江主席对葡萄牙的访问时值澳门即将回归祖国，这次访问对确保澳门平稳过渡和政权顺利交接具有十分重要的意义。两国领导人宣布参加即将举行的澳门政权交接仪式。葡方表示相信，未来的澳门特别行政区将成为中葡关系和中欧关系的桥梁和纽带。

唐家璇说，在新形势下，进一步加强同广大发展中国家的团结与合作，是我国跨世纪外交的一项具有重大战略意义的任务。摩洛哥是最早同中国建交的非洲国家之一，两国关系一直顺利发展。江主席在访问阿尔及利亚时，就构筑面向新世纪的中阿关系提出了四项原则，即站在战略高度，从长远利益出发，扩大共同点，推动双边关系全面稳定发展；发扬创新精神，挖掘潜力，提高经贸和科技合作水平，实现共同发展；加强协调和磋商，共同捍卫发展中国家权益，维护世界和平；加强各层次交流与相互了解，培育新世纪双边关系发展的坚实基础。江主席还阐明了新时期我对中非关系的看法以及中国的对非政策。这些原则和政策，对进一步加强我国同广大发展中国家的关系都具有普遍的指导意义。中沙建交时间不久，但经贸关系发展迅速，沙特已成为中国在中东地区最大的贸易伙伴。三国领导人都高度评价同中国的关系，称为国与国关系的典范，并认为江主席的访问是中国同三国关系发展史上新的里程碑，必将把双方的平等互利合作推向新的高度。

唐家璇说，江主席在访问六国期间深入阐述了我国的各项方针政策，广泛介绍了我国在改革开放和现代化建设中取得的伟大成就，强调我国将在下个世纪中叶基本实现现代化，建成富强民主文明的社会主义国家。六国领导人对我国取得的成就表示钦佩，并进一步认识到中国发展的巨大潜力和广阔前景，因而在政治上和经济上更加看重中国的国际地位和作用。江主席还重申了我在台湾问题上的原则立场，深刻揭露了李登辉"两国论"分裂中国的本质，强调我解决台湾问题将继续坚持"和平统一、一国两制"的既定方针，但绝不承诺放弃使用武力。这充分表达了中国政府和人民维护国家主权和领土完整的坚定决心。六国领导人都郑重表示，将继续坚定地奉行一个中国的政策。

唐家璇说，江主席还就一系列重大国际和地区问题同六国领导人深入交换了意见。江主席指出，多极化是时代进步的客观发展趋势，是任何力量也无法阻挡的。江主席全面阐述了我对建立公正合理的国际政治经济新秩序的主张。江主席强调，科索沃战争的教训值得认真反思。各国应继续坚持第二次世界大战后确立的、并为国际社会所公认的国际关系准则，维护和加强联合国的权威；世界上的事应由世界各国平等参与、协商解决，不能由少数国家说了算。六国与我在多极化问题上有着相同或相近的看法。江主席还表达了中国政府对中东和平进程的重视和关切，高屋建瓴地阐述了我国政府对解决中东问题的立场和原则。

唐家璇说，江主席此次访问期间，深刻阐述了中国人民的基本价值观念，旗帜鲜明地阐明了我对人权问题的基本看法和主张。江主席强调，世界是丰富多彩的，各国必然要选择适合自己基本国情的社会制度和发展道路。对于广大发展中国家来说，生存权和发展权是首要的人权。江主席深刻地指出，主权是人权的基础，殖民地人民赢得独立，才拥有主权，没有主权就没有人权。所谓"人权高于主权"的论调不仅是荒谬的，而且从根本上不利于推进世界和平与发展的崇高事业。发展中国家领导人对此表示赞同。阿尔及利亚总统布特弗利卡指出，主权是联合国宪章确定的权利，是发展中国家自我保护的最后屏障。中国关于人权问题的正确主张一定会得到世界上越来越多人的赞同与支持。

唐家璇最后强调，在世纪之交的重要历史时刻，江主席的这次重要出访，不仅对推动我国与六国关系的跨世纪发展，对保持和发展我国改革开放和现代化建设的国际和平环境具有积极而重大的作用，而且对推动国际政治经济新秩序的建立也必将产生深远而重要的影响。

11月5日

国家主席江泽民在人民大会堂会见德国总理施罗德

国务院总理朱镕基在人民大会堂同蒙古国总理林钦尼亚木·阿玛尔扎尔嘎勒举行会谈

朱镕基对阿玛尔扎尔嘎勒总理专程来京参加两国建交五十周年纪念活动表示热烈欢迎。他说，中蒙睦邻友好关系正在向深度和广度发展，特别是在不到一年的时间内，两国元首实现互访，双方确定建立面向二十一世纪长期稳定、健康互信的睦邻友好合作关系，为两国发展跨世纪的友好关系奠定了坚实的基础，也指出了正确的发展方向。我们相信，只要双方坚持相互尊重独立与主权、互不干涉内政等和平共处五项原则，就一定能够确保两国睦邻友好关系的稳定与发展。

阿玛尔扎尔嘎勒说，蒙中两国元首在不到一年的时间里实现互访，说明两国政治关系达到了最高水平。蒙古对外政策的首要方针之一是与中国发展长期睦邻友好，蒙方对两国合作的现状表示满意，对今后的发展充满信心。蒙中边界已经成为两国友好交流的纽带。蒙古政府和人民感谢中国政府迄今对蒙古提供的援助。迫切希望扩大双方在经贸领域的合作，欢迎中国有实力的企业到蒙投资。在即将到来的二十一世纪把蒙中友好关系推到更高阶段。

《人民日报》就国务院召开质量工作会议发表社论《推动我国产品质量水平跃上新台阶》

全国机关事务工作协会第二届代表大会在北京举行

由国务院机关事务管理局组织的全国机关事务工作协会第二届代表大会暨机关后勤改革座谈会召开。国务院总理朱镕基会见出席会议的全体代表并作讲话。

朱镕基强调，机关事务工作是一项光荣的事业，从事这项工作的同志需要具备优良的品德、良好的修养和任劳任怨的精神。做好机关事务工作要有好的工作方法，注意听取群众意见，注意交流经验。要坚持管理科学化、保障法制化、服务社会化的方向，逐步建立适应社会主义市场经济要求和新时期机关建设需要的后勤保障体制。

国务委员兼国务院秘书长王忠禹在随后召开的大会上讲话。他说，去年国务院机构改革，机关后勤部门为保证机关工作正常运转，安排机关分流人员，稳定干部职工队伍作出了积极贡献。国务院各部门要继续抓好深化机关后勤体制改革，不断推进机关后勤管理科学化和后勤服务社会化，进一步增强后勤服务保障能力。地方政府在机构改革中，要进一步完善和规范后勤行政管理职能，强化宏观管理和指导。要把政府机关事务方面的工作集中统一管起来，减少领导的负担，减少职能部门的事务，提高政府机关工作的办事效率。

中共中央办公厅、全国人大办公厅、国务院办公厅、全国政协办公厅、中共中央纪律检查委员会办公厅的负责同志参加了会见和大会。各省、自治区、直辖市政府机关事务工作部门、中央和国家机关后勤部门的负责人出席大会。

国务院总理朱镕基在人民大会堂会见来访的匈牙利外交部部长毛尔托尼·亚诺什

外经贸部部长石广生在北京与德国经济和技术部部长维尔纳·米勒举行会谈

国务院副总理吴邦国会见随同德国总理施罗德来访的德国大众汽车集团董事长兼总裁弗迪南·皮耶希

全国人大外委会负责人就美国参院外委会通过支持台湾加入世界卫生组织决议发表谈话

全国人大外事委员会负责人发表谈话，对美国参院外委会通过决议支持台湾加入世界卫生组织表示愤慨并坚决反对。谈话全文如下：

美国参院外委会 11 月 2 日通过了一项决议，支持台湾加入世界卫生组织。对于这种无视中国主权，严重违反国际关系基本准则和中美三个联合公报原则的行径，我们表示愤慨并坚决反对。

众所周知，世界卫生组织是只有主权国家才能加入的政府间国际组织，台湾作为中国的一个部分根本没有资格加入，这是最基本的国际准则。美国政府也曾多次申明坚持一个中国的政策，不支持“台湾独立”，不支持“两个中国”、“一中一台”，不支持台湾加入任何必须由主权国家才能参加的国际组织。

然而，美国国会的少数议员不顾中美关系的大局，公然违背美国政府的承诺，粗暴干涉中国内政，支持台湾加入世界卫生组织，为台湾当局制造“两个中国”的图谋张目。他们的这种做法为中美关系的改善和发展增加了新的不利因素。

我们希望美国参议院要以面向 21 世纪的中美关系大局为重，不要通过这项决议。同时，我们要求美国政府严格遵守中美三个联合公报的原则和美方的有关承诺，明确反对上述决议，以免干扰中美关系的改善和发展。

全国冬季农副产品交易会在海口举行

’99(海口)全国冬季农副产品交易会 11 月 5 日至 7 日在海口 DC 商业城举行，全国政协副主席陈俊生出席了交易会的开幕式。

本届冬交会由海南省人民政府、中华全国供销合作总社、国内贸易局和农业部全国菜篮子工程办公室共同主办，来自全国 29 个省、市、自治区、港澳台地区及美国、南非、日本等国家的 2500 名嘉宾应邀参会，规模大大超过上届。本届“冬交会”以“订单、科技和绿色产品”为主题，突出展示海南省的冬季农副产品，并为全国各地的名优土特农产品提供了一个展示的场所和洽谈贸易的机会。在为期 3 天的交易会上共签订各种合同 536 份，成交量达 173 万吨，成交额达 54.75 亿元，均比上届有较大幅度的增长。

中央军委主席江泽民在北京会见全军装备工作会议代表

江泽民会见时说，我军武器装备的水平，是我们的国防实力和综合国力的重要标志，反映出国家的科技水平和民族创新能力。武器装备建设在国防和军队现代化建设中占有非常重要的地位。国庆 50 周年的阅兵气势磅礴，威武雄壮，所展示的装备绝大部分是我们自己研制的新型装备，大长了中国人民的志气。这向世界表明，我国的国防是巩固的，中国人民解放军具有强大的战斗力，中华民族有能力自立于世界民族之林。

江泽民强调说，面对即将到来的新世纪，装备战线的同志们肩负着重大的也是十分光荣的使命。要继续实施科技强军的战略思想，努力站在世界科技发展前沿，敏锐把握世界军事变革和未来军事斗争的发展趋势，坚持有所赶、有所不赶，有所为、有所不为的方针，重点加快高新技术武器装备的发展。要加强对现有装备的管理，充分挖掘潜力，提高现有装备遂行任务的能力。要加大高素质人才培养的力度，为我国武器装备的快速发展做好人才准备。各军工部门要适应社会主义市场经济发展的要求，加快结构调整，转变运行机制，抓紧技术改造，提高创新能力，尽快把部队急需的新型武器装备搞上去。

胡锦涛、张万年、迟浩田和朱光亚以及中央军委委员傅全有、王克、王瑞林、曹刚川、郭伯雄、徐才厚等领导同志参加会见。

上午，中共中央政治局委员、书记处书记、中央军委副主席张万年在全军装备工作会议上讲话。他要求全军装备战线的同志们，一定要深刻理解和坚决贯彻江主席关于武器装备发展建设的重要指示，充分认识维护国家安全和祖国统一面临的严峻形势，增强加快武器装备现代化建设的紧迫感和使命感；大力弘扬“两弹一星”精神，团结奋战，争分夺秒，狠抓落实，千方百计把我军武器装备搞上去，为维护国家安全和祖国统一作出更大贡献。

国务院中央军委就部署退役士兵的安置工作发出通知

最近，国务院、中央军委发出通知，对今年冬季士兵退出现役的安置工作作出全面部署。

通知指出，今年是落实党中央关于军队裁减员额50万战略决策的关键一年，也是贯彻实施新修改的《中华人民共和国兵役法》的第一年，士兵退出现役的数量大幅度增加，接收安置任务十分艰巨。地方各级人民政府、各有关部门要把退役士兵安置工作作为推进军队改革建设、维护社会稳定、促进经济发展的大事来抓，采取有效措施，确保今冬退出现役士兵接收安置任务顺利完成。

通知要求，对符合就业安置条件的退役士兵，要坚持全社会均衡负担的原则，根据当年退役士兵总量、单位职工人数、经济效益和用工需求等，科学合理地制订安置计划，由当地人民政府统一下达，确保退役士兵第一次就业。机关、团体、企业、事业单位，不分所有制性质和组织形式，都有按照国家有关规定安置退役士兵的义务，都要按照一定比例安置退役士兵，具体比例由各省、自治区、直辖市人民政府确定。任何单位不得拒绝接收当地政府分配的安置任务，对拒绝接收或完不成任务的单位，要追究领导者的责任或予以处罚。

通知强调，要适应社会主义市场经济要求，积极探索指令性安置计划与市场机制结合的新途径。要引进市场竞争机制，在有条件的地方，积极推广“双向选择、供需见面、包底安置”的办法。要拓宽安置渠道，积极鼓励退役士兵到非国有经济单位就业。要引导和鼓励符合就业安置条件的退役士兵自谋职业，对自谋职业的，当地政府要给予一次性经济补助。对从事个体、私营经济或兴办企业的，各有关部门及当地人民政府应按有关规定给予政策优惠。机关、团体、企业、事业单位招聘人员时，应优先在具备条件的自谋职业退役士兵中录用。对退役士兵报考国家公务员、高等院校和中等专业学校的，按照国家有关规定予以优待。

通知指出，要实行鼓励先进、鞭策后进、区别对待的安置政策，对转业士官和立功受奖、因战因公伤残退伍义务兵，要优先安置；对驻藏、驻港、参加抗洪抢险以及长期在边防、海岛等艰苦地区服役或有一定专长的退役士兵，在安置时要给予照顾。安置任务比较重、难度比较大的地区，可以适当扩大易地安置的范围。

通知要求，地方各级人民政府要根据社会主义市场经济条件下用人单位的用工要求，结合退役士兵的特点，安排一定经费用于对退役士兵进行政治思想、文化知识和职业技能等方面的培训，把全面提高退役士兵的素质作为安置工作的重要环节抓紧抓好。有条件的地区，要适应劳动力市场的需求，积极创办退伍军人两用人才服务机构，开展育才、荐才和用才一体化服务。

全国人大常委会委员长李鹏考察国家法官学院并会见全国中级人民法院院长培训班学员

李鹏在会见时指出，全国各级人大依照法定程序对人民法院实行法律监督，可以帮助人民法院启动自身的监督程序，纠正存在的问题，完善审判监督职能和程序，从而确保司法公正。

李鹏说，中级人民法院是我国宪法和法律规定的法院组织体系和审级制度中的一个重要的一级法院，担负着法定的第一审重大案件和上诉案件的审判及审判监督工作，同时要接受同级人大及常委会的监督并报告工作。中级人民法院在认真履行宪法和法律赋予的审判权，确保司法公正，推进依法治国、加快社会主义法治国家的建设中，起着重要的作用。他希望中级人民法院院长们认真学习，交流经验，不断提高自身的政治业务素质，严格执行法律，促进司法公正。

李鹏指出，宪法和法律赋予了人民代表大会及常委会监督国家行政、审判和检察机关的职权。为了进一步做好监督工作，确保司法公正，全国人大常委会已经两次审议了关于对审判、检察工作中重大违法案件实施监督的规定草案。草案规范了人大的监督，要严格依法进行，遵循事后监督、不代行司法机关职权、按程序办事、集体行使职权的原则。人大对司法机关进行监督，不影响司法机关在法律规定的范围内独立行使职权。人大监督的目的，是通过纠正司法机关的典型重大违法案件，促进司法机关公正司法，这实质上也是对司法机关工作的一种支持。

李鹏还听取了最高人民法院负责人有关国家法官学院工作情况的汇报，参观了国家法官学院的杂志阅览室、报纸阅览室和学员宿舍，详细询问了学员生活情况。国家法官学院是国家级法官教育培训基地，1997年11月正式成立。学院成立2年来，共举办全国高级法院院长岗前培训班、中级法院院长培训班等各类培训班35期，共培训高级法官2300人。今后3年，国家法官学院计划把中级法院副庭长以上8000余名高级法官全部轮训一遍。李鹏对学院2年来取得的成绩给予充分肯定，希望他们进一步抓好法官教育培训工作，建设一支高素质的法官队伍。

全国人大常委会副委员长姜春云、曹志，秘书长何椿霖，副秘书长于友民也一同参加了会见和考察。

中共中央政治局常委中央纪委书记尉健行视察中央电视台

尉健行在视察中参观了电视台的一些相关设施，饶有兴致地询问了节目的采编、制作和播出的有关情况，并与中央电视台负责人及《焦点访谈》、《今日说法》、《社会经纬》等栏目的编辑、记者进行座谈。尉健行对几十年来特别是改革开放以来我国电视事业的长足发展和所取得的成绩，表示充分肯定。

尉健行指出，加强党风廉政建设和反腐败斗争，必须进一步加强包括新闻舆论单位在内的宣传教育工作。要着重宣传邓小平党风廉政建设思想，宣传以江泽民同志为核心的党中央制定的有关方针政策和作出的重大决策及工作部署。注意运用正反两方面典型开展形象生动、具体深入的党性党风教育。新闻舆论监督实质上是一种群众监督，具有其他监督不可替代的作用。一些单位和领导干部不愿揭示自己的问题，更害怕公开曝光，甚至设置种种障碍，阻挠新闻舆论单位开展工作，正从另一个方面说明舆论监督的巨大威慑作用。各级纪检监察机关要十分重视和善于发挥新闻舆论监督的作用，支持和配合新闻舆论监督工作。对那些严重干扰新闻舆论监督，造成恶劣后果的，必须严肃查处。

《人民日报》就揭批“法轮功”斗争取得决定性胜利发表评论员文章《除恶务尽　一追到底》

最高人民法院关于贯彻全国人大常委会《关于取缔邪教组织、防范和惩治邪教活动的决定》和“两院”司法解释的通知

各省、自治区、直辖市高级人民法院，解放军军事法院，新疆维吾尔自治区高级人民法院生产建设兵团分院：

10 月 30 日，九届全国人大常委会第十二次会议通过了《关于取缔邪教组织、防范和惩治邪教活动的决定》（以下简称《决定》），最高人民法院、最高人民检察院联合发布了《关于办理组织和利用邪教组织犯罪案件具体应用法律若干问题的解释》（以下简称《解释》）。《决定》对邪教组织的性质和危害，对防范和惩治邪教组织的犯罪活动作出了明确规定。《解释》根据刑法规定，对办理邪教组织犯罪案件提供了具体的司法依据。这一重要法律和司法解释的出台，对于依法严厉打击邪教组织特别是“法轮功”邪教组织，维护社会稳定，保护人民利益，保障改革开放和社会主义现代化建设顺利进行，具有十分重要的意义。现就人民法院学习贯彻《决定》和《解释》，依法审理组织和利用邪教组织犯罪案件特别是“法轮功”邪教组织犯罪案件通知如下：

一、认真学习宣传贯彻《决定》和《解释》，进一步明确审判工作指导思想和任务。近年来，邪教组织特别是“法轮功”邪教组织冒用宗教、气功或者其他名义建立、神化首要分子，大搞教主崇拜，利用制造、散布迷信邪说等手段蛊惑、蒙骗他人，发展、控制成员，从事违法犯罪活动，危害人民群众生命财产安全和经济发展，严重影响了社会稳定，必须坚决依法惩办。修订后的刑法专门对组织和利用邪教组织破坏国家法律、行政法规实施；组织和利用邪教组织蒙骗他人，致人死亡以及组织和利用邪教组织奸淫妇女、诈骗财物行为的定罪处罚问题，作了明确规定。全国人大常委会近日通过的《决定》，更为依法惩治组织和利用邪教组织的犯罪活动提供了有力的法律武器。各级人民法院要认真学习，统一思想认识，认清“法轮功”的邪教性质及其危害，深刻领会中央关于抓紧处理和解决“法轮功”问题的重要指示精神，充分认识这场斗争的重要性、复杂性、尖锐性和长期性，进一步明确指导思想，把防范和惩治各种邪教组织犯罪作为一项严肃的政治任务，认真履行职责，充分发挥人民法院的审判职能作用，对组织和利用邪教组织破坏国家法律、行政法规实施，聚众闹事，扰乱社会秩序，以迷信邪说蒙骗他人，致人死亡，或者奸淫妇女、诈骗财物等犯罪行为，坚决依法严惩。

二、依法审理组织和利用邪教组织犯罪案件，明确打击重点。各级人民法院要认真贯彻执行《决定》，按照《解释》的规定要求，严格依法办案，正确适用法律，坚决依法打击“法轮功”等邪教组织的犯罪活动。对于组织和利用邪教组织聚众围攻、冲击国家机关、企事业单位，扰乱国家机关、企事业单位的工作、生产、经营、教学和科研等秩序；非法举行集会、游行、示威，煽动、欺骗、组织其成员或者其他人聚众围攻、冲击、强占、哄闹公共场所及宗教活动场所，扰乱社会秩序；出版、印刷、复制、发行宣扬邪教内容的出版物、印制邪教组织标识的，坚决依照《刑法》第三百条第一款的规定，以组织、利用邪教组织破坏法律实施罪定罪处罚。对于组织和利用邪教组织制造、散布迷信邪说，蒙骗其成员或者其他人实施绝食、自残、自虐等行为，或者阻止病人进行正常治疗，致人死亡的，坚决依照《刑法》第三百条第二款的规定，以组织、利用邪教组织致人死亡罪定罪处罚，对造成特别严重后果的，依法从重处罚。对于邪教组织以各种欺骗手段敛取钱财的，依照《刑法》第三百条第三款和第二百六十六条的规定，以诈骗罪定罪处罚。对于邪教组织和组织、利用邪教组织破坏法律实施的犯罪分子，以各种手段非法聚敛的财物，用于犯罪的工具、宣传品的，应当依法追缴、没收。

三、正确运用法律和政策，严格区分不同性质的矛盾。各级人民法院在审判工作中必须坚持教育与惩罚相结合，团结教育大多数被蒙骗的群众，坚决依法严惩极少数犯罪分子。在依法惩治构成犯罪的组织者、策划者、指挥者和积极参加者的同时，要注意团结大多数，教育大多数，解脱大多数。要把不明真相参与邪教活动的人同组织和利用邪教组织进行非法活动、蓄意破坏社会稳定的犯罪分子区别开来；要把一般"法轮功"练习者同极少数违法犯罪活动的策划者、组织者区别开来；要把正常的宗教信仰、合法的宗教活动同"法轮功"等邪教组织的活动区别开来。重点打击组织和利用邪教组织进行犯罪活动的组织、策划、指挥者和屡教不改的骨干分子。对有自首、立功表现的，可以依法从轻、减轻或者免除处罚；对于受蒙蔽、胁迫参加邪教组织并已退出和不再参加邪教组织活动的人员，不作为犯罪处理。

四、加强对学习宣传贯彻《决定》工作的领导，保证审理组织和利用邪教组织犯罪案件工作顺利进行。各级人民法院依法审理组织和利用邪教组织犯罪案件，必须在党委领导下，在党委政法委的指导下，周密部署，保证万无一失。要把依法审理组织和利用邪教组织犯罪案件作为一项重要政治任务，务必抓紧抓好。要加强与检察、公安机关的密切配合，对于检察机关移送起诉的组织和利用邪教组织犯罪案件，要抽调精干力量进行审理，依法及时审结。上级人民法院要注意了解和掌握下级人民法院审判案件的情况，及时指导。对一些典型案件应当适时召开新闻发布会，扩大审判的社会影响。要通过各种形式宣传和对具体案件的处理，教育广大群众，提高公民的法制观念，使广大群众认识邪教组织反科学、反人类、反社会、反政府，危害社会的实质，增强自觉反对和抵制邪教组织的意识。要落实人民法院参与社会治安综合治理的各项措施，坚持预防与惩治并重，防范邪教组织的滋生和发展。

以上通知，望认真执行。

11月6日

香港特区政府就联合国香港人权状况报告作出回应

香港特别行政区政府回应了联合国人权委员会在审议香港参照《公民权利和政治权利国际公约》提交的报告后发表的结论意见。

特区政府发言人表示，欢迎联合国人权委员会对香港的报告进行了多项正面评价，对委员会提出的建议会仔细研究。

联合国人权委员会近日在日内瓦审议了香港提交的报告，委员会对《公民权利和政治权利国际公约》通过《基本法》第 39 条和第 11 条在香港获得保证表示欢迎，对特区政府进行的人权教育工作及宣传工作表示肯定，对特区政府推广男女平等表示欢迎。委员会同时对人大常委会解释基本法等问题表示关注，并提出一些建议。

发言人表示，特区政府注意到人权委员会的这些关注，但坚信香港的司法独立并没有被削弱。终审法院拥有的终审权与全国人大常委会的最终解释权是不同的，寻求人大常委会释法是合法合宪的。而且请求人大常委会释法获得了立法会大部分议员和广大市民的支持。他强调，没有人因为释法而被剥夺公平审讯的权利。

人民解放军总参谋部举办军师领导干部读书班

解放军总参谋部近日举办军师领导干部读书班。中央军委委员、总参谋长傅全有，中央军委委员、常务副总参谋长郭伯雄今天参加了读书班的学习体会交流。

总参党委重视抓好高中级干部的理论学习，制定了高中级干部联系思想实际深化理论学习的一系列措施。近 5 年来，总参连续举办了 20 多期高中级领导干部读书班，90％以上的领导干部参加学习和轮训。

第十届上海白玉兰戏剧表演艺术奖颁奖共有 13 位演员获奖

11月7日

国务院总理朱镕基签署第 273 号令发布《商用密码管理条例》

第十一届中国国际科学与和平周在人民大会堂开幕

全国人大常委会副委员长王光英、程思远、周光召，全国政协副主席卢嘉锡、朱光亚、万国权和首都各界人士、各国驻华机构代表 700 多人出席开幕式。

国际科学与和平周中国组委会主席王光英宣布本届和平周开幕，中国人民争取和平与裁军协会名誉会长、国际科学与和平周中国组委会主席周光召致开幕词。

本届国际科学与和平周活动的主题是："发展科学、振兴中华、保卫和平。"开幕式后，几十家主办单位将围绕科学、发展、友谊、进步与世界和平，人口、环境、资源和可持续发展，科学、文化、卫生、健康与公众素质，青少年、教育与21世纪4个专题，在全国开展一系列活动。整个活动持续一周。

此项活动由中国科协与中国人民争取和平与裁军协会牵头，与43家单位共同举办。

国家主席江泽民在北京观看俄罗斯芭蕾舞团演出《天鹅湖》

11月8日

国家主席江泽民同乌兹别克斯坦共和国总统伊斯兰·卡里莫夫举行会谈

江泽民说，中国是世界上最大的发展中国家，乌兹别克斯坦在中亚地区具有重要影响，无论对双方来讲，还是就促进地区和平与发展、推动区域合作而言，中乌保持良好关系都是重要的。我们两国发展关系有着坚实的基础，相信在双方的共同努力下，两国关系在新世纪将更加充满活力。

江泽民说，经贸合作是两国关系的重要组成部分。但目前中乌经贸合作的规模还不能令人满意，希望双方有关主管部门加强研究，寻找和挖掘新的合作资源，采取有利于两国经贸合作的有效措施。在这方面，两国经贸合作混委会可以发挥重要的作用。

双方一致认为，宗教极端主义和民族分裂势力对有关国家和地区的稳定造成了严重威胁，对于这些势力必须予以严厉打击。中乌两国愿加强合作，共同打击上述这些势力。

会谈后，江泽民和卡里莫夫先后签署了《中华人民共和国和乌兹别克斯坦共和国关于进一步发展两国友好合作关系的联合声明》和《中华人民共和国和乌兹别克斯坦共和国引渡条约》。国务院副总理钱其琛和乌副总理尤努索夫签署了《中华人民共和国和乌兹别克斯坦共和国政府信息通讯合作协议》。两国有关部门负责人还分别签署了中乌两国知识产权保护协定、中国向乌提供优惠贷款的框架协议、中国公安部和乌内务部合作协议、中国外交学院和乌外交部世界经济与外交大学合作协议、中乌教育合作协议以及中国国家旅游局和乌国家旅游公司旅游合作协议。

国家主席江泽民在中南海会见蒙古国总理林钦尼亚木·阿玛尔扎尔嘎勒

中共中央关于加强改进思想政治工作的若干意见

中共中央日前发出《关于加强和改进思想政治工作的若干意见》(以下简称《意见》)。《意见》指出，高度重视思想政治工作，是我们党的优良传统和政治优势。在改革开放和发展社会主义市场经济的进程中，紧密结合新的历史条件，充分发挥党的这一政治优势，具有重要的现实意义和长远意义。

《意见》指出，党的十三届四中全会特别是十四大以来，我们党采取一系列重要措施，加强和改进思想政治工作。坚持用邓小平理论武装全党、教育干部和人民；坚持正确舆论导向，深入进行爱国主义、集体主义、社会主义和艰苦创业精神的教育；广泛开展群众性精神文明创建活动，集中宣传一大批体现时代精神的先进典型，努力丰富人们的精神文化生活；密切党同群众的联系，调动各族人民在社会主义现代化建设中的积极性。思想政治工作取得明显成效，在促进改革、发展、稳定方面发挥了重要作用。

《意见》强调，我国正处在改革的攻坚阶段和发展的关键时期，社会情况发生了复杂而深刻的变化，经济成分和经济利益多样化、社会生活方式多样化、社会组织形式多样化、就业岗位和就业方式多样化日趋明显，给思想政治工作带来大量新情况、新问题。全党同志必须保持清醒头脑，提高政治警觉，从巩固党的执政地位、完成党的历史任务的高度，抓紧研究解决加强和改进思想政治工作的问题。

《意见》指出，思想政治工作要坚持正确的方针原则：一是必须坚持以马克思列宁主义、毛泽东思想和邓小平理论为指导，坚持党的基本路线和基本方针。要以科学的理论武装人，以正确的舆论引导人，以高尚的精神塑造人，以优秀的作品鼓舞人，培育有理想、有道德、有文化、有纪律的公民。要把理想信念教育作为核心内容，引导广大党员、干部和群众树立建设有中国特色社会主义的共同理想，树立正确的世界观、人生观、价值观，为建设富强、民主、文明的社会主义现代化国家而团结奋斗；二是必须坚持以经济建设为中心，为全党全国工作大局服务。经济建设是我们党和国家的中心任务，改革、发展、稳定是我们党和国家的工作大局。思想政治工作必须紧紧围绕经济建设这个中心，紧密结合各项业务工作进行，为改革开放和社会主义现代化建设提供强有力的精神动力和思想保证；三是必须坚持从实际出发，增强针对性和实效性。要立足于团结一切可以团结的力量，调动一切积极因素，化消极因素为积极因素，把干部群众的积极性引导好、保护好、发挥好。要坚持从社会主义初级阶段的实际出发，从广大干部群众的思想实际出发，把先进性要求同广泛性要求结合起来，区分层次，有的放矢，注重实际效果；四是必须坚持教育与管理相结合。要抓紧建立健全有关的法律、法规和制度，依法加强对社会生活各个方面的管理，把我们倡导的思想道德原则融于科学有效的社会管理之中，使自律与他律、内在约束与外在约束有机地结合起来；五是必须坚持解决思想问题同解决实际问题相结合。要认真贯彻落实党的各项政策，多做得人心、暖人心、稳人心的工作，把好事办实、实事办好，把党和政府的温暖送到群众心坎上；六是必须坚持在党的领导下，依靠全社会共同来做。要在党委统一领导下，充分调动社会各方面的积极性，形成职责明确、齐抓共管、覆盖全社会的工作机制。

《意见》强调，要着重从以下几个方面深入扎实地进行思想政治教育：一要把用邓小平理论武装全党、教育干部和人民作为思想政治工作的首要任务，广泛进行党的基本路线和基本纲领教育，进行爱国主义、集体主义、社会主义和艰苦创业精神的教育。要密切联系改革、建设中的理论和实践问题，增强工作的针对性和实际效果，使广大干部群众更加自觉地贯彻执行党的基本理论和基本路线；二要加强马克思主义唯物论和无神论教育，大力提倡科学精神，坚持不懈地普及科技知识，普及那些与群众日常生活密切相关的自然科学、医疗卫生、科学健身和生老病死等方面的知识；三要加强形势政策、民主法制和维护社会稳定的教育，使干部群众充分认识到，进行现代化建设必须有一个团结稳定的社会环境，自觉维护安定团结的大好局面；四要加强以为人民服务为核心、以集体主义为原则的社会主义道德建设，引导广大群众遵守道德规范，提高道德素质，在社会做个好公民，在单位做个好职工，在家庭做个好成员。积极提倡以国家利益为重、以人民利益为重，广泛宣传为人民为社会多做好事的精神。

《意见》指出，我们党在长期的革命和建设实践中，积累了丰富的思想政治工作经验，这是我们的宝贵精神财富，要紧密结合新形势加以继承和发扬。同时必须看到，在改革开放和发展社会主义市场经济条件下，思想政治工作的环境、任务、内容、渠道和对象都发生了很大变化。要坚持解放思想、实事求是，深入基层，深入群众，调查了解新情况、新问题，认真研究新形势下思想政治工作的特点和规律，积极开辟新途径，探索新办法，创造新经验。要充分发挥新闻媒体在思想政治工作中的重要作用，增强宣传教育的吸引力、感染力和说服力，大力弘扬社会正气。

要把群众性精神文明创建活动作为思想政治工作的重要载体。以“讲文明、树新风”为主要内容的精神文明创建活动，是对群众进行思想教育、提高全社会文明程度的有效途径，是加强党的群众工作的新方式。各种创建活动要把着眼点放在提高群众的思想道德和科学文化素质上，使群众在参与中受到教育、得到提高。要重视发挥文化的社会教育功能，大力发展社区文化、村镇文化、企业文化、校园文化，广泛开展丰富多彩、健康有益的群众性文化体育活动。文化馆、图书馆、博物馆、科技馆、体育馆和各类群众活动中心，要面向社会，服务群众，充分发挥在思想政治教育中的作用。要注重运用先进典型影响和带动群众，在全社会形成崇尚先进，学习先进，争当先进的良好风气。

《意见》强调，要把思想政治工作任务落实到基层。企业、农村、学校、科研院所、街道和其他基层单位，都要根据自己的实际，解决好把思想政治工作任务落到实处的问题。企业思想政治工作要结合深化改革、建立现代企业制度、提高经济效益来进行。要加强企业文化建设，培育社会主义企业精神，引导广大职工更好地发挥主人翁作用。农村思想政治工作要结合奔小康、建设社会主义新农村来进行。要从农村实际出发，着重开展党的基本路线和农村政策教育、社会主义的集体主义精神教育、移风易俗教育、民主法制教育、科学文化教育。要加强农村文化设施建设，扩大广播、电视覆盖面，组织好文化、科技、卫生“三下乡”活动。学校的思想政治工作要围绕培养社会主义事业建设者和接班人的根本任务来进行。各级各类学校都要认真贯彻党的教育方针，坚持社会主义办学方向。要充实和改进思想品德课和政治理论课的教学内容，把学校教育与社会实践结合起来，全面推进素质教育。要重视和加强社区的思想政治工作，围绕提高市民素质和城市文明程度，认真研究、积极探索社区思想政治工作的途径和办法。要把思想政治工作与社区建设、社区管理结合起来，贯穿到创建文明家庭、文明楼院、文明小区的各个环节，形成团结互助、平等友爱的新型人际关系。要认真做好老年人特别是退(离)休人员的思想教育工作。要十分注意做好下岗职工和进城务工人员的思想政治工作，满腔热情地关心下岗职工的思想和生活，为他们排忧解难。对进城务工人员，城市有关部门和用工单位要及时了解他们的思想状况，切实承担起对他们的管理和教育责任。要抓好社团的引导和管理，完善管理制度，规范社团行为。

《意见》要求，要切实加强党对思想政治工作的领导。各级党委(党组)必须提高认识，把这项工作摆上重要议事日程，经常研究，加强检查。各级党政领导干部务必增强政治意识、大局意识、责任意识，带头做好思想政治工作。对思想政治工作者要注意关心和培养，帮助他们提高思想政治素质和业务能力，对做出突出成绩的要给予表彰和奖励。认真贯彻从严治党的方针，增强党的凝聚力和战斗力。党员特别是领导干部要讲学习、讲政治、讲正气，坚定社会主义、共产主义理想信念，坚持全心全意为人民服务，严格遵守党的纪律，自觉接受党和群众的监督，要求群众做到的自己首先做到，要求群众不做的自己坚决不做，以实际行动为群众做出表率。要把加强党的基层组织建设作为一项紧迫任务来抓。针对各类经济组织和社会组织日益增多、大批劳动力在产业间转移和地区间流动的新情况，建立健全党的基层组织，加强对党员的教育和管理。党的基层组织要加强自身建设，充分发挥战斗堡垒作用，做好深入细致的思想政治工作，团结和带领群众坚决同各种歪风邪气作斗争，保证党的路线方针政策的贯彻落实。

国务院关于全面推进依法行政的决定

各省、自治区、直辖市人民政府，国务院各部委、各直属机构：

党的十五大提出：依法治国，是党领导人民治理国家的基本方略。九届全国人大二次会议通过的宪法修正案规定"中华人民共和国实行依法治国，建设社会主义法治国家"，从而使依法治国基本方略得到国家根本大法的保障。依法行政是依法治国的重要组成部分，在很大程度上对依法治国基本方略的实行具有决定性的意义。目前，改革进入攻坚阶段，发展到了关键时期，经济基础、上层建筑诸多领域中的深层次矛盾比较集中地暴露出来，许多问题迫切需要用法律手段来解决。随着依法治国基本方略的实行，人民群众的法律意识和法制观念不断增强，全社会对依法行政的要求也越来越高。新形势对各级政府和政府各部门依法行政提出了新的更高要求。为了扎扎实实地贯彻依法治国基本方略，全面推进依法行政，从严治政，建设廉洁、勤政、务实、高效政府，根据全国依法行政工作会议精神，特作如下决定：

一、各级政府和政府各部门要统一思想，更新观念，提高对依法行政重要性的认识。依法治国反映了新时期执政党领导方式的基本特征，是从全局上、长远上统管一切的。依法行政作为依法治国基本方略的重要组成部分，反映了行政机关运作方式的基本特征，本身就是体现党的执政地位和执政作用的重要方面，同样是从全局上、长远上统管各级政府和政府各部门的各项工作的。行政权力的运用，充分体现着国家政权的性质，密切联系着社会公共利益和公民的个人利益，事关有中国特色社会主义事业的兴衰成败。各级政府和政府各部门的工作人员特别是领导干部要从巩固我们党的执政地位、维护国家政权的高度，根据我国人民民主专政的社会主义国家性质，全面、深刻地领会依法行政的精神实质，充分认识依法行政的重大意义，增强依法行政的自觉性，不断提高依法行政的能力和水平。

二、各级政府和政府各部门的领导要认清自己的历史责任，带头依法行政。要把依法行政作为关系改革、发展、稳定大局的一件大事，真正落实到行政活动的各个方面、各个环节。要从根本上转变那些已经不能适应依法治国、依法行政要求的传统观念、工作习惯、工作方法。各级政府要通过举办法律讲座等形式，认真学习宪法和法律、法规，在全社会提倡学法、懂法、守法的风气。年轻干部特别是进入领导班子的年轻干部，首先要学习、熟悉宪法和法律、法规。通过学习，不断增强法律意识和法制观念，不断提高依法行政的能力和水平，善于运用法律手段管理国家事务、经济与文化事业和社会事务。各级政府和政府各部门及其领导干部，必须严格遵守宪法和法律、法规，严格执行党和国家的政策，严守纪律，带头依法办事，依法决策，依法处理问题，切实领导、督促、支持本地方、本部门严格依法办事。

县、乡两级行政机关承担着大量的具体行政执法任务，能否切实做到严格、正确地依法办事，直接关系到广大人民群众切身利益和政府与人民群众的关系。因此，各地方、各部门要对县、乡两级行政机关依法行政给予高度重视，切实加强领导和监督。

各地方、各部门要充分发挥法制工作机构在政府法制建设、依法行政中的参谋、助手作用，在机构改革中要按照国务院这次机构改革中加强政府法制工作的精神，进一步加强政府法制机构建设，努力培养一支政治强、业务精、作风正的政府法制工作队伍，使政府法制机构的设置和人员配备与本地方、本部门政府法制建设任务（包括行政复议法实施后所承担的行政复议任务）相适应。政府法制机构的工作人员要大力提高自身素质，以适应全面推进依法行政的需要。

三、加强政府法制建设，全面推进依法行政，总的指导思想和要求是：坚持以邓小平理论和党的基本路线为指导，坚持党的领导，坚持全心全意为人民服务的宗旨，把维护最大多数人民的最大利益作为出发点和落脚点，紧紧围绕经济建设这个中心，自觉服从并服务于改革、发展、稳定的大局，认真履行宪法和法律赋予的职责，严格按照法定权限和程序，管理国家事务、经济与文化事业和社会事务，做到既不失职，又不越权；既要保护公民的合法权益，又要提高行政效率，维护公共利益和社会秩序，保证政府工作在法制轨道上高效率地运行，推进各项事业的顺利发展。

四、要进一步加强政府立法工作，切实提高政府立法质量，为依法行政奠定坚实的基础。要用邓小平理论指导政府立法实践，从全局上和本质上把握有中国特色社会主义法律体系内部的规律性，研究解决政府立法工作中带普遍性、共同性的问题。要把政府立法决策与党的改革、发展和稳定的重大决策紧密结合起来，把深化改革、促进发展、维护稳定需要用法律、法规解决的突出问题作为立法重点，并兼顾其他方面的立法。要全面体现政府机构改革的精神和原则，促进政府职能切实转变到经济调节、社会管理、公共服务上来，防止把那些已经不能适应社会主义市场经济要求的传统行政管理办法用法律规范予以肯定。要统筹考虑法律规范的立、改、废，对那些不符合经济体制改革和政府机构改革精神的法律规范要及时依照法定权限和程序进行清理，该废止的废止，该修订的修订。政府立法确定的法律规范要明确、具体，备而不繁，有可操作性，对惩治违法犯罪行为的规定要有力度，能够真正解决实际问题。要以最大多数人民的最大利益为根本原则，坚持群众路线，广泛征求意见，深入调查研究，认真总结实践经验，充分体现人民意志，正确处理中央与地方的关系、集中与分散的关系、全局与局部的关系、长远与眼前的关系和国家、集体与个人的关系。要以宪法为依据，按照法定权限、遵循法定程序立法，坚持行政法规不得同宪法和法律相抵触，地方性法规和规章不得同宪法、法律、行政法规相抵触，规章之间也不能相互矛盾。要按照法规规章备案规定，进一步加强法规、规章的备案审查，从源头上、制度上解决"依法打架"的问题，切实维护社会主义法制的统一。

五、要加大行政执法力度，确保政令畅通。全面推进依法行政，必须做到有法必依、执法必严、违法必究。各级政府和政府各部门及其工作人员的一切行政行为必须符合法律、法规规范，切实做到依法办事、严格执法。从严治政，依法行政，必须铁面无私，执法如山，决不允许滥用职权、执法犯法、徇私枉法。要坚决消除执法中的腐败现象，坚持纠正不顾国家全局利益和人民根本利益的本位主义和地方保护主义。对违法者，不论涉及什么单位、什么人，都要依法严肃查处，以儆效尤。要以政府机构改革为契机，理顺行政执法体制，转变政府职能，转变工作方式，转变工作作风。行政机关行使职权要与经济利益彻底脱钩。要不折不扣地全面落实国务院关于政府机关与所办经济实体彻底脱钩、对行政事业性收费和罚没收入实行"收支两条线"管理等一系列加强廉政建设的重大举措，从源头上、制度上防止和消除腐败。任何行政执法机关都不得向下级机关和行政执法人员下达收费和罚款指标，都不得设"小金库"。要依照行政处罚法的规定，实行罚款"罚缴分离"制度，继续积极推进相对集中行政处罚权的试点工作，并在总结试点经验的基础上，扩大试点范围。

要结合地方政府机构改革，调整和优化干部队伍结构，着力提高干部素质。要进一步整顿行政执法队伍。对聘用从事行政执法的合同工、临时工，要尽快清退。录用行政执法人员要严格标准，公平竞争，择优录用，切实把住进人关。对行政执法人员尤其是直接面对群众的县、乡两级行政执法人员要严肃纪律、严格管理、强化监督，对胡作非为、欺压群众的必须坚决依法严肃处理，清理出行政执法队伍，决不能让少数"害群之马"败坏整个行政执法队伍的形象，损害党和政府的威信。要不断加强对行政执法人员的教育和培训，提高他们的政治素质和业务素质。

六、要强化行政执法监督。各级政府要自觉地接受同级人大及其常委会的监督，接受政协及民主党派的民主监督，接受司法机关依据行政诉讼法实施的监督，接受人民群众监督、舆论监督。同时，要切实加强行政系统内部的层级监督，强化上级政府对下级政府、政府对所属各部门的监督，及时发现和纠正行政机关违法的或者不当的行政行为。要把上级行政机关的监督同监察、审计等专项监督结合起来。各级监察、审计等部门要切实履行自己的职责，恪尽职守，敢于碰硬。要高度重视行政复议法的贯彻落实，在实践中不断完善行政复议制度，切实做到有错必纠。要积极推行行政执法责任制和评议考核制，不断总结实践经验，充分发挥这两项相互联系的制度在行政执法监督中的作用。要十分重视人民群众来信来访工作。各级领导干部一定要以对人民高度负责的态度对待群众的来信来访，亲自处理群众来信来访。对群众反映的重要情况、冤假错案，要及时、公正地处理。属于哪个地方、哪个部门的问题，那个地方、那个部门就要负责到底，不准上推下卸，互相推诿。要进一步发挥舆论监督的作用，对违法乱纪的人和事要公开曝光。

七、全面推进依法行政是一个长期的历史进程。各省、自治区、直辖市人民政府和国务院各部门要根据全国依法行政工作会议精神和本决定的要求，结合本地方、本部门的实际，全面、深入、扎实地推进依法行政进程，保证改革开放和社会主义现代化建设健康、顺利发展。各地方、各部门要将贯彻实施全国依法行政工作会议精神和本决定的情况于今年 12 月 31 日前送国务院法制办公室，由国务院法制办公室汇总后向国务院报告。

中央"三讲"教育联系会议分片召开汇报会

为了进一步了解全国"三讲"教育的进展情况，加强针对性指导，中央"三讲"教育联系会议近日分片召开省区市"三讲"教育汇报会，中央"三讲"教育联系会议成员分别主持五个汇报会，并在当地进行调研。日前，张全景等五位领导已分赴山东等地。

据中央"三讲"办有关负责人介绍，目前，全国省部级领导班子的"三讲"教育已基本告一段落，大多数省、自治区、直辖市正在抓紧落实整改方案和措施。地市厅局的“三讲”教育已全面铺开，许多地方还在进行县(市)“三讲”教育试点，为全面开展县(市)“三讲”教育作准备。在这个时候召开汇报会，是十分及时、十分必要的。第一，省部级和部分地市厅局“三讲”教育告一段落后，面临着抓好整改的艰巨任务。如何通过整改，使“三讲”教育中查摆的突出问题真正得到解决，使“三讲”教育的成果得到巩固和发展，需要我们付出更多的努力，也有许多问题需要深入研究。第二，从全国范围看，多数地市厅局的“三讲”教育正在进行或即将开始。及时总结经验，发现和解决存在的问题和差距，对于高标准、高质量地搞好地市厅局的“三讲”教育是十分重要的。第三，县(市)“三讲”教育与省部级和地市厅局的“三讲”教育比较，既有共性的一面，也有特殊性的一面，工作的复杂性和艰巨性也更大一些。从试点情况看，搞不好走过场的可能性是存在的。在全面开展之前，必须搞好调查研究，精心筹划，精心部署。

全国节能宣传周活动开始

由国家经济贸易委员会、国家发展计划委员会、科学技术部、国家广播电影电视总局、中华全国总工会、共青团中央委员会六单位共同举办的’99 全国节能宣传周活动 11 月 8 日至 12 日在全国举行。

中华人民共和国和乌兹别克斯坦共和国发表关于进一步发展两国友好合作关系的联合声明

应中华人民共和国主席江泽民的邀请，乌兹别克斯坦共和国总统伊斯兰·卡里莫夫于 1999 年 11 月 8 日至 10 日对中华人民共和国进行了国事访问。

两国领导人在友好和建设性的气氛中就双边关系及共同关心的地区和国际问题交换了意见。

中华人民共和国和乌兹别克斯坦共和国(以下简称“双方”)

基于进一步扩大和加深两国长期稳定的友好合作关系的愿望；

重申恪守 1992 年 1 月 2 日中乌建交联合公报、1992 年 3 月 13 日中乌联合公报、1994 年 10 月 24 日中乌相互关系基本原则的声明和 1996 年 7 月 3 日中乌联合声明的各项原则；

声明如下：

一、双方对两国建交以来在政治、经济、文化、科技、教育等领域互利合作的发展感到满意，并将继续努力，把两国关系提高到一个崭新的水平。

二、双方将继续保持和开展包括高层互访在内的各个级别的政治对话，认为这对加强相互了解和信任具有重要意义。

三、两国领导人十分重视扩大和加强两国的互利经贸合作，认为两国在经贸和生产服务等领域取得的成果具有重要意义。

双方表示，应进一步发挥两国在轻纺、家电、通信、食品和农产品加工等领域的潜力，积极开展各种形式的互利经济技术合作，促进双方在共同感兴趣的领域内相互投资。

四、双方认为应优先发展交通领域的合作，协调两国货物过境运输的条件，并对通过双边和多边合作复兴丝绸之路所取得的成绩表示满意。

鉴于中国库尔勒—喀什铁路已铺设完毕，双方认为应加快喀什—安集延铁路技术经济论证和签署多边协议的准备工作。

五、双方将鼓励两国在科技、文化、教育、卫生、新闻、旅游、体育等领域的交流与合作，两国政府将为此创造相应的条件。

六、双方重申有必要在保护环境、治理污染、防止工业对自然环境造成有害影响等方面开展合作。

七、两国执法及其他主管部门将密切配合，共同努力预防、打击和调查恐怖活动、跨国有组织犯罪以及非法种植、生产、制造和贩运麻醉药品、精神药物和易制毒化学品。

八、双方重申反对任何形式的民族分裂主义、宗教极端主义及国际恐怖主义，不允许任何组织和势力在本国境内从事针对另一方的分裂活动和极端行为，反对煽动国家间、民族间和教派间的矛盾。

九、双方重申，愿在维护国家主权、独立和领土完整方面相互予以支持。

中方尊重乌兹别克斯坦共和国的独立、主权与领土完整，支持乌兹别克斯坦领导人为巩固国家独立、维护宪法制度、发展民族经济和实施社会经济改革所作的努力。

乌方重申，中华人民共和国政府是中国唯一的合法政府，台湾是中国领土不可分割的一部分。乌兹别克斯坦政府反对制造“两个中国”或“一中一台”的图谋，重申不和台湾建立任何形式的官方关系。

十、中方积极评价乌兹别克斯坦在中亚地区所发挥的重要作用，高度评价乌兹别克斯坦关于建立中亚无核武器区的努力，愿意根据中国在无核武器区问题上的一贯立场，积极支持中亚五国建立无核武器区。

双方积极评价有关国家在“6＋2”小组框架内为和平解决阿富汗冲突所作的努力，呼吁阿国内冲突各方采取有效措施，以实现民族和解并遵守塔什干宣言的原则。

双方支持塔吉克斯坦民族和解进程，希望塔吉克斯坦实现持久的和平与稳定。

十一、双方就共同关心的地区及国际问题交换意见表明，双方在许多问题上持一致或相近的立场，双方同意继续在国际事务中加强合作。

双方愿就联合国事务扩大双边合作，以提高和加强联合国这一维护世界和平与安全最重要国际组织的作用和威信，重申忠于联合国宪章的宗旨和公认的国际法准则，坚持尊重国家主权和互不干涉内政等基本原则。双方将致力于建立公正合理的国际政治、经济新秩序。

十二、乌兹别克斯坦共和国总统伊斯兰·卡里莫夫邀请中华人民共和国主席江泽民对乌兹别克斯坦共和国进行正式访问。江泽民主席对此表示感谢并接受了邀请。访问时间将通过外交途径商定。

中华人民共和国代表 江 泽 民（签字）

乌兹别克斯坦共和国代表 卡里莫夫（签字）

1999 年 11 月 8 日于北京

中央军委主席江泽民等为人民解放军空军成立 50 周年题词

江泽民的题词是：为建设一支强大的现代化的攻防兼备的人民空军而奋斗。张万年的题词是：走科技强军之路筑蓝天坚固长城。迟浩田的题词是：练过硬本领振蓝天雄风。

解放军全军参谋长会议在北京举行

会议以毛泽东军事思想、邓小平新时期军队建设思想和江泽民同志关于军队建设一系列重要论述为指导，主要围绕全面贯彻新时期军事战略方针，建设适应打赢现代技术特别是高技术条件下局部战争要求的高效能的司令机关这一主题，着重研究解决参谋人才培养和指挥手段建设问题，对司令机关跨世纪发展进行全面规划和部署。中央军委委员、总参谋长傅全有，中央军委委员、常务副总参谋长郭伯雄出席会议。

会议反映，新时期军事战略方针确立以来，全军大力加强司令机关建设，经中央军委批准颁发了新一代《司令部条例》，规范了新形势下司令机关的工作和建设。全军各大单位加大司令机关建设力度，制定了司令部建设纲要和规划，有针对性地提出了加强建设的措施和办法。各级司令机关在实践中进行了多方面的探索，创造了许多新鲜经验，司令部建设有了长足的进步，从而保证了各项任务的圆满完成。

这次会议，通过总结交流新形势下司令机关建设特点规律和跨世纪发展问题的研究成果，集中全军的智慧，形成和提出今后一个时期司令机关建设的总体思路和基本目标。按照江泽民主席提出的“政治合格、军事过硬、作风优良、纪律严明、保障有力”的总要求，努力把司令部建设成为政治坚强、业务精通、作风过硬、反应灵敏、指挥高效的具有头脑作用的领率机关；研究制定关于加强参谋人员培养的政策、措施和办法，健全培训体制，改革训练内容，加强在职训练，努力培养和造就一大批讲政治、懂科技、精业务、善谋划、能创新的高素质参谋人才；研究解决军队指挥手段建设问题，加强统一领导，搞好顶层设计，突出建设重点，加快发展步伐。

总参谋部、总政治部、总后勤部、总装备部领导和全军、武警部队军以上单位参谋长和有关部门负责人出席会议。

北京电影制片厂庆祝建厂 50 周年

11 月 9 日

《人民日报》发表评论员文章《关键在人关键在思想——论加强和改进思想政治工作》

全国人大常委会委员长李鹏在人民大会堂会见乌兹别克斯坦共和国总统伊斯兰·卡里莫夫及夫人卡里莫娃

中共中央决定张庆黎陈德敏分别担任新疆生产建设兵团司令员和政委

中共中央日前决定，张庆黎任新疆生产建设兵团司令员，张文岳不再担任新疆生产建设兵团司令员职务；陈德敏任新疆生产建设兵团政委，王传友不再担任新疆维吾尔自治区党委常委、委员、新疆生产建设兵团政委职务。

全国公安教育工作会议在上海召开

会议提出，深化公安教育改革，全面实施素质教育，积极推动科教强警战略的实施，努力建设一支能够担当跨世纪重任的高素质公安队伍。

会议反映，自 80 年代以来，随着公安队伍的不断发展壮大，全国公安教育也得到蓬勃发展，公安教育培训体系逐步完善，至今全国已建有各级公安院校 164 所，人民警察培训学校和培训基地 100 多所，15 年来培养毕业生 30 万人，为提高公安队伍的整体素质和战斗力发挥了重要作用。与 1980 年相比，公安队伍中大专以上文化程度的民警增加了 29.2%，而初中以下文化程度的民警则下降了 54.6%。

会议要求，各级公安机关必须从全局和战略的高度，切实把公安教育作为建设强大的公安队伍和强有力的公安工作的先导性、全局性、基础性工作，摆到优先发展的战略地位，切实抓紧抓好。要进一步深化改革，全面实施素质教育，今后 3 年内，必须扎扎实实将全体民警轮训一遍。

中共中央政治局委员、上海市委书记黄菊，公安部部长贾春旺，以及教育部、人事部有关负责人和各省、自治区、直辖市公安机关的负责人出席会议。

国务院中央军委发布命令授予上海市公安消防总队车站中队“模范消防中队”荣誉称号

自 1990 年以来，车站中队出警 3000 多次，抢救遇险群众 100 余人，保护财产价值达数百万元，先后荣立集体二等功 2 次、三等功 6 次，连续 8 年被上海市公安消防总队评为先进中队。

国务院总理朱镕基在中南海紫光阁接见由澳门货币暨汇兑监理署行政委员会主席丁连星先生率领的澳门银行界代表团

国土资源部提出扩大土地资源授权经营范围

国土资源部部长周永康日前在一次会议上提出，国有企业的闲置土地可依法转让，即在土地公有制的前提下，根据国家产业政策，依照土地利用规划和城市规划，通过明晰产权、显化资产、规范运作，使国有企业依法转让土地使用权，并从中获得可以支配的资产和权利。

据了解，目前全国共有国有企业近 30 万家，用地面积 70 多万公顷，土地资产总量约 2.5 万亿元。但是相当一部分国有企业经营不善，其土地资产也处于闲置或低效利用状态。周永康认为，搞活国有企业，很重要的就是要从盘活其土地资产入手。对困难企业来说，合理处置土地使用权已成为企业改革的关键。

如何利用好企业闲置土地？周永康说，应进一步扩大土地资产授权经营的适用范围，可将土地出让金(纯地租)注入企业转为国家资本金。国家重要基础产业、支柱产业、公益产业中的国企改革、改组时，经批准直接将原划拨土地使用权转为企业法人财产，国家应收缴的土地出让金转为国家资本金或股本金，注入国有企业，国家不再以货币形式收取土地收益，允许土地使用权在规定年限内依法转让、出租和抵押。

纪念“两航”起义 50 周年座谈会在北京人民大会堂举行

中共中央政治局常委、全国政协主席李瑞环出席会议，并为纪念“两航”起义 50 周年题词：“弘扬爱国主义精神，再创民航辉煌。”

座谈会前，李瑞环等领导接见了与会代表并与他们合影留念。

1949 年 11 月 9 日，在中国共产党的直接领导下，原中国航空公司总经理刘敬宜和中央航空公司总经理陈卓林率领 2000 多名员工在香港宣布起义，两公司的 12 架飞机胜利飞抵北京、天津，回到新中国的怀抱。这就是震惊中外的“两航”起义。这一壮举受到了中国政府和社会各界的高度赞誉。毛泽东主席致电起义人员，赞扬他们“毅然脱离国民党反动残余，投入人民祖国的怀抱。这是一个有重大意义的爱国举动”。

全国政协副主席、中央统战部部长王兆国在座谈会上讲了话。他首先向“两航”起义人员及家属致以崇高的敬意和诚挚的问候。王兆国高度评价了“两航”起义的重大意义和“两航”起义人员为祖国建设做出的重大贡献。他指出，“两航”起义在政治、军事上给国民党反动派以重大打击，切断了国民党政权的西南航空运输线，为人民解放军解放大西南创造了有利条件。“两航”起义人员归来后，积极投入新中国建设，成为中国民航事业创建和相当一段时间内的一支主要技术业务骨干力量。为新中国的建设，特别是新中国民航事业的建设和发展，提供了技术、人才、设备等多方面的条件，打下了良好的基础，为社会主义现代化建设作出了积极贡献。

现在“两航”起义人员多数年事已高，但仍通过各种途径为改革开放和经济建设力尽所能，继续奉献。新中国民航事业取得的巨大成就，也包含着“两航”起义人员的努力和奉献。

王兆国强调，我们纪念“两航”起义 50 周年，就是要弘扬起义人员当年将生死置之度外，毅然投向光明的爱国主义精神，增强海内外中华儿女对祖国的向心力和凝聚力；就是要学习广大起义人员艰苦奋斗，敬业勤业，无私奉献的优秀品质，激励更多的中华儿女为改革开放和社会主义现代化建设事业建功立业；就是要高举爱国主义旗帜，团结海内外中华儿女，坚持“和平统一、一国两制”方针，积极推进统一祖国、振兴中华的宏伟事业。

当年参与策动“两航”起义的原周恩来总理办公室副主任罗青长，在座谈会上回忆了周总理当年对“两航”起义人员和民航事业的亲切关怀。“两航”起义人员代表、中国民用航空局原局长胡逸洲，组织“两航”起义的中共地下党员代表陈耀寰，起义人员代表郑家琼分别发言，重温了“两航”起义人员的爱国之心和对民航事业的关切之情。

中国民用航空总局局长刘剑锋主持座谈会。全国人大常委会副委员长王光英、程思远、何鲁丽，全国政协副主席张克辉，有关部门负责人刘延东、刘华秋等以及来自海内外的“两航”起义人员代表共 100 多人参加座谈会。

国务院总理朱镕基在北京会见瑞士联邦委员兼公共经济部部长帕斯卡尔·库什潘率领的瑞士政府和经济代表团

中葡联合联络小组在澳门举行第三十七次全体会议

这也是该小组最后一次举行全体会议。

会后，双方组长表示，他们对中葡联合联络小组12年来所取得的成绩感到满意，经过双方努力，顺利地解决了大量与澳门政权交接和平稳过渡有关的问题，这其中包括“三大问题”(即公务员本地化、法律本地化和落实中文官方地位)、国际公约问题、澳门国际机场问题、26个跨越1999年的专营合约、澳门加入41个国际组织等，已经达成共识；还就中国银行和大西洋银行在澳门发钞到2010年达成协议。双方同意葡萄牙将在澳门特区设立总领事馆，中方将在澳门设立外交部驻澳机构。

中国常驻联合国副代表沈国放在第五十四届联大第三委员会(社会、人道和文化事务委员会)会议上发言

沈国放说，现实的人权不是一个抽象的概念，它依靠社会提供实现的条件，依靠国家权力提供保护，一个国家失去了主权，人权就无从谈起。

沈国放说，任何为了改变别国社会制度和价值观念而使用武力或武力威胁去干涉别国内政的做法，不管打的是“维护人权”还是“制止人道主义灾难”旗号，都是严重违反《联合国宪章》宗旨和原则、违反国际法基本准则的行径，它的结果必然是对最基本人权如生命权和生存权的粗暴侵犯。

沈国放指出，世界是丰富多彩的，承认世界多样性是人权普遍性得以促进和保护的重要条件。各国在社会制度、文化传统、宗教信仰和价值观念等方面的差异，是客观存在的，也是正常的。他说，国家不分大小贫富，彼此之间的地位一律平等，各国人民有权选择适合本国国情的社会制度和发展道路，各国应该相互尊重，求同存异，任何国家或集团都没有权力强迫别的国家改变其社会制度和价值观念。

沈国放呼吁有关国家及有关人士顺应历史潮流，摒弃“冷战思维”和对抗的做法，在平等、相互尊重和求同存异的基础上，就人权问题开展对话，增进了解，缩小分歧，促进合作，从而真正有效地促进和保护世界普遍承认的人权。

黄火青逝世

中国共产党的优秀党员，忠诚的共产主义战士，久经考验的无产阶级革命家，我国政法战线的杰出领导人，原中共中央顾问委员会常务委员，最高人民检察院原检察长黄火青，因病医治无效，于1999年11月9日20时04分在北京逝世，享年99岁。

黄火青，1901年5月5日生于湖北省枣阳市新市杨庄村人。曾用名黄贤佑、黄民孚。1926年1月参加共产主义青年团，同年3月转为中国共产党党员。1927年6月至1930年4月，黄火青赴苏联学习，并先后任东方大学中国特别军事政治训练班连长、步兵学校中国连党支部书记。同年4月回国后，先后任工农红军学校总支书记，任红五军团十四军政委兼政治部主任。1934年10月，参加长征。因反对张国焘南下主张被撤职，分配到红四方面军党校任教员。同年起调任红四方面军政治部任军人工作部部长。1936年西渡黄河后，为红军西路军政治部军人工作部部长。红军西路军失败后，随余部转战，1937年5月抵达新疆迪化(今乌鲁木齐)。同年12月，新疆民众反帝联合会秘书长。1940年先后任延安军政学院副院长，中央党校一部主任、秘书长。抗日战争胜利后，任热河省委委员热河军区政委。1949年1月至1958年6月，黄火青先后任天津市委副书记兼市委组织部部长、市总工会主席，天津市委第一书记、市长、天津警备区政委。1958年6月，任辽宁省省委第一书记、省军区政委、省政协主席、东北局书记处书记。1978年3月起，黄火青担任中央政法小组副组长，最高人民检察院检察长、党组书记。1980年9月至1981年1月兼任审理“林彪、江青反革命集团案”主犯的最高人民检察院特别检察厅厅长。黄火青是中共第七、八、十二、十三次全国代表大会代表，中共第十四次全国代表大会特邀代表，中共第八届中央委员会候补委员、第十一届中央委员会委员。中央顾问委员会常务委员。

张德元伏法

经最高人民法院核准，收受贿赂194万余元的湖南省国际信托投资公司原董事长兼总经理张德元被判处死刑，在当地伏法。

11月10日

国务院总理朱镕基在人民大会堂会见乌兹别克斯坦共和国总统伊斯兰·卡里莫夫

国务院中央军委发布关于澳门驻军的公告

根据《中华人民共和国宪法》赋予中国人民解放军的使命，依照《中华人民共和国澳门特别行政区基本法》关于中央人民政府负责管理澳门特别行政区的防务的规定和《中华人民共和国澳门特别行政区驻军法》的有关规定，为维护国家的主权、统一和领土完整，保持澳门特别行政区的稳定和发展，中华人民共和国中央人民政府派驻澳门特别行政区的部队，现已组建完成。中国人民解放军驻澳门部队隶属中华人民共和国中央军事委员会领导，将于 1999 年 12 月 20 日起正式担负澳门特别行政区防务。中国人民解放军驻澳门部队不干预澳门特别行政区的地方事务。澳门特别行政区政府在必要时，可以向中央人民政府请求驻澳门部队协助维持社会治安和救助灾害。驻军人员除须遵守全国性的法律外，还须遵守澳门特别行政区的法律。驻军费用由中央人民政府担负。

第六届全国十大“扶贫状元”、扶贫贡献奖表彰大会在北京举行

当选本年全国十大“扶贫状元”的是：创造出“公司＋农户”的产业化扶贫模式，扶助海南、内蒙古等 10 多个省区市贫困地区的香港泓基集团有限公司董事局主席庄水莲；大力推行科技开发扶贫、彻底改变贫困地区面貌的辽宁省农业科学院院长李正德；将教学、科研与扶贫相结合、帮助贫困地区以畜牧养殖业致富的解放军军需大学畜牧水产系政委李铁櫄；研制出“ZT—1”丰产素，使新疆、青海等地的老少边穷地区农作物大幅增产、农民增收的河北省鹿泉市张玉生植物研究所所长张玉生；办实业带领村民致富并无偿援助其他省市及周边地区的“明星小康村”——天津市静海县东双塘乡西双塘村党总支书记陈立新；走村串户搞应用科技扶贫，在西藏、贵州、重庆和三峡库区推广粮食作物高产技术，使大批农民脱贫的西南农业大学教授杨安贵；建立“公司＋农户”的奶源基地，帮助当地农民脱贫致富的内蒙古伊利集团董事长、总裁郑俊怀；在身患癌症、胃切除 2/3 的情况下，克服困难、彻底改变全乡贫困面貌的山西省垣曲县谭家乡党委书记孟森彪；一手抓班子建设、一手抓扶贫攻坚、开展结对扶贫，成效突出的湖南省张家界市委副书记郭树人；通过发展绿色产业、从根本上使人民摆脱贫困，为西藏、甘肃等少数民族地区经济发展作出突出贡献的奇正藏药实业集团有限公司董事长雷菊芳。

另有 17 人获得“扶贫贡献奖”。

全国政协副主席杨汝岱、经叔平，国务院扶贫领导小组副组长胡富国，中宣部副部长徐光春，新华社副社长张宝顺以及科技部、农业部、解放军总政治部、全国工商联等有关部门的领导出席了大会。

这次“扶贫状元”、扶贫贡献奖表彰活动由中国扶贫基金会和新华社《半月谈》杂志社联合主办，广东澄海市广汕生物高新技术研究所协办。

中共中央政治局委员罗干在福建考察工作

11 月 10 日至 14 日，在福建省委书记陈明义等陪同下，先后到福州、泉州、漳州、厦门等地考察、调研。他深入福州市检察院、晋江市公安局刑警大队、漳州“110”、厦门市公安局杏林派出所等基层政法单位，以及居民安全文明小区、外商投资审批服务中心、劳动就业服务中心、台资企业、金融机构，了解基层工作情况，听取干警和群众意见。在闽期间，罗干还听取了福建省委、省政府的工作汇报，对福建省近年来各项工作所取得的成就给予了充分肯定。

罗干在考察中强调，深入贯彻党的十五届四中全会精神，推进国有企业改革和发展，是当前全党的一项重要工作。国有企业的改革和发展，需要有稳定的社会环境和良好的社会治安秩序。各级政法部门和广大政法干警，要认真学习贯彻党的十五届四中全会精神，不断增强为党和国家工作大局服务、为经济建设中心服务的意识，不断提高为国有企业改革和发展服务的本领和水平，充分发挥各自的职能作用，创造良好社会环境，建立良好治安秩序，为推进国有企业改革和发展作出应有的贡献。要依法严厉打击各类经济犯罪，为国有企业改革和发展扫清障碍。当前，要继续严厉打击走私犯罪，保护民族工业的发展；要依法严厉打击制售假冒伪劣产品和侵犯知识产权等违法犯罪活动，保护国有企业的合法权益；要坚决打击贪污贿赂、侵吞国有资产、诈骗以及非法集资、高息揽储等犯罪行为，确保国有资产的安全。同时，要全面落实社会治安综合治理的各项措施，严厉打击盗抢国有企业资源、财产的违法犯罪分子，加强基层党组织和政权建设，加强企地共建工作，教育和引导农民走勤劳守法致富的道路，为国有企业创造良好的社会治安环境。

罗干指出，稳定是改革和发展的基础和前提，维护社会稳定至关重要。政法机关要义不容辞地履行职责，社会各部门也要齐抓共管，共同确保社会政治稳定。他说，妥善处理和化解人民内部矛盾，是维护稳定的一项重要工作。当前，各级党委、政府要按照党中央、国务院的统一部署，高度重视做好国有企业下岗职工再就业工作，不折不扣地贯彻执行中央关于“三条保障线”的有关政策，抓好下岗职工再就业培训，为他们创造更多的就业机会，同时引导他们转变就业观念，鼓励他们自主择业，竞争上岗。这项工作做好了，人民群众就能安居乐业，就有利于维护社会的稳定。罗干指出，居民小区是社会的细胞，要重视安全文明小区的建设，特别要抓好城乡结合部的安全文明小区创建工作。

考察中，罗干反复强调，政法各部门都要坚决贯彻江泽民总书记关于加强政法队伍建设的一系列重要指示精神，坚持不懈地抓好队伍建设，不断提高思想政治素质和业务素质，努力造就一支公正执法、清正廉洁的政法队伍，做到“严格执法，热情服务”，树立良好形象，增强战斗力。

国务院总理朱镕基在人民大会堂会见丹麦外交大臣尼尔斯·彼得森

国务院机关事务管理局 中共中央直属机关事务管理局关于在京中央和国家机关行政事业单位提高房租增发补贴的通知

解放军总参谋长傅全有在全军参谋长会议上发表讲话

傅全有强调，推进司令机关建设是一个重大的历史性课题，一定要站在时代进步和军事发展的前沿，加速推进军事领域的各项改革，努力实现司令机关建设跨越式发展。

傅全有在回顾改革开放以来司令机关建设取得的成就和基本经验后指出，党的三代领导核心历来十分重视司令机关建设。司令机关作为军队的指挥中枢和军事工作的领率机关，必须抓根本，始终保持坚定正确的政治方向；必须顾大局，努力在克服困难中有所作为；必须谋“打赢”，有效提高我军整体作战能力；必须搞改革，不断增强军事建设效益；必须强自身，充分发挥司令机关的职能作用。

傅全有说，在新的历史条件下，司令机关肩负的任务更加繁重，面临的挑战更加严峻。我们一定要从时代、政治和战略的高度，充分认识加强司令机关建设的重要性和紧迫性，自觉把司令机关建设作为紧迫的战略任务，摆在突出位置抓紧抓好。

他强调，加速推进司令机关建设跨世纪发展，努力开创军事工作和军事斗争准备的新局面，是时代赋予我们的重要使命。全军和武警部队各级司令机关一定要以毛泽东军事思想、邓小平新时期军队建设思想和江泽民主席关于军队建设的一系列重要论述为指导，以新时期军事战略方针为依据，着眼军队建设和“打赢”需要，坚持理论先导，坚持科技推动，坚持改革创新，重点抓好高素质参谋人才培养和现代化指挥手段建设，不断提高谋划指导军事建设和组织指挥高技术局部战争的能力，努力把司令机关建设成为政治坚强、业务精通、作风过硬、反应灵敏、指挥高效的具有头脑作用的领率机关。

中央军委委员、常务副总参谋长郭伯雄主持会议。解放军四总部和军委办公厅领导，全军和武警部队军以上单位参谋长及有关部门负责人参加了会议。

11月11日

全国人大常委会委员长李鹏接受《中国人大》编辑部记者专访

今年是人民代表大会成立四十五周年，又是地方人大设立常委会二十周年。中共中央政治局常委、全国人大常委会委员长李鹏日前接受了《中国人大》编辑部记者的专访，阐述了我国人大制度和人大工作的几个重要问题。

记者（以下简称问）：李鹏委员长，九届全国人大常委会成立以来，在立法、监督、自身建设等方面做了大量工作，取得了很大的进展，不仅人大系统，而且党内和社会各界都给予很高评价。

李鹏（以下简称答）：你们听到的对本届人大这一年多来工作的评价，我理解，这是对本届全国人大常委会寄予的厚望，就我本人和许多新到人大常委会工作的同志来说，是由不同岗位转到全国人大常委会工作，对人大的立法、监督等工作，都比较生疏，还得从头学起。

问：现在讲人民代表大会制度是我国根本政治制度这个话的人越来越多。但我们感到，许多人对这个制度的理解是理论上的，并没有从实际上真正把握这句话的含义和分量，请您谈谈这个问题。

答：世界上每个国家都有国体和政体，并且国体决定政体。国体是国家的性质，政体是国家的政权组织形式。我国的国体是人民民主专政，也就是大家常说的人民当家做主，政体是人民代表大会制度。人民代表大会制度不能简单地理解为就是关于人大及其常委会的制度，人民代表大会制度有丰富的内涵。之所以用“人民代表大会”来给国家的根本政治制度命名，显然说明人民代表大会在这个制度中的地位和作用特别重要。所谓人民代表大会制度，就是以人民代表大会为基石构建的国家政权体系，它主要规定了人民代表大会同产生它的人民的关系，规定了人民代表大会同它产生的“一府两院”等其他国家机关的关系，规定了中国共产党同人民代表大会及其他国家机关的关系。选举制度是人民代表大会制度的基础。民主集中制是人民代表大会制度的组织原则。这三个“关系”、一个“基础”、一个“原则”，概括地反映了我国政治生活的全貌，集中地体现了国家的性质。一句话，人民代表大会制度是实现党的领导和人民当家做主的有效的政权组织形式。人民代表大会制度是我们的一大政治优势和政治特色。它和资产阶级的多党竞争、分权制衡制度有本质的区别。江泽民总书记说：“建设社会主义民主政治，最重要的是坚持和完善人民代表大会制度。”坚持和完善人民代表大会制度是反击西方国家鼓吹议会民主，对我们进行西化、分化的有力武器，能保证国家安定、民族团结、经济发展、社会进步，能使国家经得起各种风险和考验。

45 年来的实践证明，人民代表大会制度是符合我国国情民意的共产党领导的人民民主制度。正如邓小平同志所指出的，“如果政策正确，方向正确，这种体制益处很大，很有助于国家的兴旺发达，避免很多牵扯”。

问：党和人大的关系问题，是一个很重要的问题，也是人们很关注的问题，请您展开谈谈这个问题。

答：这个问题我已经讲过多次，今天我多说几句。党和人大的关系问题，确实非常重要。中国共产党是我们国家的执政党，是领导我们事业的核心力量。四项基本原则中重要的一条，就是坚持共产党的领导。这是写入宪法的。这是历史的结论，人民的选择，任何时候都必须坚持，而不能有丝毫的怀疑和动摇。我们做人大工作的同志思想上必须明确。人大是在党的领导下开展工作的。人大要依靠党委的领导，没有党委的领导和支持，人大是很难开展工作的。坚持党的领导是人大行使职权、开展工作的基本前提和根本保证。当然党对国家和人民的领导主要是政治的、思想的、组织的领导，是路线、方针、政策的领导。党把自己的主张，通过法定的程序变成国家的意志和人民的行动。这种法定的程序主要表现为人大制定法律和对重大问题作出决议和决定。而中国共产党和其他所有民主党派、社会各界和全体公民，都必须遵守这些法律和决定，在这个范围内活动。正因为如此，我们说，坚持党的领导和发挥人大的作用是一致的。党委、人大、政府、两院工作各有不同，但目的只有一个，都是为了建设有中国特色的社会主义。加强党的领导，很重要的是要密切党和群众的联系，这就要好好发挥人大的作用。人大工作体现了人民当家做主。人大的作用发挥得越好，党越能了解群众，越能密切和群众的关系。

问：依法治国、建设社会主义法治国家，是十五大明确提出的党领导人民治理国家的基本方略，请您谈谈人大在依法治国中的作用。

答：依法治国是党领导人民治理国家的基本方略，它充分表明我们坚持法治的立场和态度。依法治国把坚持党的领导、发扬人民民主和严格依法办事统一起来，从制度和法律上保证党的基本路线和基本方针的贯彻实施，保证党始终发挥总揽全局、协调各方的领导核心作用。人大在依法治国中的作用也至关重要。有人总结说：立法是前提，普法是基础，执法是关键，监督是保障。这个说法不一定很确切，但从中可以看出，人大在依法治国中的作用举足轻重。依法治国，首先要有法可依。现在，更重要的是要保证制定出来的法律在实际生活中能得到有效的实施，这就要注重执法和监督，做到有法必依，执法必严，违法必究。而这恰恰是我们工作中的薄弱环节。要改变这种状况，除了政府要依法行政，两院要公正司法，对我们人大来说就是要加强执法监督。考虑到这一点，我们提出要把监督工作和立法工作放在同等重要的位置。此外，我们还提出要把执法检查同听取工作汇报结合起来，把人大监督同舆论监督结合起来。根据人大代表和人民群众的强烈要求，现在全国人大常委会正在抓紧制定监督法。在监督法出台之前，全国人大常委会正在草拟、审议关于监督司法办案工作和监督国家经济发展、国家预算工作程序方面的法律。

实行依法治国对人大提出了更高的要求、更重的任务，依法治国很能说明人大工作是一线工作，不是二线工作；人大工作需要加强，不应削弱。在人大工作的同志一定要振奋精神，增强信心，出色工作，不辱历史使命，不负人民重托。

问：委员长，《人民日报》已开辟了《民主和法制》周刊，全国人大的《人大工作通讯》改名为《中国人大》。您还指出，关键是要加强人大工作和民主法制宣传。请问，您为什么这样重视和强调民主法制宣传工作？

答：首先，这是因为社会主义民主法制建设重要。发展社会主义民主，健全社会主义法制，是党和国家始终不渝的奋斗目标，是建设有中国特色社会主义的重要任务，应该大力宣传。其次，是由于中国经历了长达两千多年的封建社会，缺少民主法制的传统，人治的观念和影响根深蒂固。去年我在重庆曾经说过，我国从老百姓到政府官员，法制观念现在都不够强。要打官司，老百姓看见谁官大就找谁，而不是去找法院。在法治国家就没有这种情况。所以不仅法制要健全，法制观念也应该加强。再次，加强对社会主义民主法制建设的宣传，也是坚持和完善人民代表大会制度，做好人大工作的需要。目前社会上仍有不少干部、群众对人大制度和人大工作缺乏深入的了解。各级人大及其常委会的工作，无论立法还是监督工作，都需要让人民群众知道，以取得人民群众的广泛理解和支持。这就需要加强对社会主义民主法制和人大制度的宣传报道。最后，建设有中国特色的社会主义民主法制是前所未有的事业，这需要我们解放思想，转变观念，实事求是。思想不解放，观念不转变，一切都无从谈起。要做到解放思想，转变观念，加强宣传教育工作是必不可少的。

《中国人大》是全国人大常委会办公厅主办的刊物，是宣传人大制度和民主法制建设的重要渠道。全国人大和地方人大不是领导关系，是工作联系、指导关系，法律监督关系。全国人大联系、指导地方人大工作，除了每次常委会请省级人大常委会负责同志列席外，经常的是要通过全国人大这一刊物来沟通和交流，这也是我为什么强调要办好你们刊物，使之成为反映人大工作动态和交流经验的园地的重要原因。从长远看，你们刊物不能局限于人大系统，要走向社会，面向各界。当然这得一步一步来，首先要在人大系统打开局面。现在刊物发行将近14万份，和它肩负的任务相比，数量还较少。要增加发行数量，做好发行工作固然重要，但根本的是要提高刊物质量，把刊物办活，有可读性，有吸引力，让人喜闻乐见，爱不释手。做到这一点很难，但这是你们的努力方向。你们任重道远，要讲学习、讲政治、讲正气。我希望你们能充分利用这份刊物所具有的优势和特点，积极发挥舆论宣传的导向作用，为推进依法治国、建设社会主义法治国家进程作出应有的贡献。

《人民日报》就揭露批判“法轮功”邪教组织的斗争形势很好发表评论员文章《深入细致做好教育转化工作》

国务院总理朱镕基会见国务院参事室成立50周年纪念会代表

朱镕基在人民大会堂会见出席国务院参事室成立50周年纪念会暨全国参事工作座谈会的全体代表，勉励大家继续做好参事工作，为社会主义现代化建设和祖国统一作出更大的贡献。

朱镕基说，在政府中设置参事室，是毛泽东、周恩来等老一辈革命家运用马克思列宁主义的统一战线理论与新中国政权建设的具体实践相结合的重要创造。国务院参事及各地政府参事队伍以党外人士为主体，参事多为有代表性、有影响、德高望重的党外人士，这是参事队伍的特色。50年来，参事们利用自己的专长和影响，向政府工作提供咨询、反映社情民意，并积极开展海外联谊，为我国的经济建设、社会发展和祖国统一大业作出了积极的贡献。对参事们付出的辛劳、作出的成绩，党和政府及社会各界给予了高度评价。他希望各位参事在改革开放和四化建设的新时期各展所长，量力而行，继续作出新的贡献。

朱镕基指出，党和政府历来重视参事工作，50年的实践证明，参事工作很有意义，参事室是有生命力的，有价值的，很有必要长期办下去。他说，经过大家的不懈努力，参事工作一定会在新世纪取得更加令人瞩目的成就，一定会在建设有中国特色社会主义事业中继续发挥重要作用。

朱镕基希望德高望重的参事们，在做好工作的同时，注意劳逸结合，保重身体。他衷心祝愿大家健康长寿。

会议由国务院参事室召开，主题是认真总结参事工作50年的基本经验，做好新时期参事工作。

中国开放白银市场

经国务院批准，中国人民银行日前发出《关于白银管理改革有关问题的通知》。主要内容包括：取消白银“统购统配”管理政策，放开白银市场，允许白银产需直接见面；取消对白银制品加工、批发、零售业务的许可证管理制度（银币除外）；支持和鼓励国内白银生产企业有计划地出口白银；适当限制进口白银及其制品。解除白银管制，开放白银市场，标志着在我国延续了50多年的白银“统购统配”管理体制宣告结束。

国家计委等六部门发出全面清理IC卡收费问题的通知

《人民日报》报道，国家计委、国家经贸委、财政部、监察部、国务院纠风办、国家金卡工程协调领导小组等六部门日前发出通知，全面清理整顿集成电路卡（IC卡）收费问题。通知规定，未经省级政府及省级以上价格、财政主管部门批准，国家行政机关及其所属事业单位推广使用IC卡并收费的，一律立即停止收费，否则视为乱收费行为，由价格主管部门依法查处。据了解，对已经批准的收费，有关部门也将进行清理。

国家主席江泽民在中南海会见法国标致—雪铁龙集团总裁让·马丁·佛尔兹

国家副主席胡锦涛在人民大会堂会见巴勒斯坦解放组织执委会秘书长马哈茂德·阿巴斯

胡锦涛说，中巴友谊源远流长，近40年来，由中国三代领导人与阿拉法特总统共同缔造和培育的中巴友谊经历了国际风云变幻和地区形势变化的考验，不断巩固和发展。我们高度赞赏以阿拉法特总统为首的巴解组织坚持通过和谈解决巴以争端的战略选择，高兴地看到，巴勒斯坦人民经过坚忍不拔的努力使中东和平进程取得了积极进展，使重建家园的工作取得了可喜成就。胡锦涛强调，中国政府和人民将一如既往地支持巴勒斯坦人民的正义事业和中东和平进程，并将继续与国际社会一道，努力推动以巴勒斯坦问题为核心的中东问题早日得到全面、公正、持久的解决。

阿巴斯表示，巴中之间有着传统的友谊，中国是最早承认巴勒斯坦国的国家之一，我们高度赞赏并感谢中国在不同时期向巴提供的政治上、道义上、物质上的支持，对中国在各个领域所取得的巨大成就感到自豪。阿巴斯代表巴勒斯坦人民祝贺香港回归，并在回归后实现平稳发展，祝贺澳门即将顺利回归，并期待着台湾与祖国大陆早日实现统一，使“一国两制”方针取得全面成功。

在谈到巴以和谈最新情况时，阿巴斯说，巴以通过艰苦谈判，签署了沙姆沙伊赫备忘录，怀伊协议正在得到执行。尽管双方在几个重大问题上仍存在严重分歧，但只要双方抱有诚意，拿出勇气，和谈道路上的障碍是可以克服的，和平是能够实现的。阿巴斯感谢中国政府和人民对巴正义事业的一贯支持，希望包括中国在内的国际社会继续发挥作用和影响，努力推动中东和谈不断深入发展，早日实现中东地区和平。

中国/世界卫生组织精神卫生高层研讨会在北京举行

国务院副总理李岚清致信会议。

他指出，我国政府历来十分关心人民群众的健康问题，新中国成立以来，卫生工作在十分落后的基础上起步，消灭或基本控制了一些严重危害人民健康的重大传染病、寄生虫病或地方病，使我国卫生工作面貌发生了历史性变化。精神卫生是卫生工作的重要组成部分，并且得到很大的发展，为人民身心健康作出了宝贵的贡献。在我国，社会主义现代化建设进入新时期，提高人民的健康素质，即身体健康、具有良好的心理素质、与社会处于和谐状态，十分重要。卫生工作在促进以经济建设为中心的社会进步、经济发展和社会稳定方面，发挥着不可缺少、不可替代的作用。随着社会经济快速发展、竞争压力增加和社会大的变革，精神卫生问题越来越突出，已成为我国一个重要的公共卫生问题和社会问题，精神卫生工作的任务艰巨而繁重。各级政府、有关部门要切实提高对精神卫生问题的认识，加强对精神卫生工作的领导，要坚持“以农村为重点，预防为主，中西医并重，依靠科技教育，动员全社会参与，为人民健康服务，为社会主义现代化建设服务”的新时期卫生工作方针，继续发扬部门协调、社会参与的优良传统，为促进我国人民健康作出更大的贡献。

精神健康是世界卫生组织对健康定义的重要内容之一。近些年来，特别是随着 1996 年世界卫生组织“国际精神卫生动员”的全球行动规划的制定，精神卫生越来越受到世界许多国家的普遍重视。据了解，我国精神疾病的发病率已由 50 年代的 2.7‰上升到 13.47‰，精神卫生问题已成为一个日趋严重的社会问题。在为期三天的会上，来自各国的专家将就精神卫生工作现状、问题及对策进行研究、磋商。

卫生部部长张文康讲话说，我国政府十分重视研究中国精神卫生的现状和问题，有关部门也正在共同研究制定今后加强精神卫生工作的宣言和行动纲领。这次精神卫生高层研讨会的召开，必将对我国精神病防治工作起到促进作用，也会进一步推动全球精神病防治的工作。

世界卫生组织总干事布伦特兰在会上介绍全世界精神卫生状况。

11 月 12 日

全国政协九届委员会举行第十六次主席会议

中共中央政治局常委、全国政协主席李瑞环出席会议并讲话。他指出，江泽民同志在庆祝中国人民政治协商会议成立五十周年大会上的讲话非常重要，各级政协要用讲话精神统揽政协全部工作，把学习讲话作为今后一个时期的一件大事来抓，并紧密结合工作实际认真贯彻落实，不断推动人民政协事业向前发展。

会议根据九届全国人大二次会议通过的宪法修正案，研究了关于建议部分修改《中国人民政治协商会议章程》的事宜；学习讨论了江泽民总书记在庆祝人民政协成立五十周年大会上的讲话。

全国政协副主席陈俊生主持会议并讲话。他说，全国政协及地方各级政协对江泽民总书记在庆祝人民政协成立五十周年大会上的讲话反响强烈，很受鼓舞。江泽民同志的讲话全面回顾了人民政协五十年的光辉历程，深刻总结了人民政协工作的基本经验，提出了今后政协工作的方针原则，对于加强新时期的政协工作、进一步发扬社会主义民主、动员全党和全国人民做好各项工作，具有重要的指导作用。陈俊生从人民政协在我国政治经济和社会生活中具有不可替代的重要作用，牢牢把握团结和民主两大主题，进一步发挥优势、履行职能，深入领会、贯彻中共中央对人民政协跨世纪发展提出的基本要求，坚持实事求是、群众路线是做好政协工作的根本等五个方面谈了学习体会。他强调，我们要通过学习江泽民总书记的讲话，提高对新形势下做好政协工作重要性的认识，不断改进工作，不断实践，开拓进取，为把人民政协事业全面推向二十一世纪，为中华民族伟大复兴，再创人民政协工作的新局面而努力奋斗。

全国政协副主席杨汝岱、王兆国、阿沛·阿旺晋美、钱伟长、卢嘉锡、任建新、宋健、李贵鲜、张思卿、孙孚凌、朱光亚、胡启立、陈锦华、毛致用、白立忱、经叔平、张克辉、王文元，全国政协秘书长郑万通出席会议。

国务院第 22 次常务会议召开

朱镕基主持会议，讨论并通过《中华人民共和国公司法修正案（草案）》和《中华人民共和国海关法修正案（草案）》。

会议认为，公司法、海关法自实施以来，在推动企业进步和发展，加强海关监管，保障国家税收，促进对外贸易等方面起了重要作用。但是，随着经济体制改革继续深化，对外开放逐步扩大，也出现了一些新的情况和问题。为此，需要对现行公司法有关规定和现行海关法进行修改。

会议通过的《公司法修正案(草案)》和《海关法修正案(草案)》，将由国务院提请全国人大常委会审议。

经中央批准由《王震传》编写组撰写的《王震传》(上卷)在当代中国出版社出版发行

中宣部机关召开“三讲”集中教育总结会议

中共中央政治局委员、书记处书记、中宣部部长丁关根出席会议并讲话。他强调，中宣部“三讲”集中教育告一段落，贯彻“三讲”精神永无止境。宣传思想战线要高举旗帜，保持一致，唱响主旋律，打好主动仗，促进改革发展，维护社会稳定，更好地为人民服务、为社会主义服务、为全党全国工作大局服务。

丁关根说，中央决定在县级以上党政领导班子和领导干部中以整风精神开展“讲学习、讲政治、讲正气”的集中教育，意义重大。这是当前党的建设的重中之重，事关党的前途命运，事关我国改革发展稳定的大局，事关中华民族复兴的伟大事业。通过“三讲”教育，我们受到了一次深入的马列主义、毛泽东思想特别是邓小平理论教育，受到了一次深入的党的基本路线、基本方针教育，受到了一次深入的群众路线和群众观点教育，受到了一次深入的理想信念教育，受到了一次深入的党性党风党纪教育。“三讲”教育，讲出了团结，讲出了凝聚力、战斗力，讲出了良好的精神状态。

丁关根指出，巩固“三讲”成果，发扬“三讲”精神，我们要努力做到这样几点：第一，更加自觉地高举邓小平理论伟大旗帜，深入学习宣传贯彻十五大精神，把思想和行动进一步统一到十五大精神上来，把智慧和力量进一步凝聚到实现十五大确定的各项任务上来。第二，更加自觉地坚持党的基本路线不动摇，把以经济建设为中心同四项基本原则、改革开放这两个基本点统一于建设有中国特色社会主义的伟大实践。十分珍惜来之不易的大好形势，牢记改革是动力、发展是硬道理、稳定压倒一切，牢记中国要发展、中国要强大、中国要稳定，这是全国人民的共同认识，也是全国人民的共同愿望。第三，更加自觉地同以江泽民同志为核心的党中央保持一致，坚决维护中央权威，保证中央政令畅通，一切服从党中央领导，一切听从党中央指挥，有令必行，有禁必止。第四，更加自觉地坚持两手抓、两手都要硬，大力加强思想政治工作和精神文明建设，深入进行理想信念和爱国主义、集体主义、社会主义教育，深入进行正确的世界观、人生观、价值观教育，巩固全国人民团结奋斗的思想基础。第五，更加自觉地增强政治敏锐性和政治鉴别力，进一步增强政治意识、大局意识、责任意识，善于从政治上分析形势、处理问题，始终保持政治上的清醒和坚定。第六，更加自觉地全心全意为人民服务，一切为了群众，一切依靠群众，密切同群众的联系，倾听群众呼声，关心群众疾苦，为群众办好事，办实事。要清正廉洁，淡泊名利，艰苦奋斗，无私奉献，坚定自己的信仰、志向，锤炼自己的意志、品质，不断提高自己的思想境界。做一个高尚的人，一个纯粹的人，一个有道德的人，一个脱离了低级趣味的人，一个有益于人民的人。

丁关根最后强调，世纪之交，千年更替，任重道远，大有可为。奋斗就会有艰辛，艰辛孕育新的发展。我们一定要坚定信念，振奋精神，弘扬正气，积极进取，着力营造中国要发展、民族要团结、社会要稳定的良好氛围，充满信心，充满希望，翻两番，进小康，昂首阔步跨入新世纪，同心同德建设现代化。

会上，中宣部常务副部长刘云山对部机关“三讲”教育作了总结，中央驻中宣部巡视组组长王景茂作了讲话。

北京1999年国际水利技术装备展览会及新中国水利成就展在北京展览馆开幕

国家主席江泽民根据全国人大常委会的决定任免驻外大使

一、免去何金才的中华人民共和国驻卢旺达共和国特命全权大使职务。

任命沈江宽为中华人民共和国驻卢旺达共和国特命全权大使。

二、免去陈忠诚的中华人民共和国驻吉尔吉斯共和国特命全权大使职务。

任命张志明为中华人民共和国驻吉尔吉斯共和国特命全权大使。

三、免去刘古昌的中华人民共和国驻罗马尼亚特命全权大使职务。

任命陈德来为中华人民共和国驻罗马尼亚特命全权大使。

国家副主席胡锦涛在人民大会堂会见斯洛文尼亚外交部部长鲍里斯·弗尔莱茨

解放军全军参谋长会议闭幕

中央军委主席江泽民在全军参谋长会议上发表讲话。

江泽民指出，维护国家安全和统一，历来是治国的头等大事。无论什么时候，没有强大的国防和军事实力作后盾，国家安全就得不到保障。战争有正义的战争和非正义的战争之分。对于非正义的战争，我们当然要坚决反对。而对于涉及维护祖国的安全和统一的正义战争，我们一定要振奋精神，英勇作战，直到取得最后的胜利。新时期军事战略方针提出，要把军事斗争准备的基点放在打赢可能发生的现代技术特别是高技术条件下局部战争上。能不能打赢这样的战争，关系到国家安危和社会主义现代化建设事业的成败。全军同志首先是高级干部必须保持清醒的认识，进一步增强忧患意识和防范意识。必须进一步强化"打赢"意识，用"打赢"的要求指导和推动各项建设，衡量和检验各项工作，扎扎实实、卓有成效地做好军事斗争准备。

江泽民指出，要努力发展具有我军特色的作战思想。作战思想是军队打胜仗的重要保证，也是军事斗争准备的先导。要着眼实战，探索未知，对我们将来会遇到而又很不熟悉的东西，必须以只争朝夕的精神加强学习、研究和掌握。要努力加快武器装备建设和新装备形成战斗力的步伐。要加强武器装备建设的集中统一领导，在全军建立整体协调、顺畅高效、规范有序的装备工作运行机制，做到统一思想、统一计划、统一制度、统一部署、统一行动。要像当年搞"两弹一星"那样，继续发扬自力更生、艰苦奋斗的精神，尽快把我军武器装备建设搞上去。同时，又必须看到，无论武器装备如何发展，战争形态如何变化，决定战争胜负的关键因素，归根到底是人，而不是武器。人民战争是我们克敌制胜的法宝。这个法宝，任何时候都不能丢。在当今世界军事发展日新月异的情况下，我们应该结合新的历史条件和新的实践，坚持和创造性地发展人民战争的思想与战略战术，更好地发挥人民战争的威力。

江泽民说，要努力解决好诸军兵种联合作战问题。各军兵种都要树立强烈的联合作战意识，以联合作战的理论和方法指导各自的训练，为三军合练打下坚实基础。各军兵种军以上首长机关的训练，尤其要突出联合作战知识技能的学习和研究，不断提高联合作战的组织指挥能力。院校和科研单位要加强联合作战的教学与研究。各级都要深入开展联合作战的理论和战法的研究，努力提高我军在高技术条件下联合作战的能力。

江泽民强调，司令机关是军队的指挥中枢和军事领率机关。肩负着谋划指导军事建设和组织指挥战争的重大使命。毛泽东同志和邓小平同志曾把司令机关喻为军队的"头脑"。我军司令机关是在长期作战和建设的实践中建立、发展起来的，为中国人民的解放事业，为维护祖国的安全统一，为不断推进军队建设作出了重大贡献。当前，世界军事领域正在发生深刻变革，特别是作战指挥领域变化之大前所未有，信息处理时间大大缩短，战略、战役、战术指挥融为一体，司令机关的工作效率和质量对战争胜负有着决定性的影响。各级都要把司令机关建设摆在战略位置，努力建设机构精干、关系顺畅，素质良好、手段先进，善于指导军队现代化建设和组织指挥高技术局部战争的高效能军事领率机关。

江泽民说，要大力培养高素质的参谋人才，努力造就一支高素质的参谋队伍。要积极发展高技术的指挥手段，大力发展指挥自动化系统，逐步形成一套高效率的决策程序、指挥方式和工作方法。要逐步完善高效能的运行机制，不失时机地抓紧研究领导指挥体制的改革问题，切实把机构搞精干，把关系理顺。要充分发挥司令机关的职能作用，各级党委要加强统一领导，发挥司令机关在军事建设中的"抓总"作用，使军事工作搞得更加富有成效。参谋长要不断提高自身素质和能力，必须有很强的政治意识、战略意识、科技意识和创新意识。希望各级参谋长自觉坚持讲学习、讲政治、讲正气，全面提高思想政治、军事和科学文化素质，发扬我军参谋工作的优良传统和作风，真正成为精通参谋工作的专家，成为称职的司令机关工作和建设的领导者，不辜负党和人民赋予的光荣职责。

国家副主席、中央军委副主席胡锦涛，中央军委副主席张万年，中央军委副主席、国务委员兼国防部部长迟浩田，中央军委委员傅全有、王克、王瑞林、曹刚川、郭伯雄、徐才厚出席会议。

中央军委委员、总参谋长傅全有主持会议并讲话。中央军委委员、常务副总参谋长郭伯雄作会议总结。参加会议的还有解放军四总部、军委办公厅的领导人。

中央军委主席江泽民与官兵共同观看"飞向新世纪"歌舞晚会庆祝人民空军成立50周年

全国老龄工作委员会主任李岚清考察北京市老龄工作

李岚清考察北京市的老龄工作，并同北京市有关领导、老龄工作者进行了座谈。

中国是世界老年人口大国，北京市是我国较早进入人口老龄化的城市之一。60岁以上老年人口已达到174万，占全市总人口的14%。下午，在中共中央政治局委员、北京市委书记贾庆林的陪同下，李岚清首先来到西城区月坛街道汽南居委会，参观了居委会展览室、为老服务卫生站、多功能厅和图书馆；接着，李岚清前往亚运村街道文体中心，考察中心的图书馆、老年书画室，观看老年合唱队、时装队的演出；最后，李岚清来到东城区社区服务中心，参观了中心敬老院。

李岚清强调，全社会都要关心老年人的卫生保健问题。要开展多种形式的老年保健服务，完善老年医疗保健服务网络。要坚持“预防为主”的方针，逐步建立起老年病保健、预防、治疗、康复系列医疗护理康复机构和社区卫生服务机构，为老年人提供方便、及时的医疗保健服务，提高老年人的生活质量，使老年人“老有所医”。

李岚清指出，要扎扎实实做好为老人服务的各项工作，使他们的生活更丰富多彩。各地要动员社会力量，大力兴办各类老年大学和老年学校，引导老年人采取健康的生活方式。老年大学要以文化艺术为主要内容，根据老年人的兴趣爱好，因地制宜地开展生动活泼、形式多样、健康有益的文体活动和老年健身活动，使老年人“老有所乐”、“老有所学”。

李岚清最后指出，对于老龄工作来说，社区服务工作至关重要。要大力发展社区养老服务，加快社区老年照料服务体系建设的步伐。基层工作做好了，社会就会更加和谐稳定，党和政府关于老年工作的方针政策和工作部署就能落到实处。同时，还要加强对社区干部的培养，可以采取多种方式组织他们不断学习，不断提高，以更好地为老龄工作服务。

北京市市长刘淇在会上汇报北京市老龄工作和社区为老服务的情况。

11月13日

国家主席江泽民致电土耳其总统苏莱曼·德米雷尔就土耳其发生强烈地震并造成严重损失表示慰问

台湾“中国统一联盟”抗议石原慎太郎访台

台湾“中国统一联盟”发表声明，对李登辉邀请日本军国主义代表人物石原慎太郎，借赈灾的名义到台湾访问，搞“地震外交”，破坏两岸关系表示强烈抗议。

声明说，“台湾发生‘9·21’大地震之际，大陆同胞基于两岸同为中国人的血浓于水的情感，立即自发捐献”，结果为台湾当局所拒绝。“但对石原这样的军国主义政治人物却由台湾最高领导人出面邀请，我们不能不质疑李登辉的居心。除了说明他想利用所剩无几的任期，苟延残喘推动他的反华亲日右翼路线外，台湾民众无从了解石原来台的目的。”声明中说，“统联认为，李登辉勾结日本军国主义分子，破坏亚洲和平，比台湾大地震还要可怕，对台湾人民利益的损害，无异于大地震”。

大型画册《世纪大阅兵》首发式在人民大会堂举行

11月14日

中组部部署今冬和明年农村基层组织建设工作

中共中央组织部最近发文，就今冬和明年农村基层组织建设工作作出了部署安排。

文件提出了今冬和明年农村基层组织建设的六项主要任务：

1. 全面加强村和乡镇领导班子建设，选准选好村党支部书记和乡镇党委书记。一是在保持农村基层干部队伍相对稳定的同时，对比较后进的乡、村领导班子进行一次认真考核，村支部书记和乡镇党委书记不称职和群众不满意的，要及时调整，并把这项工作纳入经常性工作。二是坚持把贫困村和财务管理混乱、社会治安不好、利用宗教进行非法活动以及宗族势力、邪恶势力活动猖獗、封建迷信活动盛行的村，作为农村基层组织整顿的重点。三是加强以党支部为核心的村级组织配套建设。进一步把村委会、合作经济组织、共青团、妇代会、民兵等组织建设好，发挥各自的职能作用，形成整体工作合力。

2. 以思想政治建设为重点，努力提高农村基层干部素质。采取多种措施，大规模地开展农村基层干部的教育培训。县(市)委要根据培训规划，普遍建立农村基层干部定期轮训制度，充分发挥县、乡党校和党员电化教育网络的作用。今冬明春以《农村基层干部读本》为基本教材，分层次、分期分批地集中培训农村基层干部，努力提高农村基层干部的思想政治素质和正确执行政策、严格依法办事、善于做群众工作以及带领群众脱贫致富奔小康的能力。要把对农村基层干部的严格要求和关心爱护结合起来，为农村基层干部开展工作创造良好的环境，充分保护和调动他们的积极性。

3. 认真贯彻落实《中国共产党农村基层组织工作条例》，推进农村基层组织建设工作逐步走上制度化、规范化轨道。各地要用《条例》指导农村基层组织建设，结合实际制定贯彻《条例》的实施细则。列入整顿的农村基层党组织，要按照《条例》规定，找出存在的问题，并采取有效措施加以解决。已经整顿过的农村基层党组织，要以《条例》规定的标准抓巩固提高，缺什么补什么。处于先进和中间状态的农村基层党组织，要按照《条例》提出的要求，使各项工作不断迈上新台阶。同时，要以《条例》为依据，建立、健全各项制度，巩固发展农村基层组织建设成果。

4. 按照从严治党的要求，加强和改进对农村党员的教育管理。解决当前农村党员中存在的突出问题，提高党员队伍素质，保持共产党员的先进性，既要继承和发扬过去一些好的做法，又要不断有所创新。今冬明春，各地要对农村党员进行多种形式的集中教育培训，通过学习教育，把农村党员的思想统一到党的十五大和十五届三中全会精神上来，促使他们正确理解和执行党的农村政策，自觉遵守党的纪律和国家的法律法规，团结和带领群众发展经济、走共同富裕的道路，在两个文明建设中发挥先锋模范作用。把学习教育同保障党员的民主权利、督促党员履行义务结合起来，同表彰优秀党员、严肃党的纪律、处置不合格党员结合起来。加强在农村优秀青年中发展党员的工作，不断增强农村基层党组织的活力。

5. 加大乡镇党委建设的力度，充分发挥乡镇党委的“龙头”作用。乡镇党委建设要按照“六好”的目标要求，着重从四个方面努力：一是把增强群众观念，正确行使权力，转变工作作风，作为思想政治建设的重点来抓。二是认真研究解决机构臃肿、冗员过多、效率不高的问题，实行定岗、定责、定员，坚决把不在编人员精减下来。三是建立、健全以乡镇政务公开为主要内容的各项制度，用制度规范乡镇干部的行为。四是充分发挥乡镇党委的领导核心作用，推动乡镇政府转变职能，提高工作效率。

6. 继续推进农村基层民主法制建设，加强精神文明建设和思想政治工作，充分调动农民的积极性和主动性。在党的统一领导下，有步骤、有秩序地推进村民自治，依法选举村委会领导班子，发挥村民委员会的作用。村委会要注重选用妇女干部。进一步抓好村务公开、民主管理制度的落实，重点抓好财务公开，同时做到凡是群众最关心的问题都及时公开。把村务公开与乡镇政务公开结合起来，注意总结推广县直有关部门政务公开的经验，不断推进基层民主法制建设。把贯彻《中国共产党农村基层组织工作条例》同贯彻《村民委员会组织法》结合起来，既要维护村党支部在农村各种组织和各项工作中的领导核心地位，又要改进党支部的工作方法，坚持依法办事，支持和保障村民依法开展自治活动。加强对农民群众的思想道德和科学文化知识的教育，广泛开展创建“文明户”、“文明村镇”活动，引导农民移风易俗，革除陋习，反对迷信。加强思想政治工作，用建设有中国特色社会主义的共同理想凝聚农民群众，正确处理新时期的人民内部矛盾，帮助群众解决实际困难，推动农村经济发展，保持农村社会稳定。

文件还就保证农村基层组织建设各项任务的落实提出了几点主要措施：

（一）认真总结经验，狠抓工作落实。各级党委及其组织部门要对前几年农村基层组织整顿建设工作情况进行一次全面检查，总结成功经验，找出薄弱环节，明确工作重点，摸清整建对象，有针对性地制订工作计划。对需要整顿的村和乡镇，继续组建得力工作队驻乡进村帮助工作，建立、健全整顿工作责任制，确保整顿工作质量。要把乡、村两级干部队伍和党员队伍的培训内容、教材、经费等问题落到实处，不断提高培训质量。深入扎实地开展创建“五好”村党支部、“六好”乡镇党委和农村基层组织建设先进县活动，做到责任落实、目标明确、三级联动、相互促进，一级抓一级，层层抓落实。要随着形势的发展，不断充实和丰富“五好”、“六好”目标的内容。

（二）坚持分类指导，努力提高农村基层组织建设的整体水平。继续把后进村、贫困村党支部的整顿作为农村基层组织建设的重点，进一步加强具体指导。坚持基层组织建设与扶贫攻坚紧密结合，实行组织整顿和提供各种支持、帮助一并进行，基本解决温饱问题以后，要巩固扶贫成果，进一步改变贫穷落后面貌。认真研究促进中间状态和先进的乡村上水平、上台阶的具体措施。

（三）建立、健全党建工作责任制。县委要把主要精力和工作重心放在农业和农村工作上，在抓好农村基层组织建设中发挥好关键作用。县委书记要认真履行抓农村基层组织建设“第一责任人”的职责。要健全农村基层组织建设责任体系，县委抓全面指导，乡镇抓具体落实，县直部门抓“帮扶联带”，县农村基层组织建设领导小组成员单位负责检查督促。完善考核制度，把农村基层组织建设工作纳入经济和社会发展的总体目标一并考核。坚持和完善各级领导干部联系点制度。完善部门包村制度。县乡干部普遍实行“联户帮扶”制度。

（四）加强督促检查，总结推广典型。各级党委对农村基层组织建设工作，要及时进行督促检查。要改进督促检查的方法，深入到乡、村，直接听取基层干部和群众的意见，掌握第一手资料，研究新情况，解决新问题，总结新经验，把工作不断推向前进。要认真总结推广各类先进经验，运用典型推动工作，不断提高工作水平。力争再经过几年的努力，使后进村、贫困村的面貌有明显的变化，农村基层组织整体水平和农村基层干部队伍素质有新的提高。

少数民族和民族地区挂职锻炼干部座谈会

今年是中央组织部、中央统战部和国家民委开展少数民族和民族地区干部挂职锻炼工作的第十年。十年来，1135 名少数民族和民族地区干部参加了挂职锻炼，为促进民族地区的改革、发展和稳定发挥了重要作用。在人民大会堂举行的少数民族和民族地区挂职锻炼干部座谈会对该项工作进行总结。

全国政协副主席、中央统战部部长王兆国出席座谈会并讲话，他指出，要认真学习中央民族工作会议精神，努力把中央的各项方针政策贯彻好、落实好。要进一步解放思想，抓住机遇，带领各族人民尽快把经济搞上去。要坚持和完善民族区域自治制度，妥善处理新形势下民族地区和各民族的人民内部矛盾，进一步做好民族干部工作。

中央统战部、中央组织部、国家民委有关负责人等出席座谈会。

国家防汛抗旱总指挥部第三次全体会议在北京召开

国家防汛抗旱总指挥部今年第三次全体会议日前在北京召开，国务院副总理、国家防汛抗旱总指挥部总指挥温家宝出席并讲话。

温家宝说，今年我国南涝北旱，太湖流域发生了超百年一遇的特大洪水，长江中下游干流大部分河段、洞庭湖和鄱阳湖出现仅次于去年的历史第二高水位，而北方大部分地区和西南地区东部发生了90年代以来列第二位的严重旱灾。在党中央、国务院的坚强领导下，受灾地区各级党委、政府和各级防汛抗旱指挥部组织广大军民奋力抗洪救灾，确保了人民生命财产安全，确保了江河重要堤防、重点城市和主要交通干线安全，为新中国成立50周年大庆和澳门回归祖国创造了良好的环境，为保障我国国民经济发展和社会稳定作出了重要贡献。

温家宝指出，今年防汛抗旱工作取得显著成绩的主要原因是，第一，党中央、国务院高度重视，地方各级党委、政府和各级防汛抗旱指挥部狠抓落实。第二，水利工程特别是防洪工程发挥了显著作用。去冬今春长江中下游堤防的加高加固工程，平垸行洪、移民建镇措施，以及1991年年底开始建设的治理太湖工程对今年的防洪减灾作用尤为突出。第三，防汛抗旱各项准备工作比较充分，组织调度措施得力。各部门密切配合、军民联防继续发挥重要作用。人民解放军和武警官兵在今年的抗洪抢险斗争中又立新功。

温家宝要求，今冬明春要着力抓好三项工作。

一是抓紧防洪工程建设。各地要利用冬春低水位的有利时机，抓紧抢修水毁工程，加高加固堤防，加固病险水库，加快实施平垸行洪、移民建镇计划。要继续落实完善防洪工程建设终身责任制和工程招标投标制，强化工程监理，落实建设资金并严格管理，全力确保工程质量。要加快中小河流治理的步伐。

二是大搞以抗旱节水为中心的农田水利基本建设。今冬明春的抗旱形势仍然十分严峻。各地要周密部署，广泛发动群众，迅速掀起以抗旱节水为中心的农田水利基本建设高潮。要搞好大型灌区节水改造和续建配套，逐步把大型灌区建成现代化的高效节水增产农业园区。继续发动群众兴修小水塘、小水库、小水窖、小型水利、小型提水"五小"水利工程，因地制宜推广渠道防渗、管道输水、畦灌、沟灌等节水技术。大力推进小型水利工程管理体制改革，通过承包、股份合作制等多种形式，调动群众治水管水的积极性。要动员全社会的力量，多层次、多渠道增加对农田水利基本建设的投入，各级计划、财政、银行等部门要千方百计增加对农田水利基本建设的资金投入。各级水行政主管部门要加强水资源的统一管理，合理进行水源调度，严格灌溉用水管理，最大限度提高灌溉效益。

严重干旱地区各级政府和有关部门要下大力妥善安排好灾区群众的生产和生活，确保灾区群众安全越冬。

三是北方有关地区和部门要认真做好黄河、松花江等江河的防凌汛工作。加强气象、水情和凌情的预测预报，准备足够的防守队伍和抢险物资、器材，落实防凌汛的各项预案，确保凌汛期防洪工程安全。

国家防汛抗旱总指挥部副总指挥、水利部部长汪恕诚对今年全国的防汛抗旱工作作总结，对今冬明春工作提出安排意见。

国家经贸委推荐节能项目

日前，国家经贸委节能信息传播中心向全社会公布它们近期研制出的5个最佳节能实践案例。

这5个案例是：适用于各行各业泵类变频调速节能及锅炉分层燃烧的《变频调速节能装置在风机、水泵中的应用》；适用于蒸汽负荷呈周期性大波动锅炉的《蓄热器在蒸汽系统中的应用》；适用于改善锅炉高黏度燃烧效率的《气泡雾化高效燃烧器的应用》；适用于各行各业蒸汽间接加热工艺的《无疏水阀高效蒸汽供热系统在橡胶行业的应用》；适用于提高链条锅炉热效率的《链条锅炉加煤粉复合燃烧节能改造》。

陶行知教育思想研究与实验先进集体和个人受表彰

中国陶行知基金会和中国陶行知研究会在北京举行陶行知教育思想研究与实验先进集体和先进个人表彰大会，对研究和实践陶行知教育思想取得丰硕成果的104个单位和有突出贡献的42位个人进行表彰。

中共中央政治局常委、全国人大常委会委员长李鹏致信祝贺。他指出，陶行知先生是我国著名的教育家，研究和继承他的教育思想，对于搞好我国当前的教育改革，具有很重要的意义。

全国人大常委会副委员长丁石孙、全国政协副主席李贵鲜和有关部门负责人出席表彰会。

11 月 15 日

中共中央国务院召开中央经济工作会议在北京举行

会议于 11 月 15 日至 17 日举行。

党和国家领导人江泽民、李鹏、朱镕基、李瑞环、胡锦涛、尉健行、李岚清出席会议。

中共中央总书记江泽民在会上发表讲话。讲话分析了国际国内政治、经济形势，全面总结了今年的工作，提出了明年经济工作的指导思想和主要任务。中共中央政治局常委、国务院总理朱镕基就明年经济工作部署讲话。

会议指出，当前，世界多极化的趋势在继续发展，国际形势总体上仍然趋向缓和，和平与发展依然是时代的主题。尽管天下仍很不太平，但在较长时期内避免新的世界大战是可能的；多极化格局的最终形成将是一个充满复杂斗争的长期过程，但这一历史方向不可逆转。这是党中央在科学分析当代世界矛盾，全面审视和平力量和战争因素消长的基础上作出的重要判断。我们完全有可能争取一个良好的国际和平环境和周边环境，继续推进我国的现代化建设。展望世界经济的发展变化，有三个动向值得我们高度关注：一是世界范围内正在进行经济结构调整；二是科技进步突飞猛进；三是跨国公司的影响力日益增大。全面分析国际经济形势，我们可以得出一个结论：经济全球化趋势已经和正在给各国经济发展带来深刻的影响，我们既面临着新的发展机遇，也面临着严峻挑战，一定要增强紧迫感，努力使自己发展得更快、更好。

会议指出，1999 年的经济工作，是在比较复杂的国际国内环境中进行的。我们克服了各种困难，集中精力抓好经济建设。农业获得较好收成，工业生产增长较快，外贸出口转降为升，财政收入稳定增长，金融运行比较平稳，人民生活继续改善，社会保持稳定。总的看，经济形势继续沿着好的方向发展，年初预期的经济增长目标能够实现。这说明中央关于经济工作的各项方针政策是完全正确的，国务院各部门和各地方的工作是有成绩的。当前经济生活中存在的问题主要是，有效需求不足，就业压力增大，农民收入增长缓慢，结构不合理的矛盾更加突出。为保持经济的平稳增长，我们坚持扩大内需的方针，实施积极的财政政策，并努力发挥货币政策的作用，综合运用多种手段调控经济运行。既加大基础设施投入，又支持企业技术改造；既注重投资启动，又增加居民收入，引导和鼓励消费；既扩大国内需求，又坚持对外开放，千方百计开拓国际市场；既不失时机地深化改革，又切实保证社会稳定。回顾这两年来的实践，有三条经验值得记取：第一，坚持用发展的办法解决前进中的问题；第二，适应形势变化适时调整宏观经济政策；第三，重点抓好关系国民经济发展全局的大事。

综观国际国内形势，我国的经济发展既有重要的机遇，也面临着困难和挑战。我国经济发展的有利条件很多，在较长时间内保持经济的较快增长仍有很大的空间。我们完全有条件、有能力、有信心，在迈向新世纪的进军中取得更大的成绩。

会议指出，2000 年是世纪之交的一年，也是完成“九五”计划和本世纪末重要奋斗目标的最后一年。做好明年的经济工作，对于实现我国现代化建设第二步战略目标，并向第三步战略目标迈进，具有重要意义。

明年经济工作的指导思想和总体要求是：以邓小平理论和党的基本路线为指导，认真贯彻党的十五大和十五届三中全会、四中全会精神，继续实行中央关于推动改革和发展的一系列政策措施，突出抓好国有企业改革和发展、经济结构调整、科技进步和扩大内需。进一步稳定农业的基础地位，着力调整农业和农村经济结构，千方百计增加农民收入。把国有企业改革作为中心环节，积极促进扭亏增盈和建立现代企业制度。继续实行积极的财政政策，进一步发挥货币政策的作用，综合运用税收、价格等宏观调控手段，加强基础设施建设，抓紧技术改造，加快科技创新，努力扩大消费。扩大对外开放，积极增加进出口，提高利用外资水平。完善社会保障体系，重视和加强扶贫工作，进一步改善人民生活。正确处理改革、发展、稳定的关系，保证国民经济持续快速健康发展，促进社会全面进步，以优异成绩迎接新世纪。

会议对明年的经济工作做了全面部署，提出五项主要任务：

一、继续实施促进经济发展的一系列政策措施，扩大国内需求。发展是解决我们面临所有问题的关键。坚持扩大内需的方针，实施积极的财政政策的实质，就是坚持发展。无论是克服当前经济生活中的实际困难，还是下世纪的长远发展，我们都必须实行以扩大内需为主的发展方针。明年要继续实施积极的财政政策，增发建设国债。在投资方向上，要继续以基础设施建设和企业技术改造为重点，同时更加注意使其与结构调整紧密配合，并带动社会投资和启动消费。要进一步发挥货币政策的作用，综合运用各种货币政策工具，适度增加货币供应，加大金融对经济增长的支持力度。金融要进一步支持基础设施建设和技术改造，保障有市场、有效益企业生产流动资金的需要。做好债转股工作，帮助符合条件的大型国有企业减轻债务负担。制定促进不同所有制中小企业加快发展的信贷政策。增加直接融资比重，规范和发展资本市场。要高度重视防范和化解金融风险，货币、信贷管理任何时候都不能放松。要在促进经济发展中实现金融安全。必须高度重视增加消费对拉动经济增长的巨大作用。大力开拓城乡消费市场，开辟更多的消费渠道，当前的重点是启动住房、教育等方面的消费。积极引导居民的收支预期。

二、大力调整经济结构，促进产业优化升级。调整和优化经济结构，是促进经济发展，提高经济增长质量和效益的根本性措施。要把调整经济结构作为明年和今后一个时期经济工作的主要着力点。当前面临的经济结构调整不是暂时性、局部性的调整，而是战略性的调整。要继续调整产业结构。加强第一产业，提高第二产业，发展第三产业，是今后一个时期调整产业结构的基本思路。我国农业进入了一个新的发展阶段，要按照高产优质高效的要求，引导农民根据市场需求调整结构。继续加强农田水利基本建设和生态环境建设，保护和提高农业综合生产能力。乡镇企业要注重发展农产品加工，促进农业产业化经营。必须加快对老工业基地和传统产业的技术改造，淘汰落后的设备和工艺，压缩过剩的生产能力，积极发展新兴产业和高技术产业，推进国民经济信息化，努力培育新的经济增长点。必须采取有力的政策和扶持措施，加快信息、文化、教育、旅游、社区服务和中介服务的发展。

调整地区经济结构，促进区域经济、城乡经济协调发展。不失时机地实施西部大开发战略，直接关系到扩大内需、促进经济增长，关系到民族团结、社会稳定和边防巩固，关系到东西部协调发展和最终实现共同富裕。现在研究实施西部大开发战略，条件基本具备，时机已经成熟。实施这个战略是党中央总揽全局、面向新世纪作出的重大决策。西部大开发是一项宏大的工程，必须统筹规划，突出重点，有步骤、分阶段地实施。必须紧紧依靠西部地区干部群众的积极性，自强不息，艰苦奋斗。同时，国家要逐步加大对西部地区的投入，并通过政策引导，吸引更多的国内外资金、技术和人才。西部开发要重点抓好基础设施建设，大力植树种草，有计划、有步骤地退耕还林，调整产业结构，优先发展科技教育。

发展小城镇是一个大战略。小城镇建设要合理布局，抓紧规划，规模适度，注重实效。要注意运用市场机制，更多地发挥民间投资的作用，走出一条在政府引导下主要通过市场机制建设小城镇的路子。

三、加快科技进步，提高技术创新能力。科技进步与创新是发展生产力的决定因素，是经济和社会发展的主导力量。从我国的实际出发，加快科技进步，一是要用现代技术改造传统产业，这是实现工业化必然要经历的过程。二是要发展高科技，实现产业化，努力占领科技制高点。要鼓励企业跟踪行业技术发展的前沿，引进、消化、吸收国外先进技术，进行自主开发和技术创新，实现技术跨越。贯彻经济建设依靠科学技术、科学技术面向经济建设的方针，继续推进科技体制改革，形成科技与生产紧密结合的机制。要继续增加科技投入，引导社会资金参与科技开发，建立和完善发展高新技术产业的风险投资机制，逐步形成多元化的科技投资体制。要特别重视培养青年科技人才，为他们的成长和发挥才干创造条件。当前重点要落实好国家支持技术改造的政策措施，做好选项、论证和实施工作。

四、深化以国有企业改革为中心环节的经济体制改革。贯彻落实四中全会精神，实现国有企业改革和发展的三年目标，是明年经济工作中的重中之重。要处理好改善企业外部条件与转变企业经营机制的关系。近年来，国家在减轻企业债务负担，分流富余人员，分离办社会职能等方面采取了不少措施，要继续认真落实。从企业来说，更需要眼睛向内，着力建立现代企业制度，形成适应市场经济要求的经营机制。把握好长远目标和阶段攻坚的关系。国有企业改革是一项长期任务，要有步骤分阶段地进行。中央提出的国有企业改革和发展三年目标，是阶段性的攻坚战，非常关键，一定要打好。做好明年经济工作，归根结底，必须深化改革。要用改革统揽全局，抓住国有企业改革这个中心环节，继续推进财政、金融、流通、科技、教育、住房和社会保障等各项改革。

五、进一步改善人民生活。不断改善人民生活，是扩大有效需求、拉动经济增长的内在要求，是处理好改革、发展、稳定关系的结合点。要在保持经济增长的同时，逐步提高城乡居民特别是中低收入者的实际收入。千方百计增加农民收入，是当前农业和农村工作的一项重要任务。要从调整优化结构、增加农业投入、扩大以工代赈、促进农产品流通等方面采取综合措施，开辟农民增收的新途径和新领域。要关心城镇低收入居民生活。要建立和完善社会保障体系，继续加强以失业、养老和医疗为重点的社会保障体系建设，逐步扩大覆盖面，提高社会保障程度。

会议从八个方面具体部署了明年的经济工作：一、确定明年宏观调控的预期目标；二、坚持实行扩大内需、促进发展的宏观经济政策；三、推进国有企业改革和发展；四、加大农业结构调整力度，努力增加农民收入；五、抓住时机，着手实施西部地区大开发战略；六、积极扩大出口和利用外资；七、加快实施科教兴国的战略；八、切实搞好社会保障体系建设。明年还要制订我国国民经济与社会发展第十个五年计划。

会议强调，要切实加强党的领导，确保完成明年各项任务。明年，改革、发展和稳定的任务十分繁重。全党同志特别是各级领导干部，必须全面准确地理解中央的方针政策，用中央的精神指导本地区本部门的工作。做到认清形势，明确任务；抓住机遇，开拓进取；坚定信心，团结奋斗。

明年要切实做好以下工作：

——妥善处理各种利益关系，进一步做好稳定工作。抓好稳定工作，是明年全党的一件大事。处理好改革、发展、稳定的关系，关键是要始终注意维护人民群众的利益。人民群众是改革发展的主体和动力，也是稳定的力量泉源和深厚基础。要充分重视并正确处理新形势下的人民内部矛盾。着重解决好改革中群众关心的突出问题。

——加大精神文明建设力度，推动经济社会全面进步。在整个改革开放和现代化建设的过程中，要始终坚持“两手抓、两手都要硬”的方针。要认真贯彻落实中央前不久下发的关于加强和改进思想政治工作的意见，切实加强宣传工作和思想教育工作，多做解疑释惑、提高认识的工作，多做宣传引导、耐心说服的工作，多做统一思想、凝聚力量的工作。继续推进各项社会事业的发展，努力促进经济、社会、环境协调发展。

——加强党组织自身建设，提高各级干部思想政治素质和领导水平。要按照中央的要求，进一步巩固“三讲”教育已经取得的成果，并要把县(市)一级“三讲”教育扎扎实实搞好。领导干部必须坚持学习、学习、再学习。要勇于在改革开放的现实斗争中经风雨，见世面，不断提高思想理论水平和驾驭全局的能力。要真抓实干，扎实工作。要旗帜鲜明地反对和制止任何形式的弄虚作假，严肃查处弄虚作假的问题。要坚持不懈地开展党风廉政建设和反腐败斗争，领导干部尤其是“一把手”要做好表率。各级领导干部特别是主要领导干部，要带头遵守民主集中制的各项规定。各级党委要按照中央的部署，把培养选拔年轻干部列入重要议事日程。

会议指出，明年经济工作的任务是十分繁重和艰巨的，做好各项工作的有利条件也很多。我们要高举邓小平理论的伟大旗帜，坚持党的基本路线，认真贯彻党的十五大和十五届三中全会、四中全会精神，紧密地团结在以江泽民同志为核心的党中央周围，同心同德，励精图治，锐意进取，埋头苦干，以优异成绩迎接新世纪的到来。

出席这次会议的中央领导人还有：丁关根、田纪云、李长春、李铁映、吴邦国、吴官正、迟浩田、张万年、罗干、姜春云、贾庆林、钱其琛、黄菊、温家宝、曾庆红、吴仪、周光召、司马义·艾买提、王忠禹、肖扬、韩杼滨、王兆国、宋健、陈俊生、白立忱。

上海、辽宁、河南、陕西和深圳的负责人在会上发言。

各省、自治区、直辖市和计划单列市、新疆生产建设兵团的党政主要负责人，党中央有关部门、国务院各部委和有关单位的主要负责人，解放军各总部和武警部队负责人出席会议。

中共中央总书记江泽民在中央经济工作会议上就推动科技进步与创新发表讲话

江泽民说，科技进步与创新是发展生产力的决定因素，是经济和社会发展的主导力量。实施科教兴国战略，推动科技进步和创新，对于提高国民经济整体素质，增强综合国力具有重要意义。目前我国经济增长中的科技贡献率不高，技术装备比较落后，产品开发创新能力和科技成果转化率低。不少产品由于品种、规格和质量不能满足需要，不得不大量进口。加快科技进步已经成为促进结构调整，实现社会生产力更大发展的迫切任务。

从我国的实际出发，加快科技进步，一是要用现代技术改造传统产业，这是实现工业化必然要经历的过程，这项工作我们远没有完成。二是要发展高科技，实现产业化，努力占领科技制高点，这件事我们才刚刚起步。这两方面的任务是当前和今后一个时期科技进步的主攻方面。为此，必须大力开展科技创新，增强自主创新能力。没有创新，就没有发展，没有生命力。企业是技术创新的主体。要鼓励企业跟踪行业技术发展的前沿，引进、消化、吸收国外先进技术，进行自主开发和技术创新，实现技术跨越。要加快老工业和传统产业的技术改造步伐，当前重点要落实好国家支持技术改造的政策措施，做好选项、论证和实施工作。要加强重要领域的基础研究和技术开发，重大和关键技术要组织全社会科技力量协同攻关，并力争尽快取得新的突破。

江泽民提出，必须贯彻经济建设依靠科学技术、科学技术面向经济建设的方针，继续推进科技体制改革，形成科技与生产紧密结合的机制。大企业和企业集团要建立技术开发中心，实现市场开拓、技术创新和生产经营一体化。科研院所特别是应用开发型科研机构，要以不同形式进入企业、同企业合作或改制为企业，实现产学研相结合，加速科技成果向现实生产力的转化。国家要继续增加科技投入，同时引导社会资金参与科技开发，建立和完善发展高新技术产业的风险投资机制，逐步形成多元化的科技投资体制。

推动科技进步和创新，关键是人才。要特别重视培养青年科技人才，为他们的成长和发挥才干创造条件。建立科技人才的激励机制，实行技术、管理等生产要素参与分配，对有突出贡献的科技人才实行重奖，充分发挥他们的积极性和创造性。制定吸引人才的政策，鼓励留学人员和海外科技人才回国工作或以其他方式为祖国服务。支持科技人才领办和创办科技型企业。进一步树立和发扬尊重知识、尊重人才、崇尚创新的良好风尚，形成有利于科技进步和技术创新的社会环境。

中共中央总书记江泽民在中央经济工作会议上就“妥善处理各种利益关系，进一步做好稳定工作”发表讲话

江泽民说，抓好稳定工作，是明年全党的一件大事。保持稳定，归根到底靠深化改革，加快发展，同时必须把握好改革的节奏，积极稳妥地进行。既要在条件具备的情况下不失时机地推进改革，又要考虑到国家、群众和整个社会的承受能力，使改革的力度、发展的速度同社会可以承受的程度相适应。出台一项重大决策，要思前想后，缜密论证，充分考虑到对群众的心理预期可能带来的影响，采取相应的配套措施，使群众感到安心、放心，对未来充满信心。这对维护稳定和促进改革与发展，都是至关重要的。

处理好改革、发展、稳定的关系，关键是要始终注意维护人民群众的利益。人民群众是改革发展的主体和动力，也是稳定的力量源泉和深厚基础。只要广大人民群众真心实意拥护改革，我们就一定能够应对各种复杂情况和矛盾，即使出点这样那样的问题也好办。而要赢得群众的拥护，最根本的是要把实现和维护最广大人民群众的利益作为我们一切工作的出发点和落脚点，努力使工人、农民、知识分子等基本群众共同享受到改革发展的成果。党的一切方针政策，都要以是否符合最广大人民群众的利益为最高标准，以最广大人民群众满意不满意为根本准则。深化改革必然会带来利益关系的调整。要引导群众正确认识局部利益与整体利益、眼前利益与长远利益的关系。调整国民经济结构，深化国有企业改革，关系千家万户的利益，要向群众讲清楚其必然性和必要性，引导他们积极支持和参与改革。

江泽民提出，要充分重视并正确处理新形势下的人民内部矛盾。着重解决好改革中群众关心的突出问题，防止局部问题扩大为全局问题，防止矛盾激化。现在，一些地方的基层群众工作削弱了，许多与群众利益密切相关的事，实际上没人管，这种状况必须改变。各级领导干部要深入农村基层、车间班组、街道社区，倾听群众的呼声，了解群众的要求，体察群众情绪。对涉及群众利益的事，要一件一件地去落实。一时解决不了的，也要认真做好说服解释工作。要经常分析本地区、本部门、本单位的形势，善于发现苗头和倾向性的问题，有针对性地制定工作预案，把问题解决在萌芽状态。处理人民内部矛盾要多做思想政治工作，依法化解各种矛盾和纠纷。民族地区的稳定关系到国家的长治久安，必须坚持不懈地抓好。保持民族地区的稳定，关键是要加快经济发展，落实好民族政策，处理好民族关系。

国务院总理朱镕基在中央经济工作会议上发表讲话

《人民日报》就在揭批邪教“法轮功”的斗争中基层党组织具有重要作用发表评论员文章《基层党组织要站在斗争前列》

国家主席江泽民在中南海会见美国政府代表团

江泽民会见由美国贸易代表巴尔舍夫斯基和美国国家经济委员会主席斯珀林率领的前来北京参加中美关于中国加入世界贸易组织问题双边谈判的美国政府代表团。

江泽民说，几天来，你们同石广生部长为首的中方代表团就中国加入世贸组织问题进行了夜以继日的谈判。令人十分高兴的是中美双方经过共同努力最终达成协议。

江泽民对双方代表团锲而不舍的工作精神和取得的成果表示高度赞赏。他指出，“有志者，事竟成”。中美双方今天终于签署了《中美关于中国加入世界贸易组织的双边协议》，这具有重大的现实和历史意义。他表示相信，这一协议的签署将有利于加快中国加入世贸组织进程，有利于促进中美经贸合作的全面发展，有利于中美关系的改善和发展，并将为世界经济的发展与繁荣注入新的动力。

巴尔舍夫斯基说，在双方签署协议之前，她曾给克林顿总统打过电话。克林顿总统委托她当面向江主席表示感谢。他认为，正是由于江主席从战略的高度来看待和处理两国关于中国加入世贸组织的谈判问题才使得双方终于达成了协议。

斯珀林说，美中双方本着极大的诚意达成了协议，这对双方来说都是一个好的协议，这也是一个具有历史意义的协议，必将载入美中关系发展的史册。

江泽民说，中美双方关于中国加入世贸组织问题达成协议充分说明我们双方应该从战略的高度和展望21世纪的角度来审视和处理事关中美两国人民和世界人民根本利益的大事。他说：自 1993 年我在西雅图与克林顿总统首次会晤以来，我们两人经常就中美关于中国加入关贸总协定，即后来的世贸组织问题交换意见。11 月 7 日，我和克林顿总统再次通电话，决定加速完成中美谈判进程，并达成一个互利的好协议。正是由于双方从大局着眼，本着平等互利、互谅互让、求同存异的精神，作出了不懈的努力，才克服了各种困难，妥善处理和解决了彼此的分歧，取得了“双赢”的结果。由此可见，只要中美双方牢牢把握两国人民的根本利益，相互尊重，以诚相待，我们就一定能够将两国关系不断推向前进。

江泽民请巴尔舍夫斯基转达他对克林顿总统的亲切问候。江泽民强调，中国将坚定不移地推进改革开放事业，不断扩大同世界各国的互利合作，继续为建立一个完整、开放的国际贸易体系，为世界的和平与发展作出积极的贡献。

中国政府和美国政府发表两国政府关于签署中国加入世界贸易组织问题双边协议的新闻公报

1999 年 11 月 10 日至 15 日，中华人民共和国对外贸易经济合作部部长石广生率领的中国政府代表团同美利坚合众国贸易代表巴尔舍夫斯基和美国国家经济委员会主席斯珀林率领的美国政府代表团在北京就中国加入世界贸易组织问题举行了谈判。11 月 15 日，双方签署中华人民共和国政府和美利坚合众国政府关于中国加入世界贸易组织的双边协议。

中美两国代表团表示，中美两国政府和领导人，江泽民主席和克林顿总统，都高度重视这一谈判。他们认为，这一谈判不仅具有商业上的重要性，而且对全球经济的发展十分重要，有着深远的战略意义。双方认为，这一协议对中美两国都有利。

中美两国签署上述协议有助于加快中国加入世界贸易组织的进程和中美两国经贸合作关系的发展。双方期待着今后在世贸组织中密切合作，以确保中美关系的健康发展和世界经济的繁荣。

全国政协主席李瑞环在人民大会堂会见日本松山芭蕾舞团团长日中友好协会全国本部副会长清水正夫

李瑞环说，清水正夫先生是中国人民的老朋友，为发展中日友好和中日文化交流作出了不懈的努力和宝贵的贡献。今天，清水正夫先生荣获中国人民对外友好协会授予的“人民友好使者”称号是当之无愧的。我们永远不会忘记为中日友好事业作出重大贡献的日本朋友们。

李瑞环说，中日两国是近邻，两国有悠久的交往历史，有很深的文化渊源，进一步巩固和发展两国友好关系，是两国人民的共同愿望，也有利于亚洲及世界的和平与稳定。他说，在中日友好发展的历史过程中，民间组织和人士发挥了很重要的作用。现在中日关系处在承前启后、继往开来的重要时期，我们要弘扬清水正夫先生一生致力于发展中日友好关系的精神，着眼于未来，着眼于青年，着眼于培养中日友好事业的接班人，为推动中日友好关系的发展作出新的贡献。

清水正夫表示，今后将继续致力于发展日中友好和日中文化交流，为培养日中友好事业的接班人作出努力。

第八次中日经济讨论会在东京举行

人民日报社和日本经济新闻社共同举办的第八次高层次国际讨论会在日本东京举行。此次讨论会的主题是：面对人类即将跨入 21 世纪的时刻，对共同关心的改革与合作话题，进行坦诚广泛的交流。

人民日报社社长邵华泽率团赴日本参加此次讨论会。国务院发展研究中心主任王梦奎、交通银行行长王明权、《人民日报》副总编辑周瑞金、国家经贸委中小企业司司长卫东以及全国 20 多家中小企业代表等赴日参加讨论会。

外交部发言人孙玉玺就日本东京都知事石原慎太郎访问台湾一事发表评论

有记者问：日本东京都知事石原慎太郎以视察和慰问地震灾情之名访问台湾，请问中方对此有何评论？

孙玉玺回答说：石原借慰问灾情之名到台湾活动，但在台湾却大放厥词，甚至称台湾为“国家”，再次暴露了其反华的政治本质和破坏中国统一大业的险恶用心，我们对此表示强烈愤慨。

这位发言人指出：石原身居日本首都行政长官要职，其所做所为开创了日台往来的恶劣先例，我们要求日本政府切实遵循在中日联合声明、中日和平友好条约和去年发表的联合宣言中就台湾问题向中方作出的郑重承诺，立即采取有效措施，消除石原此举给两国关系带来的恶劣影响，并以负责任的态度杜绝类似事件再次发生。

中国职工技术协会四届一次会议在宜昌闭幕

会议对全国职工重大技术成果获得者进行表彰。中共中央政治局常委、全国总工会主席尉健行致信，称赞职工技协活动是我国工人阶级的伟大创举，是工人运动的一项重要内容。他希望，职工技协抓住新技术革命带来的有利机遇，组织和带领广大职工，为推进企业的改革和发展，加快企业技术进步和产业升级，发展我国科学技术，继续作出不懈的努力。

受到表彰的全国职工重大技术成果共 110 项，并且已转化为生产力，为企业创造了可观的经济效益。其中：中国嘉陵集团公司职工技协组织职工开发的 C30 系列发动机，已出口美国、印尼等国家，为公司创纯利润 700 多万元；上海日立电器有限公司职工技协攻克的空调压缩机零部件——汽缸和曲轴项目，已替代了进口产品，到目前为止节约成本 1.38 亿元人民币，减少 2700 多万美元的支出；天津铁路分局职工技协攻关组，在北京秦线提速技改工程中，使北京至北戴河特快列车的运行时间从原来的 3 小时 38 分缩短为 2 小时 30 分，每年为国家创收 2300 多万元。这些成果都是在基层企业职工技协的积极组织下，由以技术工人、企业管理干部和科技人员组成的创新队伍，发挥技术、人才及信息等方面优势完成的。

兴起于 60 年代初期的我国职工技协活动，围绕生产经营，攻克技术难关，曾为我国的经济发展作出了积极的贡献。如今，全国已形成基层技协组织 6 万个，会员达 400 万人。仅 1993 年至今的 5 年时间，就攻克企业中技术关键 232 万多项，开发新产品、新工艺、推广新技术达 36 万多项次。

11 月 16 日

国家主席江泽民在中南海会见联合国秘书长科菲·安南

全国人大常委会委员长李鹏在路易港总统府拜会毛里求斯总统乌蒂姆

“中德人权发展与社会、经济、文化研讨会”在北京举行

研讨会由中国人权发展基金会与德国弗里德里希·艾伯特基金会联合举办。中国人权发展基金会名誉会长黄华出席研讨会并发表讲话。中德双方专家学者围绕“中西方文化与人权发展”、“中西方人权发展的历史与现状”、“经济发展与人权发展及国际人权讨论”等主题进行探讨。

国务院副总理钱其琛在钓鱼台国宾馆会见联合国秘书长安南

外交部部长唐家璇在钓鱼台国宾馆与联合国秘书长安南举行会谈

双方就国际形势、地区问题、联合国作用以及中国与联合国合作等问题深入地交换了意见。

唐家璇就本届联大各国关注的人权与主权的关系问题发表了看法。他说，促进和保护人权是各国的义务。各国应在平等、相互尊重的基础上展开人权对话与合作。我们反对人权政治化，尤其反对利用人权问题干涉发展中国家内政，特别是在未经安理会授权和当事国同意情况下进行所谓“人道主义干预”的做法。一国主权是前提，主权受限，人权亦难保。各国主权平等、互相尊重、互不干涉内政作为国家间关系的基本准则应予坚持。

安南强调，联合国将继续根据联大第 2758 号决议坚持一个中国的政策，并希望中国早日实现和平统一。安南还热烈祝贺中国不久将对澳门恢复行使主权。

国防部部长迟浩田在北京会见土耳其空军司令埃尔金·杰拉辛

中国第一个再生能源项目在深圳启动

我国第一个再生能源——太阳能研究生产开发基地建设项目 10 月底在深圳启动。由法国阿利雅—泰驰公司和深圳万历投资发展有限公司、塞纳电子有限公司、金光红投资有限公司共同投资 2.3 亿元人民币建设的这个基地，将引进、消化法国在太阳能应用产品上的技术及市场份额，以太阳能灯及太阳能家电产品的生产销售为基础，同时开发研究太阳能尖端产品，一直到太阳能发电站的投资和建设。

11 月 17 日

全国人大常委会委员长李鹏在路易港总理府会见毛里求斯总理纳文·拉姆古兰

拉姆古兰说，毛里求斯非常愿意加强同中国在国际事务中的合作，赞同中国提出在北京召开“中国与非洲合作论坛——北京 2000 年部长级会议”。毛政府对此非常重视，将派部长与会。毛还将全力支持中国成为环印度洋联盟对话伙伴国。

李鹏表示，中国非常重视发展同包括毛里求斯在内的非洲国家的关系，中国倡议举行“中国与非洲合作论坛——北京 2000 年部长级会议”，就是为了与非洲朋友共同探讨在新的历史条件下加强合作的新领域和新途径，以推动建立国际政治、经济新秩序。李鹏对毛政府支持中国成为环印度洋联盟对话伙伴国表示感谢，并欢迎毛政府派部长参加明年在北京举行的中国与非洲合作论坛部长级会议。李鹏对拉姆古兰关于经济全球化问题的看法表示赞同。他说，经济全球化给发展中国家带来了机遇，也带来了挑战。他强调，在国际关系中，发达国家应当充分考虑到发展中国家的利益。他说，世界多极化趋势得到进一步发展，中国历来认为，多极格局对世界的和平是有利的，多极比单极好。我们赞赏非统组织和其他发展中国家组织在维护世界和平、推动共同发展方面所发挥的积极作用。李鹏说，在世界经济中，各国的发展水平不尽相同，发达国家用自己的标准来苛求发展中国家是不合理的。

对外经济贸易部有关官员就中国入世诸问题作说明

外经贸部有关官员，就中国入世协议的批准和程序问题作说明。

这位官员说，1986 年 7 月 10 日中国提出复关申请后，关贸总协定专门成立了一个中国复关工作组。中方向关贸总协定提交一份贸易制度备忘录供审议，并就其成员提出的疑问进行解释说明。自 1992 年 10 月起，中方开始与各成员国进行双边市场准入谈判。1995 年 1 月 1 日，世贸组织（WTO）取代关贸总协定。同年，中国复关工作组更名为入世工作组。

这位官员介绍，一旦中国工作组完成了对中方贸易体制的审议，而且双边市场准入谈判亦结束，即汇总形成加入协议，该协议由议定书、市场准入协议（作为议定书的附件）和工作组报告三部分组成。在工作组审议并通过加入协议后，将一揽子提交给 WTO 总理事会或部长会议批准通过。如果 WTO 成员 2/3 投票同意，中国就有权签署议定书并加入 WTO。根据有关规定，我国加入 WTO 必须经过全国人大的批准，方可生效。

目前与我国尚未结束双边市场准入谈判的 23 个 WTO 成员是：欧盟、加拿大、挪威、瑞士、巴西、智利、印度、哥伦比亚、委内瑞拉、波兰、菲律宾、斯里兰卡、马来西亚、阿根廷、吉尔吉斯、乌拉圭、危地马拉、秘鲁、摩洛哥、厄瓜多尔、墨西哥、古巴和泰国。其中有些成员国刚刚提出要价，还未与中方开始实质性谈判。截至 11 月 15 日，与中国达成入世双边协议的有：匈牙利、捷克、斯洛伐克、日本、韩国、巴基斯坦、新西兰、土耳其、新加坡、印尼、澳大利亚、智利和美国。

海峡两岸航空运输研讨会在上海举行

由中国民用航空协会主办，台湾东吴大学、上海交通大学协办的“面向 21 世纪海峡两岸航空运输研讨会”在上海举行，来自海峡两岸的民航界人士 100 余人，就民航运输跨入 21 世纪所面临的机遇与挑战、发展与合作，以及如何促进两岸空中直航等问题进行了研讨和交流。两岸民航界人士表达了早日实现直航的共同愿望，并围绕世界民航运输发展趋势、海峡两岸航空公司如何加强双向合作等问题进行了较深入、具体的探讨。

联合国秘书长安南在北京出席由中国联合国协会举办的题为“二十一世纪的联合国”座谈会

安南听取了中国专家和学者对国际和平与安全等问题的意见。

安南表示，国家主权仍是国际关系的基石。参加座谈会的中国专家和学者强调，《联合国宪章》中规定的主权平等、不干涉内政、和平解决争端等原则仍然应该坚持。有些西方国家以人道主义为借口干涉别国内政，不但没有解决问题，反而导致了更多的人道主义灾难。他们希望联合国广泛听取发展中国家的声音和愿望，在 21 世纪按照《联合国宪章》的宗旨和原则发挥更大的作用。

座谈会由中国联合国协会会长谢启美主持。联合国副秘书长金永健、中国常驻联合国代表秦华孙等出席了座谈会。

11 月 18 日

《人民日报》就中央经济工作会议在北京结束发表社论《做好经济工作 迎接新的世纪》

国家主席江泽民在人民大会堂同布隆迪总统皮埃尔·布约亚举行会谈

会谈前，江泽民主席举行仪式欢迎布约亚总统访华。

江泽民表示，布隆迪政府长期坚持一个中国的立场，支持中国的统一大业，我们对此表示赞赏。中布两国在国际事务中也有着广泛的共同利益和共同语言。

布约亚重申布隆迪将继续坚持一个中国的立场，支持中国的统一大业。布隆迪支持中国政府在人权问题上的立场，并认为各国的人权观应建立在各国的价值观基础之上。

关于经贸合作，江泽民说，多年来，两国在经贸领域进行了卓有成效的合作，中国在布隆迪兴建的项目，为布隆迪的社会经济发展发挥了积极作用，加深了两国人民的友谊。中国与布隆迪开展经贸合作，始终本着平等互利、讲求实效、共同发展的原则，从不以此来干涉布隆迪的内政。他表示相信，随着布隆迪局势的逐步好转，两国的经贸合作会有新的发展前景。

会谈后，江泽民主席和布约亚总统出席了中华人民共和国政府和布隆迪政府经济技术合作协定的签字仪式。

中共中央政治局常委胡锦涛在人民大会堂会见由南非非洲人国民大会全国执委前总书记恩佐率领的南非国大代表团

胡锦涛说，中国共产党十分重视发展同非国大的友好合作关系。中国共产党和非国大都是执政党，都肩负着发展经济，改善人民生活和建设自己国家的重任。进一步巩固和加强两党间业已存在的友好合作关系，相互交流借鉴治党治国的经验，不仅有利于各自党的建设和国家建设，也一定会有力地促进两国关系的全面发展。

恩佐说，中国在国际舞台上发挥着至关重要的作用，始终是南非和发展中国家真正的朋友。南非人民在反对种族隔离制度的长期斗争中，曾得到中国的宝贵支持，非洲和南非今天的发展，同样需要中国的参与和合作。南非和非国大珍惜同中国和中国共产党的友谊并从中汲取了前进的力量。希望两党两国的友好合作关系不断巩固和发展，祝愿中国更加富强。

国务院副总理李岚清在中南海紫光阁会见菲律宾财政部部长埃德加多·埃斯皮里图

全国人大常委会委员长李鹏在南非国民议会和省级事务委员会欢迎大会上发表演讲

李鹏在南非国民议会和省级事务委员会举行的欢迎大会上发表了题为《谱写中非友谊的新篇章》的长篇演讲，就中国与包括南非在内的非洲国家关系、国际形势、非洲形势等全面阐述了中国的看法和立场，介绍了中国当前的政治、经济形势以及中国人大制度和民主与法制建设情况。

李鹏说，中国和南非，一个在亚洲大陆的东部，一个在非洲大陆的南端，相距十分遥远，但地域上的差异并没有妨碍两国的友好联系。中国人民一直关注着南非的发展进程。李鹏称赞南非人民经过长期的斗争，最终实现了种族和民族和解，建立新南非，使南非走上一条新的振兴发展之路，是20世纪人类文明史上具有历史意义和深远影响的重大事件。

李鹏高度评价以姆贝基总统为首的南非新政府对内贯彻“重建和发展计划”，对外奉行独立和自主的全方位外交政策，倡导“非洲复兴思想”，积极扩大国际交往，在国际事务特别是非洲事务中发挥着重要的影响和作用。

李鹏说，中南两国人民早在500多年前就开始了友好交往。新中国成立后，中国政府坚定支持和深切同情南非人民的正义斗争。1998年年初，中南正式建立了外交关系，这是两国关系的一个里程碑。中南建交为两国在政治、经济、文化、科技、外交等各个领域开展全面的友好合作奠定了坚实的基础，开辟了广阔的前景。

在谈到中国和非洲关系时，李鹏说，1996年，江泽民主席访问非洲时，提出了建立和发展同非洲各国面向21世纪长期稳定、全面合作关系的主张。最近，他又致函非洲国家领导人，倡议召开“中非合作论坛——北京2000年部长级会议”，共商加强中非合作的新途径。这再次表明了中国政府进一步加强中非友好关系，促进发展中国家团结与合作的真诚愿望。

李鹏还就世界多极化和经济全球化等问题发表了看法，并介绍了中国的发展状况及中国的人民代表大会制度和民主与法制建设情况等。

欢迎大会在南非议会会议大厅举行。大会由南非国民议会议长弗雷纳·金瓦拉主持，南非副总统祖马和省级事务委员会主席潘多出席。

南非国民议会和省级事务委员会全体议员、副外长帕哈德、各界知名人士和外国驻南使节等约600人出席欢迎大会。

全国人大常委会委员长李鹏出席南非国民议会议长金瓦拉在开普敦的阿瑟斯法特饭店举行的晚宴

国务院副总理李岚清参观在中国人民革命军事博物馆举办的“为了明天——预防青少年违法犯罪展览”

李岚清在参观展览后对主办单位的负责同志和工作人员说，由中央综治委等有关部门共同举办的这个展览，充分体现了党中央、国务院对青少年的关怀，体现了全社会对青少年违法犯罪问题的高度重视。他指出，教育培养好青少年，是建设有中国特色社会主义事业的奠基工程。预防和减少青少年违法犯罪，不仅关系到青少年自身的前途、家庭的幸福，更关系到我们社会的发展、祖国的明天。党和政府十分关心青少年的健康成长，高度重视预防和减少青少年违法犯罪问题。80年代，党中央曾两次专门下发文件，对预防青少年违法犯罪问题进行了系统部署；90年代，全国人大常委会先后通过了未成年人保护法、预防未成年人犯罪法。近年来，中央社会治安综合治理委员会积极协调有关部门，对青少年违法犯罪实行综合治理，取得了一定的成效。但是由于各种消极因素和不良环境的影响，目前青少年违法犯罪问题仍很突出。广大人民群众对此十分关注。

李岚清指出，预防青少年违法犯罪关键是要抓好教育。青少年是人生观、世界观、价值观的形成时期，正确的教育可对他们的一生产生积极的影响，以至决定他们的人生道路。对青少年的教育，家庭和学校负有重要责任，家长、教师的一言一行，都影响着他们的思想、行动。今年6月召开的全国教育工作会议提出要全面推进素质教育的要求，一定要高度重视、认真落实，针对不同年龄段的青少年有效加强德育和美育教育，增强抵御不良因素侵袭的能力。使他们有着高尚的道德情操、人格、良好的行为规范和正确的人生观，成为德智体美等全面发展的社会主义事业接班人。还要对他们进行法制教育，从小就树立法制观念。

李岚清说，要做好对失足青少年的管理教育工作，对刑释解教的青少年，要解决好他们的就业、就学等方面的困难，落实好帮教措施。要减少辍学生和中小学流失生，对社会闲散青少年，要做到有人帮、有人管，要加强对有轻微违法犯罪行为青少年的教育和管理工作，办好工读学校。要净化青少年健康成长的社会环境，一方面要为青少年提供健康的文化产品；另一方面要继续加大扫黄、打非、禁赌和禁毒的力度，消除文化垃圾，加强影视、图书、音像市场的管理，加大整治学校校园及周边治安秩序的工作力度。

李岚清强调，预防青少年违法犯罪工作是一个社会系统工程，必须全党、全社会齐抓共管。各部门、各单位和社会组织，都要积极参与，尽职尽责。相信在大家的共同努力下，我国的青少年一定会健康成长。

中国国际特许经营展览会在北京国展中心开幕

由中国贸促会主办、中国国际展览公司承办的'99中国国际特许经营展览会暨研讨会在北京中国国展中心开幕。

来自中国、加拿大、马来西亚等国家和地区的近60家特许厂商参展，展出内容涵盖餐饮、美容、汽车服务等，展览面积2000平方米。

我国的特许经营还处在起步阶段，但将有广阔的市场前景。研讨会期间，专家和学者从不同层面和角度对特许经营的发展战略、理论与实践及法律等问题进行研究和讨论。

中共中央政治局常委李瑞环致信祝贺《中国京剧史》由中国戏剧出版社出版

11月19日

国务院总理朱镕基在人民大会堂会见布隆迪总统布约亚一行

朱镕基对布隆迪政府重视对华合作，坚持一个中国的立场表示赞赏。他表示，中国一贯主张国家不分大小、贫富、强弱，都是国际社会的平等成员。我们在同布隆迪的长期交往中，始终坚持相互尊重、相互理解、平等相待、互不干涉内政的原则，并对布隆迪给予了政治、经济上的支持，这充分体现了中国人民对布隆迪人民真诚无私的友好感情。我们愿意同布隆迪方面共同努力，使两国关系不断巩固和发展。在经贸合作方面，中国政府积极鼓励中国企业到国外，特别是到非洲投资办厂，与当地企业开展形式多样的合作。

全国政协主席李瑞环在人民大会堂会见布隆迪总统布约亚

在聂荣臻元帅诞辰100周年之际聂荣臻元帅铜像揭幕暨陈列馆开馆仪式在他的故乡重庆江津市隆重举行

陈列馆占地面积20亩，展厅面积约2500平方米，共展出反映聂帅生平的照片200余幅，各种文物和珍贵史料300余件，党和国家领导人及名家字画200余幅。

澳门特别行政区筹备委员会第十一次全体会议在珠海举行

国务院副总理、澳门特别行政区筹委会主任委员钱其琛出席并致辞。

本次会议是澳门回归祖国前筹委会的最后一次全体会议。

钱其琛全面回顾了筹委会的工作后指出，筹委会工作的成功，是在邓小平同志提出的“一国两制”伟大构想的指引下取得的。筹委会能完成任务，是同广大澳门同胞的参与和支持分不开的，筹委会的每项具体工作也都凝聚了全体委员的智慧和辛劳。他表示，澳门特别行政区的成立将是“一国两制”、“澳人治澳”、高度自治方针在澳门全面实施的开端。他希望澳门委员运用自己的智慧和力量以及在参与筹委会工作过程中所积累的经验，支持和协助何厚铧领导的特区政府的工作，在未来澳门特别行政区的建设和发展中再立新功。

钱其琛指出，澳门特别行政区的有关组建工作，在何厚铧先生的领导下，一直在有条不紊地进行。此外，我国政府恢复对澳门行使主权的其他有关准备工作也进展顺利。中国人民解放军驻澳部队已组建完毕，外交部驻澳特派员公署的筹组工作也已完成，澳门政权交接、特区政府成立暨有关人员宣誓就职仪式，以及有关的庆典活动等均已准备就绪。

钱其琛最后表示，随着本次会议结束以及澳门特别行政区的即将诞生，筹委会的使命也将告完成。关于筹委会结束工作的问题，将报请全国人大常委会作出决定。

在大会上，筹委会委员何美华、肖蔚云、马有礼、吴建璠、潘汉荣作大会发言。会议通过了新闻公报，并决定下次全体会议将在澳门回归后于明年年初在北京举行。筹委会副主任委员马万祺主持会议。副主任委员廖晖、王启人、王英凡、何厚铧、吴福、曹其真、何鸿燊及委员共89人出席。

澳门特别行政区筹备委员会第十一次全会发表新闻公报

公报说，会议认为，筹委会经过一年半的努力工作，已基本完成了全国人民代表大会常务委员会交予的筹备澳门特别行政区的历史任务。

会议期间，委员们参观了中国人民解放军驻澳门部队在珠海的营地，并向驻澳门部队赠送了锦旗。

公报指出，会议对在澳门特别行政区第一任行政长官何厚铧先生的主持下，组建特区工作的顺利进展表示衷心祝贺。澳门特别行政区成立在即，在“一国两制”伟大方针的指引下，澳门即将迈入“澳人治澳”、高度自治的新时代。会议希望广大澳门居民继续发扬爱国爱澳的精神，积极投身于澳门回归祖国的各项活动，支持澳门特别行政区政府的工作，为澳门的顺利回归和回归后的繁荣、稳定、发展作出新的更大的贡献。

公报最后说，会议决定，全国人民代表大会澳门特别行政区筹备委员会第十二次全体会议于2000年1月10日在北京举行。

财政部在昆明召开全国财政扶贫工作座谈会

会议要求，继续全面认真学习、贯彻落实中央扶贫工作会议和刚刚结束的中央经济工作会议精神，研究确定明年的财政扶贫工作。各地要认清形势，统一认识，坚定信心，加大财政扶贫力度，确保国家“八七”扶贫攻坚计划实现。

财政部副部长张佑才指出，明年财政扶贫工作总的思路是，按照中央的部署，围绕一个中心，抓住两个重点，做好五项工作。一个中心，即以经济建设为中心，变救济式扶贫为开发式扶贫，发展贫困地区生产力，从根本上解决贫困人口的温饱问题。要抓住财政扶贫政策措施的落实和扶贫资金管理两个重点，坚持以贫困村、贫困户为对象，采取多种多样行之有效的方式，集中力量支持解决贫困人口温饱问题的关键环节和主要方面，决不允许把财政扶贫资金用到与扶贫攻坚无关的项目和方面。

明年的财政扶贫要做好五项工作：第一，多渠道筹集资金，进一步加大扶贫投入力度。第二，按照依法理财、依法行政的要求，进一步加强财政扶贫资金的管理与监督。第三，因地制宜，合理确定财政扶贫资金的支持重点。重点支持贫困地区水、电、路等基础设施建设。第四，大力支持科技扶贫，加大对科技扶贫投入的力度，继续做好财政科技扶贫试点工作。第五，深入开展调查研究。注意了解财政扶贫工作中的新鲜经验和好的做法，及时提出解决问题的对策和建议。

国务院总理朱镕基在人民大会堂会见巴基斯坦特使雅各布汗

朱镕基会见时表示，中巴两国是亲密友好邻邦，建立在和平共处五项原则基础上的中巴友谊经受了时间和风雨的考验。长期以来，两国政府和人民一直相互理解、相互信任和相互支持。中巴友好不仅符合两国人民的共同利益，而且也有利于促进本地区乃至世界的和平与稳定。

国务院副总理李岚清在中南海会见美国内布拉斯加州州长迈克·约翰斯

著名的法国国家交响乐团在人民大会堂举行了访华首场演出中共中央总书记江泽民与数千名观众一起欣赏音乐会

11月20日

全国计划会议在北京召开

会议认真学习了中央经济工作会议精神，进一步统一思想，明确方向。会上传达了国务院总理朱镕基对这次会议的重要指示。朱镕基肯定了一年来计划工作的成绩，并提出新的希望和要求。

会上，国家计委主任曾培炎总结了今年宏观调控政策取得的成效，分析了未来发展的有利条件和需要研究解决的主要问题，提出了明年经济和社会发展的主要目标和九项任务。

曾培炎说，今年以来，通过实施扩大内需，增发国债，增加居民收入等一系列政策措施，有效地拉动了投资、消费和出口需求，预计全年经济增长可达到或略高于年初确定的7%的预期目标。明年我国经济社会发展环境总体上趋好，国家将突出抓好国有企业改革、经济结构调整、科技进步和扩大内需。世界经济和贸易回升，中美世贸谈判达成协议，将为我扩大对外经济技术交流提供较好机遇。

他提出的明年国民经济和社会发展九项主要任务包括：

多方采取有效措施，努力增加固定资产投资。明年固定资产投资将比今年继续增长，投资重点涉及基础设施建设、技术改造、生态建设和环境整治、科教等社会事业项目、经济适用住房建设等；建设资金的安排要进一步向西部地区倾斜；开工建设一批重大工程项目；为确保工程质量，计划部门将以国债建设项目为重点，开展对国家重大项目的经常性稽查。

促进城乡居民消费，发挥消费需求对经济增长的拉动作用。清理整顿用电、买房、购车、通信等方面抑制消费的政策，扩大消费信贷；加强旅游资源特别是中西部旅游资源的开发，加大对旅游基础设施的投入；改革消费体制，着力启动住、行消费，促进已售公房和商品房上市流通，降低住宅造价，研究制定扩大汽车消费的有关措施；推动收入分配体制改革，增强居民购买力，稳定增加农民收入。

提高对外开放水平，更好地利用国内外两个市场、两种资源。优化进出口商品结构，进一步扩大外贸出口，组织好国内生产建设需要的重要商品进口；进一步放宽引进外资的领域，扩大服务贸易的对外开放；完善外债全口径管理，防范金融风险。

调整农业结构，提高农产品市场竞争力。着力提高农产品质量，合理调整品种结构和区域布局；继续加强水利基础设施建设，改善农业生产条件；积极发展小城镇经济，使之成为农村经济新的增长点。

加快产业结构调整步伐，促进传统工业技术升级。加快老工业基地和中西部地区工业企业的布局调整和结构重组；积极利用高新技术促进传统产业的结构调整和产业升级。

发挥价格杠杆作用，促进经济增长和结构调整。理顺价格关系，完善价格机制，整顿价格秩序，推进收费改革，加强价格监督检查。

继续实施科教兴国战略，促进各项社会事业全面进步。加快高技术产业化步伐，完善促进高技术发展的政策体系，组织实施高技术产业化重大项目；加快西部教育基础薄弱地区普及九年义务教育进程；加强各项社会事业基础设施建设。

坚持可持续发展战略，搞好生态建设和环境保护。加大环境保护和生态建设的投入力度；依法加强土地、水和矿产的资源保护，严格土地计划管理和检查，从严控制新增建设用地；坚持工业污染防治与产业结构调整相结合，对能耗高、效益差、污染重的企业实行关停并转。

加快西部地区大开发，促进区域经济协调发展。把加快基础设施建设作为开发的基础，把加强生态环境保护和建设作为开发的根本，把抓好产业结构调整作为开发的关键，把大力发展科技教育作为开发的重要条件，把加快改革开放作为开发的强大动力。明年，在继续加快东部和中部地区发展的同时，西部地区大开发要迈出实质性步伐。

曾培炎还对“十五”规划编制工作提出要求。他说，规划纲要的编制要贯彻中央的有关建议精神，深入分析“十五”期间面临的国内外经济环境，增强规划的科学性和前瞻性，突出规划的宏观性、战略性和政策性，使发展规划具有时代特征，符合历史发展规律，更有效地调节和引导经济活动。

国家经贸委主任盛华仁出席全国经贸会议并讲话

盛华仁说，明年是实现国有企业改革与脱困三年目标的最后一年，也是决战之年。国务院领导对明年经贸工作的安排十分重视。朱镕基总理、吴邦国副总理分别专门听取了国家经贸委的汇报，对努力实现国有企业改革与脱困三年目标，做好明年经贸工作提出了明确要求。

盛华仁指出，明年要努力使大多数国有大中型亏损企业摆脱困境，大多数行业整体扭亏为盈或继续增加盈利，大多数地区国有及国有控股工业整体扭亏或增加盈利，大多数国有大中型骨干企业按照标准初步建立起现代企业制度，工业增加值和社会消费品零售总额继续保持较快增长，国有及国有控股工业实现利润创五年来最好水平。要重点做好八项工作：

第一，继续有效控制总量，保持供需大体平衡。以煤炭、钢铁、制糖三个行业为重点，压缩过多的产量，淘汰落后能力，加大关停“五小”力度。

第二，大力开拓城乡市场，积极扩大出口。进一步优化进出口产品结构，推动出口市场多元化。整顿市场秩序，减少企业相互拖欠，严厉打击假冒伪劣行为。继续抓好治乱减负工作。

第三，调整和优化资产负债结构，切实减轻企业债务负担。做好企业破产、关闭工作，集中使用核销银行呆坏账准备金，消灭一些亏损源。抓好债转股的组织实施，严格把关，规范操作，加强监督，着力转换企业机制，确保债转股企业明年扭亏为盈。

第四，加快技术进步，提高企业技术创新能力。围绕品种、质量、效益和扩大出口，用高新技术改造传统产业，重点搞一批能代表行业水平、促进产业升级的标志性项目。技改贴息项目实行严格的责任制，严格把关，加强监督，防止重复建设。加快以企业为中心的技术创新体系建设，国家重点企业都要建立技术开发中心。

第五，大力推进现代企业制度建设，面向市场着力转换经营机制。加快国家重点企业改革步伐，使这些企业中的大多数初步建立符合标准的现代企业制度。大力推进国有大中型企业的规范化公司制改革，进一步深化企业内部改革。

第六，进一步加强企业管理，提高企业整体素质。着重抓好成本、资金和质量管理。对国家重点企业的主要负责人分批进行集中培训。加强对企业经营管理者的考核和监督。

第七，加大“放小”与“扶小”工作力度，推进中小企业改革与发展。放开搞活国有中小企业，规范操作，注重实效。把“放小”与“扶小”结合起来，鼓励中小企业特别是科技型企业发展。建立、健全社会化服务体系，为中小企业提供多方面服务。

第八,促进各种所有制企业公平竞争,引导非公有制经济健康发展。在抓好国有企业改革与脱困的同时,重视非公有制经济的发展,努力创造公平竞争环境。加强政策指导,提供多方面服务,促进非公有制企业依法经营,提高素质。

盛华仁说,今年经贸工作的积极进展,特别是经济效益的明显好转,为做好明年工作提供了好的基础。1999年,国有及国有控股工业企业的经济效益可明显好于去年,前三季度实现利润489亿元,同比增长1.5倍。虽然这还是恢复性的,企业改革和发展还面临不少困难,但鼓舞了士气,增强了实现三年目标的信心。

盛华仁强调,国有企业改革和发展是明年经贸工作的重中之重,结构调整是明年和今后一个时期经济工作的主要着力点。要把深化国有企业改革和结构调整有机结合起来,按照有进有退、有所为有所不为的原则,加大战略性调整和改组步伐,根据国有企业的不同情况,有针对性地采取措施:需要做大的,通过重组、联合做大一批;能够救活的,通过实施债转股等措施救活一批;必须提高的,通过重点技术改造提高一批;应该淘汰的,通过破产、关闭淘汰一批;适合放开的,通过多种形式把中小企业放开搞活一片。经过不懈努力,从整体上搞好国有经济,促进国有经济与其他所有制经济更加协调健康发展。

解放军驻澳门部队举行首次记者招待会

司令员刘粤军少将、政治委员贺贤书少将就驻澳门部队的有关情况回答了内地和港澳记者的提问。

贺贤书首先介绍了驻澳门部队的基本情况。

有记者问:葡萄牙在澳门没有驻军,中国政府为何决定在澳门驻军?刘粤军回答说,中葡关于澳门问题的联合声明规定,澳门特别行政区的国防事务属中央人民政府管理。《中华人民共和国澳门特别行政区基本法》(以下简称《基本法》)也明确规定,“中央人民政府负责管理澳门特别行政区的防务”。因此,在澳门回归祖国后,中央人民政府在澳门特别行政区派驻适量、精干的军队是必要的。这是落实中葡联合声明和《基本法》所采取的必要措施,是我国对澳门恢复行使主权的重要象征,是中央人民政府有效管理澳门防务的需要,也有利于澳门回归后保持社会的稳定和经济发展。

在回答驻澳门部队的基本任务是什么时,刘粤军说,根据《中华人民共和国澳门特别行政区驻军法》(以下简称《驻军法》)的规定,驻澳门部队的基本任务是负责澳门特别行政区的防务。此外,根据《驻军法》的规定,由澳门特别行政区政府请求并经中央人民政府批准,根据中央军委的命令,驻澳门部队还可以协助特别行政区政府维持社会治安和救助灾害。

刘粤军在向记者介绍驻澳门部队的编成和武器配备时说,中央人民政府派驻澳门特别行政区的部队,主要由陆军组成。为了便于处理有关海、空军防务事宜,驻澳门部队也编配了少量的海、空军军官。驻澳门部队的数量也将根据澳门特别行政区防务任务的需要,按照适量、精干的原则确定。根据澳门地区防务的需要,驻澳门部队配备遂行任务必需的武器装备,主要以轻武器为主。

关于“驻澳门部队是由哪些部队组成,历史情况怎样”的问题,贺贤书介绍说,驻澳门部队是从我军具有光荣历史荣誉的部队中抽调组建的。领导机关是从有关单位和部队选调的优秀人员组成的。部队基层单位有的来自井冈山时期创建的英雄部队,有的来自“塔山英雄团”,有的来自驻香港部队。这些部队在抗日战争、解放战争、抗美援朝战争作战中屡立战功,英雄辈出;在和平年代,出色地完成了保卫国防、建设祖国、战备训练等各项任务,特别是在1997年进驻香港和去年抗洪抢险中又为祖国和人民创造了新的业绩。

贺贤书在回答驻澳门部队的军官、士兵选拔情况的提问时说,驻澳门部队的军官和士兵是根据《现役军官服役条例》和《现役士兵服役条例》规定的条件,以及执行澳门防务任务的需要,从中国人民解放军现役部队中择优选调的。基本条件是:军政素质要高,热爱祖国,热爱澳门;文化水平要高,军官达到大专以上文化,士兵达到高中以上文化;身体条件要好,男、女士兵身高,一般要求分别在1.70米和1.65米以上。

贺贤书还说,为顺利进驻澳门履行防务职责,驻澳门部队正在进行严格的教育训练和有关知识的学习。如学习《基本法》、《驻军法》和我国政府有关澳门问题的方针政策,学习澳门的法律知识,了解澳门居民的生活习俗等,以进一步提高部队官兵的整体素质和进驻澳门后的适应能力。下一步,我们将根据担负澳门防务任务的需要,有重点地进行针对性和适应性教育训练。

在回答记者关于驻澳门部队采取何种方式进驻澳门时,刘粤军说,驻澳门部队进驻澳门的方式将根据具体情况确定,从澳门的实际情况看,从陆路进驻比较方便、快捷。

有记者问,如果1999年12月20日或以后,澳门发生动乱,驻澳门部队会干预吗?刘粤军回答说,《基本法》规定,特区社会治安由特区政府负责,但如果澳门发生了特区政府不能控制的动乱,驻澳门部队应如何处理,《驻军法》对澳门部队的任务和职责已经做了明确的规定。驻澳门部队会严格按照法律办事的。

刘粤军、贺贤书还回答了记者提出的其他问题。

记者招待会由国务院港澳事务办公室澳门事务司司长谢后和主持。

中国载人航天工程试验飞船飞行成功

6时30分,中国第一艘载人航天试验飞船"神舟"号,在中国酒泉卫星发射中心新建成的航天发射场发射升空。在完成预定的空间科学试验之后,飞船在内蒙古自治区中部地区成功着陆。这是我国载人航天工程的第一次飞行试验。

中共中央总书记、国家主席、中央军委主席江泽民为飞船题名:"神舟。"

这次发射的试验飞船和新型火箭,是我国独立自主研制的。以中国航天科技集团所属的空间技术研究院、上海航天技术研究院和运载火箭技术研究院为主研制。这次飞行试验,飞船上没有载人。在地面准备阶段,发射中心采用了与国际先进水平接轨的"三垂"模式,即在技术厂房完成对飞船、火箭联合体进行垂直总装、测试,然后将其垂直运输至发射场。飞船、火箭的最后测试和发射,都是通过远距离控制的。这些技术创新,是我国航天测试发射技术的一个新突破。

国务院关于成立全国老龄工作委员会的通知

各省、自治区、直辖市人民政府,国务院各部委、各直属机构:

为了加强对老龄工作的领导,经中共中央、国务院批准,决定成立"全国老龄工作委员会"。现将有关事项通知如下:

一、全国老龄工作委员会的职责

全国老龄工作委员会是国务院主管全国老龄工作的议事协调机构。其主要职责是:

(一)研究、制定老龄事业发展战略及重大政策,协调和推动有关部门实施老龄事业发展规划。

(二)协调和推动有关部门做好维护老年人权益的保障工作。

(三)协调和推动有关部门加强对老龄工作的宏观指导和综合管理,推动开展有利于老年人身心健康的各种活动。

(四)指导、督促和检查各省、自治区、直辖市的老龄工作。

(五)组织、协调联合国及其他国际组织有关老龄事务在国内的重大活动。

二、全国老龄工作委员会的组成人员

主　　任:李岚清(中共中央政治局常委、国务院副总理)

常务副主任:司马义·艾买提(国务委员)

副 主 任:多吉才让(民政部部长)

徐荣凯(国务院副秘书长)

张左己(劳动保障部部长)

黄晴宜(中组部副部长)

委　　员:(略)

三、全国老龄工作委员会的办事机构

全国老龄工作委员会下设办公室,办公室设在民政部,办公室主任由多吉才让同志兼任,具体工作委托中国老龄协会承担。办公室的职责、人员组成等问题由全国老龄工作委员会研究确定。

今后,全国老龄工作委员会成员单位如调整成员,由所在单位与委员会办公室协商后,报委员会主任和常务副主任批准。

国务院

1999年10月20日

11月21日

国务院总理朱镕基在中南海紫光阁会见香港特别行政区行政长官董建华

董建华是按惯例前来向中央人民政府述职的。

朱镕基表示,这一年来香港的经济状况已有好转,最困难的时期已经过去,这表明董建华领导下的香港特别行政区政府施政有方,香港能够经得起风浪的冲击,中央人民政府对此表示满意。朱镕基还表示,董建华先生在最近的施政报告中提出的一系列着眼长远、有利于香港持续发展的设想和措施,只要需要内地支持的,中央政府一定会全力支持。

朱镕基还向董建华介绍了当前内地的经济形势。他指出,近日中美两国就中国加入世界贸易组织问题签署的双边协议,符合中美两国的根本利益。中国早日加入世界贸易组织,也将为香港经济的可持续发展提供新的机遇和有利条件。伟大的祖国永远是香港战胜困难和风险、长期保持稳定繁荣的坚强后盾,中央对香港的发展前景充满信心。

全国人大常委会委员长李鹏在比勒陀利亚国宾馆会见南非总统姆贝基

李鹏说,新南非的诞生和中南外交关系的建立,为两国人民的传统友谊的进一步发展奠定了坚实的基础。建交以来,两国在政治、经济、文化、科技等各个领域的合作取得了可喜的成果。中南两国同属发展中国家,都希望早日建立和平稳定公正合理的国际政治经济新秩序。中南两国加强合作符合双方的长远根本利益。姆贝基总统一贯重视对华关系,积极主张发展中国家在国际事务中加强磋商、协调立场,共同维护自身的合法权益,对此我们深表赞赏。

姆贝基说，南非和中国的关系很好，双方不存在任何争议，两国关系发展的潜力是巨大的，但我们的工作还不够。我经常要求我们南非方面的官员，要努力探索和发展与中国合作的途径。南非和中国都是发展中国家，我们应该携起手来，共同捍卫发展中国家的权益。姆贝基说，当前世界经济和贸易体制，总的来说对我们发展中国家不利，更多有利于西方大国。我热烈祝贺中美两国政府就中国加入世界贸易组织达成协议，这是一个重要成果。中国的加入，使这个世界贸易组织中发展中国家的声音更加有力。

全国人大常委会委员长李鹏在约翰内斯堡会见南非前总统曼德拉

国务院总理朱镕基在甘肃 青海 宁夏进行考察

中共中央国务院中央军委致电祝贺我国载人航天工程第一次飞行试验成功

总装备部、国防科工委并转参加我国载人航天工程研制、建设和试验的全体同志：

欣悉我国载人航天工程第一次飞行试验获得圆满成功。党中央、国务院、中央军委特向参加研制、建设和试验的全体科技人员、干部、职工、部队官兵表示热烈的祝贺和亲切的慰问！

此次飞行试验的圆满成功，是你们认真贯彻落实党中央科教兴国战略和江泽民同志一系列重要指示，发扬伟大的“两弹一星”精神，科学求实、顽强拼搏、发奋图强、锐意创新的结果。这标志着我国航天事业的发展跨上了一个新的台阶，对推进我国高科技事业的发展，鼓舞全国各族人民，具有重大的意义。

希望你们在以江泽民同志为核心的党中央领导下，高举邓小平理论伟大旗帜，发扬成绩，再接再厉，认真总结经验，扎扎实实地做好载人航天工程研制的各项工作，推动我国航天事业的发展，为增强我国的综合国力、国防实力和民族凝聚力，作出新的更大贡献。

中共中央

国 务 院

中央军委

1999 年 11 月 21 日

《四库禁毁书丛刊》竣工庆典在人民大会堂举行

共 311 册之巨的《四库禁毁书丛刊》，由北京出版社全部出齐。全国政协副主席罗豪才及首都文史、出版界等专家、学者与会。

《四库禁毁书丛刊》是近年来我国古籍出版界中与《四库全书》相关的三项重要工程出版之一，它与此前已出版的《续修四库全书》、《四库全书存目丛书》一起构成了一个完整的体系，比较清晰地揭示了到清末止中国古代文化典籍的面貌。

这套“丛刊”所收全部是清乾隆年间所毁的图书。清政府在编纂《四库全书》的同时，也展开了一场空前的图书浩劫。20 年间清政府共全毁或抽毁各类书籍近 3000 种，达 10 万部以上。现余存的禁毁书大约是 1500 种，大多由全国各类图书馆收存。

中国队在菲律宾第 12 届亚洲女足赛上第七次夺冠

首次全国医师资格考试结束

考试在全国 31 个考区 391 个考点举行，30 余万名考生参加这次考试。

此次医师资格考试是我国《执业医师法》确立了“国家实行医师资格考试制度”后举行的第一次国家医师资格考试，对规范我国医师资格，建设高素质的医师队伍，确保医疗安全，为人民健康、为社会主义现代化服务，具有重要意义。

医师资格考试分为：实践技能考试和医学综合笔试。实践技能考试是对考生实际操作能力的检验，考生考试合格后，才能参加医学综合笔试；医学综合笔试是对考生理论与分析能力的测试。

卫生部部长兼卫生部医师资格考试委员会主任委员张文康就医师资格考试接受记者采访时说，医疗的核心是医疗质量，而医师执业水平直接关系到公民的生命和健康，决定医疗的质量。

他说，国家实行医师资格考试制度，实行执业准入控制，将医师的管理纳入科学化、法制化轨道，可以杜绝不具有医师水平的人员混迹医师队伍，最大限度保证医师队伍的质量。有利于医学院校不断改进教学，培养出适合我国国情和跟上现代医学科学技术水平发展的医学人才。同时有利于改革开放，适应中外医学交流发展的需要。

11 月 22 日

国家主席江泽民在中南海会见香港特别行政区行政长官董建华

董建华来北京向中央人民政府述职。

江泽民说，香港回归祖国两年多来，总的形势是好的，而且继续向着好的方面发展，董建华先生领导下的特区政府带领广大香港居民，沉着应对亚洲金融风潮的冲击及由此而引发的一系列问题。今天香港已经度过了最困难的时期。我们对香港的前景充满信心。

江泽民指出,"一国两制"在香港的实践之所以能够取得可喜的成功,是因为从中央到全国人民,尤其是香港同胞,对这项方针有着坚定的共识。只有始终坚持"一国两制"方针,才能保证香港的稳定繁荣,才最符合最大多数中国人的利益。"一国两制"的实践在香港已经取得了成功,相信在澳门也会取得成功。

江泽民说,香港同胞要在基本法的基础上团结起来,这是把香港的事情办好的重要前提。我们相信,在行政长官董建华先生的领导下,香港一定能够在新的一年里取得更大的发展。

国务院副总理钱其琛在中南海会见香港特别行政区行政长官董建华

国务院副总理吴邦国在全国经贸工作会议上讲话

吴邦国在全国经贸工作会议上指出,明年是实现国有企业改革和脱困三年目标的最后一年,各地区、各部门一定要按照十五届四中全会和中央经济工作会议精神,积极进取,再接再厉,全力以赴,坚决打好这一场阶段性的攻坚战,为国有企业的跨世纪改革和发展奠定良好基础。

吴邦国首先对今年经贸工作的成绩给予充分肯定。他说,今年全国经济形势继续沿着好的方向发展,年初提出的改革和发展目标可以实现。与全国经济形势一样,经贸工作也是很有成绩的,突出表现在三个方面:一是工业经济效益明显好转。大多数行业和地区经济效益好于去年,纺织等困难行业和东北等困难地区出现转机,重点脱困企业扭亏增盈效果明显。二是改革、重组、改造力度是近年来最大的一年。行政性公司改为企业,解决政企不分,适度引入了竞争;逐步解决重点煤炭企业下放后的遗留问题,为今后发展创造条件;兼并破产、债转股等工作力度加大,改善了企业资本结构;运用财政贴息政策实施技术改造取得进展。三是基本上实现了社会稳定,下岗职工基本生活保障、失业保险和城镇居民最低生活保障这三条社会保障线初步建立起来,保证了国有企业改革与脱困的稳步推进。

吴邦国指出,明年经贸工作有不少有利因素,世界经济可能回升,我国继续实施扩大内需政策,群众消费心理预期也可能发生变化。但也要看到,社会需求不足矛盾尚未明显改善,通货紧缩趋势尚未得到有效遏制,这是明年经贸工作面临的最大困难。对此,要有充分估计。做好明年经贸工作要突出三点:一是搞好总量控制、结构调整。重点是抓好冶金、煤炭、制糖三个行业。冶金行业关键是限制大厂生产能力,淘汰小厂落后生产能力。煤炭行业要巩固成果,加大关井压产力度,力争价格回升,库存减少,拖欠货款下降。制糖行业要下决心关掉一批糖精厂、甜菜糖厂和高亏企业。纺织、石油和化工、建材、烟草等行业也要做好控制总量工作。要进一步统一认识,加强领导,明确责任,更好地运用法律的、经济的和必要的行政手段,保证这项工作的顺利进行。二是立足于自己扎扎实实地做工作,不能眼睛向上,等靠要。企业扭亏要靠自己,下大力气在开拓市场、调整结构、减人增效、加强管理等方面取得新进展。各级政府要认真做好债转股等工作,但更要立足本地实际,分类指导,过细工作。这是搞好明年经贸工作的关键。三是立足于抓早,及早部署,早抓落实。

吴邦国说,明年是实现三年脱困的最后一年,要坚定信心,完成这一目标。四中全会《决定》为国有企业改革和发展提供了行动指南,促进企业脱困的政策力度加大,今年效益明显好转,增强了三年脱困的信心。我们要把认识统一到四中全会《决定》和中央经济工作会议精神上来,扎扎实实地落实中央关于搞好国有企业的部署,既要解决当前的突出问题,更要着眼于长远发展,为国有企业跨世纪发展创造有利条件。

吴邦国要求,明年要根据四中全会《决定》要求,加快建立现代企业制度步伐。只有真正建立现代企业制度,转换经营机制,搞好科学管理,企业才能走上良性循环轨道,亏损企业也才能从根本上摆脱困境。他强调,要实实在在研究建立现代企业制度中需要解决好的一些问题。当前重点抓好三项工作:一是加强对国有独资企业的监管。对国有资产的监管是建立现代企业制度的重要一环,也是当前面临的现实问题,要改进和完善对国有大中型企业稽察和监管方式,从体制和机制上加强对国有企业的监督。二是从企业制度创新的高度探索企业有效管理形式,尤其是大型企业和企业集团的公司组织形式。要集中使用现有的政策手段,培育一批实力雄厚、竞争力强的大型企业和企业集团。要立足中国实际,借鉴国外成功做法,认真总结企业集团试点的经验,探索适合我国大企业和企业集团特点的组织管理形式,建立可行、高效的管理体制,提高科学管理水平,增强核心竞争力。中国真正有几百家像模像样的大企业和企业集团,无论是结构调整、产业升级,还是参与国际竞争、增强国有经济的控制力、影响力和带动力,就都好办了。三是切实加强企业内部管理,转换经营机制,实现管理创新,提高企业的科技创新能力、市场竞争能力和抗御风险能力。

吴邦国最后强调,要高度重视稳定工作,采取有力措施确保国有企业下岗职工基本生活和离退休职工养老金按时足额发放。对改制企业特别是破产关闭企业,要认真制定职工安置方案,做过细的工作,取得职工的理解和支持。

中国人民银行行长戴相龙强调集中精力做好十项金融工作

中国人民银行日前分别召开了党委会和人民银行系统司局级干部电视电话会议，传达贯彻中央经济工作会议精神。中国人民银行行长戴相龙在会上强调，进一步发挥货币政策的作用，适当增加货币供应量，切实加快金融改革步伐，积极防范和化解金融风险，集中精力做好中央银行的十项工作，促进国民经济发展目标的实现。

第一，综合运用各种货币政策工具，进一步发挥货币政策的作用，适当扩大货币供应量。包括下调存款准备金率，目前已将存款准备金率由现行8%下调为6%；继续扩大对金融机构，特别是对中小金融机构再贷款，增加对城市商业银行和城市信用社再贷款，集中用于对中小企业增加贷款，加大对中小企业的金融支持；对今年年初安排农村信用社的150亿元贷款限额使用情况进行一次严格检查，凡使用适当、支农确有效果的，允许滚动使用，明年视情况再适当增加；扩大公开市场业务，要通过收购商业银行持有的债券，向社会增加货币供应；要在保持现有存贷款利率水平的基础上，加快利率管理体制改革步伐，适当扩大利率浮动幅度。

第二，调整信贷政策，改进金融服务。例如督促国有商业银行积极配合财政国债安排的建设项目，增加配套贷款，督促商业银行按条件和程序，及时发放政策贴息的技术改造贷款；改进企业流动资金贷款管理办法，停止对即将关闭的小厂小矿的贷款，支持有市场、有效益商品的生产，对产品积压，仍赊销贷款的企业，要收紧或停止增加贷款；增加对中小企业贷款，对那些有市场、有效益，特别是技术含量高的中小企业，要积极给予贷款支持；大力发展消费信贷。

第三，认真落实国有企业增资减债的各项金融政策。要开辟新的资金渠道，增加对国有企业及其他借款人的呆账冲销数额；帮助4家金融资产管理公司，做好对国有独资商业银行不良贷款的收购和处理工作，实现双重目标，对符合条件的企业实行债转股，同时要严防和消除可能出现的负面影响，促进建立现代企业制度和现代金融制度。

第四，中央银行要做好维护金融稳定的工作，高度重视防范和化解金融风险。采取各种措施和积极运用各种杠杆，支持中小金融机构在改革中稳步发展；逐步撤销严重违规的高风险地方金融机构，严肃查处违法违纪人员。

第五，中央银行要抓紧研究应对我国加入世贸后的深化金融改革的各项措施，加快金融改革步伐，提高我国金融业的国际竞争能力。

第六，要做好整顿和规范社会信用的工作。改进结算工具，大力推广银行承兑商业票据，扩大商品购销；逐步推广买卖双方开户银行对有条件的购销合同进行鉴证，把企业信用纳入银行之间的信用；在国内推行信用证结算。清理企业间拖欠，对产品过剩而又单方面发货赊销的企业，减少或收回贷款；会同有关部门对企业之间现有大量资金拖欠进行清理，通过增加贷款、压库促销，债转股和坏账核销，控制和降低应收款的上升。

第七，继续加强外汇外债管理，维护国际收支平衡。

第八，支持发展企业直接融资，支持资本市场的发展。逐步扩大证券投资基金在同业拆借市场的融资业务；抓紧制定和公布证券公司以股票抵押向商业银行融资的办法；支持证券公司经过有关部门审批发行金融债券筹集资金。

第九，认真总结我国金融改革和发展经验教训，从国内国际经济发展的角度，研究金融发展的若干重大问题，抓紧制定“十五”规划。

第十，加强人民银行系统党的建设，认真落实“三讲”教育整改措施，巩固“三讲”成果。

国家副主席胡锦涛在人民大会堂会见日本公明党党首神崎武法

胡锦涛说，在世纪之交的重要历史时刻，中日两国的政治家和各界有识之士应从战略和历史的高度把握两国关系长远发展的大局，遵循《中日联合声明》、《中日和平友好条约》、《中日联合宣言》的原则精神，共同努力，为建立致力于和平与发展的中日友好合作伙伴关系作出新贡献。

神崎武法说，公明党多年来一直致力于促进日中友好，现在又与中国共产党正式建立了党际关系。为了日中友好关系的长远发展，公明党此次特意安排一些年轻政治家访华。他说，我们决心为建立21世纪更加牢固的日中友好关系竭尽全力。

中宣部等部委联合发通知要求深入开展文化科技卫生“三下乡”活动

中宣部、中央文明办、科技部、农业部、文化部、卫生部、国家计生委、广播电影电视总局、新闻出版署、共青团中央、中国科协等11部委近日联合下发通知，要求继续广泛深入地开展文化科技卫生“三下乡”活动。

通知强调，要从促进社会主义新农村建设的高度，认真抓好文化科技卫生“三下乡”。要按照《中共中央关于加强和改进思想政治工作的若干意见》的要求，紧紧围绕经济建设中心，坚持两手抓、两手都要硬，推动农村精神文明建设和思想政治工作，把“三下乡”提高到一个新水平。文化下乡要重视发挥文化的社会教育功能，加大群众文化工作力度，引导群众文化消费，用健康有益和丰富多彩的精神生活占领农村思想文化阵地；科技下乡要重视宣传马克思主义唯物论和无神论，加大科学精神、科学知识、科学方法的普及力度，帮助和引导人们划清唯物论与唯心论、无神论与有神论的界限，增强农民识别和抵制唯心主义、封建迷信及各种伪科学的能力，提高农民科技致富本领，努力在农村形成爱科学、学科学、用科学的风尚；卫生下乡要重视普及与群众日常生活密切相关的医疗卫生、科学健身和自然科学知识，加大巡回医疗和卫生宣传力度，加强农村基层卫生站(室)建设，积极发展合作医疗事业，提高农民自我保健和科学养生能力。

通知提出，要精心组织一批集中示范活动，在2000年元旦、春节期间掀起“三下乡”的新高潮。组织各级专业文艺团体在“两节”期间到农村进行慰问演出，同时，广泛开展各种群众性文化体育活动；加快“百县乡镇宣传文化工程”建设；举行百万册图书送千县活动；开展“1999·科技下乡”活动；推进“星火电视下千县”活动；组织“树文明新风科普万里行”活动；全面展开“婚育新风进万家”活动；组织万支医疗队下乡义诊；深入开展“九亿农民健康教育行动”；办好农村青年文化节。

通知指出，要继续推进“三下乡”常下乡。要适应社会主义市场经济体制的需要，研究制定有利于“三下乡”常下乡的政策，建立、健全相关机制，提倡和鼓励社会各方面力量为农村办实事好事，引导和鼓励文化科技卫生工作者到农村去。要按照国务院关于《进一步完善文化经济政策的若干规定》精神，用好宣传文化事业专项资金，把图书报刊、广播电视、电影戏剧、科技资料、卫生服务源源不断地送到农村、农民中去。要把“三下乡”与群众性精神文明创建活动紧密结合，深入开展“讲精神文明、比科学致富、创建科普文明乡镇村”活动，充分发挥“十星级文明户”、科普示范户、示范村、示范基地和其他阵地设施的作用，着重抓好农村骨干人才的培养和训练，增强农民吸纳、消化“三下乡”成果的能力。要制定必要措施，提高农村基层文化、科技、卫生人员的素质和积极性，通过他们搞好经常化服务，在农村建起一支不走的“三下乡”队伍。要加大为贫困地区、灾区、少数民族地区和贫困农户服务的力度，把“三下乡”同扶贫攻坚结合起来，把锦上添花同雪中送炭结合起来，进一步突出“三下乡”的重点，鼓励和支持有关部门、企事业单位与贫困地区、灾区和贫困农户结对子，对口支援，长期帮扶。已经开展的“少数民族科普示范工程”要抓紧抓好。

通知要求各地各部门要把“三下乡”切实摆上农村工作和精神文明建设的重要日程，尽快对“三下乡”作出具体部署。要认真总结前几年的经验，结合各自特点，抓住突出矛盾和问题，制定切实可行的具体方案，保证把工作任务落到实处。要坚持解放思想、实事求是，深入基层，认真研究“三下乡”工作的特点和规律，积极开辟新途径，探索新办法，创造新经验，坚决反对和防止形式主义。要精心筹划，把方案搞得更细一些，准备更充分一些，动员力量更大一些，进一步增强“三下乡”的针对性、实效性。各级新闻单位要把宣传“三下乡”作为自己服务农业、服务农村、服务农民的实际行动，作出必要安排，切实加大新闻宣传力度。要调动精兵强将，深入农村一线，及时报道活动情况，真实反映农民呼声，大力做好典型宣传，营造良好舆论氛围，推动“三下乡”不断深入发展。

教育部和21个省自治区直辖市积极发展残疾儿童少年义务教育

为落实第三次全国教育工作会议精神，推动残疾儿童少年义务教育的发展，日前教育部与河北、山西、内蒙古、黑龙江、安徽、江西、福建、河南、湖北、湖南、海南、广西、重庆、四川、贵州、云南、陕西、甘肃、宁夏、青海、新疆共21个省、自治区、直辖市教育行政部门签订《1999—2000年残疾儿童少年义务教育项目责任书》。

改革开放以来，我国残疾儿童少年义务教育事业快速发展，取得了令人瞩目的成就。1980年，全国有特殊教育学校292所，在校学生33055人，弱智教育处于萌芽状态。经过近20年的努力，1998年全国盲、聋哑和弱智学校已达到1535所，特殊教育学校和普通学校在校残疾学生达到358372人。但是，近几年来残疾儿童少年义务教育的发展速度减缓，特别是欠发达地区的发展相对滞后，与发达地区的差距有进一步扩大的趋势。

教育部有关部门在深入调查研究和广泛听取各方面意见的基础上，决定采取项目目标管理的方式，在欠发达地区实施残疾儿童少年义务教育项目责任制，将大部分国家一级特殊教育补助费用于这些地区。《项目责任书》对各地在2000年新建和改建的特殊教育学校数、特殊教育学校在校学生数、普通学校新建特教班数、特教班和随班就读残疾学生数、培训在职特殊教育教师数等提出了明确要求。还明确规定了今后两年国家特殊教育补助经费划拨额度，并要求各地落实地方配套资金，确保2000年项目目标的实现。

根据《项目责任书》的规定，到2000年，21个省、自治区、直辖市将新建普通学校特教班 1453 个，新建特殊教育学校 97 所，改扩建特殊教育学校 133 所，并将培训在职教师 13006 人。

香港捐赠的“健康快车”在北京西站交付使用

国务院副总理李岚清出席捐赠仪式。

健康快车是一项卫生扶贫项目，其宗旨是为老少边穷地区病人免费提供医疗服务，使白内障患者重见光明。全国人大常委会副委员长王光英、香港特别行政区行政长官董建华及国务院港澳办、铁道部、卫生部领导出席仪式。

“三绿工程”正式启动

为使“菜篮子”商品生产和流通适应人民群众对各类无污染、安全、优质、营养类绿色食品的需求，国家内贸局、财政部、卫生部、铁道部、质监局、环保总局向各界宣布，正式启动以开辟绿色通道、培育绿色市场、提倡绿色消费为主要内容的“三绿工程”。

——开辟绿色通道，就是要统一协调和组织货源，建立公路、铁路、航空及水上等多种运输工具合理连接的常年性副食品运输网络系统，消除各种不必要的关卡和收费，严防绿色食品的在途污染，实现绿色食品在全国范围内的高效率、无污染、低成本的流通。

——培育绿色市场，就是要按照统一的质量管理标准和制度，搞好市场硬软件的配套建设，确保绿色食品产出后，经过加工、运输、储藏等环节，到达消费者手中时仍能符合规定的各项质量标准，严防污染和变质。

——提倡绿色消费，就是要制定统一的消费政策和引导措施，促进绿色食品消费数量的增长和产品结构的优化，确立科学的、有益人体健康和环境保护的食品消费模式。

11 月 23 日

国家主席江泽民在人民大会堂与哈萨克斯坦共和国总统努尔苏丹·阿比舍维奇·纳扎尔巴耶夫举行会谈

江泽民说，中哈互为重要邻国，两国关系近年来一直保持健康发展的良好势头，各领域的合作不断深化，并且在一些重要的领域取得了丰硕成果。尤其要强调指出的是，我们本着平等协商、互谅互让的精神全面解决了边界问题。这不仅对两国边境地区的稳定、对两国的长治久安、对两国人民世代友好相处有着重大意义，而且对国与国之间解决历史遗留的复杂问题具有示范的作用。

纳扎尔巴耶夫说，中国改革开放 20 年来所取得的成就引起了全世界的高度重视。哈萨克斯坦是个年轻的国家，在改革开放方面愿意学习中国的成功经验。他说，哈萨克斯坦非常重视发展与中国在各个领域的合作关系。哈中两国的友谊源远流长，愿将这种友好合作关系推向下个世纪。纳扎尔巴耶夫总统还强调指出，哈萨克斯坦愿全面执行两国达成的各项协议中所规定的指导原则，其中包括坚持一个中国的立场。

江泽民说，中哈经贸合作近年来取得了可喜的成绩。在苏联地区哈萨克斯坦已成为中国的第二大贸易伙伴，今年两国贸易额可望突破 10 亿美元。希望双方有关部门共同努力，促进贸易的逐步规范化，及时解决经贸合作中出现的问题，以利于保持贸易不断扩大的良好势头。与此同时，希望双方加强经济技术合作，促进相互投资，探讨合资合作项目，采取积极措施，调动双方企业合作的积极性，使两国经贸合作再上一个新台阶。

会谈中，双方表示愿意在打击民族分裂主义、宗教极端主义和恐怖主义方面加强合作。

会谈后，江泽民主席和纳扎尔巴耶夫总统签署了《中华人民共和国和哈萨克斯坦共和国关于在 21 世纪继续加强全面合作的联合声明》、《中华人民共和国和哈萨克斯坦共和国关于两国边界问题获得全面解决的联合公报》。两国政府有关部门负责人还签署了《关于中华人民共和国政府向哈萨克斯坦共和国政府提供无偿援助的协定》以及《中华人民共和国政府和哈萨克斯坦共和国政府关于反不正当竞争与反垄断领域合作协定》。

签字仪式后，纳扎尔巴耶夫总统还向江泽民授予一枚“金鹰”勋章。

全国人大常委会委员长李鹏在内罗毕会见肯尼亚总统莫伊

全国人大常委会委员长李鹏在内罗毕同肯尼亚国民议会议长卡帕罗举行会谈

双方就进一步加强中肯两国及议会之间的合作以及共同关心的国际问题进行了交谈并取得了广泛的共识。

卡帕罗议长赞扬中国长期以来向肯尼亚提供了大量无私帮助。他说，肯尼亚议会对此非常感谢，相信肯中两国及议会之间的合作将会得到进一步加强。卡帕罗说，现在国际组织中经常讨论一些涉及发展中国家政治、经贸等方面的事务。各国议会联盟也很重视这类问题的讨论，国际上都很看重与中国的合作。

李鹏说，中肯关系有着坚实的基础，发展中国与肯尼亚的关系是中国对非关系的重要内容。当前世界正经历着深刻而复杂的变化，西方大国正加紧构筑以西方为主的国际新秩序，中国愿与包括肯尼亚在内的广大发展中国家在国际事务中加强磋商和协调，共同捍卫发展中国家的权益。

李鹏向卡帕罗介绍了中国的民主法制建设和人民代表大会制度。他说，中国全国人大非常重视同世界各国议会的联系与合作。他表示欢迎卡帕罗议长访华，并希望中国全国人大和肯尼亚议会加强对口的专门委员会之间的合作。卡帕罗议长表示同意，并愉快地接受了李鹏委员长对他访华的邀请。

李鹏代表中国全国人大向肯议会赠送了一批电脑、彩电等办公设备。

国务院总理朱镕基同马来西亚总理马哈蒂尔在吉隆坡会谈

朱镕基在马来西亚总理府同马哈蒂尔总理举行会谈。双方就深化两国合作以及共同关心的国际和地区问题坦诚、深入、友好地交换了意见，取得了广泛共识。

朱镕基就今后一段时期如何加强中马两国合作谈了以下几点看法：

一、保持高层互访势头，扩大各层次的交往与合作。两国领导人频繁互访是贯穿近年中马关系发展的一大特点，对于加深相互了解、深化互利合作具有无可替代的作用。

这种势头应继续保持下去。同时，应进一步扩大两国议会、学术界等各部门以及地方各层次的交流与合作，推动两国关系不断走向全面和深入。

二、推动经贸互利合作。经贸合作是两国关系中的重要组成部分。中马之间密切的政治关系，为两国加强经贸合作提供了良好的条件。今年两国贸易势头良好，1月至10月贸易额已达41亿美元，同比增长近25%。双方应积极探讨新思路、新方法，扩大商品范围，保持贸易快速增长势头。

三、加强科技合作。两国在科技，特别是信息领域的合作潜力很大。中方对马来西亚多媒体超级走廊感兴趣，将鼓励中国高技术企业积极参与。同时，中国也已经开发出不少高新技术产品，愿与马方通过合作研究、联合开发、技术转让等方式开展全面合作，共享成果。

四、两国在文化、教育等领域的交流与合作已有了一定的基础。此次两国签署文化协定，有助于规范和推动两国在这一领域的合作。中方对扩大两国在文化、教育、旅游等领域的合作持积极态度。

五、加强在国际和地区事务中的合作。在新形势下，双方可就如何抵制霸权主义和强权政治、促进东亚经济合作和维护地区和平与稳定等方面进一步加强协商，深化合作，共同维护双方的利益以及本地区的稳定与发展。

马哈蒂尔对朱镕基提出的看法表示赞同。他表示，希望今后双方进一步加强高层互访，加强在经贸、科技、文化等各个领域的交流与合作。

会谈结束后，举行了签字仪式，双方签署了《中华人民共和国政府和马来西亚政府文化合作协定》及一些合作协议。

全国计划会议在北京闭幕

中共中央政治局常委、国务院总理朱镕基在致全国计划会议的信中，肯定了一年来的计划工作，并提出了新的希望和要求。国务院副总理温家宝到会作重要讲话，强调要学习好、领会好、贯彻好中央经济工作会议精神，围绕五项主要任务和八个方面的具体部署开展工作。

朱镕基要求，对中央已决定的经济工作方针、政策，要坚定不移，贯彻到底；对工作进度要抓得更紧，不要拖拉，不要怕得罪人；对工作方法要更讲究，深入实际，调查研究，实事求是，讲求实效。

温家宝指出，明年经济工作的大政方针已经确定，关键是抓好落实。各级计划和物价部门，要结合工作实际，着重抓好三个方面的工作：

一是继续贯彻落实扩大内需促进发展的方针政策。扩大内需是当前经济工作的首要任务，计委要紧紧抓住这项工作不放松。要用好国债资金，充分发挥其拉动经济增长的作用。第一，把握投资方向，抓紧评审工作。新增国债资金的投放，要继续以基础设施建设和企业技术改造为重点，绝大部分要用于去年以来国债投资的续建项目。要抓紧工作，加快项目的评估和审批，保证资金及时到位，使已开工项目尽快建成投产，发挥效益。第二，加强资金使用管理，确保工程质量。要把保证工程质量贯彻于项目建设的全过程。继续严格执行国务院关于加强基础设施工程质量管理的一系列规定，认真落实各项规章制度，进一步强化责任约束，使每一项工程都能经得起历史的检验。要进一步搞好项目的管理、监督和检查。要以国债建设项目为重点，进一步搞好重点行业和重大项目的专项稽查，并着手开展对国家重大项目的经常性稽查。要强化工程资金管理，严禁挤占挪用。第三，严肃查处国债项目建设中违法违纪行为。强化项目管理的法制建设，对贪污挪用国债资金，违反规定造成严重质量事故的责任人，要依法严肃查处。

二是综合运用各种手段，加强和改善宏观调控。按照建立社会主义市场经济体制的要求，中央提出了要建立、健全宏观调控体系，建立计划、金融、财政之间相互配合和制约的机制，加强对经济运行的综合协调。计委这些年在宏观调控方面做了大量工作。要认真总结经验，继续做好综合协调工作，使中央确定的宏观调控政策更好地发挥作用。价格政策是宏观调控的一个重要手段。要适应市场形势的变化，适时调整物价工作的思路，探索新形势下做好物价工作的新方法，把价格工作的重点转到促进经济增长和结构优化上来。一要运用价格政策，努力扩大内需，刺激消费。二要利用有利时机，理顺价格关系，促进结构调整和优化。三要加强价格监管，整顿市场秩序，创造公平的市场环境。要深化粮食和棉花流通体制改革。当前特别要认真贯彻落实中央确定的按保护价敞开收购农民余粮的政策，切实保护农民的利益和积极性，促进农业生产的发展。各地要对贯彻落实的情况进行全面检查，坚决纠正各种违反中央政策的错误做法，防止谷贱伤农。

三是搞好计划的制订工作，保证国民经济持续发展。明年是"九五"计划最后一年，中央将要研究制订"十五"计划。计划部门要按照中央确定的方针，积极做好各项基础工作。加快西部大开发，是中央作出的一个重大的战略决策。这是一项宏大的工程，必须统筹规划，突出重点，有步骤、分阶段地实施。中央提出当前要重点抓好基础设施建设、生态环境建设、产业结构调整、科技教育几个方面的工作。计委要按照中央的要求，抓紧调查研究，进行科学论证，积极做好制定规划的准备。

温家宝最后强调，计划部门要转变职能，改进作风，努力完成中央交给的各项任务。他提出三点要求。第一，想全局、抓大事。计委是宏观调控部门，要切实转变职能，把应该由其他部门和地方管的事交出去，集中精力抓大事。把工作重点放在研究国内外经济形势，研究经济生活中重大而又紧迫的问题，提出应对措施上，善于从全局的角度考虑和提出解决问题的政策。第二，深入实际，调查研究。要切实转变作风，深入基层，了解掌握第一手的情况。对中国的国情，对现实的经济生活，对群众的呼声，对中央政策的落实情况，要有全面的而不是片面的，深入的而不是表面的了解。坚持实事求是，一切从实际出发。第三，巩固"三讲"成果，提高干部素质。要认真学习邓小平理论，学习党的十五大、十五届三中和四中全会精神，学习江泽民同志关于开展"三讲"的有关论述。发扬理论联系实际的学风，把学习理论与解决实际问题结合起来。要加强业务知识学习和培训，增长才干，全面提高干部素质。锻炼和培养一支政治思想过硬、业务水平高的干部队伍，为开创改革和现代化建设的新局面作出更大的贡献。

中国人民银行出台《关于加强和改进对小企业金融服务的指导意见》

中国人民银行近日出台《关于加强和改进对小企业金融服务的指导意见》(以下简称《意见》)，共十项内容。

《意见》提出进一步强化和完善对小企业的金融服务体系。各商业银行要健全和强化小企业信贷部，充实信贷管理队伍；国有商业银行要充分发挥大银行在网点、资金、技术、管理和信息等方面的优势，进一步完善对小企业的金融服务；城市商业银行要按照市场定位要求，切实办成为小企业服务的主体；城乡信用社要真正办成农民、个体工商户和小型企业入股，由入股人实行民主管理，主要为股东服务的合作组织，对股东贷款可不实行抵押和担保。人民银行将在再贷款、再贴现和发行金融债券等方面积极扶持中小金融机构的发展。

《意见》要求改进小企业信贷工作方法。各金融机构要逐步探索建立小企业信贷评估、审批和贷款制度，借鉴国外信用评分办法，将小企业资信与小企业经营者个人信用相结合发放贷款。完善信贷管理体制，在强调防范风险、明确责任的同时，建立相应的贷款激励机制。积极支持科技型小企业的发展，促进小企业的技术进步。适当扩大出口信贷业务范围，对国家鼓励的高新技术产品出口，可以采用卖方信贷，也可在符合贷款条件的前提下办理买方信贷业务。

《意见》还就支持再就业安置工作，支持小企业为大中型企业提供配套服务及参与政府采购合同生产，支持商业、外贸及新兴领域企业的发展，适当扩大贷款的范围，支持建立小企业社会化中介服务体系，密切关注贷款投向，加强贷款管理，加强对金融机构改进小企业服务的引导和督促等方面提出了具体要求。

中国和哈萨克斯坦签署《中华人民共和国和哈萨克斯坦共和国关于在21世纪继续加强全面合作的联合声明》

中华人民共和国和哈萨克斯坦共和国(以下简称双方)

基于进一步发展两国业已存在的睦邻友好和全面合作关系的愿望；

确信应在相互尊重、平等互信、互不干涉内政、和平解决争端等原则基础上发展双边关系；

重申恪守1993年10月18日中华人民共和国和哈萨克斯坦共和国关于友好关系基础的联合声明、1995年9月11日中华人民共和国和哈萨克斯坦共和国关于进一步发展和加深友好关系的联合声明以及1996年7月5日中华人民共和国和哈萨克斯坦共和国联合声明的各项原则；

声明如下：

一、双方高度评价两国在各领域合作中所取得的成绩，对两国领导人彼此间的高度理解表示满意，认为进一步巩固双边关系符合两国人民的根本利益，决心加强在各领域的战略协作。

二、双方强调，两国边界问题的解决具有历史意义，并在野外勘界工作结束之际，重申恪守国家边界和领土完整不可侵犯的普遍原则。

三、双方表示在两国经济改革顺利实施的同时将致力于扩大和深化双边经贸合作，使其在新世纪中更具互利伙伴性质。为此，应进一步加强中哈政府间经贸和科技合作委员会的作用。

四、双方认为，两国在能源领域的合作具有重要的战略意义。为更充分地发挥在能源领域互利合作的巨大潜力，双方将共同采取措施，加紧完成中哈石油管道项目经济技术论证工作，以便进一步加强两国石油领域的合作。

五、双方认识到两国具有地缘邻近的优势，高度重视在国际交通运输领域的广泛合作，愿为复兴古丝绸之路而共同努力。

六、由于两国元首的政治决断，有关合理利用跨界河水资源的专家级磋商业已启动，双方对此表示欢迎。双方将推动签署有关政府间协定的谈判工作。

七、双方愿在共同感兴趣的科学、技术和新工艺等优先领域开展合作。

八、双方认为，继续扩大在旅游、医疗卫生、社会保障、体育及青年团体往来等方面的交流具有重要意义。

九、双方认为，国际社会应积极合作，采取措施保持生态平衡，减少环境污染。双方将在环境保护、合理利用自然资源方面开展合作，交流经验和技术。

十、双方愿采取切实措施加强协作，有效打击民族分裂主义、宗教极端主义、恐怖主义以及非法贩运武器、走私毒品、非法移民和其他犯罪活动，并积极参与落实 1999 年 8 月 25 日中国、哈萨克斯坦、吉尔吉斯斯坦、俄罗斯、塔吉克斯坦五国元首比什凯克声明中所达成的协议。

十一、中方重申尊重哈萨克斯坦共和国的独立、主权与领土完整，支持哈萨克斯坦领导人为巩固国家独立、维护宪法制度、发展民族经济和实施社会经济改革所作的努力。

哈方重申，中华人民共和国政府是中国唯一合法政府，台湾是中国不可分割的一部分。哈萨克斯坦政府反对制造“两个中国”或“一中一台”的图谋，确认不和台湾建立任何形式的官方关系。

十二、双方愿共同促进亚太地区局势的改善，为确保其和平、安全与稳定而努力，并以建设性态度参加有关亚洲安全问题的双边及多边磋商。

作为亚洲相互协作与信任措施会议的积极参加国，双方将致力于“亚信”倡议的具体实施。

十三、双方强调就共同关心的全球和地区问题交换意见具有重要意义，愿在国际组织和地区合作机制框架内开展双边及多边合作，遵守《联合国宪章》的宗旨和原则以及公认的国际法准则，致力于建立公正合理的国际政治、经济新秩序。

江　泽　民（签字）
纳扎尔巴耶夫（签字）

国家主席江泽民在中南海会见以法国前总理雷蒙·巴尔为首的国家开发银行国际顾问委员会部分成员

中央军委副主席胡锦涛在人民大会堂会见阿尔巴尼亚国防部部长哈伊达拉加

哈伊达拉加说，阿尔巴尼亚政府和人民永远感谢中国政府和人民所给予的无私援助，支持中国为世界的和平与稳定所作出的努力。

国家主席江泽民在人民大会堂会见澳门总督韦奇立夫妇

国务院副总理钱其琛在中南海紫光阁会见澳门总督韦奇立夫妇

《人民日报》发表评论员文章《把“三下乡”提高到新水平》

中国选手陈艳青在雅典世界举重锦标赛女子 58 公斤级抓举比赛中以 105 公斤的成绩刷新世界纪录并夺得一枚金牌

国家出入境检验检疫局主办的亚欧会议贸易便利化行动计划 SPS 研讨会在北京举行

SPS 即 WTO《实施动植物卫生检疫措施的协议》，是动植物卫检领域内的重要国际准则，也是去年 4 月第二届亚欧首脑会议所批准的《亚欧贸易便利化行动计划》7 个优先领域之一，SPS 强调要使动植物卫生措施对贸易的消极作用降到最小。本次研讨会就简化 SPS 程序及单证的问题进行积极探讨。

澳门黑社会头目叶成坚等被枪决

广东珠海市中级人民法院根据最高人民法院执行死刑的命令，对澳门黑社会骨干分子为首的 15 人跨境暴力犯罪团伙主犯叶成坚、李新文、何景生执行枪决。

中国香港奥委会主席霍震霆当选为东亚地区理事会副主席

11月24日

全国政协主席李瑞环在钓鱼台国宾馆会见泰国上议院议长米猜·立初潘

部分省区市党委宣传部长座谈会在北京召开

近日，中共中央政治局委员、书记处书记、中宣部部长丁关根主持召开部分省区市党委宣传部部长座谈会、部分地市党委宣传部部长和文明办主任座谈会，总结今年工作，商讨明年工作。

丁关根说，今年大事喜事多，热点难点也多。在以江泽民同志为核心的党中央领导下，全国兴起了爱我中华、强我中华的爱国主义教育热潮，兴起了马克思主义唯物论无神论和弘扬科学精神、反对封建迷信教育热潮，兴起了实现祖国统一教育热潮。围绕庆祝新中国成立50周年，唱响了祖国颂、社会主义颂、改革开放颂，营造了欢乐喜庆、昂扬向上、团结奋进的良好氛围，大大增强了干部群众对党和政府的信任感，加快发展的紧迫感，做好工作的责任感。人民群众的爱国热情进一步高涨，民族力量进一步凝聚，政治觉悟进一步提高，有力地促进了改革开放和现代化建设，有力地维护了改革发展稳定的大局。

丁关根强调，要认真贯彻中央《关于加强和改进思想政治工作的若干意见》，大力加强思想政治工作。他说，越是改革开放和发展社会主义市场经济，越要坚持两手抓、两手都要硬，充分发挥党的思想政治工作优势。要把用邓小平理论武装全党、教育干部和人民作为思想政治工作的首要任务，深入进行党的基本路线教育，爱国主义、集体主义、社会主义教育，马克思主义唯物论、无神论和科学精神教育，民主法制和维护社会稳定教育，引导广大干部群众树立正确的理想信念，树立正确的世界观、人生观、价值观，巩固全国人民团结奋斗的思想基础。思想政治工作要同经济建设结合起来，同基层组织建设结合起来，同为群众办实事、解决实际问题结合起来。要适应新情况、新变化，探索新形式、新办法，切实加强基层思想政治工作，增强针对性、实效性。要关心人、尊重人、理解人，倾听群众呼声，了解群众心情，关心群众疾苦，既讲道理，又办实事，多做暖人心、得人心、稳人心的工作。

丁关根指出，精神文明建设要狠狠地抓，一天不放松地抓，从具体事件抓起。群众性精神文明创建活动是广大人民群众移风易俗、改造社会、为自己创造美好生活的伟大创造。这几年文明创建活动深入开展，城乡面貌明显改观。要在巩固、提高、延伸、辐射上下功夫，既有长远规划，又有近期安排，每年办几件作用大、群众欢迎的实事，一个问题一个问题地解决，一个层面一个层面地拓展，务求取得实实在在的成效。要大力加强思想文化阵地建设，多出优秀作品，营造良好的社会文化环境，陶冶情操，寓教于乐。切实加强文明社区、文明村镇建设，不断提高城乡文明程度和公民素质。

丁关根最后强调，新的一年即将来临。2000年是历史性、标志性的一年。中华民族经过100年的艰难曲折，50年的艰苦奋斗，20年的艰辛改革，将要在2000年实现第二步战略目标，迈进小康社会；将以崭新风貌跨入21世纪，开始走向第三步战略目标，实现中华民族伟大复兴。明年改革发展任务艰巨，维护稳定任务繁重。既有机遇，又有挑战。

全国党史研究室主任会议在北京举行

出席全国第二次社会主义时期中共党史学术讨论会、中国中共党史学会会员代表大会暨第五届理事会议的代表也参加开幕式。中共中央政治局常委、国家副主席胡锦涛，中共中央政治局候补委员、中央书记处书记、中组部部长曾庆红会见出席三个会议的全国党史工作者代表。

胡锦涛在会见代表时发表讲话。

曾庆红强调，在新的形势和任务面前，广大党史工作者必须全面提高自身素质。一要加强学习，坚持用马克思主义理论指导党史工作。马列主义、毛泽东思想、邓小平理论是党的指导思想，也是做好党史工作的根本指针。用马克思主义指导党史工作，要同学习邓小平同志关于党史工作的论述结合起来，同贯彻江泽民同志对党史工作的重要指示结合起来。二要增强政治意识，充分发挥党史资政育人的作用。党史工作无小事，做好党史工作必须讲政治。党的每一段历史怎么写，每一个重大事件和主要人物怎么评价、怎么宣传，关系到党的事业和党的形象，切不可掉以轻心。三要坚持实事求是，科学总结党的历史经验。努力探索发展社会主义市场经济和对外开放条件下党史工作的特点和规律。要采取历史唯物主义的分析方法，注意对客观环境、历史背景的复杂性和历史条件的局限性进行具体分析，全面地对待党的历史经验。多出政治导向正确、学术水平较高的党史成果。他希望大家继续保持良好的精神状态，打几个漂亮仗，拿出一批优秀成果，向建党80周年献礼，为党的建设和精神文明建设增光添彩，进一步开创党史工作的新局面。

中共中央党史研究室召开的这次会议，是为了深入贯彻党的十五大精神，进一步学习和落实去年江泽民总书记给中央党史研究室的信，交流各地党史工作经验和社会主义时期党史研究成果，通报中央党史研究室 2000—2001 年党史研究工作规划，动员全国党史系统为迎接建党 80 周年多出成果，开拓党史研究和宣传工作的新局面。同时，中国中共党史学会将选举第五届领导机构，在会上，中央党史研究室副主任陈威作工作报告，中国中共党史学会常务副会长龚育之作了题为《十五届四中全会精神与党史研究》的学术报告。

国家统计局公布《部门统计调查项目管理暂行办法》规定

从今年 10 月 27 日起，政府部门统计调查要实行审批和备案，国家统计局将管理和协调国家一级部门制定的统计调查；县及县以上地方各级政府统计局管理和协调同级部门的统计调查。

目前我国的政府统计分为政府综合统计和政府部门统计。近年来，这两部分统计存在着一些需要解决的问题，如重复矛盾的问题等。上述办法的制定是为了进一步提高统计数据的质量，它将适用于国家机关、具有行政管理职能的事业单位、经授权代主管部门行使统计职能的国家级集团公司和工商领域联合会或协会、经国务院授权具有一定行政职能的人民团体开展的统计调查；上述部门和单位与其他部门联合组织实施的统计调查；人民法院、检察院组织实施的统计调查。

共青团中央决定全面实施“金桥计划”

“金桥计划”就是要发挥共青团组织联系广泛的优势，帮助和引导各个领域、层次的青年科技工作者参与西部大开发，为民族地区的经济建设提供人才、智力、信息、技术和项目等方面的服务，架起成果与市场联系、人才与项目对接的桥梁，促进科研与产业的紧密结合。

为此，团中央将开展“百名博士西部行”等活动，组织高层次青年专业人才到民族地区举办报告会、讲座等，为民族地区党政部门及企业的决策者提供信息服务和决策参考；实地考察调研，针对民族地区的资源优势，对一些项目进行咨询论证，帮助制定、论证或修订发展战略；联合开发项目，提高民族地区经济发展中的科技含量，促进民族地区经济的快速发展。

团中央书记处常务书记巴音朝鲁指出，今后一段时期的共青团民族工作要以开展各族青年团结进步表彰为龙头，努力促进各族青年团结进步事业；以全面实施“金桥计划”为契机，进一步服务民族地区经济建设；大力推进“保护母亲河行动”，加强民族地区生态环境建设；继续开展少数民族团干部赴经济较发达地区挂职锻炼工作，为培养少数民族青年人才，促进民族地区经济发展和社会稳定作出新的贡献。

准格尔大煤田正式投产

准格尔煤田一期工程正式移交生产。这意味着国家投资 92.65 亿元进行的准格尔大煤田一期开发建设揭开了新的一页。

准格尔煤田位于内蒙古自治区伊克昭盟准格尔旗东部，位于蒙、陕、晋交界处，在已勘探总面积 1365 平方公里的范围内探明地质储量为 272.2 亿吨。一期工程建有年设计能力 1200 万吨的露天煤矿及年洗选能力 1200 万吨的大型选煤厂，装机容量 20 万千瓦的坑口电厂，年运输能力 1500 万吨的大准电气化铁路等。

全国人大常委会委员长李鹏在内罗毕会见联合国助理秘书长环境规划署副执行主任卡卡海尔和人居中心副执行主任比奥

李鹏会见了联合国设在内罗毕的两个重要部门——环境规划署和人类居住中心总部的负责官员，并同他们共同探讨保护环境和改善人居状况等问题。

李鹏首先参观了由中国政府赠送的用中文镌刻的《世界自然宪章》铜牌。

卡卡海尔说，内罗毕市是唯一设有联合国两个机构总部的发展中国家城市。环境规划署成立以来，就与中国进行了非常好的合作，中国以积极和建设性的姿态参与了全球环保工作。本月底和下月初，将在北京召开两个有关环保的国际会议。环境规划署和中国政府在保护臭氧层、防止全球气候变暖、保护生物多样性、减少和消除洪涝灾害等许多领域开展了富有成效的合作。中国除了在国际环保合作中发挥了自己的作用外，还在国内环保方面取得了令人瞩目的成就。卡卡海尔称赞李鹏是致力于环保事业的杰出的国家领导人。

卡卡海尔说，早在 1986 年，为表彰李鹏阁下为环保事业所作出的贡献，联合国环境规划署曾授予您“全球环境奖”。1992 年，您又亲自参加了在里约热内卢举行的具有历史意义的联合国环发大会，并代表中国政府签署了《联合国全球气候变化框架公约》和《生物多样性公约》。

比奥说，联合国人居中心有两项主要任务：一是向发展中国家提供技术合作；二是为成员国提供全球性的政策指导。1991 年，该中心和中国建设部签署了《谅解备忘录》。最近几年，中心和中国政府在公共信息、开放的环境和对自然灾害的控制三个领域进行了合作。值得一提的是，在去年长江流域洪灾后，该中心配合中国有关部门采取了一些救灾后续合作行动。

李鹏说，环境问题的重要性已越来越被人们所认识，它既是一个国家自身的问题，又是一个跨国问题，需要开展广泛的国际合作。人们的生活、工作和学习都需要良好的环境。保护环境已成为许多国家的一项重要国策。全球人口已达到60亿，联合国应该更多地关注人居问题。在中国政府的努力下，中国人民的人居条件和环境得到了显著的改善，但我们还有许多工作要做，面临的老城市改造任务还很艰巨。为保证可持续发展，今后我们主要发展中小城市，多建一些与人民的生活水平相适应的、价格合理的住房。

李鹏说，中国的环保工作主要集中在对大气污染、水资源污染、噪声污染和固体垃圾四个方面的治理。我们通过采取加大对环境保护的投资、广大人民的自觉参与和对污染严重的厂矿企业下决心关停等措施，进一步遏制环境恶化的势头，为人类环境的改善贡献自己的力量。李鹏说，世界各国发展水平不尽相同，希望联合国有关机构给予发展中国家的环保事业更多支持和帮助，发达国家也应在这个方面作出更多贡献。

会见结束后，李鹏委员长在总部花园内种植了一棵纪念树，并与卡卡海尔和比奥合影留念。

随后，李鹏委员长一行驱车前往利姆鲁地区的咖啡种植园和茶园考察。

李鹏委员长还顺道参观了著名的世界景观东非大裂谷。

国务院总理朱镕基在吉隆坡向马来西亚工商界发表讲话

朱镕基出席马来西亚全国工商总会举行的午餐会并发表讲话。

朱镕基说，过去两年，东亚抗击金融风暴，勇渡经济难关，终于迎来了经济复苏的今天。贵国政府和人民根据本国国情，沉着应对，独树一帜，战胜了金融危机的种种困难，显示了贵国政府和人民的智慧与勇气。中国作为在这场金融风暴中同舟共济的友好邻邦，看到马来西亚社会稳定，民族和睦相处，经济逐步复苏，感到由衷的高兴。贵国的经验进一步证实了一个真理，那就是发展中国家应根据本国国情制定经济政策，走有自己特色的发展道路。

朱镕基说，正如马来谚语所言："我们双脚站立的土地，就是我们必须撑起天空的地方。"亚洲金融危机告诉我们，在经济全球化进程加速的今天，维护经济安全，防范金融风险，已成为本地区国家共同面对的紧迫课题。应对这一新的挑战，既需要各国政府通力合作和不懈努力，也需要各国工商金融界的积极配合和大力参与。危机也是契机。只要我们勇于探索，加强合作，共同努力，亚洲的未来必定是光明的。

他说，亚洲金融危机也给中国经济带来了严峻考验。中国政府审时度势，当机立断，在保持人民币汇率稳定的同时，采取了扩大国内需求的一系列政策措施，特别是加强基础设施建设和企业技术改造投入力度，以带动国民经济增长。总的看来，这些措施已取得预期的效果。我们将进一步实施扩大内需的政策措施，继续加大基础设施和技术改造投入，调整经济结构，提高经济增长的质量和效益，保持经济持续较快发展。

他表示，中国将坚定不移地改革开放，走符合自己国情的道路。随着11月15日中美两国签署关于中国加入世贸组织的双边协议，中国加入世贸组织的步伐将加快。中国进一步扩大对外开放，将大大增加外国工商企业家来华投资和开拓市场的机会。可以预见，随着中国经济的进一步发展，中国与包括马来西亚在内的亚洲各国的经贸联系将日益紧密，合作领域会不断扩大。

朱镕基说，今年是中马建交25周年。25年来，中马在各个领域的友好交流与合作取得了长足的进展。双边贸易额已从建交初期的3.68亿美元发展到1998年的42.6亿美元。今年1月至10月，两国贸易额已达41亿美元，比去年同期增长近25%。两国贸易已初步摆脱了金融危机的阴影，恢复了稳步、快速发展的势头。两国相互投资也在原来几乎空白的基础上取得了可喜的成绩。这饱含着两国工商企业界人士开拓创业的艰辛，也展示了两国经贸与技术合作的巨大潜力。他说，把一个更深、更广、更实、更密切的中马关系带入新世纪，是我们两国政府和人民的共同愿望。今年我们两国政府签署的关于未来双边合作框架的联合声明，为两国在相互信任、相互支持的基础上建立全方位的睦邻友好合作关系勾画了蓝图。中马关系，尤其是中马经贸合作的美好未来需要我们大家共同去开拓和创造。我真诚地期望，通过包括在座各位在内的中马两国工商企业界人士的积极努力，中马两国全方位的睦邻友好合作关系将不断迈向新的高度。

全国政协主席李瑞环在钓鱼台国宾馆会见日本自民党代理干事长野中广务

李瑞环说，野中先生是日本知名的政治家，为推动两党、两国关系的发展作出了积极的努力，我们对此表示赞赏。

李瑞环指出，中日两国作为亚洲和世界的重要成员，巩固与发展两国友好合作关系，不仅符合两国人民的根本利益和共同愿望，对维护地区和世界和平与繁荣也将产生重要影响。江泽民主席去年对日本进行了正式国事访问,小渊惠三首相今年也成功访华,双方确立了致力于和平与发展的友好合作伙伴关系,这是面向新世纪中日友好关系的发展目标。只要双方恪守《中日联合声明》、《中日和平友好条约》和《中日联合宣言》中确定的各项原则,以史为鉴,从大局出发,着眼于未来,着眼于青年,21世纪的中日关系就一定会有一个新的发展,就能为人类的和平与繁荣作出新的贡献。

李瑞环说,应日本政府邀请,他即将对日本进行友好访问。他表示希望与日本政治家和各界人士广泛接触,就共同关心的问题广泛深入地交换意见,增进彼此间的相互了解,为推动中日友好关系的进一步发展作出共同努力。

野中广务对新中国成立50年来所取得的巨大成就表示祝贺。他转达了日本首相小渊惠三对李瑞环下月访问日本的热烈欢迎。他说,面对新的千年,日本应吸取历史教训,以史为鉴。日本各界应加强同中国的交流与合作,把一个健康的日中关系推向新世纪。

日本客人应中国共产党邀请来访。

国务院副总理李岚清在钓鱼台国宾馆会见哈萨克斯坦总统纳扎尔巴耶夫

第十一次《蒙特利尔议定书》多边基金执委会第二十九次会议在北京举行

会议讨论有关ODS(消耗臭氧层物质)淘汰政策、投资项目和支援项目等事宜。国家环保总局局长解振华、本次执委会主席赫奥茨出席开幕式并讲话。

《蒙特利尔议定书》(以下简称《议定书》)多边基金是缔约方中的发达国家为帮助发展中国家履行《议定书》义务而设立的环境基金,主要用于资助发展中国家准备国家方案、加强机构、投资项目、援助技术。多边基金执委会由每年的缔约国大会选出,每年召开3次会议,中国、比利时等14国是今年多边基金执委会的成员国。

解振华在开幕式致辞中充分肯定了多边基金机制在臭氧层保护中发挥的作用,并希望通过此次会议进行多方面的交流,为我国的臭氧层保护提供更有价值的建议。

会议反映,到目前为止我国已获得多边基金赠款4.45亿美元,200多家企业从中受益,淘汰ODS 5万多吨。我国已提前实现今年ODS的生产和消费冻结目标,并准备于2005年和2010年分别达到《议定书》所规定的替代目标。

多边基金执委会的执行机构联合国环境署、联合国工发组织和世界银行,以观察员身份出席会议,泰国、叙利亚政府分别派代表参加。

中央军委主席江泽民到北京航天城视察"神舟"号试验飞船返回舱

江泽民代表党中央、国务院、中央军委向参加研制、建设、试验的全体人员表示亲切的问候和衷心的感谢,勉励大家发扬伟大的"两弹一星"精神,发扬成绩,再接再厉,大力推进我国高科技事业的发展,为增强我国的综合国力、科技实力、国防实力和民族凝聚力作出更大贡献。

中共中央政治局常委、国家副主席、中央军委副主席胡锦涛,中共中央政治局委员、中央军委副主席张万年、迟浩田等随同视察。

江泽民讲话指出,我国第一艘试验飞船的发射成功,是我国航天史上的又一重要里程碑,标志着我国航天技术有了新的发展,对突破载人航天技术具有重要意义,对全国人民是一个很大的鼓舞。他要求科技人员对试验结果进行充分的分析研究,认真总结经验,科学制订发展计划,拓宽我国和平利用空间资源的领域。

江泽民希望广大航天科技工作者抓住机遇,努力驾驭新科技革命的趋势,瞄准世界科技发展的先进水平,结合我国社会主义现代化建设的实际,坚持自主创新,奋起直追,加快科教兴国战略的实施,把我国的科技事业不断推向前进。

首部以论著形式阐述中华五千年文化精髓著作——《中华五千年文化经典丛书》由北京科学技术出版社出版

11月25日

全国人大常委会副委员长姜春云在广东进行《立法法》(草案)调研

姜春云在11月25日至12月5日,先后到广东汕头、深圳、珠海、广州等地召开座谈会,听取这4个市和广东省的党委、人大、政府、司法机关和部分人大代表、法律专家对《立法法》(草案)的意见。调研过程中,姜春云根据中央有关指示精神,结合广东立法实践和我国立法工作的经验,对如何做好立法工作讲了六个方面的意见:

一是立法必须以马克思列宁主义、毛泽东思想、邓小平理论为指导,这是做好立法工作的最根本保证。

二是立法必须以宪法为依据,保持法制的统一。

三是立法必须要围绕党和国家的中心工作,服务于、服从于改革、发展和稳定的大局。

四是立法必须充分发挥民主,走群众路线。

五是立法既要借鉴国外有益的经验,更要强调从国情出发。

六是加强党的领导是做好立法工作的根本保证。

中共中央政治局委员、广东省委书记李长春，省委副书记高祀仁，省人大常委会副主任张帼英、副省长游宁丰等也参加广东省《立法法》(草案)座谈会。

中共中央政治局委员温家宝在中央党校作关于当前经济形势和任务的报告

温家宝指出，中央经济工作会议提出明年重点要抓好扩大内需、结构调整、科技进步、深化改革、改善人民生活五项主要任务，这是中央根据当前国际国内形势，把握改革开放和现代化建设全局，着眼于解决经济生活中的突出矛盾，并考虑长远发展提出来的，是近几年来中央采取一系列促进经济发展的方针政策的进一步完善。抓好五项任务是当前的大事，关系改革开放和现代化建设全局。这五项任务是有机的整体，有着密切的内在联系。

第一，扩大内需，实行积极的财政政策，就是抓住机遇，加快发展。发展是解决我们面临所有问题的关键。解决有效需求不足，要靠发展；进行结构调整，发展科技教育，改善人民生活，也必须以发展为前提，没有一定有效益的发展速度，这些工作就没有经济实力的支撑。因此，扩大内需是当前经济发展的头等大事。

第二，进行经济结构调整，是促进经济发展，提高质量和效益的根本性措施。当前经济生活面临的问题，表面上看是总量供大于求，实际上是结构性问题。一方面，许多产品供过于求，没有销路；另一方面，不少科技含量高、质量好的产品还短缺，需要从国外进口。现在面临的经济结构调整，不是局部的、暂时的调整，而是战略性的调整。这种调整，既要压缩落后的生产能力，又要加快发展短缺的、技术含量高和有国际竞争力的生产能力；既要调整产业结构、产品结构和企业结构，又要调整地区和城乡经济结构；既要解决当前的市场供求问题，更要着眼长远发展，提高国民经济的整体素质和效益。结构调整既是一项长期的任务，又是当前的紧迫任务。解决好这个问题，才能使国民经济步入良性循环。经济发展是结构调整的前提，结构调整是为了更好地发展。要在发展中调整，在调整中发展。

第三，科技进步是发展生产力的决定因素，是经济社会发展的主导力量。推动科技进步与创新，对于提高国民经济整体素质，增强综合国力具有重要意义。结构调整关键要依靠科学技术，国民经济的长远发展归根到底也要依靠科学技术。当前和今后一个时期，科技进步的主攻方向，一是用现代技术改造传统产业，这是实现工业化必然要经历的过程，这项工作远没有完成；二是发展高科技，实现产业化，努力占领科技制高点，这件事刚刚起步。

第四，改革是发展的动力，深化以国有企业改革为中心环节的经济体制改革，包括财税、金融、住房、社会保障以及其他方面的改革，才能更好地促进国民经济的发展。贯彻落实四中全会精神，实现国有企业改革和发展的三年目标，是明年经济工作的重中之重。完成这项重大任务，使国有企业增强竞争能力，提高质量和效益，对于国民经济的发展具有关键的作用；对于增强全党的信心，鼓舞全国人民，也具有重要意义。经济发展、结构调整和科技进步，都需要改革来推动，而经济发展又可以为改革创造良好的环境。

第五，改善人民生活，是扩大内需、促进经济增长的内在要求，是处理好改革、发展、稳定关系的结合点。我们一切工作的最终目的，都是为了满足广大人民群众物质文化生活的需要。在当前来说，增加群众消费，改善人民生活，对于直接拉动经济增长也具有现实意义。只有改善人民生活，改革才能得到广大人民群众的支持，才能有稳定的社会环境，才能集中精力发展经济。

温家宝强调，各级领导干部要从全局的高度认识抓好五项任务的重要意义，正确理解中央实行的一系列促进经济发展的方针政策，结合各地各部门的实际情况，研究贯彻落实的具体措施，切实做好明年各项经济工作。

国务院副总理吴邦国在上海考察

吴邦国 11 月 25 日至 27 日在上海考察国有大型企业和高新技术企业时强调，要以十五届四中全会和中央经济工作会议的精神，进一步统一思想和行动，努力实现中央提出的国有企业改革和脱困两大目标，加快发展高新技术产业，推动国民经济持续、快速、健康地发展。

吴邦国在上海期间，由中共中央政治局委员、上海市委书记黄菊和市长徐匡迪等陪同，先后考察了上海通用汽车有限公司、上海华虹 NEC 电子有限公司、上海宝钢益昌薄板有限公司和上海大众汽车有限公司等一批大型高新技术企业，就当前国有企业改革、发展高新技术产业、加快东部地区经济发展步伐等问题，进行调查研究，并与企业领导干部座谈，充分听取他们的工作思路和建议。

11 月 25 日，吴邦国来到位于浦东新区的上海通用汽车有限公司和上海华虹 NEC 电子有限公司考察。上海通用是目前我国最大的中美合资企业，总投资达 15.21 亿美元，所引进的汽车制造工艺和设备都具有国际先进水平。吴邦国仔细听取了公司负责人的情况介绍，详细询问公司的生产销售情况。当他了解到目前别克新世纪轿车的国产化率已超过 40%、产品供不应求的情况时，高兴地说，这是坚持高起点引进和消化吸收相结合的成果，希望今后继续坚持这一原则。他强调，质量是产品的生命线，各道环节都要严把质量关，用高质量迎接市场的挑战。

在华虹 NEC，吴邦国察看了以尖端技术为依托的超大规模集成电路芯片生产线。总投资 12 亿美元的华虹 NEC 是中国电子行业迄今投资规模最大、技术水平最先进的特大型企业。公司仅用 18 个月就建成投产，预计下月就可达到月产 1 万片超大规模集成电路芯片的生产规模。吴邦国对华虹 NEC 的工程进展予以肯定，并指出科技进步和技术创新是经济与社会发展的主导力量，不断地技术升级是企业持续发展的关键，希望华虹 NEC 继续跟踪行业技术发展的前沿，更好地消化、吸收国外先进技术，在电路设计和技术升级上做好文章，当好我国电子工业的“领头羊”。

11 月 26 日上午，吴邦国对上海宝钢益昌薄板有限公司的扭亏情况进行调研。益昌薄板于 1991 年建成后基本处于亏损状态，1997 年、1998 年两年共亏损近 5 亿元。去年益昌薄板由宝钢增资控股，实现资产重组后积极转换经营机制，强化管理，4 个月后即开始盈利，今年头 10 个月，实现净利润 1100 万元。吴邦国肯定了益昌薄板扭亏脱困的经验，并对宝钢、上钢、梅山三家特大型钢铁企业联合重组所取得的成效表示满意。他说，扭亏脱困必须和转换经营机制相结合，在提高技术含量方面下功夫。他在听取了上海宝钢集团的汇报后说，当前首先要把重复建设形成的过剩的、落后的生产能力压下来，做好产品结构调整的文章，大力加强技术改造、技术创新。吴邦国强调，国有企业必须十分重视专利技术的开发，尤其要重视把专利转化为商品。在分配上向科技人员倾斜，形成一套行之有效的激励机制，这方面思想要解放一点，胆子要大一点。此外，还要积极探索研究大型企业集团的企业制度的创新，建立现代企业制度，对企业进行科学、有效地管理。

吴邦国还对上海大众汽车有限公司的帕萨特轿车生产基地和技术中心进行考察调研。帕萨特轿车是上海大众面向 21 世纪的第三代产品，采用大量先进的生产工艺和设备。吴邦国深入车间、试验室了解情况，与设计人员亲切交谈。他说，建立以企业为主体的技术创新体系对促进产业优化升级十分重要。企业要加强技术开发力量、加大资金投入力度，在引进、消化国外先进技术的基础上，进行自主开发和创新，实现技术跨越。

在考察中，吴邦国充分肯定了上海在经济建设方面所取得的成绩。他说，今年以来，上海认真贯彻和落实党中央、国务院的一系列重要指示精神，统一思想，坚定信心，抓住机遇，开拓进取，1 月到 10 月取得了国内生产总值同比增长 9.9%的好成绩。一批支柱产业和高新技术产业获得迅速发展，国有企业扭亏脱困取得实质性进展。他希望上海广大干部群众在以江泽民同志为核心的党中央领导下，继续深入贯彻落实党的十五届四中全会和中央经济工作会议精神，着力推进以国有企业改革为中心的经济体制改革，不断提高技术创新能力，推动产业优化升级，完善社会保障体系，努力实现跨世纪战略发展目标，率先实现现代化。同时，上海作为我国重要的经济中心城市，又处于国家经济最发达的东部沿海地区，要自觉服从国家经济发展大局，积极帮助和带动中西部地区的经济开发。

在沪期间，吴邦国还考察了浦东国际机场等一些市政基础设施，对上海日新月异的城市变化表示满意。他希望上海加快发展步伐，早日建成现代化国际大都市。

现代物流发展国际研讨会在北京召开

研讨会由国家经贸委和世界银行联合主办、《中国航务周刊》承办。会议宣读国务院副总理吴邦国的书面讲话，他要求国家经贸委会同有关部门抓紧研究相关政策措施，大力推动现代物流发展。

吴邦国副总理在书面讲话中指出，这次会议是我国政府部门与世界银行在推动现代物流发展方面进行的一次重要而有意义的合作。现代物流作为一种先进的组织方式和管理技术，被广泛认为是企业在降低物资消耗、提高劳动生产率以外的重要利润源泉，在国民经济和社会发展中发挥着重要作用。国家经贸委要会同有关部门抓紧研究相关政策措施，大力推动现代物流发展；有关部门要积极参与，形成合力；在我国逐步建立起专业化、社会化、现代化的物流服务网络体系。

国家经贸委、交通部、铁道部、外经贸部、民航总局、国内贸易局等部委有关领导到会并讲话。来自中国、美国、英国以及中国香港、中国台湾等 15 个国家和地区的近 500 位政府官员、企业代表和专家学者参加研讨会。

国家主席江泽民在中南海会见泰国上议院议长米猜·立初潘

国防科工委表彰国庆受阅武器装备研制有功单位和个人

国防科学技术工业委员会在北京隆重召开总结表彰大会，对一批奋战在国防科技工业第一线、在 50 周年国庆受阅武器装备研制工作中作出突出贡献的单位和个人予以表彰。

中国航天科技集团公司、中国航天机电集团公司、中国航空工业第一集团公司、中国航空工业第二集团公司、中国兵器工业集团公司、中国兵器装备集团公司、国家机械工业局及其部分下属企业获得集体奖；592人获得个人奖；承制红旗检阅车的中国第一汽车集团公司获得特别荣誉奖。

国防科工委副主任栾恩杰主持会议，副主任张洪飚代表国防科工委宣读了表彰决定。

国防科工委党组书记、主任刘积斌在讲话中说，国庆50周年前，我们成功地研制生产了一批先进武器装备，圆满完成了阅兵新装备的技术保障任务。同时，新型武器装备的研制也取得了巨大进展，一批高新技术武器装备完成了设计定型试验，按时、保质、保量完成了20项新生产和改装装备生产和改装任务等，使我军武器装备的现代化水平大大向前推进了一步。通过这项工作，使我国国防科技工业的武器装备研制生产和保障能力上了一个新台阶；国防科技工业队伍得到了锻炼，经受了考验，进一步增强了凝聚力和战斗力。

教育部 国家统计局公布1998年全国教育经费执行情况

教育部、国家统计局日前发布1998年全国教育经费执行情况统计公告。监测结果表明，各级政府通过贯彻《中华人民共和国教育法》，落实教育优先发展的战略地位，政府教育投入的总量有了增加。但是，全国预算内教育经费占财政支出比例比上年有所下降，一些省、自治区已连续几年没有达到教育法规定的教育投入增长要求。

1998年，全国教育经费为2949.06亿元，比上年的2531.73亿元增长16.48％。其中国家财政性教育经费（包括各级财政对教育的拨款、城乡教育费附加、企业办中小学支出以及校办产业减免税等项）为2032.45亿元，比上年的1862.54亿元增长9.12％。

中央和地方各级政府预算内教育拨款（不包括城市教育费附加）1998年为1565.59亿元，比上年的1357.73亿元增长15.31％。同年，全国财政收入为9853亿元，比上年增长13.9％，全国预算内教育拨款增长速度高于财政收入的增长速度1.41个百分点。

各级教育生均预算内教育事业费支出都有所增长。

各级教育生均预算内公用经费支出普通小学、普通高校有所增长，普通初中、普通高中、职业中学有所下降。

关于预算内教育经费占财政支出比例情况，公告指出，按财政支出扣除国内外债务还本付息支出，预算内教育经费包含城市教育费附加的口径计算，1998年全国预算内教育经费占财政支出比例为15.36％，比上年15.67％减少了0.31个百分点。从全国情况看，有19个省、自治区、直辖市预算内教育经费占财政支出比例比上年有不同程度的下降。据悉，这些省、自治区、直辖市是：北京、山西、内蒙古、黑龙江、上海、浙江、安徽、江西、山东、河南、湖南、广东、海南、重庆、四川、陕西、甘肃、青海、宁夏。公告说，1997年实施“国家贫困地区义务教育工程”，教育投入占财政支出的比重较高，是1998年一些地区比重下降的原因。

关于国家财政性教育经费占国内生产总值比例情况，据初步统计，1998年全国国内生产总值约为79553亿元，国家财政性教育经费支出占国内生产总值比例为2.55％，比上年的2.49％增加了0.06个百分点。

全国文化科技卫生“三下乡”电视电话会议召开

中宣部、中央文明办等11个部委联合召开文化科技卫生“三下乡”电视电话会议，贯彻落实党的十五届三中全会、四中全会和中央《关于加强和改进思想政治工作的若干意见》精神，总结交流经验，安排部署下一步的“三下乡”工作。

会议反映，“三下乡”是加强农村思想政治工作，推进农村精神文明建设的重要途径。1996年以来，各地各部门积极组织开展文化科技卫生“三下乡”活动，为农民办了大量实事好事。据年初统计，近年来，共送图书1.8亿多册，送戏下乡350多万场，电影下乡1360多万场；下乡科技人员260多万人次，举办科技培训班59万多次，1亿多农民参加培训；下乡医疗队27600多支，培训乡村医务人员50多万人次，给2100万农民看了病，深受农村干部群众的欢迎，也得到社会各界的好评。近日，中宣部、中央文明办、科技部、农业部、文化部、卫生部、国家计生委、国家广播电影电视总局、新闻出版署、共青团中央、中国科协11部委联合发出了《关于进一步做好文化科技卫生“三下乡”工作的通知》。

会议指出，明年是世纪之交的一年，是具有特殊历史意义的一年。下一步的“三下乡”工作要做得更深入、更细致、更有效。今冬明春将推出一批集中活动：建设百县乡镇宣传文化工程，组织各级专业文艺团体到农村进行慰问演出，广泛组织开展各种群众性文化体育活动，向农民赠送一批科技图书、科技挂图、科技录像带，推进星火电视下千县活动，组织树文明新风科普万里行，开展婚育新风进万家活动，组织医疗队下乡巡诊，开展九亿农民健康教育行动，举办农村青年文化节等。

会议特别强调，农民欢迎“三下乡”，更需要常下乡，我们要认真研究有利于常下乡的措施和办法。一是要坚持“送”与“用”结合，注重增强农民群众转化“三下乡”成果的能力。二是要坚持“送”与“建”结合，为广大农村建设必要的阵地设施。三是要坚持“送”与“教”结合，为农村培养一支不走的“三下乡”队伍。四是要与社会主义市场经济体制相适应，建立、健全“三下乡”常下乡的机制。“三下乡”要靠行政推动，为农民无偿提供各种服务；也要靠市场的力量，用政策调动和鼓励社会各方面都来关心农民、支持农民。

会议要求，各地各部门要从增强农民致富能力、推动农村经济发展的高度，从密切干群关系、保持农村稳定的高度，从完成党的历史任务的高度，进一步提高对“三下乡”的认识，切实增强做好“三下乡”工作的自觉性。要把这项工作摆上重要日程，认真进行研究，制订具体方案，明确各方责任，狠抓工作落实。

中央文明办副主任胡振民主持会议。文化部、科技部、卫生部和农业部的领导对本系统“三下乡”工作提出了要求；黑龙江、福建、河北、云南等省的代表介绍他们开展“三下乡”的经验与做法。

国家体育总局举行进军悉尼奥运会动员大会

国家体育总局副局长袁伟民向各项目管理中心官员及一部分国家队教练、领队分析悉尼奥运会的形势，并在思想、科研、后勤等方面提出了备战要求。

袁伟民说，到目前为止，中国运动员在悉尼奥运会17个大项101个小项的资格赛和达标赛中，已经有200名运动员获得了奥运会入场券。而已失去参赛资格的有28个小项，其中包括影响较大的男子足球和女子篮球。

袁伟民说，悉尼奥运会将是迄今设项最多、参赛人数最多的一届奥运会。圆满完成这次“大考”任务对中国代表团有着重要的意义。袁伟民估计，原来美、俄、德三强争雄的局面可能会在本届奥运会上被打破，美、俄将组成新的第一集团。而东道主澳大利亚、德国、法国、中国等国家将在第二集团中展开激烈争夺。中国选手面临的形势严峻。

袁伟民强调了思想政治工作在备战过程中的重要性。他说，要树立正确的指导思想，统筹安排工作，在充分估计困难的基础上，发挥新形势下的举国体制优势，抓住夺牌重点项目，不放过任何一个争胜的机会。

刚刚在科威特参加完亚奥理事会会议的国家体育总局局长伍绍祖强调了反兴奋剂的重要性。同时他提出，悉尼奥运会上，中国代表团要在保证夺取上届奥运会16块金牌的基础上争取再进一步。

中纪委监察部就大庆联谊股份有限公司股票案发出通报

最近，中央纪委、监察部会同最高人民检察院、审计署、中国证监会，在黑龙江省委、省纪委及大庆市委的配合下，严肃查处了大庆联谊股份有限公司股票案，涉案的39名党政干部和企业领导干部被追究党纪、政纪和法律责任，其中10人由司法机关依法处理。中国证监会将依据有关证券法规对大庆联谊公司及有关中介机构作出严厉处罚。

11月26日

中国政府组成赴澳门出席澳门政权交接仪式代表团

中共中央总书记、国家主席、中央军委主席江泽民率中国政府代表团赴澳出席澳门政权交接仪式。代表团成员由国家领导同志，中共中央、全国人大、国务院、全国政协、中央军委有关部门负责同志，香港特别行政区行政长官，澳门特别行政区行政长官，各民主党派、全国工商联、无党派代表人士和人民团体的代表组成。代表团成员名单如下：

江泽民　朱镕基　钱其琛　迟浩田　邹家华
吴阶平　何鲁丽(女)　丁石孙　成思危
许嘉璐　蒋正华　王忠禹　叶选平
阿沛·阿旺晋美　安子介　霍英东　马万祺
经叔平　罗豪才　张克辉　卓　琳(女)
(以下按姓氏笔画排序)
马　凯　王　刚　王启人　王英凡　王国章
王胜俊　吉佩定　伍绍祖　刘　镇　刘云山
刘延东(女)　刘华秋　刘名启　刘剑锋　刘粤军
安　民　孙家正　李　冰　李水林　李荣融
肖贞堂　吴基传　何厚铧　张文康　张伟超
张柏林　张俊九　陈邦柱　陈至立(女)　陈佐洱
陈滋英　周　强　郑万通　宗光耀　项怀诚
赵启正　胡光宝　柯小刚　柯正平　祝铭山
桂世镛　贾春旺　原　焘　顾秀莲(女)　徐冠华
郭伯雄　唐天标　唐树备　唐家璇　崔占福
梁国庆　隗福临　董良驹　董建华　韩肇康
傅志寰　温光春　廖　晖　滕文生　戴秉国
戴相龙
秘书长：王忠禹
第一副秘书长：王　刚
副秘书长：胡光宝　崔占福　王英凡
陈佐洱　宗光耀

赴澳门出席政权交接仪式的观礼团组成

经中共中央、国务院批准，将赴澳出席澳门政权交接仪式、澳门特别行政区成立暨特别行政区政府宣誓就职仪式及在澳门举行的有关庆祝活动的观礼团组成。

观礼团由各省、自治区、直辖市政府代表，与澳门事务有关部门的负责同志，军队和人民团体的代表组成。陈滋英任观礼团团长，柯正平任顾问，李水林、王国章任副团长，吉佩定任秘书长，柯小刚、刘名启任副秘书长。

《人民日报》发表评论员文章《把揭批"法轮功"的斗争进行到底》

全国人大常委会委员长李鹏在耶路撒冷总统府会见以色列总统埃泽尔·魏茨曼

国务院总理朱镕基在马尼拉同菲律宾总统埃斯特拉达会谈

朱镕基与埃斯特拉达在菲总统府举行会谈。

朱镕基对发展中菲关系提出5点意见：

1. 开展各个部门、各个层次的往来与交流，以增进了解，扩大合作。

2. 明年是中菲建交25周年，这给我们两国关系提供了重要契机。我们了解，埃斯特拉达总统明年有意访华，中方对此表示欢迎。

3. 世纪之交，中方也认为有必要制定一个框架文件，为下个世纪中菲关系发展确定努力方向，并对各个领域合作制定规划。

4. 中菲合作首先应重点加强农业合作。中菲农业合作有着良好的基础。中国近年来在农业领域取得了很大的发展，积累了丰富的经验。今年，双方签署了农业合作协定。中方愿在稻种、农机以及在菲推广农业技术方面向菲方提供力所能及的帮助和支持。

5. 妥善处理存在的分歧。中菲在南海问题上存在争议，中国政府的立场是一贯的，我们主张根据国际法，通过谈判和平解决有关争议，不让分歧问题影响两国关系的大局。

埃斯特拉达对朱镕基所提建议表示赞同，并表示，菲方也认为，两国应在各层次、各领域有更多的交流与合作。

中共中央在中南海怀仁堂举办1999年第二次法制讲座

讲座内容是依法保障和促进国有企业改革与发展。中共中央总书记江泽民主持讲座并作重要讲话。

中共中央政治局常委李瑞环、胡锦涛、尉健行、李岚清参加法制讲座。

法制讲座的主讲人是中国政法大学的王卫国教授。他主要讲了三个问题：一、依法保障和促进国有企业改革的必要性；二、现阶段国有企业改革若干问题的法律思考；三、依法保障和促进国有企业改革需要注意的几个问题。

江泽民等领导认真听讲座、做记录，并就保障和促进国有企业的改革与发展的有关法律问题，与王卫国教授进行了探讨。

讲座结束后，江泽民在讲话中指出，这些年来我们制定了不少规范市场主体、维护市场秩序、加强宏观调控、健全社会保障等方面的法律、法规，有力地促进了国有企业的发展，也使政府能够有效地综合运用经济、法律和必要的行政手段进行管理。司法机关在打击经济犯罪、维护企业合法权益方面做了大量工作。企业依法经营管理的水平正在提高。

江泽民说，我们也要看到，同国有企业改革和发展的要求相比，法制建设方面还存在一些不适应的情况。有些与企业改革密切相关的法律、法规还需进一步完善，有关企业兼并重组、企业关闭、社会保障等方面的法律、法规还不健全。有法不依、执法不严、违法不究和徇私枉法的现象，政企不分、随意干预企业生产经营自主权的现象，乱收费、乱罚款、乱摊派的现象，在一些地方和部门仍然存在。不少企业还不善于运用法律手段维护自身的合法权益，影响了企业的正常生产经营。少数企业的经营者违规经营、以权谋私，造成国有资产流失。这些情况都说明，我们必须把依法保障和促进国有企业的改革与发展，摆到更加突出的位置继续努力抓好。

江泽民说，当前，国有企业改革已进入攻坚阶段，解决国有企业改革和发展面临的重点难点问题，必须充分发挥法律的作用。

各级领导干部特别是主要领导干部，要带头学法、用法、守法，不断提高依法行政的能力，学会运用法律手段保障和促进国有企业的改革与发展。

江泽民指出，从战略上调整国有经济布局和改组国有企业，实行改革、改组、改造和加强管理相结合，建立现代企业制度，推动企业科技进步，全面加强企业管理，建立企业优胜劣汰的机制，协调推进各项配套改革，切实维护职工合法权益，推进企业精神文明建设，都会涉及相关的法律问题，需要法律提供保障。要从我国国有企业的实际出发，总结好我们自己的实践经验，同时注意借鉴国外的有益经验，尽快形成适应我国社会主义市场经济发展要求、符合国有企业特点的法律体系。

江泽民说，在我国的经济生活和国有企业经营管理中还存在着一些不容忽视的问题，它们往往与有法不依、执法不严、违法不究有很大关系。一定要大力加强执法监督，实行执法责任制和评议考核制，加强执法队伍建设。对司法审判和执行中存在的一些地方、部门保护主义和司法腐败现象，必须坚决克服，切实维护国有企业的合法权益和社会主义市场经济的秩序。

江泽民强调，国有企业能否依法经营管理，关键在企业领导班子。要采取切实有效的措施，加强对企业经营者的法律培训，增加他们的法律知识和依法经营管理能力。企业领导人要自觉增强法制观念，坚持依法经营管理，不断提高企业的效益。所有企业都要严格执行国家的法律规定，及时、准确编制资产负债表、损益表和现金流量表，真实反映企业经营状况。要加强企业内部规章制度建设，对重大经营决策、合同管理、担保审核、对外投资、经济纠纷处理等，都要建立、健全相应的规章制度；严格按照质量标准、环境保护标准和安全生产标准从事生产经营。要加强对企业生产经营活动的审计监督。特别要注意培养懂法律、善经营的企业管理人才，进一步健全企业法律顾问制度，以利提高企业依法经营管理的水平。

丁关根、田纪云、迟浩田、张万年、罗干、姜春云、贾庆林、钱其琛、温家宝、曾庆红、吴仪、邹家华、布赫、彭珮云、曹志、司马义·艾买提、王忠禹、肖扬、韩杼滨、王兆国、宋健、李贵鲜、陈俊生、张思卿、钱正英、朱光亚、胡启立、赵南起、白立忱，以及中央、国家机关有关部门负责人参加讲座。

交通部发出加强船舶安全生产的紧急通知

交通部发出紧急通知，要求各级航运单位贯彻、落实党中央、国务院领导指示精神，时刻把安全生产作为首要任务来抓，确保人民生命财产安全。

通知说，随着冬季的来临，我国沿海海域受冬季季风影响日益加剧，近期已发生多起严重的海损事故和险情，特别是 11 月 24 日山东省烟大公司所属的“大舜”轮翻沉事件，给人民生命和国家财产安全带来巨大损失。党中央、国务院领导同志十分重视，亲自过问，作了重要指示。为贯彻落实党中央、国务院领导同志指示精神，加强运输安全生产，保障人民生命安全，交通部提出如下要求：

——各单位要提高认识，正确处理市场经济条件下安全与生产之间的关系，开展船员安全思想教育，强化“安全第一”的思想意识，时刻把安全生产工作作为首要任务来抓；

——各航运单位要切实建立、完善、落实船舶安全管理规章制度，层层落实安全管理责任制，加强调度指挥力量，加强船岸联系，关键时候领导要亲自值班；

——要认真开展船舶自身安全检查，及时纠正船舶缺陷。尤其是客滚船、液化气船、危险品运输船更要加强自身的安全检查。救生、消防设备及管系都应始终处于完好可用状态，汽车大舱、危险货物装载舱室、液化气船的管系阀门要做到每航必查；

——船舶要科学、合理配、积载，认真进行货物系固，加强船舶航行安全信息收听。客滚船应对所装运的车辆进行加固、绑扎，绝不能因为航程近、怕麻烦而忽视此项工作；

——装载危险品货物船舶，应严格遵守并执行有关危险品运输安全管理的规则，对装运危险品货物的区域严格实行防火防爆防泄漏措施，做到万无一失；

——船舶一旦发生海损事故，要及时向所在地的海事部门和中国海上搜救中心报告，各救捞单位要确保救助，值班船舶要始终处于良好状况；

——各海事局、海(水)监局、长江港航监督局、船级社要做好通航秩序的维护工作，严格执行各项安全管理法律、法规，严把船舶安全检查、检验关。与船舶航行安全有关的气象、海况及其他情况要及时通报有关航运单位和船舶。

全国总工会主席尉健行在天津考察

尉健行 11 月 26 日至 29 日在天津考察工会工作时强调，推进国有企业改革和发展，必须全心全意依靠工人阶级。

尉健行指出，搞好国有企业改革和发展，既是关系国民经济持续稳定发展的重大经济问题，也是关系巩固社会主义制度的重大政治问题。各级工会当前的中心任务就是认真学习贯彻党的十五届四中全会和中央经济工作会议精神，团结和动员广大职工为实现国有企业改革和发展三年目标作出新的贡献。要结合企业实际开展各种形式的劳动竞赛、合理化建议等群众性技术创新活动。要进一步突出和履行工会的维护职能，维护好职工群众的合法权益，保护好、调动好、发挥好广大职工的积极性。各级工会必须以改革和创新的精神，努力实现工会工作的“五突破一加强”：主要是积极协助党政做好国有企业减员增效、下岗职工基本生活保障和再就业，深入实施送温暖工程，对特困职工承担“第一责任人”的工作要有新的突破；坚决维护职工的经济利益，进一步理顺劳动关系，推动平等协商和集体合同制度的工作要有新的突破；切实保障职工的民主权利，坚持和完善以职工代表大会为基本形式的企业民主管理制度，实行厂务公开和民主评议企业领导人的工作要有新的突破；推动国有独资和国有控股公司不断完善法人治理结构，建立一个全心全意依靠职工办企业的领导班子，董事会、监事会都要有职工代表参加的工作要有新的突破；

加快新建企业工会组建步伐，最大限度地把职工组织到工会中来的工作要有新的突破；不断加强工会自身建设。各级工会领导机关在做好为基层“五突破”的服务的同时，要注意做好立法和制定政策参与，从源头上做好维护职工合法权益的工作。

尉健行强调,“五突破一加强”涉及的工作内容很多,其中心思想就是坚定不移地推动党的全心全意依靠工人阶级指导方针在企业的贯彻落实,进一步突出和履行工会的维护职能。我们讲的维护,是维护全国人民整体利益与维护职工具体利益的统一,维护职工经济利益与维护职工政治地位和民主权利的统一。其根本目的是为了最大限度地保护、调动和发挥广大职工的积极性,并通过劳动竞赛等形式把这种积极性切实引导到努力实现国有企业改革和发展三年目标上来,更好地完成党和政府提出的各项任务。这是当前对各级工会的基本要求。

中国 加拿大在多伦多就中国入世签署双边协议

中国外经贸部部长石广生与加拿大国际贸易部部长佩蒂格鲁在多伦多经最后一轮谈判后,代表两国政府签署了中国与加拿大关于中国加入世界贸易组织的双边协议。此前,双方在北京进行了一轮谈判。

协议签署后,石广生表示,中加协议的签署,标志着中国加入世界贸易组织的进程又向前迈进了一步。中加双方本着友好协商、互谅互让的精神,经过共同努力终于达成了协议,这符合中加两国的利益,并将有力地促进双边经贸关系的发展。佩蒂格鲁表示,中加协议的达成,是中加两国经贸关系史上具有历史意义的大事。加拿大支持中国尽早成为世贸组织成员,并期待着与中方合作,共同为多边贸易体制的发展和世界经济的繁荣作出努力。加拿大是迄今为止第十四个与中国结束世贸组织双边谈判的国家。

解放军驻港部队第二次轮换

中国人民解放军驻香港部队陆、海、空三军部分建制单位凌晨开始轮换,中午全部轮换完毕。这是驻港部队第二次轮换行动。

中国人民解放军驻香港部队对外发言组负责人冯巍中校说,驻港部队此次轮换行动,是根据《中华人民共和国香港特别行政区驻军法》关于“香港驻军实行人员轮换制度”的规定和中央军委的命令进行的。轮换单位包括香港驻军部分陆军分队、海军舰艇和空军直升机大队。部队轮换后,香港驻军在香港特别行政区辖区内部队的员额与装备数量,同轮换前没有变化。

第四届中国摄影金像在北京揭晓

中国残疾人福利基金会第十六次理事会议在北京召开

基金会理事长邓朴方讲话说:近来宋平同志多次提出自己因年事已高,希望不再担任名誉理事长一职。为此我会报请中央领导批准并征得本人同意,聘请刘华清、迟浩田、布赫、何鲁丽、蒋正华、白立忱、经叔平、罗豪才、启功、厉以宁、江平、吴蔚然、王选等同志为我会名誉理事。会上,刘华清被推举为中国残疾人福利基金会名誉理事长。

中国县以上城镇全部建立居民最低生活保障制度

在福建泉州召开的全国城市居民最低生活保障工作会议反映:截至 1999 年 9 月底,我国 668 座城市和 1638 个有建制镇的县人民政府所在地,已全部建立城市居民最低生活保障制度,提前 3 个月完成国务院规定的建制任务。

自 1997 年国务院发出《关于在全国建立城市居民最低生活保障制度的通知》并召开全国电视电话会议以来,我国各地党委政府将其列为“党政一把手工程”,加强领导,积极支持。许多贫困县(市)克服财政紧张等困难,积极筹措保障资金。各级民政部门加大工作力度,采取得力措施,牢固构筑社会保障体系中的最后一道安全网。

在建立城市居民最低生活保障制度过程中,各地政府普遍将最低生活保障资金列入当地财政预算,确保了保障金的及时到位和发放。有 20 个省、自治区、直辖市专项列出 300 万元至 600 万元的省级调剂资金,支持省内欠发达市、县实施最低生活保障,并使用于省属企业职工的最低生活保障得到落实。1999 年 1 月至 9 月,全国共发放最低生活保障金 15 亿元。

我国各地还在广泛进行家庭收入调查的基础上,通过张榜公布、群众监督等办法,严格核定最低生活保障对象,目前已基本将符合最低生活保障标准的人员纳入了保障范围。到 10 月底,全国已有保障对象 281.7 万人,其中原有“三无人员”占 21%,在职、下岗、失业人员等家庭占 79%。由于将大量有单位的贫困人员纳入了最低生活保障网,大大加速了国企改革的进程。

11 月 27 日

全国人大常委会委员长李鹏在约旦河西岸城市拉马拉同巴勒斯坦总统阿拉法特举行会谈

李鹏说,中国始终认为,巴勒斯坦问题是中东问题的核心,巴以和谈应以联合国的有关决议和“以土地换和平”的原则为基础。中国将一如既往地与国际社会一道,为推动中东和平进程,争取在中东地区早日实现全面、公正、持久的和平作出自己的努力和贡献。中国衷心希望,巴以双方关于巴勒斯坦最终地位的谈判能够取得进展。

李鹏表示，中国一贯支持巴勒斯坦人民的正义事业，并为巴勒斯坦人民重建家园提供了力所能及的援助。他表示相信，随着中国经济的发展与巴勒斯坦自治区的不断扩大，双方在经济等各领域的合作也将日益加强。中国重视发展同巴的经贸关系，我们愿本着平等互利的原则推动这一关系向前发展，取得更多实际成果。中国将鼓励有实力的企业来巴开拓市场，开展更广泛的合作，也欢迎巴勒斯坦企业界人士到中国寻求合作伙伴。与此同时，中国还愿意为巴经济建设提供技术和管理经验。

阿拉法特说，巴勒斯坦也将采取更加积极的态度，同中方积极探讨合作内容和方式，开展多种多样的合作与交流。

巴勒斯坦立法委员会在拉马拉举行特别会议欢迎来访的全国人大常委会委员长李鹏

巴勒斯坦立法委员会主席库赖首先致辞说，李鹏委员长对巴勒斯坦的访问再次肯定了中巴两国和两国人民之间所固有的深厚历史性关系。中国在伸张正义、反对霸权、支持各国人民争取自由等方面发挥了重要作用。

李鹏委员长发表讲话。他说，今天，我们踏上巴勒斯坦古老的土地，与新朋老友相逢，我感到格外地高兴。巴勒斯坦人民在阿拉法特总统的领导下，为恢复合法民族权益、争取民族解放和独立进行了长期艰苦卓绝的斗争，成为 20 世纪人类发展史上弱小民族争取自由与独立的光辉写照，赢得了中国人民和全世界人民的敬佩。今天，我们高兴地看到，巴勒斯坦人民终于在自己的领土上建立了自治政权，朝着建立独立国家的目标迈出重要的一步。巴自治区成立以来，巴人民在以阿拉法特总统为首的巴民族权力机构领导下，致力于重建家园，振兴经济，在短短的几年里，取得了可喜的成就。对此，我们感到由衷的高兴，并予以高度评价。我们相信，勤劳勇敢的巴勒斯坦人民一定会用自己的双手，创建更加美好的明天。

李鹏说，中巴友谊源远流长。“疾风知劲草，路遥知马力”，自 1964 年建立关系以来，中巴友谊经历了不同历史时期国际风云变幻和地区形势变化的考验，并不断增添新的活力。中国珍视同巴勒斯坦的传统友谊，愿在相互尊重、平等互利的基础上进一步发展同巴在各个领域的友好合作关系。李鹏重申，支持巴勒斯坦人民的正义事业是我国的既定方针，中国人民永远是巴勒斯坦人民可信赖的朋友，并将始终不渝地支持巴勒斯坦人民的正义事业。

他说，中东问题是一个涉及地区乃至世界和平的重要国际问题，持续了半个多世纪的阿以争端给该地区各国人民尤其是巴勒斯坦人民带来了深重的灾难和难以估量的损失，也严重阻碍了该地区国家的经济建设和发展。尽早实现中东和平，不仅是该地区各国人民的共同呼声和愿望，也是有关各方的现实和长远利益所在，也是时代的要求。我们相信，尽管和平进程还会遇到困难，只要有关各方切实执行联合国有关决议，遵循“土地换和平”的原则，本着尊重历史、面对现实、着眼未来的精神，和平是完全可以实现的。

李鹏高度赞赏以阿拉法特总统为首的巴勒斯坦自治政府坚持通过和谈解决巴以争端的战略选择，并相信巴自治政府通过既坚持原则，又灵活务实的和平谈判，一定能够驾驭和平之舟，破浪前进，到达成功的彼岸。

李鹏指出，中国一向支持和平进程，并为推动这一进程作出了不懈的努力。我们愿和国际社会以及有关各方一道继续努力推动以巴勒斯坦问题为核心的中东问题早日得到全面、公正、持久的解决，以实现中东地区的长治久安和巴勒斯坦人民的崇高目标。

最后，李鹏强调，刚才我与阿拉法特总统就中巴关系和中东地区形势等共同关心的问题交换了意见，取得了广泛的共识，我们的会谈富有成果。

国务院总理朱镕基在马尼拉饭店会见前来参加第三次东盟—中日韩领导人非正式会晤的印度尼西亚总统瓦希德

朱镕基说：总统阁下长期以来一直积极主张发展对华关系，就任总统后又决定把中国作为正式出访的第一个国家，我们对此表示赞赏。江泽民主席正期待着阁下对中国的国事访问，与阁下就两国关系和共同关心的问题深入交换意见。中国政府和人民也会热情地欢迎你。

朱镕基说，在总统阁下的领导下，印尼形势正逐步恢复正常。中方积极评价总统阁下奉行的民族和解政策。中国和印尼都是亚洲大国，两国发展友好合作不仅对两国人民有利，而且对亚洲的稳定与发展有利。中国愿在力所能及的范围内对印尼经济恢复发展提供帮助。

瓦希德还对中国在成为世贸组织成员方面取得的积极进展表示祝贺。

在谈到即将举行的第三次东盟—中日韩领导人非正式会晤时，朱镕基说，本次会晤应推动东亚合作、特别是经贸合作进一步发展。中方希望此次会晤致力于地区的团结与合作，而不是突出一些具体的分歧。

瓦希德表示完全赞同朱镕基的观点，他认为各国之间会有分歧，但都可通过协商达成一致。

国务院总理朱镕基在马尼拉世纪公园饭店会见前来参加第三次东盟—中日韩领导人非正式会晤的柬埔寨首相洪森

朱镕基表示很高兴有机会在马尼拉与洪森首相再次会面。他说:“我是在走亲戚时又碰到亲戚。”

朱镕基说:年初我与阁下在北京会谈时曾就一些具体经贸合作项目达成谅解,经过双方有关部门的紧密合作,现在已取得积极的进展。

会见中,双方就两国关系中一些共同关心的问题以及合作项目的落实交换了意见。

晚上,朱镕基总理前往菲律宾总统府,出席了东盟—中日韩领导人非正式会晤以及菲律宾总统埃斯特拉达为东盟—中日韩领导人举行的非正式晚宴。

国务院总理朱镕基在马尼拉世纪公园饭店会见菲律宾副总统格洛丽亚·马卡帕加尔-阿罗约、参议院议长布拉斯·奥莱和众议院议长曼努埃尔·比利亚尔

在会见阿罗约副总统时,朱镕基说:这是我首次访问菲律宾,感到非常高兴。昨天,我同埃斯特拉达总统进行了亲切、友好和坦率的会谈。中方提出了进一步发展两国、特别是农业领域合作的几点建议,得到了埃斯特拉达总统阁下的好评。朱总理表示,今后两国在保持高层互访的同时,还应加强各个领域、各个层次的交流与合作,并取得实质成果。

阿罗约表示,菲律宾方面对菲中关系感到满意。

会见菲律宾参众两院议长时,朱镕基向他们转达了李鹏委员长的问候。

朱镕基表示,希望中菲两国议会间的交流与合作势头继续保持下去,使之成为促进两国关系发展的重要和积极因素。

朱镕基介绍了中国经济发展、特别是农业发展的情况,并就两国经贸关系、特别是农业领域的合作交换了意见。奥普莱对中国对菲律宾的帮助表示感谢。

朱镕基在会见菲律宾领导人时,特别向他们指出:发展中菲关系最重要的一点,就是要不断增进相互了解和相互信任。中菲之间没有任何问题不能通过友好谈判协商解决。希望两国在有关争议问题上恪守共识,履行承诺,采取克制态度,不采取使事态扩大化、复杂化的行动。中菲两国有着传统友谊,我们没有理由不使这种友谊继续发展下去。

阿罗约表示,菲方高兴地看到,菲中双方对两国间存在的争端,包括领土争端,都表示要致力于友好协商解决。

奥普莱和比利亚尔议长也认为,对有关争端应保持克制,特别要建立相互信任,以符合双方利益的方式使问题得到妥善解决。

致公党第十一届中央委员会第三次全体(扩大)会议在北京举行

全国政协副主席、致公党中央主席罗豪才代表第十一届中央常务委员会作工作报告。

会议中,与会代表将学习中共十五届四中全会精神,审议并通过中央常委会工作报告,补选中央委员和中央常委,通过致公党十一届三中全会决议。致公党中央副主席郑守仪、王宋大、吴明熹、杜宜瑾、王珣章等出席了会议。

《人民日报》发表评论员文章《为国企改革发展提供法律保障》

国务院总理朱镕基在马尼拉出席菲律宾工商界举行的午餐会并就两国经贸合作问题发表讲话

朱镕基说:中菲两国隔海相望,人民友好交往源远流长。两国建交以来,在双方政府和企业家的共同努力下,我们在众多领域的友好和互利合作不断发展,取得了积极的成果。此次访菲,我同埃斯特拉达总统就进一步发展两国经贸合作进行了很好的会谈。我们一致同意推动双方政府部门和企业探讨新的合作方式和领域,充分挖掘潜力,把中菲经贸合作不断推向前进。

朱镕基说:前年爆发的亚洲金融危机给包括菲律宾和中国在内的亚洲国家经济发展带来了很大困难。在菲律宾政府和人民的努力下,菲律宾经济开始重新走上了健康发展的轨道。我们作为友好邻邦,对此感到由衷的高兴。

他说:去年以来,为克服亚洲金融危机和国内特大洪涝灾害带来的困难,中国政府采取了一系列有力措施,特别是扩大国内投资需求和消费需求的措施,取得了明显成效。虽然中国经济在发展中也面临一些新的问题,但我们相信,通过增加有效需求、加大调整和改革的力度、加快基础设施建设、深化国有企业改革,就可以推动经济持续稳定发展,提高经济增长的质量和效益,为迈入新世纪打下良好基础。

他说,中国经济持续发展和对外开放的推进,为各国与中国扩展经贸合作和国外企业家来华投资提供了更广阔的前景。今后一个时期,中国将重点发展农业、水利、能源、交通、通信、原材料、环保、高技术等基础设施和产业。可以说,世纪之交,中菲两国的互利合作正面临新的发展契机。

朱镕基就如何加强中菲经贸合作谈了几点看法:

一、农业合作将是双方经贸合作新的重点领域。今年两国农业部长签署了《中菲关于农业及有关领域合作协定》,为双方拓宽农业合作创造了必要的条件。埃斯特拉达总统非常重视发展农业,积极倡导“粮食安全”政策，给我留下了深刻印象。新中国成立 50 年来，在农业发展领域取得了举世瞩目的成就，尤其在种子、农机、水利、化肥、农药、农产品加工等方面积累了不少经验。中国愿发挥自身优势，积极帮助菲律宾发展农业。

二、进一步挖掘双边贸易潜力，促进经贸关系健康平衡发展。90 年代以来，中菲双边贸易稳步增长，即使在亚洲金融危机过程中也仍然保持了增长势头。但中菲贸易同中国与东南亚其他国家贸易相比，总量还不大，有待双方特别是各位在座的工商界人士做出更大的努力。我们对扩大双边贸易的态度是积极的。

三、积极推动双向投资的发展。双方可在交通、通信、纺织、能源和科技等领域开展互利合作，通过多种途径和方式，积极鼓励双向投资与技术合作，逐步扩大合作规模和领域。中国政府鼓励有实力的企业家来菲律宾进行考察和投资办厂，也欢迎菲律宾企业家到中国去投资和寻求合作。

四、支持和鼓励两国企业开展友好往来与合作。在促进两国大企业加强合作的同时，也要充分调动民间企业，特别是中小企业的积极性。双方政府部门共同对此加以政策引导，提供多种便利条件。

朱镕基说，中菲经济有较强的互补性，开展互利合作的潜力很大，完全可以发挥各自的优势，相互学习、借鉴和补充，不断拓展合作领域。他表示相信，双方一定能使两国经贸合作在新世纪里获得全面、深入的发展，并不断迈上新的台阶。

午餐会上，朱镕基还回答了与会者提出的问题。

《人民日报》就所有城市和有建制镇的县人民政府所在地已全部建立起了城市居民最低生活保障制度发表评论员文章《建立有中国特色社会保障体系的一个里程碑》

11 月 28 日

全国人大常委会委员长李鹏在耶路撒冷总理府同以色列总理巴拉克举行正式会谈

巴拉克表示，以色列方面希望加强以中两国在中央和省一级的友好关系。

李鹏表示，我们注意到中东和平进程取得的一些进展，也注意到以巴谈判目前遇到的一些困难，我们衷心希望以巴双方的谈判能够取得成果。巴拉克总理当选以来，采取积极务实的中东和谈政策，赢得了国际社会的广泛赞赏。和平对当事国各方都有好处，尽早解决中东问题，不仅是地区各国现实和长远的利益，也有利于世界的和平与发展。中东问题错综复杂，这就要求地区国家领导人以高超的智慧和胆略，面对现实，面向未来，通过认真的谈判逐步解决分歧，最终实现全面、公正、持久的和平。

在谈到两国的具体合作时，李鹏说，中以建交几年来，在双方的共同努力下，我们在许多领域开展了卓有成效的合作。以色列在农业、高科技方面有许多值得中方借鉴和学习的地方。我们高兴地看到，不少合作项目已经取得成效。

第三次东盟—中日韩领导人非正式会晤和中国—东盟领导人非正式会晤先后在马尼拉国际会议中心举行

东盟各国和中日韩领导人出席。

朱镕基就东亚合作的方向和领域等阐述中方的主张和建议。他指出，集中精力发展经济，进一步营造和平的环境，是东亚各国共同利益所在，是东亚合作的首要任务。他建议在经济、金融和科技等领域深化东亚国家的互利合作。

在中国—东盟领导人非正式会晤中，各国领导人对近年来中国与东盟关系的发展感到满意。东盟国家对中国发展建设所取得的成就表示赞赏，高度评价中国在亚洲金融危机中给予东盟一些国家的支持和援助。印尼总统瓦希德在发言中指出，中国是世界上一个受尊敬的、有影响的大国，东盟国家应当继续重视和加强与中国的关系。

朱镕基提出中方在新世纪加强与东盟睦邻互信伙伴关系的主张和具体建议，表示中国将继续深化与东盟国家和东盟组织在各个领域、各个层次的对话与合作，尤其是在经贸、科技和金融等领域的合作。

朱镕基在东盟—中日韩领导人非正式会晤时指出，东盟与中国、日本、韩国领导人非正式会晤，是本地区有关国家领导人共聚一堂，就东亚合作问题交换意见的一个重要渠道。本次会晤有必要在前两次成功会晤的基础上，进一步明确迈向新世纪的东亚合作的目标、原则和合作领域，以确保东亚合作沿着正确和健康的轨道继续前进。

他说，早在 80 年代初期，中国领导人邓小平先生就提出了和平与发展是当今世界两大问题的论断。“冷战”结束以来，国际形势的变化充分证明，这个预见是十分正确的。

无论是在世界范围内，还是在本地区范围内，和平与发展的问题都未得到真正的解决。维护世界和平、促进共同发展，既是各国人民的共同愿望，也是我们东亚合作的宗旨和目标。

东亚是当今世界上多样性十分突出的地区。各国国情不尽相同，社会制度、文化传统各异，发展水平也很不平衡。但是，集中精力发展经济，进一步营造和平的环境，则是我们东亚各国共同利益所在。

朱镕基说，目前，东亚面临着进一步克服金融危机影响和应对经济全球化新挑战的双重压力。加强经济合作，促进共同发展，重振昔日雄风，是东亚国家的首要任务。亚洲金融危机给我们的深刻启示之一是：东亚经济要转危为安，恢复发展势头，不仅需要各国坚持推进改革和经济结构调整，而且需要我们进一步加强协调与合作，在合作中求发展。

今后相当一段时期内，东亚合作的重点应该放在经济领域。具体而言，要在贸易、金融、投资、科技领域进一步加强合作。由于东亚可能成为国际资本冲击的目标之一，加之国际金融体系不尽合理，本地区国家金融监管体系有待进一步完善，防范金融风险依然十分重要。因此，金融合作应是当前和今后东亚合作的重点之一。

他说，令人欣慰的是，东亚金融合作已经有了一个好的开端。经中方的倡议，在东盟主持下，东盟—中日韩副财长和央行副手对话于今年3月成功启动，并已举行两次会议，就监控短期资本流动及国际金融体系改革等问题进行了有益的讨论。

我们应当进一步加强和深化这一行之有效的对话机制。为此，中方建议使副财长和央行副手会议实现机制化，同时，根据需要在此基础上可举行财长和央行行长会晤。在此机制内，交流各自国家金融领域改革和调整的信息及经验；设立专门小组，就国际资本流动的监管、提高防范和预测金融风险的能力、国际金融体系改革等问题进行深入研究。通过这个机制，协调东亚国家在重大国际金融和经济问题上的立场和主张，对国际金融体系改革作出我们东亚的贡献。

朱镕基说，东亚地区还应重视加强高科技领域的合作。从长远观点看，这对加快东亚地区经济结构调整与产业升级具有重要意义。为了促使东亚经济增长转移到依靠科技的轨道上来，有必要将科技合作摆在一个突出的位置。为此，可以考虑设立专题组，就加强科技交流和人力资源开发、合理开展本地区的产业技术转移、可持续发展等问题进行研究，提供指导建议，使科技合作与各国自身发展需要相结合，进而提高东亚地区经济、科技的整体竞争能力。

朱镕基指出，历史的经验告诉我们，良好、稳定的国家关系是有效开展地区合作的政治基础。亚洲是人类文明摇篮之一。在新的世纪，东亚国家应当继续弘扬东方文化的优秀传统，坚持根据《联合国宪章》的宗旨和原则、和平共处五项原则以及其他公认的国际关系准则，发展国与国之间的关系。坚持按照平等参与、互惠互利、优势互补、共同发展的原则，开展各个领域的合作。只有这样，才能较好地兼顾各国的不同权益和要求，推动东亚合作一步一个脚印地向前发展。

朱镕基说，中国的发展离不开东亚，东亚的繁荣也需要中国。作为东亚的一员，中国高度重视加强与东亚各国的平等互利合作。经过50年的艰苦奋斗，中国的社会主义现代化建设已经获得举世瞩目的伟大成就。中国政治稳定，经济发展，社会进步，这本身就是对东亚发展的一大贡献。

中国为维护东亚乃至亚洲的和平、稳定与发展，作出了不懈的努力。中国政府在自身面临诸多困难的情况下，以高度负责的态度，努力扩大内需，确保经济增长；保持人民币汇率稳定，并通过各种渠道，向东亚一些遭受金融危机打击的国家提供了力所能及的援助。中国还积极为加强东亚合作献计献策，并广泛参与了东亚地区的多边、双边合作。

朱镕基表示，面向新的世纪，中国将一如既往，与东亚国家携手合作，为促进东亚的和平、稳定、发展和繁荣继续作出自己应有的贡献。他表示相信，在大家共同努力下，东亚的明天一定会更加美好！

随后，朱镕基在中国—东盟领导人非正式会晤上发表讲话。他说，睦邻友好和互利合作始终是贯穿中国与东盟各国相互关系的主线。

在1997年中国—东盟《联合声明》的指导下，中国分别与泰国、马来西亚、文莱、越南签署或发表了面向21世纪的双边合作计划或《联合声明》，中国与东盟睦邻互信伙伴关系的内涵得到了进一步充实和丰富。

朱镕基说，在经济、贸易、科技等领域，我们之间的互利合作不断拓展，贸易额逐步回升。中国—东盟对话合作框架内的经贸、科技联委会和联合合作委员会等机制运转顺利。在地区和国际事务中，我们相互支持，密切配合，加强对话与合作，努力维护地区和平与稳定。

他说，中国与东盟国家既是友好邻邦，又同为发展中国家，巩固和发展彼此之间的睦邻友好和相互合作关系，是我们的共同需要，符合我们各国和人民的根本利益。

朱镕基说，在我们即将迎来新的千年之际，我愿重申，在和平共处五项原则基础上，继续发展同东盟国家的睦邻互信伙伴关系，是中国既定的外交政策。中国将保持和加强与东盟多层次、多渠道的友好交往，进一步增进相互了解与信任，在睦邻互信伙伴关系的总体框架内，与所有东盟国家积极探讨和确定加强双边互利合作的新思路和新途径。

中国将坚持“平等互利、注重实效、长期合作、共同开发”的原则，在各个领域尤其是在经贸、科技、农业、金融等领域，扩大和深化与东盟国家的互利合作；进一步加强中国—东盟科技联委会在促进双方高科技交流与合作中的作用；加大双方在农业以及农业机械等方面开发合作的力度；通过增加商品交换品种、探讨易货贸易和对销贸易等灵活的贸易方式、鼓励双向投资等途径，拓展民间企业之间的交流与合作，推动双方经贸合作不断登上新台阶。

朱镕基表示，中国愿意加强与东盟自由贸易区和自由投资区的联系，支持湄公河流域开发。

中国将继续在东盟地区论坛、亚太经合组织、亚欧首脑会议、联合国等地区和国际组织中与东盟国家相互支持，相互配合；加强在国际金融体系和国际经济秩序改革中的协调与合作；进一步开展多边及双边安全对话与协商，为建立公正、合理的国际政治、经济和安全新秩序而共同努力。

中国将一如既往地恪守 1997 年中国—东盟《联合声明》确定的有关原则和精神，坚持通过双边友好协商，以和平方式解决彼此间存在的分歧和争议。中国赞赏《东南亚友好和平条约》的宗旨和精神，将继续支持东盟建立和平、自由、中立区以及东南亚无核区的努力。

他说，我们高兴地看到，经过 30 多年来的磨砺，东盟已日益成长为本地区乃至国际舞台上一支重要的力量。我们相信，东盟将保持自尊、自强、自主的特色，根据平等互利、协商一致等行之有效的原则，加强自身的团结与合作，在促进地区多极化及和平与发展方面，发挥更加积极和建设性的作用。

朱镕基说，中国奉行的独立自主和平外交政策和外交实践，已使包括东盟在内的越来越多的国家更加清楚地认识到，中国的发展不会对任何国家构成威胁，只会有利于地区和世界的和平与繁荣。中国政府和人民早已庄严地作出承诺：中国永远不称霸。中国将坚定不移地同广大发展中国家同呼吸、共命运。中国过去是，现在是，将来仍然是维护世界及地区和平与稳定的重要力量。

中央党校第二十七期省部级干部进修班举行毕业典礼

中共中央政治局常委、书记处书记、中央党校校长胡锦涛出席中央党校省部级干部进修班毕业典礼并讲话。

胡锦涛指出，我们要进一步深刻领会邓小平同志关于“发展才是硬道理”的思想，坚持用发展的办法解决前进中的问题。要继续实行积极的财政政策，把扩大内需作为基本的立足点，并把扩大内需与调整经济结构、推动科技进步、促进对外开放结合起来，与实施西部大开发战略结合起来，与改善人民生活结合起来。他指出，为了促进发展，就要进一步深化改革，特别是把国有企业改革和发展作为重中之重，认真抓好。要全面理解和把握十五届四中全会精神，结合实际，狠抓落实。当前要集中力量打好国有企业改革和发展的攻坚战，努力实现国有企业改革和发展的三年目标，并为实现四中全会提出的十年目标奠定基础。

胡锦涛强调，当前改革已进入攻坚阶段，发展正处在关键时期，保持稳定尤为重要。我们要从新的实际出发，积极探索解决人民内部矛盾的有效途径，认真做好新形势下处理人民内部矛盾这篇大文章。特别是各级领导干部要关心群众生活，注意工作方法，提高政策水平，深入细致地做好化解人民内部矛盾的工作。要增强政治敏锐性和政治责任感，善于见微知著，努力把问题解决在萌芽状态，解决在基层，解决在本单位。要坚持以理服人，以情感人，做好群众思想政治工作，区别不同情况采取不同的办法和措施解决矛盾，切忌简单化。

胡锦涛指出，改革、发展、稳定，是我们现代化建设中具有全局意义的三个大问题。三者之间是相互依存、相互促进的辩证关系。邓小平同志对这三个问题高度重视，都作了充分的论述。在党的十四届五中全会上，江泽民同志把它们列在社会主义现代化建设中需要正确处理的十二个重大关系之首。党中央把“抓住机遇、深化改革、扩大开放、促进发展、保持稳定”作为必须长期坚持的基本方针。党的十五大强调指出，在社会主义初级阶段，正确处理改革、发展同稳定的关系，保持稳定的政治环境和社会秩序，具有极端重要的意义。必须把改革的力度、发展的速度和社会可以承受的程度统一起来，在社会政治稳定中推进改革、发展，在改革、发展中实现社会政治稳定。中央在这方面的一系列政策措施，都是结合新的实际对邓小平理论的贯彻运用和丰富发展。对这些道理，同志们经过中央党校的学习，理论上搞得更清楚了。希望回去以后，把在中央党校所学的与要干的更加紧密地结合起来，从理论的高度、大局的高度，提高贯彻执行中央方针政策的自觉性，把各方面的工作做得更好。

国务院总理朱镕基致电祝贺在纽约召开的“声援巴勒斯坦人民国际日”大会

中国记协主办的首届中国新闻名专栏奖评选在重庆揭晓

《人民论坛》、《人民日报》、《焦点访谈》（中央电视台）、《新闻纵横》（中央人民广播电台）等 48 个新闻专栏获奖。中国新闻名专栏奖是中国记协主办的全国综合性优秀新闻专栏最高奖。

第 70 届男子及第 13 届女子世界举重锦标赛在雅典结束中国队共获得 9 枚金牌 5 枚银牌 4 枚铜牌

1999—2000 年度世界短池游泳锦标赛巴西站比赛结束中国选手获 5 金 5 银 1 铜成绩

第三届"全国未成年人保护工作先进集体"和第二届"中国保护未成年人杰出公民"表彰大会在北京举行

王国林等 10 人当选为中国保护未成年人杰出公民,丁凤春等 100 人当选为中国保护未成年人优秀公民,北京市未成年人保护委员会办公室等 113 个单位当选为全国未成年人保护工作先进集体,李德林等 21 人获中国保护未成年人优秀公民提名奖。

11 月 29 日

全国人大常委会委员长李鹏在耶路撒冷会见以色列议会议长亚伯拉罕·伯格

国务院总理朱镕基在新加坡同新加坡总理吴作栋举行会谈

朱镕基就如何进一步深化双边合作提出以下看法:

(一)保持高层互访势头,进一步增加各部门之间的往来。中新两国领导人之间的互访和经常接触对于加深相互了解、推动双边关系的发展具有无可替代的作用。他邀请吴作栋总理明年再次访华。

(二)进一步深化经贸合作。中新贸易在两国贸易中均占有重要地位。新加坡目前是中国的第五大外资来源地、最大的海外劳务输出市场和东南亚最大的贸易伙伴。双方进一步扩大贸易和相互投资的潜力依然存在。新加坡对华投资主要集中在中国的经济特区和沿海城市,我们欢迎新加坡继续来华投资,特别是对中西部进行投资。新加坡也可参与中国的国企改革。新加坡在民用住宅方面积累了不少经验,欢迎新方继续到中国开拓市场。我们将鼓励有条件的中国企业来新上市,也将鼓励中方企业来新加坡建立合资或独资机构。

(三)积极探索在金融领域的合作。新加坡在金融领域对外开放及金融监管等方面有着丰富的经验,中方愿同新方在人员交流与培训方面进行合作。在如何加强区域金融合作、抵御金融风险等方面,双方也可进行深入的探讨。

(四)继续开展人员培训。建交以来,中国有很多团组来新考察,他们在经济管理、城市建设、环境保护、住房、法律制度等各方面从新加坡学到了不少经验。中方愿继续同新方开展这方面的交流与合作。

吴作栋表示非常赞同朱镕基的意见。吴作栋表示,明年他将很高兴对中国进行访问。

吴作栋对中美达成中国加入世界贸易组织的双边协议表示欢迎。他认为,中国加入这一组织会为国际贸易规则的制定发挥更积极的作用。

朱镕基表示,中国加入世贸组织对东南亚的影响将是积极的,只会有利于我们之间的合作。因为我们的经济发展水平差不多,富有互补性。中国的市场开放也是面向发展中国家的,这将大大增加中国同东南亚国家合作的可能性。

中国国民党革命委员会第九届中央委员会第三次全体会议在北京举行

全国人大常委会副委员长、民革中央主席何鲁丽代表民革第九届中央常务委员会向全会作工作报告。

在总结今年以来的工作时,何鲁丽表示,1999 年,民革全党同志在中国共产党的领导下,为推动我国改革开放和社会主义现代化建设、维护社会稳定、促进祖国和平统一作出了积极贡献。

全国党建研究会在北京召开中国共产党执政 50 年基本经验研讨会

全国党建研究会近日在京举办理论研讨会,对中国共产党执政 50 年的基本经验进行了深入研讨。

全国党建研究会会长吕枫主持会议,宋平到会并讲话,中央党建工作领导小组副组长张全景就当前党的建设的重中之重"三讲"教育讲了话,全国政协副主席毛致用出席会议。

与会同志认为,没有共产党,就没有社会主义的新中国。这是历史的结论,人民的选择。我们党在执政 50 年的历史中,最根本的经验有两条:一条是必须走建设有中国特色社会主义的道路,实行改革开放,使社会主义制度不断完善和发展;一条是必须坚持共产党领导,始终保持党的工人阶级先锋队性质,把全国各族人民紧密团结在一起,向着共同的目标前进。

会议交流了在县级以上党政领导班子和领导干部中开展"三讲"教育的经验,认为要把理论学习与改造主观世界紧密结合起来;把充分发扬党内民主与紧紧依靠群众统一起来,正确运用批评与自我批评的武器,开展积极健康的思想斗争;把整顿思想、改进作风与推动各项工作结合起来,发挥好巡视组和第一责任人的作用。要进一步从理论与实践的结合上深入总结"三讲"教育的经验,巩固和发展"三讲"教育的成果。

会议提出,党建研究要进一步拓宽视野,关注国家建设与改革的大局,关注工人阶级、农民阶级和社会其他阶层的状况，关注干部队伍和党员队伍自身的状况。在社会经济关系发生变化的情况下，必须坚持党的工人阶级先锋队性质，坚定共产主义理想和建设有中国特色社会主义信念，坚持全心全意为人民服务的宗旨，切实加强和改进党的基层组织建设，坚持不懈地开展反腐败斗争。

虞云耀、普朝柱、袁木、尚文、沙健孙、谷安林、张景虎、金晓钟、黄绥泉、周大仁、张敖荣等在大会上发言。

第十届"中国十大杰出青年"颁奖仪式在北京举行

"中国十大杰出青年"评选活动由全国青联、中国青少年发展基金会和首都十家主要新闻单位联合主办。第十届"中国十大杰出青年"称号获得者有：好军嫂张荣；不计报酬在山区艰辛办学的希望小学校长侯新民；创下我国陆军航空兵八项"第一"的科技练兵好战士李洪涛；走出高校、扎根基层的好支书吴奇修；多年奋战在绿茵场上的世界女足金靴孙雯；铁路"神眼"、警坛女侠丁榕；冒着生命危险、在战火中坚持现场报道的优秀新闻工作者吕岩松；优秀民营企业家邓伟；国有现代大型煤矿企业管理与发展新模式的探索者刘谊；为我国的航天事业作出重要贡献的青年火箭专家张庆伟。

前来观摩颁奖典礼的还有香港、台湾的杰出青年代表。

《蒙特利尔议定书》缔约方大会在北京开幕

旨在商讨全球21世纪臭氧层保护的第十一次《蒙特利尔议定书》缔约方大会在北京举行。这是迄今为止在我国举办的最大规模的国际环保会议。国家环保总局局长解振华、联合国环境规划署副执行主任卡卡海尔出席开幕式并致辞。

大会期间，《蒙特利尔议定书》缔约方的代表、观察员国家代表、具观察员地位的国际组织代表、联合国有关机构的代表、与保护臭氧层关系密切的其他政府和政府间组织代表等，共同商讨如何进一步采取措施保护臭氧层。

臭氧层破坏是关系到人类生存环境的全球性问题之一。经过国际社会的共同努力，保护臭氧层的国际合作取得了积极进展。到今年7月1日，按《蒙特利尔议定书》第五条第一款行事的缔约国基本上把主要氟氯化碳物质的年生产量和消费量分别冻结在1995年至1997年三年的平均水平上，实现了发展中国家第一阶段的目标。

解振华在致辞中说，作为国际社会的一员，中国政府在努力解决国内环境问题的同时，也十分关注全球环境问题，积极参与全球环境合作。中国政府本着"共同但有区别的责任"的原则，认真履行所承担的国际义务。1992年，中国成立了国家保护臭氧层领导小组，同年制定了《中国逐步淘汰消耗臭氧层物质国家方案》，并相继颁布了削减消耗臭氧层物质的政策法规近30项，实施化工、哈龙、共商制冷、冰箱、清洗、气溶胶、泡沫塑料和汽车空调8个行业的《消耗臭氧层物质淘汰行业战略》。到今年7月1日，中国顺利实现了主要的氟氯化碳类物质生产量和消费量的控制目标。解振华说，这些成就的取得离不开国际社会的支持和帮助，今后中国还将开展更广泛的国际合作。

本次大会的重要活动之一——保护臭氧层技术及产品国际展览会也同时举行。来自联合国环境规划署、联合国开发署、联合国工业发展组织、世界银行及中、美、德、日等国家的60家公司、环保组织、研究机构，展示了削减消耗臭氧层物质的技术、设备、产品，涉及家用制冷、汽车空调等多个行业。

'99 数字地球国际会议在北京开幕

国务院副总理李岚清出席会议并讲话。他说，中国政府高度重视"数字地球"的作用，实行"需求牵引、统筹规划、阶段发展、共建共享"的方针，将力争在"数字地球"建设中实现跨越式发展。

他说，众所周知，经过共同努力，人类本世纪在物质文明建设方面已经取得了前所未有的辉煌成就。与此同时，全人类面临着资源短缺、环境恶化、人口膨胀等一系列问题。如何实现社会可持续发展，是政治家和科学家共同面临并且必须作出回答的问题。

李岚清指出，无论是促进社会的可持续发展，还是提高人们的生活质量；无论是推动当前科学与技术的发展，还是开拓未来知识经济的新天地，"数字地球"都具有重要意义。中国作为世界最大的发展中国家，在全球可持续发展中承担着重要的责任。中国实现可持续发展是对全球可持续发展的重大贡献，中国现时和未来的社会需求是发展"数字地球"的巨大驱动力。我们需要从"数字地球"的战略高度，在全球、国家和区域3个层次上，长远地规划地球表层信息的获取、处理、应用等相关工作，从系统论和一体化的角度整合已有的或者正在发展的与"数字地球"相关的工作，从而更广泛、深入地为社会提供服务，造福于人类。他强调，我国将努力加强与世界各国的合作，为建设"数字地球"作出自己的积极贡献，让我们共识"数字地球"，共享信息资源，共创数字世界，共建人类共同美好的家园。

"数字地球"的概念，简单地说，就是将地球所有的信息资源以地理坐标为标准集成起来，构成一个虚拟化的"地球"。它建成之后，人们只要输入一个地方的地理坐标，就可以搜索到该地区的所有数据和信息。

我国高度重视"数字地球"这一人类历史上最大的信息系统建设，加紧"数字中国"的建设进程。在加大硬件等基础设施建设力度的基础上，积累了大量建立"数字地球"所需的原始数字化数据和相应的资料。

据不完全统计，全国各地已建、在建和计划建设的大中型地理空间数据库多达200多个，在中国21世纪议程的62个优先发展项目中，有42个需要建立或者应用地理信息系统。此外，截至目前，我国已发射卫星68颗，获取了高分辨率的全景摄影图像，建立了多个遥感卫星地面接收站，能够接收和处理卫星图像数据。科技部副部长徐冠华认为，在工业化尚不充分的条件下，中国完全有可能通过"数字中国"的构建，在信息化方面实现跨越式发展。

路甬祥、朱丽兰、刘淇等有关部门负责人，以及来自25个国家和地区的400多名代表出席。在为期4天的会议上，有11位国内外知名专家作大会特邀报告，同时举行24场专题学术技术报告。

青海人民出版社因违反出版法规买卖书号出版邪教"法轮功"图书被停业整顿有关责任者受到查处

11月30日

国务院总理朱镕基在新加坡总统府会见新加坡总统纳丹和夫人

国务院总理朱镕基在新加坡下榻的饭店会见新加坡内阁资政李光耀

中国民主建国会第七届中央委员会第三次全体会议在北京举行

会议审议全国人大常委会副委员长、民建中央主席成思危代表民建第七届中央常务委员会所作的工作报告，并通过了相应决议。

中国民主促进会第十届中央委员会第三次全体会议在北京开幕

全国人大常委会副委员长、民进中央主席许嘉璐代表十届常委会作工作报告。回顾了民进1999年工作。他说，在今年国际、国内严峻的政治斗争中，民进旗帜鲜明，立场坚定。在围绕中心、服务大局方面，民进就《政府工作报告（征求意见稿）》所提的包括宣传历史唯物主义和辩证唯物主义、反对伪科学等几点建议都被采纳；民进《关于把"节约资源"确定为基本国策的建议》和《关于建立长江防洪新体系的建议》也得到中共中央、国务院的高度评价和肯定；民进注重调查研究，所提出的发展农村职业教育问题已产生了较大的社会影响。

中华人民共和国外交部发布有关免签证进入澳门的公告

中华人民共和国政府恢复对澳门行使主权后，为便利澳门特别行政区同世界各国和地区人员往来，从1999年12月20日起，目前可免办签证进入澳门的国家及地区的人员进入澳门特别行政区，原则上继续给予免办签证待遇。根据《中华人民共和国澳门特别行政区基本法》第139条"对世界各国或各地区的人入境、逗留和离境，澳门特别行政区政府可实行出入境管制"的规定，给予免办签证待遇的国家和地区以及非免办签证国家人员申办赴澳签证的具体办法，将由澳门特别行政区政府决定并予公布。

外国人前往中国内地及香港特别行政区，需办理签证的仍应按现行有关规定申请签证，办理必要的手续。

庆祝中国法学会建会50周年大会在北京举行

大会在人民大会堂举行。中共中央总书记、国家主席江泽民，全国人大常委会委员长李鹏，国务院总理朱镕基，全国政协主席李瑞环向大会发来贺信、贺词和题词，中共中央政治局常委、中央纪委书记尉健行出席大会并讲话。

江泽民在贺信中说："祝贺中国法学会建会五十周年。希望你们紧密结合我国改革开放和现代化建设的伟大实践，继续努力，加强研究，为依法治国、建设社会主义法治国家作出新的贡献。"李鹏在贺信中说："中国法学会应当团结和组织广大法学工作者、法律工作者以饱满的政治热情、高度的责任感、严谨的治学精神，为到2010年形成有中国特色的社会主义法律体系、为建设社会主义法治国家作出更大的贡献。"朱镕基在贺词中说："衷心祝愿中国法学会继续努力，担负起跨世纪的重任，为我国社会主义法制建设作出更大的贡献。"李瑞环的题词是："加强理论研究，推进法制建设。"

全国政协副主席、中国法学会会长任建新在会上讲话，总结中国法学会50年来的发展成就，并对全体会员同广大法学工作者、法律工作者提出了新要求。

中共中央政治局委员、中央政法委书记罗干，最高人民法院院长肖扬，最高人民检察院检察长韩杼滨，全国政协副主席罗豪才，中国法学会名誉会长王汉斌，中央国家机关有关部门负责人贾春旺、王维澄、顾昂然、王森浩等，以及中国法学会理事和在北京法学界、法律界人士约 500 人出席大会。

全国煤炭关井压产电视电话会议在北京召开

会上公布消息说，截至 10 月底，全国共取缔关闭小煤矿 3.05 万处，累计压产 20218 万吨，1—10 月全国生产原煤 82906 万吨，同比下降 12%，到年底可望实现 10.3 亿吨的控制目标。但由于连续 22 个月市场供大于求局面未见好转，目前社会煤炭库存仍高达 1.7 亿吨，煤炭企业依旧经营困难。为此，会议要求进一步加大工作力度，加强监督检查，一手抓关井压产，一手抓国有大矿限产压库，坚决把总量控制住。

全国煤炭关井压产领导小组组长、国家经贸委主任盛华仁说，关井压产工作已取得阶段性成果，下一步关闭的重点一是双证不全、经停产整顿仍达不到颁证条件的要依法取缔；二是国有大矿井田范围内的各类小煤矿，特别是国有大矿自己开办的小矿，要全部关闭；三是“浪费资源、技术落后、质量低劣、污染严重”和不具备安全生产条件的小煤矿，要全部关闭。要强化监督检查，严防弄虚作假，提高关井质量，对存在假关、假停，以及死灰复燃现象严重的地区，要追究有关领导的责任。

全国煤炭关井压产领导小组副组长、国家煤炭工业局局长张宝明说，看一个地区关井压产工作是否取得成效，既要看关了多少非法和布局不合理的小煤矿，更主要的是看区域内煤炭供求关系是否缓解，价格是否回升，库存是否减少，拖欠货款是否压下来。为此各地要继续加大关井压产力度，今年年底前坚决完成压产 2.5 亿吨，明年全国煤炭产量要控制在 9 亿吨以内。

全国人大常委会委员长李鹏在特拉维夫的洲际饭店会见以色列前总理 以中关系促进会名誉会长、现任内阁地区合作部长佩雷斯

国务院总理朱镕基在“新加坡讲座”发表题为《迈向新世纪的中国与亚洲》的演讲

今天我有机会在这里同新加坡各界人士会聚一堂，向诸位介绍中国的情况，与大家共同探讨中国与亚洲的发展前景，感到非常荣幸和高兴。

人类即将跨进 21 世纪的大门。回首百年，20 世纪是世界文明进程中充满艰辛苦难的世纪，同时也是创造无与伦比的物质和精神财富的世纪。其中，亚洲崛起和中国巨变是最伟大的奇迹之一。

从上个世纪中叶到本世纪中叶，中国人民经过浴血奋斗，终于实现了民族独立和人民解放，建立了新中国。不久前，中国人民隆重庆祝了中华人民共和国成立五十周年。50 年来，中国发生了沧桑巨变。特别是改革开放 20 年来，中国社会主义现代化建设的成就更是举世瞩目。1979—1998 年，国内生产总值实际增长 4.9 倍，年均增长 9.7%。在世界的排名中，中国经济总量由 70 年代的第十一位上升到现在的第七位；进出口总额由 70 年代的第三十二位上升到第十一位。全国城乡居民生活实现了从贫困到温饱，进而向小康迈进的历史性跨越。这些成就的取得，不仅为中国今后发展奠定了坚实的基础，也为亚洲乃至世界和平与发展作出了贡献。

近两年来，在面临各种新问题和新挑战的情况下，中国经济依然保持着良好的发展态势。尽管亚洲金融危机给中国带来了影响，去年中国国内还遭受了百年不遇的洪涝灾害，1998 年国内生产总值仍比上年增长 7.8%。今年 1—9 月国内生产总值同比增长 7.4%，预计全年经济增长 7%以上。人民币汇率保持稳定，外汇储备已达 1520 多亿美元。城乡人民生活继续改善。

当前中国经济的好形势，主要是在江泽民主席的领导下，全国人民团结一致，顽强拼搏，及时采取因应措施，坚持推进改革开放的结果。

为拉动经济增长，我们实施了扩大内需的积极财政政策和其他配套的宏观经济政策。通过增发国债，加大基础设施和企业技术改造的投入，扩大投资需求；增加城乡居民收入，特别是较大幅度地增加城镇中低收入家庭的收入，直接扩大消费需求。这些措施收到了良好效果。在比较困难的经济环境下，我们的改革不仅没有停步，而且迈出了重要步伐，为经济发展不断注入新的活力。与此同时，我们还采取新的措施扩大对外开放，放宽了外商投资领域，从税收和金融等方面加大对外商投资企业的支持力度。更为重要的是，我们在推进改革开放和发展过程中，十分注意保持社会稳定，为国民经济持续发展创造了良好的社会环境。

中国经济还面临着一些困难和问题。主要是有效需求不足，经济结构矛盾突出，就业压力增大。针对这些矛盾和问题，并着眼下个世纪的长远发展，我们已决定实行以下三个方面的战略部署。

第一，坚持扩大内需，加大投资和消费对经济增长的双重拉动。为此，继续实施积极财政政策，进一步发挥货币政策的作用，并综合配套地运用其他宏观调控手段。明年财政将继续增发长期建设国债，把居民的部分储蓄资金转化为建设资金，重点用于基础设施建设和企业技术改造，以及增加教育科技等方面投入。加大金融对经济增长的支持力度，采取多种方式适当扩大货币供应。主要措施包括：国有商业银行将对基础设施建设项目加大贷款投放，银行要保障有市场、有效益企业对流动资金的需要，增加对中小企业贷款，大力发展住房、教育和大件商品消费信贷。同时，采取有力措施积极鼓励和引导非国有企业扩大投资。

刺激消费需求，是扩大内需的一个非常重要的方面。我们将积极引导居民收支预期，保障低收入阶层收入的稳定增长；提高改革措施的透明度，要使各项改革的推进都不会造成大多数居民实际生活水平下降，以增强人们即期消费的意愿和行为；采取新的有力措施，减轻农民负担，增加农民收入，开拓广大的农村市场。还要鼓励服务性消费，努力培育住房、电信、旅游等消费热点，以消费结构升级带动经济的更快成长。

第二，对国民经济结构实施战略性调整，大力推动产业结构优化升级。随着中国城乡居民生活从温饱型向小康型转变，主要商品由卖方市场向买方市场转变，中国经济已进入一个新的历史发展阶段。从战略上调整经济结构，既是扩大内需、促进经济持续发展的迫切要求，也是提高经济素质和效益、实现经济良性循环的根本性措施。

我们将以国内外市场需求为导向，依靠科技创新和进步，着力抓好产业升级。一是在继续调整和提高一、二产业的同时，大力促进第三产业的兴起，特别要加快信息、旅游、社会中介和社区服务等产业的发展。二是积极改造和提升传统产业。坚决淘汰没有市场、污染环境、浪费资源的落后生产能力和工艺设备；广泛运用高新技术改造仍有市场前景的传统产业，加快老工业基地改造和产业升级步伐。三是大力发展高科技，加快高技术产业发展，特别要加速国民经济信息化进程，带动新兴产业的崛起，努力培育新的经济增长点和成长链。总之，通过对经济结构进行重大战略性调整，将为中国经济开拓广阔的发展空间，并显著提高经济的竞争力和抗风险能力。

第三，实施西部地区大开发战略，加快中西部地区发展。邓小平先生早在80年代就对中国现代化建设明确提出了“两个大局”的战略思想：“一个大局”是东部沿海地区加快对外开放，率先发展起来；“另一个大局”是到本世纪末全国达到小康水平时，要拿出更多力量帮助中西部地区加快发展。江泽民主席高度重视西部地区大开发。他明确指出：“实施西部大开发，是全国发展的一个大战略”，现在“条件已经具备，时机已经成熟”。西部地区幅员广阔，资源丰富，有着巨大的市场和发展潜力。着手实施西部大开发，加快中西部地区发展，是中国面向新世纪作出的重大决策，一定会像前20年东部沿海地区率先发展带动了全国经济持续快速发展一样，将为东部和中部地区提供巨大的市场与发展前景，有力地促进全国经济的更大繁荣。

当前和今后一个时期，西部地区大开发的重点将放在加快基础设施建设、改善生态环境、大力发展当地特色经济和优势产业、发展科技教育，为西部地区的加快振兴创造更好的基础和条件。

改革和开放是中国实现现代化的必由之路。我们将坚定不移地推进改革、扩大开放。国有企业是中国国民经济的支柱，推进国有企业改革和发展仍然是一项重要而紧迫的任务。明年我们将集中精力实现国有企业改革和脱困的三年阶段性目标，使大多数国有大中型亏损企业摆脱困境，在大多数国有大中型骨干企业初步建立现代企业制度，为下个世纪国有企业改革和发展奠定良好基础。我们还将把加快社会保障体系建设提到更加重要的位置，为推进经济结构调整和改革开放创造稳定的社会环境。明年要在坚持和完善现有办法的同时，积极创造条件，加快形成独立于企业之外、资金来源多渠道、管理服务社会化的有中国特色社会保障体系。

对外开放是中国的一项长期的基本国策。我们将进一步为外商投资金融、保险、电信、旅游、商业零售、外贸和法律咨询等服务业提供机会，加快能源、交通、通信、环保等基础设施领域的对外开放。积极吸引外资以多种形式参与国有企业的改组、改造。努力改善对外商投资企业的服务，简化外商投资项目审批手续，提高办事效率。中国希望成为世界上对外国企业家具有吸引力的投资地区之一。

可以预见，中国将以更加稳健、更加开放、更加强劲的步伐前进在新世纪的征程上。大规模的现代化建设，市场容量的不断扩大，以及改革开放的深入推进，必将为世界各国与中国发展贸易和经济合作，带来不可限量的广阔前景。中国未来的巨大商机，不仅属于中国的企业家，更属于那些有胆识、有气魄、有志于到中国投资办厂的外国企业家。

50年来特别是近二三十年来亚洲发展的历程充分表明，作为占亚洲人口1/3、占亚洲幅员1/5的一个大国，中国的稳定和发展，是亚洲和平与繁荣的重要力量。中国经济总量和居民购买力的增长，为亚洲的发展提供了广阔的市场和更多的机会。中国经济持续快速健康发展，对促进亚洲经济增长，提高抗御风险能力，增强世界对亚洲的信心，具有重要和积极的意义。世界银行研究报告认为，“中国经济迅速增长和继续放活，对世界经济来说是一个机会，而不是威胁”。

更为重要的是，作为和平共处五项原则的倡导者之一，中国坚持在相互尊重、平等相待、求同存异、互利合作原则的基础上，与亚洲国家发展睦邻友好。中国与亚洲国家关系不断发展的事实已经表明，虽然国家幅员有大小，历史背景、社会制度、发展水平、文化传统和价值观念不尽相同，但只要坚持上述原则，亚洲各国之间就能和睦相处。

中国经济的振兴离不开亚洲的发展。近二三十年来，亚洲特别是东亚地区经济快速增长，成为世界上最有活力的地区之一。我们也欣慰地看到，遭受金融危机冲击的一些东亚国家，对经济调整和变革后，今年以来出现了强劲的复苏势头，经济增长率明显高于年初的预期。中国的庄子说过："安危相易，祸福相生。"亚洲尤其是东亚国家有较为坚实的经济基础和优秀的文化传统，只要认真总结经验教训，完善发展模式，扬长避短，兴利除弊，经济一定会转危为安，重新焕发活力和生机，并在下个世纪的全球政治和经济格局中占有重要位置。

纵观世界发展大势，在新世纪的征途中，既有空前巨大的机遇，也有许多可预见的和难以预见的严峻挑战。对亚洲国家而言，我们既要张开双臂，拥抱和抓住各种机遇，又确实需要学会并善于应对挑战。这样，才能在风云变幻、竞争激烈的新世纪中立于不败之地。为了使亚洲在 21 世纪保持和平、稳定与繁荣，中国政府和人民愿与亚洲其他国家和人民朝着以下几个方面作出共同的努力：

——根据 1997 年江泽民主席与东盟国家领导人发表的《联合声明》所确定的宗旨，以及中国与亚洲有关国家签署的跨世纪双边关系文件，继续在和平共处五项原则的基础上，发展中国与亚洲各国的睦邻互信伙伴关系。

——高度重视和积极稳妥地应对经济全球化趋势。经济全球化既为各国的发展提供新的机遇，也不可避免地给各国特别是实力较弱的发展中国家带来严峻挑战和风险。因此，要坚持走适合自己国家特点的发展道路。既要抓住时机，大胆推进变革与创新，扩大开放，又要坚持从本国实际出发，因势利导，趋利避害，稳步前进，注意维护国家经济和金融安全。促进经济增长，保障经济安全，仍是维护亚洲稳定的重要课题。

——努力提高科技水平和技术创新能力。亚洲国家过去大多主要依靠自然资源和劳动力优势实现经济增长。在世界科学技术日新月异的新形势下，应当把加速科技进步和创新放在发展战略的首位。要注重教育的基础地位，积极培养和延揽具有创新能力的高素质人才，为经济的持续发展开拓不竭源泉。

——建立健全稳健、高效、安全的金融体系。金融是现代经济的核心。金融是否稳定、健康运行，关系经济全局。亚洲金融危机的阴霾虽已消散，但"前事昭昭，足为明戒"，我们亚洲特别是东亚各国应进一步根除产生金融危机的隐患，在深化金融改革、清理金融资产、整顿金融秩序、强化金融监管等方面继续努力。同时，积极参与国际金融体系的改革，严格对短期资本流动的监控，遏制过度投机，加强国际和区域金融合作。

——国家要实现经济振兴，必须充分发挥市场和政府的作用。我们需要更加重视市场力量和市场规律，鼓励竞争，增强经济活力和效率。同时，一个强有力的政府是实现国家经济发展和繁荣的重要保障。关键是要找准政府在市场经济中的定位，积极主动和正确地发挥政府对国民经济的宏观调控作用。

——继续挖掘中国与东盟各国的互利合作潜力。包括扩大在贸易、投资、科技、农业、旅游、机电、电信、医药、环保、人力资源开发等领域的合作。中国欢迎东盟经济一体化进程，希望与东盟自由贸易区和投资区建立联系，愿意为湄公河流域开发合作提供融资支持。中国欢迎东盟企业家来华从事经贸和投资活动，尤其欢迎参与中国西部地区的大开发。中国政府也将继续鼓励和支持本国有实力的企业到东盟国家投资办厂。

我还愿强调一点，中国愿从地区和平与稳定的大局出发，恪守与东盟达成的政治共识。继续维护良好的对话合作气氛和势头，坚持通过平等友好协商，妥善处理彼此间存在的一些分歧和争议。

新加坡是东南亚的金融和商贸中心，也是世界和地区政治经济舞台上的一支活跃的力量。中新两国已经奠定了良好的合作基础，希望新加坡在促进中国与东盟全方位合作方面发挥更重要的作用。我在访问东南亚国家的时候，强烈感受到东南亚国家人民具有战胜困难的巨大勇气和自强不息的进取精神，感受到曾经遭受金融危机冲击的这片土地正在重新焕发新的生机和活力。展望未来，我们对本地区和平、稳定和繁荣的前景充满信心。中国愿同东南亚国家登高望远，加强合作，携手迈进，共创亚洲更加美好的明天。

第三届国家辞书奖在南京颁奖 33 种辞书获奖

12 月 1 日

国家主席江泽民在人民大会堂与印度尼西亚共和国总统阿卜杜勒-拉赫曼·瓦希德举行会谈

江泽民强调，中国与印尼都是亚洲大国，两国间不存在根本的利害冲突，开展相互合作的领域广阔，潜力巨大。我们愿同印尼方面共同努力，使两国关系在现有基础上得到更加深入全面的发展。为此，双方应进一步加强多层次的交往，以增进相互了解，促进两国睦邻友好合作的全面展开；应加强经贸和科技等领域的合作，充分发挥两国自然资源、人力资源丰富的优势，互通有无、互利互惠，把双边贸易、投资及科技合作推向更高的水平；应加强在国际和地区事务中的配合。中国与印尼都是发展中国家，在一些重大的国际问题上有着相同或相似的看法，我们愿在联合国和其他多边国际场合与印尼加强磋商与合作，共同维护发展中国家利益。

瓦希德说，印尼新政府十分重视对华关系，并坚信随着中国不久后加入世界贸易组织，中国的国际地位将会大大提高，在国际事务中发挥更大的作用。印尼期待着与中国发展全方位的友好合作关系。

瓦希德还表示，印尼政府将为印尼华人享有与其他民族同等的权利、完全融入印尼社会做出不懈的努力，使印尼各族人民携手共建自己的国家。

中共中央关于成立中共中央企业工作委员会及有关问题的通知

为了贯彻落实党的十五届四中全会通过的《中共中央关于国有企业改革和发展若干重大问题的决定》精神，加强和改善党对国有企业改革和发展工作的领导，进一步加强国有重要骨干企业领导班子建设，充分发挥企业党组织的作用，中央决定撤销中央大型企业工作委员会，成立中共中央企业工作委员会（简称中央企业工委）。现就有关问题通知如下：

一、中央企业工委是党中央的派出机关，主要职责是：保证党的路线、方针、政策和党中央、国务院的有关指示、决定在国有重要骨干企业的贯彻落实；负责国有重要骨干企业党的建设、社会主义精神文明建设和思想政治工作；负责国有重要骨干企业领导班子建设和领导人员管理工作；负责国务院稽察特派员的管理工作；监督检查企业领导人员遵纪守法、廉洁自律的情况，加强党风廉政建设；协调所管企业与地方党委的关系；完成中央交办的其他工作。

中央企业工委设书记 1 名，副书记、委员若干名。中央企业工委书记、副书记和委员列入《中共中央管理的干部职务名称表》。

根据工作需要，中央企业工委设置精干、高效的工作机构，配备专职工作人员。

二、将现由国务院管理的 163 户企业领导班子交由中央企业工委管理。其中，对 39 户涉及国家安全和国民经济命脉的国有重要骨干企业的领导班子列入中央管理干部的范围。这 39 户企业的行政领导职务，中央审批后由国务院任命。其他由中央企业工委管理的国有重要骨干企业的领导职务，由中央企业工委审批；这些企业的行政领导职务，中央企业工委审批后由人事部任命。

目前正按照中央精神进行产业结构调整、组建企业集团和脱钩工作的国有重要骨干企业，如铁路运输、航空运输、烟草等企业在脱钩或改组后，其领导班子也按照上述 39 户企业的管理办法，列入中央管理干部的范围。

加强对国有重要骨干企业领导班子管理，要认真贯彻党的十五届四中全会精神，坚持党管干部的原则，适应社会主义市场经济体制的要求，积极探索并制定符合国有企业特点的领导人员管理办法。

三、成立中央企业纪律检查工作委员会（简称中央企业纪工委）。中央企业纪工委是中央纪委的派出机关（与监察机关合署办公），接受中央纪委和中央企业工委的双重领导。主要职责是：监督检查党的路线、方针、政策和党中央、国务院以及中央纪委的有关指示、决定在中央企业工委所管理的企业中贯彻执行的情况；指导中央企业工委所管企业的党风廉政建设工作；检查、处理中央企业工委所管企业党组织和党员违反党纪的重要案件，其中对涉及列入中央管理干部范围的 39 户企业领导人员违纪违法案件，由中央纪委负责查处，中央企业纪工委协助做好有关工作；受理中央企业工委所管企业党组织和党员的检举、控告和申诉；完成中央纪委和中央企业工委交办的其他工作。

中央企业纪工委设书记 1 名，副书记、委员若干名。中央企业纪工委书记列入《中共中央管理的干部职务名称表》。

根据工作需要，中央企业纪工委设置精干、高效的工作机构，配备专职工作人员。

四、将现由人事部承担的国务院向国有重点大型企业和企业集团派出稽察特派员的工作，稽察特派员和稽察特派员助理的日常管理工作，移交中央企业工委管理。在中央企业工委内设置精干的办事机构。

国务院稽察特派员列入《中共中央管理的干部职务名称表》，中央审批后，由国务院任命、派出。稽察特派员助理由中央企业工委任免。

五、由中央企业工委管理的国有重要骨干企业一般设党委；少数关系国家安全和国民经济命脉的特大型企业集团经中央批准可以设党组。

企业领导机构在京的，其党委（党组）由中央企业工委领导。企业领导机构在京外的，其党委由所在省、自治区、直辖市党委领导；企业领导人员管理以中央组织部或中央企业工委管理为主，地方党委协助管理；企业党建工作以地方党委领导为主，中央企业工委协助。

企业集团分布在各地的下属企业设党委，由所在地方党委领导。下属企业领导人员管理以企业集团党委（党组）管理为主，地方党委协助管理；下属企业党建工作以地方党委领导为主，企业集团党委（党组）协助。

六、对领导机构在京外的企业，中央企业工委要与企业所在地方党委加强合作，共同做好企业党的建设工作。中央企业工委要主动做好以下工作：考察企业领导班子时，要请地方党委派人参加，调整企业领导成员时，要听取地方党委的意见；会同地方党委抓好企业领导班子的思想作风建设；会同地方党委加强企业党组织建设、党员队伍建设和思想政治工作、党风廉政建设、社会主义精神文明建设。地方党委要加强对这些国有重要骨干企业党的工作的领导，积极配合中央企业工委做好有关工作。

地方党委管理国有重要骨干企业领导班子的范围和办法，由各省、自治区、直辖市党委根据各地实际自行确定。

调整和加强中央管理国有重要骨干企业的工作机构，是国有企业领导体制与管理制度的一项重要改革，是坚持党管干部原则、改进管理方法的一项重要措施。这对于加强党对国有企业改革和发展工作的领导，将起着重要的组织保证作用。各级党委和领导干部要从国有企业改革和发展的全局出发，以对党和人民高度负责的精神，认真做好工作。要把广大干部、党员和群众的思想认识统一到中央的决定和要求上来。各有关部门之间要加强沟通和协调，及时解决工作中出现的问题，保证国有企业改革工作按照党中央、国务院的要求顺利进行。

全国政法工作会议在北京召开

全国政法工作会议提出明年政法工作的任务：高举邓小平理论伟大旗帜，深入贯彻党的十五大和十五届三中、四中全会精神，严密防范和严厉打击敌对势力、民族分裂恐怖势力以及邪教组织的破坏活动，深化“严打”斗争和社会治安综合治理，推进政法工作改革，加强基层基础工作和政法干部队伍建设，确保严格公正执法，全力维护社会政治稳定，努力为改革开放和社会主义现代化建设的顺利进行创造良好的社会环境。

中共中央政治局委员、书记处书记、中央政法委员会书记罗干在会议的工作报告中回顾了 1999 年的政法工作。他说，各级政法部门和广大干警坚决贯彻以江泽民同志为核心的党中央的正确决策，充分发挥职能作用，为在复杂斗争中保持社会政治稳定作出了重要贡献，保证了新中国成立 50 周年庆祝活动的安全，为澳门回归创造了良好的环境条件，保障了改革开放和经济建设的顺利进行。

在谈到明年的工作任务时，罗干要求各级政法部门着重抓好以下七个方面的工作：严密防范和严厉打击敌对势力的破坏活动，进一步加大反分裂恐怖斗争的力度，维护国家的安全和统一；深化与“法轮功”邪教组织的斗争，依法严厉打击各种邪教活动；充分发挥职能作用，为国有企业改革和发展创造良好的法制环境；增强“严打”斗争的针对性和实效性，推动社会治安综合治理措施的全面落实；深入开展人民内部矛盾排查调处活动，积极预防、妥善处置群体性事件；深入贯彻落实中共中央关于进一步加强政法干部队伍建设的有关指示精神，全面加强政法队伍建设；切实加强党的领导，保证、支持政法部门依法履行职责。

会议反映，“严打”斗争取得了显著效果，在全国范围内开展的“追逃”专项斗争，特别是网上追逃成效显著。截至 10 月底，全国公安机关共追获在逃罪犯 23 万余人，连带破获了一大批刑事案件，消除了一些社会治安的重大隐患。同时在全国开展的打击走私、盗窃、抢劫机动车犯罪、涉爆犯罪等专项斗争也取得了明显效果。

中央政法委员会委员肖扬、韩杼滨、贾春旺、许永跃、高昌礼、周子玉、王胜俊以及各省、自治区、直辖市主管政法工作的负责人和中央国家机关有关部门负责人出席了会议。

国务院就做好安全生产工作发出紧急通知

国务院日前发出关于加强安全生产有关问题的紧急通知，要求各省、自治区、直辖市人民政府，国务院各部委、各直属机构认真做好安全生产工作。

通知说，党和国家历来十分重视安全生产工作，中央和国务院领导同志对安全生产工作作出过一系列重要指示。今年年初，国务院办公厅先后下发了《关于做好当前维护社会稳定工作的紧急通知》和《转发国家经贸委关于加强安全生产工作意见的通知》，就加强安全生产工作提出了一系列要求，扭转了去年年底和今年年初一度出现的安全生产形势严峻的局面。但是，今年 10 月份以来，一些地方相继发生了安全生产事故，特别严重的是，11 月 24 日，山东海运集团烟大汽车轮渡股份有限公司所属“大舜”轮发生特大海难事故，造成280人死亡或失踪，在国内外产生极其恶劣的影响，给国家和人民生命财产造成严重损失。党中央、国务院、中央军委对这起严重的交通事故十分重视，国务院立即派出领导小组会同山东省领导同志在现场指挥组织有关方面，不顾天气恶劣等影响，全力以赴进行救援，打捞、寻找失踪者，做好抢救、善后工作，并将以对人民负责的精神，认真组织调查，依法严肃处理直接责任人员。安全生产形势严峻，不仅影响改革、发展、稳定的大局，影响经济的正常运行，而且影响人民群众安居乐业。

紧急通知要求：

——各地区、各部门要认真贯彻落实中央领导同志对安全生产工作的重要指示，加强对安全生产工作的领导，从讲政治、促发展、保稳定的高度，以对人民高度负责的态度，把安全生产放在经济工作的突出位置来抓，坚持“安全第一、预防为主”的方针，采取强有力的措施，狠抓安全生产的薄弱环节，坚决遏制重大特大事故的发生。

——各地区、各部门要加强机场、车站、码头、油库及大型商场、影剧院等公共场所和飞机、火车、客运汽车、客运船舶等要害设备设施，以及煤炭、森工、石油化工等企业的事故防范工作，特别要对重大危险设备设施和飞机、火车、客运汽车、客运船舶等重要交通工具，按规定进行检查和监控，及时排除事故隐患。

——立即组织全面的安全生产大检查，确保安全生产。自本通知下发之日起，各地区、各部门、各单位要立即行动起来，集中一个月的时间，对本地区、本部门、本单位安全生产工作进行一次全面、深入、彻底的大检查。对以下单位要重点进行检查：一是民航、铁道、公路、水运企业；二是煤矿等矿山企业；三是石油化工、烟花爆竹等生产易燃易爆物品的企业；四是重大工程设施及施工现场；五是各类学校和体育场馆、大型商场、影剧院、游乐场等公共场所。

——要按照边检查、边整改的原则，落实安全生产责任制。对查出的不符合安全生产条件的各种问题，要立即采取有力措施，进行整改，该关闭的一律坚决关闭，该停运的要坚决停运，该停业整顿的要坚决停业整顿。要通过安全生产大检查，进一步健全各项规章制度，层层落实安全生产责任制。

——要严肃查处各类事故，依法严肃处理责任人。对已发生的事故，要抓紧调查、分析事故原因，对造成事故的直接责任人和负有领导责任的人员，要坚决依法追究责任，严肃处理，绝不姑息迁就。对典型重大事故的原因和处理情况，在事故原因查明后，要及时公开报道，以教育广大干部群众，深刻汲取教训。

——各地区、各部门、各单位要把本通知精神，立即传达到基层，地方各级主要领导同志要亲自部署、分管领导同志要亲自挂帅，各新闻单位要密切配合，组织宣传报道。

通知强调，国家经贸委要加强对全国安全生产工作的指导、协调和督促检查，各省、自治区、直辖市人民政府和国务院各部门要把安全生产大检查和整改工作情况于12月31日前报国家经贸委，由国家经贸委汇总后报国务院。

国务院召开全国安全生产工作紧急电视电话会议

国务院副总理吴邦国强调，要全面贯彻党中央、国务院关于加强安全生产工作的要求，采取有力措施，狠抓薄弱环节，坚决遏制重大特大事故的发生，迅速扭转当前安全生产形势严峻的局面。

吴邦国说，今年以来，各地区、各部门和广大企业按照党中央、国务院关于安全生产工作的指示，共同努力，伤亡事故比去年同期有所下降。但是安全生产形势仍然相当严峻，特别是进入10月份以后，重大、特大事故频繁发生，人员伤亡惨重，经济损失巨大，给一些家庭带来了巨大痛苦，造成了很不好的社会影响。特别严重的是，11月24日山东省烟台发生的“大舜”号特大海难事故，震惊了全国，在国内外产生极其恶劣的影响。

吴邦国指出，当前安全生产形势严峻，突出表现为：一是在一些地区和行业同类事故重复发生；二是恶性道路交通事故频繁；三是责任事故居高不下；四是因工程质量低劣、假冒伪劣产品而酿成的事故明显增加。造成事故频繁发生的原因主要是：有的地方、部门和单位对安全生产重视不够，安全意识不强，思想上麻痹松懈；有的片面追求经济效益，只顾挣钱，忽视安全生产；有的安全责任制不落实，有法不依，有章不循，纪律松弛，管理不严；有的安全生产措施不到位，对重大事故隐患未能及时采取有力措施；有的对已经发生的事故调查处理不及时、不严肃，没有从事故中汲取教训。

吴邦国说，党中央、国务院一贯重视安全生产工作。江泽民总书记多次强调，安全生产工作“责任重于泰山”。“11·24”特大海难事故发生后，江总书记要求有关部门和地区密切配合，共同负责，尽最大努力搜寻和抢救遇难者，做好善后工作，并要求组织专门力量深入调查分析事故原因，认真总结经验教训，举一反三，切实做好安全生产。

吴邦国指出：安全与生产、安全与效益从来都是统一的。正确处理好安全与生产、安全与经济发展、安全与人民生活的关系至关重要。它关系到改革、发展、稳定的大局，关系到经济的正常运行，关系到人民群众的安居乐业。当前我国经济发展处于关键时期，国有企业改革进入攻坚阶段，更需要十分重视和切实加强安全生产工作，为改革和发展创造一个良好的环境。

为切实做好全国安全生产工作，迅速遏制重大事故上升的势头，吴邦国提出了六条要求：

第一，高度重视安全生产工作，切实加强领导。各级领导一定要从讲政治、保稳定、促发展的高度，以对人民负责的态度，真正把安全生产当作人命关天的大事，放在经济工作的突出位置来抓。要牢固树立安全第一的思想，坚持预防为主，落实安全措施，确保安全生产。在机构改革和企业改组、改制过程中，对安全生产工作只能加强，不能削弱，确保安全生产监督管理队伍人心不散、工作不断、力度不减。

第二，立即开展全国安全生产大检查。各地区、各部门和广大企业要按照国务院的要求，立即行动起来，领导亲自挂帅，从 12 月 1 日起，用 1 个月的时间，开展一次全面、深入、彻底的安全大检查。检查的主要内容是：安全生产责任制的落实情况，规章制度建设和执行情况，事故隐患监控和整改情况，安全监督管理力量的配备和职责履行情况，事故调查处理情况和安全生产宣传教育、培训情况。检查的重点：一是民航、铁道、公路、水运企业；二是煤矿等矿山企业；三是石油化工、烟花爆竹等生产易燃易爆物品的企业；四是重大工程设施及施工现场；五是各类学校和体育场馆、大型商场、影剧院、游乐场等公共场所，特别是集体居住和活动场所。这次安全大检查一定要讲求实效，不能走过场。

第三，切实加强对重大事故隐患的监控和整改。要坚持边检查、边整改的原则。对查出的各种问题，要立即采取措施，进行整改，该关闭的一律坚决关闭，该停运的要坚决停运，该停业整顿的要坚决停业整顿。对一时难以根治的重要事故隐患，要有计划、有步骤地整改，人盯死守，严格监控，制定事故应急预案，提高处置突发事故的能力。

第四，依法严肃查处各类事故。对于已经发生的事故，要抓紧调查分析事故原因，对造成事故的直接责任人和负有领导责任的人员，要坚决依法追究责任，绝不姑息迁就。对查明的典型事故的原因和处理情况，要及时公开报道。对隐瞒事故、弄虚作假、漠视人民生命安全的有关责任人要加重处罚。

第五，进一步落实安全生产责任制。要进一步明确企业经营管理者是安全生产第一责任人，落实领导和各级组织管理人员的安全生产责任制，层层把关，层层负责。加强安全生产法规建设，做到依法行政，依法管理。加大安全生产监督管理力度，建立和完善安全生产自我约束机制，强化管理和监督。无论企业如何发展和变化，安全第一的思想不能变，企业经营管理者作为安全生产第一责任人不能变，党政工团齐抓共管，依靠广大职工搞好安全生产工作的传统不能变。

第六，大力开展安全生产宣传教育工作。各地区、各部门及广大企业要通过开展形式多样、生动活泼的各种宣传教育活动，宣传安全生产法律、法规和好经验、好典型，提高职工的事故规避能力和自我保护意识，杜绝“违章指挥、违章作业、违反劳动纪律”的现象。坚持特种作业人员的岗前培训，持证上岗。要通过宣传教育，在全社会形成人人讲安全、人人重视安全的良好氛围。

国家经贸委主任盛华仁在会上通报了近期全国安全生产重大事故的情况。出席会议的有中央、国务院有关部门的负责人和新闻单位的代表。

国家主席江泽民在人民大会堂会见美国参议员拉里·克雷格

江泽民会见来访的美国参议员、参议院共和党政策委员会主席拉里·克雷格和夫人一行以及随行的美国工商界人士。

江泽民说，中美双方有责任共同将一个健康稳定发展的中美关系带入 21 世纪，这不仅符合中美两国人民的利益，也有利于世界的和平与发展。江泽民以中美双方前不久签署的关于中国加入世界贸易组织的双边协议为例指出，中美两国政府和领导人应坚持从战略的高度和展望 21 世纪的角度，审视和处理事关中美两国人民和世界人民根本利益的大事。

江泽民强调，台湾问题牵动全体中国人民的心，美方按照中美三个联合公报和美方有关承诺妥善处理台湾问题，对保持中美关系的健康和稳定发展是至关重要的。

国家副主席胡锦涛在人民大会堂会见伊朗副总统穆罕默德·哈希米

胡锦涛会见出席中伊经贸科技合作联合委员会第十次会议的伊朗副总统穆罕默德·哈希米。

胡锦涛说中国政府重视伊朗在地区和国际事务中的地位和作用，愿意在和平共处五项原则的基础上发展同伊朗的友好合作关系。胡锦涛希望双方保持高层及各个级别的友好往来，加强交流，增进了解，促进合作，为发展两国长期稳定的友好合作关系而共同努力。

哈希米表示伊朗对进一步加强伊中两国的经贸、科技合作抱有期待，并十分看重中国在维护波斯湾地区和中东地区和平、促进地区发展方面所起的重要作用。

国务院副总理李岚清在中南海会见美国参议员参议院共和党政策委员会主席拉里·克雷格和夫人

解放军全军和武警部队士兵佩戴新军(警)衔标志

全军和武警部队士兵新式军(警)衔标志,正式启用。年底以前义务兵和新选取套改的士官一律佩戴新的军(警)衔标志。

1998年12月公布的《中华人民共和国兵役法》规定,义务兵服役时间为2年,并且不再超期服役。与新的兵役法相衔接,全军和武警部队按照新的《现役士兵服役条例》进行了士官制度的一系列改革。经过大量的准备工作之后,从今年11月开始,按照新的士官制度从义务兵中选改士官,原有的专业军士和军士长也同时按照新的制度进行了套改。与新的兵役制度和士官制度相适应,士兵的军(警)衔也重新进行了设置,1988年设置的士兵军衔等级和专业军士、军士长的称谓将自行取消。

新启用的士兵军衔肩章版面底色陆军为棕绿色,海军为黑色,空军为天蓝色。士官军衔在肩章版面上缀以象征符号和折杠。象征符号、折杠的繁简分别表示士官军衔高、中、初三等和级别。兵的军衔在肩章版面上缀以折杠,无象征符号。两道折杠为上等兵军衔;一道折杠为列兵军衔。士官军衔肩章分硬肩章和套式软肩章。兵的军衔肩章为套式软肩章。

中国计算机2000年问题基本解决

人们关注的计算机2000年问题,经过两年来的工作,已基本解决。各地区、各部门现已进入从系统测试和联网试验转到风险评估、应急计划制订、演练及现场指挥协调阶段。

计算机2000年问题工作小组组长张琪在发布会上宣布,这项工作目前已进入到最后阶段。各地区、各部门要在12月15日前建立起各自的应急协调指挥系统,加强风险评估工作,完善应急计划和实施方案,做好必要的物资、人员和技术准备工作,建立2000年问题就绪和事故报告制度,确保实现2000年计算机安全、顺利过渡。

联合国教科文组织世界遗产委员会缔约国在摩洛哥举行的代表大会上决定将福建武夷山和重庆的大足石刻列入《世界遗产名录》

国家药管局公布非处方药专有标识

非处方药专有标识图案为椭圆形背景下的O、T、C三个英文字母,即Over The Counter的缩写,是国际上对非处方药的习惯称谓。非处方药专有标识是用于已列入《国家非处方药目录》,并通过药品监督管理部门审核登记的非处方药药品标签、使用说明书、包装的专有标识,也可用作经营非处方药药品的企业指南性标志。

劳动和社会保障部在深圳召开企业职工养老金发放现场会

现场会会议决定,我国将全面推行养老金社会化发放,保证离退休人员按时足额领取基本养老金,切实减轻企业的社会事务负担。力争到2000年年底,全国80%以上的企业离退休人员实现由社会服务机构发放养老金。

根据这个精神,原行业统筹移交地方管理企业、军工企业和实行破产关闭企业的退休人员、所有企业离休人员的养老金将首先实行社会化发放;新参加养老保险的企业,从参加之日起实行离退休人员养老金社会化发放。

实行社会化发放养老金是建立和完善社会保障体系的一项重要内容,是确保养老金按时足额支付的重要手段。各级社会保险经办机构将充分利用银行、邮局等社会服务机构网点分布广泛、服务设施完善的优势,委托其发放养老金,彻底改变由企业代发养老金的传统做法。对于居住偏远和有特殊困难不能前往社会服务机构领取养老金的离退休人员,社会保险机构可直接向他们送发养老金。

按照劳动和社会保障部的要求,各地将尽快建立健全离退休人员养老金数据库,及时准确地为社会服务机构和离退休人员提供服务。

12月2日

全国人大常委会委员长李鹏在马斯喀特同阿曼国家委员会主席哈尔希举行正式会谈

哈尔希说,阿曼关注中国的发展进程,赞赏中国取得的巨大成就,中国领导人以其胆识和智慧实行稳健的内外政策,在世界上赢得了声誉和信任。

李鹏说,中国的发展进程有一条重要的经验,这就是正确处理改革、发展和稳定三者之间的关系。当前,在经济工作中,我们主要采取扩大内需,加强基础设施建设,加强农业和实施西部开发战略等措施,我们在今后的岁月里,有条件保持经济持续发展的良好势头。

李鹏还重申中国不做超级大国,中国不称霸,中国不搞势力范围。我们历来认为,中国的稳定和发展是对世界和平与发展的重要贡献。

国务院总理朱镕基在河内越南主席府同越南总理潘文凯会谈

潘文凯说，越南极为重视同中国的友好合作。越中有着悠久的合作传统，两国都坚持社会主义方向和共产党的领导，也都坚持改革、开放。近年来，两国关系取得重要的进展。

朱镕基说，中越两国山水相连，国情相近，都坚持社会主义道路，都致力于改革开放和革新开放。两国有许多共同点，面临的问题也很相似。我们高兴地看到，自从两党总书记确定两国关系新框架以来，两国各领域合作关系都得到了新的发展。进一步巩固和发展两国关系，有利于促进各自的发展，符合两国人民的共同利益，同时也有利于本地区乃至世界的和平与稳定。

关于两国边界领土谈判，双方高度评价两党总书记从战略高度确定的目标，对两国边界谈判代表团团长关于陆地边界谈判的报告感到满意，并就此达成重要共识。

潘文凯还感谢中国政府向越南提供的帮助和援助。

朱镕基说，中国政府将继续支持和鼓励有实力的中国公司和企业到越南投资，并愿在搞好可行性研究，有利于越南的经济结构调整，并在确保经济效益的基础上，在农产品加工、机械、家用电器、电子和通信产品组装等领域加大投资合作力度。中方愿继续为促进两国经贸合作的进一步发展而作出积极努力。

全国政协主席李瑞环在科伦坡同斯里兰卡库马拉通加总统会见

李瑞环说，一个国家、一个地区、一个社会总会存在这样那样的分歧、差异和矛盾；同时也总是有着共同的利益、愿望和目标。分歧和差异，有的是是非问题，有的是个性、特点的表现；有的可以消除，有的不能强求一致。

当今世界各国，尤其是发展中国家，共同关心和追求的是发展经济，改善人民生活。执政者、领导者只有抓住发展经济、改善人民生活这一体现共同利益、共同要求的大目标不放，才能把绝大多数群众的精神振奋起来、人心凝聚起来、潜力挖掘出来，也只有在为实现大目标共同奋斗的过程中，人们才能不断地增进了解、消除误解、取得谅解，从而促进大团结。大目标是大团结的基础，大团结是大目标的保障。中国在经济建设和改革开放的进程中，也有过不同的看法，有过这样那样的分歧。中国改革开放的总设计师邓小平提出“不争论”，反对让无谓的争论耽误时间，主张先干起来再说。实践证明，“不争论”的方针有利于各项事业的发展和各种分歧的统一。邓小平说，不争论，是他的发明，人们说，不争论，是邓小平的高明。中斯两国同属发展中国家，在实现大目标、促进大团结方面都面临不少共同的问题。我们愿意在日益增多的交流中，与贵国互相学习、取长补短、共同进步。

国务院要求各级政府和政府各部门贯彻依法治国方略

国务院日前作出决定，要求地方各级政府、国务院各部门扎扎实实地贯彻依法治国基本方略，全面推进依法行政，从严治政，建设廉洁、勤政、务实、高效政府。

决定说，党的十五大提出：依法治国，是党领导人民治理国家的基本方略。九届全国人大二次会议通过的宪法修正案规定“中华人民共和国实行依法治国，建设社会主义法治国家”，从而使依法治国基本方略得到国家根本大法的保障。依法行政是依法治国的重要组成部分，在很大程度上对依法治国基本方略的实行具有决定性的意义。目前，改革进入攻坚阶段，发展到了关键时期，经济基础、上层建筑诸多领域中的深层次矛盾比较集中地暴露出来，许多问题迫切需要用法律手段来解决。随着依法治国基本方略的实行，人民群众的法律意识和法制观念不断增强，全社会对依法行政的要求也越来越高。新形势对各级政府和政府各部门依法行政提出了新的更高要求。

全国政法工作会议在北京闭幕

中共中央政治局常委、书记处书记尉健行出席会议发表讲话。

尉健行说，明年是世纪交替之年，也是“九五”计划和实现现代化建设第二步战略目标的最后一年，各项任务十分繁重。做好明年的政法工作，具有十分重要的意义。目前，我国经济发展、政治稳定、民族团结、社会进步，各项事业继续稳步前进，取得了新的成就，改革开放和现代化建设跨上了新的台阶。随着澳门的顺利回归，祖国统一大业将迈出新的步伐。但应当清醒地看到，当前危害国家安全、影响社会稳定的因素仍然存在。因此，要坚决果断地排除一切干扰，保持社会政治稳定，把各项事业顺利推向前进。

尉健行要求，各级党政领导要切实负起维护稳定的责任，健全和落实严格有效的维护稳定领导责任制。严格实行维护稳定的部门责任制和单位责任制，做到“谁主管谁负责”，坚决纠正推诿、扯皮现象。

尉健行指出，要严厉打击国内外敌对势力的破坏活动。严密防范和依法惩治“法轮功”等邪教组织，严厉打击骨干分子和顽固分子的破坏活动，继续做好思想转化和解脱大多数的工作，务必取得这场斗争的彻底胜利。尉健行说，要深入开展“严打”斗争，落实社会治安综合治理的各项措施。坚持不懈地严厉打击各种刑事犯罪和经济犯罪活动，特别要重点打击严重暴力犯罪和有组织犯罪，重点查办经济犯罪的大案要案。同时要加大预防犯罪工作的力度，动员全社会的力量把预防犯罪的工作做在前面。要结合贯彻实施《预防未成年人犯罪法》，抓好青少年犯罪的预防工作，为青少年的健康成长提供良好的社会环境。进一步深入开展基层安全创建活动，巩固创建成果，扩大覆盖面，增强人民群众的安全感。

尉健行强调，要高度重视和妥善处理人民内部矛盾问题。各级领导干部一定要倾听群众的呼声，了解群众的要求，体察群众情绪。对涉及群众利益的事，要一件一件地去落实。一时解决不了的，要认真做好说服解释工作。要善于发现苗头和倾向性的问题，有针对性地做好工作，把问题解决在萌芽状态。

尉健行要求，各级政法机关和广大干警要全面贯彻党的十五届四中全会精神，切实发挥职能作用，努力为国有企业的改革和发展创造良好的法制环境。

尉健行进一步指出，政法队伍的主流是好的，是一支党和人民完全可以信赖的队伍。但由于各种消极因素的影响，政法队伍中确实还存在着极少数干警有法不依、执法不严，甚至贪赃枉法、徇私舞弊等现象。对此，必须予以高度重视。要进一步加强政法机关的廉政建设，增强廉洁自律的自觉性，不断提高执法水平。要进一步加强政法队伍的管理和监督。严格执行中央政法委提出的“四条禁令”，对违法违纪的干警要严肃处理，绝不允许偏袒和包庇。

中共中央政治局委员、书记处书记、中央政法委员会书记罗干作总结讲话。

罗干强调，这次会议对明年和今后一个时期的政法工作做出了部署，关键是要抓好落实。各级政法部门要在党委政府的领导下，紧密联系本地区的实际，深入调查研究，在抓落实、重实效上狠下功夫。要切实抓好各项保障措施的落实，全面推进政法工作。同时要认真做好澳门回归和元旦、春节的安全保卫工作。

中共中央政治局委员张万年，全国人大常委会副委员长曹志，中央政法委员会委员肖扬、韩杼滨、贾春旺、许永跃、高昌礼、周子玉、王胜俊和各省、自治区、直辖市主管政法的负责人及中央国家机关有关部门的负责人，出席会议。

全国妇联八届二次执委会在北京召开

会议的主要内容是传达中央领导人讲话，讨论通过全国妇联工作报告，审议通过全国妇联有关条例、规定。

全国妇联副主席顾秀莲传达胡锦涛等领导同志在听取全国妇联党组工作汇报后的讲话。

全国人大常委会副委员长、全国妇联主席彭珮云出席会议并讲话。顾秀莲在全国妇联工作报告中提出了2000年妇联的主要工作。

中共中央政治局常委胡锦涛在山东 江苏 安徽考察

胡锦涛在农村基层组织建设工作时指出，当前农村基层组织建设的全部工作，都要紧密联系农村的新形势新任务，紧紧围绕深化农村改革，调整经济结构，发展农村经济，增加农民收入，维护农村稳定，加快奔小康步伐来进行。农村基层组织建设抓得好不好，工作成效怎么样，也要以这些方面的实际效果如何来衡量、来检验。

12月2日至6日，胡锦涛由三省负责同志陈焕友、回良玉、王太华、陈建国、许仲林、方兆祥等分别陪同，先后在单县、丰县和萧县就深入贯彻落实党的十五大精神和十五届三中全会精神，进一步做好农村基层组织建设工作进行调查研究。他每到一处，都细心了解群众的生产经营和生活状况，同基层干部和党员一起研究新情况新问题，肯定他们取得的成绩和经验，听取他们对工作的意见和建议。

单县蔡堂镇张楼村曾是一个后进村。胡锦涛说，这里的实践再次证明，农村基层党组织只有始终为群众着想，真心诚意地为群众办事，帮助群众脱贫致富，才能在群众中有凝聚力。

丰县金陵乡齐阁村的2000多亩地全是沙土壤，过去种植小麦和玉米产量较低。村党支部经过调查发现，从国外引进的牛蒡经济价值高，市场需求好，适合当地生长，立即决定由干部、党员带头试种，结果第二年就获得好收益。村党支部书记向胡锦涛介绍，现在全村户户都种了牛蒡，去年人均收入比前两年增加3200元。胡锦涛兴致勃勃地察看了种植牛蒡的地头，然后到青年农民汪允银家访问。

汪允银自豪地告诉客人，这幢房子是自己盖的。依靠种牛蒡，去年全家收入8万多元。他还补充说：“因为我们这里土好。”胡锦涛听后说：“同样一块地，为什么过去种粮食收益不好，现在种牛蒡就成了好地？这说明只要留心市场的变化，及时调整结构，因地制宜搞种植，依靠科技求发展，劣势就能变为优势。这里的党支部和党员带了个好头。”

在萧县白土镇所属的花甲寺村和董店村，胡锦涛一下车，就直奔设置在路旁墙壁上的村务公开栏，驻足仔细观看，边看边点头称赞。花甲寺村党支部书记卢次文告诉胡锦涛，实行村务公开，加强民主管理以后，群众的疑虑少了，参与村务的积极性高了，对村干部更信任更拥护了,村里的工作也好做了。胡锦涛听后说,实行村务公开、民主管理,是顺民意、得民心的事,一定要坚持下去。在两个村的党员活动室里,胡锦涛一进门就注意到摆得整整齐齐的会议记录档案架。他随手抽出一本村民代表会议记录册,仔细翻阅,边看边大声读给大家听。他说,党支部、村委会讨论村里的大事要充分听取群众意见,大家拥护的事就办,这样就能把事情办好。

调研结束后,胡锦涛在徐州召开座谈会听取三省负责同志的汇报,并发表了重要讲话。他说,这两年,各地按照中央的部署,积极贯彻党的十五大和十五届三中全会精神,围绕党在农村的中心任务继续推进农村基层组织建设,取得了新的进步。对已取得的成绩必须充分肯定。但是应当清醒地看到,当前农村基层组织的状况同中央的要求、农民群众的期望相比,还有较大的差距;同面临的新形势新任务,还存在着不相适应的问题。他强调指出,我国农业和农村经济的发展已经进入了一个面向市场、优化结构、提高素质、注重效益,向生产的广度和深度进军的新阶段。与此同时,随着改革的深化和社会主义市场经济的发展,农村的各种利益关系也进行着深刻的调整,发生了新的变化,也产生了许多新的矛盾,要求我们正确认识和解决。所有这些,都对农村基层组织提出了新的更高的要求。经验证明,深化农村改革、调整经济结构、发展农村经济、增加农民收入、维护农村稳定,都离不开基层党组织领导核心作用和战斗堡垒作用的发挥,都要靠基层组织团结带领农民群众去奋斗。我们一定要从实现农业和农村跨世纪发展目标和巩固党在农村执政基础的战略高度,深刻认识加强农村基层组织建设的重要性,深入、扎实、持久地抓好这项工作。

胡锦涛强调,加强农村基层组织建设,关键是要抓好乡(镇)、村两级领导班子建设。应当肯定,广大农村基层领导班子和干部队伍总体上是好的,是可以信赖的。农村基层组织整体上是有战斗力的。现在的问题是,我国农业和农村经济发展的形势出现了新的阶段性变化。必须结合新的实际,继续按照村级组织"五个好"的目标和乡镇党委"六个好"的目标开展工作,尤其要把农村基层领导班子建设抓得很紧很紧,把提高农村基层干部素质工作抓得很紧很紧,从整体上提高农村基层组织建设的水平。

在谈到加强领导班子建设时,胡锦涛说,首先要选好人、用好人,特别是要把村党支部书记、乡镇党委书记选准、选好。要继续坚持政治上强、清正廉洁、公道能干、党员和群众真正拥护这些基本条件,同时要体现新形势新任务对干部素质的要求,看是否具备带领群众面向市场调整经济结构、发展农村经济、增加农民收入的能力。要加大基层干部选拔任用制度改革的力度,形成有利于优秀人才脱颖而出的机制。要扩大视野,多渠道选贤任能。要逐步建立健全对基层干部尤其是主要干部的监督激励机制,积极探索农村基层干部规范化管理的有效途径和办法。各级党委要关心、爱护、支持基层干部,为他们开展工作创造良好的条件和环境。

在谈到必须把全面提高农村基层干部的素质作为当前的一个突出而紧迫的任务时,胡锦涛要求,今冬明春要切实加大对基层干部的培训力度,着重抓好以下三个方面的培训和教育:一要努力提高农村基层干部带领群众调整经济结构、发展农村经济的自觉性和本领;二要努力提高农村基层干部的政策水平,增强他们的法制观念;三要努力提高农村基层干部正确认识和处理新时期农村人民内部矛盾的水平和能力。要注意总结和运用好近年来一些地方创造的培训农村基层干部的好做法和经验。要根据实际需要,采取灵活多样、切实有效的培训方式,特别要运用好现场参观学习、通过典型示范引路等直观有效的方法,引导基层干部自觉地在新的实践中锻炼提高。

胡锦涛指出,加强新形势下的农村基层组织建设,要同推进基层民主政治建设结合起来。他说,这些年来,在村级民主选举、民主决策、民主管理、民主监督等方面迈出了新的步伐,今后要继续坚持和完善,使农村基层民主政治建设始终在党的统一领导下,有步骤、有秩序地进行。村民委员会成员要牢固树立党的领导的观念,维护和尊重村党支部的领导核心地位。党支部成员要增强民主法制观念,支持村委会依法开展工作。党支部和村民委员会都要按照建设社会主义新农村的目标,同心协力,把经济搞上去,把村里的事情办好,为村民服务好。在推行村务公开、民主管理的过程中,务必要注重实效,防止和克服形式主义。

胡锦涛最后强调,各级党委要继续加强领导,落实党建工作责任制。地、县两级党委应按照中央的要求,把主要精力和工作重心放在农业和农村工作上,把农村基层组织建设切实抓起来,不但要有总体思路,而且要提出可操作的措施和办法。要深入调研,抓住突出问题和薄弱环节,一个一个地加以解决。各级领导干部抓农村基层组织建设联系点的办法,在党委统一领导下有关部门齐抓共管的工作格局,都要长期坚持下去。农村基层组织建设工作是在不断解决新问题中前进的,领导水平也是在不断总结新经验中提高的。各级领导干部要深入基层,深入实际,大胆探索,勇于实践,及时发现和解决问题,把新形势下的农村基层组织建设提高到一个新水平。

在考察期间,胡锦涛还由南京军区司令员陈炳德、政委方祖岐等陪同，看望了驻徐州部队，并听取了某集团军的汇报。

国家主席江泽民在北京会见伊朗副总统穆罕默德·哈希米

江泽民在中南海会见来北京出席中伊经贸科技合作联合委员会第十次会议的伊朗副总统穆罕默德·哈希米。

江泽民表示，中伊都是文明古国，两国人民之间的友谊源远流长。近年来在双方的共同努力下，中伊友好合作关系持续发展。中国政府十分珍视同伊朗的友谊，重视伊朗在地区和国际事务中的作用，积极发展同伊朗的友好合作关系是中国政府的既定方针。

哈希米表示伊朗非常重视同中国发展在各个领域的友好合作关系，愿与中国共同努力，把伊中关系推向新的高度。哈希米对中国改革开放以来在各个方面所取得的巨大成就表示钦佩。

全国人大常委会委员长李鹏在马斯喀特会见阿曼副首相法赫德·本·马哈茂德

中央军委副主席胡锦涛在人民大会堂会见坦桑尼亚国防和国民服务部部长埃德加·毛科拉·马乔戈

外经贸部部长石广生在西雅图阐述中国关于多边贸易谈判立场

出席世界贸易组织第三届部长会议的中国代表团团长、外经贸部部长石广生在全体会议上发言时说，中国希望能够早日成为世贸组织的成员，中国加入世贸组织将是对多边贸易体制的贡献，也是对新一轮多边贸易谈判的有力支持。中国需要进一步向世界开放，世界也需要一个更加开放的中国。

石广生说，日益发展的经济全球化的趋势是我们这个时代的特征，作为经济全球化的载体之一，世界贸易组织发挥着举足轻重的作用。中国政府对半个世纪以来多边贸易体制为促进世界经济贸易发展所发挥的重要作用给予充分的肯定。同时，作为世界上最大的发展中国家，我们也感到，现行的多边贸易体制也存在着明显的缺陷，没有充分反映发展中国家的利益和要求，是不完整和不平衡的。

石广生说，中国主张：第一，充分尊重发展中国家的经济发展目标及与之相适应的渐进的市场开放模式。第二，发达国家应当切实履行乌拉圭回合协议中承诺的义务，改进发展中国家的市场准入环境。第三，制定新的贸易规则必须有发展中国家的充分参与。第四，加强发展中国家之间的协调，增强参与多边贸易体制的集体谈判能力。第五，新一轮多边贸易谈判应集中讨论与贸易有关的问题。中国认为不应当把那些与世贸组织职能无关的问题，如劳工标准等纳入到议程中。

石广生说，我代表中国政府郑重声明，在成为世界贸易组织成员之后，中国将根据自身的经济发展水平，为新一轮多边贸易谈判的成功作出贡献。在未来的多边贸易体制当中，中国将是一个负责任的和发挥建设性作用的成员。中国在亚洲金融危机中的表现已经证明了这一点，中国为加入多边贸易体制所作出的13年努力也证明了这一点。

全国工业引智工作会议在沈阳召开

国家外国专家局、国家经贸委在沈阳联合召开会议。会上提出明年工业引智工作的总体思路是，紧密结合企业发展实际需要，坚持以市场为导向，配合产业结构调整和实现“两个根本性转变”，在技术创新、建立现代企业制度、运用高新技术改造传统产业、大力提高经营管理水平等方面，加大聘请外国专家和出国（境）培训力度，在保证引智质量的同时，扩大引智受益面。

国家外国专家局局长万学远指出，积极引进国外智力，是我国推进改革开放事业、不断扩大与世界各国互利合作的重要组成部分。国家经贸委副主任郑斯林围绕推进国有企业引智工作、重实效、抓重点等问题做了重要讲话。辽宁省省长张国光也到会并发表讲话。中央有关部委和全国各省、市、自治区外专局、经贸委及青岛海尔等60多家重点企业代表出席会议。

中国少数民族文学经典文库出版

云南人民出版社新出“中国少数民族文学经典文库”，是迄今为止最全面、最系统、最具代表性的一套我国少数民族文学作品选集。文库以新中国成立为时间起点，集中我国各民族作家创作的各具艺术特色，充满民族风情，闪耀着时代光芒的文学代表作品，构筑起一道新中国五十年我国多民族文学的历史画卷。

《维也纳公约》缔约方大会第五次会议和《蒙特利尔议定书》缔约方大会第十一次会议部长级会议在北京开幕

国家主席江泽民出席并就环境保护、中国的环保政策等问题发表了讲话。

国务院副总理温家宝，中共中央政治局委员、北京市委书记贾庆林和国家环保总局局长解振华等国家机关及北京市的有关部门负责人也出席了开幕式。

联合国助理秘书长兼环境规划署副执行主任卡卡海尔也发表讲话。

卡卡海尔高度赞扬了中国在消除贫困和致力经济进

步方面作出的巨大努力。他说:"连贯的环境政策必须与经济发展和社会稳定保持同步,才能应对可持续发展和全球化带来的挑战。"他还在讲话中对全球各国在环境保护和臭氧层保护方面所做的努力做了回顾与展望。

《维也纳公约》缔约方大会第四次会议大会主席柴里科夫也作了发言。

开幕式由联合国环境规划署臭氧公约秘书处执行秘书萨尔玛主持。

这次旨在保护臭氧层的国际会议是 11 月 29 日在北京召开的,这是迄今为止中国承办的规模最大的国际环保会议,来自 212 个国家和国际组织的近千名代表出席了这次盛会。

国家主席江泽民在《维也纳公约》缔约方大会第五次会议和《蒙特利尔议定书》缔约方大会第十一次会议部长级会议开幕式上致辞

各位嘉宾,

女士们,先生们:

今天,《维也纳公约》缔约方大会第五次会议和《蒙特利尔议定书》缔约方大会第十一次会议部长级会议在北京隆重开幕,大家聚集一堂,共商保护地球的具体行动,具有十分重要的意义。我代表中国政府,并以我个人的名义,向大会致以衷心的祝贺! 向与会的各国代表和来宾表示诚挚的欢迎!

环境问题,关系到地球上每个国家人民的前途和命运。解决环境问题,维护和创造人类共同生活的美好家园,是各国人民共同的愿望,也是各国政府的共同责任。世界上所有的国家都应义不容辞地承担起保护地球的责任。

中国政府历来重视环境保护。中国坚持把环境保护作为一项基本国策,实施可持续发展战略,开展了卓有成效的污染防治和生态保护工作,促进了经济与环境的协调发展。中国正在探索一条适合自己国情的可持续发展道路,并已取得了重要的实践经验。

对于保护全球环境,中国是负责任的。我们坚持不懈地解决中国的环境问题,特别是减少有害气体的排放,不仅改善了中国的环境质量,也为保护全球环境作出了重要的贡献。中国积极参与全球环境事务,签署了多项环境领域的国际公约和协议,广泛开展同各国在环境建设方面的交流与合作,为促进国际环境事业的发展发挥了积极的作用。

人类共同生存的地球和共同拥有的天空,是不可分割的整体。保护地球,需要各国共同行动。在国际环境合作中,应该充分考虑各国经济发展不平衡的长期历史和不同国家的具体现实,综合规划,加强合作,协调行动,切实推进。发达国家应该充分认识到自己在长期发展过程中曾经对全球环境造成的那些历史影响,因而有责任承担更多的义务,发挥自己强大的经济和科技优势,积极帮助发展中国家解决环境问题。发展中国家在推进经济发展中要努力加强环境保护,并在全球行动中发挥力所能及的作用。保护臭氧层《维也纳公约》和关于消耗臭氧层物质的《蒙特利尔议定书》的成功履行再次表明,只要各国相互理解,加强合作,就一定能加快解决全球环境问题的进程。中国作为一个发展中国家,愿意在公平、公正、合理的基础上,承担与我国发展水平相适应的国际责任和义务,为促进全球环境和发展事业作出应有的贡献。

女士们,先生们,二十一世纪即将到来。在二十世纪中,人类创造了前所未有的物质和精神财富,世界发生了深刻的变革,为各国在新世纪实现新的发展创造了难得的历史机遇。但也应看到,人类的生存和发展还面临着许多严峻的挑战。各国人民应该携手合作,积极行动,为争取世界持久和平与各国普遍繁荣的美好未来而共同奋斗。

最后,祝大会取得圆满成功。祝各位在北京愉快。

谢谢。

江苏 重庆 四川 湖北 湖南 江西 安徽 上海等十省市政协在南京共商联手防治长江水质污染大计

十省市政协有关负责人指出,目前长江正面临着日益严重的生态环境:源头区的生态退化、中上游的森林植被破坏,以及中游的湖泊萎缩问题,而贯穿其中的是全流域严重的水土流失。长江流域废水排放量约为 150 亿吨,占全国废水年排放量的 36%。其中,工业废水年排放量 85 亿吨,城市生活污水排放量为 65 亿吨,分别占全国工业废水和生活污水的年排放量的 42%和 34%。他们指出,长江的水质恶化与沿江的污染源分布、治理不力有关。沿江 50 万人口以上的城市有 21 座,城市生活污水排放量近 30 亿吨,其中仅有 3 亿吨左右经过初步处理;沿江其他中小城市的生活污水几乎 100%未经处理就直接排入长江。

代表们呼吁,要尽快制定《长江流域水环境保护条例》,依法规范和调整各方面在长江开发、利用、治理和保护中的关系。他们还建议加强长江水资源保护管理体制的建设,建立节水型经济和节水型社会,并实施长江流域水资源保护责任制度。

12 月 3 日

国务院总理朱镕基在河内越南主席府会见越共中央总书记黎可漂

朱镕基表示很高兴应邀对越南进行正式访问。他向黎可漂总书记转达了江泽民总书记的亲切问候和良好祝愿。

朱镕基积极评价中越两党两国关系的发展。他说，中越关系正常化八年来，两党两国关系发展顺利，各个领域的友好交往与合作不断深入。双方高层互访不断，说明我们之间的关系愈来愈密切。特别是江泽民总书记同黎可漂总书记从战略高度和两国友好关系大局出发，确立了新世纪两国关系发展框架，标志着两党两国关系已进入一个新的历史发展阶段。

朱镕基说，两党总书记今年2月就年内签署陆地边界条约、明年解决北部湾划界问题达成重要共识，为两国边界谈判指明了方向。在两党总书记的关心和指导下，通过双方的共同努力，两国陆地边界存在的问题已全部得到解决，我和潘文凯总理已经就此达成共识。希望两国政府边界谈判代表团加快各项准备工作，力争今年内正式签署陆地边界条约，以把一条和平、友好、合作的中越陆地边界带入21世纪。在取得这一重大成果的基础上，双方应继续努力，力争明年解决北部湾划界问题。

黎可漂表示，越共中央和政治局高度重视朱总理的访问。他说，越南党、人民和政府永远不会忘记中国党、人民和政府在越南民族解放和国家建设中所给予的巨大帮助。最近两党领导人确定的两国关系发展十六字方针，即“长期稳定、面向未来、睦邻友好、全面合作”，充分体现了越中两党两国之间的相互信任，没有任何事情能够损坏越中之间的这种相互信任关系。他说，中国在国内和国际上取得的成就对于越南十分重要，今后应进一步加强相互之间的合作。

黎可漂说，越中两国已就解决陆地划界问题达成协议，力争在今年年底签署边界条约。

这是一个巨大的成果，也将成为两国关系的一个重要里程碑。这一协议的达成，具体体现了我们之间的相互信任，将对本地区的和平、稳定与发展起到很重要的作用。在此基础上，要争取明年解决北部湾划界问题。

会见中，双方认为，中越两国有许多共同点，两国在发展道路上面临的问题也很相似。两国各有所长，可以相互学习，取长补短，在当前复杂的国际和地区形势下，中越两党两国更应加强合作，共同发展。双方表示相信，通过共同努力，我们两国的社会主义事业一定会更加兴旺发达。

会见时在座的有外交部部长唐家璇、农业部部长陈耀邦、特别助理刘华秋、中国人民银行副行长阎海旺等中方陪同人员。

越方在座的有副总理兼外交部部长阮孟琴、越共中央对外部部长阮文山、政府办公厅主任段孟蛟等。

国务院总理朱镕基在河内会见越共中央顾问杜梅

国务院总理朱镕基会见越南国会主席农德孟

全国政协主席李瑞环在科伦坡探望81岁高龄的斯里兰卡总理班达拉奈克夫人

李瑞环说：中斯建交40多年来，两国的友好关系经受了种种风浪的考验，始终真诚合作，亲密无间，堪称国际友好关系的典范。为了中斯友好关系的不断巩固和发展，阁下曾经四次访问中国，并极力倡导中斯签订米胶协定；阁下对中国的友好之情，在中国广为人知；阁下不仅受到贵国人民的尊敬，也受到中国人民的尊敬。中国有句古话：“俯者易而蹴者难。”当权的政治家，由于他所处的位置、所掌握的权力，可以做很多的好事、实事，一念之兴、举手之劳，就有可能解民于倒悬，为人民谋取更多的福利。李瑞环指出，人生有限，政治家当权的时间也有限，要利用条件，抓住时机，为国家、为人民、为人类多做好事。中国人常说：“但行好事，莫问前程”，这句话的意思是，做好事并不是为了回报。事实上只要做了好事，人们就不会忘记他，永远怀念他。

中国向联合国递交第二批适用澳门的国际多边条约

中国向联合国递交了第二批拟于12月20日澳门回归之日起适用于澳门的国际多边条约。

中国递交的这批条约共有9项，其中包括中国已参加的《关于难民地位的公约》、《关于难民地位的议定书》、《精神药物公约》和《反对劫持人质国际公约》，以及中国尚未参加的但拟继续适用于澳门的5项国际公约。

根据中葡关于澳门问题的联合声明和《中华人民共和国澳门特别行政区基本法》，凡中国已参加的国际协定，将根据澳门特区的实际情况和需要，在征询澳门特区的意见后适用于澳门特区；凡中国没有参加但已适用于澳门的国际协定，仍可继续适用于澳门特区。

今年10月19日，中国已向联合国递交了首批共17项适用于澳门的国际多边条约。

中越陆地边界存在问题全部解决

在河内，中越双方就两国陆地边界谈判达成共识，双方共同宣布如下：

中越陆地边界存在的问题已全部解决，有关实质性谈判业已结束。根据中越两党总书记达成的共识，下一步双方应集中力量加紧进行陆地边界条约的起草工作，力争年内正式签署两国陆地边界条约。

中国和印度尼西亚发表联合新闻公报

应中华人民共和国主席江泽民阁下的邀请，印度尼西亚共和国总统瓦希德阁下于 1999 年 12 月 1 日至 3 日对中华人民共和国进行国事访问。

访问期间，江泽民主席同瓦希德总统举行会谈，就双边关系以及一些共同关心的重大地区和国际问题进行了有益的探讨，并取得了广泛共识和谅解。双方一致认为，瓦希德总统对中国的访问取得了圆满成功，对未来两国关系的深入发展具有重要意义。

双方回顾了 1990 年复交以来两国关系的发展情况，对各领域合作取得的进展表示满意。双方认为，发展平等、互利、相互理解和相互尊重的中、印尼友好合作关系符合两国的根本利益。双方认为，加强两国友好合作关系有利于促进本地区和世界的和平、稳定与繁荣。

双方认识到，世纪之交，中、印尼两国关系正面临进一步改善和发展的重要契机。双方重申将以和平共处五项原则和万隆会议十项原则为基础，进一步巩固业已存在的传统友谊，共同致力于建立和发展长期稳定的睦邻互信全面合作关系。为此，两国外交部将尽快制订关于面向 21 世纪合作的框架文件。

双方认为，两国高层保持经常互访和接触有利于两国友好关系的健康稳定发展。双方同意充分利用业已存在的磋商机制，加强两国政府部门、议会、政党、军队及民间团体之间的友好交往，积极开展文化、教育、卫生、住房、体育和旅游等领域的合作，推动两国友好合作关系全面深入发展。

双方充分肯定两国在经贸合作方面所取得的成绩，同意进一步扩大在贸易、投资、科技、工业、农业、林业及种植业、渔业、能源、矿产、通信和金融等方面的互利合作。双方将共同致力于促进建立一个更加良好的经贸合作环境；增加贸易法规的透明度和非歧视性；鼓励双方企业界开展密切交往和多种形式的互利合作，并定期举行投资促进会。为落实两国领导人达成的合作意向，双方商定，明年上半年召开两国经贸联委会第五次会议，中方将尽早派企业家代表团访问印尼。

双方重申坚持相互尊重独立、主权和领土完整的原则。中方表示支持印尼政府在维护国家统一和领土完整方面的努力，认为印尼的稳定和繁荣有利于本地区的和平与发展。印尼方重申继续坚持一个中国的政策，并承认中华人民共和国政府是代表全中国人民的唯一合法政府，台湾是中国不可分割的一部分。

双方就当前地区经济形势交换了看法。中方高兴地看到，包括印尼在内的本地区有关国家经济复苏正取得积极进展。印尼方对中国自亚洲经济和金融危机发生以来所给予的不断支持表示赞赏。双方认为，亚洲国家应坚持自己的价值观，走符合本国实际的发展道路，并建立起更加广泛的合作，共同应对经济全球化带来的机遇和挑战。

双方对近年来中国和东盟友好关系不断发展并取得积极成果表示满意。中方赞赏印尼方为推动中国—东盟关系的发展所发挥的作用，支持印尼为进一步加强东盟的团结合作以及推动东盟在国际和地区事务中发挥更大作用所作的努力。双方重申将继续致力于中国—东盟睦邻互信友好合作关系的发展。双方对最近在马尼拉举行的东盟和中、日、韩领导人非正式会晤所取得的进展和重要意义给予高度评价，愿继续为推进对地区和平、稳定和繁荣至关重要的东亚对话与合作进程作出贡献。

双方认为，当前国际局势正在发生深刻的变化，多极化已成为国际关系发展的总趋势。双方强调，联合国宪章、和平共处五项原则、万隆会议十项原则和公认的国际关系基本准则应继续成为更加公正和平衡的国际政治、经济和安全新秩序的基础，必须得到所有国家的尊重。任何国家都无权以任何借口干涉其他主权国家的内部事务。

双方重申了人权普遍性原则应与各国国情、包括文化背景相结合的立场。双方认为，应基于合作、对话、非对抗精神和尊重国家主权和不干涉内政原则，在国际范围内就促进人权交换看法。双方认为，人权问题不能通过牺牲国家主权和国家间主权平等的原则来解决，不能违背或破坏联合国本身赖以成立的原则。

双方支持制定普遍有效的准则，通过实施双边和多边协议来裁减武器，尤其是大规模杀伤性武器。如不履行此类条约，地区和世界和平与稳定将受到威胁。双方认为，反弹道导弹条约（ABM）对于维护国际和平、安全与战略稳定具有重要意义。双方认为，东南亚无核武器区条约对促进地区与国际和平与稳定作出了重要贡献。中方重申愿签署该条约议定书。

双方重申将进一步加强在联合国、世贸组织、亚太经合组织、亚欧会议等多边场合磋商与合作。双方重申将继续支持发展中国家的团结合作和不结盟运动，为建立公正、合理的国际政治经济新秩序以及维护世界和平与稳定作出共同努力。

瓦希德总统对中华人民共和国政府和人民所给予的热情友好款待表示感谢，并邀请江泽民主席阁下早日访问印度尼西亚共和国，江泽民主席愉快地接受了邀请。

国家主席江泽民在人民大会堂接受卡塔尔等三国驻中国大使递交的国书

这三位大使是：卡塔尔新任驻华大使萨利赫·阿

卜杜拉·布埃宁、古巴新任驻华大使阿尔韦托·罗德里格斯·阿鲁菲和巴巴多斯首任驻华大使彼得·劳里。

国家主席江泽民会见数学家陈省身

江泽民在人民大会堂会见国际著名数学家、中国科学院外籍院士陈省身教授。

共青团中央等颁发"五四奖学金"

团中央、全国学联在人民大会堂向全国150名优秀大学生颁发"五四奖学金"和"建昊奖学金"。

"五四奖学金"是团中央、全国学联面向全国大学生设立的最高奖项。北京大学博士生黄谊、中国科技大学博士生刘庆峰、南开大学博士生高恩庆、石油大学硕士生朱光有、苏州大学硕士生林红、哈尔滨理工大学本科生田灼、华中理工大学本科生李玲玲、新疆大学本科生依达也提·再东、沈阳体育学院本科生徐囡囡、北华大学专科生刘湘毅10名同学获得了本年度的"五四奖学金",同时获得"建昊杯",奖学金1万元。清华大学邱虹云等140名同学获得"建昊奖学金",奖学金3000元。据了解,"五四奖学金"、"建昊奖学金"的资金由建昊集团捐资1000万元设立。

中国第七次开展消灭脊髓灰质炎强化免疫活动 李岚清到北京西城区给儿童喂服糖丸疫苗

国际保护臭氧层高级别会议通过《北京宣言》

第十一次《蒙特利尔议定书》缔约方大会在通过《北京宣言》后,在北京闭幕。

在为期5天的会议中,来自212个缔约方国家和非缔约方代表团、联合国机构、国际组织、非政府组织和企业界的近1000名代表围绕进一步保护臭氧层的具体问题进行了认真磋商。会议讨论了多边基金2000—2002年3年的增资额、甲基溴豁免使用标准等问题,调整了一些受控物质淘汰时间表。各国代表求同存异,最终达成了一致意见。

今年正值《保护臭氧层赫尔辛基宣言》10周年,本次大会通过的《北京宣言》具有继往开来的划时代意义。《北京宣言》指出,尽管近10年来臭氧层保护事业取得了可喜进展,但是各国承担的义务依然相当艰巨。《北京宣言》呼吁,各国应该采取更有效的行动,特别是发达国家应该向发展中国家继续保持足够的资金支持和技术的迅速转让,帮助它们履行其义务。《北京宣言》的一致通过,表明各国在国际环境合作方面达成了共识,必将促进臭氧层保护事业的进一步发展。

大会通过了多边基金2000—2002年3年的增资额为4.757亿美元,我国将获得其中约40%的赠款。各国将把本次会议作为新的起点,对臭氧层保护给予更大的关注,认真履行义务,作出各自应有的贡献,保护好人类共同拥有的地球和天空。

12月4日

全国妇联第五届"巾帼扫盲奖"先进个人先进集体表彰大会在北京召开

此奖是1990年全国妇联和国家教委为推动妇女扫盲教育共同设立的,每两年评选表彰一次。全国人大常委会副委员长、全国妇联主席彭珮云参加了会议。

荣获本届"巾帼扫盲奖"的有100名先进个人和30个先进集体。这些先进个人均是工作在扫盲第一线的干部、教师等。他们以扫盲为己任,常年奋战在自然环境较差、工作条件艰苦的老少边穷地区,为扫除妇女文盲、提高妇女素质作出了成绩和贡献。

大会反映,目前,我国已有24个省(自治区、直辖市)达到了现阶段国家规定的基本扫除青壮年文盲的目标,青壮年文盲率已下降到5.5%。

库车发现盛唐佛窟

近日,新疆阿克苏地区库车县一农民在距县城以北60公里的一条峡谷崖壁上采药时,在距离谷底30米高的地方意外发现一座佛教石窟。

新疆龟兹石窟研究所的20多位文物工作者立即赶去。经探明,这座石窟内现残存壁画总计约15平方米,约为原来的1/10。壁画内容大都为诸佛画像及无量寿经变图等。专家们称,这是一座盛唐时代的佛教石窟,石窟保留的文化遗迹完整丰富,在古西域地区数百座石窟中颇有特色,学术研究价值较高。

该石窟现被命名为阿艾石窟。阿艾石窟所在的地区系西域古龟兹国所在地,现拥有我国建造最早和地理位置最西的大型石窟群。新疆龟兹石窟研究所所长陈世良说,阿艾石窟为研究各民族共同开发建设新疆的历史、各民族文化的融合以及唐代中央政权同该地区的紧密联系等提供了重要的资料与新的见证。

12月5日

全国妇联第八届第二次执委会在北京结束

会议期间,传达胡锦涛等中央书记处领导同志在听取全国妇联党组工作汇报后的讲话,讨论通过全国妇联工作报告,审议通过了全国妇联有关条例、规定。

胡锦涛充分肯定了全国妇联新一届领导班子成立以来的工作。他指出,妇联要紧密联系妇女和妇联工作实际，认真学习贯彻党的十五届四中全会和中央经济工作会议精神；要坚持以经济建设为中心，团结动员广大妇女为改革和发展贡献更大的力量；要继续把培养女干部和维护妇女儿童合法权益的工作放到重要位置上来抓；要从提高针对性和实效性入手，进一步加强和改进妇女群众思想政治工作；要通过深入开展“三讲”教育，把各级妇联领导班子和干部队伍建设好。他特别强调，社区的发展是我国城市化进程中出现的一个新情况。城市妇女工作面很广，妇联应该把工作重点放到社区。这里最需要妇联做工作，也最能发挥妇联组织的优势。他还强调，妇女干部的培养和使用，关键要从基础工作抓起，从发展女党员、培养基层女干部抓起，从提高女干部的素质抓起。

全国人大常委会副委员长、全国妇联主席彭珮云出席会议并发表讲话。她要求妇联组织要进一步成为密切联系妇女群众的桥梁和纽带，更好地履行妇联组织的基本职能，坚持一手抓发展，一手抓维权，全面提高我国妇女整体素质，以贯彻实施“两纲”、“两法”为中心，进一步开创社会化工作格局，关注当前需要解决的各种妇女问题，参与和推动有关法律、法规和政策的制定和完善，根据妇女的需求提供各种服务，做好深入细致的思想工作。

全国妇联副主席、书记处第一书记顾秀莲在会上作了工作报告，全面部署2000年妇联的工作。

台湾民主自治同盟第六届中央委员会第三次全体会议在北京召开

全国政协副主席、台盟中央主席张克辉代表台盟第六届中央常务委员会作了题为《抓住机遇，开拓进取，建设跨世纪的参政党》的工作报告。全会将贯彻台盟中央关于加强思想建设、组织建设和后备干部队伍建设的三个文件，要求全盟努力加强自身建设，把台盟建设成为一个面向新世纪的高素质参政党。

全会严厉谴责了李登辉分裂祖国的言论，表示要充分利用澳门回归的有利历史机遇，坚定不移地为维护一个中国的原则，为促进祖国统一大业的完成继续努力。

台盟中央名誉主席蔡子民，台盟中央名誉副主席李辰、陈仲颐出席了开幕式。台盟中央副主席刘亦铭、吴国祯，秘书长李敏宽出席会议。会议定于12月8日闭幕。

国务院进一步加强产品质量工作若干问题的决定

为认真贯彻落实党的十五大精神和十五届四中全会通过的《中共中央关于国有企业改革和发展若干重大问题的决定》，全面实施《中华人民共和国产品质量法》和《质量振兴纲要(1996—2010年)》，提高我国产品质量总体水平，促进国民经济持续快速健康发展，现就进一步加强产品质量工作若干问题做如下决定：

一、充分认识加强产品质量工作的重要性

(一)加强产品质量工作，对振兴我国经济具有非常重要的意义。当前，我国经济已进入一个新的发展阶段，主要商品已由卖方市场转为买方市场，面临经济结构调整的关键时期，质量工作正是主攻方向。提高产品质量，既是满足市场需求、扩大出口、提高经济运行质量和效益的关键，也是实现跨世纪宏伟目标、增强综合国力和国际竞争力的必然要求。没有质量就没有效益。放任假冒伪劣，国家就没有希望。改革开放以来，特别是近年来，我国质量管理工作有所加强，产品质量的总体水平有了较大提高，部分产品质量已达到或接近国际先进水平。但是，目前我国产品质量的状况与经济发展要求和国际先进水平相比，仍有比较大的差距，许多产品档次低、质量差，抽查合格率较低，假冒伪劣商品屡禁不止，优难胜、劣不汰相当普遍，重大质量事故时有发生，影响经济健康发展和人民生活质量的提高。各地区、各部门和各企业要从改革和发展的全局出发，充分认识加强质量工作的重要性和紧迫性，增强做好质量工作、提高产品质量的使命感和责任感，牢固树立“质量第一”、“以质取胜”的观念，抓住当前国际国内经济结构调整和产业升级的有利时机，进一步加强产品质量工作，严厉打击制造和经销假冒伪劣产品(以下简称制假售假)违法犯罪行为，推动我国产品质量总体水平跃上新台阶。

二、企业要面向市场，加强质量工作

(二)以市场为导向，加快产品更新换代。企业要面向市场，以满足用户和消费者的需要为目标，建立技术创新体系，推进产学研结合，促进科技成果向现实生产力转化，通过加强技术改造、加快技术进步，切实攻克一批重要产品的关键技术，努力开发一批适应国内外市场需求的新产品，全面提高产品的档次和质量水平。

(三)制定切实可行的质量发展目标。大型企业和企业集团要瞄准世界先进水平，积极采用国际标准和国外先进标准，形成一批高质量、高档次的名优产品，提高市场占有率。中小型企业要根据自身特点和市场需求，制定质量工作目标和改进措施，加强技术基础工作，增强产品市场竞争力。

(四)建立完善的质量保证体系。产品质量是企业的生命。企业的经理(厂长)是质量工作的第一责任者。企业要建立从产品设计到售后服务全过程的运转有效的质量保证体系，严格执行标准，重视计量检测，加强工艺纪律，搞好全员全过程的质量管理。

要从严管理企业，认真实行质量否决制度，实现管理创新，切实解决有些企业管理制度形同虚设的问题，确保不合格产品不出厂。

（五）全面推行售后服务质量国家标准。要把售后服务作为企业提高产品市场竞争力的重要手段，严格服务制度，加强售后服务力量，建立、健全服务网络，忠实履行对用户的服务承诺，实现售后服务的规范化。

三、加强基础性工作，促进产品质量的提高

（六）建立、健全科学先进的产品质量标准。要密切跟踪国际标准和国外先进标准，及时修订国家标准。工业企业必须按标准组织生产，严禁无标准或不按标准生产。凡生产涉及人体健康和人身、财产安全产品的企业，必须严格执行国家强制性标准。要积极引导企业采用国际标准或国外先进标准，鼓励企业制定具有竞争力、高于现行国家标准的企业内控标准。引进设备和利用外资生产的一般工业产品，质量水平不得低于国际标准或国外先进标准。否则，设备不准引进，项目不得审批。

（七）加强计量检测体系建设。要不断提高计量基准、标准的国际等效性，完善计量检测手段，严格对计量设备的定期检定，充分发挥计量在提高质量、降低消耗、增加效益方面的作用。要加强计量测试手段和方法的研究，为高新技术产业化提供必要的计量测试保证。

（八）抓好全面质量管理。要继续开展全面质量管理、质量改进和降废减损活动，认真宣传贯彻质量管理和质量保证系列国家标准，积极推进质量认证工作。要借鉴国外企业科学的质量管理方法，推行“零缺陷”和可靠性管理，提高企业的质量管理水平。要不断总结、推广质量管理的先进经验，表彰质量先进企业和个人。

（九）认真开展质量培训教育。质量主管部门要加强对企业经营者的质量管理知识和质量法律、法规知识的培训。企业要加强对职工的质量知识教育，积极开展劳动技能培训。学校要重视对学生的质量意识教育，有关院校要设置质量管理课程，实施不同层次的质量教育和培训。

（十）增强企业技术创新和产品更新换代能力。各地区、各部门要围绕增加品种、改进质量、提高效益和扩大出口，采取有效措施，加大投入，改造落后装备、完善技术保障手段，引导和促进企业采用新技术、开发新产品，提高现有产品的质量水平。同时，要坚决淘汰技术落后、浪费资源、质量低劣、污染严重的工艺设备和产品。

四、遵循市场经济规则，切实加强质量监管

（十一）实行重要产品质量监管制度。对涉及人体健康和人身、财产安全的产品，质量技术监督部门要通过严格生产许可证、产品质量安全认证制度和试行开业审查，加强监督管理。凡不具备基本生产条件、不能保证生产出合格产品的企业，一律不准开工生产。进入市场的商品必须具备规范化的质量标识。商业企业要严格执行进货检查验收制度，认真实行商品质量先行负责制。要加强对各类商品专业市场商品质量的监督检查，对阻挠监督检查的，要严厉查处，并追究当事人责任。凡质量不符合国家有关标准或者无证生产的产品，禁止列入政府采购目录。

（十二）建立符合市场经济要求的公平竞争机制。坚决制止利用报验、准销证、准用证、公路设卡等手段分割市场，坚决杜绝各种虚假宣传和质量欺诈行为，保证公平竞争，实现优胜劣汰。除国家明确规定外，严禁各地区、各部门、社会团体、新闻单位、企事业单位及民间组织开展对企业产品、服务等的综合评价，以及带有排序、评比、推荐性质的企业和商品信息发布活动。要研究和探索产品质量用户满意度指数评价方法，向消费者提供真实可靠的产品质量信息。

（十三）加强对质量中介机构的管理和监督。要按照客观、真实、公正的原则，统一资格评定要求，明确责任和义务，规范中介机构的活动，确保其公正性。要对现有的各类质量中介机构，特别是质量认证机构进行认真的清理整顿，凡有弄虚作假行为的，要依法严厉查处；情节严重的，要撤销其资格；触犯刑律的，要依法追究刑事责任。各类质量中介机构要建立自律性运行机制，依法承担相应责任。

五、加强监督抽查工作，加大处罚力度

（十四）完善产品质量监督抽查制度。国家质量技术监督局要把涉及人体健康及人身和财产安全的产品、关系国计民生的重要产品、消费者反映强烈的产品，作为监督抽查的重点，公布监督抽查产品目录，及时组织对生产和流通领域的产品质量的跟踪监督抽查。要适当增加抽查频次，并公布抽查结果。

（十五）加大处罚力度。质量技术监督部门对监督抽查不合格的产品及其生产企业，要及时向社会公告，并通报当地政府及有关部门，责令生产企业限期整改，其中，对已取得生产许可证、安全认证的产品，要暂停证书使用；整改到期复查仍不合格的，要会同有关部门责令其停产整顿，并吊销其生产许可证、安全认证证书。在国家监督抽查中，企业的主导产品连续两次不合格的，由质量技术监督部门向工商行政管理部门提出吊销企业营业执照的建议，并向社会公布企业及其主要负责人名单，按法定程序免去其法定代表人或负责人职务，并自免职之日起三年内任何企业不得再聘任其担任法定代表人。凡拒绝监督抽查的企业，其产品按不合格论处，并对其实施强制监督抽查，所需一切费用由拒检企业承担。

（十六）实行免检制度。对产品质量长期稳定、市场占有率高、企业标准达到或严于国家有关标准的，以及国家或省、自治区、直辖市质量技术监督部门连续三次以上抽查合格的产品，可确定为免检产品。列为免检产品的目录由省级以上质量技术监督部门确定，定期向社会公告，并使用免检标志，其产品在一定时间内免于各地区、各部门各种形式的检查。免检产品一旦出现质量问题，即取消其免检资格，并依法从严处罚。

六、突出重点，严厉打击制假售假违法犯罪行为

（十七）认真落实打击制假售假违法犯罪行为（以下简称打假）的工作责任。国家质量技术监督局要会同有关部门，针对制假售假违法犯罪行为严重的重点产品、重点市场、重点地区，提出全国打假工作的总体要求，并组织开展打假的专项斗争和联合行动，依法查处一批大案要案，坚决遏制住制假售假猖獗的势头。各省、自治区、直辖市人民政府要切实承担起本行政区域内的打假工作责任，结合本地实际，制定打假工作的具体方案并组织实施。上级政府要对下级政府的打假工作情况进行督促检查，对打假不力、限期内达不到整治目标的，要追究当地行政负责人的责任；造成重大损失和恶劣影响的，要给予行政处罚，触犯刑律的，要依法追究刑事责任。

（十八）依法打击制假售假违法行为。按照《中华人民共和国产品质量法》的有关规定，对发现的每一起制假售假案件都要彻底查处；对发现的假冒伪劣产品一律封存、扣押，并予以没收，不得进入市场；对为制假售假提供场地、设备、仓储、运输、物资、资金等手段和条件的单位或个人，要依法从严处罚；对经销者和经营性使用者有意采购和在经营性活动中使用假冒伪劣产品的，要视同制假售假行为予以处罚。制假售假行为一经查实，应吊销有关生产者和经营者的营业执照、生产许可证、经营许可证；对有过制假售假行为的经理（厂长）和直接责任者，一律不得以其名义注册任何新的企业；触犯刑律的，依法移送司法机关，追究刑事责任。要采取有效措施从严整治假冒伪劣产品屡禁不止的市场；严禁危害人体健康和人身、财产安全的旧物资和设备再次投入使用。质量技术监督行政执法人员必须严格依法行政，对违规执法的要严肃处理。

（十九）坚持“打击假冒、保护名优”。要加强对产品标识的管理，加大对假冒名优企业产品的违法行为的打击力度。企业要运用法律手段同假冒侵权行为作斗争，依法对制假售假者进行经济索赔。各地可制定打假奖励办法，对举报制假售假有功的单位和个人予以重奖，并采取有效措施保护举报人。推行创建“放心一条街”活动，确保在“放心一条街”区域内销售的产品不发生质量、计量、商标、标识等方面的违法行为。

七、发挥舆论宣传作用，提高全民质量意识

（二十）电视、广播、报刊、网络等媒体，要重视对质量工作的宣传，采取喜闻乐见、丰富多彩的形式，引导全社会重视质量，支持质量工作。要大力宣传质量管理的先进经验和为质量振兴作出贡献的单位和个人，介绍有关质量知识，解答消费者提出的质量疑问，形成“质量振兴人人有责”、“假冒伪劣人人喊打”的良好社会环境，提高全民质量意识。

（二十一）国家和省级的主要新闻媒体，特别是电视台，要以专栏、专题的形式，定期公布产品质量监督抽查结果；对制假售假的单位和个人，以及监督抽查不合格的涉及人体健康及人身和财产安全的产品、关系国计民生的重要产品、消费者反映强烈的产品及其生产企业和责任人，要坚决予以曝光，形成强有力的舆论监督氛围。

（二十二）各地区、各有关部门及有关社会团体，要继续组织开展好“质量月”、“质量万里行”、“3·15”、“百城万店无假货”、“假如我是消费者”等活动，动员全社会为质量振兴作贡献。

八、加强领导，狠抓落实

（二十三）地方各级人民政府要把提高产品质量纳入本行政区域的国民经济和社会发展规划，将质量工作和打假工作列入议事日程，加强对质量技术监督工作的领导，切实保证质量标准建设、计量检测体系和质量监督抽查所必需的投资和经费，定期研究和及时解决提高产品质量和打假工作中存在的问题。对质量工作领导或监管不力，致使制假售假问题严重或出现重大质量事故的，要依法追究有关负责人及责任人的责任。

（二十四）国务院有关部门要把提高产品质量作为一项重要工作任务，通过制定相关政策和具体措施，认真加以落实；要严格履行职责，做好行政执法和有关国家法定产品监管工作。国家质量技术监督局要切实履行好统一管理和组织协调标准化、计量、质量工作职责，认真做好综合管理和行政执法等工作，加强执法队伍建设，制定和完善执法人员守则、过错责任追究制、培训考核及奖惩等制度，确保做到有法必依、执法必严、违法必究。

（二十五）各级质量技术监督部门要定期向同级人民政府和上级主管部门报告当地产品质量状况和打假工作情况，地方各级人民政府和国务院有关部门要积极支持质量技术监督部门做好管理体制改革工作，充分发挥质量技术监督部门在质量工作综合管理、行政执法、维护市场秩序、提高产品质量等方面的作用。

提高产品质量是一项长期而艰巨的任务，各地区、各部门一定要切实加强领导，狠抓落实。国务院责成国家质量技术监督局会同监察部等有关部门督促检查本决定的贯彻执行情况，每年向国务院作出报告。

国务院总理朱镕基签署第274号令发布《中华人民共和国台湾同胞投资保护法实施细则》

现发布《中华人民共和国台湾同胞投资保护法实施细则》，自发布之日起施行。

总理 朱镕基

1999年12月5日

中华人民共和国台湾同胞投资保护法实施细则

第一条 为了保护和鼓励台湾同胞投资，促进海峡两岸的经济发展，实施《中华人民共和国台湾同胞投资保护法》，制定本实施细则。

第二条 本实施细则所称台湾同胞投资是指台湾地区的公司、企业、其他经济组织或者个人作为投资者在其他省、自治区和直辖市（以下简称大陆）的投资。

第三条 国家依法保护台湾同胞投资。

台湾同胞投资者的投资、投资收益和其他合法权益受国家法律保护，任何机关、单位或者个人不得侵占、损害。

第四条 国家依法鼓励台湾同胞投资。

台湾同胞投资依照国家有关法律、行政法规和本实施细则的规定，享受优惠待遇。

第五条 台湾同胞投资适用《中华人民共和国台湾同胞投资保护法》和本实施细则；《中华人民共和国台湾同胞投资保护法》和本实施细则未规定的，比照适用国家有关涉外经济法律、行政法规。

第六条 台湾同胞投资，应当与国家国民经济和社会发展规划相适应，符合国家产业政策和投资导向的要求，比照适用国家关于指导外商投资方向的规定。

第七条 台湾同胞投资者可以用可自由兑换货币、机器设备或者其他实物、工业产权、非专利技术等作为投资。

台湾同胞投资者可以用投资获得的收益进行再投资。

第八条 台湾同胞投资，可以依法采用下列投资形式：

（一）举办合资经营企业、合作经营企业或者全部资本由台湾同胞投资者投资的企业（以下统称台湾同胞投资企业）；

（二）合作勘探开发自然资源；

（三）开展补偿贸易、加工装配、合作生产；

（四）购买企业的股票、债券；

（五）购置房产；

（六）取得土地使用权，开发经营；

（七）购买国有小型企业或者集体企业、私营企业；

（八）法律、行政法规允许的其他投资形式。

第九条 台湾同胞投资者进行投资，需要审批的，依照国家有关法律、行政法规规定的程序办理审批手续。

第十条 设立台湾同胞投资企业，应当向对外贸易经济合作部或者国务院授权的部门和地方人民政府提出申请，接到申请的审批机关应当自接到全部申请文件之日起45日内决定批准或者不批准。

设立台湾同胞投资企业的申请经批准后，申请人应当自接到批准证书之日起30日内，依法向企业登记机关登记注册，领取营业执照。

第十一条 设立台湾同胞投资企业，台湾同胞投资者应当依法向审批机关提交申请文件；必要时，还应当附具由国务院台湾事务办公室或者地方人民政府台湾事务办事机构出具的有关证明文件。

第十二条 审批机关审批台湾同胞投资，应当提高办事效率，减少管理层次，简化审批程序，做到管理制度统一、公开、透明。

第十三条 台湾同胞投资企业依照国家有关法律、行政法规的规定，享受税收优惠待遇。

第十四条 投资于大陆中西部地区的台湾同胞投资项目，可以按照国家有关规定给予鼓励或者适当放宽限制。

第十五条 台湾同胞投资企业符合贷款原则的，可以按照国家有关规定给予必要的信贷支持。

第十六条 台湾同胞投资者个人及其随行家属和台湾同胞投资企业中的台湾同胞职工及其随行家属，可以依照国家有关法律、行政法规的规定，向公安机关申请办理一定期限多次入出境手续和相应期限的暂住手续。台湾同胞投资企业中的外籍职工的入出境和暂住手续，依照国家有关法律、行政法规的规定办理。

第十七条 台湾同胞投资者个人的子女和台湾同胞投资企业中的台湾同胞职工的子女，可以按照国家有关规定进入大陆的小学、中学和高等学校接受教育。

台湾同胞投资者或者台湾同胞投资企业协会在台湾同胞投资集中的地区，可以按照国家有关规定申请设立台湾同胞子女学校。经批准设立的台湾同胞子女学校应当接受教育行政部门的监督。

第十八条 台湾同胞投资企业依照国家有关法律、行政法规和经审批机关批准的合同、章程，享有经营管理的自主权。

台湾同胞投资企业经营管理的自主权受国家法律保护，不受任何机关、单位或者个人的非法干预和侵犯。

第十九条 台湾同胞投资企业在购买机器设备、原材料及辅料等物资以及获得水、电、热、货物运输、劳务、广告、通信等服务方面，享有与大陆其他同类企业同等的待遇。

台湾同胞投资者个人和台湾同胞投资企业中的台湾同胞职工在交通、通信、旅游、旅馆住宿等方面，享有与大陆同胞同等的待遇。

第二十条 台湾同胞投资者投资的财产、工业产权、投资收益和其他合法权益，可以依法转让和继承。

第二十一条 台湾同胞投资者依法获得的投资收益、其他合法收入和清算后的资金，可以依法汇回台湾或者汇往境外。

台湾同胞投资企业中的台湾同胞职工的合法收入，可以依法汇回台湾或者汇往境外。

第二十二条 台湾同胞投资者可以委托亲友或者他人作为其投资的代理人，代理人应当持有具有法律效力的授权委托书。

第二十三条 国家机关对台湾同胞投资企业收费的项目和标准，应当与大陆其他同类企业相同。任何机关或者单位不得对台湾同胞投资企业另立收费项目或者提高收费标准。

任何机关或者单位不得向台湾同胞投资企业摊派人力、物力、财力，不得对台湾同胞投资企业进行法律、法规规定以外的检查、罚款，不得违反国家规定强制或者变相强制台湾同胞投资企业参加各类培训、评比、鉴定、考核等活动。

台湾同胞投资企业对违反上述规定的行为，有权拒绝并向政府有关部门举报。接受举报的政府部门应当依法作出处理，并为举报人保密。

第二十四条 国家对台湾同胞投资者的投资不实行国有化和征收；在特殊情况下，根据社会公共利益的需要，对台湾同胞投资者的投资可以依照法律程序实行征收，并给予相应的补偿。补偿相当于该投资在征收决定前一刻的价值，包括从征收之日起至支付之日止按合理利率计算的利息，并可以依法兑换外汇、汇回台湾或者汇往境外。

第二十五条 国家依法保护台湾同胞投资者个人及其随行家属和台湾同胞投资企业中的台湾同胞职工及其随行家属的人身自由和人身安全。除依照国家有关法律规定办理的外，不得对台湾同胞采取限制人身自由的强制措施。

第二十六条 在台湾同胞投资企业集中的地区，可以依法成立台湾同胞投资企业协会。

台湾同胞投资企业协会的合法权益以及按照其章程所进行的合法活动，受法律保护。

第二十七条 各级人民政府应当对台湾同胞投资提供优质、规范、方便的服务。各级人民政府台湾事务办事机构应当做好台湾同胞投资的法律宣传与咨询、投诉受理和纠纷解决等工作。

第二十八条 台湾同胞投资者、台湾同胞投资企业、台湾同胞投资企业协会认为行政机关或者行政机关工作人员的具体行政行为侵犯其合法权益的，可以依照国家有关法律、行政法规的规定，申请行政复议或者提起行政诉讼。

第二十九条 台湾同胞投资者与大陆的公司、企业、其他经济组织或者个人之间发生的与投资有关的争议，当事人可以通过协商或者调解解决。

当事人不愿协商、调解的，或者经协商、调解不成的，可以依照合同中的仲裁条款或者事后达成的书面仲裁协议，提交中国的仲裁机构仲裁。大陆的仲裁机构可以按照国家有关规定聘请台湾同胞担任仲裁员。

当事人未在合同中订立仲裁条款，事后又未达成书面仲裁协议的，可以向人民法院提起诉讼。

第三十条 台湾同胞以其设在其他国家或者地区的公司、企业或者其他经济组织作为投资者在大陆投资的，可以比照适用本实施细则。

第三十一条 本实施细则自发布之日起施行。

国务院副总理温家宝在北京考察住宅小区

温家宝在北京市市长刘淇、建设部部长俞正声的陪同下，考察北京昌平区天通苑住宅小区和回龙观文化居住区。据介绍，北京市委、市政府为贯彻落实中央扩大内需、促进经济增长和国务院房改工作会议精神，加快全市住宅建设，大力发展经济适用住房。截至 10 月底，全市经济适用住房开复工 450 万平方米，预计今年可竣工 150 万平方米，已预售 100 万平方米。天通苑小区注重环境建设，先建配套，后建住宅，创造了小区当年开工、当年竣工、当年入住的纪录。回龙观文化居住区通过引进竞争机制，在保证规模建设、工程质量的同时，实现了当年开工、当年竣工。

在参观了小区和听取有关方面汇报后，温家宝指出，住房建设对于满足人民生活需要，促进国民经济发展，具有十分重要的意义，这是当前新的经济增长点。北京是有上千万人口的特大城市，解决居民住房是一件大事。各级政府要高度重视这项工作，认真抓好 5 个环节。一是要采取有力措施，加快住房建设，特别是经济适用房建设，提供充足的房源。二是提高建房质量，降低成本。房屋建设是百年大计，直接关系群众的生活质量和生命安全，必须把质量放在第一位。要提高设计、施工水平，加强工程质量监督，严格竣工验收，坚决制止住房建设中的腐败行为。同时，要千方百计降低建房成本，让群众买得起、住得上。三是要搞好住宅小区的环境和各种配套设施建设，解决好水、电、气、路、供暖等问题，要规划绿地、树木、活动场所，学校、医院、商店、公共交通要配套，为居民创造一个舒适的生活环境。四是要搞好物业管理。物业管理要实行公开招标，不仅在北京范围招标，还应面向全国，降低管理费用，提高服务质量，让群众满意。五是积极稳妥推进住房制度改革。要按照中央关于住房制度改革的通知精神，结合北京市的具体情况，制订切实可行的实施方案。要认真做好思想工作和政策解释工作，搞好住房信贷，帮助群众解决实际问题，真正让中央放心，让群众安心。

教育部决定中小学开设信息技术课

日前，从教育部召开的中小学信息技术教育研讨会决定，从 2001 年开始，我国中小学将逐步开设信息技术必修课。

第 19 届电视“飞天奖”颁奖典礼在长沙举行

揭晓的一等奖获奖作品分别是，长篇电视剧：《走过柳源》、《雍正王朝》；中篇电视剧：《铁血英才刘伯坚》、《大学女孩》；短篇电视剧：《官井》；少儿连续剧：《我要做好孩子》；少儿短篇电视剧：《晴朗地带》；戏曲连续剧：《贤母宝壁记》；戏曲短篇电视剧：《变脸》。此次共有 114 部电视剧荣获“飞天奖”，其中二等奖 23 个，三等奖 42 个，单项奖 11 个。

戴韫和葛菲 顾俊在 1999 年文莱斯里巴加湾世界羽毛球大奖赛中夺得女子单打和双打冠军

全国城区代表发出世纪文明倡议

在日前举办的“中国城区 21 世纪论坛”上，厦门思明区等全国各地 50 个城区的代表，联合向全国 700 多个城区 3 亿多市民发出了“扬高雅社区精神、塑世纪文明市民”的倡议。

12 月 6 日

国家主席江泽民同约旦国王阿卜杜拉·本·侯赛因在人民大会堂举行会谈

江泽民表示：世纪之交，全面深入地回顾两国建交以来的友好合作关系，并以此为基础，从战略的高度展望未来，确定两国在新世纪里关系发展的方向，这对我们双方都是很有意义的事情。

为此，我愿向陛下提出几点框架设想：一、站在跨世纪的历史高度，以战略眼光看待发展中约关系的重要性。二、加强高层往来，保持两国领导人之间的联系。同时推动各个层次的交往，以增进了解，扩大合作。三、加强两国经贸部门及企业家之间的联系与交流，探讨和建立多形式、多渠道的经贸合作关系。四、约旦是中东地区有影响的国家，中国是安理会常任理事国，都是发展中国家，两国应在国际事务中加强磋商与协调，共同努力，维护发展中国家权益，推动建立公正、合理的国际政治、经济新秩序。

阿卜杜拉二世表示同意江泽民的框架设想。他说，约旦为约中两国间的友好关系感到骄傲。两国政治关系不断加强，经贸合作潜力巨大，在广泛的领域中存在机遇。希望双方扩大合作，创造更美好的未来。

阿卜杜拉二世强调，他本人和约旦政府将继续坚定地执行一个中国的政策。他还祝贺香港的顺利回归，并预祝中国顺利恢复对澳门行使主权。

阿卜杜拉二世表示希望并相信中国将在中东和平与稳定方面继续发挥积极作用。他说，中国的作用不仅仅体现在联合国安理会，也体现在中国与中东地区国家的政治和经贸关系中。希望双方在各个领域的合作不断得到加强，并取得更大成果。

会谈后，江泽民主席和阿卜杜拉二世国王签署了《中华人民共和国和约旦哈希姆王国联合公报》。双方还签署了《中华人民共和国政府和约旦哈希姆王国政府经济技术合作协定》、《中华人民共和国政府和约旦哈希姆王国政府经济贸易混合委员会第四次会议纪要》和《中华人民共和国政府和约旦哈希姆王国政府 2000 年至 2002 年文化合作执行计划》。

国家主席江泽民在人民大会堂会见巴哈马总督奥维尔·特恩奎斯特

江泽民说，中国十分重视加勒比地区和拉美国家，愿在和平共处五项原则基础上发展与它们的友好合作关系。巴哈马政府坚持一个中国的立场，支持中国的统一大业，我们对此表示赞赏和感谢。

特恩奎斯特重申巴哈马政府坚持一个中国的立场，继续致力于发展巴中两国间友好合作关系。

全国政协主席李瑞环在马尔代夫议会大厦会见马尔代夫议长阿卜杜勒·哈米德

李瑞环说中国政府高度赞赏马政府奉行一个中国的政策，衷心感谢马方多年来顶住压力，坚定不移地在台湾问题上给予中国宝贵支持。中国政府希望在已有的基础上进一步加强和发展与马尔代夫的友好合作关系。

国土资源部召开全国国土资源工作电视电话会议

国土资源部日前召开全国国土资源工作电视电话会议，明确提出 2000 年国土资源工作要紧紧围绕国家经济工作的主要任务，努力搞好服务，重点是为扩大内需、国企改革和西部大开发战略服务。

国土资源部部长周永康说，2000 年的国土资源工作首先要为扩大内需服好务。要从规划、计划、用地审批等方面，积极主动地为基础设施、经济适用住房等重点建设项目提供优质供地服务。加快市、县、乡级土地利用规划审批，为加快重点建设项目用地审批提供依据。

全国轻工业工作会议召开

国家轻工业局局长陈士能在会上指出，明年轻工业的重点工作是：一方面，加快培育、发展和壮大家用电器、日用化工、塑料制品特别是工程塑料、室内装饰、电池、文教体育用品等新兴行业，同时加快用高新技术改造食品、制浆造纸、陶瓷、玻璃制品、皮革及其制品、日用机械等传统行业的步伐。另一方面，要大力抓好轻工部分行业总量控制和关闭“五小”工作，防止新的重复建设。

全国建材工作会议召开

会议决定，在今年全行业扭亏为盈的基础上，明年建材行业的工作重点是坚持控制总量，加快淘汰“两小”，制止低水平重复建设，加大结构调整力度，推进技术进步和产业升级，转换机制，加强管理，力争大多数国有及国有控股大中型企业摆脱困境，从整体上扭亏为盈。

中国和约旦发表联合公报

应中华人民共和国主席江泽民阁下的邀请，约旦哈希姆王国国王阿卜杜拉二世·本·侯赛因国王陛下和拉妮娅·阿卜杜拉王后陛下于 1999 年 12 月 6 日至 8 日对中华人民共和国进行国事访问。

访问期间，江泽民主席同阿卜杜拉二世国王陛下就加强两国关系和两国共同关心的地区和国际问题举行了深入的会谈，会谈是在亲切友好的气氛中进行的，取得了广泛的共识。

双方全面回顾了两国建交以来的关系发展，认为进一步巩固和发展两国在各个领域的友好合作关系符合友好的两国人民的现实和长远利益，也有利于地区和世界的和平与发展。

双方决心着眼于 21 世纪，在相互尊重主权和领土完整、互不干涉内政等公认的国际关系准则和联合国宪章宗旨的基础上发展这一友好关系。

为此，双方同意加强对话和高层互访，支持两国政府部门、议会、官方以及民间组织和机构之间的接触，以加深两国和两国人民间的了解和友谊。双方认为应加强中约经济、贸易和技术混合委员会的工作，使其为两国在政治、经济和技术等领域加强合作发挥更有效的作用。

双方认为，两国的经济合作与交流是两国关系的重要组成部分。为此，双方将努力拓展经贸合作领域，支持两国公司、企业进行直接联系，在扩大贸易往来，建立联合经济和开发项目等方面加强相互合作。两国将继续推动在文化、艺术、卫生等各领域的交流与合作。

双方回顾了中东和平进程及其最新发展，对巴以双方就执行怀伊协议达成沙姆沙伊赫协议表示欢迎，对双方开始最终地位谈判感到高兴，并希望最终能达成一项协议，确保双方的争端得到和平、体面和令人满意的解决。双方强调，耶路撒冷问题十分重要，必须避免采取影响最终地位谈判的单方面行动。

双方呼吁，必须努力恢复叙以、黎以两线的和平谈判，以实现建立在联合国决议，特别是安理会第 242、第 338 和第 425 号决议基础上的全面、公正、持久的和平，从而确保权利各归其主，包括巴勒斯坦人民在其国土上建立独立国家的权利，并保障地区各国人民的安全与稳定。双方强调，早日实现中东问题的全面、公正解决符合地区各国人民的根本利益，也有利于世界的和平与发展。

中方赞赏约旦在阿卜杜拉二世国王陛下的领导下为促进地区和平，维护约旦安全与稳定，促进经济和社会发展，提高人民生活水平等方面所发挥的作用和所作出的努力。双方强调，双方愿在中东问题上加强磋商与协调，为早日在中东地区实现和平而共同努力。

双方讨论了伊拉克的目前局势，对伊拉克人民的苦难表示同情，并呼吁国际社会早日找到解决办法，打破伊拉克问题的僵局，确保结束伊拉克人民的苦难和全面、切实地执行联合国所有有关决议。同时，双方还强调了尊重伊拉克独立、主权和领土完整的重要性。

约方祝贺友好的中国政府和人民采取“一国两制”的方针对香港和即将对澳门恢复行使主权，重申两国建交谅解备忘录和联合公报所规定的原则，即中华人民共和国政府是代表全中国人民的唯一合法政府，台湾是中国领土不可分割的一部分。中方对此表示赞赏。

阿卜杜拉二世国王陛下对其本人及其随行人员受到的热烈欢迎和盛情款待、对会谈中的友好气氛和访问的圆满成功向江泽民主席表示感谢。国王陛下邀请江泽民主席访问约旦，江泽民主席愉快地接受了邀请。

中华人民共和国主席 江 泽 民（签字）
约旦哈希姆王国国王 阿卜杜拉
二世·本·
侯赛因（签字）

教育部部长陈至立在2000年度教育工作会议上讲话

陈至立在会上讲话指出，教育战线明年的中心工作是继续认真贯彻党中央、国务院今年召开的全国教育工作会议精神，全面落实《中共中央、国务院关于深化教育改革全面推进素质教育的决定》和《面向21世纪教育振兴行动计划》，扎扎实实把教育改革和发展的各项工作推向深入。

陈至立说，今年，党中央、国务院从实施科教兴国的战略高度，召开了全国教育工作会议，对教育工作作出了一系列战略部署。各省、自治区、直辖市党委和政府都迅速行动起来，深入地学习、宣传、贯彻会议精神，制定了一系列重大政策措施。

对2000年的教育工作，陈至立强调要重点做好以下方面的工作：一、加强德育工作，以培养学生的创新精神和实践能力为重点，形成整体推进素质教育的新局面。要有针对性地调整和完善各级各类学校德育工作的内容和要求；要切实转变教育观念，深入开展教育教学改革；坚决把中小学生过重的课业负担减下来，把学生家长的经济负担减下来；组织实施以基础教育课程教材改革为重点的基础教育工程，使之符合学生终身学习和主动发展的需要；继续推进高考制度及相关制度改革；加大工作力度，建设高素质教师队伍，把着力点放在提高教师实施素质教育的能力和水平上。二、坚持基本普及九年义务教育和基本扫除青壮年文盲的重中之重地位不动摇，确保“两基”目标如期实现。要针对当前“两基”工作中存在的经费投入严重不足、初中辍学率明显升高、中小学危房改造任务艰巨等突出问题，采取有效措施予以解决。三、坚持各级各类教育协调发展，进一步做好明年高中阶段各类学校和高等教育的招生工作。明年高等教育的发展要继续保持年度招生总量有较大增长，应届高中毕业生接受各种形式高等教育的人数和比例要有所增加。四、深化体制改革，为加快教育发展创造条件。要推进高等教育管理体制改革并取得大的突破；要全面推进高校后勤社会化改革，在高校集中的大城市要取得突破性进展；制定鼓励民办教育发展的优惠措施，加强对民办教育的科学管理和合理规范。五、推进教育现代化建设。加快现代化远程教育和教育信息化的进程；推进世界一流大学建设、办好一批高水平大学和重点学科；推进高新技术产业化工作，进一步促进产学研结合，推动一批高校的科技力量和成果向企业延伸。

文化部及全国艺术科学领导小组在人民大会堂举行《中国戏曲志》出版座谈会

第二届全国五好文明家庭表彰大会在北京举行

第二届全国五好文明家庭(梦洁杯)暨全国五好文明家庭创建活动先进协调组织表彰大会在人民大会堂举行。10个五好文明家庭标兵户、100个五好文明家庭和36个创建活动先进协调组织受到表彰。

中共中央政治局委员、书记处书记、中宣部部长、中央精神文明建设指导委员会主任丁关根，全国人大常委会副委员长、全国妇联主席彭珮云出席大会。

荣获本届全国五好文明家庭标兵户的是：夫妇双方在医学遗传学研究领域贡献突出，成果跻身世界一流水平，引导群众崇尚科学，热心投入公益事业的上海市曾溢滔、黄淑帧一家；几十年如一日，几代人为传播农业科技知识呕心沥血，被誉为科普奇家奇人的陕西省吴平、马改仙一家；戍边军垦，自强不息、爱国奉献的军人模范夫妻王益、张荣一家；丈夫以乐观的生活态度长期照料病瘫之妻，夫妻二人含辛茹苦教育培养三个女儿大学毕业成才的西藏自治区公却、秋嘎一家；带领群众走勤劳致富之路，使全村90%以上家庭摆脱贫困的湖南省刘贤玉、黄永胜一家；以仁爱之心创办弱智、伤残儿童康复学校，被赞为“伤残人之友”，老有所为精英的湖北省程时达、张玉黛一家；热心群众文化事业，积极创办千人老年舞蹈队、腰鼓队，活跃社区文化生活的河北省王贺亭、李秀花一家；舍小家为国家，毕生奉献气象事业的黑龙江省周儒锵、于静贤一家；妻子献身乡村小学教育事业，丈夫放弃国外优厚待遇、回国办实业报国的辽宁省金竹花、朴春杰一家；致力于环境保护，营造良好的家庭文化氛围，创办农民公园的江苏省孙光玲、卢文巨一家。

北京、上海、安徽、江西、福建、山东6个省市荣获五好文明家庭创建活动省级先进协调组织。北京东城区等30个地、市(区)荣获五好文明家庭创建活动地、市级先进协调组织。

丁关根、彭珮云等为获奖的文明家庭和先进协调组织颁了奖。五好文明家庭标兵户代表和先进协调组织代表在会上作了发言。

12月7日

全国人大常委会委员长李鹏在人民大会堂会见约旦国王阿卜杜拉二世

国务院总理朱镕基在中南海会见约旦国王阿卜杜拉二世

马尔代夫总统加尧姆在马累会见全国政协主席李瑞环

在介绍中国国内政治、经济情况时，李瑞环说，15

年前，中国改革开放的总设计师邓小平在会见总统阁下时说："我们取得的成就，如果有一点经验的话，那就是这几年来重申了毛泽东同志提倡的实事求是的原则。"李瑞环说，这段话已经上了《邓小平文选》，在中国几乎家喻户晓，这段话和总统的名字将在中国万代流传。李瑞环强调，这几年来我们正是在实事求是原则的指引下，制定和执行正确的路线、方针和政策，集中群众的智慧和力量进行改革和建设，取得了举世公认的业绩，使有中国特色的社会主义事业充满勃勃生机。实践证明，什么时候坚持了实事求是，我们就胜利前进；什么时候背离了实事求是，我们就遭受挫折。因此，实事求是是我们战胜各种困难、取得一切胜利的法宝，同时也是我们的努力方向和面临的重要课题。

中国农工民主党第十二届中央委员会第三次全体会议开幕

《人民日报》发表评论员文章《把农村基层干部的素质提高到一个新水平》

国家林业局出台林业规划

随着西部开发热潮的逐渐兴起，西部林业正成为国家林业建设的又一战略重点。在国家林业局新近出台的未来十年林业建设规划中，西部林业建设被放在非常突出的位置上。

这项规划提出，长江上游、黄河中上游将实施造林绿化工程，10 年投资 1000 亿元；西北将注入巨资，通过封山植树、退耕还林等有效措施加大荒漠化治理力度。

据介绍，西部是我国生态环境最脆弱的地区，大部分地区森林覆盖率低。其中，青海森林覆盖率只有 0.35%，新疆为 0.79%，宁夏为 1.54%，甘肃为 4.33%，西藏为 5.84%。这一规划的实施将从根本上遏制并扭转西部生态环境恶化趋势，为西部开发营造一个绿色大背景。

为支持西部林业发展，国家林业政策作出重大调整：对退耕还林、退耕还草的农牧民，落实补偿政策和扶持政策，并给予农民粮食补助。在长江上游、黄河中上游地区，对由于天然林禁伐而使地方财政减少的，由中央财政和地方财政给予补偿；对下岗林业职工纳入社会保障体系，发给基本生活费等。

全国总工会主席尉健行在北京吉普汽车有限公司考察工会工作

《人民日报》发表评论员文章《西部大开发的响亮前奏——热烈祝贺南疆铁路全线开通运营》

全国人大常委会委员长李鹏在人民大会堂会见由总编辑老川祥一率领的日本《读卖新闻》代表团

李鹏说，新华社和读卖新闻社昨天共同举办了"二十一世纪的中日关系和亚太新秩序研讨会"，取得了积极的成果，希望双方进一步加强交流与合作。

李鹏说，中日两国是一衣带水的邻邦，两国人民应该世世代代友好下去，为此两国政界、民间和新闻界都要共同作出努力。他说他曾多次访问过日本，知道《读卖新闻》是日本发行量最大的报纸之一，在日本乃至全世界都有着重要的影响，希望读卖新闻社继续为增进两国间的相互了解作出努力。

老川祥一表示，开拓日中友好关系的先辈都已作古，我们后人应该继承他们的遗志，发展两国人民的友谊。读卖新闻社愿和新华社一道，利用各自的优势，为此尽一份力量。

全国教育法制工作会议在北京召开

会议指出，教育法制体系的逐步建立，为落实教育优先发展的战略地位提供了强有力的法律保障。当前，贯彻全国教育工作会议精神的一项重要工作，就是进一步推进依法治教，充分运用法律手段，促进和规范教育改革与发展。

这次会议是全国人大教科文卫委员会与教育部联合召开的，也是新中国成立以来召开的第一次全国教育法制工作会议。

全国档案工作暨表彰先进会议在北京举行

中共中央政治局常委、国家副主席胡锦涛会见与会代表并即席发表讲话。

胡锦涛要求各级档案部门，一定要紧紧围绕党和国家工作的大局，进一步做好档案工作，努力采用现代化的手段，不断改善服务质量，把档案工作提高到一个新的水平；要求广大档案工作者，根据时代发展的需要，加强学习，提高素质，甘当"无名英雄"，更好地完成党和人民交给的光荣任务；要求各级党委和政府，加强对档案工作的领导，帮助档案部门解决各种实际问题，使档案工作在现代化建设事业中发挥更大的作用。

会前，胡锦涛与参加会议的全体代表合影留念。中共中央政治局候补委员、中央书记处书记、中组部部长曾庆红，国务委员、国务院秘书长王忠禹参加了会见。

在随后召开的大会上，中共中央办公厅主任、国家档案局局长、中央档案馆馆长王刚作题为《坚定信念，开拓创新，把建设有中国特色社会主义档案事业全面推向21世纪》的报告。他要求各级档案部门，认真总结经验，继续探索创新，进一步完善有中国特色的档案工作体制，切实履行好档案保管利用和档案事业行政管理两种职能，始终注意把两种职能都发挥好，促进这两方面工作协调发展。要以存真求实的科学态度，以对历史负责、为现实服务、替未来着想的高度责任感，切实肩负起探索规律、鉴往知来的光荣使命，更好地为建设有中国特色社会主义的伟大事业服务。

来自各省、自治区、直辖市和中央、国家机关档案部门的代表及档案系统先进集体、先进工作者代表近400人参加这次会议。会上，一批档案工作先进集体、先进工作者以及档案工作优秀集体、优秀档案工作者受到了表彰。

12月8日

九三学社第十届中央委员会第三次全体会议在北京开幕

这次会议的主要任务是：学习贯彻中共十五届四中全会精神；九三学社审议中央常务委员会的工作报告并通过相应决议。

台湾民主自治同盟第六届中央委员会第三次全体会议在北京闭幕

全会选举李敏宽为台盟中央副主席。

台盟六届三次全会审议并通过全国政协副主席、台盟中央主席张克辉所作的题为《抓住机遇，开拓进取，建设跨世纪的参政党》的工作报告；通过《台盟中央六届三中全会决议》。全会期间，举行纪念《中共中央关于坚持和完善中国共产党领导的多党合作和政治协商制度的意见》发表10周年座谈会，并与全国台联共同举办了“喜迎澳门回归、促进祖国统一”座谈会。

全会指出，澳门即将回归祖国，最终解决台湾问题，实现祖国完全统一的历史任务，更加突出地摆在全国人民的面前。全盟同志必须认真贯彻中共中央对台工作会议精神，坚持“和平统一、一国两制”的基本方针，坚决反对李登辉“两国论”，努力做好台湾人民工作，为推动两岸交流和直接“三通”作出贡献。

全国财政工作会议在北京召开

这次会议的主题是，贯彻落实十五届四中全会和中央经济工作会议精神，总结1999年的财政工作，研究部署2000年的财政收支计划和财政工作。财政部部长项怀诚在会上讲话。

在谈到今年的财政情况和明年的财政目标时，项怀诚说，与国民经济运行态势相适应，今年的财政收支也保持了较快增长。1—11月份，全国财政收入9828亿元，比去年同期增长18.2%。其中中央财政收入增长24.2%；地方财政收入增长12.6%。全国财政支出9876亿元，比去年同期增长16.1%。其中，中央财政支出增长14.6%；地方财政支出增长16.7%。全国财政收支相抵，支出大于收入48亿元。预计全年中央财政赤字可以控制在全国人大常委会批准的调整预算数额以内。在今年国内外经济形势错综复杂、物价持续走低，需要在政策和资金上确保项目非常繁多的情况下，财政收支能保持这样好的态势，是非常不容易的。这是与各级财政、税务和海关系统全体干部所做的努力分不开的。综观一年来的财政工作，我们以高度负责的态度，把积极财政政策落到了实处；突出重点，积极支持了国有企业改革和发展；以深化财政支出管理改革为突破口，确保重点支出需要，积极推动建立公共财政框架；精心策划，为税费改革做了必要准备；建章立制与监督检查双管齐下，加大了依法行政、依法理财的力度。

项怀诚分析，初步判断明年全国财政增收面临较多困难，但生产的稳定增长、经济效益的逐步提高和征管工作的进一步加强仍将使财政收入保持一定的增长水平。明年财政支出压力和各项资金需求数额之大、需要确保的重点支出范围之广是历年所没有的。财政要继续保证天然林保护工程的顺利实施，支持生态环境建设，增加扶贫投入；足额安排国有企业下岗职工基本生活保障和再就业经费；保证教育、科学、农业支出按法定比例增长；保证军队、武警、政法机关不再经商办企业后所必需的经费；还要重点保证一系列调整收入分配政策的落实，资金需求将要比今年增加一倍。同时，明年深化国有企业改革、安置破产关闭企业职工、加快社会保障体系建设，以及加大江河湖泊的治理力度等，也对财政支出提出了更高的要求。根据2000年经济工作的形势和任务，综合上述情况，明年财政工作的指导思想和总体要求是：以邓小平理论和党的基本路线为指导，认真贯彻党的十五大和十五届三中、四中全会及中央经济工作会议精神，继续实施积极的财政政策，努力增加财政收入，调整财政支出结构，加强和稳定农业，支持国有企业改革和发展，加快社会保障体系建设，稳步推进税费改革，整顿和规范财经秩序，确保财政收支任务完成，以优异成绩迎接新世纪。

项怀诚指出，要坚定信心，努力完成明年的财政工作任务。他说，明年是跨世纪的一年，是“九五”计划的最后一年，也是改革攻坚和国有企业脱困的关键一年。因此，我们一定要坚决贯彻执行中央经济工作会议精神，继续加大实施积极财政政策力度，促进经济较快增长。一是继续发行长期建设国债，并在年初列入预算。重点用于增加这两年国债资金已安排的基础设施项目的投入；采用财政贴息等政策措施，继续支持国有企业技术改造；加大对西部开发和生态建设的投入力度；适当增加对科技和教育基础设施的投入；支持开展南水北调、京沪高速铁路等一批重大项目的前期准备工作。二是继续落实今年已经出台的调整收入分配政策。明年中央财政将继续对行政事业单位增资和“三条保障线”所需资金给予适当的补助。各级地方财政也要挖掘潜力，积极筹措资金。三是加大税收政策的实施力度，暂停征收固定资产投资方向调节税，促动投资需求；进一步提高出口退税率，加大支持外贸出口力度。

国务院副总理李岚清在全国财政工作会议上作书面讲话

李岚清指出，1998 年以来，为了应对亚洲金融危机的巨大冲击和国内有效需求明显不足的矛盾，党中央、国务院决定实施以增发国债、扩大投资、加强基础设施建设为主要内容的积极财政政策。各地区、各部门认真贯彻落实中央的战略部署，扎实工作，取得明显成效。

李岚清首先向辛勤工作在财政战线上的广大干部职工表示衷心的问候。他说，我国国民经济在去年增长 7.8%的基础上，今年继续保持稳定增长。经济结构调整迈出重要步伐，国企改革取得新的进展，经济效益明显回升。实践证明，中央的决策是完全正确的。广大财政干部在实施积极财政政策过程中付出了艰苦的努力，做了大量卓有成效的工作。

李岚清说，明年的经济形势依然错综复杂。出口增长和引进外资的竞争将更加激烈，国内有效需求不足仍然是经济运行中的突出问题，经济结构不合理的问题将更加突出，就业压力增大，农民收入增长缓慢。针对这些问题，党中央、国务院权衡利弊，反复斟酌，决定继续实施积极的财政政策，进一步扩大内需，加大结构调整和推进科技进步力度，并将当前的扩大内需政策与长期的经济发展目标联系起来，把防范通货紧缩与建立适应市场经济的宏观调控体系建设结合起来，以实现国民经济持续健康快速发展。

他说，积极财政政策的落实，事关国有企业改革的成败，事关产业结构的升级，事关科教兴国战略和可持续发展战略的实施，事关国家的长治久安。这是贯彻邓小平同志“发展才是硬道理”重要思想的实践。我们一定要本着对党、对国家、对人民、对历史负责任的态度，把工作做好，把政策落到实处。财政部门要有财政风险意识，要努力降低国债发行成本。在加快金融体制改革的同时，进一步协调财政政策与货币政策对经济的调控作用。

李岚清说，完成和超额完成明年的财政收入任务至关重要。要努力组织财政收入，强化财政管理。明年实施的一系列重大宏观调控政策，都必须有财政资金的支持，必须依靠财政收入的稳定增长。税收部门要继续贯彻落实国务院关于“加强征管、堵塞漏洞、清缴欠税、惩治腐败”的工作方针，严格执法，依率计征。进一步完善“以申报纳税和优质服务为基础，以计算机网络为依托，集中征收，重点稽查”的征管体系，坚决打击偷、逃、骗、抗税等违法行为。海关部门的同志在打击走私、加强关税征管工作中成绩很大，要努力巩固已取得的成果，继续加大打击走私力度，重点打击集团走私的犯罪活动。各级海关要进一步完善征管制度，整顿关纪，提高海关人员的政治业务素质。地方政府要大力支持税收征管部门工作，克服地方主义、本位主义思想，在税收问题上不能“以言代法”、“以权代法”，不准越权减税、免税和缓税，更不能以“先征后返”的形式变相减免税。

他说，明年财政支出的重点就是贯彻落实好积极财政政策，保证重点支出的需要。按照“调整结构、确保重点、压缩一般、加强管理”的原则，大力压缩一般性开支，重点保障落实收入分配政策、水利建设、天然林保护工程、粮食风险基金、社会保障支出，促进企业的技术改造，增加科技教育支出，确保科教兴国战略的实施。要强化节约意识和效益观念，坚决制止各种铺张浪费行为，努力提高财政资金使用效益。

李岚清说，财政增长是综合国力增强的主要体现。随着社会主义市场经济体制的建立与发展，财政的地位和职能作用将日益突出。国有企业改革、生态环境保护、地区发展不平衡、农村城市化以及科教兴国战略的实施，都需要有强大的财政支持。目前的财政状况难以适应改革和发展的需要。他要求财政部门深化财政体制改革，为建立稳固、平衡、强大的国家财政而努力。

李岚清强调，今后一个时期财政的改革与发展要着重抓好以下几项工作：一是积极稳妥地推进税费改革，努力提高“两个比重”。要完善收入征管体系，加强收入征管工作，确保财政收入随着经济增长不断增长。要加强和完善预算外资金管理，必须把政府性基金和收费纳入预算管理。在本届政府任期内，始终要把提高财政收入占国内生产总值的比重放在重要的位置。二是改革预算编制方法，规范预算科目体系。细化预算草案，调整和合理设定收支科目，将体现政府职能的收支都纳入预算，统一在财政预算收支科目中反映。国务院已批准选择教育部、农业部、科技部以及劳动和社会保障部四个部门作为报送部门预算的试点单位，取得经验后再逐步展开。各地区也可参照中央的做法，加快推进预算编制改革。三是实行国库集中收付制度，强化收入和支出的管理。财政部门对所有政府性收入，进行集中收纳管理，所有财政性支出均通过国库单一账户集中支付，即通常我们说的“收支两条线”。同时，要坚决取消“小金库”。四是要完善、加强财政监督机制，要杜绝越权个案审批，依法管理预算收支。五是调整支出结构，建立公共财政。按照市场经济的原则，要下决心将财政资金退出竞争性领域，不能一下子退出来的，也要排个时间表，逐步退出，要重点保障公共支出需要，尽快建立起公共财政框架。六是要强化财政干部队伍建设。财政干部在推进改革、组织收入、参与宏观调控等方面打过许多硬仗，要根据新的形势要求，进一步提高财政干部的政治和业务素质。要充分利用这次“三讲”教育的机会，下大力气，采取切实有效措施，加强干部素质培养和教育，加强廉政、勤政建设，造就一支政治过硬、业务熟练、作风优良的跨世纪财政干部队伍。

国家主席江泽民根据全国人大常委会的决定任免驻外大使

一、免去吴珉珉（女）的中华人民共和国驻阿拉伯叙利亚共和国特命全权大使职务。

任命时延春为中华人民共和国驻阿拉伯叙利亚共和国特命全权大使。

二、免去时延春的中华人民共和国驻也门共和国特命全权大使职务。

任命周国斌为中华人民共和国驻也门共和国特命全权大使。

三、免去江康的中华人民共和国驻多哥共和国特命全权大使职务。

任命尹玉标为中华人民共和国驻多哥共和国特命全权大使。

四、免去李祖沛的中华人民共和国驻加纳共和国特命全权大使职务。

任命吕永寿为中华人民共和国驻加纳共和国特命全权大使。

五、免去陶苗发的中华人民共和国驻斯洛伐克共和国特命全权大使职务。

任命苑桂森为中华人民共和国驻斯洛伐克共和国特命全权大使。

六、免去陈德来的中华人民共和国驻保加利亚共和国特命全权大使职务。

任命陶苗发为中华人民共和国驻保加利亚共和国特命全权大使。

七、免去马维茂的中华人民共和国驻阿尔巴尼亚共和国特命全权大使职务。

任命左福荣为中华人民共和国驻阿尔巴尼亚共和国特命全权大使。

八、免去严鹏的中华人民共和国驻捷克共和国特命全权大使职务。

任命李长和为中华人民共和国驻捷克共和国特命全权大使。

九、免去李长和的中华人民共和国常驻联合国日内瓦办事处和瑞士其他国际组织副代表、特命全权裁军事务大使职务。

任命胡小笛为中华人民共和国常驻联合国日内瓦办事处和瑞士其他国际组织副代表、特命全权裁军事务大使。

中英联合联络小组第四十七次会议在香港礼宾府结束

这是该小组举行的最后一次会议。

中英联合联络小组中方首席代表吴红波大使与英方首席代表包雅伦大使，在会议后举行的联合记者招待会上都对这次会议表示满意。双方一致认为，中英联合联络小组已经完成了历史使命，将予以解散，而联合联络小组卓有成效的工作为进一步发展中英关系创造了有利条件。双方认为，香港自 1997 年 7 月 1 日回归中国以来，总的发展是积极的。双方共同祝愿香港有一个美好的未来。

中英联合联络小组是在 1985 年 5 月 27 日中英联合声明生效时正式成立的，其工作任务是为了保证联合声明得以有效执行，并保证 1997 年香港政权的顺利交接。它为香港的平稳过渡、繁荣稳定作出了重要贡献。

中共中央总书记 国家主席 中央军委主席江泽民看望著名科学家钱学森

江泽民下午来到钱学森家中，亲切看望这位为新中国科技事业建立了卓著功勋的著名科学家。

曾担任全国政协副主席的钱学森是我国杰出的科学家、航天科学的奠基人之一。1955 年，他毅然放弃国外优厚待遇，冲破重重阻碍回到祖国。几十年来，这位享誉世界的航空火箭专家、空气动力学家、应用力学和系统工程学家，为新中国的科技事业、航天事业和国防建设呕心沥血，作出了开创性的贡献，被党中央、国务院、中央军委授予“两弹一星”功勋奖章和“国家杰出贡献科学家”荣誉称号。近年来，他虽年事已高，仍壮心不已，勤奋学习和工作，担任中国科协名誉主席等职务。他还指导多位学者从事系统工程和系统科学的研究与发展工作，始终关注着科学前沿领域。

江泽民说，科学技术是第一生产力，进行社会主义现代化建设，实现中华民族的全面振兴，离不开科技进步和科技创新。我们提出并大力实施了科教兴国战略。只要我们发扬“两弹一星”精神，齐心协力，奋勇攀登，我国科技事业就一定能够取得更大更多的成果。中国要在世界高科技领域占有一席之地。中国人民有这个志气，也有这个能力。

即将迎来 88 岁生日的钱学森对国家大事和我国科学事业的发展十分关心。他完全赞成江泽民的讲话，并就我国科学技术的进一步发展包括国防科技的发展发表了看法，提出建议。

中央军委委员、总装备部部长曹刚川，中共中央办公厅主任王刚陪同前往看望。

经国务院批准国家科学技术奖励委员会日前组成朱丽兰担任奖励委员会主任

在北京召开的国家科学技术奖励委员会第一次全体会议审议国家自然科学奖、国家技术发明奖、国家科学技术进步奖、中华人民共和国国际科学技术合作奖评审委员会提出的建议，作出 1999 年度国家科技奖励获奖人选、奖励等级的决议；研究实施《国家科学技术奖励条例》有关的重要问题。

新组建的国家科技奖励委员会的主要职责是：负责对国家科技奖励进行宏观管理和指导，聘请有关方面的专家、学者组成国家科技奖励评审委员会。对国家科技奖获奖人选、奖种和等级作出决议，为完善国家科技奖励工作提供政策性意见和建议；研究、解决国家科技奖励评审工作中的其他重大问题。

全国总工会表彰载人航天工程首次飞行试验的先进集体和个人

国务院副总理温家宝考察中国气象局

中国气象局迎来建局 50 周年之际，中共中央政治局委员、国务院副总理温家宝到中国气象局考察。温家宝说，气象事业是经济建设、国防建设、社会发展和人民生活的基础性公益事业，随着经济发展和社会进步，气象与经济建设、社会发展、人民生活的关系越来越密切，对气象部门的要求也就越高。我国是一个幅员辽阔、人口众多的发展中国家，又是一个农业大国，气象工作具有特殊的重要性。气象工作要坚持把服务放在首位，为防灾减灾服务，为四个现代化服务，为人民服务。

温家宝要求大力加快我国气象现代化步伐，采用先进的技术手段，准确、及时、高效地提供优质服务；建立完备的业务技术体系，完善探测、加工、传输、预报系统，形成全国性、多层次、布局合理的气象预测预报网络；实行科学的管理体制，实行政事、政企分开，进行分级、分类的科学决策，形成绩效结合的激励机制，建立与社会主义市场经济相适应的管理体制；加强气象队伍建设和人才培养，继承和发扬我国老一辈气象工作者扎实工作、无私奉献的优良传统和作风，建设高素质的气象队伍。

温家宝还要求积极做好即将于明年 1 月 1 日实施的《气象法》的宣传实施工作，认真学习并在全社会广泛宣传《气象法》，用《气象法》规范全社会的气象活动。气象部门要带头执行《气象法》，行使好执法职能，依法行政，依法发展气象事业。

《乔木文丛》出版座谈会在北京举行

丁关根、李铁映、曾庆红、宋平、许嘉璐和邓力群等出席座谈会。

由人民出版社新近出版的《乔木文丛》，收录了胡乔木几十年来产生过重大影响的文章、讲话、谈话、书信等 264 篇，其中一半以上没有公开发表过，相当全面地记录和展示了胡乔木在这些领域的指导作用和学术成就。

中共中央政治局委员、中国社会科学院院长李铁映在座谈会上说，胡乔木是一位党性坚强、立场坚定的共产主义忠诚战士，又是中共党史研究和编撰的开拓者，新中国新闻事业的奠基人，中国文字改革和社会主义文学艺术事业的积极推进者和享誉党内外的社会科学学术大家。他不是在书斋里面而是在革命斗争的实践中成为一个大学问家的。他能够取得如此成就的基础，是博古通今、学贯中西的学养；善于思考、勇于实践的素质和勤奋刻苦、不倦求索的精神。李铁映指出，通向学术大师的道路各不相同，但他们的共同特点和经验，是自强不息、追求真理的精神，这是我们后来的学者应该学习借鉴的。

许嘉璐和有关方面负责同志许中田、郭超人、金冲及、陈威、于友先、程中原就《乔木文丛》的编辑出版过程、主要内容、学术价值和指导意义等发了言。

座谈会由中共中央宣传部、人民日报社、中共中央文献研究室、中共中央党史研究室、中国社会科学院、新华通讯社、新闻出版署等联合举办。中宣部常务副部长刘云山主持座谈会，有关部门和主办单位负责人、胡乔木同志生前好友以及《胡乔木传》、《乔木文丛》编辑写作人员等参加座谈会。

中国社科院院长李铁映在《乔木文丛》出版座谈会上发表讲话《思想理论和文化宣传领域的一份宝贵遗产》

12月9日

国家主席江泽民同俄罗斯总统叶利钦在北京钓鱼台国宾馆举行非正式会晤

江泽民还对近来两国在国际问题上的合作表示满意，认为中俄对推动世界多极化、维护全球战略平衡与稳定负有重要责任。双方加强战略协作符合两国的现实和长远利益，是对世界和平与安全作出的贡献。中方还愿与俄方共同努力，利用中、俄、哈、吉、塔五国会晤机制，以及同乌兹别克斯坦和土库曼斯坦的双边联系，促进中亚稳定。

叶利钦表示，他非常高兴能够实践诺言，来华同江主席举行俄中元首第二次非正式会晤。他说，全面发展俄中友好合作关系是两国人民的共同愿望。俄罗斯人民对中国所取得的经济建设成就感到由衷的高兴，特别是祝贺“神舟”号飞船发射成功，向全世界显示了中国拥有雄厚的科技实力。俄方也衷心祝贺中国在争取加入世界贸易组织方面所取得的积极进展，祝贺新中国成立50周年和俄中建交50周年。

叶利钦还强调说，俄罗斯坚决主张建立多极化世界。世界事务不能由一国决定，而应由亚、欧、非、美各大洲共同参与。只有国际社会广泛参与，才能决定事关世界前途和命运的重大问题。

会晤后，江泽民主席和叶利钦总统共同出席签字仪式。中国外交部部长唐家璇和俄罗斯外交部部长伊万诺夫分别代表本国政府签订了《中华人民共和国政府和俄罗斯联邦政府关于中俄国界线东段的叙述议定书》、《中华人民共和国政府和俄罗斯联邦政府关于中俄国界线西段的叙述议定书》、《中华人民共和国政府和俄罗斯联邦政府关于对界河中个别岛屿及其附近水域进行共同经济利用的协定》。

全国人大常委会委员长李鹏 国务院总理朱镕基在钓鱼台国宾馆会见俄罗斯总统叶利钦

全国政协主席李瑞环在东京会见日本众议院议长伊藤宗一郎和参议院议长斋藤十郎

中共中央纪律检查委员会 监察部落实“收支两条线”规定工作专项检查汇报会召开

中央纪委、监察部会同财政部、国家发展计划委员会、中国人民银行、审计署等部门，组织14个检查组，于11月19日至12月5日，对20个省区市和中央17个重点执收执罚部门落实“收支两条线”规定工作进行了专项检查。12月9日和10日，中央纪委、监察部召开了落实“收支两条线”规定工作专项检查汇报会。

中央纪委副书记、监察部部长何勇在听取汇报后指出，这次专项检查是对今年以来各地区、各部门落实“收支两条线”规定工作的一次全面考核，是推动工作深入、确保今年阶段性目标实现的实际步骤，也是年底前的一项重要工作。从检查情况看，全国落实“收支两条线”规定工作进展顺利，发展势头比较好。去年以来，按照中央的统一部署和要求，各省、自治区、直辖市党委、政府和执收执罚部门从讲政治的高度，认识实行“收支两条线”管理的重大意义，加强领导，严格标准，狠抓落实，做了大量工作，取得了明显成效。继1998年中央一级、省一级以及副省级城市、省会城市市一级的法院、检察院、公安和工商行政管理部门实行“收支两条线”管理后，今年落实“收支两条线”规定工作又取得了新的进展，县级以上公检法和工商部门，中央一级、省一级以及副省级城市、省会城市市一级的其他执收执罚部门实行了“收支两条线”管理；不少地方已把实施范围延伸到了县一级的所有执收执罚部门，达到了年初中央确定的工作目标。但是，这项工作的发展不平衡，还存在一些问题，下一步的任务更加艰巨，还有大量的工作要做，需要进一步作出艰苦的努力。

何勇要求，各地区、各部门要按照中央的要求，加强对落实“收支两条线”规定工作的领导，实行严格的责任制，突出重点，狠抓落实，把这项工作推向深入。2000年，落实“收支两条线”规定工作要全面展开，工作范围要进一步扩大，县级以上所有执收执罚部门都要落实“收支两条线”规定，重点抓好公检法、工商和交通、城建、教育、海关等17个部门和地、县一级的落实工作。中央一级和省一级的执收执罚部门要起表率作用，带头落实好“收支两条线”规定。

何勇强调，明年所有执收执罚部门都要严格按照中央确定的六条标准继续抓好落实，着力做好几项工作：一是全面实行罚缴分离和票款分离。除法律、法规另有规定外，所有执收执罚部门都要实行罚款决定与罚款收缴相分离和“单位开票，银行代收，财政统管”的管理制度。二是逐步取消执收执罚部门的收入过渡账户。所有具有执收执罚权的单位，都要严格执行银行开户审批制度，除财政部门另有规定外，取消收入过渡账户，收取或取得的预算外资金收入，全部直接上缴同级财政部门开设的预算外资金财政账户。三是按照预算内外资金结合使用原则和“零基预算”的要求，统一审核执收执罚部门年度经费预算和预算外资金收支计划，完善预算外资金财政专户管理制度。财政部门既要加强对财政核拨资金支出的监管，又要增强服务意识，对执收执罚部门正常的经费开支及时审核拨付。四是加强督促检查，严格执行纪律。纪检监察机关要会同财政、物价、银行、审计等部门，对落实“收支两条线”规定的工作加强监督检查。对工作不力，进展迟缓的部门和单位，要督促其及时整改。对违反规定设立收费项目，扩大收费、罚款范围，乱设银行账户，违反财政票据管理规定，下达或变相下达罚没指标，或不履行收费和罚没职责等违纪违法行为，要依据有关规定予以严肃处理，追究直接负责的主管人员和其他直接责任人员的责任。同时，在落实“收支两条线”规定中，要加强对公款私存问题的治理。

中央纪委、监察部负责人李至伦、赵洪祝、袁纯清、陈昌智，财政部、国家发展计划委员会、中国人民银行、审计署等“收支两条线”工作联席会议成员单位的负责同志金莲淑、卢时彻、蔡鄂生、王道成，以及检查组的全体成员参加会议。

中国人民银行负责人就第三套人民币将停止流通答记者问

国家副主席 中央军委副主席胡锦涛在人民大会堂会见尼泊尔军队参谋长普拉杰瓦尔·沙姆谢尔·忠格·巴哈杜尔·拉纳

胡锦涛强调，中国一贯主张国家不分大小、贫富、强弱都是国际社会平等的一员，各国人民有权自主决定本国的事务。中国愿同尼泊尔一道，继续努力，按照两国最高领导人达成的共识，不断巩固和加强两国、两军的友好合作，共同建设面向 21 世纪的中尼睦邻伙伴关系。

中国政府赞赏和感谢尼泊尔在西藏、台湾、人权等问题上给予中国的宝贵支持。

拉纳说，喜马拉雅山将尼中两国人民紧紧相连，尼泊尔将致力于发展尼中两国、两军友好关系，尼泊尔永远是中国的好朋友，尼泊尔绝不允许任何人利用尼泊尔的领土从事分裂中国的活动。他表示，尼泊尔坚持一个中国的政策，并对中华人民共和国成立 50 周年和澳门即将回归表示祝贺。

国务院副总理李岚清在人民大会堂同古巴国务委员会副主席兼部长会议执行委员会秘书卡洛斯·拉赫·达维拉举行会谈

李岚清表示，中古贸易已经走过了 30 多年的发展历程。我们高兴地看到，在两国政府的积极推动和企业界的共同努力下，双边经贸关系从贸易扩大到经济合作。我们愿在平等互利的基础上同古方继续发展经贸关系。

李岚清感谢古方在中国加入世贸组织等问题上对中方的坚定支持，表示中国将一如既往地支持古巴维护独立和主权、反对外来干涉的正义斗争。

全国政协主席李瑞环出席日中友好七团体在东京举行的欢迎招待会

李瑞环在招待会上发表了《不忘老朋友，广交新朋友，永做好朋友》的演讲。

李瑞环说：“长期以来，许多日本社会名流和民间人士把中日友好事业作为自己的毕生追求，不论条件多么艰难，环境多么险恶，他们矢志不渝，始终没有改变自己的初衷。为了中日关系的重建，特别是为了实现中日邦交的正常化，他们奔走呼号，排除干扰，孜孜不倦地付出了艰辛的努力。为了中日关系的发展，他们呕心沥血，克服困难，默默无闻地做了大量的工作。每当两国关系遇到阻力、出现杂音时，他们总是挺身而出，仗义执言，精心维护中日友好大局。这些老朋友有的已经谢世，有的不顾年迈体弱，仍为中日友好操劳奔波。他们的事迹在中日两国人民之中广为传颂，他们的精神将永远激励后人。在此，我谨代表中国政府和人民，向所有为中日友好作出贡献的日本各友好团体和各位老朋友表示衷心的感谢和崇高的敬意！我们绝对不忘老朋友。”

李瑞环说：“中国人一直以多交朋友为乐事，两千多年前的大诗人屈原就曾吟唱道：‘乐莫乐兮新相知。’进一步巩固和发展中日友好事业，必须有更多的热心人士参与。无论信仰有什么差异，地位有什么区别，职业有什么不同，只要有志于中日友好事业，我们就会同声相应，就应当结为挚友。我这次访问日本，就是为发展友谊而来。我们要把交流的渠道搞得更宽广一些，既加强官方接触，又扩大民间往来；把合作的内容搞得更丰富一些，既不断巩固已有的成果，又注重拓展新的领域；把交往的气氛搞得更活跃一些，不拘形式，灵活多样地开展各种往来活动。通过努力，使我们不仅在经济政治领域而且在社会文化领域，不仅在上层而且在基层，都有越来越多的好朋友。我们需要广交新朋友。”

李瑞环说：“中日两国一衣带水，有着很深的文化渊源，都是本地区的重要国家。中日和平、友好、合作，相互学习、相互借鉴，有利于两国集中力量从事建设，有利于亚洲乃至世界的和平与稳定，符合两国人民的根本利益和共同愿望，也符合时代的发展潮流。我们不能忘记历史，历史会给我们许多教益；我们更要看到未来，相信人类社会总会不断地向着更加文明、更加进步的方向发展。青年肩负着承前启后、继往开来的历史重任，不断巩固和发展两国的友好关系，必须着眼于青年，着眼于下一代，着眼于培养中日友好事业的接班人。两国青年应当百倍珍惜和维护中日两国来之不易的友好局面，继承和发扬老一辈的优良传统，不断增进相互之间的了解和信任，为中日友好事业作出新贡献。我们一定永做好朋友。总之，不忘老朋友，广交新朋友，永做好朋友，是我们的态度、我们的原则，也是我们的目标。”

日本国际贸易促进协会会长樱内义雄代表日中友好七团体在招待会上致辞。这七个日中友好团体是：日本国际贸易促进协会、日中友好协会、日中文化交流协会、日中友好议员联盟、日中经济协会、日中协会和日中友好会馆。

中国对日 美 德丙烯酸酯反倾销调查立案

外经贸部发出公告，决定于12月10日对来自日本、美国、德国的丙烯酸酯反倾销调查正式立案。

此次反倾销调查涉及的丙烯酸酯在中华人民共和国海关进口税则号中列为29161200。根据有关规定，外经贸部将从即日起会同海关总署对原产于以上三国的丙烯酸酯的倾销及倾销幅度进行调查，国家经贸委会同国务院有关部门对丙烯酸酯进口对我国国内产业的损害及损害程度进行调查。

公告称，任何利害关系方可从即日起30天之内向外经贸部及国家经贸委申请参加应诉。

中央军委副主席张万年在解放军全军后勤保障社会化改革工作会议上发表讲话

张万年在会议上强调，后勤保障社会化，是后勤建设和保障方式的重大调整和深刻变革。当前和今后一个时期，全军后勤改革的主要任务，就是要从我们的国情、军情出发，大力推进后勤保障社会化，努力走出一条具有我军特色的后勤保障社会化路子。

张万年说，江主席主持军委工作以来，对后勤保障社会化问题高度重视，作出过一系列重要指示，要求军队的后勤保障特别是生活保障必须社会化，这方面的改革要加快进度、加大力度。江主席的重要指示，深刻揭示了新形势下军队后勤保障的发展方向和基本规律，不仅为后勤保障社会化改革，而且为整个后勤建设与改革指明了方向。

张万年指出，后勤保障社会化是军队现代化建设的迫切需要。随着我军现代化程度的不断提高，武器装备越来越先进，部队编成越来越复杂，专业分工越来越细，后勤保障的任务将越来越重。这就要求我们尽快提高后勤保障社会化程度，按照社会化大生产的方式把后勤搞得更加精干、高效，把有限的人力、物力、财力集中用于保障履行军事职能，把那些社会性的保障职能尽量交给社会去办。后勤保障社会化是适应社会主义市场经济发展的客观要求。要从全局高度、战略高度，充分认识搞好这项改革的重要性和紧迫性，以很大的决心、很大的魄力、很有力的措施，把这项利国利军利民的好事抓紧抓好、抓出成效。

张万年强调，后勤保障社会化改革必须坚持以江主席的一系列重要指示为指导，按照为加速我军现代化建设服务，为增强部队战斗力和凝聚力服务，有利于更好地履行军事职能，有利于提高后勤保障的质量和效益，有利于方便和改善官兵生活，精心运筹，大胆探索，循序渐进，务求实效，力争在“十五”期间实现生活保障社会化，到2010年基本实现后勤保障社会化。

张万年指出，后勤保障社会化改革是一项复杂的系统工程，必须在工作指导上把握好关键环节。要统筹规划，突出重点，政策配套，稳中求进，把改革创新精神和科学求实的态度统一起来，不搞“一刀切”，不搞花架子，成熟一项推广一项。

张万年要求，各级党委要高度重视，各级主官要站在改革前列，总部和各大单位领导机关要做好样子；要统一思想认识，强化大局意识，自觉拥护和支持改革，积极参与改革；要加强组织协调，各级领导机关和部门要形成合力，工作到位；要不断发展完善、深入探讨后勤保障社会化的特点和规律，特别要加强对重点、难点问题的研究，拿出切实可行的办法，把改革不断引向深入。

中央军委委员、总后勤部部长王克主持了今天的会议。参加会议的还有四总部、军委办公厅的领导周坤仁、钱树根、唐天标等。

中共中央总书记江泽民致信即将召开的全国科普工作会议

全国科普工作会议：

科技部、中宣部、中国科协联合召开全国科普工作会议，很有必要。多年来，广大科技、教育、文化、宣传工作者，为我国科普事业的发展作出了重要贡献。我代表党中央、国务院，向你们表示诚挚的慰问！

科学技术是第一生产力，是经济和社会发展的决定性因素。未来世界各国的综合国力竞争，将越来越首先表现为科技实力的竞争。我们要在下个世纪实现社会主义现代化和中华民族的伟大复兴，必须大力提高全民族的科学文化素质。科学技术被亿万人民群众所掌握，就能更好地成为利用和开发自然、推动社会文明进步的巨大力量。

用唯物史观和科学思想武装全党，在广大群众中普及科学知识，要坚持不懈地抓下去。科学知识、科学思想、科学方法和科学精神，可以引导人们奋发图强、积极向上，促进人们牢固地形成正确的世界观、人生观和价值观，促进人们实事求是地创造性地进行社会实践活动。要把科普工作作为实施科教兴国战略的重要任务和社会主义精神文明建设的重要内容，切实加强起来，在全社会大力弘扬科学精神、宣传科学思想、传播科学方法，使中华民族的科学文化水平不断提高。

广大干部特别是领导干部要带头学习科学知识，自觉用科学思想武装自己，树立科学精神，掌握科学方法，做领导经济、科技和其他各项工作的内行，同时要切实抓好科普工作。广大科技工作者要奋勇攀登科学高峰，努力推进科技创新和科技成果转化，积极参与和推动全社会的科普工作。希望你们再接再厉，继续发扬爱国主义精神、求实创新精神、拼搏奉献精神和团结协作精神，为我国科普事业作出新的更大的贡献！

江泽民

一九九九年十二月九日

'99 国家重点基础研究项目启动

《国家重点基础研究发展规划》1999 年的项目开始启动实施。国家科技部部长朱丽兰为第一批启动的 41 个项目的 53 位首席科学家颁发了聘书。

中国的《国家重点基础研究发展规划》是在 1998 年开始实施的。1998 年启动 15 个项目。这些项目瞄准世界科学前沿和国家的经济发展目标，涉及农业、能源、信息、资源环境、人口与健康、材料等领域以及基础科学前沿方面的重要问题，力争在一些重要的科学前沿领域有所突破。

2000 年全国高等教育招生计划工作会议在武汉召开

中国音协第五次全国代表大会历时 3 天闭幕 傅庚辰当选为中国音协主席

12 月 10 日

九届全国人大常委会举行第二十二次委员长会议

李鹏委员长主持会议。会议决定，九届全国人大常委会第十三次会议于 12 月 17 日至 25 日在北京举行。委员长会议建议的本次常委会会议议程多达 31 项，再创本届常委会组成以来会议议程最多的新纪录。

本次常委会的一项重要内容就是为中国政府恢复对澳门行使主权和澳门特别行政区的工作做有关法律准备。在今天的会议上，全国人大常委会秘书长何椿霖作关于全国人大常委会第十三次会议议程草案和日程安排意见的汇报，关于全国人大常委会澳门特别行政区基本法委员会组成人员名单草案的说明，关于批准澳门特别行政区筹备委员会结束工作的建议的决定草案的说明，关于澳门特别行政区九届全国人大代表选举会议成员名单草案及选举会议主席团建议名单的说明，关于召开九届全国人大三次会议的决定草案的说明。

全国人大法律委员会主任委员王维澄作关于海洋环境保护法、刑法修正案、海事诉讼特别程序法、加强中央预算审查监督的决定等拟提交本次常委会会议表决的 4 个法律草案修改意见的汇报，关于立法法等 2 个法律草案主要问题修改意见以及产品质量法修正案草案主要问题的汇报。

全国人大法律委员会副主任委员乔晓阳作关于增加澳门特别行政区基本法附件三所列全国性法律的决定草案的说明。

全国人大常委会法制工作委员会副主任胡康生作关于《刑法》第九十三条有关规定的解释草案的说明。

全国人大财经委员会主任委员陈光毅作关于加强经济监督工作的决定草案主要问题的汇报。

委员长会议建议，本次常委会的主要议程为：

审议全国人大常委会澳门特别行政区基本法委员会组成人员名单草案，全国人大常委会关于增加澳门基本法附件三所列全国性法律的决定草案，全国人大常委会关于批准全国人大澳门特别行政区筹备委员会结束工作的建议的决定草案，澳门特别行政区九届全国人大代表选举会议成员名单草案等。听取全国人大澳门特别行政区筹备委员会工作情况的报告。

审议海洋环境保护法修订案、刑法修正案、海事诉讼特别程序法、全国人大常委会关于加强中央预算监督的决定、公司法修正案、立法法、大气污染防治法修订案、全国人大常委会关于加强经济监督工作的决定、种子法、海关法修正案、全国人大常委会关于《刑法》第九十三条第二款的解释等法律草案。

审议全国人大常委会关于召开九届全国人大三次会议的决定草案。听取和审议国务院关于近年来公安队伍建设情况和下一步加强公安队伍建设意见的报告。审议全国人大 4 个专门委员会关于九届全国人大二次会议主席团交付审议的代表提出的议案审议结果的报告等。

全国人大常委会副委员长田纪云、姜春云、邹家华、王光英、程思远、布赫、铁木尔·达瓦买提、吴阶平、彭珮云、何鲁丽、周光召、曹志、丁石孙、成思危、许嘉璐、蒋正华出席会议。

中华人民共和国与俄罗斯联邦联合发表新闻公报

应中华人民共和国主席江泽民的邀请，俄罗斯联邦总统鲍·尼·叶利钦于 1999 年 12 月 9 日至 10 日访华。两国元首在北京举行了第二次非正式会晤。

俄罗斯联邦总统叶利钦还会见了中国全国人民代表大会常务委员会委员长李鹏和中华人民共和国国务院总理朱镕基。

两国领导人满意地指出，1996 年确定的中俄平等信任的战略协作伙伴关系方针正在逐步充实重要的内容，中俄元首 1998 年 11 月在莫斯科举行的第一次非正式会晤达成的协议的落实工作取得了实质性成果。

中俄领导人、著名政治活动家、社会团体和广大群众参加了为两国建交 50 周年举行的大量活动，表明双边关系有着深厚的群众基础，并鲜明地体现了双方巩固和发展相互之间传统友好关系的坚定决心。

根据最高级会晤的成果，双方发表了联合声明。其中阐述了两国对保障全球战略稳定基本问题的立场。双方声明将协调行动，反对破坏这一稳定。

俄方支持中华人民共和国在台湾问题上的原则立场，中华人民共和国支持俄罗斯联邦打击车臣恐怖主义和分裂主义的行动。

会晤期间，双方签署了中华人民共和国政府和俄罗斯联邦政府关于中俄国界线东西两段的叙述议定书。

中华人民共和国主席和俄罗斯联邦总统对中俄国界已协商一致地段的勘界工作业已完成给予了高度评价，强调双方将继续本着建设性和务实的精神寻求两国国界尚未协商一致地段的解决途径，认为采取必要措施维持边界现状、维护边界正常秩序是十分重要的。

双方签署了中华人民共和国政府和俄罗斯联邦政府关于对界河中个别岛屿及其附近水域进行共同经济利用的协定，这是促进边境地区合作的重要步骤。根据这一协定，中俄边境部分地区的边民有权在 5 年内继续在依据勘界结果划归另一方的个别岛屿及其附近水域进行传统的经济活动。这一协定的签署符合边民的利益，反映了两国之间高度的信任水平。

双方对中国、俄罗斯、哈萨克斯坦、吉尔吉斯斯坦和塔吉克斯坦关于在边境地区加强军事领域信任和相互裁减军事力量的协定开始切实落实表示满意，认为认真履行上述协定的条款将促进边境地区的和平、安宁、稳定与繁荣，推动各签署国之间睦邻关系的发展。双方认为进一步研究加强军事领域信任措施的可能性是适宜的。

为巩固中俄睦邻关系，双方根据两国总理 1999 年 2 月莫斯科第四次定期会晤达成的协议精神，主张就两国边境协作问题加强对话，具体对话机制由双方另行商定。

江泽民主席和叶利钦总统积极评价 1999 年 2 月在莫斯科举行的中俄总理第四次定期会晤达成协议的落实情况。

双方商定将于 2000 年上半年在北京举行两国总理第五次定期会晤，两国总理谈判时将优先考虑加快油气等领域合作项目的工作，扩大两国在高新技术、运输、民用航空技术和通信领域的相互协作，探讨具体措施推动双方在机械制造、电子、轻工、纺织、森林资源开发和利用、家用电器生产方面的合作。

双方满意地指出，中俄合作的最大项目江苏田湾核电站已于 1999 年 10 月顺利开工。

双方重申，中华人民共和国地方和俄罗斯联邦主体之间建立直接经济联系具有重要意义，有助于更充分地发挥两国经贸合作的潜力。双方将鼓励更多的地区参与两国地区间，包括边境地区间的合作。

双方认为，必须在环境保护和合理利用跨界水体、林地、太平洋北部水域和黑龙江流域渔业资源，以及在保护稀有植物和动物种群领域加强合作，制订具体的共同行动计划。

双方同意，对中俄之间跨界水体，包括流经第三国的河流水资源的利用应考虑水体流经国家的利益。

江泽民主席和叶利钦总统强调两国执法机关打击国际恐怖主义、民族分裂主义和宗教极端主义、非法移民及其他形式的跨国犯罪方面的合作是重要的。两国主管部门将研究制订相互协作的具体计划，并商签政府间文件。

双方对 1999 年 12 月 1 日至 2 日在比什凯克举行的中国、俄罗斯、哈萨克斯坦、吉尔吉斯斯坦和塔吉克斯坦执法机关领导人会晤给予高度评价。

双方满意地指出，两国已就规范公民相互往来问题达成一致，将在此基础上于近期签署相应的政府间协定。

叶利钦总统邀请江泽民主席在方便的时间访问俄罗斯。江泽民主席表示感谢并接受了邀请。访问的具体日期将通过外交途径商定。

中国 俄罗斯发表联合声明

中华人民共和国主席江泽民和俄罗斯联邦总统叶利钦在 1999 年 12 月 9 日至 10 日于北京举行的第二次非正式会晤中，就双方感兴趣的问题深入交换了意见，并决定声明如下：

一

两国元首强调，1997 年 4 月 23 日"中俄关于世界多极化和建立国际新秩序的联合声明"、1997 年 11 月 10 日"中俄联合声明"及 1998 年 11 月 23 日"世纪之交的中俄关系联合声明"和"中俄最高级会晤成果联合新闻公报"中所作的结论和评价仍有重要的现实意义。

中俄元首重申，将继续信守上述文件中就国际问题阐述的原则立场，主张在 21 世纪在《联合国宪章》和现行国际法准则的基础上推动建立多极世界，加强联合国在国际事务中的主导地位，以政治方式和平解决国际争端，国际社会的所有成员应平等相待并享有同等安全，相互尊重对发展道路的选择，相互尊重主权，互不干涉内政，建立公正、平等及互利的国际政治经济秩序。双方呼吁世界上的所有国家共同努力，建立民主均衡的多极世界格局，使不同的文化和谐共存、建设性地相互影响并相互充实，所有主权国家一律平等的地位应得到保障。

二

双方不得不指出，近来国际安全领域的消极趋势续有发展。

双方认为，1972年反导条约缔约国违反该条约建立国家导弹防御系统，会对战略稳定、有关裁减和不扩散大规模杀伤性武器及其运载工具的一系列关键性国际协议，以及对在这些方面取得的进展造成破坏性影响。

双方重申反对违反1972年反导条约，强调该条约过去、现在和将来都是战略稳定的基石之一。双方认为，1972年的反导条约应得到全面、严格的遵守。双方指出，联大通过的中国、俄罗斯、白俄罗斯提交的《关于维护和遵守反弹道导弹条约》决议具有重要意义。

双方指出，一些国家在亚太地区部署战区导弹防御系统的计划将破坏该地区的和平与稳定。俄方支持中方关于反对任何国家以任何形式将中国台湾省纳入该计划的立场。

双方对美国拒绝批准《全面禁止核试验条约》深表遗憾。

双方强调，两国在维护战略稳定方面共同协调努力的重要出发点，是双方在一系列关键问题上有着一致或相近的立场，如防止外空及信息技术领域内的军备竞赛，执行核不扩散条约和禁止化学武器公约，制定禁止生物武器公约的议定书及确定裁军谈判会议的工作议程。

中方对俄方主张美俄双方进一步削减进攻性战略武器的立场表示理解。

双方认为，可能破坏战略稳定和国际安全的后果的全部责任将由破坏裁军领域基本协定的国家承担。双方认为，当前形势下，在维持全球战略稳定问题上紧密协调行动越来越有必要。

三

双方指出，国际关系中的消极趋势继续发展，下述企图日益明显：将单极世界模式以及文化、价值观和思想的单一模式强加于国际社会，削弱联合国及其安理会的作用，寻找理由和借口对《联合国宪章》宗旨和原则进行不负责任的解释或篡改，强化及扩大军事集团，以强权偷换国际法，直至武力施压，利用"人权高于主权"及"人道主义干预"损害独立国家的主权。

双方表示愿同各国一道反对阻碍建立公正的多极国际关系结构的趋势。

四

双方强调指出，维护联合国在国际事务中的主导作用是中俄外交努力最重要的优先方面之一。

双方同意，合理并经过深思熟虑的联合国改革将有助于加强其在世界上的权威和作用。同时双方确信，安理会在维护国际和平与安全方面负有首要责任，在任何情况下其地位和作用都不应受到质疑和削弱。双方重申，保持《联合国宪章》赋予安理会现常任理事国的权力不变，是保证联合国效能和稳定的必要条件。

五

中俄对在世界贸易体系中拥有平等地位条件下加入世界贸易组织十分重视。这也完全符合该组织所有成员方的利益。

目前，中俄入世谈判进程已进入关键阶段。双方认为，世界贸易组织应该更具普遍代表性，必须保持加入方权利和义务的平衡，并考虑其社会经济发展水平。

六

双方认为，目前各种形式的国际恐怖主义、宗教极端主义、民族分裂主义及跨国犯罪活动（非法贩运武器、毒品、麻醉品、爆炸物及经济犯罪等）已对主权国家的安全以及世界的和平与稳定造成了严重威胁。

双方重申，决心在双边和多边的基础上采取具体步骤，加强协调与合作以打击上述行为。

七

中俄对1999年8月25日"上海五国"——哈萨克斯坦、中华人民共和国、吉尔吉斯斯坦、俄罗斯联邦和塔吉克斯坦五国元首比什凯克声明的落实情况表示满意。

1999年12月1日至2日五国执法机关领导人比什凯克会晤是这一领域迈出的重大实际步骤。

双方认为，"上海五国"国防部部长在2000年举行会晤是落实比什凯克元首会晤协议的重要举措之一。

双方认为，就五国外长会晤开展准备工作的时机已经成熟。

双方支持五国专家就多边经济合作问题举行磋商的设想（包括开展交通运输、油气开发及输送领域的合作）。有关谈判可成为哈萨克斯坦、中华人民共和国、吉尔吉斯斯坦、俄罗斯联邦和塔吉克斯坦五国政府首脑会晤准备工作的重要组成部分。

八

双方声明，必须在联合国安理会起主导作用的前提下，严格遵循国际法准则和安理会通过的关于伊拉克问题的决议，只以政治方式尽快解决伊拉克问题。伊拉克与联合国恢复合作的同时，对伊拉克的经济制裁应予取消。

九

科索沃局势的发展、该地区族际紧张关系的升级，特别是安理会1244号决议未能得到令人满意的执行以及把科索沃从南联盟分离出去的倾向使双方深感不安。中、俄作为安理会常任理事国，呼吁有关各方必须完整并无条件地履行联合国安理会1244号决议的所有条款，完全尊重南联盟的主权和领土完整，恪守《联合国宪章》以及公认的国际法准则，尊重科索沃地区所有民族的合法权利。

十

双方重申，将在维护国家统一、主权和领土完整方面相互支持。

俄方支持中国统一大业，重申其在双方过去发表的共同文件中阐述的在台湾问题上的立场，表示不接受关于台湾海峡两岸关系是“国与国之间关系”的论调。中方对俄方的上述立场表示满意。

中方重申，车臣问题纯系俄罗斯联邦内政。中方支持俄罗斯联邦政府为打击恐怖分裂势力而采取的行动。俄方对中方的上述立场表示满意。

中俄根据所奉行的平等信任的战略协作伙伴关系的方针，考虑到双方无论是在建立多极、民主和公正的国际秩序等原则问题上，还是在迫切的具体国际问题上均有相同和相近的立场，愿在上述有关方面加强合作。双方在国际事务中的相互协作不针对第三国，旨在捍卫各自国家的根本利益，并巩固亚太地区及世界的和平与稳定。

国家主席江泽民在中南海会见乌拉圭副总统兼国民议会主席乌戈·费尔南德斯·法因戈尔德

国务院总理朱镕基在中南海紫光阁会见古巴国务委员会副主席兼部长会议执行委员会秘书卡洛斯·拉赫·达维拉

全国政协主席李瑞环在东京拜会日本天皇明仁

全国政协主席李瑞环在东京日本经团联欢迎午餐会上发表讲话

日本经济团体联合会举行午餐会，欢迎李瑞环访问日本。李瑞环主席在午餐会上就中日经贸合作问题发表讲话。

李瑞环说，近年来，中日经贸合作取得了巨大成就，已初步形成了形式多样、稳定发展的局面。日本已连续6年成为中国最大的贸易伙伴，中国已成为日本第二大贸易对象国。中日经贸合作，有利于双方的经济发展，有利于两国的睦邻友好，有利于亚太地区乃至世界的稳定与繁荣。继续扩大中日经贸合作，是两国发展的需要，符合两国人民的根本利益。他表示相信，经过双方更加积极的努力，中日经贸合作将会再上新台阶。

李瑞环说，自1978年改革开放以来，中国的发展取得了举世瞩目的成就。综合国力明显增强，人民生活逐步改善，社会事业不断进步。特别重要的是，中国经过艰苦探索，形成了邓小平理论，走出了一条符合中国国情的发展道路。中国的改革开放促进了中国的巨大发展，中国的巨大发展对中国的改革开放提出了新的要求，也给中国的对外经贸合作带来了许许多多的新情况、新变化。一是市场需求日益增大。中国经济建设的扩大和人民生活水平的提高，需要引进的新设备、新技术、新产品越来越多。据初步估算，未来的7年间，中国将进口约1.5万亿美元的设备、技术和产品。二是进出口商品结构改变。由于中国已经进入经济结构的调整期，产业结构的调整和优化升级将成为这一时期的主攻方向。以往大批进口的商品，如今有的大幅度地减少了数额，有的不再进口反而大量出口，有的则转为对高新科技和产业技术的需求。三是外商投资领域大大拓宽。中国在加入世界贸易组织之后，将有步骤地开放过去对外资限制较多的行业。中国政府实施的西部大开发战略以及优先发展环保和高新技术产业的政策，为外商投资开辟了新的天地。四是围绕中国市场的国际竞争更加激烈。许多国家对中国这个巨大的市场表现出前所未有的兴趣，加大了参与中国市场竞争的力度，使中国能够在更大的范围内选择合适的合作伙伴。

李瑞环认为，这些变化给中日开展经贸合作提出了新的课题。拓展对华经贸关系，必须密切跟踪中国的发展，认真研究中国市场的变化，只有这样，才能在中国市场的竞争中赢得主动，取得成功。

李瑞环说，日本与中国一衣带水，文化传统相近。日本拥有先进的科学技术、管理经验和雄厚的资金，同中国经济的互补性强。日本产品优质实用，容易为中国消费者所接受。这些是日本对华经贸合作的特有优势，以往由于种种原因，这些优势有的发挥了，有的则没有发挥，有时发挥得好，有时则未尽如人意。人类社会发展到今天，互利互惠、共同发展已经成为时代的潮流和国际交往的共识。不论是发达国家还是发展中国家，在经贸合作中，都应当既考虑自身利益，也考虑他人利益，既善于以人之长补己之短，也肯于以己之长补人之短，这样才能优势互补，长期合作。李瑞环希望日本经贸界人士在与中国的经贸合作中着眼大局，研究发展，发挥优势，再创辉煌。

日本经济团体联合会会长今井敬在午餐会上致欢迎词。

全国政协主席李瑞环在东京首相官邸会见日本首相小渊惠三

外交部副部长杨洁篪召见美国驻华使馆临时代办马继贤奉命就最近美国总统克林顿签署所谓《支持台湾参与世界卫生组织》等议案向美方提出强烈抗议

杨洁篪说，最近，美国政府不顾中方的严正交涉，竟然由克林顿总统签署了所谓《支持台湾参与世界卫生组织》议案，该议案称美国务院将向国会报告行政部门为支持台湾"参与"国际组织特别是世界卫生组织所作的努力。此前，克林顿总统还签署了含有支持台湾参与世界卫生组织条款的《2000 年综合拨款法》，该法案称美国务院将每半年向国会提交报告，通报行政部门为支持台湾"参与"由主权国家组成的国际组织所作的努力。我奉中国政府之命，对美国政府上述严重侵犯中国主权、粗暴干涉中国内政的行径提出强烈抗议。

杨洁篪指出，台湾是中国的一个省。根据国际法，台湾根本无权加入必须由主权国家才能参加的国际组织。美国政府已经明确向中国政府和中国人民作出过承诺，不支持台湾加入任何必须由主权国家才能参加的国际组织。美方上述议案所谓支持台湾"参与"世界卫生组织等必须由主权国家才能参加的国际组织，实际上是企图在"参与"和"参加"的字眼上玩弄欺骗伎俩，其实质是企图使台湾挤入上述国际组织，为台湾当局拓展所谓"国际活动空间"和制造"两个中国"、"一中一台"的活动撑腰打气。美国政府的所作所为完全违反了中美三个联合公报的原则和美方的有关承诺，是对中国统一大业的严重阻挠，也是对国际关系基本准则的粗暴践踏。中国政府和中国人民对此表示强烈不满和坚决反对。

杨洁篪强调，解决台湾问题，实现祖国完全统一，是包括台湾同胞在内的全体中国人民的共同心愿。中国政府和中国人民有决心有能力实现中国的完全统一，这是任何人都无法阻挡的。台湾问题是中美关系中最重要、最敏感的核心问题，美方对这一点是很清楚的。中方严正要求美方恪守一个中国政策、遵守中美三个联合公报和美方的有关承诺，以实际行动立即纠正上述错误，不以任何方式支持台湾挤入世界卫生组织及其他必须由主权国家才能参加的国际组织。否则，由此而产生的一切严重后果，只能由美方承担。

杨洁篪要求美国临时代办马继贤立即将中方的上述严正交涉和强烈抗议报告美国政府。马继贤表示将立即把中方的交涉情况向美国政府报告。

国务院办公厅在中南海举办第四次科技讲座

国务院办公厅在中南海举办今年第四次科技讲座，邀请清华大学教授、中国工程院院士、国家高技术计划自动化领域首席科学家吴澄以"用高技术振兴我国传统产业"为题讲课。中共中央政治局常委、国务院总理朱镕基，中共中央政治局常委、国务院副总理李岚清，国务院副总理钱其琛、吴邦国，国务委员罗干、吴仪、司马义·艾买提、王忠禹以及国务院各部门的负责人和国务院办公厅的工作人员听课。

李岚清在听取讲座后讲话。他充分肯定了我国 CIMS（计算机集成制造系统）所取得的成绩，是产学研结合较好的尝试。他强调要转变观念，从国情出发，采用先进适用技术改造我国传统产业，实现跨越式发展。他说，科技要真正和经济相结合。只有产品符合市场需要，能促进企业技术创新、能提高企业市场竞争力的技术，才是有生命力的。他指出，现在知识的半衰期越来越短，国务院各部门的同志特别是领导同志，只有不断勤奋学习，学习政治、经济、财税、法律、金融和科技等方面的知识，充实提高自己的政治和业务素质，才能适应工作的需要。当然学习主要靠自己，但一定时期请有关专家来给我们讲一讲，也是一种有效的学习方式。他要求各部门结合自己的工作需要，组织类似的学习讲座。

吴澄自 1986 年起参与并领导了国家高技术计划 CIMS 主题的规划和实施工作，曾主持建成我国第一个 CIMS 实验工程，达到国际先进水平。吴澄在讲座中提出，大制造的观点有利于从系统高度对待传统制造业面临的问题，指出制造业市场竞争的新特点和严峻的形势，以及信息技术和现代管理技术是提高企业竞争力的两个最活跃的因素，认为我国应该充分利用世界的先进信息技术并结合我国国情，发挥我们制度的优越性，实现我国制造业的跨越发展。

全国政协迎接澳门回归座谈会在全国政协礼堂举行

全国政协副主席陈俊生主持座谈会。

全国政协副主席、中共中央统战部部长王兆国在座谈会上发表讲话。他说，澳门回归祖国，标志着外国殖民统治在中国领土上的彻底终结，开创了澳门和祖国内地共同发展的新纪元；标志着继香港回归祖国后，我们国家在完成祖国统一大业的道路上又迈出了重要的一步；标志着中国人民为世界和平、发展与进步事业作出了新的贡献。邓小平同志提出的"一国两制"的伟大构想，是新时期中国共产党和中国政府解决台湾问题，恢复对香港、澳门行使主权，实现祖国和平统一的战略方针。

全国政协副主席张克辉代表各民主党派中央、全国工商联及无党派民主人士发表讲话说，港澳回归说明了“一国两制”的科学性、可行性。台湾虽与港澳情况有诸多差别，但只要真心拥护中国统一，不闹分裂，“一国两制”的构想也一定会适用于解决台湾与祖国大陆的统一。

来自澳门地区的全国政协委员颜延龄说，我们澳门地区的全国政协委员一直积极参与澳门政治、经济和文化等方面的社会事务，并发挥较大影响力，为澳门平稳过渡、政权顺利交接作出贡献。澳门回归后，澳门地区全国政协委员将加强和祖国内地的联系、沟通，为祖国的经济发展和社会进步献计献策，为祖国的统一、民族的振兴作出更大的贡献。

中华全国总工会副主席徐锡澄代表人民团体发言说，作为群众团体，我们将认真贯彻执行澳门基本法，以互不隶属、互不干涉、互相尊重的原则为基础，进一步发展同澳门相应团体之间的关系，促进双方组织及人员的交往，共同为祖国的繁荣昌盛和澳门的稳定发展作出自己的贡献。

全国政协民族和宗教委员会副主任刀述仁发言说，在“一国两制”方针指引下，恢复对澳门行使主权后，澳门必将更加稳定繁荣，澳门与内地各民族同胞、各宗教爱国人士的往来必将更加密切，我们携手共进，必将为中华民族的伟大复兴谱写更加灿烂的篇章。

全国政协副主席阿沛·阿旺晋美、任建新、宋健、李贵鲜、钱正英、朱光亚、陈锦华、赵南起、白立忱、罗豪才、王文元，部分在京全国政协委员，驻香港和澳门的全国政协委员的代表出席座谈会。

第七届中国人口文化奖(羊城杯)在人民大会堂颁奖

第二次全国对外汉语教学工作会议在北京召开 国务院副总理钱其琛会见会议的代表

12 月 11 日

全国纪检监察宣传教育工作会议在西安举行

中共中央政治局常委、书记处书记、中央纪委书记尉健行出席会议并讲话。尉健行指出，加强党风廉政建设宣传教育是开展党风廉政建设和反腐败斗争的迫切需要。开展党风廉政建设和反腐败斗争，大量的工作是要在教育、防范上下功夫，提高广大党员干部的思想政治素质，增强廉洁从政意识和拒腐防变的自觉性。

国家主席江泽民向克罗地亚议长帕夫莱蒂奇发去唁电对克罗地亚总统图季曼的病逝表示深切哀悼

全国人民代表大会外委会负责人表示坚决反对美国总统签署支持台湾参与世界卫生组织等议案

'99 张家界世界特技飞行大赛在湖南张家界举行

12 月 12 日

共青团十四届三中全会在北京召开

会上，团中央第一书记周强传达胡锦涛等中央书记处领导人在听取团中央书记处工作汇报后的讲话。

胡锦涛指出，做好青年的思想政治工作，是共青团义不容辞的职责。他希望各级团组织，按照中央的要求，结合青年的实际，下大气力做好青年的思想政治工作。一是要把坚定理想信念作为当前青年思想政治教育的核心内容来抓，引导青年树立正确的世界观、人生观、价值观，进一步坚定跟党走建设有中国特色社会主义道路的信念。二是要在坚持过去一些好的传统和成功经验的同时，切实改进青年思想政治工作的方式方法，增强思想政治工作的针对性和实效性，特别要善于抓住国际国内一些重大事件和重大活动，不失时机地对青年进行生动的思想教育。三是要把教育青年和服务青年有机结合起来，既要以理服人，又要以情感人，切实帮助青年解决学习、工作和生活中的实际问题，尤其要为下岗青工、农村贫困青年、进城务工青年、经济上有困难的学生排忧解难，多办实事。

团十四届三中全会的主要任务是，以邓小平理论和党的十五大精神为指导，深入贯彻落实党的十五届三中、四中全会和中央经济工作会议精神，贯彻《中共中央关于加强和改进思想政治工作的若干意见》，对今年的工作进行总结，对明年工作作出部署。

国务院办公厅发出转发国务院三峡工程建设委员会办公室移民开发局《关于做好三峡工程库区农村移民外迁安置工作若干意见》的通知

国家主席江泽民致电菲律宾总统埃斯特拉达对菲律宾发生强烈地震表示深切慰问

中国科学家合成高质量碳纳米材料

中国科学家最近合成高质量的碳纳米材料，使中国新型储氢材料研究一举跃上世界先进水平。这种新材料能储存和凝聚大量的氢气，并可能做成燃料电池驱动汽车。

我国科学家的成果一经发表，立刻引起世界瞩目。国际权威刊物认为，这是世界范围内迄今为止最令人信服的结果。

綦江"虹桥"垮塌案作出终审判决

重庆市高级人民法院对綦江县"虹桥"垮塌所涉及的林世元等人受贿、玩忽职守、工程重大安全事故案和费上利等人工程重大安全事故生产、销售不符合安全标准的产品案进行终审宣判。对林世元等 10 名被告人和重庆通用工业技术服务部的上诉，分别作出终审判决或裁定。鉴于林世元在二审期间检举揭发他人犯罪构成重大立功，被依法从轻判处死刑，缓期二年执行。

12 月 13 日

国家主席江泽民与阿尔巴尼亚总统雷杰普·迈达尼在人民大会堂举行会谈

江泽民表示，半个世纪以来，世界和我们两国都发生了很大变化，但两国人民之间的传统友谊始终没有变。近年来，两国交往与合作有了新的发展。促进中阿两国关系持续发展符合双方的利益。我们尊重阿的独立、主权和领土完整，尊重阿人民选择的发展道路，重视在相互尊重、平等互利、互不干涉内政等原则的基础上加强同阿的友好合作。我愿与阁下共同努力，推动中阿关系在新的世纪得到更大的发展。

迈达尼还强调指出，阿政府只承认一个中国，那就是中华人民共和国。他祝愿中国早日实现完全统一。

江泽民说，经贸合作是两国关系中的重要领域。目前两国贸易额很低，这已引起了双方的重视。两国经济和外贸体制都发生很大变化，企业已成为贸易的主体，双方企业应加强接触，增进了解，寻找适合对方市场的产品，依据市场经济的原则，以质量、价格优势赢得对方市场，增加贸易额。政府要为企业创造有利的条件。我们支持中方的企业到阿去，在平等互利的原则基础上开展多种形式的经济合作。

中国民盟第八届第三次中央全会开幕

会议的主要议程是：学习贯彻中共十五届四中全会精神；听取并审议第八届中央常务委员会向八届三中全会所作的工作报告；讨论通过《中国民主同盟第八届中央委员会第三次全体会议决议》。

上海举办首届国际工业博览会

全国政协主席李瑞环在日本批驳"中国威胁论"

正在日本进行正式友好访问的李瑞环日前在接受日本广播协会（NHK）电视台著名新闻节目主持人道传爱子的采访。

李瑞环说：近年来，国际上有人散布"中国威胁论"，这是完全没有道理的。我认为，判断一个国家是否构成威胁，不在于它发展快慢、是否强大，正像一个人是不是伤害别人，并不在于他的个子大小、身体强弱，而要看他的品德和为人。

他说：中国发展了决不会威胁别人。中国一贯奉行独立自主的和平外交政策，中国希望同各个国家长期和睦相处，有一个和平稳定的国际环境。我们实行这个政策是郑重的、真诚的，是长期不变的，因为这符合中国人民长远的根本的利益。中国有崇尚"和为贵"的道德传统。一百多年以来，中国曾饱受外来势力欺凌之苦，"己所不欲，勿施于人"，爱好和平的中国人民憎恶侵略，决不会把这种苦难强加给别人。目前中国经济发展水平仍比较落后，人均国民生产总值不到八百美元，只相当于日本的四十分之一。按照我们的设想，再过五十年，也只能达到中等发达国家水平。再过一百年，中国能不能赶上发达国家的水平？到那时，世界将是个什么样子？国与国之间的关系将是个什么样子？我是乐观主义者，人类社会尽管有曲折，但总是向前、向上，向着更加文明、更加理性的方向发展。

李瑞环指出，中国不发展倒会带来麻烦。中国有十二亿多人口，如果经济长期不发展，不仅国内得不到安宁，而且人们还会因为饥馑、贫困往国外跑，那将是一个什么样的局面？这倒可能是一种"威胁"。一位有远见的东南亚国家领导人指出："我们担心的不是一个富裕的中国，而是一个贫困的中国。"这些年中国经济迅速发展，增强了国际经济合作的能力，和中国交往合作的国家包括日本在内，不都从中获得了巨大的利益吗？中国的稳定与发展，有利于世界各国，本身就是对世界和平与发展的重大贡献。

他说，中国的发展不可阻挡。极少数敌视中国的人不断鼓噪"中国威胁论"，其目的就是束缚中国的手脚，不许中国发展。中国要发展，就说你威胁别人，这究竟是"中国威胁论"，还是"威胁中国论"？中国人民永远不会忘记落后就要挨打的教训，过去积贫积弱，任人宰割，今天发愤图强，靠自己的力量维护国家安全。中国决不威胁别人，也决不能再受别人威胁，"人为刀俎，我为鱼肉"的时代决不允许再出现。"中国威胁论"只会激发中国人民同心同德，专心致志，发展得更快更好。

国务院中央军委《中国人民解放军士官退出现役安置暂行办法》

一、根据《中华人民共和国兵役法》(以下简称《兵役法》)和《中国人民解放军现役士兵服役条例》的有关规定,制定本办法。

二、士官符合下列情况之一的,退出现役:

(一)服现役满本期规定的年限,未被批准继续服现役的;

(二)服现役满30年或者年满55岁的;

(三)军队编制员额缩减需要退出现役的;

(四)国家建设需要调出军队的;

(五)经驻军医院诊断证明本人健康状况不适于继续服现役的。

三、退出现役的士官符合下列条件之一的,作复员安置:

(一)服现役满第一期或者第二期规定年限的;

(二)符合转业或者退休条件,本人要求复员并经批准的。

四、退出现役的士官符合下列条件之一的,作转业安置:

(一)服现役满10年的;

(二)服现役期间荣获二等功以上奖励的;

(三)服现役期间因战、因公致残被评为二等、三等伤残等级的;

(四)服现役未满10年,符合本办法第二条第(四)项情况的;

(五)符合退休条件,地方需要和本人自愿转业的。

五、退出现役的士官符合下列条件之一的,作退休安置:

(一)年满55岁的;

(二)服现役满30年的;

(三)服现役期间因战、因公致残,被评为特等、一等伤残等级的;

(四)服现役期间因病基本丧失工作能力,并经驻军医院诊断证明,军以上卫生部门鉴定确认的。

六、士官服现役未满本期规定年限,严重违反纪律或者无正当理由坚持要求退出现役的,经批准,可按义务兵作退伍处理;家居城镇的,人民政府不负责安排工作。

士官无正当理由坚持要求退出现役的,须附本人书面申请。

七、士官因家庭发生重大变故,服现役未满本期规定年限要求退出现役的,需有县级以上人民政府民政部门证明,经批准,不满10年的作复员安置,满10年的作转业安置。

八、士官退出现役作复员或者转业安置的,第一期、第二期由团(旅)级单位批准;第三期、第四期由师(旅)级单位批准;第五期、第六期由军级单位批准。

士官退出现役作退休安置的,由军级单位批准;改按义务兵退伍的,由师(旅)级以上单位批准。

九、士官退出现役,由批准单位的司令机关填写"士官退出现役登记表"(其中改按义务兵退伍的填写"士官改按义务兵退伍审批表"),发给国防部制发的《中国人民解放军士官退出现役证》。

十、作复员和转业安置的士官退出现役后,原则上回入伍时户口所在地的县(市)安置。符合下列情况之一的,可以易地安置:

(一)国家或者军队建设需要的;

(二)服现役期间,家庭常住户口所在地变动的;

(三)结婚满2年且配偶在其常住户口所在地有生活基础的;

(四)因其他特殊情况经省级以上人民政府安置主管部门批准的。

十一、士官退出现役的时间:

(一)因国家建设需要调出军队的,随时办理;

(二)作复员安置的,与当年义务兵退伍同步进行;

(三)作转业安置的,按民政部、总参谋部当年的规定执行;

(四)作退休安置的,在符合退休条件时下达退休命令。

十二、士官复员后,由征集地的县(市)人民政府按退伍义务兵的有关规定妥善安置。

农村入伍的初级士官服现役期间,保留承包土地、自留地;中级以上士官复员后,没有承包土地、自留地的,重新划给。

农村入伍符合转业条件的士官,本人要求并经批准作复员安置的,允许落城镇户口。

十三、士官转业后,按照《兵役法》和国务院、中央军委的有关文件以及国务院、中央军委当年度退伍工作通知的有关规定执行。

十四、转业士官和城镇入伍的复员士官待安置期间,由当地人民政府按照不低于当地最低生活水平的原则发给生活补助费。

十五、退休士官符合本办法第五条第(一)、第(二)或者第(三)项条件的,参照军队退休干部的安置办法执行;符合本办法第五条第(四)项条件的,在原征集地或者直系亲属所在地分散安置;其待遇按照有关规定执行,其中患精神病的士官不符合转业安置条件的,按退伍义务兵的接收安置规定执行。

十六、士官退出现役离队时,应办妥党(团)组织关系、供给关系的转移手续,按照规定发给工资、伙食费以及各种补助费和返回安置地途中的差旅费。到达安置地的县(市)时,持批准机关的行政介绍信,到县(市)人民政府民政部门报到;确定服预备役的,并到人民武装部进行预备役登记。

十七、士官退出现役后，到安置地的县(市)人民政府民政部门报到前发生的问题，由原部队负责处理；报到后发生的问题，由当地人民政府负责处理。

十八、本办法适用于中国人民武装警察部队。

十九、本办法自下发之日起施行。以往有关规定与此不符的即行废止。执行中的有关问题，由民政部、总参谋部负责解释。

中国科学家合成高质量的碳纳米材料能储存和凝聚大量的氢气并可能做成燃料电池驱动汽车引世界瞩目

12月14日

国务院总理朱镕基在人民大会堂与斐济群岛共和国总理马亨德拉·乔杜里举行会谈

朱镕基说，中斐同为亚太地区的发展中国家，我们都是联合国成员，也是南太平洋论坛成员国和对话伙伴国，都关心本地区的稳定和发展，致力于发展国民经济和改善人民生活水平的共同任务。维护和发展两国的友好合作关系不仅符合两国人民的根本利益和共同愿望，也有利于亚太地区乃至世界的和平、稳定与发展。中国政府愿在和平共处五项原则的基础上，同斐济政府一道，继续做出切实的努力，使两国友好合作关系在现有的基础上取得更大的成果，把一个稳定和全面发展的中斐关系带入新的世纪。

乔杜里重申，斐济严格遵守斐中建交联合公报中斐济承认中华人民共和国政府是代表全中国的唯一合法政府的原则立场，而且这一立场不会有任何变化。

会谈结束后，朱镕基总理和乔杜里总理出席了《中华人民共和国政府和斐济群岛共和国政府经济技术合作协定》和《中华人民共和国外交部和斐济群岛共和国外交和外贸部关于建立官员磋商制度的谅解备忘录》的签字仪式。

国务院总理朱镕基 全国人大常委会委员长李鹏分别在中南海和人民大会堂会见阿尔巴尼亚总统迈达尼

国务院办公厅发出《关于加强政府系统值班和信息报送工作的通知》

全国人民代表大会环资委和农委在北京召开黄河治理工作情况汇报会

会议听取黄河治理工作情况的汇报。中共中央政治局常委、全国人大常委会委员长李鹏参加会议并讲话。

今年6月开始，由全国人大环资委牵头，14个中央和国务院部委、局组织的中华环保世纪行活动，历时近两个月，从黄河源头直至黄河入海口，行程两万多公里，对黄河流域进行了调研，举行多次座谈会，提出了关于对黄河治理的一些重大问题的建议。在会议上，水利部部长汪恕诚、黄河水利委员会主任鄂竟平就黄河流域治理开发作了汇报；国家环保总局局长解振华就黄河流域环境保护工作作了汇报；与会者就黄河治理问题发了言，并进行讨论。

在听取了汇报和发言后，李鹏发表讲话。他说，黄河是中华民族的“母亲河”，哺育了我们灿烂的文明。但千百年来，黄河的洪水威胁是我国的心腹之患，根治黄河一直是中国人民的强烈愿望。我们在治理黄河的过程中，要将短期目标与长期目标相结合，制定好有效方案，采取得力措施，标本兼治，使黄河泥沙冲淤平衡，实现长治久安。李鹏强调，要实现这一目标，必须探索治黄工作新的思路，制定好总体规划，突出重点，注重综合治理。黄河为害，根在泥沙，要做好黄河中上游的水土保持工作，大力植树造林，采取有力措施制止生态环境的破坏，从根本上解决黄河的问题。

李鹏指出，要合理使用黄河的水资源，推进水资源利用由粗放型向集约型的转变。要采取适合我国情况的节水技术，发展节水农业与工业。同时，要加强水资源的统一管理调度，逐步实现水资源的合理配置。要高度重视黄河的污染防治，要处理好经济发展与人口、资源、环境的关系。

李鹏说，黄河治理是个系统工程，建议国务院尽快制定有关法规，在这个基础上制定相关的法律，使黄河治理工作依法进行。立法机关要和行政部门密切协调，抓紧修改水法的工作。

全国人大常委会副委员长邹家华参加会议并就水土保持和治理污染问题发表讲话。会议由全国人大环境与资源保护委员会主任委员曲格平主持。水利部、国家环保总局、国家防总办公室、黄河水利委员会等有关部门的负责人出席会议。

财政部等就个人出售住房纳税作出具体规定

财政部、国家税务总局和建设部发出通知，对此问题作了具体规定，并明确提出，为鼓励个人换购住房，对出售自有住房并拟在现住房出售后一年内按市场价重新购房的纳税人，其出售现住房所应缴纳的个人所得税，视其重新购房的价值可全部或部分予以免税。

通知规定，个人出售自有住房取得的所得应按照个人所得税法的"财产转让所得"项目征收个人所得税,应纳税所得额按下列原则确定:一、个人出售除已购公有住房以外的其他自有住房,按照个人所得税法的有关规定确定应纳税所得额;二、个人出售已购公房,其应纳税所得额为个人出售已购公有住房的销售价,减除住房面积标准的经济适用房价款、原支付超过住房面积标准的房价款、向财政或原产权单位缴纳的所得收益以及税法规定的合理费用后的余额。三、职工以成本价(或标准价)出资的集资合作建房、安居工程住房、经济适用住房以及拆迁安置住房,比照已购公房确定应纳税所得额。

对重新购房者如何免税,通知规定了具体办法。一、个人出售现住房所应缴纳的个人所得税税款,应在办理产权过户手续前,以纳税保证金形式向当地主管税务机关缴纳。税务机关在收取纳税保证金时,应向纳税人正式开具"中华人民共和国纳税保证金收据",并纳入专户存储。二、个人出售现住房后一年内重新购房的,按照购房金额大小相应退还纳税保证金。购房金额大于或等于原住房销售额(原住房为已购公房的,原住房销售额应扣除已按规定向财政或原产权单位缴纳的所得收益,下同)的,全部退还纳税保证金;购房金额小于原住房销售额的,按照购房金额占原住房销售额的比例退还纳税保证金,余额作为个人所得税缴入国库。三、个人出售现住房后一年内未重新购房的,所缴纳的纳税保证金全部作为个人所得税缴入国库。四、个人在申请退还纳税保证金时,应向主管税务机关提供合法、有效的售房、购房合同和主管税务机关要求提供的其他有关证明材料,经主管税务机关审核确认后方可办理纳税保证金退还手续。五、跨行政区域售、购住房又符合退还纳税保证金条件的个人,应向纳税保证金缴纳地主管税务机关申请退还纳税保证金。

对个人转让自用5年以上、并且是家庭唯一生活用房取得的所得,继续免征个人所得税。

证监会就证券发行颁布新规定

为进一步提高证券发行质量,防范证券发行风险,促进证券公司切实履行义务,证监会日前发出通知,要求在具有主承销业务资格的证券公司内部成立证券发行内核小组,并就建立证券发行申请材料主承销商核对制度的有关问题作出了具体规定。证监会有关人士称,新规定的颁布实施,采取证券发行内核小组集体负责的制度,将在很大程度上解决证券发行中现存的问题,有利于增加证券发行工作的透明度,提高发行监管的质量与效率,降低企业证券发行成本,有利于促进证券发行监管方式的改革,更好地保护投资者的利益。

国有林场将全面实行分类经营

随着我国林业定位以及社会对林业主导需求的变化,我国国有林场将全面实行分类经营。这项改革总体目标是:用3年到5年的时间,全面完成国有林场分类经营改革,建立起相应的管理体制、运行机制和配套政策,使国有林场再现生机与活力,走上持续、稳定和健康的发展道路。分类经营改革就是将国有林场划分为生态公益型、商品经营型和混合经营型三种类型。目的主要是解决生态公益型林场的投入问题,发挥森林多种功能,满足社会需求,提高国有林场的整体效益。

国家副主席胡锦涛在人民大会堂同巴西副总统马尔科·马西埃尔举行会谈

胡锦涛强调,中方愿意同巴西方面一道不断充实两国战略伙伴关系的内涵,共同为构筑面向21世纪的长期稳定的中巴战略伙伴关系而不懈努力。

胡锦涛说,中巴经贸合作日益拓展,科技合作卓有成效。巴西已经成为中国在拉美的最大贸易伙伴。尤其是今年10月中巴第一颗联合研制的地球资源卫星发射成功,为南南高科技合作树立了榜样。在国际事务和国际组织中,双方相互协调,相互支持,进行了良好的合作。他说,中巴双方一致认为,多极化进程是必然的趋势,都主张建立公正合理的国际政治经济新秩序,共同致力于促进人类和平与发展的崇高事业。

马西埃尔重申巴西将一如既往地坚持一个中国的立场。他表示,巴西支持中国加入世界贸易组织,因为这有利于多边贸易制度的合理化,有利于维护发展中国家的利益,有利于扩大巴西和中国的经贸交流。

全国科普工作会议在北京召开

科技部、中宣部、中国科协12月14日至15日在北京召开全国科普工作会议。中共中央总书记、国家主席、中央军委主席江泽民致信会议,强调要把科普工作作为实施"科教兴国"战略的重要任务和社会主义精神文明建设的重要内容,切实加强起来,在全社会大力弘扬科学精神、宣传科学思想、传播科学方法,使中华民族的科学文化水平不断提高。

江泽民号召广大干部特别是领导干部要带头学习科学知识,自觉用科学思想武装自己,树立科学精神,掌握科学方法,做领导经济、科技和其他各项工作的内行,同时要切实抓好科普工作。广大科技工作者要奋勇攀登科学高峰,努力推进科技创新和科技成果转化,积极参与和推动全社会的科普工作。

这次全国科普工作会议的主题是:崇尚科学,宣传科学,反对迷信,大力推进科学思想和科学精神的普及。

中共中央政治局常委、国务院副总理李岚清出席闭幕式并发表讲话。他指出，近年来，一些地方愚昧迷信活动愈演愈盛；甚至有些领导干部也参与其中。今年以来，我们与“法轮功”邪教的斗争，也是科学思想、科学精神与邪教、愚昧迷信之间的斗争。“法轮功”的泛滥，有多种社会原因，但不少人缺乏科学知识、科学思想和科学精神是一个重要原因。首先，要教育群众树立正确的世界观，提高人民的思想道德和科学文化素质，就必须在全社会广泛、深入地开展科普活动。这是我们的重要政治责任。其次，要切实增强搞好科普工作的时代紧迫感。新科技革命正渗透到现代社会每一个角落，带来了社会发展的巨大变革。我们要赶上世界发展先进水平，就必须抓住机遇，认真实施科教兴国战略，把经济建设转移到依靠科技创新和提高劳动者素质轨道上来。只有通过大力开展科普活动，使广大群众理解和掌握科学技术知识，才能使科学精神在我们的民族中深深扎根，科学思想在全社会广泛传播，才能使科教兴国战略更加全面地展开。最后，要切实增强科普工作的历史使命感。展望 21 世纪，科学发展正孕育着重大突破，技术创新将给世界各国带来巨大的发展机遇，也带来严峻的挑战。中华民族要实现民族振兴和国家繁荣富强，就必须紧紧跟上现代科学技术的发展潮流。我们不仅需要培养一批杰出的科学家、工程师，更需要将最新的科技成果和知识向公众传播，让广大人民群众的生产、生活与现代科学技术的发展紧紧相连，加速提高全民科学文化素质和科学思维能力。

李岚清强调，要突出重点，扎扎实实地推进科普工作。他说，近几年来，我国科普工作取得了很大成绩，但是全国范围内科学普及的力度还不够大，科普手段仍比较落后；不少科技机构和科技人员轻视科普的现象依然存在；对科学思想、科学精神的传播重视还很不够；在广大农村特别是边远地区科普工作还极为薄弱。对这些问题要认真研究解决，重点抓好以下几个方面的工作：一是在努力加强科技知识普及的同时，切实加强科学思想和科学精神的传播，铲除“法轮功”等邪教和愚昧迷信滋生的社会土壤；二是结合先进适用技术的推广，提高广大农民的科技素质；三是把科普作为素质教育的重要内容，着力培养广大青少年的科技素质和创新能力；四是各级领导干部要带头学习科技知识，自觉提高科技素质和领导能力；五是加强对广大职工的科技知识培训，科技人员也要有基本的哲学和相关知识的修养。

李岚清指出，要加强领导，动员全社会力量，努力开创科普工作的新局面。第一，各级党委和政府要高度重视科普工作，加大对科普工作的投入和必要科普设施的建设，要以政府为主导，调动和组织全社会力量参与，要加强领导和协调，抓好部署和落实。第二，广大科技工作者要积极投身科普事业，勇于同一切愚昧迷信和各种伪科学、反科学活动作斗争。从事科技工作的专家、学者特别是老科学家，要积极走向社会，带头宣讲科技知识。科技工作者不得参与、支持任何形式的反科学、伪科学和迷信活动。第三，开动各种舆论工具，加大科普宣传力度，动员和组织大众传媒广泛宣传科学技术知识。第四，加强科普作品的出版和发行工作，提高出版质量。第五，加强科普场馆设施的建设和管理，提高其利用率和社会效益。第六，研究制定对科普工作的扶持政策。

中共中央政治局委员、书记处书记、国务院副总理温家宝在会议开幕时讲话。他强调，根据形势发展的需要和中央的要求，科普工作的指导思想是：以邓小平理论和党的十五大精神为指导，面向全体人民，把干部、工人、农民和广大青少年作为重点，深入普及科技知识，大力传播科学思想、科学精神和科学方法，反对愚昧迷信和伪科学，引导人民群众树立科学世界观，全面提高思想道德和科学文化素质，切实促进两个文明建设。当前和今后一个时期，科普工作的主要任务是：第一，加强马克思主义的唯物论、无神论的教育，帮助广大干部群众树立科学的世界观。第二，坚持用现代科学知识和科学精神武装广大干部群众，增强他们对愚昧迷信和伪科学的识别与抵制能力。第三，面向经济建设主战场，充分发挥科普工作在物质文明建设中的作用。他还就加强领导，通力合作，全面做好科普工作提出了要求。

李岚清、丁关根、彭珮云、周光召、宋健、朱光亚等领导同志今天会见了全体与会代表，并向全国科普先进集体和先进工作者代表颁奖，向全国青少年科技教育基地代表授牌。

会议期间，科技部部长朱丽兰作工作报告，中宣部常务副部长刘云山，中国科协党组书记、副主席张玉台讲了话，与会代表交流了经验。

中国政府已基本实践了在 1990 年世界全民教育大会上的承诺

世界全民教育大会提出了“向所有儿童、青年和成人提供基础教育”、“积极消除教育差异”、“到 2000 年基本普及并完成初等教育”等基本要求。

我国基础教育和扫盲教育取得了显著成就，世界全民教育大会提出的基本要求在我国得到较好实施，主要体现在 3 个方面，首先，学龄儿童入学机会显著扩大，不同人群接受初等教育机会的差异基本消除。小学学龄儿童入学率从1990年的97%提高到现在的98.9%，初中入学率从71.4%提高到87.3%。小学入学率最高与最低省份的差距由近50个百分点降至18个百分点，男女童入学率差距由1.28个百分点降至0.14个百分点，民族聚集地区与全国平均水平的差距由3.7个百分点降至0.7个百分点。其次，青壮年文盲人口显著减少。我国平均每年扫盲400万人，青壮年人口文盲率由1990年的10.4%降低到5.5%以下。参加各类成人文化、技术培训的人数累计2.56亿。最后，开发早期儿童教育，使学龄儿童做好入学准备。小学一年级新生中接受过学前教育的比例达到94.8%（抽样数）。

中国全民教育2000年监测评估国家评估组和技术组由中国联合国教科文组织全国委员会牵头，教育部有关部门负责。自1998年以来，对我国31个省、自治区、直辖市90年代（1990—1998年）的教育发展进行了全面的监测，完成了中国全民教育2000年监测评估国家报告。

国务院任命许智宏为北京大学校长 原校长陈佳洱调任国家自然科学基金会主任

'99中国曹禺戏剧奖·剧本奖在北京颁奖

国务院有关部委要求加大清理企业欠缴社会保险费工作力度

劳动和社会保障部、国家经贸委、财政部近日联合发出通知，要求各地方各有关部门进一步强化社会保险费的征缴，加大清理回收欠费工作力度，采取各种措施提高收缴率。

自国务院《社会保险费征缴暂行条例》发布后，社会保险费的征缴工作取得了积极进展，但企业欠缴情况仍然相当严重，目前全国企业欠缴养老保险费高达383亿元，其中1000万元以上的欠费大户有200余家，对确保养老金按时足额发放、维护社会稳定产生了不利影响。

通知提出，今后要建立清欠目标责任制。对长期欠缴社会保险费的企业要逐户审核，建立专门的欠费记录并进行动态跟踪。欠费100万元以上的企业由省级劳动保障部门直接监控，欠费1000万元以上的企业要报劳动和社会保障部备案同时向财政、经贸等有关部门通报情况。对生产正常运行、工资能够正常发放的欠费企业要逐户制订补缴计划，在2000年年底前基本补清欠缴的社会保险费。要层层建立目标责任制，把清欠责任落实到有关机构和个人，并根据指标完成情况进行年终考评和奖励。各执行部门要加大执法检查力度，严格依法清欠。

12月15日

国家主席江泽民在人民大会堂会见斐济群岛共和国总理乔杜里

江泽民说，中国政府高度重视发展同斐济的关系，在人类即将跨进21世纪大门之际，我们两国领导人应牢牢把握两国和两国人民的长远利益，加强彼此间的合作，共同努力，把建立在和平共处五项原则基础上的中斐友好合作关系推向更高的发展阶段。

乔杜里总理高度赞扬中国在过去20年所取得的经济成就。他说，中国改革开放取得的前所未有的成功是所有发展中国家的典范。乔杜里还说，中国是联合国安理会常任理事国中唯一的发展中国家，在国际事务中处处显示出负责任的态度。斐济愿在国际事务中继续与中国加强合作，共同维护世界的稳定与和平。他还盛赞并感谢中国政府长期以来向斐济提供的经济技术援助。

全国总工会第十三届第二次执委会议在北京举行

会议传达中央书记处在听取全总党组汇报工作时对工会工作的重要指示，对工会十三大以来的工会工作进行回顾，并对明年和下一个时期的工会工作作出部署。中共中央政治局常委、中央书记处书记、全国总工会主席尉健行出席会议。

会议提出，面对新的形势和任务，工会工作要以邓小平理论和党的基本路线为指导，认真贯彻党的十五大、十五届四中全会和中央经济工作会议精神，抓住机遇，开拓创新，进一步突出和履行维护职能，实现工会重点工作的突破和自身改革与建设的加强，保护、调动、发挥广大职工的积极性和创造性，在改革发展稳定大局中更好地发挥工人阶级的主力军作用。

国家主席江泽民在人民大会堂接受美国新任驻华大使普理赫递交的国书

中共中央政治局常委尉健行在人民大会堂会见以总书记阿卜杜勒·曼南·布伊扬为团长的孟加拉国民族主义党代表团

国家副主席胡锦涛在人民大会堂同巴西副总统马尔科·马西埃尔举行会谈

国家主席江泽民为"首都各界庆祝澳门回归祖国大会"题词

12 月 16 日

国务院总理朱镕基在人民大会堂同捷克总理米洛什·泽曼举行会谈

朱镕基指出，今年是中捷两国建交五十周年，捷克是世界上最早与中国建立外交关系的国家之一，这是对新中国和中国人民的巨大支持，中国政府和人民是不会忘记的。

朱镕基还对捷克政府在台湾问题上坚持一个中国的立场表示赞赏。

朱镕基指出，中国政府支持双方企业加强接触，增进了解，按照市场经济的规律更加积极地开拓对方市场，开展多种形式的合作。相信通过双方共同努力，加强对对方市场的研究，一定能找到两国经济互补的地方，使双方合作的潜力更充分地发掘出来。中国是一个大市场，竞争也很激烈，希望有更多的捷克企业和公司进入中国市场，并能在中国市场上占有一定份额。

泽曼说，捷克尊重并坚持一个中国的政策，不干预中国内政，也不做有损中国利益的事情。捷克政府重视与中国加强在政治、经济等各个领域的传统友好合作关系，并愿以新的思路拓宽两国经贸合作的领域，使两国经济关系得到更大发展。

会谈结束后，朱镕基和泽曼参加了《山西神头第二发电厂进口捷克、斯洛伐克 2×50 万千瓦发电设备合同》的签字仪式。

国家副主席胡锦涛在全国总工会第十三届第二次执委会上讲话

胡锦涛指出，明年是实现国有企业三年改革和脱困目标的决战之年。现在的关键，就是要真抓实干，狠抓落实。各级工会组织要围绕中央为搞好国有企业所采取的一系列重大举措，引导广大职工积极支持和投身改革，以主人翁的姿态，尽心尽力做好本职工作，在调整结构、转换机制、加强管理、技术创新、开拓市场等方面多作贡献。要主动配合有关部门，积极帮扶一批困难企业，推动这些企业尽快摆脱困境。要进一步搞好群众性建功立业活动，适应新形势的要求，丰富内涵，注重实效，更好地为推进国有企业改革和发展服务。他特别强调，坚持全心全意依靠工人阶级的指导方针，是加强党的领导的需要，是坚持社会主义基本制度的要求，也是搞好国有企业的一个重要条件。四中全会决定就全心全意依靠职工办好企业提出了明确要求，各级党政领导必须不折不扣地把这些要求落到实处。

胡锦涛指出，实现、维护、发展包括工人阶级在内的广大人民群众的利益，始终是我们最大最重要的政治，是我们进行改革和建设的全部目的。各级工会组织要加大维权工作的力度，积极协助党委和政府，及时妥善解决职工群众反映强烈的问题，严肃查处侵害职工权益的违法事件。在维权工作中，要始终坚持维护全国人民总体利益与维护职工群众具体利益的统一，坚持维护职工长远利益与维护职工眼前利益的统一。

胡锦涛强调，做好职工思想政治工作，是工会义不容辞的政治责任。各级工会组织一定要按照中央的要求，结合职工队伍的实际，采取有力措施，不断增强职工思想政治工作的针对性和实效性。一是要把提高职工思想道德素质与提高职工科学文化素质结合起来。坚持不懈地在职工中进行马列主义、毛泽东思想特别是邓小平理论教育，进行爱国主义、集体主义、社会主义和艰苦创业精神教育，进行马克思主义唯物论和无神论教育，引导职工牢固树立正确的世界观、人生观、价值观，进一步坚定跟党走有中国特色社会主义道路的信念。同时，帮助职工钻研本职业务，掌握更多的新知识、新技能，不断增强岗位竞争能力和自主择业能力，努力成为适应社会主义市场经济发展需要的高素质劳动者。二是要把发扬优良传统和成功经验与改进工作方式方法结合起来。善于抓住职工思想上的兴奋点和关注点，因势利导地开展教育。重视现代大众传媒对职工思想的影响，不断巩固和扩大思想政治工作的阵地。注意把思想教育融入企业文化建设，使职工在潜移默化中提高思想觉悟。三是要把加强职工思想教育与帮助职工解决实际问题结合起来。继续做好为职工群众排忧解难的工作，尤其要尽最大努力帮助下岗职工度过暂时困难，决不让一个职工因生活困难而过不下去。当前，要想方设法确保困难职工过好年，使他们切身感受到社会主义大家庭的温暖。

胡锦涛最后强调，工会要以“三讲”教育为契机，注重研究和解决自身建设中存在的突出问题，特别是要下大气力抓好工会基层建设。要加快在新建企业和改制企业组建工会的步伐，不断扩大工会组织的覆盖面，并切实改进和完善基层工会的运行机制和活动方式，进一步增强基层工会的活力。工会各级领导机关和领导干部，一定要转变作风，面向基层，真正把主要精力放在研究和解决基层问题上，放在指导基层工作上，狠抓各项工作在基层的落实。

中国民主同盟第八届中央委员会第三次全体会议在北京开幕

会议的主要议程是：学习贯彻中共十五届四中全会精神；听取并审议第八届中央常务委员会向八届三中全会所作的工作报告；讨论通过《中国民主同盟第八

届中央委员会第三次全体会议决议》。

国家主席江泽民在中南海会见巴西副总统马尔科·马西埃尔

江泽民说，中巴两国建交25年来，特别是自1993年两国建立战略伙伴关系后，双方在各个领域的友好合作取得了长足发展。我们对巴西坚持一个中国的立场表示赞赏，对巴西支持中国加入世界贸易组织表示感谢。

马西埃尔表示，巴中两国在国际事务中有着相似的立场，作为东西半球两个最大的发展中国家，巴中两国应加强合作，共同推动多极化进程。

江泽民对此表示赞赏。他指出，世界应该是丰富多彩的，不能有强加于人的行为，所谓“人权高于主权”的论调，完全是强权政治的表现。

全国人大常委会委员长李鹏在人民大会堂会见巴西副总统马西埃尔和夫人安娜·玛利亚

李鹏说，中国十分重视发展同巴西的友好合作关系，在21世纪即将来临之际，中巴两国都面临着加快发展本国经济的机遇和挑战，对各自地区和人类的进步与发展负有重要责任。中国愿在和平共处五项原则的基础上发展长期稳定的中巴战略伙伴关系。

李鹏说，今年是中巴建交25周年。建交以来，两国关系发展顺利。近年来，高层互访频繁，增进了相互了解与信任，并就建立战略伙伴关系达成共识。双方在各个领域的合作进一步深化。中巴联合研制的第一颗地球资源卫星发射成功，是中巴关系史上值得庆贺的事情。两国在国际事务中也保持了很好的合作，对许多重大国际问题有一致或相似的看法。

李鹏说，近年来，中国全国人大同巴西议会间的交往不断，友好关系日益发展。这些往来不仅加深了两国议会间的相互了解和友谊，而且为进一步推动中巴友好关系的全面发展作出了贡献。我们对此感到满意，并愿继续加强这方面的交往，欢迎巴西议会参众两院议长来华访问。

在谈到国际形势时，李鹏阐述了中国对世界多极化及恪守国际关系准则等问题的立场和看法。

马西埃尔感谢李鹏委员长的会见。他说，巴中两国虽地理上相距遥远，但两国间的友好合作关系日益密切，富有成果。巴西高度重视与中国建立和发展战略伙伴关系，并愿继续加强两国在双边和多边各个领域的交流与合作。两国议会间的交往是两国关系的重要组成部分，对加深两国人民的友谊发挥了积极的作用。巴将继续奉行一个中国的政策，在多边事务中进一步扩大双方的共识，共同致力于推动世界多极化进程。

外交部发言人朱邦造发表谈话宣布中华人民共和国政府和美利坚合众国政府就美国轰炸中国驻南斯拉夫联盟共和国大使馆的赔偿问题于12月16日达成协议

根据协议，美国政府将向中国政府支付2800万美元，作为对今年5月美国轰炸中国驻南联盟大使馆所造成的中方财产损失的赔偿。此前，双方已于7月30日就美国轰炸中国驻南使馆所造成的中方人员伤亡的赔偿问题达成协议。

朱邦造指出，今年5月8日，以美国为首的北约轰炸中国驻南使馆，造成中方人员重大伤亡和使馆馆舍严重毁坏，严重破坏公认的国际法和国际关系基本准则。中国政府当即发表严正声明，对这一野蛮行径表示了极大愤慨，予以强烈谴责，并提出了最强烈抗议，要求以美国为首的北约对此承担全部责任，公开向中国政府、人民和中国受害者家属表示道歉，对事件进行全面、彻底的调查，公布调查的详细结果，并严惩肇事者。在我国政府的严正交涉下，美国及其他北约国家的领导人就轰炸事件已向中国政府、人民和受害者家属作出了公开道歉。

朱邦造强调，美国轰炸中国驻南使馆构成美国的严重国际不法行为，美国政府必须为此承担国家责任，包括对中方所遭受的一切损害作出迅速、充分和有效的赔偿。美国政府应对轰炸事件作全面和彻底的调查，并严惩肇事者，以尽快给中国政府和人民一个满意的交代。

中央军委发布《中国人民解放军边防执勤条令》

中央军委主席江泽民日前签署命令，发布《中国人民解放军边防执勤条令》。这是我军第一部边防执勤工作法规，它的施行，对于加强和巩固我国边防，促进我军边防部队的正规化建设，推动边防执勤法制化、规范化将发挥重要作用。

我国拥有2万多公里的国(边)界线，陆地与10多个国家接壤。我军边防部队忠实履行职责，严格执行边防政策，严密组织实施边防勤务，维护了国家主权和领土完整，保证了边境安全和稳定。为了进一步提高边防部队管理控制国(边)界的能力，更好地维护边防安全和稳定，为新时期国家经济建设和改革开放创造和平安宁的周边环境，中央军委决定发布施行《中国人民解放军边防执勤条令》。

这次颁布的《中国人民解放军边防执勤条令》，坚持以毛泽东思想、邓小平理论和江泽民关于边防工作的一系列指示为指针，以《国防法》和党中央、国务院、中央军委颁发的边防政策规定为依据，贯彻新时期军事战略方针，总结研究我军边防执勤的经验、特点和规律，为边防部队今后实施边防勤务和处置边境问题提供了依据。

《中国人民解放军边防执勤条令》（以下简称《条令》）是在中央军委领导下，由总参谋部组织编写的。《条令》共 11 章 58 条，对边防执勤的基本任务、各级职责和工作制度、边防勤务的组织程序、实施方法、基本要求以及边防情况处置、边防执勤保障等问题作出了明确规定。

《人民日报》就全国科普工作会议胜利闭幕发表评论员文章《让科学植根于人民》

中国 20 年有 11 万留学人员学成回国

从 1978 年到 1998 年年底，我国累计共有 32 万人出国留学，分布在 103 个国家，其中国家公派 5 万多人，单位公派 10 万余人，自费出国留学近 17 万人，有 11 万多人先后学成回国。

教育部副部长张保庆介绍说，近几年来，留学人员回国工作的人数越来越多，1995 年至 1998 年留学人员回国工作的人数年平均增长 13%，仅 1998 年就达到 7400 余人。英、法、日等一些发达国家我回国留学人员人数超过了当年去这些国家留学的公派留学人数。在国外工作或获得永久居留许可后回国的留学人员人数的比例也在不断增长，而且越来越多的留学人员短期回国参加学术会议、讲学、开展科研合作等，以多种形式为国服务。

中国第一历史档案馆馆藏明代澳门档案有新发现

中国第一历史档案馆近日对馆藏 3000 多件明代历史档案进行鉴别，发掘出 10 多件有关澳门问题的珍贵资料。此次发现不仅填补了史学界澳门资料的空白，而且将中央政府有关澳门问题的档案记载上推了一个朝代。这批原始档案时间从 1623 年至 1642 年，内容涉及葡人入居、互市贸易、官员委任、海关管理等方面，从不同侧面说明了明朝中央政府在澳门有着完全的行政管辖权。

12 月 17 日

国家主席江泽民在中南海会见捷克总理米洛什·泽曼

全国人大常委会委员长李鹏在人民大会堂会见捷克总理米洛什·泽曼

九届全国人大常委会第十三次会议在北京开幕

李鹏委员长主持会议，表决通过全国人大常委会澳门特别行政区基本法委员会组成人员名单。上午的会议议程共有 18 项。

根据全国人大关于设立全国人大常委会澳门特别行政区基本法委员会的决定，在《澳门特别行政区基本法》实施时，即 1999 年 12 月 20 日，设立全国人大常委会澳门特别行政区基本法委员会。由于基本法委员会需要在澳门回归的当天成立并开会，讨论全国人大常委会关于增加澳门基本法附件三所列全国性法律的决定草案，所以今天上午将基本法委员会名单草案交付表决。会议首先表决通过了全国人大常委会澳门特别行政区基本法委员会名单，其组成人员共 10 人，由全国人大常委会任命内地和澳门人士各 5 人组成，任期 5 年。

会议听取全国人大澳门特别行政区筹委会主任委员钱其琛作的澳门特别行政区筹备委员会工作情况的报告；审议委员长会议关于提请审议全国人大常委会关于增加澳门特别行政区基本法附件三所列全国性法律的决定草案、全国人大常委会关于批准全国人大澳门特别行政区筹备委员会结束工作的建议的决定草案、澳门特别行政区九届全国人大代表选举会议成员名单草案三项议案。全国人大常委会副秘书长吕聪敏受委员长会议委托就澳门特区九届全国人大代表选举会议成员名单草案作了说明。

会议还听取全国人大法律委员会副主任委员张绪武作的海洋环境保护法修订草案审议结果的报告，全国人大法律委员会副主任委员顾昂然作的刑法修正案草案和海事诉讼特别程序法草案审议结果的报告，全国人大法律委员会副主任委员周克玉作的全国人大常委会关于加强中央预算审查监督的决定草案审议结果的报告，国务院法制办主任杨景宇受国务院委托作的公司法修正案草案的说明，全国人大法律委员会副主任委员乔晓阳作的立法法草案修改情况的汇报，张绪武作的大气污染防治法修订草案修改情况的报告，全国人大财经委员会主任委员陈光毅作的全国人大常委会关于加强经济监督工作决定草案的说明，全国人大农业与农村委员会主任委员高德占作的种子法草案的说明，海关总署署长钱冠林受国务院委托作的海关法修正案草案的说明，全国人大常委会法制工作委员会副主任胡康生受委员长会议委托作的《刑法》第九十三条第二款的解释草案的说明，外交部副部长杨洁篪受国务院委托作的国务院关于提请审议批准《中华人民共和国、俄罗斯联邦和哈萨克斯坦共和国关于确定三国国界交界点的协定》的议案的说明。

全国人大常委会副委员长田纪云、姜春云、邹家华、帕巴拉·格列朗杰、王光英、程思远、布赫、铁木尔·达瓦买提、吴阶平、彭珮云、何鲁丽、周光召、曹志、丁石孙、成思危、许嘉璐、蒋正华，秘书长何椿霖出席了会议，最高人民法院院长肖扬、最高人民检察院检察长韩杼滨列席会议。

下午，会议分组审议海洋环境保护法修订草案

澳门特别行政筹委会主任钱其琛在九届全国人大常委会第十三次会议上作全国人民代表大会澳门特别行政区筹备委员会工作情况的报告

钱其琛说，一年多来，筹委会按照澳门基本法和全国人大及其常委会的有关决定，就筹备澳门特别行政区的有关事宜紧张而有序地开展工作。到目前为止，筹委会共举行了11次全体会议，下设的政务、法律、经济、社会文化4个工作小组共召开了51次小组会。经过全体委员的共同努力，已经完成了全国人大常委会交给的筹备澳门特别行政区的9项任务。

钱其琛分6个方面报告了筹委会的工作：组建澳门特别行政区第一届政府推选委员会；选举澳门特别行政区第一任行政长官人选；关于筹建澳门特别行政区第一届政府有关机构、立法会和司法机关等方面的工作；关于法律方面的工作；开展对与澳门政权交接和平稳过渡有关的重大经济问题的研究；关于社会文化事务方面的工作。

钱其琛说，筹委会成立后所进行的重要工作是组建一个有广泛代表性的、全部由澳门永久性居民组成的200人的推选委员会。他说，去年9月，筹委会就推选委员会的具体产生办法在澳门开展了广泛的咨询活动，先后举行了13场咨询会议，澳门各界的324个团体、近千位人士参加了咨询。在充分吸纳澳门居民意见的基础上，筹委会制定了《全国人民代表大会澳门特别行政区筹备委员会关于澳门特别行政区第一届政府推选委员会具体产生办法》。1999年4月9日，筹委会全体会议以无记名和差额选举的方式，从候选人名单中选出了185名推选委员会委员。他们与4名澳门地区全国人大代表和经协商推举出来的11名澳门地区全国政协委员的代表一起，组成了200人的澳门特别行政区第一届政府推选委员会。何厚铧先生报名参选行政长官后，辞去了推委会委员职务，由于他作为全国人大代表的空缺无人递补，推委会最后由199位委员组成。

钱其琛说，1999年5月15日，推选委员会在澳门以无记名投票方式选举澳门特别行政区第一任行政长官人选。当天，199名推选委员会委员全部出席了会议。选举结果，何厚铧获163票，高票当选为第一任行政长官人选。他说，澳门特别行政区第一任行政长官产生的整个过程都坚持了公平、公正、公开、民主和廉洁的原则。除委员填写选票不公开外，全过程向海内外传媒开放，现场有数以百计的记者采访报道，并有中文、葡文、粤语、英文的电视直播。提名和投票选举均设有监票人，从发票、投票到开票、唱票、计票均在监票人的认真监督下进行。澳门社会和国际舆论对这次选举一致予以好评。

在法律工作方面，钱其琛说，筹委会首先研究了国籍法在澳门特别行政区的具体实施问题。筹委会还研究了《基本法》第二十四条第二款具体实施问题，即哪些人可以成为澳门特别行政区的永久性居民。他说，筹委会完成了对澳门855项现行成文法律、法令的审查和研究工作。

钱其琛最后说，邓小平同志提出的“一国两制”伟大构想，是我国政府处理澳门问题的根本方针。筹委会所进行的筹备成立澳门特别行政区的工作，就是要落实“一国两制”的方针，为“澳人治澳”、高度自治创造条件，打好基础。筹委会在制定有关办法、作出有关决定时，都是以“一国两制”方针为指导，以基本法和全国人大及其常委会的有关决定为根据。同时，在开展工作的过程中，筹委会坚持以开放的姿态“面向澳人，依靠澳人”，充分吸纳澳门居民的意见，推动广大澳门居民参与到筹建澳门特别行政区的伟大事业中来。正因为如此，筹委会的工作进展顺利。

九届全国人大常务委员会第十三次会议通过澳门特区基本法委员会组成人员名单

主　任　乔晓阳

副主任　李成俊

委　员　（按姓名笔画排列）

王光亚　师金城　李沛霖　杨允中

肖蔚云　陈滋英　林笑云（女）　黄汉强

中葡联合联络小组在澳门举行最后一次组长会晤

双方签署了包括澳门政府档案移交、澳门政府资产移交以及澳门继续加入国际通讯卫星组织的三个会谈纪要。

签署前两个会谈纪要之后，澳葡政府将把澳门档案和政府资产移交给即将成立的澳门特区政府；而签署积极加入国际通讯卫星组织会谈纪要则关系到政权交接前后提供有关现场卫星信号问题。

在中葡联合联络小组澳门葡方代表处举行的这次双方组长会晤是该小组最后一次组长会议。中葡联合联络小组的历史使命也行将宣告结束。于12月11日结束的中葡联合联络小组第三十七次会议，是联络小组的最后一次会议。

签署三个会谈纪要之后，中方组长韩肇康大使和葡方组长贾安栋大使还回顾和总结了中葡联合联络小组成立 12 年来的工作历程。

韩肇康高度评价联合联络小组的工作。他认为，中葡联合联络小组过去所有工作所取得的成果，为联合声明的有效实施和澳门政权交接创造了条件。

韩肇康表示，双方代表在过去 12 年中总体上进行了良好的合作，在中葡联合联络小组磋商过程中，中方充分表达了落实联合声明的诚意和决心。中葡双方根据澳门的实际，通过双方长期而细致的磋商，对过渡期澳门三大问题(公务员本地化、法律本地化和落实中文的官方地位)的解决取得了共识。今天签署的纪要以及就有关政权交接问题进行的磋商，为政权顺利交接和特区政府顺利运作创造了条件。

在肯定双方的良好合作关系的同时，韩大使表示，在过去 12 年的谈判中，中方考虑到中葡之间存在的良好合作关系，以及为澳门平稳过渡这一整体利益着想，对谈判中葡方关心的一些问题中方都按照联合声明和基本法的精神，并考虑澳门的实际进行了灵活务实的处理。如保留葡文学校以及包括葡文官方地位等问题。

中央军委主席江泽民等为驻澳门部队题词

中共中央总书记、国家主席、中央军委主席江泽民，中共中央政治局委员、书记处书记、中央军委副主席张万年，中共中央政治局委员、中央军委副主席、国务委员兼国防部部长迟浩田，近日分别为中国人民解放军驻澳门部队题词。

江泽民的题词是："发扬我军优良传统，建设威武文明之师。"

张万年的题词是："发扬革命传统，为国再立新功。"

迟浩田的题词是："牢记人民军队的宗旨，做澳门特区忠诚卫士。"

中央军委在人民大会堂举行座谈会纪念聂荣臻诞辰一百周年

中共中央总书记、国家主席、中央军委主席江泽民出席座谈会并发表讲话。

中共中央政治局常委、国家副主席、中央军委副主席胡锦涛出席座谈会。

中共中央总书记 国家主席江泽民在纪念聂荣臻诞辰一百周年座谈会上讲话

同志们：

今天，我们在这里举行座谈会，纪念聂荣臻同志诞辰一百周年。聂荣臻同志是久经考验的无产阶级革命家、军事家，党和国家的卓越领导人，中国人民解放军的创建人之一。他把毕生的精力献给了中国人民的解放事业和社会主义建设事业，建立了不朽的历史功勋，深受全党、全军和全国人民的尊敬与爱戴。我们追忆他光辉战斗的一生，学习他的革命思想和崇高风范，将会激励全国人民更加奋发前进。

聂荣臻同志具有坚定的共产主义信念和坚强的党性原则，对党对人民无限忠诚。他在青年时代就开始寻求救国救民的真理。五四运动时他在家乡参加学生爱国斗争，后来赴法国、比利时勤工俭学，在那里学习和宣传马克思主义，成为一名共产主义者。他曾到莫斯科东方劳动者共产主义大学和苏联红军学校学习，回国后参加黄埔军校工作和北伐战争，参与创建革命军队的政治工作。在大革命失败后的白色恐怖下，他协助周恩来同志将上海工人纠察队转入地下斗争。他参加了南昌起义，并参与领导广州起义，起义失败后转赴香港、上海、天津，继续开展白区斗争。在中央苏区反"围剿"的斗争和艰苦卓绝的长征中，他坚决拥护毛泽东同志的正确领导和主张，同党内的"左"倾错误和张国焘的分裂活动进行了坚决斗争。他长期领导一个军事战略区的工作，始终不渝地为实现党赋予的各项任务而忘我奋斗。在社会主义革命和建设时期，他夙兴夜寐，公而忘私，为国防和军队建设付出了大量心血。他一生坚信党，坚信人民，即使在"文化大革命"中身处逆境，也从来没有动摇过。他在生命的最后一刻，仍然十分关心着国家和军队的建设事业，关心着祖国的统一大业。他为共产主义事业生命不息、奋斗不止的精神，永远是我们共产党人学习的楷模。

聂荣臻同志具有非凡的革命胆略和军事才能，是我军优秀的军事指挥家和政治工作领导人。在红军时期，他参与指挥了攻克漳州、血战湘江、强渡大渡河、夺占腊子口等重要战役战斗，斩关夺隘，屡建勋劳。抗日战争中，他参与指挥平型关战斗，率部参加百团大战，沉重打击了日本侵略军的嚣张气焰。他善于把握战略全局，把党中央、中央军委的战略方针和各项政策同具体的斗争实践相结合，创造性地开展工作，推动根据地建设和战争局势的发展。他领导创建的晋察冀抗日根据地，曾被党中央誉为"模范抗日根据地和统一战线的模范区"。解放战争中，在党中央部署下，他从晋察冀抽调大批部队和干部赴东北开辟根据地，指挥华北军区部队实施正太战役、清风店战役、石家庄战役等一系列重大作战行动，牵制并歼灭了大量敌人，实现了华北和东北两大战场的紧密配合，促进了全国解放战争的胜利。他长期担任或兼任我军高级政治工作领导者，对人民军队的政治工作有很多建树，这些建树至今对我军思想政治建设仍有着指导意义。他丰富的军事实践经验和见解，为毛泽东军事思想的形成和发展作出了贡献。

聂荣臻同志是新中国国防科技事业的卓越领导者。新中国成立后，他长期主管国家科学技术发展和国防科技工作，协助毛泽东同志、周恩来同志作出了一系列重大决策，为祖国科技事业特别是“两弹一星”事业的发展，进行了艰苦卓绝的开拓性、奠基性工作。60年代初，在国家经济发生严重困难、苏联撤走专家和停止一切技术援助的情况下，聂荣臻同志力主在自力更生的基础上，继续研制导弹、原子弹。在毛泽东同志、周恩来同志等的领导下，他组织开展全国范围内的大协作和科技攻关，使我国的导弹、原子弹、氢弹很快试验成功，极大地增强了我国的国防和科技实力，提高了我国的国际地位。

庆祝最高人民法院成立50周年暨全国法院英模表彰大会在人民大会堂举行

江泽民、李鹏、朱镕基、李瑞环分别致信致辞表示祝贺，尉健行会见全国法院英模代表和出席全国法院会议的代表并讲话。

全国总工会主席尉健行在全总第十三届第二次执委会议上发表题为《认清形势，明确任务，在推进国有企业改革和发展中充分发挥工会组织的作用》的讲话

尉健行强调，做好明年和今后一个时期的工会工作，各级工会要在党的领导下，以党的基本理论和基本路线为指导，坚定不移地推动全心全意依靠工人阶级指导方针的贯彻落实；依法加大调整劳动关系的力度，坚决维护职工的经济利益，切实保障职工的民主权利；进一步加强和改进职工思想政治工作，抓好职工思想道德建设和技术业务培训，努力建设“四有”职工队伍；以改革的精神加强工会自身建设，推进工会工作的群众化、民主化、法制化；保护好、调动好、发挥好广大职工的主人翁积极性和创造性，并把这种积极性和创造性引导到为实现国有企业改革和发展三年目标建功立业上来，更好地维护改革、发展、稳定的大局。

尉健行说，党的十五届四中全会既为国有企业改革和发展提供了强大的思想武器和行动指南，也回答了在发展社会主义市场经济条件下工会工作遇到的诸多理论和实践问题，对工会工作提出了新的更高的要求，提供了难得的发展机遇。各级工会必须从工会组织的性质、特点和优势出发，抓住机遇，乘势而上，开拓创新，努力实现工会工作的“五突破一加强”，在党和国家的工作大局中更好地发挥工会应有的作用。

尉健行指出，实现协助党政做好下岗职工基本生活保障工作，深入实施送温暖工程，对特困职工承担“第一责任人”职责的工作的突破，就是要站在讲政治和维护稳定的高度，以深厚的感情，关心职工的疾苦，倾听职工的呼声，反映职工的要求，实实在在地为职工说话办事、排忧解难，做好“雪中送炭”的工作。

尉健行强调，实现以上五个方面重点工作的突破，各级工会领导机关必须更好地为基层实现“五突破”搞好服务。搞好这个服务，必须切实加强各级工会领导机关自身的改革和建设。

尉健行指出，在实现工会工作“五突破一加强”，保护、调动、发挥广大职工积极性和创造性的过程中，有大量的思想政治工作要做。各级工会要积极配合党政，切实加强职工思想政治工作，为实现国有企业改革和发展三年目标，开创国有企业改革和发展的新局面，充分发挥工人阶级的主力军作用。

12月18日

党和国家领导人为出席澳门政权交接仪式的中国政府代表团送行

在中共中央总书记、国家主席、中央军委主席江泽民率中国政府代表团赴澳门出席澳门政权交接仪式前夕，党和国家领导人在人民大会堂为代表团送行。江泽民在送行仪式上指出，我国政府恢复对澳门行使主权，中华人民共和国澳门特别行政区的成立，标志着继香港回归之后，我们在完成祖国统一大业的道路上又迈出了重要一步。这是中华民族的又一盛事。

江泽民强调，中央决定组成具有广泛代表性的代表团，出席澳门政权交接仪式，参加澳门回归的庆典活动，就是要充分显示全国各族人民和一切爱国人士的紧密团结，体现中华民族欢庆澳门回归的喜悦心情，表达中央人民政府和全国人民对澳门特别行政区政府和澳门同胞的坚定支持。

朱镕基、钱其琛、迟浩田、邹家华、吴阶平、何鲁丽、丁石孙、成思危、许嘉璐、蒋正华、王忠禹、阿沛·阿旺晋美、经叔平、罗豪才、张克辉和卓琳等代表团成员出席送行仪式。

李鹏、胡锦涛、尉健行、李岚清等为代表团送行。

江泽民说，社会主义祖国的日益繁荣和国际地位的不断提高，是香港、澳门得以顺利回归的根本原因。小平同志提出的“一国两制”伟大构想，是我们完成祖国统一的唯一正确道路。“一国两制”在香港、澳门的成功实践，将会为我们早日解决台湾问题、实现祖国的完全统一发挥重要的示范和促进作用。

江泽民说，澳门回归，全国人民精神振奋，欢欣鼓舞，世界各国也很关注。搞好这次庆典活动，对激发中华儿女的爱国主义精神和增进全民族的大团结，对推进祖国完全统一的进程和建设有中国特色社会主义的伟大事业，都会产生重大而深远的影响。代表团这次在澳门的活动中，要体现我国各族人民对澳门回归祖国的光荣感和自豪感，体现中华礼仪之邦的风范，表达我们对澳门同胞的深厚情意。

江泽民指出，代表团在赴澳门期间，将向广大澳门同胞，向各国人士，充分阐明中国政府对澳门回归后的基本方针和政策。这是代表团的一个重要任务。要通过庆典活动显示出充分的信心：在“一国两制”、“澳人治澳”、高度自治方针的指引下，澳门特别行政区一定能够保持长期的稳定和发展，澳门的前景是美好的。

江泽民最后表示相信，经过代表团全体成员的共同努力，一定会圆满完成这次赴澳门的光荣使命。

参加送行仪式的还有丁关根、田纪云、李铁映、吴邦国、张万年、罗干、姜春云、贾庆林、温家宝、曾庆红、吴仪、王光英、程思远、布赫、铁木尔·达瓦买提、彭珮云、周光召、曹志、司马义·艾买提、肖扬、韩杼滨、王兆国、钱伟长、任建新、宋健、李贵鲜、陈俊生、张思卿、钱正英、孙孚凌、朱光亚、胡启立、陈锦华、赵南起、白立忱、周铁农、王文元等。

国务院中华人民共和国国务院关于授权澳门特别行政区政府接收原澳门政府资产的决定

国务院决定：授权中华人民共和国澳门特别行政区政府自 1999 年 12 月 20 日起接收和负责核对原澳门政府的全部资产和债务，并根据澳门特别行政区有关法律自主地进行管理。

葡萄牙驻澳门总领事馆揭幕

葡萄牙驻澳门总领事馆下午正式揭幕，并将在澳门回归后的第一个工作日即 12 月 23 日开始办公。

葡萄牙外交部部长伽马、澳门总督韦奇立等为总领事馆的启用剪彩，新华社澳门分社社长王启人出席了仪式。

中国 捷克发表联合公报

应中华人民共和国国务院总理朱镕基的邀请，捷克共和国政府总理米洛什·泽曼于一九九九年十二月十六日至十八日对中华人民共和国进行了正式访问。

朱镕基总理同泽曼总理举行了正式会谈。双方在友好的气氛中就加强双边关系和共同关心的国际问题深入交换了意见，并对访问结果表示满意，相信这次访问将促进中捷友好合作关系的进一步发展。

一、双方评价两国合作所取得的成果，认为进一步巩固双边关系符合两国人民的根本利益。双方愿继续加强两国和两国人民之间的友谊，愿在相互尊重、平等互利、互不干涉内政的原则基础上，发展两国在各个领域长期、稳定的合作关系。

二、双方商定在两国政府和政府机构之间广泛开展各个级别的对话，支持两国议会就共同关心的问题开展对话，鼓励两国民间机构建立联系。

三、双方重申愿进一步加强在经贸领域的互利合作，鼓励各自企业在贸易、投资、生产和技术等领域开展多种形式的合作。

双方支持两国企业在能源、交通工具、医疗、环保、纺织、家电、通信、机电设备等领域加强合作，进一步发挥中捷经贸混委会在双边关系发展中的作用。

双方愿进一步发展科学技术研究、文化、教育、体育、旅游、新闻等领域的合作。

四、双方企业签署了《山西神头第二发电厂进口捷克、斯洛伐克 2×50 万千瓦发电设备合同》，两国政府将督促各自有关部门尽快履行合同实施所需的内部手续。

五、捷方重申在一个中国的原则基础上尊重中华人民共和国的主权和领土完整，承认台湾是中国领土不可分割的一部分。

六、双方尊重《联合国宪章》的宗旨和原则以及公认的国际法准则，愿为维护和平、促进发展、保护人权、实现人类的共同进步作出积极的贡献。为此，双方将进一步加强在国际组织中的合作。

捷克共和国总理泽曼对中方热情友好的款待表示感谢，并邀请中华人民共和国总理朱镕基访问捷克，朱镕基总理愉快接受了邀请。

九届全国人大常委会第十三次会议继续举行分组会

《人民日报》发表评论员文章《着重解决路线方针政策上的问题——四论把“三讲”教育继续引向深入》

西藏满拉水利枢纽首台机组并网发电

地图出版社出版中国国家自然地图集

12 月 19 日

国家主席江泽民 国务院总理朱镕基在澳门会见芬兰总统阿赫蒂萨里

江泽民和朱镕基下午在下榻的饭店共同会见前来出席中葡两国政府澳门政权交接仪式的芬兰总统阿赫

蒂萨里。

江泽民说：我非常欢迎你在中国政府恢复对澳门行使主权时，作为欧盟轮值主席国的总统专程前来出席澳门政权交接仪式。

阿赫蒂萨里表示很高兴能前来出席澳门回归中国的仪式。他说，在欧盟主席国任期即将届满时，有机会到澳门参加这样的活动，是很有意义的。

国家主席江泽民 国务院总理朱镕基在澳门会见葡萄牙总统桑帕约和总理古特雷斯

晚上，江泽民和朱镕基在澳门文化中心会见厅共同会见前来出席澳门政权交接仪式的葡萄牙总统桑帕约和总理古特雷斯。

江泽民指出，澳门问题的圆满解决，是中葡双方友好合作的结果，符合中葡两国的根本利益。澳门回归后，中国中央政府将坚定不移地落实"一国两制"的方针，切实贯彻执行澳门基本法。澳门的文化特色及澳门作为加强中葡关系、中欧关系以及促进双方经济、文化交流的桥梁作用也会得到保持。

江泽民积极评价中葡双边关系近年来的发展，表示中方愿与葡方共同努力，以澳门问题顺利解决为新的起点，进一步拓宽双方在各个领域的合作，使两国关系在下个世纪得到更加全面、健康的发展。他还表示，明年上半年葡萄牙将轮任欧盟主席国，中方愿同葡方共同推动中欧关系的进一步发展。

桑帕约说，葡中联合声明签署以来，葡中两国都很重视过渡期的各项有关工作。正是由于两国领导人用战略眼光看待葡中关系的发展，才取得今天的成果。他特别强调，葡中两国领导人的互访对澳门政权的顺利交接起着重要作用。葡方理解澳门回归对中国的重要意义。这既是一个时代的结束，也是一个新时代的开始。葡方对澳门特区的前景充满信心，相信澳门一定会起实施"一国两制"的典范作用。

国务院副总理钱其琛，中央军委副主席、国务委员兼国防部部长迟浩田，国务院秘书长王忠禹，外交部部长唐家璇，国务院港澳事务办公室主任廖晖，澳门特别行政区行政长官何厚铧，以及葡萄牙外长伽马、副议长科伊索罗、教育部部长马丁斯、澳门总督韦奇立等会见时在座。

中共中央总书记 国家主席 中央军委主席江泽民率领中国政府代表团中午抵达澳门出席澳门政权交接仪式

各省区市共同组成的澳门政权交接仪式观礼团抵达澳门

中央军委主席江泽民发布《中国人民解放军驻澳门部队进驻澳门特别行政区的命令》

中国人民解放军驻澳门部队全体官兵：

根据《中华人民共和国宪法》赋予中国人民解放军的使命，依照《中华人民共和国澳门特别行政区基本法》、《中华人民共和国澳门特别行政区驻军法》有关规定，命令你们进驻中华人民共和国澳门特别行政区，于1999年12月20日开始履行防务职责。

我国政府对澳门恢复行使主权，是继香港回归祖国后中华民族的又一盛事，标志着中国人民按照"一国两制"的方针，在实现祖国统一大业的道路上又迈出了坚实的一步。中国人民解放军驻澳门部队担负澳门特别行政区的防务，是中国政府对澳门恢复行使主权的重要象征，使命神圣，责任重大。你们进驻澳门特别行政区以后，要坚持人民解放军全心全意为人民服务的宗旨，发扬优良传统，忠实履行职责，遵纪守法，依法治军，把部队建设成"政治合格，军事过硬，作风优良，纪律严明，保障有力"的威武文明之师，为维护祖国统一，捍卫国家主权和领土完整，保持澳门的稳定和发展作出积极的贡献。

中国人民解放军驻澳部队进驻澳门欢送大会在珠海市举行

中共中央政治局委员、书记处书记、中央军委副主席张万年代表中央军委主席江泽民和中央军委前来欢送即将启程的驻澳门部队官兵。中共中央政治局委员、广东省省委书记李长春出席大会。

中央军委委员、总参谋长傅全有宣读中央军委主席江泽民发布的《中国人民解放军驻澳门部队进驻澳门特别行政区的命令》。

最高人民法院下发《关于适用〈中华人民共和国合同法〉若干问题的解释(一)》

(1999年12月1日最高人民法院审判委员会第1090次会议通过，自1999年12月29日起施行。)

中国和斐济发表新闻公报

应中华人民共和国国务院总理朱镕基邀请，斐济群岛共和国总理马亨德拉·乔杜里于1999年12月13日至20日对中华人民共和国进行了正式访问。

访问期间，江泽民主席会见了乔杜里总理，朱镕基总理同乔杜里总理举行了正式会谈，讨论了中斐关系及共同关心的地区和国际问题，达成了广泛的共识。双方签署了《中华人民共和国政府和斐济群岛共和国政府关于经济技术合作的协定》等文件。双方全面回顾了两国自建交以来在政治、经贸等领域业已存在的互利合作关系，对所取得的积极成果表示满意，并愿在和平共处五项原则的基础上进一步扩大和加深两国跨世纪的友好合作关系。

双方表示将继续保持高层互访，扩大政府各部门、议会及军队间的交流，增进相互了解与信任。双方同意建立两国外交部官员不定期磋商制度，就双边关系和共同关心的国际和地区问题交换意见，加强合作。

双方认为，两国经贸合作有着良好的前景。双方强调，愿在平等互利的基础上加强在贸易、经济技术、投资、农业、渔业、文化、教育、军事和旅游等领域的合作，支持和鼓励两国有关部门和企业，不断探索扩大合作的新方式和途径。

双方重申坚持两国建交公报中阐述的互相尊重主权和领土完整、互不干涉内政和平等互利的原则。中方支持斐济政府和人民为维护国家独立、主权和发展致力于和平的自给经济所作的努力。斐方重申奉行一个中国的政策，承认中华人民共和国政府是代表全中国的唯一合法政府。

双方重申遵循联合国宪章的宗旨和公认的国际法准则，积极致力于建立公正、合理的国际政治、经济新秩序。双方表示，在新纪元即将来临之际，两国将加强彼此间的合作，共同促进世界和平与发展的崇高事业。中方重申继续支持南太地区各国谋求本地区和平与稳定、促进经济发展与繁荣的努力。

双方认为，斐济群岛共和国政府总理马亨德拉·乔杜里对中华人民共和国的访问取得了圆满成功，这是中斐双边关系中重要的大事，必将有力地推动两国友好合作关系在 21 世纪取得更大发展。

《国家社科基金项目 2000 年课题指南》发布

全国哲学社会科学规划办公室发布《国家社会科学基金项目 2000 年课题指南》，并受理项目申报。课题指南和申报工作强调以马列主义、毛泽东思想、邓小平理论为指导，深入贯彻党的十五大精神，解放思想，实事求是，以我国改革开放和社会主义现代化建设中的重大理论问题和实践问题作为主攻方向，积极探索有中国特色社会主义经济、政治、文化的发展规律，同时加强基础研究，注重新兴边缘交叉学科和跨学科综合研究，为党和政府决策服务，为两个文明建设服务，全面发展和繁荣哲学社会科学。

这次公开受理申报的项目种类为国家社会科学基金 2000 年度一般项目、青年项目（包括自筹经费项目）。受理申报的学科共 21 个。教育学、艺术学、军事学的课题发布和申报工作分别由这 3 个学科规划办公室另行安排。

2000 年课题指南与往年相比具有几个新的特点：各学科在导言中对本年度的研究和发展提出了总体思路和总体要求，进一步指明了本年度重要研究领域和方向。鼓励有相当研究能力和研究水平并有较丰富前期研究成果的研究者申报自选项目。接受跨学科（包括交叉边缘学科、新兴学科和综合性学科）项目的申报。

12 月 20 日

中国葡萄牙两国政府澳门政权交接仪式在澳门举行

1999 年 12 月 20 日零时，在雄壮的《义勇军进行曲》乐曲声中，中华人民共和国国旗和中华人民共和国澳门特别行政区区旗在澳门庄严升起。从此，澳门回到祖国的怀抱，中国人民在完成祖国统一大业中又迈出重要的一步。

中华人民共和国主席江泽民宣告：中国政府对澳门恢复行使主权。从这一刻起，澳门的发展进入了一个崭新的时代。从这一刻起，中葡两国人民的友谊和两国的友好合作也将在新的起点上向前发展。

12 月 19 日深夜，位于澳门新口岸刚刚建成的澳门文化中心花园馆灯火通明，举世瞩目的中葡两国政府澳门政权交接仪式在这里隆重举行。

23 时 42 分，澳门政权交接仪式开始。在礼号手的号乐声中，中华人民共和国主席江泽民、国务院总理朱镕基、国务院副总理钱其琛、外交部部长唐家璇、澳门特别行政区首任行政长官何厚铧步入会场，登上主席台主礼台。葡萄牙总统桑帕约、总理古特雷斯、国务部部长兼外交部部长伽马、共和国议会副议长科伊索罗、澳门总督韦奇立同时登上主席台主礼台。随后，中葡双方仪仗队举行敬礼仪式，双方乐队奏致敬曲。

桑帕约总统首先讲话。他说，我们今天聚首一堂参加这个仪式，这是澳门历史上独一无二的重要时刻。“两国就澳门地位协议的最终达成，充分体现了双方在此问题上的实事求是态度及以和平方式解决问题的智慧，将我们两国因应新实况而需改变的改变过来，也同时确保了澳门原有特色的延续，使两国之间数世纪的悠久关系步入一个新时期。”

桑帕约说：“葡中两国在履行联合声明的同时，关系得到了加强，使澳门享有自治的保证更为清晰。我要向为其成功作出贡献的所有人士，表示赞赏和感谢。”

23 时 55 分，降旗、升旗仪式开始，中葡双方护旗手入场。23 时 58 分，在葡萄牙国歌声中，葡萄牙国旗和澳门市政厅旗开始缓缓降下。

此时，距离 12 月 20 日零时只有短短几秒钟。会场内的气氛凝重而肃穆，人们在静静地等待着中华民族又一个重要时刻的到来。

零时整，中国人民解放军军乐团奏响雄壮激昂的中华人民共和国国歌，中华人民共和国国旗和中华人民共和国澳门特别行政区区旗冉冉升起。46秒后，两面旗帜同时升到旗杆顶端，猎猎飘扬。至此，中葡两国政府完成了澳门政权的交接。

零时4分，江泽民主席稳步走到镶有中华人民共和国国徽的讲台前发表讲话。

随后，江泽民主席与桑帕约总统等中葡两国的主要代表走到主席台前，握手合影。

零时10分，澳门政权交接仪式结束。

迟浩田、邹家华、吴阶平、何鲁丽、丁石孙、成思危、许嘉璐、蒋正华、王忠禹、叶选平、阿沛·阿旺晋美、霍英东、马万祺、经叔平、罗豪才、张克辉、卓琳和香港特别行政区行政长官董建华等中国政府代表团成员出席交接仪式并在主席台上就座。以陈滋英为团长的观礼团也出席了交接仪式。

出席交接仪式的约2500人。其中有53个国家和29个国际组织的代表，40多个国家驻澳门总领事、名誉领事和国际组织驻澳门的代表，以及一些国际友好人士。

澳门各界人士，香港特别行政区的代表，台湾同胞，以及来自30多个国家的华侨、华人代表也出席交接仪式。

国家主席江泽民在中葡两国政府举行的澳门政权交接仪式上讲话

桑帕约总统，

各位嘉宾，

女士们、先生们：

今夜月明风清，波平如镜。中葡两国政府在这里举行庄严的澳门政权交接仪式，宣告中国政府对澳门恢复行使主权。历史将永远记住这一举世关注的重要时刻。

从这一刻起，澳门的发展进入了一个崭新的时代。我代表中央政府和全国各族人民，向回到祖国怀抱的澳门同胞，表示亲切的问候和良好的祝愿！

从这一刻起，中葡两国人民的友谊和两国的友好合作也将在新的起点上向前发展。中葡双方顺应历史潮流，经过共同努力，实现了澳门的平稳过渡和顺利交接。我向所有为解决澳门问题作出贡献的人士，向世界上一切关心和支持澳门回归的人们，表示衷心的感谢！

中国政府按照邓小平提出的“一国两制”的伟大构想，成功地解决了香港、澳门问题，这是中国人民在完成祖国统一的大业中取得的重大进展。“一国两制”在香港、澳门的实践，已经并将继续为我们最终解决台湾问题发挥重要的示范作用。中国政府和人民有信心有能力早日解决台湾问题，实现中国的完全统一。

澳门回归后，中国政府将坚定不移地贯彻执行“一国两制”、“澳人治澳”、高度自治的方针。澳门特别行政区依法享有行政管理权、立法权、独立的司法权和终审权。澳门居民，不分种族和信仰，都是这片土地上的主人，平等地享有法律保障的各项权利和自由。

澳门回归后，将依法保护所有国家和地区在澳门的经济利益。我希望，在澳门有投资和贸易利益的国家与地区，继续为促进澳门的稳定与发展作出努力。

澳门同胞具有光荣的爱国主义传统，始终与祖国人民血脉相连，心心相通。可以坚信，在中央政府和全国各族人民的支持下，澳门特别行政区政府和澳门同胞一定能够把澳门管理好、建设好、发展好。回到祖国怀抱的澳门，必将迎来更加美好的未来！

谢谢各位。

澳门特别行政区政府成立

20日凌晨，中华人民共和国澳门特别行政区成立暨特区政府宣誓就职仪式在澳门综艺馆隆重举行。

国家主席江泽民，国务院总理朱镕基和钱其琛、迟浩田、邹家华、吴阶平、何鲁丽、丁石孙、成思危、许嘉璐、蒋正华、王忠禹、叶选平、阿沛·阿旺晋美、霍英东、马万祺、经叔平、罗豪才、张克辉、卓琳等中央代表团成员以及香港特别行政区行政长官董建华在主席台就座。

仪式由国务院副总理、全国人民代表大会澳门特别行政区筹备委员会主任委员钱其琛主持。

1时45分，军乐队奏起雄壮的中华人民共和国国歌。随后，江泽民宣布：中华人民共和国澳门特别行政区政府现在成立。顿时，会场内响起雷鸣般的掌声。

1时47分，澳门特别行政区政府开始宣誓就职。

首先，由澳门特别行政区行政长官何厚铧宣誓。在朱镕基总理监誓下，44岁的何厚铧庄严地举起右手，郑重宣誓：本人就任中华人民共和国澳门特别行政区行政长官，必当拥护并负责执行中华人民共和国澳门特别行政区基本法，效忠中华人民共和国及其澳门特别行政区，尽忠职守，遵守法律，廉洁奉公，致力于维护澳门的稳定和发展，对中央人民政府和澳门特别行政区负责。

何厚铧宣誓完毕，朱镕基总理同他亲切握手。热烈的掌声在会场内响起。

1时49分，澳门特别行政区政府主要官员、立法会主席、终审法院院长、检察院检察长走上主席台宣誓就职。受朱镕基总理委托,澳门特别行政区行政长官何厚铧监誓。行政法务司司长陈丽敏领誓。

随后,澳门特别行政区行政会 10 名委员、立法会 23 名议员、各级法院 23 名法官、检察院 23 名检察官分批走上主席台宣誓。行政长官何厚铧监誓。行政会委员唐志坚、立法会主席曹其真、终审法院院长岑浩辉和检察院检察长何超明分别领誓。

宣誓结束后,朱镕基致辞。

澳门特别行政区行政长官何厚铧接着发表讲话。他说,澳门回归祖国,揭开了历史新的一页。我们在欢乐和自豪之余,对美好的明天充满希望,也由此焕发崇高的使命感和神圣的责任感。在未来的岁月里,我必将义无反顾,以无比坚毅的意志,本着基本法赋予的权力,贯彻"一国两制",带领 40 多万市民建设自己的家园,这是我最大的光荣和责任。澳门必定会建设成为一个繁荣、稳定和进步的社会。

仪式结束后,江泽民、朱镕基等国家领导人会见澳门特区主要官员,并和他们合影留念。

以陈滋英为团长的观礼团出席仪式。

出席仪式的约 3000 人。其中包括 53 个国家和 29 个国际组织的代表,一些国际友好人士;40 多个国家驻澳门总领事、名誉领事和国际组织驻澳门的代表。

澳门各界人士,香港特别行政区的代表,台湾同胞,以及来自 30 多个国家的华侨、华人代表,也见证了中华民族的这一盛事。

国务院总理朱镕基在国家澳门特别行政区成立暨特区政府宣誓就职仪式上致辞

各位嘉宾,女士们、先生们:

在这历史性的庄严时刻,我代表中华人民共和国中央人民政府,对澳门特别行政区政府的成立表示热烈的祝贺!向一切关心和支持澳门回归并为此作出贡献的澳门各界人士,致以深切的谢意!

从今天起,《中华人民共和国澳门特别行政区基本法》开始实施,澳门特别行政区政府开始行使职权。刚才,澳门特别行政区第一任行政长官、特别行政区政府主要官员、特别行政区的立法会主席、终审法院院长、检察长、行政会委员、立法会议员、法官、检察官已经宣誓就职,开始履行他们的神圣职责。中央人民政府将全力支持行政长官何厚铧先生和他领导的澳门特别行政区政府的工作。希望你们继续发扬澳门同胞爱国爱澳的光荣传统,全面贯彻落实澳门特别行政区基本法,恪尽职守,为保持澳门的长期稳定和发展作出自己的贡献,不辜负祖国人民和澳门居民的殷切期望,无愧于历史的重托。

澳门回归祖国,澳门特别行政区政府的成立,标志着在邓小平提出的"一国两制"伟大构想指导下,依照澳门特别行政区基本法,澳门开始了"澳人治澳"、高度自治的新时代。这是中国人民为实现祖国完全统一的崇高事业而取得的又一重大历史成果,海内外中华儿女无不为此欢欣鼓舞。

迎着二十一世纪的曙光,澳门历史揭开了崭新的一页。我相信,在祖国的大家庭中,真正当家做主、掌握了自己命运的澳门同胞一定能以自己的勤劳和智慧,创造出辉煌的成就。澳门的未来一定会更加美好!

谢谢各位。

澳门特区行政长官何厚铧在澳门特别行政区成立暨特区政府宣誓就职仪式上致辞

江泽民主席

朱镕基总理

各国嘉宾

同胞们

朋友们:

澳门经历了漫长的岁月,终于在这个历史性的时刻:一九九九年十二月二十日重投祖国的怀抱。澳门回归祖国,揭开了历史新的一页。我们与全国各族同胞,在中华人民共和国的旗帜下,一起迎接千禧年的来临。

在这个欢庆的时刻,我们要铭记:近一百多年来,中国人民为了维护国家主权和民族尊严,进行了不懈的追求和奋斗;近半个世纪以来,在以毛泽东、邓小平、江泽民为核心的三代领导人的带领下,国家的实力不断增强,在国际舞台上的地位和作用不断提高,中华民族傲然屹立于世界民族之林,为澳门问题的顺利解决创造了重要的条件;邓小平先生高瞻远瞩地提出了"一国两制"的伟大构想,以和平方式解决历史遗留下来的问题,为澳门的平稳过渡以及回归之后的稳定繁荣奠定了坚实的基础。

"一国两制"的伟大构想,是一种超凡的政治智慧。"一国两制"是澳门未来发展的基础,它首先是一个国家的概念、一个主权的概念,然后是一个国家之内两种制度并存共荣的概念。澳门特别行政区基本法,宣示"一国两制"的具体内容。实践"一国两制",必须坚定不移贯彻落实基本法。

国家统一,始终是中国历史的主流;民族团结富强,是中国人民长期不懈的追求。澳门回归,正是实现祖国完全统一的进程中承先启后、继往开来的重要一步。

今天凌晨,中华人民共和国澳门特别行政区成立的时候,我们望着澳门区旗伴着五星红旗在雄壮国歌声中冉冉升起,此情此景,令人激动,催人奋进。

澳门人在迎来自己新时代的同时，还将和世界一起迎接新纪元的来临。我们在欢乐和自豪之余，对美好的明天充满希望，也由此焕发崇高的使命感和神圣的责任感。作为由澳门人第一次选举产生的行政长官，我在此再次感谢中央的信任和澳门人的支持，在未来的岁月里，我必将义无反顾，以无比坚毅的意志，本着基本法赋予的权力，贯彻“一国两制”，带领四十多万市民建设自己的家园，这是我最大的光荣和责任。

澳门必定会建设成为一个繁荣、稳定和进步的社会。

谢谢大家！

国家主席江泽民 国务院总理朱镕基会见澳门特别行政区官员

江泽民和朱镕基凌晨在澳门综艺馆会见刚刚宣誓就职的澳门特别行政区官员。

特别行政区首任行政长官何厚铧、行政法务司司长陈丽敏、立法会主席曹其真、终审法院院长岑浩辉和检察长何超明等21名特别行政区官员参加会见。

江泽民主席和朱镕基总理与特别行政区官员们亲切握手，并与他们合影留念。

国务院副总理钱其琛、国务委员兼国务院秘书长王忠禹等中央代表团成员也参加会见。

澳门特别行政区成立庆祝大会上午在澳门综艺馆举行

中华人民共和国主席江泽民在会上发表重要讲话。他指出，澳门特别行政区正式成立，标志着澳门同胞从此真正成为这块土地上的主人，澳门的发展从此进入了一个崭新的时代。

江泽民主席代表中央人民政府和全国各族人民，对澳门特别行政区的成立表示热烈的祝贺，向回到祖国大家庭的澳门同胞表示亲切的问候，向所有为澳门回归祖国作出贡献的海内外同胞表示诚挚的感谢，并向一切关心和支持澳门回归的国际友人表示谢意。

举行特别行政区成立庆祝大会的澳门综艺馆装饰一新，馆外悬挂着大红灯笼，馆内华灯齐放。鲜花簇拥的会场主席台中央，悬挂着中华人民共和国国旗和澳门特别行政区区旗。

江泽民主席和钱其琛、迟浩田、叶选平、阿沛·阿旺晋美、霍英东、马万祺、经叔平、罗豪才、张克辉、卓琳等中央代表团成员以及香港特别行政区行政长官董建华，与澳门各界人士欢聚一堂，热烈庆祝澳门特别行政区的诞生。

澳门特别行政区行政长官何厚铧，特别行政区政府主要官员，以陈滋英为团长的观礼团成员，来自各国的嘉宾，香港特别行政区的代表，台湾同胞，海外华侨、华人代表共约3000人出席庆祝大会。

上午10时整，在迎宾曲声中，江泽民主席在何厚铧的陪同下步入会场。庆祝大会开始，全场肃立，奏中华人民共和国国歌。

江泽民主席发表讲话。

澳门特别行政区行政长官何厚铧致辞。

何厚铧致辞后，10时30分，进行澳门土地基金移交仪式。国务院副总理钱其琛代表中央人民政府将土地基金证书移交给澳门特别行政区。何厚铧代表澳门特别行政区接收。土地基金是根据中葡联合声明规定于1988年1月15日在澳门设立的。目前由中央人民政府为澳门特区保管的土地基金总资产净值已近100亿澳门元。这笔土地基金为澳门特区政府打下了良好的财政基础。

接着，钱其琛副总理向澳门特区政府赠送了一面有着特殊经历的澳门特别行政区区旗。何厚铧代表特区政府接受区旗。今年11月21日，这面区旗曾同一面国旗一起搭载我国第一艘太空船“神舟”号遨游太空。这是赠给澳门特区政府和澳门同胞的一件特别珍贵的礼物。

为庆祝澳门特别行政区成立，中央人民政府和31个省、自治区、直辖市人民政府以及香港特别行政区政府向澳门特区赠送了各具特色、精心制作的贺礼。10时35分，会场主席台两侧的巨型电子屏幕上同时向来宾播放介绍这些精美礼品的录像，全场又一次响起热烈的掌声。

10时45分，文艺演出开始。江泽民主席与澳门各界人士一同观看了演出。

演出结束后，江泽民主席在何厚铧的陪同下登上舞台，和演员们亲切握手，并向全场嘉宾挥手致意。这时，会场展示一幅江泽民主席亲笔书写的“开创澳门新纪元”题词。

庆祝大会由澳门特别行政区政府主办。

国家主席江泽民在澳门特别行政区正式成立庆祝大会上发表讲话

女士们，先生们，同胞们：

今天，是澳门同胞和全国各族人民举国同庆的日子。中葡两国政府举行了澳门政权交接仪式，中国政府庄严宣告对澳门恢复行使主权，中华人民共和国澳门特别行政区正式成立。这标志着澳门同胞从此真正成为这块土地上的主人，澳门的发展从此进入了一个崭新的时代。这一中华民族的盛事将永远彪炳史册！

在这个庄严的历史时刻，我代表中央人民政府和全国各族人民，对澳门特别行政区的成立，表示热烈的祝贺！向回到祖国大家庭的澳门同胞，表示亲切的问候！向所有为澳门回归祖国作出贡献的海内外同胞，表示诚挚的感谢！我还要代表中国政府，向一切关心和支持澳门回归的国际朋友，表示谢意！向出席这次庆典的各国嘉宾和朋友们，表示欢迎！

在这个庄严的历史时刻，我们深切怀念邓小平先生。他以伟大的政治气魄和非凡智慧提出的“一国两制”方针，为解决香港、澳门和台湾问题指明了正确的道路。澳门的胜利回归，是继香港回归后中国人民在完成祖国统一大业的道路上树立的又一个历史丰碑。

澳门自古以来就是中国的领土。中国人民为澳门这片祖国神圣领土的回归，进行了不屈不挠的斗争。澳门虽然长期同祖国分离，但骨肉之情、民族之义始终把澳门同胞与祖国人民紧紧连在一起。日益昌盛的社会主义祖国，是推动澳门地位发生划时代转变的根本力量。澳门的回归，也是世界和平与正义事业的伟大胜利。这再一次证明，人类进步的历史潮流是任何力量也不能阻挡的。

中葡两国政府通过谈判解决澳门问题，这一政治决断是符合时代要求的明智之举。在这里，我要向为解决澳门问题作出过努力的葡萄牙朝野人士表示感谢。澳门问题的成功解决，为中葡两国人民的友谊在二十一世纪的发展提供了新的历史起点。

中国政府对澳门恢复行使主权后，澳门将继续实行原有的资本主义制度，保持原有的社会、经济制度不变，生活方式不变，法律基本不变，依法保护私有财产权。澳门作为中华人民共和国的特别行政区，除外交事务和防务由中央人民政府管理外，享有澳门基本法赋予的高度自治权，包括行政管理权、立法权、独立的司法权和终审权。在澳门的葡萄牙后裔居民的利益依法受到保护，他们的习俗和文化传统将受到尊重。在澳门生活着不少外国人，澳门特别行政区仍将是他们安居乐业的家园。未来的澳门，所有居民无分种族，无分肤色，人人都有平等竞争的机会，人人都享有法律保障的各项权利和自由。

中国政府对澳门恢复行使主权后，澳门特别行政区继续作为自由港和单独关税地区，可以用“中国澳门”的名义单独同各国各地区及有关国际组织保持和发展经济关系。澳门特别行政区保持财政独立，实行独立的税收制度，中央政府不在澳门征税。澳门特别行政区依法自行制定经济、贸易、金融货币、教育、医疗卫生、科学技术、文化、宗教等方面的政策，还可根据本地整体利益自行制定旅游娱乐业的政策。世界各国各地区在澳门的经贸活动和投资利益，都将依法受到保护。

中央政府对澳门的方针政策和澳门特别行政区基本法的各项规定，完全符合国家和澳门的根本利益，也符合各国投资者的利益，是澳门长期稳定发展的根本保障。澳门特别行政区基本法是澳门的宪制性法律，也是全国性的法律，不仅澳门要遵守，全国上下都要遵守。中央政府各部门和全国各地方，都不会也不允许干预澳门特别行政区依据基本法规定自行管理的事务。

我对今天宣誓就职的澳门特别行政区首任行政长官何厚铧先生表示衷心的祝贺！中央政府充分信任并全力支持行政长官和他所领导的特别行政区政府。

澳门同胞在中国人民争取民族解放的斗争和祖国现代化的建设中，都发挥了重要的作用。澳门同胞积极参与过渡时期的各项事务，为澳门顺利回归作出了宝贵的贡献。我们深信，澳门同胞一定会继续发扬爱国爱澳的光荣传统，为保持澳门的长期稳定与发展，为维护国家和民族的根本利益作出新的更大的贡献。

伟大的祖国永远是澳门的坚强后盾。新中国成立以来，祖国内地人民一直关心和支持澳门的稳定与发展，澳门与祖国内地的联系日益密切，澳门回归之后，作为祖国对外联系的重要桥梁和窗口的作用必将不断得到增强。稳定的社会环境，是经济发展和人民安居乐业的基本条件。中央政府将坚决支持特别行政区政府为保持澳门社会稳定而采取的一切必要措施。我相信，有中央政府和祖国十二亿人民的支持，在澳门特别行政区政府的领导下，澳门人民一定会更加奋发开拓，自强不息，创造澳门美好的未来。

二十一世纪的曙光已经展露在地平线上。中国政府和人民将继续按照“和平统一、一国两制”方针，完成祖国统一大业。“一国两制”在香港和澳门的成功实践，一定会对早日解决台湾问题起到积极的推动作用。全国各族人民和一切拥护祖国统一、关心祖国建设的爱国人士，更加紧密地团结起来，为把中国建设成为富强民主文明的现代化国家，实现中华民族的伟大复兴而积极贡献力量。未来的世界，应该是走向持久和平，实现各个国家的共同发展和普遍繁荣。中国人民愿与各国人民一道，为创造世界美好的明天而不懈奋斗！

谢谢各位。

澳门特区行政长官何厚铧在澳门特别行政区正式成立庆祝大会上发表题为《团结奋进　共创新机》的讲话

江泽民主席

各位国家领导人

各国嘉宾

澳门全体市民朋友们：

今天，一九九九年十二月二十日，中华人民共和国澳门特别行政区正式成立，贯彻邓小平先生“一国两制”的理想。这对于中华民族的每一位成员，包括几十万对澳门有浓厚感情和强烈归属感的澳门人来说，是一件普天同庆的盛事。

澳门特别行政区的成立，标志着进入澳门人当家作主的新纪元，我们为此感到万分激动和光荣，同时也焕发起崇高的使命感和神圣的责任感。在这个欢乐的庆典上，我们衷心感谢以江泽民主席为首的国家领导层为澳门的平稳过渡和特区政府的成功筹建所作的指导和贡献。同时，感谢在座的各位嘉宾同我们欢聚一堂，共同见证和分享这振奋人心的历史时刻。澳门的今天，归根到底是广大澳门市民世世代代的辛勤成果。澳门的成功回归历程，也同样是广大澳门市民爱国爱澳的奋斗历程。我衷心希望大家同心协力，团结一致，自强不息，共同建设美好的未来。

回归之后澳门能否稳定繁荣，"一国两制"的伟大构想如何成功落实，都关系到祖国的统一大业。澳门特别行政区政府最重要的使命就是坚定意志，贯彻落实基本法，本着"一国两制"的根本精神和原则，实行所有政策和措施。

特区政府十分关注澳门现时的经济和就业情况。要提高就业率，发挥就业者的个人潜能，最根本的是经济要复苏、要发展。特区政府其中一项重要工作，就是要排除牵制我们经济发展的障碍。

只有治安良好，经济才能够稳定发展。特区政府不仅拥有解决治安问题的决心和信心，同时具备实力和条件。我认为，打击罪恶，应该提升到政治层面，依据法律，动用整个政府的资源和政策去维护澳门的安全和稳定。

回顾历史，只有开放、改革，国家才会不断进步，反之则会停滞不前。澳门情况也是这样，唯有开放改革，跟外面的世界建立起广泛、密切的合作关系和商业往来，引进外来的资金、人才、技术、观念；同时澳门本身亦需要自我扩大空间，调动内部积极性，才能开创一个新局面。澳门与香港以及珠江三角洲的关系将会更加密切，这是必然的趋势。对珠江口地区的基建项目进行经常性的协调，有利于澳门经济的长远发展。

澳门是具有条件成为周边地区工商业的后勤支援中心，从而增加就业机会，逐步消化澳门大量的空置写字楼和住宅，盘活地产市道，投资者便有资金发展新项目，开办其他产业，或者用于消费，使澳门的整体经济活跃起来。此外，澳门旅游业的发展空间和潜力很大，特区政府会好好编排和组织主题鲜明的旅游节目和项目，用活生生的富有澳门特色的文化包装，充分利用邻近地区的旅游优势，拓展游客来源，并致力提高本地旅游业的服务素质。

特区政府本着以民为本的精神，全心全意为市民服务。作为首任行政长官，我决心，并务必努力不懈，在任期内建立起一套高效率、廉洁、问责的公共行政系统，真正体现出"澳人治澳"、高度自治的精神。在刚刚过去的午夜凌晨，宣誓就职的各主要官员，对澳门社会有深刻的了解和切身的体会，以及有强烈的归属感和使命感，对服务澳门有着很大的热诚，决心为建设澳门而贡献所长。他们爱国爱澳，年富力强，当可为澳门创造一个朝气勃勃的新局面。同时，我对现有的公务员队伍充满信心，他们的平均素质远胜从前，对他们继续尽忠职守，竭诚效忠特区政府，寄以厚望。

澳门特区政府将会是一个开明的政府。我会加强各种有效的咨询渠道，广泛接触市民，听取意见。与传媒保持密切联系和加强沟通，增加特区政府的施政透明度，接受舆论监督。

正是由于离开了祖国太久，澳门带着许多并非源于华夏民族的事物回到祖国。这里有不同种族和不同文化背景的市民，他们一向和睦共处、互相尊重，这是澳门的特色，而这个特色会延续下去。社群和谐，有利于各方面的合作与促进经济发展，建立民主、法治、进步的社会。

通过对中华民族几千年文明的寻根溯源，我们要稳固地建立起民族认同感和爱国主义情怀。而在实践"澳人治澳"、高度自治的过程中，我们有责任将国家的利益与澳门的利益相互结合起来。我们追求的目标，是利国利澳，国家和澳门共同繁荣发展。

毫无疑问，这个新时代对我们提出更高的要求和更严峻的考验。我们要分享新纪元带给我们的启示和机遇，就必须与时并进，不断学习求新。

澳门最重要的优势是广大澳门市民强大的爱国爱澳凝聚力，以及勤劳刻苦的开拓创造精神。对于澳门的未来，我怀着无比的信心。我深信，为澳门创造美好前程，全由澳门人亲手掌握、落实。最重要的是，我们相信祖国，相信澳门人有此斗志和毅力。

各位嘉宾，各位市民：这一刻，我和大家一样，心潮澎湃，但是也深感任重道远。澳门的繁荣发展，有赖国家的关怀和支持，有赖特区政府和全体澳门市民的努力，有赖各地朋友们的关心和帮助。我必定竭尽全力，和四十多万澳门人一起，同心同德，奋发图强，去迎接、拥抱新的时代、新的纪元，建设一个不断进步、朝气蓬勃、人人安居乐业的美好家园。

让我们一起：

祝愿伟大的祖国富强昌盛！

祝愿可爱的澳门前程辉煌！

国务院总理朱镕基在庆祝澳门回归招待会上的讲话

各位来宾，各位朋友，各位同志：

今天，中国政府与葡萄牙政府顺利地举行了澳门政权交接仪式，中国政府恢复对澳门行使主权，澳门特别行政区宣告成立，澳门回到了伟大祖国的怀抱。这是继香港回归后中华民族的又一历史盛事，是中国迈向完全统一的又一个新的里程碑，是人类正义与进步事业的重大胜利。

在这举国同庆的时刻，我们欢聚一堂，隆重庆祝澳门回归祖国。澳门回归后，实行"一国两制"、"澳人治澳"、高度自治。澳门特别行政区直辖于中央人民政府，依照澳门基本法享有行政管理权、立法权、独立的司法权和终审权。中央人民政府将全力支持澳门特别行政区政府依法管理特区自治范围内的事务。澳门将充分发挥自己的独特优势，与世界各国展开广泛的经济、文化交流，在中国与世界各国的联系与合作中发挥重要的桥梁和窗口作用。澳门同胞已经成为澳门的真正主人。我们相信，澳门同胞一定会更加感受到祖国大家庭的温暖。在伟大祖国的支持下，澳门必将不断克服前进道路上的困难，保持长期的稳定、发展和繁荣。澳门回归将促进台湾问题的最终解决，实现祖国的完全统一。

让我们举杯，

为澳门回归祖国和澳门的长期稳定发展，

为中国的统一、富强和人民的幸福，

为世界的和平与合作，

为各位来宾、各位朋友、各位同志的健康，

干杯！

澳门特区立法会举行特区成立后首次会议

澳门特别行政区成立暨特区政府宣誓就职典礼刚结束，澳门特区立法会就在崭新的立法会大楼会议厅举行特区成立后的首次会议。特区立法会主席曹其真主持会议。

会议的主要议程是通过特区政府提交的《回归法草案》，确认所有已经审议的必备法律草案和决议草案的地位，以免特区发生法律真空，保证特区的顺利运作。

中华人民共和国外交部驻澳门特别行政区特派员公署开署

国务院副总理钱其琛出席开署仪式并为公署揭牌。

外交部部长唐家璇在讲话中表示，公署全体人员肩负着重大和光荣的任务，希望他们在中央人民政府的领导下，同澳门特区政府密切联系，通力协作，为捍卫国家主权和利益，维护澳门同胞的合法权益，促进和扩大澳门的对外交往，作出积极的贡献。

唐家璇说，中国政府恢复对澳门行使主权，是继中国政府恢复对香港行使主权后中华民族的又一历史盛事，海内外所有中国人都为之欢欣鼓舞。他表示，我们将坚定不移地贯彻落实"一国两制"、"澳人治澳"、高度自治的方针，严格按照基本法办事，努力维护澳门的长期稳定和发展。我们坚信，澳门必将有一个更加美好的明天。

澳门特别行政区行政长官何厚铧说，特派员公署的设立对于特区政府的对外联系，将会给予很大的帮助；并对澳门的稳定繁荣会有非常积极的推动作用。他深信特区政府和特派员公署一定能够保持非常良好而密切的合作。

原泰特派员在讲话中说，外交部驻澳门特别行政区特派员公署在澳门回归祖国的第一天宣告成立，这是中国政府对澳门恢复行使主权的重要象征。特派员公署是处理由中央人民政府负责管理的、与澳门特别行政区有关的外交事务的机构，也是澳门特区政府就此类外交事务与中央政府联系的渠道。他表示，他和他的同事们作为公署的第一批成员，深感光荣和责任重大，将努力学习，坚定不移地贯彻执行"一国两制"、"澳人治澳"、高度自治的方针，严格遵守澳门基本法，为维护国家主权和利益，保护澳门同胞的合法权益，增进澳门特区的对外交往与联系，促进澳门的长期稳定与发展而努力工作。他表示相信，在中央人民政府和广大澳门同胞的大力支持、配合下，公署全体工作人员一定不负重托，不辱使命。

全国政协副主席马万祺、国务院港澳事务办公室主任廖晖、新华社香港分社社长姜恩柱、新华社澳门分社社长王启人，中国人民解放军驻澳门部队司令员刘粤军、政委贺贤书等 300 多各界人士出席开署仪式。

《人民日报》发表社论《中华民族的光辉史篇——热烈庆祝澳门回归祖国》

首都各界庆祝澳门回归祖国大会在首都体育馆隆重举行

中共中央总书记 国家主席江泽民在首都各界庆祝澳门回归祖国大会上发表讲话

同志们，朋友们：

今天，庄严的五星红旗和澳门特别行政区区旗已在澳门上空升起，我国政府恢复了对澳门行使主权，中华人民共和国澳门特别行政区正式成立。这是继香港回归之后中华民族的又一盛事，是我们完成祖国统一大业的又一个重要里程碑。澳门回归祖国，是中国人民长期艰苦斗争和奋发图强的结果，是社会主义祖国和全体中华儿女的光荣与骄傲，也是世界正义与进步事业的伟大胜利！

在这个激动人心的时刻，我们深切怀念毛泽东同志、邓小平同志等老一辈无产阶级革命家，深切怀念一切为实现民族解放、人民幸福和祖国统一富强而英勇献身和毕生奋斗的先烈先辈们。我们将永远铭记他们为祖国和人民建立的丰功伟绩。

澳门回归祖国，开辟了澳门历史的新纪元。澳门同胞从此真正成为这块土地上的主人。祖国现代化事业的日益昌盛必将为澳门的发展不断注入新的活力。祖国人民永远是澳门同胞奋发前进的坚强后盾。

澳门与祖国的分离和团聚，是近代以来中华民族发展历史的一个缩影。昔日的澳门，是在旧中国积贫积弱、备受欺凌的情况下被葡萄牙逐步占领的。今天的澳门，是在新中国昂首阔步走向繁荣富强的进程中胜利回归的。这一历史性的变化，充分显示了当代中国和中国人民的强大力量。

邓小平同志提出的"一国两制"伟大构想，是我们解决香港、澳门和台湾问题，实现祖国完全统一的唯一正确方针。"一国两制"在香港的成功实践，为澳门提供了宝贵经验。中央政府将坚定不移地实行"一国两制"、"澳人治澳"、高度自治的方针，保持澳门现行的社会、经济制度不变，生活方式不变，法律基本不变。我们将坚定不移地支持澳门特别行政区行政长官和政府依法施政。我们将坚定不移地保障澳门居民充分享有基本法赋予的权利和自由。在澳门的外来投资者的利益将依法受到保护。我们相信，澳门同胞和各界人士一定能够发挥自己的聪明才智，把澳门建设得更美好。

此时此刻，我想起了唐代诗人王维的著名诗句："遥知兄弟登高处，遍插茱萸少一人。"在祖国内地人民与香港同胞、澳门同胞同庆澳门回归这一民族盛事之时，我相信，台湾同胞也同我们有着一样的欢乐心情。海内外一切爱国的同胞和世界上的有识之士，都已从香港、澳门顺利回归的事实中，看到了"一国两制"的科学性和正确性，看到了"一国两制"是解决台湾问题的最好方式。遵循一个中国的原则，实现中国的完全统一，是包括台湾同胞在内的全中国人民的共同意愿，是历史发展的必然趋势，任何势力都无法阻挡。我们希望台湾当局不要再背逆历史潮流，不要再为两岸关系的发展设置障碍，不要再做损害台湾同胞和整个中华民族根本利益的事。中国政府和中国人民对任何分裂中国的企图都绝不会坐视不管。在"和平统一、一国两制"方针的指引下，我们有决心也完全有能力早日解决台湾问题，完成祖国统一的伟大事业。

从新中国像一轮旭日出现在东方天际的时候起，历经沧桑的祖国大地就发生了翻天覆地的变化。掌握了自己命运的中国人民在党的领导下，通过艰辛的实践，走上了建设有中国特色社会主义的伟大道路，正在开辟中华民族全面振兴的光辉前景。

历史告诉我们：中华民族要自立于世界民族之林，必须放眼全球，与时俱进，坚持自力更生，艰苦奋斗，励精图治，不断增强中国的经济实力、国防实力和民族凝聚力。在当今世界的激烈竞争面前，不进则退。我们一定要坚持用马克思列宁主义、毛泽东思想特别是邓小平理论观察世界大势和国家命运，坚持从中国的实际出发，坚定不移地走自己的路，把社会主义改革和社会主义现代化建设进行到底，不断开创中国发展繁荣的新境界。

二十一世纪的钟声即将敲响。政治多极化和经济全球化是未来世界的两大趋势，我们既面临着严峻的挑战，更面临难得的发展机遇。挑战与机遇，都在考验着我们的智慧和力量。全国各族人民要更加紧密地团结在中国共产党的周围，同心同德，开拓前进，为把我国建设成为富强民主文明的社会主义现代化国家，为促进人类和平与进步的崇高事业作出新的更大的贡献！

九届全国人大常委会十三次会议在人民大会堂举行全体会议

李鹏委员长出席并发表讲话。田纪云副委员长主持会议。

李鹏说，今天，是举世瞩目的日子，也是举国同庆的日子。历尽沧桑的澳门终于回到了伟大祖国的怀抱。这是继香港回归以后，中华民族振兴史上的又一件盛事，是实现祖国统一大业的又一重要里程碑。历史，将永远铭记今天这个日子！在李鹏的提议下，全体起立，以热烈的掌声表达对澳门特别行政区成立的祝贺。

李鹏说，从今天起，澳门特别行政区基本法开始实施。澳门特别行政区基本法是根据邓小平同志"一国两制"的伟大构想和"澳人治澳"、高度自治的方针而制定的一部全国性法律，是今后澳门特别行政区一切运作的法制基础，更是澳门长期繁荣稳定的根本保证。全国人大及其常委会将坚定不移地支持澳门特别行政区行使基本法赋予的各项职权，为全面实施澳门基本法作出应有的努力。

李鹏最后宣布，全国人大常委会澳门特别行政区基本法委员会正式成立。接着，李鹏向全国人大常委会澳门特别行政区基本法委员会组成人员颁发任命书。

澳门特别行政区基本法委员会随即在修葺一新的

人民大会堂澳门厅举行会议，讨论并一致同意全国人大常委会关于增加澳门特别行政区基本法附件三所列全国性法律的决定草案。据悉，澳门特别行政区政府今天也讨论并同意这个草案的内容。

下午 4 时，常委会继续举行全体会议，表决通过了全国人大常委会关于增加澳门特别行政区基本法附件三所列全国性法律的决定。表决通过了澳门特别行政区九届全国人大代表选举会议成员名单。

副委员长姜春云、邹家华、帕巴拉·格列朗杰、王光英、程思远、布赫、铁木尔·达瓦买提、吴阶平、彭珮云、何鲁丽、周光召、曹志、丁石孙、成思危、许嘉璐、蒋正华，秘书长何椿霖出席会议。国务院副总理吴邦国、最高人民法院院长肖扬、最高人民检察院检察长韩杼滨列席会议。

会议结束后，出席本次常委会会议的全国人大常委会组成人员及有关列席人员、全国人大常委会澳门特别行政区基本法委员会组成人员还参加了国务院举行的庆祝澳门回归祖国招待会和首都各界庆祝澳门回归祖国大会等活动。

九届全国人大常务委员会十三次会议通过《澳门特别行政区九届全国人大代表选举会议成员名单》

(203 人，按简体字姓氏笔画排列)

马万祺　马有礼　马有恒　马秀立　马若龙
王守基　王孝仁　王孝行　王启人　王启翔
区天香(女)　区永强　区秉光　区金蓉(女)
区宗杰　尤淑瑞(女)　孔智刚　邓祖基
卢学锋　卢勤心(女)　叶启明　叶耀荣
邝荣杰　冯　众　冯志强　冯金喜　冯觉生
司徒获林　老寿永　毕　明　朱月霞(女)
刘艺良　刘本立　刘光普　刘炎新　刘衍泉
刘润辉　刘羡冰(女)　刘焯华　关笑红(女)
关翠杏(女)　江荣辉　江美芬(女)　江濠生
许世元　许健康　许辉年　阮子荣　阮毓明
苏树辉　杜岚(女)　李子丰　李公剑
李文钦　李成俊　李沛霖　李明基　李宝来
李祥立　李　康　李筱玉(女)　李鹏翥
李睿恒(女)　杨允中　杨秀雯(女)　杨俊文
杨道匡　吴仕明　吴立胜　吴在权　吴志良
吴利勋　吴秀琼(女)　吴国昌　吴荣恪
吴柱邦　吴素宽(女)　吴培娟(女)　吴　福
岑玉霞(女)　何玉棠　何佩芬(女)　何厚炲
何厚铧　何美华(女)　何桂铃(女)　何海威
何鸿燊　何婉琪(女)　何锦霞(女)
余惠莺(女)　汪长南　宋厚章　张伟基
张伟智　张　裕　陆永根　陆　昌　陈志杰
陈明金　陈泽武　陈荣光　陈炳华
陈洁瑛(女)　陈振华　陈健英　陈景垣
陈锦华　陈锦灵　招银英(女)　林华坚
林金城　林香生　林　昶　林笑云(女)
林润垣　林淑源(女)　欧家明　罗少荣
罗永源　罗肖金(女)　周锦辉　郑志强
郑秀明(女)　郑康乐　官世海　姗桃丝(女)
胡顺谦　柯小刚　柯为湘　柯正平　钟小健
钟立雄　施子学　姚汝祥　姚鸿明　贺一诚
贺定一(女)　袁惠清(女)　莫均益　高开贤
高展鸿　唐志坚　唐坚谋　唐星樵
容永恩(女)　黄义满　黄友狮　黄汉强
黄宇光　黄如楷　黄枫桦　黄国胜　黄树森
黄显辉　黄洁林　黄耀荣　萧志伟
萧卓芬(女)　曹其真(女)　曹锦泉　崔世安
崔世昌　崔乐其　崔煜林　崔德祺　崔　耀
梁　忝　梁少培　梁仕友　梁仲虬　梁　华
梁庆庭　梁庆球　梁秀珍(女)　梁　宋　梁拔祥
梁披云　梁金泉　梁官汉　梁冠峰　梁维特
彭为锦　彭彼得　释机修　曾炽明　温　泉
谢硕文　蓝钦文　鲍马壮　蔡安安　蔡志龙
廖玉麟　廖泽云　谭民权　谭伯源　黎振强
颜延龄　潘玉兰(女)　潘汉荣　潘志明
薛观平　霍丽斯

九届全国人大常委会委员长会议提请审议有关澳门的议案

全国人大常委会委员长会议向正在举行的九届全国人大常委会第十三次会议提交议案，提请审议全国人大常委会关于增加澳门特别行政区基本法附件三所列全国性法律的决定草案。

在对这个决定草案所作的说明中指出，《中华人民共和国澳门特别行政区基本法》第十八条第二款和第三款规定："全国性法律除列于本法附件三者外，不在澳门特别行政区实施。凡列于本法附件三的法律，由澳门特别行政区在当地公布或立法实施。""全国人民代表大会常务委员会在征询其所属的澳门特别行政区基本法委员会和澳门特别行政区政府的意见后，可对列于本法附件三的法律作出增减。列入附件三的法律应限于有关国防、外交和其他依照本法规定不属于澳门特别行政区自治范围的法律。"

1993 年通过的《中华人民共和国澳门特别行政区基本法》附件三中列有八项全国性法律。此后，全国人大常委会于 1998 年 6 月通过了《中华人民共和国专属经济区和大陆架法》，又于 1999 年 6 月通过了《中华人民共和国澳门特别行政区驻军法》，这两项法律均属于有关国防、外交和其他按照澳门特别行政区基本法规定不属于特别行政区自治范围的法律，需要在澳门特别行政区实施。全国人民代表大会澳门特别行政区筹备委员会向全国人大常委会提出的《关于增加〈中华人民共和国澳门特别行政区基本法〉附件三所列全国性法律的建议》中，建议将这两项法律列入澳门基本法附件三。委员长会议审议了筹委会的建议，认为筹委会的建议是适当的，决定向全国人大常委会本次会议提出《全国人民代表大会常务委员会关于增加〈中华人民共和国澳门特别行政区基本法〉附件三所列全国性法律的决定(草案)》。

此外，全国人大常委会于1998年12月29日通过的《关于〈中华人民共和国国籍法〉在澳门特别行政区实施的几个问题的解释》，属于《中华人民共和国国籍法》的组成部分，澳门特别行政区在公布或立法实施《中华人民共和国国籍法》时，也应包括这一解释。

第九届全国人民代表大会常务委员会第十三次会议通过《全国人民代表大会常务委员会关于增加〈中华人民共和国澳门特别行政区基本法〉附件三所列全国性法律的决定》

在《中华人民共和国澳门特别行政区基本法》附件三中增加下列全国性法律：

1.《中华人民共和国专属经济区和大陆架法》；

2.《中华人民共和国澳门特别行政区驻军法》。

以上全国性法律，自1999年12月20日起由澳门特别行政区公布或立法实施。

国务院公布《中华人民共和国澳门特别行政区区域图》

根据1993年3月31日第八届全国人民代表大会第一次会议通过的《全国人民代表大会关于设立中华人民共和国澳门特别行政区的决定》，《中华人民共和国澳门特别行政区行政区域图》已经1999年12月7日国务院第23次常务会议通过，现予公布。

总理 朱镕基

1999年12月20日

中华人民共和国澳门特别行政区行政区域范围文字表述

中华人民共和国澳门特别行政区包括澳门半岛、凼仔岛和路环岛。

澳门特别行政区北部与广东省珠海市的拱北陆路相连。关闸拱门以南由澳门特别行政区管辖。关闸拱门以北至珠海边防检查站原旗楼之间的地段维持原有管理办法不变。

澳门特别行政区维持澳门原有的习惯水域管理范围不变。

世界上第一个藏文网站建立

世界上第一个藏文网站——“同元藏文网”试开通，并将于2000年零点整正式开通，首次上网的用户可从网站上免费下载藏文视窗软件。同期开发成功的还有藏文视窗平台和藏文字处理软件。同元藏文网页分别用藏、汉、英三种文字介绍藏民族历史、语言、文化、宗教、风土人情等。网页中的藏文系统下载接口可提供藏文系统支持软件，在藏文信息的传输、显示方面独具特色。

12月21日

国家主席江泽民在中南海会见欧盟轮值主席国芬兰总理利波宁和欧盟委员会主席普罗迪

江泽民指出，中国是世界上最大的发展中国家，欧盟是发达国家最集中、一体化程度最高的区域性组织，在国际事务中都有重要影响。只要中欧双方都从战略高度审视和处理相互关系，中欧之间就一定能建立和发展面向21世纪的建设性伙伴关系。

江泽民阐述了对世界多样化的看法。他说，我们生活的这个世界是丰富多彩的，各国发展的历史阶段不同，文化背景、社会制度和价值观各异，生活方式也有很大差异，这种多样性正是世界充满活力和创新的源泉。因此，尊重和发展这种多样性，并通过加强交流和了解寻求共同利益，才能顺应人类社会发展的潮流。

江泽民介绍了中国国内的情况。他说，中国政府所做的一切都是为了保障广大人民群众的最基本人权和民主，并取得了举世瞩目的成就。我们认为，促进和保护人权不能脱离各国国情，中国保护和促进了12亿人的基本生存权和发展权，这本身就是对世界人权事业作出的最大贡献。

国务院总理朱镕基在人民大会堂会见芬兰总理利波宁

国务院总理朱镕基在人民大会堂与欧盟轮值主席国芬兰总理帕沃·利波宁和欧盟委员会主席普罗迪举行第二次中国—欧盟领导人会晤

朱镕基表示，欧盟在发展对华关系方面采取了一些积极的举措，有利于中欧关系的进一步改善和发展，中国对此予以积极评价。他说，中国一向非常重视同欧盟及其成员国的关系，把它置于中国外交政策中的突出位置。中国一贯支持欧洲一体化进程，愿意看到欧盟在国际事务中发挥积极作用。我们同历届欧盟委员会都合作得很好，我们愿与普罗迪主席为首的新一届欧盟委员会进一步加强合作，使中欧关系在下个世纪得到更大的发展。

朱镕基表示，经贸合作是中欧关系的重要基础，中欧现已互为第三和第四大贸易伙伴，欧盟国家也是中国引进技术和设备的最大来源国。总体上说，我们对双边经贸合作取得的成果是满意的。但应该看到，双方经贸合作的规模与程度还有待进一步提高。欧盟的总体经济规模已超过美、日，但对华贸易额大大低于美、日，在欧盟外贸总额中的比重仅占百分之三点九，对华投资额仅占其对外投资总额的百分之二点二四。欧盟是世界上发达国家最为集中的区域集团，中国是世界上最大的发展中国家，双方经济互补性强，合作潜力很大。希望欧方减少直至最终取消对华贸易限制，增加对华高技术产品的出口和技术转让，并采取积极措施，鼓励更多的欧洲企业来华投资与合作。

利波宁和普罗迪说，欧盟将研究增加对华投资问题。欧盟支持中国在世界经济中发挥更大作用，支持中国加入世界贸易组织，并希望就此与中国达成一个有利的稳定的协议。

九届全国人大常委会十三次会议继续举行分组会议

国办关于进一步做好治理开发农村“四荒”资源工作的通知

各省、自治区、直辖市人民政府，国务院各部委、各直属机构：

治理开发农村集体所有的“荒山、荒沟、荒丘、荒滩”（以下简称“四荒”，包括荒地、荒沙、荒草和荒水等）是提高植被覆盖率，防治水土流失和土地荒漠化，改善生态环境和农业生产条件，促进农民脱贫致富和农业可持续发展的一项重大战略措施。近年来，各地认真贯彻《国务院办公厅关于治理开发农村“四荒”资源进一步加强水土保持工作的通知》（国办发〔1996〕23 号文件）精神，调动了广大农民及社会各方面的积极性，“四荒”治理开发取得了显著成效。但目前全国治理开发“四荒”的进展不平衡，有些地方还存在一些问题。主要是：有的地方追求眼前经济利益，破坏了林草植被，损害了生态环境；有的地方把林地、耕地和国有土地及权属有争议的土地当作“四荒”，进行使用权承包、租赁或拍卖；有的地方“四荒”使用权的承包、租赁或拍卖程序不规范，随意性大，群众参与不够；有的地方监督管理不力，出现了“包而不治”、“买而不治”的情况，承包、租赁或拍卖使用权的资金被挤占挪用，治理开发成果受到侵犯等问题。

为了进一步贯彻落实党的十五届三中全会《关于农业和农村工作若干重大问题的决定》中关于“制定鼓励政策，推进荒山荒沟荒丘荒滩使用权的承包、租赁和拍卖，加快开发和治理，切实保障开发者的合法权益”的精神，加强生态环境建设，促进农村经济发展，经国务院同意，现就进一步做好治理开发农村“四荒”资源的有关工作通知如下：

一、在“四荒”使用权承包、租赁或拍卖前，必须做好“四荒”界定、确权等基础性工作

（一）根据新修订的《中华人民共和国土地管理法》的规定，“四荒”属于“未利用地”。各级人民政府要据此严格界定“四荒”范围和土地类型，确定权属。承包、租赁或拍卖使用权的“四荒”地必须是农村集体经济组织所有的、未利用的土地。耕地、林地、草原以及国有未利用土地不得作为农村“四荒”。

“四荒”界定必须通过政府组织土地行政主管部门会同有关部门编制土地分类和划定土地利用区规划。在根据土地区位和利用条件确定“四荒”具体的治理开发方向后，再进行使用权承包、租赁或拍卖。待“四荒”完成初步治理后，根据其主导经营内容，依法分别由县级以上人民政府发放土地证、林权证、草原证或养殖使用证等相应的权属证明，对“四荒”治理开发工作实行依法管理。

（二）权属不明确、存在争议的未利用土地，由县级以上人民政府依法确认权属；在问题没有解决前，不得将其作为“四荒”进行使用权承包、租赁或拍卖。

（三）对“四荒”一般应先承包、租赁或拍卖使用权，后进行治理。但对一些条件差、群众单户治理有困难的“四荒”，可先由集体经济组织作出规划并完成初步治理后，再将其使用权承包、租赁或拍卖给个人进行后续治理开发和管护。

（四）对在“四荒”使用权的承包，租赁或拍卖中涉及的“两山”（自留山、责任山）问题，应慎重处理。“两山”是林地的组成部分，不在“四荒”之列。对承包后长期没有得到治理的责任山可由集体收回使用权，另行承包、租赁或拍卖，但要重新签订合同并办理林权变更登记手续。

二、对“四荒”使用权承包、租赁或拍卖必须严格按程序规范进行，并切实保护治理开发者的合法权益

（一）农村集体经济组织内的农民都有参与治理开发“四荒”的权利，同时积极支持和鼓励社会单位和个人参与。在同等条件下，本集体经济组织内的农民享有优先权。

（二）农村“四荒”资源属当地农民群众集体所有，农村集体经济组织在实施承包、租赁或拍卖“四荒”使用权之前，必须坚持公开、公平、自愿、公正的原则，充

分发扬民主，广泛征求群众意见，应成立由村民代表参加的工作小组，拟订方案，要规定治理开发"四荒"的范围、期限、方式（承包、租赁、拍卖等）与程序、估价标准，明确治理开发的内容和要求等，经村民会议或者村民代表大会讨论通过。依照有关土地管理的法律、法规须报经县级以上人民政府批准的，应办理有关批准手续。如果承包、租赁或拍卖对象是本集体经济组织以外的单位或者个人，必须经村民会议三分之二以上成员或者三分之二以上村民代表的同意。

（三）承包、租赁或拍卖"四荒"使用权，农村集体经济组织要与对方签订合同或协议。合同或协议的内容应符合国家有关法律、法规，并应依法明确双方的权利、义务和违约责任。合同和协议经县级人民政府批准生效后，双方都应认真履行。农村集体经济组织不得因负责人的变动而随意变更合同内容或解除合同。采取拍卖方式的，要标定拍卖底价，实行公开竞价。"四荒"使用权承包、租赁或拍卖的期限最长不得超过50年。

（四）要严格执行谁治理、谁管护、谁受益的政策，切实保护治理开发者的合法权益。治理开发者在规定的承包、租赁或拍卖期限内享有"四荒"使用权。"四荒"使用权受法律保护，依法享有继承、转让（租）、抵押或参股联营的权利。要广泛宣传教育，增强干部群众的法制观念，提高其维护治理开发者利益的自觉性。执法部门要及时依法处理和打击各类损害、破坏、侵犯治理开发成果的行为。

三、建立稳定的投入机制，加强对"四荒"使用权承包、租赁或拍卖资金的管理

为了加快"四荒"治理开发进程，必须调动广大农民和社会各方面的积极性，坚持国家、地方、集体和个人一起上，多渠道、多层次筹集资金。各级政府要逐步增加财政对治理开发"四荒"的支持，引导信贷资金、社会资金更多地投向治理开发"四荒"。国家预算内生态建设资金、农业综合开发资金、扶贫资金、以工代赈资金，以及水利、林业、农业等方面资金使用，应统筹安排，把治理开发农村"四荒"作为一项重要内容，有些资金可以直接支持到户。银行、信用社要在加强管理、保证资金回收的基础上增加"四荒"治理开发的贷款，期限应长一些。

收取的承包、租赁或拍卖资金实行村有乡管，可专户储存在农村信用社，由乡镇农村集体资产管理机构代管。资金使用由农村集体经济组织决定，并实行账目公开，只能用于"四荒"范围内的水利设施建设、植树造林种草和小型农田建设等，任何单位和个人不得平调、挪用，不准用于非生产性开支，更不准平分到户。要建立严格的资金使用申报和管理监督制度。收取的资金要列入农村集体资产管理，资金的使用情况要定期向群众公布，乡镇农村集体经济审计机构要进行专项审计，对违反规定的要坚决纠正，对贪污、挪用的要依法追究责任。

四、因地制宜制定"四荒"治理开发规划，加强监督检查

"四荒"治理开发必须以保护和改善生态环境、防止水土流失和土地荒漠化为主要目标，以植树种草为重点，合理安排农、林、牧、副、渔各业生产，具体按照土地利用总体规划进行。要依照《中华人民共和国土地管理法》、《中华人民共和国水土保持法》、《中华人民共和国森林法》等有关法律、法规，对"四荒"资源治理开发实施用途管制。各地要在土地利用总体规划的控制和指导下，抓紧制订"四荒"治理开发实施计划，提出鼓励、适度限制和禁止发展的项目。

对位于江河源头、干支流两侧、湖库周围、石质山区、风沙干旱区、高山陡坡地带、山脉顶脊部位、生物多样性丰富地区和其他生态环境脆弱地区适宜植树种草的"四荒"地，要大力植树种草。对长江上游、黄河中上游重点生态治理区，要采取封山育林种草为主、人工促进天然更新与人工造林相结合的方式，配套节水工程等综合水利设施建设，全面恢复和建设林草植被。

对东北、华北、西北沙化地区，实行分类防治。将目前尚无治理条件的大漠戈壁划为封禁区，实施封禁，防止人为因素使其扩大蔓延；将有条件治理或利用过度造成沙化的区域划为治理区，以培育和保护林草植被为中心，配套水利工程措施实施综合治理；将已开发利用，但有沙化危险的区域划为保护利用区，实施监测管理，防止退化为新的"沙荒"。

要充实和加强监督执法力量，加大监督检查和执法力度，搞好"四荒"治理开发全过程的监管，保证治理开发目标的实现。有关部门和农村集体经济组织应定期对"四荒"的治理开发情况和进度进行检查，对治理开发中的各种违法违规行为，要依法进行处罚。对于治理进展缓慢，未达到合同或协议规定进度的，要提出限期治理的要求；对于长期违约不治理开发的，可以收回使用权。对于毁坏林草植被种植农作物和其他掠夺式开发造成水土流失的，破坏道路和农田水利、水土保持工程设施的，以及将"四荒"改作非农用途的，要限期改正，否则收回其使用权，并依法予以处罚。

五、加强部门协作，落实管理责任

治理开发农村"四荒"工作，包括水土保持、造林种草、土地承包等多项内容，涉及国土资源、水利、农业、林业等多个部门，地方各级政府要高度重视这项工作，切实加强领导，搞好统筹协调，不断研究新情况，解决新问题，总结新经验。这项工作的归口管理部门，由各省、自治区、直辖市人民政府根据实际情况确定。国务院有关部门应根据职能分工，落实各自的管理责任，通力合作，加强对治理开发农村“四荒”资源工作的服务、指导、监督和管理，及时帮助解决农民和其他治理者在开发治理中遇到的困难，保证“四荒”的承包、租赁或拍卖与治理开发工作健康、有序进行。水利部门要做好“四荒”治理中的水土保持方面的工作，协调水土流失的综合治理，研究制定水土保持的工程措施规划并组织实施。林业部门要做好以生物措施防治水土流失方面的工作，制定宜林“四荒”地造林绿化规划，进一步加强树种的基础研究工作，组织种苗供应、给予技术指导并组织实施，依法对宜林“四荒”地确权发证。土地部门要会同有关部门进一步依法做好“四荒”的范围、土地类型界定、“四荒”开发利用规划，办理使用“四荒”的土地登记和土地开发审批等有关手续。农业部门要做好“四荒”开发中的保土耕作措施，开展农业技术、信息等方面的服务。

各地人民政府和有关部门要根据本通知精神，对“四荒”治理开发情况进行一次专项清理检查。凡是出台的政策措施和治理开发行为与本通知精神不一致的，都要予以纠正。

国务院办公厅

一九九九年十二月

为期三天的全国医药工作会议在深圳举行

12月22日

国家计委等六部门制定《中介服务收费管理办法》

《人民日报》报道，为规范中介机构收费行为，国家计委会同经贸委、财政部、监察部、审计署、国务院纠风办等部门制定的《中介服务收费管理办法》(以下简称《办法》)日前颁布。

《办法》规定，中介机构提供服务并实施收费应遵循公开、公正、诚实信用的原则和公平竞争、自愿有偿、委托人付费的原则，严格按照业务规程提供质量合格的服务。

《办法》同时规定，中介机构实施收费应与委托人签订委托协议书，并在收费场所显著的位置公布服务程序或业务规程、服务项目和收费标准等，实行明码标价，不得对委托人进行价格欺诈和价格歧视。中介机构的行业协会等社会团体以及中介机构之间不得以任何理由相互串通，垄断或操纵服务市场，损害委托人的利益。委托人可自主选择中介机构提供服务，中介机构不得强制或变相强制当事人接受服务并收费。对违反《办法》规定乱收费的，由政府价格主管部门依据《价格法》和《价格违法行为行政处罚规定》予以查处。

江西省原副省长胡长清被开除党籍和公职

中央纪委和中央组织部组成联合调查组，在江西省委、省纪委及有关部门配合下，严肃查处了江西省原副省长胡长清严重违纪违法案件。经中央批准，中央纪委给予胡长清开除党籍处分，有关部门已开除其公职。江西省委及省人大常委会已分别免去其省政府党组成员及副省长职务，最高人民检察院依法将其逮捕。

经查，胡长清的主要违纪违法事实有：经济上贪得无厌，利用职权便利及影响，大肆索贿受贿。胡长清大搞权钱交易，利用职权便利及影响，采取向有关部门负责人批条子、打招呼、下指令等手段，通过为他人解决贷款、建筑工程项目、营业执照、赴港定居、汽车过户等问题，多次收受、索要贿赂。从1997年至1999年7月，共计收受、索要周雪华(私营企业主，已被捕)等8人人民币153万元、港币75万元、美金3.5万元，以及价值140多万元的高级手表、钻戒等贵重物品。胡长清道德败坏，生活腐化、堕落，情节恶劣。

12月23日

九届全国人大常委会十三次会议继续举行分组会

全国人事厅局长会议在北京召开

会议传达了国务院总理朱镕基、副总理李岚清，国务委员王忠禹听取人事工作汇报时的讲话精神。国务院领导人在讲话中指出，人事工作在整个建设有中国特色社会主义事业中，在人才的培养开发使用上都将发挥重要的作用。各级人事部门要围绕经济结构调整的要求，以改革的精神研究新情况，解决新问题，把人才结构调整作为一项长期的战略性任务，为国民经济持续快速健康发展和促进社会全面进步提供人事人才保证。

国务院领导在讲话中肯定人事工作的指导思想是对的，方向是正确的，认为人事部门围绕经济建设和改革开放的大局，按照“把适应计划经济的人事管理体制调整到与社会主义市场经济相配套的人事管理体制上来，把传统的人事管理调整到整体性人才资源开发上来”的改革思路，使人事工作在改革创新中不断发展。人事部门的工作越来越重，要做过细的工作。

国务院领导指出，调整人才的分布结构，包括区域人才结构的调整。开发西部最根本的是人才，不解决西部地区的人才资源问题，开发西部会有很大障碍。

调整和优化人才结构要加强培训工作。岗位培训是各级人事部门非常重要的任务，特别是公务员的培训。在地方机构改革中，要重视分流人员的学习，提高干部素质，尤其是乡镇干部的素质。通过学习培训，培养储备一批更高素质的人才。要培育和发展规范的人才市场，发展网络人才市场，使人才能够有序流动，找到工作岗位，单位用人也能方便地找到需要的人才。

国务院领导希望人事部门围绕"两个调整"的思路，完善法律、法规，经过长时间的持续努力，经过不断地改革人事管理制度，把人事管理引向法制化轨道。要形成规范的轮岗制度，用法制化的办法固定下来。轮岗是公务员晋升的一个条件，没有轮岗不能晋升高一级的职位，没有基层工作经历，也不能晋升。

国务院领导指出，支持留学、鼓励回国、来去自由，是一项基本政策。要围绕培养引进创新人才调整政策，采取切实可行的措施，鼓励更多的留学人员回国工作或以多种形式为国服务。

在今天的全国人事厅局长会议上，国务委员王忠禹作了题为《把握全局，加强领导，努力做好明年的人事工作》的讲话。他在分析经济工作形势后指出，人事工作要紧紧围绕经济工作这个中心来进行，围绕经济结构调整，把人才结构调整作为一项战略任务；围绕科技进步和创新，加大事业单位人事制度改革力度，在鼓励留学人员和海外科技人才回国工作方面，政策上要有新的突破，促进专业技术人员队伍建设；围绕推进国有企业改革和发展，培育企业经营管理人才市场，大力实施专业技术人才继续教育，努力做好人事人才服务工作；围绕农业结构调整和增加农民收入，大力开发农村人才资源，壮大农业科技推广和普及人才队伍；围绕转变职能和提高队伍素质，做好地方机构改革和人员定岗分流工作。

王忠禹强调，人事工作许多政策，直接涉及广大干部群众的切身利益，关系到社会稳定，因此，各级政府要高度重视，切实加强领导。各级人事部门要在党委、政府的领导下，加强各项人事工作的领导，进一步加强自身建设，保证国家干部人事方针、政策的贯彻落实。

人事部部长宋德福在会上作了题为《坚持好的传统，进行新的开拓，加快调整人才结构和深化制度改革的步伐》的工作报告。

全国农网建设改造取得重大进展

经过一年多努力，我国农村电网建设与改造工作取得重大进展，到今年年底可完成投资 550 亿元，有 440 多个县可完成全部改造任务。

从去年下半年开始实施的农网改造工程是党中央、国务院为缩小城乡差别作出的一项战略决策，国家为此计划 3 年内投资 1900 亿元。到 10 月底，已累计完成投资 380 多亿元，完成 110 千伏变电站 305 座、线路 7072 公里；35 千伏变电站 1020 座，线路 1.3 万公里；10 千伏线路 14.6 公里；低压线路超过 36 万公里。经过改造的农村供电质量明显提高，电压稳定，低压线损由改造前的 20%以上降低到了 12%左右。农电管理体制改革也取得明显成效，各地取消了违反国家规定的电价外加收的各种附加费和基金。目前，全国已有 30%的乡镇电管站改为县级供电企业的派出机构，实行收支两条线管理，使乱收费、乱加价、乱摊派和人情电、关系电、权力电等问题得到了有效控制。

通过农村电网改造和农电管理体制改革，农村电价明显下降，减轻了农民负担，有力地促进了市场消费和经济增长。山东省完成农网建设与改造的地区，农村到户电价平均每千瓦时降低 0.1 元，广东省平均每千瓦时降低 0.32 元。这些地区农村用电量显著增加，农民消费明显扩大。

国家计委和国家电力公司日前召开的第三次全国农村电网建设与改造工作会议还对明年的农网改造工作进行了部署。明年年初步计划安排投资 550 亿元，要求完成竣工县 1000 个以上，力争在 2000 年年底全部完成乡镇电管站的改革任务。在已经完成农村电网改造和农电管理体制改革的 550 个县，首先实现城乡居民生活用电同价，为 3 年内基本完成农网改造任务，在全国实现城乡用电同价创造条件。

国家计委主任曾培炎在会上指出，农村电网建设与改造得到了广大农民群众的衷心拥护和热烈欢迎，被中央领导同志称为农民的"福音"工程。各级政府和部门要充分认识到这项工作的重要意义，贯彻好中央经济工作会议精神，切实把农网建设与改造办成德政工程、民心工程，把好事办好，让党中央、国务院放心，使老百姓满意。会议要求，各省（区、市）要进一步明确责任制，成立由副省长担任组长的农网改造工作领导小组，负责领导和协调工作，认真执行国家计委下发的质量管理和投资管理的有关规定，确保农网改造工程质量和工程进度。

中葡土地小组中方代表处摘牌

中葡土地小组中方代表处举行仪式，将位于新华社澳门分社办公大楼前的"中葡土地小组中方代表处"的牌子摘下。

从 1996 年 9 月开始担任中葡土地小组中方组长的杨润珍说，目前还未确定这块牌子的存放地点，但它肯定会作为一件历史文物得以妥善保存。

经过土地小组中方代表处及其土地基金秘书处的有效管理，截至 12 月 19 日，澳门特别行政区土地基金实有净资产总额达 99.95 亿澳门元，其中批地各项收入为 69.12 亿澳门元；增值部分为 30.83 亿澳门元，发展商拖欠的溢价金不在其内。

在 1999 年 12 月 20 日澳门特区政府成立庆祝大会上，国务院副总理钱其琛代表中央政府将土地基金证书交给特区行政长官何厚铧。杨润珍说，特区土地基金的具体移交工作将在明年 3 月 31 日前完成。

中葡土地小组是根据中国和葡萄牙两国政府关于澳门问题的联合声明设立的，代表两国政府处理澳门土地契约及相关事务。中葡土地小组从 1988 年 1 月 15 日联合声明生效之日设立，工作到今年 12 月 19 日为止。

中方代表处的主要职责之一是监察澳葡政府批出土地的数量和期限，以及批出土地所得收入的分配和使用情况。另一项重要职责是代为管理属于澳门特区政府的土地收入。

国家副主席胡锦涛在人民大会堂会见缅甸外交部部长吴温昂

中共中央总书记江泽民为《院士科普书系》作序文《提高全民族的科学素质》

人类走到了又一个千年之交。

人类的文明进程至少已有六千余年。地球上各个民族共同创造了人类文明的灿烂之花。中华文明同古埃及文明、古印度文明、古巴比伦文明、古希腊文明等一起，是人类文明的发源地。

十五世纪之前，以中华文明为代表的东方文明曾遥遥领先于当时的西方文明。从汉代到明代初期，中国的科学技术在世界上一直领先长达十四个世纪以上。在那个时期，影响世界文明进程的重要发明中，相当部分是中华民族的贡献。

后来，中国逐渐落后了。中国为什么落后？近代从林则徐以来许多志士仁人就不断提出和思索这个历史课题。但都没有找到正确的答案。以毛泽东同志、邓小平同志为代表的中国共产党人作出了唯一正确的回答：中国落后，是由于生产力的落后和社会政治的腐朽。西方列强对中国的欺凌，更加剧了中国经济的落后和国家的衰败。而落后就要挨打。所以要进行革命，通过革命从根本上改变生产关系和政治上层建筑，为解放和发展生产力开辟道路。于是，就有了八十多年前孙中山先生领导的辛亥革命，就有了五十年前我们党领导的新民主主义革命的胜利，以及随后进行的社会主义革命的成功。无论是革命还是我们正在进行的社会主义改革，都是为了解放和发展生产力。

邓小平同志提出的“科学技术是第一生产力”的著名论断，使我们对科学技术在经济和社会发展中的地位与作用的认识，有了新的飞跃。我们应该运用这一真理性认识，深刻总结以往科学技术发展的历史经验，把我国科技事业更好地推向前进。中国古代科技有过辉煌的成果，但也有不足，主要是没有形成实验科学传统和完整的学科体系，科学技术没有取得应有的社会地位，更缺乏通过科技促进社会生产力发展的动力和机制。为什么近代科学技术首先在文艺复兴后的欧洲出现，而未能在中国出现，这可能是原因之一吧。而且，我国历史上虽然有着伟大而丰富的文明成果和优良的文化传统，但相对说来，全社会的科学精神不足也是一个缺陷。鉴往开来，继承以往的优秀文化，弥补历史的不足，是当代中国人的社会责任。

在新的世纪中，中华民族将实现伟大的复兴。在一个占世界人口五分之一的发展中大国里，再用五十年的时间基本实现现代化，这又是一项惊天动地的伟业。为实现这个光辉的目标，我们应该充分发挥社会主义制度的优越性，坚持不懈地实施科教兴国战略。

科教兴国，全社会都要参与，科学家和教育家更应奋勇当先，在全社会带头弘扬科学精神，传播科学思想，倡导科学方法，普及科学知识。科教兴国也要抓好基本建设。编辑出版高质量的科普图书，就是一项基本建设，对于提高全民族的科学素质，是很有意义的。在《院士科普书系》出版之际，写了上面这些话，是为序。

中国人民银行　教育部　财政部联合发出《关于助学贷款管理的若干意见》

为支持教育事业的发展，推动科教兴国战略的实施，根据《中华人民共和国商业银行法》、《中华人民共和国教育法》等法律、法规的有关规定，现就完善国家助学贷款管理办法和开展一般商业性助学贷款工作提出以下意见：

教育部决定改进高校毕业生派遣分配制

教育部近日发出通知，要求从 2000 年起停止使用《全国普通高等学校毕业生就业派遣报到证》和《全国毕业研究生就业派遣报到证》，启用《全国普通高等学校本专科毕业生就业报到证》和《全国毕业研究生就业报到证》。

停止使用《毕业生派遣报到证》，启用《毕业生就业报到证》，对建立“不包分配，竞争上岗，择优录用”的用人机制有重要意义。教育部有关负责人说，这一举措是为了加大高等学校毕业生就业改革力度，使高校毕业生就业工作更好地适应社会主义市场经济体制的需要，进一步完善在国家宏观调控下，各级政府和学校推荐、学生和用人单位双向选择的就业体制。

今后高校毕业生和用人单位经双向选择并签订协议书后，《毕业生就业报到证》只作为毕业生到工作单位就业的报到凭证。

教育部通知从2000年起停止使用《全国普通高等学校毕业生就业派遣报到证》和《全国毕业研究生派遣报到证》启用《全国普通高等学校本专科毕业生就业报到证》和《全国毕业研究生就业报到证》

张开科一审被判无期徒刑

重庆市第一中级人民法院对重庆市綦江县原县委书记张开科受贿、玩忽职守案作出一审判决：以受贿罪判处无期徒刑，剥夺政治权利终身，并处没收财产10万元；以玩忽职守罪判处有期徒刑5年；决定执行无期徒刑，剥夺政治权利终身，并处没收财产10万元，追缴全部赃款、赃物及违法所得。

12月24日

九届全国人大常委会十三次会议举行第三次全体会议

会议听取了关于检查义务教育法实施情况的报告等七项报告，审议了李鹏委员长访问毛里求斯等六国情况的书面报告等四项书面报告。

李鹏委员长参加会议。会议由全国人大常委会副委员长吴阶平主持。

在大会上，全国人大常委会副委员长彭珮云作了全国人大常委会执法检查组关于检查义务教育法实施情况的报告；公安部部长贾春旺受国务院委托，作了国务院关于近年来公安队伍建设情况和下一步加强公安队伍建设意见的报告。

会议听取了分别由全国人大民族委员会副主任委员江村罗布、法律委员会副主任委员李伯勇、内务司法委员会副主任委员张丁华、教育科学文化卫生委员会副主任委员范敬宜、外事委员会主任委员曾建徽所作的全国人大民族委员会、法律委员会、内务司法委员会、教育科学文化卫生委员会、外事委员会关于第九届全国人大二次会议主席团交付审议的代表提出的议案审议结果的报告。

会议还审议李鹏委员长访问毛里求斯、南非、肯尼亚、以色列、巴勒斯坦和阿曼六国情况的书面报告，全国人大代表团访问塞浦路斯、埃及两国情况的书面报告，全国人大代表团访问美国情况的书面报告，全国人大代表团出席各国议会联盟第一百零二届大会的书面报告。

全国人大常委会副委员长田纪云、姜春云、邹家华、帕巴拉·格列朗杰、王光英、程思远、布赫、铁木尔·达瓦买提、吴阶平、彭珮云、何鲁丽、周光召、曹志、丁石孙、成思危、许嘉璐、蒋正华，秘书长何椿霖出席会议，国务委员吴仪、最高人民法院院长肖扬、最高人民检察院副检察长赵虹列席会议。

新一届解放军全军体育指导委员会召开在北京委员会议

国家主席江泽民致电阿尔及利亚总统布特弗利卡对阿尔及利亚遭受地震灾害造成人员伤亡和财产损失表示慰问

全国无偿献血表彰大会召开

由卫生部、中国红十字会总会、解放军总后勤部卫生部联合主办的全国无偿献血表彰大会，对48个获得全国无偿献血先进城市奖的地市、13个获得无偿献血先进部队奖的单位、611个获得无偿献血奖杯的先进个人、28个获得无偿献血促进奖的单位和个人给予表彰。

第九届中国新闻奖和首届中国新闻名栏奖在北京颁奖

全国计划生育工作会议在北京召开

江华逝世

中国共产党的优秀党员，忠诚的共产主义战士，久经考验的无产阶级革命家，我党党务工作和政法战线的杰出领导人，原中共中央顾问委员会常务委员，最高人民法院原院长江华，因病医治无效，于1999年12月24日10时08分在杭州逝世，享年93岁。

江华原名虞上聪，1907年8月1日出生于湖南江华县瑶族贫苦农民家庭。1925年在湖南省立第三师范学校加入中国共产主义青年团，1926年冬转为中国共产党党员。从事北伐宣传工作。在1927年四一二白色恐怖下，不畏艰险，化名黄琳担任中共湘南特委政治交通员。1928年11月调红军工作，是红军初创时期在毛泽东直接领导下的军队政治工作领导人之一。1929年6月红四军党的第七次代表大会后，随毛泽东离开红四军到闽西，任特委秘书长、福建省委军委常委。1930年春改名黄春圃回红军工作，历任团政委、师政委。参加了五次反"围剿"斗争。1934年夏，受"左"倾错误路线打击，被撤销职务。同年10月，参加长征。红军长征到陕北后，任中央军委警卫团政治委员。1945年夏参加中共第七次全国代表大会，任山东代表团副团长。抗日战争胜利后赴东北，历任省委书记、军区政委等职。正确贯彻执行党中央和毛泽东关于"建立巩固的东北根据地”的战略方针，在东北局的领导下，放手发动群众，开展土地改革运动，为开辟和建立辽东根据地，为支援辽沈战役、解放东北全境，作出了贡献。1949 年 8 月，任杭州市委书记兼市长，杭州市警备司令、政委。按照党的七届二中全会决定的路线、方针、政策，在城市抓恢复生产，稳定物价，稳定社会秩序；在农村抓剿匪反霸、土地改革。1954 年 8 月后历任浙江省委书记，华东局书记处书记，浙江省委第一书记，省政协主席，浙江省军区政委、党委第一书记，南京军区第五政委。在主持浙江省工作中，认真贯彻执行党在过渡时期的总路线，发动和依靠广大党员和群众，顺利地完成了对农业、手工业和资本主义工商业的社会主义改造。在毛泽东亲自领导下，参与《全国农业发展纲要》(以下简称《纲要》)的讨论制定，并且在实践中认真贯彻。浙江省提前一年实现《纲要》规定的粮、棉、猪等主要指标，做到粮食自给有余，初步夯实了农业基础，对国家作出了贡献。1956 年 4 月，根据毛泽东同志在《论十大关系》中阐述的方针，改变了沿海一般不新建、不扩建工业基础的做法，抓住机遇，以冶金、化工、电力、机械为主，建设起一批工业企业，优化了经济结构，培养了一批干部，为浙江的工业建设打下了坚实的基础。在“文化大革命”中，江华同志受到林彪、“四人帮”的残酷迫害。毫不妥协，进行了针锋相对的斗争，坚持原则，坚持真理，表现了共产党人的坚定信念和铮铮铁骨。1975 年 1 月，任最高人民法院院长、党组书记。在“四人帮”极端猖獗的压力下，批判了“砸烂公检法”的反动口号，着手恢复在“文化大革命”中被取消的各级人民法院，落实党在司法战线上的各项政策。1978 年，在第五届全国人民代表大会上，当选为最高人民法院院长，并任中央政法委员会委员。1980 年，全国人民代表大会常务委员会任命江华同志为最高人民法院特别法庭庭长，主持了对林彪、江青反革命集团 10 名主犯的审判工作。不负党和人民的重托，严格依法审理判决了如此重大案件。党的十一届三中全会以后，主持了人民法院系统的拨乱反正、复查纠正冤假错案的工作，平反了大量冤假错案，对于实现全国政治上的安定团结，调动一切积极因素，同心同德建设社会主义现代化国家，作出了重要的历史性贡献。为严格执行中华人民共和国法律，倾注了大量心血，深入基层调查研究，督促检查各级人民法院严格执法，有力地加强了新时期人民法院的建设。是中共第八、十届候补中央委员，第十一届中央委员。在党的第十二次、第十三次全国代表大会上当选为中央顾问委员会常务委员。

12 月 25 日

第九届全国人大常委会第十三次会议闭幕

下午，会议在人民大会堂闭幕。会议进行大会发言，表决通过了修订的海洋环境保护法、刑法修正案等。

李鹏委员长主持会议并讲话。

会议首先听取了全国人大法律委员会主任委员王维澄所作的关于海洋环境保护法修订草案、刑法修正案草案、海事诉讼特别程序法草案、关于加强中央预算审查监督的决定草案修改意见的报告和关于修改公司法的决定草案审议结果的报告。

会议进行大会发言，伍精华委员和钱易委员分别就发展我国的种子事业和加强大气污染防治问题，作了大会发言。

接着，大会分别表决通过修订的海洋环境保护法、刑法修正案、海事诉讼特别程序法、全国人大常委会关于加强中央预算审查监督的决定、全国人大常委会关于修改公司法的决定。

会议决定将立法法草案提请九届全国人大三次会议审议。

大会表决通过全国人大常委会关于召开九届全国人大三次会议的决定，关于批准全国人大澳门特别行政区筹委会工作情况的报告和全国人大澳门特别行政区筹委会结束工作的建议的决定，关于批准中国、俄罗斯、哈萨克斯坦三国关于确定三国国界交界点的协定的决定。

会议还分别表决通过全国人大民族委员会、法律委员会、内务司法委员会、教育科学文化卫生委员会、外事委员会关于第九届全国人大第二次会议主席团交付审议的代表提出的议案审议结果的报告。

会议还通过了有关任免名单等。

李鹏委员长在各项议程结束以后发表讲话。

他说，这次会议共 31 项议程，会议审议并通过了修订的海洋环境保护法，审议通过了海事诉讼特别程序法、刑法修正案、全国人大常委会关于加强中央预算审查监督的决定、全国人大常委会关于修改公司法的决定。海洋环境保护法是关系到实施经济和社会可持续发展战略的重要法律。为了强化海洋环境管理，适应国际海洋事务的发展，这次修订完善了法律制度的规定，强化了有关法律责任，与国际公约的衔接更加紧密，对保护和改善海洋环境，保护和利用海洋资源，维护生态平衡，防治污染及损害，将起到积极作用。

李鹏指出，针对经济生活中出现的一些新的犯罪行为，本次会议通过了刑法修正案，对刑法有关条款予以必要的补充和修改。这将有利于维护社会主义市场经济秩序，保障社会主义现代化建设的顺利进行。本次会议通过的全国人大常委会关于加强中央预算审查监督的决定，依据宪法和预算法，进一步规范预算监督工作，将有助于加强和规范对中央预算的审查监督，增加预算的透明度，更好地发挥中央预算在发展国民经济、促进社会进步中的作用。为了适应国企改革和加强技术创新、加快发展高科技产业的需要，本次会议对公司法适时做了修改，通过了全国人大常委会关于修改公司法的决定。这将有利于加强和完善对国有独资公司的监督机制，支持高新技术的股份有限公司进入资本市场筹集资金。

李鹏说，本次会议听取和审议了全国人大常委会执法检查组检查义务教育法实施情况的报告。百年大计，教育为本，科教兴国要从娃娃抓起。实施九年制义务教育的重要意义在于，使儿童、少年在品德、智力、体质各方面全面发展，为大力培养有理想、有道德、有文化、有纪律的社会主义建设人才奠定基础。自义务教育法 1986 年颁布实施以来，我国的九年制义务教育取得了重大发展，但也还存在着一些需要加强和完善的地方。今后，国务院和地方各级人民政府应进一步贯彻实施好义务教育法，依法保证实施义务教育所需的各项事业经费，坚决纠正侵占、克扣、挪用义务教育经费的行为，加强和发展师范教育，提高教师的政治、业务水平，保障教师的合法权益，保证适龄儿童、少年依法接受义务教育，使科教兴国的发展战略落到实处。

李鹏指出，会议听取和审议了国务院关于近年来公安队伍建设情况和下一步加强公安队伍建设意见的报告。在审议中，委员们认为，这些年公安队伍的建设取得了较大的成绩，涌现了一批先进人物和先进集体，广大公安干警为维护国家稳定，保障改革开放和现代化建设的顺利进行，保护人民群众安居乐业，作出了积极的贡献。但在公安队伍中也确有少数干警执法不公、执法犯法、滥用职权、渎职腐败；有的基层干警，对待群众作风十分粗暴。这些情况损害了公安队伍在人民群众心目中的形象，造成了恶劣的社会影响。公安战线是十分重要的战线，我们必须进一步加强公安队伍的建设，特别是要加强基层公安机关的建设，建立、健全各项管理制度与监督制约机制，从严治警，全面提高公安队伍的整体素质和战斗力，以切实维护国家的安全和社会的稳定。

李鹏强调，1999 年 12 月 20 日，中国政府对澳门恢复行使主权。这是本世纪末中华民族完成统一大业、实现伟大复兴的又一盛事。本次会议审议并通过了 4 项有关澳门特别行政区问题的议案，听取和审议了全国人民代表大会澳门特别行政区筹备委员会工作情况的报告，与会人员还参加了首都庆祝澳门回归的一系列活动。我们相信，只要坚持全面贯彻澳门特别行政区基本法，贯彻“一国两制”、“澳人治澳”和高度自治的方针，回到祖国怀抱的澳门，将和伟大祖国一道迈入新的世纪，迎接更加美好的明天。

全国人大常委会副委员长田纪云、姜春云、邹家华、帕巴拉·格列朗杰、王光英、程思远、布赫、铁木尔·达瓦买提、吴阶平、彭珮云、何鲁丽、周光召、曹志、丁石孙、成思危、许嘉璐、蒋正华，秘书长何椿霖参加会议。国务委员迟浩田、最高人民法院院长肖扬、最高人民检察院检察长韩杼滨列席会议。

国家主席江泽民签署第 26 号令发布《中华人民共和国海洋环境保护法》

《中华人民共和国海洋环境保护法》已由中华人民共和国第九届全国人民代表大会常务委员会第十三次会议于 1999 年 12 月 25 日修订通过，现将修订后的《中华人民共和国海洋环境保护法》公布，自 2000 年 4 月 1 日起施行。

中华人民共和国主席 江泽民

1999 年 12 月 25 日

中华人民共和国海洋环境保护法

（1982 年 8 月 23 日第五届全国人民代表大会常务委员会第二十四次会议通过，1999 年 12 月 25 日第九届全国人民代表大会常务委员会第十三次会议修订）

第一章 总 则

第一条 为了保护和改善海洋环境，保护海洋资源，防治污染损害，维护生态平衡，保障人体健康，促进经济和社会的可持续发展，制定本法。

第二条 本法适用于中华人民共和国内水、领海、毗连区、专属经济区、大陆架以及中华人民共和国管辖的其他海域。

在中华人民共和国管辖海域内从事航行、勘探、开发、生产、旅游、科学研究及其他活动，或者在沿海陆域内从事影响海洋环境活动的任何单位和个人，都必须遵守本法。

在中华人民共和国管辖海域以外，造成中华人民共和国管辖海域污染的，也适用本法。

第三条 国家建立并实施重点海域排污总量控制制度，确定主要污染物排海总量控制指标，并对主要污染源分配排放控制数量。具体办法由国务院制定。

第四条 一切单位和个人都有保护海洋环境的义务，并有权对污染损害海洋环境的单位和个人，以及海洋环境监督管理人员的违法失职行为进行监督和检举。

第五条 国务院环境保护行政主管部门作为对全

国环境保护工作统一监督管理的部门，对全国海洋环境保护工作实施指导、协调和监督，并负责全国防治陆源污染物和海岸工程建设项目对海洋污染损害的环境保护工作。

国家海洋行政主管部门负责海洋环境的监督管理，组织海洋环境的调查、监测、监视、评价和科学研究，负责全国防治海洋工程建设项目和海洋倾倒废弃物对海洋污染损害的环境保护工作。

国家海事行政主管部门负责所辖港区水域内非军事船舶和港区水域外非渔业、非军事船舶污染海洋环境的监督管理，并负责污染事故的调查处理；对在中华人民共和国管辖海域航行、停泊和作业的外国籍船舶造成的污染事故登轮检查处理。船舶污染事故给渔业造成损害的，应当吸收渔业行政主管部门参与调查处理。

国家渔业行政主管部门负责渔港水域内非军事船舶和渔港水域外渔业船舶污染海洋环境的监督管理，负责保护渔业水域生态环境工作，并调查处理前款规定的污染事故以外的渔业污染事故。

军队环境保护部门负责军事船舶污染海洋环境的监督管理及污染事故的调查处理。

沿海县级以上地方人民政府行使海洋环境监督管理权的部门的职责，由省、自治区、直辖市人民政府根据本法及国务院有关规定确定。

第二章　海洋环境监督管理

第六条　国家海洋行政主管部门会同国务院有关部门和沿海省、自治区、直辖市人民政府拟定全国海洋功能区划，报国务院批准。

沿海地方各级人民政府应当根据全国和地方海洋功能区划，科学合理地使用海域。

第七条　国家根据海洋功能区划制定全国海洋环境保护规划和重点海域区域性海洋环境保护规划。

毗邻重点海域的有关沿海省、自治区、直辖市人民政府及行使海洋环境监督管理权的部门，可以建立海洋环境保护区域合作组织，负责实施重点海域区域性海洋环境保护规划、海洋环境污染的防治和海洋生态保护工作。

第八条　跨区域的海洋环境保护工作，由有关沿海地方人民政府协商解决，或者由上级人民政府协调解决。

跨部门的重大海洋环境保护工作，由国务院环境保护行政主管部门协调；协调未能解决的，由国务院作出决定。

第九条　国家根据海洋环境质量状况和国家经济、技术条件，制定国家海洋环境质量标准。

沿海省、自治区、直辖市人民政府对国家海洋环境质量标准中未作规定的项目，可以制定地方海洋环境质量标准。

沿海地方各级人民政府根据国家和地方海洋环境质量标准的规定和本行政区近岸海域环境质量状况，确定海洋环境保护的目标和任务，并纳入人民政府工作计划，按相应的海洋环境质量标准实施管理。

第十条　国家和地方水污染物排放标准的制定，应当将国家和地方海洋环境质量标准作为重要依据之一。在国家建立并实施排污总量控制制度的重点海域，水污染物排放标准的制定，还应当将主要污染物排海总量控制指标作为重要依据。

第十一条　直接向海洋排放污染物的单位和个人，必须按照国家规定缴纳排污费。

向海洋倾倒废弃物，必须按照国家规定缴纳倾倒费。

根据本法规定征收的排污费、倾倒费，必须用于海洋环境污染的整治，不得挪作他用。具体办法由国务院规定。

第十二条　对超过污染物排放标准的，或者在规定的期限内未完成污染物排放削减任务的，或者造成海洋环境严重污染损害的，应当限期治理。

限期治理按照国务院规定的权限决定。

第十三条　国家加强防治海洋环境污染损害的科学技术的研究和开发，对严重污染海洋环境的落后生产工艺和落后设备，实行淘汰制度。

企业应当优先使用清洁能源，采用资源利用率高、污染物排放量少的清洁生产工艺，防止对海洋环境的污染。

第十四条　国家海洋行政主管部门按照国家环境监测、监视规范和标准，管理全国海洋环境的调查、监测、监视，制定具体的实施办法，会同有关部门组织全国海洋环境监测、监视网络，定期评价海洋环境质量，发布海洋巡航监视通报。

依照本法规定行使海洋环境监督管理权的部门分别负责各自所辖水域的监测、监视。

其他有关部门根据全国海洋环境监测网的分工，分别负责对入海河口、主要排污口的监测。

第十五条　国务院有关部门应当向国务院环境保护行政主管部门提供编制全国环境质量公报所必需的海洋环境监测资料。

环境保护行政主管部门应当向有关部门提供与海洋环境监督管理有关的资料。

第十六条　国家海洋行政主管部门按照国家制定的环境监测、监视信息管理制度，负责管理海洋综合信息系统，为海洋环境保护监督管理提供服务。

第十七条　因发生事故或者其他突发性事件，造成或者可能造成海洋环境污染事故的单位和个人，必须立即采取有效措施，及时向可能受到危害者通报，并向依照本法规定行使海洋环境监督管理权的部门报告，接受调查处理。

沿海县级以上地方人民政府在本行政区域近岸海域的环境受到严重污染时，必须采取有效措施，解除或者减轻危害。

第十八条 国家根据防止海洋环境污染的需要，制订国家重大海上污染事故应急计划。

国家海洋行政主管部门负责制订全国海洋石油勘探开发重大海上溢油应急计划，报国务院环境保护行政主管部门备案。

国家海事行政主管部门负责制订全国船舶重大海上溢油污染事故应急计划，报国务院环境保护行政主管部门备案。

沿海可能发生重大海洋环境污染事故的单位，应当依照国家的规定，制订污染事故应急计划，并向当地环境保护行政主管部门、海洋行政主管部门备案。

沿海县级以上地方人民政府及其有关部门在发生重大海上污染事故时，必须按照应急计划解除或者减轻危害。

第十九条 依照本法规定行使海洋环境监督管理权的部门可以在海上实行联合执法，在巡航监视中发现海上污染事故或者违反本法规定的行为时，应当予以制止并调查取证，必要时有权采取有效措施，防止污染事态的扩大，并报告有关主管部门处理。

依照本法规定行使海洋环境监督管理权的部门，有权对管辖范围内排放污染物的单位和个人进行现场检查。被检查者应当如实反映情况，提供必要的资料。

检查机关应当为被检查者保守技术秘密和业务秘密。

第三章 海洋生态保护

第二十条 国务院和沿海地方各级人民政府应当采取有效措施，保护红树林、珊瑚礁、滨海湿地、海岛、海湾、入海河口、重要渔业水域等具有典型性、代表性的海洋生态系统，珍稀、濒危海洋生物的天然集中分布区，具有重要经济价值的海洋生物生存区域及有重大科学文化价值的海洋自然历史遗迹和自然景观。

对具有重要经济、社会价值的已遭到破坏的海洋生态，应当进行整治和恢复。

第二十一条 国务院有关部门和沿海省级人民政府应当根据保护海洋生态的需要，选划、建立海洋自然保护区。

国家级海洋自然保护区的建立，须经国务院批准。

第二十二条 凡具有下列条件之一的，应当建立海洋自然保护区：

（一）典型的海洋自然地理区域、有代表性的自然生态区域，以及遭受破坏但经保护能恢复的海洋自然生态区域；

（二）海洋生物物种高度丰富的区域，或者珍稀、濒危海洋生物物种的天然集中分布区域；

（三）具有特殊保护价值的海域、海岸、岛屿、滨海湿地、入海河口和海湾等；

（四）具有重大科学文化价值的海洋自然遗迹所在区域；

（五）其他需要予以特殊保护的区域。

第二十三条 凡具有特殊地理条件、生态系统、生物与非生物资源及海洋开发利用特殊需要的区域，可以建立海洋特别保护区，采取有效的保护措施和科学的开发方式进行特殊管理。

第二十四条 开发利用海洋资源，应当根据海洋功能区划合理布局，不得造成海洋生态环境破坏。

第二十五条 引进海洋动植物物种，应当进行科学论证，避免对海洋生态系统造成危害。

第二十六条 开发海岛及周围海域的资源，应当采取严格的生态保护措施，不得造成海岛地形、岸滩、植被以及海岛周围海域生态环境的破坏。

第二十七条 沿海地方各级人民政府应当结合当地自然环境的特点，建设海岸防护设施、沿海防护林、沿海城镇园林和绿地，对海岸侵蚀和海水入侵地区进行综合治理。

禁止毁坏海岸防护设施、沿海防护林、沿海城镇园林和绿地。

第二十八条 国家鼓励发展生态渔业建设，推广多种生态渔业生产方式，改善海洋生态状况。

新建、改建、扩建海水养殖场，应当进行环境影响评价。

海水养殖应当科学确定养殖密度，并应当合理投饵、施肥，正确使用药物，防止造成海洋环境的污染。

第四章 防治陆源污染物对海洋环境的污染损害

第二十九条 向海域排放陆源污染物，必须严格执行国家或者地方规定的标准和有关规定。

第三十条 入海排污口位置的选择，应当根据海洋功能区划、海水动力条件和有关规定，经科学论证后，报设区的市级以上人民政府环境保护行政主管部门审查批准。

环境保护行政主管部门在批准设置入海排污口之前，必须征求海洋、海事、渔业行政主管部门和军队环境保护部门的意见。

在海洋自然保护区、重要渔业水域、海滨风景名胜区和其他需要特别保护的区域，不得新建排污口。

在有条件的地区，应当将排污口深海设置，实行离岸排放。设置陆源污染物深海离岸排放排污口，应当根据海洋功能区划、海水动力条件和海底工程设施的有关情况确定，具体办法由国务院规定。

第三十一条　省、自治区、直辖市人民政府环境保护行政主管部门和水行政主管部门应当按照水污染防治有关法律的规定，加强入海河流管理，防治污染，使入海河口的水质处于良好状态。

第三十二条　排放陆源污染物的单位，必须向环境保护行政主管部门申报拥有的陆源污染物排放设施、处理设施和在正常作业条件下排放陆源污染物的种类、数量和浓度，并提供防治海洋环境污染方面的有关技术和资料。

排放陆源污染物的种类、数量和浓度有重大改变的，必须及时申报。

拆除或者闲置陆源污染物处理设施的，必须事先征得环境保护行政主管部门的同意。

第三十三条　禁止向海域排放油类、酸液、碱液、剧毒废液和高、中水平放射性废水。

严格限制向海域排放低水平放射性废水；确需排放的，必须严格执行国家辐射防护规定。

严格控制向海域排放含有不易降解的有机物和重金属的废水。

第三十四条　含病原体的医疗污水、生活污水和工业废水必须经过处理，符合国家有关排放标准后，方能排入海域。

第三十五条　含有机物和营养物质的工业废水、生活污水，应当严格控制向海湾、半封闭海及其他自净能力较差的海域排放。

第三十六条　向海域排放含热废水，必须采取有效措施，保证邻近渔业水域的水温符合国家海洋环境质量标准，避免热污染对水产资源的危害。

第三十七条　沿海农田、林场施用化学农药，必须执行国家农药安全使用的规定和标准。

沿海农田、林场应当合理使用化肥和植物生长调节剂。

第三十八条　在岸滩弃置、堆放和处理尾矿、矿渣、煤灰渣、垃圾和其他固体废物的，依照《中华人民共和国固体废物污染环境防治法》的有关规定执行。

第三十九条　禁止经中华人民共和国内水、领海转移危险废物。

经中华人民共和国管辖的其他海域转移危险废物的，必须事先取得国务院环境保护行政主管部门的书面同意。

第四十条　沿海城市人民政府应当建设和完善城市排水管网，有计划地建设城市污水处理厂或者其他污水集中处理设施，加强城市污水的综合整治。

建设污水海洋处置工程，必须符合国家有关规定。

第四十一条　国家采取必要措施，防止、减少和控制来自大气层或者通过大气层造成的海洋环境污染损害。

第五章　防治海岸工程建设项目对海洋环境的污染损害

第四十二条　新建、改建、扩建海岸工程建设项目，必须遵守国家有关建设项目环境保护管理的规定，并把防治污染所需资金纳入建设项目投资计划。

在依法划定的海洋自然保护区、海滨风景名胜区、重要渔业水域及其他需要特别保护的区域，不得从事污染环境、破坏景观的海岸工程项目建设或者其他活动。

第四十三条　海岸工程建设项目的单位，必须在建设项目可行性研究阶段，对海洋环境进行科学调查，根据自然条件和社会条件，合理选址，编报环境影响报告书。环境影响报告书经海洋行政主管部门提出审核意见后，报环境保护行政主管部门审查批准。

环境保护行政主管部门在批准环境影响报告书之前，必须征求海事、渔业行政主管部门和军队环境保护部门的意见。

第四十四条　海岸工程建设项目的环境保护设施，必须与主体工程同时设计、同时施工、同时投产使用。环境保护设施未经环境保护行政主管部门检查批准，建设项目不得试运行；环境保护设施未经环境保护行政主管部门验收，或者经验收不合格的，建设项目不得投入生产或者使用。

第四十五条　禁止在沿海陆域内新建不具备有效治理措施的化学制浆造纸、化工、印染、制革、电镀、酿造、炼油、岸边冲滩拆船以及其他严重污染海洋环境的工业生产项目。

第四十六条　兴建海岸工程建设项目，必须采取有效措施，保护国家和地方重点保护的野生动植物及其生存环境和海洋水产资源。

严格限制在海岸采挖砂石。露天开采海滨砂矿和从岸上打井开采海底矿产资源，必须采取有效措施，防止污染海洋环境。

第六章　防治海洋工程建设项目对海洋环境的污染损害

第四十七条　海洋工程建设项目必须符合海洋功能区划、海洋环境保护规划和国家有关环境保护标准，在可行性研究阶段，编报海洋环境影响报告书，由海洋行政主管部门核准，并报环境保护行政主管部门备案，接受环境保护行政主管部门监督。

海洋行政主管部门在核准海洋环境影响报告书之

前，必须征求海事、渔业行政主管部门和军队环境保护部门的意见。

第四十八条 海洋工程建设项目的环境保护设施，必须与主体工程同时设计、同时施工、同时投产使用。环境保护设施未经海洋行政主管部门检查批准，建设项目不得试运行；环境保护设施未经海洋行政主管部门验收，或者经验收不合格的，建设项目不得投入生产或者使用。

拆除或者闲置环境保护设施，必须事先征得海洋行政主管部门的同意。

第四十九条 海洋工程建设项目，不得使用含超标准放射性物质或者易溶出有毒有害物质的材料。

第五十条 海洋工程建设项目需要爆破作业时，必须采取有效措施，保护海洋资源。

海洋石油勘探开发及输油过程中，必须采取有效措施，避免溢油事故的发生。

第五十一条 海洋石油钻井船、钻井平台和采油平台的含油污水和油性混合物，必须经过处理达标后排放；残油、废油必须予以回收，不得排放入海。经回收处理后排放的，其含油量不得超过国家规定的标准。

钻井所使用的油基泥浆和其他有毒复合泥浆不得排放入海。水基泥浆和无毒复合泥浆及钻屑的排放，必须符合国家有关规定。

第五十二条 海洋石油钻井船、钻井平台和采油平台及其有关海上设施，不得向海域处置含油的工业垃圾。处置其他工业垃圾，不得造成海洋环境污染。

第五十三条 海上试油时，应当确保油气充分燃烧，油和油性混合物不得排放入海。

第五十四条 勘探开发海洋石油，必须按有关规定编制溢油应急计划，报国家海洋行政主管部门审查批准。

第七章 防治倾倒废弃物对海洋环境的污染损害

第五十五条 任何单位未经国家海洋行政主管部门批准，不得向中华人民共和国管辖海域倾倒任何废弃物。

需要倾倒废弃物的单位，必须向国家海洋行政主管部门提出书面申请，经国家海洋行政主管部门审查批准，发给许可证后，方可倾倒。

禁止中华人民共和国境外的废弃物在中华人民共和国管辖海域倾倒。

第五十六条 国家海洋行政主管部门根据废弃物的毒性、有毒物质含量和对海洋环境影响程度，制定海洋倾倒废弃物评价程序和标准。

向海洋倾倒废弃物，应当按照废弃物的类别和数量实行分级管理。

可以向海洋倾倒的废弃物名录，由国家海洋行政主管部门拟定，经国务院环境保护行政主管部门提出审核意见后，报国务院批准。

第五十七条 国家海洋行政主管部门按照科学、合理、经济、安全的原则选划海洋倾倒区，经国务院环境保护行政主管部门提出审核意见后，报国务院批准。

临时性海洋倾倒区由国家海洋行政主管部门批准，并报国务院环境保护行政主管部门备案。

国家海洋行政主管部门在选划海洋倾倒区和批准临时性海洋倾倒区之前，必须征求国家海事、渔业行政主管部门的意见。

第五十八条 国家海洋行政主管部门监督管理倾倒区的使用，组织倾倒区的环境监测。对经确认不宜继续使用的倾倒区，国家海洋行政主管部门应当予以封闭，终止在该倾倒区的一切倾倒活动，并报国务院备案。

第五十九条 获准倾倒废弃物的单位，必须按照许可证注明的期限及条件，到指定的区域进行倾倒。废弃物装载之后，批准部门应当予以核实。

第六十条 获准倾倒废弃物的单位，应当详细记录倾倒的情况，并在倾倒后向批准部门作出书面报告。倾倒废弃物的船舶必须向驶出港的海事行政主管部门作出书面报告。

第六十一条 禁止在海上焚烧废弃物。

禁止在海上处置放射性废弃物或者其他放射性物质。废弃物中的放射性物质的豁免浓度由国务院制定。

第八章 防治船舶及有关作业活动对海洋环境的污染损害

第六十二条 在中华人民共和国管辖海域，任何船舶及相关作业不得违反本法规定向海洋排放污染物、废弃物和压载水、船舶垃圾及其他有害物质。

从事船舶污染物、废弃物、船舶垃圾接收、船舶清舱、洗舱作业活动的，必须具备相应的接收处理能力。

第六十三条 船舶必须按照有关规定持有防止海洋环境污染的证书与文书，在进行涉及污染物排放及操作时，应当如实记录。

第六十四条 船舶必须配置相应的防污设备和器材。

载运具有污染危害性货物的船舶，其结构与设备应当能够防止或者减轻所载货物对海洋环境的污染。

第六十五条 船舶应当遵守海上交通安全法律、法规的规定，防止因碰撞、触礁、搁浅、火灾或者爆炸等引起的海难事故，造成海洋环境的污染。

第六十六条 国家完善并实施船舶油污损害民事赔偿责任制度；按照船舶油污损害赔偿责任由船东和货主共同承担风险的原则，建立船舶油污保险、油污损害赔偿基金制度。

实施船舶油污保险、油污损害赔偿基金制度的具体办法由国务院规定。

第六十七条 载运具有污染危害性货物进出港口的船舶，其承运人、货物所有人或者代理人，必须事先向海事行政主管部门申报。经批准后，方可进出港口、过境停留或者装卸作业。

第六十八条 交付船舶装运污染危害性货物的单证、包装、标志、数量限制等，必须符合对所装货物的有关规定。

需要船舶装运污染危害性不明的货物，应当按照有关规定事先进行评估。

装卸油类及有毒有害货物的作业，船岸双方必须遵守安全防污操作规程。

第六十九条 港口、码头、装卸站和船舶修造厂必须按照有关规定备有足够的用于处理船舶污染物、废弃物的接收设施，并使该设施处于良好状态。

装卸油类的港口、码头、装卸站和船舶必须编制溢油污染应急计划，并配备相应的溢油污染应急设备和器材。

第七十条 进行下列活动，应当事先按照有关规定报经有关部门批准或者核准：

(一)船舶在港区水域内使用焚烧炉；

(二)船舶在港区水域内进行洗舱、清舱、驱气、排放压载水、残油、含油污水接收、舷外拷铲及油漆等作业；

(三)船舶、码头、设施使用化学消油剂；

(四)船舶冲洗沾有污染物、有毒有害物质的甲板；

(五)船舶进行散装液体污染危害性货物的过驳作业；

(六)从事船舶水上拆解、打捞、修造和其他水上、水下船舶施工作业。

第七十一条 船舶发生海难事故，造成或者可能造成海洋环境重大污染损害的，国家海事行政主管部门有权强制采取避免或者减少污染损害的措施。

对在公海上因发生海难事故，造成中华人民共和国管辖海域重大污染损害后果或者具有污染威胁的船舶、海上设施，国家海事行政主管部门有权采取与实际的或者可能发生的损害相称的必要措施。

第七十二条 所有船舶均有监视海上污染的义务，在发现海上污染事故或者违反本法规定的行为时，必须立即向就近的依照本法规定行使海洋环境监督管理权的部门报告。

民用航空器发现海上排污或者污染事件，必须及时向就近的民用航空空中交通管制单位报告。接到报告的单位，应当立即向依照本法规定行使海洋环境监督管理权的部门通报。

第九章 法律责任

第七十三条 违反本法有关规定，有下列行为之一的，由依照本法规定行使海洋环境监督管理权的部门责令限期改正，并处以罚款：

(一)向海域排放本法禁止排放的污染物或者其他物质的；

(二)不按照本法规定向海洋排放污染物，或者超过标准排放污染物的；

(三)未取得海洋倾倒许可证，向海洋倾倒废弃物的；

(四)因发生事故或者其他突发性事件，造成海洋环境污染事故，不立即采取处理措施的。

有前款第(一)、(三)项行为之一的，处三万元以上二十万元以下的罚款；有前款第(二)、(四)项行为之一的，处二万元以上十万元以下的罚款。

第七十四条 违反本法有关规定，有下列行为之一的，由依照本法规定行使海洋环境监督管理权的部门予以警告，或者处以罚款：

(一)不按照规定申报，甚至拒报污染物排放有关事项，或者在申报时弄虚作假的；

(二)发生事故或者其他突发性事件不按照规定报告的；

(三)不按照规定记录倾倒情况，或者不按照规定提交倾倒报告的；

(四)拒报或者谎报船舶载运污染危害性货物申报事项的。

有前款第(一)、(三)项行为之一的，处二万元以下的罚款；有前款第(二)、(四)项行为之一的，处五万元以下的罚款。

第七十五条 违反本法第十九条第二款的规定，拒绝现场检查，或者在被检查时弄虚作假的，由依照本法规定行使海洋环境监督管理权的部门予以警告，并处二万元以下的罚款。

第七十六条 违反本法规定，造成珊瑚礁、红树林等海洋生态系统及海洋水产资源、海洋保护区破坏的，由依照本法规定行使海洋环境监督管理权的部门责令限期改正和采取补救措施，并处一万元以上十万元以下的罚款；有违法所得的，没收其违法所得。

第七十七条 违反本法第三十条第一款、第三款规定设置入海排污口的，由县级以上地方人民政府环境保护行政主管部门责令其关闭，并处二万元以上十万元以下的罚款。

第七十八条 违反本法第三十二条第三款的规定，擅自拆除、闲置环境保护设施的，由县级以上地方人民政府环境保护行政主管部门责令重新安装使用，并处一万元以上十万元以下的罚款。

第七十九条 违反本法第三十九条第二款的规定，经中华人民共和国管辖海域，转移危险废物的，由国家海事行政主管部门责令非法运输该危险废物的船舶退出中华人民共和国管辖海域，并处五万元以上五十万元以下的罚款。

第八十条 违反本法第四十三条第一款的规定，未持有经审核和批准的环境影响报告书，兴建海岸工程建设项目的，由县级以上地方人民政府环境保护行政主管部门责令其停止违法行为和采取补救措施，并处五万元以上二十万元以下的罚款；或者按照管理权限，由县级以上地方人民政府责令其限期拆除。

第八十一条 违反本法第四十四条的规定，海岸工程建设项目未建成环境保护设施，或者环境保护设施未达到规定要求即投入生产、使用的，由环境保护行政主管部门责令其停止生产或者使用，并处二万元以上十万元以下的罚款。

第八十二条 违反本法第四十五条的规定，新建严重污染海洋环境的工业生产建设项目的，按照管理权限，由县级以上人民政府责令关闭。

第八十三条 违反本法第四十七条第一款、第四十八条的规定，进行海洋工程建设项目，或者海洋工程建设项目未建成环境保护设施、环境保护设施未达到规定要求即投入生产、使用的，由海洋行政主管部门责令其停止施工或者生产、使用，并处五万元以上二十万元以下的罚款。

第八十四条 违反本法第四十九条的规定，使用含超标准放射性物质或者易溶出有毒有害物质材料的，由海洋行政主管部门处五万元以下的罚款，并责令其停止该建设项目的运行，直到消除污染危害。

第八十五条 违反本法规定进行海洋石油勘探开发活动，造成海洋环境污染的，由国家海洋行政主管部门予以警告，并处二万元以上二十万元以下的罚款。

第八十六条 违反本法规定，不按照许可证的规定倾倒，或者向已经封闭的倾倒区倾倒废弃物的，由海洋行政主管部门予以警告，并处三万元以上二十万元以下的罚款；对情节严重的，可以暂扣或者吊销许可证。

第八十七条 违反本法第五十五条第三款的规定，将中华人民共和国境外废弃物运进中华人民共和国管辖海域倾倒的，由国家海洋行政主管部门予以警告，并根据造成或者可能造成的危害后果，处十万元以上一百万元以下的罚款。

第八十八条 违反本法规定，有下列行为之一的，由依照本法规定行使海洋环境监督管理权的部门予以警告，或者处以罚款：

（一）港口、码头、装卸站及船舶未配备防污设施、器材的；

（二）船舶未持有防污证书、防污文书，或者不按照规定记载排污记录的；

（三）从事水上和港区水域拆船、旧船改装、打捞和其他水上、水下施工作业，造成海洋环境污染损害的；

（四）船舶载运的货物不具备防污适运条件的。

有前款第（一）、（四）项行为之一的，处二万元以上十万元以下的罚款；有前款第（二）项行为的，处二万元以下的罚款；有前款第（三）项行为的，处五万元以上二十万元以下的罚款。

第八十九条 违反本法规定，船舶、石油平台和装卸油类的港口、码头、装卸站不编制溢油应急计划的，由依照本法规定行使海洋环境监督管理权的部门予以警告，或者责令限期改正。

第九十条 造成海洋环境污染损害的责任者，应当排除危害，并赔偿损失；完全由于第三者的故意或者过失，造成海洋环境污染损害的，由第三者排除危害，并承担赔偿责任。

对破坏海洋生态、海洋水产资源、海洋保护区，给国家造成重大损失的，由依照本法规定行使海洋环境监督管理权的部门代表国家对责任者提出损害赔偿要求。

第九十一条 对违反本法规定，造成海洋环境污染事故的单位，由依照本法规定行使海洋环境监督管理权的部门根据所造成的危害和损失处以罚款；负有直接责任的主管人员和其他直接责任人员属于国家工作人员的，依法给予行政处分。

前款规定的罚款数额按照直接损失的百分之三十计算，但最高不得超过三十万元。

对造成重大海洋环境污染事故，致使公私财产遭受重大损失或者人身伤亡严重后果的，依法追究刑事责任。

第九十二条 完全属于下列情形之一，经过及时采取合理措施，仍然不能避免对海洋环境造成污染损害的，造成污染损害的有关责任者免予承担责任：

（一）战争；

（二）不可抗拒的自然灾害；

（三）负责灯塔或者其他助航设备的主管部门，在执行职责时的疏忽，或者其他过失行为。

第九十三条 对违反本法第十一条、第十二条有关缴纳排污费、倾倒费和限期治理规定的行政处罚，由国务院规定。

第九十四条 海洋环境监督管理人员滥用职权、玩忽职守、徇私舞弊，造成海洋环境污染损害的，依法给予行政处分；构成犯罪的，依法追究刑事责任。

第十章　附　则

第九十五条　本法中下列用语的含义是：

(一)海洋环境污染损害，是指直接或者间接地把物质或者能量引入海洋环境，产生损害海洋生物资源、危害人体健康、妨害渔业和海上其他合法活动、损害海水使用素质和减损环境质量等有害影响。

(二)内水，是指我国领海基线向内陆一侧的所有海域。

(三)滨海湿地，是指低潮时水深浅于六米的水域及其沿岸浸湿地带，包括水深不超过六米的永久性水域、潮间带(或洪泛地带)和沿海低地等。

(四)海洋功能区划，是指依据海洋自然属性和社会属性，以及自然资源和环境特定条件，界定海洋利用的主导功能和使用范畴。

(五)渔业水域，是指鱼虾类的产卵场、索饵场、越冬场、洄游通道和鱼虾贝藻类的养殖场。

(六)油类，是指任何类型的油及其炼制品。

(七)油性混合物，是指任何含有油分的混合物。

(八)排放，是指把污染物排入海洋的行为，包括泵出、溢出、泄出、喷出和倒出。

(九)陆地污染源(简称陆源)，是指从陆地向海域排放污染物，造成或者可能造成海洋环境污染的场所、设施等。

(十)陆源污染物，是指由陆地污染源排放的污染物。

(十一)倾倒，是指通过船舶、航空器、平台或者其他载运工具，向海洋处置废弃物和其他有害物质的行为，包括弃置船舶、航空器、平台及其辅助设施和其他浮动工具的行为。

(十二)沿海陆域，是指与海岸相连，或者通过管道、沟渠、设施，直接或者间接向海洋排放污染物及其相关活动的一带区域。

(十三)海上焚烧，是指以热摧毁为目的，在海上焚烧设施上，故意焚烧废弃物或者其他物质的行为，但船舶、平台或者其他人工构造物正常操作中，所附带发生的行为除外。

第九十六条　涉及海洋环境监督管理的有关部门的具体职权划分，本法未作规定的，由国务院规定。

第九十七条　中华人民共和国缔结或者参加的与海洋环境保护有关的国际条约与本法有不同规定的，适用国际条约的规定；但是，中华人民共和国声明保留的条款除外。

第九十八条　本法自 2000 年 4 月 1 日起施行。

国家主席江泽民签署第 27 号令公布《中华人民共和国刑法修正案》

《中华人民共和国刑法修正案》已由中华人民共和国第九届全国人民代表大会常务委员会第十三次会议于 1999 年 12 月 25 日通过，现予公布，自公布之日起施行。

中华人民共和国主席　江泽民

1999 年 12 月 25 日

中华人民共和国刑法修正案

为了惩治破坏社会主义市场经济秩序的犯罪，保障社会主义现代化建设的顺利进行，对刑法作如下补充修改：

一、第一百六十二条后增加一条，作为第一百六十二条之一：“隐匿或者故意销毁依法应当保存的会计凭证、会计账簿、财务会计报告，情节严重的，处五年以下有期徒刑或者拘役，并处或者单处二万元以上二十万元以下罚金。

“单位犯前款罪的，对单位判处罚金，并对其直接负责的主管人员和其他直接责任人员，依照前款的规定处罚。”

二、将《刑法》第一百六十八条修改为：“国有公司、企业的工作人员，由于严重不负责任或者滥用职权，造成国有公司、企业破产或者严重损失，致使国家利益遭受重大损失的，处三年以下有期徒刑或者拘役；致使国家利益遭受特别重大损失的，处三年以上七年以下有期徒刑。

“国有事业单位的工作人员有前款行为，致使国家利益遭受重大损失的，依照前款的规定处罚。

“国有公司、企业、事业单位的工作人员，徇私舞弊，犯前两款罪的，依照第一款的规定从重处罚。”

三、将《刑法》第一百七十四条修改为：“未经国家有关主管部门批准，擅自设立商业银行、证券交易所、期货交易所、证券公司、期货经纪公司、保险公司或者其他金融机构的，处三年以下有期徒刑或者拘役，并处或者单处二万元以上二十万元以下罚金；情节严重的，处三年以上十年以下有期徒刑，并处五万元以上五十万元以下罚金。

“伪造、变造、转让商业银行、证券交易所、期货交易所、证券公司、期货经纪公司、保险公司或者其他金融机构的经营许可证或者批准文件的，依照前款的规定处罚。

“单位犯前两款罪的，对单位判处罚金，并对其直接负责的主管人员和其他直接责任人员，依照第一款的规定处罚。”

四、将《刑法》第一百八十条修改为：“证券、期货交易内幕信息的知情人员或者非法获取证券、期货交易内幕信息的人员，在涉及证券的发行，证券、期货交易或者其他对证券、期货交易价格有重大影响的信息尚未公开前，买入或者卖出该证券，或者从事与该内幕信息有关的期货交易，或者泄露该信息，情节严重的，处五年以下有期徒刑或者拘役，并处或者单处违法所得一倍以上五倍以下罚金；情节特别严重的，处五年以上十年以下有期徒刑，并处违法所得一倍以上五倍以下罚金。

“单位犯前款罪的，对单位判处罚金，并对其直接负责的主管人员和其他直接责任人员，处五年以下有期徒刑或者拘役。

“内幕信息、知情人员的范围，依照法律、行政法规的规定确定。”

五、将《刑法》第一百八十一条修改为：“编造并且传播影响证券、期货交易的虚假信息，扰乱证券、期货交易市场，造成严重后果的，处五年以下有期徒刑或者拘役，并处或者单处一万元以上十万元以下罚金。

“证券交易所、期货交易所、证券公司、期货经纪公司的从业人员，证券业协会、期货业协会或者证券期货监督管理部门的工作人员，故意提供虚假信息或者伪造、变造、销毁交易记录，诱骗投资者买卖证券、期货合约，造成严重后果的，处五年以下有期徒刑或者拘役，并处或者单处一万元以上十万元以下罚金；情节特别恶劣的，处五年以上十年以下有期徒刑，并处二万元以上二十万元以下罚金。

“单位犯前两款罪的，对单位判处罚金，并对其直接负责的主管人员和其他直接责任人员，处五年以下有期徒刑或者拘役。”

六、将《刑法》第一百八十二条修改为：“有下列情形之一，操纵证券、期货交易价格，获取不正当利益或者转嫁风险，情节严重的，处五年以下有期徒刑或者拘役，并处或者单处违法所得一倍以上五倍以下罚金：

（一）单独或者合谋，集中资金优势、持股或者持仓优势或者利用信息优势联合或者连续买卖，操纵证券、期货交易价格的；

（二）与他人串通，以事先约定的时间、价格和方式相互进行证券、期货交易，或者相互买卖并不持有的证券，影响证券、期货交易价格或者证券、期货交易量的；

（三）以自己为交易对象，进行不转移证券所有权的自买自卖，或者以自己为交易对象，自买自卖期货合约，影响证券、期货交易价格或者证券、期货交易量的；

（四）以其他方法操纵证券、期货交易价格的。

“单位犯前款罪的，对单位判处罚金，并对其直接负责的主管人员和其他直接责任人员，处五年以下有期徒刑或者拘役。”

七、将《刑法》第一百八十五条修改为：“商业银行、证券交易所、期货交易所、证券公司、期货经纪公司、保险公司或者其他金融机构的工作人员利用职务上的便利，挪用本单位或者客户资金的，依照本法第二百七十二条的规定定罪处罚。

“国有商业银行、证券交易所、期货交易所、证券公司、期货经纪公司、保险公司或者其他国有金融机构的工作人员和国有商业银行、证券交易所、期货交易所、证券公司、期货经纪公司、保险公司或者其他国有金融机构委派到前款规定中的非国有机构从事公务的人员有前款行为的，依照本法第三百八十四条的规定定罪处罚。”

八、《刑法》第二百二十五条增加一项，作为第三项：“未经国家有关主管部门批准，非法经营证券、期货或者保险业务的；”原第三项改为第四项。

九、本修正案自公布之日起施行。

国家主席江泽民签署第28号令公布《中华人民共和国海事诉讼特别程序法》

《中华人民共和国海事诉讼特别程序法》已由中华人民共和国第九届全国人民代表大会常务委员会第十三次会议于1999年12月25日通过，现予公布，自2000年7月1日起施行。

中华人民共和国主席 江泽民

1999年12月25日

国家主席江泽民签署第29号令公布《全国人民代表大会常务委员会关于修改〈中华人民共和国公司法〉的决定》

《全国人民代表大会常务委员会关于修改〈中华人民共和国公司法〉的决定》已由中华人民共和国第九届全国人民代表大会常务委员会第十三次会议于1999年12月25日通过，现予公布，修改后的《中华人民共和国公司法》和本决定自公布之日起施行。

中华人民共和国主席 江泽民

1999年12月25日

全国人民代表大会常务委员会关于修改《中华人民共和国公司法》的决定

第九届全国人民代表大会常务委员会第十三次会议审议了国务院关于《中华人民共和国公司法修正案（草案）》的议案，决定对《中华人民共和国公司法》做如下修改：

一、第六十七条修改为：“国有独资公司监事会主要由国务院或者国务院授权的机构、部门委派的人员组成，并有公司职工代表参加。监事会的成员不得少于三人。监事会行使本法第五十四条第一款第（一）、（二）项规定的职权和国务院规定的其他职权。”“监事列席董事会会议。”“董事、经理及财务负责人不得兼任监事。”

二、第二百二十九条增加一款作为第二款：“属于高新技术的股份有限公司，发起人以工业产权和非专利技术作价出资的金额占公司注册资本的比例，公司发行新股、申请股票上市的条件，由国务院另行规定。”

《中华人民共和国公司法》根据本决定作相应的修改，重新公布。

支持有条件的高新技术股份有限公司进入证券市场直接融资，有利于高新技术产业发展。对高新技术的股份有限公司运用资本市场筹集发展资金，要坚持国家产业政策，符合高新技术要求。根据高新技术股份有限公司的特点，其上市交易的股票在现有的证券交易所内单独组织交易系统，进行交易。鉴于此项工作还缺乏经验，加之风险较大，应当有计划、有步骤、积极稳妥地进行。

本决定自公布之日起施行。

九届全国人大常务委员会十三次会议通过《全国人大常委会关于加强中央预算审查监督的决定》

为履行宪法赋予全国人民代表大会及其常务委员会的职责，贯彻依法治国的基本方略，规范预算行为，厉行节约，更好地发挥中央预算在发展国民经济、促进社会进步、改善人民生活和深化改革、扩大开放中的作用，必须加强对中央预算的审查和监督。为此，特作如下决定：

一、加强和改善预算编制工作。要坚持先有预算，后有支出，严格按预算支出的原则，细化预算和提前编制预算。各部门、各单位应当按照预算法的要求编好部门预算和单位预算，有关部门要按时批复预算、拨付资金。积极创造条件做到：中央本级预算的经常性支出按中央一级预算单位编制，中央预算建设性支出、基金支出按类别以及若干重大项目编制，中央财政对地方总的补助性支出按补助类别编制。在每个财政年度开始前将中央预算草案全部编制完毕。

二、加强和改善中央预算的初步审查工作。对中央预算的审查，应当按照真实、合法、效益和具有预测性的原则进行。国务院财政部门应当及时向全国人民代表大会财政经济委员会和全国人民代表大会常务委员会预算工作委员会通报有关中央预算编制的情况，在全国人民代表大会会议举行的一个半月前，将中央预算初步方案提交财政经济委员会，由财政经济委员会对上一年预算执行情况和本年度中央预算草案的主要内容进行初步审查。国务院财政部门应积极创造条件，做到提交审查的材料包括：科目列到类、重要的列到款的预算收支总表和中央政府性基金预算表，中央各预算单位收支表，建设性支出、基金支出的类别表和若干重大的项目表，按类别划分的中央财政返还或补助地方支出表，中央财政对农业、教育、科技、社会保障支出表等，以及有关说明。

三、全国人民代表大会会议期间，财政经济委员会根据各代表团和有关专门委员会的意见对中央及地方预算草案进行审查，并提出审查结果报告。全国人民代表大会关于中央及地方预算的决议，国务院应当贯彻执行。

四、加强对预算超收收入使用的监督。中央预算超收收入可以用于弥补中央财政赤字和其他必要的支出。中央预算执行过程中，需要动用超收收入追加支出时，应当编制超收收入使用方案，由国务院财政部门及时向财政经济委员会和预算工作委员会通报情况，国务院应向全国人民代表大会常务委员会作预计超收收入安排使用情况的报告。

五、严格控制不同预算科目之间的资金调剂，各部门、各单位的预算支出应当按照预算科目执行。中央预算安排的农业、教育、科技、社会保障预算资金的调减，须经全国人民代表大会常务委员会审查和批准，以后根据需要还可以逐步增加新的项目。

六、加强对中央预算调整方案的审查工作。因特殊情况必须调整中央预算时，国务院应当编制中央预算调整方案，并于当年 7 月至 9 月之间提交全国人民代表大会常务委员会。国务院财政部门应当及时向财政经济委员会和预算工作委员会通报中央预算调整的情况，在常务委员会举行会议审批中央预算调整方案的一个月前，将中央预算调整方案的初步方案提交财政经济委员会，由财政经济委员会进行初步审查。

七、中央决算草案应当按照全国人民代表大会批准的预算所列科目编制，按预算数、调整或变更数以及实际执行数分别列出，变化较大的要作出说明。中央决算草案应在全国人民代表大会常务委员会举行会议审查和批准的一个月前，提交财政经济委员会，由财政经济委员会结合审计工作报告进行初步审查。

八、加强对中央预算执行的审计。国务院审计部门要按照真实、合法和效益的要求，对中央预算执行情况和部门决算依法进行审计，审计出的问题要限时依法纠正、处理。国务院应当向全国人民代表大会常务委员会提出对中央预算执行和其他财政收支的审计工作报告，必要时，常务委员会可以对审计工作报告作出决议。

九、加强对中央预算执行情况的监督。在全国人民代表大会及其常务委员会领导下，财政经济委员会和预算工作委员会应当做好有关工作。国务院有关部门应及时向财政经济委员会、预算工作委员会提交落实全国人民代表大会关于预算决议的情况，对部门、单位批复的预算，预算收支执行情况，政府债务、社会保障基金等重点资金和预算外资金收支执行情况，有关经济、财政、金融、审计、税务、海关等综合性统计报告、规章制度及有关资料。

十、加强对预算外资金的监督。要采取措施将中央预算外资金纳入中央预算，对暂时不能纳入预算的要编制收支计划和决算。预算外资金的收支情况要向全国人民代表大会常务委员会报告。

十一、要依法执行备案制度。国务院应将全国人民代表大会授权其制定的经济体制改革和对外开放方面有关预算的暂行规定或条例，中央预算与地方预算有关收入和支出项目的划分、地方向中央上解收入、中央对地方返还或者给予补助的具体办法，省、自治区、直辖市政府报送国务院备案的预算的汇总，以及其他应报送的事项，及时报送全国人民代表大会常务委员会备案。

十二、预算工作委员会是全国人民代表大会常务委员会的工作机构，协助财政经济委员会承担全国人民代表大会及其常务委员会审查预决算、审查预算调整方案和监督预算执行方面的具体工作，受常务委员会委员长会议委托，承担有关法律草案的起草工作，协助财政经济委员会承担有关法律草案审议方面的具体工作，以及承办本决定第十一条规定的和常务委员会、委员长会议交办以及财政经济委员会需要协助办理的其他有关财政预算的具体事项。经委员长会议专项同意，预算工作委员会可以要求政府有关部门和单位提供预算情况，并获取相关信息资料及说明。经委员长会议专项批准，可以对各部门、各预算单位、重大建设项目的预算资金使用和专项资金的使用进行调查，政府有关部门和单位应积极协助、配合。

九届全国人大常委会十三次会议通过关于批准《中华人民共和国、俄罗斯联邦和哈萨克斯坦共和国关于确定三国国界交界点的协定》的决定

九届全国人大常委会十三次会议通过关于批准《全国人民代表大会澳门特别行政区筹备委员会工作情况的报告》和全国人大澳门特别行政区筹备委员会结束工作的建议的决定

第九届全国人民代表大会常务委员会第十三次会议审议了全国人大澳门特别行政区筹委会主任委员钱其琛所作的《全国人民代表大会澳门特别行政区筹备委员会工作情况的报告》和《全国人民代表大会澳门特别行政区筹备委员会关于建议筹委会结束工作的报告》。会议认为，全国人民代表大会澳门特别行政区筹备委员会自一九九八年五月五日成立以来，按照《中华人民共和国澳门特别行政区基本法》和全国人民代表大会及其常务委员会的有关规定，做了大量的、卓有成效的工作，经过全体成员的共同努力，圆满地完成了筹备成立澳门特别行政区的各项工作。会议决定，批准《全国人民代表大会澳门特别行政区筹备委员会工作情况的报告》；批准全国人民代表大会澳门特别行政区筹备委员会关于筹委会结束工作的建议。

全国人民代表大会澳门特别行政区筹备委员会关于建议筹委会结束工作的报告

全国人民代表大会常务委员会：

全国人民代表大会澳门特别行政区筹备委员会（以下简称“筹委会”）自一九九八年五月五日成立以来，按照《中华人民共和国澳门特别行政区基本法》和全国人民代表大会及其常务委员会的有关决定，有计划、有步骤地开展了筹建澳门特别行政区的各项工作。筹委会所做的工作主要有以下几个方面：一是组建了由二百名澳门永久性居民组成的、具有广泛代表性的澳门特别行政区第一届政府推选委员会；二是主持推选委员会选举产生了澳门特别行政区第一任行政长官人选；三是决定了澳门特别行政区第一届政府机构和主要官员的设置；四是制订了澳门特别行政区第一届立法会的具体产生办法，对原澳门最后一届立法会中由选举产生的议员过渡为澳门特别行政区第一届立法会议员进行了确认，并主持了推选委员会对缺额议员的补选工作；五是筹组了澳门特别行政区司法机关；六是就澳门居民的国籍问题、澳门原有法律的处理、增加在澳门特别行政区适用的全国性法律等问题提出了建议，报请全国人大常委会作出决定。

今年十一月十九日筹委会第十一次全体会议期间召开的筹委会主任委员会议认为，筹委会负责筹备成立澳门特别行政区的各项任务已基本完成。考虑到澳门特别行政区十二月二十日即告成立，主任委员会议认为筹委会应在澳门特别行政区成立后尽快结束工作。为此，建议全国人大常委会在十二月中旬举行的会议上就筹委会于一九九九年十二月二十日后结束工作一事作出决定。在此之后，筹委会将于二〇〇〇年一月十日召开最后一次全体会议，宣布结束工作。

全国人民代表大会澳门特别行政区筹备委员会

九届全国人大常委会十三次会议通过撤职的名单

批准撤销孙小虹的云南省高级人民法院院长职务。

高法负责人就撤销孙小虹院长职务一事发表谈话

九届全国人大常委会第十三次会议通过批准撤销孙小虹的云南省高级人民法院院长职务的议案。对此，最高人民法院负责人就有关问题发表谈话。

最高人民法院负责人指出，近年来，各级人民法院普遍重视并加强了党风廉政建设和法院队伍建设工作，取得了较为显著的成绩。孙小虹因违纪受到严肃查处，是人民法院深入开展党风廉政建设的结果。对孙小虹所犯的错误，最高人民法院没有姑息迁就，而是积极主动配合中纪委等有关机关进行认真的调查核实，并依照《中华人民共和国人民法院组织法》的有关规定，履行职责，提请全国人大常委会撤销其职务，这充分表明了最高人民法院加强党风廉政建设、深入开展反腐败斗争，加强法院队伍建设的决心。今后，最高人民法院将继续进一步加大队伍建设的力度，对于违反法律和党纪政纪的法院工作人员，无论其职位有多高，都要严格依照法律和纪律严肃处理。

全国人大常委会预算工作委员会负责人就推进依法理财加强预算管理监督事答《人民日报》记者问

问：最近，全国人大常委会作出了关于加强中央预算审查监督的决定，请问为什么要作出这个决定？

答：江泽民总书记指出："财政是国家职能的重要组成部分。财政政策是国家宏观调控的一个重要工具。雄厚的财政实力是一个国家强大、稳定、安全的重要体现和有力保证。"财政资金取之于民、用之于民，关系到广大人民群众的切身利益，也关系到国家实力、经济社会发展和社会的稳定。长期以来，我国的财政预算在促进国民经济和社会发展，保证国家政治稳定，改善人民生活，加强和改善宏观调控等方面发挥了重要作用。最近两年，面对亚洲金融危机和国内需求不足的影响，实施积极的财政政策，对保持经济的快速增长发挥了关键作用。应该看到，改革开放20多年，特别是1994年以来，我国财税体制改革迈出了较大步伐，预算监督也在逐步加强，但是，与财政工作的其他方面相比，预算改革比较滞后，预算管理监督比较薄弱。我国现行的预算编制、监督体制基本上还是沿用过去计划经济的办法，不能适应发展社会主义市场经济的要求。预算缺乏必要的透明度，财政行为不够规范，违反财经法纪的现象相当普遍，一些掌管资金分配的部门利用职权挪用财政资金时有发生，腐败现象屡禁不止。为了履行宪法赋予的职责，依法监督，改进预算管理，逐步规范中央预算行为和减少预算的随意性，以求厉行节约、最大限度地发挥财政资金的作用，因此，全国人大常委会作出了关于加强中央预算审查监督的决定。

问：这个决定的一个突出特点就是强调编制"部门预算"，请问为什么要编制部门预算？

答：长期以来，我们的预算主要是按支出性质而不是按部门、单位编制的，一个部门或单位需要的不同性质的经费，例如行政、教育、科技、基建投资等资金切成大块，由财政部内不同的职能机构管理，层层进行分配。国务院部门的下属司局、基层单位分别到财政部的相应部门要钱，各有各的渠道，有时还多个渠道要钱，财政部做预算时不知道一个部门到底能拿到多少钱，有的部门的负责人也不知道本单位从财政部到底拿了多少钱。这种情况使得财政资源难以优化配置，财政部以及用钱部门对财政资金难以统一管理、监督和控制。由于分配多层次、层层留机动，也造成预算的随意性。《预算法》规定，"中央政府预算由中央各部门的预算组成"，"各部门预算由本部门所属各单位预算组成"。《决定》按照《预算法》的要求，提出要编制部门预算和单位预算。编制部门预算突出了预算的完整性和统一性，各部门必须将本部门下属各司局、各基层单位所需不同性质的所有的预算资金，综合平衡成统一的部门预算；财政部只对部门一个口子，统一审核、批复预算，划拨预算资金。编制部门预算有利于国务院财政部门对国家预算资金的有效分配、管理和监督，有利于各部门统一掌管本部门预算资金以完成国务院赋予的职责，也有利于全国人大对国家、部门预算资金使用情况和效益进行监督。

问：怎么理解"细化预算"和"提前编制预算"？

答："细化预算"和"提前编制预算"是《决定》的一个重要内容。当前预算编制的一个突出问题是预算编制过于简单，很多没有落实到具体支出项目；同时预算编制太迟，全部预算编制工作要在全国人大批准后几个月才能完成，形成批准后还在做预算的怪现象。其结果，不仅不利于对预算执行的监督，也影响部门预算的批复和预算资金的下拨使用，有的资金甚至年底才能下拨，在执行过程中要钱的报告不断，形成"一年预算，预算一年"，随用随批，影响预算的严肃性。先有预算，后有支出，严格按预算支出，是各国预算的一个基本原则，是依法理财的重要基础。我国《预算法》也有这样的规定："各级政府、各部门、各单位的支出必须按照预算执行"，国务院颁布的《预算法实施条例》也规定："按照预算拨款，即按照批准的年度预算和用款计划拨款"，也就是说，没有预算不能支出。细化预算和提前编制预算，在每个财政年度开始前将中央预算草案全部编制完毕，是"按预算支出"的前提，也是规范我国财政预算的具有深远意义的重大举措。细化预算、提前编制预算以后，报送人大审批的预算草案将比过去详细得多，便于人大对预算的审查监督，但当前更重要的作用，还是规范各级政府、部门、单位的预算行为：财政部门按预算进行管理，用钱单位按预算支出，审计部门按预算审计，减少预算的随意性，有利于国务院加强和改善预算管理。

问：为什么要加强对超收收入使用的监督？

答：对预算超收收入使用的监督是当前加强对预算监督的一个重要内容。现在，每年预算超收收入数额不小，地方预算超收收入占预算的比重更大。对预算超收收入使用管理、监督不严，容易造成预算的随意性，也容易滋生腐败。因此，《决定》提出，要加强对预算超收收入使用的监督。按照“先有预算，后有支出，严格按预算支出的原则”，超收收入不能随收随支，而是要根据预算实际执行情况预测可能超收多少，综合考虑当年经济社会发展的需要必须追加的支出，统筹兼顾编制超收收入使用方案，再按预算支出。我国经济界有一句老话：“八月十五月光明”，是指每年到八月十五左右，全年经济运行情况就大体心中有数了，财力、物力有多少余地，支出存在哪些缺口，可以估计得八九不离十。今年年中，将预计超收收入安排用于增加工资和社会保障支出，就是这样做的。因此，编制超收收入使用方案是必要的也是完全有可能的。《决定》还要求，超收收入使用的安排，国务院财政部门要及时向财经委员会和预算工作委员会通报情况。国务院应向全国人大常务委员会作预计超收收入安排使用情况的报告。

问：为什么要严格控制不同预算科目之间的资金调剂？

答：目前中央预算执行中存在的另一个问题是，科目之间的资金调剂过于随意，预算资金挤占挪用等问题比较突出。今年审计报告中就审计出一些部门挤占挪用财政资金，例如挪用水利专项资金用于投资和购置办公楼及宿舍甚至炒股等十分严重。预算随意调剂，使人大批准的预算失去了严肃性，不利于对预算的管理和监督。《预算法》规定：“经本级人民代表大会批准的预算，非经法定程序，不得改变”，“各部门、各单位的预算支出应当按照预算科目执行”。《决定》重申这一要求，提出要严格控制不同预算科目之间的资金调剂。细化预算以后，这一要求具有更重要的意义，因为如果不能严格控制资金调剂，细化的预算就成为一纸空文。这一要求有利于财政部门加强管理、规范支出，也增加了他们的责任。为加强人大的监督，《决定》还特别指出，农业、教育、科技、社会保障科目预算资金的调减，必须经过人大常务委员会审查和批准，以后根据需要还可以增加新的科目，以确保重点支出不被挪用。

问：什么是预算外资金，《决定》在加强对预算外资金的管理和监督方面采取了哪些措施？

答：预算外资金是根据国家法律、法规和具有法律效力的规章收取、提取和安排使用的未纳入预算的财政性资金。近几年，预算外资金的比重虽然有所下降，但仍然不小。同预算内相比，预算外资金管理中的问题更为突出，揭发出来的一些大案要案，不少与预算外资金管理不善有关，各方面的反映十分强烈。国务院正在采取措施努力规范和加强对预算外资金的管理。这里，《决定》主要提出了三项措施，一是要采取措施将中央预算外资金纳入中央预算内；二是对暂时不能纳入预算的要编制收支计划和决算，预算外资金不能随收随支，有预算外收支的单位，不仅要实行收支两条线，而且要预测收入情况，并根据支出需要，编制收支预算，报国务院财政部门批准后按预算支出；三是向全国人民代表大会常务委员会报告中央预算外资金的收支情况，以便于人大监督。

问：全国人大常委会的决定将起到什么作用？

答：李鹏委员长多次强调：全国人大常委会和国务院要把监督和支持结合起来，在监督的同时，还要强调支持，通过监督，支持政府把工作做得更好。应该看到，国务院在加强和改善预算管理监督上做了大量工作，取得了很大成绩。全国人大常委会加强预算监督是为了更好地支持国务院做好财政预算工作。人大常委会在起草加强中央预算审查监督决定的时候，作了大量调查研究，既总结了国内在预算监督方面的经验，也借鉴和吸收了国外在这方面的经验，广泛征求了国务院有关部门特别是财政部门的意见，吸收了很多好的建议，使得《决定》的制定既有利于加强和改善预算审查监督工作，又考虑了实际可能，具有可操作性。《决定》中的一些内容，如编制“部门预算”和“细化预算”，全国人大常委会在去年 6 月审查上年决算时就提出了要求，国务院高度重视，专门召开会议研究部署，决定 2000 年预算就要试报农业、教育、科技、社会保障等部门预算，2000 年预算的编制工作也提前到 9 月开始，比往年提前两个月，财政部门积极做好具体工作。应该看到，编制部门预算、细化预算、提前编制预算，是预算制度的重大改革，涉及面广，工作量大，有很多基础工作要做。比如，要提前编制预算，有关部门就要提前把支出项目确定下来；要细化预算，就要明确支出定额，我们现在很多定额还是改革开放前定的，等等。所以实现《决定》的要求，也需要一个过程，要扎扎实实、一步一步去做。依法理财、规范预算，不仅仅是财政部门的事，要依靠所有使用财政资金的单位的共同努力，预算规范了，一些部门、单位可能会觉得麻烦，用钱也不像以前那么方便了。我们要从思想上认识到，这样做是依法理财、用好管好财政资金、防止腐败的要求，是建立符合社会主义市场经济要求的财政预算体制的重要步骤，要服从大局，配合财政部门切实认真做好财政预算工作。

12 月 26 日

第四届中国杰出青年农民评选揭晓

中国青年农民的最高荣誉——中国杰出青年农民及提名奖，在北京揭晓。十位大地之子荣获“第四届中国杰出青年农民”称号。

这十位青年农民是：发展柳编，带领千家万户勇闯国际市场的河南省固始县三河尖乡黄寨村青年农民万正和；承包荒山，综合治理小流域的山西省蒲县西坪垣乡天花岭村青年农民牛伟；开发边疆的种棉大王，新疆生产建设兵团农五师八十一团农场职工王坤；培育良种推广科技的内蒙古自治区乌兰浩特市居力很乡红心村青年农民王大民；八年如一日，誓做雷锋传人的山东省曹县仵楼乡后张楼村青年农民田永亮；发展草坪种植，绿化美化城市的河北省隆尧县千户营乡狮子疙瘩村青年农民乔书领；大学毕业回乡创业，进行农业综合开发的湖南省浏阳市洞阳乡生基村青年农民张浩；发展农业产业龙头，勇创一流品牌的江苏省南京市雨花台区沙洲乡双和村青年农民祝义才；放弃城市优越生活，开发荒山的女林业工程师，四川省华蓥市禄市镇红光村青年农民欧阳晓玲；自学成才，致富万家的吉林省九台市苇子沟镇西沟村青年农民高才。此外，辽宁省海城市西柳镇西古村青年农民王守成等 13 名同志获得提名奖。

中国杰出青年农民评选表彰活动由共青团中央、农业部、水利部、财政部、国家林业局和全国青联联合开展，旨在全社会倡导务农光荣、务农有为的社会风尚，引导和激励广大青年积极投身我国农业现代化建设的伟大事业，为建设富裕、民主、文明的社会主义新农村作出积极的贡献。

二滩水电站全面建成投产

日前，位于中国西部的最大水电站——二滩水电站，6 台 55 万千瓦机组全部建成投产发电。

二滩水电站是国家“八五”重点建设项目之一，是新中国成立以来我国西部规模最大、技术最复杂、投资最密集的基础设施项目之一。二滩水电站由 240 米高溢流式砼双曲拱坝和巨大的地下厂房等建筑物组成。电站安装 6 台单机容量为 55 万千瓦的水轮发电机组，总装机容量 330 万千瓦，多年平均发电量 170 亿千瓦时，工程总投资 284.7 亿元。

在二滩水电站建设过程中，充分调动了各承包商、设备供应商、监理工程师的积极性，使这项涉及全世界 40 多个国家、数百个工程项目、上万人参加的大型建设项目比合同工期提前 181 天完成。

贵州建成中国最大磷肥厂

随着国内最大的氟化铝装置 72 小时试车考核成功，我国最大的磷肥厂——贵州宏福实业开发有限总公司瓮福磷肥厂，四大装置日前全部通过试车考核，产品产量、质量、主要消耗指标和环保指标均达到或优于设计要求，顺利进入全面试生产。

瓮福磷肥厂是国家“九五”期间重点建设工程，是与国家“八五”期间重点建设工程瓮福磷矿相配套的项目，投资概算为 36.9 亿元，主装置包括年产 80 万吨重钙、80 万吨硫酸、30 万吨磷酸、1.4 万吨氟化铝四大装置，其规模均排名国内第一。

科技部发布命令对科学奖励进行规范

科技部近日发布第 1、2、3 号令对国家科学奖励、省部级科学奖励以及社会上设立的科学奖励进行规范。

第 1 号令《国家科学技术奖励条例实施细则》，从国家科技奖的推荐、评审和授予工作的实际需要出发，对奖励条例的条款和内容进行解释和补充，具有原则性和操作性。为推荐者、评审者和管理者贯彻和实施奖励条例提供依据。

第 2 号令《省、部级科学技术奖励管理办法》通过规范省、自治区、直辖市人民政府和国务院有关部门设立的科学技术奖励行为，加强对省、部级科学技术奖励的管理和指导，解决部门和地方层层设立科学技术奖励的问题，将省、部级科学技术奖励工作纳入科学和法制的轨道。

规定各省、自治区、直辖市人民政府可以设立一项省级科学技术奖，分类奖励在科学研究、技术创新与开发、推广应用先进科学技术成果以及实现高新技术产业化等方面取得重大科学技术成果或者做出突出贡献的个人和组织。

国防科学技术工业委员会、公安部、国家安全部可以设立部级科学技术奖，内容只涉及国防和国家安全。国务院所属其他部门不再设立部级科学技术奖。

第 3 号令《社会力量设立科学技术奖管理办法》，体现了政府部门对社会力量设奖的宏观管理与服务相结合、法制化和科学评审的原则。办法中规定，社会力量设奖应当办理登记手续；建立科学、民主的评审程序，实行公开授奖制度；在奖励活动中不得收取任何费用。

“法轮功”邪教组织骨干被依法制裁

北京市第一中级人民法院对“法轮功”邪教组织骨干李昌等人组织、利用邪教组织破坏法律实施，组织、利用邪教组织致人死亡和非法获取国家秘密一案作出一审判决，依法分别判处李昌、王治文、纪烈武、姚洁18年、16年、12年和7年有期徒刑。

此案由北京市人民检察院第一分院于12月15日向北京市第一中级人民法院提起公诉。法院依法组成合议庭，今天依法不公开开庭审理了起诉书指控李昌等4名被告人非法获取国家秘密的事实；公开开庭审理了起诉书指控的组织、利用邪教组织破坏国家法律实施和组织、利用邪教组织致人死亡的事实，并当庭进行了公开宣判。

法庭审理查明，李昌、王治文、纪烈武、姚洁等人积极追随、伙同“法轮功”邪教组织首要分子李洪志，冒用气功名义，通过伪造身世、吹捧“功力”的方法神化李洪志，建立“法轮功”邪教组织，炮制了《中国法轮功章程》、《法轮大法弟子传法传功规定》等邪教教规；并先后在各地设立“法轮功”“辅导总站”39个，“辅导站”1900余个，“练功点”2.8万余个。

李洪志及被告人李昌、王治文、纪烈武、姚洁等人，组织、利用“法轮功”邪教组织先后在北京、天津等地，组织、策划、指挥“法轮功”练习者非法聚集围攻国家机关、事业单位，严重扰乱社会秩序，每次300人以上的聚集围攻就达78起。今年4月25日，李昌等人组织煽动北京及外省市“法轮功”练习者万余人，到中南海周围非法聚集、静坐示威，严重扰乱了国家机关和广大群众正常的工作、生活秩序，危害了首都的社会安定。之后，李昌等人按照李洪志的“指令”，策划部署在北京、吉林、四川等地安排“法轮功”组织的接替人员，妄图与政府长期对抗。

李洪志及李昌、王治文、纪烈武、姚洁等人，利用“法轮功”邪教组织“传功”、“讲法”，非法出版、发行宣扬邪教内容的出版物，聚敛钱财，非法获利4513万余元。

李昌、王治文、纪烈武、姚洁等人组织、利用“法轮功”邪教组织，散布迷信邪说，蒙骗他人，致人死亡。截至1999年8月底，在全国各地已导致1400多名“法轮功”练习者或因练功走火入魔自残、自杀身亡，或因贻误医疗时间病情恶化而死。

为对抗国家有关部门查处、取缔“法轮功”邪教组织，李昌、王治文、纪烈武、姚洁等人，采取各种方法非法获取国家秘密。公安机关依法从李昌等4人家中共搜查出他们非法获取的国家绝密、机密、秘密级文件37份；李昌等人将有些文件的内容编入“法轮功”简报或写入向政府示威的联名信中，公开广为散发，造成了严重的后果。

法庭认为，被告人李昌、王治文、纪烈武、姚洁等人，积极追随、伙同李洪志，无视国家法律，积极组织、利用“法轮功”邪教组织实施上述一系列犯罪行为，均已分别构成组织、利用邪教组织破坏法律实施罪，组织、利用邪教组织致人死亡罪和非法获取国家秘密罪，且情节特别严重。李昌、王治文、纪烈武系主犯，姚洁系从犯，均应分别依法惩处。鉴于李昌、姚洁被羁押后能主动、比较详细交代策划、组织聚众围攻党政机关及新闻单位的事实，对其在参与策划、组织、指挥过程中所发挥的作用供认不讳，同时对李洪志罪恶本质及“法轮功”邪教组织进行了揭露，有一定的悔改表现，对李昌依法酌予从轻处罚，对姚洁减轻处罚；鉴于姚洁能真诚悔罪，对其所犯非法获取国家秘密罪酌予从轻处罚。

依照《中华人民共和国刑法》和《最高人民法院、最高人民检察院关于办理组织和利用邪教组织犯罪案件具体应用法律若干问题的解释》有关条款的规定，北京市第一中级人民法院以组织、利用邪教组织破坏法律实施罪，组织、利用邪教组织致人死亡罪，非法获取国家秘密罪，三罪并罚，判处李昌有期徒刑18年，剥夺政治权利5年；判处王治文有期徒刑16年，剥夺政治权利4年；判处纪烈武有期徒刑12年，剥夺政治权利2年；判处姚洁有期徒刑7年，剥夺政治权利1年。

李昌、纪烈武、姚洁的家属为其聘请的律师和法院为王治文指定的律师，以及李昌、王治文、纪烈武、姚洁本人，均当庭做了辩护。

各界群众、新闻记者及4名被告人的家属，旁听案件的公开审理和宣判。

12月27日

九届全国人大常委会举办第十二次法制讲座

李鹏委员长主持并发表讲话。他指出，依法治国、建设社会主义法治国家，是党领导人民治理国家的基本方略。依法行政是依法治国的重要环节，是行政机关正确行使权力的根本保障，对于维护法律的权威和尊严，对于依法治国基本方略的实行，对于有中国特色社会主义事业的顺利发展，具有极其重要的意义。

李鹏说，依法行政，首先必须有完备的行政法律制度。行政法律制度是调整国家行政管理活动的法律规范的总和，是有中国特色社会主义法律体系的重要组成部分。党的十一届三中全会以来，全国人大及其常委会十分重视行政立法工作，先后制定了国务院组织法、地方组织法、行政诉讼法、国家赔偿法、行政处罚法、行政监察法、行政复议法以及一大批具体的行政管理方面的法律。这些法律的制定，标志着我国行政法律制度的框架已初步形成，为各级行政机关及其工作人员依法行政，提供了坚实的法律依据。为了适应依法治国、依法行政的要求，在今后一个时期内，行政立法仍然是全国人大及其常委会立法工作的一个重点。根据九届全国人大常委会立法规划和现实需要，要抓紧制定国家公务员法、行政许可法、行政收费法、行政强制措施法等行政法律，切实保障各级行政机关依法行使职权。

李鹏最后强调，党的十五大提出，一切政府机关都必须依法行政。地方组织法规定，地方各级人民政府必须依法行使行政职权。各级行政机关及其工作人员都要从根本上转变那些已经不适应依法行政要求的传统观念、工作习惯和工作方法，要努力学习和掌握宪法和法律、法规，不断增强法律意识和法制观念，不断提高依法行政的自觉性和依法行政的能力、水平，善于运用法律手段管理国家和地方事务，管理经济、文化和社会事务。各级人大及其常委会要认真履行宪法赋予的各项职责，加强对行政机关的监督工作，支持和促进各级行政机关依法行政。

法制讲座由全国人大内司委委员、国家行政学院教授应松年主讲我国的行政法律制度。他说，行政法是关于行政权的法，是关于行政权的授予、行政权的行使和运作以及对行政权的授予、运作和行使进行监督的法律规范的总和。

应松年说，行政法大致由三部分组成：关于行政权的授予和组织行政机关的法律；关于行政权的行使和运作的法律；对行政机关的组织、行政权的行使和运作进行监督的法律。他对这三部分法律制度分别作了详细讲解。

全国人大常委会副委员长田纪云、姜春云、邹家华、王光英、布赫、铁木尔·达瓦买提、彭珮云、何鲁丽、周光召、曹志、丁石孙、成思危、许嘉璐、蒋正华，秘书长何椿霖，全国人大常委会委员、全国人大各专门委员会组成人员、全国人大常委会有关部门负责人等听取讲座。

国务院副总理温家宝在北京召开的全国城乡规划工作会议上发表讲话

温家宝说，水资源短缺已经成为制约我国经济建设和城市发展的重要因素。随着经济发展和人民生活水平的提高，城市用水需求量不断增长，水的供需矛盾越来越突出，以致形成“地下水越抽越深，水源越来越远，远距离取水的城市越来越多，用水成本越来越高”。所以，城市建设和发展必须坚持开源与节流并举，合理和节约利用水资源。

温家宝说，我国是一个水资源短缺的国家，城市缺水问题尤为突出。目前，600 多个城市有 400 多个缺水，其中 100 多个严重缺水。全国城市日缺水量 1600 万立方米，影响 4000 万城市人口的正常生活。北京市人均水资源量不足 400 立方米，是世界人均水资源的 1/30，在全世界 120 个国家的大都市中居 100 位以后。全国许多城市水源受到污染，使本来紧张的城市水资源更为短缺。合理和节约利用水资源，一是要把保护水源放在突出位置，要优先保证广大居民生活用水，统筹兼顾工业用水和其他建设用水；二是依据本地区水资源状况合理确定城市发展规模，从某种意义上讲，水资源是城市发展的“门槛”，城市发展必须立足于水资源的可能；三是根据水资源状况合理确定和调整产业结构，缺水城市要限制高耗水型工业的发展，对耗水量高的企业逐步实行关停并转；四是加快污水处理设施建设，提高污水处理能力；五是加强地下水资源的保护。

全国人大常委会副委员长姜春云在全国人大农委国务院法制办农业部联合召开的《乡镇企业法》实施三周年座谈会上发表讲话

姜春云在会上强调，发展乡镇企业是党和政府根据我国国情作出的重大战略抉择，要深化认识，坚定不移地贯彻实施。各级党委、人大和政府应该从落实依法治国的高度，把《乡镇企业法》宣传好、实施好。

《乡镇企业法》自 1997 年 1 月 1 日正式施行以来，在全社会引起了很大反响。各地深入开展了对《乡镇企业法》的学习宣传和教育培训活动，提高了乡镇企业系统的法制意识。农业部等部门制定了一批相关的规章制度，四川、宁夏、河北、山西、甘肃、内蒙古、重庆等省（区、市）出台了一些地方性法规。各地依法维护乡镇企业合法权益，减轻企业负担，加大了对乡镇企业的扶持力度。同时，逐步建立、健全了乡镇企业行政执法队伍。

《乡镇企业法》在贯彻实施中，也存在不少问题。有些地方依法行政、依法治企的水平有待进一步提高；认识上不够统一，配套法规、政策不够完善，侵犯乡镇企业合法权益的行为时有发生；也有一些乡镇企业不履行法定义务。这些问题，都直接影响了乡镇企业的健康发展。

姜春云指出，要切实加大《乡镇企业法》的贯彻实施力度，把依法保障和促进乡镇企业的发展摆到更加突出的位置，切实抓好。他提出：

——要认真落实这部法律规定的各项扶持措施。要抓紧制定《乡镇企业法实施条例》和其他配套规章、制度。特别要落实好《乡镇企业法》规定的税收、信贷、发展基金等扶持政策。

——依法维护乡镇企业的合法权益。要尊重、支持乡镇企业依法进行的各项改革，并依法制定和实施有利于乡镇企业改革与发展的宏观调控措施。加强乡镇企业行政执法队伍建设，加大执法监督力度，严格规范市场秩序，使乡镇企业能够在一个公平、有序的市场环境中，全力以赴搞改革、求发展。

——依法规范乡镇企业的生产经营行为。要在乡镇企业中大力开展遵纪守法教育，坚持依法治企。尤其要采取切实有效措施，加强对企业经营者的法律培训，使他们增强依法经营管理的能力。

——强化执法监督和检查工作。各级人大要认真做好执法监督和检查工作，保证《乡镇企业法》的各项规定落到实处。

姜春云说，贯彻实施《乡镇企业法》，落实各项规定是一项十分艰巨的任务，需要在各级党委、政府的领导和支持下，各地、各部门通力合作，真抓实干；社会各界也应当关心支持《乡镇企业法》的贯彻施行，以促进、引导、保护和规范乡镇企业的发展。

国务院总理朱镕基在人民大堂会见南斯拉夫联盟共和国外交部部长日瓦丁·约万诺维奇

朱镕基说，中南之间有着传统友谊，近年来两国在各个领域的合作关系进一步发展。中国对南一贯支持一个中国的原则立场、支持中国的统一大业表示感谢。

约万诺维奇外长对澳门回归表示祝贺，高度评价邓小平提出的“一国两制”政策，表示南将继续坚持一个中国的原则立场。

国务院副总理李岚清在中南海紫光阁会见韩国财政经济部部长宫康奉均

香港特别行政区政府驻北京办事处日前在北京举行新闻发布会向内地传媒介绍“输入优秀人才”计划申请程序详情

办事处主任梁宝荣介绍说，入境事务处于12月17日开始实施输入优秀人才计划，并于该日起接受申请。有关文件可在入境事务处总部、入境事务处各分处、各区民政事务处及香港特区政府驻北京办事处的入境事务组免费索取。“申请表格连同所有必须的支持文件应由雇主提交给入境事务处，而雇主应是在香港注册的公司。”入境事务处将在收妥所有必须的文件后三周内完成审批工作。

“根据内地公安部出入境管理局通知，内地的优秀人才在入境事务处取得进入许可后，须向他们申请因私《往来港澳通行证》及有关的赴港签注出境。这项申请需时约15个工作日，视乎优秀人才是否已递交所有必需的文件。”获准来港的优秀人才一般会获签发为期12个月的“工作进入许可证”。其配偶及21岁以下未婚子女亦可获签发“家属进入许可证”随同赴港。

武警部队表彰一批执勤先进单位

武装警察部队司令员吴双战、第一政委贾春旺、政委徐永清日前签署命令和通令，授予在1999年度圆满完成执勤和处置突发事件中成绩突出的10个基层单位和26个支队(团)荣誉称号或集体记功。

今年，武警部队在确保了看守、守卫、守护、警卫等固定目标安全的情况下，先后投入250多万人次，执行数千次各种临时性勤务。在扫黄打非、打击走私、集中追逃、打击黑社会性质的团伙犯罪等专项斗争中，武警部队配合公安机关抓获大批违法犯罪分子，为人民群众生产生活创造了安全稳定的社会环境。一年间，共有6名官兵在执行任务中牺牲，175名官兵负伤。

中央统战部在北京举行仪式宣布华夏英才基金第三批支持百名党外知识分子出版学术著作

王淦昌物理奖在北京设立将其家属捐出的50万元作为基金用于奖励国内在粒子物理学和惯性约束核聚变研究中作出突出贡献的科技工作者

12月28日

国务院举行第二十四次常务会议

朱镕基总理主持会议，审议并通过了《中华人民共和国人民币管理条例(草案)》和《医疗器械监督管理条例(草案)》。

会议认为，制定《中华人民共和国人民币管理条例》对加强人民币的管理，维护人民币的信誉，稳定金融秩序具有积极的作用。为了保证医疗器械的安全、有效，保障人体健康和生命安全，迫切需要制定一个有关医疗器械的监督管理条例，切实加强对医疗器械的监督管理。

《中华人民共和国人民币管理条例(草案)》、《医疗器械监督管理条例(草案)》经修改后，由国务院发布施行。

国务院第二十四次常务会议决定将新华社香港分社、新华社澳门分社分别更名为中央人民政府驻香港特别行政区联络办公室、中央人民政府驻澳门特别行政区联络办公室

中央人民政府驻香港、澳门特别行政区联络办公室的职责是：联系外交部驻香港、澳门特别行政区特派员公署和中国人民解放军驻香港、澳门部队；联系并协助内地有关部门管理在香港、澳门的中资机构；促进香港、澳门与内地之间的经济、教育、科学、文化、体育等领域的交流与合作，联系香港、澳门社会各界人士，增进内地与香港、澳门之间的交往，反映香港、澳门居民对内地的意见；处理有关涉台事务；承办中央人民政府交办的其他事项。

中央人民政府驻香港、澳门特别行政区联络办公室及其人员将严格遵守《中华人民共和国香港特别行政区基本法》、《中华人民共和国澳门特别行政区基本法》和当地的法律，依法履行职责。

新华社还宣布，原新华通讯社香港、澳门分社内的新闻业务，将由新华通讯社提请香港、澳门特别行政区政府注册的新华通讯社香港、澳门特别行政区分社承担。

国务院办公厅批转建设部等部门关于工程勘察设计单位体制改革若干意见

中央文明委在北京召开全体会议

中央精神文明建设指导委员会日前召开全体会议，总结 1999 年工作，部署 2000 年任务。会议强调，2000 年精神文明建设工作要在以江泽民同志为核心的党中央领导下，高举邓小平理论伟大旗帜，坚持党的基本路线、基本方针和基本纲领，全面贯彻党的十五大精神，继续落实十四届六中全会确定的各项任务，紧密围绕中央总的工作部署，认清形势、明确任务，抓住机遇、开拓进取，坚定信心、团结奋斗，努力促进两个文明建设协调发展，更好地为人民服务，为社会主义服务，为全党全国工作大局服务。

中共中央政治局委员、书记处书记、中央文明委主任丁关根主持会议并讲话。中共中央政治局委员、中央文明委副主任李铁映出席会议并讲话。

首届中国科技新闻奖在北京颁奖

首届中国科技新闻奖颁发，共有 32 件科技新闻作品获奖，其中 4 件作品获大奖。

中国科技新闻奖是经中宣部批准的全国性常设新闻奖，是全国科技类优秀新闻作品最高奖，由科技部和中国记协联合主办，每两年评选一次。获首届中国科技新闻奖大奖的 4 件作品是：《积极做好离退休高智力资源的二次开发》、《为了祖国，为了科学——追记“中国机器人之父”蒋新松》、《中国艾滋病疫苗研究酝酿重大突破》、《科技——荆江抗洪的定盘星》。

全国人大常委会副委员长周光召、中国记协主席邵华泽、科技部部长朱丽兰、中宣部副部长徐光春等领导出席颁奖仪式并讲话。

表彰自然保护区管理先进集体和个人大会在北京召开

中国自然保护区面积逐年扩大，目前已建立自然保护区 926 个，面积达 7698 万公顷，占陆地国土面积的 7.64%，超过世界平均水平，其中国家级自然保护区有 136 个，绝大多数野生动植物物种、重要的生态功能区都得到了较好保护。

中国农业大学研试成功“麦业丰”

由中国农业大学作物化学控制研究中心独创性研究试验成功的世界领先的高科技新型作物化控产品——“麦业丰”，经 1997 年至 1999 年三年大面积推广表明，该科技产品为我国小麦大面积持续安全高产稳产提供了可靠保障。此外，“稻业丰”、“豆业丰”等二次创新技术成果已基本完成，推广应用前景广阔，不仅对我国，也是对世界农业的贡献。

“麦业丰”既是国家“九五”科技攻关重中之重项目，又是小麦超高产栽培的关键性技术，已列为重点推广新产品。专家认为，该产品具有克制小麦高产第一杀手——小麦倒伏、提高抗干旱、抗过高过低温等适应协返能力及提高小麦品质等功能。据农业部门统计，1997 年至 1999 年连续三年大面积推广应用中，共施用麦田面积 145.6 万公顷，累计增产小麦 8.736 亿公斤，平均单产增加 8%—13%，农民增加纯收入 12 亿元。全球性气候变暖，使倒伏问题雪上加霜，这一新产品、新技术问世推广，有效解决了这一世界性难题。此外，该产品无副作用，是环保农业的最佳选择。

北京出版社编撰完成《百国议会概览》一书

《百国议会概览》一书最近编撰完成，将由北京出版社出版。全国人大常委会委员长李鹏为这本书作了序。

李鹏在序中指出，以前，我们对外国议会的了解、研究比较少，专门介绍外国议会方面的书籍也不太多。现在，北京市人大常委会和新华社国际部的同志们合作编写了这本《百国议会概览》，介绍了一百个国家议会的情况，这对我们了解、研究外国议会，会有一定的参考价值。

李鹏说，我国实行的是人民代表大会制度，而不是三权分立的议会制。人民代表大会制度作为我国的根本政治制度，是我国人民长期奋斗的成果和历史的选择，宪法对此做了明确规定。实践已经充分证明，我国实行人民代表大会制度，有利于充分发扬人民民主，有利于人民行使当家做主的权利，完全符合中国的国情。

李鹏指出，党的十五大提出依法治国，建设社会主义法治国家的基本方略，而坚持和完善人民代表大会制度是实现这一基本方略的一项重要内容。在坚持和完善人民代表大会制度的过程中，学习和借鉴外国议会制度中的一些适合我国的经验，是很有必要的。尽管外国议会与我国人民代表大会制度的本质不同，但外国议会中的一些具体做法，如立法程序、监督程序等，是可以供我们吸收和借鉴的。同时，中国人大正在积极开展和世界各国议会之间的交往，这也需要我们不断加深对外国议会的了解。所以，对外国议会进行研究和介绍，是一项很有意义的工作。

12月29日

国务院副总理温家宝在全国建设工作会议上讲话

国务院副总理温家宝日前对建设部召开的全国建设工作会议提出要求。他说，中央经济工作会议提出继续实行扩大内需的方针，加快基础设施建设，为明年城乡建设提供了良好的机遇，也对全国建设系统工作提出了更高的要求。他提出，明年建设部门要抓住机遇，深化改革，重点做好四项工作。

温家宝说，一是要搞好城市住房建设和改革。这是扩大内需，促进投资，拉动消费的重大措施，也是改善人民生活的迫切要求。他强调，各地要根据中央确定的原则，从本地实际出发，继续积极稳妥地推进住房制度改革，加快经济适用住房建设，改善住房信贷服务，满足居民需要。他还指出，农村建房是当前农村消费的一个热点，各级建设部门要在规划、设计、建材供应等方面为农民提供服务。

他要求建设部门做好的第二项工作是狠抓工程质量。他提出，建设工程质量是百年大计，事关人民生命财产安全。各级建设部门要认真贯彻实施《建筑法》和国务院有关建设工程质量的法规，健全制度，加强管理，落实责任，消除质量事故隐患。

温家宝说，第三要推进改革，整顿和规范建设市场。当前，利用工程建设贪污受贿的腐败现象十分突出，必须通过加快制度改革和建设、加大打击违法犯罪活动的力度，从根本上改变这种状况。他要求，建设部要把加强有形建筑市场建设、规范工程招标投标管理，作为纠正部门和行业不正之风的一项重要措施。

他要求建设系统加快国有企业改革和发展。要按照十五届四中全会决定的精神，结合建设系统国有企业的特点，加快改革和发展的步伐。把建设现代企业制度同企业扭亏增盈结合起来，把重点放在转换企业经营机制，加强内部管理，提高企业的质量、效益和竞争能力上。

解放军总参谋部在北京举行表彰加强部队全面建设的十类典型百名标兵大会

中央军委委员、总参谋长傅全有，中央军委委员、常务副总参谋长郭伯雄为英模代表颁奖。

近年来，总参谋部认真贯彻江泽民主席关于军队建设“五句话”总要求，努力按照《军队基层建设纲要》打基础，抓落实，基层建设整体水平稳步提高，涌现出一大批具有时代特色的先进典型。总参所属单位贯彻落实科教兴国、科技强军的战略方针，进一步加强专业技术干部队伍建设，取得了显著成效。

总参谋部发出的通令，授予总参第一测绘大队大地工程测量队“先锋测量队”、某研究所三科“科研攻坚先锋科”、某通信团八号哨“模范通信哨”、陆军导弹学院反坦克导弹连“全面建设模范连”、炮兵学院南京分院射击教研室“科教创新模范教研室”荣誉称号。同时，为6个先进旅团和百名优秀参谋、优秀基层干部、优秀旅团主官、优秀教员、优秀科技干部、优秀士兵和优秀学员记功。

中国军人退役医疗保险制度出台

经国务院、中央军委批准，国务院办公厅、中央军委办公厅日前联合发出通知，印发《中国人民解放军军人退役医疗保险暂行办法》。

从明年1月1日起实行的军人退役医疗保险，是继去年出台军人伤亡保险后，我国出台的第二个军人保险险种。

国家科技教育领导小组第五次会议在北京召开

国务院总理、国家科技教育领导小组组长朱镕基在中南海主持召开国家科技教育领导小组第五次会议，听取科技部关于全国技术创新大会贯彻落实情况和科技体制改革有关情况的汇报、国家自然科学基金委员会关于科学基金工作的汇报。国务院副总理、国家科技教育领导小组副组长李岚清参加会议。

国务院领导人在听取汇报后指出，今年党中央、国务院先后召开了全国教育工作会议和全国技术创新大会，江泽民总书记在会上发表了重要讲话，党中央、国务院分别就素质教育和技术创新工作作出了决定。各省、自治区、直辖市和国务院有关部门高度重视，认真学习贯彻两次大会和两个《决定》的精神，结合各自的实际情况，分别提出了具体实施意见，全面推动科教兴国战略的实施。

会议强调，要加大国务院各部门和单位所属科研机构管理体制改革力度，应用型科研机构和设计单位原则上要转为科技型企业、整体或部分进入企业、转为中介服务机构等。其目的是要全面优化科技力量布局和科技资源配置，大力推广、应用高新技术和适用技术，加速科技成果转化并形成产业化，改造传统产业，真正解决科技与经济“两张皮”的问题。深化科技体制改革，要从根本上建立有利于科技成果转化的体制和机制，充分调动科技人员的积极性，加强技术创新，实现跨越式发展。国务院总理办公会已原则通过教育部提出的国务院各部门和单位所属学校管理体制调整意见，这是整个教育体制改革的一个重要的组成部分。这次国务院各部门和单位所属学校、科研机构管理体制的改革，是进一步实施科教兴国战略的重大举措，其深度和广度都是前所未有的。国务院有关部门、单位和地方一定要贯彻好党中央、国务院《决定》的精神，认真过细地做好工作。国家自然科学基金会在资助基础科学研究和发现、培养科研人才方面发挥了很好的作用。今后，要在有创新潜力的项目方面多下功夫，要在促进国家经济发展方面发挥更大的作用。

科技部部长朱丽兰、国家自然科学基金委员会主任陈佳洱先后作工作汇报。

会议审议并原则通过了科技部拟定的《国务院部门和单位所属科研机构改革方案》。会议充分肯定了国家自然科学基金在推动我国基础研究和促进关键科技项目获得突破方面所取得的成绩，同时要求各有关部门继续大力支持国家自然科学基金委员会的工作。

国家科技教育领导小组成员曾培炎、盛华仁、陈至立、朱丽兰、刘积斌、陈耀邦、路甬祥、宋健、徐荣凯出席会议。

文化部发布坚决打击非法录音制品通告

为了更有针对性地重点打击非法经营活动和开展“扫黄打非”，保护知识产权，维护合法经营者的正当权益，文化部近日发出通告，决定从 2000 年 1 月 1 日至 3 月 15 日，在全国开展打击非法录音制品的专项斗争。

通告指出：这次专项斗争打击的范围包括走私进口、盗版的录音制品，出版单位违法违规出版的非法录音制品：未加贴文化部音像制品防伪标识或加贴假冒标识的录音制品；未同时加贴文化部“A. Ⅲ”号段标识和“中图公司”标识的境外出版的录音制品；无任何出版单位或伪造、假冒其他出版单位名义出版的录音制品；无版权认证号和国家审批文号或伪造版权认证号、国家审批文号出版的境外录音制品。

通告要求各音像制品经营单位要在 2000 年 1 月 15 日前进行自查，立即停止销售非法录音制品，并将非法录音制品列表上缴音像市场行政管理部门。在 2000 年 1 月 15 日前主动上缴的，可免予处罚。经营非法音像制品 100 张(盒)以上的，吊销许可证。在两年内被处罚两次以上的，吊销许可证。经营单位从合法的音像出版、发行单位进货，被音像制品行政管理部门依法认定为非法音像制品而受处罚的，其经济损失由经营者自行向原供货单位索赔。经营单位从非法渠道进货，能提供进货线索并被查实的，可依法从轻处罚。凡发现非法音像制品经营活动线索的，可向音像市场行政管理部门举报，并为举报人保密。根据举报查获重大案件的，对举报人予以奖励。

12 月 30 日

财政部国家计委发出《关于公布取消第三批行政事业性收费项目的通知》

中国越南在河内签署两国陆地边界条约

中国外交部长唐家璇在越南首都河内与越南副总理兼外长阮孟琴分别代表两国签署了《中国和越南陆地边界条约》。至此，中越两国陆地边界存在的问题已全部解决。越南政府总理潘文凯和中越边界谈判中国政府代表团团长、外交部部长助理王毅出席签字仪式。

签字仪式前，潘文凯总理会见唐家璇外长。唐家璇表示，今天，我和阮孟琴同志正式签署中越两国陆地边界条约，这意味着我们如期完成了两国领导人交给的光荣任务。回顾两国陆地边界谈判的历程，双方之所以能够克服重重困难，解决全部争议并如期正式签约，首先应归功于两党两国领导人的亲自关心和指导，同时也是两国边界谈判代表团及工作组不懈努力的结果。他说，中越两国是近邻。把一条和平、友好、合作、稳定的陆地边界带入 21 世纪是两国人民的共同愿望，符合两国的根本利益，同时也是对地区和平与稳定的一大贡献。

潘文凯表示，今天是个可喜可庆的日子，越中双方正式签署两国陆地边界条约，完成了越中两党总书记交给我们的任务，这是越中两国关系史上的大事，具有深远的历史意义。必将进一步推动两国的友好合作关系在 21 世纪取得更大的发展。

党和国家领导人江泽民 朱镕基 李瑞环 胡锦涛 尉健行等与首都近千名观众一起观看在中南海怀仁堂举行的新年京剧晚会

在中宣部、文化部、广电总局和中直机关事务管理局共同举办的这台新年京剧晚会上，一批优秀京剧艺术家演出了多种流派的京剧经典片段。

12 月 31 日

国家主席江泽民出席中华世纪坛“首都各界迎接新世纪和新千年庆祝活动”

12 月 31 日 23 时 15 分，江泽民在中共中央政治局委员、北京市委书记贾庆林，中共中央政治局候补委员、书记处书记曾庆红的陪同下，首先来到中华世纪坛南端的国旗杆前。群众大联欢正在世纪坛进行。欢乐的人们挥舞手中的旗帜，迎接新世纪和新千年的到来。

在看望各界群众后，江泽民来到中华世纪坛一层东厅，与中央其他领导同志一起，参观了这一标志性、纪念性建筑的模型。江泽民发表讲话。

国家主席江泽民在首都各界迎接新世纪和新千年庆祝活动上发表讲话

女士们，先生们，同志们，
朋友们：

2000年到来的钟声，就要鸣响在我们这个星球的寥廓上空。人类文明的发展，即将进入一个新世纪，开启一个新千年。今夜，在世界的东方与西方、南方与北方，各国人民无分民族、无分信仰，都在为这一历史时刻的来临而欢欣鼓舞。

首先，我向全国各族人民和海外侨胞，向世界各国的朋友们，祝贺新年快乐！并致以新世纪、新千年的最良好祝愿！

此时此刻，最能引起人们回顾既往，瞻望前程。只有正确地总结历史，才能更好地走向未来。

一千年来，人类历史发生了沧桑巨变。人类文明从古代文明发展到了现代文明。人类社会经过封建社会进入了资本主义社会，并且在一些国家诞生了崭新的社会主义制度。人类的经济活动进到了工业经济时代，并正在转入高新技术产业迅猛发展的时期。人类创造了以往数千年无法比拟的巨大物质与精神财富。人类对世界的认识和改造，突破一个又一个必然王国而不断地向着自由王国飞跃。

一千年来，人类文明取得的一切成就，都是在推陈出新的社会变革和科技进步中实现的。著名的文艺复兴运动，打破了欧洲中世纪的黑暗神学统治。和平与正义的伟大力量，战胜了各种横行世界的“霸主”及其发动的非正义战争。历时几个世纪的殖民主义体系，终于在本世纪风起云涌的民族解放运动中宣告终结。各国人民的卓越创造和广泛交流，汇成了推动历史前进的浩荡动力。要和平、求发展已成为当今世界的时代潮流。

早在这一千年前，中华民族就以发展了几千年的灿烂文明而著称于世界，并将这种领先地位一直保持到十五世纪。后来由于生产力发展的迟缓和社会政治的腐朽，中国逐渐落后了，以至于近代陷入了遭受列强欺凌的半殖民地半封建社会的悲惨境地。但是，中华民族没有屈服，而是前仆后继地进行艰苦卓绝的斗争。以毛泽东同志为代表的中国共产党，坚持把马克思主义基本原理同中国具体实际相结合，领导人民经过伟大的革命终于在本世纪中叶建立了新中国。中国从此进入了建设社会主义的新时代。现在，中国人民沿着邓小平同志开创的改革开放之路正在向现代化的彼岸阔步前进。

进步终究要战胜落后，科学终究要战胜愚昧，正义终究要战胜邪恶，这是历史不断昭示人们的科学真理。世界和平与发展的崇高事业是不可阻挡的。

面对新的世纪之交和千年之交，每个国家有远见的政治家都应从历史的高度思考：未来的世界应该是一个什么样的世界，应该为实现这样一个世界作出什么样的贡献。

我们希望，在未来的世界，各个国家和各个民族能够始终和睦相处、友好合作、共同发展，能够建立起公正合理的国际政治经济新秩序，能够实现持久和平和普遍繁荣，各国人民都能够按照自己的意愿创造并享受美好的生活。世界正在走向多极化，这是历史发展的必然趋势，也是各国人民的共同愿望。中国人民愿与各国人民一道，为反对霸权主义和强权政治，推动多极化进程，创造世界美好的未来而共同奋斗！

我们坚信，在新世纪里，中国人民将坚定不移地沿着建设有中国特色社会主义道路继续前进，中国的社会主义制度将经过不断改革而更加巩固和完善，中国的发展将通过各个地区的共同进步达到普遍繁荣，中华民族将在完成祖国统一和建立富强民主文明的社会主义现代化国家的基础上实现伟大的复兴！

国家主席江泽民就叶利钦辞职事致信原俄罗斯联邦总统叶利钦

江泽民在信中说，你在担任总统期间，为推动中俄关系的发展做了不懈的努力，我们共同倡导建立的中俄战略协作伙伴关系在双方的精心培育下正日益巩固。我对我们之间的合作表示满意，对你为两国关系发展所做的历史性贡献表示高度赞赏，相信你今后一定会继续关心并促进两国关系向前发展。我已结识普京代总统，我愿与他进行良好的合作。

越南共产党中央总书记黎可漂在河内会见外交部部长唐家璇

唐家璇在会见时表示，我们刚刚经历了中越关系史上的重要时刻。经过20余年的谈判，中越陆地边界条约终于得以正式签署，这是两国关系中一件值得庆贺的大事。

唐家璇说，两国陆界问题的解决，首先应归功于两国领导人特别是两党总书记的高瞻远瞩和有力指导，为谈判工作指明了方向，提供了动力，你们为此作出的贡献是不可替代的。

唐家璇指出，中越陆地边界条约的正式签署，标志着双方将把一条和平、友好、稳定的中越陆地边界带入21世纪，这不仅将直接造福于两国人民和子孙后代，而且对促进两党两国关系以及两国在各个领域的全面合作及本地区和平与稳定同样具有重要意义。陆界谈判所取得的成果来之不易，它为双方今后解决其他历史遗留问题提供了范例，同时也再次向全世界证明，中越完全有能力通过友好协商解决好两国间存在的历史遗留问题。

黎可漂表示，越中陆地边界条约的签署对两国建立在相互信任基础上的友好合作关系具有非常重大的意义，是双方作出巨大努力的结果。它标志着两国睦邻团结友好关系又向前迈进了坚实的一步，对地区的和平与稳定也将产生积极影响。

唐家璇说，目前中越两党两国关系发展势头很好。两党两国领导人的频繁接触增进了彼此信任，加强了相互团结，对两党两国关系的进一步发展具有重要指导意义。他说，再过十几个小时，人类将迎来新的千年，我们更加珍惜来之不易的和平环境，更加珍惜中越两党、两国和两国人民之间的传统友谊。我们坚信，21世纪的中越关系一定会更加美好。

黎可漂说，越中关系最重要的一条就是两国最高领导人达成的彻底结束过去、建立相互友好信任的未来的共识。发展与中国的睦邻友好合作是越方坚定的政策。越中友谊将越来越好，万古长青。越中双方在这次陆地边界谈判过程中所表现出来的合作精神必将有力地推动双方在各个领域关系的发展。同时我们也将借鉴这次谈判过程中的经验，尽快解决两国间存在的其他历史遗留问题。

双方还就当前的国际和地区形势交换了意见。黎可漂高度评价中国奉行的独立自主和平外交政策，赞赏中国重视发展同周边国家的睦邻友好关系。

香港特区行政长官董建华发表新年贺词

董建华说，要使香港在新世纪发展成为举足轻重的国际大都会，特区政府将继续加强在教育、创新科技和基础设施方面的投资，为市民配备更良好的竞争条件，去实现自己的梦想。

董建华说，过去两年半的发展，充分证明香港人经得起严峻的考验，能够迎接前所未有的挑战。虽然遭受了亚洲金融风暴的袭击，但我们很高兴地看到，香港经济已经恢复增长，深信这些情况会持续下去，而且一天比一天好。董建华表示，我们将进入的新世纪，是一个由于科技进步，促使传统的竞争方式发生根本性改变的新世纪。对于国家、地区，甚至个人来说，知识是维持长期竞争优势的唯一途径，特区政府将继续加强在相关方面的投资，以保持长远竞争力。

解放军全军联勤新体制正式启动

经中央军委主席江泽民批准，全军按区域保障与建制保障相结合、通用保障与专用保障相结合，以军区为基础的联勤新体制于正式启动。至此，解放军沿袭近半个世纪的三军各按建制垂直保障的体制宣告结束，军队后勤开始迈入一体化、集约化保障的新阶段。

1999 年 1 月中央军委主席江泽民批准《全军后勤保障体制调整改革实施方案》以来，按时调整完成了军区后勤机关向联勤机关的转变，一批军兵种优秀干部充实到联勤机关，形成了统一组织三军通用保障的能力；调整、撤销、归并保障实体 240 个，实现了三军通用保障力量的统一领导；划转了千余个军兵种部队的通用保障关系，建立联勤保障渠道；详细区分经费、物资、勤务、设施设备等通用与专用保障内容和范围；分层次分专业组织联勤知识集训，培养了一大批联勤骨干人才。全军以江泽民批准颁发的《中国人民解放军联勤条例》为核心，建立财务、军需、卫生、军事交通运输、物资油料、基建营房以及联勤系统军兵种干部管理等 20 余项联勤配套法规，确保了联勤体制的依法实施。